Fleischer/Mankowski
Lieferkettensorgfaltspflichtengesetz

LkSG

Gesetz über die unternehmerischen Sorgfaltspflichten
zur Vermeidung von Menschenrechtsverletzungen
in Lieferketten
(Lieferkettensorgfaltspflichtengesetz)

Kommentar

herausgegeben von

Prof. Dr. Dr. h. c. Dr. h. c. Holger Fleischer, LL.M.
Direktor am Max-Planck-Institut
für ausländisches und internationales Privatrecht, Hamburg
Affiliate Professor an der Bucerius Law School

Prof. Dr. Peter Mankowski
ehedem Professor an der Universität Hamburg

2023

C.H.BECK

Zitiervorschlag:
Fleischer/Mankowski/Bearbeiter LkSG § … Rn. …

www.beck.de

ISBN 978 3 406 79432 2

Wilhelmstraße 9, 80801 München
Umschlaggestaltung und Satz: Druckerei C.H.Beck Nördlingen
Druck und Bindung: Beltz Grafische Betriebe GmbH
Am Fliegerhorst 8, 99947 Bad Langensalza

CO_2 neutral
chbeck.de/nachhaltig

Gedruckt auf säurefreiem, alterungsbeständigem Papier
(hergestellt aus chlorfrei gebleichtem Zellstoff)

Vorwort

Am 1. Januar 2023 ist das Lieferkettensorgfaltspflichtengesetz in Kraft getreten. Damit sehen sich zahlreiche Unternehmen einem anspruchsvollen Pflichtenprogramm gegenüber, das die ohnehin schon weitreichenden Sorgfalts- und Überwachungspflichten noch einmal ausdehnt und erstmals auf Zulieferer erstreckt. Verlässliche Orientierung tut daher Not. Hierzu will der vorliegende Kommentar einen Beitrag leisten. Er unternimmt zum einen die praktische Aufgabe, den neuen Regelungsrahmen zu erläutern und tragfähige Lösungsvorschläge für die vielen Zweifelsfragen aufzuzeigen. Zum anderen erhebt er als wissenschaftlich fundierter Großkommentar den Anspruch, das im Entstehen begriffene Lieferkettenrecht als ebenso vielschichtige wie anspruchsvolle Querschnittsmaterie umfassend abzubilden und einzuordnen. Dem dient auch die handbuchartige Einleitung mit ihren rechtsvergleichenden und internationalprivatrechtlichen Passagen.

Unser herzlicher Dank gilt auf Seiten des Verlages C.H. Beck Frau Anja Koppold für die umsichtige Betreuung der Manuskripte.

Entstanden ist dieser Kommentar als ein Gemeinschaftsprojekt der unternehmensrechtlichen Arbeitsgruppe am Hamburger Max-Planck-Institut und des Lehrstuhls von Peter Mankowski. Für uns alle noch immer unfassbar, ist Peter Mankowski am 10. Februar 2022 im Alter von nur 55 Jahren plötzlich verstorben. Sein Tod hat eine schmerzliche, nicht wieder zu füllende Lücke gerissen. Seine wissenschaftliche Exzellenz und Schaffenskraft, seine persönliche Zugewandtheit und seine Lebensfreude werden uns ein dauerhaftes Vorbild bleiben. Die von ihm verfassten Partien in diesem Werk legen ein letztes Mal Zeugnis ab von seiner analytischen Präzision, seinem wahrhaft enzyklopädischen Wissen und seiner erfrischenden, zupackenden Sprache. Seinem Andenken ist dieser Kommentar gewidmet.

Hamburg, im Januar 2023 — Holger Fleischer

Verzeichnis der Bearbeiterinnen und Bearbeiter

Prof. Dr. Dr. h. c. Dr. h. c. Holger Fleischer, LL.M. (Michigan)
Direktor am Max-Planck-Institut für ausländisches und internationales Privatrecht, Hamburg, Affiliate Professor an der Bucerius Law School

Claas-Lennart Götz
wissenschaftlicher Assistent am Max-Planck-Institut für ausländisches und internationales Privatrecht, Hamburg

Philipp Hülse, Maître en Droit (Paris 2), MJur (Oxford)
wissenschaftlicher Assistent am Max-Planck-Institut für ausländisches und internationales Privatrecht, Hamburg

Christian Kolb, LL.M. (Chicago)
wissenschaftlicher Assistent am Max-Planck-Institut für ausländisches und internationales Privatrecht, Hamburg

Privatdozent Dr. Stefan Korch, LL.M. (Harvard)
wissenschaftlicher Referent am Max-Planck-Institut für ausländisches und internationales Privatrecht, Hamburg

Svenja Langenhagen
wissenschaftliche Assistentin an der Universität Hamburg

Prof. Dr. Peter Mankowski
ehedem Professor an der Universität Hamburg für ausländisches und internationales Privat- und Prozessrecht

Falko Schmidt
Rechtsanwalt, Hamburg

Christian Stemberg
wissenschaftlicher Assistent am Max-Planck-Institut für ausländisches und internationales Privatrecht, Hamburg

Prof. Dr. Kilian Wegner
Juniorprofessor Europa-Universität Viadrina Frankfurt/Oder

Im Einzelnen haben bearbeitet:

Einl. A, B	Fleischer
Einl. C	Mankowski
§ 1	Langenhagen
§ 2	Kolb
§ 3	Fleischer
§ 4	Fleischer/Götz
§ 5	Götz
§§ 6, 7	Korch
§§ 8, 9	Stemberg
§ 10	Hülse
§ 11	Mankowski
§§ 12, 13	Hülse
§§ 14–21	Schmidt
§ 22	Hülse
§ 23	Fleischer
§ 24	Wegner

Inhaltsverzeichnis

Unterabschnitt 3. Zuständige Behörde, Handreichungen, Rechenschaftsbericht

Abschnitt 5. Öffentliche Beschaffung

Abschnitt 6. Zwangsgeld und Bußgeld

Abkürzungsverzeichnis

aA	anderer Ansicht
abl.	ablehnend
ABl.	Amtsblatt
Abs.	Absatz
Abschlussprüfer-RL	Richtlinie 2006/43/EG des Europäischen Parlaments und des Rates vom 17. Mai 2006 über Abschlussprüfungen von Jahresabschlüssen und konsolidierten Abschlüssen
Abschn.	Abschnitt
abw.	abweichend
AcP	Archiv für die civilistische Praxis
aE	am Ende
AEMR	Allgemeine Erklärung der Menschenrechte (Universal Declaration of Human Rights)
AEUV	Vertrag über die Arbeitsweise der Europäischen Union
AEntG	Gesetz über zwingende Arbeitsbedingungen für grenzüberschreitend entsandte und für regelmäßig im Inland beschäftigte Arbeitnehmer und Arbeitnehmerinnen (Arbeitnehmer-Entsendegesetz)
aF	alte Fassung
AG	Aktiengesellschaft; Die Aktiengesellschaft (Zeitschrift); auch: Amtsgericht
AGB	Allgemeine Geschäftsbedingungen
AktG	Aktiengesetz
AktR	Aktienrecht
allg.	allgemein
allgM	allgemeine Meinung
Alt.	Alternative
amtl.	amtlich
AnfG	Anfechtungsgesetz
Anh.	Anhang
Anm.	Anmerkung
AO	Abgabenordnung
AöR	Archiv für öffentliches Recht
AP	Arbeitsrechtliche Praxis, Nachschlagewerk des BAG
AR	Aufsichtsrat
ArbGG	Arbeitsgerichtsgesetz
ArbZG	Arbeitszeitgesetz
ARUG	Gesetz zur Umsetzung der Aktionärsrechterichtlinie
ARUG II	Gesetz zur Umsetzung der zweiten Aktionärsrechterichtlinie
arg.	argumentum
Art.	Artikel
AT	Allgemeiner Teil
AÜG	Gesetz zur Regelung der Arbeitnehmerüberlassung (Arbeitnehmerüberlassungsgesetz)
AufenthG	Gesetz über den Aufenthalt, die Erwerbstätigkeit und die Integration von Ausländern im Bundesgebiet (Aufenthaltsgesetz)
Aufl.	Auflage
ausf.	ausführlich
BAFA	Bundesamt für Wirtschaft und Ausfuhrkontrolle
BaFin	Bundesanstalt für Finanzdienstleistungsaufsicht
BAG	Bundesarbeitsgericht
BAGE	Entscheidungen des Bundesarbeitsgerichts
BAnz.	Bundesanzeiger
BAFA	Bundesamt für Wirtschaft und Ausfuhrkontrolle

Abkürzungsverzeichnis

Basler-Übereinkommen	Basler Übereinkommen vom 22.3.1989 über die Kontrolle der grenzüberschreitenden Einfuhr und Ausfuhr gefährlicher Abfälle (BGBl. 1994 II 2703, 2704)
BayObLG	Bayerisches Oberstes Landesgericht
BayObLGZ	Sammlung von Entscheidungen des BayObLG in Zivilsachen
BB	Betriebs-Berater (Zeitschrift)
BBiG	Berufsbildungsgesetz
Bd.	Band (Bände)
bearb.	bearbeitet
Bearb.	Bearbeiter, Bearbeitung
BeckRS	Rechtsprechungssammlung in Beck-Online (Jahr, Nummer)
Begr.	Begründung
Beil.	Beilage
Bek.	Bekanntmachung
Beschl.	Beschluss
betr.	betreffend
BetrAVG	Gesetz zur Verbesserung der betrieblichen Altersversorgung
BetrVG	Betriebsverfassungsgesetz
BetrVG 1952	Betriebsverfassungsgesetz vom 11.10.1952
BeurkG	Beurkundungsgesetz
BFH/BFHE	Bundesfinanzhof; auch Sammlung der Entscheidungen und Gutachten des BFH
BFuP	Betriebswirtschaftliche Forschung und Praxis (Zeitschrift)
BGB	Bürgerliches Gesetzbuch
BGBl.	Bundesgesetzblatt
BGE	Entscheidungen des Schweizerischen Bundesgerichts
BGH	Bundesgerichtshof
BGHSt	Entscheidungen des BGH in Strafsachen
BGH	Bundesgerichtshof
BGHZ	Entscheidungen des BGH in Zivilsachen
Bilanz-RL	Richtlinie 2013/34/EU des Europäischen Parlaments und des Rates vom 26. Juni 2013 über den Jahresabschluss, den konsolidierten Abschluss und damit verbundene Berichte von Unternehmen bestimmter Rechtsformen
BImSchG	Gesetz zum Schutz vor schädlichen Umwelteinwirkungen durch Luftverunreinigungen, Geräusche, Erschütterungen und ähnliche Vorgänge (Bundes-Immissionsschutzgesetz)
BKartA	Bundeskartellamt
BKR	Zeitschrift für Bank- und Kapitalmarktrecht
BMAS	Bundesministerium für Arbeit und Soziales
BMF	Bundesminister(ium) der Finanzen
BMJ	Bundesminister(ium) der Justiz
BmWi	Bundesministerium für Wirtschaft und Energie
BMWK	Bundesminister(ium) für Wirtschaft und Klimaschutz
BörsG	Börsengesetz
BR	Bundesrat
BR-Drs.	Drucksache des Bundesrats
Brüssel Ia-VO	Verordnung (EU) Nr. 1215/2012 des Europäischen Parlaments und des Rates vom 12. Dezember 2012 über die gerichtliche Zuständigkeit und die Anerkennung und Vollstreckung von Entscheidungen in Zivil- und Handelssachen
Bsp.	Beispiel(e)
BStBl.	Bundessteuerblatt
BT	Bundestag
BT-Drs.	Drucksache des Deutschen Bundestages
BUrlG	Mindesturlaubsgesetz für Arbeitnehmer (Bundesurlaubsgesetz)
BVerfG	Bundesverfassungsgericht
BVerfGE	amtliche Sammlung der Entscheidungen des BVerfG
BVerwGE	amtliche Sammlung der Entscheidungen des BVerwG
bzgl.	bezüglich
bzw.	beziehungsweise

CCZ	Corporate Compliance Zeitschrift
CEACR	ILO-Sachverständigenausschuss (Committee of Experts on the Application of Conventions on Recommendations)
CESCR	UN-Ausschuss für wirtschaftliche, soziale und kulturelle Rechte (UN-Committee on Economics, Social or Cultural Rights)
CFL	Corporate Finance Law (Zeitschrift)
c. i. c.	culpa in contrahendo
CSR-RL	Richtlinie 2014/95/EU des Europäischen Parlaments und des Rates vom 22. Oktober 2014 zur Änderung der Richtlinie 2013/34/EU im Hinblick auf die Angabe nichtfinanzieller und die Diversität betreffender Informationen durch bestimmte große Unternehmen und Gruppen
CSR-RL-E	Vorschlag der Europäischen Kommission für eine Richtlinie des Europäischen Parlaments und des Rates zur Änderung der Richtlinien 2013/34/EU, 2004/109/EG und 2006/43/EG und der Verordnung (EU) Nr. 537/2014 hinsichtlich der Nachhaltigkeitsberichterstattung von Unternehmen vom 21.4.2021, COM (2021) 189 final
DAV	Deutscher Anwaltsverein
DB	Der Betrieb (Zeitschrift)
DCGK	Deutscher Corporate Governance Kodex
DepotG	Depotgesetz
dgl.	dergleichen
dh	das heißt
Diss.	Dissertation
DJ	Deutsche Justiz (Zeitschrift)
DJT	Deutscher Juristentag
DJZ	Deutsche Juristen-Zeitung
DNotZ	Deutsche Notar-Zeitschrift
DrittelbG	Drittelbeteiligungsgesetz
DStR	Deutsches Steuerrecht (Zeitschrift)
DZWiR	Deutsche Zeitschrift für Wirtschaftsrecht
EBRG	Gesetz über Europäische Betriebsräte (Europäische Betriebsräte-Gesetz)
EFZG	Gesetz über die Zahlung des Arbeitsentgelts an Feiertagen und im Krankheitsfall (Entgeltfortzahlungsgesetz)
eG	eingetragene Genossenschaft
EGAktG	Einführungsgesetz zum Aktiengesetz
EGInsO	Einführungsgesetz zur Insolvenzordnung
EGV	Vertrag zur Gründung der Europäischen Gemeinschaften
EHUG	Gesetz über elektronische Handelsregister und Genossenschaftsregister sowie das Unternehmensregister
Einf.	Einführung
einhM	einhellige Meinung
Einl.	Einleitung
einschl.	einschließlich
einschr.	einschränkend
EntgTranspG	Gesetz zur Förderung der Entgelttransparenz zwischen Frauen und Männern (Entgelttransparenzgesetz)
Erl.	Erläuterungen, Erlass
EU	Europäische Union
EuGH	Europäischer Gerichtshof
EuroEG	Gesetz zur Einführung des Euro
EuUnthVO	Verordnung (EG) Nr. 4/2009 des Rates vom 18. Dezember 2008 über die Zuständigkeit, das anwendbare Recht, die Anerkennung und Vollstreckung von Entscheidungen und die Zusammenarbeit in Unterhaltssachen
EuZW	Europäische Zeitschrift für Wirtschaftsrecht
eV	eingetragener Verein
evtl.	eventuell
EWiR	Entscheidungen im Wirtschaftsrecht
EWR	Europäischer Wirtschaftsraum

f., ff.	folgend(e)
FamFG	Gesetz über das Verfahren in Familiensachen und in den Angelegenheiten der freiwilligen Gerichtsbarkeit
FAZ	Frankfurter Allgemeine Zeitung
FG	Festgabe
FGPrax	Praxis der Freiwilligen Gerichtsbarkeit. Vereinigt mit OLGZ
FISG	Gesetz zur Stärkung der Finanzmarktintegrität
FKVO	Verordnung (EG) Nr. 139/2004 des Rates vom 20. Januar 2004 über die Kontrolle von Unternehmenszusammenschlüssen (Fusionskontroll-Verordnung), ABl. EG 2004 L 24, 1
Fn.	Fußnote
FN-IdW	Fachnachrichten des IdW
FS	Festschrift
GbR	Gesellschaft bürgerlichen Rechts
GeschGehG	Gesetz zum Schutz von Geschäftsgeheimnissen
GesR	Gesellschaftsrecht
GesR-RL	Richtlinie (EU) 2017/1132 des Europäischen Parlaments und des Rates vom 14. Juni 2017 über bestimmte Aspekte des Gesellschaftsrechts
GesRZ	Der Gesellschafter (Zeitschrift)
GG	Grundgesetz für die Bundesrepublik Deutschland
ggf.	gegebenenfalls
GmbH	Gesellschaft mit beschränkter Haftung
GmbHG	Gesetz betreffend die Gesellschaften mit beschränkter Haftung
GmbHR	GmbH-Rundschau (Zeitschrift)
GNotKG	Gesetz über Kosten der freiwilligen Gerichtsbarkeit für Gerichte und Notare (Gerichts- und Notarkostengesetz)
GRCh	Charta der Grundrechte der Europäischen Union
grdl.	grundlegend
GS	Gedächtnisschrift
GVG	Gerichtsverfassungsgesetz
GWB	Gesetz gegen Wettbewerbsbeschränkungen
GWR	Gesellschafts- und Wirtschaftsrecht (Zeitschrift)
HdB	Handbuch
HFA	Hauptfachausschuss des Instituts der Wirtschaftsprüfer
HGB	Handelsgesetzbuch
HinSchG-E	Entwurf eines Hinweisgeberschutzgesetzes
hL	herrschende Lehre
hM	herrschende Meinung
Hrsg.	Herausgeber
Hs.	Halbsatz
idF	in der Fassung
idR	in der Regel
idS	in diesem Sinne
IdW	Institut der Wirtschaftsprüfer in Deutschland e. V.
iErg	im Ergebnis
ieS	im engeren Sinne
ILO	International Labour Organization (Internationale Arbeitsorganisation, Sonderorganisation der Vereinten Nationen)
insbes.	insbesondere
InsO	Insolvenzordnung
IPbpR	Internationaler Pakt über bürgerliche und politische Rechte vom 19.12.1966 (BGBl. 1973 II 1533)
IPR	Internationales Privatrecht
IPwskR	Internationaler Pakt über wirtschaftliche, soziale und kulturelle Rechte vom 19.12.1966 (BGBl. 1973 II 1569)
iSd	im Sinne des, der
iSv	im Sinne von

IStR	Internationales Steuerrecht (Zeitschrift)
iVm	in Verbindung mit
iwS	im weiteren Sinne
JBl.	Juristische Blätter (Zeitschrift)
JR	Juristische Rundschau
Jura	Jura; Juristische Ausbildung (Zeitschrift)
JuS	Juristische Schulung (Zeitschrift)
JVEG	Justizentschädigungs- und -vergütungsgesetz
JW	Juristische Wochenschrift
KfH	Kammer für Handelssachen
KG	Kommanditgesellschaft; Kammergericht
KGaA	Kommanditgesellschaft auf Aktien
KGJ	Jahrbuch für Entscheidungen des Kammergerichts in Sachen der freiwilligen Gerichtsbarkeit
KMU	kleine und mittelständische Unternehmen
KO	Konkursordnung, aufgehoben
Komm.	Kommentar
KonTraG	Gesetz zur Kontrolle und Transparenz im Unternehmensbereich
Konzern	Der Konzern (Zeitschrift)
krit.	kritisch
KSchG	Kündigungsschutzgesetz
KStG	Körperschaftsteuergesetz
KTS	Zeitschrift für Konkurs-, Treuhand- und Schiedsgerichtswesen; ab 1989: KTS Zeitschrift für Insolvenzrecht – Konkurs, Treuhand, Sanierung –
lfd.	laufend
LG	Landgericht
Lieferketten-RL-E	Vorschlag der EU-Kommission vom 23.2.2022 für eine Richtlinie des Europäischen Parlaments und des Rates über die Sorgfaltspflichten von Unternehmen im Hinblick auf Nachhaltigkeit, COM(2022) 71 final
Lit.	Literatur
lit.	litera
LkSG	Gesetz über die unternehmerischen Sorgfaltspflichten zur Vermeidung von Menschenrechtsverletzungen in Lieferketten (Lieferkettensorgfaltspflichtengesetz)
LM	Lindenmaier/Möhring, Nachschlagewerk des Bundesgerichtshofes
LöschG	Gesetz über die Auflösung und Löschung von Gesellschaften und Genossenschaften
Ls.	Leitsatz
LZ	Leipziger Zeitschrift für Deutsches Recht
M&A-Review	M&A-Review (Zeitschrift)
Marktmissbrauchs-VO	Verordnung (EU) Nr. 596/2014 des Europäischen Parlaments und des Rates vom 16. April 2014 über Marktmissbrauch (Marktmissbrauchsverordnung) und zur Aufhebung der Richtlinie 2003/6/EG des Europäischen Parlaments und des Rates und der Richtlinien 2003/124/EG, 2003/125/EG und 2004/72/EG der Kommission
MDR	Monatsschrift für Deutsches Recht
MiLoG	Gesetz zur Regelung eines allgemeinen Mindestlohns (Mindestlohngesetz)
Minamata-Übereinkommen	Übereinkommen von Minamata vom 10.10.2013 über Quecksilber (BGBl. 2017 II 610, 611)
MinRohSorgG	Gesetz zur Durchführung der Verordnung (EU) 2017/821 des Europäischen Parlaments und des Rates vom 17. Mai 2017 zur Festlegung von Pflichten zur Erfüllung der Sorgfaltspflichten in der Lieferkette für Unionseinführer von Zinn, Tantal, Wolfram, deren Erzen und Gold aus Konflikt- und Hochrisikogebieten
Mio.	Million(en)

MitbestG	Mitbestimmungsgesetz
mN	mit Nachweisen
MoMiG	Gesetz zur Modernisierung des GmbH-Rechts und zur Bekämpfung von Missbräuchen
mwN	mit weiteren Nachweisen
mzN	mit zahlreichen Nachweisen
NAP	Nationaler Aktionsplan zur Umsetzung der UN-Leitprinzipien für Wirtschaft und Menschenrechte 2016–2020
nF	neue Fassung
NGO	Nichtregierungsorganisation(en)
NJW	Neue Juristische Wochenschrift
NJW-RR	NJW-Rechtsprechungs-Report Zivilrecht
NKS	Nationale Kontaktstelle
Nr.	Nummer(n)
NZG	Neue Zeitschrift für Gesellschaftsrecht
NZI	Neue Zeitschrift für das Recht der Insolvenz und Sanierung
OECD	Organisation für wirtschaftliche Zusammenarbeit und Entwicklung
OGH	Oberster Gerichtshof (Österreich)
OHCHR	Büro des Hohen Kommissars der Vereinten Nationen für Menschenrechte (Office of United Nations High Commissioner for Human Rights)
OHG	offene Handelsgesellschaft
ÖJZ	österreichische Juristenzeitung
OLG	Oberlandesgericht; auch Entscheidungen der OLG in Zivilsachen einschließlich der freiwilligen Gerichtbarkeit (seit 1965) bzw. Die Rechtsprechung der OLG auf dem Gebiete des Zivilrechts (bis 1928)
OLGR	Die Rechtsprechung der OLG auf dem Gebiet des Zivilrechts
OLGZ	Entscheidungen der OLG in Zivilsachen einschließlich der freiwilligen Gerichtsbarkeit
OWiG	Gesetz über Ordnungswidrigkeiten
POPs-Übereinkommen	Stockholmer Übereinkommen vom 23.5.2001 über persistent organische Schadstoffe (BGBl. 2002 II 803, 804)
Prot.	Protokoll
pVV	positive Vertragsverletzung
Rn.	Randnummer
RefE	Referentenentwurf
RegE	Regierungsentwurf
RG	Reichsgericht
RGZ	Entscheidungen des Reichsgerichts in Zivilsachen
RIW	Recht der internationalen Wirtschaft (Außenwirtschaftsdienst des Betriebs-Beraters)
ROHG	Reichsoberhandelsgericht
ROHGE	Entscheidungen des Reichsoberhandelsgerichts
Rom I-VO	Verordnung (EG) Nr. 593/2008 des Europäischen Parlaments und des Rates vom 17. Juni 2008 über das auf vertragliche Schuldverhältnisse anzuwendende Recht
Rom II-VO	Verordnung (EG) Nr. 864/2007 des Europäischen Parlaments und des Rates vom 11. Juli 2007 über das auf außervertragliche Schuldverhältnisse anzuwendende Recht
Rpfleger	Der Rechtspfleger (Zeitschrift)
RPflG	Rechtspflegergesetz
Rspr.	Rechtsprechung
RVG	Rechtsanwaltsvergütungsgesetz
S.	Satz; Seite
s.	siehe

SchwarzArbG	Gesetz zur Bekämpfung der Schwarzarbeit und illegalen Beschäftigung (Schwarzarbeitsbekämpfungsgesetz)
sec.	section
s.	siehe
SeuffA	Seufferts Archiv für Entscheidungen der obersten Gerichte in den deutschen Staaten
SGB	Sozialgesetzbuch (mit Nummer)
SJZ	Süddeutsche Juristenzeitung
sog.	sogenannt
SpruchG	Gesetz über das gesellschaftsrechtliche Spruchverfahren
StGB	Strafgesetzbuch
str.	streitig
stRspr	ständige Rechtsprechung
SZ	Entscheidungen des öster. OGH in Zivilsachen
Transparenz-RL ...	Richtlinie 2004/109/EG des Europäischen Parlaments und des Rates vom 15. Dezember 2004 zur Harmonisierung der Transparenzanforderungen in Bezug auf Informationen über Emittenten, deren Wertpapiere zum Handel auf einem geregelten Markt zugelassen sind, und zur Änderung der Richtlinie 2001/34/EG
u.	und; unter; unten
ua	unter anderem; und andere(s)
uÄ	und Ähnliche(s)
uam	und andere(s) mehr
überwM	überwiegende Meinung
Ubg	Die Umsatzbesteuerung (Zeitschrift)
umstr.	umstritten
UmwG	Umwandlungsgesetz; früher: Gesetz über die Umwandlung von Kapitalgesellschaften
UN	Vereinte Nationen (United Nations)
UNGP	UN-Leitprinzipien von 2011 (Guiding Principles on Business and Human Rights: Implementing the United Nations ‚Protect, Respect and Remedy' Framework)
unstr.	unstreitig
unzutr.	unzutreffend
usw	und so weiter
uU	unter Umständen
UWG	Gesetz gegen den unlauteren Wettbewerb
v.	vom; von
VAG	Versicherungsaufsichtsgesetz
Verf.	Verfasser
VersR	Versicherungsrecht
vgl.	vergleiche
VglO	Vergleichsordnung
VGR	Schriftenreihe der Gesellschaftsrechtlichen Vereinigung
VgV	Verordnung über die Vergabe öffentlicher Aufträge (Vergabeverordnung)
VO	Verordnung
Vorb.	Vorbemerkung(en)
Whistleblower-RL	Richtlinie (EU) 2019/1937 des Europäischen Parlaments und des Rates vom 23. Oktober 2019 zum Schutz von Personen, die Verstöße gegen das Unionsrecht melden
WHG	Wasserhaushaltsgesetz
WiB	Wirtschaftsrechtliche Beratung (Zeitschrift)
WiBl.	österr. Wirtschaftliche Blätter
WM	Wertpapier-Mitteilungen
wN	weitere Nachweise
WoM	Wohnungswirtschaft und Mietrecht (Zeitschrift)

Abkürzungsverzeichnis

WP .... Wirtschaftsprüfer
WPg .... Die Wirtschaftsprüfung (Zeitschrift)
WpHG .... Gesetz über den Wertpapierhandel
WPK-Mitt .... Wirtschaftsprüferkammer-Mitteilungen
WpPG .... Wertpapierprospektgesetz
WpÜG .... Wertpapiererwerbs- und Übernahmegesetz
WRegG .... Gesetz zur Einrichtung und zum Betrieb eines Registers zum Schutz des Wettbewerbs um öffentliche Aufträge und Konzessionen (Wettbewerbsregistergesetz)
WuB .... Entscheidungssammlung zum Wirtschafts- und Bankrecht

zB .... zum Beispiel
ZBB .... Zeitschrift für Bankrecht und Bankwirtschaft
ZBH .... Zentralblatt für Handelsrecht
ZfbF .... Schmalenbachs Zeitschrift für betriebswirtschaftliche Forschung
ZfPW .... Zeitschrift für die gesamte Privatrechtswissenschaft
ZGR .... Zeitschrift für Unternehmens- und Gesellschaftsrecht
ZHR .... Zeitschrift für das gesamte Handelsrecht und Wirtschaftsrecht
Ziff. .... Ziffer
ZIP .... Zeitschrift für Wirtschaftsrecht
ZPO .... Zivilprozessordnung
ZRP .... Zeitschrift für Rechtspolitik
ZWeR .... Zeitschrift für Wettbewerbsrecht
zust. .... zustimmend
zT .... zum Teil
zutr. .... zutreffend
ZVglRWiss .... Zeitschrift für vergleichende Rechtswissenschaft

Verzeichnis der abgekürzt zitierten Literatur

Adler/Düring/Schmaltz	Adler/Düring/Schmaltz, Rechnungslegung nach Internationalen Standards, Kommentar, 7. Aufl. 2011
Altmeppen	Altmeppen, GmbHG, Kommentar, 10. Aufl. 2021
Anders/Gehle	Anders/Gehle, ZPO, Kommentar, 80. Aufl. 2022
Andres/Leithaus	Andres/Leithaus, Insolvenzordnung, Kommentar, 4. Aufl. 2018
Angerer/Geibel/Süßmann	Angerer/Geibel/Süßmann, Wertpapiererwerbs- und Übernahmegesetz: WpÜG, Kommentar, 3. Aufl. 2017
v. Arnauld VölkerR	v. Arnauld, Völkerrecht, 4. Aufl. 2019
Ascheid/Preis/Schmidt	Ascheid/Preis/Schmidt, Kündigungsrecht, Kommentar, 6. Aufl. 2021
Assmann/Pötzsch/Schneider	Assmann/Pötzsch/Schneider, Wertpapiererwerbs- und Übernahmegesetz, Kommentar, 3. Aufl. 2019
Assmann/Schneider/Mülbert	Assmann/Schneider/Mülbert, Wertpapierhandelsrecht, Kommentar, 7. Aufl. 2019
Assmann/Schütze/Buck-Heeb KapAnlR-HdB	Assmann/Schütze/Buck-Heeb, Handbuch des Kapitalanlagerechts, Handbuch, 5. Aufl. 2020
v. Bar/Mankowski IPR I, II	v. Bar/Mankowski, Internationales Privatrecht, Band 1: Allgemeine Lehren, 2. Aufl. 2003, Bd. II: Besonderer Teil, 2. Aufl. 2019
Bauer Genossenschafts-HdB	Bauer, Genossenschafts-Handbuch – Kommentar zum Genossenschaftsgesetz, zu den umwandlungsrechtlichen, steuerlichen und wettbewerbsrechtlichen Regelungen sowie Sammlung einschlägiger Rechtsvorschriften, Kommentar, 1. Aufl. 2018
Baumbach/Hefermehl/Casper	Baumbach/Hefermehl/Casper, Wechselgesetz, Scheckgesetz, Recht des Zahlungsverkehrs, Kommentar, 24. Aufl. 2020
Baums/Thoma	Baums/Thoma, WpÜG – Kommentar zum Wertpapier- und Übernahmegesetz, Kommentar, 12. Aufl. 2017
BeckHdB AG	Drinhausen/Eckstein, Beck'sches Handbuch der AG, Handbuch, 3. Aufl. 2018
BeckHdB Holding	Hasselbach/Nawroth/Rödding, Beck'sches Holding-Handbuch, Handbuch, 3. Aufl. 2020
BeckHdB PersGes	Prinz/Kahle, Beck'sches Handbuch der Personengesellschaften, Handbuch, 5. Aufl. 2020
BeckM&A-HdB	Meyer-Sparenberg/Jäckle, Beck'sches M&A-Handbuch, Handbuch, 2. Aufl. 2022
BeckOGK	Gsell/Krüger/Lorenz/Reymann, beck-online.GROSSKOMMENTAR, Kommentar, Band BGB, Stand 2022
BeckOK ArbR	Rolfs/Giesen/Meßling/Udsching, BeckOK Arbeitsrecht, 65. Edition 2022
BeckOK BGB	Hau/Poseck, BeckOK BGB, Kommentar, 60. Edition 2021
BeckOK GBO	Hügel, BeckOK GBO, Kommentar, 44. Edition 2021
BeckOK GewO	Pielow, BeckOK GewO, Kommentar, 55. Edition 2021
BeckOK GmbHG	Ziemons/Jaeger/Pöschke, BeckOK GmbHG, Kommentar, 49. Edition 2021
BeckOK HGB	Häublein/Hoffmann-Theinert, BeckOK HGB, Kommentar, 34. Edition 2021
BeckOK KStG	Micker/Pohl, BeckOK KStG, Kommentar, 11. Edition 2022
BeckOK PolR NRW	Möstl/Kugelmann, BeckOK Polizeirecht NRW, 22. Edition 2022

Literaturverzeichnis

Beurskens/Ehricke/Ekkenga	Beurskens/Ehricke/Ekkenga, Wertpapiererwerbs- und Übernahmegesetz, Kommentar, 2. Aufl. 2021
Bonner GmbH-HdB	Ott, Bonner Handbuch GmbH, Handbuch, 1. Aufl. 2020
Boos/Fischer/Schulte-Mattler	Boos/Fischer/Schulte-Mattler, KWG, CRR-VO (Kreditwesengesetz, VO (EU) Nr. 575/2013), Kommentar, 5. Aufl. 2016
Bork/Schäfer	Bork/Schäfer, GmbHG, Kommentar, 4. Aufl. 2019
Braun	Braun, InsO, Kommentar, 9. Aufl. 2022
BuB	Hellner/Steuer, Bankrecht und Bankpraxis, Kommentar, 125. Aufl. 2015
Bülow	Bülow, Wechselgesetz, Scheckgesetz, Kommentar, 5. Aufl. 2013
Bürgers/Körber/Lieder	Bürgers/Körber/Lieder, Heidelberger Kommentar Aktiengesetz, Kommentar, 5. Aufl. 2021
Drukarczyk/Schüler Unternehmensbewertung	Drukarczyk/Schüler, Unternehmensbewertung, Lehrbuch, 8. Aufl. 2021
Emmerich/Habersack	Emmerich/Habersack, Aktien- und GmbH-Konzernrecht, Kommentar, 10. Aufl. 2022
Emmerich/Habersack KonzernR	Emmerich/Habersack, Konzernrecht, Lehrbuch, 11. Aufl. 2020
ErfK	Müller-Glöge/Preis/Schmidt, Erfurter Kommentar zum Arbeitsrecht, Kommentar, 22. Aufl. 2022
Erman	Erman, BGB, Kommentar, 16. Aufl. 2020
EuArbRK	Franzen/Gallner/Oetker, Kommentar zum europäischen Arbeitsrecht, Kommentar, 4. Aufl. 2022
Falder/Frank-Fahle/Poleacov LkSG	Falder/Frank-Fahle/Poleacov, Lieferkettensorgfaltspflichtengesetz – Ein Überblick für Praktiker, 2022
Fitting	Fitting, Betriebsverfassungsgesetz, Kommentar, 31. Aufl. 2022
Fleischer VorstandsR-HdB	Fleischer, Handbuch des Vorstandsrechts, Handbuch, 1. Aufl. 2006
Frodermann/Jannott AktR-HdB	Frodermann/Jannott, Handbuch des Aktienrechts, Handbuch, 9. Aufl. 2017
Fuchs	Fuchs, Wertpapierhandelsgesetz: WpHG, Kommentar, 2. Aufl. 2016
Gehrlein/Born/Simon	Gehrlein/Born/Simon, GmbHG: Gesetz betreffend die Gesellschaften mit beschränkter Haftung, Kommentar, 5. Aufl. 2020
Germelmann/Matthes/Prütting	Germelmann/Matthes/Prütting, Arbeitsgerichtsgesetz: ArbGG, Kommentar, 9. Aufl. 2017
Geßler/Hefermehl/Eckardt/Kropff	Geßler/Hefermehl/Eckardt/Kropff, Aktiengesetz, Kommentar, Band 1, 2, 3, 4, 5, 6, 7, 8, 9, 10, 11, 12, 13, 14, 2. Aufl. 1986
Glanegger/Stuhlfelner/Cordes	Glanegger/Stuhlfelner/Cordes, Heidelberger Kommentar zum Handelsgesetzbuch, Kommentar, 8. Aufl. 2022
Grabitz/Hilf	Grabitz/Hilf/Nettesheim/Randelzhofer/Forsthoff, Das Recht der Europäischen Union, 75. EL 2022
Grabosch Das neue LkSG	Grabosch, Das neue Lieferkettensorgfaltspflichtengesetz (LkSG), Einführung, 1. Aufl. 2021
Grigoleit	Grigoleit, AktG – Aktiengesetz, Kommentar, 2. Aufl. 2020
Groß KapMarktR	Groß, Kapitalmarktrecht, Kommentar, 8. Aufl. 2022
Großfeld IntEurUnternehmensR	Großfeld, Internationales und Europäisches Unternehmensrecht, Lehrbuch, 2. Aufl. 1995
GroßkommAktG	Hirte/Mülbert/Roth, AktG, Kommentar, Band 1, 2/1, 2/2, 3, 4/1, 4/2, 5, 7/1, 7/2, 7/3, 12, 5. Aufl. 2015
Grundmann BankR	Grundmann, Bank- und Kapitalmarktrecht, Lehrbuch, 3. Aufl. 1997
Grundmann EurGesR	Grundmann, Europäisches Gesellschaftsrecht, Handbuch, 2. Aufl. 2011

Grüneberg	Grüneberg, Bürgerliches Gesetzbuch, Kommentar, 81. Aufl. 2022
Grunewald GesR	Grunewald, Gesellschaftsrecht, Lehrbuch, 11. Aufl. 2020
Habersack EurGesR	Habersack, Europäisches Gesellschaftsrecht, Lehrbuch, 2. Aufl. 2003
Habersack/Casper/Löbbe	Habersack/Casper/Löbbe, GmbHG, Kommentar, Band 1, 2, 3, 3. Aufl. 2019
Habersack/Drinhausen	Habersack/Drinhausen, SE-Recht, Kommentar, 3. Aufl. 2022
Habersack/Henssler	Habersack/Henssler, Mitbestimmungsrecht, Kommentar, 4. Aufl. 2018
Habersack/Mülbert/Schlitt KapMarktInfo-HdB	Habersack/Mülbert/Schlitt, Handbuch der Kapitalmarktinformation, Handbuch, 3. Aufl. 2020
Habersack/Mülbert/Schlitt Unternehmensfinanzierung	Habersack/Mülbert/Schlitt, Unternehmensfinanzierung am Kapitalmarkt, Handbuch, 4. Aufl. 2019
Habersack/Verse EuGesR	Habersack/Verse, Europäisches Gesellschaftsrecht, Lehrbuch, 5. Aufl. 2019
HaKo-HGB	Heidel/Schall, HGB, Kommentar, 3. Aufl. 2019
Happ AktR	Happ, Aktienrecht, Handbuch, Band 1, 2, 5. Aufl. 2019
Harings/Jürgens LkSG	Harings/Jürgens, Das Lieferkettensorgfaltspflichtengesetz – Umsetzung und Auswirkungen des LkSG in der Praxis, 2022
Hauschka/Moosmayer/Lösler Corporate Compliance	Hauschka/Moosmayer/Lösler, Corporate Compliance, Handbuch, 3. Aufl. 2016
Heidel	Heidel, Aktienrecht und Kapitalmarktrecht, Kommentar, 5. Aufl. 2020
Hembach Praxisleitfaden LkSG	Hembach, Praxisleitfaden Lieferkettensorgfaltspflichtengesetz (LkSG), 1. Aufl. 2022
Henssler/Willemsen/Kalb	Henssler/Willemsen/Kalb, Arbeitsrecht, Kommentar, 9. Aufl. 2020
Herdegen VölkerR	Herdegen, Völkerrecht, 21. Aufl. 2022
Heymann	Horn/Balzer/Borges/Herrmann, HGB, Kommentar, Band 1, 2, 3, 3. Aufl. 2019
Hirte KapGesR	Hirte, Kapitalgesellschaftsrecht, Handbuch, 9. Aufl. 2021
HK-BGB	Dörner/Ebert/Fries/Friesen/Himmen/Hoeren/Kemper/Saenger/Scheuch/Schreiber/Schulte-Nölke/Schulze/Staudinger/Wiese, Bürgerliches Gesetzbuch, Kommentar, 11. Aufl. 2021
HK-GmbHG	Saenger/Inhester, GmbHG, Kommentar, 4. Aufl. 2020
HK-UmwG	Maulbetsch/Klumpp/Rose, Heidelberger Kommentar zum Umwandlungsgesetz, Kommentar, 2. Aufl. 2017
HK-ZPO	Saenger, Zivilprozessordnung, Kommentar, 9. Aufl. 2021
Hölters Unternehmenskauf-HdB	Hölters, Handbuch Unternehmenskauf, Handbuch, 9. Aufl. 2018
Hölters/Weber	Hölters/Weber, Aktiengesetz, Kommentar, 4. Aufl. 2022
Hommelhoff Konzernleitungspflicht	Hommelhoff, Die Konzernleitungspflicht, Monografie, 1. Aufl. 1982
Hommelhoff/Hopt/Lutter KonzernR	Hommelhoff/Hopt/Lutter, Konzernrecht und Kapitalmarktrecht, Monografie, 1. Aufl. 2001
Hopt	Hopt, Handelsgesetzbuch, Kommentar, 41. Aufl. 2022
IDW WP-HdB	Institut der Wirtschaftsprüfer e. V. (IDW), WP Handbuch 2021, Handbuch, 17. Aufl. 2021
Immenga/Mestmäcker	Immenga/Mestmäcker, Wettbewerbsrecht, Kommentar, Band 1, 2, 3, 4, 5, 6. Aufl. 2019
Inderst/Bannenberg/Poppe Compliance	Inderst/Bannenberg/Poppe, Compliance – Aufbau – Management – Risikobereiche, Handbuch, 3. Aufl. 2017
Jarass	Jarass, BImSchG, Kommentar, 14. Aufl. 2022
Jarass/Pieroth	Jarass/Pieroth, Grundgesetz für die Bundesrepublik Deutschland: GG, Kommentar, 16. Aufl. 2020
Jauernig	Jauernig, Bürgerliches Gesetzbuch, Kommentar, 18. Aufl. 2021

Jung/Krebs/Stiegler GesR-HdB .... Jung/Krebs/Stiegler, Gesellschaftsrecht in Europa, Handbuch, 1. Aufl. 2019

jurisPK-BGB .... Herberger/Martinek/Rüßmann/Weth/Würdinger, juris PraxisKommentar BGB, Kommentar, Band 1, 2, 3, 4, 5, 6, 9. Aufl. 2020

Kälin/Künzli Universeller Menschenrechtsschutz ...... Kälin/Künzli, Universeller Menschenrechtsschutz, 4. Aufl. 2019

KK-OWiG .... Mitsch, Karlsruher Kommentar zum Gesetz über Ordnungswidrigkeiten: OWiG, 5. Aufl. 2018

KK-WpHG .... Hirte/Möllers, Kölner Kommentar zum WpHG (Kölner Komm WpHG), Kommentar, 2. Aufl. 2014

Klöhn .... Klöhn, Marktmissbrauchsverordnung, 2018

Kloepfer UmweltR .... Kloepfer, Umweltrecht, 4. Aufl. 2016

Koch .... Koch, Aktiengesetz, Kommentar, 16. Aufl. 2022

Koch GesR .... Koch, Gesellschaftsrecht, Lehrbuch, 12. Aufl. 2021

Köhler/Bornkamm/Feddersen .... Köhler/Bornkamm/Feddersen, UWG, Kommentar, 40. Aufl. 2022

Koller/Kindler/Roth/Drüen .... Koller/Kindler/Roth/Drüen, HGB, Kommentar, 9. Aufl. 2019

Kölner Komm AktG .... Noack/Zetzsche, Kölner Kommentar zum Aktiengesetz, Kommentar, Band 1, 2, 4. Aufl. 2020

Kölner Komm WpÜG ..... Hirte/Seibt, Kölner Kommentar zum WpÜG (Kölner Komm WpÜG), Kommentar, 3. Aufl. 2021

KR .... Bader/Fischermeier/Gallner/Klose/Kreft/Kreutzberg-Kowalczyk/Krumbiegel/Link/Lipke/Rinck/Rachor/Spelge/Spilger/Treber/Vogt/Weigand, Gemeinschaftskommentar zum Kündigungsschutzgesetz und zu sonstigen kündigungsschutzrechtlichen Vorschriften, Kommentar, 13. Aufl. 2021

Kremer/Bachmann/Lutter/v. Werder .... Kremer/Bachmann/Lutter/von Werder, Deutscher Corporate Governance Kodex, Kommentar, 8. Aufl. 2021

Kubis/Tödtmann Vorstand-HdB .... Kubis/Tödtmann, Arbeitshandbuch für Vorstandsmitglieder, Handbuch, 3. Aufl. 2022

Kümpel/Hammen/Ekkenga KapMarktR-HdB .... Kümpel/Hammen/Ekkenga, Kapitalmarktrecht, Handbuch, 1. Aufl. 2019

Kümpel/Mülbert/Früh/Seyfried Bank-/KapMarktR ... Kümpel/Mülbert/Früh/Seyfried, Bank- und Kapitalmarktrecht, Handbuch, 6. Aufl. 2021

Lackner/Kühl .... Lackner/Kühl, StGB, Kommentar, 29. Aufl. 2018

Landmann/Rohmer GewO .... Schönleiter, Gewerbeordnung, Kommentar, 86. Aufl. 2021

Landmann/Rohmer UmweltR .... Beckmann/Durner/Mann/Röckinghausen, Umweltrecht, Kommentar, 97. Aufl. 2021

Langenbucher AktKapMarktR .... Langenbucher, Aktien- und Kapitalmarktrecht, Lehrbuch, 5. Aufl. 2022

Langenbucher/Bliesener/Spindler .... Langenbucher/Bliesener/Spindler, Bankrechts-Kommentar, Kommentar, 3. Aufl. 2020

Larenz/Canaris Methodenlehre .... Larenz/Canaris, Methodenlehre der Rechtswissenschaft, Lehrbuch, 3. Aufl. 1995

Leibholz/Rinck .... Leibholz/Rinck, Grundgesetz für die Bundesrepublik Deutschland, Kommentar, 84. Aufl. 2022

Lettl HandelsR .... Lettl, Handelsrecht, Lehrbuch, 5. Aufl. 2021

Lisken/Denninger PolR-HdB .... Lisken/Denninger, Handbuch des Polizeirechts, 7. Aufl. 2021

Loewenheim/Meessen/Riesenkampff/Kersting/Meyer-Lindemann .... Loewenheim/Meessen/Riesenkampff/Kersting/Meyer-Lindemann, Kartellrecht, 4. Aufl. 2020
Lutter/Bayer Holding-HdB .... Lutter/Bayer, Holding-Handbuch, Handbuch, 6. Aufl. 2020
Lutter/Bayer/Schmidt EurUnternehmensR .... Lutter/Bayer/Schmidt, Europäisches Unternehmens- und Kapitalmarktrecht, Handbuch, 6. Aufl. 2018
Lutter/Hommelhoff .... Lutter/Hommelhoff, GmbH-Gesetz, Kommentar, 20. Aufl. 2019
Magnus/Mankowski .... Magnus/Mankowski, Brussels Ibis Regulation, Kommentar, 2. Aufl. 2022
MAH AktR .... Schüppen/Schaub, Münchener Anwaltshandbuch Aktienrecht, Handbuch, 3. Aufl. 2018
MAH PersGesR .... Gummert, Münchener Anwaltshandbuch Personengesellschaftsrecht, Handbuch, 3. Aufl. 2019
Marsch-Barner/Schäfer Börsennotierte AG-HdB ... Marsch-Barner/Schäfer, Handbuch börsennotierte AG, Handbuch, 5. Aufl. 2022
MHdB ArbR .... Kiel/Lunk/Oetker, Münchener Handbuch zum Arbeitsrecht, Handbuch, Band 1, 2, 3, 4, 5. Aufl. 2021
MHdB GesR I .... Gummert/Weipert, Münchener Handbuch des Gesellschaftsrechts, Band 1: BGB-Gesellschaft, Offene Handelsgesellschaft, Partnerschaftsgesellschaft, Partenreederei, EWIV, Handbuch, 5. Aufl. 2019
MHdB GesR II .... Gummert/Weipert, Münchener Handbuch des Gesellschaftsrechts, Band 2: Kommanditgesellschaft, GmbH & Co. KG, Publikums-KG, Stille Gesellschaft, Handbuch, 5. Aufl. 2019
MHdB GesR III .... Priester/Mayer/Wicke, Münchener Handbuch des Gesellschaftsrechts, Band 3: Gesellschaft mit beschränkter Haftung, Handbuch, 5. Aufl. 2018
MHdB GesR IV .... Hoffmann-Becking, Münchener Handbuch des Gesellschaftsrechts, Band 4: Aktiengesellschaft, Handbuch, 5. Aufl. 2020
MHdB GesR V .... Beuthien/Gummert/Schöpflin, Münchener Handbuch des Gesellschaftsrechts, Band 5: Verein, Stiftung bürgerlichen Rechts, Handbuch, 5. Aufl. 2021
MHdB GesR VI .... Leible/Reichert, Münchener Handbuch des Gesellschaftsrechts, Band 6: Internationales Gesellschaftsrecht, Grenzüberschreitende Umwandlungen, Handbuch, 4. Aufl. 2013
MHdB GesR VII .... Born/Ghassemi-Tabar/Gehle, Münchener Handbuch des Gesellschaftsrechts, Band 7: Gesellschaftsrechtliche Streitigkeiten (Corporate Litigation), Handbuch, 6. Aufl. 2020
MHdB GesR VIII .... Lieder/Wilk/Ghassemi-Tabar, Münchener Handbuch des Gesellschaftsrechts, Umwandlungsrecht, Band 8: Umwandlungsrecht, Handbuch, 5. Aufl. 2018
Michalski/Heidinger/Leible/Schmidt .... Michalski/Heidinger/Leible/Schmidt, Kommentar zum Gesetz betreffend die Gesellschaften mit beschränkter Haftung (GmbH-Gesetz) Band 1: Systematische Darstellungen, §§ 1–34 GmbHG, Kommentar, Band 1, 3. Aufl. 2017
MüKoAktG .... Goette/Habersack/Kalss, Münchener Kommentar zum Aktiengesetz, Kommentar, Band 1, 2, 3, 4, 5, 6, 7, 5. Aufl. 2019
MüKoBGB .... Säcker/Rixecker/Oetker/Limperg, Münchener Kommentar zum Bürgerlichen Gesetzbuch, Kommentar, Band 1, 2, 3, 9. Aufl. 2021
MüKoBilanzR .... Hennrichs/Kleindiek/Watrin, Münchener Kommentar zum Bilanzrecht, Kommentar, Band 1, 5. Aufl. 2014
MüKoGmbHG .... Fleischer/Goette, Münchener Kommentar zum Gesetz betreffend die Gesellschaften mit beschränkter Haftung, Kommentar, Band 1, 3, 4. Aufl. 2022
MüKoHGB .... Drescher/Fleischer/K. Schmidt, Münchener Kommentar zum Handelsgesetzbuch: HGB, Kommentar, Band 1, 2, 5, 5. Aufl. 2021

MüKoStGB	Erb/Schäfer, Münchener Kommentar zum Strafgesetzbuch, Kommentar, Band 1, 2, 3, 4, 5, 7, 9, 4. Aufl. 2020
MüKoUWG	Heermann/Schlingloff, Münchener Kommentar zum Lauterkeitsrecht, Kommentar, Band Sonderband, 1, 2, 3. Aufl. 2019
MüKoZPO	Krüger/Rauscher, Münchener Kommentar zur ZPO, Kommentar, Band 1, 2, 3, 6. Aufl. 2020
Musielak/Voit	Musielak/Voit, ZPO, Kommentar, 19. Aufl. 2022
Nietsch CSR Compliance/ Bearbeiter	Nietsch, Corporate Social Responsibility Compliance, 2021
NK-BGB	Hüßtege/Mansel, Bürgerliches Gesetzbuch: Rom-Verordnungen – EuGüVO – EuPartVO – HUP – EuErbVO, Kommentar, 3. Aufl. 2019
NK-BGB	Heidel/Hüßtege/Mansel/Noack, Bürgerliches Gesetzbuch: Allgemeiner Teil – EGBGB Band 1, Kommentar, 4. Aufl. 2021
NK-WpÜG	Thaeter/Abbas, Wertpapiererwerbs- und Übernahmegesetz, Kommentar, 2. Aufl. 2017
Noack/Servatius/Haas	Noack/Servatius/Haas, GmbH-Gesetz, Kommentar, 23. Aufl. 2022
Nomos-BR/Heidel WpHG	Heidel, Wertpapierhandelsgesetz, Kommentar, 4. Aufl. 2013
Nomos-BR/Weyand JArbSchG	Weyand, Nomos-Kommentar Jugendarbeitsschutzgesetz, 2. Aufl. 2016
Oetker	Oetker, Handelsgesetzbuch (HGB), Kommentar, 7. Aufl. 2021
Prütting/Gehrlein	Prütting/Gehrlein, ZPO, Kommentar, 13. Aufl. 2021
Prütting/Wegen/ Weinreich	Prütting/Wegen/Weinreich, BGB Kommentar, Kommentar, 16. Aufl. 2021
Raiser/Veil/Jacobs	Raiser/Veil/Jacobs, Mitbestimmungsgesetz und Drittelbeteiligungsgesetz, Kommentar, 7. Aufl. 2020
Rauscher	Rauscher, Europäisches Zivilprozess- und Kollisionsrecht, Kommentar, 5. Aufl. 2021
Röhricht/v. Westphalen/ Haas	Röhricht/Graf von Westphalen/Haas, HGB, Kommentar, 5. Aufl. 2019
Rothermel LkSG	Rothermel, LkSG – Lieferkettensorgfaltspflichtengesetz, Kommentar, 2022
Rowedder/Schmidt-Leithoff	Rowedder/Schmidt-Leithoff, Gesetz betreffend die Gesellschaften mit beschränkter Haftung: GmbHG, Kommentar, 6. Aufl. 2017
Saul/Kinley/Mowbray ICESCR	Saul/Kinley/Mowbray, The International Covenant on Economic, Social and Cultural Rights – Commentary, Cases and Materials, 2014
Schäfer/Hamann	Schäfer/Hamann, Kapitalmarktgesetze – Kommentar zu WpHG, BörsG, BörsZulV, WpPG, VerkProspG, WpÜG, Kommentar, 7. Aufl. 2013
Schabas Nowak's CCPR Commentary	Schabas, U. N. International Covenant on Civil and Political Rights – Nowak's CCPR Commentary, 3. Aufl. 2019
Schaub ArbR-HdB	Ahrendt/Koch/Linck/Rinck/Treber/Vogelsang, Arbeitsrechts-Handbuch, Systematische Darstellung und Nachschlagewerk für die Praxis, 19. Aufl. 2021
Schilling Internationaler Menschenrechtsschutz	Schilling, Internationaler Menschenrechtsschutz, 3. Aufl. 2016
Schimansky/Bunte/Lwowski BankR-HdB	Schimansky/Bunte/Lwowski, Bankrechts-Handbuch, Handbuch, Band I, II, 5. Aufl. 2017
K. Schmidt HandelsR	K. Schmidt, Handelsrecht: Unternehmensrecht I, Handbuch, 6. Aufl. 2014
K. Schmidt/Lutter	K. Schmidt/Lutter, AktG, Kommentar, 4. Aufl. 2019
K. Schmidt/Uhlenbruck Sanierung	K. Schmidt/Uhlenbruck, Die GmbH in Krise, Sanierung und Insolvenz, Handbuch, 5. Aufl. 2015

Schmitt/Hörtnagl	Schmitt/Hörtnagl, Umwandlungsgesetz, Umwandlungssteuergesetz, Kommentar, 9. Aufl. 2020
Scholz	Scholz, GmbH-Gesetz, Kommentar, Band 1, 2, 3, 12. Aufl. 2018/2021
Schönke/Schröder	Schönke/Schröder, Strafgesetzbuch, Kommentar, 30. Aufl. 2019
Schwarz	Schwarz, Verordnung (EG) Nr. 2157/2001 des Rates über das Statut der Europäischen Gesellschaft (SE): SE-VO, Kommentar, 1. Aufl. 2006
Schwintowski BankR	Schwintowski, Bankrecht, Kommentar, 6. Aufl. 2021
Semler Leitung und Überwachung AG	Semler, Leitung und Überwachung der Aktiengesellschaft, Monografie, 2. Aufl. 1996
Sieder/Zeitler/Dahme/Knopp	Sieder/Zeitler/Dahme/Knopp, WHG AbwAG, 56. Aufl. 2021
Soergel	Soergel, Bürgerliches Gesetzbuch mit Einführungsgesetz und Nebengesetzen (BGB), Kommentar, Band 11, 32, 33, 14. Aufl. 2021
Spahlinger/Wegen IntGesR	Spahlinger/Wegen, Internationales Gesellschaftsrecht in der Praxis, Handbuch, 1. Aufl. 2005
Staub	Staub/Canaris/Habersack, Handelsgesetzbuch: HGB, Kommentar, Band 1, 2, 3, 4, 5, 6, 7/1, 7/2, 8/1, 8/2, 9, 10, 11/1, 11/2, 12, 13, 14, 15, 5. Aufl. 2009
Staudinger	Staudinger, BGB – J. von Staudingers Kommentar zum Bürgerlichen Gesetzbuch mit Einführungsgesetz, Kommentar, 18. Aufl. 2018
Staudinger Ergbd.	Staudinger, BGB – Eckpfeiler des Zivilrechts, Kommentar, 6. Aufl. 2018
Steinmeyer WpÜG	Steinmeyer, Berliner Kommentare WpÜG – Wertpapiererwerbs- und Übernahmegesetz, Kommentar, 4. Aufl. 2019
Thomas/Putzo	Thomas/Putzo, Zivilprozessordnung: ZPO, Kommentar, 42. Aufl. 2021
Ulmer/Brandner/Hensen	Ulmer/Brandner/Hensen, AGB-Recht, Kommentar, 12. Aufl. 2016
Ulmer/Habersack/Löbbe	Ulmer/Habersack/Löbbe, GmbHG – Gesetz betreffend die Gesellschaften mit beschränkter Haftung, Großkommentar, Band 3: §§ 53 bis 88 (sowie EGGmbHG), Kommentar, Band 3, 2. Aufl. 2016
Wachter	Wachter, AktG, Kommentar, 3. Aufl. 2018
Wagner/Ruttloff/Wagner LkSG-HdB	Wagner/Ruttloff/Wagner, Das neue Lieferkettensorgfaltspflichtengesetz in der Unternehmenspraxis, Handbuch, 1. Aufl. 2022
Weitnauer/Boxberger/Anders	Weitnauer/Boxberger/Anders, KAGB, Kommentar, 3. Aufl. 2021
Westermann/Wertenbruch PersGes-HdB	Westermann/Wertenbruch, Handbuch Personengesellschaften, Handbuch, 79. Aufl. 2021
Wicke	Wicke, GmbHG, Kommentar, 4. Aufl. 2020
Wiedemann/Frey GesR	Wiedemann/Frey, Gesellschaftsrecht, Lehrbuch, 9. Aufl. 2016
Wiedmann/Böcking/Gros	Wiedmann/Böcking/Gros, Bilanzrecht, Kommentar, 4. Aufl. 2019
Wilhelm KapGesR	Wilhelm, Kapitalgesellschaftsrecht, Handbuch, 5. Aufl. 2020
Wilsing	Wilsing, Deutscher Corporate Governance Kodex: DCGK, Kommentar, 1. Aufl. 2012
Windbichler GesR	Windbichler, Gesellschaftsrecht, Lehrbuch, 24. Aufl. 2017
Wißmann/Kleinsorge/Schubert	Wißmann/Kleinsorge/Schubert, Mitbestimmungsrecht, Kommentar, 5. Aufl. 2017
Wolff/Bachof/Stober VerwR III	Wolff/Bachof/Stober, Verwaltungsrecht III, Lehrbuch, 5. Aufl. 2004
Ziemons/Binnewies AG-HdB	Ziemons/Binnewies, Handbuch der Aktiengesellschaft, Handbuch, 87. Aufl. 2021
Zöller	Zöller, ZPO – Zivilprozessordnung, Kommentar, 34. Aufl. 2022

Gesetz über die unternehmerischen Sorgfaltspflichten zur Vermeidung von Menschenrechtsverletzungen in Lieferketten (Lieferkettensorgfaltspflichtengesetz – LkSG)

vom 16. Juli 2021 (BGBl. 2021 I 2959)

Einleitung

A. Grundlagen

Schrifttum: Augenstein/Dawson/Thielbörger, The UNGPs in the European Union: The Open Coordination of Business and Human Rights, BHRJ 3 (2008), 1; Beckers, Globale Wertschöpfungsketten: Theorie und Dogmatik unternehmensbezogener Pflichten, ZfPW 2021, 220; Bettermann/Hoes, Der Entwurf der Europäischen Corporate Sustainability Due Diligence Richtlinie – Vergleich zum deutschen Lieferkettensorgfaltspflichtengesetz, WM 2022, 697; Blitt, Beyond Ruggie's Guiding Principles on Business and Human Rights: Charting an Embracive Approach to Corporate Human Rights Compliance, 48 Texas Int'l L.J. 33 (2012); Brune, Menschenrechte und transnationale Unternehmen, 2020; Brunk, Menschenrechtscompliance, 2022; DAV-Ausschüsse, Stellungnahme zum Regierungsentwurf eines Gesetzes über die unternehmerischen Sorgfaltspflichten in Lieferketten, NZG 2021, 546; Davies, Form Free Will to Duties of Vigilance: Corporate Liability for Wrongdoing, FS Skog, 2021, 355; Diller, Private Standardization in Public International Law, 33 Mich. J. Int'l L. 480 (2012); Dörr, Unternehmensverantwortlichkeit im Völkerrecht, in Reinisch/Hobe/Kieninger/Peters, Unternehmensverantwortung und Internationales Recht, 2020, 133; Ehmann, Der Regierungsentwurf für das Lieferkettengesetz: Erläuterung und erste Hinweise zur Anwendung, ZVertriebsR 2021, 141; Ehmann, Das Lieferkettensorgfaltspflichtengesetz (LkSG): ein erster Überblick, GWR 2021, 287; Emmerich-Fritsche, Zur Verbindlichkeit der Menschenrechte für transnationale Unternehmen, AVR 2007, 541; Enriques, The European Parliament Draft Directive on Corporate Due Diligence and Accountability: Stakeholder-Oriented Governance on Steroids, Riv. soc. 2021, 319; European Company Law Experts Group, Comment on the European Commission's Consultation Document: on the European Parliament's Draft on Corporate Due Diligence and Corporate Accountability, Revista de Derecho de Sociedades 62 (2021), 269; Fehse/Markmann, Die Konfliktmineralienverordnung der Europäischen Union, EuZW 2021, 113; Fleischer, Grundstrukturen der lieferkettenrechtlichen Sorgfaltspflichten, CCZ 2022, 205; Fleischer/Hahn, Berichtspflichten über menschenrechtliche Standards in der Lieferkette, RIW 2018, 397; Gehling/Lüneborg, Das neue Lieferkettensorgfaltspflichtengesetz – Umsetzung in der Unternehmenspraxis, CCZ 2021, 230; Grabosch, Das neue Lieferkettensorgfaltspflichtengesetz, 2021; Hamm, Die UN-Leitprinzipien für Wirtschaft und Menschenrechte, KJ 49 (2016), 479; Haslinger, Potential und Grenzen des Völkerrechts zur Steuerung des Verhaltens nichtstaatlicher Akteure. Eine Analyse unter besonderer Betrachtung transnationaler Unternehmen, ZöR 2017, 29; Helck, Gesetz über die unternehmerischen Sorgfaltspflichten in Lieferketten: Worauf sich Unternehmen zukünftig vorbereiten müssen, BB 2021, 1603; Hennings, Über das Verhältnis von Multinationalen Unternehmen zu Menschenrechten, 2009; Herrmann/Rünz, Praktische Hinweise und Maßnahmen zur Umsetzung des Lieferkettensorgfaltspflichtengesetzes im Unternehmen, DB 2021, 3078; Heße/Klimke, Die EU-Verordnung zu Konfliktmineralien – Ein stumpfes Schwert?, EuZW 2017, 446; Hilpold, Maßnahmen zur effektiven Durchsetzung von Menschen- und Arbeitsrechten – Völkerrechtliche Anforderungen, in Reinisch/Hobe/Kieninger/Peters, Unternehmensverantwortung und Internationales Recht, 2020, 185; Hoffberger-Pippan, Ein Lieferkettengesetz für Deutschland zur Einhaltung der Menschenrechte – eine Ersteinschätzung aus völkerrechtlicher Sicht, AVR 58 (2020), 400; Hübner, Bausteine eines künftigen Lieferkettengesetzes, NZG 2020, 1411; Hübner, Unternehmenshaftung für Menschenrechtsverletzungen, 2022; Hübner/Habrich/Weller, Corporate Sustainability Due Diligence. Der EU-Richtlinienentwurf für eine Lieferkettenregulierung, NZG 2022, 644; Jägers, Will transnational private regulation close the governance gap?, in Bilchitz/Deva, Human Rights Obligations of Business, 2013, 295; Jägers, UN Guiding Principles at 10: Permeating Narratives or Yet Another Silo?, BHRJ 2021, 198; Jung, Werteschöpfung in der Liefer- und Absatzkette? Zum Kommissionsvorschlag für eine Richtlinie über die Sorgfaltspflichten von Unternehmen im Hinblick auf Nachhaltigkeit, GPR 2022, 109; Jungkind/Raspé/Terbrack, Unternehmensverantwortung in der Lieferkette, Der Konzern 2021, 445; Kasolowsky/Voland, Die OECD-Leitsätze für multinationale Unternehmen und ihre Durchsetzung im Wege von Beschwerdeverfahren vor der Nationalen Kontaktstelle, NZG 2014, 1288; Keilmann/Schmidt, Der Entwurf des Sorgfaltspflichtengesetzes – Warum es richtig ist, auf eine zivilrechtliche Haftung zu verzichten, WM 2021, 717; Kieninger, Miniatur: Lieferkettengesetz – dem deutschen Papiertiger fehlen die Zähne, ZfPW 2021, 252; Knox, The Ruggie Rules: Applying Human Rights Law to Corporations, in Mares, The UN Guiding Principles on Business and Human Rights: Foundations and Implementation, 2012, 51; R. Koch, Das Lieferkettensorgfaltspflichtengesetz, MDR 2022, 1; Krajewski, Die Menschenrechtsbindung transnationaler Unternehmen, MRM 2012, 66; Krajewski, Legitimationsfragen internationaler Rahmenwerke für die CSR-Berichterstattung: Inhalt, Regelgeber und Durchsetzungsmechanismen, ZGR 2018, 271; Krajewski/Bozorgzad/Heß, Menschenrechtliche Pflichten von multinationalen Unternehmen in den OECD-Leitsätzen: Taking Human Rights More Seriously?, ZaöRV 76 (2016), 309; Libertini, Sulla proposta di Direttiva UE su Dovere di diligenza e responsabilità delle imprese, Riv. soc. 2021, 325; Lutz-Bachmann/Vorbeck/Wengenroth, Menschenrechte und Umweltschutz in Lieferketten – der Regierungsentwurf eines Sorgfaltspflichtengesetzes, BB 2021, 906; Lutz-Bachmann/Vorbeck/Wengenroth, Nachhaltigkeitsbezogene Sorgfaltspflichten in Geschäftsbeziehungen – zum Entwurf der EU-Kommission für eine „Lieferkettenrichtlinie", BB 2022, 835; Marchetti, Il bicchiere mezzo pieno, Riv. soc. 2021, 336; Mares, The UN Guiding Principles on Business and Human Rights: Foundations and Implementation, 2012; Mucciarelli, Ricomporre il nesso spezzato: giurisdizione e legge applicabile alle imprese multinazionali, Riv. soc. 2021, 349; Muchlinski, Implementing the New UN Corporate Human Rights Framework: Implications for Corporate Law, Governance, and Regulation, Business Ethics Quarterly 22 (2012), 145; Muchlinski, The Impact of the UN Guiding Principles on Business Attitudes to Observing Human Rights, BHRJ 2021, 212; Niebank, Nationale Aktionspläne Wirtschaft und Menschenrechte. Europäische Staaten und USA im Vergleich, 2019; Nietsch/Wiedmann, Der Regierungsentwurf eines Gesetzes über die unternehmerischen Sorgfaltspflichten in der Lieferkette, CCZ 2021, 101; Nietsch/Wiedmann, Der Vorschlag zu einer europäischen Sorgfaltspflichten-Richtlinie im Unternehmensbereich (Corporate Sustainability Due Diligence Directive), CCZ 2022, 125; Ochoa Sanchez, The Roles and Powers of the OECD National Contact Points Regarding Complaints on an Alleged Breach of the OECD Guidelines for Multinational Enterprises by a Transnational Corporation, Nordic JIL 84 (2015), 89; Patz, The EU's Draft Corporate Sustainability Due Diligence Directive: A First Assessment, BHRJ 2022, 291; Ratner, Corporations and Human Rights: A Theory of Legal Responsibility, 111 Yale L.J. 443 (2001); Rausch, EU-Verordnung über Konfliktmineralien – Weitere Sorgfaltspflichten in der Lieferkette, CCZ 2020, 355; Ruggie, Just Business. Multinational Corporations and Human Rights, 2013; Ruggie, Die soziale Konstruktion der Leitlinien für Wirtschaft und Menschenrechte der Vereinten Nationen, Leviathan 46 (2018), 6; Ruggie/Rees/Davis, Ten Years After: From UN Guiding Principles to Multi-Fiduciary Obligations, BHRJ 2021, 179; Rühl/Knauer, Zivilrechtlicher Menschenrechtsschutz? Das deutsche Lieferkettengesetz und die Hoffnung auf den europäischen Gesetzgeber, JZ 2022, 105; Rühmkorf, Corporate Social Responsibility in der Lieferkette: Governance und Verantwortlichkeit, ZGR 2018, 410; Ruttloff/Rothenburg/Hahn, Der Richtlinienvorschlag zu unternehmerischen Sorgfaltspflichten im Bereich der Nachhaltigkeit – Auswirkungen auf die Corporate Governance, DB 2022, 1116; Sauvant, The Negotiations of the United Nations Code of Conduct on Transnational Corporations: Experience and Lessons Learned, Journal of World Investment & Trade, 16 (2015), 11; Schmalenbach, Multinationale Unternehmen und Menschenrechte, AVR 39 (2001), 57; J. Schmidt, Lieferkettengesetzgebung: Sorgfalt!, EuZW 2021, 273; J. Schmidt, Unternehmensrecht: Supply chain due diligence – EP-Entwurf, EuZW 2021, 276; Schmidt-Räntsch, Sorgfaltspflichten der Unternehmen – Von der Idee über den politischen Prozess bis zum Regelwerk, ZUR 2021, 387; Seibt/Vesper-Gräske, Lieferkettensorgfaltspflichtengesetz, CB 2021, 357; Spießhofer, Unternehmerische Verantwortung. Zur Entstehung einer globalen Wirtschaftsordnung, 2017; Spießhofer, Das Lieferkettensorgfaltspflichtengesetz: Was kommt ab 2023?, AnwBl 2021, 534; Spindler, Verantwortlichkeit und Haftung in Lieferantenketten – das Lieferkettensorgfaltspflichtengesetz aus nationaler und europäischer Perspektive, ZHR 186 (2022), 67; Spindler, Der Vorschlag einer EU-Lieferketten-Richtlinie, ZIP 2022, 765; Spröte, UN Code of Conduct of Transnational Corporations, German Yearbook of International Law 33 (1990), 331; Stave/Velte, Regulierung eines nachhaltigen Lieferkettenmanagements, DB 2021, 1791; Stöbener de Mora, Gesellschaftsrecht: Konsultation zu Nachhaltigkeit in der Unternehmensführung und Sorgfaltspflichten in der Lieferkette, EuZW 2021, 4; Stöbener de Mora/Noll, Grenzenlose Sorgfalt? – Das Lieferkettensorgfaltspflichtengesetz, NZG 2021, 1237 (Teil 1), 1285 (Teil 2); Strampelli, La strategia dell'Unione europea per il capitalismo sostenibile: l'oscillazione del pendolo tra amministratori, soci e stakeholders, Riv. soc. 2021, 365; Strohn, Schutz der Menschenrechte durch das Sorgfaltspflichtengesetz, ZHR 185 (2021), 629; Taylor, The Ruggie Framework: Polycentric regulation and the implications for corporate social responsibility, Nordic Journal of Applied Ethics (5) 1/2011, 9; Teicke/Rust, Gesetzliche Vorgaben für Supply Chain Compliance – Die neue Konfliktmineralien-VO, CCZ 2018, 39; Thalhammer, Das umstrittene Lieferkettensorgfaltspflichtengesetz – Ein juristischer Blick auf Kritik aus Zivilgesellschaft, Wirtschaft und Politik, DÖV 2021, 825; Thomale/Murko, Unternehmerische Haftung für Menschenrechtsverletzungen in transnationalen Lieferketten, EuZA 2021, 40; Thüsing, Sorgfaltspflichtengesetz – Verantwortung mit Augenmaß und Präzision, ZRP 2021, 97; Tombari, La Proposta di Direttiva sulle Corporate Due Diligence e sulla Corporate Accountability: prove (incerte) di un ‚capitalismo sostenibile', Riv. soc. 2021, 375; Turner, Supply-Chain Legal Pluralism, Journal of Legal Pluralism and Unofficial Law 48 (2016), 378; Ventoruzzo, Note minime sulla responsabilità civile nel progetto di direttiva Due Diligence, Riv. soc. 2021, 380; Vitt/Franz/Kleinfeld/Thorns, Gesellschaftliche Verantwortung nach DIN ISO 26000, 2011; Voland/Daly, The EU Regulation on Conflict Minerals, Journal of World Trade 52

(2018), 37; Wagner, Das Lieferkettengesetz: Viele Pflichten, keine Haftung, FS Singer, 2021, 693; Wagner/Rutloff, Das Lieferkettensorgfaltspflichtengesetz – Eine erste Einordnung, NJW 2021, 2145; Wagner/Ruttloff/Wagner/Hahn, Der Entwurf des Sorgfaltspflichtengesetzes, CB 2021, 89; Weidmann, Der Beitrag der OECD-Leitsätze für multinationale Unternehmen zum Schutz der Menschenrechte, 2014; Weissbrodt, Corporate Human Rights Responsibilities, Zeitschrift für Wirtschafts- und Unternehmensethik 6 (2005), 279; Weissbrodt, Human Rights Standards Concerning Transnational Corporations and Other Business Entities, 23 Minn. J. Int'l L. 135 (2014); Weissbrodt/Kruger, Norms on the Responsibilities of Transnational Corporations and Other Business Enterprises with Regard to Human Rights, 97 Am. J. Int'l L. 901 (2003); Weller/Hübner/Nasse, Das neue Lieferkettengesetz – eine Herausforderung für die deutsche Wirtschaft, Audit Committee Quarterly 11/2021, 34; Wettstein, Betting on the Wrong (Trojan) Horse: CSR and the Implementation of the UN Guiding Principles on Business and Human Rights, BHRJ 2021, 312; Wettstein, Business and Human Rights, 2022; Zimmermann/Weiß, Völker- und verfassungsrechtliche Parameter eines deutschen Lieferkettengesetzes, AVR 58 (2020), 424.

Übersicht

I. Überblick

1 Das Lieferkettensorgfaltspflichtengesetz (LkSG) ist am 11.6.2021 vom Bundestag beschlossen und am 22.7.2021 im Bundesgesetzblatt veröffentlicht worden (BGBl. 2021 I 2959). Seine Regelungen gehen wesentlich auf Impulse aus dem **Wirtschaftsvölkerrecht** zurück, die zunächst vorgestellt werden (→ Rn. 2 ff.). Einen höchst einflussreichen Referenzrahmen boten vor allem die UN-Leitprinzipien für Wirtschaft und Menschenrechte aus dem Jahre 2011. Deren Umsetzung durch den Nationalen Aktionsplan Wirtschaft und Menschenrechte (NAP) der Bundesregierung von 2016 im Wege **freiwilliger Selbstverpflichtung** der Unternehmen schlug fehl (→ Rn. 29 ff.). Stattdessen entschied sich die Politik für eine **gesetzliche Lösung.** Der Weg zu diesem Ziel erwies sich als lang und windungsreich. Seine zahlreichen Zwischenstationen (→ Rn. 35 ff.) zeigen, dass die Regelungsmaterie sowohl innerhalb der Bundesregierung als auch zwischen den gesellschaftli-

chen Interessengruppen rechtspolitisch umstritten war. Die Verabschiedung des Gesetzes bildet aller Voraussicht nach keinen Endpunkt der Entwicklung, weil auf Unionsebene Bestrebungen nach einer Richtlinie über die Sorgfaltspflicht von Unternehmen im Hinblick auf Nachhaltigkeit in vollem Gange sind (→ Rn. 58 ff.). Regulierungstheoretisch lässt sich der gesamte Gesetzgebungsprozess auf deutscher und europäischer Ebene mit einem Begriff aus der Politikwissenschaft als **Politikzyklus** bezeichnen,[1] der von der Problematisierung über das Agenda Setting und die Politikformulierung bis hin zur Implementierung und Evaluation eine Art Kreislauf darstellt.[2]

II. Völkerrechtliche Ursprünge und Entwicklungslinien

Das Unternehmensrecht unserer Tage wird zusehends von internationalen Organisatio- 2
nen und Standardsetzern vorgeprägt.[3] Ein markantes Beispiel bildet die hier in Rede stehende Regulierung grenzüberschreitender Liefer- und Wertschöpfungsketten. Sie ist vor allem durch vielbeachtete Standards der Vereinten Nationen (UN) und der Organisation für internationale Zusammenarbeit und Entwicklung (OECD) vorangetrieben worden. Die Kenntnis dieser völkerrechtlichen Ursprünge und Entwicklungslinien ist nicht nur für ein tieferes Verständnis des LkSG als Ganzes wichtig, sondern hilft auch bei der Auslegung einzelner Normen und Tatbestandsmerkmale (→ § 3 Rn. 4 ff.).[4] In Anlehnung an eine Methode aus der Romanistik[5] kann man insoweit von **menschenrechtlicher Textstufenforschung** sprechen.[6]

Die große Bedeutung der völkerrechtlichen Standards führt zugleich vor Augen, dass das 3
im Entstehen begriffene **„Lieferkettenrecht“**[7] eine höchst anspruchsvolle **Querschnittsmaterie** darstellt, die nicht nur das Vertrags- und Unternehmensrecht, sondern auch das Kollisionsrecht (→ Rn. 248 ff.) sowie das öffentliche Recht einschließt.[8] Flankierend kommen strafrechtliche Vorschriften hinzu (§ 24). Dies führt in der Rechtsberatung, aber auch in der wissenschaftlichen Durchdringung des Rechtsstoffes zu der **Notwendigkeit, intradisziplinäre Praxisgruppen und Forschergespanne** zu bilden.

1. Keine Bindung privater Unternehmen an völkerrechtliche Standards. Im Aus- 4
gangspunkt vermag das Völkerrecht **private Unternehmen** nicht unmittelbar in die Pflicht zu nehmen. Diese **gehören** nämlich nach hM **nicht zu den Völkerrechtssubjekten.**[9]

[1] Grdl. Lasswell, The Decision Process: Seven Categories of Functional Analysis, 1956; aus der Lehrbuchliteratur etwa Blum/Schubert, Politikfeldanalyse, 3. Aufl. 2018, 153 ff.

[2] Zusammenfassend Baer, Rechtssoziologie, 4. Aufl. 2021, § 6 Rn. 51 ff.; für eine Anwendung auf den Bereich Wirtschaft und Menschenrechte Hübner, Unternehmenshaftung für Menschenrechtsverletzungen, 2022, 40 ff.

[3] Grdl. Pargendler 98 Wash. U. L. Rev. 1765 (2021) unter der Überschrift „The Rise of International Corporate Law“.

[4] Dazu auch Begr. RegE LkSG, BT-Drs. 19/28649, 23: „Die im Gesetz verankerten Sorgfaltspflichten orientieren sich an dem allgemein anerkannten Due-Diligence-Standard der VN-Leitprinzipien für Wirtschaft und Menschenrechte sowie am Nationalen Aktionsplan.“.

[5] Grdl. Wieacker, Textstufen klassischer Juristen, 1960.

[6] Vgl. Fleischer CCZ 2022, 205 (206).

[7] Fleischer/Hahn RIW 2018, 397; ebenso die Zwischenüberschrift bei Rühmkorf ZGR 2018, 410 (415): „Von Governance-Lücken zum Lieferkettenrecht“.

[8] Treffend bereits Turner 48 J. Legal Pluralism & Unofficial L. 378, 386 (2016): „Chain law has recently attracted attention in the literature as a domain of law in its own right. The classical legal fields contributing to this domain of chain relevant law include contract law, corporate law, conflict law, antitrust law, intellectual property law and international law. The contours between these legal categories can become blurred as they interlock in chain law“.

[9] Vgl. Arnauld, Völkerrecht, 4. Aufl. 2019, Rn. 632; Dörr in Reinisch/Hobe/Kieninger/Peters, Unternehmensverantwortung und Internationales Recht, 2019, 133 (137 ff.); Herdegen, Völkerrecht, 20. Aufl. 2020, § 13 Rn. 6; Krajewski, Wirtschaftsvölkerrecht, 5. Aufl. 2021, Teil 1 Rn. 61; Schmalenbach AVR 39 (2001), 57 (63, 65 ff.); allg. zur Diskussion um die Völkerrechtsfähigkeit von Unternehmen A. Peters, Jenseits der Menschenrechte – Die Rechtsstellung des Individuums im Völkerrecht, 2014, 90 ff.; abw. Emmerich-Fritsche AVR 45 (2007), 541 (561 f.); wohl auch Dahm/Delbrück/Wolfrum/Delbrück, Völkerrecht, Bd. I/2, 2. Aufl. 2002, 245 und 256 f.; s. auch BVerfG EuGHRZ 2016, 54 Rn. 47: „Ob und in welchem Umfang

Infolgedessen sind sie nicht an völkerrechtliche Standards zum Schutz der Menschenrechte oder der Umwelt gebunden.[10] Beim gegenwärtigen Stand der Entwicklung lässt sich auch keine gewohnheitsrechtliche Bindung transnationaler Unternehmen an das Völkerrecht begründen.[11]

5 Verschiedene Versuche, verbindliche Verhaltensstandards für transnationale Unternehmen zu etablieren, waren bisher nicht von Erfolg gekrönt. Dies gilt etwa für den sog. **Draft UN Code of Conduct on Transnational Corporations** („Draft Code") **von 1990,** den eine Kommission für transnationale Unternehmen ausgearbeitet hatte.[12] Er umfasste in seiner endgültigen Entwurfsfassung 71 Paragraphen, wurde aber vom Wirtschafts- und Sozialrat der Vereinten Nationen als zu ambitioniert angesehen und nie verabschiedet.[13] Die Kommission für transnationale Unternehmen wurde daraufhin im Jahre 1993 wieder aufgelöst.[14]

6 Ein ähnliches Schicksal war den **UN Draft Norms on the Responsibilities of Transnational Corporations and other Business Enterprises with regard to Human Rights** („Draft Norms") **von 2003**[15] beschieden. Diese hatte eine Unterkommission der UN-Menschenrechtskommission durch eine Arbeitsgruppe unter Vorsitz des US-amerikanischen Rechtsprofessors David Weissbrodt erarbeiten lassen und später einstimmig angenommen.[16] Sie sollten verbindliche Maßstäbe für transnationale Unternehmen setzen und sahen weitreichende, aber auch sehr vage Verpflichtungen vor. Die UN-Menschenrechtskommission selbst bescheinigte ihnen in ihrer Resolution 2004/116 vom 20.4.2004, dass sie „useful elements and ideas" enthielten, betonte jedoch, dass sie als Entwurf keine rechtliche Bindung entfalteten, und empfahl dem Wirtschafts- und Sozialrat der Vereinten Nationen, sie nicht anzunehmen.[17] Damit waren die Draft Norms gescheitert.[18]

7 **2. UN-Leitprinzipien für Wirtschaft und Menschenrechte (2011). a) Vorarbeiten des Sonderbeauftragten Ruggie.** Nach Ablehnung der Draft Norms ersuchte die UN-Menschenrechtskommission im Jahre 2005 den UN-Generalsekretär Kofi Annan in ihrer Resolution 2005/69, einen Sonderbeauftragten für Wirtschaft und Menschenrechte zu ernennen mit dem Auftrag, Standards für unternehmerische Verantwortung zu identifizie-

---

multi- oder transnational agierende Unternehmen beschränkte Völkerrechtssubjektivität besitzen, ist völkerrechtlich nicht abschließend geklärt."

[10] Vgl. Haslinger ZÖR 72 (2017), 29 (33 f.); Herdegen, Völkerrecht, 20. Aufl. 2020, § 13 Rn. 6; Krajewski, Wirtschaftsvölkerrecht, 5. Aufl. 2021, Rn. 61 und 64; Schmalenbach AVR 39 (2001), 57 (65 ff.).

[11] Vgl. Dörr in Reinisch/Hobe/Kieninger/Peters, Unternehmensverantwortung und Internationales Recht, 2019, 133 (142); Schmalenbach AVR 39 (2001), 57 (68 ff.); Spießhofer, Unternehmerische Verantwortung, 2017, 78.

[12] Eingehend zur Entstehungsgeschichte Spröte German Yearbook of International Law 33 (1990), 331 (332 ff.); rückblickend Brunk, Menschenrechtscompliance, 2022, 156 ff.; Spießhofer, Unternehmerische Verantwortung, 2017, 62 ff.

[13] Vgl. Ruggie, Report of the Special Representative, 2011, A/HRC/17/31, Introduction, Rn. 3: „The proposal triggered a deeply divisive debate between the business community and human rights advocacy groups while evoking little support from Governments. The Commission declined to act on the proposal."; ferner Dörr in Reinisch/Hobe/Kieninger/Peters, Unternehmensverantwortung und Internationales Recht, 2019, 133 (150): „[…] aufgrund der großen Differenzen zwischen Industrie- und Entwicklungsländern nicht angenommen"; Hennings, Über das Verhältnis von Multinationalen Unternehmen zu Menschenrechten, 2009, 144 f.; Sauvant Journal of World Trade Investment & Trade 16 (2015), 11 (56 ff.).

[14] Dazu Brunk, Menschenrechtscompliance, 2022, 158; Spießhofer, Unternehmerische Verantwortung, 2017, 62 m. Fn. 16.

[15] UN Doc. E/CN.4/Sub.2/2003/12/Rev.2 (2003).

[16] Dazu Vagts Leiden JIL 16 (2003), 795; Weissbrodt/Kruger 97 Am. J. Int'l L. 901 (2003); rückblickend Brunk, Menschenrechtscompliance, 2022, 167 ff.; Spießhofer, Unternehmerische Verantwortung, 2017, 79 ff.

[17] Vgl. UNCHR Decision 2004/116/ vom 20.4.2004, UN Doc. E/CN.4/DEC/2004/116; dazu Dörr in Reinisch/Hobe/Kieninger/Peters, Unternehmensverantwortung und Internationales Recht, 2019, 133 (150); Spießhofer, Unternehmerische Verantwortung, 2017, 80 und 86.

[18] Vgl. Haslinger ZöR 72 (2017), 29 (42).

ren und zu klären.[19] Annan willigte ein und beauftragte am 28.7.2005 John Ruggie,[20] seinen ehemaligen stellvertretenden Generalsekretär für strategische Planung und seit 2001 Politikprofessor an der Harvard Kennedy School of Governance.[21]

Ruggie betonte in seinem ersten Zwischenbericht von 2006 das enorme Ausmaß der Globalisierung, das sich am deutlichsten in rund 70.000 transnationalen Unternehmen mit etwa 700.000 Tochtergesellschaften und Millionen von Zulieferern in jedem Winkel der Erde zeige.[22] Mit deren globaler Reichweite und Einflussmöglichkeiten könnten weder einzelne Staaten noch internationale Institutionen mithalten. Es entstünden daher unweigerlich Regelungslücken. Zu ihrer Schließung hielt Ruggie die Draft Norms allerdings nicht für geeignet, denen er kein günstiges Zeugnis ausstellte.[23] Stattdessen sprach er sich für einen **prinzipiengeleiteten Pragmatismus** („principled pragmatism") aus.[24] Konzeptionell rief er in Erinnerung, dass Unternehmen nicht nur durch Rechtsregeln, sondern auch durch soziale Normen und moralische Erwägungen in ihrem Verhalten beschränkt würden, und fügte hinzu: „Each involves standards. But each has a very different basis in the fabric of society, exhibits distinct operating modes, and is responsive to different incentive and disincentive mechanisms."[25] 8

In einem zweiten Zwischenbericht von 2007 identifizierte Ruggie auf der Grundlage zahlreicher eigener und in Auftrag gegebener Untersuchungen fünf Themenschwerpunkte: (a) die Verpflichtung des Staates zum Schutz vor nichtstaatlichen Menschenrechtsverletzungen auf seinem Territorium, (b) die Verantwortung von Unternehmen für völkerrechtliche Verbrechen sowie (c) für andere Menschenrechtsverletzungen, (d) Soft Law und (e) freiwillige Selbstregulierung.[26] Einen Königsweg zur Problemlösung vermochte er nicht zu erkennen: „The extensive research and consultation conducted for this mandate demons- 9

[19] Vgl. OHCHR vom 20.4.2005, E/CN.4/RES/2005/69; dazu Haslinger ZöR 72 (2017), 29 (41).

[20] Vgl. Spießhofer, Unternehmerische Verantwortung, 2017, 92.

[21] Rückblickend dazu Ruggie, Just Business. Multinational Corporations and Human Rights, 2013, Vorwort, xviii – xix: „To add a degree of visibility to the mandate on the international stage, the Commission requested that the UN Secretary General appoint the mandate-holder as his 'Special representative on the issue of human rights and transnational corporations and other business enterprises'. And so it came to be that in July 2005 I received a call from the then Secretary-General Kofi Annan, asking me to serve in this post. I had been Annan's Assistant Secretary-General for Strategic Planning during his highly successful first term, from 1997 to 2001. […] The new assignment, Annan explained in his call, required someone with knowledge of business and human rights issues but, in light of their political sensitivity, did not represent any of the major stakeholder groups involved – governments, businesses, and civil society – while being able to work with them all. It would be a two-year, part-time project that I could conduct without leaving Harvard. I would submit a report each year summarizing my work, conduct one or two consultations around the reports, and then recommend next steps. It seemed both interesting and doable, so I accepted. Little did I know then how challenging, how consuming, and how consequential this assignment would become".

[22] Vgl. Ruggie, Interim Report of the Special Representative on the Issue of Human Rights and Transnational Corporations and Other Business Enterprises, U. N. Doc. E/CN.4/2006/97, Februar 2006, Rn. 11.

[23] Vgl. Ruggie, Interim Report of the Special Representative on the Issue of Human Rights and Transnational Corporations and Other Business Enterprises, U. N. Doc. E/CN.4/2006/97, Februar 2006, Rn. 59: „Instead, the Norms became engulfed by its own doctrinal excesses. Even leaving aside the highly contentious though largely symbolic proposal to monitor firms and provide for reparation payments to victims, its exaggerated legal claims and conceptual ambiguities created confusion and doubt even among many mainstream international lawyers and other impartial observers. Two aspects are particularly problematic in the context of this mandate. One concerns the legal authority advanced for the Norms, and the other the principle by which they propose to allocate human rights responsibilities between states and firms".

[24] So Ruggie, Interim Report of the Special Representative on the Issue of Human Rights and Transnational Corporations and Other Business Enterprises, U. N. Doc. E/CN.4/2006/97, Februar 2006, Zwischenüberschrift vor Rn. 70 und die Erläuterung in Rn. 81: „[…] a principled form of pragmatism: an unflinching commitment to the principle of strengthening the promotion and protection of human rights as it relates to business, coupled with a pragmatic attachment to what works best in creating change where it matters most – in the daily lives of people".

[25] Ruggie, Interim Report of the Special Representative on the Issue of Human Rights and Transnational Corporations and Other Business Enterprises, U. N. Doc. E/CN.4/2006/97, Februar 2006, Rn. 70.

[26] Ruggie, Report of the Special Representative. Business and human rights: mapping international standards of responsibility and accountability for corporate acts, 19.2.2007, A/HRC/4/35, Rn. 6 und 9 ff.

trate that no silver bullet can resolve the business and human rights challenge. A broad array of measures is required, by all relevant actors."[27]

10 Im April 2008 erstattete Ruggie seinen **Abschlussbericht** „Protect, Respect and Remedy: A Framework for Business and Human Rights". Dessen **Grundgerüst** bestand aus **drei verschiedenen Säulen:** der staatlichen Verpflichtung zum Schutz der Menschenrechte („State Duty to Protect"), der unternehmerischen Verantwortung, Menschenrechte zu respektieren („Corporate Responsibility to Respect"), und dem effektiven Rechtsschutz („Access to Remedy").[28]

11 Der UN-Menschenrechtsrat, der im Jahre 2006 an die Stelle der UN-Menschenrechtskommission getreten war, billigte das Grundgerüst in seiner Sitzung vom Juni 2008, verlängerte Ruggies Mandat um drei weitere Jahre und ersuchte den Sonderbeauftragten, das „Protect, Respect and Remedy Framework" zu operationalisieren.[29]

12 **b) Aufbau und Inhalt der UN-Leitprinzipien.** Nach umfangreichen weiteren Konsultationen in aller Welt[30] präsentierte Ruggie am 21.3.2011 seinen Abschlussbericht unter dem Titel: „Guiding Principles on Business and Human Rights: Implementing the United Nations ‚Protect, Respect and Remedy' Framework".[31] Der Bericht beginnt mit einer kurzen Einführung in die Vorarbeiten des Sonderbeauftragten von 2005–2011 und enthält im Anhang die UN-Leitprinzipien (UNGP).

13 Die Leitprinzipien spiegeln in ihrem Aufbau das Drei-Säulen-Modell „Schutz, Achtung und Abhilfe". Jeder Säule ist ein eigener Abschnitt gewidmet, der seinerseits „grundlegende Prinzipien" und „operative Prinzipien" enthält. **Insgesamt** gibt es **31 Prinzipien,** 10 betreffend die Pflicht des Staates zum Schutz der Menschenrechte (UNGP 1–10), 14 betreffend die Verantwortung der Unternehmen zur Achtung der Menschenrechte (UNGP 11–24) und 8 betreffend den Zugang zur Abhilfe (UNGP 25–31). Jedem Prinzip folgt ein eigener „Kommentar", der die Bedeutung des Prinzips erläutert und weitere Hinweise gibt.

14 Für die **Wirtschaftsunternehmen** finden sich die folgenden **grundlegenden Prinzipien:**[32] Sie sollten die Menschenrechte achten, es also vermeiden, die Menschenrechte anderer zu beeinträchtigen, und nachteiligen menschenrechtlichen Auswirkungen, an denen sie beteiligt sind, begegnen **(UNGP 11).** Diese Verantwortung bezieht sich auf die international anerkannten Menschenrechte. Hierunter sind mindestens die Menschenrechte, die in der Internationalen Menschenrechtscharta ausgedrückt sind, sowie die in der Erklärung der Internationalen Arbeitsorganisation über die grundlegenden Prinzipien und Rechte bei der Arbeit genannten zu verstehen **(UNGP 12).** Die Verantwortung, die Menschenrechte zu achten, erfordert, dass Wirtschaftsunternehmen (a) es vermeiden, durch ihre eigene Tätigkeit nachteilige Auswirkungen auf die Menschenrechte zu verursachen oder dazu beizutragen, und diesen Auswirkungen begegnen, wenn sie auftreten; (b) bemüht sind, negative Auswirkungen auf die Menschenrechte zu verhüten oder zu mindern, die auf Grund einer Geschäftsbeziehung mit ihrer Geschäftstätigkeit, ihren Produkten oder Dienstleistungen unmittelbar verbunden sind, selbst wenn sie nicht zu diesen Aus-

---

[27] Ruggie, Report of the Special Representative. Business and human rights: mapping international standards of responsibility and accountability for corporate acts, 19.2.2007, A/HRC/4/35, Rn. 88.

[28] Ruggie, Report of the Special Representative on the issue of human rights and transnational corporations and other business enterprises, 21.3.2011, A/HRC/17/31.

[29] UN Doc. A/HRC/RES/8/7 vom 18.6.2008.

[30] Dazu Ruggie, Report of the Special Representative on the issue of human rights and transnational corporations and other business enterprises, 21.3.2011, A/HRC/17/31, Introduction, Rn. 8: „Indeed, by January 2011 the mandate had held 47 international consultations, on all continents, and the Special Representative and his team had made visits to business operations and their local stakeholders in more than 20 countries".

[31] A/HRC/17/31.

[32] Im Folgenden wiedergegeben nach der deutschen Übersetzung „Leitprinzipien für Wirtschaft und Menschenrechte. Umsetzung des Rahmens der Vereinten Nationen ‚Schutz, Achtung und Abhilfe'", angefertigt vom Deutsches Global Compact Netzwerk, 2011.

wirkungen beitragen **(UNGP 13).** Diese Verantwortung obliegt allen Unternehmen unabhängig von ihrer Größe, dem Sektor, dem sie angehören, ihrem operativen Umfeld, ihren Eigentumsverhältnissen und ihrer Struktur. Umfang und Komplexität der Maßnahmen können jedoch nach Maßgabe dieser Faktoren und der Schwere ihrer nachteiligen menschenrechtlichen Auswirkungen variieren **(UNGP 14).** Um ihrer Verantwortung zur Achtung der Menschenrechte nachzukommen, sollten Wirtschaftsunternehmen über Grundsätze und Verfahren verfügen, die ihrer Größe und ihren Umständen angemessen sind, einschließlich (a) einer Grundsatzverpflichtung, ihrer Verantwortung zur Achtung der Menschenrechte nachzukommen; (b) eines Verfahrens zur Gewährleistung der menschenrechtlichen Sorgfaltspflicht, das darauf abstellt, die Auswirkungen auf die Menschenrechte zu ermitteln, zu verhüten und zu mildern sowie Rechenschaft darüber abzulegen, wie sie diesen begegnen; (c) Verfahren, die die Wiedergutmachung etwaiger nachteiliger menschenrechtlicher Auswirkungen ermöglichen, die sie verursachen oder zu denen sie beitragen **(UNGP 15).**

Die grundlegenden Prinzipien werden durch **operative Prinzipien** weiter präzisiert. **15**
Diese betreffen die Grundsatzverpflichtung zur Achtung der Menschenrechte (UNGP 16), die Sorgfaltspflicht auf dem Gebiet der Menschenrechte (UNGP 17–21) sowie die Wiedergutmachung (UNGP 22) und Fragen des Kontexts (UNGP 23–24). Dies sei hier am **Beispiel der Sorgfaltspflicht** veranschaulicht. Deren Parameter werden in UNGP 17 festgelegt und sodann in den UNGP 18–21 näher erläutert. Einleitend ist von einem „Verfahren" die Rede, das unter anderem darin bestehen sollte, tatsächliche und potenzielle menschenrechtliche Auswirkungen zu ermitteln, die sich daraus ergebenden Erkenntnisse zu berücksichtigen und Folgemaßnahmen zu ergreifen, die ergriffenen Maßnahmen nachzuhalten sowie Angaben dazu zu machen, wie den Auswirkungen begegnet wird. Erläuternd heißt es weiter in **UNGP 17,** dass die Sorgfaltspflicht auf dem Gebiet der Menschenrechte (a) sich auf die nachteiligen menschenrechtlichen Auswirkungen erstrecken sollte, die das Wirtschaftsunternehmen durch seine eigene Tätigkeit unter Umständen verursacht oder zu denen es beiträgt oder die infolge seiner Geschäftsbeziehungen mit seiner Geschäftstätigkeit, seinen Produkten oder Dienstleistungen unmittelbar verbunden sind, (b) je nach Größe des Wirtschaftsunternehmens, des Risikos schwerer menschenrechtlicher Auswirkungen und der Art und des Kontexts seiner Geschäftstätigkeit von unterschiedlicher Komplexität sein wird, (c) eine kontinuierliche Aufgabe sein sollte, angesichts der Tatsache, dass sich Menschenrechtsrisiken im Zeitablauf verändern können, wenn sich die Geschäftstätigkeit und das operative Umfeld eines Unternehmens weiterentwickeln. **UNGP 18** legt dar, wie die Ermittlung und Bewertung menschenrechtlicher Risiken vonstatten gehen soll. **UNGP 19** zeigt auf, wie die Erkenntnisse aus dieser Prüfung in die unternehmensinternen Geschäftsbereiche und Abläufe integriert werden sollen. **UNGP 20** handelt von Wirksamkeitskontrollen, **UNGP 21** von der menschenrechtsbezogenen Berichterstattung.

c) Anwendungsbereich und Auslegung der UN-Leitprinzipien. Ausweislich ihrer **16**
Eingangspassage finden die Leitprinzipien Anwendung auf alle Staaten und transnationale wie sonstige Wirtschaftsunternehmen, ungeachtet ihrer Größe, ihres Sektors, ihres Standorts, ihrer Eigentumsverhältnisse und ihrer Struktur.[33] Sie sollen **als geschlossenes Ganzes** anzusehen und sowohl in ihren einzelnen Teilen als auch in ihrer Gesamtheit **nach Maßgabe ihres Ziels auszulegen** sein, die Standards und Verfahrensweisen in Bezug auf Unternehmen und die Menschenrechte so zu verbessern, dass greifbare Ergebnisse für betroffene Personen und lokale Gemeinwesen erzielt werden, und somit auch zu einer sozial nachhaltigen Globalisierung beitragen.[34]

Nach ihrem Selbstverständnis sind die UN-Leitprinzipien **nicht so auszulegen, dass** **17**
durch sie neue völkerrechtliche Verpflichtungen geschaffen oder etwaige Rechtsverpflichtungen eines Staates eingeschränkt oder untergraben **würden,** die dieser nach dem

[33] Leitprinzipien für Wirtschaft und Menschenrechte, 2011, 1.
[34] Leitprinzipien für Wirtschaft und Menschenrechte, 2011, 1.

Völkerrecht mit Bezug auf die Menschenrechte eingegangen ist oder denen er unterworfen sein mag.[35]

18 **d) Anerkennung durch UN-Menschenrechtsrat.** Der UN-Menschenrechtsrat hat die UN-Leitprinzipien in seiner Resolution 17/4 vom 6.7.2011 angenommen.[36] Welche Rechtswirkung von diesem „Endorsement" ausgeht, wird unterschiedlich beurteilt.[37] Der den Leitprinzipien beigegebene Interpretationsleitfaden[38] erkennt hierin ihre **Anerkennung als globaler Standard der Praxis,** ohne dass sie dadurch zu einem verbindlichen Rechtsinstrument geworden wären.[39] Ruggie selbst sieht in ihnen eine normative Plattform und **hochrangige Politikempfehlungen, die** inzwischen über soziale Erwartungen hinausgingen und **unweigerlich zu einer weiteren Verrechtlichung** auf allen Governance-Ebenen multinationaler Unternehmen **führen** würden: „public, civil, and corporate".[40]

19 Nach Auffassung des deutschen Gesetzgebers fehlt den UN-Leitprinzipien die Rechtsverbindlichkeit; die Regierungsbegründung des LkSG spricht von den „dort verankerten, **rechtlich nicht bindenden Sorgfaltspflichten auf dem Gebiet der Menschenrechte**".[41] Schon zuvor hatte der Nationale Aktionsplan Wirtschaft und Menschenrechte (NAP) der Bundesregierung aus dem Jahre 2016 (→ Rn. 30) zu den UN-Leitprinzipien festgehalten: „Sie schaffen keine neuen Menschenrechtsstandards und beinhalten keine zusätzlichen völkerrechtlichen Verpflichtungen, sondern nehmen Bezug auf bestehende verbindliche und unverbindliche Menschenrechtsinstrumente."[42] Ebenso sieht es das ganz überwiegende völkerrechtliche[43] und privatrechtliche Schrifttum.[44] Allerdings vermerken einzelne Literaturstimmen mit Blick auf die Zukunft eine „gewisse Ambivalenz":[45] Es sei denkbar, dass diese Verhaltensstandards für Unternehmen auf längere Sicht als Ausdruck einer bestimmten Rechtsüberzeugung eine Entwicklung katalysieren, an deren Ende menschenrechtliche Verpflichtungen stehen.[46]

20 **e) Resonanz in Wissenschaft, Wirtschaft und Zivilgesellschaft.** Ungeachtet ihrer fehlenden Rechtsverbindlichkeit haben die UN-Leitprinzipien in Wissenschaft, Wirtschaft und Zivilgesellschaft große Aufmerksamkeit gefunden.[47] Als **internationaler Referenzrahmen** gelten sie vielerorts, wie man mit einem mittelalterlichen Wortspiel formulieren könnte, zwar non ratione imperii, sed imperio rationis.[48] Aufgrund ihrer großen Strahl- und Überzeugungskraft sind sie etwa von den OECD-Leitsätzen für multinationale Unternehmen aufgegriffen worden (→ Rn. 23). Hierzulande sollten sie durch den Nationalen Aktionsplan Wirtschaft und Menschenrechte (NAP) der Bundesregierung umgesetzt werden (→ Rn. 30) und in der Gesetzesbegründung des LkSG werden sie als wesentliche Orientierungshilfe und Inspirationsquelle genannt.[49]

---

35 Leitprinzipien für Wirtschaft und Menschenrechte, 2011, 1.

36 UN Doc. A/HRC/RES/17/4 vom 6.7.2011.

37 Eingehend dazu Spießhofer, Unternehmerische Verantwortung, 2017, 124 ff.

38 OHCHR, The Corporate Responsibility to Respect Human Rights: an Interpretive Guide, 2012; dazu auch Begr. RegE LkSG, BT-Drs. 19/28649, 41.

39 So OHCHR, The Corporate Responsibility to Respect Human Rights: an Interpretive Guide, 2012, 1.

40 Ruggie, Just Business, Multinational Corporations and Human Rights, 2011, 124 f.

41 Begr. RegE LkSG, BT-Drs. 19/28649, 23; ebenso Beschlussempfehlung und Bericht des Ausschusses für Arbeit und Soziales, BT-Drs. 19/30505, 20 f.

42 Bundesregierung, Nationaler Aktionsplan Wirtschaft und Menschenrechte, 2016, 5.

43 Vgl. Haslinger ZöR 2017, 29 (44); Herdegen, Völkerrecht, 20. Aufl. 2021, § 13 Rn. 4 und 6.

44 Vgl. Fleischer/Hahn RIW 2018, 397; Mansel ZGR 2018, 439 (443); Rühl/Knauer JZ 2022, 105 (106); Spindler ZHR 186 (2022), 67 (70).

45 Herdegen, Völkerrecht, 20. Aufl. 2021, § 13 Rn. 6.

46 So Herdegen, Völkerrecht, 20. Aufl. 2021, § 13 Rn. 4 und 6.

47 Vgl. etwa Blitt 48 Tex. Int'l L. J. 33, 50 ff. (2012); Brune, Menschenrechte und transnationale Unternehmen, 2020, 35 ff.; Hamm KJ 49 (2016), 479; Spießhofer, Unternehmerische Verantwortung, 2017, 129 ff.; ferner der Sammelband von Mares, The UN Guiding Principles on Business and Human Rights: Foundations and Implementation, 2012.

48 Vgl. Fleischer CCZ 2022, 205 (206).

49 Vgl. Begr. RegE LkSG, BT-Drs. 19/28649, 23.

Konzeptionell finden sich für die UN-Leitprinzipien im Schrifttum verschiedene Theorien und **Deutungsangebote:** Manche sehen in ihnen einen Anwendungsfall **transnationaler privater Regulierung,** welche die Unterschiede zwischen den normativen Formen sowie zwischen Privatrecht und öffentlichem Recht verschwimmen lasse.[50] Andere sprechen von einem **polyzentrischen Regulierungsprozess,** in dem sich sowohl freiwillige als auch rechtlich verbindliche Elemente bei der Steuerung wirtschaftlichen Verhaltens gegenseitig unterstützten.[51] Wieder andere erkennen in der Verantwortung der Unternehmen zur Achtung der Menschenrechte eine **„embryonic legal obligation"**[52] sowie den Prototyp einer schleichenden unmittelbaren Verpflichtung von Unternehmen im Sinne eines **„creeping law".**[53] 21

Im Jahre **2021** gab der **zehnjährige Geburtstag** der UN-Leitprinzipien Anlass, eine **Zwischenbilanz** ihrer Wirkungsgeschichte zu ziehen.[54] Zu diesem Zweck hat eine führende internationale Zeitschrift auf dem Gebiet Wirtschaft und Menschenrechte in einem Jubiläumsheft zwölf Aufsätze versammelt,[55] unter ihnen einen von John Ruggie,[56] ihrem geistigen Vater, der kurz darauf verstarb.[57] Dessen Beitrag erläutert rückblickend, dass die UN-Leitprinzipien mit Bedacht auf Due-Diligence-Prozesse setzten, die der Wirtschaft aus anderen Zusammenhängen bereits vertraut waren.[58] Zugleich arbeitet er heraus, inwieweit sich die menschenrechtliche Due Diligence vom herkömmlichen gesellschaftsrechtlichen Risikomanagement unterscheidet.[59] Mehrere Aufsätze notieren, dass man **im letzten Jahrzehnt** auf der Grundlage der UN-Leitprinzipien geradezu **eine Normenkaskade im Bereich Wirtschaft und Menschenrechte** beobachten konnte.[60] Ein Autor nimmt eine Periodisierung vor, angefangen mit einer Phase unternehmerischer Zurückhaltung (business defensiveness) in den 1980er Jahren und einer solchen der Freiwilligkeit (voluntarism) in den 1990er Jahren bis hin zu einer Periode der institutionalisierten Freiwilligkeit (institutionalized voluntarism) seit Beginn des 21. Jahrhunderts und schließlich einer solchen jenseits der Freiwilligkeit (beyond voluntarism).[61] 22

3. OECD-Leitsätze für multinationale Unternehmen (2011). Neben den Vereinten Nationen beschäftigt sich auch die Organisation für wirtschaftliche Zusammenarbeit und Entwicklung (OECD) mit der menschenrechtlichen Verantwortung privater Unternehmen.[62] Die von ihr erarbeiteten OECD-Leitlinien für multinationale Unternehmen stammen ursprünglich aus dem Jahre 1976.[63] Ihre letzte **Neufassung** ist **2011** erfolgt.[64] Seither enthalten die OECD-Leitsätze ein **eigenes Kapitel zu den Menschenrechten,**[65] das die UN-Leitprinzipien ausdrücklich in Bezug nimmt und mit deren Rahmen „Schutz, 23

[50] So Jägers in Bilchitz/Deva, Human Rights Obligations of Business, 2013, 295 (299 ff.).

[51] In diesem Sinne Taylor, Nordic Journal of Applied Ethics (5) 1/2011, 9 ff.

[52] Knox in Mares, The UN Guiding Principles on Business and Human Rights: Foundations and Implementation, 2012, 51.

[53] Dies erwägend Spießhofer, Unternehmerische Verantwortung, 2017, 132.

[54] Vgl. den Eingangssatz von Muchlinski BHRJ 2021, 212: „The tenth anniversary of the United Nations Guiding Principles on Business and Human Rights (UNGPs) demands a stocktaking".

[55] Vgl. BHRJ 2021, 179–351.

[56] Vgl. Ruggie/Rees/Davis BHRJ 2021, 179.

[57] John Ruggie (1944–2021); zahlreiche Nachrufe unter https://www.business-humanrights.org.

[58] Vgl. Ruggie/Rees/Davis BHRJ 2021, 179 (186): „The construct of HRDD wa deliberately adapted from other due diligence processes traditionally familiar to business (legal, financial, technical)".

[59] Dazu Ruggie/Rees/Davis BHRJ 2021, 179 (186 ff.).

[60] Vgl. die Einzelbeiträge in BHRJ 2021, 179–351; monographisch Wettstein, Business and Human Rights, 2022, 11 ff. und passim.

[61] So Muchlinski BHRJ 2021, 212 (213 ff.).

[62] Vgl. Brunk, Menschenrechtscompliance, 2022, 264 ff.; Herdegen, Völkerrecht, 20. Aufl. 2021, § 13 Rn. 3; Spießhofer, Unternehmerische Verantwortung, 2017, 181 ff.; monographisch Weidmann, Der Beitrag der OECD-Leitsätze für multinationale Unternehmen zum Schutz der Menschenrechte, 2014.

[63] OECD Guidelines for Multinational Enterprises, 21.6.1976, 15 ILM 969 (1976).

[64] OECD-Leitsätze für multinationale Unternehmen, 2011; dazu etwa Herdegen, Völkerrecht, 20. Aufl. 2021, § 13 Rn. 3; Krajewski, Wirtschaftsvölkerrecht, 5. Aufl. 2021, Teil 3 Rn. 705 ff.

[65] OECD-Leitsätze für multinationale Unternehmen, 2011, Kap. IV: „Menschenrechte", 36 ff.

Achtung und Abhilfe" in Einklang steht.[66] Aufgenommen worden ist auch ein umfassendes **Konzept der menschenrechtlichen Sorgfaltspflicht (Due Diligence) und des verantwortungsvollen Managements der Zulieferkette,** „das gegenüber früheren Ansätzen einen deutlichen Fortschritt darstellt".[67] Danach sollen die Unternehmen risikoabhängige Due-Diligence-Prüfungen durchführen, beispielsweise durch die Einbeziehung von Due Diligence in ihre unternehmensbasierten Risikomanagementsysteme, um tatsächliche und potenzielle negative Effekte zu ermitteln, zu verhüten und zu mindern, sowie Rechenschaft darüber abzulegen, wie diesen Effekten begegnet wird.[68] Natur und Ausmaß der Due-Diligence-Vorkehrungen sollen von den spezifischen Umständen des Einzelfalls abhängen.

24 **Rechtlich** handelt es sich bei den OECD-Leitsätzen um **unverbindliche Grundsätze** und Maßstäbe für verantwortungsvolles unternehmerisches Handeln in einem globalen Kontext.[69] Sie verfügen jedoch über einen einzigartigen Umsetzungsmechanismus, weil sich die OECD-Mitgliedstaaten verpflichtet haben, eine **Nationale Kontaktstelle** (NKS) einzurichten, um mögliche Verstöße gegen die OECD-Leitsätze zu überprüfen.[70] In Deutschland ist die NKS beim Bundeswirtschaftsministerium angesiedelt; ihre Aufgaben werden von einem Mitarbeiter des Ministeriums wahrgenommen.[71] National und international haben die Kontaktstellen eine Anzahl von Verfahren durchgeführt und beträchtliches Anschauungsmaterial erschlossen.[72] Ihre Feststellungen, dass die OECD-Standards verletzt wurden, sind zwar nicht bindend, entfalten aber eine nicht zu unterschätzende **Prangerwirkung in der Öffentlichkeit** („naming and shaming").[73] Insgesamt entsteht so eine „eigenartige ‚hybride' Normativität: ‚soft law' wird hoheitlich kontrolliert."[74]

25 Im Jahre 2018 hat die OECD einen **„OECD-Leitfaden für die Erfüllung der Sorgfaltspflichten für verantwortungsvolles unternehmerisches Handeln"** vorgelegt.[75] Er ist eine Antwort auf die von den G7-Staats- und Regierungschefs am 7. und 8.1.2015 auf Schloss Elmau angenommene Erklärung, in welcher die Bedeutung der Schaffung eines gemeinsamen Verständnisses von Due Diligence, insbesondere für kleine und mittlere Unternehmen, anerkannt wird und Unternehmen mit Aktivitäten oder Firmensitz in einem G7-Staat ermutigt werden, Due Diligence in ihren Lieferketten einzuführen.[76] Ziel dieses insgesamt 92 Seiten umfassenden Leitfadens ist es, Unternehmen praxisnah bei der Umsetzung der OECD-Leitsätze für multinationale Unternehmen zu unterstützen, indem

---

[66] So ausdrücklich OECD-Leitsätze für multinationale Unternehmen, 2011, Vorwort, 4; dazu auch Begr. RegE LkSG, BT-Drs. 19/28649, 41.

[67] OECD-Leitsätze für multinationale Unternehmen, 2011, Vorwort, 4.

[68] So ausdrücklich OECD-Leitsätze für multinationale Unternehmen, 2011, Kap. II A Nr. 10, 23.

[69] So die Selbstqualifikation in OECD-Leitsätze für multinationale Unternehmen, 2011, Vorwort, 3; gleichsinnig Herdegen, Völkerrecht, 20. Aufl. 2021, § 13 Rn. 3; Krajewski, Wirtschaftsvölkerrecht, 5. Aufl. 2021, Teil 1 Rn. 63.

[70] Zum Verfahren Brunk, Menschenrechtscompliance, 2022, 264 ff.; Kasolowsky/Voland NZG 2014, 1288; Krajewski/Bozorgzad/Heß ZaöRV 76 (2016), 309 (317 ff.); Ochoa/Sanchez Nordic JIL 84 (2015), 89.

[71] Vgl. etwa den Bericht der Bundesregierung über die Arbeit der Nationalen Kontaktstelle für die OECD-Leitsätze für multinationale Unternehmen im Jahre 2017, BT-Drs. 19/2628, Rn. 15; Dörr in Reinisch/Hobe/Kieninger/Peters, Unternehmensverantwortung und Internationales Recht, 2019, 133 (151); Spießhofer, Unternehmerische Verantwortung, 2017, 209; Weidmann, Der Beitrag der OECD-Leitsätze für multinationale Unternehmen zum Schutz der Menschenrechte, 2014, 257 ff.

[72] Fallbeispiele etwa bei Brunk, Menschenrechtscompliance, 2022, 278 ff.; Herdegen, Völkerrecht, 20. Aufl. 2021, § 13 Rn. 5; Krajewski/Bozorgzad/Heß ZaöRV 76 (2016), 309 (321 ff.); Spießhofer, Unternehmerische Verantwortung, 2017, 204 ff.; Weidmann, Die Beitrag der OECD-Leitsätze für multinationale Unternehmen zum Schutz der Menschenrechte, 2014, 270 ff.

[73] Dazu Dörr in Reinisch/Hobe/Kieninger/Peters, Unternehmensverantwortung und Internationales Recht, 2019, 133 (151); Herdegen, Völkerrecht, 20. Aufl. 2021, § 13 Rn. 5; Kasolowski/Voland NZG 2014, 1288 (1289, 1291).

[74] Herdegen, Völkerrecht, 20. Aufl. 2021, § 13 Rn. 5.

[75] Dazu auch Begr. RegE LkSG, BT-Drs. 19/28649, 42.

[76] So ausdrücklich OECD-Leitfaden für die Erfüllung der Sorgfaltspflicht für verantwortungsvolles unternehmerisches Handeln, 2018, Vorwort, 3.

verständlich formulierte Erklärungen zu den Due-Diligence-Empfehlungen und zugehörigen Bestimmungen der Leitsätze gegeben werden.[77] Zusätzliche Leitfäden der OECD betreffen bestimmte Branchen und Wirtschaftsbereiche.[78]

4. ISO 26000 zur gesellschaftlichen Verantwortung von Organisationen (2010). 26
Als ein weiterer Standardsetzer auf dem Feld der Social Responsibility ist die Internationale Organisation für Normung (ISO) in Erscheinung getreten. Sie hat mit dem ISO 26000 im Jahre 2010 einen Leitfaden zur gesellschaftlichen Verantwortung aller Organisationen vorgelegt.[79] Diese ISO-Norm ist unverändert in die deutsche DIN ISO 26000:2011-01 übernommen worden.[80] Zu den sieben Grundsätzen gesellschaftlicher Verantwortung zählt sie unter anderem die Achtung internationaler Standards und die Achtung der Menschenrechte. Im Einzelnen sind ihre Anforderungen mit denen der UN-Leitprinzipien kompatibel; zu diesem Zweck hatten die ISO-Experten mehr als drei Jahre mit John Ruggie zusammengearbeitet und sich an dessen Vorschlägen orientiert.[81]

Rechtlich beansprucht ISO 26000 für sich selbst keine Verbindlichkeit. Er will weder als 27
Ausdruck von Völkergewohnheitsrecht noch als Grundlage für rechtliche Maßnahmen und Klagen dienen.[82] Auch bildet er nach seinem Selbstverständnis keine zertifizierbare Managementsystem-Norm.[83]

5. Entwürfe für einen völkerrechtlich verbindlichen Vertrag über transnationale 28
Unternehmen und Menschenrechte (seit 2018). Seit 2014 sind auf UN-Ebene Bestrebungen im Gange, die unverbindlichen Verhaltensstandards für transnationale Unternehmen durch einen verbindlichen Regelungsrahmen zu ergänzen. Den Anstoß hierzu gab die Resolution 26/9 des UN-Menschenrechtsrats, aufgrund derer eine zwischenstaatliche offene Arbeitsgruppe mit dem Auftrag eingesetzt wurde, ein „bindendes internationales Rechtsinstrument zur Regulierung der Tätigkeit transnationaler Unternehmen und anderer Wirtschaftsunternehmen im Rahmen der internationalen Menschenrechtsnormen" auszuarbeiten.[84] Die Arbeitsgruppe hat im Juli 2018 einen ersten Entwurf („Zero Draft") vorgelegt.[85] Eine revidierte Zweitfassung datiert vom August 2020. Ihr erklärtes Ziel ist es vor allem, Unternehmen zur Durchführung einer menschenrechtlichen Due Diligence zu verpflichten.[86] Die Diskussionen über diesen Entwurf, der noch immer zahlreiche Lücken aufweist, dauern an. Die Europäische Union steht einem solchen völkerrechtlichen Instrument grundsätzlich aufgeschlossen gegenüber, hat der EU-Kommission aber noch kein Verhandlungsmandat erteilt.[87]

III. Ansätze zur Selbstregulierung und ihr Scheitern

1. Nationaler Aktionsplan Wirtschaft und Menschenrechte (2016). Das breite 29
Echo auf die UN-Leitprinzipien weit über die Fachöffentlichkeit hinaus (→ Rn. 20 ff.) hat

[77] So ausdrücklich OECD-Leitfaden für die Erfüllung der Sorgfaltspflicht für verantwortungsvolles unternehmerisches Handeln, 2018, Vorwort, 3.
[78] Näher dazu Begr. RegE LkSG, BT-Drs. 19/28649, 42.
[79] Näher Bundesministerium für Umwelt, Naturschutz, Bau und Reaktorsicherheit, Gesellschaftliche Verantwortung von Unternehmen. Eine Orientierungshilfe für Kernthemen und Handlungsfelder des Leitfadens DIN ISO 26000, 2014; Vitt/Franz/Kleinfeld/Thorns, Gesellschaftliche Verantwortung nach DIN ISO 26000, 2011.
[80] Dazu DIN ISO 26000:2011-01, Einleitung.
[81] Vgl. Diller 33 Mich. J. Int'l L. 480, 499 ff. (2012).
[82] Vgl. Spießhofer, Unternehmerische Verantwortung, 2017, 262 und 264.
[83] Zweifelnd Spießhofer, Unternehmerische Verantwortung, 2017, 263.
[84] Vgl. A/HRC/RES/26/9 vom 14.7.2014; dazu Haslinger ZöR 2018, 29 (44 f.); Hoffberger-Pippan AVR 58 (2020), 400 (405 f.).
[85] Legally Binding Instrument to Regulate, in International Human Rights Law, the Activities of Transnational Corporations and Other Enterprises, Zero Draft, 16.7.2018.
[86] Näher Hoffberger-Pippan AVR 58 (2020), 400 (408 ff.).
[87] So Schmidt-Räntsch ZUR 2021, 387 (388) unter Hinweis darauf, dass sich die Mitgliedstaaten bisher noch nicht auf eine Verhandlungslinie einigen konnten.

im In- und Ausland auch die Politik auf den Plan gerufen (zum „policy cycle“ → Rn. 1). Eine Arbeitsgruppe des UN-Menschenrechtsrats **empfahl** im März 2013 die **Ausarbeitung Nationaler Aktionspläne** zur Umsetzung der UN-Leitprinzipien.[88] Schon zuvor hatte die Europäische Kommission die Mitgliedstaaten in ihrer neuen CSR-Strategie aufgefordert, solche Aktionspläne zu entwickeln.[89] Dies ist in der Folge auch breitflächig geschehen.[90]

30 Hierzulande hielt der **Koalitionsvertrag** zwischen CDU, CSU und SPD für die 18. Legislaturperiode **vom November 2013** fest: „Wir werden darauf dringen, dass transnationale Unternehmen soziale, ökologische und menschenrechtliche Standards einhalten. Die ILO-Erklärung über multinationale Unternehmen und Sozialpolitik, die OECD-Leitsätze und die UN-Leitprinzipien über Wirtschaft und Menschenrechte stecken hierfür den Rahmen ab. **Wir werden die UN-Leitprinzipien auf nationaler Ebene umsetzen.**“[91] Unter Federführung des Auswärtigen Amtes fand im Jahr 2015 ein umfangreicher Konsultationsprozess mit allen gesellschaftlichen Interessengruppen statt, gefolgt von einer Expertenbefragung.[92] Fast das gesamte Folgejahr nahm dann die konzeptionelle und redaktionelle Arbeit eines interministeriellen Ausschusses an dem Abschlussdokument in Anspruch.[93] Am 16.12.2016 beschloss das **Bundeskabinett** den **„Nationalen Aktionsplan Wirtschaft und Menschenrechte“ (NAP),** der insgesamt 29 Seiten umfasst.

31 Der NAP sollte dazu dienen, die UN-Leitprinzipien für alle Akteure praktisch anwendbar zu machen, Pflichten bzw. Verantwortlichkeiten für Staat und Wirtschaft aufzuzeigen, Politikkohärenz zu gewährleisten und sicherzustellen, dass die deutsche Wirtschaft zukunfts- und wettbewerbsfähig bleibt.[94] In ihm verlieh die **Bundesregierung** ihrer **Erwartungshaltung** Ausdruck, dass alle Unternehmen den menschenrechtlichen Sorgfaltsprozess in einer ihrer Größe, Branche und Position in der Liefer- und Wertschöpfungskette angemessenen Weise einführen.[95] Zu den **Kernelementen der menschenrechtlichen Sorgfaltspflicht** gehören danach eine Grundsatzerklärung zur Achtung der Menschenrechte, Verfahren zur Ermittlung tatsächlich und potenziell nachteiliger Auswirkungen auf die Menschenrechte, Maßnahmen zur Abwendung potenziell negativer Auswirkungen und Überprüfung der Wirksamkeit, Berichterstattung und ein Beschwerdemechanismus.[96]

32 Erklärtes Ziel des NAP war es, dass mindestens 50 % aller in Deutschland ansässigen Unternehmen mit über 500 Beschäftigten die beschriebenen Elemente menschenrechtlicher Sorgfalt bis 2020 in ihre Unternehmensprozesse integriert haben.[97] Sollte diese Befolgungsquote nicht erreicht werden, behielt sich die Bundesregierung ausdrücklich vor, weitergehende Schritte bis hin zu gesetzlichen Maßnahmen zu prüfen.[98]

33 **2. Monitoring-Prozess (2019/2020).** Der im NAP bereits angekündigte Monitoring-Prozess auf der Basis einer repräsentativen Stichprobe[99] wurde im Auftrag des Auswärtigen Amtes von der Wirtschaftsprüfungsgesellschaft Ernst & Young durchgeführt. Eine erste

[88] Vgl. Report of the Working Group on the issue of human rights and transnational corporations and other business enterprises, 14.3.2013, A/HRC/23/32 Rn. 71 unter (f): „To consider elaborating a national plan of action on implementation to define responsibilites at the national level, identify resource requirements and mobilize relevant actors, building on lessons learned from such experiences in other countries“.

[89] Vgl. Mitteilung der EU-Kommission, Eine neue EU-Strategie (2011-14) für die soziale Verantwortung der Unternehmen (CSR), KOM(2011), 681 endg., unter 4.8.2.

[90] Näher dazu Augenstein/Dawson/Thielbörger BHRJ 3 (2018), 1; Niebank, Nationale Aktionspläne Wirtschaft und Menschenrechte. Europäische Staaten und USA im Vergleich, 2019.

[91] Koalitionsvertrag zwischen CDU, CSU und SPD vom 27.11.2013, 180.

[92] Eingehend zum Entstehungsprozess Bundesregierung, NAP, 2016, 6; ferner Schmidt-Räntsch ZUR 2021, 387 (388).

[93] Vgl. Schmidt-Räntsch ZUR 2021, 387 (388 f.).

[94] So ausdrücklich Bundesregierung, NAP, 2016, 5.

[95] Vgl. Bundesregierung, NAP, 2016, 7.

[96] Vgl. Bundesregierung, NAP, 2016, 8 ff.

[97] So ausdrücklich Bundesregierung, NAP, 2016, 10.

[98] Vgl. Bundesregierung, NAP, 2016, 10.

[99] Dazu Bundesregierung, NAP, 2016, 28.

Befragung von etwa 7.400 Unternehmen im Jahre 2019 ergab, dass 17–19 % der Unternehmen die Sorgfaltsanforderungen erfüllten und weitere 9–12 % auf einem „guten Weg" zur Erfüllung waren.[100] Nach der zweiten repräsentativen Befragung vom Mai 2020 erfüllten 13–17 % der Unternehmen die Anforderungen des NAP vollständig, 83–87 % erfüllten sie nicht.[101] Unter den „Nichterfüllern" waren nur 10–12 % der Grundgesamtheit auf einem guten Weg.

Angesichts dieses eindeutigen Befundes war das **Konzept der Selbstregulierung gescheitert.**[102] Die Bundesregierung musste über Regelungsalternativen nachdenken. Die Richtung hatte der **Koalitionsvertrag** zwischen CDU, CSU und SPD für die 19. Legislaturperiode **vom März 2018** bereits vorgegeben: „Wir setzen uns für eine konsequente Umsetzung des Nationalen Aktionsplans Wirtschaft und Menschenrechte (NAP) ein, einschließlich des öffentlichen Beschaffungswesens. Falls die wirksame und umfassende Überprüfung des NAP 2020 zu dem Ergebnis kommt, dass die freiwillige Selbstverpflichtung der Unternehmen nicht ausreicht, **werden wir national gesetzlich tätig** und uns für eine EU-weite Regelung einsetzen."[103] 34

IV. Stationen auf dem Weg zum LkSG

Trotz dieser eindeutigen politischen Vorgaben erwies sich der Weg zum Lieferkettensorgfaltspflichtengesetz als lang und windungsreich.[104] Dies lag vor allem an den **konträren Vorstellungen der beteiligten Ministerien,** in denen sich die gegenläufigen Grundüberzeugungen gesellschaftlicher Interessengruppen widerspiegelten: Während sich das von Gerd Müller (CSU) geführte Bundesministerium für wirtschaftliche Zusammenarbeit und Entwicklung (BMZ) und das von Hubertus Heil (SPD) geleitete Bundesministerium für Arbeit und Soziales (BMAS) für eine weitreichende gesetzliche Regelung einsetzten,[105] plädierte das von Peter Altmaier (CDU) angeführte Bundesministerium für Wirtschaft und Energie (BMWi) für einen möglichst restriktiven Ansatz und mit Beginn der Corona-Krise für ein Belastungsmoratorium. Treffend hat man das LkSG daher als „das umstrittenste Gesetzgebungsvorhaben der 19. Legislaturperiode"[106] bezeichnet. 35

1. Entwurf eines Nachhaltigen Wertschöpfungsgesetzes des BMZ (Februar 2019). Als sich die niedrige Erfüllungsquote des NAP erstmals abzeichnete, entwickelte das BMZ, dessen Minister selbst mit einschlägigen Buchpublikationen in Erscheinung getreten war,[107] erste Vorüberlegungen für einen gesetzlichen Regelungsrahmen. Sie mündeten am 1.2.2019 in den unveröffentlichten Entwurf eines Gesetzes zur Regelung menschenrechtlicher und umweltbezogener Sorgfaltspflichten in globalen Wertschöpfungsketten (Sorgfaltspflichtengesetz),[108] von dem die Presse aber rasch Kenntnis erlangte.[109] Der Vorentwurf 36

[100] Vgl. Schmidt-Räntsch ZUR 2021, 387 (389).

[101] Vgl. Begr. RegE LkSG, BT-Drs. 19/28649, 2: „Die Ergebnisse der im Rahmen des Nationalen Aktionsplans durchgeführten repräsentativen Untersuchungen vom Juli 2020 haben gezeigt, dass lediglich zwischen 13 und 17 Prozent der befragten Unternehmen die Anforderungen des Nationalen Aktionsplans erfüllen".

[102] Dazu auch Begr. RegE LkSG, BT-Drs. 19/28649, 23: „Im Zuge der Umsetzung des Nationalen Aktionsplans ist deutlich geworden, dass eine freiwillige Selbstverpflichtung nicht ausreicht, damit Unternehmen ihrer menschenrechtlichen Sorgfalt angemessen nachkommen."; Hübner NZG 2021, 1411 (1412).

[103] Koalitionsvertrag zwischen CDU, CSU und SPD vom 12.3.2018, 156.

[104] Für eine sorgfältige und kenntnisreiche Dokumentation aus der Binnensicht des Bundesministeriums für Umwelt, Naturschutz und nukleare Sicherheit Schmidt-Räntsch ZuR 2021, 387 (390 ff.).

[105] Vgl. Heil, BT, Stenografischer Bericht, 234. Sitzung, 11.6.2021, BT-Plenar-Prot. 19/236, 30254: „Es ist ja kein Geheimnis, dass mein Freund Gerd Müller und ich gemeinsam für ein robustes Gesetz gekämpft haben, für ein Gesetz, das kein Papiertiger ist, sondern das auch Zähne hat […]".

[106] Grabosch Das neue LkSG/Grabosch § 1 Rn. 1.

[107] Vgl. G. Müller, Unfair! Für eine gerechte Globalisierung, 2017; später G. Müller, Umdenken. Überlebensfragen der Menschheit, 2020.

[108] Dazu Schmidt-Räntsch ZUR 2021, 387 (390).

[109] Vgl. etwa Koch, Neues Wertschöpfungsgesetz. Schnittmuster für eine bessere Welt, taz vom 10.2.2019.

deckte sich in zentralen Punkten mit einem von Klinger, Krajewski, Krebs und Hartmann erstellten Gemeinschaftsgutachten zur „Verankerung menschenrechtlicher Sorgfaltspflichten von Unternehmen im deutschen Recht" im Auftrag von Amnesty International, Brot für die Welt, GermanWatch und Oxfam Deutschland.[110]

37 In die Pflicht genommen werden sollten danach alle deutschen Großunternehmen iSd § 267 Nr. 3 HGB und zusätzlich sonstige Unternehmen, die selbst oder durch beherrschte Unternehmen entweder in einem Hochrisikosektor tätig sind oder wirtschaftliche Aktivitäten in Konflikt- oder Hochrisikogebieten durchführen.[111] Gegenstand der Sorgfaltspflichten waren sowohl der **Schutz der international anerkannten Menschenrechte** als auch die **Einhaltung grundlegender Anforderungen des Umweltschutzes.** Kontrolle und Durchsetzung sollten in den Händen der Gewerbeaufsicht, der Bundesanstalt für Arbeitsschutz und Arbeitsmedizin sowie der Menschenrechtsbeauftragten der Bundesregierung liegen.[112] Als Sanktionen waren Bußgelder von bis zu 5 Mio. Euro, Freiheitsstrafen und der Ausschluss von der Vergabe öffentlicher Aufträge vorgesehen.[113]

38 Nach den Pressemeldungen entzündete sich an den Vorüberlegungen des BMZ sofort heftiger Widerstand der Wirtschaftsverbände. Die Bundesregierung machte sich den Gesetzesentwurf vom Februar 2019 nicht zu eigen, sondern verwies auf die noch ausstehende zweite Phase des Monitoring-Prozesses im Frühjahr 2020 (→ Rn. 33).[114]

39 **2. Initiative Lieferkettengesetz (seit September 2019).** Wie nur wenige andere rechtspolitische Themen hierzulande ist die Vorbereitung eines Lieferkettengesetzes durch Anregungen und Gutachten aus der Mitte der Zivilgesellschaft angestoßen und begleitet worden. Ein Hauptakteur war die Initiative Lieferkettengesetz, ein im September 2019 gegründetes Bündnis aus inzwischen mehr als 125 zivilgesellschaftlichen Organisationen, Gewerkschaften und Kirchengruppen.[115] Die Initiative ließ unter anderem ein umfangreiches Rechtsgutachten zur Ausgestaltung eines Lieferkettengesetzes erstellen[116] und förderte ein zweites Rechtsgutachten zur Zulässigkeit umweltbezogener Sorgfaltspflichten in einem deutschen Lieferkettengesetz.[117]

40 **3. Eckpunkte eines Sorgfaltspflichtengesetzes von BMZ und BMAS (März 2020).** Am 10.3.2020 haben das BMAS und das BMZ den „Entwurf für Eckpunkte eines Bundesgesetzes über die Stärkung der unternehmerischen Sorgfaltspflichten zur Vermeidung von Menschenrechtsverletzungen in globalen Wertschöpfungsketten (Sorgfaltspflichtengesetz)" vorgelegt.[118] Danach sollten **in Deutschland ansässige Unternehmen mit mehr als 500 Arbeitnehmern** verpflichtet werden, ihrer Verantwortung in der Wertschöpfungskette nachzukommen.[119] Diese Unternehmen sollten einen **Sorgfaltspflichtenprozess** durchführen, dessen Einzelelemente sich aus den UN-Leitprinzipien für Wirtschaft und Menschenrechte und aus den OECD-Leitsätzen für multinationale Unternehmen ableiteten.[120] Das geforderte Risikomanagement sollte in Hinblick auf Art und

[110] Klinger/Krajewski/Krebs/Hartmann, Verankerung menschenrechtlicher Sorgfaltspflichten von Unternehmen im deutschen Recht, 2016.
[111] Näher Schmidt-Räntsch ZUR 2021, 387 (390).
[112] Vgl. Koch, Neues Wertschöpfungsgesetz. Schnittmuster für eine bessere Welt, taz vom 10.2.2019.
[113] Auch dazu Koch, Neues Wertschöpfungsgesetz. Schnittmuster für eine bessere Welt, taz vom 10.2.2019.
[114] Vgl. Schmidt-Räntsch ZUR 2021, 387 (390).
[115] Zu dieser Initiative und ihren Vorschlägen auch Schmidt-Räntsch ZUR 2021, 387 (390 f.).
[116] Initiative Lieferkettengesetz mit Unterstützung von Grabosch, Rechtsgutachten zur Ausgestaltung eines Lieferkettengesetzes, Mai 2020.
[117] Henn/Jahn, Rechtsgutachten Zulässigkeit und Gegenstand umweltbezogener Sorgfaltspflichten in einem deutschen LieferkettenG – unter besonderer Berücksichtigung von Chemikalien und Biodiversität, Juli 2020.
[118] Dazu auch Schmidt-Räntsch ZUR 2021, 387 (391 f.).
[119] Vgl. BMAS/BMZ, Eckpunkte eines Sorgfaltspflichtengesetzes, 2020, 1 mit dem zusätzlichen Hinweis in Fn. 1, dass davon etwa 7.280 Unternehmen betroffen wären.
[120] Vgl. BMAS/BMZ, Eckpunkte eines Sorgfaltspflichtengesetzes, 2020, 1.

Umfang der Geschäftstätigkeit angemessen, dh verhältnismäßig und zumutbar, ausgestaltet sein.[121]

Was die Durchsetzung anbelangt, war zum einen eine **zivilrechtliche Haftung** vorgesehen: Private Betroffene sollten Schadensersatzansprüche vor deutschen Gerichten im Rahmen von deren internationaler Zuständigkeit geltend machen können.[122] Dabei sollte das Gesetz so ausgestaltet werden, dass es die Voraussetzungen einer **Eingriffsnorm** nach der Rom II-VO erfüllt und deutsches Recht als das Recht am Handlungsort des Lieferkettenmanagements anwendbar ist.[123] Das **Haftungsrisiko** für Unternehmen sollte **in verschiedener Hinsicht begrenzt** sein: (a) Ein Unternehmen sollte nur für Beeinträchtigungen haften, die bei Erfüllung der Sorgfaltspflicht vorhersehbar und vermeidbar waren, wofür der Kläger beweispflichtig sein sollte; (b) die Sorgfaltspflichten sollten nur eine Bemühungs- und keine Erfolgspflicht begründen; (c) die Haftung sollte auf wesentliche Rechtsgüter wie Leben, Körper, Gesundheit, Freiheit, Eigentum und das allgemeine Persönlichkeitsrecht beschränkt sein, wobei sich eine Verletzung aber auch aus der Verursachung von Umweltbeeinträchtigungen ergeben konnte; (d) Unternehmen, die einem staatlich anerkannten (Branchen-)Standard beitraten, sollten ihre zivilrechtliche Haftung auf Vorsatz und grobe Fahrlässigkeit beschränken können.[124] 41

Zum anderen war eine **behördliche Durchsetzung** vorgesehen, bestehend aus einem elektronischen Berichtsverfahren und Einzelfallüberprüfungen durch die zuständige Bundesbehörde bei Verdacht auf schwere Verstöße.[125] Festgestellte Verstöße sollten ein angemessenes **Bußgeld** zur Folge haben. Außerdem sollten pflichtvergessene Unternehmen bei einem rechtskräftigen Bußgeld ab einer bestimmten Höhe für eine angemessene Zeit von öffentlichen Aufträgen ausgeschlossen werden.[126] 42

Ein an sich für den 12.3.2020 geplanter Kabinettsbeschluss wurde wegen Meinungsverschiedenheiten innerhalb der Bundesregierung und der hohen Belastung der Unternehmen durch die Corona-Pandemie nicht gefasst.[127] 43

4. Referentenentwurf eines Lieferkettengesetzes (Februar 2021). Knapp ein Jahr später, am 28.2.2021, legte das federführende BMAS einen Referentenentwurf für ein „Gesetz über die unternehmerischen Sorgfaltspflichten zur Vermeidung von Menschenrechtsverletzungen in Lieferketten (Sorgfaltspflichtengesetz)“ vor. Bei seiner Erarbeitung wurden Länder, kommunale Spitzenverbände, Fachkreise und Verbände gemäß § 47 Abs. 3 GGO beteiligt. Eine akribische Auflistung aller einschlägigen Vorfeldgespräche der Bundeskanzlerin sowie einzelner Minister und Staatssekretäre mit Interessenvertretern findet sich in einer Antwort der Bundesregierung auf eine Kleine Anfrage von Abgeordneten der Fraktion Die Linke.[128] Der Referentenentwurf selbst hat binnen weniger Tage mehr als 30 Eingaben von verschiedenen Verbänden hervorgerufen.[129] 44

5. Regierungsentwurf eines Lieferkettengesetzes (März 2021). Nur wenige Tage später, am 3.3.2021, hat das Bundeskabinett, den „Entwurf eines Gesetzes über die unternehmerischen Sorgfaltspflichten in Lieferketten“ beschlossen,[130] der am 19.4.2021 als Bundestags-Drucksache veröffentlicht wurde.[131] Er deckt sich in Wortlaut und Begründung weitestgehend mit dem Referentenentwurf. In der **Problembeschreibung** betont er die besondere Verantwortung der Bundesrepublik Deutschland aufgrund der hohen interna- 45

[121] Vgl. BMAS/BMZ, Eckpunkte eines Sorgfaltspflichtengesetzes, 2020, 3.
[122] Vgl. BMAS/BMZ, Eckpunkte eines Sorgfaltspflichtengesetzes, 2020, 1.
[123] Vgl. BMAS/BMZ, Eckpunkte eines Sorgfaltspflichtengesetzes, 2020, 4.
[124] Vgl. BMAS/BMZ, Eckpunkte eines Sorgfaltspflichtengesetzes, 2020, 3 f.
[125] Vgl. BMAS/BMZ, Eckpunkte eines Sorgfaltspflichtengesetzes, 2020, 4.
[126] Vgl. BMAS/BMZ, Eckpunkte eines Sorgfaltspflichtengesetzes, 2020, 5.
[127] Dazu Schmidt-Räntsch ZUR 2021, 387 (392).
[128] Vgl. BT-Drs. 19/30098.
[129] Dazu Schmidt-Räntsch ZUR 2021, 387 (392).
[130] Vgl. Schmidt-Räntsch ZUR 2021, 387 (392).
[131] Begr. RegE LkSG, BT-Drs. 19/28649.

tionalen Verflechtung ihrer volkswirtschaftlich bedeutenden Branchen, **auf eine Verbesserung der weltweiten Menschenrechtslagen von Lieferketten hinzuwirken.**[132] Zwar liege die Pflicht, die Menschenrechte des Einzelnen zu achten, zu schützen und einzuhalten, bei den Staaten. Unabhängig von der Fähigkeit oder Bereitschaft der Staaten, dieser Pflicht nachzukommen, bestehe aber eine Verantwortung von Unternehmen für die Achtung der Menschenrechte.[133] Mache der innerstaatliche Kontext es unmöglich, dieser Verantwortung uneingeschränkt nachzukommen, sei von ihnen zu erwarten, dass sie die Grundsätze der international anerkannten Menschenrechte achten, soweit es in Anbetracht der Umstände möglich ist.[134] Als zweites Ziel neben der Verbesserung der Menschenrechtslagen nennt der Regierungsentwurf, **den legitimen Interessen der Unternehmen an Rechtssicherheit und fairen Wettbewerbsbedingungen Rechnung zu tragen.**[135]

46 Ausweislich der Regierungsbegründung folgt die **Gesetzgebungskompetenz des Bundes** für das LkSG aus Art. 74 Abs. 1 Nr. 1 GG (Bürgerliches Recht) und Art. 74 Abs. 1 Nr. 11 GG (Recht der Wirtschaft).[136] Die Sorgfaltspflicht steuere das wirtschaftliche Handeln von in der Bundesrepublik Deutschland ansässigen Unternehmen, indem ihnen menschenrechtliche Sorgfaltspflichten auferlegt würden, die sie innerhalb ihrer Lieferketten zu beachten hätten. Damit sei auch die Regulierung unternehmerischer Sorgfaltspflichten in ihren Lieferketten dem Recht der Wirtschaft zuzuordnen.[137] Ein für das BMAS erstelltes Rechtsgutachten war im Vorfeld zu dem Ergebnis gelangt, dass der Erlass eines LkSG in Übereinstimmung mit den Deutschland bindenden völker- und verfassungsrechtlichen Vorgaben sogar geboten sei, um Grund- und Menschenrechte im gestreckten Liefer- und Wertschöpfungsprozess zu schützen.[138]

47 In der juristischen Fachöffentlichkeit ist der Regierungsentwurf vielfach vorgestellt und besprochen worden.[139] Unabhängig von rechtspolitischen Bewertungsunterschieden hat vor allem seine **handwerkliche Qualität scharfe Kritik** erfahren.[140] Die wohl umfangreichste Mängelliste stammt von den Ausschüssen Corporate Social Responsibility und Compliance, Handelsrecht sowie Menschenrechte des Deutschen Anwaltvereins und umfasst nicht weniger als 88 Randnummern.[141]

48 **6. Parlamentarische Beratungen und Annahme des Lieferkettensorgfaltspflichtengesetzes (April bis Juni 2021).** Im **Bundesrat** ist der Regierungsentwurf vom Ausschuss für Agrarpolitik und Verbraucherschutz sowie von den Ausschüssen für Recht, Umwelt und Wirtschaft behandelt worden, die dem Bundesrat in einer gemeinsamen Empfehlung eine Reihe von Änderungsvorschlägen unterbreitet haben.[142] Hierzu gehörte auch die Prüfbitte, im weiteren Gesetzgebungsverfahren zu erwägen, vorrangig einen einheitlichen europäischen Rechtsrahmen anzustreben, um deutsche Unternehmen innerhalb Europas nicht zu benachteiligen.[143] Diese Ausschussempfehlungen fanden allerdings kein Gehör; vielmehr hat der Bundesrat in seiner Sitzung vom 7.5.2021 beschlossen, gegen den Regierungsentwurf keine Einwendungen zu erheben.[144]

---

[132] So Begr. RegE LkSG, BT-Drs. 19/28649, 1.
[133] Vgl. Begr. RegE LkSG, BT-Drs. 19/28649, 1.
[134] Vgl. Begr. RegE LkSG, BT-Drs. 19/28649, 1.
[135] So Begr. RegE LkSG, BT-Drs. 19/28649, 2.
[136] So Begr. RegE LkSG, BT-Drs. 19/28649, 24.
[137] Vgl. Begr. RegE LkSG, BT-Drs. 19/28649, 24.
[138] Zimmermann/Weiß AVR 58 (2020), 424 (462) (Gesamtergebnis); zweifelhaft.
[139] Vgl. etwa DAV-Ausschüsse NZG 2021, 546; Ehmann ZVertriebsR 2021, 141; Lutz-Bachmann/Vorbeck/Wengenroth BB 2021, 906; Keilmann/Schmidt WM 2021, 717; Nietsch/Wiedmann CCZ 2021, 101; J. Schmidt EuZW 2021, 273; Thüsing ZRP 2021, 97; Wagner/Ruttloff/Wagner/Hahn CB 2021, 89.
[140] Pointiert Thüsing ZRP 2021, 97 (98): „Die Defizite des vorliegenden Entwurfs sind damit aufgezeigt […]. Es ist zu hoffen, dass die Politik hier noch einmal den Mut hat, aus einem guten Willen auch ein gutes Gesetz zu machen und mit hörendem Herzen sich dieser und anderer Monita annimmt. Denn das Ziel des Gesetzes ist wichtig und gut – zu wichtig, um es handwerklich schlecht umzusetzen".
[141] Vgl. DAV-Ausschüsse NZG 2021, 546.
[142] Empfehlungen der Ausschüsse, BR-Drs. 239/1/21.
[143] Vgl. Empfehlungen der Ausschüsse, BR-Drs. 239/1/21, 26 f.
[144] BR, BR-Drs. 239/21.

49 Der **Bundestag** hat den Regierungsentwurf am 22.4.2021 an den Ausschuss für Arbeit und Soziales zur federführenden Beratung überwiesen. Dieser hat am 17.5.2021 eine öffentliche **Sachverständigenanhörung** durchgeführt, bei der insgesamt zehn Verbände, Institutionen und Einzelpersonen Stellungnahmen abgegeben haben.[145]

50 Die **Wirtschaftsverbände** kritisierten, dass die Sorgfaltspflichten zu unbestimmt und nicht umsetzbar seien und dass der Regierungsentwurf keine Möglichkeiten aufzeige, wie die Unternehmen Widersprüche zwischen nationalen und internationalen Normen auflösen sollen.[146] Außerdem benachteilige das geplante Gesetz den Wirtschaftsstandort Deutschland, weil hierzulande tätige ausländische Unternehmen nicht erfasst würden. Ferner dürfe es keine zivilrechtliche Haftung durch die Hintertür geben; die Regelung zur besonderen Prozessstandschaft sei unnötig.

51 Das **Kieler Institut für Weltwirtschaft** lenkte die Aufmerksamkeit auf mögliche negative Nebenwirkungen: Lieferkettengesetze vertieften in den Lieferländern den Graben zwischen formellen und informellen Arbeitsmärkten und bewirkten dort eine Abdrängung in die informellen und damit ungeschützten Arbeitsmärkte.[147] Außerdem fehle eine Abstimmung mit den Regierungen der Lieferländer. Die Neuregelungen reflektierten Präferenzen in den reichen Ländern und würden daher von den Lieferländern gelegentlich als „patrimonial" kritisiert. Betroffene Unternehmen in Deutschland könnten wegen steigender Rechts- und Reputationsrisiken geneigt sein, ihre Lieferketten zugunsten höherer Wertschöpfungsanteile im Inland zu verkürzen oder in sichere Länder zu verlagern. Überdies drohten Verzerrungen des internationalen Wettbewerbs und eine Verschlechterung der Positionen deutscher Unternehmen. Zuletzt unterschätzten existierende Gesetzesfolgenabschätzungen die volkswirtschaftlichen Kosten, weil sie lediglich auf die buchhalterischen Kosten abstellten und das ex-ante-Risiko bei der Suche und Wahl neuer Zulieferer sowie die volkswirtschaftlichen Effekte in den Lieferländern ausblendeten. Vorzugswürdige Alternativen böten europaweite Negativlisten, die für heimische Unternehmen zielgenauer, rechtssicherer und kostengünstiger seien.

52 Eine **Mehrheit der geladenen Sachverständigen** sprach sich dagegen **für ein Lieferkettengesetz** aus. Dies gilt vor allem für die zivilgesellschaftlichen Organisationen und die Gewerkschaften. So begrüßte die **Initiative Lieferkettengesetz** den Regierungsentwurf grundsätzlich.[148] Sie bemängelte allerdings verschiedene „Schwachstellen": Die Sorgfaltspflichten gälten nicht vollumfänglich für mittelbare Zulieferer; eine zivilrechtliche Haftungsregel fehle; der Gesetzentwurf führe keine umweltbezogene Generalklausel ein; die Anzahl der erfassten Unternehmen sei deutlich zu gering.

53 Im **Ausschuss für Arbeit und Soziales** sind zahlreiche **Änderungen,** Präzisierungen und Klarstellungen vorgenommen worden. Besondere Hervorhebung verdienen drei Punkte: Erstens wurde der **Anwendungsbereich** des Gesetzes um Unternehmen **erweitert,** die zwar nicht im Inland ansässig sind, aber eine Zweigniederlassung gemäß § 13d HGB haben, sofern sie mindestens 3.000 Arbeitnehmer im Inland beschäftigen (§ 1 Abs. 1 S. 1 Nr. 2).[149] Zweitens wurden die **Umweltschutzbelange erweitert,** indem man die Liste umweltbezogener Risiken durch Verbote zum Abfallhandel ergänzt hat (§ 2 Abs. 3 Nr. 6–8).[150] Drittens wurde klargestellt, dass das neue Gesetz **keine zusätzlichen zivilrechtlichen Haftungsrisiken** für Unternehmen gegenüber der geltenden Rechtslage schafft (§ 3 Abs. 3 S. 1). Vielmehr sollen die menschenrechtlichen Sorgfaltspflichten im Verwaltungsverfahren und mit Mitteln des Ordnungswidrigkeitenrechts durchgesetzt und sanktioniert werden.[151]

---

[145] Bündelung der schriftlichen Stellungnahmen in der Ausschuss-Drs. 19(11)1136.

[146] So schriftliche Stellungnahme des Bundesverbands der Deutschen Industrie vom 11.5.2021.

[147] Vgl. schriftliche Stellungnahme des Instituts für Weltwirtschaft vom 11.5.2021.

[148] Vgl. schriftliche Stellungnahme der Initiative Lieferkettengesetz für die öffentliche Anhörung am 17.5.2021, ohne Datum.

[149] Vgl. Beschlussempfehlung und Bericht des Ausschusses für Arbeit und Soziales, BT-Drs. 19/30505, 35.

[150] Vgl. Beschlussempfehlung und Bericht des Ausschusses für Arbeit und Soziales, BT-Drs. 19/30505, 37.

[151] Vgl. Beschlussempfehlung und Bericht des Ausschusses für Arbeit und Soziales, BT-Drs. 19/30505, 39.

54 **Weitergehende Änderungsanträge** der Fraktion Bündnis 90/Die Grünen[152] wurden dagegen **abgelehnt.** Sie zielten einmal darauf ab, die Unterscheidung des Regierungsentwurfs zwischen unmittelbaren und mittelbaren Zulieferern aufzuheben. Zweitens forderten sie eine deliktsrechtliche Haftung für Unternehmen im Falle nachgewiesener Sorgfaltspflichtverletzungen und daraus folgender Schäden an elementaren Rechtsgütern wie Leben, Gesundheit, Freiheit und Eigentum. Drittens sollten Sorgfaltspflichten und Haftungsnormen als Eingriffsnormen im Sinne des Internationalen Privatrechts ausgestaltet werden, um die Anwendbarkeit des LkSG im Einklang mit den kollisionsrechtlichen Vorgaben der Rom II-VO zu ermöglichen. Viertens forderten die Antragsteller die Einbeziehung zweier weiterer Umweltabkommen sowie einer umweltrechtlichen Generalklausel. Aus der Ablehnung dieser Änderungsanträge lassen sich **im Gegenschluss wichtige Argumentationshilfen für die Auslegung des LkSG** gewinnen.

55 Der **Bundestag** hat den **Gesetzentwurf** in der vom Ausschuss für Arbeit und Soziales geänderten Fassung am 11.6.2021 **angenommen.** In namentlicher Abstimmung votierten 412 Abgeordnete für den Entwurf, 159 stimmten dagegen, 59 enthielten sich. In der parlamentarischen Aussprache äußerte Bundesarbeitsminister Heil, dass mit dem LkSG **„ein Stück Rechtsgeschichte“**[153] geschrieben werde. Der Bundesminister für wirtschaftliche Zusammenarbeit Müller sprach von dem „wichtigsten Gesetz für mehr Gerechtigkeit zwischen Reich und Arm“,[154] der SPD-Abgeordnete Rützel gar von dem **„schärfsten Lieferkettengesetz der Welt“.**[155]

56 Der Bundesrat hat am 25.6.2021 beschlossen, nicht den Vermittlungsausschuss anzurufen.[156] Das damit angenommene LkSG ist am 22.7.2021 im Bundesgesetzblatt veröffentlicht worden (BGBl. 2021 I 2959).

57 Im Schrifttum ist das neue Gesetz inzwischen häufig vorgestellt und besprochen worden.[157] Die **Vielzahl von Veröffentlichungen** aus der Anwaltschaft lässt einerseits erahnen, dass bezüglich des LkSG ein **großer Beratungsbedarf** in der Rechtspraxis besteht, weil der Gesetzgeber das Problem der Normkonkretisierung teilweise an die Rechtsanwender weitergereicht hat.[158] Andererseits deutet sie darauf hin, dass sich hier ein **lukrativer Beratungsmarkt** nach dem Vorbild der Corporate-Governance-Industrie[159] auftut.[160]

V. Unionsrechtliche Regelungen und Reformpläne

58 Auch auf Unionsebene ist das Generalthema „Wirtschaft und Menschenrechte“ auf Widerhall gestoßen.[161] Einen ersten bereichsübergreifenden Regelungsansatz brachte die menschenrechtliche Berichtspflicht in der CSR-RL (→ Rn. 59 ff.), gefolgt von einer sektoralen Regelung in der VO (EU) 2017/821, die Transparenzpflichten mit materiellen Sorgfaltsanforderungen verbindet (→ Rn. 63 ff.). Neuerdings gibt es konkrete, vom Europäischen Parlament unterstützte Vorschläge für eine EU-Richtlinie über Lieferketten

[152] Dokumentiert in Beschlussempfehlung und Bericht des Ausschusses für Arbeit und Soziales, BT-Drs. 19/30505, 24 ff.

[153] Heil, BT, Stenografischer Bericht, 234. Sitzung, 11.6.2021, BT-Plenar-Prot. 19/236, 30254.

[154] Müller, BT, Stenografischer Bericht, 234. Sitzung, 11.6.2021, BT-Plenar-Prot. 19/236, 30256.

[155] Rützel, BT, Stenografischer Bericht, 234. Sitzung, 11.6.2021, BT-Plenar-Prot. 19/236, 30259.

[156] Vgl. BR, BR-Drs. 495/21.

[157] Vgl. etwa Ehmann GWR 2021, 287; Gehling/Lüneborg CCZ 2021, 230; Helck BB 2021, 1603; Herrmann/Rünz DB 2021, 3078; Jungkind/Raspé/Terbrack Der Konzern 2021, 445; Spießhofer AnwBl 2021, 534; Kieninger ZfPW 2021, 252; R. Koch MDR 2022, 1; Seibt/Vesper-Gräske CB 2021, 357; Spießhofer AnwBl 2021, 534; Spindler ZHR 186 (2022), 67; Strohn ZHR 185 (2021), 629; Wagner/Rutloff NJW 2021, 2145.

[158] Treffend Spießhofer AnwBl 2021, 534 (535).

[159] Begriffsprägend Rose 32 J. Corp. L. 887 (2007); für eine deutsche Adaption Fleischer ZGR 2012, 160 (188 f.).

[160] Pointiert Wagner ZIP 2021, 1095 (1105): „Arbeitsbeschaffungsprogramm für Unternehmensberater“; darauf anspielend auch Spindler ZHR 186 (2022), 67 (120).

[161] Dazu etwa Stave/Velte DB 2021, 1791 (1792 ff.).

(→ Rn. 66 ff.) sowie zuletzt einen Vorschlag der EU-Kommission für eine Richtlinie über die Sorgfaltspflicht von Unternehmen im Hinblick auf Nachhaltigkeit (→ Rn. 73 ff.).

1. CSR-RL. Den Nukleus einer menschenrechtlichen Berichterstattungspflicht im Unionsrecht bildet die sog. CSR-RL aus dem Jahre 2014,[162] mit dem die Corporate Social Responsibility (CSR) Einzug in das EU-Bilanzrecht gehalten hat.[163] Sedes materiae ist der ergänzte Art. 19a Bilanz-RL, der die **sog. nichtfinanzielle Erklärung** (CSR-Erklärung) regelt. **Normadressaten** sind große Unternehmen, die Unternehmen von öffentlichem Interesse (public-interests entitites) sind[164] und an den Bilanzstichtagen das Kriterium erfüllen, im Durchschnitt des Geschäftsjahres mehr als 500 Mitarbeiter zu beschäftigen. Sie müssen in ihrem Lagebericht **Angaben** zu Umwelt-, Sozial- und Arbeitnehmerbelangen, **zur Achtung der Menschenrechte** und zur Bekämpfung von Korruption und Bestechung machen. Hierzu gehört auch eine Beschreibung der in Bezug auf diese Belange verfolgten Konzepte **einschließlich der angewandten Due-Diligence-Prozesse** und der Ergebnisse dieser Konzepte bzw. eine klare und begründete Erläuterung, weshalb das Unternehmen in Bezug auf einen oder mehrere dieser Belange kein Konzept verfolgt (Art. 19a Abs. 1 UAbs. 1 und 2 Bilanz-RL). 59

Nach allgemeiner Ansicht handelt es sich bei den Vorgaben der CSR-RL um **reine Berichtspflichten.**[165] Den berichtspflichtigen Unternehmen werden **keine konkreten Sorgfaltsanforderungen** abverlangt: Vielmehr bleibt es ihnen unbenommen, sich auf die Einhaltung der gesetzlichen Vorgaben in Bezug auf die genannten Belange zu beschränken und keinerlei weitergehende Konzepte zu entwickeln.[166] Allerdings ist nicht zu leugnen, dass die betreffenden Berichts- und Begründungspflichten mittelbar auch auf eine Verhaltenssteuerung abzielen.[167] 60

Die CSR-RL ist **inzwischen** in allen Mitgliedstaaten **umgesetzt** worden.[168] In Deutschland hat das Gesetz zur Stärkung der nichtfinanziellen Berichterstattung der Unternehmen in ihren Lage- und Konzernlageberichten (CSR-RL-Umsetzungsgesetz vom 11.4.2017, BGBl. 2017 I 802) entsprechende Berichtspflichten in den §§ 289b–289e HGB eingeführt.[169] 61

Nach dem Vorschlag der Europäischen Kommission zur **Weiterentwicklung der CSR-RL** (CSR-RL-E) vom 21.4.2021[170] soll deren Anwendungsbereich auf alle großen Unternehmen sowie auf börsennotierte kleine und mittlere Unternehmen ausgedehnt werden. In Deutschland wären davon statt bisher 550 rund 15.000 Unternehmen betroffen.[171] Zudem soll fortan eine Prüfung des (Nachhaltigkeits-)Berichts durch den Abschlussprüfer stattfinden. 62

---

[162] RL 2014/95 EU des Europäischen Parlaments und des Rates vom 22.4.2014 zur Änderung der Richtlinie 2013/34/EU im Hinblick auf die Angabe nichtfinanzieller und die Diversität betreffender Informationen durch bestimmte große Unternehmen und Gruppen, ABl. EU 2014 L 330, 1.

[163] Näher Habersack/Verse, Europäisches Gesellschaftsrecht, 5. Aufl. 2019, § 9 Rn. 32; Lutter/Bayer/Schmidt, Europäisches Unternehmens- und Kapitalmarktrecht, 6. Aufl. 2018, § 23 Rn. 37; beide mwN.

[164] Näher dazu Art. 2 Nr. 1 Bilanz-RL. Etwas vereinfacht gehören hierzu börsennotierte Unternehmen, Kreditinstitute, Versicherungsunternehmen und Unternehmen, die von den Mitgliedstaaten als Unternehmen von öffentlichem Interesse bestimmt werden.

[165] Vgl. etwa Fleischer AG 2017, 509 (522): „Vielmehr hat es die CSR-RL – ungeachtet aller Doppeldeutigkeiten und nudging-Tendenzen – bei einer bloßen Berichtspflicht belassen."; Hennrichs ZGR 2018, 206 (208): „CSR-Berichterstattung".

[166] Vgl. Habersack/Verse, Europäisches Gesellschaftsrecht, 5. Aufl. 2019, § 9 Rn. 32; Schön ZHR 180 (2016), 279 (282 ff.).

[167] Von einem „raffinierten Wirkungsmechanismus" spricht Schön ZHR 180 (2016), 279 (283); gleichsinnig Hennrichs ZGR 2018, 206 (209).

[168] Vgl. Schweizerisches Institut für Rechtsvergleichung, Die Umsetzung der RL 2014/95/EU (CSR-RL) in verschiedenen Mitgliedstaaten der EU, Stand: 15.4.2018.

[169] Dazu etwa Hennrichs/Pöschke NZG 2017, 121 ff. mwN; Mock ZIP 2017, 1195 ff. mwN.

[170] COM (2021) 189 final; dazu etwa Fink/Schmitz KOR 2021, 304; Hommelhoff DB 2021, 2437; Lanfermann/Scheid DB 2021, 1213.

[171] Dazu Fink/Schmotz KOR 2021, 304 (305).

63 **2. VO (EU) 2017/821.** Eine weitere Berichtspflicht über menschenrechtliche Standards in der Lieferkette hat der europäische Gesetzgeber mit Art. 7 Abs. 3 VO (EU) 2017/821[172] eingeführt, die im Jahre 2021 in Kraft getreten ist.[173] Als Leitbild diente ihm ausweislich des neunten Erwägungsgrundes Sec. 1502 Dodd-Frank Act (zu diesem → Einl. Rn. 103 ff.). Normadressaten sind die sog. Unionseinführer, wozu nach der Legaldefinition des Art. 2 lit. l VO (EU) 2017/821 alle natürlichen und juristischen Personen zählen, die bestimmte Minerale oder Metalle zur Überführung in den EU-Zollverkehr anmelden oder solch eine Anmeldung in Auftrag geben. Bei den durch die Verordnung regulierten Konfliktmineralien handelt es sich um Zinn, Tantal, Wolfram und Gold. Es mag auf den ersten Blick verwundern, dass Diamanten, das wohl bekannteste Konfliktmineral, in der Aufzählung fehlen. Dies beruht darauf, dass die Einfuhr von Diamanten bereits seit längerem einem in der VO (EG) 2368/2002[174] festgelegten Zertifikationsprozess unterliegt.

64 Ein bemerkenswerter Unterschied zu der Regelung in den Vereinigten Staaten besteht darin, dass die VO (EU) 2017/821 neben Transparenzanforderungen auch **materielle Sorgfaltsgebote** aufstellt. Wie der sperrige Verordnungstitel – „Festlegung von Pflichten zur Erfüllung der Sorgfaltspflichten […]" – schon andeutet, handelt es sich dabei nicht um freiwillige Maßnahmen, sondern um **echte Rechtspflichten.**[175] Sie ergeben sich aus der Verordnung selbst, welche die OECD-Leitsätze zu Konfliktmineralien[176] in hard law überführt.[177] So erklärt Art. 4 VO (EU) 2017/821 den Anh. II OECD-Leitsätze für Unionseinführer für verbindlich und verlangt von ihnen auch, ihre Lieferanten vertraglich auf diese Leitsätze zu verpflichten. Ferner haben die Unionseinführer menschenrechtliche Risiken in ihrer Lieferkette zu identifizieren und Gegenmaßnahmen zu entwickeln (Art. 5 VO (EU) 2017/821), die ein unabhängiger Dritter prüfen muss (Art. 6 Abs. 1 VO (EU) 2017/821). Auf diesem Pflichtenfundament errichtet Art. 7 Abs. 3 VO (EU) 2017/821 eine Berichtspflicht. Hiernach haben Unionseinführer jährlich öffentlich und in möglichst breitem Rahmen über ihre Strategien zur Erfüllung ihrer Sorgfaltspflicht in der Lieferkette und ihre Verfahren im Hinblick auf eine verantwortungsvolle Beschaffung zu berichten. Dazu zählen insbesondere Maßnahmen, die sie im Hinblick auf ihre Pflichten aus Art. 5 VO (EU) 2017/821 ergriffen haben, sowie eine Zusammenfassung der nach Art. 6 VO (EU) 2017/ 821 vorgenommenen Prüfung.

65 Die **Sanktion von Verstößen** gegen die Verordnung überlässt Art. 16 VO (EU) 2017/ 821 den **Mitgliedstaaten.** In Deutschland ist die Bundesanstalt für Geowissenschaften und Rohstoffe für die Anwendung der VO (EU) 2017/821 zuständig (§ 2 MinRohSorgG). Sie verfügt über weitreichende Eingriffs- und Anordnungsbefugnisse und kann zur Durchsetzung ein Zwangsgeld bis zu 50.000 Euro festlegen (§ 9 MinRoHSorgG).

66 **3. Entschließung des Europäischen Parlaments für eine Richtlinie über die Sorgfalts- und Rechenschaftspflicht der Unternehmen (2021).** Zwecks Vorbereitung eines möglichen EU-Rechtsrahmens zur Lieferkettenverantwortung hatte die Europäische Kommission eine Untersuchung in Auftrag gegeben, die Anfang 2020 vom federführenden British Institute of International and Comparative Law vorgelegt wurde.[178] Diese außerordentlich materialreiche **„Study on due diligence requirements through the supply**

---

[172] VO (EU) 2017/821 des Europäischen Parlaments und des Rates vom 17.5.2017 zur Festlegung von Pflichten zur Erfüllung der Sorgfaltspflichten in der Lieferkette für Unionseinführer von Zinn, Tantal, Wolfram, deren Erzen und Gold aus Konflikt- und Hochrisikogebieten.

[173] Dazu etwa Fehse/Markmann EuZW 2021, 113; Heße/Klimke EuZW 2017, 446; Rausch CCZ 2020, 355; Teicke/Rust CCZ 2018, 39; Voland/Daly (2018) 52 Journal of World Trade 37.

[174] VO (EG) 2368/2002 des Rates vom 20.12.2002 zur Umsetzung des Zertifikationssystems des Kimberley-Prozesses für den internationalen Handel mit Rohdiamanten.

[175] Näher Fehse/Markmann EuZW 2021, 113 (115 ff.).

[176] OECD-Leitfaden für die Erfüllung der Sorgfaltspflicht zur Förderung verantwortungsvoller Lieferketten für Minerale aus Konflikt- und Hochrisikogebieten (OECD-Leitsätze), 3. Aufl. 2019.

[177] Vgl. Teicke/Rust CCZ 2018, 39 (43).

[178] British Institute of International and Comparative Law (Smit/Bright/McCorqodale et al.), Study on due diligence requirements through the supply chain, Januar 2020.

chain" enthält Fallstudien, Länderberichte sowie Problemanalysen und identifiziert vier Regelungsoptionen: (1) keine Veränderung, (2) neue freiwillige Leitlinien, (3) neue Berichtspflichten oder (4) eine zwingende Due Diligence als rechtlicher Sorgfaltsmaßstab.

Hierauf aufbauend hat die **Europäische Kommission** bis Mitte Februar 2021 eine Konsultation zu den verschiedenen Vorschlägen durchgeführt.[179] Ein Legislativvorschlag war ursprünglich bis Ende 2021 in Aussicht gestellt, ließ aber bis Februar 2022 auf sich warten (→ Rn. 73). **67**

Unterdessen hat das **Europäische Parlament** im März 2021 in einer Entschließung eine Richtlinie über die Sorgfaltspflicht und Rechenschaftspflicht von Unternehmen (Corporate Due Diligence Directive – Eckpunktepapier 2021) gefordert und zugleich einen eigenen Regelungsvorschlag unterbreitet.[180] Dieser **Richtlinienvorschlag** soll für große und für alle börsennotierten kleinen und mittleren Unternehmen sowie für kleine und mittlere Unternehmen mit hohem Risiko gelten, die dem Recht eines Mitgliedstaats unterliegen oder im Unionsgebiet niedergelassen sind; außerdem für entsprechende Unternehmen, die dem Recht eines Drittstaates unterliegen und nicht im Gebiet der Union niedergelassen sind, wenn sie durch den Verkauf von Waren oder die Erbringung von Dienstleistungen im Binnenmarkt tätig sind (Art. 2 Eckpunktepapier 2021). Alle diese Unternehmen müssen eine **Strategie zur Erfüllung der Sorgfaltspflicht** im Hinblick auf die potenziellen oder tatsächlichen nachteiligen Auswirkungen auf die Menschenrechte, die Umwelt und die verantwortungsvolle Führung aufstellen und umsetzen (Art. 4 Eckpunktepapier 2021). Hierbei müssen sie Gespräche mit einschlägigen Interessenträgern, insbesondere Gewerkschaften und Arbeitnehmervertretern führen (Art. 5 Eckpunktepapier 2021). Zudem sind sie gehalten, ihre aktuellen Strategien zur Erfüllung der Sorgfaltspflicht zu veröffentlichen (Art. 6 Eckpunktepapier 2021) und mindestens einmal jährlich zu evaluieren und ggf. zu überarbeiten (Art. 8 Eckpunktepapier 2021). **68**

Um eine Durchsetzung der Sorgfaltspflichten zu gewährleisten, müssen die Unternehmen ein **Beschwerdeverfahren** einrichten (Art. 9 Eckpunktepapier 2021) und für einen **Abhilfeprozess** sorgen (Art. 10 Eckpunktepapier 2021). Zur Koordination der Unternehmensstrategien können branchenspezifische oder branchenübergreifende Aktionspläne erarbeitet werden (Art. 11 Eckpunktepapier 2021). Die Aufsicht liegt bei den zuständigen nationalen Behörden (Art. 12 Eckpunktepapier 2021), die auf Unionsebene in einem europäischen Netz zusammenarbeiten sollen (Art. 16 Eckpunktepapier 2021). Für Verstöße sollen die Mitgliedstaaten **angemessene Sanktionen** festsetzen, **etwa** umsatzabhängige **Geldbußen** oder den Ausschluss von öffentlichen Aufträgen, staatlichen Beihilfen oder öffentlichen Förderregeln (Art. 17 Eckpunktepapier 2021). **69**

Außerdem müssen die Mitgliedstaaten eine **zivilrechtliche Haftung** einführen, nach der die Unternehmen gemäß innerstaatlichem Recht für Schäden aufgrund potenzieller oder tatsächlicher nachteiliger Auswirkungen auf die Menschenrechte, die Umwelt oder die verantwortungsvolle Unternehmensführung, die sie oder von ihnen kontrollierte Unternehmen durch Handlungen oder Unterlassungen verursacht oder zu denen sie beigetragen haben, haftbar gemacht werden können (Art. 19 Eckpunktepapier 2021). Schließlich sollen **die einschlägigen Bestimmungen** der Richtlinie **Eingriffsnormen** iSd Art. 16 Rom II-VO sein (Art. 20 Eckpunktepapier 2021). **70**

Erste **Reaktionen im Schrifttum** zu diesen Richtlinienvorschlag sind gespalten. Manche befürworten eine Harmonisierung des Rechtsrahmens auf Unionsebene, um gleiche Wettbewerbsbedingungen wenigstens innerhalb von Europa herzustellen.[181] Andere warnen davor, dass der vorgelegte Entwurf nicht nur hinsichtlich seines Anwendungsbereichs, sondern auch in Bezug auf die den Unternehmen auferlegten Pflichten sowie Sanktionen und Haftungsregeln wesentlich weitreichender sei als das LkSG.[182] Kritisiert wird auch, dass **71**

---

[179] Dazu Stöbener de Mora EuZW 2021, 4.
[180] 2020/2129(INL); dazu J. Schmidt EuZW 2021, 276.
[181] Vgl. etwa Rühl/Knauer JZ 2022, 105 (114).
[182] So J. Schmidt EuZW 2021, 276.

die generalklauselartigen völkerrechtlichen Standards ohne tieferes Nachdenken auf private Unternehmen übertragen werden.[183] Dies führe zu erheblicher Rechtsunsicherheit[184] und enormen Kosten bei gleichzeitig scharfen Sanktionsandrohungen. Außerdem bestehe das Risiko schädlicher Nebenwirkungen, etwa weil EU-Gesellschaften ihre Lieferketten im globalen Süden kappten oder Nicht-EU-Gesellschaften sich angesichts drohender Haftungsrisiken als Anbieter vom Binnenmarkt zurückzögen.[185]

72 Im **Koalitionsvertrag** zwischen SPD, Bündnis 90/Die Grünen und FDP vom November 2021 heißt es zu den unionsrechtlichen Perspektiven eines Lieferkettenrechts: „Basierend auf den VN-Leitprinzipien Wirtschaft und Menschenrechte setzen wir uns für einen europäischen Aktionsplan Wirtschaft und Menschenrechte ein. Wir werden den nationalen Aktionsplan Wirtschaft und Menschenrechte im Einklang mit dem Lieferkettengesetz überarbeiten."[186]

73 **4. Lieferketten-RL-E (2022). a) Gründe und Ziele des Vorschlags.** Die EU-Kommission hat am 23.2.2022 einen Vorschlag für eine Richtlinie des Europäischen Parlaments und des Rates über die Sorgfaltspflichten von Unternehmen im Hinblick auf Nachhaltigkeit (Lieferketten-RL-E) vorgelegt.[187] Dieser Vorschlag ist im Schrifttum bereits ausführlich vorgestellt und mit den Regelungen des LkSG abgeglichen worden.[188]

74 Zu den Gründen ihres Vorschlags führt die EU-Kommission zunächst aus, dass freiwillige Maßnahmen der Unternehmen nicht zu umfangreichen bereichsübergreifenden Verbesserungen in Bezug auf menschenrechtliche und umweltbezogene Risiken geführt hätten.[189] Insbesondere seien die Risikobewertungsverfahren weiterhin nur auf die Wesentlichkeit der Risiken für das Unternehmen konzentriert und berücksichtigten häufig nicht die Risiken für die Betroffenen, wie dies die UN-Leitprinzipien für Wirtschaft und Menschenrechte vorsähen.[190] Zugleich seien in verschiedenen Mitgliedstaaten, insbesondere in Frankreich und Deutschland, neue Gesetzesvorschriften für eine Human-Rights-Due-Diligence eingeführt worden.[191] Angesichts dessen drohe künftig eine Fragmentierung der rechtlichen Rahmenbedingungen und die Gefahr, dass Rechtssicherheit und gleiche Wettbewerbsbedingungen für Unternehmen im Binnenmarkt untergraben würden.[192]

75 Im Lichte dessen strebt die EU-Kommission mit ihrem Richtlinienvorschlag **verschiedene Ziele** an: (1) eine Verbesserung der Corporate-Governance-Praktiken mit dem Ziel, Risikomanagement und Verfahren zur Minderung von menschenrechtlichen und umweltbezogenen Risiken aus Wertschöpfungsketten besser in Unternehmensstrategien zu integrieren, (2) die Vermeidung einer Fragmentierung der Bestimmungen zu den Sorgfaltspflichten im Binnenmarkt und die Schaffung von Rechtssicherheit für Unternehmen und Interessenträger in Bezug auf das erwartete Verhalten und die Haftung, (3) die Erhöhung

[183] Vgl. European Company Law Expert Group Revista de Derecho de Sociedades 62 (2021) 269, Rn. 9: „We think that far too little thought has been given to the question of how these open-ended inter-state standards are to be made workable within a business context, if they are to be made legally binding, directly or indirectly, on companies." Weitere detaillierte Kritik aus unterschiedlichen Richtungen bei Enriques Riv. soc. 2021, 319; Libertini Riv. soc. 2021, 325; Marchetti Riv. soc. 2021, 336; Mucciarelli Riv. soc. 2021, 349; Strampelli Riv soc. 2021, 365; Tombari Riv. soc. 2021, 375; Ventoruzzo Riv. soc. 2021, 380.

[184] Vgl. European Company Law Expert Group Revista de Derecho de Sociedades 62 (2021) 269 Rn. 49: „Overall, we think the European Parliament draft is unworkable as it stands, ie that it cannot be implemented by companies in a rational and straightforward way, essentially because it lacks legal certainty".

[185] Vgl. European Company Law Expert Group Revista de Derecho de Sociedades 62 (2021), 269 Rn. 43 ff.

[186] Koalitionsvertrag zwischen SPD/Bündnis 90/Die Grünen und FDP vom 24.11.2021, 147.

[187] Europäische Kommission, COM (2022) 71 final.

[188] Vgl. Bettermann/Hoes WM 2022, 697; Hübner/Habrich/Weller NZG 2022, 644; Jung GPR 2022, 109; Lutz-Bachmann/Vorbeck/Wengenroth BB 2022, 835; Nietsch/Wiedmann CCZ 2022, 125; Patz BHRJ 2022, 291; Spindler ZIP 2022, 765.

[189] Vgl. Europäische Kommission, COM (2022) 71 final, 3.

[190] So Europäische Kommission, COM (2022) 71 final, 3 m. Fn. 8.

[191] Vgl. Europäische Kommission, COM (2022) 71 final, 3.

[192] Vgl. Europäische Kommission, COM (2022) 71 final, 3.

der Rechenschaftspflicht von Unternehmen für negative Auswirkungen und die Sicherung der Kohärenz der EU-Initiativen für verantwortungsbewusstes unternehmerisches Handeln sowie (4) die Verbesserung des Zugangs zu Abhilfemaßnahmen für diejenigen, die von negativen Auswirkungen auf Menschenrechte und Umwelt durch unternehmerisches Verhalten betroffen sind.[193]

Rechtlich stützt die EU-Kommission ihren Richtlinienvorschlag auf den gesellschafts- 76
rechtlichen **Kompetenztitel** des Art. 50 Abs. 2 lit. g AEUV sowie auf die Binnenmarktkompetenz des Art. 114 AEUV.[194]

b) Persönlicher Anwendungsbereich. Adressaten der vorgeschlagenen Richtlinie sind 77
zunächst **EU-Unternehmen** mit im Durchschnitt mehr als 500 Beschäftigten und einem weltweiten Nettoumsatz von mehr als 150 Mio. Euro (Art. 2 Abs. 1 lit. a Lieferketten-RL-E) oder mit im Durchschnitt mehr als 250 Beschäftigten und einem weltweiten Nettoumsatz von mehr als 40 Mio. Euro, sofern mindestens die Hälfte des Nettoumsatzes in einem Risikosektor erwirtschaftet wird (Art. 2 Abs. 1 lit. b Lieferketten-RL-E). Zu den Risikosektoren zählen (1) Herstellung von Textilien, Leder und verwandten Erzeugnissen sowie Großhandel mit Textilien, Bekleidung und Schuhen, (2) Landwirtschaft, Forstwirtschaft, Fischerei, Herstellung von Lebensmittelprodukten und Großhandel mit landwirtschaftlichen Rohstoffen, lebenden Tieren, Holz, Lebensmittel und Getränken, (3) Gewinnung mineralischer Ressourcen, Herstellung von Grundmetallerzeugnissen, sonstigen Erzeugnissen aus nichtmetallischen Mineralien und Metallerzeugnissen sowie Großhandel mit mineralischen Rohstoffen, mineralischen Grunderzeugnissen und Zwischenerzeugnissen.

Drittstaatenunternehmen werden ebenfalls einbezogen, wenn sie entweder in der 78
Union einen Nettoumsatz von mehr als 150 Mio. Euro (Art. 2 Abs. 2 lit. a Lieferketten-RL-E) oder einen Nettoumsatz zwischen 40 Mio. und 150 Mio. Euro erwirtschaftet haben, sofern mindestens die Hälfte davon auf die vorerwähnten Risikosektoren entfällt (Art. 2 Abs. 2 lit. b Lieferketten-RL-E).

Nach Schätzungen der Kommission werden etwa **13.000 EU-Unternehmen** und **4.000** 79
Drittunternehmen unter die vorgeschlagene Richtlinie fallen.[195]

c) Geschützte Rechtspositionen. Die vorgeschlagene Richtlinie zielt darauf ab, po- 80
tenzielle negative Auswirkungen auf die Menschenrechte und die Umwelt zu vermeiden oder jedenfalls angemessen abzuschwächen.

Unter **negativen Auswirkungen auf die Umwelt** versteht man der Legaldefinition 81
zufolge nachteilige Auswirkungen auf die Umwelt, die sich aus einem Verstoß gegen ein Verbot und eine Verpflichtung nach internationalen Umweltübereinkommen ergeben, welche im Anhang aufgeführt sind (Art. 3 lit. b Lieferketten-RL-E). Dort findet sich eine Liste von insgesamt **zwölf Übereinkommen,** aber **keine Auffangklausel.**

Negative Auswirkungen auf die Menschenrechte sind nachteilige Auswirkungen auf 82
geschützte Personen, die sich aus der Verletzung eines der im Anhang aufgeführten Rechte oder Verbote ergeben, wie sie in den im Anhang aufgeführten internationalen Übereinkommen verankert sind (Art. 3 lit. c Lieferketten-RL-E). Die Liste der Rechte und Verbote enthält insgesamt **20 Einzelpositionen.** Hinzu kommt **eine Auffangklausel** bei einem Verstoß gegen ein Verbot oder Recht, durch den ein in enumerativ aufgeführten Übereinkommen zu Menschenrechten und Grundfreiheiten geschütztes rechtliches Interesse unmittelbar beeinträchtigt wird, vorausgesetzt, das betreffende Unternehmen hätte die Gefahr einer solchen Beeinträchtigung nach vernünftigem Ermessen feststellen können.

d) Inhalt der Sorgfaltspflichten. Das Herzstück des Richtlinienvorschlags bildet die in 83
Art. 5–11 Lieferketten-RL-E festgelegte **„Sorgfaltspflicht“ in den Bereichen Menschenrechte und Umwelt.** Ihre Einzelausprägungen werden in Art. 4 Lieferketten-RL-E

[193] So ausdrücklich Europäische Kommission, COM (2022) 71 final, 4.
[194] Für eine ausführliche Begründung Europäische Kommission, COM (2022) 71 final, 12 ff.
[195] Vgl. Europäische Kommission, COM (2022) 71 final, 20.

überblicksartig aufgeführt. Sie bewegen sich weithin in den Bahnen des hiesigen LkSG, was nicht weiter überrascht, weil sie sich ebenfalls an den UN-Leitprinzipien für Wirtschaft und Menschenrechte (→ Rn. 7 ff.) und den OECD-Leitsätzen für multinationale Unternehmen orientieren (→ Rn. 23 ff.).

84 Im Einzelnen nehmen die vorgeschlagenen unionsrechtlichen Regelungen Maß an dem **sechsschrittigen Due-Diligence-Verfahren des OECD-Leitfadens** für die Erfüllung der Sorgfaltspflicht für verantwortungsvolles unternehmerisches Handeln (→ Rn. 25; vgl. Erwägungsgrund 16 Lieferketten-RL-E). Danach handelt es sich um folgende Maßnahmen in den Bereichen Menschenrechte und Umwelt: Einbeziehung der Sorgfaltspflicht in die Unternehmenspolitik (Art. 5 Lieferketten-RL-E), Ermittlung tatsächlicher und potenzieller negativer Auswirkungen (Art. 6 Lieferketten-RL-E), Vermeidung potenzieller negativer Auswirkungen (Art. 7 Lieferketten-RL-E), Behebung tatsächlicher negativer Auswirkungen (Art. 8 Lieferketten-RL-E), Einrichtung und Aufrechterhaltung eines Beschwerdeverfahrens (Art. 9 Lieferketten-RL-E), Überwachung der Wirksamkeit der Strategien und Maßnahmen zur Erfüllung der Sorgfaltspflicht (Art. 10 Lieferketten-RL-E), öffentliche Kommunikation über die Sorgfaltspflicht (Art. 11 Lieferketten-RL-E).

85 Für die Einrichtung und Kontrolle der Maßnahmen zur Erfüllung der Sorgfaltspflicht werden **gesellschaftsintern** die **Mitglieder der Unternehmensleitung** in die Verantwortung genommen (Art. 26 Lieferketten-RL-E).[196]

86 Ausweislich des 15. Erwägungsgrundes sollen die Unternehmen mit der vorgeschlagenen Richtlinie allerdings nicht dazu verpflichtet werden, unter allen Umständen zu gewährleisten, dass überhaupt keine negativen Auswirkungen auftreten oder dass diese gestoppt werden. Vielmehr sollten die wichtigsten Verpflichtungen nur **„Mittelverpflichtungen"** (obligations of means, obligations de moyen) sein.

87 **e) Reichweite der Sorgfaltspflicht.** Die Sorgfaltspflicht erstreckt sich auf tatsächliche und potenzielle negative Auswirkungen auf Menschenrechte und Umwelt, die sich (1) aus den eigenen Tätigkeiten des Unternehmens (2) denen ihrer Tochterunternehmen und (3) sofern sie mit ihrer Wertschöpfungskette im Zusammenhang stehen, aus ihren etablierten Geschäftsbeziehungen ergeben (Art. 6 Abs. 1 Lieferketten-RL-E).

88 Als **Tochterunternehmen** gilt ein kontrolliertes Unternehmen iSd Transparenz-RL (Art. 2 lit. d Lieferketten-RL-E). Unter einer **etablierten Geschäftsbeziehung** versteht man wohl in Anlehnung an die französische loi de vigilance (→ Einl. Rn. 124) eine direkte oder indirekte Geschäftsbeziehung, die in Anbetracht ihrer Intensität oder Dauer beständig ist oder sein dürfte und die keinen unbedeutenden oder lediglich untergeordneten Teil der Wertschöpfungskette darstellt (Art. 2 lit. f Lieferketten-RL-E). Die **Wertschöpfungskette** erfasst Tätigkeiten im Zusammenhang mit der Produktion von Waren oder der Erbringung von Dienstleistungen durch ein Unternehmen, einschließlich der Entwicklung des Produkts oder der Dienstleistung und der Verwendung und Entsorgung des Produkts sowie der damit verbundenen Tätigkeiten im Rahmen vor- und nachgelagerter etablierter Geschäftsbeziehungen des Unternehmens (Art. 2 lit. g Lieferketten-RL-E).

89 **f) Enforcement.** Zur Durchsetzung der Sorgfaltspflicht sieht der Richtlinienvorschlag einen Mix aus öffentlich-rechtlichen und zivilrechtlichen Instrumenten vor („smart mix"[197]).

90 Das **Public Enforcement** liegt in den Händen einer oder mehrerer nationaler Aufsichtsbehörden (Art. 17 Abs. 1 Lieferketten-RL-E). Die Mitgliedstaaten stellen sicher, dass die Aufsichtsbehörden über angemessene Befugnisse und Ressourcen verfügen, einschließlich der Befugnis, Informationen anzufordern und Untersuchungen durchzuführen (Art. 18 Abs. 1 Lieferketten-RL-E). Eine Aufsichtsbehörde kann von Amts wegen oder aufgrund

---

[196] Dazu einerseits Lutz-Bachmann/Vorbeck/Wengenroth BB 2022, 835 (841): „fundamentale Neuerung im deutschen Gesellschaftsrecht"; nüchterner und zutr. andererseits Spindler ZIP 2022, 765 (776).

[197] Hübner, Unternehmenshaftung für Menschenrechtsverletzungen, 2022, 442 ff.; Hübner/Habrich/Weller NZG 2022, 644 (648).

ihr übermittelter begründeter Bedenken eine Untersuchung einleiten, wenn sie der Auffassung ist, dass ihr ausreichend Informationen vorliegen, die auf einen möglichen Sorgfaltsverstoß eines Unternehmens hindeuten (Art. 18 Abs. 2 Lieferketten-RL-E). Die Mitgliedstaaten stellen sicher, dass natürliche und juristische Personen berechtigt sind, begründete Bedenken geltend zu machen, sollten sie anhand objektiver Umstände Grund zu der Annahme haben, dass ein Unternehmen gegen allfällige Sorgfaltspflichten verstößt (Art. 19 Abs. 1 Lieferketten-RL-E). Vorgesehen ist außerdem die Einrichtung eines europäischen Netzes der Aufsichtsbehörden durch die EU-Kommission, um die grenzüberschreitende Zusammenarbeit sowie Koordinierung und Konvergenz der Untersuchungs-, Sanktions- und Aufsichtsverfahren zu erleichtern (Art. 21 Lieferketten-RL-E).

Zur Wahrnehmung ihrer Aufgaben verfügen die **Aufsichtsbehörden** über die **Befugnis** 91
(a) zur Anordnung einer Beendigung des Verstoßes gegen die Sorgfaltspflichten, einer Unterlassung jeglicher Wiederholung des betreffenden Verhaltens und ggf. zur Anordnung von Abhilfemaßnahmen, die dem Verstoß angemessen und erforderlich sind, um ihn zu beenden; (b) zur Verhängung von finanziellen Sanktionen; (c) zum Erlass vorläufiger Maßnahmen, um das Risiko eines schweren und nicht wiedergutzumachenden Schadens zu vermeiden (Art. 18 Abs. 6 Lieferketten-RL-E).

Die von den Mitgliedstaaten vorzusehenden **Sanktionen** müssen wirksam, verhältnis- 92
mäßig und abschreckend sein (Art. 20 Abs. 1 Lieferketten-RL-E). Werden finanzielle Sanktionen verhängt, so müssen sich diese nach dem Umsatz des Unternehmens richten (Art. 20 Abs. 3 Lieferketten-RL-E). Zudem sind Sanktionen der Aufsichtsbehörden wegen eines Verstoßes gegen Sorgfaltspflichten zu veröffentlichen („naming and shaming"; Art. 20 Abs. 4 Lieferketten-RL-E).

Anders als das deutsche LkSG (→ Rn. 53) sieht der Kommissionsvorschlag auch ein 93
Private Enforcement vor. Danach stellen die Mitgliedstaaten sicher, dass Unternehmen für Schäden haften, wenn sie gegen Präventions- und Abhilfemaßnahmen verstoßen haben und als Ergebnis dieses Versäumnisses negative Auswirkungen eingetreten sind, die zu einem Schaden geführt haben (Art. 22 Abs. 1 Lieferketten-RL-E). Die Einfügung eines **Schadensersatzanspruchs** in das nationale Haftungsrecht ist Sache der Mitgliedstaaten. Dazu gehört auch die praktisch hochbedeutsame Frage der Beweislastverteilung.

g) Internationalprivatrechtliche Absicherung. Schließlich müssen die Mitgliedstaa- 94
ten nach dem Kommissionsvorschlag sicherstellen, dass die in den nationalen Rechtsvorschriften zur Umsetzung der unionsrechtlichen Vorgaben vorgesehene Haftung zwingend Anwendung findet und Vorrang hat in Fällen, in denen das auf entsprechende Ansprüche anzuwendende Recht nicht das Recht eines Mitgliedstaats ist (Art. 22 Abs. 5 Lieferketten-RL-E). Die mitgliedstaatliche Haftungsregelung ist mit anderen Worten als **Eingriffsnorm** auszugestalten. Auf diese Weise soll ein Leerlaufen der Haftung verhindert werden, weil ansonsten nach Art. 4 Abs. 1 Rom II-VO grundsätzlich das Recht am Schadensort zur Anwendung berufen wäre (→ Einl. Rn. 349 ff.).[198] Dogmatisch handelt es sich weder um eine genuin europäische noch um eine genuin nationale, sondern um eine **hybride Eingriffsnorm.**[199]

h) Abgleich mit dem LkSG. Konzeptionell und inhaltlich bestehen zwischen dem 95
Richtlinienvorschlag der EU-Kommission und dem LkSG **große Gemeinsamkeiten.** Dies liegt vor allem daran, dass sich beide hauptsächlich an den UN-Leitprinzipien für Wirtschaft und Menschenrechte und den OECD-Leitsätzen orientieren.[200]

Gleichwohl gibt es auch **markante Unterschiede.** In einigen Punkten gehen die Vor- 96
gaben des Richtlinienentwurfs deutlich über jene des LkSG hinaus.[201] Dies gilt sowohl für

---

[198] Vgl. etwa Lutz-Bachmann/Vorbeck/Wengenroth BB 2022, 835 (843); Spindler ZIP 2022, 765 (775 f.).
[199] Näher Hübner/Habrich/Weller NZG 2022, 641 (645).
[200] Dazu auch Hübner/Habrich/Weller NZG 2022, 641.
[201] Dies hervorhebend auch Bettermann/Hoes WM 2022, 697; Lutz-Bachmann/Vorbeck/Wengenroth BB 2022, 835; Spindler ZIP 2022, 765.

den persönlichen Anwendungsbereich und die geschützten Rechtspositionen als auch für die Reichweite der Sorgfaltspflichten. Hinzu kommt schließlich ein obligatorisches Private Enforcement in Form einer mitgliedstaatlichen Schadensersatzhaftung.

97 Infolgedessen wird der **deutsche Gesetzgeber** vermutlich nicht um ein **Nachjustieren des LkSG** herumkommen, sofern der Richtlinienentwurf in der ein oder anderen Form verabschiedet werden wird.[202] Die erforderlichen Anpassungen werden in den Kommentierungen der jeweiligen Einzelvorschrift gesondert hervorgehoben.

98 **i) Rechtspolitische Einschätzungen.** Im Schrifttum wird der Lieferketten-RL-E als „sehr weitreichend“[203] und „äußerst ambitioniert“[204] bezeichnet. In der Sache klaffen die Ansichten über die rechtspolitische Grundausrichtung – wie schon beim LkSG – weit auseinander.[205] Beklagt wird insbesondere die Häufung unbestimmter Rechtsbegriffe und unscharfer Verhaltenspflichten.[206]

B. Rechtsvergleichung

Schrifttum: Asmussen/Wagner, Menschenrechtsklagen vor englischen Gerichten: Von Yachten zu Konzernen, ZEuP 2020, 979; Atamer/Willi, CSR-Berichterstattung Ante Portas: Indirekter Gegenvorschlag zur Konzernverantwortungsinitiative, SZW 2020, 686; Bagherzadeh, Multinational Corporations‘ Responsibility for Tortious and Human Rights Violations: A Comparative Study, 4 Cardozo Int'l & Comp. L. Rev. 857 (2021); Barsan, Corporate accountability: non-financial disclosure and liability – A French perspective, ECFR 2017, 399; Birkey et al., Mandated Social Disclosure: An Analysis of the Response to the California Transparency in Supply Chains Act of 2010, 152 J. Bus. Ethics 827 (2018); Böckli/Bühler, Zur „Konzernverantwortungsinitiative“ – Rechtliche Überlegungen zu den vier Forderungen der Eidgenössischen Volksinitiative „Für verantwortungsvolle Unternehmen zum Schutz von Mensch und Umwelt“, 2018; Bohrer, Haftung schweizerischer Unternehmen für Menschenrechtsverletzungen im Ausland?, Überlegungen zur Konzern-Initiative, GesKR 2017, 323; Brand, Auslegeordnung zu den CSR-Berichterstattungs- und Sorgfaltspflichten, GesKR 2021, 344; Bueno, La responsabilité des entreprises de respecter les droits de l'homme, AJP 2017, 1015; Bueno/Kaufmann, The Swiss Human Rights Due Diligence Legislation: Between Law and Politics, BHRJ 2021, 542; Bühler, Nichtfinanzielle Berichterstattung nach dem Gegenvorschlag zur Konzernverantwortungsinitiative und ihre Bedeutung für den Finanzsektor, SZW 2022, 716; Bühler, Geschäftsherrenhaftung im Konzernverhältnis?, SZW 2022, 202; Cassel, Outlining the Case for a Common Law Duty of Care to Exercise Human Rights Due Diligence, BHRJ 2016, 179; Cusenza/Brand, ‚A Tiger Without Teeth‘? The Forthcoming Review of the Modern Slavery Act 2018 (Cth) and the Place of Traditional Penalties, 38 Company & Securities L. J. 1 (2021); Danis-Fatôme/Viney, La responsabilité civile dans la loi relative au devoir de vigilance des sociétés mères et des entreprises donneuses d'ordre, D. 2017, 1610; Demeyere, Liability of a Mother Company for Its Subsidiary in French, Belgian and English Law, ERPL 2015, 385; Dutta, Internationale Zuständigkeit für privatrechtliche Klagen gegen transnationale Unternehmen wegen Verletzung von Menschenrechten und von Normen zum Schutz der natürlichen Lebensgrundlagen im Ausland, in Reinisch/Hobe/Kieninger/Peters, Unternehmensverantwortung und Internationales Recht, 2020; 39; v. Falkenhausen, Menschenrechtsschutz durch Deliktsrecht, 2020; Fischer, Shareholder Value, Corporate Social Responsibility und Gegenvorschlag zur Konzernverantwortungsinitiative – Sieben goldene Regeln als Kompass für Verwaltungsrat und Management, GesKR 2021, 1; Fleischer, Geschäftsherrenhaftung in Konzernlagen und Lieferketten: Eine rechtsvergleichende Skizze im Lichte der Konzernverantwortungsinitiative, FS Vogt, 2020, 145; Fleischer/Chatard, Deliktsrechtliche Haftung von Großunternehmen in Frankreich für Menschenrechtsverletzungen ihrer Tochtergesellschaften und Lieferanten, Audit Committee Quarterly 3/2019, 46; Fleischer/Danninger, Konzernhaftung für Menschenrechtsverletzungen – Französische und

[202] Vgl. etwa Bettermann/Hoes WM 2022, 697 (703): „Abzusehen ist bereits jetzt, dass das LkSG durch die Umsetzung der CSDD-E mehr als nur marginal angepasst werden wird.“; Lutz-Bachmann/Vorbeck/Wengenroth BB 2022, 835: „zahlreiche Anpassungen erforderlich“.

[203] Jung GPR 2022, 109.

[204] Hübner/Habrich/Weller NZG 2022, 644 (651).

[205] Scharfe Kritik einerseits bei Jung GPR 2022, 109 (121): „Der einen Tag vor Ausbruch des Krieges in der Ukraine vorgelegte Kommissionsentwurf für eine Richtlinie über Sorgfaltspflichten von Unternehmen im Hinblick auf Nachhaltigkeit wurde von der Realität eingeholt. Er stammt aus einer vergangenen Zeit.“; ferner Nietsch/Wiedmann CCZ 2022, 125 (137): „gut gemeinte, aber nicht gut gemachte Nachhaltigkeitsrechtssetzung“; für einen optimistischeren Grundton andererseits Hübner/Habrich/Weller NZG 2022, 644 (651): „Eine Richtlinie dieser Art wäre ein großer Sprung auf dem Weg zu einer ‚sustainable economy‘.“.

[206] Vgl. etwa Bettermann/Hoes WM 2022, 697 (703); Nietsch/Wiedmann CCZ 2022, 125 (137); Spindler ZIP 2022, 765 (777).

schweizerische Reformen als Regelungsvorbilder für Deutschland?, DB 2017, 2849; Fleischer/Hahn, Berichtspflichten über menschenrechtliche Standards in der Lieferkette, RIW 2018, 397; Fleischer/Korch, Konzerndeliktsrecht. Entwicklungsstand und Perspektiven, DB 2019, 1944; Fleischer/Korch, Zur deliktsrechtlichen Verantwortlichkeit von Auftraggebern in der Lieferkette, ZIP 2019, 2181; Fleischer/Korch, Okpabi v Royal Dutch Shell und das deutsche Deliktsrecht in Konzernlagen, ZIP 2021, 709; Forstmoser, Schutz der Menschenrechte – eine Pflicht für multinationale Unternehmen?, FS Donatsch, 2012, 703; Geisser, Außervertragliche Haftung privat tätiger Unternehmen für Menschenrechtsverletzungen bei internationalen Sachverhalten – Möglichkeiten und Grenzen der schweizerischen Zivilgerichtsbarkeit im Verhältnis von Völkerrecht und Internationalem Privatrecht, 2013; Geisser, Die Konzernverantwortungsinitiative – Darstellung, rechtliche Würdigung und mögliche Umsetzung, AJP 2017, 943; Geistfeld, The Law and Economics of Tort Liability for Human Rights Violations in Global Supply Chains, JETL 10 (2019), 130; Görgen, Unternehmerische Haftung in transnationalen Menschenrechtsfällen – Eine Untersuchung der zivilrechtlichen Haftung unter besonderer Berücksichtigung der UN-Leitprinzipien für Wirtschaft und Menschenrechte, 2019; Götz, Ein Lieferkettengesetz nordischer Prägung – Norwegens neues Transparenzgesetz, RIW 2022, 99; Grabosch, Internationale Sorgfaltspflichtengesetze: Lessons Learned für die deutsche Debatte, 2020; Grabosch, Unternehmen und Menschenrechte – Gesetzliche Verpflichtungen zur Sorgfalt im weltweiten Vergleich, 2019; Haider, Haftung von transnationalen Unternehmen und Staaten für Menschenrechtsverletzungen, 2018; Handschin, Konzernverantwortungsinitiative: Gesellschaftsrechtliche Aspekte, AJP 2017, 1000; Harris/Nolan, Outsourcing the enforcement of modern slavery: Overcoming the limitations of a market-based disclosure model, J. Industrial Relations 2022, 223; Hembach, Der australische Modern Slavery Act, CB 2019, 388; Hess, The Transparency Trap: Non-Financial Disclosure and the Responsibility of Business to Respect Human Rights, 56 Am. Bus. L. J. 5 (2019); Hess, The Management and Oversight of Human Rights Due Diligence, 58 Am. Bus. L. J. 751 (2021); Hess, Modern Slavery in Global Supply Chains: Towards A Legislative Solution, 54 Cornell Int'l L. J. 245 (2021); Hoffberger, Das französische Gesetz über die menschenrechtliche due diligence von Muttergesellschaften und Auftrag gebenden Unternehmen, AVR 55 (2017), 465; Hofstetter, Konzernverantwortungsinitiative und Geschäftsherrenhaftung, SJZ 2019, 271; Hofstetter, Gegenvorschlag zur Konzernverantwortungsinitiative und Unternehmenshaftung, SJZ 2021, 571; Iqbal, The efficacy of the disclosure requirement under s. 54 of the Modern Slavery Act, (2018) 39 Company Lawyer 3, Kaller, Deliktshaftung im Konzern, ZEuP 2022, 157; Kaufmann, Konzernverantwortungsinitiative: Grenzenlose Verantwortlichkeit?, SZW 2016, 45; Kaufmann, Menschen- und umweltrechtliche Sorgfaltsprüfung im internationalen Vergleich, AJP 2017, 967; Kaufmann, Global agieren, lokal profitieren – und keine Verantwortung, SJZ 2018, 329; Kieninger, Vedanta v. Lungowe: Ein Meilenstein für Klagen gegen europäische Konzernmütter für Umweltschäden und Menschenrechtsverletzungen durch drittstaatliche Tochtergesellschaften, IPRax 2020, 60; Kieninger, Englisches Deliktsrecht, Internationale Unternehmensverantwortung und deutsches Sorgfaltspflichtengesetz, RIW 2021, 331; Krajewski/Tonstad/Wohltmann, Mandatory Human Rights Due Diligence in Germany and Norway. Stepping, or Striding in the Same Direction, BHRJ 2021, 550; Kutscher, Neues zum Lieferkettengesetz? Ausblick nach Frankreich, ZVertriebsR 2020, 174; LeBaron/Rühmkorf, The domestic politics of corporate accountability legislation: struggles over the 2015 UK Modern Slavery Act, Socio-Economic Rev. 17 (2019), 709; Malecki, Le devoir de vigilance des sociétés et des entreprises donneuses d'ordre: était-ce bien raisonnable?, Bull. Joly Sociétés 2017, 298; Mansel, Internationales Privatrecht de lege lata wie de lege ferenda und Menschenrechtsverantwortlichkeit deutscher Unternehmen, ZGR 2018, 439; Mantouvalou, The UK Modern Slavery Act 2015 Three Years On, MLR 88 (2018), 1017; McGaughey/Voss/Cullen/Davis, Corporate Responses to Tackling Modern Slavery: A Comparative Analysis of Australia, France and the United Kingdom, BHRJ 2021, 1; Morgan, Vicarious Liability for Group Companies: The Final Frontier of Vicarious Liability?, 31 (2015) J. Prof. Negligence 276; Narine, Disclosing Disclosure's Defects: Addressing Corporate Irresponsibility for Human Rights Impacts, 47 Colum. Hum. Rts. L. Rev. 84 (2015); Nasse, Devoir de vigilance – Die neue Sorgfaltspflicht zur Menschenrechtsverantwortung für Großunternehmen in Frankreich, ZEuP 2019, 773; Nasse, Loi de vigilance. Wirtschaft und Menschenrechte im französischen Privatrecht, 2022; Nolan/Frishling, Australia's Modern Slavery Act: Towards Meaningful Compliance, Company & Securities L. J. 37 (2019), 104; Nordhues, Die Haftung der Muttergesellschaft für Menschenrechtsverletzungen, 2019; Okoye, Corporate enterprise principles and UK regulation of modern slavery in supply chains, (2017) 28 ICCLR 196; Palombo, The Duty of Care of the Parent Company: A Comparison between French Law, UK Precedents and the Swiss Proposals, 4 Bus. & Hum. Rts. J. 265 (2019); Petitjean, Devoir de vigilance – Une victoire contre l'impunité des multinationales, 2019; Petrin/Choudhury, Group Company Liability, EBOR 19 (2018), 771; Reinisch/Hobe/Kieninger/Peters, Unternehmensverantwortung und Internationales Recht, 2020; Roorda/Leader, Okpabi v Shell and Four Nigerian Farmers v Shell: Parent Company Liability Back in Court, BHRJ 2021, 368; Rühl, Die Haftung von Unternehmen für Menschenrechtsverletzungen: Die französische Loi de vigilance als Vorbild für ein deutsches Wertschöpfungsgesetz, FS Windbichler, 2020, 1413; Rühl, Unternehmensverantwortung und (Internationales) Privatrecht, in Reinisch/Hobe/Kieninger/Peters, Unternehmensverantwortung und Internationales Recht, 2020, 89; Saage-Maaß/Zumbansen/Bader/Shahab, Transnational Legal Activism in Global Value Chains, 2021; Salminen/Rajavuori, Transnational sustainability laws and the regulation of global value chains: comparison and a framework for analysis, Maastricht J. Europ. Comp. L. 26 (2019), 602; Sarvaty, Shining Light on Global Supply Chains, 56 Harv. Int. L. Rev. 419 (2015); Savourey/Brabant, The French Law on the Duty of Vigilance: Theoretical and Practical Challenges Since its Adoption, BHRJ 2021, 141; Schall, Die erhöhten Haftungsrisiken für Menschenrechtsverletzungen nach King Okpabi v Royal Dutch

Shell – und die überraschende Enthaftungswirkung des Lieferkettengesetzes, ZIP 2021, 1241; Schenker, Corporate Social Responsibility, SZW 2017, 635; Schiller, Exégèse de la loi relative au devoir de vigilance des sociétés mères et entreprises donneuses d'ordre, JCP E 2017, étude 1193, 19; Schiller, Le devoir de vigilance, 2019; Sinclair/Nolan, Modern Slavery in Australia: Steps in the Right Direction?, BHRJ 2020, 164; Späth/Werner, Die Okpabi-Entscheidung des Supreme Court of the United Kingdom zur Internationalen Konzernhaftung aus rechtsvergleichender Sicht, CCZ 2021, 241; Spitzer, Human Rights, Global Supply Chain and the Role of Tort, JETL 10 (2019), 95; Teyssier, Le plan de vigilance. Trois années d'application, D. 2021, 1823; Thomale/Murko, Pakistanisches Recht vor europäischen Gerichten: Transnationale Menschenrechtsklagen aus der Sicht eines Produktionslandes, ZVglRWiss 120 (2021), 127; Ulfbeck/Ehlers, Tort Law, Corporate Groups and Supply Chain Liability for Workers Injuries: The Concept of Vicarious Liability, European Company Law 2016, 167; Voss/Davis/Sumner/Waite/Ras/Singhal/Jog, International supply chains: compliance and engagement with the Modern Slavery Act, Journal of the British Academy 7 (2019), 61; Wagner, Tort Law and Human Rights, in Saage-Maaß/Zumbansen/Bader/Shahab, Transnational Legal Activism in Global Value Chains, 2021, 209; Weber, Auf dem Weg zu einem neuen Konzept der Unternehmensverantwortlichkeit, SJZ 2016, 25; Weller/Nasse, Unternehmensorganisation zum Schutz der Menschenrechte: Eine neue Verkehrspflicht in § 823 Abs. 1 BGB, FS Ebke, 2021, 1071; Werro, Indirekter Gegenentwurf zur Konzernverantwortungsinitiative – Haftungsnorm im Einklang mit der schweizerischen Tradition, sui generis 2018, 428; Werro, The Swiss Responsible Business Initiative and the Counter-Proposal, JETL 10 (2019), 166; Witting, Liability of Corporate Groups and Networks, 2018; Woody, Conflict Minerals Legislation: The SEC's New Role as Diplomatic and Humanitarian Watchdog, 81 Fordham L. Rev. 1315 (2012).

I. Überblick

99 Wie die Regierungsbegründung hervorhebt, fügt sich das deutsche LkSG in einen internationalen Entwicklungsstrom ein:[207] Manche Rechtsordnungen haben schon vor einigen Jahren entsprechende Gesetze erlassen, andere sind dem gerade erst gefolgt oder streben dies demnächst an. Eine **rechtsvergleichende Bestandsaufnahme** hilft zum einen dabei, die Regelungsstrukturen und Besonderheiten des eigenen Rechts besser zu verstehen. Zum anderen bildet sie eine Inspirationsquelle für die Fortentwicklung des Lieferkettenrechts auf nationaler und supranationaler Ebene.

100 Die bestehenden Regelungsregime lassen sich **unter verschiedenen Gesichtspunkten systematisieren.** Nach dem Regelungsgegenstand kann man bereichsübergreifende und sektorspezifische Lösungen unterscheiden, nach den Regelungsinstrumenten reine Berichtspflichten und materielle Sorgfaltspflichten, nach der Regelungsdurchsetzung öffentlich-rechtliche und privatrechtliche Enforcement-Mechanismen, nach den Regelungsadressaten börsennotierte Unternehmen und solche jeder Größe mit besonderer menschenrechtlicher Risikoexposition.[208] Diese Elemente schließlich sich oft nicht gegenseitig aus, sondern können oder müssen sogar miteinander kombiniert werden.[209]

101 Hier werden die einzelnen Gesetze zuvörderst nach ihrem Pflichtenprogramm für die Unternehmen gegliedert. Den Anfang machen Regelungsregime, die es bei **menschenrechtlichen Berichtspflichten** belassen (→ Rn. 102 ff.). Dabei handelt es sich häufig um Lieferkettengesetze der ersten Generation. Dann folgen Gesetze, die von Unternehmen die Einhaltung **menschenrechtlicher Sorgfaltspflichten** verlangen (→ Rn. 115 ff.). Unabhängig davon stellt sich schließlich die Frage, inwieweit sich das **allgemeine Haftungsrecht** zur Verbesserung der Menschenrechtslagen in Lieferketten fruchtbar machen lässt (→ Rn. 183 ff.).

[207] Vgl. Begr. RegE LkSG, BT-Drs. 19/28649, 24: „Das Gesetz fügt sich in eine jüngere Rechtsentwicklung auf EU-Ebene und einzelner Staaten, die das Ziel eines verantwortlichen und nachhaltigen globalen Wirtschaftens verfolgt. Zu nennen sind zB der britische Modern Slavery Act von 2015, das französische Sorgfaltspflichtengesetz von 2017 (‚loi de vigilance') sowie das 2019 beschlossene niederländische Gesetz gegen Kinderarbeit.".

[208] Zu solchen Systematisierungsansätzen Salminen/Rajavuomi Maastricht J. Europ. Comp. L. 26 (2019), 602; rechtsvergleichend auch McGaughey/Voss/Cullen/Davis BHRJ 2021, 1 (12 ff.).

[209] Vgl. Fleischer/Hahn RIW 2018, 397 (401).

II. Menschenrechtliche Berichtspflichten

Verbindliche Vorschriften zur menschenrechtlichen Berichterstattung gibt es heute in verschiedenen Rechtsordnungen diesseits und jenseits des Atlantiks.[210] Eine Vorreiterrolle nahmen dabei die Vereinigten Staaten ein.[211] **102**

1. Vereinigte Staaten: Dodd-Frank Act (2010). Das Vor- und Urbild aller menschenrechtlichen Berichtspflichten findet sich in sec. 1502 Dodd-Frank Act von 2010.[212] Gegenstand der Norm sind sog. **Konfliktmineralien** – Rohstoffe, die illegal in Bürgerkriegsgebieten abgebaut werden und der Finanzierung lokaler Milizen dienen. Zu trauriger Berühmtheit gelangte vor allem die Demokratische Republik Kongo (DR Kongo): Bewaffnete Auseinandersetzungen, die mit schwerwiegenden Menschenrechtsverletzungen, insbesondere sexueller Gewalt, einhergehen und durch den Handel mit Konfliktmineralien finanziert werden, erschüttern schon seit langem den Osten des Landes.[213] Initiator der neuen Berichtspflicht war der republikanische Senator Sam Brownback, der sich des Themas annahm, nachdem er 2005 auf einer Dienstreise in die DR Kongo einen persönlichen Eindruck von der Menschenrechtslage vor Ort gewonnen hatte. Brownback hatte seit 2008 wiederholt Gesetzentwürfe zu Konfliktmineralien in den Senat eingebracht, die jedoch allesamt scheiterten. Einen Verbündeten fand er im demokratischen Senator Jim McDermott, der 1987 als Arzt in der heutigen DR Kongo tätig war, die damals noch den Namen Zaire trug. Die Gelegenheit zum legislativen Durchbruch bot sich beiden schließlich im Zuge einer themenfremden Gesetzesnovelle, dem 848 Seiten umfassenden Dodd-Frank Act, mit dem der US-amerikanische Kongress auf die Finanzkrise reagierte. Die **neue Berichtspflicht** findet sich dort versteckt auf Seite 838 im Abschnitt „Miscellaneous Provisions". Brownback selbst stimmte im Senat letztlich gegen das Gesetzeswerk, weil er die strengere Bankenregulierung durch den Dodd-Frank Act ablehnte.[214] **103**

Sec. 1502 Dodd-Frank Act enthält eine weit über das allgemeine Sprachverständnis hinausgehende Legaldefinition des Ausdrucks conflict mineral. Coltan, Kassiterit, Gold und Wolfram gelten danach immer als Konfliktmineralien, ungeachtet ihrer Herkunft. Ferner unterfällt jedes weitere Mineral der Legaldefinition, das nach Auffassung des US-Außenministeriums in der DR Kongo oder ihren Nachbarländern der Konfliktfinanzierung dient (15 U. S. C.A. § 78m (p) (e) (4)). Die **Berichtspflicht** setzt am Ende der Lieferkette von Konfliktmineralien an. Sie betrifft **jeden in den USA börsennotierten Emittenten,** der Produkte herstellt, für deren Fertigung oder Betrieb Konfliktmineralien notwendig sind (15 U. S. C.A. § 78m (p) (2), 17 C. F. R. 240.13p-1). Er hat in einem Bericht zu erklären, ob von ihm verwandte Konfliktmineralien aus der DR Kongo oder deren Nachbarländern stammen. Ist dies der Fall, so muss er Angaben darüber machen, welche Sorgfaltsmaßnahmen er in Bezug auf seine Lieferkette ergriffen hat, ohne dass er gesetzlich zu bestimmten Maßnahmen verpflichtet wäre.[215] **104**

Diese Angaben müssen durch eine unabhängige Stelle überprüft werden.[216] Der Bericht ist gegenüber der Börsenaufsicht SEC abzugeben und auch im Internet zu veröffentlichen (15 U. S. C.A. § 78m (p) (A)–(E)). Einzelheiten regelt eine SEC-Ausführungsvorschrift von **105**

[210] Zum Folgenden bereits die breitflächige Bestandsaufnahme von Fleischer/Hahn RIW 2018, 397; monographisch Eickenjäger, Menschenrechtsberichterstattung der Unternehmen, 2017.

[211] Treffend Sarfaty 56 Harv. Int'l L.J. 419, 421 (2015): „The U. S. law is driving global norms in this area and serving as a guide for comparable legislation on supply chain transparency".

[212] Hierzu etwa Taylor 2 Harv. Bus. L. Rev. Online 105, 107 ff. (2012); Woody 81 Fordham L. Rev. 1315, 1324 ff. (2012).

[213] Ausf. zur Problematik Alao, Natural Resources and Conflict in Africa, 2007, 112 ff.

[214] Eingehend zur Entstehungsgeschichte der Norm Woody 81 Fordham L. Rev. 1315, 1324 ff. (2012).

[215] Vgl. Narine 25 Regents U. L. Rev. 351, 360 (2013): „Significantly, the law does not prohibit the use of conflict minerals. It merely requires companies to disclose whether they are using them and, if so, perform a due diligence examination […]".

[216] Näher zum „independent audit" Woody 81 Fordham L. Rev. 1315, 1326 (2012).

2012.[217] Die **Rechtsfolgen** einer Verletzung der Berichtspflicht ergeben sich **aus allgemeinem Kapitalmarktrecht:** Der Emittent haftet gegenüber gutgläubigen Dritten für eine fehlerhafte Kapitalmarktinformation (15 U. S. C.A. § 78r (a)).[218] Die ihm ebenfalls obliegende Pflicht, Produkte mit Konfliktmineralien als „not DRC conflict free" zu bezeichnen, ist inzwischen von einem Bundesberufungsgericht als verfassungswidrig verworfen worden: Als ungerechtfertigte compelled speech verletze sie die negative Meinungsfreiheit des Emittenten und sei darum mit dem 1. Zusatzartikel der US-Verfassung unvereinbar.[219] Daraufhin setzte die SEC die Norm außer Vollzug.[220] Eine Gesetzesinitiative der Republikaner zur Deregulierung des Finanzmarkts, die mit vielen anderen Bestimmungen des Dodd-Frank Act auch die menschenrechtliche Berichtspflicht in Sec. 1502 streichen wollte,[221] ist im Sande verlaufen.

106 **2. Kalifornien: Transparency in Supply Chains Act (2010).** Einen anderen inhaltlichen Zuschnitt als sec. 1502 Dodd-Frank Act hat sec. 3 CTSCA (California Transparency in Supply Chains Act 2010), der sich der **Bekämpfung des Menschenhandels** annimmt.[222] Initiiert wurde das Gesetz vom damaligen Präsidenten des kalifornischen Senats Darrell Steinberg[223] in der Absicht, die Existenz von Zwangsarbeit und Menschenhandel ins Bewusstsein zu rufen und kalifornischen Verbrauchern wie Unternehmern Gelegenheit zu geben, human trafficking in Lieferketten auszurotten.[224] Die Bestimmung richtet sich an sämtliche **Händler und Produzenten, die in Kalifornien** – der siebtgrößten Volkswirtschaft der Welt – **Geschäfte tätigen** (doing business) und deren jährliche Bruttoeinnahmen 100 Mio. USD übersteigen. Doing business verweist auf eine steuerrechtliche Legaldefinition, unter die jede Transaktion mit Gewinnerzielungsabsicht fällt, wenn das Unternehmen entweder seinen Satzungssitz in Kalifornien hat oder dort einen jährlichen Erlös von über 500.000 USD erzielt (R&TC § 23101). Da in die Erlösberechnung auch Handelsbevollmächtigte und Vertragspartner einbezogen werden, findet die Norm eine breite territoriale Anwendung.

107 Der **Bericht** muss mindestens Angaben darüber enthalten, in welcher Form das Unternehmen Risiken im Hinblick auf Menschenhandel und Sklaverei in seiner Lieferkette identifiziert und ihnen begegnet, seine Zulieferer hinsichtlich der Erfüllung gesetzlicher Pflichten und selbstgesetzter Standards überprüft und wie das Unternehmen mit Arbeitnehmern und Vertragspartnern umgeht, welche die selbstgesetzten Menschenrechtsstandards nicht einhalten. Alle vorgenannten Maßnahmen sind für das Unternehmen freiwillig.[225] Es kann darum auch einfach berichten, dass es nichts dergleichen unternimmt (sec. 3 (c) (1)–(4) CTSCA). Hilfestellung für die praktische Umsetzung bietet eine Handreichung des kalifornischen Justizministeriums.[226] Den Bericht hat das Unternehmen lediglich auf seine Website zu stellen und einen gut sichtbaren Link dazu auf der Startseite zu platzieren.

---

[217] 17 C. F. R. § 240.13p-1 (2012), 77 Fed. Reg. 56274 (12.9.2012).

[218] Vgl. Sarfaty 54 Va. J. Int'l L. 97, 117 (2013) unter Hinweis auf Sec. 18 Securities Exchange Act.

[219] National Association of Manufacturers v. Securities and Exchange Commission, 800 F.3d 518 (D. C. Cir. 2015).

[220] Piwowar „Statement on the Commission's Conflict Minerals Rule", SEC, 31.1.2017, https://www.sec.gov/corpfin/statement-on-sec-commission-conflict-minerals-rule.html (zuletzt abgerufen am 6.9.2022).

[221] H.R.10 – Financial Choice Act of 2017, Sec. 862.

[222] Hierzu etwa Koekkoek/Marx/Wouters Global Policy 8 (2017), 522; Prokopets 37 Hastings Int'l & Comp. L. Rev. 351 (2014); rechtsvergleichend Determann/Mühling CCZ 2012, 117.

[223] Rückblickend zur Gesetzesentstehung Steinberg, „Eradicating Slavery – a Corporate and Consumer Responsibility", KnowTheChain, 22.4.2014, https://knowthechain.org/eradicating-slavery-a-corporate-consumer-responsibility/ (zuletzt abgerufen am 6.9.2022).

[224] Ausdrücklich in diesem Sinne Steinberg, State of Ca. S. Judiciary Comm., Human Trafficking, 106–657, 2009–2010 Reg. Sess., 4 (2009).

[225] Vgl. Prokopets 37 Hastings Int'l & Comp. L. Rev. 351, 354 (2014): „This particular law does not forbid the sale of goods produced through trafficked labor".

[226] California Department of Justice, The California Transparency in Supply Chains Act: A Resource Guide, 2015.

Betreibt das Unternehmen keine Website, hat es jedem interessierten Verbraucher den Bericht schriftlich auszuhändigen (sec. 3 (b) CTSCA). Die **Sanktion** für Verstöße ist vergleichsweise milde: Kommt ein Unternehmen seiner Berichtspflicht nicht nach, kann deren Durchsetzung richterlich angeordnet werden (sec. 3 (d) CTSCA). Unrichtige Berichte lösen allenfalls mittelbar Rechtsfolgen aus, etwa wettbewerbsrechtliche Ansprüche.[227] Außerdem können Dritte aufgrund der erlangten Berichtsinformationen etwa Klage auf Schadensersatz gegen das Unternehmen wegen menschenrechtswidriger Zustände in der Lieferkette erheben, doch sind die Erfolgsaussichten gering.[228]

Das Verhalten der Unternehmen versucht sec. 3 CTSCA damit nur mittelbar über **Reputationseffekte** zu steuern. Das gesetzgeberische Kalkül lautet, dass sich kein Unternehmen die Blöße geben möchte, öffentlich zu berichten, nichts gegen Menschenhandel und Sklaverei in seiner Lieferkette zu unternehmen. Mehr noch vertraut der Gesetzgeber darauf, dass Verbraucher auf Basis der ihnen durch die Berichte zur Verfügung gestellten Informationen bewusste Kaufentscheidungen treffen und hohe menschenrechtliche Standards honorieren werden.[229] **108**

3. Vereinigtes Königreich: Modern Slavery Act (2015). Diese US-amerikanischen Vorbilder wurden mit dem UK Modern Slavery Act 2015 erstmals nach Europa importiert.[230] Der Modern Slavery Act 2015 enthält ein ganzes Paket an gesetzgeberischen Maßnahmen zur Bekämpfung von Menschenhandel, Sklaverei und Zwangsarbeit. Den Anstoß dazu gaben verschiedene Fälle vor dem EuGMR zum Verbot der Sklaverei und der Zwangsarbeit nach Art. 4 EMRK.[231] Auf Vorschlag des zuständigen Parlamentsausschusses fand unter anderem eine **Berichtspflicht** ihren Weg in das Gesetz, die sich den California Transparency in Supply Chain Act zum Vorbild nahm.[232] Normadressaten sind alle **unternehmenstragenden Gesellschaften, die im Vereinigten Königreich geschäftlich tätig sind,** Dienstleistungen oder Waren anbieten und einen Mindestumsatz von 36 Mio. GBP aufweisen (sec. 54 (2), (12) Modern Slavery Act 2015).[233] Ein Sitz der Gesellschaft im Vereinigten Königreich ist damit nicht vorausgesetzt; vielmehr genügt der Betrieb von Zweigniederlassungen, Tochtergesellschaften oder das Einschalten von Zwischenhändlern.[234] Dies wird in der Unternehmenspraxis häufig übersehen.[235] **109**

Die Erklärung hat Angaben darüber zu enthalten, welche Schritte der Berichterstatter unternommen hat, um sicherzustellen, dass weder in seinem eigenen Unternehmen noch in seiner Lieferkette Sklaverei und Menschenhandel stattfinden. Sind keine solchen Schritte unternommen worden, so ist dieser Umstand ausdrücklich festzuhalten (sec. 54 (4) Modern Slavery Act 2015). Das Gesetz legt dem Berichterstatter mit anderen Worten **keine** **110**

---

[227] Vgl. Determann/Mühling CCZ 2012, 117 (119).

[228] Für einen Überblick über einschlägige Verfahren Koekkoek/Marx/Wouters Global Policy 8 (2017), 522 (525) mit dem Fazit: „Still, so far it seems obtaining legal remedy against companies inspired by information obtained due to the California Act is near impossible".

[229] Vgl. Chilton/Sarfaty 53 Stan. J. Int'l L. 1, 4 (2017): „The hope of these laws is that stakeholders will be better able to pressure companies to change their behavior if they have access to disclosed information […]. For example, customers may consider information on a company's level of due diligence when making their purchasing decisions".

[230] Dazu etwa Iqbal (2018) 39 Company Lawyer 3; Okoye (2017) 28 ICCLR 196; rechtsvergleichend Doris/Zimmer BB 2016, 181; Gernand CCZ 2016, 102.

[231] Näher dazu Mantouvalou MLR 88 (2018), 1017: „A line of cases of the European Court of Human Rights (ECtHR) highlighted the need to address the most severe instances of labour exploitation".

[232] Joint Committee on the Draft Modern Slavery Bill, „Draft Modern Slavery Bill", Rn. 176 ff., https://publications.parliament.uk/pa/jt201314/jtselect/jtslavery/166/166.pdf (zuletzt abgerufen am 6.9.2022); bündig Okoye (2017) 28 ICCLR 196, 199: „Section 54 of the UK Act is predicated on the California Transparency in Supply Chains Act of 2010".

[233] Der Mindestumsatz wird in The Modern Slavery Act 2015 (Transparency in Supply Chains) Regulations 2015 reg 2 konkretisiert.

[234] Vgl. Doris/Zimmer BB 2016, 181; Gernand CCZ 2016, 102.

[235] Dazu McGaughey/Voss/Cullen/Davis BHRJ 2021, 1 (8); ausf. Voss et al. Journal of the British Academy 7 (2019), 61 ff.

materiellen Pflichten auf, sondern beschränkt sich – ganz im Sinne eines reflexive-law-Ansatzes[236] – auf eine **„Regulierung von Selbstregulierung“.**[237] Zum konkreten Inhalt der Erklärung macht das Gesetz keine Vorgaben, sondern beschränkt sich auf Vorschläge. Beispielhaft genannt werden Erläuterungen zur Auswahl von Zulieferern, der Risikoexposition des Unternehmens, der Fortbildung von Mitarbeitern sowie eine Evaluation der getroffenen Maßnahmen (sec. 54 (5) Modern Slavery Act 2015). In einem Leitfaden zur Erstellung der Erklärung mahnt das Innenministerium neben der Verwendung leicht verständlicher Sprache die Vollständigkeit der Erklärung an.[238] Die weiteren Vorgaben entsprechen denen des California Transparency in Supply Chain Act: Die Erklärung ist auf der Website des Berichterstatters zu publizieren. Die Startseite muss einen gut sichtbaren Link auf ihn enthalten. Betreibt die Gesellschaft keine Website, hat sie jedem eine Kopie der Erklärung zur Verfügung zu stellen, der danach verlangt. Wird die Erklärung unterlassen, kann das Innenministerium ihre richterliche Anordnung erwirken (sec. 54 (11) Modern Slavery Act 2015).

111 **Rechtspolitisch** hat der UK Modern Slavery Act **in puncto Effektivität und Enforcement scharfe Kritik** erfahren.[239] Ein Bericht vom Februar 2021 gelangt zu dem Ergebnis, dass er seine erklärten Ziele verfehlt habe.[240] Obwohl etwa 40 % der Unternehmen ihrer Berichtspflicht nicht nachkämen, würden nahezu keine richterlichen Anordnungen beantragt.

112 Schon im Jahre 2019 hatte eine unabhängige Kommission den UK Modern Slavery Act evaluiert und verschiedene Verbesserungsvorschläge unterbreitet.[241] Ein im Oberhaus anhängiger Gesetzentwurf **(Modern Slavery Amendment Bill)** schlägt genauere Berichtspflichten, eine bessere Verfügbarkeit der Verlautbarungen in einem öffentlichen Register und Bußgelder für Unternehmen vor, die ihrer Berichtspflicht nicht nachkommen.

113 **4. Australien: Modern Slavery Act (2018).** Nach dem Muster des UK Modern Slavery Act hat Australien einen eigenen Modern Slavery Act verabschiedet, der seit Anfang 2019 in Geltung steht.[242] Zuvor war auf einzelstaatlicher Ebene schon New South Wales mit einem eigenen Regelwerk vorangegangen.[243] An der Wirksamkeit der vorgeschriebenen Berichtspflichten ist jüngst scharfe Kritik geübt worden.[244]

114 **5. Zwischenbefund.** Die menschenrechtlichen Schutzgesetze der ersten Generation haben mit ihren Berichtspflichten viel zur **Bewusstseinsbildung** bei Unternehmen und Verbrauchern beigetragen. Es mehren sich aber die Stimmen in den Vereinigten Staaten und im Vereinigten Königreich, nach denen das Transparenzmodell zunehmend an seine **Grenzen** stößt.[245] Pointiert ist sogar von einer **„Transparency**

[236] Näher dazu McGaughey/Voss/Cullen/Davis BHRJ 2021, 1 (2); Wen (2016) 43 Journal of Law and Society 327; beide mwN.

[237] Rühmkorf ZGR 2018, 410 (419).

[238] Her Majesty's Principal Secretary of State for the Home Department, Transparency in Supply Chains etc., A practical guide, 10.

[239] Vgl. LeBaron/Rühmkorf Socio-Economic Review 17 (2019), 709; Mantouvalou MLR 81 (2018), 1017.

[240] Vgl. Business and Human Rights Resource Centre, UK Modern Slavery Act: Missed opportunities and urgent lessons, 2021; dazu auch McGaughey/Voss/Cullen/Davis BHRJ 2021, 1 (2).

[241] Vgl. Home Office, Independent Review of the Modern Slavery Act 2015: Final report, Mai 2019, 39 ff. (Sec. 54 of the Act).

[242] Vgl. McGaughey/Voss/Cullen/Davis BHRJ 2021, 1 (10); Sinclair/Nolan BHRJ 2020, 164; rechtsvergleichend Hembach CB 2019, 388.

[243] Vgl. Sinclair/Nolan BHRJ 2020, 164.

[244] Vgl. Cusenza/Brand 18 Company & Securities L. J. 1 (2021).

[245] Vgl. etwa zum kalifornischen CTSCA Chilton/Sarfaty 53 Stan. J‘ Int'l L. 1 (2017); Narine 47 Colum. Hum. Rts L. Rev. 84, 117 ff. (2015); Prokopets 37 Hastings Int'l & Comp. L. Rev. 351, 364 ff. (2014); zum UKMSA Harris/Nolan J. Industrial Relations 2022, 223; zusammenfassend Hess 54 Cornell Int'l L.J. 245, 264 (2021): „The empirical evidence seems to confirm the general perceptions stated earlier that the CTSCA and UKMSA are not likely to cause corporations to produce reports that are useful to external stakeholders. More importantly, these transparency requirements seem unlikely to encourage organizational change. It is important to remember that transparency is not an end in itself, but a means to improve corporate behavior“.

Trap"[246] die Rede. Vorschläge, die Berichtspflichten bundesweit festzuschreiben, etwa durch einen im US-Repräsentantenhaus eingeführten „Business Supply Chain Transparency on Trafficking and Slavery Act of 2020",[247] oder sie mit materiellen Sorgfaltspflichten zu kombinieren,[248] sind in beiden Staaten aber bisher nicht auf fruchtbaren Boden gefallen.[249] Eine Literaturstimme spricht sogar von einer **Verzagtheits-Falle,**[250] weil Nichtregierungsorganisationen die Hoffnung auf eine strengere Regulierung aufgegeben hätten.

III. Menschenrechtliche Sorgfaltspflichten

1. Frankreich: Loi de vigilance (2017). a) Loi de vigilance als Pionierregelung. **115**
International hat Frankreich mit seiner sog. loi de vigilance vom 27.3.2017[251] eine Vorreiterrolle bei der Regelung der menschenrechtlichen Sorgfaltspflichten von Unternehmen eingenommen.[252] Danach sind Aktiengesellschaften ab einer bestimmten Arbeitnehmerzahl (→ Rn. 121) verpflichtet, einen Überwachungsplan (plan de vigilance) zum Schutz von Mensch und Umwelt zu erstellen, der neben ihren eigenen Tätigkeiten auch die von Tochterunternehmen und Lieferanten umfasst (→ Rn. 128). Diese über die Rechtsträgergrenze hinausgehende Verpflichtung bringt der vollständige Titel des Gesetzes „Loi relative au devoir de vigilance des sociétés mères et des entreprises donneuses d'ordre", also Gesetz betreffend die Überwachungspflicht von Muttergesellschaften und auftraggebenden Unternehmen, treffend zum Ausdruck.

Den Anstoß zu diesem Gesetz gab der Einsturz der achtstöckigen Textilfabrik Rana Plaza **116**
in Bangladesch im Jahre 2013, bei dem über tausend Näherinnen zu Tode kamen.[253] Er hat die französische Öffentlichkeit wachgerüttelt und wird in den Gesetzesmaterialien als causa impulsiva genannt.[254] Daher bezeichnet man das französische Sorgfaltspflichtengesetz auch als **„Loi Rana Plaza".**[255] Wie in Deutschland (→ Einl. Rn. 38) hatten auch in Frankreich Organisationen der Zivilgesellschaft maßgeblichen Einfluss auf den Gesetzgebungsprozess.[256]

Gleichwohl war die Ausarbeitung und Verabschiedung des Gesetzes kein Selbstläufer. **117**
Vielmehr bedurfte es zweier Entwürfe vom November 2013 und November 2015 und einer **äußerst kontroversen Debatte,** bevor die Neuregelung allmählich ihre heutige Gestalt gewann.[257] Der so entstandene Gesetzestext fand am 21.2.2017 die Zustimmung

[246] So der Aufsatztitel von Hess 56 Am. Bus. Rev. 5 (2019): „The Transparency Trap: Non-Financial Disclosure and the Responsibility of Business to Respect Human Rights".

[247] H. R. 6279, 116th Cong., 2nd Sess. 2020, vorgeschlagen von den Abgeordnteen Maloney (New York) und Smith (New Jersey).

[248] In diesem Sinne etwa Hess 56 Am. Bus. Rev. 5, 46 (2019): „To create a more effective targeted transparency program that fixes rather than duplicates the problems of general transparency programs, states should couple a disclosure requirement with a mandate that companies develop, implement and disclose a human rights due diligence plan".

[249] Zu einzelnen Gesetzesinitiativen in den Vereinigten Staaten Hess 54 Cornell Int. L. J. 245, 277 (2021) mwN.

[250] Evans 27 Rev. Int'l Pol. Econ. 658 (2020): „despondence trap".

[251] Loi relative au devoir de vigilance des sociétés mères et des entreprises donneuses d'ordre, n° 2017-399.

[252] So Fleischer/Danninger DB 2017, 2849; gleichsinnig Kaufmann AJP 2017, 967 (973); Nasse ZEuP 2019, 774 (801); ferner Barsan ECFR 2017, 399 (430): „France, the white knight of CSR".

[253] Vgl. Fleischer/Chatard Audit Committee Quarterly III/2019, 46; Nasse ZEuP 2019, 774 (776).

[254] Vgl. Proposition de Loi relative au devoir de vigilance des sociétés mères et des entreprises donneuses d'ordre, AN N° 2578, 11.2.2015, Exposé des motifs, 4: „Le 24 April 2013, un immeuble qui abritait plusieurs usines textiles s'est effrondré au Bangladesh: 1 138 personnes ont trouvé la mort. […] Dans les décombres ont été retrouvées des étiquettes de grandes marques de vêtements européennes et françaises pour lesquelles travaillaient ces sous-traitants bangladais. Les donneurs d'ordre ont parfois nié leurs relations avec ces sous-traitants, preuve qu'ils ne contrôlaient pas pleinement leur chaîne de production.".

[255] Vgl. Petitjean, Devoir de vigilance – Une victoire contre l'impunité des multinationales, 2019, 133 f.

[256] Vgl. Petitjean, Devoir de vigilance – Une victoire contre l'impunité des multinationales, 2019, 85 ff.

[257] Dazu Schiller JCP E 2017, 19: „l'un des textes les plus controversés de ce dernières années"; dazu auch Fleischer/Danninger DB 2017, 2849; Nasse ZEuP 2019, 774 (788).

der Nationalversammlung, doch erklärte der Conseil constitutionnel die Bußgeldbestimmungen zwei Tage später für verfassungswidrig (→ Rn. 142). Die bereinigte Neufassung wurde schließlich am 28.3.2017 im französischen Gesetzblatt verkündet.

118 Mit der loi de vigilance knüpfte der französische Gesetzgeber an eine Kette von Reformgesetzen auf dem Gebiet der responsabilité sociale des entreprises an.[258] So müssen sich börsennotierte Unternehmen bereits seit 2001 zu den sozialen und umweltbezogenen Auswirkungen ihrer Tätigkeit erklären (Art. L. 225-102-1 Abs. 4 C. com.)[259] – ein früher Vorläufer der unionsrechtlichen CSR-Regelung.[260] Ein weiteres, als Grenelle II bekanntes Gesetz von 2010 lässt Muttergesellschaften für die Sanierung der Umweltschutzanlagen einer insolventen Tochtergesellschaft haften (Art. L. 512-17 Code de l'environnement, Art. L. 223-1-5 C. com.),[261] und seit Ende 2016 verpflichtet das Gesetz Sapin II Unternehmen ab 500 Mitarbeitern, Compliance-Maßnahmen zur Korruptionsbekämpfung zu ergreifen (Art. 17 Sapin II).[262]

119 Nach den Vorstellungen der Gesetzesverfasser soll auch der loi de vigilance eine **Vorbildfunktion für den zivilrechtlichen Menschenrechtsschutz in Europa und der Welt** zukommen.[263] Festhalten lässt sich jedenfalls, dass das Gesetz hierzulande eine beträchtliche Aufmerksamkeit (einschließlich zweier Übersetzungen)[264] gefunden hat[265] und auch in der Regierungsbegründung des LkSG ausdrücklich in Bezug genommen wird.[266]

120 **b) Persönlicher Anwendungsbereich.** Die Vorschriften für die menschenrechtliche und umweltbezogene Sorgfaltspflicht finden sich – anders als in einer früheren Fassung – nicht mehr im Abschnitt über alle Handelsgesellschaften, sondern in jenem über die Aktiengesellschaft, genauer in Art. L. 225-102-4 Abs. 3 C. com. Damit gelten sie nur für die **Aktiengesellschaft** und kraft Verweisung für die Kommanditgesellschaft auf Aktien, die Europäische Aktiengesellschaft mit Sitz in Frankreich sowie nach umstrittener Auffassung für die vereinfachte Aktiengesellschaft (SAS).[267]

121 Neben diese rechtsformbezogene Einschränkung tritt eine größenbezogene: Normadressaten sind **nur Großunternehmen,** die am Schluss zweier aufeinanderfolgender Geschäftsjahre einschließlich ihrer in Frankreich ansässigen Tochtergesellschaften 5.000 oder einschließlich ihrer weltweiten Tochtergesellschaften mindestens 10.000 Arbeitnehmer beschäftigen. Schätzungen zufolge werden von der loi de vigilance daher nur etwa 150–200 Unternehmen erfasst,[268] was im Schrifttum teilweise Kritik hervorgerufen hat.[269] Sofern eine Tochtergesellschaft oder ein beherrschtes Unternehmen selbst diese Schwellenwerte überschreitet, gelten die gesetzlichen Pflichten gemäß Art. L. 225-102-4 I Abs. 2 C. com.

---

[258] Monographische Aufarbeitung bei Malecki, Responsabilité sociale des entreprises, 2014; ferner der Sammelband von Martin-Chenut/de Quénaudon, La RSE saisie par le droit, 2016; rechtsvergleichend Fleischer/Danninger DB 2017, 2849 f.; Nasse ZEuP 2019, 774 (776).

[259] Loi n° 2001-420 vom 15.3.2001 relative aux nouvelles régulations économiques.

[260] Dazu Barsan ECFR 2017, 399 (419 f.).

[261] Loi n° 2010-788 vom 12.6.2010 portant engagement national pour l'environnement.

[262] Loi n° 2016-1691 vom 9.12.2016 relative à la transparence, à la lutte contre la corruption et à la modernisation de la vie économique.

[263] Vgl. Proposition de Loi relative au devoir de vigilance des sociétés mères et des entreprises donneuses d'ordre, AN N° 2578, 11.2.2015, Exposé des motifs, 13: „En réaffirmant ainsi son attachement aux Droits de l'Homme, fidèle à sa tradition, à son modèle social et à son idéal humaniste, la France adopte une position pionnière qui a vocation à être suivie par les pays membres de l'Union, notamment par l'adoption de directives européennes."; dazu auch Fleischer/Chatard Audit Committee Quarterly III/2019, 46 (48).

[264] Vgl. Fleischer/Danninger DB 2017, 2849 (2850 f.); Mansel ZGR 2018, 439 (474 ff.).

[265] Vgl. Fleischer/Chatard Audit Committee Quarterly III/2019, 46; Fleischer/Danninger DB 2017, 2849; Hoffberger AVR 55 (2017), 465; Kutscher ZVertriebsR 2020, 174; Nasse ZEuP 2019, 774; Rühl FS Windbichler, 2020, 1413; Thomale/Murko EuZA 2021, 40 (45 ff.).

[266] Vgl. Begr. RegE LkSG, BT-Drs. 19/28649, 24.

[267] Vgl. Fleischer/Chatard Audit Committee Quarterly III/2019, 46 (47); Nasse ZEuP 2019, 774 (790).

[268] Dazu Fleischer/Danninger DB 2017, 2849 (2850) mwN.

[269] Vgl. Brabant/Savourey Rev. int. compliance 92 (2017), 18; Malecky Bull. Joly Sociétés, 2017, 298 (300).

als erfüllt, wenn das herrschende Unternehmen einen konzernweiten Überwachungsplan erarbeitet und wirksam umsetzt.

c) Pflicht zur Ausarbeitung, Umsetzung und Veröffentlichung eines Überwachungsplans. Kernstück der loi de vigilance ist die in Art. L. 225-102-4 C. com. verankerte Pflicht, einen Überwachungsplan auszuarbeiten, umzusetzen und zu veröffentlichen. Mit ihr wollte der französische Reformgesetzgeber die UN-Leitprinzipien für Wirtschaft und Menschenrechte (UNGP) umsetzen.[270] Deren Transformation vom internationalen soft law (→ Rn. 19) zum nationalen hard law,[271] die konzeptionell und legistisch hoch anspruchsvoll ist,[272] hat der französische Gesetzgeber grundsätzlich erreicht, auch wenn sich einzelne Vorschriften der loi de vigilance im Laufe des Gesetzgebungsverfahrens ein Stück weit von dieser Inspirationsquelle entfernt haben. Außerdem hat der Reformgesetzgeber trotz seines generellen Umsetzungswillens zuweilen eingeführten Begriffen des französischen Rechts den Vorzug vor einer getreulichen Übersetzung der UNGP gegeben, etwa bei dem Tatbestandsmerkmal der gefestigten Geschäftsbeziehung (relation commerciale établie; → Rn. 128). 122

aa) Inhalt des Überwachungsplans. Der gemäß Art. L. 225-102-4 Abs. 1 C. com. auszuarbeitende Überwachungsplan umfasst nach Art. L. 225-102-4 Abs. 3 C. com. **angemessene Überwachungsmaßnahmen zur Identifikation von Risiken und zur Vorbeugung gegen schwerwiegende Verletzungen bestimmter Schutzgüter** (→ Rn. 125). Er soll gemäß Art. L. 225-102-4 Abs. 4 S. 1 C. com. in Zusammenarbeit mit den Bezugsgruppen (parties prenantes) der Gesellschaft ausgearbeitet werden, ggf. im Rahmen multinationaler Initiativen der Branchen oder auf hoheitlicher Ebene. Ein Beispiel für eine solche multinationale Initiative bildet der Accord on Fire and Building Safety in Bangladesh vom 15.3.2013, den verschiedene Gewerkschaften und mehr als 200 Textilunternehmen aus mehr als 20 Ländern in Europa, Nordamerika, Asien und Australien unterzeichnet haben.[273] 123

Die erforderlichen Überwachungsmaßnahmen konkretisiert Art. L. 225-102-4 I Abs. 4 S. 2 C. com. Danach muss der plan de vigilance folgende **Einzelmaßnahmen** vorsehen: eine Darstellung der Risiken zum Zweck ihrer Identifizierung, Analyse und Einstufung (Nr. 1), Verfahren zur regelmäßigen Bewertung der Lage der Tochtergesellschaften, Subunternehmen und Lieferanten, zu denen eine gefestigte Geschäftsbeziehung besteht, im Hinblick auf die Darstellung der Risiken (Nr. 2), geeignete Maßnahmen zur Risikoverringerung oder zur Vorbeugung gegen schwerwiegende Rechtsverletzungen (Nr. 3), einen Warn- und Hinweisgebermechanismus für bestehende oder sich verwirklichende Risiken, der im Zusammenwirken mit den in der betreffenden Gesellschaft vertretenen Gewerkschaften festgelegt wird (Nr. 4), und einen Mechanismus, um die umgesetzten Maßnahmen zu überprüfen und deren Wirksamkeit zu bewerten (Nr. 5). 124

bb) Geschützte Rechtspositionen. Als Schutzgüter nennt Art. L. 225-102-4 I Abs. 3 C. com. die **Menschenrechte und Grundfreiheiten,** die **Gesundheit und Sicherheit der Menschen** und die **Umwelt.** Eine Konkretisierung dieser Begriffe nimmt der Gesetzgeber nicht vor.[274] Im Schrifttum hat man vorgeschlagen, den genannten Schutzgütern durch Rückgriff auf internationale Regelwerke wie die UN-Menschenrechtscharta oder die Europäische Menschenrechtskonvention schärfere Konturen zu verleihen.[275] Für den Begriff des Umweltschutzes könnte man auf die Legaldefinition des Umweltschadens 125

---

[270] Vgl. Proposition de Loi relative au devoir de vigilance des sociétés mères et des entreprises donneuses d'ordre, AN N° 2578, 11.2.2015, Exposé des motifs, 6; Danis-Fatome/Deckert/Niboyet et al. in Kessedjian/Cantú Rivera, Private international law aspects of corporate social responsibility, 2020, 353 (355).

[271] So Barsan ECFR 2017, 399 (421); Lenoir JCP E 2020, 22.

[272] Dazu Cuzacq in Antonmattei/Brehier et al., Étude à la memoire Neau-Leduc, 2018, 287 f.

[273] Vgl. Fleischer/Danninger DB 2017, 2849 (2852).

[274] Vgl. Nasse ZEuP 2019, 774 (792).

[275] Vgl. Lafargue JCP S 2017, 1169 Rn. 23; Malecki Bull. Joly Sociétés 2017, 298 (299).

gemäß Art. L. 161-1 Code de l'environnement oder auf die damit nicht identische zivilrechtliche Definition in Art. 1247 C. civ. abstellen.[276] Gleichwohl verbleiben beträchtliche Unschärfen, die den Verfassungsrat veranlasst haben, die Bußgeldbestimmung bei Verletzung der Überwachungspflicht wegen ihrer zu großen Unbestimmtheit für verfassungswidrig zu erklären (→ Rn. 142).

126 cc) **Wirksame Umsetzung des Überwachungsplans.** Gemäß Art. L. 225-102-4 I Abs. 1 C. com. muss jede Gesellschaft den erarbeiteten Überwachungsplan auf wirksame Weise umsetzen. Der Plan darf also nicht nur auf dem Papier stehen, vielmehr müssen seine Maßnahmen bei den überwachungspflichtigen Unternehmen (→ Rn. 128) auch tatsächlich implementiert werden. Hierüber ist ein Bericht anzufertigen.

127 dd) **Veröffentlichung von Überwachungsplan und Umsetzungsbericht.** Gemäß Art. L. 225-102-4 I Abs. 5 C. com. sind der Überwachungsplan und der Bericht über seine wirksame Umsetzung zu veröffentlichen. Beide Dokumente müssen zudem in den jährlichen Geschäftsbericht des Verwaltungsrats bzw. Vorstands an die Hauptversammlung nach Art. L. 225-102 C. com. aufgenommen werden. Unabhängig davon haben Verbraucher wohl auch aus Art. L. 131-1 Code de la Consommation indirekt das Recht, den Inhalt des Überwachungsplans zu erfahren.[277] Wenn es keinen Überwachungsplan gibt, soll sich daraus jedoch keine Vermutung einer irreführenden Geschäftspraxis nach Art. 124-4 Nr. 1 Code de la Consommation ergeben.[278]

128 d) **Reichweite der Überwachungspflicht.** Überwachungsbedürftig sind ausweislich des Art. L. 225-102-4 I Abs. 3 C. com. die Tätigkeiten dreier Gruppen von Unternehmen: (1) der **Gesellschaft selbst,** (2) der von ihr nach den Grundsätzen der konzernrechtlichen Konsolidierungspflicht (Art. L. 233-16 II C. com.) unmittelbar oder mittelbar **beherrschten Unternehmen** und (3) ihrer Subunternehmer[279] und Lieferanten. Für die Überwachungspflicht gegenüber letzteren gelten indes zwei Einschränkungen. Erfasst werden zunächst nur die **unmittelbaren Subunternehmer und Lieferanten der Gesellschaft,** nicht aber deren Vertragspartner, auf welche die Gesellschaft kaum Einfluss nehmen könnte.[280] Aus diesem engeren Kreis betrifft die Überwachungspflicht sodann lediglich solche Subunternehmer und Lieferanten, die **in einer gefestigten Geschäftsbeziehung** zur Gesellschaft stehen. Als gefestigt gilt nur eine regelmäßige, bedeutsame und stabile Geschäftsbeziehung.[281]

129 e) **Anwendung auf Auslandssachverhalte.** Nicht ausdrücklich geregelt ist die Anwendbarkeit der Haftungsregelung auf Auslandssachverhalte. An sich würde daher nach Art. 4 Abs. 1 Rom II-VO das Recht jenes Staates Anwendung finden, in dem der Schaden eingetreten ist, in den meisten Fallgestaltungen also das lokale Recht des Fabrikstandorts im Ausland. Während des Gesetzgebungsverfahrens ist dieses Problem nicht unbemerkt geblieben,[282] doch fand ein Änderungsantrag[283] keine Mehrheit. Damit das Gesetz gleichwohl

[276] Vgl. Schiller JCP E 2017, 19 (22); ferner Fleischer/Danninger DB 2017, 2849 (2852).

[277] Vgl. Schiller JCP E 2017, 19 (26); rechtsvergleichend Fleischer/Danninger DB 2017, 2849 (2852).

[278] Vgl. Schiller, JCP E 2017, 19 (26); rechtsvergleichend Fleischer/Danninger DB 2017, 2849 (2852).

[279] Vgl. die Definition der Subunternehmerschaft in Art. 1 de la loi n° 75–1334 vom 31.12.1975 relative à la sous-traitance; ferner Schiller JCP E 2017, 19 (21 f.).

[280] Vgl. Schiller JCP E 2017, 19 (22).

[281] Dazu Fleischer/Danninger DB 2017, 2849 (2850).

[282] Vgl. Mougeolle, La Revue des droits de l'Homme, février 2017, Rn. 24: „Le texte ne précise pas si le plan de vigilance est applicable de manière extraterritoriale, c'est-à-dire aux filiales et aux relations commerciales étrangères. Cela est évidemment regrettable, car, selon l'exposé des motifs, cela est clairement l'objectif de la loi."; gleichsinnig Pataut Dr. social 2017, 833.

[283] Vgl. Assemblée Nationale, 26.3.2015, Amendement par M. Carpentier et al. mit folgender Begründung: „Cet amendement est une précision rédactionnelle qui permet de conférer au texte la valeur d'une loi de police, afin de donner une indication complémentaire au juge et de lui permettre par conséquent l'application du droit français en cas de conflit de loi."; dazu auch Fleischer/Danninger DB 2017, 2849 (2852).

seine gewünschte Wirkung entfalten kann, wird die Neuregelung im Schrifttum vielfach als **Eingriffsnorm** iSd Art. 16 Abs. 2 Rom II-VO verstanden.[284]

f) Rechtsfolgen. Was die Durchsetzungsmechanismen anbelangt, setzt der französische Gesetzgeber auf eine **doppelte Strategie:** Zum einen sieht er eine gerichtliche Anordnung zur Pflichterfüllung auf Antrag von Privatklägern vor (→ Rn. 131 ff.), zum anderen setzt er auf eine deliktsrechtliche Haftung der Gesellschaft gegenüber geschädigten Personen (→ Rn. 135 ff.). Eine dritte Spur in Form eines Bußgeldtatbestands ist dagegen als verfassungswidrig verworfen worden (→ Rn. 142). 130

aa) Gerichtliche Anordnung zur Pflichterfüllung. Wenn eine Gesellschaft ihre Sorgfaltspflichten nicht innerhalb einer Frist von drei Monaten erfüllt, nachdem sie hierzu außergerichtlich aufgefordert worden ist (mise en demeure), kann das zuständige Gericht sie gemäß Art. L. 225-102-4 II C. com. auf Verlangen jeder Person mit berechtigtem Interesse zur Pflichterfüllung anhalten, ggf. unter Androhung eines Zwangsgeldes (astreinte). Eine solche Anordnung (injonction) kann auch im Eilverfahren durch den Gerichtspräsidenten ergehen.[285] Sie dient Präventionszwecken und setzt daher keinen Schadenseintritt voraus. Die Höhe des Zwangsgeldes liegt im Ermessen des Gerichts. 131

Antragsberechtigt ist **jede Person mit einem entsprechenden Rechtsschutzinteresse** (intérêt à agir).[286] Dies deckt sich mit der allgemeinen zivilprozessualen Regelung in Art. 31 Code de procédure civile, wonach eine Klage all jenen offensteht, die ein berechtigtes Interesse an dem Zuspruch oder der Ablehnung einer Rechtsposition haben. Ausweislich der Gesetzesbegründung schließt dies Menschen- und Umweltschutzorganisationen sowie Gewerkschaften ein.[287] Diese werden damit gleichsam zu „privaten Staatsanwälten“, was im Gesetzgebungsverfahren zum Teil auf Kritik gestoßen ist.[288] 132

Die **sachliche Zuständigkeit der Gerichte** war in der loi de vigilance vom 27.3.2017 nicht geregelt, sodass die allgemeinen Zuständigkeitsregeln galten. Auf deren Grundlage wurde heftig darüber gestritten, ob die allgemeinen Zivil- oder die Handelsgerichte zur Entscheidung über allfällige Klagen berufen waren. Von Belang war dies deshalb, weil der tribunal judiciaire sich aus Berufsrichtern zusammensetzt, während dem tribunal de commerce ausschließlich Laienrichter aus Handel und Wirtschaft angehören (vgl. Art. L. 721-1 C. com. iVm Art. L. 723-1 C. com.).[289] Eine erste obergerichtliche Entscheidung bejahte die Zuständigkeit des Handelsgerichts, weil der Überwachungsplan und seine Umsetzung die Organisation und den Betrieb der Gesellschaft beträfen.[290] Dem ist der Kassationshof in zwei Urteilen vom 15.12.2021 entgegengetreten. Klägern, die keine Kaufleute sind, stehe ein Wahlrecht zu:[291] Sie können entweder vor einem Zivil- oder einem Handelsgericht klagen, vorausgesetzt Aufstellung und Umsetzung des Überwachungsplans stehen in direktem Zusammenhang mit dem Betrieb der Gesellschaft. Dadurch ist die Zuständigkeit der Handelsgerichte nach Art. L. 721-3 Nr. 2 Code de l'organisation judiciaire eröffnet. 133

Zukünftig ist der **Tribunal judiciaire de Paris ausschließlich zuständig** für Klagen auf Grundlage der loi de vigilance. Das ergibt sich aus Art. L. 211-21 Code de l'organisati- 134

---

[284] So etwa Boskovic D. 2016, 385 (386); Muir Watt Rev. int. Compliance 95 (2017), 48 (51 f.); rechtsvergleichend Fleischer/Danninger DB 2017, 2849 (2853); Mansel ZGR 2018, 439 (470); Nasse ZEuP 2019, 774 (800).

[285] Vgl. Fleischer/Chatard Audit Committee Quarterly III/2019, 46 (48).

[286] Vgl. Fleischer/Danninger DB 2017, 2849 (2852).

[287] Vgl. Proposition de Loi relative au devoir de vigilance des sociétés mères et des entreprises donneuses d'ordre, AN N° 2578, 11.2.2015, Exposé des motifs, S. 12; dazu Danis-Fatôme/Viney D. 2017, 1610 (1617); Fleischer/Chatard Audit Committee Quarterly III/2019, 46 (48).

[288] Krit. etwa Houillon in Rapport Potier, AN N° 2628, 11.3.2015, 51.

[289] Eingehend dazu Fleischer/Danninger ZIP 2017, 205 (214).

[290] Vgl. CA Versailles,10.12.2020 – n° R. G. 20/01692; dazu Cuzacq D. 2020, 970 (972 ff.); Lenoir D. 2021, 515 (516 ff.).

[291] Cass. com. 15.12.2021 – n° 21-11.882 Rn. 6; 21.11.883 Rn. 6 = Rev. soc. 2022, 173 mAnm Reygrobellet; zuvor schon TJ Nanterre 11.2.2021 – n° R. G. 20/00915, 9 ff. im Anschluss an Cass. com. 18.11.2020 – n° 19–19.463.

on judiciaire, den der französische Gesetzgeber durch ein Reformgesetz vom 22.12.2021[292] neu eingeführt hat. Damit hat er auf die ersten obergerichtlichen Entscheidungen und die dabei zutage getretene Uneinigkeit über das sachlich zuständige Gericht reagiert.[293] Für die Zuweisung an ein spezialisiertes Zivilgericht sprachen ausweislich der Gesetzgebungsmaterialien vor allem drei Gründe:[294] Erstens würden Klagen im Zusammenhang mit der loi de vigilance weit über diejenigen gesellschaftsrechtlichen Streitigkeiten hinausgehen, die traditionell Handelsgerichten zugewiesen sind. Zweitens seien Zivilgerichte bereits für die deliktischen Haftungsklagen zuständig, sodass es sinnvoll erscheine, auch die injonction-Verfahren bei ihnen zu bündeln. Drittens sei es vorzugswürdig, bereits in der ersten Instanz Berufsrichter mit der Sache zu befassen. Insgesamt fügt sich die neu geschaffene ausschließliche Zuständigkeit des Pariser Zivilgerichts in weiter ausgreifende Bemühungen des französischen Gesetzgebers ein, die Spezialisierung von Gerichten zu erhöhen.[295]

135 **In der Praxis** spielt die gerichtliche Durchsetzung nach Art. L. 225-102-4 II C. com. **bisher nur eine geringe Rolle.**[296] Nichtregierungsorganisationen haben bisher weniger als zehn mises en demeures verschickt, von denen etwa die Hälfte in ein injonction-Verfahren überführt wurden. Sachentscheidungen zur Gesetzeskonformität eines bestimmten Überwachungsplans stehen noch aus.

136 **bb) Deliktsrechtliche Haftung.** Gemäß Art. L. 225-102-5 C. com. führt die Nichterfüllung der gesetzlichen Pflichten nach Art. L. 224-102-4 C. com. zu einer Haftung nach Maßgabe der allgemeinen deliktsrechtlichen Generalklausel in Art. 1240, 1241 Code civil (C. civ.).[297] Damit setzt die Haftung eine Pflichtverletzung der Gesellschaft voraus (→ Rn. 137 f.), die zu einem Schaden geführt hat (→ Rn. 139), der bei Einhaltung der Sorgfaltsanforderungen vermieden worden wäre (→ Rn. 140).

137 **(1) Pflichtverletzung.** Als faute kommt ein Verstoß gegen das in Art. L. 225-102-4 I C. com. ausbuchstabierte Pflichtenprogramm in Betracht.[298] Dabei kann es sich um das gänzliche Fehlen oder die mangelhafte Gestaltung des Überwachungsplans oder dessen mangelhafte Umsetzung oder Veröffentlichung handeln.[299]

138 Für die Beurteilung eines Fehlverhaltens kommt es nach französischer Dogmatik darauf an, ob es sich bei der betreffenden Pflicht um eine Erfolgspflicht (obligation de résultat) oder eine bloße Bemühenspflicht (obligation de moyen) handelt.[300] Von Relevanz ist dies vor allem für die Beweislastverteilung:[301] Bei einer Bemühenspflicht muss der Geschädigte die Fahrlässigkeit (négligence) des Schädigers beweisen, während er sich bei einer Erfolgspflicht grundsätzlich damit begnügen kann, das Ausbleiben des Erfolges nachzuweisen, es sei denn, dieses Ausbleiben beruht nachweislich auf einer externen Ursache (cause étrangère).[302] Im konkreten Zugriff dürfte es sich bei der Pflicht zur Planerstellung um eine Erfolgspflicht handeln.[303] Demgegenüber sind die übrigen Sorgfaltspflichten in Überein-

---

[292] Loi n° 2021–1729 du 22 12.2021 pour la confiance dans l'institution judiciaire, JORF n° 0298 du 23.12.2021.

[293] Canayer/Bonnecarrère, Rapport n° 834, Enregistré à la Présidence du Sénat le 15.9.2021, 214; Mazars, Rapport n°s 4146 et 4147, Enregistré à la Présidence de l'Assemblée nationale le 7.5.2021, 287 f.

[294] Canayer/Bonnecarrère, Rapport n° 834, Enregistré à la Présidence du Sénat le 15.9.2021, 215; Mazars, Rapport n°s 4146 et 4147, Enregistré à la Présidence de l'Assemblée nationale le 7.5.2021, 289.

[295] Einführend zu spezialisierten Gerichten Fleischer RabelsZ 81 (2017), 497; eingehend zu spezialisierten Spruchkörpern im Gesellschaftsrecht Fleischer/Bong/Cools RabelsZ 81 (2017), 608.

[296] Näher Savourey/Brabant BHRJ 2021, 141; Teyssié D. 2021, 1823.

[297] Ausf. zu Folgendem bereits Fleischer/Chatard Audit Committee Quarterly III/2019, 46 (47 f.).

[298] Vgl. Fleischer/Chatard Audit Committee Quarterly III/2019, 46 (47).

[299] Vgl. Fleischer/Chatard Audit Committee Quarterly III/2019, 46 (47); Fleischer/Danninger DB 2017, 2849 (2852).

[300] Vgl. Viney/Jourdain/Carval, Les conditions de la responsabilité, 4. Aufl. 2013, Rn. 457 ff., 521 ff.

[301] Vgl. Viney/Jourdain/Carval, Les conditions de la responsabilité, 4. Aufl. 2013, Rn. 524, 530.

[302] Vgl. Viney/Jourdain/Carval, Les conditions de la responsabilité, 4. Aufl. 2013, Rn. 457, 530.

[303] So Marain in Schiller, Le devoir de vigilance, 2019, 69 (79).

stimmung mit einer Passage in den Gesetzesmaterialien[304] wohl **grundsätzlich** als **Bemühenspflichten** einzuordnen.[305]

(2) Schaden. Der weite Schadensbegriff (dommage) der deliktischen Generalklausel in Art. 1240, 1241 C. civ. beschränkt sich nicht wie bei § 823 Abs. 1 BGB auf bestimmte absolute Rechte und Rechtsgüter, sondern erfasst auch reine Vermögensschäden, Umweltschäden und immaterielle Schäden (dommage morale).[306] Letztere könnten nach den Gesetzesmaterialien etwa Nichtregierungsorganisationen erleiden, wenn die gesetzlich vorgeschriebenen Präventivmaßnahmen nur unzureichend umgesetzt wurden.[307] Aufgrund des vorbeugenden Charakters des Art. L. 225-102-4 C. com. sollen zudem feststellbare Risiken zukünftiger Schäden (risques avérés de dommages futurs) genügen.[308] Die Gesellschaft hafte dann ggf., ohne dass sich das Risiko aus der Verletzung ihrer Pflicht bereits verwirklicht hat.[309] Entgegen der allgemeinen Grundsätze begründen nach einer prominenten Literaturmeinung allerdings nur schwerwiegende Schäden ausgewählter Rechtsgüter einen dommage.[310] **139**

(3) Kausalität. Zwischen faute und dommage muss schließlich eine kausale Verknüpfung bestehen (lien de causalité).[311] Ein ordnungsgemäßer, veröffentlichter und effektiv umgesetzter Überwachungsplan müsste den eingetretenen Schaden also vermieden haben.[312] Ungeachtet aller Beweisschwierigkeiten[313] trägt der Kläger auch dafür die Beweislast.[314] Eine Beweislastumkehr im Rahmen einer présomption de responsabilité, die noch im ersten Gesetzentwurf enthalten war,[315] ist vom Gesetz nicht mehr vorgesehen.[316] Ob die Gerichte sich darüber künftig hinwegsetzen, bleibt abzuwarten.[317] Manche Literaturstimmen mutmaßen, diese könnten die Kausalität vermuten[318] oder es genügen lassen, dass die faute die Wahrscheinlichkeit des Schadenseintritts erhöht.[319] **140**

(4) Veröffentlichung der Entscheidung. Gemäß Art. L. 2225-102-5 Abs. 3 C. com. kann das Gericht seine Entscheidung auf Kosten der Gesellschaft veröffentlichen.[320] **141**

---

304 Vgl. Rapport Potier, AN N° 3582, 16.3.2016, 14: „[I]l convient de rappeler que la proposition de loi instaure une obligation de moyen et non une obligation de résultat. La prise de mesures nécessaires à la mise en oeuvre effective du plan de vigilance permet à l'entreprise assujettie de s'exonérer de toute responsabilité en cas de survenance d'un dommage".

305 Vgl. Marain in Schiller, Le devoir de vigilance, 2019, 69 (79).

306 Fleischer/Chatard Audit Committee Quarterly III/2019, 46 (48).

307 Vgl. Rapport Potier, AN N° 2628, 11.5.2015, 78; Parance Gaz. Pal. 2017, 918 (921) mit Verweis auf Cass. 3e civ. 9.6.2010 – n° 09–11738; 8.6.2011 – n° 10–15500; 20.11.2012 – n° 11–21382.

308 Vgl. Danis-Fatôme/Viney D. 2017, 1610 (1614); Parance Gaz. Pal. 2017, 918 (921).

309 Vgl. Fleischer/Chatard Audit Committee Quarterly III/2019, 46 (48).

310 Vgl. Danis-Fatôme/Viney D. 2017, 1610 (1614), die insofern von einem „dommage nommé" sprechen; abw. wohl Périn RTD Com. 2015, 215 (224).

311 Cons. const. 23.3.2017 – n° 2017-750 DC Rn. 27; Rolland Rev. proc. coll. 2018, n° 1, Comm. 52 Rn. 9.

312 Vgl. Fleischer/Chatard Audit Committee Quarterly III/2019, 46 (48).

313 Dazu Hannoun Mélanges Germain, 2015, 381 (383); Kessedjian Mélanges Witz, 2018, 407 (417); Rolland JCl. Com. Fasc. 3250 Rn. 78; Schiller JCP E 2017, 1 (9).

314 Vgl. Fleischer/Danninger DB 2017, 2849 (2852); Nasse ZEuP 2019, 774 (795 f.).

315 Vgl. den Vorschlag eines Art. 1386-19 C. civ.: „Est présumée responsable la personne morale, qui dans le cadre de ses activités, de celles de ses filiales ou de celles de ses sous-traitants, ne démontre pas avoir pris toutes les mesures nécessaires et raisonnablement en son pouvoir en vue de prévenir ou d'empêcher la survenance d'un dommage ou d'un risque certain de dommage notamment sanitaire, environnemental ou constitutif d'une atteinte aux droits fondamentaux et dont elle ne pouvait préalablement ignorer la gravité."; dazu Fleischer/Danninger DB 2017, 2849 (2852).

316 Vgl. Fleischer/Chatard Audit Committee Quarterly III/2019, 46 (48).

317 Vgl. Cuzacq D. 2015, 1049 (1053, 1055); Pietrancosta/Boursican JCP G 2015, 922 (924); s. auch Périn RTD Com. 2015, 215 (224).

318 So Danis-Fatôme/Viney D. 2017, 1610 (1615 f.).

319 So Cuzacq D. 2015, 1049 (1054); zu weiteren Vorschlägen Abadie Gaz. Pal. 2016, 2019 (2026) (Übertragung der Rechtsprechung zum rôle actif); Hannoun Mélanges Germain, 2015, 381 (384 ff.) (garantie légale de vigilance).

320 Vgl. Fleischer/Chatard, Audit Committee Quarterly III/2019, 46 (48).

Hiervon erhofft sich der Gesetzgeber eine Abschreckungswirkung **(naming and shaming).**[321]

142 **cc) Verfassungswidrigkeit des Bußgeldtatbestands.** Die im Gesetz ursprünglich vorgesehene Geldbuße bis zu zehn, im Schadensfall sogar bis zu 30 Mio. Euro ist vom Verfassungsrat (Conseil constitutionnel) im Rahmen einer abstrakten Normenkontrolle als verfassungswidrig verworfen worden.[322] Zur Begründung führte das Gericht aus, dass die Geldbuße als Sanktion mit Strafcharakter nicht dem strafrechtlichen Bestimmtheitsgebot gemäß Art. 8 der Erklärung der Menschen- und Bürgerrechte (Declaration des Droits de l'Homme et du Citoyen) genüge. Insbesondere seien die Sorgfaltspflichten mit ihrer Bezugnahme auf vage Begriffe wie Menschenrechte (droits humains) und Grundfreiheiten (libertés fondamentales) zu ungenau, um daran strafrechtliche Sanktionen zu knüpfen.[323] Dagegen sei die zivilrechtliche Haftungsvorschrift mit ihrem Verweis auf das allgemeine Deliktsrecht verfassungskonform.[324]

143 **g) Rechtspolitische Würdigung.** „Un objectif louable, une méthode contestable",[325] so lautet eine verbreitete Einschätzung der französischen Pionierregelung, begleitet von der anfänglichen Sorge, dass sich der französische Gesetzgeber – zumal im Alleingang[326] – zu viel vorgenommen habe.[327]

144 Manchen Befürwortern eines Lieferkettenrechts gehen die Regelungen der loi de vigilance nicht weit genug. Eine Autorin beklagt, dass deren persönlicher Anwendungsbereich – im Vergleich zum Sapin II-Schwellenwert von 500 Arbeitnehmern – zu eng abgesteckt sei.[328] Eine andere moniert, dass Konzerne mit einer ausländischen Muttergesellschaft nur dann unter das neue Gesetz fallen, wenn eine Tochtergesellschaft mit Sitz in Frankreich mindestens 5.000 Arbeitnehmer beschäftigt; darin läge eine Ungleichbehandlung französischer und ausländischer Unternehmen.[329] Insgesamt erschiene ihr eine breitere Regelung wie die des UK Bribery Act auch aus Gründen des Opferschutzes vorzugswürdig.[330]

145 Ähnlich wie im deutschen LkSG (→ Rn. 46) haben auch in Frankreich die **handwerklichen Mängel** und die **vielen unbestimmten Rechtsbegriffe der Neuregelung** Kritik auf sich gezogen.[331] So sei etwa unklar, wann eine gefestigte Geschäftsbeziehung vorliege und wann Tätigkeiten hieran anküpften (une relation commerciale établie; activités rattachées à cette relation; Art. L. 225-102-4 I Abs. 3, Abs. 4 S. 2 Nr. 2 C. com.).[332] Ebenso unbestimmt sei der Begriff der schwerwiegenden Rechtsverletzungen (atteintes graves), vor denen das Gesetz schützen soll (Art. L. 225-102-4 I Abs. 3, Abs. 4 S. 2 Nr. 3 C. com.).[333] Auch das Erfordernis angemessener Überwachungsmaßnahmen (mesures de vigilance raisonnable) gibt – trotz des Maßnahmenkatalogs in Art. L. 225-102-4 I Abs. 4 S. 2 Nr. 1–5 C. com. – viele Rätsel auf.[334] So fragt ein Literaturbeitrag, wie sich etwa eine Gesellschaft verhalten müsse, deren Arbeitnehmern im Ausland faktisch kein Streikrecht

---

[321] Vgl. Cuzacq D. 2015, 1049 (1055); Delpech D. 2015, 803; Danis-Fatôme/Viney D. 2017, 1610 (1617).
[322] Vgl. Cons. const. 23.3.2017 – n° 2007-750 DC Rn. 13; zust. Schiller JCP E 2017, 19 (27): „La sanction prévue était particulierèment floue et contestable et on ne peut que saluer la censure peu surprenante du Conseil constitutionnel".
[323] So Cons. const. 23.3.2017 – n° 2007-750 DC Rn. 13.
[324] Cons. const. 23.3.2017 – n° 2007-750 DC Rn. 24 ff.
[325] Malecki Bull. Joly Sociétés 2017, 298.
[326] Vgl. den Aufsatztitel von Malecki Bull. Joly Sociétés 2015, 171: „[…] la France, peut-elle faire cavalier seul?".
[327] Dazu die Beitragsüberschrift von Perrin RTD com. 2015, 215: „[…] qui trop embrasse mal étreint".
[328] So Malecki Bull. Joly Sociétés 2017, 298 (300).
[329] Vgl. Schiller JCP E 2017, 19 (21).
[330] Vgl. Schiller JCP E 2017, 19 (21).
[331] Krit. bereits gegenüber dem Gesetzestitel Schiller JCP E 2017, 19 (20); rechtsvergleichend Fleischer/Danninger DB 2017, 2849 (2853).
[332] Vgl. Malecki Bull. Joly Sociétés 2017, 298 (299).
[333] Vgl. Malecki Bull. Joly Sociétés 2017, 298 (300, 302).
[334] Vgl. Malecki Bull. Joly Sociétés 2017, 298 (301).

zukommt: Wenn „milde Maßnahmen" (wie der Boykott einer bedeutsamen Konferenz und ein Appell an die Regierung) wirkungslos blieben, müsse die Gesellschaft dann ihre Tätigkeit einstellen und ihre Mitarbeiter der Gefahr der Arbeitslosigkeit aussetzen? Oder dürfe sie den Betrieb unverändert fortführen und auf weitere Maßnahmen schlichtweg verzichten?[335]

2. Niederlande: Wet Zorgplicht Kinderarbeid 2019. Nach langwierigen rechtspolitischen Debatten hat der niederländische Senat am 14.5.2019 ein **Gesetz über die Sorgfaltspflicht in Bezug auf Kinderarbeit** (Wet Zorgplicht Kinderarbeid – WZK) verabschiedet. Ein entsprechender Entwurf war bereits im Jahre 2017 vom Repräsentantenhaus angenommen worden, stieß im Senat aber lange Zeit auf Widerstand. Gegenstimmen machten unter anderem geltend, dass die Einflussmöglichkeiten niederländischer Unternehmen auf ein globales Problem wie Kinderarbeit gering seien und sich die Durchsetzung des Gesetzes schwierig gestalte.[336] 146

Normadressaten sind nach Art. 4 Abs. 1 WZK alle Unternehmen, die Waren oder Dienstleistungen an niederländische Endverbraucher liefern oder verkaufen. Ohne Belang ist, ob die betreffenden Unternehmen in den Niederlanden niedergelassen sind oder nicht. Wie die unionsrechtliche VO (EU) 2017/821 statuiert das neue Gesetz eine **echte Sorgfaltspflicht,** die in der offiziellen Gesetzesbezeichnung (Art. 13 WZK) auch zum Ausdruck kommt. Sie wird in Art. 5 Abs. 1 WZK näher ausbuchstabiert: Danach prüft ein Unternehmen, ob der begründete Verdacht besteht, dass die von ihm zu liefernden Waren oder Dienstleistungen unter Einsatz von Kinderarbeit hergestellt wurden. Was Kinderarbeit ist, wird in Art. 2 WZK legaldefiniert. Besteht ein solcher Verdacht, so muss das Unternehmen gemäß Art. 5 Abs. 1 WZK einen **Aktionsplan** entwickeln und umsetzen. Die erforderliche Prüfung konzentriert sich nach Art. 5 Abs. 2 WZK auf Quellen, die dem Unternehmen vernünftigerweise bekannt sind und von ihm zu Rate gezogen werden können. Weitere Anforderungen für die Prüfung und den Aktionsplan werden nach Art. 5 Abs. 3 WZK durch allgemeine administrative Anordnung festgelegt. 147

Gemäß Art. 4 Abs. 1 WZK hat jedes Unternehmen eine **Erklärung zur Anwendung der angemessenen Sorgfalt abzugeben,** die nach Art. 4 Abs. 2 WZK der zuständigen Aufsichtsbehörde zu übermitteln ist. Sie wird in einem öffentlichen Register verlautbart. 148

Eine **Aufsichtsbehörde** überwacht nach Art. 3 Abs. 1 WZK die Einhaltung des Gesetzes. Bei ihr kann jede natürliche oder juristische Person, deren Interessen betroffen sind, gemäß Art. 3 Abs. 2 WZK eine **Beschwerde** einreichen. Hierfür bedarf es nach Art. 3 Abs. 3 WZK eines konkreten Hinweises auf die Nichteinhaltung der Gesetzesbestimmungen durch eine identifizierbare Partei. Gemäß Art. 3 Abs. 4 WZK wird die Beschwerde erst behandelt, nachdem sie von dem betreffenden Unternehmen bearbeitet wurde oder dieses sechs Monate lang untätig geblieben ist. 149

Wird nicht Bericht erstattet, kann nach Art. 7 Abs. 1 WZK eine Geldbuße von bis zu 4.150 Euro verhängt werden. Hat das Unternehmen nicht die erforderlichen Sorgfaltsmaßnahmen iSd Art. 5 Abs. 1 oder 3 WZK getroffen, so können deutlich höhere **Geldbußen** verhängt werden: für natürliche Personen bis zu 830.000 Euro (Art. 7 Abs. 2 WZK), für juristische Personen bis zu 10% des Jahresumsatzes (Art. 7 Abs. 3 WZK). **Im Wiederholungsfall** droht den Leitungsorganen gemäß Art. 9 WZK sogar eine **Gefängnisstrafe.** 150

Innerhalb von fünf Jahren nach Inkrafttreten ordnet Art. 10 WZK eine Evaluierung des Gesetzes an. 151

3. Schweiz. a) Gescheiterte Konzernverantwortungsinitiative. aa) Gegenstand der Konzernverantwortungsinitiative. In der Schweiz strebte die Volksinitiative „Für verantwortungsvolle Unternehmen – zum Schutz von Mensch und Umwelt" (Konzern- 152

[335] Vgl. Schiller JCP E 2017, 19 (23).
[336] Dazu bereits Fleischer/Hahn RIW 2018, 397 (401) mwN.

verantwortungsinitiative) seit 2016 eine gesetzliche Regelung an, die Unternehmen mit Sitz, Hauptverwaltung oder Hauptniederlassung in der Schweiz dazu verpflichten sollte, Maßnahmen zur Einhaltung der international anerkannten Menschenrechte und der internationalen Umweltstandards zu ergreifen.[337] Diese Sorgfaltspflicht sollte sich nicht nur auf die eigenen unternehmerischen Aktivitäten erstrecken, sondern auch auf die In- und Auslandsaktivitäten der von ihnen kontrollierten Unternehmen. Bei Nichtbeachtung der vorgeschriebenen Sorgfaltsanforderungen sollte eine zivilrechtliche Haftung eingreifen.

153 Getragen von über 120.000 Unterschriften reichten die Initianten im Oktober 2016 folgenden **Initiativtext** zur Ergänzung der Schweizer Bundesverfassung ein: „**Art. 101a Bundesverfassung: Verantwortung von Unternehmen** (1) Der Bund trifft Maßnahmen zur Stärkung der Respektierung der Menschenrechte und der Umwelt durch die Wirtschaft. (2) Das Gesetz regelt die Pflichten der Unternehmen mit satzungsmäßigem Sitz, Hauptverwaltung oder Hauptniederlassung in der Schweiz nach folgenden Grundsätzen: (a) Die **Unternehmen haben auch im Ausland die international anerkannten Menschenrechte** sowie die internationalen Umweltstandards **zu respektieren;** sie haben dafür zu sorgen, dass die international anerkannten Menschenrechte und die internationalen Umweltstandards auch von den durch sie kontrollierten Unternehmen respektiert werden; ob ein Unternehmen ein anderes kontrolliert, bestimmt sich nach den tatsächlichen Verhältnissen; eine Kontrolle kann faktisch auch durch wirtschaftliche Machtausübung erfolgen; (b) Die **Unternehmen sind zu einer angemessenen Sorgfaltsprüfung verpflichtet;** sie sind namentlich verpflichtet, die tatsächlichen und potenziellen Auswirkungen auf die international anerkannten Menschenrechte und die Umwelt zu ermitteln, geeignete Maßnahmen zur Verhütung von Verletzungen international anerkannter Menschenrechte und internationaler Umweltstandards zu ergreifen, bestehende Verpflichtungen zu beenden und Rechenschaft über ergriffene Maßnahmen abzulegen; diese Pflichten gelten in Bezug auf kontrollierte Unternehmen sowie auf sämtliche Geschäftsbeziehungen; der Umfang dieser Sorgfaltspflichten ist abhängig von den Risiken in den Bereichen Menschenrechte und Umwelt; bei der Regelung der Sorgfaltsprüfungspflicht nimmt der Gesetzgeber Rücksicht auf die Bedürfnisse kleiner und mittlerer Unternehmen, die geringe derartige Risiken aufweisen. (c) Die **Unternehmen haften** auch für den Schaden, den durch sie kontrollierte Unternehmen aufgrund der Verletzung von international anerkannten Menschenrechten oder internationalen Umweltstandards verursacht haben; sie haften dann nicht nach dieser Bestimmung, wenn sie beweisen, dass sie alle gebotene Sorgfalt gemäß lit. b angewendet haben, um den Schaden zu verhüten, oder dass der Schaden auch bei Anwendung dieser Sorgfalt eingetreten wäre. (d) Die gestützt auf die Grundsätze nach den lit. a–c erlassenen Bestimmungen gelten unabhängig von den durch das internationale Privatrecht bezeichneten Recht."[338]

154 Zu den Zielen und Inhalten der Konzernverantwortungsinitiative sowie zu ihren rechtlichen Auswirkungen haben die Initianten umfangreiche **Erläuterungen** veröffentlicht.[339] Außerdem stützten sie sich auf wissenschaftliche Vorarbeiten aus der Feder von Gregor Geisser.[340]

155 **bb) Reaktionen auf die Konzernverantwortungsinitiative.** In der öffentlichen Debatte und in der rechtswissenschaftlichen Fachdiskussion hat der Regelungsvorschlag der

---

[337] Rechtsvergleichend schon früh Fleischer/Danninger DB 2017, 2849 (2853 ff.).

[338] Eidgenössische Volksinitiative „Für verantwortungsvolle Unternehmen – zum Schutz von Mensch und Umwelt", BBl 2015, 3247 f.

[339] Verein Konzernverantwortungsinitiative, Erläuterungen zur Eidgenössischen Volksinitiative „Für verantwortungsvolle Unternehmen – zum Schutz von Mensch und Umwelt".

[340] Vgl. Geisser AJP 2017, 943; grdl. zuvor Geisser, Ausservertragliche Haftung privat tätiger Unternehmen für Menschenrechtsverletzungen bei internationalen Sachverhalten – Möglichkeiten und Grenzen der schweizerischen Zivilgerichtsbarkeit im Verhältnis von Völkerrecht und Internationalem Privatrecht, 2013.

Konzernverantwortungsinitiative ein **lebhaftes Echo** hervorgerufen.[341] Dabei fielen die **Reaktionen sehr unterschiedlich** aus.[342]

156 Ein führendes Lehrbuch zum Gesellschaftsrecht fasste den Meinungsstand wie folgt zusammen: „Die **Befürworter** – die Initiative wird breit von etwa 80 NGOs, kirchlichen und gewerkschaftlichen Vereinigungen sowie Aktionärsverbänden unterstützt – betonen die Notwendigkeit, international und auch von den Unternehmen selbst anerkannte Grundsätze rechtlich verbindlich auszugestalten, und zwar mit einem weltweiten Anwendungsbereich. Bloße Selbstverpflichtungen und rechtlich nicht durchsetzbare Deklarationen von privaten und internationalen Institutionen reichten nicht aus, um den in der Sache unbestrittenen Schutz von Menschenrechten und Umwelt zu gewährleisten. Die **Gegner** weisen darauf hin, dass eine solche Ordnung dem Schweizer Wirtschaftsstandort schaden würde, dass sich der Weg über Selbstverpflichtungen und die internationale Verankerung von Grundsätzen bewährt habe und dieser auch für die Zukunft letztlich mehr Erfolg verspreche. Vor allem aber verweisen die Gegner auf die unabsehbaren Folgen eines Gerichtsstandes in der Schweiz mit Bezug auf Verfehlungen irgendwo auf der Welt hin, und dies selbst für Verfehlungen von Drittunternehmen, soweit diese ‚kontrolliert' werden."[343]

157 Beide Meinungslager beriefen sich zur Unterstützung ihrer Position auch auf **rechtsvergleichende Argumente.** So hieß es etwa von den **Befürwortern der Konzernverantwortungsinitiative,** dass der gewählte Ansatz auf einer Linie beruhe, die sich international immer mehr abzeichne.[344] Die vorgeschlagene Übertragung der Geschäftsherrenhaftung auf Konzernsachverhalte und kontrollierte Unternehmen entspreche sowohl in der Schweiz als auch im Ausland einem bereits im geltenden Recht angelegten, mehrheitsfähigen Trend.[345] Die Schweiz würde damit eine im internationalen Vergleich zurückhaltende Lösung wählen.[346] Demgegenüber trugen die **Gegner der Konzernverantwortungsinitiative** vor, dass die geforderte Haftungsregelung strenger als in allen anderen Rechtsordnungen sei, soweit diese überhaupt entsprechende Haftungsregeln kennen.[347] Keine der nationalen Entwicklungen in einem anderen Land führe auch nur zu einem annähernd weit ausgreifenden Haftungsregime, wie es die Konzernverantwortungsinitiative vorsehe.[348] Die vorgeschlagene Haftung sei weit überdehnt, vor allem auch im Vergleich zum angelsächsischen, deutschen und französischen Rechts-

[341] Vgl. Böckli/Bühler in Kunz/Arter/Jörg, Entwicklungen im Gesellschaftsrecht XII, 2017, 145; Böckli/Bühler, Zur „Konzernverantwortungsinitiative" – Rechtliche Überlegungen zu den vier Forderungen der Eidgenössischen Volksinitiative „Für verantwortungsvolle Unternehmen – zum Schutz von Mensch und Umwelt", 2018; Bohrer GesKR 2017, 323; Bohrer in Fleischer/Kalss/Vogt, Corporate Social Responsibility 2018, 195; Bueno AJP 2017, 1015; Bueno SZIER 2019, 345; Forstmoser Liber Amicorum Donatsch, 2012, 703; Geisser AJP 2017, 943; Handschin AJP 2017, 1000; Hofstetter SJZ 2019, 271; Kaufmann SZW 2016, 45; Kaufmann AJP 2017, 967; Kaufmann SZW 2018, 329; Kunz, Grundlagen zum Konzernrecht der Schweiz, 2016, Rn. 66 ff., 821 ff., 958; Schenker SZW 2017, 635; Weber SJZ 2016, 25; Werro sui generis 2018, 448; Werro JETL 10 (2019), 166.

[342] So etwa Meier-Hayoz/Forstmoser/Sethe, Schweizerisches Gesellschaftsrecht, 12. Aufl. 2018, § 10 Rn. 275: „Erwartungsgemäss wird zur Initiative sehr unterschiedlich Stellung bezogen.".

[343] Meier-Hayoz/Forstmoser/Sethe, Schweizerisches Gesellschaftsrecht, 12. Aufl. 2018, § 10 Rn. 275.

[344] So Geisser AJP 2017, 943 (962).

[345] So Werro sui generis 2018, 448 Rn. 19 (zum indirekten Gegenentwurf des Nationalrats); Werro 10 JETL (2019), 166, 175 (2019): „in line with a trend capable of attracting majority support and already provided by statutory law in Switzerland and abroad".

[346] In diesem Sinne Werro sui generis 2018, 448 Rn. 34 (zum indirekten Gegenentwurf des Nationalrats); Werro 10 JETL 10 (2019), 166 (180) (2019): „quite a mild, business-friendly variation of principals' liability in international comparison".

[347] So BR, Botschaft zur Volksinitiative „Für verantwortungsvolle Unternehmen – zum Schutz von Mensch und Umwelt", BBl 2017, 6335 (6337).

[348] In diesem Sinne Hofstetter SJZ 2019, 271 (279); ähnlich Bohrer GesKR 2017, 323 (332): „Die Haftungsnorm, welche im Ausland so nicht bekannt ist […]."; economiesuisse, Dossier Politik 10/2016, 10: „Nirgends werden aber derart weitgehende Haftungsbestimmungen und Eingriffe in das Rechtssystem vorgeschlagen, wie sie die Initiative beabsichtigt.".

raum.[349] Sie bedeute im internationalen Vergleich eine geradezu unerhörte Ausdehnung der zivilrechtlichen Verantwortlichkeit.[350]

158 Der **Bundesrat** – also die Bundesregierung der schweizerischen Eidgenossenschaft – **hat** den **Initiativtext** in einer Botschaft vom 15.9.2017 als zu weitgehend **abgelehnt,** ohne einen direkten Gegenentwurf oder einen indirekten Gegenvorschlag zu unterbreiten.[351] Allerdings unterbreitete das **Parlament** im Juni 2020 einen **indirekten Gegenvorschlag.**[352]

159 **cc) Ablehnung der Konzernverantwortungsinitiative.** Am 29.11.2020 lehnte das Schweizer Stimmvolk die Konzernverantwortungsinitiative ab.[353] Zwar erzielte die Initiative eine knappe Stimmenmehrheit von 27.500 Stimmen bei einer Gesamtstimmenzahl von rund 2,5 Mio. (sog. Volksmehr), doch verfehlte sie die ebenfalls erforderliche Kantonsmehrheit (sog. Ständemehr) mit 8,5 Ja- gegen 12,5 Nein-Stimmen.[354]

160 **b) Erfolgreicher Gegenvorschlag des Parlaments.** Durch das Scheitern der Konzernverantwortungsinitiative kam automatisch der indirekte Gegenvorschlag des Parlaments zum Tragen.[355] Er **orientiert sich an dem Schutzniveau in der EU und ausgewählten Mitgliedstaaten,**[356] indem er zum einen eine jährliche Rechenschaftspflicht über nichtfinanzielle Belange (→ Rn. 161 f.) und zum anderen spezifische Sorgfalts- und Transparenzpflichten bezüglich Mineralien und Metallen aus Konfliktgebieten und Kinderarbeit einführt (→ Rn. 163 ff.).[357] Die betreffenden Vorschriften sind zum 1.1.2022 in Kraft getreten. Sie finden sich ganz überwiegend im Obligationenrecht (OR), ergänzt um eine Verordnung über Sorgfaltspflichten und Transparenz in den Bereichen Mineralien und Metalle aus Konfliktgebieten sowie Kinderarbeit (VSoTr).

161 **aa) Jährliche Rechenschaftspflicht über nichtfinanzielle Belange.** Gemäß Art. 964bis OR erstatten Gesellschaften des öffentlichen Interesses mit mindestens 500 Vollzeitstellen und entweder einer Bilanzsumme von mehr als 20 Mio. CHF oder einem Umsatzerlös von mehr als 40 Mio. CHF jährlich einen Bericht über nichtfinanzielle Belange.[358] Dieser Bericht gibt nach Art. 964ter Abs. 1 S. 1 OR Rechenschaft über Umwelt-, Sozial- und Arbeitnehmerbelange, die Achtung der Menschenrechte sowie die Bekämpfung der Korruption.

162 Zufolge Art. 964ter Abs. 2 OR umfasst der **Bericht** unter anderem eine Beschreibung der in Bezug auf die Belange gemäß Abs. 1 verfolgten Konzepte, einschließlich der

---

[349] Vgl. Böckli/Bühler, Zur „Konzernverantwortungsinitiative" – Rechtliche Überlegungen zu den vier Forderungen der Eidgenössischen Volksinitiative „Für verantwortungsvolle Unternehmen – zum Schutz von Mensch und Umwelt", 2018, 59 f.

[350] So Böckli/Bühler, Zur „Konzernverantwortungsinitiative" – Rechtliche Überlegungen zu den vier Forderungen der Eidgenössischen Volksinitiative „Für verantwortungsvolle Unternehmen – zum Schutz von Mensch und Umwelt", 2018, 49.

[351] Vgl. Botschaft des BR zur Volksinitiative „Für verantwortungsvolle Unternehmen – zum Schutz von Mensch und Umwelt", BBl 2017, 6335 (6367).

[352] Indirekter Gegenvorschlag vom 19.6.2020 zur Volksinitiative „Für verantwortungsvolle Unternehmen – zum Schutz von Mensch und Umwelt", BBl 2021, 890; dazu Bühler SZW 2022, 202 (204); Fischer GesKR 2021, 1.

[353] BR-Beschluss vom 19.4.2021 über das Ergebnis der Volksabstimmung vom 29.11.2020, BBl 2021, 891.

[354] Vgl. BR-Beschluss vom 19.4.2021 über das Ergebnis der Volksabstimmung vom 29.11.2020, BBl 2021, 891.

[355] Vgl. Atamer/Willi SZW 2020, 686; Brand GesKR 2021, 344 (349); Bühler SZW 2021, 716; Hofstetter SJZ 2021, 571.

[356] Dazu Atamer/Willi SZW 2020, 686 (687 f.); Brand GesKR 2021, 344 (349): „Als gesetzgeberische Vorbilder dienten die CSR-RL, die VO (EU) 2017/821 sowie der Child Labor Due Diligence Act der Niederlande. Insbes. die CSR-RL wurde teils wörtlich übernommen; es sind aber durchaus auch Swiss finishes festzustellen.".

[357] Eingehend Atamer/Willi SZW 2020, 686; Brand GesKR 2021, 344; Hofstetter SJZ 2021, 571.

[358] Näher Atamer/Willi SZW 2020, 686 (688 ff.); Brand GesKR 2021, 344 (349); Hofstetter SJZ 2021, 571 (572 ff.).

angewandten Sorgfaltsprüfung (Nr. 2), eine Darstellung der zur Umsetzung dieser Konzepte ergriffenen Maßnahmen sowie eine Bewertung der Wirksamkeit dieser Maßnahmen (Nr. 3) und eine Beschreibung der wesentlichen Risiken im Zusammenhang mit den Belangen gemäß Abs. 1 sowie der Handhabung dieser Risiken durch das Unternehmen (Nr. 4). Stützt sich der Bericht auf nationale, europäische oder internationale Regelwerke, wie insbesondere die Leitsätze der Organisation für wirtschaftliche Zusammenarbeit und Entwicklung (OECD), so ist das angewandte Regelwerk gemäß Art. 964ter Abs. 3 S. 1 OR zu nennen. Verfolgt das Unternehmen in Bezug auf einen oder mehrere Belange nach Abs. 1 kein Konzept, so hat es dies im Bericht gemäß Art. 964ter Abs. 5 OR klar und begründet zu erläutern (**„comply or explain“**[359]).

bb) Sorgfaltspflichten und Transparenz bezüglich Konflikmineralien und Kinderarbeit. Im Hinblick auf Mineralien und Metalle aus Konfliktgebieten und Kinderarbeit belässt es der Gesetzgeber nicht bei Transparenzvorschriften, sondern begründet auch Sorgfaltspflichten.[360] Gemäß Art. 964^{quinquies} Abs. 1 S. 1 OR müssen Unternehmen, deren Sitz, Hauptverwaltung oder Hauptniederlassung sich in der Schweiz befindet, **in der Lieferkette Sorgfaltspflichten einhalten und darüber berichten,** wenn sie: 1. Zinn, Tantal, Wolfram oder Gold enthaltende Mineralien oder Metalle aus Konflikt- und Hochrisikogebieten in den freien Verkehr der Schweiz überführen oder in der Schweiz bearbeiten; oder 2. Produkte oder Dienstleistungen anbieten, bei denen ein begründeter Verdacht besteht, dass sie unter Einsatz von Kinderarbeit hergestellt oder erbracht wurden. Bei den **Sorgfaltspflichten** handelt es sich ausweislich des Erläuternden Berichts zur VSoTr um **Bemühens-** und **nicht** um **Erfolgspflichten**.[361] 163

Nach Art. 964^{sexies} Abs. 1 OR führen die Unternehmen ein **Managementsystem** ein[362] und legen darin Folgendes fest: 1. die **Lieferkettenpolitik** für möglicherweise aus Konflikt- und Hochrisikogebieten stammende Mineralien und Metalle; 2. die Lieferkettenpolitik für Produkte oder Dienstleistungen, bei denen ein begründeter Verdacht auf Kinderarbeit besteht; 3. ein System, mit dem die Lieferkette zurückverfolgt werden kann. Ein Verdacht auf Kinderarbeit ist nach dem Erläuternden Bericht zur VSoTr dann begründet, wenn er auf einem konkreten Hinweis oder mehreren konkreten Anhaltspunkten respektive Wahrnehmungen beruht, die einen Einsatz von Kinderarbeit bei der Herstellung des Produkts bzw. Erbringung der Dienstleistung befürchten lassen.[363] 164

Gemäß Art. 964^{sexies} Abs. 2 OR ermitteln und bewerten die Unternehmen die Risiken schädlicher Auswirkungen in ihrer Lieferkette, erstellen einen **Risikomanagementplan**[364] und treffen Maßnahmen zur Minimierung der festgestellten Risiken. In der Lieferkettenpolitik sind gemäß Art. 2 Abs. 2 VSoTr die **Instrumente** zu nennen, mit denen das Unternehmen mögliche schädliche Auswirkungen in seiner Lieferkette ermittelt, bewertet, beseitigt und verhindert, namentlich Kontrollen vor Ort, Auskünfte, beispielsweise von Behörden, internationalen Organisationen und der Zivilgesellschaft, der Beizug von Fachleuten und Fachliteratur, Zusicherungen von Wirtschaftsbeteiligten und Akteuren in der Lieferkette und weiteren Geschäftspartnern sowie das Verwenden anerkannter Standards und Zertifizierungssysteme.[365] Zufolge Art. 964^{sexies} Abs. 3 OR lassen die Unternehmen die Einhaltung der Sorgfaltspflicht bezüglich der Mineralien und Metalle durch eine un- 165

359 Atamer/Willi SZW 2020, 686 (692 f.); Forstmoser SJZ 2021, 571 (572) m. Fn. 15.
360 Näher Forstmoser SJZ 2021, 571 (575 ff.).
361 So ausdrücklich Erläuternder Bericht zur VSoTr, 2021, 15; dazu auch Brand GesKR 2021, 344 (360).
362 Dazu Erläuternder Bericht zur VSoTr, 2021, 5: „eine Darstellung von Prozessen, Instrumenten und Methoden, mit denen ein Unternehmen seine Tätigkeit auf konkrete Zielsetzungen ausrichtet“.
363 So ausdrücklich Erläuternder Bericht zur VSoTr, 2021, 8 unter Hinweis auf die Definition in der Geldwäschereigesetzgebung.
364 Dazu Erläuternder Bericht zur VSoTr, 2021, 5: „[beschreibt] die Methoden, die das Unternehmen zur Ermittlung, zur Analyse und zur Gewichtung der Risiken schädlicher Auswirkungen der Geschäftstätigkeit in der Lieferkette einsetzt“.
365 Ausführlicher zu alledem Erläuternder Bericht zur VSoTr, 2021, 18 f.

abhängige Fachperson prüfen. **Über die Erfüllung der Sorgfaltspflichten** erstattet das oberste Leitungs- oder Verwaltungsorgan gemäß Art. 964^{septies} OR jährlich einen **Bericht,** der elektronisch **veröffentlicht** wird.

166 **cc) Sanktionen.** Verletzungen der Vorschriften über die Berichterstattung für alle Sachbereiche (CSR, Konfliktmineralien, Kinderarbeit) sind gemäß Art. 325ter StGB **strafbewehrt.** Dagegen konnte sich der Reformgesetzgeber nicht dazu durchringen, die Verletzung der Sorgfaltspflichten für sich genommen unter Strafe zu stellen.[366]

167 Spezielle zivilrechtliche Vorschriften zur Konzernhaftung fehlen. Ob die neuen Bestimmungen, insbesondere die Sorgfaltspflichten im Zusammenhang mit den Konfliktmineralien und der Kinderarbeit als Schutznormen iSd Art. 41 OR anzusehen sind und damit Schadensersatzklagen gegen schweizerische Gesellschaften ermöglichen, ist noch ungeklärt.[367]

168 **4. Norwegen: Apenhetsloven (2021). a) Ein Lieferkettengesetz „nordischer Prägung".**[368] Am 10.6.2021, genau einen Tag vor der Verabschiedung des LkSG durch den Deutschen Bundestag, hat das norwegische Parlament (Stortinger) ein Lieferkettengesetz beschlossen.[369] Es nennt sich **Transparenzgesetz** (TranspG – åpenhetslosven), erschöpft sich aber keineswegs in bloßen Berichtspflichten, sondern enthält auch und vor allem harte Sorgfaltspflichten.

169 Das Gesetzgebungsverfahren ist seit Mitte 2018 von einer Ethikinformationskommission vorbereitet und durch zahlreiche Anregungen aus der Mitte der Zivilgesellschaft begleitet worden. Auf dieser Grundlage erarbeitete das Kinder- und Familienministerium federführend einen Gesetzentwurf,[370] der den Stortinger ohne Änderungen passierte. Das Gesetz ist am 1.7.2022 in Kraft getreten. Nach der **Zielbestimmung** in § 1 TranspG soll es den Respekt der Unternehmen für grundlegende Menschenrechte und menschenwürdige Arbeitsverhältnisse bei der Produktion von Waren und Dienstleistungen stärken. Außerdem soll es den Zugang der Allgemeinheit zu Informationen über den Umgang der Unternehmen mit negativen Konsequenzen für diese Rechte und Arbeitsverhältnisse sichern. Wertvolle Informationen für die Auslegung des TranspG enthalten die ausführlichen Gesetzesmaterialien, denen im nordischen Rechtsraum eine noch wichtigere Funktion zukommt als hierzulande.[371]

170 **b) Persönlicher Anwendungsbereich.** Nach § 2 TranspG finden die Neuregelungen auf alle „größeren Unternehmen" mit Sitz in Norwegen Anwendung, die Waren oder Dienstleistungen innerhalb oder außerhalb von Norwegen anbieten. Hierunter sind nach der Legaldefinition in § 3 TranspG solche Unternehmen zu verstehen, die zwei von drei Kennzahlen überschreiten: einen Umsatzerlös von 70 Mio. norwegischen Kronen, eine Bilanzsumme von 35 Mio. norwegischen Kronen oder eine durchschnittliche Anzahl von 50 Vollzeitstellen im Geschäftsjahr. Den Schätzungen des Ministeriums zufolge dürften hiervon rund 8.830 Unternehmen betroffen sein.[372] Außerdem werden gemäß § 2 TranspG auch „größere ausländische Unternehmen" erfasst, wenn sie in Norwegen Waren oder Dienstleistungen anbieten und dort auch steuerpflichtig sind.

[366] Vgl. Brand GesKR 2021, 344 (363); krit. dazu Atamer/Willi SZW 2020, 686 (698): „Bedauernswert ist, dass die Verletzung der Sorgfaltspflichten keine unabhängige Sanktionierung erfahren hat."; allg. krit. auch Bueno/Kaufmann BHRJ 2021, 542 (548): „Finally, the lack of an enforcement mechanism raises the question of its practical utility.".

[367] Dazu Brand GesKR 2021, 344 (349 f.); Hofstetter SJZ 2021, 571 (580 f.).

[368] So die Überschrift des Zeitschriftenaufsatzes von Götz RIW 2022, 99.

[369] Rechtsvergleichend Götz RIW 2022, 99; Krajewski/Tonstad/Wohltmann BHRJ 2021, 550.

[370] Dazu Krajewski/Tonstad/Wohltmann BHRJ 2021, 550 (557 f.): „A multi-stakeholder Committee and situating the legislative work within the Ministry of Children and Families in Norway, due to a consumer-oriented angle, probably contributed to creating an Act that is broad in scope".

[371] Allg. dazu Vogel RabelsZ 78 (2014), 383 (405 ff.).

[372] Vgl. Prop. 150 L (2020–2021), 46.

c) Menschenrechtliche Sorgfaltspflichten. Das Herzstück des norwegischen Lieferkettengesetzes bilden die menschenrechtlichen Sorgfaltspflichten in § 4 TranspG.[373] 171

aa) Due-Diligence-Anforderungen. Ausweislich der Gesetzesmaterialien lehnen sich die Sorgfaltspflichten eng an die UN-Leitprinzipien für Wirtschaft und Menschenrechte (→ Rn. 7 ff.) und an die **OECD-Leitsätze** (→ Rn. 23 ff.) an.[374] Die Gesetzesbegründung verweist ausdrücklich auf den OECD-Leitfaden zur Erfüllung der Sorgfaltspflicht für verantwortungsvolles unternehmerisches Handeln (→ Rn. 25).[375] Zudem werden die Unternehmen angehalten, sich stets über die aktuellen OECD-Empfehlungen zu informieren.[376] 172

Im konkreten Zugriff schreibt der Gesetzgeber die im OECD-Leitfaden genannten Anforderungen in § 4 Abs. 1 lit. a bis lit. e TranspG gesetzlich fest: (1) Verantwortung in den unternehmerischen Strategien und Prozessen verankern, (2) Risikoanalyse der tatsächlichen und möglichen negativen Auswirkungen der Unternehmenstätigkeit durchführen, (3) Maßnahmen ergreifen, um negative Auswirkungen zu beseitigen, zu vermeiden oder zu begrenzen, (4) Umsetzung und Ergebnisse nachverfolgen, (5) Stakeholder-Interaktion nutzen, um die eigenen Maßnahmen mitzuteilen und (6) Wiedergutmachung selbst leisten oder hierfür zusammenarbeiten.[377] 173

Diese Due-Diligence-Anforderungen erstrecken sich auf den eigenen Geschäftsbereich, konzernzugehörige Unternehmen, Geschäftspartner und Glieder der Lieferkette in Übereinstimmung mit der Definition der Geschäftsbeziehungen in den OECD-Leitlinien.[378] 174

Gewisse Einschränkungen ergeben sich zum einen daraus, dass nur Auswirkungen erfasst werden müssen, die das Unternehmen beeinflussen kann.[379] Zum anderen muss das Unternehmen die Auswirkungen selbst verursacht oder zu ihnen beigetragen haben oder direkt mit ihnen verbunden sein.[380] Allgemein gelten hinsichtlich der Risikoerfassung und Risikobekämpfung die überwölbenden **Prinzipien der risikobasierten Proportionalität und Priorisierung** sowie der **Verhältnismäßigkeit.**[381] 175

bb) Geschützte Rechtspositionen. Als Schutzgüter nennt § 1 TransPuG grundlegende Menschenrechte und menschenwürdige Arbeitsverhältnisse. Nach der Legaldefinition in § 3 Abs. 1 lit. b TranspG handelt es sich bei den grundlegenden Menschenrechten um die **international anerkannten Menschenrechte,** wobei konkretisierend auf den UN-Sozialpakt und den UN-Zivilpakt von 1966 sowie die Kernübereinkommen der Internationalen Arbeitsorganisation (ILO) Bezug genommen wird. Diese Aufzählung ist aber nicht abschließend, sondern nur beispielhaft gemeint.[382] § 3 Abs. 1 lit. c TranspG definiert die **menschenwürdigen Arbeitsverhältnisse,** die Gesundheit, Umwelt, Sicherheit am Arbeitsplatz und einen existenzsichernden Lohn einschließen. Demgegenüber werden rein **umweltbezogene Risiken und Auswirkungen nicht erfasst.**[383] 176

cc) Bericht über die Pflichterfüllung. Gemäß § 5 TranspG müssen die Unternehmen über ihre Pflichterfüllung Bericht erstatten. Folgende Berichtselemente sind vorgeschrie- 177

---

[373] So übereinstimmend Götz RIW 2022, 99 (101) und Krajewski/Tonstad/Wohltmann BHRJ 2021, 550 (554).
[374] Vgl. Prop. 150 L (2020–2021), 64.
[375] Vgl. Prop. 150 L (2020–2021), 64.
[376] Vgl. Prop. 150 L (2020–2021), 65.
[377] So ausdrücklich Götz RIW 2022, 99 (103).
[378] Vgl. Krajewski/Tonstad/Wohltmann BHRJ 2021, 550 (556) mit dem zusätzlichen Hinweis: „The Act thus does not limit the duties to specific tiers in the supply chain and may in principle be interpreted as covering both upstream and downstream supplies.“.
[379] Vgl. Prop. 150 L (2020–2021), 63.
[380] Vgl. Prop. 150 L (2020–2021), 57, 67 ff.
[381] Vgl. Prop. 150 L (2020–2021), 64 ff.; dazu auch Götz RIW 2022, 99 (103).
[382] Vgl. Prop. 150 L (2020–2021), 42.
[383] Dazu Krajewski/Tonstad/Wohltmann BHRJ 2021, 550 (554) mit dem Zusatz: „The Socialist Left Party did not receive support for a proposal in the Norwegian parliament to include severe environmental damage in the due diligence requirement“.

ben: (1) allgemeine Informationen über die Verantwortungswahrnehmung für menschenrechtliche Risiken, (2) Ergebnisse der Risikoanalyse, und (3) eingeleitete oder geplante Abhilfemaßnahmen. Der Bericht muss auf der Homepage veröffentlicht werden und ist jährlich sowie anlassbezogen zu aktualisieren.

178 **d) Rechtsfolgen. aa) Behördliche Durchsetzung.** Der norwegische Gesetzgeber setzt ganz auf ein Public Enforcement durch eine staatliche Aufsichtsbehörde.[384] Zuständig ist die Verbraucherschutzbehörde (Forbrukertilsynet), die gemäß § 8 TranspG über eine Beratungsfunktion und nach § 9 TranspG über umfassende Kompetenzen zur Durchsetzung der gesetzlichen Verhaltenspflichten verfügt. Hierzu gehört auch die Befugnis, von sorgfaltswidrig handelnden Unternehmen eine Selbstverpflichtung zu verlangen. Außerdem kann die Aufsichtsbehörde Verbots- oder Gebotsakte erlassen (§ 12 TranspG) sowie Geldstrafen (§ 13 TranspG) und Bußgelder (§ 14 TranspG) verhängen.

179 **bb) Informationsrechte der Allgemeinheit.** Gemäß § 6 TranspG steht jedermann das Recht zu, von den Unternehmen Auskunft über die Behandlung menschenrechtlicher Risiken zu verlangen. Ein berechtigtes Interesse oder eine besondere Begründung sind hierfür nicht erforderlich.[385] Dieses bußgeldbewehrte Informationsrecht der Allgemeinheit entspringt der norwegischen Tradition der Offenheit.[386] Es erstreckt sich auf alle Fragen mit Bezug zum Sorgfaltspflichtenprogramm und seiner Umsetzung. Allerdings muss die Frage hinreichend konkret gestellt werden und darf nicht offensichtlich treuwidrig sein. Außerdem bestehen Auskunftsverweigerungsrechte für persönliche Daten und Geschäftsgeheimnisse. Insgesamt dient das Informationsrecht als ein Instrument der Rechenschaftspflicht in den Händen von Gewerkschaften, Nichtregierungsorganisationen und anderen Akteuren.[387]

180 **cc) Keine zivilrechtliche Haftung.** Privatrechtliche Haftungsvorschriften sind nicht vorgesehen. Sie haben in der norwegischen Debatte auch keine große Rolle gespielt.[388]

181 **5. Zwischenbefund.** Die zweite Generation der Lieferkettengesetze zeichnet sich **hinsichtlich der Sorgfaltspflichten** durch eine **hohe Homogenität** aus. Dies kann nicht weiter verwundern, weil sich sowohl Frankreich als auch Norwegen und Deutschland eng an die UN-Leitprinzipien (→ Rn. 7 ff.) oder die eng verwandten OECD-Leitsätze (→ Rn. 23 ff.) angelehnt haben. Ähnliches gilt für die bereichsspezifischen Due-Diligence-Pflichten in den Niederlanden und der Schweiz zu Kinderarbeit und Konfliktmineralien. Zugleich kämpfen die allgemeinen Lieferkettengesetze allesamt mit **großen tatbestandlichen Unschärfen hinsichtlich der erfassten Schutzgüter.** Inhaltlich variieren sie darin, welchen Raum sie dem Schutz der Umwelt gewähren.

182 Deutliche **Kontraste** zeigen sich auf der **Rechtsfolgenseite:** Während Frankreich vor allem auf ein **Private Enforcement** durch Schadensersatzklagen setzt, bevorzugen Norwegen und Deutschland eine Normdurchsetzung im Wege des **Public Enforcement.** Die Schweiz sieht bei Nichtbeachtung der bereichsspezifischen Sorgfaltspflichten von Sanktionen sogar gänzlich ab. Hinsichtlich der Vor- und Nachteile der beiden Durchsetzungsmechanismen besteht weiterer Forschungsbedarf.[389]

---

384 Eingehend Götz RIW 2022, 99 (104); knapper Krajewski/Tonstad/Wohltmann BHRJ 2021, 550 (557).

385 Vgl. Prop. 150 L (2020–2021), 112.

386 Näher dazu Götz RIW 2022, 99 (105).

387 So Krajewski/Tonstad/Wohltmann BJRJ 2021, 550 (557): „accountability tool".

388 Vgl. Krajewski/Tonstad/Wohltmann BJRJ 2021, 550 (558): „Civil liability has not been prominent in the debates in Norway, and the Social Left Party received little support for a proposal for an evaluation of how the due diligence duty relates to parent company liability".

389 Wichtige Ansätze dazu bei Wagner in Saage-Maaß/Zumbansen/Bader/Shahab, Transnational Legal Activism in Global Supply Chains, 2021, 209 (227 ff.).

IV. Allgemeines Haftungsrecht

1. Überblick. Einen weiteren Schwerpunkt der internationalen Diskussion bildet die Frage, inwieweit Muttergesellschaften **deliktsrechtlich** für Menschenrechtsverletzungen ihrer in- und ausländischen Töchter und Zulieferer haften. Sie ist auch für das deutsche Recht relevant. Zwar bestimmt § 3 Abs. 3 S. 1, dass eine Verletzung der Pflichten aus diesem Gesetz keine zivilrechtliche Haftung begründet. Eine unabhängig von diesem Gesetz begründete zivilrechtliche Haftung bleibt aber nach § 3 Abs. 3 S. 2 unberührt. **183**

Zur Verantwortlichkeit der Muttergesellschaft nach allgemeinem Haftungsrecht gibt es inzwischen eine Reihe von Gerichtsentscheidungen vornehmlich zum englischen Recht (→ Rn. 216 ff.) und eine kaum mehr überschaubare Literatur. Um eine bessere Vergleichbarkeit zu gewährleisten, folgen die **Länderberichte** zu Frankreich (→ Rn. 199 ff.), der Schweiz (→ Rn. 206 ff.), dem Vereinigten Königreich (→ Rn. 215 ff.) und den Vereinigten Staaten (→ Rn. 234 ff.) einem **einheitlichen Aufbauschema.** **184**

Zuerst geht es um eine Verantwortlichkeit für Menschenrechtsverletzungen unter dem Gesichtspunkt der **Geschäftsherrenhaftung,** jeweils unterteilt nach einer Haftung in Konzernlagen und in der Lieferkette. Eine solche **deliktsrechtliche Haftung für Hilfspersonen,** die dem römischen Recht noch fremd war,[390] hat sich erst mit dem französischen Code civil von 1804 durchgesetzt[391] und ist heute fast überall anerkannt.[392] Dabei haben sich zwei verschiedene Systeme herausgebildet: zum einen eine strenge Einstandspflicht des Geschäftsherrn ohne Exkulpationsmöglichkeit, wie in Frankreich, dem Vereinigten Königreich und den Vereinigten Staaten, zum anderen eine Haftung des Geschäftsherrn für eigenes Auswahl- oder Überwachungsverschulden, wie in Deutschland oder der Schweiz.[393] Einvernehmen besteht aber allenthalben darüber, dass sich die Geschäftsherrenhaftung grundsätzlich nur auf Hilspersonen (auxiliaries) erstreckt, nicht hingegen auf selbstständige Unternehmen (independent contractors).[394] So sehen es auch zwei Vorschläge zur Vereinheitlichung des europäischen Deliktsrechts vor: die Principles of European Tort Law (PETL) von 2006[395] und der Draft Common Frame of Reference (DCFR) von 2009.[396] **185**

Anschließend wird eine Verantwortung der Muttergesellschaft aus dem **haftpflichtrechtlichen Grundtatbestand** erörtert, wiederum untergliedert nach Konzern- und Zuliefererkonstellationen. Dabei geht es um die kodifizierte deliktsrechtliche Generalklausel im französischen Code civil und im schweizerischen Obligationenrecht sowie um den ungeschriebenen tort of negligence im Vereinigten Königreich und in den Vereinigten Staaten. **186**

Für eine leichtere Einordnung wird dem ein Überblick über die Rechtslage nach deutschem Deliktsrecht vorangestellt (→ Rn. 188 ff.). Dabei wird die **Anwendbarkeit des jeweiligen nationalen Rechts unterstellt** (zu IPR-Fragen → Rn. 248 ff.). **187**

2. Deutschland. a) Geschäftsherrenhaftung. In Deutschland findet sich die Haftung für Verrichtungsgehilfen in § 831 BGB. Sie ist als Haftung für eigenes Auswahl- oder Überwachungsverschulden des Geschäftsherrn konzipiert. Dem Geschäftsherrn steht nach § 831 Abs. 1 S. 2 BGB eine Exkulpationsmöglichkeit offen. **188**

---

[390] Vgl. Kaser/Knütel/Lohsse, Römisches Recht, 21. Aufl. 2017, § 36 Rn. 25.

[391] Vgl. v. Bar, Gemeineuropäischs Deliktsrecht, Bd. I, 1996, § 3 Rn. 337 ff.; Wagner in Zimmermann, Grundstrukturen des Europäischen Deliktsrechts, 2003, 189 (290 ff.).

[392] Monographisch Giliker, Vicarious Liability. A Comparative Perspective, 2010; Petrin, Fortentwicklung der Geschäftsherrenhaftung in der Schweiz, 2004; ferner Werro JETL 19 (2019), 166.

[393] Vgl. Kötz ZEuP 2017, 283 ff.

[394] Rechtsvergleichend Kötz ZEuP 2017, 283 (292 ff.).

[395] European Group on Tort Law, Principles of European Tort Law. Text and Commentaries, 2005, Art 6:102, 115 ff.

[396] v. Bar/Clive, Principles, Definitions and Model Rules of European Private Law, Vol, 4, 2009, Art. VI-3:201 DCFR, 3453 ff.

189 **aa) Haftung in Konzernlagen.** Ob die Geschäftsherrenhaftung auch in Konzernlagen eingesetzt werden kann, ist zweifelhaft. Als **höchstrichterlicher Referenzpunkt** gilt vielen ein Urteil des VI. Zivilsenats des BGH von 2012.[397] Dort rief der Senat zunächst in Erinnerung, dass die Qualifikation als **Verrichtungsgehilfe** Abhängigkeit und Weisungsgebundenheit voraussetze. Sodann fügte er hinzu, **dass es hieran in der Regel bei selbstständigen Unternehmen fehle,** unabhängig davon, ob sie mit dem Unternehmen in einem Konzernverhältnis stehen, für das sie eine bestimmte Aufgabe wahrnehmen.[398] Die Übertragung von Aufgaben auf ein bestimmtes Unternehmen innerhalb eines Konzerns diene regelmäßig gerade dem Zweck, durch die selbstständige – nicht weisungsgebundene – Erledigung der Aufgabe andere Teile des Konzerns zu entlasten.[399] Im Anschluss an diesen Richterspruch **lehnt** die **heute überwiegende Lehre** eine **Geschäftsherrenhaftung in Konzernlagen rundheraus ab.**[400]

190 Allerdings werben jüngst mehrere Literaturstimmen wieder[401] für einen limitierten Einsatz der Geschäftsherrenhaftung auch in Konzernzusammenhängen.[402] Sie machen auf ein Urteil des XI. Zivilsenats des BGH von 1989[403] und auf ein weiteres Urteil des I. Zivilsenats von 2012[404] aufmerksam. Danach kommt es für die Stellung eines Verrichtungsgehilfen entscheidend darauf an, ob nach den tatsächlichen Verhältnissen eine Eingliederung in den Organisationsbereich des Geschäftsherrn erfolgt ist und der Handelnde dessen Weisungen unterliegt.[405] Auch nach dieser Auffassung genügt die Zusammenfassung von herrschendem und abhängigen Unternehmen unter der einheitlichen Leitung des herrschenden Unternehmens aber nicht für die Annahme einer Verrichtungsgehilfeneigenschaft.[406] Erst recht fehlt es an den Voraussetzungen des § 831 BGB, wenn die Mutter über ihren Beteiligungsbesitz hinaus keine Konzernleitungsmaßnahmen entfaltet.[407]

191 **bb) Haftung in der Lieferkette.** Außerhalb von Konzernkonstellationen fällt der Grundbefund ebenfalls negativ aus: Die **hL sieht** hier **für** eine **Geschäftsherrenhaftung des Auftraggebers** mangels Weisungsunterworfenheit des Zulieferers **ganz überwiegend keinen Raum.**[408] Sie verweist darauf, dass selbstständige Unternehmer nach einhelliger Ansicht prinzipiell nicht unter den Begriff des Verrichtungsgehilfen fallen.[409] Dies gilt auch für in- und ausländische Zulieferer. Zwar mögen sie in eine mehr oder minder straffe

---

[397] BGH NJW 2013, 1002.

[398] So BGH NJW 2013, 1002 Rn. 16.

[399] In diesem Sinne BGH NJW 2013, 1002 Rn. 16.

[400] Vgl. aus jüngerer Zeit Grunewald NZG 2018, 481 (482 ff.); Emmerich/Habersack/Habersack AktG § 311 Rn. 92; Koch WM 2009, 1013 (1018 f.), Koch AktG § 76 Rn. 22; Kötz/Wagner, Deliktsrecht, 13. Aufl. 2016, Rn. 280; Grünewald/Sprau, 81. Aufl. 2022, BGB § 831 Rn. 5; Staudinger/Bernau, 2018, BGB § 831 Rn. 102; Wagner RabelsZ 80 (2016), 718 (772 f.); MüKoBGB/Wagner BGB § 831 Rn. 17; Weller/Kaller/Schulz AcP 216 (2016), 388 (407); zuvor schon Ehricke, Das abhängige Konzernunternehmen in der Insolvenz, 1998, 130 f.; Wimmer-Leonhard, Konzernhaftungsrecht, 2004, 410.

[401] Früher bereits Kronstein, Die abhängige juristische Person, 1931, 82 ff.; ferner Herzog AcP 133 (1931), 62 (60), 65 ff.

[402] Vgl. mit Unterschieden iE Güngör, Sorgfaltspflichten für Unternehmen in transnationalen Menschenrechtsfällen, 2016, 192 ff.; Holle, Legalitätskontrolle im Kapitalgesellschafts- und Konzernrecht, 2014, 264 ff.; König AcP 217 (2017), 611 (656 ff.); Nordhues, Die Haftung der Muttergesellschaft und ihres Vorstands für Menschenrechtsverletzungen im Konzern, 2019, 132 ff.; Schall ZGR 2018, 479 (492 ff.).

[403] BGH WM 1989, 1047 (1050).

[404] BGH GRUR 2012, 1279.

[405] So BGH GRUR 2012, 1279 Rn. 45.

[406] Vgl. Fleischer/Korch DB 2019, 1944 (1947) mwN.

[407] Vgl. Fleischer/Korch DB 2019, 1944 (1947) mwN.

[408] Vgl. Habersack/Ehrl AcP 219 (2019), 155 (193 f.); Hübner in Krajewski/Oehm/Saage-Maaß, Zivil- und strafrechtliche Unternehmensverantwortung für Menschenrechtsverletzungen, 2018, 13 (19); Ostendorf IPRax 2019, 297 (300); Thomale/Hübner JZ 2017, 385 (393); Wagner RabelsZ 80 (2016), 717 (771 ff.); Weller/Kaller/Schulz AcP 216 (2016), 387 (407); abw. Güngör, Sorgfaltspflichten für Unternehmen in transnationalen Menschenrechtsfällen, 2016, 196 ff., wenn sich der Zulieferer in dem Liefervertrag mit seinem Auftraggeber einem engmaschigen Code of Conduct unterworfen hat und deshalb weitgehend weisungsabhängig agiert.

[409] Vgl. statt aller Grüneberg/Sprau, 81. Aufl. 2022, BGB § 831 Rn. 5 f.

Wertschöpfungskette eingebunden sein, doch fehlt ihnen in aller Regel die notwendige Eingliederung in den Herrschafts- und Organisationsbereich des Auftraggebers. Sie werden nicht als dessen verlängerter Arm tätig,[410] sondern als unabhängige Marktteilnehmer, deren Risiken nach der gesetzgeberischen Wertentscheidung des § 831 Abs. 1 BGB nicht mehr vom Auftraggeber zu tragen sind.

b) Verantwortung aus haftpflichtrechtlichem Grundtatbestand. Fehlt es – wie regelmäßig – an einer Einstandspflicht aus § 831 BGB, so ist noch an eine primäre Haftung der Konzernmutter bzw. des Auftraggebers nach der deliktsrechtlichen Basisvorschrift des § 823 Abs. 1 BGB zu denken. 192

aa) Haftung in Konzernlagen. In Deutschland hatte die Rechtsprechung schon früh unter der leicht irreführenden Bezeichnung „Organisationsverschulden" praeter legem eine Unternehmensorganisationspflicht auf der Grundlage des § 823 Abs. 1 BGB etabliert.[411] Danach muss ein Unternehmen für eine ordentliche Betriebsführung sorgen,[412] die innerbetrieblichen Abläufe also so organisieren, dass Schädigungen Dritter in dem gebotenen Umfang vermieden werden.[413] Im Zuge der aktuellen Menschenrechtsdiskussion hat die früher nur vereinzelt erörterte Frage[414] an Bedeutung gewonnen, ob diese haftpflichtrechtliche Pflicht an der Rechtsträgergrenze Halt macht oder sich im Unternehmensverbund auf sämtliche Konzerngesellschaften erstreckt. 193

Höchstrichterliche Rechtsprechung hierzu **steht noch aus;**[415] Urteile zu Verkehrssicherungspflichten des Reiseveranstalters für im Ausland durch Dritte betriebene Hotelanlagen[416] betreffen Sonderfälle.[417] Für den umgekehrten Fall der Tochterverantwortlichkeit hat der BGH entschieden, dass eine Vertriebsgesellschaft für fehlerhaft hergestellte Produkte des Warenherstellers auch dann nicht haftet, wenn der Warenhersteller sämtliche Kapitalanteile an ihr hält.[418] 194

Die **neuere Literatur zeigt sich ganz überwiegend zurückhaltend,** weil sie das konzernrechtliche Trennungsprinzip nicht aus den Angeln heben will:[419] Eine umfassende Mithaftung der Muttergesellschaft für außervertragliche Schadensersatzansprüche gegen Tochtergesellschaften würde die differenzierte Zurechnung von Vermögensrechten und Verbindlichkeiten im Konzern über den Haufen werfen, Folgeänderungen im Gesellschafts-, Konzern-, Insolvenz-, Rechnungslegungs- und Steuerrecht erzwingen und die Praxis der Unternehmensfinanzierung durch Eigenkapital und Kreditgewährung tiefgrei- 195

[410] So das anschauliche Bild von Rehbinder, Konzernaußenrecht und allgemeines Privatrecht, 1969, 535; aufgegriffen etwa von OLG Düsseldorf GRUR-RR 2013, 273 (274).

[411] Grdl. RGZ 53, 53, 56 ff.; 53, 276, 281 f.; eingehend Matusche-Beckmann, Das Organisationsverschulden, 2011, 37 ff.; Spindler, Unternehmensorganisationspflichten, 2001, 689 ff.

[412] So BGHZ 4, 1, 2 f.; 17, 214, 220 f.

[413] So Brandes, Die Haftung für Organisationspflichtverletzung, 1994, 116; gleichsinnig v. Bar, Verkehrspflichten: Richterliche Gefahrsteuerungsgebote im deutschen Deliktsrecht, 1980, 96.

[414] Eingehend aber schon Rehbinder, Konzernaußenrecht und allgemeines Privatrecht, 1969, 541 ff. unter der Zwischenüberschrift „Organisationsverschulden im Konzern?"; sodann erst wieder Oehler ZIP 1990, 1445; Hommelhoff ZIP 1990, 761; beide zur Produkthaftung im Konzern; ein weiteres Jahrzehnt später Spindler, Unternehmensorganisationspflichten, 2001, 945 ff.

[415] Vgl. aber für eine wettbewerbsrechtliche Fallgestaltung schon RGZ 150, 265, wonach die Muttergesellschaft bei engen Beziehungen zur Tochter unlauteren Wettbewerb durch sie verhindern muss, sofern er ihr bekannt ist.

[416] Vgl. BGHZ 103, 298 = NJW 1988, 1380; BGH NJW 2006, 3268; zuletzt OLG Dresden BeckRS 2018, 30326.

[417] Wie hier Weller/Kaller/Schulz AcP 216 (2016), 387 (402) m. Fn. 81; Wagner RabelsZ 80 (2016), 717 (774 f.).

[418] Vgl. BGH NJW 1981, 2250.

[419] Vgl. mit Unterschieden iE Habersack FS Möschel, 2011, 1175 (1178); Habersack/Zickgraf ZHR 182 (2018), 252 (279 ff.); Holle, Legalitätskontrolle im Kapitalgesellschafts- und Konzernrecht, 2014, 322 ff.; Koch WM 2009, 1013 (1019); König AcP 217 (2017), 611 (667 ff.); Nordhues, Die Haftung der Muttergesellschaft und ihres Vorstands für Mernschenrechtsverletzungen im Konzern, 2019, 115 ff.; Spindler, Unternehmensorganisationspflichten, 2001, 948 ff.; Spindler in Fleischer, Handbuch des Vorstandsrechts, 2006, § 13 Rn. 88 ff.; Wagner RabelsZ 80 (2016), 717 (750 ff.), 762 ff.

fend verändern.[420] **Erwogen** wird eine **haftpflichtrechtliche Verantwortung der Konzernmutter** lediglich **beim Vorliegen besonderer Voraussetzungen.** Dies soll vor allem der Fall sein, wenn der Konzernmutter eine normative Verantwortung für eine Gefahrenlage zukommt,[421] hauptsächlich durch tatsächliche Steuerung der Gefahrenquelle,[422] zB durch An-sich-Ziehen der Gefahrenabwehr,[423] konkrete Verantwortungsübernahme,[424] intensive Ausübung von Leitungsmacht,[425] sorgfaltswidrige Delegation eigener Verkehrssicherungspflichten[426] oder unterbliebenes Einschreiten der Mutter gegen ihr bekanntes drittschädigendes Tochterverhalten.[427]

196 **Einzelne Literaturstimmen preschen weiter vor.**[428] Unter Hinweis auf die konzernweite Legalitätskontrollpflicht, das Siemens/Neubürger-Urteil des LG München I[429] und die Erwartungen des Rechtsverkehrs an eine menschenrechtskonforme Konzernorganisation werben sie für eine haftpflichtrechtliche Organisationshaftung, die auf einer konzernübergreifenden Pflicht von Obergesellschaften zur Auswahl, Instruktion und Überwachung ausländischer Töchter beruht.[430] Die **hL steht einer solchen Pflichtenerstreckung** aber nach wie vor **ablehnend gegenüber.**[431]

197 **bb) Haftung in der Lieferkette.** Außerhalb von Konzernkonstellationen wird neuerdings ausgiebiger erörtert, ob sich die haftpflichtrechtliche Verkehrs- und Organisationspflicht aus § 823 Abs. 1 BGB auch auf Zulieferunternehmen erstrecken lässt. Die **hL sieht hierfür in Zuliefererfällen noch weniger Raum als in Konzernzusammenhängen.**[432] Zur Begründung heißt es, das deutsche Haftpflichtrecht kenne grundsätzlich keine Sorgfaltspflichten in Bezug auf das Verhalten selbstständiger Dritter.[433] Primär verkehrssicherungspflichtig sei vielmehr der Zulieferer selbst.[434]

198 **Ausnahmen** von diesem Grundsatz **werden erwogen,** wenn der Auftraggeber zB durch die Lieferung gefährlicher Produkte zur Gefahrerhöhung beigetragen hat,[435] wenn er durch intensive Einmischung in den Zuliefererbetrieb tatsächlich Verantwortung für einen bestimmten Risikobereich übernommen hat[436] oder wenn er ursprünglich selbst für eine

[420] So die warnenden Worte von MüKoBGB/Wagner BGB § 823 Rn. 112.

[421] So oder ähnlich König AcP 217 (2017), 611 (671); Nordhues, Die Haftung der Muttergesellschaft und ihres Vorstands für Menschenrechtsverletzungen im Konzern, 2019, 138.

[422] So Habersack/Zickgraf ZHR 182 (2018), 252 (286).

[423] Vgl. Habersack/Zickgraf ZHR 182 (2018), 252 (288 ff.).

[424] Vgl. Güngör, Sorgfaltspflichten für Unternehmen in transnationalen Menschenrechtsfällen, 2016, 265; Holle, Legalitätskontrolle im Kapitalgesellschafts- und Konzernrecht, 2014, 339.

[425] Vgl. Bunting ZIP 2012, 1542 (1548); Buxbaum GRUR 2009, 240 (244 f.); Koch WM 2009, 1013 (1019); König AcP 217 (2017), 611 (671); Nordhues, Die Haftung der Muttergesellschaft und ihres Vorstands für Menschenrechtsverletzungen im Konzern, 2019, 133; Wagner RabelsZ 80 (2016), 717 (770).

[426] Vgl. Holle, Legalitätskontrolle im Kapitalgesellschafts- und Konzernrecht, 2014, 335 ff.; König AcP 217 (2017), 611 (671 f.); Nordhues, Die Haftung der Muttergesellschaft und ihres Vorstands für Menschenrechtsverletzungen im Konzern, 2019, 132; Spindler, Unternehmensorganisationspflichten, 2001, 945 ff.

[427] Vgl. König AcP 217 (2017), 611 (674); s. auch Spindler, Unternehmensorganisationspflichten, 2001, BGB § 823 Rn. 709.

[428] Für eine Verkehrspflicht kraft Konzernierung Oehler ZIP 1990, 1445 (1451); gleichsinnig Buxbaum GRUR 2009, 240 (241); U. H. Schneider ZGR 1996, 225 (243).

[429] LG München I NZG 2014, 345; dazu Fleischer NZG 2014, 321.

[430] In diesem Sinne Weller/Thomale ZGR 2018, 509 (520 ff.); mit etwas anderem Ansatz auch Schall ZGR 2018, 479 (503 ff.); Andeutungen ferner bei Saage-Maaß/Leifker BB 2015, 2499 (2501 ff.); anders noch Weller/Kaller/Schulz AcP 216 (2016), 377 (401 f.).

[431] Vgl. zuletzt Fleischer/Korch DB 2019, 1944 (1951 f.); Habersack/Zickgraf ZHR 182 (2018), 252 (284).

[432] Vgl. etwa Habersack/Ehrl AcP 219 (2019), 155 (196 ff.); Wagner RabelsZ 80 (2016), 717 (773 ff., 779); Weller/Kaller/Schulz AcP 217 (2017), 387 (403); offener Heinen in Krajewski/Saage-Maaß, Die Durchsetzung menschenrechtlicher Sorgfaltspflichten von Unternehmen, 2018, 87 (99 ff., 113 ff.).

[433] Vgl. Habersack/Ehrl AcP 219 (2019), 155 (197); Wagner RabelsZ 80 (2016), 717 (773).

[434] Vgl. Habersack/Ehrl AcP 219 (2019), 155 (200); Weller/Kaller/Schulz AcP 217 (2017), 387 (401 f.).

[435] Vgl. Heinen in Krajewski/Saage-Maaß, Die Durchsetzung menschenrechtlicher Sorgfaltspflichten von Unternehmen, 2018, 87 (104); s. auch Wagner RabelsZ 80 (2016), 717 (779).

[436] Vgl. Heinen in Krajewski/Saage-Maaß, Die Durchsetzung menschenrechtlicher Sorgfaltspflichten von Unternehmen, 2018, 87 (104 ff.).

Gefahrenquelle verantwortlich war und entsprechende Verkehrspflichten sorgfaltswidrig auf ein selbstständiges Unternehmen delegiert hat, zB die grenzüberschreitende Entsorgung hochgiftiger Abfälle.[437] Unterschiedlich beurteilt wird, ob sich eine haftpflichtrechtliche Verantwortung des Auftraggebers begründen lässt, wenn er von defizitären Arbeitsschutzstandards und drohenden Menschenrechtsverletzungen bei seinem ausländischen Lieferanten Kenntnis erlangt.[438] In diesem Zusammenhang findet sich vereinzelt auch der Gedanke einer normativen Verantwortlichkeitszuweisung für Arbeitnehmer des Zulieferers aufgrund einer höchst asymmetrischen Machtstruktur in der Wertschöpfungskette.[439] Dagegen sollen Codes of Conduct grundsätzlich nicht haftungsbegründend wirken.[440]

3. Frankreich. a) Geschäftsherrenhaftung. In Frankreich findet sich die Geschäfts- **199** herrenhaftung heute in Art. 1242 Abs. 5 C. civ. (früher Art. 1384 Abs. 5 C. civ. – Code civil). Gestützt auf die théorie du risque-profit begründet die Norm eine unbedingte Einstandspflicht des commettant für ein schädigendes Verhalten des préposé. Voraussetzung für die Gehilfeneigenschaft ist ein Subordinationsverhältnis, das sich in einer Weisungsgebundenheit niederschlägt.[441]

aa) Haftung in Konzernlagen. An diesem lien de préposition fehlt es nach hL im **200** Verhältnis zwischen Mutter- und Tochtergesellschaft.[442] Entgegen einzelner Literaturstimmen[443] lässt sich eine Haftung der Muttergesellschaft auch nicht auf eine allgemeine Haftung für das Verhalten Dritter nach Art. 1242 Abs. 1 Code civil (früher Art. 1384 Abs. 1 C. civ.) in Fortentwicklung der sog. Blieck-Doktrin stützen.[444] Ein **Reformvorschlag** im Rahmen des **Avant-projet Catala** aus dem Jahre 2005, der eine Haftung bei wirtschaftlicher Abhängigkeit festschreiben wollte, wie sie auch in Konzernlagen begegnet,[445] ist nahezu folgenlos verhallt.[446] Kaum besser erging es einem zweiten Vorschlag im Rahmen des **Avant-projet Terré** von 2011: Dieser sprach sich zwar gegen eine strikte Haftung allein aufgrund eines wirtschaftlichen Abhängigkeitsverhältnisses aus, sah stattdessen aber eine (Konzern-)Haftung vor, wenn eine Gesellschaft eine andere kontrolliert oder beachtlichen Einfluss auf sie ausübt und etwa durch Einmischung in deren Geschäftsführung signifikant zur Entstehung des Schadens beigetragen hat.[447]

---

[437] Vgl. Heinen in Krajewski/Saage-Maaß, Die Durchsetzung menschenrechtlicher Sorgfaltspflichten von Unternehmen, 2018, 87 (119); Wagner RabelsZ 80 (2016), 717 (777), beide unter Hinweis auf den notorischen Trafigura-Fall; ferner Habersack/Ehrl AcP 219 (2019), 155 (199 f.) unter Hinweis auf BGH NJW 1976, 46.

[438] Dafür Habersack/Ehrl AcP 219 (2019), 155 (202 f.); dagegen Wagner RabelsZ 80 (2016), 717 (773).

[439] In diesem Sinne Heinen in Krajewski/Saage-Maaß, Die Durchsetzung menschenrechtlicher Sorgfaltspflichten von Unternehmen, 2018, 87 (113, 119 ff.).

[440] So etwa Habersack/Ehrl AcP 219 (2019), 155 (202); vorsichtiger Heinen in Krajewski/Saage-Maaß, Die Durchsetzung menschenrechtlicher Sorgfaltspflichten von Unternehmen, 2018, 87 (110 ff.).

[441] Vgl. Terré/Simler/Lequette/Chénedé, Les obligations, 12. Aufl. 2019, Rn. 1060: „Le lien de commettant à préposé. Préposition et subordination".

[442] Zusammenfassend Terré/Simler/Lequette/Chénedé, Les obligations, 12. Aufl. 2019, Rn. 1057: „Il aurait été concevable d'étendre la responsabilité des commettants de diverses manières. […] Mais de fortes résistances se sont manifestées dans le monde de l'économie. Certaines avancées, alors proposées, n'ont pas été retenues: […] ni responsabilité des sociétés mère du fait de leur filiales […]".

[443] Dezidiert etwa Viney/Jourdain/Carval, Les conditions de la responsabilité, 4. Aufl. 2013, Rn. 789-25: „L'utilisation possible de l'article 1384, alinéa 1er, dans les relations de dépendance économique".

[444] Vgl. Cass. ass. plen., 29.3.1991, D. 1991 Jur. 323; rechtsvergleichend Albrecht, Die deliktische Haftung für fremdes Verhalten im französischen und deutschen Recht, 2013, 26 ff.; Nasse ZEuP 2019, 774 (784 f.); s. auch Demeyere ERPL 2015, 385 (396).

[445] Vgl. Art. 1360 Abs. 2 Avant-projet Catala: „De même, est responsable celui qui contrôle l'activité économique ou patrimoniale d'un professionnel en situation de dépendance, bien qu'agissant pour son propre compte, lorsque la victime établit que le fait dommageable est en relation avec l'exercice de contrôle. Il en est notamment des sociétés mères pour les dommages causés par leurs filiales […]."; näher dazu Nasse ZEuP 2019, 774 (786 f.).

[446] Vgl. Grimonprez Rev. soc. 2009, 715 (726): „La disposition, curieusement, n'a pas soulevé des foules de commentaires. Les seules réactions notables ont été critiques".

[447] Vgl. Art. 7 Abs. 2 Avant-projet Terré: „Une société ne répond du dommage causé par la société qu'elle contrôle ou sur laquelle elle exerce une influence notable que si, par une participation à un organe de cette

201 **bb) Haftung in der Lieferkette.** Auch im Verhältnis zwischen Auftraggeber und selbstständigem Unternehmer fehlt es nach Rechtsprechung und hL an dem erforderlichen Subordinationsverhältnis.[448]

202 **b) Verantwortung aus dem haftpflichtrechtlichen Grundtatbestand.** In Frankreich findet sich die allgemeine deliktsrechtliche Generalklausel in Art. 1240 C. civ. (früher Art. 1382 C. civ.). Ihre drei Tatbestandsmerkmale sind Pflichtverletzung (faute), Schaden (dommage) und Kausalität (causalité).[449]

203 **aa) Haftung in Konzernlagen.** Ob einer Konzernmutter auf dieser Grundlage eine originäre haftpflichtrechtliche Sorgfaltspflicht gegenüber Arbeitnehmern der Tochtergesellschaft oder außenstehenden Dritten hinsichtlich der Tochteraktivitäten obliegt, hat die Rechtsprechung bisher nicht beschäftigt. In der Literatur wird dies überwiegend verneint.[450] Unabhängig davon hat das Appellationsgericht Versailles in einem vielbeachteten Richterspruch von 2013 entschieden, dass international anerkannte Menschenrechte keinen allgemeinen Sorgfaltsmaßstab iSd faute bilden.[451] Gleiches gilt danach auch für freiwillige Selbstverpflichtungen aus dem UN Global Compact oder einem unternehmenseigenen Code of Conduct.[452]

204 **bb) Haftung in der Lieferkette.** Der Kassationshof hat im Jahre 2009 entschieden, dass eine Partei für das Fehlverhalten ihres Subunternehmers gegenüber Dritten grundsätzlich keine haftpflichtrechtliche Sorgfaltspflicht gemäß Art. 1240 C. civ. trifft.[453] Infolgedessen dürfte die haftpflichtrechtliche Generalklausel nur selten eine tragfähige Anspruchsgrundlage in Zuliefererfällen bieten.

205 **c) Spezialgesetzliche Haftung nach der loi de vigilance (Weiterverweis).** In Ermangelung einer Verantwortlichkeit von Muttergesellschaft und Auftraggeber nach allgemeinem Haftungsrecht hat der französische Gesetzgeber im Jahre 2017 mit der sog. loi de vigilance eine bereichsspezifische und rechtsträgerübergreifende Sorgfaltspflicht von Großunternehmen eingeführt (→ Rn. 115 ff.). Für den Fall ihrer Nichtbeachtung statuiert Art. L. 225-102-5 C. com. eine Haftung nach Maßgabe des Art. 1240 C. civ. (→ Rn. 136 ff.). Dabei handelt es sich um eine Rechtsgrundverweisung.[454]

206 **4. Schweiz. a) Geschäftsherrenhaftung.** Gemäß **Art. 55 Abs. 1 OR** haftet der Geschäftsherr für den Schaden, den seine Arbeitnehmer oder andere Hilfspersonen in Ausübung ihrer dienstlichen oder geschäftlichen Verrichtungen verursacht haben, wenn er nicht nachweist, dass er alle nach den Umständen gebotene Sorgfalt angewendet hat, um einen Schaden dieser Art zu verhüten, oder dass der Schaden auch bei Anwendung dieser Sorgfalt eingetreten wäre.

207 Über die **dogmatische Einordnung** der Geschäftsherrenhaftung herrscht bis heute kein Einvernehmen. Das Bundesgericht hatte sie ursprünglich als Verschuldenshaftung mit umgekehrter Beweislast angesehen.[455] Seit einer Entscheidung aus dem Jahre 1908 brach sich jedoch die Gegenauffassung Bahn, dass es sich um eine **Kausalhaftung**

---

société, une instruction, une immixtion ou une abstention dans sa gestion, elle a contribué de manière significative à la réalisation du dommage."; näher dazu Nasse ZEuP 2019, 774 (787 f.).

[448] Vgl. Cass civ. 3ième 17.12.1997, JCP G 1998.I.187, n° 21 mAnm Viney; Cass. civ. 3ième 8.9.2009, D. 2010, 239 mAnm Dissaux.

[449] Vgl. Malaurie/Aynès/Stoffel-Munck, Droit des obligations, 10. Aufl. 2018, Rn. 39, 47 ff.

[450] Rechtsvergleichend Nasse ZEuP 2019, 774 (779 ff.).

[451] Vgl. CA Versailles 22.3.2013 – R. G. n° 11/05331, 21 ff.; rechtsvergleichend Nasse ZEuP 2019, 774 (780 f.).

[452] Vgl. CA Versialles 22.3.2013 – R. G. n° 11/05331, 27 ff.; rechtsvergleichend Nasse ZEuP 2019, 774 (781 f.).

[453] Vgl. Cass. civ. 3ième 8.9.2009 – D. 2010, 239: „[…] l'entrepreneur principal n'est pas délictuellement responsable, envers les tiers, des dommages causés par son sous-traitant […].".

[454] Vgl. Mansel ZGR 2018, 439 (445); Nasse ZEuP 2019, 774 (795).

[455] Vgl. etwa BGE 29 II, 485, 489; 32 II 459, 462.

handle.[456] Deshalb sei der dem Geschäftsherrn durch das Gesetz eingeräumte Sorgfaltsnachweis „seinem Wesen nach ein bestimmt umschriebener und nach objektiven Kriterien zu würdigender Entlastungsbeweis“[457] und gerade kein Exkulpationsbeweis. Was dies für die Geschäftsherrenhaftung aus Art. 55 OR genau bedeutet, buchstabierte ein weiterer Bundesgerichtsentscheid von 1971 näher aus: „Diese Haftung setzt weder ein Verschulden des Arbeiters voraus, noch verlangt sie, dass der Geschäftsherr die Unterlassung der nach den Umständen gebotenen Sorgfalt verschuldet habe; sie ist Kausalhaftung.“[458] In Übereinstimmung damit ordnet die heute hL Art. 55 OR ebenfalls als eine Kausalhaftung ein.[459] Wegen des möglichen Befreiungsbeweises sprechen Rechtsprechung und Rechtslehre von einer eingeschränkten, milden oder auch gewöhnlichen Kausalhaftung in Abgrenzung zur scharfen oder strengen Kausalhaftung ohne Befreiungsbeweis.[460] Es gibt aber nach wie vor prominente Literaturstimmen, nach denen es sich bei Art. 55 OR um eine Verschuldenshaftung mit Beweislastumkehr handelt.[461] Unabhängig von der dogmatischen Einordnung herrscht Einvernehmen darüber, dass dem Geschäftsherrn die Beweislast für das Vorliegen eines der Befreiungsgründe obliegt.[462] An den Befreiungsbeweis pflegt die Spruchpraxis strenge Anforderungen zu stellen.[463]

aa) Haftung in Konzernlagen. Ob sich die Haftung für Hilfspersonen nach Art. 55 Abs. 1 OR zur Haftungsbegründung in Konzernlagen eignet, harrt in der Schweiz noch einer endgültigen Antwort. Außer Streit steht, dass als Geschäftsherr auch eine juristische Person in Betracht kommt,[464] wie Art. 62a OR noch ausdrücklich angeordnet hatte. Ungeklärt ist jedoch, ob Konzerntöchter Hilfspersonen im Normsinne sind. Die **Hilfspersoneneigenschaft** setzt nach allgemeiner Ansicht ein Unterordnungs- oder Subordinationsverhältnis voraus, kraft dessen die Hilfsperson auf Geheiß und nach den Weisungen des Geschäftsherrn handelt.[465] Entscheidend ist nicht die rechtliche Qualifikation des Grundverhältnisses, sondern die tatsächliche Beziehung zwischen beiden.[466] An einer Unterordnung fehlt es bei allen selbstständigen Unternehmern.[467] 208

Die **höchstrichterliche Rechtsprechung** hat sich zur Anwendbarkeit des Art. 55 OR in Konzernlagen bisher nicht abschließend geäußert. In einem obiter dictum aus dem Jahre 1992 hat das Bundesgericht nur, aber immerhin ausgesprochen, dass ein Abhängigkeitsverhältnis zwischen zwei Gesellschaften hierfür allein nicht ausreiche. Zumindest müsse die eine Gesellschaft vertraglich gehalten sein, Anordnungen und Weisungen der anderen zu 209

[456] Vgl. BGE 34 II, 266, 270; fortgeführt von BGE 45 II, 85, 86; 49 II 89, 94; 50 II 489, 493.

[457] BGE 72 II 255, 261.

[458] BGE 97 II 221, 223.

[459] Vgl. Fellmann/Kottmann, Schweizerisches Haftpflichtrecht, Bd. I, 2012, § 5 Rn. 733; Fischer/Iten in Fischer/Luterbacher, Haftpflichtkommentar, 2016, OR Art. 55 Rn. 2; Oftinger/Stark, Schweizerisches Haftpflichtrecht, Bd. II/1, 4. Aufl. 1987, § 20 Rn. 2; alle mwN.

[460] Vgl. BGE 110 II 456, 460; Fellmann/Kottmann, Schweizerisches Haftpflichtrecht, Bd. I, 2012, § 5 Rn. 733; Oftinger/Stark, Schweizerisches Haftpflichtrecht, Bd. II/1, 4. Aufl. 1987, § 20 Rn. 2 mwN.

[461] Vgl. Honsell/Isenring/Kessler, Schweizerisches Haftpflichtrecht, 5. Aufl. 2013, § 13 Rn. 4 f.; Kessler in Basler Kommentar, OR I, 6. Aufl. 2015, OR Art. 55 Rn. 1; Petrin, Fortentwicklung der Geschäftsherrenhaftung in der Schweiz, 2004, 6 ff.; Roberto, Haftpflichtrecht, 2. Aufl. 2018, § 8 Rn. 2; Schwenzer, Schweizerisches Obligationenrecht, Allgemeiner Teil, 7. Aufl. 2016, § 23 Rn. 13.

[462] Vgl. BGE 97 II 221, 223; Oftinger/Stark, Schweizerisches Haftpflichtrecht, Bd. II/1, 4. Aufl. 1987, § 20 Rn. 108.

[463] Näher dazu Kessler in Basler Kommentar, OR I, 6. Aufl. 2015, OR Art. 55 Rn. 15; Roberto, Haftpflichtrecht, 2. Aufl. 2018, § 8 Rn. 19.

[464] Vgl. etwa Kessler in Basler Kommentar, OR I, 6. Aufl. 2015, OR Art. 55 Rn. 5.

[465] Vgl. BGE 50 II 469, 471; Kessler in Basler Kommentar, OR I, 6. Aufl. 2015, OR Art. 55 Rn. 7; Oftinger/Stark, Schweizerisches Haftpflichtrecht, Bd. II/1, 4. Aufl. 1987, § 20 Rn. 65 iVm § 20 Rn. 59 ff.

[466] Vgl. Fellmann/Kottmann, Schweizerisches Haftpflichtrecht, Bd. I, 2012, § 5 Rn. 739; Oftinger/Stark, Schweizerisches Haftpflichtrecht, Bd. II/1, 4. Aufl. 1987, § 20 Rn. 64.

[467] Vgl. Fellmann/Kottmann, Schweizerisches Haftpflichtrecht, Bd. I, 2012, § 5 Rn. 740; Kessler in Basler Kommentar, OR I, 6. Aufl. 2015, OR Art. 55 Rn. 8.

befolgen. Selbst wenn sie einem Konzern zugehöre, unterstehe eine rechtlich selbstständige Gesellschaft weiterhin der Leitung durch ihre eigene Geschäftsführung.[468]

210 Das **Meinungsbild in der Literatur** hat sich im Laufe der Zeit gewandelt. Im älteren Schrifttum lehnte man eine Anwendung des Art. 55 OR wegen des fehlenden Weisungsrechts der herrschenden Gesellschaft und der Eigenverantwortlichkeit der Verwaltung der abhängigen Gesellschaft überwiegend ab.[469] Zudem verwies man darauf, dass sich eine Erstreckung der Geschäftsherrenhaftung auf Konzernverhältnisse von dem historischen Leitbild der Norm entfernen würde.[470] Demgegenüber befürwortet die jüngere Literatur überwiegend eine Geschäftsherrenhaftung, wenn und soweit unter den konkreten Umständen eine einheitliche Leitung durch die Obergesellschaft erfolgt.[471] Das Subordinationsverhältnis, so die Begründung, sei faktisch zu beurteilen und könnte sich aus der tatsächlichen Kontrolle eines Hauptaktionärs ergeben.[472] Außerdem passe auch die ratio des Art. 55 OR, den Geschäftsherrn, der sich zur Verfolgung seiner Ziele untergeordneter Personen bediene, für das dadurch realisierte Unternehmensrisiko einstehen zu lassen.[473]

211 **bb) Haftung in der Lieferkette.** Wenig erörtert wird bisher, ob auch Zulieferer in Lieferketten als Hilfspersonen iSd Art. 55 OR anzusehen sind. Legt man zugrunde, dass der Unterakkordant eines Generalunternehmers nach höchstrichterlicher Rechtsprechung nicht Hilfsperson des letzteren ist[474] und dass alle Arten von selbstständigen Unternehmern, die für die Zwecke eines Auftraggebers tätig werden, aber auf eigene Rechnung handeln, mangels Unterordnung aus dem Anwendungsbereich des Art. 55 OR herausfallen,[475] so lässt sich eine Geschäftsherrenhaftung des Auftraggebers in der Lieferkette kaum begründen.[476]

212 **b) Verantwortlichkeit nach haftpflichtrechtlichem Grundtatbestand.** Nach der Generalklausel des Art. 41 Abs. 1 OR ist zum Ersatze verpflichtet, wer einen anderen

---

[468] So BG in Semaine Judiciaire 1992, 627 f.: „En effet, conformément à ce qu'admet généralement la doctrine, les art. 55 et 101 CO ne peuvent pas s'appliquer en raison déjà de la seule existence d'un lien de dépendance entre deux sociétés; il faut, à tout le moins, que l'une soit contractuellement tenue de donner suite aux ordres et instructions de l'autre. Même si elle est membre d'un Konzern ou d'une filiale, une société indépendante reste gérée par sa propre administration […]".

[469] Vgl. etwa Caflisch, Die Bedeutung und Grenzen der rechtlichen Selbständigkeit der abhängigen Gesellschaft im Recht der Aktiengesellschaft, 1961, 263; Dennler, Durchgriff im Konzern, 1984, 45; Kaufmann, Personengesellschaften als Konzernspitze, 1988, 84; Petitpierre-Sauvain, Droit des sociétés et groupes de sociétés, 1972, 87 f.; v. Planta, Die Haftung des Hauptaktionärs, 1981, 137; v. Steiger ZSR 1943, 195a, 311a f.; zurückhaltend ferner Joss, Konzernrechtsfragen im deutschen und schweizerischen Recht, 1936, 110. Reserviert aus jüngerer Zeit auch Böckli, Schweizer Aktienrecht, 4. Aufl. 2009, § 11 Rn. 472: „Es steht fest, dass die Figur einer konzernspezifischen Deliktshaftung in der Praxis bislang wenig gebracht hat."; zuletzt auch Bühler SZW 2022, 202 (210).

[470] So namentlich Petitpierre-Sauvain, Droit des sociétés et groupes de sociétés, 1972, 88; s. auch Joost, Konzernrechtsfragen im deutschen und schweizerischen Recht, 1936, 110.

[471] Vgl. Albers-Schönberg, Haftungsverhältnisse im Konzern, 1980, 177 ff.; v. Büren, Der Konzern, Bd. VIII/6, 2005, in v. Büren/Meier-Hayoz, Schweizerisches Privatrecht, 203; von der Crone, Aktienrecht, 2014, § 15 Rn. 118; Dallèves ZSR 1973, 559 (615); Forstmoser/Meier-Hayoz/Nobel, Schweizerisches Aktienrecht, 1996, § 60 Rn. 43 f.; Hofstetter, Sachgerechte Haftungsregeln für Multinationale Konzerne, 1995, 241; Ruepp, Die Aufteilung der Konzernleitung zwischen Holding- und Managementgesellschaft, 1994, 69; Uttendoppler, Die Durchsetzung des Konzerninteresses im schweizerischen Aktienrecht, 1985, 123 f.; ähnlich Zürcher, Der Gläubigerschutz im schweizerischen Aktienrechtskonzern, 1993, 227 f.; noch weitergehend Handschin, Der Konzern im geltenden schweizerischen Privatrecht, 1994, 348 f.; Vogel, Die Haftung der Muttergesellschaft als materielles, faktisches oder kundgegebenes Organ der Tochtergesellschaft, 1997, 189 ff.

[472] Vgl. Dallèves ZDSR 1973, 559 (615); Forstmoser/Meier-Hayoz/Nobel, Schweizerisches Aktienrecht, 1996, § 60 Rn. 43; Handschin, Der Konzern im geltenden schweizerischen Privatrecht, 1994, 348 f.; Ruepp, Die Aufteilung der Konzernleitung zwischen Holding- und Managementgesellschaft, 1994, 69.

[473] Vgl. Albers-Schönberg, Haftungsverhältnisse im Konzern, 1980, 178; Ruepp, Die Aufteilung der Konzernleitung zwischen Holding- und Managementgesellschaft, 1994, 68 f.; Zürcher, Der Gläubigerschutz im schweizerischen Aktienrechtskonzern, 1993, 227.

[474] Vgl. BGE 33 II 150, 157 ff.

[475] So Oftinger/Stark, Schweizerisches Haftpflichtrecht, Bd. II/1, 4. Aufl. 1987, § 20 Rn. 67 mwN.

[476] Wie hier Bühler SZW 2022, 202 (211).

widerrechtlich Schaden zufügt, sei es aus Absicht, sei es aus Fahrlässigkeit. Rechtsprechung und Lehre haben hieraus vier Haftungsvoraussetzungen abgeleitet: Schaden, Kausalzusammenhang, Widerrechtlichkeit, Verschulden.[477]

aa) Haftung in Konzernlagen. Eine Aktivierung des Art. 41 OR bei Menschenrechtsverletzungen von Tochtergesellschaften ist bisher nicht erwogen worden. Die Diskussion kreist bisher ausschließlich um eine Geschäftsherrenhaftung der Muttergesellschaft nach Art. 55 OR (→ Rn. 206 ff.). Auch die im Rahmen der Konzernverantwortungsinitiative vorgeschlagene Haftungsnorm (→ Rn. 153) lehnt sich konzeptionell nicht an Art. 41 OR an, sondern ist ausweislich der Erläuterungen der Initianten der Geschäftsherrenhaftung gemäß Art. 55 OR nachgebildet.[478] **213**

bb) Haftung in der Lieferkette. Ebenso wenig hat man bisher eine Haftung der Muttergesellschaft in Zuliefererkonstellationen aus Art. 41 OR in Betracht gezogen. **214**

5. Vereinigtes Königreich. a) Geschäftsherrenhaftung. In England hat die Geschäftsherrenhaftung (vicarious liability) ihre heutige Gestalt an der Haftung des Arbeitgebers für unerlaubte Handlungen seiner Arbeitnehmer gewonnen.[479] Sie ist als strikte Haftung ausgestaltet und wird gleich durch ein ganzes Motivbündel rationalisiert, das Fairness- und Gerechtigkeitserwägungen ebenso einschließt wie solche der effizienten Verlustverteilung, der Prävention künftiger Schadenszufügung und der Schaffung eines unternehmerischen Risikos bei gleichzeitiger Kontrollmöglichkeit.[480] In jüngerer Zeit hat die Rechtsprechung die Geschäftsherrenhaftung auf einzelne Fallgestaltungen „akin to employment"[481] ausgedehnt, weshalb bereits von einer „doctrine on the move"[482] die Rede ist. **215**

aa) Haftung in Konzernlagen. Dessen ungeachtet **haben englische Gerichte in Konzernbeziehungen** bisher **nicht auf die Figur der vicarious liability zurückgegriffen.** Bündig heißt es in einem Aufsatz: „English courts have been reluctant to apply vicarious liability in the parent-subsidiary relationship."[483] Lediglich einzelne Literaturstimmen haben eine solche Lösung zuletzt vorgeschlagen,[484] ohne damit indes in der Spruchpraxis auf Resonanz zu stoßen. **216**

bb) Haftung in der Lieferkette. Auch auf Zuliefererkonstellationen haben englische Gerichte die **vicarious liability** bisher nicht ausgedehnt. **Ausdrücklich verneint wurden deren Voraussetzungen** in einer Entscheidung des Ontario Court of Appeal aus dem Jahre 2018.[485] Geklagt hatten Opfer und Angehörige der Rana Plaza-Tragödie in Bangladesch gegen den kanadischen Einzelhandelskonzern Loblaws, der über einen Zwischen- **217**

---

[477] Vgl. Roberto, Haftpflichtrecht, 2. Aufl. 2018, § 3 Rn. 11 ff.

[478] So Verein Konzernverantwortungsinitiative, Erläuterungen zur Eidgenössischen Volksinitiative „Für verantwortungsvolle Unternehmen – zum Schutz von Mensch und Umwelt", 41 f.: „Der Verfassungstext ist deshalb dieser Bestimmung nachgebildet."; wortlautgleich Geisser AJP 2017, 943 (954); ferner Bühler SZW 2022, 202 (204 f.).

[479] Vgl. Morgan 31 J. Prof. Negligence 276, 277 (2015): „The paradigm example of vicarious liability occurs in the relationship of employer and employee."; Witting, Street on Torts, 15. Aufl. 2017, 588.

[480] Grdl. Atiyah, Vicarious Liability in the Law of Torts, 1967, 12 ff., der gleich zehn Gründe anführt; aus der Rechtsprechung Various Claimants v. Catholic Child Welfare Society [2012] UKSC 56 Rn. 34 f., per Lord Phillips, JSC.

[481] E v. English Province of Our Lady of Charity and another [2012] EWCA Civ. 938 Rn. 62: „The relationship between the defendant and the tortfeasor should be so close to a relationship of employer/employee that, for vicarious liability purposes, it can fairly be said to be akin to employment.", per Ward, LJ; dazu etwa Jones in Clerk & Lindsell on Torts, 22. Aufl. 2018, Rn. 6–33.

[482] So die Zwischenüberschrift von Morgan 31 J. Prof. Negligence 276 (2015); zuvor schon Morgan, Vicarious liability on the move, (2013) 129 LQR 139; übernommen in Allen & Ors v. The Constable of the Hampshire Constabulary [2013] EWCA Civ 967 Rn. 17, per Gross LJ.

[483] Petrin/Choudhury EBOR 19 (2018), 771 (793); s. auch Lubbe & Ors v. Cape plc [1998] C. L. C. 1559, 1570: „[…] no form of vicarious liability is relied upon".

[484] Vgl. Morgan 31 J. Prof. Negligence 276 (2015); Witting, Liability of Corporate Groups and Networks, 2018, 398 ff.

[485] Das v. George Weston Limited, 2018 ONCA 1053.

händler Waren aus der später eingestürzten Textilfabrik bezogen hatte. Loblaws beantragte eine frühzeitige Verwerfung der Klage wegen offensichtlicher Erfolgslosigkeit. Anwendbar war das Recht Bangladeschs, doch ziehen die einheimischen Gerichte bei neuartigen Fragestellungen regelmäßig englische Entscheidungen zu Rate. Der Ontario Court of Appeal urteilte, es sei offensichtlich, dass den Klägern ein solcher Anspruch nicht zustehe.[486] Die Zulieferer seien weder Agenten noch Arbeitnehmer Loblaws und fielen auch nicht in jene seltene Kategorie von independent contractors, für die eine Haftung ausnahmsweise in Betracht komme.[487] Die Textilherstellung sei an sich nicht sonderlich gefährlich und Loblaws habe auch nicht versucht, seiner Verantwortung durch Zwischenschaltung von Gesellschaften zu entkommen.[488] Ansonsten sei eine Geschäftsherrenhaftung nach englischem Recht nur gemäß der doctrine of non-delegable duty denkbar, sofern eine Person aus einer bestehenden Verbindung verpflichtet sei, das Wohl einer anderen vor Eingriffen Dritter zu schützen.[489] Eine solche Verpflichtung habe Loblaws gegenüber den Arbeitern in der Textilfabrik aber nicht übernommen.[490]

218 **b) Verantwortung aus haftpflichtrechtlichem Grundtatbestand.** In England bildet der **tort of negligence** den haftpflichtrechtlichen Grundtatbestand. Seine Tatbestandsvoraussetzungen sind Pflichtverletzung (breach of a duty of care), Schaden (damage) und Kausalität (causation).[491]

219 **aa) Haftung in Konzernlagen.** In der Tradition des common law haben sich die Gerichte der Frage nach einer originären haftpflichtrechtlichen duty of care der Konzernmutter gegenüber Arbeitnehmern der Tochtergesellschaft oder außenstehenden Dritten schrittweise genähert. Aus jüngerer Zeit liegen **mehrere Entscheidungen des Court of Appeal** vor, die zum Teil unterschiedliche Testfragen entwickelt haben. Eine einheitlichere Handhabung für die Zukunft versprechen **zwei Urteile des UK Supreme Court:** das Vedanta-Urteil vom April 2019[492] (→ Rn. 224) und das Okpabi-Urteil vom Februar 2021[493] (→ Rn. 225 ff.). Das Vedanta-Urteil betont in Übereinstimmung mit einem jüngeren Urteil des Court of Appeal, dass es keine haftpflichtrechtlichen Sonderregeln für Konzernkonstellationen gebe.[494] Vielmehr seien die gewöhnlichen haftpflichtrechtlichen Prinzipien anzuwenden, die bestimmen, ob A eine Sorgfaltspflicht gegenüber C im Hinblick auf schädliche Aktivitäten des B trifft.[495] Auf derselben Linie liegt das Okpabi-Urteil, nach dem die **negligence-Haftung einer Konzernmutter** keine eigenständige Kategorie der Fahrlässigkeitshaftung bilde, sondern **nach allgemeinen deliktsrechtlichen Prinzipien zu beurteilen** sei.[496]

220 **(1) Entscheidungen des Court of Appeal.** Der Weg zu dieser höchstrichterlichen Klärung verlief nicht eben geradlinig. Begonnen hatte die neuere Rechtsprechungsentwicklung mit dem **Chandler-Urteil im Jahre 2012:** Arbeitnehmer einer aufgelösten südafrikanischen Tochtergesellschaft hatten die englische Mutter wegen Gesundheitsschä-

---

[486] Das v. George Weston Limited, 2018 ONCA 1053 Rn. 61, 206, 216.

[487] Das v. George Weston Limited, 2018 ONCA 1053 Rn. 203 ff., insbes. 209 (hier unter Berufung auf Rechtsprechung aus Bangladesch), 211 ff.

[488] Das v. George Weston Limited, 2018 ONCA 1053 Rn. 209.

[489] Das v. George Weston Limited, 2018 ONCA 1053 Rn. 212 unter Hinweis auf Woodland v. Swimming Teachers Association [2013] UKSC 66.

[490] Das v. George Weston Limited, 2018 ONCA 1053 Rn. 214 ff.

[491] Vgl. Jones in Clark & Lindsell on Torts, 22. Aufl. 2018, Rn. 8-04; Witting, Street on Torts, 15. Aufl. 2017, 25 f.

[492] Lungowe and others v. Vedanta Resources plc and another [2019] UKSC 20.

[493] Okpabi and others v. Royal Dutch Shell Plc and another [2021] UKSC 3.

[494] AAA & Others v. Unilever PLC and Unilever Tea Kenya Limited [2018] EWCA Civ. 1532 Rn. 36: „There is no special doctrine in the law of tort of legal responsibility on the part of a parent company in relation to the activities of its subsidiary, vis-à-vis persons affected by those activities.“, aufgegriffen in Lungowe and others v. Vedanta Resources plc and another [2019] UKSC 20 Rn. 50.

[495] Lungowe and others v. Vedanta Resources plc and another [2019] UKSC 20 Rn. 54.

[496] Okpabi and others v. Royal Dutch Shell Plc and another [2021] UKSC 3 Rn. 25.

den bei der Asbestherstellung verklagt. Der Court of Appeal gab ihrer Klage statt und betonte, es stehe keine Durchgriffshaftung in Rede, sondern eine **haftpflichtrechtliche Direkthaftung der Konzernmutter.**[497] Hierfür bestünden vier Voraussetzungen: Mutter und Tochter haben denselben Unternehmensgegenstand; die Mutter hat überlegenes Wissen hinsichtlich der Arbeitssicherheit oder sollte es haben; sie hat die Sicherheitsdefizite bei der Tochter gekannt oder hätte sie kennen müssen; sie hat zudem gewusst oder hätte wissen müssen, dass die Tochter oder deren Arbeitnehmer darauf vertrauten, dass die Mutter ihr überlegenes Wissen auch einsetzen würde.[498]

In einem weiteren Asbestfall, der **Thompson-Entscheidung von 2014,** hat der Court 221 of Appeal diese Voraussetzungen eng interpretiert: Allein die Eingliederung der Tochtergesellschaft in den Konzern und die gemeinsame Nutzung von Ressourcen reichten nicht aus, schon gar nicht in reinen Holdingstrukturen; vielmehr müsse die Mutter über deutlich überlegenes Risiko- und Gefahrsteuerungswissen verfügen.[499] Diese und alle weiteren Entscheidungen einschließlich des Vedanta- und des Okpabi-Urteils sind in **zivilprozessualen Zwischenverfahren über die Zuständigkeit englischer Gerichte** ergangen.[500] In materiellrechtlicher Hinsicht wird ein geltend gemachter Anspruch dort keiner vollen Schlüssigkeitsprüfung unterworfen; geprüft wird nur das Vorliegen eines „real issue which it is reasonable for the court to try".[501]

Im **Unilever-Fall** von 2018 ging es um den Vorwurf, die englische Mutter habe keine 222 hinreichende Vorsorge zum Schutz der Arbeitnehmer einer riesigen Teeplantage und ihrer Familien in Kenia vor marodierenden Banden getroffen. Der Court of Appeal rückte in diesem Fall von den Chandler-Grundsätzen ab, die er nur noch als „helpful guidance"[502] bezeichnete. Stattdessen verwendete er den allgemeinen Caparo-Test, der das Bestehen einer haftpflichtrechtlichen Sorgfaltspflicht von drei Voraussetzungen abhängig macht: der Vorhersehbarkeit des Schadens, einer Nähebeziehung zwischen den Beteiligten und der „reasonableness" der erwogenen Sorgfaltspflicht.[503] Im konkreten Zugriff hielt er eine Haftung der Konzernmutter für möglich, wenn sie entweder generell die Leitung einer Tochteraktivität übernimmt oder die Tochter im Einzelfall berät, wie sie mit einem konkreten Risiko umgehen soll.[504]

(2) Entscheidungen des Supreme Court. Diese mäandernde Rechtsprechung des 223 Court of Appeal hat der UK Supreme Court durch zwei Urteile von 2019 und 2021 in einen geraden Hauptstrom zurückgelenkt.

(a) Vedanta-Urteil. Im Vedanta-Verfahren[505] verlangen Anwohner einer Kupfermine 224 von der lokalen Betreibergesellschaft in Sambia und ihrer mit 51 % beteiligten englischen Mutter Ersatz für Schäden, die ihnen durch Umweltverschmutzungen entstanden sind. Die erste und zweite Instanz hatten auf der Grundlage umfangreichen Klägervorbringens einen „triable issue" bejaht und neben den Arbeitnehmern auch Anwohner als mögliche Anspruchsberechtigte einer Fahrlässigkeitsklage anerkannt.[506] Der Supreme Court ließ durch-

---

[497] Chandler v. Cape plc [2012] EWCA Civ. 525 Rn. 69 f.

[498] Chandler v. Cape plc [2012] EWCA Civ. 525 Rn. 73 ff., insbes. 80.

[499] Thompson v. The Renwick Group plc [2014] EWCA Civ 635 Rn. 37.

[500] Plastisch M. Weller, Liber Amicorum Kohler, 2018, 583 (584): „Es ist nun zu beobachten, dass die englischen Gerichte im Spiegel des zuständigkeitsrechtlichen Missbrauchseinwands wegweisende Impulse zur Fortentwicklung des materiellen Deliktsrechts in dieser für Menschenrechtsklagen ganz zentralen Rechtsfrage setzen […].".

[501] Civil Procedure Rules, Practice Direction 6B Rn. 3.1 (3)(c); dazu etwa Jones 2019 (40) Bus. L. Rev. 2, 3; rechtsvergleichend zu den zuständigkeitsrechtlichen Fragen und dem Prüfungsmaßstab der Gerichte M. Weller Liber Amicorum Kohler, 2018, 583 (586 f.).

[502] AAA & Others v. Unilever PLC and Unilever Tea Kenya Limited [2018] EWCA Civ 1532 Rn. 36.

[503] Caparo Industries v. Dickman [1990] 2 AC 605.

[504] AAA & Others v. Unilever PLC and Unilever Tea Kenya Limited [2018] EWCA Civ 1532 Rn. 37.

[505] Rechtsvergleichend Fleischer/Korch ZIP 2019, 2181; Kieninger IPRax 2020, 60; Wagner/Asmussen ZEuP 2020, 979.

[506] Dominic Liswaniso Lungowe and others v. Vedanta Resources Olc, Konkola Copper Mines Plc [2017] EWCA Civ 1528 Rn. 83.

blicken, dass er selbst womöglich zu einer anderen tatrichterlichen Würdigung des „triable issue" gelangt wäre, vermochte in den vorinstanzlichen Urteilen aber keinen Rechtsfehler zu erkennen[507] und eröffnete deshalb den Rechtsweg zu den englischen Gerichten, den die Kläger nun beschreiten. In dem umfangreichen Urteil nimmt der Supreme Court auch zu den materiellrechtlichen Voraussetzungen einer haftpflichtrechtlichen Verantwortung der Konzernmutter Stellung. Dabei macht er unmissverständlich deutlich, **dass es insoweit stets auf eine Gesamtwürdigung aller Umstände im Einzelfall ankomme.**[508] Die Chandler-Leitlinien von 2012 (→ Rn. 220) werden zu bloßen Indizien herabgewürdigt und sogar als unnötige Zwangsjacke bezeichnet.[509] Außerdem lasse sich nicht ausschließen, dass konzernweite Leitlinien zur Behandlung von Sicherheits- oder Umweltrisiken im konkreten Einzelfall einmal pflichtenbegründend wirken könnten.[510] Kaum besser als dem Chandler-Test ergeht es der Zurückführung einer Mutterhaftung im Unilever-Urteil auf zwei Grundtypen (→ Rn. 222).[511] Schließlich sieht der Supreme Court unter den allgemeinen haftpflichtrechtlichen Prinzipien auch nicht den Caparo-Test als einschlägig an, sondern verweist stattdessen auf den früheren Dorset Yacht-Fall von 1970.[512]

225 **(b) Okpabi-Urteil.** Kläger in dem Okpabi-Verfahren[513] sind etwa 40.000 Bewohner einer ländlichen Gemeinde von Bauern und Fischern im Nigerdelta, angeführt von ihrem König Emere Godwin Bebe Okpabi. Ihrem Vortrag zufolge sind durch Lecks in den lokalen Ölleitungen enorme Umweltschäden entstanden, sodass sie die natürlichen Wasserressourcen nicht mehr für Fischfang, Felderbewässerung und Trinkwassergewinnung nutzen konnten. Für diese Schäden machen sie zum einen die nigerianische Enkelgesellschaft von Royal Dutch Shell verantwortlich, die über ein Joint Venture mit der staatlichen Ölgesellschaft in Nigeria und zwei weiteren Unternehmen die Ölförderung im Nigerdelta betreibt. Zum anderen ziehen sie auch deren britisch-niederländische Mutter Royal Dutch Shell PLC (RDS) zur Verantwortung. Von beiden verlangen sie Schadensersatz für die Folgen der Ölverschmutzung.

226 Das bisherige Verfahren drehte sich nur um die **internationale Zuständigkeit englischer Gerichte,** über die **in einem zivilprozessualen Zwischenverfahren** zu entscheiden ist. Nach der sog. necessary-or-proper-gateway-Regel muss die Klage gegen die englische Ankerbeklagte – hier: RDS – unter anderem einen realen Grund (real issue to be tried) haben.[514] Ob diese Voraussetzung gegeben ist, wird durch eine summarische Prüfung der materiellrechtlichen Erfolgschancen der Klage gegen die Muttergesellschaft ohne vollständige Beweiserhebung ermittelt.[515] Auf diese Weise bot sich den Gerichten die Möglich-

[507] Lungowe and others v. Vedanta Resources plc and another [2019] UKSC 20 Rn. 61.

[508] Vgl. Lungowe and others v. Vedanta Resources plc and another [2019] UKSC 20 Rn. 49: „Everything depends on the extent to which, and the way in which, the parent availed itself of the opportunity to take over, intervene in, control, supervise or advise the management of the relevant operations (including land use) of the subsidiary.".

[509] Vgl. Lungowe and others v. Vedanta Resources plc and another [2019] UKSC 20 Rn. 56: „unnecessary straitjacket".

[510] Vgl. Lungowe and others v. Vedanta Resources plc and another [2019] UKSC 20 Rn. 52 f.

[511] Dazu Lungowe and others v. Vedanta Resources plc and another [2019] UKSC 20 Rn. 51: „For my part, I would be reluctant to seek to shoehorn all cases of the parent's liability into specific categories of that kind, helpful though they will no doubt often be for the purposes of analysis. There is no limit to the models of management and control which may be put in place within a multinational group of companies.".

[512] Vgl. Lungowe and others v. Vedanta Resources plc and another [2019] UKSC 20 Rn. 54 unter Hinweis auf Dorset Yacht Co. Ltd. v. Home Office [1970] AC 1004. Dort wurde eine Yacht von jungen Straffälligen beschädigt, die aus einem Erziehungsheim auf einer Insel geflohen waren. Der Eigentumer der Yacht verklagte das Innenminsterium wegen einer Sorgfaltspflichtverletzung der Wärter. Dazu Asmussen/Wagner ZEuP 2020, 979.

[513] Rechtsvergleichend Fleischer/Korch ZIP 2021, 2021 (709); Kaller ZEuP 2022, 157; Kieninger RIW 2021, 331; Schall ZIP 2021, 1242; Späth/Werner CCZ 2021, 241.

[514] Civil Procedure Rules and Practice Directions, Part 6 Practice Direction B para 3.1.; dazu Cheshire/North/Fawcett, Private International Law, 15. Aufl. 2017, 335 ff.; rechtsvergleichend Kaller ZEuP 2022, 157 (164 f.); Kieninger IPRax 2020, 60 (63).

[515] Rechtsvergleichend M. Weller Liber Amicorum Kohler, 2018, 583.

keit, in prozessualer Einkleidung das einheimische common law of torts fortzubilden. Dass die Schäden in Nigeria eingetreten sind und nach der Grundanknüpfung des Art. 4 Abs. 1 Rom II-VO an den Erfolgsort an sich nigerianisches Recht Anwendung findet, stand dem nicht entgegen, weil die Parteien sich darauf verständigten, dass nigerianisches und englisches Deliktsrecht in dieser Hinsicht übereinstimmen.[516]

In **erster Instanz** rekapitulierte der **High Court of Justice** im Jahre 2017 zunächst die einschlägigen Präjudizien zur deliktsrechtlichen Verantwortlichkeit der Muttergesellschaft für Handlungen oder Unterlassungen abhängiger Gesellschaften, allen voran das Chandler-Urteil von 2012 (→ Rn. 220). Vor diesem Hintergrund nahm der zuständige Richter Fraser die Strukturen der Shell-Unternehmensgruppe genauer unter die Lupe. Er stellte fest, dass RDS eine reine Holdinggesellschaft ohne eigenes Personal und eigene Infrastruktur in Nigeria sei, die als Konzernspitze über nachgeordnete Holdinggesellschaften Anteile an 1.367 verschiedenen Shell-Gesellschaften in 101 Ländern halte.[517] Weiter betonte er unter Hinweis auf gesellschaftsrechtliche Präjudizien, dass die Eigenschaft als Konzernspitze für sich genommen keine Haftung begründe.[518] Vorliegend habe RDS auch keine hinreichende Kontrolle über die operative Geschäftstätigkeit der nigerianischen Enkelgesellschaft ausgeübt. Konzernweite Verlautbarungen oder Umweltschutzrichtlinien reichten hierfür ebenfalls nicht aus, weil sie auf Berichterstattungspflichten der Londoner Börse beruhten und nicht auf eine bestimmte Tochtergesellschaft zugeschnitten seien.[519] Außerdem sei die nigerianische Enkelgesellschaft mit hinreichenden eigenen Finanzmitteln ausgestattet und verfüge über überlegenes Gefahrabwendungswissen. Unabhängig davon sei eine Zuständigkeit der englischen Gerichte auch deshalb nicht geboten, weil die nigerianische Enkelgesellschaft als Betreiberin der Ölleitungen einer Gefährdungshaftung nach nigerianischem Recht unterliege.[520] 227

In **zweiter Instanz** verneinte auch der **Court of Appeal** im Jahre 2018 eine hinreichende Erfolgswahrscheinlichkeit der Klage und damit die Zuständigkeit der englischen Gerichte mit 2:1 Richterstimmen. Simon LJ zog in seinem Mehrheitsvotum eine Trennlinie zwischen einer Muttergesellschaft, welche die operative Tätigkeit ihrer Töchter tatsächlich kontrolliere, und einer solchen, die sich auf die Verlautbarung verpflichtender Konzernrichtlinien beschränke.[521] Hier sei die Shell-Unternehmensgruppe zwar nicht nur nach rechtlichen Einheiten, sondern auch nach Geschäftsbereichen und Funktionen organisiert. Gleichwohl handle es sich bei den konzernweiten Leitlinien lediglich um standardisierte high level guidelines, die keine konkrete Kontrolle begründeten.[522] Chancellor Vos pflichtete dem bei: Zwingende Konzernrichtlinien, selbst wenn sie in Einzelpunkten sehr detailliert ausfielen, begründeten keine deliktsrechtlich relevante Kontrolle.[523] Gleiches gelte für Budgetvorgaben und Zustimmungsvorbehalte der Mutter für größere Investitionen.[524] Auch ein Informationsfluss über wichtige Vorgänge bei der Tochtergesellschaft genüge nicht.[525] Zudem habe die nigerianische Enkelgesellschaft an dem Joint Venture über die Ölförderung im Nigerdelta nur eine Minderheitsbeteiligung besessen.[526] Demgegenüber lagen nach Sales LJ hinreichende Anhaltspunkte dafür vor, dass RDS tatsächlich die Kontrolle über die nigerianische Enkelgesellschaft übernommen oder deren Geschäfte jedenfalls gemeinsam mit ihr geführt habe.[527] 228

[516] Vgl. Okpabi and others v. Royal Dutch Shell Plc and another [2021] UKSC 3 Rn. 7.
[517] Vgl. His Royal Highness Okpabi v. Royal Dutch Shell Plc [2017] EWHC 89 Rn. 82.
[518] [2017] EWHC 89 Rn. 92: „This is a fundamental principle of the Law of England concerning the separate legal personality of subsidiary companies".
[519] [2017] EWHC 89 Rn. 96.
[520] [2017] EWHC 89 Rn. 116.
[521] His Royal Highness Okpabi v. Royal Dutch Shell Plc [2018] EWCA Civ 191 Rn. 89.
[522] [2018] EWCA Civ 191 Rn. 89.
[523] [2018] EWCA Civ 191 Rn. 195 und 205.
[524] [2018] EWCA Civ 191 Rn. 205.
[525] [2018] EWCA Civ 191 Rn. 200.
[526] [2018] EWCA Civ 191 Rn. 197.
[527] [2018] EWCA Civ 191 Rn. 134, 153 ff., 172 ff.

229 In **letzter Instanz** hob der **Supreme Court** das Urteil des Court of Appeal im Jahre 2021 auf.[528] Das einstimmig ergangene Urteil, diesmal aus der Feder von Lord Hamblen, bejahte die internationale Zuständigkeit englischer Gerichte, weil die Kläger einen „real issue to be tried" vorgetragen hätten.

230 Lord Hamblen legt in Wiederholung des Vedanta-Urteils zunächst großen Wert darauf, dass die Verantwortlichkeit einer Konzernmutter keine eigenständige Kategorie der Fahrlässigkeitshaftung bilde, sondern nach allgemeinen deliktsrechtlichen Prinzipien zu beurteilen sei.[529] Aus den allgemeinen Vorgaben des Vedanta-Urteils leitet er für den konkreten Fall **vier mögliche „Routen" einer normativen Verantwortlichkeitszuweisung** ab, die von den Klägern vorgetragen wurden:[530] (1) RDS übernimmt das Management oder Co-Management der relevanten Tätigkeit ihrer nigerianischen Enkelgesellschaft, (2) RDS erteilt fehlerhafte Ratschläge oder gibt fehlerhafte konzernweite Sicherheits- oder Umweltschutzrichtlinien heraus, (3) RDS verlautbart konzernweite Sicherheits- oder Umweltschutzrichtlinien und unternimmt konkrete Schritte, um deren Umsetzung bei der nigerianischen Enkelgesellschaft sicherzustellen, (4) RDS macht öffentlich, dass sie einen bestimmten Grad an Überwachung und Kontrolle über die nigerianische Enkelgesellschaft ausübe.[531]

231 Gemessen daran und an den Vorgaben des Vedanta-Urteils sei die **Entscheidung der Vorinstanz rechtsfehlerhaft.** Diese habe bei der Gesamtwürdigung aller Fallumstände insbesondere den internen gesellschaftsrechtlichen Dokumenten zu wenig Beachtung geschenkt.[532] Außerdem sei es unrichtig, dass konzernweite Vorgaben und Richtlinien niemals haftungsbegründend sein könnten.[533] Darüber hinaus dürfe man den Gesichtspunkt der Kontrolle nicht verabsolutieren. Kontrolle sei nur der Ausgangspunkt, weil alle Muttergesellschaften ihre abhängigen Unternehmen in gewisser Weise kontrollierten. Kontrolle über eine Gesellschaft und tatsächliche Geschäftsführung eines Teils ihrer Aktivitäten seien zwei verschiedene Dinge: „A subsidiary may maintain de jure control of its activities, but nonetheless delegate de facto management of part of them to emissaries of its parent."[534] Im Lichte dessen bestehe auf der Grundlage des klägerischen Vortrags sehr wohl eine gewisse Erfolgswahrscheinlichkeit in der Hauptsache, und zwar gemäß den Vedanta-Routen (1) und (3).[535] Wie Sales LJ in seinem abweichenden Votum mit Recht hervorgehoben habe, sei dafür von Bedeutung, dass die Shell-Unternehmensgruppe nach Geschäftsfeldern und Funktionsbereichen und nicht nur entlang der Rechtsträgergrenzen organisiert sei.[536] Nach dem klägerischen Vortrag sei die vertikale Konzernstruktur der Shell-Gruppe mit Lord Briggs' Beispiel einer Unternehmensgruppe vergleichbar, die ohne Rücksicht auf die Rechtsträgergrenzen wie ein Einheitsunternehmen geführt werde.[537] Im Ergebnis gebe es daher einen real issue to be tried, sodass die Kläger ihren Anspruch vor englischen Gerichten weiter verfolgen können.[538]

232 Ein zuverlässiger Seismograph für die **praktische Bedeutung** einer Gerichtsentscheidung sind client briefings führender Anwaltskanzleien. Zwar mögen sie zum Teil beratungsgetrieben sein, doch sind ihre rechtlichen Einschätzungen gewöhnlich von großer Fachkunde getragen. Hier betonen erste Stellungnahmen, dass die Entscheidung über eine konkrete Sorgfaltspflichtverletzung von RDS in der Hauptsache noch ausstehe.[539] Daher

[528] Okpabi and others v. Royal Dutch Shell Plc and another [2021] UKSC 3.
[529] Vgl. [2021] UKSC 3 Rn. 25.
[530] Dazu [2021] UKSC 3 Rn. 27: „For the purposes of the arguments on appeal, Vedanta routes (1) to (4) are convenient headings".
[531] [2021] UKSC 3 Rn. 26.
[532] [2021] UKSC 3 Rn. 129 ff.
[533] [2021] UKSC 3 Rn. 143.
[534] [2021] UKSC 3 Rn. 147.
[535] [2021] UKSC 3 Rn. 153.
[536] [2021] UKSC 3 Rn. 156.
[537] [2021] UKSC 3 Rn. 157.
[538] [2021] UKSC 3 Rn. 160.
[539] Vgl. etwa die Meldungen von Norton Rose Fulbright, Februar 2021: „These factual issues and the question of liability will only be determined at a later stage in these proceedings."; White & Case, 19.2.2021:

herrsche nach wie vor beträchtliche Unsicherheit, unter welchen Voraussetzungen einer Konzernmutter eine zivilrechtliche Einstandspflicht drohe.[540] Gleichwohl zeige das Okpabi-Urteil, dass die **Haftungsrisiken für multinationale Unternehmensgruppen gestiegen** seien.[541] Zukünftig dürfe man sich nicht mehr allein auf die formalen rechtlichen Organisationsstrukturen verlassen, sondern müsse mehr Wert auf funktionierende konzernweite Informations- und Kontrollstrukturen legen.[542] Teils wird die Einrichtung eines lokalen Beschwerdemechanismus nach den Vorschlägen der UN Guiding Principles on Business and Human Rights empfohlen.[543]

bb) Haftung in der Lieferkette. Mit der negligence-Haftung in Lieferketten haben sich die englischen Gerichte bisher nicht auseinandergesetzt (s. aber → Rn. 248). Einen ersten wichtigen Orientierungspunkt bildet jedoch das schon erwähnte Urteil des Ontario Court of Appeal von 2018 zum Rana Plaza-Unglück (→ Rn. 217). Das Gericht prüfte dort einen negligence-Anspruch gegen den kanadischen Einzelhandelskonzern Loblaws. Für die Anwendung des Rechts von Bangladesch orientierte es sich am englischen Recht und den vom englischen Court of Appeal entwickelten Testkriterien.[544] Das erst später ergangene Vedanta-Urteil des UK Supreme Court konnten die kanadischen Richter zwar noch nicht berücksichtigen. Für die Bewertung des konkreten Falles hätte dies aber vermutlich wenig geändert: Der Ontario Court of Appeal stellte nämlich vorrangig darauf ab, dass die englischen Entscheidungen allesamt Konzernkonstellationen betrafen, nicht jedoch die **Haftung für das Fehlverhalten von Lieferanten.**[545] Zwischen Loblaws und seinen Zulieferern, insbesondere den Herstellern der Textilwaren, habe **kein vergleichbares Näheverhältnis** (proximity) bestanden.[546] Durch die Inspektionsrechte und Vorgaben in den Lieferverträgen habe Loblaws keine Verantwortung zugunsten der Arbeitnehmer im Rana Plaza-Gebäude übernommen, da die vertraglichen Regelungen lediglich Rechte, nicht jedoch Pflichten einräumten.[547] Ferner habe Loblaws kein Einfluss auf das Management des Zulieferers und keinerlei Befugnisse auf dessen Firmengelände zugestanden.[548] Folglich sei eine **Haftung unter keinem Gesichtspunkt denkbar; allein auf policy-Erwägungen dürfe das Urteil nicht gestützt werden.**[549] Solche Erwägungen hätte das Gericht allein bei ausgeübter Kontrolle über das operative Geschäft oder einer übernommenen Verantwortung berücksichtigen können.[550] 233

6. Vereinigte Staaten. a) Geschäftsherrenhaftung. Auch das US-amerikanische Haftpflichtrecht kennt eine Haftung für das Verhalten Dritter unter dem Begriff der **vicarious liability.** Sie bildet die Ausnahme zu der in den Restatements of Torts festgehaltenen Grundregel, wonach niemand für die Handlungen eines Dritten haftet.[551] Wichtigster Anwendungsfall der vicarious liability ist die Haftung des Arbeitgebers für 234

„This was a determination of the threshold for jurisdiction and not a decision on the merits of the claim.", jeweils abrufbar auf den Kanzlei-Homepages (zuletzt abgerufen am 6.9.2022).

540 Vgl. etwa Herbert Smith Freehills, 16.2.2021: „[…] significant uncertainty remains as to the precise circumstances in which a parent company duty of care will in fact arise.".

541 Vgl. Norton Rose Fulbright, Februar 20021; White & Case, 19.2.2021: „a more dynamic (and claimant-friendly) approach to the question of who ows a duty to whom within a corporate structure".

542 So White & Case, 19.2.2021; ferner Gibson Dunn, 15.2.2021.

543 So Herbert Smith Freehills, 16.2.2021: „operational-level grievance mechanism (OLGM)".

544 Das v. George Weston Limited, 2018 ONCA 1053 Rn. 138 ff., insbes. Rn. 174.

545 Das v. George Weston Limited, 2018 ONCA 1053 Rn. 177: „First, they are not in a parent/subsidiary relationship. The nature of their proximity is completely different […]".

546 Das v. George Weston Limited, 2018 ONCA 1053 Rn. 179.

547 Zudem hatten die Social Audits die Standfestigkeit des Gebäudes nicht zum Gegenstand: Das v. George Weston Limited, 2018 ONCA 1053 Rn. 178.

548 Das v. George Weston Limited, 2018 ONCA 1053 Rn. 180.

549 Das v. George Weston Limited, 2018 ONCA 1053 Rn. 185.

550 Das v. George Weston Limited, 2018 ONCA 1053 Rn. 186.

551 Restatement (Third) of Torts: Liability for Physical and Emotional Harm, § 57; Restatement (Second) of Torts: Liability for Physical and Emotional Harm, § 409.

unerlaubte Handlungen seiner Arbeitnehmer.[552] Außerdem wird eine Haftung des Prinzipals auch für andere Agenten diskutiert, etwa für selbstständige Vertragspartner (independent contractors).[553] Wegen der regelmäßig fehlenden Kontrolle über Vertragspartner bedarf eine solche Haftung aber einer besonderen Begründung.[554] Denkbar ist sie für Handlungen des Agenten im Pflichtenkreis des Prinzipals oder wenn der Prinzipal den Agenten zu rechtswidrigem Verhalten veranlasst.[555] Zudem kann eine ganz erhebliche Einflussnahme (retained control) eine Haftung begründen.[556]

235 **aa) Haftung in Konzernlagen.** Vor diesem Hintergrund **sehen Rechtsprechung und Rechtslehre** in den Vereinigten Staaten **wenig Raum für eine Geschäftsherrenhaftung der Konzernmutter.** Bündig heißt es dazu in einer jüngeren Monographie: „Again, consistent with UK law, there has been no real experimentation with the extension of rules of vicarious liability so as to create strict liability in the parent company committed by subsidiary employees."[557]

236 Allenfalls kommt eine agency-Haftung der Konzernmutter dann in Betracht, wenn sie die Tochtergesellschaft in völliger Abhängigkeit nach Art einer unselbstständigen Betriebsabteilung geführt hat. In den Worten einer frühen Entscheidung aus der Feder von Benjamin Cardozo: „Dominion may be so complete, interference so obtrusive, that by the general rules of agency the parent will be a principal and the subsidiary an agent."[558]

237 **bb) Haftung in der Lieferkette.** Auch für eine Haftung des Auftraggebers aus vicarious liability in der Lieferkette fällt der Grundbefund negativ aus.[559] Dies veranschaulichen zwei prominente Entscheidungen aus den letzten zehn Jahren: In dem schon erwähnten Rana Plaza-Verfahren haben Angehörige der Todesopfer eine solche Haftung gegen US-amerikanische Auftraggeber zwar geltend gemacht. Der **Delaware Superior Court** hat sie 2016 aber mit knapper Begründung **verworfen,** weil die Auftraggeber keine Kontrolle über das operative Geschäft des Zulieferers ausübten.[560] In einem anderen Verfahren wegen behaupteter Menschenrechtsverletzungen gegen den Einzelhandelskonzern Wal-Mart hatten sich die Kläger nicht einmal auf vicarious liability berufen,[561] weshalb sie das Bundesberufungsgericht für den neunten Bezirk in seiner Urteilsbegründung von 2009 unerwähnt ließ.[562]

238 **b) Verantwortung aus haftpflichtrechtlichem Grundtatbestand.** In Delaware wie anderwärts in den Vereinigten Staaten setzt eine allgemeine negligence-Haftung die Ver-

---

[552] Dazu etwa Edwards, Tort Law, 5. Aufl. 2012, 415 ff.; Goldberg/Zipursky, Torts, 2010, 58; Green/Cardi in Koziol, Basic Questions of Tort Law from a Comparative Perspective, 2015, 429 (487 f.).

[553] Vgl. Keeton in Prosser and Keeton on Torts, 5. Aufl. 1984, § 71, 509 ff.; ferner Beau Baez III, Tort Law in the United States, 2. Aufl. 2014, 105; Green/Cardi in Koziol, Basic Questions of Tort Law from a Comparative Perspective, 2015, 429 (485).

[554] Vgl. Chisolm v. Miss. Dept. of Transp., 942 So.2d 136, 141 f. (Miss. 2006); Beau Baez III, Tort Law in the United States, 2. Aufl. 2014, 10; Edwards, Tort Law, 5. Aufl. 2012, 426; Glannon, Law of Torts, 5. Aufl. 2015, 521; Keeton in Prosser and Keeton on Torts, 5. Aufl. 1984, § 71, 509. Zu Ausnahmen Restatement (Third) of Torts: Liability for Physical and Emotional Harm, § 55 f. (dort allerdings als direkte Haftung qualifiziert) und Restatement (Second) of Torts § 416 ff.

[555] Vgl. noch Restatement (Second) of Torts § 410 (mit Erläuterungen); ferner Edwards, Tort Law, 5. Aufl. 2012, 431 f.

[556] Vgl. Restatement (Third) of Torts: Liability for Physical and Emotional Harm, § 56 (b) mit ausführlicher Erläuterung; Hawthorne v. Edis Co., 2003 WL 23009254, *2 (Del. Super. Ct. 14.6.2003); Edwards, Tort Law, 5. Aufl. 2012, 432.

[557] Witting, Liability in Corporate Groups and Networks, 2018, 404.

[558] Berkey v. Third Avenue Ry Co., 155 N.E. 58, 61 (N.Y. 1926), im konkreten Fall verneinend.

[559] So auch die Einschätzung von Bagchi 87 Fordham L. Rev. 2501, 2504 (2019) mit einem Plädoyer für eine Ausweitung der Haftung.

[560] Rahaman v. J. C. Penney Corp., Inc., 2016 WL 2616375 (Del. Super. Ct. 4.5.2016).

[561] S. Appellants' Reply Brief, 2008 WL 6690743.

[562] Doe I v. Wal-Mart Stores, Inc., 572 F.3d 677, 683–685 (9th Cir. 2009).

letzung einer Sorgfaltspflicht gegenüber dem Geschädigten (breach of a duty of care), einen Schaden (damage) sowie Kausalität (causation) voraus.[563]

aa) Haftung in Konzernlagen. Soweit ersichtlich, wird in den Vereinigten Staaten eine rechtsträgerübergreifende Sorgfaltspflicht (duty of care) der Konzernmutter gegenüber außenstehenden Dritten bisher nicht vertieft erörtert.[564] **Nur unter ganz besonderen Umständen** – „direct participation in the injury-causing activity"[565] – haben sie die Gerichte bisher herangezogen.[566] **239**

bb) Haftung in der Lieferkette. Auch in Lieferkettenfällen ist das Bestehen einer duty of care der neuralgische Punkt, an dem es in den bisher entschiedenen Fällen geltend gemachter Menschenrechtsverletzungen fehlte. **240**

In dem schon kurz erwähnten **Verfahren vor dem Bundesberufungsgericht für den neunten Bezirk** (→ Rn. 237) verlangten Arbeitnehmer eines ausländischen Zulieferers von dessen US-Vertragspartner **Wal-Mart** Schadensersatz wegen schlechter Arbeitsbedingungen in Fabriken in China, Bangladesch, Indonesien, Swasiland (heute Eswatini) und Nicaragua.[567] In einem summarischen Verfahren war zu klären, ob ihnen ein negligence-Anspruch gegen Wal-Mart auf Grundlage ihres Klagevorbringens zustehen kann.[568] Sowohl das erstinstanzliche Gericht als auch das Berufungsgericht verneinten dies und gaben dem Handelskonzern vollumfänglich Recht.[569] Wal-Mart habe sich zwar das Recht zur Inspektion von Fertigungsanlagen einräumen sowie die Einhaltung bestimmter Sicherheitsstandards in den Lieferverträgen zusichern lassen, selbst aber weder gegenüber den Zulieferern noch deren Arbeitnehmern eine Verpflichtung zur Durchsetzung oder Aufsicht übernommen. Deshalb seien die Arbeitnehmer keine Drittbegünstigten der Lieferverträge und Wal-Mart hafte auch nicht aufgrund einer übernommenen Verantwortung.[570] Ferner genügten die üblichen Kontrollklauseln und Vereinbarungen über Beschaffenheit und Qualität der Ware nicht, um eine retention of control and supervision zu begründen.[571] Dafür wäre eine unmittelbare Einflussnahme oder engmaschige Kontrolle des operativen Geschäfts nötig gewesen.[572] Gleich mehrfach betonte das Gericht, dass Wal-Mart allein aufgrund der Lieferantenbeziehung und der Einflussrechte keiner Verpflichtung (duty) zugunsten von Arbeitnehmern der Lieferanten unterliege.[573] Daran änderten auch der Code of Conduct oder werbeähnliche Verlautbarungen gegenüber der US-amerikanischen Öffentlichkeit nichts. **241**

---

563 Vgl. etwa Rahaman v. J. C. Penney Corp., Inc., 2016 WL 2616375, *8 (Del. Super. Ct. 4.5.2016); Glannon, Law of Torts, 5. Aufl. 2015, 117; Keeton in Prosser and Keeton on Torts, 5. Aufl. 1984, § 30, 164 f.

564 Zusammenfassend Witting, Liability in Corporate Groups and Networks, 2018, 376: „Just as in the Commonwealth jurisdictions surveyed previously, the tort of negligence is of occasional assistance in the corporate group context to US claimants seeking to extend liability beyond a subsidiary corporation. […] However, the trend appears to be against this type of liability because of strong concerns that it undermines rules of separate legal personality and limited liability."

565 Witting, Liability in Corporate Groups and Networks, 2018, 378.

566 Vgl. Johnson v. Abbe Engineering Company, 749 F.2d 1131 (5th Cir. 1984).

567 Doe I v. Wal-Mart Stores, Inc., 572 F.3d 677, 680 (9th Cir. 2009).

568 Neben den haftpflichtrechtlichen Ansprüchen machten die Kläger erfolglos geltend, Wal-Mart hafte als Mitarbeitgeber (joint employer) oder aus einer Art Zusicherung zugunsten von third-party beneficiaries oder sei wegen ungerechtfertigter Bereicherung (unjust enrichment) ausgleichspflichtig: Doe I v. Wal-Mart Stores, Inc., 572 F.3d 677, 680–685 (9th Cir. 2009).

569 Doe I v. Wal-Mart Stores, Inc., 572 F.3d 677, 680 (9th Cir. 2009).

570 Doe I v. Wal-Mart Stores, Inc., 572 F.3d 677, 683 f. (9th Cir. 2009) – sog. third party beneficiary negligence theory und sog. negligent undertaking theory; dazu auch Robbins 80 U. Pitt. L. Rev. 369, 380 f. (2018).

571 Doe I v. Wal-Mart Stores, Inc., 572 F.3d 677, 684 (9th Cir. 2009).

572 Vgl. Doe I v. Wal-Mart Stores, Inc., 572 F.3d 677, 683 f. (9th Cir. 2009); dem folgend Rahaman v. J. C. Penney Corp., Inc., 2016 WL 2616375, *10 (Del. Super. Ct. 4.5.2016); ferner Hawthorne v. Edis Co., 2003 WL 23009254, *2 (Del. Super. Ct. 14.6.2003).

573 Doe I v. Wal-Mart Stores, Inc., 572 F.3d 677, 683 f. (9th Cir. 2009); dazu auch Lampley 68 Am. U. L. Rev. 1707, 1713 f. (2019).

242 Gleichsinnig entschied der **Delaware Superior Court 2016** im **Rana Plaza-Fall:** Angehörige der Todesopfer hatten US-Unternehmen verklagt, darunter J. C. Penney und Wal-Mart, die beide Waren aus dieser Fabrik bezogen hatten.[574] Das Gericht erinnerte in seinem summary judgment zunächst daran, dass die Annahme einer duty of care begründungsbedürftig sei.[575] Damit hielt es sich genau auf der Linie, die der Delaware Supreme Court in Anlehnung an das Restatement (Second) of Torts[576] in langjähriger Spruchpraxis vorgegeben hatte.[577] Eine Ausnahme von dieser Regel könne nach der peculiar risk doctrine gegeben sein, wenn eine Person einen Vertragspartner zur Erfüllung einer Aufgabe einschaltet und vorhersehen kann, dass ein Dritter aufgrund eines aufgabenspezifischen Risikos einen Schaden an Körper oder Leben davonträgt, sollten keine besonderen Vorkehrungen getroffen werden.[578] Nicht geschützt seien allerdings die Arbeitnehmer von selbstständigen Vertragspartnern, sondern allein Dritte (third-party bystanders).[579] Zudem habe kein spezifisches Risiko vorgelegen, da der Einsturz des Gebäudes keine Schadensfolge gewesen sei, die gerade auf den besonderen Gefahren der Textilproduktion beruhte.[580] Vielmehr könne den Beklagten vernünftigerweise nicht angesonnen werden, Vorkehrungen gegen den Einsturz von Gebäuden ihrer Zulieferer zu treffen.[581] Ausnahmen seien nur in drei Fällen denkbar: wenn der Vertragspartner aktiv die Art und Weise der Vertragsausführung kontrolliert, er freiwillig die Verantwortung übernimmt, Sicherheitsmaßnahmen einzuführen, oder er sich Kontrollmöglichkeiten auf dem Firmengelände des Zulieferers sichert.[582] Im konkreten Fall hatten die beklagten Unternehmen aber weder Einfluss noch Kontrolle ausgeübt. Allein die Kenntnis von den Bedingungen im Rana Plaza-Gebäude und dessen Zustand reichten für eine Haftung nicht aus.[583] Das Gericht sah auch keine Anhaltspunkte dafür, dass die Vertragspartner das schädigende Verhalten der Lieferanten verursacht oder zumindest gebilligt hatten.[584] Ob diese aus deutscher Sicht an Anstiftung und psychische Beihilfe erinnernde Fallgruppe eine Haftung begründen kann, musste das Gericht nicht entscheiden, da der klägerischer Sachvortrag hierfür nicht ausreichte. Hervorhebung verdient schließlich, dass das Gericht den im Sachverhalt beschriebenen Code of Conduct in seiner Begründung nicht erwähnte und ihm folglich keine haftungsbegründende Wirkung beimaß.[585]

243 **7. Zwischenbefund und Ausblick.** Ein rechtsvergleichender Zwischenbefund kann auf dem Feld der Geschäftsherrenhaftung mit vergleichsweise gefestigten Ergebnissen aufwarten (→ Rn. 244 f.), während die Entwicklung bei der Verantwortlichkeit der Muttergesellschaft nach dem haftpflichtrechtlichen Grundtatbestand neuerdings stärker im Fluss ist

---

[574] Rahaman v. J. C. Penney Corp., Inc., 2016 WL 2616375 (Del. Super. Ct. 4.5.2016).

[575] Rahaman v. J. C. Penney Corp., Inc., 2016 WL 2616375, *8 (Del. Super. Ct. 4.5.2016).

[576] Vgl. Restatement (Second) of Torts: Liability for Physical and Emotional Harm, § 314 und comment a. zu § 302.

[577] Vgl. mwN Handler Corp. v. Tlapechco, 901 A.2d 737, 743 (Del. 2006); Doe 30's Mother v. Bradley, 58 A.3d 429, 447 f. (Del. Super. 2012).

[578] Rahaman v. J. C. Penney Corp., Inc., 2016 WL 2616375, *8 (Del. Super. Ct. 4.5.2016); dazu auch Restatement (Third) of Torts: Liability for Physical and Emotional Harm, § 59.

[579] Rahaman v. J. C. Penney Corp., Inc., 2016 WL 2616375, *8 (Del. Super. Ct. 4.5.2016); insofern allerdings streitig zwischen den Staatengerichten, vgl. einerseits Monk v. Virgin Islands Water & Power Authority, 53 F.3d 1381 (3d. Cir.1995) (Arbeitnehmer nicht erfasst); andererseits Pelletier v. Sordoni/Skanska Const. Co., 825 A.2d 72, 85 (2003).

[580] Rahaman v. J. C. Penney Corp., Inc., 2016 WL 2616375, *9 (Del. Super. Ct. 4.5.2016).

[581] Rahaman v. J. C. Penney Corp., Inc., 2016 WL 2616375, *9 (Del. Super. Ct. 4.5.2016): „Defendants could not be reasonably expected to take precautions against a building collapse when deciding to source garments from factories in Bangladesh".

[582] Rahaman v. J. C. Penney Corp., Inc., 2016 WL 2616375, *9 (Del. Super. Ct. 4.5.2016); ähnlich zuvor schon Hawthorne v. Edis Co., 2003 WL 23009254, *2 (Del. Super. Ct. July 14, 2003).

[583] Rahaman v. J. C. Penney Corp., Inc., 2016 WL 2616375, *9 (Del. Super. Ct. 4.5.2016).

[584] Rahaman v. J. C. Penney Corp., Inc., 2016 WL 2616375, *9 (Del. Super. Ct. 4.5.2016).

[585] Rahaman v. J. C. Penney Corp., Inc., 2016 WL 2616375, *8 f. (Del. Super. Ct. 4.5.2016).

(→ Rn. 246 f.). Im Ausblick deuten sich mögliche Erweiterungen der deliktsrechtlichen Lieferkettenverantwortung an (→ Rn. 248 f.).

a) Geschäftsherrenhaftung. Weder in Deutschland noch in Frankreich, der Schweiz, dem Vereinigten Königreich oder den Vereinigten Staaten hat sich eine **Geschäftsherrenhaftung der Konzernmutter für Menschenrechtsverletzungen ihrer Töchter** in der Spruchpraxis breitflächig durchgesetzt. Dies dürfte zum einen an dogmatischen Pfadabhängigkeiten liegen, weil man eine Konzernaußenhaftung traditionell mit Durchgriffserwägungen zu begründen pflegte. Zum anderen fällt es offenbar schwer, eine Rechtsfigur aus der Ära von master and servant[586] auf die moderne Welt multinationaler Unternehmensgruppen zu übertragen. Wie dem auch sei, jedenfalls mahnt die Gleichförmigkeit des rechtsvergleichenden Befundes zur Vorsicht gegenüber einer vorschnellen und pauschalen Bejahung der Geschäftsherrenhaftung in Konzernlagen. Allerdings entbindet sie nicht von der Notwendigkeit eigenen Nachdenkens über eine stärker ausdifferenzierte „inter-corporate vicarious liability".[587] **244**

Ebenso scheidet in allen untersuchten Rechtsordnungen eine **Geschäftsherrenhaftung des Auftraggebers für Menschenrechtsverletzungen seiner Zulieferer** mangels Verrichtungsgehilfeneigenschaft des Zulieferers de lege lata regelmäßig aus. In Betracht kommt sie allenfalls dann, wenn der Auftraggeber engmaschige operative Kontrolle über den Zulieferer ausübt und dieser in dienender Funktion gleichsam als verlängerter Arm des Auftraggebers tätig wird. De lege ferenda hat die schweizerische Konzernverantwortungsinitiative eine spezielle Haftungsnorm nach dem Vorbild der Geschäftsherrenhaftung vorgeschlagen, ist damit aber nicht durchgedrungen. **245**

b) Verantwortung aus haftpflichtrechtlichem Grundtatbestand. Hinsichtlich einer originären Haftung der Konzernmutter aus dem haftpflichtrechtlichen Grundtatbestand zeigen sich jedenfalls im Ausgangspunkt übereinstimmende Basiswertungen und Begründungslinien. Danach ist jede natürliche und juristische Person prinzipiell nur für ihr eigenes Verhalten und ihre eigene Sphäre verantwortlich. In eng begrenzten Ausnahmefällen kommt jedoch eine **eigene Sorgfaltspflicht (duty of care) der Konzernmutter** in Betracht. Eine Fallgruppenbildung steht allerdings noch aus. Zwei jüngere Entscheidungen des UK Supreme Court deuten eine weniger restriktive Rechtsprechungslinie an. **246**

Aufgrund ähnlicher Überlegungen wird eine eigene Sorgfaltspflicht (duty of care) des Auftraggebers in allen untersuchten Rechtsordnungen bisher grundsätzlich verneint. Punktuelle Ausnahmen wie nach der peculiar-risk-Doktrin des US-amerikanischen Deliktsrechts erscheinen jedoch vorstellbar. **247**

c) Ausblick. Eine Ausdehnung der deliktsrechtlichen Lieferkettenverantwortung könnte zukünftig von der **Hamida Begum-Entscheidung des UK Court of Appeal**[588] ausgehen. Verklagt worden war ein englisches Unternehmen, das einen Tanker zur Verschrottung nach Bangladesch verkauft hatte. Bei den Demontagearbeiten kam ein Angestellter der Verschrottungsgesellschaft ums Leben. Dessen Witwe begehrt von dem englischen Unternehmen Schadensersatz, weil es angeblich wusste, dass schwere Arbeitsunfälle bei der Demontage dort wegen unzureichender Sicherheitsstandards an der Tagesordnung waren. Der Court of Appeal hielt unter Berufung auf die Vedanta- und Okpabi-Judikatur des Supreme Court in einem zivilprozessualen Zwischenverfahren einen negligence-Anspruch nicht für ausgeschlossen, auch wenn hierfür erhebliche Hürden beste- **248**

[586] Vgl. aus englischer Sicht Ibbetson, A Historical Introduction to the Law of Obligations, 1999, 69 f. und 181 ff.; bündig Morgan 31 J. Prof. Negligence 276, 295 (2015): „Vicarious liability emerged in the era of master and servant – one natural person employing another".

[587] Plastisch für das US-amerikanische Recht bereits Latty, Subsidiaries and Affiliated Corporations. A Study in Stockholder's Liability, 1936, 1 (41) und öfter; auf 2 m. Fn. 2 auch mit einem Hinweis auf Hamburger, Schuldenhaftung für Konzerngesellschaften, 1932.

[588] Hamida Begum v. Maran (UK) [2021] EWCA Civ 326.

hen.[589] Im Schrifttum hält man eine Übertragung dieses Ansatzes auf Lieferkettenfälle für denkbar.[590]

249 **Weitere Impulse** für eine Ausdehnung der deliktischen Haftung könnten von den zivilrechtlichen Klimaklagen ausgehen. Für enormes Aufsehen hat eine Entscheidung der **Rechtbank Den Haag** vom Mai 2021 gesorgt, die **Royal Dutch Shell** dazu anhält, die Nettoemissionen bis 2030 um 45 % zu senken.[591] Dogmatisch stützt sich der Richterspruch auf die Generalklausel des niederländischen Deliktsrechts, in die klimaschutzbezogene Sorgfaltspflichten hineingelesen werden.[592] Er führt aus, dass der **ungeschriebene Sorgfaltsmaßstab** in Art. 6:162 ZGB Niederlande unter Berücksichtigung aller Umstände des Einzelfalls ausgelegt werden müsse. Hierzu zählten insbesondere die **UN-Leitprinzipien für Wirtschaft und Menschenrechte,** die verlangten, dass auch multinationale Unternehmen die Menschenrechte und die Umwelt respektieren.[593] Es ist nicht ausgeschlossen, dass diese – höchst umstrittene[594] – Argumentation künftig weitere Kreise zieht.

C. Internationales Prozess- und Privatrecht, internationale Zuständigkeit und anwendbares Recht

Schrifttum: Aldag, Menschenrechtsbezogene Sorgfaltspflichten von Unternehmen im System der Rom II-VO, Jura 2020, 1214; Álvarez-Armas, La extensión del campo de aplicación „personal" del articúlo 5.3 del regulamento „Bruselas I" a contaminadores domiciliados en países terceros, Rev. Jur. de Canarías 20 (2011), 45; Álvarez-Armas, (Lack of) International jurisdiction over third-country polluters: A Trojan horse to the EU's environmental policy?, in Bergé/Francq/Gardeñes Santiago, Boundaries of European Private International Law, 2015, 283; Álvarez-Armas, Contentieux du droit international privé pour responsabilité environmentale deveant le juge européen: la détermination du droit applicable comme outil de gouvernance globale environnementale, Ann. Dr. Louvain 77 (2017), 61; Álvarez-Armas, Daños al medioambiente y Derecho Internacional Privado Europeo: ¿Quid de la determinación de derecho applicable come herramienta de gobernanza global medioambiental?, AEDIPr XVIII (2018), 193; Álvarez-Armas, Le contentieux international privé en matière de changement climatique à l'épreuve de l'article 17 du règlement Rome II: enjeux et pespectives, Rev. Dr. Int. Assas 3 (2020), 109; Álvarez-Armas, Rome II in the face of human-rights-challenges: the law applicable to SLAPPs and to human-rights-related torts, CeDIE Working Paper N° 2021/1; Álvarez-Armas, SDG 13: Climate Action, in Michaels/Abou-Nigm/van Loon, The Private Side of Transforming Our World – UN Sustainable Development Goals 2030 and the Role of Private International Law, 2021; Álvarez-Armas, Private International Environmental Litigation before EU Courts: Choice of Law as a Tool of Global Environmental Governance, 2022; Aristova, Tort Litigation against Transnational Corporations in the English Courts: the Challenge of Jurisdiction, Utrecht L. Rev. 14 (2018) Spec. Issue 6; Aristova, The Future of Tort Litigation against Transnational Corporations in the English Courts: Is Forum (Non) Conveniens Back?, (2021) 6:2 Bus. & Hum Rgths. J.; Asmussen/Gerhard Wagner, Anmerkung zu UK Supreme Court Lungowe v. Vedanta Resources plc, ZEuP 2020, 979; Augenstein/Jägers, Judicial remedies – The issue of jurisdiction, in Alvarez Rubio/Yiannibas, Human Rights in Business, 2017, 7; Azeem, The KiK Case: A Critical Perspective from the South, in Saage-Maaß/Zumbansen/Bader/Shahab, Transnational Legal Activism in Global Value Chains, 2021, 279; Bader, Toward a Strategic Engagement with the Question of the Corporation, in Saage-Maaß/Zumbansen/Bader/Shahab, Transnational Legal Activism in Global Value Chains, 2021, 313; Bälz, Haftung für Menschenrechtsverletzungen im internationalen Projektgeschäft, BB 2021, 648; Beckers, Globale Wertschöpfungsketten: Theorie und Dogmatik unternehmensbezogener Pflichten, ZfPW 2021, 220; Bizikova/Salem, L'arbitrage comme mode de résolution des litiges en lien avec le changement climatique. Acquis et requis, Rev. Dr. Int. Assas 3 (2020), 139; Blindell, Mandatory CSR Disclosures – An Empirical Analysis of UK Modern Slavery Act Statements, Eur. Bus. L. Rev. 32 (2021), 317; Bohrer, Die Haftung schweizerischer Unternehmen für Menschenrechtsverletzungen im Ausland? Überlegungen zur „Konzern-Initiative", in Fleischer/Kalss/Vogt, Corporate Social Responsibility, 2018, 195; Boskovic, Brèves remarques sur le devoir de vigilance et le droit international privé, D. 2016, 385; Boskovic,

[589] [2021] EWCA Civ 326 Rn. 116: „For the reasons stated out [...] I consider the duty of care alleged in this case, although faced with formidable hurdles, cannot be dismissed as fanciful.", per Coulson LJ.

[590] Rechtsvergleichend Kieninger RIW 2021, 331; Rühl/Knauer JZ 2022, 105 (109).

[591] Vgl. Rechtbank Den Haag ECLI:NL:RBDHA:2021:5339.

[592] Dazu aus deutscher Sicht Wagner NJW 2021, 2256 Rn. 4 ff.; aus schweizerischer Perspektive Jentsch GesKR 2021, 321.

[593] Vgl. Rechtbank Den Haag ECLI:NL:RBDHA:2021:5339, Ziff. 4.411–4.4.21.

[594] Eingehend und krit. aus verschiedenen Perspektiven Jentsch, Klimaklagen gegen Rohstoffunternehmen, 2021, 73 ff.

La compétence des juridictions des pays source pour connaître des actions intentées à l'encontre des entreprises multinationales, D. 2018, 732; Boskovic, Mesures d'instruction in futurum et dommage écologique survenu à l'étranger, Énergie Environnement Infrastructure N° 1, février 2021, 47; Boskovic, La loi applicable aux „actions pour violations des droits de l'homme en matière commerciale", D. 2021, 252; Boskovic, Update on PIL Aspects of Environmental Damage and Human Rights Violations in Supply Chains, EAPIL Blog 20 December 2021; Bright, The Civil Liability of the Parent Company for the Acts or Omissions of Its Subsidiary: The Example of the Shell Cases in the UK and in the Netherlands, in Bonfanti, Business and Human Rights in Europe: International Law Challenges, 2018, 212; Bright/Marullo/Zamora Cabot, Private international law aspects of the Second Revised Draft of the legally binding instrument on business and human rights, NIPR 2021, 35; Bright/Wray, Corporations and Social Economic Justice: The Role of Private International Law, in Duval/Moreau, Towards Social Environmental Justice?, 2012, 75; Brittain, Okpabi v Royal Dutch Shell: Will Brexit mean more jurisdiction skirmishes?, (2021) 36 BJIBFL 295; Cassel, State jurisdiction over transnational business activity affecting human rights, in Deva/Birchall, Research Handbook on Human Rights and Business, 2020, 198; Chalas/Muir Watt, Vers un régime de compétence adaptée à la responsabilité environnementale des entreprises multinationales? Point d'étape post-Brexit, RCDIP 2021, 333; Deva/Bilchitz, Building a Treaty on Business and Human Rights – Context and Contours; Dohrmann, Das deutsche Lieferkettensorgfaltspflichtengesetzt als Vorbild für den europäischen Gesetzgeber? – Eine kritische Analyse, CCZ 2021, 265; Domej, Zivilrechtliche Rechtsdurchsetzungsinstrumente, in Reinisch/Hobe/Kieninger/Peters, Unternehmensverantwortung und Internationales Recht, 2020, 229; Dowling, Limited Liability and Separate Corporate Personality in Multinational Corporate Groups, in Enneking/Giesen/Schaap/Ryngaerdt/Kristen/Roorda, Accountability, International Business Organizations and the Law, 2020, 219; Dutta, Internationale Zuständigkeit für privatrechtliche Klagen gegen transnational tätige Unternehmen wegen Verletzung von Menschenrechten und von Normen zum Schutz der natürlichen Lebensgrundlagen im Ausland, in Reinisch/Hobe/Kieninger/Peters, Unternehmensverantwortung und Internationales Recht (BerDGIR, 50), 2020, 39; van den Eeckhout, Corporate human rights violations and private international law, Ctmp. Readings L. & Soc. Just. 4 (2012), 178; van den Eeckhout, The private international law dimension of the principles in Europe, in Zamora Cabot/Heckendorn Urscheler/De Dycker, The Implementation of the UN Guiding Principles on business and human rights, 2017, 37; Ehmann, Der Regierungsentwurf für das Lieferkettengesetz: Erläuterung und erste Hinweise zur Anwendung, ZVertriebsR 2021, 141; Ehmann/Berg, Das Lieferkettensorgfaltspflichtengesetz (LkSG): ein erster Überblick, GWR 2021, 287; Enneking, Judicial Remedies: The Issue of Applicable Law, in Álvarez Rubio/Yiannibas (eds.), Human Rights in Business, 2017, 38; Enneking, Transnational Human Rights and Environmental Litigation – A Study of Case Law Relating to Shell in Nigeria, in Feichtner/Krajewski/Roesch, Human Rights in the Extractive Industries – Transparency, Participation, Resistance, 2019, 551; Enneking/Giesen/Schaap/Ryngaerdt/Kristen/Roorda, Accountability, International Business Organizations and the Law, 2020; Enneking/Scheltema/Tillema, People, Planet, Privaatrecht, in Enneking/Scheltema/Tillema, People, Planet, Privaatrecht, 2018, 17; v. Falkenhausen, Menschenrechtsschutz durch Deliktsrecht, 2020; Fischer-Lescano, From Strategic Litigation to Juridical Action, in Saage-Maaß/Zumbansen/Bader/Shahab, Transnational Legal Activism in Global Value Chains, 2021, 299; Fleischer/Danninger, Konzernhaftung für Menschenrechtsverletzungen, DB 2017, 2849; Fleischer/Korch, Zur deliktsrechtlichen Verantwortlichkeit von Auftraggebern in der Lieferkette, ZIP 2019, 2181; Fleischer/Korch, Okpabi v Royal Dutch Shell und das deutsche Deliktsrecht in Konzernlagen, ZIP 2021, 709; Forlati/Franzina, Universal Civil Jurisdiction: Which Way Forward?, 2020; G. Fischer, Schadensersatzansprüche wegen Menschenrechtsverletzungen im Internationalen Privat- und Prozessrecht, FS Walter Remmers, 1995, 447; Fulli-Lemaire, Grappling with (global supply) chains: transnational human rights litigation in the agribusiness sector, in Muir Watt/Bíziková/Brandão de Oliveira/Fernández Arroyo, Global Private International Law: Adjudication without Frontiers, 2019, 244; Giansetto, Le droit international privé à l'épreuve des nouveaux contentieux en matière de responsabilité climatique, Clunet 145 (2018), 507; Grabosch, Rechtsschutz vor deutschen Zivilgerichten gegen Beeinträchtigung von Menschenrechten durch transnationale Unternehmen, in Nikol/Bernard/Schniederjahn, Transnationale Unternehmen und Nichtregierungsorganisationen im Völkerrecht, 2013, 69; Grabosch/Scheper, Die menschenrechtliche Sorgfaltspflicht von Unternehmen, 2015; Güngör, Sorgfaltspflichten bei Unternehmen in transnationalen Menschenrechtsfällen, 2016; Habersack/Ehrl, Verantwortlichkeit inländischer Unternehmen für Menschenrechtsverletzungen durch ausländische Zulieferer – de lege lata und de lege ferenda, AcP 219 (2019), 155; Halfmeier, Menschenrechte und Internationales Privatrecht im Kontext der Globalisierung, RabelsZ 68 (2004), 653; Halfmeier, Zur Rolle des Kollisionsrechts bei der zivilrechtlichen Haftung für Menschenrechtsverletzungen, in Krajewski/Oehm/Saage-Maaß, Zivil- und strafrechtliche Unternehmensverantwortung für Menschenrechtsverletzungen, 2018, 33; Haider, Haftung von transnationalen Unternehmen und Staaten für Menschenrechtsverletzungen, 2019; Hartmann, Haftung von Unternehmen für Menschenrechtsverletzungen im Ausland aus Sicht des Internationalen Privat- und Zivilverfahrensrechts, in Krajewski/Saage-Maaß, Die Durchsetzung menschenrechtlicher Sorgfaltspflichten von Unternehmen, 2018, 281; Heinen, Auf dem Weg zu einem transnationalen Deliktsrecht? – Zur Begründung deliktischer Sorgfalts- und Organisationspflichten in globalen Wertchöpfungsketten, in Krajewski/Saage-Maaß, Die Durchsetzung menschenrechtlicher Sorgfaltspflichten von Unternehmen, 2018, 87; Hess/Mantovani, Current developments in forum access: Comments on jurisdiction and forum non conveniens – European perspectives on human rights litigation, Max Planck Institute Luxembourg for Procedural Law Research Paper Series No. 2019-1; Samantha Hopkins, Vedanta Resources Plc and Another v Lungowe and

Others [2019] UKSC 20, (2019) 70 NILQ 371; Samantha Hopkins/O'Kelly/Hackett/Patton, Okpabi and others v Royal Dutch Shell Plc and Another [2021] UKSC 3, (2021) 72 NILQ 148; Hornung, Internationales Privatrecht zwischen Wertneutralität und Politik, 2021; Hübner, Bausteine eines künftigen Lieferkettengesetzes, NZG 2020, 1411; Hübner, Lieferkettenregulierung per kollisionsrechtlicher Eingriffsnorm, FS Ebke, 2021, 415; Hübner, Unternehmenshaftung für Menschenrechtsverletzungen, 2022; Jägers/Jesse/Verschuuren, The Future of Corporate Liability for Extraterritorial Human Rights Abuses: The Dutch Case against Shell, 107 Am. J. Int'l. L. 36 (2014); Kaleck/Saage-Maaß, Unternehmen vor Gericht, 2016; Kessedjian, Implementing the UN Guiding Principles on business and human rights in private international law: European perspectives, in Zamora Cabot/Heckendorn Urscheler/De Dycker, The Implementation of the UN Guiding Principles on business and human rights, 2017, 141; Kessedjian, Questions de droit international privé de la responsabilité sociétale des entreprises: rapport général, in Kessedjian/Cantú Rivera, Private International Law Aspects of Corporate Social Responsibility, 2020, 3; Kessedjian/Cantú Rivera, Private International Law Aspects of Corporate Social Responsibility, 2020; Kieninger, Vedanta v Lungowe: Ein Meilenstein für Klagen gegen europäische Konzernmütter für Umweltschädigungen und Menschenrechtsverletzungen durch drittstaatliche Tochtergesellschaften, IPRax 2020, 56; Kieninger, Miniatur: Lieferkettengesetz – dem deutsche Papier fehlen die Zähne, ZfPW 2021, 252; Kieninger, Englisches Deliktsrecht, internationale Unternehmensverantwortung und deutsches Sorgfaltspflichtengesetz, RIW 2021, 331; Kieninger, Conflicts of jurisdiction and the applicable law in domestic courts' proceedings, in Kahl/Weller, Climate Change Litigation, 2021, 119; Kieninger, Das Internationale Privat- und Verfahrensrecht der Klimahaftung, IPRax 2022, 1; Kinsch, The Law Applicable to the Civil Consequences of Human Rights Violations Committed Abroad, in Forlati/Franzina, Universal Civil Jurisdiction: Which Way Forward?, 2020, 159; Kocher, Transnational Labour Law? „Corporate Social Responsibility and the Law, in Saage-Maaß/Zumbansen/Bader/Shahab, Transnational Legal Activism in Global Value Chains, 2021, 187; Koenen, Wirtschaft und Menschenrechte, 2012; König/Tetzlaff, „Forum shopping" unter Art. 7 Rom II-VO – neue Herausforderungen zur Bestimmung des anwendbaren Rechts bei „Klimaklagen", RIW 2022, 25; Kokott, Grund- und Menschenrechte als Inhalt eines internationalen ordre public, BerDGesVR 38 (1998), 71; Krisch, Entgrenzte Jurisdiktion: Die extraterritoriale Durchsetzung von Unternehmensverantwortung, in Reinisch/Hobe/Kieninger/Peters, Unternehmensverantwortung und Internationales Recht, 2020, 11; Kruger, SDG 10: Reduced Inequalities, in Michaels/Abou-Nigm/van Loon (eds.), The Private Side of Transforming Our World – UN Sustainable Development Goals 2030 and the Role of Private International Law, 2021; La Manna, Residual Jurisdiction under the Brussels Ibis Regulation: An Unexpected Avenue to Address Extraterritorial Corporate Human Rights Violations, in Forlati/Franzina, Universal Civil Jurisdiction: Which Way Forward?, 2020, 140; LeBaron/Andreas Rühmkorf, Steering CSR Through Home State Regulation. A Comparison of the Impact of the UK Bribery Act and Modern Slavery Act on Global Supply Chain Governance, (2017) 8:3 Global Policy 15; LeBaron/Andreas Rühmkorf, The domestic politics of corporate accountability legislation: struggles over the 2015 UK Modern Slavery Act, (2019) 17(3) Socio-Econ. Rev. 709; Lecourt, Vers une directive sur le devoir de vigilance des sociétés, Rev. sociétés 2021, 335; Lehmann/Eichel, Globaler Klimawandel und Internationales Privatrecht – Zuständigkeit und anzuwendendes Recht für transnationale Klagen wegen klimawandelbedingter Individualschäden, RabelsZ 83 (2019), 77; Letnar Černič/Carrillo-Santarelli, The Future of Business and Human Rights – Theoretical and Practical Considerations for a UN Treaty, 2018; van Loon, Principles and building blocks for a global legal framework for transnational civil litigation in environmental matters, Unif. L. Rev. 23 (2018), 298; Lorenzen, Resiliente Wertschöpfungsketten per Gesetz?, AuR 2020, 244; Mäsch/Wittebol, None of our concern? – Grenzüberschreitende Umweltschadenshaftung im Konzern vor niederländischen Gerichten, IPRax 2022, 78; Mankowski, Gerichtsbarkeit und internationale Zuständigkeit deutscher Zivilgerichte bei Menschenrechtsverletzungen, in von Hoffmann, Universalität der Menschenrechte, 2009, 139; Mankowski, Das Verhältnis von Internationalem Privatrecht und Völkerrecht in der Entwicklung, in Dethloff/Nolte/Reinisch, Rückblick nach 100 Jahren und Ausblick/Migrationsbewegungen, 2018, 45; Mankowski, Internationalprozess- und internationalprivatrechtliche Aspekte von grenzüberscheitender Climate Change Litigation in Deutschland, GS Arndt Schmehl, 2019, 557; Mansel, Internationales Privatrecht de lege lata und de lege ferenda und Menschenrechtsverantwortlichkeit deutscher Unternehmen, ZGR 2018, 439; Mansel/Kuhl, Delikts- und Gesellschaftsstatut: Qualifikation der Unternehmensverantwortlichkeit in Lieferketten und bei einer Klimahaftung, FS v. Bar, 2022, 251; Mantovani/Hess, European perspectives on human rights litigation, in Ferrari/Fernández Arroyo, Private International Law – Contemporary Challenges and Continuing Relevance, 2020, 293; Mantouvalou, The UK Modern Slavery Act 2015 Three Years On, (2018) 81 Mod. L. Rev. 1017; Didier Martin/Siret, Quelle compétence d'attribution territoriale en cas de mise en cause du devoir de vigilance?, D. 2021, 1044; Marx/Wouters/Pineau, Access to legal remedies for victims of corporate human rights abuses in third countries, PE 603.475, February 2019, https://www.europaparl.eu/RegData/etudes/STUD/2019/603475/EXPO_STU(2019)603475_EN.pdf; Massoud, Menschenrechtsverletzungen im Zusammenhang mit wirtchaftlichen Aktivitäten von transnationalen Unternehmen, 2018; McCall-Smith/Ulrich Rühmkorf, Reconciling Human Rights and Supply Chain Management through Corporate Social Responsibility, in Ruiz Abou-Nigm/McCall-Smith/French, Linkages and Boundaries in Private and Public International Law, 2018, 147; Mittwoch, Die Notwendigkeit eines Lieferkettengesetzes aus der Sicht des Internationalen Privatrechts, RIW 2020, 397; Muir Watt, La saga juridictionelle Vedanta (suite): le devoir de vigilance de la société-mère à l'égard des tiers, RCDIP 2019, 504; Nasse, Devoir, de vigilance – Die neue Sorgfaltspflicht zur Menschenrechtsverantwortung für Großunternehmen in Frankreich, ZEuP 2019, 773; Novak, Transnational Human Rights Litigation,

2020; Nwapi, Jurisdiction by Necessity and the Regulation of the Transnational Corporate Actor, Utrecht Rev. Int. & Eur. L. 30 (2014), 24; Oba, Çok Uluslu Şirketlerin Sınır Ötesi Faaliyetleri ve Haksız Fiil Sorumluluğu: Vedanta v Lungowe ve Okpabi v Shell Kararları Çerçevesinde İngiliz Mahkemelerinin Milletlerarası Yetkisi, Publ. & PIL Bull. 41 (1) (2021), 159; d'Ornano, Sur une porposition de directive reltive à la responsabilité sociale des entreprises, RCDIP 2021, 249; Ostendorf, (Kollisionsrechtliche) Stolpersteine bei Haftungsansprüchen gegen deutsche Unternehmen für Menschenrechtsverletzungen ihrer ausländischen Zulieferer, IPRax 2019, 297; Otero Carcá-Castrillón, International litigation trends in environmental liability: a European Union-United States comparative perspective, (2011) 7 JPrIL 551; Paefgen, Haftung für die Verletzung von Pflichten nach dem neuen Lieferkettensorgfaltspflichtengesetzt, ZIP 2021, 2006; Palombo, Business and Human Rights: The Obligations of the European Home States, 2020; Paschke, Extraterritoriale Sorgfaltspflichten von Außenwirtschaftsunternehmen zur Achtung von Menschenrechten ante portas?, RdTW 2016, 121; Pataut, Le devoir de vigilance – Aspects de droit international privé, Dr. soc. 2017, 833; Payandeh, Deliktische Haftung von Unternehmen für transnationale Menschenrechtsverletzungen, FS K. Schmidt, Bd. II, 2019, 131; Pförtner, Menschenrechtliche Sorgfaltspflichten für Unternehmen – eine Betrachtung aus kollisionsrechtlicher Perspektive, in Krajewski/Saage-Maaß, Die Durchsetzung menschenrechtlicher Sorgfaltspflichten von Unternehmen, 2018, 311; Proulx, International Civil Individual Responsibility and the Security Council: Buildingthe Foundations of a General Regime, 40 Mich. J. Int'l. L. 215 (2019); Rauscher, EuZPR/EuIPR, Bd. I: Brüssel Ia-VO, 5. Aufl. 2021; Rodríguez-Garavito, Business and Human Rights – Beyond the Ends of a Beginning, 2017; Rooney, Extraterritorial Corporate Liability for Environmental Harm: Okpabi v Royal Dutch Shell, (2019) 70 NILQ 157; Roorda/Leader, Okpabi v Shell and Four Nigerian Farmers v Shell: Parent Company Liability Back in Court (30.6.2021), (2021) 6:2 Bus. & Hum. Rgts. J. https://www.cambridge.org/core/journals/business-and-human-rights-journal/article/okpabi-v-shell-and-four-nigerian-farmers-v-shell-parent-company-liability-back-in-court/1C70BB759342BA69A723E86AF209906E; Roorda/Ryngaert, Business and human rights litigation in Europe and Canada: The promises of forum of necessity jurisdiction, RabelsZ 80 (2016), 783; Rudkowski, Nachhaltigkeit in den internationalen Lieferketten als Haftungsrisiko für deutsche Unternehmen, CCZ 2020, 352; Rudkowski, Arbeitsbedingungen in den globalen Lieferketten – Verantwortung deutscher Unternehmen de lege lata und de lege ferenda, RdA 2020, 232; Rühl, Unternehmensverantwortung und (Internationales) Privatrecht, in Reinisch/Hobe/Kieninger/Anne Peters, Unternehmensverantwortung und Internationales Recht (BerDGIR, 50), 2020, 89; Rühl, Die Haftung von Unternehmen für Menschenrechtsverletzungen: Die französische Loi de vigilance als Vorbild für das deutsche Wertschöpfungskettengesetz?, FS Windbichler, 2020, 1413; Rühl, Towards a German Supply Chain Act? Comments from a Choice of Law and a Comparative Perspective, Eur. Yb. Int. Econ. L. 2020, 61; Ruggie, Just Business: Multinational Corporations and Human Rights, 2013; Saage-Maaß/Zumbansen/Bader/Shahab, Transnational Legal Activism in Global Value Chains, 2021; Sanger, Parent Company Duty of Care Owed to Third Parties Harmed by Overseas Subsidiaries, (2019) 78 Cambridge L.J. 486; Sanger, Corporate Liability for Human-Rights Abuse – Hybrid Foundations in International and Domestic Law, 2020; Schall, Die erhöhten Haftungsrisiken für Menschenrechtsverletzungen nach King Okpabi v Royal Dutch Shell, ZIP 2021, 1241; Schramm, Privatrechtliche Wirkungen unternehmerischer Selbstverpflichtungen zur Einhaltung der Menschenrechte, 2020; Schulz, Das Alien Tort Statute und transnationale Deliktsklagen – im Kontext der Menschenrechtsverantwortung multinationaler Unternehmen, 2016; Späth/Werner, Die Opkabi-Entscheidung des Supreme Court of the United Kingdom zur Internationalen Konzernhaftung aus rechtsvergleichender Sicht, CCZ 2021, 241; M. Stürner, Transnationale Menschenrechtsverletzungen im Internationalen Privat- und Zivilverfahrensrecht, Int. J. Proced. L. 4 (2014), 350; Stürner, Die Rolle des Kollisionsrechts bei der Durchsetzung von Menschenrechten, FS Coester-Waltjen, 2015, 843; Stürner, Zivilprozessuale Voraussetzungen für Klagen gegen transnationale Unternehmen wegen Menschenrechtsverletzungen, in Krajewski/Oehm/Saage-Maaß, Zivil- und strafrechtliche Unternehmensverantwortung für Menschenrechtsverletzungen, 2018, 74; Stürner/Pförtner, Residual Jurisdiction: Back to the Future?, in Trunk/Hatzimihail, EU Civil Procedure Law and Third Countries: Which Way Forward?, 2021, 53; Thomale, The forgotten discipline of Private International Law: Lessons from Kiobel v. Royal Dutch Petroleum, Transnat. Leg. Theory 7:2 (2016), 155 und 7:3 (2017), 287; Thomale, The Kiobel Tragedy: Missed Chances for Corporate Social Responsibility, in Muir Watt/Bízíková/Brandão de Oliveira/Fernández Arroyo, Global Private International Law, 2019, 310; Thomale/Hübner, Zivilgerichtliche Durchsetzung völkerrechtlicher Unternehmensverantwortung, JZ 2017, 385; Thomale/Murko, Unternehmerische Haftung für Menschenrechte in transnationalen Lieferketten, EuZA 2021, 40; Thomale/Murko, Pakistanisches Recht vor europäischen Gerichten: Transnationale Menschenrechtsklagen aus Sicht eines Produktionslands, ZVglRWiss 120 (2021), 127; Varvastian/Kalunga, Transnational Corporate Liability for Environmental Damage and Climate Change: Reassessing Access to Justice after Vedanta v Lungowe, (2020) 9 Transnat. Environmental L. 323; Wagner, Haftung für Menschenrechtsverletzungen, RabelsZ 80 (2016), 717; Wagner, Tort Law and Human Rights, in Saage-Maaß/Zumbansen/Bader/Shahab, Transnational Legal Activism in Global Value Chains, 2021, 209; Wagner/Arntz, Liability for Climate Changes under the German Law of Torts, in Kahl/Weller, Climate Change Litigation, 2021, 405; Warto, Die Haftung österreichischer Unternehmen für Menschenrechtsverletzungen im Ausland, in Fleischer/Kalss/Vogt, Corporate Social Responsibility, 2018, 213; Weiss, Zur Diskussion um ein Lieferkettengesetz, FS Preis, 2021, 1477; Weller/Benz/Zimmermann, Klage gegen ausländische Konzerngesellschaften im Inland: Der Vermögensgerichtsstand des § 23 ZPO als Konzerntochtergerichtsstand, NZG 2019, 1121; Weller/Hübner/Kaller, Private International Law for Corporate Social Responsibility, in Schmidt-Kessel, Sammelband der deutschen Landesberichte zum 20. Kongress der Académie Internationale de Droit Comparé 2018 in Fukuoka, 2018, 239; Weller/Hübner/Kaller, Germany, in Kessedjian/Cantú Rivera, Private International Law Aspects of Corporate Social Responsibility, 2020, 401; Weller/Kaller/Schulz, Haftung deutscher Unternehmen für Menschenrechtsverletzungen im Ausland, AcP 216 (2016), 387; Weller/Schulz, Haftung deutscher Unternehmen für Menschenrechtsverletzungen im Ausland, BOARD 2017, 247; Weller/Nasse/Nasse, Klimaklagen gegen Unternehmen im Licht des IPR, FS Herbert Kronke, 2020, 601; Weller/Nasse/Nasse, Climate Change Litigation in Germany, in Kahl/Weller, Climate Change Litigation, 2021; Weller/Nasse, Menschenrechtsarbitrage als Gefahrenquelle: Systemkohärenz einer Verkehrspflicht zur Menschenrechtssicherung in Lieferketten, in Vom Konzern zum Einheitsunternehmen, ZGR SdH 22 (2020), 107; Weller/Thomale, Menschenrechtsklagen gegen deutsche Unternehmen, ZGR 2017, 509; Weller/Tran, Klimawandelklagen im Rechtsvergleich – private enforcement als weltweiter Trend?, ZEuP 2021, 573; Weller/Pato, Local parents as 'anchor defendants' in European courts for claims against their foreign subsidiaries in human rights and environmental damages litigation: Recent case law and legislative trends, Unif. L. Rev. 23 (2018), 397; Wendelstein, „Menschenrechtliche" Verhaltenspflichten im System des Internationalen Privatrechts, RabelsZ 83 (2019), 111; v. Westphalen, Einige Vorüberlegungen zum bevorstehenden Lieferkettengesetz, ZIP 2020, 2421; Wilhelm, Compliance-Klauseln im unternehmerischen Geschäftsverkehr, AcP 221 (2021), 657; Wilhelmi, Das Weltrechtsprinzip im internationalen Privat- und Strafrecht, 2007; te Winkel/van Heesch, The Shell judgment – a bombShell in private international law?, NIPR 2021, 532; Zamora Cabot/Heckendorn Urscheler/De Dycker, The Implementation of the UN Guiding Principles on business and human rights, 2017.

I. Internationalität und Lieferketten

250 Lieferketten, Value Chains sind heute zu einem ganz erheblichen Prozentsatz, wenn nicht in ihrer Mehrzahl international. Das ist keine neue Erkenntnis, sondern eigentlich eine triviale Binsenweisheit. Global Value Chains, globale Wertschöpfungsketten, sind seit Jahrzehnten ein bekanntes und vertrautes Phänomen geworden. Die Minimierung von Produktions- oder Vorproduktkosten ist ein ökonomisches Gebot zur eigenen Margenmaximierung. Daraus folgen häufig grenzüberschreitende Verlagerungen und Outsourcing an Standorte mit den relativ niedrigsten Kosten. Kostenvorteile im internationalen Standortwettbewerb resultieren ihrerseits häufig aus niedrigen regulatorischen Auflagen und der Externalisierung von Lasten zum Nachteil von Arbeitnehmern, Umfeld oder lokaler Volkswirtschaft.

251 Die meisten Ereignisse, die Fragen nach der Verantwortlichkeit in Lieferketten und für Lieferketten prominent gemacht haben, haben sich in internationalen Lieferketten zugetragen. Gerade sie haben gesetzgeberische Aktivitäten vielfachen Zuschnitts sowohl in den Produktions- als auch in den Zielländern ausgelöst.[595] Das LkSG ist nur der deutsche Teil dieser Entwicklung (rechtsvergleichend → Rn. 99 ff.).

252 Internationalität und grenzüberschreitender Charakter der Sachverhalte ziehen zwangsläufig die Fragen nach ihrer rechtlichen Bewältigung nach sich. Internationale Zuständigkeit und Internationales Privatrecht, dh die Frage danach, welches materielle, welches Sachrecht anwendbar ist, kommt daher bei „Lieferkettenfällen" besondere Bedeutung zu.[596] Eine alternative Lösung wäre internationales Einheitsrecht, also vereinheitlichtes Sachrecht, das in allen Vertragsstaaten des vereinheitlichten Sachrechts gilt und seine international-räumlich-persönlichen Anwendungsvoraussetzungen selber festlegt. Internationales Privatrecht in Gestalt einseitiger Kollisionsnormen, die auf der Rechtsfolgenseite nur zum LkSG als eines Ausschnitts aus dem deutschen Recht führen können, sind die Regeln über die räumlich-persönliche Reichweite des LkSG in § 1, soweit sie eine Einbeziehung ausländischer Unternehmen oder deren ausländischer Tochtergesellschaften regeln (→ § 1 Rn. 1 ff.).[597]

---

[595] Dazu insbes. Saage-Maaß/Zumbansen/Bader/Shahab, Transnational Legal Activism in Global Value Chains, 2021.

[596] Vgl. van Loon Unif. L. Rev. 23 (2018), 293 (305); Kieninger in Kahl/Weller, Climate Change Litigation, 2021, 119 Rn. 1.

[597] Eingehend Valdini BB 2021, 2955.

II. Internationale Zuständigkeit und anwendbares Recht als Grundfragen aus der internationalen Dimension

1. Grundsätzliches. Für das unvereinheitlichte Privatrecht sind die ersten Fragen bei ihrer rechtlichen Bewältigung die Frage nach der internationalen Zuständigkeit für etwaige Klagen und die Frage nach dem anwendbaren Recht. Sie stellen sich in genau dieser Reihenfolge. Die internationale Zuständigkeit ist eine Frage der Zulässigkeit, das anwendbare Recht eine Frage der Begründetheit, und Zulässigkeit kommt vor Begründetheit.[598] Das anwendbare Recht bestimmt sich nach den Kollisionsnormen des IPR, und für die vorgelagerte Frage, welches IPR anwendbar ist, gilt im Ausgangspunkt die Meta-Kollisionsnorm (oder Kollisionsgrundnorm[599]), dass dies das IPR des Forums, also des jeweils (zuständigen) Gerichts, ist.[600] Für Menschenrechtsrechtsverletzungen gibt es in diesen Punkten keine Besonderheiten.[601] **253**

2. Keine explizite Regelung von internationaler Zuständigkeit und anwendbarem Recht im Allgemeinen durch das LkSG. Das LkSG selbst enthält keine Regeln über die internationale Zuständigkeit für Klagen oder das anwendbare Recht generell.[602] Das mag man vorderhand bedauern.[603] Es spiegelt aber nur die Kompetenzverteilung zwischen der EU und ihren Mitgliedstaaten wider.[604] Denn die EU hat nach Art. 81 Abs. 2 AEUV die Gesetzgebungskompetenz für das Internationale Privat- und Prozessrecht. Soweit sie diese wahrnimmt, haben EU-IPR und EU-IZPR verdrängenden Anwendungsvorrang vor nationalem IPR.[605] Der nationale Gesetzgeber darf grundsätzlich keine Regeln im IPR und IZPR mehr erlassen, sobald die EU auf den betreffenden Teilgebieten bereits legiferiert hat.[606] Im Internationalen Zivilprozessrecht hat der europäische Gesetzgeber mit der Brüssel Ia-VO, im IPR der Schuldverträge mit der Rom I-VO und im IPR der außervertraglichen Schuldverhältnisse mit der Rom II-VO eine Kompetenz wahrgenommen und ausgeübt. **254**

Ausnahmen bestehen nur, wenn die EU den Mitgliedstaaten Freiräume belässt, sei es durch entsprechende Ausklammerungen auf der Ebene des sachlichen Anwendungsbereichs von EU-Rechtsakten, sei es durch ausdrückliche Gestattung, sei es durch bewusste Nichtregelung, sei es zur Ausführung des EU-IPR.[607] Der deutsche Gesetzgeber mag zwar mit dem LkSG insgesamt versucht haben, – nach dem Vorbild des in manchem Grundsätzlichen erfolgreichen Vorstoßes[608] durch nationale deutsche Gesetzgebung, nämlich das Gesetz zum Internationalen Privatrecht für außervertragliche Schuldverhältnisse und Sachen vom 21.5.1999 (BGBl. 1999 I 1026), im Vorfeld der Rom II-VO – Pflöcke einzuschlagen und Entwicklungen auf der europäischen Ebene zu beeinflussen.[609] In IPR und IZVR aber durfte er dies nicht und hat es deshalb unterlassen. **255**

Sollte jemals ein völkerrechtlicher Vertrag auf der UN-Ebene zustande kommen und sollte dieser den Draft Treaty 2020 fortführen (→ Rn. 451 ff.), so würden sich in einer **256**

---

[598] S. nur Mankowski FS Stanisława Kałus, 2010, 287 (302); Mankowski in v. Bar/Mankowski IPR I § 5 Rn. 1.

[599] So Schurig, Kollisionsnorm und Sachrecht, 1981, 73–75; Schurig FS W. Lorenz, 1991, 513 (518).

[600] S. nur Mankowski in v. Bar/Mankowski IPR I § 5 Rn. 153–153a; Calliess, Grenzüberscheitende Verbraucherverträge, 2006, 112.

[601] Dutta BerDGIR 50 (2020), 39 (39 f.).

[602] Wagner/Ruttloff NJW 2021, 2145 (2150); – im Kontext des § 11 – Begr. RegE, BT-Drs. 19/28649, 53.

[603] Kieninger RIW 2021, 331 (337).

[604] G. Wagner ZIP 2021, 1095 (1104).

[605] Monographisch Repasi, Wirkungsweise des unionsrechtlichen Anwendungsvorrangs im autonomen IPR, 2018.

[606] S. nur Kohler in Reichelt, 30 Jahre österreichisches IPR-Gesetz – Europäische Perspektiven, 2009, 23.

[607] S. nur Kohler in Reichelt, 30 Jahre österreichisches IPR-Gesetz – Europäische Perspektiven, 2009, 23.

[608] R. Wagner IPRax 1998, 429 (438).

[609] Junker ZfA 2021, 437 (438 f.).

Art. 9 Draft Treaty 2020 entsprechenden Norm die maßgeblichen Zuständigkeitsregeln finden.[610]

257 Schiedsverfahren und andere Formen von ADR sind theoretisch ebenfalls denkbar.[611] Indes bedürfen sie jeweils des Konsenses aller Beteiligter als Grundlage, zumal weil sie der Zuständigkeit staatlicher Gerichte derogieren.

III. Internationale Zuständigkeit unter der Brüssel Ia-VO

258 **1. Allgemeine Zuständigkeit und Wohnsitzgerichtsstand aus Art. 4 Abs. 1 Brüssel Ia-VO.** Im Ausgangspunkt garantiert Art. 4 Abs. 1 Brüssel Ia-VO europäisch einen Gerichtsstand gegen einen Beklagten mit Wohnsitz in einem Mitgliedstaat der Brüssel Ia-VO. Opfer von Menschenrechtsverletzungen können also bei Wohnsitz des Beklagten in dem betreffenden Mitgliedstaat klagen,[612] ebenso Geschädigte aus Umweltschädigungen.[613] Zwar ist die primäre Konsequenz des Wohnsitzes in einem Mitgliedstaat, dass ein in einem Mitgliedstaat Ansässiger ausweislich Art. 5 Abs. 1 Brüssel Ia-VO nur nach Maßgabe der Brüssel Ia-VO in anderen Mitgliedstaaten verklagt werden kann.

259 Kehrseite der Medaille ist aus Sicht unionsansässiger Beklagter aber, dass Klägern gleichzeitig der Wohnsitzgerichtsstand gegen sie garantiert ist[614] (vorbehaltlich einer derogierenden Gerichtsstandsvereinbarung). Wo der Kläger ansässig ist, ist ohne Bedeutung. Die allgemeine Zuständigkeit orientiert sich **nur** am Wohnsitz des **Beklagten.** Wo der **Kläger** seinen Wohnsitz hat, ist für sie ohne Bedeutung. Art. 4 Abs. 1 Brüssel Ia-VO garantiert auch in Drittstaaten ansässigen Klägern, dass sie Beklagte mit Wohnsitz in einem Mitgliedstaat in deren Wohnsitzstaat verklagen können; es gibt kein darüber gelegtes Regulativ nach Art einer forum non conveniens-Doktrin,[615] das es dem Gericht erlauben würde, sich nach seinem Ermessen für unzuständig zu erklären.[616] Im Vereinigten Königreich kann die

---

[610] Kruger in Michaels/Abou-Nigm/van Loon, The Private Side of Transforming Our World – UN Sustainable Development Goals 2030 and the Role of Private International Law, 2021, sub 4.3.4.

[611] Vgl. zB (jeweils für Climate Change Arbitration) de Paor J. Int. Disp. Resol. 8 (2017), 202; Annette Magnusson in Kalicki/Abdel Raouf, Evolution and Adaptation: The Future of International Arbitration, 2020, 1010; Stanič/Butler in Kalicki/Abdel Raouf, Evolution and Adaptation: The Future of International Arbitration, 2020, 1036; Bizikova/Salem Rev. Dr. Int. Assas 3 (2020), 139.

[612] S. nur Vedanta Resources PLC v. Lungowe [2019] UKSC 20 [16], [2020] AC 1045 (S.C., per Lord Briggs JSC); Augenstein/Jägers in Alvarez Rubio/Yiannibas, Human Rights in Business, 2017, 7 (18); Thomale/Hübner JZ 2017, 385 (389); Pataut Dr. soc. 2017, 833 (834); Weller/Thomale ZGR 2017, 509 (523); Weller/Pato Unif. L. Rev. 2018, 397 (401)-403, 408; McCall-Smith/Rühmkorf in Ruiz Abou-Nigm/McCall-Smith/Duncan French, Linkages and Boundaries in Private and Public International Law, 2018, 147 (162); Dutta BerDGIR 50 (2020), 39 (48); Rudkowski CCZ 2020, 352 (353); Asmussen/G. Wagner ZEuP 2020, 979 (985, 986); Thomale/Murko EuZA 2021, 40 (55); Thomale/Murko ZVglRWiss 120 (2021), 127 (136); Bälz BB 2021, 648 (649); G. Wagner ZIP 2021, 1095 (1104); Ehmann ZVertriebsR 2021, 141 (150); Ehmann/Berg GWR 2021, 287 (291); Wimmer FS Reuter, 2021, 535 (563); Boskovic EAPIL Blog 20.12.2021.

[613] Mankowski GS Schmehl, 2019, 557 (558 f.); Weller/Kaller/A. Schulz AcP 216 (2016), 387 (392); Lehmann/Eichel RabelsZ 83 (2019), 77 (88 f.); Weller/Nasse/Nasse FS Kronke, 2020, 601 (609); Álvarez-Armas Rev. Dr. Int. Assas 3 (2020), 109 (113); Kieninger in Kahl/Weller, Climate Change Litigation, 2021, 119 Rn. 18; Álvarez-Armas IPRax 2022, 1 (3); Weller/Tran ZEuP 2021, 573 (593); Bartman/C. de Groot Ars Aequi 2021, 384 (385); Späth/Werner CCZ 2021, 241 (244); Mäsch/Wittebol IPRax 2022, 78 (79).

[614] EuGH C-281/02, Slg. 2005, I-1383, I-1461 Rn. 42 – Owusu/N. B. Jackson; Vedanta Resources PLC v. Lungowe [2019] UKSC 20 [16], [2020] AC 1045 (S.C., per Lord Briggs JSC).

[615] Dazu eingehend insbes. Arzandeh, Forum (non) conveniens in England: Past, Presence and Future, 2018; im konkreten Kontext Mantovani/Hess in Ferrari/Fernández Arroyo, Private International Law – Contemporary Challenges and Continuing Relevance, 2020, 293; Aristova, The Future of Tort Litigation against Transnational Corporations in the English Courts: Is Forum (Non) Conveniens Back?, (21.5.2021), (2021) 6:2 Bus. & Hum. Rgts. J. sub II B, https://www.cambridge.org/core/services/aop-cambridge-core/content/view/F3E9DF76084D4A1FC3D819D9B82120A9/S 2057019821000110a.pdf/future_of_tort_litigation_against_transnational_corporations_in_the_english_courts_is_forum_non_conveniens_back.pdf (zuletzt abgerufen am 6.9.2022).

[616] EuGH C-281/02, Slg. 2005, I-1383, I-1461 f. Rn. 42–45 – Owusu/N. B. Jackson; Attorney-General of Zambia v. Meer Care & Desai [2006] EWCA Civ 390 [22] (C.A., per Sir Anthony Clarke M.R.); Bruns JZ 2005, 890 (892); Mankowski GS Schmehl, 2019, 557 (559); Rauscher/Mankowski Brüssel Ia-VO Vor

forum non conveniens dagegen nach dem Vollzug des Brexit zum Schutz dort ansässiger Unternehmen zum Einsatz kommen.[617]

Im Rahmen der allgemeinen Zuständigkeit stellen sich auch keinerlei Fragen nach der Kausalität einer Schadensverursachung oder ähnlichem.[618] Der Kläger muss Kausalität o.ä. auf der Zuständigkeitsebene nicht einmal behaupten. Solche Fragen spielen erst bei der Begründetheit eine Rolle. Man muss sie nicht auf die Zuständigkeitsebene vorverlagern und diese dadurch verkomplizieren.[619] **260**

Für Art. 4 Brüssel Ia-VO ist es ohne Belang, wie groß oder klein die Erfolgsaussichten der angestrengten Klage in der Sache sind.[620] Ebenfalls ohne Belang ist die Gefahr miteinander widerstreitender Entscheidungen, wenn verschiedene Beklagte in verschiedenen Gerichtsständen verklagt werden (oder werden könnten).[621] Letzteres ist das Risiko in der Wahl des Klägers.[622] **261**

Actor sequitur forum rei als Grundprinzip des heutigen Zuständigkeitsrechts bewährt sich auch bei Menschenrechtsklagen.[623] Konflikte mit Instrumenten des forumeigenen IZPR wie forum non conveniens oder eine Doktrin von Missbrauch der Zuständigkeit mögen zwar zum Schutz einheimischer Beklagter angedacht werden, vermögen aber bei korrekter Betrachtung nicht durchzuschlagen.[624] **262**

Den Begriff des Wohnsitzes regeln Art. 62, 63 Brüssel Ia-VO, in je unterschiedlicher Manier: Art. 62 Brüssel Ia-VO verweist für den Wohnsitz einer natürlichen Person auf das nationale Recht desjenigen Mitgliedstaats, für den ein Wohnsitz in Rede steht. Art. 63 Brüssel Ia-VO trifft dagegen eine unionsrechtlich-autonome Regelung für den Wohnsitz einer nicht natürlichen Person, insbesondere einer Gesellschaft: In Kopie von heute Art. 54 AEUV erklärt er Hauptverwaltung (effektiven Verwaltungssitz), Satzungssitz und Hauptniederlassung allesamt zu gleichberechtigten Anknüpfungspunkten. Eine Gesellschaft kann also je nach internationaler Ausgestaltung bis zu drei Wohnsitze und damit drei allgemeine Gerichtsstände für die Zwecke des Art. 63 Brüssel Ia-VO haben.[625] Da einer davon ausreicht, um eine Zuständigkeit zu begründen,[626] vermindern sich die Möglichkeiten für Ausflüchte. Trotzdem mögen verwobene Konzernstrukturen unter Umständen die Identifizierung und Lokalisierung des einzelnen Anknüpfungspunkts schwieriger machen.[627] **263**

2. Besondere Gerichtsstände aus Art. 7 Brüssel Ia-VO. a) Anwendbarkeit nur bei Beklagtenwohnsitz in anderem Mitgliedstaat als dem Forumstaat. Neben dem allgemeinen Gerichtsstand können sich besondere Zuständigkeiten aus dem Katalog des Art. 7 Brüssel Ia-VO ergeben. Allerdings gibt es dabei zwei Einschränkungen: Erstens kann Art. 7 Brüssel Ia-VO keinen besonderen Gerichtsstand im Staat des allgemeinen Gerichtsstands (also des Unternehmenssitzes des beklagten Unternehmens) begründen; das machen bereits die Eingangsworte der Norm „in einem **anderen** Mitgliedstaat"[628] unmissverständlich deutlich.[629] **264**

Art. 4 Rn. 27; Kieninger in Kahl/Weller, Climate Change Litigation, 2021, 119 Rn. 17; Kieninger IPRax 2022, 1 (3).

[617] Brittain (2021) 36 BJIBFL 295; Chalas/Muir Watt RCDIP 2021, 333 (345)–347.

[618] Mankowski GS Schmehl, 2019, 557 (559); Lehmann/Eichel RabelsZ 83 (2019), 77 (89); Weller/Nasse/Nasse FS Kronke, 2020, 601 (609).

[619] Weller/Nasse/Nasse FS Kronke, 2020, 601 (609).

[620] Weller/Pato Unif. L. Rev. 2018, 397 (402 f.); Rauscher/Mankowski Brüssel Ia-VO Vor Art. 4 Rn. 3.

[621] Vedanta Resources PLC v. Lungowe [2019] UKSC 20 [80], [2020] AC 1045 (S.C., per Lord Briggs JSC); Rauscher/Mankowski Brüssel Ia-VO Vor Art. 4 Rn. 3.

[622] Vedanta Resources PLC v. Lungowe [2019] UKSC 20 [81]-[82], [2020] AC 1045 (S.C., per Lord Briggs JSC).

[623] Dutta BerDGIR 50 (2020), 39 (48 f.); Rauscher/Mankowski Brüssel Ia-VO Vor Art. 4 Rn. 3.

[624] Eingehend Mantovani/Burkhard Hess in Ferrari/Fernández Arroyo, Private International Law – Contemporary Challenges and Continuing Relevance, 2020, 293 (308)–312.

[625] Rammeloo Eur. Co. L. 12 [2015], 234, 236–238; Rauscher/Mankowski Brüssel Ia-VO Art. 4 Rn. 12.

[626] Rauscher/Mankowski Brüssel Ia-VO Art. 4 Rn. 12.

[627] Dutta BerDGIR 50 (2020), 39 (49).

[628] Hervorhebung hinzugefügt.

[629] S. nur BGE 131 III 76, 80 = EuLF 2005, II-48, II-50; CA Paris [2000] I. L. Pr. 799, 804; Slonina SZZP 2005, 313 (323); Magnus/Mankowski/Mankowski Brüssel Ib-VO Art. 7 Rn. 23.

265 Daher können die besonderen Gerichtsstände des Art. 7 Brüssel Ia-VO in Deutschland allenfalls bei Klagen gegen solche Unternehmen oder Personen zum Zuge kommen, die ihren Wohnsitz nicht in Deutschland haben.

266 **b) Besonderer Gerichtsstand für Adhäsionsverfahren nach Art. 7 Nr. 3 Brüssel Ia-VO. aa) Grundsätzliches.** Gegen Einzelpersonen, die ihren Wohnsitz in einem anderen EU-Staat haben, kann der Gerichtsstand des Adhäsionsverfahrens sehr interessant sein.[630] Allerdings setzt er, damit in Deutschland ein besonderer Gerichtsstand für die Zivilsache besteht, voraus, dass in Deutschland ein Strafverfahren gegen die betreffende Person anhängig gemacht werden könnte. Ohne die Möglichkeit eines Strafverfahrens kein Adhäsionsverfahren und damit auch kein Gerichtsstand des Adhäsionsverfahrens. In Deutschland muss man sogar noch einen Schritt weiter gehen. Das deutsche Strafverfahrensrecht kennt nämlich kein isoliertes Adhäsionsverfahren. Es kennt keine Möglichkeit, dass ein zivilrechtliches Verfahren vor einem Strafgericht eingeleitet werden könnte, um aus einer Straftat resultierende Folgen zivilrechtlich zu ahnden, ohne dass ein Strafverfahren eingeleitet worden wäre. In Deutschland gilt daher noch strenger: Ohne Strafverfahren kein Adhäsionsverfahren und damit auch kein Gerichtsstand des Adhäsionsverfahrens.

267 **bb) Anbindung an das Strafverfahrensrecht.** Art. 7 Nr. 3 Brüssel Ia-VO dekretiert nicht originär qua autonomer Festlegung in der Brüssel Ia-VO die Zuständigkeit des Gerichts; diese ist vielmehr indirekt von den Gerichtsständen und der Zuständigkeit in Strafsachen gemäß dem nationalen Strafverfahrensrecht des Forums abhängig.[631] Welche Verbindung das nationale Recht auch immer als ausreichend ansehen mag, um die Zuständigkeit in Strafsachen zu begründen – sie wird von Art. 7 Nr. 3 Brüssel Ia-VO akzeptiert. Offensichtlich will sich die Brüssel Ia-VO nicht in das Strafverfahrensrecht (das nicht in ihren sachlichen Anwendungsbereich fällt)[632] einmischen und erachtet es nicht für lohnend, Voraussetzungen aufzustellen, die eine eventuell ausufernde Zuständigkeit für Adhäsionsverfahren begrenzen würden.[633]

268 Wenn das nationale Strafverfahrensrecht beispielsweise die Gerichte an dem Ort für zuständig erklärt, an dem der Angeklagte festgenommen wurde, so ist dies ausreichend.[634] Sogar Gerichtsstände, die – wie beispielsweise die Anknüpfung an die Staatsangehörigkeit des Opfers – im Lichte des Art. 5 Abs. 2 Brüssel Ia-VO in einem reinen Zivilverfahren unhaltbar wären, erhalten Zutritt durch die Hintertür des Art. 7 Nr. 3 Brüssel Ia-VO.[635] Einschränkungen, wie sie insoweit in Art. 3 lit. c Hs. 2, lit. d Hs. 2 EuUnthVO für Unterhaltssachen vorgesehen sind, enthält Art. 7 Nr. 3 Brüssel Ia-VO nicht.[636]

269 **cc) Forum legis und Weltrechtsprinzip für die Verfolgung von Menschenrechtsverletzungen.** Die Akzessorietät gegenüber dem Strafverfahren kann bei Menschenrechtsverletzungen eine ausgesprochen wichtige Konsequenz haben: Für bestimmte Arten von

[630] Ebenso Wautelet Jur. Mons Liège Bruxelles 2006, 977 (978); Th. Wilhelmi, Das Weltrechtsprinzip im internationalen Privat- und Strafrecht, 2007, 336 f.

[631] S. nur Calvo Caravaca/Blanco-Morales Limones, Comentario al convenio de Bruselas relativo a la competencia judicial y a la ejecución de resoluciones judiciales en materia civil y mercantil, Madrid 1994, CB Art. 5.4 Rn. 10; Piekenbrock IPRax 1998, 177; Prinz v. Sachsen Gessaphe ZZP Int. 5 (2000), 225 (231); Burgstaller/Neumayr, Oktober 2002, Brüssel I-VO Art. 5 Rn. 60; Magnus/Mankowski/Mankowski Brüssel Ib-VO Art. 7 Rn. 399 f.

[632] Den Art. 1 Abs. 1 Brüssel Ia-VO eben konsequent auf Zivil- und Handelssachen begrenzt.

[633] Wieczorek/Schütze/Hausmann, 3. Aufl. 1994, EuGVÜ Art. 5 Rn. 65, 68; MüKoZPO/Gottwald, 2000, EuGVÜ Art. 5 Rn. 36, 38; Schoibl FS Sprung, 2001, 321 (327); Magnus/Mankowski/Mankowski Brüssel Ib-VO Art. 7 Rn. 399 f.

[634] Bericht Jenard ABl. 1979 C 59/26; Kohler in Will, Schadensersatz im Strafverfahren, 1990, 74 (76); Schoibl FS Sprung, 2001, 321 (328).

[635] S. Prinz v. Sachsen Gessaphe ZZP Int. 5 (2000), 225 (231 ff.), 234 ff.; Geimer/Schütze/Geimer, Europäisches Zivilverfahrensrecht, 4. Aufl. 2020, Brüssel Ia-VO Art. 7 Rn. 340; Geimer Studia in honorem Németh János, 2003, 229 (231 f.); Magnus/Mankowski/Mankowski Brüssel Ib-VO Art. 7 Rn. 299 f.; Idot Europe 157 (2000), 22.

[636] Schoibl FS Sprung, 2001, 321 (324); Magnus/Mankowski/Mankowski Brüssel Ib-VO Art. 7 Rn. 399 f.

Verbrechen kennt das deutsche Internationale Strafrecht in § 6 StGB das Weltrechtsprinzip, auch Universalitätsprinzip genannt. Die Bundesrepublik Deutschland erklärt diese Verbrechen für nach deutschem Recht strafbar, egal wo sie begangen wurden, von wem sie begangen wurden und gegen wen sie begangen wurden. Das deutsche Strafrecht betreibt insoweit gleichsam stellvertretende Rechtspflege für die Völkergemeinschaft.

Das Internationale Strafverfahrensrecht[637] koppelt nach herkömmlichem Verständnis[638] **270**
die internationale Zuständigkeit der deutschen Strafgerichte[639] an die Anwendbarkeit deutschen Strafrechts. Ist deutsches Strafrecht dagegen nicht anwendbar, so soll dies ein Verfahrenshindernis nach sich ziehen (und nicht etwa einen auf der Begründetheitsebene anzusiedelnden Freispruch).[640] Die internationale Zuständigkeit für Adhäsionsverfahren folgt jener für eröffnete Strafverfahren auch, soweit diese sich auf das Weltrechtsprinzip stützt, und folgt insoweit indirekt selber dem Weltrechtsprinzip.[641]

c) Besonderer Gerichtsstand am Deliktsort nach Art. 7 Nr. 2 Brüssel Ia-VO. **271**
Menschenrechtsverletzungen sind bereits ihrer eigenen Definition nach unerlaubte Handlungen. Sie fallen jedenfalls unter den weiten Begriff der unerlaubten Handlungen in Art. 7 Nr. 2 Brüssel Ia-VO.[642] Diese Norm verlangt nur Haftungs- oder Unterlassungsansprüche nicht-vertraglichen Charakters.[643]

Wie alle Gerichtsstände des Art. 7 Brüssel Ia-VO setzt auch der europäische Delikts- **272**
gerichtsstand voraus, dass der Beklagte seinen Wohnsitz in einem Mitgliedstaat hat. Der Beginn von Art. 7 Brüssel Ia-VO vor Nr. 1 macht dies klar, indem er „eine Person, die ihren Wohnsitz in einem Mitgliedstaat hat" und „in einem anderen Mitgliedstaat" betont. Bei Umweltschädigungen wird die infolgedessen fehlende europäische Zuständigkeitsregel als Widerspruch zur Wertung des Art. 191 Abs. 2 AEUV und als korrekturbedürftig angesehen.[644]

aa) Handlungsort. Unter Art. 7 Nr. 2 Brüssel Ia-VO gilt das Ubiquitätsprinzip. Hand- **273**
lungs- und Erfolgsort sind prinzipiell gleichwertige Anknüpfungspunkte. Das ist seit 1976 gefestigte Rechtsprechung des EuGH.[645] Die Anknüpfung an den Handlungsort bildet die

[637] Dieser Terminus wird allerdings nur überhaupt gebraucht; s. aber zB Walther FS Eser, 2005, 925 (932).

[638] Konzise und systematisch dargestellt bei OLG Saarbrücken NJW 1975, 506 (509).

[639] Dazu eingehend Mankowski/Bock JZ 2008, 555.

[640] S. nur BGHSt 34, 1, 3; OLG Saarbrücken NJW 1975, 506 (509); LG Frankfurt a. M. NJW 1977, 508 (509); MüKoStGB/Ambos StGB Vor § 3 Rn. 4; Schönke/Schröder/Eser StGB Vor § 3 Rn. 2; Lackner/Kühl/Kühl StGB Vor § 3 Rn. 10.

[641] Cour d'assises Bruxelles JLMB 2006, 973 (974); Rombouts/Sardaro/Vandeginste in de Feyter/Parmentier/Bossuyt/Lemmens, Out of the Ashes – Reparation for Victims of Gross and Systematic Human Rights Violations, 2005, 345 (445); vgl. auch Wautelet JMLB 2006, 977 (978)–980.

[642] S. nur BGE 131 III 153; Th. Wilhelmi, Das Weltrechtsprinzip im internationalen Privat- und Strafrecht, 2007, 336.

[643] EuGH Rs. 189/87, Slg. 1988, 5565 Rn. 18 – Anastasios Kalfelis/Bankhaus Schröder Münchmeyer Hengst & Cie.; C-261/90, Slg. 1992, I-2149 Rn. 16 – Mario Reichert/Dresdner Bank AG; C-51/97, Slg. 1998, I-6511 Rn. 22 – Réunion europénne SA/Spliethoff's Bevrachtingskantoor BV und Kapitän des Schiffes „Alblasgracht 002"; C-96/00, Slg. 2002, I-6367 Rn. 33 – Rudolf Gabriel; 1.10.2002 – C-167/00, Slg. 2002, I-8111 Rn. 36 – Verein für Konsumenteninformation/Karl-Heinz Henkel. Dem folgend zB Source Ltd. v. TÜV Rheinland Holding AG [1997] 3 WLR 365, 371 (C.A., per Staughton L.J.); OLG Stuttgart IPRax 1999, 103 (104); Constance Short and others v. Ireland, The Attorney General and British Nuclear Fuels plc [1996] 2 I. R. 188, 202 (H.C., O'Hanlon J.); HG Zürich SZIER 1996, 74 (75) mAnm Volken.

[644] Álvarez-Armas in Bergé/Francq/Gardeñes Santiago, Boundaries of European Private International Law, 2015, 283 (289)–295; Álvarez-Armas Rev. Jur. de Canarías 20 (2011), 45.

[645] EuGH Rs. 21/76, Slg. 1976, 1735 Rn. 15/19–24/25 – Handelskwekerij G. J. Bier BV/Mines de Potasse d'Alsace SA; C-220/88, Slg. 1990, I-49 Rn. 10 – Dumez France SA und Tracoba SARL/Hessische Landesbank; C-68/93, Slg. 1995, I-415 Rn. 20 – Fiona Shevill/Presse Alliance SA; C-364/93, Slg. 1995, I-2719 Rn. 11 – Antonio Marinari/Lloyd's Bank plc und Zubaidi Trading Co.; C-51/97, Slg. 1998, I-6511 Rn. 28 – Réunion européenne SA/Spliethoff's Bevrachtingskantoor BV; C-167/00, Slg. 2002, I-8111 Rn. 44 – Verein für Konsumenteninformation/Karl-Heinz Henkel; C-18/02, Slg. 2004, I-1417 Rn. 40 – Danmarks Rederiforeniging haneldn für DFDS Torline AS/LO Landsorganisationen i Sverige, handelnd für SEKO Sjöfolk Facket for Service och Kommunikation; Rudolf Kronhofer/Marianne Maier; C-168/02, Slg.

Verhaltenssteuerungskomponente des Deliktsrechts ab, jene an den Erfolgsort das Element des Rechtsgüterschutzes.

274 Handlungsort ist derjenige Ort, an welchem der Schädiger physische Aktivitäten entfaltet.[646] Etwas präziser und ausführlicher ausgeführt ist Handlungsort derjenige Ort, an welchem der (potenzielle) Schädiger entweder einen für die Umweltschädigung bzw. die Rechtsgutverletzung beim Geschädigten maßgebende Ursache durch positives Tun gesetzt oder eine Unterlassung begangen hat, obwohl er nach dem Recht dieses Ortes hätte handeln müssen, wobei nach hM bloße Vorbereitungshandlungen außer Betracht bleiben sollen.[647]

275 Bei ortsfesten emittierenden Anlagen ist Handlungsort jedenfalls auch deren Belegenheitsort, bei mobilen Anlagen auch der Ort, an welchem die Anlage außer Kontrolle gerät oder die gebotene Kontrolle unterlassen wurde,[648] also der aktuelle Belegenheitsort zum Zeitpunkt der schädigenden Emission.[649]

276 Bei einer Gefährdungshaftung ist der Ort maßgeblich, an welchem der potenzielle Schädiger die Gefahrenquelle gesetzt hat, sei es gegenständlich über eine von ihm betriebene Anlage, sei es durch Verhalten.[650] Es kommt insoweit nur auf das Handeln und auf die Aktivität des Schädigers an, nicht auf Schädigungserfolge. Ausreichend ist die Verwirklichung einzelner handlungsbezogener Tatbestandselemente des in Rede stehenden Delikts.[651] Mindestvoraussetzung ist eine aus dem forum internum des Täters in die Außenwelt hinaustretende Emanation.[652]

277 Damit der Gerichtsstand des Handlungsortes in Deutschland für die zivilrechtliche Verfolgung von Menschenrechtsverletzungen besteht, muss der Täter also seine menschenrechtsverletzende Handlung in Deutschland begangen haben oder zumindest Teile davon. Dies kann der Fall sein, dürfte aber eher selten vorkommen.[653] Typischerweise wird man bei Menschenrechtsverletzungen an physische oder psychische Verletzungen insbesondere

---

2004, I-6009 Rn. 16; C-189/08, Slg. 2009, I-6917 Rn. 24 – Zuid-Chemie BV/Philippo's Mineralenfabriek NV/SA; verb. Rs. C-509/09 und C-161/10, Slg. 2011, I-10269 Rn. 40f. – eDate Advertising/X und Olivier Martinez und Robert Martinez/MGN Ltd.; C-523/10, ECLI:EU:C:2012:220 Rn. 19f. – Wintersteiger AG/Products 4U Sondermaschinenbau GmbH; C-228/11, ECLI:EU:C:2013:305 Rn. 25 – Melzer/MF Global UK Ltd.; C-147/12, ECLI:EU:C:2013:490 Rn. 51 – ÖFAB Östergötlands Fastigheter AB/Frank Koot und Evergreen Investments BV; C-170/12, ECLI:EU:C:2013:635 Rn. 26 – Peter Pinckney/KDG Mediatech AG; C-45/13, ECLI:EU:C:2014:7 Rn. 23 – Kainz/Pantherwerke AG; C-387/12, ECLI:EU:C:2014:215 Rn. 27 – Hi Hotel HCF SARL/Uwe Spoering; C-360/12, ECLI:EU:C:2014:1318 Rn. 46 – Coty Germany GmbH/First Note Perfumes NV; C-441/13, ECLI:EU:C:2015:28 Rn. 18 – Pez Hejduk/EnergieAgentur.NRW GmbH; C-375/13, ECLI:EU:C:2015:37 Rn. 45 – Kolassa/Barclays Bank plc; C-47/14, ECLI:EU:C:2015:574 Rn. 72 – Holterman Ferho Exploitatie BV/Freiherr Spies von Büllesheim; C-12/15, ECLI:EU:C:2016:449 Rn. 28 – Universal Music International Holding BV/Tétreault Schilling, Schwartz und Brož; C-27/17, ECLI:EU:C:2018:533 Rn. 34 – flyLAL-Lithuanian Airlines AS (in Liquidation)/Starptautiskā lidosta Rīga VAS; C-451/18, ECLI:EU:C:2018:635 Rn. 25; Verein für Konsumenteninformation/Volkswagen AG; C-343/19, ECLI:EU:C:2020:534 Rn. 23 – Kereskedelmi Kft/DAF Trucks NV; C-709/19, ECLI:EU:C:2021:377 Rn. 26 – Vereniging van Effectenbezitters/BP plc; C-30/20, ECLI:EU:C:2021:604 Rn. 29 – RH/AB Volvo ua.

[646] BGE 125 III 346, 350; Chronos Containers NV v. Palatin [2003] I. L. Pr. 283, 293f. (Q. B. D., Morrison J.); Hohloch, Das Deliktsstatut, 1984, 104; U. Wolf, Deliktsstatut und internationales Umweltrecht, 1995, 163; Mankowski RabelsZ 63 (1999), 203 (257); Mankowski in Spindler/Wiebe, Internet-Auktionen und Elektronische Marktplätze, 2. Aufl. 2005, Kap. 12 Rn. 63; Magnus/Mankowski/Mankowski Brüssel Ib-VO Art. 7 Rn. 264; v. Hinden, Persönlichkeitsverletzungen im Internet, 1999, 54.

[647] Erman/Stürner Rom II-VO Art. 7 Rn. 12; MüKoBGB/Junker Rom II-VO Art. 7 Rn. 22; Grüneberg/Thorn Rom II-VO Art. 7 Rn. 7; Prütting/Wegen/Weinreich/R. Schaub, 16. Aufl. 2021, Rom II-VO Art. 7 Rn. 3; Späth/Werner CCZ 2021, 241 (247).

[648] BeckOK BGB/Spickhoff Rom II-VO Art. 7 Rn. 4; Thorn in Kieninger/Remien, Europäische Kollisionsrechtsvereinheitlichung, 2012, 139 (142); Calliess/v. Hein, Rome Regulations, 2. Aufl. 2015, Rom II-VO Art. 7 Rn. 17f.; MüKoBGB/Junker Rom II-VO Art. 7 Rn. 22.

[649] Lehmann/Eichel RabelsZ 83 (2019), 77 (90), 96.

[650] MüKoBGB/Junker Rom II-VO Art. 7 Rn. 22.

[651] BGH IPRspr. 2002 Nr. 107 S. 108; Magnus/Mankowski/Mankowski Brüssel Ib-VO Art. 7 Rn. 264.

[652] Magnus/Mankowski/Mankowski Brüssel Ib-VO Art. 7 Rn. 264.

[653] Wilhelmi, Das Weltrechtsprinzip im internationalen Privat- und Strafrecht, 2007, 336.

durch körperliche oder seelische Misshandlung oder durch Ausbeutung denken. Es ist schwer vorstellbar, dass sich dieses in Deutschland durch Personen, die ihren Wohnsitz in einem anderen EU-Staat haben, vollzieht.

Nach ganz hM sollen bloße Vorbereitungshandlungen nicht unter Art. 7 Nr. 2 Brüssel **278** Ia-VO fallen und keinen Gerichtsstand an ihrem Vornahmeort eröffnen.[654] Dieser restringierende Ansatz würde es nötig machen, eine Grenze zwischen noch vorbereitenden und schon deliktischen Handlungen zu ziehen. Er würde zu einer möglichst klaren Abgrenzung zwingen.

Der Blick ins (deutsche) Strafrecht, genauer: auf die Abgrenzung zwischen Vorbereitung **279** und Versuch, zeigt, wie schwierig dies ist und wie wenig trennscharf und überzeugend Grenzziehungen ausfallen. Die berühmte Schwelle des „Jetzt geht es los" ist konturenschwach, mag man auch noch so wortreich und hochgestochen versuchen, sie zu umschreiben. Auf äußeren Eindruck Dritter oder inneren Eindruck des Täters abzustellen ließen erhebliche Unschärfen und Grauzonen.[655] Jede intendierte Vorverlagerung des deliktischen Schutzes durch konkrete und erst recht durch abstrakte Gefährdungsdelikte macht die Grenzziehung noch schwieriger.

Drei alternative Ansätze erscheinen theoretisch denkbar: erstens jede Aktivität ausreichen **280** zu lassen (jedenfalls wenn sie ein bestimmtes Niveau tatsächlicher Relevanz überschreitet); zweitens nur auf die letzte, vollendende Aktivität abzustellen, mit welcher der Täter das Geschehen aus der Hand gibt;[656] drittens, auf das Recht des Staates zu rekurrieren, in welchem die in Rede stehende Aktivität zu lokalisieren ist, und dieses (nicht etwa die lex fori)[657] zu befragen, ob es jene Aktivität als deliktisch bewertet.

Erkennt man als notwendige Bedingung, dass letztendlich ein Schaden eingetreten ist,[658] **281** so erscheint der letzte Ansatz am überzeugendsten.[659] In letzter Konsequenz ist es an dem Recht des Aktivitätsortes zu entscheiden, ob und in welchem Umfang es Werte und Rechtsgüter schützen will und wie hoch oder niedrig es die Schwelle ansetzt.[660] Der erste Ansatz würde dagegen mangelnde Vorhersehbarkeit und erhebliche Unsicherheit fördern, gestützt auf nur schwache Verbindungen.[661] Der zweite Ansatz verwendet eine zirkuläre Begründung, wenn er sich auf eine angebliche größtmögliche Nähe zur Rechtsgutverletzung beruft.[662]

Der hier bevorzugte Ansatz macht allerdings die Zusatzmühe, IPR und eine erste Sach- **282** rechtsprüfung bereits in die Zuständigkeitsprüfung zu verlagern. Dies lässt sich bei einem so dezidiert normativen Tatbestandsmerkmal wie „unerlaubte Handlung" allerdings kaum

[654] S. nur BGE 125 III 346, 350; 131 III 153, 161; BGH IPRspr. 2002 Nr. 107 S. 108; OGH ZfRV 2016, 80 (81) = ZfRV-LS 2016/21; AG Hamburg RIW 1990, 319 (320); Hohloch, Das Deliktsstatut, 1984, 104; B. Bachmann IPRax 1997, 179 (182); Coester-Waltjen FS Schütze, 1999, 175 (177); Kubis, Internationale Zuständigkeit bei Persönlichkeits- und Immaterialgüterrechtsverletzungen, 1999, 148 f.; Ebner, Markenschutz im internationalen Privat- und Zivilprozessrecht, 2004, 189 f.; Lindacher, Internationales Wettbewerbsverfahrensrecht, 2009, § 9 Rn. 18; Lehmann/Eichel RabelsZ 83 (2019), 77 (90); Geimer/Schütze/Geimer, Europäisches Zivilverfahrensrecht, 4. Aufl. 2020, Brüssel Ia-VO Art. 7 Rn. 260; W. Roth FS Schilken, 2015, 427 (431).

[655] Kubis, Internationale Zuständigkeit bei Persönlichkeits- und Immaterialgüterrechtsverletzungen, 1999, 148 f.

[656] Kubis, Internationale Zuständigkeit bei Persönlichkeits- und Immaterialgüterrechtsverletzungen, 1999, 148 (153)–155; Bukow, Verletzungsklagen aus gewerblichen Schutzrechten, 2003, 57; Pichler, Internationale Zuständigkeit im Zeitalter globaler Vernetzung, 2008, Rn. 766; Hootz, Durchsetzung von Persönlichkeits- und Immaterialgüterrechten bei grenzüberschreitenden Verletzungen in Europa, 2004, 323 f.

[657] Vgl. aber BGE 131 III 151, 161.

[658] Neumann, Die Haftung der Intermediäre im Internationalen Immaterialgüterrecht, 2014, 496 f.

[659] Mankowski RabelsZ 63 (1999), 203 (263 f.); Schack MMR 2000, 135 (137); Schack, Internationales Zivilverfahrensrecht, 6. Aufl. 2014, Rn. 339; I. Roth, Die internationale Zuständigkeit deutscher Gerichte bei Persönlichkeitsrechtsverletzungen im Internet, 2007, 192 f.; s. auch Kernen, Persönlichkeitsrechtsverletzungen im Internet, 2014, Rn. 372.

[660] Mankowski RabelsZ 63 (1999), 203 (263).

[661] Kernen, Persönlichkeitsrechtsverletzungen im Internet, 2014, Rn. 369.

[662] Wie es zB Lehmann/Eichel RabelsZ 83 (2019), 77 (90) tun.

vermeiden, es sei denn, man könnte für die Abgrenzung auf einheitliche europäische Maßstäbe zurückgreifen. Solche Maßstäbe gibt es aber nicht. Der zweite Ansatz[663] stellt unterschwellig auch auf das anwendbare Recht ab, wo der hier vertretene Ansatz dies offen tut; er ist dagegen nicht ganz methodenehrlich, wäre aber anderenfalls mit abstrakten Gefährdungsdelikten nicht kompatibel.[664]

283 Beliebtes Beispiel zur Illustration ist ein Foto, das aufgenommen und später vertrieben wird. Nach vorherrschendem Verständnis soll es nur auf den Vertrieb ankommen.[665] Dies vermag nicht zu überzeugen. Denn wie stünde es, wenn bereits das Fotografieren am Ort des Fotografierens schlechterdings verboten wäre? Sollte dann der Persönlichkeitsschutz weichen? Weshalb? Dafür bräuchte es einen guten Grund. Denn eine augenfälligere Aktivität als die Fotoaufnahme selber kann es kaum geben.[666]

284 Ein anderes Beispiel ist noch bekannter: Jemand schreibt einen beleidigenden Brief in einem Staat und wirft ihn in einem anderen Staat ein.[667] Weshalb soll das Konzipieren und Schreiben des Briefes keine Rolle spielen? Ist das inkriminierende Element wirklich mit der Emanation an Externe ausgeschöpft – mit der Folge, dass der Inhalt, das am stärksten inkriminierende Element, ganz zur Seite gedrängt wird? Dies liegt sogar noch klarer zutage, wenn man sich eine Verschwörung vorstellt, deren Tatverabredung in einem Staat erfolgt und die in einem anderen Staat ausgeführt werden soll: Zentrales Moment einer Verschwörung ist die Verabredung.[668]

285 Der EuGH hat in „Wintersteiger" ansatzweise bereits ähnliches anerkannt: Ursächliches Geschehen für das Erscheinen einer Werbung sei eben nicht jenes Erscheinen selbst, sondern das Auslösen des zugrundeliegenden technischen Vorgangs.[669]

286 Auf das Konzipieren des Inhalts abzustellen, korreliert mit der Rechtfertigung dafür, warum des Täters Aktivität zuständigkeitsbegründend wirkt:[670] weil jene Aktivität der Kern des Delikts ist und das Delikt substantiell begründet.[671] Wer die Vorteile eines liability haven genießen will, muss mehr als nur die bloße Emanation in den liability haven verlegen, nämlich seine gesamte Aktivität einschließlich Konzeption und Herstellung.[672]

287 Wer aus eigenem Antrieb Konzeption und Emanation grenzüberschreitend trennt, muss die dadurch begründeten Risiken tragen. Denn ohne jene bewusste und gewollte Trennung stünden mehrere Handlungsorte überhaupt nicht in Rede.[673] Der Täter hat es also selber in der Hand, seine Gerichtspflichtigkeitsrisiken zu reduzieren. Allerdings wird der Ort, wo konzipiert und geplant wurde, nach außen häufig nur schwer zu ersehen sein, insbesondere für das Opfer.

288 Eine zu pauschale Ausgrenzung von Vorbereitungshandlungen aus dem Kreis der relevanten Handlungen wäre wenig überzeugend. Sofern man Vorbereitungshandlungen weit verstehen und trotzdem für irrelevant erklären wollte, drohte dies etwa die Beschlussfassung in Unternehmensgremien auszuklammern, die zur Entscheidung über die Produktion

---

663 S. Neumann, Die Haftung der Intermediäre im Internationalen Immaterialgüterrecht, 2014, 496 f.

664 S. Kernen, Persönlichkeitsrechtsverletzungen im Internet, 2014, Rn. 370.

665 OLG Bremen IPRax 2000, 226; Rauscher/Leible Brüssel Ia-VO Art. 7 Rn. 134.

666 S. AG Hamburg RIW 1988, 319; Kubis, Internationale Zuständigkeit bei Persönlichkeits- und Immaterialgüterrechtsverletzungen, 1999, 144.

667 Geimer/Schütze/Geimer, Europäisches Zivilverfahrensrecht, 4. Aufl. 2020, Brüssel Ia-VO Art. 7 Rn. 264.

668 S. Sunderland Marine Mutual Insurance Co. Ltd. v. Wiseman (The „Seaward Quest"), [2007] EWHC 1460 (Comm), [2007] 2 Lloyd's Rep. 308, 313 (Q. B. D., Langley J.).

669 EuGH C-523/10, ECLI:EU:C:2012:220 Rn. 34 f. – Wintersteiger AG/Products 4U Sondermaschinenbau; C-441/13, ECLI:EU:C:2015:28 Rn. 24 – Pez Hejduk/EnergieAgentur.NRW GmbH.

670 Mankowski RabelsZ 63 (1999), 203 (262); Magnus/Mankowski/Mankowski Brüssel Ib-VO Art. 7 Rn. 270; I. Roth, Die internationale Zuständigkeit deutscher Gerichte bei Persönlichkeitsrechtsverletzungen im Internet, 2007, 197 f.

671 S. Minster Investments Ltd. v. Hyundai Precision and Industry Co. Ltd. [1988] 2 Lloyd's Rep. 621, 624 (Q. B. D., Steyn J.); Modus Vivendi Ltd. v. The British Products Sammex Co. Ltd. [1997] I. L. Pr. 654, 668 (Ch.D., Knox J.).

672 Mankowski RabelsZ 63 (1999), 203 (263).

673 Mankowski RabelsZ 63 (1999), 203 (264).

umweltschädlicher Produkte oder in umweltschädigender Weise führt. Dabei ist dies die ausschlaggebende, die initiierende, die originierende Aktivität.[674] Die Produktionsaufnahme ist nur Folge der unternehmerischen Entscheidung. Die unternehmerische Entscheidung führt und regiert eigentlich. Konzeptionelles und Inhaltliches müssen das ihnen gebührende Gewicht bekommen.[675] Ausführende Aktivitäten zählen zwar auch als Handlungen, aber eben nicht nur sie.[676]

Relevante Aktivitäten können also **auch in unternehmerischen Entscheidungen** **289** und deren **operativer Umsetzung** durch entsprechende Anordnungen oder „Wünsche" bestehen. Dass eine Handlungsortanknüpfung, welche auch die Entscheidungsfindung einbezieht, einseitig den Interessen des potenziellen Schädigers entgegenkäme,[677] stimmt nicht. Im Gegenteil kann sie dazu führen, dass es mehrere gleichermaßen als Anknüpfungspunkte bewertete Anknüpfungspunkte nebeneinander gibt. Die Vergrößerung seiner Rechtsanwendungsrisiken, indem der Kreis der Handlungsortrechte erweitert wird, hat sich der Schädiger aber selber zuzuschreiben, wenn er Entscheidungsfindung und Ausführung grenzüberschreitend trennt. Das ist seine eigene Selbstorganisationsentscheidung. Schreibtischvorgänge und ausgehende Kommunikation können eine Kette in Gang setzen, die dann in eine physische Misshandlung „vor Ort" mündet. Auch im Bereich der unternehmerischen Profiteure kann die Entscheidung, eine Menschenrechtsverletzung auszunutzen, die in einem anderen Staat begangen wird, durchaus in Deutschland fallen.

Neben die unternehmerische Entscheidung können menschenrechtlich konnotierte oder **290** umweltrechtliche Organisations-, Überwachungs- oder Kontrollpflichten des Mutterunternehmens bzw. des Auftraggebers treten.[678] Inhaltlich richten sich solche Pflichten im Kern auf die Kontrolle der eigentlichen Produktionsaktivitäten durch die exekutierenden Konzernunternehmen bzw. Zulieferer.

Wer die Entscheidungskompetenz für Ob und Wie einer Güterproduktion oder Leis- **291** tungserstellung auf der höchsten Konzernebene, insbesondere auf der obersten Holding-Ebene, ansiedelt und diesen Entscheidungsbaum im Konzern umsetzt, siedelt einen Handlungsort am Ort jener Entscheidungsebene an.[679] Dort angesiedelte Kommunikation und Rechtsverteidigung für den Gesamtkonzern sind deutliche Indizien für eine entsprechende Konzern- und Holding-Strategie.[680] An dieser selbst gefällten Entscheidung muss sich die Konzernobergesellschaft nach außen festhalten lassen.

Dabei mag das vordergründige Paradox entstehen, dass eine Konzernobergesellschaft **292** umso eher einen Handlungsort an ihrem eigenen Sitz begründet, je intensiver sie eine Corporate Social Responsibility-Politik im Konzern umsetzt und per Mikromanagement und enger Kontrolle in den Konzernuntergesellschaften durchsetzt, während eine konzerninterne laissez faire-Politik gegenüber den Konzernuntergesellschaften ohne Kontrolle und Hineinregieren insofern prämiert zu werden scheint.[681] Dieses Paradox liegt aber darin

---

[674] Rb. Den Haag NIPR 2021 Nr. 389 = ECLI:NL:RBDHA:2021:5339 r. o. 4.3.6; Mankowski GS Schmehl, 2019, 557 (560); Giansetto Clunet 145 (2018), 507 (517); Wimmer FS Reuter, 2021, 535 (563); aA Hoge Raad ECLI:NL:HR:2001:ZC3483; te Winkel/van Heesch NIPR 2021, 532 (537 f., 541 f.).

[675] Mankowski FS Geimer, 2017, 429 (440 f.).

[676] S. Giansetto Clunet 145 (2018), 507 (517).

[677] So v. Hinden FS Kropholler, 2008, 573 (582).

[678] Mansel ZGR 2018, 439 (460).

[679] Rb. Den Haag NIPR 2021 Nr. 389 = ECLI:NL:RBDHA:2021:5337 r. o. 4.4.4 mit 2.5.1.–2.5.7; Van Calster, Forever chemicals and suing 3M for PFAS pollution in Europe. A flag on applicable law (31.8.2021), https://gavclaw.com/2021/08/31/forever-chemicals-and-suing-3m-for-pfas-pollution-in-europea-a-flag-on-applicable-law (zuletzt abgerufen am 6.9.2022). Zu anderen Aspekten dieser Entscheidung außerdem E. Wagner RdU 2021/81, 154; Piska ecolex 2021, 475; Piska ecolex 2021, 805; Perner/Spitzer ÖJZ 2021, 591; Ilcheva D. 2021, 1698.

[680] Van Calster, Forever chemicals and suing 3M for PFAS pollution in Europe. A flag on applicable law (318.2021), https://gavclaw.com/2021/08/31/forever-chemicals-and-suing-3m-for-pfas-pollution-in-europea-a-flag-on-applicable-law (zuletzt abgerufen am 6.9.2022).

[681] Chalas/Muir Watt RCDIP 2021, 333 (341 f.).

begründet, dass ein Handlungsort an Handlungen, also an Aktivitäten anknüpft. Gibt es keine relevanten Aktivitäten an einem Ort, so gibt es dort auch keinen Handlungsort.

293 Allerdings wird eine Entscheidung häufig eben in der Unternehmenszentrale am Unternehmenssitz getroffen und deshalb keine besondere Zuständigkeit neben der allgemeinen Wohnsitzzuständigkeit begründen. Sofern die relevante Aktivität in der Zentrale eines deutschen Unternehmens fällt, ist der richtige Gerichtsstand insoweit nur der allgemeine Gerichtsstand nach Art. 4 Abs. 1 Brüssel Ia-VO iVm Art. 63 Abs. 1 lit. b Brüssel Ia-VO.

294 **bb) Erfolgsort. (1) Menschenrechtsverletzungen.** Erfolgsort ist der Ort, an welchem das primär geschützte Rechtsgut verletzt wird.[682] Menschenrechtsverletzungen begründen also nur dann einen Erfolgsortsgerichtsstand in Deutschland, wenn die Verletzung des primär geschützten Rechtsguts in Deutschland eintritt. Bei Menschenrechtsverletzungen geht es um Schädigungen der Gesundheit, um Schädigungen der physischen oder psychischen Integrität oder um Verletzungen von Freiheitsrechten. Finanzielle Folgeschäden stehen nicht in Rede.

295 Typischerweise werden bei Menschenrechtsverletzungen durch physische Gewaltanwendung die Gesundheitsschäden sofort, an Ort und Stelle als unmittelbare Folge der direkten physischen Einwirkung entstehen.[683] Allerdings können sich Folgeschäden an Leib und Seele auch noch später und erstmals an einem anderen Ort ergeben, an dem sich das Opfer dann aufhält. Ein Trauma etwa mag erst später aufbrechen, wenn das Opfer schon lange in einem Fluchtstaat und in Sicherheit vor direkten Angriffen lebt. Oder physische Spätschäden können erst später erwachsen, mögen sie auch schon in der Erstschädigung angelegt sein.

296 Zählt auch der Ort, an welchem solche Spätschäden erstmals auftreten, noch als Erfolgsort?[684] Richtigerweise ist dies zu bejahen.[685] Es geht um das primär geschädigte Rechtsgut, die Gesundheit. Der Schaden frisst sich gleichsam fort. Es geht um Schädigungen, die sich von der Erstschädigung deutlich unterscheiden lassen. Es geht nicht um eine bloße Erhöhung des bereits primär entstandenen Schadens, sondern um etwas Neues.[686] Trotzdem erwächst es aus der ursprünglichen Schädigung und wird nicht durch Zwischenschritte vermittelt.[687] Dadurch gewinnt zwar der Geschädigte Möglichkeiten, Gerichtsstände zu seinen Gunsten herbeizuführen, indem er dafür Sorge trägt, wo der weitere Schaden eintritt. Jedoch ist dieses Potenzial eher gering zu veranschlagen, da insoweit hohe faktische Hürden und Aufwendungen für einen Ortswechsel in Rede stünden. Seinen Lebensmittelpunkt verlegt man nicht ohne weiteres.

297 Allerdings ist als gegenläufiges Gewicht die Vorhersehbarkeit des Ortes, an welchem der relevante Schaden und in der Folge die Gerichtspflichtigkeit eintritt, aus der Sicht des Schädigers einzubeziehen. Zum einen könnte man hier darauf abstellen, dass der Schädiger das Opfer so nehmen müsse, wie das Opfer sei, also einschließlich dessen Mobilität. Abstrakt ist vorhersehbar, wo physische oder psychische Schäden ausbrechen: immer genau dort, wo der Geschädigte ist und sich aufhält.

298 Zum anderen mag man auf die Wertungen verweisen, wie sie im Internationalen Produkthaftungsrecht ventiliert werden. Spätestens Art. 5 Rom II-VO macht klar, wie schwie-

---

[682] S. nur Mari Mélanges Sturm, 1999, 1573 (1583) et passim; Weller/Nasse/Nasse FS Kronke, 2020, 601 (611) mwN; Magnus/Mankowski/Mankowski Brüssel Ib-VO Art. 7 Rn. 318.

[683] Rombouts/Sardaro/Vandeginste in de Feyter/Parmentier/Bossuyt/Lemmens, Out of the Ashes – Reparation for Victims of Gross and Systematic Human Rights Violations, 2005, 345 (444).

[684] Dafür Rombouts/Sardaro/Vandeginste in de Feyter/Parmentier/Bossuyt/Lemmens, Out of the Ashes – Reparation for Victims of Gross and Systematic Human Rights Violations, 2005, 345 (444 f.).

[685] Cassaz Riv. dir. int. priv. proc. 1999, 966 (972)-975; Magnus/Mankowski/Mankowski Brüssel Ib-VO Art. 7 Rn. 324; aA Henderson v. Jaouen [2002] 1 WLR 2971, 2976 (C.A., per Wall J.); Briggs (2002) 73 BYIL 453, 459.

[686] Henderson v. Jaouen [2002] 1 WLR 2971, 2976 (C.A., per Wall J.); Magnus/Mankowski/Mankowski Brüssel Ib-VO Art. 7 Rn. 324.

[687] Magnus/Mankowski/Mankowski Brüssel Ib-VO Art. 7 Rn. 324. Insoweit differenziert Henderson v. Jaouen [2002] 1 WLR 2971, 2976 (C.A., per Wall J.) nicht hinreichend.

rig es sein kann, einen angemessenen Interessenausgleich zu finden. Dessen System ist aber partikulär und in seiner vollen Schärfe nicht verallgemeinerungsfähig. Hinter der Anknüpfung der Produkthaftung stehen spezifische Interessen an Marktpenetrationen und Verbreitungskontrolle, die sich nicht verallgemeinern und erst recht nicht auf die gänzlich anders gelagerten Fälle von Menschenrechtsverletzungen übertragen lassen, auch nicht cum grano salis. Hinter Art. 5 Rom II-VO stehen Interessen und nicht unerhebliche Lobbyarbeit seitens der Industrie und des Handels. Im Kampf mit den Verbraucherverbänden haben sich die potenziellen Deliktsschuldner dort in besonderem Maße in die Gesetzgebungsarbeit eingebracht.[688] Generell sollte man nicht gleich hohe, sondern verringerte Maßstäbe an die Vorhersehbarkeit anlegen, denen hier genügt sein dürfte.[689] Nur in puncto Interessen am Fortbestehen einer Möglichkeit für Versicherungsschutz und tragbar hoher Versicherungsprämien für Haftungsrisiken[690] mag es Parallelen geben.

(2) Umweltschädigungen. Bei einer reinen Umweltschädigung ist Erfolgsort der Ort, **299**
an welchem das insoweit primär geschützte Rechtsgut Natur verletzt wurde. Erfolgsort ist in diesem Zweig demnach der Ort, an welchem die schadensverursachende Emission mit einer natürlichen Ressource (Wasser, Boden, Luft) in Berührung kommt.[691]

Steht dagegen ein Ersatz von Personen-, Sach- oder Vermögensschäden als Folge einer **300**
Emission in Rede, so kommt es auf den Ort an, an welchem das jeweils primär geschützte Rechtsgut verletzt wurde.[692] Bei Personenschäden geht es also um Gesundheit und Leben, sodass der Erfolgsort am Körperverletzungs- bzw. am Tötungsort liegt. Bei Sachschäden geht es also um das Eigentum an der Sache, sodass der Erfolgsort am Ort der Sachbeschädigung, der Immission in oder auf die Sache liegt. Bei Vermögensschäden geht es also um das Vermögen, sodass der Erfolgsort am Schädigungsort des jeweils relevanten Vermögenswertes liegt. Finanzielle Folgeschäden als Folge einer Verletzung primär von Gesundheit, Leben oder Eigentum begründen keinen eigenständigen Erfolgsort, wie Art. 4 Abs. 1 aE Rom II-VO in Kodifikation vorangegangener IZPR-Rechtsprechung des EuGH[693] für das IPR klarstellt. Der Schutz der drei Rechtsgüter ist ein unmittelbarer und kein bloß mittelbarer, über eine Umweltschädigung vermittelter, der Gefahr liefe, als bloßer Folgeschaden ausgegliedert zu werden.[694] Anders als in Klimahaftungsfällen besteht bei den lokalen Umweltschädigungen in Lieferkettenfällen kein Vorhersehbarkeits- oder Kausalitätsproblem,[695] dessen Risiken durch solche Überlegungen eingegrenzt werden müssten. Außerdem drohten bei einer Ausgrenzung von Personen-, Sach- und Vermögensschäden „auf dem Umweltpfad" als unbeachtliche Folgeschäden Friktionen mit den Wertungen des Art. 7 Rom II-VO im IPR.[696]

(3) Mosaikprinzip. Die Erfolgsortzuständigkeit ist unter Art. 7 Nr. 2 Brüssel Ia-VO **301**
durch das sog. Mosaikprinzip einzuschränken.[697] Dieses besagt, dass der Kläger am Erfolgsort nur den Schaden liquidieren darf, der im Forumstaat angefallen ist, und im Grundsatz

---

688 Spickhoff FS Kropholler, 2008, 671 (672); Junker Liber amicorum Schurig, 2012, 81 (87); v. Bar/Mankowski IPR II § 2 Rn. 217.

689 Vgl. König/Tetzlaff RIW 2022, 25 (34 f.).

690 Mankowski, Interessenpolitik und europäisches Kollisionsrecht, 2011, 73.

691 Kadner Graziano RabelsZ 73 (2009), 1 (45); Thorn in Kieninger/Remien, Europäische Kollisionsrechtsvereinheitlichung, 2012, 139 (151); Mankowski GS Schmehl, 2019, 557 (561); MüKoBGB/Junker Rom II-VO Art. 7 Rn. 20.

692 S. Junker NJW 2007, 3675 (3680); Junker FS Salje, 2013, 243 (254); MüKoBGB/Junker Rom II-VO Art. 7 Rn. 20; Leible/Lehmann RIW 2007, 721 (728); G. Wagner IPRax 2008, 1 (9); Kadner Graziano Rev. crit. dr. int. pr. 97 (2008), 445 (485); Kadner Graziano RabelsZ 73 (2009), 1 (45).

693 Grdl. EuGH C-220/88, Slg. 1990, I-49, I-80 Rn. 19 – Dumez France SA und Tracoba SARL/Hessische Landesbank; C-364/93, Slg. 1995, I-2719, I-2739 f. Rn. 13–15 – Antonio Marinari/Lloyd's Bank plc und Zubaidi Trading Co.

694 Entgegen Lehmann/Eichel RabelsZ 83 (2019), 77 (91).

695 Eingehend dazu insbes. Giansetto Clunet 145 (2018), 507 (518)–525.

696 Eingestanden von Lehmann/Eichel RabelsZ 83 (2019), 77 (93).

697 Lindacher GRUR Int. 2008, 453 (455).

Unterlassung nur für den Forumstaat begehren darf. Dieses Prinzip ist grundsätzlich nötig, um die Balance zwischen Kläger- und Beklagteninteressen nicht einseitig zu Gunsten des Klägers zu verschieben.[698] Es ist sachlich nicht auf Pressedelikte zu beschränken,[699] obwohl der EuGH[700] es in einem Pressedeliktsfall entwickelt hat. Vielmehr sollte man es zu einem strukturellen Element des Erfolgsortsgerichtsstands erheben.[701] Es verhindert exzessives forum shopping des Klägers. Es verhindert, dass der Kläger eine zu große Auswahl zwischen verschiedenen ihm günstigen Gerichtsständen bekommt und dabei ein Klägergerichtsstand nahezu garantiert ist.

302 **3. Besondere Gerichtsstände aus Art. 8 Brüssel Ia-VO. a) Gerichtsstand der Streitgenossenschaft (Mehrbeklagtengerichtsstand) aus Art. 8 Nr. 1 Brüssel Ia-VO.** Lieferketten haben per definitionem mehrere Glieder, mögen diese innerhalb eines Konzerns liegen (Mutter-Tochter, ggf. -Enkelin usw.), mögen diese außerhalb eines Konzerns liegen (Abnehmer-direkter Zulieferer/Subunternehmer). Daraus ergeben sich mehrere quasi-natürliche Beklagte aus den verschiedenen Gliedern. Eine Mehrheit von Beklagten bildet das europäische Zuständigkeitsrecht in Art. 8 Nr. 1 Brüssel Ia-VO mit dem besonderen Gerichtssand der Streitgenossenschaft, noch besser: Mehrbeklagtengerichtsstand, aus Art. 8 Nr. 1 Brüssel Ia-VO ab.

303 Der Gerichtsstand der Streitgenossenschaft könnte für Kläger wegen Menschenrechtsverletzungen strategisch interessant sein, um alle oder zumindest mehrere Glieder der Lieferkette im gleichen Verfahren verklagen zu können,[702] auf dass diese sich nicht wechselseitig Verantwortlichkeiten so zuschieben können, dass sie letztlich außerhalb des konkreten Verfahrens liegen. Insbesondere kann Art. 8 Nr. 1 Brüssel Ia-VO eine Möglichkeit eröffnen, Auslandstochter- oder Auslandsenkelgesellschaften deutscher Konzerne oder ausländische Zulieferer deutscher Abnehmer vor deutsche Gerichte zu ziehen, wenn dies gewollt ist.[703] Selbst soweit innerhalb eines Konzerns mehrere Gesellschaften Arbeitgeber oder Co-Arbeitgeber sind, lässt Art. 20 Abs. 1 Brüssel Ia-VO ausdrücklich den Mehrbeklagtengerichtsstand aus Art. 8 Nr. 1 Brüssel Ia-VO und nimmt Art. 20–23 Brüssel Ia-VO eine insoweit ausschließende Wirkung.[704]

304 Zwar ist notwendig, dass einer der Beklagten, der sog. Ankerbeklagte, seinen Wohnsitz in einem Mitgliedstaat hat. Bei mitgliedstaatsansässigen Mutterunternehmen bzw. Abnehmern als Ankerbeklagten ist dies aber problemlos gegeben.[705] Irgendwelche Probleme eines Zuständigkeitsmissbrauchs analog dem in Art. 8 Nr. 2 Brüssel Ia-VO genannten Maßstab[706] stellen sich in Lieferkettenfällen nicht.

---

[698] Mankowski RabelsZ 63 (1999), 203 (276).

[699] Entgegen Kreuzer/Klötgen IPRax 1997, 90 (94 f.); wie hier Kropholler/v. Hein, Europäisches Zivilprozessrecht, 9. Aufl. 2011, Brüssel I-VO Art. 5 Rn. 85; Rauscher/Leible Brüssel Ia-VO Art. 7 Rn. 129.

[700] EuGH Slg. 1995, I-415 Rn. 30 – Fiona Shevill/Presse Alliance SA.

[701] S. nur Cass. Clunet 125 (1998), 136 note André Huet; Rev. crit. dr. int. pr. 93 (2004), 632 note O. Cachard; OGH RdW 2002, 603; 2002, 664; OLG Hamburg AfP 1996, 69 (71); OLG München MMR 2000, 277; Hof Brussels J. trib. 2003, 234; G. Wagner RabelsZ 62 (1998), 243 (283 f.); Mankowski RabelsZ 63 (1999), 203 (274)–276; Hausmann EuLF 2003, 278 (279 f.); Pataut Rev. crit. dr. int. pr. 93 (2004), 800 (807 f.); P. Schlosser in Schlosser/Burkhard Hess, EU-Zivilprozessrecht, 4. Aufl. 2015, Brüssel Ia-VO Art. 7 Rn. 17; dagegen indes ObG Zürich sic! 2004, 793 (795); Kreuzer/Klötgen IPRax 1997, 90 (96); Rauscher ZZP Int. 1 (1996), 145; Coester-Waltjen FS Schütze, 1999, 175; Furrer/Schramm SJZ 2005, 91 (92).

[702] Dutta BerDGIR 50 (2020), 39 (55); Späth/Werner CCZ 2021, 241 (245).

[703] Dutta BerDGIR 50 (2020), 39 (55); übersehen von McCall-Smith/Rühmkorf in Ruiz Abou-Nigm/McCall-Smith/Duncan French, Linkages and Boundaries in Private and Public International Law, 2018, 147 (163).

[704] LAG Berlin NZA 2018, 662 (663); LAG Hamm IPRspr. 2018 Nr. 102 S. 225.

[705] S. nur Weller/Pato Unif. L. Rev. 23 (2018), 397 (406); Kieninger in Kahl/Weller, Climate Change Litigation, 2021, 119 Rn. 27; Späth/Werner CCZ 2021, 241 (245).

[706] Näher dazu Weller Liber amicorum Kohler, 2018, 593. Eine Analogie bei Art. 8 Nr. 1 Brüssel Ia-VO abl. zB Scott Essays in honour of Briggs, 2021, 111 (127 f.).

An der erforderlichen Konnexität der Klagansprüche untereinander[707] sollte es bei Haftungsfragen in Ketten grundsätzlich nicht fehlen.[708] Grundhaftung der Tochter und Durchgriffshaftung der Mutter im Konzern weisen diese jedenfalls auf.[709] Allerdings können sich unterschiedlich strenge Haftungsmaßstäbe und unterschiedliche Umfänge von Pflichtenpositionen je nach anwendbarem Sachrecht auswirken.[710] Indes ist die Anwendbarkeit verschiedener materieller Rechtsgrundlagen auf die verschiedenen Klagansprüche gegen die einzelnen Beklagten kein Hindernis für eine Anwendung des Art. 8 Nr. 1 Brüssel Ia-VO.[711] **305**

Jedoch kann Art. 8 Nr. 1 Brüssel Ia-VO bei hergebrachtem, wortlautgetreuem Verständnis keinen Gerichtsstand gegen Beklagte begründen, die ihren jeweiligen Wohnsitz nicht in einem Mitgliedstaat, sondern in einem Drittstaat haben.[712] Das würde in Lieferkettenfällen eine kaum überwindbare Hürde aufstellen, denn lokale Tochter-, Enkel- usw. -gesellschaften oder lokale Zulieferer sind in den Produktionsstaaten ansässig, die in der Regel im Globalen Süden und daher in Nichtmitgliedstaaten der Brüssel Ia-VO liegen.[713] Dem ließe sich de lege lata nur durch eine extensivere Auslegung abhelfen; wirklich abgesichert wäre eine Ausdehnung aber nur durch eine Änderung de lege ferenda.[714] **306**

Im Reformprozess von der Brüssel I-VO zur Brüssel Ia-VO gab es einen Vorstoß der Kommission, die Brüssel Ia-VO international zu erweitern und in diesem Zuge auch Art. 8 Nr. 1 Brüssel I-VO auf Beklagte mit Wohnsitz in Drittstaaten auszudehnen.[715] Dieser Vorstoß war jedoch nicht erfolgreich, sondern scheiterte am Widerstand zuerst des Rechtsausschusses des Europäischen Parlaments,[716] sodann und primär der Mitgliedstaaten im Rat,[717] die keine weiteren europäischen Einschnitte in ihr nationales IZPR wollten.[718] Das Scheitern des Vorstoßes ist eine wesentliche Stütze für das vorherrschende Verständnis.[719] Die andere wesentliche Stütze ist die Parellelisierung mit Art. 7 Brüssel Ia-VO: Zwar schreibt nur Art. 7 Brüssel Ia-VO expressis verbis einen Wohnsitz des Beklagten in einem **307**

---

707 Dazu zB Coester-Waltjen FS Kropholler, 2008, 747; Geimer FS Kropholler, 2008, 777; H. Roth FS Kropholler, 2008, 885; Scott Essays in honour of Briggs, 2021, 111 (130)–132.

708 Haider, Haftung von transnationalen Unternehmen und Staaten für Menschenrechtsverletzungen, 2019, 287; Didier Martin/Siret D. 2021, 1044 (1046 f.); Hübner, Unternehmenshaftung für Menschenrechtsverletzungen, 2021, 119 f.; zweifelnd dagegen Dutta BerDGIR 50 (2020), 39 (55 f.).

709 Sakka, Der Konzern im Kompetenzrecht der EuGVVO, 2019, 153 f.

710 Dutta BerDGIR 50 (2020), 39 (56).

711 EuGH C-98/06, Slg. 2007, I-8319 Rn. 38 – Freeport plc/Olle Arnoldsson; C-145/10, Slg. 2011, I-12533 Rn. 76 – Eva-Maria Painer/Standard VerlagsGmbH.

712 Insbes. EuGH C-51/97, Slg. 1998, I-6511 Rn. 46 – Réunion europénne SA/Spliethoff's Bevrachtingskantoor BV und Kapitän des Schiffes „Alblasgracht 002"; C-645/11, ECLI:EU:C:2013:228 Rn. 49–56 – Land Berlin/Mirjam Ellen Sapir ua; GAin Trstenjak Schlussanträge vom 28.11.2012 – C-645/11, ECLI:EU:C:2012:757 Rn. 106–115; Weller/Pato Unif. L. Rev. 2018, 397 (405); Haider, Haftung von transnationalen Unternehmen und Staaten für Menschenrechtsverletzungen, 2019, 288; Hau FS Kronke, 2020, 139 (143); Ehmann ZVertriebsR 2021, 141 (150); Kieninger in Kahl/Weller, Climate Change Litigation, 2021, 119 Rn. 30; Magnus/Mankowski/Muir Watt, Brussels Ibis Regulation, 2. Aufl. 2022, Brüssel Ib-VO Art. 8 Rn. 8; aA Geimer FS Kropholler, 2008, 777 (783 f.); Schack, Internationales Zivilverfahrensrecht, 8. Aufl. 2021, Rn. 411.

713 Weller/Pato Unif. L. Rev. 2018, 397 (405); Haider, Haftung von transnationalen Unternehmen und Staaten für Menschenrechtsverletzungen, 2019, 288; Hübner, Unternehmenshaftung für Menschenrechtsverletzungen, 2021, 121 f.; Thomale/Murko ZVglRWiss 120 (2021), 127 (137); Späth/Werner CCZ 2021, 241 (245).

714 Thomale/Murko ZVglRWiss 120 (2021), 127 (137); s. auch Matthias Weller/Pato Unif. L. Rev. 23 (2018), 397 (405 f.).

715 Vorschlag der Kommission für eine Verordnung des Europäischen Parlaments und des Rates über die gerichtliche Zuständigkeit und die Anerkennung und Vollstreckung von Entscheidungen in Zivil und Handeelssachen (Neufassung) (14.12.2010), KOM (2010) 748/3, 26.

716 Draft Report Zwiefka (28.6.2011), PR\869709.EN 14, 47.

717 Gillies (2012) 8 JPrIL 489, 493 f., 507 f.; Magnus/Mankowski/Mankowski Brüssel Ib-VO Art. 7 Rn. 17.

718 Nielsen Nordic J. Int. L. 83 (2014), 61 (64); Magnus/Mankowski/Mankowski Brüssel Ib-VO Art. 7 Rn. 17.

719 Rauscher/Leible Brüssel Ia-VO Art. 8 Rn. 9; Thomale/Murko ZVglRWiss 120 (2021), 127 (137).

Mitgliedstaat vor; dies wird jedoch unter Konsistenzaspekten innerhalb der besonderen Gerichtsstände auf die Gerichtsstände des Sachzusammenhangs in Art. 8 Brüssel Ia-VO übertragen.

308 Mitgliedstaaten, deren nationales Recht – anders als die ZPO in Deutschland[720] – einen Mehrbeklagtengerichtsstand kennt, haben an dieser Stelle keinen Handlungsbedarf. Denn gegen Mitbeklagten mit Wohnsitz in einem Drittstaat können sie über Art. 6 Abs. 1 Brüssel Ia-VO auf den Mehrbeklagtengerichtsstand ihres nationalen Rechts zurückfallen.[721] Niederländische Gerichte zB können sich des Art. 7 Abs. 1 Rv bedienen.[722] In Österreich gilt § 93 JN. Die französische Loi de le devoir de vigilance[723] hat gar gezielt ein menschenrechtliches Forum gegen drittstaatsansässige Konzerngesellschaften geschaffen.[724]

309 In Deutschland mag man etwaige interne Forderungen einer drittstaatlichen Tochter gegen die deutsche Mutter oder die Vergütungsansprüche des ausländischen Zulieferers gegen den deutschen Abnehmer als Anknüpfungspunkte nehmen, um die internationale Zuständigkeit gegen Tochter bzw. Zulieferer auf den Gerichtsstand des Vermögens aus § 23 ZPO, den wiederum Art. 6 Abs. 1 Brüssel Ia-VO gegen drittstaatsansässige Beklagte freigibt.[725]

310 **b) Gerichtsstand der Widerklage aus Art. 8 Nr. 3 Brüssel Ia-VO.** Auch in Menschenrechtsfällen könnte theoretisch der Gerichtsstand der Widerklage aus Art. 8 Nr. 3 Brüssel Ia-VO denkbar sein. Allerdings muss man einige Phantasie entfalten, um sich vorzustellen, eine Widerklage welchen Inhalts ein beklagtes Mutterunternehmen bzw. ein beklagter Abnehmer in einem Zielstaat gegen einen Geschädigten sollte erheben können. Einer Haftungsklage könnte er kaum eine negative Feststellungswiderklage entgegensetzen, da die Frage der Haftung oder Nichthaftung bereits mit der Klage geklärt würde. Man mag dies allerdings als Frage des Rechtsschutzbedürfnisses für die Widerklage einordnen, nicht als Zuständigkeitsfrage.

311 Eine gewisse Wahrscheinlichkeit mag als vornehmlich taktisches Mittel noch ein Gegenangriff durch eine Widerklage auf Schadensersatz wegen Reputationsverlusten haben, gestützt auf üble Nachrede oder ähnliche Tatbestände, um das Verlust- und Kostenrisiko für die Kläger zu erhöhen und Abschreckungspotenzial zu entfalten.

312 Gegen klagende Arbeitnehmer könnte ein Gegenangriff gestützt auf eine behauptete Verletzung besonderer arbeitsvertraglicher Pflichten, insbesondere Geheimhaltungs- oder Verschwiegenheitspflichten, in Betracht kommen, dann freigesperrt durch Art. 22 Abs. 2 Brüssel Ia-VO.

313 **4. Gerichtsstandsvereinbarung nach Art. 25 Brüssel Ia-VO.** Schließen die Parteien des Klagverhältnisses miteinander eine Gerichtsstandsvereinbarung zugunsten eines mitgliedstaatlichen Gerichts oder mehrerer mitgliedstaatlicher Gerichte, so genießt die dadurch

[720] Mäsch/Wittebol IPRax 2022, 78 (84).

[721] S. Mäsch/Wittebol IPRax 2022, 78 (79). Zum Panorama englischer Regeln für Fälle vor dem Vollzug des Brexit insbes. Oba Publ. & PIL Bull. 41 (1) (2021), 159; Aristova Utrecht L. Rev. 14 (2018) Spec. Issue 6.

[722] Hof Den Haag ECLI:NL:GHDHA:2015:3586 r. o. 3.2; Weller/Pato Unif. L. Rev. 2018, 397 (407 f.); Mantovani/Burkhard Hess in Ferrari/Fernández Arroyo, Private International Law – Contemporary Challenges and Continuing Relevance, 2020, 293 (314)–316; Xandra Kramer/Pannebakker, Shell litigation in the Dutch courts – milestones for private international law and the fight against climate change (27.5.2021) sub 3, https://conflictoflaws.net/2021/shell-litigation-in-the-dutch-courts-milestones-for-private-international-law-and-the-fight-against-climate-change/ (zuletzt abgerufen am 6.9.2022); Mäsch/Wittebol IPRax 2022, 78 (79 f.); s. auch Hof Den Haag ECLI:NL:GHDHA:2021:132; Hof Den Haag ECLI:NL:GHDHA:2021:133; Piska ecolex 2021, 475; Piska ecolex 2021, 805; Bartman/C. de Groot Ars Aequi 2021, 384.

[723] Loi n° 2017-399 du 27.3.2017 relative au devoir de vigilance des sociétés mères et des entreprises donneuses d'ordre, JORF n° 74 du 28.3.2017. – Erste Gerichtsentscheidungen dazu: CA Versailles Rev. sociétés 2021, 297 note Leray = RTD com 2021, 135 obs. Lecourt = D. act. 11.1.2021 note Métais/Valette; Trib. jud. Nanterre D. 2020, 970 note Cuzacq; D. act. 17.2.2021 note Métais/Valette; dazu Claude/Lévy Cah. dr. entrepr. Mars 2020, n° 2 Entretien 2; Martin/Siret D. 2021, 1044; dazu zB Teyssié D. 2021, 1823.

[724] Pataut Dr. soc. 2017, 833 (834).

[725] Mankowski GS Schmehl, 2019, 557 (563); Weller/Benz/Zimmermann NZG 2019, 1121.

prorogierte Zuständigkeit nach Art. 25 Abs. 1 S. 2 Brüssel Ia-VO als ausschließliche Zuständigkeit verdrängenden Vorrang vor allen „einfachen" Zuständigkeiten. Die Brüssel Ia-VO zieht dem keine Grenzen zum Schutz von Deliktsklägern. Nur Arbeitnehmer würden durch Art. 21 Brüssel Ia-VO geschützt, allerdings nur soweit eine Derogation von mitgliedstaatlichen Zuständigkeiten aus Art. 21 Brüssel Ia-VO in Rede steht.

Eine Gerichtsstandsvereinbarung ist vor und nach der Entstehung der Streitigkeit gleichermaßen möglich. Es bedarf aber in jedem Fall des Konsenses und der Zustimmung des einzelnen Beteiligten, um diesen zu binden, es sei denn, der Beteiligte ist Rechtsnachfolger einer gebundenen ursprünglichen Partei. Rechtstatsächlich haben Gerichtsstandsvereinbarungen in Lieferketten eigentlich nur innerhalb der einzelnen Glieder der Vertragskette, insbesondere zwischen Abnehmer und direktem Zulieferer oder zwischen direktem und indirektem Zulieferer, Bedeutung.[726] **314**

5. Rügelose Einlassung nach Art. 26 Brüssel Ia-VO. Da keine ausschließlichen Gerichtsstände dem entgegenstehen, kann der Gerichtsstand der rügelosen Einlassung aus Art. 26 Abs. 1 Brüssel Ia-VO im Einzelfall greifen. Beispielsweise mag sich ein nicht im Forumstaat ansässiges Tochter-, Enkel- usw. -unternehmen oder ein nicht im Forumstaat ansässiger Zulieferer zur Sache einlassen, ohne die internationale Unzuständigkeit zu rügen. Wer Beklagter ist, bestimmt das Prozessrecht des Forums.[727] Der Gerichtsstand der rügelosen Einlassung aus Art. 26 Brüssel Ia-VO besteht nach der Kodifikation der Bílas-Entscheidung[728] des EuGH in der Neufassung des Art. 26 Brüssel Ia-VO[729] und ausweislich insbesondere von Art. 26 Abs. 2 Brüssel Ia-VO selbst bei Klagen gegen einen Arbeitnehmer[730] (obwohl eine differenziertere Betrachtung sachlich besser wäre[731]). Das könnte für negative Feststellungsklagen von Arbeitgebern von Interesse sein. **315**

Seinem Wortlaut nach erscheint der Gerichtsstand der rügelosen Einlassung aus Art. 26 Abs. 1 Brüssel Ia-VO subsidiär zu anderen Gerichtsständen aus der Brüssel Ia-VO, sodass man diese eigentlich zuerst prüfen müsste, bevor man zu diesem kommen dürfte.[732] Das kann ein deutlicher Prüfungsmehraufwand sein. So vorzugehen wäre wenig prozessökonomisch.[733] Der Prozessökonomie wäre deutlich mehr gedient, wenn man den Gerichtsstand der rügelosen Einlassung als „jedenfalls"-Gerichtsstand an den Anfang zieht, vorbehaltlich ausschließlicher Zuständigkeiten aus Art. 24 Brüssel Ia-VO.[734] Dogmatisch mag eine Wahlfeststellung ein weiterer Ausweg sein.[735] **316**

Maßgeblicher Zeitpunkt dafür, ob der Beklagte die internationale Zuständigkeit gerügt hat oder nicht, ist die erste Einlassung des Beklagten, also die Abgabe derjenigen Stellungnahme, die nach der lex fori processus als erstes Verteidigungsvorbringen anzusehen ist.[736] **317**

---

[726] McCall-Smith/Rühmkorf in Ruiz Abou-Nigm/McCall-Smith/Duncan French, Linkages and Boundaries in Private and Public International Law, 2018, 147 (163 f.).

[727] S. nur Koechel/Wołodkiewicz IPRax 2018, 107 (109).

[728] EuGH C-111/09, Slg. 2010, I-1545 Rn. 29–33 – Česká podnikatelská pojišťovna as und Vienna Insurance Group/Michal Bílas.

[729] Nuyts Rev. crit. dr. int. pr. 102 (2013), 1 (60); Gaudemet-Tallon/Kessedjian Rev. trim. dr. eur. 49 (2013), 435 (446); Mankowski RIW 2016, 245 (245); Simotta ZVglRWiss 115 (2016), 95 (101 f.); Neumayr/Geroldinger/Garber, Internationales Zivilverfahrensrecht, Losebl. Wien 2003 ff., Brüssel Ia-VO Art. 20 Rn. 9.2, Brüssel Ia-VO Art. 21 Rn. 49; d'Avout D. 2013, 1014 (1021); ebenso zuvor schon unter Art. 24 Brüssel I-VO (heute noch unter Art. 24 LugÜbk 2007 fortzuführen) BAG NZA 2017, 78 Rn. 14; BAG AP KSchG 1969 § 4 Nr. 85 Rn. 27 = RIW 2017, 233.

[730] Rauscher/Mankowski Brüssel Ia-VO Art. 20 Rn. 14.

[731] Eingehend Mankowski IPRax 2001, 310; zust. Bosse, Probleme des europäischen Internationalen Arbeitsprozessrechts, 2007, 272–275; Marino, Contratto e impresa/Europa, 2009, 285 (299 f.).

[732] EuGH C-464/18, ECLI:EU:C:2019:311 Rn. 25 f. – ZX/Ryanair DAC.

[733] Koechel IPRax 2020, 524 (526 f.).

[734] Rauscher/Mankowski Brüssel Ia-VO Vor Art. 4 Rn. 5; Stein/Jonas/G. Wagner, 22. Aufl. 2011, Brüssel I-VO Vor Art. 2 Rn. 22; Koechel IPRax 2020, 524 (529 f.).

[735] Koechel IPRax 2020, 524 (527).

[736] S. nur EuGH Rs. 150/80, Slg. 1981, 1671 Rn. 17 – Elefanten Schuh GmbH/Pierre Jacqmain; C-433/16, ECLI:EU:C:2017:550 Rn. 33–35 mwN – Bayerische Motoren Werke AG/Acacia Srl.

Nach deutschem Prozessrecht ist dies die schriftliche Klagerwiderung,[737] aber noch nicht die Anzeige der Verteidigungsbereitschaft nach § 276 Abs. 1 S. 1 ZPO.[738] Denn eine Einlassung konstituiert die aktive Aufnahme des Verfahrens durch den Beklagten und die wirkliche, nicht nur formale Beteiligung des Beklagten am Verfahren.[739] Gefordert ist eine inhaltliche Mindeststellungnahme.[740]

318 Art. 26 Abs. 1 S. 2 Var. 1 Brüssel Ia-VO stellt ausdrücklich klar, dass eine hilfsweise Einlassung zur Sache nicht schadet, wenn sie an den Nichterfolg einer erhobenen Zuständigkeitsrüge gekoppelt ist. Eine solche Einlassung enthält eben, sogar primär, eine Rüge und ist deshalb keine rügelose Einlassung. Das bloße Vorbehalten einer etwaigen späteren Rüge reicht dagegen nicht.[741]

319 **6. Besonderes Zuständigkeitsregime der Art. 18–21 Brüssel Ia-VO für Streitigkeiten mit Arbeitnehmern. a) Arbeitsverhältnis.** Ein Arbeitsvertrag verbindet in aller Regel allein das im Produktionsstaat ansässige Tochter-, Enkel- usw. -unternehmen bzw. den im Produktionsstaat ansässigen Zulieferer mit den in der Produktion tätigen Arbeitnehmern. Ob jemand Vertragspartei eines Arbeitsvertrags ist, bestimmt sich als Frage des Zustandekommens („Zwischen welchen Parteien ist der Arbeitsvertrag zustande gekommen?") gemäß Art. 10 Abs. 1 Rom I-VO nach dem Recht, das anwendbar wäre, wenn dieser Jemand Partei des Arbeitsvertrags sein sollte.[742]

320 Namentlich bei komplexen Arbeitsverhältnissen innerhalb eines Konzerns,[743] aber auch zB bei co-employeurs, grupo laboral, associated employers[744] bestehen im Außenverhältnis zum Arbeitnehmer mehrere Arbeitsverhältnisse zu je verschiedenen einzelnen Arbeitgebern nebeneinander. Für diese sind Art. 20–23 Brüssel Ia-VO jeweils getrennt zu prüfen.[745] Zwar greifen Art. 20–23 Brüssel Ia-VO arbeitsrechtliche Drittbeziehungen nicht expressis verbis auf, sind aber andererseits offen genug, um auch für sie einen Rahmen zu bieten.[746] Das Bestehen nichtarbeitsvertraglicher Beziehungen mit einer Gesellschaft der Gruppe hat keinerlei Einfluss auf die separat zu erfolgende Qualifikation der vertraglichen Beziehungen mit einer anderen Gesellschaft der Gruppe.[747]

321 Dass ein Arbeitsverhältnis, sei es als einziges, sei es als weiteres, mit dem Mutterunternehmen oder dem Abnehmer aus dem Zielstaat als Arbeitgeber besteht, ist zwar nicht ausgeschlossen, wäre aber ungewöhnlich und atypisch.[748]

---

[737] BGH IPRax 2006, 494 (495); NJW 2011, 2809 (2811); 2015, 1667; Koechel IPRax 2018, 165 (168 f.).

[738] BGH IPRax 2003, 351 (353); LG Frankfurt a. M. EuZW 1990, 581 mAnm Mittelstaedt; LG Darmstadt IPRax 1995, 318 (321).

[739] Magnus/Mankowski/Calvo Caravaca/Carrascosa González Brüssel Ib-VO Art. 26 Rn. 10; Mankowski AP H. 1/2009 Brüssel I-VO Nr. 1 Bl. 4R, 7.

[740] Mankowski AP H. 1/2009 Brüssel I-VO Nr. 1 Bl. 4R, 7.

[741] Koechel IPRax 2018, 165 (167).

[742] Rauscher/Mankowski Brüssel Ia-VO Art. 20 Rn. 39; aA Moreau Cah. dr. entrepr. N°3, mai–juin 2013, 22 (23).

[743] S. Samengo-Turner v. J. & H. Marsh & McLennan (Services) Ltd. [2007] EWCA Civ 723, [2007] 2 All ER (Comm) 913, [2007] ILPr 706 (C.A.); Petter v. EMC Europe Ltd. [2015] EWCA Civ 828, [2015] IRLR 847 (C.A.); Bosworth v. Arcadia Petroleum Ltd. [2016] EWCA Civ 818 (C.A.); Cunico Resources NV v. Daskalakis [2019] EWHC 57 (Comm) [36], [2019] 1 BCLC 584 (Q. B. D., Andrew Baker J.).

[744] Dazu Pagnerre JCP S 2017.1188 = JCP S N° 23, 13.6.2017, 10.

[745] Ebenso Franzen/Gallner/Oetker/Krebber, Kommentar zum Europäischen Arbeitsrecht, 3. Aufl. 2020, Brüssel Ia-VO Art. 20 Rn. 5. Vgl. auch Icard Cah. soc. 2015, 160; Bugada, Procédures avril 2015, 28; Tricoit JCP S 2015.1162 = JCP S 2015 N° 17–18, 28.4.2015, 46; Jault-Seseke Bull Joly Sociétés 2015, 222; Krebber IPRax 2017, 313 (315 f.) – Cass. JCP S 2015.1162 = JCP S 2015 N° 17–18, 28.4.2015, 45 erwähnt Art. 20–23 Brüssel Ia-VO dagegen nicht.

[746] Rauscher/Mankowski Brüssel Ia-VO Art. 20 Rn. 3; tendenziell zweifelnd aber wohl Krebber IPRax 2017, 313 (316).

[747] Cunico Resources NV v. Daskalakis [2019] EWHC 57 (Comm) [44], [49], [60], [2019] 1 BCLC 584 (Q. B. D., Andrew Baker J.); Rauscher/Mankowski Brüssel Ia-VO Art. 20 Rn. 38.

[748] Haider, Haftung von transnationalen Unternehmen und Staaten für Menschenrechtsverletzungen, 2019, 288.

Steht auf der Arbeitgeberseite eine Unternehmensgruppe, so wird in Frankreich bei Interessengleichklang, Aktivitäten- und Weisungsvermengung eine doctrine de co-emploi angewandt.[749] Sie durchbricht die Relativität des Arbeitsvertrages und macht alle Unternehmen der Gruppe gleichermaßen zu Arbeitgebern, auch soweit zu ihnen keine direkten vertraglichen Beziehungen bestehen. Sie geht von einem gemeinsamen Nutzen für die Gruppe und einem gruppenumspannenden Direktionsrecht aus. Der Arbeitnehmer kann in der Folge alle Unternehmen der Gruppe gleichermaßen im Gerichtsstand seines gewöhnlichen Arbeitsorts nach Art. 19 Nr. 2 lit a Brüssel Ia-VO verklagen.[750] Sie stützt sich insbesondere auf eine Vermengung von Interessen und den daraus resultierenden Verlust an Eigenständigkeit der Einzelgesellschaften.[751] In ihr liegt auch eine Durchbrechung der Rechtspersönlichkeit der einzelnen Gesellschaft, ein lifting of the corporate veil.[752] 322

Ein Ansatz, der die Relativität der Arbeitsverhältnisse wahrt, erscheint im europäischen Rahmen aber vorzugswürdig.[753] Über doppelte Arbeitsverhältnisse, Rumpf- und Lokalarbeitsverhältnisse[754] kann man des Problems der Arbeit in einer Unternehmensgruppe einschließlich der sog. „entgrenzten“ Arbeitsverhältnisse mit Matrixstrukturen für verschiedene Funktionsbereiche[755] weitgehend Herr werden.[756] Zudem wahrt man so auch einen gewissen Gleichlauf mit Erwägungsgrund 36 S. 2 Rom I-VO.[757] 323

Ein Konzernzusammenhang allein, per se macht den Dritten jedenfalls nicht zu einem, sei es auch zusätzlichen, Arbeitgeber.[758] Auch ein Arbeitsvertrag muss ein Vertrag sein. Damit kommt der Vertragsbegriff der Brüssel Ia-VO ins Spiel. Dieser Begriff ist weit: Vertrag ist jede freiwillig eingegangene Verpflichtung.[759] Ein mindestens residuales Willensmoment 324

[749] Cass. soc. RDtrav 2007, 543 note Jault-Seseke = Dr. ouvrier 2007, 522 note Lacoste-Mary; JCP S 2012, 1270 note Tricoit; BJS 2014, 394 note Pelletier = BJS 2014, 418 note Lucas = Cah. soc. 2014, 511 obs. Icard = JCP S 2014.1311 note Loiseau = Rev. sociétés 2014, 709 note Couret/Marie-Pierre Schramm; 17.12.2014 – n° 13–21473; 4.2.2015 – n° 13–22322; 18.2.2015 – n° 13–22595; Escande-Varniol Cah. dr. entrepr. N° 3, mai–juin 2013, 25 (28). – Näher dazu Auzero in Le Dolley (dir.), Les concepts émergents du droit des affaires, 2010, 43; d'Ornano JCP S 2010.1533; Morvan JCP S 2011.1065; Loiseau JCP S 2011.1528.

[750] Cass. soc. Bull. civ. 2007 V n°. 109 = JCP S 2007.1618 note Coursier; Rev. crit. dr. int. pr. 96 (2007), 543 note Jault-Seseke; JCP G 2012, 202; Dedessus-Le-Moustier JCP G 2012, 201; Devers Dr. soc. 2012, 140.

[751] Cass. soc. JCP S 2011, 1548 note Guyot; Rev. crit. dr. int. pr. 103 (2014), 426 (427 f.) note Jault-Seseke.

[752] Jault-Seseke Rev. crit. dr. int. pr. 103 (2014), 428 (429).

[753] Rauscher/Mankowski Brüssel Ia-VO Art. 21 Rn. 7; aA Moreau Cah. dr. entrepr. N°3, mai–juin 2013, 22 (23).

[754] Näher dazu Rauscher/Mankowski Brüssel Ia-VO Art. 21 Rn. 69–74.

[755] Gimmy/Hügel NZA 2013, 764.

[756] Rauscher/Mankowski Brüssel Ia-VO Art. 21 Rn. 7.

[757] Rauscher/Mankowski Brüssel Ia-VO Art. 21 Rn. 7.

[758] OLG München AG 2008, 870; Briggs [2007] LMCLQ 433; Mankowski EuZA 2008, 417 (425); Rauscher/Mankowski Brüssel Ia-VO Art. 20 Rn. 49; aA Samengo-Turner v. J. & H. Marsh & McLennan (Services) Ltd. [2007] EWCA Civ 723, [2007] 2 All ER (Comm) 913, [2007] ILPr 706 paras. 33–35 (C.A., per Tuckey L.J.).

[759] EuGH C-26/91, Slg. 1992, I-3967, I-3994 Rn. 15 – Jakob Handte & Co. GmbH/Traitements Mécano-chimiques des surfaces SA; C-51/97, Slg. 1998, I-6511, I-6542 Rn. 17 – Réunion europénne SA/Spliethoff's Bevrachtingskantoor BV and Master of the vessel „Alblasgracht 002“; C-334/00, Slg. 2002, I-7357, I-7393 Rn. 23 – Fonderie Officine Meccaniche Tacconi SpA/Heinrich Wagner Sinto Maschinenfabrik GmbH; C-265/02, Slg. 2004, I-1543, I-1555 Rn. 24 – Frahuil SA/Assitalia SpA; C-27/02, Slg. 2005, I-481, I-517 Rn. 50 – Engler/Janus Versand GmbH; C-419/11, ECLI:EU:C:2013:165 Rn. 46 f. – Česká spořitelna as/Gerald Feichter; C-147/12, ECLI:EU:C:2013:490 Rn. 33 – ÖFAB Östergötlands Fastigheter AB/Frank Koot and Evergreen Investments BV; C-519/12, ECLI:EU:C:2013:674 Rn. 23 – OTP Bank Nyilvánosan Müködö Részvénytársaság/Hochtief Solution AG; C-375/13, ECLI:EU:C:2015:37 Rn. 39 – Harald Kolassa/Barclays Bank plc; Cassaz. Foro it. 2006 col. 3388, 3394 = RDIPP 2006, 1076 (1082); BGHZ 176, 342 = NJW 2008, 2344; BGH WM 2014, 1614 [26]; OLG Saarbrücken IPRax 2013, 74 (77); OLG Hamburg WRP 2015, 87 [61]; Rb. Rotterdam NIPR 2011 Nr. 250 p. 437; Magnus/Mankowski/Mankowski Brüssel Ib-VO Art. 7 Rn. 43. – Sindres Dr. int. fasc. 584-130 no. 9 (mars 2014) kritisiert, dies lasse manche Unsicherheiten. Zum Vertragsbegriff im europäischen IPR/IZVR insbes. Scott in Ahern/Binchy, The Rome II Regulation on the Law Applicable to Non-Contractual Obligations, 2009, 57; Bach IHR 2010, 17; Reiher, Der Vertragsbegriff im europäischen Internationalen Privatrecht, 2010; Mankowski GPR 2020, 281.

muss beim Verpflichteten bestehen. Nur von Gesetzes wegen auferlegte Haftung ohne eine freiwillige Bindung als Ausgangspunkt, Grundlage oder Anhalt reicht nicht.

325 Echte **Durchgriffs**klagen des Arbeitnehmers gegen eine eventuelle Muttergesellschaft seines Arbeitgebers unterfallen mangels insoweit relevanter vertraglicher Verbindung zwischen den Prozessparteien jedenfalls nicht Art. 20–23 Brüssel Ia-VO.[760]

326 **b) Keine sachliche Anwendbarkeit für Deliktsansprüche.** Obwohl in Art. 20 Abs. 1 Brüssel Ia-VO nicht ausdrücklich vorbehalten, besteht der Deliktsgerichtsstand des Art. 7 Nr. 2 Brüssel Ia-VO **neben** dem Regime der Art. 20–23 Brüssel Ia-VO. Er ist anerkanntermaßen eröffnet, wenn und soweit der Arbeitnehmer deliktische (und damit außervertragliche) Ansprüche aus einem Arbeitsunfall geltend macht.[761] Das bloße Faktum, dass zwischen den Parteien ein Arbeitsvertrag besteht, führt nicht dazu, dass alle Ansprüche zwischen ihnen automatisch vertraglich zu qualifizieren wären.[762]

327 Unproblematisch ist der Deliktsgerichtsstand des Art. 7 Nr. 2 Brüssel Ia-VO jedenfalls eröffnet, wenn Beklagter ein Dritter ist.[763] Denn jeden (echten) Dritten verbindet per definitionem kein arbeitsvertragliches Band mit dem Arbeitgeber oder dem Arbeitnehmer.[764]

328 **c) Gerichtsstand des Beklagtenwohnsitzes gegen den Arbeitgeber aus Art. 21 Abs. 1 lit. a Brüssel Ia-VO.** Für Klagen gegen den Arbeitgeber wiederholt Art. 21 Abs. 1 lit. a Brüssel Ia-VO[765] der Sache nach Art. 4 Abs. 1 Brüssel Ia-VO. Er importiert gleichsam das Prinzip actor sequitur forum rei und den allgemeinen Beklagtengerichtsstand in das arbeitsvertragliche Sonderregime,[766] während Art. 4 Abs. 1 Brüssel Ia-VO als solcher nicht anwendbar ist, sondern nach Maßgabe des Art. 20 Brüssel Ia-VO verdrängt wird.[767] Für Wohnsitz- und Sitzbestimmung gelten auch unter Art. 21 Abs. 1 lit. a Brüssel Ia-VO die Art. 62, 63 Brüssel Ia-VO.[768]

329 Arbeitgeber ist, wer Vertragspartner des Arbeitnehmers unter dem Arbeitsvertrag ist. Einordnungskriterium ist primär die Rolle als formelle Vertragspartei.[769] Dies eröffnet Gestal-

---

[760] Palao Moreno YbPIL 4 (2002), 303 (314); Rauscher/Mankowski Brüssel Ia-VO Art. 20 Rn. 14.

[761] Hoppe, Die Entsendung von Arbeitnehmern ins Ausland, 1999, 62 f.; Schlosser/Hess/Schlosser, EU-Zivilprozessrecht, 4. Aufl. 2015, Brüssel I-VO Art. 20 Rn. 3; Geimer/Schütze/Auer, Internationaler Rechtsverkehr in Zivil- und Handelssachen, Losebl. 1973 ff., Brüssel I-VO Art. 18 Rn. 6 (2005); Mankowski EuZA 2016, 368 (372); Mankowski EuZA 2017, 126 (129); Behr GS Blomeyer, 2004, 15 (27); Makridou ZZPInt 15 (2010), 199 (202). Näher zu Arbeitsunfällen im IPR und IZPR Espiniella Menéndez, REEI 37 (2019) art. 09; aA Shannon v. Global Tunneling Experts UK Ltd. et al. [2015] EWHC 1267 (QB) [52]-[55] (Q. B. D., Lay J.).

[762] Bosworth v. Arcadia Petroleum Ltd. [2016] EWCA Civ 818 [72] (C.A., per Gross L.J.).

[763] OGH ÖJZ 2015, 1051 mAnm Brenn; Mankowski EuZA 2016, 368 (368 f.); Rauscher/Mankowski Brüssel Ia-VO Art. 20 Rn. 13.

[764] Mankowski EuZA 2016, 368 (373); Rauscher/Mankowski Brüssel Ia-VO Art. 20 Rn. 13.

[765] Beispielsfälle für einfache und problemlose Anwendung: BAGE 157, 258 Rn. 13; LAG Düsseldorf IPRspr 2010 Nr. 209 S. 528.

[766] Guus E. Schmidt NIPR 2001, 150 (158); Palao Moreno (2002) 4 YbPIL 303, 310; Geimer/Schütze/Geimer Brüssel I-VO Art. 19 Rn. 2; C. Müller, Die internationale Zuständigkeit deutscher Arbeitsgerichte und das auf den Arbeitsvertrag anwendbare Recht, 2004, 62 f.; Kropholler/v. Hein, Europäisches Zivilprozessrecht, 9. Aufl. 2011, Brüssel I-VO Art. 19 Rn. 3; de Sousa Gonçalves, Estudos em Memória do Professor Doutor António Marques dos Santos, 2005, 35 (50); Mahinga D. 2005, 1332 (1335); Ulrici jurisPR-ArbR 28/2013 Anm. 2 sub C I; Junker FS Gottwald, 2014, 293 (294); Nord JCP S No 52, 23.12.2014, 22 (23); Rauscher/Mankowski Brüssel Ia-VO Art. 21 Rn. 8; s. auch Trib. Sup. AEDIPr 2005, 740 (741 f.); 2005, 745 (747); Hof 's-Hertogenbosch NIPR 2007 Nr. 29 S. 51; Rb. Haarlem, sector kanton, locatie Haarlem NIPR 2006 Nr. 27 S. 47; Rb. Breda, sector kanton, locatie Breda NIPR 2009 Nr. 21 S. 65.

[767] Asín Cabrera AEDIPr 2007, 962 (963); Junker FS Kühne, 2009, 735 (738).

[768] BAG RIW 2013, 565 Rn. 19; 2013, 803 Rn. 16; Sächsisches LAG IPRspr. 2010 Nr. 208 S. 527; Rb. Rotterdam, sector kanton, locatie Rotterdam NIPR 2008 Nr. 313 S. 577; Rb. Amsterdam NIPR 2015 Nr. 197 S. 345; Powell v. OMV Exploration & Production Ltd. [2014] IRLR 80 (E. A. T.); Geimer/Schütze/Stefan Auer, Internationaler Rechtsverkehr in Zivil- und Handelssachen, Losebl. 1973 ff., Brüssel I-VO Art. 19 Rn. 6 (2005); Fotinopoulou Basurko Ann. dr. mar. océan XXVI (2008), 309, 349 f.; Magnus/Mankowski/Esplugues Mota/Palao Moreno Rn. 3; Junker FS Kühne, 2009, 735 (738); Graf-Schimek ÖJZ 2010, 245 (246); Escande-Varniol Cah. dr. entrepr. N° 3, mai–juin 2013, 25 (27); Abele FA 2013, 357 (358, 359); Moreau Mélanges Jacquet, 2013, 401 (404); Franzen/Gallner/Oetker/Krebber Brüssel Ia-VO Art. 21 Rn. 4 f.; Rauscher/Mankowski Brüssel Ia-VO Art. 21 Rn. 8.

[769] Rauscher/Mankowski Brüssel Ia-VO Art. 21 Rn. 11.

tungsspielräume. Innerhalb eines Konzerns kann die Arbeitgeberseite vergleichsweise frei entscheiden, welche Konzerngesellschaft als Arbeitgeber im Verhältnis zum Arbeitnehmer fungieren soll.[770]

d) Gerichtsstand des gewöhnlichen Arbeitsortes aus Art. 21 Abs. 1 lit. b Ziff. i 330
Brüssel Ia-VO. Art. 21 Abs. 1 lit. b Ziff. i Brüssel Ia-VO begründet einen zusätzlichen Gerichtsstand für Klagen des Arbeitgebers am gewöhnlichen Arbeitsort des Arbeitnehmers. Der Begriff des gewöhnlichen Arbeitsorts ist autonom ohne Rückgriff auf Begriffsbildungen in den nationalen Rechten auszulegen.[771] Hinter ihm steht der Gedanke, dass der Arbeitnehmer einen Ort haben soll, mit dem seine Arbeit eng verbunden ist und an dem er mit den relativ geringsten Kosten seine Rechte wahrnehmen kann.[772] Mit seinem gewöhnlichen Arbeitsort ist der Arbeitnehmer gemeinhin am relativ engsten verbunden,[773] und er kennt idealiter die dortige Umgebung und das dortige Umfeld.[774] Insoweit schlägt sich der Schutz des Arbeitnehmers als tragender Gedanke nieder.[775]

Entscheidendes Kriterium ist die Zeit (noch genauer: der Zeitanteil), welche(n) der Arbeit- 331
nehmer in Ausübung seiner vertraglichen Tätigkeit an bestimmten Orten oder in bestimmten Staaten verbringt.[776] Der gewöhnliche Arbeitsort ist nicht automatisch mit dem hauptsächlichen Tätigkeitsort gleichzusetzen.[777] Das nur relative Überwiegen gegenüber anderen Tätigkeitsorten muss nicht notwendig die nötige absolute Qualität erreichen.[778] Als grobe Faustformel lässt sich die Frage heranziehen, ob der Arbeitnehmer 60 % seiner **Arbeitszeit** oder mehr an einem bestimmten Ort verbringt und vertragsgemäß verbringen soll.[779] Der gewöhnliche Arbeitsort legt bei den typischerweise ortsfesten Arbeitskräften in Lieferketten am Produktionsstandort.[780]

---

[770] Rauscher/Mankowski Brüssel Ia-VO Art. 21 Rn. 11.

[771] Besonders deutlich EuGH C-37/00, Slg. 2002, I-2013 Rn. 38 – Weber/Universal Ogden Services Ltd.; C-437/00, Slg. 2003 I 3573, 3600 f. Rn. 16 – Pugliese/Finmeccanica SpA, Betriebsteil Alenia Aerospazio.

[772] EuGH C-125/92, Slg. 1993, I-4075 Rn. 19 – Mulox IBC Ltd./Hendrick Geels; C-37/00, Slg. 2002, I-2013 Rn. 40 – Weber/Universal Ogden Services Ltd.; C-437/00, Slg. 2003, I-3573 Rn. 18 – Giulia Pugliese/Finmeccanica SpA, Betriebsteil Alenia Aerospazio; BAG RIW 2013, 565 (567) = NZA 2013, 925 Rn. 21; ArbG Cottbus IPRspr 2013 Nr 201 S 438; Garber FS Kaissis, 2012, 221 (222); Wieczorek/Schütze/Temming, 4. Aufl. 2019, Brüssel Ia-VO Art. 21 Rn. 15.

[773] EuGH verb. Rs. C-168/16 und C-169/16, ECLI:EU:C:2017:688 Rn. 50 – Nogueira ua/Crewland Ireland Ltd.; Miguel José Moreno Osacar/Ryanair Designated Activities Ltd.; C-1/17, ECLI:EU:C:2018:478 Rn. 24 – Petronas Lubricants Italy SpA/Livio Guida.

[774] Gulotta Riv. dir. int. priv. proc. 2013, 619 (636).

[775] EuGH C-154/11, ECLI:EU:C:2012:491 Rn. 46 – Mahamdia/Demokratische Volksrepublik Algerien; BAG RIW 2013, 565 Rn. 21.

[776] Rauscher/Mankowski Brüssel Ia-VO Art. 21 Rn. 16.

[777] Mankowski IPRax 1999, 332 (332 f.); Lagarde Rev. crit. dr. int. pr. 83 (1994), 573 (577); Gaudemet-Tallon Rev. crit. dr. int. pr. 86 (1997), 341 (344); de Boer Ned. Jur. 1997 Nr. 717 S. 3959 f. Entgegen EuGH C-383/95, Slg. 1997 I-57, 77 Rn. 23 – Rutten/Cross Medical Ltd.; OGH EuLF 2008, II-102; LAG Baden-Württemberg IPRspr 2002 Nr. 129a S. 326; Rb Amsterdam, sector canton, locatie Amsterdam NIPR 2006 Nr. 50 S. 81; Holl IPRax 1997, 88 (90); EuGH C-37/00, Slg. 2002, I-2013 Rn. 50 – Weber/Universal Ogden Services Ltd.

[778] Mankowski IPRax 1999, 332 (333); Ktg. Utrecht NIPR 1993 Nr. 287 S. 496; Kocher JR 2004, 88; Junker FS Heldrich, 2005, 719 (734).

[779] Mankowski IPRax 1999, 332 (334, 336); Rauscher/Mankowski Brüssel Ia-VO Art. 21 Rn. 17; OGH EuLF 2008, II-102, II-103; A-G Strikwerda Ned. Jur. 1997 S. 3943, 3947; Strikwerda Ned Jur 1998 Nr 546 S 3126; Ktg. Rotterdam NIPR 1997 Nr. 270 S. 347; C. Müller, Die internationale Zuständigkeit deutscher Arbeitsgerichte und das auf den Arbeitsvertrag anwendbare Recht, 2004, 67 f.; Winterling, Die Entscheidungszuständigkeit in Arbeitssachen im europäischen Zivilverfahrensrecht, 2006, 67 f.; Fasching/Konecny/Simotta, Kommentar zur den Zivilprozessgesetzen, Bd. 5/1, 2. Aufl. 2008, Brüssel I-VO Art. 19 Rn. 10; Egler, Seerechtliche Streitigkeiten unter der EuGVVO, 2010, 216; Ulrici, jurisPR-ArbR 30/2011 Anm. 3 sub C II 1; Ulrici jurisPR-ArbR 28/2013 Anm. 2 sub C II 1; Garber FS Kaissis, 2012, 221 (233); Block, Die kollisionsrechtliche Anknüpfung von Individualarbeitsverträgen im staatsfreien Raum, 2012, 170 (174, 303); Neumayr/Geroldinger/Garber, Internationales Zivilverfahrensrecht, Losebl. 2002 ff., Brüssel Ia-VO Art. 21 Rn. 16, 17 (2019); vgl. auch EuGH C-383/95, Slg. 1997, I-57 Rn. 25 – Rutten/Cross Medical Ltd.; Powell v. OMV Exploration & Production Ltd. [2014] IRLR 80 (E. A. T.).

[780] S. nur Haider, Haftung von transnationalen Unternehmen und Staaten für Menschenrechtsverletzungen, 2019, 288.

332 **e) Gerichtsstand der einstellenden Niederlassung aus Art. 21 Abs. 1 lit. b Ziff. ii Brüssel Ia-VO.** Wenn der Arbeitnehmer nicht genau einen gewöhnlichen Arbeitsort in genau einem Staat hat, kommt nicht der Gerichtsstand nach Art. 21 Abs. 1 lit. b Ziff. i Brüssel Ia-VO zum Zuge, sondern der Gerichtsstand der einstellenden Niederlassung nach Art. 21 Abs. 1 lit. b Ziff. ii Brüssel Ia-VO. Durch diese konzentrierende Anknüpfung an einen einzigen Ort wird eine Häufung von Gerichtsständen an verschiedenen Tätigkeitsorten samt der Gefahr widersprechender Entscheidungen gebannt.[781] Zudem wird Interessen an schneller Bestimmung, relativer Klarheit und Einfachheit Rechnung getragen.[782]

333 Auf der anderen Seite schwenkt man zu einem arbeitgeberbezogenen Kriterium um.[783] Ein persönliches Merkmal des Arbeitgebers wird maßgeblich. Mit den Orten seiner Niederlassungen und den dort geltenden Vorschriften wird der Arbeitgeber normalerweise vertraut sein. Er hat ausgewählt, wo er eine Niederlassung eröffnet. Er hat ein „Heimspiel", wenn auch kein „großes" an seinem Sitz, aber immerhin ein „kleines" an einem seiner Standorte.[784]

334 **f) Gerichtsstandsvereinbarungen unter den Beschränkungen des Art. 23 Brüssel Ia-VO.** Gerichtsstandsvereinbarungen sind im Arbeitsverhältnis möglich, aber nur in dem engen Rahmen wirksam, den Art. 23 Brüssel Ia-VO ihnen zieht. Sie sind also nur dann wirksam, wenn die Vereinbarung nach der Entstehung der Streitigkeit getroffen wird (Art. 23 Nr. 1 Brüssel Ia-VO) oder wenn sie dem Arbeitnehmer die Befugnis einräumt, andere als die in diesem Abschnitt angeführten Gerichte anzurufen (Art. 23 Nr. 2 Brüssel Ia-VO). Unwirksam und wirkungslos ist namentlich eine ausschließliche Gerichtsstandsvereinbarung im ursprünglichen Arbeitsvertrag.[785]

335 **7. Notzuständigkeit (forum necessitatis).** Anders als viele andere Verordnungen des Europäischen Internationalen Zivilprozessrechts (nämlich Art. 7 EuUnthVO; Art. 11 EuErbVO; Art. 11 EuGüVO; Art. 11 EuPartVO)[786] kennt die Brüssel Ia-VO kein gesetzliches forum necessitatis, keine Notzuständigkeit. Ein entsprechender Vorschlag der Kommission[787] im Anschluss an die GEDIP[788] ist in der Genese der Brüssel Ia-VO aus guten Gründen[789] gescheitert. Auch ein erneuter Vorstoß 2020, diesmal seitens des Europäischen Parlaments,[790] blieb erfolglos.[791] Allenfalls über Art 8 EMRK ließe sich an eine Weltrechtsnotzuständigkeit für Menschenrechtsverletzungen denken.[792] Jedoch besteht für die Mit-

---

[781] Vgl. EuGH C-125/92, Slg. 1993, I-4075 Rn. 21 – Mulox IBC Ltd./Hendrick Geels (den Art. 5 Nr. 1 Hs. 3 EuGVÜ allerdings ignorierend); C-383/95, Slg. 1997, I-57 Rn. 18 – Rutten/Cross Medical Ltd.

[782] Ulrici jurisPR-ArbR 30/2011 Anm. 3 sub C II 2; Wieczorek/Schütze/Temming, 4. Aufl. 2019, Brüssel Ia-VO Art. 21 Rn. 118.

[783] Rauscher/Mankowski Brüssel Ia-VO Art. 21 Rn. 85.

[784] Rauscher/Mankowski Brüssel Ia-VO Art. 21 Rn. 85; zust. Wieczorek/Schütze/Temming, 4. Aufl. 2019, Brüssel Ia-VO Art. 21 Rn. 118.

[785] S. nur EuGH verb. Rs. C-168/16 und C-169/16, ECLI:EU:C:2017:688 Rn. 54 – Nogueira ua/Crewlink Ltd, Miguel José Moreno Osacar/Ryanair Designated Activity Company; BAG RIW 2014, 691 Rn. 28 = AP GVG § 20 Nr. 8; BAGE 158, 266 Rn. 60 = AP GVG zu § 20 Nr. 11 mAnm Winkler v. Mohrenfels; Trib. Sup. AEDIPr 2007, 861 f. nota Asín Cabrera; Cass. soc. JCP G 1998 IV.1303; Cassaz Riv. dir. int. priv. proc. 2013, 125 (126); Trib. Sup. REDI 2014-1, 277, 278 note Carballo Piñeiro = AEDIPr 2013, 1069; AEDIPr 2013, 1070 (1071); Mankowski EuZA 2017, 267 (273); Rauscher/Mankowski Brüssel Ia-VO Art. 23 Rn. 5.

[786] Dazu Lagarde Liber amicorum Kohler, 2018, 255.

[787] KOM (2010) 748, 36 Art. 26.

[788] European Group for Private International Law (Bergen Session, 21.9.2008) IPRax 2009, 283 (284) Art. 24bis.

[789] ZB Magnus/Mankowski ZVglRWiss 110 (2011), 252 (268 f.); Cafari Panico in Pocar/Viarengo/Villata, Recasting Bruxelles I, 2012, 127.

[790] Europäisches Parlament- Rechtsausschuss, Entwurf eines Berichts mit Empfehlungen an die Kommission zur Sorgfaltspflicht und Rechenschaftspflicht von Unternehmen (2020/2129(INL)) (Berichterstatterin: Wolters), PE657.191v01-00 – PR\1212406DE.docx (11.9.2020) S. 29 f.

[791] Bedauernd Boskovic EAPIL Blog 20.12.2021.

[792] EGMR 15.3.2018 – Application No. 51357/07 – Naït-Liman/Schweiz; Mora GYIL 52 (2009), 367; Mora NILR 2018, 155; Bonafè Riv. dir. int. 2016, 1100; Ryngaert Riv. dir. int. 2017, 782; Requejo Isidro conflictoflaws.net March 30, 2018; Hovell EJIL 29 (2018), 427; De Martiis Dir. um. dir int. 2018, 693; Ibili

gliedstaaten der EMRK kein Zwang aus der EMRK, ihre Gesetzgebung zu ändern und um ein forum necessitatis zu erweitern.[793] Beim gegenwärtigen Stand des Völkerrechts steht einem Plädoyer für einen liberalen Zugang zu den Gerichten[794] sogar ein Ansatz gegenüber, welcher aus völkerrechtlichen Gründen den Zugang zu den Gerichten restriktiv handhaben will.[795]

Am Grundgerichtsstand gegen dort ansässige Mutterunternehmen oder Abnehmer leidet **336** es sowieso in Deutschland und anderen Mitgliedstaaten der Brüssel Ia-VO am oberen Ende der Lieferkette keinen Mangel. Dieser ist im Gegenteil auf natürliche und systemkonforme Weise gegeben. Ihn muss man nicht auf systemsprengende Weise konstruieren, indem man der Brüssel Ia-VO eine Notzuständigkeit einschriebe, die es in ihr bewusst nicht gibt.

Anders könnte es jedoch aussehen, soweit in Drittstaaten außerhalb der EU ansässige **337** Tochter-, Enkel- usw. – unternehmen oder Lieferanten verklagt oder mitverklagt werden. Denn gegen sie fehlt es an einem allgemeinen Gerichtsstand in einem Mitgliedstaat und auch an sämtlichen besonderen Gerichtsständen aus Art. 7, 8 Brüssel Ia-VO, solange man ernst und örtlich nimmt, dass diese einen allgemeinen Gerichtsstand, also einen Wohnsitz des Beklagten, in einem anderen Mitgliedstaat als dem Forumstaat voraussetzen.

Indes bedeutet die Nichtanwendbarkeit dieser Gerichtsstände keineswegs, dass gegen dritt- **338** staatsansässige Beklagte automatisch keinerlei Gerichtsstände zur Verfügung stünden. Vielmehr kommen gegen drittstaatsansässige Beklagte über Art. 6 Brüssel Ia-VO alle Gerichtsstände aus dem nationalen IZPR des Forumstaats zum Zuge, einschließlich der darin vorfindlichen exorbitanten Gerichtsstände. Eine Lücke würde nur dann bestehen, wenn sich auch im nationalen IZPR des Forums konkret kein passender Gerichtsstand findet.[796] Die residualen Gerichtsstände aus den mitgliedstaatlichen Rechten können ganz eigene Wege eröffnen, um Drittstaatsansässige wegen Menschenrechts- oder Umweltverletzungen gerichtspflichtig zu machen, sei es in Deutschland etwa über § 23 ZPO wegen in Deutschland belegenen Inlandsvermögens des jeweiligen Beklagten.[797] Pauschal kann man daher kaum behaupten, dass es schwierig sei, einen Gerichtsstand zu finden.[798]

Nur in einen wirklichen Lückenbereich könnte ein forum necessitatis, eine Notzuständig- **339** keit, passen. Fora necessitatis sind grundsätzlich dann diskutabel, wenn Zuständigkeitslücken für die Regelung berechtigter Anliegen drohen würden.[799] Eine universelle Zuständigkeit[800]

NIPR 2018, 695; Fabre Rev. sc. crim. et dr. pén. comp. 2018, 861; Pavoni Riv. dir. int. 2018, 892; Nkenkeu-Kek Rev. trim. Dr. hommes 29 (2018), 985; Ferrer Lloret Rev. Gen. Der. Eur. 47 (2019), 1; Camanna Comunità Int. 2019, 503; Bonet Pérez Deusto J. Hum. Rgths 2020:5, 13; Saccucci in Forlati/Franzina, Universal Civil Jurisdiction: Which Way Forward?, 2020, 3; Forlati in Forlati/Franzina, Universal Civil Jurisdiction: Which Way Forward?, 2020, 38; Malgosia Fitzmaurice in Forlati/Franzina, Universal Civil Jurisdiction: Which Way Forward?, 2020, 56.

[793] Saccucci in Forlati/Franzina, Universal Civil Jurisdiction: Which Way Forward?, 2020, 3; Forlati in Forlati/Franzina, Universal Civil Jurisdiction: Which Way Forward?, 2020, 38; Marchadier RCDIP 2021, 717 (718 f.).

[794] ZB Marongiu Buonaiuti in Forlati/Franzina, Universal Civil Jurisdiction: Which Way Forward?, 2020, 120.

[795] ZB Roorda/Ryngaerdt in Forlati/Franzina, Universal Civil Jurisdiction: Which Way Forward?, 2020, 74.

[796] Ein europäisches forum necessitatis allgemeinen Zuschnitts würde sämtliche nationalen Regelungen verdrängen; Hess MPILux Research Paper Series 2021 (4), 5 f.

[797] La Manna in Forlati/Franzina, Universal Civil Jurisdiction: Which Way Forward?, 2020, 140; Marchadier RCDIP 2021, 717 (719).

[798] So aber Boskovic EAPIL Blog 20 December 2021.

[799] Zu fora necessitatis grds. Kübler-Wachendorff, Das forum necessitatis im europäischen Zuständigkeitsrecht, 2021; Rétornaz/Volders RDCIP 97 (2008), 225; Rossolillo Cuad. Der. Trans. 2 (2) (2010), 403; Ereciński/Weitz FS Kaissis, 2012, 187; Hau FS Kaissis, 2012, 355; Rozas Libro homenaje Leonel Pereznieto Castro, 2017, 229.

[800] Zur universellen Zuständigkeit im IZVR allg. zB Bucher Rec. des Cours 372 (2015), 9; zur Diskussion im Völkerrecht zB Randall 66 Texas L. Rev. 791 (1988); Guillaume Mélanges Levasseur, 1992, 25; Stern Liber amicorum Judge Bedjaoui, 1999, 735.

könnte in Fällen von Menschenrechtsverletzungen oder Umweltschädigungen den vordringlichen sachlichen Regelungsanliegen das Forum bieten.[801]

340 Die GEDIP will in I.2. ihres Vorschlags für eine Empfehlung zum IPR der corporate due diligence und der Unternehmensverantwortlichkeit[802] ein forum necessitatis:

> *„Where no jurisdiction is available within the European Union, and if proceedings outside the European Union are impossible or cannot reasonably be required to be brought, in the courts of a Member State with which the case has a link."*

341 Das forum necessitatis wäre danach dreifach konditioniert[803] und würde sich an Parallelen in Art. 7 EuUntVO; 11 EuErbVO; 11 EuGüVO; 11 EuPartVO orientieren.[804]

342 Systemkonformer und systemschonender als ein forum necessitatis wäre freilich eine „kleine Lösung": eine teleologische Reduktion des Erfordernisses in Art. 8 Nr. 1 Brüssel Ia-VO, dass der Beklagte selber einen Wohnsitz in einem Mitgliedstaat haben muss. Werden Konzernuntergesellschaften im Wohnsitzgerichtsstand der Konzernobergesellschaft zusammen mit dieser verklagt, so besteht ein hinreichendes Näheverhältnis zum Forumstaat, vermittelt über den Konzernverbund und dessen Leitungsstrukturen.[805]

IV. Internationales Deliktsrecht

343 **1. Anknüpfungssystem der Rom II-VO.** Welches materielle Recht anwendbar ist, bestimmt das Internationale Privatrecht. Dies differenziert per Qualifikation nach verschiedenen Anknüpfungstatbeständen. Für Menschenrechtsverletzungen außerhalb von Arbeitsverhältnissen kommt zuvörderst das Internationale Deliktsrecht zum Zuge. Dieses ist heute grundsätzlich in der Rom II-VO geregelt. Für Menschenrechtsverletzungen gibt es keinen speziellen Ausschlusstatbestand vom sachlichen Anwendungsbereich der Rom II-VO in Art. 1 Abs. 2 Rom II-VO. Erste mögliche Anknüpfungsstufe ist eine eigene internationaldeliktsrechtliche Rechtswahl zwischen Täter(n) und Opfer(n) nach Art. 14 Rom II-VO. Von den besonderen objektiven Anknüpfungen kommt im hiesigen Kontext nur Art. 7 Rom II-VO für Umweltverletzungen in Betracht. Fehlt es daran, so erfolgt die allgemeine objektive Anknüpfung nach Art. 4 Abs. 1 Rom II-VO an den Erfolgsort. Dies wird durchbrochen, wenn Täter und Opfer ihre gewöhnlichen Aufenthalte in demselben Staat haben (Art. 4 Abs. 2 Rom II-VO) oder wenn es eine noch engere Verbindung zum Recht eines anderen Staates gibt (Art. 4 Abs. 3 Rom II-VO). Alle Verweisungen der Rom II-VO sind ausweislich Art. 24 Rom II-VO sog. Sachnormverweisungen. Sie erklären direkt das Sachrecht der verwiesenen Rechtsordnungen für anwendbar. Dagegen verweisen sie nicht auf das Kollisionsrecht jener Rechtsordnungen. Dies gilt ohne Besonderheiten auch in Fällen von Menschenrechtsverletzungen.[806] Nachgelagert erfolgt eine Kontrolle des sachrechtlichen Anknüpfungsergebnisses im Einzelfall am ordre public (Art. 21 Rom II-VO).

[801] Requejo Isidro Rev. Der. Com. Eur. 27 (2008), 511; Nwapi Utrecht Rev. Int. & Eur. L. 30 (2014), 24; Ryngaert Riv. dir. int. 2017, 782; Mora NILR 2018, 155; Vangansberg, L'application procédurale du principe de prohibition de la torture au niveau internationale: une schizophrénie juridique?, 2019, 46–51; Cassel in Deva/Birchall, Research Handbook on Human Rights and Business, 2020, 198 (209 f.); La Manna in Forlati/Franzina, Universal Civil Jurisdiction: Which Way Forward?, 2020, 140.

[802] Groupe Européen de Droit International Privé (GEDIP), Recommendation of the European Group for Private International Law (GEDIP/EGPIL) to the European Commission concerning the Private international law aspects of the future Instrument of the European Union on [Corporate Due Diligence and Corporate Accountability], GEDIP – document adopté à la réunion virtuelle 2021, 08/10/2021 (version finale), https://gedip-egpil.eu/wp-content/uploads/2021/02/Recommandation-GEDIP-Recommendation-EGPIL-final.pdf (zuletzt abgerufen am 6.9.2022).

[803] Comment 7 GEDIP Proposal, Fn. 183.

[804] Comment 7 GEDIP Proposal, Fn. 183.

[805] EGMR 21.6.2016 – Application No. 51357/07 § 183 – Abdennacer Naït-Liman c/Suisse; Palombo, Business and Human Rights: The Obligations of the European Home States, 2020, 176.

[806] Mansel ZGR 2018, 439 (454); Haider, Haftung von transnationalen Unternehmen und Staaten für Menschenrechtsverletzungen, 2019, 325.

2. Rechtswahl nach Art. 14 Rom II-VO. Die Vorschrift lautet: **344**

Art. 14 Rom II-VO Freie Rechtswahl

(1) [1] Die Parteien können das Recht wählen, dem das außervertragliche Schuldverhältnis unterliegen soll:

a) durch eine Vereinbarung nach Eintritt des schadensbegründenden Ereignisses;

oder

b) wenn alle Parteien einer kommerziellen Tätigkeit nachgehen, auch durch eine vor Eintritt des schadensbegründenden Ereignisses frei ausgehandelte Vereinbarung.

[2] Die Rechtswahl muss ausdrücklich erfolgen oder sich mit hinreichender Sicherheit aus den Umständen des Falles ergeben und lässt Rechte Dritter unberührt.

(2) Sind alle Elemente des Sachverhalts zum Zeitpunkt des Eintritts des schadensbegründenden Ereignisses in einem anderen als demjenigen Staat belegen, dessen Recht gewählt wurde, so berührt die Rechtswahl der Parteien nicht die Anwendung derjenigen Bestimmungen des Rechts dieses anderen Staates, von denen nicht durch Vereinbarung abgewichen werden kann.

(3) Sind alle Elemente des Sachverhalts zum Zeitpunkt des Eintritts des schadensbegründenden Ereignisses in einem oder mehreren Mitgliedstaaten belegen, so berührt die Wahl des Rechts eines Drittstaats durch die Parteien nicht die Anwendung – gegebenenfalls in der von dem Mitgliedstaat des angerufenen Gerichts umgesetzten Form – der Bestimmungen des Gemeinschaftsrechts, von denen nicht durch Vereinbarung abgewichen werden kann.

Art. 14 Abs. 1 lit. a Rom II-VO erlaubt eine nachträgliche Rechtswahl nach erfolgtem **345** Delikt ohne Einschränkung, weder in persönlicher Hinsicht noch hinsichtlich des Kreises wählbarer Rechtsordnungen. Bei Menschenrechtsverletzungen in Lieferketten kommt eine vorhergehende Rechtswahl nach Art. 14 Abs. 1 lit. b Rom II-VO dagegen nicht ernsthaft in Betracht, weil die Opfer keinen kommerziellen Tätigkeiten nachgehen[807] und weil eine dem Delikt vorangehende, eigenständige deliktsrechtliche Rechtswahl rechtstatsächlich schlicht nicht stattfindet.

Allenfalls vermag man sich vorzustellen, dass kommerziell tätige Nachbarn sich bereit **346** finden, gegen eine Abfindung Duldungspflichten übernehmen und sich ihre Klagrechte wegen Umweltverschmutzungen auf ihren benachbart gelegenen Betriebsgrundstücken durch einen dem Delikt vorhergehenden Vertrag abkaufen lassen. Dann mag eine Rechtswahl in einem solchen Vertrag auch (neben einer internationalschuldvertragsrechtlichen Komponente) als internationaldeliktsrechtliche Rechtswahl nach Art. 14 Abs. 1 lit. b Rom II-VO zu werten sein.

Treffen Arbeitnehmer mit ihren Arbeitgebern in ihren Arbeitsverträgen eine Rechts- **347** wahl, so handeln die Arbeitnehmer dabei zwar im Rahmen ihrer beruflichen Tätigkeit. Sie handeln jedoch nicht selbstständig-kommerziell, sondern vielmehr unselbstständig-abhängig. Damit ist die persönliche Voraussetzung des Art. 14 Abs. 1 lit. b Rom II-VO nicht erfüllt.

Eine Rechtswahl bedarf jedenfalls immer des Konsenses von Täter und Opfer. Rechts- **348** tatsächlich ist sie bei hinreichend informierten Parteien denkbar, wenn jede Partei in ihr keine Verlustoption sieht.[808] Gegenläufige Interessen und quasi-natürlicher Antagonismus sind in Fällen von Menschenrechtsverletzungen jedoch eine hohe Hürde.[809] In Fällen von Menschenrechtsverletzungen wird typischerweise mindestens eine Partei kein Interesse an einer Wahl haben, weil sie dadurch ihre Position gegenüber der objektiven Anknüpfung verschlechtert. Spieltheoretische und verhaltensökonomische Gründe stehen einer Wahl gemeinhin entgegen.[810]

---

[807] Thomale/Hübner JZ 2017, 385 (392).
[808] Thomale/Murko EuZA 2021, 40 (56 f.).
[809] Rühl BerDGIR 50 (2020), 89 (97); Rühl Eur. Yb. Int. Econ. L. 2020, 61 (66).
[810] Thomale/Hübner JZ 2017, 385 (392).

349 Dementsprechend hat die – theoretisch durchaus bestehende[811] – Möglichkeit zur nachträglichen parteiautonomen Wahl des Deliktsstatuts bisher in Fällen von Menschenrechtsverletzungen keine reale Rolle gespielt.[812] Im KiK-Fall wurde ausnahmsweise eine konkludente Teilrechtswahl deutschen Verjährungsrechts durch Prozessverhalten diskutiert, aber im Ergebnis abgelehnt.[813] Bei Opfern, die in den Produktionsstaaten ansässig sind, kann man gerade kein Interesse unterstellen, dass diese per Rechtswahl von einem ihnen unbekannten Tatortrecht wegkommen wollten.[814] Im Gegenteil ist für diese Opfer, wenn überhaupt, das Tatortrecht vertrauter und das Sitzrecht der Mutterunternehmen oder Abnehmer fremd.

350 Eine interessante Idee ist, Unternehmen in Codes of Conduct eine als Erwartungshaltung formulierte moralische Verpflichtung aufzuerlegen, nachträglich mit Betroffenen ihr eigenes Sitzrecht (aus einem Zielstaat am oberen Ende der Lieferkette, im Globalen Norden) zu vereinbaren.[815] Auch entsprechende Selbstverpflichtungserklärungen und Selbstbindungen von Unternehmen sind theoretisch denkbar.[816] Dagegen dürfte der nationale Gesetzgeber eine Verpflichtung zu einer bestimmten Rechtswahl nicht aussprechen, denn dies würde mit der europäisch garantierten Freiheit der Rechtswahl unter Art. 14 Rom II-VO kollidieren.[817] Eine gesetzliche Verpflichtung ließe sich auch kaum als Eingriffsnorm deklarieren, denn sie würde sich ja gerade der Rechtswahl als eines genuin kollisionsrechtlichen Instruments bedienen.

351 **3. Erfolgsortanknüpfung nach Art. 4 Abs. 1 Rom II-VO als Grundanknüpfung.** Die Vorschrift lautet:

Art. 4 Rom II-VO Allgemeine Kollisionsnorm

(1) Soweit in dieser Verordnung nichts anderes vorgesehen ist, ist auf ein außervertragliches Schuldverhältnis aus unerlaubter Handlung das Recht des Staates anzuwenden, in dem der Schaden eintritt, unabhängig davon, in welchem Staat das schadensbegründende Ereignis oder indirekte Schadensfolgen eingetreten sind.

(2) Haben jedoch die Person, deren Haftung geltend gemacht wird, und die Person, die geschädigt wurde, zum Zeitpunkt des Schadenseintritts ihren gewöhnlichen Aufenthalt in demselben Staat, so unterliegt die unerlaubte Handlung dem Recht dieses Staates.

(3) [1] Ergibt sich aus der Gesamtheit der Umstände, dass die unerlaubte Handlung eine offensichtlich engere Verbindung mit einem anderen als dem in den Absätzen 1 oder 2 bezeichneten Staat aufweist, so ist das Recht dieses anderen Staates anzuwenden. [2] Eine offensichtlich engere Verbindung mit einem anderen Staat könnte sich insbesondere aus einem bereits bestehenden Rechtsverhältnis zwischen den Parteien – wie einem Vertrag – ergeben, das mit der betreffenden unerlaubten Handlung in enger Verbindung steht.

352 Art. 4 Abs. 1 Rom II-VO statuiert die objektive Grundanknüpfung an den Erfolgsort. Erfolgsort ist derjenige Ort, an welchem das primär geschützte Rechtsgut verletzt wird. Bloße Folgeschäden sind als bloß indirekte Schäden nach Art. 4 Abs. 1 Hs. 2 Var. 2 Rom II-VO unbeachtlich. Ort der Rechtsgutverletzung ist in Lieferkettenkonstellationen der Ort, an welchem das geschützte Rechtsgut Leben, Gesundheit, Freiheit des Arbeitnehmers oder Eigentum, Gesundheit, Leben des Projektnachbarn verletzt wird,[818] sei es auch über

---

[811] Thomale/Hübner JZ 2017, 385 (392).

[812] Enneking in Rubio/Yiannibas, Human Rights in Business, 2017, 38 (52); Rühl BerDGIR 50 (2020), 89 (97); Rühl Eur. Yb. Int. Econ. L. 2020, 61 (66 f.); Haider, Haftung von transnationalen Unternehmen und Staaten für Menschenrechtsverletzungen, 2019, 323 f.

[813] LG Dortmund IPRax 2019, 327; OLG Hamm NJW 2019, 3527 Rn. 12–19; zust. Ostendorf IPRax 2019, 297 (298); Aldag Jura 2020, 1214 (1216).

[814] Insoweit sitzt Paefgen ZIP 2021, 2006 (2015) einem Gedankenfehler auf.

[815] Mansel ZGR 2018, 439 (463); vgl. auch Thomale/Hübner JZ 2017, 385 (392).

[816] Mansel ZGR 2018, 439 (463); eingehend dazu Schramm, Privatrechtliche Wirkungen unternehmerischer Selbstverpflichtungen zur Einhaltung der Menschenrechte, 2020.

[817] Mansel ZGR 2018, 439 (463).

[818] S. nur OLG Hamm NJW 2019, 3527 Rn. 11; LG Dortmund IPRax 2019, 327; Enneking ERPL 2008, 283 (302 f.); Enneking 40 Geo. Wash. Int'l. L. Rev. 903, 928 f. (2009); Enneking in Rubio/Yiannibas, Human

eine Umweltschädigung.[819] Dieser Ort liegt nicht im Zielstaat am anderen Ende der Lieferkette. Rein von der räumlichen Nähe her betrachtet kommt eine Erfolgsortanknüpfung den Interessen des Geschädigten an der Anwendung eines ihm vertrauten Rechts und an einem „rechtlichen Heimspiel" sogar entgegen.[820] Wie es um die inhaltliche Ausgestaltung des Erfolgsortsrecht steht, ist indes eine weitere Dimension.[821]

Deutsches Sachrecht ist also bei einer Lieferkette mit deutscher Mutter bzw. deutschem **353** Abnehmer über die Grundanknüpfung des Internationalen Deliktsrechts gar nicht berufen. Das Internationale Privatrecht erweist sich insoweit als Achillesferse.[822]

An der Erfolgsortanknüpfung im Internationalen Deliktsrecht wird kritisiert, sie führe bei **354** Menschenrechtsverletzungen zB durch Folter in einer Militärdiktatur dazu, dass das Recht eben dieser Militärdiktatur anwendbar sei (soweit man dabei überhaupt von „Recht" sprechen könne).[823] Dies hieße, die Entscheidung über den Anspruch des Verletzten gerade demjenigen Rechtssystem zu überlassen, unter welchem die zu sanktionierenden Rechtsverletzungen stattfinden konnten.[824] Die Anwendung des Tatortrechts erscheine widersinnig, wenn gerade dort das Recht mit Füßen getreten werde.[825] Solcherart Lokalisierung sei auch deshalb ein zu überwindendes, weil schädliche Folgen zeitigendes Erbe eines Territorialitätsprinzips, weil es namentlich in Lieferketten die Verantwortlichkeit multinationaler Unternehmen vermindere.[826]

Ein erster denkbarer Einstieg dagegen wäre, eine etwaige opfergünstigere formale **355** Rechtslage des Erfolgsortrechts anzuwenden[827] statt der geübten, durch Willkür, Unterwerfung, Korruption oder Rechtsbeugung geübten Praxis, die oftmals gerade die Justiz als zentralen Bestandteil im Apparat eines herrschenden Unterdrückungsregimes erweisen würde. Alle diese Überlegungen betreffen jedoch zuvörderst Menschenrechtsverletzungen durch den Staat des Erfolgsorts selber – und zudem stellen sie sich auf einer rechtspoliti-

---

Rights in Business, 2017, 38 (52)–54; Otero Carcá-Castrillón (2011) 7 JPrIL 551, 565 f.; G. Wagner RabelsZ 80 (2016), 717 (743 f.); Thomale/Hübner JZ 2017, 385 (391); Pataut Dr. soc. 2017, 833 (836); Weller/Thomale ZGR 2017, 509 (524); McCall-Smith/Rühmkorf in Ruiz Abou-Nigm/McCall-Smith/Duncan French, Linkages and Boundaries in Private and Public International Law, 2018, 147 (160); Hartmann in Krajewski/Saage-Maaß, Die Durchsetzung menschenrechtlicher Sorgfaltspflichten von Unternehmen, 2018, 281 (300 f.); Mansel ZGR 2018, 439 (454, 459 f.); Weller/Pato Unif. L. Rev. 2018, 397 (411); Lehmann/Eichel RabelsZ 83 (2019), 77 (93 f.); Wendelstein RabelsZ 83 (2019), 114 (127 f.), 134 f.; Ransiek jurisPR-IWR 4/2019 Anm. 2 sub C; Mankowski EWiR 2019, 739 (740); Haider, Haftung von transnationalen Unternehmen und Staaten für Menschenrechtsverletzungen, 2019, 324 f.; Rühl BerDGIR 50 (2020), 89 (97 f.); Rühl Eur. Yb. Int. Econ. L. 2020, 61 (67); Weller/Nasse ZGR SdH 22 (2020), 107 (131); Mantovani/Hess in Ferrari/Fernández Arroyo, Private International Law – Contemporary Challenges and Continuing Relevance, 2020, 293 (327); Ehmann ZVertriebsR 2021, 141 (150); Thomale/Murko EuZA 2021, 40 (56); Thomale/Murko ZVglRWiss 120 (2021), 127 (138); Boskovic Okpabi v. Royal Dutch Shell: A View from France, EAPIL Blog 15.3.2021, https://eapil.org/2021/03/15/okpabi-v-royal-dutch-shell-a-view-from-france/ (zuletzt abgerufen am 6.9.2022); Ehmann/Berg GWR 2021, 287 (291); Späth/Felix R. Werner CCZ 2021, 241 (246); Stöbener de Mora/Paul Noll NZG 2021, 1285 (1286); Paefgen ZIP 2021, 2006 (2015); Grabosch Das neue LkSG/Engel § 7 Rn. 15; Hübner FS Ebke, 2021, 415 (415); Dohrmann CCZ 2021, 265 (271); Wimmer FS Reuter, 2021, 535 (564); abw. freilich Schall ZIP 2021, 1241 (1250): Erfolgsort eines reinen Tätigkeitsdelikts wie Sorgfaltspflichtverletzungen sei der Tätigkeitsort.

[819] Weller/Nasse/Nasse FS Kronke, 2020, 601 (613); Weller/Tran ZEuP 2021, 573 (583); Kieninger in Kahl/Weller, Climate Change Litigation, 2021, 119 Rn. 47; Kieninger IPRax 2022, 1 (4 f.); Bartman/C. de Groot Ars Aequi 2021, 384 (386).

[820] Hübner, Unternehmenshaftung für Menschenrechtsverletzungen, 2021, Kap. 4 I.

[821] Hübner, Unternehmenshaftung für Menschenrechtsverletzungen, 2021, Kap. 4 I.

[822] Hübner FS Ebke, 2021, 415 (415); Basedow Ann. Inst. Dr. Int. 1999, 1 (15); Weller/Pato Unif. L. Rev. 2018, 397 (417); Bodenstein/Alexander Lenz ZCG 2021, 101 (106); Späth/Werner CCZ 2021, 241 (247); s. auch Mansel/Kuhl FS v. Bar, 2022, sub IV 1 a.

[823] Halfmeier RabelsZ 68 (2004), 653 (672).

[824] Stephens 27 Yale J. Int'l. L. 1, 32 (2002); Halfmeier RabelsZ 68 (2004), 653 (672); Scheffler, Die Bewältigung hoheitlich begangenen Unrechts durch fremde Zivilgerichte, 1997, 238.

[825] G. Fischer FS Remmers, 1995, 447 (451).

[826] Muir Watt (2011) 2 Transnat. Legal Theory 347, 385 f.; Isailovic (2015) 38 Suffolk Transnat. L. Rev. 1; Brachotte RCDIP 2019, 283 (288).

[827] Halfmeier RabelsZ 68 (2004), 653 (672).

schen Ebene de lege ferenda. De lege lata vermöchten sie sich allenfalls im Wege einer teleologischen Reduktion des Art. 4 Abs. 1 Rom II-VO Bahn zu brechen.

356 **4. Gemeinsamer gewöhnlicher Aufenthalt von Täter und Opfer unter Art. 4 Abs. 2 Rom III-VO.** Art. 4 Abs. 2 Rom II-VO enthält eine die Erfolgsortanknüpfung verdrängende besondere Anknüpfung, wenn Täter und Opfer eines Delikts ihren jeweiligen gewöhnlichen Aufenthalt beide zum Zeitpunkt der Schadensentstehung in demselben Staat haben. Den Anknüpfungspunkt des gewöhnlichen Aufenthalts füllt Art. 23 Rom II-VO (teilweise) aus: Für Gesellschaften ist deren gewöhnlicher Aufenthalt ausweislich Art. 23 Abs. 1 S. 1 Rom II-VO der Ort ihrer Hauptverwaltung. Bei Schadensverwirklichung durch eine Niederlassung kommt es nach Art. 23 Abs. 1 S. 2 Rom II-VO auf den Ort dieser Niederlassung an.

357 Für natürliche Personen, die „im Rahmen der Ausübung ihrer beruflichen Tätigkeit" handeln, ist gewöhnlicher Aufenthalt nach Art. 23 Abs. 2 Rom II-VO der Ort ihrer Hauptniederlassung. „Berufliche Tätigkeit" meint in Art. 23 Abs. 2 Rom II-VO nur die selbstständige oder gewerbliche Tätigkeit, nicht die unselbstständige Tätigkeit als Arbeitnehmer.[828] Zum gewöhnlichen Aufenthalt von Arbeitnehmern oder anderen natürlichen Personen sagt Art. 23 Rom II-VO nichts Spezielles,[829] sodass ein Rückgriff auf Maßstäbe aus dem Internationalen Familienrecht sinnvoll erscheint.[830] Zu suchen ist der Lebensmittelpunkt, der Schwerpunkt der persönlichen wie wirtschaftlichen und familiären Interessen für das einzelne Anknüpfungssubjekt.[831] Dies ist auch für die Zwecke der Rom II-VO ein rein faktisches, kein normativ determiniertes Kriterium.[832]

358 Bei den vom LkSG ins Auge gefassten Menschenrechtsverletzungen fehlt es indes in aller Regel an der Grundvoraussetzung des Art. 4 Abs. 2 Rom II-VO, dass Täter und Opfer beide ihren gewöhnlichen Aufenthalt im selben Staat hätten:[833] Täter sind in LkSG-Fällen in Deutschland ansässige Unternehmen, die nach Art. 23 Abs. 1 S. 1 Rom II-VO ihren gewöhnlichen Aufenthalt haben. Opfer sind dagegen in aller Regel Personen, die am anderen Ende der Lieferkette arbeiten oder als Nachbarn von Produktions- oder Förderstätten in einem Lieferstaat leben.

359 Ausnahmsweise mag Art. 4 Abs. 2 Rom II-VO zunächst zum Zuge kommen, wenn ein vom Mutterunternehmen entsandter Arbeitnehmer vor Ort eine menschenrechtswidrige Schädigung erleidet.[834] Jedoch setzt sich dann letztlich eine akzessorische Anknüpfung an das Arbeitsvertragsstatut über Art. 4 Abs. 3 S. 2 Rom II-VO durch.

360 Art. 4 Abs. 2 Rom II-VO greift außerdem, wenn der Geschädigte eine wie er im Produktionsstaat ansässige Tochter- oder Enkelgesellschaft bzw. einen dort ansässigen Zulieferer in Anspruch nimmt.[835]

361 **5. Akzessorische Anknüpfung nach Art. 4 Abs. 3 S. 2 Rom II-VO bei Menschenrechtsverletzungen gegen Arbeitnehmer. a) Akzessorische Anknüpfung als kollisionsrechtliches Institut.** Art. 4 Abs. 3 S. 2 Rom II-VO etabliert eine akzessorische Anknüpfung an das Statut eines herrschenden Rechtsverhältnisses, sei dieses ein Vertrag oder ein anderes Rechtsverhältnis. Art. 4 Abs. 3 S. 2 Rom II-VO verfolgt seine eigene kollisionsrechtliche Agenda und verwirklicht Wertungen, die so unter der allgemeinen

---

[828] Begründung der Kommission zum Vorschlag für eine Verordnung über das auf außervertragliche Schuldverhältnisse anzuwendende Recht, KOM (2003) 427 endg. S. 27; Calliess/Baetge, Rome Regulations, 3. Aufl. 2020, Rom II-VO Art. 23 Rn. 18; v. Bar/Mankowski IPR II § 2 Rn. 195.

[829] S. nur Aldag Jura 2020, 1214 (1217).

[830] Gaynor Winrow v. J. Hemphill and Ageas Insurance Ltd. [2014] EWHC 3164 [40] (Q. B. D., Slade J.).

[831] S. nur NK-BGB/Schulze Rom II-VO Art. 23 Rn. 15; v. Bar/Mankowski IPR II § 2 Rn. 196.

[832] Calliess/Baetge, Rome Regulations, 3. Aufl. 2020, Rom II-VO Art. 23 Rn. 28; v. Bar/Mankowski IPR II § 2 Rn. 196.

[833] Mansel ZGR 2018, 439 (455); Aldag Jura 2020, 1214 (1217); Keilmann/F. Schmidt WM 2021, 717 (719).

[834] Aldag Jura 2020, 1214 (1217) Fn. 19.

[835] Mansel ZGR 2018, 439 (455).

Ausweichklausel des Art. 4 Abs. 3 S. 1 Rom II-VO sonst nicht wiederkehren. Art. 4 Abs. 3 S. 2 Rom II-VO formuliert eigentlich eine Regel. Art. 4 Abs. 3 S. 1 Rom II-VO verlangt dagegen eine offene Abwägung. Art. 4 Abs. 3 S. 2 Rom II-VO steht nur unter kleinen Einschränkungen. In ihm ist die Abwägungsentscheidung schon abstrakt vorgegeben und bedarf nicht einer positiven konkreten Herleitung.

Die gewählte Technik, sich vorrangig an herrschende Rechtsverhältnisse anzulehnen, **362** wenn solche existieren, hat den zusätzlichen Vorteil, Abgrenzungsprobleme infolge unterschiedlicher Qualifikation und daraus folgenden Anpassungsbedarf zu vermeiden, indem von vornherein qua akzessorischer Anknüpfung nur ein Recht für beide Rechtsverhältnisse berufen wird.[836] So werden zudem alle Konkurrenzfragen einem einzigen Recht zugeführt, die ansonsten auf der kollisionsrechtlichen Ebene enorme Schwierigkeiten bereiten könnten.[837]

Herrschendes Rechtsverhältnis kann indes nicht der Projektvertrag sein,[838] denn an **363** diesem ist der in seinen Menschenrechten angeblich Verletzte weder beteiligt noch hat er sich diesem, sei es auch nur mittelbar, unterworfen. Mit der Muttergesellschaft oder dem Abnehmer im Zielstaat verbindet den Verletzten in aller Regel kein Sonderverhältnis.[839]

Herrschendes Rechtsverhältnis kann auch nicht der Gesellschaftsvertrag der Muttergesell- **364** schaft bzw. des Abnehmerunternehmens sein. Eine akzessorische Anknüpfung daran scheidet aus.[840] Denn der Gesellschaftsvertrag herrscht nur im Innenverhältnis zwischen der Gesellschaft und ihren Gesellschaftern oder zwischen den Gesellschaftern untereinander. Gegenüber gesellschaftsfremden Dritten begründet er gerade keine Sonderrechtsbeziehung.[841] Daran ändert auch Art. 1 Abs. 2 lit. d Rom II-VO nichts.

b) Arbeitsverhältnis als herrschendes Rechtsverhältnis. Herrschendes Rechtsver- **365** hältnis für die Zwecke des Art. 4 Abs. 3 S. 2 Rom II-VO kann jedoch der Arbeitsvertrag eines in seinen Menschenrechten verletzten Arbeitnehmers sein.[842] Dabei ist indes für die rechtliche Behandlung danach zu unterscheiden, wer Arbeitgeber, also arbeitsvertragliche Gegenpartei des Arbeitnehmers, ist.

aa) Arbeitsverhältnis zwischen beklagtem Unternehmen und Opfer. Ist das be- **366** klagte Unternehmen Arbeitgeber des Opfers, so liegt eine parallel laufende Anknüpfung miteinander konkurrierender arbeitsvertraglicher und deliktischer Ansprüche nahe, ins Werk gesetzt eben über eine akzessorische Anknüpfung nach Art. 4 Abs. 3 S. 2 Rom II-VO. Diese Konstellation wird jedoch in Ketten nur selten vorliegen.[843] Das beklagte Unternehmen ist auch dann Arbeitgeber des Opfers, wenn es einer von mehreren Arbeitgebern ist, sei es, dass mit ihm ein zweiter, eigenständiger Arbeitsvertrag besteht, sei es, dass es unter einem einheitlichen Arbeitsvertrag Co- oder Mitarbeitgeber ist.

bb) Arbeitsverhältnis zwischen anderem Konzernunternehmen und Opfer. Ist **367** ein anderes Konzernunternehmen als das beklagte Unternehmen Arbeitgeber des Opfers, so kann eine parallellaufende Anknüpfung miteinander konkurrierender arbeitsvertraglicher und deliktischer Ansprüche kaum tragen, weil die Schuldner beider Anspruchspositionen nicht identisch sind. Anderes könnte sich nur dann ergeben, wenn man im konkreten Fall

[836] S. nur Garcimartín Alférez EuLF 2007, I-77, I-84; Mankowski, Interessenpolitik und europäisches Kollisionsrecht, 2011, 72.

[837] Dazu zB Stoll FS Georgiades, 2005, 941 (959 f.); Spickhoff GS Halûk Konuralp, Ankara 2009, 977 (992)-996; generell Spelsberg-Korspeter, Anspruchskonkurrenz im internationalen Privatrecht, 2009; Mankowski RIW 2010, 420.

[838] Bälz BB 2021, 648 (650).

[839] Aldag Jura 2020, 1214 (1217).

[840] Mansel ZGR 2018, 439 (458); vgl. auch Bälz BB 2021, 648 (650); wohl auch Späth/Werner CCZ 2021, 241 (246).

[841] Mansel ZGR 2018, 439 (458).

[842] Mankowski EWiR 2019, 739 (740); Aldag Jura 2020, 1214 (1217).

[843] Mankowski EWiR 2019, 739 (740); Aldag Jura 2020, 1214 (1217).

einen Zurechnungsdurchgriff bejahen kann. Das dürfte bei Vertragsverhältnissen indes anders als bei Delikten kaum je möglich sein.

368 **cc) Arbeitsverhältnis zwischen nicht konzernzugehörigem Zulieferer und Opfer.** Ist ein nicht konzernzugehöriger Zulieferer Arbeitgeber des Opfers, so kommt eine akzessorische Anknüpfung der Deliktsansprüche gegen den Abnehmer oder dessen Konzernunternehmen an das Statut dieses Arbeitsvertrags eigentlich nur dann in Betracht, wenn man bereit ist, bei Art. 4 Abs. 3 S. 2 Rom II-VO die Hürde der fehlenden Personenidentität der beiden Rechtsverhältnisse zu überwinden und eine Art wirtschaftlichen Gesamtverbund zu konstruieren, in welchem der Abnehmer im Hintergrund hinreichenden, mittelbaren Einfluss auf das Arbeitsverhältnis ausübt.

369 **c) Anknüpfung eines Arbeitsverhältnisses unter Art. 8 Rom I-VO.** Ist der Arbeitsvertrag herrschendes Rechtsverhältnis für die Zwecke des Art. 4 Abs. 3 S. 2 Rom II-VO, so ist das Statut des Arbeitsvertrags durch Anknüpfung nach Art. 8 Rom I-VO zu ermitteln. Der Arbeitsvertrag ist dann eine Erstfrage, ein präjudizielles Rechtsverhältnis im Tatbestand einer in Deutschland geltenden Kollisionsnorm.[844]

370 Haben die Arbeitsvertragsparteien im Arbeitsvertrag eine Rechtswahl getroffen, so bestimmt diese Rechtswahl nach Art. 8 Abs. 1 Rom I-VO das Arbeitsvertragsstatut. Zwar muss sie sich einem Günstigkeitsvergleich mit den internrechtlich zwingenden Normen desjenigen Rechts stellen, das ohne Rechtswahl nach Art. 8 Abs. 2–4 Rom I-VO anwendbar wäre. Der Günstigkeitsvergleich macht die Rechtswahl jedoch nicht unwirksam, sondern setzt im Gegenteil Wirksamkeit der Rechtswahl voraus, weil es sonst an einem gewählten Recht als einem Part des Vergleichs fehlen würde. Der Günstigkeitsvergleich führt auch nicht dazu, dass das hypothetische objektive Arbeitsvertragsstatut konkret zum Arbeitsvertragsstatut würde. Arbeitsvertragsstatut ist vielmehr das gewählte Recht, an das deshalb auch für die Zwecke der akzessorischen Anknüpfung unter Art. 4 Abs. 3 S. 2 Rom II-VO anzuknüpfen ist.[845]

371 Zu fragen bleibt aber in einem zweiten Schritt, welchen Einfluss das Günstigkeitsprinzip aus Art. 6 Abs. 2 S. 2 Rom I-VO bzw. Art. 8 Abs. 1 S. 2 Rom I-VO hat. Richtigerweise sollte man es auch für internrechtlich zwingende Normen des Deliktsrechts aus dem Staat des hypothetischen objektiven Vertragsstatuts greifen lassen.[846]

372 Haben die Arbeitsvertragsparteien im Arbeitsvertrag keine Rechtswahl getroffen, so führt in der typischen Lieferkettengestaltung ortsgebundener Arbeitskräfte Art. 8 Abs. 2 Rom I-VO zu einer objektiven Anknüpfung des Arbeitsvertragsstatuts an den gewöhnlichen Arbeitsort.[847] Dieser ist aber identisch mit dem deliktischen Erfolgsort bei Schädigung des Arbeitnehmers vor Ort an seinem – hier lokal verstandenen – Arbeitsplatz.[848] Art. 4 Abs. 3 S. 2 Rom II-VO würde jedoch nur durchschlagen, wenn er **zu einem anderen Recht** als dem nach der Regelanknüpfung berufenen Recht, hier dem nach Art. 4 Abs. 1 Rom II-VO berufenen Recht des Erfolgsorts, führen würde.[849]

373 **6. Allgemeine Ausweichklausel des Art. 4 Abs. 3 S. 1 Rom II-VO. a) Keine Marktortanknüpfung.** Gedanken, Art. 4 Abs. 3 S. 1 Rom II-VO bei Menschenrechtsverletzungen in Richtung einer Marktortanknüpfung aufzulockern, überzeugen deshalb

---

[844] Zu Begriff und Institut der Erstfrage zB Winkler v. Mohrenfels RabelsZ 51 (1987), 20 (20 f.); Mankowski in v. Bar/Mankowski IPR I § 7 Rn. 186; Mansel FS Kropholler, 2008, 353 (360 f.)

[845] v. Bar/Mankowski IPR II § 2 Rn. 216.

[846] v. Hein ZEuP 2009, 6 (21); Calliess/v. Hein Rom II-VO Art. 4 Rn. 69; NK-BGB/Lehmann Rom II-VO Art. 4 Rn. 165; BeckOGK/Rühl Rom II-VO Art. 14 Rn. 33; Magnus/Mankowski/Magnus Rom II-VO Art. 4 Rn. 170; v. Bar/Mankowski IPR II § 2 Rn. 216.

[847] Thomale/Hübner JZ 2017, 385 (390); Mankowski EWiR 2019, 739 (740); Thomale/Murko EuZA 2021, 40 (56).

[848] Mankowski EWiR 2019, 739 (740).

[849] Mankowski EWiR 2019, 739 (740).

nicht, weil es keinen Markt für Menschenrechtsverletzungen als Deliktskategorie gibt.[850] Vermarktet werden – letztlich in den Zielstaaten – nur die Produkte und Leistungen, die mithilfe von Menschenrechtsverletzungen hergestellt worden sind. Dabei ist aber, wie die Gegenüberstellung von Art. 5 Rom II-VO und Art. 6 Rom II-VO zeigt, zwischen Herstellung und Vermarktung der hergestellten Produkte zu unterscheiden. Um die Vermarktung geht es in Lieferkettenfällen jedoch nicht.

b) Kein better law-approach und keine materielle, ergebnisbezogene Aufladung. Eine materielle Aufladung der Ausweichklausel aus Art. 4 Abs. 3 S. 1 Rom II-VO[851] wäre ein methodisch nicht passender Weg.[852] Dem europäischen IPR ist ein better law approach, hier zum haftungsgünstigeren Recht, fremd.[853] Ein gegenteiliger Vorstoß des Europäischen Parlaments[854] ist gescheitert.[855] Das europäische IPR schaut nicht auf das sachrechtliche Ergebnis einer möglichen Anknüpfung und macht davon nicht rückkoppelnd die Ausgestaltung der Anknüpfung abhängig. Art. 4 Abs. 3 S. 1 Rom II-VO reflektiert die sachlichen Bezüge des Sachverhalts und dient nicht der „Optimierung" sachrechtlicher Ergebnisse.[856] Er ist weiterhin der Lokalisierung des Sachverhalts als zu lösender Aufgabe und damit allein kollisionsrechtlichen Interessen verpflichtet, nicht sachrechtlichen.[857] **374**

Die Interessen des Opfers sind als solche kein lokalisierender Faktor.[858] Sympathie für das Opfer ist kein geeignetes Moment für eine quasi-regelhafte Abkehr von der Regelanknüpfung.[859] Methodenehrlich sprechen die Proponenten einer materiellen Aufladung der Ausweichklausel denn auch von einer teleologischen Korrektur im Sinne des Opferschutzes[860] oder einer Lösung praeter regulationem.[861] Sofern ein nationaler Gesetzgeber in Fällen von Menschenrechtsverletzungen ein zentrales rechtsethisches Anliegen als dringend ansieht, mag er zu dessen Durchsetzung auf Eingriffsnormen setzen, geschaffen in einem demokratisch legitimierten Prozess, nicht in richterlicher Umgestaltung der Rom II-VO.[862] **375**

Zusätzliche Zweifel werden bei der Abwägung formuliert, ob wirklich immer eine engere Verbindung zum Zielstaat als zu Produktionsstaat bestehe. Denn in den Lieferkettenfällen sei definitionsgemäß immer eine Tochter-, Enkel- usw. -gesellschaft oder ein **376**

[850] Mansel ZGR 2018, 439 (458).

[851] Dafür Thomale/Hübner JZ 2017, 385 (391 f.); Weller/Thomale ZGR 2017, 509 (524); Thomale/Murko EuZA 2021, 40 (57); van den Eeckhout in Zamora Cabot/Heckendorn Urscheler/De Dycker, The Implementation of the UN Guiding Principles on business and human rights, 2017, 37 (52); Heinen in Krajewski/Saage-Maaß, Die Durchsetzung menschenrechtlicher Sorgfaltspflichten von Unternehmen, 2018, 87 (93 f.) – Nur die Frage aufwerfend Paefgen ZIP 2021, 2006 (2016); G. Wagner in Saage-Maaß/Zumbansen/Bader/Shahab, Transnational Legal Activism in Global Value Chains, 2021, 209 (220).

[852] M. Stürner FS Coester-Waltjen, 2015, 843 (850 f.); Weller/Kaller/A. Schulz AcP 216 (2016), 387 (394); Mankowski EWiR 2019, 739 (740).

[853] Mansel ZGR 2018, 439 (456); Ostendorf IPRax 2019, 297 (298).

[854] Legislative Entschließung des Europäischen Parlaments zu dem Vorschlag für eine Verordnung des Europäischen Parlaments und des Rates über das auf außervertragliche Schuldverhältnisse anzuwendende Recht (Rom II) (6.7.2005), P6_TA(2005)0284; dazu näher insbes. v. Hein FS Kropholler, 2008, 553 (560 f.).

[855] v. Hein ZEuP 2009, 6 (18); Mansel ZGR 2018, 439 (456); Rühl BerDGIR 50 (2020), 89 (102); Rühl Eur. Yb. Int. Econ. L. 2020, 61 (69).

[856] Mansel ZGR 2018, 439 (456); Hübner, Unternehmenshaftung für Menschenrechtsverletzungen, 2021, Kap. 4 II 2c cc (5).

[857] Wendelstein RabelsZ 83 (2019), 111 (141 f.); Hübner, Unternehmenshaftung für Menschenrechtsverletzungen, 2021, Kap. 4 II 2c cc (5).

[858] Rühl Eur. Yb. Int. Econ. L. 2020, 61 (69).

[859] S. nur Mansel ZGR 2018, 439 (456); Halfmeier in Krajewski/Oehm/Saage-Maaß, Zivil- und strafrechtliche Unternehmensverantwortung für Menschenrechtsverletzungen, 2018, 33 (41); Habersack/Ehrl AcP 219 (2019), 155 (185); Fulli-Lemaire in Muir Watt/Bíziková/Brandão de Oliveira/Fernández Arroyo, Global Private International Law: Adjudication without Frontiers, 2019, 244 (251); Rühl Eur. Yb. Int. Econ. L. 2020, 61 (69); Hübner, Unternehmenshaftung für Menschenrechtsverletzungen, 2021, Kap. 4 II 2c cc (5).

[860] So Thomale/Hübner JZ 2017, 385 (391); Thomale/Murko ZVglRWiss 120 (2021), 127 (139).

[861] So Weller/Thomale ZGR 2017, 509 (524).

[862] Mansel ZGR 2018, 439 (459); Lorenzen AuR 2020, 244 (247).

Zulieferer zwischen Muttergesellschaft bzw. Abnehmer einerseits und Geschädigten andererseits geschaltet.[863]

377 Zudem wäre zweifelhaft, ob eine regelhafte Anknüpfung an den Handlungsort und darüber ein regelhaftes Berufen des Zielstaatsrechts wirklich immer dem Opferschutz günstig wäre. Zum einen könnte man rechtsökonomisch argumentieren, dass dem „Recht vor Ort“ die Verhältnisse vor Ort besser bekannt seien und dass es diese besser abbilden könne als jedes andere Recht, weshalb es einen comparative regulatory advantage habe.[864] Allerdings kann sich diese theoretisch basierte Argumentation an Eigeninteressen des Produktionsstaates brechen, ausländische Investoren anzuziehen, oder an Korruption, die eine wirklich wirksame Regulierung entweder bereits auf der legislativen oder auf der Durchsetzungsebene ausschließt.

378 Insbesondere halten sich aber viele Zielstaatenrechte bei strengen Haftungsregimes für zielstaatliche Unternehmen zurück. Industriepolitik zugunsten eigener Unternehmen kann für Zielstaaten ein sehr gewichtiger, ja ausschlaggebender Faktor sein. Gerade das deutsche Recht ist dafür ein Beispiel. Seine allgemeinen Haftungsmaßstäbe können hinter jenen zurückbleiben, die – jedenfalls auf dem Papier – in common law-basierten Rechtsordnungen des Globalen Südens herrschen.[865] Darauf haben die Grünen schon 2013 einen entsprechenden Vorstoß zur Verschärfung des deutschen Haftungssachrechts gestützt,[866] dem indes kein Erfolg beschieden war.[867]

379 Indem das LkSG gerade kein eigenes Haftungsregime in das deutsche Sachrecht einführt, führt es die bisherige Rechtslage unverändert fort, einschließlich deren etwaiger Schutz- und Anreizdefizite. Dagegen können sich im Common Law spätestens als Folge von **Vedanta v. Lungowe**[868] und **Okpabi v. Royal Dutch Shell**[869] Haftungsverschärfungen ergeben,[870] die auch gegen deutsche Unternehmen zum Tragen kommen könnten.[871]

---

[863] Enneking ERPL 2008, 283 (300 f.); Enneking in Rubio/Yiannibas, Human Rights in Business, 2017, 38 (51 f.); Van Dam J. Eur. Tort L. 2 (2011), 211 (231); M. Stürner FS Coester-Waltjen, 2015, 843 (851); Halfmeier in Krajewski/Oehm/Saage-Maaß, Zivil- und strafrechtliche Unternehmensverantwortung für Menschenrechtsverletzungen, 2018, 33 (42); Rühl BerDGIR 50 (2020), 89 (101 f.).

[864] Rühl BerDGIR 50 (2020), 89 (100).

[865] Mansel ZGR 2018, 439 (459); Rühl BerDGIR 50 (2020), 89 (104 f.); Kieninger, UK Supreme Court in Okpabi v. Royal Dutch Shell [2021] UKSC 3: jurisdiction, duty of care and the new German „Lieferkettengesetz“ (15.2.2021) https://conflictoflaws.net/2021/uk-supreme-court-in-okpabi-v-royal-dutch-shell-2021-uksc-3-jurisdiction-duty-of-care-and-the-new-german-lieferkettengesetz/ (zuletzt abgerufen am 6.9.2022); Hübner FS Ebke, 2021, 415 (416).

[866] Antrag der Abgeordneten Volker Beck (Köln), Tom Koenigs, Uwe Kekeritz, Ute Koczy, Ingrid Hönlinger, Kerstin Andreae, Marieluise Beck (Bremen), Agnes Brugger, Viola von Cramon-Taubadel, Dr. Thomas Gambke, Thilo Hoppe, Katja Keul, Susanne Kieckbusch, Memet Kilic, Sven-Christian Kindler, Markus Kurth, Kerstin Müller (Köln), Dr. Konstantin von Notz, Omid Nouripour, Lisa Paus, Brigitte Pothmer, Claudia Roth (Augsburg), Manuel Sarrazin, Dr. Gerhard Schick, Dr. Frithjof Schmidt, Hans-Christian Ströbele, Josef Winkler und der Fraktion BÜNDNIS 90/DIE GRÜNEN – Transnationale Unternehmen für Menschenrechtsverletzungen zur Rechenschaft ziehen, BT-Drs. 17/13916, 3.

[867] Mansel, ZGR 2018, 439 (459).

[868] Vedanta Resources PLC v. Lungowe [2019] UKSC 20, [2020] AC 1045 (S.C.).

[869] Okpabi v. Royal Dutch Shell Plc [2021] UKSC 3, [2021] 1 WLR 1294 (S.C.).

[870] Eingehend insbes. Kieninger IPRax 2020, 56; Kieninger RIW 2021, 337; Asmussen/G. Wagner ZEuP 2020, 979/985; Fleischer/Korch ZIP 2021, 709; Aristova, The Future of Tort Litigation against Transnational Corporations in the English Courts: Is Forum (Non) Conveniens Back?, (21.5.2021), (2021) 6:2 Bus. & Hum. Rgts. J., https://www.cambridge.org/core/services/aop-cambridge-core/content/view/F3E9DF76084D4A1FC3D819D9B82120A9/S 2057019821000110a.pdf/future_of_tort_litigation_against_transnational_corporations_in_the_english_courts_is_forum_non_conveniens_back.pdf (zuletzt abgerufen am 6.9.2022); Roorda/Leader, Okpabi v. Shell and Four Nigerian Farmers v. Shell: Parent Company Liability Back in Court (30.6.2021), (2021) 6:2 Bus. & Hum. Rgts. J., https://www.cambridge.org/core/journals/business-and-human-rights-journal/article/okpabi-v-shell-and-four-nigerian-farmers-v-shell-parent-company-liability-back-in-court/1C70BB759342BA69A723E86AF209906E (zuletzt abgerufen am 6.9.2022); Schall ZIP 2021, 1241; Paefgen ZIP 2021, 2006 (2010 f.); zur möglichen Rolle des Globalen Südens im Umwelthaftungsrecht generell Peel/Lin 113 Am. J. Int'l. L. 679 (2019).

[871] Kieninger ZfPW 2021, 252 (255).

Zwar muss man bei Rechtsordnungen aus dem Globalen Süden zwischen der materiellen Haftungsrechtslage auf dem Papier und der Rechtsrealität in deren Durchsetzung unterscheiden.[872] Durchsetzungsdefizite, insbesondere als Folge hoher Verfahrenshürden, hoher Kosten und langer Verfahrensdauern,[873] betreffen indes nur die Durchsetzung durch Gerichte in den Produktionsländern. Solche Verfahrensaspekte schlagen aber nicht zu Buche, wenn eine Durchsetzung ausländischen Haftungsrechts mithilfe deutscher Gerichte erfolgt. **380**

Es beim Erfolgsortsrecht zu belassen wird auch darauf gestützt, dass Erfolgsort und gewöhnlicher Aufenthalt des Geschädigten in aller Regel zusammenfielen, sodass das Recht am Erfolgsort dem Geschädigten das relativ vertrauteste sei und für ihn die relativ geringsten Rechtsermittlungskosten mit sich bringe. Der Geschädigte müsse nicht die Hürde zu einem ihm fremden Recht überwinden.[874] Freilich ist dies bei geschädigten Arbeitnehmern oder Projektnachbarn aus dem Globalen Süden ein eher theoretisches Argument. Im Zweifel wird diesen Personenkreisen kein Recht wirklich vertraut sein. Und Rechtsberatungskosten können bekanntlich gerade in common law-Rechtsordnungen beachtliche Höhen erreichen. Dieses letztgenannte Moment mag sich in Fällen des § 11, also bei Prozessstandschaft durch Gewerkschaften oder Nichtregierungsorganisationen (NGOs) als Dritte, oder bei Übernahme von pro bono-Mandaten durch „Menschenrechtsanwälte" allerdings wieder abschwächen. **381**

c) Kein regelhaftes Ubiquitätsprinzip. Das Ubiquitätsprinzip für Menschenrechtsverletzungen wieder einzuführen wäre ein nur de regulatione ferenda denkbarer Schritt. Auf eine Analogie zu Art. 7 Rom II-VO[875] könnte sich ein solcher Schritt de lege ferenda kaum stützen, insbesondere weil er systemsprengendes Potenzial hätte.[876] Vielmehr versperrt genau umgekehrt ein Umkehrschluss aus Art. 7 Rom II-VO den Weg zu einem regelhaften Ubiquitätsprinzip selbst qua Wahlrecht des Geschädigten.[877] Ein regelhaftes Wahlrecht des Geschädigten zwischen Erfolgs- und Handlungsortsrecht nicht vorzusehen ist eine bewusste Entscheidung des europäischen Gesetzgebers, gerade im Kontrast zu etlichen nationalen Altkollisionsrechten der Mitgliedstaaten.[878] Daran scheitert auch eine gedankliche Anlehnung an Art. 40 Abs. 1 EGBGB 1999.[879] **382**

Würde Art. 11 Abs. 4 Second Revised Draft UN Legally Binding Instrument jemals in wirklich verbindliches Recht umgesetzt werden, so gäbe es indes ein Wahlrecht des Geschädigten.[880] Dieses vermag jedoch de regulatione ferenda unter Art. 4 Rom I-VO keine persuasive authority zu entfalten, weil dieser aus sich heraus eine Auslegung gebietet, die einem Wahlrecht entgegensteht. Erst eine Novelle der Rom II-VO würde die Idee aufnehmen können. In einer Phase zwischen Inkrafttreten eines UN Legally Binding Instrument und einer Novellierung der Rom II-VO könnte man daran denken, dem Instrument – in methodisch sehr mutiger Weise – über eine mehrfache Gesamtanalogie zu Art. 27, 28 Rom II-VO einen Weg zu bahnen. **383**

---

872 Vorbildlich die Fallstudie zur Lage in der pakistanischen Textilwirtschaft, angeregt durch den KiK-Fall, bei Thomale/Murko ZVglRWiss 120 (2021), 127 (140)–152.

873 Beispielhaft wiederum für Pakistan Thomale/Murko ZVglRWiss 120 (2021), 127 (151 f.); generell Thomale/Hübner JZ 2017, 385 (391).

874 Rühl BerDGIR 50 (2020), 89 (100).

875 Dafür Weller/Thomale ZGR 2017, 509 (525).

876 Mansel ZGR 2018, 439 (458); Fornasier, Unternehmerische Verantwortung für Menschenrechtsverletzungen in der Lieferkette, Habilitationsvortrag Universität Hamburg 14.12.2016 sub V 1.

877 Mansel ZGR 2018, 439 (457, 458 f.); BerDGIR 50 (2020), 89 (102); G. Wagner ZIP 2021, 1095 (1104). – Entgegen van Calster ERA Law 2014-7, 125, 130; Thomale/Hübner JZ 2017, 385 (391).

878 G. Wagner IPRax 2006, 372 (376); Mansel ZGR 2018, 439 (458); Rühl BerDGIR 50 (2020), 89 (102); Rühl Eur. Yb. Int. Econ. L. 2020, 61 (69).

879 Entgegen Weller/Thomale ZGR 2017, 509 (524).

880 Dies de regulatione ferenda befürwortend, allerdings in Fortscheibung von Art. 6a Rom II-VO-E des JURI Committee, Kruger in Michaels/Abou-Nigm/van Loon, The Private Side of Transforming Our World – UN Sustainable Development Goals 2030 and the Role of Private International Law, 2021, sub 6.3.

384 **d) Keine regelhafte Anknüpfung an den Handlungsort über Art. 4 Abs. 3 S. 1 Rom II-VO. aa) Bedeutung des Handlungsorts im Rahmen von Art. 4 Abs. 3 S. 1 Rom II-VO.** Eine **regelhafte** objektive Anknüpfung an den Handlungsort lässt sich über Art. 4 Abs. 3 S. 1 Rom II-VO ebenfalls nicht ins Werk setzen.[881] Die Norm verlangt klar eine Einzelfallabwägung. Der Handlungsort ist zwar unter ihr gewichtiges zu beachtendes Moment.[882] Spätestens Art. 7 Hs. 2 Rom II-VO erkennt für die Rom II-VO an, dass auch der Handlungsort im Internationalen Deliktsrecht eine Nähebeziehung zum Sachverhalt verkörpert.[883] Durchschlagen kann er jedoch nur im Zusammenspiel mit weiteren, verstärkenden, in dieselbe Richtung weisenden Momenten.[884] Allein und quasi-automatisch kann der Handlungsort eine Umkehrung nicht bewirken.[885]

385 **bb) Lokalisierung des Handlungsorts in Lieferkettenfällen.** Weil der Handlungsort im Rahmen des Art. 4 Abs. 3 S. 1 Rom II-VO eine Bedeutung als abzuwägender Faktor hat, gilt es, ihn in Lieferkettenfällen zu lokalisieren. Dabei darf man nicht zu stark den bestimmten Artikel „den" betonen, denn es kann durchaus mehrere Handlungsorte geben. Wie viele Handlungsorte es geben kann und wo, hängt vom Verständnis der Handlung, genauer: der für die Deliktslokalisierung relevanten Handlungen ab.

386 **cc) Zurechnung von Handlungen.** Ein relevanter Handlungsort ist jedenfalls der eigentliche Produktionsort. Dort handelt jedoch zunächst nur das produzierende Unternehmen, also die Tochter-, Enkel- usw. -gesellschaft bzw. der Zulieferer. Inwieweit dessen Handlungen der Muttergesellschaft bzw. dem Auftraggeber zugerechnet werden können, ist eine Wertungsfrage. Im Rahmen des Art. 4 Abs. 3 S. 1 Rom II-VO stellt sie sich indes mit anderer Dringlichkeit als unter einem Ubiquitätsprinzip wie zB unter Art. 7 Nr. 2 Brüssel Ia-VO: Denn selbst wenn der Produktionsort zuzurechnender Handlungsort wäre, wäre er identisch mit dem Erfolgsort. Er kann also selbst dann nicht zu einer Lokalisierung in einem anderen Staat als jenem des Erfolgsorts führen.

387 Für praktische Zwecke könnte man die Frage nach einer wechselseitigen Zurechnung von Aktivitäten bei mehreren Beteiligten, also in deutscher Terminologie bei Täterschaft und Teilnahme (Anstiftung oder Beihilfe) oder Mittäterschaft, als geklärt ansehen, nachdem der EuGH sie in „Melzer"[886] verneint und dies nachfolgend zweimal[887] bestätigt hatte.[888] In CDC hat der EuGH sie jedoch bejaht, wenn auch nur für die konkrete Fallgestaltung von Kartelldelikten,[889] ohne jedoch eine tragfähige Wertungsabgrenzung gegenüber „Melzer" zu bieten.[890] Für Finanzdienstleistungen stützen sich Obergerichte auch nach Melzer noch darauf, dass Vertriebsmitarbeiter verlängerter Arm der Vertreiber seien und dass es nicht an einem auf die Handlung des Vertreibers gestützten Anknüpfungsmoment fehle, wenn gerade auf Auswirkung oder Ausrichtung dieses Verhaltens

[881] G. Wagner ZIP 2021, 1095 (1104).

[882] Alliance Bank JSC v. Aquanta Corp. [2012] EWCA Civ 1588 [38], [2013] 1 All ER (Comm) 819 (C.A., per Burton J.); Jacob v. Motor Insurers' Bureau [2010] EWHC 231 (QB) [39]–[42], [2013] 1 All ER (Comm) 1128 (Q. B. D., Owen J.); Hillside (New Media) Ltd. v. Biarte Baasland [2010] EWHC 3336 (QB) [40]-[46], [2010] 2 CLC 986 (Q. B. D., Andrew Smith J.); Alfa Laval Tumba AB and Alfa Laval Krakow Sp z. o. o. v. Separator Spares International Ltd. (in liquidation) [2012] EWHC 1155 (QB) [21]-[24] (Q. B. D., Michael Briggs J.); Dickinson, Rome II Regulation, 2008, Rn. 4.86; Okoli/Arishe (2012) 8 JPrIL 513, 542; Magnus in Magnus/Mankowski Rome II Regulation, 2019, Rom II-VO Art. 4 Rn. 176; Soergel/Wendelstein, 13. Aufl. 2019, Rom II-VO Art. 4 Rn. 93; NK-BGB/Lehmann Rom II-VO Art. 4 Rn. 144; BeckOGK/Rühl Rom II-VO Art. 4 Rn. 112; Mankowski RIW 2021, 93 (100).

[883] S. nur Mankowski GS Schmehl, 2019, 557 (564).

[884] Mankowski RIW 2021, 93 (100).

[885] Wie Labonté RIW 2020, 726 (732) tendenziell zu suggerieren versucht.

[886] EuGH C-228/11, ECLI:EU:C:2013:305 Rn. 25–41 – Melzer/MF Global UK Ltd.

[887] EuGH C-387/12, ECLI:EU:C:2014:215 Rn. 27–40 – Hi Hotel HCF SARL/Uwe Spoering; C-360/12, ECLI:EU:C:2014:1318 Rn. 50 – Coty Germany GmbH/First Note Perfumes NV.

[888] Nachweise in Magnus/Mankowski/Mankowski Brüssel Ib-VO Art. 7 Rn. 282–294.

[889] EuGH C-352/13, ECLI:EU:C:2015:335 Rn. 47–49 – CDC Hydrogen Peroxide SA/Akzo Nobel NV.

[890] Harms/Sanner/J. Schmidt EuZW 2015, 584 (587); Weller/Wäschle RIW 2015, 603 (604).

abgestellt werde.[891] Die besseren Argumente sprechen seit je für die wechselseitige Handlungszurechnung (ohne dass dies hier vertieft werden könnte).[892]

e) Kein Weltrechtsprinzip bei Menschenrechtsverletzungen. aa) Weltrechtsprinzip bei Menschenrechtsverletzungen allenfalls internationale Zuständigkeit, nicht Verweisungsrecht. Der Kampf gegen Menschenrechtsverletzungen ist primär eine Zuständigkeitsfrage. Im Raum steht insbesondere, ob ein Weltrechtsprinzip gefordert ist, ob Menschenrechte also taugen, eine universale Zuständigkeit für die Beurteilung von Menschenrechtsverletzungen zu schaffen, gleich, wo diese begangen wurde, und jenseits etwaiger Begrenzungen durch einen Katalog kodifizierter Zuständigkeitstatbestände in der lex fori.[893] Dies berührt zwei weitere Komplexe: erstens ein Menschen- oder Grundrecht des Beklagten auf seinen **gesetzlichen Richter;** zweitens die Immunität von Staaten als Beklagten. Rechtlich sind dies ausgesprochen heikle Materien.[894] Der EGMR hat jedenfalls **keine Verletzung** von Art. 6 Abs. 1 EMRK darin gesehen, dass ein Mitgliedstaat der EMRK keine Universalzuständigkeit für Rechtsverfolgung gegen Folter vorsieht.[895] **388**

Eines aber lässt sich sicher feststellen: Bei allen diesen Aspekten geht es um Verfahrensrecht, nicht um Verweisungsrecht. Das IPR als solches ist nicht unmittelbar betroffen, selbst wenn sich wirklich eine menschenrechtliche Ableitung begründen lassen sollte. Transmissionsriemen müsste rechtstechnisch eine Kollisionsnorm sein, die bei menschenrechtlich fundierter Zuständigkeit zwingend die lex fori beruft.[896] **389**

bb) Human Rights Litigation in den USA. In den USA obwaltet(e) die sog. Human Rights Litigation.[897] Sie vollzog sich jedoch nicht auf einer aus dem Völkerrecht stammenden menschenrechtlichen Grundlage, sondern unter dem Alien Tort Statute (ATS)[898].[899] Historisch war das bereits 1789 erlassene ATS gar nicht für Menschenrechtsschutz geschaffen und gedacht.[900] Fast zwei Jahrhunderte[901] war es eine **schlafende** Schönheit.[902] Dann wurde sie als Instrument entdeckt und zu ihrem gleichsam zweiten Leben erweckt. Teilweise wurde sie als eine Art Stellvertreterin der Rechtspflege für das Völkerrecht diskutiert.[903] Die Human Rights Litigation US-amerikanischer Provenienz beruhte auf einseitigem Übergreifen, auf extraterritorialer Erstreckung eines nationalen Gesetzes. In sich konsequent hat „Kiobel"[904] sie dementsprechend zurückgenommen, weil die presumption **390**

[891] OLG Brandenburg BeckRS 2014, 07701; OLG Stuttgart BeckRS 2016, 04578 Rn. 42–55 (dazu Flick GWR 2016, 146).

[892] Für meine eigene Position sei wiederum auf Magnus/Mankowski/Mankowski Brüssel Ib-VO Art. 7 Rn. 282–294 verwiesen.

[893] Insbes. Wilhelmi, Das Weltrechtsprinzip im internationalen Privat- und Strafrecht, 2007, 413–429.

[894] Zum Verhältnis von Staatenimmunität und Menschenrechtsverletzungen eingehend Mankowski in v. Hoffmann, Universalität der Menschenrechte, 2009, 139 (140)–166.

[895] EGMR 21.6.2016 – Application No. 51357/07 – Abdennacer Naït-Liman c/Suisse.

[896] Vgl. Childress III 44 U. C. Davis L. Rev. 11, 66 (2010); M. Stürner FS Coester-Waltjen, 2015, 843 (844, 847).

[897] ZB Stephens/Chomsky/Green/Hoffman/Ratner, International Human Rights Litigation in U. S. Courts, 2d ed. 2008; Green 17 Chi. J. Int'l. L. 447 (2017).

[898] 28 U. S. C. § 1350.

[899] Eingehend insbes. M. Schulz, Das Alien Tort Statute und transnationale Deliktsklagen – Im Kontext der Menschenrechtsverantwortung multinationaler Unternehmen, 2016, 37–198; Felz, Das Alien Tort Statute, 2017.

[900] ZB Hufbauer/Mitrokostas, Awakening Monster: The Alien Tort Statute of 1789, Washington DC 2003.

[901] Bis zu Filártiga v. Peña-Irala 630 F.2d 876 (2d Cir. 1980).

[902] ZB Hufbauer/Mitrokostas 16 St. Thomas L. Rev. 607 (2004).

[903] Insbes. Koebele, Coporate Responsibility under the Alien Tort Statute: Enforcement of International Law Through US Torts Law, 2009.

[904] Kiobel v. Royal Dutch Petroleum 133 S. Ct. 1659 (2013); dazu zB Maziau D. 2013, 1081; Maziau D. 2013, 1316; Sandrock RIW 2013, 497; Reynolds/Mark Zimmer RIW 2013, 509; Wernicke EuZW 2013, 401; Reimann IPRax 2013, 455; W. Winter IPRax 2013, 462; Kenneth Anderson 2013 Cato Sup. Ct. Rev. 149; Metz BB 2013, 2059; Steinhardt 28 Md. J. Int'l. L. 1 (2013); Simons 28 Md. J. Int'l. L. 28 (2013); Donald I. Baker, 28 Md. J. Int'l. L. 42 (2013); Colangelo 28 Md. J. Int'l. L. 65 (2013); Colangelo 44 Georgetown J.

against extraterritoriality wieder stärker betont wird und größere Beachtung in der richterlichen Außen- und „Weltjustiz"politik findet.[905] Sie ist von einer kaum beachteten Zweifelsregel zu einer zentralen Aussage erstarkt.[906] Das Zeitalter der US-Hegemonialansprüche scheint vorbei zu sein.[907]

391 Human Rights Litigation ist materiellrechtlich eine Frage nach der extraterritorialen Anwendung oder Ausdehnung forumeigener Gesetze und nicht nach einer mehrseitigen Koordination durch klassisches Kollisionsrecht.[908] Eine Überlagerung allgemeiner allseitiger Kollisionsnormen durch spezielle einseitige Anknüpfung schließt dies allerdings nicht aus. Indes muss sich solch einseitige Spezialanknüpfung im europäischen IPR-System durch enge Nadelöhre zwängen, in denen die Mitgliedstaaten noch einseitig Normen setzen und durchsetzen dürfen: entweder kraft Sonderanknüpfung forumeigenen Eingriffsrechts über Art. 16 Rom II-VO oder integriert über den ordre public und Art. 26 Rom II-VO.

392 **f) Nicht erfolgreicher Vorstoß für einen neuen Art. 6a Rom II-VO-E.** Der Rechtsausschuss des Europäischen Parlaments hatte vorgeschlagen, über eine Empfehlung des Europäischen Parlaments zur Änderung der Rom II-VO einen eigenen Tatbestand für Menschenrechtsverletzungen in der Rom II-VO zu schaffen.[909] Der vorgeschlagene Art. 6a Rom II-VO-E[910] wollte dem Geschädigten ein vierfaches[911] Wahlrecht zwischen Erfolgsort oder Handlungsort bzw. Recht am Sitz des Schädigers geben:

Int'l. L. 1329 (2013); Curran 28 Md. J. Int'l. L. 76 (2013); Jaye Ellis 28 Md. J. Int'l. L. 90 (2013); Hafetz 28 Md. J. Int'l. L. 107 (2013); Lobel 28 Md. J. Int'l. L. 129 (2013); Craig Martin 28 Md. J. Int'l. L. 146 (2013); Parrish 28 Md. J. Int'l. L. 208 (2013); Sloss 28 Md. J. Int'l. L. 241 (2013); Beth Stephens 28 Md. J. Int'l. L. 256 (2013); Nerina Boschiero Riv. dir. int. priv. proc. 2013, 249; Winkler 39 N. C. J. Int'l. & Comm. Reg. 171 (2013); Nzelibe 33 Nw. J. Int'l. L. & Bus. 475 (2013); Note 127 Harv. L. Rev. 308 (2013); Bhama 27 Emory Int'l. L. Rev. 447 (2013); Bensimon 10 Loyola U. Chi. Int'l. L. Rev. 199 (2013); Sanger (2013) 72 Cambridge L. J. 487; Slawotsky 37 Hastings Int.'l. & Comp. L. Rev. 121 (2014); Stürner JZ 2014, 13; Cleveland 52 Columb. J. Trans. L. 8 (2013); Hoffman 52 Columb. J. Trans. L. 28 (2013); Metlitsky 52 Columb. J. Trans. L. 53 (2013); Ramsey 52 Columb. J. Trans. L. 67 (2013); Wuerth, 107 Am. J. Int'l. L. 601 (2013); Chander, 107 Am. J. Int'l. L. 829 (2013); Ku, 107 Am. J. Int'l. L. 835 (2013); Steinhardt, 107 Am. J. Int'l. L. 841 (2013); McCorquodale, 107 Am. J. Int'l. L. 846 (2013); Kaeb/Scheffer 107 Am. J. Int'l. L. 852 (2013); Curran/Sloss 107 Am. J. Int'l. L. 858 (2013); Muir Watt Rev. crit. dr. int. pr. 102 (2013), 861; Blayne Hague Yb. Int. L. 2013, 116; Florey 27 Pacific McGeorge Global Bus. & Dev. L. J. 197 (2014); Mora (2014) 63 ICLQ 699; Kohl (2014) 63 ICLQ 665; Saage-Maaß/Beinlich KJ 2015, 159; Marullo/Zamora Cabot, Transnational Human Rights Litigations – Kiobel's Touch and Concern: A Test under Construction, 2015, https://redtiempodelos-derecho.files.worldpress.com/2015/01/wp-1-16.pdf (zuletzt abgerufen am 6.9.2022); 89 Notre Dame L. Rev. 1467–1812 (2014) mit Beiträgen von Stephens, Casto, Dodge, Bellia Jr./Clark, Lee, Kontorovich, Steinhardt, Vázquez, Alford und Cassel. – Danach Daimler AG v. Barbara Bauman 134 S.Ct. 746 (dazu Maziau JCP E No. 19, 8.5.2014, 29; Silberman NYU Public Law and Legal Theory Working Papers, Paper 517 [2015], 19 Lewis & Clark. L. Rev. [2015]; Benish 90 NYU L. Rev. 1609 [2016]); Balintulo v. Daimler AG 727 F.3d 174 (2d Cir. 2013) (dazu Margherita 22 Tulane J. Int'l. & Comp. L. 411 [2014]).

[905] Grdl. Morrison v. National Australia Bank Ltd. 561 US 247 (2010); dazu ua Mankowski NZG 2010, 961. Danach zB City of Pontiac Policemen's & Firemen's Retirement System v. UBS AG 752 F.3d 173 (2d Cir. 2014) (dazu ua Beavers 44 Securities Regulation L. J. 37 [2016]).

[906] Lehmann RIW 2010, 841 (848); Huck NJOZ 2015, 993 (995); Gasteyer Liber amicorum Weber, 2016, 89 (98 f.).

[907] Burbank 33 U. Penn. J. Int'l. L. 663 (2012); Halfmeier FS Magnus, 2014, 433 (438)–440.

[908] Eigenwillig ist die Behandlung in ILA, Interim Report, Private International Law Aspects of Civil Litigation for Human Rights Violations in Committee on International Civil Litigation and the Interest of the Public – Report of the Hague Conference, 2010, 564.

[909] Europäisches Parlament- Rechtsausschuss, Entwurf eines Berichts mit Empfehlungen an die Kommission zur Sorgfaltspflicht und Rechenschaftspflicht von Unternehmen (2020/2129(INL)) (Berichterstatterin: Lara Wolters), PE657.191v01-00 – PR\1212406DE.docx (11.9.2020), https://www.europarl.europa.eu/doceo/document/JURI-PR-657191_DE.pdf (zuletzt abgerufen am 6.9.2022).

[910] Europäisches Parlament- Rechtsausschuss, Entwurf eines Berichts mit Empfehlungen an die Kommission zur Sorgfaltspflicht und Rechenschaftspflicht von Unternehmen (2020/2129(INL)) (Berichterstatterin: Lara Wolters), PE657.191v01-00 – PR\1212406DE.docx (11.9.2020) S. 31 f.

[911] Grabosch Das neue LkSG/Engel § 7 Rn. 21.

Art. 6a Rom II-VO-E Unternehmensbezogene Menschenrechtsansprüche

Im Zusammenhang mit unternehmensbezogenen zivilrechtlichen Ansprüchen wegen Menschenrechtsverletzungen innerhalb der Wertschöpfungskette eines Unternehmens, das seinen Sitz in einem Mitgliedstaat der Union hat oder in der Union im Rahmen der Richtlinie .../... über die Sorgfaltspflicht und Rechenschaftspflicht von Unternehmen tätig ist, ist auf ein außervertragliches Schuldverhältnis aufgrund des erlittenen Schadens das nach Artikel 4 Absatz 1 bestimmte Recht anzuwenden, es sei denn, die Person, die Schadenersatz begehrt, beschließt, ihren Anspruch auf das Recht des Staates, in dem das schadensbegründende Ereignis eingetreten ist, oder auf das Recht des Staates, in dem die Muttergesellschaft ihren Sitz hat, oder, wenn die Muttergesellschaft keinen Sitz in einem Mitgliedstaat hat, auf das Recht des Staates zu stützen, in dem die Muttergesellschaft tätig ist.

Ein solcher Art. 6a Rom II-VO-E wäre eine eindeutige legislative Festlegung geworden.[912] In der wissenschaftlichen Diskussion wurde er allerdings nicht selten kritisiert und eine Lösung über Eingriffsnormen bevorzugt.[913] Andere Stimmen hießen das Wahlrecht des Geschädigten freilich gut.[914] Der Versuch, Schwächen einer grundsätzlichen Erfolgsortanknüpfung zu entkommen und eine (erweiterte) Parallele zu Art. 7 Rom II-VO zu schaffen,[915] fand auch rechtspolitisches Lob.[916] Insbesondere der Wirtschafts- und Sozialausschuss begrüßte eine solche Parallele.[917] Freilich war auch die Beschränkung auf Menschenrechtsverletzungen im Sinne der vorgeschlagenen Richtlinie samt entsprechender Ausklammerung von Umweltverschmutzungen oder Good Governance-Aspekten zu bemerken.[918] Die potenziell systemgefährdende Kraft von Sonderregeln für (letztlich) Fallgruppen ist ein Faktor.[919] Zudem wirft jede neue Spezialnorm Abgrenzungs- und Qualifikationsprobleme auf, bei Lieferkettenfällen insbesondere zu Art. 7 Rom II-VO für Personenschäden „auf dem Umweltpfad".[920] Der Vorstoß des JURI Committee war jedenfalls ambitionierter als Art. 11 Abs. 4 UN Second Revised Draft Legally Binding Instrument (Abdruck → Rn. 456).[921] **393**

Indes hat der Rechtsausschuss **keinen Erfolg** gehabt. Das Plenum des Europäischen Parlaments hat den Plan, die Rom II-VO in diesem Sinne zu ändern, in seiner schluss- **394**

[912] Bälz, BB 2021, 648 (650); Kruger in Michaels/Abou-Nigm/van Loon, The Private Side of Transforming Our World – UN Sustainable Development Goals 2030 and the Role of Private International Law, 2021, sub 4.1.

[913] Insbes. Rühl, Human Rights in Global Supply Chains: Do We Need to Amend the Rome II Regulation? (10.9.2020), https://eapil.org/2020/10/09/human-rights-in-global-supply-chains-do-we-need-to-amend-the-rome-ii-regulation (zuletzt abgerufen am 6.9.2022); Thomale, On the EP draft report on corporate due diligence (27.10.2020), https://conflictoflaws.net/2020/on-the-ep-draft-report-on-corporate-due-diligence (zuletzt abgerufen am 6.9.2022).

[914] v. Hein, Back to the Future: (Re-)Introducing the Principle of Ubiquity for Business-related Human Rights Claims (12.10.2020), https://conflictoflaws.net/2020/back-to-the-future-re-introducing-the-principle-of-ubiquity-for-business-related-human-rights-claims (zuletzt abgerufen am 6.9.2022); Álvarez-Armas CeDIE Working Paper N° 2021/1, 11; Dohrmann CCZ 2021, 265 (271).

[915] Vgl. für letzteres PE657.191v01-00 – PR\1212406DE.docx (11.9.2020) S. 35 sub 4; Boskovic Énergie Environnement Infrastructure N° 1, février 2021, 47.

[916] Boskovic D. 2021, 252 (253 f.).

[917] European Economic and Social Committee, Explanatory Opinion on the JURI Draft (18 September 2020) sub 4.4.

[918] Van Calster, First analysis of the European Parliament's Draft Proposal to amend Brussels Ia and Rome II with a view to corporate human rights due diligence (2.10.2020), https://gavclaw.com/2020/10/02/first-analysis-of-the-european-parliaments-draft-proposal-to-amend-brussels-ia-and-rome-ii-with-a-view-to-corporate-human-rights-due-diligence/ (zuletzt abgerufen am 6.9.2022).

[919] Mankowski RabelsZ 83 (2019), 706 (710).

[920] Van Calster, First analysis of the European Parliament's Draft Proposal to amend Brussels Ia and Rome II with a view to corporate human rights due diligence (2.10.2020), https://gavclaw.com/2020/10/02/first-analysis-of-the-european-parliaments-draft-proposal-to-amend-brussels-ia-and-rome-ii-with-a-view-to-corporate-human-rights-due-diligence/; Álvarez-Armas, CeDIE Working Paper N° 2021/1, 12 f.

[921] Álvarez-Armas, CeDIE Working Paper N° 2021/1, 10.

endlichen Entschließung vom März 2021 nicht mehr weiterverfolgt.[922] Dem Internationalen Deliktsrecht wendet er sich gar nicht mehr zu.[923] Der ursprüngliche Vorstoß ist also gescheitert.[924] Die Änderung wäre sowieso erst Teil einer noch zu schaffenden lex lata gewesen und hätte auch allein in deren intertemporalem Rahmen gegolten. De lege ferenda ist das Europäische Parlament nun auf eine eingriffsrechtliche Sonderanknüpfung als Durchsetzungsweg umgeschwenkt.[925] Das ist ein anderer Ansatz.[926] Indem er es den Mitgliedstaaten überlässt, Eingriffsnormen zu formulieren, mag er politische Realität abbilden, gibt aber eine einheitliche europäische Linie und Vorgabe auf. Für einen europäischen Rechtsakt mit rechtspolitischer Zielsetzung bleibt er merkwürdig.[927]

395 Für die lex lata des Art. 4 Rom II-VO einschließlich Art. 4 Abs. 3 S. 1 Rom II-VO lassen sich daraus **zwei Argumente** entwickeln: Erstens erachtete selbst der Rechtsausschuss als Proponent eine ausdrückliche Änderung für notwendig.[928] Das heißt umgekehrt, dass das neu Gewollte sich unter der lex lata so wie inhaltlich gewollt nicht im Wege der Auslegung des geltenden Normbestands verwirklichen lässt und Abhilfe geboten ist.[929] Zweitens ist der Plan gescheitert. Die Neuerung wird es in dieser Gestalt nicht geben. Das stützt einen Umkehrschluss, dass sie mindestens politisch so nicht mehr gewollt wird. Der Impetus ist verpufft.

396 **7. Menschenrechte als Verkehrsregeln unter Art. 17 Rom II-VO?** Erhebliche Phantasie entfaltet ein Ansatz, Art. 17 Rom II-VO ins Spiel zu bringen und darüber deutsche Werte und Menschenrechtsvorstellungen gegen deutsche Auftraggeber oder Mutterunternehmen durchsetzen zu wollen.[930] Art. 17 Rom II-VO würde, wenn dem zu folgen wäre, zum Instrument einer sog. „kleinen Eingriffslösung".[931] Er würde zur „Eingriffslösung light" und würde eine „große Eingriffslösung" ersetzen.[932]

Art. 17 Rom II-VO Sicherheits- und Verhaltensregeln

Bei der Beurteilung des Verhaltens der Person, deren Haftung geltend gemacht wird, sind faktisch und soweit angemessen die Sicherheits- und Verhaltensregeln zu berücksichtigen, die an dem Ort und zu dem Zeitpunkt des haftungsbegründenden Ereignisses in Kraft sind.

---

[922] Europäisches Parlament, Sorgfaltspflicht und Rechenschaftspflicht von Unternehmen, Entschließung vom 10.3.2021 mit Empfehlungen an die Kommission zur Sorgfaltspflicht und Rechenschaftspflicht von Unternehmen (2020/2019(INL)), P9_TA (2021)0073.

[923] Kruger in Michaels/Abou-Nigm/van Loon, The Private Side of Transforming Our World – UN Sustainable Development Goals 2030 and the Role of Private International Law, 2021, sub 4.3.1.

[924] Boskovic, Okpabi v. Royal Dutch Shell: A View from France, EAPIL Blog 15.3.2021, https://eapil.org/2021/03/15/okpabi-v-royal-dutch-shell-a-view-from-france/ (zuletzt abgerufen am 6.9.2022); Kieninger ZfPW 2021, 252 (255). Nicht berücksichtigt bei Grabosch Das neue LkSG/Engel § 7 Rn. 21.

[925] Art. 20 Europäisches Parlament, Sorgfaltspflicht und Rechenschaftspflicht von Unternehmen, Entschließung vom 10.3.2021 mit Empfehlungen an die Kommission zur Sorgfaltspflicht und Rechenschaftspflicht von Unternehmen (2020/2019(INL)), P9_TA (2021)0073.

[926] Thomale/Murko ZVglRWiss 120 (2021), 127 (139).

[927] Kruger, European Parliament Resolution on corporate due diligence and corporate accountability (14.4.2021), https://conflictoflaws.net/2021/european-parliament-resolution-on-corporate-due-diligence-and-corporate-accountability/ (zuletzt abgerufen am 6.9.2022); Van Calster, First analysis of the European Parliament's Draft Proposal to amend Brussels Ia and Rome II with a view to corporate human rights due diligence (Update 16.4.2021), https://gavclaw.com/2020/10/02/first-analysis-of-the-european-parliaments-draft-proposal-to-amend-brussels-ia-and-rome-ii-with-a-view-to-corporate-human-rights-due-diligence/ (zuletzt abgerufen am 6.9.2022).

[928] PE657.191v01-00 – PR\1212406DE.docx (11.9.2020) S. 35 sub 4., 5.

[929] PE657.191v01-00 – PR\1212406DE.docx (11.9.2020) S. 35 sub 4., 5.

[930] Güngör, Sorgfaltspflichten bei Unternehmen in transnationalen Menschenrechtsfällen, 2016, 121; Rudkowski CCZ 2020, 352 (354); Aldag Jura 2020, 1214 (1220); Ehmann ZVertriebsR 2021, 141 (150 f.); Ehmann/Berg GWR 2021, 287 (291); Grabosch Das neue LkSG/Engel § 7 Rn. 19 f.; Dohrmann CCZ 2021, 265 (271).

[931] Weller/Nasse ZGR SdH 22 (2020), 107 (132 f.).

[932] Paefgen ZIP 2021, 2006 (2015 f.).

a) Grundsätzliches zu Art. 17 Rom II-VO. aa) Handlungsortanknüpfung. Art. 17 Rom II-VO gesteht dem Handlungsort[933] und seinem Recht einen Rest an Bedeutung zu: Bei der Beurteilung des Verhaltens der Person, deren Haftung geltend gemacht wird, sind faktisch und soweit angemessen die Sicherheits- und Verhaltensregeln zu berücksichtigen, die an dem Ort und zu dem Zeitpunkt des haftungsbegründenden Ereignisses in Kraft sind. Ausdrücklich aufgeführte[934] Vorbilder dafür waren Art. 7 Haager StraßenverkehrsunfallÜbk,[935] Art. 9 Haager ProdukthaftungsÜbk. So soll das mögliche Dilemma mangelnder Vorhersehbarkeit des Erfolgsortes (oder gar eines zufälligen gleichlaufenden Aufenthalts des Opfers) für den Schädiger abgemildert werden.[936] Das Orientierungsvertrauen des Schädigers wird geschützt.[937] Zugleich werden die Interessen des Handlungsortsstaats an der Beachtung seiner Sicherheits- und Verhaltensstandards geschützt.[938] **397**

Der Handlungsort ist unter Art. 17 Rom II-VO grundsätzlich ebenso zu verstehen wie im Rahmen von Art. 4 Abs. 3 S. 1 Rom II-VO.[939] **398**

bb) Von Art. 17 Rom II-VO gemeinte Regeln. Art. 17 Rom II-VO ist eigentlich für lokale Verkehrsregeln gedacht.[940] Musterbeispiel ist das Linksfahrgebot im englischen Straßenverkehr.[941] Weitere Beispiele stammen ebenfalls aus dem Straßenverkehrsrecht: Blutalkoholgrenze; Verbot des Mobiltelefonierens am Steuer; Einschalten des Fahrlichts auch bei Tage.[942] **399**

Art. 17 Rom II-VO geht es in seinem Ausgangspunkt und Kernbereich jedenfalls um Gebote am Handlungsort, welche der Akteur notwendig zu beachten hat, weil er sonst Sanktionen am Handlungsort zu gewärtigen hätte.[943] **400**

cc) Rechtsfolge: Berücksichtigung, nicht eigentliche Anwendung. Zu beachtende Regeln sind unter Art. 17 Rom II-VO nicht im eigentlichen Sinn als Rechtsnormen kollisionsrechtlich berufen und anwendbar, sondern können nur als local data, quasi als Fakten Berücksichtigung finden.[944] „Faktisch" im Wortlaut besagt dies. Zwar ist das Parlament mit seinem Vorschlag, „als Tatsache" zu formulieren,[945] nicht durchgedrungen,[946] **401**

---

933 Eine ausdrückliche Erweiterung um einen etwaigen Marktort (dafür Einsele RabelsZ 81 [2017], 781, 806) ist nicht notwendig, wenn man den Marktort richtigerweise auch als Handlungsort versteht.

934 Begründung der Kommission zum Vorschlag für eine Verordnung über das auf außervertragliche Schuldverhältnisse anzuwendende Recht, KOM (2003) 427 endg. S. 28.

935 Der allerdings auf die Verkehrsregeln des Unfall-, nicht des Handlungsortes an sich abstellt; v. Hein FS v. Hoffmann, 2011, 139 (140).

936 S. nur v. Hein FS v. Hoffmann, 2011, 139 (139).

937 Begründung der Kommission zum Vorschlag für eine Verordnung über das auf außervertragliche Schuldverhältnisse anzuwendende Recht, KOM (2003) 427 endg. S. 24; Calliess/v. Hein, Rome I, Rome II, Rome III, 3. Aufl. 2020, Rom II-VO Art. 17 Rn. 2; Einsele, RabelsZ 81 (2017), 781 (807).

938 S. nur Mansel ZGR 2018, 439 (465); NK-BGB/Lehmann Rom II-VO Art. 17 Rn. 3; Keßenich, Berücksichtigung statutsfremder Sicherheits- und Verhaltensregeln, 2020, 55–63; Maultzsch FS Ebke, 2021, 653 (655 f.).

939 Mansel ZGR 2018, 439 (468).
Vgl. die parallelen Wertungsüberlegungen zum Handlungsort bei Menschenrechtsverletzungen unter Art. 17 Rom II-VO bei Aldag Jura 2020, 1214 (1218 f.).

940 Mankowski IPRax 2010, 389 (390).

941 Leible/Lehmann RIW 2007, 721 (725); jurisPK-BGB/Ludwig Rom II-VO Art. 17 Rn. 6; Calliess/v. Hein Rome I, Rome II, Rome III, 3. Aufl. 2020, Rom II-VO Art. 17 Rn. 17; Aldag Jura 2020, 1214 (1218).

942 Junker NJW 2007, 3675 (3681); Junker JZ 2008, 169 (177); jurisPK-BGB/Ludwig Rom II-VO Art. 17 Rn. 6.

943 Pontier MedNedVIR 136 (2008), 61 (103).

944 Begründung der Kommission zum Vorschlag für eine Verordnung über das auf außervertragliche Schuldverhältnisse anzuwendende Recht, KOM (2003) 427 endg. S. 25; Betlem/Bernasconi (2006) 122 LQR 124, 150; v. Hein VersR 2007, 440 (446); Leible/Lehmann RIW 2007, 721 (725); Dickinson, Rome II Regulation, 2008, Rn. 15.33; Peter Huber/Bach, Rome II Regulation, 2011, Rom II-VO Art. 17 Rn. 6; s. auch Pfeiffer Liber amicorum Klaus Schurig, 2012, 229 (233)–236; Aldag Jura 2020, 1214 (1217 f.).

945 Art. 15 Legislative Entschließung Europäisches Parlament, PE 360.635.

946 Art. 17 Gemeinsamer Standpunkt (EG) Nr. 22/2006, vom Rat festgelegt am 25.9.2006, im Hinblick auf die Annahme der Rom II-VO, ABl. EG 2006 C 289E/78.

aber der Unterschied ist allenfalls marginal. Auf der anderen Seite war das Parlament mit dem Wunsch erfolgreich, das tendenziell relativierende „soweit angemessen" einzufügen.[947] Art. 17 Rom II-VO verändert also nicht die Antwort auf die Frage, welches Recht das Deliktsstatut stellt.[948]

402 Auf seiner Rechtsfolgenseite eröffnet Art. 17 Rom II-VO einen Beurteilungsspielraum und setzt keinen Automatismus in Gang.[949] Das Berücksichtigen ist Einfallstor für materielle Wertungen.[950] Berücksichtigen ist im Ansatz weniger als Anwenden.[951] Sofern man Art. 17 Rom II-VO nicht als volle Kollisionsnorm begreifen will, könnte eine Berücksichtigung nur im Rahmen der Grenzen erfolgen, wie die lex causae, das eigentliche (und unter jener Prämisse einzig berufene) Deliktsstatut sie absteckt.[952] Die Grenze zwischen Berücksichtigen und Anwenden ist bei Art. 17 Rom II-VO, wo Normatives, nicht rein Tatsächliches relevant ist, methodologisch unscharf.[953] Jedenfalls führt er nicht zur vollständigen Verdrängung des eigentlich berufenen Rechts.[954]

403 **b) Anwendbarkeit bei Menschenrechtsverletzungen.** Eine regelhafte Anwendung des Art. 17 Rom II-VO und sein Ausbau zu einer mehr oder weniger versteckten Handlungsortanknüpfung bricht sich an dem aus Art. 7 Rom II-VO zu ziehenden Umkehrschluss einerseits[955] und der Grundsatzentscheidung zugunsten des Erfolgsorts in Art. 4 Abs. 1 Rom II-VO.[956] Insbesondere verfolgt Art. 17 Rom II-VO aber den Zweck, Verhaltenskoordination mit am Handlungsort geltenden Vorschriften ins Werk setzen zu können. Über Art. 17 Rom II-VO ginge man hinaus, wenn man zu strengeren Haftungsregeln am Sitz des Schädigers gelangen würde[957] (die spezifisch und bewusst gerade das LkSG nicht einführt).

404 Art. 17 Rom II-VO vermag wegen seiner potenziell tätergünstigen Zielsetzung nicht zu einer Haftung zu führen, die nach dem eigentlichen Deliktsstatut nicht besteht.[958] Haftungsbegründung nach Handlungsortrecht[959] ist ein Gegenteil zum Schutz legitimen Vertrauens, dass eine Handlung am Handlungsort erlaubt sei, also zu einem potenziellen Haftungsausschluss.[960] Ein Günstigkeitsprinzip, um Opferinteressen zu fördern, beißt sich mit dem tätergünstigen Fokus, den Art. 17 Rom II-VO auf Gebote zur Verhaltenssteuerung am Handlungsort legt.[961]

405 Die GEDIP will in IV.2. ihres Vorschlags für eine Empfehlung zum IPR der corporate due diligence und der Unternehmensverantwortlichkeit[962] konsequent eine excuse aus

---

[947] Art. 15 Legislative Entschließung Europäisches Parlament, PE 360.635.

[948] Mansel ZGR 2018, 439 (465).

[949] S. nur Junker FS Salje, 2013, 243 (261); Kieninger ZfPW 2021, 252 (254).

[950] Lehmann/Eichel RabelsZ 83 (2019), 77 (104); NK-BGB/Lehmann Rom II-VO Art. 17 Rn. 66 f.

[951] Rauscher/Picht, EuZPR/EuIPR, Bd. III, 4. Aufl. 2016, Rom II-VO Art. 17 Rn. 10.

[952] Pfeiffer Liber amicorum Schurig, 2012, 229 (235).

[953] de Lima Pinheiro RDIPP 2008, 5 (33); v. Hein FS v. Hoffmann, 2011, 139 (141).

[954] Rühl BerDGIR 50 (2020), 89 (103).

[955] Mansel ZGR 2018, 439 (457).

[956] Mansel ZGR 2018, 439 (458); Rühl Eur. Yb. Int. Econ. L. 2020, 61 (70).

[957] Rühl BerDGIR 50 (2020), 89 (103); Rühl Eur. Yb. Int. Econ. L. 2020, 61 (70); G. Wagner ZIP 2021, 1095 (1104).

[958] M. Stürner Int. J. Proced. L. 4 (2014), 350 (371); G. Wagner RabelsZ 80 (2016), 717 f., 742 f., 748 f.; Mansel ZGR 2018, 431 (470 f.); Enneking in Rubio/Yiannibas, Human Rights in Business, 2017, 38 (59); Halfmeier in Krajewski/Saage-Maaß, Die Durchsetzung menschenrechtlicher Sorgfaltspflichten von Unternehmen, 2018, 33 (42 f.); Pförtner in Gössl, Politik und Internationales Privatrecht, 2017, 93 (102)–104; Pförtner in Krajewski/Saage-Maaß, Die Durchsetzung menschenrechtlicher Sorgfaltspflichten von Unternehmen, 2018, 311 (326 f.); Wendelstein RabelsZ 83 (2019), 114 (144)–146; Rühl BerDGIR 50 (2020), 89 (103); aA Aldag Jura 2020, 1214 (1219 f.); allg. BeckOGK/Maultzsch Rom II-VO Art. 17 Rn. 75 f.

[959] Dafür im Kontext des LkSG ausdrücklich Schmidt-Räntsch ZUR 2021, 387 (393); Dohrmann CCZ 2021, 265 (271).

[960] Rühl BerDGIR 50 (2020), 89 (103).

[961] Wendelstein RabelsZ 83 (2019), 111 (144).

[962] Groupe Européen de Droit International Privé (GEDIP), Recommendation of the European Group for Private International Law (GEDIP/EGPIL) to the European Commission concerning the Private international

Art. 17 Rom II-VO, also eine tätergünstige Anwendung des Art. 17 Rom II-VO, ausschließen:

> *„Article 17 of the Rome 2 Regulation cannot be invoked by the defendant to exonerate or limit his liability."*

Comment 15 GEDIP Vorschlag untermauert dies: „This rule seeks to ensure that defendants will not be excused from liability for non-compliance with their due diligence obligations under the Instrument simply by invoking Article 17 Rome II. While account must be taken, as a matter of **fact,** and in so far as is appropriate, of the rules of safety and conduct in force at the place and time of the event giving rise to the liability, such rules cannot replace the legal duties established by the Regulation and cannot be used to evade the application of its Articles 4 and 7 to those duties." **406**

Ein Weg zur Durchsetzung deutschen Rechts über Art. 16 Rom II-VO wäre zwar rechtspolitisch schon deshalb vorzugswürdig, weil die bloße Berücksichtigung als Rechtsfolgenanordnung des Art. 17 Abs. 2 Rom II-VO nur minderen Ranges ist.[963] Eine „kleine Eingriffslösung" über Art. 17 Rom II-VO drohte um den hohen Preis fehlender Systemkonsistenz ineffizient zu sein, während eine echte, „große" Eingriffslösung über Art. 16 Rom II-VO sowohl besser ins System passen würde als auch direkter wäre, mit einer passenden Rechtsfolge.[964] Der Weg über Art. 16 Rom II-VO ist jedoch de lege lata versperrt, weil sich der deutsche Gesetzgeber bewusst dagegen entschieden hat, Haftungsregeln in das LkSG aufzunehmen und diesen eingriffsrechtlichen Charakter zu verleihen (→ Rn. 508 ff.).[965] Man kann sogar zusätzlich § 3 Abs. 3 S. 1 als Hürde gegen eine eingriffsrechtliche Qualifikation ins Spiel bringen.[966] **407**

8. Umweltschädigungen und die Sonderkollisionsnorm des Art. 7 Rom II-VO. Eine Sonderrolle spielen im europäischen Kollisionsrecht Umweltschädigungen. Denn für sie gilt nicht die allgemeine objektive Anknüpfung nach Art. 4 Rom II-VO, sondern die besondere Kollisionsnorm des Art. 7 Rom II-VO. Diese greift auch bei Umweltschädigungen der von § 2 Abs. 4 LkSG umschriebenen Art und generell in Lieferketten.[967] Man kann Art. 7 Rom II-VO durchaus als Instrument der globalen Governance in einem höheren Interesse einordnen.[968] Er greift materielle Kollektivinteressen auf und verleiht ihnen eine kollisionsrechtliche Umsetzung.[969] **408**

Art. 7 Rom II-VO Umweltschädigung

Auf außervertragliche Schuldverhältnisse aus einer Umweltschädigung oder einem aus einer solchen Schädigung herrührenden Personen- oder Sachschaden ist das nach Artikel 4 Absatz 1 geltende

---

law aspects of the future Instrument of the European Union on [Corporate Due Diligence and Corporate Accountability], GEDIP – document adopté à la réunion virtuelle 2021, 08/10/2021 (version finale), https://gedip-egpil.eu/wp-content/uploads/2021/02/Recommandation-GEDIP-Recommendation-EGPIL-final.pdf (zuletzt abgerufen am 6.9.2022).

963 Hartmann in Krajewski/Saage-Maaß, Die Durchsetzung menschenrechtlicher Sorgfaltspflichten von Unternehmen, 2018, 281 (301); Aldag Jura 2020, 1214 (1219).

964 Weller/Nasse ZGR SdH 22 (2020), 107 (133); Aldag Jura 2020, 1214 (1222).
Wimmer FS Reuter, 2021, 535 (564) hält zwar materiell eine eingriffsrechtliche Sonderanknüpfung zugunsten von Menschenrechten und Umweltschutz für passend, stößt sich aber an einer zivilrechtlichen Folge Haftung.

965 Mäsch/Wittebol IPRax 2022, 78 (85); bereits auf der Basis des RefE Wimmer FS Reuter, 2021, 535 (565).

966 Ehmann/Berg GWR 2021, 287 (291); Späth/Werner CCZ 2021, 241 (248); Mäsch/Wittebol IPRax 2022, 78 (85).

967 S. nur Mansel ZGR 2018, 439 (460).

968 Insbes. Álvarez-Armas Ann. Dr. Louvain 77 (2017), 61; Álvarez-Armas AEDIPr XVIII (2018), 193; Álvarez-Armas, Private International Environmental Litigation before EU Courts: Choice of Law as a Tool of Global Environmental Governance, 2022.

969 Giansetto Clunet 145 (2018), 507 (512).

Recht anzuwenden, es sei denn, der Geschädigte hat sich dazu entschieden, seinen Anspruch auf das Recht des Staates zu stützen, in dem das schadensbegründende Ereignis eingetreten ist.

409 **a) Grundsätzliches.** Im Internationalen Privatrecht der Umwelthaftung verwirklicht der europäische Gesetzgeber in Art. 7 Rom II-VO punktuell und bereichsspezifisch das Ubiquitätsprinzip:[970] Der Geschädigte hat die Wahl zwischen dem nach Art. 4 Rom II-VO berufenen Recht (also gemeinhin nach Art. 4 Abs. 1 Rom II-VO dem Recht des Erfolgsorts) und dem Recht des Handlungsorts. Dies schließt in sachlicher Hinsicht Klagen wegen Individualschädigungen ein, seien es Personen-, seien es Sachschäden, die Folgen von Umweltschädigungen sind, also „Schäden auf dem Umweltpfad".[971]

410 Handlungs- und Erfolgsort haben unter Art. 7 Rom II-VO im IPR denselben Bedeutungsgehalt wie unter Art. 7 Nr. 2 Brüssel Ia-VO im europäischen IZPR.[972] Wer der – wenn auch abzulehnenden,[973] so doch vorherrschenden – Lehre von den doppelrelevanten Tatsachen folgt, wird Lokalisierungsfragen für konkrete Fälle daher zumeist nicht im IZPR im Rahmen der Zulässigkeit beantworten, sondern erst hier beim IPR im Rahmen der Begründetheit; Es sei denn, der Kläger würde Erfolgsortsgerichtsstand und Handlungsortrecht (oder umgekehrt) miteinander kombinieren oder in einem anderen Gerichtsstand als einem der Tatortgerichtsstände klagen.

411 Das Ubiquitätsprinzip ist im IPR ein ungewöhnlicher Gast, weil die Rom II-VO ansonsten den Handlungsort nicht als Anknüpfungspunkt verwendet und sich gerade von der in einigen nationalen Kollisionsrechten (zB Art. 40 Abs. 1 S. 1, 2 EGBGB) zuvor herrschenden Gleichwertigkeit von Handlungs- und Erfolgsort verabschiedet hat.

412 Dahinter stecken bei Art. 7 Rom I-VO indes volle, wohlbedachte Absicht und eine gesetzgeberische Politik. Theoretisch unterwirft man mit Art. 7 Rom II-VO den Schädiger dem kollisionsrechtlich strengsten Haftungsregime und fördert dadurch die Vermeidung von Umweltschädigungen.[974] Man möchte das Verursacherprinzip auch auf der kollisionsrechtlichen Ebene durchsetzen und vermeiden, dass Betreiber umweltverschmutzender Anlagen Regulierungsarbitrage betreiben und von Regelungsgefällen profitieren.[975] Insbesondere soll es keine Anreize geben, sich in Grenzgebieten den Standort mit den niedrigsten Schutzstandards auszusuchen.[976] Art. 7 Rom II-VO setzt also eine von der Grundanknüpfung abweichende Anknüpfung und damit das IPR gezielt als Steuerungsinstrument ein.[977]

---

[970] Zu Art. 7 Rom II-VO Bogdan Liber Fausto Pocar, vol. II, 2009, 95; Bogdan in Ahern/Binchy, The Rome II Regulation on the Law Applicable to Non-Contractual Obligations, 2009, 219; Carbone/Schiano di Pepe Dir. mar. 111 (2009), 50; Grisel Rev. dr. int. dr. comp. 2011, 148; Ivaldi EuLF 2013, 137; Ivaldi Riv. dir. int. priv. proc. 2013, 861; Junker FS Salje, 2013, 243; Kadner Graziano (2007) 9 Yb. PIL 71; S. Koch, Die grenzüberschreitende Wirkung von nationalen Genehmigungen für umweltbeeinträchtigende industrielle Anlagen, 2010; Mankowski IPRax 2010, 389; Martiny FS Peine, 2016, 181; Matthes GPR 2011, 146; Rüppell, Die Berücksichtigungsfähigkeit ausländischer Anlagengenehmigungen, 2012; Schiano di Pepe in Carbone/Chiavario (a cura di), Cooperazione giudiziaria civile e penale nel diritto dell'Unione Europea, 2008, 117; Thorn in Kieninger/Remien, Europäische Kollisionsrechtsvereinheitlichung, 2012, 139; Vrellis Liber amicorum Alegria Borrás, 2013, 869; Álvarez-Armas Ann. Dr. Louvain 77 (2017), 63; Álvarez-Armas AEDIPr XVIII (2018), 193; Álvarez-Armas Rev. Dr. Int. Assas 3 (2020), 109; Álvarez-Armas CeDIE Working Paper N° 2021/1; Lehmann/Eichel RabelsZ 83 (2019), 77.

[971] So plastisch Rühl BerDGIR 50 (2020), 89 (98); Kieninger IPRax 2022, 1 (6).

[972] Martiny FS Peine, 2016, 181 (186); abw. Lehmann/Eichel RabelsZ 83 (2019), 77 (93) wegen Verengung im IZPR; Giansetto Clunet 145 (2018), 507 (525).

[973] Mankowski IPRax 2006, 454.

[974] Leible/Lehmann RIW 2007, 721 (729); G. Wagner IPRax 2008, 1 (9); de Boer WPNR 6780 (2008), 988 (991); v. Hein ZEuP 2009, 6 (30); Kadner Graziano RabelsZ 73 (2009), 1 (47); Sujecki EWS 2009, 310 (317).

[975] Vorschlag für eine Verordnung des Europäischen Parlaments und des Rates für das auf außervertragliche Schuldverhältnisse anzuwendende Recht, KOM (2003) 427 endg. S. 20; G. Wagner IPRax 2006, 372 (380); Garcimartín Alférez EuLF 2007, I-77, I-87; de Lima Pinheiro Riv. dir. int. priv. proc. 2008, 5 (26); Kadner Graziano RabelsZ 73 (2009), 1 (47); Grisel Rev. dr. int. dr. comp. 2011, 148 (161).

[976] Martiny FS Peine, 2016, 181 (187).

[977] Insbes. Álvarez-Armas Ann. Dr. Louvain 77 (2017), 61; Álvarez-Armas AEDIPr XVIII (2018), 193; Álvarez-Armas, Private International Environmental Litigation before EU Courts: Choice of Law as a Tool of Global Environmental Governance, 2022.

Beim Rechtsgut Umwelt rücken damit die Abschreckungseffekte in den Vordergrund und prägen die Regelbildung.[978] Dahinter steht auch eine Unions-, ursprünglich Gemeinschaftspolitik, die sich dem Umweltschutz als einem Ziel verschrieben hat.[979] Erwägungsgrund 25 Rom II-VO nennt ausdrücklich Art. 174 Abs. 2 S. 1 EGV (heute Art. 191 Abs. 2 S. 1 AEUV). Dies rechtfertigt in favorem naturae auch die Diskriminierung des ausländischen Emittenten.[980] **413**

Das Ubiquitätsprinzip wird gezielt als Begünstigungsprinzip[981] und gleichsam als Mittel des private enforcement eingesetzt.[982] Art. 7 Rom II-VO verfolgt dieses Begünstigungsprinzip zugunsten der Umwelt und der Geschädigten als ihrer Sachwalter.[983] Mittel der alternativen Anknüpfung ist indes ein Gestaltungsrecht, über dessen Ausübung der Geschädigte selber entscheiden muss; es herrscht kein Günstigkeitsvergleich, welchen der Richter vornehmen müsste.[984] Die alternative Anknüpfung soll der gezielten Ansiedlung umweltverschmutzender, emissionsstarker Anlagen in Staaten mit niedrigen Umweltschutzniveaus entgegenwirken und lässt umgekehrt Geschädigte aus Staaten mit niedrigem Schutzniveau von höheren Umweltstandards im Standortland der Anlage profitieren.[985] Das Ubiquitätsprinzip als Ausgleich für die vom Umweltverschmutzer verfolgten wirtschaftlichen Interessen anzuführen[986] mag indes innerhalb der Rom II-VO Wertungsprobleme mit der anders ausgestalteten Anknüpfung der Produkthaftung aufwerfen, wo ebenfalls eindeutig wirtschaftliche Interessen verfolgt werden.[987] **414**

Praktisch wird ein Kläger indes sein Optionsrecht zugunsten des Handlungsortsrechts kaum ausüben, wenn der Handlungsort und der Standort der Anlage in demselben Staat liegen und dieser Staat die Anlage genehmigt hat.[988] **415**

b) Handlungsort. Handlungsort ist derjenige Ort, an welchem der (potenzielle) Schädiger entweder einen für die Umweltschädigung bzw. die Rechtsgut- oder Vermögensverletzung beim Geschädigten maßgebende Ursache durch positives Tun gesetzt oder eine Unterlassung begangen hat, obwohl er nach dem Recht dieses Ortes hätte handeln müssen, wobei nach hM bloße Vorbereitungshandlungen außer Betracht bleiben sollen.[989] Bei einer Gefährdungshaftung ist der Ort maßgeblich, an welchem der potenzielle Schädiger die Gefahrenquelle gesetzt hat, sei es gegenständlich über eine von ihm betriebene Anlage, sei es durch Verhalten.[990] **416**

Bei ortsfesten emittierenden Anlagen kommt es auf deren Belegenheitsort an, bei mobilen Anlagen auf den Ort, an welchem die Anlage außer Kontrolle gerät oder die gebotene Kontrolle unterlassen wurde,[991] also auf den aktuellen Belegenheitsort zum Zeitpunkt der schädigenden Emission. **417**

---

[978] de Boer NILR 2009, 295 (324 f.); König/Tetzlaff RIW 2022, 25 (27 f.); Bogdan Liber Fausto Pocar, vol. II, Milano 2009, 95 (97); Grisel Rev. dr. int. dr. comp. 2011, 148 (159 f.).

[979] Michaels FS Kropholler, 2008, 151 (160 f.).

[980] G. Wagner IPRax 2008, 1 (9); Bogdan Liber Fausto Pocar, vol. II, Milano 2009, 95 (96); v. Hein VersR 2007, 440 (449).

[981] Bogdan Liber Fausto Pocar, vol. II, Milano 2009, 95 (98).

[982] Mankowski GS Schmehl, 2019, 557 (565); Giansetto Clunet 145 (2018), 507 (527 f.).

[983] de Boer WPNR 6780 (2008), 988 (991); Strikwerd WPNR 6780 (2008), 993 (997).

[984] Grüneberg/Thorn Rom II-VO Art. 7 Rn. 8.

[985] Vorschlag für eine Verordnung des Europäischen Parlaments und des Rates für das auf außervertragliche Schuldverhältnisse anzuwendende Recht, KOM (2003) 427 endg. S. 21 f.; Betlem/Bernasconi (2006) 122 LQR 124, 141; v. Hein VersR 2007, 440 (449); Mankowski GS Schmehl, 2019, 557 (565); jurisPK-BGB/Wurmnest, 9. Aufl. 2020, Rom II-VO Art. 7 Rn. 1.

[986] Vorschlag für eine Verordnung des Europäischen Parlaments und des Rates für das auf außervertragliche Schuldverhältnisse anzuwendende Recht, KOM (2003) 427 endg. S. 20.

[987] Heiss/Loacker JBl 2007, 613 (632); Rauscher/Unberath/Cziupka/Pabst Rom II-VO Art. 7 Rn. 30.

[988] Martiny FS Peine, 2016, 181 (187); Mankowski GS Schmehl, 2019, 557 (565).

[989] Erman/Stürner Rom II-VO Art. 7 Rn. 12; MüKoBGB/Junker Rom II-VO Art. 7 Rn. 22; Grüneberg/Thorn Rom II-VO Art. 7 Rn. 7; Prütting/Wegen/Weinreich/Schaub, 16. Aufl. 2021, Rom II-VO Art. 7 Rn. 3.

[990] MüKoBGB/Junker Rom II-VO Art. 7 Rn. 22.

[991] BeckOK BGB/Spickhoff Rom II-VO Art. 7 Rn. 4; Thorn, Die Haftung für Umweltschäden im Gefüge der Rom II-VO in Kieninger/Remien, Europäische Kollisionsrechtsvereinheitlichung, 2012, 139

418 Eine zu pauschale Ausgrenzung von Vorbereitungshandlungen aus dem Kreis der relevanten Handlungen wäre wenig überzeugend. Sofern man Vorbereitungshandlungen weit verstehen und trotzdem für irrelevant erklären wollte, drohte dies etwa die Beschlussfassung in Unternehmensgremien auszuklammern, die zur Entscheidung über die Produktion umweltschädlicher Produkte oder in umweltschädigender Weise führt.[992] Dabei ist dies die ausschlaggebende, die initiierende, die originierende Aktivität.[993] Die Produktionsaufnahme ist nur Folge der unternehmerischen Entscheidung. Die unternehmerische Entscheidung führt und regiert eigentlich.[994]

419 Handlungsort ist, genauer: gleichermaßen je für sich anknüpfungstragende Handlungsorte sind nach der hier vertretenen Ansicht also sowohl der Ort der umweltschädigenden Produktion (soweit diese dem Beklagten zugerechnet werden kann) als auch der Ort der unternehmerischen Entscheidung des Beklagten über Aufnahme oder Fortsetzung der umweltschädigenden Produktion als auch der Ort einer Verletzung umweltrechtlicher Organisations-, Überwachungs- oder Kontrollpflichten (→ Rn. 299).[995] Mosaiktheorie sollte man dies nicht nennen,[996] weil jeder Handlungsort für alle trägt, nicht nur für die Handlungen in dem betreffenden Staat.

420 **c) Erfolgsort. aa) Lokalisierung des Erfolgsorts.** Bei einer reinen Umweltschädigung ist Erfolgsort der Ort, an welchem das insoweit primär geschützte Rechtsgut Natur verletzt wurde. Erfolgsort ist in diesem Zweig demnach der Ort, an welchem die schadensverursachende Emission mit einer natürlichen Ressource (Wasser, Boden, Luft) in Berührung kommt.[997]

421 Steht dagegen ein Ersatz von Personen-, Sach- oder Vermögensschäden als Folge einer Emission in Rede, so kommt es auf den Ort an, an welchem das jeweils primär geschützte Rechtsgut verletzt wurde.[998] Bei Personenschäden geht es also um Gesundheit und Leben, sodass der Erfolgsort am Körperverletzungs- bzw. am Tötungsort liegt. Bei Sachschäden geht es also um das Eigentum an der Sache, sodass der Erfolgsort am Ort der Sachbeschädigung, der Immission in oder auf die Sache liegt. Bei primären Vermögensschäden geht es also um das Vermögen, sodass der Erfolgsort am Schädigungsort des jeweils relevanten Vermögenswertes liegt. Allein finanzielle Folgeschäden als Folge einer Verletzung primär von Gesundheit, Leben oder Eigentum begründen keinen eigenständigen Erfolgsort, wie Art. 4 Abs. 1 aE Rom II-VO in Kodifikation vorangegangener IZPR-Rechtsprechung des EuGH[999] für das IPR klarstellt.

422 Der Schutz der drei Rechtsgüter ist ein unmittelbarer und kein bloß mittelbarer, über eine Umweltschädigung vermittelter, der Gefahr liefe, als bloßer Folgeschaden ausgeglie-

(142); Calliess/v. Hein, Rome Regulations, 3. Aufl. 2020, Rom II-VO Art. 7 Rn. 17 f.; MüKoBGB/Junker Rom II-VO Art. 7 Rn. 22; Weller/Nasse/Nasse FS Kronke, 2020, 601 (610).

992 Mankowski GS Schmehl, 2019, 557 (560); ventiliert, aber offengelassen bei Weller/Nasse/Nasse FS Kronke, 2020, 601 (619); konsequent Leopold König/Tetzlaff RIW 2022, 25 (37).

993 Mankowski GS Schmehl, 2019, 557 (560).

994 Mankowski GS Schmehl, 2019, 557 (560).

995 Ebenso Otero Carcá-Castrillón (2011) 7 JPrIL 551, 571 f.; Demeyere ERPL 23 (2015), 385 (388 f.); Enneking in Rubio/Yiannibas, Human Rights in Business, 2018, 38 (53); Hartmann in Krajewski/Saage-Maaß, Die Durchsetzung menschenrechtlicher Sorgfaltspflichten von Unternehmen, 2018, 281 (300 f.); Mansel ZGR 2018, 439 (462 f.).

996 Entgegen Leopold König/Tetzlaff RIW 2022, 25 (36).

997 Kadner Graziano RabelsZ 73 (2009), 1 (45); Thorn in Kieninger/Remien, Europäische Kollisionsrechtsvereinheitlichung, 2012, 139 (151); Mankowski GS Schmehl, 2019, 557 (561); MüKoBGB/Junker Rom II-VO Art. 7 Rn. 20.

998 S. Junker NJW 2007, 3675 (3680); Junker FS Salje, 2013, 243 (254); MüKoBGB/Junker Rom II-VO Art. 7 Rn. 20; Leible/Lehmann RIW 2007, 721 (728); G. Wagner IPRax 2008, 1 (9); Kadner Graziano Rev. crit. dr. int. pr. 97 (2008), 445 (485); Kadner Graziano RabelsZ 73 (2009), 1 (45).

999 Grdl. EuGH C-220/88, Slg. 1990, I-49, I-80 Rn. 19 – Dumez France SA und Tracoba SARL/Hessische Landesbank; C-364/93, Slg. 1995, I-2719, I-2739 f. Rn. 13–15 – Antonio Marinari/Lloyd's Bank plc und Zubaidi Trading Co.

dert zu werden.[1000] Personen- und Sachschäden, die aus einer Umweltschädigung resultieren, können daher eigene Erfolgsorte begründen.[1001] Diese Erfolgsorte können vom Erfolgsort der Umweltschädigung abweichen.[1002]

Ein einschränkendes Vorhersehbarkeitskriterium aus Art. 5 Abs. 1 UAbs. 2 Rom II-VO per Analogie in die Erfolgsortanknüpfung unter Art. 7 Var. 2 Rom II-VO iVm Art. 4 Abs. 1 Rom II-VO zu importieren[1003] überzeugt nicht. Es bricht sich an den unterschiedlichen rationes beider Vorschriften und damit an der fehlenden Vergleichbarkeit der Interessenlagen, wie sie für eine Analogie notwendig wäre.[1004] Eine Analogie müsste zudem beim Bezugsgegenstand der Vorhersehbarkeit korrigieren (Verfügbarkeit des Produkts auf einem Markt bei Art. 5 Abs. 1 UAbs. 2 Rom II-VO, Schaden bei Art. 7 Rom II-VO), was ebenfalls gegen eine Übertragbarkeit spricht.[1005] Art. 5 Rom II-VO ist weit differenzierter und ersichtlicher Ausfluss eines schwierigen Kompromisses zwischen konkurrierenden Lobbyinteressen (→ Rn. 298). Art. 7 Rom II-VO setzt dagegen bewusst einfach und nachgerade grobschlächtig an. Er verfolgt ein besonderes Umweltschutzinteresse im Dienst eines primärrechtlichen Ziels (→ Rn. 413), zu dem es so unter Art. 5 Rom II-VO keine Parallele gibt. 423

Anders als in den Klimahaftungsfällen,[1006] welche Ausgangsfälle der gerade skizzierten Diskussion waren, besteht bei den lokalen Umweltschädigungen in Lieferkettenfällen zudem kein Vorhersehbarkeits- oder Kausalitätsproblem,[1007] dessen Risiken durch solche Überlegungen eingegrenzt werden müssten. In Lieferkettenfällen geht es in aller Regel um Platzdelikte, die höchstens in Nachbarstaaten des Produktionslandes übergreifen, nicht um echte und schon gar nicht um globale Streudelikte.[1008] Selbst wenn man ein Vorhersehbarkeitserfordernis befürworten würde, wäre diesem also genügt.[1009] 424

bb) Keine Auflockerungen der Erfolgsortanknüpfung: Verweisung des Art. 7 Var. 2 Rom II-VO nur auf Art. 4 Abs. 1 Rom II-VO. Der zweite Anknüpfungsstrang des Art. 7 Rom II-VO verweist nur auf Art. 4 Abs. 1 Rom II-VO, aber nicht auf Art. 4 Rom II-VO insgesamt. Er verwirklicht eine strikte Erfolgsortanknüpfung und folgt Art. 4 Rom II-VO nicht, soweit dieser von der Erfolgsortanknüpfung seines ersten Abs. abweicht. Art. 7 Var. 2 Rom II-VO importiert nicht die innere Hierarchie des Art. 4 Rom II-VO. Art. 4 Abs. 2 und Abs. 3 Rom II-VO statuieren sog. „Auflockerungen", also Durchbrechungen der Erfolgsortanknüpfung. Sie kommen bei der internationalen Umwelthaftung nicht zum Zuge.[1010] Für reine Umweltschädigungen ist dies konsequent, weil sie vom Individualschaden abstrahieren.[1011] Für die Verletzung individueller Rechtsgüter (Leben, Gesundheit, Eigentum, Vermögen) „auf dem Umweltpfad" erscheint der Ausschluss indes weniger gut begründbar.[1012] 425

d) Rechtswahlmöglichkeit bei der Umwelthaftung? aa) Ausgangslage. Art. 7 Rom II-VO formuliert eine objektive Anknüpfung. Nach der Gesamtstruktur der Rom II-VO kommt eine objektive Anknüpfung aber nur dann zum Tragen, wenn es an einer subjektiven Anknüpfung kraft Rechtswahl nach Art. 14 Rom II-VO fehlt. Art. 14 Rom II-VO gilt im Ausgangspunkt für alle Arten von gesetzlichen Schuldverhältnissen. Er gilt 426

1000 Entgegen Lehmann/Eichel RabelsZ 83 (2019), 77 (91).
1001 MüKoBGB/Junker Rom II-VO Art. 7 Rn. 20; Weller/Nasse/Nasse FS Kronke, 2020, 601 (617); aA Duczek, Rom II-VO und Umweltschädigung, 2009, 14.
1002 Junker FS Salje, 2013, 243 (254); Weller/Nasse/Nasse FS Kronke, 2020, 601 (617).
1003 Dafür Lehmann/Eichel RabelsZ 83 (2019), 77 (106 f.).
1004 Kieninger IPRax 2022, 1 (7).
1005 Kieninger IPRax 2022, 1 (7).
1006 Dort zB Leopold König/Tetzlaff RIW 2022, 25 (33 f.).
1007 Eingehend dazu insbes. Giansetto Clunet 145 (2018), 507 (518)–525.
1008 Vgl. Kieninger IPRax 2022, 1 (6).
1009 Vgl. Lehmann/Eichel RabelsZ 83 (2019), 77 (106).
1010 Lehmann/Eichel RabelsZ 83 (2019), 77 (96).
1011 Mankowski GS Schmehl, 2019, 557 (565).
1012 Mankowski GS Schmehl, 2019, 557 (565).

nur dann nicht, wenn eine Ausnahme eingreift. Eine Rechtswahl hat der europäische Gesetzgeber für zwei, genauer: drei Bereiche ausdrücklich ausgeschlossen: durch Art. 6 Abs. 4 Rom II-VO für das Internationale Lauterkeits- und das Internationale Kartellrecht; durch Art. 8 Abs. 3 Rom II-VO für das Internationale Immaterialgüterrecht. Bei den Ausnahmenormen liegt die Überlegung zugrunde, dass jeweils Interessen jenseits derjenigen des konkret Geschädigten betroffen sind und dass es auf der Geschädigtenseite eigentlich niemanden gibt, der legitimiert wäre, über Gemeininteressen kollisionsrechtlich zu verfügen.[1013]

427 Für das Internationale Umwelthaftungsrecht findet man in Art. 7 Rom II-VO aber keinen ausdrücklichen Rechtswahlausschluss. Man findet in Art. 7 Rom II-VO überhaupt keine Aussage zur Rechtswahl, weder positiv noch negativ.

428 **bb) Art. 6 Abs. 4 Rom III-VO, Art. 8 Abs. 3 Rom III-VO als Basis eines Umkehrschlusses oder einer Analogie?** Argumentativ sind nun zwei zueinander alternative und einander strikt ausschließende Wege möglich. Zum einen könnte man aus Art. 6 Abs. 4 Rom II-VO; Art. 8 Abs. 3 Rom II-VO einen Umkehrschluss ziehen und mangels ausdrücklichen Rechtswahlausschlusses eine Rechtswahl im Internationalen Umwelthaftungsrecht für zulässig erachten.[1014]

429 Dem ließe sich mit einer weiteren Überlegung sekundieren:[1015] dass Art. 7 Var. 2 Rom II-VO auf Art. 4 Rom II-VO verweist. Art. 4 Rom II-VO steht aber in seinem eigenen, direkten Anwendungsbereich unter dem Vorbehalt, dass es keine Rechtswahl gibt, und ist deshalb der Abbedingung in den Grenzen des Art. 14 Rom II-VO zugänglich. Art. 7 Rom II-VO verfolgt einen recht individualistischen Ansatz.[1016] Er räumt dem individuellen Gläubiger ein einseitiges Wahlrecht ein; damit stünde ein Ausschluss bilateraler Parteiautonomie in einem gewissen Spannungsverhältnis.[1017]

430 Ein weiteres Moment kommt hinzu: Systematisch steht Art. 14 Rom II-VO hinter **allen** objektiven Anknüpfungstatbeständen. Er ist gleichsam hinter die Klammer gezogen, auch hinter Art. 7 Rom II-VO. Zudem könnte der einzelne Kläger mindestens prozessual disponieren: Er kann durch Vergleich seine Klage beenden.

431 Zum anderen könnte man Art. 6 Abs. 4 Rom II-VO; Art. 8 Abs. 3 Rom III-VO im Internationalen Umwelthaftungsrecht analog anwenden. Dies erschiene insbesondere dann sachgerecht, wenn man den einzelnen Kläger in seiner Rechtsverfolgung als Quasi-Repräsentanten der Allgemeinheit und der Natur ansehen könnte.[1018] Zwar wird der einzelne Kläger in der Regel einen Anspruch auf Ersatz seines eigenen individuellen Schadens geltend machen, keinen übergreifenden Schaden der Allgemeinheit oder einer Verletztengesamtheit. Gleiches ließe sich aber auch im Internationalen Kartellrecht sagen, wo indes ein expliziter Rechtswahlausschluss herrscht.

432 **e) Behördliche Genehmigungen am Produktionsort.** Intensiv wird diskutiert, Art. 17 Rom II-VO ins Spiel zu bringen, um Genehmigungen aus dem Staat des Handlungsortes auch dann überwirken zu lassen, wenn das Recht des Erfolgsorts angewendet wird.[1019] Behördliche Genehmigungen einer Produktion oder sonstigen Industrieanlage können auf der sachrechtlichen Ebene ein Rechtfertigungsgrund sein, der eine Delikts-

[1013] Mankowski RIW 2011, 30 (38).
[1014] v. Hein ZEuP 2009, 6 (23).
[1015] Mankowski GS Schmehl, 2019, 557 (566).
[1016] S. Vogeler, Die freie Rechtswahl im Kollisionsrecht der außervertraglichen Schuldverhältnisse, 2013, 125 f.
[1017] v. Hein RabelsZ 73 (2009), 461 (499); Bogdan/Michael Hellner in Magnus/Mankowski Rome II Regulation, 2019, Rom II-VO Art. 7 Rn. 9.
[1018] Mankowski GS Schmehl, 2019, 557 (567).
[1019] Eingehend insbes. Álvarez-Armas Ann. Dr. Louvain 77 (2017), 63; Álvarez-Armas AEDIPr XVIII (2018), 193; Álvarez-Armas Rev. Dr. Int. Assas 3 (2020), 109; Álvarez-Armas CeDIE Working Paper N° 2021/1; Lehmann/Eichel RabelsZ 83 (2019), 77 (97)–105; Kieninger IPRax 2022, 1 (8)–10; außerdem zB Leopold König/Tetzlaff RIW 2022, 25 (35).

haftung für rechtswidriges Verhalten ausschließt. Für das Internationale Umwelthaftungsrecht ist es eine wichtige Frage, ob eine behördliche Genehmigung der emittierenden Anlage durch den Staat ihres Standortes eine Rechtfertigung auch bei Klagen in einem anderen Staat und unter dem materiellen Recht eines anderen Staats bieten kann.[1020] Materielle Einschränkung muss jedenfalls sein, dass die Genehmigung mögliche Umweltschädigungen überhaupt im Blick hat und in den ihr zugrundeliegenden Beurteilungs- oder Abwägungsprozess einbezieht.[1021] Territoriale Eingrenzungen der Genehmigung selber auf Folgen in ihrem Erlassstaat schlagen durch und stehen einer Erstreckung entgegen.[1022]

Rechtstechnisch stehen sich zwei konkurrierende Ansätze gegenüber, wie ein Überwirken stattfinden könnte.[1023] Der erste Ansatz ist ein materiellrechtlicher und instrumentalisiert Art. 17 Rom II-VO,[1024] darin unterstützt immerhin von der Kommissionsbegründung.[1025] Er passt aber kaum zum üblichen, an positiven Geboten des Handlungsortrechts orientierten Verständnis des Art. 17 Rom II-VO.[1026] Eine kleine erste Hürde – die indes nicht unüberwindlich sein dürfte[1027] – liegt bereits darin, dass Art. 17 Rom II-VO eigentlich von Regeln spricht, nicht von Einzelakten.[1028] Der Ansatz läuft zudem in den Ergebnissen jedem Ansatz komplementär zuwider, Art. 17 Rom II-VO zu instrumentalisieren, um Menschenrechte (hier: auf eine saubere Umwelt) durchzusetzen (→ Einl. Rn. 396 ff. mwN). Auch die ratio des Art. 7 Rom II-VO und das Bestimmungsrecht des Geschädigten in favorem laesi stünden eigentlich im Wege.[1029] Das ist kaum verwunderlich. Denn gestattende Genehmigungen werden häufig Teil einer wirtschaftsfördernden Politik gezielter Industrieansiedlung, ja Industrieanlockung sein. Niedrige Umweltstandards senken Produktionskosten und können aus Unternehmenssicht ein positiver Faktor für die Wahl des betreffenden Standorts sein. **433**

Der zweite Ansatz ist ein verfahrensrechtlicher und entwickelt ein Modell, unter welchen Voraussetzungen eine solche Genehmigung anzuerkennen ist.[1030] Diesem Ansatz gelingt es, notwendige Wertungsvoraussetzungen zu integrieren, ohne dass er[1031] sie einer Norm wie Art. 17 Rom II-VO exogen aufpfropfen müsste.[1032] Er geht auch konform mit dem Institut der Anerkennung aus dem IZPR, indem man die positivenfalls zu erstreckende Wirkung[1033] hinreichend genau als die Erlaubniswirkung identifiziert.[1034] Kompatibilität mit einem Prinzip, ausländisches öffentliches Recht nicht anzuwenden, wäre verfahrensrechtlich herzustellen.[1035] **434**

Zuzugestehen ist, dass sich diese Anerkennung anders als jene im IZVR nicht im Rahmen der Klagzulässigkeit, sondern vielmehr in der Begründetheit unter jenem Haftungstatbestand des anzuwendenden materiellen Rechts vollzieht, der Rechtswidrigkeit des Handelns als Haftungsvoraussetzung verlangt. Insofern kann man sich aber mit einer Ein- **435**

[1020] S. nur Lehmann/Eichel RabelsZ 83 (2019), 77 (104); Kieninger IPRax 2022, 1 (8).
[1021] Kieninger IPRax 2022, 1 (8).
[1022] Vgl. Lehmann/Eichel RabelsZ 83 (2019), 77 (99).
[1023] Unentschieden Martiny FS Peine, 2016, 181 (187)–193.
[1024] Siems RIW 2004, 662 (666); Sonnentag ZVglRWiss 105 (2006), 256 (296); Leible/Lehmann RIW 2007, 721 (725); Ofner ZfRV 2008, 13 (19); Pontier MedNedVIR 136 (2008), 61 (103 f.); Prütting/Wegen/Weinreich/R. Schaub, 17. Aufl. 2022, Rom II-VO Art. 7 Rn. 4.
[1025] Vorschlag für eine Verordnung des Europäischen Parlaments und des Rates für das auf außervertragliche Schuldverhältnisse anzuwendende Recht, KOM (2003) 427 endg. S. 20.
[1026] Mankowski IPRax 2010, 389 (390 f.).
[1027] Álvarez-Armas Rev. Dr. Int. Assas 3 (2020), 109 (122).
[1028] Lehmann/Eichel RabelsZ 83 (2019), 77 (98).
[1029] Álvarez-Armas Rev. Dr. Int. Assas 3 (2020), 109 (136)–138.
[1030] Mankowski IPRax 2010, 389 (391)–395; Kieninger IPRax 2022, 1 (8 f.) unter Hinweis auf OGH JBl 1989, 239 mAnm Wilhelm; Rb. Rotterdam Ned. Jur. 1984 Nr. 341 r. o. 8.7.
[1031] Wie es namentlich Rüppell, Die Berücksichtigungsfähigkeit ausländischer Anlagengenehmigungen, 2012, 198 f., 257 tut.
[1032] Mankowski GS Schmehl, 2019, 557 (567).
[1033] Vgl. Álvarez-Armas Rev. Dr. Int. Assas 3 (2020), 109 (123).
[1034] Mankowski GS Schmehl, 2019, 557 (567).
[1035] Vgl. indes Álvarez-Armas Rev. Dr. Int. Assas 3 (2020), 109 (125)–130.

ordnung als verfahrensrechtliche Vorfrage helfen, da man Ergebnisse eines ausländischen Rechtsanwendungsverfahrens importiert.[1036]

436 Eine quasi-globale Anerkennung von Genehmigungen ist freilich die im Prinzip industriefreundlichste Lösung.[1037] Passende Regulierungsschraube sind indes die Anerkennungsvoraussetzungen, die eine Feinjustierung und Einschränkungen erlauben.

437 **9. Deutscher ordre public unter Art. 26 Rom II-VO. a) Grundsätzliches.** Systemkonformes Instrument, um unerträgliche Ergebnisse zu vermeiden, ist der schlussendliche Einsatz der lex fori über den ordre public des Forums.[1038] Der ordre public könnte hier menschenrechtlich aufzuladen sein und verhindern, dass sich der Forumstaat zum Handlanger des Tatortstaates macht und dadurch eine eigene Menschenrechtsverletzung begeht. Das IPR hat noch einen Pfeil im Köcher. Es belässt es eben nicht bei der Anwendung des Erfolgsortrechts, sondern kontrolliert die so erzielten Ergebnisse am ordre public des Forumstaates.

Art. 26 Rom II-VO Öffentliche Ordnung im Staat des angerufenen Gerichts

Die Anwendung einer Vorschrift des nach dieser Verordnung bezeichneten Rechts kann nur versagt werden, wenn ihre Anwendung mit der öffentlichen Ordnung („ordre public") des Staates des angerufenen Gerichts offensichtlich unvereinbar ist.

438 Art. 26 Rom II-VO statuiert eine allgemeine ordre public-Klausel für das Internationale Deliktsrecht. Den unter einem forumfremden Recht erzielten Ergebnissen steht offensichtliche Unvereinbarkeit mit der öffentlichen Ordnung des Forumstaates entgegen. Der ordre public ist ein absolutes Ausnahmeinstrument.[1039] Art. 26 Rom II-VO selber leistet keine näheren Spezifizierungen, Er zählt nicht einmal beispielhaft einzelne Konstellationen auf. Auch der erläuternde Erwägungsgrund (32) Rom II-VO belässt es dabei, nur eine Konstellation hervorzuheben, und überlässt die Konkretisierung ansonsten den Rechtsanwendern.

439 **Abstrakte Zensuren** für den Inhalt fremder Rechte vergibt das IPR nicht.[1040] Vielmehr betreibt es nur eine Korrektur unerträglicher **konkreter Ergebnisse** über den ordre public.[1041] Es hat also durchaus ein Instrument im Köcher, um Menschenrechte zu schützen. Jedoch arbeitet es nicht mit einer unter inhaltliche Bedingungen gestellten Grundanknüpfung. Eine so weitgehende materielle Aufladung ist dem IPR fremd. Sie ließe sich auch kaum in eine hinreichend praktikable Formulierung gießen. Möchte man wirklich eine Anknüpfung abstrakt und allgemein „unter dem Vorbehalt einer Vereinbarkeit mit den Menschenrechten"? Das IPR als solches, strikt im Sinne von Verweisungsnormen verstanden, ist generell kein Instrument für private enforcement gesellschaftlich oder völkerrechtlich gewollter Werte.[1042]

440 Richtigerweise ist ein gewisser Inlandsbezug zum Forumstaat zu fordern, bevor es dem Forumstaat erlaubt ist, seinen ordre public zum Tragen zu bringen.[1043] Der Inlandsbezug ist

---

[1036] Mankowski GS Schmehl, 2019, 557 (567 f.).

[1037] Kieninger in Kahl/Weller, Climate Change Litigation, 2021, 119 Rn. 55.

[1038] Th. Wilhelmi, Das Weltrechtsprinzip im internationalen Privat- und Strafrecht, 2007, 338; Thomale/Hübner JZ 2017, 385 (392); Pförtner in Krajewski/Saage-Maaß, Die Durchsetzung menschenrechtlicher Sorgfaltspflichten von Unternehmen, 2018, 311 (329); M. Schulz, Das Alien Tort Statute und transnationale Deliktsklagen – Im Kontext der Menschenrechtsverantwortung multinationaler Unternehmen, 2016, 304–320.

[1039] S. nur Begründung der Kommission zum Vorschlag für eine Verordnung über das auf außervertragliche Schuldverhältnisse anzuwendende Recht, KOM (2003) 427 endg. S. 28; P. Huber/Fuchs, Rome II Regulation, 2011, Rom II-VO Art. 26 Rn. 11.

[1040] S. nur Mankowski in v. Bar/Mankowski IPR I § 7 Rn. 265 unter Hinweis auf BVerfGE 31, 59 (75).

[1041] S. nur Mankowski in v. Bar/Mankowski IPR I § 7 Rn. 265.

[1042] Vgl. Weller in EBS Universität für Wirtschaft und Recht, Perspektiven des Wirtschaftsrechts 2014, 2015 (2); auch Thomale/Hübner JZ 2017, 385 (392 f.).

[1043] S. nur Rauscher/Jakob/Picht, EuZPR/EuIPR, Bd. III, 4. Aufl. 2016, Rom II-VO Art. 26 Rn. 6 f.; NK-BGB/Schulze Rom II-VO Art. 26 Rn. 20; MüKoBGB/Junker Rom II-VO Art. 26 Rn. 20; Beck-

eine offene Umschreibung des Anknüpfungspunkts für den ordre public als Kollisionsnorm.[1044] Insoweit werden in Kettengestaltungen Zweifel formuliert, ob bei Ansprüchen gegen die Muttergesellschaft oder die Abnehmer am anderen Ende der Kette ein hinreichender Inlandsbezug bestehe.[1045] Soweit in Konzernkonstellationen Lenkungsentscheidungen oder Vorgaben im Zielstaat erfolgen, liegt dort indes ein Handlungsort, der einen Inlandsbezug begründet. In Abnehmer-Zulieferer-Beziehungen werden im Zielstaat der Lieferung ebenfalls Entscheidungen gefällt, nämlich über die Leistungsbestellung und die Aufnahme der Lieferbeziehung, häufig sogar über Vorgaben für den Herstellungsprozess.

Der Ober- und Rahmenbegriff des ordre public ist – wie unter Art. 45 Abs. 1 lit. a **441** Brüssel Ia-VO[1046] – ein unionsrechtlicher und deshalb unionsrechtlich-autonom zu verstehender Begriff, der äußerste Grenzen zieht. Das nationale Recht darf den Untersatz zum Rahmen bilden.[1047] Die eigentliche Subsumtion folgt wieder europäisch-autonomen Maßstäben.

Wie stets erfolgt der Einsatz des ordre public nicht abstrakt gegen ausländische Normen, **442** sondern nur konkret gegen die über diese im Einzelfall erzielten Ergebnisse.[1048] Der Richter außerhalb des Erlassstaates hat keine Verwerfungskompetenz für forumfremde Normen. Für die Ergebniskontrolle spielt es keine Rolle, ob das zu kontrollierende Ergebnis über ein mitgliedstaatliches oder ein drittstaatliches Recht erzielt wurde.[1049]

Zweiter Kontrollschritt ist, ob ein Widerspruch zu besonders wesentlichen Normen des **443** Forumrechts **offensichtlich** ist. Diese Schwelle betont und unterstreicht den Ausnahmecharakter des ordre public.[1050] Offensichtlichkeit ist ein qualitatives Schweregradkriterium.[1051] Eine offensichtliche Nichtsanktionierung von Menschenrechtsverletzungen durch das ausländische Deliktsstatut wäre ein klarer Fall, um den deutschen ordre public bei hinreichendem Inlandsbezug einzusetzen.[1052]

Art. 26 Rom II-VO steht in der Anwendung hinter und über Art. 4 Abs. 1 Rom II-VO. **444** Die Regel hat keine strukturellen Defizite, sondern führt nur in bestimmten Fällen zu nicht hinnehmbaren Ergebnissen. Genau, um so etwas zu korrigieren, ist der ordre public da.[1053]

b) Menschenrechtsinduzierte Modifikationen bei der ordre public-Klausel? **445**
Durchaus systemkonform könnten Modifikationen an den Anforderungen der ordre public-Klausel sein, um bei Menschenrechtsverletzungen inländisches, menschenrechtskonformes Recht schneller und leichter zum Einsatz zu bringen als generell.[1054]

OGK/Stürner Rom II-VO Art. 26 Rn. 33 f.; Calvo Caravaca/Carrascosa González, Tratado de Derecho Internacional Privado, vol. II, 2020, 1431.

1044 Wendelstein RabelsZ 83 (2019), 114 (146 f.).

1045 Pataut Dr. soc. 2017, 833 (837); Wendelstein RabelsZ 83 (2019), 114 (147)–150; Weller/Nasse ZGR SdH 22 (2020), 107 (128).

1046 Dort EuGH Slg. 2000, I-1935 Rn. 22 f. – Krombach/Bamberski; Slg. 2000, I-2973 Rn. 28 f. – Renault SA/Maxicar SpA und Orazio Formento; Slg. 2009, I-3571 Rn. 56 f. – Meletis Apsotolidis/D. Charles Orams und Elizabeth Orams; ECLI:EU:2012:531 Rn. 49 – Trade Agency Ltd./Seramico Investments Ltd.; ECLI:EU:C:2014:2319 Rn. 47 – FlyLAL-Lithuanian Airlines AS/Starptaustikā lidosta Rīga VAS and Air Baltic Corporation AS; ECLI:EU:C:2015:471 Rn. 42 – Diageo Brands BV/Simiramida-04 EOOD.

1047 S. nur Mankowski EWiR 2015, 557 (558).

1048 S. nur Heiss/Loacker JBl 2007, 613 (641); Rauscher/Jakob/Picht, EuZPR/EuIPR, Bd. III, 4. Aufl. 2016, Rom II-VO Art. 26 Rn. 15; NK-BGB/Schulze Rom II-VO Art. 26 Rn. 11.

1049 Rauscher/Jakob/Picht, EuZPR/EuIPR, Bd. III, 4. Aufl. 2016, Rom II-VO Art. 26 Rn. 12; s. auch Wurmnest in Leible/Unberath, Brauchen wir eine Rom 0-Verordnung?, 2013, 446 (451)–455; Wurmnest in Leible, General Principles of European International Law, 2016, 305 (309)–313.

1050 Vorschlag für eine Verordnung des Europäischen Parlaments und des Rates über die gerichtliche Zuständigkeit und die Anerkennung und Vollstreckung in Zivil- und Handelssachen, KOM (1999) 348 endg. S. 25; GA Szpunar ECLI:EU:C: 2015:137 Rn. 42.

1051 S. nur GA Szpunar ECLI:EU:C:2015:137 Rn. 51; Mankowski EWiR 2015, 557 (558).

1052 Thomale/Hübner JZ 2017, 385 (392); Mansel ZGR 2018, 439 (468 f.); Thomale/Murko EuZA 2021, 40 (56).

1053 Stürner FS Coester-Waltjen, 2015, 843 (851)–853; Weller/Kaller/A. Schulz AcP 216 (2016), 387 (394).

1054 Mankowski BerDGIR 49 (2018), 45 (101).

446 Vorgeschlagen wird zum einen, bei Menschenrechtsverletzungen auf einen Inlandsbezug zu verzichten,[1055] gestützt auf die Relativität des ordre public, also gleichsam die kommunizierenden Röhren zwischen Stärke des Inlandsbezugs und Wertigkeit des Schutzguts.[1056] Insoweit sei das Inland zur Verteidigung fundamentaler Gemeinschaftswerte aufgerufen und befugt.[1057] Zum anderen wird – mit gleicher Folge, dass es auf einen Inlandsbezug nicht mehr ankommen soll[1058] – ein ordre public transnational für Menschenrechtsverletzungen propagiert.[1059]

447 Beides wäre eine Durchbrechung der traditionellen ordre public-Dogmatik,[1060] zumal man über die Anwendbarkeit von Menschenrechten im Horizontalverhältnis zwischen Privaten durchaus rechten könnte.[1061] Beides ginge dahin, mit beschränkten Mitteln Polizei für die ganze Welt sein zu wollen.[1062] Noch deutlicher würde dies, wenn man über Art. 16 Rom II-VO die Menschenrechte zu inländischen Eingriffsnormen und zum Gegenstand einer echten Sonderanknüpfung machen wollte.[1063] Diesen Weg will das Europäische Parlament in Art. 20 Richtlinienvorschlag[1064] gehen.[1065]

448 c) **Unbeachtlichkeit von Durchsetzungsdefiziten im Staat der lex causae bei Klagen vor deutschen Gerichten.** Eine akzeptable materielle Rechtslage im Auslandsrecht, zB wegen Orientierung am Common Law in Commonwealth oder ehemaligen Commonwealth-Staaten des Globalen Südens, ohne reduzierende Verfahrensaspekte, weil eine Durchsetzung mithilfe deutscher Gerichte erfolgen würde, hat auch Bedeutung beim Einsatz des deutschen ordre public. Denn das deutsche Gericht wird zu dem akzeptablen materiellen Ergebnis kommen.

449 **10. Änderung der Rom II-VO auf europäischer Ebene?** Eine internationaldeliktsrechtliche Norm, die sich explizit mit der Durchsetzung von Menschenrechten befassen würde, vermöchte nach der Kompetenzverteilung innerhalb der EU allein der europäische Gesetzgeber zu erlassen. Dafür müsste er entweder die Rom II-VO entsprechend ändern, was systematisch die beste Lösung wäre. Oder aber er müsste eine Spezialnorm im Rahmen einer speziellen Regelung für Lieferketten erlassen. Diese Spezialnorm würde der Rom II-VO über Art. 27 Rom II-VO vorgehen.

450 Selbst das in puncto Menschenrechtsdurchsetzung aggressivere und progressivere Europäische Parlament sieht in seinem Vorschlagsentwurf für die Ausarbeitung einer Richtline betreffend die Sorgfaltspflicht und Rechenschaftspflicht von Unternehmen[1066] vom 10.3.2021 keine Änderung der Rom II-VO mehr vor. Sein vormaliger Vorstoß, einen neuen Art. 6a Rom II-VO-E spezifisch für Menschenrechtsverletzungen einzuführen, ist spätestens damit politisch gescheitert (näher → Rn. 392 ff.).

[1055] Kokott BerDGesVR 38 (1998), 71 (107); Kreuzer, Rechtswissenschaft, 2010, 143 (178)–181; Güngör, Sorgfaltspflichten bei Unternehmen in transnationalen Menschenrechtsfällen, 2016, 113–117.

[1056] Güngör, Sorgfaltspflichten bei Unternehmen in transnationalen Menschenrechtsfällen, 2016, 116.

[1057] Kreuzer, Rechtswissenschaft 2010, 143 (180); Scholz IPRax 2008, 213 (216).

[1058] Völker, Zur Dogmatik des ordre public, 1998, 278.

[1059] S. nur Horn RabelsZ 44 (1980), 423 (448 ff.); Horn SchiedsVZ 2008, 209 (211).

[1060] Weller/Kaller/A. Schulz AcP 216 (2016), 387 (396); G. Wagner RabelsZ 80 (2016), 717 (749) mit 746 f.

[1061] G. Wagner RabelsZ 80 (2016), 717 (745 f.).

[1062] Mankowski BerDGIR 49 (2018), 45 (102).

[1063] G. Wagner RabelsZ 80 (2016), 717 (744)–748; Güngör, Sorgfaltspflichten bei Unternehmen in transnationalen Menschenrechtsfällen, 2016, 108–113; s. auch Wendelstein RabelsZ 83 (2019), 111 (150)–152.

[1064] Europäisches Parlament, Sorgfaltspflicht und Rechenschaftspflicht von Unternehmen, Entschließung vom 10.3.2021 mit Empfehlungen an die Kommission zur Sorgfaltspflicht und Rechenschaftspflicht von Unternehmen (2020/2019(INL)), P9_TA (2021)0073.

[1065] J. Schmidt BB 2021, 1923 (1928).

[1066] Europäisches Parlament, P9_TA(2021)0073, Sorgfaltspflicht und Rechenschaftspflicht von Unternehmen, Entschließung des Europäischen Parlaments vom 10.3.2021 mit Empfehlungen an die Kommission zur Sorgfaltspflicht und Rechenschaftspflicht von Unternehmen (2020/2129 (INL)), https://www.europarl.europa.eu/doceo/document/TA-9-2021-0073_DE.pdf (zuletzt abgerufen am 6.9.2022).

11. Menschenrechte, UN und IPR. a) Nutzbarmachung des IPR im Kampf für Menschenrechte? Die Menschenrechte könnten verbindendes Element zwischen IPR und Völkerrecht sein, um das IPR in den Kampf für Menschenrechte einzubinden und einzubringen. Bei genauerem Zusehen betrifft dies aber wiederum gar nicht die Ebene der kollisionsrechtlichen Anknüpfung als solcher, sondern bewegt sich vielmehr auf der sachrechtlichen Ebene, ggf. mit dem ordre public als Einbruchstelle für die Durchsetzung gegenüber den Vorstellungen eines eigentlich berufenen ausländischen, forumfremden Rechts. **451**

Eine mehr- oder allseitige Kollisionsnorm, die sich einer Anknüpfung zugunsten einer „lex humanitatis" verschrieben hätte, gibt es nicht. Hungerlöhne oder menschenunwürdige Arbeitsbedingungen in Bangladesh, Streikverbot im philippinischen Arbeitsrecht werden nicht durch eine Anknüpfung ausgeschaltet, welche aus inhaltlichen Gründen bereits davon absehen würde, solche Rechte überhaupt zu berufen. **452**

Bedeutsamster Mahnposten im jüngeren Völkerrecht[1067] sind die UN-Leitprinzipien für Wirtschaft und Menschenrechte,[1068] in Deutschland umgesetzt zuerst durch den Nationalen Aktionsplan „Wirtschaft und Menschenrechte (von der Bundesregierung verabschiedet am 21.12.2015) und jetzt eben durch das LkSG. Sie statuieren Sorgfaltspflichten von Unternehmen. Indes sind sie bloßes soft law.[1069] Es bleibt Aufgabe der einzelnen Staaten, die Menschenrechte auf ihrem eigenen Territorium umzusetzen.[1070] Das Instrumentarium dafür ist im Kern öffentlich-rechtlich und eingriffsrechtlich. Staatliche Pflichten zum Schutz von Menschenrechten[1071] werden nur durch Garantien von Ergebnissen erfüllt. Allseitiges Verweisungsrecht mit seiner offenen Verweisung auf Auslandsrecht, mit dem ihm inhärenten Sprung ins Dunkle[1072] inhaltlich noch nicht bekannten Auslandsrechts, passt dafür nicht, weil es keine Ergebnisse garantiert.[1073] **453**

b) Entwicklungen im Bereich der UN: Second Revised Draft UN Legally Binding Instrument vom 6.8.2020. Auf der Ebene der UN wird seit 2014 an einer internationalen, im besten Fall globalen Lösung gearbeitet.[1074] Bereits 2014 hat der Menschenrechtsrat der UN seine Resolution 26/9 verabschiedet,[1075] entworfen von Ecuador und Südafrika. Der UN-Menschenrechtsrat hat bereits im Juli 2014 eine einschlägige Open-Ended Intergovernmental Working Group (OEIGWG) eingesetzt.[1076] Diese sollte ein rechtlich bindendes Instrument entwerfen, um die Aktivitäten von transnationalen Unternehmen und anderen Wirtschaftsunternehmen zu regulieren. Die Arbeitsgruppe legte 2017 erste Elemente für ein solches Instrument vor.[1077] Am 16.7.2018 wurde der sog. Zero Draft **454**

[1067] Zur Entwicklung zB Jena Martin/Bravo, The Business and Human Rights Landscape, 2015.

[1068] UN Guiding Principles on Business and Human Rights, Resolution 17/4 of the UN Human Rights Council of 16.6.2011; A/HRC/17/31; danach noch UN High Commissioner for Human Rights, Improving Accountability and Access to Remedy for Victims of Business-Related Human Rights Abuse, UN Doc. A/HRC/32/19 (10.5.2016). Zur Vereinbarkeit der UN Guiding Principles mit EU-Recht eingehend Jędrzejowska-Schiffhauer (2021) 46 Eur. L. Rev. 481.

[1069] Paschke RdTW 2016, 121 (123).

[1070] Koenen, Wirtschaft und Menschenrechte, 2012, 54–73; Paschke RdTW 2016, 121 (123).

[1071] Eingehend dazu Koenen, Wirtschaft und Menschenrechte, 2012; Grabosch/Scheper, Die menschenrechtliche Sorgfaltspflicht von Unternehmen, 2015.

[1072] Raape IPR, 5. Aufl. 1961, 90.

[1073] Fornasier, Unternehmerische Verantwortung für Menschenrechtsverletzungen in der Lieferkette, Habilitationsvortrag Universität Hamburg 14.12.2016 sub V.1.

[1074] Aus der begleitenden Diskussion zB Deva/Bilchitz, Building a Treaty on Business and Human Rights – Context and Contours, 2017; Letnar Černič/Carrillo-Santarelli, The Future of Business and Human Rights – Theoretical and Practical Considerations for a UN Treaty, 2018; Marchadier RCDIP 2019, 291 (293) und 296.

[1075] UN Human Rights Council, Elaboration of an international legally binding instrument on transnational corporations and other business enterprises with respect to human rights, A/HRC/26/L.22/Rev. 1 of 25.6.2014.

[1076] UN Human Rights Council Resolution 2679 (14.7.2014).

[1077] Open-Ended Intergovernmental Working Group, Elements for the draft legally binding instrument on transnational corporations and other business enterprises with respect to human rights of 26 September 2017,

eines entsprechenden völkerrechtlichen Vertrags publiziert,[1078] dem am 16.7.2019 ein First Revised Draft[1079] und am 6.8.2020 ein Second Revised Draft[1080] folgten.

455 Das Legally Binding Instrument würde jeden Staat, der es annimmt, auf seine Anwendung verpflichten und wäre daher kein soft law.[1081] Inhaltlich weist der Second Revised Draft eine deutliche Anlehnung an die UN Guiding Principles on Business and Human Rights[1082] auf.[1083] Sachlich beschränkt sich das Projekt auf Menschenrechtsverletzungen. Umweltschädigungen wendet es sich nicht zu.[1084]

456 Sowohl im Zuständigkeitsrecht als auch im Internationalen Deliktsrecht enthält der Second Revised Draft ausformulierte Normvorschläge, die eine klare Zielsetzung verfolgen, nämlich die Durchsetzung der Menschenrechte zu stärken:

Art. 9 Second Revised Draft Adjudicative Jurisdiction

1. Jurisdiction with respect to claims brought by victims, irrespectively of their nationality or place of domicile, arising from acts or omissions that result or may result in human rights abuses covered under this (Legally Binding Instrument), shall vest in the courts of the State where:
   a) the human rights abuse occurred;
   b) an act or omission contributing to the human rights abuse occurred; or
   c) the legal or natural persons alleged to have committed an act or omission causing or contributing to such human rights abuse in the context of business activities, including those of a transnational character, are domiciled.

The above provision does not exclude the exercise of civil jurisdiction on additional grounds provided for by international treaties or national law.

2. Without prejudice to any broader definition of domicile provided for in any international instrument or domestic law, a legal person conducting business activities of a transnational character, including through their business relationships, is considered domiciled at the place where it has its:
   a) place of incorporation; or
   b) statutory seat; or
   c) central administration; or
   d) principal place of business.
3. Where victims choose to bring a claim in a court as per Article 9.1, jurisdiction shall be obligatory and therefore that courts shall not decline it on the basis of forum non conveniens.
4. Courts shall have jurisdiction over claims against legal or natural persons not domiciled in the territory of the forum State, if the claim is closely connected with a claim against a legal or natural person domiciled in the territory of the forum State.
5. Courts shall have jurisdiction over claims against legal or natural persons not domiciled in the territory of the forum State if no other effective forum guaranteeing a fair trial is available and there is a sufficiently close connection to the State Party concerned.

---

https://www.ohcr.org/Documents/HRBodies/HRCouncil/WGTRansCorp/Session3/LegallyBinding-Instrument_TNCs_OBEs.pdf (zuletzt abgerufen am 6.9.2022).

[1078] Open-Ended Intergovernmental Working Group, Legally binding instrument to regulate, in international human rigths law, the activities of transnational corporations and other business enterprises, Zero Draft, of 16 July 2018, https://www.ohcr.org/Documents/HRBodies/HRCouncil/WGTRansCorp/Session3/DraftLBI.pdf (zuletzt abgerufen am 6.9.2022).

[1079] Weiss FS Preis, 2021, 1477 (1479).

[1080] Open-Ended Intergovernmental Working Group Chairmanship Second Revised Draft, Legally binding instrument to regulate, in international human rigths law, the activities of transnational corporations and other business enterprises, of 6.8.2020, https://www.ohchr.org/Documents/HRBodies/HRCouncil/WGTransCorp/Session6/OEIGWG_Chair-Rapporteur_second_revised_draft_LBI_on_TNCs_and_OBEs_with_respect_to_Human_Rights.pdf (zuletzt abgerufen am 6.9.2022).

[1081] Kieninger in Kahl/Weller, Climate Change Litigation, 2021, 119 Rn. 5.

[1082] UN Doc. A/HRC/17/31.

[1083] Bright/Marullo/Zamora Cabot NIPR 2021, 35 (38 f.).

[1084] Zu Umweltschädigungen und UN Guiding Principles zB Rb. Den Haag NIPR 2021 Nr. 389 = ECLI:NL:RBDHA:2021:5337 r. o. 4.4.11–4.4.21; Thielbörger NZG 2021, 1137.

Art. 10 Second Revised Draft Statute of limitations

(1) The State Parties to the present (Legally Binding Instrument) undertake to adopt any legislative or other measures necessary to ensure that statutory or other limitations shall not apply to the prosecution and punishment of all violations of international which constitute the most serious crimes of concern to the international community as a whole.

(2) Domestic statutes of limitations applicable to civil claims or to violations that do not constitute the most serious crimes of concern to the international community as a whole shall allow a reasonable period of time for the investigation and commencement of prosecution or other legal proceedings, particularly in cases where the violations occurred in another State or when the harm may be identifiable only after a long period of time.

Art. 11 Second Revised Draft Applicable law

1. Subject to the following paragraph, all matters of substance or procedure regarding claims before the competent court which are not specifically regulated in the (Legally Binding Instrument) shall be governed by the law of that court, including any rules of such law relating to conflict of laws.
2. Notwithstanding Art. 9.1, all matters of substance regarding human rights law relevant to claims before the competent court may, upon the request of the victim of a business-related human rights abuse or its representatives, be governed by the law of another State where:
   a) the acts or omissions that result in violations of human rights covered under this (Legally Binding Instrument) have occurred; or
   b) the natural or legal person alleged to have committed the acts or omissions that result in violations of human rights covered under this (Legally Binding Instrument) is domiciled.

Art. 11 Draft Treaty ist nicht nur „Applicable Law" überschrieben, sondern enthält tatsächlich Kollisionsnormen.[1085] Das Wahlrecht des Opfers zwischen Handlungs- und Erfolgsortrecht aus Art. 11 Nr. 1 Second Revised Draft wird als zweckgerecht und als deutliche Verbesserung gegenüber dem First Revised Draft, in dem es fehlte, während es im Zero Draft schon vorhanden war, begrüßt.[1086] Diese wechselvolle Geschichte von Entwurfsfassung zu Entwurfsfassung zeigt, wie schwankend und umkämpft der Grund ist. **457**

Eine Lösung auf der Ebene der UN hätte den Vorteil eines wahrhaft globalen Geltungsanspruchs unter Einbeziehung des Globalen Südens und wäre in mancherlei Hinsicht einer europäischen oder deutschen Lösung vorzuziehen.[1087] Sie dürfte trotzdem mindestens mittelfristig nur wenig Realisierungschancen haben.[1088] **458**

Entwurfsstadien müssen jedoch erst die Feuertaufe eines politischen Einigungsprozesses in Verhandlungen zu einem echten Übereinkommen bestehen müssen. Eine Einigung in einer Arbeitsgruppe ist das eine, eine Einigung zwischen Regierungsdelegationen ist etwas ganz anders. Geltendes Recht ist der Second Revised Draft jedenfalls nicht. Insoweit setzt sich der Entwurfscharakter durch. „Legally Binding Instrument" ist nur Formulierung für den Charakter des schlussendlichen Zielobjekts. Gegenwärtig entfaltet der Second Revised Draft allenfalls persuasive authority als soft law. Soft law kann wiederum nur dort persuasive authority haben und Überzeugungskraft entfalten, wo geltendes gesetztes Recht entsprechende Spielräume lässt. **459**

Geltendes Internationales Deliktsrecht in der EU würden UN-Regeln nur, wenn sie Bestandteil eines völkerrechtlichen Übereinkommens würden, welchem die EU beitritt. Dann würden sie über Art. 27 Rom II-VO iVm Art. 216 Abs. 2 AEUV Vorrang vor den eigenen Anknüpfungsregeln der Rom II-VO genießen. **460**

[1085] Kruger in Michaels/Abou-Nigm/van Loon, The Private Side of Transforming Our World – UN Sustainable Development Goals 2030 and the Role of Private International Law, 2021, sub 4.3.1.
[1086] Bright/Marullo/Zamora Cabot NIPR 2021, 35 (46).
[1087] Weiss FS Preis, 2021, 1477 (1483 f.).
[1088] Hübner NZG 2020, 1411 (1412, 1417).

V. Menschenrechtsverletzungen und Internationales Schuldvertragsrecht

461 Menschenrechte können auch in Verträge hineinspielen. Denkbare Beispiele sind insbesondere im Arbeitsrecht Legion: Sklavenarbeit; Gefangenenarbeit; Kinderarbeit; sex trafficking; Ausbeutung durch Hungerlöhne insbesondere in der Seeschifffahrt. Das IPR hält ein Mittel parat, um dagegen zu intervenieren: den ordre public des Art. 21 Rom I-VO.

462 Diese Norm lautet:

Art. 21 Rom I-VO Öffentliche Ordnung im Staat des angerufenen Gerichts

Die Anwendung einer Vorschrift des nach dieser Verordnung bezeichneten Rechts kann nur versagt werden, wenn ihre Anwendung mit der öffentlichen Ordnung („ordre public") des Staates des angerufenen Gerichts offensichtlich unvereinbar ist.

463 Art. 21 Rom I-VO könnte, abstrakt gesehen, auch in Fällen von Menschenrechtsverletzungen ein Ventil sein.[1089] Menschenrechte zählen zusammen mit den Grundrechten zum Kernbestand des deutschen ordre public und sind – insbesondere ausweislich der GRCh – europäische Kernwerte.[1090] Allerdings setzt der ordre public einen Inlandsbezug zum Forumstaat voraus, bevor er zum Einsatz kommen kann. Dies gilt auch für den ordre public im Rahmen des Art. 21 Rom I-VO.[1091] Nur der hinreichende Inlandsbezug soll rechtfertigen, ein über Auslandsrecht erzieltes Ergebnis an Maßstäben der lex fori kontrollieren zu dürfen, ohne anmaßend zu sein.

464 Dieses Erfordernis könnte indes entfallen, wenn man einen ordre public transnational etablieren könnte, der einen global geltenden Wertekanon widerspiegelt. Es würde also gleichsam im Rahmen des ordre public ein Weltrechtsprinzip[1092] gelten, welches den Einsatz der Menschenrechte als Teil der lex fori legitimierte. Menschenrechte würden zum positiven ordre public.[1093] Das Strafrecht mag sich flankierend in quasi-extraterritorialer Anknüpfung auch Auslandssachverhalte nach dem Weltrechtsprinzip unterwerfen, um private Akteure zu disziplinieren und in die menschenrechtliche Pflicht zu nehmen.[1094] Das IZPR kämpft schon mit der Zuständigkeitsbegründung.[1095] Auf der Zuständigkeitsebene ein Weltrechtsprinzip einzuführen wäre bereits ein mutiger und innovativer Schritt.[1096] Ihm, menschenrechtlich überformt, ein Weltrechtsprinzip beim anwendbaren Recht qua Anwendung der lex fori folgen zu lassen, wenn es einmal etabliert ist, hätte allerdings durchaus innere Logik.[1097]

[1089] Weller/Hübner/Kaller in Schmidt-Kessel, Sammelband der deutschen Landesberichte zum 20. Kongress der Académie Internationale de Droit Comparé 2018 in Fukuoka, 2018, 239 (263 f.); Paefgen FS K. Schmidt, Bd. II, 2019, 105 (114); Paefgen ZIP 2021, 2006 (2016).

[1090] S. nur EuGH 28.3.2000 – C-7/98, Slg. 2000, I-1935, I-1965 f. Rn. 25; Slg. 2000, I-1969 Rn. 39 f. – Krombach/Bamberski; Siehr FS v. Hoffmann, 2011, 424 (436); Wurmnest in Leible, General Principles of European Private International Law, 2016, 305 (319, 324); Staudinger/Hausmann, 2021, Rom I-VO Art. 21 Rn. 14.

[1091] Magnus/Mankowski/Franzina, Rome I Regulation, 2017, Rom I-VO Art. 21 Rn. 43 f.

[1092] Vgl. Nolte in Tomuschat/Thouvenin, The Fundamental Rules of the International Legal Order, 2006, 373; Nolte FS Starck, 2007, 847.

[1093] Krit. dazu Stürner FS Coester-Waltjen, 2015, 843 (852).

[1094] ZB Katholnigg, Unternehmensstrafrecht und Menschenrechtsverantwortung, Wien 2016.

[1095] S. in England HRH Emere Godbe Bebe Okpabi v. Royal Dutch Shell plc and Shell Petroleum Development Company of Nigeria Ltd. [2017] EWHC 89 (TCC) (Q. B. D., Fraser J.) einerseits und Lungowe v. Vedanta Resources plc and Konkola Copper Mines plc [2016] EWHC 292 (TCC) (Q. B. D., Coulson J.) andererseits.

[1096] Mankowski in v. Hoffmann, Universalität der Menschenrechte, 2009, 139 (184)–192.

[1097] van Schaack 42 Harv. Int'l. L. J. 131, 196 (2001); M. Schulz, Das Alien Tort Statute und transnationale Deliktsklagen – Im Kontext der Menschenrechtsverantwortung multinationaler Unternehmen, 2016, 361–363.

VI. Internationales Schuldvertragsrecht für Streitigkeiten mit Arbeitnehmern unter Art. 8 Rom I-VO

Das LkSG bewegt sich hauptsächlich im Kontext des Internationalen Deliktsrechts. **465**
Soweit die Verletzung der Menschenrechte von Arbeitnehmern in Rede stehen, bewegt es sich jedoch auch im Kontext des Internationalen Schuldvertragsrechts, genauer: des Internationalen Arbeitsvertragsrechts. Das Internationale Arbeitsvertragsrecht ist ebenfalls europäisch geregelt, nämlich in Art. 8 Rom I-VO.

Art. 8 Rom I-VO lautet: **466**

Art. 8 Rom I-VO Individualarbeitsverträge

(1) [1] Individualarbeitsverträge unterliegen dem von den Parteien nach Artikel 3 gewählten Recht. [2] Die Rechtswahl der Parteien darf jedoch nicht dazu führen, dass dem Arbeitnehmer der Schutz entzogen wird, der ihm durch Bestimmungen gewährt wird, von denen nach dem Recht, das nach den Absätzen 2, 3 und 4 des vorliegenden Artikels mangels einer Rechtswahl anzuwenden wäre, nicht durch Vereinbarung abgewichen werden darf.

(2) [1] Soweit das auf den Arbeitsvertrag anzuwendende Recht nicht durch Rechtswahl bestimmt ist, unterliegt der Arbeitsvertrag dem Recht des Staates, in dem oder andernfalls von dem aus der Arbeitnehmer in Erfüllung des Vertrags gewöhnlich seine Arbeit verrichtet. [2] Der Staat, in dem die Arbeit gewöhnlich verrichtet wird, wechselt nicht, wenn der Arbeitnehmer seine Arbeit vorübergehend in einem anderen Staat verrichtet.

(3) Kann das anzuwendende Recht nicht nach Absatz 2 bestimmt werden, so unterliegt der Vertrag dem Recht des Staates, in dem sich die Niederlassung befindet, die den Arbeitnehmer eingestellt hat.

(4) Ergibt sich aus der Gesamtheit der Umstände, dass der Vertrag eine engere Verbindung zu einem anderen als dem in Absatz 2 oder 3 bezeichneten Staat aufweist, ist das Recht dieses anderen Staates anzuwenden.

Besondere Anknüpfungen, die sich spezifisch um Menschenrechtsverletzungen kümmerten und aus den Menschenrechten heraus geboren wären, kennt das Internationale Schuldvertragsrecht der Rom I-VO nicht.[1098] Solche Ansätze sind zu keiner Zeit ernsthaft diskutiert oder auch nur angedacht worden.[1099] Art. 8 Rom I-VO wird als Regelanknüpfung „normal" und ohne Modifikationen angewendet, selbst wenn mögliche Menschenrechtsverletzungen durch Subunternehmen als Arbeitgeber in Rede stehen könnten.[1100] Man vertraut darauf, unerträgliche Ergebnisse über den ordre public des Art. 21 Rom I-VO abwehren und herausfiltern zu können, wenn und soweit nötig. **467**

Fallkonstellationen sonstiger Verträge mit einer Anknüpfung nach Art. 3, 4 Rom I-VO, die unter Umständen als Verträge mit Schutzwirkung für Dritte in Betracht kommen könnten, mögen in Lieferketten theoretisch denkbar sein. Insbesondere sind sie denkbar, wenn ein Abnehmer seinen Lieferanten und Zulieferer seinen eigenen Verhaltenskodex oktroyiert und die Zulieferer auf die Einhaltung bestimmter Standards vertraglich verpflichtet.[1101] **468**

Anreize dazu mögen Unternehmen zwar nicht haben, soweit sich dadurch die von ihnen zu zahlenden Preise und damit ihre Kosten erhöhen.[1102] Insoweit bestehen eher Gegenanreize. Jedoch können PR- und Image-Aspekte für solche Codices oder individuelle Verpflichtungen von Lieferanten oder Zulieferern streiten.[1103] **469**

[1098] S. Mankowski BerDGIR 49 (2018), 45 (91).
[1099] S. zB Weller/Kaller/A. Schulz AcP 216 (2016), 387 (392 f.).
[1100] Güngör, Sorgfaltspflichten bei Unternehmen in transnationalen Menschenrechtsfällen, 2016, 97 f.
[1101] S. McCall-Smith/Rühmkorf in Ruiz Abou-Nigm/McCall-Smith/Duncan French, Linkages and Boundaries in Private and Public International Law, 2018, 147 (161); Lorenzen AuR 2020, 244 (246 f.).
[1102] Johnson CCZ 2020, 103 f.
[1103] Vgl. Frank Immenga/Spallek BB 36/2021, I.

470 Private Governance innerhalb der Lieferkette[1104] bleibt jedenfalls ein möglicher Ansatz, selbst wenn man darin (richtigerweise) keinen Baustein von transnationalem Recht sehen will.[1105] Keinesfalls sind Global Value Chains per se transnationale Ordnungen.[1106] Vertragsrecht bietet aber natürlich die ihm eigenen Möglichkeiten für Willige.[1107]

VII. Verträge mit Schutzwirkung für Dritte

471 Der sog. Vertrag mit Schutzwirkung für Dritte (oder zu Gunsten Dritter) dient in vielen Sachrechten des germanischen Rechtskreises dazu, bestimmte Defizite der dortigen Deliktsrechte (insbesondere Exkulpationsmöglichkeiten bei der Haftung für andere wie § 831 Abs. 1 S. 2 BGB und mangelnden Schutz des Vermögens als solchen) auszugleichen, indem man scheinbar umqualifiziert und auf eine vertragliche Haftung umschwenkt.[1108] Dem folgt das IPR nicht. Vielmehr blickt es auf die Funktion und sieht den – abstrahierend betrachtet – deliktischen Kern.[1109] Dies muss erst recht unter den Auspizien einer genuin europäisch-autonomen Qualifikation gelten.[1110] Internationalprivatrechtlich ist der sog. Vertrag mit Schutzwirkung für Dritte also als Delikt einzuordnen und als solches nach der Rom II-VO anzuknüpfen.

472 Diese Einordnung gilt auch in Lieferkettenkonstellationen.[1111] In Lieferketten haben spektakuläre Fälle wie der KiK-Fall Impulse zu entsprechenden Vertragsklauseln gegeben.[1112] Diese nehmen teilweise auf die UN Guiding Principles oder die Leitsätze der OECD Bezug.[1113] Auch individuell ausgestaltete CSR-Klauseln kommen vor.[1114] Ob die Vereinbarung eines Codex oder bestimmter Standards oder von Compliance-Klauseln im Vertrag zwischen Abnehmer und Zulieferer eine Schutzwirkung zugunsten von Arbeitnehmern oder Projektbetroffenen auslöst und diesen eigene Anspruchspositionen eröffnet,[1115] bestimmt sich daher nach dem Deliktsstatut.[1116]

473 Soweit es sich so verhalten sollte, erschiene eine Reaktion der Unternehmen logisch: auf solche Vereinbarungen und solche Codes of Conduct zu verzichten, um ihre eigene Haftung nicht zu verschärfen.[1117] Dies gilt insbesondere, soweit gar ein mögliches Ver-

---

[1104] Eingehend dazu Bremenkamp Governance in Zulieferverträgen, 2020.

[1105] Zu letzterem Ansatz Eller Transnat. Legal Theory 8 (2017), 296.

[1106] Zur Diskussion Backer 1 UC Irvine J. Int'l., Trans. & Comp. L. 11 (2016).

[1107] ZB Cutler in Cutler/Dietz, The Politics of Transnational Governance by Contracts, 2017, 78; Eller ERCL 16 (2020), 3.

[1108] S. nur monographisch Dahm, Die dogmatische Grundlagen und tatbestandlichen Voraussetzungen des Vertrages mit Schutzwirkung für Dritte, 1988; Dammann, Die Einbeziehung Dritter in die Schutzwirkung eines Vertrages, 1990; van Eickels, Die Drittschutzwirkung von Verträgen, 2005; Liebmann, Der Vertrag mit Schutzwirkung zugunsten Dritter, 2006; Papadimitropoulos, Schuldverhältnisse mit Schutzwirkung zu Gunsten Dritter, 2007; Lakenberg, Kinder, Kranke, Küchenhilfen – Wie das Reichsgericht nach 1900 die Schutzwirkung von Verträgen zugunsten Dritter erweiterte, 2014.

[1109] OGH ZVR 2001/71; ecolex 2003, 515; FL OGH LES 2016, 181 (183); v. Bar/Mankowski IPR II § 1 Rn. 21.

[1110] S. nur LG Saarbrücken TranspR 2019, 172 (174); Dutta IPRax 2009, 293 (294)–297; Martiny FS Geimer, 2002, 641 (663); Martiny FS Magnus, 2014, 483 (491)–492; Rauscher/Freitag EuZPR/EuIPR, Bd. III, 4. Aufl. 2016, Rom II-VO Art. 12 Rn. 4, 20; Paulus, Außervertragliche Gesellschafter- und Organwalterhaftung im Lichte des Unionskollisionsrechts, 2013, Rn. 483; Freitag IPRax 2016, 418 (421); jurisPK-BGB/Lund Rom II-VO Art. 1 Rn. 29; Wendelstein RabelsZ 83 (2019), 111 (126); v. Bar/Mankowski IPR II § 1 Rn. 21; aA MüKoBGB/Spellenberg Rom I-VO Art. 12 Rn. 63; NK-BGB/Knöfel Rom II-VO Art. 1 Rn. 4. Für eine nicht-vertragliche Qualifikation unter dem IPRG (Österreich) OGH IPRax 1988, 363 (364); 2009, 354 (355)–356; dagegen unter dem EGBGB OLG Hamburg VersR 1983, 350 (351); OLG Köln ZIP 1993, 1538 (1539).

[1111] Thomale/Hübner JZ 2017, 385 (390); Habersack/Ehrl AcP 219 (2019), 155 (181 f.); Ostendorf IPRax 2019, 297 (299); Thomale/Murko EuZA 2021, 40 (56); Hübner, Unternehmenshaftung für Menschenrechtsverletzungen, 2021, Kap. 4 II 2c cc (1).

[1112] Wilhelm AcP 221 (2021), 657 (659).

[1113] Wilhelm AcP 221 (2021), 657 (664 f.).

[1114] Wilhelm AcP 221 (2021), 657 (666).

[1115] Vgl. Johnson CCZ 2020, 103 f.

[1116] Ostendorf IPRax 2019, 297 (299).

[1117] Vgl. Johnson CCZ 2020, 103 f.

ständnis als Vertrag zugunsten Dritter in Rede stehen könnte,[1118] dies zu beurteilen nach dem Statut des Vertrags, in dem sich der Bezug auf den Code of Conduct findet und der auf seine mögliche Drittbegünstigung auszulegen ist. Auf der anderen Seite erlegt § 6 Abs. 3 Nr. 1, 2 Mutterunternehmen und Abnehmern Pflichten auf, ihre Menschenrechtsstrategie und die Ergebnisse ihrer menschenrechtlichen Risikoanalyse durch ihren Zulieferern abverlangte Zusicherungen umzusetzen. Damit stünde eine Abkehr von einschlägigen Codes of Conduct in Widerspruch.[1119] Diese gesetzliche Verpflichtung greift ihrerseits jedoch nur, wenn das LkSG überhaupt anwendbar ist.

Eine akzessorische Anknüpfung an eine außervertragliche Sorgfaltspflicht zwischen der **474** Muttergesellschaft bzw. dem Abnehmer und den Geschädigten als herrschendes Rechtsverhältnis[1120] ginge unter Art. 4 Abs. 3 S. 2 Rom II-VO jedenfalls sehr weit. Sie liefe Gefahr, den Haftungstatbestand als herrschendes Rechtsverhältnis vom Rest (welchem?) des Delikts und den Haftungsfolgen zu trennen. Eine Parallele zu Art. 10 Abs. 1 Rom II-VO, Art. 11 Abs. 1 Rom II-VO, bei denen Delikte ausdrücklich als mögliche herrschende Rechtsverhältnisse zu ungerechtfertigter Bereicherung oder Geschäftsführung ohne Auftrag angeführt sind, ist deshalb nicht möglich.

VIII. Durchgriffsfragen und Internationales Gesellschaftsrecht

1. Anknüpfung des Gesellschaftsstatuts. a) Gesellschaften mit Satzungssitz, Gründungssitz oder Registrierung in einem Mitgliedstaat der EU oder des EWR: Gründungstheorie. 475 Das Gesellschaftsstatut im internationalprivatrechtlichen Sinne stellt bei Gesellschaften mit Satzungssitz, Gründungssitz oder Registrierung in einem Mitgliedstaat der EU oder des EWR das Recht des Mitgliedstaates, in welchem der betreffende Anknüpfungspunkt verwirklicht ist. Insoweit ist der unionsrechtlichen Niederlassungsfreiheit eine positive Kollisionsnorm zugunsten der Gründungstheorie zu entnehmen,[1121] weil eine reine Anknüpfung an den Verwaltungssitz nicht mit der Niederlassungsfreiheit vereinbar wäre.

Diese Kollisionsnorm könnte entsprechend Art. 4 Abs. 2 EGBGB eine Sachnormverweisung sein, indes nur, wenn man bereit ist, so weit zu gehen, die Gründungstheorie als im Kern quasi-rechtswahlbasiert anzusprechen.[1122] **476**

Eine Gesellschaft mit Satzungssitz, Gründungssitz oder Registrierung in Deutschland hat **477** jedenfalls deutsches Recht zum Gesellschaftsstatut. Etwaige Tochter-, Enkel- usw. -gesellschaften oder Zulieferer mit Satzungssitz, Gründungssitz oder Registrierung in einem anderen Mitgliedstaat der EU oder des EWR haben also das Recht jenes anderen Mitgliedstaats zum Gesellschaftsstatut.

b) Gesellschaften mit Satzungssitz, Gründungssitz oder Registrierung in einem Drittstaat außerhalb der EU und des EWR: Sitztheorie. 478 Die unionsrechtliche Kollisionsregel gilt nicht für etwaige Tochter-, Enkel- usw. -gesellschaften oder Zulieferer mit

[1118] Vgl. Johnson CCZ 2020, 103 f.

[1119] Vgl. Ehmann/Berg GWR 2021, 287 (292).

[1120] Dafür Pataut Dr. soc. 2017, 833 (838).

[1121] S. nur BGH ZIP 2003, 718 = WM 2003, 835; ZIP 2010, 1233 = GmbHR 2010, 819 mAnm Mankowski/Bock; NJW 2011, 844 (845) = GmbHR 2011, 301 mAnm Bormann/Hösler; WM 2013, 1894 (1895); BAG AP BGB § 620 Nr. 23 Änderungskündigung Rn. 57; OGH SZ 2008/63; ZIP 2003, 1086; ZfRV 2014, 281 (282) = ZfRV-LS 2014/65; BayObLG ZIP 2003, 398; OLG Naumburg GmbHR 2003, 533 Ls.; OLG Celle GmbHR 2003, 532 (533); OLG Zweibrücken GmbHR 2003, 530 (531 f.) = ZIP 2003, 849 (850) = MDR 2003, 1363 m. zust. Anm. Haack; OLG Celle IPRspr. 2006 Nr. 128 S. 288 f.; OLG München ZIP 2007, 1949; KG NZG 2010, 204 = AG 2010, 497; OLG Brandenburg IPRspr. 2013 Nr. 18 S. 34; OLG Karlsruhe ZIP 2018, 1179 (1180); LG Bonn IPRspr. 2013 Nr. 17 S. 32 f.; AG Duisburg NZG 2003, 1167 (1168); AG Hagen ZMR 2011, 728; W. FS Heldrich, 2005, 973; Knaier GmbHR 2018, 607 (611); v. Bar/Mankowski IPR II § 7 Rn. 76–78.

[1122] Solche Konsequenz beweisen Weller FS Hommelhoff, 2012, 1275 (1282); MüKoBGB/v. Hein EGBGB Art. 4 Rn. 149; s. aber auch Hübner IPRax 2017, 575 (578); v. Bar/Mankowski IPR II § 7 Rn. 298.

Satzungssitz, Gründungssitz oder Registrierung in einem Drittstaat, der kein Mitgliedstaat der EU oder des EWR. Insoweit gilt vielmehr im dann einschlägigen deutschen Internationalen Gesellschaftsrecht weiterhin die Sitztheorie.[1123]

479 Anknüpfungspunkt der Sitztheorie ist der effektive Verwaltungssitz (real seat, siége réel). Effektiver Verwaltungssitz ist derjenige Ort, an welchem die grundlegenden unternehmenspolitischen Entscheidungen effektiv in konkrete und laufende Geschäftsführungsakte des day-to-day management umgesetzt werden.[1124] Dieser Ort[1125] orientiert sich an der Tätigkeit der für die Geschäftsführung maßgeblichen Organpersonen.[1126] Er fällt weder automatisch mit dem Tagungsort der Geschäftsführungsorgane zusammen,[1127] noch ist er zwingend mit den gewöhnlichen Aufenthaltsorten der Organpersonen der Geschäftsführungsorgane verbunden, orientiert sich aber im Prinzip an letzteren. Es kommt nicht auf die strategische Führung an sich, das mind of management, sondern auf die operative Leitung an.[1128] Der effektive Verwaltungssitz blickt auf den „Lebensmittelpunkt" der Gesellschaft. Er ist das Pendant zum gewöhnlichen Aufenthalt für natürliche Personen.[1129]

480 Soweit man im deutschen IPR für Drittstaatengesellschaften der Sitztheorie folgt, kommt bei ausländischem effektivem Verwaltungssitz der Gesellschaft Art. 4 Abs. 1 S. 1 Hs. 1 EGBGB zum Zuge.[1130] Die Anknüpfung ist daher nach Art. 4 Abs. 1 S. 1 Hs. 1 EGBGB im Prinzip eine Gesamtverweisung und geht zunächst auf das IPR des verwiesenen Rechts.[1131] Rück- und Weiterverweisung sind insbesondere dann von Bedeutung, wenn das IPR eines verwiesenen drittstaatlichen Rechts seinerseits der Gründungstheorie anhängt oder den Sitz der Gesellschaft anders bestimmt als das deutsche IPR.[1132] Praktische Relevanz gewinnt insbesondere die Weiterverweisung bei Gründung der Gesellschaft nach dem

---

[1123] BGHZ 178, 192 Rn. 22 = NJW 2009, 289 – Trabrennbahn (dazu zB Kieninger NJW 2009, 292; Hellgardt/Illmer NZG 2009, 94; Kindler IPRax 2009, 189; Weller IPRax 2009, 202; Balthasar RIW 2009, 221; Koch/Eickmann AG 2009, 73; Hamann ELR 2009, 186; Gottschalk ZIP 2009, 948; Heggen NotBZ 2009, 164; Jessica Schmidt WuB II Q. § 4a GmbHG 1.09; Tepfer EWiR § 50 ZPO 1/09, 355; Behme/Nohlen StudZR 2009, 199); BGH NZG 2009, 1106; ZIP 2009, 2385 (dazu Lieder/Kliebisch EWiR § 11 GmbHG 1/10, 117); BGH NJW 2011, 844 Rn. 16 = GmbHR 2011, 301 mAnm Bormann/Hösler (dazu Siepmann EWiR § 30 GmbHG aF 1/11, 463; Haas/Vogel NZG 2011, 455); BGH ZIP 2012, 1837 Rn. 16 f. (dazu Mankowski EWiR Art. 22 Brüssel-Ia-VO 2/11, 707); BGH WM 2016, 1943 Rn. 13; ZIP 2017, 421 Rn. 21; ZIP 2018, 1455 Rn. 30; KG NZG 2005, 758 (759); OLG Hamburg ZIP 2007, 1108 (1113 f.); OLG Düsseldorf GmbHR 2010, 591 (593); OLG Düsseldorf BeckRS 2016, 03039 Rn. 34; AG Hagen/Westfalen BeckRS 2010, 16844; VG Frankfurt a. M. NZG 2013, 556; Weller IPRax 2009, 202 (206 f.); Weller FS Goette, 2011, 583 (589).

[1124] Grdl. in Deutschland BGHZ 97, 269 (272) = NJW 1986, 2194 im Anschluss an Sandrock BerDGesVR 18 (1978), 169 (238); Sandrock FS Beitzke, 1979, 669 (683); außerdem zB BVerfG ZIP 2018, 1465 Rn. 29 (dazu Wienbracke EWiR 2018, 479); BGH NJW 2009, 1610 Rn. 11; VersR 2010, 275 Rn. 8; ZIP 2010, 1003 Rn. 16; 2016, 1703 Rn. 15; WM 2017, 1944 Rn. 15; BayObLGZ 1985, 272 (279); OLG Frankfurt IPRspr. 1984 Nr. 21; OLG München NJW 1986, 2197 (2198).

[1125] Ausführliche Untersuchung der maßgeblichen Unterkriterien insbes. bei Kieser, Typenvermischung über die Grenze, 1988, 79–105.

[1126] S. nur KG WM 1996, 1454 (1456); Staudinger/Großfeld, 1996, IntGesR Rn. 228; v. Bar/Mankowski IPR II § 7 Rn. 129.

[1127] In diese Richtung aber Ebenroth/Sura RabelsZ 43 (1979), 315 (323 f.).

[1128] S. nur Wenckstern FS Drobnig, 1998, 465 (477); Konecny ZIK 2005, 2 (5); Wimmer ZInsO 2005, 119 (122); Vallender in K. Schmidt/Uhlenbruck, Die GmbH in Krise, Sanierung und Insolvenz, 5. Aufl. 2016, Rn. 12.41; v. Bar/Mankowski IPR II § 7 Rn. 129.

[1129] S. nur OLG Karlsruhe NJW-RR 2008, 944 Rn. 18; OLG Düsseldorf BeckRS 2015, 6771 Rn. 20; Buck-Heeb WuB 2017, 695 (696).

[1130] S. nur BGH NJW 2004, 3706 (3707); OLG Frankfurt NJW 1990, 2204; OLG Hamm WM 1995, 456 (458); OLG Hamm NJW-RR 1998, 615; NJW 2001, 2183; Ferid FS Hueck, 1959, 343 (346); Ebenroth/Eyles DB Beil. 2/1988, 6 f.; Ebenroth/Eyles IPRax 1989, 1 (8 f.); MüKoBGB/Kindler IntGesR Rn. 506; Bischoff in Eckhardt/Hermanns, Kölner Handbuch Gesellschaftsrecht, 3. Aufl. 2017, Kap. 9 Rn. 13.

[1131] S. nur BGH NJW 2004, 3706 (3707); OLG Frankfurt NJW 1990, 2204; OLG Hamm WM 1995, 456 (458); NJW-RR 1998, 615; NJW 2001, 2183; Ferid FS Hueck, 1959, 343 (346); Ebenroth/Eyles DB Beil. 2/1988, 6 f.; Ebenroth/Eyles IPRax 1989, 1 (8 f.); MüKoBGB/Kindler IntGesR Rn. 506; Bischoff in Eckhardt/Hermanns, Kölner Handbuch Gesellschaftsrecht, 3. Aufl. 2017, Kap. 9 Rn. 13; v. Bar/Mankowski IPR II § 7 Rn. 297; MüKoBGB/Kindler IntGesR Rn. 509.

[1132] W. Roth ZGR 2014, 168 (172).

Recht eines dritten Staates.[1133] Im nächsten Schritt ist also zu fragen, ob das IPR des Sitzstaates der Sitz oder der Gründungstheorie (oder einem anderen Ansatz) folgt.[1134] Folgt der Sitzstaat der Gründungstheorie, so kommt es bei einer unter deutschem Recht gegründeten Gesellschaft zu einer Rückverweisung; diese nimmt das deutsche IPR nach Art. 4 Abs. 1 S. 2 EGBGB an.[1135]

2. Haftungsdurchgriff. Ein Haftungsdurchgriff wegen Verbindlichkeiten der Untergesellschaft untersteht dem Recht der Untergesellschaft, durch die durchgegriffen wird.[1136] Denn er gründet sich auf die Gesellschafterstellung der Obergesellschaft in der Untergesellschaft.[1137] Er durchbricht ein Kernprinzip des Kapitalgesellschaftsrechts, nämlich das kapitalgesellschaftliche Trennungsprinzip, dem zufolge bei Kapitalgesellschaften mit beschränkter Haftung eine unmittelbare Haftung der Gesellschafter nicht stattfindet.[1138] **481**

Ein Haftungsdurchgriff durch eine ausländische Tochtergesellschaft folgt also nicht dem deutschen Gesellschaftsstatut einer deutschen Muttergesellschaft, sondern vielmehr dem ausländischen Gesellschaftsstatut der ausländischen Tochtergesellschaft, auch in Lieferkettenfällen.[1139] Daher waren (gescheiterte) Versuche der Grünen, eine menschenrechtliche Durchgriffshaftung im deutschen Recht zu etablieren,[1140] nicht zielführend, weil internationalprivatrechtlich im „falschen" Recht,[1141] jedenfalls vorbehaltlich einer eingriffsrechtlichen Einordnung. **482**

Als Alternative zu einer gesellschaftsrechtlichen Anknüpfung einer Durchgriffshaftung wird eine deliktsrechtliche Qualifikation einer solchen Haftung ins Spiel gebracht, soweit die Haftung schwerpunktmäßig vom Deliktscharakter der Gesellschaftsschuld geprägt sei und nur daneben das Gesellschaftsstatut der Tochtergesellschaft berühre.[1142] Dem wird entgegengehalten, dass damit die Durchbrechung des gesellschaftsrechtlichen Trennungsprinzips für unterschiedliche Gläubigergruppen je nach Deliktssachverhalt und Deliktsstatut verschieden erfolgen würde.[1143] Ein gesellschaftsrechtlicher Durchgriff sei aber für alle Gläubiger an die gleichen Bedingungen zu knüpfen, um Zufallsergebnisse und daraus resultierende Ungleichbehandlungen zu vermeiden.[1144] Zudem sei das Internationale Gesellschaftsrecht durch die Lehre vom Einheitsstatut geprägt,[1145] wozu es in Widerspruch stünde, wenn man die Durchgriffshaftung den einzelnen Deliktsstatuten unterstellte.[1146] **483**

3. Menschenrechtliche Sorgfaltspflicht des Mutterunternehmens bzw. Abnehmers als delikts-, nicht gesellschaftsrechtliche Frage. Eine menschenrechtliche Sorgfaltspflicht des Mutterunternehmens bzw. Abnehmers dient primär dem Schutz außen- **484**

[1133] S. nur BGH NJW 2004, 3706 (3707); TranspR 2005, 74; OLG Hamburg BB 2007, 1519 mAnm Binz/G. Mayer; Hausmann in Reithmann/Martiny, Internationales Vertragsrecht, 8. Aufl. 2015, Rn. 7.73.

[1134] MüKoBGB/Kindler IntGesR Rn. 511.

[1135] v. Bar/Mankowski IPR II § 7 Rn. 301.

[1136] BGH NJW-RR 2002, 1359 (1360); MüKoBGB/Kindler IntGesR Rn. 611, 615; Mansel ZGR 2018, 439 (452); BeckOK InsO/Mock EuInsVO Art. 7 Rn. 76; NK-BGB/Hoffmann EGBGB Anh. Art. 12 Rn. 20; Mansel/Kuhl FS v. Bar, 2022, sub IV. 2b.

[1137] MüKoBGB/Kindler IntGesR Rn. 611, 615; Mansel ZGR 2018, 439 (452).

[1138] BeckOK InsO/Mock EuInsVO Art. 7 Rn. 76; Mansel ZGR 2018, 439 (452).

[1139] Mansel/Kuhl FS v. Bar, 2022, sub IV. 2b.

[1140] Antrag der Abgeordneten Volker Beck (Köln), Tom Koenigs, Uwe Kekeritz, Ute Koczy, Ingrid Hönlinger, Kerstin Andreae, Marieluise Beck (Bremen), Agnes Brugger, Viola von Cramon-Taubadel, Dr. Thomas Gambke, Thilo Hoppe, Katja Keul, Susanne Kieckbusch, Memet Kilic, Sven-Christian Kindler, Markus Kurth, Kerstin Müller (Köln), Dr. Konstantin von Notz, Omid Nouripour, Lisa Paus, Brigitte Pothmer, Claudia Roth (Augsburg), Manuel Sarrazin, Dr. Gerhard Schick, Dr. Frithjof Schmidt, Hans-Christian Ströbele, Josef Winkler und der Fraktion BÜNDNIS 90/DIE GRÜNEN – Transnationale Unternehmen für Menschenrechtsverletzungen zur Rechenschaft ziehen, BT-Drs. 17/13916, 3.

[1141] Weller/Kaller/A. Schulz AcP 216 (2016), 387 (387); G. Wagner RabelsZ 80 (2016), 717 (761); Mansel ZGR 2018, 439 (452 f.).

[1142] So Weller/Thomale ZGR 2017, 509 (525).

[1143] Mansel ZGR 2018, 439 (453).

[1144] Mansel ZGR 2018, 439 (453).

[1145] S. zu dieser Lehre nur Weller/Kaller/A. Schulz IPRax 2014, 336 (337).

[1146] Mansel ZGR 2018, 439 (453).

stehender Dritter bzw. der Umwelt. Die Schutzrichtung zielt nach außen, nicht nach innen. Deshalb ist eine menschenrechtliche Sorgfaltspflicht als deliktsrechtliche, nicht als gesellschaftsrechtliche Frage zu qualifizieren und in der Konsequenz dem Delikts-, nicht dem Gesellschaftsstatut der Muttergesellschaft bzw. des Abnehmers zu unterwerfen.[1147] Eine bloße gesellschaftsinterne Entscheidungsfindung und Beschlussfassung macht die Außenhaftung nicht gesellschaftsrechtlich.[1148]

485 Richtigerweise muss man die Maßstäbe des Art. 1 Abs. 2 lit. d Rom II-VO als Scheidelinie zwischen Delikts- und Gesellschaftsrecht heranziehen.[1149] Denn der geschriebene europäische Rechtsakt Rom II-VO genießt verdrängenden Anwendungsvorrang vor den nationalen, zumal in Deutschland ungeschriebenen Regeln des Internationalen Gesellschaftsrechts. Art. 1 Abs. 2 lit. d Rom II-VO aber konzentriert sich im Kern auf Organisationsaspekte der Gesellschaften.[1150]

486 Eine doppelte Schutzrichtung nach innen und nach außen gleichzeitig, die theoretisch eine Doppelqualifikation[1151] zu rechtfertigen vermöchte,[1152] ist nicht zu erkennen. Zudem würde jede Doppelqualifikation die Reichweite der Sorgfaltspflicht drastisch vermindern, weil sie dann nur anwendbar wäre, wenn das sie statuierende Recht sowohl Delikts- als auch Gesellschaftsstatut der Muttergesellschaft bzw. des Abnehmers wäre.

487 Eine menschenrechtliche Sorgfaltspflicht des Mutterunternehmens bzw. Abnehmers ist auch keine Durchgriffskonstruktion, denn sie begründet eine eigene Pflicht des Mutterunternehmens bzw. Abnehmers und keine Haftung für Deliktsschulden des Tochter-, Enkel- usw. -unternehmens oder des Zulieferers.

488 Ob interne Compliance-Pflichten der Gesellschaftsorgane bestehen,[1153] dergestalt dass die Gesellschaftsorgane der Gesellschaft im Außenverhältnis obliegende Pflichten zu beachten haben,[1154] ist dagegen eine Frage an das Gesellschaftsstatut,[1155] samt eventuell daraus resultierenden Haftungsfolgen, dass die Gesellschaftsorgane für eine Verletzung im Innenverhältnis der Gesellschaft haften.[1156] In diesen Kontext kann man auch das Risikomanagementsystem nach § 4,[1157] das Beschwerdesystem nach § 8 und die Risikoanalysen nach § 5 stellen.[1158]

489 Corporate Social Responsibility mag generell Instrument guter Corporate Governance[1159] oder organschaftlicher Verantwortung[1160] sein. In puncto Klimawandel und Umwelthaftung gibt es etliche Schritte und Vorstöße auf der EU-Ebene, die Corporate Governance aufzuladen geeignet sind.[1161] Überlegungen zum deutschen Gesellschaftsrecht haben namentlich im Aktienrecht ebenfalls begonnen.[1162] Auch zur Imagebildung für Unternehmen

---

1147 Mansel ZGR 2018, 439 (453); Mansel/Kuhl FS v. Bar, 2022, sub III 2b.
1148 Mansel/Kuhl FS v. Bar, 2022, sub IV 2 a.
1149 Mansel/Kuhl FS v. Bar, 2022, sub III 2a.
1150 Vgl. EuGH 3.10.2019 – C-272/18, ECLI:EU:C:2019:827 Rn. 34–41 – Verein für Konsumenteninformation/TVP Treuhand- und Verwaltungsgesellschaft für Publikusmfonds mbH & Co. KG; dazu Mankowski LMK 2019, 422737; Czaplinski jurisPR-IWR 6/2019 Anm. 1; Krüger/Eichwald EWiR 2020, 37; Klocke DZWIR 2020, 61; Reuter WuB 2020, 107; Rieländer IPRax 2020, 224; Mock ZEuP 2020, 677; Schwemmer ZGR 2020, 1078.
1151 Zu diesem Institut des IPR insbes. Heyn, Die „Doppel-„ und „Mehrfachqualifikation" im IPR, 1986.
1152 Mansel ZGR 2018, 439 (453).
1153 Zu Compliance-Anforderungen unter deutschem Recht infolge des LkSG insbes. Gehling/Nicolas Ott/Lüneborg CCZ 2021, 230.
1154 Ehmann ZVertriebsR 2021, 205 (207).
1155 Mansel/Kuhl FS v. Bar, 2022, sub IV 1a.
1156 Thomale/Hübner JZ 2017, 385 (391).
1157 Valdini jurisPR-Compl 4/2021 Anm. 5 sub II.
1158 Ehmann ZVertriebsR 2021, 205 (207).
1159 ZB Paefgen FS K. Schmidt, Bd. II, 2019, 105; Böcking/Althoff FS Hopt, 2020, 83; Harbarth FS Ebke, 2021, 207.
1160 ZB Paefgen FS Seibert, 2019, 629.
1161 Spindler NZG 2021, 993.
1162 Habersack/Ehrl in Kahl/Weller, Climate Change Litigation, 2021, 4447 (464 f.); Ehrl NZG 2021, 1521.

mag man CSR nach außen besonders herausstellen und unterstreichen. Selbst unter dieser Sichtweise bleibt es jedoch bei der Anwendung des Gesellschaftsstatuts nur im Innenverhältnis für Fragen der Corporate Governance.

4. „Zurechnungsdurchgriff". Anders gelagert als ein Haftungsdurchgriff ist auch ein „Zurechnungsdurchgriff": Der Haftungsdurchgriff lässt die Gesellschafter für eine Schuld der Gesellschaft im Außenverhältnis haften. Der „Zurechnungsdurchgriff" rechnet Handlungen der Tochter-, Enkel- usw. –gesellschaft der Muttergesellschaft bzw. Handlungen des Zulieferers dem Abnehmer direkt zu. Beim „Zurechnungsdurchgriff" geht es um eigene, eigenständige Verpflichtungen, beim Haftungsdurchgriff um eine akzessorische Haftung für fremde Verbindlichkeiten. **490**

a) Zurechnung im Sachrecht. Ob eine Zurechnung im Sachrecht stattfindet, ist eine Frage an die Tatbestandsmerkmale der jeweiligen Anspruchsgrundlage. Der „Zurechnungsdurchgriff" folgt also der Anspruchsgrundlage und deren Qualifikation. Steht eine Verbindlichkeit aus Delikt in Rede, so unterliegt er also dem Deliktsstatut. **491**

b) Zurechnung im Kollisionsrecht. Ein „Zurechnungsdurchgriff" kann indes bereits auf der Ebene der kollisionsrechtlichen Anknüpfung auftreten. Wird an den Handlungsort angeknüpft, so kann ein „Zurechnungsdurchgriff" zur Zurechnung von Handlungen der Tochter-, Enkel- usw. –gesellschaft zur Muttergesellschaft bzw. Handlungen des Zulieferers zum Abnehmer einen Handlungsort gegen die Muttergesellschaft bzw. den Abnehmer dort begründen, wo die Tochter-, Enkel- usw. –gesellschaft bzw. der Zulieferer gehandelt haben. **492**

IX. Eingriffsrechtliche Sonderanknüpfung des LkSG über Art. 16 Rom II-VO oder Art. 9 Abs. 2 Rom I-VO?

Jenseits der regulären Anknüpfung über die allgemeinen Kollisionsnormen stellt sich die Frage nach einer Sonderanknüpfung des LkSG als Eingriffsrecht gegen das eigentliche Statut. Die dafür denkbaren kommenden Einfallstore sind Art. 16 Rom II-VO im Internationalen Deliktsrecht und Art. 9 Abs. 2 Rom I-VO im Internationalen Vertragsrecht. **493**

Diese Normen lauten: **494**

Art. 16 Rom II-VO Eingriffsnormen

Diese Verordnung berührt nicht die Anwendung der nach dem Recht des Staates des angerufenen Gerichts geltenden Vorschriften, die ohne Rücksicht auf das für das außervertragliche Schuldverhältnis maßgebende Recht den Sachverhalt zwingend regeln.

Art. 9 Rom I-VO Eingriffsnormen

(1) Eine Eingriffsnorm ist eine zwingende Vorschrift, deren Einhaltung von einem Staat als so entscheidend für die Wahrung seines öffentlichen Interesses, insbesondere seiner politischen, sozialen oder wirtschaftlichen Organisation, angesehen wird, dass sie ungeachtet des nach Maßgabe dieser Verordnung auf den Vertrag anzuwendenden Rechts auf alle Sachverhalte anzuwenden ist, die in ihren Anwendungsbereich fallen.

(2) Diese Verordnung berührt nicht die Anwendung der Eingriffsnormen des Rechts des angerufenen Gerichts.

(3) [1] Den Eingriffsnormen des Staates, in dem die durch den Vertrag begründeten Verpflichtungen erfüllt werden sollen oder erfüllt worden sind, kann Wirkung verliehen werden, soweit diese Eingriffsnormen die Erfüllung des Vertrags unrechtmäßig werden lassen. [2] Bei der Entscheidung, ob diesen Eingriffsnormen Wirkung zu verleihen ist, werden Art und Zweck dieser Normen sowie die Folgen berücksichtigt, die sich aus ihrer Anwendung oder Nichtanwendung ergeben würden.

495 **1. Eingriffsnormen: Grundlegung. a) Europäischer Obersatz (Begriff) und nationaler Untersatz.** Im IPR belässt der EuGH den Mitgliedstaaten zudem grundsätzlich die Kompetenz, selber zu entscheiden, welchen ihrer Rechtsnormen sie den Charakter von Eingriffsnormen beilegen wollen und im Wege der Sonderanknüpfung zur Durchsetzung gegen Kollisionsnormen unionsrechtlicher Provenienz verhelfen wollen.[1163] Allerdings gilt dies nur für den Untersatz in der Subsumtion.

496 Der Obersatz ist vielmehr unionsrechtlicher Natur: Begriff und Konzept der Eingriffsnorm sind dem Zugriff der Mitgliedstaaten entzogen. Der Begriff der international zwingenden Norm, der Eingriffsnorm, ist nämlich ein genuin europäischer Begriff. Er ist auf einer normhierarchisch höheren Ebene vorgegeben. Er ist zentraler Begriff eines europäisch geprägten Obersatzes.[1164] In Art. 9 Abs. 1 Rom I-VO wird dies endgültig augenfällig und offensichtlich. Das nationale Recht liefert dann nur den Untersatz. Ob eine bestimmte Norm des Forumrechts die für eine Eingriffsnorm notwendigen Eigenschaften aufweist, ist dann wieder ein von den europäischen Maßstäben geprägter Subsumtionsvorgang. Noch einmal sei zur Verdeutlichung zusammengefasst: Obersatz und conclusio sind europäisch, nur der Untersatz ist national.[1165]

497 **b) Europäischer Begriff der Eingriffsnorm. aa) Terminologie und Gehalt.** Der europäische Begriff im Obersatz ist dem Zugriff des nationalen Gesetzgebers entzogen und insoweit für diesen aprioristisch.[1166] Dem nationalen Gesetzgeber steht allenfalls noch insoweit eine positivistische Entscheidung zu Gebote, als er die zur Subsumtion im Untersatz anstehenden Normen mit Gemeinwohlinteressen aufladen kann.[1167] Der nationale Gesetzgeber kann nur insoweit einen voluntativen Akt politischer Setzung[1168] vornehmen und in diesem begrenzten Rahmen eine Entscheidungsprärogative über die von einer Norm verfolgten Zwecke ausüben.[1169] Definitionshoheit über den Begriff der Eingriffsnorm hat er dagegen nicht. Insoweit bestehen Parallelen zum unionsrechtlichen Begriff des ordre public.[1170] Letzterer kombiniert ebenfalls einen unionsrechtlichen Oberbegriff des ordre public mit nationalen Ausfüllungen als Untersatz.[1171]

498 Materiell ist das Bild dagegen nicht so positiv wie für die Terminologie. Denn die Arblade-Entscheidung hatte zur Kernaussage, dass sich auch die Eingriffsnormen der Mitgliedstaaten einer primärrechtlichen Kontrolle stellen müssen.[1172] Sie befasste sich weniger mit der Definition von Eingriffsrecht als mit den unionsrechtlichen Grenzen für Eingriffs-

---

[1163] EuGH ECLI:EU:C:2013:422 Rn. 46–50 – United Antwerp Maritime Agencies (Unamar)/Navigation Maritime Bulgare; EuH ECLI:EU:C:2019:84 Rn. 28 – Agostinho da Silva Martins/Dekra Claims Services Portugal SA.

[1164] Eurobank Ergasias SA v. Kalliroi Navigation Co. Ltd. [2015] EWHC 2377 (Comm) [39] (Q. B. D., Judge Waksman Q.C.); Bureau RCDIP 2019, 557 (568).

[1165] Mankowski ZEuP 2008, 846 (854).

[1166] Dies übersieht Pfeiffer IPRax 2006, 238 (241).

[1167] Mankowski TranspR 2014, 268 (278).
S. EuGH ECLI:EU:C:2019:84 Rn. 28 – Agostinho da Silva Martins/Dekra Claims Services Portugal SA.
Vgl. auch Hemler, Die Methodik der „Eingriffsnorm" im modernen Kollisionsrecht, 2019, 173–177, 197 f.; Remien FS Huber, 2020, 455 (463).

[1168] Vgl. Pfeiffer FS Geimer, 2002, 821 (836).

[1169] Thorn FS K. Schmidt, 2009, 1261 (1277).

[1170] Bureau RCDIP 2019, 557 (568).

[1171] EuGH Slg. 2000, I-1935 Rn. 22 f. – Krombach/Bamberski; Slg. 2000, I-2973 Rn. 27 f. – Régie nationale des usines Renault SA/Maxicar SpA und Orazio Formento; Slg. 2010, I-13693 Rn. 81–95 – Ilonka Sayn-Wittgenstein/Landeshauptmann von Wien; ECLI:EU:C:2014:2319 Rn. 47 – flyLAL Lithuanian Airlines AS/Starptaustikā lidosta Rīga VAS und Air Baltic Corporation AS; EuGH ECLI:EU:C:2015:471 Rn. 42 – Diageo Brands NV/Simiramida-04 EOODEuGH ECLI:EU:C:2016:401 Rn. 65–84 – Bogendorff v. Woltersdorff/Standesamt der Stadt Karlsruhe; GAin Sharpston Schlussanträge vom 14.10.2010 – C-208/09, ECLI:EU:C:2010:608 Rn. 59–68.

[1172] EuGH Slg. 1999, I-8453, I-8513 Rn. 31 – Arblade; Da Lozzo in Bergé/Francq/Gardeñes Santiago, Boundaries of European Private International Law, 2015, 139 (146 f.).

recht.[1173] Sie erging in ökonomischen Kontexten mit Blick auf die Grundfreiheiten des EU-Rechts.[1174] Zudem dürfte es sich im konkreten Kontext der Arblade-Entscheidung im Zweifel nur um eine bloße Wiedergabe einer im belgischen Recht vorfindlichen Terminologie und nicht um einen eigenen Definitionsversuch des EuGH handeln.[1175] Dementsprechend sibyllinisch und weitgehend substanzlos ist die dort gefundene Umschreibung.[1176] Sie bedarf der Ausfüllung, für die es keine weiteren formellen Richtvorgaben des europäischen Gesetzgebers gibt.[1177]

In Art. 9 Abs. 1 Rom I-VO eine Einengung gegenüber Art. 7 EVÜ sehen zu wollen, **499** wenn auch anhand der tatsächlich geübten Praxis der nationalen Gerichte,[1178] dürfte eine Überinterpretation sein. Vielmehr wohnt auch Art. 9 Abs. 1 Rom I-VO eine Tendenz zu übergroßer Weite und die gefährliche Möglichkeit zu großzügiger Handhabung inne.[1179] Der EuGH versucht dem entgegenzuwirken; er fordert eine enge und restriktive Auslegung von „Eingriffsrecht".[1180] Argumentationslast und Begründungsaufwand trifft jedenfalls sonderanknüpfungsinteressierte Parteien und sonderanknüpfungswillige Gerichte.[1181] Nicht jede Norm, die kein Ermessen eröffnet, ist automatisch eine Eingriffsnorm.[1182]

bb) Durchsetzung überindividueller Interessen als entscheidendes Merkmal für **500** **Eingriffsnormen.** Eingriffsrecht dient nicht dem Ausgleich zwischen den individuellen Interessen der an einem Rechtsverhältnis beteiligten Privaten.[1183] Eingriffsrecht dient vielmehr der Durchsetzung überindividueller staatlicher Interessen insbesondere staats-, wirtschafts- oder sozialpolitischer Natur.[1184] Es wirkt exogen und überwölbend auf das betroffene Rechtsverhältnis ein. Es dient nicht dem inneren Ausbalancieren des Synallagmas im Internationalen Schuldvertragsrecht und ist eben nicht ordnungsneutral.[1185] Ihm geht es um öffentliche Güter, für deren Herstellung oder Schutz der Markt keine hinreichenden Anreize bietet, und um eine Steuerung dahingehend, dass trotz fehlendem Eigennutzen die

[1173] Carsten Müller, International zwingende Normen des deutschen Arbeitsrechts, 2005, 22; Mankowski IHR 2008, 133 (147); Wulf-Henning Roth FS Gunther Kühne, 2009, 859 (866 f.); Junker RIW 2010, 257 (268); Arif, ZfRV 2011, 258 (260).

[1174] Martiny, Essays in Honour of Nigel Lowe, 2018, 297 (303).

[1175] C. Müller, International zwingende Normen des deutschen Arbeitsrechts, 2005, 21 f.

[1176] Mankowski IPRax 2006, 101 (109); Mankowski TranspR 2014, 268 (278); Sonnenberger in Leible/Unberath, Brauchen wir eine Rom 0-Verordnung?, 2013, 429 (433); vgl. auch Roth FS Kühne, 2009, 859 (867).

[1177] Foyer Mélanges Bertrand Ancel, 2018, 593 (623).

[1178] So Franzen AP H. 8/2013 Nr. 14 zu § 2 EntgeltFG Bl. 4R, 5R.

[1179] Mankowski IHR 2008, 133 (147); Arif ZfRV 2011, 258 (260); Sonnenberger in Leible/Unberath, Brauchen wir eine Rom 0-Verordnung?, 2013, 429 (434)–437.

[1180] EuGH ECLI:EU:C:2013:422 Rn. 49 – United Antwerp Maritime Agencies (Unamar)/Navigation Maritime Bulgare; ECLI:EU:C:2016:774 Rn. 44 – Republik Griechenland/Grigorios Nikiforidis; ECLI:EU:C:2019:84 Rn. 29 – Agostinho da Silva Martins/Dekra Claims Services Portugal SA; ECLI:EU:C:2020:1000 Rn. 135 – Polen /Parlament und Rat; zust. Hoge Raad NIPR 2020 Nr. 462 S. 820 = Ned. Jur. 2021 Nr. 137 S. 2412; A-G Vlas NIPR 2020 Nr. 462 S. 823 = A-G Vlas Ned. Jur. 2021 Nr. 137 S. 2403, 2407; Mankowski LMK 2019, 417905; Papadopoulos jurisPR-IWR 2/2019 Anm. 6 sub C; Vanleenhove SEW 2019, 360 (361).

[1181] Mankowski LMK 2019, 417905.

[1182] KMG International NV v. Chen [2019] EWHC 2389 (Comm) [50] (4), [2020] 2 All ER (Comm) 68 (Q. B. D., Judge Christopher Hancock Q.C.).

[1183] Martiny Essays in Honour of Lowe, 2018, 297 (307 f.).

[1184] S. nur BAGE 63, 17 (34) = NZA 1990, 841; BAGE 71, 297 (316 ff.) = NZA 1993, 743; BAGE 80, 84 (90) = NZA 1995, 1191; BAGE 100, 130 (139) = NZA 2002, 734; BAG AP TVG § 1 Tarifverträge: Bau Nr. 261 zu Bl. 4; BGHZ 165, 248 Rn. 25 f. = NJW 2006, 762; OGH IPRax 1994, 377 (378); SZ 2006/41; JBl 2010, 707 (708); HessLAG IPRax 2001, 461 (467) = AR-Blattei ES 920 Nr. 7 S. 10 mAnm Mankowski (März 2001); Pres. Rb. Leeuwarden NIPR 2001 Nr. 216 S. 371; Anderegg, Ausländische Eingriffsnormen im internationalen Vertragsrecht, 1989, 90 f.; Voser, Die Theorie der lois d'application immédiate im internationalen Privatrecht, 1993, 51–54; Mankowski DWiR 1996, 273 (274) mwN; Mankowski RIW 1998, 287 (289); Mankowski in v. Bar/Mankowski IPR I § 4 Rn. 91. – Als zu eng erachtet allerdings von Roth FS Immenga, 2004, 331 (341 f.).

[1185] S. nur Neumayer BerDGesVR 2 (1958), 35 (47); Berger ZVglRWiss 96 (1997), 316 (317 f.).

Parteien das Allgemeininteresse beachten.[1186] Eingriffsnormen setzen in der Abwägung höherstehende Gemeinschaftswerte durch.[1187]

501 In Eingriffsnormen manifestiert sich daher das Staatsinteresse, das öffentliche Interesse ihres Erlassstaates.[1188] Sie sind Ausdruck eines spezifischen staatlichen Durchsetzungswillens. Sie dienen gleichsam dem Schutz einer Gesellschaft oder Gesellschaftsordnung gegen die Willkür der Individuen.[1189] Sie sind Schutzwall der Wirtschafts- und Sozialordnung ihres Erlassstaates.[1190] Sie reflektieren Regulierungsbedürfnisse der Wirtschafts- und Sozialverfassung.[1191] Sie sind Verkörperungen eines speziellen ordre public,[1192] gleichsam eines ordre public économique et social international,[1193] jedoch so speziell ausgeformt, dass sie heute kein Teil des allgemeinen ordre public mehr sind, sondern ein sehr eigenständiges Rechtsinstitut.[1194] Sie sind notwendiges Mittel des Nationalstaats, um den residualen Einfluss der nationalen Politik in einer zunehmend globalisierten Wirtschaft zu erhalten.[1195]

502 Eingriffsrecht ist Maßnahmerecht, weil es zielgerichtet als normatives Gestaltungsmittel eingesetzt wird, um aus der Sicht des Erlassstaates als Korrektiv Fehlleistungen zu verhindern, die sich bei einer nicht dem jeweiligen Gemeinwohl verpflichteten Selbstbestimmung der Privatrechtssubjekte einstellen würden.[1196] Der Staat setzt sich durch ohne Rücksicht auf und notfalls auch gegen den Willen der privaten Beteiligten. Er ergreift gezielte Lenkungsmaßnahmen in seinem als vorrangig und unwiderruflich bewerteten[1197] öffentlichen Interesse.[1198] Der international zwingende Anwendungsanspruch einer Norm spiegelt das Regulierungsinteresse des Erlassstaates wider, das dieser Staat gerade ohne Rücksicht auf eine Rechtswahl der Parteien definiert.[1199] Das Regulierungsinteresse wird nicht durch die Rechtswahl begründet, sondern umgekehrt die Rechtswahl durch das Regulierungsinteresse beschränkt.[1200] Einer durch Rechtswahl abdingbaren Norm fehlt es vielmehr qualifikatorisch am international zwingenden Charakter,[1201] erst recht einer schon sachrechtlich den Parteien zur Abbedingung anheimgestellten Norm.[1202]

503 **cc) Übertragung des Art. 9 Abs. 1 Rom I-VO auf Art. 16 Rom II-VO in das Internationale Deliktsrecht.** Art. 16 Rom II-VO erlaubt eine Sonderanknüpfung von Eingriffsnormen des Forumstaates im IPR der außervertraglichen Schuldverhältnisse, also insbesondere im Internationalen Deliktsrecht. Eingriffsnormen sind auch für seine Zwecke international zwingende Normen im öffentlichen Interesse insbesondere wirtschafts-, sozial- oder sicherheitspolitischer Natur. Die Definition aus Art. 9 Abs. 1 Rom I-VO hat zwar

---

1186 Behrens FS 75 Jahre MPI, 2001, 381 (385); Mankowski in v. Bar/Mankowski IPR I § 4 Rn. 91; Hübner FS Ebke, 2021, 415 (417).

1187 OGH SZ 64/160; Font i Segura Rev. der. com. eur. 9 (2001), 259 (262).

1188 EuGH ECLI:EU:C:2020:1000 Rn. 135 – Polen/Parlament und Rat.

1189 S. nur Neumayer BerDGesVR 2 (1958), 35 (47).

1190 Francescakis RCDIP 55 (1966), 1; Francescakis Rép. Dalloz Dr. int. Conflit de lois, no. 137 (1968); Dolinger Rec. des Cours 283 (2000), 187 (305).

1191 Schwander FS Schnyder, 2018, 315 (323 f.).

1192 Sperduti RCDIP 66 (1977), 257 (260); Starp, Die Börsentermingeschäfte an Auslandsbörsen, 1985, 217; Ferid, IPR, 3. Aufl. 1986, Rn. 6/81; Junker IPRax 1989, 69 (75); Junker, Internationales Arbeitsrecht im Konzern, 1992, 315 f.; Bülow EuZW 1993, 435 (436); Sandrock FS Glossner, 1994, 281 (293 f.); Schnyder RabelsZ 59 (1995), 293 (301); M. Becker RabelsZ 60 (1996), 691 (703 f.); Dolinger Rec. des Cours 283 (2000), 187 (307)–316; Mankowski ZZP 114 (2001), 37 (55).

1193 Vgl. Trib. comm. Mons Rev. dr. comm. belge 2001, 617 (619 f.).

1194 Näher Mankowski in v. Bar/Mankowski IPR I § 7 Rn. 275 mwN.

1195 Vgl. nur Basedow FS Stoll, 2001, 405 (413); Nietner, Internationaler Entscheidungseinklang im europäischen Kollisionsrecht, 2016, 242; Staudinger/Magnus, 2021, Rom I-VO Art. 9 Rn. 11.

1196 Schnyder BerDGesVR 37 (1998), 73 (89 f.).

1197 Font i Segura Rev. der. com. eur. 9 (2001), 259 (262).

1198 OGH IPRax 1992, 47 (48) = JBl 1992, 189 mAnm Schwimann; IPRax 1994, 377 (378); dazu Ehricke IPRax 1994, 382.

1199 Pfeiffer LMK 2017, 388796.

1200 M. F. Müller GPR 2017, 203 (204).

1201 Koppensteiner wbl 2019, 541 (545).

1202 Cousin/Rusé JCP E 2020.496 = JCP E N° 29, 16 juillet 2020, 9 (10); Haftel D. 2020, 1040 (1041).

kein ausdrückliches Pendant (von der zeitlichen Abfolge her: keinen Vorläufer) in Art. 16 Rom II-VO. Daraus ist jedoch kein Schluss zu ziehen, dass man keine Parallele herstellen dürfte.[1203] Vielmehr ist eine solche Parallele inhaltlich durchaus zu ziehen, natürlich mutatis mutandis,[1204] denn auch bei den außervertraglichen Schuldverhältnissen, insbesondere im Deliktsrecht, können exogene öffentliche Interessen Beachtung heischen.[1205] Unterstützend lässt sich Erwägungsgrund 7 Rom II-VO ins Feld führen.[1206] Art. 16 Rom II-VO ist Schwestervorschrift zu Art. 9 Rom I-VO.[1207] Art. 7 EVÜ, dem die Definition der Sache nach bereits zugrunde lag, kann man als Vorlage für Art. 9 Abs. 1 Rom I-VO wie für Art. 16 Rom II-VO gleichermaßen ansehen.[1208]

c) Ausfüllungsspielraum für nationale Gesetzgeber. Der EuGH hat den nationalen Gesetzgebern der Mitgliedstaaten indes einen breiten Ermessensspielraum eingeräumt, welche ihrer jeweiligen nationalen Normen sie zu Eingriffsnormen erheben wollen.[1209] Der Schutz von Menschenrechten würde die Grenzen dieses Spielraums aus der Sicht des EuGH sicherlich nicht sprengen,[1210] denn Grund- und Menschenrechte zu schützen ist bereits ein wichtiges Ziel der EU, ausgewiesen durch die GRCh. **504**

2. Eingriffsrechtliche Qualifikation des LkSG? Zur entscheidenden Frage avanciert daher im IPR, inwieweit das LkSG oder einzelne seiner Normen als Eingriffsnorm zu qualifizieren sind und sich daher im Wege der Sonderanknüpfung neben den allgemeinen kollisionsrechtlichen Anknüpfungen der Rom I-VO für vertragliche und der Rom II-VO für außervertragliche Ansprüche durchzusetzen vermögen. Immerhin will das LkSG Rechtsposition von überragender Bedeutung schützen.[1211] Die allgemeinen kollisionsrechtlichen Anknüpfungen – das sei als Ausgangspunkt nochmals unterstrichen – sind unionsrechtlich festgelegt und dem Zugriff des deutschen Gesetzgebers entzogen. **505**

a) Theoretisch denkbare Lösungen. Unterstellt, dass das LkSG sachlich und persönlich anwendbar sei, dass also ein in Deutschland ansässiges Unternehmen das Größenkriterium nach § 1 Abs. 1 Nr. 2 erfüllen würde, sind mindestens vier Lösungen denkbar, im Ausgangspunkt ebenfalls unterstellt, dass ein deutsches Gericht einen Haftungsfall für Menschenrechtsverletzungen oder Umweltschädigungen im Ausland verhandeln müsste:[1212] **506**

Erstens könnte das deutsche Gericht ganz davon absehen, das LkSG und alle seine Normen eingriffsrechtlich zu qualifizieren und konsequent nicht anzuwenden, weil deutsches Recht wegen des im Ausland gelegenen Erfolgsorts nach Art. 4 Abs. 1 Rom II-VO **507**

1203 Vgl. auch Heiss in Reichelt, 30 Jahre österreichisches IPR-Gesetz – Europäische Perspektiven, 2009, 61 (64 f.); Ansgar Staudinger in Reiner Schulze/Zuleeg/Kadelbach, Europarecht, 2. Aufl. 2010, § 22 Rn. 68; Verschraegen IPR, 2012, Rn. 1324; Hartmann in Krajewski/Saage-Maaß, Die Durchsetzung menschenrechtlicher Sorgfaltspflichten von Unternehmen, 2018, 281 (302); Mittwoch RIW 2021, 397 (403).

1204 Arif ZfRV 2011, 258 (260); NK-BGB/Knöfel Rom II-VO Art. 16 Rn. 8.

1205 Remien FS v. Hoffmann, 2011, 334 (345); Rühl Eur. Yb. Int. Econ. L. 2020, 61 (71); Hübner FS Ebke, 2021, 415 (418).

1206 Hartmann in Krajewski/Saage-Maaß, Die Durchsetzung menschenrechtlicher Sorgfaltspflichten von Unternehmen, 2018, 281 (302); Hübner FS Ebke, 2021, 415 (418).

1207 EuGH ECLI:EU:C:2019:84 Rn. 28 – Agostinho da Silva Martins/Dekra Claims Services Portugal SA; Erbart NZFam 2018, 342 (343); NK-BGB/Knöfel Rom II-VO Art. 16 Rn. 8; Magnus/Mankowski/Wautelet, Rome II Regulation, 2019, Rom II-VO Art. 16 Rn. 13; Mankowski LMK 2019, 417905; Pfeiffer IWRZ 2019, 226 (227); Vanderleenhove R. W. 2019-20, 437 f.; Ho-Dac RCDIP 2019, 869 (873); Mittwoch RIW 2021, 397 (403).

1208 Tell Rev. eur. dr. consomm. 2004, 35 (55); NK-BGB/Knöfel Rom II-VO Art. 16 Rn. 8.

1209 EuGH ECLI:EU:C:2013:427 Rn. 41–50 – United Antwerp Maritime Agencies (Unamar)/Navigation Maritime Bulgare; ECLI:EU:C:2019:84 Rn. 30 f. – Agostinho da Silva Martins/Dekra Claims Services Portugal SA.

1210 Rühl Eur. Yb. Int. Econ. L. 2020, 61 (71).

1211 Ehmann ZVertriebsR 2021, 141 (150).

1212 Kieninger RIW 2021, 331 (337).

kollisionsrechtlich gar nicht berufen ist. Das deutsche Unternehmen würde dann also nach dem ausländischen Erfolgsortsrecht und nur nach diesem haften.[1213]

508 Zweitens könnte das deutsche Gericht die Sorgfaltspflichten des LkSG als Schutzgesetze oder Verkehrspflichten werten, diese eingriffsrechtlich qualifizieren und als Haftungsnorm dazu § 823 Abs. 2 BGB[1214] oder § 823 Abs. 1 BGB heranziehen.[1215] Das deutsche Unternehmen würde dann also nach deutschem Recht haften. Die im LkSG fehlende Haftungssanktion würde das allgemeine deutsche Deliktsrecht hinzufügen,[1216] während die eingriffsrechtliche Wertung im Tatbestand aus Normen des LkSG fließen würde.[1217]

509 Drittens könnte das deutsche Gericht die fehlende Haftungsanordnung des LkSG als gleichsam negative Eingriffsnorm qualifizieren und diese gegen eine positive Haftungsanordnung aus dem über Art. 4 Abs. 1 Rom II-VO berufenen ausländischen Erfolgsortsrecht durchsetzen. Das deutsche Unternehmen würde dann also gar nicht haften.

510 Ein Anhaltspunkt in diese Richtung bestünde, wenn man § 3 Abs. 3 S. 1 eine umfassende Wirkung beimessen wollte, wodurch er zB § 11 torpedieren und diesen weitgehend gegenstandslos machen würde.[1218] Indes besagt § 3 Abs. 3 S. 2 als explizite Einschränkung von § 3 Abs. 3 S. 1, dass eine unabhängig vom LkSG begründete zivilrechtliche Haftung unberührt bleibt. Das steht einer umfassenden negativen Wirkung und einem umfassenden Haftungsausschluss klar entgegen.

511 Viertens könnten die Sorgfaltspflichten des LkSG Handlungs-, Kontroll- oder Unterlassungspflichten am Sitz des deutschen Abnehmers bzw. der deutschen Muttergesellschaft begründen und über eine extensive Anwendung des Art. 17 Rom II-VO ins Spiel kommen.[1219]

512 **b) Schlüsse aus der Genese des LkSG.** Die Genese des LkSG gibt wertvolle und eigentlich eindeutige Aufschlüsse gegen eine eingriffsrechtliche Qualifikation.

513 **aa) Nichtübernahme von Vorstößen aus den Bundesministerien für wirtschaftliche Zusammenarbeit und für Arbeit und Soziales in RefE und RegE.** Erstens hatte der Vorentwurf zum LkSG (damals Sorgfaltspflichtengesetz) aus dem Bundesministerium für wirtschaftliche Zusammenarbeit[1220] mit Zustimmung aus der Wissenschaft[1221] eine eigene Norm vorgesehen, welche die zentralen Teile des LkSG ausdrücklich zu Eingriffsrecht erklärte. Der Anstoß geht auf einen Vorschlag verschiedener Nichtregierungsorganisationen[1222] zurück.[1223] Der Normvorschlag lautete:

> ***§ 15 Sorgfaltspflichtengesetz-E Zivilrechtliche Haftung, Eingriffsnorm***
>
> *Im Rahmen außervertraglicher Haftungsansprüche regeln die Pflichten aus §§ 4 bis 10 die zu beachtenden Sorgfaltsanforderungen zwingend und ohne Rücksicht auf das nach internationalem Privatrecht für das außervertragliche Schuldverhältnis maßgebende Recht.*

[1213] G. Wagner ZIP 2021, 1095 (1104, 1106); Stöbener de Mora/Noll NZG 2021, 1285 (1286).

[1214] Dafür allein auf der sachrechtlichen Ebene Paefgen ZIP 2021, 2006 (2011 f.); dagegen Dohrmann CCZ 2021, 265 (271).

[1215] Rühl BerDGIR 50 (2020), 89 (122); dagegen Stöbener de Mora/Noll NZG 2021, 1285 (1286 f.).

[1216] Überlegungen zur Klima- und Umwelthaftung unter deutschem Deliktsrecht zB bei G. Wagner/Arntz in Kahl/Weller, Climate Change Litigation, 2021, 405.

[1217] In eine solche Richtung Grabosch Das neue LkSG/Engel § 7 Rn. 18; explizit dagegen Späth/Werner CCZ 2021, 241 (250).

[1218] Ehmann/Berg GWR 2021, 287 (291).

[1219] So fortgedacht der Ansatz von Aldag Jura 2020, 1214 (1220).

[1220] § 15 Entwurf eines Gesetzes zur Regelung menschenrechtlicher und umweltbezogener Sorgfaltspflichten in globalen Wertschöpfungsketten vom 1.2.2019, abgedruckt in Weller/Nasse ZGR SdH 22 (2020), 107 (136).

[1221] Weller/Nasse ZGR SdH 22 (2020), 107 (132).

[1222] Insbes. der Initiative Lieferkettengesetz und des von ihr in Auftrag gegebenen Rechtsgutachtens zur Ausgestaltung eines Lieferkettengesetzes vom Februar 2020, https://lieferkettngesetz.de/wp-content/uploads/2020/02/Initiative-Lieferkettengesetz_Rechtsgutachten_final.pdf (zuletzt abgerufen am 6.9.2022).

[1223] Rühl FS Windbichler, 2020, 1413 (1414).

Im Eckpunktepapier wurde dies aufrechterhalten,[1224] also bestätigt.[1225] In der wissenschaftlichen Diskussion wurde der Vorstoß durchaus begrüßt.[1226] International flächendeckend[1227] wäre es allerdings nicht geworden, denn selbst andere EU-Mitgliedstaaten hätten angesichts eines fehlenden Pendants zu Art. 9 Abs. 3 Rom I-VO in der Rom II-VO deutsches Eingriffsrecht kaum zum Gegenstand einer Sonderanknüpfung gemacht.[1228] **514**

Diese Vorentwürfe und Vorschläge haben bereits der Referentenentwurf der Bundesregierung[1229] und der auf dem RefE aufbauende Regierungsentwurf[1230] nicht aufgegriffen und damit implizit verworfen.[1231] Sie sind politisch am Widerstand zuvörderst aus dem Bundesministerium für Wirtschaft und Energie gescheitert.[1232] Der ursprünglich ambitionierte Plan ist auf einen Rest reduziert.[1233] **515**

bb) Ablehnung eines Änderungsantrags der Fraktion Bündnis 90/Die Grünen im Ausschuss für Arbeit und Soziales. Zweitens hatte die Fraktion Bündnis 90/Die Grünen einen entsprechenden (hilfsweisen) Änderungsantrag in den Ausschuss für Arbeit und Soziales eingebracht. Diesem zufolge sollte § 16 lauten:[1234] **516**

> ***§ 16 Sorgfaltspflichtengesetz-E Eingriffsnorm***
>
> *Die Vorschriften der §§ 2 bis 8 sowie die §§ 12 bis 14 sind ohne Rücksicht auf das nach dem Internationalen Privatrecht berufene Recht anzuwenden.*

Dieser Änderungsantrag wurde – ebenso wie alle anderen Änderungsanträge von Bündnis 90/Die Grünen – im Ausschuss mit den Stimmen von CDU/CSU, AfD und FDP gegen die Stimmen von Bündnis 90/Die Grünen und Die Linke abgelehnt.[1235] **517**

Zwar wurde über § 16 Sorgfaltspflichtengesetz-E-Änderungsantrag nicht gesondert abgestimmt, und es ist auch keine Diskussion speziell zu ihm dokumentiert. Vielmehr wurde er im Paket mit den anderen Anträgen von Bündnis 90/Die Grünen abgelehnt. Aber daran, dass er abgelehnt wurde, gibt es keinen Zweifel. Sein Gehalt war nicht gewollt.[1236] Gerade weil Bündnis 90/Die Grünen in mehrere formell voneinander unabhängige Änderungsanträge untergliedert hatten, hätte man einzelne dieser Anträge annehmen können, wenn sie denn gewollt gewesen wären. **518**

Dass der Antrag, einen § 16 einzufügen, nur ein hilfsweise gestellter Antrag war, ist übrigens ohne Bedeutung. Denn der primäre Hauptantrag wurde ebenfalls abgelehnt, sodass auch der Hilfsantrag zur Abstimmung stand. **519**

Unterstützend mag man auf die Regierungsbegründung zu § 11 verweisen. Dort heißt es ausdrücklich, dass § 11 die Regeln des Internationalen Privatrechts unberührt lasse.[1237] **520**

[1224] Entwurf für Eckpunkte eines Bundesgesetzes über die Stärkung der unternehmerischen Sorgfaltspflichten zur Vermeidung von Menschenrechtsverletzungen in globalen Wertschöpfungsketten (Sorgfaltspflichtengesetz) vom 10.3.2020, 3 Nr. 4.

[1225] Mansel/Thorn/Wagner IPRax 2021, 105 (109); Späth/Werner CCZ 2021, 241 (248).

[1226] Graf v. Westphalen ZIP 2020, 2421 (2431); Hübner FS Ebke, 2021, 415 (419 f.); Fragen wirft dagegen Rühl Eur. Yb. Int. Econ. L. 2020, 61 (71 f.) auf.

[1227] Graf v. Westphalen ZIP 2020, 2421 (2431).

[1228] Rühl Eur. Yb. Int. Econ. L. 2020, 61 (72); v. Hein, Back to the Future: (Re-)Introducing the Principle of Ubiquity for Business-related Human Rights Claims (12.10.2020), https://conflictoflaws.net/2020/back-to-the-future-re-introducing-the-principle-of-ubiquity-for-business-related-human-rights-claims (zuletzt abgerufen am 6.9.2022).

[1229] BMAS, Gesetzentwurf über die unternehmerischen Sorgfaltspflichten in Lieferketten vom 24.3.2021.

[1230] RegE LkSG, BT-Drs. 19/28649.

[1231] Ebenso Späth/Werner CCZ 2021, 241 (248); Paefgen ZIP 2021, 2006 (2015).

[1232] Ebenso Hornung, Internationales Privatrecht zwischen Wertneutralität und Politik, 2021, 295; vgl. auch Stöbener de Mora/Noll NZG 2021, 1285 (1285 f.).

[1233] Krit. deshalb Hornung, Internationales Privatrecht zwischen Wertneutralität und Politik, 2021, 295: „Torso […], dessen Nutzen zu bezweifeln ist.".

[1234] Beschlussempfehlung und Bericht des Ausschusses für Arbeit und Soziales, BT-Drs. 19/30505, 26 f. Änderungsantrag Nr. 2 I. 2 § 16.

[1235] Beschlussempfehlung und Bericht des Ausschusses für Arbeit und Soziales, BT-Drs. 19/30505, 23.

[1236] Ebenso Späth/Werner CCZ 2021, 241 (248); Paefgen ZIP 2021, 2006 (2015).

[1237] G. Wagner ZIP 2021, 1095 (1101).

Daraus kann man ebenfalls schließen, dass eine Sonderanknüpfung deutschen Rechts als Eingriffsrechts gegen die normale, reguläre Anknüpfung nicht gewollt ist.[1238]

521 Dass § 11 sinn- und gegenstandlos wäre, wenn man es bei der normalen Anknüpfung belasse,[1239] ist eine petitio principii. Die Behauptung unterstellt nämlich, dass es eine Prozessstandschaft nach § 11 nur für materiell deutschem Recht unterliegende Ansprüche geben könnte. Das ist jedoch nicht der Fall (→ § 11 Rn. 6). Die Prozessstandschaft als prozessuales Rechtsinstitut ist unabhängig vom materiellen Anspruchsstatut. Aus der Existenz des § 11 kann man daher kein Argument für eine eingriffsrechtliche Qualifikation des LkSG ziehen.[1240]

522 Ebenso ist es eine petitio principii, mit einem zwingenden Charakter des LkSG argumentieren zu wollen.[1241] Denn dies unterstellt, dass das LkSG international zwingend sei – und genau das ist gerade nachzuweisen. Die Differenzierung zwischen „internrechtlich zwingend" und „international zwingend" ist gerade entscheidend für eine eingriffsrechtliche Qualifikation, die nur international, aber nicht bloß internrechtlich zwingenden Normen zuteil wird.[1242]

523 Die Groupe Européen de Droit International Privé (GEDIP)[1243] hält es in III. ihres Vorschlags für eine Empfehlung zum IPR der corporate due diligence und der Unternehmensverantwortlichkeit[1244] für notwendig, den Charakter einer Haftung als Eingriffsrecht ausdrücklich festzuschreiben:

III. Overriding mandatory effect of the Instrument's provisions

[Member States shall ensure that] provisions contained in this Instrument shall apply irrespective of the law otherwise applicable to companies, to contractual obligations and to non-contractual obligations.

524 Die **Comments** unterstreichen dies nochmals:

10. This rule seeks to ensure that the provisions of the Instrument prevail over the otherwise applicable rules on contractual and non-contractual obligations and companies. The EP Resolution includes a rule to this effect in its Article 20, but limits it to „relevant provisions of this Directive" and, with its reference to Article 16 Regulation 864/2007 (Rome II), to non-contractual obligations.
11. Rather than leaving it open which are the „relevant" provisions, the Instrument should either define itself which of its provisions are intended to have overriding mandatory effect, or else stipulate that (all) its provisions establishing obligations for companies and rights of victims have such effect.
12. The overriding mandatory effect should extend to all rules that would be otherwise applicable under (1) Regulation 593/2008 (Rome I), Rome II, or any other EU Instrument, and (2) all rules on contractual and non-contractual obligations, and on companies not covered by those instruments, deriving from national laws.
13. The words between brackets [Member States shall ensure that] may be needed if the future Instrument takes the form of a Directive (as opposed to a Regulation).

[1238] Kieninger ZfPW 2021, 252 (254).

[1239] So Ehmann ZVertriebsR 2021, 141 (151).

[1240] Entgegen Ehmann ZVertriebsR 2021, 141 (151).

[1241] So aber Ehmann ZVertriebsR 2021, 141 (150).

[1242] Besonders deutlich BAG AP EGBGB nF Art. 30 Nr. 11 Rn. 47 = NZA 2021, 225; Mankowski/v. Bar/Mankowski IPR I § 4 Rn. 87–89; Mankowski EuZA 2022 sub IV.; Junker EuZA 2021, 468 (476).

[1243] Die GEDIP ist gleichsam eine High Level Expert Group für das Internationale Privat- und Zivilverfahrensrecht. Sie ist allerdings rein privater Natur und hat keinen offiziellen Auftrag seitens irgendwelcher Organe der EU.

[1244] Groupe Européen de Droit International Privé (GEDIP), Recommendation of the European Group for Private International Law (GEDIP/EGPIL) to the European Commission concerning the Private international law aspects of the future Instrument of the European Union on [Corporate Due Diligence and Corporate Accountability], GEDIP – document adopté à la réunion virtuelle 2021, 08/10/2021 (version finale), https://gedip-egpil.eu/wp-content/uploads/2021/02/Recommandation-GEDIP-Recommendation-EGPIL-final.pdf (zuletzt abgerufen am 6.9.2022).

525 **c) Durchsetzungs- und Sanktionsmechanismen der §§ 14–21 und §§ 22–24.** Auf der anderen Seite enthält das LkSG die öffentlich- bzw. ordnungswidrigkeitenrechtlichen Durchsetzungs- und Sanktionsmechanismen der §§ 14–21 und §§ 22–24. Sie legen einzelnen Tatbeständen des LkSG eine besondere Wertigkeit bei. § 11 steuert einen besonderen zivilprozessualen Durchsetzungsmechanismus kraft gesetzlich besonders erlaubter gewillkürter Prozessstandschaft für Gewerkschaften und Nichtregierungsorganisationen bei; dort lässt sich aber zuverlässig eine kollisionsrechtliche Brücke schaffen, indem dieser Mechanismus nicht voraussetzt, dass deutsches Recht Anspruchsstatut ist, sondern auch der Durchsetzung von Ansprüchen dient, die ausländischem Recht unterliegen (→ § 11 Rn. 6 f.). Die Sanktionen sind durchaus streng. Eine Bewehrung als Ordnungswidrigkeit spricht eine klare Sprache.

526 Generell ist eine reguläre Durchsetzung durch speziell zuständige Behörden in verwaltungsrechtlichen Verfahren ein relativ sicheres Indiz für den eingriffsrechtlichen Charakter einer Norm.[1245] Soweit der deutsche Gesetzgeber Rechtsfolgenanordnungen spezifisch an die öffentlich-rechtlich organisierten Träger seiner eigenen Hoheitsgewalt richtet, spricht dies für einen ordnungspolitischen und damit international zwingenden Charakter der betreffenden Normen.[1246] Dagegen nimmt es dem Schluss[1247] von einer privatrechtlichen Durchsetzung mittels Ansprüchen oder Rechten Privater und von einer fehlenden behördlichen Mitwirkung auf einen nicht-eingriffsrechtlichen Charakter die Stärke, dass es bei der Sonderanknüpfung von Eingriffsrecht auch um die notwendige privatrechtliche Absicherung des öffentlich-rechtlich geprägten Eingriffsrechts geht.[1248]

527 Genuin öffentlich-rechtliche Sanktionen setzen sich immer bereits aus eigener Kraft und nach ihren eigenen Maßstäben durch, ebenso wie strafrechtliche oder ordnungswidrigkeitenrechtliche Sanktionen. Alle diese drei Kategorien von Sanktionen bedürfen keiner ausdrücklichen eingriffsrechtlichen Qualifikationen, um sich gegen eine reguläre internationalprivatrechtliche Anknüpfung überlagernd durchzusetzen, denn sie operieren alle drei nicht im Bereich des Privatrechts und damit des Internationalen Privatrechts. §§ 14–21 und §§ 22–24 regeln zunächst den Durchsetzungsmodus: Mit welchen Mitteln wird durchgesetzt? Eine Einengung des Durchsetzungsobjekts (Was wird durchgesetzt?) enthalten sie dagegen nicht. Sie setzen nirgends ein Durchsetzungsobjekt voraus, das gerade deutschem Privatsachrecht unterliegen müsste. Vielmehr taugen sie ebenso zur Durchsetzung von Ansprüchen, die einem ausländischen Recht unterliegen.

528 Genuin öffentlich-rechtliche Sanktionen knüpfen eben anders an und haben den jeweiligen Durchsetzungsmechanismus als solchen zum Anknüpfungsgegenstand, nicht den durchzusetzenden Anspruch. Es ist zwar ungewöhnlich, Kapazitäten deutscher öffentlicher Stellen einzusetzen, um Ansprüchen Privater nach ausländischem Recht zur Durchsetzung zu verhelfen. Indes verfolgt Deutschland hier ein eigenes moralisches, ethisches und außenpolitisches Interesse an der Durchsetzung von Menschenrechten.

[1245] Mankowski FamRZ 1999, 1313 (1314); Mankowski AR-Blattei ES 920 Nr. 7 S. 13, 24 (März 2001); Mankowski in Spindler, Vertragsrecht der Internet-Provider, 2. Aufl. 2004, Teil III Rn. 59; Martiny FS Heldrich, 2005, 907 (914); MüKoBGB/Martiny Rom I-VO Art. 9 Rn. 20; Mansel FS Canaris, 2007, 809 (826 f.); Lüttringhaus, Grenzüberschreitender Diskriminierungsschutz – Das internationale Privatrecht der Antidiskriminierung, 2010, 227; Kocher FS Martiny, 2014, 411 (414 f.); Trüten, Die Entwicklung des Internationalen Privatrechts in der Europäischen Union, 2015, 26 f.; krit. dazu allerdings Benecke RdA 2020, 366 (367).

[1246] BAGE 63, 17, 31; BAGE 80, 84, 92; Junker, Internationales Arbeitsrecht im Konzern, 1992, 121 f., 125 f., 290 f.; Droste, Der Begriff der „zwingenden Bestimmung" in den Art. 27 ff. EGBGB, Diss. Freiburg i.Br. 1991, 154 f.; Bittner, Europäisches und internationales Betriebsrentenrecht, 2000, 300; Franzen AP H. 8/2013 Nr. 14 zu § 2 EntgeltFG Bl. 4R, 5; HessLAG IPRax 2001, 461 (467); Hübner FS Ebke, 2021, 415 (421).

[1247] Wie ihn HessLAG IPRax 2001, 461 (468) zieht; ähnlich auch Soergel/v. Hoffmann, 12. Aufl. 1996, EGBGB Art. 34 Rn. 20.

[1248] Mankowski AR-Blattei ES 920 Nr. 7 S. 13, 24 (März 2001); s. auch Benecke IPRax 2001, 449 (452).

529 **d) Menschenrechte sind nicht per se Eingriffsrecht.** Ebenso kann sich ein Staat entschließen, eigentlich universellen Rechtswerten einen so hohen Wert und Rang in seiner Rechtsordnung beizumessen, dass er sie mithilfe seiner eigenen Gesetze international zwingend durchsetzen will.[1249] Selbst die Menschenrechte sind allerdings nicht per se Eingriffsnormen,[1250] sondern bedürfen zu einer eingriffsrechtlichen Dimension eines entsprechenden besonderen Anwendungsbefehls in nationaler Gesetzgebung. Fehlt es daran, so werden sie jedenfalls nicht per eingriffsrechtlicher Sonderanknüpfung durchgesetzt.

530 Dies heißt jedoch nicht automatisch, dass sie sich gar nicht gegen ausländisches Recht durchsetzen könnten. Vielmehr steht gerade für sie der ordre public als „klassisches" Instrument zur Verfügung (→ Rn. 437 ff.). Zumindest in dessen negativer Funktion haben Menschenrechte eine Abwehrfunktion gegen ausländisches Recht, das aus inländischer Sicht unerträgliche Ergebnisse produziert. Für eine positive Durchsetzung würde es jedoch einer entsprechenden Anordnung bedürfen. Schild (Abwehr) und Schwert (Angriff) sind gerade beim ordre public zweierlei.[1251]

531 **e) Überschreiten europäischer Grenzen bei eingriffsrechtlicher Einordnung?** Hätte der deutsche Gesetzgeber Normen des LkSG ausdrücklich zu Eingriffsnormen erhoben, so hätte er damit kaum die Grenzen des europäischen Eingriffsrechtsbegriffs überschritten.[1252] Denn selbst bei der gebotenen engen Auslegung (→ Rn. 499) stünden hinter diesen Normen hinreichend rechtfertigende öffentliche Interessen. Der Schutz der Menschenrechte ist ein legitimes staats- und gesellschaftspolitisches Interesse; zugleich ist es eine wirtschaftspolitische Ordnungsaufgabe des Staates, ihn auch gegen Eigeninteressen von Unternehmen durchzusetzen.[1253] Die EU selbst hat dies mit Spezialregelungen namentlich der VO (EU) 995/2010[1254] und der VO (EU) 2017/821 (→ Rn. 63) nicht nur anerkannt, sondern selber aktiv so gehalten. Eingriffsrecht hier einzusetzen hätte das System nicht per se gesprengt.[1255] Es herrscht Unsicherheit, ob die französische Loi de vigilance mit ihrer Tendenz zu einer Eigenqualifikation als Eingriffsrecht richtig liegt, und erst eine Klärung durch den EuGH würde insoweit Sicherheit schaffen.[1256]

532 **f) Negative Eingriffsnorm?** Das Fehlen einer positiven Eingriffsanordnung dergestalt zu interpretieren, dass ein Umkehrschluss zu einem Ausschluss jeglicher Haftung nach ausländischem Recht führen würde, ginge deutlich zu weit. Solche Haftungsprivilegierungen sind zwar theoretisch denkbar. Sie verlangen aber nach einer ausdrücklichen Festschreibung. Dies gilt umso mehr, wenn sie international zwingende Durchsetzung gegen anders lautendes ausländisches Recht heischen sollen.

533 Eine solche Haftungsprivilegierung als besondere politische Wertung würde sogar die Menschenrechte als Teil des deutschen ordre public unterminieren. Sie wäre mit wesentlichen Grundwerten der deutschen Rechtsordnung kaum in Einklang zu bringen. Sie stünde

[1249] Vgl. tendenziell Trüten, Die Entwicklung des Internationalen Privatrechts in der Europäischen Union, 2015, 26.

[1250] Pförtner in Gössl, Politik und Internationales Privatrecht, 2017, 93 (100)–102; Pförtner in Krajewski/Saage-Maaß, Die Durchsetzung menschenrechtlicher Sorgfaltspflichten von Unternehmen, 2018, 311 (327); Hornung, Internationales Privatrecht zwischen Wertneutralität und Politik, 2021, 292 f.

[1251] S. nur BeckOGK/Stürner EGBGB Art. 6 Rn. 251; Pförtner in Krajewski/Saage-Maaß, Die Durchsetzung menschenrechtlicher Sorgfaltspflichten von Unternehmen, 2018, 311 (328).

[1252] Entgegen den Bedenken bei Mittwoch RIW 2021, 397 (403); wie hier Hübner FS Ebke, 2021, 415 (419)–422.

[1253] Hartmann in Krajewski/Saage-Maaß, Die Durchsetzung menschenrechtlicher Sorgfaltspflichten von Unternehmen, 2018, 281 (304 f.).

[1254] VO (EU) 995/2010 des Europäischen Parlaments und des Rates vom 20.10.2010 über die Verpflichtungen von Marktteilnehmern, die Holz und Holzerzeugnisse in Verkehr bringen, ABl. EU 2010 L 295, 23.

[1255] Hartmann in Krajewski/Saage-Maaß, Die Durchsetzung menschenrechtlicher Sorgfaltspflichten von Unternehmen, 2018, 281 (306 f.).

[1256] Keilmann/Schmidt WM 2021, 717 (720).

im Widerspruch zu den UN Guiding Principles[1257] und zum Aktionsplan „Wirtschaft und Menschenrechte" der Bundesregierung.[1258] Sie wäre komplettes Gegenteil zu den gegenwärtigen Tendenzen im Völker- und im EU-Recht.

Politisch mag man sich zwar nicht auf eine positive zwingende Geltungsanordnung deutschen Rechts verständigt haben können. Sich auf eine zwingende Nichthaftung in Anwendung deutschen Rechts zu verständigen wäre aber ein zweiter, vom ersten deutlich zu unterscheidender, weil deutlich weiter gehender Schritt gewesen. **534**

Die seinerzeitige Regierungskoalition aus CDU/CSU und SPD hatte sich auf den Kompromiss verständigt, dass es keine ausdrückliche Haftungsregelung nach deutschem Recht und in der Konsequenz erst recht keine positive Zuschreibung von Eingriffsrechtsqualität geben soll.[1259] Das ist aber eine bloße Ablehnung einer Spezialregelung durch deutsches Recht. In Regelungsanordnungen ausländischer Rechte greift sie nicht ein. **535**

3. Auswirkungen einer unterstellten eingriffsrechtlichen Qualifikation des LkSG auf die internationale Zuständigkeit deutscher Gerichte? Selbst wenn man Normen des LkSG – entgegen der hier vertretenen Ansicht (→ Rn. 513 ff.) – als Eingriffsrecht qualifizieren wollte, würde dies zunächst nur die Ebene des Internationalen Privatrechts und die Frage nach dem anwendbaren materiellen Recht betreffen. Einen Gerichtsstand in Deutschland würde dies aber nicht ohne weitere Überlegungen garantieren. Die Frage nach dem Gerichtsstand ist eine Frage nach der internationalen Zuständigkeit der deutschen Gerichte. Sie liegt auf der Ebene des Internationalen Zivilprozessrechts. Diese ist der Ebene des Internationalen Privatrechts vorgelagert: Internationales Privatrecht und anwendbares materielles Recht sind im Prinzip Aspekte der Begründetheit; die internationale Zuständigkeit ist dagegen bereits eine Frage der Zulässigkeit. Sie kommt im Fallaufbau zuerst. Zulässigkeit kommt vor Begründetheit. **536**

Noch weniger, als der deutsche Gesetzgeber eine eingriffsrechtliche Qualifikation des LkSG oder einzelner von dessen Normen explizit festgeschrieben hat, hat er eine besondere Zuständigkeitsnorm im LkSG geschaffen. Das mag auf fehlendes Problembewusstsein zurückzuführen sein. Das mag auf gezielte politische Rücksichtnahmen zurückzuführen sein. Das mag auf gezielte Industriepolitik der Bundesrepublik Deutschland zurückzuführen sein. Das mag aber auch auf Respekt vor der Regelungskompetenz des europäischen Gesetzgebers zurückzuführen sein. **537**

X. Auswirkungen der geplanten EU-RL

Die EU-Kommission hat am 23.2.2022 einen Vorschlag für eine Richtlinie des Europäischen Parlaments und des Rates über die Sorgfaltspflichten von Unternehmen im Hinblick auf Nachhaltigkeit (Lieferketten-RL-E) vorgelegt (→ Rn. 73 ff.).[1260] Danach müssen die Mitgliedstaaten sicherstellen, dass die in den nationalen Rechtsvorschriften zur Umsetzung der unionsrechtlichen Vorgaben vorgesehene Haftung (→ Rn. 93) zwingend Anwendung findet und Vorrang hat in Fällen, in denen das auf entsprechende Ansprüche anzuwendende Recht nicht das Recht eines Mitgliedstaates ist (Art. 22 Abs. 5 Lieferketten-RL-E). Die mitgliedstaatliche Haftungsregelung ist mit anderen Worten als **Eingriffsnorm** auszugestalten (→ Rn. 94). Auf diese Weise soll ein Leerlaufen der Haftung verhindert werden, weil ansonsten nach Art. 4 Abs. 1 Rom II-VO grundsätzlich das Recht am Schadensort zur Anwendung berufen wäre (→ Rn. 351 ff.). **538**

[1257] UN Guiding Principles on Business and Human Rights, Resolution 17/4 of the UN Human Rights Council of 16.6.2011; A/HRC/17/31; danach noch UN High Commissioner for Human Rights, Improving Accountability and Access to Remedy for Victims of Business-Related Human Rights Abuse, UN Doc. A/HRC/32/19 (10.5.2016).

[1258] Von der Bundesregierung verabschiedet am 21.12.2015.

[1259] Ebenso G. Wagner ZIP 2021, 1095 (1105).

[1260] Europäische Kommission COM (2022) 71 final.

Abschnitt 1. Allgemeine Bestimmungen

§ 1 Anwendungsbereich

(1) [1] Dieses Gesetz ist anzuwenden auf Unternehmen ungeachtet ihrer Rechtsform, die

1. ihre Hauptverwaltung, ihre Hauptniederlassung, ihren Verwaltungssitz oder ihren satzungsmäßigen Sitz im Inland haben und
2. in der Regel mindestens 3 000 Arbeitnehmer im Inland beschäftigen; ins Ausland entsandte Arbeitnehmer sind erfasst.

[2] Abweichend von Satz 1 Nummer 1 ist dieses Gesetz auch anzuwenden auf Unternehmen ungeachtet ihrer Rechtsform, die

1. eine Zweigniederlassung gemäß § 13d des Handelsgesetzbuchs im Inland haben und
2. in der Regel mindestens 3 000 Arbeitnehmer im Inland beschäftigen.

[3] Ab dem 1. Januar 2024 betragen die in Satz 1 Nummer 2 und Satz 2 Nummer 2 vorgesehenen Schwellenwerte jeweils 1 000 Arbeitnehmer.

(2) Leiharbeitnehmer sind bei der Berechnung der Arbeitnehmerzahl (Absatz 1 Satz 1 Nummer 2 und Satz 2 Nummer 2) des Entleihunternehmens zu berücksichtigen, wenn die Einsatzdauer sechs Monate übersteigt.

(3) Innerhalb von verbundenen Unternehmen (§ 15 des Aktiengesetzes) sind die im Inland beschäftigten Arbeitnehmer sämtlicher konzernangehöriger Gesellschaften bei der Berechnung der Arbeitnehmerzahl (Absatz 1 Satz 1 Nummer 2) der Obergesellschaft zu berücksichtigen; ins Ausland entsandte Arbeitnehmer sind erfasst.

Schrifttum: Bettermann/Hoes, Das Lieferkettensorgfaltspflichtengesetz – Besondere Pflichten für Kreditinstitute?, BKR 2022, 23; Brunk, Menschenrechtscompliance, Eine Untersuchung menschenrechtlicher Verhaltenspflichten von Unternehmen und ihrer Umsetzung im Gesellschaftsrecht, Dissertation, 2022; Dutzi/Schneider/Hasenau, Lieferkettenregulierung und Risk Governance – Implikationen für die betriebliche Praxis und Kritik, DK 2021, 454; Edenfeld, Betriebsverfassungsrecht, Mitbestimmung in Betrieb, Unternehmen und Behörde, 4. Aufl. 2014; Ehmann, Der Regierungsentwurf für das Lieferkettengesetz: Erläuterung und erste Hinweise zur Anwendung, ZVertriebsR 2021, 141; Ehmann/Berg, Das Lieferkettensorgfaltspflichtengesetz (LkSG): ein erster Überblick, GWR 2021, 287; Fey, Arbeitnehmerentsendung, in Beck'sches Steuer- und Bilanzrechtslexikon, Edition 57, Stand: 1.1.2021; Fleischer/Chatard, Deliktsrechtliche Haftung von Großunternehmen in Frankreich für Menschenrechtsverletzungen ihrer Tochtergesellschaften und Lieferanten, Audit Committee Quarterly 2019, 46; Fleischer/Korch, Okpabi v Royal Dutch Shell und das deutsche Deliktsrecht in Konzernlagen, ZIP 2021, 709; Förster, Die Dimension des Unternehmens, 2003; Frank/Edel/Heine/Heine, Pionierarbeiten in der Lieferkette, Praxisfolgen für das Handels- und Arbeitsrecht (Teil I), BB 2021, 2165; Gehling/Ott/Lüneborg, Das neue Lieferkettensorgfaltspflichtengesetz – Umsetzung in der Unternehmenspraxis, CCZ 2021, 230; Grabosch, Unternehmen und Menschenrechte, Gesetzliche Verpflichtungen zur Sorgfalt im weltweiten Vergleich 2019, https://www.fes.de/themenportal-die-welt-gerecht-gestalten/weltwirtschaft-und-unternehmensverantwortung/wirtschaft-und-menschenrechte (zuletzt abgerufen am 6.9.2022); Groß, Das „Lieferkettengesetz": umfassende Handlungspflichten und Notwendigkeit zur Anpassung der Compliance-Management-Systeme zeichnen sich ab, SPA 2021, 69; Grupe, Parteifähigkeit britischer Gesellschaften nach dem Brexit, GRUR-Prax 2021, 760; Harings/Jürgens, Die Auswirkungen des Lieferkettensorgfaltspflichtengesetzes auf die Transportwirtschaft, RdTW 2021, 297; Herfs-Röttgen, Beschäftigung von Arbeitnehmern im Ausland, NZA 2017, 873; Hördt, Das Arbeitsverhältnis im internationalen Kontext – Ein Überblick über das anwendbare Arbeits- und Sozialrecht, die Arbeitnehmerentsendung und das Home-Office im Ausland, ArbRAktuell 2020, 485; Hübner/Habrich/Weller, Corporate Sustainability Due Diligence – Der EU-Richtlinienentwurf für eine Lieferkettenregulierung, NZG 2022, 644; Jungkind/Raspé/Terbrack, Unternehmensverantwortung in der Lieferkette, Das Lieferkettensorgfaltspflichtengesetz und seine Folgen für die Unternehmensorganisation, DK 2021, 445; Kluge/Sick, Geheimwirtschaft bei Transparenz zum Gesellschaftlichen Engagement?, MBF-Report Nr. 27, Hans-Böckler-Stiftung, 11/2016; Krajewski/Tonstad/Wohltmann, Mandatory Human Rights Due Diligence in Germany and Norway: Stepping, or Striding, in the Same Direction?, BHJR 2021, 550; Krebs, Menschenrechtliche und umweltbezogene Sorgfaltspflicht: Der Wettlauf zwischen europäischer und deutscher Rechtsetzung, ZUR 2021, 394; Leuering, Schafft es das Lieferkettensorgfaltspflichtengesetz noch über die Ziellinie?, NZG 2021, 753; Leuering/

Rubner, Lieferkettensorgfaltspflichtengesetz, NJW-Spezial 2021, 399; Leuering/Rubner, Limited mit inländischem Verwaltungssitz: Brexit means Brexit, NJW-Spezial 2021, 656; Lutz-Bachmann/Vorbeck/Wengenroth, Menschenrechte und Umweltschutz in Lieferketten – der Regierungsentwurf eines Sorgfaltspflichtengesetzes, BB 2021, 906; Mankowski, Die Unionsrechtskonformität des Mindestlohngesetzes – unter besonderer Berücksichtigung des grenzüberschreitenden Straßenverkehrs, RdA 2017, 273; Mittwoch/Bremenkamp, Das Lieferkettensorgfaltspflichtengesetz – ein nachhaltiger Ordnungsrahmen für international tätige Marktakteure?, KritV 2021, 208; Nasse, Devoir de vigilance, Die neue Sorgfaltspflicht zur Menschenrechtsverantwortung für Großunternehmen in Frankreich, ZEuP 2019, 774; Nietsch/Wiedmann, Adressatenkreis und sachlicher Anwendungsbereich des neuen Lieferkettensorgfaltspflichtengesetzes, NJW 2022, 1; Nietsch/Wiedmann, Der Regierungsentwurf eines Gesetzes über die unternehmerischen Sorgfaltspflichten in der Lieferkette, CCZ 2021, 101; Nietsch/Wiedmann, Der Vorschlag zu einer europäischen Sorgfaltspflichten-Richtlinie im Unternehmensbereich (Corporate Sustainability Due Diligence Directive), CCZ 2022; Omari Lichuma, (Laws) Made in the 'First World': A TWAIL Critique of the Use of Domestic Legislation to Extraterritorially Regulate Global Value Chains, ZaöRV 2021, 497; Ostermeier, Brexit means Brexit für britische Limiteds, GWR 2021, 451; Ott/Lüneborg/Schmelzeisen, Zur Anwendung des Lieferkettensorgfaltspflichtengesetzes im Konzern, DB 2022, 238; Paefgen, Haftung für die Verletzung von Pflichten nach dem neuen Lieferkettensorgfaltspflichtengesetz, ZIP 2021, 2006; Passarge, Zum Anwendungsbereich des Lieferkettensorgfaltspflichtengesetzes auf Konzerngesellschaften, CB 2021, 332; Rühmkorf, Corporate Social Responsibility in der Lieferkette: Governance und Verantwortlichkeiten, ZGR 2018, 410; K. Schmidt, Handelsrecht, 6. Aufl. 2014; R. Schmidt, Allgemeines Verwaltungsrecht: Verwaltungsorganisation und Behördenaufbau, Rechtsquellen des Verwaltungsrechts, das subjektive öffentliche Recht, unbestimmter Rechtsbegriff, Beurteilungsspielraum und planerische Abwägungsentscheidungen, Verwaltungsermessen, Handlungsformen der Verwaltung, Recht der staatlichen Ersatzleistungen, 22. Aufl. 2020; Schmidt-Räntsch, Sorgfaltspflichten der Unternehmen – Von der Idee über den politischen Prozess bis zum Regelwerk, ZUR 2021, 387; Seibt/Vesper-Gräske, Lieferkettensorgfaltspflichtengesetz erweitert Compliance-Pflichten, CB 2021, 357; Spießhofer, Das Lieferkettensorgfaltspflichtengesetz: Was kommt ab 2023?, Herausforderungen für die Anwaltschaft – eine Einführung in eine neue Rechtswelt, AnwBl. 2021, 534; Stöbener de Mora/Noll, Grenzenlose Sorgfalt? – Das Lieferkettensorgfaltspflichtengesetz, Teil 2, NZG 2021, 1285; Thalhammer, Das umstrittene Lieferkettensorgfaltspflichtengesetz – Ein juristischer Blick auf Kritik aus Zivilgesellschaft, Wirtschaft und Politik, DÖV 2021, 825; Valdini, Die Anwendung des Lieferkettensorgfaltspflichtengesetzes auf ausländische Unternehmen, BB 2021, 2955; Vogt, Arbeitsrecht im Konzern, Auslandsentsendung, Arbeitnehmerüberlassung, Kündigungsschutz, Betriebsübergang, Compliance, 2014; Wagner/Ruttloff, Das Lieferkettensorgfaltspflichtengesetz – Eine erste Einordnung, NJW 2021, 2145; Wagner/Ruttloff/Wagner/Hahn, Der Entwurf des „Sorgfaltspflichtengesetzes", Neue Compliance-Herausforderungen für Unternehmen in der Lieferkette, CB 2021, 89; Windeln, Anmerkung zu BGH v. 25.6.2019 – II ZB 21/18, ArbRB 2019, 305; Ziekow, Öffentliches Wirtschaftsrecht, Ein Studienbuch, 5. Aufl. 2020; Zimmermann/Weiß, Völker- und verfassungsrechtliche Parameter eines deutschen Lieferkettengesetzes, AVR 2020, 424.

Übersicht

A. Normzweck, Genese des § 1

1 Der **Zweck des § 1** besteht darin, den Kreis der Regelungsadressaten zu bestimmen, welche der Anwendung des LkSG unterworfen sind **(persönlicher Anwendungsbereich).** § 1 bestimmt, wen menschenrechtliche und umweltbezogene Sorgfaltspflichten treffen (Abschnitt 2 des LkSG), wer im Zivilprozess ggf. einer besonderen Prozessstandschaft gegenübersteht (Abschnitt 3 des LkSG), wer Regelungsadressat behördlicher Maßnahmen sein kann (Abschnitt 4 des LkSG), wer von Vergabeverfahren ausgeschlossen werden (Abschnitt 5 des LkSG) und wer mit Zwangs- und Bußgeldern belegt werden kann (Abschnitt 6 des LkSG). § 1 ist daher von fundamentaler Bedeutung für das LkSG und den von dem Gesetz bezweckten Menschenrechts- und Umweltschutz in globalen Lieferketten.

2 Während der Entstehung des LkSG war der persönliche Anwendungsbereich ein rechts- und wirtschaftspolitisch besonders umstrittenes Thema. Der **wirtschaftspolitische Diskurs um den persönlichen Anwendungsbereich** gründet(e) auf dem Umstand, dass das LkSG bereits in seiner Rohfassung auf eine bestimmte Beschäftigtenanzahl (Schwellenwert) eines Unternehmens abstellen wollte. Die Genese des § 1 und seiner vorgeschlagenen Schwellenwerte lässt sich dabei insgesamt als eine zahlenmäßige Achterbahnfahrt beschreiben: Anfangs stand ein Schwellenwert von 500 Beschäftigten im Raum, was ca. 7.280 Unternehmen betroffen hätte.[1] Dies führte allerdings zur Kritik der „Mittelstandsfeindlichkeit": Kleine und mittelständische Unternehmen („KMU") würden damit (internationalen) Wettbewerbsnachteilen ausgesetzt, weshalb eine Beschäftigtenanzahl von 5.000 gefordert wurde, was nur noch ca. 280 Unternehmen umfasst hätte.[2] Teilweise wurde auch ein Schwellenwert von 250 Beschäftigten nach dem Vorbild des § 267 HGB gefordert.[3]

3 Der **Anwendbarkeitsschwellenwert** für Unternehmen beläuft sich nun **sektorneutral**[4] **ab dem 1.1.2023** auf **3.000 Arbeitnehmer,** was ca. 600 Unternehmen betreffen wird, und **ab dem 1.1.2024** auf **1.000 Arbeitnehmer,** was ca. 2.900 Unternehmen betreffen wird (näher → Rn. 134 ff.). Allerdings sind die Angaben zu den Unternehmenszahlen ohne rein ausländische Unternehmen mit inländischen Zweigniederlassungen, die den entsprechenden Schwellenwert überschreiten, zu verstehen. Dies ergibt sich daraus, dass die Schätzungen noch auf dem RegE basierten.[5]

---

[1] Initiative Lieferkettengesetz, Stellungnahme zum Gesetzesentwurf für ein Lieferkettengesetz, März 2021, https://lieferkettengesetz.de/wp-content/uploads/2021/03/Initiative-Lieferkettengesetz_Stellungnahme-zum-Gesetzentwurf.pdf (zuletzt abgerufen am 6.9.2022).

[2] Demele/Zimmer, Gastbeitrag: Ein Lieferkettengesetz ist nötig und machbar, Frankfurter Rundschau, 4.10.2020, https://www.fr.de/meinung/ein-lieferkettengesetz-ist-noetig-und-machbar-90060468.html (zuletzt abgerufen am 6.9.2022).

[3] Deutscher Gewerkschaftsbund, Stellungnahme zum RegE LkSG, BT-Drs. 19/28649, nebst Änderungsanträgen für die öffentliche Anhörung des Ausschusses für Arbeit und Soziales am 17.5.2021, 4 f.; Initiative Lieferkettengesetz, Stellungnahme zum RegE LkSG, BT-Drs. 19/28649, nebst Änderungsanträgen für die öffentliche Anhörung des Ausschusses für Arbeit und Soziales am 17.5.2021, 6.

[4] So treffend Lutz-Bachmann/Vorbeck/Wengenroth BB 2021 (906); zur „Branchenneutralität" s. auch Grabosch Das neue LkSG/Grabosch § 3 Rn. 17; Bettermann/Hoes BKR 2022 (23) f. betonen ebenfalls, dass es keine Differenzierung nach Wirtschaftssektoren gibt; ebenso Wagner/Ruttloff/Wagner LkSG-HdB/Wagner/Wagner/Schuler § 1 Rn. 1.

[5] Vgl. RegE LkSG v. 19.4.2021, BT-Drs. 19/28649, 26 f. und Anlage 2, Stellungnahme des Nationalen Normenkontrollrates gemäß § 6 Abs. 1 NKRG, 60 ff.

4 Das mag daran liegen, dass neben weiteren Änderungen im Vergleich zum RegE, auf die nachfolgend an relevanter Stelle eingegangen wird, der persönliche Anwendungsbereich bei der endgültigen Beschlussfassung vom 9.6.2021[6] im Vergleich zur Entwurfsfassung vom 19.4.2021[7] erst kurzfristig noch mit dem „neuen" Abs. 1 S. 2 um **ausländische Unternehmen mit (mindestens) einer inländischen Zweigniederlassung** erweitert wurde (im Detail → Rn. 143 ff.). Damit wird deutlich, dass das LkSG den oben beschriebenen Zweck (→ Rn. 1) nicht auf inländische Unternehmen beschränkt, sondern vielmehr auch ausländische Unternehmen erfassen soll, die globale Wertschöpfungsketten nutzen und dabei einen gewissen Inlandsbezug aufweisen, welcher hier Ausdruck in dem Tatbestandsmerkmal der „inländischen Zweigniederlassung" findet **(extraterritoriale Wirkung).**[8]

5 Soweit ausländische Unternehmen mit inländischen Zweigniederlassungen iSd § 1 Abs. 1 S. 2 bei der praktischen Unternehmensfallzahl miterfasst werden, lassen sich in der Literatur Schätzungen bei einem Schwellenwert von 3.000 Arbeitnehmern von insgesamt ca. 900 erfassten Unternehmen und insgesamt ca. 4.800 Unternehmen bei einem Schwellenwert von 1.000 Arbeitnehmern finden.[9]

6 Dass das LkSG für Unternehmen ab 3.000 Arbeitnehmern erst ab dem 1.1.2023 in Kraft treten soll und nicht bereits ab seiner Verkündung, soll den Unternehmen zur Vorbereitung dienen. Laut der Gesetzesbegründung ist die „Übergangszeit so bemessen, dass Unternehmen genügend Vorbereitungszeit haben und die Anforderungen des Gesetzes ab Inkrafttreten umsetzen können."[10] Das bedeutet in der Konsequenz aber auch, dass die Sorgfaltspflichten bereits ab dem 1.1.2023 bzw. 1.1.2024 erfüllt sein müssen.[11]

7 Vor allem besteht die Verpflichtung aus § 17 Abs. 2 Nr. 1, dem Bundesamt für Wirtschaft und Ausfuhrkontrolle (BAFA) als der zuständigen Behörde (s. § 19) auf Verlangen Auskunft zu erteilen und Unterlagen herauszugeben über Angaben und Nachweise zur Feststellung, ob das entsprechende Unternehmen in den Anwendungsbereich des LkSG fällt; die Verpflichtung erstreckt sich dabei nach § 17 Abs. 1 als Pendant zu § 1 Abs. 3 auch auf Auskünfte über verbundene Unternehmen iSd § 15 AktG (s. § 17).

8 Voraussichtlich müssen das LkSG und vor allem § 1 aber vor dem Hintergrund der regulatorischen Entwicklungen auf EU-Ebene noch einmal überarbeitet werden (→ Rn. 309 ff.). Der Gesetzgeber hat auch bereits in der Gesetzesbegründung angekündigt, dass bis zum 30.6.2024 zu evaluieren ist, ob der persönliche Anwendungsbereich durch Absenkung des Schwellenwerts bei den Unternehmensgrößenklassen angepasst werden sollte.[12] Auch die Ampel-Regierung hat in ihrem Koalitionsvertrag von 2021 angekündigt, ein wirksames EU-Lieferkettenregime zu unterstützen und das LkSG ggf. zu verbessern.[13]

[6] Beschlussempfehlung und Bericht des Ausschusses für Arbeit und Soziales, 9.6.2021, BT-Drs. 19/30505.
[7] RegE LkSG v. 19.4.2021, BT-Drs. 19/28649, 1.
[8] Seibt/Vesper-Gräske CB 2021 (357).
[9] Grabosch Das neue LkSG/Grabosch § 3 Rn. 3 allerdings ohne weitere Quellen (zudem scheint der Verfasser versehentlich die geschätzten Unternehmensfallzahlen dem jeweils anderen Schwellenwert zugeordnet zu haben); ebenso Nietsch/Wiedmann NJW 2022, 1 Rn. 6 mit Verweis auf BMZ (Fragen und Antworten zum Lieferkettengesetz), https://www.bmz.de, zuletzt aufgerufen am 1.7.2022.
[10] BT-Drs. 19/28649, 59 zu Art. 4.
[11] Grabosch Das neue LkSG/Grabosch § 3 Rn. 4.
[12] BT-Drs. 19/28649, 32.
[13] Koalitionsvertrag 2021–2025 zwischen SPD, BÜNDNIS 90/DIE GRÜNEN und FDP, Mehr Fortschritt wagen – Bündnis für Freiheit, Gerechtigkeit und Nachhaltigkeit, 34, https://www.spd.de/koalitionsvertrag2021/ (zuletzt abgerufen am 6.9.2022): „Wir unterstützen ein wirksames EU-Lieferkettengesetz, basierend auf den UN-Leitprinzipien Wirtschaft und Menschenrechte, das kleinere und mittlere Unternehmen nicht überfordert. Das LkSG wird unverändert umgesetzt und ggf. verbessert. Wir unterstützen den Vorschlag der EU-Kommission zum Gesetz für entwaldungsfreie Lieferketten. Wir unterstützen das von der EU vorgeschlagene Importverbot von Produkten aus Zwangsarbeit.".

B. Die Anwendbarkeitsschwellenwerte des § 1 im europäischen und innerdeutschen Vergleich

I. Europäischer Vergleich

Näher → Einl. Rn. 98 ff. Was die Anwendungsschwellenwerte von 3.000 bzw. 1.000 Arbeitnehmern angeht, ist das LkSG im europäischen Raum jedenfalls bisher – aus der Perspektive des Menschenrechts- und Umweltschutzes – eines der großzügigsten und gleichzeitig – aus wirtschaftlicher Perspektive – eines der strengsten geltenden Gesetze. Während im internationalen Kontext der Großteil der geltenden gesetzlichen unternehmerischen Sorgfaltspflichten primär auf das **Marktprinzip** abstellt (näher → Rn. 145 ff.), wird zumindest teilweise ebenfalls vorrangig auf die Beschäftigtenanzahl abgestellt. 9

So liegt es etwa bei der **französischen Loi de vigilance,** die auf französische Aktiengesellschaften (SA) anwendbar ist, wenn diese am Ende von zwei aufeinander folgenden Geschäftsjahren mindestens 5.000 Arbeitnehmer im eigenen Unternehmen und in ihren direkten oder indirekten Tochtergesellschaften mit Sitz auf französischem Staatsgebiet beschäftigen oder im eigenen Unternehmen und in den direkten oder indirekten Tochtergesellschaften mit Sitz auf französischem Staatsgebiet oder im Ausland (also weltweit) mindestens 10.000 Beschäftigte hat.[14] Wie viele französische Unternehmen von der Loi de vigilance umfasst sind, ist nicht bekannt.[15] Angesichts der hohen Schwellenwerte und der Beschränkung auf französische Aktiengesellschaften wird die Zahl aber im Vergleich zum LkSG jedenfalls geringer ausfallen. 10

Das **norwegische Gesetz** über unternehmerische Transparenz und Arbeit mit grundlegenden Menschenrechten und menschenwürdige Arbeitsbedingungen **(sog. Transparenzgesetz)**[16] setzt bereits bei 50 Arbeitnehmern an, macht die persönliche Anwendbarkeit darüber hinaus aber auch von gewissen Umsatz- und Gewinnschwellen abhängig.[17] 11

Auch die **CSR-RL**[18] stellt unter anderem auf die Beschäftigtenanzahl ab. Der Schwellenwert umfasst hier grundsätzlich 500 Beschäftigte. Hiernach wäre der Anwendungsbereich sehr weit. Allerdings ergibt sich durch den Erwägungsgrund 14 RL 2014/95/EU[19] für die 12

---

[14] Loi n°399 du 27.3.2017 relative au devoir de vigilance des sociétés mères et des entreprises donneuses d'ordre, JORF No. 0074, 28.5.2017, Art. 225-102-4 Code de commerce („Toute société qui emploie, à la clôture de deux exercices consécutifs, au moins cinq mille salariés en son sein et dans ses filiales directes ou indirectes dont le siège social est fixé sur le territoire français, ou au moins dix mille salariés en son sein et dans ses filiales directes ou indirectes dont le siège social est fixé sur le territoire français ou à l'étranger, établit et met en œuvre de manière effective un plan de vigilance."); näher zum Loi de vigilance s. Fleischer/Chatard Audit Committee Quarterly 2019, 46; Nasse ZEuP 2019, 774; Omari Lichuma ZaöRV 2021, 497 (507 f.); Grabosch, Unternehmen und Menschenrechte, 2019, 30 ff.; Rühmkorf ZGR 2018, 410 (422 ff.).

[15] Vgl. https://vigilance-plan.org/methodology/ (zuletzt abgerufen am 6.9.2022).

[16] Lov om virksomheters åpenhet og arbeid med grunnleggende menneskerettigheter og anstendige arbeidsforhold (åpenhetsloven), Lovvedtak 176 (2020–2021); rechtsvergleichend zum norwegischen Transparenzgesetz im Vergleich zum LkSG, s. auch Krajewski/Tonstad/Wohltmann BHJR 2021, 550.

[17] Englische Version von Section 3 lit. a (Definitions) des norwegischen Transparenzgesetzes: „a) For the purposes of this Act, larger enterprises means enterprises that are covered by Section 1–5 of the Accounting Act, or that on the date of financial statements exceed the threshold for two of the following three conditions: 1. sales revenues: NOK 70 million; 2. balance sheet total: NOK 35 million; 3. average number of employees in the financial year: 50 full-time equivalent. Parent companies shall be considered larger enterprises if the conditions are met for the parent company and subsidiaries as a whole.", https://lovdata.no/dokument/NLE/lov/2021-06-18-99 (zuletzt abgerufen am 6.9.2022).

[18] RL 2014/95/EU des Europäischen Parlaments und des Rates vom 22.10.2014 zur Änderung der Richtlinie 2013/34/EU im Hinblick auf die Angabe nichtfinanzieller und die Diversität betreffender Informationen durch bestimmte große Unternehmen und Gruppen, ABl. EU 2014 L 330, 1.

[19] Erwägungsgrund Nr. 14 RL 2014/95/EU: „Der Geltungsbereich dieser nichtfinanziellen Offenlegungsanforderungen sollte unter Bezugnahme auf die durchschnittliche Beschäftigtenzahl, die Bilanzsumme und den Nettoumsatzerlöse definiert werden. KMU sollten von zusätzlichen Anforderungen befreit werden, und die Pflicht zur Offenlegung einer nichtfinanziellen Erklärung sollte nur für große Unternehmen, die Unternehmen von öffentlichem Interesse sind, und Unternehmen von öffentlichem Interesse, die Mutterunternehmen einer großen Gruppe sind, gelten, wobei in jedem Fall Bedingung ist, dass sie durchschnittlich mehr als

Umsetzungsgesetze ein relativ weiter Gestaltungsspielraum zu den Einschränkungen der praktischen Unternehmensfallzahlen.[20] Die deutsche Umsetzungsnorm ist § 289b HGB. Hierbei wurde der weite Gestaltungsspielraum genutzt. Umfasst sind Kapitalgesellschaften, die große Gesellschaften iSd § 267 Abs. 3 S. 1 HGB (Bilanzsumme von mindestens über 20 Mio. Euro oder Umsatzerlöse von 40 Mio. Euro) und kapitalmarktorientiert iSd § 264d HGB sind sowie im Jahresdurchschnitt mehr als 500 Arbeitnehmer beschäftigen.[21] Infolge der Einschränkung auf kapitalmarktorientierte Unternehmen reduzierte sich die geschätzte Anzahl der betroffenen Unternehmen nach einer Studie der Hans-Böckler-Stiftung von ca. 3.500–4.000 auf 536 Unternehmen.[22]

13 Das LkSG wird allein über § 1 Abs. 1 S. 1 iVm S. 3 (Schwellenwert von 1.000 Beschäftigten) ca. 2.891 Unternehmen erfassen (näher → Rn. 134 ff.) und insgesamt, dh mit § 1 Abs. 1 S. 2 ab der Geltung des Schwellenwerts von 1.000 Arbeitnehmern ab dem 1.1.2024 ca. 4.800 Unternehmen (→ Rn. 5). Das **LkSG** ist insoweit (einer der) **Vorreiter im geltenden „CSR-Recht“,** was die Großzügigkeit bzw. Strenge (je nach Perspektive) der Schwellenwerte im europäischen Vergleich angeht.[23] Allerdings wird das Festhalten an statischen Arbeitnehmerschwellenwerten, zumindest ohne Bezug zum Umsatzerlös oder der Bilanzsumme durchaus kritisiert (→ Rn. 22 ff.). Jedenfalls vor dem Hintergrund der Entwicklungen auf EU-Ebene wird das LkSG aber ohnehin noch einmal angepasst werden müssen (näher → Rn. 309 ff.).

II. Innerdeutscher Vergleich

14 **Schwellenwerte,** die auf die Anzahl der Arbeitnehmer eines Unternehmens abstellen, sind **im deutschen Recht keine Neuerfindung.** Im Gesellschafts- und Arbeitsrecht finden sich Gesetze, die ihre Rechtsfolgen zumindest unter anderem ebenfalls vom Erreichen bestimmter Schwellenwerte abhängig machen. Beispiele sind § 1 MitbestG (mehr als 2.000 Arbeitnehmer), § 1 DrittelbG (mehr als 500 Arbeitnehmer), § 9 EBRG (mindestens 100 Arbeitnehmer), § 23 KSchG, § 17 KSchG (variabel zur Anzeigepflicht bei der Agentur für Arbeit bei Entlassungen), § 1 BetrVG (mindestens fünf ständig wahlberechtigte Arbeitnehmer), § 106 BetrVG (mehr als 100 ständig beschäftigte Arbeitnehmer), § 112a BetrVG (variante Schwellenwerte zum erzwingbaren Sozialplan bei Personalabbau und Neugründungen), § 1a AÜG (50 Arbeitnehmer), § 622 Abs. 5 Nr. 2 BGB (nicht mehr als 20 Arbeitnehmer), § 267 Abs. 1 HGB (50 Arbeitnehmer) und § 267 Abs. HGB (250 Arbeitnehmer) oder § 289b HGB (mehr als 500 Arbeitnehmer) als Umsetzungsnorm der CSR-RL (→ Rn. 12).

15 Die Schwellenwerte dieser Gesetze sind im Lichte des jeweiligen Gesetzesziels zu sehen. Oft erscheint der **Charakter solcher Schwellenwerte** aber dezisionistisch, also willkürlich aus der Luft gegriffen. In Schwellenwerten kann daher oft auch ein Einfallstor für versteckte politische Intentionen gesehen werden. Werden sie niedrig gesetzt, so sind mehr Unternehmen von der jeweiligen Rechtsfolge betroffen, was die wirtschaftspolitische Bedeutung besonders erkennbar macht. Werden sie hingegen (zu) hoch gesetzt, so dienen sie jedenfalls als schwaches wirtschaftspolitisches Signal. Schwellenwerte können (und sollen) als **wirtschaftspolitische Stellschrauben** dienen.[24]

---

500 Mitarbeiter beschäftigen, wobei dies im Fall von Gruppen auf einer konsolidierten Basis berechnet wird. Dies sollte die Mitgliedstaaten nicht daran hindern, die Angabe nichtfinanzieller Informationen von anderen Unternehmen und Gruppen als jenen, die unter diese Richtlinie fallen, zu verlangen.“.

[20] Ebenso BeckOGK/Kleindiek, 15.11.2020, HGB § 289b Rn. 29.

[21] BeckOGK/Kleindiek, 15.11.2020, HGB § 289b Rn. 28.

[22] Grabosch, Unternehmen und Menschenrechte, 2019, 39 mit Hinweis auf Kluge/Sick, Geheimwirtschaft bei Transparenz zum Gesellschaftlichen Engagement?, Hans-Böckler-Stiftung, MBF-Report Nr. 27, 11/2016, 5.

[23] Krit. insoweit, als der persönliche Anwendungsbereich des LkSG nicht weit genug gehe, Mittwoch/Bremenkamp KritV 2021, 208 (223 f.).

[24] Vgl. Förster, Die Dimension des Unternehmens, 2003, 20 ff. zu gesetzgeberischen Grenzwerten von Größenkriterien.

Betrachtet man nun die Schwellenwerte vor allem des deutschen Arbeitnehmerschutzes (→ Rn. 14) im Vergleich zu den Schwellenwerten des LkSG, so sticht die Kluft im Verhältnis zu den nach dem LkSG erforderlichen 3.000 bzw. 1.000 Arbeitnehmern heraus. Gemessen an dem vom LkSG bezweckten Menschenrechts- und Umweltschutz erscheinen die Schwellenwerte des LkSG zu hoch angesetzt, haben Menschenrechte und Umweltschutz doch eine herausragende Bedeutung für unsere (internationale) Gesellschaft und Wirtschaft unter anderem mit Blick auf die Sustainable Development Goals 2030 („SDGs 2030“). 16

Auch mit Blick auf die **Ziele des Nationalen Aktionsplans zur Umsetzung der UN-Leitprinzipien für Wirtschaft und Menschenrechte 2016–2020 („NAP“)** sind die Schwellenwerte des § 1 zu hoch angesetzt (→ Einl. Rn. 30 ff.). Im NAP wurde das Ziel formuliert, dass mindestens 50 % aller in Deutschland ansässigen Unternehmen mit „über 500 Beschäftigten“ bis 2020 menschenrechtliche Sorgfalt in ihre Unternehmensprozesse integriert haben.[25] Das LkSG ist das Ergebnis des Scheiterns.[26] Nach einer im Rahmen des NAP durchgeführten Untersuchung von Juli 2020 erfüllten nur ca. 13–17% der befragten Unternehmen die Anforderungen des NAP. Vor diesem Hintergrund erscheint es mit Blick auf die Ziele des NAP nicht zielführend, den LkSG–Schwellenwert sechsfach (3.000) bzw. doppelt (1.000) so hoch anzusetzen. 17

Deutlich wird mit den nun gewählten Schwellenwerten, dass primär wirtschafts- und industriepolitische Interessen bei der Schaffung des LkSG berücksichtigt wurden. Ein (internationaler) Wettbewerbsnachteil für deutsche Unternehmen wird mit den hohen Schwellenwerten möglichst vermieden und damit auch ein Nachteil für die deutsche Wirtschaft. Die nun gewählten Schwellenwerte sollen die Interessen von Menschenrechten und Umweltschutz und die wirtschaftspolitischen Interessen austarieren. Dies sagt selbst die Gesetzesbegründung, derzufolge die LkSG-Sorgfaltspflichten einerseits die Rechte der von Unternehmensaktivitäten betroffenen Menschen in den Lieferketten stärken sollen,[27] andererseits jedoch den legitimen Interessen der Unternehmen an Rechtssicherheit und fairen Wettbewerbsbedingungen Rechnung tragen sollen.[28] Aufgrund der hohen Schwellenwerte sind vor allem KMU vom (direkten) Anwendungsbereich ausgenommen, da sie aufgrund ihrer regelmäßig geringeren finanziellen und personellen Kapazitäten die LkSG-Sorgfaltspflichten nicht ohne Weiteres tragen können und in der Regel noch überhaupt keinen Due-Diligence-Mechanismus implementiert, kein entsprechendes Know-how und kein spezialisiertes Personal haben (s. auch → Rn. 21; zur europäischen Entwicklung s. insbesondere → Rn. 349). 18

In Stein gemeißelt sind die Schwellenwerte aber nicht. Bereits der RegE machte deutlich, dass das LkSG vom Gesetzgeber – auch im Lichte der europäischen Rechtsentwicklung – bis zum 30.6.2024 noch einmal dahin evaluiert werden müsse, ob der persönliche Anwendungsbereich des LkSG durch Absenkung des Schwellenwertes angepasst werden sollte.[29] Auch der Koalitionsvertrag der neuen Regierungsparteien sieht vor, dass das LkSG unverändert umgesetzt und ggf. verbessert werden soll.[30] 19

[25] NAP, 10.

[26] Vgl. BT-Drs. 19/28649, 1 f.; näher zur Entstehungsgeschichte des LkSG Schmidt-Räntsch ZUR 2021, 387.

[27] Vgl. BT-Drs. 19/28649, 2.

[28] Vgl. BT-Drs. 19/28649, 2.

[29] BT-Drs. 19/28649, 32.

[30] Koalitionsvertrag 2021–2025 zwischen SPD, BÜNDNIS 90/DIE GRÜNEN und FDP, Mehr Fortschritt wagen – Bündnis für Freiheit, Gerechtigkeit und Nachhaltigkeit, 34, https://www.spd.de/koalitionsvertrag2021/ (zuletzt abgerufen am 6.9.2022).

C. Das Abstellen auf die Beschäftigtenanzahl: Gründe und Kritik

20 **Weshalb ausschließlich** und pauschal auf die **Beschäftigtenzahl** und nicht etwa (auch) auf den Umsatz oder das Ausmaß der transnationalen lieferkettenbezogenen Geschäftstätigkeit abgestellt wird, wird aus den Gesetzesmaterialien nicht unmittelbar deutlich.

21 Implizit lässt sich aber entnehmen, dass das Abstellen auf die Beschäftigtenanzahl die **„wirtschaftliche Leistungsfähigkeit"** von Unternehmen widerspiegeln soll.[31] Bei dieser vagen Begründung lässt sich nur vermuten, dass zwei Überlegungen hinter der Begrifflichkeit „wirtschaftliche Leistungsfähigkeit" im Zusammenhang mit der Beschäftigtenanzahl stehen: Zum einen steht eine hohe Beschäftigtenanzahl dafür, dass ein Unternehmen mit hoher Wahrscheinlichkeit auch eine **entsprechend umfangreiche und/oder (transnationale) lieferkettenbezogene Geschäftstätigkeit** ausübt. Schlicht gesagt: Je „größer" ein Unternehmen gemessen an seiner Personalstärke bzw. Stammbelegschaft (näher → Rn. 83) ist, desto höher ist der vermutete (transnationale) Geschäftsumfang und desto höher die Wahrscheinlichkeit, dass Menschenrechte und die Umwelt von der Geschäftstätigkeit entlang von (transnationalen) Lieferketten betroffen sind. Zum anderen spricht eine hohe Beschäftigtenanzahl dafür, dass ein Unternehmen die **personellen und finanziellen Kapazitäten** hat, um die Sorgfaltspflichten, die sich aus den §§ 3 ff. ergeben, stemmen zu können. Vor allem hinter dieser zweiten Überlegung werden verfassungsrechtliche Verhältnismäßigkeitsgesichtspunkte gesehen, denn durch das Abstellen auf eine gewisse Anzahl an Beschäftigten könne ein **Ausgleich** zwischen den kollidierenden **Interessen von Unternehmen und Menschenrechts- und Umweltschutz** geschaffen werden.[32] KMU sind daher vom (direkten) Anwendungsbereich ausgenommen (s. auch → Rn. 18).

22 Teilweise erfährt das (reine) Abstellen auf eine bestimmte Beschäftigtenanzahl **Kritik.** Ein Argumentationsstrang ist, dass die durchschnittliche Beschäftigtenanzahl allein kein genügender Maßstab für die Anwendbarkeit des LkSG sei. Vielmehr sollten **auch die Bilanzsumme und die Umsatzzahlen angelehnt an § 267 HGB** in den Blick genommen werden, denn auch Unternehmen mit einer geringen Beschäftigtenanzahl könnten eine menschenrechts- und umweltbezogene risikoreiche Geschäftstätigkeit ausüben.[33] Teilweise wurde auch eine Anlehnung an § 267 HGB nach dem Vorbild des § 289b Abs. 1 S. 1 HGB (ohne das Erfordernis der Kapitalmarktorientierung) vorgeschlagen.[34]

23 Der Sache nach trifft die Kritik vor allem auf Unternehmen mit transnationalem Lieferkettenbezug zu. Hier wird regelmäßig Gebrauch von „Outsourcing" der Arbeitskraft gemacht. Zudem werden durch das alleinige Abstellen auf Beschäftigte im Inland regelmäßig solche Unternehmen nicht erfasst, die als Zwischenhändler agieren, da diese Unter-

[31] BT-Drs. 19/28649, 34 zu § 1 Abs. 2.

[32] Vgl. Zimmermann/Weiß AVR 2020, 424 (461): „Es ist jedoch angezeigt, zur Wahrung der Verhältnismäßigkeit der gesetzlichen Regelung die individuellen Möglichkeiten der betroffenen Unternehmen zu berücksichtigen. Dies könnte etwa durch die Aufnahme eines Schwellenwertes erfolgen, ab dem überhaupt erst die gesetzliche Regelung Anwendung findet. Dieser Schwellenwert könnte seinerseits dann entweder auf die Zahl der beschäftigten Arbeiternehmerinnen und Arbeitnehmer oder aber auf die Höhe des Umsatzes des einzelnen Unternehmens Bezug nehmen."; vgl. auch Thalhammer DÖV 2021, 825 (831): „Gegen die Angemessenheit wird die finanzielle Belastung durch die Sorgfaltspflichten angeführt. Jedoch wird es kaum zu unzumutbaren Kosten kommen, insbesondere weil nur große Unternehmen ab 3.000 bzw. ab 2024 1.000 Mitarbeitern erfasst sind – die aufgrund der CSR-Richtlinie bereits Erfahrung mit Menschenrechtsreporting haben, also nicht erst neue Strukturen aufbauen müssen.".

[33] Ehmann ZVertriebsR 2021, 141 (142) noch zum RegE; ebenso DAV, Stellungnahme zum RegE LkSG, BT-Drs. 19/28649, nebst Änderungsanträgen für die öffentliche Anhörung des Ausschusses für Arbeit und Soziales am 17.5.2021, Rn. 9; vgl. auch Krajewski, Stellungnahme zum RegE LkSG, BT-Drs. 19/28649, nebst Änderungsanträgen für die öffentliche Anhörung des Ausschusses für Arbeit und Soziales am 17.5.2021, 13 Änderungsantrag Nr. 4; Initiative Lieferkettengesetz, Stellungnahme zum RegE LkSG, BT-Drs. 19/ 28649, nebst Änderungsanträgen für die öffentliche Anhörung des Ausschusses für Arbeit und Soziales am 17.5.2021, 6 f.

[34] DAV, Stellungnahme zum RegE LkSG, BT-Drs. 19/28649, nebst Änderungsanträgen für die öffentliche Anhörung des Ausschusses für Arbeit und Soziales am 17.5.2021, Rn. 9.

nehmen meist nicht die Schwellenwerte des § 1 erreichen.[35] Gleiches gilt insbesondere für Internetplattformen.[36] In solchen Fällen ist das alleinige Abstellen auf die Beschäftigtenanzahl nicht aussagekräftig für das menschenrechts- und umweltbezogene Risiko sowie die wirtschaftliche Leistungsfähigkeit der entsprechenden Unternehmen.

Ein ähnlicher Argumentationsstrang ist, dass nach jetzigem Stand vor allem **KMU nicht vom Anwendungsbereich des LkSG erfasst** sind (also die Mehrheit der in Deutschland ansässigen Unternehmen), obwohl auch von KMU je nach Geschäftsfeld – und zwar unabhängig von etwaigen Bilanzsummen und Umsatzzahlen – ein erhöhtes Risiko für Menschenrechte und Umweltschutzbelange ausgehen kann, insbesondere in der Textil- und Lebensmittelbranche.[37] Diese kritischen Überlegungen haben allerdings keinen Eingang in den vom Bundestag beschlossenen § 1 gefunden. 24

Mit Blick auf europarechtliche Bestrebungen zur Entwicklung einer Richtline betreffend die Sorgfaltspflicht und Rechenschaftspflicht von Unternehmen wird der Gesetzgeber § 1 in Zukunft wohl ohnehin noch einmal überarbeiten müssen. Die Überarbeitung wird die kritischen Überlegungen berücksichtigen müssen, da der aktuelle Lieferketten-RL-E vom 23.2.2022 für eine Richtlinie betreffend die Nachhaltigkeitspflichten von Unternehmen etwa bei mitgliedstaatlichen Unternehmen nicht nur auf die Beschäftigtenanzahl, sondern vor allem auch auf den Nettoumsatz abstellt (näher → Rn. 326 ff.). 25

Wird nur die aktuelle Fassung des § 1 berücksichtigt, ist es zwar insgesamt richtig, dass vor allem **KMU** nicht direkt vom persönlichen Anwendungsbereich des LkSG umfasst sind. Allerdings können diese, sofern sie Bestandteil einer Lieferkette von in den Anwendungsbereich fallenden Unternehmen sind, **zumindest indirekt vom LkSG betroffen** sein, nämlich soweit sie als unmittelbare oder mittelbare Zulieferer zu qualifizieren sind.[38] Denn dann sind betroffene Unternehmen dazu verpflichtet, sich die vertragliche Zusicherung eines unmittelbaren Zulieferers einzuholen, dass dieser die von der Geschäftsleitung des Unternehmens verlangten menschenrechts- und umweltbezogenen Erwartungen einhält und entlang der Lieferkette angemessen adressiert (§ 6 Abs. 4 Nr. 2).[39] Zudem können KMU als mittelbare Zulieferer über § 9 Gegenstand von Sorgfaltspflichtmaßnahmen betroffener Unternehmen sein. 26

Darüber hinaus sind oft auch solche **KMU zumindest indirekt zur** menschenrechts- und umweltbezogenen **Sorgfalt verpflichtet,** die sich **als Tochter- bzw. Untergesellschaft** einer vom persönlichen Anwendungsbereich erfassten Mutter- bzw. Obergesellschaft einordnen lassen.[40] Dies ergibt sich daraus, dass solche konzernangehörigen KMU zum „eigenen Geschäftsbereich" der Mutter- bzw. Obergesellschaft gehören, wenn die Obergesellschaft einen „bestimmenden Einfluss" über sie ausübt (§ 2 Abs. 6 S. 3). 27

---

[35] DAV, Stellungnahme zum RegE LkSG, BT-Drs. 19/28649, nebst Änderungsanträgen für die öffentliche Anhörung des Ausschusses für Arbeit und Soziales am 17.5.2021, Rn. 9.

[36] DAV, Stellungnahme zum RegE LkSG, BT-Drs. 19/28649, nebst Änderungsanträgen für die öffentliche Anhörung des Ausschusses für Arbeit und Soziales am 17.5.2021, Rn. 9.

[37] Initiative Lieferkettengesetz, Stellungnahme zum RegE LkSG, BT-Drs. 19/28649, nebst Änderungsanträgen für die öffentliche Anhörung des Ausschusses für Arbeit und Soziales am 17.5.2021, 6 f.; Passarge CB 2021 (332); ähnlich Brunk, Menschenrechtscompliance, 2022, 460 f.: „Ohnehin wäre es sinnvoller, die Gesetzesanwendung nicht nur von der Zahl der Beschäftigten abhängig zu machen, sondern – abermals dem Geiste der UN-Leitprinzipien entsprechend – einen risikoorientierten Ansatz zu wählen.".

[38] So auch Wagner/Ruttloff/Wagner LkSG-HdB/Wagner/Wagner/Schuler § 1 Rn. 34; Wagner/Ruttloff NJW 2021 Rn. 3: „trickle-down-Effekt" durch vertragliche Weitergabe der Sorgfaltspflichten; Wagner/Ruttloff/Wagner/Hahn CB 2021, 89 (91); Groß SPA 2021 (69); Stöbener de Mora/Noll NZG 2021, 1285 (1291); Seibt/Vesper-Gräske CB 2021 (357); Gehling/Ott/Lüneborg CCZ 2021, 230 (231); Jungkind/Raspé/Terbrack DK 2021, 445 (446).

[39] So auch Harings/Jürgens RdTW 2021, 297 (298); Wagner/Ruttloff/Wagner LkSG-HdB/Wagner/Wagner/Schuler § 1 Rn. 34.

[40] So auch Stöbener de Mora/Noll NZG 2021, 1285 (1291); Wagner/Ruttloff/Wagner LkSG-HdB/Wagner/Wagner/Schuler § 1 Rn. 34.

D. Persönlicher Anwendungsbereich/Regelungsadressaten (Abs. 1)

I. „Unternehmen ungeachtet ihrer Rechtsform"

28 Sowohl § 1 Abs. 1 S. 1 als auch S. 2 eröffnen den persönlichen Anwendungsbereich für **„Unternehmen ungeachtet ihrer Rechtsform"**.

29 **1. Eigener und weiter Unternehmensbegriff nach dem LkSG.** Eine eindeutige Begriffsfestlegung, was unter dem Begriff **„Unternehmen" iSd LkSG** zu verstehen ist, lässt sich den Gesetzesmaterialien zum LkSG nicht entnehmen. Es wird lediglich erläutert, dass der Begriff „Unternehmen" als Oberbegriff dient und rechtsformneutral zu verstehen ist.[41]

30 Auch die UN-Leitprinzipien für Wirtschaft und Menschenrechte von 2011,[42] an denen sich das LkSG letztlich orientiert,[43] enthalten keine eindeutige Begriffsdefinition. Die Rede ist hier lediglich von „Wirtschaftsunternehmen". Aber dass ein Wirtschaftsbezug bestehen muss, ist sowohl bei den UN–Leitprinzipien für „Wirtschaft" und Menschenrechte sowie beim „Lieferketten"sorgfaltspflichtengesetz nicht überraschend.

31 Zudem gibt es im deutschen Recht weder eine Legaldefinition noch eine einheitliche oder scharf abgrenzbare Definition des Unternehmensbegriffs.[44]

32 Eine eindeutige Begriffsdefinition oder -erläuterung wird im Kontext des LkSG jedenfalls nicht geliefert. „Unternehmen" sind aber die Normadressaten der meisten Regelungen des LkSG, sodass eine nähere Begriffsbestimmung unabdingbar ist. Letztlich stellt sich insoweit die Frage, ob unter dem Begriff „Unternehmen" ein **eigener Unternehmensbegriff** iSd LkSG gilt **oder** ob ein **bereits in anderen Rechtsbereichen verankerter Unternehmensbegriff** zu übertragen ist.

33 Letzteres könnte sich mit Blick auf den arbeitsrechtlichen, kartellrechtlichen oder konzernrechtlichen Unternehmensbegriff anbieten, da das LkSG für seine Anwendbarkeit auf die bestimmte Anzahl von Arbeitnehmern abstellt, unter anderem für faire Wettbewerbschancen sorgen soll und mit § 1 Abs. 3 auf Konzernstrukturen abzielt.

34 Allerdings spricht gegen eine starre Übertragung „nur eines" bereits rechtlich verankerten Unternehmensbegriffs, dass die eben genannten Unternehmensbegriffe jeweils andere Gesetzesziele verfolgen. Das LkSG hat weder ein kartellrechtlich (Wettbewerbsschutz)[45] noch ein arbeitsrechtlich (primär Arbeitnehmerschutz) noch ein konzernrechtlich (Minderheiten- und Gläubigerschutz) maßgebliches Ziel. Es gibt zwar Schnittmengen; der Schwerpunkt ist aber jeweils ein anderer.

35 Vielmehr verfolgt das LkSG sein ganz eigenes und spezifisches Ziel, die internationale Menschenrechtslage durch eine verantwortungsvolle Gestaltung der Lieferketten in Deutschland ansässiger Unternehmen zu verbessern.[46] So verbietet sich eine starre Übertragung „nur eines" bereits existierenden Unternehmensbegriffs auf den Unternehmensbegriff des LkSG.

36 Vielmehr ist eine **zusammenfassende Anlehnung an den arbeitsrechtlichen bzw. betriebsverfassungsrechtlichen und kartellrechtlichen[47] Unternehmensbegriff** na-

---

[41] BT-Drs. 19/28649, 33.

[42] Deutsche Version der VN-Leitprinzipien für Wirtschaft und Menschenrechte, https://www.auswaertiges-amt.de/blob/266624/b51c16faf1b3424d7efa060e8aaa8130/un-leitprinzipien-de-data.pdf (zuletzt abgerufen am 6.9.2022).

[43] S. nur etwa BT-Drs. 19/28649, 23: „Die im Gesetz verankerten Sorgfaltspflichten orientieren sich an dem allgemein anerkannten Due-Diligence Standard der VN-Leitprinzipien für Wirtschaft und Menschenrechte sowie am NAP. Dieser wird bereits zunehmend in der Praxis angewandt.".

[44] Hopt/Merkt, 41. Aufl. 2022, HGB Einl. vor § 1 Rn. 48; K. Schmidt HandelsR, 6. Aufl. 2014, § 3 Rn. 1.

[45] Vgl. hierzu auch Passarge CB 2021, 332 (334 f.) betreffend das Verständnis des Begriffs der „Obergesellschaft" im Rahmen des § 1 Abs. 3 im Vergleich zu § 81c Abs. 5 GWB.

[46] BT-Drs. 19/28649, 23.

[47] Für eine solche dogmatische Annäherung an den funktionalen Unternehmensbegriff des EU-Kartellrechts im Rahmen des § 2 Abs. 6 S. 3 Seibt/Vesper-Gräske CB 2021, 357 (360): „Dogmatisch bedeutet das eine Annäherung an den funktionalen Unternehmensbegriff, also an das (unionsrechtliche) Konzept der

heliegend. Es geht nämlich um Wirtschaftsregulierung, wobei auf die Beschäftigtenanzahl abgestellt wird. Durch eine zusammenfassende Anlehnung an bereits existierende Unternehmensbegriffe werden jedenfalls die Schnittmengen zum Wettbewerbsrecht und Arbeitsrecht berücksichtigt, der Fokus auf das Ziel des LkSG aber in den Vordergrund gerückt.

Zwar spricht § 1 Abs. 3, der auf Konzernstrukturen abzielt, dafür, auch den konzernrechtlichen Unternehmensbegriff[48] in den Blick zu nehmen. Allerdings sind die Sorgfaltspflichten auch in Konzernstrukturen vom Rechtsträger eines „Unternehmens" zu tragen und nicht vom Konzern. Der Begriff des Unternehmens wird also schon von Gesetzes wegen nicht als konzernweit verstanden.[49] Zudem geht es in keinem Fall beim LkSG um die Vermeidung eines Konzernkonflikts, sodass es abwegig ist, hier auf den konzernrechtlichen Unternehmensbegriff abstellen zu wollen. 37

Nach dem arbeitsrechtlichen Unternehmensbegriff ist ein Unternehmen eine „organisatorische Einheit, die bestimmt wird durch den wirtschaftlichen oder ideellen Zweck, dem ein Betrieb oder mehrere organisatorisch verbundene Betriebe desselben Unternehmens dienen".[50] Nach dem betriebsverfassungsrechtlichen Unternehmensbegriff meint Unternehmen „den gesamten geschäftlichen Tätigkeitsbereich des Arbeitgebers, in dem er seine wirtschaftlichen Zwecke durch Einsatz arbeitstechnischer Mittel verfolgt."[51] 38

Das Abstellen auf den arbeitsrechtlichen bzw. betriebsverfassungsrechtlichen Unternehmensbegriff ist insofern sinnvoll und auch nötig, um überhaupt feststellen zu können, ob es sich bei den möglichen Normadressaten um vom Arbeitsrecht anerkannte Konstrukte handelt, die Arbeitnehmer beschäftigen können. 39

Der kartellrechtliche Unternehmensbegriff des § 1 GWB orientiert sich größtenteils am europäischen Unternehmensbegriff des EU-Kartellrechts, also an Art. 101 Abs. 1 AEUV.[52] Nach dem europäischen Verständnis ist ein Unternehmen jede eine „wirtschaftliche Tätigkeit" ausübende Einheit, unabhängig von ihrer Rechtsform und der Art der Finanzierung, wobei wirtschaftliche Tätigkeit jede Tätigkeit meint, Güter oder Dienstleistungen entgeltlich anzubieten (funktionaler Unternehmensbegriff).[53] 40

Nach dem Verständnis des BGH bedeutet die Unternehmenseigenschaft im deutschen Kartellrecht jede selbstständige Tätigkeit im geschäftlichen Verkehr, die auf den Austausch von Waren oder gewerblichen Leistungen gerichtet ist und sich nicht auf die Deckung des privaten Bedarfs beschränkt.[54] 41

„wirtschaftlichen Einheit". [...] Das Konzept des Unternehmens als wirtschaftliche (und somit anders als nach dem traditionellen Konzernrecht: keine rechtlich selbstständige) Einheit wurde somit erstmalig dem LkSG als einem „originär" deutschen Gesetz zugrunde gelegt."; Spießhofer AnwBl. 2021, 534 (536): „Insoweit wird, ähnlich der Konzeption des Unternehmens als wirtschaftliche Einheit im europäischen Kartellrecht, eine Konzernverantwortung der Obergesellschaft begründet.".

[48] Im Konzernrecht wird der Unternehmensbegriff zweckorientiert bestimmt. Unternehmensqualität hat hier im Rahmen etwa des § 18 Abs. 1 AktG jeder Gesellschafter bzw. jede Gesellschafterin (unabhängig von der Rechtsform), wenn für ihn bzw. sie „eine wirtschaftliche Interessenbindung besteht, die stark genug ist, um die ernsthafte Besorgnis zu begründen, der Gesellschafter könnte um ihretwillen seinen Einfluss zum Nachteil der Gesellschaft geltend machen.", vgl. BGH NJW 1981, 1512 (1513) mit Verweis auf BGH NJW 1978, 104.

[49] DAV Stellungnahme zum RegE LkSG, BT-Drs. 19/28649, nebst Änderungsanträgen für die öffentliche Anhörung des Ausschusses für Arbeit und Soziales am 17.5.2021, Rn. 25 zu §§ 3–10 RegE.

[50] S. nur Schaub ArbR-HdB/Linck § 17 Rn. 9 mit Verweis auf BAG AP BetrVG 1972 § 47 Nr. 4; AP BetrVG 1972 § 1 Nr. 5 = NZA 1987, 131; AP KSchG 1969 § 15 Nr. 30 = NZA 1988, 32.

[51] Edenfeld, Betriebsverfassungsrecht, 4. Aufl. 2014, Rn. 47.

[52] Immenga/Mestmäcker/Zimmer GWB § 1 Rn. 19 mwN.

[53] Geprägt durch die Rechtsprechung des EuGH, vgl. EuGH Slg. 1987, 2599 Rn. 7; Slg. 1991, I-1979 Rn. 21 – Höfner und Elser; Slg. 1998, I-3851 Rn. 36; Slg. 2000, I-6451 Rn. 78 – Pavlov; NJW 2009, 1325 Rn. 34 – Kattner Stahlbau; Urt. v. 19.12.2012 – C-288/11 P Rn. 40; s. auch Immenga/Mestmäcker/Zimmer GWB § 1 Rn. 19 mwN; Theobald/Kühling/Bruhn, 114. EL Januar 2022, AEUV Art. 101, 102 Rn. 16, 17; zum funktionalen Unternehmensbegriff s. auch Ziekow, Öffentliches Wirtschaftsrecht, 5. Aufl. 2020, § 7 Rn. 3.

[54] Immenga/Mestmäcker/Zimmer GWB § 1 Rn. 19 mwN.

42 Damit gleichen sich die kartellrechtlichen Verständnisse auf nationaler und EU–Ebene im Groben. Der private Verbrauch ist etwa jeweils nicht umfasst.[55] Auch ist abhängige Arbeit nicht vom Unternehmensbegriff umfasst, ebenso wenig wie hoheitliches Handeln.[56]

43 Allerdings unterscheiden sich die Begriffsverständnisse in einem auch für das LkSG entscheidenden Punkt: ob sich die **„wirtschaftliche Tätigkeit" nur** auf die **Angebotstätigkeit** beschränkt **oder auch** die **Nachfrageseite (Beschaffungstätigkeit)** umfasst. Diese Divergenz wird vor allem im Bereich der Beschaffung durch die öffentliche Hand deutlich.[57]

44 Ob „wirtschaftliche Tätigkeit" für die Zwecke des LkSG über die Angebotsseite hinaus auch die Nachfrageseite (Beschaffungstätigkeit) umfasst, kann nicht nur anhand der Debatte im Kartellrecht beantwortet werden. Vielmehr ist das Ziel des LkSG maßgeblich: Verbesserung der weltweiten Menschenrechtslage entlang von Lieferketten. **Maßstab** ist daher **allein das dem LkSG zugrundeliegende Lieferkettenverständnis.** Nach § 2 Abs. 5 bezieht sich die „Lieferkette" auf alle Produkte und Dienstleistungen eines Unternehmens und umfasst „alle Schritte" im In- und Ausland, die zur Herstellung der Produkte und zur Erbringung der Dienstleistungen „erforderlich sind", angefangen von der Gewinnung der Rohstoffe bis zu der Lieferung an den Endkunden. Hiernach ist die Nachfrageseite jedenfalls insoweit vom LkSG–Lieferkettenverständnis umfasst, als die Nachfrage notwendiger Schritt für das Herstellen der Produkte oder die Erbringung von Dienstleistungen ist. Ausgeschlossen ist lediglich die Nachfrage durch den Endkunden. Dadurch zeichnen sich Lieferketten letztlich auch aus.

45 Damit sind **sowohl Angebots- als auch Nachfragetätigkeiten als „wirtschaftliche Tätigkeit"** vom Lieferkettenbegriff des LkSG umfasst – abgesehen vom privaten Verbrauch bzw. nach dem LkSG-Terminus die Lieferung an den Endkunden.[58] Das gebietet auch das Ziel des LkSG: eine möglichst weitreichende menschenrechts- und umweltbezogene Risikominimierung entlang von (internationalen) Lieferketten. Ausgeschlossen von den Sorgfaltspflichten soll der in der Kantine eines Unternehmens ausgeschenkte Kaffee oder das im Unternehmen genutzte Mobiliar sein.[59] Allerdings stellt sich die Frage, ob nicht zumindest etwa die Ausstattung der Fabrikmitarbeiter mit Arbeitskleidung als der Lieferkette zugehöriger und notwendiger Schritt zur Produktion betrachtet werden muss. Ein weiteres Beispiel wäre die technologische Ausstattung der Mitarbeiter, damit die Lieferketten überhaupt gesteuert werden können. Hier war unklar, ob es sich um „privaten Gebrauch" bzw. „erforderliche" Zwischenschritte zur Herstellung von Produkten oder Ausführung von Dienstleistungen iSd § 2 Abs. 5 handelt. Der DAV hat diesbezüglich im Rahmen der Stellungnahmen zum RegE bereits darauf aufmerksam gemacht, dass dahingehend eine Einschränkung der Lieferkettendefinition erforderlich sei.[60] Eine Einschränkung wurde in der Beschlussfassung des LkSG aber nicht vorgenommen. Nunmehr zeigt sich, dass auch das BAFA den Begriff „erforderlich" so auslegt, dass „zum Beispiel auch der Bürobedarf eines Industrieunternehmens" erfasst sei, wenngleich bei der Risikobewertung zu priorisieren sei.[61] Nach dem BAFA umfasse der Lieferkettenbegriff sogar etwa die Gebäudereinigung oder den Kantinenbetrieb, was aber häufig ganz vernachlässigt werden

---

[55] Immenga/Mestmäcker/Zimmer GWB § 1 Rn. 19 mwN.

[56] Immenga/Mestmäcker/Zimmer GWB § 1 Rn. 19 mwN.

[57] Calliess/Ruffert/Weiß, 6. Aufl. 2022, AEUV Art. 101 Rn. 31 mwN; Immenga/Mestmäcker/Zimmer GWB § 1 Rn. 19, 20.

[58] Ähnlich zum Ausschluss des „privaten Verbrauchs" bei § 2 Abs. 5 Gehling/Ott/Lüneborg CCZ 2021, 230 (233).

[59] So Gehling/Ott/Lüneborg CCZ 2021, 230 (233).

[60] DAV Stellungnahme zum RegE LkSG, BT-Drs. 19/28649, nebst Änderungsanträgen für die öffentliche Anhörung des Ausschusses für Arbeit und Soziales am 17.5.2021, Rn. 18 f.

[61] BAFA FAQ LkSG, Stand: 28.4.2022, II.3 und II.4, https://www.bafa.de/DE/Lieferketten/Ueberblick/ueberblick_node.html;jsessionid=8F3E445184BDBBA2ED8E4B43AC38F4A9.2_cid390 (zuletzt abgerufen am 6.9.2022).

könne.[62] Feststeht jedenfalls damit, dass auch die Nachfrageseite vom Lieferkettenverständnis des LkSG umfasst ist.

Letztlich erfolgt damit im Rahmen des LkSG größtenteils eine Anlehnung an den Unternehmensbegriff des EU-Kartellrechts, allerdings in der Tiefe eher im Sinne der Rechtsprechung des BGH zu § 1 GWB, da über die Angebotstätigkeit hinaus auch Nachfragetätigkeiten umfasst sind (→ Rn. 45). 46

Zusammengefasst gilt daher für das **LkSG** ein **eigener, weiter Unternehmensbegriff,** der sich am Gesetzesziel des LkSG orientiert, wobei zumindest eine zusammenfassende Annäherung an bereits existierende Unternehmensbegriffe erfolgt. Ein Unternehmen iSd LkSG ist danach **jede organisatorische Einheit,**[63] **unabhängig von ihrer Rechtsform und der Art der Finanzierung (ohne dass es auf eine Gewinnerzielungsabsicht ankäme),**[64] **die eine wirtschaftliche Tätigkeit am Markt ausübt,**[65] **wobei die wirtschaftliche Tätigkeit einen Lieferkettenbezug iSd § 2 Abs. 5 aufweist.** Die wirtschaftliche Tätigkeit umfasst dabei sowohl Angebots- als auch Nachfragetätigkeiten (→ Rn. 45). 47

Hiernach wäre der persönliche Anwendungsbereich hinsichtlich des Unternehmensbegriffs zwar faktisch durch einen Lieferkettenbezug begrenzt. Diese faktische Begrenzung ergibt sich letztlich aber ohnehin dadurch, dass sich die Sorgfaltspflichten des Abschnitts 2 des LkSG „nur“ auf „Lieferketten“ eines Unternehmens beziehen. Zudem ist das Lieferkettenverständnis des LkSG sehr weit zu fassen (§ 2 Abs. 5).[66] 48

2. Rechtsformneutralität. Die von § 1 statuierte **Rechtsformneutralität** („ungeachtet ihrer Rechtsform“) bedeutet, dass sowohl **natürliche als auch juristische Personen oder sonstige rechtsfähige Personengesellschaften,** die die **Rechtsträgerin eines Unternehmens** darstellen, vom Anwendungsbereich des LkSG umfasst sein können.[67] Die Gesetzesbegründung argumentiert überzeugend, dass etwaige menschenrechts- oder umweltbezogene Risiken unabhängig von der gewählten Rechtsform eines Unternehmens sind.[68] 49

Damit unterscheidet sich das LkSG von der Loi de vigilance, welche sich nur auf Gesellschaften mit der Rechtsform einer französischen Aktiengesellschaften (SA) angewendet wissen will (→ Rn. 10). 50

a) Natürliche und juristische Personen oder rechtsfähige Personengesellschaften. Als **natürliche Person,** die die Rechtsträgerin eines Unternehmens darstellt, kommt vor allem der Einzelkaufmann in Betracht. 51

[62] BAFA FAQ LkSG, Stand: 28.4.2022, II.3 und II.4, https://www.bafa.de/DE/Lieferketten/Ueberblick/ueberblick_node.html;jsessionid=8F3E445184BDBBA2ED8E4B43AC38F4A9.2_cid390 (zuletzt abgerufen am 6.9.2022).

[63] In Anlehnung an den arbeitsrechtlichen Unternehmensbegriff.

[64] Entgegen Dutzi/Schneider/Hasenau DK 2021, 454 (456), die den Unternehmensbegriff auf Grundlage des erwerbswirtschaftlichen Prinzips nach Erich Gutenberg verstanden wissen wollen. Nach deren Verständnis ist ein Unternehmen zumindest jedwede Organisation, die ihr aktives und selbstständiges Handeln auf eine Gewinnerzielungsabsicht ausrichtet.

[65] In Anlehnung an den wettbewerbsrechtlichen funktionalen Unternehmensbegriff, aber iSd § 1 GWB.

[66] Vgl. BT-Drs. 19/28649, 40 f. § 2 Abs. 5 LkSG-RegE; zu einem weiten Verständnis auch Lutz-Bachmann/Vorbeck/Wengenroth BB 2021, 906 (907); vgl. auch Gehling/Ott/Lüneborg CCZ 2021, 230 (233); Grabosch Das neue LkSG/Grabosch § 2 Rn. 37 ff.; DAV, Stellungnahme zum RegE LkSG, BT-Drs. 19/28649, nebst Änderungsanträgen für die öffentliche Anhörung des Ausschusses für Arbeit und Soziales am 17.5.2021, Rn. 16 ff.

[67] BT-Drs. 19/28649, 33.

[68] BT-Drs. 19/28649, 33; und damit auch auf einer Linie mit Prinzip 14 UN-Leitprinzipien für Wirtschaft und Menschenrechte, 2011: „Die Verantwortung von Wirtschaftsunternehmen zur Achtung der Menschenrechte obliegt allen Unternehmen unabhängig von ihrer Größe, dem Sektor, dem sie angehören, ihrem operativen Umfeld, ihren Eigentumsverhältnissen und ihrer Struktur. Umfang und Komplexität der Maßnahmen, durch die Unternehmen ihrer Verantwortung nachkommen, können jedoch nach Maßgabe dieser Faktoren und der Schwere ihrer nachteiligen menschenrechtlichen Auswirkungen variieren.“

52 Auf der Ebene der **juristischen Personen oder sonstigen Personengesellschaften** sind alle Unternehmen jedweder Gesellschafts- und Organisationsform des deutschen Privatrechts erfasst (Verein, Stiftung, AG, GmbH, UG sowie OHG, KG, GbR, GmbH & Co. KG usw.).

53 Gleichfalls sind **europäische und ausländische Unternehmen im Rahmen des § 1 Abs. 1 S. 1 Nr. 1 erfasst.** Hier kommt es darauf an, ob die entsprechenden ausländischen natürlichen oder juristischen Personen bzw. sonstigen Personengesellschaften im Inland eine Hauptverwaltung, Hauptniederlassung oder ihren Verwaltungssitz haben (näher → Rn. 63 ff.). Den satzungsmäßigen Sitz haben diese dann meist im Ausland. Dass auch nach europäischem oder ausländischem Recht gegründete Unternehmen umfasst sein können, entspricht auch dem Willen des Gesetzgebers.[69]

54 **§ 1 Abs. 1 S. 1** findet vor diesem Hintergrund insbesondere auch auf **ausländische Briefkastengesellschaften mit Verwaltungssitz im Inland** Anwendung (s. auch → Rn. 67). Oft genutzt werden ausländische Gesellschaftsrechtsformen wie beispielsweise die französische S.á.r.l. oder die niederländische BV oder NV. Für Briefkastengesellschaften wurde vor dem Brexit auch die **britische Limited** regelmäßig genutzt. Nach dem Urteil des OLG München zur Rechts- und Parteifähigkeit der britischen Limited mit Verwaltungssitz in Deutschland nach dem Brexit[70] wird sich dies wohl nun ändern. Behördliche Maßnahmen nach dem LkSG, insbesondere Bußgelder nach § 24 (vgl. auch § 30 OWiG), betreffen bei einer britischen Limited mit Verwaltungssitz in Deutschland infolge der Rechtsprechung des OLG München nun die entsprechende GbR, OHG oder den Einzelkaufmann oder die Einzelkauffrau als Träger oder Trägerin des Unternehmens.[71]

55 Vor allem **im Rahmen des § 1 Abs. 1 S. 2** wird es um **europäische und ausländische Unternehmen** und damit europäische und ausländische Rechtsträger gehen, die iSd S. 2 eine Zweigniederlassung (§ 13d HGB) im Inland haben. Ob die internationale behördliche Durchsetzung der LkSG-Sorgfaltspflichten bei ausländischen außereuropäischen Unternehmen Erfolg verspricht, ist allerdings eine andere Frage.

56 **b) Juristische Personen des öffentlichen Rechts.** Juristische Personen des öffentlichen Rechts sind Körperschaften, Anstalten und Stiftungen. Körperschaften können wiederum Gebietskörperschaften (Bund, Länder, Landkreise und Gemeinden), Verbandskörperschaften (Gemeindeverbände) oder Personal- und Realkörperschaften (Industrie- und Handelskammern, Handwerkskammern und Universitäten) sein. Angemerkt sei, dass Beliehene keine juristischen Personen des öffentlichen Rechts sind, sondern natürliche oder juristische Personen des Privatrechts.[72]

57 Auch **juristische Personen des öffentlichen Rechts können vom LkSG umfasst sein.** Das ergibt sich aus einem **Umkehrschluss** zu den **Gesetzesmaterialien.** Der Umkehrschluss ergibt sich daraus, dass § 1 gemäß der Gesetzesbegründung zum RegE für juristische Personen des öffentlichen Rechts, die Verwaltungsaufgaben einer Gebietskörperschaft wahrnehmen, nicht gelten soll, „soweit" sie nicht am Markt unternehmerisch tätig sind.[73] Durch den **Vorbehalt der „unternehmerischen Markttätigkeit"** bleibt Raum.

58 Unklar ist, was mit dem Vorbehalt der „unternehmerischen Markttätigkeit" gemeint ist. Im Gleichschritt mit dem eigenen und weiten Unternehmensbegriff des LkSG (→ Rn. 29 ff.) bedeutet dies jedenfalls die wirtschaftliche Tätigkeit des Staates im Sinne

[69] BT-Drs. 19/28649, 33: „Damit werden auch Unternehmen erfasst, die im Ausland nach europäischem oder ausländischem Recht gegründet und deren Hauptverwaltungssitz, Hauptniederlassung oder Verwaltungssitz in der Bundesrepublik Deutschland liegt.".

[70] OLG München BeckRS 2021, 24176 = GRUR-RS 2021, 24176; dazu Leuering/Rubner NJW-Spezial 2021, 656; Grupe GRUR-Prax 2021, 760; Ostermeier GWR 2021, 451.

[71] OLG München BeckRS 2021, 24716 = GRUR-RS 2021, 24176 Rn. 20 (sog. milde Form der Sitztheorie); dazu Leuering/Rubner NJW-Spezial 2021, 656; Grupe GRUR-Prax 2021, 760; Ostermeier GWR 2021, 451.

[72] R. Schmidt, Allgemeines Verwaltungsrecht, 22. Aufl. 2020, Rn. 110 f.

[73] BT-Drs. 19/28649, 33.

jeder Tätigkeit im geschäftlichen Verkehr, die auf den Austausch von Waren oder gewerblichen Leistungen gerichtet ist und sich nicht auf die Deckung des privaten Bedarfs beschränkt. **Umfasst sind also sowohl die Angebots- als auch die Nachfrageseite.**

Gemeint ist jedenfalls nicht die Wahrnehmung von klassischen Verwaltungsaufgaben 59 einer Gebietskörperschaft, was sich bereits ausdrücklich aus der Gesetzesbegründung zum RegE ergibt.[74] Beschaffungen, die ausschließlich der Erfüllung von Verwaltungsaufgaben dienen (zB Arbeitsmittelbedarf für das Büro des Bürgermeisters), sind auch nicht als unternehmerische Marktteilnahme bzw. Markttätigkeit zu klassifizieren. Hier handelt es sich um Eigenkonsum iSd zugrundeliegenden Unternehmensbegriffs (→ Rn. 29 ff.), aber vor allem auch um Endkonsum. So wird auch ein harmonischer Gleichlauf mit § 2 Abs. 5 S. 2 erzielt, der beim Endkonsum die Grenze zum Lieferkettenverständnis zieht („bis zu der Lieferung an den Endkunden"). Damit ist die **Beschaffung** von Produkten oder die Inanspruchnahme von Dienstleistungen **von juristischen Personen des öffentlichen Rechts** von privaten Marktanbietern **(jedenfalls) zur Erfüllung von Verwaltungsaufgaben nicht** vom Begriff der „unternehmerischen Markttätigkeit" **erfasst.**

Dass der Staat, in Form juristischer Personen des öffentlichen Rechts, wirtschaftlich bzw. 60 unternehmerisch tätig werden kann, ist grundsätzlich auch zulässig, jedenfalls von der Verfassung nicht ausgeschlossen.[75] Dass auch juristische Personen des öffentlichen Rechts bei unternehmerischer Marktteilnahme vom LkSG umfasst sind, liegt auf einer Linie mit Art. 106 Abs. 1 AEUV. Art. 106 Abs. 1 AEUV stellt den Grundsatz der Gleichbehandlung privater und öffentlicher Unternehmen auf und untersagt eine Privilegierung von öffentlichen Unternehmen gegenüber privaten Unternehmen.[76] Da auch ausländische mitgliedstaatliche Unternehmen vom LkSG erfasst werden, ist es unionsrechtlich sogar geboten, juristischen Personen des öffentlichen Rechts bei unternehmerischer Marktteilnahme die gleichen Sorgfaltspflichten nach dem LkSG wie privaten Unternehmen aufzuerlegen.

Dabei machen **kommunale wirtschaftliche Tätigkeiten** einen Großteil wirtschaft- 61 licher Staatstätigkeit aus[77] und haben in den letzten Jahren erheblich zugenommen.[78] Beispiele sind die Beteiligung einer Gemeinde an einer Windpark-Gesellschaft oder der Betrieb eines Solarparks durch eine Kommune.[79] Relevant werden könnten hier etwa menschenrechts- und umweltbezogene Risiken bei der Rohstoffgewinnung im Ausland zur Produktion von Windrädern und Solaranlagen.[80] Primär wird das LkSG also im Bereich der kommunalen wirtschaftlichen Betätigung bzw. unternehmerischen Marktteilnahme von Bedeutung sein. Die verfassungsrechtliche Grundlage für kommunale Wirtschaftstätigkeit ist Art. 28 Abs. 2 GG und die länderspezifischen Gemeindeordnungen, die den Umfang und die Grenzen kommunaler wirtschaftlicher Betätigung vorgeben. Dabei geben die Gemeindeordnungen auch vor, inwiefern die kommunale Wirtschaftstätigkeit in Privatrechtsform (also GmbH, AG usw.) zulässig ist. Vor allem „public private partnerships" (PPPs) können vom LkSG umfasst sein.

Bedeutsam kann die „unternehmerische Marktteilnahme" von **juristischen Personen** 62 **des öffentlichen Rechts** auch im Zusammenhang mit **§ 1 Abs. 3** werden, wenn juristische Personen des öffentlichen Rechts **als Konzernobergesellschaft** unternehmerisch am Markt teilnehmen.[81] Insofern wäre zB die Deutsche Bahn AG (die vollständig im Bundeseigentum steht) als Konzernobergesellschaft (vgl. § 1 Abs. 3) aufgrund der hohen Beschäf-

---

[74] BT-Drs. 19/28649, 33.

[75] Ziekow, Öffentliches Wirtschaftsrecht, 5. Aufl. 2020, § 7 Rn. 28 ff.

[76] Ziekow, Öffentliches Wirtschaftsrecht, 5. Aufl. 2020, § 7 Rn. 22.

[77] Vgl. Ziekow, Öffentliches Wirtschaftsrecht, 5. Aufl. 2020, § 7 Rn. 29.

[78] R. Schmidt, Allgemeines Verwaltungsrecht, 22. Aufl. 2020, Rn. 1048.

[79] R. Schmidt, Allgemeines Verwaltungsrecht, 22. Aufl. 2020, Rn. 1048 Fn. 1373 mit Rechtsprechungsnachweisen.

[80] Misereor Studie, Rohstoffe für die Energiewende, Menschenrechtliche und ökologische Verantwortung in einem Zukunftsmarkt, Februar 2018, https://www.misereor.de/fileadmin/publikationen/studie-rohstoffe-fuer-die-energiewende.pdf (zuletzt abgerufen am 6.9.2022).

[81] Zur öffentlichen Hand im Konzernrecht eingehender Emmerich/Habersack KonzernR § 2 Rn. 20 ff.

tigtenanzahl vom LkSG umfasst. Der Schwellenwert von 3.000 bzw. 1.000 Beschäftigten ist hier zweifelsfrei (in der Regel) überschritten.[82] Weitere Beispiele wären die KfW[83] oder das Universitäts–Krankenhaus Eppendorf in Hamburg[84] als Konzernobergesellschaften,[85] die ebenfalls jeweils den Schwellenwert von in der Regel 3.000 bzw. 1.000 Beschäftigten überschreiten.[86]

II. Grundanknüpfung (Abs. 1 S. 1)

63 § 1 Abs. 1 S. 1 stellt die Grundnorm für die persönliche Anwendbarkeit des LkSG dar. Zu beachten ist, dass § 1 Abs. 1 S. 1 mit seinen Nr. 1 und 2 **kumulative Voraussetzungen** für die Eröffnung des Anwendungsbereichs aufstellt **(„und“).**

64 **1. Hauptverwaltung, Hauptniederlassung, Verwaltungssitz oder satzungsmäßiger Sitz im Inland (Nr. 1).** Nr. 1 setzt voraus, dass das in Frage stehende Unternehmen seine **Hauptverwaltung, seine Hauptniederlassung, seinen Verwaltungssitz oder seinen satzungsmäßigen Sitz im Inland** hat. Eine eindeutige Erläuterung zu diesen Anknüpfungspunkten lässt sich der Gesetzesbegründung nicht entnehmen. Es bietet sich daher an, bereits bestehende Definitionsmodelle zur Orientierung heranzuziehen (→ Rn. 70 ff.). Hierfür wird allerdings zunächst herausgestellt, warum auf die Hauptverwaltung, die Hauptniederlassung, den Verwaltungssitz oder den satzungsmäßigen Sitz abgestellt wird (→ Rn. 65 ff.).

65 **a) Gründe für das Abstellen auf die Anknüpfungspunkte.** Weshalb auf eine inländische Hauptverwaltung, Hauptniederlassung, den inländischen Verwaltungssitz oder den satzungsmäßigen Sitz im Inland abgestellt wird, legt die Gesetzesbegründung ausnahmsweise dar. Hiernach ist bei diesen Lokationen davon auszugehen, dass **dort die ausschlaggebenden Entscheidungen für das Lieferketten–Risikomanagement** getroffen werden.[87]

66 Mit Blick auf den Anknüpfungspunkt der „Hauptniederlassung“ hinkt die Begründung etwas. Denn bei der „Hauptniederlassung“ geht es primär um die tatsächliche Ausführung der Entscheidungen von „oben“ (näher → Rn. 80).

67 Auch beim satzungsmäßigen Sitz passt die Begründung des RegE nicht, da durch den satzungsmäßigen Sitz nicht zwangsläufig indiziert wird, dass hier die ausschlaggebenden Entscheidungen für das Lieferketten–Risikomanagement getroffen werden, so insbesondere bei Briefkastengesellschaften (→ Rn. 54).

68 Durch die Hauptverwaltung, Hauptniederlassung, den Verwaltungssitz oder den satzungsmäßigen Sitz im Inland wird aber in jedem Fall ein **hinreichender Inlandsbezug** begründet, **der die Anwendbarkeit des LkSG auch auf ausländische Unternehmen rechtfertigt.**[88] Damit hat sich der Gesetzgeber weitestgehend am **Territorialitätsprinzip** orientiert.[89] Während es sich bei dem LkSG um „deutsches“ Wirtschaftsverwaltungsrecht

[82] Vgl. https://www.deutschebahn.com/de/konzern/konzernprofil/zahlen_fakten/mitarbeiter-6067250 (zuletzt abgerufen am 6.9.2022).

[83] Vgl. https://www.kfw.de/KfW-Konzern/Berichtsportal/Kennzahlen/ (zuletzt abgerufen am 6.9.2022).

[84] Vgl. https://www.uke.de/allgemein/ueber-uns/das-uke/zahlen-fakten/index.html (zuletzt abgerufen am 6.9.2022).

[85] Speziell zu Krankenhäusern hat sich nunmehr auch das BAFA geäußert, dass diese grundsätzlich unter den Anwendungsbereich des Gesetzes fallen, vgl. BAFA FAQ LkSG, Stand: 28.4.2022, III.5: „Grundsätzlich fallen auch Krankenhäuser unter den Anwendungsbereich des Gesetzes, sofern sie die Arbeitnehmerinnen- und Arbeitnehmerschwelle erreichen, am Markt tätig sind, gesundheitliche Dienstleistungen gegen Entgelt anbieten und die damit verbundenen finanziellen Risiken tragen sowie als Einkäufer (etwa von medizinischen Gerätschaften) agieren. Dabei müssen sie Sorgfaltspflichten beachten. […]“, https://www.bafa.de/DE/Lieferketten/Ueberblick/ueberblick_node.html;jsessionid=8F3E445184BDBBA2ED8E4B43AC38F4A9.2_cid390 (zuletzt abgerufen am 6.9.2022).

[86] Vgl. auch für den Bund BGHZ 190, 7 Rn. 30 = NJW 2011, 2719 – KfW; für das Land Hamburg BAGE 136, 114 Rn. 28 = NZA 2011, 524 – UKE.

[87] BT-Drs. 19/28649, 33.

[88] So auch Nietsch/Wiedmann NJW 2022, 1 Rn. 3 und 4.

[89] Grabosch Das neue LkSG/Grabosch § 3 Rn. 9.

handelt, soll es nach dem Gesetzgeberwillen auch Auslandssachverhalte umfassen (→ Rn. 53). Durch die Vielzahl an Anknüpfungspunkten kommt jedenfalls der Wille des Gesetzgebers zum Ausdruck, dass möglichst viele Unternehmen, die einen zumindest potentiellen Bezug zum inländischen Markt haben, vom Anwendungsbereich des LkSG umfasst sein sollen – sofern der Arbeitnehmerschwellenwert erreicht wird.

Zur Verwirklichung des Territorialitätsprinzips bzw. Auswirkungsprinzips bedarf es hierzu eines hinreichenden Inlandsbezugs.[90] Durch die alternativen Anknüpfungsmerkmale der inländischen Hauptverwaltung, inländischen Hauptniederlassung oder die Anknüpfung an den Verwaltungssitz oder den satzungsmäßigen Sitz im Inland wird ein solcher Inlandsbezug hergestellt, der die Anwendbarkeit deutschen Rechts auf Auslandssachverhalte zu rechtfertigen vermag. Insoweit wurde mit § 1 Abs. 1 S. 1 nach der Terminologie des internationalen Privatrechts bzw. internationalen öffentlichen Rechts eine „einseitige (versteckte) Kollisionsnorm" in § 1 aufgenommen.[91] § 1 Abs. 1 S. 1 Nr. 1 atmet damit den Geist der international privatrechtlichen Sitztheorie, die primär einen Schutzgedanken verfolgt.[92] 69

b) Die Anknüpfungspunkte in concreto. Zwar erläutert die Gesetzesbegründung, warum auf die Hauptverwaltung, Hauptniederlassung, den Verwaltungssitz oder den satzungsmäßigen Sitz im Inland abgestellt wird (→ Rn. 65). Indes fehlt es an einer näheren Begriffserläuterung zu den Anknüpfungspunkten. 70

Da es bei § 1 Abs. 1 S. 1 Nr. 1 vor allem um die Feststellung eines hinreichenden Inlandsbezugs zur persönlichen Anwendbarkeit des LkSG auch bei Auslandssachverhalten geht (→ Rn. 68), bietet es sich an, bereits bestehende **kollisionsrechtliche Verankerungen zur Konkretisierung der Begriffe hinzuzuziehen.** § 1 Abs. 1 S. 1 Nr. 1 ähnelt dabei mit der Anknüpfungsaufzählung insbesondere **Art. 63 Abs. 1 Brüssel Ia-VO,** der zur Wohnsitzbestimmung von Gesellschaften und juristischen Personen an den Ort des satzungsmäßigen Sitzes, den Ort der Hauptverwaltung oder den Ort der Hauptniederlassung anknüpft.[93] Diese Reihung gleichwertiger Anknüpfungspunkte orientiert sich an der primärrechtlichen Niederlassungsfreiheit, heute an Art. 54 AEUV. 71

aa) Satzungsmäßiger Sitz im Inland. Der Verwaltungssitz bzw. der Ort der Hauptverwaltung kann dabei auch vom satzungsmäßigen Sitz abweichen (zB Briefkastengesellschaften). Der **satzungsmäßige Sitz** ergibt sich aus der Gesellschaftssatzung bzw. dem Gesellschaftsvertrag.[94] Auf den tatsächlichen Ort der zentralen Entscheidungsfindung oder den Ort der tatsächlichen Ausführung der Entscheidungen kommt es hier nicht an. 72

Der satzungsmäßige Sitz kann dabei etwa im Ausland liegen, der Verwaltungssitz bzw. die Hauptverwaltung oder die Hauptniederlassung kann dennoch im Inland sein, sodass auch ausländische Unternehmen vom LkSG umfasst sein können. Dies entspricht dem Gesetzgeberwillen, der mit § 1 Abs. 1 S. 1 Nr. 1 auch Unternehmen umfasst wissen möchte, die im Ausland nach europäischem oder ausländischem Recht gegründet wurden.[95] 73

bb) Inländische Hauptverwaltung bzw. inländischer Verwaltungssitz. Der Begriff der **Hauptverwaltung** gleicht auf kollisionsrechtlicher Ebene inhaltlich dem Begriff des 74

---

90 Vgl. v. Bar/Mankowski IPR I § 4 Rn. 63 ff., aber krit. zur Verwendung des Begriffs „Territorialitätsprinzip".

91 Ähnlich, aber mittels anderer Formulierung Paefgen ZIP 2021, 2006 (2015) zur Thematik „kollisionsrechtliche Anknüpfung des Kreises betroffener Unternehmen"; Näher zum IPR und Internationalem Öffentlichen Recht, s. v. Bar/Mankowski IPR I § 4 Rn. 63 ff.

92 Vgl. zur Sitztheorie und dem dahinterstehenden Schutzgedanken v. Bar/Mankowski IPR II § 7 Rn. 1.

93 Vgl. auch Brunk, Menschenrechtscompliance, 2022, 462, der ebenso eine Anlehnung an Art. 63 Abs. 1 Brüssel Ia-VO vorschlägt.

94 Vgl. nur BeckOK ZPO/Thode, 44. Ed. 1.3.2022, Brüssel Ia-VO Art. 63 Rn. 6 mit Verweis auf BGH NZG 2018, 259 Rn. 13.

95 BT-Drs. 19/28649, 33.

Verwaltungssitzes.[96] Der Begriff des (effektiven) Verwaltungssitzes ist vor allem kollisionsrechtlich geprägt und dabei ein Kind der kollisionsrechtlichen Sitztheorie.[97] Nach der **sog. Sandrock'schen Formel** ist es „derjenige **Ort, an welchem die grundlegenden unternehmenspolitischen Entscheidungen effektiv in konkrete und laufende Geschäftsführungsakte des day–to–day management umgesetzt werden.**“[98]

75 Der Begriff der Hauptverwaltung wird sehr ähnlich, wenn nicht sogar synonym,[99] gefasst und meint den „Ort, an dem die Willensbildung und die eigentliche unternehmerische Leitung der Gesellschaft erfolgt“[100] bzw. den Ort, „wo die unternehmerischen Grundsatzentscheidungen getroffen werden (in der Regel Sitz des Vorstandes)“.[101]

76 Bei der Hauptverwaltung bzw. beim Verwaltungssitz geht es letztlich also um den **„realen Lebensmittelpunkt“** einer Gesellschaft[102] bzw. eines Unternehmens. Verschiedenste Indizien können (unterstützend) für oder gegen einen effektiven Verwaltungssitz an einem bestimmten Ort sprechen.[103]

77 Der Ort des Verwaltungssitzes als der Ort der zentralen Entscheidungsfindung kann sich dabei vom Ort bzw. den Orten der tatsächlichen Ausführung der unternehmerischen Entscheidungen unterscheiden (so etwa bei Produktionsstätten, Fabriken oder Zweigniederlassungen).[104]

78 Zudem kann sich der Ort der Hauptverwaltung bzw. des Verwaltungssitzes vom Ort des satzungsmäßigen Sitzes unterscheiden.[105] Damit können auch ausländische Unternehmen, also solche mit satzungsmäßigem Sitz im Ausland, die aber einen inländischen Verwaltungssitz haben, vom LkSG umfasst sein, insbesondere **Briefkastengesellschaften.**

79 Bei inländischer Geschäftstätigkeit ist bei **Scheinauslandsgesellschaften** davon auszugehen, dass diese ihre Hauptverwaltung im Inland haben, auch wenn sie als Zweigniederlassung im Handelsregister eingetragen ist.[106]

80 **cc) Inländische Hauptniederlassung.** Unternehmen können zudem in **Hauptniederlassungen** und Zweigniederlassungen aufgeteilt sein. Hauptniederlassung meint dabei den tatsächlichen Geschäftsschwerpunkt, der dadurch gekennzeichnet ist, dass sich dort die bedeutenden Personal- und Sachmittel konzentrieren.[107] Ein Beispiel wäre die zentrale Produktionsstätte einer Fabrik.[108] Im Unterschied zur Hauptverwaltung bzw. zum Verwaltungssitz werden bei der Hauptniederlassung faktisch die Entscheidungen der Hauptverwaltung bzw. des Verwaltungssitzes ausgeführt.

---

[96] v. Bar/Mankowski IPR II § 7 Rn. 135.

[97] So jedenfalls auf kollisionsrechtlicher Ebene: „Der effektive Verwaltungssitz ist Kollisionsnormen europäischen Ursprungs keineswegs fremd, sondern tritt dort unter dem Namen Hauptverwaltung auf, […].“, vgl. v. Bar/Mankowski IPR II § 7 Rn. 129.

[98] v. Bar/Mankowski IPR II § 7 Rn. 129 mit Verweis auf BGHZ 97, 269 (272) = NJW 1986, 2194 im Anschluss an Sandrock BerDGesVR 18 (1978), 169 (238); Sandrock FS Günther Beitzke, 1979, 669 (683); und mit Verweis auf weitere Beispiele: BVerfG ZIP 2018, 1465 Rn. 29 (dazu Wienbracke EWiR 2018, 479); BGH NJW 2009, 1610 Rn. 11; VersR 2010, 275 Rn. 8; BayObLGZ 1985, 272 (279); OLG Frankfurt IPRspr. 1984 Nr. 21; OLG München NJW 1986, 2197 (2198).

[99] So Grabosch Das neue LkSG/Grabosch § 3 Rn. 11.

[100] BeckOK ZPO/Thode, 44. Ed. 1.3.2022, Brüssel Ia-VO Art. 63 Rn. 8; vgl. auch Grabosch Das neue LkSG/Grabosch § 3 Rn. 11, der sich letztlich auch an Art. 54 AEUV und Art. 63 Brüssel Ia-VO orientiert.

[101] Saenger/Dörner, 9. Aufl. 2021, Brüssel Ia-VO Art. 63 Rn. mit Verweis auf BAG NJW 2008, 2797 (2798).

[102] v. Bar/Mankowski IPR II § 7 Rn. 129.

[103] Für einen guten Überblick s. nur v. Bar/Mankowski IPR II § 7 Rn. 131 ff.

[104] MüKoZPO/Patzina ZPO § 17 Rn. 13; BeckOK ZPO/Toussaint, 44. Ed. 1.3.2022, ZPO § 17 Rn. 7; Saenger/Bendtsen, 9. Aufl. 2021, ZPO § 17 Rn. 6.

[105] Grabosch Das neue LkSG/Grabosch § 3 Rn. 11.

[106] Grabosch Das neue LkSG/Grabosch § 3 Rn. 11 mwN.

[107] Vgl. auch Grabosch Das neue LkSG/Grabosch § 3 Rn. 12, der auf Art. 54 AEUV abstellt.

[108] Vgl. Groeben, von der/Schwarze/Tiedje, 7. Aufl. 2015, AEUV Art. 54 Rn. 28.

Oft gibt es einen Gleichlauf zwischen Hauptverwaltung und Hauptniederlassung, was aber nicht zwingend sein muss.[109] Hauptniederlassung und Hauptverwaltung können organisatorisch und räumlich auch voneinander getrennt sein.[110] 81

2. Arbeitnehmerschwellenwert (Nr. 2). Zum entsprechenden Anknüpfungspunkt (→ Rn. 70 ff.) kommt mit § 1 Abs. 1 S. 1 Nr. 2 die **zusätzliche Voraussetzung** (→ Rn. 63), dass das Unternehmen **„in der Regel" mindestens 3.000** (bzw. ab dem 1.1.2024 1.000) **Arbeitnehmer im Inland beschäftigt,** worunter auch ins Ausland entsandte Beschäftigte erfasst sind. 82

Aus der Gesetzesbegründung lässt sich implizit entnehmen, dass es bei der Bemessung der Beschäftigtenanzahl im Rahmen des § 1 Abs. 1 S. 1 Nr. 2 **primär** darum gehen soll die **„Stammbelegschaft"** eines Unternehmens festzustellen,[111] die wiederum für die wirtschaftliche Leistungsfähigkeit des Unternehmens steht (→ Rn. 21). 83

a) Erfasste Arbeitnehmer. Dabei stellt sich zunächst die Frage, was unter **Arbeitnehmer** unter § 1 zu verstehen ist. § 611a BGB liefert die Definition zum allgemeinen Arbeitnehmerbegriff des Individualarbeitsrechts.[112] Nach § 611a BGB ist Arbeitnehmer, wer sich im Dienste eines anderen zur Leistung weisungsgebundener, fremdbestimmter Arbeit in persönlicher Abhängigkeit verpflichtet.[113] 84

Welche Arbeitnehmerformen vom Arbeitnehmerbegriff des LkSG umfasst sein sollen, bleibt allerdings zunächst unklar. Eine besondere Regelung mit entsprechenden Modifizierungen, wie es etwa die § 3 MitbestG, § 3 Abs. 2 ArbZG, § 18 ArbZG, § 2 BUrlG, § 1 Abs. 2 EFZG, § 5 ArbGG, § 5 BetrVG oder § 10 BBiG vorsehen, lässt sich weder dem Wortlaut des § 1 noch den weiteren Normen des LkSG noch der Gesetzesbegründung entnehmen. Im Umkehrschluss bedeutet dies, dass die in den vorgenannten Normen herrschenden Modifizierungen für das LkSG nicht gelten. Vielmehr ist dem LkSG ausschließlich der **allgemeine Arbeitnehmerbegriff des § 611a BGB** zugrunde zu legen.[114] 85

Das erklärt auch, warum der Gesetzgeber nicht auf Anmerkungen im Rahmen der öffentlichen Anhörung von Sachverständigen zum RegE zum Thema Mitzählung von Teilzeitbeschäftigten und Auszubildenden reagiert hat. Es wurde nämlich angemerkt, dass nach dem RegE auch Teilzeitbeschäftigte und Auszubildende mitzuzählen seien.[115] Dies ergebe sich aus einem Umkehrschluss zu § 267 Abs. 5 HGB und § 23 Abs. 1 S. 4 KSchG, die für den rechnerischen Miteinbezug von Teilzeitbeschäftigten und Auszubildenden einschränkende Sonderregelungen vorsehen.[116] Insofern wurde für den Fall eines entgegenstehenden gesetzgeberischen Willens eine Klarstellung gefordert.[117] Eine solche Klarstellung erfolgte sichtlich nicht. Daher ist davon auszugehen, dass der Umkehrschluss zu § 267 Abs. 5 HGB und § 23 Abs. 1 S. 4 KSchG nun zu ziehen ist. Damit sind sowohl **Teilzeitbeschäftigte (vollständig und nicht nur teilweise)**[118] **als auch Auszubildende** (hier 86

---

[109] Grabosch Das neue LkSG/Grabosch § 3 Rn. 12.

[110] Grabosch Das neue LkSG/Grabosch § 3 Rn. 12.

[111] Ergibt sich aus Begr. RegE zu § 1 Abs. 2, vgl. BT-Drs. 19/28649, 34.

[112] BeckOK ArbR/Poeche, 63. Ed. 1.3.2022, ArbGG § 5 Rn. 1; BeckOK ArbR/Joussen, 63. Ed. 1.3.2022, BGB § 611a Rn. 1.

[113] BeckOK ArbR/Poeche, 63. Ed. 1.3.2022, ArbGG § 5 Rn. 2.

[114] So auch das BAFA, vgl. BAFA FAQ LkSG, Stand: 28.4.2022, III.1, https://www.bafa.de/DE/Lieferketten/Ueberblick/ueberblick_node.html;jsessionid=8F3E445184BDBBA2ED8E4B43AC38F4A9.2_cid390 (zuletzt abgerufen am 6.9.2022); Wagner/Ruttloff/Wagner LkSG-HdB/Wagner/Wagner/Schuler § 1 Rn. 5.

[115] Grabosch, Stellungnahme zum RegE LkSG, BT-Drs. 19/28649, nebst Änderungsanträgen für die öffentliche Anhörung des Ausschusses für Arbeit und Soziales am 17.5.2021, 5.

[116] Grabosch, Stellungnahme zum RegE LkSG, BT-Drs. 19/28649, nebst Änderungsanträgen für die öffentliche Anhörung des Ausschusses für Arbeit und Soziales am 17.5.2021, 5.

[117] Grabosch, Stellungnahme zum RegE LkSG, BT-Drs. 19/28649, nebst Änderungsanträgen für die öffentliche Anhörung des Ausschusses für Arbeit und Soziales am 17.5.2021, 5.

[118] So auch das BAFA, BAFA FAQ LkSG, Stand: 28.4.2022, III.1 und III.2, https://www.bafa.de/DE/Lieferketten/Ueberblick/ueberblick_node.html;jsessionid=8F3E445184BDBBA2ED8E4B43AC38F4A9.2_cid390 (zuletzt abgerufen am 6.9.2022).

anders das BAFA; → Rn. 90) in die Bemessung der Beschäftigtenanzahl im Rahmen des § 1 Abs. 1 S. 1 Nr. 2 miteinzubeziehen; es gilt das **Pro-Kopf-Prinzip.**[119]

87 Auffällig ist auch der **Verweis der Begründung zum RegE** zur Thematik der **„zeitweilig beschäftigten" Arbeitnehmern** auf die **BGH-Rechtsprechung zum Arbeitsplatzbezug bei § 14 Abs. 2 S. 6 AÜG iVm § 1 Abs. 1 Nr. 2 MitbestG.**[120] In der in Bezug genommenen BGH-Rechtsprechung macht der BGH deutlich, dass dem § 1 Abs. 1 Nr. 2 MitbestG („in der Regel mehr als 2.000 Arbeitnehmer") eine arbeitsplatzbezogene statt einer arbeitnehmerbezogenen Perspektive zugrunde liegt.[121] Dies folge daraus, dass sich der Schwellenwert des § 1 Abs. 1 Nr. 2 MitbestG nach den „in der Regel" beschäftigten Arbeitnehmern eines Unternehmens bestimmt.[122] Maßgeblich sei demnach „die abstrakte Zahl der regelmäßigen Belegschaftsstärke des Unternehmens über einen längeren Zeitraum hinweg."[123] Der BGH unterstreicht sodann seine Schlussfolgerung mit der Begründung des RegE zum MitbestG. Mit § 1 Abs. 1 Nr. 2 MitbestG sollte die Anwendung des MitbestG an die durch die Arbeitnehmeranzahl bestimmte Unternehmensgröße geknüpft werden, weil erst in Unternehmen ab einer gewissen Größe eine institutionalisierte Kooperation von Kapital und Arbeit für erforderlich erachtet und eine ausreichend differenzierte Organisation angenommen wurde, an der die Regelungen des MitbestG wirkungsvoll ansetzen könnten.[124]

88 Die Argumentation des BGH zur **arbeitsplatzbezogenen Perspektive** bei § 1 Abs. 1 Nr. 2 MitbestG lässt sich als Prinzip und ohne große Einschränkungen auf **§ 1 Abs. 1 S. 1 Nr. 2 bzw. S. 2 Nr. 2** übertragen. Auch bei § 1 Abs. 1 S. 1 Nr. 2 bzw. S. 2 Nr. 2 bestimmt sich der jeweilige Schwellenwert durch die „in der Regel" beschäftigten Arbeitnehmer. Auch bei § 1 geht es vor allem um die regelmäßige Belegschaftsstärke eines Unternehmens über einen längeren Zeitraum hinweg. Die Anknüpfung an die Belegschaftsstärke dient auch dazu, die Unternehmensgröße festzustellen, woraus pauschal eine besondere Wirtschaftsleistung und damit ein potentiell höheres menschenrechts- und umweltbezogenes Risiko geschlussfolgert wird (→ Rn. 21).

89 Der Gesetzgeber macht für die **lediglich zeitweilige Beschäftigung** in der Gesetzesbegründung nur eine Einschränkung dahin, dass es für die Frage der regelmäßigen Beschäftigung – im Sinne des Tatbestandsmerkmals „in der Regel" – darauf ankommt, ob lediglich zeitweilig Beschäftigte normalerweise während des größten Teils eines Jahres, das heißt **länger als sechs Monate,** beschäftigt werden.[125] Wird diese zeitliche Grenze überschritten, sind lediglich zeitweilig Beschäftigte mit in die Bemessung der Beschäftigtenanzahl miteinzubeziehen; sodann allerdings voll und nicht nur teilweise. Wenn also Arbeitnehmer lediglich „zeitweilig beschäftigt" (länger als sechs Monate) werden, ist es nur folgerichtig diese ganz mitzuzählen, denn es ist eine arbeitsplatzbezogene Perspektive zugrunde zu legen – ähnlich wie beim Einsatz von Leiharbeit iSd § 1 Abs. 2 (näher → Rn. 197 ff.).

90 Nachdem das **BAFA** als zuständige Behörde für die Durchsetzung des LkSG (vgl. § 19) eine umfangreiche **FAQ zum LkSG** veröffentlicht hat, lassen sich die miteinzubeziehenden und nicht miteinzubeziehenden **Arbeitnehmergruppen** insgesamt wie folgt zusammenfassend konkretisieren: Nach dem BAFA sind für den persönlichen Anwendungsbereich neben den klassischen Arbeitnehmenden auch leitende Angestellte, Arbeitnehmende in Probezeit, Heimarbeitnehmer und Heimarbeitnehmerinnen, unselbstständige Handelsver-

[119] Vgl. BAFA FAQ LkSG, Stand: 28.4.2022, III.1 und III.2, https://www.bafa.de/DE/Lieferketten/Ueberblick/ueberblick_node.html;jsessionid=8F3E445184BDBBA2ED8E4B43AC38F4A9.2_cid390 (zuletzt abgerufen am 6.9.2022); so auch bereits Grabosch Das neue LkSG/Grabosch § 3 Rn. 5.

[120] BT-Drs. 19/28649, 34 mit Verweis auf BGH NJW 2019, 2856 zum Arbeitsplatzbezug.

[121] BGH NJW 2019, 2856 Rn. 31 zum Arbeitsplatzbezug.

[122] BGH NJW 2019, 2856 Rn. 32 zum Arbeitsplatzbezug.

[123] BGH NJW 2019, 2856 Rn. 32 zum Arbeitsplatzbezug.

[124] BGH NJW 2019, 2856 Rn. 33 zum Arbeitsplatzbezug, mit Verweis auf Begr. RegE MitbestG, BT-Drs. 7/2172, 19 und Bericht der Sachverständigenkommission, BT-Drs. VI/334, 19.

[125] BT-Drs. 19/28649, 34 mit Verweis auf BGH NJW 2019, 2856 zum Arbeitsplatzbezug (hier wohl verweisend auf Rn. 34 des Beschlusses).

treter und Handelsvertreterinnen, Kurzarbeitnehmerinnen und Kurzarbeitnehmer sowie wegen Mutterschaftsurlaub Abwesende mit in die Berechnung miteinzubeziehen.[126] Auch sind ins Ausland entsandte Arbeitnehmer (näher → Rn. 117 ff.) sowie Leiharbeitnehmer (bei einer Einsatzdauer von mehr als sechs Monaten) (näher → Rn. 183 ff.) mit einzurechnen. Nach dem BAFA nicht mit in die Berechnung der Beschäftigtenanzahl einzubeziehende Beschäftigte sind freie Mitarbeiter und Mitarbeiterinnen sowie Selbstständige, Organmitglieder juristischer Personen, grundsätzlich Gesellschafterinnen und Gesellschafter juristischer Personen (soweit die Person nicht auch bei dem Unternehmen angestellt ist), Personen, bei denen die Hauptpflichten aus dem Arbeitsverhältnis im Geschäftsjahr mehr als sechs Monate ruhen (zB ausgeschiedene Vorruheständlerinnen und Vorruheständler, Personen in der passiven Phase der Altersteilzeit, Arbeitnehmer und Arbeitnehmerinnen in der Elternzeit), Beamtinnen und Beamte sowie Soldatinnen und Soldaten und schließlich Auszubildende (wobei sich hier aus der Genese des § 1 etwas anderes ergibt; → Rn. 86), Umschülerinnen und Umschüler gemäß BBiG Praktikanten und Praktikantinnen und Volontärinnen und Volontäre.[127]

b) Inlandsbeschäftigung und Arbeitnehmerentsendung. Im Vergleich zur Fassung des RegE bestimmt § 1 Abs. 1 S. 1 Nr. 2 (und auch S. 2 Nr. 2) nun ausdrücklich, dass nur solche Arbeitnehmer in die Bemessung miteinzubeziehen sind, die **„im Inland beschäftigt"** sind. Dieser Zusatz soll eine **rein klarstellende Funktion** erfüllen.[128] 91

Dass eine solche Klarstellung wünschenswert wäre, wurde bereits im Rahmen der öffentlichen Anhörung von Sachverständigen zum RegE angemerkt, weil andernfalls auch im Ausland beschäftigte Arbeitnehmer umfasst gewesen wären.[129] Dann wäre auf die weltweite Belegschaftsstärke eines Unternehmens abzustellen. Im Ausland beschäftigte Arbeitnehmer sind bei § 1 Abs. 1 S. 1 Nr. 2 nach der gesetzgeberischen Klarstellung nun jedenfalls nicht mitzuzählen. 92

Mit dem Abstellen auf die Inlandsbeschäftigung der Arbeitnehmer unterscheidet sich das LkSG von seinem französischen Pendant, denn die Loi de vigilance will sich zumindest ab 10.000 Arbeitnehmern „weltweit" angewendet wissen (→ Rn. 10). 93

Im Vergleich zur Fassung des RegE wurde zudem in § 1 Abs. 1 S. 1 Nr. 2 der Zusatz beigefügt, dass **ins Ausland entsandte Arbeitnehmer** von dem Schwellenwert erfasst sind. Aus der Gesetzesbegründung lässt sich entnehmen, dass auch dieser Zusatz eine **klarstellende Funktion** erfüllen soll.[130] 94

aa) Inlandsbeschäftigung. Wann eine „Inlandsbeschäftigung" eines Arbeitnehmers nach dem Verständnis des LkSG vorliegt und zu einer Mitzählung führen soll, wird weder aus dem Gesetzestext noch aus der Gesetzesbegründung ersichtlich. 95

Das Problem ließe sich grundsätzlich über verschiedenste Ansätze lösen. Zunächst kommt eine Anlehnung an sozialversicherungsrechtliche Maßstäbe in Betracht (→ Rn. 97 f.). Nicht maßgeblich kann das auf den Arbeitsvertrag anwendbare Recht sein (→ Rn. 99 ff.). Die besseren Argumente sprechen letztlich auch gegen eine Anlehnung an den gewöhnlichen Arbeitsort (→ Rn. 102 ff.). Auch das Abstellen auf den Sitz des Arbeitgebers im Inland ist 96

---

[126] BAFA FAQ LkSG, Stand: 28.4.2022, III.2, https://www.bafa.de/DE/Lieferketten/Ueberblick/ueberblick_node.html;jsessionid=8F3E445184BDBBA2ED8E4B43AC38F4A9.2_cid390 (zuletzt abgerufen am 6.9.2022).

[127] BAFA FAQ LkSG, Stand: 28.4.2022, III.2, https://www.bafa.de/DE/Lieferketten/Ueberblick/ueberblick_node.html;jsessionid=8F3E445184BDBBA2ED8E4B43AC38F4A9.2_cid390 (zuletzt abgerufen am 6.9.2022).

[128] Vgl. BT-Drs. 19/30505, 34.

[129] Grabosch, Stellungnahme zum RegE LkSG, BT-Drs. 19/28649, nebst Änderungsanträgen für die öffentliche Anhörung des Ausschusses für Arbeit und Soziales am 17.5.2021, 5.

[130] Vgl. BT-Drs. 19/30505, 34; was etwa auch von Grabosch im Rahmen seiner Stellungnahme angemerkt und gefordert wurde, vgl. Grabosch, Stellungnahme zum RegE LkSG, BT-Drs. 19/28649, nebst Änderungsanträgen für die öffentliche Anhörung des Ausschusses für Arbeit und Soziales am 17.5.2021, 5.

nicht überzeugend (→ Rn. 109 ff.). Schließlich und vorzugswürdig bietet sich eine Anlehnung an betriebsverfassungsrechtliche Grundsätze an (→ Rn. 112 ff.).

97 **(1) (Keine) Anlehnung an sozialversicherungsrechtliche Maßstäbe.** Gegen sozialversicherungsrechtliche Maßstäbe zur Bestimmung, ob eine Beschäftigung „im Inland" stattfindet, spricht jedenfalls, dass das LkSG und das Sozialversicherungsrecht nicht aufeinander abgestimmt sind. Entsendesituationen nach Deutschland wären nach sozialrechtlichen Maßstäben vor dem Hintergrund des § 5 SGB IV nicht erfasst. § 1 Abs. 1 S. 1 Nr. 2 will Entsendesituationen aber ausdrücklich erfasst wissen.

98 Wiederum könnte eingewandt werden, dass das Nichterfassen von Entsendesituationen bei einem sozialversicherungsrechtlichen Maßstab zur Feststellung der Inlandsbeschäftigung unschädlich wäre, korrigiert doch § 1 Abs. 1 S. 1 Nr. 2 selbst das Manko, indem er den Zusatz um ins Ausland entsendete Arbeitnehmer ausdrücklich beinhaltet.

99 **(2) Keine Maßgeblichkeit des auf den Arbeitsvertrag anwendbaren Rechts.** Jedenfalls liegt es für den Begriff der Inlandsbeschäftigung nach dem LkSG nicht nahe, auf das auf den Arbeitsvertrag anwendbare Recht abzustellen. Sollte nach einem solchen Ansatz deutsches Recht anwendbar sein, so wäre der Arbeitnehmer im Inland (Deutschland) beschäftigt. Für Individualarbeitsverträge wäre Art. 8 Rom I–VO maßgeblich.

100 Nach Art. 8 Abs. 1 Rom I–VO ist eine **Rechtswahl** nach Art. 3 Rom I–VO möglich, die grundsätzlich Vorrang hätte. So bestünde aber eine zu große **Umgehungsmöglichkeit,** namentlich **das LkSG mittels einer Rechtswahl effektiv auszuschalten.** Die Parteien könnten schlicht ausländisches Recht wählen, um eine Inlandsbeschäftigung zu vermeiden und damit das Erreichen des Schwellenwerts.

101 Zwar gibt es bei der Rechtswahlmöglichkeit für den Arbeitsvertrag die Institution des **Günstigkeitsvergleichs,** ebenfalls **in Art. 8 Abs. 1 Rom I-VO verankert.** Der Günstigkeitsvergleich wirkt auch etwaigem Missbrauch entgegen. Der Günstigkeitsvergleich bedeutet, dass trotz Rechtswahl zu überprüfen ist, ob das gewählte Recht oder das objektiv anwendbare Recht günstiger für den entsprechenden Arbeitnehmer ist. Sinn und Zweck des Günstigkeitsvergleichs ist damit der Schutz des Arbeitnehmers.[131] Das **LkSG dient jedoch nicht arbeitsschutzrechtlichen Zwecken in diesem Sinne** (vgl. § 2 Abs. 1–4). So könnte das Institut des Günstigkeitsvergleichs vielmehr noch zu Rechtsunsicherheit führen, denn dann wäre die Anwendbarkeit des LkSG davon abhängig, ob deutsches Recht für den einzelnen Arbeitnehmer das Günstigste ist. Das kann vom Gesetzgeber nicht gewollt sein. Bereits daher verbietet sich das Abstellen auf das anwendbare Arbeitsvertragsrecht, um eine Inlandsbeschäftigung für die Zwecke des LkSG festzustellen.

102 **(3) (Keine) Anlehnung an den „gewöhnlichen Arbeitsort" iSd Art. 8 Abs. 2 Rom I-VO.** Denkbar wäre für die Feststellung einer Inlandsbeschäftigung nach dem LkSG **zumindest eine Anlehnung an den gewöhnlichen Arbeitsort** iSd Art. 8 Abs. 2 Rom I–VO (bzw. Art. 21 Abs. 1 lit. b Ziff. i Brüssel Ia-VO).[132] Im Sinne des Art. 8 Abs. 2 Rom I-VO wäre für eine „Inlandsbeschäftigung" maßgeblich, ob der Arbeitnehmer den gewöhnlichen Arbeitsort (locus laboris) in Deutschland hat.

103 Das Abstellen auf den gewöhnlichen Arbeitsort **könnte jedenfalls nicht mittels Rechtswahl umgangen werden,**[133] da basierend auf faktischem Lebenssachverhalt.[134] Der gewöhnliche Arbeitsort lokalisiert. Er ist eine territoriale objektive Anknüpfung. Er ist der **geographische Schwerpunkt der realen Arbeitsleistung.**[135] Der gewöhnliche Arbeitsort ist der tatsächlich wiederkehrend aufgesuchte Ort der Arbeitsleistung.[136]

---

[131] Näher zum Günstigkeitsvergleich v. Bar/Mankowski IPR II § 1 Rn. 567 ff.
[132] Ähnlich Brunk, Menschenrechtscompliance, 2022, 461.
[133] Zur generellen „Manipulationsresistenz", vgl. v. Bar/Mankowski IPR II § 1 Rn. 585.
[134] Vgl. v. Bar/Mankowski IPR II § 1 Rn. 584.
[135] BeckOGK/Knöfel, 1.12.2021, Rom I-VO Art. 8 Rn. 57 mwN.
[136] v. Bar/Mankowski IPR II § 1 Rn. 584.

Für eine Anlehnung an Art. 8 Abs. 2 Rom I-VO und den gewöhnlichen Arbeitsort streitet zudem das dort zugrundeliegende Verhältnis zwischen dem gewöhnlichen Arbeitsort und der Auslandsentsendung. Nach Art. 8 Abs. 2 S. 2 Rom I-VO ändert sich der gewöhnliche Arbeitsort in einem bestimmten Staat nicht dadurch, dass der Arbeitnehmer die Arbeit vorübergehend in einem anderen Staat verrichtet. Vorübergehende Auslandsentsendungen verändern also nicht den gewöhnlichen Arbeitsort. Ähnlich agiert § 1 Abs. 1 S. 1 Nr. 2, der nicht nur auf im Inland beschäftigte Arbeitnehmer abstellt, sondern ausdrücklich auch ins Ausland entsandte Arbeitnehmer mit in der Berechnung erfasst wissen will. **104**

Eingewandt werden könnte aber Folgendes: Sollte sich die „Inlandsbeschäftigung" am Maßstab des gewöhnlichen Arbeitsortes orientieren, der wiederum auch Entsendesituationen erfasst, erschiene der Zusatz im Hs. 2 zu Abs. 1 S. 1 Nr. 2 („ins Ausland entsandte Arbeitnehmer sind erfasst") obsolet. Dies wäre aber hinnehmbar, hat der Zusatz laut Gesetzgeberwillen doch eine rein klarstellende Funktion.[137] Allerdings stellt auch Abs. 1 S. 2 Nr. 2 auf eine Inlandsbeschäftigung ab. Hier hat der Gesetzgeber aber bewusst auf den Zusatz „ins Ausland entsandte Arbeitnehmer sind erfasst" verzichtet.[138] Das indiziert, dass es nach den internen Maßstäben des LkSG einen Unterschied zwischen einer Inlandsbeschäftigung und einer Entsendesituation geben muss. **105**

Gleichwohl könnte das auch bedeuten, dass durch das Weglassen des Zusatzes bei Abs. 1 S. 2 Nr. 2 lediglich von ausländischen Unternehmen ins „nichtdeutsche Ausland" entsandte Arbeitnehmer exkludiert werden sollten. Das ist auch sinnvoll vor dem Hintergrund, dass Abs. 1 S. 2 rein ausländische Unternehmen erfassen will (abgesehen von der inländischen Zweigniederlassung). Ob diese ihre Arbeitnehmer ins nichtdeutsche Ausland entsenden, wäre für das LkSG ohne Belang. Hier würde es am erforderlichen Inlandsbezug des Unternehmens fehlen.[139] Wenn Arbeitnehmer aber ins „deutsche Ausland" entsendet werden, könnte bereits von einer Inlandsbeschäftigung ausgegangen werden. Dagegen spricht aber wiederum, dass eine Anlehnung an den gewöhnlichen Arbeitsort auch (vorübergehende) Entsendesituationen erfasst. Sollten also Arbeitnehmer vorübergehend nach Deutschland entsandt werden, ändert dies nichts an ihrem gewöhnlichen Arbeitsort im Ausland. Dann liegt auch keine Inlandsbeschäftigung vor, stellte man auf den gewöhnlichen Arbeitsort ab. **106**

Entgegnet werden könnte zudem, dass zwischen „Beschäftigung" bzw. „Beschäftigungsort" und gewöhnlichem Arbeitsort terminologisch unterschieden werden müsse.[140] Eine Inlandsbeschäftigung im Sinne von „im Inland tätig werden" sei also womöglich schneller gegeben als der gewöhnliche Arbeitsort.[141] Allerdings würde dieser Ansatz auch die Diskussion eröffnen, ob nicht bereits sehr kurzweilige Beschäftigungen im Inland zu einer Inlandsbeschäftigung führen würden, ähnlich wie bei § 20 MiLoG.[142] In internationalen Lieferketten könnte das etwa bereits die An- oder Ablieferung von Waren mittels Lkw-Transit betreffen. Gegen den Ansatz, dass jede Beschäftigung im Inland bereits als Inlandsbeschäftigung iSd LkSG gilt, spricht jedenfalls § 1 Abs. 1 S. 1 Nr. 2 als auch S. 2 Nr. 2, die das unbestimmte Tatbestandsmerkmal „in der Regel" vorsehen.[143] „In der Regel" streitet vielmehr für den gewöhnlichen Arbeitsort. **107**

Schließlich lässt sich über eine Anlehnung an den gewöhnlichen Arbeitsort wohl streiten. Die besseren Argumente sprechen dafür, nicht auf den gewöhnlichen Arbeitsort abzustellen. **108**

---

[137] BT-Drs. 19/30505, 34.

[138] BT-Drs. 19/30505, 34.

[139] Wohl anders Brunk, Menschenrechtscompliance, 2022, 461, der bereits die Anknüpfung an die inländische Zweigniederlassung als hinreichenden Inlandsbezug ausreichen lassen will.

[140] So Mankowski RdA 2017, 273 (274) zu § 20 MiLoG mwN.

[141] Nicht zum LkSG, aber zu § 20 MiLoG Mankowski RdA 2017, 273 (274).

[142] Zur Diskussion vgl. nur ErfK/Franzen MiLoG § 20 Rn. 3 mwN.

[143] Vgl. hierzu Mankowski RdA 2017, 273 (274) zu § 20 MiLoG, dem das unbestimmte Tatbestandsmerkmal „regelmäßig" im Gegensatz zu § 1 Abs. 1 S. 1 AEntG fehlt.

109 **(4) Unerheblichkeit des Sitzes des Arbeitgebers.** Ein weiterer Vorschlag wäre, dass für die Feststellung der Inlandsbeschäftigung nicht auf den individuellen Arbeitnehmer abzustellen ist, sondern auf den Arbeitgeber, der letztlich auch Regelungsadressat des LkSG sein soll.

110 Der Gesetzeswortlaut ist aber dahingehend eindeutig, dass es für die Bestimmung der Inlandsbeschäftigung im Rahmen des Abs. 1 S. 1 Nr. 2 bzw. S. 2 Nr. 2 nicht auf den Sitz des Arbeitgebers ankommt. Diese Funktion wird separat bereits durch die Anknüpfungspunkte in Abs. 1 S. 1 Nr. 1 bzw. S. 2 Nr. 1 übernommen.

111 Auch spricht gegen die Maßgeblichkeit des Arbeitgebersitzes im Inland der Blick auf § 1 Abs. 1 S. 2 Nr. 2, der ebenfalls auf im Inland beschäftigte Arbeitnehmer abstellt. § 1 Abs. 1 S. 2 erfasst aber vor allem ausländische Unternehmen. Daher kann für die Anwendbarkeit des LkSG der Arbeitgebersitz im Inland nicht maßgeblich für die Feststellung einer Inlandsbeschäftigung sein.

112 **(5) Betriebsverfassungsrechtlicher Maßstab.** Schließlich und vorzugswürdig bietet sich eine **Anlehnung an den betriebsverfassungsrechtlichen Maßstab** an. So könnte auf die Betriebszugehörigkeit der Arbeitnehmer abgestellt werden. Maßgeblich wäre demnach jedenfalls eine Eingliederung in die Betriebsorganisation.[144] Da eine „Inlandsbeschäftigung" gefordert wird, müsste auf die Eingliederung in eine „inländische" Betriebsorganisation abgestellt werden. Unerheblich ist dabei, ob die Tätigkeit geographisch auf deutschem Staatsgebiet ausgeübt wird.

113 Bedeutend ist zudem die Unterscheidung zwischen dem vom LkSG erfassten „Unternehmen" und dem hier gemeinten „Betrieb". Das Verständnis dieser Begriffe divergiert hier – ähnlich wie im Betriebsverfassungsrecht[145] –, wenngleich auch in der Praxis oft ein Gleichlauf bestehen mag. Maßstab für den Arbeitnehmerschwellenwert ist also der Betrieb bzw. die Betriebe des Unternehmens. Regelungsadressat des LkSG ist aber das Unternehmen.

114 Ein betriebsverfassungsrechtliches Verständnis der Inlandsbeschäftigung würde vor diesem Hintergrund jedenfalls im Gleichklang mit Abs. 1 S. 2 wirken, denn die Arbeitnehmer des ausländischen Unternehmens wären hier dann etwa bei der inländischen Zweigniederlassung als „inländischem Betrieb" eingegliedert.

115 Auch bestünde ein **Gleichklang mit dem sog. Ausstrahlungsprinzip** im Betriebsverfassungsrecht, wonach auch im Ausland tätige, insbesondere ins Ausland entsandte Arbeitnehmer, erfasst sind und unter bestimmten Voraussetzungen trotz Entsendung noch als dem inländischen Stammhausbetrieb zugehörig gelten. So macht auch der klarstellende Zusatz in Hs. 2 des Abs. 1 S. 1 Nr. 2 („ins Ausland entsandte Arbeitnehmer sind erfasst") Sinn.

116 Im Lichte des Territorialitätsprinzips des BetrVG wäre mit dem Abstellen auf einen betriebsverfassungsrechtlichen Maßstab für die Inlandsbeschäftigung auch das Territorialitätsprinzip für die Zwecke des LkSG erfüllt. Jedenfalls bestünde ein hinreichender Inlandsbezug, der die Anwendbarkeit des LkSG auch auf ausländische Unternehmen rechtfertigt.

117 **bb) Arbeitnehmerentsendung.** Im Vergleich zur Fassung des RegE wurde zudem in § 1 Abs. 1 S. 1 Nr. 2 der Zusatz beigefügt, dass **ins Ausland entsandte Arbeitnehmer** von dem Schwellenwert erfasst sind. Aus der Gesetzesbegründung lässt sich entnehmen, dass der Zusatz um ins Ausland entsandte Arbeitnehmer eine **klarstellende Funktion** erfüllen soll.[146]

118 **Arbeitnehmerentsendung** als grenzüberschreitender Einsatz von Arbeitskraft ist ein Phänomen vor allem der Globalisierung der Arbeitswelt,[147] das insbesondere in Konzern-

[144] Näher hierzu s. nur Richardi BetrVG/Thüsing, 17. Aufl. 2022, BetrVG § 7 Rn. 19.
[145] Richardi BetrVG/Richardi, 17. Aufl. 2022, BetrVG Einl. Rn. 71.
[146] Vgl. BT-Drs. 19/30505, 34; was etwa auch von Grabosch im Rahmen seiner Stellungnahme angemerkt und gefordert wurde, vgl. Grabosch Stellungnahme zum RegE LkSG, BT-Drs. 19/28649, nebst Änderungsanträgen für die öffentliche Anhörung des Ausschusses für Arbeit und Soziales am 17.5.2021, 5.
[147] Herfs-Röttgen NZA 2017, 873.

strukturen auftritt.[148] Im deutschen Recht ist hierbei das AEntG[149] einschlägig, welches das deutsche Umsetzungsgesetz zur Änderungs-RL (RL (EU) 2018/957) zur Arbeitnehmerentsende-RL (RL 96/71/EG) ist.

Kennzeichnend für eine Entsendung im engeren Sinne ist, dass die Auslandstätigkeit im Rahmen des fortbestehenden inländischen Arbeitsverhältnisses erfolgt.[150] Sie ist zu unterscheiden von der Dienstreise (bis zu drei Monate), der Versetzung und dem Übertritt. **119**

Im Groben lässt sich die typische Arbeitnehmerentsendung umschreiben als kurz- oder mittelfristiger Arbeitseinsatz im Ausland mit einer festen Rückkehrperspektive und enger Anbindung an den inländischen Betrieb.[151] Die feste Rückkehrperspektive sowie die enge Anbindung an den inländischen Betrieb vermögen einen Inlandsbezug der Anknüpfung an die Arbeitnehmer eines Unternehmens zu rechtfertigen, um zur Anwendung des LkSG zu gelangen. **120**

Für die Zwecke des § 1 ist es **unerheblich, wie lange** der Arbeitnehmer in das Ausland **entsandt** wird.[152] **121**

Auch wird vertreten, dass es unerheblich sei, ob die Arbeitnehmer im Ausland in das ausländische Unternehmen eingegliedert sind.[153] Folgte man aber dem betriebsverfassungsrechtlichen Verständnis der Inlandsbeschäftigung (→ Rn. 112 ff.) und geht man davon aus, dass die Auslandsentsendung ein Unterfall der Inlandsbeschäftigung ist, wie es der Wortlaut indiziert („ins Ausland entsandte Arbeitnehmer sind erfasst"), so kann dem nur unter einer Einschränkung zugestimmt werden: Unabhängig von der Eingliederung des Arbeitnehmers in den ausländischen Betrieb, muss der Arbeitnehmer dem inländischen Stammhausbetrieb zugehörig bleiben – ähnlich wie im Mitbestimmungsrecht über die sog. Ausstrahlungen.[154] **122**

c) Das Tatbestandsmerkmal „in der Regel". Die Personalkapazität bzw. die zahlenmäßige **Stammbelegschaft** eines Unternehmens (→ Rn. 21) ist in der Realität keine statische Größe. Schwankungen in der Beschäftigtenanzahl wird mit dem Tatbestandsmerkmal **„in der Regel"** begegnet. Die Begrifflichkeit indiziert eine **besondere Berechnungsmethode.** **123**

Das Abstellen auf die Berechnungsmethode des § 267 Abs. 5 HGB scheidet bereits aufgrund der unterschiedlichen Terminologie des § 267 Abs. 1 Nr. 3 und Abs. 2 Nr. 3 HGB („im Jahresdurchschnitt") und des § 1 Abs. 1 S. 1 Nr. 2 und S. 2 Nr. 2 („in der Regel") aus. Zudem wurde sich bei § 1 gerade nicht an den Größenklassen des § 267 HGB orientiert (→ Rn. 22). **124**

Der **unbestimmte Rechtsbegriff**[155] „in der Regel" soll vielmehr bedeuten, „dass die für das Unternehmen im Allgemeinen prägende Personalstärke maßgeblich ist."[156] Erforderlich ist damit ein zeitliches Element, das sowohl eine rückblickende Betrachtung **(Rückblick) als auch eine Prognose** hinsichtlich der zukünftigen Personalentwicklung berücksichtigt.[157] Die Gesetzesbegründung sieht hierfür einen **„ausreichend langen" Zeitraum als Maßstab (Referenzzeitraum)** vor.[158] **125**

Laut Gesetzgeberwillen gilt jedenfalls, dass die **Länge des Referenzzeitraumes** im Einzelfall zu bestimmen ist **(Einzelfallbetrachtung).**[159] **126**

---

148 Fey in Beck'sches Steuer- und Bilanzrechtslexikon, Edition 57, Stand: 1.1.2021, Arbeitnehmerentsendung Rn. 1; eingehend zur Thematik auch Vogt, Arbeitsrecht im Konzern, 2014, § 5.
149 Letzte in Kraft getretene Änderung am 30.7.2020.
150 Herfs-Röttgen NZA 2017, 873 (875) mwN; Hördt ArbRAktuell 2020, 485 (487).
151 Herfs-Röttgen NZA 2017, 873 (876) mwN; Hördt ArbRAktuell 2020, 485 (487).
152 Grabosch Das neue LkSG/Grabosch § 3 Rn. 7.
153 Grabosch Das neue LkSG/Grabosch § 3 Rn. 7.
154 Vgl. Wißmann/Kleinsorge/Schubert/Wißmann, 5. Aufl. 2017, MitbestG § 3 Rn. 38.
155 Vgl. BT-Drs. 19/28649, 33 mit Verweis auf BeckRS 2005, 40267 Rn. 15 mwN zu § 111 S. 1 BetrVG: „in der Regel".
156 BT-Drs. 19/28649, 33.
157 BT-Drs. 19/28649, 33.
158 BT-Drs. 19/28649, 33.
159 BT-Drs. 19/28649, 33.

127 Für die Bemessung eines ausreichend langen Referenzzeitraumes ist maßgeblich, dass kurzzeitige Schwankungen der personalen Kapazität eines Unternehmens keine Auswirkungen auf die Anwendbarkeit bzw. Nichtanwendbarkeit des LkSG und der damit einhergehenden Sorgfaltspflichten haben.[160] Dies betrifft unter anderem Personalbestandsschwankungen etwa aufgrund einer geänderten Auftragslage.[161] Eine Einzelfallbetrachtung sollte auch stets beachten, dass die zugrunde gelegte Dauer des Referenzrahmens der Stabilität, Planungssicherheit und letztlich der Rechtssicherheit für die Unternehmen dienen soll.[162]

128 Wie lange der Referenzzeitraum grundsätzlich in die Vergangenheit zurückreichen (Rückblick) und in die Zukunft reichen sollte (Prognose), ist allerdings zunächst unklar und wird nur (teilweise) durch die Gesetzesmaterialien konkretisiert.

129 Wie ein ausreichend langer Referenzzeitraum zur Berechnung der Arbeitnehmerschwelle mittels Rückblick und Prognose zu ermitteln ist, ist jedenfalls nicht gänzlich neu. Das Tatbestandsmerkmal „in der Regel" taucht etwa auch in § 106 Abs. 1 BetrVG,[163] § 17 Abs. 1 KSchG, § 23 Abs. 1 KSchG, § 1 Abs. 1 Nr. 2 MitbestG, § 1 Abs. 1 DrittelbG etc. auf. Auch die Gesetzesbegründung verweist darauf, dass seit langem bereits eine ähnliche Methode in anderen Rechtsbereichen herangezogen wird.[164] Verwiesen wird hier sogar ausdrücklich auf die entsprechende Rechtsprechung des BAG zur Ermittlung der Zahl der in der Regel beschäftigten wahlberechtigten Arbeitnehmer iSd § 111 S. 1 BetrVG im Falle einer Betriebsstillegung.[165] Die Gesetzesbegründung weist aber im gleichen Atemzug darauf hin, dass „bei der Auslegung allein der Schutzzweck und die weiteren auslegungsrelevanten Merkmale dieses Gesetzes maßgeblich sind".[166]

130 In dem in Bezug genommenen Urteil beziffert das BAG für den erforderlichen **Rückblick** in die Vergangenheit keinen für alle Fälle einheitlichen Zeitraum.[167] „Vielmehr kann der normale Personalbestand nur an Hand der Gegebenheiten ermittelt werden, die im Einzelfall die Entwicklung des Unternehmens kennzeichnen. Dabei ist zum einen zu berücksichtigen, dass der Begriff „in der Regel" ein zeitliches Element enthält, sodass für einen als normal anzusehenden Personalbestand eine gewisse Dauer zu fordern ist. Zum anderen hängt die Beurteilung, welche Belegschaftsstärke für das Unternehmen im Allgemeinen kennzeichnend ist, auch von den personalwirtschaftlichen Entscheidungen des Arbeitgebers ab."[168] Für die zeitliche Reichweite des Rückblicks in die Vergangenheit lässt sich hinsichtlich § 1 Abs. 1 Nr. 2 MitbestG aus dem BGH-Beschluss vom 25.6.2019 zum Arbeitsplatzbezug im Rahmen des § 14 Abs. 2 S. 6 AÜG ein **als angemessen erachteter Richtwert von sechs Monaten bis zu zwei Jahren** entnehmen,[169] der hier – abhängig vom Einzelfall (→ Rn. 126) – übertragen werden könnte.

131 Laut Gesetzesbegründung sind für die **Prognose** „die Gegebenheiten zu ermitteln, die die Entwicklung des Unternehmens im Einzelfall kennzeichnen. Dazu zählen insbesondere konkrete Veränderungsentscheidungen durch den Arbeitgeber, zum Beispiel, ob für die

---

[160] BT-Drs. 19/28649, 33.

[161] BT-Drs. 19/28649, 33.

[162] Vgl. BT-Drs. 19/28649, 33.

[163] § 106 Abs. 3 BetrVG erhält ab dem 1.1.2023 eine zusätzliche Nr. 5b, sodass „Fragen der unternehmerischen Sorgfaltspflichten in Lieferketten gemäß dem Lieferkettengesetz" zu den wirtschaftlichen Angelegenheiten gehören werden, die der Wirtschaftsausschuss mit dem Unternehmer zu beraten hat und über die auch der Betriebsrat zu unterrichten ist, vgl. BGBl. 2021 I 2959 (2969), Art. 4.

[164] BT-Drs. 19/28649, 33.

[165] BT-Drs. 19/28649, 33 mit Verweis auf BAG BeckRS 2005, 40267 Rn. 11 ff.

[166] BT-Drs. 19/28649, 33.

[167] BAG BeckRS 2005, 40267 Rn. 13.

[168] BAG BeckRS 2005, 40267 Rn. 13.

[169] BGH NJW 2019, 2856 Rn. 34 mAnm Mentzel/Sura: „Nach der ständigen Rechtsprechung des BAG ist für die Anzahl der „in der Regel" in einem Unternehmen Beschäftigten die Beschäftigungslage, die im Allgemeinen für den Betrieb kennzeichnend ist, maßgeblich. Ihre Feststellung erfordert sowohl eine rückblickende Betrachtung, für die ein Zeitraum zwischen sechs Monaten bis zwei Jahren als angemessen erachtet wird, als auch eine Prognose, bei der konkrete Veränderungsentscheidungen zu berücksichtigen sind. […]" (Hervorhebung hinzugefügt).

Zukunft eine kontinuierliche Verkleinerung der Belegschaft bis zu einem bestimmten Niveau geplant ist. Erforderlich ist, dass diese Entscheidung von dem zuständigen Gesellschaftsorgan beschlossen ist und ihrer Verwirklichung nichts Wesentliches mehr im Weg steht. Daher reichen bloße Erwartungen einer Verschlechterung der Auftragslage oder die bloße Absicht einer Werkschließung nicht aus."[170] Die Entscheidung muss also bereits hinreichend konkret sein.[171]

Da es für das Tatbestandsmerkmal „in der Regel" nicht nur auf einen Rückblick, sondern auch auf eine Prognose ankommt, darf **nicht nur auf die durchschnittliche Beschäftigtenanzahl des Vorjahres** abgestellt werden.[172] **132**

Die Begründung zum RegE sieht vor, dass sich die Bemessung des Referenzzeitraums im Einzelfall am **Geschäftsjahr** orientieren soll.[173] Das Geschäftsjahr kann hier **regelmäßig nur als Maßeinheit** für die Bemessung des Referenzzeitraums verstanden werden und grundsätzlich nicht generell bereits als Referenzzeitraum selbst.[174] Zum einen spricht hierfür bereits die Gesetzesbegründung („orientieren"). Zum anderen wäre es andernfalls in den meisten Fällen schwierig, die Beschäftigtenanzahl sowohl im Rückblick als auch innerhalb einer Prognose festzustellen. Kurzzeitige Schwankungen in der Belegschaftsstärke könnten das Bild bei einer Betrachtung nur eines Geschäftsjahres erheblich verzerren. Abgesehen von Einzelfällen (→ Rn. 126), ist ein Referenzzeitraum von nur einem Geschäftsjahr demnach regelmäßig kein ausreichend langer Referenzzeitraum. Das Geschäftsjahr wird aber regelmäßig als Maßeinheit für die Bemessung des Referenzzeitraums – also für den Rückblick und die Prognose – dienen. **133**

3. Gesetzgeberische Schätzung der praktischen Unternehmensfallzahlen. Auf Grundlage (nur) des RegE zu **§ 1 Abs. 1 S. 1 iVm Abs. 1 S. 3** (und damit nicht bezogen auf den „neuen" S. 2 hinsichtlich ausländischer Unternehmen mit inländischer Zweigniederlassung) wurde der Erfüllungsaufwand für die Wirtschaft anhand **geschätzter praktischer Unternehmensfallzahlen** kalkuliert.[175] Dabei wurde mitunter auch das Potential für menschenrechts- und umweltbezogene Risiken anhand verschiedener Branchen und der Internationalität der Lieferketten berücksichtigt, was Auswirkungen auf und vorausschauende unternehmerische Einsicht in die Einschätzungen des BAFA als der zuständigen Behörde (§ 19) zur Ergreifung von behördlichen Maßnahmen nach dem LkSG haben kann. **134**

In der Wirtschaftspraxis bedeutet die Schätzung nach dem RegE für inländische Unternehmen iSd § 1 Abs. 1 S. 1 iVm § 1 Abs. 1 S. 3 (also ab 1.000 Beschäftigten) Folgendes, wobei der Schätzung die Annahme zugrunde liegt, dass der Grad der Betroffenheit der Unternehmen von der geographischen Ausprägung der internationalen Lieferketten und der Branchenzugehörigkeit abhängt:[176] **135**

---

[170] BT-Drs. 19/28649, 33.

[171] Vgl. Wagner/Ruttloff/Wagner LkSG-HdB/Wagner/Wagner/Schuler § 1 Rn. 6.

[172] Anders hierzu wohl Dutzi/Schneider/Hasenau DK 2021, 454 (456): „Die Annahme eines Regelfalls lässt hierbei auf eine Durchschnittsbetrachtung schließen, was sich auch der Begründung des RegE entnehmen lässt. Aufgrund der im weiteren Verlauf noch abgeleiteten Berichtsperiodik empfiehlt sich zur Berechnung die durchschnittliche Beschäftigtenanzahl des Vorjahres.", mit Verweis auf BAG DB 2005, 456 Rn. 12 = BeckRS 2005, 40267, welches allerdings nur auf den Fall der Betriebsstilllegung abzustellen hatte, sodass – so auch das BAG – nur eine rückblickende Betrachtung erforderlich war.

[173] BT-Drs. 19/28649, 33.

[174] AA wohl Frank/Edel/Heine/Heine BB 2021 (2165): „Der Referenzzeitraum ist jedenfalls so lange zu bemessen, dass vorübergehende Schwankungen in der Belegschaft keinen Einfluss auf die Anwendbarkeit des LkSG haben. Der Gesetzgeber geht hierbei vom Geschäftsjahr aus. Angemessen dürfte aber auch ein Zeitraum von zwei Jahren sein.".

[175] BT-Drs. 19/28649, 26 f.; vgl. auch BT-Drs. 19/28649, Anlage 2, Stellungnahme des Nationalen Normenkontrollrates gemäß § 6 Abs. 1 NKRG, 62.

[176] BT-Drs. 19/28649, 26 f.; vgl. auch BT-Drs. 19/28649, Anlage 2, Stellungnahme des Nationalen Normenkontrollrates gemäß § 6 Abs. 1 NKRG, 62.

136 **Insgesamt** wird davon ausgegangen, dass **ca. 2.891 Unternehmen** in Deutschland über 1.000 Beschäftigte haben und damit grundsätzlich in den Anwendungsbereich des LkSG fallen.

137 Die praxisrelevante Fallzahl der vom LkSG **gering bis stark betroffenen Unternehmen mit globalen Wertschöpfungsketten** wurde auf **2.255** Unternehmen mit zusätzlichem Erfüllungsaufwand geschätzt.

138 **636 Unternehmen erfüllten bereits die NAP-Standards** und wurden daher nicht mit in die praktische Fallzahl einberechnet.[177] Zudem würden **38** der grundsätzlich vom Anwendungsbereich umfassten Unternehmen die LkSG–Pflichten **praktisch kaum treffen,** da sie in einer **inländischen Branche** aktiv sind. Auch diese sind in der praktischen Fallzahl nicht abgebildet. Gemeint sind damit laut Gesetzesbegründung vor allem Unternehmen der Branchen „Bergbau und Mineralien", „Entsorgung", „Forstwirtschaft", „Immobilien" sowie „Wasserversorgung", weil die Wertschöpfung hier überwiegend in Deutschland stattfinde.[178]

139 **1.501** sind **sehr stark betroffene Unternehmen** und **536** sind **stark betroffene Unternehmen.** Hier geht der Gesetzgeber davon aus, dass in den fraglichen Wirtschaftszweigen vergleichsweise schwere Menschenrechtsrisiken bestehen. Die Fallzahlen der sehr stark betroffenen Unternehmen ergebe sich aus der Anzahl der sehr großen Unternehmen, die Waren aus dem außereuropäischen Ausland importieren. Hier wird pauschal vermutet, dass schwere Menschenrechtsrisiken bestehen. Die Fallzahl der stark betroffenen Unternehmen umfasst solche Unternehmen, die zwar Waren aus dem europäischen, nicht aber aus dem außereuropäischen Ausland importieren.[179]

140 **180 Unternehmen sind lediglich geringfügig** betroffen. Nach der Evaluierung der Gesetzesbegründung betrifft dies Unternehmen aus dem „Baugewerbe", der „Landwirtschaft und Fischerei", „Personal-, Reinigungs- und Sicherheitsdienstleistungen" sowie „Transport- und Logistik". Der Grund für die geringe Betroffenheit liege in der geringen internationalen Verflechtung, bei gleichzeitigem potentiellen menschenrechtlichen Risiko. Die Risiken lägen dabei vorwiegend innerhalb Deutschlands und weniger im Ausland.[180]

141 Diese Einteilung mag dem BAFA (§ 19) bei der praktischen Ausgestaltung des „risikobasierten Ansatzes" dienen. Allerdings besteht die Gefahr, dass das BAFA nach dieser Einteilung übersieht, dass auch die Branchen der 38 nicht mitgezählten Unternehmen sowie der 180 geringfügig betroffenen Unternehmen mit ihren Produkten und Dienstleistungen einen europäischen und/oder außereuropäischen Auslandsbezug haben können. Vor allem, wenn es um die Beschaffung von Materialien zur Ausübung der branchenspezifischen unternehmerischen Tätigkeit geht, werden regelmäßig Auslandsbezüge bestehen. Das hängt aber auch von dem dem LkSG zugrundeliegenden Lieferkettenverständnis ab (§ 2).

142 Jedenfalls kann auch bei den nicht mitgezählten sowie geringfügig betroffenen Unternehmen ein Menschenrechts- und/oder Umweltrisiko bestehen, das nicht zu leichtfertig auf Grundlage der gesetzgeberischen Einteilung bzw. Schätzung abgetan werden sollte. Insofern dienen die Maßstäbe lediglich als erste Orientierung, ändern aber nichts an der grundlegenden Erfassung der entsprechenden Unternehmen vom persönlichen Anwendungsbereich des LkSG.

---

[177] BT-Drs. 19/28649, 26.

[178] BT-Drs. 19/28649, 26 zum Erfüllungsaufwand für die Wirtschaft, basierend auf: Adelphi consult GmbH (2020), Die Achtung der Menschenrechte entlang globaler Wertschöpfungsketten, Risiken und Chancen für Branchen der deutschen Wirtschaft, Studie im Auftrag des BMAS.

[179] BT-Drs. 19/28649, 27.

[180] BT-Drs. 19/28649, 27.

III. Subsidiäre Anknüpfung (Abs. 1 S. 2)

S. 2 erweitert die vom Anwendungsbereich erfassten Unternehmen vor allem um ausländische Unternehmen, die nicht bereits unter § 1 Abs. 1 S. 1 fallen.[181] Nach § 1 Abs. 1 S. 2 sind nun damit auch ausländische Unternehmen erfasst, die nicht bereits unter § 1 Abs. 1 S. 1 fallen, aber **mindestens** (→ Rn. 165) **eine inländische Zweigniederlassung gemäß § 13d HGB** haben und im Inland in der Regel mehr als 3.000 bzw. ab dem 1.1.2024 mehr als 1.000 im Inland beschäftigte Arbeitnehmer zu verzeichnen haben. 143

Dabei stellt § 1 Abs. 1 S. 2 mit seinen Nr. 1 und 2 **kumulative Voraussetzungen** für die (subsidiäre) Eröffnung des Anwendungsbereichs auf **(„und").** 144

1. Genese des Abs. 1 S. 2 und (schwache) Umsetzung des Marktprinzips. Im RegE waren ausländische Unternehmen mit inländischen Zweigniederlassungen noch nicht vorgesehen.[182] Dass vor allem ausländische Konkurrenzunternehmen, deren Geschäftstätigkeit auf den deutschen Markt ausgerichtet ist, nicht erfasst waren, wurde im Rahmen der Stellungnahmen vielfach kritisiert.[183] Hauptkritikpunkt war, dass andernfalls inländische Unternehmen im Verhältnis zur ausländischen Konkurrenz Wettbewerbsnachteilen ausgesetzt werden würden.[184] Zudem würde durch das Abstellen auf eine inländische Geschäftstätigkeit ein etwaiger Anreiz zur Abwanderung aus Deutschland ausgeschlossen werden.[185] Damit betraf die **Kritik** vor allem die **mangelnde Umsetzung des Marktprinzips.** Im Rahmen der Stellungnahmen zum RegE wurden sehr konkrete Vorschläge gemacht, wie eine Umsetzung des Marktprinzips bzw. die Anwendbarkeit des LkSG auf ausländische Unternehmen erreicht werden könnte. 145

Es wurde vorgeschlagen, ähnlich wie beim niederländischen Wet Zorgplicht Kinderarbeid (auch) auf das regelmäßige Anbieten von Produkten oder Dienstleitungen auf dem deutschen Markt (dh etwa zweimal jährlich) anzuknüpfen.[186] Eine solche starke Umsetzung des Marktprinzips wäre jedenfalls nichts Neues gewesen. Auch die Berichtspflicht über Sorgfaltsmaßnahmen gegen moderne Sklaverei nach dem California Transparency Act gilt für Unternehmen weltweit, die mehr als 500.000 USD Umsatz pro Jahr in Kalifornien erzielen.[187] Die VO 146

[181] Vgl. BT-Drs. 19/30505, 6.

[182] Vgl. noch § 1 RegE, BT-Drs. 19/28649.

[183] In dieser Deutlichkeit vor allem Krajewski, Stellungnahme zum RegE LkSG, BT-Drs. 19/28649, nebst Änderungsanträgen für die öffentliche Anhörung des Ausschusses für Arbeit und Soziales am 17.5.2021, 11; vgl. auch International Labour Organization (ILO) Vertretung Deutschland, Stellungnahme zum RegE LkSG, BT-Drs. 19/28649, nebst Änderungsanträgen für die öffentliche Anhörung des Ausschusses für Arbeit und Soziales am 17.5.2021, 2; Markus Löning, Stellungnahme zum RegE LkSG, BT-Drs. 19/28649, nebst Änderungsanträgen für die öffentliche Anhörung des Ausschusses für Arbeit und Soziales am 17.5.2021, 4; Deutscher Gewerkschaftsbund Stellungnahme zum RegE LkSG, BT-Drs. 19/28649, nebst Änderungsanträgen für die öffentliche Anhörung des Ausschusses für Arbeit und Soziales am 17.5.2021, 1; Initiative Lieferkettengesetz Stellungnahme zum RegE LkSG, BT-Drs. 19/28649, nebst Änderungsanträgen für die öffentliche Anhörung des Ausschusses für Arbeit und Soziales am 17.5.2021, 6; Grabosch, Stellungnahme zum RegE LkSG, BT-Drs. 19/28649, nebst Änderungsanträgen für die öffentliche Anhörung des Ausschusses für Arbeit und Soziales am 17.5.2021, 3.

[184] So etwa Löning Stellungnahme zum RegE LkSG, BT-Drs. 19/28649, nebst Änderungsanträgen für die öffentliche Anhörung des Ausschusses für Arbeit und Soziales am 17.5.2021, 4; Initiative Lieferkettengesetz Stellungnahme zum RegE LkSG, BT-Drs. 19/28649, nebst Änderungsanträgen für die öffentliche Anhörung des Ausschusses für Arbeit und Soziales am 17.5.2021, 6.

[185] S. nur Grabosch Stellungnahme zum RegE LkSG, BT-Drs. 19/28649, nebst Änderungsanträgen für die öffentliche Anhörung des Ausschusses für Arbeit und Soziales am 17.5.2021, 3; vgl. nun auch Grabosch Das neue LkSG/Grabosch § 3 Rn. 13.

[186] Grabosch Stellungnahme zum RegE LkSG, BT-Drs. 19/28649, nebst Änderungsanträgen für die öffentliche Anhörung des Ausschusses für Arbeit und Soziales am 17.5.2021, 4.

[187] Grabosch Stellungnahme zum RegE LkSG, BT-Drs. 19/28649, nebst Änderungsanträgen für die öffentliche Anhörung des Ausschusses für Arbeit und Soziales am 17.5.2021, 4; näher hierzu s. Grabosch, Unternehmen und Menschenrechte, 2019, 18 ff.

(EU) 995/2010 über den Holzhandel und die VO (EU) 2017/821 knüpfen an den Import an, unabhängig von der Staatsangehörigkeit.[188]

147 Soweit es um die Schaffung einer europäischen Lösung für ein „Lieferkettengesetz" geht, lässt sich ebenfalls die Tendenz hin zu einer starken Umsetzung des Marktprinzips erkennen. Sowohl das Eckpunktepapier des Europäischen Parlaments für die Ausarbeitung einer Richtlinie betreffend die Sorgfaltspflicht und Rechenschaftspflicht von Unternehmen vom 10.3.2021 (Eckpunktepapier 2021; → Rn. 312 ff.; → Einl. Rn. 66 ff.) als auch der EU-Kommissionsentwurf für eine Richtlinie betreffend die Nachhaltigkeitspflichten von Unternehmen vom 23.2.2022 (Lieferketten-RL-E; → Rn. 327 ff.) setzen das Marktprinzip viel stärker um als § 1 (→ Rn. 320 f. bzw. → Rn. 359).

148 Der Vorteil einer **starken Umsetzung des Marktprinzips** ist, dass **Wettbewerbsnachteile** inländischer Unternehmen gegenüber ausländischen Unternehmen mit inländischer Geschäftstätigkeit **vermieden** werden.[189] Es wird ein **sog. level playing field** geschaffen. Eine starke Umsetzung des Marktprinzips erfolgte aber im LkSG letztlich nicht. Die EU-Grundfreiheiten hätten ihr zwar nicht entgegengestanden.[190] Die Angst vor der Abwanderung ausländischer Unternehmen aus dem deutschen Markt war indes zu groß. Sollte sich der EU- Lieferketten-RL-E durchsetzen, so müsste der Gesetzgeber das LkSG aber ohnehin noch einmal überarbeiten und zumindest eine stärkere Umsetzung des Marktprinzips vornehmen (→ Rn. 320 f. bzw. → Rn. 359).

149 Ebenso wurde für die Umsetzung des Marktprinzips vorgeschlagen, an den Begriff der Betriebsstätte iSd § 12 S. 2 AO anzuknüpfen, der Regelbeispiele für Betriebsstätten aufzählt: Stätte der Geschäftsleitung, Zweigniederlassungen, Geschäftsstellen, Fabrikations- oder Werkstätten, Warenlager, Ein- oder Verkaufsstellen, usw. Einige der Regelbeispiele des § 12 S. 2 AO sind allerdings bereits auch über § 1 Abs. 1 S. 1 abgedeckt. So ist etwa die Stätte der Geschäftsleitung bereits über die Anknüpfungsmerkmale „Hauptverwaltungssitz" und „Verwaltungssitz" abgedeckt.[191] Eine komplette Übernahme der Regelbeispiele des § 12 S. 2 AO ist, wie ersichtlich, jedenfalls nicht erfolgt. Dennoch wurde der Mindestvorschlag umgesetzt, dass Zweigniederlassungen mit in § 1 aufgenommen werden sollten.[192]

150 Zusammengefasst soll das Anknüpfungsmerkmal der **inländischen Zweigniederlassung dem Marktprinzip zumindest zuträglich** sein und damit internationalen Wettbewerbsverzerrungen entgegenwirken.[193] Das Anknüpfungsmerkmal der inländischen Zweigniederlassung signalisiert also die **enge Verbindung zum deutschen Markt** (Stichworte: genuine link und Inlandsbezug) und vermag dadurch die extraterritoriale Anwendbarkeit deutschen Wirtschaftsverwaltungsrechts auf ausländische Unternehmen zu rechtfertigen.[194]

---

[188] Grabosch Stellungnahme zum RegE LkSG, BT-Drs. 19/28649, nebst Änderungsanträgen für die öffentliche Anhörung des Ausschusses für Arbeit und Soziales am 17.5.2021, 4; näher zur VO (EU) 995/2010 über den Holzhandel Grabosch, Unternehmen und Menschenrechte, 2019, 22 f.; zur VO (EU) 2017/821 Grabosch, Unternehmen und Menschenrechte, 2019, 57 ff.

[189] So bereits Krebs ZUR 2021, 394 (396); vgl. auch Krajewski Stellungnahme zum RegE LkSG, BT-Drs. 19/28649, nebst Änderungsanträgen für die öffentliche Anhörung des Ausschusses für Arbeit und Soziales am 17.5.2021, 11.

[190] So jedenfalls Grabosch Stellungnahme zum RegE LkSG, BT-Drs. 19/28649, nebst Änderungsanträgen für die öffentliche Anhörung des Ausschusses für Arbeit und Soziales am 17.5.2021, 4: „[…] Mögliche Beeinträchtigungen der Grundfreiheiten lassen sich aber mit dem Menschenrechtsschutz rechtfertigen, insbes. vor dem Hintergrund, dass der EuGH auch den Schutz von Grundrechten bereits als Rechtfertigungsgrund anerkannt hat und Art. 3 Abs. 5 EUV die EU zum Schutz der Menschenrechte und gerechtem Handel verpflichtet.".

[191] So bereits Grabosch Stellungnahme zum RegE LkSG, BT-Drs. 19/28649, nebst Änderungsanträgen für die öffentliche Anhörung des Ausschusses für Arbeit und Soziales am 17.5.2021, 3.

[192] Grabosch Stellungnahme zum RegE LkSG, BT-Drs. 19/28649, nebst Änderungsanträgen für die öffentliche Anhörung des Ausschusses für Arbeit und Soziales am 17.5.2021, 3 f.: „Mindestens das Anknüpfungsmerkmal der Zweigniederlassung sollte in § 1 Abs. 1 aufgenommen werden.".

[193] Ähnlich zu entsprechender verfassungsrechtlicher Kritik Thalhammer DÖV 2021, 825 (831).

[194] Krebs ZUR 2021, 394 (396); ähnlich Valdini BB 2021, 2955 (2956); s. auch darüberhinausgehend zur völkerrechtlichen Rechtfertigung bei hypothetischer Anknüpfung nicht nur an inländische Zweignieder-

Mit der Einführung von § 1 Abs. 1 S. 2 lässt sich nun annehmen, dass er etwaigen Wettbewerbsnachteilen von vom Anwendungsbereich erfassten inländischen Unternehmen (iSd Abs. 1 S. 1) gegenüber ausländischen Unternehmen mit inländischer Geschäftstätigkeit zumindest entgegengewirkt. Dadurch wird **bei rechtsvergleichender Perspektive** zB mit Blick auf den UK Modern Slavery Act 2015[195] oder dem niederländischen Wet Zorgplicht Kinderarbeid[196] im Vergleich zum Regierungsentwurf mit § 1 Abs. 1 S. 2 allerdings **nur in sehr abgespeckter Weise auf das Marktprinzip abgestellt.**[197] 151

Warum das Anknüpfungsmerkmal der „inländischen Zweigniederlassung" systematisch nicht einfach in § 1 Abs. 1 S. 1 Nr. 1 aufgenommen wurde, sondern einen eigenen S. 2 erfährt, lässt sich den Gesetzesmaterialien nicht entnehmen. Dies ist aber vermutlich dem Umstand geschuldet, dass die Thematik erst kurzfristig aufgenommen wurde. Zudem sollen bei ausländischen Unternehmen mit inländischer Zweigniederlassung ins Ausland entsandte Arbeitnehmer gerade nicht miteingerechnet werden (→ Rn. 175), sodass es formulierungstechnisch umständlich geworden wäre, ausländische Unternehmen mit inländischer Zweigniederlassung noch in Abs. 1 S. 1 unterzubringen. Auch bezieht sich § 1 Abs. 3 lediglich auf Abs. 1 S. 1 (→ Rn. 217 ff.). 152

2. Das ausländische Unternehmen als Regelungsadressat. Dem Wortlaut des S. 2 zufolge soll das entsprechende **ausländische Unternehmen** als **Regelungsadressat** der Sorgfaltspflichten und etwaiger behördlicher Maßnahmen gelten und nicht etwa die Zweigniederlassung(en) selbst.[198] Dies ergibt sich aus der Formulierung: „[...] ist dieses Gesetz auch anzuwenden auf Unternehmen ungeachtet ihrer Rechtsform [...]". 153

Die Anknüpfung an den Rechtsträger oder die Rechtsträgerin ist auch sinnvoll vor dem Hintergrund, dass echte Zweigniederlassungen keine rechtlich selbstständigen Unternehmen darstellen,[199] im Gegensatz zu Tochtergesellschaften. Demnach dienen die **Zweigniederlassungen lediglich** als **Anknüpfungsmerkmal** zur Anwendbarkeitsfeststellung. Das ausländische Unternehmen als Rechtsträger bzw. Rechtsträgerin ist Regelungsadressat der Sorgfaltspflichten und etwaiger behördlicher Maßnahmen iSd LkSG. 154

Eine inländische Zweigniederlassung kann aber im Rahmen des § 2 Abs. 5 Nr. 1 iVm Abs. 6 S. 2 als Standort im Inland zu qualifizieren sein, sodass sie zum „eigenen Geschäfts- 155

---

lassungen sondern an die bloße inländische Geschäftstätigkeit ausländischer Unternehmen Thalhammer DÖV 2021, 825 (832) f. mwN; krit. aber hinsichtlich der völkerrechtlichen Zulässigkeit der Durchsetzung behördlicher Maßnahmen auf ausländischem Territorium, insbes. betreffend die Betretensrechte nach § 16.

[195] UK Modern Slavery Act 2015, c. 30, 26.3.2015 (MSA), insbes. mit Blick auf die in § 54 (2) (a) MSA geregelte Berichtspflicht für Unternehmen („commercial organisations"), die im Vereinigten Königreich Geschäfte tätigen und selbst oder durch Tochterunternehmen weltweit einen Umsatz von 36.000.000 GBP erreichen; näher hierzu s. Grabosch, Unternehmen und Menschenrechte, 2019, 24 f.

[196] Wet van 24 oktober 2019 houdende de invoering van een zorgplicht ter voorkoming van de levering van goederen en diensten die met behulp van kinderarbeid tot stand zijn gekomen (Wet zorgplicht kinderarbeid), Staatsbladvan het Koninkrijk der Nederlanden, Jaargang 2019, 401 (13).11.2019; Betroffen sind nach Art. 4(1) grundsätzlich auch ausländische Unternehmen, die mindestens zweimal jährlich Waren oder Dienstleistungen an niederländische Endkonsumenten und Endkonsumentinnen (Verbraucher wie auch Unternehmen) liefern bzw. erbringen, näher hierzu s. Grabosch, Unternehmen und Menschenrechte, 2019, 45.

[197] Zur Kritik am fehlenden Marktprinzip noch zur Entwurfsfassung von § 1 vom 3.3.2021, vgl. Krajewski, Stellungnahme zum RegE LkSG, BT-Drs. 19/28649, nebst Änderungsanträgen für die öffentliche Anhörung des Ausschusses für Arbeit und Soziales am 17.5.2021, 11; für eine Übersicht zum UK Modern Slavery Act 2015 und dem niederländischen Wet Zorgplicht Kinderarbeid sowie weiteren nationalen und europäischen gesetzlichen Verpflichtungen auf dem Gebiet „Unternehmen und Menschenrechte" s. Grabosch, Unternehmen und Menschenrechte, 2019.

[198] Ebenso bereits Wagner/Ruttloff/Wagner LkSG-HdB/Wagner/Wagner/Schuler § 1 Rn. 4; Ott/Lüneborg/Schmelzeisen DB 2022, 238 (239); Valdini BB 2021, 2955 (2956); zumindest in dieser Hinsicht wohl ein ähnliches Verständnis Leuering NZG 2021, 753 (754); ähnlich letztlich auch Grabosch Das neue LkSG/Grabosch § 3 Rn. 13: „[Die Zweigniederlassung] könnte unproblematisch in ein Tochterunternehmen umgewandelt werden; dann erst wäre sie eine Rechtsperson, die Pflichten (zB nach dem LkSG) haben kann."; aA wohl Krebs ZUR 2021, 394 (396): „Nunmehr sollen aber auch Zweigniederlassungen ausländischer Unternehmen unter bestimmten Voraussetzungen erfasst werden.".

[199] Vgl. Lettl HandelsR § 4 Rn. 111.

bereich" des ausländischen Unternehmens gehört. In einem solchen Fall beziehen sich die Sorgfaltspflichten des ausländischen Unternehmens nach den §§ 3 ff. jedenfalls auf die inländische Zweigniederlassung (§ 2).

156 Da die ausländischen Unternehmen Regelungsadressaten sind und vor allem auch § 2 Abs. 5–8 (im „In- und Ausland") dafür sprechen, lässt sich annehmen, dass sich der Umfang der Sorgfaltspflichten eines ausländischen Unternehmens mit inländischer Zweigniederlassung auch auf den gesamten internationalen Lieferketten–Geschäftsbereich des ausländischen Unternehmens bezieht und nicht etwa nur auf den der inländischen Zweigniederlassung.[200] Allerdings ist dies keine Frage der persönlichen Anwendbarkeit des LkSG, sondern eine Frage der Weite des Lieferkettenverständnisses (§ 2 Abs. 5), des materiell–rechtlichen Umfangs der Sorgfaltspflichten sowie der (territorialen) Reichweite der behördlichen Kompetenzen bzw. der praktischen internationalen Durchsetzbarkeit der behördlichen Maßnahmen iSd §§ 14 ff.

157 **3. Das ausländische Unternehmen als Bezugspunkt für den Schwellenwert.** Es wurde bereits festgestellt, dass Regelungsadressatin des LkSG nicht etwa die inländische Zweigniederlassung, sondern das ausländische Unternehmen ist (→ Rn. 153 ff.). Eine ähnliche, aber gleichwohl andere Frage ist, ob das ausländische Unternehmen oder die inländische Zweigniederlassung als Bezugspunkt für die Bemessung der Beschäftigtenanzahl zu betrachten ist.

158 Nach dem Wortlaut wie nach dem Sinn und Zweck des § 1 Abs. 1 S. 2 kommt es hier nicht auf die Beschäftigtenanzahl der inländischen Zweigniederlassung an. Vielmehr ist das dahinterstehende **ausländische Unternehmen als Bezugspunkt für die Bemessung der Beschäftigtenanzahl** zu verstehen.[201]

159 Nach dem **Wortlaut** ist das LkSG „[…] anzuwenden auf **Unternehmen** […], **die** eine Zweigniederlassung […] haben **und** in der Regel 3.000 Arbeitnehmer im Inland beschäftigen."[202] Auch die Verwendung der Pluralform des Verbs „beschäftigen" in Abs. 1 S. 2 Nr. 2 spricht dafür, dass die Beschäftigtenanzahl der jeweiligen „Unternehmen" iSd Abs. 1 S. 2 Nr. 1 gemeint ist und nicht die der „einen" inländischen Zweigniederlassung. Hätte der Gesetzgeber nur die Beschäftigten bei der Zweigniederlassung gemeint, wäre dies formulierungstechnisch auch einfach umsetzbar gewesen. Er hätte etwa formulieren können, dass das LkSG anzuwenden ist auf „Unternehmen ungeachtet ihrer Rechtsform, die im Inland (mindestens) eine Zweigniederlassung gemäß § 13d HGB haben, **in der** in der Regel 3.000 Arbeitnehmer im Inland beschäftigt sind."

160 Auch der **Sinn und Zweck** hinter § 1 Abs. 1 S. 2 sprechen für die Schlussfolgerung, dass Bezugspunkt für die Bemessung der Beschäftigtenanzahl das ausländische Unternehmen ist. § 1 Abs. 1 S. 2 zielt auf die Umsetzung einer abgeschwächten Form des Marktprinzips ab (→ Rn. 145 ff.). Das Abstellen auf mindestens eine inländische Zweigniederlassung ist auch notwendig, um die Anwendbarkeit deutschen öffentlichen Wirtschaftsverwaltungsrechts auf ausländische Unternehmen zu rechtfertigen. Damit kann das **Erfordernis einer inländischen Zweigniederlassung lediglich als Anknüpfungsmerkmal** verstanden werden, welches eine ausreichend (enge) Verbindung des ausländischen Unternehmens mit dem deutschen Markt signalisiert (vgl. ähnlich → Rn. 150).

---

[200] So auch Grabosch Das neue LkSG/Grabosch § 3 Rn. 13; zu dieser Frage so nun auch das BAFA, BAFA FAQ LkSG, Stand: 28.4.2022, IV.12: „Nein, die Sorgfaltspflicht erstreckt sich, ebenso wie bei deutschen Unternehmen, auf alle weltweiten Lieferketten, die vom ausländischen Unternehmen initiiert oder gesteuert werden, egal in welcher Niederlassung.", https://www.bafa.de/DE/Lieferketten/Ueberblick/ueberblick_node.html;jsessionid=8F3E445184BDBBA2ED8E4B43AC38F4A9.2_cid390, zuletzt abgerufen am 6.9.2022.

[201] Wohl gleiches Verständnis Ott/Lüneborg/Schmelzeisen DB 2022, 238 (239); ähnlich Wagner/Ruttloff/Wagner LkSG-HdB/Wagner/Wagner/Schuler § 1 Rn. 4; aA Thalhammer DÖV 2021, 825 (826): „Das Gesetz erfasst […] ausländische Unternehmen mit entsprechend großer Zweigniederlassung in Deutschland."; ähnlich auch Leuering NZG 2021, 753 (754); Valdini BB 2021, 2955 (2956).

[202] Hervorhebungen hinzugefügt.

Um Wettbewerbschancen zu ausländischen Unternehmen möglichst zu vermindern, ist es auch sinnvoll, alle im Inland beschäftigten Arbeitnehmer des ausländischen Unternehmens mit in die Berechnung einfließen zu lassen und sich nicht nur auf die inländische Zweigniederlassung zu beschränken. Es ist jedenfalls nicht undenkbar, dass es neben einer inländischen Zweigniederlassung auch noch weitere unselbstständige Betriebsstätten des ausländischen Unternehmens gibt. In der Regel wird es aber oft zu einem Gleichlauf zwischen der Anzahl der im Inland beschäftigten Arbeitnehmer des ausländischen Unternehmens und der Anzahl der im Betrieb der inländischen Zweigniederlassung(en) beschäftigten Arbeitnehmer kommen. 161

Zu beachten ist, dass die Arbeitnehmer der inländischen Tochtergesellschaften dem ausländischen Unternehmen weder über Abs. 1 S. 2 Nr. 2 noch über Abs. 3 (→ Rn. 217 ff.) hinzuzurechnen sind. 162

4. Inländische Zweigniederlassung(en) nach § 13d HGB (Nr. 1). § 1 Abs. 1 S. 2 Nr. 1 nimmt ausdrücklich Bezug auf § 13d HGB, der **inländische Zweigniederlassungen von ausländischen Unternehmen** (= Hauptniederlassung eines Einzelkaufmanns oder einer Einzelkauffrau oder einer juristischen Person im Ausland oder ausländischer Sitz einer Handelsgesellschaft) betrifft. 163

Der **Begriff der Zweigniederlassung** wurde bewusst vom Gesetzgeber nicht definiert; der Begriff ist aber europarechtlich vor allem durch die frühere Zweigniederlassungs-RL 1989[203] (heute Art. 29 ff. GesR-RL) geprägt.[204] Bei Zweigniederlassungen handelt es sich um feste Geschäftseinrichtungen, die im Handelsregister zu veröffentlichen sind und von der Hauptniederlassung zwar organisatorisch deutlich selbständig sind, beispielsweise eine eigene Produktsparte führen, jedoch nicht von einem eigenständigen Rechtsträger (etwa einem Tochterunternehmen) betrieben werden.[205] 164

Nach dem **Wortlaut** des S. 2 Nr. 1 sind vor allem ausländische Unternehmen ungeachtet ihrer Rechtsform umfasst, die **„eine" Zweigniederlassung** gemäß § 13d HGB im Inland haben. Anhand des **Sinn und Zwecks des LkSG** und auch des grundsätzlich weit zu fassenden persönlichen Anwendungsbereichs des LkSG kann dies nur so verstanden werden, dass **„mindestens eine" Zweigniederlassung** als Anknüpfungsmerkmal ausreicht. Das Anknüpfungsmerkmal der „inländischen Zweigniederlassung" dient dem Marktprinzip (→ Rn. 145 ff.), weshalb es sinnwidrig wäre, Unternehmen, die mehrere Zweigniederlassungen im Inland haben, vom Anwendungsbereich des LkSG auszuschließen, obwohl diese – durch die Vielzahl an inländischen Zweigniederlassungen – eine noch viel engere Verbindung zum deutschen Markt und der deutschen Wirtschaft aufweisen. 165

Äußerst bemerkenswert ist, dass rein ausländische Unternehmen als Obergesellschaften, die keine Zweigniederlassung im Inland unterhalten, aber eine oder mehrere inländische konzernverbundene Tochtergesellschaften, dem Wortlaut nach nicht vom persönlichen Anwendungsbereich des LkSG umfasst sind. **Inländische Tochtergesellschaften von ausländischen Unternehmen** sind nämlich **gerade kein weiterer Anknüpfungspunkt.**[206] 166

Somit besteht nach der derzeitigen Fassung des § 1 eine **Umgehungsmöglichkeit:** Rein ausländische Unternehmen, die gleichzeitig Obergesellschaft sind, könnten ihre inländischen Zweigniederlassungen zu inländischen Untergesellschaften umstrukturieren. Sollten diese Untergesellschaften derart organisiert sein, dass sie den Arbeitnehmerschwellenwert iSd § 1 Abs. 1 S. 1 (3.000 Arbeitnehmer) bzw. S. 3 (1.000 Arbeitnehmer) selbst nicht erreichen, so wären weder die ausländische Obergesellschaft noch die inländischen Untergesellschaften vom persönlichen Anwendungsbereich des LkSG umfasst. 167

---

[203] RL 89/666/EWG, ABl. EG 1989 L 395, 36.

[204] Vgl. zur Definitionslosigkeit aber europarechtlichen Prägung des Begriffs der Zweigniederlassung Grabosch Das neue LkSG/Grabosch § 3 Rn. 13 mwN.

[205] Näher zum Begriff der Zweigniederlassung K. Schmidt HandelsR, 6. Aufl. 2014, § 3 Rn. 30 ff.

[206] So auch Grabosch Das neue LkSG/Grabosch § 3 Rn. 14.

168 Auch **§ 1 Abs. 3,** die **Sonderbemessungsregelung für Obergesellschaften verbundener Unternehmen,** würde keinesfalls Anwendung finden, da die Obergesellschaft bereits nicht von Abs. 1 S. 2 erfasst wäre und bereits deswegen nicht von Abs. 3 betroffen sein kann. Grundsätzlich findet § 1 Abs. 3 nämlich keine Anwendung auf ausländische Obergesellschaften (→ Rn. 217 ff.).

169 Aufgrund des mit der Umgehungsmöglichkeit einhergehenden Umstrukturierungsaufwandes und der damit verbundenen Kosten sowie Haftungsfragen mag dies allerdings ein lediglich theoretisches Umgehungsszenario sein. Unklar ist jedenfalls, ob diese legale Umgehungsstrategie vom Gesetzgeber so bedacht oder sogar gewollt war. Mit einer starken Umsetzung des Marktprinzips gäbe es diesen Missstand jedenfalls nicht (→ Rn. 145 ff.). Dann käme es nur auf das Ausrichten der geschäftlichen Tätigkeit auf den deutschen Markt an. Rein ausländische Unternehmen wären dann regelmäßig vom deutschen LkSG erfasst. Für solch ein Ergebnis wäre jedenfalls eine entsprechende nachträgliche Gesetzesänderung notwendig.

170 Sollte sich der Lieferketten-RL-E von 2022 (näher → Rn. 327 ff.) durchsetzen, erledigt sich die Diskussion aber ohnehin, da er eine starke Umsetzung des Marktprinzips vorsieht (→ Rn. 359). Auch wird der Gesetzgeber bis zum 30.6.2024 die Schwellenwerte evaluieren und ggf. herabsetzen (→ Rn. 8). Etwaige gesellschaftsrechtliche strukturelle Anstrengungen zur Anwendbarkeitsvermeidung lohnen daher höchstwahrscheinlich also ohnehin nicht.

171 In der medialen Berichterstattung sowie im Rahmen der Stellungnahmen zum Regierungsentwurf wurde wiederholt kritisiert, dass Internetversandhändler wie zB Amazon wohl derzeit nicht unter das LkSG fallen würden.[207] Zwar hat Amazon EU S.á.r.l. mit Sitz in Luxemburg sowohl eine Zweigniederlassung sowie Tochterunternehmen in der BRD.[208] Ob solche Internetversandhändler wie zB Amazon unter das LkSG fallen, hängt aber davon ab, ob die Sonderbemessungsregelung des Abs. 3 zur Zurechnung der Arbeitnehmer der konzernzugehörigen Gesellschaften zur Obergesellschaft auch Anwendung auf „ausländische" Obergesellschaften iSd Abs. 1 S. 2 findet, was aber abzulehnen ist (→ Rn. 217 ff.).

172 **5. Arbeitnehmerschwellenwert (Nr. 2).** Bei Nr. 2 gilt im Groben bereits Gesagtes zu § 1 Abs. 1 S. 1 Nr. 2. Auch bei ausländischen Unternehmen mit (mindestens) einer inländischen Zweigniederlassung ist ein Arbeitnehmerschwellenwert für die persönliche Anwendbarkeit des LkSG für Unternehmen iSd § 1 Abs. 1 S. 2 maßgeblich.

173 Ab dem 1.1.2023 beläuft sich der maßgebliche Schwellenwert auf 3.000 Arbeitnehmer und gemäß § 1 Abs. 1 S. 3 (→ Rn. 179 ff.) ab dem 1.1.2024 auf 1.000 Arbeitnehmer. Dabei kommt es auch für § 1 Abs. 1 S. 2 Nr. 2 primär auf die **„Stammbelegschaft"** an (vgl. → Rn. 83). Bei § 1 Abs. 1 S. 2 gilt ebenfalls der **allgemeine Arbeitnehmerbegriff** (→ Rn. 84 ff.).

174 Wie bei § 1 Abs. 1 S. 1 Nr. 2 ist auch hier bei der Bemessung der Beschäftigtenanzahl ein ausreichend langer Bemessungszeitraum für **Rückblick und Prognose** als Maßstab anzulegen, was sich aus dem vergleichbaren Wortlaut ergibt **(„in der Regel").** Insofern kann hier auf die obigen Ausführungen zu § 1 Abs. 1 S. 1 Nr. 2 verwiesen werden (→ 123 ff.).

175 Im Vergleich zu § 1 Abs. 1 S. 1 Nr. 2 wurde auf den **Hinweis** bei S. 2 Nr. 2, dass **auch ins Ausland entsandte Arbeitnehmer** bei der Bemessung der Beschäftigtenanzahl miteinzubeziehen **bewusst verzichtet.**[209] Also sind bei der Berechnung der Beschäftigtenanzahl im Rahmen der Nr. 2 ausschließlich solche Arbeitnehmer erfasst, die im Inland

[207] Leuering NZG 2021, 753 (754); Leuering/Rubner NJW-Spezial 2021, 399 (400); allg. zur geringen Anwendbarkeit des LkSG auf Handelsunternehmen wie Zwischenhändler und Internetplattformen der DAV, Stellungnahme zum RegE LkSG, BT-Drs. 19/28649, nebst Änderungsanträgen für die öffentliche Anhörung des Ausschusses für Arbeit und Soziales am 17.5.2021, Rn. 9.

[208] Vgl. https://www.amazon.de/gp/help/customer/display.html?nodeId=GF4WKPX3G65RNNRJ (zuletzt abgerufen am 6.9.2022).

[209] BT-Drs. 19/30505, 34.

beschäftigt sind. Ins Ausland entsandte Arbeitnehmer werden gerade nicht mit einberechnet.

Weshalb auf die Miteinberechnung von ins Ausland entsandten Arbeitnehmer bewusst verzichtet wurde, ergibt sich nicht aus der Gesetzesbegründung. Eine mögliche Antwort ist, dass durch das Abstellen auf die Arbeitnehmerzahl, die „inländische" Stammbelegschaft eines Unternehmens evaluiert werden soll (→ Rn. 83). Die „inländische" Stammbelegschaft wiederum schafft bei Abs. 1 S. 2 neben der Anknüpfung an eine inländische Niederlassung den hinreichenden Inlandsbezug, der die Anwendbarkeit deutschen Wirtschaftsverwaltungsrechts auf ausländische Sachverhalte zu rechtfertigen mag. Wenn aber nun ins Ausland entsandte Arbeitnehmer erfasst wären, so wäre nach deutschen Maßstäben zB auch ein von einem französischen Unternehmen nach Australien entsandter Arbeitnehmer mitzuzählen. Hier würde aber der hinreichende Inlandsbezug fehlen. 176

Auch bei der Bemessung der Beschäftigtenanzahl bei Nr. 2 sind **Leiharbeitnehmer in die Berechnung miteinzubeziehen,** wenn deren Einsatzdauer sechs Monate übersteigt (vgl. § 1 Abs. 2 mit Verweis auch auf Abs. 1 S. 2 Nr. 2; → Rn. 183 ff.). 177

Angesichts dessen, dass § 1 Abs. 1 S. 2 Nr. 2 bewusst ins Ausland entsandte Arbeitnehmer von der Bemessung ausschließt (vgl. → Rn. 175), muss dies konsequenterweise auch für ins Ausland entsandte „Leih"arbeitnehmer iSd § 1 Abs. 2 gelten. Damit werden an dieser Stelle nur Leiharbeitnehmer mit in die Bemessung einbezogen, die für eine Dauer von mehr als sechs Monaten im Inland eingesetzt werden. 178

IV. Zeitliches Stufenmodell zu den Anwendbarkeitsschwellenwerten (Abs. 1 S. 3)

Nach § 1 Abs. 1 S. 3 **reduzieren sich die Schwellenwerte** zu der Beschäftigtenanzahl in S. 1 Nr. 2 und S. 2 Nr. 2 **ab dem 1.1.2024** jeweils von 3.000 **auf 1.000 Arbeitnehmer.** Ab dem 1.1.2024 greift das LkSG damit für – zumindest nach den heutigen statistischen Erhebungen – für geschätzte 2.891 Unternehmen in der BRD, wobei ausländische Unternehmen mit mindestens einer Zweigniederlassung iSd Abs. 1 S. 2 nicht von dieser Schätzung umfasst sind (→ Rn. 3). 179

Soweit ausländische Unternehmen mit inländischen Zweigniederlassungen iSd § 1 Abs. 1 S. 2 bei der praktischen Unternehmensfallzahl miterfasst werden, lassen sich in der Literatur Schätzungen bei einem Schwellenwert von 3.000 Arbeitnehmer von insgesamt ca. 900 erfassten Unternehmen und insgesamt ca. 4.800 Unternehmen bei einem Schwellenwert von 1.000 Arbeitnehmer finden.[210] 180

Mit der Absenkung des Schwellenwerts von 3.000 auf 1.000 Arbeitnehmer in relativ kurzer Zeit verfolgt das LkSG ein **„entschärftes" zeitliches Stufenmodell.** Damit werden nicht direkt alle größeren Unternehmen verpflichtet. Vielmehr können sich größere Unternehmen, also ab 3.000 Arbeitnehmern, an die Anforderungen des LkSG anpassen und dabei eine Vorbildfunktion entwickeln. So profitieren größere Unternehmen ab 1.000 Arbeitnehmern und KMU in zweierlei Hinsicht. Zum einen haben sie mehr Zeit, sich auf das LkSG einzustellen. Zum anderen können sie sich von den Erfahrungen und Umsetzungsmechanismen der „Großen" den Umgang mit dem LkSG abschauen; vor allem, weil sie bereits oft sogar schon ab dem 1.1.2023 zumindest mittelbar vom LkSG betroffen sein können (vgl. → Rn. 26 f.). 181

Letztlich dient das Stufenmodell auch dazu, das BAFA als zuständige Behörde (§ 19) an die Umsetzung und Durchsetzung des LkSG schrittweise heranzuführen. 182

[210] Grabosch Das neue LkSG/Grabosch § 3 Rn. 3 allerdings ohne weitere Quellen (zudem scheint der Verfasser versehentlich die geschätzten Unternehmensfallzahlen dem jeweils anderen Schwellenwert zugeordnet zu haben).

E. Miteinbezug von Leiharbeit (Abs. 2)

183 § 1 Abs. 2 **konkretisiert** sowohl Abs. 1 S. 1 Nr. 2 als auch S. 2 Nr. 2 betreffend die mit in die **Berechnung der Beschäftigtenanzahl** einzubeziehenden Arbeitnehmer. Ausdrücklich sind damit neben den Arbeitnehmern der Stammbelegschaft **auch Leiharbeitnehmer** in die Berechnung miteinzubeziehen, wenn ihre Einsatzdauer sechs Monate übersteigt.

I. Allgemeines zum Miteinbezug von Leiharbeit nach Abs. 2

184 Leiharbeit bzw. Arbeitnehmerüberlassung qualifiziert sich gemäß § 1 Abs. 1 AÜG dadurch, dass Arbeitnehmer des Verleihunternehmens an das Entleihunternehmen im Rahmen dessen wirtschaftlicher Tätigkeit zur Arbeitsleistung überlassen werden und dadurch in die Arbeitsorganisation des Entleihunternehmens eingegliedert werden und dessen Weisungen unterliegen. Arbeitsrechtlich sind **Leiharbeitnehmer als Beschäftigte des Verleihunternehmens** zu qualifizieren (§ 14 Abs. 1 AÜG). Das soll durch das LkSG nicht geändert werden.[211]

185 Leiharbeitnehmer sollen lediglich für die Zwecke des LkSG mit in die Berechnung einfließen, wenn ein Entleihunternehmen die Arbeitnehmerüberlassung für mehr als **sechs Monate** nutzt – die **Arbeitnehmerüberlassung also längerfristig als Instrument zur Deckung des Personalbedarfs** genutzt wird.[212]

186 Nur wenn die **zeitliche Untergrenze von sechs Monaten** überschritten ist, geht das LkSG davon aus, dass der Einsatz von Leiharbeitnehmern bei den „in der Regel" beschäftigten Arbeitnehmern mitzuzählen ist, weil deren **zeitlich relativ langer Einsatz kennzeichnend für die maßgebliche Größe eines Unternehmens** ist.[213] Das ist auch sinnvoll und konsequent, denn ein solcher Miteinbezug von Leiharbeit ist iSd dem § 1 zugrundeliegenden Bildes der **Stammbelegschaft,** welche für die wirtschaftliche Leistungsfähigkeit eines Unternehmens steht (→ Rn. 21).[214]

187 Bei der zeitlichen Bemessung des Einsatzes von Leiharbeit wird unter dem LkSG statt einer arbeitnehmerbezogenen eine **arbeitsplatzbezogene Perspektive** zugrunde gelegt (näher → Rn. 197 ff.).[215]

188 Dadurch, dass sowohl Abs. 1 S. 1 Nr. 2 als auch Abs. 1 S. 2 Nr. 2 wie auch Abs. 3 auf eine Inlandsbeschäftigung abstellen, **muss der Einsatz von Leiharbeit konsequenterweise auch grundsätzlich im Inland stattfinden.** Nur so wird der vom Gesetzgeber beabsichtigte Inlandsbezug auch beim Einsatz von Leiharbeit erzeugt. Damit sind nur solche Arbeitsplätze, die unter Einsatz von Leiharbeit besetzt werden, miteinzubeziehen, die einer Inlandsbeschäftigung (→ Rn. 91 ff.) gleichstehen.

189 Die Arbeitsplätze von **ins Ausland entsandten Leiharbeitnehmern** sind nach dem ausdrücklichen Wortlaut der Gesetzesbegründung zum RegE umfasst und **mit in die Bemessung einzubeziehen.**[216] Dies **gilt aber nur für § 1 Abs. 1 S. 1 Nr. 2,** nicht jedoch für § 1 Abs. 1 S. 2 Nr. 2, da der Gesetzgeber bei Abs. 1 S. 2 bewusst auf den Zusatz „ins Ausland entsandte Arbeitnehmer sind erfasst" verzichtet hat (→ Rn. 175). Das gilt also konsequenterweise auch für Arbeitsplätze von ins Ausland entsandten Leiharbeitnehmern (→ Rn. 178). Für die Zwecke der Bemessung des Schwellenwerts bei Abs. 1 S. 2 Nr. 2 sind ins Ausland entsandte Leiharbeitnehmer also nicht mitzuzählen.

---

211 BT-Drs. 19/28649, 34.
212 BT-Drs. 19/28649, 34.
213 Vgl. BT-Drs. 19/28649, 34.
214 So auch die Gesetzesbegr., vgl. BT-Drs. 19/28649, 34; vgl. Grabosch Das neue LkSG/Grabosch § 3 Rn. 8, der über den Verweis auf BAG NZA 2013, 726 auf die „normale Betriebsgröße" abstellt.
215 BT-Drs. 19/28649, 34.
216 BT-Drs. 19/28649, 34: „ins Ausland entsendete Leiharbeitnehmer sind erfasst".

190 Im Rahmen des Abs. 3 sind Leiharbeitnehmer ebenfalls miteinzuberechnen (→ Rn. 251 ff.).

191 Mit Blick auch auf verbundene Unternehmen iSd § 15 AktG ist auch grundsätzlich die **sog. „Konzernleihe“**[217] von Abs. 2 umfasst. Ein etwaiges „Konzernprivileg“ wie es etwa § 1 Abs. 3 Nr. 2 AÜG vorsieht, gibt es nämlich nicht in § 1. Im Rahmen des § 1 Abs. 3, bei dem die im Inland Beschäftigten sämtlicher konzernzugehöriger Gesellschaften bei der Obergesellschaft zusammenzurechnen sind, führt das aber nicht dazu, dass ein Konzernleiharbeitnehmer nur einmal zu zählen ist. Dies folgt aus der „arbeitsplatzbezogenen“ Perspektive, die dem Abs. 2 zugrunde liegt.

II. Rückgriff des Gesetzgebers auf die Rechtsprechung des BGH von 2019 zur arbeitsplatzbezogenen Perspektive bei Leiharbeit

192 Zur näheren Konkretisierung, wann Leiharbeitnehmer mit in die Bemessung einzubeziehen sind, greift die Begründung zum RegE in vergleichender Hinsicht auf die **Rechtsprechung des BGH von 2019 zum Miteinbezug von Leiharbeitnehmern** nach § 14 Abs. 2 S. 6 AÜG bei Schwellenwerten im Rahmen des MitbestG zurück und kopiert dabei – unter entsprechenden Abänderungen – letztlich sogar den Leitsatz der in Bezug genommenen BGH–Entscheidung.[218] Auch weitere Passagen des BGH–Beschlusses werden in der Gesetzesbegründung übernommen.

193 Zwei Aspekte sprechen für die **Sachgerechtigkeit des Bezugs auf die Rechtsprechung des BGH** zur Thematik „Einsatz von Leiharbeit und MitbestG“. Zum einen macht der Blick auf die **jüngere Geschichte des Konzernarbeitsrechts** klar, warum der Gesetzgeber hier mit § 1 Abs. 2 und der Verweisung auf die Rechtsprechung des BGH ausdrücklich den Einsatz von Leiharbeit berücksichtigt wissen will. Noch vor einigen Jahren wurde Leiharbeit oft als legale Umgehungsstrategie angewandt, um die Mitbestimmung von Arbeitnehmern im Aufsichtsrat zu vermeiden.[219] Es wurde teilweise davon ausgegangen, dass Leiharbeitnehmer nicht als Arbeitnehmer iSd MitbestG zu verstehen seien, sodass durch den strategischen Einsatz von Leiharbeit das Erreichen des Schwellenwerts nach § 1 Abs. 1 Nr. 2 MitbestG („in der Regel mehr als 2.000 Arbeitnehmer“) vermieden werden könne.[220]

194 (Spätestens)[221] mit der besagten aktuellen Rechtsprechung des BGH von 2019 zur arbeitsplatzbezogenen Perspektive beim Einsatz von Leiharbeit und dem MitbestG[222] hat sich dies nun geändert. Nun bietet es sich eindeutig nicht mehr an, Leiharbeit als Umgehungsoption zu verwenden, um Schwellenwerte zu drücken, die auf im Inland beschäftigte Arbeitnehmer abstellen. **Mit § 1 Abs. 2 normiert der Gesetzgeber diese „Umgehungsschranke“ nun ausdrücklich für das LkSG.** Wegen § 1 Abs. 2 können Unternehmen das Erreichen der Schwellenwerte nicht mittels des Einsatzes von Leiharbeit strategisch umgehen.

195 Das ist auch **ganz im Sinne des Ziels des LkSG.** Der Menschenrechts- und Umweltschutz entlang von (internationalen) Lieferketten darf nicht von Umgehungsoptionen wie etwa dem Einsatz von Leiharbeit abhängen.

196 Ein weiteres, **teleologisches Argument** vermag die Sachgerechtheit des Bezugs auf die BGH–Rechtsprechung zu Leiharbeit und dem MitbestG zu rechtfertigen. Letztlich richtet sich § 1 nämlich nach dem **Leitbild der Stammbelegschaft.** Die Stammbelegschaft

---

[217] Eingängig zur Arbeitnehmerüberlassung im Konzern Vogt, Arbeitsrecht im Konzern, 2014, § 6.

[218] BT-Drs. 19/28649, 34 mit Verweis auf BGH NJW 2019, 2856 = DStR 2019, 1933 (1934 ff.) zu § 14 Abs. 2 S. 6 AÜG.

[219] Vogt, Arbeitsrecht im Konzern, 2014, § 18 Rn. 12 f., der bereits auf die Rechtsunsicherheiten bei der Verwendung dieser Umgehungsoption hingewiesen hat.

[220] ErfK/Oetker MitbestG § 1 Rn. 7 mwN.

[221] Zum zunehmenden Wandel der Rechtsprechung zugunsten der Berücksichtigung von Leiharbeit, vgl. etwa Vogt, Arbeitsrecht im Konzern, 2014, § 18 Rn. 13; vgl. auch ErfK/Oetker MitbestG § 1 Rn. 7 f.

[222] BGH NJW 2019, 2856 zum Arbeitsplatzbezug.

impliziert die wirtschaftliche Leistungsfähigkeit eines Unternehmens (→ Rn. 21). Leiharbeitnehmer, deren Einsatz regelmäßig sechs Monate überdauert, spiegeln wiederum zumindest eine „stammbelegschaftsähnliche" Personalstärke, die auch für die wirtschaftliche Leistungsfähigkeit eines Unternehmens spricht.[223] Insofern ist der Bezug zur BGH–Rechtsprechung unter Berücksichtigung der jüngeren Entwicklung des Konzernarbeitsrechts bzw. Mitbestimmungsrechts und des Sinn und Zwecks des § 1 sachgerecht.

III. Die arbeitsplatzbezogene Perspektive beim Einsatz von Leiharbeit in concreto (Zwei-Schritt-Prüfung)

197 Nach der **BGH-Rechtsprechung zu § 14 Abs. 2 S. 6 AÜG** – und nun auch im LkSG – wird bei der zeitlichen Bemessung des Einsatzes von Leiharbeit statt einer arbeitnehmerbezogenen, eine **arbeitsplatzbezogene Perspektive** zugrunde gelegt.[224]

198 Wird auf die in der Gesetzesbegründung verwiesene BGH-Rechtsprechung abgestellt, so erfolgt die **Prüfung der Anwendbarkeit** des LkSG unter Berücksichtigung des § 1 Abs. 2 auch hier **in zwei Schritten:**[225]

199 (1) In einem **ersten Schritt** ist für die Schwellenwertbemessung maßgeblich, ob ein Unternehmen während eines Jahres über eine Dauer von sechs Monaten Arbeitsplätze unter Einsatz von Leiharbeit besetzt, und zwar unabhängig davon, ob ein bestimmter Leiharbeitnehmer oder ein wechselnder Leiharbeitnehmer auf demselben oder verschiedenen Arbeitsplätzen eingesetzt werden.[226]

200 Dabei bleibt allerdings unklar, was der Bemessungszeitraum **„während eines Jahres"** bedeuten soll.[227] Jedenfalls findet der Bemessungszeitraum von einem Jahr keinen Widerhall im Wortlaut des § 1 Abs. 2.[228] Allerdings bezieht sich die Gesetzesbegründung und der in Bezug genommene BGH-Beschluss ausdrücklich auf den Bemessungszeitraum „eines Jahres". Ähnlich wie beim Bemessungszeitraum beim Tatbestandsmerkmal „in der Regel" bei § 1 Abs. 1 S. 1 Nr. 2 bzw. S. 2 Nr. 2 kann hier aber auf das „Geschäftsjahr" als Maßstab für „ein Jahr" abgestellt werden (→ Rn. 133).

201 (2) Wenn der erste Schritt die Annahme zulässt, dass während eines Jahres über die Dauer von sechs Monaten Arbeitsplätze unter Einsatz von Leiharbeit besetzt wurden, so sind – in einem **zweiten Schritt** – die betreffenden Arbeitsplätze bei der Bestimmung des Anwendungsschwellenwertes mitzuzählen, **wenn der Einsatz von Leiharbeit über die Dauer von sechs Monaten hinaus „regelmäßig" erfolgt.**[229] Was in diesem Zusammenhang **„regelmäßig"** bedeuten soll, wird weder aus der Gesetzesbegründung noch aus der von ihr in Bezug genommenen BGH–Rechtsprechung deutlich.

202 Mit „regelmäßig" gemeint, kann aber konsequenterweise nur sein, dass auch hinsichtlich des Einsatzes von Leiharbeit ein Rückblick sowie eine Prognose – also wie beim Tatbestandsmerkmal „in der Regel" bei § 1 Abs. 1 S. 1 Nr. 2 bzw. S. 2 Nr. 2 (→ Rn. 123 ff.) – stattzufinden hat. Ein harmonischer Gleichlauf wird sodann dadurch erreicht, dass der Referenzzeitraum von Rückblick und Prognose bei der Bestimmung der kennzeichnenden Personalstärke nach § 1 Abs. 1 S. 1 Nr. 2 bzw. S. 2 Nr. 2 übertragen wird bzw. der gleiche

[223] So die Gesetzesbegründung zu § 1 Abs. 2, BT-Drs. 19/28649, 34: „Das Mitzählen der langfristig eingesetzten Leiharbeitnehmer bei der Ermittlung der Arbeitnehmerzahl im Entleihunternehmen für die Anwendbarkeit des Sorgfaltspflichtengesetzes beruht auf der Erkenntnis, dass die Anzahl der eingesetzten Leiharbeitnehmer für die wirtschaftliche Leistungsfähigkeit des Unternehmens genauso relevant ist wie die Stammbelegschaft.".

[224] BT-Drs. 19/28649, 34.

[225] BGH NJW 2019, 2856 Rn. 39 = DStR 2019, 1933 (1934 ff.) zu § 14 Abs. 2 S. 6 AÜG; zum Vollzug dieses Zweischritts auch beim LkSG Frank/Edel/Heine/Heine BB 2021, 2165 (2166).

[226] BT-Drs. 19/28649, 34; vgl. auch Ls. des BGH NJW 2019, 2856 = DStR 2019, 1933 (1934 ff.) zu § 14 Abs. 2 S. 6 AÜG.

[227] Ebenso Frank/Edel/Heine/Heine BB 2021, 2165 (2165 f.).

[228] So bereits Frank/Edel/Heine/Heine BB 2021 (2165).

[229] BT-Drs. 19/28649, 34; vgl. auch Ls. des BGH NJW 2019, 2856 = DStR 2019, 1933 (1934 ff.) zu § 14 Abs. 2 S. 6 AÜG.

ist wie bei der Bestimmung der „regelmäßigen" Einsatzdauer von Leiharbeit von über sechs Monaten während eines Jahres. Für diesen Ansatz spricht jedenfalls die in Bezug genommene BGH-Rechtsprechung, die in entsprechender Weise zur Thematik der „Regelmäßigkeit" am Ende des entsprechenden Satzes auf § 1 Abs. 1 Nr. 2 MitbestG verweist, der ebenfalls das Tatbestandsmerkmal „in der Regel" aufstellt.[230] Der **Gleichlauf der jahresbezogenen Referenzzeiträume** führt also **auch beim Einsatz von Leiharbeit zu einem Rückblick und einer Prognose** („in der Regel" bzw. „regelmäßig").

Beispiel: Wird etwa im Rahmen des § 1 Abs. 1 S. 1 Nr. 2 bzw. S. 2 Nr. 2 im Einzelfall 203 ein Referenzzeitraum für Rückblick und Prognose von zwei Geschäftsjahren angesetzt und ein Unternehmen hat auch Leiharbeit eingesetzt, so ist für die Festlegung, ob die Leiharbeitsplätze zahlenmäßig miteinzubeziehen sind, darauf abzustellen, ob in den jeweiligen einzelnen zwei Geschäftsjahren über die Dauer von sechs Monaten diese Arbeitsplätze auch besetzt waren bzw. besetzt sein werden. Ist dies der Fall, so sind die mit Leiharbeit besetzten Arbeitsplätze mit in die Arbeitnehmerzahl des Unternehmens nach Abs. 1 S. 1 Nr. 2 bzw. Abs. 1 S. 2 Nr. 2 miteinzuberechnen.

Da nur die für das Unternehmen kennzeichnende Personalstärke maßgeblich ist, kann es 204 aber auch zu **Divergenzen bei den zwei Prüfungsschritten** kommen.[231] Im ersten Schritt kann festgestellt werden, dass der Einsatz von Leiharbeit über die Dauer von sechs Monaten stattgefunden hat. Im zweiten Schritt kann sich im Rahmen des Rückblicks und der Prognose allerdings ergeben, dass der Einsatz der Leiharbeit nicht kennzeichnend für die Personalstärke des Unternehmens ist, also nicht „regelmäßig" erfolgt. Das kann **insbesondere bei kurzzeitigen Schwankungen der Personalstärke** der Fall sein (zB bei saisonalen Engpässen oder Umstrukturierungen).[232] In solchen Fällen werden die Leiharbeitsplätze nicht – wie nach der Rechtsprechung des BAG erforderlich – als längerfristiges Instrument zur Deckung des Personalbedarfs eingesetzt.[233]

F. Sonderbemessung der Beschäftigtenanzahl bei Obergesellschaften verbundener Unternehmen iSd § 15 AktG (Abs. 3)

Nach Abs. 3 sind bei der Berechnung der Beschäftigtenanzahl von Obergesellschaften 205 **verbundener Unternehmen** iSd § 15 AktG die Arbeitnehmer sämtlicher konzernangehöriger Gesellschaften mit in die Bemessung der Beschäftigtenanzahl der Obergesellschaft im Rahmen des § 1 Abs. 1 S. 1 Nr. 2 miteinzubeziehen **(Sonderbemessungsregel).**[234] Gemäß § 15 AktG sind verbundene Unternehmen rechtlich selbstständige Unternehmen, die im Verhältnis zueinander in Mehrheitsbesitz stehende Unternehmen und mit Mehrheit beteiligte Unternehmen (§ 16 AktG), abhängige und herrschende Unternehmen (§ 17 AktG), Konzernunternehmen (§ 18 AktG), wechselseitig beteiligte Unternehmen (§ 19 AktG) oder Vertragsteile eines Unternehmensvertrags (§§ 291, 292 AktG) sind. Mit dem Verweis auf § 15 AktG öffnet das LkSG also für die Zwecke der Bemessung der Personalstärke eines Unternehmens das Tor zum allgemeinen Teil des Konzernrechts.

[230] BGH NJW 2019, 2856 Rn. 39 = DStR 2019, 1933 (1934 ff.) zu § 14 Abs. 2 S. 6 AÜG: „Ist dies der Fall, sind die betreffenden Arbeitsplätze bei der Bestimmung des Anwendungsschwellenwerts mitzuzählen, wenn diese Beschäftigung von Leiharbeitnehmern über die Dauer von sechs Monaten hinaus regelmäßig erfolgt (§ 1 Abs. 1 Nr. 2 MitbestG)."; gleiches Verständnis zur BGH-Rechtsprechung bei ErfK/Oetker MitbestG § 1 Rn. 10, aber krit. zur arbeitsplatzbezogenen Perspektive nach dem BGH in Rn. 9b.

[231] So ausdrücklich auch BGH NJW 2019, 2856 Rn. 40 mAnm Mentzel/Sura; vgl. auch Windeln ArbRB 2019, 305.

[232] Grabosch Das neue LkSG/Grabosch § 3 Rn. 8: „Bei einem gleitenden Personalabbau ist der Ursprungszustand zugrunde zu legen. Kurzzeitige Schwankungen (zB wegen saisonaler Engpässe) bleiben unberücksichtigt); vgl. auch Windeln ArbRB 2019, 305 zu BGH NJW 2019, 2856.

[233] So ausdrücklich auch BGH NJW 2019, 2856 Rn. 40 mAnm Mentzel/Sura.

[234] Wagner/Ruttloff/Wagner LkSG-HdB/Wagner/Wagner/Schuler § 1 Rn. 9 nennen es ebenfalls treffend „Zurechnungstatbestand"; Wagner/Ruttloff/Wagner LkSG-HdB/Sturm § 6 Rn. 984 nennt es „Konzernzurechnungsklausel".

206 **Abs. 3 zielt** damit vor allem mit seinem Verweis auf § 15 AktG **auf Konzernstrukturen ab.** Insbesondere Konzerne weisen regelmäßig transnationale Bezüge in ihren Lieferketten auf und haben eine besondere wirtschaftliche Leistungsfähigkeit sowie eine entsprechende Personalstärke. Zugleich lassen sich menschenrechts- und umweltbezogene Risiken vor allem in internationalen Konzernstrukturen vorfinden.[235] Vor dem Hintergrund des generellen Zwecks des LkSG, die Menschenrechts- und Umweltschutzlage entlang von internationalen Lieferketten zu verbessern, ist Abs. 3 daher insgesamt grundsätzlich zielführend.

207 **§ 1 Abs. 3 erinnert im Groben an § 5 MitbestG,** was die Zurechnung von Beschäftigten bei Konzernstrukturen angeht. § 5 MitbestG wirkt innerhalb von Unternehmensverbindungen der Gefahr entgegen, dass im Rahmen maßgeblicher Entscheidungsprozesse die gleichberechtigte und gleichgewichtige Beteiligung der Arbeitnehmer unterlaufen wird.[236] Dieser Gefahr wird konkret dadurch begegnet, dass die Arbeitnehmer abhängiger Unternehmen dem Unternehmen der Konzern- oder Teilkonzernspitze zugerechnet werden.[237] § 1 Abs. 3 handelt auch von einer Zurechnung der (im Inland) Beschäftigten sämtlicher konzernangehöriger Gesellschaften zur Obergesellschaft innerhalb verbundener Unternehmen, wobei ein gänzlich anderer Zweck verfolgt wird. So konkret wie § 5 MitbestG ist Abs. 3 dabei allerdings nicht. Der Vergleich zu § 5 MitbestG kann aber an verschiedenen Stellen des Abs. 3 Licht ins Dunkel bringen, wobei die unterschiedlichen Zweckrichtungen aber selbstverständlich beachtet werden müssen.

I. Die „Obergesellschaft" als Regelungsadressatin und Bezugsobjekt der Sonderbemessung

208 Abs. 3 führt nicht zu einer pauschalen Anwendbarkeit des LkSG auf den entsprechenden gesamten Konzern.[238] **Regelungsadressat bleibt** nach dem Wortlaut des Abs. 3 **das Unternehmen, welches die „Obergesellschaft" innerhalb verbundener Unternehmen darstellt.** Eine andere Anknüpfung als in Abs. 1 S. 1 und S. 2 ist gerade nicht vorgesehen. Abs. 3 konkretisiert lediglich den Umfang der mit in die Berechnung einzubeziehenden Arbeitnehmer eines Unternehmens als „Obergesellschaft" **(Sonderbemessung).** Erweitert wird damit der Kreis der miteinzubeziehenden Arbeitnehmer der Obergesellschaft um die im Inland beschäftigten Arbeitnehmer sämtlicher konzernangehöriger Gesellschaften.

209 **Bezugspunkt für die Sonderbemessung** der Beschäftigtenanzahl bei verbundenen Unternehmen ist hier dem Wortlaut nach **allein die Obergesellschaft,** nicht etwa alle konzernangehörigen Gesellschaften.[239] Nach dem Wortlaut erfolgt die rechnerische Berücksichtigung der Beschäftigten sämtlicher konzernangehöriger Gesellschaften nämlich „bei der Berechnung der Arbeitnehmerzahl (Abs. 1 S. 1 Nr. 2) der Obergesellschaft".[240]

---

[235] S. nur etwa UK Supreme Court 12.2.2021, Okpabi and others v. Royal Dutch Shell Plc and another [2021] UKSC 3; Gerechtshof Den Haag 29.1.2021, Milieudefensie v. Shell, ECLI:NL:GHDA:2021:132; eingehend zu diesen Entscheidungen und mit Rückschlüssen für das deutsche Deliktsrecht in Konzernlagen Fleischer/Korch ZIP 2021, 709; vgl. auch das Berufungsverfahren um die Haftung der Konzernobergesellschaft RWE AG im Fall Lliuya gegen RWE AG: OLG Hamm ZUR 2018, 118 (Vorinstanz: LG Essen ZUR 2017, 370 mAnm Köck und Bespr. Buller IR 2017, 113); hierzu auch Paefgen ZIP 2021, 2006 (2008 f.) mwN.

[236] ErfK/Oetker MitbestG § 5 Rn. 1.

[237] ErfK/Oetker MitbestG § 5 Rn. 1.

[238] Anders wohl Dutzi/Schneider/Hasenau DK 2021, 454 (456): „Unter Verweis auf § 15 AktG sind verbundene Unternehmen für die Zwecke des LkSG konsolidiert als ein Unternehmen zu betrachten.".

[239] So auch bereits Passarge CB 2021, 332 (333); Gehling/Ott/Lüneborg CCZ 2021, 230 (231): „Bei verbundenen Unternehmen sind dabei auf Ebene der Obergesellschaft die im Inland beschäftigten Arbeitnehmer sämtlicher Konzerngesellschaften zu berücksichtigen."; Hervorhebung hinzugefügt; ebenso Ott/Lüneborg/Schmelzeisen DB 2022, 238 (239).

[240] Hervorhebung hinzugefügt.

Diese Genitivformulierung impliziert, dass Bezugsobjekt der Sonderbemessung im Rahmen des Abs. 1 S. 1 Nr. 2 iVm Abs. 3 ausschließlich die „Obergesellschaft" sein soll.[241]

Zudem spricht für diese Auslegung der Vergleich zu § 24 Abs. 3 – der Vorschrift zur Bußgeldbemessung. Zur Bußgeldbemessung wird auf die „wirtschaftliche Einheit" abgestellt, wohingegen § 1 Abs. 3 ausdrücklich Bezug nimmt auf die „Obergesellschaft". Daraus ist zu schließen, dass der Gesetzgeber hier bewusst nur die „Obergesellschaft" als Bezugsobjekt der Sonderbemessung verstanden wissen möchte.[242] 210

1. Kritik bei (reinen) Beteiligungsverwaltungsgesellschaften. Dass allein die Obergesellschaft Bezugspunkt sein soll und Abs. 3 gerade nicht dazu führt, dass der gesamte Konzern vom persönlichen Anwendungsbereich des LkSG umfasst wird, wird allerdings **bei Beteiligungsverwaltungsgesellschaften als unzweckmäßig kritisiert:** Obergesellschaften seien (oft) reine Beteiligungsverwaltungen (etwa Holdings), die selbst kein eigenes operatives Geschäft führten, keine Vertragspartner innerhalb der Lieferkette seien und somit die geschützten Rechtsgüter, insbesondere Arbeitnehmerrechte, Menschenrechte und Umweltschutzregularien, nicht verletzen könnten.[243] Dies widerspreche dem Ziel des LkSG, das Risiko bzw. die Verletzung der vom LkSG geschützten Rechtsgüter und -Positionen „entlang von Lieferketten" zu verhindern oder zu reduzieren.[244] Sorgfaltspflichten und behördliche Maßnahmen gingen insoweit ins Leere, sodass das Ziel des LkSG verfehlt werden würde. 211

Allerdings ist das Weiterleiten von LkSG-Sorgfaltspflichten entlang der Vertragsbeziehungen einer Lieferkette nur eine Facette des LkSG.[245] Primär geht es um Dokumentations- und Organisationspflichten.[246] Auch wenn also bei Beteiligungsverwaltungsgesellschaften kein konkreter Lieferkettenbezug besteht, können sie so zumindest indirekt auf Lieferketten einwirken. Konkrete Beispiele sind dabei die Möglichkeit für die Obergesellschaft, die Pflicht zur Durchführung einer Risikoanalyse, die Einrichtung interner Hinweisgebersysteme, präventive Maßnahmen wie Lieferantenverhaltenskodizes, die Bestellung eines Menschenrechtsbeauftragten, die Durchführung von Schulungen usw. vorgeben zu können.[247] 212

Dies gilt insbesondere dann, wenn die Obergesellschaft einen „bestimmenden Einfluss" auf die Untergesellschaft(en) hat. So auch das LkSG: Nach § 3 Abs. 1 sind Unternehmen dazu verpflichtet, „in ihren Lieferketten" die Sorgfaltspflichten des LkSG zu beachten. § 2 Abs. 5 wiederum umschreibt den Begriff der „Lieferkette" unter anderem als „den eigenen Geschäftsbereich" erfassend. Nach **§ 2 Abs. 6 S. 3** zählt in verbundenen Unternehmen zum eigenen Geschäftsbereich der Obergesellschaft eine konzernangehörige Gesellschaft, wenn die Obergesellschaft einen **„bestimmenden Einfluss"**[248] über sie ausübt. 213

Zur Feststellung eines „bestimmenden Einflusses" ist **im Einzelfall**[249] zunächst maßgeblich, ob nach dem jeweils anwendbaren Recht eine **Einflussmöglichkeit** besteht.[250] Zudem ist eine **Würdigung** im Rahmen einer Gesamtschau **aller erheblichen Gesichtspunkte** vorzunehmen, wobei alle wirtschaftlichen, personellen, organisatorischen und rechtlichen Bindungen zwischen Tochter- und Muttergesellschaft im Zusammenhang zu betrachten und zu gewichten sind.[251] Gemäß der Gesetzesbegründung können **Anhalts-** 214

[241] Vgl. auch Passarge CB 2021, 332 (333).
[242] So letztlich auch Passarge CB 2021, 332 (333 f.).
[243] Passarge CB 2021, 332 (333).
[244] Passarge CB 2021, 332 (333).
[245] So Passarge CB 2021, 332 (334).
[246] Passarge CB 2021, 332 (334); dem folgend Ott/Lüneborg/Schmelzeisen DB 2022, 238 (241).
[247] So Passarge CB 2021, 332 (334); dem folgend Ott/Lüneborg/Schmelzeisen DB 2022, 238 (241).
[248] Anders als bei § 17 Abs. 1 AktG, der auf einen „beherrschenden Einfluss" abstellt. Das Tatbestandsmerkmal des „bestimmenden Einflusses" kommt auch in anderen Rechtsgebieten vor, zB bei § 37 GWB oder bei § 81a Abs. 1 GWB. Allerdings sollte sich die Auslegung des Begriffs hier am originären Schutzzweck des LkSG orientieren.
[249] BT-Drs. 19/30505, 37: „Dies kann sich von Fall zu Fall unterschiedlich darstellen.".
[250] BT-Drs. 19/30505, 37.
[251] BT-Drs. 19/30505, 37.

punkte für eine bestimmende Einflussnahme sein: **(1)** eine hohe Mehrheitsbeteiligung an der Tochtergesellschaft, **(2)** das Bestehen eines konzernweiten Compliance-Systems, **(3)** die Übernahme von Verantwortung für die Steuerung von Kernprozessen im Tochterunternehmen, **(4)** eine entsprechende Rechtskonstellation, in der die Möglichkeit der Einflussnahme angelegt ist, **(5)** personelle Überschneidungen in der (Geschäfts-)Führungsebene, **(6)** ein bestimmender Einfluss auf das Lieferkettenmanagement der Tochtergesellschaft, **(7)** die Einflussnahme über die Gesellschafterversammlung und **(8)** die Entsprechung des Geschäftsbereichs der Tochtergesellschaft mit dem Geschäftsbereich der Obergesellschaft, etwa wenn die gleichen Produkte erstellt und verwertet oder die gleichen Dienstleistungen erbracht werden (§ 2 Abs. 6).[252]

215 Bei reinen Beteiligungsverwaltungen können im Einzelfall insbesondere die Anhaltspunkte der hohen Mehrheitsbeteiligung, der entsprechenden Rechtskonstellation mit angelegter Einflussnahme, die personelle Überschneidung auf der (Geschäfts-)Führungsebene und die Einflussnahme über die Gesellschafterversammlung vorliegen. Insoweit können auch reine Beteiligungsverwaltungen einen „bestimmenden Einfluss" iSd § 2 Abs. 6 S. 3 über ihre Untergesellschaften ausüben. Die Untergesellschaften gehören dann zu ihrem „eigenen Geschäftsbereich". Hier fallen dann Sorgfaltspflichten nach dem LkSG an. Insofern ist es sinnvoll, dass auch bei reinen Beteiligungsgesellschaften eine Zurechnung der Arbeitnehmerzahl sämtlicher konzernzugehöriger Gesellschaften stattfindet.

216 Damit ist die **persönliche Anwendbarkeit des LkSG auf Obergesellschaften, die primär als Verwaltungsgesellschaft agieren,** weder obsolet noch sinnlos, sondern für die Zwecke des LkSG **zielführend.** Die Durchsetzbarkeit der Ziele des LkSG steht jedenfalls keineswegs in Frage, wenn die Anwendbarkeit sich zunächst nur auf die Konzernobergesellschaft bezieht, nicht hingegen auf einzelne Untergesellschaften,[253] die selbst nicht bereits unter den persönlichen Anwendungsbereich des LkSG fallen. So kann die vom Anwendungsbereich erfasste Konzernobergesellschaft zumindest über die nicht (direkt) erfassten Untergesellschaften Einfluss auf diese nehmen (vgl. § 2 Abs. 6 S. 3) – auch wenn sie eine bloße Beteiligungsgesellschaft ist.

217 **2. Keine Sonderbemessung bei ausländischen Obergesellschaften iSd § 1 Abs. 1 S. 2.** Eine **besonders wichtige Frage** stellt sich im Rahmen des Abs. 3 dahingehend, ob sich der Begriff „Obergesellschaft" lediglich auf „inländische Obergesellschaften" iSd Abs. 1 S. 1 oder **auch** auf **„ausländische Obergesellschaften"** iSd Abs. 1 S. 2 bezieht.[254] Die Frage stellt sich, weil sich in Abs. 3 nur ein Verweis auf Abs. 1 S. 1 Nr. 2 findet, nicht aber auf Abs. 1 S. 2 zu den ausländischen Unternehmen mit inländischer Zweigniederlassung.

218 **Anhand eines Beispiels** soll veranschaulicht werden, warum das Verständnis von Abs. 3 von herausragender praktischer Bedeutung ist: Eine niederländische Obergesellschaft fällt nicht unter Abs. 1 S. 1 Nr. 1, weil sie weder ihre Hauptverwaltung, ihre Hauptniederlassung, ihren Verwaltungssitz oder ihren satzungsmäßigen Sitz im Inland hat. Allerdings fällt sie zunächst unter Abs. 1 S. 2 Nr. 1, weil sie eine inländische Zweigniederlassung gemäß § 13d HGB hat. Ob die niederländische Obergesellschaft unter den Anwendungsbereich des LkSG fällt, ist sodann davon abhängig, ob sie iSd Abs. 1 S. 2 Nr. 2 den Schwellenwert von 3.000 bzw. 1.000 im Inland beschäftigten Arbeitnehmern in der Regel

---

[252] BT-Drs. 19/30505, 37.

[253] Passarge CB 2021, 332 (334).

[254] Demgegenüber ebenfalls abl. Nietsch/Wiedmann NJW 2022, 1 Rn. 8: „Der Konsolidierungskreis des § 1 Abs. 3 Hs. 1 umfasst nach vorliegendem Verständnis in der Folge nur die im Inland ansässigen Konzernteile, das heißt das dort herrschende und die von ihm abhängigen Unternehmen. Die Beschäftigten einer ausländischen Muttergesellschaft bzw. von ausländischen Tochtergesellschaften einer inländischen Obergesellschaft, werde nicht berücksichtigt."; so zumindest auch bereits angedeutet bei Harings/Jürgens RdTW 2021, 297 (298): „Das Gesetz bestimmt Sorgfaltspflichten in der Lieferkette direkt nur für große Unternehmen, wobei innerhalb von verbundenen Unternehmen nach § 15 AktG die im Inland beschäftigten Arbeitnehmer sämtlicher Konzerngesellschaften der (inländischen) Obergesellschaft hinzugerechnet werden."

überschreitet. Sollte die niederländische Obergesellschaft selbst diesen Schwellenwert nicht überschreiten (zB nur 500 im Inland beschäftigte Arbeitnehmer), stellt sich die Frage, ob ihr die im Inland beschäftigten Arbeitnehmer sämtlicher konzernzugehöriger (auch ausländischer) Gesellschaften (zB insgesamt 5.000 im Inland beschäftigte Arbeitnehmer) über Abs. 3 zuzurechnen sind.

Sollten lediglich „inländische" Obergesellschaften iSd Abs. 1 S. 1 von Abs. 3 gemeint sein, so würde eine Sonderbemessung via Abs. 3 bei der niederländischen Obergesellschaft iSd Abs. 1 S. 2 nicht stattfinden. Hier würde es also lediglich auf die im Inland beschäftigten Arbeitnehmer der niederländischen Obergesellschaft ankommen. Eine Zurechnung von Arbeitnehmern sämtlicher konzernzugehöriger (auch ausländischer) Untergesellschaften gäbe es dann gerade nicht. Die niederländische Obergesellschaft wäre damit nicht vom persönlichen Anwendungsbereich des LkSG umfasst (nur 500 im Inland beschäftigte Arbeitnehmer). 219

Sollte eine Sonderbemessung auch bei der niederländischen Obergesellschaft über Abs. 3 möglich sein, so würde sie den Schwellenwert überschreiten (dann 5.500 im Inland beschäftigte Arbeitnehmer) und unter den Anwendungsbereich des LkSG fallen. 220

Je nachdem, wie Abs. 3 zu verstehen ist, fällt die niederländische Obergesellschaft aus obigem Beispiel (→ Rn. 218 ff.) also unter das LkSG oder nicht. Zum einen könnte vertreten werden, dass ausländische Obergesellschaften ebenfalls von Abs. 3 umfasst sind. Zum anderen könnte man vertreten, dass nur inländische Obergesellschaften iSd Abs. 1 S. 1 von der Sonderbemessungsregel nach Abs. 3 erfasst sind. 221

Der Verweis in Abs. 3 auf § 15 AktG – das Tor zum allgemeinen „deutschen" Konzernrecht – könnte implizieren, dass lediglich „deutsche" bzw. inländische Obergesellschaften eines Konzerns von Abs. 3 erfasst sein sollen. Allerdings kann ein verbundener Konzern iSd § 15 AktG auch bei einer ausländischen Obergesellschaft vorliegen.[255] Ginge es allein darum, wären also sowohl inländische als auch ausländische Obergesellschaften von Abs. 3 erfasst. 222

Der **Wortlaut** des Abs. 3 mit seinem **Verweis auf Abs. 1 S. 1 Nr. 2** spricht letztlich allerdings dafür, dass **lediglich inländische Obergesellschaften** unter die Sonderbemessungsregelung fallen. Nach Abs. 3 sind innerhalb von verbundenen Unternehmen iSd § 15 AktG die im Inland beschäftigten Arbeitnehmer sämtlicher konzernzugehöriger Gesellschaften „**bei der Berechnung der Arbeitnehmerzahl (Abs. 1 S. 1 Nr. 2) der Obergesellschaft** zu berücksichtigen".[256] Der Verweis auf Abs. 1 S. 1 Nr. 2 lässt sich so lesen, als dass er lediglich die Schwellenwertbemessung von Obergesellschaften iSd Abs. 1 S. 1 meint. Dann sind auch nur „inländische" Obergesellschaften gemeint. 223

Auch ein **binnensystematisches Argument** spricht dafür, dass Abs. 3 lediglich „inländische" Obergesellschaften meint.[257] Abs. 3 unterscheidet sich nämlich deutlich von Abs. 2: Abs. 2 als Konkretisierungsnorm zu den miteinzurechnenden Leiharbeitsplätzen bezieht sich ausdrücklich sowohl auf Abs. 1 S. 1 Nr. 2 als auch auf Abs. 1 S. 2 Nr. 2. Als Sonderbemessungsregel bezieht sich Abs. 3 hingegen nur auf Abs. 1 S. 1 Nr. 2. Dem § 1 ist es binnensystematisch also nicht fremd, sich auch auf ausländische Unternehmen beziehen zu können. Dass Abs. 3 es nicht tut, kann vor diesem Hintergrund nur als bewusste Entscheidung des Gesetzgebers gewertet werden. Andernfalls handelt es sich um einen Redaktionsfehler, was als unwahrscheinlich einzustufen ist. 224

Unterstützend lässt sich vorbringen, dass der Gesetzgeber „ausländische Obergesellschaften" nicht umfasst wissen wollte, was sich daraus ergibt, dass er den **Verweis auf Abs. 1 S. 1 Nr. 2 einfach hätte weglassen** können. Dann würde sich Abs. 3 eindeutig sowohl auf „inländische" als auch auf „ausländische" Obergesellschaften beziehen, insbesondere mit Blick auf den Verweis auf § 15 AktG(→ Rn. 222). 225

---

[255] Allerdings zur Frage der Anwendbarkeit des Abs. 3 auf Zwischenholdings Valdini BB 2021, 2955 (2957) mwN.

[256] Hervorhebung hinzugefügt.

[257] Ebenso bereits Valdini BB 2021, 2955 (2956); Ott/Lüneborg/Schmelzeisen DB 2022, 238 (242).

226 Nun könnte eingewandt werden, dass der Verweis auf Abs. 1 S. 1 Nr. 2 eine gänzlich andere Bedeutung und eigentlich keine Verweisungsfunktion hat, was darauf schließen ließe, dass nicht nur inländische Obergesellschaften von der Sonderbemessungsregel des Abs. 3 erfasst sind. Es könnte also argumentiert werden, dass der Verweis schlicht deshalb notwendig ist, um zu wissen, „wie" die Arbeitnehmeranzahl der konzernzugehörigen Gesellschaften zu berechnen ist. Hiernach würde dem Verweis also kein Bedeutungswert für die Frage zugeschrieben werden, ob nur inländische Obergesellschaften erfasst sein sollen. Einem solchen Einwand wäre insofern zuzustimmen, als dass Abs. 3 nur bestimmt, dass im Inland beschäftigte Arbeitnehmer und ins Ausland entsandte Arbeitnehmer miteinzuberechnen sind. Der Zusatz „in der Regel" fehlt bei Abs. 3, ist aber in Abs. 1 S. 1 Nr. 2 vorgesehen. So könnte man in dem Verweis keinen Verweis im eigentlichen Sinne sehen, aber eine implizite Regel, wie die Arbeitnehmerzahl bei den konzernzugehörigen Untergesellschaften zu berechnen ist.

227 Allerdings ist der Wortlaut des Abs. 3 mit seinem Verweis dahingehend eindeutig, dass der Verweis sich nicht darauf bezieht, wie die Arbeitnehmeranzahl der konzernzugehörigen Gesellschaften zu berechnen ist. Andernfalls wären sonst die Zusätze in Abs. 3 obsolet, dass es auf die im Inland beschäftigten und ins Ausland entsandten Arbeitnehmer der konzernzugehörigen Gesellschaften ankommt. Der Verweis ist und bleibt also ein Verweis im eigentlichen Sinne. Er legt dar, dass es um die Schwellenwertbemessung nach Abs. 1 S. 1 Nr. 2 bei der inländischen Obergesellschaft gehen soll.

228 Ein weiteres Argument dafür, dass lediglich „inländische" Obergesellschaften gemeint sein können, könnte sich auch aus dem Hs. 2 zu Abs. 3 ergeben. Nach dem Hs. 2 in Abs. 3 sind bei der Sonderbemessung „ins Ausland entsandte Arbeitnehmer erfasst". Soweit es aber um ausländische Unternehmen mit inländischer Zweigniederlassung (Abs. 1 S. 2) geht, hat der Gesetzgeber bewusst auf den Zusatz „ins Ausland entsandte Arbeitnehmer sind erfasst" verzichtet.[258] Es erscheint also auf den ersten Blick systemwidrig, auf Ebene des Abs. 3 doch wieder ins Ausland entsandte Arbeitnehmer hinzuzurechnen, wohingegen dies noch auf Ebene des Abs. 1 S. 2 gerade nicht gemacht wird. Allerdings kann der Hs. 2 in Abs. 3 nur so zu verstehen sein, dass es hier nicht um ins Ausland entsandte Arbeitnehmer der Obergesellschaft geht, sondern um ins Ausland entsandte Arbeitnehmer „sämtlicher konzernzugehörigen Gesellschaften". Damit gibt es auch keinen systemimmanenten Widerspruch.

229 Gleichfalls kann das Argument nicht greifen, es handele sich bei dem Hs. 2 zu Abs. 3 um einen obsoleten Zusatz oder gar um einen Redaktionsfehler, weil er sich mit Blick auf Abs. 1 S. 1 Nr. 2 Hs. 2 doppelt. Weil sich der Hs. 2 von Abs. 3 auf die Ebene der konzernzugehörigen Untergesellschaften bezieht und nicht auf die Ebene der Arbeitnehmer der Obergesellschaft, ist er auch nicht mit Blick auf Abs. 1 S. 1 Nr. 2 Hs. 2 obsolet oder „gedoppelt". Ein nachhaltiges Argument ergibt sich also nicht aus dem Hs. 2 zu Abs. 3 – für keine der beiden möglichen Ansichten.

230 Insgesamt sprechen die besseren Argumente dafür, nur „inländische" Obergesellschaften von der Sonderbemessungsregel des Abs. 3 zu erfassen. Das bedeutet, dass bei einer **Obergesellschaft iSd Abs. 1 S. 2 Nr. 1** (inländische Zweigniederlassung) **gerade keine Sonderbemessung nach Abs. 3** stattfindet, dh die im Inland Beschäftigten sämtlicher konzernangehöriger Gesellschaften werden für die Zwecke der Bemessung nach § 1 Abs. 1 S. 2 Nr. 2 gerade nicht mit in die Bemessung der Beschäftigtenanzahl einberechnet. **Abs. 3 gilt demnach nur für „inländische" Obergesellschaften.**[259] Bei einer „ausländischen" Obergesellschaft iSd Abs. 1 S. 2 kommt es also nur auf die im Inland Beschäftigten der ausländischen Obergesellschaft an.

---

[258] BT-Drs. 19/30505, 34: „Anders als in Abs. 1 S. 1 Nr. 2 erfasst Abs. 1 S. 2 Nr. 2 nicht die ins Ausland entsendeten Arbeitnehmerinnen und – beziehungsweise oder – Arbeitnehmer.".

[259] So auch bereits Wagner/Ruttloff/Wagner LkSG-HdB/Wagner/Wagner/Schuler § 1 Rn. 13; ebenso bereits angedeutet bei Harings/Jürgens RdTW 2021, 297 (298).

Hiernach besteht eine **Umgehungsmöglichkeit,** denn Konzerne könnten ihre Obergesellschaft zB als Holding ins Ausland verlegen, sodass sie eine ausländische Obergesellschaft haben. Auf sie findet Abs. 3 dann gerade keine Anwendung. Sollten auch die inländischen Tochtergesellschaften den Schwellenwert nicht erreichen, fallen auch diese nicht unter das LkSG. Auch findet keine Sonderbemessung bei den Konstruktionen des „Konzerns im Konzern" (→ Rn. 263 ff.) und des „Teilkonzerns" (→ Rn. 274 ff.) statt. 231

II. Grundsätzlich keine wechselseitige Zurechnung bei verbundenen Unternehmen

Bezugspunkt für die Sonderbemessung ist die inländische (→ Rn. 217 ff.) Obergesellschaft (→ Rn. 208 ff.). Eine umgekehrte oder wechselseitige Zurechnung der Beschäftigten der Obergesellschaft zur Bemessung der Beschäftigtenanzahl von etwaigen Untergesellschaften („trickle down") ist damit dem **Wortlaut** nach (grundsätzlich)[260] nicht gemeint.[261] Aber auch **Sinn und Zweck** von Abs. 3 sprechen **gegen** eine **wechselseitige Zurechnung** von Beschäftigten in verbundenen Unternehmen. Nach der Gesetzesbegründung geht es nämlich bei Abs. 3 um die Gewährleistung, dass Obergesellschaften unter das LkSG fallen, und zwar unabhängig davon, ob die Beschäftigten bei der Ober- oder der bzw. den Untergesellschaft(en) tätig sind.[262] Es geht also ausschließlich um die Zurechnung der Beschäftigten auf der Ebene der Obergesellschaft. 232

Ob **Untergesellschaften selbst** unter den persönlichen Anwendungsbereich des LkSG fallen, ist für diese sodann **gesondert** anhand von § 1 Abs. 1 und Abs. 2 **zu prüfen, nicht aber unter Bezugnahme auf Abs. 3.**[263] 233

Sollten Untergesellschaften selbst nicht unter das LkSG fallen, so können sie aber zum „eigenen Geschäftsbereich" der Obergesellschaft iSd § 2 Abs. 6 S. 3 gehören. So sind sie jedenfalls mittelbar an die LkSG-Sorgfaltspflichten gebunden (→ Rn. 27). 234

III. „Sämtliche konzernangehörige Gesellschaften" bzw. Untergesellschaften

Abs. 3 als Sonderbemessungsregelung bezieht sich auf die im Inland Beschäftigten „sämtlicher konzernangehöriger Gesellschaften" der Obergesellschaft. Gemeint sind hiermit die Tochter- und Enkelunternehmen bzw. die „Untergesellschaften" der Obergesellschaft innerhalb verbundener Unternehmen iSd § 15 AktG.[264] Konzernzugehörige Untergesellschaften sind dabei solche, von denen die Obergesellschaft die Anteilsmehrheit oder die 235

---

[260] Anders bei Gleichordnungskonzernen, → Rn. 296 ff.

[261] Ebenso das BAFA, BAFA FAQ LkSG, Stand: 28.4.2022, IV.3: „Es wird immer von „unten nach oben" gezählt, das heißt die Arbeitnehmerinnen und Arbeitnehmer der Konzerntöchter zählen bei der Konzernobergesellschaft mit. Andersherum werden aber nicht die Arbeitnehmerinnen und Arbeitnehmer der Konzernobergesellschaft dem Tochterunternehmen zugerechnet.", https://www.bafa.de/DE/Lieferketten/Ueberblick/ueberblick_node.html;jsessionid=8F3E445184BDBBA2ED8E4B43AC38F4A9.2_cid390 (zuletzt abgerufen am 6.9.2022); ebenso bereits Passarge CB 2021, 332 (333); Wagner/Ruttloff/Wagner LkSG-HdB/Wagner/Wagner/Schuler § 1 Rn. 9; ähnliches Verständnis wohl Gehling/Ott/Lüneborg CCZ 2021, 230 (231); Lutz-Bachmann/Vorbeck/Wengenroth BB 2021 (906) zum RegE; ähnliches Verständnis bereits zum RegE Wagner/Ruttloff/Wagner/Hahn CB 2021, 89 (91); uneindeutig bei Nietsch/Wiedmann CCZ 2021, 101 (102) noch zum RegE; unklar auch Ehmann/Berg GWR 2021 (287); so auch bereits noch zum RegE Ehmann ZVertriebsR 2021, 141 (142); wohl aA Dutzi/Schneider/Hasenau DK 2021, 454 (456): „Unter Verweis auf § 15 AktG sind verbundene Unternehmen für die Zwecke des LkSG konsolidiert als ein Unternehmen zu betrachten. Dies bedeutet, dass die inländischen Arbeitnehmerzahlen der gesamten Gruppe ebenfalls konsolidiert betrachtet werden müssen.".

[262] BT-Drs. 19/28649, 34.

[263] So iErg auch Passarge CB 2021, 332 (335); Frank/Edel/Heine/Heine BB 2021, 2165 (2166); vgl. auch Grabosch Das neue LkSG/Grabosch § 3 Rn. 6; ebenso das BAFA, BAFA FAQ LkSG, Stand: 28.4.2022, IV.7, https://www.bafa.de/DE/Lieferketten/Ueberblick/ueberblick_node.html;jsessionid=8F3E445184BDBBA2ED8E4B43AC38F4A9.2_cid390 (zuletzt abgerufen am 6.9.2022).

[264] Ebenso das BAFA, BAFA FAQ LkSG, Stand: 28.4.2022, IV.2, https://www.bafa.de/DE/Lieferketten/Ueberblick/ueberblick_node.html;jsessionid=8F3E445184BDBBA2ED8E4B43AC38F4A9.2_cid390 (zuletzt abgerufen am 6.9.2022).

Stimmrechtsmehrheit hat (§ 16 AktG) oder auf die die Obergesellschaft einen beherrschenden Einfluss ausüben kann (§ 17 AktG).[265] Zudem handelt es sich um konzernangehörige Gesellschaften der Obergesellschaft, wenn sie unter einheitlicher Leitung stehen (§ 18 AktG) oder wenn es einen Beherrschungs- oder Gewinnabführungsvertrag (§§ 291, 292 AktG) zugunsten der Obergesellschaft gibt.[266]

236 Zudem müssen die konzernangehörigen Gesellschaften weder zwangsläufig ein Unternehmen iSd Abs. 1 (zum Unternehmensbegriff des LkSG → Rn. 29 ff.) darstellen noch die Schwellenwerte überschreiten. Es geht lediglich darum, dass die in Frage stehenden Gesellschaften „konzernangehörige" Gesellschaften sind. Dies ergibt sich aus dem Wortlaut des Abs. 3, wonach „sämtliche" konzernangehörige „Gesellschaften" – statt wieder „Unternehmen" – gemeint sind.

237 Hat eine inländische Obergesellschaft iSd § 1 Abs. 1 S. 1 **ausländische Untergesellschaften,** stellt sich die Frage, ob im Inland beschäftigte Arbeitnehmer der im Ausland ansässigen Untergesellschaften der inländischen Obergesellschaft hinzuzurechnen sind.

238 In der Literatur wurde bereits angemerkt, dass bei der Zurechnung von Beschäftigten zur Beschäftigtenanzahl der Obergesellschaft nicht nur solche Beschäftigte zuzurechnen sind, die einer inländischen konzernverbundenen Gesellschaft angehören, sondern auch solche, die einer ausländischen konzernverbundenen Gesellschaft angehören.[267]

239 Mit Blick auf das Mitbestimmungsrecht könnten daran zunächst Zweifel bestehen. Im Rahmen des § 5 MitbestG werden Beschäftigte von im Ausland ansässigen Tochtergesellschaften (die auch keinen Verwaltungssitz im Inland haben) der Konzernspitze nach hM nicht zugerechnet, weil sich der Geltungsbereich des MitbestG auf das Inland beschränkt.[268] Im LkSG ist das allerdings anders zu bewerten.

240 Teilweise wird auf Grundlage eines Umkehrschlusses zu § 19 Abs. 1 AktG argumentiert.[269] § 19 Abs. 1 AktG beziehe sich ausnahmsweise bei wechselseitig verbundenen Unternehmen ausdrücklich auf Unternehmen, die einen Sitz in Deutschland haben. § 1 Abs. 3 tue das hingegen nicht, sodass für die Zwecke der persönlichen Anwendbarkeit des LkSG auch ausländische konzernzugehörige Untergesellschaften zu berücksichtigen seien. Inwiefern dieses Argument im Einklang mit dem Generalverweis des Abs. 3 auf § 15 AktG und dessen Verweis auf § 19 AktG steht, ist allerdings fraglich.

241 Jedenfalls greift aber der hinter dieser Argumentation stehende Gedanke, dass der **Wortlaut** des Abs. 3 stark für die Erfassung von ausländischen Untergesellschaften streitet. Für diese Annahme spricht zumindest die Formulierung „sämtliche" konzernangehörige Gesellschaften. Hiernach gilt die Sonderbemessungsregel des Abs. 3 für Obergesellschaften auch mit Blick auf im Ausland ansässige konzernverbundene Auslandsuntergesellschaften.

242 Darüber hinaus ist laut Gesetzesbegründung **Zweck** des Abs. 3 zu gewährleisten, dass auch Obergesellschaften vom Anwendungsbereich des LkSG umfasst sind, und zwar unabhängig davon, ob die Arbeitnehmer bei der Obergesellschaft oder etwaigen Untergesellschaften angestellt sind.[270] Dieser Zweck wird vor allem dadurch erreicht, dass auch die

---

[265] Grabosch Das neue LkSG/Grabosch § 3 Rn. 6.

[266] Grabosch Das neue LkSG/Grabosch § 3 Rn. 6.

[267] Grabosch Das neue LkSG/Grabosch § 3 Rn. 6; so auch angedeutet bei Ott/Lüneborg/Schmelzeisen DB 2022, 238 (243) f.; Mittwoch/Bremenkamp KritV 2021, 208 (222); Groß SPA 2021 (69) noch zum RegE, aber ohne weitere Begründung; Wagner/Ruttloff/Wagner/Hahn CB 2021, 89 (91); Ehmann/Berg GWR 2021 (287); auch bereits zum RegE Ehmann ZVertriebsR 2021, 141 (142); nicht eindeutig auf die Konzernuntergesellschaften bezogen Lutz-Bachmann/Vorbeck/Wengenroth BB 2021, 906 Fn. 8; aA Nietsch/Wiedmann NJW 2022, 1 Rn. 8: „Der Konsolidierungskreis des § 1 Abs. 3 Hs. 1 umfasst nach vorliegendem Verständnis in der Folge nur die im Inland ansässigen Konzernteile, das heißt das dort herrschende und die von ihm abhängigen Unternehmen. Die Beschäftigten einer ausländischen Muttergesellschaft bzw. von ausländischen Tochtergesellschaften einer inländischen Obergesellschaft, werden nicht berücksichtigt.".

[268] ErfK/Oetker Rn. 14; ErfK/Oetker MitbestG § 5 Rn. 14; ErfK/Oetker MitbestG § 1 Rn. 11, jeweils mwN; Habersack/Henssler/Habersack MitbestG § 5 Rn. 55.

[269] Grabosch Das neue LkSG/Grabosch § 3 Rn. 6 Fn. 5.

[270] BT-Drs. 19/28649, 34.

Arbeitnehmer von rein ausländischen Untergesellschaften hinzugerechnet werden. Zudem weisen gerade international aufgestellte Konzerne ein erhöhtes Menschenrechts- und Umweltrisiko auf. Gleichzeitig haben sie regelmäßig eine besondere Wirtschafts- und Personalstärke, um diese Risiken durch die LkSG–Sorgfaltspflichten zu minimieren.

Bedacht werden muss dabei, dass nur solche Arbeitnehmer hinzuzurechnen sind, die im Inland beschäftigt sind (→ Rn. 91 ff.).[271] So wird der Inlandsbezug gefestigt. 243

Etwaigen Bedenken im Hinblick auf eine zu **exzessive extraterritoriale Wirkung** ist entgegenzuhalten, dass im Ausland ansässige konzernverbundene **Untergesellschaften durch Abs. 3 nicht** zum **Regelungsadressat** gemacht werden. Es geht lediglich um die Erweiterung der hinzuzurechnenden Beschäftigten bei der „inländischen" Obergesellschaft, die Regelungsadressat (→ Rn. 208) und Bezugsobjekt der Sonderbemessung (→ Rn. 209) darstellt. Da sich Abs. 3 letztlich nur auf Abs. 1 S. 1 bezieht (→ Rn. 217 ff.), besteht damit auch ein hinreichender Inlandsbezug bezüglich der Obergesellschaft. Unter Abs. 3 sind nämlich nur solche Obergesellschaften Bezugspunkt der Sonderbemessung, die ihre Hauptverwaltung, Hauptniederlassung, ihren Verwaltungssitz oder ihren satzungsmäßigen Sitz im Inland haben. 244

Zusammenfassend sind also auch solche Arbeitnehmer mit in die Arbeitnehmeranzahl der Obergesellschaft mitzuzählen, die zwar einer im Ausland ansässigen konzernverbundenen Untergesellschaft zugeordnet werden, aber im Inland beschäftigt sind.[272] 245

IV. In die Sonderbemessung miteinzubeziehende Arbeitnehmer

1. Allgemeines. Hinzuzurechnen sind bei Abs. 3 **im Inland beschäftigte Arbeitnehmer** und **ins Ausland entsandte Arbeitnehmer.** Grundsätzlich gilt konsequenterweise auch im Rahmen des Abs. 3 der **allgemeine Arbeitnehmerbegriff** wie bereits bei § 1 Abs. 1 S. 1 Nr. 2 und S. 2 Nr. 2 (→ Rn. 84 ff.). 246

Vor dem Hintergrund, dass Abs. 3 vor allem auf gesellschaftsrechtliche Konzernstrukturen abzielt, reagiert das LkSG sachgerecht auf mögliche Arbeitssituationen in einem Konzern. Mangels Rechtspersönlichkeit scheidet der Konzern als Arbeitgeber aus; vielmehr tritt bzw. treten die Obergesellschaft(en) bzw. die Untergesellschaft(en) als Arbeitgeber auf.[273] 247

Der Bezug in Abs. 3 zu Arbeitnehmern, die „im Inland" beschäftigt sind, war im RegE noch nicht vorgesehen. Der Zusatz zum Inlandsbezug hat nun wie bei Abs. 1 S. 1 Nr. 2 und Abs. 1 S. 2 Nr. 2 eine rein klarstellende Funktion.[274] Was die „Inlandsbeschäftigung" angeht, kann hier nach oben verwiesen werden (→ Rn. 95 ff.). 248

Ins Ausland entsandte Arbeitnehmer sind erfasst. Dieser nachträgliche Zusatz hat im Verhältnis zum RegE eine rein klarstellende Funktion.[275] Hier gilt bereits Gesagtes zu § 1 Abs. 1 S. 1 Nr. 2 (→ Rn. 117 ff.). 249

Zu beachten ist, dass der Bezug in Abs. 3 auf im Inland beschäftigte und ins Ausland entsandte Arbeitnehmer auf die Berechnung der Arbeitnehmeranzahl bei den konzernzugehörigen Gesellschaften abzielt. 250

---

[271] Grabosch Das neue LkSG/Grabosch § 3 Rn. 6.

[272] Wohl aA BAFA, vgl. BAFA FAQ LkSG, Stand: 28.4.2022, IV.6: „Der Konsolidierungskreis des § 1 Abs. 3 umfasst nur die im Inland ansässigen Konzernteile, dabei sind alle möglichen Konstellationen im § 15 AktG erfasst. Die Beschäftigten einer ausländischen Muttergesellschaft bzw. von ausländischen Tochtergesellschaften einer inländischen Obergesellschaft werden nicht berücksichtigt.", https://www.bafa.de/DE/Lieferketten/Ueberblick/ueberblick_node.html;jsessionid=8F3E445184BDBBA2ED8E4B43AC38F4A9.2_cid390 (zuletzt abgerufen am 6.9.2022); dem folgend Wagner/Ruttloff/Wagner LkSG-HdB/Wagner/Wagner/Schuler § 1 Rn. 9.

[273] Vogt, Arbeitsrecht im Konzern, 2014, § 1 Rn. 5.

[274] BT-Drs. 19/30505, 34.

[275] BT-Drs. 19/30505, 34.

251 **2. Zurechenbarkeit des Einsatzes von Leiharbeit bei Untergesellschaften zur Obergesellschaft. Unklar** ist, ob auch der Einsatz von Leiharbeit iSd Abs. 2 ein zurechnungsfähiger Posten im Rahmen des Abs. 3 darstellt. Es geht also um die Frage, ob Leiharbeitsplätze iSd Abs. 2 neben den im Inland beschäftigten und ins Ausland entsandten Arbeitnehmern der konzernangehörigen Gesellschaften der Obergesellschaft ebenfalls zuzurechnen sind.

252 Abs. 3 ist **kein ausdrücklicher Hinweis auf** Abs. 2 oder den **Einsatz von Leiharbeit** zu entnehmen. Vielmehr bezieht sich Abs. 3 ausdrücklich nur auf die „**im Inland beschäftigten Arbeitnehmer** sämtlicher konzernangehöriger Gesellschaften", wobei ins Ausland entsandte Arbeitnehmer erfasst sind (Hs. 2). Abs. 2 bezieht sich dem **Wortlaut** nach ausdrücklich auch nur auf Abs. 1 S. 1 Nr. 2 und S. 2 Nr. 2 und damit nicht auf Abs. 3. So könnte geschlussfolgert werden, dass der Einsatz von Leiharbeit bei den konzernzugehörigen Gesellschaften der Obergesellschaft nicht hinzuzurechnen ist.

253 Dagegen spricht aber die **Verweisungstechnik** innerhalb des § 1. Abs. 2 bezieht sich sowohl auf Abs. 1 S. 1 Nr. 2 und S. 2 Nr. 2, wohingegen Abs. 3 jedenfalls auf Abs. 1 S. 1 verweist. So ist Abs. 2 über die Verweisungstechnik in den Abs. 3 hineinzudeuten. Beide Absätze haben mit ihrer Verweisung das gleiche „Ziel". Danach ist der Einsatz von Leiharbeit im Zuge des Abs. 3 auch zu berücksichtigen.

254 Andernfalls bestünde auch ein Umgehungsszenario, das vom Gesetzgeber nicht gewollt sein kann. Auch wenn es nur ein **theoretisches Umgehungsszenario** sein mag, aber so könnten Untergesellschaften mit dem Einsatz von Leiharbeit die Schwellenwerte bei der Obergesellschaft drücken. Wenn **Untergesellschaften Arbeitsplätze mit Leiharbeitnehmern statt mit „normalen" Arbeitnehmern besetzen,** wären die Leiharbeitsplätze allein nach dem Wortlaut des Abs. 3 für die Obergesellschaft nicht mitzuzählen.

255 Zudem erscheint es **systemwidrig, Leiharbeitsplätze** iSd Abs. 2 hier bei Abs. 3 **nicht miteinzubeziehen.** Andernfalls würde der Einsatz von Leiharbeit bei Untergesellschaften iSd Abs. 1 S. 1 und S. 2 für sie selbst miteingerechnet. Sobald es aber dann um die Zurechenbarkeit zur Obergesellschaft geht, müssten die Leiharbeitsplätze bei den konzernangehörigen Untergesellschaften wieder herrausgerechnet werden. Da Abs. 2 als Konkretisierungsnorm zur Bestimmung der umfassten Arbeitnehmer zu verstehen ist, ist es jedenfalls konsequent, das gleiche Verständnis auch im Rahmen des Abs. 3 zugrunde zu legen.

256 Auch der **Sinn und Zweck** des Abs. 3 **sprechen für eine Zurechenbarkeit.** Es geht bei Abs. 3 darum, dass auch Obergesellschaften unter das LkSG fallen, und zwar unabhängig davon, ob die Arbeitnehmer bei der Obergesellschaft oder der Untergesellschaft beschäftigt sind. Zur bestmöglichen Erreichung dieses Ziels muss auch der Einsatz von Leiharbeit bei Untergesellschaften zurechenbar sein.

257 Daher ist auch der **Einsatz von Leiharbeit iSd Abs. 2 bei den Untergesellschaften** dergestalt **zu berücksichtigen,** dass diese in die Zählung bei Abs. 3 für die Obergesellschaft miteinzubeziehen sind.

258 **Im Zweifel** kommt aber **zumindest eine analoge Anwendung** des Abs. 2 in Betracht. Angesichts vorangegangener Argumentation lässt sich ein vergleichbarer Sachverhalt bei einer planwidrigen Regelungslücke vertretbar bejahen.

259 Ein Rückgriff auf § 14 Abs. 2 S. 6 AÜG ist zumindest nicht möglich. § 14 Abs. 2 S. 6 AÜG bestimmt, wann und wie der Einsatz von Leiharbeit bei das Entleihunternehmen betreffenden Schwellenwerten zu berücksichtigen ist. Allerdings begrenzt sich § 14 Abs. 2 S. 6 AÜG ausdrücklich auf die in S. 5 genannten Gesetze. Das LkSG ist keines davon, weshalb die Aufnahme des § 1 Abs. 2 in den Gesetzestext des § 1 wohl auch notwendig war.

260 Vor dem Hintergrund des Streitpotenzials um miteinzubeziehende Leiharbeitsplätze bei Abs. 3 besteht letztlich zumindest gesetzgeberischer Klarstellungsbedarf, wenn nicht bereits die europäische Lösung Abhilfe verschaffen wird (→ Rn. 309 ff.).

V. Sonderbemessung in einzelnen Konzernstrukturen

Einige Konstruktionen konzernrechtlicher Unternehmensstrukturen weisen Besonderheiten auf, die einer näheren Betrachtung im Rahmen des Abs. 3 bedürfen. 261

1. Ausgangsbeispiel zum Grundfall: Sonderbemessung beim mehrstufigen Unterordnungskonzern. Ein **Beispiel**[276] zu einem **mehrstufigen Unterordnungskonzern** wäre, dass eine Muttergesellschaft eine Tochtergesellschaft hat, die wiederum eine Enkelgesellschaft hat, wobei alle ihren Verwaltungssitz in Deutschland haben (vgl. § 1 Abs. 1 S. 1 Nr. 1). Die inländische Muttergesellschaft hat im Inland in der Regel 300, die Tochtergesellschaft 500 und die Enkelgesellschaft 2.600 beschäftigte Arbeitnehmer. Jede im Beispiel aufgeführte Gesellschaft würde zwar isoliert für sich gesehen zum Stichtag des 1.1.2023 nicht unter das LkSG fallen, weil der Schwellenwert von 3.000 Arbeitnehmern jeweils nicht erreicht ist. Mithilfe von Abs. 3 bzw. durch die Zurechnung der Arbeitnehmer „sämtlicher konzernangehöriger Unternehmen" zur Obergesellschaft sind der Muttergesellschaft jedoch sowohl die Beschäftigten der Tochter- als auch der Enkelgesellschaft zuzurechnen. Damit wird der Schwellenwert für die Muttergesellschaft überschritten (3.400 Arbeitnehmer). Das LkSG findet dann via Abs. 3 Anwendung auf die Muttergesellschaft als Konzernspitze. Ob die Untergesellschaften unter den persönlichen Anwendungsbereich fallen, ist für diese sodann grundsätzlich gesondert zu prüfen. 262

2. Keine Sonderbemessung beim „Konzern im Konzern". Teilweise sind Untergesellschaften selbst Konzernzwischengesellschaften, sodass sie selbst als (Zwischen-)Konzernspitze angesehen werden könnten. Ihnen sind bestimmte Entscheidungsspielräume gegenüber nachgeordneten Konzernunternehmen eingeräumt **(sog. Konzern im Konzern).**[277] Dem Grunde nach geht es also beim „Konzern im Konzern" um die Aufspaltung der „einheitlichen Leitungsmacht".[278] 263

Akzeptierte man die Konstruktion des „Konzerns im Konzern" im Rahmen des § 1 Abs. 3, hätte dies zur Folge, dass die Arbeitnehmer der Untergesellschaften nicht nur der Konzernspitze, sondern auch der **Konzernzwischengesellschaft als „Obergesellschaft"** zuzurechnen sind. 264

Im obigen Ausgangsbeispiel (→ Rn. 262) würde das bedeuten, dass auch der Tochtergesellschaft (500 Beschäftigte) – sollte sie als Konzernzwischengesellschaft zu qualifizieren sein – die Arbeitnehmer der Enkelgesellschaft (2.600 Beschäftigte) wegen Abs. 3 (nicht etwa aufgrund einer wechselseitigen Zurechnung!) zuzurechnen sind. Die Tochtergesellschaft würde dann den Schwellenwert überschreiten (3.100 Arbeitnehmer), sodass das LkSG sowohl für die Muttergesellschaft als auch für sie selbst anwendbar ist. Zählte man die Arbeitnehmer der Enkelgesellschaft nicht hinzu, so würde die Tochtergesellschaft keine LkSG-Sorgfaltspflichten treffen, da sie den Schwellenwert ohne Abs. 3 selbst nicht erreicht (lediglich 500 Arbeitnehmer). 265

Ob der Gesetzgeber die Konstruktion des „Konzerns im Konzern" von Abs. 3 erfasst wissen wollte, ist allerdings unklar. Gesellschaftsrechtlich bzw. für das Aktienrecht wird der „Konzern im Konzern" überwiegend abgelehnt.[279] Zum einen wird die Konstruktion verneint, weil die Konzernspitze die Einräumung des Entscheidungsspielraums jederzeit zurückziehen könne, sodass die Entscheidungsmacht bei der Tochtergesellschaft nur eine abgeleitete sei.[280] Zum anderen wird der „Konzern im Konzern" abgelehnt, weil die Rechtsfigur jedenfalls auch nicht zu einem effektiveren Gläubiger- und Minderheitenschutz im Aktienrecht führen würde.[281] 266

---

[276] Ähnliches Beispiel bei Grabosch Das neue LkSG/Grabosch § 3 Rn. 6.
[277] Lutter/Bayer Holding-HdB/Wackerbarth Rn. 12.97.
[278] Vgl. ErfK/Oetker MitbestG § 5 Rn. 9; vgl. auch Lutter/Bayer Holding-HdB/Wackerbarth Rn. 12.97.
[279] S. nur Lutter/Bayer Holding-HdB/Wackerbarth Rn. 12.97; Habersack/Henssler/Habersack MitbestG § 5 Rn. 37 mwN; ErfK/Oetker MitbestG § 5 Rn. 8 ebenfalls mwN zum Meinungsstreit.
[280] S. nur Lutter/Bayer Holding-HdB/Wackerbarth Rn. 12.97 mwN.
[281] S. nur Lutter/Bayer Holding-HdB/Wackerbarth Rn. 12.97 mwN.

267 Im Rahmen des § 5 Abs. 1 MitbestG wird der „Konzern im Konzern“ aber in der einschlägigen Literatur und Rechtsprechung überwiegend für möglich gehalten.[282] Ausschlaggebendes Argument ist, dass Konzerne auch dezentral organisiert sein können und die Mitbestimmung dort zu bilden ist, wo Leitungsmacht tatsächlich ausgeübt wird.[283] Bei § 5 Abs. 1 MitbestG ist es also nach hM möglich, dass die Arbeitnehmer der nachgeordneten Untergesellschaften nicht nur der (mitbestimmungspflichtigen)[284] Konzernspitze, sondern auch der Konzernzwischengesellschaft zugerechnet werden, wenn die Konzernspitze der Konzernzwischengesellschaft Entscheidungsspielräume überlasst und diese insoweit Leitungsmacht über die nachgeordneten Untergesellschaften ausübt. Im Einzelnen ist aber umstritten, wann der Konzernzwischengesellschaft ein entsprechender Entscheidungsspielraum zukommt, der zur Annahme einer herrschenden Stellung bzw. einheitlicher Leitungsmacht iSd § 5 Abs. 1 MitbestG führt.[285]

268 Mit vergleichendem Blick auf die Anerkennung des „Konzerns im Konzern“ bei § 5 Abs. 1 MitbestG könnte für eine Anerkennung des „Konzerns im Konzern“ bei Abs. 3 vorgebracht werden, dass der Gesetzgeber das LkSG dort angewendet wissen will, wo die relevanten Entscheidungen für das Risikomanagement der Lieferketten getroffen werden.[286] Wenn der Tochtergesellschaft Entscheidungsspielräume für das Lieferkettenmanagement überlassen werden, erscheint es vor diesem Hintergrund durchaus sinnvoll, die LkSG –Sorgfaltspflichten zumindest auch auf Ebene der Konzernzwischengesellschaft als Obergesellschaft anzusetzen.

269 Ebenso spricht für die Anerkennung des „Konzerns im Konzern“ bei Abs. 3 auf den ersten Blick die Mitbestimmungsähnlichkeit, soweit es um Art. 4 LkSG zur Änderung des BetrVG geht. Nach Art. 4 LkSG ist § 106 Abs. 3 BetrVG dahingehend zu erweitern, dass der Beratungsumfang um Nr. 5b erweitert wird, sodass zu den mit dem Wirtschaftsausschuss zu beratenden wirtschaftlichen Angelegenheiten auch „Fragen der unternehmerischen Sorgfaltspflichten in Lieferketten gemäß dem Lieferkettensorgfaltspflichtengesetz“ gehören. So könnte hier das Argument zur Anerkennung des Konzerns im Konzern bei § 5 Abs. 1 MitbestG herangezogen werden, wonach Beratungsfragen des Wirtschaftsausschusses dort anzusiedeln sind, wo Leitungsmacht besteht – also im Zweifel auch bei der Konzernzwischengesellschaft. Allerdings gilt § 106 BetrVG ohnehin für „alle“ Unternehmen mit in der Regel mehr als 100 ständig beschäftigten Arbeitnehmern.

270 **Gegen den „Konzern im Konzern“ bei Abs. 3** spricht aber, dass seine Anerkennung zu einer Doppelung oder sogar Mehrfachgeltung der LkSG-Sorgfaltspflichten bei verbundenen Unternehmen führen würde. Sollte die Rechtsfigur des „Konzerns im Konzern“ bei Abs. 3 anerkannt werden, so würden die LkSG-Sorgfaltspflichten nämlich nicht nur unmittelbar die Konzernspitze und über § 2 Abs. 6 S. 3 („eigener Geschäftsbereich“) mittelbar die Untergesellschaften treffen. Vielmehr würden die LkSG-Sorgfaltspflichten sowohl die Konzernspitze als auch die Konzernzwischengesellschaft unmittelbar treffen. Im Einzelfall – je nachdem ob ein „bestimmender Einfluss“ vorliegt – könnten sie auch die Konzernzwischengesellschaft doppelt treffen: einmal unmittelbar und einmal mittelbar über § 2 Abs. 6 S. 3.

271 Natürlich könnte nun entgegnet werden „doppelt hält besser“, vor allem wenn es um Menschenrechte und Umweltschutz geht. Das würde auch dem grundsätzlichen Sinn und Zweck des § 1 entsprechen: das Tor zum persönlichen Anwendungsbereich des LkSG möglichst weit zu öffnen, um Risiken für Menschenrechte und Umweltschutz iSd § 2 Abs. 2 und Abs. 3 entlang von (internationalen) Lieferketten möglichst weitgehend zu vermindern. Fraglich ist aber, ob eine „Doppelung“ der LkSG-Sorgfaltspflichten nicht eher

[282] S. nur Lutter/Bayer Holding-HdB/Wackerbarth Rn. 12.99; Habersack/Henssler/Habersack MitbestG § 5 Rn. 35 f. jeweils mit mwN.
[283] Lutter/Bayer Holding-HdB/Wackerbarth Rn. 12.99 mwN.
[284] Im Falle einer nicht mitbestimmungspflichtigen Konzernspitze ist § 5 Abs. 3 MitbestG maßgeblich.
[285] S. nur Lutter/Bayer Holding-HdB/Wackerbarth Rn. 12.99 ff. mwN.
[286] BT-Drs. 19/28649, 33, allerdings zu § 1 Abs. 1 S. 1.

zu einer uneinheitlichen Umsetzung der LkSG-Sorgfaltspflichten im gesamten Konzern führen würde; also ob eine Doppelung tatsächlich effektiverem Menschenrechts- und Umweltschutz zuträglich wäre.

Gegen die Anerkennung der Rechtsfigur des „Konzerns im Konzern" bei § 1 Abs. 3 spricht schließlich vor allem aber, dass sich Abs. 3 auf den gesamten Katalog des § 15 AktG bezieht und gerade keinen Rückgriff oder Bezug zu § 5 Abs. 1 MitbestG herstellt. Insbesondere wurde im Rahmen der Stellungnahmen zum RegE angeregt, die Formulierung des § 5 Abs. 1 S. 1 MitbestG zu übernehmen.[287] Diese Anregung wurde nicht aufgegriffen. Es wurde lediglich der Begriff der „Konzernmutter" aus stilistischen Gründen mit dem Begriff „Obergesellschaft" ersetzt.[288] Maßgeblich wäre demnach das aktienrechtliche Verständnis, bei dem aber nach hM die Rechtsfigur des „Konzerns im Konzern" abzulehnen ist.[289] 272

Letztlich ist die **Rechtsfigur des „Konzerns im Konzern" bei Abs. 3 abzulehnen,** sodass Arbeitnehmer lediglich der Konzernobergesellschaft zuzurechnen sind, nicht aber der Konzernzwischengesellschaft.[290] Die LkSG-Sorgfaltspflichten treffen daher unmittelbar nur die Konzernspitze. Sollte ein „bestimmender Einfluss" nach § 2 Abs. 6 S. 3 vorliegen, wären die Konzernzwischengesellschaft und die nachgeordneten Untergesellschaften Teil des „eigenen Geschäftsbereichs" der Konzernspitze und jedenfalls mittelbar von den LkSG-Sorgfaltspflichten erfasst. 273

3. Keine Sonderbemessung beim Teilkonzern (mit Blick auf § 5 Abs. 3 MitbestG). Unklar ist, ob bzw. wie mit der **Figur des „Teilkonzerns" im Rahmen des Abs. 3** zu verfahren ist. Im Mitbestimmungsrecht sieht § 5 Abs. 3 MitbestG eine Sonderregelung für die Zurechnung von Arbeitnehmern im „Teilkonzern" vor. Eine vergleichbare Regelung enthält § 1 Abs. 3 nicht. Um daraus Rückschlüsse ziehen zu können, ist zunächst der Regelungsgehalt sowie die Regelungstechnik des § 5 Abs. 3 MitbestG in den Blick zu nehmen. 274

§ 5 Abs. 3 MitbestG schließt eine Lücke, wenn das herrschende Konzernunternehmen nicht mitbestimmungspflichtig ist.[291] Nicht mitbestimmungspflichtig ist die Konzernspitze etwa, wenn sie nicht die erforderliche Rechtsform nach § 1 Abs. 1 Nr. 1 MitbestG oder ihren Sitz im Ausland hat.[292] Die Lücke wird mittels einer Fiktion geschlossen.[293] § 5 Abs. 3 MitbestG fingiert, dass das abhängige Unternehmen, das dem nicht mitbestimmungspflichtigen herrschenden Unternehmen am nächsten steht und in der Form von Abs. 1 oder Abs. 2 verfasst ist, als Konzernspitze bzw. herrschendes Unternehmen für die Zwecke des Abs. 1 und 2 gilt, sofern die Konzernspitze über dieses die Konzernleitung über weitere abhängige Unternehmen ausübt.[294] Damit erfolgt die Beschäftigtenzurechnung auf Ebene der Teilkonzernspitze und die Mitbestimmung wird insoweit auf sie verlagert.[295] Voraussetzung ist vor allem, dass das herrschende nicht mitbestimmungspflichtige Unternehmen über das ihm am nächsten stehende Unternehmen andere Konzernunternehmen beherrscht (Einschaltung eines Konzernunternehmens in die Leitungsstruktur 275

[287] DAV Stellungnahme zum RegE LkSG, BT-Drs. 19/28649, nebst Änderungsanträgen für die öffentliche Anhörung des Ausschusses für Arbeit und Soziales am 17.5.2021, Rn. 11.
[288] BT-Drs. 19/30505, 34.
[289] Vgl. Valdini BB 2021, 2955 (2957) mwN.
[290] Vgl. auch das BAFA, BAFA FAQ LkSG, Stand 28.4.2022, IV.4: „Die Arbeitnehmerinnen und Arbeitnehmer werden nur zur obersten Konzernmutter (in Deutschland) zugerechnet.", https://www.bafa.de/DE/Lieferketten/Ueberblick/ueberblick_node.html;jsessionid=8F3E445184BDBBA2ED8E4B43AC38F4A9.2_cid390 (zuletzt abgerufen am 6.9.2022).
[291] ErfK/Oetker MitbestG § 5 Rn. 18; Habersack/Henssler/Habersack MitbestG § 5 Rn. 65.
[292] ErfK/Oetker MitbestG § 5 Rn. 18 mwN; Habersack/Henssler/Habersack MitbestG § 5 Rn. 66; Lutter/Bayer Holding-HdB/Wackerbarth Rn. 12.105.
[293] ErfK/Oetker MitbestG § 5 Rn. 18.
[294] ErfK/Oetker MitbestG § 5 Rn. 18 mwN.
[295] ErfK/Oetker MitbestG § 5 Rn. 18.

des Konzerns).[296] Umstritten ist dabei allerdings, wann eine weitergeleitete Beherrschungsstruktur bei der Teilkonzernspitze anzunehmen ist.[297]

276 Der **Unterschied des Teilkonzerns zum „Konzern im Konzern"** ist, dass die Untergesellschaft hier nicht zwangsläufig eine eigene Entscheidungsmacht haben muss.[298] Die Mitbestimmung soll nur hilfsweise bei ihr angesiedelt werden, weil die Konzernspitze selbst nicht mitbestimmungspflichtig ist.[299]

277 Eine ähnliche Regelung wäre bei § 1 durchaus sinnvoll, nämlich wenn die Konzernspitze selbst nicht vom LkSG erfasst wird. Dies kann insbesondere bei Konzernobergesellschaften mit Sitz im Ausland der Fall sein, die keine inländische Zweigniederlassung iSd Abs. 1 S. 2 Nr. 1 haben oder zwar eine inländische Zweigniederlassung haben, aber den Schwellenwert (Abs. 1 S. 2 Nr. 2) nicht überschreiten. Auch findet bei ausländischen Unternehmen bzw. Konzernobergesellschaften iSd Abs. 1 S. 2 keine Zurechnung der Arbeitnehmer sämtlicher konzernzugehöriger Gesellschaften über Abs. 3 statt (→ Rn. 217 ff.).

278 Beim **LkSG** läge der **Unterschied zwischen dem „Konzern im Konzern" und dem Teilkonzern** also darin, dass beim „Konzern im Konzern" die Konzernmutter bereits in den persönlichen Anwendungsbereich des LkSG fällt, wohingegen sie beim Teilkonzern gar nicht erst erfasst wäre.

279 Für die persönliche Anwendbarkeit des LkSG würde eine dem § 5 Abs. 3 MitbestG vergleichbare Regelung bedeuten, dass die nicht unter den Anwendungsbereich fallende Konzernspitze substituiert wird durch die ihr am nächsten stehende inländische Untergesellschaft, bei der dann eine Sonderbemessung nach Abs. 3 stattfinden kann. Sie wäre dann als Obergesellschaft für die Zwecke des Abs. 3 zu betrachten.

280 Die Diskussion um die Beherrschung der nachgeordneten Untergesellschaften über die Teilkonzernspitze wie bei § 5 Abs. 3 MitbestG wäre bei § 1 jedenfalls obsolet. Diese Fragestellung wäre erst im Rahmen des Umfangs der LkSG-Sorgfaltspflichten zum „eigenen Geschäftsbereich" (§ 2 Abs. 5 S. 2 Nr. 1) zu klären. Insoweit erforderlich wäre nach § 2 Abs. 6 S. 3 ein „bestimmender Einfluss".

281 Bezieht man dies auf das Ausgangsbeispiel (→ Rn. 262), wobei die Konzernmutter weder über Abs. 1 S. 1 oder S. 2 in den persönlichen Anwendungsbereich fällt, so wäre die inländische Tochtergesellschaft für die Zwecke des Abs. 3 als Obergesellschaft des verbundenen Unternehmens zu betrachten. So könnten der Tochtergesellschaft (500 Arbeitnehmer) die Arbeitnehmer der Enkelgesellschaft (2.600) zugerechnet werden. Mittels der Zurechnung nach dem Prinzip des „Teilkonzerns" wie bei § 5 Abs. 3 MitbestG würde sie den Schwellenwert überschreiten (insgesamt 3.100 Arbeitnehmer) und in den Anwendungsbereich des LkSG fallen. Ob sich die LkSG-Sorgfaltspflichten der Tochtergesellschaft auch auf die Enkelgesellschaft beziehen, ist dann eine Frage des „bestimmenden Einflusses". Sie selbst wäre jedenfalls erst einmal erfasst.

282 Liegt dem Abs. 3 keine vergleichbare Sonderbemessung beim Teilkonzern zugrunde, so sind der inländischen Teilkonzernspitze die Arbeitnehmer sämtlicher konzernangehöriger Untergesellschaften nicht zuzurechnen. Im Beispiel (→ Rn. 262) würde das bedeuten, dass das LkSG weder auf die ausländische Konzernspitze (gar nicht erst vom LkSG erfasst) noch auf die inländische Tochtergesellschaft (500 Arbeitnehmer) oder die inländische Enkelgesellschaft (2.600 Arbeitnehmer) Anwendung findet.

283 § 1 sieht aber eine Regelung wie § 5 Abs. 3 MitbestG nicht vor. Die **Wortlautgrenze würde gesprengt,** nähme man die Sonderbemessung nach Abs. 3 beim Teilkonzern an.

284 Nun könnte argumentiert werden, dass mit dem Begriff „Obergesellschaft" auch die inländische Tochtergesellschaft der ausländischen Konzernspitze gemeint sein könnte, sodass einer Sonderbemessung beim Teilkonzern nichts im Wege stünde. Allerdings wurde

---

[296] ErfK/Oetker MitbestG § 5 Rn. 19.

[297] Näher hierzu s. nur Lutter/Bayer Holding-HdB/Wackerbarth Rn. 12.106; ErfK/Oetker MitbestG § 5 Rn. 19, 20.

[298] Lutter/Bayer Holding-HdB/Wackerbarth Rn. 12.104.

[299] Lutter/Bayer Holding-HdB/Wackerbarth Rn. 12.104.

der Begriff der „Obergesellschaft" lediglich aus stilistischen Gründen eingeführt.[300] Im Regierungsentwurf wurde noch auf die „Konzernmutter" abgestellt. Aus der Begründung zum RegE lässt sich auch der Gesetzgeberwillen entnehmen, dass die Konzernspitze gemeint war. Durch Abs. 3 soll nämlich gewährleistet sein, dass im Rahmen verbundener Unternehmen nach § 15 AktG Mutterunternehmen unter das LkSG fallen, unabhängig davon, ob die Arbeitnehmer bei dem Mutterunternehmen oder dem oder den Tochterunternehmen beschäftigt sind.[301] Demnach will der Gesetzgeber hier zwischen Mutter- und Tochtergesellschaften differenzieren. Nur die Muttergesellschaft ist als „Obergesellschaft" zu qualifizieren. Zudem kann diese Auffassung implizit durch Äußerungen des Bundesministeriums für Arbeit und Soziales untermauert werden. Zu den auf der Internetseite veröffentlichten FAQs heißt es unter Nr. IV.4., dass Arbeitnehmer „nur zur obersten Konzernmutter" (in Deutschland) hinzugerechnet werden.[302]

Eine **Sonderbemessung via Abs. 3 beim „Teilkonzern" ist letztlich also nicht vorzunehmen,**[303] auch wenn dies **wünschenswert** wäre. Denn so würde das Tor zur persönlichen Anwendbarkeit des LkSG auch für Teilkonzerne geöffnet werden, was dem Ziel des LkSG dienen würde, menschenrechts- und umweltbezogene Risiken entlang von (internationalen) Lieferketten möglichst zu vermindern. Ein weiterer Absatz in Anlehnung an die Regelung des § 5 Abs. 3 MitbestG wäre hierfür erforderlich. Insoweit besteht gesetzgeberisches **Verbesserungspotential.** 285

4. Keine Sonderbemessung bei der Zwischenholding (insbesondere einer ausländischen Obergesellschaft). Eine ähnliche Diskussion zum Thema „Teilkonzern" und „Konzern im Konzern" betrifft (inländische) **Zwischenholdings** und ob diese als „Obergesellschaft" für die Zwecke des Abs. 3 betrachtet werden können, insbesondere dann, wenn die Holding ihren Sitz im Ausland hat und nicht unter das LkSG fällt.[304] Auch für die Zwischenholding ist eine **Anwendbarkeit des Abs. 3** vor dem Hintergrund der allgemeinen Diskussion zum „Konzern im Konzern" (→ Rn. 263 ff.) und dem „Teilkonzern" (→ Rn. 274 ff.) bei Abs. 3 aber **abzulehnen.**[305] 286

Zwischenholdings sind meist rein funktionell und aus bilanziellen Gründen zwischengeschaltet und oftmals nicht operativ tätig.[306] Ihnen kommt regelmäßig keine maßgebliche Entscheidungsmacht für das Lieferkettenmanagement zu,[307] sodass ihre Nichterfassung verschmerzbar erscheint.[308] Teilweise kann es aber durchaus sinnvoll sein, das LkSG auch auf (reine) Beteiligungsverwaltungsgesellschaften anzuwenden (→ Rn. 211 ff.). 287

Mangels planwidriger Regelungslücke findet **auch keine analoge Anwendung** des Abs. 3 auf (inländische) Zwischenholdings statt.[309] Für sie ist anhand § 1 Abs. 1 S. 1 gesondert zu prüfen, ob sie unter den Anwendungsbereich des LkSG fallen. 288

5. Sonderbemessung beim Gemeinschaftsunternehmen (Mehrmütterschaft). Das **Gemeinschaftsunternehmen** (sog. Joint Venture) zeichnet sich dadurch aus, dass es mehreren Obergesellschaften zugehörig ist **(sog. mehrfache Konzernzugehörig-** 289

[300] BT-Drs. 19/30505, 34.
[301] BT-Drs. 19/28649, 34.
[302] Ott/Lüneborg/Schmelzeisen DB 2022, 238 (240) mit Verweis auf https://fmos.link/12002 (zuletzt abgerufen am 6.9.2022).
[303] Vgl. Valdini BB 2021, 2955 (2957): „Eine solche regionale Teilkonzernspitze, die als Tochtergesellschaft über wesentlichen Entscheidungsspielraum in bestimmten Angelegenheiten in Bezug auf die ihr nachgeordneten Unternehmen verfügt, ist jedoch eine rein mitbestimmungsrechtlich geprägte Rechtsfigur und kann daher auch nicht bei der Anwendung des § 1 Abs. 3 berücksichtigt werden.".
[304] Eingehend hierzu Valdini BB 2021, 2955 (2956).
[305] So letztlich auch Valdini BB 2021, 2955 (2957).
[306] Valdini BB 2021, 2955 (2957).
[307] Valdini BB 2021, 2955 (2957).
[308] Ott/Lüneborg/Schmelzeisen DB 2022, 238 (241), allerdings mit Bedenken, ob Zwischenholdings aus Gründen von Schutzlücken und Wertungswidersprüchen nicht doch vom BAFA als zu erfassen betrachtet werden. Ähnliche Rechtsunsicherheit gelte für die Konstruktion des „Konzerns im Konzern".
[309] So überzeugend Valdini BB 2021, 2955 (2958).

keit).[310] Dabei sind die Obergesellschaften an dem Gemeinschaftsunternehmen bzw. der Untergesellschaft derart beteiligt, dass sie nur auf Grund gemeinsamer Willensbildung auf die abhängige Untergesellschaft Einfluss nehmen.[311] Beim Gemeinschaftsunternehmen stellt sich also die Frage, ob die Arbeitnehmer des Gemeinschaftsunternehmens allen Obergesellschaften zuzurechnen sind.

290 **Beispiel:** Gemeinschaftsunternehmen U hat zwei Mutterunternehmen, A und B. Sind alle Arbeitnehmer von U sowohl der A als auch der B voll zuzurechnen?

291 Im Mitbestimmungsrecht werden die Arbeitnehmer des Gemeinschaftsunternehmens mehrfach zugrechnet.[312] Das bedeutet im obigen Beispiel, dass die Arbeitnehmer von U sowohl der A als auch der B zugerechnet werden.

292 Gleiches muss im LkSG gelten. Würde man beim Gemeinschaftsunternehmen keine **Mehrfachzurechnung** über Abs. 3 vornehmen, wären die (gemeinsamen) Obergesellschaften oftmals nicht umfasst. Dies widerspräche dem Gesetzgeberwillen, dass die LkSG–Sorgfaltspflichten das Mutterunternehmen treffen sollen, unabhängig davon, ob die Arbeitnehmer bei dem Mutterunternehmen oder dem oder den Tochterunternehmen beschäftigt sind.[313] Dann wäre nämlich die Anwendbarkeit des LkSG auf Obergesellschaften davon abhängig, ob die Untergesellschaften mehreren Obergesellschaften oder nur einer Obergesellschaft zugehörig ist.

293 Auch spricht hierfür der Wortlaut des Abs. 3, wonach „sämtliche konzernzugehörige Gesellschaften" zu berücksichtigen sind. Die Mehrheitsbeteiligung kann daher nicht ausschlaggebend sein.

294 Zudem soll das LkSG nach dem Gesetzgeberwillen auf das Unternehmen Anwendung finden, welches relevante Entscheidungen für das Lieferketten–Risikomanagement trifft.[314] Treffen die relevanten Entscheidungen nun mehrere Obergesellschaften gemeinsam, sollten diese auch jeweils unter den Anwendungsbereich des LkSG fallen.

295 Damit sind nach obigem Beispiel (→ Rn. 290) für die Zwecke des Abs. 3 die Arbeitnehmer der U sowohl der A als auch der B zuzurechnen.

296 **6. Sonderbemessung beim Gleichordnungskonzern.** Es gibt verschiedene Formen von Konzernen, und zwar **Gleichordnungs- und Unterordnungskonzerne** (vgl. § 18 Abs. 1 und Abs. 2 AktG). Der Gesetzestext impliziert mit dem Begriff „Obergesellschaft", dass es im Rahmen des § 1 Abs. 3 nur um Unterordnungskonzerne (§ 18 Abs. 1) gehen soll,[315] sodass bei Gleichordnungskonzernen (§ 18 Abs. 2 AktG), die Arbeitnehmer nicht zusammenzurechnen wären (ähnlich wie bei § 5 Abs. 1 MitbestG: „Ist ein in § 1 Abs. 1 Nr. 1 bezeichnetes Unternehmen herrschendes Unternehmen eines Konzerns (§ 18 Abs. 1 des Aktiengesetzes), so gelten für die Anwendung dieses Gesetzes auf das herrschende Unternehmen die Arbeitnehmer der Konzernunternehmen als Arbeitnehmer des herrschenden Unternehmens.").

297 Ob das so gewollt war, erschließt sich nicht aus der Gesetzesbegründung. Im RegE wurde noch der Begriff „Konzernmutter" verwendet, der dort aber auch nicht erläutert wurde.[316] Die Gesetzesbegründung statuiert nur, dass die Änderung hin zu „Obergesellschaft" im Vergleich zum RegE lediglich stilistischer Natur sein solle.[317] Was also unter dem Begriff „Obergesellschaft" zu verstehen ist und ob er Gleichordnungskonzerne ausschließt, bleibt unklar.

[310] Wird heute überwiegend auch für den Konzerntatbestand des § 18 Abs. 1 AktG bejaht, vgl. Habersack/Henssler/Habersack MitbestG § 5 Rn. 46 mwN.
[311] ErfK/Oetker MitbestG § 5 Rn. 10; Habersack/Henssler/Habersack MitbestG § 5 Rn. 44.
[312] Habersack/Henssler/Habersack MitbestG § 5 Rn. 54.
[313] BT-Drs. 19/28649, 34.
[314] BT-Drs. 19/28649, 33.
[315] So Valdini BB 2021, 2955 (2957).
[316] BT-Drs. 19/30505, 34.
[317] BT-Drs. 19/30505, 34.

Man könnte daran denken, dass sich der Gesetzgeber an § 5 Abs. 1 MitbestG orientieren wollte, der ausdrücklich Arbeitnehmer aller Konzernunternehmen nur auf der Ebene des **herrschenden Unternehmens** eines Unterordnungskonzerns iSd § 18 Abs. 1 AktG berücksichtigt.[318] Sollte der Gesetzgeber auf § 5 Abs. 1 MitbestG abstellen wollen, so wären Gleichordnungskonzerne nicht vom Begriff der „Obergesellschaft" umfasst, denn hier besteht gerade kein Beherrschungsverhältnis. **298**

Vor dem Hintergrund der **Gesetzeshistorie** ist davon aber nicht auszugehen. Im Gegenteil: Im Rahmen der Stellungnahmen zum Regierungsentwurf wurde wegen der begrifflichen Unklarheit zu „Konzernmutter" angeregt, dass die Formulierung des § 5 Abs. 1 MitbestG übernommen wird.[319] Dies ist allerdings nicht geschehen. Im Umkehrschluss sind nicht nur Unterordnungskonzerne bei Abs. 3 gemeint, sondern auch Gleichordnungskonzerne. **299**

Auch der **Wortlaut** spricht für diese Schlussfolgerung. Abs. 3 bezieht sich uneingeschränkt auf den gesamten Katalog des § 15 AktG und damit auch auf Gleichordnungskonzerne.[320] **300**

Systematisch kommt das Erfordernis einer „bestimmenden Einflussnahme" erst im Rahmen des § 2 Abs. 6 S. 3 zu Tage. Daraus lässt sich schließen, dass mit dem Begriff „Obergesellschaft" nicht zwangsläufig ein Über- und Unterordnungsverhältnis für die Zwecke der Eröffnung des persönlichen Anwendungsbereichs impliziert ist.[321] **Gleichordnungskonzerne sind** damit **erfasst.**[322] **301**

Dann stellt sich aber auf der Ebene der Zurechnung von Arbeitnehmern die Frage, welches Gleichordnungsunternehmen die „Obergesellschaft" im Verhältnis zum jeweils anderen Gleichordnungsunternehmen darstellt, wenn beide auf gleicher Stufe stehen. Letztlich betrifft das die **Frage, ob** bei Gleichordnungskonzernen eine **wechselseitige Zurechnung** der Arbeitnehmer zu erfolgen hat. **302**

Bei § 5 Abs. 1 MitbestG erfolgt eine wechselseitige Zurechnung der Beschäftigten der verbundenen Unternehmen eines Gleichordnungskonzerns jedenfalls nicht.[323] Von § 5 MitbestG sind Gleichordnungskonzerne vielmehr gar nicht erst erfasst. Da aber § 1 Abs. 3 anders als § 5 Abs. 1 MitbestG, wie soeben festgestellt, auch Gleichordnungskonzerne umfasst, kann im Umkehrschluss nur gefolgert werden, dass für die Zwecke des LkSG eine **„Überkreuz-Zurechnung"**[324] vom Gesetzgeber gewollt ist. Damit wäre im Gleichordnungskonzern jede gleichrangige Gesellschaft die „Obergesellschaft" der anderen.[325] Das bedeutet, dass für die Zwecke der Anwendbarkeit des LkSG die Beschäftigtenanzahlen der verbundenen Unternehmen eines Gleichordnungskonzerns wechselseitig zuzurechnen sind.[326] **303**

---

[318] Frank/Edel/Heine/Heine BB 2021, 2165 (2166); Lutter/Bayer Holding-HdB/Wackerbarth Rn. 12.88.

[319] So etwa der DAV, Stellungnahme zum RegE LkSG, BT-Drs. 19/28649, nebst Änderungsanträgen für die öffentliche Anhörung des Ausschusses für Arbeit und Soziales am 17.5.2021, Rn. 11.

[320] So auch Frank/Edel/Heine/Heine BB 2021, 2165 (2166); wohl so auch das BAFA, BAFA FAQ LkSG, Stand: 28.4.2022, IV.1: „Konzernangehörig" ist ein untechnischer Sammelbegriff und beschränkt sich nicht auf Unternehmen gemäß § 18 AktG. Es sind alle Formen verbundener Unternehmen im Sinne des § 15 AktG erfasst.", https://www.bafa.de/DE/Lieferketten/Ueberblick/ueberblick_node.html;jsessionid=8F3E445184BDBBA2ED8E4B43AC38F4A9.2_cid390 (zuletzt abgerufen am 6.9.2022).

[321] Frank/Edel/Heine/Heine BB 2021, 2165 (2166); Wagner/Ruttloff/Wagner LkSG-HdB/Wagner/Wagner/Schuler § 1 Rn. 12.

[322] AA Valdini BB 2021, 2955 (2957); Wagner/Ruttloff/Wagner LkSG-HdB/Sturm § 6 Rn. 985, die aber dennoch in der Praxis dazu rät, zu prüfen, ob die Arbeitnehmerschwellenwerte bei einem Gleichordnungskonzern überschritten werden; Wagner/Ruttloff/Wagner LkSG-HdB/Bicker/Reischl § 5 Rn. 951.

[323] Emmerich/Habersack KonzernR § 4 Rn. 31.

[324] So der Begriff bei Emmerich/Habersack KonzernR § 4 Rn. 31.

[325] So auch Frank/Edel/Heine/Heine BB 2021, 2165 (2166).

[326] Ebenso Frank/Edel/Heine/Heine BB 2021, 2165 (2166); Grabosch Das neue LkSG/Grabosch § 3 Rn. 6.

304 Ob das jeweilige verbundene Unternehmen iSd § 2 Abs. 6 S. 3 aber in den „eigenen Geschäftsbereich" eines Gleichordnungskonzerns fällt, ist eine andere Frage und hängt davon ab, ob eine „bestimmende Einflussnahme" vorliegt.

305 Da sich die „bestimmende Einflussnahme" von einer „herrschenden Einflussnahme" iSd § 17 Abs. 1 AktG unterscheiden kann (§ 2 Abs. 6), können Unternehmen von Gleichordnungskonzernen grundsätzlich auch in den „eigenen Geschäftsbereich" des jeweils anderen Gleichordnungskonzernunternehmens fallen (zB im Einzelfall unter anderem bei einem konzernweiten Compliance–System).[327] Sollte keine „bestimmende Einflussnahme" vorliegen, so beziehen sich die Sorgfaltspflichten des LkSG nur auf den „eigenen Geschäftsbereich" des jeweiligen verbundenen Unternehmens des Gleichordnungskonzerns.

306 Damit ist auch hier ein **Zweischritt** vorzunehmen: **(1)** Für die Zwecke der grundsätzlichen Anwendbarkeit des LkSG sind die Arbeitnehmer bei einem Gleichordnungskonzern zwischen den Obergesellschaften wechselseitig zuzurechnen. **(2)** Ob die Konzernobergesellschaften dann in den eigenen Geschäftsbereich der jeweils anderen Konzernobergesellschaft fällt, ist gesondert im Rahmen des § 2 Abs. 6 S. 3 zu prüfen.

307 Ein solcher zweischrittiger Ansatz ist insofern sinnvoll, als Unternehmen eines Gleichordnungskonzerns zwar unabhängig voneinander sind, aber einer einheitlichen Leitung unterstehen (oft durch personelle Verflechtung[328] oder durch Gemeinschaftsorgane). Das Merkmal der einheitlichen Leitung spricht zumindest für eine besondere Kooperationsfähigkeit, die der gemeinsamen Bewältigung der LkSG–Sorgfaltspflichten dienen kann und damit letztlich dem Zweck des LkSG, menschenrechts- und umweltbezogene Risiken in (internationalen) Lieferketten zu minimieren. Ob die besondere Kooperationsfähigkeit als „bestimmender Einfluss" gewertet werden kann, ist dann jeweils im zweiten Schritt einzelfallabhängig festzustellen.

308 Die **praktische Bedeutung** von Gleichordnungskonzernen für das LkSG hält sich letztlich aber in Grenzen, da die meisten Konzerne regelmäßig Unterordnungskonzerne darstellen.[329]

G. Ausblick: europarechtliche Entwicklungen und § 1

I. Ausblick

309 Vor dem Hintergrund aktueller Entwicklungen auf EU–Ebene ist zu erwarten, dass **§ 1 als Umsetzungsnorm einer europäischen Richtlinie** über menschenrechts- und umweltbezogene Lieferkettensorgfaltspflichten von Unternehmen noch einmal vom deutschen Gesetzgeber überarbeitet werden muss.

310 Das Europäische Parlament hat am 10.3.2021 ein Eckpunktepapier für die Ausarbeitung einer Richtline betreffend die Sorgfaltspflicht und Rechenschaftspflicht von Unternehmen publiziert (im Folgenden: **„Eckpunktepapier 2021";** → Einl. Rn. 66 ff.).[330] Zwar wurde 2021 wiederholt ein überarbeiteter Vorschlagsentwurf (erst für den Sommer, dann für den Herbst und dann für Dezember) angekündigt. Erst am 23.2.2022 erblickte dann der neue Vorschlagentwurf der Europäischen Kommission über Nachhaltigkeitspflichten von Unternehmen **(Lieferketten-RL-E)** das Licht der Welt.

[327] Vgl. die Aufzählung von Anhaltspunkten, die für eine „bestimmende Einflussnahme" sprechen können, BT-Drs. 19/30505, 37.

[328] Dies könnte ein Anhaltspunkt für einen „bestimmenden Einfluss" darstellen („personelle Überschneidungen in der (Geschäfts-)Führungsebene").

[329] Valdini BB 2021, 2955 (2957) mwN.

[330] Europäisches Parlament, P9_TA(2021)0073, Sorgfaltspflicht und Rechenschaftspflicht von Unternehmen, Entschließung des Europäischen Parlaments vom 10.3.2021 mit Empfehlungen an die Kommission zur Sorgfaltspflicht und Rechenschaftspflicht von Unternehmen (2020/2129(INL)), https://www.europarl.europa.eu/doceo/document/TA-9–2021-0073_DE.pdf (zuletzt abgerufen am 6.9.2022).

Da noch abzuwarten gilt,[331] welche Vorschläge sich konkret durchsetzen werden, wird § 1 im Folgenden sowohl vor dem Hintergrund des Eckpunktepapiers 2021 (→ Rn. 312 ff.) als auch angesichts des aktuellen Lieferketten-RL-E (→ Rn. 326 ff.; → Einl. Rn. 73 ff.) beleuchtet. 311

II. Das EU-Eckpunktepapier für die Ausarbeitung einer Richtlinie betreffend die Sorgfaltspflicht und Rechenschaftspflicht von Unternehmen 10.3.2021 („Eckpunktepapier 2021")

Art. 2 Eckpunktepapier 2021 sieht Vorschriften für die Eröffnung des persönlichen Anwendungsbereichs einer entsprechenden Richtlinie betreffend die Sorgfaltspflicht und Rechenschaftspflicht von Unternehmen vor, was wiederum Auswirkungen auf § 1 als Umsetzungsnorm einer solchen Richtlinie haben könnte (vgl. Art. 288 Abs. 3 AEUV). 312

Art. 2 Eckpunktepapier 2021 Anwendungsbereich

1. *Diese Richtlinie gilt für große Unternehmen, die dem Recht eines Mitgliedstaats unterliegen oder im Unionsgebiet niedergelassen sind.*
2. *Diese Richtlinie gilt auch für alle börsennotierten kleinen und mittleren Unternehmen sowie für kleine und mittlere Unternehmen mit hohem Risiko.*
3. *Diese Richtlinie gilt ebenso für große Unternehmen, für börsennotierte kleine und mittlere Unternehmen und für kleine und mittlere Unternehmen, die in Wirtschaftszweigen mit hohem Risiko tätig sind, die dem Recht eines Drittstaates unterliegen und nicht im Gebiet der Union niedergelassen sind, wenn sie durch den Verkauf von Waren oder die Erbringung von Dienstleistungen im Binnenmarkt tätig sind. Diese Unternehmen erfüllen die in dieser Richtlinie festgelegten Sorgfaltspflichten gemäß der Umsetzung in das Recht des Mitgliedstaats, in dem sie tätig sind, und unterliegen den in dieser Richtlinie festgelegten Sanktions- und Haftungsregelungen gemäß der Umsetzung in das Recht des Mitgliedstaats, in dem sie tätig sind.*
4. *Die Mitgliedstaaten können Kleinstunternehmen gemäß der Richtlinie 2013/34/EU des Europäischen Parlaments und des Rates von der Anwendung der in dieser Richtlinie vorgesehenen Verpflichtungen freistellen.*

Zunächst soll nach **Art. 2 Abs. 1 Eckpunktepapier 2021** die Richtlinie für **große Unternehmen,** die dem Recht eines Mitgliedstaats unterliegen oder im Unionsgebiet niedergelassen sind, gelten. 313

Nach **Art. 2 Abs. 2 Eckpunktepapier 2021** soll die Richtlinie ferner gelten für **alle börsennotierten KMU sowie KMU mit hohem Risiko.** 314

Schließlich soll die Richtlinie nach **Art. 2 Abs. 3 Eckpunktepapier 2021** auch auf **drittstaatliche Unternehmen** Anwendung finden, und zwar für große Unternehmen, börsennotierte KMU und KMU, die in Wirtschaftszweigen mit hohem Risiko tätig sind, die dem Recht eines Drittstaates unterliegen und nicht im Gebiet der Union niedergelassen sind, wenn sie durch den Verkauf von Waren oder die Erbringung von Dienstleistungen im Binnenmarkt tätig sind. Diese Unternehmen sollen die in der Richtlinie festgelegten Sorgfaltspflichten, gemäß der Umsetzung in das Recht des Mitgliedstaats, in dem sie tätig sind, erfüllen müssen. Zudem sollen sie den in der Richtlinie festgelegten Sanktions- und Haftungsregelungen gemäß der Umsetzung in das Recht des Mitgliedstaats, in dem sie tätig sind, unterliegen. 315

Nach Art. 2 Abs. 4 Eckpunktepapier 2021 können die Mitgliedstaaten gemäß RL 2013/34/EU Kleinstunternehmen von der Anwendung der in der vorgeschlagenen Richtlinie vorgesehenen Verpflichtungen freistellen. 316

Der **Regelungsgehalt** des Art. 2 Eckpunktepapier 2021 lässt sich damit wie folgt tabellieren: 317

[331] Stand dieser Kommentierung: 1.7.2022.

erfasste Unternehmen nach Art. 2 Eckpunktepapier 2021	**mitgliedstaatlich** (= unterliegen dem Recht eines Mitgliedstaates oder sind im Unionsgebiet niedergelassen)	**drittstaatlich** (= unterliegen dem Recht eines Drittstaates und sind nicht im Unionsgebiet niedergelassen)
große Unternehmen (> 250 Beschäftigte und > 50 Mio. Euro Umsatz/Jahr oder > 43 Mio. Euro Bilanzsumme pro Jahr)	grundsätzlich ohne weitere Voraussetzungen (Art. 2 Abs. 1 Eckpunktepapier 2021)	Verkauf von Waren oder die Erbringung von Dienstleistungen im Binnenmarkt (Art. 2 Abs. 3 Eckpunktepapier 2021)
mittlere Unternehmen (< 250 Beschäftigte und ≤ 50 Mio. Euro Umsatz/Jahr oder ≤ 43 Mio. Euro)	börsennotiert oder mit hohem Risiko (Art. 2 Abs. 2 Eckpunktepapier 2021)	börsennotiert oder Wirtschaftszweig mit hohem Risiko und Verkauf von Waren oder Erbringung von Dienstleistungen im Binnenmarkt (Art. 2 Abs. 3 Eckpunktepapier 2021)
kleine Unternehmen (< 50 Beschäftigte und ≤ 10 Mio. Euro Umsatz/Jahr oder ≤ 10 Mio. Euro Bilanzsumme pro Jahr)	börsennotiert oder mit hohem Risiko (Art. 2 Abs. 2 Eckpunktepapier 2021)	börsennotiert oder Wirtschaftszweig mit hohem Risiko und Verkauf von Waren oder Erbringung von Dienstleistungen im Binnenmarkt (Art. 2 Abs. 3 Eckpunktepapier 2021)

318 Nach Art. 2 Eckpunktepapier 2021 soll es für die Eröffnung des persönlichen Anwendungsbereichs also nicht zwangsläufig auf eine fixe und statische Beschäftigtenanzahl ankommen. Fast alle Größenklassen an Unternehmen können hier unter bestimmten Voraussetzungen erfasst sein. Einschränkungen sind die Börsennotierung und die Risikokategorisierung sowie das Marktprinzip, vor allem wenn es um drittstaatliche Unternehmen geht.

319 Art. 2 Eckpunktepapier 2021 ist **grundsätzlich rechtformneutral** gefasst, ähnlich wie § 1 (→ Rn. 49 ff.), allerdings nur soweit es um große mitgliedstaatliche und drittstaatliche Unternehmen geht. Bei den mitgliedstaatlichen und drittstaatlichen KMU ist alternative Voraussetzung die **Börsennotierung,** was den Kreis der erfassten KMU **auf entsprechende Rechtsformen reduziert.** Fehlt die entsprechende Rechtsform kann das KMU aber immer noch erfasst sein, nämlich wenn es ein Unternehmen mit hohem Risiko ist (vgl. Tabelle → Rn. 317). Die persönliche Anwendbarkeit einer Richtlinie nach dem Lieferketten-RL-E wird hingegen grundsätzlich von einer bestimmten Rechtsform abhängig gemacht (→ Rn. 329).

320 Insbesondere setzt das **Eckpunktepapier 2021** auf eine **stärkere Umsetzung des Marktprinzips als § 1, soweit es um drittstaatliche Unternehmen geht.** Gemäß Art. 2 Abs. 3 Eckpunktepapier 2021 soll die vorgeschlagene Richtlinie nämlich auch auf ausländische große Unternehmen, börsennotierte KMU und KMU aus Hochrisikowirtschaftszweigen anwendbar sein, wenn sie durch den „Verkauf von Waren oder die Erbringung von Dienstleistungen im Binnenmarkt tätig“ sind.

321 § 1 stellt zur Verwirklichung des Marktprinzips hingegen lediglich auf eine inländische Zweigniederlassung ab. § 1 setzt das Marktprinzip daher nur in sehr abgespeckter Weise um (→ Rn. 145 ff.). Auch dies gilt es bei der Evaluierung des LkSG bis zum 30.6.2024[332] zu

[332] BT-Drs. 19/28649, 32.

überdenken, insbesondere wenn es möglicherweise darum gehen wird, das Ziel sowohl des Eckpunktepapiers 2021 als auch des Lieferketten-RL-E (→ Rn. 359) zu verwirklichen, nämlich ein sog. level playing field auch in Bezug auf drittstaatliche Unternehmen zu schaffen.

322 Vor allem aber fehlen im Eckpunktepapier 2021 des Europäischen Parlaments statische Schwellenwerte für die Anwendbarkeit der vorgeschlagenen Richtlinie, anders als es etwa § 1 (ab 3.000 bzw. 1.000 Beschäftigten) oder das französische Pendant – die französische Sorgfaltspflichtengesetz Loi de vigilance (ab 5.000 bzw. 10.000 Beschäftigten) – vorsehen. Aus den Erwägungsgründen zum Eckpunktepapier 2021 lässt sich (zumindest implizit) entnehmen, dass die Vermeidung statischer Schwellenwerte zur Eröffnung des Anwendungsbereichs einen Harmonisierungsgedanken verfolgt, der dazu dienen soll etwaigen Wettbewerbsverzerrungen, basierend auf unterschiedlichen mitgliedstaatlichen statischen Schwellenwerten, entgegenzuwirken.[333] Der Lieferketten-RL-E hingegen setzt wieder auf bestimmte Schwellenwerte, zumindest soweit es um mitgliedstaatliche Unternehmen geht (→ Rn. 335 f.).

323 Art. 2 Eckpunktepapier 2021 lässt sich vor dem Hintergrund seiner Erwägungsgründe dahin verstehen, dass es vordergründig um einen risikoabhängigen Anwendungsbereich gehen soll als um Unternehmensgrößen. Erst wenn ein großes, kleines oder mittleres Unternehmen festgestellt hat, dass ein menschenrechtliches und umweltbezogenes Risiko nicht vorhanden sei, sieht das Eckpunktepapier 2021 auch mildere Rechenschaftspflichten vor (vgl. Art. 4 Abs. 3 des Eckpunktepapiers 2021 – „bloße" zu veröffentlichende Erklärung). Demnach fasst das Eckpunktepapier 2021 den Anwendungsbereich zunächst sehr breit, während es auf Grundlage von Verhältnismäßigkeitsgesichtspunkten später risikobasierte Einschränkungen bei den Sorgfalts- und Rechenschaftspflichten vornimmt. Anders nun der Lieferketten-RL-E, der gerade aus Verhältnismäßigkeitsgesichtspunkten bereits beim persönlichen Anwendungsbereich Einschränkungen macht und KMU weitestgehend pauschal ausklammert (→ Rn. 347 ff.).

324 Sollte die EU trotz des Lieferketten-RL-E (→ Rn. 327 ff.) wider Erwarten zu den Grundsätzen des Eckpunktepapiers 2021 zurückkehren, was den persönlichen Anwendungsbereich angeht, müsste § 1 jedenfalls noch einmal gesetzgeberisch dahin überarbeitet werden, dass neben oder sogar statt der statischen Anwendungsschwellenwerte (auch) die Unternehmensgröße in Verbindung mit den entsprechenden menschenrechtlichen und umweltbezogenen Risiken der konkreten Geschäftstätigkeit maßgeblich für die Eröffnung des Anwendungsbereichs ist. Denn § 1 stellt rein statisch auf die Beschäftigtenanzahl (3.000 bzw. 1.000) ab, und zwar unabhängig von einer Geschäftstätigkeit mit erhöhtem und typischem Risiko. Auch erfasst das Eckpunktepapier 2021, anders als § 1, auch KMU – und zwar nicht nur indirekt über die Zuliefereigenschaft oder die Eigenschaft als Tochtergesellschaft (→ Rn. 26 f.) – sondern macht börsennotierte KMU und KMU mit hohem Risiko direkt zu Regelungsadressaten. Der Kommissionentwurf 2022 schließt KMU hingegen weitestgehend vom direkten persönlichen Anwendungsbereich aus (→ Rn. 347 ff.).

325 Der Gesetzgeber hat § 1 trotz des Eckpunktepapiers 2021 sehenden Auges verabschiedet. Statt die „Mängel" des § 1 zu beheben, hat sich der Gesetzgeber dazu entschlossen, erst einmal abzuwarten, und sich vorbehalten, das LkSG an eine künftige EU–Regelung anzupassen, um etwaige Wettbewerbsnachteile für deutsche Unternehmen zu verhindern.[334] Vor dem Hintergrund des Lieferketten-RL-E hat sich das Abwarten des deutschen Gesetzgebers aber gelohnt.

[333] Eckpunktepapier des Europäischen Parlaments, Erwägungsgründe Nr. 10–12.
[334] BT-Drs. 19/28649, 2.

III. Der Entwurf der EU-Kommission über Nachhaltigkeitspflichten von Unternehmen vom 23.2.2022 (Lieferketten-RL-E)

326 Der Lieferketten-RL-E[335] unterscheidet sich deutlich vom Eckpunktepapier 2021 (→ Rn. 312 ff.), soweit es um den persönlichen Anwendungsbereich geht. Auch beim Lieferketten-RL-E regelt der **Art. 2 Lieferketten-RL-E** den **persönlichen Anwendungsbereich** der vorgeschlagenen Richtlinie. Nun wird iSd Art. 2 Lieferketten-RL-E für Unternehmen unter anderem teilweise sowohl auf eine **bestimmte Beschäftigtenanzahl** als auch auf den **weltweiten bzw. EU-weiten Nettoumsatz** abgestellt. Teilweise wird die persönliche Anwendbarkeit auch vom **Umsatz in einem oder mehreren bestimmten Sektoren** abhängig gemacht.

Art. 2 Lieferketten-RL-E Geltungsbereich

(1) Diese Richtlinie gilt für Unternehmen, die nach den Rechtsvorschriften eines Mitgliedstaats gegründet wurden und eine der folgenden Bedingungen erfüllen:

a) Das Unternehmen hatte im letzten Geschäftsjahr, für das ein Jahresabschluss erstellt wurde, im Durchschnitt mehr als 500 Beschäftigte und erzielte einen weltweiten Nettoumsatz von mehr als 150 Mio. Euro.

b) Das Unternehmen erreichte die unter Buchstabe a genannten Schwellenwerte nicht, hatte aber im letzten Geschäftsjahr, für das ein Jahresabschluss erstellt wurde, im Durchschnitt mehr als 250 Beschäftigte und erzielte einen weltweiten Nettoumsatz von mehr als 40 Mio. Euro, sofern mindestens 50 % dieses Nettoumsatzes in einem oder mehreren der folgenden Sektoren erwirtschaftet wurden:

i) Herstellung von Textilien, Leder und verwandten Erzeugnissen (einschließlich Schuhe) sowie Großhandel mit Textilien, Bekleidung und Schuhen;

ii) Landwirtschaft, Forstwirtschaft, Fischerei (einschließlich Aquakultur), Herstellung von Lebensmittelprodukten und Großhandel mit landwirtschaftlichen Rohstoffen, lebenden Tieren, Holz, Lebensmitteln und Getränken;

iii) Gewinnung mineralischer Ressourcen unabhängig davon, wo sie gewonnen werden (einschließlich Rohöl, Erdgas, Steinkohle, Braunkohle, Metalle und Metallerze sowie aller anderen, nichtmetallischen Mineralien und Steinbruchprodukte), Herstellung von Grundmetallerzeugnissen, sonstigen Erzeugnissen aus nichtmetallischen Mineralien und Metallerzeugnissen (ausgenommen Maschinen und Ausrüstungen) sowie Großhandel mit mineralischen Rohstoffen, mineralischen Grunderzeugnissen und Zwischenerzeugnissen (einschließlich Metalle und Metallerze, Baustoffe, Brennstoffe, Chemikalien und andere Zwischenprodukte).

(2) Diese Richtlinie gilt zudem für Unternehmen, die nach den Rechtsvorschriften eines Drittlandes gegründet wurden und eine der folgenden Bedingungen erfüllen:

a) Das Unternehmen erzielte im Geschäftsjahr vor dem letzten Geschäftsjahr in der Union einen Nettoumsatz von mehr als 150 Mio. Euro.

b) Das Unternehmen erzielte im Geschäftsjahr vor dem letzten Geschäftsjahr in der Union einen Nettoumsatz von mehr als 40 Mio. Euro, aber nicht mehr als 150 Mio. Euro, sofern mindestens 50 % seines weltweiten Nettoumsatzes in einem oder mehreren der in Absatz 1 Buchstabe b genannten Sektoren erwirtschaftet wurden.

(3) Für die Zwecke des Absatzes 1 wird die Zahl der Teilzeitbeschäftigten in Vollzeitäquivalenten berechnet. Leiharbeitnehmer werden bei der Berechnung der Zahl der Beschäftigten so behandelt, als ob sie im Bezugszeitraum direkt vom Unternehmen eingestellte Mitarbeiter wären.

---

[335] Eingehend im Vergleich zum LkSG Hübner/Habrich/Weller NZG 2022, 644; Nietsch/Wiedmann CCZ 2022, 1.

(4) In Bezug auf die in Absatz 1 genannten Unternehmen ist der Mitgliedstaat, in dem das Unternehmen seinen Sitz hat, für die Regelung der unter diese Richtlinie fallenden Angelegenheiten zuständig.

1. Allgemeines zu Art. 2 Lieferketten-RL-E (Anwendungsbereich). Art. 2 Lieferketten-RL-E umfasst vier Absätze. **Abs. 1** regelt den persönlichen Anwendungsbereich für **mitgliedstaatliche Unternehmen** (→ Rn. 334 ff.), während **Abs. 2** sich mit **drittstaatlichen Unternehmen** befasst (→ Rn. 352 ff.). **Abs. 3** konkretisiert die **Kalkulationsmethode der Beschäftigtenanzahl** für Abs. 1, während **Abs. 4** die **mitgliedstaatliche Zuständigkeit** bestimmt, also welcher Mitgliedstaat für die Regelung für die unter diese Richtlinie fallenden Angelegenheiten für mitgliedstaatliche Unternehmen iSd Abs. 1 zuständig ist. Anknüpfungspunkt für die mitgliedstaatliche Zuständigkeit ist hiernach der satzungsmäßige Sitz des jeweiligen mitgliedstaatlichen Unternehmens. 327

Nach Schätzungen der EU-Kommission wird der Lieferketten-RL-E **ca. 13.000 mitgliedstaatliche und ca. 4.000 drittstaatliche Unternehmen** erfassen.[336] 328

Was **„Unternehmen"** sind, ergibt sich aus der Definition in **Art. 3 lit. a Lieferketten-RL-E,** die letztlich in einer Auflistung besteht, insbesondere soweit es um Finanzunternehmen geht. Soweit es um deutsche Unternehmen (ausgenommen von Finanzunternehmen; s. hierzu die lange Auflistung in Art. 3 lit. a Ziff. iv Lieferketten-RL-E) geht, ergibt sich aus der entsprechenden Auflistung der genannten Anhänge der RL 2013/34/EU, dass sich der Lieferketten-RL-E hauptsächlich auf die AG, die AG & Co. KG, die GmbH (Art. 3 lit. a Ziff. i Lieferketten-RL-E) und die OHG und die KG (Art. 3 lit. a Ziff. ii Lieferketten-RL-E) sowie entsprechende Mischformen (Art. 3 lit. a Ziff. iii Lieferketten-RL-E) beschränkt. Damit hat der Lieferketten-RL-E, anders als das LkSG (→ Rn. 49 ff.), **keinen rechtsformneutralen persönlichen Anwendungsbereich.**[337] 329

Hervorzuheben ist, dass der Lieferketten-RL-E ein **zeitliches Stufenmodell** vorsieht, soweit es um den persönlichen Anwendungsbereich geht. Dies ergibt sich aus **Art. 30 (1) Lieferketten-RL-E** zum Thema Umsetzung der Richtlinie in nationale Gesetzgebung. 330

Art. 30 Lieferketten-RL-E Umsetzung

(1) Die Mitgliedstaaten erlassen und veröffentlichen spätestens [ABl: bitte 2 Jahre nach Inkrafttreten dieser Richtlinie einfügen] die Rechts- und Verwaltungsvorschriften, die erforderlich sind, um dieser Richtlinie nachzukommen. Sie teilen der Kommission unverzüglich den Wortlaut dieser Vorschriften mit. Sie wenden diese Vorschriften wie folgt an:
ab … [ABl: bitte 2 Jahre nach Inkrafttreten dieser Richtlinie einfügen] auf Unternehmen nach Artikel 2 Absatz 1 Buchstabe a und Artikel 2 Absatz 2 Buchstabe b;
ab … [ABl: bitte 4 Jahre nach Inkrafttreten dieser Richtlinie einfügen] auf Unternehmen nach Artikel 2 Absatz 1 Buchstabe b und Artikel 2 Absatz 2 Buchstabe b;
Bei Erlass dieser Vorschriften nehmen die Mitgliedstaaten in den Vorschriften selbst oder durch einen Hinweis bei der amtlichen Veröffentlichung auf diese Richtlinie Bezug. Die Mitgliedstaaten regeln die Einzelheiten dieser Bezugnahme.
(2) Die Mitgliedstaaten teilen der Kommission den Wortlaut der wichtigsten nationalen Rechtsvorschriften mit, die sie auf dem unter diese Richtlinie fallenden Gebiet erlassen.

Über Art. 30 Abs. 1 Lieferketten-RL-E ergeben sich **zwei Unternehmensgruppen** für das zeitliche Stufenmodell des persönlichen Anwendungsbereichs: **„Gruppe 1"** umfasst die **sektorneutralen** mitgliedstaatlichen und drittstaatlichen Unternehmen nach Art. 2 331

---

[336] Kommissionentwurf 2022, 20.

[337] Entgegen Prinzip 14 UN-Leitprinzipien für Wirtschaft und Menschenrechte, 2011: „Die Verantwortung von Wirtschaftsunternehmen zur Achtung der Menschenrechte obliegt allen Unternehmen unabhängig von ihrer Größe, dem Sektor, dem sie angehören, ihrem operativen Umfeld, ihren Eigentumsverhältnissen und ihrer Struktur. Umfang und Komplexität der Maßnahmen, durch die Unternehmen ihrer Verantwortung nachkommen, können jedoch nach Maßgabe dieser Faktoren und der Schwere ihrer nachteiligen menschenrechtlichen Auswirkungen variieren." (Hervorhebung hinzugefügt).

Abs. 1 lit. a Lieferketten-RL-E und Art. 2 Abs. 2 lit. a Lieferketten-RL-E, bei denen es sich vornehmlich um sehr wirtschaftskräftige große Unternehmen handelt. **„Gruppe 2"** umfasst **sektorbedingt** größere mitgliedstaatliche und drittstaatliche Unternehmen iSd Art. 2 Abs. 1 lit. b Lieferketten-RL-E und Art. 2 Abs. 2 lit. b Lieferketten-RL-E.

332 Sollte sich der Lieferketten-RL-E durchsetzen, haben die Mitgliedstaaten zwei Jahre Zeit die Richtlinie umzusetzen. Dabei gilt aber nach Art. 30 Abs. 1 Lieferketten-RL-E, dass Art. 2 Abs. 1 lit. a Lieferketten-RL-E und Art. 2 Abs. 2 lit. a Lieferketten-RL-E **(Gruppe 1) nach zwei Jahren ab dem Inkrafttreten der Richtlinie** gelten, dh ab dem Inkrafttreten des nationalen Umsetzungsaktes. Art. 2 Abs. 1 lit. b Lieferketten-RL-E wie auch Art. 2 Abs. 2 lit. b Lieferketten-RL-E **(Gruppe 2)** hingegen sollen erst **nach vier Jahren ab dem Inkrafttreten der Richtlinie** gelten, dh nach zwei Jahren ab dem Inkrafttreten des entsprechenden nationalen Umsetzungsgesetzes.

333 Wenn man nun bedenkt, dass das Gesetzgebungsverfahren im Schnitt ca. 19 Monate dauert,[338] ergibt sich im Verhältnis des LkSG und einer entsprechenden Richtlinie folgendes mögliches und realistisches Geltungszeitmodell:

Jahr	**geltendes Regime**	**erfasste Unternehmen**	**geschätzte praktische Unternehmensfallzahlen**
2023	LkSG	§ 1 (Schwellenwert: 3.000) Arbeitnehmer)	ca. 900 deutsche und ausländische Unternehmen
2024	LkSG	§ 1 (Schwellenwert: 1.000 Arbeitnehmer)	ca. 4.800 deutsche und ausländische Unternehmen
2025	LkSG	§ 1 (Schwellenwert: 1.000 Arbeitnehmer)	ca. 4.800 deutsche und ausländische Unternehmen
2026	RL nach Lieferketten-RL-E bzw. LkSG als nationales Umsetzungsgesetz (bei Inkrafttreten der RL am 1.1.2024)	abgeänderter § 1 als Umsetzungsnorm zu Art. 2 einer RL nach dem Lieferketten-RL-E **nur die Gruppe 1**	(keine offiziellen Schätzungen vorhanden)
2027	soeben	soeben	soeben
2028	soeben	**nun auch die Gruppe 2**	13.000 mitgliedstaatliche und 4.000 drittstaatliche Unternehmen

334 **2. Art. 2 Abs. 1 Lieferketten-RL-E zu mitgliedstaatlichen Unternehmen im Vergleich zu § 1. a) Umriss zu Art. 2 Abs. 1 Lieferketten-RL-E.** Nach Art. 2 Abs. 1 Lieferketten-RL-E wäre die Richtlinie zunächst anwendbar auf **mitgliedstaatliche Unternehmen.**

335 Nach **Art. 2 Abs. 1 lit. a** Lieferketten-RL-E wären zunächst mitgliedstaatliche Unternehmen erfasst, die im Durchschnitt **mehr als 500 Arbeitnehmer und einen weltweiten Nettoumsatz** (definiert in Art. 3 lit. m Lieferketten-RL-E) **von mehr als 150 Mio. Euro** im letzten Geschäftsjahr hatten, für das ein Jahresabschluss erstellt wurde.

[338] Vgl. https://www.bundesregierung.de/breg-de/themen/europa/wie-funktioniert-europa/die-gesetzgebung-der-europaeischen-union zur Frage „Wie lange dauert das Verfahren?" (zuletzt abgerufen am 6.9.2022).

Hier gilt die Anwendbarkeit anders als bei Art. 2 Abs. 1 lit. b Lieferketten-RL-E **sektorneutral.**

Fallen mitgliedstaatliche Unternehmen nicht bereits unter lit. a, sind sie nach **Art. 2** 336
Abs. 1 lit. b Lieferketten-RL-E erfasst, wenn sie im Durchschnitt **mehr als 250 Arbeitnehmer und einen weltweiten Nettoumsatz von mehr als 40 Mio. Euro** im letzten Geschäftsjahr hatten, für das ein Jahresabschluss erstellt wurde. Art. 2 Abs. 1 lit. b Lieferketten-RL-E enthält hier aber in Hs. 2 eine Einschränkung auf bestimmte Sektoren. Danach muss das entsprechende mitgliedstaatliche Unternehmen **mindestens 50 % seines Nettoumsatzes in einem oder mehreren bestimmten Sektoren** erzielt haben. Gemeint sind im Groben die Textilindustrie, die Lebensmittelindustrie und die Mineral- und Rohstoffindustrie.

Art. 2 Abs. 1 lit. b Ziff. i–iii Lieferketten-RL-E führt diese Sektoren explizit auf: (i) Die 337
Herstellung von Textilien, Leder und verwandten Erzeugnissen (einschließlich Schuhen) sowie den Großhandel mit Textilien, Bekleidung und Schuhen; (ii) Landwirtschaft, Forstwirtschaft, Fischerei (einschließlich Aquakultur), die Herstellung von Lebensmitteln sowie der Großhandel mit landwirtschaftlichen Rohstoffen, lebenden Tieren, Holz, Lebensmitteln und Getränken; und schließlich (iii) die Gewinnung von Bodenschätzen, unabhängig davon, wo sie gewonnen werden (einschließlich Erdöl, Erdgas, Steinkohle, Braunkohle, Metalle und Metallerze, sowie alle anderen nichtmetallischen Mineralien und Steinbruchprodukte), die Herstellung von Metallerzeugnissen, sonstigen Erzeugnissen aus nichtmetallischen Mineralien und Metallerzeugnissen (außer Maschinen und Ausrüstungen) sowie der Großhandel mit mineralischen Rohstoffen, mineralischen Grundstoffen und Zwischenprodukten (einschließlich Metalle und Metallerze, Baustoffe, Brennstoffe, Chemikalien und anderen Zwischenprodukten).

Abgestellt wird bei **Art. 2 Abs. 1** Lieferketten-RL-E also **primär –** zumindest was 338
mitgliedstaatliche Unternehmen betrifft – sowohl auf eine **statische Beschäftigtenanzahl** (500 bzw. 250) als auch **kumulativ** auf den **Nettoumsatz. Soweit** es um **Art. 2 Abs. 1 lit. b** Lieferketten-RL-E geht, ist die persönliche Anwendbarkeit **zusätzlich sektorbedingt.**

b) Schwellenwerte im Vergleich. Im Vergleich zum Lieferketten-RL-E (500 bzw. 339
250) sind die Arbeitnehmerschwellenwerte des **§ 1** (3.000 bzw. 1.000), das als Umsetzungsgesetz einer Richtlinie nach dem Vorbild des Lieferketten-RL-E fungieren würde, **zu hoch angesetzt.** Die Schwellenwerte müssten also herabgesetzt werden.

c) Mit in die Berechnung der Beschäftigtenanzahl einzubeziehende Arbeitneh- 340
mer. Art. 2 Abs. 3 Lieferketten-RL-E konkretisiert die **Berechnungsparameter** zur Kalkulation der Beschäftigtenanzahl bei Abs. 1. Hiernach werden Teilzeitbeschäftigte als Vollzeitbeschäftigte berechnet, dh voll und nicht nur teilweise; so auch bei § 1 (→ Rn. 86 ff.).

Leiharbeitnehmer sollen nach Abs. 3 für die Zeit ihrer Beschäftigung beim Entleih- 341
unternehmen in gleicher Weise berücksichtigt werden wie „normale" Arbeitnehmer. **Anders** als das **LkSG** (→ Rn. 185 ff.) wird hier nicht ausdrücklich auf eine Einsatzdauer von über sechs Monaten abgestellt. Auch bei Art. 2 Abs. 1 Lieferketten-RL-E geht es aber um den „Durchschnitt", sodass hier letztlich doch zumindest ein ähnlicher Ansatz wie bei § 1 („in der Regel") Anwendung finden würde.

Soweit es um **ins Ausland entsandte Arbeitnehmer** geht, wäre Erwägungsgrund 342
Nr. 21 Lieferketten-RL-E[339] heranzuziehen, wonach ins Ausland entsandte Arbeitnehmer in die Berechnung des entsendenden Unternehmens miteinzubeziehen sind. Nichts anderes gilt für § 1 (→ Rn. 117 ff.).

[339] Erwägungsgrund Nr. 21 Lieferketten-RL-E: „[…] Entsandte Arbeitnehmer gemäß Artikel 1 Absatz 3 Buchstaben a und b der Richtlinie 96/71/EG in der durch die Richtlinie (EU) 2018/957 geänderten Fassung sollten nur in die Berechnung der Zahl der Beschäftigten des entsendenden Unternehmens einbezogen werden.".

343 **Anders** als beim **LkSG** wird bei den miteinzuberechnenden Arbeitnehmern im Lieferketten-RL-E nicht auf eine „Inlandsbeschäftigung" (→ Rn. 91 ff.), also entsprechend eine „EU-Inlandsbeschäftigung" abgestellt. Im Lieferketten-RL-E geht es demnach um die **weltweite Beschäftigtenanzahl.** Insofern müsste das LkSG nicht nur angesichts seiner Schwellenwerte, sondern auch betreffend den Kreis der in die Berechnung mit einzubeziehenden Arbeitnehmer erweitert werden. Andernfalls würde § 1 eine Richtlinie nach dem Lieferketten-RL-E nur unzureichend umsetzen.

344 **d) Das zusätzliche Kriterium des Nettoumsatzes.** Neben der Beschäftigtenanzahl stellt der Lieferketten-RL-E auf den Nettoumsatz ab. Das **LkSG** hingegen stellt **ausschließlich** auf die **Beschäftigtenanzahl** ab. Die höher angesetzten Schwellenwerte des LkSG vermögen das kumulative Kriterium des Nettoumsatzes auch nicht zu ersetzen. Daher müsste § 1 als Umsetzungsnorm einer Richtlinie nach dem Vorbild des Lieferketten-RL-E zusätzlich das Kriterium des Nettoumsatzes aufnehmen.

345 **e) Sektorspezifizität.** Soweit es um mitgliedstaatliche Unternehmen der Gruppe 2 (→ Rn. 331) geht, also um Unternehmen iSd Art. 2 Abs. 1 lit. b Lieferketten-RL-E, ist die persönliche Anwendbarkeit vom Umsatzvolumen in einem oder mehreren bestimmten Sektoren abhängig (→ Rn. 336 f.).[340] Der persönliche Anwendungsbereich des **LkSG** hingegen ist **sektorneutral** (→ Rn. 3).

346 „Schädlich" wäre eine Richtlinie nach dem Vorbild des Lieferketten-RL-E für § 1 indes nicht, da § 1 als Umsetzungsnorm des Art. 2 Lieferketten-RL-E durchaus grundsätzlich weiter gehen darf als die Richtlinie, sofern damit keine Diskriminierung mitgliedstaatlicher Unternehmen einhergeht. § 1 dürfte damit sektorneutral bleiben. Fraglich ist dann aber, ob mit dem Lieferketten-RL-E das EU-weite Harmonisierungsziel[341] erreicht wird, wenn nationale Umsetzungsgesetze teilweise in unterschiedliche Richtungen weitergehen und so einen rechtlichen Flickenteppich in das weltweite und europäische Lieferkettennetzwerk einweben, der mit Rechtsunsicherheit und Wettbewerbsverzerrungen einhergeht. Das gewünschte „level playing field" wäre dann wieder in Frage gestellt.

347 **f) KMU.** Erfasst sind **KMU** mit den hoch angesetzten Stellschrauben des Art. 2 Lieferketten-RL-E **größtenteils nicht – zumindest nicht direkt.** Mit dem Ausschluss von KMU sowie Mikrounternehmen werden ca. 99 % der mitgliedstaatlichen Unternehmen bewusst vom persönlichen Anwendungsbereich des Lieferketten-RL-E ausgeschlossen.[342] Vor allem darin unterscheidet sich der Lieferketten-RL-E vom Eckpunktepapier 2021, bei dem alle Unternehmensgrößenklassen aufgeführt waren (vgl. Tabelle → Rn. 317).

348 Nun könnte eingewendet werden, dass KMU sehr wohl erfasst seien, und zwar von Art. 2 Abs. 2 lit. b Lieferketten-RL-E, bei dem sich die Anwendungsvoraussetzungen auf über 250 Beschäftigte, 40 Mio. Euro Nettoumsatz im letzten Geschäftsjahre und 50 % davon in einem bestimmten Sektor belaufen. Viele KMU würden mehr als 40 Mio. Euro im Geschäftsjahr generieren. Dem ist zuzustimmen. Allerdings werden KMU nach europäischen Maßstäben erst als KMU eingestuft, wenn sie die zwingende Voraussetzung von

[340] Entgegen Prinzip 14 UN Leitprinzipien für Wirtschaft und Menschenrechte, 2011: „Die Verantwortung von Wirtschaftsunternehmen zur Achtung der Menschenrechte obliegt allen Unternehmen unabhängig von ihrer Größe, dem Sektor, dem sie angehören, ihrem operativen Umfeld, ihren Eigentumsverhältnissen und ihrer Struktur. Umfang und Komplexität der Maßnahmen, durch die Unternehmen ihrer Verantwortung nachkommen, können jedoch nach Maßgabe dieser Faktoren und der Schwere ihrer nachteiligen menschenrechtlichen Auswirkungen variieren." (Hervorhebung hinzugefügt").

[341] Lieferketten-RL-E, 3: „In den letzten Jahren wurden neue rechtliche Rahmenbedingungen für die Sorgfaltspflicht von Unternehmen in den Mitgliedstaaten geschaffen, in denen sich der zunehmende Wunsch widerspiegelt, Unternehmen in ihren Bemühungen zu unterstützen, die Sorgfaltspflicht in ihren Wertschöpfungsketten zu erfüllen, und ein unternehmerisches Verhalten zu fördern, das die Menschenrechte, die Rechte des Kindes und die Umwelt achtet. Andererseits bringt dies auch eine Fragmentierung der rechtlichen Rahmenbedingungen mit sich und birgt die Gefahr, dass Rechtssicherheit und gleiche Wettbewerbsbedingungen für Unternehmen im Binnenmarkt untergraben werden.".

[342] Lieferketten-RL-E, 18.

unter 250 Beschäftigten erfüllen. Der Nettoumsatz oder die Bilanzsumme sind alternative Kumulativvoraussetzungen zur Beschäftigtenanzahl. Art. 2 Abs. 2 lit. b Lieferketten-RL-E setzt aber erst bei 250 Beschäftigten an. Mitgliedstaatliche KMU sind daher nach dem europäischen Verständnis tatsächlich bereits über den Schwellenwert von 250 Beschäftigten weitestgehend vom persönlichen Anwendungsbereich ausgeschlossen. Doch auch das LkSG mit seinen hohen Schwellenwerten (3.000 bzw. 1.000) schließt KMU weitestgehend aus.

Hinter dem zumindest direkten Ausschluss von KMU vom persönlichen Anwendungsbereich des Lieferketten-RL-E stehen Verhältnismäßigkeitsgesichtspunkte, die wohl auch den deutschen Gesetzgeber bei der Schaffung der relativ hohen Schwellenwerte des § 1 geleitet haben (→ Rn. 18). Argumentiert wird, dass für die Kategorie der KMU der Finanz- und Verwaltungsaufwand für den Aufbau eines Sorgfaltspflichtenkonzepts unangemessen hoch ist, vor allem weil KMU meist noch überhaupt keinen Due-Diligence-Mechanismus implementiert, kein entsprechendes Know-how und kein spezialisiertes Personal hätten.[343] 349

Als Teilnehmende der Wertschöpfungskette können KMU im Rahmen des Lieferketten-RL-E aber sehr wohl zumindest indirekt von den weiterzuleitenden Sorgfaltspflichten der „Großen" betroffen sein – ähnlich wie beim LkSG (→ Rn. 26 f.). Insbesondere soweit sie Geschäftspartner[344] oder Tochtergesellschaften (s. nur Art. 5 Abs. 1 lit. b Lieferketten-RL-E) sind. Hervorzuheben ist, dass mit „Geschäftspartnern" auch nicht nur mittelbare und unmittelbare Zulieferer gemeint sind – wie es etwa das LkSG vorsieht (§ 2). Auch werden alle Tochterunternehmen erfasst und nicht nur solche, auf die das Mutterunternehmen einen „bestimmenden Einfluss" hat (§ 2). Damit ist die **„mittelbare Wirkung"** von unternehmerischen Nachhaltigkeitssorgfaltspflichten nach dem Lieferketten-RL-E **viel intensiver ausgeprägt** als beim LkSG – vor allem was KMU betrifft. Vor diesem Hintergrund ist es auch für KMU bereits jetzt sinnvoll und kluge Vorsorge, sich mit der Thematik vertraut zu machen – auch wenn bisher keine direkte rechtliche Pflicht hierfür existieren mag. 350

g) Konzernstrukturen. Der Lieferketten-RL-E sieht für den persönlichen Anwendungsbereich **keine Sonderbemessungsregel für Konzernstrukturen** vor. **Insoweit wäre § 1 Abs. 3 als Umsetzungsnorm obsolet.** Für jedes Unternehmen wäre gesondert und ohne Arbeitnehmerzurechnung von „unten nach oben" zu prüfen (→ Rn. 205 ff.). Jedenfalls unterlägen alle Tochterunternehmen zumindest mittelbar den Sorgfaltspflichten einer vom persönlichen Anwendungsbereich erfassten Obergesellschaft. 351

3. Art. 2 Abs. 2 Lieferketten-RL-E zu drittstaatlichen Unternehmen und § 1 im Vergleich. a) Umriss zu Art. 2 Abs. 2 Lieferketten-RL-E. Art. 2 Abs. 2 Lieferketten-RL-E erfasst **drittstaatliche Unternehmen.** 352

Nach **Art. 2 Abs. 2 lit. a** Lieferketten-RL-E ist ein drittstaatliches Unternehmen erfasst, wenn es **in der EU einen Nettoumsatz von mehr als 150 Mio.** Euro im Geschäftsjahr vor dem letzten Geschäftsjahr erzielt hat. Auch hier ist die Anwendbarkeit **sektorunabhängig,** ähnlich wie bei Art. 2 Abs. 1 lit. a Lieferketten-RL-E. 353

Drittstaatliche Unternehmen können nach **Art. 2 Abs. 2 lit. b** Lieferketten-RL-E auch erfasst sein, wenn sie **in der EU einen Nettoumsatz von mehr als 40 Mio. Euro, aber nicht mehr als 150 Mio. Euro** im dem Geschäftsjahr vor dem letzten Geschäftsjahr erzielt 354

---

[343] Lieferketten-RL-E, 18.

[344] Vgl. nur Art. 7 Abs. 2 lit. b Lieferketten-RL-E: „die vertragliche Zusicherung von Geschäftspartnern, mit denen sie eine direkte Geschäftsbeziehung unterhalten, einzuholen, dass sie die Einhaltung des Verhaltenskodexes des Unternehmens und erforderlichenfalls eines Präventionsplans sicherstellen, auch durch Einholung entsprechender vertraglicher Zusicherungen von deren Partnern, soweit ihre Tätigkeiten Teil der Wertschöpfungskette des Unternehmens sind (Vertragskaskaden). […]"; s. insbes. auch zu KMU, Art. 7 Abs. 4 Lieferketten-RL-E: „[…] Macht ein KMU vertragliche Zusicherungen oder wird ein Vertrag mit einem KMU geschlossen, so müssen die angewandten Bedingungen fair, angemessen und nichtdiskriminierend sein. Werden Maßnahmen zur Überprüfung der Einhaltung in Bezug auf KMU durchgeführt, so trägt das Unternehmen die Kosten für die Überprüfung durch unabhängige Dritte."; zum Thema Vertragskündigung bzw. Rücktritt, vgl. nur Art. 7 Abs. 5 lit. b Lieferketten-RL-E.

haben, vorausgesetzt sie haben **mindestens 50 % ihres „weltweiten" Nettoumsatzes in** einem oder mehreren in Art. 2 Abs. 1 lit. b Lieferketten-RL-E **gelisteten Sektoren** (→ Rn. 336 f.) **erzielt.**

355 **b) Kein Schwellenwerterfordernis bei drittstaatlichen Unternehmen.** Auf einen **Arbeitnehmerschwellenwert** als weiteres Kriterium für die persönliche Anwendbarkeit auf **drittstaatliche Unternehmen** wurde **bei Art. 2 Abs. 2 Lieferketten-RL-E bewusst verzichtet.** Weltweit gäbe es keine einheitliche Definition des Arbeitnehmerbegriffs, was eine Kalkulation der weltweiten Beschäftigtenanzahl erschweren würde.[345]

356 In § 1 wird auch bei ausländischen Unternehmen auf die Beschäftigtenanzahl abgestellt (vgl. § 1 Abs. 1 S. 2). Damit wäre § 1 für drittstaatliche Unternehmen zu eng gefasst, da es ausschließlich auf die Beschäftigtenanzahl abstellt und nicht auf den Nettoumsatz wie der Lieferketten-RL-E (→ Rn. 357 f.).

357 **c) Das Kriterium des Nettoumsatzes. Vordergründig** geht es bei drittstaatlichen Unternehmen um den **Nettoumsatz** als Anknüpfungskriterium. Beachtet werden sollte dabei die **interne Unterscheidung** zwischen **weltweitem und EU-weitem Nettoumsatz.** Bei drittstaatlichen Unternehmen wird primär auf den EU-weiten Nettoumsatz abgestellt, um eine ausreichend enge Verbindung herzustellen, die die Anwendbarkeit von EU-Recht auf drittstaatliche Unternehmen rechtfertigen kann.[346]

358 Das LkSG knüpft an die inländische Zweigniederlassung und die Beschäftigtenanzahl im Inland ab. Der Nettoumsatz als ausschlaggebendes Kriterium fehlt. Die inländische Zweigniederlassung und der Schwellenwert vermögen dieses Kriterium auch nicht zu ersetzen. **§ 1 müsste** daher **als Umsetzungsnorm** hier **aufgerüstet werden.**

359 **d) Die Umsetzung des Marktprinzips.** Was drittstaatliche Unternehmen betrifft, gilt unter **Art. 2 Lieferketten-RL-E** mit dem Abstellen auf den **EU-weiten bzw. weltweiten Nettoumsatz** (vgl. Erwägungsgrund Nr. 24 Lieferketten-RL-E) eine **starke Umsetzung** des **Marktprinzips,** wohingegen § 1 lediglich auf eine inländische Zweigniederlassung und eine bestimmte Beschäftigtenanzahl als Anknüpfungskriterium abstellt. Allerdings setzt der Lieferketten-RL-E **weniger stark** auf das Marktprinzip **als das Eckpunktepapier 2021.** Nach dem Eckpunktepapier 2021 reichte unter bestimmten Voraussetzungen bereits (schlicht) das Anbieten von Waren und Dienstleistungen auf dem Binnenmarkt (→ Rn. 320). Bei Art. 2 Abs. 2 Lieferketten-RL-E wird das Marktprinzip erst über einen bestimmten EU-weiten Nettoumsatz abgebildet. Bei Art. 2 Abs. 2 lit. b Lieferketten-RL-E sogar noch enger: Neben einem bestimmten EU-weiten Nettoumsatz als Ausdruck des Marktprinzips, muss das entsprechende drittstaatliche Unternehmen 50 % seines weltweiten Nettoumsatzes in einem oder mehreren bestimmten Sektoren generieren.

§ 2 Begriffsbestimmungen

(1) Geschützte Rechtspositionen im Sinne dieses Gesetzes sind solche, die sich aus den in den Nummern 1 bis 11 der Anlage aufgelisteten Übereinkommen zum Schutz der Menschenrechte ergeben.

[345] Lieferketten-RL-E, 20.

[346] Lieferketten-RL-E, 19 f.: „Durch das Kriterium des EU-Umsatzes für Unternehmen aus Drittländern wird eine Verbindung zur EU hergestellt. Es ist gerechtfertigt, nur den in der Union erzielten Umsatz einzubeziehen, da ein solcher angemessen abgestimmter Schwellenwert eine territoriale Verbindung zwischen den Drittlandunternehmen und der Union durch die möglichen Auswirkungen der Tätigkeiten dieser Unternehmen auf den EU- Binnenmarkt herstellt, was ausreicht, um das Unionsrecht auf Unternehmen aus Drittländern anzuwenden."; vgl. Auch Erwägungsgrund Nr. 24 Lieferketten-RL-E: „Um die Unternehmen aus Drittländern festzustellen, die in den Anwendungsbereich dieser Richtlinie fallen, sollte das beschriebene Umsatzkriterium gewählt werden, da es eine territoriale Verbindung zwischen den Drittlandunternehmen und dem Gebiet der Union hergestellt. […]".

(2) Ein menschenrechtliches Risiko im Sinne dieses Gesetzes ist ein Zustand, bei dem aufgrund tatsächlicher Umstände mit hinreichender Wahrscheinlichkeit ein Verstoß gegen eines der folgenden Verbote droht:

1. das Verbot der Beschäftigung eines Kindes unter dem Alter, mit dem nach dem Recht des Beschäftigungsortes die Schulpflicht endet, wobei das Beschäftigungsalter 15 Jahre nicht unterschreiten darf; dies gilt nicht, wenn das Recht des Beschäftigungsortes hiervon in Übereinstimmung mit Artikel 2 Absatz 4 sowie den Artikeln 4 bis 8 des Übereinkommens Nr. 138 der Internationalen Arbeitsorganisation vom 26. Juni 1973 über das Mindestalter für die Zulassung zur Beschäftigung (BGBl. 1976 II S. 201, 202) abweicht;
2. das Verbot der schlimmsten Formen der Kinderarbeit für Kinder unter 18 Jahren; dies umfasst gemäß Artikel 3 des Übereinkommens Nr. 182 der Internationalen Arbeitsorganisation vom 17. Juni 1999 über das Verbot und unverzügliche Maßnahmen zur Beseitigung der schlimmsten Formen der Kinderarbeit (BGBl. 2001 II S. 1290, 1291):
   a) alle Formen der Sklaverei oder alle sklavereiähnlichen Praktiken, wie den Verkauf von Kindern und den Kinderhandel, Schuldknechtschaft und Leibeigenschaft sowie Zwangs- oder Pflichtarbeit, einschließlich der Zwangs- oder Pflichtrekrutierung von Kindern für den Einsatz in bewaffneten Konflikten,
   b) das Heranziehen, Vermitteln oder Anbieten eines Kindes zur Prostitution, zur Herstellung von Pornographie oder zu pornographischen Darbietungen,
   c) das Heranziehen, Vermitteln oder Anbieten eines Kindes zu unerlaubten Tätigkeiten, insbesondere zur Gewinnung von und zum Handel mit Drogen,
   d) Arbeit, die ihrer Natur nach oder aufgrund der Umstände, unter denen sie verrichtet wird, voraussichtlich für die Gesundheit, die Sicherheit oder die Sittlichkeit von Kindern schädlich ist;
3. das Verbot der Beschäftigung von Personen in Zwangsarbeit; dies umfasst jede Arbeitsleistung oder Dienstleistung, die von einer Person unter Androhung von Strafe verlangt wird und für die sie sich nicht freiwillig zur Verfügung gestellt hat, etwa in Folge von Schuldknechtschaft oder Menschenhandel; ausgenommen von der Zwangsarbeit sind Arbeits- oder Dienstleistungen, die mit Artikel 2 Absatz 2 des Übereinkommens Nr. 29 der Internationalen Arbeitsorganisation vom 28. Juni 1930 über Zwangs- oder Pflichtarbeit (BGBl. 1956 II S. 640, 641) oder mit Artikel 8 Buchstabe b und c des Internationen Paktes vom 19. Dezember 1966 über bürgerliche und politische Rechte (BGBl. 1973 II S. 1533, 1534) vereinbar sind;
4. das Verbot aller Formen der Sklaverei, sklavenähnlicher Praktiken, Leibeigenschaft oder anderer Formen von Herrschaftsausübung oder Unterdrückung im Umfeld der Arbeitsstätte, etwa durch extreme wirtschaftliche oder sexuelle Ausbeutung und Erniedrigungen;
5. das Verbot der Missachtung der nach dem Recht des Beschäftigungsortes geltenden Pflichten des Arbeitsschutzes, wenn hierdurch die Gefahr von Unfällen bei der Arbeit oder arbeitsbedingte Gesundheitsgefahren entstehen, insbesondere durch:
   a) offensichtlich ungenügende Sicherheitsstandards bei der Bereitstellung und der Instandhaltung der Arbeitsstätte, des Arbeitsplatzes und der Arbeitsmittel,
   b) das Fehlen geeigneter Schutzmaßnahmen, um Einwirkungen durch chemische, physikalische oder biologische Stoffe zu vermeiden,
   c) das Fehlen von Maßnahmen zur Verhinderung übermäßiger körperlicher und geistiger Ermüdung, insbesondere durch eine ungeeignete Arbeitsorganisation in Bezug auf Arbeitszeiten und Ruhepausen oder
   d) die ungenügende Ausbildung und Unterweisung von Beschäftigten;
6. das Verbot der Missachtung der Koalitionsfreiheit, nach der
   a) Arbeitnehmer sich frei zu Gewerkschaften zusammenzuschließen oder diesen beitreten können,

b) die Gründung, der Beitritt und die Mitgliedschaft zu einer Gewerkschaft nicht als Grund für ungerechtfertigte Diskriminierungen oder Vergeltungsmaßnahmen genutzt werden dürfen,
c) Gewerkschaften sich frei und in Übereinstimmung mit dem Recht des Beschäftigungsortes betätigen dürfen; dieses umfasst das Streikrecht und das Recht auf Kollektivverhandlungen;

7. das Verbot der Ungleichbehandlung in Beschäftigung, etwa aufgrund von nationaler und ethnischer Abstammung, sozialer Herkunft, Gesundheitsstatus, Behinderung, sexueller Orientierung, Alter, Geschlecht, politischer Meinung, Religion oder Weltanschauung, sofern diese nicht in den Erfordernissen der Beschäftigung begründet ist; eine Ungleichbehandlung umfasst insbesondere die Zahlung ungleichen Entgelts für gleichwertige Arbeit;
8. das Verbot des Vorenthaltens eines angemessenen Lohns; der angemessene Lohn ist mindestens der nach dem anwendbaren Recht festgelegte Mindestlohn und bemisst sich ansonsten nach dem Recht des Beschäftigungsortes;
9. das Verbot der Herbeiführung einer schädlichen Bodenveränderung, Gewässerverunreinigung, Luftverunreinigung, schädlichen Lärmemission oder eines übermäßigen Wasserverbrauchs, die
   a) die natürlichen Grundlagen zum Erhalt und der Produktion von Nahrung erheblich beeinträchtigt,
   b) einer Person den Zugang zu einwandfreiem Trinkwasser verwehrt,
   c) einer Person den Zugang zu Sanitäranlagen erschwert oder zerstört oder
   d) die Gesundheit einer Person schädigt;
10. das Verbot der widerrechtlichen Zwangsräumung und das Verbot des widerrechtlichen Entzugs von Land, von Wäldern und Gewässern bei dem Erwerb, der Bebauung oder anderweitigen Nutzung von Land, Wäldern und Gewässern, deren Nutzung die Lebensgrundlage einer Person sichert;
11. das Verbot der Beauftragung oder Nutzung privater oder öffentlicher Sicherheitskräfte zum Schutz des unternehmerischen Projekts, wenn aufgrund mangelnder Unterweisung oder Kontrolle seitens des Unternehmens bei dem Einsatz der Sicherheitskräfte
    a) das Verbot von Folter und grausamer, unmenschlicher oder erniedrigender Behandlung missachtet wird,
    b) Leib oder Leben verletzt werden oder
    c) die Vereinigungs- und Koalitionsfreiheit beeinträchtigt werden;
12. das Verbot eines über die Nummern 1 bis 11 hinausgehenden Tuns oder pflichtwidrigen Unterlassens, das unmittelbar geeignet ist, in besonders schwerwiegender Weise eine geschützte Rechtsposition zu beeinträchtigen und dessen Rechtswidrigkeit bei verständiger Würdigung aller in Betracht kommenden Umstände offensichtlich ist.

(3) Ein umweltbezogenes Risiko im Sinne dieses Gesetzes ist ein Zustand, bei dem auf Grund tatsächlicher Umstände mit hinreichender Wahrscheinlichkeit ein Verstoß gegen eines der folgenden Verbote droht:

1. das Verbot der Herstellung von mit Quecksilber versetzten Produkten gemäß Artikel 4 Absatz 1 und Anlage A Teil I des Übereinkommens von Minamata vom 10. Oktober 2013 über Quecksilber (BGBl. 2017 II S. 610, 611) (Minamata-Übereinkommen);
2. das Verbot der Verwendung von Quecksilber und Quecksilberverbindungen bei Herstellungsprozessen im Sinne des Artikels 5 Absatz 2 und Anlage B Teil I des Minamata-Übereinkommens ab dem für die jeweiligen Produkte und Prozesse im Übereinkommen festgelegten Ausstiegsdatum;
3. das Verbot der Behandlung von Quecksilberabfällen entgegen den Bestimmungen des Artikels 11 Absatz 3 des Minamata-Übereinkommens;

4. das Verbot der Produktion und Verwendung von Chemikalien nach Artikel 3 Absatz 1 Buchstabe a und Anlage A des Stockholmer Übereinkommens vom 23. Mai 2001 über persistente organische Schadstoffe (BGBl. 2002 II S. 803, 804) (POPs-Übereinkommen), zuletzt geändert durch den Beschluss vom 6. Mai 2005 (BGBl. 2009 II S. 1060, 1061), in der Fassung der Verordnung (EU) 2019/1021 des Europäischen Parlaments und des Rates vom 20. Juni 2019 über persistente organische Schadstoffe (ABl. L 169 vom 26.5.2019, S. 45), die zuletzt durch die Delegierte Verordnung (EU) 2021/277 der Kommission vom 16. Dezember 2020 (ABl. L 62 vom 23.2.2021, S. 1) geändert worden ist;
5. das Verbot der nicht umweltgerechten Handhabung, Sammlung, Lagerung und Entsorgung von Abfällen nach den Regelungen, die in der anwendbaren Rechtsordnung nach den Maßgaben des Artikels 6 Absatz 1 Buchstabe d Ziffer i und ii des POPs-Übereinkommens gelten;
6. das Verbot der Ausfuhr gefährlicher Abfälle im Sinne des Artikel 1 Absatz 1 und anderer Abfälle im Sinne des Artikel 1 Absatz 2 des Basler Übereinkommens über die Kontrolle der grenzüberschreitenden Verbringung gefährlicher Abfälle und ihrer Entsorgung vom 22. März 1989 (BGBl. 1994 II S. 2703, 2704) (Basler Übereinkommen), zuletzt geändert durch die Dritte Verordnung zur Änderung von Anlagen zum Basler Übereinkommen vom 22. März 1989 vom 6. Mai 2014 (BGBl. II S. 306, 307), und im Sinne der Verordnung (EG) Nr. 1013/2006 des Europäischen Parlaments und des Rates vom 14. Juni 2006 über die Verbringung von Abfällen (ABl. L 190 vom 12.7.2006, S. 1) (Verordnung (EG) Nr. 1013/2006), die zuletzt durch die Delegierte Verordnung (EU) 2020/2174 der Kommission vom 19. Oktober 2020 (ABl. L 433 vom 22.12.2020, S. 11) geändert worden ist
   a) in eine Vertragspartei, die die Einfuhr solcher gefährlichen und anderer Abfälle verboten hat (Artikel 4 Absatz 1 Buchstabe b des Basler Übereinkommens),
   b) in einen Einfuhrstaat im Sinne des Artikel 2 Nummer 11 des Basler Übereinkommens, der nicht seine schriftliche Einwilligung zu der bestimmten Einfuhr gegeben hat, wenn dieser Einfuhrstaat die Einfuhr dieser gefährlichen Abfälle nicht verboten hat (Artikel 4 Absatz 1 Buchstabe c des Basler Übereinkommens),
   c) in eine Nichtvertragspartei des Basler Übereinkommens (Artikel 4 Absatz 5 des Basler Übereinkommens),
   d) in einen Einfuhrstaat, wenn solche gefährlichen Abfälle oder andere Abfälle in diesem Staat oder anderswo nicht umweltgerecht behandelt werden (Artikel 4 Absatz 8 Satz 1 des Basler Übereinkommens);
7. das Verbot der Ausfuhr gefährlicher Abfälle von in Anlage VII des Basler Übereinkommens aufgeführten Staaten in Staaten, die nicht in Anlage VII aufgeführt sind (Artikel 4A des Basler Übereinkommens, Artikel 36 der Verordnung (EG) Nr. 1013/2006) sowie
8. das Verbot der Einfuhr gefährlicher Abfälle und anderer Abfälle aus einer Nichtvertragspartei des Basler Übereinkommens (Artikel 4 Absatz 5 des Basler Übereinkommens).

(4) [1]Eine Verletzung einer menschenrechtsbezogenen Pflicht im Sinne dieses Gesetzes ist der Verstoß gegen ein in Absatz 2 Nummer 1 bis 12 genanntes Verbot. [2]Eine Verletzung einer umweltbezogenen Pflicht im Sinne dieses Gesetzes ist der Verstoß gegen ein in Absatz 3 Nummer 1 bis 8 genanntes Verbot.

(5) [1]Die Lieferkette im Sinne dieses Gesetzes bezieht sich auf alle Produkte und Dienstleistungen eines Unternehmens. [2]Sie umfasst alle Schritte im In- und Ausland, die zur Herstellung der Produkte und zur Erbringung der Dienstleistungen erforderlich sind, angefangen von der Gewinnung der Rohstoffe bis zu der Lieferung an den Endkunden und erfasst

1. das Handeln eines Unternehmens im eigenen Geschäftsbereich,
2. das Handeln eines unmittelbaren Zulieferers und
3. das Handeln eines mittelbaren Zulieferers.

(6) [1]Der eigene Geschäftsbereich im Sinne dieses Gesetzes erfasst jede Tätigkeit des Unternehmens zur Erreichung des Unternehmensziels. [2]Erfasst ist damit jede Tätigkeit zur Herstellung und Verwertung von Produkten und zur Erbringung von Dienstleistungen, unabhängig davon, ob sie an einem Standort im In- oder Ausland vorgenommen wird. [3]In verbundenen Unternehmen zählt zum eigenen Geschäftsbereich der Obergesellschaft eine konzernangehörige Gesellschaft, wenn die Obergesellschaft auf die konzernangehörige Gesellschaft einen bestimmenden Einfluss ausübt.

(7) Unmittelbarer Zulieferer im Sinne dieses Gesetzes ist ein Partner eines Vertrages über die Lieferung von Waren oder die Erbringung von Dienstleistungen, dessen Zulieferungen für die Herstellung des Produktes des Unternehmens oder zur Erbringung und Inanspruchnahme der betreffenden Dienstleistung notwendig sind.

(8) Mittelbarer Zulieferer im Sinne dieses Gesetzes ist jedes Unternehmen, das kein unmittelbarer Zulieferer ist und dessen Zulieferungen für die Herstellung des Produktes des Unternehmens oder zur Erbringung und Inanspruchnahme der betreffenden Dienstleistung notwendig sind.

Schrifttum: Behrends, Das Unionsmodell der wirtschaftlichen Einheit im Kartelldeliktsrecht, 2019; Bettermann/Hoes, Das Lieferkettensorgfaltspflichtengesetz – Besondere Pflichten für Kreditinstitute?, BKR 2022, 23; Bettermann/Hoes, Der Entwurf der Europäischen Corporate Sustainability Due Diligence Richtlinie – Vergleich zum deutschen Lieferkettensorgfaltspflichtengesetz, WM 2022, 697; Birchall, Any Act, Any Harm, To Anyone: The Transformative Potential of „Human Rights Impacts" Under the UN Guiding Principles on Business and Human Rights, (2019) University of Oxford Human Rights Hub Journal, 120; Braun/Kellerbauer, Das Konzept der gesamtschuldnerischen Verantwortlichkeit von Konzerngesellschaften bei Zuwiderhandlungen gegen das EU-Wettbewerbsrecht – Teil 1, NZKart 2015, 175; Brettel/Thomas, Der Vorschlag einer bußgeldrechtlichen „Konzernhaftung" nach § 81 IIIa RefE 9. GWB-Novelle, WuW 2016, 336; Charnitzky/Weigel, Die Krux mit der Sorgfalt – Zu den Untiefen und der Unschärfe des neuen Lieferkettensorgfaltspflichtengesetzes aus Unternehmenssicht, RIW 2022, 12; Charnitzky/Weigel, Die Krux mit der Sorgfalt (Teil 2) – Der Entwurf der Richtlinie zur unternehmerischen Sorgfalt in den Lieferketten, RIW 2022, 413; DAV-Ausschüsse, Stellungnahme zum Regierungsentwurf eines Gesetzes über die unternehmerischen Sorgfaltspflichten in Lieferketten, NZG 2021, 546; Dutzi/Schneider/Hasenau, Lieferkettenregulierung und Risk Governance – Implikationen für die betriebliche Praxis und Kritik, DK 2021, 454; Ehmann, Der Regierungsentwurf für das Lieferkettengesetz: Erläuterung umd erste Hinweise zur Anwendung, ZVertriebsR 2021, 137; Ehmann/Berg, Das Lieferkettensorgfaltspflichtengesetz (LkSG): ein erster Überblick, GWR 2021, 287; Fasterling, Human Rights Due Diligence as Risk Management: Social Risk Versus Human Rights Risk, (2017) 2 BHRJ 225; Frank-Fahle/Falder, Der eigene Geschäftsbereich im Ausland – Sorgfaltspflichten ausländischer Niederlassungen und Tochtergesellschaften nach dem LkSG, RIW 2022, 261; Gailhofer/Verheyen, Klimaschutzbezogene Sorgfaltspflichten: Perspektiven der gesetzlichen Regelung in einem Lieferkettengesetz, ZUR 2021, 402; Gehling/Ott/Lüneborg, Das neue Lieferkettensorgfaltspflichtengesetz – Umsetzung in der Unternehmenspraxis, CCZ 2021, 230; Goßler/Palder, Distributionslogistik, Vertriebsvermittler, Endkunden – Glieder der Lieferkette im Sinne des LkSG?, BB 2022, 906; Harings/Zegula, Die „Lieferkette" als Anknüpfungspunkt der Compliance-Verpflichtungen nach dem LkSG, CCZ 2022, 165; Henn/Jahn, Zulässigkeit und Gegenstand umweltbezogener Sorgfaltspflichten in einem deutschen LieferkettenG – unter besonderer Berücksichtigung von Chemikalien und Biodiversität, 2020; Herrmann/Rünz, Praktische Hinweise und Maßnahmen zur Umsetzung des Lieferkettensorgfaltspflichtengesetzes im Unternehmen, DB 2021, 3078; Hübner/Habrich/Weller, Corporate Sustainability Due Diligence, NZG 2022, 644; Initiative Lieferkettengesetz, Rechtsgutachten zur Ausgestaltung eines Lieferkettengesetzes, 2020; Jungkind/Raspé/Terbrack, Unternehmensverantwortung in der Lieferkette, DK 2021, 445; Kamann/Irmscher, Das Sorgfaltspflichtengesetz – Ein neues Sanktionsrecht für Menschenrechts- und Umweltverstöße in Lieferketten, NZWiSt 2021, 249; Keller/Ulfstein, UN Human Rights Treaty Bodies: Law and Legitimacy, 2012; Kieninger/Krajewski/Wohltmann, Rechtsgutachten und Entwurf für ein Gesetz zur Umsetzung menschenrechtlicher und umweltbezogener Sorgfaltspflichten im Auftrag der Bundestagsfraktion Bündnis 90/Die Grünen, 2021; Klinger/Krajewski/Krebs/Harmann, Verankerung menschenrechtlicher Sorgfaltspflichten von Unternehmen im deutschen Recht, 2016; Klinger/Reese/Salzborn, Sorgfaltspflichten der Unternehmen – Neue Perspektiven für den grenzüberschreitenden Umweltschutz, ZUR 2021, 385; Koch, Das Lieferkettensorgfaltspflichtengesetz, MDR 2022, 1; Kokott/Dittert, Die Verantwortlichkeit von Muttergesellschaften für Kartellvergehen ihrer Tochtergesellschaften im Lichte der Rechtsprechung der Unionsgerichte, WuW 2012, 670; Korte, Lieferkettengesetz (Reg-E): neue Sorgfaltspflichten für Unternehmen, DB 2021, Heft 12, M4; Krebs, Menschenrechtliche und umweltbezogene Sorgfaltspflicht: Der Wettlauf zwischen europäischer und deutscher Rechtssetzung, ZUR 2021, 394; Krebs/Klinger/Gailhofer/Scherf, Von der menschenrechtlichen zur umweltbezogenen Sorgfaltspflicht – Aspekte zur Integration von Umweltbelangen in ein Gesetz für globale Wertschöpfungsketten, 2020; Lutz-Bachmann/Vorbeck/Wengenroth, Menschenrechte und Umweltschutz in Lieferketten – der Regierungsentwurf eines Sorgfaltspflichtengesetzes, BB 2021, 906; Lutz-Bachmann/Vorbeck/Wengenroth, Nachhaltigkeitsbezogene Sorgfaltspflichten in

Geschäftsbeziehungen – zum Entwurf der EU-Kommission für eine „Lieferkettenrichtlinie", BB 2022, 835, Mittwoch/Bremenkamp, Das Lieferkettensorgfaltspflichtengesetz – Ein nachhaltiger Ordnungsrahmen für international tätige Marktakteure, KritV 2021, 207; Nasse, Das neue Lieferkettensorgfaltspflichtengesetz, RAW 2022, 3; Nietsch/Wiedmann, Adressatenkreis und sachlicher Anwendungsbereich des neuen Lieferkettensorgfaltspflichtengesetz, NJW 2022, 1; Nietsch/Wiedmann, Der Regierungsentwurf eines Gesetzes über die unternehmerischen Sorgfaltspflichten, CCZ 2021, 101; Nietsch/Wiedmann, Der Vorschlag zu einer europäischen Sorgfaltspflichten-Richtlinie im Unternehmensbereich (Corporate Sustainibility Due Diligence Directive), CCZ 2022, 125; Ott/Lüneborg/Schmelzeisen, Zur Anwendung des Lieferkettensorgfaltspflichtengesetzes im Konzern, DB 2022, 238; Paefgen, Haftung für die Verletzung von Pflichten nach dem neuen Lieferkettensorgfaltspflichtengesetz, ZIP 2021, 2006; Reiling, Die Anwendung des Grundsatzes der Völkerrechtsfreundlichkeit auf rechtsunverbindliche internationale Standards, ZaöRV 78 (2018), 311; Rothenburg/Rogg, Die Umsetzung des Lieferkettensorgfaltspflichtengesetzes im Konzern, AG 2022, 257; Rühl/Knauer, Zivilrechtlicher Menschenrechtsschutz? Das deutsche Lieferkettengesetz und die Hoffnung auf den europäischen Gesetzgeber, JZ 2022, 105; Sagan/A. Schmidt, Das Lieferkettensorgfaltspflichtengesetz – Ein Überblick aus der Perspektive des Arbeitsrechts, NZA-RR 2022, 281; Schall, (Berechtigte) Lücken in der Lieferkettensorgfaltspflicht des LkSG, NZG 2022, 787; Schäfer, Das neue Lieferkettensorgfaltspflichtengesetz und seine Auswirkungen auf die Ernährungswirtschaft, ZLR 2022, 26; Schladebach/Triems, Water Grabbing als Völkerrechtsproblem, KlimR 2022, 198; Schmidt-Räntsch, Sorgfaltspflichten der Unternehmen – Von der Idee über den politischen Prozess bis zum Regelwerk, ZUR 2021, 387; Seibt/Vesper-Gräske, Lieferkettensorgfaltspflichtengesetz erweitert Compliance-Pflichte, CB 2021, 357; Spindler, Der Vorschlag einer EU-Lieferketten-Richtlinie, ZIP 2022, 765; Spindler, Verantwortlichkeit und Haftung in Lieferketten – das Lieferkettensorgfaltspflichtengesetz aus nationaler und europäischer Perspektive, ZHR 186 (2022), 67; Stöbener de Mora/Noll, Grenzenlose Sorgfalt? – Das Lieferkettensorgfaltspflichtengesetz (Teil 1), NZG 2021, 1237; E. Wagner/Ruttloff, Das Lieferkettensorgfaltspflichtengesetz – Eine erste Einordnung, NJW 2021, 2145; G. Wagner, Haftung für Menschenrechtsverletzungen in der Lieferkette, ZIP 2021, 1095; G. Wagner, Das Lieferkettengesetz: Viele Pflichten, keine Haftung, FS Singer 2021; Thalhammer, Das umstrittene Lieferkettensorgfaltspflichtengesetz – Ein juristischer Blick auf Kritik aus Zivilgesellschaft, Wirtschaft und Politik, DÖV 2021, 825; Thüsing, Sorgfaltspflichtengesetz – Verantwortung mit Augenmaß und Präzision, ZRP 2021, 97, Ungern-Sternberg, Völkerrechtsquellen im Wandel Teil 1, Jura 2010, 841; Zandler, Die wirtschaftliche Einheit als Normadressat im Kartellbußgeldrecht, NZKart 2016, 98; Zimmermann/Weiss, Völker- und verfassungsrechtliche Parameter eines deutschen Lieferkettengesetzes, AVR 58 (2020), 424.

Übersicht

A. Normüberblick

1 § 2 enthält für eine Reihe **zentraler Begriffe** des LkSG Legaldefinitionen, die nach den Gepflogenheiten moderner Gesetzgebungstechnik[1] gebündelt in den allgemeinen Bestimmungen des Gesetzes vorangestellt werden. Der Begriffskatalog des § 2 ist nicht abschließend. Verschiedene andere Normen enthalten weitere Legaldefinitionen, denen jedoch nur normspezifische[2] oder abschnittsspezifische[3] Relevanz zukommt.

2 Im Verlauf des Gesetzgebungsverfahrens sind einzelne Begriffe und Begriffsbezeichnungen ausgetauscht sowie zahlreiche weitere inhaltliche und sprachliche Änderungen vorgenommen worden.[4] Die in der verabschiedeten Fassung enthaltenen Begriffsbestimmungen lassen sich **zwei Themenkreisen** zuordnen. Abs. 1–4 konturieren maßgeblich den **menschenrechtlichen und umweltbezogenen Rechtsgüterschutz** des Gesetzes (ausführlich zur Konzeption und Regelungstechnik → Rn. 4 ff.). Die menschenrechtlichen Schutzgüter des Gesetzes erhalten mit dem Begriff „geschützte Rechtspositionen" (Abs. 1) eine eigenständige Definition. Danach folgen die besonders umfangreichen und zentralen Begriffsbestimmungen des menschenrechtlichen Risikos (Abs. 2) und des umweltbezogenen Risikos (Abs. 3). Zusammen mit den Begriffen der Verletzung einer menschenrechtsbezogenen Pflicht und der Verletzung einer umweltbezogenen Pflicht (beide Abs. 4) bilden sie den Anknüpfungspunkt für die in § 3 Abs. 1 genannten und in den Folgeparagraphen weiter aufgefächerten Sorgfaltspflichten der Gesetzesadressaten.

3 Die verbleibenden Absätze betreffen die **Reichweite der Sorgfaltspflichten.** Abs. 5 enthält die Legaldefinition des Begriffs der Lieferkette. Die darin vorkommenden Begriffe „eigener Geschäftsbereich", „unmittelbarer Zulieferer" und „mittelbarer Zulieferer" werden in den Abs. 6–8 eigenständig definiert.

B. Konzeption und Regelungstechnik des Rechtsgüterschutzes (Abs. 1–4)

I. Konzeptionelle und regelungstechnische Grundentscheidungen

4 **1. (Eigenständige) Berücksichtigung des Umweltschutzes.** Einen Hauptstreitpunkt zwischen den am Gesetzgebungsprozess beteiligten Ministerien (BMAS, BMWi und BMZ) und in der breiteren rechtspolitischen Diskussion um das LkSG bildete die Frage, ob und

[1] Vgl. BMJV, Handbuch der Rechtsförmlichkeit, 3. Aufl. 2008, Rn. 363; T. Möllers, Juristische Methodenlehre, 4. Aufl. 2021, § 4 Rn. 49.
[2] S. zB § 4 Abs. 2: „wirksam[es Risikomanagement"; § 9 Abs. 3: „substantiierte Kenntnis".
[3] Insbes. § 3 Abs. 2: „angemessene Weise eines Handelns, das den Sorgfaltspflichten genügt".
[4] S. vor allem die umfangreichen Änderungsempfehlungen zu § 2 des federführenden Ausschusses für Arbeit und Soziales, Beschlussempfehlung und Bericht des Ausschusses für Arbeit und Soziales, BT-Drs. 19/30505, 6 ff.; auf die einzelnen Änderungen wird im Rahmen der jeweiligen Kommentierung eingegangen.

inwieweit neben dem Schutz von Menschenrechten auch der Umweltschutz Berücksichtigung finden sollte.[5] Die im Februar 2019 nach außen gedrungenen Vorüberlegungen des BMZ zu einem „Nachhaltigen Wertschöpfungskettengesetz",[6] die sich die damalige Bundesregierung nicht zu eigen machte,[7] sahen eine selbstständige umweltbezogene Sorgfaltspflicht vor, die sich auf „die Einhaltung grundlegende Anforderungen des Umweltschutzes" sowie die „Vermeidung von Umweltschädigungen" beziehen sollte.[8] In der Sache war damit die Berücksichtigung umfassender nationaler als auch internationaler Umweltschutzstandards gemeint.[9] Das gemeinsame Eckpunktepapier des BMAS und des BMZ aus dem März 2020 sprach dagegen nur von einer Einbeziehung des Umweltschutzes „mit menschenrechtlichem Bezug".[10] Letztlich geeinigt haben sich die Ministerien auf eine Kompromisslösung, die gemessen an den im Raum stehenden Forderungen einiger politischer und zivilgesellschaftlicher Akteure im Schrifttum zu Recht als **„Minimalkompromiss"**[11] eingeordnet worden ist:

5 Gegen erheblichen rechtspolitischen Widerstand, insbesondere aus den Reihen der Wirtschaftsverbände,[12] berücksichtigt das LkSG zwar im Ausgangspunkt eigenständig Aspekte des Umweltschutzes, beschränkt diese aber auf die **Spezialbereiche gefährliche Chemikalien und Abfälle.**[13] Darüber hinaus werden schädliche Beeinträchtigungen der Umweltmedien Boden, Luft und Wasser nur erfasst, soweit sie menschenrechtliche Auswirkungen zeigen (s. § 2 Abs. 2 Nr. 9; → Rn. 110 ff.).[14] Die Schutzgüter Biodiversität und Klima wurden – anders als im Richtlinienentwurf der EU-Kommission (näher → Rn. 26) – gänzlich ausgespart.[15] Trotz der deutlich zu Tage tretenden Schutzlücken hat man das LkSG als einen „historische[n] Durchbruch für den grenzüberschreitenden Umweltschutz" bezeichnet.[16]

6 **2. Abkommensbezogener Schutzansatz.** Die Quelle der in den Schutzbereich des LkSG einbezogenen Menschenrechte, die das Gesetz unter dem Begriff der „geschützten Rechtspositionen" (§ 2 Abs. 1) zusammenfasst, und Umweltbelange bildet eine Reihe von

---

[5] Vgl. etwa Schmidt-Räntsch ZUR 2021, 387 (392).

[6] BMZ, Entwurf eines Gesetzes zur nachhaltigen Gestaltung globaler Wertschöpfungsketten und zur Änderung wirtschaftsrechtlicher Vorschriften – (Nachhaltige Wertschöpfungskettengesetz NaWKG), 1.2.2019, abrufbar unter https://perma.cc/9GKK-D3S 8 („BMZ-Entwurf"); näher → Einl. Rn. 36 f.

[7] Vgl. Antwort der Bundesregierung auf die Kleine Anfrage der AfD-Fraktion, BT-Drs. 19/14514, 1: „Bei dem [Entwurf eines „Nachhaltigen Wertschöpfungskettengesetzes"] handelt es sich um interne Überlegungen des Bundesministeriums für wirtschaftliche Zusammenarbeit und Entwicklung (BMZ) zu einer möglichen verbindlichen Regelung von Unternehmensverantwortung in der Lieferkette. Es handelt sich dabei nicht um einen Referentenentwurf."; s. auch Schmidt-Räntsch ZUR 2021, 387 (390).

[8] S. § 4 Abs. 3 BMZ-Entwurf.

[9] S. die Legaldefinitionen der „grundlegenden Anforderungen des Umweltschutzes" in § 3 Nr. 8 BMZ-Entwurf und der „Umweltschädigung" in § 3 Nr. 9 BMZ-Entwurf.

[10] BMAS/BMZ, Entwurf für Eckpunkte eines Bundesgesetzes über die Stärkung der unternehmerischen Sorgfaltspflichten zur Vermeidung von Menschenrechtsverletzungen in globalen Wertschöpfungsketten, 10.3.2020, abrufbar unter https://perma.cc/3QCP-5V7M; krit. dazu Initiative Lieferkettengesetz, Eckpunkte für ein Lieferkettengesetz – Zivilgesellschaftliche Auswertung, 30.7.2020, 5 f., abrufbar unter https://perma.cc/9XN7-GCE7. Näher zum Eckpunktepapier → Einl. Rn. 40 ff.

[11] Gehling/Ott/Lüneborg CCZ 2021, 230 (232); ganz ähnlich auch Nietsch/Wiedmann CCZ 2021, 101 (106): „poltische[r] (Minimal)Kompromiss".

[12] Vgl. Stellungnahme Bundesarbeitgeberband Chemie/Verband der Chemischen Industrie zum RegE, A-Drs. 19(11)1136, 219; Stellungnahme Bundesverband der Deutschen Industrie zum RegE, A-Drs. 19(11) 1136, 219, 32; Stellungnahme Bundesverband Großhandel, Außenhandel, Dienstleistungen zum RegE, A-Drs. 19(11)1136, 247.

[13] Treffend Seibt/Vesper-Gräske CB 2021, 357 (358); zu weit daher Gailhofer/Verheyen ZUR 2021, 402 (404): „Im Hinblick auf das Schutzgut Umwelt oder Klima direkt (ohne konkrete Menschenrechtsverletzung) schweigt der deutsche Gesetzesentwurf.".

[14] Vgl. Begr RegE LkSG, BT-Drs. 19/28649, 24.

[15] Vgl. Stellungnahme Initiative Lieferkettengesetz zum RegE, A-Drs. 19(11)1117, 81; speziell für das Schutzgut Klima auch Charnitzky/Weigel RIW 2022, 12 (18); Gailhofer/Verheyen ZUR 2021, 402 (404); Seibt/Vesper-Gräske CB 2021, 357 (358), die jedoch auf eine mögliche Relevanz des LkSG im Rahmen zivilrechtlicher Klimaklagen hinweisen (dies andeutend auch Gehling/Ott/Lüneborg CCZ 2021, 230 (232)).

[16] So Klinger/Reese/Salzborn ZUR 2021, 385 (386).

völkerrechtlichen Verträgen, die in einer Anlage des Gesetzes (s. Anlage zu § 2 Abs. 1, § 7 Abs. 3 S. 2) abschließend aufgelistet werden.[17] Damit hat sich der Gesetzgeber sowohl für den Menschenrechts- als auch den Umweltschutz für einen **abkommensbezogenen Schutzansatz** (auch **„Enumerationslösung"**[18]) entschieden.[19] Diese erste grundlegende regelungstechnische Weichenstellung war im menschenrechtlichen Bereich weitgehend unumstritten.[20] Im Bereich des Umweltschutzes wurde die Enumerationslösung dagegen bereits im Vorfeld des Gesetzgebungsverfahrens wegen des fragmentarischen Charakters des Umweltvölkerrechts als „wenig praktikabel" kritisiert.[21] Der von verschiedenen Gutachten[22] befürwortete und von der Fraktion Bündnis 90/Die Grünen[23] im Ausschussverfahren eingebrachte Vorschlag einer Generalklausel, die sowohl anhand des am Handlungsort geltenden nationalen Umweltrechts als auch durch einzelner völkerrechtliche Standards konkretisiert werden sollte (sog. **„Kombinationslösung"**)[24], sowie weitere alternative Regelungsoptionen[25] sahen durchweg eine deutlich stärkere Gewichtung des Umweltschutzes vor und konnten sich daher im Rahmen des erzielten rechtspolitischen Kompromisses der Ministerien (→ Rn. 4) nicht durchsetzen.

II. Einzelheiten der Regelungstechnik

1. Maßgeblichkeit der menschenrechtlichen und umweltbezogenen Verbote. 7
Anders als im Zusammenhang mit einem abkommensbezogenen Schutzansatz vorgeschlagen,[26] bilden die in den völkerrechtlichen Verträge normierten Menschenrechte und Umweltpflichten nicht den unmittelbaren Bezugspunkt der unternehmerischen Sorgfaltspflichten.[27] Stattdessen knüpfen die in § 3 Abs. 1 aufgelisteten und in den Folgeparagraphen näher aufgefächerten Sorgfaltspflichten tatbestandlich an die Begriffe des menschenrechtlichen und des umweltbezogenen Risikos sowie der Verletzung einer menschenrechtlichen oder umweltbezogenen Pflicht an, die das Gesetz in § 2 Abs. 2–4 eigenständig definiert.[28] Maßgeblich für das Vorliegen eines solchen Risikos oder einer solchen Verletzung ist nach den jeweiligen Begriffsbestimmungen der (drohende) Verstoß gegen eines der in § 2 Abs. 2 Nr. 1–12 und Abs. 3 Nr. 1–8 normierten **menschenrechtlichen oder umweltbezogenen Verbote.**[29]

---

[17] Vgl. Begr RegE LkSG, BT-Drs. 19/28649, 58.

[18] Begriff bei Krebs/Klinger/Gailhofer/Scherf, Von der menschenrechtlichen zur umweltbezogenen Sorgfaltspflicht – Aspekte zur Integration von Umweltbelangen in ein Gesetz für globale Wertschöpfungsketten, 2020, 36.

[19] Vgl. Schmidt-Räntsch ZUR 2021, 387 (393).

[20] Vgl. Krebs ZUR 2021, 394 (398).

[21] Krebs/Klinger/Gailhofer/Scherf, Von der menschenrechtlichen zur umweltbezogenen Sorgfaltspflicht – Aspekte zur Integration von Umweltbelangen in ein Gesetz für globale Wertschöpfungsketten, 2020, 36.

[22] Vgl. Henn/Jahn, Rechtsgutachten Zulässigkeit und Gegenstand umweltbezogener Sorgfaltspflichten in einem deutschen LieferkettenG – unter besonderer Berücksichtigung von Chemikalien und Biodiversität, 2020, 36 ff.; Kieninger/Krajewski/Wohltmann, Rechtsgutachten und Entwurf für ein Gesetz zur Umsetzung menschenrechtlicher und umweltbezogener Sorgfaltspflichten, 2021, 18.

[23] Vgl. Änderungsantrag Nr. 4 der Fraktion Bündnis 90/Die Grünen dokumentiert in Beschlussempfehlung und Bericht des Ausschusses für Arbeit und Soziales, BT-Drs. 19/30505, 30.

[24] Begriff bei Kieninger/Krajewski/Wohltmann, Rechtsgutachten und Entwurf für ein Gesetz zur Umsetzung menschenrechtlicher und umweltbezogener Sorgfaltspflichten, 2021, 18.

[25] Eingehend zu den verschiedenen Regelungsoptionen Krebs/Klinger/Gailhofer/Scherf, Von der menschenrechtlichen zur umweltbezogenen Sorgfaltspflicht – Aspekte zur Integration von Umweltbelangen in ein Gesetz für globale Wertschöpfungsketten, 2020, 35 ff.

[26] Vgl. etwa Kieninger/Krajewski/Wohltmann, Rechtsgutachten und Entwurf für ein Gesetz zur Umsetzung menschenrechtlicher und umweltbezogener Sorgfaltspflichten, 2021, 15: „§ 3 Umfang und Gegenstand der Sorgfaltspflicht […] (2) Die Sorgfaltspflicht eines Unternehmens bezieht sich auf nachteilige Auswirkungen auf 1. die internationalen Menschenrechte, die in den Übereinkommen gemäß Anlage 1 geschützt sind […]"; eingehend zu dieser Regelungstechnik im menschenrechtlichen Bereich Zimmermann/Weiß AVR 58 (2020), 424 (448 ff.).

[27] Ähnlich Paeffgen ZIP 2021, 2006 (2007).

[28] Vgl. Krebs ZUR 2021, 394 (398); Lutz-Bachmann/Vorbeck/Wengenroth BB 2021, 906 (907).

[29] Gleichsinnig Lutz-Bachmann/Vorbeck/Wengenroth BB 2021, 906 (907): „Diese Verbotskataloge sind die eigentliche Grundlage für die Beurteilung, ob ein Risiko vorliegt.".

8 Bei diesen Verboten handelt es um eine Reihe von **Handlungsverboten** („Verbot der Beschäftigung […]", „Verbot der Ungleichbehandlung […]", „Verbot der Herstellung […]"), die der Gesetzgeber auf Grundlage der völkerrechtlichen Vertragsbestimmungen formuliert hat.[30] Sie betreffen eine breite Palette an Menschenrechtsverletzungen und Verletzungen der in den Umweltabkommen enthaltenen Pflichten, die mit unternehmerischem Handeln einhergehen können. Trotz der beträchtlichen Weite einzelner Verbote und der Verbotskataloge insgesamt erfassen sie nur einen Ausschnitt möglicher Verletzungen der in den Übereinkommen normierten menschenrechtlichen Rechtspositionen oder Umweltpflichten. Insofern übernehmen die Verbote eine **Konkretisierungsfunktion.**[31] Für Unternehmen bedeutet dies, dass sie (drohende) Menschenrechtsverletzungen und Umwelteinwirkungen, die nicht von einem der Verbotstatbestände erfasst werden, weder im Rahmen ihrer Risikoanalyse ermitteln noch mit Präventions- oder Abhilfemaßnahmen begegnen müssen.[32]

9 **2. Aufbau der Verbotskataloge.** Die Verbotskataloge in § 2 Abs. 2 und Abs. 3 enthalten zunächst eine Reihe von Verboten, denen einzelne Rechtspositionen oder Pflichten aus den in Bezug genommenen Übereinkommen zugrunde liegen. Die völkerrechtlichen Referenznormen ergeben sich zum Teil bereits aus dem Gesetzestext, lassen sich in jedem Fall aber aus der Regierungsbegründung entnehmen. Ergänzt werden diese **Einzelverbote** um die in § 2 Abs. 2 Nr. 12 normierte **menschenrechtliche „Auffangklausel".**[33] Bei ihr handelt es sich um einen generalklauselartig formulierten Auffangverbotstatbestand, mit dem über die vorangegangenen Verbote hinausgehende schwerwiegende Verletzungen einer geschützten Rechtsposition erfasst werden sollen (näher → Rn. 16, 135 ff.).[34] Eine umweltbezogene Auffangklausel existiert dagegen nicht.

10 **3. Bedeutung der völkerrechtlichen Vertragsbestimmungen.** Nach dem bei → Rn. 7 f. Gesagten sind im Rahmen der Sorgfaltspflichten zunächst einmal die in § 2 Abs. 2 und Abs. 3 normierten Verbote und nicht unmittelbar der Inhalt der im Gesetzesanhang zugrundeliegenden völkerrechtlichen Vertragsbestimmungen maßgeblich. Aufgrund der inhaltlichen Ausgestaltung der Verbotstatbestände kommt den völkerrechtlichen Vertragsbestimmungen jedoch trotzdem in mehrfacher Hinsicht gewichtige Bedeutung zu:[35]

11 **a) Vervollständigung des Regelungsinhalts einzelner Verbote.** Ein Teil der menschenrechtlichen Verbote sowie alle umweltbezogenen Verbote inkorporieren zur Ausgestaltung von Tatbestandsmerkmalen[36] oder zur Ergänzung von Ausnahmeregelungen[37] über Außenverweise[38] einzelne Bestimmungen aus den Übereinkommen in den Normtext des LkSG. In diesen Verweisungsfällen kommt der in Bezug genommenen völkerrecht-

[30] Vgl. Wagner/Ruttloff/Wagner LkSG-HdB/Ruttloff/Schulga § 2 Rn. 93; Sagan/Schmidt NZA-RR 2022, 281 (284); G. Wagner ZIP 2021, 1095 (1099).

[31] Vgl. RegE LkSG, BT-Drs. 19/28649, 35, 39: „Anhand von abschließenden Verboten wird konkretisiert, in welchen Fällen eine Verletzung [der in § 2 Absatz 1 geschützten Rechtspositionen/einer in § 2 Absatz 3 aufgeführten Pflicht] droht.".

[32] Vgl. auch Wagner/Ruttloff/Wagner LkSG-HdB/ Ruttloff/Schulga § 2 Rn. 93: „Es begründet demnach nicht jeder Verstoß gegen ein Übereinkommen Sorgfaltspflichten nach dem LkSG."; ferner Lutz-Bachmann/Vorbeck/Wengenroth BB 2021, 906 (907 f.).

[33] Bezeichnung nach Begr. RegE LkSG, BT-Drs. 19/28649, 39.

[34] Vgl. Begr. RegE LkSG, BT-Drs. 19/28649, 39.

[35] Zur Bedeutung der völkerrechtlichen Vertragsbestimmungen auch Grabosch Das neue LkSG/Grabosch § 2 Rn. 10.

[36] So zB § 2 Abs. 3 Nr. 1: „das Verbot der Herstellung von mit Quecksilber versetzten Produkten gemäß Artikel 4 Absatz 1 und Anlage A Teil I des Übereinkommens von Minamata […]".

[37] So zB § 2 Abs. 2 Nr. 1 Hs. 2: „[…]; dies gilt nicht, wenn das Recht des Beschäftigungsortes hiervon in Übereinstimmung mit Artikel 2 Absatz 4 sowie den Artikel 4 bis 8 des Übereinkommens Nr. 138 der Internationalen Arbeitsorganisation […] abweicht".

[38] Allg. zu den verschiedenen Verweisungsarten BMJV, Handbuch der Rechtsförmlichkeit, 3. Aufl. 2008, Rn. 219 ff.

lichen Vertragsnorm bereits Bedeutung bei der Erfassung des Regelungsinhalts des betreffenden Verbotstatbestandes zu.[39] Dieser ist wegen des **konstitutiven Charakters des Verweises** ohne die Bezugsnorm **unvollständig.**[40] Der Inhalt der völkerrechtlichen Bezugsnorm ist dabei ähnlich wie bei der Inbezugnahme europarechtlicher Vorschriften trotz ihrer Inkorporation in eine nationale Rechtsnorm **autonom** zu ermitteln. Die dafür maßgeblichen völkerrechtlichen Auslegungsregeln, die in ihrer Grundstruktur dem deutschen Methodenkanon ähneln,[41] finden sich in den Art. 31 ff. WVRK.[42]

b) Völkerrechtliche Vertragsbestimmungen als Auslegungshilfe. Zahlreiche Verbotstatbestände übernehmen zudem Begriffe oder ganze Formulierungen aus einzelnen Vertragsbestimmungen ohne auf diese zu verweisen.[43] Die völkerrechtlichen Referenznormen ergeben sich dabei stets aus der Erläuterung des jeweiligen Verbotes in der Regierungsbegründung. In diesen Fällen sprechen bereits genetische Auslegungsgesichtspunkte dafür, den Inhalt der jeweiligen Übereinkommen bei der Auslegung des aus sich heraus vollständigen Normtextes des LkSG als **Auslegungshilfe** heranzuziehen.[44] Übernehmen die völkerrechtliche Referenznorm(en) selbst nur das Begriffsverständnis aus einem vorangegangen Abkommen, was sich häufig anhand der vorbereitenden Materialien (travaux préparatoires) erschließen lässt, wird man auch diese Abkommen, insbesondere die dort zu findenden Definitionsnormen, als Auslegungshilfe für den im LkSG verwendeten Begriff heranziehen können, auch wenn der völkerrechtliche Vertrag nicht im Gesetzesanhang aufgelistet wird. Ein Beispiel hierfür bildet hier der Begriff der Sklaverei aus § 2 Abs. 2 Nr. 4, der wie beim zugrundeliegenden Art. 8 IPbpR,[45] anhand einer Definition des Sklavereiabkommens aus dem Jahr 1926 konkretisiert werden kann (näher → Rn. 81). 12

Weitere wichtige Hilfestellungen geben die **Veröffentlichungen** der mit der Auslegung der Übereinkommen befassten **Vertragsorgane** und **anderen Gremien,** die deren Inhalt fortlaufend interpretieren und konkretisieren. Mit Blick auf die Menschenrechtsübereinkommen geschieht dies insbesondere in den Erklärungen und Stellungnahmen (concluding observations, general comments, views) des UN-Menschenrechtsausschusses und des UN-Ausschusses für wirtschaftliche, soziale und kulturelle Rechte als Vertragsorgane der UN-Menschenrechtspakte,[46] sowie den „Beobachtungen" oder „direkten Anfragen" (general observations, direct requests) des ILO-Sachverständigenausschusses und den Empfehlungen (recommendations) der Internationalen Konferenz der ILO. Zu den aufgelisteten Umweltabkommen existieren von der jeweiligen Vertragsstaatenkonferenz verabschiedete Leitfäden und technischen Richtlinien. 13

Diese Veröffentlichungen und die **darin geäußerten Rechtsansichten** sind nach der ständigen Rechtsprechung des BVerfG für nationale Gerichte (wie auch für die internationale Gerichte) **zwar nicht verbindlich.**[47] Dennoch sollen sich die Gerichte „im 14

[39] Ähnlich Grabosch Das neue LkSG/Schönfelder § 4 Rn. 10.

[40] Allg. BMJV, Handbuch der Rechtsförmlichkeit, 3. Aufl. 2008, Rn. 231.

[41] Vgl. etwa v. Ungern-Sternberg Jura 2010, 841 (844).

[42] Wiener Übereinkommen über das Recht der Verträge (Wiener Vertragsrechtskonvention) vom 23.5.1969 (BGBl. 1985 II 927); ausf. zu den einzelnen Auslegungsmethoden Herdegen VölkerR § 15 Rn. 29 ff.; v. Arnauld VölkerR § 3 B IV Rn. 220 ff.

[43] So zB das in § 2 Abs. 2 Nr. 3 normierte Verbot der Beschäftigung von Personen in Zwangsarbeit, das die Definition der Zwangsarbeit nahezu wortgleich aus Art. 2 Abs. 1 ILO-Übereinkommen Nr. 29 übernommen hat.

[44] IE auch Grabosch Das neue LkSG/Schönfelder § 2 Rn. 10; Wagner/Ruttloff/Wagner LkSG-HdB/Ruttloff/Schulga § 2 Rn. 100, jeweils unter Rückgriff auf die systematische Auslegungsfigur der Einheit der Rechtsordnung und den Grundsatz der völkerrechtsfreundlichen Auslegung (bzw. auf die „Pflicht zur völkerrechtskonformen Auslegung" – so Wagner/Ruttloff/Wagner LkSG-HdB/Ruttloff/Schulga § 2 Rn. 100); ohne nähere Erläuterungen auch Ehrmann ZVertriebsR 2021, 141 (143).

[45] S. Begr. RegE LkSG, BT-Drs. 19/28649, 36.

[46] Näher zu diesen und weiteren Vertragsorganen Kälin/Künzli Universeller Menschenrechtsschutz S. 249 ff.

[47] BVerfG 26.7.2016 – 1 BvL 8/15, NJW 2017, 58 Rn. 90 mwN; zur fehlenden Verbindlichkeit bereits auf völkerrechtlicher Ebene auch v. Arnauld VölkerR § 3 E II Rn. 278; spezieller van Alebeek/Nollkaemper

Rahmen einer völkerrechtsfreundlichen Auslegung des nationalen Rechts mit der Auffassung derartiger Vertragsorgane auseinandersetzen", ohne dass eine Pflicht zur Übernahme der Auffassung bestehe.[48] Auf einer Linie mit dieser methodenrechtlichen Richtschnur findet sich eine beträchtliche Zahl an Entscheidungen deutscher Instanzgerichte, nicht zuletzt im Arbeits- und Umweltrecht, die verschiedene Formen des völkerrechtlichen **soft law** als **Auslegungs- und Argumentationshilfe** heranziehen.[49]

15 Als gesetzgeberische Legitimitätsbekundung[50] für eine solche methodenrechtliche Aufwertung von „bloßem" **soft law** im Rahmen des LkSG kann der Hinweis in der Regierungsbegründung gedeutet werden, dass die einzelnen Normen der Menschenrechtsübereinkommen „durch langjährige Auslegung der zuständigen Gremien (insbesondere der UN-Vertragsausschüsse und des ILO-Sachverständigenausschusses) konkretisiert worden" seien.[51] An der Unverbindlichkeit der geäußerten Ansichten ändert dies freilich nichts.[52]

16 **c) Menschenrechtliche Auffangklausel.** Zentrale Bedeutung erlangen die Vorschriften der in Bezug genommen Menschenrechtsübereinkommen zudem im Rahmen der in § 2 Abs. 2 Nr. 12 normierten menschenrechtlichen Auffangklausel.[53] § 2 Abs. 2 Nr. 12 knüpft unmittelbar an den Begriff der geschützten Rechtsposition an, womit nach der Begriffsbestimmung des § 2 Abs. 1 alle Rechtspositionen gemeint sind, die sich aus den elf Übereinkommen zum Schutz der Menschenrechte ergeben (→ Rn. 35 ff.). Anders als bei den Einzelverboten kann der Rechtsanwender das verbotene Handeln nicht direkt dem Normtext des LkSG entnehmen, sondern muss den Gehalt der einzelnen Menschenrechte selbstständig fassbar machen. Die dadurch aufgeworfene – auch verfassungsrechtlich – bedenkliche Normenunklarheit wird durch die weiteren Voraussetzungen des § 2 Abs. 2 Nr. 12 (unmittelbare Geeignetheit des Handeln sowie besondere Schwere und offensichtliche Rechtswidrigkeit der Beeinträchtigung), die erkennbar der Einschränkung des Anwendungsbereichs dienen sollen, noch eher verschärft als abgemildert. Ausführlich zur verfassungsrechtlichen Bewertung → Rn. 18 ff.

17 **4. Weitere Auslegungsgrundsätze.** Wie bereits erwähnt (→ Rn. 12 ff.), lassen sich bei der Auslegung der menschenrechtlichen und umweltbezogenen Verbote der Inhalt der ihnen zugrundeliegenden völkerrechtlichen Vertragsnormen sowie begleitendes **soft law** fruchtbar machen. Daneben finden sich in den Verboten aber auch Begriffe, die in **anderen – nicht im Gesetzesanhang aufgelisteten – völkerrechtlichen Verträgen** definiert werden. Beispiele bilden der Begriff der Kinderprostitution (§ 2 Abs. 2 Nr. 2) oder der des Menschenhandels (§ 2 Abs. 2 Nr. 3), die respektive in einem Zusatzprotokoll der UN-Kinderrechtskonvention (näher → Rn. 73) und im sog. Palermo-Protokoll (näher → Rn. 79) definiert werden. Auch diese Verträge lassen sich als **Auslegungshilfe** heranziehen, solange sie seitens Bundesrepublik Deutschland ratifiziert worden sind.[54] Nach ihrer Ratifizierung haben die Verträge den Rang eines Bundesgesetzes und sind damit Teil der

in Keller/Ulfstein, UN Human Rights Treaty Bodies, 2012, 382 (Entscheidungen der Menschenrechts-Vertragsorgane); Keller/Grover in Keller/Ulfstein, UN Human Rights Treaty Bodies, 2012, 129 (allgemeine Kommentare der Menschenrechts-Vertragsorgane).

[48] BVerfG 26.7.2016 – 1 BvL 8/15, NJW 2017, 58 Rn. 90.

[49] Reiling ZaöRV 78 (2018), 311 (338) mN auf einzelne Entscheidungen in Fn. 156; s. auch die Nachweise bei Grabosch Das neue LkSG/Schönfelder § 4 Rn. 14; speziell zum Umweltrecht Koch/Hofmann/Reese UmweltR-HdB/Buck/Verheyen § 1 Rn. 31; Landmann/Rohmer UmweltR/Durner Umweltvölkerrecht Rn. 37.

[50] Näher zu den Legitimitätsproblemen, die üblicherweise mit der methodenrechtlichen Aufwertung von soft law einhergehen, Reiling ZaöRV 78 (2018), 311 (333).

[51] Begr. RegE LkSG, BT-Drs. 19/28649, 34; aufgegriffen auch bei Grabosch Das neue LkSG/Schönfelder § 4 Rn. 11.

[52] Auf die Unverbindlichkeit daher zu Recht hinweisend Lutz-Bachmann/Vorbeck/Wengenroth BB 2021, 906 (908); s. auch Spindler ZHR 186 (2022), 67 (79).

[53] S. auch Grabosch Das neue LkSG/Grabosch § 2 Rn. 10.

[54] IE auch Grabosch Das neue LkSG/Schönfelder § 4 Rn. 10; vgl. auch Wagner/Ruttloff/Wagner LkSG-HdB/Ruttloff/Schulga § 2 Rn. 100.

innerstaatlichen Rechtsordnung (Art. 59 Abs. 2 GG). Wie andere innerstaatliche Rechtsnormen, lassen sich Definitionsnormen oder andere Vorschriften dieser Verträge daher unter systematischen Auslegungsgesichtspunkten (Stichwort: Einheit der Rechtsordnung) bei der Auslegung des entsprechenden Begriffs im LkSG fruchtbar machen.[55] Für dieses Ergebnis streitet zudem das Gebot der völkerrechtsfreundlichen Auslegung.[56]

III. Verfassungsrechtliche Bewertung

1. Bestimmtheitskritik. An der Vereinbarkeit der regelungstechnischen Ausgestaltung des Rechtsgüterschutz mit dem straf- und ordnungswidrigkeitsrechtlichen **Bestimmtheitsgebot aus Art. 103 Abs. 2 GG** sind wiederholt Zweifel geäußert worden.[57] Neben dahingehenden Äußerungen einiger Wirtschaftsverbände im Gesetzgebungsverfahren[58] stufte der Rechtsausschuss des BR den Verzicht auf eine klare Definition geschützter Rechtsposition „angesichts der Haftungs- und Sanktionsfolgen des Gesetzesentwurfs" als „bedenklich" ein und empfahl die Streichung von § 2 Abs. 1 und § 2 Abs. 2 Nr. 12 des Regierungsentwurfes.[59] 18

Vergleichbare Bedenken finden sich auch in zahlreichen Veröffentlichungen der juristischen Fachöffentlichkeit, zunächst vornehmlich aus den Reihen der Anwaltschaft,[60] in der Folge vermehrt auch aus der Rechtswissenschaft.[61] Begründet werden diese Bedenken zum einen mit der „vernebelnden Verweisungstechnik"[62] des § 2 Abs. 1. Durch diese Technik sei der Kanon an geschützten Rechtsposition „kaum greifbar".[63] Mit Blick auf die vom Gesetzgeber erkannte dynamische Menschenrechtslage werde zudem von den Unternehmen verlangt, die Schutzgüter ständig neu abzuleiten.[64] Zum anderen könne der Regelungsgehalt der Verbotstatbestände wegen zahlreicher unbestimmter Rechtsbegriffe[65] und der Unbestimmtheit der in Bezug genommenen Völkerrechtsnormen[66] nicht hinreichend erfasst werden. Besonders deutliche Kritik wird zudem an der menschenrechtlichen Auffangklausel in § 2 Abs. 2 Nr. 12 geübt.[67] Unklar sei, auf welche Normen der in Bezug genommenen Verträge mit dem Begriff „geschützte Rechtspositionen" verwiesen werden soll.[68] Zudem hafte auch den weiteren Tatbestandsmerkmalen „eine gewisse Unbestimmtheit" an, die Rechtsunsicherheit für die betroffenen Unternehmen bedeute.[69] 19

---

[55] Vgl. Grabosch Das neue LkSG/Schönfelder § 4 Rn. 10; Wagner/Ruttloff/Wagner LkSG-HdB/Ruttloff/Schulga § 2 Rn. 100.

[56] Vgl. Grabosch Das neue LkSG/Schönfelder § 4 Rn. 10; Wagner/Ruttloff/Wagner LkSG-HdB/Ruttloff/Schulga § 2 Rn. 100.

[57] Allg. zur Kritik am LkSG unter dem Gesichtspunkt des verfassungsrechtlichen Bestimmtheitsgrundsatzes Grabosch Das neue LkSG/Grabosch § 2 Rn. 119ff.; verschiedene verfassungsrechtliche Aspekte auch bei Schäfer ZLR 2022, 22 (30ff.); Thalhammer DÖV 2021, 825 (831f.).

[58] So etwa Stellungnahme BDA, A-Drs. 19(11)1136, 70f.; Stellungnahme BDI, A-Drs. 19(11)1136, 32.

[59] Empfehlungen der Ausschüsse des BR, BR-Drs. 239/1/21, 17.

[60] Neben den in den folgenden Fn. genannten Nachweisen auch Charnitzky/Weigel RIW 2022, 12; Nietsch/Wiedmann CCZ 2021, 101 (110).

[61] Früh bereits Paefgen ZIP 2021, 2006 (2007) Fn. 11; nunmehr auch Spindler ZHR 186 (2022), 67 (79).

[62] So Kamann/Irmscher NZWiSt 2021, 249 (254).

[63] So Keilmann/Schmidt WM 2021, 717 (718).

[64] Kamann/Irmscher NZWiSt 2021, 249 (254); ähnlich auch Lutz-Bachmann/Vorbeck/Wengenroth BB 2021, 906 (908).

[65] Kamann/Irmscher NZWiSt 2021, 249 (254); vgl. auch Stöbener de Mora/Noll NZG 2021, 1237 (1240).

[66] So E. Wagner/Ruttloff, NJW 2021, 2145 (2147).

[67] E. Wagner/Ruttloff NJW 2021, 2145 (2147): „Die bereits oben allgemein geäußerten Bedenken gegen das verfassungsrechtliche Bestimmtheitsgebot stellen sich hier in besonderer Schärfe"; s. auch Jungkind/Raspe/Terbrack DK 2021, 445 (447); überspitzt Kamann/Irmscher NZWiSt 2021, 249 (254): „Angstklausel".

[68] E. Wagner/Ruttloff NJW 2021, 2145 (2146).

[69] Wagner/Ruttloff/Wagner LkSG-HdB/ Ruttloff/Schulga/Ruttloff/Wilske/Schulga § 2 Rn. 120; s. auch Spießhofer AnwBl 2021, 534 (536): „Ansammlung unbestimmter Begriffe".

20 **2. Gegenauffassung.** Im Schrifttum finden sich aber auch Stimmen, die der Bestimmtheitskritik entgegentreten. Mit Blick auf § 2 Abs. 1 heben sie hervor, dass der Verweis statischer Natur sei und die in Bezug genommen Übereinkommen durch ihre Veröffentlichung im Bundesgesetzgesetzblatt leicht zugänglich seien.[70] Zudem werde in § 2 Abs. 2 sogar konkretisiert, welche Verstöße gegen die völkerrechtlichen Verträge im Einzelnen relevant seien.[71] Schließlich wird auch die Kritik an der Verwendung unbestimmter Rechtsbegriffe zurückgewiesen. Diese ließen sich mit den etablierten Auslegungsmethoden und der Heranziehung verschiedener Auslegungshilfen verfassungskonform konkretisieren.[72]

21 **3. Stellungnahme.** Den **Bedenken** der kritischen Stimmen im Schrifttum und anderorts **ist zuzustimmen.** Jedoch reichen die vorgebrachten Argumente zur Begründung eines Verstoßes gegen den verfassungsrechtlichen Bestimmtheitsgrundsatz häufig nicht aus oder sind mit Blick auf die durch das BVerfG entwickelten Maßstäbe zu präzisieren. Denn wie dessen einschlägige Spruchpraxis zeigt, sind auch bei dem – im Vergleich zum allgemeinen rechtsstaatlichen Gebot der Normenklarheit strengeren – Bestimmtheitsgebot des Art. 103 Abs. 2 GG die Anforderungen an den Gesetzgeber nicht zu überspannen.[73] Besondere Relevanz zur Bewertung der in Frage stehenden Regelungen im LkSG weist dabei zum einen die gefestigte Rechtsprechung auf, dass **statische Verweise** auf andere Normen, auch solche anderer Normgeber, zur Ausfüllung eines (Bußgeld-)Tatbestandes **in der Regel unbedenklich** sind, solange erstens die Verweisungsnorm die in Bezug genommen Vorschriften klar umzeichnet, zweitens diese dem Normadressaten durch eine vorherige Veröffentlichung zugänglich sind und drittens die in Bezug genommene Vorschrift ihrerseits den Bestimmtheitsanforderungen genügt.[74] Zum anderen betont das BVerfG, dass der Gesetzgeber auch im Straf- und Ordnungswidrigkeitenrecht in der Lage bleiben muss, **„der Vielgestaltigkeit des Lebens Herr zu werden“.**[75] Daher schließt das Bestimmtheitsgebot die Verwendung unbestimmter Begriffe bis hin zu Generalklauseln nicht aus, jedenfalls dann nicht, wenn sie sich mithilfe der üblichen Auslegungsmethoden konkretisieren lassen.[76] Der Grad der erforderlichen Bestimmtheit hängt dabei von den Umständen, die zur Regelung geführt haben, und der jeweiligen Regelungsmaterie ab.[77]

22 Gemessen daran wirft der statische Verweis in § 2 Abs. 1 auf die allesamt im Bundesgesetzblatt veröffentlichten elf Menschenrechtsübereinkommen **nur insofern Bedenken auf,** als die in Bezug genommen **völkerrechtlichen Bestimmungen an staatliche Adressaten gerichtet sind** und sich hinsichtlich der Abstraktheit und Offenheit ihrer Formulierung häufig deutlich von an Private adressierte Ge- und Verbotsnormen unterscheiden. Dieser Problematik hat sich der Gesetzgeber jedoch im Ausgangspunkt angenommen, indem er die Sorgfaltspflichten – anstelle eines Direktverweises auf die völkerrechtlichen Vertragsbestimmungen – an die eigenständig definierten Risiko- und Verletzungsbegriffe in § 2 Abs. 2–4 angeknüpft hat, für die die im Gesetz ausbuchstabierten Verbotstatbestände maßgeblich sind (→ Rn. 7 f.). Zumindest die **Einzelverbote** in § 2 Abs. 2 Nr. 1–11 und Abs. 3 Nr. 1–8 übernehmen eine wichtige **Übersetzungs- und Konkretisierungsfunktion** (s. auch → Rn. 8). Sie haben einen eindeutigen Bezug zu typischen Gefährdungslagen, die durch Handeln von Unternehmen in grenzüberschreiten-

[70] Grabosch Das neue LkSG/Schönfelder § 4 Rn. 58; Thalhammer DÖV 2021, 825 (832).
[71] Thalhammer DÖV 2021, 825 (832).
[72] Grabosch Das neue LkSG/Schönfelder § 2 Rn. 121.
[73] BeckOK OWiG/Gerhold OWiG § 3 Rn. 26 mwN; allg. zur Kritik an einer Preisgabe des Bestimmtheitsgebots aus Art. 103 Abs. 2 GG KK-OWiG/Rogall OWiG § 3 Rn. 27.
[74] BVerfG, Beschl. v. 11.3.2020 – 2 BvL 5/17, BVerfGE 153, 310 = NVwZ-RR 2020, 569 Rn. 78 ff. mit jeweils weiteren Nachweisen zu den aufgeführten Voraussetzungen.
[75] BVerfG, Beschl. v. 11.3.2020 – 2 BvL 5/17, BVerfGE 153, 310 = NVwZ-RR 2020, 569 Rn. 76 mwN.
[76] BVerfG, Beschl. v. 11.3.2020 – 2 BvL 5/17, BVerfGE 153, 310 = NVwZ-RR 2020, 569 Rn. 77 mwN.
[77] S. etwa KK-OWiG/Rogall OWiG § 3 Rn. 32 mwN.

den Lieferketten entstehen können, und weisen grundsätzlich einen deutlichen höheren Bestimmtheits- und Konkretisierungsgrad als die zugrundeliegenden Normen des Völkerrechts auf, indem sie erkennen lassen, welches Handeln verboten ist.[78] Probleme zeigen sich hier eher bei der Formulierung einzelner Verbote, die wie § 2 Abs. 2 Nr. 6 schlicht jede rechtswidrige Beeinträchtigung („Missachtung") der zugrundeliegenden Rechtsposition verbieten oder bei denen der Maßstab unklar bleibt. Zum Teil gewinnt man auch den Eindruck, dass der Gesetzgeber zur Effektivierung des Menschenrechts- und Umweltschutzes um die Vermeidung von Schutzlücken derart bemüht war, dass damit einhergehende Zielkonflikte aus den Augen verloren wurden. Ein Beispiel bildet das Auffangtatbestandsmerkmal der „anderen Formen von Herrschaftsausübung oder Unterdrückung" aus § 2 Abs. 2 Nr. 4, das ohne Vorbild in den zugrundeliegenden Völkerrechtsnormen ist, und das allein mit den wenig hilfreichen Beispielen der „extremen wirtschaftlichen und sexuellen Ausbeutung" konkretisiert wird.

Während die verfassungsrechtliche Bewertung der Einzelverbote damit noch ambivalent 23
ausfällt, dürfte die derzeitige Ausgestaltung der **menschenrechtlichen Auffangklausel** in § 2 Abs. 2 Nr. 12 **nicht mehr mit dem Bestimmtheitsgebot zu vereinbaren sein.** Die gerade noch hervorgehobenen Bestimmtheitsvorteile der Regelungstechnik verflüchtigten sich hier dadurch, dass der Gesetzgeber in § 2 Abs. 2 Nr. 12 über den Begriff der geschützten Rechtspositionen unmittelbar an Bestimmungen der Menschenrechtsübereinkommen anknüpft, ohne ihren Inhalt mit Blick auf typische Gefährdungslagen, die durch das Handeln Privater entstehen, und ihre Bedeutung im Unternehmenskontext zu präzisieren. Damit bleibt es dem Rechtsunterworfenen selbst überlassen, den Regelungsgehalt der umfangreichen Rechtskataloge zu ermitteln und herauszuarbeiten, welche Handlungen im eigenen Geschäftsbereich oder eines (unmittelbaren) Zulieferers eine Beeinträchtigung eines dieser Rechte darstellen könnten.

Um die **Einschränkung** des daraus resultierenden enorm weiten Anwendungsbereichs 24
ist der Gesetzgeber mit der Normierung **zusätzlicher Tatbestandsmerkmale** zwar erkennbar bemüht. Die Aneinanderreihung dreier wertungsbedürftiger Voraussetzungen dürfte jedoch eher der Normklarheit abträglich sein, als dem Auffangtatbestand schärfere Konturen zu geben. Insbesondere die Voraussetzung, dass die Rechtswidrigkeit der Beeinträchtigung der geschützten Rechtsposition „bei verständiger Würdigung aller in Betracht kommenden Umstände offensichtlich" sein muss, wirft zahlreiche Fragen auf. Ist die Offensichtlichkeit der Rechtswidrigkeit bereits ausgeschlossen, wenn die Beeinträchtigung einer Rechtsposition im Einklang mit nationalen Schrankenregelungen erfolgt, die aber ihrerseits einen „klaren" völkerrechtlichen Verstoß darstellen? Aus welcher Perspektive musss sich die Rechtswidrigkeit einer Beeinträchtigung „geradezu aufdrängen" – aus der Perspektive eines mit den Einzelheiten des Völkerrechts vertrauten Person oder aus der Sicht im nationalen Recht geschulten Person ohne völkerrechtliches Spezialwissen? Welche tatsächlichen oder auch rechtlichen Umstände können bei der „umfassenden Würdigung" für oder gegen die Offensichtlichkeit der Rechtswidrigkeit sprechen?

Die damit einhergehende Rechtsunsicherheit hätte sich zumindest begrenzen lassen, wenn 25
der Gesetzgeber einzelne Beurteilungskriterien in den Normtext aufgenommen oder Fallgruppen normiert hätte, in denen eine offensichtliche Rechtswidrigkeit ausgeschlossen ist. Für eine solche Regelungstechnik gibt es in der deutschen Rechtsordnung, zB im allgemeinen Verwaltungsrecht, bereits Vorbilder (s. § 44 Abs. 3 VwVfG). Ähnliche Einwände lassen sich auch gegen die weitere Voraussetzung vorbringen, dass die Beeinträchtigung der

[78] In diese Richtung auch zum RegE G. Wagner ZIP 2021, 1095 (1099): „Im Hinblick darauf, dass Verstöße gegen das Sorgfaltspflichtengesetz durch ein Bußgeld geahndet werden können und wegen der Rechtsprechung des französischen Verfassungsrats, der eine Blankoverweisung auf völkerrechtliche Übereinkommen zum Schutz der Menschenrechte für zu unbestimmt und daher verfassungswidrig gehalten hat, will der deutsche Gesetzgeber mehr tun. Die umfangreichen Bestimmungen des § 2 Abs. 2 Sorgfaltspflichtengesetz stellen klar, welche konkreten Handlungsverbote die genannten Übereinkommen statuieren, sodass die Unternehmen wissen können, was von ihnen erwartet wird.".

geschützten Rechtsposition „besonders schwerwiegend" sein muss. Mit der derzeitigen Ausgestaltung der Auffangklausel ist der Gesetzgeber jedenfalls **nicht** der **Präzisierungs- und Konkretisierungsaufgabe nachgekommen,** die ihm Art. 103 Abs. 2 GG aufgibt und die angesichts der hohen Bußgeldandrohung aus § 24 Abs. 3 (näher → § 24 Rn. 41 ff.) in besonderem Maße geboten gewesen wäre. Dass sich einzelne Beispiele bilden lassen, in denen die Voraussetzungen des § 2 Abs. 2 Nr. 12 erfüllt sein dürften,[79] ändert an dieser Beurteilung nichts, da die Unbestimmtheit auf einer abstrakt-generellen Ebene weiter fortbesteht.

IV. Auswirkungen der geplanten EU-RL

26 Der im Februar 2022 von der EU-Kommission veröffentlichte Vorschlag einer Richtlinie über die Sorgfaltspflichten von Unternehmen im Hinblick auf Nachhaltigkeit (Corporate Sustainability Due Diligence Directive – Lieferketten-RL-E)[80] verfolgt wie das LkSG den Schutz von Menschenrechten und den Umweltschutz (vgl. Erwägungsgründe Nr. 1, 2 Lieferketten-RL-E),[81] ist aber gerade im Bereich des Umweltschutzes erheblich ambitionierter als das LkSG.[82] Im Rahmen ihrer Sorgfaltspflichten müssen Unternehmen, potenzielle und tatsächliche „negative Auswirkungen auf die Menschenrechte und auf die Umwelt" ermitteln und durch geeignete Maßnahmen vermeiden bzw. beheben (s. Art. 6, 7 und 8 Lieferketten-RL-E). Nach den jeweiligen Begriffsbestimmungen (Art. 3 lit. b, c Lieferketten-RL-E) sind unter negativen Auswirkungen auf die Menschenrechte bzw. auf die Umwelt solche nachteiligen Auswirkungen zu verstehen, die sich aus einem Verstoß gegen oder der Verletzung von einer der im Anhang des Lieferketten-RL-E aufgelisteten Rechte, Verbote oder Verpflichtungen ergeben (näher zu den Begriffen „negative Auswirkungen auf die Menschenrechte" und „negative Auswirkungen auf die Umwelt" → Rn. 52 f., → Rn. 144). Deren Grundlage bilden Bestimmungen aus einer Vielzahl von völkerrechtlichen Menschenrechts- und Umweltübereinkommen,[83] die von dem jeweiligen (Verbots-)Tatbestand in Bezug genommen werden. Die **regelungstechnische Verknüpfung der Sorgfaltspflichten mit den völkerrechtlichen Standards ähnelt damit stark dem Ansatz des LkSG.**[84] Mit 20 menschenrechtlichen und zwölf umweltbezogenen (Verbots-)Tatbeständen sind die Kataloge des Lieferketten-RL-E jedoch bedeutend länger als die des LkSG und decken inhaltlich eine größere Zahl an völkerrechtlichen Verpflichtungen ab.[85] Wie das LkSG enthält der Lieferketten-RL-E ebenfalls im Bereich der Menschenrechte eine Auffangklausel, die in Sachen Reichweite und Unbestimmtheit ihr Gegenstück im LkSG wohl noch einmal übertrifft.[86] Wenig überraschend ist es daher, dass auch der Lieferketten-RL-E mit Blick auf die Einbindung der völkerrechtlichen Standards deutlicher Kritik ausgesetzt ist.[87]

27 Für in der EU oder in Drittländern gegründete Unternehmen, deren Beschäftigten- und Umsatzzahlen die Schwellenwerte aus Art. 2 Abs. 1 lit. a bzw. Abs. 2 lit. a Lieferketten-RL-E überschreiten, enthält **Art. 15 Lieferketten-RL-E** auch eigenständige **klimaschutzbezogene Sorgfaltspflichten.**[88] „Zur Eindämmung des Klimawandels" müssen

[79] Zu finden bei Grabosch Das neue LkSG/Schönfelder § 4 Rn. 57.

[80] Vorschlag für eine Richtlinie des Europäischen Parlaments und des Rates über die Sorgfaltspflichten von Unternehmen im Hinblick auf Nachhaltigkeit und zur Änderung der Richtlinie (EU) 2019/1937, COM (2022) 71 final; Gesamtüberblick und Einordnung bei → Einl. Rn. 73 ff.

[81] Vgl. Bettermann/Hoes WM 2022, 697 (699).

[82] Ähnlich Lutz-Bachmann/Vorbeck/Wengenroth BB 2022, 835 (838).

[83] Für eine Auflistung der Menschenrechtsübereinkommen s. Anh. Teil I 2 Lieferketten-RL-E.

[84] Ähnlich Lutz-Bachmann/Vorbeck/Wengenroth BB 2022, 835 (838).

[85] Näher Lutz-Bachmann/Vorbeck/Wengenroth BB 2022, 835 (838 f.).

[86] Zu Gemeinsamkeiten und Unterschieden zwischen beiden Regelungen Lutz-Bachmann/Vorbeck/Wengenroth BB 2022, 835 (838).

[87] S. Bettermann/Hoes WM 2022, 697 (699); Spindler ZIP 2022, 765 (769 f.); speziell zur Auffangklausel Lutz-Bachmann/Vorbeck/Wengenroth BB 2022, 835 (838).

[88] Zur dogmatischen Einordnung des Art. 15 Lieferketten-RL-E Hübner/Habrich/Weller NZG 2022, 644 (647); allg. zum Konzept klimaschutzbezogener Sorgfaltspflichten Gailhofer/Verheyen ZUR 2021, 402.

diese Unternehmen einen Plan aufstellen, mit dem sie sicherstellen, dass ihr Geschäftsmodell und ihre Strategie mit dem Übergang zu einer nachhaltigen Wirtschaft und der Begrenzung der Erderwärmung auf 1,5 °C gemäß dem Übereinkommen von Paris vereinbar sind (Art. 15 Abs. 1 S. 1 Lieferketten-RL-E). Dieser „Klimaplan“[89] muss insbesondere Angaben darüber enthalten, inwieweit der Klimawandel ein Risiko für die Unternehmenstätigkeit dargestellt oder sich darauf auswirkt (Art. 15 Abs. 1 S. 2 Lieferketten-RL-E). Konkrete Emissionsreduktionsziele sind in den Klimaplan aufzunehmen, wenn das Unternehmen den Klimawandel als Hauptrisiko (principal risk) oder Hauptausauswirkung (principal impact) auf seine Geschäftstätigkeit ermittelt oder ermitteln hätte müssen (Art. 15 Abs. 2 Lieferketten-RL-E). Ist die variable Vergütung eines Mitgliedes der Unternehmensleitung an seinen Beitrag zur langfristigen Unternehmensstrategie und den Nachhaltigkeitszielen des Unternehmens gekoppelt, muss der Einhaltung der Verpflichtungen aus Art. 15 Abs. 1, 2 Lieferketten-RL-E bei der Festlegung der variablen Vergütung „gebührend Rechnung“ (duly take into account) getragen werden (Art. 15 Abs. 3 Lieferketten-RL-E).

C. Geschützte Rechtspositionen (Abs. 1)

I. Grundlagen

1. Regelungsgehalt und Entstehungsgeschichte. Der Begriff der geschützten Rechtspositionen umfasst die menschenrechtlichen Schutzgüter des LkSG. Die für § 2 Abs. 1 noch im Regierungsentwurf vorgesehene Begriffsbezeichnung „Menschenrechte“ wurde auf Empfehlung des federführenden Ausschusses für Arbeit und Soziales in die jetzige Bezeichnung geändert. Die Änderung diente allein der sprachlichen Vereinfachung,[90] da sich bereits in den Entwürfen der Begriff der Menschenrechte und der dort nicht selbständig definierte Begriff der geschützten Rechtsposition inhaltlich entsprachen.[91] 28

Der spezifische **Regelungsgehalt** der in Abs. 1 enthaltenen Legaldefinition beschränkt sich auf einen **Verweis** auf die ersten elf der 14 völkerrechtlichen Verträge, die im Gesetzesanhang zu § 2 Abs. 1, § 7 Abs. 3 aufgelistet werden.[92] Auf eine Aufzählung der materiellen Rechtspositionen, wie sie eine frühe Fassung des Referentenentwurfs vorgesehen hatte,[93] hat der Gesetzgeber verzichtet.[94] Einen wirklichen Nutzen für den Rechtsanwender schafft eine solche Aufzählung jedoch nur, wenn sie – anders als in der damaligen Entwurfsfassung –[95] die materiellen Rechtspositionen abschließend auflistet. Ein dahingehender Versuch wird bei → Rn. 37 unternommen. 29

2. Bedeutung des Begriffs. Aufgrund der besonderen Regelungstechnik des LkSG (näher → Rn. 7 ff.) taucht der Begriff der geschützten Rechtspositionen im Vergleich zu den in § 2 Abs. 2–4 definierten Risiko- und Verletzungsbegriffen nur selten auf. Ein zentrales Tatbestandsmerkmal bildet er jedoch im Rahmen der menschenrechtlichen Auf- 30

[89] So Charnitzky/Weigel RIW 2022, 413 (419).

[90] Vgl. Beschlussempfehlung und Bericht des Ausschusses für Arbeit und Soziales, BT-Drs. 19/30505, 35.

[91] Grabosch Das neue LkSG/Grabosch § 2 Rn. 9: „Die durch das LkSG **„geschützten Rechtspositionen“** sind **Menschenrechte** aus den in seinem Anhang aufgelisteten Übereinkommen (§ 2 I).“ (Hervorhebung im Original); abw. Lutz-Bachmann/Vorbeck/Wengenroth, BB 2021, 906, 908; kritisch zur Terminologie Kieninger/Krajewski/Wohltmann, Rechtsgutachten und Entwurf für ein Gesetz zur Umsetzung menschenrechtlicher und umweltbezogener Sorgfaltspflichten, 2021, 21: „Vielmehr verunklart [der Begriff der Rechtsposition] die Tatsache, dass Menschenrechte bereits selbst Rechtspositionen sind.“.

[92] Abw. Grabosch Das neue LkSG/Grabosch § 2 Rn. 9; Stöbener de Mora/Noll NZG 2021, 1237 (1240 f.), die jeweils den Verweis in § 2 Abs. 1 auch auf die drei Umweltübereinkommen (Nr. 12–14 des Gesetzesanhangs) beziehen.

[93] RefE LkSG vom 15.2.2021, 5, abrufbar unter https://perma.cc/JA9K-YW7P.

[94] Krit. dazu Kamann/Irmscher NZWiSt 2021, 249 (254).

[95] Vgl. RefE LkSG vm 15.2.2021, 5, abrufbar unter https://perma.cc/JA9K-YW7P: „Geschützte Rechtspositionen im Sinne dieses Gesetzes sind die in den Abkommen nach Absatz 1 enthaltenen Rechte, **insbesondere:** […]“ (Hervorhebung durch den Verf.).

fangklausel des § 2 Abs. 2 Nr. 12. Bedeutung erlangt der Begriff zudem bei der Stakeholderidentifizierung nach § 4 Abs. 4[96] sowie im Rahmen von § 7 Abs. 3 (Abbruch der Geschäftsbeziehungen).

31 Außerhalb des Abschnitts über die Sorgfaltspflichten knüpfen § 11 (besondere Prozessstandschaft) und § 14 Abs. 1 Nr. 2 (behördliches Tätigwerden auf Antrag) unmittelbar an den Begriff der geschützten Rechtsposition an.

II. Übereinkommen zum Schutz der Menschenrechte

32 **1. Überblick.** Von § 2 Abs. 1 in Bezug genommenen werden acht der mittlerweile zehn[97] Kernarbeitsnormen der Internationalen Arbeitsorganisation (ILO) und einem dazugehörigen Zusatzprotokoll sowie die beiden großen Menschenrechtspakte der Vereinten Nationen (UN-Zivil- und UN-Sozialpakt). All diese völkerrechtlichen Verträge sind, wie in der Regierungsbegründung eigens hervorgehoben,[98] von der Bundesrepublik Deutschland ratifiziert und im Bundesgesetzblatt veröffentlich worden. Im Einzelnen handelt es sich um folgende Übereinkommen:

- ILO-Übereinkommen Nr. 29 vom 28.6.1930 über **Zwangs- und Pflichtarbeit**[99] (ILO-Übereinkommen Nr. 29) sowie einem dazugehörigen **Zusatzprotokoll** vom 11.6.2014,[100]
- ILO-Übereinkommen vom 9.7.1948 Nr. 87 über die **Vereinigungsfreiheit und den Schutz des Vereinigungsrechtes** (ILO-Übereinkommen Nr. 87),[101]
- ILO-Übereinkommen Nr. 98 vom 1.7.1949 über Anwendung der **Grundsätze des Vereinigungsrechts** und des **Rechts der Kollektivverhandlungen** (ILO-Übereinkommen Nr. 98),[102]
- ILO-Übereinkommen Nr. 100 vom 29.6.1951 über die **Gleichheit des Entgelts männlicher und weiblicher Arbeitskräfte** (ILO-Übereinkommen Nr. 100),[103]
- ILO-Übereinkommen Nr. 105 vom 25.6.1957 über die **Abschaffung der Zwangsarbeit** (ILO-Übereinkommen Nr. 105),[104]
- ILO Übereinkommen Nr. 111 vom 25.6.1958 über die **Diskriminierung in Beschäftigung und Beruf** (ILO-Übereinkommen Nr. 111),[105]
- ILO-Übereinkommen Nr. 138 vom 26.6.1973 über das **Mindestalter für die Zulassung zur Beschäftigung** (ILO-Übereinkommen Nr. 138),[106]
- ILO-Übereinkommen Nr. 182 vom 17.6.1999 über das Verbot und unverzügliche Maßnahmen zur **Beseitigung der schlimmsten Formen der Kinderarbeit** (ILO-Übereinkommen Nr. 182),[107]
- Internationaler Pakt vom 19.12.1966 für **bürgerliche und politische Rechte** (IPbpR),[108]
- Internationaler Pakt vom 19.12.1966 über **wirtschaftliche, soziale und kulturelle Rechte** (IPwskR).[109]

---

[96] S. auch Grabosch Das neue LkSG/Grabosch § 2 Rn. 10.
[97] Die im Juni 2022 erfolgte Erweiterung des Katalogs der Kernarbeitsnormen basiert auf Generalkonferenz der ILO, Entschließung zur Aufnahme eines sicheren und gesunden Arbeitsumfelds in das IAO-Rahmenwerk grundlegender Prinzipien und Rechte bei der Arbeit, 6.6.2022, ILC. 110/Entschließung I.
[98] Begr. RegE LkSG, BT-Drs. 19/28649, 34.
[99] BGBl. 1956 II 640, 641.
[100] BGBl. 2019 II 437, 438.
[101] BGBl. 1956 II 2071, 2072.
[102] BGBl. 1955 II 1122, 1123.
[103] BGBl. 1956 II 23, 24.
[104] BGBl. 1959 II 441, 442.
[105] BGBl. 1961 II 97, 98.
[106] BGBl. 1976 II 201, 202.
[107] BGBl. 2001 II 1290, 1291.
[108] BGBl. 1973 II 1533, 1534.
[109] BGBl. 1973 II 1569, 1570.

2. Auswahl der Verträge. Trotz der umfangreichen Liste stellen diese Verträge nur einen, wenn auch gewichtigen Teilausschnitt der völkerrechtlichen Menschenrechtsverträge dar.[110] Insbesondere mit der Aufnahme der beiden UN-Menschenrechtspakte, die ihrerseits breit angelegte materielle Rechtskataloge enthalten, **entfernt sich** das LkSG jedoch deutlich von den **„schutzspezifischen Insellösungen"**[111] der VO (EU) 2017/821[112] über Konfliktmineralien und einiger ausländischer Lieferkettengesetze.[113] 33

Die konkrete Zusammenstellung der Verträge ist dabei **nicht zufällig** gewählt.[114] Mit Ausnahme der Allgemeinen Erklärung der Menschenrechte (AEMR)[115] folgt der Gesetzgeber[116] mit der Auswahl den UN-Leitprinzipien für Wirtschaft und Menschenrechte (UNGP),[117] den OECD-Leitsätzen für multinationale Unternehmen[118] und der Taxonomie-VO der EU.[119] Auch der norwegische Gesetzgeber hat für nahezu zeitgleich zum LkSG verabschiedeten norwegischen Transparenzgesetzes (åpenhetsloven) diese Verträge als Referenzrahmen für die menschenrechtlichen Sorgfaltspflichten gewählt.[120] 34

III. Reichweite des Verweises

Der Verweis in Abs. 1 bezieht sich ausweislich des Wortlauts der Begriffsbestimmung auf **alle materiellen Rechtspositionen** der in Bezug genommenen menschenrechtlichen Übereinkommen. Neben den einzelnen Rechtspositionen der ILO-Kernarbeitsnormen, die zumeist schon im Titel des jeweiligen Übereinkommens angedeutet sind, werden damit auch die Rechtskataloge des IPpbR und des IPwskR in ihrem vollen Umfang in den Schutzbereich des LkSG einbezogen. Dies entspricht der in der internationalen Menschenrechtsdiskussion gefestigten und in den UNGP aufgegriffenen Auffassung, dass das Handeln von Unternehmen Auswirkungen „auf nahezu das gesamte Spektrum der international anerkannten Menschenrechte" haben könne,[121] auch wenn sie, wie zB das Recht auf ein faires Verfahren, primär an Staaten gerichtet seien.[122] Aus rechtspolitischer Warte mag man die damit einhergehende Reichweite des menschenrechtlichen Rechtsgüterschutzes im LkSG kritisieren; die teilweise im Schrifttum[123] heraufbeschworene Unklarheit der über 35

[110] Vgl. Begr. RegE LkSG, BT-Drs. 19/28649, 34; für einen Überblick über spezielle und regionale Menschenrechtsverträge Kälin/Künzli Universeller Menschenrechtsschutz S. 41 ff.

[111] Begriff bei Krebs/Klinger/Gailhofer/Scherf, Von der menschenrechtlichen zur umweltbezogenen Sorgfaltspflicht, 2020, 32.

[112] VO (EU) 2017/821 des Europäischen Parlaments und des Rates vom 17.5.2017 zur Festlegung von Pflichten zur Erfüllung der Sorgfaltspflichten in der Lieferkette für Unionseinführer von Zinn, Tantal, Wolfram, deren Erzen und Gold aus Konflikt- und Hochrisikogebieten, ABl. EU 2019 L 130, 1.

[113] Beispielhaft zu nennen sind hier der britische Modern Slavery Act (Fokus Sklaverei und Zwangsarbeit) (→ Einl. Rn. 109 ff.) und das niederländische Wet Zorgplicht Kinderarbeid (Fokus Kinderarbeit) (→ Einl. Rn. 146 ff.).

[114] In diese Richtung aber Thüsing ZRP 2021, 97: „Sammelsurium".

[115] Zu den Gründen, die gegen eine Aufnahme der AEMR in den Vertragskatalog sprachen, Kieninger/Krajewski/Wohltmann, Rechtsgutachten und Entwurf für ein Gesetz zur Umsetzung menschenrechtlicher und umweltbezogener Sorgfaltspflichten, 2021, 18.

[116] Vgl. Begr. RegE LkSG, BT-Drs. 19/28649, 34 f.

[117] S. UNGP, 2011, Kommentar zu Leitprinzip 12, 16 (hier und im Folgenden zitiert nach der inoffiziellen Übersetzung des Global Compact Netzwerk Deutschland, 3. Aufl. 2020).

[118] S. OCED-Leitsätze für multinationale Unternehmen, 2011, 37.

[119] S. Art. 3 lit. c, 18 VO (EU) 2020/852 des Europäischen Parlaments und des Rates vom 18.6.2020 über die Einrichtung eines Rahmens zur Erleichterung nachhaltiger Investitionen und zur Änderung der Verordnung (EU) 2019/2088, ABl. EU 2020 L 198, 13.

[120] Vgl. § 3 lit. b Transparenzgesetz (inoffizielle englische Übersetzung abrufbar unter https://perma.cc/XBB8-8HWJ); Überblick über das Gesetz bei → Einl. Rn. 168 ff.

[121] UNGP, 2011, Kommentar zu Leitprinzip 11, 16; zahlreiche Beispiele und Fallstudien für die einzelnen Rechte des IPpbR und des IPwskR finden sich bei Castan Centre for Huamn Rights Law/OHCHR/UN Global Compact, Human Rights Translated 2.0 – A Business Reference Guide, 2017.

[122] Vgl. OHCHR, The Corporate Responsibility to Respect Human Rights. An Interpretative Guide, 2012, 12 f.

[123] So E. Wagner/Ruttloff NJW 2021, 2145 (2146); sehr ähnlich auch Charnitzky/Weigel RIW 2022, 12; Spindler ZHR 186 (2022), 67 (79).

den Verweis in Bezug genommen völkerrechtlichen Vertragsnormen lässt sich dagegen nicht erkennen.

36 Teils relativiert wird die Reichweite des Verweises durch die spezielle Regelungstechnik des deutschen Gesetzgebers (näher → Rn. 7 ff.), der in § 2 Abs. 2 und Abs. 3 eigene menschenrechtliche und umweltbezogene Verbotstatbestände ausformuliert hat, denen zwar einzelne geschützte Rechtspositionen zugrunde liegen, die grundsätzlich jedoch nicht direkt an den umfassenden Begriff in § 2 Abs. 1 anknüpfen. Ist dies, wie bei der Auffangklausel des § 2 Abs. 2 Nr. 12 oder bei § 11 Abs. 1, doch der Fall, hat der Gesetzgeber versucht, den Anwendungsbereich der jeweiligen Norm über weitere Voraussetzungen einzuschränken. Problematisch ist jedoch, dass diese Voraussetzungen teilweise selbst einen hohen Unbestimmtheitsgrad aufweisen, der die Grenzziehung erheblich erschwert. Zur Bestimmtheitsproblematik bei § 2 Abs. 2 Nr. 12 → Rn. 23 ff. und → Rn. 141 ff. und der schwierigen Bestimmung „überragend wichtiger" Rechtspositionen im Rahmen von § 11 Abs. 1 → § 11 Rn. 27 ff.

IV. Einzelne Rechtspositionen

37 Geordnet nach den einzelnen Verträgen fallen folgende materielle Rechtspositionen in den Schutzbereich des LkSG:[124]

Übereinkommen	**geschützte Rechtsposition(en)**
ILO-Übereinkommen Nr. 29 samt Zusatzprotokoll vom 11.6.2014	Freiheit von Zwangs- oder Pflichtarbeit
ILO-Übereinkommen Nr. 87	Vereinigungsfreiheit von Arbeitnehmern
ILO-Übereinkommen Nr. 98	Vereinigungsfreiheit und Recht auf Kollektivverhandlungen von Arbeitnehmern
ILO-Übereinkommen Nr. 100	Recht auf gleiche Bezahlung von Männern und Frauen für gleichwertige Arbeit
ILO-Übereinkommen Nr. 105	Freiheit von Zwangs- oder Pflichtarbeit
ILO-Übereinkommen Nr. 111	Freiheit von Diskriminierungen in Beschäftigung und Beruf
ILO-Übereinkommen Nr. 138	Schutz von Kindern vor Beeinträchtigungen durch Kinderarbeit
ILO-Übereinkommen Nr. 182	Schutz von Kindern vor den schlimmsten Formen der Kinderarbeit

[124] Angelehnt an OHCHR, The Corporate Responsibility to Respect Human Rights – An Interpretative Guide, 2012, Annex I, 87 ff.

Übereinkommen	geschützte Rechtsposition(en)
IPbpR[125]	Recht auf Selbstbestimmung (Art. 1) Recht auf Leben (Art. 6) Schutz vor Folter oder grausamer, unmenschlicher oder erniedrigender Behandlung oder Strafe (Art. 7) Freiheit von Sklaverei, Leibeigenschaft und Zwangs- oder Pflichtarbeit (Art. 8) Recht auf persönliche Freiheit und Sicherheit (Art. 9) Rechte bei Freiheitsentzug (Art. 10) Schutz vor Inhaftierung bei vertraglichen Verbindlichkeiten (Art. 11) Recht auf Freizügigkeit (Art. 12) Aufenthaltsrecht von Ausländern (Art. 13) Rechtsstaatliche Garantien (Art. 14) Schutz vor Strafe ohne gesetzliche Grundlage (Art. 15) Recht auf Anerkennung der Rechtsfähigkeit (Art. 16) Schutz vor willkürlichen oder rechtswidrigen Eingriffen in das Privatleben, die Familie, Wohnung, Schriftverkehr oder rechtswidrigen Beeinträchtigungen der Ehre oder seines Rufs (Art. 17) Recht auf Gedanken-, Gewissens- und Religionsfreiheit (Art. 18) Recht auf Meinungsfreiheit (Art. 19) Schutz vor Kriegspropaganda und Hetze aus Gründen der Rasse, Religion oder Nationalität (Art. 20) Versammlungsfreiheit (Art. 21) Vereinigungs- und Koalitionsfreiheit (Art. 22) Schutz der Familie und der Ehe (Art. 23) Diskriminierungsverbot bei Kindern (Art. 24) Wahlfreiheit (Art. 25) Allgemeines Diskriminierungsverbot (Art. 26) Rechte von ethnischen, religiösen oder sprachlichen Minderheiten (Art. 27)

[125] Bei den in Art. 2 Abs. 1 IPbpR und Art. 3 IPbpR normierten Diskriminierungsverboten handelt es sich um sog. akzessorische Diskriminierungsverbote, die die Pflicht der Staaten zur diskriminierungsfreie Gewährleistung der einzelnen Rechte des IPbpR betonen. Daher dürften auch keine eigenständige Rechtspositionen verleihen, die in den Schutzbereich des LkSG fallen. Eine Absenkung des Schutzniveaus ist damit nicht verbunden, da Art. 26 IPbpR ein eigenständiges allgemeines Diskriminierungsverbot formuliert. S. auch → Rn. 97.

Übereinkommen	geschützte Rechtsposition(en)
IPwskR	Recht auf Selbstbestimmung (Art. 1) Recht auf Arbeit (Art. 6) Recht auf gerechte und günstige Arbeitsbedingungen (Art. 7) Vereinigungsfreiheit- und verschiedene Gewerkschaftsrechte (Art. 8 Abs. 1 lit. a–c) Streikrecht (Art. 8 Abs. 1 lit. d) Recht auf soziale Sicherung, einschließlich Sozialversicherungen (Art. 9) Schutz der Familie (Art. 10 Abs. 1) Recht auf Mutterschutz (Art. 10 Abs. 2) Schutz von Kindern und Jugendlichen vor wirtschaftlicher und sozialer Ausbeutung (Art. 10 Abs. 3) Recht auf einen angemessenen Lebensstandard (Art. 11 Abs. 1) Recht auf medizinische Versorgung (Art. 12) Recht auf Bildung (Art. 13) Recht auf eine unentgeltliche Grundschuldausbildung (Art. 14) Recht auf Teilnahme am kulturellen Leben (Art. 15 Abs. 1 lit. a) Recht auf Teilhabe an den Errungenschaften des wissenschaftlichen Fortschritts (Art. 15 Abs. 1 lit. b) Schutz des Urheberrechts (Art. 15 Abs. 1 lit. c)

D. Menschenrechtliches Risiko (Abs. 2)

I. Grundlagen

38 **1. Bedeutung des Begriffs.** § 2 Abs. 2 enthält die umfangreiche Legaldefinition des Begriffs „menschenrechtliches Risiko“, dem zusammen mit dem in § 2 Abs. 3 parallel definierten Begriff des umweltbezogenen Risikos im Rahmen des risikobasierten Ansatzes des LkSG eine **Schlüsselrolle** zukommt (auch → § 3 Rn. 29). Die Vorbeugung und Minimierung dieser Risiken sind Teil der Zielbestimmung der unternehmerischen Sorgfaltspflichten (näher → § 3 Rn. 27 f.). Dementsprechend bilden die Begriffe zentrale Tatbestandsmerkmale der in § 3 Abs. 1 aufgelisteten und in den Folgeparagraphen näher aufgefächerten Sorgfaltspflichten. Besonders große Bedeutung kommt ihnen im Rahmen von § 6 zu. Denn die nach § 6 Abs. 1 erforderlichen angemessenen Präventionsmaßnahmen hat ein Unternehmen im eigenen Geschäftsbereich (§ 6 Abs. 3) und gegenüber unmittelbaren Zulieferern (§ 6 Abs. 4) nur dann zu ergreifen, sobald es ein (menschenrechtliches) Risiko festgestellt hat. Insofern kommt dem Begriff – neben seiner pflichtenausgestaltenden Funktion bei den „regelmäßigen“ Sorgfaltspflichten – auch eine **pflichtenauslösende Funktion** zu. Zur Unterscheidung zwischen regelmäßigen und anlassbezogenen Sorgfaltpflichten → § 3 Rn. 40.

39 Außerhalb des Abschnitts über die Sorgfaltspflichten wird der Begriff des menschenrechtlichen Risikos nur in § 14 Abs. 1 Nr. 1 lit. a (behördliches Tätigwerden von Amts wegen) verwendet.

40 **2. Begriffskonzeption. a) Vergleich mit den UN-Leitprinzipien.** Der Begriff des menschenrechtlichen Risikos ist keine Wortschöpfung des deutschen Gesetzgebers, sondern

gehört bereits zum Vokabular der im Jahr 2011 veröffentlichten UN-Leitprinzipien für Wirtschaft und Menschenrechte (UNGP) (ausführlich zur Entstehungsgeschichte und Inhalt → Einl. Rn. 7 ff.).[126] Über das dortige Begriffsverständnis unterrichtet der offiziöse Kommentar zu Leitprinzip 17: „Unter menschenrechtlichen Risiken sind **die potenziellen nachteiligen Auswirkungen des Wirtschaftsunternehmens auf die Menschenrechte zu verstehen.**“[127] Einzelne Elemente dieser Definition werden in dem Interpretationsleitfaden des Büros des Hohen Kommissars der Vereinten Nationen für Menschenrechte (OHCHR) näher erläutert.[128] Im direkten Vergleich mit der Begriffskonzeption des LkSG zeigen sich einige Gemeinsamkeiten, aber auch zahlreiche markante Unterschiede:

aa) Gemeinsamkeiten. Eine erste wichtige Gemeinsamkeit ist, dass das menschenrecht- 41
liche Risiko nachteilige Folgen unternehmerischen Handelns für die Rechte Dritter erfassen soll. Ob durch die Rechtsbeeinträchtigungen auch nachteilige Folgen für das Unternehmen drohen (zB Schadensersatz, bußgeldrechtliche Konsequenzen oder Reputationsschäden), ist dagegen in beiden Fällen für das Vorliegen eines menschenrechtlichen Risikos ohne Bedeutung.[129] Wie beim „Human Rights Due Diligence“-Ansatz der UNGP geht es bei den Sorgfaltspflichten der §§ 3 ff. darum, „Risiken für Rechteinhaber“[130] zu ermitteln, vorzubeugen und zu minimieren. Abgrenzen lässt sich das menschenrechtliche Risiko daher vom Konzept des „social risk“[131] oder dem in der betriebswirtschaftlichen Risikomanagementliteratur geläufigen „ESG-Risiko“, das dort zu den Sachzielrisiken gezählt wird und damit aus Unternehmenssicht zu bestimmen ist.[132]

Gemein ist dem Begriffsverständnis der UNGP und des LkSG auch, dass es sich bei 42
menschenrechtlichen Risiken um noch nicht eingetretene nachteilige Auswirkungen (UNGP) auf bzw. Verletzungen (LkSG)[133] von Menschenrechten handelt. Bereits eingetretene Beeinträchtigungen bezeichnen die UNGP schlicht als „tatsächliche menschenrechtliche Auswirkungen“ (actual human rights impact)[134] und das LkSG – sprachlich verunglückt (näher → Rn. 180) – als „Verletzung einer menschenrechtsbezogenen Pflicht“ (§ 2 Abs. 4 S. 1). Probleme bereitet diese Dichotomie bei der Einordnung von und dem Umgang mit Verdachtsfällen (→ Rn. 49 ff.).

bb) Unterschiede. Abseits der Gemeinsamkeiten weisen die Begriffskonzeptionen eine 43
Reihe von Unterschieden auf, die letztlich zu einem geringeren Schutzniveau des LkSG im Vergleich zu den UNGP führen dürften.[135] Zunächst impliziert das Vorliegen eines menschenrechtlichen Risiko nach der Konzeption des deutschen Gesetzgebers immer eine **drohende Rechtsverletzung,** dh eine rechtswidrige Beeinträchtigung, der geschützten menschenrechtlichen Rechtspositionen.[136] Deutlich wird dies daran, dass eine Reihe der

[126] Im Folgenden zitiert nach der inoffiziellen Übersetzung des Global Compact Netzwerk Deutschland, 3. Aufl. 2020.

[127] UNGP, 2011, Kommentar zu Leitprinzip 17, 21 (Hervorhebung durch den Verf.).

[128] OHCHR, The Corporate Responsibility to Respect Human Rights – An Interpretative Guide, 2012, 5 ff.

[129] Ähnlich Grabosch Das neue LkSG/Grabosch § 5 Rn. 27: „[E]s ist mit besonderer Wichtigkeit darauf zu achten, dass es **keine Rolle** mehr spielt, ob die Risiken nach dem LkSG zugleich auch Risiken für den **wirtschaftlichen Erfolg** des Unternehmens selbst sind.“ (Hervorhebung im Original).

[130] UNGP, 2011, Kommentar zu Leitprinzip 17, 21.

[131] Eingehend zu den Unterschieden Fasterling (2017) 2 BHRJ 225, 230 f.

[132] Vgl. etwa Vanini/Rieg, Risikomanagement – Grundlagen – Instrumente – Unternehmenspraxis, 2. Aufl. 2021, 28.

[133] Zum Unterschied zwischen nachteiligen Auswirkungen und Verletzungen sogleich unter → Rn. 43.

[134] S. etwa UNGP, 2011, Leitprinzip 17; vgl. auch OHCHR, The Corporate Responsibility to Respect Human Rights – An Interpretative Guide, 2012, 5: „An ‘actual human rights impact’ is an impact that has already occurred or is occurring“.

[135] Krit. dazu etwa Deutsches Institut für Menschenrechte, Stellungnahme im Rahmen der Verbändeanhörung zum Referentenentwurf des Bundesministeriums für Arbeit und Soziales, März 2021, 5, abrufbar unter https://perma.cc/WP7T-9R7C.

[136] Gleichsinnig Hembach Praxisleitfaden LkSG 133; vgl. auch Begr. RegE LkSG, BT-Drs. 19/28649, 35: „Anhand von abschließenden Verboten wird konkretisiert, in welchen Fällen **eine Verletzung** der in § 2 Absatz 1 geschützten Rechtspositionen droht [sic]“ (Hervorhebung durch den Verf.).

menschenrechtlichen Verbotstatbestände Ausnahmeregelungen aus den völkerrechtlichen Verträgen in Bezug nehmen (zB § 2 Abs. 2 Nr. 1 Hs. 2), die die Rechtswidrigkeit einer Beeinträchtigung entfallen lassen und einen Verbotsverstoß ausschließen. Das in den UNGP verwendete Konzept der nachteiligen Auswirkung erfasst dagegen – zumindest nach der in der deutschen Literatur vorherrschenden Auffassung –[137] jede, nicht notwendigerweise rechtswidrige Beeinträchtigung der Menschenrechte.[138] Demnach kann zB das erlaubte Spekulieren am Wohnungsmarkt, das zur Verdrängung ärmerer Bevölkerungsteile führt, eine nachteilige menschenrechtliche Auswirkung darstellen.[139]

44 Konzeptionell verengt wird das menschenrechtlichen Risiko iSd LkSG zusätzlich dadurch, dass es nicht jede Verletzung der von § 2 Abs. 1 in Bezug genommen Rechtspositionen erfasst, sondern nur solche die mit einem Verstoß gegen eines der in § 2 Abs. 2 Nr. 1–12 normierten **Verbote** einhergehen (ausführlich zur Regelungstechnik → Rn. 7 ff.). Die UNGP sprechen deutlich weiter von potenziellen nachteiligen Auswirkungen auf die Menschenrechte, worunter „mindestens" die Menschenrechte aus der internationale Menschenrechtscharta – bestehend aus der AEMR und den beiden UN-Menschenrechtspakten – sowie die ILO-Kernarbeitsnormen zu verstehen sind.[140] Die verbotenen Handlungen werden dagegen nicht näher konkretisiert.

45 Schließlich verlangt § 2 Abs. 2 die **hinreichende Wahrscheinlichkeit** eines Verbotsverstoßes. Wahrscheinlichkeit und voraussichtliche Schwere der Rechtsverletzung werden daher bereits für die Frage relevant, ob ein menschenrechtliches Risiko vorliegt (→ Rn. 61 f.). Die UNGP lassen dagegen die bloße **Möglichkeit** der nachteiligen Auswirkung ausreichen.[141] Wie im „klassischen" Risikomanagement bilden die Schwere und die Wahrscheinlichkeit der Beeinträchtigung hier Risikobemessungs- und Risikogewichtungsfaktoren.[142]

46 **b) Nähe zum polizeirechtlichen Gefahrenbegriff.** Im Schrifttum hat die in § 2 Abs. 2 gegossene Konzeption des (menschenrechtlichen) Risikos zu Recht Assoziationen mit dem Gefahrenbegriff des Polizei- und Ordnungsrechts hervorgerufen.[143] Die Gefahr bezeichnet dort „eine Sachlage, bei der im Einzelfall die hinreichende Wahrscheinlichkeit besteht, dass in absehbarer Zeit ein Schaden für die öffentliche Sicherheit oder Ordnung eintreten wird",[144] während „Risiko" für gewöhnlich als unterhalb dieser Schwelle liegende Möglichkeit des Schadenseintritts definiert wird.[145] Neben den augenscheinlichen terminologischen und begriffsstrukturellen Parallelen[146] entspricht die Ausgestaltung des Risikobegriffs im LkSG als rechtlich konstituierter – im Gegensatz zu einem natürlich abgrenzbaren – Zustand von Schutzgütern der Konzeption der Gefahr im Polizei- und Ordnungsrecht.[147]

---

[137] Zum ausgeglichenen Meinungsbild im internationalen Schrifttum Birchall (2019) University of Oxford Human Rights Journal Hub 121.

[138] So Klinger/Krajewski/Krebs/Hartmann, Verankerung menschenrechtlicher Sorgfaltspflichten von Unternehmen im deutschen Recht, März 2016, 25; Nietsch CSR Compliance/Nietsch § 7 Rn. 71; abw. aber Hembach Praxisleitfaden LkSG 133 mit unzutreffendem Verweis auf den Interpretationsleitfaden des OHCHR, nach dem ein „adverse human rights impact" eintritt, „when an action removes or **reduces the ability of an individual to enjoy his or her human rights**", was nicht mit einer Verletzung gleichzusetzen ist (OHCHR, The Corporate Responsibility to Respect Human Rights – An Interpretative Guide, 2012, 5) (Hervorhebung durch den Verf.).

[139] Beispiel nach Hembach Praxisleitfanden LkSG 133.

[140] Vgl. UNGP, 2011, Leitprinzip 12.

[141] Vgl. OHCHR, The Corporate Responsibility to Respect Human Rights – An Interpretative Guide, 2012, 7: „A 'potential human rights impact' is an adverse impact that may occur but has not yet done so."

[142] Vgl. OHCHR, The Corporate Responsibility to Respect Human Rights – An Interpretative Guide, 2012, 7; ferner Nietsch CSR Compliance/Nietsch § 7 Rn. 71.

[143] Ohne nähere Ausführungen Hembach Praxisleitfaden LkSG 99; Lutz-Bachmann/Vorbeck/Wengenroth BB 2022, 835 (839); Stöbener de Mora/Noll NZG 2021, 1237 (1239); tieferschürfend Grabosch Das neue LkSG/Schönfelder § 4 Rn. 3 ff.; Wagner/Ruttloff/Wagner LkSG-HdB/Ruttloff/Schulga § 2 Rn. 77 ff.

[144] Lisken/Denninger PolR-HdB/Bäcker D Rn. 80.

[145] Zur klassischen Abstufung Gefahr, Risiko, Restrisiko etwa Klafki, Risiko und Recht, 2016, 12 f.

[146] Näher dazu Grabosch Das neue LkSG/Schönfelder § 4 Rn. 3 f.

[147] Dazu unter der Überschrift „‚Gefahr' als Zustand von Schutzgütern" BeckOK PolR NRW/Gusy/Worms PolG NRW § 1 Rn. 93 f.

Aufgrund der Parallelen lässt sich die Dogmatik des Gefahrenbegriffs bei der Auslegung der einzelnen Begriffselemente des Risikobegriffs im LkSG als **Auslegungshilfe** heranziehen.[148] Die für den Gefahrenbegriff entwickelten Grundsätze und Maßstäbe lassen sich indes nicht immer ein-zu-eins übertragen, sondern müssen gegebenenfalls mit Blick auf die Eigenheiten der Regelungsmaterie modifiziert werden. Ähnlich verhält es sich bei Auslegungsfragen, die kein geschriebenes Begriffsmerkmal, sondern übergreifende dogmatische Fragen betreffen. Ein Beispiel hierfür ist die Frage nach der maßgeblichen Beurteilungsperspektive der (Risiko-)Prognose (→ Rn. 59 f.). Lässt sich eine vergleichbare Frage in der dogmatischen Diskussion um den Gefahrenbegriff ausmachen, kann die Paralleldiskussion wertvolle Denkanstöße geben und mögliche Lösungswege aufzeigen, ohne dabei das Auslegungsergebnis für das LkSG vorzuformen. **Zurückhaltung** geboten ist bei der Übernahme von begrifflichen Differenzierungen oder Figuren, insbesondere wenn diese weder im Normtext des LkSG noch in den Gesetzesmaterialien angelegt sind. Andernfalls läuft man Gefahr, ohne Not die dogmatische Komplexität des Risikobegriffs zu erhöhen. Ein (Negativ-)Beispiel hierfür stellt die im Schrifttum teilweise vorgeschlagene Differenzierung zwischen „abstrakten" und „konkreten Risiken" dar, die sich an der in der Gefahrendogmatik gefestigten und in zahlreichen Polizeigesetzen der Bundesländer normativ verankerte Unterscheidung zwischen einer „abstrakten" und „konkreten Gefahr" anlehnt.[149] Nach hier vertretener Auffassung (→ Rn. 57 f.) ist eine solche nicht erforderlich, um der erkennbaren Intention des Gesetzgebers Rechnung zu tragen, dass sich die hinreichende Wahrscheinlichkeit eines Verbotsverstoßes auch aus tatsächlichen Umständen ergeben können soll, die „nur" die Länder- oder Branchenzugehörigkeit eines Unternehmens betreffen, nicht aber unternehmensspezifisch sind. 47

Einen **blinden Fleck im Schrifttum** bildet bisweilen noch die **Bewertung** der konzeptionellen Anleihen an das Polizei- und Ordnungsrecht. Zumindest überraschend sind diese vor dem Hintergrund, dass das LkSG die Verantwortung von Unternehmen in den konzeptionellen Grundansatz des Risikomanagements kleidet. Blickt man in andere Gesetze, die wie das Geldwäschegesetz (GwG) Unternehmen zur Einrichtung eines Risikomanagements mit Blick auf spezifische Risiken verpflichtet (s. § 4 GwG), werden dort schlicht die Bezugspunkte des Risikos näher definiert,[150] nicht jedoch der Risikobegriff selbst normativ näher ausgeformt. Neu heißt aber nicht unbedingt schlecht, wenn sich überzeugende Gründe für den neuen Weg finden lassen. Hier könnte man anführen, dass die zusätzlichen normativen Vorgaben („tatsächliche Umstände", „hinreichende Wahrscheinlichkeit") zu weiteren Konkretisierungen oder Einschränkungen gegenüber dem Konzept der „nachteiligen Auswirkungen" der UNGP führen, die die Handhabung der Sorgfaltspflichten erleichtern. Angesichts der schwierigen Abgrenzungsfragen und des starken Einzelfallbezugs, den insbesondere das Konzept der hinreichenden Wahrscheinlicht aufweist, ist zweifelhaft, ob den normativen Vorgaben tatsächlich eine Entlastungswirkung zukommt oder Unternehmen nicht bei der Risikoidentifizierung schlicht die Möglichkeit eines Verbotsverstoßes ausreichen lassen werden und Wahrscheinlichkeit und Schwere, wie sonst auch, auf Ebene der Risikopriorisierung (§ 5 Abs. 2) berücksichtigen. In diesem Fall wäre mit dem konzeptionellen Sonderweg des Gesetzgebers beim LkSG wenig gewonnen, sondern wohl eher zusätzliche Rechtsunsicherheit geschaffen. 48

c) Einordnung von und Umgang mit Verdachtsfällen. Nach der gesetzlichen Konzeption erfasst das menschenrechtliche Risiko noch nicht eingetretener Menschenrechtsverletzungen (näher → Rn. 42) und damit Fälle **zukunftsbezogener Unsicher-** 49

[148] So explizit auch Grabosch Das neue LkSG/Schönfelder § 4 Rn. 5; auf die Maßstäbe des Polizei- und Ordnungsrechts zurückgreifend auch Wagner/Ruttloff/Wagner LkSG-HdB/Ruttloff/Schulga § 2 Rn. 77 ff.

[149] So Grabosch Das neue LkSG/Schönfelder § 4 Rn. 6; Wagner/Ruttloff/Wagner LkSG-HdB/Ruttloff/Schulga § 2 Rn. 84 f.

[150] Im Fall des GwG: „Geldwäsche" und „Terrorismusfinanzierung", s. § 1 Abs. 1, 2 GwG.

heit.[151] Das Maß der Unsicherheit bildet hier die Eintrittswahrscheinlichkeit.[152] Zu unterscheiden hiervon sind Fälle **gegenwartsbezogener Unsicherheit,** in denen Unternehmen tatsächliche Anhaltspukte für eine bereits eingetretene Menschenrechtsverletzung vorliegen, diese sich aber aufgrund der zur Verfügung stehenden Informationen nicht feststellen lässt. In solchen **Verdachtsfällen** lässt sich das Maß der Unsicherheit mit der Existenzwahrscheinlichkeit ausdrücken.

50 An dieser Unterscheidung **zweifeln** lässt **§ 9 Abs. 3 Nr. 1.** Danach haben Unternehmen mit Blick auf einen mittelbaren Zulieferer, bei dem tatsächliche Anhaltspunkte für die Verletzung einer menschenrechtsbezogenen Pflicht vorliegen, mit anderen Wort der Verdacht einer bereits eingetretenen Menschenrechtsverletzung besteht, zunächst eine Risikoanalyse gemäß § 5 Abs. 1–3 durchzuführen, die sich ausweislich der Regierungsbegründung gerade auf die mögliche Verletzung beziehen sollen.[153] Dem Wortlaut von § 5 Abs. 1 S. 1 zufolge ist Gegenstand der Risikoanalyse jedoch die Ermittlung menschenrechtlicher Risiken und nicht auch die Ermittlung der Verletzung einer menschenrechtsbezogenen Pflicht. Nun könnte man meinen, dass der Risikobegriff letztlich doch einen Obergriff für zukünftige und gegenwärtig unsichere Verletzungen bildet. Dagegen spricht jedoch insbesondere § 6, der zur Vorbeugung des Eintritts von Risiken das Ergreifen angemessener Präventionsmaßnahmen anordnet. Das Ergreifen von Präventionsmaßnahmen ergibt jedoch für bereits eingetretene Verletzungen, deren Existenz (nicht deren Eintritt) aus Sicht des Unternehmens noch unsicher ist, keinen Sinn. Der **neuralgische Punkt** liegt vielmehr in der Formulierung des Gegenstandes der Risikoanalyse, den der Gesetzgeber sowohl auf die Ermittlung zukünftiger Verletzungen (Risiken) und bereits eingetretener Verletzungen erstrecken wollte, der Wortlaut der Norm diese Intention aber nicht widerspiegelt (näher → § 5 Rn. 9 ff.).

51 Korrigieren ließe sich der zu eng geratene Wortlaut des § 5 Abs. 1 S. 1 **im Wege der teleologischen Extension.** Da dies letztlich auf eine Pflichtenerweiterung hinausläuft, bestehen an der Zulässigkeit eines solchen Vorgehens vor dem Hintergrund des Bestimmtheitsgebots aus Art. 103 Abs. 2 GG jedoch erhebliche Zweifel. In der methodenrechtlichen Literatur ist dieses nämlich als Extensionsverbot anerkannt.[154]

52 **3. Auswirkungen der geplanten EU-RL.** Im dem seitens der EU-Kommission im Februar 2022 veröffentlichten Entwurf einer Richtlinie über die Sorgfaltspflichten von Unternehmen im Hinblick auf Nachhaltigkeit (Directive on Corporate Sustainibility Due Diligence – Lieferketten-RL-E)[155] findet sich der Begriff des menschenrechtlichen Risikos nicht wieder. Das funktionale Äquivalent bildet der Begriff des „potential adverse human rights impact", der in der deutschen Sprachfassung etwas unglücklich nicht als „potenzielle nachteilige Auswirkungen", sondern als „potenzielle negative Auswirkungen auf die Menschenrechte" übersetzt wird. Nach der in Art. 3 lit. c Lieferketten-RL-E enthaltenen Legaldefinition handelt es bei den negativen Auswirkungen auf die Menschenrechte um nachteilige Auswirkungen auf geschützte Personen, die sich aus einer Verletzung eines der im Anhang des Lieferketten-RL-E aufgeführten Rechte oder Verbote ergeben.

53 Wie durch den Begriff „Verletzung" deutlich wird, beziehen sich die Sorgfaltspflichten im Bereich der Menschenrechte wie im LkSG, aber im Unterschied zu den UNGP (→ Rn. 43), **nur auf rechtswidrige Beeinträchtigungen von Menschenrechten.** An-

[151] Die folgende Unterscheidung zwischen zukunftsbezogener und gegenwartsbezogener Unsicherheit sowie Eintrittswahrscheinlichkeit und Existenzwahrscheinlichkeit sind angelehnt an die Ausführungen von Klöhn im kapitalmarktrechtlichen Zusammenhang, vgl. Klöhn/Klöhn MAR Art. 7 Rn. 31 ff.

[152] Vgl. Begr. RegE LkSG, BT-Drs. 19/28649, 42 (zu § 3 Abs. 2 Nr. 3): „Die Eintrittswahrscheinlichkeit beschreibt die Einschätzung, ob und wann das Risiko in eine Rechtsgutsverletzung mündet."

[153] Begr. RegE LkSG, BT-Drs. 19/28649, 50.

[154] Statt vieler Reimer, Juristische Methodenlehre, 2. Aufl. 2020, Rn. 624.

[155] Vorschlag für eine Richtlinie des Europäischen Parlaments und des Rates über die Sorgfaltspflichten von Unternehmen im Hinblick auf Nachhaltigkeit und zur Änderung der Richtlinie (EU) 2019/1937, COM (2022) 71 final; Gesamtüberblick und Einordnung bei → Einl. Rn. 73 ff.

ders als das LkSG lässt der Lieferketten-RL-E aber bereits die Möglichkeit und nicht erst die hinreichende Wahrscheinlichkeit des Verstoßes bzw. der Verletzung eines der im Anhang enthaltenen Verbote oder Rechte genügen. Zudem ist die Liste der im Anhang des Lieferketten-RL-E normierten menschenrechtlichen Verbote sowie die in Bezug genommen Menschenrechtsübereinkommen bedeutend länger (näher → Rn. 26).

II. Vorliegen eines menschenrechtlichen Risikos

1. Überblick. Das menschenrechtliche Risiko erfasst Fälle noch nicht eingetretener Menschenrechtsverletzungen (→ Rn. 42) und damit ein in der Zukunft liegendes Ereignis. Das Vorliegen eines menschenrechtlichen Risikos ist daher, wie die Gefahr im Polizei- und Ordnungsrecht,[156] mit Hilfe einer Prognose zu ermitteln. Deren Elemente werden durch die Legaldefinition des § 2 Abs. 2 überwiegend normativ vorstrukturiert: Gegenstand der Prognose ist der Verstoß gegen eines der in § 2 Abs. 2 Nr. 1–12 normierten menschenrechtlichen Verbote (→ Rn. 63 ff.). Dieser Verbotsverstoß muss auf Grundlage der vorliegenden tatsächliche Umstände (→ Rn. 55 f.) hinreichend wahrscheinlich (→ Rn. 61 f.) sein. Gesetzlich nicht vorgegeben ist dagegen der maßgebliche zeitliche und perspektivische Beurteilungshorizont der Prognoseentscheidung. Richtigerweise ist hier auf eine objektive ex-ante-Betrachtung abzustellen (→ Rn. 59 f.). 54

2. Tatsächliche Umstände als Beurteilungsgrundlage. a) Tatsächliche Umstände. Die Beurteilung, ob die hinreichende Wahrscheinlichkeit eines Verbotsverstoßes gegeben ist, ist aufgrund „tatsächlicher Umstände" vorzunehmen. Tatsächliche Umstände meint im Ausgangspunkt nichts anderes als **Tatsachen,** worunter nach einem anderorts eingeschliffenen auch hier zu übernehmenden Verständnis alle der äußeren Wahrnehmung und dem Beweis zugängliche Geschehnisse und Vorgänge der Außenwelt oder des menschlichen Innenlebens zu verstehen sind, die in der Vergangenheit oder der Gegenwart liegen.[157] Grob einteilen lassen sich die in Betracht kommenden tatsächlichen Umstände in die Kategorien länderspezifische, branchenspezifische und unternehmensspezifische Umstände. Irrelevant ist, aus welcher Quelle das Unternehmen die Informationen über die tatsächlichen Umstände schöpft. In Betracht kommen etwa öffentlich-zugängliche Quellen (zB Medienberichte, Berichte von NGOs), Handreichungen des BAFA nach § 20, Stakeholderdialoge, Befragungen von Zulieferern oder Besichtigungen vor Ort.[158] 55

Keine tatsächlichen Umstände bilden wegen des Innewohnens eines subjektiven oder wertenden Elements der Inhalt von **Meinungen, Rechtsauffassungen** oder **Werturteilen.** Auch die häufig in den verschiedenen Menschenrechtsindizes (Children's Rights in the Workplace Index, Global Rights Index, Global Slavery Index, etc) zu findenden **Ratings** sowie Schätzungen oder Hochrechnungen und darauf basierende **Häufigkeitsscores (prevelence scores)** stellen wegen der Subjektivität der Berechnungsmethode, zB die Gewichtung einzelner Faktoren, keine tatsächlichen Umstände dar. In all diesen Fällen gehört jedoch die zugrundeliegende Tatsachenbasis (soweit offengelegt) zur Beurteilungsgrundlage. Zudem können die Rechtsauffassungen einzelner Gremien wie dem ILO-Sachverständigenausschuss oder den Vertragsorganen der UN-Menschenrechtspakte, wie oben näher erläutert (→ Rn. 13 ff.), wertvolle Hilfestellungen bei der Auslegung der einzelnen Verbotstatbestände leisten. 56

b) Abstrakte und konkrete Risiken? Ein Teil des Schrifttums differenziert, angelehnt an die im Polizei- und Ordnungsrecht geläufige Unterscheidung zwischen abstrakter Gefahr und konkreter Gefahr, zwischen einem typischerweise in bestimmten Länder- oder 57

[156] Vgl. etwa Lisken/Denninger PolR-HdB/Bäcker D Rn. 80.

[157] So im kapitalmarktrechtlichen Zusammenhang Schwark/Zimmer/Kumpan/Misterek VO (EU) 596/2014 Art. 7 Rn. 63.

[158] Diese und weitere Informationsquellen bei Wagner/Ruttloff/Wagner LkSG-HdB/E.Wagner/S.Wagner § 4 Rn. 631.

Branchenkonstellationen auftretenden Risiko (abstraktes Risiko) und dem auf einen bestimmten Einzelfall bezogenes Risiko (konkretes Risiko).[159] Ob die einzelnen Sorgfaltspflichten das Vorliegen eines konkreten Risikos voraussetze oder auch das Vorliegen eines abstrakten Risiko genüge, sei für jede Norm gesondert zu beurteilen.[160]

58 **Diese Auffassung ist abzulehnen.** Eine Differenzierung zwischen abstrakten und konkreten Risiken ist weder im LkSG normativ verankert noch in dogmatischer Hinsicht angezeigt. Im Ausgangspunkt ist zwar richtig, dass sich das Vorliegen eines drohenden Verbotsverstoßes aus Umständen ergeben kann, die die Länder- und Branchenzugehörigkeit des Gesetzesadressaten oder einer seiner (unmittelbaren) Zulieferer betreffen. Anders als im Polizei- und Ordnungsrecht geht es im Rahmen des LkSG aber immer um die Frage, ob aufgrund der vorliegenden tatsächlichen Umstände ein Verbotsverstoß in einem konkreten Einzelfall, nämlich an einem eigenen Standort des Gesetzesadressaten oder bei einem (unmittelbaren) Zulieferer, droht. Um den Spezifitätsunterschieden zwischen den verschiedenen Informationskategorien (länderspezifische, branchenspezifische und unternehmensspezifische Informationen) Rechnung zu tragen, bedarf es keiner Differenzierung zwischen einem abstrakten und einem konkreten Risiko. Vielmehr kann und muss man diese Unterschiede im Rahmen der Prüfung der hinreichenden Wahrscheinlichkeit berücksichtigen.

59 **3. Maßgebliche Beurteilungsperspektive.** Von der Legaldefinition weder vorgeben noch im Schrifttum bislang erörtert, wird die für die Prognose maßgebliche Beurteilungsperspektive. Wie im Polizei- und Ordnungsrecht ist die Wahl der Beurteilungsperspektive insbesondere für den **Umgang mit Wissensdefiziten** relevant.[161] Im Kontext des LkSG können diese Wissensdefizite dadurch entstehen, dass ein Unternehmen angesichts der Breite der möglichen Informationsquellen, der Kostenintensität einzelner Maßnahmen (zB regelmäßige Vor-Ort-Besichtigungen oder Stakeholderdialoge) und der Begrenztheit eigener Ressourcen einzelne prognoserelevante Umstände nicht kennt und diese entsprechend im Rahmen der Risikoanalyse nicht beachtet. Legt man wie im Polizei- und Ordnungsrechte ein im Ausgangspunkt **subjektiven, jedoch teils objektivierten Maßstab** an,[162] begründen nur solche drohenden Verbotsverstöße ein menschenrechtliches Risiko, die sich mit einem angemessenen Informationsaufwand ermitteln lassen. Der angemessene Informationsaufwand kann dabei zwischen Unternehmen unterschiedlicher Größe variieren. Stellt man dagegen auf einen **streng objektiven Maßstab** ab, sind alle im Zeitpunkt der Risikoanalyse verfügbare Informationen relevant.

60 Für die Beurteilung des Vorliegens eines menschenrechtlichen Risikos anhand des zweitgenannten Maßstabs spricht, dass das menschenrechtliche Risiko nach der Legaldefinition einen „Zustand" darstellt. Zustände bestehen in der Wirklichkeit und unabhängig von subjektiven Wissenshorizonten. Eine unbillige Härte droht insbesondere für „kleinere" Unternehmen durch einen streng objektiven Maßstab nicht, da sie gemäß § 6 Abs. 1 angemessene Präventionsmaßnahmen nur mit Blick auf die von ihnen im Rahmen der Risikoanalyse **festgestellten** Risiken zu ergreifen haben. Hat ein Unternehmen trotz eines angemessenen Informationsaufwandes einen drohenden Verstoß gegen eines der Verbote nicht ermitteln können oder dessen Wahrscheinlichkeit falsch eingeschätzt, besteht daher kein Bußgeldrisiko (vgl. § 24 Abs. 1 Nr. 2, 3).

61 **4. Hinreichende Wahrscheinlichkeit.** Ein menschenrechtliches Risiko besteht nur dann, wenn auf Grundlage der vorliegenden tatsächlichen Umstände die „hinreichende

[159] So Grabosch Das neue LkSG/Schönfelder § 4 Rn. 6 f.; Wagner/Ruttloff/Wagner LkSG-HdB/Ruttloff/Schulga § 2 Rn. 84 f.

[160] Grabosch Das neue LkSG/Schönfelder § 4 Rn. 6 f.; Wagner/Ruttloff/Wagner LkSG-HdB/Ruttloff/Schulga § 2 Rn. 84 f.

[161] Vgl. Lisken/Denninger PolR-HdB/Bäcker D Rn. 94.

[162] Zum herrschenden normativ-subjektiven Beurteilungsmaßstab etwa Lisken/Denninger PolR-HdB/Bäcker D Rn. 95 ff.

Wahrscheinlichkeit" eines Verbotsverstoßes besteht. Konkretisieren lässt sich dieser Wahrscheinlichkeitsmaßstab unter Zuhilfenahme der zum polizei- und ordnungsrechtlichen Gefahrenbegriff entwickelten Grundsätze.[163] Dort ist anerkannt, dass für die hinreichende Wahrscheinlichkeit eines Schadensereignisses (hier: der Verstoß gegen eines der in § 2 Abs. 2 Nr. 1–12 normierten Verbote) der Schadenseintritt einerseits noch nicht sicher feststehen muss, anderseits die bloß hypothetische Möglichkeit ohne tatsächliche Anhaltspunkte eines Schadenseintritts nicht ausreicht.[164] Zwischen diesen Extremen lässt sich der erforderliche Wahrscheinlichkeitsgrad weder in Prozentzahlen noch mit anderen allgemeingültigen Größen (zB einer überwiegenden Wahrscheinlichkeit) beschreiben, sondern variiert mit der Schwere des drohenden Verbotsverstoßes im Sinne einer **umgekehrten Proportionalität.**[165] Je schwerer der drohende Schaden, desto geringere Anforderungen sind an die Wahrscheinlichkeit seines Eintritts zu stellen.

Übertragen auf den hiesigen Kontext wird man daher an die Wahrscheinlichkeit des Verbotsverstoßes umso geringe Anforderungen stellen müssen, desto schwerer dessen Eintritt voraussichtlich wiegt. Die **Schwere des drohenden Verbotsverstoßes** bemisst sich dabei nach der Schwere der mit ihm einhergehenden Verletzung einer geschützten Rechtsposition, die nach § 3 Abs. 2 Nr. 3 auch ein Kriterium des Angemessenheitsvorbehalts bildet. Ausweislich der Regierungsbegründung bemisst sich die Schwere der Verletzung nach dem Grad der potenziellen Beeinträchtigung, der Zahl der potenziell betroffenen Rechtsgutsträger und der Reversibilität der Verletzung.[166] Im Schrifttum werden zudem der Rang bzw. der Wert des bedrohten Rechtsgutes herangezogenen.[167] Problematisch ist daran, dass sich angesichts des Grundsatzes der Unteilbarkeit der Menschenrechte eine Hierarchisierung der von den Verboten geschützten menschenrechtlichen Rechtspositionen grundsätzlich verbietet. Da das LkSG jedoch selbst in § 11 Abs. 1 die Kategorie der „überragend wichtigen Rechtspositionen" begründet, spricht vieles dafür, bei der Betroffenheit von Verboten, die dem Schutz einer solchen Rechtsposition dienen, vergleichsweise geringe Anforderungen an die Eintrittswahrscheinlichkeit des Verbotsverstoßes zu stellen. Welche der von § 2 Abs. 1 in Bezug genommenen Rechtspositionen in diese Kategorie fallen, ist freilich alles andere als einfach zu bestimmen (näher → § 11 Rn. 27 ff.). 62

5. Verbotsverstoß als Gegenstand der Prognose. a) Überblick. Den Gegenstand der Prognose bildet der Verstoß gegen eines der in § 2 Abs. 2 Nr. 1–12 normierten menschenrechtlichen Verbote. Maßgeblich ist insofern, dass ein **objektiv rechtswidriger Verstoß** gegen eines der Verbote droht. Die Feststellung eines wie auch immer gearteten Verschuldens des jeweiligen Unternehmens (Gesetzesadressat oder Zulieferer) ist dagegen nicht erforderlich. Eine Besonderheit des LkSG ist es, dass die Einhaltung nationaler Rechtsvorschriften die Rechtswidrigkeit des unternehmerischen Handelns nicht zwingend entfallen lässt.[168] Nur einzelne Verbote, wie etwa § 2 Abs. 2 Nr. 5, knüpfen ausdrücklich an das Recht des Beschäftigungsortes an. 63

Wie oben ausführlich dargestellt (→ Rn. 7 ff.), handelt es sich bei den Verboten um eine Reihe von **Handlungsverboten,** die der Gesetzgeber auf Grundlage der im Gesetzesanhang aufgelisteten Menschenrechtsübereinkommen formuliert hat und die jeweils dem Schutz einer oder mehrerer der durch das LkSG geschützten Rechtspositionen dienen. Neben elf Einzelverboten enthält der Verbotskatalog in § 2 Abs. 2 Nr. 12 eine „Auffangklausel". Bei der **Auslegung** der Verbote lassen sich die Bestimmungen der Menschen- 64

---

[163] So auch Grabosch Das neue LkSG/Schönfelder § 4 Rn. 8; Wagner/Ruttloff/Wagner LkSG-HdB/Ruttloff/Schulga § 2 Rn. 77.

[164] Ganz hM, statt vieler BVerfG Beschl. v. 4.9.2009 – 1 BvR 233/81, NJW 2010, 141 Rn. 9.

[165] Ganz hM, statt vieler Lisken/Denninger PolR-HdB/Bäcker D Rn. 101.

[166] Begr. RegE LkSG, BT-Drs. 19/28649, 42.

[167] So Grabosch Das neue LkSG/Schönfelder § 4 Rn. 8; Wagner/Ruttloff/Wagner LkSG-HdB/Ruttloff/Schulga § 2 Rn. 78.

[168] Ausführlich zum räumlichen Geltungsbereich der im LkSG normierten Verbote Wagner/Ruttloff/Wagner LkSG-HdB/Ruttloff/Schulga/Ruttloff/Wilske/Schulga § 2 Rn. 104 ff.

rechtsübereinkommen samt begleitendem soft law heranziehen (näher → Rn. 12 ff.). Auch im Gesetzesanhang nicht aufgeführte Menschenrechtsverträge können als Auslegungshilfe dienen, solange sie von der Bundesrepublik ratifiziert worden und damit in die innerstaatliche Rechtsordnung integriert worden sind (näher → Rn. 17).

65 **b) Die Verbote im Einzelnen. aa) Verbot der Beschäftigung von Kindern unterhalb des zulässigen Mindestalters (Nr. 1). (1) Zulässiges Mindestalter.** An der Spitze des menschenrechtlichen Verbotskatalogs steht das Verbot der Beschäftigung eines Kindes unter dem zulässigen Mindestalter. Damit ist nach § 2 Abs. 2 Nr. 1 Hs. 1 das Alter gemeint, mit dem nach dem Recht des Beschäftigungsortes die Schulpflicht endet. Die nationalen Rechtsordnungen dürfen dabei grundsätzlich ein Beschäftigungsalter von 15 Jahren nicht unterschreiten, was der Altersgrenze des dem Verbotstatbestand zugrundeliegenden ILO-Übereinkommen Nr. 138[169] entspricht (s. Art. 2 Abs. 3 ILO-Übereinkommen Nr. 138).

66 Eine Beschäftigung von Minderjährigen unter 15 Jahren ist gemäß § 2 Abs. 2 Nr. 1 Hs. 2 jedoch dann zulässig, wenn das Recht des Beschäftigungsortes **in Übereinstimmung mit Art. 2 Abs. 4 ILO-Übereinkommen Nr. 138** oder **Art. 4–8 ILO-Übereinkommen Nr. 138** eine niedrigere Altersgrenze vorschreibt. Ausweislich der Regierungsbegründung setzt eine zulässige Ausnahmeregelung voraus, dass das ILO-Übereinkommen Nr. 138 Bestandteil des Rechts des Beschäftigungsortes ist und die nationale Regelung mit den völkerrechtlichen Vorgaben vereinbar ist („gemäß").[170] In dem kleinen Kreis der Nicht-Vertragsstaaten, zu dem allerdings auch Australien und die USA gehören,[171] begründet demnach die Unterschreitung der Altersgrenze von 15 Jahren per se einen Verbotsverstoß. In allen anderen Staaten kommt es darauf an, ob die Regelung im nationalen Recht völkerrechtskonform ist. Eine wichtige Hilfestellung zur Beurteilung der Völkerrechtskonformität bilden die einschlägig „Beobachtungen" (observations) des ILO-Sachverständigenausschusses (CEACR),[172] in denen der Ausschuss auf Grundlage der Staatenberichte zur Vereinbarkeit einzelner nationaler Regelungen mit den Bestimmungen des Übereinkommens Stellung nimmt.[173] An die Auffassung des CEACR gebunden ist ein nationales Gericht (im Rahmen eines Bußgeldverfahrens) jedoch nicht.

67 Inhaltlich sehen die in Bezug genommenen völkerrechtlichen Vorschriften zum einen eine Bereichsausnahme für Arbeiten vor, die von Kindern und Jugendlichen **im Rahmen der Ausbildung** in Schulen, anderen Ausbildungsstätten oder Betrieben durchgeführt werden (s. Art. 6 Abs. 1 ILO-Übereinkommen Nr. 138). Zudem kann ein Land das Mindestbeschäftigungsalter auf 14 Jahre herabsetzen, wenn **„dessen Wirtschaft und schulischen Einrichtungen ungenügend entwickelt"** sind (s. Art. 2 Abs. 4 ILO-Übereinkommen Nr. 138), oder einzelne **Beschäftigungskategorien** (s. Art. 4 Abs. 1 ILO-Übereinkommen Nr. 138) sowie **Wirtschaftszweige**[174] vom Geltungsbereich des Übereinkommens ausnehmen. Des Weiteren kann das Mindestbeschäftigungsalter von Kindern bei **„leichten Arbeiten"**[175] auf 13 Jahre, beim Vorliegen weiterer Voraussetzungen, sogar auf 12 Jahre abgesenkt werden, soweit Beeinträchtigungen der Gesundheit, Entwicklung und dem ordnungsgemäßen Schulbesuch nicht zu erwarten sind (s. Art. 7 Abs. 1 ILO-Übereinkommen Nr. 138). Schließlich können sich Staaten **weitere Ausnahmen,** zB für

[169] S. Begr. RegE LkSG, BT-Drs. 19/28649, 35.

[170] So Begr. RegE LkSG, BT-Drs. 19/28649, 35.

[171] S. die Übersicht auf der Webseite der ILO, abrufbar unter https://perma.cc/8YJL-Y7BP.

[172] Einsehbar in der NORMLEX-Datenbank der ILO unter https://www.ilo.org/dyn/normlex/en/f?p=1000:20010.

[173] S. etwa Observation (CEACR) – adopted 2021, published 110th ILC session (2022), Minimum Age Convention, 1973 (No. 138) – Bolivia, in der der CECAR die Unvereinbarkeit einer in 2014 verabschiedeten Gesetzesänderung mit verschiedenen Vorschriften des ILO-Übereinkommens Nr. 138 bemängelt.

[174] S. Art. 5 Abs. 1 ILO-Übereinkommen Nr. 138; für nicht ausklammerbare Wirtschaftszweige s. Art. 5 Abs. 3 ILO-Übereinkommen Nr. 138.

[175] Nähere Erläuterung mit Beispielen bei Generalkonferenz der ILO, Empfehlung 41 betreffend das Alter für die Zulassung von Kindern zu nichtgewerblichen Arbeiten, 30.4.1932, Rn. 1–4.

die Teilnahme an künstlerischen Veranstaltungen, genehmigen lassen (s. Art. 8 Abs. 1 ILO-Übereinkommen Nr. 138).

68 Eine **praktische Hilfestellung** zur Ermittlung des zulässigen Mindestalters bietet die Webseite der ILO. Für die derzeit 175 Mitgliedstaaten des ILO-Übereinkommens Nr. 138 findet sich dort eine Übersicht mit Angaben zu den länderspezifischen Altersgrenzen sowie zu den Ländern, die von einzelnen Ausnahmeregelungen Gebrauch gemacht haben.[176]

69 **(2) Beschäftigung.** Der in § 2 Abs. 2 Nr. 1 und weiteren Verbotstatbeständen (s. § 2 Abs. 2 Nr. 3 und Nr. 7) verwendete Begriff der Beschäftigung ist weit auszulegen. Er erfasst entgegen des im deutschen (Jugend-)Arbeitsschutzrecht vorherrschenden Begriffsverständnisses[177] nicht nur weisungsgebundene Tätigkeiten, die in einem persönlichen Abhängigkeitsverhältnis erbracht werden, sondern auch selbständige Tätigkeiten der betroffenen Personen sowie informelle Beschäftigungsverhältnisse.[178] Allein ein solches weites Begriffsverständnis wird dem gesetzgeberischen Ziel eines möglichst effektiven Menschenrechtsschutzes gerecht, wie es die Regierungsbegründung zu § 4 Abs. 4 zum Begriff des Beschäftigten betont.[179] Die dieses Auslegungsergebnis spiegelnde gefestigte Auslegungspraxis des CEACR zum Beschäftigungsbegriff in ILO-Übereinkommen Nr. 138[180] kann zudem als stützendes Auslegungsindiz herangezogen werden.

70 **bb) Verbot der schlimmsten Formen von Kinderarbeit (Nr. 2).** Unabhängig vom geltenden Mindestbeschäftigungsalter (→ Rn. 65 ff.) verbietet § 2 Abs. 2 Nr. 2 die schlimmsten Formen der Kinderarbeit für Kinder unter 18 Jahren. Davon umfasst sind nach der nahezu wörtlich[181] aus Art. 3 ILO Übereinkommen Nr. 182 übernommenen Definition[182] die folgenden Beschäftigungsformen und -bedingungen.

71 **(1) Sklaverei und sklavereiähnliche Praktiken (lit. a).** Zu den schlimmsten Formen der Kinderarbeit zählen zunächst alle Formen der Sklaverei sowie sklavereiähnliche Praktiken, für die das Gesetz eine ganze Reihe von Beispielen nennt. Der Großteil der aufgeführten Praktiken ist auch Gegenstand der nicht auf Minderjährige beschränkten Verbotstatbestände des § 2 Abs. 2 Nr. 3 und Nr. 4, die einzelne Begriffe, zB „Zwangsarbeit", bereits im Normtext näher konkretisieren. Auf die dortigen Erläuterungen (Nr. 3: → Rn. 77 ff.; Nr. 4: → Rn. 81 ff.) wird daher verwiesen. Ihre nochmalige Nennung im Rahmen von § 2 Abs. 2 Nr. 2 ist insofern rechtlich bedeutsam, als hier anders als im Erwachsenenbereich keine legitimierenden Ausnahmeregelungen vorgesehen sind.[183] Damit wird insbesondere das Verbot der Zwangsarbeit bei Kindern nicht unter den Vorbehalt verschiedener Ausnahmen gestellt. Näher zu diesen Ausnahmen bei § 2 Abs. 2 Nr. 3 → Rn. 80.

72 Keine Erwähnung in anderen Verboten finden dagegen die in § 2 Abs. 2 Nr. 2 lit. a genannten Praktiken des **Verkaufs von Kindern,** des **Kinderhandels** sowie die **Zwangs- oder Pflichtrekrutierung von Kindern für den Einsatz in bewaffneten Konflikten** als minderjährigenspezifischer Unterfall der Zwangsarbeit. Der Inhalt dieser Begriffe ergibt sich weder direkt aus dem Normtext noch aus dem zugrundeliegenden ILO-Übereinkommen Nr. 138. Im Lichte weiterer von der Bundesrepublik Deutschland ratifizierter völkerrechtlicher Verträge lassen sie sich jedoch mit Leben füllen (näher zum auslegungsmetho-

[176] Abrufbar unter https://perma.cc/6NDC-63BJ.
[177] Speziell zum JArbSchG ErfK/Schlachter JArbSChG § 1 Rn. 4 f.; breiter Nomos-BR/Weyand JArbSchG § 1 Rn. 6: „Selbstständige Personen werden seit jeher nicht vom Schutzbereich der Arbeitsschutzgesetze erfasst".
[178] Ebenso Grabosch Das neue LkSG/Schönfelder § 4 Rn. 15.
[179] Begr. RegE, BT-Drs. 19/28649, 44 zu § 4 Abs. 4.
[180] Aus jüngerer Zeit Direct Request (CEACR) – adopted 2020, published 109th ILC session (2021) Minimum Age Convention, 1973 (No. 138) mit Kritik an Eritreas entgegenstehender nationaler Rechtsauffassung.
[181] In § 2 Abs. 2 Nr. 2 lit. c fehlt der Verweis auf die „einschlägigen internationalen Übereinkünfte" zur Definition des Drogenbegriffs.
[182] Vgl. Begr. RegE LkSG, BT-Drs. 19/28649, 35.
[183] Ähnlich Grabosch Das neue LkSG/Schönfelder § 4 Rn. 18 Fn. 58.

dischen Fundament dieses Vorgehens → Rn. 17). So definiert das Zweite Fakultativprotokoll zur Kinderrechtskonvention den Verkauf von Kindern als „jede Handlung oder jedes Geschäft, mit denen ein Kind gegen Bezahlung oder für eine andere Gegenleistung von einer Person oder Personengruppe an eine andere übergeben wird".[184] Für den Begriff des Kinderhandels existiert keine vom allgemeineren Begriff des Menschenhandels losgelöste Definition, sodass hier auf die Ausführungen bei → Rn. 79 verwiesen werden kann. Vorgaben, die zur Abgrenzung zwischen freiwilliger Rekrutierung und Pflichtrekrutierung von unter 18-Jährigen herangezogen werden können, enthält schließlich das Erste Fakultativprotokoll zur Kinderrechtskonvention.[185]

73 **(2) Kinderprostitution und Kinderpornographie (lit. b).** Erfasst werden auch das Heranziehen, Vermitteln oder Anbieten eines Kindes zu Prostitution oder zur Herstellung von pornographischen Inhalten. Wie im Rahmen von § 2 Abs. 2 Nr. 2 lit. a (→ Rn. 72) lässt sich der Inhalt der zentralen Begrifflichkeiten nur unter Rückgriff auf das von der Bundesrepublik Deutschland ratifizierte Völkervertragsrecht ermitteln. Anerkannte Definitionen der Begriffe der Kinderprostitution und der Kinderpornographie finden sich im Zweiten Zusatzprotokoll zur Kinderrechtskonvention.[186]

74 **(3) Unerlaubte Tätigkeiten (lit. c).** Das Verbot erstreckt sich zudem auf das Heranziehen, Vermitteln oder Anbieten eines Kindes zu unerlaubten Tätigkeiten. Hierfür nennt das Gesetz als Beispiel („insbesondere") die Gewinnung von und den Handel mit Drogen. Welche Substanzen und allgemeiner welche Tätigkeiten dem Tatbestand unterfallen, ist richtigerweise – trotz des Fehlens eines entsprechenden Verweises – nach dem jeweiligen Recht des Beschäftigungsortes zu bestimmen. Dafür spricht, dass der Gesetzgeber den Zusatz „wie diese in den einschlägigen Übereinkünften definiert sind" zur Konkretisierung des Drogenbegriffs aus Art. 3 lit. c ILO-Übereinkommen Nr. 182 nicht übernommen hat. Erlaubt ein Beschäftigungsland die Beschäftigung von Kindern bei einer Tätigkeit, mit der Gesundheitsgefahren oder Gefährdungen der Sicherheit oder Sittlichkeit des Kindes einhergehen, kann diese gleichwohl von § 2 Abs. 2 Nr. 2 lit. d erfasst sein.

75 **(4) Gesundheits-, sicherheits- oder sittlichkeitsschädliche Arbeit (lit. d).** Schließlich erfasst der Verbotstatbestand auch Arbeit, die ihrer Natur nach oder aufgrund der Umstände, unter denen sie verrichtet wird, voraussichtlich für die Gesundheit, die Sicherheit oder die Sittlichkeit von Kindern schädlich ist. Die Übernahme des Begriffs der „Sittlichkeit" aus Art. 3 lit. d ILO-Übereinkommen Nr. 182 ist unglücklich, da dessen Inhalt mit Blick auf die teils sehr unterschiedlichen Moral- und Wertvorstellungen einzelner Länder und Regionen dieser Welt erheblich variieren wird. Gerade für Unternehmen, die selbst oder deren Lieferketten den gesamten Globus umspannen, erschwert dies die Handhabung des Verbotstatbestandes und damit Risikoanalyse und -management.

76 Bei § 2 Abs. 2 Nr. 2 lit. d handelt es sich um ein **Auffangtatbestandsmerkmal,**[187] der die § 2 Abs. 2 Nr. 2 lit. a–c ergänzt. Weder der Gesetzestext noch die Gesetzesmaterialen enthalten konkrete Beispiele oder abstrakt-generellen Kriterien, anhand deren sich die offene Formulierung des Tatbestandes konkretisieren lässt. Zur Orientierung können aber die in der Empfehlung der Generalkonferenz der ILO niedergelegten Kriterien zum wort-

[184] S. Art. 2 lit. a Fakultativprotokoll vom 25.5.2000 zum Übereinkommen über die Rechte des Kindes betreffend den Verkauf von Kindern, die Kinderprostitution und die Kinderpornographie, BGBl. 2008 II 1222.

[185] S. Art. 3 Abs. 3 Fakultativprotokoll vom 25.5.2000 zum Übereinkommen über die Rechte des Kindes betreffend die Beteiligung von Kindern an bewaffneten Konflikten, BGBl. 2004 II 1355.

[186] S. Art. 2 lit. b, c Fakultativprotokoll vom 25.5.2000 zum Übereinkommen über die Rechte des Kindes betreffend den Verkauf von Kindern, die Kinderprostitution und die Kinderpornographie, BGBl. 2008 II 1222.

[187] S. auch Grabosch Das neue LkSG/Schönfelder § 4 Rn. 19: „Generalklausel".

gleichen Art. 3 lit. d ILO-Übereinkommen herangezogen werden.[188] Danach kann eine tatbestandliche Kindeswohlschädigung mit Arbeit einhergehen, die Kinder körperlichem, psychologischem oder sexuellem Missbrauch aussetzt, die eine gesteigerte Gefährlichkeit mit Blick auf den Arbeitsort, die eingesetzten Arbeitsgeräte oder die Arbeitsumgebung aufweist oder unter besonders schweren Bedingungen, zB Nachtarbeit, erfolgt.

cc) Verbot der Beschäftigung von Personen in Zwangsarbeit (Nr. 3). (1) Merkmale der Zwangsarbeit. § 2 Abs. 2 Nr. 3 normiert das Verbot der Beschäftigung von Personen in Zwangsarbeit. Nach der Legaldefinition, die wortgleich aus Art. 2 Abs. 1 ILO-Übereinkommen Nr. 29 übernommen wurde, umfasst dieses Verbot jede Arbeitsleistung oder Dienstleistung, die von einer Person unter Androhung von Strafe verlangt wird und für die sie sich nicht freiwillig zur Verfügung stellt. Für die zentralen Merkmale der Strafandrohung und der Unfreiwilligkeit finden sich in verschiedenen Publikationen der ILO umfangreiche Indikatorenkataloge,[189] aus denen die Regierungsbegründung[190] (ohne erkennbares Muster) folgende Indikatoren für die Zwangs- oder Pflichtarbeit herausgreift: das Einbehalten von Löhnen, das Einschränken der Bewegungsfreiheit eines Beschäftigten, das Einbehalten von Ausweisdokumenten, die Schaffung unzumutbarer Arbeit- und Lebensverhältnisse durch eine Arbeit unter gefährlichen Bedingungen oder in vom Arbeitgeber gestellten unzumutbaren Unterkünften, ein exzessives Maß an Überstunden sowie die Anwendung von Einschüchterungen und Drohungen. 77

(2) Regelbeispiele. Als Beispiele von Praktiken, die typischerweise mit Zwangs- oder Pflichtarbeit einhergehen, nennt das Gesetz die Schuldknechtschaft und den Menschenhandel. Beide Begriffe sind weder im Gesetz noch in den zugrundeliegenden völkerrechtlichen Verträgen legaldefiniert, lassen sich aber durch weitere von der Bundesrepublik Deutschland ratifizierte völkerrechtliche Verträge inhaltlich mit Leben füllen (näher zum auslegungsmethodischen Fundament dieses Vorgehens → Rn. 17): 78

Nach Art. 1 lit. a des Zusatzübereinkommens aus dem Jahr 1956 über die Abschaffung der Sklaverei, des Sklavenhandels und sklavereiähnlicher Einrichtungen und Praktiken[191] stellt die **Schuldknechtschaft** eine Rechtsstellung oder Lage dar, in der „ein Schuldner als Sicherheit für eine Schuld seine persönlichen Dienstleistungen oder diejenigen einer seiner Kontrolle unterstehenden Person verpfändet, wenn der in angemessener Weise festgesetzte Wert dieser Dienstleistungen nicht zur Tilgung der Schuld dient, oder wenn diese Dienstleistungen nicht sowohl nach ihrer Dauer wie auch nach ihrer Art begrenzt und bestimmt sind". **Menschenhandel** bezeichnet nach Art. 3 lit. a des sog. Palermo-Protokolls[192] die „Anwerbung, Beförderung, Verbringung, Beherbergung oder Aufnahme von Personen durch die Androhung oder Anwendung von, Gewalt oder anderen Formen der Nötigung, durch Entführung, Betrug, Täuschung, Missbrauch von Macht oder Ausnutzung besonderer Hilflosigkeit oder durch Gewährung oder Entgegennahme von Zahlungen oder Vorteilen zur Erlangung des Einverständnisses einer Person, die Gewalt über eine andere Person hat, zum Zweck der Ausbeutung". 79

(3) Ausnahmen. Vom Verbotstatbestand nicht erfasst werden nach § 2 Abs. 2 Nr. 3 Hs. 2 solche unfreiwilligen Arbeits- oder Dienstleistungen, die mit Art. 2 Abs. 2 ILO Übereinkommen Nr. 29 und Art. 8 (Abs. 3)[193] lit. b, c IPbpR vereinbar sind. Der Rege- 80

---

[188] Generalkonferenz der ILO, Empfehlung 190 – Empfehlung betreffend das Verbot und unverzügliche Maßnahmen zur Beseitigung der schlimmsten Formen der Kinderarbeit, 17.6.1999, Rn. 3.

[189] ILO, Combating Forced Labour – A Handbook for Employers & Business, 2. Aufl. 2015, 5, abrufbar unter https://perma.cc/TJ66-CWVC.

[190] Begr. RegE LkSG, BT-Drs. 19/28649, 35

[191] BGBl. 1958 II 203.

[192] Zusatzprotokoll vom 15.11.2000 zum Übereinkommen der Vereinten Nationen gegen die grenzüberschreitende organisierte Kriminalität zur Verhütung, Bekämpfung und Bestrafung des Menschenhandels, insbesondere des Frauen- und Kinderhandels, BGBl. 2005 II 995.

[193] Absatzbezeichnung im Vergleich zum Gesetzestext ergänzt.

lungsgehalt dieser Vorschriften ist in vielen Punkten deckungsgleich. Vorgesehen werden Ausnahmen für Militärdienstpflichten,[194] übliche Bürgerpflichten,[195] kleinere Gemeindearbeiten[196] sowie für Arbeits- oder Dienstleistungen, die im aufgrund einer (straf-)gerichtlichen Verurteilung[197] oder in Fällen höherer Gewalt, wie zB Krieg, Naturkatastrophen oder Seuchenfällen,[198] verlangt werden.

81 **dd) Verbot der Sklaverei, sklavereiähnlicher Praktiken und anderer Formen von Herrschaftsausübung oder Unterdrückung (Nr. 4).** Der Verbotstatbestand des § 2 Abs. 2 Nr. 4 erfasst zunächst entsprechend des zugrundeliegenden Art. 8 Abs. 1, 2 IPpbR[199] die Sklaverei und sklavereiähnlichen Praktiken.[200] Diese tatbestandliche Differenzierung spricht dafür den Begriff der **Sklaverei** wie in Art. 8 Abs. 1 IPpbR eng auszulegen.[201] Gemeint ist nach einer Definition, die auf das noch zu Zeiten des Deutschen Reichs ratifizierten Sklavereiübereinkommens aus dem Jahr 1926 zurückgeht, die Rechtsstellung oder Lage einer Person, an der einzelne oder alle der mit dem Eigentumsrecht verbundenen Befugnisse ausgeübt werden.[202] Als letztes Land hat die Islamische Republik Mauretanien die Sklaverei im Jahr 1981 offiziell abgeschafft; faktisch besteht sie dort aber bis heute fort.[203]

82 Der Begriff **„sklavereiähnliche Praktiken"** umfasst alle Praktiken und Einrichtungen, die durch das Zusatzübereinkommen über die Abschaffung der Sklaverei, des Sklavenhandels und sklavereiähnlicher Einrichtungen und Praktiken aus dem Jahr 1956[204] verboten werden. Eigens in den Gesetzestext aufgenommen wurde die sklavereiähnliche Praxis der **Leibeigenschaft,** die hier anders als in Art. 8 Abs. 2 IPbpR[205] in ihrem eigentlichen, engeren Sinne (serfdom) zu verstehen ist. Definiert wird die Leibeigenschaft in Art. 1 lit. a des Zusatzübereinkommens über die Abschaffung der Sklaverei, des Sklavenhandels und sklavereiähnlicher Einrichtungen und Praktiken. Neben der Leibeigenschaft im engeren Sinne verbietet das Zusatzübereinkommen auch die **Schuldknechtschaft**[206] sowie weitere Einrichtungen und Praktiken der **Verfügung** von Familienangehörigen **über Frauen oder Kinder,** zB die Zwangsheirat.[207]

83 **Kein Vorbild** in Art. 8 IPpbR findet dagegen das in § 2 Abs. 2 Nr. 4 genannte **Auffangtatbestandsmerkmal** der „anderen Formen von Herrschaftsausübung oder Unterdrückung im Umfeld der Arbeitsstätte",[208] mit dem der Gesetzgeber ersichtlich, indes zu Lasten der Rechtssicherheit, Schutzlücken vorbeugen wollte.[209] Wenig zur inhaltlichen Konturierung dieses Auffangtatbestandsmerkmals tragen die im Gesetzestext genannten

---

[194] S. Art. 2 Abs. 2 lit. a ILO Übereinkommen Nr. 29; Art. 8 Abs. 3 lit. c Ziff. ii IPbpR.
[195] S. Art. 2 Abs. 2 lit. b ILO Übereinkommen Nr. 29; Art. 8 Abs. 3 lit. c Ziff. iv IPbpR.
[196] S. Art. 2 Abs. 2 lit. e ILO Übereinkommen Nr. 29.
[197] S. Art. 2 Abs. 2 lit. c ILO Übereinkommen Nr. 29; Art. 8 Abs. 3 lit. b, c Ziff. i IPbpR.
[198] S. Art. 2 Abs. 2 lit. d ILO Übereinkommen Nr. 29; Art. 8 Abs. 3 lit. c Ziff. iii IPbpR.
[199] Begr. RegE LkSG, BT-Drs. 19/28649, 36.
[200] Dazu Schilling Internationaler Menschenrechtsschutz Rn. 213.
[201] Vgl. Schabas Nowak's Commentary Art. 8 Rn. 8; Schilling Internationaler Menschenrechtsschutz Rn. 213.
[202] S. Art. 1 Nr. 1 Sklavereiabkommen vom 25.9.1926, RGBl. 1929 II 63; auf diese Definition abstellend auch Graobsch LkSG/Schönfelder § 4 Rn. 28; Wagner/Ruttloff/Wagner LkSG-HdB/Ruttloff/Schulga § 2 Rn. 158.
[203] Vgl. Schabas Nowak's Commentary Art. 8 Rn. 11.
[204] BGBl. 1958 II 203.
[205] Dort wird „Leibeigenschaft" in einem weiten Sinne (servitude) als Oberbegriff für alle sklavereiähnlichen Praktiken verstanden. Näher dazu Schabas Nowak's Commentary Art. 8 Rn. 12 f.; Schilling Internationaler Menschenrechtsschutz Rn. 213.
[206] S. Art. 1 lit. b Zusatzübereinkommen vom 7.9.1956 über die Abschaffung der Sklaverei, des Sklavenhandels und sklavereiähnlicher Einrichtungen und Prakitken, BGBl. 1958 II, 203.
[207] S. Art. 1 lit. c, d Zusatzübereinkommen vom 7.9.1956 über die Abschaffung der Sklaverei, des Sklavenhandels und sklavereiähnlicher Einrichtungen und Prakitken, BGBl. 1958 II, 203.
[208] S. auch Grabosch Das neue LkSG/Schönfelder § 4 Rn. 30; Wagner/Ruttloff/Wagner LkSG-HdB/Ruttloff/Schulga § 2 Rn. 158.
[209] Vgl. Grabosch Das neue LkSG/Schönfelder § 4 Rn. 30.

Beispiele („etwa") der extremen wirtschaftlichen oder sexuellen Ausbeutung und Erniedrigung bei. Um eine Vergleichbarkeit mit den weiteren Tatbestandsmerkmalen des § 2 Abs. 2 Nr. 4 herzustellen,[210] wird man fordern müssen, dass die Herrschaftsausübung oder Unterdrückung über einen **längeren Zeitraum** andauert und der betroffenen Person keine oder **nahezu keine Entscheidungs- oder Freiheitsspielräume** verbleiben. Diese hoch gehängten Voraussetzungen dürfte das im Schrifttum genannte Beispiel[211] von Drückerkolonnen erfüllen, bei den Arbeiter etwa durch Druck oder Einbehalten der Papiere zu langanhaltenden Arbeiten ohne Entscheidungsmöglichkeiten oder Freiheiten gezwungen werden. Im Bereich der wirtschaftlichen Ausbeutung bleibt eine Abgrenzung zur Zwangsarbeit aber schwierig.

Anders als § 2 Abs. 2 Nr. 3 sieht § 2 Abs. 2 Nr. 4 keine Ausnahmen vor, die den erfassten Praktiken und Einrichtungen in bestimmten Fällen Legitimität verleihen könnten. 84

ee) Verbot der Missachtung von am Recht des Beschäftigungsorts geltenden Arbeitsschutzpflichten (Nr. 5). § 2 Abs. 2 Nr. 5 statuiert das Verbot der Missachtung der nach dem Recht des Beschäftigungsortes geltenden Pflichten des Arbeitsschutzes, wenn hierdurch die Gefahr von Unfällen bei der Arbeit oder arbeitsbedingten Gesundheitsgefahren entstehen. Das Verbot betrifft den weiten Bereich des Arbeitsschutzes, zielt aber mit dem Fokus auf Pflichtverstöße, die eine Gefahrenlage für die Gesundheit von Arbeitnehmern hervorrufen, speziell auf den Schutz des Rechts auf Leben aus Art. 6 Abs. 1 IPpbR, des Rechts auf Gesundheit aus Art. 12 IPwskR sowie des Rechts auf sichere und gesunde Arbeitsbedingungen aus Art. 7 lit. b IPwskR ab.[212] 85

(1) Voraussetzungen. Der Verbotstatbestand setzt zunächst die Missachtung einer nach dem Recht des Beschäftigungsortes geltenden Pflicht des Arbeitsschutzes voraus. Maßgebliche Pflichtenquelle sind daher die **jeweils am Beschäftigungsort geltenden nationalen Arbeitsschutzgesetze und anderen Rechtsvorschriften,** die den Arbeitsschutz betreffen. Eine erste Orientierung über die einschlägigen Regelwerke von über 130 Staaten bietet die „Global Database on Occupational Safety and Health Legislation (LEGOSH)" der ILO,[213] die jedoch seit einigen Jahren nicht mehr aktualisiert wird.[214] Wegen der „Akzessorietät"[215] zwischen dem Verbotstatbestand und dem lokalen Recht des Beschäftigungsortes sind etwaige, auch völkerrechtswidrige Schutzdefizite der jeweiligen Rechtsordnung grundsätzlich unbeachtlich. Produziert ein Unternehmen oder einer seiner Zulieferer aber unter Arbeitsbedingungen, die zu schwerwiegenden Beeinträchtigungen einer geschützten Rechtsposition, insbesondere des Rechts auf Leben und des Rechts auf Gesundheit, führen können, ist das Verbot aus § 2 Abs. 2 Nr. 5 jedoch wegen fehlender oder unzureichenden Arbeitsschutzvorschriften nicht einschlägig, kann der **Tatbestand der Auffangklausel des § 2 Abs. 2 Nr. 12** erfüllt sein.[216] 86

Ein Verstoß gegen das am Beschäftigungsort geltende Arbeitsschutzrecht ist im Rahmen von § 2 Abs. 2 Nr. 5 aber auch nur dann beachtlich, wenn **„hierdurch"** die Gefahr von Unfällen bei der Arbeit oder arbeitsbedingte Gesundheitsgefahren entstehen. Erforderlich ist mithin ein kausaler Zusammenhang zwischen dem Pflichtverstoß und der Gefahrenlage. Unter Schutzzweckgesichtspunkten wird man diesen bereits bejahen müssen, wenn der Pflichtverstoß **zumindest mitursächlich** für die Entstehung der Gefahrenlage ist. Nicht erforderlich ist es, dass der Pflichtverstoß die wesentliche oder gar die alleinige Ursache darstellt. 87

---

[210] Vgl. Wagner/Ruttloff/Wagner LkSG-HdB/Ruttloff/Schulga § 2 Rn. 158.

[211] Wagner/Ruttloff/Wagner LkSG-HdB/Ruttloff/Schulga § 2 Rn. 158.

[212] Vgl. Begr. RegE LkSG, BT-Drs. 19/28649, 36.

[213] Abrufbar unter https://www.ilo.org/dyn/legosh/en/f?p=14100:1000:0::NO; zu dieser und weiteren Hilfestellungen für Unternehmen Wagner/Ruttloff/Wagner LkSG-HdB/Ruttloff/Schulga § 2 Rn. 167 ff.

[214] Die aktuellsten Einträge stammen aus März 2017.

[215] Vgl. Sagan/A. Schmidt NZA-RR 2022, 281 (285).

[216] Gleichsinnig Ehmann ZVertriebsR 2021, 141 (144); Wagner/Ruttloff/Wagner LkSG-HdB/Ruttloff/Schulga § 2 Rn. 169.

88 Die wichtigen Begriffe „Unfälle bei der Arbeit“ und „arbeitsbedingte Gesundheitsgefahren“ werden weder in den Gesetzesmaterialien noch in den dort in Bezug genommenen Übereinkommen der ILO näher erläutert, finden sich aber im deutschen Arbeitsschutzrecht wieder. Der Begriff **„Unfälle bei der Arbeit“** ist enger als der unfallversicherungsrechtliche Begriff des Arbeitsunfalls insofern als Unfälle ausgeklammert werden, die auf dem Weg zur und von der Arbeit geschehen.[217] Dieses engere Verständnis entspricht auch der Definition des Arbeitsunfalls in einem Protokoll zu ILO-Übereinkommen Nr. 155, das die Bundesrepublik Deutschland bislang jedoch nicht ratifiziert hat.[218] Die Gefahr eines Unfalls bei der Arbeit besteht, wenn eine Sachlage gegeben ist, die bei ungehindertem Ablauf des objektiv zu erwartenden Geschehens in absehbarer Zeit und mit hinreichender Wahrscheinlichkeit zu einem entsprechenden Unfall führt.[219] Eine **arbeitsbedingte Gesundheitsgefahr** stellt eine Sachlage dar, die bei ungehindertem Ablauf des objektiv zu erwartenden Geschehens in absehbarer Zeit und mit hinreichender Wahrscheinlichkeit zu einer Gesundheitsschädigung führen wird.[220]

89 **(2) Typische Gefahrensituation.** In § 2 Abs. 2 Nr. 5 lit. a–d normiert das Gesetz einige typische Gefahrensituationen, bei deren Einschlägigkeit man ohne nähere Prüfung vom Vorliegen der Gefahr eines Unfalls bei der Arbeit oder von einer arbeitsbedingten Gesundheitsgefahr ausgehen kann.[221] Das Vorliegen eines arbeitsschutzrechtlichen Pflichtenverstoßes muss indes immer anhand der einschlägigen Regelwerke im Beschäftigungsland im Einzelfall geprüft werden und wird nicht durch das Vorliegen einer der Gefahrensituationen „indiziert“. Als typische Gefahrensituationen genannt werden offensichtlich ungenügende Sicherheitsstandards bei der Bereitstellung und der Instandhaltung der Arbeitsstätte, des Arbeitsplatzes und der Arbeitsmittel (lit. a), das Fehlen geeigneter Schutzmaßnahmen beim Umgang mit chemischen, physikalischen oder biologischen Stoffen (lit. b), das Fehlen von Maßnahmen zur Verhinderung übermäßiger körperlicher und geistiger Ermüdung (lit. c) und die ungenügende Ausbildung und Unterweisung von Beschäftigten (lit. d). Näher erläutert und mit Anwendungsbeispielen koloriert werden die einzelnen Vorschriften in der Regierungsbegründung.[222]

90 **ff) Verbot der Missachtung der Koalitionsfreiheit (Nr. 6).** § 2 Abs. 2 Nr. 6 normiert das Verbot der Missachtung der Koalitionsfreiheit, die in verschiedenen Ausprägungen und teilweise als Unterfall der breiteren Vereinigungsfreiheit den Schutzgegenstand beider UN-Menschenrechtspakte (s. Art. 22 IPbpR, Art. 8 IPwskR) sowie der ILO-Übereinkommen Nr. 87 und Nr. 98 bildet. Ausweislich der Regierungsbegründung dient das Verbot der Einhaltung der dort enthaltenen Regelungen.[223]

91 **(1) Schutzumfang.** Welche Ausprägungen der Koalitionsfreiheit im Rahmen des LkSG zu beachten sind, legt das Gesetz in § 2 Abs. 2 Nr. 6 lit. a–c fest. Nach **§ 2 Abs. 2 Nr. 6 lit. a** schützt der Verbotstatbestand zunächst das in Art. 22 Abs. 1 IPbpR, Art. 8 Abs. 1 IPwskR und in Art. 2 ILO-Übereinkommen Nr. 87 verankerte Individualrecht[224] von Arbeitnehmern, sich frei **zu Gewerkschaften zusammenschließen oder diesen beitreten** zu können. Die Regierungsbegründung spricht zwar an einer Stelle von „Gewerkschaften oder andere[n] Mitarbeitenden-Vertretungen“ und einer anderen Stelle

[217] Landmann/Rohmer GewO/Wiebauer ArbSchG § 2 Rn. 4 f.
[218] S. Art. 1 lit. a Protokoll von 2002 zum Übereinkommen (Nr. 155) über den Arbeitsschutz, 1981, abrufbar unter https://perma.cc/57W5-4HKM.
[219] Vgl. Landmann/Rohmer GewO/Wiebauer ArbSchG § 4 Rn. 10 f.
[220] Vgl. Landmann/Rohmer GewO/Wiebauer ArbSchG § 2 Rn. 8 f.
[221] Vgl. Grabosch Das neue LkSG/Schönfelder § 4 Rn. 32.
[222] Begr. RegE LkSG, BT-Drs. 19/28649, 36 f.; zu den einzelnen Gefahrensituationen auch Wagner/Ruttloff/Wagner LkSG-HdB/Ruttloff/Schulga § 2 Rn. 163 ff.
[223] Vgl. Begr. RegE LkSG, BT-Drs. 19/28649, 37.
[224] Zu dieser Einordnung auch Sagan/A. Schmidt NZA-RR 2022, 281 (285).

von „Vereinigungen oder andere[n] Gruppen".[225] Die Vorschrift erfasst aber ausweislich ihres klaren Wortlauts nur die Gründung von und den Beitritt zu Gewerkschaften, nicht dagegen die Bildung anderer Mitarbeitervertretungen, zB eines Betriebsrats.[226]

§ 2 Abs. 2 Nr. 6 lit. a sieht **weder einzelne Ausnahmen zur Gewerkschaftsfreiheit noch einen allgemeinen Schrankenvorbehalt vor,** wie er in Art. 22 Abs. 2 IPbpR und Art. 8 Abs. 1 lit. a S. 2 IPwskR enthalten ist.[227] Dies entspricht dem weiten Ansatz des ILO-Übereinkommens Nr. 87, das das Recht zur Bildung von Interessenvertretungen für Arbeitnehmer „ohne jeden Unterschied" (without distinction of any kind) garantiert.[228] Lediglich Angehörigen des Militärs oder der Polizei kann aufgrund innerstaatlicher Regelungen die Gründung von Gewerkschaften versagt werden.[229] Nach diesem weiten Verständnis stellen Gewerkschaftsverbote für einzelne Berufsgruppen, wie sie in zahlreichen Ländern, zB für Beschäftigte im Öffentlichen Dienst,[230] für Seeleute oder Beschäftigte im Landwirtschaftssektor,[231] existieren, stets unzulässige Eingriffe in die Koalitionsfreiheit dar. Erst recht von einer Verletzung der Koalitionsfreiheit ist auszugehen, wenn ein Land wie die Volksrepublik China die Gründung staatsunabhängiger Gewerkschaften generell verbietet. In beiden Fällen stellt sich aber die Frage, ob ein Unternehmen durch seine bloße Präsenz bzw. Tätigkeit in einem dieser Länder bereits einen relevanten Handlungsbeitrag zur Missachtung der Koalitionsfreiheit leistet. Dazu → Rn. 96. 92

Einen weiteren Aspekt der individuellen Koalitionsfreiheit betrifft **§ 2 Abs. 2 Nr. 6 lit. b.** Danach darf die Gründung, der Beitritt und die Mitgliedschaft zu einer Gewerkschaft nicht als Grund für ungerechtfertigte Diskriminierungen oder Vergeltungsmaßnahmen herangezogen werden. Dieses **spezielle Diskriminierungsverbot** ist Gegenstand von Art. 1 ILO-Übereinkommen Nr. 98. Nach Art. 1 Abs. 3 ILO-Übereinkommen Nr. 98 sollen Arbeitnehmer insbesondere davor geschützt werden, dass die Beschäftigung von der fehlenden Gewerkschaftszugehörigkeit abhängig gemacht wird (lit. a) oder die Entlassung eines Arbeitnehmers oder eine sonstige Benachteiligung wegen seiner Gewerkschaftszugehörigkeit erfolgt (lit. b). Übersetzt in den Unternehmenskontext bedeutet dies, dass Unternehmen das spezielle Diskriminierungsverbot bei der Begründung, Beendigung und während des laufenden Beschäftigungsverhältnisses zu beachten haben. 93

Schließlich greift **§ 2 Abs. 2 Nr. 6 lit. c** die kollektive Dimension der Koalitionsfreiheit auf, nämlich das in Art. 8 Abs. 1 lit. c IPwskR und Art. 2 ILO-Übereinkommen Nr. 98 verankerte Recht der Gewerkschaften, sich frei betätigen zu dürfen, einschließlich des Streikrechts und des Rechts auf Kollektivverhandlungen. Anders als die vorangegangenen Ausprägungen der Koalitionsfreiheit stellt das LkSG die **Betätigungsfreiheit von Gewerkschaften** explizit unter den aus anderen Verbotstatbeständen (s. etwa § 2 Abs. 2 Nr. 5) bekannten Vorbehalt des Rechts des Beschäftigungsortes. Ein Verbotsverstoß scheidet daher von vorneherein aus, wenn ein Unternehmen gesetzlich zulässige Maßnahmen ergreift, die die Betätigungsfreiheit einer Gewerkschaft einschränken, zB wenn 94

[225] Begr. RegE LkSG, BT-Drs. 19/28649, 37.

[226] Sagan/A. Schmidt NZA-RR 2022, 281 (285); anders Ehmann ZVertriebsR 2021, 141 (144) und wohl auch Nietsch/Wiedmann CCZ 2021, 101 (105).

[227] Dennoch für eine Beachtung dieser Schrankenvorbehalte Sagan/A. Schmidt NZA-RR 2022, 281 (285).

[228] S. Art. 2 Abs. 1 ILO-Übereinkommen Nr. 87; dazu ausführlich CEACR, Giving globalization a human face – General Survey on the fundamental Conventions concerning rights at work in light of the ILO Declaration on Social Justice for a Fair Globalization, 2008, 2012, ILC.101/III/1B, Rn. 63 ff.

[229] S. Art. 9 ILO-Übereinkommen Nr. 87.

[230] Vgl. CEACR, Giving globalization a human face – General Survey on the fundamental Conventions concerning rights at work in light of the ILO Declaration on Social Justice for a Fair Globalization, 2008, 2012, ILC.101/III/1B, Rn. 64 ff.

[231] Vgl. CEACR, Giving globalization a human face – General Survey on the fundamental Conventions concerning rights at work in light of the ILO Declaration on Social Justice for a Fair Globalization, 2008, 2012, ILC.101/III/1B, Rn. 71.

es Streiks mit rechtlich zulässigen Arbeitskampfmaßnahmen entgegentritt oder die Aufnahme von Kollektivverhandlungen in gesetzlich vorgesehenen Fällen ablehnt.[232]

95 **(2) Verbotene Handlungen.** § 2 Abs. 2 Nr. 6 verbietet schlicht die „Missachtung" der Koalitionsfreiheit. Welches Unternehmensverhalten mit Blick auf die erfassten Ausprägungen der Koalitionsfreiheit verboten wird, wird weder abstrakt noch durch die Nennung einzelner Fallgruppen konkretisiert. In den Gesetzesmaterialien heißt es recht vage und bezogen auf den eigenen Geschäftsbereich eines Unternehmens, dass darauf zu achten sei, „Vereinigungen oder andere Gruppen in ihrer Gründung und ihren Aktivitäten nicht durch unternehmerisches Handeln zu behindern".[233] Weiterführend ist dagegen der Blick in die **Entscheidungssammlung** (compilation of decisions) des **ILO-Vereinigungsausschusses** (Comittee on Freedom of Association).[234] Dort findet sich eine umfangreiche Liste mit Beispielen sog. „acts of interferences" staatlicher, aber auch privater Akteure, die mit den Garantien der ILO-Übereinkommen Nr. 87 und 98 nicht vereinbar sind.[235] Obgleich die Entscheidungspraxis des ILO-Vereinigungsausschusses damit eine wichtige Auslegungshilfe bietet,[236] kann man die **gesetzgeberische Zurückhaltung** bei der Normierung verbotener Handlungen oder Handlungskategorien **kritisieren.** Denn in Fällen, die nicht durch die Entscheidungspraxis des ILO-Vereinigungsausschusses abgedeckt werden oder in denen der ILO-Vereinigungsausschuss keine eindeutigen Aussagen trifft, lässt § 2 Abs. 2 Nr. 6 subsumptionsfähige Tatbestandsmerkmale vermissen. Im Zusammenhang mit den sog. „anti-union campaigns" hat der ILO-Vereinigungsausschuss zB festgestellt, dass diese nicht per se unzulässig seien, sondern gegebenenfalls von der Meinungsfreiheit des Arbeitgebers gedeckt seien.[237] Stellt ein Unternehmen im eigenen Geschäftsbereich oder bei einem Zulieferer den Einsatz solcher Kampagnen fest, lässt sich § 2 Abs. 2 Nr. 6 nicht entnehmen, anhand welchen Maßstabs die rechtliche Zulässigkeit nun zu messen ist. Um das Verbot justiziabel zu halten, wird man in diesen Fällen wohl auf die einschlägigen Regelungen des nationalen Rechts zurückgreifen müssen.

96 Losgelöst davon stellt sich die Frage, ob ein Unternehmen, das in einem Land operiert, welches unabhängige Gewerkschaften für unternehmensrelevante Berufsgruppen oder generell verbieten, die Koalitionsfreiheit seiner Beschäftigten bereits **aufgrund seiner bloßen Präsenz** „missachtet" oder, ob ein **darüberhinausgehender Handlungsbeitrag** erforderlich ist. Die Gesetzesmaterialien treffen hierzu keine eindeutige Aussage, deuten aber daraufhin, dass das bloße „Aktiv-Sein" in einem Land, das Gewerkschaften verbietet, ausreicht.[238] Auch Teile des Schrifttums bejahen dies ohne nähere Erörterung und befassen sich schwerpunktmäßig mit den Folgen des „Konflikts" zwischen § 2 Abs. 2 Nr. 6 und dem nationalen Recht.[239] Folgt man dem, muss man aber auch konsequenterweise einen relevanten Verursachungsbeitrag des Unternehmens iSd § 4 Abs. 2 bejahen,[240] was auf einer Linie mit dem weiten Verständnis dieser Vorschrift der gemein-

---

[232] Vgl. Sagan/A. Schmidt NZA-RR 2022, 281 (286).

[233] So Begr. RegE LkSG, BT-Drs. 19/28649, 37.

[234] ILO, Freedom of Association. Compilation of decisions of the Committee on Freedom of Association, 6. Aufl. 2018, abrufbar unter https://perma.cc/FDZ6-YAWM.

[235] ILO, Freedom of Association. Compilation of decisions of the Committee on Freedom of Association, 6. Aufl. 2018, Rn. 1194 ff.

[236] Vgl. Wagner/Ruttloff/Wagner LkSG-HdB/Ruttloff/Schulga § 2 Rn. 174.

[237] Vgl. ILO, Freedom Association. Compilation of decisions of the Committee on Freedom of Association, 6. Aufl. 2018, Rn. 1196.

[238] Vgl. Begr. RegE LkSG, BT-Drs. 19/28649, 37: „Unternehmensverhalten kann sich unmittelbar negativ auf das Recht ausüben, Gewerkschaften oder andere Mitarbeitenden-Vertretungen zu bilden. Dies kann beispielsweise dann von besonderer Bedeutung sein, wenn ein Unternehmen in Ländern aktiv ist, in denen Gewerkschaften verboten sind".

[239] So Wagner/Ruttloff/Wagner LkSG-HdB/Ruttloff/Schulga § 2 Rn. 176 ff; s. auch Grabosch Das neue LkSG/Schönfelder § 4 Rn. 34.

[240] Widersprüchlich hier Grabosch Das neue LkSG/Schönfelder § 4 Rn. 34, der einen Verursachungsbeitrag ablehnt, dennoch aber von einer Pflicht des Unternehmens ausgeht, gewisse (Abhilfe-)Maßnahmen zu ergreifen.

samen Q&A des BMAS, BMWK und des BAFA liegt (→ § 4 Rn. 42).[241] Der Pflichtenumfang des Unternehmens ist dann erst im Rahmen des Angemessenheitsvorbehalts der einzelnen Sorgfaltspflichten anzupassen. Etwas rechtlich Unmögliches kann und soll nach der Vorstellung des Gesetzgebers nicht verlangt werden.[242]

gg) Verbot der Ungleichbehandlung in Beschäftigungsverhältnissen (Nr. 7). § 2 97
Abs. 2 Nr. 7 statuiert das Verbot der Ungleichbehandlung in Beschäftigungsverhältnissen. Dessen Grundlage bilden ausweislich der Regierungsbegründung „die allgemeinen Diskriminierungsverbote gemäß Artikel 2 Absatz 1 [IPbpR] und Artikel 2 Absatz 2 [IPwskR]"[243] sowie das ILO-Übereinkommen Nr. 111, das Staaten aufgibt, jede Form der Diskriminierung in Beschäftigung und Beruf zu beseitigen (s. Art. 2 ILO-Übereinkommen Nr. 111). Streng genommen normieren Art. 2 Abs. 1 IPbpR und Art. 2 Abs. 2 IPwskR jedoch keine selbständigen Diskriminierungsverbote, sondern rein akzessorische Diskriminierungsverbote, die auf die unterschiedslose Gewährleistung der in den Menschenrechtspakten garantierten Rechte abzielen.[244] Ein selbständiges Diskriminierungsverbot ist alleine in Art. 26 IPbpR verankert, den die Gesetzesmaterialien überraschendweise aber nicht erwähnen.

(1) Persönlicher und zeitlicher Anwendungsbereich. Das Ungleichbehandlungsver- 98
bot des § 2 Abs. 2 Nr. 7 gilt für Personen „in Beschäftigung". Der Begriff „Beschäftigung" ist, wie an anderer Stelle erläutert (→ Rn. 69), weit auszulegen und umfasst neben formalen Arbeitsverhältnissen auch informelle Beschäftigungsverhältnisse.

Neben Ungleichbehandlungen bei der Durchführung oder Beendigung eines laufenden 99
Beschäftigungsverhältnisses erfasst der Verbotstatbestand in Ansehung von Art. 1 Abs. 3 ILO-Übereinkommen Nr. 111, nach dem der Begriff „Beschäftigung" auch die Zulassung zur Beschäftigung umfasst, auch Ungleichbehandlungen im Einstellungsverfahren und damit vor Beginn des eigentlichen Beschäftigungsverhältnisses.

(2) Verbotene Ungleichbehandlungen. (a) Grundsatz. § 2 Abs. 2 Nr. 7 verbietet 100
die Ungleichbehandlung aufgrund einer langen, jedoch nicht abschließenden („etwa") Liste an Merkmalen, sofern die Ungleichbehandlung nicht in den Erfordernissen der Beschäftigung begründet ist (→ Rn. 104 f.). Aus den Gesetzesmaterialien geht hervor, dass der Gesetzgeber den Begriff „Ungleichbehandlung" als Synonym zu dem im ILO-Übereinkommen Nr. 111 verwendeten Begriff der Diskriminierung benutzt.[245] Als Diskriminierung gilt nach Art. 1 Abs. 1 lit. a ILO-Übereinkommen Nr. 111 „jede Unterscheidung, Ausschließung oder Bevorzugung, die auf Grund der Rasse, der Hautfarbe, des Geschlechts, des Glaubensbekenntnisses, der politischen Meinung, der nationalen Abstammung oder der sozialen Herkunft vorgenommen wird und die dazu führt, die Gleichheit der Gelegenheiten oder der Behandlung in Beschäftigung oder Beruf aufzuheben oder zu beeinträchtigen". Erfasst werden sowohl Formen direkter als auch indirekter Diskriminierung.[246]

---

[241] S. BMAS/BMWK/BAFA, Fragen und Antworten zum Lieferkettengesetz, Stand: 28.4.2022, Frage VI.5.; krit. zu diesem weiten Verständnis VCI, Diskussionspapier zu Rechts- und Umsetzungsfragen des Lieferkettensorgfaltspflichtengesetzes (LkSG), 18.3.2022, 34 ff., dessen Argumentation, dass der Begriff des „Verursachens" eine aktive (rechtsbeeinträchtigende) Handlung oder ein pflichtwidriges Unterlassen erfordere, auch im hiesigen Kontext fruchtbar gemacht werden könnte.

[242] Deutlich Beschlussempfehlung und Bericht des Ausschusses für Arbeit und Soziales, BT-Drs. 19/30505, 38: „Klar ist dabei: von keinem Unternehmen darf etwas rechtlich und tatsächlich Unmögliches verlangt werden."

[243] Begr. RegE LkSG, BT-Drs. 19/28649, 37.

[244] Saul/Kinley/Mowbray ICESCR S. 185 f.; Schabas Nowak's CCPR Commentary Art. 2 Nr. 15 ff. (unter der Überschrift „Accesory Character"); aus der deutschen Lit. etwa BeckOGK/Baumgärtner AGG § 1 Rn. 47.

[245] Begr. RegE LkSG, BT-Drs. 19/28649, 37.

[246] CEACR, Giving globalization a human face – General Survey on the fundamental Conventions concerning rights at work in light of the ILO Declaration on Social Justice for a Fair Globalization, 2008, 2012, ILC.101/III/1B, Rn. 743 ff.

101 § 2 Abs. 2 Nr. 7 greift den Großteil der in Art. 1 Abs. 1 lit. a ILO-Übereinkommen Nr. 111 aufgeführten Diskriminierungsmerkmale auf, nennt aber auch Anknüpfungspunkte für eine verbotene Ungleichbehandlung, die dort nicht zu finden sind. Neu oder gänzlich unbekannt ist aber keines von ihnen.[247] Vielmehr werden alle Merkmale in den einschlägigen Vorschriften der UN-Menschenrechtspakte als verbotene Diskriminierungsgründe explizit benannt oder unter das Auffangmerkmal „sonstiger Status" subsumiert. Einen Überblick über den Inhalt der einzelnen Diskriminierungsmerkmale mit vertiefenden Hinweisen enthält ein im Jahr 2009 veröffentlichter Allgemeiner Kommentar des UN-Ausschusses für wirtschaftliche, soziale und kulturelle Rechte (CESCR).[248]

102 **(b) Regelbeispiel.** Als Regelbeispiel für eine verbotene Ungleichbehandlung nennt § 2 Abs. 2 Nr. 7 Hs. 2 die „Zahlung ungleichen Entgelts für gleichwertige Arbeit". Völkerrechtlich ist das Recht auf gleiches Entgelt für gleichwertige Arbeit in Art. 7 Abs. 1 lit. a Ziff. i IPwskR verankert und schützt dort vor der Entgeltdiskriminierung aufgrund aller in Art. 2 Abs. 1 IPwskR genannten Diskriminierungsmerkmale, nicht nur aufgrund des Geschlechtes.[249] Auch der Wortlaut des § 2 Abs. 7 Hs. 2 sieht keine Beschränkung auf einzelne Diskriminierungsmerkmale vor, sodass das Regelbeispiel entsprechend weit zu verstehen ist.[250]

103 Der Begriff **„gleichwertige Arbeit"** erfasst nach Auffassung des ILO-Sachverständigenausschusses (CEACR) nicht nur gleiche, identische oder ähnliche Tätigkeiten, sondern auch völlig unterschiedliche Tätigkeiten, die aber den gleichen (Arbeits-)Wert haben.[251] Welche Tätigkeiten gleichwertig sind, sei anhand einer Gesamtschau (objective overall assessment) zu ermitteln, bei der insbesondere die erforderlichen Fähigkeiten (skill), der (Kraft-)Aufwand (effort), der Verantwortungsgrad (responsibility) und die Arbeitsbedingungen (working conditions) zu berücksichtigten seien.[252] Diese Kriterien entsprechen im Wesentlichen den Faktoren, die in § 4 Abs. 2 EntgTranspG zur Bestimmung des Vorliegens gleichwertiger Arbeit genannt werden.

104 **(c) Ausnahme.** Nicht dem Verbotstatbestand unterfallen gemäß § 2 Abs. 2 Nr. 7 Hs. 1 aE Ungleichbehandlungen, die „in den Erfordernissen der Beschäftigung begründet [sind]". Eine ganz ähnliche Ausnahmeregelung findet man in **Art. 1 Abs. 2 ILO-Übereinkommen Nr. 111,** die in der englischen Originalfassung wie folgt lautet:

> *„Any distinction, exclusion or preference in respect of a particular job based on the inherent requirements thereof shall not be deemed to be discrimination."*

In verschiedenen Berichten zur Anwendung des ILO-Übereinkommens Nr. 111 hat der CEACR betont, dass Art. 1 Abs. 2 ILO-Übereinkommen Nr. 111 eng auszulegen sei, um den bezweckten Diskriminierungsschutz nicht auszuhöhlen.[253] Eine Einschränkung des

---

[247] Abw. Wagner/Ruttloff/Wagner LkSG-HdB/Ruttloff/Schulga § 2 Rn. 184.

[248] CESCR, General comment No. 20: Non-discrimination in economic, social and cultural rights (art. 2, para. 2, of the International Covenant on Economic, Social and Cultural Rights), 2.7.2009, E/C.12/GC/20, Rn. 10 ff.

[249] Saul/Kinley/Mowbray ICESCR S. 427 f.; insofern zumindest missverständlich Begr. RegE LkSG, BT-Drs. 19/28649, 38.

[250] Ebenso Grabosch Das neue LkSG/Schönfelder § 4 Rn. 37; Wagner/Ruttloff/Wagner LkSG-HdB/Ruttloff/Schulga § 2 Rn. 185.

[251] CEACR, Giving globalization a human face – General Survey on the fundamental Conventions concerning rights at work in light of the ILO Declaration on Social Justice for a Fair Globalization, 2008, 2012, ILC.101/III/1B, Rn. 673.

[252] CEACR, Giving globalization a human face – General Survey on the fundamental Conventions concerning rights at work in light of the ILO Declaration on Social Justice for a Fair Globalization, 2008, 2012, ILC.101/III/1B, Rn. 675, 695 ff.

[253] So etwa CEACR, Equality in Employment and Occupation – General Survey of the Reports on the Discrimination (Employment and Occupation) Convention (No. 111) and Recommendation (No. 111), 1958, 1988, Rn. 125; CEACR, Giving globalization a human face – General Survey on the fundamental Conventions concerning rights at work in light of the ILO Declaration on Social Justice for a Fair Globalization, 2008, 2012, ILC.101/III/1B, Rn. 827.

Diskriminierungsverbotes müsse aufgrund der Eigenschaften des konkreten Berufs, der Funktion oder der Aufgabe erforderlich und verhältnismäßig sein.[254] Nicht zulässig sei die systematische Anwendung einzelner Diskriminierungsmerkmale auf ganze Berufsgruppen ohne Berücksichtigung der Umstände des Einzelfalls.[255]

Auch wenn diese Ausführungen an staatliche Adressaten gerichtet sind, wird man ihnen für den hiesigen Kontext entnehmen können, dass die Ausnahmeregelung nur sehr begrenzten Raum für zulässige Ungleichbehandlungen durch Unternehmen lässt. Wie im deutschen Anti-Diskriminierungsrecht dürften reinen Zweckmäßigkeitserwägungen oder subjektive Erwägungen des Unternehmens nicht ausreichen.[256] Verschiedene Beispiele, die der CEACR für zulässige Ungleichbehandlungen gibt, zeigen aber auch, dass die Erforderlichkeitsschwelle nicht erst dann erreicht ist, wenn die Erbringung der Arbeitsleistung ohne das geforderte Merkmal bzw. die Anforderung, die mit dem Merkmal in Zusammenhang steht, tatsächlich unmöglich ist.[257] In den Erfordernissen der Beschäftigung können vielmehr auch solche Anforderungen begründet sein, ohne die die Tätigkeit **bloß schlechter oder nicht ordnungsgemäß** ausgeführt werden kann.[258] Maßgeblich ist dabei immer das Anforderungsprofil der konkreten Tätigkeit. Einstellungs- und Auswahlrichtlinien von Unternehmen, die die nötige Differenzierung zwischen verschiedenartigen Tätigkeiten vermissen lassen oder keinen Raum für einzelfallbezogene Ausnahmen gewähren, können daher für einen drohenden Verstoß gegen § 2 Abs. 2 Nr. 7 sprechen. 105

hh) Verbot des Vorenthaltens eines angemessenen Lohns (Nr. 8). § 2 Abs. 2 Nr. 8 enthält das rechtspolitisch besonders umstrittene[259] Verbot des Vorenthaltens eines angemessenen Lohns. Völkerrechtlich ist das Recht auf einen angemessenen Lohn **(fair wage)** in Art. 7 lit. a Ziff. i IPwskR verankert. Dem Verbotstatbestand zugrunde liegt ausweislich der Regierungsbegründung jedoch das in Art. 7 lit. a Ziff. ii IPwskR verankerte Recht auf ein Arbeitsentgelt, das einen angemessenen Lebensunterhalt sichert **(renumeration that provides a decent living).**[260] Der angemessene Lohn und der existenzsichernde Lohn stehen zwar in einem engen thematischen Bezug, sind aber konzeptionell nicht deckungsgleich, wie dies der UN-Ausschuss für wirtschaftliche, soziale und kulturelle Rechte (CESCR) betont:[261] 106

> *„While fair wages and equal remuneration are determined by reference to the work performed by an individual worker, as well as in comparison with other workers, remuneration that provides a decent living must be determined by reference to outside factors such as the cost of living and other prevailing economic and social conditions."*

Die unglückliche Begriffswahl ist im Rahmen von § 2 Abs. 2 Nr. 8 zunächst einmal unerheblich, da die Vorschrift den angemessenen Lohn für die Zwecke des LkSG eigens 107

[254] CEACR, Equality in Employment and Occupation – General Survey of the Reports on the Discrimination (Employment and Occupation) Convention (No. 111) and Recommendation (No. 111), 1958, 1988, Rn. 126.

[255] CEACR, Equality in Employment and Occupation – General Survey of the Reports on the Discrimination (Employment and Occupation) Convention (No. 111) and Recommendation (No. 111), 1958, 1988, Rn. 126.

[256] So im Zusammenhang mit dem AGG BeckOK ArbR/Roloff AGG § 8 Rn. 4; MüKoBGB/Thüsing AGG § 8 Rn. 5.

[257] S. die Beispiele in CEACR, Giving globalization a human face – General Survey on the fundamental Conventions concerning rights at work in light of the ILO Declaration on Social Justice for a Fair Globalization, 2008, 2012, ILC.101/III/1B, Rn. 830 f.

[258] Vgl. im Kontext des AGG ErfK/Schlachter AGG § 8 Rn. 4; MüKoBGB/Thüsing AGG § 8 Rn. 6.

[259] S. etwa die scharfe Kritik des BDA, Umfassende Korrekturen notwendig – Stellungnahme zum Gesetzesentwurf der Bundesregierung über unternehmerische Sorgfaltspflichten in Lieferketten (BT-Drs. 19/28649), 12.5.2021, 7 (abgedruckt in A-Drs. 19(11)1136, 65 ff.); krit. auch Thüsing ZRP 2021, 97 (98).

[260] Begr. RegE LkSG, BT-Drs. 19/28649, 38.

[261] CESCR, General Comment No. 23 (2016) on the right to just and favourable conditions of work (article 7 of the International Covenant on Economic, Social and Cultural Rights), 27.4.2016, E/C.12/GC/23, Rn. 18.

definiert. Festgelegt werden durch die in § 2 Abs. 2 Nr. 8 Hs. 2 enthaltene Legaldefinition jedoch weder ein allgemeiner Maßstab noch einzelne Kriterien. Stattdessen verweist die Vorschrift zur Bemessung des angemessenen Lohns auf das **„Recht des Beschäftigungsortes“.**[262] Der am Beschäftigungsort geltende **Mindestlohn**[263] wird jedoch im selben Atemzug nur zur **Untergrenze** („mindestens“) erklärt. Der angemessene Lohn kann, wie dies die gemeinsamen Q&A des BMAS, des BMWK und des BAFA eigens hervorheben, auch darüber liegen.[264] In dieser Kombination leuchtet der Verweis auf das Recht des Beschäftigungsortes zur Bestimmung des angemessenen Lohnes jedoch nicht ein. Denn im nationalen Recht sind es gerade die Mindestlohnbestimmungen, die die politisch konsensfähigen Vorstellungen eines angemessenen Lohns verkörpern. Regelungen zu einem angemessenen Lohn, die keine Regelungen über einen Mindestlohn darstellen, sind kaum denkbar. Nach einer wortlautgetreuen Auslegung definiert § 2 Abs. 2 Nr. 8 daher lediglich die Untergrenze des angemessenen Lohnes, ohne den Rechtsanwender zu erhellen, unter welchen Bedingungen Mindestlohn und angemessener Lohn divergieren.

108 Im Schrifttum wird dieses Problem teilweise dadurch bewältigt, dass man nicht auf die rechtlichen Verhältnissen, sondern auf die tatsächlichen Lebensverhältnisse am Beschäftigungsort abstellt.[265] Stützen lässt sich dies auf die Regierungsbegründung, in der es heißt, dass bei der Bemessung des angemessenen Lohnes die **„örtlichen Lebenserhaltungskosten des Beschäftigten und seiner Familienangehörigen sowie die örtlichen Leistungen der sozialen Sicherheit“** berücksichtigt werden sollen.[266] Welche Ausgaben zu den Lebenserhaltungskosten zählen, bleibt allerdings unklar. Eine gewisse Orientierung bietet hier die Auslegungspraxis des CESCR zu Art. 7 lit. a Ziff. ii IPwskR,[267] nach der ein existenzsichernder Lohn den Beschäftigten und seine Familienangehörigen in die Lage versetzen muss, seine Rechte aus dem Sozialpakt wahrzunehmen, wozu insbesondere das Recht auf soziale Sicherheit, Gesundheitsversorgung, Bildung und einen angemessenen Lebensstandard, einschließlich Nahrung, Wasser und Hygiene, Unterbringung und weitere Kosten, zB Transportkosten, zählen.[268] Auch diese Aufzählung ist aber erkennbar nicht abschließend.

109 Selbst wenn man diese Unsicherheit auf Maßstabsebene gedanklich beiseite rückt, dürfte eine standortbezogene (eigene Standorte sowie mindestens die Standorte der unmittelbaren Zulieferer) Anwendung dieses Maßstabs mit enormem Aufwand für Unternehmen verbunden sein. Daher raten praxisnahe Stimmen, bei der Bemessung des angemessenen Lohns auf **Referenzwerte** verschiedener NGOs zurückzugreifen, die diese für einen Großteil der Länder, zum Teil auch regionaler, auf Grundlage der sog. **Anker-Methode**[269] berechnet haben. Auch seitens des BAFA als zuständige Aufsichtsbehörde scheinen gegen ein solches Vorgehen keine Einwände zu bestehen.[270] Ob und welche Bedeutung den Referenzwerten

---

[262] Deutlicher war dies noch in der Begriffsfassung des RegE, die wie folgt lautete: „[…]; der angemessene Lohn bemisst sich nach den Regelungen des Beschäftigungsortes und beträgt mindestens die Höhe des nach dem anwendbaren Recht festgelegten Mindestlohns;“. Die Umstellung der einzelnen Satzteile auf Empfehlung des Ausschusses für Arbeit und Soziales (BT-Drs. 19/30505, 8, 36) war daher entgegen der Intention des Ausschusses der Verständlichkeit der Vorschrift abträglich.

[263] Das „anwendbare Recht“ und das Recht des Beschäftigungsortes sollten nach der Vorstellung des Gesetzgebers regelmäßig übereinstimmen. Auch das wurde durch die Begriffsfassung des RegE noch deutlicher. Anders wohl Grabosch Das neue LkSG/Schönfelder § 4 Rn. 39; Wagner/Ruttloff/Wagner LkSG-HdB/Ruttloff/Schulga § 2 Rn. 189.

[264] So BMAS/BMWK/BAFA, Fragen und Antworten zum Lieferkettengesetz, Stand: 28.4.2022, Antwort auf Frage V.3.

[265] So Wagner/Ruttloff/Wagner LkSG-HdB/Ruttloff/Schulga § 2 Rn. 190.

[266] Begr. RegE LkSG, BT-Drs. 19/28649, 38.

[267] S. auch Wagner/Ruttloff/Wagner LkSG-HdB/Ruttloff/Schulga § 2 Rn. 190.

[268] CESCR, General comment No. 23 (2016) on the right to just and favourable conditions of work (article 7 of the International Covenant on Economic, Social and Cultural Rights), 7.4.2016, E/C.12/GC/23, Rn. 18.

[269] Ausführlich zur Methodik R. Anker/M. Anker, Living Wages Around the World – Manual for Measurement, 2017.

[270] Vgl. BMAS/BMWK/BAFA, Fragen und Antworten zum Lieferkettengesetz, Stand: 28.4.2022, Antwort auf Frage V.4.

in einem gerichtlichen Verfahren zukommt, wird bislang nicht erörtert. Klar dürfte nur sein, dass ihnen keine normkonkretisierende Wirkung zukommt. Denkbar erscheinen aber eine Indiz- oder gar eine Vermutungswirkung.

ii) Verbot der Herbeiführung bestimmter Umweltbeeinträchtigungen mit nachteiligen Auswirkungen auf die menschlichen Lebensgrundlagen oder die Gesundheit einer Person (Nr. 9). § 2 Abs. 2 Nr. 9 normiert das Verbot der Herbeiführung einer schädlicher Bodenveränderung, Gewässerverunreinigung, Luftvereinigung, schädlichen Lärmemissionen oder eines übermäßigen Wasserverbrauchs, die bzw. der einer der in § 2 Abs. 2 Nr. 9 lit. a–d normierten nachteiligen Auswirkungen auf die menschlichen Lebensgrundlagen oder die Gesundheit einer Person hervorruft. Aus dem Erfordernis einer menschenrechtlichen Auswirkung der Umweltbeeinträchtigung lässt sich ableiten, dass das Verbot nicht allgemein dem Schutz der Umwelt, sondern dem Schutz von Menschenrechten dient, was den systematischen Standort der Vorschrift erklärt.[271] Ausweislich der Regierungsbegründung zielt das Verbot konkret auf den Schutz des Rechts auf Leben (Art. 6 Abs. 1 IPbpR), des Rechts auf Gesundheit (Art. 12 IPwskR) und des Rechts auf eine ausreichende Nahrung, Wasser- und Sanitärversorgung (Art. 11 Abs. 1 S. 1 IPwskR) ab.[272] 110

(1) Umweltbeeinträchtigungen. Die Begriffe „schädliche Bodenveränderung", „Gewässerverunreinigung", „Luftverunreinigung", „schädliche Lärmemission" und „übermäßiger Wasserverbrauch" entstammen nicht dem Völkerrecht, sondern finden sich größtenteils in verschiedenen Spezialgesetzen des deutschen Umweltrechts wieder.[273] In Ermangelung eigener Legaldefinitionen des LkSG liegt es nahe, das umweltrechtliche Begriffsverständnis als Ausgangspunkt für die Bestimmung des Inhalts der Begrifflichkeiten heranzuziehen. 111

(a) Schädliche Bodenveränderung. Der Begriff der schädlichen Bodenveränderung entstammt dem deutschen Bodenschutzrecht und wird dort als Beeinträchtigung einer Bodenfunktion definiert, die geeignet ist, Gefahren, erhebliche Nachteile oder erhebliche Belästigungen für den Einzelnen oder die Allgemeinheit herbeizuführen (s. § 2 Abs. 3 BBodSchG). Übernimmt man dieses zweigliedrige Begriffsverständnis[274] im Rahmen von § 2 Abs. 2 Nr. 9 ohne Modifizierung, führt dies aufgrund des ohnehin zweistufigen Aufbaus des Verbotstatbestandes zu einer wenig sinnvollen und überdies inhaltlich divergierenden Doppelprüfung der negativen Auswirkungen einer Bodenfunktionsbeeinträchtigung. Eine solche lässt sich vermeiden, indem man den Begriff der schädlichen Bodenveränderung für die Zwecke des LkSG weit als jede Beeinträchtigung einer Bodenfunktion versteht und das Störpotenzial der Bodenfunktionsbeeinträchtigung erst bei der Frage prüft, ob die Beeinträchtigung auch einer in § 2 Abs. 2 Nr. 9 lit. a–d normierten Auswirkungen hervorgerufen hat. So verstanden **entfaltet** der Zusatz **„schädlich" keine eigenständige Bedeutung oder Abgrenzungswirkung.** Bodenveränderungen, die mit einer der von § 2 Abs. 2 Nr. 9 lit. a–d erfassten Auswirkungen einhergehen, jedoch nicht schädlich sind, sind nicht denkbar. 112

Von § 2 Abs. 2 Nr. 9 geschützt werden wie im Bodenschutzrecht **sämtliche Bodenfunktionen,**[275] dh neben den natürlichen Funktionen des Bodens auch seine Archiv- und Kulturfunktion sowie seine Nutzungsfunktionen, etwa als Standort für Land- und Fortwirtschaft (s. die Legaldefinition in § 2 Abs. 2 BBodSchG).[276] Beeinträchtigungen der Archiv- 113

[271] Vgl. Hembach Praxisleitfaden LkSG 105; Wagner/Ruttloff/Wagner LkSG-HdB/Ruttloff/Schulga § 2 Rn. 196.

[272] So Begr. RegE LkSG, BT-Drs. 19/28649, 38.

[273] Wagner/Ruttloff/Wagner LkSG-HdB/Ruttloff/Schulga § 2 Rn. 197.

[274] S. Landmann/Rohmer UmweltR/Nies BBodSchG § 2 Rn. 15; sinngleich BeckOK UmweltR/Erbguth/Schubert BBodSchG § 2 Rn. 13: „zweistufig".

[275] Vgl. Landmann/Rohmer UmweltR/Nies BBodSchG § 2 Rn. 15.

[276] Näher zu den einzelnen Funktionen BeckOK UmweltR/Erbguth/Schubert BBodSchG § 2 Rn. 6 ff.; Landmann/Rohmer UmweltR/Nies BBodSchG § 2 Rn. 7 ff.

und Kulturfunktion, die mit einer der in normierten § 2 Abs. 2 Nr. 9 lit. a–d Auswirkungen einhergehen, sind allerdings kaum denkbar. Herbeigeführt werden kann eine (schädliche) Bodenveränderung durch **stoffliche Einträge** sowie durch **nicht-stoffliche Einwirkungen,** etwa durch Versiegelung, Erosion oder Verdichtung.[277]

114 **(b) Gewässerverunreinigung.** Der Begriff „Gewässerverunreinigung" ist kein im deutschen Wasserrecht normativ verankerter Rechtsbegriff, wird aber in der Kommentarliteratur zum WHG als Oberbegriff für jede **nachteilige Veränderung der Wasserbeschaffenheit** verwendet.[278] Der Begriff der Wasserbeschaffenheit fungiert seinerseits als Oberbegriff für die physikalische, chemische oder biologische Beschaffenheit des Wassers (s. § 3 Nr. 9 WHG). Anders als im Umweltstrafrecht setzt die Gewässerverunreinigung im Wasserrecht nicht voraus, dass die Veränderung der Wasserbeschaffenheit optisch wahrnehmbar ist.[279] Herbeigeführt werden kann eine Gewässerverunreinigung durch das Einbringen oder die Einleitung jeder Art von Stoffen sowie durch eine sonstige Einwirkung (s. § 89 Abs. 1 WHG).[280]

115 **(c) Luftverunreinigung.** Der Begriff der Luftverunreinigung entstammt dem deutschen Immissionsschutzrecht und wird dort als eine **Veränderung der natürlichen Zusammensetzung der Luft** definiert, insbesondere durch Rauch, Ruß, Staub, Gase, Aerosole, Dämpfe oder Geruchsstoffe.[281] Nach diesem weiten Begriffsverständnis kann auch der **Ausstoß von Treibhausgasen** wie Kohlenstoffdioxid (CO_2) eine Luftverunreinigung hervorrufen.[282] Für das LkSG wird ein solches Begriffsverständnis mit der Begründung abgelehnt, dass eine Erfassung dieser Art von Luftverunreinigungen in das Regelungskonzept des Treibhausgas-Emissionshandelsgesetz (TEHG) eingreifen würde,[283] was bereits angesichts des beschränkten räumlichen Anwendungsbereichs des TEHG nur wenig überzeugend ist.[284] Richtigerweise wird man auch Veränderung der natürlichen Zusammensetzung der Luft durch den Ausstoß von Treibhausgasen prinzipiell unter den Begriff der Luftverunreinigung fassen müssen. In diesen Fällen wird aber das Erfordernis eines Kausalzusammenhangs zwischen der Umweltbeeinträchtigung und einer konkreten nachteiligen Auswirkung iSd § 2 Abs. 2 Nr. 9 lit. a–d eine kaum überwindbare Hürde darstellen.

116 **(d) Schädliche Lärmemission.** Der Begriff der Lärmemission lässt sich anhand des immissionsschutzrechtlichen Verständnisses der Begriffe „Lärm" und „Emission" konkretisieren.[285] Unter „Lärm" versteht man **störende Geräusche,** wobei die Grenze der Störung sowohl von dem subjektiven Hörfähigen als auch vom individuellen Lästigkeitsempfindungen abhängt.[286] Kombiniert man dies mit dem Emissionsbegriff des BImSchG (s. § 3 Abs. 3 BImSchG), umfasst der Begriff der Lärmemission alle störenden Geräusche, die von einer Anlage auf die Umwelt einwirken. Im hiesigen Kontext wird es sich bei der Anlage um

[277] Vgl. BeckOK UmweltR/Erbguth/Schubert BBodSchG § 2 Rn. 14; Landmann/Rohmer UmweltR/Nies BBodSchG § 2 Rn. 16; im Kontext des LkSG Wagner/Ruttloff/Wagner LkSG-HdB/Ruttloff/Schulga § 2 Rn. 201.

[278] Vgl. etwa BeckOGK/Gude WHG § 89 Rn. 2; Sieder/Zeitler/Dahme/Knopp/Schwendner WHG § 89 Rn. 34.

[279] Zum strafrechtlichen Verständnis der Gewässerverunreinigung etwa MüKoStGB/Alt StGB § 324 Rn. 22.

[280] Näher zu den einzelnen Handlungsvarianten samt Beispielen Landmann/Rohmer UmweltR/Petersen WHG § 89 Rn. 18 ff.

[281] Näher zu den Begriffen „Rauch", „Ruß", „Staub", etc Landmann/Rohmer UmweltR/Thiel BImSchG § 3 Rn. 74 ff.; knapper Jarass BImSchG § 3 Rn. 4.

[282] So Jarass BImSchG § 3 Rn. 5.

[283] Grabosch Das neue LkSG/Schönfelder § 4 Rn. 43.

[284] So zu Recht Wagner/Ruttloff/Wagner LkSG-HdB/Ruttloff/Schulga § 2 Rn. 208, die sich in der Tendenz aber auch gegen eine Subsumption von klimarelevanter Umwelteinwirkungen unter den Begriff der Luftverunreinigung aussprechen.

[285] Für eine Anlehnung an das deutsche Immissionsschutzrecht auch Wagner/Ruttloff/Wagner LkSG-HdB/Ruttloff/Schulga § 2 Rn. 212.

[286] Landmann/Rohmer UmweltR/Thiel BImSchG § 3 Rn. 63.

eine Produktionsstätte eines Unternehmens oder einen anderen Unternehmensstandort handeln. Wegen des ohnehin geltenden Erfordernisses, dass eine Lärmemission eine nachteilige Auswirkung iSd § 2 Abs. 2 Nr. 9 lit. a–d hervorrufen muss, kommt auch hier dem Zusatz „schädlich" keine eigenständige Bedeutung oder Abgrenzungswirkung zu (s. auch → Rn. 112). Lärmemissionen, die zu einer dieser Auswirkungen führen, jedoch nicht schädlich sind, sind nicht denkbar.

(e) Übermäßiger Wasserverbrauch. Der Begriff „übermäßiger Wasserverbrauch" ist kein Terminus technicus des deutschen Umweltrechts. Zumindest hinsichtlich des Begriffsbestandteils „Wasserverbrauch" dürfte er aber selbsterklärend sein. Wann ein „übermäßiger" Wasserverbrauch vorliegt, lässt sich nicht allgemeingültig bestimmen, sondern hängt von den geographischen und klimatischen Bedingungen am unternehmerischen Tätigkeitsort ab. Es liegt auf der Hand, dass die Schwelle zum übermäßigen Wasserverbrauch in Regionen mit akuter Wasserknappheit schneller überschritten ist als in Regionen, die von regelmäßigen Regenfällen profitieren.[287] Letztlich wird man einen „übermäßigen" Wasserverbrauch immer dann bejahen müssen, wenn der Wasserverbrauch zu einer der in § 2 Abs. 2 Nr. 9 lit. a–d normierten nachteiligen Auswirkungen führt. Wie der Zusatz „schädlich" (→ Rn. 112, → Rn. 116) entfaltet auch das Adjektiv „übermäßig" damit keine eigenständige Abgrenzungswirkung. 117

(2) Nachteilige Auswirkungen. Vom Verbotstatbestand des § 2 Abs. 2 Nr. 9 erfasst werden die vorgenannten Umweltbeeinträchtigungen nur, wenn sie eine der in § 2 Abs. 2 Nr. 9 lit. a–d normierten nachteiligen Auswirkungen hervorrufen. Erforderlich ist ein nachweisbarer **Kausalzusammenhang** zwischen der Umweltbeeinträchtigung und der nachteiligen Auswirkung. Ein **Verstoß gegen § 2 Abs. 2 Nr. 9** liegt nach der finalen Fassung des Verbotstatbestandes erst dann vor, wenn eine der nachteiligen Auswirkungen **tatsächlich eingetreten** ist. Die bloße Eignung der Umweltbeeinträchtigung, einer der nachteiligen Auswirkungen herbeizuführen, reicht anders als noch im RegE nicht mehr aus.[288] Angestoßen wurde diese Änderung durch den Ausschuss für Arbeit und Soziales, der damit eine Vereinheitlichung zu den übrigen Verboten herbeiführen wollte.[289] Das Vorliegen eines menschenrechtlichen Risikos kann freilich bereits dann bejaht werden, wenn der Eintritt der nachteiligen Auswirkung mit hinreichender Wahrscheinlichkeit droht. 118

Die Aufzählung der nachteiligen Auswirkungen in § 2 Abs. 2 Nr. 9 lit. a–d ist abschließend. Genannt werden die Beeinträchtigung der natürlichen Grundlagen zum Erhalt und der Produktion von Nahrung (lit. a), die Verwehrung des Zugangs zu einwandfreiem Trinkwasser (lit. b), die Erschwerung oder Zerstörung des Zugangs zu Sanitäranlagen (lit. c) sowie die Schädigung der Gesundheit einer Person (lit. d). 119

(3) Bedeutung nationaler Richt- und Grenzwerte. Im deutschen Umweltrecht wird die Grenze zwischen zulässigen und unzulässigen Umweltbeeinträchtigungen häufig anhand von Rechtsverordnungen oder allgemeinen Verwaltungsvorschriften konkretisiert. So sieht die Bundes-Bodenschutz- und Altlastenverordnung (BBodSchV) eine Reihe von Stoffwerten für Flächen mit einer bestimmten Nutzung vor, bei deren Überschreiten man in der Regel von dem Vorliegen einer schädlichen Bodenveränderung iSd BBodSchG ausgehen können wird (sog. Maßnahmenwerte; s. § 8 Abs. 1 Nr. 2 BBodSchG iVm Anh. 2 BBodSchV).[290] Richtwerte zur Beurteilung der Schädlichkeit von Geräuschimmissionen und Luftverunreinigungen enthalten die technischen Anleitungen zum Schutz gegen Lärm (TA Lärm)[291] und zur Reinhaltung der Luft (TA Luft).[292] Obgleich der Anwendungs- 120

[287] Vgl. Begr. RegE LkSG, BT-Drs. 19/28649, 38.
[288] Vgl. § 2 Abs. 2 Nr. 9 LkSG-RegE, BT-Drs. 19/28649, 9.
[289] Beschlussempfehlung und Bericht des Ausschusses für Arbeit und Soziales, BT-Drs. 19/30505, 36.
[290] Diese auch im Kontext des LkSG berücksichtigend Wagner/Ruttloff/Wagner LkSG-HdB/Ruttloff/Schulga § 2 Rn. 202.
[291] S. die Immissionsrichtwerte in Nr. 6 TA Lärm.
[292] S. etwa die Immissionswerte zum Schutz der menschlichen Gesundheit in Nr. 4.2 TA Luft.

bereich der einschlägigen Regelwerke nicht eröffnet ist, dürfte den Stoff- und Richtwerten wegen des hohen wissenschaftlich-technischem Sachverstand, der den Regelwerken zugrunde liegt, im Rahmen von § 2 Abs. 2 Nr. 9 eine gewisse **Indizwirkung** zukommen.[293] Stellt ein Unternehmen an einem inländischen Unternehmensstandort oder bei einem inländischen Zulieferer etwa die Überschreitung der Maßnahmenwerte im Zusammenhang mit dem Wirkungspfad Boden-Mensch fest, spricht dies dafür, dass eine Gesundheitsschädigung iSd § 2 Abs. 2 Nr. 9 lit. a–d mit einer gewissen Wahrscheinlichkeit zu erwarten ist. Ob diese Wahrscheinlichkeit „hinreichend" ist und damit ein menschenrechtliches Risiko vorliegt, ist im Einzelfall zu beurteilen. Ob und inwieweit die deutschen Richtwerte auch bei der Beurteilung eines drohenden Verstoßes an ausländischen Unternehmensstandorten oder bei ausländischen Zulieferern zu berücksichtigten sind oder alleine im ausländischen Recht normierte Grenz- und Richtwerte heranzuziehen sind, ist unklar.[294]

121 Ist in Folge einer herbeigeführten Umweltbeeinträchtigung eine der **nachteiligen Auswirkungen** der § 2 Abs. 2 Nr. 9 lit. a–d **bereits eingetreten,** ist die Überschreitung- oder Nicht-Überschreitung nationaler Richt- und Grenzwerte ohne Bedeutung. Es liegt in jedem Fall ein Verbotsverstoß vor, der gemäß § 7 Abs. 1 mit angemessenen Abhilfemaßnahmen zu begegnen ist. Auch die Einhaltung der Vorgaben einer nach dem nationalen Recht erteilten Genehmigung schließt in diesen Fällen einen Verbotsverstoß nicht aus.

122 **jj) Verbot der widerrechtlichen Zwangsräumung und des widerrechtlichen Entzugs von Land, Wäldern und Gewässern (Nr. 10).** § 2 Abs. 2 Nr. 10 verbietet sowohl die widerrechtliche Zwangsräumung als auch den widerrechtlichen Entzug von Land, Wäldern und Gewässern, deren Nutzung die Lebensgrundlage einer Person sichert. Aufgegriffen werden damit die Praktiken des Landraubes (land grabbing) mit dem Unterfall der Zwangsräumung (forced evicitions) und des Wasserraubes (water grabbing).[295] Die Verbote in § 2 Abs. 2 Nr. 10 dienen dem Schutz des Rechts auf einen angemessenen Lebensstandard, einschließlich ausreichender Nahrung, Unterbringung sowie Wasser- und Sanitätsversorgung aus Art. 11 Abs. 1 S. 1 IPwskR.[296]

123 **(1) Land, Wälder, Gewässer, deren Nutzung die Lebensgrundlage einer Person sichern.** Tatbestandlich setzt § 2 Abs. 2 Nr. 10 zunächst den Erwerb, die Bebauung oder anderweitige Nutzung von Land, Wäldern oder Gewässern voraus, deren Nutzung die Lebensgrundlage einer Person sichern. Dies ist jedenfalls bei solchen Flächen der Fall, die Personen zur Nahrungsbeschaffung oder -produktion, der Versorgung mit Wasser oder als Wohnort dienen. Ob auch der Entzug von Flächen, die „nur" zu kulturellen oder spirituellen Zwecken genutzt werden, in den Schutzbereich des Verbotes fällt, ist allerdings fraglich.[297] Dagegen spricht, dass im Völkerrecht diese Fälle nicht als Beeinträchtigungen des Rechts auf einen angemessenen Lebensstandard aus Art. 11 Abs. 1 IPwskR, dessen Schutz § 2 Abs. 2 Nr. 10 dient, sondern als Beeinträchtigungen des Rechts auf kulturelle Teilhabe aus Art. 15 IPwskR behandelt werden.[298] Angesichts des enorm weiten völkerrechtlichen Kulturbegriffs[299] erscheint eine einschränkende Auslegung auch deshalb geboten, um die Reichweite des Verbotes nicht gänzlich ausufern zu lassen.

---

[293] Vgl. zur Bedeutung der TA-Lärm außerhalb des BImSchG Landmann/Rohmer UmweltR/Hansmann TA Lärm 1 Rn. 5; normativ verankert mittlerweile auch in § 906 Abs. 1 BGB.

[294] Für eine Orientierungswirkung der deutschen Standards auch im Ausland Grabosch Das neue LkSG/Schönfelder § 4 Rn. 43; allg. für ein Erfordernis der Widerrechtlichkeit der Umweltbeeinträchtigung, was einen Verstoß gegen das jeweilige nationale Recht voraussetzen würde, Ehmann ZVertriebsR 2021, 141 (144).

[295] Vgl. Ehmann ZVertriebsR 2021, 141, (144); Wagner/Ruttloff/Wagner LkSG-HdB/Ruttloff/Schulga § 2 Rn. 222; näher zum „water grabbing" als Völkerrechtsproblem Schladebach/Triems KlimR 2022, 198.

[296] So Begr. RegE LkSG, BT-Drs. 19/28649, 38.

[297] Dies bejahend Wagner/Ruttloff/Wagner LkSG-HdB/Ruttloff/Schulga § 2 Rn. 208.

[298] S. CESCR, Draft: General Comment No. 26 on Land and Economic, Social and Cultural Rights, 26.4.2021, E/C.12/70/R.1, Rn. 12.

[299] S. CESCR, General comment No. 21, Right of everyone to take part in cultural life (art. 15, para. 1 (a) of the Covenant on Economic, Social and Cultural Rights), 21.12.2009, E/C.12/GC/21, Rn. 13.

124 **(2) Tatbestandliche Handlungen.** Den Begriff **„Zwangsräumung"** (forced evictions) lässt sich in Anlehnung an das Begriffsverständnis des CESCR[300] definieren als eine dauerhafte oder zeitlich begrenzte Besitzentziehung gegen den Willen der Person, der Familien oder der Gemeinschaften, die das Land bewohnen. Das Nicht-Vorliegen eines Besitzrechts sowie weitere Aspekte der Rechtmäßigkeit des Besitzentzuges sind im Rahmen von § 2 Abs. 2 Nr. 10 erst auf Ebene der Widerrechtlichkeit zu prüfen.[301]

125 Ergänzt wird die Zwangsräumung um die Handlungsvariante des Entzuges. Anders als jene setzt der **Entzug von Land, Wäldern oder Gewässern** keinen bestehenden Besitz einer Person an der betroffenen Fläche voraus.[302] Einschlägig ist diese Handlungsvariante daher vor allem in Fällen, in denen Personen der Zugang zu Land, Wäldern oder Gewässern verwehrt wird, zB durch die Errichtung von Zäunen oder anderen Hindernissen, oder sie anderweitig von der Nutzung dieser Flächen ausgeschlossen werden.[303]

126 **(3) Widerrechtlich.** Die Zwangsräumung oder der Entzug der in den Schutzbereich des Verbotes fallenden Landflächen, Wäldern oder Gewässern muss widerrechtlich erfolgen. Im Schrifttum wird unter Rückgriff auf die Gesetzesmaterialien zu Recht auf das **Recht des Beschäftigungsortes als Maßstab der Widerrechtlichkeit** abgestellt.[304] Widerrechtlich sind daher die Zwangsräumung oder der Entzug von Land, Wäldern, oder Gewässern, wenn dabei nationale Rechtsvorschriften verletzt werden. Als Beispiele nennt die Regierungsbegründung die Nichteinhaltung im nationalen Recht vorgesehener prozessrechtlicher Garantien für eine Zwangsräumung wie etwa Informations- und Konsultationsrechte des Betroffenen sowie die Erschwerung des Zugangs zu Rechtsmitteln und angemessener Kompensation.[305] Überdies ist eine Zwangsräumung auch dann widerrechtlich, wenn sie aufgrund eines rechtswidrig erlangten Eigentumstitels erfolgt.[306]

127 Legt man das Recht des Beschäftigungsort als Maßstab zugrunde, können gewohnheitsrechtliche (customary tenure) oder informelle Landrechte (informal tenure), auf deren Grundlage etwa indigene Bevölkerungsgruppen häufig Land oder andere Flächen nutzen, der Rechtmäßigkeit der Zwangsräumung oder dem Landentzug nur entgegenstehen, wenn diese Rechte im nationalen Recht anerkannt sind.[307]

128 **kk) Verbot der Beauftragung oder Nutzung von privaten oder öffentlichen Sicherheitskräften (Nr. 11).** § 2 Abs. 2 Nr. 11 enthält das Verbot der Beauftragung oder Nutzung privater oder öffentlicher Sicherheitskräfte zum Schutz des unternehmerischen Projekts, wenn es aufgrund mangelnder Unterweisung oder Kontrolle seitens des Unternehmens bei dem Einsatz der Sicherheitskräfte, zu einer der in § 2 Abs. 2 Nr. 11 lit. a–c normierten Menschenrechtsverletzungen kommt. Anders als noch im RegE[308] liegt ein Verstoß gegen das Verbot aus § 2 Abs. 2 Nr. 11 nach der finalen Fassung erst dann vor, wenn einer der erfassten Menschenrechtsverletzungen **tatsächlich eingetreten** ist. Der bloß drohende Eintritt einer der Menschenrechtsverletzungen reicht nicht aus. Wie bei § 2

---

[300] CESCR, General Comment No. 7: The right to adequate housing (Art. 11.1): forced evictions, 20.5.1997, E/1998/22, Rn. 3.

[301] Anders Wagner/Ruttloff/Wagner LkSG-HdB/Ruttloff/Schulga § 2 Rn. 208, die ein fehlendes Besitzrecht des Betroffenen als Voraussetzung der Zwangsräumung prüfen.

[302] Vgl. Grabosch Das neue LkSG/Schönfelder § 4 Rn. 50.

[303] Vgl. Wagner/Ruttloff/Wagner LkSG-HdB/Ruttloff/Schulga § 2 Rn. 228.

[304] So Ehmann ZVertriebsR 2021, 141 (144); Wagner/Ruttloff/Wagner LkSG-HdB/Ruttloff/Schulga § 2 Rn. 229; i. E. auch Grabosch Das neue LkSG/Schönfelder § 4 Rn. 48, der jedoch wenig später (Rn. 50) dennoch auf internationale Vorgaben zu Konsultationen und Partizipationsprozessen abstellt.

[305] Begr. RegE LkSG, BT-Drs. 19/28649, 38.

[306] IE ähnlich Grabosch Das neue LkSG/Schönfelder § 4 Rn. 49; Wagner/Ruttloff/Wagner LkSG-HdB/Ruttloff/Schulga § 2 Rn. 227, jedoch mit abweichendem Prüfungsstandort und Begründung.

[307] Anders wohl Wagner/Ruttloff/Wagner LkSG-HdB/Ruttloff/Schulga § 2 Rn. 225.

[308] Vgl. § 2 Abs. 2 Nr. 11 LkSG-RegE, BT-Drs. 19/28649, 9.

Abs. 2 Nr. 9 (→ Rn. 118) ging auch hier die Änderung des Gesetzestextes auf eine Empfehlung des Ausschusses für Arbeit und Soziales zurück.[309]

129 **(1) Erfasste Menschenrechtsverletzungen.** § 2 Abs. 2 Nr. 11 verbietet nicht jeden Einsatz von Sicherheitskräften, sondern erfasst deren Beauftragung und Nutzung nur dann, wenn es bei ihrem Einsatz zu einem der in § 2 Abs. 2 Nr. 11 lit. a–c normierten Menschenrechtsverletzungen kommt.[310] **§ 2 Abs. 2 Nr. 11 lit. a** betrifft das Verbot von Folter und grausamer, unmenschlicher oder erniedrigender Behandlung, das völkerrechtlich in Art. 7 IPbpR verankert ist. **Folter** ist nach einer Definition der UN-Antifolterkonvention,[311] die zur Konkretisierung des Inhalts von Art. 7 IPbpR herangezogen wird,[312] jede Handlung durch eine Amtsperson, die einer Person zu einem bestimmten Zweck, zB der Einschüchterung, vorsätzlich große körperliche oder seelische Schmerzen oder Leiden zufügt. Im Rahmen von § 2 Abs. 2 Nr. 11 besteht für eine Beschränkung der Folterdefinition auf Handlung von Amtspersonen und damit staatliche Sicherheitskräfte keine Veranlassung.[313] Eine grausame, unmenschliche oder erniedrigende Behandlung umfasst jede Handlung, durch die ebenfalls erhebliche körperliche oder seelische Schmerzen oder Leiden zugefügt werden, es jedoch an einem der konstituierenden Begriffsmerkmale der Folter fehlt.[314] Der Menschenrechtsausschuss trennt häufig nicht scharf zwischen den einzelnen Begehungsformen und hat dementsprechend keine eigenständigen Definitionen für sie entwickelt.[315] Zur Konkretisierung der Begehungsformen der **unmenschlichen und erniedrigenden Behandlung** lässt sich aber auf die Rechtsprechung des EGMR zum bedeutungsgleichen Art. 3 EMRK zurückgreifen.[316]

130 Dem Schutz des Rechts auf Leben aus Art. 6 IPbpR und des Rechts auf Gesundheit aus Art. 12 IPwskR dient **§ 2 Abs. 2 Nr. 11 lit. b.**[317] Eine **Verletzung von Leib oder Leben** ist anzunehmen, wenn es bei dem Einsatz der Sicherheitskräfte zu nicht unerheblichen Beeinträchtigungen der körperlichen Unversehrtheit oder dem Tod eines Menschen kommt.

131 Schließlich erfasst das Verbot nach **§ 2 Abs. 2 Nr. 11 lit. c** auch Beeinträchtigungen der Vereinigungs- und Koalitionsfreiheit. Aus anderen Verbotstatbeständen bekannt ist alleine die **Koalitionsfreiheit,** die Gegenstand von § 2 Abs. 2 Nr. 6 ist. Auf den dort ausbuchstabierten Schutzinhalt der Koalitionsfreiheit wird man grundsätzlich auch im Rahmen von § 2 Abs. 2 Nr. 11 zurückgreifen können (→ Rn. 91 ff.). Eine systematische Zusammenschau mit § 2 Abs. 2 Nr. 11 lit. a und b spricht aber dafür, dass § 2 Abs. 2 Nr. 11 lit. c nur die individuelle Dimension der Koalitionsfreiheit erfasst. Die Betätigungsfreiheit der Gewerkschaften als Kollektivrecht wird daher nicht geschützt, wohl aber das Recht des einzelnen Gewerkschaftsmitglieds, sich frei innerhalb und im Zusammenhang mit der Gewerkschaft zu betätigen. Die **Vereinigungsfreiheit** taucht dagegen erstmals in § 2 Abs. 2 Nr. 11 lit. c auf. Völkerrechtlich ist sie in Art. 22 IPbpR verankert, den der Gesetzgeber ausweislich der Regierungsbegründung bei der Schaffung von § 2 Abs. 2 Nr. 11 lit. c vor Augen hatte.[318] Der Schutzbereich der Vereinigungsfreiheit umfasst das Recht eines jeden, Vereinigungen zu gründen, existierenden Vereinigungen beizutreten und sich frei innerhalb der Vereinigung zu betätigen.[319] Der völkerrechtliche Vereinigungs-

309 S. Beschlussempfehlung und Bereich des Ausschusses für Arbeit und Soziales, BT-Drs. 19/30505, 8 (Änderung), 36 (Begründung).

310 Sinngleich Wagner/Ruttloff/Wagner LkSG-HdB/Ruttloff/Schulga § 2 Rn. 237.

311 S. Art. 1 Abs. 1 Übereinkommen gegen Folter und andere grausame, unmenschliche oder erniedrigende Behandlung oder Strafe vom 10.12.1984, BGBl. 1990 II 246.

312 Schabs Nowak's CCPR Commentary Art. 7 Rn. 7.

313 Vgl. Hembach Praxisleitfaden LkSG 107.

314 Schabs Nowak's CCPR Commentary Art. 7 Rn. 7.

315 Vgl. Schilling Internationaler Menschenrechtsschutz Rn. 185.

316 Dazu MüKoStPO/Gaede EMRK Art. 3 Rn. 23 f., 29 ff.

317 Begr. RegE LkSG, BT-Drs. 19/28649, 39.

318 Begr. RegE LkSG, BT-Drs. 19/28649, 39.

319 Eingehend zum Schutzbereich und den verschiedenen Ausprägungen der Vereinigungsfreiheit Schabs Nowak's CCPR Commentary Art. 22 Rn. 8 f.

begriff ist weit zu verstehen und erfasst Zusammenschlüsse ungeachtet ihres Zwecks und ihrer Rechtsform.[320]

Die Verwendung des Begriffs **„Beeinträchtigung“** impliziert, dass jede Handlung, die Ausübung der Vereinigungs- oder Koalitionsfreiheit erschwert, unabhängig von ihrer rechtlichen Zulässigkeit, von § 2 Abs. 2 Nr. 11 lit. c erfasst wird. Systematisch würde dies aber einen Bruch mit § 2 Abs. 2 Nr. 11 lit. a und lit. b bedeuten, die nach ihrem Wortlaut („missachtet wird“, „verletzt werden“) jeweils nur bei einer rechtswidrigen Beeinträchtigung der zugrundeliegenden Rechtspositionen einschlägig sind. 132

(2) Aufgrund mangelnder Unterweisung oder Kontrolle. § 2 Abs. 2 Nr. 11 verlangt auch, dass die Menschenrechtsverletzung kausal („aufgrund“) auf eine mangelnde Unterweisung oder Kontrolle der Sicherheitskräfte seitens des Unternehmens zurückgeht. Selbst wenn man dieses **Kausalitätserfordernis** denkbar weit im Sinne eines bloßen Risikoerhöhungszusammenhangs begreift, scheidet demnach ein Verbotsverstoß zwangsläufig aus, wenn die eingesetzten Sicherheitskräfte ausreichend unterwiesen und kontrolliert wurden. Dies hat zur Folge, dass ein Unternehmen, das eine von § 2 Abs. 2 Nr. 11 lit. a–c erfasste Menschenrechtsverletzung durch Sicherheitskräfte feststellt, nicht zur Ergreifung angemessener Abhilfemaßnahmen nach § 7 Abs. 1 verpflichtet ist, wenn es ausreichende Unterweisungs- und Kontrollmaßnahmen ergriffen hat. Dass der Gesetzgeber diese Folge intendiert hat, ist nur schwer vorstellbar. Gleichzeitig ist eine erweiternde Auslegung des Verbotstatbestsandes vor dem Hintergrund des Bestimmtheitsgebots bedenklich. 133

Welche Unterweisungs- und Kontrollmaßnahmen ein Unternehmen zu ergreifen hat, wird gesetzlich nicht vorgeben. Verschiedene praxisnahe Stimmen raten Unternehmen, sich an einem **gemeinsamen Leitfaden**[321] **des Geneva Centre for the Democratic Control of Armed Forces (DCAF) und dem International Committee of the Red Cross (ICRC)** zu orientieren.[322] Dieser enthält für verschiedene Phasen des Einsatzes von staatlichen und privaten Sicherheitskräften umfangreiche Maßnahmenkataloge und bindet dabei thematisch einschlägiges völkerrechtliches soft law wie etwa den UN Code of Conduct for Law Enforcement Officials ein.[323] 134

ll) Auffangklausel (Nr. 12). (1) Allgemeines. Den Abschluss des menschenrechtlichen Verbotskataloges bildet die in § 2 Abs. 2 Nr. 12 normierte „Auffangklausel“.[324] Mit ihr sollen die schwerwiegenden Verletzungen einer geschützten Rechtsposition iSd § 2 Abs. 1 erfasst werden, die nicht bereits Gegenstand der in § 2 Abs. 2 Nr. 1–11 normierten Einzelverbote sind.[325] Durch die Einbeziehung sämtlicher Rechtspositionen, die in den Menschenrechtsübereinkommen im Gesetzesanhang enthalten sind (zur Frage, ob „unternehmensferne Rechtspositionen“ auszuklammern sind → Rn. 137), **erweitert die Auffangklausel die Reichweite der Sorgfaltspflichten ganz erheblich.**[326] Unter Bestimmtheitsgesichtspunkten ist aber vor allem problematisch, dass § 2 Abs. 2 Nr. 12 anders als die vorangegangen Einzelverbote über den Begriff der geschützten Rechtspositionen unmittelbar an die Bestimmungen der völkerrechtlichen Verträge anknüpft, ohne dass deren Bedeutungsgehalt für private Akteure in Form von Handlungsverboten konkretisiert wird. Für zusätzliche Rechtsunsicherheit sorgen die weiteren Voraussetzungen der Auffangklausel, die ihrerseits allesamt unbestimmt und 135

---

[320] Vgl. Schabs Nowak's CCPR Commentary Art. 22 Rn. 6.

[321] DCAF/ICRC, Addressing Security and Human Rights Challenges in Complex Environments, Third Edition, abrufbar unter https://www.securityhumanrightshub.org/toolkit-third-edition.

[322] So Grabosch Das neue LkSG/Schönfelder § 4 Rn. 53; Wagner/Ruttloff/Wagner LkSG-HdB/Ruttloff/Schulga § 2 Rn. 238.

[323] Näher zu einzelnen Maßnahmen Wagner/Ruttloff/Wagner LkSG-HdB/Ruttloff/Schulga § 2 Rn. 238 ff.; knapper Grabosch Das neue LkSG/Schönfelder § 4 Rn. 53.

[324] Bezeichnung nach Begr. RegE LkSG, BT-Drs. 19/28649, 39.

[325] So Begr. RegE LkSG, BT-Drs. 19/28649, 39.

[326] Ebenso Jungkind/Raspé/Terbrack DK 2021, 445 (447).

wertungsbedürftig sind[327] und daher gerade in ihrem Zusammenspiel viele Fragen aufwerfen. Wie oben ausführlich dargestellt (→ Rn. 23 ff.), dürfte § 2 Abs. 2 Nr. 12 in Summe nicht mehr mit den Anforderungen des Bestimmtheitsgebots aus Art. 103 Abs. 2 GG zu vereinbaren sein.

136 **(2) Voraussetzungen. (a) Beeinträchtigung einer geschützten Rechtsposition.** § 2 Abs. 2 Nr. 12 setzt zunächst die Beeinträchtigung einer geschützten Rechtsposition voraus. Geschützte Rechtspositionen sind nach der Legaldefinition des § 2 Abs. 1 **alle Rechtspositionen,** die sich aus einem der im Gesetzesanhang aufgeführten Menschenrechtsübereinkommen ergeben (tabellarischer Überblick → Rn. 37). Die Einbeziehung aller Rechtspositionen, auch etwa der politischen Rechte des UN-Zivilpaktes und aller Sozialrechte des UN-Sozialpaktes, entspricht der in den UNGP geäußerten und im internationalen Menschenrechtsdiskurs insgesamt gefestigten Ansicht, dass Unternehmen Auswirkungen auf „nahezu das gesamte Spektrum der international anerkannten Menschenrechte" haben können.[328] Rechtspositionen, die per se „unternehmensfern"[329] sind, gibt es demnach nicht.[330]

137 Im Schrifttum wird vereinzelt vertreten, dass im Rahmen von § 2 Abs. 2 Nr. 12 solche Rechtspositionen auszuklammern seien, die keinen spezifischen Zusammenhang mit dem Unternehmensgegenstand und den Waren oder Dienstleistungen des Unternehmens aufwiesen und in dieser Hinsicht unternehmensfern seien.[331] **Diese Ansicht ist abzulehnen.** Zum einen hat der Unternehmensgegenstand nur bedingte Aussagekraft darüber, welche Rechtsposition durch das Handeln des Unternehmens gefährdet werden. Ethnische oder religiöse Minderheiten, die in einem ihrer Rechte aus Art. 27 IPbpR beeinträchtigt werden können, können beispielsweise bei Unternehmen jeden Sektors beschäftigt sein. Gleiches gilt etwa für Rechtspositionen wie die Meinungsfreiheit (Art. 19 IPbpR) oder die Versammlungsfreiheit (Art. 21 IPbpR). Zum anderen lassen sich Fälle, in denen das unternehmerische Handeln die Beeinträchtigung nur mittelbar verursacht, bereits über die Voraussetzung der unmittelbaren Geeignetheit des Handelns „herausfiltern" (→ Rn. 140).

138 **(b) Besondere Schwere der Beeinträchtigung.** § 2 Abs. 2 Nr. 12 erfasst nicht jede Beeinträchtigung einer geschützten Rechtsposition, sondern nur solche Beeinträchtigungen, die besonders schwerwiegend sind. Zur Bemessung der Schwere einer Beeinträchtigung lassen sich in Orientierung an die erläuternden Hinweise in der Regierungsbegründung zu **§ 3 Abs. 2 Nr. 3,**[332] der die Schwere der Verletzung (= rechtwidrige Beeinträchtigung) als Angemessenheitskriterium benennt, folgende Faktoren heranziehen:[333] der Grad der Beeinträchtigung, die Anzahl der betroffenen Personen sowie die Reversibilität der Rechtsgutsbeeinträchtigung.

139 Wann die Schwelle zur besonderen Schwere der Beeinträchtigung überschritten ist, lässt sich immer nur anhand einer **Gesamtschau dieser Kriterien** und der **spezifischen Einzelfallumstände** ermitteln. Abseits von Extremfällen wird die damit einhergehende Rechtsunsicherheit erst über den Zeitablauf durch die Herausbildung einzelner Fallgruppen eingegrenzt werden können.

[327] Krit. auch Spießhofer AnwBl 2021, 534 (535): „Diese Ansammlung unbestimmter Begriffe lässt viele Fragen offen […]".

[328] So UNGP, 2011, Kommentar zu Leitprinzip 16, 16; ferner OCHCR, The Corporate Responsibility to Respect Human Rights – An Interpretive Guide, 2012, 12 f.

[329] Begriff nach Lutz-Bachmann/Vorbeck/Wengenroth BB 2021, 906 (907).

[330] So OCHCR, The Corporate Responsibility to Respect Human Rights – An Interpretive Guide, 2012, 13: „[T]here is nothing *in principle* that precludes any enterprise from causing or contributing to adverse impact on any internationally recognized human right." (Hervorhebung im Original).

[331] Für eine dahingehende teleologische Reduktion Wagner/Ruttloff/Wagner LkSG-HdB/Ruttloff/Schulga § 2 Rn. 119.

[332] S. Begr. RegE LkSG, BT-Drs. 19/28649, 42.

[333] Ebenso Grabosch Das neue LkSG/Schönfelder § 4 Rn. 57; s. auch Hembach Praxisleitfaden LkSG S. 108.

(c) Unmittelbare Geeignetheit des Handelns. Des Weiteren setzt § 2 Abs. 2 Nr. 12 voraus, dass das Handeln unmittelbar geeignet ist, die geschützte Rechtsposition zu beeinträchtigten. Von Teilen des Schrifttums wird diese Voraussetzung als Erfordernis einer besonderen zeitlichen Nähe und einer hohen Wahrscheinlichkeit der Beeinträchtigung verstanden.[334] Näher liegt es indes, die unmittelbare Geeignetheit als **Qualifizierung der erforderlichen Kausalbeziehung** zwischen unternehmerischen Handeln und der Beeinträchtigung der geschützten Rechtsposition zu verstehen.[335] Von der Auffangklausel erfasst werden nur Beeinträchtigungen von Rechtspositionen, die ohne das Dazwischentreten anderer privater oder staatlicher Akteure, **unmittelbar** auf das Handeln des Unternehmens zurückgehen. Ausgeschlossen werden damit Fälle, in denen das unternehmerische Handeln nur mittelbar zu einer Beeinträchtigung einer geschützten Rechtsposition führt, zB wenn ein Unternehmen aus legitimen Gründen Daten über seine Mitarbeiter erhebt, die dann durch einen staatlichen Akteur zur politischen Verfolgung eingesetzt werden. 140

(d) Offensichtliche Rechtswidrigkeit des Handelns. Schließlich muss das Handeln des Unternehmens bei verständiger Würdigung aller in Betracht kommenden Umständen offensichtlich rechtswidrig sein. **Unklar** ist bereits, **anhand welchen Maßstabs die Rechtswidrigkeit** zu beurteilen ist. Misst man das Handeln trotz fehlender unmittelbarer Bindung der Unternehmen an die im Gesetzesanhang aufgelisteten Übereinkommen[336] am Völkerrecht, stößt man unweigerlich auf das Problem, dass diese Bestimmungen an Staaten gerichtet sind und insbesondere dort vorgesehene Ausnahmeregelungen oder Schrankenvorbehalte der weiteren Ausformung durch die nationale Gesetzgebung bedürfen. Dieses Problem umgeht man, indem man zur Beurteilung der Rechtswidrigkeit des Handelns auf das jeweilige Recht des Beschäftigungsortes abstellt. Dann läuft die Auffangklausel aber in all jenen Fällen leer, in denen eine Rechtsordnung Rechtspositionen überhaupt nicht oder (gemessen an völkerrechtlichen Maßstäben) nur unzureichend schützt. Im Schrifttum wird die Anwendung der Auffangklausel aber genau für die Fälle bejaht, in denen das nationale Recht erhebliche Schutzdefizite aufweist.[337] 141

Erhebliche Anwendungsprobleme bereitet zudem die Voraussetzung, dass die Rechtswidrigkeit des Handelns offensichtlich sein muss. Den **Maßstab der Offensichtlichkeit** wird man zwar mit der aus anderen Zusammenhängen bekannten Formulierung umschreiben können, dass die Rechtswidrigkeit der Beeinträchtigung ins Auge springen oder sich geradezu aufdrängen muss.[338] Viel gewonnen ist dadurch allerdings nicht. Es stellt sich bereits die Frage, aus welcher Perspektive sich die Rechtswidrigkeit des Handelns aufdrängen muss.[339] Aus der Perspektive des Laien (wohl kaum), des Rechtskundigen jedoch ohne spezielle Völkerrechtsexpertise oder des Völkerrechtsexperten? Zudem ist unklar, ob Handeln in Überstimmung mit nationalem Recht die Offensichtlichkeit immer entfallen lässt oder nur dann, wenn die nationale ihrerseits nicht offensichtlich völkerrechtswidrig ist. Freilich kann man sich auf den Standpunkt stellen, dass diese und alle weiteren Fragen im Zusammenhang mit dieser Voraussetzung durch das Zusammenspiel von Rechtsprechung und Rechtswissenschaft zu klären sind. Nach hier vertretener Ansicht hätte der Gesetzgeber aber zumindest durch die Normierung einzelner Kriterien oder Fallgruppen die 142

---

[334] So Grabosch Das neue LkSG/Schönfelder § 4 Rn. 56; Wagner/Ruttloff/Wagner LkSG-HdB/Ruttloff/Schulga § 2 Rn. 120.

[335] In diese Richtung auch Lutz-Bachmann/Vorbeck/Wengenroth BB 2021, 906 (907).

[336] Daran sollte auch der in § 2 Abs. 1 enthaltene Verweis auf die Übereinkommen nichts ändern; so Begr. RegE LkSG, BT-Drs. 19/28649, 35. Allg. zur fehlenden völkerrechtlichen Subjektqualität privater Unternehmen → Einl. Rn. 4.

[337] So etwa im Zusammenhang mit § 2 Abs. 2 Nr. 5 Ehmann ZVertriebsR 2021, 141 (144); Grabosch Das neue LkSG/Schönfelder § 4 Rn. 32; Wagner/Ruttloff/Wagner LkSG-HdB/Ruttloff/Schulga § 2 Rn. 169.

[338] So anhand verschiedener verschiedener verwaltungsrechtlicher Vorschriften Wagner/Ruttloff/Wagner LkSG-HdB/Ruttloff/Schulga § 2 Rn. 121; ferner Grabosch Das neue LkSG/Schönfelder § 4 Rn. 57.

[339] Diese Frage aufwerfend auch Falder/Frank-Fahle/Poleacov LkSG S. 34.

Handhabung des Offensichtlichkeitsmaßstabs erleichtern müssen, damit § 2 Abs. 2 Nr. 12 den Anforderungen des Bestimmtheitsgebots genügt (s. auch → Rn. 25).

E. Umweltbezogenes Risiko (Abs. 3)

I. Grundlagen

143 **1. Überblick.** § 2 Abs. 3 enthält die Legaldefinition des Begriffs „umweltbezogenes Risiko", der zusammen mit dem in § 2 Abs. 4 S. 2 definierten Begriff der Verletzung einer umweltbezogenen Pflicht den Bezugspunkt der im LkSG konzeptionell verselbständigten umweltbezogenen Sorgfaltspflichten[340] darstellt. Wie der in § 2 Abs. 2 definierte Begriff des menschenrechtlichen Risikos, stellt das umweltbezogene Risiko einen Schlüsselbegriff dar, der im Abschnitt über die Sorgfaltspflichten sowie an weiteren Stellen im Gesetz an zahlreichen Stellen verwendet wird (näher → Rn. 38). Die Struktur und Terminologie der Legaldefinition des § 2 Abs. 3 sind mit Ausnahme der in § 2 Abs. 3 Nr. 1–8 normierten umweltbezogenen Verbote identisch mit der Legaldefinition des menschenrechtlichen Risikos in § 2 Abs. 2. Die dortigen Ausführungen zur Nähe der Risikodefinition zum polizei- und ordnungsrechtlichen Gefahrenbegriff (→ Rn. 46 ff.) sowie zur Einordnung und dem Umgang mit Verdachtsfällen (→ Rn. 49 ff.) gelten daher hier entsprechend.

144 **2. Auswirkungen der geplanten EU-RL.** Der Begriff des umweltbezogenen Risikos findet sich im Lieferketten-RL-E[341] der EU-Kommission nicht wieder. Das funktionale Äquivalent bildet der Begriff des „potential adverse environmental impact", der in der deutschen Sprachfassung als potenzielle negative Auswirkung auf die Umwelt übersetzt wird. Negative Auswirkungen auf die Umwelt sind nach der Legaldefinition des Art. 3 lit. b Lieferketten-RL-E, alle nachteiligen Auswirkungen, die sich aus einem Verstoß gegen ein Verbot oder eine Verpflichtung nach den in Anh. Teil II Lieferketten-RL-E aufgeführten internationalen Umweltübereinkommen ergeben.

II. Vorliegen eines umweltbezogenen Risikos

145 **1. Beurteilungsgrundlage, Beurteilungsperspektive, Wahrscheinlichkeitsmaßstab (Weiterverweis).** Die Beurteilung, ob ein umweltbezogenes Risiko vorliegt, ist wie beim menschenrechtlichen Risiko anhand einer Prognose vorzunehmen. Mit Ausnahme des Prognosegegenstands kann für die einzelnen Elemente der Prognose (Beurteilungsgrundlage, Beurteilungsperspektive, Wahrscheinlichkeitsmaßstab) auf die Ausführungen bei § 2 Abs. 2 verwiesen werden (→ Rn. 55 ff.).

146 **2. Verbotsverstoß als Gegenstand der Prognose. a) Überblick.** Den Gegenstand der Prognose bildet der Verstoß gegen eines der in § 2 Abs. 3 Nr. 1–8 normierten umweltbezogenen Verbote. Diese dienen nicht dem Schutz einer geschützten Rechtsposition (§ 2 Abs. 1),[342] sondern der Einhaltung einzelner umweltbezogener Pflichten, die sich aus den drei im Gesetzesanhang enthaltenen Umweltabkommen (näher → Rn. 147 f.) ergeben.[343] Bei den umweltbezogenen Verboten handelt es sich ausschließlich um Einzelverbote. Eine Auffangklausel hat der Gesetzgeber anders als im menschenrechtlichen

[340] Inhaltlich bestehen zwischen den menschenrechtlichen und umweltbezogenen Sorgfaltspflichten keine Unterschiede. Näher zur konzeptionellen Grundentscheidung, den Umweltschutz als eigenes Schutzziel in das LkSG aufzunehmen → Rn. 4 f.

[341] Vorschlag für eine Richtlinie des Europäischen Parlaments und des Rates über die Sorgfaltspflichten von Unternehmen im Hinblick auf Nachhaltigkeit und zur Änderung der Richtlinie (EU) 2019/1937, COM (2022) 71 final; Gesamtüberblick und Einordnung bei → Einl. Rn. 73 ff.

[342] Anders Wagner/Ruttloff/Wagner LkSG-HdB/ Ruttloff/Schulga § 2 Rn. 97.

[343] Vgl. Begr. RegE LkSG, BT-Drs. 19/28649, 39: „[§ 2 Abs. 3 Nr. 1–3] dienen der Einhaltung umweltbezogener Pflichten, die sich aus dem Minamata-Übereinkommen ergeben." und 40: „[§ 2 Abs. 3 Nr. 4–5] dienen der Einhaltung umweltbezogener Pflichten aus dem sog. POPs-Übereinkommen".

Bereich nicht vorgesehen. Konsequenterweise findet sich das noch im RegE in § 2 Abs. 3 enthaltene Gegenstück zum Begriff der geschützten Rechtspositionen („umweltbezogene Pflichten") in der finalen Fassung des LkSG nicht wieder.

b) Die Umweltabkommen im Überblick. Die den umweltbezogenen Verbotstatbeständen zugrundeliegenden völkerrechtlichen Umweltabkommen finden sich in Nr. 12–14 des Gesetzesanhangs zu §§ 2 Abs. 1, § 7 Abs. 3 wieder. Im Einzelnen handelt es sich dabei um die folgenden Übereinkommen: 147

- Das Übereinkommen von Minamata vom 10.10.2013 über **Quecksilber** (Minamata-Übereinkommen),[344]
- das Stockholmer Übereinkommen vom 23.5.2001 über **persistent organische Schadstoffe** (POPs-Übereinkommen),[345] und
- das Basler Übereinkommen vom 22.3.1989 über die **Kontrolle der grenzüberschreitenden Einfuhr und Ausfuhr gefährlicher Abfälle** (Basler Übereinkommen).[346]

Die drei Verträge stellen nur einem kleinen Teilausschnitt der über 300[347] von der Bundesrepublik Deutschland ratifizierten Übereinkommen dar, die im Bereich des Umweltvölkerrechts zu verorten sind. Im Unterschied zu den im Gesetzesanhang enthaltenen Menschenrechtsübereinkommen liegt ihrer Auswahl **kein erkennbares Vorbild** zugrunde.[348] Überraschend ist dies kaum, da es im Umweltvölkerrecht an einer anerkannten Liste der zentralen Übereinkommen fehlt.[349] Eine gewisse Kohärenz bei der Auswahl lässt sich aber insoweit erkennen, als alle drei Verträge dem **Schutz der Umwelt und der menschlichen Gesundheit** dienen (s. Art. 1 Minamata-Übereinkommen und Art. 1 POPs-Übereinkommen sowie Präambel Basler Übereinkommen). Für die Empfehlung des Ausschusses für Arbeit und Soziales, neben dem bereits in den Gesetzesentwürfen aufgeführten Minamata-Übereinkommen und POPs-Übereinkommen noch zusätzlich das Basler Übereinkommen in den Vertragskatalog aufzunehmen, war diese doppelte Schutzrichtung maßgeblich.[350] Ob weitere Umweltabkommen wie das Montrealer Protokoll[351] die ebenfalls diesen doppelten Schutzzweck verfolgen, schlicht übersehen wurden oder aus anderen Gründen nicht ergänzt worden sind, lässt sich anhand der Gesetzesmaterialien nicht erhellen. 148

c) Die Verbote im Einzelnen. aa) Verbot der Herstellung von mit Quecksilber versetzten Produkten (Nr. 1). An der Spitze des umweltbezogenen Verbotskataloges steht das Verbot der Herstellung von mit Quecksilber versetzten Produkten. Anders als in dem in Bezug genommenen **Art. 4 Abs. 1 Minamata-Übereinkommen** werden in § 2 Abs. 3 Nr. 1 die Ein- und Ausfuhr quecksilberanteiliger Produkte nicht genannt. Blickt man in die Gesetzesmaterialien, die ebenfalls nur von „Herstellung" sprechen,[352] handelt es sich dabei um kein Versehen, sondern eine bewusste Verkürzung der Reichweite des Tatbestandes.[353] 149

---

[344] BGBl. 2017 II 610, 611.

[345] BGBl. 2002 II 803, 804.

[346] BGBl. 1994 II 2703, 2704.

[347] Zahl bei Kieninger/Krajewski/Wohltmann, Rechtsgutachten und Entwurf für ein Gesetz zur Umsetzung menschenrechtlicher und umweltbezogener Sorgfaltspflichten, 2021, 18; exakter auf Grundlage der ecolex-Datenbank Krebs/Klinger/Gailhofer/Scherf, Von der menschenrechtlichen zur umweltbezogenen Sorgfaltspflicht, 2020, 36: „303 (252 multilaterale und 51 bilaterale) [internationale Umweltabkommen]".

[348] Lutz-Bachmann/Vorbeck/Wengenroth BB 2021, 906 (907); Wagner/Rutloff/Wagner LkSG-HdB/Ruttloff/Schulga § 2 Rn 89.

[349] Vgl. Kieninger/Krajewski/Wohltmann, Rechtsgutachten und Entwurf für ein Gesetz zur Umsetzung menschenrechtlicher und umweltbezogener Sorgfaltspflichten, 2021, 18.

[350] S. Beschlussempfehlung und Bericht des Ausschusses für Arbeit und Soziales, BT-Drs. 19/30505, 37.

[351] Montrealer Protokoll vom 16.9.1987 über Stoffe, die zu einem Abbau der Ozonschicht führen, BGBl. II 1988, 1014.

[352] So Begr. RegE LkSG, BT-Drs. 19/28649, 39.

[353] IE auch Lutz-Bachmann/Vorbeck/Wengenroth BB 2021, 906 (908); Wagner/Rutloff/Wagner LkSG-HdB/Ruttloff/Schulga § 2 Rn. 250.

150 Eine detaillierte Liste an Produkten, die in den Anwendungsbereich des Verbotes fallen, findet sich in **Anlage A Teil I Minamata-Übereinkommen,** die § 2 Abs. 3 Nr. 1 ebenfalls in Bezug nimmt. Genannt werden dort ua Batterien, Schalter, Relais, verschiedene Lampenarten, Kosmetika, Pestizide, Biozide, Antiseptika und eine Reihe von nicht elektronischen Messgeräten. Das Ausstiegsdatum für alle aufgeführten Produkte ist bereits abgelaufen, weswegen der Gesetzgeber wohl auf den in § 2 Abs. 3 Nr. 2 zu findenden Zusatz „ab dem für die jeweiligen Produkte und Prozesse im Übereinkommen festgelegten Ausstiegsdatum“ bei Nr. 1 verzichtet hat.

151 Der Verweis auf Art. 4 Abs. 1 Minamata-Übereinkommen umfasst **auch die dort genannten Ausnahmeregelungen.**[354] Eine Ausnahme vom Herstellungsverbot gilt gemäß **Art. 4 Abs. 1 Hs. 2 Alt. 1** für Produkte, die in Anlage A Teil I Minamata-Übereinkommen ausdrücklich vom Anwendungsbereich des Übereinkommens ausgeschlossen werden. Dabei handelt es sich um Produkte, die für bestimmte Verwendungszwecke vorgesehen sind, zB für den Zivilschutz und militärische Verwendungszwecke, Forschungszwecke oder für den Einsatz bei traditionellen oder religiösen Praktiken, um Messgeräte und andere Produkte, für die noch keine quecksilberfreien Alternativen bestehen, sowie um Impfstoffe mit dem Konservierungsstoff Thiomersal. Vom Herstellungsverbot ebenfalls nicht erfasst werden nach **§ 4 Abs. 1 Hs. 2 Alt. 2** Produkte, für die sich eine Vertragspartei des Minamata-Übereinkommens eine Ausnahme nach Art. 6 Minamata-Übereinkommen hat registrieren lassen. Von dieser Möglichkeit haben zurzeit ein Dutzend Staaten, ua auch China, Indien und Kanada, Gebraucht gemacht.[355]

152 Eine weitere Ausnahme vom Herstellungsverbot sieht **Art. 4 Abs. 2 Minamata-Übereinkommen** für Produkte vor, für die eine Vertragspartei des Übereinkommens angegeben hat, statt eines Verbotes „andere Maßnahmen oder Strategien“ anzuwenden und deren Herstellung die Vertragspartei bereits auf ein „geringfügiges Niveau (de minimis level)“ reduziert hat. Art. 4 Abs. 2 Minamata-Übereinkommen wird nicht ausdrücklich von § 2 Abs. 3 Nr. 1 in Bezug genommen, jedoch geht aus den Gesetzesmaterialien deutlich hervor, dass das Herstellungsverbot des § 2 Abs. 3 Nr. 1 auch nicht für solche Produkte gelten soll, für die von der Option des Art. 4 Abs. 2 Minamata-Übereinkommen Gebrauch gemacht wurde.[356] Daher handelt es sich bei der Nichtnennung des Art. 4 Abs. 2 um ein **Redaktionsversehen des Gesetzgebers,** das im Wege der Auslegung zu korrigieren ist.[357] Da dies den Anwendungsbereich des Verbotes nicht erweitert, sondern verkürzt, begegnet eine solche **korrigierende Auslegung** auch vor dem Hintergrund des Bestimmtheitsgebot aus Art. 103 Abs. 2 GG keinen Bedenken. Die praktische Relevanz dieser Ausnahme ist ohnehin begrenzt. Von ihr hat zurzeit nur die USA Gebrauch gemacht.[358]

153 **bb) Verbot der Verwendung von Quecksilber und Quecksilberverbindungen bei bestimmten Herstellungsprozessen (Nr. 2).** § 2 Abs. 3 Nr. 2 enthält das Verbot der Verwendung von Quecksilber und Quecksilberverbindungen bei Herstellungsprozessen iSv Art. 5 Abs. 2 Minamata-Übereinkommen. Zur Konkretisierung der Begriffe „Quecksilber“ und „Quecksilberverbindungen“ lassen sich die im Minamata-Übereinkommen zu findenden Definitionsnormen heranziehen.[359] **„Quecksilber“** meint dem-

[354] Vgl. Begr. RegE LkSG, BT-Drs. 19/28649, 39; Grabosch Das neue LkSG/Schönfelder § 4 Rn. 61; Wagner/Rutloff/Wagner LkSG-HdB/Ruttloff/Schulga § 2 Rn. 252.

[355] S. die Länderübersicht mit den jeweils ausgenommen Produkten sowie dem Ablaufjahr der Ausnahmeregelung unter https://www.mercuryconvention.org/en/parties/exemptions (Exemptions from the phase-out dates listed in Part I of Annex A to the Minamata Convention on Mercury).

[356] Begr. RegE LkSG, BT-Drs. 19/28649, 39.

[357] Für eine Einbeziehung der Ausnahme nach Art. 4 Abs. 2 Minamata-Übereinkommen auch Grabosch Das neue LkSG/Schönfelder § 4 Rn. 61 Fn. 206; Wagner/Rutloff/Wagner LkSG-HdB/Ruttloff/Schulga § 2 Rn. 252, 255.

[358] S. die Länderübersicht unter https://www.mercuryconvention.org/en/parties/notifications (Spalte „Article 4.2“).

[359] Wagner/Rutloff/Wagner LkSG-HdB/Ruttloff/Schulga § 2 Rn. 249, 258.

nach elementares Quecksilber mit der chemischen Formel Hg(0) und der internationalen CAS-Nummer 7439-97-6 (Art. 2 lit. d Minamata-Übereinkommen). Bei einer **„Quecksilberverbindung“** handelt es sich nach Art. 2 lit. e Minamata-Übereinkommen um „jeden Stoff, der aus Quecksilberatomen und einem oder mehreren Atomen anderer chemischer Elemente besteht und der sich nur durch chemische Reaktionen in verschiedene Bestandteile trennen lässt“.

Herstellungsprozesse iSv Art. 5 Abs. 2 Minamata-Übereinkommen sind solche, die in **Anlage B Teil I** aufgeführt werden. Dabei handelt es sich um die **Chloralkali-Herstellung** sowie die **Acetaldehyd-Herstellung,** wenn im Rahmen dieses Herstellungsprozesses Quecksilber oder Quecksilberverbindungen als Katalysator verwendet werden. Wird bei diesen Herstellungsprozessen wie beim Membranverfahren zur Herstellung von Chloralkali[360] kein Quecksilber oder keine Quecksilberverbindungen verwendet, sondern werden lediglich mit Quecksilber versetzte Produkte (zB Messgeräte) eingesetzt, fallen sie nicht in den Anwendungsbereich von § 2 Abs. 3 Nr. 2. Dies ergibt sich jedenfalls aus **Art. 5 Abs. 1 Minamata-Übereinkommen,** der ausweislich der Regierungsbegründung auch im Rahmen von § 2 Abs. 3 Nr. 2 Beachtung finden soll.[361] Nach dieser Vorschrift werden vom Begriff des Herstellungsprozesses iSd Art. 5 Minamata-Übereinkommen und der Anlage B Teil II Minamata-Übereinkommen Prozesse ausklammert, bei denen mit Quecksilber versetzte Produkte verwendet oder hergestellt werden oder bei denen quecksilberhaltiger Abfall verarbeitet wird. 154

Das Verwendungsverbot des § 2 Abs. 3 Nr. 2 muss von Unternehmen nicht unbedingt sofort beachtet werden, sondern „ab dem für die jeweiligen Produkte und Prozesse im Übereinkommen festgelegten Ausstiegsdatum“. Für die Acetaldehyd-Herstellung liegt das Ausstiegsdatum bereits in der Vergangenheit (Jahr 2018). Das Ausstiegsdatum für die Chloralkali-Herstellung fällt jedoch erst auf Ende (!) des Jahres 2025. 155

Auch über die genannten Ausstiegsdaten hinaus begründet die Verwendung von Quecksilber oder Quecksilberverbindung bei der Chloralkali- oder Acetaldehyd-Herstellung kein umweltbezogenes Risiko, wenn eine Vertragspartei im Einklang mit **Art. 6 Minamata-Übereinkommen** die Ausstiegsfrist verlängert hat. Diese ausdrücklich in Art. 5 Abs. 2 Hs. 2 Minamata-Übereinkommen vorgesehene Ausnahme soll ausweislich der Regierungsbegründung auch für das Verwendungsverbot des § 2 Abs. 3 Nr. 2 Anwendung finden.[362] Eine Ausnaheregelung haben zurzeit ein halbes Dutzend Staaten, ua Indien und die USA, ganz überwiegend für die Chloralkali-Herstellung registriert.[363] Für diese Staaten wurde die Ausstiegsfrist bislang bis zum Jahr 2030 verlängert. 156

cc) Verbot der Behandlung von Quecksilberabfällen entgegen Art. 11 Abs. 3 Minamata-Übereinkommen (Nr. 3). § 2 Abs. 3 Nr. 3 statuiert das Verbot der Behandlung von Quecksilberabfällen entgegen Art. 11 Abs. 3 Minamata-Übereinkommen. Für das Verständnis des Begriffs „Quecksilberabfälle“ ist **Art. 11 Abs. 2 Minamata-Übereinkommen** heranzuziehen.[364] Quecksilberabfälle sind nach Art. 11 Abs. 2 S. 1 Hs. 1 Minamata-Übereinkommen Stoffe oder Gegenstände, die aus Quecksilber oder Quecksilberverbindungen bestehen (lit. a), Quecksilber oder Quecksilberverbindungen enthalten (lit. b) oder damit verunreinigt sind (lit. c) und zur Entsorgung bestimmt sind oder nach nationalen oder internationalen Rechtsvorschriften entsorgt werden müssen (Art. 11 Abs. 2 S. 1 Hs. 2). Die Menge an enthaltenem Quecksilber oder Quecksilber- 157

[360] S. zu den einzelnen Herstellungsverfahren von Chloralkali den Kurzüberblick auf der Webseite des Umweltbundesamtes, abrufbar unter https://perma.cc/W8C8-8H8R.
[361] Begr. RegE LkSG, BT-Drs. 19/28649, 39.
[362] Begr. RegE LkSG, BT-Drs. 19/28649, 39; s. auch Grabosch Das neue LkSG/Schönfelder § 4 Rn. 62; Wagner/Rutloff/Wagner LkSG-HdB/Ruttloff/Schulga § 2 Rn. 261.
[363] S. die Länderübersicht mit den jeweils ausgenommen Herstellungsprozessen sowie dem Ablaufjahr der Ausnahmeregelung unter https://www.mercuryconvention.org/en/parties/exemptions (Exemptions from the phase-out dates listed in Part I of Annex B to the Minamata Convention on Mercury).
[364] Begr. RegE LkSG, BT-Drs. 19/28649, 40.

verbindungen muss dabei gemäß Art. 11 Abs. 2 S. 1 Hs. 2 Minamata-Übereinkommen oberhalb der Schwellenwerte liegen, die von der Konferenz der Vertragsparteien festgelegt werden. Auf Empfehlung einer technischen Expertengruppe hat die Dritte Vertragsstaatenkonferenz des Minamata-Übereinkommens Anfang des Jahres 2020 jedoch entschieden, für Abfälle, die unter Art. 11 Abs. 2 S. 1 Hs. 1 lit. a und b Minamata-Übereinkommen fallen, auf die Festlegung von Schwellenwerten zu verzichten.[365] Für Abfälle, die unter Art. 11 Abs. 2 lit. c Minamata-Übereinkommen fallen, hat die Dritte Vertragsstaatenkonferenz ein nochmaliges Tätigwerden der technischen Expertengruppe erbeten.[366] Auf der Vierten Vertragsstaatenkonferenz wurde eine Entscheidung über die Schwellenwerte für diese Kategorie an Quecksilberabfällen erneut vertagt.[367]

158 Die Behandlung von Quecksilberabfällen muss im Einklang mit den **Bestimmungen des Art. 11 Abs. 3 Minamata-Übereinkommen** erfolgen. Nach Art. 11 Abs. 3 lit. a Minamata-Übereinkommen müssen Quecksilberabfälle **„umweltgerecht"** behandelt werden. Bei der Frage, was unter einer umweltgerechten Behandlung zu verstehen ist, sind sowohl einschlägige Richtlinien, die aufgrund des Basler Übereinkommens erarbeitet worden sind, sowie theoretisch[368] auch auf Grundlage von Art. 27 Minamata-Übereinkommen verabschiedete Anlagen zu berücksichtigen. Von maßgeblicher Bedeutung sind in diesem Zusammenhang die im Jahr 2015 von der Zwölften Vertragsstaatenkonferenz des Basler Übereinkommens verabschiedeten[369] umfangreichen **„technical guidelines for the environmentally sound management of wastes consisting of elemental mercury and wastes containing or contaminated with mercury".**[370] Neben einem abstrakten Grundkonzept[371] und einigen Handlungsanweisungen, die primär an Staaten gerichtet sind,[372] enthalten diese auch Vorgaben für den Umgang, die Trennung, die (Abfall-)Sammlung, die Kennzeichnung, den Transport und die Lagerung von Quecksilberabfällen,[373] die zur Konkretisierung des Begriffs „umweltgerecht" herangezogen werden können. Nach einem Beschluss der 14. Vertragsstaatenkonferenz des Basler Übereinkommens wird derzeit an einer aktualisierten Fassung der technischen Richtlinien gearbeitet.[374]

159 Auch wenn die Gesetzesmaterialien explizit nur auf das eben erörterte Erfordernis einer umweltgerechten Behandlung aus Art. 11 Abs. 3 lit. a Minamata-Übereinkommen einge-

[365] Report of the Conference of the Parties of the Minamata Convention on Mercury on the work of its third meeting, 7.1.2020, UNEP/MC/COP.3/23, Decision MC-3/5, 37.

[366] Report of the Conference of the Parties to the Minamata Convention on Mercury on the work of its third meeting, 7.1.2020, UNEP/MC/COP.3/23, Decision MC-3/5, 37.

[367] Report of the Conference of the Parties of the Minamata Convention on Mercury on the work of its fourth meeting (In-person segment), 8.4.2022, UNEP/MC/COP.4/28/Add.1, Decision MC-4/6, 35 f.

[368] Von der Möglichkeit nach Art. 27 Minamata-Übereinkommen hat die Vertragsstaatenkonferenz des Minamata-Übereinkommens bislang kein Gebraucht gemacht.

[369] Report of the Conference of the Parties to the Basel Convention on the Control of Transboundary Movements of Hazardous Wastes and Their Disposal on the work of its twelfth meeting, 13.8.2015, UNEP/CHW.12/27, 54.

[370] 20.7.2015, UNEP/CHW.12/5/Add.8/Rev.1.

[371] Technical guidelines for the environmentally sound management of wastes consisting of elemental mercury and wastes containing or contaminated with mercury, 20.7.2015, UNEP/CHW.12/5/Add.8/Rev.1, 16.

[372] S. Abschnitt „D. Sampling, analysis and monitoring" der technical guidelines for the environmentally sound management of wastes consisting of elemental mercury and wastes containing or contaminated with mercury, 20.7.2015, UNEP/CHW.12/5/Add.8/Rev.1, 25 ff.; s. auch Wagner/Ruttloff/Wagner LkSG-HdB/Ruttloff/Schulga § 2 Rn. 267.

[373] S. Abschnitt „F. Handling, separation, collection, packaging, labelling, transportation and storage" der technical guidelines for the environmentally sound management of wastes consisting of elemental mercury and wastes containing or contaminated with mercury, 20.7.2015, UNEP/CHW.12/5/Add.8/Rev.1, 25 ff.; dazu mit Einzelnachweisen und weiteren Erläuterungen Wagner/Ruttloff/Wagner LkSG-HdB/Ruttloff/Schulga § 2 Rn. 267.

[374] Der letzte Entwurfsstand (UNEP/CHW/OEWG.12/INF/13/Rev.2) aus Mai 2022 findet sich unter http://www.basel.int/TheConvention/OpenendedWorkingGroup(OEWG)/Meetings/OEWG12/Overview/tabid/8264/Default.aspx („Information Documents").

hen,[375] sind aufgrund des klaren Wortlauts von § 2 Abs. 3 Nr. 3 („**den Bestimmungen** des Artikel 11 Absatz 3 des Minamata-Übereinkommens“)[376] auch die Anforderungen der Art. 11 Abs. 3 lit. b und lit. c Minamata-Übereinkommen zu beachten.[377]

dd) Verbot der Produktion und Verwendung bestimmter Chemikalien (Nr. 4). 160
§ 2 Abs. 3 Nr. 4 normiert das Verbot der Produktion und Verwendung von Chemikalien „nach Art. 3 Abs. 1 lit. a und Anlage A des [POPs-Übereinkommens], jedoch aber „in der Fassung der Verordnung (EU) 2019/2012 des Europäischen Parlaments und des Rates vom 20.6.2019 über persistent organische Schadstoffe“.[378] Diese sprachlich missglückte Formulierung meint, dass sich Inhalt und Reichweite des Verbotes im Unterschied zum Regierungsentwurf nicht mehr nach den Bestimmungen des POPs-Übereinkommens, sondern **nach den Bestimmungen der VO (EU) 2019/1021 richten,**[379] mit der die EU ihren ursprünglichen Umsetzungsakt des POPs-Übereinkommens[380] neu gefasst hat (s. Erwägungsgrund Nr. 1 VO (EU) 2019/1021). Einen erheblichen Unterschied macht dies insbesondere im Hinblick auf die **Zahl der Chemikalien,** die das Produktions- und Verwendungsverbot erfasst. Während Anlage A der von der Bundesrepublik ratifizierten Fassung des POPs-Übereinkommens nur neun Einträge verzeichnet,[381] ist die Liste in Anh. VO (EU) 2019/1021 um einiges umfangreicher (s. Anh. I Teil A VO (EU) 2019/1021). Überraschend ist es daher, dass der Bundestagsausschuss für Arbeit und Soziales die Einfügung des Verweises auf das europäische Recht lediglich als „redaktionelle Folgeänderung aufgrund der Einfügung der neuen § 2 Absatz 3 Nummer 6 bis 8“ bezeichnet hat.[382]

Im Unterschied zu sowohl Art. 3 Abs. 1 lit. a POPs-Übereinkommen als auch zu Art. 4 161
Abs. 1 VO (EU) 2019/1021 erfasst § 2 Abs. 3 Nr. 4 **allein die Produktion und Verwendung** der Chemikalien, nicht aber auch deren Ein- und Ausfuhr. Das Begriffspaar „Produktion“ und „Verwendung“ entstammt noch dem POPs-Übereinkommen (s. etwa Art. 3 Abs. 1 lit. a Ziff. i POPs-Übereinkommen); die VO (EU) 2019/1021 spricht von „Herstellung“ und „Verwendung“ (s. etwa Art. 3 Abs. 1 VO (EU) 2019/1021). Legt man die Legaldefinition des Herstellungsbegriffs der VO (EU) 2019/1021 zugrunde, die auf Art. 3 Nr. 8 VO (EG) 1907/2006[383] verweist (s. Art. 2 Nr. 5 VO (EU) 2019/1021), erfasst § 2 Abs. 3 Nr. 4 neben der eigentlichen Produktion der Stoffe auch deren Extraktion. Die Verwendung umfasst gemäß Art. 2 Nr. 6 VO (EU) 2019/1021, der auf Art. 3 Nr. 24 VO (EG) 1907/2006 verweist, jede Form des Gebrauchs, etwa die Verarbeitung, den Verbrauch oder die Lagerung.

Einige **Ausnahmen vom Produktions- und Verwendungsverbot** finden sich in 162
Art. 4 VO (EU) 2019/1021.[384] Art. 4 Abs. 1 VO (EU) 2019/1021 sieht Ausnahmen für Stoffe vor, die zu Forschungszwecken oder als Referenzstandard verwendet werden oder in anderen Stoffen, Gemischen oder Erzeugnissen nach den im Anh. I VO (EU) 2019/1021

---

[375] Begr. RegE LkSG, BT-Drs. 19/28649, 40.

[376] Hervorhebung durch den Verf.

[377] Zu diesen Wagner/Ruttloff/Wagner LkSG-HdB/Ruttloff/Schulga § 2 Rn. 268 f.

[378] ABl. EU 2019 L 169, 45.

[379] Ähnlich Wagner/Ruttloff/Wagner LkSG-HdB/Ruttloff/Schulga § 2 Rn. 274.

[380] VO (EG) 850/2004 des Europäischen Parlaments und des Rates vom 29.4.2004 über persistente organische Schadstoffe, ABl. EG 2004 L 158, 7.

[381] Anlage A des POPs-Übereinkommens ist seit seiner Verabschiedung durch verschiedene Beschlüsse der Vertragsstaatenkonferenz mehrfach geändert und erweitert worden. Die aktuelle Fassung des POPs-Übereinkommens ist abrufbar unter http://www.pops.int/TheConvention/Overview/TextoftheConvention/tabid/2232/Default.aspx.

[382] So Beschlussempfehlung und Bericht des Ausschusses für Arbeit und Soziales, BT-Drs. 19/30505, 36.

[383] VO (EG) 1907/2006 des Europäischen Parlaments und des Rates vom 18.12.2006 zur Registrierung, Bewertung, Zulassung und Beschränkung chemischer Stoffe (REACH), zur Schaffung einer Europäischen Chemikalienagentur, zur Änderung der Richtlinie 1999/45/EG und zur Aufhebung der Verordnung (EWG) Nr. 793/93 des Rates, der Verordnung (EG) Nr. 1488/94 der Kommission, der Richtlinie 76/769/EWG des Rates sowie der Richtlinien 91/155/EWG, 93/67/EWG, 93/105/EG und 2000/21/EG der Kommission, ABl. EG 2007 L 136, 3.

[384] Eingehend zu diesen Wagner/Ruttloff/Wagner LkSG-HdB/Ruttloff/Schulga § 2 Rn. 276 ff.

eingetragenen Konzentrations- oder Mengengrenzen als unbeabsichtigte Spurenverunreinigung anzusehen sind. Nach Art. 4 Abs. 2 UAbs. 1 VO (EU) 2019/1021 gilt eine „Schonfrist" von sechs Monaten für Stoffe, welche nach Inkrafttreten der Verordnung in die Anlage der verbotenen Chemikalien aufgenommen werden und in Erzeugnissen vorhanden sind, die bereits vor diesem Zeitpunkt hergestellt worden sind. Schließlich sind gemäß Art. 4 Abs. 2 UAbs. 2 VO (EU) 2019/1021 Stoffe vom Produktions- und Verwendungsverbot ausgenommen, die in Erzeugnissen vorhanden sind, welche bereits vor Inkrafttreten der Verordnung verwendet wurden.

163 **ee) Verbot des nicht umweltgerechten Umgangs mit Chemikalienabfällen (Nr. 5). (1) Chemikalienabfälle.** § 2 Abs. 3 Nr. 5 enthält das Verbot der nicht umweltgerechten Handhabung, Sammlung, Lagerung und Entsorgung von Abfällen. Nach einer allgemeinen Definition des Basler Übereinkommens handelt es bei „Abfällen" um „Stoffe oder Gegenstände, die entsorgt werden, zur Entsorgung bestimmt sind oder aufgrund der innerstaatlichen Rechtsvorschriften entsorgt werden müssen" (s. Art. 2 Nr. 1 Basler Übereinkommen). Aus dem weiteren Zusammenhang der Vorschrift, insbesondere aus dem Verweis auf Art. 6 POPs-Übereinkommen, ergibt sich aber, dass § 2 Abs. 3 Nr. 5 nicht jede Art von Abfällen erfasst, sondern Abfälle iSd Art. 6 Abs. 1 POPs-Übereinkommen, die aus einer der in Anlagen A, B oder C POPs-Übereinkommen genannten Chemikalien bestehen, enthalten oder mit diesen verunreinigt sind **(„Chemikalienabfälle").** Mangels eines Verweises auf die VO (EU) 2019/1021[385] wie er sich in § 2 Abs. 3 Nr. 4 findet (→ Rn. 160), sind bei § 2 Abs. 3 Nr. 5 die Anlagen des POPs-Überkommens in der Fassung zugrunde zu legen, die Gegenstand des deutsches Zustimmungsgesetzes[386] war. Durch den von § 2 Abs. 3 Nr. 5 in Bezug genommenen Änderungsbeschluss aus dem Jahr 2005[387] wurde allein eine Anlage über die Durchführung von Schiedsverfahren eingefügt.

164 Wegen der alleinigen Inbezugnahme von Abfällen in § 2 Abs. 3 Nr. 5 ist der Umgang mit **Lagerbeständen** der in den Anlagen zum POPs-Übereinkommen genannten Chemikalien vom Anwendungsbereich des Verbotstatbestandes nicht erfasst.[388] Im Schrifttum unterschiedlich beurteilt wird, ob man diese Schutzlücke zumindest teilweise über die Anwendung der menschenrechtlichen Auffangklausel schließen kann, wenn zB der Export von Lagerbeständen zu Gesundheitsschädigungen oder Todesfällen bei der im Zielland lebenden Bevölkerung führen kann.[389]

165 **(2) Vorgaben an den Umgang mit Chemikalienabfällen.** Der Umgang mit den Chemikalienabfällen muss nach den „Regelungen [erfolgen], die in der anwendbaren Rechtsordnung nach den Maßgaben des Artikels 6 Absatz 1 Buchstabe d Ziffer i und ii des POPs-Übereinkommens gelten". Aus dieser Formulierung folgt, dass Unternehmen das Verbot aus § 2 Abs. 3 Nr. 5 **nur in solchen Ländern zu beachten haben,** die das **POPs-Übereinkommen ratifiziert haben bzw. diesem beigetreten sind.**[390] Die Gegenansicht[391] würde bedeuten, dass die Verfasser des Regierungsentwurfs für die Verbote in § 2 Abs. 3 Nr. 4 und Nr. 5, denen jeweils Pflichten aus dem POPs-Übereinkommen zugrunde liegen, unterschiedliche Maßstäbe vorgesehen hatten. Denn nach der Entwurfsfassung sollte das Verwendungs- und Produktionsverbot in § 2 Abs. 3 Nr. 4 nur Anwendung finden, soweit dieses nach dem jeweils anwendbaren nationalen Recht in Übereinstimmung mit dem POPs-Übereinkommen vorgesehen war, was auch in der

[385] VO (EU) 2019/1021 des Europäischen Parlaments und des Rates vom 20.6.2019 über persistent organische Stoffe, ABl. EU 2019 L 169, 45.
[386] BGBl. 2002 II 803, 804.
[387] BGBl. 2009 II 1060, 1061.
[388] Grabosch Das neue LkSG/Schönfelder § 4 Rn. 67; Wagner/Rutloff/Wagner LkSG-HdB/Ruttloff/Schulga § 2 Rn. 288.
[389] Dafür Grabosch Das neue LkSG/Schönfelder § 4 Rn. 67; dagegen Wagner/Rutloff/Wagner LkSG-HdB/Ruttloff/Schulga § 2 Rn. 288.
[390] Ebenso Grabosch Das neue LkSG/Schönfelder § 4 Rn. 67.
[391] Wagner/Rutloff/Wagner LkSG-HdB/Ruttloff/Schulga § 2 Rn. 288

Regierungsbegründung deutlich zum Ausdruck kam.[392] Dass das Verbot des nicht umweltgerechten Umgangs und Entsorgung von Chemikalienabfällen im Unterschied zu § 2 Abs. 3 Nr. 4 unabhängig von seiner nationalen Geltung zur Anwendung kommen sollte, ergibt sich weder aus der Regierungsbegründung noch ist dafür ein plausibler Grund ersichtlich.

Nicht verkannt wird, dass die hier vertretene Ansicht nun ihrerseits zu einer Diskrepanz 166 zwischen § 2 Abs. 3 Nr. 4 und Nr. 5 führt, da in der finalen Fassung des § 2 Abs. 3 Nr. 4 der Verweis auf das jeweils anwendbare Recht fehlt. Diese Diskrepanz lässt sich damit erklären, dass der Bundestagsausschuss für Arbeit und Soziales, auf dessen Empfehlung § 2 Abs. 3 Nr. 4 neu gefasst wurde (→ Rn. 160), den **daraus folgenden Anpassungsbedarf bei § 2 Abs. 3 Nr. 5 schlicht übersehen hat.** Aufgrund der umständlichen Formulierung von § 2 Abs. 3 Nr. 5 und der Fülle an Änderungen, die im Ausschussverfahren angeregt wurden, ist dies alles andere als fernliegend. In der Praxis hat die Streitfrage jedoch ohnehin nur beschränkte Relevanz,[393] da ein großer Teil der Staatengemeinschaft (derzeit 186 Staaten) dem POPs-Übereinkommen beigetreten ist.[394] Zu den wenigen „Ausreißern" zählen aber die USA.

In den Ländern, die dem POPs-Übereinkommen beigetreten sind, müssen Unterneh- 167 men ausweislich der Regierungsbegründung die jeweils geltenden nationalen Regelungen **und** die Maßgaben der Art. 6 Abs. 1 lit. d Ziff. i und ii POPs-Übereinkommen beachten.[395] Die völkerrechtlichen Vorgaben sind daher auch dann zu beachten, wenn sie nicht und nur teilweise in einem nationalen Rechtsakt umgesetzt worden sind.[396] Inhaltlich verlangt Art. 6 Abs. 1 lit. d Ziff. i POPs-Übereinkommen, dass Chemikalienabfälle **umweltgerecht gehandhabt, gesammelt, befördert und gelagert** werden. Werden Chemikalienabfälle entsorgt, müssen die persistent organischen Schadstoffe gemäß Art. 6 Abs. 1 lit. d Ziff. ii POPs-Übereinkommen **zerstört oder unumkehrbar umgewandelt** werden, außer die Zerstörung oder unumkehrbare Umwandlung stellt „unter Umweltgesichtsgesichtspunkten [nicht] die vorzuziehende Möglichkeit" dar. In diesem Fall müssen die Chemikalienabfälle „auf andere Weise umweltgerecht entsorgt werden". Die gleiche Möglichkeit sieht die Vorschrift vor, wenn die Chemikalienabfälle einen niedrigen Gehalt an persistent organischen Schadstoffen aufweisen.

Werden diese Vorgaben in (supra-)nationalen Rechtsakten konkretisiert, sind diese in 168 erster Linie im Rahmen von § 2 Abs. 3 Nr. 5 heranziehen. So enthält zB Art. 7 VO (EU) 2019/1021 iVm Anh. V VO (EU) 2019/1021 für die EU-Mitgliedstaaten detaillierte Vorgaben zu zulässigen Entsorgungsmethoden und weiteren Aspekten der Bewirtschaftung von Chemikalienabfällen. Fehlt es in der anwendbaren Rechtsordnung an solchen verbindlichen Vorgaben, werden sich Unternehmen an einschlägigen internationalen Bestimmungen orientieren müssen. Große Bedeutung entfalten in diesem Zusammenhang die „general technical guidelines on the environmentally sound management of wastes consisting of, containing or contaminated with persistent organic pollutants",[397] die in ihrer aktuellen Fassung auf der 14. Vertragsstaatenkonferenz des Basler Übereinkommens im Jahr 2019 verabschiedet worden sind. Deren Vorgaben zur Handhabung, Sammlung, Lagerung

[392] S. Begr. RegE LkSG, BT-Drs. 19/28649, 40: „Ist die Produktion und Verwendung der in Anlage A aufgeführten Stoffe in dem Staat der anwendbaren Rechtsordnung nach der Maßgabe des Artikel 3 Absatz 1a) [POPs-Übereinkommen] verboten oder eingeschränkt oder hat sich dieser Staat durch Ratifikation zu einem entsprechenden Verbot verpflichtet, bestehen diesbezüglich Sorgfaltspflichten im Sinne der §§ 3 bis 10".

[393] Ähnlich Wagner/Rutloff/Wagner LkSG-HdB/Ruttloff/Schulga § 2 Rn. 286.

[394] S. die Übersicht auf der Webseite des UN Environment Programme https://perma.cc/DWJ6-G4LR.

[395] So Begr. RegE LkSG, BT-Drs. 19/28649, 40.

[396] Ebenso Grabosch Das neue LkSG/Schönfelder § 4 Rn. 67; s. auch Wagner/Rutloff/Wagner LkSG-HdB/Ruttloff/Schulga § 2 Rn. 284: „Die **Maßgaben des Art. 6 Abs. 1 lit. d Ziff. i und ii des POPs-Übereinkommens** sind demnach das Mindestmaß an Regelungen, die von den Unternehmen zu beachten sind." (Hervorhebung im Original).

[397] 20.6.2019, UNEP/CHW.14/7/Add.1/Rev.1, abrufbar unter http://www.basel.int/Implementation/TechnicalMatters/DevelopmentofTechnicalGuidelines/TechnicalGuidelines/tabid/8025/Default.aspx (Filter „General POPs").

und Entsorgung von Chemikalienabfällen[398] werden in weiteren technischen Richtlinien für bestimmte Chemikalienarten weiter spezifiziert.[399]

169 **ff) Verbot der Ausfuhr gefährlicher Abfälle in bestimmte Staatenkategorien (Nr. 6).** § 2 Abs. 3 Nr. 6 enthält das Verbot der Ausfuhr gefährlicher Abfälle und anderer Abfälle in Staaten, die in eine der in § 2 Abs. 3 Nr. 6 lit. a–d normierten Kategorien fallen. Das Ausfuhrverbot in § 2 Abs. 3 Nr. 6 ist das erste von drei Verboten auf Grundlage des Basler Übereinkommens, um die der Gesetzgeber den Verbotskatalog in § 2 Abs. 3 auf Empfehlung des Bundestagsausschusses für Arbeit und Soziales kurz vor Abschluss des Gesetzgebungsverfahrens ergänzt hat (s. auch → Rn. 148).[400] Wie auch das Ausfuhrverbot in § 2 Abs. 3 Nr. 7 und das Einfuhrverbot in § 2 Abs. 3 Nr. 8 setzt § 2 Abs. 3 Nr. 6 **die grenzüberschreitende Verbringung von Abfällen** voraus.[401] Der Transport von Abfällen innerhalb eines Landes ist nicht erfasst.

170 **(1) Erfasste Abfälle.** Für das Verständnis der Begriffe „gefährliche Abfälle" und „anderer Abfälle" erklärt § 2 Abs. 3 Nr. 6 auf den ersten Blick sowohl Art. 1 Abs. 1 und Abs. 2 Basler Übereinkommen als auch („und im Sinne der") die Abfallverbringungs-VO[402] für maßgeblich. Letztere enthält eine eigene Legaldefinition für gefährliche Abfälle.[403] Aus dem Bericht des Arbeits- und Sozialausschusses geht aber hervor, dass der Verweis auf die Abfallverbringungs-VO nur erfolgt, da dort verschiedene Anlagen des Basler Übereinkommens „referenziert" werden, die noch keinen Bestandteil der ursprünglich verabschiedeten und von der Bundesrepublik Deutschland ratifizierten Fassung des Übereinkommens bildeten.[404] Maßgeblich für das Verständnis der Begriffe „gefährliche Abfälle" und „sonstige Abfälle" sind daher alleine die Legaldefinitionen des Basler Übereinkommens.[405]

171 Bei **„gefährlichen Abfällen"** handelt es sich nach **Art. 1 Abs. 1 lit. a Basler Übereinkommen** zunächst um solche Abfälle, die einer in Anlage I enthaltenen Gruppe angehören, es sei denn, sie besitzen keine der in Anlage III aufgeführten Eigenschaften. Zunächst ist daher zu prüfen, ob der Abfall zu einer Gruppe der zu kontrollierenden Abfälle zählt. Anlage I nennt hierfür eine Reihe von Abfallarten sowie Abfälle, die gewisse chemische Bestandteile enthalten. In einem zweiten Schritt muss geprüft werden, ob sich der Abfall einer der in Anlage III aufgeführten Stoffgruppen zuordnen lässt und damit gefährliche Eigenschaften aufweist. „Zur Erleichterung der Anwendung"[406] des Übereinkommens enthalten Anlage VIII und Anlage IX Basler Übereinkommen lange Listen an Abfällen, die als gefährlich bzw. nicht gefährlich voreingestuft werden. Die Nennung eines

[398] General technical guidelines on the environmentally sound management of wastes consisting of, containing or contaminated with persistent organic pollutants, 20.6.2019, UNEP/CHW.14/7/Add.1/Rev.1, 27 ff.

[399] S. die Übersicht in über die bestehenden technischen Richtlinien für bestimmte Chemikalienarten in den general technical guidelines on the environmentally sound management of wastes consisting of, containing or contaminated with persistent organic pollutants, 20.6.2019, UNEP/CHW.14/7/Add.1/Rev.1, 27 ff.

[400] Beschlussempfehlung und Bericht des Ausschusses für Arbeit und Soziales BT-Drs. 19/30505, 9 f. (Änderung), 37 (Begründung).

[401] Wagner/Rutloff/Wagner LkSG-HdB/Ruttloff/Schulga § 2 Rn. 291.

[402] VO (EG) 1013/2006 des Europäischen Parlaments und des Rates vom 14.6.2006 über die Verbringung von Abfällen, ABl. EG 2006 L 190, 1.

[403] S. Art. 2 Nr. 2 Abfallverbringungs-VO mit Verweis auf die Legaldefinition der Richtlinie 91/689/EWG des Rates vom 12.12.1991 über gefährliche Abfälle, ABl. EG 1991 L 377, 20.

[404] Vgl. Beschlussempfehlung und Bericht des Ausschusses für Arbeit und Soziales, BT-Drs. 19/30505, 37. Eines solchen Verweises hätte es aber nicht bedurft, da auch der deutsche Gesetzgeber die entsprechenden Anlagen bereits in innerstaatliches Recht transformiert hat, s. das Gesetz zu Änderungen des Basler Übereinkommens vom 17.1.2002, BGBl. 2002 II 89.

[405] Abw. Wagner/Rutloff/Wagner LkSG-HdB/Ruttloff/Schulga § 2 Rn. 297, die zu den erfassten Abfällen auch „Abfälle iSd der [Abfallverbringungs-VO]" zählen.

[406] Anlage I lit. a Basler Übereinkommen.

Abfalls in der jeweiligen Liste schließt jedoch den Nachweis im Einzelfall nicht aus, dass der Abfall nicht gefährlich[407] bzw. gefährlich[408] ist.

172 Neben den Abfällen, die nach Art. 1 Abs. 1 lit. a Basler Übereinkommen als gefährlich einzustufen sind, sind gefährliche Abfälle nach **Art. 1 Abs. 1 lit. b Basler Übereinkommen** solche, die nach innerstaatlichen Rechtsvorschriften als gefährliche Abfälle bezeichnet sind oder als solche gelten.

173 **„Andere Abfälle"** sind gemäß **Art. 1 Abs. 2 Basler Übereinkommen** solche Abfälle, die einer in Anlage II enthaltenen Gruppe angehören. Im Vergleich zu Anlage I ist Anlage II des Basler Übereinkommens sehr überschaubar. Aufgeführt sind „Haushaltsabfälle" sowie „Rückstände aus der Verbrennung von Haushaltsabfällen".

174 **(2) Einzelne Staatenkategorien (§ 2 Abs. 3 Nr. 6 lit. a–d).** Im Einzelnen normieren § 2 Abs. 3 Nr. 6 lit. a–d die folgenden Staatenkategorien:[409]

- § 2 Abs. 3 Nr. 6 lit. a: Vertragsparteien des Basler Übereinkommens, die die Einfuhr von gefährlichen Abfällen und anderen Abfällen verboten haben. Eine Liste an Staaten, die nach Art. 4 lit. b Basler Übereinkommen iVm Art. 4 lit. a, 13 Basler Übereinkommen die Einfuhr gewisser Abfallarten verboten haben, findet sich auf der Webseite des Basler Übereinkommens.[410]
- § 2 Abs. 3 Nr. 6 lit. b: Einfuhrstaaten, dh Vertragsparteien, in die gefährliche oder andere Abfälle zum Zweck der Entsorgung oder der Verladung vor der Entsorgung verbracht werden (Art. 2 Nr. 11 Basler Übereinkommen), die nicht ihre schriftliche Einwilligung zur Einfuhr der Abfälle gegeben haben.
- § 2 Abs. 3 Nr. 6 lit. c: Nichtvertragsparteien des Basler Übereinkommens. Diese Kategorie ist überschaubar, da mittlerweile 189 Staaten das Basler Übereinkommen ratifiziert haben bzw. diesem beigetreten sind. Wie schon beim POPs-Übereinkommen gehört die USA zum kleinen Kreis der Nichtvertragsparteien (s. aber → Rn. 176).
- § 2 Abs. 3 Nr. 6 lit. d: Einfuhrstaaten, wenn die Abfälle in diesem Staat oder anderswo nicht umweltgerecht behandelt werden. „Umweltgerechte Behandlung" definiert Art. 2 Nr. 8 Basler Übereinkommen als Ergreifen „alle[r] praktisch durchführbaren Maßnahmen, die sicherstellen, dass gefährliche Abfälle oder andere Abfälle so behandelt werden, daß der Schutz der menschlichen Gesundheit und der Umwelt vor den nachteiligen Auswirkungen, die solche Abfälle haben können, gewährleistet ist".

175 **gg) Verbot der Ausfuhr gefährlicher Abfälle in nicht in Anlage VII Basler Übereinkommen genannte Staaten (Nr. 7).** In Ergänzung zu § 2 Abs. 3 Nr. 6 statuiert § 2 Abs. 3 Nr. 7 das Verbot der Ausfuhr gefährlicher Abfälle (→ Rn. 171 f.), nicht jedoch anderer Abfälle (→ Rn. 173),[411] von Staaten, die in Anlage VII Basler Übereinkommen genannt werden, in dort nicht aufgeführte Staaten. Die Grundlage dieses Verbots bildet Art. 4a Basler Übereinkommen,[412] der zusammen mit Anlage VII Basler Übereinkommen aufgrund eines Beschlusses der Dritten Vertragsstaatenkonferenz im Jahr 1995 eingefügt[413] und im Jahr 2002 durch die Bundesrepublik Deutschland ratifiziert wurde.[414]

176 In Anlage VII genannt werden **„die Vertragsparteien und andere Staaten, die Mitglied der OCED, EG sind"**, sowie **Liechtenstein.** Der Verweis auf die Mitgliedstaaten der OECD ist insofern erheblich, als zu diesen auch die USA gehören, die keine

[407] So Anlage VIII Liste A Basler Übereinkommen (vor A1).

[408] So Anlage IX Liste B Basler Übereinkommen (vor B1).

[409] S. auch die tabellarische Übersicht bei Wagner/Rutloff/Wagner LkSG-HdB/Ruttloff/Schulga § 2 Rn. 300.

[410] S. http://www.basel.int/Countries/ImportExportRestrictions/tabid/1481/Default.aspx.

[411] Wie hier Grabosch Das neue LkSG/Schönfelder § 4 Rn. 76.

[412] Vgl. Beschlussempfehlung und Bericht des Ausschusses für Arbeit und Soziales, BT-Drs. 19/30505, 37.

[413] Decisions Adopted by the Third Meeting of the Conference of the Parties to the Basel Convention, UNEP/CHW.3/35, Decision III/1, 1 f., abrufbar unter http://www.basel.int/TheConvention/ConferenceoftheParties/Meetings/COP3/tabid/6152/Default.aspx.

[414] Beschl. v. 22.9.1995, BGBl. 2002 II 90 (in Kraft getreten mit Wirkung vom 5.12.2019).

Vertragspartei des Basler Übereinkommens sind. Die Ausfuhr gefährlicher Abfälle in die USA verstößt damit nicht gegen das Ausfuhrverbot aus § 2 Abs. 3 Nr. 7 und muss zur Vermeidung von Widersprüchen auch aus dem Anwendungsbereich von § 2 Abs. 3 Nr. 6 lit. c herausfallen. Dagegen ist nicht von Bedeutung, ob der Verweis auf die Mitgliedstaaten der mittlerweile aufgelösten EG als Verweis auf die heutigen Mitgliedstaaten der EU zu lesen ist, da sämtliche EU-Mitgliedstaaten (wie auch Liechtenstein) zum Kreis der Vertragsparteien gehören.

177 **hh) Verbot der Einfuhr gefährlicher Abfälle und anderer Abfälle aus einer Nichtvertragspartei des Basler Übereinkommens (Nr. 8).** Abschließend enthält § 2 Abs. 3 Nr. 8 das Verbot der Einfuhr gefährlicher Abfälle (→ Rn. 171 f.) und anderer Abfälle (→ Rn. 173) aus einer Nichtvertragspartei des Basler Übereinkommens. Maßgeblich ist, dass es sich bei dem Staat, aus dem die Verbringung der Abfälle eingeleitet wird, um eine Nichtvertragspartei handelt. Die Konstellation, in der Abfälle allein zu Durchfuhrzwecken auf das Territorium einer Nichtvertragspartei verbracht werden, bevor sie den Einfuhrstaat erreichen, fällt nicht unter den Verbotstatbestand. Der Kreis der Nichtvertragsparteien ist, wie bereits erwähnt (→ Rn. 174), sehr überschaubar.

F. Verletzung einer menschenrechts- oder umweltbezogenen Pflicht (Abs. 4)

I. Grundlagen

178 § 2 Abs. 4 enthält die parallel lautenden Definitionen der Begriffe „Verletzung einer menschenrechtsbezogenen Pflicht" (S. 1) und „Verletzung einer umweltbezogenen Pflicht" (S. 2). Im Rahmen der einzelnen Sorgfaltspflichten erlangen die Begriffe vor allem bei § 7 Bedeutung, der die Pflicht zum Ergreifen von Abhilfemaßnahmen im eigenen Geschäftsbereich oder bei einem unmittelbaren Zulieferer regelt, sobald ein Unternehmen die bereits eingetretene oder unmittelbar bevorstehende Verletzung einer menschrechts- oder umweltbezogenen Pflicht festgestellt hat. Zu den Einzelheiten → § 7 Rn. 17 ff.

179 **Bereits der Referentenentwurf und der Regierungsentwurf** verwendeten die Verletzungsbegriffe an vielen Stellen.[415] Die eigenständigen Definitionen in § 2 Abs. 4 wurden jedoch erst auf Empfehlung des Ausschusses für Arbeit und Soziales eingefügt.[416] Wesentliche inhaltliche Änderungen gingen damit insofern einher, als nunmehr nur noch der Verstoß gegen eines der in § 2 Abs. 2 oder Abs. 3 normierten Verbote, nicht dagegen jede rechtswidrige Beeinträchtigung oder Missachtung der Menschenrechte oder Umweltpflichten aus den im Gesetzesanhang aufgelisteten Übereinkommen, eine Verletzung darstellt, die Unternehmen im Rahmen ihrer Sorgfaltspflichten zu beachten haben. Die noch im Entwurfsstadium bestehende **konzeptionelle Asymmetrie** zwischen den Risikobegriffen, die bereits dort anhand der Verbotskataloge definiert wurden, und den zum damaligen Zeitpunkt weiter reichenden Verletzungsbegriffen findet sich damit in der finalen Fassung des § 2 Abs. 4 erfreulicherweise nicht wieder.

180 Vollständig geglückt ist das Bestreben des Ausschusses, mit dem Einfügen des neuen § 2 Abs. 4 „die Gefahr eines missverständlichen Regelungstextes auszuschließen und um die Bestimmtheit des Gesetzes zu erhöhen",[417] jedoch nicht. Denn die gewählten Begriffsbezeichnungen vernebeln die wegen des Charakters der Sorgfaltspflichten als Bemühenspflichten (näher → § 3 Rn. 35 ff.) angezeigte **Differenzierung** zwischen den Verletzungsbegriffen des § 2 Abs. 4 und der Verletzung einer menschenrechts- oder umweltbezogenen

[415] So zB in §§ 3 Abs. 2 Nr. 2, 3, 4 Abs. 2 LkSG-RefE, § 4 Abs. 2 LkSG-RefE vom 28.2.2021; wortgleich in LkSG-RegE, BT-Drs. 19/28649, 10 f.

[416] S. Beschlussempfehlung und Bericht des Ausschusses für Arbeit und Soziales, BT-Drs. 19/30505, 10 (Änderung), 37 (Begründung).

[417] So Beschlussempfehlung und Bericht des Ausschusses für Arbeit und Soziales, BT-Drs. 19/30505, 37.

Sorgfaltspflicht, die für das betroffene Unternehmen bußgeldrechtliche Sanktionen nach Maßgabe des § 24 nach sich ziehen kann.[418] Zumindest im menschenrechtlichen Bereich hätte man möglichen Missverständnissen mit der naheliegenden Bezeichnung „Menschenrechtsverletzung" vorbeugen können.

II. Vorliegen einer Verletzung einer menschenrechts- oder umweltbezogenen Pflicht

Nach der Legaldefinition des § 2 Abs. 4 ist die Verletzung einer menschenrechtsbezogenen oder umweltbezogenen Pflicht gleichzusetzen mit einem Verstoß gegen eines der in § 2 Abs. 2 oder Abs. 3 normierten Verbote. Ein Verstoß setzt, wie im Rahmen der Kommentierung zu § 2 Abs. 2 erläutert (→ Rn. 63), alleine die objektive Rechtswidrigkeit des Handelns, nicht dagegen, die Feststellung schuldhaften Handelns voraus. Auch zum Inhalt und der Reichweite der einzelnen Verbotstatbestände gilt das oben Gesagte (zu § 2 Abs. 2 → Rn. 65 ff., zu § 2 Abs. 3 → Rn. 149 ff.). **181**

G. Lieferkette (Abs. 5)

I. Grundlagen

1. Bedeutung des Begriffs. Gemäß § 3 Abs. 1 sind Unternehmen dazu verpflichtet, „in ihren Lieferketten" die in Abschnitt 2 des Gesetzes festgelegten menschenrechtlichen und umweltbezogenen Sorgfaltspflichten zu beachten. Bei der in § 2 Abs. 5 definierten „Lieferkette" handelt es sich daher um den zentralen Begriff, der die Reichweite der Sorgfaltspflichten bestimmt.[419] Vor diesem Hintergrund überrascht der Befund, dass mit Ausnahme von § 4 (Risikomanagement) der Lieferkettenbegriff im Rahmen der einzelnen Sorgfaltspflichten nur **vereinzelt auftaucht** (zB in § 5 Abs. 4, § 6 Abs. 2 Nr. 3, Abs. 4 Nr. 2). Stattdessen knüpfen diese tatbestandlich überwiegend an die in § 2 Abs. 5 Hs. 2 Nr. 1–3 genannten „Handlungsebenen"[420] (eigener Geschäftsbereich, unmittelbarer Zulieferer und mittelbarer Zulieferer) an, die in § 2 Abs. 6–8 eigenständig definiert werden. Zurückzuführen ist dies auf die rechtspolitisch überaus umstrittene Entscheidung des deutschen Gesetzgebers, den **Umfang der Sorgfaltspflichten** nach den Möglichkeiten der Einflussnahme in der Lieferkette **abzustufen.**[421] Die wesentlichen Pflichten zur Durchführung einer Risikoanalyse (§ 5 Abs. 1) sowie zur Ergreifung von Präventions- oder Abhilfemaßnahmen bei festgestellten Risiken oder Verletzungen (§ 6 Abs. 1, § 7 Abs. 1) treffen Unternehmen grundsätzlich nur im eigenen Geschäftsbereich sowie gegenüber ihren unmittelbaren Zulieferern („tier 1").[422] Mit Blick auf mittelbare Zulieferer („tier 1+") muss ein Unternehmen nur Maßnahmen ergreifen, sobald dem Unternehmen tatsächliche Anhaltspunkte vorliegen, die eine Verletzung einer menschenrechts- oder umweltbezogenen Pflicht möglich erscheinen lassen. Einzelheiten zur substantiierten Kenntnis bei → § 9 Rn. 16 ff. **182**

Wird man daher bei der Anwendung der Sorgfaltspflichten im Ausgangspunkt überwiegend unter die Voraussetzungen der Legaldefinitionen der Abs. 6–8 zu subsumieren **183**

---

[418] Vgl. Grabosch Das neue LkSG/Grabosch § 2 Rn. 12; Wagner/Ruttloff/Wagner LkSG-HdB/Ruttloff/Schulga § 2 Rn. 86.

[419] Grabosch Das neue LkSG/Grabosch § 2 Rn. 35; Schall NZG 2022, 787; gleichsinnig – Teil des sachlichen Anwendungsbereichs des Gesetzes – Nietsch/Wiedmann CC 2021, 101 (103).

[420] Begriff: Begr. RegE LkSG, BT-Drs. 19/28649, 41.

[421] Von abgestuften Sorgfaltspflichten sprechen auch Gehling/Ott CCZ 2021, 230 (232 f.); Grabosch Das neue LkSG/Grabosch § 2 Rn. 36; Ott/Lüneborg/Schmelzeisen DB 2022, 238 (242); s. auch Rühl/Knauer JZ 2022, 105 (107): „Konzept abgestufter Verantwortlichkeit".

[422] Vgl. Hübner/Habrich/Weller NZG 2022, 644 (647); Krebs ZUR 2021, 394 (397); krit. zu diesem „focus on Tier 1" etwa Ruggie, Letter to Peter Altmeier, Hubertus Heil and Gerd Müller, 9.3.2021, 2, abrufbar unter https://perma.cc/C9UE-6EVK.

haben, muss die Lieferkettendefinition bei der Bestimmung des Inhalts und der Reichweite der in Abs. 6–8 definierten Begriffe beachtet werden.[423] Denn trotz der eigenständigen Begriffsdefinitionen bilden die einzelnen Handlungsebenen lediglich **Teilausschnitte der Lieferkette** ab. Nicht zu erklären sind vor diesem Hintergrund die zahlreichen terminologischen Abweichungen, die zwischen der Legaldefinition des § 2 Abs. 5 und den Legaldefinitionen der Abs. 6–8 bestehen. So spricht § 2 Abs. 5 Hs. 2 zB von der „Herstellung" von Produkten, § 2 Abs. 6 S. 2 von der „Herstellung und Verwertung" von Produkten, § 2 Abs. 7 und Abs. 8 wiederum nur von der „Herstellung" eines Produkts. In allen Fällen stellt sich die Frage, ob mit der unterschiedlichen Terminologie auch **Bedeutungsunterschiede** einhergehen sollten **oder** ob sie schlicht auf **redaktionelle Unachtsamkeiten des Gesetzgebers** zurückzuführen ist. Zu einem Bruch zwischen der Lieferkettendefinition und der Legaldefinition des eigenen Geschäftsbereichs führt schließlich der erst spät im Gesetzgebungsverfahren eingefügte § 2 Abs. 6 S. 3 (näher → Rn. 228 ff.).

184 **2. Zur Terminologie: „Lieferkette" vs. „Lieferketten".** Die Begriffsbezeichnung „Lieferkette" ist insofern irreführend, als „die Lieferkette" iSd § 2 Abs. 5 als eine Art Sammelbegriff ausgestaltet ist, der sich auf alle Produkte und Dienstleistungen eines Unternehmens bezieht und alle für die Herstellung dieser Produkte und Erbringung der Dienstleistungen erforderlichen Schritte umfasst. Weshalb der Gesetzgeber in § 3 Abs. 1 und an einigen weiteren Stellen trotzdem den Begriffsplural „Lieferketten" verwendet, an anderen Stellen aber wiederrum von „der Lieferkette" spricht, leuchtet nicht ein.[424] Vor dem Hintergrund, dass sich die Lieferketten, insbesondere von Anbietern heterogener Produkt- und Dienstleistungspaletten, in ihrer Zusammensetzung deutlich voneinander unterscheiden werden, hätte es deutlich näher gelegen, den Begriff der „Lieferkette" mit Bezug zur Herstellung **eines** Produkts oder die Erbringung **einer** Dienstleistung zu definieren[425] und im Weiteren den Begriffsplural zu verwenden. Hier wird versucht, soweit wie möglich dem Gesetzeswortlaut zu folgen.

185 **3. Betriebswirtschaftliche Grundlagen.** Die Definition der Lieferkette in § 2 Abs. 5 ist in Teilen an den betriebswirtschaftlichen Lieferkettenbegriff (dort häufig: „Supply Chain") angelehnt.[426] In der betriebswirtschaftlichen Literatur findet sich keine einheitliche Begriffsdefinition. Verbreitet ist jedoch die Beschreibung der Supply Chain als Netzwerk[427] von Unternehmen, die an der Entwicklung, Erstellung und Lieferung eines Produkts oder Dienstleistung beteiligt sind, vom Rohstofflieferanten bis zum Endverbraucher.[428] Die Parallelen zu § 2 Abs. 5, insbesondere zu § 2 Abs. 5 S. 2, werden bereits hier deutlich sichtbar. Zum besseren Verständnis einzelner Begriffselemente sowie der Besonderheiten des juristischen Lieferkettenbegriffs sollen daher nachfolgend einige (weitere) Erkenntnisse aus der Nachbardisziplin in geraffter Form dargestellt werden:

186 **a) Die Supply Chain im größeren Kontext des Supply Chain Management.** Das Konzept der Supply Chain wird in der betriebswirtschaftlichen Literatur im größeren Kontext des Supply Chain Management erörtert. Die Prägung des Begriffs „Supply Chain

[423] Vgl. Bettermann/Hoes BKR 2022, 23 (24): „übergeordnet[e] Bedeutung der Lieferkettendefinition".

[424] S. auch Korch NJW 2022, 2065 Fn. 7.

[425] So ist auch die Regierungsbegründung formuliert, siehe Begr. RegE LkSG, BT-Drs. 19/28649, 40: „Der Begriff [der Lieferkette] bezieht sich auf die von einem Unternehmen produzierte Leistung und erfasst alle Schritte, die im Inland und im Ausland zu der Herstellung eines Produkts oder zu der Erbringung einer Dienstleistung notwendig sind.".

[426] So bereits Schall NZG 2022, 787.

[427] Treffender wäre es daher von einem „Liefernetz" zu sprechen, s. Christopher, Logistics & Supply Chain Management, 5. Aufl. 2016, 3; Tandler, Supply Chain Safety Management – Konzeption und Gestaltungsempfehlungen für lean-agile Supply Chains, 2013, 97.

[428] S. Beckmann, Supply Chain Management – Strategien und Entwicklungstendenzen in Spitzenunternehmen, 2004, 1; vgl. auch Christopher, Logistics & Supply Chain Management, 5. Aufl. 2016, 15: „The supply chain is the network of organisations that are involved, through upstream and downstream linkages, in the different processes and activities that produce value in the form of products and services in the hands of the ultimate consumer.".

Management" wird herkömmlich zwei US-amerikanischen Unternehmensberatern zugesprochen und zeitlich im Jahr 1982 verortet.[429] Die konzeptionellen Wurzeln des Supply Chain Management reichen dagegen noch deutlich weiter zurück.[430]

Wie für den Begriff der Supply Chain existieren auch für das Supply Chain Management eine Vielzahl von Definitionen.[431] Die Definitionsvielfalt ist dergestalt, dass sich verschiedene Ansätze zur Typisierung- und Strukturierung der Erklärungsansätze herausgebildet haben.[432] Eine Literaturstimme spricht vor diesem Hintergrund bildhaft von einem **„Definitionsdschungel".**[433] Viele verbreitete Definitionselemente greift die Definition eines Standardlehrbuchs auf.[434] Beschrieben wird das Supply Chain Management dort als kooperative Koordination von Material-, Informations- und Finanzmittelflüssen in Unternehmensnetzwerken durch Schaffung integrativer, funktionsübergreifender Führungs- und Ausführungsprozesse mit dem Ziel, Wettbewerbsvorteile bei Endkunden zu realisieren und somit die Wirtschaftlichkeit des Gesamtnetzwerkes zu erhöhen.[435] **187**

Jenseits aller begrifflichen Unklarheit soll aber allgemein akzeptiert sein, dass mit sich dem Supply Chain Management der Gedanke einer Integration von Unternehmensaktivitäten verbindet.[436] Das Supply Chain Management bezieht sich dabei einerseits auf die Verknüpfung von Prozessen innerhalb eines Unternehmens (sog. **unternehmensinterne Supply Chain**) und anderseits auf die Verzahnung mit Lieferanten und Kunden **(netzwerkgerichtetete oder unternehmungsintegrierte Supply Chain).**[437] **188**

Mit dem Supply Chain Management verfolgen Unternehmen **verschiedene Ziele.**[438] Übergeordnetes Ziel ist die Schaffung von Wettbewerbsvorteilen durch die Steigerung des Endkundennutzens.[439] Zudem sollen mit Supply Chain Management gewisse Kosten-, Zeit- und Qualitätsziele erreicht werden.[440] Eng verwoben mit den Zielen ist der Nutzen des Supply Chain Management. Hier lassen sich marktseitige, innerbetriebliche und lieferantenseitige Effekte unterscheiden.[441] **189**

---

[429] S. etwa Tandler, Supply Chain Safety Management – Konzeption und Gestaltungsempfehlungen für lean-agile Supply Chains, 2013, 98; Werner, Supply Chain Management – Grundlagen, Strategien, Instrumente und Controlling, 7. Aufl. 2020, 3, jeweils mwN.

[430] S. Tandler, Supply Chain Safety Management – Konzeption und Gestaltungsempfehlungen für lean-agile Supply Chains, 2013, 98, die die Entwicklung des Supply Chain Management-Konzepts in die 1960er-Jahre verortet; eingehend zur Entwicklung des Supply Chain Managements auch Eßig/Hofmann/Stölzle, Supply Chain Management, 2013, 1 ff.

[431] Für eine Auswahl s. den tabellarischen Überblick bei Ankenbrand/Linß/Sucky in Werner/Vogelsang, Mobility in a Globalised World 2018, 2019, 118; Tandler, Supply Chain Safety Management – Konzeption und Gestaltungsempfehlungen für lean-agile Supply Chains, 2013, 108.

[432] Überblick über die einzelnen Typisierungsansätze bei Werner, Supply Chain Management – Grundlagen, Strategien, Instrumente und Controlling, 7. Aufl. 2020, 9 ff.; ferner Tandler, Supply Chain Safety Management – Konzeption und Gestaltungsempfehlungen für lean-agile Supply Chains, 2013, 109 ff.

[433] So Otto/Kotzab, Schmalenbachs Zeitschrift für betriebswirtschaftliche Forschung 53 (2001), 157 (159).

[434] S. Eßig/Hofmann/Stölzle, Supply Chain Management, 2013, 41.

[435] Ähnlich Beckmann, Supply Chain Management – Strategien und Entwicklungstendenzen in Spitzenunternehmen, 2004, 3 f.; vgl. auch Christopher, Logistics & Supply Chain Management, 5. Aufl. 2016, 3: „The definition of supply chain management adopted in this book is: The management of upstream and downstream relationships with suppliers and customers in order to deliver superior customer value at less cost to the supply chain as a whole".

[436] So Werner, Supply Chain Management – Grundlagen, Strategien, Instrumente und Controlling, 7. Aufl. 2020, 5.

[437] So und mit weiteren Einzelheiten Werner, Supply Chain Management – Grundlagen, Strategien, Instrumente und Controlling, 7. Aufl. 2020, 7.

[438] Ausführlich zum Folgenden Tandler, Supply Chain Safety Management – Konzeption und Gestaltungsempfehlungen für lean-agile Supply Chains, 2013, 99 ff.; Werner, Supply Chain Management – Grundlagen, Strategien, Instrumente und Controlling, 7. Aufl. 2020, 29 ff.

[439] Tandler, Supply Chain Safety Management – Konzeption und Gestaltungsempfehlungen für lean-agile Supply Chains, 2013, 99.

[440] Tandler, Supply Chain Safety Management – Konzeption und Gestaltungsempfehlungen für lean-agile Supply Chains, 2013, 99.

[441] Mit dieser Einteilung Beckmann, Supply Chain Management: Grundlagen, Konzept und Strategien, 2004, 14 f.; aufgegriffen bei Werner, Supply Chain Management – Grundlagen, Strategien, Instrumente und Controlling, 7. Aufl. 2020, 31.

190 **b) Upstream- und Downstream-Betrachtung der Supply Chain.** Entgegen des allgemeinen Sprachgebrauchs, aber auch des Wortsinns der **Supply** Chain,[442] erfasst der betriebswirtschaftliche Lieferkettenbegriff, nicht nur die der Produktion vorgelagerten Tätigkeiten und daran beteiligten Akteure, sondern auch die Distribution der produzierten Güter.[443] Aus Sicht des Produktionsunternehmens lässt sich die Supply Chain in einen vorgelagerten Bereich (sog. Upstream-Lieferkette) und einen nachgelagerten Bereich (sog. Downstream-Lieferkette oder Absatzkette) einteilen.

191 Betrachtet man die Absatzkette unter einem Vergrößerungsglas lassen sich **unselbstständige** und **selbstständige Glieder** unterscheiden, die in ihrer Gesamtheit zur Supply Chain gezählt werden.[444] Bei den unselbständigen Gliedern handelt es sich um die wirtschaftlich und rechtlich unselbstständigen Beschaffungs- und Absatzabteilungen der Produktionsunternehmen, einschließlich Reisender und Außenlager, während selbstständige Glieder wirtschaftlich und rechtlich selbstständige Unternehmen darstellen.[445] Die Kategorie der selbständigen Kettenglieder lässt sich noch einmal in **Absatzmittler** und **Absatzhelfer** unterteilen. Bei Absatzmittlern handelt es sich um Unternehmen, die Güter ankaufen und diese ohne wesentliche Be- oder Verarbeitung oder den Einbau in andere Güter an andere Absatzmittler oder den Endabnehmer weiterverkaufen, zB Groß- oder Einzelhandelsunternehmen.[446] Absatzmittler erwerben das Eigentum an den Waren und tragen das volle Absatzrisiko.[447] Absatzhelfer sind dagegen rechtlich und wirtschaftliche selbstständige Unternehmen, die bei der Distribution mitwirken, ohne die Güter selbst anzukaufen.[448] Unter den Begriff fallen etwa akquisitorisch tätige Absatzhelfer, zB Handelsvertreter oder Kommissionäre, oder Absatzhelfer, die die Logistik übernehmen, zB Spediteure oder Frachtführer.[449]

192 **c) Abgrenzung zu verwandten Begriffen und Konzepten, insbesondere zur Wertschöpfungskette (Value Chain).** Die Supply Chain und das Supply Chain Management weisen Berührungspunkte sowohl zu „traditionellen Begriffen" der Betriebswirtschaftslehre, wie dem „Einkauf" oder der „Materialwirtschaft", oder benachbarten Managementkonzepten, wie der **Wertschöpfungskette** (häufig auch: Value Chain) oder der Logistikkette auf, sind mit diesen jedoch nicht deckungsgleich.[450] Für die vorliegenden Zwecke besonders interessant sind das Verhältnis und die Unterschiede zum Konzept der Wertschöpfungskette, das voraussichtlich auf europäischer Ebene in die Landschaft der Rechtsbegriffe überführt werden wird (näher → Rn. 195 ff.).

193 Das Konzept der Wertschöpfungskette geht auf die Arbeiten des US-amerikanischen Ökonomen Michael E. Porter zurück,[451] der diese als Analyseinstrument zum besseren Verständnis von Wettbewerbsvorteilen schuf.[452] Zusammengesetzt ist die Wertschöpfungskette aus der Gewinnspanne und den Wertaktivitäten, welche Porter in zwei Kategorien einteilt.[453] Als sog. **primäre Aktivitäten** identifizierte er die Eingangslogistik, Operations,

[442] Auf diesen „Widerspruch" hinweisend Tandler, Supply Chain Safety Management – Konzeption und Gestaltungsempfehlungen für lean-agile Supply Chains, 2013, 97.

[443] Vgl. etwa Beckmann, Supply Chain Management: Grundlagen, Konzept und Strategien, 2004, 3: „Der Gegenstand der Supply Chain sind Entwicklungs-, Beschaffungs-, Produktions- und Distributionsprozesse."

[444] Vgl. Gabler Wirtschaftslexikon A-B Absatzkette S. 22.

[445] Gabler Wirtschaftslexikon A-B Absatzkette S. 22.

[446] Gabler Wirtschaftslexikon A-B Absatzmittler S. 23.

[447] Gabler Wirtschaftslexikon A-B Absatzmittler S. 23.

[448] Gabler Wirtschaftslexikon A-B Absatzhelfer S. 22.

[449] Gabler Wirtschaftslexikon A-B Absatzhelfer S. 22.

[450] Ausf. zu den einzelnen Begriffen und Konzepten sowie zu den bestehenden Unterschieden Werner, Supply Chain Management – Grundlagen, Strategien, Instrumente und Controlling, 7. Aufl. 2020, 15 ff. (tabellarische Übersicht auf S. 24).

[451] Grundlegend Porter, Competitive Advantage – Creating and Sustaining Superior Performance, 1985 (nachfolgend zitiert nach der deutschen Übersetzung Wettbewerbsvorteile: Spitzenleistungen erreichen und behaupten, 8. Aufl. 2014).

[452] Vgl. Porter, Wettbewerbsvorteile: Spitzenleistungen erreichen und behaupten, 8. Aufl. 2014, 61.

[453] Porter, Wettbewerbsvorteile: Spitzenleistungen erreichen und behaupten, 8. Aufl. 2014, 67 f.

Marketing und Vertrieb, die Ausgangslogistik und den Kundendienst.[454] Zu den sog. **unterstützenden Aktivitäten** zählte er die Unternehmensinfrastruktur, die Personalwirtschaft, die Technologieentwicklung sowie die Beschaffung.[455] Weitere unterstützende Bereiche fanden dagegen keine Beachtung.[456] Diese **interne Wertschöpfungskette** wird sodann mit Wertschöpfungsnetzwerken vor- und nachgelagerter Organisationen zu einer **unternehmensübergreifenden Wertschöpfungskette** verbunden.[457]

194 Einem Standardlehrbuch zufolge unterscheiden sich Supply Chain Management und Wertschöpfungskette dahingehend, dass ersterer Ansatz sich auf die Aspekte von Versorgung, Entsorgung und Recycling richte und die physische Verfügbarkeit, Beseitigung, Verwendung oder Verwertung von Waren umfasse, während Gegenstand der Value Chain sämtliche wertsteigernde sowie wertvernichtende Einflussfaktoren auf Unternehmensleistungen sind.[458] Trotz dieser grundsätzlich möglichen Abgrenzung werden in betriebswirtschaftlichen Publikationen die Begriffe Supply Chain und Value Chain häufig synonym verwendet.

195 **4. Auswirkungen der geplanten EU-RL.** Der von der EU-Kommission im Februar 2022 veröffentlichte Lieferketten-RL-E[459] verwendet nicht den Begriff der „Lieferkette", sondern den der **„Wertschöpfungskette" (value chain).** Die Sorgfaltspflichten eines Unternehmens, das in den deutlich breiter gefassten persönlichen Anwendungsbereich der Richtlinie fällt (→ § 1 Rn. 326 ff.), sollen sich auf „eigene Tätigkeiten, die Tätigkeiten ihrer Tochterunternehmen und die Tätigkeiten von Unternehmen in der Wertschöpfungskette, mit denen das Unternehmen eine etablierte Geschäftsbeziehung unterhält" erstrecken (vgl. Art. 1 Abs. 1 Lieferketten-RL-E, Art. 6 Abs. 1 Lieferketten-RL-E).[460]

196 Definiert wird der Begriff der Wertschöpfungskette in **Art. 3 lit. g Lieferketten-RL-E.** Nach Art. 3 lit. g S. 1 Lieferketten-RL-E umfasst sie „Tätigkeiten im Zusammenhang mit der Produktion von Waren oder der Erbringung von Dienstleistungen durch ein Unternehmen, einschließlich der Entwicklung des Produkts oder der Dienstleistung und der Verwendung und Entsorgung des Produkts sowie der damit verbundenen Tätigkeiten im Rahmen vor- und nachgelagerter etablierter Geschäftsbeziehungen des Unternehmens." Für „beaufsichtigte Finanzunternehmen" (regulated financial undertaking), die in Art. 3 lit. a Ziff. iv Lieferketten-RL-E definiert werden, sehen Art. 3 lit. g S. 2 und S. 3 sodann einige Einschränkungen der Wertschöpfungskette vor.[461]

197 Im direkten Vergleich mit dem Lieferkettenbegriff des LkSG zeigen sich gleich mehrere konzeptionelle Unterscheide, die zu einer erheblich größeren Reichweite der Sorgfaltspflichten nach dem Lieferketten-RL-E führen.[462] Der wohl bedeutendste und folgenreichste Unterschied ist, dass die Wertschöpfungskette neben den vorgelagerten Geschäftsbeziehungen explizit auch die **nachgelagerten Geschäftsbeziehungen** eines Unternehmens erfasst, was bei der Lieferkette iSd § 2 Abs. 5 nach hier vertretener Auffassung (→ Rn. 216 ff.) gerade nicht der Fall ist. Da Geschäftsbeziehungen nicht nur zu Vertragspartnern (direkte Geschäftsbeziehung, vgl. Art. 3 lit. e Ziff. i Lieferketten-RL-E), sondern zu jedem Rechtssubjekt bestehen, das „für das Unternehmen in dessen Namen mit den Produkten oder

---

[454] Porter, Wettbewerbsvorteile: Spitzenleistungen erreichen und behaupten, 8. Aufl. 2014, 61.

[455] Porter, Wettbewerbsvorteile: Spitzenleistungen erreichen und behaupten, 8. Aufl. 2014, 61.

[456] Werner, Supply Chain Management – Grundlagen, Strategien, Instrumente und Controlling, 7. Aufl. 2020, 17.

[457] Vgl. Werner, Supply Chain Management – Grundlagen, Strategien, Instrumente und Controlling, 7. Aufl. 2020, 17.

[458] So Werner, Supply Chain Management – Grundlagen, Strategien, Instrumente und Controlling, 7. Aufl. 2020, 17 f.

[459] Vorschlag für eine Richtlinie des Europäischen Parlaments und des Rates über die Sorgfaltspflichten von Unternehmen im Hinblick auf Nachhaltigkeit und zur Änderung der Richtlinie (EU) 2019/1937, COM (2022) 71 final; Gesamtüberblick und Einordnung bei → Einl. Rn. 73 ff.

[460] Vgl. Hübner/Habrich/Weller NZG 2022, 644 (647 f.).

[461] Näher zu diesen Lutz-Bachmann/Vorbeck/Wengenroth BB 2022, 835 (837); Spindler ZIP 2022, 765 (768).

[462] Ähnlich Lutz-Bachmann/Vorbeck/Wengenroth BB 2022, 835 (837).

Dienstleistungen des Unternehmens zusammenhängende Geschäftstätigkeiten" ausübt (indirekte Geschäftsbeziehung, vgl. Art. 3 lit. e Ziff. ii Lieferketten-RL-E), erstrecken sich die Sorgfaltspflichten auf die Kunden des verpflichteten Unternehmens[463] sowie diesem wiederrum nachgelagerte „Kettenglieder" bis hin zum Unternehmen, das mit der Entsorgung oder dem Recycling des Produkts beauftragt ist.

198 Angesprochen ist damit bereits ein zweiter wichtiger Unterschied. Anders als die Lieferkette iSd § 2 Abs. 5 erfasst die Wertschöpfungsketten nämlich nicht „nur" die mit der Beschaffung, Herstellung und dem Vertrieb eines Produkts zusammenhängenden Tätigkeiten, sondern den **gesamten Lebenszyklus eines Produkts** – von der Entwicklung über die Herstellung des Produkts bis hin zu seiner Verwendung und Entsorgung.[464] Insbesondere im „Downstream"-Bereich verschiebt der Lieferketten-RL-E damit im Vergleich zum LkSG den Endpunkt der Sorgfaltspflichten noch einmal erheblich nach hinten. Ausweislich der Erwägungsgründe zählt zur Wertschöpfungskette neben dem „Vertrieb des Produkts an Einzelhändler" auch die „Demontage des Produkts sowie dessen Recycling, Kompostierung oder Deponierung"[465].

199 Die Reichweite der Sorgfaltspflichten beschränken und deren Handhabbarkeit sicherstellen soll nach der Vorstellung der Entwurfsverfasser das Konzept der **„etablierten Geschäftsbeziehung" (established business relationship),**[466] welches an das dem französischen Handelsrecht entstammende und in der loi de vigilance verwendete Konzept der „relation commerciale établie" (näher → Einl. Rn. 128) erinnert.[467] Inwiefern der Fokus auf etablierte Geschäftsbeziehungen tatsächlich zu einer bedeutenden Einschränkung der Reichweite der Sorgfaltspflichten führen wird, wird in den bisherigen Stellungnahmen zum Lieferketten-RL-E jedoch unterschiedlich beurteilt.[468] Dies liegt nicht zuletzt daran, dass die in Art. 3 lit. f Lieferketten-RL-E normierten Voraussetzungen einer etablierten Geschäftsbeziehung nur wenig Trennschärfe aufweisen.[469] Nach der Legaldefinition ist eine Geschäftsbeziehung etabliert, wenn sie **„in Anbetracht ihrer Intensität oder Dauer beständig ist oder sein dürfte"** und nicht lediglich einen **„unbedeutenden oder lediglich untergeordneten Teil der Wertschöpfungskette darstellt".** Kriterien zur Konkretisierung der Filterwirkung beider Voraussetzungen[470] finden sich weder im Text noch in den Erwägungsgründen des Lieferketten-RL-E. Letzteren lässt sich aber entnehmen, dass die Beurteilung des Vorliegens der Voraussetzungen einer etablierten Geschäftsbeziehung „regelmäßig, mindestens jedoch alle zwölf Monate" neu erfolgen soll.[471] Zudem liest man, dass die Einstufung einer direkten Geschäftsbeziehung als „etabliert" zu einer entsprechenden Einstufung aller damit verbunden indirekten Geschäftsbeziehungen führen soll.[472]

---

[463] Ebenso Bettermann/Hoes WM 2022, 697 (699); Charnitzky/Weigel RIW 2022, 413 (417).

[464] Vgl. Erwägungsgrund Nr. 17 Lieferketten-RL-E; ferner Nietsch/Wiedmann CZZ 2022, 125 (127); Spindler ZIP 2022, 765 (768).

[465] So Erwägungsgrund Nr. 18 Lieferketten-RL-E.

[466] Vgl. Erwägungsgrund Nr. 20 Lieferketten-RL-E: „Damit die Unternehmen die negativen Auswirkungen in ihrer Wertschöpfungskette ordnungsgemäß ermitteln und eine angemessene Einflussnahme ausüben können, sollten die Sorgfaltspflichten in dieser Richtlinie auf etablierte Geschäftsbeziehungen beschränkt werden."

[467] So Hübner/Habrich/Weller NZG 2022, 644 (648); Nietsch/Wiedmann CCZ 2022, (127); vgl. auch Lutz-Bachmann/Vorbeck/Wengenroth BB 2022, 835 (837).

[468] Zweifelnd Hübner/Habrich/Weller NZG 2022, 644 (648): „eher überschaubare [Einschränkung]"; in diese Richtung auch Lutz-Bachmann/Vorbeck/Wengenroth BB 2022, 835 (838): „Die Eingrenzung auf „etablierte Geschäftsbeziehungen" dürfte dabei nur in gewissem Umfang Erleichterungen und – gerade mit Blick auf das Sanktionsregime und die Einschätzungslast auf Seiten der Unternehmen – die erforderliche Rechtssicherheit mit sich bringen."; anders dagegen Harings/Zegula CCZ 2022, 165 (168), die meinen, dass dadurch die Lieferung sämtlicher „Hilfsmaterialien" aus dem Anwendungsbereich der Sorgfaltspflichten hinausfielen.

[469] Vgl. Lutz-Bachmann/Vorbeck/Wengenroth BB 2022, 835 (838).

[470] Vgl. Hübner/Habrich/Weller NZG 2022, 644 (648), die von einem „Beständigkeitsfilter" und einem „Erheblichkeitsfilter" sprechen.

[471] So Erwägungsrund Nr. 20 Lieferketten-RL-E.

[472] So Erwägungsrund Nr. 20 Lieferketten-RL-E.

II. Einzelne Begriffselemente

1. Alle Produkte und Dienstleistungen eines Unternehmens als Bezugspunkt (Abs. 5 S. 1). Die Lieferkette bezieht sich gemäß § 2 Abs. 5 S. 1 auf alle Produkte und Dienstleistungen eines Unternehmens. Gemeint sind damit nicht die von einem Unternehmen verwendeten Produkte oder in Anspruch genommenen Dienstleistungen,[473] sondern alle durch das Unternehmen hergestellten Produkte oder angebotenen Dienstleistungen[474] oder in den Worten der Regierungsbegründung dessen gesamte „produzierte Leistung".[475] 200

a) Produkt- und Dienstleistungsbegriff. Was unter einem Produkt oder einer Dienstleistung zu verstehen ist, lässt sich weder mit dem Gesetzestext noch mit den Gesetzesmaterialien erschließen. Der **Produktbegriff** wird teilweise im deutschen Recht definitorisch auf körperliche Gegenstände (= Sachgüter) beschränkt,[476] teilweise aber auch auf immaterielle Güter wie Software erstreckt.[477] Die Regierungsbegründung zu § 2 Abs. 5 spricht zwar an einer Stelle explizit von Sachgütern,[478] lässt jedoch nicht erkennen, dass der Produktbegriff mit diesen gleichzusetzen ist. Für eine solche Beschränkung ist auch **kein normativer Grund** ersichtlich. Bereits der Umstand, dass eine Vielzahl der in der heutigen Zeit hergestellten Produkte sowohl über eine Hardware als auch über eine Softwarekomponente verfügen (sog. **Kombinationsprodukte**[479]), schließt eine trennscharfe Unterscheidung zwischen materiellen und immateriellen Gütern vielfach aus. Darüber hinaus sind auch bei der Herstellung rein immaterieller Güter Verstöße gegen in § 2 Abs. 2 Nr. 2 und 3 normierten menschenrechtlichen und umweltbezogenen Verbote, zB der Verstoß gegen Arbeitsschutzpflichten (§ 2 Abs. 2 Nr. 5), ohne weiteres denkbar. Eine Beschränkung auf materielle Güter ist daher auch unter Schutzzweckgesichtspunkten nicht angezeigt. 201

Um der gesetzgeberischen Intentionen Rechnung zu tragen, dass sich die Lieferkette auf die gesamte produzierte Leistung eines verpflichteten Unternehmens beziehen soll (→ Rn. 200), ist auch der **Begriff der Dienstleistung** weit zu verstehen.[480] Insbesondere beschränkt er sich nicht auf solche Leistungen, die Gegenstand eines Dienstvertrages iSd § 611 BGB sein können. Ebenfalls nicht erforderlich ist es, dass die Leistung einen Bezug zur Realwirtschaft aufweist.[481] Positiv gewendet lassen sich unter den Dienstleistungsbegriff alle nicht-körperlichen Leistungen fassen, die ein Unternehmen am Markt gegen eine wirtschaftliche Gegenleistung anbietet.[482] Eine trennscharfe Abgrenzung zu den eben behandelten immateriellen Produkten wird nicht in allen Fällen möglich sein, ist aber auch nicht erforderlich, da sich § 2 Abs. 5 im Weiteren wie auch § 2 Abs. 6–8 jeweils auf die Herstellung von Produkten sowie die Erbringung von Dienstleistungen beziehen. 202

---

[473] In diese Richtung aber DAV-Ausschüsse NZG 2021, 546 Rn. 16: „Die Definition der Lieferkette ist so weit gezogen, dass sie im weitesten Sinne die Produktion jedes im Unternehmen benutzten Gegenstandes und die Erbringung aller vom Unternehmen bezogenen Leistungen erfasst, angefangen bei den Maschinen und Anlagen, über die Roh-, Hilfs- und Betriebsstoffe bis hin zur Energielieferung und zur örtlichen Steuer- und Rechtsberatung. Für jeden dieser Gegenstände erfasst die ‚Lieferkette' den gesamten Wertschöpfungsprozess ‚von der Gewinnung der Rohstoffe bis zur Lieferung an den Endkunden'"; aufgegriffen bei Harings/Zegula CCZ 2022, 165 (166).

[474] Vgl. Gehling/Ott CCZ 2021, 230 (233).

[475] So Begr. RegE LkSG, BT-Drs. 19/28649, 40.

[476] S. § 2 ProdHaftG: „Produkt im Sinne dieses Gesetzes ist jede bewegliche Sache, auch wenn sie einen Teil einer anderen beweglichen Sache oder einer unbeweglichen Sache bildet, sowie Elektrizität.".

[477] Zum weiteren Produktbegriff der deliktischen Produkthaftung BeckOGK/Spindler BGB § 823 Rn. 732 ff.; MüKoBGB/Wagner BGB § 823 Rn. 966.

[478] S. Begr. RegE LkSG, BT-Drs. 19/28649, 40: „Dabei können die Bestandteile einer Lieferkette je nach Art des Produktes oder der Leistung variieren. Die Lieferkette zur Herstellung eines Sachgutes enthält […]".

[479] Begriff nach MüKoBGB/Wagner ProdHaftG § 2 Rn. 6.

[480] So iE auch Bettermann/Hoes BKR 2022, 23 (24).

[481] Eingehend Bettermann/Hoes BKR 2022, 23 (24).

[482] Die Definition ist angelehnt an das europarechtliche Verständnis der Dienstleistung in Art. 57 AEUV, eingehend dazu etwa Grabitz/Hilf/Nettesheim/Randelzhofer/Forsthoff AEUV Art. 56, Art. 57 Rn. 32 ff.

203 **b) Erfassung fremdproduzierter Güter.** Bislang nur vereinzelt erörtert wird die Frage, ob auch Produkte, die ein Unternehmen nicht selbst herstellt, sondern alleine vertreibt, einen eigenständigen Bezugspunkt der Lieferkette dieses Unternehmens bilden können.[483] Sie entfaltet große praktische Relevanz für die in den persönlichen Anwendungsbereich des LkSG fallenden Einzel- oder Großhandelsunternehmen (zB Supermarkt- oder Warenhausketten), zu deren Sortiment auch und in vielen Fällen sogar überwiegend durch Dritte produzierte Güter gehören.

204 Im Ausgangspunkt sind zwei Anknüpfungspunkte denkbar. Zum einen ließe sich argumentieren, dass sich der Händler mit dem Verkauf eines Produktes dieses „zu Eigen" mache und das Produkt damit zu einem des Unternehmens iSv **§ 2 Abs. 5 S. 1 Alt. 1** werde.[484] Den von einem Warenhaus verkauften Burberry-Schal[485] oder das von einem Elektromarkt vertriebene Apple iPhone als Produkt des jeweiligen Handelsunternehmens anzusehen, erscheint jedoch weit entfernt von allgemeinem Sprachbrauch und Verkehrsauffassung. Auch verträgt sich eine solche Sichtweise wenig mit dem juristischen Verständnis eines Herstellers. Im spezialgesetzlichen Produkthaftungsgerecht ist Hersteller, wer das Endprodukt oder zumindest einen Grundstoff oder Teilprodukt hergestellt hat (so § 4 Abs. 1 ProdHaftG). Bei der im allgemeinen Deliktsrecht entwickelten Produkthaftung ist Hersteller des Endprodukts, wer die Konstruktion und Fabrikation des Gegenstands steuert, der in den Verkehr gebracht wird.[486] Für Produkte, an deren Konstruktion und Fabrikation der Händler an einer keiner Weise mitgewirkt hat und die wie die genannten Beispiele unter einer Fremdmarke (auch **„Herstellermarke"**) vertrieben werden, wird man die Herstellereigenschaft des Handelsunternehmens jeweils verneinen müssen. Schwieriger zu beurteilen ist die Situation dagegen bei Produkten, die ein Handelsunternehmen unter einer Eigenmarke (auch **„Handelsmarke"**) verkauft. Wird ein solches Produkt nach den Vorstellungen (Muster, Designs, Pläne, etc) des Händlers durch Dritte produziert, lässt sich argumentieren, dass der Händler den Produktionsprozess steuert und sich das Produkt als eines des (Handels-)Unternehmens begreifen lässt.[487] Ob das bloße Anbringen einer Marke, das im Produkthaftungsrecht die Eigenschaft als „Quasi-Hersteller" begründet (s. § 4 Abs. 1 S. 2 ProdHaftG),[488] ist dagegen zweifelhaft.

205 Jedenfalls für fremdproduzierte und unter fremder Marke verkaufte Produkte verbleibt aber nur noch **§ 2 Abs. 5 S. 2 Alt. 2** als möglicher Anknüpfungspunkt. Dafür müsste der Handel mit Waren eine Dienstleistung darstellen.[489] Auch hier kann man zunächst das natürliche Verständnis des Begriffs der Dienstleistung entgegenhalten. Elektromärkte, Supermärkte oder Warenhäuser werden im Sprachgebrauch nicht als Dienstleister bezeichnet.[490] Im rechtlichen Kontext ist ein solches Verständnis des Begriffs der Dienstleistung indes nicht ohne Vorbild. So existiert in einem markenrechtlichen Zusammenhang der Begriff der **Einzelhandelsdienstleistungen.** Nach der Rechtsprechung des EuGH und des BGH unterfallen diesem Begriff einerseits das Rechtsgeschäft des Kaufvertrages selbst, anderseits auch die gesamte Tätigkeit, die ein Wirtschaftsteilnehmer entfaltet, um zum Abschluss eines Kaufvertrages anzuregen, zB die Auswahl eines Sortiments an Waren oder deren optische Darbietung.[491] Versteht man auch den Dienstleistungsbegriff des LkSG entsprechend weit und fasst Einzelhandelsdienstleistungen darunter, beziehen sich die Sorgfalts-

[483] Eingehend dazu bislang nur Schall NZG 2022, 787 (788 f.); knappe Ausführungen auch bei Korte DB 2021, Heft 12, M4 (M5).
[484] Vgl. Schall NZG 2022, 787 (788).
[485] Beispiel nach Schall NZG 2022, 787 (788).
[486] MüKoBGB/Wagner BGB § 823 Rn. 925 mwN.
[487] So am Beispiel von KiK Schall NZG 2022, 787 (788).
[488] Zum Quasi-Hersteller im allgemeinen Deliktsrecht MüKoBGB/Wagner BGB § 823 Rn. 933.
[489] Dies erwägend und verneinend Schall NZG 2022, 787 (788); in diese Richtung auch Korte DB 2021, Heft 12, M4 (M5).
[490] Vgl. Schall NZG 2022, 787 (788).
[491] Grdl. EuGH 7.7.2005 – C-418/02, ECLI:EU:C:2005:425 Rn. 34 = GRUR 2005, 764 – Praktiker; dieser Rspr. folgend BGH 14.1.2016 – I ZB 56/14, GRUR 2016, 382 Rn. 22 – BioGourmet.

pflichten eines Handelsunternehmens auch auf die von ihnen verkauften Fremdmarken. Auf dieser Linie bewegen sich die gemeinsamen Q&A des BMAS, des BMWK und des BAFA, die (ohne tiefergehende Begründung) meinen, dass die Lieferkettendefinition sowohl Eigen- als auch Fremdmarken umfasse, die ggfs. bestehenden unterschiedlichen Einflussmöglichkeiten jedoch auf der Ebene der Angemessenheit und bei der Risikopriorisierung berücksichtigt werden können.[492]

2. Reichweite der Lieferkette (Abs. 5 S. 2). a) Überblick. Bezogen auf die Produkte und Dienstleistungen eines Unternehmens steckt § 2 Abs. 5 S. 2 die eigentliche Reichweite der Lieferkette in zwei Teilsätzen ab. **§ 2 Abs. 5 S. 2 Hs. 1** bestimmt, welche Schritte entlang des Lebenszyklus eines Produkts oder einer Dienstleistung die Lieferkette umfasst. Dabei handelt es sich um alle für die Produktherstellung und Dienstleistungserbringung erforderlichen Schritte, von der Gewinnung der Rohstoffe bis zur Lieferung an Endkunden (→ Rn. 208 ff.). **§ 2 Abs. 5 S. 2 Hs. 2 Nr. 1–3** benennen sodann die verschiedenen „Handlungsebenen"[493] in der Lieferkette. Genannt wird das Handeln im eigenen Geschäftsbereich, das Handeln unmittelbarer Zulieferer und das Handeln mittelbarer Zulieferer (→ Rn. 216 ff.). **206**

Im Verhältnis zueinander ergänzen sich beide Teilsätze nicht etwa, wie es ihre sprachliche Verknüpfung („und erfasst") vermuten ließe. Vielmehr führt **§ 2 Abs. 5 S. 2 Hs. 2 zu einer erheblichen Einschränkung** des Lieferkettenbegriffs.[494] Handlungsschritte, die unter § 2 Abs. 5 S. 2 Hs. 1 fallen, gehören nur dann zur Lieferkette iSd § 2 Abs. 5, wenn sie aus Sicht des Gesetzesadressaten auf einer der in § 2 Abs. 5 Hs. 2 genannten Handlungsebenen vorgenommen werden. Versteht man die beiden Teilsätze als unterschiedliche Dimensionen des Lieferkettebegriffs,[495] könnte man davon sprechen, dass die Sorgfaltspflichten eines Unternehmens sich nur auf die Handlungen und die daran beteiligten Akteure erstrecken, die in den Überschneidungsbereich beider Dimensionen fallen. **207**

b) Alle zur Produktherstellung und zur Dienstleistungserbringung erforderlichen Schritte (Hs. 1). aa) Grundsätze. Gemäß § 2 Abs. 5 S. 2 Hs. 1 umfasst die Lieferkette alle Schritte im In- und Ausland, die zur Herstellung der Produkte und zur Erbringung der Dienstleistungen erforderlich sind. Mit Schritten ist nichts anderes gemeint als Handlungen oder Vorgänge (betriebswirtschaftlich: Prozesse).[496] Welche Handlungsschritte zur Lieferkette gehören, wird nicht näher konkretisiert. Auch das zentrale Begriffsmerkmal der Erforderlichkeit wird im Gesetz nicht näher definiert (dazu → Rn. 212). **208**

Aufschluss gibt der Wortlaut der Legaldefinition aber über **Anfangs- und Endpunkt** der Lieferkette. Sie reicht „von der Gewinnung der Rohstoffe bis zur Lieferung an den Endkunden." Daraus folgt einerseits, dass auch die der Produktion nachgelagerten Vertriebsaktivitäten zur Produktherstellung erforderliche Schritte sein können. Klarer wäre dies zum Ausdruck gekommen, hätte der Gesetzgeber wie in § 2 Abs. 6 S. 2 sprachlich zwischen der Herstellung der Produkte und deren Verwertung differenziert. Nichtsdestotrotz wird hinreichend deutlich, dass aus der Sicht des Produktherstellers sowohl Tätigkeiten **upstream,** als auch Tätigkeiten **downstream** entlang der Absatzkette eines Produkts erfasst werden.[497] Dieser weite Lieferkettenbegriff entspricht im Ausgangspunkt dem betriebswirtschaftlichen **209**

---

[492] BMAS/BMWK/BAFA, Fragen und Antworten zum Lieferkettengesetz, Stand: 28.4.2022, Antwort auf Frage XVI. 2.

[493] Bezeichnung nach Begr. RegE, BT-Drs. 19/28649, 41.

[494] So auch Charnitzky/Weigel RIW 2022, 12 (13).

[495] So Goßler/Padler BB 2022, 906 f., die zunächst (unzutr.) von den beiden Teilsätzen als „Einschränkungen" des Lieferkettenbegriffs sprechen (S. 906), diese dann aber wenig später als „zeitliche und materielle Dimension" bezeichnen (S. 907); vgl. auch Schall NZG 2022, 787 (789), der von § 2 Abs. 5 S. 2 Hs. 1 als objektivem Anwendungsbereich und von § 2 Abs. 5 S. 2 Hs. 2 als subjektiven Anwendungsbereich spricht.

[496] Vgl. auch BMAS/BMWK/BAFA, Fragen und Antworten zum Lieferkettengesetz, Stand: 28.4.2022, Frage II.3: „Die Lieferkette erfasst alle **Handlungen,** die ‚erforderlich' zur Herstellung von Produkten und zur Erbringung von Dienstleistungen sind. […]" (Hervorhebung durch den Verf.).

[497] Ebenso Schall NZG 2022, 787 (789).

Verständnis der Supply Chain (→ Rn. 190 f.).[498] Erheblich eingeschränkt wird die Reichweite des juristischen Lieferkettenbegriffs im Downstream-Bereich jedoch durch § 2 Abs. 5 Hs. 2 (→ Rn. 216 ff.).

210 Andererseits folgt aus der Endpunktbestimmung aber auch, dass – anders als nach dem Lieferketten-RL-E (→ Rn. 198) – Unternehmen im Rahmen ihrer Sorgfaltspflichten **nicht den gesamten Lebenszyklus** ihrer Produkte zu überwachen haben. Keine Beachtung schenken müssen sie menschenrechtlichen oder umweltbezogenen Risiken oder Verletzungen, die mit der der Lieferung an den Endkunden nachgelagerten **Verwendung des Produkts** einhergehen.[499] Dies gilt unabhängig davon, ob die Risiken oder Verletzungen mit der bestimmungsgemäßen oder nicht bestimmungsgemäßen Verwendung des Produkts einhergehen.[500] Erst recht nicht mehr in den Anwendungsbereich der Sorgfaltspflichten fällt dann die der Verwendung noch einmal nachgelagerte **Entsorgung oder Wiederverwertung eines Produkts.**[501] Anders ist dies nur bei Unternehmen, wie einem Abfallhändler oder einem Recyclingunternehmen, deren Geschäftszweck die Entsorgung oder Wiederverwertung von Produkten ist.[502] In diesem Fall ist die Entsorgung oder Wiederverwertung als eine durch das Unternehmen erbrachte Dienstleistung jedoch eigenständiger Bezugspunkt der Lieferkette (§ 2 Abs. 5 S. 1), nicht dagegen Bestandteil einer Produktlieferkette.

211 Welche Schritte zwischen Anfang- und Endpunkt der Lieferkette zur Herstellung (und Verwertung) der Produkte oder zur Erbringung der Dienstleistungen eines verpflichteten Unternehmens erforderlich sind, lässt sich **nicht allgemeingültig bestimmen,** sondern kann bereits zwischen den Herstellern bzw. Anbietern vergleichbarer Produkte oder Dienstleistungen variieren. So kann ein Hersteller eines Produkts die dafür erforderlichen Rohstoffe direkt vom Rohstoffproduzenten beziehen, während ein anderer Hersteller diese über einen Rohstoffhändler bezieht, der diese vom Rohstoffproduzenten einkauft. Auch im letzteren Fall reicht die Lieferkette zurück bis zur Gewinnung für die Produktherstellung erforderlichen Rohstoffe. Erst recht unterscheiden werden sich die konkreten Bestandteile der Lieferketten unterschiedlicher Produkt- oder Dienstleistungsarten.[503] Auf abstrakt-genereller Ebene sind für die weitere Konkretisierung der Reichweite des Lieferkettenbegriffs das Verständnis des Begriffsmerkmals „erforderlich" (→ Rn. 211 f.) sowie des Begriffs des Endkunden relevant (→ Rn. 214 f.).

212 **bb) Merkmal der Erforderlichkeit.** Wie das Merkmal der Erforderlichkeit zu verstehen ist, wird im Gesetz nicht näher definiert und auch in den Gesetzesmaterialien kaum erläutert. In der Regierungsbegründung heißt es nur, dass ein für die Produktherstellung erforderlichen Schritt auch in der Inanspruchnahme einer Dienstleistung liegen kann.[504] Als Beispiele werden der Transport oder die Zwischenlagerung von Waren genannt. Im Schrifttum existieren verschiedene Deutungsgebote,[505] ohne, dass sich bislang eine einheitliche Linie herausgebildet hätte. Teilweise reicht das Verständnis so weit, dass auch die Gebäudereinigung oder der Betrieb der unternehmenseigenen Kantine erfasst werden.[506] Einem

[498] S. auch Schall NZG 2022, 787.

[499] Ebenso Goßler/Padler BB 2022, 906 (910).

[500] Für eine dahingehende Differenzierung aber Grabosch Das neue LkSG/Grabosch § 2 Rn. 52 ff., der meint, dass das Risikomanagement von Unternehmen mit der bestimmungsgemäßen Benutzung einhergehende „typische Risiken" zu berücksichtigen habe, die nicht bestimmungsgemäße Verwendung von Produkten dagegen nicht mehr zur Lieferkette iSd LkSG zähle.

[501] Grabosch Das neue LkSG/Grabosch § 2 Rn. 54; anders Jungkind/Raspé/Terbrack DK 2021, 445 (446); Spindler ZHR 186 (2022), 67 (76).

[502] Begr. RegE LkSG, BT-Drs. 19/28649, 40; Grabosch Das neue LkSG/Grabosch § 2 Rn. 54.

[503] So Begr. RegE LkSG, BT-Drs. 19/28649, 40.

[504] So Begr. RegE LkSG, BT-Drs. 19/28649, 40.

[505] S. Bettermann/Hoes BKR 2022, 23 (24); Grabosch Das neue LkSG/Grabosch § 2 Rn. 38; Nietsch/Wiedmann NJW 2022, 1 Rn. 15; Schall NZG 2022, 787 (790); Schäfer ZLR 2022, 22 (26, 41); Wagner/Ruttloff/Wagner LkSG-HdB/ E. Wagner/S. Wagner/Schuler § 1 Rn. 40.

[506] So Grabosch Das neue LkSG/Grabosch § 2 Rn. 41; ferner Wagner/Ruttloff/Wagner LkSG-HdB/ E. Wagner/S. Wagner/Schuler § 1 Rn. 65.

solch weiten Verständnis neigen auch die gemeinsamen Q&A des BMAS, des BMWK und des BAFA zu. Dort heißt es (ohne nähere Begründung), dass auch der Einkauf von Bürobedarf sowie „Hilfsschritte", zB die Gebäudereinigung oder der Kantinenbetrieb, Teile der Lieferkette seien.[507]

Richtig erscheint Folgendes: Wie in anderen Regelungszusammenhängen kommt dem Erforderlichkeitsmerkmal im Rahmen von § 2 Abs. 5 einschränkende Bedeutung zu.[508] Einschränkungswirkung entfaltet das Merkmal hier konkret mit Blick auf die Handlungen eines Unternehmens, die zur Lieferkette gehören. Erforderlich sind nur solche Handlungen, die einen unmittelbaren Bezug zur Produktherstellung oder Dienstleistungserbringung aufweisen.[509] Im wichtigen Bereich der Beschaffung führt dies dazu, dass nur der Einkauf solcher Waren und Dienstleistungen Teil der Lieferkette ist, die in einem unmittelbaren Zusammenhang mit der Produktherstellung oder Dienstleistungserbringung stehen. Dies können sowohl Rohstoffe oder von Dritten hergestellte Produktkomponenten (sog. Vorprodukte) als auch die beim Produktionsprozess verwendeten Betriebsstoffe (Schmiermittel, Kühlmittel, Öle, Elektrizität usw.) sein.[510] Nicht erfasst dagegen wird der Einkauf des Büromaterials eines Unternehmens, die zur Gebäudereinigung sowie die für die Mitarbeiterverpflegung bezogenen Speisen und Getränke. Gerade im Bereich der Inanspruchnahme von Dienstleistungen stellen sich aber schwierige Grenzfälle, in denen man um eine Einzelfallbetrachtung nicht herumkommen wird. 213

cc) Begriff des Endkunden. Im Schrifttum wird der in § 2 Abs. 5 S. 2 Hs. 1 genannte „Endkunde" teilweise mit dem unmittelbaren Abnehmer oder dem Kunden des nach dem LkSG verpflichteten Unternehmens gleichsetzt.[511] Dagegen spricht indes bereits die Wortsilbe „End-", die nahelegt, dass Kunde und Endkunde nicht notwendigerweise identisch sein müssen. Probleme bereitet diese Ansicht auch bei Herstellungsprozessen, an deren mehre Unternehmen beteiligt. Wird ein Produkt zB auf der nächsten Wertschöpfungsstufe nicht grundlegend umgestaltet, sondern bloß veredelt, um dann verkauft zu werden, hätte dasselbe Produkt aus Sicht des jeweiligen Unternehmens verschiedene Endkunden. Vorzugswürdig ist es daher, auf einer Linie mit den gemeinsamen Q&A des BMAS, des BMWK und des BAFA den Endkunden als den **endgültigen Bestimmungsort des Produktes oder der Dienstleistung** zu verstehen.[512] Endgültiger Bestimmungsort eines Produktes ist der **Endabnehmer** (in B2C-Märkten der Endverbraucher).[513] Der Endabnehmer muss nicht, kann aber der unmittelbare Abnehmer des Herstellers sein, wenn dieser unter Aussparung weiterer „Mittelsmänner" seine Produkte direkt am Markt verkauft. Für Produkte, die wie ein Autoreifen auf einer nachgelagerten Wertschöpfungsstufe zu einem neuen Produkt verarbeitet bzw. zusammengefügt werden, ist der Hersteller des neuen Produkts Endkunde (im Beispiel der Automobilhersteller).[514] Der endgültige Bestimmungsort einer Dienstleistung ist der **Dienstleistungsempfänger,** der nicht zwingend, aber in der Regel auch der unmittelbare Vertragspartner des Gesetzesadressaten als Dienstleistungsanbieter sein wird.[515] 214

[507] BMAS/BMWK/BAFA, Fragen und Antworten zum Lieferkettengesetz, Stand: 28.4.2022, Antworten auf Fragen II.3 und II.4.

[508] Wie hier Bettermann/Hoes BKR 2022, 23 (24); im Ausgangspunkt auch Wagner/Ruttloff/Wagner LkSG-HdB/ E. Wagner/S. Wagner/Schuler § 1 Rn. 40.

[509] Von einem „spezifischen" Bezug sprechen Bettermenn/Hoes BKR 2022, 23 (24); Wagner/Ruttloff/Wagner LkSG-HdB/E. Wagner/S. Wagner/Schuler § 1 Rn. 40.

[510] AA (für Energielieferungen) Schall NZG 2022, 787 (790), der eine Verknüpfbarkeit der Leistung mit den konkreten Produkten fordert.

[511] So Spindler ZHR 186 (2022), 67 (75).

[512] BMAS/BMWK/BAFA, Fragen und Antworten zum Lieferkettengesetz, Stand: 28.4.2022, Antworten auf Fragen VI.9 und VI.10.

[513] Mit diesem Verständnis auch Goßler/Palder BB 2022, 906 (908).

[514] Vgl. BMAS/BMWK/BAFA, Fragen und Antworten zum Lieferkettengesetz, Stand: 28.4.2022, Antwort auf Frage VI.9; Goßler/Palder BB 2022, 906 (908).

[515] BMAS/BMWK/BAFA, Fragen und Antworten zum Lieferkettengesetz, Stand: 28.4.2022, Antwort auf Frage VI.10; zum typischen Zusammenfallen von Kunde und Endkunde im Bereich der Finanzdienstleistungen Bettermann/Hoes BKR 2022, 23 (26).

215 Die **befürchtete Ausuferung der Sorgfaltspflichten**[516] geht mit diesem Verständnis des Endkunden **nicht einher,** wenn man vor Augen behält, dass Tätigkeiten im Downstream-Bereich nur Lieferkette gehören, wenn sie aus Sicht des Gesetzesadressaten auf einer der in § 2 Abs. 5 Hs. 2 genannten Handlungsebenen vorgenommen werden. Führt der Weg eines Produkts vom Hersteller über rechtlich selbstständige Distributoren, zB Großhändler oder Einzelhändler, (sog. Absatzmittler)[517] zum Endkunden, gehören nach hier vertretener Auffassung die auf diesen Handlungsstufen vorgenommen Vertriebsaktivitäten (wie auch die daran beteiligten Akteure) nicht zur Lieferkette iSd § 2 Abs. 5.

216 **c) Erfasste Handlungsebenen (Hs. 2). aa) Grundsätze.** Die Lieferkette erfasst die in § 2 Abs. 5 Hs. 2 Nr. 1–3 genannten „Handlungsebenen",[518] die in den eigenständigen Begriffsbestimmungen des § 2 Abs. 6–8 inhaltlich näher bestimmt werden. Genannt werden das Handeln im eigenen Geschäftsbereich (Nr. 1) sowie das Handeln unmittelbarer und mittelbarer Zulieferer (Nr. 2 und Nr. 3).

217 Die unmittelbaren Abnehmer bzw. Kunden eines Unternehmens oder der in § 2 Abs. 5 Hs. 1 genannte Endkunde finden dagegen keine Erwähnung. Dennoch geht ein erheblicher Teil des Schrifttums davon aus, dass die Sorgfaltspflichten eines dem Anwendungsbereich des LkSG unterfallenden Unternehmens sich auch auf andere rechtlich selbständige Unternehmen in der Absatzkette erstrecken.[519] **Dem ist nicht zu folgen.** Gegen diese Ansicht spricht neben dem Wortlaut von § 2 Abs. 5 Hs. 2 auch der Befund, dass das LkSG mit Blick auf nachgelagerte Geschäftspartner nicht nur „kaum",[520] sondern überhaupt keine Sorgfaltspflichten vorsieht.[521] Insofern auf § 5 Abs. 4 S. 1 als Ausnahme abgestellt wird,[522] der unmittelbar an den Lieferkettenbegriff anknüpft, kommt dies einem Zirkelschluss gleich. Auch steht die hier vertretene Ansicht in **keinem Widerspruch zu § 2 Abs. 5 Hs. 1.** Aus dessen Formulierung, insbesondere aus dem Einschub „von der Rohstoffgewinnung bis zur Lieferung an den Endkunden", folgt zwar, dass die Lieferkette auch Sicht des Produktherstellers auch Vertriebsaktivitäten downstream entlang der Absatzkette umfasst. Während nach dem betriebswirtschaftlichen Verständnis die Lieferkette sowohl die unselbstständigen Glieder als auch selbstständige Glieder der Absatzkette umfasst (näher → Rn. 191), wird aus § 2 Abs. 5 Hs. 2 deutlich, dass die Lieferkette iSd LkSG nur Vertriebsaktivitäten auf einer der genannten Handlungsebenen erfassen soll. Dazu zählen jedenfalls **eigene Vertriebsaktivitäten des Unternehmens** wie der Verkauf des Produkts über eigene physische Geschäfte oder Online-Präsenzen sowie die Auslieferung der Produkte über die eigene Logistiksparte.[523] Die schwierige Frage, ob rechtlich selbständige Unternehmen, die wie Spediteure am Vertrieb des Produkts beteiligt sind, ohne die Güter anzukaufen (sog. Absatzhelfer[524]), als Zulieferer Teil der Lieferkette des Produktherstellers sind, wird im Rahmen von § 2 Abs. 7 erörtert (→ Rn. 251).

218 Die hier vertretene Ansicht **spiegeln** nunmehr ausdrücklich auch **die gemeinsamen Q&A des BMAS, des BMWK und des BAFA.** Dort heißt es auf die Frage ob „Unternehmen Sorgfaltspflichten bezüglich Risiken und Verletzungen in der nachgelagerten Lieferkette [haben]": „Nein. Die Sorgfaltspflichten beziehen sich gemäß § 2 Abs. 5 LkSG auf

[516] Vgl. Spindler ZHR 186 (2022), 67 (75).

[517] S. Gabler Wirtschaftslexikon A-B Absatzmittler S. 22; zum betriebswirtschaftlichen Hintergrund → Rn. 191.

[518] Bezeichnung nach Begr. RegE LkSG, BT-Drs. 19/28649, 41.

[519] Grabosch Das neue LkSG/Grabosch § 2 Rn. 50; Nietsch/Wiedmann CCZ 2021, 101 (103) (anders nunmehr aber Nietsch/Wiedmann CCZ 2022, 125 (127)); Rühl/Knauer JZ 2022, 105 (107 Fn. 23), Spindler ZHR 186 (2022), 67 (75), der jedoch den „Endkunden" als unmittelbaren Abnehmer des Unternehmens auffasst; in die Richtung auch Dormann CCZ 2021, 265 (267).

[520] So Schäfer ZLR 2022, 22 (40).

[521] Ebenso Nietsch/Wiedmann NJW 2022, 1 Rn. 16.

[522] S. Wagner/Ruttloff/Wagner LkSG-HdB/E. Wagner/S. Wagner/Schuler § 1 Rn. 69.

[523] S. auch Schall NZG 2022, 787 (789); Wagner/Ruttloff/Wagner LkSG-HdB/E. Wagner/S. Wagner/Schuler § 1 Rn. 69.

[524] S. Gabler Wirtschaftslexikon A-B Absatzhelfer S. 22.

die Risiken im eigenen Geschäftsbereich, bei unmittelbaren Zulieferern und bei mittelbaren Zulieferern."[525]

bb) Besonderheiten bei Finanzdienstleistungen? Umfangreiches Argumentationsmaterial, dass zumindest die Sorgfaltspflichten eines Finanzdienstleisters über den eigenen Geschäftsbereich hinausreichen, liefert auf den ersten Blick die **Regierungsbegründung.** Dort heißt es: 219

> *„Bei der Anbietung einer Finanzdienstleistung, zum Beispiel durch Kreditinstitute, findet ein wesentlicher Teil der Produktion zeitgleich mit der Erbringung der Dienstleistung gegenüber dem Kunden und setzt, zum Beispiel durch Investition oder Kreditvergabe, weitere Produktionsprozesse frei. Daher werden für solche Dienstleistungen auch die Beziehung zum Endkunden und die nachgelagerten Stufen der Lieferkette umfasst. Wenn beispielsweise ein Zulieferer, der einen Hersteller beliefert, einen Kredit zur Finanzierung seiner Produktion aufnimmt, ist auch der Kredit und die kreditgebende Bank von der Lieferkette des Herstellers umfasst."*[526]

Unmittelbar im Anschluss an diese Passage wird die Reichweite dieser Ausführungen dahin eingeschränkt, dass die Beziehung zum Endkunden nur bei Finanztransaktionen erfasst sei, die „so bedeutend [seien], dass mit ihnen typischerweise besondere Informations- und Kontrollmöglichkeiten [einhergingen]".[527] Bei einem Kredit sei dies zB der Fall, wenn die „Schwelle für Großkredite nach Art. 392 [= Art. 392 Kapitaladäquanz-VO[528]]" erreicht werde.[529] Ansonsten träfen den Finanzdienstleister keine Sorgfaltspflichten über „den Kreditnehmer, Sicherungsnehmer oder das Anlageobjekt" hinaus.[530]

Diese Ausführungen sind im Schrifttum vielfach aufgegriffen und zur Begründung weitergehender Sorgfaltspflichten (zumindest) für Finanzdienstleister herangezogen worden.[531] Bei näherer Betrachtung lässt sich indes bereits bezweifeln, ob sich der Regierungsbegründung ein dahingehender konsistenter Regelungswille entnehmen lässt.[532] Die Ausführungen sind nämlich **weder in sich schlüssig noch frei von Widersprüchen.** So ist das oben im Wortlaut wiedergegebene Argument, dass die Kreditvergabe weitere Produktionsprozesse beim Hersteller freisetze, ein Argument dafür, die Inanspruchnahme der Finanzdienstleistung und mit ihr den Finanzdienstleister als Teil der Lieferkette des Herstellers zu begreifen, nicht jedoch umgekehrt dafür, den Hersteller als Teil der Lieferkette des Finanzdienstleisters anzusehen. Auch das oben wiedergegebene Beispiel spricht von der „Lieferkette des Herstellers" und nicht von der Lieferkette des Finanzdienstleisters. 220

Selbst wenn man einen eindeutigen Regelungswillen unterstellt, muss man die daraus folgende „Sonderbehandlung" von Finanzdienstleistern **mangels einer Stütze im Gesetzeswortlaut** ablehnen. Nach der Rechtsprechung des BVerfG kann der Wille des Gesetzgebers nur insoweit berücksichtigt werden, als er im Gesetz selbst einen hinreichend bestimmten Ausdruck gefunden hat.[533] Auch wenn diese „Andeutungstheorie" im methodenrechtlichen Schrifttum auf erhebliche Kritik gestoßen ist,[534] geht auch ihren Kritikern eine **Auslegung anhand der Gesetzesmaterialien gegen den Gesetzeswortlaut (con-** 221

[525] BMAS/BMWK/BAFA, Fragen und Antworten zum Lieferkettengesetz, Stand: 28.4.2022, Antwort auf Frage VI.8.
[526] Begr. RegE LkSG, BT-Drs. 19/28649, 40.
[527] Begr. RegE LkSG, BT-Drs. 19/28649, 40.
[528] VO (EU) 575/2013 des Europäischen Parlaments und des Rates vom 26.6.2013 über Aufsichtsanforderungen an Kreditinstitute und Wertpapierfirmen, ABl. EU 2013 L 176, 1.
[529] Begr. RegE LkSG, BT-Drs. 19/28649, 40.
[530] Begr. RegE LkSG, BT-Drs. 19/28649, 40.
[531] So etwa bei Hembach Praxisleitfaden LkSG S. 116 f.; Nietsch/Wiedmann NJW 2022, 1 Rn. 20; Schall NZG 2022, 787 (789 f.); Spindler ZHR 186 (2022), 67 (75 f.); dagegen mit umfangreicher Argumentation Bettermann/Hoes BKR 2022, 23 (26 ff.).
[532] Einen solchen ebenfalls verneinend Bettermann/Hoes BKR 2022, 23 (28).
[533] So etwa BVerfG Beschl. v. 17.5.1960 – 2 BcL 11/59 und 11/60, BVerfGE 11, 126 = NJW 1960, 1563 (1564).
[534] S. die Nachweise bei Fleischer AcP 211 (2011), 317 (332) Fn. 106.

tra verba legis) zu weit.[535] Auf nichts anderes würde die Ausdehnung der Sorgfaltspflichten auf nachgelagerte Handlungsebenen speziell für Finanzdienstleister hier aber hinauslaufen.

222 Auch dieses Ergebnis deckt sich mit den gemeinsamen Q&A des BMAS, des BMWK und des BAFA, die die Erstreckung der Sorgfaltspflichten auf den Endkunden „auch bei allen Kredit- und Bankgeschäften" und „unabhängig vom Umfang des Geschäftes" verneinen.[536]

H. Eigener Geschäftsbereich (Abs. 6)

I. Grundlagen

223 § 2 Abs. 6 definiert den Begriff des eigenen Geschäftsbereichs. Dieser beschreibt das „originäre Handlungsfeld"[537] eines dem Anwendungsbereich des LkSG unterfallenden Unternehmens, in dem die **Sorgfaltsanforderungen** aufgrund der unmittelbaren Einflussmöglichkeiten des Unternehmens **am höchsten sind.**[538]

224 Die **Begriffsfassung des Regierungsentwurfs beschränkte** den eigenen Geschäftsbereich noch auf Tätigkeiten „einer Gesellschaft als Rechtsträger des Unternehmens".[539] Die Sorgfaltspflichten eines in eine Konzernstruktur eingegliederten Unternehmens sollten sich demnach nur auf die Tätigkeiten abhängiger Konzerngesellschaften erstrecken, wenn diese als Zulieferer iSd § 2 Abs. 7 oder Abs. 8 fungierten. Dies ist im Gesetzgebungsverfahren auf teils scharfe Kritik gestoßen.[540] Vor diesem Hintergrund hat der Gesetzgeber auf Empfehlung des federführenden Ausschusses für Arbeit und Soziales **§ 2 Abs. 6 S. 3 eingefügt.** Danach zählen in verbundenen Unternehmen zum eigenen Geschäftsbereich der „Obergesellschaft" auch Tätigkeiten einer „konzernangehörigen Gesellschaft", wenn die Obergesellschaft „einen bestimmenden Einfluss" auf diese ausübt. Zu Einzelheiten → Rn. 228 ff.

225 Ebenfalls auf Empfehlung des Arbeits- und Sozialausschusses hat der Wortlaut des **§ 2 Abs. 6 S. 1** und **S. 2** einige wenige redaktionelle Korrekturen erfahren.[541] Insbesondere wurde die in § 2 Abs. 6 S. 1 des Regierungsentwurfs zu findende Formulierung „jede Tätigkeit einer Gesellschaft als Rechtsträger des Unternehmens" mit „jede Tätigkeit des Unternehmens" ersetzt, um Widersprüche mit dem in § 1 verankerten rechtsformneutralen Ansatzes des Gesetzes zu vermeiden.[542]

II. Umfang des eigenen Geschäftsbereichs

226 **1. Eigene Tätigkeiten zur Erreichung des Unternehmensziels (Abs. 6 S. 1, 2).** Der eigene Geschäftsbereich erfasst gemäß § 2 Abs. 6 S. 1 jede eigene Tätigkeit des Unternehmens zur Erreichung des Unternehmensziels. Gemeint ist hier nicht das **formale** Unternehmensziel (in der Regel Gewinnerzielung), sondern das **sachliche** Unternehmensziel, mithin der Unternehmensgegenstand.[543] Nach § 2 Abs. 6 S. 2 zählt hierzu jede Tätig-

[535] Vgl. Fleischer AcP 211 (2011), 317 (333); Kramer, Juristische Methodenlehre, 6. Aufl. 2019, 164.
[536] BMAS/BMWK/BAFA, Fragen und Antworten zum Lieferkettengesetz, Stand: 28.4.2022, Antwort auf Frage VI.8.
[537] So Dutzi/O. Schneider/Hasenau DK 2021, 454 (458).
[538] Ebenso Gehling/Ott CCZ 2021, 230 (233); Jungkind/Raspé/Terbrack DK 2021, 445 (447); Ott/Lüneborg/Schmelzeisen DB 2022, 238 (242); sinngleich Dutzi/O. Schneider/Hasenau DK 2021, 454 (458): „am strengsten"; Frank-Fahle/Falder RIW 2022, 261: „am umfangreichsten".
[539] S. § 2 Abs. 6 S. 1 RegE-LkSG.
[540] S. etwa die Stellungnahmen der Initiative Lieferkettengesetz zum RegE, A-Drs. 19(11)1136, 78 f.
[541] S. Beschlussempfehlung und Bericht Ausschuss für Arbeit und Soziales, BT-Drs. 19/30505, 10 (Änderungen), 37 f. (Begründung).
[542] Zu dieser Änderung auch Nietsch/Wiedmann NJW 2022, 1 Rn. 22.
[543] Vgl. Charnitzky/Weigel RIW 2022, 12 (13); zur Unterscheidung MüKoGmbHG/Fleischer GmbHG § 1 Rn. 7.

keit zur Herstellung und Verwertung von Produkten und zur Erbringung von Dienstleistungen. Anders als bei § 2 Abs. 5 S. 2 Hs. 1 (→ Rn. 209) wird hier unmittelbar deutlich, dass neben den Tätigkeiten im Zusammenhang mit der eigentlichen Güterproduktion auch eigene Vertriebsaktivitäten (zB Verkauf der Produkte in eigenen physischen Geschäften oder dem Online-Shop, Auslieferung der Produkte mit der Logistiksparte des Unternehmens) zum eigenen Geschäftsbereich des Unternehmens gehören.

Unerheblich ist nach dem Gesetzeswortlaut, ob diese Tätigkeiten an einem Standort des Unternehmens im Inland oder im Ausland vorgenommen werden. Daher zählen auch Produktions- und Vertriebstätigkeiten von **ausländischen Niederlassungen, Betriebs- oder Produktionsstätten** zum eigenen Geschäftsbereich des Unternehmens. Ist der Standort dagegen als selbstständiger Rechtsträger organisiert, wie dies im Nicht-EU-Ausland ganz überwiegend der Fall sein dürfte, fallen die dort vorgenommenen Tätigkeiten nur dann in den eigenen Geschäftsbereich, wenn die Voraussetzungen des § 2 Abs. 6 S. 3 vorliegen. 227

2. Tätigkeiten verbundener Unternehmen (Abs. 6 S. 3). a) Allgemeines. Gemäß § 2 Abs. 6 S. 3 zählen in verbundenen Unternehmen zum eigenen Geschäftsbereich der Obergesellschaft auch die Tätigkeiten konzernangehöriger Gesellschaften, über die die Obergesellschaft einen bestimmenden Einfluss ausübt. Dogmatisch handelt es sich um bei der erst spät im Gesetzgebungsverfahren eingefügten Vorschrift (→ Rn. 224) um eine **Zurechnungsnorm,** durch die der Pflichtenkreis derjenigen Unternehmen erheblich erweitert wird, die als Zurechnungssubjekte in den persönlichen Anwendungsbereich des § 2 Abs. 6 S. 3 fallen.[544] Ihre Sorgfaltspflichten können sich nunmehr auch auf die Tätigkeiten abhängiger, nichtdestotrotz rechtlich selbständiger Unternehmen erstrecken, auch wenn zwischen den Unternehmen keine Zulieferbeziehung iSd § 2 Abs. 7 oder Abs. 8 besteht.[545] 228

Unabhängig davon, wie man § 2 Abs. 6 S. 3 rechtspolitisch bewerten mag, führt die Vorschrift in systematischer Hinsicht zu einem **Bruch mit und innerhalb der Lieferkettendefinition des § 2 Abs. 5.** Denn ausweislich § 2 Abs. 5 S. 1 bezieht sich die Lieferkette auf Produkte und Dienstleistungen **des** Unternehmens. Über § 2 Abs. 6 S. 3 werden aber in der Regel Herstellungs- und Verwertungstätigkeiten zugerechnet werden, die unternehmensfremde Produkte und Dienstleistungen, nämlich die der abhängigen Gesellschaft, betreffen. Für diese Fälle hätte der Gesetzgeber konsequenterweise § 2 Abs. 5 S. 1 und § 2 Abs. 5 S. 2 Hs. 1 anpassen müssen, um Friktionen zu vermeiden. 229

b) Persönlicher Anwendungsbereich. Eine Zurechnung nach § 2 Abs. 6 S. 3 findet in verbunden Unternehmen zwischen der Obergesellschaft als Zurechnungssubjekt und allen konzernangehörigen Gesellschaften statt, auf welche die Obergesellschaft einen bestimmenden Einfluss ausübt. Die Begriffe „Obergesellschaft" und „konzernangehörige Gesellschaft" finden sich auch in § 1 Abs. 3 wieder. Wie dort (→ § 1 Rn. 263 ff.) meint **„Obergesellschaft"** in § 2 Abs. 6 S. 3 lediglich die **oberste Konzernspitze.** Kein taugliches Zurechnungssubjekt sind daher „Konzernspitzen" unterhalb der obersten Konzernebene, zB die als Teilkonzernspitze fungierende Zwischenholding, oder auch operative Tochtergesellschaften, die in den persönlichen Anwendungsbereich des LkSG fallen. 230

Wie bei der Diskussion um den Anwendungsbereich des § 1 Abs. 3, wird im Schrifttum unterschiedlich beurteilt, ob eine Zurechnung nach § 2 Abs. 6 S. 3 nur zwischen verbundenen Unternehmen erfolgen kann, die einen Konzern im technischen Sinne des § 18 AktG bilden oder ob jede Unternehmensverbindung des § 15 AktG ausreicht, insbesondere die „bloße" Abhängigkeit ohne einheitliche Leitung (vgl. §§ 17, 18 Abs. 1 S. 3 AktG). Soweit ersichtlich nicht in Frage gestellt wird aber, dass der Begriff der konzernangehörigen 231

[544] So auch Wagner/Ruttloff/Wagner LkSG-HdB/E. Wagner/S. Wagner/Schuler § 1 Rn. 46.
[545] Ähnlich Wagner/Ruttloff/Wagner LkSG-HdB/E. Wagner/S. Wagner/Schuler § 1 Rn. 56.

Gesellschaft trotz des in § 2 Abs. 6 S. 3 fehlenden Verweises auf § 15 AktG in beiden Vorschriften einheitlich zu verstehen ist.[546]

232 In der Sache sprechen die besseren Argumente dafür, die Vorschrift **auch auf verbundene Unternehmen anzuwenden, die keinen Konzern iSd § 18 AktG** bilden.[547] § 2 Abs. 6 S. 3 spricht eingangs von „verbundenen Unternehmen", was bereits eine untechnische Verwendung des Adjektivs „konzernangehörig" nahelegt. Eine solche untechnische Verwendung ist auch keine LkSG-spezifische Anomalie, sondern liegt auf einer Linie mit der in der aktienrechtlichen Kommentarliteratur geäußerten Beobachtung, dass der Begriff des Konzerns sich im Gesellschaftsrecht als „untechnischer Oberbegriff für verbundene Unternehmen eingebürgert [habe]".[548] Auch aus teleologischer Sicht bestehen keine Gründe, den Anwendungsbereich der Norm auf Unternehmensverbindungen iSd § 18 AktG zu beschränken. Zwar wird der Einflussgrad des herrschenden Unternehmens auf ein abhängiges Unternehmen im „technischen" Konzern in der Regel höher liegen als zwischen einem herrschenden und einem abhängigen Unternehmen, bei denen die Vermutung einer einheitlichen Leitung gemäß § 18 Abs. 1 S. 3 AktG widerlegt wird. Unterschiede bei den Einflussmöglichkeiten des herrschenden Unternehmens sind jedoch richtigerweise erst bei der Frage zu berücksichtigen, ob die herrschende Obergesellschaft einen bestimmenden Einfluss auf die abhängige konzernangehörige Gesellschaft ausübt. Die dort anzustellende Gesamtbetrachtung ermöglicht auch die nötige Flexibilität, um den Umständen des Einzelfalls Rechnung zu tragen. Zusätzlich gestützt wird das hiesige Auslegungsergebnis durch die gemeinsamen Q&A des BMAS, des BMWK und des BAFA, die im Zusammenhang mit § 1 Abs. 3 meinen, dass der Begriff „konzernangehörig" als „untechnischer Sammelbegriff" zu verstehen sei, der sich nicht auf Unternehmen gemäß § 18 AktG beschränke.[549]

233 Keinen Unterschied für die Anwendbarkeit des § 2 Abs. 6 S. 3 macht es nach nahezu einhelliger und richtiger Ansicht, ob die konzernangehörige Gesellschaft ihren **Sitz im In- oder im Ausland** hat.[550]

234 In **mehrstufigen Konzernverhältnissen** können der Obergesellschaft sowohl Tätigkeiten unmittelbar abhängiger Gesellschaften (Tochtergesellschaften) als auch mittelbar abhängiger Gesellschaften (Enkelgesellschaften, Großenkelgesellschaften, etc.) zugerechnet werden.[551] Im zuletzt genannten Fall müssen jedoch bei der Voraussetzung der bestimmenden Einflussnahme einige Besonderheiten beachtet werden (näher → Rn. 241).

235 **c) Ausübung bestimmenden Einflusses. aa) Konzept.** Zentrale Voraussetzung des § 2 Abs. 6 S. 3 ist, dass die Obergesellschaft auf die konzernangehörige Gesellschaft „einen bestimmenden Einfluss ausübt". Mit dem Erfordernis einer bestimmenden Einflussnahme verlässt das LkSG den terminologischen und konzeptionellen Boden des deutschen Konzernrechts, wo von „beherrschendem Einfluss" die Rede ist (§ 17 AktG).[552] Eine lange Verwendungsgeschichte hat das Konzept des bestimmenden Einflusses aber im europäischen Kartelldelikts- und -bußgeldrecht.[553] Dort wird es seit Anfang der 1970er Jahre zur

[546] Ausdrücklich für ein „einheitliches Begriffsverständnis" plädieren Wagner/Ruttloff/Wagner LkSG-HdB/E. Wagner/S. Wagner/Schuler § 1 Rn. 49.

[547] Ebenso Wagner/Ruttloff/Wagner LkSG-HdB/E. Wagner/S. Wagner/Schuler § 1 Rn. 49; aA Nietsch/Wiedmann NJW 2022, 1 Rn. 30; ihnen zust. Frank-Fahle/Falder RIW 2022, 261 (262).

[548] Grigoleit/Grigoleit AktG § 18 Rn. 4; allgemeiner zur unscharfen Verwendung des Begriffs „Konzernrecht" BeckOGK/Schall AktG § 15 Rn. 2 mwN.

[549] BMAS/BMWK/BAFA, Fragen und Antworten zum Lieferkettengesetz, Stand: 28.4.2022, Antwort auf Frage IV. 1.

[550] Eine Beschränkung auf inländische Gesellschaften erwägen aber Stöbener de Mora/Noll NZG 2021, 1237 (1241); dagegen mit ausführlicher Argumentation Ott/Lüneborg/Schmelzeisen DB 2022, 238 (243 f.); zust. Wagner/Ruttloff/Wagner LkSG-HdB/E. Wagner/S. Wagner/Schuler § 1 Rn. 51; iE wie hier auch Hermann/Rünz DB 2021, 3078 (3079) m. Fn. 10; Seibt/Vesper-Gräske CB 2021, 357 (360).

[551] Wagner/Ruttloff/Wagner LkSG-HdB/E. Wagner/S. Wagner/Schuler § 1 Rn. 51.

[552] Sinngleich Jungkind/Raspé/Terbrack DK 2021, 445 (447); Ott/Lüneborg/Schmelzeisen DB 2022, 238 (242); Rothenburg/Rogg AG 2022, 257 (263).

[553] Mit diesem Brückenschlag auch Frank-Fahle/Falder RIW 2022, 261 (263); Rothenburg/Rogg AG 2022, 257 (261).

Begründung der Verantwortlichkeit eines Mutterunternehmens für die Kartellvergehen abhängiger Unternehmen wegen des Bestehens einer wirtschaftlichen Einheit herangezogen.[554] Mittlerweile ist der bestimmende Einfluss auch als Tatbestandsmerkmal in deutschen Kartellrechtsvorschriften normativ verankert (s. § 81a Abs. 1 GWB; früher § 81 Abs. 3a GWB aF). Daneben kommt dem Konzept auch im Rahmen der kartellrechtlichen Fusionskontrolle[555] sowie in anderen europarechtlich geprägten Rechtsbereichen wie dem Datenschutzrecht Bedeutung zu.[556]

Wie im Kartelldelikts- und -bußgeldrecht[557] (Art. 3 FKVO; § 37 Abs. 1 Nr. 2 GWB) verlangt § 2 Abs. 6 S. 3 nicht nur die Möglichkeit einer Beeinflussung, sondern eine **aktive Einflussnahme** („ausübt").[558] Nach den gemeinsamen Q&A des BMAS, des BMWK und BAFA soll es jedoch nicht erforderlich sein, dass der bestimmende Einfluss bereits im Hinblick auf die Sorgfaltspflichten des LkSG ausgeübt wurde.[559] 236

bb) Vorliegen einer bestimmenden Einflussnahme. Ausweislich der Ausschussbegründung setzt das Vorliegen einer bestimmenden Einflussnahme zunächst voraus, dass „eine Einflussnahme nach dem jeweils anwendbaren Recht möglich ist".[560] Ob die rechtlich Einflussmöglichkeit auch gesellschaftsrechtlicher Natur sein muss oder ob jede rechtlich vermittelte Einflussmöglichkeit, zB aufgrund eines Darlehensvertrages, ausreicht, geht aus den Ausschussmaterialien nicht hervor. Verlangt man ersteres, scheidet eine Zurechnung nach § 2 Abs. 6 S. 3 bereits aus, wenn die aufgrund der Kapitalbeteiligung bestehende Einflussmöglichkeit der Obergesellschaft „neutralisiert"[561] worden ist. Dies kann vor allem auf Grundlage der Satzung oder auf vertraglicher Grundlage, insbesondere durch Abschluss eines Entherrschungsvertrages, geschehen.[562] Der rein tatsächliche Verzicht auf die Stimmrechtsausübung reicht dagegen nicht aus.[563] 237

Ob eine bestehende Einflussmöglichkeit auch tatsächlich ausgeübt wird, ist anhand einer **Gesamtschau** aller tatsächlichen und rechtlichen Umstände des Einzelfalls zu ermitteln. Im Rahmen dieser Gesamtschau sind alle **wirtschaftlichen, personellen, organisatorischen und rechtlichen Bindungen** zwischen der Obergesellschaft und der konzernangehörigen Gesellschaft im Zusammenhang zu betrachten und zu gewichten.[564] Im Kartellrecht muss das Ergebnis der Gesamtschau sein, dass die Willensbildung des Tochterunternehmens trotz seiner eigenständigen Rechtspersönlichkeit nicht autonom erfolgt, sondern im Wesentlichen Weisungen des Mutterunternehmens befolgt.[565] Ausreichend ist dabei, dass das Mutternehmen Einfluss auf die weit verstandene generelle Geschäftspolitik 238

---

[554] Eingehend zur historischen Entwicklung Behrends, Das Unionsmodell der wirtschaftlichen Einheit im Kartelldeliktsrecht, 2019, 7 ff; knapper Kokott/Dittert WuW 2012, 670 (672).

[555] S. auch Frank-Fahle/Falder RIW 2022, 261 (263).

[556] Vgl. Seibt/Vesper-Gräske CB 2021, 357 (360).

[557] Statt vieler für das europäische Recht Immenga/Mestmäcker WettbR/Biermann VO 1/2003 Vor Art. 23 f. Rn. 89 mwN; für das deutsche Recht Loewenheim/Meessen/Riesenkampff/Kersting/Meyer-Lindemann/Meyer-Lindemann GWB § 81 Rn. 80 (nunmehr § 81a Abs. 1 GWB).

[558] Wie hier Frank-Fahle/Falder RIW 2022, 261 (262); Jungkind/Raspé/Terbrack DK 2021, 445 (447); Nietsch/Wiedmann NJW 2022, 1 Rn. 31; Schäfer ZLR 2022, 22 (43); aA wohl Ott/Lüneborg/Schmelzeisen DB 2022, 238 (243); Rothenburg/Rogg AG 2022, 257 (263); Wagner/Ruttloff/Wagner LkSG/ E. Wagner/ S. Wagner/Schuler § 1 Rn. 60. Näher zu den Argumenten der Gegenauffassung → Rn. 239.

[559] BMAS/BMWK/BAFA, Fragen und Antworten zum Lieferkettengesetz, Stand: 28.4.2022, Antwort auf Frage IV.8.

[560] So Beschlussempfehlung und Bericht des Ausschusses für Arbeit und Soziales, BT-Drs. 19/30505, 38.

[561] Begriffswahl nach Grigoleit/Grigoleit AktG § 17 Rn. 22.

[562] Eingehend zu den Mitteln der Widerlegung der Abhängigkeitsvermutung im Konzernrecht BeckOGK/Schall AktG § 53 ff.; Grigoleit/Grigoleit AktG § 17 Rn. 24 ff.

[563] So in einem konzernrechtlichen Zusammenhang Grigoleit/Grigoleit AktG § 17 Rn. 22 mwN.

[564] So Beschlussempfehlung und Bericht des Ausschusses für Arbeit und Soziales, BT-Drs. 19/30505, 38; in einem kartellrechtlichen Zusammenhang etwa Immenga/Mestmäcker WettbR/Biermann VO 1/2003 Vor Art. 23 f. Rn. 92 mwN.

[565] Statt vieler Immenga/Mestmäcker WettbR/Biermann VO 1/2003 Vor Art. 23 f. Rn. 92 mwN.

des Tochterunternehmens ausübt.[566] Eine Einflussnahme auf die operative Geschäftspolitik (Geschäftspolitik im engeren Sinne), wie etwa die Preis- oder Vertriebsstrategie, ist dagegen nicht erforderlich.[567] Dass im Rahmen von § 2 Abs. 6 S. 3 ein anderer, strengerer Maßstab gelten soll, lassen weder die Ausschussmaterialien erkennen, noch erscheint eine solche Verengung aus teleologischen Gesichtspunkten angezeigt.

239 **cc) Anhaltspunkte für einen bestimmenden Einfluss.** Als „Anhaltspunkte", die auf das Vorliegen eines bestimmenden Einflusses hindeuten, nennt die Ausschussbegründung eine ganze Reihe von Aspekten, etwa eine hohe Mehrheitsbeteiligung an dem Tochterunternehmen, das Bestehen eines konzernweiten Compliance-Systems oder die Übernahme von Verantwortung für die Steuerung von Kernprozessen im Tochterunternehmen.[568] Wie bereits aus diesen Beispielen erkennbar wird, trennt der Ausschuss nicht sauber zwischen solchen Anhaltspunkten, die die Möglichkeit der bestimmenden Einflussnahme betreffen, und solchen, die auf eine aktive Einflussnahme hindeuten. Entgegen einer verbreiteten Ansicht im Schrifttum lässt sich daraus **mitnichten** folgern, dass es einer aktiven Einflussnahme der Obergesellschaft nicht bedürfe.[569] Denn aus der Ausschussbegründung geht deutlich hervor, dass es sich bei den einzelnen Aspekten lediglich um Anhaltspunkte für das Vorliegen eines bestimmenden Einflusses handelt, nicht aber, dass sich aus dem Vorliegen einzelner oder mehrerer dieser Kriterien zwingend auf das Vorliegen bestimmenden Einflusses schließen lässt. Letztlich ist immer eine Gesamtschau aller Einzelfallumstände entscheidend, aus der sich richtigerweise ergeben muss, dass die Obergesellschaft ihre Einflussmöglichkeiten auf die abhängige Konzerngesellschaft auch tatsächlich nutzt.

240 Einige der in der Ausschussbegründung genannten **Kriterien** werfen ihrerseits eine Reihe von **Auslegungsfragen** auf, die ihrer unmittelbaren Verwertbarkeit durch die Praxis (noch) entgegenstehen werden. Im Schrifttum hat man sich ihrer Klärung – wenn auch bislang nur vereinzelt – aber bereits angenommen.[570] Keine Hilfestellung leisten in diesem Zusammenhang die gemeinsamen Q&A des BMAS, des BMWK und des BAFA, die die Passage aus der Ausschussbegründung nur wiedergeben, ohne diese zu erläutern.[571] Klarstellend heißt es aber, dass die bloße Planung einer Maßnahme, zB die Einrichtung eines konzernweiten Compliance-Management Systems, noch nicht ausreiche.[572]

241 **dd) Bestimmender Einfluss in mehrstufigen Konzernverhältnissen.** In mehrstufigen Konzernverhältnissen setzt eine Zurechnung nach § 2 Abs. 6 S. 3 voraus, dass die Obergesellschaft selbst einen bestimmenden Einfluss über die mittelbar abhängige Gesellschaft ausübt.[573] Nicht ausreichend ist es, wenn nur eine andere Gesellschaft innerhalb der Konzernstruktur das Marktverhalten der Enkelgesellschaft, Großenkelgesellschaft, etc. beeinflusst.[574] Nach den gemeinsamen Q&A des BMAS, des BMWK und des BAFA soll dafür aber eine mittelbare Einflussausübung etwa über eine dazwischengeschaltete Tochtergesell-

[566] Immenga/Mestmäcker WettbR/Biermann VO 1/2003 Vor Art. 23 f. Rn. 92; Loewenheim/Meessen/Riesenkampff/Kersting/Meyer-Lindemann/Meyer-Lindemann GWB § 81 Rn. 80; mit einzelnen Beispielen, was zur generellen Geschäftspolitik gezählt wird, Zandler NZKart 2016, 98 (100).

[567] Immenga/Mestmäcker WettbR/Biermann VO 1/2003 Vor Art. 23 f. Rn. 92; ferner Braun/Kellerbauer NZKart 2015, 175 (177); Zandler NZKart 2016, 98 (100).

[568] Beschlussempfehlung und Bericht des Ausschusses für Arbeit und Soziales, BT-Drs. 19/30505, 38.

[569] So aber Ott/Lüneborg/Schmelzeisen DB 2022, 238 (243); Rothenburg/Rogg AG 2022, 257 (263); Wagner/Ruttloff/Wagner LkSG-HdB/E. Wagner/S. Wagner/Schuler § 1 Rn. 60.

[570] S. die Erläuterungen zu den einzelnen Kriterien bei Rothenburg/Rogg AG 2022, 257 (263 f.); Wagner/Ruttloff/Wagner LkSG-HdB/E. Wagner/S. Wagner/Schuler § 1 Rn. 61 ff.

[571] S. auch Ott/Lüneborg/Schmelzeisen DB 2022, 238 (243).

[572] So BMAS/BMWK/BAFA, Fragen und Antworten zum Lieferkettengesetz, Stand: 28.4.2022, Antwort auf Frage IV. 8.

[573] So BMAS/BMWK/BAFA, Fragen und Antworten zum Lieferkettengesetz, Stand: 28.4.2022, Antwort auf Frage IV. 11; ebenso Rothenburg/Rogg AG 2022, 257 (263).

[574] Vgl. Rothenburg/Rogg AG 2022, 257 (263).

schaft ausreichen.[575] Mit anderen Worten findet eine Zurechnung nach § 2 Abs. 6 S. 3 auch in Fällen (lückenloser) Einflussketten zwischen Obergesellschaft und mittelbar abhängiger Gesellschaft statt.

ee) Beweiserleichterungen, insbesondere Vermutung des bestimmenden Einflusses. In Fällen, in denen das Mutterunternehmen 100 % oder nahezu 100 % des Kapitals ihres Tochterunternehmens hält, wird im europäischen Kartellrecht widerleglich vermutet, dass die Muttergesellschaft ihre bestehenden Einflussmöglichkeiten auch tatsächlich ausübt (sog. **Akzo-Regel**).[576] Eine solche Vermutung soll auch bei entsprechenden Beteiligungsverhältnissen in mittelbaren Abhängigkeitsverhältnissen gelten sowie in Fällen, in denen das Mutterunternehmen sich in einer ähnlichen Lage wie ein ausschließlicher Anteilseigner befindet, zB wenn sie 100 % der Stimmrechte kontrolliert.[577] Der deutsche Gesetzgeber hat der Übernahme dieser Vermutungsregel(n) in das nationale Ordnungswidrigkeitenrecht im Rahmen der 9. GWB-Novelle mit dem Verweis das Erfordernis einer vollen tatrichterlichen Überzeugung eine Absage erteilt.[578] Dem ist im deutschen Schrifttum mit dem zusätzlichen Hinweis auf die auch im Ordnungswidrigkeitenverfahren geltende Unschuldsvermutung zugestimmt worden.[579] Entsprechende Argumente ließen sich auch gegen die Anwendung der Akzo-Regel in einem Bußgeldverfahren nach dem LkSG anführen. 242

Dennoch lässt auch das deutsche Ordnungswidrigkeitenrecht Raum für **gewisse Beweiserleichterungen,** insbesondere durch die Heranziehung von **Erfahrungssätzen.**[580] Der Kartellsenat des BGH hat in einer – seitens des Gesetzgebers unwidersprochenen[581] – Entscheidung aus dem Jahr 2013, die tatrichterliche Annahme gebilligt, dass aus einer 100 %-Beteiligung auf das Bestehen einer wirtschaftlichen Einheit geschlossen werden kann.[582] Folgt man dem, sind die Unterschiede zur europäischen Rechtslage gering.[583] Im Zusammenhang mit dem LkSG wird zu erörtern sein, ob entsprechenden Beweiserleichterungen teleologische oder andere Erwägungen entgegenstehen. 243

d) Rechtsfolge. Als Rechtsfolge ordnet § 2 Abs. 6 S. 3 an, dass die konzernangehörige Gesellschaft zum eigenen Geschäftsbereich der Obergesellschaft gezählt wird. Da der eigene Geschäftsbereich insgesamt tätigkeitsbezogen definiert wird, wird man diese Rechtsfolge dahingehend präzisieren müssen, dass dem eigenen Geschäftsbereich der Obergesellschaft **Tätigkeiten der konzernangehörigen Gesellschaft zugerechnet** werden. Gegenstand der Zurechnung sind dabei nicht alle Tätigkeiten der konzernangehörigen Gesellschaft, sondern im Einklang mit § 2 Abs. 6 S. 2 nur die Tätigkeiten zur Herstellung und Verwertung ihrer Produkte und zur Erbringung ihrer Dienstleistungen. 244

Ist die **konzernangehörige Gesellschaft zugleich (unmittelbarer) Zulieferer** der Obergesellschaft tritt freilich **keine Pflichtendoppelung** ein. Vielmehr hat die Obergesellschaft mit Blick auf die konzernangehörige Gesellschaft nur die strengeren Sorgfaltsan- 245

[575] BMAS/BMWK/BAFA, Fragen und Antworten zum Lieferkettengesetz, Stand: 28.4.2022, Antwort auf Frage IV. 11; zust. Rothenburg/Rogg AG 2022, 257 (263).

[576] Namensprägend EuGH Urt. 10.9.2009 – C-97/08 P, Slg. 2009, I-8237 = EuZW 2009, 816 – Akzo Nobel; eingehend dazu etwa Immenga/Mestmäcker WettbR/Biermann VO 1/2003 Vor Art. 23 f. Rn. 95.

[577] S. Immenga/Mestmäcker WettbR/Biermann VO 1/2003 Vor Art. 23 f. Rn. 95 jeweils mN aus der Rspr. des EuGH in Fn. 336, 337.

[578] S. Begr. RegE GWB, BT-Drs. 18/10207, 90.

[579] So Brettel/Thomas WuW 2016, 336 (338); Loewenheim/Meessen/Riesenkampff/Kersting/Meyer-Lindemann/Meyer-Lindemann GWB § 81 Rn. 78.

[580] Vgl. Begr. RegE GWB, BT-Drs. 18/10207, 90.

[581] S. Begr. RegE GWB, BT-Drs. 18/10207, 90.

[582] BGH Urt. vom 26.2.2013 – KRB 20/12, BGHSt 58, 158 = NJW 2013, 1972 Rn. 71 – Grauzementkartell.

[583] Vgl. Loewenheim/Meessen/Riesenkampff/Kersting/Meyer-Lindemann/Meyer-Lindemann GWB § 81 Rn. 85: „Vor diesem Hintergrund erscheint die in der Gesetzesbegründung geäußerte Ablehnung der Vermutungswirkung aus dem europäischen Recht wegen des Schuldgrundsatzes wenig überzeugend und lediglich wie eine hohle Pflichtübung.".

forderungen zu beachten, die im eigenen Geschäftsbereich gelten.[584] Anders ausgedrückt hat die Obergesellschaft die konzernangehörige Gesellschaft wie einen unselbstständigen Unternehmensstandort zu behandeln. Abhilfemaßnahmen, welche die Obergesellschaft zur Beendigung der Verletzung einer menschenrechtlichen oder umweltbezogenen Pflicht ergreift, müssen jedoch wie bei ausländischen Unternehmensstandorten nur „in der Regel" zur Beendigung der Verletzung führen (§ 7 Abs. 1 S. 4).

246 Im Schrifttum wird zudem gestützt auf die gemeinsamen Q&A des BMAS, des BMWK und des BAFA[585] vertreten, dass sich die Sorgfaltspflichten der Obergesellschaft in den Fällen des § 2 Abs. 6 S. 3 auch auf die **unmittelbaren und mittelbaren Zulieferer der konzernangehörigen Gesellschaft** erstrecken.[586] Dieser Auffassung ist jedoch zu Recht entgegenhalten worden, dass sie weder eine Stütze im Wortlaut des § 2 Abs. 6 S. 3 findet, noch mit der Legaldefinition des unmittelbaren und mittelbaren Zulieferers im Einklang steht.[587] Auch aus den Ausschussmaterialien geht nicht hervor, dass Obergesellschaft und konzernangehörige Gesellschaften, über die jene einen bestimmenden Einfluss ausübt, als ein (konsolidiertes) Unternehmen im Rahmen weiteren Vorschriften des LkSG behandelt werden sollten.[588] Etwas anders gilt nur, wenn die Obergesellschaft für **ihre eigene Produktion** von einer konzernangehörigen Gesellschaft Waren oder Dienstleistungen bezieht. In diesen Fällen kann es sich bei dem unmittelbaren Zulieferer der konzernangehörigen Gesellschaft um einen mittelbaren Zulieferer iSd § 2 Abs. 8 der Obergesellschaft handeln. Dies ist aber keine Rechtsfolge des § 2 Abs. 6 S. 3, sondern entspricht dem Verständnis der Reichweite der Sorgfaltspflichten bereits vor Einfügung des § 2 Abs. 6 S. 3 (s. auch → Rn. 224).

I. Unmittelbarer Zulieferer (Abs. 7)

I. Erfordernis einer Vertragsbeziehung

247 Unmittelbare Zulieferer iSd § 2 Abs. 7 können nur solche Unternehmen sein, mit denen der Gesetzesadressat **vertragliche Beziehungen** unterhält. Subunternehmen eines Vertragspartners oder andere Unternehmen, mit denen der Gesetzesadressat nicht unmittelbar vertraglich verbunden ist, scheiden daher von vorneherein als unmittelbare Zulieferer aus, auch wenn sie auf Geheiß ihres eigenen Vertragspartners direkt an den Gesetzesadressaten liefern oder ihre Dienstleistung an einem seiner Standorte erbringen.[589] Nichts anderes gilt im Ausgangspunkt in den Fällen, in denen Gesetzesadressat und Zulieferer eine weitere selbständige Gesellschaft zwischenschalten, um die strengeren Sorgfaltsanforderungen für unmittelbare Zulieferer zu vermeiden. Für diese und weitere **Missbrauchs- und Umgehungsfälle** sieht § 5 Abs. 1 S. 2 jedoch eine **gesetzliche Fiktion** vor („gilt"),[590] die zur Übertragung des strengeren Sorgfaltspflichtenmaßstab auf den mittelbaren Zulieferer führt. Zu Einzelheiten → § 5 Rn. 41 ff.

[584] IE auch Wagner/Ruttloff/Wagner LkSG-HdB/E.Wagner/S.Wagner/Schuler § 1 Rn. 66; offenlassend Charnitzky/Weigel RIW 2022, 12 (13 f.).

[585] S. BMAS/BMWK/BAFA, Fragen und Antworten zum Lieferkettengesetz, Stand: 28.4.2022, Antwort auf Frage IV. 7: „Die Konzernobergesellschaft muss die Sorgfaltspflichten für ihren eigenen Geschäftsbereich und entlang ihrer Lieferketten erfüllen. Dies schließt auch den Geschäftsbereich und die Lieferketten des Tochterunternehmens mit ein (vgl. § 2 Abs. 6 LkSG).".

[586] Ott/Lüneborg/Schmelzeisen DB 2022, 238 (244); Wagner/Rutlloff/Wagner LkSG/E. Wagner/S. Wagner/Schuler § 1 Rn. 46 m. Fn. 72; ohne eindeutige Positionierung Hermann/Rünz DB 2021, 3078 (3079) Fn. 13.

[587] Charnitzky/Weigel RIW 2022, 12 (13).

[588] In diese Richtung aber (im Zusammenhang mit § 1 Abs. 3) Dutzi/Schneider/Hasenau DK 2021, 454 (456).

[589] Vgl. Grabosch Das neue LkSG/Grabosch § 2 Rn. 42.

[590] Vgl. Seibt/Vesper-Gräske CB 2021, 357 (360).

Während die Begriffsfassung des Regierungsentwurfs noch allgemein von „Vertragspartner“ sprach, spezifiziert die finale Fassung des § 2 Abs. 7 nunmehr, dass **Gegenstand des Vertrages** die Lieferung von Waren oder die Erbringung von Dienstleistungen sein können.[591] Wie bereits oben dargestellt (→ Rn. 202), ist der Dienstleistungsbegriff hier weit zu verstehen und beschränkt sich insbesondere nicht auf Dienstleistungen, die Gegenstand eines Dienstleistungsvertrages iSd § 611 BGB sein können. Zu einer nennenswerten Einschränkung des Umfangs des Zuliefererbegriffs dürfte die Änderung daher nicht geführt haben.[592] 248

II. Für die Produktherstellung oder Dienstleistungserbringung notwendige Zulieferungen

Die gelieferten Waren oder erbrachten Dienstleistungen müssen für die Herstellung des Produktes oder für die Erbringung oder Inanspruchnahme der Dienstleistung des Unternehmens notwendig sein. Auffällig ist zunächst, dass § 2 Abs. 7 anders als § 2 Abs. 5 und Abs. 6 nicht nur von der „Erbringung“ einer Dienstleistung, sondern von der „Erbringung und Inanspruchnahme“ einer Dienstleistung spricht. Bedeutungsunterschiede dürften damit aber nicht einhergehen. Jedenfalls klar wird durch die Formulierung, dass auch Warenlieferanten und Dienstleister unmittelbar an der Schnittstelle zwischen Unternehmen und Dienstleistungsempfänger unmittelbarer Zulieferer iSd § 2 Abs. 7 sein können, zB der Anbieter eines Videokonferenzdienstes, über den das Unternehmen seine Dienstleistung erbringt. 249

Des Weiteren spricht § 2 Abs. 7 nicht von „erforderlichen“, sondern von **„notwendigen“** Zulieferungen. Unter systematischen Auslegungsgesichtspunkten könnte man daher zunächst vermuten, dass im Rahmen von § 2 Abs. 7 ein anderer (wohl strengerer) Maßstab als in § 2 Abs. 5 S. 2 Hs. 1 vorgesehen ist. Indes zeigt ein Blick in die Gesetzesmaterialien, dass der Gesetzgeber die Begriffe „erforderlich“ und „notwendig“ als Synonyme verwendet.[593] 250

Einer abschließenden Klärung harrt noch die Frage, ob rechtlich selbstständige Unternehmen, die Vertriebsaktivitäten übernehmen, ohne die Produkte selbst anzukaufen (betriebswirtschaftlich: **Absatzhelfer;** s. auch → Rn. 191), etwa der mit der beauftragte Produktauslieferung Spediteur, eine für die „Herstellung des Produktes“ notwendige „Zulieferung“ erbringen.[594] Dafür spricht einerseits, dass zu den für die Produkt**herstellung** erforderlichen Schritten iSd § 2 Abs. 5 S. 2 Hs. 1 auch die Lieferung an den Endkunden und weitere Vertriebsaktivitäten gezählt werden.[595] Anderseits differenziert § 2 Abs. 6 S. 2 dann zwischen der Herstellung und der Verwertung von Produkten, was auf eine redaktionelle Unachtsamkeit bei § 2 Abs. 5 S. 2 Hs. 1 hindeutet. Zudem spricht die Regierungsbegründung bei der Erläuterung von § 2 Abs. 7 alleine von der „Erstellung des Produktes“ und nicht wie bei der Erläuterung von § 2 Abs. 6 unmittelbar davor von „Erstellung und Verwertung“, was ebenfalls nahelegt, dass nur Unternehmen im Upstream-Bereich der Lieferkette unter den Zulieferbegriff fallen sollten.[596] 251

---

[591] Die Änderung ging auf eine Empfehlung des Ausschusses für Arbeit und Soziales, s. Beschlussempfehlung und Bericht Ausschuss für Arbeit und Soziales, BT-Drs. 19/30505, 11 (Änderung), 38 (Begründung).

[592] Vgl. Beschlussempfehlung und Bericht Ausschuss für Arbeit und Soziales, BT-Drs. 19/30505, 38: „Die Änderung dient der **sprachlichen Klarstellung,** welche Vertragspartner als unmittelbare Zulieferer im Sinne dieses Gesetzes gelten.“ (Hervorhebung durch den Verf.).

[593] S. Begr. RegE LkSG, BT-Drs. 19/28649, 40 zu § 2 Abs. 5: „Der Begriff [der Lieferkette] bezieht sich auf die von einem Unternehmen produzierte Leistung und erfasst alle Schritte, die im Inland und im Ausland zu der Herstellung eines Produktes oder zu der Erbringung einer Dienstleistung **notwendig** sind.“ (Hervorhebung durch den Verf.)

[594] Dafür BMAS/BMWK/BAFA, Fragen und Antworten zum Lieferkettengesetz, Stand: 28.4.2022, Antwort auf Frage VI.11; zust. Wagner/Ruttloff/Wagner LkSG-HdB/E. Wagner/S. Wagner/Schuler § 1 Rn. 69; dagegen Grabosch Das neue LkSG/Grabosch § 2 Rn. 51; Schall NZG 2022, 787 (789).

[595] Vgl. Schall NZG 2022, 787 (789).

[596] Vgl. Schall NZG 2022, 787 (789).

III. Beschränkung auf einzelne Geschäftsbereiche?

252 Unmittelbare Zulieferer eines Unternehmens können neben der Geschäftssparte, die das Unternehmen beliefert, unter dem Dach desselben Rechtsträgers über **weitere Geschäftssparten** verfügen, die **keinerlei Berührungspunkte zur Geschäftstätigkeit des Unternehmens** aufweisen.[597] Vor diesem Hintergrund wurde im Gesetzgebungsverfahren die Forderung laut, den Anwendungsbereich der Sorgfaltspflichten bei (unmittelbaren) Zulieferern auf diejenigen Geschäftsbereiche zu beschränken, aus denen die Zulieferungen an den Gesetzesadressaten stammen.[598] Diese Forderung hat sich jedoch weder im Wortlaut der Legaldefinition des § 2 Abs. 7 noch im Rahmen der einzelnen Sorgfaltspflichten niedergeschlagen, die tatbestandlich an den Begriff „unmittelbarer Zulieferer" anknüpfen.[599] In die nach § 5 erforderliche Risikoanalyse und alle weiteren Sorgfaltspflichten sind daher sämtliche Geschäftssparten und die korrespondierenden Produktionsstandorte eines unmittelbaren Zulieferers miteinzubeziehen.[600]

253 Der insofern eindeutige Wortlaut des § 2 Abs. 7 ist auch **nicht,** wie dies in einem umfangreichen Diskussionspapier eines Interessenverbandes befürwortet wird,[601] **teleologisch zu reduzieren.** Zwar wird ein Unternehmen in den Fällen, in denen ein Risiko oder eine Verletzung aus einer Geschäftssparte des Zulieferers stammt, die keinen Zusammenhang zur Zulieferung aufweist, in der Regel weder einen Verursachungsbeitrag geleistet haben noch über beträchtliches Einflussmöglichkeiten verfügen. Daraus folgt jedoch kein zwingender Grund, den Anwendungsbereich der Legaldefinition zu reduzieren.[602] Denn sowohl ein fehlender Verursachungsbeitrag als auch das eingeschränkte Einflussvermögen können über andere Stellschrauben des Gesetzes berücksichtigt werden (§ 3 Abs. 2 Nr. 2, § 4 Abs. 2; näher → § 3 Rn. 50; → § 4 Rn. 39 ff.).

J. Mittelbarer Zulieferer (Abs. 8)

254 Um mittelbare Zulieferer handelt es nach der in § 2 Abs. 8 enthaltenen Legaldefinition bei jedem Unternehmen, das Zulieferungen erbringt, die für die Herstellung des Produkts oder zur Erbringung und Inanspruchnahme der angebotenen Dienstleistungen des Gesetzesadressen notwendig sind, mit denen der Gesetzesadressat anders als mit unmittelbaren Zulieferern jedoch **keine vertraglichen Beziehungen** unterhält. Nicht erforderlich ist es, ist dass die Zulieferung beim Gesetzesadressaten, dh dem Hersteller des (End-)Produkts oder dem Dienstleistungserbringer, unmittelbar verwertet wird.[603] Mittelbare Zulieferer können sowohl Vertragspartnern der eigenen unmittelbaren Zulieferer („tier 2") sein als auch diesen noch weiter vorgelagerten Unternehmen („tier 2+"), etwa das Rohstoffunternehmen, dessen Rohstoffe erst über mehrere Stationen den Produkthersteller erreicht oder die in einem Vorprodukt verarbeitet werden. Bei großen Unternehmen, die bereits über eine vier- oder fünfstellige Zahl an unmittelbaren Zulieferern verfügen, kann dieses weite Verständnis dazu führen, dass der Kreis der potenziell zu kontrollierenden Zulieferunternehmen sich im deutlich sechsstelligen Bereich bewegen wird.

---

[597] Einzelne Beispiele bei Charnitzky/Weigel RIW 2022, 12 (14) m. Fn. 15, 16.

[598] S. die gemeinsame Stellungnahme des BAVC und des BVI zum RegE, A-Drs. 19(11)1136, 219; dazu auch Charnitzky/Weigel RIW 2022, 12 (14).

[599] Vgl. Charnitzky/Weigel RIW 2022, 12 (14).

[600] Vgl. Charnitzky/Weigel RIW 2022, 12 (14).

[601] VCI, Diskussionspapier zu Rechts- und Umsetzungsfragen des Lieferkettensorgfaltspflichtengesetzes (LkSG), 18.3.2022, 30, der für eine teleologische Reduktion des § 2 Abs. 5 plädiert.

[602] Allg. zu dieser Voraussetzung der teleologischen Reduktion Möllers, Juristische Methodenlehre, 4. Aufl. 2021, § 6 Rn. 86.

[603] AA Sagan/A. Schmidt NZA-RR 2022, 281 (284).

Abschnitt 2. Sorgfaltspflichten

§ 3 Sorgfaltspflichten

(1) [1]Unternehmen sind dazu verpflichtet, in ihren Lieferketten die in diesem Abschnitt festgelegten menschenrechtlichen und umweltbezogenen Sorgfaltspflichten in angemessener Weise zu beachten mit dem Ziel, menschenrechtlichen oder umweltbezogenen Risiken vorzubeugen oder sie zu minimieren oder die Verletzung menschenrechtsbezogener oder umweltbezogener Pflichten zu beenden. [2]Die Sorgfaltspflichten enthalten:

1. die Einrichtung eines Risikomanagements (§ 4 Absatz 1),
2. die Festlegung einer betriebsinternen Zuständigkeit (§ 4 Absatz 3),
3. die Durchführung regelmäßiger Risikoanalysen (§ 5),
4. die Abgabe einer Grundsatzerklärung (§ 6 Absatz 2),
5. die Verankerung von Präventionsmaßnahmen im eigenen Geschäftsbereich (§ 6 Absatz 1 und 3) und gegenüber unmittelbaren Zulieferern (§ 6 Absatz 4),
6. das Ergreifen von Abhilfemaßnahmen (§ 7 Absatz 1 bis 3),
7. die Einrichtung eines Beschwerdeverfahrens (§ 8),
8. die Umsetzung von Sorgfaltspflichten in Bezug auf Risiken bei mittelbaren Zulieferern (§ 9) und
9. die Dokumentation (§ 10 Absatz 1) und die Berichterstattung (§ 10 Absatz 2).

(2) Die angemessene Weise eines Handelns, das den Sorgfaltspflichten genügt, bestimmt sich nach

1. Art und Umfang der Geschäftstätigkeit des Unternehmens,
2. dem Einflussvermögen des Unternehmens auf den unmittelbaren Verursacher eines menschenrechtlichen oder umweltbezogenen Risikos oder der Verletzung einer menschenrechtsbezogenen oder einer umweltbezogenen Pflicht,
3. der typischerweise zu erwartenden Schwere der Verletzung, der Umkehrbarkeit der Verletzung und der Wahrscheinlichkeit der Verletzung einer menschenrechtsbezogenen oder einer umweltbezogenen Pflicht sowie
4. nach der Art des Verursachungsbeitrages des Unternehmens zu dem menschenrechtlichen oder umweltbezogenen Risiko oder zu der Verletzung einer menschenrechtsbezogenen oder einer umweltbezogenen Pflicht.

(3) [1]Eine Verletzung der Pflichten aus diesem Gesetz begründet keine zivilrechtliche Haftung. [2]Eine unabhängig von diesem Gesetz begründete zivilrechtliche Haftung bleibt unberührt.

Schrifttum: Beckers, Enforcing Corporate Social Responsibility Codes, 2015; Beckers, Globale Wertschöpfungsketten: Theorie und Dogmatik unternehmensbezogener Pflichten, ZfPW 2021, 220; Bettermann/Hoes, Der Entwurf der Europäischen Corporate Sustainability Due Diligence Richtlinie – Vergleich zum deutschen Lieferkettensorgfaltspflichtengesetz, WM 2022, 897; Blach, „Menschenrechtsschutz" durch Billigkeitshaftung – Konzeptionelle Überlegungen zur Haftungsverfassung von Wertschöpfungsketten, CCZ 2022, 12; Brunk, Menschenrechtscompliance, 2022; DAV-Ausschüsse, Stellungnahme zum Regierungsentwurf eines Gesetzes über die unternehmerischen Sorgfaltspflichten in Lieferketten, NZG 2021, 546; Ehmann, Der Regierungsentwurf für das Lieferkettengesetz: Erläuterung und erste Hinweise zur Anwendung, ZVertriebsR 2021, 141; Ehmann/Berg, Das Lieferkettensorgfaltspflichtengesetz (LkSG): ein erster Überblick, GWR 2021, 287; Falder/Frank-Fahle/Poleacov, Lieferkettensorgfaltspflichtengesetz, 2022; v. Falkenhausen, Menschenrechtsschutz durch Deliktsrecht, 2021; Fleischer, Risikomanagement im Querschnitt der Disziplinen: Betriebswirtschaftslehre – Aktienrecht – Bankaufsichtsrecht – Lieferkettenrecht, AG 2022, 377; Fleischer, Zivilrechtliche Haftung im Halbschatten des Lieferkettensorgfaltspflichtengesetzes, DB 2022, 920; Fleischer, Grundstrukturen der lieferkettenrechtlichen Sorgfaltspflichten, CCZ 2022, 205; Fleischer/Danninger, Konzernhaftung für Menschenrechtsverletzungen, DB 2017 2849; Fleischer/Korch, Konzerndeliktsrecht. Entwicklungsstand und Perspektiven, DB 2019, 1944; Fleischer/Korch, Zur deliktsrechtlichen Verantwortlichkeit von Auftraggebern in der Lieferkette, ZIP 2019, 2181; Fleischer/Korch, Okpabi v Royal Dutch Shell und das deutsche Deliktsrecht in Konzernlagen, ZIP 2021, 709; Heinen, Deliktische Sorgfaltspflichten in transnationalen Lieferketten, 2022; Herrmann/Rünz, Praktische Hinweise und Maßnahmen zur Umsetzung des Lieferkettensorgfaltspflichtengesetzes im Unternehmen, DB 2021, 3078; L. Hübner, Unternehmenshaftung für Menschenrechtsverletzungen, 2022; Keilmann/Schmidt, Der Entwurf des Sorgfaltspflichtengesetzes – Warum es richtig ist, auf eine zivilrechtliche Haftung zu verzichten, WM 2021, 717; Kieninger, Vedanta v. Lungowe: Ein Meilenstein für Klagen gegen europäische Konzernmütter für Umweltschäden und Menschenrechtsverletzungen durch drittstaatliche Tochtergesellschaften, IPRax 2020, 60; Kieninger, Englisches Deliktsrecht, Internationale Unternehmensverantwortung und deutsches Sorgfaltspflichtengesetz, RIW 2021, 331; Kieninger, Miniatur: Lieferkettengesetz – dem deutschen Papiertiger fehlen die Zähne, ZfPW 2021, 252; R. Koch, Das Lieferkettensorgfaltspflichtengesetz, MDR 2022, 1; Kramer, Wann haftet ein deutsches Unternehmen für extraterritoriale Menschenrechtsverletzungen?, RIW 2020, 96; Lutz-Bachmann/Vorbeck/Wengenroth, Menschenrechte und Umweltschutz in Lieferketten – der Regierungsentwurf eines Sorgfaltspflichtengesetzes, BB 2021, 906; Mansel/Kuhl, Delikts- und Gesellschaftsstatut: Qualifikation der Unternehmensverantwortlichkeit in Lieferketten und bei einer Klimahaftung, FS v. Bar, 2022, 251; Mittwoch, Die Notwendigkeit eines Lieferkettengesetzes aus der Sicht des Internationalen Privatrechts, RIW 2020, 397; Nietsch/Wiedmann, Der Regierungsentwurf eines Gesetzes über die unternehmerischen Sorgfaltspflichten in der Lieferkette, CCZ 2021, 101; Nietsch/Wiedmann, Der Vorschlag zu einer europäischen Sorgfaltspflichten-Richtlinie im Unternehmensbereich (Corporate Sustainability Due Diligence Directive), CCZ 2022, 125; Nordhues, Die Haftung der Muttergesellschaft für Menschenrechtsverletzungen, 2019; Ostendorf, (Kollisionsrechtliche) Stolpersteine bei Haftungsansprüchen gegen deutsche Unternehmen für Menschenrechtsverletzungen ihrer ausländischen Zulieferer, IPRax 2019, 297; Paefgen, Haftung für die Verletzung von Pflichten nach dem neuen Lieferkettensorgfaltspflichtengesetz, ZIP 2021, 2006; Pordzik, Transsubjektive Deliktsverantwortlichkeit, 2022; Rudkowski, Arbeitsbedingungen in den globalen Lieferketten – Verantwortung deutscher Unternehmen de lege lata und de lege ferenda, RdA 2020, 232; Rudkowski, Nachhaltigkeit in den internationalen Lieferketten als Haftungsrisiko für deutsche Unternehmen, CCZ 2020, 352; Rühl/Knauer, Zivilrechtlicher Menschenrechtsschutz? Das deutsche Lieferkettengesetz und die Hoffnung auf den europäischen Gesetzgeber, JZ 2022, 105; Ruttloff/Rothenburg/Hahn, Der Richtlinienvorschlag zu unternehmerischen Sorgfaltspflichten im Bereich der Nachhaltigkeit – Auswirkungen auf die Corporate Governance, DB 2022, 1116; B. Schneider, Menschenrechtsbezogene Verkehrspflichten in der Lieferkette und ihr problematisches Verhältnis zu vertraglichen Haftungsgrundlagen, NZG 2019, 1369; B. Schneider, Deliktische „Lieferkettenhaftung" unter Geltung des Lieferkettensorgfaltspflichtengesetzes (LkSG), ZIP 2022, 407; Späth/Werner, Die Okpabi-Entscheidung des Supreme Court of the United Kingdom zur Internationalen Konzernhaftung aus rechtsvergleichender Sicht, CCZ 2021, 241; Spindler, Verantwortlichkeit und Haftung in Lieferketten – das Lieferkettensorgfaltspflichtengesetz aus nationaler und europäischer Perspektive, ZHR 186 (2022), 67; Spindler, Der Vorschlag einer EU-Lieferketten-Richtlinie, ZIP 2022, 765; Stöbener de Mora/Noll, Grenzenlose Sorgfalt? – Das Lieferkettensorgfaltspflichtengesetz, NZG 2021, 1237 (Teil 1), 1285 (Teil 2); Strohn, Schutz der Menschenrechte durch das Sorgfaltspflichtengesetz, ZHR 185 (2021), 629; Thomale/Murko, Unternehmerische Haftung für Menschenrechtsverletzungen in transnationalen Lieferketten, EuZA 2021, 40; E. Wagner/Ruttloff, Das Lieferkettensorgfaltspflichtengesetz – Eine erste Einordnung, NJW 2021, 2145; G. Wagner, Haftung für Menschenrechtsverletzungen in der Lieferkette, ZIP 2021, 1095; G. Wagner, Das Lieferkettengesetz: Viele Pflichten, keine Haftung, FS Singer, 2021, 693; Weller/Nasse, Unternehmensorganisation zum Schutz der Menschenrechte: Eine neue Verkehrspflicht in § 823 Abs. 1 BGB, FS Ebke, 2021, 1071; v. Westphalen, Einige Vorüberlegungen zum bevorstehenden Lieferkettengesetz, ZIP 2020, 2423.

Übersicht

I. Grundlagen

1 **1. Regelungsgegenstand.** § 3 steht an der Spitze des Abschnitts über die Sorgfaltspflichten (§§ 3–10), dem **Herzstück des LkSG.**[1] Abs. 1 hält die Unternehmen zur Beachtung menschenrechtlicher und umweltbezogener Sorgfaltspflichten an und buchstabiert diese im Einzelnen aus. Abs. 2 benennt verschiedene Kriterien für einen angemessenen Umgang mit den Sorgfaltspflichten. Abs. 3 bestimmt, dass eine Verletzung der Sorgfaltspflichten aus dem LkSG keine zusätzliche zivilrechtliche Haftung begründet.

2 **2. Änderungen im Gesetzgebungsverfahren.** § 3 ist gegenüber der Fassung des Regierungsentwurfs im Bundestagsausschuss für Arbeit und Soziales nicht unwesentlich verändert worden. Die Änderungen zielten vornehmlich darauf ab, die Haftung der Unternehmen einzuhegen. Zu diesem Zweck hat der Ausschuss in Abs. 1 das Ziel der Sorgfaltspflichten ergänzt, um zu verdeutlichen, dass die Unternehmen nicht zur Garantie eines Erfolges verpflichtet sind.[2] Außerdem ist ein neuer Abs. 3 in den Gesetzeswortlaut aufgenommen worden, der klarstellt, dass der Regierungsentwurf mit dem Ziel und der Vorstellung beschlossen wurde, gegenüber der geltenden Rechtslage keine zusätzlichen zivilrechtlichen Haftungsrisiken für Unternehmen zu schaffen.[3]

---

[1] So Fleischer CCZ 2022, 205; gleichsinnig Ehmann/Berg GWR 2021, 287 (288): „Grundnorm"; Hembach Praxisleitfaden LkSG 109: „Kernbereich des Gesetzes"; Koch MDR 2022, 1 (2): „zentrales Instrument"; Stöbener de Mora/Noll NZG 2021, 1237 (1240): „Kern des LkSG"; Wagner FS Singer, 2021, 693 (699): „Kernstück des Gesetzes".

[2] So ausdrücklich Beschlussempfehlung und Bericht des Ausschusses für Arbeit und Soziales, BT-Drs. 19/30505, 38.

[3] So ausdrücklich Beschlussempfehlung und Bericht des Ausschusses für Arbeit und Soziales, BT-Drs. 19/30505, 39.

3 **3. Orientierung an den UN-Leitprinzipien und OECD-Leitsätzen.** Ausweislich der Regierungsbegründung orientieren sich die Sorgfaltspflichten an dem menschenrechtlichen Due-Diligence-Begriff der UN-Leitprinzipien für Wirtschaft und Menschenrechte von 2011 (→ Einl. Rn. 12 ff.) sowie am Nationalen Aktionsplan für Wirtschaft und Menschenrechte von 2016 (→ Einl. Rn. 28 ff.).[4] Genannt werden außerdem die OECD-Leitsätze für multinationale Unternehmen (→ Einl. Rn. 22 ff.) und verschiedene Leitfäden dieser Organisation.[5]

4 **a) Allgemeine Auslegungsrelevanz. aa) Bedeutung der UN-Leitprinzipien.** Welche Bedeutung die geistigen Ursprünge der menschenrechtlichen Sorgfaltspflichten in den UN-Leitprinzipien für die Auslegung des LkSG haben, wird bisher kaum erörtert.[6] Vereinzelt heißt es knapp, die UN-Leitprinzipien könnten ergänzend bei der Gesetzesanwendung herangezogen werden, wo das LkSG nichts von den Leitprinzipien Abweichendes regele.[7]

5 Richtig erscheint, dass der Normanwender bei Auslegungszweifeln gehalten ist, zunächst eine **menschenrechtliche Textstufenanalyse** vorzunehmen (→ Einl. Rn. 2). Er muss sich mit anderen Worten vergewissern, ob die betreffende Norm ein Regelungsvorbild in den UN-Leitprinzipien findet.[8] Ist dies der Fall, so gehören die **einschlägigen Leitprinzipien** mitsamt ihrem offiziösen Kommentar zum **relevanten Auslegungsmaterial.**[9] Sie bilden einen Teilausschnitt aus der Entstehungsgeschichte des Gesetzes, vergleichbar der historischen Auslegung anhand nicht mehr in Geltung stehender Normen.[10] Dies gilt in abgeschwächter Form auch für die vorbereitenden Berichte des UN-Sonderbeauftragten Ruggie (→ Einl. Rn. 8 ff.). Ruggies spätere Erläuterungen in Aufsätzen oder Büchern sind zwar aufschlussreich, lassen sich aber ebenso wenig als authentische Interpretation der UN-Leitprinzipien einordnen[11] wie nachträgliche Äußerungen federführender Abgeordneter zu einem Parlamentsgesetz.[12]

6 Im konkreten Fall können Begriffsverständnis oder Sachgehalt eines bestimmten UN-Leitprinzips also **wertvolle Fingerzeige für das Verständnis der Korrespondenzvorschrift im LkSG** geben.[13] Sie müssen aber mit den Einzelbefunden zu den anderen anerkannten Auslegungsmethoden abgeglichen werden. Ihr Gewicht hängt sonach davon ab, ob sie mit dem Wortlaut oder der systematischen Stellung der LkSG-Vorschrift harmonieren. Auch Sinn und Zweck der UN-Leitprinzipien und des LkSG müssen nicht in jeder Hinsicht übereinstimmen. Vielmehr ist die Zielstruktur des LkSG komplexer. Während die UN-Leitprinzipien allein darauf abzielen, die Standards und Verfahrensweisen in Bezug auf Unternehmen und die Menschenrechte so zu verbessern, dass greifbare Ergebnisse für betroffene Personen und lokale Gemeinwesen erzielt werden (→ Einl. Rn. 16),[14] verfolgt der deutsche Gesetzgeber ausweislich der Materialien eine doppelte Zwecksetzung. Zum einen soll das **LkSG** auf eine Verbesserung der weltweiten Menschenrechtslagen von Lieferketten hinwirken (→ Einl. Rn. 44).[15] Zum anderen bezieht die Regierungsbegründung als weiteres Anliegen die legitimen Interessen der Unternehmen an Rechtssicherheit

[4] Vgl. Begr. RegE LkSG, BT-Drs. 19/28649, 41.
[5] Vgl. Begr. RegE LkSG, BT-Drs. 19/28649, 41 f.
[6] Ausführlicher nun aber Fleischer CCZ 2022, 205 (206 f.).
[7] So Grabosch Das neue LkSG/Grabosch § 2 Rn. 15.
[8] Vgl. Fleischer CCZ 2022, 205 (206).
[9] So bereits Fleischer CCZ 2022, 205 (206); gleichsinnig, wenn auch ohne weitere Ausführungen, Ehmann ZVertriebsR 2021, 141 (151): „Wichtiges Auslegungsmaterial findet sich in der Gesetzesbegründung, den VN-Leitprinzipien und dem Nationalen Aktionsplan.".
[10] Allg. zur Unterscheidung von genetischer und historischer Auslegung Kramer, Juristische Methodenlehre, 6. Aufl. 2019, 158 m. Fn. 376; Möllers, Juristische Methodenlehre, 4. Aufl. 2021, § 4 Rn. 148 ff.
[11] Vgl. Fleischer CCZ 2022, 205 (206).
[12] Zu letzterem OLG Frankfurt ZIP 2012, 725 (727); Fleischer NJW 2012, 2087 (2090 f.).
[13] Zu Folgendem bereits Fleischer CCZ 2022, 205 (206).
[14] Leitprinzipien für Wirtschaft und Menschenrechte, 2011, 1.
[15] So Begr. RegE LkSG, BT-Drs. 19/28649, 1.

und fairen Wettbewerbsbedingungen in ihre Zielkonzeption ein (→ Einl. Rn. 44).[16] Aus dieser **dualen Zielstruktur** ergeben sich unweigerlich **Spannungslagen,** die sich nicht einseitig im Sinne einer effektuierenden Auslegung zugunsten des Menschenrechts- und Umweltschutzes auflösen lassen.

In keinem Fall stellen die UN-Leitprinzipien eine **verbindliche Auslegungsdirektive** 7
für das LkSG dar.[17] Hiervon gehen auch die Gesetzesmaterialien nicht aus, die nur davon sprechen, dass sich die Sorgfaltspflichten an dem menschenrechtlichen Due-Diligence-Begriff der Leitprinzipien „orientieren".[18] Daher wäre es auch **nicht überzeugend,** einer **leitprinzipienkonformen Auslegung des LkSG** das Wort zu reden, zumal hierfür – anders als bei einer verfassungs- oder europarechtskonformen Auslegung – auch normenhierarchisch keine Veranlassung besteht. Vielmehr steht es dem nationalen Gesetzgeber im Rahmen seiner Selektionsfunktion (→ Rn. 26) frei, bestimmte weiche Verhaltensstandards des Völkerrechts in harte Rechtsnormen zu gießen und andere nicht. Ebenso kann er eigene Begriffe und Konzepte verwenden, wenn und weil sie sich besser in die nationale Nomenklatur oder Dogmatik einfügen.

Unabhängig davon **bleiben die Sorgfaltspflichten des LkSG in verschiedener Hin-** 8
sicht hinter den UN-Leitprinzipien zurück. Unternehmen, welche die §§ 3 ff. erfüllen, genügen daher nicht ohne Weiteres den Anforderungen dieser rechtlich unverbindlichen Verhaltensstandards.[19] So hat John Ruggie, der Autor der UN-Leitprinzipien, den Regierungsentwurf eines Lieferkettengesetzes vom 3.3.2021 (→ Einl. Rn. 45 ff.) in einem veröffentlichten Brief vom 9.3.2021 zwar grundsätzlich begrüßt, aber zugleich eine noch stärkere Orientierung an den Leitprinzipien angemahnt.[20] Nach seinen Ausführungen bleibt der Gesetzentwurf in einer Reihe von Punkten hinter den Standards der UN-Leitprinzipien zurück oder steht mit diesen sogar in grundlegendem Widerspruch, zB mit seinem zu engen Fokus auf die Tier-1-Lieferanten, dem Konzept einer einflussbasierten Verantwortung oder der unzureichenden Einbeziehung von Stakeholdern.[21] Diese **Diskrepanzen sind** indes **Ausfluss der Selektionsfunktion des § 3** (→ Rn. 26) **und als solche unbedenklich,** da der deutsche Gesetzgeber gerade keine „Rezeption" der UN-Leitprinzipien in complexu vorgenommen hat.[22]

bb) Bedeutung der OECD-Leitsätze und sonstiger Leitfäden. Für die von der 9
Regierungsbegründung ebenfalls genannten „OECD-Leitsätze für multinationale Unternehmen" gilt im Kern das Gleiche. Sie nehmen die UN-Leitprinzipien ausdrücklich in Bezug und stehen mit ihnen in Einklang (→ Einl. Rn. 22).[23]

Außerdem nimmt die Regierungsbegründung Bezug auf verschiedene **branchenüber-** 10
greifende oder branchenspezifische Leitfäden des UN-Hochkommissariats für Menschenrechte (OHCHR) und der OECD, die praxisnah ausführen und konkretisieren, was Unternehmen tun können, um ihre Sorgfaltspflichten zu erfüllen.[24]

Im Einzelnen nennt die Regierungsbegründung folgende Titel: 11

- UN OHCHR (2012): The Corporate Responsibility to Respect Human Rights: An Interpretative Guide,

---

[16] So Begr. RegE LkSG, BT-Drs. 19/28649, 1.

[17] Zu Folgendem bereits Fleischer CCZ 2022, 205 (206 f.).

[18] Begr. RegE LkSG, BT-Drs. 19/28649, 41.

[19] Ebenso Grabosch Das neue LkSG/Grabosch § 2 Rn. 16.

[20] Vgl. Ruggie, Letter to Peter Altmeier, Hubertus Heil and Gerd Müller, 9.3.2021, https://www.business-humanrights.org/de/neueste meldungen/john-ruggie-lieferkettengesetz.

[21] Vgl. Ruggie, Letter to Peter Altmeier, Hubertus Heil and Gerd Müller, 9.3.2021, 2: „Below, I briefly identify a number of areas that warrant reexamination in order to 'closely align' them with the UNGPs, as the law promises.".

[22] Vgl. Fleischer CCZ 2022, 205 (207).

[23] Vgl. Begr. RegE LkSG, BT-Drs. 19/28649, 41: „Die Organisation for Economic Cooperation and Development (OECD) hat die menschenrechtlichen Sorgfaltspflichten 2011 in ihre ‚OECD-Leitsätze für multinationale Unternehmen' integriert.".

[24] So Begr. RegE LkSG, BT-Drs. 19/28649, 41.

- UN OHCHR (2018): Corporate human rights due diligence: Getting started, emerging practices, tools and resources,
- OECD (2012): OECD Due Diligence Guidance for Responsible Business Conduct,
- OECD (2012): OECD Guidance for Responsible Supply Chains of Minerals from Conflict-Affected and High-Risk Areas,
- OECD/FAO (2016), OECD-FAO Guidance for Responsible Agricultural Supply Chains,
- OECD (2017), OECD Due Diligence Guidance for Meaningful Stakeholder Engagement in the Extractive Sector,
- OECD (2018), OECD Due Diligence Guidance for Responsible Supply Chains in the Garment and Footwear Sector,
- OECD (2018), Responsible business conduct for institutional investors: Key considerations for due diligence,
- OECD (2019): Due Diligence for Responsible Corporate Lending and Securities Underwriting: Key considerations for Banks Implementing the OECD Guidelines for Multinational Enterprises.[25]

12 Im Schrifttum empfiehlt man der Unternehmenspraxis, sich in Zweifelsfällen an diesen Leitfäden zu orientieren, sie jedenfalls nicht ohne sachlichen Grund außer Acht zu lassen.[26] Außerdem wird darauf hingewiesen, dass die zuständigen Behörden die Leitfäden des UN-Hochkommissariats für Menschenrechte und der OECD bei der Erstellung von Handreichungen (§ 20), aber auch beim Erlass von Anordnungen (§ 15) berücksichtigen könnten.[27]

13 Ob und wenn ja **welche Rechtswirkungen die Beachtung eines solchen Leitfadens** für ein Unternehmen **zeitigt,** wird in den Gesetzesmaterialien nicht erörtert. Auch das Schrifttum hält sich bisher mit Deutungsangeboten zurück. Man könnte zunächst daran denken, in der Einhaltung des Leitfadens einen sog. sicheren Hafen (safe harbour) zu erblicken, der eine Pflichtverletzung des Unternehmens ausschließt.[28]

14 Einen Schritt in diese Richtung unternahmen die Eckpunkte eines Sorgfaltspflichtengesetzes vom März 2020 (→ Einl. Rn. 40 f.). Danach sollten Unternehmen, die einem staatlich anerkannten (Branchen-)Standard beitreten, ihre zivilrechtliche Haftung auf Vorsatz und grobe Fahrlässigkeit beschränken können.[29] In eine ähnliche Richtung weist aus schweizerischer Sicht Art. 964quinquies Abs. 4 OR, der den Bundesrat ermächtigt festzulegen, unter welchen Voraussetzungen die Unternehmen von den Sorgfalts- und Berichtspflichten bezüglich Konfliktmineralien und Kinderarbeit ausgenommen sind, die sich an ein **international anerkanntes gleichwertiges Regelwerk** halten, wie insbesondere die Leitsätze der OECD (allgemein → Einl. Rn. 120 ff.).[30] Diese Ermächtigung setzt Art. 6 VSoTr (Verordnung über Sorgfaltspflichten und Transparenz in den Bereichen Mineralien und Metalle aus Konfliktgebieten sowie Kinderarbeit) um, indem er bestimmte internationale Regelwerke benennt und zusätzlich verlangt, dass das Unternehmen das angewandte Regelwerk in einem Bericht nennt und dieses in seiner Gesamtheit anwendet.

15 Der deutsche Gesetzgeber hat indes keinen dieser beiden Wege beschritten. Insbesondere hat er **keinen „sicheren Hafen“** eingerichtet.[31] Dies mag man rechtspolitisch bedauern, ist für den Rechtsanwender aber ein Datum.[32]

---

[25] Begr. RegE LkSG, BT-Drs. 19/28649, 41 f.
[26] So Grabosch Das neue LkSG/Grabosch § 2 Rn. 18; ähnlich Hembach Praxisleitfaden LkSG 122.
[27] Vgl. Grabosch Das neue LkSG/Grabosch § 2 Rn. 18.
[28] Allg. zu dieser Regelungstechnik Augschill, „Safe harbor“-Regelungen. Methodische Grundzüge eines neuartigen Regelungsmusters im deutschen und europäischen Wirtschafts- und Unternehmensrecht, 2016.
[29] Vgl. BMAS/BMZ, Eckpunkte eines Sorgfaltspflichtengesetzes, 2020, 4.
[30] Dazu krit. Atamer/Willi SZW 2021, 686 (696 f.).
[31] Darauf hinweisend auch Nietsch/Wiedmann CCZ 2021, 101 (109).
[32] Vgl. Fleischer CCZ 2022, 205 (207).

16 Diskutabel erscheint immerhin, der Befolgung eines einschlägigen Leitfadens eine gewisse **Indizwirkung für sorgfaltsgemäßes Verhalten** beizulegen,[33] wie es auch für andere Expertenstandards aus Wissenschaft und Praxis anerkannt ist.[34] Zu weit ginge es aber wohl, in diesem Fall von einer Vermutung für pflichtgemäßes Verhalten, einem Beweis des ersten Anscheins oder einer Beweislastumkehr auszugehen, wobei diese Rechtsfiguren ohnehin auf einen zivilrechtlichen Haftungsprozess und nicht auf ein Public Enforcement durch staatliche Behörden zugeschnitten sind.[35]

17 Gegenüber der zuständigen Behörde, dem Bundesamt für Wirtschaft und Ausfuhrkontrolle (BAFA), kommt den Unternehmen überdies zugute, dass ihnen die offiziösen „Fragen und Antworten zum Lieferkettengesetz" (FAQ) ausdrücklich empfehlen, ihrem Sorgfaltskonzept die in den Gesetzesmaterialien genannten Dokumente und Leitfäden zugrunde zu legen.[36] Unabhängig von der Rechtsnatur solcher Q&A-Dokumente[37] würde das BAFA daher selbstwidersprüchlich handeln, wenn es gegen ein Unternehmen trotz Befolgung eines empfohlenen Leitfadens Sanktionen ergriffe (Verbot des venire contra factum proprium).[38]

18 Umgekehrt bedeutet die Nichteinhaltung eines branchenübergreifenden oder branchenspezifischen Leitfadens nicht zugleich, dass ein Unternehmen seine menschenrechtliche Sorgfaltspflicht verletzt hat.

19 **b) Korrespondierendes UN-Leitprinzip.** Was den konkreten Regelungsgehalt von § 3 angeht, ist eine gedankliche Nähe zu UNGP 17 unverkennbar,[39] der ausweislich des offiziösen Kommentars die Parameter für die Sorgfaltspflicht auf dem Gebiet der Menschenrechte festlegt.[40]

20 Wörtlich lautet **UNGP 17** in einer deutschen Übersetzung: „Um ihre nachteiligen menschenrechtlichen Auswirkungen zu ermitteln, zu verhüten und zu mildern sowie Rechenschaft darüber abzulegen, wie sie ihnen begegnen, sollten Wirtschaftsunternehmen **Sorgfaltspflicht auf dem Gebiet der Menschenrechte** walten lassen. Das **Verfahren** sollte unter anderem darin bestehen, tatsächliche und potenzielle menschenrechtliche Auswirkungen zu ermitteln, die sich daraus ergebenden Erkenntnisse zu berücksichtigen und Folgemaßnahmen zu ergreifen, die ergriffenen Maßnahmen nachzuhalten, sowie Angaben dazu zu machen, wie den Auswirkungen begegnet wird. Sorgfaltspflicht auf dem Gebiet der Menschenrechte: **(a)** sollte sich auf die nachteiligen menschenrechtlichen Auswirkungen erstrecken, die das Wirtschaftsunternehmen durch seine eigene Tätigkeit unter Umständen verursacht oder zu denen es beiträgt oder die infolge seiner Geschäftsbeziehungen mit seiner Geschäftstätigkeit, seinen Produkten oder Dienstleistungen unmittelbar verbunden sind; **(b)** wird je nach Größe des Wirtschaftsunternehmens, des Risikos schwerer menschenrechtlicher Auswirkungen und der Art und des Kontexts seiner Geschäftstätigkeit von unterschiedlicher Komplexität sein; **(c)** sollte eine kontinuierliche Aufgabe sein, angesichts der Tatsache, dass sich Menschenrechtsrisiken im Zeitablauf verändern können, wenn sich die Geschäftstätigkeit und das operative Umfeld eines Unternehmens weiterentwickeln."

21 **4. Rechtsvergleichung.** Das Sorgfaltspflichtenprogramm der §§ 3 ff. ist keine deutsche Besonderheit, sondern fügt sich in den Rahmen anderer Lieferkettengesetze in Europa ein.

---

[33] Vgl. Fleischer CCZ 2022, 205 (207).

[34] Eingehend am Beispiel betriebswirtschaftlicher Empfehlungen und IDW-Prüfungsstandards für das Risikomanagement Fleischer AG 2022, 377 Rn. 28 ff.

[35] Vgl. Fleischer CCZ 2022, 205 (207).

[36] Vgl. Fragen und Antworten zum Lieferkettengesetz, FAQ VI Nr. 3 und VI Nr. 4.

[37] Zur Rechtsnatur von Q&A im europäischen Kapitalmarktrecht Veil ZBB 2018, 151 mwN; zur (zweifelhaften) Einordnung der LkSG-FAQs als Handreichungen iSd § 20 Brouwer CCZ 2022, 137 (138).

[38] Vgl. Fleischer CCZ 2022, 205 (207). Allg. zum widersprüchlichen Verhalten im öffentlichen Recht Barczak JuS 2021, 1 (2); BeckOK VwVfG/Bader/Ronellenfitsch, Stand: 1.1.2022, VwVfG § 40 Rn. 51.

[39] Wie hier Grabosch Das neue LkSG/Grabosch § 2 Rn. 15.

[40] Vgl. Leitprinzipien für Wirtschaft und Menschenrechte, 2011, 21.

So hat sich auch der **französische Reformgesetzgeber** bei der Ausarbeitung der sog. loi de vigilance von 2017 an die UN-Leitprinzipien angelehnt (→ Einl. Rn. 122), und die in Art. L. 225-102-4 I Abs. 4 S. 2 C. com. genannten Einzelmaßnahmen ähneln den hiesigen Regeln (→ Einl. Rn. 124). Der **norwegische Gesetzgeber** hat sich bei den Due-Diligence-Anforderungen in seinem Transparenzgesetz von 2021 ebenfalls an den UN-Leitprinzipien und den OECD-Leitsätzen orientiert und sieht in getreulicher Übernahme des OECD-Leitfadens ganz ähnliche Verfahrensschritte vor (→ Einl. Rn. 171 ff.). Beschränkt auf den Bereich von Konfliktmineralien und Kinderarbeit gilt dies schließlich auch für die im Jahre 2021 in das **schweizerische Obligationenrecht** eingefügten Sorgfaltspflichten (→ Einl. Rn. 163 f.).

22 Insgesamt weisen die menschenrechtlichen Sorgfaltspflichten der modernen Lieferkettengesetze in Europa damit einen **hohen Homogenitätsgrad** auf, weil sie alle aus **ein und derselben völkerrechtlichen (Inspirations-)Quelle** schöpfen.[41]

23 **5. Auswirkungen der geplanten EU-RL.** Der Vorschlag der EU-Kommission für eine Richtlinie über die Sorgfaltspflicht von Unternehmen im Hinblick auf Nachhaltigkeit vom Februar 2022[42] (→ Einl. Rn. 73 ff.) bewegt sich hinsichtlich der menschenrechtlichen und umweltbezogenen **Sorgfaltspflichten weithin in den Bahnen** der UN-Leitprinzipien für Wirtschaft und Menschenrechte und damit auch in denen **des LkSG.**[43] Die Eingangs- und Überblicksnorm in Art. 4 Lieferketten-RL-E nennt unter der Überschrift „Due Diligence" sechs verschiedene Einzelschritte, die sodann in den Art. 5–11 Lieferketten-RL-E weiter aufgefächert werden.[44] Ausweislich des 16. Erwägungsgrundes des Lieferketten-RL-E orientieren sich diese Einzelschritte an der OECD Due Diligence Guidance for Responsible Business Conduct.

24 Im Unterschied zum hiesigen LkSG sieht der Lieferketten-RL-E auf der Rechtsfolgenseite neben einer öffentlich-rechtlichen Durchsetzung (Art. 17–19 Lieferketten-RL-E) und möglichen Geldbußen (Art. 20 Lieferketten-RL-E) eine **obligatorische zivilrechtliche Haftung** vor (Art. 22 Lieferketten-RL-E). Danach müssen die Mitgliedstaaten sicherstellen, dass die Gesellschaften für Schäden haften, die durch Nichterfüllen der Präventions- und Abhilfepflichten entstanden sind.[45] Zudem müssen die nationalen Haftungsvorschriften internationalprivatrechtlich als Eingriffsnormen ausgestaltet sein.[46]

II. Sorgfaltspflichten

25 **1. Gebot zur Beachtung der Sorgfaltspflichten.** Gemäß § 3 Abs. 1 S. 1 müssen Unternehmen in ihren Lieferketten die in diesem Abschnitt festgelegten menschenrechtlichen und umweltbezogenen Sorgfaltspflichten in angemessener Weise beachten. Durch diesen Normbefehl verwandeln sich die für Unternehmen rechtlich unverbindlichen Standards des Wirtschaftsvölkerrechts (**„soft law"**, → Einl. Rn. 17 und 23) in dem Maße, in dem der deutsche Gesetzgeber sie aufgreift, zu verbindlichen Vorgaben **(„hard law").**[47] Der Normtext betont dies – stilistisch wenig glücklich – noch dadurch, dass er die Unternehmen „verpflichtet", die „Sorgfaltspflichten" einzuhalten.

26 § 3 Abs. 1 S. 1 übernimmt damit eine zentrale **Transformations- und Selektionsfunktion.**[48] Er bildet selbst allerdings keine eigene Generalklausel, aus der Rechtsprechung

[41] Vgl. Fleischer CCZ 2022, 205 (208).
[42] COM (2022), 71 final.
[43] Vgl. Bettermann/Hoes WM 2022, 697 (699); Hembach Praxisleitfaden LkSG 46; Nietsch/Wiedmann CCZ 2022, 125 (129).
[44] Näher Bettermann/Hoes WM 2022, 697 (699 ff.); Nietsch/Wiedmann CCZ 2022, 125 (129 ff.); Spindler ZIP 2022, 765 (770 ff.).
[45] Dazu Bettermann/Hoes WM 2022, 697 (702 f.); Fleischer DB 2022, 920 (928); Hembach Praxisleitfaden LkSG 49; Nietsch/Wiedmann CCZ 2022, 125 (132 f.); Spindler ZIP 2022, 765 (774 f.).
[46] Vgl. Fleischer DB 2022, 920 (928); Spindler ZIP 2022, 765 (775 f.).
[47] Vgl. Fleischer CCZ 2022, 205 (208).
[48] Vgl. Fleischer CCZ 2022, 205 (208).

und Rechtslehre – wie etwa im Fall des § 93 Abs. 1 S. 1 AktG[49] – situationsbezogene Einzelpflichten ableiten können.[50] Vielmehr verweist er auf die „in diesem Abschnitt festgelegten menschenrechtlichen und umweltbezogenen Sorgfaltspflichten", die § 3 Abs. 1 S. 2 im Einzelnen aufzählt (→ Rn. 42). Zugleich macht er durch den einschränkenden Zusatz „in angemessener Weise" deutlich, dass bei der Konkretisierung der Sorgfaltspflichten die Umstände des Einzelfalls zu berücksichtigen sind, die § 3 Abs. 2 näher auffächert (→ Rn. 44 ff.).

2. Zielsetzung der Sorgfaltspflichten. Aufgrund einer Empfehlung des Ausschusses für Arbeit und Soziales hat der Gesetzgeber im hinteren Teil des § 3 Abs. 1 S. 1 noch eine Zielbestimmung aufgenommen.[51] Danach soll die Einhaltung der Sorgfaltspflichten dazu dienen, menschenrechtlichen oder umweltbezogenen Risiken vorzubeugen oder sie zu minimieren oder die Verletzung menschenrechtlicher oder umweltbezogener Pflichten zu beenden. 27

Wie bereits erwähnt (→ Rn. 2), soll diese Zielsetzung verdeutlichen, dass die Unternehmen nicht zur Garantie eines Erfolges verpflichtet sind. Die Sorgfaltspflichten sind – mit einer häufig gebrauchten Formel – nur Bemühens-, aber keine Erfolgspflichten (→ Rn. 35). Zugleich betont die Zielbestimmung den **präventiven Charakter** der lieferkettenrechtlichen Sorgfaltspflichten.[52] 28

3. Risikobezogener Ansatz und regelbasierte Regulierungsstrategie. § 3 Abs. 1 S. 1 – und mit ihm das ganze Gesetz – verfolgt einen risikobezogenen Ansatz.[53] Schlüsselbegriffe sind das „menschenrechtliche Risiko" (§ 2 Abs. 2) und das „umweltbezogene Risiko" (§ 2 Abs. 3), an denen die Unternehmen ihre vorbeugenden oder minimierenden Maßnahmen auszurichten haben. An erster Stelle nennt das Gesetz daher die Pflicht zur Einrichtung eines Risikomanagements (§ 4 Abs. 1). 29

Zum Umgang mit Risiken stehen dem Gesetzgeber unterschiedliche Regulierungsstrategien zur Verfügung. In Anschluss an die normtheoretische Unterscheidung von Regeln (rules) und Prinzipien (principles)[54] kann er im Ausgangspunkt zwischen einer regelbasierten und einer prinzipiengeleiteten Regulierung wählen. Erstere setzt auf konkrete Verhaltensvorgaben, die dem Normadressaten, ganz bestimmte Verhaltensweisen vorschreiben; letztere operiert mit Zielvorgaben, die dem Normadressaten die Verwirklichung eines bestimmten Ziels vorschreiben, aber nicht bestimmen, wie dieses Ziel anzustreben ist.[55] Im Sinne dieser Unterscheidung bevorzugt § 3 Abs. 1 einen **regelbasierten Ansatz,**[56] der sich durch eine **beträchtliche Normdichte** auszeichnet.[57] Dies spiegelt sich in der Aufzählung der einzelnen Sorgfaltspflichten in § 3 Abs. 1 S. 2 wider. 30

Ob der regelbasierte Ansatz für das Lieferkettengesetz rechtspolitisch die beste Regelungstechnik darstellt, darüber gehen die Meinungen auseinander.[58] Manche fühlen sich an das sehr aufwendige Risikomanagement-Regime im Finanzsektor erinnert und hätten 31

[49] Zur Doppelfunktion des § 93 Abs. 1 S. 1 AktG als Sorgfaltsmaßstab und Pflichtenquelle BeckOGK/Fleischer, Stand: 1.2.2022, AktG § 93 Rn. 15.

[50] Vgl. Fleischer CCZ 2022, 205 (208); Grabosch Das neue LkSG/Grabosch § 5 Rn. 4.

[51] Vgl. Beschlussempfehlung und Bericht des Ausschusses für Arbeit und Soziales, BT-Drs. 19/30505, 38.

[52] Vgl. Fleischer CCZ 2022, 205 (208).

[53] Vgl. Beschlussempfehlung und Bericht des Ausschusses für Arbeit und Soziales, BT-Drs. 19/30505, 38: „risikobasierter Ansatz"; Fleischer CCZ 2022, 205 (208).

[54] Grdl. Alexy ARSP Beiheft 25 (1985), 13 (15 ff.); zusammenfassend Möllers, Juristische Methodenlehre, 4. Aufl. 2021, § 9 Rn. 12.

[55] Eingehend dazu etwa Wundenberg, Compliance und die prinzipiengeleitete Aufsicht über Bankengruppen, 2012, 46 ff. und passim mwN.

[56] So auch DAV-Ausschüsse NZG 2021, 546 Rn. 24: „stark regelbasierte Ausprägung des Entwurfs".

[57] So auch DAV-Ausschüsse NZG 2021, 546 Rn. 22: „Die Detailtiefe und Intensität der Organisations- und Handlungsanforderungen sind sehr hoch.".

[58] Befürwortend Ehmann ZVertriebsR 2021, 141 (151): „klar und übersichtlich konturiert", „mustergültig entfaltet"; Rühl/Knauer JZ 2022, 105 (106): „[die Sorgfaltspflichten] beeindrucken bereits durch ihre große Anzahl"; krit. DAV-Ausschüsse NZG 2021, 546 Rn. 24.

einen prinzipienbasierten Ansatz bevorzugt.[59] Mit der Grundsatzentscheidung des Gesetzgebers, sich an den UN-Leitprinzipien zu orientieren (→ Rn. 3), war dieser Weg indes vorgezeichnet, weil dieses Regelwerk eine Mischung von „grundlegenden Prinzipien" (UNGP 1–15) und stark in die Einzelheiten gehenden, regelgleichen „operativen Prinzipien" (UNGP 16–31) enthält (→ Einl. Rn. 14 f.). Dementsprechend formuliert der deutsche Gesetzgeber das Finalprogramm des § 3 Abs. 1 S. 1 sogleich in konditionale Rechtssätze um.[60] Bei diesem kleinteiligen Vorgehen verliert er gelegentlich die Übersicht, etwa bei den Regelungen zur Überprüfung und Aktualisierung des Risikomanagements, die sich teils überschneiden, teils wichtige Fälle nur unzureichend erfassen.[61]

32 **4. Sorgfaltspflichten als Verfahrenspflichten (Due Diligence).** Ausweislich der Ausschussbegründung regeln die Sorgfaltspflichten nach § 3 Abs. 1 „eine Due-Diligence, das heißt eine Verfahrenspflicht"[62] Die Begrifflichkeit entstammt den UN-Leitprinzipien. UNGP 17 ist in der englischen Originalversion mit **„Human Rights Due Diligence"** überschrieben, was in der nichtamtlichen deutschen Übersetzung „Sorgfaltspflichten auf dem Gebiet der Menschenrechte" nur unvollständig zum Ausdruck kommt.[63]

33 Sprachlich und sachlich suchen die UN-Leitprinzipien und das LkSG damit den Anschluss an wohlvertraute Figuren aus der **Welt des Unternehmens-, Gesellschafts- und Kapitalmarktrechts.**[64] Dort versteht man unter Due Diligence in unterschiedlichen Zusammenhängen ein Verfahren zur Untersuchung und Bewertung geschäftlicher Risiken. International bekannt ist das Konzept zunächst aus dem **US-amerikanischen Kapitalmarktrecht,** genauer aus der **Prospekthaftung** gemäß sec. 11 Securities Act 1933 (SA). Diese Haftung tritt nach sec. 11(c) SA nicht ein, wenn der Beklagte darlegen kann, dass er eine angemessene Untersuchung durchgeführt hat, um sicherzustellen, dass die Prospektangaben zutreffend und vollständig sind, und begründeterweise annehmen darf, dass kein Prospektmangel vorliegt.[65] Man spricht von der sog. Due Diligence Defense.[66] Noch weiter verbreitet sind Begriff und Konzept der Due Diligence bei **M&A-Transaktionen.**[67] Hiermit bezeichnet man die kaufvorbereitende Durchleuchtung des Zielunternehmens zur Identifizierung allfälliger Risiken und zur Verbesserung der Entscheidungsgrundlage.[68] Neben der sog. Buyer Due Diligence gibt es auch eine sog. Vendor Due Diligence.[69]

34 Hinsichtlich der Rechtswirkungen erweist sich vor allem die Parallele zur prospektrechtlichen Due Diligence als weiterführend: Wie dort müssen die Unternehmen auch im Rahmen des LkSG **bestimmte Verfahrensschritte** durchführen, um eine rechtliche Verantwortlichkeit von sich abzuwenden. Man hat die LkSG-Sorgfaltspflichten daher mit Recht als **„prozessorientierte Pflichten"**[70] und den gesetzlichen Ansatz als **„prozess-**

[59] So etwa DAV-Ausschüsse NZG 2021, 546 Rn. 24: „Für das Gesamtkonzept wäre ein prinzipienbasierter Ansatz mit weitgehender Bezugnahme auf die anerkannten Grundsätze des Risikomanagements und einem Verzicht auf die vielen – und zum Teil unrealistischen – Detailregelungen vorzugswürdig.".

[60] Vgl. Fleischer CCZ 2022, 205 (209). Allg. zur Finalität und Konditionalität im gesellschaftsrechtlichen Kontext Harnos, Gerichtliche Kontrolldichte im Gesellschaftsrecht, 2021, 203 ff.

[61] Näher dazu Korch NJW 2022, 2065.

[62] Beschlussempfehlung und Bericht des Ausschusses für Arbeit und Soziales, BT-Drs. 19/30505, 38.

[63] Vgl. Fleischer CCZ 2022, 205 (209).

[64] Vgl. Bonnitcha/McCorquodale EJIL 28 (2017), 899 (900): „The use of the term 'due diligence' in the Guiding Principles appears to be a clever and deliberate tactic, as it is familiar to business people, human rights lawyers and states, among whom Ruggie sought to build a consensus on his approach."; zu Folgendem bereits Fleischer CCZ 2022, 205 (209).

[65] Vgl. Hazen, The Law of Securities Regulation, 5. Aufl. 2006, § 7.4 [2], 290 ff.

[66] So die Zwischenüberschrift von Hazen, The Law of Securities Regulation, 5. Aufl. 2006, § 7.4 [2], 290.

[67] Eingehend der Sammelband von Berens/Brauner/Knauer/Strauch, Due Diligence bei Unternehmensakquisitionen, 8. Aufl. 2019.

[68] Vgl. etwa Fleischer/Körber BB 2001, 841.

[69] Vgl. etwa Rieckers in Meyer-Sparenberg/Jäckle, Beck'sches M&A-Handbuch, 2. Aufl. 2022, § 26 Rn. 102 f.

[70] Wagner/Rutloff NJW 2021, 2145 f.; zust. Mansel/Kuhl FS v. Bar, 2022, 251 (256).

orientierten Regelungsansatz“[71] bezeichnet. Diese Charakterisierung spiegelt sich auch im Sprachgebrauch der UN-Leitprinzipien wider, die in UNGP 17 S. 2 von einem **„process“** (deutsch: „Verfahren“) sprechen. Sie schlägt zudem die Brücke zum betriebswirtschaftlichen Risikomanagement, das ebenfalls eine prozessorientierte Sichtweise in den Mittelpunkt stellt (→ § 4 Rn. 14).[72]

5. Sorgfaltspflichten als Bemühens- und nicht als Erfolgspflichten. Im dogmatischen Zugriff pflegt man die Sorgfaltspflichten des LkSG dahin zu umschreiben, dass sie eine Bemühens- und keine Erfolgspflicht begründen.[73] Diese in den Gesetzesmaterialien verwendete Formel wird auch im Schrifttum vielfach aufgegriffen,[74] gelegentlich aber auch als „Beruhigungspille“[75] kritisiert. 35

Ursprünglich stammt dieses **Gegensatzpaar aus dem französischen Vertragsrecht,** wo man traditionell zwischen **obligation de résultat** und **obligation de moyen** unterscheidet.[76] Inzwischen hat diese Unterscheidung aber auch im französischen Deliktsrecht Einzug gehalten.[77] Im französischen Lieferkettenrecht taucht diese Begrifflichkeit ebenfalls auf (→ Einl. Rn. 137). So liest man in den Materialien zur sog. loi de vigilance von 2017, dass es sich bei der dort festgeschriebenen Überwachungspflicht um eine bloße Bemühenspflicht und keine Erfolgspflicht handelt.[78] Dieselbe Wendung findet sich in dem erläuternden Bericht zur schweizerischen Verordnung über Sorgfaltspflichten und Transparenz in den Bereichen Mineralien und Metalle aus Konfliktgebieten sowie Kinderarbeit (VSoTr) von 2021 (→ Einl. Rn. 162).[79] Schließlich ist auch in den Erwägungsgründen des Richtlinienvorschlags der Europäischen Kommission vom Februar 2022 – in freilich unglücklicher Übersetzung – von einer „Mittelverpflichtung“[80] die Rede.[81] 36

Hierzulande ist der **Begriff der Bemühenspflicht** im Vertragsrecht weniger gebräuchlich, wenn auch nicht ganz unbekannt.[82] Im Handelsrecht begegnet er etwa bei den Pflichten des Handelsvertreters (§ 86 Abs. 1 HGB).[83] Auch im Deliktsrecht ist er der Sache nach anerkannt, weil niemand die Vermeidung einer Rechtsgutsverletzung schlechthin schuldet, sondern immer nur im Rahmen des Möglichen und Zumutbaren.[84] Bei der Bestimmung der Rechtsnatur der menschenrechtlichen und umweltbezogenen Sorgfaltspflichten **im Rahmen des LkSG könnte der Begriff der Bemühenspflicht** aber **zu** 37

[71] Paefgen ZIP 2021, 2006 (2011).

[72] Vgl. etwa Wolke, Risikomanagement, 3. Aufl. 2016, 4: „Risikomanagement als Prozess“.

[73] Begr. RegE LkSG, BT-Drs. 19/28649, 1.

[74] Vgl. Fleischer CCZ 2022, 205 (209); Hembach Praxisleitfaden LkSG 120; Paefgen ZIP 2021, 2006 (2011); Spindler ZHR 186 (2022), 67 (80); Wagner ZIP 2021, 1095 (1099); Wagner/Ruttloff NJW 2021, 2145 Rn. 4 f.

[75] Spießhöfer AnwBl 2021, 534 (537).

[76] Grdl. Demogue, Traité des obligations en général, Bd. 5, 1925, Rn. 1237 ff.; aus jüngerer Zeit Terré/Simler/Lequette/Chénedé, Les obligations, 12. Aufl. 2019, Rn. 846; rechtsvergleichend Henke, Die Obligation im deutschen und französischen Leistungsstörungsrecht, 2022, 177 ff.

[77] Vgl. Viney/Jourdain/Carval, Les conditions de la responsabilité, 2013, Rn. 457 ff. und 521 ff.

[78] Vgl. Rapport Potier AN N° 3582, 16.3.2016, 14: „[I]l convient de rappeler que la proposition de loi instaure une obligation de moyen et non une obligation de résultat. La prise de mesures nécessaires à la mise en oeuvre effective du plan de vigilance permet à l'entreprise assujettie de s'exonérer de toute responsabilité en cas de survenance d'un dommage“.

[79] Vgl. erläuternder Bericht zur VSoTr, 2021, 15: „Bei den Sorgfaltspflichten, insbes. der Rückverfolgbarkeit der Lieferkette und der Risikoermittlung, handelt es sich um Bemühens- und nicht um Erfolgspflichten.“.

[80] In der englischen Version „obligation of means“, in der französischen „obligation de moyen“.

[81] Erwägungsgrund 15 Lieferketten-RL-E mit der zusätzlichen Erläuterung: „Mit dieser Richtlinie sollten die Unternehmen nicht dazu verpflichtet werden, unter allen Umständen zu gewährleisten, dass überhaupt keine negativen Auswirkungen auftreten oder dass diese gestoppt werden.“.

[82] Vgl. NK-BGB/Dauner-Lieb BGB § 280 Rn. 30 f.; allg. zu Bemühenspflichten und „best-efforts“-Klauseln im deutschen Recht v. Bary ZIP 2021, 1902 (1907 ff.).

[83] Wörtlich heißt es dort: „Der Handelsvertreter hat sich um die Vermittlung oder den Abschluss von Geschäften zu bemühen […]“; diese Parallele ziehend auch Paefgen ZIP 2021, 2006 (2011); Wagner/Ruttloff NJW 2021, 2145 Rn. 4; Graf v. Westphalen ZIP 2020, 2421 (2429).

[84] Vgl. Wagner FS Singer, 2021, 693 (701).

Missverständnissen Anlass geben: Unternehmen müssen sich um die Einrichtung eines Risikomanagements (§ 4 Abs. 1), die Durchführung regelmäßiger Risikoanalysen (§ 5) oder die Abgabe einer Grundsatzerklärung (§ 6 Abs. 2) nämlich nicht nur bemühen, sondern diese Maßnahmen tatsächlich ausführen.[85] Sie trifft allerdings keine Erfolgspflicht zur Abwendung von Menschenrechtsverletzungen oder Umweltschäden. Wie die Regierungsbegründung präzisiert, müssen Unternehmen nicht garantieren, dass in ihren Lieferketten keine Menschenrechte oder umweltbezogenen Pflichten verletzt werden.[86] Sie müssen nur nachweisen, dass sie die in §§ 4 ff. näher beschriebenen Sorgfaltspflichten in angemessener Weise umgesetzt haben.[87]

38 Nicht als Bemühens-, sondern zumindest teilweise als Erfolgspflicht konzipiert sind außerdem die Pflicht, Präventionsmaßnahmen zu ergreifen (§ 6 Abs. 1), sowie die Pflicht, Abhilfemaßnahmen zu ergreifen (§ 7 Abs. 1 S. 3: Erfolgspflicht; § 7 Abs. 1 S. 4: gelockerte Erfolgspflicht → § 7 Rn. 33).[88]

39 Wie weit die lieferkettenrechtlichen Sorgfaltspflichten genau reichen und wo ihre Grenzen verlaufen, hebt der Bericht des Ausschusses für Arbeit und Soziales noch einmal hervor. Danach **darf von keinem Unternehmen etwas rechtlich oder tatsächlich Unmögliches verlangt werden.**[89] Vielmehr hat das Unternehmen seine Sorgfaltspflichten erfüllt, auch wenn es seine gesamte Lieferketten nicht nachverfolgen oder bestimmte Präventions- oder Abhilfemaßnahmen nicht vornehmen konnte, weil dies rechtlich oder tatsächlich nicht möglich gewesen wäre.[90] **Rechtlich Unmögliches** bedeutet ausweislich der Gesetzesmaterialien, dass das Unternehmen mit einem Verhalten gegen geltendes Recht verstoßen würde, **faktisch Unmögliches** etwa, dass ein Unternehmen aufgrund fehlender Einflussmöglichkeit an seine Grenze stößt.[91] Als Beispiel nennt die Ausschussbegründung ein Unternehmen, das trotz angemessenen Bemühens den Ursprung eines in seinem Produkt verarbeiteten Rohstoffs nicht zurückverfolgen kann, etwa weil der Rohstoff nur über internationale Rohstoffbörsen bezogen werden konnte.[92] Unerörtert bleibt, ob der rechtlichen oder tatsächlichen Unmöglichkeit die Unzumutbarkeit gleichsteht. Die offiziösen „Fragen und Antworten zum Lieferkettengesetz" (FAQ) führen dazu aus, dass einem Unternehmen im Lichte des Angemessenheitsprinzips nichts Unzumutbares aufgebürdet wird.[93]

40 **6. Sorgfaltspflichten als Dauerpflichten.** Die Sorgfaltspflichten erschöpfen sich ausweislich der Gesetzesmaterialien nicht in einem einmaligen Prozess, sondern beinhalten einen **sich wiederholenden Kreislauf** der verschiedenen in den §§ 4–10 definierten Verfahrensschritte.[94] Sie sind mit anderen Worten **Dauerpflichten.**[95] Gleichsinnig wird die Sorgfaltspflicht auf dem Gebiet der Menschenrechte in UNGP 17 lit. c als eine **kontinuierliche Aufgabe** bezeichnet, angesichts der Tatsache, dass sich Menschenrechterisiken im Zeitablauf verändern können, wenn sich die Geschäftstätigkeit und das operative Umfeld eines Unternehmens weiterentwickeln. Systematisch lassen sich **regelmäßige und**

[85] Vgl. Fleischer CCZ 2022, 205 (210).
[86] Begr. RegE LkSG, BT-Drs. 19/28649, 41.
[87] Vgl. Begr. RegE LkSG, BT-Drs. 19/28649, 41.
[88] Vgl. Fleischer CCZ 2022, 205 (210); Gehling/Ott/Lüneburg CCZ 2021, 230 (237); Hembach Praxisleitfaden LkSG 109; Spießhöfer AnwBl 2021, 534 (537); Spindler ZHR 186 (2022), 67 (85); Wagner/Ruttloff NJW 2021, 2145 (2149).
[89] So ausdrücklich Beschlussempfehlung und Bericht des Ausschusses für Arbeit und Soziales, BT-Drs. 19/30505, 38.
[90] Beschlussempfehlung und Bericht des Ausschusses für Arbeit und Soziales, BT-Drs. 19/30505, 38.
[91] Beschlussempfehlung und Bericht des Ausschusses für Arbeit und Soziales, BT-Drs. 19/30505, 38.
[92] Beschlussempfehlung und Bericht des Ausschusses für Arbeit und Soziales, BT-Drs. 19/30505, 38.
[93] Vgl. Fragen und Antworten zum Lieferkettengesetz, FAQ VI Nr. 3.
[94] So Begr. RegE LkSG, BT-Drs. 19/28649, 41; gleichsinnig für die Schweiz Erläuternder Bericht zur VSoTr, 2021, 26: „Die Sorgfaltspflichten (inkl. Berichterstattung) beinhalten einen laufenden, sich wiederholenden Prozess. Dieser umfasst gemäß Art. 964^{sexies} f. OR verschiedene Verfahrensschritte, die aufeinander aufbauen und sich aufeinander beziehen".
[95] Vgl. Fleischer CCZ 2022, 205 (210); Nietsch/Wiedmann CCZ 2021, 101 (106).

anlassbezogene Pflichten unterscheiden, wie dies § 5 Abs. 4 für die Risikoanalyse und § 6 Abs. 5 S. 1 für die Präventionsmaßnahmen in verallgemeinerungsfähiger Form vorsehen.[96]

7. Aufzählung der Sorgfaltspflichten. § 3 Abs. 1 S. 2 enthält eine Aufzählung der einzelnen Sorgfaltspflichten. Er bietet damit zugleich einen Wegweiser durch die folgenden Vorschriften. Die einzelnen Verfahrensschritte bauen aufeinander auf und beziehen sich aufeinander.[97] Ihre Aufzählung ist nicht beispielhaft (demonstrativ), sondern abschließend (taxativ).[98] **41**

Zu den Sorgfaltspflichten gehören danach die Einrichtung eines Risikomanagements (Nr. 1), die Festlegung einer betriebsinternen Zuständigkeit (Nr. 2), die Durchführung regelmäßiger Risikoanalysen (Nr. 3), die Abgabe einer Grundsatzerklärung (Nr. 4), die Verankerung von Präventionsmaßnahmen im eigenen Geschäftsbereich und gegenüber unmittelbaren Zulieferern (Nr. 5), das Ergreifen von Abhilfemaßnahmen (Nr. 6), die Einrichtung eines Beschwerdeverfahrens (Nr. 7), die Umsetzung von Sorgfaltspflichten in Bezug auf Risiken bei mittelbaren Zulieferern (Nr. 8) sowie die Dokumentation und die Berichterstattung (Nr. 9). **42**

Systematisch werden diese Pflichten zum Teil in zwei größere Gruppen eingeteilt: die **„Kernsorgfaltspflichten"** und die **„begleitenden Sorgfaltspflichten".**[99] Letztere werden teilweise auch als „Sekundärpflichten" bezeichnet, weil sie das Unternehmen nicht direkt auf den Schutz der Menschenrechte verpflichten, sondern organisatorische und prozedurale Vorkehrungen anmahnen.[100] **43**

8. Sorgfaltspflichten im Konzern. Zur konzernrechtlichen Dimension der lieferkettenrechtlichen Sorgfaltspflichten bieten weder Gesetzestext noch Gesetzesmaterialien weiterführende Hinweise.[101] Insoweit stellt sich vor allem die Frage, ob in einem Konzern jedes erfasste Unternehmen eigene Pflichten nach dem LkSG erfüllen muss oder ob diese Pflicht auch zentral von der Obergesellschaft erfüllt werden kann.[102] Sie wird insbesondere für die Umsetzung des lieferkettenrechtlichen Risikomanagements erörtert (→ § 4 Rn. 34 ff.). **44**

III. Angemessener Umgang mit den Sorgfaltspflichten

1. Angemessenheitsvorbehalt. Gemäß § 3 Abs. 1 S. 1 müssen Unternehmen die menschenrechtlichen und umweltbezogenen Sorgfaltspflichten „in angemessener Weise" beachten. § 3 Abs. 2 erläutert, wonach sich die angemessene Weise eines Handelns bestimmt, das den Sorgfaltspflichten genügt. Für die lieferkettenrechtlichen Sorgfaltspflichten gilt damit von vornherein ein **Angemessenheitsvorbehalt,**[103] **der** eine **Pflichtenüberspannung verhindern soll.** Die Unternehmen müssen infolgedessen nicht alle denkbaren Maßnahmen ergreifen, sondern nur solche, die erforderlich und zumutbar sind.[104] Hierin liegt eine strukturelle Parallele zu den aktienrechtlichen Compliance-Pflichten,[105] die nach ganz hM ebenfalls unter dem doppelten Vorbehalt der Erforderlichkeit und Zumutbarkeit stehen.[106] **45**

---

[96] Vgl. Fleischer CCZ 2022, 205 (211).
[97] Vgl. Begr. RegE LkSG, BT-Drs. 19/28649, 41.
[98] Vgl. Fleischer CCZ 2022, 205 (211); Grabosch Das neue LkSG/Grabosch § 5 Rn. 4.
[99] Lutz-Bachmann//Vorbeck/Wengenroth BB 2021, 906 (910).
[100] So Wagner ZIP 2021, 1095 (1099).
[101] Dies hervorhebend auch Nietsch/Wiedmann NJW 2022, 1 Rn. 34.
[102] Zur „LkSG-Pflichtenstellung im Konzern" Nietsch/Wiedmann NJW 2022, 1 Rn. 34; eingehend auch Rothenburg/Rogg AG 2022, 257.
[103] Vgl. Falder/Frank-Fahle/Poleacov LkSG 47; Fleischer CCZ 2022, 205 (211); Wagner/Rutloff NJW 2021, 2145 Rn. 6.
[104] Vgl. Fleischer CCZ 2022, 205 (211); Grabosch Das neue LkSG/Grabosch § 2 Rn. 70.
[105] Vgl. Fleischer CCZ 2022, 205 (211).
[106] Vgl. BeckOGK/Fleischer, Stand: 1.2.2022, AktG § 91 Rn. 71.

46 Ausweislich der Regierungsbegründung besteht eine erste Funktion des Angemessenheitsvorbehalts darin, eine **Pflichtenkonkretisierung im Einzelfall** zu ermöglichen: „Welche Risiken das Unternehmen wie adressieren muss, hängt maßgeblich von der individuellen Unternehmens- und Risikosituation ab.“[107] Man kann daher von situationsspezifischen Sorgfaltsanforderungen oder volatilen Verhaltensnormen sprechen,[108] wie sie auch im Rahmen des § 93 Abs. 1 AktG begegnen.[109] Zugleich wird den Unternehmen mit dem gesetzlichen Angemessenheitsvorbehalt **„der notwendige flexible Ermessens- und Handlungsspielraum“**[110] bei der Auswahl der geeigneten Maßnahmen gewährt (→ Rn. 55 f.).[111]

47 **2. Einzelkriterien.** Im Einzelnen nennt § 3 Abs. 2 in Nr. 1–4 wesentliche Kriterien für einen angemessenen Umgang mit den Sorgfaltspflichten.[112] Diese greifen **teilweise** auf die **Faktoren in UNGP 14** zurück.[113] Danach obliegt die Verantwortung von Wirtschaftsunternehmen zur Achtung der Menschenrechte zwar allen Unternehmen unabhängig von ihrer Größe, dem Sektor, dem sie angehören, ihrem operativen Umfeld, ihren Eigentumsverhältnissen und ihrer Struktur. Umfang und Komplexität der Maßnahmen, durch die Unternehmen ihrer Verantwortung nachkommen, können jedoch nach Maßgabe dieser Faktoren und der Schwere ihrer nachteiligen menschenrechtlichen Auswirkungen variieren.

48 **a) Art und Umfang der Geschäftstätigkeit (Nr. 1).** Art und Umfang der Geschäftstätigkeit des Unternehmens beurteilen sich ausweislich der Regierungsbegründung nach qualitativen und quantitativen Merkmalen.[114] Danach umfasst die **Art der Geschäftstätigkeit** beispielsweise die Beschaffenheit des Produkts oder der Dienstleistung, die Vielfalt der erbrachten Leistungen und Geschäftsbeziehungen und die überregionale oder internationale Ausrichtung.[115] Der **Umfang der Geschäftstätigkeit** bezieht sich unter anderem auf die Größe des Unternehmens, die Anzahl und Funktion der Beschäftigten, das Umsatzvolumen, das Anlage- und Betriebskapital sowie auf die Produktionskapazität.[116]

49 Den Gesetzesmaterialien zufolge sind insbesondere länder-, branchen- und warengruppenspezifische Risiken zu erwägen.[117] Je anfälliger eine Geschäftstätigkeit nach Art und Umfang ist, die geschützten Rechtspositionen oder umweltbezogenen Pflichten zu verletzen, desto umfassender müssen die zu ergreifenden Präventions- und Abhilfemaßnahmen ausfallen.[118]

50 **b) Einflussvermögen des Unternehmens (Nr. 2).** Die Angemessenheit einer Maßnahme bestimmt sich auch nach dem Einflussvermögen des Unternehmens auf den unmittelbaren Verursacher eines menschenrechtlichen oder umweltbezogenen Risikos oder der Verletzung einer menschenrechtsbezogenen oder einer umweltbezogenen Pflicht. Der Regierungsbegründung zufolge kann sich dies beispielsweise nach der Größe des Unternehmens oder nach dem Auftragsvolumen richten.[119] Ein wesentlicher Einflussfaktor ist

[107] Begr. RegE LkSG, BT-Drs. 19/28649, 42.
[108] Vgl. Fleischer CCZ 2022, 205 (211).
[109] Vgl. BeckOGK/Fleischer, Stand: 1.2.2022, AktG § 93 Rn. 57: „Die Sorgfaltsanforderungen sind vielmehr von einer Reihe unterschiedlicher Faktoren abhängig und variieren von Situation zu Situation.“; Semler, Leitung und Überwachung der Aktiengesellschaft, 2. Aufl. 1996, Rn. 60: „Die Volatilität der Verhaltensnormen für den Vorstand.“.
[110] Begr. RegE LkSG, BT-Drs. 19/28649, 42.
[111] Vgl. Falder/Frank-Fahle/Poleacov LkSG 47; Grabosch Das neue LkSG/Grabosch § 5 Rn. 4; Hembach Praxisleitfaden LkSG 121 f.
[112] Vgl. Begr. RegE LkSG, BT-Drs. 19/28649, 42; Spindler ZHR 186 (2022), 67 (81).
[113] Vgl. Fleischer CCZ 2022, 205 (211); Hembach Praxisleitfaden LkSG 121.
[114] Vgl. Begr. RegE LkSG, BT-Drs. 19/28649, 42.
[115] So Begr. RegE LkSG, BT-Drs. 19/28649, 42.
[116] So Begr. RegE LkSG, BT-Drs. 19/28649, 42.
[117] Vgl. Begr. RegE LkSG, BT-Drs. 19/28649, 42.
[118] So Begr. RegE LkSG, BT-Drs. 19/28649, 42.
[119] Vgl. Begr. RegE LkSG, BT-Drs. 19/28649, 42.

danach die Nähe zum Risiko, dh wo und durch wen das Risiko unmittelbar entsteht: beim Unternehmen selbst, bei einem Vertragspartner oder bei einem mittelbaren Zulieferer entlang der Lieferkette.[120] Ausweislich der Gesetzesmaterialien verändern sich je nach der Nähe und den Einflussmöglichkeiten des Unternehmens die Anforderungen an die zu ergreifenden Maßnahmen.[121]

c) Schwere und Wahrscheinlichkeit der negativen Auswirkungen (Nr. 3). Als weiteres wesentliches Kriterium für die Angemessenheit des Risikomanagements nennt die Regierungsbegründung das **Gefahrenpotential,** dh die Schwere und Wahrscheinlichkeit der negativen Auswirkungen.[122] Danach bemisst sich die typischerweise zu erwartende Schwere der Verletzung nach dem Grad der tatsächlichen oder potenziellen Beeinträchtigung, der Zahl der tatsächlich oder potenziell betroffenen Menschen und der Möglichkeit, die negativen Auswirkungen wieder zu beheben.[123] Den Gesetzesmaterialien zufolge beschreibt die Eintrittswahrscheinlichkeit die Einschätzung, ob und wann das Risiko in eine Rechtsgutsverletzung mündet. Als Kriterien für die Bewertung von Schwere und Wahrscheinlichkeit führen sie zB die Zugehörigkeit des Unternehmens zu einem Hochrisikosektor an, außerdem die tatsächlichen und ordnungspolitischen Rahmenbedingungen des Produktionsortes, den Umgang mit giftigen Stoffen in der Produktion sowie die mangelhafte Nachhaltigkeitsperformance von (potenziellen) Lieferanten. 51

d) Art des Verursachungsbeitrags (Nr. 4). Bei der Art des Verursachungsbeitrages ist nach der Regierungsbegründung zu unterscheiden, ob ein Unternehmen das Risiko unmittelbar alleine oder gemeinsam mit einem anderen Akteur verursacht hat, oder ob es mittelbar einen Beitrag zum Risiko oder zur Verletzung geleistet hat.[124] Als Beispiel für eine **unmittelbare alleinige Verursachung** wird die Missachtung von Arbeitsschutzstandards am eigenen Standort genannt, als Beispiel für eine **unmittelbare Mitverursachung,** dass ein Unternehmen durch nicht fachgerechte Abfallentsorgung – ebenso wie andere Unternehmen – einen Fluss verschmutzt, sodass die Trinkwasserversorgung der Anwohner gefährdet ist.[125] Eine **mittelbare Verursachung** liegt danach vor, wenn ein Unternehmen die Produktanforderungen gegenüber seinem Zulieferer in letzter Minute ändert, ohne die Lieferzeiten oder den Einkaufspreis anzupassen, und der Zulieferer gegen ILO-Kernarbeitsnormen verstößt, um den geänderten Anforderungen gerecht zu werden.[126] 52

e) Verhältnis der Kriterien zueinander. Im konkreten Zugriff müssen sämtliche Einzelkriterien herangezogen werden, um die angemessene Weise eines Handelns zu bestimmen. Geboten ist also mit anderen Worten eine **summarische Gesamtbetrachtung und -beurteilung der Einzelfallumstände.**[127] Eine Hierarchisierung oder Rangfolge der genannten Kriterien gibt das Gesetz nicht vor.[128] Im Lichte von UNGP 14 (→ Rn. 47) kann im Einzelfall allerdings die Schwere der menschenrechtlichen Auswirkungen besonders ins Gewicht fallen.[129] Dies betont auch der „Interpretive Guide“ zu den UN-Leitprinzipien.[130] 53

---

[120] So Begr. RegE LkSG, BT-Drs. 19/28649, 42.
[121] Vgl. Begr. RegE LkSG, BT-Drs. 19/28649, 42.
[122] Vgl. Begr. RegE LkSG, BT-Drs. 19/28649, 42.
[123] So Begr. RegE LkSG, BT-Drs. 19/28649, 42.
[124] Vgl. Begr. RegE LkSG, BT-Drs. 19/28649, 43.
[125] So Begr. RegE LkSG, BT-Drs. 19/28649, 43.
[126] So Begr. RegE LkSG, BT-Drs. 19/28649, 43.
[127] Vgl. Fleischer CCZ 2022, 205 (212).
[128] Vgl. Fleischer CCZ 2022, 205 (212); Grabosch Das neue LkSG/Grabosch § 2 Rn. 67; Wagner/Ruttloff/Wagner LkSG-HdB/Ruttloff/Kappler Rn. 483.
[129] Vgl. Fleischer CCZ 2022, 205 (212); ähnlich Grabosch Das neue LkSG/Grabosch § 2 Rn. 67; Wagner/Ruttloff/Wagner LkSG-HdB/Ruttloff/Kappler Rn. 483.
[130] Vgl. OHCHR, The Corporate Responsibility to Respect Human Rights: An Interpretive Guide, 19: „The severity of a potential adverse human rights impact is the most important factor in determining the scale

54 Ansonsten lässt die Vielfalt der wirtschaftlichen Lebenssachverhalte verallgemeinerungsfähige Aussagen kaum zu. Die Gesetzesmaterialien lassen es daher bei **komparativen Sätzen**[131] bewenden: „Je stärker die Einflussmöglichkeit eines Unternehmens ist, je wahrscheinlicher und schwerer die zu erwartende Verletzung der geschützten Rechtsposition und je größer der Verursachungsbeitrag eines Unternehmens ist, desto größere Anstrengungen können einem Unternehmen zur Vermeidung oder Beendigung einer Verletzung zugemutet werden."[132] Solche **Je-desto-Strukturen** sind in der Methodenlehre vergleichsweise gut erforscht. Danach kann die besonders gewichtige Erfüllung eines Elements im Einzelfall eine entsprechend schwache Erfüllung eines anderen komparativen Elements ersetzen.[133]

55 **3. Ermessens- und Handlungsspielraum der Unternehmen.** Wie bereits erwähnt (→ Rn. 46), verfügt das Unternehmen bei der Wahrnehmung der lieferkettenrechtlichen Sorgfaltspflichten über einen Ermessens- und Handlungsspielraum.[134] Dieses Ermessen beschränkt sich nicht nur auf die Auswahl der Maßnahmen, sondern erstreckt sich auch auf ihre Reihenfolge[135] und die Intensität der Bemühungen.[136] Es muss allerdings fehlerfrei, also im Lichte der in § 3 Abs. 2 Nr. 1–4 genannten Kriterien (→ Rn. 48 ff.), ausgeübt werden.[137]

56 Mit diesem (Organisations-)Ermessen geht eine **Verringerung der behördlichen und gerichtlichen Prüfungsintensität** einher.[138] Dies erkennen auch die offiziösen „Fragen und Antworten zum Lieferkettengesetz" an.[139] Eine genaue dogmatische Einordnung steht allerdings noch aus.[140] Zuweilen wird auf die Business Judgment Rule gemäß § 93 Abs. 1 S. 2 AktG Bezug genommen,[141] die indes nur das Innenverhältnis zwischen Vorstandsmitglied und Gesellschaft betrifft. Die Sorgfaltspflichten der §§ 3 ff. sind jedoch keine unmittelbaren Organpflichten, sondern Unternehmensorganisationspflichten, die Organmitglieder kraft ihrer Legalitätspflicht umsetzen müssen.[142] Den Vorschlag, § 3 um eine klarstellende Klausel in Anlehnung an die aktienrechtliche Business Judgment Rule zu ergänzen,[143] hat der Gesetzgeber nicht aufgegriffen.[144] Ein wichtiges Auslegungskriterium, das im Rahmen der organschaftlichen Sorgfaltspflicht seit langem anerkannt ist, erheischt indes auch im Rahmen der lieferkettenrechtlichen Angemessenheitsprüfung Beachtung:

---

and complexity of the processes the enterprise needs to have in place in order to know and show that it is respecting human rights".

[131] Eingehend dazu Otte in Bydlinski/Krejci/Schilcher/Steininger, Das bewegliche System im geltenden und künftigen Recht, 1986, 171.

[132] Begr. RegE LkSG, BT-Drs. 19/28649, 42.

[133] Vgl. etwa Michael JöR 48 (2000), 169 (171) mwN.

[134] Vgl. Falder/Frank-Fahle/Poleacov LkSG 47; Fleischer CCZ 2022, 205 (212); Grabosch Das neue LkSG/Grabosch § 5 Rn. 4; Hembach Praxisleitfaden LkSG 121 f.; Spindler ZHR 186 (2022), 67 (81); zuvor schon DAV-Ausschüsse NZG 2021, 546 Rn. 29.

[135] Vgl. Fragen und Antworten zum Lieferkettengesetz, FAQ VI 3: „Das Angemessenheitsprinzip gibt einem Unternehmen einen großen Spielraum bei der Entscheidung, welche Risiken es zuerst angeht und welche Maßnahmen dabei sinnvoll sind."; Fleischer CCZ 2022, 205 (212 f.).

[136] Vgl. Fleischer CCZ 2022, 205 (213); Grabosch Das neue LkSG/Grabosch § 5 Rn. 4.

[137] Vgl. Fleischer CCZ 2022, 205 (213); Grabosch Das neue LkSG/Grabosch § 5 Rn. 4.

[138] Vgl. Fleischer CCZ 2022, 205 (213).

[139] Vgl. Fragen und Antworten zum Lieferkettengesetz, FAQ XIV Nr. 2: „Dieser Spielraum wird bei der behördlichen Kontrolle anerkannt und berücksichtigt.".

[140] Dazu auch Spindler ZHR 186 (2022), 67 (81): „Vor allem die Frage, inwieweit die Einhaltung dieser Bemühenspflicht behördlich bzw. gerichtlich überprüft werden kann bzw. inwieweit es sich um unbestimmte Rechtsbegriffe handelt, erscheint gerade in unternehmensorganisationsrechtlicher Hinsicht nach wie vor weitgehend ungeklärt."; s. auch Falder/Frank-Fahle/Poleacov LkSG 52.

[141] Vgl. Hembach Praxisleitfaden LkSG 122; Seibt/Vesper-Graske CB 2021, 357 (362).

[142] Vgl. Fleischer CCZ 2022, 205 (213).

[143] Vgl. DAV-Ausschüsse NZG 2021, 546 Rn. 29: „Eine Verletzung von Sorgfaltspflichten liegt nicht vor, wenn das Unternehmen unter Berücksichtigung dieser Kriterien vernünftigerweise davon ausgehen durfte, in angemessener Weise zu handeln.".

[144] Dazu Fleischer CCZ 2022, 205 (213).

Maßgeblich dafür, ob ein Unternehmen angemessen gehandelt hat, ist der Zeitpunkt der Entscheidungsfindung.[145] Geboten ist also eine **ex-ante-Perspektive,**[146] wie dies auch die offiziösen „Fragen und Antworten zum Lieferkettengesetz" betonen.[147] Ebenso wie im Rahmen des § 93 Abs. 1 AktG wird hierdurch die Gefahr eines Rückschaufehlers (hindsight bias)[148] wesentlich abgemildert.[149] Abverlangt wird den betroffenen Unternehmen nur, aber immerhin der Nachweis, nach welchen Kriterien sie die menschenrechtlichen und umweltbezogenen Risiken bewertet und ihre Maßnahmen ergriffen haben.[150] Ausweislich der FAQ muss der unternehmensinterne Abwägungsprozess plausibel und für die Aufsichtsbehörde BAFA nachvollziehbar sein.[151]

4. Normübergreifendes Prinzip der Angemessenheit. Der gesetzliche Angemessenheitsvorbehalt gilt nicht nur im Rahmen des § 3, sondern auch für alle folgenden Sorgfaltspflichten.[152] Verallgemeinernd spricht die Regierungsbegründung von einem **„Prinzip der Angemessenheit",**[153] das überall dort zur Anwendung gelangt, wo das LkSG das Wort „angemessen" verwendet[154] – **insgesamt 19 Mal im gesamten Gesetz.**[155] So liegt es etwa bei § 4 Abs. 1 S. 1 („angemessenes Risikomanagement"), § 5 Abs. 1 S. 1 („angemessene Risikoanalyse"), § 6 Abs. 1 („angemessene Präventionsmaßnahmen"), § 7 Abs. 1 S. 1 („angemessene Abhilfemaßnahmen") und § 8 Abs. 1 S. 1 („angemessenes Beschwerdeverfahren"). Insgesamt handelt es sich bei diesem lieferkettenrechtlichen Angemessenheitsprinzip um eine **bereichsspezifische Ausprägung des verfassungsrechtlichen Verhältnismäßigkeitsprinzips.**[156] 57

IV. Keine zusätzliche zivilrechtliche Haftung

1. Allgemeines. Gemäß § 3 Abs. 3 S. 1 begründet eine Verletzung der Pflichten aus diesem Gesetz keine zivilrechtliche Haftung. Mit dieser bündigen Aussage hat der Gesetzgeber einen **vorläufigen Schlusspunkt unter eine höchst kontroverse Debatte** gesetzt. In dem rechtspolitischen Ringen um ein Lieferkettengesetz gingen die Auffassungen über die Durchsetzung menschenrechtlicher Sorgfaltspflichten von Beginn an auseinander. Die Eckpunkte eines Sorgfaltspflichtengesetzes vom März 2020 hatten eine zivilrechtliche Haftung ausdrücklich vorgesehen: Persönlich Betroffene sollten Schadensersatzansprüche vor deutschen Gerichten geltend machen können (→ Einl. Rn. 41). Der Regierungsentwurf vom März 2021 (→ Einl. Rn. 45) enthielt sich zur **Haftungsfrage, dem „Elefant im Raum des Sorgfaltspflichtengesetzes",**[157] jeglicher Aus- 58

---

[145] Vgl. im Rahmen der Vorstandspflichten BGHZ 75, 96 (113); Goette FG 50 Jahre BGH, 2000, 123 (138).

[146] Vgl. Fleischer CCZ 2022, 205 (213).

[147] Vgl. Fragen und Antworten zum Lieferkettengesetz, FAQ VI Nr. 3 und FAQ XIV Nr. 2: „Das BAFA prüft, ob ein Unternehmen zum Zeitpunkt der Entscheidung, also ex ante, angemessen gehandelt hat.".

[148] Einführung dieses Gesichtspunkts in die deutsche Diskussion bei Fleischer FS Wiedemann, 2002, 827 (832); vertiefend Fleischer FS Immenga, 2004, 575 (579 f.); aus der Folgediskussion etwa Ott/Klein AG 2017, 209.

[149] Vgl. Fragen und Antworten zum Lieferkettengesetz, FAQ XIV Nr. 2: „Es [= Das BAFA] hinterfragt die Unternehmensentscheidung nicht aus einer Ex-post-facto Sicht, sodass das Unternehmen nicht für Rückschaufehler sanktioniert werden soll."; Fleischer CCZ 2022, 205 (213).

[150] Vgl. Fragen und Antworten zum Lieferkettengesetz, FAQ XIV Nr. 2; Fleischer CCZ 2022, 205 (213).

[151] So ausdrücklich Fragen und Antworten zum Lieferkettengesetz, FAQ XIV Nr. 2.

[152] Vgl. Fleischer CCZ 2022, 205 (213); Hembach Praxisleitfaden LkSG 121; Wagner/Ruttloff NJW 2021, 2145 Rn. 6.

[153] Begr. RegE LkSG, BT-Drs. 19/28649, 42.

[154] Vgl. Begr. RegE LkSG, BT-Drs. 19/28649, 42.

[155] Vgl. Schork/Schreier RAW 2021, 74 (76); Wagner/Ruttloff/Wagner LkSG-HdB/Ruttloff/Kappler Rn. 472.

[156] Vgl. Fleischer CCZ 2022, 205 (213); Lutz-Bachmann/Vorbeck/Wengenroth BB 2021, 906 (910); Spindler ZHR 186 (2022), 67 (81); Wagner/Ruttloff/Wagner LkSG-HdB/Ruttloff/Kappler Rn. 474; zuvor schon Zimmermann/Weiss AVR 58 (2020), 424 (460 f.).

[157] Wagner ZIP 2021, 1095 (1100).

sage[158] und ist hierfür von Anhängern und Gegnern eines Lieferkettengesetzes gleichermaßen, wenn auch mit unterschiedlicher Stoßrichtung, kritisiert worden (→ Einl. Rn. 49 f., → Einl. Rn. 51). Vor diesem Hintergrund sah sich der Bundestagsausschuss für Arbeit und Soziales veranlasst, die Frage ausdrücklich zu regeln (→ Einl. Rn. 52). Der Ausschussbericht notierte hierzu: „Der Regierungsentwurf eines Sorgfaltspflichtengesetzes wurde mit dem Ziel und der Vorstellung beschlossen, gegenüber der geltenden Rechtslage keine zusätzlichen zivilrechtlichen Haftungsrisiken für Unternehmen zu schaffen. Die zum Zwecke einer Verbesserung der Menschenrechtslage in internationalen Lieferketten begründeten neuen Sorgfaltspflichten sollen vielmehr im Verwaltungsverfahren und mit Mitteln des Ordnungswidrigkeitsrecht durchgesetzt und sanktioniert werden.“[159] Anders als der französische Gesetzgeber (→ Einl. Rn. 135 ff.) hat sich das deutsche LkSG damit **gegen ein Private Enforcement** und ausschließlich **für ein Public Enforcement** entschieden.[160]

59 **2. Bedeutung des Haftungsausschlusses.** Aus § 3 Abs. 3 S. 1 folgt zunächst, dass sich aus dem LkSG selbst keine Schadensersatzansprüche ergeben.[161] Hierfür fehlt es schlicht an einer ausdrücklichen Anspruchsgrundlage.[162]

60 Praktisch wichtiger ist, dass § 3 Abs. 3 S. 1 überdies eine zivilrechtliche Haftung wegen einer Verletzung der gesetzlichen Sorgfaltspflichten generell ausschließt. Dies zielt zuvörderst auf eine Haftung wegen Schutzpflichtverletzung gemäß **§ 823 Abs. 2 BGB.**[163] Ohne eine gesetzliche Klarstellung hätte man erwägen können, die Sorgfaltspflichten der §§ 3 ff.[164] oder jedenfalls die in § 2 Abs. 2 genannten Verhaltensverbote[165] als Schutzgesetze anzusehen. Dem hat der Gesetzgeber mit § 3 Abs. 3 S. 1 einen Riegel vorgeschoben,[166] wie die Ausschussbegründung eigens hervorhebt.[167]

61 Außerdem erstreckt sich der gesetzliche Haftungsausschluss auf Ansprüche aus § 823 Abs. 1 BGB.[168] Diese Vorschrift wird zwar in den Gesetzesmaterialien nicht ausdrücklich erwähnt, doch lässt ihre Nichterwähnung keinen Umkehrschluss zu, weil die Nennung des § 823 Abs. 2 BGB nur beispielhaft, aber nicht abschließend gemeint ist („insbesondere“[169]). Vielmehr verfolgt § 3 Abs. 3 S. 1 den Zweck, jede zusätzliche zivilrechtliche Haftung – gleichviel auf welcher dogmatischen Grundlage – auszuschließen.[170] Wollte man Ansprüche aus § 823 Abs. 1 BGB hiervon ausnehmen, liefe der gesetzliche Haftungsausschluss entgegen der legislatorischen Grundkonzeption faktisch ins Leere.[171] Unabhängig davon wäre

---

[158] Dazu DAV-Ausschüsse NZG 2021, 546 Rn. 51: „Jedenfalls ist es aber nicht akzeptabel, dass der Gesetzgeber zu einer so zentralen Frage wie der zivilrechtlichen Haftung keine klare Aussage trifft.“; Wagner ZIP 2021, 1095 (1101): „Umso erstaunlicher ist, dass sich im Sorgfaltspflichtengesetz kein Haftungstatbestand findet und auch die Gesetzesbegründung jedes Wort zur zivilrechtlichen Haftung vermeidet.“.

[159] Beschlussempfehlung und Bericht des Ausschusses für Arbeit und Soziales, BT-Drs. 19/30505, 39.

[160] Dazu Fleischer DB 2022, 920 (921); Rühl/Knauer JZ 2022, 105 (107 f.); Schmidt-Räntsch ZUR 2021, 387 (393 f.); Schneider ZIP 2022, 407 (411); Wagner FS Singer, 2021, 693 (704).

[161] Vgl. Fleischer DB 2022, 920 (921); Rühl/Knauer JZ 2022, 105 (108); s. auch Wagner ZIP 2021, 1095 (1102).

[162] Vgl. Fleischer DB 2022, 920 (921); Paefgen ZIP 2021, 2006 (2009); Rühl/Knauer JZ 2022, 105 (108).

[163] Vgl. Fleischer DB 2022, 920 (921); Koch MDR 2022, 1 (4); Paefgen ZIP 2021, 2006 (2010); Spindler ZHR 186 (2022), 67 (94 f.); Stöbener de Mora/Noll NZG 2021, 1285 (1286); Wagner/Ruttloff/Wagner LkSG-HdB/Wagner Rn. 1923.

[164] So Rühl/Knauer JZ 2022, 105 (108); dagegen R. Koch MDR 2022, 1 (4).

[165] So Schneider ZIP 2022, 407 m. Fn. 4; Wagner ZIP 2021, 1095 (1102 f.); dagegen R. Koch MDR 2022, 1 (4).

[166] Vgl. Fleischer DB 2022, 920 (921); Spindler ZHR 186 (2022), 67 (94 f.); Wagner FS Singer, 2021, 693 (707).

[167] Vgl. Beschlussempfehlung und Bericht des Ausschusses für Arbeit und Soziales, BT-Drs. 19/30505, 39.

[168] Vgl. Fleischer DB 2022, 920 (921); Rühl/Knauer JZ 2022, 105 (108); Wagner FS Singer, 2021, 693 (707 f.).

[169] Beschlussempfehlung und Bericht des Ausschusses für Arbeit und Soziales, BT-Drs. 19/30505, 39.

[170] Vgl. Rühl/Knauer JZ 2022, 105 (108).

[171] Gleichsinnig Schneider ZIP 2022, 407 (415); Späth/Werner CCZ 2021, 241 (250); Spindler ZHR 186 (2022), 67 (100).

eine Differenzierung zwischen § 823 Abs. 1 BGB und § 823 Abs. 2 BGB auch dogmatisch nicht überzeugend, weil deliktsrechtliche Verkehrspflichten und Schutzgesetze funktional vergleichbare Aufgaben übernehmen.[172] Prominente Literaturstimmen plädierten früher sogar dafür, die Verkehrspflichten allgemein nicht in Abs. 1, sondern in Abs. 2 anzusiedeln.[173]

3. Fortbestehen anderweitiger Haftung. a) Allgemeines. § 3 Abs. 3 S. 2 bestimmt unmittelbar nach dem gesetzlichen Ausschluss einer zusätzlichen zivilrechtlichen Haftung, dass eine **unabhängig von diesem Gesetz begründete zivilrechtliche Haftung unberührt** bleibt. Die Gesetzesmaterialien halten hierzu paraphrasierend fest: „Soweit unabhängig von den neu geschaffenen Sorgfaltspflichten bereits nach der geltenden Rechtslage eine zivilrechtliche Haftung begründet ist, soll diese jedoch unverändert fortbestehen und in besonders schwerwiegenden Fällen in ihrer Durchsetzung erleichtert werden."[174] Dies ist als **Hinweis auf das allgemeine Delikts- und Vertragsrecht** zu verstehen.[175] 62

Sind die Vorschriften des deutschen Delikts- oder Vertragsrechts internationalprivatrechtlich anwendbar (→ Einl. Rn. 248 ff.), bereitet ihre Heranziehung keine nennenswerten Probleme, sofern schon vor Verabschiedung des LkSG eine eigene Verantwortlichkeit von Muttergesellschaften oder Auftraggebern für Menschenrechtsverletzungen oder Umweltschäden von Töchtern oder Zulieferern anerkannt war.[176] Das ist aber, wenn überhaupt, nur sehr begrenzt der Fall.[177] Das gesellschaftsrechtliche Rechtsträgerprinzip und der haftungsrechtliche Vertrauensgrundsatz lassen für eine **transsubjektive Deliktsverantwortlichkeit**[178] nach hM **nur ausnahmsweise** Raum. Grundsätzlich ist jedermann deliktsrechtlich nur für sein eigenes Verhalten und seine eigene Sphäre verantwortlich, nicht aber für das Verhalten und die Sphäre Dritter.[179] Auf Einzelheiten ist zurückzukommen (→ Rn. 75 ff.) 63

Angesichts dessen lautet die entscheidende Frage, ob und ggf. inwieweit die höchstrichterliche Rechtsprechung das allgemeine Deliktsrecht künftig in Richtung einer ungeschriebenen rechtsträgerübergreifenden Sorgfaltspflicht weiterentwickeln darf. Anders formuliert: Entfaltet § 3 Abs. 3 eine Sperrwirkung gegenüber einer Fortbildung des allgemeinen deliktsrechtlichen Haftungsregimes in Konzernlagen und Lieferketten? Eine Antwort muss sich an zwei gesetzlichen Wertungsgesichtspunkten orientieren. Zum einen ist ein Rückblick auf den bisherigen Rechtsstand geboten, weil das LkSG nach dem **Regel-Ausnahme-Verhältnis des § 3 Abs. 3 S. 1 und 2** sowie nach den Gesetzesmaterialien[180] zu keiner zusätzlichen zivilrechtlichen Haftung führen soll.[181] Zum anderen stellt das Gesetz ein **dogmatisches Unabhängigkeitserfordernis** auf: Eine zivilrechtliche Haftung kommt nach § 3 Abs. 3 S. 2 nur dann in Betracht, wenn sie „unabhängig von diesem Gesetz" begründet wird. 64

Im konkreten Zugriff bedarf zunächst der **Bezugspunkt des haftungsrechtlichen status quo ante** näherer Klärung: Kommt es darauf an, ob es schon vor Verabschiedung 65

[172] Vgl. Fleischer DB 2022, 920 (921); Schneider ZIP 2022, 407 (412 f.).

[173] Näher v. Bar, Verkehrspflichten, 1980, 157 ff.; ferner Assmann, Prospekthaftung, 1985, 262; zuvor schon Larenz FS Dölle, Bd. I, 1963, 169 (189, 193 ff.); krit. dazu aber MüKoBGB/Wagner BGB § 823 Rn. 442.

[174] Beschlussempfehlung und Bericht des Ausschusses für Arbeit und Soziales, BT-Drs. 19/30505, 39.

[175] Vgl. Fleischer DB 2022, 920 (921); Paefgen ZIP 2021, 2006 (2010).

[176] Vgl. Fleischer DB 2022, 920 (922); Kubis/Tödtmann Vorstand-HdB/Hettich/Charnitzky § 14 Rn. 299.

[177] So auch Rühl/Knauer JZ 2022, 105 (108); Schneider ZIP 2022, 407 (408); Stöbener de Mora/Noll NZG 2021, 1285 (1286).

[178] Dazu jüngst Pordzik, Transsubjektive Deliktsverantwortlichkeit, 2022.

[179] Vgl. Fleischer/Korch ZIP 2019, 2182 (2189); Habersack/Ehrl AcP 219 (2019), 157 (197); Stöbener de Mora/Noll NZG 2021, 1285 (1286); Wagner RabelsZ 80 (2016), 717 (758); Weller/Kaller/Schulz AcP 216 (2016), 387 (401).

[180] Beschlussempfehlung und Bericht des Ausschusses für Arbeit und Soziales, BT-Drs. 19/30505, 39.

[181] Dies besonders hervorhebend Strohn ZHR 185 (2021), 629 (630); ferner Stöbener de Mora/Noll NZG 2021, 1285 auch unter Hinweis auf öffentliche Verlautbarungen der federführenden Minister.

des LkSG eine etablierte Fallgruppe der haftungsrechtlichen Verantwortlichkeit von Konzernmüttern oder Auftraggebern gab oder genügt die Existenz des Verkehrspflichten-Konzepts oder gar des § 823 Abs. 1 BGB als solchen? Gegner einer richterrechtlichen Weiterentwicklung der Verkehrspflichten könnten darauf verweisen, dass die Gesetzesmaterialien zum LkSG eine zivilrechtliche Haftung nur dann zulassen, wenn diese „unverändert fortbesteh[t]".[182] Eine solche Lesart des § 3 Abs. 3 S. 2 sieht sich indes durchgreifenden Bedenken ausgesetzt. Erstens hat das Adjektiv „unverändert" keinen Niederschlag im Gesetzeswortlaut gefunden. Zweitens läuft ein „Einfrieren" des Rechtsprechungsstands zu einem bestimmten Zeitpunkt dem fluiden Charakter des Deliktsrechts im Allgemeinen und der Verkehrspflichten im Besonderen zuwider.[183] Auch für § 823 Abs. 1 BGB gilt, was Lord Toulson zur englischen Fahrlässigkeitshaftung ausgesprochen hat: „It is true that the categories of negligence are never closed, and it would be open to the court to create a new exception to the general rule about omissions. The development of the law of negligence has been by an incremental process rather than giant steps."[184] Drittens können bei einer Weiterentwicklung des übrigen Deliktsrechts Wertungswidersprüche entstehen, wenn die Haftung in Konzernlagen und Lieferketten festzementiert bleibt. Dies veranschaulicht für das englische Recht die Hamida Begum-Entscheidung des Court of Appeal von 2021,[185] die selbst keinen Lieferketten-Fall, sondern die Verschrottung eines ausrangierten Öltankers in Bangladesch betrifft, deren deliktsrechtliche Ratio – die „creation of danger"[186] – aber auf typische Lieferketten-Konstellationen passt.[187] Insgesamt steht die Vorher-Nachher-Betrachtung einer inkrementellen Fortentwicklung des Verkehrspflichten-Konzepts in Konzernlagen und Lieferketten daher nicht entgegen.[188]

66 Was die Art und Weise der Weiterentwicklung anbelangt, ist es entgegen verschiedener Literaturstimmen[189] jedoch **nicht statthaft, die Sorgfaltspflichten der §§ 3 ff. tel quel als Verkehrspflichten anzusehen**[190] und in die hergebrachte Verkehrspflichtdogmatik einzufügen.[191] Dies wäre mit dem dogmatischen Unabhängigkeitserfordernis (→ Rn. 64) unvereinbar, das allenfalls formal, aber nicht materiell gewahrt bliebe, wenn die spezialgesetzlichen Sorgfaltspflichten „unter einem anderen **label**"[192] eine zivilrechtliche Haftung begründen könnten. Zudem wäre der gesetzliche Haftungsausschluss des § 3 Abs. 3 S. 1 weitgehend entwertet, ließe sich auf dem Umweg über die Verkehrspflichten genau dasselbe Ergebnis erzielen wie durch eine eigene zivilrechtliche Anspruchsgrundlage im

[182] Beschlussempfehlung und Bericht des Ausschusses für Arbeit und Soziales, BT-Drs. 19/30505, 39.

[183] Angedeutet auch bei Wagner FS Singer, 2021, 693 (708): „[…] auf dem bisherigen Stand belassen bedeutet nicht einfrieren".

[184] Michael and others (FC) v. The Chief Constable of South Wales Police and another [2015] UKSC 2 Rn. 102.

[185] Hamida Begum v. Maran (UK) Limited [2021] EWCA Civ 326.

[186] Vgl. Hamida Begum v. Maran (UK) Limited [2021] EWCA Civ 326 Rn. 64: „The ‚creation of danger' is a recognised exception to the usual rule as to the intervention of third parties which may give rise to a duty of care" (Coulson LJ), Rn. 124: „As Coulson LJ has explained, there is a well-established exception to the principle that a Defendant is not liable for harm created by the acts of a third party which applies when the defendant is responsible for creating a state of danger which results in the third party causing injury to the Claimant." (Males LJ).

[187] Rechtsvergleichend Kieninger RIW 2021, 331 f. (338).

[188] Vgl. Fleischer DB 2022, 920 (922); iErg ebenso Wagner FS Singer, 2022, 693 (708): „Sollen die vor dem LkSG anerkannten Haftungsgrundsätze unberührt bleiben, bleibt auch ihre Fortentwicklung möglich."; ferner Rühl/Knauer JZ 2022, 105 (109); implizit auch Weller/Nasse FS Ebke, 2021, 1071 (1076).

[189] Vgl. Kubis/Tödtmann Vorstand-HdB/Hettich/Charnitzky § 14 Rn. 299: „Rechtssystematisch betrachtet ist dies konsequent, denn ist nicht jede Sorgfaltspflicht unter dem LkSG gleichzeitig eine Konkretisierung der Verkehrssicherungs- und Organisationspflicht im Sinne des bestehenden Deliktsrechts und begründet eine Haftung nach § 823 Abs. 1 BGB?"; wohl auch R. Koch MDR 2022, 1 (3 f.).

[190] So aber Paefgen ZIP 2021, 2006 (2011): „[…] spricht […] vieles dafür, diese Bestimmungen auch als Grundlage für die Herausarbeitung in der jeweiligen Lieferkettensituation auszumachenden deliktsrechtlichen Verkehrspflichten heranzuziehen"; fragend auch Edel/Frank/Heine/Heine BB 2021, 2890 (2893); tendenziell ferner Wagner/Ruttloff/Wagner LkSG-HdB/Wagner Rn. 1819 f.: „Konkretisierungsfunktion".

[191] Vgl. Fleischer DB 2022, 920 (922); abl. auch Wagner FS Singer, 2021, 693 (709).

[192] Kubis/Tödtmann Vorstand-HdB/Hettich/Charnitzky § 14 Rn. 299.

Rahmen des LkSG.[193] **Zur Haftungsbegründung** „unabhängig von diesem Gesetz" **bedarf es** daher **eigenständiger, genuin deliktsrechtlicher Begründungsmuster.**[194] Dies ist zugegeben eine dogmatische Gratwanderung, die der Reformgesetzgeber dem Rechtsanwender jedoch nicht erspart, sondern geradezu abverlangt.

b) Deliktsrecht. Vor der Verabschiedung des LkSG ist „Menschenrechtsschutz durch Deliktsrecht"[195] vor allem für die Tatbestände des § 831 BGB (Geschäftsherrenhaftung) und des § 823 Abs. 1 BGB (Verkehrspflichtverletzung) erörtert worden.[196] An diesen Diskussionsstand kann und muss man im Lichte des § 3 Abs. 3 S. 2 anknüpfen.[197] Anschließend ist nach etwaigen haftungsrechtlichen Implikationen des LkSG zu fragen.[198] 67

aa) § 831 BGB. (1) Geschäftsherrenhaftung in Konzernlagen. Eine Geschäftsherrenhaftung gemäß § 831 BGB wurde und wird in Rechtsprechung und Rechtslehre vor allem für Konzernlagen diskutiert. Als höchstrichterlicher Referenzpunkt gilt vielen ein **Urteil des VI. Zivilsenats des BGH von 2012.**[199] Dort rief der Senat zunächst in Erinnerung, dass die Qualifikation als Verrichtungsgehilfe Abhängigkeit und Weisungsgebundenheit voraussetze. Sodann fügte er hinzu, dass es hieran in der Regel bei selbstständigen Unternehmen fehle, unabhängig davon, ob sie mit dem Unternehmen in einem Konzernverhältnis stehen, für das sie eine bestimmte Aufgabe wahrnehmen.[200] Die Übertragung von Aufgaben auf ein bestimmtes Unternehmen innerhalb eines Konzerns diene regelmäßig gerade dem Zweck, durch die selbstständige – nicht weisungsgebundene – Erledigung der Aufgabe andere Teile des Konzerns zu entlasten.[201] Im Anschluss an diesen Richterspruch lehnt die heute überwiegende Lehre eine Geschäftsherrenhaftung in Konzernlagen rundheraus ab.[202] **Demgegenüber** werben jüngst verschiedene Literaturstimmen wieder[203] für einen limitierten Einsatz der Geschäftsherrenhaftung auch in Konzernzusammenhängen.[204] Sie machen auf ein **Urteil des XI. Zivilsenats des BGH von 1989**[205] **und** auf ein weiteres **Urteil des I. Zivilsenats von 2012**[206] aufmerksam. Danach kommt es für die Stellung eines Verrichtungsgehilfen entscheidend darauf an, ob nach den tatsäch- 68

[193] Ebenso Spindler ZHR 186 (2022), 67 (100).

[194] Vgl. Fleischer DB 2022, 920 (922); Wagner FS Singer, 2021, 693 (709): „Auf das Lieferkettengesetz lässt sich eine solche Rechtsfortbildung nicht stützen, sie muss aus dem Deliktsrecht selbst erfolgen.".

[195] So der Titel der Monographie von v. Falkenhausen, Menschenrechtsschutz durch Deliktsrecht, 2020.

[196] Vgl. etwa Fleischer/Korch DB 2019, 1948; Fleischer/Korch ZIP 2021, 709 (Konzernlagen); Fleischer/Korch ZIP 2019, 2182 (Lieferkette); aus dem monographischen Schrifttum Güngör, Sorgfaltspflichten für Unternehmen in transnationalen Menschenrechtsfällen, 2016; Haider, Haftung von transnationalen Unternehmen und Staaten für Menschenrechtsverletzungen, 2019; Heinen, Deliktische Sorgfaltspflichten in transnationalen Lieferketten, 2022; Nordhues, Die Haftung der Muttergesellschaft und ihres Vorstands für Menschenrechtsverletzungen im Konzern, 2019; Pordzik, Transsubjektive Deliktsverantwortlichkeit, 2022.

[197] Ebenso Spindler ZHR 186 (2022), 67 (95): „[…] womit die zeitlich im Vorfeld des LkSG geführte Diskussion in den Fokus rückt."; ähnlich Schneider ZIP 2022, 407 (408); Wagner FS Singer, 2021, 693 (706): „Frage nach Anspruchsgrundlagen für Schadensersatzansprüche wegen Menschenrechtsverletzungen de lege priore LkSG".

[198] Zu Folgendem bereits Fleischer DB 2022, 920 (923 ff.).

[199] BGH NJW 2013, 1002.

[200] So BGH NJW 2013, 1002 Rn. 16.

[201] In diesem Sinne BGH NJW 2013, 1002 Rn. 16.

[202] Vgl. Emmerich/Habersack/Habersack AktG § 311 Rn. 92; Grüneberg/Sprau BGB § 831 Rn. 5; Grunewald NZG 2018, 481 (482 ff.); Koch AktG § 76 Rn. 22; Staudinger/Bernau, 2018, BGB § 831 Rn. 102; MüKoBGB/Wagner BGB § 831 Rn. 17; Weller/Kaller/Schulz AcP 216 (2016), 388 (407).

[203] Früher bereits Kronstein, Die abhängige juristische Person, 1931, 82 ff.; ferner Herzog AcP 133 (1931), 60 (62, 65 ff.).

[204] Vgl. mit Unterschieden iE Güngör, Sorgfaltspflichten für Unternehmen in transnationalen Menschenrechtsfällen, 2016, 192 ff.; Holle, Legalitätskontrolle im Kapitalgesellschafts- und Konzernrecht, 2014, 264 ff.; Hübner, Unternehmenshaftung für Menschenrechtsverletzungen, 2022, 282 ff.; König AcP 217 (2017), 611 (656 ff.); Nordhues, Die Haftung der Muttergesellschaft und ihres Vorstands für Menschenrechtsverletzungen im Konzern, 2019, 132 ff.; Schall ZGR 2018, 479 (492 ff.); Wagner/Ruttloff/Wagner LkSG-HdB/Wagner Rn. 1945 ff.

[205] BGH WM 1989, 1047 (1050).

[206] BGH GRUR 2012, 1279.

lichen Verhältnissen eine Eingliederung in den Organisationsbereich des Geschäftsherrn erfolgt ist und der Handelnde dessen Weisungen unterliegt.[207]

69 **Das Richtige** treffen jene BGH-Entscheidungen, die generelle Festlegungen vermeiden und stattdessen **nach** der **Verrichtungsgehilfeneigenschaft im konkreten Einzelfall fragen.**[208] Erforderlich, aber auch ausreichend ist es, wenn die Tochtergesellschaft so in den Organisationsbereich der Mutter eingegliedert wird, wie man es für natürliche Personen im Rahmen des § 831 BGB verlangt. Konkretisierend folgt hieraus: **(1)** Wird die Tochtergesellschaft in völliger Abhängigkeit nach Art einer unselbstständigen Betriebsabteilung geführt, muss die Muttergesellschaft hierfür im Rahmen des § 831 BGB bei fehlender Exkulpation einstehen.[209] **(2)** Übt die Muttergesellschaft operative Kontrolle über eine Tochtergesellschaft aus, indem sie in deren Tagesgeschäft hineinregiert, ist die Verrichtungsgehilfeneigenschaft ebenfalls gegeben, wenn die Tochter eine rein dienende Funktion erfüllt und gleichsam als verlängerter Arm der Mutter tätig wird.[210] **(3)** Dagegen wird die Zusammenfassung von herrschendem und abhängigem Unternehmen unter einheitlicher Leitung des herrschenden Unternehmens (§ 18 AktG) typischerweise nicht genügen.[211] **(4)** Erst recht fehlt es an den Voraussetzungen des § 831 BGB, wenn die Muttergesellschaft über ihren Mehrheitsbesitz hinaus keinerlei Konzernleitungsmaßnahmen entfaltet. Bloßer Beteiligungsbesitz, verbunden mit der Möglichkeit zur Kontrolle, begründet keine Geschäftsherrenhaftung.

70 **(2) Geschäftsherrenhaftung in der Lieferkette.** Außerhalb von Konzernkonstellationen fällt der Grundbefund ebenfalls negativ aus: Die zutreffende herrschende Lehre sieht hier für eine Geschäftsherrenhaftung des Auftraggebers **mangels Weisungsunterworfenheit** des Zulieferers ganz überwiegend **keinen Raum.**[212] Sie verweist darauf, dass selbstständige Unternehmer nach einhelliger Ansicht prinzipiell nicht unter den Begriff des Verrichtungsgehilfen fallen.[213] Dies gilt auch für in- und ausländische Zulieferer. Zwar mögen sie in eine mehr oder minder straffe Wertschöpfungskette eingebunden sein, doch fehlt ihnen in aller Regel die notwendige Eingliederung in den Herrschafts- und Organisationsbereich des Auftraggebers. Sie werden nicht als dessen verlängerter Arm tätig, sondern als unabhängige Marktteilnehmer, deren Risiken nach der gesetzgeberischen Wertentscheidung des § 831 Abs. 1 BGB nicht mehr vom Auftraggeber zu tragen sind.[214]

71 **(3) Implikationen des LkSG.** An diesem weithin konsentierten Rechtsstand hat sich durch das LkSG nichts Wesentliches geändert.[215] Die tatsächlichen Voraussetzungen der Verrichtungsgehilfeneigenschaft werden auch künftig nur selten erfüllt sein. Insbesondere führt weder die Einrichtung eines Risikomanagements gemäß § 4 noch die Vereinbarung angemessener vertraglicher Kontrollmechanismen gemäß § 6 Abs. 4 Nr. 4 dazu, dass verbundene Unternehmen oder unmittelbare Zulieferer den „Quantensprung zum Verrichtungsgehilfen"[216] vollziehen.

---

[207] So BGH GRUR 2012, 1279 Rn. 45.

[208] Ausführlicher zu Folgendem bereits Fleischer/Korch DB 2019, 1944 (1946 f.).

[209] Für diesen Fall schon Ballerstedt DB 1956, 813 (814).

[210] Treffend schon Rehbinder, Konzernaußenrecht und allgemeines Privatrecht, 1969, 535; aus der jüngeren Spruchpraxis OLG Düsseldorf GRUR-RR 2013, 273 (274); ausführlicher Fleischer/Korch DB 2019, 1944 (1947).

[211] Näher Fleischer/Korch DB 2019, 1944 (1947); abw. Schall ZGR 2018, 479 (496 ff.).

[212] Vgl. Habersack/Ehrl AcP 219 (2019), 155 (193 f.); Ostendorf IPRax 2019, 297 (300); Thomale/Hübner JZ 2017, 385 (393); Wagner RabelsZ 80 (2016), 717 (771 ff.); Wagner/Ruttloff/Wagner LkSG-HdB/Wagner Rn. 1948; Weller/Kaller/Schulz AcP 216 (2016), 387 (407); abw. Güngör, Sorgfaltspflichten für Unternehmen in transnationalen Menschenrechtsfällen, 2016, 196 ff., wenn sich der Zulieferer in dem Liefervertrag mit seinem Auftraggeber einem engmaschigen Code of Conduct unterworfen hat und deshalb weitgehend weisungsabhängig agiert.

[213] Vgl. statt aller Grüneberg/Sprau BGB § 831 Rn. 5 f.

[214] Näher Fleischer/Korch ZIP 2019, 2181 (2184).

[215] Wie hier Spindler ZHR 186 (2022), 67 (96 f.); Wagner/Ruttloff/Wagner LkSG-HdB/Wagner Rn. 1941.

[216] Spindler ZHR 186 (2022), 67 (97).

bb) § 823 Abs. 1 BGB. (1) Primäre Deliktshaftung der Konzernmutter. Eine primäre Deliktshaftung der Konzernmutter nach § 823 Abs. 1 BGB kommt bei mittelbaren Verletzungshandlungen nur unter dem Gesichtspunkt einer **Verkehrspflichtverletzung** in Betracht. Die deliktsrechtliche Gretchenfrage lautet, ob Verkehrspflichten an der Rechtsträgergrenze Halt machen oder sich im Unternehmensverbund auf sämtliche Konzerngesellschaften erstrecken können. 72

Höchstrichterliche **Rechtsprechung** hierzu steht noch aus;[217] Urteile zu Verkehrssicherungspflichten des Reiseveranstalters für im Ausland durch Dritte betriebene Hotelanlagen[218] betreffen Sonderfälle.[219] Für den umgekehrten Fall der Tochterverantwortlichkeit hat der BGH entschieden, dass eine Vertriebsgesellschaft für fehlerhaft hergestellte Produkte des Warenherstellers auch dann nicht haftet, wenn der Warenhersteller sämtliche Kapitalanteile an ihr hält.[220] Die **neuere Literatur** zeigt sich ganz überwiegend zurückhaltend, weil sie das konzernrechtliche Trennungsprinzip nicht aus den Angeln heben will.[221] Eine umfassende Mithaftung der Muttergesellschaft für außervertragliche Schadensersatzansprüche gegen Tochtergesellschaften würde die differenzierte Zurechnung von Vermögensrechten und Verbindlichkeiten im Konzern über den Haufen werfen, Folgeänderungen im Gesellschafts-, Konzern-, Insolvenz-, Rechnungslegungs- und Steuerrecht erzwingen und die Praxis der Unternehmensfinanzierung durch Eigenkapital und Kreditgewährung tiefgreifend verändern.[222] Erwogen wird eine haftpflichtrechtliche Verantwortung der Konzernmutter lediglich beim Vorliegen besonderer Voraussetzungen. Dies soll vor allem der Fall sein, wenn der Konzernmutter eine normative Verantwortung für eine Gefahrenlage zukommt,[223] hauptsächlich durch tatsächliche Steuerung der Gefahrenquelle,[224] zB durch An-sich-Ziehen der Gefahrenabwehr,[225] konkrete Verantwortungsübernahme,[226] intensive Ausübung von Leitungsmacht,[227] sorgfaltswidrige Delegation eigener Verkehrssicherungspflichten[228] oder unterbliebenes Einschreiten der Mutter gegen ihr bekanntes drittschädigendes Tochterverhalten.[229] Einzelne Literaturstimmen preschen freilich weiter vor.[230] Unter Hinweis auf die konzernweite Legalitätskontrollpflicht, das Siemens/Neubürger-Urteil des LG 73

[217] Vgl. aber für eine wettbewerbsrechtliche Fallgestaltung schon RGZ 150, 265, wonach die Muttergesellschaft bei engen Beziehungen zur Tochter unlauteren Wettbewerb durch sie verhindern muss, sofern er ihr bekannt ist.

[218] Vgl. BGHZ 103, 298 = NJW 1988, 1380; BGH NJW 2006, 3268; zuletzt OLG Dresden BeckRS 2018, 30326.

[219] Wie hier Weller/Kaller/Schulz AcP 216 (2016), 387 (402) m. Fn. 81; Wagner RabelsZ 80 (2016), 717 (774 f.).

[220] Vgl. BGH NJW 1981, 2250.

[221] Vgl. mit Unterschieden iE Habersack FS Möschel, 2011, 1175 (1178); Habersack/Zickgraf ZHR 182 (2018), 252 (279 ff.); Holle, Legalitätskontrolle im Kapitalgesellschafts- und Konzernrecht, 2014, 322 ff.; Koch WM 2009, 1013 (1019); König AcP 217 (2017), 611 (667 ff.); Nordhues, Die Haftung der Muttergesellschaft und ihres Vorstands für Menschenrechtsverletzungen im Konzern, 2019, 115 ff.; Spindler, Unternehmensorganisationspflichten, 2001, 948 ff.; Wagner RabelsZ 80 (2016), 717 (750 ff., 762 ff.).

[222] So die warnenden Worte von MüKoBGBWagner BGB § 823 Rn. 112.

[223] So oder ähnlich König AcP 217 (2017), 611 (671); Nordhues, Die Haftung der Muttergesellschaft und ihres Vorstands für Menschenrechtsverletzungen im Konzern, 2019, 138; Wagner/Ruttloff/Wagner LkSG-HdB/Wagner Rn. 1836; ferner Hübner, Unternehmenshaftung für Menschenrechtsverletzungen, 2022, 236 ff.

[224] So Habersack/Zickgraf ZHR 182 (2018), 252 (286).

[225] Vgl. Habersack/Zickgraf ZHR 182 (2018), 252 (288 ff.).

[226] Vgl. Güngör, Sorgfaltspflichten für Unternehmen in transnationalen Menschenrechtsfällen, 2016, 265; Holle, Legalitätskontrolle im Kapitalgesellschafts- und Konzernrecht, 2014, 339.

[227] Vgl. Bunting ZIP 2012, 1542 (1548); Buxbaum GRUR 2009, 240 (244 f.); Koch WM 2009, 1013 (1019); König AcP 217 (2017), 611 (671); Nordhues, Die Haftung der Muttergesellschaft und ihres Vorstands für Menschenrechtsverletzungen im Konzern, 2019, 133; Wagner RabelsZ 80 (2016), 717 (770).

[228] Vgl. Holle, Legalitätskontrolle im Kapitalgesellschafts- und Konzernrecht, 2014, 335 ff.; König AcP 217 (2017), 611 (671 f.); Nordhues, Die Haftung der Muttergesellschaft und ihres Vorstands für Menschenrechtsverletzungen im Konzern, 2019, 132; Spindler, Unternehmensorganisationspflichten, 2001, 945 ff.

[229] Vgl. König AcP 217 (2017), 611 (674).

[230] Für eine Verkehrspflicht kraft Konzernierung Oehler ZIP 1990, 1445 (1451); gleichsinnig Buxbaum GRUR 2009, 240 (241); U. H. Schneider ZGR 1996, 225 (243).

München I[231] und die Erwartungen des Rechtsverkehrs an eine menschenrechtskonforme Konzernorganisation werben sie für eine haftpflichtrechtliche Organisationshaftung, die auf einer konzernübergreifenden Pflicht von Obergesellschaften zur Auswahl, Instruktion und Überwachung ausländischer Töchter beruht.[232]

74 Mit der herrschenden Lehre ist **an dem etablierten Regel-Ausnahme-Verhältnis festzuhalten.**[233] Grundsätzlich enden deliktsrechtliche Verkehrspflichten auch im Konzern an der Rechtsträgergrenze. Lediglich in eng begrenzten Ausnahmefällen kommt eine konzernweite Sorgfaltspflicht der Mutter für schädigende Tochteraktivitäten in Betracht. Sie muss aus der Anwendung oder Fortentwicklung anerkannter deliktsrechtlicher Argumentationsmuster abgeleitet werden. Leitender Wertungsgesichtspunkt für eine solche normative Verantwortlichkeitszuweisung ist für Überwachergaranten die Kontrolle und Herrschaftsausübung über die Gefahrenquelle. Im konkreten Fall trifft die Konzernmutter eine eigene Verkehrspflicht, wenn sie die Tochter wie eine unselbstständige Betriebsabteilung behandelt. Gleiches gilt, wenn sie sich höchstpersönlich in das Risikomanagement der Tochter einmischt oder ihr in einer Gefahrenlage konkrete Weisungen erteilt. Jenseits dieser eindeutigen Fälle gibt es weitere Umstände, die zwar für sich genommen noch nicht pflichtenbegründend wirken, aber womöglich im Zusammenspiel mit mehreren Faktoren: der Kontrollintensität der Mutter, ihrem überlegenen Risiko- und Gefahrsteuerungswissen sowie der Schwere der drohenden Rechtsgutsverletzung.

75 (2) **Primäre Deliktshaftung des Auftraggebers.** Außerhalb von Konzernkonstellationen wird in jüngerer Zeit ausgiebig erörtert, ob sich die haftpflichtrechtliche Verkehrs- und Organisationspflicht aus § 823 Abs. 1 BGB auch auf Zuliefererunternehmen erstrecken lässt. Die **herrschende Lehre** sieht hierfür in Zuliefererfällen noch weniger Raum als in Konzernzusammenhängen.[234] Zur Begründung heißt es, das deutsche Haftpflichtrecht kenne grundsätzlich keine Sorgfaltspflichten in Bezug auf das Verhalten selbstständiger Dritter.[235] Primär verkehrssicherungspflichtig sei vielmehr der Zulieferer selbst.[236] Ausnahmen von diesem Grundsatz werden erwogen, wenn der Auftraggeber zB durch die Lieferung gefährlicher Produkte zur Gefahrerhöhung beigetragen hat,[237] wenn er durch intensive Einmischung in den Zuliefererbetrieb tatsächlich Verantwortung für einen bestimmten Risikobereich übernommen hat[238] oder wenn er ursprünglich selbst für eine Gefahrenquelle verantwortlich war und entsprechende Verkehrspflichten sorgfaltswidrig auf ein selbstständiges Unternehmen delegiert hat, zB die grenzüberschreitende Entsorgung hochgiftiger Abfälle.[239] Unterschiedlich beurteilt wird, ob sich eine haftpflichtrechtliche Verantwortung des Auftraggebers begründen lässt, wenn er von defizitären Arbeitsschutzstandards oder drohenden Menschenrechtsverletzungen bei seinem ausländischen Lieferanten Kenntnis erlangt.[240] In diesem Zu-

[231] LG München I NZG 2014, 345; dazu Fleischer NZG 2014, 321.

[232] In diesem Sinne Weller/Thomale ZGR 2018, 509 (520 ff.); mit etwas anderem Ansatz auch Schall ZGR 2018, 479 (503 ff.); Andeutungen ferner bei Saage-Maaß/Leifker BB 2015, 2499 (2501 ff.); anders noch Weller/Kaller/Schulz AcP 216 (2016), 377 (401 f.).

[233] Ausführlicher zu Folgendem bereits Fleischer/Korch DB 2019, 1944 (1950 ff.); vertiefend Fleischer/Korch ZIP 2021, 709 (713 ff.).

[234] Vgl. etwa Habersack/Ehrl AcP 219 (2019), 155 (196 ff.); Hübner, Unternehmenshaftung für Menschenrechtsverletzungen, 2022, 261 ff.; Wagner RabelsZ 80 (2016), 717 (773 ff., 779); Weller/Kaller/Schulz AcP 217 (2017), 387 (403).

[235] Vgl. Habersack/Ehrl AcP 219 (2019), 155 (197); Wagner RabelsZ 80 (2016), 717 (773).

[236] Vgl. Habersack/Ehrl AcP 219 (2019), 155 (200); Weller/Kaller/Schulz AcP 217 (2017), 387 (401 f.).

[237] Vgl. Heinen, in Krajewski/Saage-Maaß, Die Durchsetzung menschenrechtlicher Sorgfaltspflichten von Unternehmen, 2018, 87 (104); s. auch Wagner RabelsZ 80 (2016), 717 (779).

[238] Vgl. Heinen, in Krajewski/Saage-Maaß, Die Durchsetzung menschenrechtlicher Sorgfaltspflichten von Unternehmen, 2018, 87 (104 ff.).

[239] Vgl. Heinen, in Krajewski/Saage-Maaß, Die Durchsetzung menschenrechtlicher Sorgfaltspflichten von Unternehmen, 2018, 87 (119); Wagner RabelsZ 80 (2016), 717 (777); beide unter Hinweis auf den notorischen Trafigura-Fall; ferner Habersack/Ehrl AcP 219 (2019), 155 (199 f.) unter Hinweis auf BGH NJW 1976, 46.

[240] Dafür Habersack/Ehrl AcP 219 (2019), 155 (202 f.); dagegen Wagner RabelsZ 80 (2016), 717 (773).

sammenhang findet sich vereinzelt auch der Gedanke einer normativen Verantwortlichkeitszuweisung für Arbeitnehmer des Zulieferers aufgrund einer höchst asymmetrischen Machtstruktur in der Wertschöpfungskette.[241] Dagegen sollen Codes of Conduct grundsätzlich nicht haftungsbegründend wirken.[242]

Richtig scheint Folgendes:[243] In Übereinstimmung mit der herrschenden Lehre bedarf es für eine normative Verantwortungszuweisung an Auftraggeber in Lieferketten gewichtiger Gründe. Der Gedanke der Arbeitsteilung allein reicht hierfür nicht aus. Arbeitsteilung ist volkswirtschaftlich wünschenswert und begründet für sich genommen keine relevante Gefahrerhöhung im Rechtssinne: Wer einen in- oder ausländischen Zulieferer beauftragt, dem ist grundsätzlich kein pflichtenbegründendes gefährliches Tun vorzuwerfen – selbst dann nicht, wenn er diesem enge Lieferfristen setzt oder Preisdruck ausübt. Für deren Aktivitäten gilt im Deliktsrecht vielmehr der Vertrauensgrundsatz. Unzureichend ist auch, dass der Auftraggeber aus einer globalen Wertschöpfungskette wirtschaftlichen Nutzen zieht. Ein solches Nutzen-Schaden-Argument ist derart weitreichend, dass sich seine Anwendung nicht auf die hier untersuchte Fallgestaltung beschränken ließe und letztlich zu einer dysfunktionalen Haftung „jeder für jeden"[244] führen würde. Schließlich bleibt auch der soziologisch aufgeladene Topos der asymmetrischen Machtausübung zu unscharf und konturenlos, um aus ihm unternehmensübergreifende Sorgfalts- und Organisationspflichten herzuleiten. Stattdessen ist zur Pflichtenbegründung an die hergebrachten Argumentationsfiguren und Denkmuster des Deliktsrechts anzuknüpfen. 76

Herleiten lässt sich eine deliktsrechtliche Verkehrspflicht gemäß § 823 Abs. 1 BGB ausnahmsweise unter dem Gesichtspunkt einer **Sicherungspflicht wegen Gefahrbeherrschung.** Hierzu gehören zum einen jene Fälle, die man im US-amerikanischen Deliktsrecht unter der Überschrift der non-delegable duties zusammenfasst: hochgefährliche (highly dangerous) Tätigkeiten, die auch bei sorgfältiger Ausführung risikoträchtig bleiben, und solche, die entweder wesensmäßig gefährlich (inherently dangerous) oder mit einem ungewöhnlichen Risiko (peculiar risk) behaftet sind und daher besonderer Schutzvorkehrungen bedürfen. Zum andern kann sich eine Sicherungspflicht daraus ergeben, dass der Auftraggeber den Zuliefererbetrieb engmaschig kontrolliert und faktisch wie eine unselbstständige Betriebsabteilung führt. Eine **deliktsrechtliche Fürsorgepflicht** des Auftraggebers gemäß § 823 Abs. 1 BGB ist denkbar, wenn er erheblichen Einfluss auf das operative Tagesgeschäft des Zulieferers ausübt oder sogar die Kontrolle auf dessen Betriebsgelände übernimmt. Dagegen wird eine faktische Verantwortungsübernahme durch CSR-Standards praktisch nur selten vorliegen.[245] 77

(3) Implikationen des LkSG. Wie bereits eingehend erläutert, lassen sich die lieferkettenrechtlichen Sorgfaltspflichten nicht als solche in deliktsrechtliche Verkehrspflichten iSd § 823 Abs. 1 BGB ummünzen (→ Rn. 66). Dies liefe dem gesetzlichen Haftungsausschluss gemäß § 3 Abs. 3 S. 1 zuwider und ist auch im Lichte des § 11 nicht geboten. Für diese Vorschrift bleibt auch so ein hinreichender Anwendungsbereich: Zunächst haften Muttergesellschaft und Auftraggeber nach § 823 Abs. 1 BGB bei unmittelbaren Verletzungshandlungen sowie nach § 830 Abs. 2 BGB bei Anstiftung oder Beihilfe zu unerlaubten Handlungen von Tochtergesellschaft oder Zulieferer.[246] Darüber hinaus hat § 11 Bedeutung bei Ansprüchen nach ausländischem Recht.[247] 78

---

[241] In diesem Sinne Heinen, in Krajewski/Saage-Maaß, Die Durchsetzung menschenrechtlicher Sorgfaltspflichten von Unternehmen, 2018, 87 (113, 119 ff.).

[242] So etwa Habersack/Ehrl AcP 219 (2019), 155 (202); vorsichtiger Heinen, in Krajewski/Saage-Maaß, Die Durchsetzung menschenrechtlicher Sorgfaltspflichten von Unternehmen, 2018, 87 (110 ff.).

[243] Ausführlicher dazu bereits Fleischer/Korch ZIP 2019, 2181 (2188 ff.).

[244] Davor warnend Wagner RabelsZ 80 (2016), 717 (776).

[245] Weitergehend, aber nicht überzeugend, Beckers ZfPW 2021, 220 (244 ff.); gegen sie Spindler ZHR 186 (2022), 67 (104 f.).

[246] Vgl. Fleischer/Korch ZIP 2019, 2181 (2188).

[247] Vgl. Rühl/Knauer JZ 2022, 105 (109) m. Fn. 53.

79 Unabhängig davon stünden der Begründung einer allgemeinen, dh an keine weiteren Voraussetzungen gebundenen, Deliktshaftung von Muttergesellschaften oder Auftraggebern durch Richterspruch verfassungsrechtliche Hindernisse entgegen.[248] Schon weit im Vorfeld des LkSG hat man darauf hingewiesen, dass damit die **Grenze richterlicher Rechtsfortbildung** überschritten würde.[249] An diesen Bedenken hat sich durch Einführung des LkSG nichts Wesentliches geändert. Nach wie vor liegt § 823 Abs. 1 BGB die Basiswertung zugrunde, dass jede Person nur für ihr eigenes Verhalten und für ihre eigene Sphäre verantwortlich ist, nicht aber für das Verhalten und die Sphäre Dritter (→ Rn. 63). Von diesem allgemein anerkannten Ausgangspunkt sind zwar inkrementelle Weiterentwicklungen durch die höchstrichterliche Spruchpraxis möglich, nicht aber radikale Reformschritte. Verfassungsrechtlich verwehrt ist es den Gerichten insbesondere, gesetzgeberische Entscheidungen aufgrund eigener rechtspolitischer Vorstellungen zu verändern und durch eine judikative Lösung zu ersetzen, die so im Parlament nicht erreichbar gewesen wäre.[250] In keinem Fall dürfen sie an die Regelungskonzeption des Gesetzgebers eine eigene treten lassen.[251] Hieraus folgt für den in Rede stehenden Realbereich, dass es den Gerichten verwehrt ist, praeter oder extra legem eine allgemeine rechtsträgerübergreifende Haftung in Konzernlagen und Lieferketten zu begründen, für die sich im Gesetzgebungsverfahren zum LkSG gerade keine Mehrheit fand (→ Rn. 58).

80 In den aufgezeigten Grenzen bleibt ein **gewisser Spielraum für** einen **deliktsrechtsautonomen, vom LkSG losgelösten Pflichtengenerator.**[252] Einzelne Literaturstimmen rekurrieren hierfür auf die Verkehrspflichthaftung von Internetauktionshäusern, Host-Providern und vergleichbaren Akteuren bei Verletzung sog. wettbewerbsrechtlicher Verkehrspflichten, die zeigten, dass deliktsrechtliche Verkehrspflichten in Bezug auf das Verhalten Dritter sehr wohl bekannt seien.[253] Diese (Gegen-)Beispiele vermögen allerdings ebenso wenig zu überzeugen wie die gelegentlich gezogene Parallele zur bürgerlich-rechtlichen oder spezialgesetzlichen Produkthaftung.[254] Sie betreffen Sonderfälle und sind in wesentlichen Punkten anders gelagert als die hier zu beurteilenden Zuliefererfälle.[255] Ähnliches gilt im Ergebnis für den Gedanken einer Haftung wegen missbräuchlicher Ausnutzung eines Menschenrechts(schutz)gefälles.[256] Er wird zwar genuin deliktsrechtlich eingekleidet, indem Menschenrechtsarbitrage als Gefahrenquelle iSd Verkehrspflichtdogmatik bezeichnet wird.[257] In der Sache ist dies aber an zu dünnen Seilen aufgehängt, weil die Einrichtung grenzüberschreitender Lieferketten für sich genommen keine deliktsrechtlich relevante Gefahr begründet.[258] Außerdem führen auch die Einrichtung eines Risikomanagements nach § 4 oder die Vereinbarung angemessener vertraglicher Kontrollmechanismen nach § 6 Abs. 4 Nr. 4 in aller Regel nicht zur Begründung einer Sicherungspflicht wegen Gefahrbeherrschung oder einer deliktsrechtlichen Fürsorgepflicht gemäß § 823 Abs. 1 BGB. Wie schon bisher kann aber eine solche Sicherungspflicht entstehen, wenn Muttergesellschaft oder Auftraggeber beim Ergreifen von Abhilfemaßnahmen gemäß § 7 die Kontrolle auf dem Betriebsgelände

[248] Vgl. Fleischer DB 2022, 920 (925).

[249] Vgl. Wagner RabelsZ 80 (2016), 717 (766): „Ein solcher Schritt ist nicht Sache der das Deliktsrecht fortbildenden Gerichte."; ähnlich Fleischer/Danninger DB 2017, 2849 (2856); ferner v. Falkenhausen, Menschenrechtsschutz durch Deliktsrecht, 2020, 199.

[250] So ausdrücklich BVerfGE 82, 6 (12 f.); 122, 248 (300).

[251] So ausdrücklich BVerfGE 78, 20 (24); 122, 248 (300).

[252] Zu Folgendem bereits Fleischer DB 2022, 920 (926).

[253] So Paefgen ZIP 2021, 2006 (2011).

[254] Dazu Weller/Nasse FS Ebke, 2021, 1071 (1076); allg. für eine Haftung in internationalen Wertschöpfungsketten als eine „Production Liability" Salminen Competion & Change 23 (2019), 420.

[255] Ausführlicher dazu v. Falkenhausen, Menschenrechtsschutz durch Deliktsrecht, 2020, 148 ff.; Schneider ZIP 2022, 407 (415 f.); Spindler ZHR 186 (2022), 67 (97 ff.).

[256] Entwickelt von Weller/Nasse ZGR-Sonderheft 22/2020, 107 (127 ff.); vertieft in Weller/Nasse FS Ebke, 2021, 1071 (1077 ff.).

[257] So die Zwischenüberschrift bei Weller/Nasse FS Ebke, 2021, 1071 (1077).

[258] Wie hier Beckers ZfPW 2021, 220 (242 f.); Schneider ZIP 2022, 407 (414); iErg auch Blach CCZ 2022, 13 (14); Spindler ZHR 186 (2022), 67 (101).

von Tochter oder Zulieferer übernehmen. Außerdem können sie im Rahmen ihrer Risikoanalyse nach § 5 häufiger als bisher von defizitären Arbeitsschutzstandards oder drohenden Menschenrechtsverletzungen bei ausländischen Töchtern oder Zulieferern Kenntnis erlangen.

c) Vertragsrecht. Neben einer Deliktshaftung wird in Konzernlagen und Lieferketten punktuell eine vertragsrechtliche oder vertragsähnliche Haftung von Muttergesellschaft oder Auftraggeber gegenüber unterschiedlichen Personengruppen (Arbeitnehmer, Käufer) diskutiert.[259] 81

aa) Vertrag (mit Schutzwirkung) zugunsten Dritter. Einzelne Literaturstimmen haben schon vor dem LkSG Ansprüche von Arbeitnehmern der Tochter bzw. des Auftraggebers oder sonstigen Drittbetroffenen am ausländischen Produktionsstandort gegen Muttergesellschaft bzw. Auftraggeber unter dem Gesichtspunkt eines **Vertrags zugunsten Dritter** befürwortet.[260] Zur Begründung verweisen sie auf Verhaltenskodizes (Codes of Conduct) zwischen Auftraggeber und Zulieferer, der Abreden über den Arbeitsschutz vor Ort und etwaige Kontrollrechte des Auftraggebers enthält.[261] Die **herrschende Lehre lehnt** dies **mit Recht ab,** weil solche Verlautbarungen nicht gegenüber Arbeitnehmern oder Anwohnern erfolgen, häufig nicht in deren Muttersprache und selten so konkret gefasst sind, dass sich aus ihnen greifbare Handlungserwartungen ableiten lassen.[262] Aus Sicht eines objektiven Empfängers liegt daher ein Rechtsbindungswille des Auftraggebers, für allfällige Verletzungen durch Dritte einzustehen, regelmäßig fern.[263] 82

Auch ein **Vertrag mit Schutzwirkung zugunsten Dritter** wird **typischerweise nicht** vorliegen.[264] Das LG Dortmund hat dessen Voraussetzungen im sog. Kik-Verfahren verneint, weil es an der erforderlichen Leistungsnähe des Dritten fehle,[265] und damit im Schrifttum breiten Zuspruch gefunden.[266] Außerdem dürfte der Dritte rechtlich nicht schutzbedürftig sein, da ihm als Arbeitnehmer ein vertraglicher Anspruch gegen den Zulieferer zusteht.[267] Hieran hat das LkSG nichts geändert.[268] 83

bb) Vertragsähnliche Vertrauenshaftung. Schon vor dem LkSG ist im Schrifttum bei Veröffentlichung eines konzernweiten CSR-Codes eine vertragsähnliche Vertrauenshaftung erwogen worden.[269] Die **herrschende Lehre** zeigte sich insoweit **mit Recht zurückhaltend:**[270] Ein wolkiges Bekenntnis der Muttergesellschaft zur konzernweiten Einhaltung von CSR-Standards erschöpft sich zumeist in einer Konsumententäuschung und mag deshalb 84

---

[259] Zu Folgendem bereits Fleischer DB 2022, 920 (926 f.).

[260] Vgl. Heinlein NZA 2018, 276 (279).

[261] Vgl. Heinlein NZA 2018, 276 (279); zur Drittwirkung vertraglicher Unternehmenskodizes auch Beckers, Enforcing Corporate Social Responsibility Codes, 2015, 129 ff.

[262] Vgl. Fleischer/Korch ZIP 2019, 2181 (2189); Habersack/Ehrl AcP 219 (2019), 155 (191 ff.); Rudkowski RdA 2020, 232 (239); Schneider NZG 2019, 1369 (1375 f.); Stöbener de Mora/Noll NZG 2021, 1285 (1286 f.); Thomale/Murko EuZA 2021, 40 (51); Wagner RabelsZ 80 (2016), 717 (778).

[263] Vgl. Fleischer/Korch ZIP 2019, 2181 (2189); Habersack/Ehrl AcP 219 (2019), 155; Johnson CCZ 2020, 103 (105); Rudkowski RdA 2020, 232 (239); Stöbener de Mora/Noll NZG 2021, 1287; Wagner/Ruttloff/Wagner LkSG-HdB/Wagner Rn. 1789 ff., 1791.

[264] Vgl. Hübner, Unternehmenshaftung für Menschenrechtsverletzungen, 2022, 178 ff.; Johnson CCZ 2020, 103 (105); Rudkowski RdA 2020, 232 (239); Schneider NZG 2019, 1369 (1375); Stöbener de Mora/Noll NZG 2021, 1285 (1287); Wagner/Ruttloff/Wagner LkSG-HdB/Wagner Rn. 1783 ff.; tendenziell abw. Paefgen ZIP 2021, 2006 (2012).

[265] Vgl. LG Dortmund BeckRS 2019, 388 Rn. 49.

[266] Vgl. Johnson CCZ 2020, 103 (105); Ostendorf IPRax 2019, 297 (299 f.); Stöbener de Mora/Noll NZG 2021, 1285 (1287).

[267] Vgl. Schneider NZG 2019, 1369 (1375); Spindler ZHR 186 (2022), 67 (104); Thomale/Murko EuZA 2021, 40 (51).

[268] Im Ergebnis ebenso Spindler ZHR 186 (2022), 67 (103 f.).

[269] Eingehend dazu, aber krit. Asmussen, Haftung für CSR, 2020, 178 ff. mwN.

[270] Abl. etwa Nordhues, Die Haftung der Muttergesellschaft und ihres Vorstands für Menschenrechtsverletzungen im Konzern, 2019, 34 ff.; Schall ZGR 2018, 479 (508); Wagner RabelsZ 80 (2016), 717 (777 f.).

wettbewerbsrechtliche Konsequenzen zeitigen, begründet aber nur selten eine eigene Verantwortlichkeit kraft Hervorrufung eines besonderen Konzernvertrauens.[271] Unter leicht veränderten Vorzeichen stellt sich nun die Frage, ob sich eine Vertrauenshaftung auf die Grundsatzerklärung eines Unternehmens über seine Menschenrechtsstrategie gemäß § 6 Abs. 2 stützen lässt. Erste Stellungnahmen stehen dem ebenfalls reserviert gegenüber, weil auch diese Erklärung regelmäßig zu allgemein gehalten sei und eine „neue" Erklärungshaftung außerdem vom Bannstrahl des § 3 Abs. 3 S. 1 erfasst werde.[272]

85 **cc) Kaufrechtliche Gewährleistung.** Gewährleistungsrechtliche Ansprüche aus §§ 434 ff. BGB werden bisher vor allem im Zusammenhang mit unrichtigen Aussagen über Umwelt-, Arbeitnehmer- oder Sozialbelange sowie die Achtung der Menschenrechte in freiwilligen Nachhaltigkeitskodizes oder in verbindlichen CSR-Berichten (§ 289b HGB) erörtert.[273] Hinzu kommen nun menschenrechts- oder umweltbezogene Verlautbarungen des Unternehmens in der Grundsatzerklärung über ihre Menschenrechtsstrategie (§ 6 Abs. 2) und in dem jährlichen Bericht über die Einhaltung ihrer Sorgfaltspflichten (§ 10 Abs. 2).[274]

86 **(1) Beschaffenheitsbegriff.** Eingangsvoraussetzung für kaufrechtliche Gewährleistungsansprüche ist das Vorliegen eines Sachmangels iSd § 434 BGB. Hierfür kommt es zunächst auf die Sollbeschaffenheit der Kaufsache an. Der heute anerkannte weite Beschaffenheitsbegriff erfasst neben Merkmalen, die der Sache selbst anhaften, auch solche, die sich aus ihrer Beziehung zur Umwelt ergeben.[275] Für Aussagen in einem Nachhaltigkeitskodex pflegt die überwiegende Ansicht unternehmens- und produktionsbezogene Faktoren zu unterscheiden.[276] **Unternehmensbezogene Faktoren** beschreiben das Verhalten eines Unternehmens im Allgemeinen, etwa bezüglich seiner generellen Nachhaltigkeitspolitik. Sie fallen nicht unter den kaufrechtlichen Beschaffenheitsbegriff.[277] Demgegenüber betreffen **produktbezogene Faktoren** die Qualität oder die Herstellungsweise eines bestimmten Produkts, etwa die Beachtung von Menschenrechts- und Umweltstandards im Produktionsprozess. Sie lassen sich nach hM unter den Beschaffenheitsbegriff subsumieren.[278] Auf dieser Linie ordnet eine Literaturstimme die Begründung eines menschenrechtlichen Risikos nach § 2 Abs. 2 im Herstellungsprozess ebenfalls als einen produktbezogenen Faktor ein.[279]

87 **(2) Beschaffenheit kraft öffentlicher Äußerung.** Eine konkrete Beschaffenheitsvereinbarung gemäß § 434 Abs. 2 Nr. 1 BGB wird in den hier in Rede stehenden Fällen nur selten vorliegen. Zwar kann sie auch konkludent erfolgen,[280] doch wird man ohne weitere Hinweise nicht von der Einbeziehung eines Nachhaltigkeitskodex durch stillschweigende Beschaffenheitsvereinbarung in den konkreten Kaufvertrag ausgehen können.[281] Daher kommt es vor allem auf eine **kaufrechtliche Haftung für öffentliche Äußerungen** gemäß § 434 Abs. 3 Nr. 2 lit. b BGB an, die von dem Verkäufer oder einem anderen Glied der Vertragskette oder in deren Auftrag abgegeben wurden. Die CSR-Berichterstattung stellt eine öffent-

[271] Vgl. Fleischer/Korch DB 2019, 1944 (1951).
[272] So Spindler ZHR 186 (2022), 67 (103).
[273] Vgl. Asmussen NJW 2017, 118; Asmussen, Haftung für CSR, 2020, 155 ff.; Grunewald NJW 2021, 1777; Lüttringhaus AcP 219 (2019), 29 (55 ff.); Schirmer ZEuP 2021, 35 (43 ff.).
[274] Vgl. R. Koch MDR 2022, 1 (5 ff.).
[275] So ausdrücklich Begr. RegE, BT-Drs. 19/27424, 23; näher zum neugefassten Sachmangelbegriff Lorenz NJW 2021, 2065 f.
[276] Vgl. mit Nuancierungen iE Asmussen NJW 2017, 118 (119 f.); Asmussen, Haftung für CSR, 2020, 156 ff.; Grunewald NJW 2021, 1777 (1778 f.); Koch MDR 2022, 1 (5 f.); Lüttringhaus AcP 219 (2019), 29 (56).
[277] Vgl. Asmussen NJW 2017, 118 (120); Grunewald NJW 2021, 1777 (1778); R. Koch MDR 2022, 1 (5); Schirmer ZEuP 2021, 35 (44 ff.); Wagner/Ruttloff/Wagner LkSG-HdB/Wagner Rn. 1764.
[278] Vgl. Asmussen NJW 2017, 118 (119 f.); Grunewald NJW 2021, 1777 (1778 f.); R. Koch MDR 2022, 1 (5 f.).
[279] So R. Koch MDR 2022, 1 (5 f.); zust. Wagner/Ruttloff/Wagner LkSG-HdB/Wagner Rn. 1763.
[280] Vgl. Begr. RegE, BT-Drs. 19/27424, 23.
[281] Abl. im Rahmen des LkSG auch R. Koch MDR 2022, 1 (6).

liche Äußerung dar.[282] Sie richtet sich nach einer verbreiteten Meinung aber nicht an den Käufer des hergestellten Produkts, sondern an den Kapitalmarkt, und soll daher nicht Basis der Sachmängelhaftung sein können.[283] Gleiches soll für die Grundsatzerklärung eines Unternehmens über seine Menschenrechtsstrategie (§ 6 Abs. 2) und seinen jährlichen Bericht (§ 10) gelten, zumal das Unternehmen zur Berichterstattung gesetzlich verpflichtet ist.[284] Unabhängig davon ist vor allem bei unabhängigen Händlern eine kaufrechtliche Haftung nach § 434 Abs. 3 S. 3 BGB ausgeschlossen, wenn und weil sie die öffentlichen Äußerungen nicht kannten und auch nicht kennen mussten.[285]

V. Persönliche Schadensersatzhaftung von Organmitgliedern

Neben einer zivilrechtlichen Lieferkettenhaftung der Gesellschaft wird verschiedentlich **88** eine persönliche Schadensersatzhaftung der Organmitglieder im Innen- und Außenverhältnis erörtert.[286]

1. Innenhaftung. Zu den organschaftlichen Pflichten gemäß § 93 Abs. 1 S. 1 AktG **89** gehört die sog. Legalitätspflicht. Danach muss jedes Vorstandsmitglied dafür sorgen, dass die Gesellschaft alle sie betreffenden Pflichten im Außenverhältnis einhält.[287] Hierzu zählen auch die Vorgaben der §§ 3 ff.[288] Entsteht der Gesellschaft aufgrund einer lieferkettenrechtlichen Pflichtverletzung ein Schaden, so kann sie von dem pflichtvergessenen Vorstandsmitglied unter den weiteren Voraussetzungen des § 93 Abs. 2 S. 1 AktG Schadensersatz verlangen. Das schließt nach herrschender, wenn auch umstrittener Auffassung einen Regressanspruch wegen allfälliger Bußgelder nach § 24 ein.[289]

Einzelnen Literaturstimmen zufolge soll sich der Haftungsausschluss des § 3 Abs. 3 S. 1 **90** dagegen auch auf die Organ(innen)haftung beziehen, da diese Vorschrift ganz allgemein von einer zivilrechtlichen Haftung spreche.[290] Dies überzeugt aber schon deshalb nicht, weil eine bereits zuvor begründete Haftung nach § 3 Abs. 3 S. 2 unberührt bleibt.[291] Unabhängig davon lassen sich weder der Gesetzessystematik noch den Gesetzesmaterialien Anhaltspunkte dafür entnehmen, dass der bereichsspezifische Haftungsausschluss des LkSG auf die allgemeine organschaftliche Binnenhaftung durchschlagen soll.[292]

Abgemildert wird das organschaftliche Haftungsrisiko allerdings dadurch, dass der Vorstand **91** hinsichtlich der konkreten Ausgestaltung des Risikomanagements nach § 4 über ein breites Organisationsermessen verfügt.[293] Hat er angemessene Informationen über den „state of the art" des Risikomanagements eingeholt, so steht ihm – je nach dogmatischer Einordnung – der Schutz der sog. Business Judgment Rule (§ 93 Abs. 1 S. 2 AktG) oder ein gerichtlich nur

[282] Vgl. Grunewald NJW 2021, 1777 (1779); Lüttringhaus AcP 219 (2019), 29 (57).
[283] Vgl. Grunewald NJW 2021, 1777 (1779 f.); R. Koch MDR 2022, 1 (6); Schulze/Saenger, 11. Aufl. 2021, BGB § 434 Rn. 28.
[284] So R. Koch MDR 2022, 1 (6); zust. Wagner/Ruttloff/Wagner LkSG-HdB/Wagner Rn. 1768.
[285] Vgl. Grunewald NJW 2021, 1777 (1780); ferner Lüttringhaus AcP 219 (2019), 29 (57).
[286] Zu Folgendem bereits Fleischer DB 2022, 920 (927 f.).
[287] Vgl. BGHZ 194, 26 Rn. 22 = NJW 2012, 3439; BGH NJW 2011, 88 Rn. 37; BeckOGK/Fleischer, Stand: 1.2.2022, AktG § 93 Rn. 28.
[288] Wie hier Paefgen ZIP 2021, 2006 (2013); Spindler ZHR 186 (2022), 67 (106); wohl auch Strohn ZHR 185 (2021), 629 (630).
[289] Speziell zum LkSG auch Spindler ZHR 186 (2022), 67 (106); allg. zur Regressfähigkeit von Verbandsgeldbußen BeckOGK/Fleischer, Stand: 1.2.2022, AktG § 93 Rn. 258 ff.; Hahn, Das Schadensrecht der Geschäftsleiterhaftung, 2022, 134 ff.; Koch AktG § 93 Rn. 88; abw. etwa Verse FS Krieger, 2020, 1025.
[290] So Leuering NZG 2021, 753 (754); Leuering/Rubner NJW-Spezial 2021, 399 (400); zust. Edel/Frank/Heine/Heine BB 2021, 2890 (2892); Wagner/Ruttloff/Wagner LkSG-HdB/Wagner Rn. 1985.
[291] Darauf hinweisend Spindler ZHR 186 (2022), 67 (106).
[292] Im Ergebnis wie hier Gehling/Ott/Lüneborg CCZ 2021, 230 (239); Koch AktG § 93 Rn. 35o; Spindler ZHR 186 (2022), 67 (106); wohl auch Strohn ZHR 185 (2021), 629 (630).
[293] Vgl. Fleischer AG 2022, 377 Rn. 51 f.

begrenzt überprüfbarer Beurteilungsspielraum zu.[294] Beachten muss er jedoch, dass dem Unternehmen die Ziele der Risikovorbeugung und Risikominimierung im Rahmen des gesetzlichen Angemessenheitsvorbehalts (§ 3 Abs. 1 S. 1, § 4 Abs. 1 S. 1 und 2) heteronom vorgegeben sind.[295] Dies gilt auch dann, wenn keine nennenswerten Reputationsschäden drohen und die betreffenden Geschäfte für das Unternehmen per saldo gewinnbringend sind.[296]

92 **2. Außenhaftung.** § 93 Abs. 2 S. 1 AktG enthält den für das aktienrechtliche Verantwortlichkeitsregime prägenden Grundsatz der Haftungskonzentration.[297] Organschaftliche Pflichtverletzungen führen danach prinzipiell nur zu einer Innenhaftung der Vorstandsmitglieder gegenüber der Gesellschaft.[298] Eine deliktische Außenhaftung eines Geschäftsleiters kommt – außer bei unmittelbaren Rechtsverletzungen – nur ausnahmsweise nach der sog. Baustoff-Doktrin des VI. Zivilsenats des BGH in Betracht.[299] Dies setzt voraus, dass die von der Gesellschaft zu beachtenden Pflichten den Geschäftsleiter „in einer Garantenstellung aus den ihm übertragenen organisatorischen Aufgaben treffen".[300] Einer Literaturstimme zufolge kann nicht ausgeschlossen werden, dass die Rechtsprechung bezüglich der lieferkettenrechtlichen Sorgfaltspflichten an die Baustoff-Doktrin anknüpft.[301] Für die Geschäftsleiter der vom LkSG betroffenen Gesellschaften könne sich daraus ein erhebliches persönliches Haftungsrisiko ergeben.[302] Diese Risikoeinschätzung erscheint überzogen. Sie berücksichtigt nicht hinreichend, dass die Baustoff-Doktrin bei dem für das Gesellschaftsrecht zuständigen II. Zivilsenat des BGH – ebenso wie bei anderen Zivilsenaten – wenig Anklang gefunden hat.[303] Richtigerweise kommt eine unmittelbare Außenhaftung des Vorstandsmitglieds für mittelbare Verletzungshandlungen nur in Betracht, wenn es die betreffenden Verkehrs- oder Organisationspflichten als eigene übernommen (im Sinne einer „assumption of responsibility") oder aufgrund besonderer Umstände eine Art persönliche Garantenstellung (im Sinne einer „special relationship") gegenüber dem geschädigten Dritten übernommen hat.[304] Das eine wie das andere dürfte in den typischen Fällen des LkSG eine seltene Ausnahme sein.

§ 4 Risikomanagement

(1) [1]Unternehmen müssen ein angemessenes und wirksames Risikomanagement zur Einhaltung der Sorgfaltspflichten (§ 3 Absatz 1) einrichten. [2]Das Risikomanagement ist in alle maßgebliche Geschäftsabläufe durch angemessene Maßnahmen zu verankern.

(2) Wirksam sind solche Maßnahmen, die es ermöglichen, menschenrechtliche und umweltbezogene Risiken zu erkennen und zu minimieren sowie Verletzungen menschenrechtsbezogener oder umweltbezogener Pflichten zu verhindern, zu beenden oder deren Ausmaß zu minimieren, wenn das Unternehmen diese Risiken oder Verletzungen innerhalb der Lieferkette verursacht oder dazu beigetragen hat.

[294] Für Ersteres tendenziell Spindler ZHR 186 (2022), 67 (106); für Letzteres etwa Koch AktG § 76 Rn. 35o; zum Parallelproblem im Rahmen des Risikofrüherkennungssystems nach § 91 Abs. 2 AktG Harnos, Gerichtliche Kontrolldichte im Gesellschaftsrecht, 2021, 371 ff. mwN.

[295] Näher dazu Fleischer AG 2022, 377 Rn. 42; in diese Richtung auch Koch AktG § 76 Rn. 35o.

[296] Ebenso Grabosch Das neue LkSG/Grabosch § 4 Rn. 27, wonach es „keine Rolle mehr spielt, ob die Risiken nach dem LkSG zugleich auch Risiken für den wirtschaftlichen Erfolg des Unternehmens selbst sind".

[297] Vgl. BeckOGK/Fleischer, Stand: 1.2.2022, AktG § 93 Rn. 384.

[298] Vgl. BGHZ 194, 26 Rn. 23 = NJW 2012, 3439; BeckOGK/Fleischer, Stand: 1.2.2022, AktG § 93 Rn. 384.

[299] BGHZ 109, 297 = NJW 1990, 976; rückblickend Dieckmann ZGR 2020, 1039.

[300] BGHZ 109, 297 Ls. 1 = NJW 1990, 976.

[301] Vgl. Paefgen ZIP 2021, 2006 (2015); tendenziell auch Wagner/Ruttloff/Wagner LkSG-HdB/Wagner Rn. 1991.

[302] So ausdrücklich Paefgen ZIP 2001, 2006 (2015).

[303] Vgl. BGHZ 125, 366 (375 f.) = NJW 1994, 1801.

[304] Näher BeckOGK/Fleischer, Stand: 1.2.2022, AktG § 93 Rn. 396 f.

(3) [1]Das Unternehmen hat dafür zu sorgen, dass festgelegt ist, wer innerhalb des Unternehmens dafür zuständig ist, das Risikomanagement zu überwachen, etwa durch die Benennung eines Menschenrechtsbeauftragten. [2]Die Geschäftsleitung hat sich regelmäßig, mindestens einmal jährlich, über die Arbeit der zuständigen Person oder Personen zu informieren.

(4) Das Unternehmen hat bei der Errichtung und Umsetzung seines Risikomanagementsystems die Interessen seiner Beschäftigten, der Beschäftigten innerhalb seiner Lieferketten und derjenigen, die in sonstiger Weise durch das wirtschaftliche Handeln des Unternehmens oder durch das wirtschaftliche Handeln eines Unternehmens in seinen Lieferketten in einer geschützten Rechtsposition unmittelbar betroffen sein können, angemessen zu berücksichtigen.

Schrifttum: Bantleon/Schmidt/Singler, Impulse für das Risikomanagement in Deutschland, WPg 2019, 1134; Berenbok, Risikomanagement im Aktienrecht, 2016; Bonnitcha/McCorquodale, The Concept of ‚Due Diligence' in the UN Guiding Principles on Business and Human Rights, EJIL 28 (2017), 899; Böse, Die Garantenstellung des Betriebsbeauftragten, NStZ 2003, 636; Brauweiler, Risikomanagement in Unternehmen, 2. Aufl. 2019; Brouwer, Noch viele offene Rechts- und Auslegungsfragen zum Lieferkettensorgfaltspflichtengesetz – Hinweise zum VCI-Diskussionspapier zur Umsetzung des LkSG, CCZ 2022, 137; Brunk, Menschenrechtscompliance. Eine Untersuchung menschenrechtlicher Verhaltenspflichten von Unternehmen und ihrer Umsetzung im Gesellschaftsrecht, 2022; Diederichs, Risikomanagement und Risikocontrolling, 4. Aufl. 2018; Dutzi/Schneider/Hasenau, Lieferkettenregulierung und Risk Governance, Der Konzern 2021, 454; Ehmann, Der Regierungsentwurf für das Lieferkettengesetz: Erläuterung und erste Hinweise zur Anwendung, ZVertriebsR 2021, 141; Ehmann/Berg, Das Lieferkettensorgfaltspflichtengesetz (LkSG): ein erster Überblick, GWR 2021, 287; European Company Law Experts Group, The European Parliament's Draft Directive on Corporate Due Diligence and Corporate Accountability, Rivista della società 2021, 276; Fasterling, Human Rights Due Diligence as Risk Management: Social Risk Versus Human Rights Risks, BHRJ 2017, 225; Fleischer, Risikomanagement im Querschnitt der Disziplinen. Betriebswirtschaftslehre – Aktienrecht – Bankaufsichtsrecht – Lieferkettenrecht, AG 2022, 377; Fleischer, Grundstrukturen der lieferkettenrechtlichen Sorgfaltspflichten, CCZ 2022, 205; Fleischer/Hahn, Berichtspflichten über menschenrechtliche Standards in der Lieferkette. Eine internationale Bestandsaufnahme, RIW 2018, 397; Frank/Edel/Heine/Heine, Pionierarbeiten in der Lieferkette, BB 2021, 2165 (Teil 1), 2890 (Teil 2); Gehling/Ott/Lüneborg, Das neue Lieferkettensorgfaltspflichtengesetz – Umsetzung in der Unternehmenspraxis, CCZ 2021, 230; Gleißner, Risikomanagement 20 Jahre nach KonTraG: Auf dem Weg zum entscheidungsorientierten Risikomanagement, DB 2018, 2769; Götz, Ein Lieferkettengesetz nordischer Prägung – Norwegens neues Transparenzgesetz, RIW 2022, 99; Häfeli, Der Menschenrechtsbeauftragte im Lieferkettensorgfaltspflichtengesetz – ein weiterer betrieblicher Beauftragter, ARP 2021, 299; Haouache, Unternehmensbeauftragte und Gesellschaftsrecht der AG und GmbH, 2003; Harings/Jürgens/Thalhammer, Die Rolle des Menschenrechtsbeauftragten, CB 2022, 93; Herrmann/Rünz, Praktische Hinweise und Maßnahmen zur Umsetzung des Lieferkettensorgfaltspflichtengesetzes im Unternehmen, DB 2021, 3078; Hunziker, Enterprise Risk Management – Modern Approaches to Balancing Risk and Reward, 2019; Jakobus, Die Vorstandspflicht zum Risikomanagement, 2014; Joos/Kerckhoff/Ghassemi-Tabar, Implementierung und Prüfung des Lieferketten-CMS nach IDW EPS 980 n.F., DB 2022, 1465; Kajüter, Risikomanagement im Konzern, 2012; Kamann/Irmscher, Das Sorgfaltspflichtengesetz – Ein neues Sanktionsrecht für Menschenrechts- und Umweltverstöße in Lieferketten, NZWiSt 2021, 249; Lenz/Bodenstein/Wenzl, Erweiterung der Corporate Governance im Lichte des LkSG, ZCG 2022, 61; Lück, Elemente des Risiko-Managementsystems, DB 1998, 8; Mitsch, Lieferkettengesetz und Ordnungswidrigkeitenrecht, NZWiSt 2021, 409; Mittwoch/Bremenkamp, Das Lieferkettensorgfaltspflichtengesetz – Ein nachhaltiger Ordnungsrahmen für international tätige Marktakteure?, KritV 2021, 207; Ott/Lüneburg/Schmelzeisen, Zur Anwendung des Lieferkettensorgfaltspflichtengesetzes im Konzern, DB 2022, 238; Paefgen, Haftung für die Verletzung von Pflichten nach dem neuen Lieferkettensorgfaltspflichtengesetz, ZIP 2021, 2006; Quick/Gauch, Wie berichten Unternehmen über ihre Risikomanagementsysteme?, WPg 2021, 1121; Passarge, Zum Anwendungsbereich des Lieferkettensorgfaltspflichtengesetzes auf Konzerngesellschaften, CB 2021, 332; Rehbinder, Umweltsichernde Unternehmensorganisation, ZHR 165 (2001), 1; Romeike, Risikomanagement, 2018; Rothenburg/Rogg, Die Umsetzung des Lieferkettensorgfaltspflichtengesetzes im Konzern, AG 2022, 257; Ruggie, Just Business. Multinational Corporations and Human Rights, 2013; Ruttloff/Rothenburg/Hahn, Der Richtlinienvorschlag zu unternehmerischen Sorgfaltspflichten im Bereich der Nachhaltigkeit – Auswirkungen auf die Corporate Governance, DB 2022, 1116; Ruttloff/E. Wagner/Hahn/Freihoff, Der Menschenrechtsbeauftragte, CCZ 2022, 20; Ruttloff/E. Wagner/Reischl/Skoupil, Auf dem Weg zum Chief Sustainability Officer (CSO) – Teil 1, CB 2021, 364; Sagan/Schmidt, Das Lieferkettensorgfaltspflichtengesetz. Ein Überblick aus der Perspektive des Arbeitsrechts, NZA-RR 2022, 281; Scheffler/Lenz/Andreas, Corporate Governance und Risikomanagement, WPg 2019, 367; Spindler, Verantwortlichkeit und Haftung in Lieferketten – das Lieferkettensorgfaltspflichtengesetz aus nationaler und europäischer Perspektive, ZHR 186 (2022), 67; Vanini/Rieg, Risikomanagement: Grundlagen – Instrumente – Unternehmenspraxis, 2. Aufl. 2021; E. Wagner/Ruttloff, Das Lieferkettensorgfaltspflichtengesetz – Eine erste Einordnung, NJW 2021, 2145; G. Wagner, Das Lieferkettengesetz: Viele Pflichten, keine Haftung, FS Singer, 2021, 693; Wolke, Risikomanagement, 3. Aufl. 2016.

Übersicht

I. Grundlagen

1. Regelungsgegenstand. § 4 regelt die Grundsätze des lieferkettenrechtlichen Risikomanagements. Abs. 1 verpflichtet die Unternehmen, ein angemessenes und wirksames Risikomanagement zur Einhaltung der Sorgfaltspflichten einzurichten. Abs. 2 fordert wirksame Maßnahmen in Bezug auf Risiken und Verletzungen, zu denen das Unternehmen beigetragen hat. Abs. 3 verlangt die Festlegung von Überwachungszuständigkeiten für das Risikomanagement, etwa durch Benennung eines Menschenrechtsbeauftragten. Abs. 4 sieht die Berücksichtigung der Interessen betroffener Personen bei Errichtung und Umsetzung des Risikomanagementsystems vor. 1

2. Änderungen im Gesetzgebungsverfahren. Der endgültige Gesetzestext hat sich gegenüber dem Regierungsentwurf nur geringfügig verändert. Aufgrund der Beschlussempfehlung des Ausschusses für Arbeit und Soziales ist es lediglich zu einzelnen sprachlichen Glättungen, Präzisierungen und Klarstellungen gekommen.[1] 2

3. Orientierung an den UN-Leitprinzipien. Wie der gesamte Abschnitt zu den Sorgfaltspflichten (→ § 3 Rn. 3 ff.) orientiert sich auch § 4 in mancher Hinsicht an den **UN-Leitprinzipien für Wirtschaft und Menschenrechte** mit ihrer kardinalen Sorgfaltspflicht auf dem Gebiet der Menschenrechte (Human Rights Due Diligence) in **UNGP 17** (→ § 3 Rn. 18 f.). So findet die Pflicht, das Risikomanagement gemäß § 4 Abs. 1 S. 2 durch angemessene Maßnahmen in alle maßgebliche Geschäftsabläufe zu verankern, eine gewisse Entsprechung in **UNGP 19 S. 1.** Danach sollten Wirtschaftsunternehmen die Erkenntnisse aus ihren Verträglichkeitsprüfungen in alle einschlägigen internen Geschäftsbereiche und Abläufe integrieren und entsprechende Maßnahmen ergreifen. § 4 Abs. 2 ähnelt mit seinem Kausalitätserfordernis („verursacht oder dazu beigetragen hat") der Formulierung in **UNGP 19 lit. b Ziff. i,** wonach angemessene Maßnahmen unterschiedliche Formen annehmen, abhängig davon, ob das Wirtschaftsunternehmen eine nachteilige Auswirkung verursacht oder dazu beiträgt, oder ob es lediglich daran beteiligt ist, weil die Auswirkung wegen einer Geschäftsbeziehung unmittelbar mit seiner Geschäftstätigkeit, seinen Produkten oder seinen Dienstleistungen verbunden ist. § 4 Abs. 3 zu unternehmensinternen Zuständigkeiten weist Parallelen zu **UNGP 19 lit. a Ziff. i** auf, wonach die Verantwortung auf einer angemessenen Ebene und in einem angemessenen Aufgabenbereich innerhalb des Wirtschaftsunternehmens angesiedelt wird. § 4 Abs. 4 zur Einbindung betroffener Personen hat ein gewisses Vorbild in **UNGP 18 lit. b,** wo von sinnvollen Konsultationen mit potenziell betroffenen Gruppen und anderen in Betracht kommenden Stakeholdern die Rede ist. 3

4. Rechtsvergleichung. Funktionell vergleichbare Pflichten zum Risikomanagement finden sich mit gewissen Variationen auch in den jüngeren Lieferkettengesetzen mancher Nachbarländer. **Frankreich** kennt eine Pflicht zur Ausarbeitung und Umsetzung eines Überwachungsplans (plan de vigilance) in Zusammenarbeit mit den Bezugsgruppen (parties prenantes) der Gesellschaft (→ Einl. Rn. 122 ff.). Die **Schweiz** schreibt in Bezug auf Konfliktmineralien und Kinderarbeit die Einführung eines Managementsystems und die Erstellung eines Risikomanagementplans vor (→ Einl. Rn. 163 f.). **Norwegen** verlangt die Verankerung einer entsprechenden Verantwortung in den unternehmenseigenen Strategien und Prozessen (→ Einl. Rn. 172 f.). 4

5. Auswirkungen der geplanten EU-RL. Der Vorschlag der EU-Kommission für eine Richtlinie über die Sorgfaltspflicht von Unternehmen im Hinblick auf Nachhaltigkeit vom Februar 2022[2] (→ Einl. Rn. 73 ff.) gibt den Mitgliedstaaten in Art. 5 Lieferketten-RL-E vor sicherzustellen, dass Unternehmen Sorgfaltspflichten (due diligence) in alle ihre 5

[1] Vgl. Beschlussempfehlung und Bericht des Ausschusses für Arbeit und Soziales, BT-Drs. 19/30505, 39.
[2] COM (2022), 71 final.

Unternehmensbereiche einbeziehen und über eine entsprechende Sorgfaltspflichten-Politik (due diligence policy) verfügen.[3]

II. Einrichtung und Verankerung eines Risikomanagements (Abs. 1)

6 **1. Einrichtungs- und Verankerungspflicht.** Gemäß § 4 Abs. 1 müssen Unternehmen ein angemessenes und wirksames Risikomanagement einrichten (S. 1) und durch angemessene Maßnahmen in alle maßgebliche Geschäftsabläufe verankern (S. 2). Das **Risikomanagement** bildet damit die **vereinende Klammer** im gesetzlichen System zur Vorbeugung menschenrechtlicher und umweltbezogener Risiken und zur Beendigung der Verletzung menschenrechtsbezogener und umweltbezogener Pflichten.[4]

7 Unternehmensintern obliegt die Einrichtungs- und Verankerungspflicht der **Geschäftsleitung.**[5] Sie muss die grundlegenden Entscheidungen über den Zuschnitt des lieferkettenrechtlichen Risikomanagements treffen und sich regelmäßig von dessen Wirksamkeit überzeugen **(Organisations-, System- und Überwachungsverantwortung).** Dabei handelt es sich im Kern um eine unveräußerliche Leitungsaufgabe.[6] Ebenso wie die Wahrnehmung der Compliance-Verantwortung[7] ist auch die Verantwortung für das lieferkettenrechtliche Risikomanagement **„Chefsache".**[8] Diese Verantwortlichkeitszuweisung wird durch § 6 Abs. 2 S. 2 bestätigt, wonach die Unternehmensleitung eine Grundsatzerklärung über die Menschenrechtsstrategie abzugeben hat (→ § 6 Rn. 36). Hiervon unberührt bleibt die Möglichkeit der Geschäftsleitung, konkrete Einzelpflichten im Wege der Arbeitsteilung nach allgemeinen Grundsätzen zu delegieren und einen Menschenrechtsbeauftragten gemäß § 4 Abs. 3 S. 1 wahlweise auf oder unterhalb der Leitungsebene anzusiedeln (→ Rn. 49 ff.).[9] Jedoch muss die Geschäftsleitung dabei stets für eine klare Zuständigkeitsordnung sorgen.[10]

8 **2. Begriff des Risikomanagements.** § 4 verwendet den Begriff des **Risikomanagements** in der Vorschriftenüberschrift sowie in Abs. 1 und 3, ohne ihn näher zu definieren. In den Begriffsbestimmungen des § 2 sucht man vergeblich nach einer Legaldefinition. Auch die Gesetzesmaterialien bieten insoweit keine Hilfestellung. Zusätzliche terminologische Verwirrung stiftet § 4 Abs. 4, indem er den Begriff des **Risikomanagementsystems** einführt, ohne dessen Verhältnis zu jenem des Risikomanagements zu klären.

9 Ein Seitenblick auf andere Wirtschaftsgesetze führt ebenfalls nicht recht weiter. Zwar spricht § 91 Abs. 3 AktG neuerdings von einem Risikomanagementsystem und greift damit einen Begriff auf, der sich schon seit dem BilMoG vom 25.5.2009 (BGBl. 2009 I 1102) in § 289 Abs. 4 HGB sowie in § 107 Abs. 3 S. 2 AktG, § 171 Abs. 1 S. 2 AktG findet. Auch dort fehlt jedoch eine Legaldefinition,[11] sodass man notgedrungen auf eine allgemeine, betriebswirtschaftlich geprägte Umschreibung rekurriert.[12]

10 Im Rahmen des § 4 führt ein **Rückgriff auf das betriebswirtschaftliche Begriffs- und Systemverständnis** ebenfalls weiter. Zwar sind „Risikomanagement" und „Risiko-

[3] Vgl. Nietsch/Wiedmann CCZ 2022, 125 (129 f.).

[4] Vgl. Jungkind/Raspé/Terbrack DK 2021, 445 (449); Spindler ZHR 186 (2022), 67 (82); Wagner/Ruttloff/Wagner LkSG-HdB/Wagner/Wagner Rn. 608.

[5] Vgl. Fleischer AG 2022, 377 Rn. 50; Grabosch Das neue LkSG/Grabosch § 5 Rn. 13; ebenso aus betriebswirtschaftlicher Sicht in Bezug auf das allgemeine Risikomanagement Brauweiler, Risikomanagement im Unternehmen, 2. Aufl. 2019, 3; Kajüter, Risikomanagement im Konzern, 2012, 120; Vanini/Rieg, Risikomanagement, 2. Aufl. 2021, 355.

[6] Vgl. Fleischer AG 2022, 377 Rn. 50; Hembach Praxisleitfaden LkSG 124 f.; zur Einrichtung eines Risikofrüherkennungssystems nach § 91 Abs. 2 AktG auch BeckOGK/Fleischer AktG § 91 Rn. 38; Jakobus, Die Vorstandspflicht zum Risikomanagement, 2014, 61 ff.

[7] Vgl. BeckOGK/Fleischer AktG § 91 Rn. 82: „Compliance ist Chefsache".

[8] Fleischer AG 2022, 377 Rn. 50.

[9] Vgl. Fleischer AG 2022, 377 Rn. 50.

[10] Vgl. Fleischer AG 2022, 377 Rn. 50.

[11] Vgl. Koch AktG § 91 Rn. 32.

[12] Vgl. Fischer/Schuck NZG 2021, 534 (537); Fleischer AG 2022, 377 Rn. 23.

managementsystem“ mit der Rezeption durch den Gesetzgeber zu Rechtsbegriffen geworden, die ein juristisches Eigenleben führen und in erster Linie aus ihrer gesetzlichen Teleologie heraus zu verstehen sind. Dessen ungeachtet bleibt ihre betriebswirtschaftliche Herkunft in verschiedener Hinsicht relevant. Zunächst versorgt die Managementforschung den Rechtsanwender mit dem erforderlichen Basiswissen über die betriebswirtschaftlichen Zusammenhänge und Wirkungsmechanismen des Risikomanagements. Sie unterrichtet insbesondere über die unerlässlichen Funktionsbedingungen einer unternehmensinternen Risikokontrolle, die der Normgeber stillschweigend voraussetzt, wenn er den Unternehmen entsprechende Pflichten auferlegt. Darüber hinaus bietet die betriebswirtschaftliche Literatur wertvolle Anhaltspunkte dafür, wie ein idealtypisches Risikomanagementsystem in Theorie und Praxis aussehen könnte.

3. Risikomanagement in der Betriebswirtschaftslehre. a) Begriffsverständnis. Die moderne Managementlehre versteht unter **Risikomanagement** die Messung und Steuerung aller betriebswirtschaftlichen Risiken in einem Unternehmen.[13] Die Gesamtheit aller organisatorischen Regeln und Maßnahmen zum strukturierten Umgang mit Risiken bildet das **Risikomanagementsystem** des Unternehmens.[14] 11

b) Ziele und Aufgaben des Risikomanagements. Unternehmen verfolgen mit der Einrichtung eines Risikomanagements verschiedene Ziele. Als Meta-Ziel gilt ihnen die langfristige und nachhaltige Existenzsicherung des Unternehmens.[15] Unterziele bilden die Verbesserung der Entscheidungsgrundlagen, die Eröffnung von Handlungsspielräumen, die Senkung der Risiko- und Kapitalkosten sowie die Sicherung der geplanten Unternehmensziele.[16] Unabhängig davon kann die Implementierung eines Risikomanagements gesetzlich vorgeschrieben sein.[17] 12

Zur Erreichung dieser Ziele muss das Risikomanagement eine Reihe von Aufgaben übernehmen. Hierzu gehören etwa die Schaffung einer unternehmensweiten Risikokultur, die Formulierung und Umsetzung einer Risikostrategie, der Aufbau einer Risikomanagement-Organisation mit eindeutigen Zuständigkeiten sowie die Einrichtung eines operativen Risikomanagement-Prozesses.[18] 13

c) Risikomanagement als Prozess. In der Betriebswirtschaftslehre versteht man Risikomanagement als einen **dynamischen Vorgang,** der sich am besten in Prozessform 14

[13] So Wolke, Risikomanagement, 3. Aufl. 2016, 1; gleichsinnig Kajüter, Risikomanagement im Konzern, 2012, 20: „Unter Risikomanagement kann allgemein der Umgang mit Risiken in einem Unternehmen oder Konzern verstanden werden.“; ausführlicher Vanini/Rieg, Risikomanagement, 2. Aufl. 2021, 37: „Risikomanagement umfasst alle organisatorischen Regelungen zur systematischen, regelmäßigen und unternehmensweiten Umsetzung des Risikomanagement-Prozesses sowie dessen Unterstützung durch geeignete Instrumente und Methoden mit den Zielen der langfristigen Existenzsicherung, der Eröffnung von Handlungsspielräumen, der Erreichung der geplanten Unternehmensziele und der Senkung der Risiko- und Kapitalkosten.“; schon auf die Inhalte ausgreifend Brauweiler, Risikomanagement im Unternehmen, 2. Aufl. 2019, 1: „Risikomanagement ist die systematische Analyse, Bewertung, Behandlung und Steuerung von Unternehmensrisiken.“.

[14] So Kajüter, Risikomanagement im Konzern, 2012, 20 f.; ganz ähnlich Vanini/Rieg, Risikomanagement, 2. Aufl. 2021, 126: „Ein Risikomanagement-System wird als Gesamtheit aller Aufgaben, Aufgabenträger und Regelungen zur Umsetzung eines Risikomanagements definiert.“.

[15] Vgl. Kajüter, Risikomanagement im Konzern, 2012, 113; Vanini/Rieg, Risikomanagement, 2. Aufl. 2021, 38.

[16] Vgl. Diederichs, Risikomanagement und Risikocontrolling, 4. Aufl. 2018, 12; Kajüter, Risikomanagement im Konzern, 2012, 110 ff.; Vanini/Rieg, Risikomanagement, 2. Aufl. 2021, 36 f.

[17] Für einen rechtsvergleichenden Überblick über die Regulierung des Risikomanagements Kajüter, Risikomanagement im Konzern, 2012, 36 ff.

[18] Vgl. Diederichs, Risikomanagement und Risikocontrolling, 4. Aufl. 2018, 13; Vanini/Rieg, Risikomanagement, 2. Aufl. 2021, 37.

darstellen lässt.[19] Die **Phaseneinteilung** variiert von Autor zu Autor.[20] Hier werden vier Phasen unterschieden: Risikoidentifikation (→ Rn. 15), Risikomessung und Risikoanalyse (→ Rn. 16), Risikosteuerung (→ Rn. 17) und Risikoüberwachung (→ Rn. 18).[21] Zwischen allen Phasen bestehen Vor- und Rückkoppelungsbeziehungen, sodass man von einem kybernetischen Regelkreis sprechen kann.[22]

15 **aa) Risikoidentifikation.** Am Beginn steht die Identifikation aller betriebswirtschaftlichen Risiken im Zusammenhang mit der unternehmerischen Tätigkeit.[23] An sie werden in der Literatur folgende Anforderungen gestellt: Vollständigkeit, Richtigkeit, Aktualität, Systematik, Flexibilität, Wirtschaftlichkeit, Wesentlichkeit und Akzeptanz durch die Mitarbeiter.[24] Zur Risikoidentifikation gibt es eine Vielzahl von Instrumenten und Methoden, angefangen von Besichtigungen und Begehungen über Kreativitätstechniken, Risikochecklisten, Dokumentenanalysen, Unternehmens- und Umweltanalysen bis hin zu Früherkennungssystemen sowie System- und Prozessanalysen.[25] Die Ergebnisse der Risikoidentifikation werden häufig in einem Risikoinventar zusammengefasst, das nur noch die relevanten Risiken übersichtlich und kompakt zusammenstellt.[26]

16 **bb) Risikomessung und Risikoanalyse.** Anschließend erfolgen Risikomessung und Risikoanalyse.[27] Für die Risikomessung stehen quantitative und qualitative Messverfahren zur Verfügung.[28] Die auf den Messergebnissen aufbauende Risikoanalyse hängt in erster Linie von der Risikoeinstellung des Unternehmens ab.[29] Zur Entwicklung von konkreten Handlungsanleitungen werden häufig Risikoklassifikationen vorgenommen, etwa nach kritischen, wichtigen und unwichtigen Risiken.[30]

17 **cc) Risikosteuerung.** Die gemessenen und analysierten Risiken sollen im Rahmen der Risikosteuerung durch geeignete Maßnahmen beeinflusst werden.[31] Als Maßnahmen der Risikosteuerung pflegt man aktive (Risikovermeidung, Risikoverminderung, Risikodiversifikation) und passive (Risikolimitierung, Risikoüberwälzung, Risikovorsorge) Strategien zu unterscheiden.[32] Der Risikostrategiemix wird von dem einzelnen Unternehmen in Abhängigkeit von seiner Risikosituation, seiner Risikotragfähigkeit und seiner gewünschten Risikoperformance festgelegt und durch geeignete Maßnahmen konkretisiert.[33]

---

[19] Vgl. etwa Romeike, Risikomanagement, 2018, 9: „Wichtig ist in diesem Zusammenhang, dass das Risikomanagement als ein kontinuierlicher Prozess in der gesamten Organisation als Regelkreislauf verstanden und gelebt wird."; ferner Vanini/Rieg, Risikomanagement, 2. Aufl. 2021, 130: „operativer Risikomanagement-Prozess".

[20] Vgl. Karten, in Wittmann/Kern/Köhler/Küpper/v. Wysocki, Handwörterbuch der Betriebswirtschaft, 5. Aufl. 1993, Stichwort: Risk Management, Sp. 3825, 3829 f.: „Die Aufgabe des Risk Managers kann zweckmäßig in aufeinanderfolgende Phasen untergliedert werden. Nahezu jeder Autor bietet dazu eine eigene System-Variante mit eigenem Sprachgebrauch.".

[21] Im Anschluss an Wolke, Risikomanagement, 3. Aufl. 2016, 5 und passim; ganz ähnlich Vanini/Rieg, Risikomanagement, 2. Aufl. 2021, 66 (130 f.); sachlich weithin übereinstimmend Schradin, in Köhler/Küpper/Pfingsten, Handwörterbuch der Betriebswirtschaftslehre, 6. Aufl. 2007, Stichwort: Risikomanagement, Sp. 1584, 1588: „In der Literatur existiert eine Vielzahl unterschiedlicher Varianten des Prozesses, wobei eine Unterteilung in die drei Phasen Risikoanalyse, wiederum unterfallend in die Bereiche Identifikation und Bewertung, Risikosteuerung sowie Risikoüberwachung überwiegend anerkannt wird.".

[22] Vgl. Vanini/Rieg, Risikomanagement, 2. Aufl. 2021, 130.

[23] Vgl. Wolke, Risikomanagement, 3. Aufl. 2016, 6.

[24] Näher Vanini/Rieg, Risikomanagement, 2. Aufl. 2021, 200 mwN.

[25] Ausf. Vanini/Rieg, Risikomanagement, 2. Aufl. 2021, 200 ff., 227 (Zusammenfassung).

[26] Vgl. Vanini/Rieg, Risikomanagement, 2. Aufl. 2021, 223.

[27] Vgl. Wolke, Risikomanagement, 3. Aufl. 2016, 13.

[28] Näher Vanini/Rieg, Risikomanagement, 2. Aufl. 2021, 235 ff.

[29] Dazu Wolke, Risikomanagement, 3. Aufl. 2016, 78.

[30] So Wolke, Risikomanagement, 3. Aufl. 2016, 79; für eine noch feinere Relevanzskala von fünf Stufen Vanini/Rieg, Risikomanagement, 2. Aufl. 2021, 238.

[31] Vgl. Wolke, Risikomanagement, 3. Aufl. 2016, 93.

[32] Näher Vanini/Rieg, Risikomanagement, 2. Aufl. 2021, 317 ff.

[33] So ausdrücklich Vanini/Rieg, Risikomanagement, 2. Aufl. 2021, 323.

dd) Risikoüberwachung. Die Risikoüberwachung soll überprüfen, ob und inwieweit das Risikomanagement-System und der operative Risikomanagement-Prozess den einschlägigen Normen und Anforderungen entsprechen.[34] Dadurch will man Fehler vermeiden, Schwachstellen identifizieren und Verbesserungspotenziale ausschöpfen. Organisatorisch liegt die Risikoüberwachung zum Teil in den Händen der direkt am Risikomanagement beteiligten Stellen (prozessabhängig), zum Teil in denen der Internen Revision, des Aufsichtsrats oder des Abschlussprüfers (prozessunabhängig).[35] 18

d) Risikomanagement-Standards. Zur Ausgestaltung des Risikomanagements greift man in der Unternehmenspraxis gern auf nationale oder internationale Standards zurück, von denen es inzwischen über 100 gibt.[36] Deutsche Unternehmen benutzen häufig den US-amerikanischen Standard „COSO Enterprise Risk Management (COSO ERM)",[37] der im Jahre 2017 grundlegend überarbeitet wurde.[38] Ähnlich beliebt ist der Standard „ISO 31000 – Risk Management – Principles and Guidelines (ISO 31000)",[39] der in einer aktualisierten Version von 2018 vorliegt.[40] 19

e) Funktionswandel vom traditionellen zum strategischen Risikomanagement. Konzeptionell setzt das Risikomanagement heute breiter an als früher: Ging es ursprünglich nur um **spezielles Risikomanagement** mit dem Ziel, das Unternehmens gegen reine (Verlust-)Risiken abzusichern, so hat sich seit einiger Zeit ein Funktionswandel zum **generellen Risikomanagement** vollzogen,[41] das über die bloße Handhabung von Risikopotenzialen hinausgeht und spekulative Risiken miteinschließt, die auch unternehmerische Chancen eröffnen.[42] Dabei geht es um den Ausbau des Risikomanagements zu einem Teilsystem der Unternehmensführung und seine Einbettung in das strategische Management.[43] In diesem Sinne wird strategisches Risikomanagement heute als zentraler Baustein einer wertorientierten Unternehmenssteuerung verstanden.[44] 20

4. Risikomanagement in den UN-Leitprinzipien. Wie bereits erwähnt (→ Rn. 3), orientieren sich die menschenrechtlichen Sorgfaltspflichten an den UN-Leitprinzipien für Wirtschaft und Menschenrechte,[45] die von dem UN-Sonderbeauftragten John Ruggie ausgearbeitet worden sind (→ Einl. Rn. 7 ff.).[46] Nach UNGP 17 sollen Wirtschaftsunternehmen eine sog. **Human Rights Due Diligence** durchführen, um die nachteiligen menschenrechtlichen Auswirkungen zu ermitteln, zu verhindern oder abzumildern. Sprachlich und sachlich suchen die UN-Leitprinzipien damit den Anschluss an wohlbekannte Figuren aus der Welt des Unternehmens-, Gesellschafts- und Kapitalmarkt- 21

---

[34] Vgl. Vanini/Rieg, Risikomanagement, 2. Aufl. 2021, 339.

[35] Näher Vanini/Rieg, Risikomanagement, 2. Aufl. 2021, 341 ff.

[36] Vgl. Hunziker, Enterprise Risk Management – Modern Approaches to Balancing Risk and Reward, 2019, 169.

[37] Vgl. Quick/Gauch WPg 2021, 1121 (1122); ferner Vanini/Rieg, Risikomanagement, 2. Aufl. 2021, 155 unter Hinweis auf die Geschäftsberichte von Lufthansa und Volkswagen.

[38] Eingehend dazu Bantleon/Schmidt/Singler WPg 2019, 1134.

[39] Vgl. Quick/Gauch WPg 2021, 1121 (1122).

[40] Vgl. Vanini/Rieg, Risikomanagement, 2. Aufl. 2021, 155 f.

[41] Zu dieser Terminologie bereits Hahn zfo 1987, 137 (139).

[42] Vgl. Gleißner, Grundlagen des Risikomanagements, 3. Aufl. 2017, 89 ff.; Vanini/Rieg, Risikomanagement, 2. Aufl. 2021, 161 ff.

[43] Vgl. Gleißner DB 2018, 2769 (2771 ff.); Kajüter, Risikomanagement im Konzern, 2012, 52 f.; Scheffler/Lenz/Andreas WPg 2019, 367 (369 ff.).

[44] So ausdrücklich Gleißner DB 2018, 2769 (2773); ähnlich Bantleon/Schmidt/Singler WPg 2019, 1134 (1144): „Die Wertgenerierung ist nun – über die Wertsicherung hinaus – hervorgehobenes Ziel des Risikomanagements."; Scheffler/Lenz/Andreas WPg 2019, 367 (372): „Wandlung des Risikomanagements zum holistischen Instrument mit Mehrwert für die Unternehmenssteuerung".

[45] Vgl. Begr. RegE LkSG, BT-Drs. 19/28649, 41.

[46] Vgl. Ruggie, Report of the Special Representative on the issue of human rights and transnational corporations and other business enterprises, 21.3.2011, A/HRC/17/31.

rechts.[47] Dort versteht man unter Due Diligence in unterschiedlichen Zusammenhängen ein Verfahren zur Untersuchung und Bewertung geschäftlicher Risiken, etwa bei der Vorbereitung eines Börsengangs[48] oder bei M&A-Transaktionen.[49] Mit der ausdrücklichen Bezugnahme auf die UN-Leitprinzipien durch den deutschen Gesetzgeber gehören diese zum relevanten Auslegungsmaterial des LkSG (→ § 3 Rn. 5).[50]

22 Das lieferkettenrechtliche Risikomanagement weist **zahlreiche Berührungspunkte mit dem hergebrachten unternehmerischen Risikomanagement** auf.[51] So erläuterte schon der offiziöse Kommentar zu UNGP 17, dass die Human Rights Due Diligence in allgemeine Risikomanagementsysteme integriert werden könne.[52] Bereits zuvor hatte Ruggie in seinem Zwischenbericht auf diesen Brückenschlag hingewiesen[53] und sich hierbei auf fachkundige Vorarbeiten eines ehemaligen Gesellschaftsrechts-Praktikers aus seinem Beraterstab zum „COSO Enterprise Risk Management" gestützt.[54] Später erläuterte Ruggie, dass er sich bewusst an schon bestehende Risikosteuerungsmechanismen in der Unternehmenswelt angelehnt habe.[55] Er sah hierin einen vielversprechenden Weg zur Einbettung der menschenrechtlichen Due Diligence in die tägliche Managementpraxis multinationaler Unternehmensgruppen, ohne mit dem konzernrechtlichen Trennungsprinzip in Konflikt zu geraten.[56]

23 Zwar spricht der deutsche Gesetzgeber diese Verbindung zur Welt des betrieblichen Risikomanagements weder **in § 4** noch in den Gesetzesmaterialien ausdrücklich an. Im Lichte der UN-Leitprinzipien wird man aber bei der „Einrichtung eines Risikomanagements" (§ 3 Abs. 1 S. 2 Nr. 1) gleichwohl **an das hergebrachte „Enterprise Risk**

[47] Vgl. Bonnitcha/McCorquodale EJIL 28 (2017), 899 (900): „The use of the term 'due diligence' in the Guiding Principles appears to be a clever and deliberate tactic, as it is familiar to business people, human rights lawyers and states, among whom Ruggie sought to build a consensus on his approach.".

[48] Vgl. zur sog. „Due Diligence Defense" nach sec. 11(c) Securities Act 1933 etwa Hazen, The Law of Securities Regulation, 5. Aufl. 2006, § 7.4 [2], 290 ff.

[49] Eingehend der Sammelband von Berens/Brauner/Knauer/Strauch, Due Diligence bei Unternehmensakquisitionen, 8. Aufl. 2019.

[50] Ausf. dazu und zur Notwendigkeit einer „menschenrechtlichen Textstufenanalyse" Fleischer CCZ 2022, 205; knapper Ehmann ZVertriebsR 2021, 141 (151).

[51] Vgl. Fasterling BHRJ 2017, 225 (226): „[…] the UNGPs do, indeed, envisage human rights due diligence as a risk management task."; gleichsinnig Mares Leiden J. Int. Law 32 (2019), 517 (518): „In this new paradigm, economic decision-makers are expected to operationalize human rights protection through risk management methods."; ferner Fleischer AG 2022, 377 Rn. 39.

[52] Vgl. UN-Leitprinzipien für Wirtschaft und Menschenrechte, 21.

[53] Vgl. Ruggie, Report of the Special Representative of the Secretary-General on the Issue of Human Rights and Transnational Corporations and Other Business Enterprises, April 2009, A/HRC/11/13 Rn. 51.

[54] Rückblickend Sherman, in ABA, A Guide to Human Rights Due Diligence for Lawyers (demnächst), vorab Human Rights Due Diligence and Corporate Governance, ssrn.com/abstract=3862624, 3: „In the mid 1990s and early 2000s, I was an inside corporate counsel to a U. S. electric utility, with leadership responsibilities for two of the company's governance systems – its due diligence program to prevent involvement in crime, and its Enterprise Risk Management program ('ERM'). After I retired from the company in 2008, I became a senior legal adviser to Professor John Ruggie, the former UN Special Representative on Business and Human Rights ('SRSG') who authored the UNGPs. As a former corporate lawyer with experience in corporate governance, I outlined to the SRSG and his team in 2010 how key elements of those two corporate governance systems could be used help to shape the development of human rights due diligence, or HRDD.".

[55] Vgl. Ruggie, Just Business. Multinational Corporations and Human Rights, 2013, 99: „For guidance I looked at systems that companies already use to satisfy themselves in other domains that they are accounting for risks. Companies have long conducted transactional due diligence to ensure that a contemplated merger or acquisition, say, has no hidden risks. Starting in the 1990s, they began to add internal controls for the ongoing management of risks to both the company and to stakeholders who could be harmed by the company's conduct […]. Drawing on these established practices I introduced the concept of human rights due diligence as a means for companies to identify, prevent, mitigate, and address adverse impacts on human rights.".

[56] Vgl. Ruggie, Just Business. Multinational Corporations and Human Rights, 2013, 189: „Under the corporate-responsibility-to-respect-human-rights pillars, I did not set out to establish a global enterprise legal liability model. That would have been a purely theoretical exercise. My aim was to prescribe practical ways of integrating human rights concerns within enterprise risk-management systems. Multinational corporations routinely assess and address enterprise-wide risks, in addition to the risks faced by local operating units. And when they do so, they aggregate, not atomize, risks across the corporate groups and functions. Separate legal personality is rarely involved in relation to enterprise risk management".

Management" anknüpfen können,[57] das in Gestalt der Standards COSO ERM oder ISO 31000 auch in Deutschland gängige Unternehmenspraxis ist (→ Rn. 19).[58] Auf diese Weise lassen sich zugleich betriebswirtschaftliche Einsichten zum Risikomanagement für die Konturierung des lieferkettenrechtlichen Pflichtenprogramms fruchtbar machen, sofern sie in der Betriebswirtschaftslehre als gesichert gelten und sich in der Praxis bewährt haben[59] sowie den lieferkettenrechtlichen Regelungszielen (→ Rn. 24 f.) nicht zuwiderlaufen.

5. Besonderheiten des menschenrechtlichen Lieferkettenmanagements. Ungeachtet aller Gemeinsamkeiten des menschenrechtlichen Risikomanagements mit dem allgemeinen „Enterprise Risk Management" im Unternehmen gibt es markante Unterschiede, die bei der Kalibrierung der Human Rights Due Diligence zu berücksichtigen sind.[60] Auf einen zentralen Punkt hatte bereits der offiziöse Kommentar zu UNGP 17 hingewiesen. Danach genügt es nicht, materielle Risiken für das Unternehmen selbst zu ermitteln und zu steuern; vielmehr müssen die Risiken für die Rechteinhaber, also die möglichen Opfer nachteiliger menschenrechtlicher Auswirkungen, berücksichtigt werden. Ruggie selbst betonte später, dass Menschenrechtsrisiken in mancher Hinsicht besondere Risiken seien, die daher auch einer besonderen Behandlung bedürften.[61] Hieran anknüpfend haben jüngere Literaturstimmen auf Divergenzen zwischen sozialen Risiken für die Reputation des Unternehmens einerseits und Menschenrechtsrisiken andererseits aufmerksam gemacht.[62] Infolgedessen sollen auf jeder Stufe des Risikomanagement-Prozesses jeweils andere Ansätze erforderlich sein: bei der Risikoidentifikation, der Risikobewertung und der Risikosteuerung.[63] 24

Im Lichte dessen sind auch **im Rahmen des § 4** verschiedene **Anpassungen gegenüber dem hergebrachten Risikomanagement** im Unternehmen unumgänglich.[64] Dies folgt ohne Weiteres aus den Zielvorgaben des § 3 Abs. 1 S. 1, menschenrechtlichen oder umweltbezogenen Risiken vorzubeugen oder sie zu minimieren und die Verletzung menschenrechtsbezogener oder umweltbezogener Pflichten zu beenden. Damit ist es den Unternehmen verwehrt, ihre Risikotoleranz oder Risikotragfähigkeit in diesen Bereichen selbst zu bestimmen.[65] Vielmehr werden ihnen die Ziele der Risikovorbeugung und Risikominimierung im Rahmen des gesetzlichen Angemessenheitsvorbehalts heteronom vorgegeben.[66] Dies gilt auch dann, wenn keine nennenswerten Reputationsschäden drohen und die betreffenden Geschäfte für das Unternehmen per saldo gewinnbringend sind.[67] 25

6. Abgleich mit dem Risikomanagement im Aktien- und Aufsichtsrecht. Die gerade genannten Schutzzweckdivergenzen (→ Rn. 24 f.) wirken sich auch bei einem Abgleich des lieferkettenrechtlichen Risikomanagements mit dem aktien- und aufsichts- 26

---

[57] Vgl. Fleischer AG 2022, 377 Rn. 40; ähnlich Grabosch Das neue LkSG/Grabosch § 5 Rn. 19, 48 und 63.

[58] Vgl. Quick/Gauch WPg 2021, 1121 (1122); Vanini/Rieg, Risikomanagement, 2. Aufl. 2021, 155.

[59] Zu diesen juristischen „Rezeptionsbedingungen" Fleischer AG 2022, 377 Rn. 32.

[60] Vgl. Fleischer AG 2022, 377 Rn. 41.

[61] Vgl. Ruggie, Just Business. Multinational Corporations and Human Rights, 2013, 99: „But human rights due diligence must reflect what is unique to human risks. [...] Moreover [...] human rights due diligence is not simply a matter of calculating probabilities [...].".

[62] Vgl. etwa Fasterling BHRJ 2017, 225 unter der Überschrift „Human Rights Due Diligence as Risk Management: Social Risk Versus Human Rights Risk"; ferner Mares Leiden J. Int. Law 32 (2019), 517.

[63] Zusammenfassend Fasterling, BHRJ 2017, 225 (227): „First, social risk is identified differently than human rights risk, meaning that different knowledge becomes relevant for risk identification. Second, social and human rights risks each require different assessment methods. Third, human rights and social risk reduction measures differ from each other, and finally, risk management systems addressing a business's social risks allow for certain trade-offs that would be unacceptable under the UNGPs.".

[64] Vgl. Fleischer AG 2022, 377 Rn. 42; Joos/Kerckhoff/Ghassemi-Tabar DB 2022, 1465 (1466).

[65] Vgl. Fleischer AG 2022, 377 Rn. 42.

[66] Vgl. Fleischer AG 2022, 377 Rn. 42.

[67] Vgl. Fleischer AG 2022, 377 Rn. 42; ebenso Grabosch Das neue LkSG/Grabosch § 4 Rn. 27, wonach es „keine Rolle mehr spielt, ob die Risiken nach dem LkSG zugleich auch Risiken für den wirtschaftlichen Erfolg des Unternehmens selbst sind.".

rechtlichen Regelungsrahmen aus. Gesetzliche Vorgaben zum Risikomanagement enthalten § 91 Abs. 2 (Risikofrüherkennungssystem für alle Aktiengesellschaften) und Abs. 3 AktG (Risikomanagementsystem für börsennotierte Aktiengesellschaften) sowie § 25a KWG iVm seiner Konkretisierung durch die sog. Mindestanforderungen für das Risikomanagement (MaRisk) der BaFin.[68] Weil es § 4 weder um die Abwendung bestandsgefährdender Unternehmensrisiken (§ 91 Abs. 2 AktG) noch um die laufende Sicherstellung der Risikotragfähigkeit des Unternehmens (§ 25a KWG), sondern um einen möglichst weitgehenden und effektiven Menschenrechts- und Umweltschutz geht (§ 3 Abs. 1 S. 1), sind einem aktien- oder aufsichtsrechtlichen Wertungstransfer in Richtung LkSG von vornherein Grenzen gezogen.[69]

27 Gleichwohl gibt es manche Einzelanforderungen aus dem Aktien- und Aufsichtsrecht, die sich auch auf das lieferkettenrechtliche Risikomanagement übertragen lassen. Hierzu gehören die nicht disponible (MaRisk AT 4.2 Nr. 4) Gesamtverantwortung der Geschäftsleiter für die Einrichtung eines Risikomanagementsystems (§ 25a Abs. 1 S. 2 KWG, MaRisk AT 3), die klare Zuordnung und Abgrenzung der Verantwortungsbereiche (§ 25a Abs. 1 S. 3 Hs. 2 Nr. 3 lit. a KWG) sowie die angemessene personelle und technisch-organisatorische Ausstattung für diese Aufgaben (§ 25 Abs. 1 S. 3 Hs. 2 Nr. 4 KWG).[70] Vieles von dem ist im Text des LkSG bereits im Kern angelegt, etwa in § 6 Abs. 2 S. 2 (Abgabe der Grundsatzerklärung durch die Unternehmensleitung) und in § 4 Abs. 3 S. 1 (Festlegung der Zuständigkeit für die Überwachung des Risikomanagements) oder wird zumindest in den Gesetzesmaterialien angesprochen.[71]

28 **7. Organisations- und Ausgestaltungsermessen.** Genauere Vorgaben zur Ausgestaltung des lieferkettenrechtlichen Risikomanagements gibt das Gesetz den Unternehmen nicht an die Hand. § 4 Abs. 1 beschränkt sich darauf, ein angemessenes und wirksames Risikomanagement zu verlangen (→ Rn. 30 f.). Diese bewusste gesetzgeberische Zurückhaltung eröffnet den einzelnen Unternehmen ein breites Organisations- und Ausgestaltungsermessen.[72] Es geht daher nicht an, ihnen aus der ex-post-Perspektive in allen Einzelheiten vorzuschreiben, wie sie ihr lieferkettenrechtliches Risikomanagement hätten organisieren sollen. Vielmehr verfügen sie über einen **beträchtlichen Organisations- und Handlungsspielraum,** mit dem eine Verringerung der behördlichen und gerichtlichen Prüfungsintensität einhergeht (näher → § 3 Rn. 55). Eine Einschränkung dieses Organisationsermessens kann sich allerdings im Einzelfall durch Branchenstandards, Vorkommnisse im Unternehmen selbst oder in Unternehmen derselben Branche ergeben.

29 Im konkreten Zugriff können sich die Unternehmen bei der Einrichtung ihres lieferkettenrechtlichen Risikomanagements **an schon vorhandenen Risikomanagement- oder Compliance-Management-Systemen orientieren.**[73] Dies gilt insbesondere für das hergebrachte „Enterprise Risk Management" in Gestalt der Standards COSO ERM oder ISO 31000 (→ Rn. 23). Eine solche mögliche Angliederung findet auch schon im offiziösen Kommentar zu UNGP 17 Erwähnung (→ Rn. 22). Dabei steht es den Unternehmen grundsätzlich frei, das lieferkettenrechtliche Risikomanagement dort vollständig oder teilweise[74]

[68] Näher Fleischer AG 2022, 377 Rn. 15 ff., 22 ff., 34 ff.

[69] Vgl. Fleischer AG 2022, 377 Rn. 43.

[70] Vgl. Fleischer AG 2022, 377 Rn. 44.

[71] Vgl. Begr. RegE LkSG, BT-Drs. 19/28649, 43: „Am Unternehmensstandort sind […] Zuständigkeiten zu verankern, um die Sorgfaltspflichten zu überwachen, etwa im Vorstand, in der Compliance-Abteilung oder im Einkauf. […] Das Unternehmen hat die notwendigen Hilfsmittel zur Verfügung zu stellen, um die angemessene Überwachung zu gewährleisten.".

[72] Vgl. Grabosch Das neue LkSG/Grabosch § 5 Rn. 49; Joos/Kerckhoff/Ghassemi-Tabar DB 2022, 1465 (1466); Spindler ZHR 186 (2022), 67 (82); Wagner/Ruttloff/Wagner LkSG-HdB/Wagner/Wagner Rn. 609.

[73] Ebenso Grabosch Das neue LkSG/Grabosch § 5 Rn. 16 f.; Joos/Kerckhoff/Ghassemi-Tabar DB 2022, 1465 (1466); Wagner/Ruttloff/Wagner LkSG-HdB/Wagner/Wagner Rn. 609.

[74] Vgl. den Vorschlag von Dutzi/Schneider/Hasenau DK 2021, 454 (456): „Der Aufbau des Corporate-Human-Rights-Risk-Management-Systems (CHR-RMS) kann dabei in einen allgemeinen Teil, der sich am grundlegenden Aufbau von Risk-Management-Systemen (RMS) orientiert, sowie einen speziellen Teil, der

zu integrieren,[75] sofern sie den lieferkettenrechtlichen Besonderheiten (→ Rn. 24 f.) Rechnung tragen.[76] Ebenso können sie aber auch ein gänzlich eigenständiges LkSG-Risikomanagementsystem einrichten und unternehmensweit verankern.[77]

8. Angemessenes und wirksames Risikomanagement. Nach § 4 Abs. 1 S. 1 muss das Risikomanagement angemessen und wirksam sein. Das Merkmal der **Angemessenheit** wiederholt den allgemeinen Angemessenheitsvorbehalt des § 3 Abs. 1 S. 1 und Abs. 2 (→ § 3 Rn. 45 ff.) und verfolgt dessen Funktionen auch im Rahmen des Risikomanagements. Es soll zunächst eine Pflichtenkonkretisierung im Einzelfall ermöglichen und als bereichsspezifische Ausprägung des verfassungsrechtlichen Verhältnismäßigkeitsprinzips eine **Pflichtenüberspannung verhindern.**[78] Die Einzelanforderungen an ein Risikomanagement stehen daher unter dem doppelten Vorbehalt der Erforderlichkeit und Zumutbarkeit. Zugleich wird den Unternehmen mit dem gesetzlichen Angemessenheitsvorbehalt ein breiter Ermessens- und Handlungsspielraum bei der Einrichtung und Verankerung des Risikomanagements gewährt (→ Rn. 28).[79] 30

In einem gewissen Spannungsverhältnis zum Angemessenheitsvorbehalt steht das gesetzliche Erfordernis der **Wirksamkeit.** Wirksam ist ein lieferkettenrechtliches Risikomanagementsystem – in Übereinstimmung mit der herrschenden Auslegung zum Risikomanagementsystem gemäß § 91 Abs. 3 AktG[80] – bereits dann, wenn es zur Aufdeckung, Steuerung und Bewältigung aller wesentlichen menschenrechtlichen und umweltbezogenen Risiken geeignet ist.[81] Maßgebend sind die Umstände des Einzelfalls.[82] Falls sich bestimmte Risiken verwirklicht haben, kann hieraus allerdings nicht zwingend auf die fehlende Wirksamkeit des Systems geschlossen werden.[83] Das System darf selbstverständlich nicht nur auf dem Papier stehen, sondern muss tatsächlich umgesetzt werden.[84] Hierzu gehört nicht zuletzt die Pflicht, in puncto Risikokultur eine klare Haltung vorzugeben und vorzuleben („tone from the top"), § 6 Abs. 2.[85] 31

9. Risikomanagement im Konzern. a) Allgemeines. Zur konzernrechtlichen Dimension des lieferkettenrechtlichen Risikomanagements geben weder Gesetzestext noch Gesetzesmaterialien weiterführende Hinweise.[86] Gründlicher ausgeleuchtet sind dagegen Reichweite und Grenzen der konzernrechtlichen Risikofrüherkennung[87] und Compliance-Verantwortung[88] einschließlich ihrer betriebswirtschaftlichen Aspekte.[89] Im lieferkettenrechtlichen Schrifttum hat man sich bisher vor allem mit dem persönlichen Anwendungsbereich des LkSG im Konzern befasst.[90] 32

---

explizite aus dem LkSG abgeleitete Merkmale abdeckt, unterteilt werden."; allg. zu einem Besonderen und einem Allgemeinen Teil des rechtlichen Risikomanagements Fleischer AG 2022, 377 Rn. 46 ff.

[75] Vgl. Grabosch Das neue LkSG/Grabosch § 5 Rn. 19; Seibt/Vesper-Gräske CB 2021, 357 (362 f.); Wagner/Ruttloff/Wagner LkSG-HdB/Wagner/Wagner Rn. 609.

[76] Vgl. Joos/Kerckhoff/Ghassemi-Tabar DB 2022, 1465 (1466); Wagner/Ruttloff/Wagner LkSG-HdB/Wagner/Wagner Rn. 609.

[77] Vgl. Joos/Kerckhoff/Ghassemi-Tabar DB 2022, 1465 (1466); Wagner/Ruttloff/Wagner LkSG-HdB/Wagner/Wagner Rn. 609.

[78] Allg. dazu auch Jungkind/Raspé/Terbrack DK 2021, 445 (448); Lutz-Bachmann/Vorbeck/Wengenroth BB 2021, 906 (910).

[79] Allg. dazu Begr. RegE LkSG BT-Drs. 19/28649, 42.

[80] Dazu BeckOGK/Fleischer AktG § 91 Rn. 59.

[81] Vgl. Fleischer CCZ 2022, 205 (213).

[82] Vgl. Fleischer CCZ 2022, 205 (213).

[83] Vgl. Fleischer CCZ 2022, 205 (213).

[84] Vgl. Fleischer CCZ 2022, 205 (213).

[85] Vgl. Fleischer AG 2022, 377 Rn. 50.

[86] Allg. darauf hinweisend für die LkSG-Pflichtenstellung im Konzern Nietsch/Wiedmann NJW 2022, 1 Rn. 34.

[87] Vgl. BeckOGK/Fleischer AktG § 91 Rn. 42.

[88] Vgl. BeckOGK/Fleischer AktG § 91 Rn. 89 ff.

[89] Monographisch die Habilitationsschrift von Kajüter, Risikomanagement im Konzern, 2012.

[90] Vgl. etwa Ott/Lüneburg/Schmelzeisen DB 2022, 238; Passarge CB 2021, 332.

33 **b) Abgleich mit der Compliance-Verantwortung im Konzern.** Die unmittelbare Verantwortung für die Umsetzung konzernweiter Compliance-Vorgaben obliegt nach allgemeiner Meinung den einzelnen Konzernunternehmen.[91] Deren Organmitglieder müssen in ihrem jeweiligen Bereich für rechtmäßige Zustände sorgen. Diese originäre Compliance-Verantwortung des Tochtervorstands bedeutet allerdings nicht, dass im Konzernverbund ohne hinreichenden Anlass kostspielige Dopplungen von Compliance-Strukturen aufzubauen wären. Vielmehr ist es dem Tochtervorstand gestattet, auf die vorhandene Compliance-Organisation der Muttergesellschaft zurückzugreifen und die tochtereigenen Compliance-Strukturen in deren konzernweites Compliance-System zu integrieren.[92] Noch weitergehend besteht sogar eine Pflicht von Mutter- und Tochtervorstand zur **konzernweiten Koordination und Vernetzung der Compliance-Strukturen.**[93] Dabei gleicht die Aufgabenverteilung zwischen Mutter- und Tochtergesellschaft einem **System kommunizierender Röhren:** Je lückenhafter die Kontrolle der Konzern-Compliance über die Tochtergesellschaften ausfällt, desto größere Compliance-Pflichten treffen den Tochtervorstand.[94] Umgekehrt kann die Compliance-Funktion bei der Tochtergesellschaft umso schmaler sein, je intensiver die Kontrolle der Konzern-Compliance ausfällt.[95] Selbst bei einer schlagkräftigen Konzern-Compliance ist der Tochtervorstand allerdings gehalten, ein Mindestmaß an Compliance-Funktionen im eigenen Unternehmen vorzuhalten, um seiner Compliance-bezogenen Informationsverantwortung zu genügen und im Not- oder Streitfall die Compliance-Verantwortung wieder selbst übernehmen zu können.[96]

34 **c) Umsetzung des Risikomanagements im Konzern.** Im Rahmen des lieferkettenrechtlichen Risikomanagements stellt sich vor allem die Frage, ob in einem Konzern jedes erfasste Unternehmen eigene Pflichten nach dem LkSG erfüllen muss oder ob diese Pflichten auch zentral von der Obergesellschaft erfüllt werden können.[97] Hierzu hat das Ministerium in seinen Fragen und Antworten zum Lieferkettengesetz (FAQ) weiterführende Hinweise gegeben, in denen verschiedene **Fallgruppen** unterschieden werden.[98]

35 Fallen Konzernobergesellschaft und Tochterunternehmen beide unter das LkSG und besteht kein bestimmender Einfluss (§ 2 Abs. 6) der Obergesellschaft auf die Tochter, so trifft beide Unternehmen eine Pflicht zum Risikomanagement für ihren jeweiligen eigenen Geschäftsbereich und entlang ihrer jeweiligen Lieferketten.[99] Im Ausgangspunkt müssen beide ihre lieferkettenrechtlichen Sorgfaltspflichten daher getrennt erfüllen und auch einen eigenen Bericht gemäß § 10 Abs. 2 veröffentlichen.[100] Allerdings ist es nach den ministeriellen FAQ **zulässig, dass sich die Unternehmen abstimmen,** wenn sie Maßnahmen ergreifen.[101] Beispielsweise könne ein Tochterunternehmen von der Muttergesellschaft initiierte geeignete Maßnahmen, etwa bei der Grundsatzerklärung oder Schulungen, übernehmen und sich – eigenverantwortlich – zu eigen machen. Dies könne in der Berichtspflicht entsprechend dargestellt werden.[102] Dem ist im Kern zuzustimmen.[103] Wie bei der Compliance-Verantwortung im Konzern (→ Rn. 33) sind auch hier eine **konzernweite Koordination und Vernetzung der lieferkettenrechtlichen Risikomanagement-**

[91] Vgl. BeckOGK/Fleischer AktG § 91 Rn. 91.
[92] Vgl. BeckOGK/Fleischer AktG § 91 Rn. 91.
[93] Vgl. BeckOGK/Fleischer AktG § 91 Rn. 91.
[94] Vgl. BeckOGK/Fleischer AktG § 91 Rn. 91.
[95] Vgl. BeckOGK/Fleischer AktG § 91 Rn. 91.
[96] Vgl. BeckOGK/Fleischer AktG § 91 Rn. 91.
[97] Eingehend dazu Rothenburg/Rogg AG 2022, 257; punktuell auch Nietsch/Wiedmann NJW 2022, 1 Rn. 34.
[98] Vgl. BMAS, Fragen und Antworten zum Lieferkettengesetz, FAQ IV, Nr. 7.
[99] Vgl. BMAS, Fragen und Antworten zum Lieferkettengesetz, FAQ IV, Nr. 7a); Rothenburg/Rogg AG 2022, 257 Rn. 41.
[100] Vgl. BMAS, Fragen und Antworten zum Lieferkettengesetz, FAQ IV, Nr. 7a).
[101] Vgl. BMAS, Fragen und Antworten zum Lieferkettengesetz, FAQ IV, Nr. 7a).
[102] Vgl. BMAS, Fragen und Antworten zum Lieferkettengesetz, FAQ IV, Nr. 7a).
[103] Im Grundsatz auch Rothenburg/Rogg AG 2022, 257 Rn. 42.

Strukturen nach dem Prinzip kommunizierender Röhren zulässig und sinnvoll. Ist das Tochterunternehmen gleichzeitig Zulieferer (§ 2 Abs. 7) der Obergesellschaft, so hat die Obergesellschaft die für unmittelbare Zulieferer geltenden Sorgfaltspflichten auch im Hinblick auf die Tochter zu erfüllen.[104]

36 Fallen Konzernobergesellschaft und Tochterunternehmen beide unter das LkSG und besteht ein bestimmender Einfluss (§ 2 Abs. 6) der Obergesellschaft auf die Tochter, so trifft die Obergesellschaft eine Pflicht zum Risikomanagement für ihren eigenen Geschäftsbereich und entlang ihrer Lieferketten.[105] Dies schließt nach den ministeriellen FAQ den Geschäftsbereich und die Lieferketten ihres Tochterunternehmens mit ein.[106] Ohne Belang ist dabei, ob das Tochterunternehmen seine Produkte oder Dienstleistungen der Obergesellschaft zuliefert oder ob es sie an Dritte vertreibt.[107] Auch das Tochterunternehmen trifft eine eigene Verantwortung für das Risikomanagement im eigenen Geschäftsbereich und entlang seiner Lieferketten.[108] Jedoch halten die ministeriellen FAQ hier mit Recht ebenfalls eine gewisse **Abstimmung und Koordination der lieferkettenrechtlichen Sorgfaltspflichten** für möglich: Bei diesen Konstellationen könne es angemessen sein, dass sich der Pflichteninhalt der Obergesellschaft auf bloße Überwachungspflichten bezüglich des Tochterunternehmens reduziert bzw. dass die Tochter auf die Erfüllung der Pflichten durch die Mutter verweist.[109] Dies sei abhängig von der Konzernstruktur und der individuellen Risikodisposition der Obergesellschaft bzw. der Tochterunternehmen.[110] Im Ergebnis dürfte die Pflichtenlage im Wesentlichen jener bei der ersten Fallgruppe (→ Rn. 35) entsprechen.

37 Fällt nur die Konzernobergesellschaft, nicht aber die Tochter in den Anwendungsbereich des LkSG, so trifft die Obergesellschaft eine Pflicht zum Risikomanagement für ihren eigenen Geschäftsbereich und entlang ihrer Lieferketten.[111] Dies schließt nach den ministeriellen FAQ den Geschäftsbereich und die Lieferketten ihres Tochterunternehmens mit ein, sofern die Obergesellschaft einen bestimmenden Einfluss ausübt (§ 2 Abs. 6).[112] Bei nichtbestimmendem Einfluss muss die Obergesellschaft die Tätigkeiten ihrer Tochter nur prüfen, wenn diese ihr (unmittelbarer) Zulieferer ist.[113]

38 Fällt nur das Tochterunternehmen, nicht aber die Obergesellschaft in den Anwendungsbereich des LkSG (zB die Tochter einer US-amerikanischen Mutter), so obliegen der Tochter nach den ministeriellen FAQ lediglich die Sorgfaltspflichten für ihren eigenen Geschäftsbereich und entlang ihrer Lieferketten.[114] Dagegen trifft sie keine Pflicht zum Risikomanagement für den Gesamtkonzern.[115] Die Tätigkeit der Obergesellschaft ist für sie lieferkettenrechtlich ohne Belang.

III. Wirksamkeitserfordernis (Abs. 2)

39 **1. Wirksamkeit von Maßnahmen.** § 4 Abs. 2 greift das Erfordernis eines wirksamen Risikomanagements iSd § 4 Abs. 1 S. 1 (→ Rn. 31) auf und unternimmt eine nähere Erläuterung. Wirksam sind danach solche Maßnahmen, die es ermöglichen, menschen-

[104] Vgl. BMAS, Fragen und Antworten zum Lieferkettengesetz, FAQ IV, Nr. 7a) a. E.
[105] Vgl. BMAS, Fragen und Antworten zum Lieferkettengesetz, FAQ IV, Nr. 7b); Rothenburg/Rogg AG 2022, 257 Rn. 48.
[106] Vgl. BMAS, Fragen und Antworten zum Lieferkettengesetz, FAQ IV, Nr. 7b).
[107] Vgl. BMAS, Fragen und Antworten zum Lieferkettengesetz, FAQ IV, Nr. 7b).
[108] Vgl. BMAS, Fragen und Antworten zum Lieferkettengesetz, FAQ IV, Nr. 7b).
[109] Vgl. BMAS, Fragen und Antworten zum Lieferkettengesetz, FAQ IV, Nr. 7b).
[110] Vgl. BMAS, Fragen und Antworten zum Lieferkettengesetz, FAQ IV, Nr. 7b).
[111] Vgl. BMAS, Fragen und Antworten zum Lieferkettengesetz, FAQ IV, Nr. 7c); Rothenburg/Rogg AG 2022, 257 Rn. 52.
[112] Vgl. BMAS, Fragen und Antworten zum Lieferkettengesetz, FAQ IV, Nr. 7c).
[113] Vgl. BMAS, Fragen und Antworten zum Lieferkettengesetz, FAQ IV, Nr. 7c).
[114] Vgl. BMAS, Fragen und Antworten zum Lieferkettengesetz, FAQ IV, Nr. 7d); Rothenburg/Rogg AG 2022, 257 Rn. 53.
[115] Vgl. BMAS, Fragen und Antworten zum Lieferkettengesetz, FAQ IV, Nr. 7d).

rechtliche und umweltbezogene Risiken zu erkennen und zu minimieren, sowie Verletzungen menschenrechtsbezogener oder umweltbezogener Pflichten zu verhindern, zu beenden oder deren Ausmaß zu minimieren. Maßgeblich ist eine ex-ante-Perspektive. Erforderlich, aber auch ausreichend ist, dass die betreffenden Maßnahmen objektiv geeignet sind, den betreffenden Risiken und Verletzungen zu begegnen.

40 **2. Vom Unternehmen (mit)verursachte Risiken und Verletzungen.** Nach § 4 Abs. 2 aktualisieren sich die Pflichten des Risikomanagements nur dann, wenn das Unternehmen die betreffenden Risiken oder Verletzungen innerhalb der Lieferkette verursacht oder dazu beigetragen hat. Der Standort dieser tatbestandlichen Einschränkung überrascht, weil die **Notwendigkeit eines eigenen Verursachungsbeitrags** nichts mit der Wirksamkeit der ergriffenen Maßnahmen zu tun hat.[116] In der Sache will der Gesetzgeber der lieferkettenrechtlichen Risikosteuerungspflicht damit offenbar äußere Grenzen ziehen.[117]

41 Offen bleibt, ob dieses Verursachungskriterium eng oder weit zu verstehen ist. Ausweislich der Regierungsbegründung bedeutet **„verursachen"**, dass das Unternehmen das Risiko unmittelbar alleine hervorgerufen hat oder durch seine Handlung zu der Entstehung oder Verstärkung des Risikos (kausal) beigetragen hat.[118] Was die **Art des Verursachungsbeitrags** anbelangt, wird man aus einer systematischen Zusammenschau mit § 3 Abs. 2 Nr. 4 ableiten können, dass neben einer unmittelbaren **auch** eine **mittelbare Verursachung** ausreicht. Sie ist etwa gegeben, wenn ein Unternehmen die Produktanforderungen gegenüber seinem Zulieferer in letzter Minute ändert, ohne die Lieferzeiten oder den Einkaufspreis anzupassen, und der Zulieferer in der Folge gegen ILO-Kernarbeitsnormen verstößt, um den geänderten Anforderungen gerecht zu werden.[119] Genügen dürfte auch, wenn die Geschäftstätigkeit in einer Region stattfindet, in der typischerweise menschenrechtliche oder umweltbezogene Risiken auftreten.[120]

42 Ob die Verursachung auch ohne einen solchen gefahrspezifischen Sinn- oder Risikoerhöhungszusammenhang zu bejahen ist, also zB bei bloßer Aufnahme einer Lieferbeziehung,[121] harrt noch weiterer Klärung. Die **ministeriellen Erläuterungen** neigen zu einem **weiten** Kausalitätsverständnis iSd Äquivalenztheorie. Danach ist die „Schwelle" erreicht, wenn die Handlung des Unternehmens nicht hinweggedacht werden kann, ohne dass die konkrete Folge (Entstehung des Risikos) entfällt.[122] Wann ein „relevanter Beitrag" vorliegt, sei im Einzelfall zu bewerten,[123] sodass offenbar nur, aber immerhin geringer Raum für eine wertende Einschränkung im Einzelfall bleibt. Folgt man diesem weiten Kausalitätsverständnis,[124] wie es auch in UNGP 19 lit. b Ziff. i anklingt (→ Rn. 3), so entfaltet das Verursachungskriterium iSd § 4 Abs. 2 keine nennenswerte Selektionskraft. Die entscheidende **Filterfunktion** nimmt dann der sorgfaltspflichtenübergreifende **Angemessenheitsvorbehalt** wahr (→ § 3 Rn. 45 ff.).[125]

43 Alternativ zu einem Verursachen greifen die Pflichten des Risikomanagements nach § 4 Abs. 2 auch dann ein, wenn das Unternehmen zu den Risiken oder Verletzungen **„bei-**

[116] Mit Recht krit. daher Ehmann ZVertriebsR 2021, 141 (145 f.); Wagner/Ruttloff/Wagner LkSG-HdB/Wagner/Wagner Rn. 611 m. Fn. 59.

[117] In diesem Sinne Begr. RegE, BT-Drs. 19/28649, 43: „Unternehmen müssen im Rahmen des Risikomanagements nur solche menschenrechtlichen und umweltbezogenen Risiken adressieren, die sie verursacht haben.".

[118] So Begr. RegE, BT-Drs. 19/28649, 43; dazu auch Brouwer CCZ 2022, 137 (142).

[119] So Begr. RegE, BT-Drs. 19/28649, 43 (zu § 3 Abs. 2 Nr. 4); dazu auch Brouwer CCZ 2022, 137 (143).

[120] Vgl. Grabosch Das neue LkSG/Grabosch § 5 Rn. 13; Wagner/Ruttloff/Wagner LkSG-HdB/Wagner/Wagner Rn. 611.

[121] Dazu Ehmann ZVertriebsR 2021, 141 (146); abl. Brouwer CCZ 2022, 137 (142).

[122] Vgl. BMAS, Fragen und Antworten zum Lieferkettengesetz, FAQ VI, Nr. 5.

[123] Vgl. BMAS, Fragen und Antworten zum Lieferkettengesetz, FAQ VI, Nr. 5.

[124] So etwa Ehmann ZVertriebsR 2021, 141 (145 f.); Wagner/Ruttloff/Wagner LkSG-HdB/Wagner/Wagner Rn. 611; aA Brouwer CCZ 2022, 137 (142), der einen „qualifizierten Risikobeitrag" verlangt.

[125] Dazu auch Brouwer CCZ 2022, 137 (143) unter Hinweis auf allfällige Pflichten- und Sorgfaltsreduktionen, wenn das Unternehmen nur einen nicht-qualifizierten Risikobeitrag geleistet hat.

getragen" hat. Damit werden Fälle erfasst, in denen das Unternehmen nicht allein gehandelt hat.[126] So verhält es sich nach den ministeriellen Erläuterungen, wenn mehrere Unternehmen bei derselben Fabrik bestellen.[127] Noch klarer liegt der Fall, wenn ein Unternehmen durch nicht fachgerechte Abfallentsorgung einen Fluss verschmutzt und andere Unternehmen dies ebenfalls tun.[128]

IV. Überwachung des Risikomanagements (Abs. 3)

1. Lieferkettenrechtliche Risikoüberwachung. Gemäß § 4 Abs. 3 S. 1 hat das Unternehmen dafür zu sorgen, dass festgelegt wird, wer innerhalb des Unternehmens dafür zuständig ist, das Risikomanagement zu überwachen. Die Vorschrift verdeutlicht, dass zum lieferkettenrechtlichen Risikomanagement auch eine entsprechende Risikoüberwachung gehört. In Übereinstimmung mit den allgemeinen betriebswirtschaftlichen Einsichten (→ Rn. 18) dient sie dazu, Fehler zu vermeiden, Schwachstellen zu identifizieren und Leistungspotenziale auszuschöpfen. 44

2. Festlegungsverantwortung. Wer innerhalb des Unternehmens dafür verantwortlich ist, die Überwachungszuständigkeit festzulegen, lässt § 4 Abs. 3 S. 1 ungeregelt. Richtigerweise obliegt die Festlegungsverantwortung grundsätzlich der **Geschäftsleitung.** Wie bereits dargelegt, hat sie im Rahmen ihrer allgemeinen Organisationsverantwortung die grundlegenden Entscheidungen über den Zuschnitt des lieferkettenrechtlichen Risikomanagements zu treffen (→ Rn. 7). In diesem Zusammenhang muss sie sich auch mit den Grundstrukturen einer ordnungsgemäßen Überwachung befassen. Dabei handelt es sich im Kern um eine **unveräußerliche Leitungsaufgabe.** 45

Ob auch die **konkrete personelle Festlegung** iSd § 4 Abs. 3 S. 1 als „Chefsache" zu qualifizieren und damit als Leitungsaufgabe nicht delegierbar ist,[129] hängt von der unternehmenseigenen Ausgestaltung des Menschenrechtsbeauftragten ab (zum Organisationsermessen → Rn. 47, → Rn. 51). Je höher er in die Führungsstruktur des Unternehmens angesiedelt ist und je weitreichender seine Befugnisse ausgestaltet sind, desto eher ist die Besetzung dieser Position dem gesamten Leitungsorgan vorbehalten. 46

3. Ausgestaltung der Risikoüberwachung. Hinsichtlich der Ausgestaltung der Risikoüberwachung schlägt § 4 Abs. 3 S. 1 die Benennung eines Menschenrechtsbeauftragten vor, ohne sie allerdings verbindlich anzuordnen („etwa"). Damit bleibt die Ausgestaltung der Risikoüberwachung grundsätzlich dem **Organisationsermessen des Unternehmens** überlassen. Denkbar ist etwa, die Verantwortung für die Überwachung der Sorgfaltspflichten auf Leitungsebene einem bestimmten Organmitglied zu übertragen. Hierfür bieten sich die Aufgaben eines Chief Compliance Officer oder eines Chief Sustainability Officer an.[130] Dabei sind die Anforderungen an eine organinterne Arbeitsteilung zu berücksichtigen.[131] Auch die Regierungsbegründung nennt die Pflicht, Zuständigkeiten für die Überwachung im „Vorstand" zu verankern.[132] Für den Menschenrechtsbeauftragten empfiehlt sie, dass er „unmittelbar der Geschäftsleitung unterstellt"[133] sein soll. Dies mag häufig sinnvoll sein, 47

[126] So BMAS, Fragen und Antworten zum Lieferkettengesetz, FAQ VI, Nr. 5.

[127] Vgl. BMAS, Fragen und Antworten zum Lieferkettengesetz, FAQ VI, Nr. 5.

[128] Begr. RegE, BT-Drs. 19/28649, 43 (zu § 3 Abs. 2 Nr. 4).

[129] So wohl Hembach Praxisleitfaden LkSG 125; Lenz/Bodenstein/Wenzl ZCG 2022, 61 (64, 66).

[130] Vgl. Harings/Jürgens/Thalhammer CB 2022, 93 (94 f., 96); Ruttloff/Wagner/Hahn/Freihoff CCZ 2022, 20 (27); Wagner/Ruttloff/Wagner LkSG-HdB/Ruttloff/Kappler Rn. 490; Wagner/Ruttloff/Wagner LkSG-HdB/Bicker/Reischl Rn. 877.

[131] Vgl. allg. zur Ressortaufteilung BGH NZG 2019, 225; dazu Fleischer DB 2019, 427; dies für den Datenschutzbeauftragten auswertend Korch/Chatard AG 2019, 551 (556).

[132] Vgl. Begr. RegE LkSG, BT-Drs. 19/28649, 43.

[133] Begr. RegE LkSG, BT-Drs. 19/28649, 43; ähnliche Empfehlung bei Harings/Jürgens/Thalhammer CB 2022, 93 (97); Ruttloff/Wagner/Hahn/Freihoff CCZ 2022, 20 (27); wohl aA Frank/Edel/Heine/Heine BB 2021, 2165 (2167).

dürfte einer Verankerung auf Leitungsebene aber nicht entgegenstehen, sofern diese im Einzelfall gewünscht ist.

48 Entsprechend den allgemeinen betriebswirtschaftlichen Einsichten zur Risikoüberwachung (→ Rn. 18) kann sich das Unternehmen grundsätzlich an **zwei verschiedenen organisatorischen Grundmodellen** anlehnen: Sie kann die lieferkettenrechtliche Risikoüberwachung entweder in die Hände der direkt am Risikomanagement beteiligten Stellen legen **(prozessabhängig)** oder damit die Interne Revision, den Aufsichtsrat und den Abschlussprüfer betrauen **(prozessunabhängig).** Dies hat Auswirkungen auf den jeweiligen Aufgabenzuschnitt des Menschenrechtsbeauftragten (→ Rn. 63 f.).

49 **4. Menschenrechtsbeauftragter.** § 4 Abs. 3 S. 1 regt für die lieferkettenrechtliche Risikoüberwachung die Benennung eines Menschenrechtsbeauftragten an. Die anwaltliche Praxis rät dazu, dieser „gesetzgeberischen Empfehlung“[134] nachzukommen,[135] auch wenn hierzu keine gesetzliche Verpflichtung besteht (→ Rn. 47).[136]

50 **a) Organisatorischer Rahmen.** Zur organisatorischen Verankerung des Menschenrechtsbeauftragten macht der Gesetzgeber nur punktuelle Vorgaben. Nach dem ausdrücklichen Wortlaut des § 4 Abs. 3 S. 1 hat die Zuständigkeitsfestlegung „innerhalb des Unternehmens“ zu erfolgen. Ein **Outsourcing der Überwachungsfunktion** ist daher **nicht erlaubt.**[137] Dies bestätigt ein systematischer Seitenblick auf § 8 Abs. 1 S. 6, der dem Unternehmen eine Beteiligung an einem externen Beschwerdeverfahren ausdrücklich gestattet. Nochmals unterstrichen wird dies durch § 3 Abs. 1 S. 2 Nr. 2, der die „Festlegung einer betriebsinternen Zuständigkeit“ vorschreibt. Dass der Gesetzgeber mit der Wortwahl „innerhalb des Unternehmens“ und „betriebsinternen Zuständigkeit“ bloß zur behördlichen Kontrolle abgrenzen wollte,[138] überzeugt weder nach dem Wortsinn noch stützen die Gesetzesmaterialien[139] einen solchen Schluss.

51 Auf welcher **Unternehmensebene** und in welcher **Abteilung** die Zuständigkeit zu verankern ist, regelt § 4 Abs. 3 S. 1 nicht. Zwar schlägt die Regierungsbegründung eine Einordnung unmittelbar unter der Geschäftsleitung vor (→ Rn. 47),[140] doch hat diese Anregung im Gesetzestext selbst keinen Niederschlag gefunden.[141] Daher bleibt es eine Frage der Angemessenheit und Wirksamkeit (→ Rn. 31), ob eine gesetzeskonforme Überwachung im Einzelfall auch mit einem anderen Organisationsmodell erreicht wird.[142] Ebenfalls allein daran zu messen ist, ob die Überwachungszuständigkeit **einer oder mehreren Personen** anvertraut wird.[143] Auch hinsichtlich anderer Organisationsfragen herrschen weithin Gestaltungsoffenheit und Organisationsermessen.

---

[134] S. Ruttloff/Wagner/Hahn/Freihoff CCZ 2022, 20 (22).

[135] So Herrmann/Rünz DB 2021, 3078 (3080); Ruttloff/Wagner/Hahn/Freihoff CCZ 2022, 20 (22); Wagner/Ruttloff/Wagner LkSG-HdB/Ruttloff/Kappler Rn. 488; demgegenüber ein Gremium vorschlagend Lenz/Bodenstein/Wenzl ZCG 2022, 61 (64).

[136] Vgl. Brunk, Menschenrechtscompliance, 2022, 469; Harings/Jürgens/Thalhammer CB 2022, 93 (93); Herrmann/Rünz DB 2021, 3078 (3080).

[137] Ebenso Grabosch Das neue LkSG/Grabosch § 5 Rn. 35; anhand der Effektivität unterscheidend Ruttloff/Wagner/Hahn/Freihoff CCZ 2022, 20 (24); aA Harings/Jürgens/Thalhammer CB 2022, 93 (97); wohl auch Falder/Frank-Fahle/Poleacov LkSG 55; in Konzernverhältnissen ferner Rothenburg/Rogg AG 2022, 257 (264).

[138] So Harings/Jürgens/Thalhammer CB 2022, 93 (97).

[139] Diese gehen in anderen Zusammenhängen ausdrücklich auf „beauftragte Dritte“ oder „externe“ Verfahren ein, vgl. Begr. RegE LkSG, BT-Drs. 19/28649, 48 (49).

[140] Vgl. Begr. RegE LkSG, BT-Drs. 19/28649, 43; zust. Harings/Jürgens/Thalhammer CB 2022, 93 (95).

[141] Ebenso Frank/Edel/Heine/Heine BB 2021, 2165 (2167).

[142] Ebenso Ruttloff/Wagner/Hahn/Freihoff CCZ 2022, 20 (24); aA wohl Grabosch Das neue LkSG/Grabosch § 5 Rn. 34, der verlangt, den Beauftragten „dem Vorstand zu unterstellen“; eine Unterstellung unmittelbar unter die Geschäftsleitung empfehlend Harings/Jürgens/Thalhammer CB 2022, 93 (97); ähnlich Wagner/Ruttloff/Wagner LkSG-HdB/Ruttloff/Kappler Rn. 494.

[143] Ebenso Harings/Jürgens/Thalhammer CB 2022, 93 (93); Ruttloff/Wagner/Hahn/Freihoff CCZ 2022, 20 (24 f.).

52 Unerlässlich sind aber stets **klare Zuständigkeitsbeschreibungen**[144] sowie eine **ausreichende Ressourcenallokation** (s. auch → Rn. 27).[145] Bereitzustellen sind mithin jene zeitlichen, sachlichen und personellen Mittel, die für eine angemessene und wirksame Überwachung notwendig sind.[146] Daneben bedarf es auch organisatorischer Unterstützung, sofern dies erforderlich ist, etwa durch die Ausstattung mit gewissen Weisungsbefugnissen.[147] Darüber hinaus muss eine ausreichende Informationsgrundlage sichergestellt sein.[148] Außerdem hat das Unternehmen zu gewährleisten, dass Interessenkonflikte wirksam abgemildert werden,[149] insbesondere durch eine dem Einzelfall angepasste Ablauforganisation.

53 **b) Abgleich mit anderen (Betriebs-)Beauftragten.** Angesichts der lückenhaften gesetzlichen Ausformung empfiehlt sich für eine weitere Konkretisierung der Rechtsstellung des Menschenrechtsbeauftragten ein Seitenblick auf andere (Betriebs-)Beauftragte.[150]

54 Die Einwirkung auf ein Unternehmen mithilfe organisatorischer Anordnungen durch den Gesetzgeber zur Bestellung eines (Betriebs-)Beauftragten reicht zurück bis in die 1970er Jahre und hatte ihren Anfang im Umwelt- und Arbeits(schutz)recht.[151] Eine derartige Einflussnahme lässt sich als „staatliche Innensteuerung"[152] beschreiben, durch die traditionell als unternehmensfremd charakterisierte Belange außerhalb hergebrachter Steuerungsmodelle eingebracht werden.[153] Den Beauftragten kommt in unterschiedlicher Ausprägung eine Vielzahl von Aufgaben aus den Bereichen Überwachung und Kontrolle, Innovation, Aufklärung und Information sowie Repräsentation zu.[154] Unternehmen unterliegen damit einer Pflicht zu einer **organisatorisch qualifizierten Form der Selbstüberwachung und Selbstregulierung.**[155] Die (Betriebs-)Beauftragten sind dabei nicht Hilfsorgan der Aufsichtsbehörde, sondern eine fachlich qualifizierte[156] Unterstützung der Unternehmensleitung,[157] können der Aufsichtsbehörde aber als Anlaufstelle dienen.[158]

---

144 Ebenso Wagner/Ruttloff/Wagner LkSG-HdB/Ruttloff/Kappler Rn. 495. Zum vergleichbaren Fall des Compliance-Beauftragten BeckOGK/Fleischer AktG § 91 Rn. 70 mwN.

145 Dies verlangt auch die Regierungsbegründung, Begr. RegE LkSG, BT-Drs. 19/28649, 43; ebenso Frank/Edel/Heine/Heine BB 2021, 2165 (2167); Harings/Jürgens/Thalhammer CB 2022, 93 (97); Hembach Praxisleitfaden LkSG 129; Herrmann/Rünz DB 2021, 3078 (3080); Ruttloff/Wagner/Hahn/Freihoff CCZ 2022, 20 (27); Wagner/Ruttloff/Wagner LkSG-HdB/Ruttloff/Kappler Rn. 496; allg. zu (Betriebs-)Beauftragen Haouache, Unternehmensbeauftragte und Gesellschaftsrecht der AG und GmbH, 2003, 37 f.

146 Gleichsinnig Häfeli APR 2021, 299 (300); Ruttloff/Wagner/Hahn/Freihoff CCZ 2022, 20 (25 ff.); zum Compliance-Beauftragten auch Rönnau/Scheider ZIP 2010, 53 (61). Eine instruktive Aufzählung enthält auch § 55 Abs. 4 BImSchG für den Immissionsschutzbeauftragten, vgl. Ruttloff/Wagner/Hahn/Freihoff CCZ 2022, 20 (25); Wagner/Ruttloff/Wagner LkSG-HdB/Ruttloff/Kappler Rn. 496.

147 Ebenso Wagner/Ruttloff NJW 2021, 2145; für eine „hierarchisch herausgehobene Stellung" als Wirksamkeitsvoraussetzung Wagner/Ruttloff/Wagner LkSG-HdB/Sturm Rn. 1006; dies empfehlend auch Wagner/Ruttloff/Wagner LkSG-HdB/Ruttloff/Kappler Rn. 494.

148 Ähnlich Ruttloff/Wagner/Hahn/Freihoff CCZ 2022, 20 (25); Wagner/Ruttloff NJW 2021, 2145 Rn. 32; dies empfehlend auch Hembach Praxisleitfaden LkSG 129.

149 Ebenso Herrmann/Rünz DB 2021, 3078 (3080).

150 Ähnlich Harings/Jürgens/Thalhammer CB 2022, 93 (94 f.) mit einer Abgrenzung zu operativ tätigen Beauftragten; Wagner/Ruttloff/Wagner LkSG-HdB/Ruttloff/Kappler Rn. 493.

151 Im Umweltrecht beginnend durch das BImSchG von 1976, vgl. Rehbinder ZHR 165 (2001), 1 (27); im Arbeits(schutz-)recht mit der Fachkraft für Arbeitsschutz durch das ASiG von 1973, vgl. Häfeli APR 2021, 299 (300); allg. Haouache, Unternehmensbeauftragte und Gesellschaftsrecht der AG und GmbH, 2003, 28 f.

152 Vgl. Rehbinder ZHR 165 (2001), 1 (2).

153 Näher Rehbinder ZHR 165 (2001), 1 (2 ff.).

154 Vgl. Böse NStZ 2003, 636 (637); Häfeli APR 2021, 299 (300); Haouache, Unternehmensbeauftragte und Gesellschaftsrecht der AG und GmbH, 2003, 33 ff.; Rehbinder ZHR 165 (2001), 1 (9 f.).

155 Vgl. zum Umweltrecht Böse NStZ 2003, 636 (638); Kloepfer UmweltR § 5 Rn. 1436 ff.; Rehbinder ZHR 165 (2001), 1 (6 ff.).

156 Beispielhaft zu den fachlichen Anforderungen an den Datenschutzbeauftragten Korch/Chatard AG 2019, 551 (553); an den Immissionsschutzbeauftragten Jarass BImSchG § 55 Rn. 11 ff.; jeweils mwN.

157 Vgl. Kloepfer UmweltR § 5 Rn. 1452; Rehbinder ZHR 165 (2001), 1 (8 ff.); zur Zusammenarbeit mit den Behörden auch Bürkle CCZ 2010, 4 (11).

158 Etwa im Falle des Datenschutzbeauftragten vgl. Korch/Chatard AG 2019, 551 (554); ferner Wagner/Ruttloff/Wagner LkSG-HdB/Ruttloff/Kappler Rn. 492; zu Außenanbindung von (Betriebs-)Beauftragten Haouache, Unternehmensbeauftragte und Gesellschaftsrecht der AG und GmbH, 2003, 25 (30 f.).

55 Im theoretischen Zugriff ist dieser Regulierungsmodus unterschiedlichen Deutungen zugänglich.[159] Einerseits lässt sich die Figur des (Betriebs-)Beauftragten **steuerungstheoretisch** in das Konzept des **„reflexive law"**[160] einordnen: Anders als eine harte administrative Regulierung oder eine Steuerung mittels Haftungs- oder Strafrecht kann die organisatorische Einwirkung als **weiche Verhaltenssteuerung** beschrieben werden.[161] Als Grund für die Notwendigkeit einer solchen indirekten Steuerung wird die hohe Komplexität der tatsächlichen Sachverhalte und regulatorischen Zusammenhänge angeführt; es bedürfe einer „gesellschaftlichen Selbststeuerung",[162] einer Kooperation von Staat, Wirtschaft und Gesellschaft.[163] Dabei werden nicht die gewünschten Ergebnisse vorgegeben, sondern Entscheidungsstrukturen festgelegt, die eine Verarbeitung pluraler, gesellschaftlicher Interessen ermöglichen.[164] Einen gleichartigen steuerungstheoretischen Hintergrund hat die internationale Lieferkettengesetzgebung: Beginnend mit reinen Berichtspflichten (→ Einl. Rn. 102 ff.), einem weiteren Modell reflexiven Rechts, setzte sie ebenfalls auf unternehmerische Selbstregulierung durch Bewusstseinsbildung.[165]

56 Andererseits lässt sich der (Betriebs-)Beauftrage in einen **unternehmensverfassungsrechtlichen Ansatz** einbetten:[166] Die Auswirkungen unternehmerischer Tätigkeit sollen dabei durch Vertreter pluralistischer Interessen in der Unternehmenshierarchie Berücksichtigung finden. Aus diesem Blickwinkel lässt sich die staatliche Regulierung der Unternehmensorganisation auch unterhalb der Organebene als Beeinflussung der unternehmensinternen Willensbildung verstehen, die auf allen Ebenen des Managements erfolgt. Dem (Betriebs-)Beauftragen wird als Richtschnur nicht allein das unternehmerische Interesse, sondern zB die Umweltfreundlichkeit des unternehmerischen Handelns oder der Datenschutz an die Hand gegeben.[167] Um ihm in seiner Arbeit Unabhängigkeit zu ermöglichen, wird er teils mit einem Sanktions-, Status- oder Kündigungsschutz ausgestattet.[168] Damit erhält ein gesellschaftliches Interesse einen **Fürsprecher in der Betriebsorganisation,** der etwa durch Berichtswege an die entscheidungsbefugte Leitungsebene[169] auf das Unternehmen einwirken kann.

57 **c) Folgerungen für den Menschenrechtsbeauftragten.** Vor diesem regulatorischen und konzeptionellen Panorama anderer (Betriebs-)Beauftragter lässt sich die Rechtsstellung des Menschenrechtsbeauftragten in verschiedener Hinsicht konkretisieren.

58 **aa) Fachliche Voraussetzungen.** Anders als für andere (Betriebs-)Beauftragte[170] macht das LkSG keine Vorgaben **zur fachlichen Qualifikation** des Menschenrechtsbeauftrag-

---

[159] Vgl. Rehbinder ZHR 165 (2001), 1 (2).
[160] Grdl. Teubner/Willke ZfRSoz, 1984, 3.
[161] Vgl. Kloepfer UmweltR § 5 Rn. 1436 ff.; Rehbinder ZHR 165 (2001), 1 (2 f.).
[162] So der Aufsatztitel von Teubner/Willke ZfRSoz, 1984, 3.
[163] Vgl. schon Teubner/Willke ZfRSoz 1984, 3 (30 ff.) und passim; ebenso Kloepfer UmweltR § 5 Rn. 1433; Rehbinder ZHR 165 (2001), 1 (3 f.).
[164] Vgl. Kloepfer UmweltR § 5 Rn. 1434, 1436; Rehbinder ZHR 165 (2001), 1, (3).
[165] Rechtsvergleichend Fleischer/Hahn RIW 2018, 397 (405); Götz RIW 2022, 99 (100); zu möglichen Defiziten Gaines 10 Buff. Envtl. L. J. 1, 10 ff. (2002); McGaughey et al. BHRJ 2021, 2 (19 ff.); Wen 43 J. L. & Soc'y 327, 351 ff. (2016).
[166] Zum Folgenden Rehbinder ZHR 165 (2001), 1 (4 f.); zum „ökologischen Unternehmensverfassungsrecht" Kloepfer UmweltR § 5 Rn. 1438.
[167] Vgl. Kloepfer UmweltR § 5 Rn. 1450; Korch/Chatard AG 2019, 551 (554).
[168] Vgl. etwa für den Datenschutzbeauftragten Korch/Chatard AG 2019, 551 (553); Kühling/Buchner/Bergt DS-GVO Art. 38 Rn. 28 ff.; zum Immissionsschutzbeauftragten Jarass BImSchG § 58 Rn. 2 ff.; zu möglichen Implikationen für den Compliance-Beauftragten Bürkle CCZ 2010, 4 (11 ff.); Meier-Greve CCZ 2010, 216 (216 ff.).
[169] Für den Datenschutzbeauftragten etwa durch Art. 38 Abs. 3 S. 3 DS-GVO gesichert; dazu Korch/Chatard AG 2019, 551 (553).
[170] Beispielhaft zu den fachlichen Anforderungen an den Datenschutzbeauftragten Korch/Chatard AG 2019, 551 (553); an den Immissionsschutzbeauftragten Jarass BImSchG § 55 Rn. 11 ff.; jeweils mwN; als allgemeinen Grundsatz formulierend Haouache, Unternehmensbeauftragte und Gesellschaftsrecht der AG und GmbH, 2003, 43.

ten. Jedoch ist auch bei seiner Auswahl das Gebot eines wirksamen Risikomanagements (→ Rn. 31) zu beachten. Daher sind Kenntnisse der menschenrechtlichen und umweltbezogenen Sorgfaltspflichten und in den relevanten unternehmerischen Tätigkeitsbereichen erforderlich, um entsprechende Informationen zutreffend erfassen und sachgerecht verarbeiten zu können.[171] Es bedarf aber nicht des besonderen Sachverstands der unternehmerisch tätigen Abteilungen, weil dies der Einrichtung einer Art „Spiegelverwaltung“[172] gleich käme.[173]

bb) Unabhängigkeit. Das LkSG selbst stattet den Menschenrechtsbeauftragten nicht mit umfassender Unabhängigkeit oder einem Schutz seines Arbeitsverhältnisses oder Status[174] aus.[175] Ihm ist nicht bei jeder Tätigkeit im Unternehmen eine disziplinarisch unabhängige, weisungsfreie Stellung einzuräumen,[176] insbesondere dann nicht, wenn er teilweise in anderer Funktion tätig wird, etwa im Einkauf.[177] Daher ist keine völlige Freiheit von Interessenkonflikten geboten.[178] Dessen ungeachtet spricht aus dem Blickwinkel der Unternehmensverfassung viel dafür, dass ihm zur wirksamen Geltendmachung und Berücksichtigung der pluralen Interessen des § 4 Abs. 4 ein Freiraum bei seiner Überwachungstätigkeit zugesichert werden muss. Auch der Abgleich mit der Stellung anderer (Betriebs-) Beauftragter spricht für eine weitgehende Unabhängigkeit. Diese umfasst jedenfalls eine **sanktions- und behinderungsfreie Stellung** des Menschenrechtsbeauftragten bei seiner lieferkettenrechtlichen Arbeit.[179] 59

Eine unabhängige Überwachung kann organisatorisch durch eine prozessunabhängige Aufhängung unterlegt werden. Hierfür bietet sich zumeist eine **Stabsorganisation** an.[180] Die Anforderungen des menschenrechtlichen Risikomanagements schließen andererseits eine prozessabhängige Überwachung in einer operativ tätigen Abteilung nicht aus. Denn im Gegensatz zu § 25a KWG[181] hat der Gesetzgeber im LkSG eine **prozessunabhängige Überwachung nicht ausdrücklich angeordnet.** Soweit eine angemessene und wirksame Überwachung gesichert ist, fällt die Entscheidung zwischen prozessabhängiger und prozess- 60

---

[171] Ähnlich Harings/Jürgens/Thalhammer CB 2022, 93 (97) mit Hinweis zu möglichen Weiterbildungen; Wagner/Ruttloff/Wagner LkSG-HdB/Ruttloff/Kappler Rn. 496, zu möglicherweise notwendigen Fortbildungen Rn. 620; aA wohl Falder/Frank-Fahle/Poleacov LkSG 55: „Es steht Unternehmen somit frei, die Stellenanforderungen und -befugnisse selbst zu definieren.“.

[172] Vgl. Harbarth ZHR 179 (2015), 136 (165) zur Compliance.

[173] Vgl. Ruttloff/Wagner/Hahn/Freihoff CCZ 2022, 20 (25); zum Compliance-Beauftragten Harbarth ZHR 179 (2015), 136 (164f.).

[174] Vgl. dazu allg. Rehbinder ZHR 165 (2001), 1 (15).

[175] Die Regierungsbegründung erlaubt auch eine Einordnung in weisungsabhängige Abteilungen, vgl. Begr. RegE LkSG, BT-Drs. 19/28649, 43; ebenso Hembach Praxisleitfaden LkSG 128; Wagner/Ruttloff/Wagner LkSG-HdB/Sturm Rn. 1011, der eine gewisse Schutzwirkung in § 612a BGB erblickt; vgl. auch Frank/Edel/Heine/Heine BB 2021, 2165 (2167); weitergehend Harings/Jürgens/Thalhammer CB 2022, 93 (94, 97f.), die eine vollständige Unabhängigkeit durch ein „zweigliedriges System“ fordern und auf einen fehlenden besonderen Kündigungsschutz hinweisen.

[176] Vgl. Wagner/Ruttloff/Wagner LkSG-HdB/Ruttloff/Kappler Rn. 491, 497, 903; zu nicht-behindernden Weisungen auch Frank/Edel/Heine/Heine BB 2021, 2165 (2167); wohl weitergehend Harings/Jürgens/Thalhammer CB 2022, 93 (94).

[177] Vgl. Ruttloff/Wagner/Hahn/Freihoff CCZ 2022, 20 (26f.).

[178] Vgl. Ruttloff/Wagner/Hahn/Freihoff CCZ 2022, 20 (27); Wagner/Ruttloff/Wagner LkSG-HdB/Ruttloff/Kappler Rn. 491; aA Harings/Jürgens/Thalhammer CB 2022, 93 (94), die eine Freiheit von Interessenkonflikten fordern.

[179] Vgl. ebenso Frank/Edel/Heine/Heine BB 2021, 2165 (2167); Gehling/Ott/Lüneborg CCZ 2021, 230 (235); Ruttloff/Wagner/Hahn/Freihoff CCZ 2022, 20 (25f.); wohl weitergehend Harings/Jürgens/Thalhammer CB 2022, 93 (94); den Unternehmen einen weiten Freiraum zugestehend aber Falder/Frank-Fahle/Poleacov LkSG 55; zu anderen (Betriebs-)Beauftragten Haouache, Unternehmensbeauftragte und Gesellschaftsrecht der AG und GmbH, 2003, 40ff.; zum „Compliance Officer“ Harbarth ZHR 179 (2015), 136 (166ff.).

[180] Dies für (Betriebs-)Beauftragten als Grundsatz formulierend Haouache, Unternehmensbeauftragte und Gesellschaftsrecht der AG und GmbH, 2003, 44f.

[181] Vgl. MaRisk AT 4.4.3.; Boos/Fischer/Schulte-Mattler/Braun KWG § 25a Rn. 171ff., 562ff.; Breuer in HandbuchB Corporate Governance von Banken und Versicherungen, 2020, § 12 Rn. 56ff.

unabhängiger Ausgestaltung (→ Rn. 48) in den Bereich des Organisationsermessens. Die begründete Wahl eines Modells muss aber gemäß § 10 dokumentiert und Zuständigkeiten müssen klar festgelegt werden.[182]

61 **cc) Kommunikation mit der Geschäftsleitung.** Der Menschenrechtsbeauftrage sollte unmittelbar mit der Geschäftsleitung kommunizieren können.[183] Dies liegt auf der Hand, wenn man in seiner Einrichtung ein Instrument der Selbstregulierung zur verbesserten unternehmensinternen Bewusstseinsbildung erblickt (→ Rn. 54). Außerdem steigt die Überwachungseffizienz des Menschenrechtsbeauftragten, wenn er seine Erkenntnisse über den Mindeststandard des § 4 Abs. 3 S. 2 hinaus (→ Rn. 74) der Geschäftsleitung selbstständig zur Befassung übermitteln kann.[184] Damit kann eine **Beratungsfunktion** verbunden sein, wie sie anderen (Betriebs-)Beauftragten teilweise zukommt[185] und ebenfalls im Aufgabenbereich der Internen Revision liegt.[186] So kann der Menschenrechtsbeauftragte auch eine Vertrauensperson für die Geschäftsleitung sein, die nicht als Hilfsorgan der Aufsichtsbehörden agiert, sondern das Unternehmen unterstützt.[187] Dabei ist allerdings darauf zu achten, Beratungs- und Überwachungstätigkeiten klar voneinander zu trennen.[188]

62 **d) Aufgaben.** § 4 Abs. 3 enthält keinen abstrakten Aufgabenkatalog für den Menschenrechtsbeauftragten.[189] Seine konkreten Aufgaben bestimmen sich zuvörderst danach, ob das Unternehmen eine prozessabhängige oder prozessunabhängige Überwachung wählt (→ Rn. 48). In beiden Fällen muss der Menschenrechtsbeauftragte die Durchführung des Risikomanagements und die Wirksamkeit des Risikomanagementsystems überwachen sowie erkannte Missstände kommunizieren.

63 Bei einer **prozessunabhängigen Ausgestaltung** beschränken sich die Aufgaben des Menschenrechtsbeauftragten im Wesentlichen auf die genannten Felder der Überwachung und Kommunikation von Missständen. Sie ähneln damit denen der Internen Revision oder Compliance-Funktion.[190] Die Unabhängigkeit des Menschenrechtsbeauftragten ist dann organisatorisch besonders ausgeprägt, da er nicht in den eigentlichen Risikomanagementprozess eingebunden ist. Vorbilder hierfür bietet namentlich die Überwachung im banken- und finanzdienstleistungsrechtlichen Risikomanagementsystem.[191] Die im LkSG vorgesehenen Wirksamkeitsprüfungen (§ 6 Abs. 5, § 7 Abs. 4, § 8 Abs. 5) können in einem solchen Fall in das Aufgabenfeld einbezogen werden, müssen dies aber nicht zwingend. Die Überwachung gemäß § 4 Abs. 3 kann sich auf eine übergeordnete, risikobasierte Prüfung beschränken, die im Wesentlichen das Risikomanagement als Ganzes

[182] Vgl. zur Festlegung klarer Zuständigkeiten Brunk, Menschenrechtscompliance, 2022, 508 f.; im Bereich der Compliance BeckOGK/Fleischer AktG § 91 Rn. 70 mwN; Fleischer NZG 2014, 321 (325 f.) mit Verweis auf § 25a Abs. 1 S. 3 Nr. 3 KWG; Harbarth ZHR 179 (2015), 136 (158).

[183] Vgl. Gehling/Ott/Lüneborg CCZ 2021, 230 (235); Wagner/Ruttloff/Wagner LkSG-HdB/Ruttloff/Kappler Rn. 490; sogar ein „Stellungnahmerecht" befürwortend Harings/Jürgens/Thalhammer CB 2022, 93 (97).

[184] Vergleichbare Forderungen bei Ruttloff/Wagner/Hahn/Freihoff CCZ 2022, 20 (23, 26); deutlicher Wagner/Ruttloff/Wagner LkSG-HdB/Ruttloff/Kappler Rn. 496: „jedenfalls ein Berichts- und Anhörungsrecht".

[185] Zur möglichen Beratungsfunktion des Menschenrechtsbeauftragten Häfeli APR 2021, 299 (300 f.); dies aufgreifend Hembach Praxisleitfaden LkSG 127.

[186] Vgl. Berenbok, Risikomanagement im Aktienrecht, 2016, 64 f., 68; Vanini/Rieg, Risikomanagement, 2. Aufl. 2021, 342; s. auch Kajüter, Risikomanagement im Konzern, 2012, 203 f.

[187] Vgl. Harings/Jürgens/Thalhammer CB 2022, 93 (95); Rehbinder ZHR 165 (2001), 1 (2); Ruttloff/Wagner/Hahn/Freihoff CCZ 2022, 20 (23).

[188] Vgl. Arbeitskreis Externe und Interne Überwachung der Unternehmung der Schmalenbach-Gesellschaft für Betriebswirtschaft DB 2006, 225 (227).

[189] Vgl. Wagner/Ruttloff/Wagner LkSG-HdB/Ruttloff/Kappler Rn. 493.

[190] Dazu auch VCI, Diskussionspapier zu Rechts- und Umsetzungsfragen des LkSG, Leitfragen 37, https://www.vci.de/themen/nachhaltigkeit/lieferketten-menschenrechte-wirtschaft/lieferkettensorgfaltspflichtengesetz-rechts-umsetzungsfragen.jsp, Stand 18.3.2022; eine Anbindung an die Interne Revision abl. aber Lenz/Bodenstein/Wenzl ZCG 2022, 61 (64).

[191] Vgl. Berenbok, Risikomanagement im Aktienrecht, 2016, 64 ff. m. Fn. 240.

überwacht.[192] Daneben kann dem Menschenrechtsbeauftragten eine Beratungsfunktion zukommen, kraft derer er die Geschäftsleitung als Vertrauensperson in menschenrechtlichen und umweltbezogenen Fragen unterstützt (→ Rn. 61).[193]

Bei einer **prozessabhängigen Gestaltung** wird dem Menschenrechtsbeauftragten eine umfassendere Rolle im menschenrechtlichen und umweltbezogenen Risikomanagement zugewiesen.[194] Er kann dann weitreichend in die Ausübung der Sorgfaltspflichten integriert werden. Stimmen in der Literatur erwägen etwa eine Beteiligung bei der Kommunikation der Risikoanalyse (§ 5 Abs. 3), der Ausarbeitung der Grundsatzerklärung (§ 6 Abs. 2), bei Schulungs- oder Kontrollmaßnahmen (§ 6 Abs. 3 Nr. 3, 4), der Erstellung von Lieferantenkodizes oder der Überwachung von Einkaufs- und Beschaffungsstrategien (§ 6 Abs. 3 Nr. 2, Abs. 4 Nr. 1) sowie der Aufstellung des Beschwerdeverfahrens (§ 8).[195] Eine Einbindung iSd § 8 Abs. 3 erfordert jedoch eine unabhängige Stellung sowie eine Verschwiegenheitsverpflichtung, die mit einer prozessabhängigen Stellung des Menschenrechtsbeauftragten kollidieren dürfte.[196] Die Einbindung kann nach einzelnen Literaturstimmen sogar so weitreichend sein, dass ihm die Verantwortung für einzelne Teile des oder das gesamte Risikomanagement auferlegt wird[197] und er die Einhaltung der lieferkettenrechtlichen Vorgaben sicherzustellen hat.[198] Je größer der (eigenverantwortliche) Entscheidungs- und Verantwortungsbereich des Menschenrechtsbeauftragten gestaltet wird, desto intensiver sind **Fragen der bußgeldrechtlichen Verantwortung** zu berücksichtigen (→ Rn. 67 ff.). Daneben bedarf es besonderer Sorgfalt bei der Sicherstellung der Objektivität und Unabhängigkeit des Menschenrechtsbeauftragten sowie bei der Vermeidung von Interessenkonflikten (→ Rn. 52). 64

e) Dokumentation. Die betriebliche Zuständigkeit muss an die unternehmensspezifischen Gegebenheiten angepasst werden. Ähnlich wie im Rahmen der Compliance gibt es kein „one size fits all".[199] Ausdruck dieser allgemeinen Ausgestaltungsfreiheit (→ Rn. 47) sind die wenigen zwingenden Vorgaben, die das LkSG aufstellt. Dies erschwert andererseits die angestrebte rechtssichere und zumutbare Umsetzung der menschenrechtlichen und umweltbezogenen Sorgfaltspflichten (→ Einl. Rn. 45).[200] In **Ermangelung gesetzgeberischer Konkretisierung** ist den Unternehmen und ihren Organmitgliedern daher zu raten, ihre Entscheidungen hinsichtlich der Umsetzung von § 4 Abs. 3 **zu begründen und zu dokumentieren** (näher → § 10 Rn. 7, 11 f.), um sich vor dem Vorwurf der Beliebigkeit zu schützen.[201] 65

f) Menschenrechtsbeauftragte im Konzern. Angesichts der allgemeinen Gestaltungsoffenheit des § 4 Abs. 3 S. 1 (→ Rn. 47) kann das Unternehmen **angepasste Zuständigkeitsstrukturen im Konzern** nutzen, um eine unkoordinierte Überlappung der Überwachungstätigkeit zu vermeiden (dazu bereits im Rahmen des konzernweiten Risikomana- 66

---

[192] Vgl. Kajüter, Risikomanagement im Konzern, 2012, 207 f.; Vanini/Rieg, Risikomanagement, 2. Aufl. 2021, 345.

[193] Ebenso Harings/Jürgens/Thalhammer CB 2022, 93 (95).

[194] Eine solches Modell verfolgend Dutzi/Schneider/Hasenau Der Konzern 2021, 454 (460); Ruttloff/Wagner/Hahn/Freihoff CCZ 2022, 20 (26).

[195] Vgl. Ruttloff/Wagner/Hahn/Freihoff CCZ 2022, 20 (26); s. auch Harings/Jürgens/Thalhammer CB 2022, 93 (95); Ruttloff/Wagner/Reischl/Skoupil CB 2021, 364 (369); Wagner/Ruttloff/Wagner LkSG-HdB/Ruttloff/Kappler Rn. 498 ff.

[196] Vgl. Ruttloff/Wagner/Hahn/Freihoff CCZ 2022, 20 (27); zu § 8 Abs. 3 Stemberg CCZ 2022, 92 (93).

[197] Eine organisatorische und inhaltliche Verantwortung ableitend Dutzi/Schneider/Hasenau Der Konzern 2021, 454 (460).

[198] So Wagner/Ruttloff/Wagner LkSG-HdB/Ruttloff/Kappler Rn. 498 ff.

[199] So allg. zur Lieferketten-Compliance Gehling/Ott/Lüneborg CCZ 2021, 230 (234).

[200] Dies als Ziel formulierend Begr. RegE LkSG, BT-Drs. 19/28649, 2.

[201] Zum „Rechtfertigungsdruck" bei der Umsetzung von § 4 Abs. 3 auch Ruttloff/Wagner/Hahn/Freihoff CCZ 2022, 20 (22, 24); ferner Harings/Jürgens/Thalhammer CB 2022, 93 (98); Wagner/Ruttloff/Wagner LkSG-HdB/Ruttloff/Kappler Rn. 495, 498; auch das BMAS verlangt in seinen Fragen und Antworten zum Lieferkettengesetz einen plausiblen und nachvollziehbaren Prozess, FAQ XIV, Nr. 2.

gements → Rn. 34 ff.). Denkbar sind etwa konzernweite Berichtslinien, um Verbundvorteile auszuschöpfen.[202] Ebenso kann der Menschenrechtsbeauftragte der Obergesellschaft auf den Ergebnissen der zuständigen Personen in den konzernangehörigen Gesellschaften aufbauen und umgekehrt. Insoweit kann man auf das Bild „kommunizierender Röhren" zurückgreifen (→ Rn. 33). Blinde Flecken sind durch eigene Überwachungstätigkeiten zu beseitigen; konzernweit geteilte Ergebnisse bedürfen einer angemessenen Überprüfung.

67 **g) Bußgeldrechtliche Haftungsrisiken.** Angesichts der Überwachungsfunktion des Menschenrechtsbeauftragten ist zu klären, ob sich mit dieser Position bußgeldrechtliche Risiken nach dem LkSG verbinden.[203] Eine **persönliche Haftung des Menschenrechtsbeauftragten** ist zwar nicht im Katalog des § 24 aufgenommen, der allein auf Pflichten für „Unternehmen" Bezug nimmt (zum Adressatenkreis der Bußgeldvorschriften → § 24 Rn. 8 ff.).[204] Jedoch eröffnet § 9 Abs. 2 S. 1 Nr. 2 OWiG die Möglichkeit, den Normenadressatenkreis solcher Sonderdelikte zu erweitern (zur Beteiligung an Ordnungswidrigkeiten und § 14 Abs. 1 OWiG → § 24 Rn. 12).[205] Damit könnten die im LkSG vorhandenen Bußgeldvorschriften auch gegenüber dem Menschenrechtsbeauftragten in Stellung gebracht werden.[206] Dieses persönliche Haftungsrisiko wird in der Literatur zum LkSG kaum behandelt.[207] Es wirft umstrittene Fragen zur Verantwortung von (Betriebs-)Beauftragen und ähnlichen Positionen im Ordnungswidrigkeitenrecht auf,[208] die ebenso zur strafrechtlichen Zwillingsschwester des § 14 StGB diskutiert werden.[209]

68 Die **Substitutenhaftung** in § 9 Abs. 2 OWiG begründet eine Normenadressatenerweiterung auf Ebene der gewillkürten Vertreter, die einen Ausfall der bußgeldrechtlichen Zurechnung verhindern soll.[210] Ein solcher droht im Rahmen von Sonderdelikten bei einer Verteilung und Delegation unternehmerischer Aufgaben auf verschiedene Personen, wie sie der heutigen ausdifferenzierten Wirtschaft zu eigen ist.[211] Ob auch die Vielzahl der Betriebsbeauftragten[212] unter § 9 Abs. 2 S. 1 Nr. 2 OWiG fällt, ist umstritten.[213] Dabei können die angestellten Erwägungen, die auf einer genauen Betrachtung des jeweils Beauf-

[202] Vgl. Ruttloff/Wagner/Hahn/Freihoff CCZ 2022, 20 (23).

[203] Zu zivilrechtlichen Haftungsimplikationen Wagner/Ruttloff/Wagner LkSG-HdB/Wagner Rn. 1959 ff.

[204] Zur Täternormierung krit. Mitsch NZWiSt 2021, 409 (410); die Regierungsbegründung will damit den Rechtsträger des Unternehmens erfasst sehen, vgl. Begr. RegE LkSG, BT-Drs. 19/28649, 43; zur bußgeldrechtlichen Konzeption des LkSG auch Kamann/Irmscher NZWiSt 2021, 249 (253 ff.).

[205] Vgl. Mitsch NZWiSt 2021, 409 (410 f.); allg. zur bußgeldrechtlichen Verantwortlichkeit gemäß § 24 iVm § 9 OWiG und § 30 OWiG Grabosch Das neue LkSG/Engel/Schönfelder § 6 Rn. 37 ff.

[206] AA Harings/Jürgens/Thalhammer CB 2022, 93 (96).

[207] Vgl. aber Grabosch Das neue LkSG/Grabosch § 5 ff. Rn. 36 ff.; Grabosch Das neue LkSG/Grabosch § 6 Rn. 37 f.; Harings/Jürgens/Thalhammer CB 2022, 93 (96); Hembach Praxisleitfaden LkSG 128 ff.; Häfeli APR 2021, 299 (301); Mitsch NZWiSt 2021, 409 (410 ff.); kurz auch Herrmann/Rünz DB 2021, 3078 (3080); Wagner/Ruttloff/Wagner LkSG-HdB/Skoupil Rn. 1569.

[208] Vgl. zu § 9 Abs. 2 S. 1 Nr. 2 OWiG KK-OWiG/Rogall OWiG § 9 Rn. 86 ff.; BeckOK OWiG/Valerius OWiG § 9 Rn. 44 ff.

[209] Zu § 14 StGB BGHSt NJW 2012, 3385; OLG Frankfurt NStZ 1987, 508; AG Frankfurt NStZ 1986, 72; vgl. zu § 14 Abs. 2 S. 1 Nr. 2 StGB NK-StGB/Böse § 14 Rn. 41 ff.; Fischer StGB § 14 Rn. 11 ff.; BeckOK StGB/Momsen/Laudien StGB § 14 Rn. 62 ff.; MüKoStGB/Radtke StGB § 14 Rn. 100 ff.; LK-StGB/Schünemann StGB § 14 Rn. 66 ff.; insbes. zum Gewässerschutzbeauftragten Böse NStZ 2003, 636; zum Compliance-Beauftragten Rönnau/Scheider ZIP 2010, 53; zum Geldwäschebeauftragten Suendorf-Bischof BB 2020, 522.

[210] Vgl. KK-OWiG/Rogall OWiG § 9 Rn. 1, 73; zur Erfassung juristischer Personen und Personenvereinigungen in § 24 Mitsch NZWiSt 2021, 409 (410 f.).

[211] Vgl. KK-OWiG/Rogall OWiG § 9 Rn. 2; LK-StGB/Schünemann StGB § 14 Rn. 1 f.

[212] Aufzählend etwa Häfeli ARP 2021, 299 (300 f.); aus dem Umweltrecht Kloepfer UmweltR § 5 Rn. 1445; Hauschka/Moosmayer/Lösler Corporate Compliance/Meyer § 30 Rn. 39 ff.; vgl. schon Rehbinder ZHR 165 (2001), 1 (8 f.).

[213] Im Grundsatz bejahend KK-OWiG/Rogall OWiG § 9 Rn. 90; aA Hauschka/Moosmayer/Lösler Corporate Compliance/Meyer § 30 Rn. 49. Im strafrechtlichen Paralleldiskurs bejahend NK-StGB/Böse § 14 Rn. 41 ff.; LK-StGB/Schünemann StGB§ 14 Rn. 68 f.; wohl ebenfalls BeckOK StGB/Momsen/Laudien StGB § 14 Rn. 62 ff.; zum Compliance-Beauftragten Rönnau/Scheider ZIP 2010, 53 (60 f.); aA MüKoStGB/Radtke StGB § 14 Rn. 103.

tragten, seiner Position,[214] der gesetzlichen oder vertragliche Ausformung seiner Rechte und Pflichten[215] beruhen, hier auf gedrängtem Raum nicht im Einzelnen gewürdigt werden.

Gemeinsam wird als Dreh- und Angelpunkt der bußgeldrechtlichen Haftung die Frage gestellt, ob der Beauftrage dazu berufen ist, „in eigener Verantwortung Aufgaben wahrzunehmen" (§ 9 Abs. 2 S. 1 Nr. 2 OWiG, § 14 Abs. 2 S. 1 Nr. 2 StGB), die eigentlich dem Unternehmen obliegen.[216] Dem Beauftragen müsse dabei ein gewisses Maß an **Selbstständigkeit** zukommen, die es ihm erlaubt, Entscheidungen ohne Rücksprache mit der Unternehmensleitung zu treffen.[217] Dieses Erfordernis nennt die Rechtsprechung pointiert „eigenverantwortliche Entscheidungsgewalt",[218] die durch die bloße Einräumung von Leitungsbefugnissen oder Mitentscheidungskompetenz nicht erfüllt werde.[219] An die Feststellung **eigenverantwortlicher Entscheidungskompetenz** seien hohe Anforderungen zu stellen.[220] Der Beauftragte müsse zum Schutz oder zur Überwachung „auf Posten" gestellt worden sein.[221] Eine nachträgliche Kontrolle wird im Schrifttum aber nicht als Ausschlusskriterium angesehen.[222] 69

Welche Form dieser Bereich der Eigenverantwortung annehmen und welche Entscheidungen der Beauftragte selbstständig fällen muss, damit die Anforderungen des § 9 Abs. 2 S. 1 Nr. 2 OWiG erfüllt sind, ist umstritten. Teilweise wird über eine **reine Überwachungskompetenz** hinausgehend die Befugnis verlangt, Maßnahmen zur Behebung von erkannten Missständen anordnen zu können.[223] In die gleiche Richtung geht die Einteilung von Betriebsbeauftragen in eine rein beratend-unterstützende sowie eine Verantwortung tragende Kategorie.[224] Letztere sind in das operative Geschäft neben der Geschäftsleitung eingebunden, womit sie eine Linienposition in der Unternehmenshierarchie einnehmen.[225] Andererseits wird es für ausreichend erachtet, dass der Betriebsbeauftragte im Rahmen seiner Überwachungstätigkeit auf einer Stabsstelle eine **besondere Informationsposition**[226] erhält. Diese verpflichte ihn, durch Überwachung Gesetzesverstöße zu ermitteln und relevante Erkenntnisse an die Geschäftsleitung weiterzugeben.[227] 70

Den Menschenrechtsbeauftragten in dieses Meinungsbild einzuordnen, stößt auf Probleme. Im Gegensatz zu anderen gesetzlichen Beauftragten sind seine Kompetenzen und Pflichten nicht durch ausdifferenzierte Gesetzesregeln vorgegeben (s. auch → Rn. 62), die Rückschlüsse auf seine Eigenverantwortlichkeit zuließen. Ebenso wenig erhellen Gesetzes- 71

---

[214] Vgl. Hauschka/Moosmayer/Lösler Corporate Compliance/Meyer § 30 Rn. 49; Kloepfer UmweltR § 7 Rn. 57 ff.; BeckOK StGB/Momsen/Laudien StGB § 14 Rn. 62.

[215] Vgl. Böse NStZ 2003, 636 (640 f.); Häfeli ARP 2021, 299 (300 f.); am Beispiel der Compliance auch Bürkle CCZ 2010, 4 (5); Raum CCZ 2012, 197 (197); Rönnau/Scheider ZIP 2010, 53 (60 f.).

[216] Vgl. BGHSt NJW 2012, 3385 (3387) zu § 14 Abs. 2 S. 1 Nr. 2 StGB; BeckOK StGB/Momsen/Laudien StGB § 14 Rn. 62, 64; MüKoStGB/Radtke StGB § 14 Rn. 103; KK-OWiG/Rogall OWiG § 9 Rn. 88 ff.; Rönnau/Scheider ZIP 2010, 53 (60); LK-StGB/Schünemann StGB§ 14 Rn. 67; Suendorf-Bischof BB 2020, 522 (524).

[217] Vgl. Rönnau/Scheider ZIP 2010, 53 (60).

[218] S. BGHSt NJW 2012, 3385 (3387).

[219] Vgl. BGHSt NJW 2012, 3385 (3387); zust. KK-OWiG/Rogall OWiG § 9 Rn. 88.

[220] Vgl. BGHSt NJW 2012, 3385 (3387); KK-OWiG/Rogall OWiG § 9 Rn. 88; Suendorf-Bischof BB 2020, 522 (522).

[221] Vgl. zum Gewässerschutzbeauftragen AG Frankfurt NStZ 1986, 72 (75); zust. Böse NStZ 2003, 636 (641).

[222] Vgl. KK-OWiG/Rogall OWiG § 9 Rn. 88; LK-StGB/Schünemann StGB§ 14 Rn. 67.

[223] Vgl. MüKoStGB/Radtke StGB § 14 Rn. 103; zur Compliance Bürkle CCZ 2010, 4 (8).

[224] Vgl. Häfeli ARP 2021, 299 (300 f.); ähnlich Kloepfer UmweltR § 7 Rn. 57 ff.

[225] Vgl. Böse NStZ 2003, 636 (638); Häfeli ARP 2021, 299 (301); BeckOK StGB/Momsen/Laudien StGB § 14 Rn. 64; diese Unterscheidung ebenfalls vornehmend Hauschka/Moosmayer/Lösler Corporate Compliance/Meyer § 30 Rn. 49.

[226] Zur „Informationsschuld" des Unternehmensbeauftragten aus zivilrechtlicher Sicht Haouache, Unternehmensbeauftragte und Gesellschaftsrecht der AG und GmbH, 2003, 124 ff.

[227] Vgl. Böse NStZ 2003, 636 (639 f.); LK/Schünemann § 14 Rn. 68; zum Compliance-Beauftragten Rönnau/Scheider ZIP 2010, 53 (57 ff., 60 f.).

genese und Gesetzesbegründung,[228] ob dem Menschenrechtsbeauftragten eine „eigenverantwortliche Entscheidungsgewalt" zukommt[229] oder ob er jedenfalls einen institutionalisierten Informationsvorsprung vor der Geschäftsleitung hat. Auf dieser Grundlage lässt sich daher **nur im konkreten Einzelfall** eine befriedigende Antwort darauf geben, ob ihm persönlich ein Bußgeldrisiko droht.[230]

72 **Entscheidungsrelevante Kriterien** zur Frage, ob der Menschenrechtsbeauftragte Aufgaben in eigener Verantwortung wahrnimmt,[231] die dem Unternehmen obliegen, sind unter anderem: seine operativen Befugnisse und damit zusammenhängend seine Einordnung in einer Linien- oder Stabsorganisation; seine Unabhängigkeit von Weisungen im Rahmen seiner Tätigkeit; seine konkreten Rechte und Pflichten im Rahmen des Risikomanagements, insbesondere seine (Befassungs-)Rechte gegenüber der Geschäftsleitung sowie seiner Kompetenz, Abhilfemaßnahmen anzuordnen; und seine Überwachungsmöglichkeiten gegenüber anderen Stellen.

73 Von der Anpassung auf die unternehmensspezifischen Gegebenheiten hängen damit die konkreten Bußgeldrisiken des Menschenrechtsbeauftragten ab.[232] Das LkSG eröffnet so zwar einerseits die Möglichkeit, eine passende Ausgestaltung der innerbetrieblichen Zuständigkeit und der Position des Menschenrechtsbeauftragten zu finden. Anderseits wäre für die rechtssichere und zumutbare Umsetzung der menschenrechtlichen und umweltbezogenen Sorgfaltspflichten (→ Einl. Rn. 45)[233] wünschenswert, würde der Gesetzgeber seine Erwartungen hinsichtlich Stellung, Position und Rolle des Menschenrechtsbeauftragen im Unternehmen sowie der damit verflochtenen Funktion im Risikomanagement verdeutlichen. In Ermangelung dessen wird dem Unternehmen eine **Konkretisierungsarbeit** auferlegt, welche die bußgeldrechtlichen Risiken im Ergebnis bestimmt. Dies führt zu einem erhöhten (Kosten-)Aufwand bei der Umsetzung der Sorgfaltspflicht des § 4 Abs. 3,[234] behindert die Herausbildung von Netzwerkexternalitäten[235] und erschwert die Vertragsgestaltung mit dem Menschenrechtsbeauftragten.[236]

74 **5. Informationspflicht der Geschäftsleitung (Abs. 3 S. 2).** Ausdrücklich ausformuliert wird in § 4 Abs. 3 S. 2 die Pflicht der Geschäftsleitung, sich regelmäßig, mindestens einmal jährlich, über die Arbeit der zuständigen Person oder Personen zu informieren. Eine anlassbezogene Informationspflicht findet sich zwar in den Gesetzesmaterialien,[237] hat aber keinen Einzug in den Gesetzeswortlaut gefunden. Außer in Fällen, in denen eine wirksame Ausgestaltung des Risikomanagements dies erfordert, besteht daher keine anlassbezogene Pflicht des Leitungsorgans, sich über die Arbeit der zuständigen Person(en) zu informieren.[238] Zudem ergibt sich aus § 4 Abs. 3 S. 2 selbst kein Befassungsrecht des Menschen-

---

[228] Vgl. anders etwa für den Gewässerschutzbeauftragten Böse NStZ 2003, 636 (638 f.) mwN; für die Fachkraft für Arbeitsschutz Häfeli ARP 2021, 299 (300).

[229] Wohl dahingehend, gleichwohl ohne die Frage einer bußgeldrechtlichen Haftung anzusprechen, Dutzi/Schneider/Hasenau Der Konzern 2021, 454 (460).

[230] So wohl auch Hembach Praxisleitfaden LkSG 128 f.; Herrmann/Rünz DB 2021, 3078 (3080); Wagner/Ruttloff/Wagner LkSG-HdB/Skoupil Rn. 1539; ein generelles Bußgeldrisiko vorsichtig annehmend Häfeli ARP 2021, 299 (301); eine Haftung mangels eigenverantwortlicher operativer Verantwortung generell abl. Harings/Jürgens/Thalhammer CB 2022, 93 (96).

[231] Ebenso auf den „Grad an Eigenverantwortung" abstellend Grabosch Das neue LkSG/Engel/Schönfelder § 6 Rn. 37.

[232] Als Gestaltungsspielraum hervorhebend Grabosch Das neue LkSG/Grabosch § 5 Rn. 36 ff.

[233] Zu diesem Ziel Begr. RegE LkSG, BT-Drs. 19/28649, 2.

[234] Vgl. zum Kostenaufwand bei der Einrichtung der Position des Menschenrechtsbeauftragten Ruttloff/Wagner/Hahn/Freihoff CCZ 2022, 20 (21).

[235] Vgl. zum Vorteil verbreiteter Nutzung der gleichen rechtlichen Struktur in einem anderen Zusammenhang Neville/Sørensen EBOR 15 (2014), 545 (552 f.).

[236] Zu den Problemen der Absicherung vor Haftungsrisiken auch Grabosch Das neue LkSG/Grabosch § 5 Rn. 40; Häfeli ARP 2021, 299 (301); im Fall des Geldwäschebeauftragten Suendorf-Bischof BB 2020, 522 (526).

[237] Vgl. Begr. RegE LkSG, BT-Drs. 19/28649, 43.

[238] AA Wagner/Ruttloff/Wagner LkSG-HdB/Wagner/Wagner Rn. 622.

rechtsbeauftragten (vgl. aber → Rn. 61), sondern nur eine **Erkundigungspflicht** der Geschäftsleitung.

V. Interessen betroffener Personen (Abs. 4)

§ 4 Abs. 4 verpflichtet das Unternehmen bei der Errichtung und Umsetzung seines 75
Risikomanagementsystems, die Interessen seiner Beschäftigten, der Beschäftigten innerhalb seiner Lieferketten und derjenigen, die in sonstiger Weise durch das wirtschaftliche Handeln des Unternehmens oder durch das wirtschaftliche Handeln eines Unternehmens in seinen Lieferketten in einer geschützten Rechtsposition unmittelbar betroffen sein können, angemessen zu berücksichtigen. Zum Verständnis dieser **Interessenberücksichtigungspflicht** ist zunächst auf die Gesetzesmaterialien (→ Rn. 76 f.) und die internationalen Referenzrahmen einzugehen (→ Rn. 78 ff.), bevor die Berücksichtigungspflicht im Einzelnen aufgefächert wird (→ Rn. 81 ff.).

1. Gesetzesmaterialien. Die Regierungsbegründung stellt ihrer Erläuterung des § 4 76
Abs. 4 programmatisch voran, dass der vom LkSG gewährte Schutz „sowohl im öffentlichen Interesse als auch im individuellen Interesse der unmittelbar Betroffenen“[239] erfolgt. Weiter verfolge die Interessenberücksichtigung das Ziel, dem Unternehmen eine verbesserte Informationsgrundlage zu verschaffen. Dadurch soll § 4 Abs. 4 zu einer verbesserten Risikoerkennung und -einschätzung sowie zu geeigneten Präventions- und Abhilfemaßnahmen führen.[240]

Die Indienststellung des LkSG für die Interessen der unmittelbar Betroffenen darf nicht 77
dahin missverstanden werden, dass sich hieraus **zivilrechtliche Haftungsfolgen** für Unternehmen ergeben. Dies folgt zwar nicht aus der Neufassung des § 4 Abs. 4 im Laufe des Gesetzgebungsverfahrens, die nur der Klarstellung und sprachlichen Präzisierung diente (→ Rn. 2),[241] wohl aber aus dem eingefügten § 3 Abs. 3 nebst der zugehörigen Ausschussbegründung, die eine Haftung auf Grundlage des LkSG ausschließt (→ § 3 Rn. 58).[242] Insbesondere versperrt § 3 Abs. 3 S. 1 eine Geltendmachung von Vorschriften des LkSG im Rahmen deliktsrechtlicher Ansprüche (→ § 3 Abs. Rn. 59–61).

2. Abgleich mit internationalen Referenzrahmen. § 4 Abs. 4 steht in besonderer 78
Nähe zu verschiedenen UNGP: Zunächst fordert **UNGP 18 lit. b** bei der Ermittlung und Bewertung negativer menschenrechtlicher Auswirkungen „sinnvolle Konsultationen“ mit potenziell betroffenen Gruppen und anderen in Betracht kommenden Stakeholdern. Solche tiefgehenden Gespräche mit Betroffenen sollen laut begleitendem Kommentar vom Unternehmen in niedrigschwelliger Weise durchgeführt werden und es ihm ermöglichen, seinen menschenrechtlichen Effekt korrekt zu bestimmen. Besondere Aufmerksamkeit sei vulnerablen Personengruppen zu gewähren.[243] Des Weiteren sieht **UNGP 20 lit. b** das Feedback von externen Quellen unter Einschluss von betroffenen Stakeholdern als Mittel zur Kontrolle der Abhilfemaßnahmen. Die Rückmeldungen sollen das Unternehmen befähigen, die Effektivität ihrer Maßnahmen zu ermitteln und Verbesserungsmöglichkeiten zu erkennen.[244]

Auch die **OECD-Leitsätze für multinationale Unternehmen** (→ Einl. Rn. 23 ff.)[245] 79
betonen wie die UNGP[246] ihre Wertschätzung für eine bedeutsame Einbeziehung von und

239 Begr. RegE LkSG, BT-Drs. 19/28649, 43.

240 So die Begr. RegE LkSG, BT-Drs. 19/28649, 43.

241 So ausdrücklich Beschlussempfehlung und Bericht des Ausschusses für Arbeit und Soziales, BT-Drs. 19/30505, 39; eine andere Schlussfolgerung andeutend Wagner FS Singer, 2021, 693 (708).

242 Im Ergebnis übereinstimmend Wagner FS Singer, 2021, 693 (708).

243 Vgl. UNGP 18, Kommentar, 23.

244 Vgl. UNGP 20, Kommentar, 27.

245 Vgl. OECD-Leitsätze für multinationale Unternehmen, Erläuterungen zu den allgemeinen Grundsätzen, Nr. 24 und 25, 29 f.

246 Neben den UNGP 18 und 20 wird die Kommunikation mit Stakeholdern in den UNGP 3 lit. d, 21, 30, 31 lit. h behandelt.

die Kommunikation mit Stakeholdern. Zur Umsetzung empfiehlt der OECD-Leitfaden für die Erfüllung der Sorgfaltspflicht für verantwortungsvolles unternehmerisches Handeln einen offenen, zeitnahen, verständlichen und zugänglichen sowie in gutem Glauben geführten **Dialog.**[247] Diesen schlägt er bei der Risikobestimmung und -bewertung, der Auswahl und Umsetzung angemessener Abhilfemaßnahmen, der anschließenden Nachverfolgung und bei einer Wiedergutmachung als praktische Maßnahme vor.[248] Ganz grundlegend stellt der Leitfaden fest, dass sich Due Diligence im Sinne der OECD-Leitsätze für multinationale Unternehmen auf einem Dialog mit Stakeholdern stütze, und fügt eine ausführliche Erläuterung bei.[249]

80 Trotz vieler Ähnlichkeiten mit diesen internationalen Referenzrahmen setzt § 4 Abs. 4 in einem zentralen Punkt einen anderen Akzent: **Statt wechselseitigen Konsultations-, Dialog- und Beteiligungsvorgaben** schreibt er (nur) eine **einseitige Berücksichtigungspflicht** fest. Eine streng leitprinzipienkonforme Auslegung des § 4 Abs. 4 ist daher nicht angezeigt (allgemein → § 3 Rn. 19 f.). Fruchtbar machen lassen sich die internationalen Referenzrahmen vor allem bei der Art und Weise der Interessenbestimmung (→ Rn. 89).

81 **3. Berücksichtigungspflicht.** Zur Erläuterung der Pflicht des § 4 Abs. 4 bietet es sich an, zunächst die Pflichtenkonzeption zu untersuchen (→ Rn. 82 ff.). Auf dieser Grundlage können dann die erfassten Personengruppen (→ Rn. 85 ff.), das geforderte Vorgehen bei der Interessenbestimmung (→ Rn. 89 ff.) und zuletzt die Art und Weise der Berücksichtigung (→ Rn. 94 ff.) in einer stimmigen Auslegung verwoben werden.

82 **a) Pflichtenkonzeption.** Vom Unternehmen verlangt § 4 Abs. 4, die Interessen bestimmter Personengruppen zu berücksichtigen. Wirkbereich dieses Gebotes ist daher allein das Unternehmen selbst, dem als Pflichtenträger ohne genaue Vorgaben zum Wie der Berücksichtigung[250] als Untermaß eine **einseitige Berücksichtigungspflicht** auferlegt wird.

83 Die Interessen der von § 4 Abs. 4 erfassten Gruppen muss – wie im Gesetzgebungsverfahren auch sprachlich klargestellt wurde[251] – das Unternehmen nicht nur einmalig bei der Einrichtung, sondern auch bei Umsetzung seines Risikomanagementsystems beachten. Dies charakterisiert das Gebot zur Interessenberücksichtigung als **Dauerpflicht,** die das Unternehmen nicht lediglich anlassbezogen, sondern immer zu beachten hat. Zudem ist § 4 Abs. 4 im gesamten Risikomanagementsystem zu berücksichtigen, sodass er im Rahmen jeder einzelnen Sorgfaltspflicht Geltung beansprucht.[252] Das Unternehmen muss sich daher bei der Wahrnehmung aller Sorgfaltspflichten vergewissern, dass es die Anforderungen des § 4 Abs. 4 erfüllt.

84 Der Interessenberücksichtigung kommt dabei eine **dienende Funktion** zu. Die Einbindung verschiedener Interessen soll nicht unmittelbar einen wirksamen Menschenrechts- und Umweltschutz gewährleisten, sondern die Informationsgrundlage des Unternehmens verbessern: In den Worten der Regierungsbegründung soll sie dazu beitragen, „dass das Unternehmen seine menschenrechtlichen Risiken erkennt, richtig einschätzt und geeignete Präventions- und Abhilfemaßnahmen wählt".[253] Diese Funktionsbestimmung des § 4 Abs. 4 entspricht auch den UNGP und den OECD-Leitsätzen (→ Rn. 79).

[247] Vgl. OECD-Leitfaden für die Erfüllung der Sorgfaltspflicht für verantwortungsvolles unternehmerisches Handeln, 2018, 21.
[248] Vgl. OECD-Leitfaden für die Erfüllung der Sorgfaltspflicht für verantwortungsvolles unternehmerisches Handeln, 2018, 28, 31, 36.
[249] Vgl. OECD-Leitfaden für die Erfüllung der Sorgfaltspflicht für verantwortungsvolles unternehmerisches Handeln, 2018, 21, 50 ff.
[250] Gleichsinnig Grabosch Das neue LkSG/Grabosch § 2 Rn. 77.
[251] Vgl. Beschlussempfehlung und Bericht des Ausschusses für Arbeit und Soziales, BT-Drs. 19/30505, 39.
[252] Vgl. ebenso Grabosch Das neue LkSG/Grabosch § 2 Rn. 77.
[253] S. Begr. RegE LkSG, BT-Drs. 19/28649, 43.

b) Personengruppen. Zwei zu berücksichtigende Interessengruppen werden vom LkSG besonders hervorgehoben: die Beschäftigten und die sonstigen unmittelbar Betroffenen. Zur ersten Gruppe gehören nicht nur die eigenen **Beschäftigten,** sondern auch die Beschäftigten innerhalb der Lieferkette. Laut Regierungsbegründung ist der Begriff des Beschäftigten weit zu verstehen, um einen effektiven Menschenrechtsschutz zu gewährleisten.[254] Daher sollen nicht nur angestellte Beschäftigte erfasst sein, sondern auch solche, die informell tätig sind. Das können Beschäftigte sein, die kein geregeltes Anstellungsverhältnis haben, einem Arbeitsverbot unterliegen oder scheinselbstständig sind.[255] Damit werden Teile des informellen Sektors abgedeckt. Darüber hinaus sollen auch selbstständige Zulieferer vom Begriffsverständnis erfasst sein.[256] Der Beschäftigte ist hier abzugrenzen von dem Arbeitnehmer iSd § 1. Daher lassen sich gerade auch Ein-Personen-Unternehmen, die etwa als letztes Glied einer Lieferkette auftreten können, als Beschäftigte verstehen. 85

Darüber hinaus muss das Unternehmen gemäß § 4 Abs. 4 die Interessen derjenigen berücksichtigen, die in sonstiger Weise durch das wirtschaftliche Handeln des Unternehmens oder durch das wirtschaftliche Handeln eines Unternehmens in seiner Lieferkette in einer geschützten Rechtsposition unmittelbar betroffen sein können **(sonstige unmittelbar Betroffene).** Ausweislich der Regierungsbegründung ist der Bereich des wirtschaftlichen Handelns weit zu verstehen und final zu bestimmen,[257] sodass jedes unternehmerisch motivierte Handeln erfasst sein dürfte. Dies hätte zur Folge, dass das wirtschaftliche Handeln eines Unternehmens noch umfassender zu bestimmen ist als der eigene Geschäftsbereich. Da auch Personen erfasst werden, die vom wirtschaftlichen Handeln eines Unternehmens der Lieferkette unmittelbar betroffen sind, werden im Ergebnis entlang der Lieferkette alle möglicherweise in geschützten Rechtspositionen gefährdeten Gruppen erfasst. Hierbei differenziert das Gesetz nicht zwischen unmittelbaren und mittelbaren Zulieferern. 86

Zur Eingrenzung dieser weiten Betroffenendefinition schlägt die Regierungsbegründung vor, insbesondere auf eine enge räumliche Nähe zur unternehmerischen Tätigkeit abzustellen, was etwa auf Anwohner und Nutzer von Nachbargrundstücken einer Produktionsstätte abzielt.[258] Insofern konkretisiert sie das **Kriterium der unmittelbaren Betroffenheit** räumlich. Darüber hinaus ist denkbar, eine unmittelbare Betroffenheit auch im Rahmen des Kausalverlaufs einer Rechtsgefährdung zu verlangen.[259] Herausfallen würden dann Personengruppen, die nur mittelbar über das Verhalten lieferkettenfremder Personen oder über andere Umstände von dem wirtschaftlichen Handeln des Unternehmens und seiner Lieferkette in ihren geschützten Rechtspositionen betroffen werden. Eine ähnliche **direkte Verknüpfung** setzen auch die UNGP voraus, um eine Verantwortung der Unternehmen zu begründen (vgl. UNGP 13). 87

Neben natürlichen Personen sieht die Regierungsbegründung von § 4 Abs. 4 **auch juristische Personen, Personenvereinigungen oder Gremien** erfasst und hebt **Gewerkschaften** als Beispiel hervor.[260] Diese dürften aber nicht fremde Rechtspositionen geltend machen, sondern müssen selbst in den persönlichen Schutzbereich der Menschenrechte gemäß § 2 Abs. 1 fallen.[261] 88

[254] Vgl. Begr. RegE LkSG, BT-Drs. 19/28649, 44; zust. Wagner/Ruttloff/Wagner LkSG-HdB/Wagner/Wagner Rn. 613.
[255] Vgl. Begr. RegE LkSG, BT-Drs. 19/28649, 44.
[256] Vgl. Begr. RegE LkSG, BT-Drs. 19/28649, 44; zust. Wagner/Ruttloff/Wagner LkSG-HdB/Wagner/Wagner Rn. 613.
[257] Vgl. Begr. RegE LkSG, BT-Drs. 19/28649, 44, wonach etwa auch der Erwerb von Grundeigentum erfasst ist, wenn das Unternehmen auf dem Grundstück geschäftlich tätig werden möchte.
[258] Vgl. Begr. RegE LkSG, BT-Drs. 19/28649, 44.
[259] Vgl. Wagner/Ruttloff/Wagner LkSG-HdB/Wagner/Wagner Rn. 614, die eine „anlassbezogene Wertung" vornehmen wollen.
[260] Vgl. Begr. RegE LkSG, BT-Drs. 19/28649, 44.
[261] Vgl. Begr. RegE LkSG, BT-Drs. 19/28649, 44; zust. Wagner/Ruttloff/Wagner LkSG-HdB/E. Wagner/S. Wagner Rn. 614.

89 **c) Interessenbestimmung.** Gesetzlich ist **nicht vorgeschrieben,** wie ein Unternehmen die Interessen der betroffenen Personengruppen in § 4 Abs. 4 bestimmt. Maßstab für die Ausformung der Interessenbestimmung bleiben die Gesichtspunkte der Wirksamkeit und Angemessenheit der Berücksichtigung. Fingerzeige für den Erhebungsprozess bieten die Regierungsbegründung und die internationalen Referenzrahmen (→ Rn. 79).

90 Hervorzuheben sind zunächst Erkenntnisse aus dem Beschwerdemechanismus gemäß § 8,[262] auf die auch die Regierungsbegründung im Zusammenhang mit der jährlichen Risikoanalyse verweist.[263] Das Unternehmen hat dabei nicht vorrangig die Beschwerde selbst zu berücksichtigen, sondern die **Erkenntnisse,** die es durch deren Bearbeitung erhält. Diese reichen weiter als der bloße (erste) Hinweis des Beschwerdeführers und erfassen sowohl Erkenntnisse aus der Bearbeitung des einzelnen Falls als auch solche, die sich aus der zusammenfassenden Betrachtung aller Hinweise ergeben können (näher → § 5 Rn. 76 ff. zu § 5 Abs. 4).

91 Eine geeignete Maßnahme ist ausweislich der Regierungsbegründung die direkte Konsultation mit betroffenen Gruppen, etwa Beschäftigten des eigenen Unternehmens oder solchen in seiner Lieferkette sowie anderen unmittelbar betroffenen Personen, und mit berechtigten Interessenvertretungen.[264] Durch solche **partizipative Mittel** würden auch die Transparenz, das Verständnis und die Akzeptanz für die beidseitigen Anliegen unterstützt. Für eine angemessene Konsultation ist ein niedrigschwelliges und diskriminierungsfreies Angebot zu schaffen, das insbesondere sprachliche Hürden und besonders vulnerable Gruppen berücksichtigt.[265] Darüber hinaus bedarf es für einen konstruktiven Dialog einer wechselseitigen Seriosität, die sich in dem Willen ausdrückt, in „gutem Glauben [zu] handeln."[266]

92 Möglich ist auch die Konsultation einer **berechtigten Interessenvertretung.** Diese zeichnet sich nach der Regierungsbegründung dadurch aus, dass sie „unabhängig ist und die menschenrechtlichen Interessen von betroffenen Personen in geeigneter Weise wahrnimmt".[267] Sie kann vor allem dann zur Bestimmung der Interessen herangezogen werden, wenn eine direkte Konsultation mit den betroffenen Personengruppen nicht möglich ist.[268] Denkbar sind in solchen Fällen die Einbeziehung externer Gruppierungen, etwa NGOs, anderen Zusammenschlüssen der Zivilgesellschaft, Regierungen der Standortländer oder Geschäftspartner, wenn sie im Bereich des Menschen- und Umweltschutzes ausgewiesen sind.[269] Andere Beispiele einer berechtigten Interessenvertretung sind Gewerkschaften oder betriebliche Arbeitnehmervertretungen.[270] Diese können im Einzelfall anstelle eines direkten Kontakts mit der betroffenen Gruppe, etwa den Arbeitnehmern, konsultiert werden.[271] Dabei ist aber zu unterscheiden, ob sie zur Bestimmung eigener oder fremder Interessen genutzt werden (→ Rn. 88).

93 Zur erstmaligen Bestimmung der relevanten Personengruppen wird in der Kommentarliteratur vorgeschlagen, eine „überschlägige Risikoanalyse" vorzunehmen.[272] Sie wäre der Risikoanalyse nach § 5 augenscheinlich vorgeschaltet. Allerdings hat das Unternehmen im Rahmen des § 5 gerade die Risiken für die von § 4 Abs. 4 erfassten Personengruppen zu

---

[262] Systematisch unstimmig als eigene Personengruppe definierend Grabosch LkSG/Grabosch § 2 Rn. 78.
[263] Vgl. Begr. RegE LkSG, BT-Drs. 19/28649, 44.
[264] Vgl. Begr. RegE LkSG, BT-Drs. 19/28649, 44.
[265] Vgl. Begr. RegE LkSG, BT-Drs. 19/28649, 44; UNGP 18, Kommentar, 20.
[266] OECD-Leitfaden für die Erfüllung der Sorgfaltspflicht für verantwortungsvolles unternehmerisches Handeln, 2018, F9, 51.
[267] Begr. RegE LkSG, BT-Drs. 19/28649, 44.
[268] Vgl. auch dahingehend UNGP 18, Kommentar, 23; ebenso Sagan/Schmidt NZA-RR 2022, 281 (287).
[269] Vgl. UNGP 18, Kommentar, 23.
[270] Diese als Beispiele nennend Begr. RegE LkSG, BT-Drs. 19/28649, 44.
[271] Vgl. dahingehend auch OECD-Leitfaden für die Erfüllung der Sorgfaltspflicht für verantwortungsvolles unternehmerisches Handeln, 2018, F8, 51; ebenso Sagan/Schmidt NZA-RR 2022, 281 (287).
[272] Vgl. Grabosch Das neue LkSG/Grabosch § 2 Rn. 79; Grabosch Das neue LkSG/Grabosch § 5 Rn. 44; dies aufgreifend Wagner/Ruttloff/Wagner LkSG-HdB/Wagner/Wagner Rn. 615.

ermitteln und Stakeholder schon als mögliche Informationsquelle zu berücksichtigen (→ § 5 Rn. 37). Daher scheint ein vorgelagerter Risikoüberschlag nicht erforderlich und wird in den Gesetzesmaterialien auch nicht erwähnt.

d) Art der Berücksichtigung. § 4 Abs. 4 legt eine **einseitige Berücksichtigungspflicht** fest, sodass sich sein Pflichtenprogramm nur im Binnenbereich des Unternehmens auswirkt. Anders als internationalen Referenzrahmen schreibt das LkSG weder zur Interessenbestimmung noch in sonstiger Weise **eine zwingende wechselseitige Konsultation** vor. Auch sonstige formale Vorgaben macht das Gesetz nicht.[273] 94

Dies **begrenzt** den **Erfüllungsaufwand** für die Unternehmen und die **Missbrauchsgefahr** von formalisierten Dialogprozessen. Zudem entfallen Bedenken, die von prominenter Seite gegen den parlamentarischen Richtlinienvorschlag für die unionsweite Regulierung der Human Rights Due Diligence[274] und deren Vorgaben zur Einbeziehung von Interessenträgern vorgebracht werden, wie etwa die Sorge vor kostspieligen,[275] langwierigen Beteiligungsverfahren sowie zähen Abwägungsentscheidungen.[276] Ebenso sinkt die Gefahr eines ständigen Konfliktes, welche bei einer dauerhaften und zwingenden Beteiligung im Rahmen der Umsetzung der Sorgfaltspflichten entstehe.[277] 95

Die Pflichten des § 4 Abs. 4 spitzen die **Blickwinkelverschiebung**[278] im menschenrechtlichen und umweltbezogenen Risikomanagementsystem zu (→ Rn. 25). Angesichts des übergeordneten Ziels des LkSG, das § 3 Abs. 1 S. 1 programmatisch festschreibt, dürfte § 4 Abs. 4 allerdings nur begrenzt besondere Anforderungen stellen.[279] Zu beachten bleibt jedoch, dass er im Prinzip Personengruppen in der gesamten Lieferkette umfasst. 96

Die **Stakeholder-Beteiligung** stellt auch bei der Ausübung der Sorgfaltspflichten eine mögliche Maßnahme der Interessenberücksichtigung dar. Die internationalen Referenzrahmen bieten vielfältiges Anschauungsmaterial für die Einbeziehung von Stakeholdern in den Prozess der menschenrechtlichen und umweltbezogenen Sorgfaltspflichten: So schlägt der OECD-Leitfaden für die Erfüllung der Sorgfaltspflicht für verantwortungsvolles unternehmerisches Handeln die Beteiligung von Stakeholdern etwa bei der Bewertung von Risiken vor Ort,[280] der Risikobestimmung, -bewertung und -priorisierung im Rahmen der Risikoanalyse,[281] der Ausarbeitung von Abhilfemaßnahmen[282] und bei der Wirksamkeitskontrolle[283] vor. Durch die Einbindung bei der Planung und Ausübung der Sorgfaltspflichten kann das Unternehmen sicherstellen, dass die Interessen der Personengruppen des § 4 Abs. 4 **unmittelbar im Risikomanagementprozess** berücksichtigt werden. Diese Beteiligung ist auch in diesem Fall so auszugestalten, dass die relevanten Entscheidungsträger der Interessen gewahr werden und sie bei ihrer Abwägung berücksichtigen können. 97

---

[273] Ebenso Grabosch Das neue LkSG/Grabosch § 2 Rn. 80; Grabosch Das neue LkSG/Grabosch § 5 Rn. 45; vgl. zur Frage der Mitbestimmung Sagan/Schmidt NZA-RR 2022, 281 (287).

[274] Entschließung des Europäischen Parlaments für eine Richtlinie über die Sorgfalts- und Rechenschaftspflicht der Unternehmen, P9_TA(2021)0073; dazu überblicksartig J. Schmidt EuZW 2021, 276; mit ausführlicher Kritik European Company Law Experts Group Rivista della società 2021, 276.

[275] Vgl. Enriques Rivista della società 2021, 319 (321 f.).

[276] Vgl. European Company Law Experts Group Rivista della società 2021, 276 (284 f., 291 f.).

[277] Vgl. European Company Law Experts Group Rivista della società 2021, 276 (284).

[278] Von einer „Perspektivenerweiterung" in der Corporate Governance sprechen Lenz/Bodenstein/Wenzl ZCG 2022, 61; krit. zu einer Verschiebung des Bezugspunkts Brunk, Menschenrechtscompliance, 2022, 509.

[279] Vgl. Spindler ZHR 186 (2022), 67 (82); für die Aktiengesellschaft Brunk, Menschenrechtscompliance, 2022, 469; aA Falder/Frank-Fahle/Poleacov LkSG 56.

[280] Vgl. OECD-Leitfaden für die Erfüllung der Sorgfaltspflicht für verantwortungsvolles unternehmerisches Handeln, 2018, 21.

[281] Vgl. OECD-Leitfaden für die Erfüllung der Sorgfaltspflicht für verantwortungsvolles unternehmerisches Handeln, 2018, 30 ff.

[282] Vgl. OECD-Leitfaden für die Erfüllung der Sorgfaltspflicht für verantwortungsvolles unternehmerisches Handeln, 2018, 33.

[283] Vgl. OECD-Leitfaden für die Erfüllung der Sorgfaltspflicht für verantwortungsvolles unternehmerisches Handeln, 2018, 36.

98 **4. Angemessenheit.** Auch in § 4 Abs. 4 hat das Angemessenheitsprinzip Eingang gefunden. Zwar stellt die Interessenberücksichtigung keine ausdrückliche Sorgfaltspflicht gemäß der taxativen Auflistung des § 3 Abs. 1 S. 2 dar. Jedoch sind schon aufgrund des klaren Wortlauts die Kriterien des § 3 Abs. 2 anzuwenden. Der Angemessenheitsvorbehalt führt insbesondere zu einer Begrenzung des Pflichtenumfangs und macht so die Durchführung des LkSG erst „verhältnismäßig und zumutbar".[284]

99 In Übereinstimmung mit den OECD-Leitlinien[285] erfordert eine angemessene Berücksichtigung nicht, dass alle Personengruppen gleich zu behandeln sind, sondern führt vielmehr zu einem differenzierten Umgang. Auch ordnet § 4 Abs. 4 nicht das „Primat" eines bestimmten Interesses an.[286] Die Interessenberücksichtigung hat sich vielmehr an den Kriterien des § 3 Abs. 2 auszurichten. Zunächst gilt der Grundsatz, dass die **individuelle Risikoexposition** des Unternehmens, wie sie sich aus Art und Umfang seiner Geschäftstätigkeit (§ 3 Abs. 2 Nr. 1) sowie des Gefahrenpotentials seiner Auswirkungen (§ 3 Abs. 2 Nr. 3) ergibt, ein Gradmesser für die zu leistenden Anstrengungen ist. Zudem kann das Unternehmen im Sinne eines risikobasierten Ansatzes (allgemein → § 3 Rn. 29 ff.) auch **priorisieren,** welche Interessen aufgrund ihrer besonders schweren Betroffenheit (§ 3 Abs. 2 Nr. 3) vorrangig zu berücksichtigen sind.[287]

100 Für § 4 Abs. 4 lassen sich insbesondere folgende Kriterien hervorheben: Zunächst sinkt das konkrete Einflussvermögen (§ 3 Abs. 2 Nr. 2) in der Regel, je tiefer in der Lieferkette Personengruppen verortet sind.[288] Darüber hinaus verringert sich zumeist der dem Unternehmen zurechenbare Verursachungsbeitrag (§ 3 Abs. 2 Nr. 4), wenn mit Lieferanten keine direkten Vertragsbeziehungen bestehen. Daher muss das Unternehmen in Kongruenz mit dem **abgestuften Pflichtensystem** (→ § 9 Rn. 1 ff.; vgl. auch → § 5 Rn. 1 ff.), in dem das LkSG zwischen unmittelbaren und mittelbaren Lieferanten unterscheidet, die Interessen von Personengruppen in der Tiefe der Lieferkette regelmäßig nur insoweit berücksichtigen, wie es konkrete Anhaltspunkte, substantiierte Erkenntnisse oder stichhaltige Hinweise sowie die Einrichtung des Risikomanagements im Hinblick auf § 8 und § 9 verlangen.

VI. Sanktionen

101 Der vorsätzliche oder fahrlässige Verstoß gegen die Pflicht des § 4 Abs. 3 S. 1, dafür zu sorgen, dass die dort genannte Festlegung getroffen wird, stellt gemäß § 24 Abs. 1 Nr. 1 eine **Ordnungswidrigkeit** dar (zu möglichen Adressaten → § 24 Rn. 8 ff.).[289]

102 Bei einem Verstoß droht gemäß § 24 Abs. 2 S. 1 Nr. 2 eine **Geldbuße** von 500.000 Euro, wobei § 24 Abs. 2 S. 2 auf § 30 Abs. 2 S. 3 OWiG verweist und damit den Bußgeldrahmen für juristische Personen und Personenvereinigungen verzehnfacht[290] (näher → § 24 Rn. 36 ff.). Bis zu drei Jahre nach einem rechtskräftig festgestellten Verstoß und der Belegung mit einer Geldbuße gemäß § 24 Abs. 2 können Unternehmen nach § 22 zusätzlich **bei der Vergabe öffentlicher Aufträge ausgeschlossen** werden (zum Zeitraum → § 22 Rn. 5, → § 22 Rn. 38).[291]

[284] Vgl. Begr. RegE LkSG, BT-Drs. 19/28649, 2.

[285] Vgl. OECD-Leitfaden für die Erfüllung der Sorgfaltspflicht für verantwortungsvolles unternehmerisches Handeln, 2018, F8, 52.

[286] Vgl. Spindler ZHR 186 (2022), 67 (82).

[287] Ebenso OECD-Leitfaden für die Erfüllung der Sorgfaltspflicht für verantwortungsvolles unternehmerisches Handeln, 2018, F8, 53.

[288] Im Zusammenhang mit dem Richtlinienvorschlag der Europäischen Kommission vom Februar 2022 Ruttloff/Rothenburg/Hahn DB 2022, 1116 (1119).

[289] Krit. zur Bestimmtheit der Vorschrift Wagner/Ruttloff/Wagner LkSG-HdB/Skoupil Rn. 2539.

[290] Vgl. Ehmann/Berg GWR 2021, 287 (291); Grabosch Das neue LkSG/Engel/Schönfelder § 6 Rn. 37, 41; Karmann/Irmscher NZWiSt 2021, 249 (254 f.); Mittwoch/Bremenkamp KritV 2021, 207 (231); Spindler ZHR 186 (2022), 67 (90); Wagner/Ruttloff/Wagner LkSG-HdB/Skoupil Rn. 1574.

[291] Vgl. Grabosch Das neue LkSG/Engel/Schönfelder § 6 Rn. 48 ff.; Karmann/Irmscher NZWiSt 2021, 249 (251 f.); Mitsch NZWiSt 2021, 409 (412 f.); kürzer Ehmann/Berg GWR 2021, 287 (291).

§ 5 Risikoanalyse

(1) [1]Im Rahmen des Risikomanagements hat das Unternehmen eine angemessene Risikoanalyse nach den Absätzen 2 bis 4 durchzuführen, um die menschenrechtlichen und umweltbezogenen Risiken im eigenen Geschäftsbereich sowie bei seinen unmittelbaren Zulieferern zu ermitteln. [2]In Fällen, in denen ein Unternehmen eine missbräuchliche Gestaltung der unmittelbaren Zuliefererbeziehung oder ein Umgehungsgeschäft vorgenommen hat, um die Anforderungen an die Sorgfaltspflichten in Hinblick auf den unmittelbaren Zulieferer zu umgehen, gilt ein mittelbarer Zulieferer als unmittelbarer Zulieferer.

(2) [1]Die ermittelten menschenrechtlichen und umweltbezogenen Risiken sind angemessen zu gewichten und zu priorisieren. [2]Dabei sind insbesondere die in § 3 Absatz 2 genannten Kriterien maßgeblich.

(3) Das Unternehmen muss dafür Sorge tragen, dass die Ergebnisse der Risikoanalyse intern an die maßgeblichen Entscheidungsträger, etwa an den Vorstand oder an die Einkaufsabteilung, kommuniziert werden.

(4) [1]Die Risikoanalyse ist einmal im Jahr sowie anlassbezogen durchzuführen, wenn das Unternehmen mit einer wesentlich veränderten oder wesentlich erweiterten Risikolage in der Lieferkette rechnen muss, etwa durch die Einführung neuer Produkte, Projekte oder eines neuen Geschäftsfeldes. [2]Erkenntnisse aus der Bearbeitung von Hinweisen nach § 8 Absatz 1 sind zu berücksichtigen.

Schrifttum: Baumüller/Needham/Scheid, Vorschlag der EU-Kommission zur Corporate Sustainability Due Diligence Directive (CSDDD), DB 2022, 1401; Beckers, Globale Wertschöpfungsketten: Theorie und Dogmatik unternehmensbezogener Pflichten, ZfPW 2021, 220; Berenbok, Risikomanagement im Aktienrecht, 2016; Bettermann/Hoes, Der Entwurf der Europäischen Corporate Sustainability Due Diligence Richtlinie – Vergleich zum deutschen Lieferkettensorgfaltspflichtengesetz, WM 2022, 697; Birkholz, CSDD-E: Konkrete Sorgfaltspflichten für Unternehmen statt Vorgaben zur Sustainable Corporate Governance?, DB 2022, 1306; Blankenburg, Risikomanagement als betriebswirtschaftliche Aufgabe, ZfB 1987, 329; Brauweiler, Risikomanagement in Unternehmen, 2. Aufl. 2019; Brunk, Menschenrechtscompliance. Eine Untersuchung menschenrechtlicher Verhaltenspflichten von Unternehmen und ihrer Umsetzung im Gesellschaftsrecht, 2022; Brouwer, Noch viele offene Rechts- und Auslegungsfragen zum Lieferkettensorgfaltspflichtengesetz – Hinweise zum VCI-Diskussionspapier zur Umsetzung des LkSG, CCZ 2022, 137; Charnitzky/Weigel, Die Krux mit der Sorgfalt, RIW 2022, 12; Charnitzky/Weigel, Die Krux mit der Sorgfalt (Teil 2) – Der Entwurf der Richtlinie zur unternehmerischen Sorgfalt in den Lieferketten, RIW 2022, 413; DAV-Ausschüsse, Stellungnahme zum Regierungsentwurf eines Gesetzes über die unternehmerischen Sorgfaltspflichten in Lieferketten, NZG 2021, 546; Dutzi/Schneider/Hasenau, Lieferkettenregulierung und Risk Governance, DK 2021, 454; Ehmann, Der Regierungsentwurf für das Lieferkettengesetz: Erläuterung und erste Hinweise zur Anwendung, ZVertriebsR 2021, 141; Ehmann/Berg, Das Lieferkettensorgfaltspflichtengesetz (LkSG): ein erster Überblick, GWR 2021, 287; European Company Law Experts Group, The European Parliament's Draft Directive on Corporate Due Diligence and Corporate Accountability, Rivista della società 2021, 276; Fasterling, Human Rights Due Diligence as Risk Management: Social Risk Versus Human Rights Risk, BHRJ 2/2017, 225; Fleischer, Risikomanagement im Querschnitt der Disziplinen: Betriebswirtschaftslehre – Aktienrecht – Bankaufsichtsrecht – Lieferkettenrecht, AG 2022, 377; Fleischer/Hahn, Berichtspflichten über menschenrechtliche Standards in der Lieferkette. Eine internationale Bestandsaufnahme, RIW 2018, 397; Frank/Edel/Heine/Heine, Pionierarbeiten in der Lieferkette, BB 2021, 2165 (Teil 1), 2890 (Teil 2); Heinen, Deliktische Sorgfaltspflichten in transnationalen Lieferketten, 2022; Gehling/Ott/Lüneborg, Das neue Lieferkettensorgfaltspflichtengesetz – Umsetzung in der Unternehmenspraxis, CCZ 2021, 230; Götz, Ein Lieferkettengesetz nordischer Prägung – Norwegens neues Transparenzgesetz, RIW 2022, 99; Hübner/Habrich/Weller, Corporate Sustainability Due Diligence. Der EU-Richtlinienentwurf für eine Lieferkettenregulierung, NZG 2022, 644; Jakobus, Die Vorstandspflicht zum Risikomanagement, 2014; Jung, Wertschöpfung in der Liefer- und Absatzkette?, GPR 2022, 109; Jungkind/Raspé/Terbrack, Unternehmensverantwortung in der Lieferkette, DK 2021, 445; Kajüter, Risikomanagement im Konzern, 2012; Kieninger, Miniatur: Lieferkettengesetz – dem deutschen Papiertiger fehlen die Zähne, ZfPW 2021, 252; Klinner, Deutschland gibt sich ein Lieferkettensorgfaltsgesetz, IWRZ 2021, 243; R. Koch, Das Lieferkettensorgfaltspflichtengesetz, MDR 2022, 1; Lutz-Bachmann/Vorbeck/Wengenroth, Menschenrechte und Umweltschutz in Lieferketten – der Regierungsentwurf eines Sorgfaltspflichtengesetzes, BB 2021, 906; Lutz-Bachmann/Vorbeck/Wengenroth, Nachhaltigkeitsbezogene Sorgfaltspflichten in Geschäftsbeziehungen – zum Entwurf der EU-Kommission für eine „Lieferkettenrichtlinie", DB 2022, 835; Mittwoch/Bremenkamp, Das Lieferkettensorgfaltspflichtengesetz – Ein nachhaltiger Ordnungsrahmen für international tätige Marktakteure?, KritV 2021, 207; Nasse, Das neue Lieferkettensorgfaltspflichtengesetz. Pflicht zur Entkopplung der deutschen Wirtschaft vom chinesischen

Markt?, RAW 2022, 3; Nietsch/Wiedmann, Der Regierungsentwurf eines Gesetzes über die unternehmerischen Sorgfaltspflichten in der Lieferkette, CCZ 2021, 101; Nietsch/Wiedmann, Adressatenkreis und sachlicher Anwendungsbereich des neuen Lieferkettensorgfaltspflichtengesetz, NJW 2022, 1; Nietsch/Wiedmann, Der Vorschlag zu einer europäischen Sorgfaltspflichten-Richtlinie im Unternehmensbereich (Corporate Sustainability Due Diligence Directive), CCZ 2022, 125; Ott/Lüneborg/Schmelzeisen, Zur Anwendung des Lieferkettensorgfaltspflichtengesetzes im Konzern, DB 2022, 238; Paefgen, Haftung für die Verletzung von Pflichten nach dem neuen Lieferkettensorgfaltspflichtengesetz, ZIP 2021, 2006; Rothenburg/Rogg, Die Umsetzung des Lieferkettensorgfaltspflichtengesetzes im Konzern, AG 2022, 257; Rünz, Neue Sorgfaltspflichten und Haftungsrisiken in der Lieferkette – Aktuelles zu deutschen und europäischen Gesetzesvorhaben, ZVertriebsR 2020, 291; Ruttloff/Rothenburg/Hahn, Der Richtlinienvorschlag zu unternehmerischen Sorgfaltspflichten im Bereich der Nachhaltigkeit – Auswirkungen auf die Corporate Governance, DB 2022, 1116; Schradin, in Handwörterbuch der Betriebswirtschaft, 6. Aufl. 2007, Stichwort: Risikomanagement, Sp. 1584; Seibt/Vesper-Gräske, Lieferkettensorgfaltspflichtengesetz, CB 2021, 357; Spindler, Verantwortlichkeit und Haftung in Lieferantenketten – das Lieferkettensorgfaltspflichtengesetz aus nationaler und europäischer Perspektive, ZHR 186 (2022), 67; Spindler, Der Vorschlag einer EU-Lieferketten-Richtlinie, ZIP 2022, 765; Stöbener de Mora/Noll, Grenzenlose Sorgfalt? – Das Lieferkettensorgfaltspflichtengesetz, NZG 2021, 1237 (Teil 1), NZG 2021, 1285 (Teil 2); Strohn, Schutz der Menschenrechte durch das Sorgfaltspflichtengesetz, ZHR 185 (2021), 629; Thalhammer, Das umstrittene Lieferkettensorgfaltspflichtengesetz – Ein juristischer Blick auf Kritik aus Zivilgesellschaft, Wirtschaft und Politik, DÖV 2021, 825; Thomale/Murko, Unternehmerische Haftung für Menschenrechtsverletzungen in transnationalen Lieferketten, EuZA 2021, 40; Vanini/Rieg, Risikomanagement: Grundlagen – Instrumente – Unternehmenspraxis, 2. Aufl. 2021; v. Westphalen, Einige Vorüberlegungen zum bevorstehenden Lieferkettengesetz, ZIP 2020, 2423; E. Wagner/Ruttloff, Das Lieferkettensorgfaltspflichtengesetz – Eine erste Einordnung, NJW 2021, 2145; E. Wagner/Schuler, RL-Entwurf der EU-Kommission zu unternehmerischen Sorgfaltspflichten im Bereich der Nachhaltigkeit, ESG 2022, 34; G. Wagner, Das Lieferkettengesetz: Viele Pflichten, keine Haftung, FS Singer, 2021, 693; Wolke, Risikomanagement, 3. Aufl. 2016.

Übersicht

I. Grundlagen

Die Risikoanalyse ist Kernelement[1] des LkSG. Sie ist das Werkzeug, mit dessen Hilfe sich die Unternehmen in die Lage versetzen, ihren weiteren Sorgfaltspflichten nachzukommen. Ausweislich der Regierungsbegründung dienen die Ergebnisse der Risikoanalyse „als Grundlage, um wirksame Präventions- und Abhilfemaßnahmen festzulegen".[2] Im Rahmen der Risikoanalyse sollen die Unternehmen menschenrechtliche und umweltbezogene Risiken (zu Verletzungen → Rn. 5 ff.) identifizieren, gewichten und priorisieren. Dabei können Prozesse und Methoden der Betriebswirtschaftslehre herangezogen werden (→ § 4 Rn. 11 ff.).[3] § 5 versammelt unter dem Begriff der Risikoanalyse drei Teilprozesse, die in betriebswirtschaftlicher Terminologie als Risikoidentifizierung, Risikoanalyse und Risikobewertung bezeichnet werden (→ § 4 Rn. 14 ff.).[4] Im Rahmen der Risikoanalyse hat das Unternehmen Dokumentationspflichten zu beachten,[5] insbesondere hat es die Basis und Gesichtspunkte seiner Entscheidungen und Abwägungen aufzuzeigen sowie die Ergebnisse der Risikoanalyse etwa in einem Risikoinventar zu erfassen (→ § 10 Rn. 11 f., 39 f.). 1

1. Regelungsgegenstand. § 5 ist Ausgangspunkt des prozessförmigen Risikomanagements nach dem LkSG.[6] Abs. 1 verpflichtet das Unternehmen zur Risikoanalyse in seinem eigenen Geschäftsbereich und bei seinen unmittelbaren Zulieferern. Zusätzlich erfasst er solche mittelbare Zulieferer, die aufgrund einer missbräuchlichen Gestaltung oder eines Umgehungsgeschäfts nicht unmittelbare Zulieferer iSd § 2 Abs. 7 sind. § 5 Abs. 2 legt die Kriterien für die Gewichtung und Priorisierung der Risiken fest. Abs. 3 regelt die Weitergabe der Ergebnisse der Risikoanalyse im Unternehmen. Abs. 4 enthält die Bestimmungen zur regelmäßigen und anlassbezogenen Risikoanalyse. 2

2. Gesetzgebungsverfahren. § 5 wurde durch den Ausschuss für Arbeit und Soziales nicht wesentlich geändert. Eine Anpassung in Abs. 1 S. 2 diente der Klarstellung;[7] daneben wollte der Ausschuss inhaltlich in Abs. 3 eingreifen,[8] hierauf ist gesondert zurückzukommen (→ Rn. 56 f.). 3

---

[1] Vgl. Harings/Jürgens LkSG 98: „Herzstück der Sorgfaltspflichten".

[2] S. Begr. RegE LkSG, BT-Drs. 19/28649, 44.

[3] Zum betriebswirtschaftlichen Hintergrund der zugrundeliegenden UNGP Fleischer AG 2022, 377 Rn. 38 ff.

[4] Vgl. Brauweiler, Risikomanagement in Unternehmen, 2019, 7 f.; mit Unterschieden im Einzelnen Berenbok, Risikomanagement im Aktienrecht, 2016, 39 f.; Wolke, Risikomanagement, 3. Aufl. 2016, 5; anklingend auch bei Jakobus, Die Vorstandspflicht zum Risikomanagement, 2014, 40.

[5] So auch das Bundesamt für Wirtschaft und Ausfuhrkontrolle, Fragen und Antworten zum Lieferkettengesetz, XIV. Zif. 2, Stand: 28.4.2022: „So hat das Unternehmen nachzuweisen, nach welchen Kriterien es die Risiken bewertet und seine Maßnahmen ergriffen hat. Der unternehmensinterne Abwägungsprozess muss dabei plausibel und für das BAFA nachvollziehbar sein." Vgl. auch Fleischer CCZ 2022, 205 (213); Grabosch Das neue LkSG/Grabosch § 5 Rn. 66.

[6] Zu den Prozessschritten des Risikomanagements auch Fleischer AG 2022, 377 Rn. 49; vgl. zur Risikoanalyse als Grundlage der Sorgfaltspflichten Goßler/Palder BB 2022, 906 (906): „notwendige Voraussetzung".

[7] Vgl. Beschlussempfehlung und Bericht des Ausschusses für Arbeit und Soziales, BT-Drs. 19/30505, 40.

[8] Vgl. Beschlussempfehlung und Bericht des Ausschusses für Arbeit und Soziales, BT-Drs. 19/30505, 40.

4 **3. Auswirkungen der geplanten EU-RL.** Im lange erwarteten[9] Vorschlag der Europäischen Kommission für eine Richtlinie über die Sorgfaltspflichten von Unternehmen im Hinblick auf Nachhaltigkeit vom Februar 2022[10] (zum Vorschlag des Europäischen Parlaments → Einl. Rn. 73 ff.) ist die Risikoanalyse in Art. 6 geregelt. Der Entwurf beruft sich wie das LkSG auf die United Nations Guiding Principles („UNGP") und den OECD-Leitfaden für die Erfüllung der Sorgfaltspflicht für verantwortungsvolles unternehmerisches Handeln,[11] sodass sich die Grundkonzeptionen der Regelungen in Art. 6 Lieferketten-RL-E und § 5 ähneln.[12] Zwei konzeptionelle Unterschiede stechen im Kontext der Risikoanalyse allerdings hervor: Erstens verwendet der Richtlinienentwurf nicht den Begriff des Risikos, sondern legt „tatsächliche und potenzielle negative Auswirkungen auf die Menschenrechte und die Umwelt" als Untersuchungsgegenstand fest (zum Risikobegriff dieser Vorschrift → Rn. 5 ff.).[13] Zweitens nimmt er keine Abstufung zwischen unmittelbaren und mittelbaren Zulieferern vor,[14] sondern stellt stattdessen auf etablierte Geschäftsbeziehungen ab, sofern sie mit der unternehmerischen Wertschöpfungskette im Zusammenhang stehen.[15] Daneben regelt Art. 6 Lieferketten-RL-E die Gewichtung und Priorisierung nicht ausdrücklich und macht keine eigenen Vorgaben zur Regelmäßigkeit oder Anlassbezogenheit einer Risikoanalyse. Hinweise dazu lassen sich aber den Erwägungsgründen entnehmen[16] und Art. 10 Lieferketten-RL-E verpflichtet unter der Überschrift „Überwachung" zu einer jährlichen und der anlassbezogenen Bewertung der Wirksamkeit der Ermittlung.[17] Art. 6 Abs. 2 und Abs. 3 Lieferketten-RL-E verringert die Anforderungen für solche Unternehmen, die nur aufgrund ihrer Tätigkeit in Risikosektoren in den Anwendungsbereich fallen bzw. für Finanzunternehmen iSd Art. 3 lit. a Ziff. iv Lieferketten-RL-E.[18] Über § 5 (und § 4; näher → § 4 Rn. 75 ff.) hinausgehend beschreibt Art. 6 Abs. 4 Lieferketten-RL-E die Konsultation von Stakeholdern – potenziell betroffene Gruppen wie Arbeitnehmer und andere einschlägige Interessenträger – und die Heranziehung von unabhängigen Berichten zur Identifikation von negativen Auswirkungen.

[9] Dazu Baumüller/Needham/Scheid DB 2022, 1401 (1401); Birkholz DB 2022, 1306 (1307); Nietsch/Wiedmann CCZ 2022, 125 (125 f.); Spindler ZIP 2022, 765 (765 f.).

[10] Vorschlag für eine Richtlinie des Europäischen Parlaments und des Rates über die Sorgfaltspflichten von Unternehmen im Hinblick auf Nachhaltigkeit und zur Änderung der Richtlinie (EU) 2019/1937, COM (2022) 71 final.

[11] Ewägungsgründe 5, 6, 16 Lieferketten-RL-E; vgl. auch Baumüller/Needham/Scheid DB 2022, 1401 (1403); Hübner/Habrich/Weller NZG 2022, 644 (644, 646); Lutz-Bachmann/Vorbeck/Wengenroth BB 2022, 835 (837); Nietsch/Wiedmann CCZ 2022, 125 (129).

[12] Vgl. Charnitzky/Weigel RIW 2022, 413 (414 f.); Lutz-Bachmann/Vorbeck/Wengenroth BB 2022, 835 (839); zu den UNGP auch Bettermann/Hoes WM 2022, 697 (699); E. Wagner/Schuler ESG 2022, 34 (38).

[13] Ebenso Lutz-Bachmann/Vorbeck/Wengenroth BB 2022, 835 (838): „Hauptanknüpfungspunkt für die Sorgfaltspflichten"; dies aufgreifend Birkholz DB 2022, 1306 (1310); Jung GPR 2022, 109 (113 f.).

[14] Vgl. Baumüller/Needham/Scheid DB 2022, 1401 (1404); Bettermann/Hoes WM 2022, 697 (697, 700); Birkholz DB 2022, 1306 (1311); Charnitzky/Weigel RIW 2022, 413 (415 ff.); Hübner/Habrich/Weller NZG 2022, 644 (647); Jung GPR 2022, 109 (114); Lutz-Bachmann/Vorbeck/Wengenroth BB 2022, 835 (837 f.) mit Überlegungen auch zur nachgelagerten Wertschöpfungskette; Ruttloff/Rothenburg/Hahn DB 2022, 1116 (1118 f.); E. Wagner/Schuler ESG 2022, 34 (39).

[15] Näher dazu Bettermann/Hoes WM 2022, 697 (698 f.); Birkholz DB 2022, 1306 (1309 f.); Charnitzky/Weigel RIW 2022, 413 (416 f.); Hübner/Habrich/Weller NZG 2022, 644 (647 f.); Jung GPR 2022, 109 (113); Nietsch/Wiedmann CCZ 2022, 125 (127, 136); Spindler ZIP 2022, 765 (768); E. Wagner/Schuler ESG 2022, 34 (39).

[16] Vgl. Erwägungsgrund 30 Lieferketten-RL-E: „Zur Ermittlung negativer Auswirkungen sollte eine in regelmäßigen Abständen durchgeführte dynamische Bewertung der menschenrechtlichen und ökologischen Gegebenheiten gehören: vor einer neuen Tätigkeit oder Beziehung, vor wichtigen Entscheidungen oder Änderungen des Vorhabens, als Reaktion auf oder im Vorgriff auf Veränderungen des Betriebsumfelds und regelmäßig, mindestens alle zwölf Monate, während der gesamten Dauer einer Tätigkeit oder Beziehung.".

[17] Vgl. auch Erwägungsgrund 43 Lieferketten-RL-E; dazu auch Bettermann/Hoes WM 2022, 697 (700); Ruttloff/Rothenburg/Hahn DB 2022, 1116 (1120); E. Wagner/Schuler ESG 2022, 34 (37).

[18] Vgl. Bettermann/Hoes WM 2022, 697 (700); Nietsch/Wiedmann CCZ 2022, 125 (130, 131 f.); zu Abs. 2 Spindler ZIP 2022, 765 (770); E. Wagner/Schuler ESG 2022, 34 (35).

5 **4. Risikobegriff.** Für die Risikoanalyse ist zentral, dass ihr Untersuchungsansatz die menschenrechtlichen und umweltbezogenen Sachverhalte mit Unternehmensrelevanz vollständig erfasst. Das LkSG verwendet hierfür die legaldefinierten Begriffe „Risiko“ und „Verletzung“. Dies entscheidet, ob das LkSG seinem selbst gesteckten Ziel, die internationale Menschenrechtslage zu verbessern,[19] in vollem Umfang gerecht werden kann: Sofern relevante Sachverhalte nicht im Rahmen der Risikoanalyse aufzuklären sind, gelingt es dem LkSG nicht, Unternehmen zum prozessförmigen Umgang mit diesen zu verpflichten.

6 Als problematisch erweist sich die Fallgruppe der **möglichen Verletzungen** (zu diesen Verdachtsfällen auch → § 2 Rn. 49–51): Obwohl das LkSG auch Verletzungen legaldefiniert (→ Rn. 7) und keine vollständige Tatsachenermittlung verlangt (→ Rn. 8), scheint der Wortlaut des § 5 Abs. 1 S. 1 mögliche Verletzungen nicht als Untersuchungsgegenstand in Bezug zu nehmen (→ Rn. 9 f.). Eine menschenrechtliche Textstufenanalyse der zugrundeliegenden internationalen Rahmenwerke und eine Spurensuche im LkSG (→ Rn. 11 ff.) zeigen den bestehenden Reformbedarf des und die Notwendigkeit einer extensiven Auslegung oder analogen Anwendung von § 5 Abs. 1 S. 1 auf (→ Rn. 16).

7 **a) Objektives Begriffsverständnis.** Die vom LkSG gewählten Begriff des Risikos und der Verletzung sind bei Zugrundelegung der in § 2 vorgestellten Definitionen (Risiko in § 2 Abs. 2 und Abs. 3, → § 2 Rn. 38 ff., → § 2 Rn. 143 ff.; Verletzung in § 2 Abs. 4, → § 2 Rn. 178 ff.) objektive bzw. objektivierte Sachverhaltsbeschreibungen. Entweder liegt ein Zustand vor, bei dem aufgrund tatsächlicher Umstände mit hinreichender Wahrscheinlichkeit ein Verstoß gegen ein menschenrechtliches oder umweltbezogenes Verbot droht, das heißt **in der Zukunft** eintreten könnte; diesen Zustand versteht das LkSG als Risiko. Oder es fand bzw. findet ein Geschehensablauf statt, bei dem gegen ein menschenrechtliches oder umweltbezogenes Verbot verstoßen wurde bzw. aktuell verstoßen wird; er liegt **in der Vergangenheit oder Gegenwart** und wird vom LkSG als Verletzung erfasst.

8 **b) Subjektive Erkenntnismöglichkeiten.** Die Risikoanalyse muss nicht zu einer allumfassenden Tatsachenaufklärung führen. Stellschraube ist das Kriterium der Angemessenheit und nicht etwa eine subjektivierte Einschränkung des Risiko- oder Verletzungsbegriffs (vgl. auch → § 2 Rn. 59 f.).[20] Von einem Unternehmen wird im Rahmen der Risikoanalyse also nicht verlangt, alle Tatsachen vollständig zu ermitteln, um alle Risiken und Verletzungen zu identifizieren. Eine derart umfassende Sachkunde setzt das LkSG nicht voraus, da es vom Unternehmen nicht rechtlich oder tatsächlich Unmögliches[21] verlangt (→ § 3 Rn. 39). Der Ausschuss für Arbeit und Soziales hebt ausdrücklich hervor, dass die Sorgfaltspflichten der §§ 3 ff. auch dann erfüllt werden, wenn ein Unternehmen „seine gesamte Lieferkette nicht nachverfolgen […] konnte, weil dies tatsächlich oder rechtlich unmöglich gewesen wäre […].“[22] Das LkSG erkennt im Sinne seiner konzeptionellen Grundentscheidung zur Bemühenspflicht (näher → § 3 Rn. 35 ff.) an, dass Unternehmen auch bei **nicht vollständig ausermittelter Tatsachengrundlage** ihrer menschenrechtlichen und umweltbezogenen Verantwortung nachgekommen sind.

9 **c) Mögliche Verletzungen.** Im Rahmen der Risikoanalyse bedarf die Fallgruppe der möglichen Verletzungen einer näheren Untersuchung. Angesichts weitreichender und komplexer Zuliefererbeziehungen, begrenzter Überwachungs- und Kontrollmöglichkeiten der Unternehmen sowie der Anzahl an Anhaltspunkten für Verletzungen einerseits und den umfassenden Anforderungen des § 7 andererseits dürften aus Sicht eines Unternehmens

---

[19] Vgl. Begr. RegE LkSG, BT-Drs. 19/28649, 2; verfassungsrechtlich kontextualisierend Thalhammer DÖV 2021, 825 (830).

[20] Zust. Korch NJW 2022, 2065 Rn. 5.

[21] Vgl. Beschlussempfehlung und Bericht des Ausschusses für Arbeit und Soziales, BT-Drs. 19/30505, 38: „Klar ist dabei: von keinem Unternehmen darf etwas rechtlich und tatsächlich Unmögliches verlangt werden.“.

[22] S. Beschlussempfehlung und Bericht des Ausschusses für Arbeit und Soziales, BT-Drs. 19/30505, 38.

die **Sachverhalte mit Anhaltspunkten für Verletzungen** eine gewichtige Rolle spielen. Ob diese aber – unabhängig von den subjektiven Erkenntnismöglichkeiten der Unternehmen – überhaupt aufklärungspflichtig sind, scheint § 5 zu verneinen.

10 Das Problem der **Untererfassung von möglichen Verletzungen** entzündet sich an § 5 Abs. 1 S. 1, der nach seinem Wortlaut nur „menschenrechtliche und umweltbezogene Risiken" in den Blick nimmt (vgl. → § 2 Rn. 50). Dies verwirrt angesichts der Wahl des Gesetzgebers, den Begriff des Risikos in § 2 Abs. 2 und Abs. 3 rein zukunftsbezogen zu definieren (→ Rn. 7). Bei einer wortlautgetreuen Auslegung wäre damit das Unternehmen nur verpflichtet, Risiken zu ermitteln, während es bei Verletzungen nicht aktiv nachforschen müsste. Da die Risikoanalyse der Sachverhaltsaufklärung dient und Grundlage für die weiteren Sorgfaltspflichten ist, könnte die Aussparung möglicher Verletzungen zu großen Blindstellen führen. Die Pflichten des § 7 bei schon eingetretenen Verletzungen kämen dann gewissermaßen nur nebenbei zur Anwendung. Zwar ist davon auszugehen, dass die Suche nach Risiken auch Verletzungen oder Anhaltspunkte für unmittelbar bevorstehende Verletzungen zutage fördert. Jedoch wären die Vorzeichen der Risikoanalyse zukunftsbezogen, was die Erfassung von Geschehnissen der Vergangenheit und Gegenwart strukturell behindert. Man kann bezweifeln, dass der Gesetzgeber eine derartige Untererfassung möglicher Verletzungen tatsächlich vor Augen hatte, als er die Pflichten des LkSG festlegte.

11 **aa) Menschenrechtliche Textstufenanalyse.** Eine menschenrechtliche Textstufenanalyse (→ Einl. Rn. 2) vermag aufzuzeigen, dass das LkSG sich sprachlich von seinen internationalen Vorbildern entfernt hat. Sie macht deutlich, dass diese Referenzrahmen Unternehmen im Zuge der Risikoanalyse auch zur (Sachverhalts-)Ermittlung eingetretener oder anhaltender negativer Auswirkungen verpflichten. So können Tatsachenunsicherheiten beseitigt werden und die Risikoanalyse bildet konzeptionell stimmig die Basis für weitere Schritte im Sorgfaltspflichtenprozess, namentlich der Präventions-, Abhilfe- und Wiedergutmachungsmaßnahmen. Grundlegend ist bei der Textstufenanalyse auf die UNGP zurückzugreifen,[23] an denen sich das LkSG orientiert; aber auch die OECD-Leitsätze für multinationale Unternehmen finden in der Regierungsbegründung Erwähnung und können daher zusätzlich herangezogen werden.

12 Die UNPG stellen nicht das Risiko ins Zentrum des Due-Diligence-Prozesses, sondern die „Auswirkung" eines Unternehmens.[24] Nach der offiziellen interpretativen Handreichung sind hierbei „actual" und „potential impacts", also tatsächliche und potenzielle Auswirkungen zu unterscheiden: Erstere sind solche, die in der Vergangenheit oder Gegenwart liegen, letztere solche, die möglicherweise in der Zukunft eintreten.[25] Menschenrechtliche Risiken[26] werden allein mit den potenziellen Auswirkungen verbunden; auch sie werden somit zukunftsbezogen definiert.[27] UNGP 18, das die Ermittlung der menschenrechtlichen Risiken beschreibt und damit der Risikoanalyse ähnelt, nennt sowohl die tatsächlichen als auch die potenziellen Auswirkungen als Untersuchungsgegenstand.[28] Obwohl der Ansatzpunkt der menschenrechtlichen Risiken rein auf zukünftige Auswirkungen hindeutet,[29] sind damit auch schon eingetretene menschenrechtliche Auswirkungen erfasst. Vergleichend kann von den Begriffen des LkSG eine Linie zurück auf die Begriffe der

[23] Zur Bestimmung des Risikos ebenfalls auf die UNGP zurückgreifend, aber zu keinem konkreten Ergebnis hinsichtlich des § 5 Abs. 1 S. 1 kommend Hembach Praxisleitfaden LkSG 132 ff.

[24] Im englischen Original „adverse human rights impacts", vgl. UNGP 11, 15 (b), 17, 18.

[25] Vgl. UNGP, An Interpretive Guide, 5, 7, 15.

[26] Im englischen Original „human rights risks".

[27] Vgl. UNGP, An Interpretive Guide, 6 f.: „They [, the human rights risks,] therefore relate to its potential human rights impact.".

[28] Ebenso erfasst UNGP 17 ausdrücklich beide Alternativen der Auswirkung.

[29] Vgl. auch UNGP, An Interpretive Guide, 36 f., wonach die „human rights due diligence" auf potenzielle Auswirkungen fokussiert ist und tatsächliche Auswirkungen vor allem eine Frage der Wiedergutmachung seien.

UNGP gezogen werden: Verletzungen entsprechen tatsächlichen und Risiken potenziellen Auswirkungen. Durch die ausdrückliche Erfassung auch der tatsächlichen Auswirkungen vermeiden die UNGP aber einen blinden Fleck im Rahmen der Risikoanalyse.

Die OECD-Leitsätze für multinationale Unternehmen und der OECD-Leitfaden zur Erfüllung der Sorgfaltspflichten für verantwortungsvolles unternehmerisches Handeln verwenden die zu den UNGP äquivalenten Begriffe der „tatsächlichen negativen Effekte" und „potenziellen negativen Effekte" sowie der „Risiken negativer Effekte" neben dem Begriff der „Auswirkung".[30] Auch sie nehmen im Rahmen der Risikoanalyse aber sowohl auf tatsächliche wie auf potenzielle Auswirkungen Bezug.[31] Eindeutig werden damit auch im ersten Schritt des Sorgfaltspflichtenprozesses Geschehnisse in der Vergangenheit oder Gegenwart erfasst. Die Risikoanalyse kann so auch für tatsächliche negative Effekte den Anlass und die Grundlage weiterer Sorgfaltspflichten bilden.[32] 13

bb) Spurensuche im LkSG. Die Gesetzesmaterialien des LkSG deuten an, dass im Rahmen der Risikoanalyse auch Anhaltspunkte für mögliche Verletzungen überprüft werden sollen. So weist die Regierungsbegründung die Risikoanalyse als Grundlage aus, „um wirksame Präventions- und Abhilfemaßnahmen festzulegen."[33] Zudem hält sie fest, dass Gespräche mit Arbeitnehmern „als eine wichtige Informationsquelle für die Bewertung dienen [können], ob Arbeitnehmerrechte eingehalten werden",[34] mit anderen Worten, ob Verletzungen vorliegen. Den Bezug zu vergangenen und gegenwärtigen Verletzungen nimmt sie in den Erläuterungen zu § 7 auf, indem sie einleitend beschreibt, dass die Abhilfemaßnahme „basierend auf den Erkenntnissen der Risikoanalyse"[35] das Mittel zur Minimierung oder Beendigung von Verletzungen ist. Die wortgleiche Formulierung findet sich bei den Ausführungen zu § 6.[36] Die Gesetzgebungsmaterialien deuten also eindeutig darauf hin, dass der Gesetzgeber mögliche **Verletzungen als Untersuchungsgegenstand** der Risikoanalyse begreift. 14

Darüber hinaus scheint der Gesetzgeber die Dichotomie von Risiko und Verletzung auch an anderer Stelle nicht vollständig durchzuhalten: § 9 Abs. 3 Nr. 1 verpflichtet zu einer Risikoanalyse bei substantiierter Kenntnis von einer möglichen Verletzung (→ § 9 Rn. 58 ff.). Es bleibt zwar ein Restanwendungsbereich für Risiken, die aufgrund einer vergangenen Verletzung möglich erscheinen und den Gegenstand von Präventionsmaßnahmen gemäß § 9 Abs. 3 Nr. 2 bilden können (zum begrenzten Anwendungsbereich der Präventionsmaßnahmen → § 9 Rn. 64). Davon abgesehen ist eine Risikoanalyse gemäß § 9 Abs. 3 Nr. 1 aber nur dann schlüssig, wenn auch ihr Anlass der Untersuchungsgegenstand ist: die mögliche Verletzung. Dies spricht auch die Regierungsbegründung aus: „Das Unternehmen hat bezogen auf die mögliche Verletzung eine Risikoanalyse gemäß § 5 durchzuführen."[37] 15

d) Reformbedarf. Der gesetzgeberischen Konzeption zufolge müsste die Risikoanalyse sowohl (mögliche) Risiken als auch Verletzungen in den Blick nehmen. Die legislatorische Unachtsamkeit, nicht auch Verletzungen in § 5 Abs. 1 S. 1 als Untersuchungsgegenstand zu nennen, kann entweder durch extensive teleologische Auslegung oder analoge Anwendung abgeholfen werden. Unabhängig vom methodischen Zugriff leiden beide Lösungen jedoch daran, dass in möglichen Bußgeldverfahren der straf- und ordnungsrechtliche Be- 16

[30] OECD-Leitsätze für multinationale Unternehmen, 23 Nr. 10–12, 27 Nr. 14, 36; OECD-Leitfaden für die Erfüllung der Sorgfaltspflicht für verantwortungsvolles unternehmerisches Handeln, 2018, 15.
[31] OECD-Leitsätze für multinationale Unternehmen, 39 f. Nr. 45; OECD-Leitfaden für die Erfüllung der Sorgfaltspflicht für verantwortungsvolles unternehmerisches Handeln, 2018, 22, 26 ff.
[32] Vgl. hierzu den OECD-Leitfaden für die Erfüllung der Sorgfaltspflicht für verantwortungsvolles unternehmerisches Handeln, 2018, 29 f., 31–33.
[33] S. Begr. RegE LkSG, BT-Drs. 19/28649, 44.
[34] S. Begr. RegE LkSG, BT-Drs. 19/28649, 45.
[35] S. Begr. RegE LkSG, BT-Drs. 19/28649, 48.
[36] Vgl. Begr. RegE LkSG, BT-Drs. 19/28649, 45.
[37] S. Begr. RegE LkSG, BT-Drs. 19/28649, 50.

stimmtheitsgrundsatz (→ § 24 Rn. 3 ff.) zu wahren ist. Eine drohende gespaltene Anwendung sollte der Gesetzgeber schon aufgrund seiner Wahl eines Public Enforcement (→ Einl. Rn. 182) dazu anhalten, hier korrigierend tätig zu werden. Darüber hinaus erfordert auch die künftige **Anpassung** des LkSG **an europarechtliche Vorgaben**[38] ganz auf der Linie der UNGP und der OECD-Leitsätze für multinationale Unternehmen die Aufnahme der Verletzungen als deutsches Gegenstück[39] der „tatsächlichen negativen Auswirkung" im EU-Richtlinienvorschlag (→ Rn. 4).

II. Risikoermittlung und vorsätzliche Vermeidung (Abs. 1)

17 **1. Risikoermittlung.** Gemäß § 5 Abs. 1 S. 1 muss das Unternehmen eine angemessene Risikoanalyse durchführen, um die menschenrechtlichen und umweltbezogenen Risiken im eigenen Geschäftsbereich sowie bei seinen unmittelbaren Zulieferern zu ermitteln. Die Risikoanalyse beginnt damit, dass sich das Unternehmen einen allgemeinen Überblick verschafft über seine „eigenen Beschaffungsprozesse, über die Struktur und Akteure [bei den] unmittelbaren Zulieferer[n] sowie über die wichtigen Personengruppen, die von der Geschäftstätigkeit das Unternehmens betroffen sein können"[40] (→ Rn. 20 ff.). Darauf aufbauend zeichnet das Unternehmen durch eine fortlaufend tiefergehende Durchleuchtung[41] ein immer deutlicheres Bild von den Auswirkungen seiner Tätigkeit (→ Rn. 32 ff.).

18 **a) Ermittlungsziel.** Vor Durchführung der Risikoanalyse muss sich das Unternehmen deren Ziel vergegenwärtigen: Sie soll die menschenrechtlichen und umweltbezogenen Risiken aufdecken, die durch die unternehmerische Tätigkeit bedingt sind, nicht etwa wirtschaftliche oder rechtliche Risiken für das Unternehmen selbst.[42] Das LkSG gibt die im Risikomanagement zu behandelnden Risiken und Verletzungen vor. Dies umfasst nicht nur zeitlich nahe liegende Risiken, sondern vorbeugend auch zeitlich fernliegende Risikofelder. § 4 Abs. 4 verdeutlich die menschenrechtliche und umweltbezogene Zielrichtung der Risikoanalyse durch die für das gesamte Risikomanagement geltende Anordnung, die Interessen von möglichen Betroffenen angemessen zu berücksichtigen (→ § 4 Rn. 81).[43]

19 Damit geht eine wichtige **Blickwinkelverschiebung** gegenüber bekannten betriebswirtschaftlichen Risikomanagementsystemen einher,[44] in die laut UNGP[45] und auch unter Berücksichtigung der gesetzgeberischen Konzeption[46] die menschenrechtlichen und umweltbezogenen Sorgfaltspflichten eingebunden werden können. Zunächst können die Risiken nicht gegenüber wirtschaftlichen Erwägungen abgewogen werden. Es ist **heteronom vorgegeben,** dass erkannten Risiken und Verletzungen vorzubeugen ist, sie zu minimieren und zu beenden sind.[47] Darüber hinaus ist schon bei der Risikoidentifikation auf Unterschiede zum unternehmerischen Risikomanagement zu achten: Die Identifikation von menschenrechtlichen und umweltbezogenen Risiken und Verletzungen enthält ein **normatives Element,** namentlich eine Prüfung der identifizierten Sachverhalte im Lichte des § 2 Abs. 1–4.[48] Im Gegensatz zu den ermittelten tatsächlichen Umständen, die in jedem Fall zentral sind, muss deren juristische Bewertung beim unternehmerischen Risikomana-

---

[38] Schon vom RegE antizipiert, Begr. RegE LkSG, BT-Drs. 19/28649, 32. Allg. zur notwendigen Anpassung des LkSG Hübner/Habrich/Weller NZG 2022, 644 (650 f.).

[39] Ebenso Charnitzky/Weigel RIW 2022, 413 (417).

[40] S. Begr. RegE LkSG, BT-Drs. 19/28649, 44.

[41] Vergleichbar im norwegischen Recht, Götz RIW 2022, 99 (103).

[42] Gleichsinnig Grabosch Das neue LkSG/Grabosch § 5 Rn. 63.

[43] Vgl. Begr. RegE LkSG, BT-Drs. 19/28649, 43 f.

[44] Krit. zu der Möglichkeit, bekannte Risikomanagement-Rahmenwerke auf Menschen- und Umweltrechte auszurichten, wie es die UNGP vorsehen, Fasterling BHRJ 2/2007 225.

[45] Vgl. UNGP 17, Commentary, 23.

[46] Zur Heranziehung des betriebswirtschaftlichen „Enterprise Risk Management" Fleischer AG 2022, 377 Rn. 40 mit Bezugnahme auf Grabosch Das neue LkSG/Grabosch § 5 Rn. 19, 48 und 63: ähnlich auch Falder/Frank-Fahle/Poleacov LkSG 53; Lenz/Bodenstein/Wenzl ZCG 2022, 61 (61 ff.).

[47] So auch Fleischer AG 2022, 377 Rn. 41 f.; Grabosch Das neue LkSG/Grabosch § 5 Rn. 26 ff.

[48] Vgl. zu den UNGP Fasterling BHRJ 2/2007 225 (235).

gement nicht im selben Maße einfließen, um wirtschaftliche (Reputations-)Schäden zu bestimmen. Dies beruht unter anderem auf dem bloß mittelbaren Verursachungsbeitrag von Menschenrechtsverletzungen und Umweltschädigungen für wirtschaftliche Verluste.[49]

b) Ermittlungsbereich. Teil der Risikoanalyse ist die Bestimmung des Ermittlungsbereichs, dh des Umfangs der zu analysierenden unternehmerischen Tätigkeit und seiner Auswirkungen.[50] Um den Ermittlungsbereich der Risikoanalyse abzustecken, muss sich das Unternehmen zunächst seiner eigenen Prozesse, des Bereichs der eigenen Unternehmenstätigkeit und dessen Auswirkungen sowie seiner unmittelbaren Zulieferer vergewissern.[51] Der damit umschriebene Bereich ist jedoch nicht vollständig in aller Tiefe zu untersuchen. Vielmehr beschränken die Ermittlungsmethode und die darin enthaltene risikobasierte Annäherung an die wesentlichen Risiken in der Lieferkette (→ Rn. 32 ff.) die Ermittlungstiefe im weiteren Analyseverlauf. Außerdem eröffnet das Prinzip der Angemessenheit (→ Rn. 39 f.) dem Unternehmen einen „flexiblen Ermessens- und Handlungsspielraum“,[52] der es im Einzelfall erlaubt, sich auch schon in diesem Analyseschritt auf die wesentlichen Lieferketten, Bereiche und Prozesse zu beschränken. 20

aa) Mittelbare Zulieferer. Zu klären bleibt, in welcher Tiefe die Lieferkette einbezogen werden muss, mit anderen Worten, ob in Anlehnung an § 3 Abs. 1 die gesamte Lieferkette zu berücksichtigen ist. Bei unbefangener Lesart erfasst § 5 Abs. 1 Satz 1 grundsätzlich nur den eigenen Geschäftsbereich und den der unmittelbaren Zulieferer. Dieser Ermittlungsbereich ist hiernach nur in den Fällen des § 9 auf mittelbare Zulieferer auszuweiten (zu Fragen der anlassbezogenen Risikoanalyse bei mittelbaren Zulieferern → Rn. 70 ff.; allgemein → § 9 Rn. 1–4). 21

Damit weicht das LkSG jedoch von den zugrundeliegenden UNGP ab, die keine Unterscheidung zwischen unmittelbaren und mittelbaren Zulieferern machen.[53] In diesem Sinne problematisiert eine Literaturstimme, ob § 5 Abs. 1 durch die Formulierung „im eigenen Geschäftsbereich […] zu ermitteln“ nicht den Umfang, sondern vielmehr den Ort zur Durchführung der Risikoanalyse bestimmt.[54] Dieses Verständnis überzeugt nicht. Es ist schon nicht ersichtlich, wieso der legaldefinierte „Geschäftsbereich“ einen Ort darstellen soll, wenn § 2 Abs. 6 S. 1 und 2 diesen als Beschreibung eines Tätigkeitsfeldes begreift. Darüber hinaus stützt auch die Regierungsbegründung, nach der Risiken „für“[55] diese Bereiche identifiziert werden sollen, eine so weitgehende Analysepflicht nicht. Den Unternehmen soll durch das Kriterium der Angemessenheit zudem ein breites Maßnahmeermessen ermöglicht werden,[56] was mit einer Ortsvorgabe im Rahmen der Risikoanalyse schwerlich in Einklang zu bringen ist. Zuletzt verträgt sich diese ortsbezogene Lesart systematisch nicht mit der in § 9 Abs. 3 Nr. 1 nur unter besonderen Voraussetzungen angeordneten, eigenständigen Risikoanalysepflicht für mittelbare Zulieferer.[57] § 5 Abs. 1 erstreckt den Ermittlungsbereich mithin – abgesehen von Abs. 1 S. 2 – nicht auf mittelbare Zulieferer. 22

[49] Näher Fasterling BHRJ 2/2007 225 (235 ff.).
[50] Ebenso Grabosch Das neue LkSG/Grabosch § 5 Rn. 53.
[51] Wörtlich dazu Begr. RegE LkSG, BT-Drs. 19/28649, 44: „In einem ersten Verfahrensschritt sollen Unternehmen einen Überblick gewinnen über die eigenen Beschaffungsprozesse, über die Struktur und Akteure beim unmittelbaren Zulieferer sowie über die wichtigen Personengruppen, die von der Geschäftstätigkeit des Unternehmens betroffen sein können.“.
[52] Begr. RegE LkSG, BT-Drs. 19/28649, 42.
[53] Vgl. UNGP 17, 18.
[54] Vgl. Grabosch Das neue LkSG/Grabosch § 5 Rn. 54 f., wonach etwa nicht der Standort der mittelbaren Zulieferer aufgesucht werden müsste, jedoch die Tätigkeit derselben in die eigene „schreibtischbasierte“ Analyse einzubeziehen sei.
[55] S. Begr. RegE LkSG, BT-Drs. 19/28649, 44.
[56] Vgl. Begr. RegE LkSG, BT-Drs. 19/28649, 42.
[57] Vgl. iE ebenso Grabosch Das neue LkSG/Grabosch § 5 Rn. 54 f.; Hembach Praxisleitfaden LkSG 133 f.; iE wohl ebenso Dutzi/Schneider/Hasenau DK 2021, 454 (459 f.); Jungkind/Raspé/Terbrack DK 2021, 445 (448 f.); E. Wagner/Ruttloff NJW 2021, 2145 Rn. 25.

23 **bb) Konzernsachverhalte.** In verbundenen Unternehmen erfasst der eigene Geschäftsbereich der Obergesellschaft in Fällen des § 2 Abs. 6 S. 3 (→ § 2 Rn. 228 ff.) auch konzernangehörige Gesellschaften, sodass sich der Ermittlungsbereich erweitert. Hierbei sind zwei Fälle[58] zu unterscheiden: (1.) Sofern die Tochtergesellschaft nicht selbst Pflichtsubjekt gemäß § 1 ist, zeitigt die Einbeziehung in die Risikoanalyse keine weiteren Folgen außer die mögliche Vergrößerung der zu analysierenden Tätigkeiten und Auswirkungen auf den Bereich der konzernangehörigen Gesellschaft (zu deren Zulieferern → Rn. 24 ff.). Wäre die Tochtergesellschaft ansonsten ein unmittelbarer Zulieferer, erweitert sich insoweit der Ermittlungsbereich nicht. Eine solche konzerndimensionale Untersuchungspflicht ist im Bereich der Compliance nicht unumstritten[59] und gilt im Rahmen des aktienrechtlichen Früherkennungs- und Überwachungssystems (§ 91 Abs. 2 AktG) als wenig gesichert.[60] Das LkSG schreibt sie jedoch für die Obergesellschaft zwingend vor. (2.) Wenn die Tochtergesellschaft ebenfalls Pflichten aus dem LkSG treffen, da sie den Schwellenwert inländischer Arbeitnehmer nach § 1 überschreitet, kommt es zu komplizierten,[61] vom Gesetz weitgehend ungelösten[62] Pflichtendoppelungen (→ Rn. 30 f.). Bei **verschränkten Lieferbeziehungen** innerhalb des Konzerns können zudem beide Konzerngesellschaften verpflichtet sein, die jeweils andere in ihre Risikoanalyse einzubeziehen.

24 **(1) Ein Pflichtsubjekt.** Im ersten Fall ist fraglich, ob die unmittelbaren Zulieferer der Tochter ebenfalls einzubeziehen sind; dies ist zu verneinen. Diese Frage wird in der Literatur wenig behandelt,[63] wohl aber vom Bundesamt für Wirtschaft und Ausfuhrkontrolle, dem Bundesministerium für Arbeit und Soziales sowie dem Bundesministerium für Wirtschaft und Klimaschutz bejaht.[64] Eine Einbeziehung gemäß § 2 Abs. 6 S. 3 hätte zur Folge, dass die Erfassung der Tochtergesellschaft „äquivalent […] zu einer originären Eröffnung des Anwendungsbereichs des LkSG"[65] ist, wobei aber die Obergesellschaft Pflichtsubjekt bliebe und die Verantwortung für die Durchführung der Sorgfaltspflichten trüge.

25 Für eine Einbeziehung der unmittelbaren Zulieferer der Tochter wird die Regelungsintention des Gesetzgebers angeführt, die optimal umzusetzen sei: Dieser habe die maßgeblichen Risiken entlang der Lieferkette verortet, welche andernfalls durch die Zwischenschaltung einer Tochtergesellschaft aus dem Ermittlungsbereich der Risikoanalyse ausgeschlossen würden.[66] Zudem seien ansonsten reine Holdinggesellschaften angesichts weniger direkter Lieferbeziehungen vom umfassenden Pflichtenkanon der §§ 5 ff. weitgehend verschont, während sich operativ tätige Obergesellschaften einer Vielzahl von

---

[58] Zur Frage der Zurechnung gemäß § 1 Abs. 3 in gestuften Konzernverhältnissen vgl. etwa Nietsch/Wiedmann NJW 2022, 1 (2); Ott/Lüneborg/Schmelzeisen DB 2022, 238 (241); Rothenburg/Rogg AG 2022, 257 (259 f.); jeweils mwN.

[59] Vgl. BeckOGK/Fleischer AktG § 91 Rn. 89 mwN.

[60] Vgl. BeckOGK/Fleischer AktG § 91 Rn. 42 mwN zum Meinungsstand.

[61] Klärungsbedarf für die Umsetzung des LkSG im Konzern sehend Rothenburg/Rogg AG 2022, 257 (264).

[62] Schon zum RegE LkSG anmerkend DAV-Ausschüsse NZG 2021, 546 Rn. 25; vgl. allg. Grabosch Das neue LkSG/Grabosch § 5 Rn. 30; grds. aA wohl Nietsch/Wiedmann NJW 2022, 1 (7).

[63] Vgl. aber Brouwer CCZ 2022, 137 (139 f.); Charnitzky/Weigel RIW 2022, 12 (13); Harings/Jürgens LkSG 65; Ott/Lüneborg/Schmelzeisen DB 2022, 238 (244); Rothenburg/Rogg AG 2022, 257 (264 ff.); Wagner/Ruttloff/Wagner LkSG-HdB/E. Wagner/S. Wagner/Schuler Rn. 46; kürzer Herrmann/Rünz DB 2021, 3078 (3079) m. Fn. 13.

[64] Vgl. Bundesamt für Wirtschaft und Ausfuhrkontrolle, Fragen und Antworten zum Lieferkettengesetz, IV. Zif. 6 Var. 3, Stand: 28.4.2022: „Die Obergesellschaft muss die Sorgfaltspflichten für ihren eigenen Geschäftsbereich und entlang ihrer Lieferketten erfüllen. Dies schließt auch den Geschäftsbereich und die Lieferketten eines Tochterunternehmens mit ein, wenn die Obergesellschaft einen bestimmenden Einfluss ausübt (vgl. § 2 Abs. 6)."; dazu Brouwer CCZ 2022, 137 (139 f.).

[65] S. Ott/Lüneborg/Schmelzeisen DB 2022, 238 (244).

[66] So Ott/Lüneborg/Schmelzeisen DB 2022, 238 (244); zur Anfälligkeit der mittelbaren Zulieferer für Menschenrechtsverletzungen und Umweltschäden Stemberg NZG 2022, 1093 (1093).

eigenen unmittelbaren Zulieferern gegenüber sähen.[67] Ein ähnlicher Gesichtspunkt dürfte sich bei Unternehmensstrukturen vorbringen lassen, in denen zentrale Funktionen wie der Einkauf auf einzelne Konzerngesellschaften konzentriert sind. Für die Zwecke der Sorgfaltspflichten sei daher das konzernrechtliche Trennungsprinzip insoweit zu lockern, als die unmittelbaren Zulieferer einer Tochter iSd § 2 Abs. 6 S. 3 als unmittelbare Zulieferer der Obergesellschaft anzusehen seien.[68]

Dem ist zuzugeben, dass dem effektiven Schutz der Menschen- und Umweltrechte auch in Konzernlagen so größtmöglicher Raum gegeben wird. Teleologisch streitet einiges dafür, die Lieferantenbeziehungen einer Tochtergesellschaft, auf die eine Obergesellschaft einen bestimmenden Einfluss ausübt, in deren Verantwortungsbereich zu heben, um Schutzlücken zu vermeiden. Jedoch lassen sich gewichtigere Gründe dafür anführen, Wortlaut und Systematik der § 2 Abs. 6–8 und des § 5 nicht zu übergehen und die lieferkettenrechtliche Spannungslage nicht einseitig zugunsten des Menschenrechts- und Umweltschutzes aufzulösen.[69] 26

§ 2 Abs. 6 S. 3 definiert nur den eigenen Geschäftsbereich, indem er die konzernangehörige Gesellschaft einbezieht, spricht aber deren Lieferanten nicht an.[70] Die Lockerung des konzernrechtlichen Trennungsprinzips[71] begrenzt sich also darauf, die Tätigkeiten dieser Gesellschaft dem Verantwortungsbereich der Obergesellschaft zuzuweisen. Ohne eindeutige gesetzliche Anordnung spricht der Grundsatz der konzernrechtlichen Trennung dagegen, die Lieferantenbeziehungen der Tochtergesellschaft miteinzubeziehen.[72] Eine enge Ausrichtung an diesem Wortlaut wird zudem durch § 2 Abs. 7 bestätigt, der einen unmittelbaren Zulieferer durch die **direkte Vertragsbeziehung zum Pflichtsubjekt**[73] definiert. Diese Definition verlangt auch Geltung im Rahmen des § 5 Abs. 1, welcher nur die unmittelbaren Zulieferer des Unternehmens selbst in den Ermittlungsbereich der Risikoanalyse einbezieht. Der klare Wortlaut dürfte jedenfalls bei Verhängung eines Bußgelds gemäß § 24 Abs. 1 Nr. 2[74] entscheidend gegen die Erfassung unmittelbarer Zulieferer einer konzernangehörigen Gesellschaft iSd § 2 Abs. 6 S. 3 sprechen. 27

Darüber hinaus spricht die strenge **systematische Trennung zwischen** den Pflichten in **unmittelbaren im Gegensatz zu mittelbaren Zuliefererbeziehungen** (näher dazu im Rahmen der anlassbezogenen Risikoanalyse → Rn. 70 ff.) gegen eine Pflichtenerweiterung in die Tiefe der Lieferkette. Mögliche Schutzlücken werden durch sonstige Regelungen des LkSG begrenzt: Zunächst gilt für mittelbare Zulieferer § 9, der häufig auch die Obergesellschaft verpflichten dürfte, wenn in Tochtergesellschaften, auf die ein bestimmender Einfluss ausgeübt wird, Kenntnisse über Risiken in ihren Lieferketten entstehen. Außerdem verhindert § 5 Abs. 1 S. 2 eine gezielte Umstrukturierung eines Unternehmens. Zuletzt wirken sich die Präventionsmaßnahmen der Obergesellschaft, die sie gemäß § 6 Abs. 3 auch bei zuliefernden konzernangehörigen Gesellschaft iSd § 2 Abs. 6 S. 3 zu verankern hat, jedenfalls mittelbar auch gegenüber mittelbaren Zulieferern aus. Dieser Effekt beruht insbesondere auf der Weitergabe der menschenrechtlichen und umweltbezo- 28

[67] Vgl. Ott/Lüneborg/Schmelzeisen DB 2022, 238 (244); davon ausgehend, dass die Obergesellschaften in der Regel nur der Beteiligungsverwaltung dienen Passarge CB 2021, 332 (334); ähnlich auch Herrmann/Rünz DB 2021, 3078 (3079) m. Fn. 13.

[68] So Ott/Lüneborg/Schmelzeisen DB 2022, 238 (244); Rothenburg/Rogg AG 2022, 257 (265); ebenso Wagner/Ruttloff/Wagner LkSG-HdB/E. Wagner/S. Wagner/Schuler Rn. 46; abl. Charnitzky/Weigel RIW 2022, 12 (13); unentschieden Herrmann/Rünz DB 2021, 3078 (3079) m. Fn. 13.

[69] Zu den Spannungslagen im LkSG Fleischer CCZ 2022, 205 (206).

[70] Ebenso Brouwer CCZ 2022, 137 (140).

[71] Allg. krit. zur „Aufweichung“ des Trennungsprinzips durch das LkSG Kubis/Tödtmann Vorstand-HdB/Hettich/Charnitzky § 14 Rn. 282 ff., 292 f.

[72] Für die Lieferkettendefinition des § 2 zum gleichen Ergebnis kommend Charnitzky/Weigel RIW 2022, 12 (13).

[73] Ebenfalls darauf hinweisend Brouwer CCZ 2022, 137 (140); ähnlich Herrmann/Rünz DB 2021, 3078 (3079) m. Fn. 13.

[74] Gleichsinnig im Hinblick auf die bußgeldrechtliche Haftungsandrohung Charnitzky/Weigel RIW 2022, 12 (13).

genen Erwartungen an die Zulieferer gemäß § 6 Abs. 4 Nr. 2 (näher zum Zusammenspiel von § 6 Abs. 3 und Abs. 4 → § 6 Rn. 51).

29 Dem Bestreben eines weitreichenden Menschenrechts- und Umweltschutzes ist daher in enger Anbindung an die vom LkSG erfassten Unternehmen zur Geltung zu verhelfen. So kann eine konzernangehörige Gesellschaft selber dem Anwendungsbereich des LkSG als eigenständiges Pflichtsubjekt unterfallen. Tut sie das aber nicht, so ist dies bei Lichte betrachtet eine Frage der Grenzziehung im Anwendungsbereich[75] und Folge der politischen Einigung zum Schwellenwert der Arbeitnehmeranzahl (näher zu den Stationen des Lieferkettengesetztes im politischen Prozess → Einl. Rn. 35 ff.). Daher bedarf es eines Tätigwerdens des Gesetzgebers, sollte er auch in diesen Fällen das konzernrechtliche Trennungsprinzip lockern oder mehr Unternehmen erfassen wollen. Die **unmittelbaren Zulieferer der konzernangehörigen Gesellschaft** sind damit auch bei bestimmendem Einfluss der Obergesellschaft iSd § 2 Abs. 6 S. 3 **nicht einzubeziehen.**[76]

30 **(2) Mehrere Pflichtsubjekte.** Im zweiten Fall obliegen beiden Unternehmen originäre Sorgfaltspflichten.[77] Eine unkoordinierte Durchführung wäre angesichts des sich überlappenden Ermittlungsbereichs in vielen Fällen aber ineffektiv. Eine dieser Erkenntnis entsprechende Konsolidierungsmöglichkeit sieht zB supranational die CSR-Richtlinie[78] vor und sie wird auch in verschiedenen ausländischen Rechtsordnungen anerkannt.[79]

31 **Ohne** eine solche **gesetzliche Freistellung** bleibt die jeweils eigene Risikoanalyse der Konzerngesellschaften de lege lata **zwingend.**[80] Jedoch können die Ergebnisse der Risikoanalyse anderer Konzerngesellschaften konzerndimensional genutzt werden (s. auch → § 4 Rn. 32 ff.).[81] Hierfür lassen sich nicht nur Effizienzgesichtspunkte anführen, sondern die Regierungsbegründung betont ausdrücklich, dass auch die Möglichkeit in Betracht zu ziehen sei, „externes Wissen“[82] zu konsultieren. Wenn aber in der Risikoanalyse schon das Wissen Dritter berücksichtigt werden darf, so sprechen keine Gründe dagegen, die Ergebnisse einer Risikoanalyse der dem Sachverhalt im Zweifel wesentlich näherstehenden Konzerngesellschaft einzubeziehen.[83] Weitere Unterstützung erhält dieses Argument durch die UNGP, die zur Einbeziehung externen Wissens in der Risikoidentifikation und -analyse anraten.[84] Zur konkreten Ausgestaltung dieser konzernkoordinierten Risikoanalyse kann auf die Erkenntnisse zur konzerndimensionalen Compliance-Organisation[85] und das Bild

[75] Vgl. zu anderen möglichen Grenzziehungen rechtsvergleichend für Norwegen Götz RIW 2022, 99 (102); die verfassungsrechtlichen Implikationen der Arbeitnehmergrenze betrachtend Thalhammer DÖV 2021, 825 (830 f.).

[76] Ebenso Brouwer CCZ 2022, 137 (140); Charnitzky/Weigel RIW 2022, 12 (13); aA Harings/Jürgens LkSG 65; Ott/Lüneborg/Schmelzeisen DB 2022, 238 (244); Rothenburg/Rogg AG 2022, 257 (265); ebenso Wagner/Ruttloff/Wagner LkSG-HdB/E. Wagner/S. Wagner/Schuler Rn. 46; unentschieden Herrmann/Rünz DB 2021, 3078 (3079) m. Fn. 13.

[77] Vgl. Ott/Lüneborg/Schmelzeisen DB 2022, 238 (244); für das Risikomanagement grundsätzlich von einer Pflichtendopplung ausgehend, aber mit möglicher Zentralisierung für die Risikoanalyse im Einzelfall Rothenburg/Rogg AG 2022, 257 (264 f., 266); aA wohl Nietsch/Wiedmann NJW 2022, 1 Rn. 34.

[78] Art. 19a Abs. 3 RL 2014/95/EU und Art. 29a Abs. 3 RL 2014/95/EU zur Änderung der Richtlinie 2013/34/EU im Hinblick auf die Angabe nichtfinanzieller und die Diversität betreffender Informationen durch bestimmte große Unternehmen und Gruppen.

[79] Vgl. für das norwegische Åpenhetsloven Götz RIW 2022, 99 (103) mit Hinweis auf Prop. 150 L (2020–2021), 67; für das französische Loi de vigilance Nasse ZEuP 2019, 774 (790) unter Verweis auf Art. L. 225-102-4 I Abs. 2 C.com.

[80] Deutlich auch Ott/Lüneborg/Schmelzeisen DB 2022, 238 (239); ebenso Wagner/Ruttloff/Wagner LkSG-HdB/E. Wagner/S. Wagner/Schuler Rn. 567 ff., 575.

[81] So auch das Bundesamt für Wirtschaft und Ausfuhrkontrolle, Fragen und Antworten zum Lieferkettengesetz, IV. Ziff. 6 Var. 2, Stand: 28.4.2022; weitergehend eine Pflichtendelegation andenkend Wagner/Ruttloff/Wagner LkSG-HdB/E. Wagner/S. Wagner Rn. 576.

[82] S. Begr. RegE LkSG, BT-Drs. 19/28649, 44.

[83] Im Ergebnis ebenso Grabosch Das neue LkSG/Grabosch § 5 Rn. 29 ff.; sogar eine „einheitliche Risikoanalyse“ vorschlagend Ott/Lüneborg/Schmelzeisen DB 2022, 238 (245).

[84] Vgl. UNGP 18.

[85] Eine Anlehnung an die Compliance-Organisation im Konzern auch vorschlagend Rothenburg/Rogg AG 2022, 257 (265).

„kommunizierender Röhren" zurückgegriffen werden (→ § 4 Rn. 33):[86] Danach muss die eigene Risikoanalyse umso ausführlicher ausfallen, je lückenhafter die in Bezug genommenen Ergebnisse der anderen Konzerngesellschaft sind; je genauer deren Risikoanalyse durchgeführt wurde, desto geringere eigene Anstrengungen sind notwendig. Um der eigenen Risikoanalysepflicht nachzukommen, müssen aber die in Bezug genommenen, konzerneigenen Ergebnisse angemessen überprüft und Blindstellen durch eigene Analysetätigkeit beseitigen werden.

c) Ermittlungsmethode. Das Gesetz selbst trifft keine Aussage über den eigentlichen Prozess der Risikoanalyse,[87] sodass die Erschließung der Ermittlungsmethodik zwangsläufig einige Unschärfen aufweist. Sie muss außerdem an das eigene Unternehmen angepasst werden, mit der Folge, dass die Frage der anzuwendenden Untersuchungs- und Analysemethode nur abstrakt beantwortet werden kann. Zur Annährung kann insbesondere auf den betriebswirtschaftlichen Hintergrund (→ § 4 Rn. 23) zurückgegriffen werden. Daneben bieten auch international anerkannte Leitfäden und Prüfungsstandards für verwandte Risikomanagementsysteme Inspiration, etwa der IDW PS 340, das US-amerikanische COSO II und der ISO 31000:2009-Standard (s. auch → § 4 Rn. 19).[88] Eine detaillierte Methodenbeschreibung, die auch Eingang in die Regierungsbegründung gefunden hat,[89] bietet der OECD-Leitfaden für die Erfüllung der Sorgfaltspflicht für verantwortungsvolles unternehmerisches Handeln.[90] 32

aa) Risikomapping. Startpunkt der eigentlichen Risikoidentifikation ist ein sog. „Risikomapping". Hierbei ermittelt das Unternehmen aufbauend auf der Bestimmung des generellen Ermittlungsbereiches (→ Rn. 20 ff.) allgemeine Bereiche mit einer Wahrscheinlichkeit für menschenrechtliche oder umweltbezogene Risiken. Es kann dafür den zu untersuchenden Ermittlungsbereich in Geschäftsfelder, Standorte, Produkte, Herkunftsländer oder anhand anderer geeigneter Kriterien unterteilen.[91] Auf dieser übergeordneten Ebene der Risikoanalyse sollten kontextabhängige Faktoren, etwa die politischen Rahmenbedingungen, vulnerable Personengruppen, Produkt- oder Branchenspezifika, geografische Umstände oder Erfahrungswerte mit einzelnen Zulieferern, einbezogen werden.[92] 33

bb) Iterative Herangehensweise. Die ersten allgemeinen Ergebnisse des sog. Risikomapping bedürfen sodann einer tiefergehenden Durchleuchtung. Nur so befähigt die Risikoanalyse zu zielgerichteten und informierten Maßnahmen gemäß §§ 6 ff. Hierfür bietet sich ein Prozess der **iterativen Gewichtung und Priorisierung** an, in der man sich schrittweise, in wiederholenden Analysedurchgängen der Risikolage des Unternehmens annähert. Die Risikoanalyse erfolgt damit nicht in einem einfachen Zwei-Schritt,[93] sondern nutzt angesichts breiter Zulieferketten eine risikobasierte Herangehensweise. Ein breiter Startpunkt und ein sich stetig und systematisch verengender Fokus können dazu beitragen, keine Risikofelder von vornherein auszuschließen,[94] sondern ein möglichst scharfes Bild 34

[86] Vgl. BeckOGK/Fleischer AktG § 91 Rn. 91.

[87] Zum gleichen Schluss kommend E. Wagner/Ruttloff NJW 2011, 2145 Rn. 27; vgl. auch Hembach Praxisleitfaden LkSG 134: „keine allgemein anerkannte Methodologie".

[88] Aufgeführt bei Berenbok, Risikomanagement im Aktienrecht, 2016, 48 m. Fn. 119.

[89] Vgl. Begr. RegE LkSG, BT-Drs. 19/28649, 41.

[90] Vgl. OECD-Leitfaden für die Erfüllung der Sorgfaltspflicht für verantwortungsvolles unternehmerisches Handeln, 2018, 26 ff.

[91] Vgl. Begr. RegE LkSG, BT-Drs. 19/28649, 44; ausf. aufgreifend Harings/Jürgens LkSG 99 ff.; außerdem Hembach Praxisleitfaden LkSG 136 ff.

[92] Vgl. Begr. RegE LkSG, BT-Drs. 19/28649, 44; OECD-Leitfaden für die Erfüllung der Sorgfaltspflicht für verantwortungsvolles unternehmerisches Handeln, 2018, 63 ff., der nur diesen ersten Schritt als Risikoanalyse im eigentlichen Sinn bezeichnet; die UNGP 20 legen im Rahmen der Risikoanalyse besonderen Wert auf Personengruppen mit einem erhöhten Risiko von Vulnerabilität und Marginalisierung.

[93] Vgl. etwa Begr. RegE LkSG, BT-Drs. 19/28649, 44 f.; aufgreifend etwa Wagner/Ruttloff/Wagner LkSG-HdB/E. Wagner/S. Wagner Rn. 630, 633.

[94] Vgl. zu dieser Gefahr Hembach Praxisleitfaden LkSG 136 ff.

der Risikoexposition zu zeichnen. Der Angemessenheitsvorbehalt des § 5 unterstreicht die Methodenoffenheit im Rahmen der Risikoanalyse und gibt den „notwendigen flexiblen Ermessens- und Handlungsspielraum“[95] für eine iterative Herangehensweise.

35 Eine solche Herangehensweise klingt in der Regierungsbegründung an.[96] Nach den UNGP ist schon im Stadium der Risikoidentifikation eine Priorisierung möglich.[97] Gleichsinnig sieht der OECD-Leitfaden für die Erfüllung der Sorgfaltspflicht für verantwortungsvolles unternehmerisches Handeln mehrere Schritte der Identifizierung, Bewertung und Priorisierung vor.[98] Ausweislich des OECD-Leitfadens ist eine Priorisierung auch schon im Stadium der Risikobestimmung notwendig, wenn das Unternehmen seine Sorgfaltspflichten ansonsten „nicht praktikabel“ umsetzen kann.[99] Zuletzt beinhalten ebenfalls betriebswirtschaftliche Modelle der Risikoidentifikation eine Begrenzung „auf relevante Risiken sowie ihre erste Bewertung“.[100]

36 Durch eine iterative Methode ist dem Unternehmen die angemessene Durchführung der Risikoanalyse möglich, da angesichts der Komplexität und Größe globaler Lieferketten[101] eine vollständige oder aber im Vorhinein schon auf bestimmte Bereiche begrenzte Herangehensweise zumeist nicht zielführend wäre.[102] Bei der Auswahl der Risikobereiche, die tiefer durchleuchtet werden sollen, können spiegelbildlich die Kriterien des Abs. 2 (→ Rn. 44 ff.) und der Angemessenheit herangezogen werden. Dieser **iterative und risikobasierte Prozess** ist fortzuführen, bis ausreichende Informationen zu den priorisierten Risiken ermittelt wurden, um angemessene Maßnahmen bestimmen zu können.[103] Im Einzelfall kann eine iterative Herangehensweise angesichts der Situation des Unternehmens entbehrlich sein, etwa wenn die Zulieferkette wenig komplex oder wenn von Vornherein feststeht, dass nur einige Risiken bestehen.

37 **cc) Informationsquellen.** Die Notwendigkeit der zuverlässigen Erhebung von stichhaltigen und rechtssicheren Informationen dürfte bei vielen Unternehmen zu Unsicherheiten führen.[104] Den Unternehmen kommt nach der Regierungsbegründung auch bei der Wahl der Informationsquellen ein Ermessen zu.[105] Großen Wert legen sowohl die Regierungsbegründung[106] als auch die zugrundeliegenden UNGP[107] auf die Einbindung von Stakeholdern. Nicht nur, wenn ansonsten keine ausreichenden Informationen zu ermitteln sind,[108]

---

[95] S. Begr. RegE LkSG, BT-Drs. 19/28649, 42.

[96] Vgl. Begr. RegE LkSG, BT-Drs. 19/28649, 45: „Das Unternehmen muss die Prüfung eines priorisierten Risikos vertiefen, wenn es für die Ergreifung von Maßnahmen weitere Informationen benötigt [...].“.

[97] UNGP 17, Commentary, 18.

[98] OECD-Leitfaden für die Erfüllung der Sorgfaltspflicht für verantwortungsvolles unternehmerisches Handeln, 2018, 26 ff., 63 ff.

[99] OECD-Leitfaden für die Erfüllung der Sorgfaltspflicht für verantwortungsvolles unternehmerisches Handeln, 2018, F4, 49.

[100] S. Vanini/Rieg, Risikomanagement, 2. Aufl. 2021, 223; daran anschließend Fleischer AG 2022, 377 Rn. 8.

[101] Vgl. Brouwer CCZ 2022, 137 (143); DAV-Ausschüsse NZG 2021, 546 Rn. 17; Hembach Praxisleitfaden LkSG 137; von möglicherweise tausenden Zulieferern schon auf erster Stufe sprechend vgl. auch UNGP, An Interpretive Guide, 42.

[102] So soll auch nach Grabosch Das neue LkSG/Grabosch § 5 Rn. 64 f. m. Fn. 59 die Konzentration auf einzelne „Risikocluster“ und eine bloß „vorläufig kursorische“ Analyse der anderen Cluster erlaubt sein, auch wenn § 5 Abs. 2 diese Priorisierung erst im Anschluss an die Risikoanalyse eröffne; Erwägungen zur Fokussierung auf „Schlüssellieferanten“ und solchen in Hochrisikogebieten anstellend Brouwer CCZ 2022, 137 (143).

[103] Auch die Begr. RegE LkSG, BT-Drs. 19/28649, 45, hebt dies als Zielpunkt der Risikoanalyse hervor; eine nähere Prüfung priorisierter Risiken ebenfalls vorschlagend, um Präventionsmaßnahmen zu entwickeln, Hembach Praxisleitfaden LkSG 147.

[104] Vgl. ebenso Dutzi/Schneider/Hasenau DK 2021, 454 (460); zum Fall der „social-audit-Anbieter“ Hembach Praxisleitfaden LkSG 134 f.

[105] Vgl. Begr. RegE LkSG, BT-Drs. 19/28649, 45.

[106] Vgl. Begr. RegE LkSG, BT-Drs. 19/28649, 43 f.

[107] Vgl. UNGP 17, 18, 20.

[108] Vgl. DAV-Ausschüsse NZG 2021, 546 Rn. 17, der von bis zu 100.000 unmittelbaren Lieferanten spricht; Jungkind/Raspé/Terbrack DK 2021, 445 (448).

sondern auch, wenn es den Anschein hat, dass intern genügend Informationen zur Verfügung stehen, sollte[109] das Unternehmen in Betracht ziehen, Stakeholder in seine Risikoanalyse einzubeziehen. Dies können zum einen tatsächlich oder potenziell betroffene Gruppen,[110] aber auch glaubwürdige und unabhängige Zusammenschlüsse der Zivilgesellschaft (zB Experten, Gewerkschaften oder Aktivisten) sein. Die Einbindung dient als „partizipatives Mittel"[111] nicht nur der Informationsermittlung, sondern kann auch die Transparenz und Akzeptanz des Risikomanagements fördern.

Weitere Quellen externen[112] und internen (Fach-)Wissens sind beispielsweise Datenbanken und eigene Dokumente, Gesprächen im eigenen Betrieb und bei den Zulieferern, die Besichtigung von Zuliefererbetrieben sowie die Nutzung automatisierter, IT-gestützter Daten- und Medienauswertung.[113] Anders als etwa die schweizerische Verordnung über Sorgfaltspflichten und Transparenz bezüglich Mineralien und Metallen aus Konfliktgebieten und Kinderarbeit[114] (→ Einl. Rn. 152 ff.) verhalten sich das LkSG und die deutschen Gesetzesmaterialien nicht zu der Möglichkeit anerkannter Standards- und Zertifizierungssysteme.[115] Solche Systeme sowie Rankings, Indizes und Reports zu bestimmten Ländern und Branchen[116] können aber genutzt werden, wenn ihre Informationsqualität sichergestellt ist. Denn auch ausweislich der Regierungsbegründung darf das Unternehmen externes Wissen konsultieren.[117] Eine verlässliche Informationsquelle soll gemäß § 20 auch das Bundesamt für Wirtschaft und Ausfuhrkontrolle sein, das Handreichungen zur Umsetzung des LkSG und als Hilfestellungen für Unternehmen veröffentlicht. Länder- und branchenspezifischen Reports und konkrete Handlungsempfehlungen könnten die Einhaltung des LkSG wesentlich erleichtern.[118] 38

d) Angemessenheit. Angesichts der unter Umständen breiten eigenen Geschäftstätigkeit und hohen Anzahl an unmittelbaren Zulieferern[119] hat die Frage einer angemessenen Ausgestaltung der Risikoanalyse eine hohe Bedeutung. Rechtlich oder tatsächlich Unmögliches wird von den Unternehmen nicht verlangt.[120] Das Unternehmen muss nur im Rahmen des Angemessenen tätig werden und daher nicht zwingend alle objektiv bestehenden Risiken ermitteln (→ Rn. 7 f.).[121] Das Kriterium der Angemessenheit wirkt so pflichtenbeschränkend und macht die Anforderungen des § 5 handhabbar.[122] 39

Zur Konkretisierung der Angemessenheit ist auf § 3 Abs. 2 zurückzugreifen. Bei der Bestimmung des Ermittlungsbereichs kann eine angemessene Durchführung der Risikoanalyse etwa angesichts der Größe des Unternehmens (§ 3 Abs. 1 Nr. 1 Alt. 2) durch eine 40

[109] Vgl. wohl zu weitgehend Hembach Praxisleitfaden LkSG 152 ff.

[110] Vgl. gleichsinnig Rünz ZVertriebsR 2020, 291 (294).

[111] S. Begr. RegE LkSG, BT-Drs. 19/28649, 44.

[112] Vgl. zur Heranziehung externen Wissens Begr. RegE LkSG, BT-Drs. 19/28649, 44.

[113] Vgl. Bundesregierung, Fragebogen zum Monitoring des NAP, Version 2020, 8; Grabosch Das neue LkSG/Grabosch § 5 Rn. 65; eine Auswahl an konkreten Quellen aufzeigend Harings/Jürgens LkSG Anhang VII; außerdem Hembach Praxisleitfaden LkSG 142–145, sowie Methoden für bestimmte Risiken nennend, 147–152; vgl. auch Wagner/Ruttloff/Wagner LkSG-HdB/E. Wagner/S. Wagner Rn. 631.

[114] Dort vgl. Art. 10 Abs. 2 lit. e VSoTr Schweiz, Erläuternder Bericht, 2021, 31 f.

[115] Vgl. aber im Zusammenhang mit den Präventionsmaßnahmen Begr. RegE LkSG, BT-Drs. 19/28649, 48.

[116] Mit Beispielen Herrmann/Rünz DB 2021, 3078 (3080 f.); aufgreifend Wagner/Ruttloff/Wagner LkSG-HdB/E. Wagner/S. Wagner Rn. 631.

[117] Vgl. Begr. RegE LkSG, BT-Drs. 19/28649, 44.

[118] Aus der Sicht der Industrie Brouwer CCZ 2022, 137 (137 f.); vgl. auch Dutzi/Schneider/Hasenau DK 2021, 454 (460).

[119] Vgl. DAV-Ausschüsse NZG 2021, 546 Rn. 17; aufgreifend Jungkind/Raspé/Terbrack DK 2021, 445 (448).

[120] Vgl. Beschlussempfehlung und Bericht des Ausschusses für Arbeit und Soziales, BT-Drs. 19/30505, 38; schon Begr. RegE LkSG, BT-Drs. 19/28649, 1 und 41, wonach die Umsetzung der Sorgfaltspflichten „machbar" sein muss.

[121] Zust. Korch NJW 2022, 2065 Rn. 5.

[122] Als „wertendes Korrektiv" beschreibend Jungkind/Raspé/Terbrack DK 2021, 445 (448); ähnlich Wagner/Ruttloff/Wagner LkSG-HdB/Ruttloff/Kappler Rn. 474 mwN.

Konzentration auf die wesentlichen oder risikoträchtigsten Lieferanten erfolgen (vgl. → Rn. 20). Denkbar ist im Einzelfall auch, die Analyse zunächst auf die Lieferanten mit Bedeutung für die zentrale Geschäftstätigkeit des Unternehmens[123] zu beschränken. Gegenläufig hat das Unternehmen die Risikoträchtigkeit seiner Produkte oder seiner Branche zu berücksichtigen, die eine detailliertere Erfassung seiner Beschaffungsprozesse, seiner unmittelbaren Zulieferer und der betroffenen Personengruppen begründen kann.[124] Bei der iterativen Herangehensweise ist auf die Erwägungen zu § 5 Abs. 2 zurückzugreifen (→ Rn. 44 ff.). Zuletzt wirkt sich das Kriterium der Angemessenheit auf der **Zeitachse** aus: Das Risikomanagement ist ein dynamischer und fortlaufender Prozess, sodass bei späteren Risikoanalysen zunächst unberücksichtigte Bereiche und niedriger priorisierte Risiken einzubeziehen sind.[125]

41 **2. Vorsätzliche Vermeidung. a) Tatbestand und Indikatoren.** Gemäß § 5 Abs. 1 S. 2 gelten mittelbare Zulieferer als unmittelbare Zulieferer in Fällen, in denen das Unternehmen eine missbräuchliche Gestaltung der Zuliefererbeziehungen oder ein Umgehungsgeschäft vorgenommen hat, um die Anforderungen hinsichtlich unmittelbarer Zulieferer zu umgehen. Damit verhindert § 5 Abs. 1 S. 2, dass das Unternehmen die auf unmittelbare Zulieferer bezogenen Sorgfaltspflichten missbräuchlich vermeidet. Anzeichen für eine Vermeidung sieht die Regierungsbegründung insbesondere darin, dass der zwischengeschaltete Dritte „keiner nennenswerten eigenen Wirtschaftstätigkeit nachgeht oder keine auf Dauer angelegte Präsenz in Gestalt von Geschäftsräumen, Personal oder Ausrüstungsgegenständen unterhält."[126] Neben diesen qualitativen Merkmalen kann für eine Vermeidung eine zeitliche Korrelation zum Inkrafttreten des LkSG oder zum Überschreiten der Schwelle des § 1 sprechen, sofern für eine Umstrukturierung der Lieferkette keine anderen Gründe ersichtlich sind. Darüber hinaus wird erwogen, die Fähigkeit des Zulieferers zur eigenen Risikobegegnung einzubeziehen.[127] Dies allein dürfte aber nicht ausreichend sein: § 5 Abs. 1 S. 2 soll als Teil der Risikoanalyse nicht sicherstellen, dass Unternehmen auf die Einhaltung der die Zulieferer treffenden Verpflichtungen drängen. Vielmehr soll er verhindern, dass Unternehmen sich der ihnen selbst obliegenden Sorgfaltspflichten hinsichtlich ihrer unmittelbaren Zulieferer entziehen. Eine erweiterte Auslegung würde hingegen den Unternehmen eine Prüfungspflicht hinsichtlich der Fähigkeiten ihrer (mittelbaren) Zulieferer auferlegen, die systematisch erst auf Ebene der Präventions- und Abhilfemaßnahmen zu verorten ist (→ § 6 Rn. 77 ff.; → § 7 Rn. 55 ff.).

42 Allgemein dürfte angesichts des gemäß § 24 Abs. 1 Nr. 2 drohenden Bußgelds viel dafür sprechen, § 5 Abs. 1 S. 2 eng am Wortlaut auszulegen: Danach sind nur solche Gestaltungen umfasst, bei denen die Zielrichtung gerade die Vermeidung von Pflichten des LkSG ist, nicht etwa solche, bei denen dies ein nicht beabsichtigter Nebeneffekt ist. Rückhalt dafür lässt sich auch in der Regierungsbegründung finden, laut der die Lieferkette in solcher Weise „zum Zwecke der Vermeidung der […] Sorgfaltspflichten"[128] des LkSG ausgestaltet worden sein muss. Nicht erfasst wären dann auch Lieferketten, die schon vor Ankündigung und Inkrafttreten des LkSG bestanden. Hierunter fällt etwa das Zwischenschalten von Mittelsmännern, wenn ein ökonomischer Vorteil erzielt wird, zB durch die Beauftragung Dritter mit besonderer Marktkunde.[129] Ebenso ausgenommen wäre das Handeln an Rohstoffbörsen, wenn dies mit der Marktpraxis vereinbar ist. Rohstoffbörsen erwähnt auch der Ausschuss für Arbeit und Soziales in seiner Begründung als Beispiel für eine legitime

[123] Dies schon für die Lieferkettendefinition vorschlagend DAV-Ausschüsse NZG 2021, 546 Rn. 18.
[124] Vgl. Begr. RegE LkSG, BT-Drs. 19/28649, 23, 42 f.
[125] Vgl. Begr. RegE LkSG, BT-Drs. 19/28649, 45; OECD-Leitfaden für die Erfüllung der Sorgfaltspflicht für verantwortungsvolles unternehmerisches Handeln, 2018, 17; ferner UNGP, Commentary, 20.
[126] S. Begr. RegE LkSG, BT-Drs. 19/28649, 44 f.
[127] Vgl. Ehmann ZVertriebsR 2021, 141 (146).
[128] S. Begr. RegE LkSG, BT-Drs. 19/28649, 44.
[129] Etwa sog. Sourcing Companies in der Textilindustrie, vgl. Klinner IWRZ 2021, 243 (245).

Lieferkettengestaltung,[130] sodass nicht allein der Einkauf auf solchen Handelsplätzen oder die fehlende Rückverfolgbarkeit einzelner Verkäufer[131] unter § 5 Abs. 1 S. 2 fällt.

b) Rechtsfolgen. Ist eine Gestaltung von Zuliefererbeziehungen missbräuchlich oder ein Umgehungsgeschäft vorgenommen worden, so ist der mittelbare Zulieferer als unmittelbarer Zulieferer zu behandeln. Damit fällt der Zulieferer in den Ermittlungsbereich und muss in die Risikoanalyse einbezogen werden. Weitergehend stellt sich jedoch die Frage, ob dieser mittelbare Zulieferer im gesamten Anwendungsbereich des LkSG als unmittelbarer Zulieferer gilt: In § 7 Abs. 1 S. 2 hat diese Frage eine begrenzte Regelung erfahren (näher → § 7 Rn. 19). Eine entsprechende Anwendungsvorgabe kennt § 6 nicht (näher → § 6 Rn. 64 f.) und auch in § 9 sind keine korrespondierenden Anordnungen getroffen worden. Die Regierungsbegründung erklärt trotz dessen, dass die Anordnung des § 5 Abs. 1 S. 2 für das gesamte Sorgfaltspflichtenprogramm Geltung beanspruche.[132] Der Gesetzgeber lässt den Rechtsanwender daher mit einem unklaren Regelungskonzept zurück; systematisch wünschenswert wäre ein sorgfaltspflichtenübergreifender Umgehungsschutz. 43

III. Gewichtung und Priorisierung (Abs. 2)

1. Zweck (Abs. 2 S. 1). Gemäß § 5 Abs. 2 S. 1 muss das Unternehmen die menschenrechtlichen und umweltbezogenen Risiken angemessen gewichten und priorisieren. Es wird in vielen Fällen mehr Risiken identifizieren, als es im ersten Zugriff adressieren kann. Damit auf der Risikoanalyse in systematischer Weise Maßnahmen gemäß § 6 und § 7 aufbauen können, müssen die ermittelten Risiken in eine Reihenfolge gebracht werden. Gewichtung und Priorisierung sind demnach kein Selbstzweck, sondern ermöglichen die Wahrnehmung der übrigen Sorgfaltspflichten.[133] Dagegen entbindet die Priorisierung das Unternehmen nicht von der grundsätzlichen Pflicht, alle erkannten Risiken zu behandeln, sofern ihm dies möglich ist.[134] Die angemessene Gewichtung der in ausreichender Tiefe (→ Rn. 34 ff.) ermittelten Risiken ist der erste Schritt, bevor eine angemessene Priorisierung vorgenommen werden kann. 44

Ausweislich der Regierungsbegründung sind in diesem Stadium priorisierte Risiken vertieft zu überprüfen, sofern weitere Informationen für die Ergreifung der Maßnahmen benötigt werden. Dieses Bedürfnis könne sich sowohl auf Faktoren beziehen, die im Rahmen der Angemessenheit zu berücksichtigen sind (Schwere und Wahrscheinlichkeit des Risikos inklusive der betroffenen Personenkreise), als auch auf solche, die den Verursacher oder dessen Kontext betreffen (politische, rechtliche und kulturelle Situation am Produktionsort).[135] Damit vermittelt die Regierungsbegründung den Eindruck, als sei die Risikoanalyse ein Prozess mit bloß zwei Schritten: Zuerst müsse das Unternehmen alle Risiken identifizieren, im zweiten sodann gewichten und ggf. priorisieren.[136] Dieser **Zweischritt** wird aber in vielen Fällen angesichts komplexer Lieferketten und unklarer Risiken **iterativ und risikobasiert** durchzuführen sein (→ Rn. 34 ff.). 45

2. Kriterien (Abs. 2 S. 2). § 5 Abs. 2 S. 2 ordnet für die Gewichtung und Priorisierung an, dass insbesondere die in § 3 Abs. 2 genannten Kriterien maßgeblich sind. Zur Gewichtung eignen sich die Kriterien des § 3 Abs. 2 Nr. 3: Ein Risiko ist danach in seinem Grad, 46

---

[130] Vgl. Beschlussempfehlung und Bericht des Ausschusses für Arbeit und Soziales, BT-Drs. 19/30505, 38.
[131] Die Identifizierbarkeit von Lieferanten als Problem aufwerfend auch Passarge CB 2022, Heft 4, I.
[132] Vgl. Begr. RegE LkSG, BT-Drs. 19/28649, 45.
[133] Vgl. Begr. RegE LkSG, BT-Drs. 19/28649, 45.
[134] Vgl. Wagner/Ruttloff/Wagner LkSG-HdB/E. Wagner/S. Wagner Rn. 634.
[135] Vgl. Begr. RegE LkSG, BT-Drs. 19/28649, 45.
[136] Als gesetzgeberische Empfehlung beschreibend E. Wagner/Ruttloff NJW 2011, 2145 Rn. 27; vgl. ausf. auch Wagner/Ruttloff/Wagner LkSG-HdB/E. Wagner/S. Wagner Rn. 630 ff., 636 ff.

seinem Ausmaß,[137] seiner Behebbarkeit und seiner Wahrscheinlichkeit zu bewerten. Zur ersten Priorisierung kann auf eine Risiko-Matrix zurückgegriffen werden, die der Betriebswirtschaftslehre entstammt.[138] Sie ermöglicht, die Gewichtung zu visualisieren und gleichzeitig deren Ergebnisse festzuhalten. Die x-, y- und z-Achsen entsprechen den unternehmensindividuell gewählten Gewichtungskriterien. Die mithilfe der Matrix erfolgte erste Priorisierung muss anschließend vertieft werden.

47 Zur Priorisierung kann eine Vielzahl von Kriterien herangezogen werden: Risiken schwerer und unumkehrbarer Verletzungen sind etwa gegenüber Risiken leichter und behebbarer Verletzungen zu priorisieren. Der Grad der Wahrscheinlichkeit, dass sich ein Risiko verwirklicht, kann bei der Auswahl der zuerst zu adressierenden Risiken hilfreich sein. Darüber hinaus sind auch Kriterien zulässig, die sich nicht in der Gewichtung eines Risikos widerspiegeln: Ob das Unternehmen zur Verletzung beiträgt, ist angesichts der damit verbundenen Einflussmöglichkeit relevant (§ 3 Abs. 2 Nr. 1 und 4). Wenn das Unternehmen Verursacher eines Risikos im eigenen Geschäftsbereich ist, dürfte im systematischen Rückschluss zu § 7 Abs. 1 S. 3 und 4 dieser Ursachenbeitrag eine wichtige Abwägungsgröße darstellen. Auch kann ein besonderer Einfluss der Größe des Unternehmens oder der von ihm bezogenen Mengen entspringen.[139] Zudem können Art und Umfang der Geschäftstätigkeit des Unternehmens herangezogen werden (§ 3 Abs. 2 Nr. 1).

48 Darüber hinaus kann das Unternehmen auch Kriterien heranziehen, die sich nicht aus § 3 Abs. 2 ergeben, da § 5 Abs. 2 S. 2 **nicht abschließend** auf § 3 Abs. 2 verweist. Sie müssen sich aber anhand der Zielrichtung des LkSG plausibilisieren lassen. Das heißt, sie müssen dem Schutz der Menschenrechte und der Umwelt iSd § 2 dienen und dürfen gerade nicht bloß unternehmensbezogen begründbar sein.[140] Denkbar ist in diesem Sinne, dass ein Unternehmen berücksichtigt, ob es einzelnen Risiken sehr schnell und effektiv begegnen kann oder ob es in bestimmten Risikobereichen schon besondere Kenntnis erlangt hat. Ebenso können es die Teilnahme an einer branchenweiten Initiative und die damit verbundenen erhöhten Einflussmöglichkeiten[141] erforderlich machen, bestimmten Risiken besondere Aufmerksamkeit zu widmen. Dagegen vertragen sich bloße Reputationsschäden oder mögliche rechtliche Auswirkungen für das Unternehmen nicht mit den gesetzlich als Leitbild vorgegebenen Kriterien der Angemessenheit und sind daher für die Priorisierung ungeeignet.[142]

49 Die Kriterien stehen gesetzlich gleichwertig nebeneinander. Auch der vom LkSG eröffnete „Ermessens- und Handlungsspielraum"[143] spricht dafür, dass das Unternehmen aus dem Feld der Abwägungstopoi in begründeter Weise ein eigenes Bouquet zusammenstellen darf. Damit weicht das LkSG aber von den zugrundeliegenden internationalen Rahmenwerken ab, die jene Risiken priorisieren, welche in ihrer Schwere oder Unumkehrbarkeit hervorragen.[144] Wenn ein Unternehmen sich an dieser Maßgabe orientiert, dürfte dies jedoch regelmäßig eine vertretbare Handhabung des § 5 Abs. 2 darstellen.

---

[137] Das Kriterium der Schwere gemäß § 3 Abs. 2 Nr. 3 ist offen dafür, sowohl den Grad als auch das Ausmaß (Anzahl der betroffenen Personen oder die Tragweite der Umweltbeeinträchtigung) der Verletzung zu erfassen.

[138] Ebenso Harings/Jürgens LkSG 103 ff. mwN.

[139] Vgl. Begr. RegE LkSG, BT-Drs. 19/28649, 45.

[140] Ebenso Grabosch Das neue LkSG/Grabosch § 5 Rn. 63.

[141] Vgl. Begr. RegE LkSG, BT-Drs. 19/28649, 51.

[142] Schon im Kontext der UNGP hervorhebend Fasterling BHRJ 2/2007 225 (236 ff.).

[143] S. Begr. RegE LkSG, BT-Drs. 19/28649, 42.

[144] Vgl. UNGP 24; OECD-Leitfaden für die Erfüllung der Sorgfaltspflicht für verantwortungsvolles unternehmerisches Handeln, 2018, 75; zur Schwierigkeit der Bewertung unter den UNGP vgl. Fasterling BHRJ 2/2007 225 (236 ff.).

IV. Unternehmensinterne Kommunikation (Abs. 3)

1. Zwecke. § 5 Abs. 3 verpflichtet das Unternehmen, dafür Sorge zu tragen, dass die Ergebnisse der Risikoanalyse, etwa zusammengefasst in einem Risikoinventar (→ Rn. 1), intern an die maßgeblichen Entscheidungsträger kommuniziert werden. Dies hat in erster Linie den naheliegenden Zweck, dass die entscheidenden Stellen im Sinne eines wirksamen Risikomanagements (→ § 4 Rn. 31) informiert werden. Die Kommunikationspflicht des § 5 Abs. 3 ergänzt insofern die Informationspflicht des § 4 Abs. 3 S. 2 (→ § 4 Rn. 74). 50

Zusätzliche Bedeutung gewinnt die Kommunikation der Ergebnisse unter dem Topos der **Bewusstseinsbildung im Unternehmen.** Die Auswirkungen des eigenen unternehmerischen Handelns zu erkennen, so das Argument, rege einen **internen Reflexionsprozess** an, der zur Selbstregulierung führe.[145] Dies kann in Analogie zur betriebswirtschaftlichen Theorie des Risikomanagements damit begründet werden, dass so eine Risikokultur[146] (→ § 4 Rn. 13) geschaffen wird. Die Betriebswirtschaftslehre erhofft sich, ein risikobewussteres Handeln der Unternehmensangehörigen zu erreichen.[147] Vergleichbar mit dem gewünschten Effekt der Grundsatzerklärung gemäß § 6 Abs. 2 (→ § 6 Rn. 42) erscheint auch hier plausibel, dass die strukturierte Informationsweitergabe das Bewusstsein der Entscheidungsträger für die menschenrechtliche und umweltbezogene Unternehmensverantwortung stärkt.[148] Damit verbunden ist die Hoffnung, dass Unternehmen „perspektivisch eine Abwägung zwischen Gewinnorientierung und Gemeinwohlorientierung treffen."[149] 51

2. Umfang, Adressaten und Verantwortlichkeit. Es sind nur die Ergebnisse der Risikoanalyse zu kommunizieren. Hierunter sind jedenfalls die Risiken zu verstehen, die das Unternehmen im Rahmen der iterativen Analyse eingehend ermittelt, gewichtet und priorisiert hat. Zusätzlich können allgemeine Risikobereiche erfasst sein, um ein vollständiges Bild der Risikolage des Unternehmens zu zeichnen. Es müssen jene Schlussfolgerungen kommuniziert werden, welche die Risikoanalyse ergeben hat und die für eine Befolgung der übrigen Sorgfaltspflichten wichtig sind. Darüber hinaus kann eine Prozessbeschreibung der Risikoanalyse, etwa der angewandten Methodik oder der gewählten Kriterien der Gewichtung und Priorisierung, für das Verständnis der Ergebnisse relevant sein. Selbstverständlich schränkt § 5 Abs. 3 das Ausmaß der Kommunikation nicht ein, solange auch bei überobligatorischem Umfang ein wirksames Risikomanagement gesichert bleibt. 52

Gesetzliche **Adressaten** der Ergebniskommunikation sind die **maßgeblichen Entscheidungsträger.** Während § 5 Abs. 3 einerseits begrenzend nur Personen mit Entscheidungsgewalt als Adressaten erfasst, ausführend tätige Angestellte somit ausklammert, darf der Kreis der Adressaten andererseits nicht zu klein gezogen werden. Beispielhaft nennt das Gesetz „den Vorstand oder die Einkaufsabteilung". Eine Kommunikation der Ergebnisse an das Leitungsorgan dürfte für ein wirksames Risikomanagement erforderlich sein, da nur so sichergestellt ist, dass auch in der Führungsetage bei unternehmerischen Entscheidungen eine iSd LkSG ausreichende Entscheidungsgrundlage gegeben ist. Dass das LkSG die Einkaufsabteilung als weiteren Adressaten vorschlägt, ist im Rahmen der Lieferkettensorgfaltspflichten unmittelbar einleuchtend. 53

Geeignet zur Bestimmung der Maßgeblichkeit ist das Kriterium des **Einflussvermögen des Adressaten auf** die identifizierten **Risiken;** dieses Kriterium findet sich auch in anderem Zusammenhang in § 3 Abs. 2 Nr. 2. Es ist davon auszugehen, dass die Risiko- 54

---

[145] Mit rechtsvergleichender Umschau vgl. Fleischer/Hahn RIW 2018, 397 (405) mwN; mit kritischen Nachweisen Götz RIW 2022, 99 (105) Fn. 118.

[146] Vgl. auch Fleischer AG 2022, 377 Rn. 6, 50.

[147] Vgl. ausf. Vanini/Rieg, Risikomanagement, 2. Aufl. 2021, 37, 129 f., 167 ff., 194 mwN.

[148] Schon früh diese „Einstimmung" auf eine risikobewusste Sichtweise als Vorteil eines betriebswirtschaftlichen Risikomanagements hervorhebend Blankenburg ZfB 1987, 329 (332).

[149] Als Effekt eines rechtssichernden Lieferkettengesetzes hebt dies hervor Rünz ZVertriebsR 2020, 291 (297); krit. mit Blick auf die UNGP aber Fasterling BHRJ 2/2007 225 (237 ff.).

analyse auch erkennbar macht, welche Entscheidungsträger in jenen Unternehmensbereichen tätig sind, die mit dem festgestellten Risiko zusammenhängen. Ein wirksames Risikomanagement muss gewährleisten, dass – im Rahmen des Angemessenen – jeder informiert wird, der mit seinen Entscheidungen im Unternehmen einen wesentlichen Einfluss auf die Risiken hat. Dies kann auch nicht-operative Unternehmensbereiche wie das Interne Controlling oder die Interne Revision betreffen, damit sie ihrer Kontroll- und Überwachungsfunktion auch hinsichtlich der Pflichten des LkSG entsprechen können.

55 Dem Gesetzeswortlaut entsprechend ist „das Unternehmen" für die Kommunikation verantwortlich. Eine Anknüpfung an die Person des Menschenrechtsbeauftragten kann angesichts seiner Überwachungsfunktion (→ § 4 Rn. 62) zwar sinnvoll sein, findet aber keine ausdrückliche Stütze im Gesetz oder den Gesetzesmaterialien.[150] Jedenfalls verpflichtet die externe Legalitätspflicht[151] das Leitungsorgan, dafür Sorge zu tragen, dass diese Unternehmenspflicht befolgt wird. Möglich bleibt, dass es die Kommunikationsverantwortung delegiert. Dann trifft es die bei Pflichtendelegationen bekannten Auswahl-, Einweisungs- und Überwachungspflichten.[152]

56 **3. Änderung im Gesetzgebungsverfahren.** Im Rahmen des Gesetzgebungsverfahrens wurde ein Passus gestrichen, wonach die maßgeblichen Entscheidungsträger „die Ergebnisse angemessen berücksichtigen"[153] müssen.[154] Der Ausschuss für Arbeit und Soziales des Bundestages begründete dies mit den tatsächlichen oder rechtlichen Hindernissen, die verhindern könnten, dass die Geschäftsleitung „die Ergebnisse der Risikoanalyse im Einzelfall angemessen berücksichtigt".[155] Ob er damit in der Sache eine Erleichterung für die erfassten Unternehmen erreicht hat und ansonsten Unmögliches von diesen verlangt worden wäre, darf bezweifelt werden. Zunächst finden trotz der Verkürzung des Absatzes die Sorgfaltspflichten gemäß § 3 Abs. 1 iVm §§ 6 ff. weiterhin Anwendung, sodass Unternehmen nach der Identifikation eines Risikos angemessene Maßnahmen ergreifen müssen. Dass § 5 Abs. 3 RegE darüber hinaus eine wesentlich andere Art der Berücksichtigung im Sinne einer unbedingten Handlungspflicht verlangt hat, ist nicht ersichtlich.[156] Außerdem stand schon die Berücksichtigung der Ergebnisse iSd RegE unter dem Vorbehalt der Angemessenheit, der tatsächlich oder rechtlich Unmögliches herausgefiltert hätte (→ § 3 Rn. 39, 45 f.). Denn anders als bei vermuteten Compliance-Verstößen trifft die Geschäftsleitung nach dem LkSG nicht der Pflichten-Dreiklang „Aufklären, Abstellen, Ahnden",[157] sondern ermittelte Risiken und festgestellte Verletzungen führen im Grundsatz nur zur Aktivierung von Bemühenspflichten im Rahmen der Präventions- und Abhilfemaßnahmen (zur Bemühenspflicht → § 3 Rn. 35 ff.).

57 Argumentativ kann die Streichung des Hs. 2 nicht herangezogen werden, um die Unternehmen von jeglicher Reaktionspflicht zu befreien. Die Änderung des § 5 Abs. 3 kann jedoch systematisch das Verständnis des „angemessenen Handelns" schärfen; der Gesetzgeber zeigt insofern deutlich, dass er die Zwänge der Unternehmen bei der Einfüh-

---

[150] AA Grabosch Das neue LkSG/Grabosch § 5 Rn. 69 f.: „Der Übersender der Ergebnisse (in der Regel der Menschenrechtsbeauftragte" […]"; Lenz/Bodenstein/Wenzl ZCG 2022, 61 (65): „Die Analyseergebnisse sind regelmäßig über das Menschenrechtsbeauftragten-Gremium an das Leitungsorgan zu kommunizieren.".

[151] Allg. zur Legalitätspflicht in der Aktiengesellschaft vgl. BeckOGK/Fleischer AktG § 91 Rn. 28 ff.; in der GmbH BeckOK GmbHG/Pöschke GmbHG § 48 Rn. 48 ff.; im Personenhandelsgesellschaftsrecht BeckOGK/Scholl/Fischer HGB § 114 Rn. 105 ff.

[152] Vgl. beispielhaft zum Aktienrecht BeckOGK/Fleischer AktG § 76 Rn. 74; BeckOGK/Fleischer AktG § 91 Rn. 131 ff.; Harbarth ZHR 179 (2015), 136 (153); MüKoAktG/Spindler AktG § 76 Rn. 18; MüKoAktG/Spindler AktG § 91 Rn. 18 f.; jeweils mwN.

[153] Vgl. Begr. RegE LkSG, BT-Drs. 19/28649, 11, § 5 Abs. 3 aE.

[154] Vgl. hierzu Beschlussempfehlung und Bericht des Ausschusses für Arbeit und Soziales, BT-Drs. 19/30505, 12 zu a) 1. f) bb).

[155] S. Beschlussempfehlung und Bericht des Ausschusses für Arbeit und Soziales, BT-Drs. 19/30505, 40.

[156] Vgl. insofern Begr. RegE LkSG, BT-Drs. 19/28649, 45; gleichsinnig Grabosch Das neue LkSG/Grabosch § 5 Rn. 69; Hembach Praxisleitfaden LkSG 155.

[157] Vgl. etwa zum Aktienrecht BeckOGK/Fleischer AktG § 91 Rn. 72.

rung der Lieferkettensorgfaltspflichten berücksichtigt hat. Bei der Anwendung des Gesetzes sind diese daher zu würdigen.

V. Häufigkeit (Abs. 4)

1. Jährliche Durchführung. Gemäß § 5 Abs. 4 S. 1 Alt. 1 muss das Unternehmen die Risikoanalyse regelmäßig durchführen. Der vorgegebene Rhythmus beträgt ein Jahr. Bei späteren Analysen kann das Unternehmen auf den Ergebnissen des Vorjahres aufsetzen. So wird die gesetzgeberische Intention eines fortlaufenden Prozesses erreicht, der sich gleich einem „wiederholenden Kreislauf"[158] selbstreferenziell verbessert. Zudem ändert sich die Risikolage stetig und nur eine regelmäßige grundlegende Analyse bildet eine belastbare Grundlage der weiteren Sorgfaltspflichten.[159] Mit der Verpflichtung zur jährlichen Durchführung ist zudem eine konkrete Erfolgspflicht (→ § 3 Rn. 37) verbunden, die das Ermessen des Unternehmens bei der Erfüllung der Sorgfaltspflichten einschränkt.[160] Damit löst sich der Gesetzgeber von seinem „traditionellen risikobasierten Ansatz"[161] und legt einen konkreten Prozessablauf fest. Abhängig von der Anzahl der unmittelbaren Zulieferer und der Komplexität der Geschäftstätigkeit dürfte der vorgegebene Rhythmus dazu führen, dass Unternehmen alsbald nach dem Abschluss einer Risikoanalyse mit der Vorbereitung und Durchführung der nächsten regelmäßigen Analyse beginnen.[162] Eine Verzahnung mit der geschäftsjahresbezogenen Berichtspflicht (→ § 10 Rn. 33) erscheint zur Taktsetzung[163] sinnvoll. 58

Im Unterschied zu § 6 Abs. 5 und § 7 Abs. 4 verwendet der Gesetzgeber nicht die Handlungsanweisung der „Aktualisierung", sondern verpflichtet zur „Durchführung" der Risikoanalyse. In der Sache dürften damit aber keine vollständigen Neuerungen gefordert sein. Auch die Regierungsbegründung sieht das nicht vor, sondern lässt eine Aktualisierung ausreichen.[164] 59

2. Anlassbezogene Risikoanalyse. Darüber hinaus muss das Unternehmen gemäß § 5 Abs. 4 S. 2 Alt. 2 eine anlassbezogene Risikoanalysen durchführen, wenn es „mit einer wesentlich veränderten oder wesentlich erweiterten Risikolage in der Lieferkette rechnen muss". Ob eine anlassbezogene Risikoanalyse erforderlich ist, bestimmt sich danach, ob ein auslösendes Ereignis vorliegt (→ Rn. 61 ff.), durch das sich die Risikolage wesentlich entwickelt (→ Rn. 65 ff.), und dies dem Unternehmen bekannt ist (→ Rn. 68 f.). Genauerer Untersuchung bedarf darüber hinaus, ob § 5 Abs. 4 Anlässe bei mittelbaren Zulieferern erfasst (→ Rn. 70 ff.). 60

a) Auslösendes Ereignis. Auslöser einer veränderten oder erweiterten Risikolage kann nach dem Gesetzeswortlaut die Einführung neuer Produkte, neuer Projekte oder eines neuen Geschäftsfelds sein. Diese Aufzählung ist jedoch **nicht abschließend.** Die Regierungsbegründung führt als weitere Beispiele einen bevorstehenden Markteintritt, eine Ver- 61

---

[158] S. Begr. RegE LkSG, BT-Drs. 19/28649, 41; den Risikomanagementprozess als „kybernetischen Regelkreis" beschreibend Fleischer AG 2022, 377 Rn. 7.

[159] Vgl. Begr. RegE LkSG, BT-Drs. 19/28649, 45; UNGP 17 (c).

[160] Ebenso Fleischer CCZ 2022, 205 (209 f.); Seibt/Vesper-Gräske CB 2021, 357 (362); nicht als Erfolgspflicht aufzählend Hembach Praxisleitfaden LkSG 109.

[161] S. Seibt/Vesper-Gräske CB 2021, 357 (362).

[162] Als „laufenden Prozess" beschreibend Harings/Jürgens LkSG 106.

[163] Zur Koordination mit anderen regelmäßigen Compliance-Abfragen Gehling/Ott/Lüneborg CCZ 2021, 230 (234).

[164] Vgl. Begr. RegE LkSG, BT-Drs. 19/28649, 45: „Da die Menschenrechtslage dynamisch ist, ist die Risikoanalyse in regelmäßigen Abständen, mindestens aber jährlich zu aktualisieren."; darauf hinweisend Gehling/Ott/Lüneborg CCZ 2021, 230 (234); und Korch NJW 2022, 2065 Rn. 18; sowie Wagner/Ruttloff/Wagner LkSG-HdB/E. Wagner/S. Wagner Rn. 644; mit praktischen Hinweisen VCI, Diskussionspapier zu Rechts- und Umsetzungsfragen des LkSG, 5.2.4.1., https://www.vci.de/themen/nachhaltigkeit/lieferketten-menschenrechte-wirtschaft/lieferkettensorgfaltspflichtengesetz-rechts-umsetzungsfragen.jsp (zuletzt abgerufen am 6.9.2022), Stand 18.3.2022.

änderung der Geschäftsgrundsätze oder umfassende geschäftliche Veränderungen an.[165] Verbunden damit ist die Erwartung, dass auch schon vor der Aufnahme neuer Geschäftsbeziehungen die menschenrechtlichen und umweltbezogenen Risiken identifiziert werden.[166] Darüber hinaus können die im Rahmen des Beschwerdeverfahrens gemäß § 8 intern gesammelten Erkenntnisse Grundlage für eine veränderte oder erweiterte Risikolage sein.

62 Neben den aufgezählten unternehmensinternen Anlässen sind auch **unternehmensexterne** Anlässe zu beachten.[167] Diese „Veränderungen im Geschäftsumfeld"[168] können etwa Aktionen staatlicher Akteure,[169] Unruhen in Risikobereichen oder Umstellungen der Geschäftsmodelle der Zulieferer sein. Sofern sie eine Auswirkung auf menschenrechtliche oder umweltbezogene Belange iSd § 2 haben, sind sie potenziell geeignet, zu einer anlassbezogenen Risikoanalyse zu verpflichten.

63 Ein Anlass für eine Risikoanalyse ist gegeben, wenn die Risikolage sich entwickelt, dh sich verändert oder erweitert. Davon erfasst sind zunächst Änderungen, durch die **andere oder neue** Verbote betroffen sind, unabhängig davon, ob diese in bestehenden oder hinzukommenden Lieferketten auftreten.[170] Das kann insbesondere der Fall sein bei der Einführung neuer Produkte, der Durchführung neuer Projekte oder der Erschließung neuer Geschäftsfelder. Diese Beispiele des § 5 Abs. 4 S. 1 Hs. 2 begrenzen wegen ihres nicht taxativen Charakters die Anlässe aber nicht auf neuen Risiken. Auch schon **bestehende Risiken** können sich ändern, wenn sich ihr Gewichtung hinsichtlich Schwere (Grad und Ausmaß), Wahrscheinlichkeit oder Behebbarkeit (§ 3 Abs. 2 Nr. 3) ändert.[171] Eine Erweiterung der Risikolage kann daher auch eine Veränderung eines bestehenden Risikos sein.

64 Der Gesetzeswortlaut verursacht eine **Regelungslücke** in Situationen, in denen das Unternehmen ein schon bestehendes Risiko zunächst unzutreffend bewertet oder übersieht und dies später erkennt (zum objektiven Risikobegriff → § 2 Rn. 1 ff., → § 5 Rn. 7).[172] Wenn beispielsweise eine staatliche Aktion deutlich macht, dass es die menschenrechtliche oder umweltbezogene Situation in einem Zuliefererstaat falsch bewertet hat, so hat sich die Risikolage objektiv nicht verändert oder erweitert,[173] sondern das Unternehmen hat nur eine verbesserte Erkenntnismöglichkeit. Dies bedeutet angesichts des Angemessenheitskriteriums zwar nicht zwangsläufig, dass das Unternehmen seine Risikoanalyse falsch durchgeführt hat (vgl. auch → Rn. 8), führt aber zu widersprüchlichen Ergebnissen im Rahmen des § 5 Abs. 4 S. 1. So ist die Interessenlage bei derartig verbesserter Erkenntnis vergleichbar mit den Hinweisen, die gemäß § 5 Abs. 4 S. 2 berücksichtigt werden müssen. Dass über das Beschwerdeverfahren nach § 8 gerade Fälle gemeldet werden, in denen das Unternehmen unzutreffend ermittelt oder bewertet hat, steht zu vermuten.[174] Auch ein Erst-recht-Schluss unterstützt dies: Das Unternehmen, dass sogar bei objektiv richtigen Ergebnissen seiner Risikoanalyse im Falle nachträglicher Veränderungen einer anlassbezo-

---

[165] Vgl. Begr. RegE LkSG, BT-Drs. 19/28649, 45.

[166] Vgl. Begr. RegE LkSG, BT-Drs. 19/28649, 45.

[167] AA wohl Grabosch Das neue LkSG/Grabosch § 5 Rn. 61, der nur solche externen Anlässe erfasst sieht, die sich auch „im Unternehmen bemerkbar machen".

[168] Vgl. Begr. RegE LkSG, BT-Drs. 19/28649, 45.

[169] Etwa Gesetzesänderungen, vgl. Grabosch Das neue LkSG/Grabosch § 5 Rn. 61.

[170] Vgl. Korch NJW 2022, 2065 Rn. 18.

[171] Ebenso Korch NJW 2022, 2065 Rn. 18.

[172] Hierbei kann sowohl ein Fehler vorliegen als auch die Grenzen der Angemessenheit eine Untererfassung begründen, vgl. auch Korch NJW 2022, 2065 Rn. 25 m. Fn. 28. Die Schwierigkeit, menschenrechtliche Risiken zu identifizieren, betonen Nietsch/Wiedmann CCZ 2021, 101 (106).

[173] Ebenso Korch NJW 2022, 2065 Rn. 5 f., 25.

[174] Auch die Regierungsbegr. scheint die Berücksichtigung der Erkenntnisse aus dem Hinweisgebersystem gemäß § 8 nicht beschränken zu wollen, vgl. Begr. RegE LkSG, BT-Drs. 19/28649, 45: „Erkenntnisse aus der Bearbeitung von Hinweisen nach § 8 Absatz 1 […] zu berücksichtigen. Auf diese Weise ist gewährleistet, dass Erkenntnisse über Risiken, die das Unternehmen in solchen Verfahren erlangt, genutzt werden, um das Risikomanagement zu verbessern.".

genen Aktualisierungspflicht unterfällt, muss dies erst recht, wenn es nachträglich feststellt, dass die Risikoanalyse von Anfang an unzutreffend war.[175] Eine Schließung dieser Schutzlücke vermögen auch die pflichtenspezifischen Wirksamkeitskontrollen der § 6 Abs. 5, § 7 Abs. 4 aufgrund des dort ebenfalls misslungenen Wortlauts der Vorschrift nicht gewährleisten.[176] Teilweise aufgefangen wird dieses Problem zwar durch die regelmäßig und damit häufig dauerhaft durchzuführende Risikoanalyse (→ Rn. 58 f.). Fehlbeurteilungen können danach bei der nächsten grundsätzlich durchzuführenden Risikoanalyse ausgebessert werden. Andererseits agiert das Unternehmen bei einer engen Auslegung im Extremfall für zwölf Monate auf Grundlage einer unzutreffenden Risikoanalyse. Eine Begrenzung auf **objektive Veränderungen** ist für das Kernelement der Sorgfaltspflichten des LkSG (→ Rn. 1) ein inakzeptabler Zustand. Dass der Gesetzgeber insoweit differenzieren wollte, kann nicht angenommen werden.[177] Dem ist durch analoge Anwendung oder extensive teleologische Auslegung des § 5 Abs. 4 S. 1 abzuhelfen. Eine anlassbezogenen Risikoanalyse ist mithin auch dann durchzuführen, wenn dem Unternehmen durch ein internes oder externes Ereignis klar werden muss, dass seine Risikoanalyse nicht der objektiven Risikolage entspricht. Nicht zu übersehen sind dabei aber die Grenzen des Analogieverbots, die bei der Bebußung nach § 24 Abs. 1 Nr. 2, Abs. 2 S. 1 Nr. 2 zu beachten sind (allgemein → § 24 Rn. 3 ff.).

b) Wesentlichkeit. Eine Pflicht zur Risikoanalyse wird jedoch nur ausgelöst, wenn ein Unternehmen aufgrund des Anlasses damit rechnen muss, dass die Risikolage sich wesentlich verändert oder erweitert. Was eine „wesentliche" Änderung oder Erweiterung ist, definiert das Gesetz nicht. Stimmig ist es, zur Definition der Wesentlichkeit lose auf die **Kriterien der Angemessenheit** Bezug zu nehmen.[178] Sodann wären die Anlässe danach zu überprüfen, ob sich dadurch die Gewichtung und Priorisierung der Risiken nach den Kriterien des § 5 Abs. 2 (→ Rn. 44 ff.) erheblich verändern. Davon ist regelmäßig auszugehen, wenn wahrscheinlich erscheint, dass sich aufgrund der anlassbezogenen Risikoanalyse die Priorisierung der Risiken nach § 5 Abs. 2 ändern könnte und dementsprechend die zu ergreifenden Maßnahmen gemäß § 6 und § 7 anzupassen oder neue zu ergreifen wären. 65

Die Regierungsbegründung verschleiert hingegen den Bezugspunkt der Wesentlichkeit, indem sie die Wesentlichkeit in Bezug zu Änderungen des Unternehmens setzt.[179] Darauf gestützt könnte die Wesentlichkeit danach zu bestimmen sein, ob die Geschäftstätigkeit des Unternehmens sich etwa in ihrer Art oder ihrem Umfang in besonderem Maße verändert. Dem ist jedoch nicht zu folgen. Es ist nicht ersichtlich, dass die Regierungsbegründung bewusst einen anderen Bezugspunkt der Wesentlichkeit festlegen wollte als er im Gesetzeswortlaut zum Ausdruck kommt. 66

Eine Ausrichtung an der Risikobewertung fügt sich zudem stimmig in das Konzept des LkSG ein: Zentral sind die Risiken für die Menschenrechte und die Umwelt; wirtschaftliche Erwägungen fließen nur im Rahmen der angemessenen Ausgestaltung der Pflichten ein. Wirtschaftlich bedeutende Veränderungen in der Geschäftstätigkeit des Unternehmens führen zwar regelmäßig zu erheblichen Änderungen der Risikolage, jedoch nicht zwangsläufig. Nur wenn sich die Risikobewertung in bedeutsamer Weise ändert, ist auch die kostspielige Durchführung einer Risikoanalyse angezeigt. 67

c) Subjektives Element. Die anlassbezogene Risikoanalyse fußt auf einer subjektiven Wissenskomponente. Hierbei ist ausweislich des Gesetzeswortlauts ein objektiver Maßstab anzulegen,[180] da nicht auf die positive Kenntnis des Unternehmens abgestellt wird. Unklar 68

---

[175] Vgl. Korch NJW 2022, 2065 Rn. 25.
[176] Dezidiert Korch NJW 2022, 2065 Rn. 8 ff. und passim.
[177] Ebenso Korch NJW 2022, 2065 Rn. 6.
[178] So Grabosch Das neue LkSG/Grabosch § 5 Rn. 60; ebenso Wagner/Ruttloff/Wagner LkSG-HdB/E. Wagner/S. Wagner Rn. 648.
[179] Vgl. Begr. RegE LkSG, BT-Drs. 19/28649, 45.
[180] Ebenso Wagner/Ruttloff/Wagner LkSG-HdB/E. Wagner/S. Wagner Rn. 645.

bleibt, welcher Fahrlässigkeitsmaßstab anzulegen ist. Mangels anderer Anhaltspunkte gilt der allgemeine Fahrlässigkeitsmaßstab. Ebenfalls erfasst sein dürfte ein Unternehmen, dass sich böswillig der Kenntnis verschließt, die es zu einer anlassbezogenen Risikoanalyse verpflichtet.

69 Um eine Haftung für unterlassene Risikoanalysen gemäß § 24 Abs. 1 Nr. 2 zu vermeiden, sollte das Unternehmen in seiner internen Berichterstattung menschenrechtliche und umweltbezogene Belange verankern.[181] Gleichzeitig sind ein funktionierendes Berichtswesen und eine strukturierte unternehmensinterne Kommunikation für die wirksame Ausgestaltung des Risikomanagements bedeutsam.[182] Für eine organisatorisch wirksame und effiziente Struktur bietet das betriebswirtschaftliche Risikomanagement reichhaltiges Anschauungsmaterial: Schon früh hat man auf das dem Risiko innewohnende „dynamische Element“[183] hingewiesen und die Veränderungsmöglichkeiten des „Risiko-Portefeuilles“[184] hervorgehoben. So sind etwa im Prüfungsstandard des IDW für das Risikomanagementsystem nach § 91 Abs. 2 AktG die Festlegung konkreter Zuständigkeiten (vgl. auch → § 4 Rn. 27), Periodizität, Schwellenwerte, standardisierte Berichtsformate, Schulungsmaßnahmen und regelmäßige sowie außerordentliche Berichtswege als Methoden aufgeführt.[185] Das Risikomonitoring wird an anderer Stelle hervorgehoben, um Abweichungen zwischen erfassten und erwarteten Risiken sowie tatsächlicher Risikoentwicklung festzustellen und Anpassungsmaßnahmen vornehmen zu können.[186]

70 **d) Mittelbare Zulieferer.** Trotz des offenen Wortlauts des § 5 Abs. 4 S. 1 sind mittelbare Zulieferer von der anlassbezogenen Pflicht zur Risikoanalyse richtigerweise **nicht erfasst.** Dies ist entscheidend für das Verständnis der anlassbezogenen Risikoanalyse. Zuvörderst ist dies relevant für die Belastungen, welche die Risikoanalysepflicht auslöst.[187] Auch wenn die Reichweite der Sorgfaltspflichten in § 5 Abs. 1 noch klar begrenzt ist, besteht die Gefahr, dass sie durch § 5 Abs. 4 S. 1 erheblich ausgeweitet und unbestimmter würde. Auch richtet sich dementsprechend das Gefüge von § 9 zu den übrigen Vorschriften des 2. Abschnitts aus.

71 Der Wortlaut des § 5 Abs. 4 S. 1 scheint zunächst klar zu sein und die gesamte Lieferkette zu erfassen.[188] Dieser Befund wird verstärkt durch einen systematischen Vergleich mit den anlassbezogenen Wirksamkeitskontrollen gemäß § 6 Abs. 5, § 7 Abs. 4, § 8 Abs. 5, die jeweils die Reichweite auf den eigenen Geschäftsbereich und die unmittelbaren Zulieferer begrenzen.[189] Zuletzt eignen sich auch Anlässe tief in der Lieferkette zur Auslösung der Pflichten nach § 5 Abs. 4 S. 1.[190] Dieser Auffassung folgt auch das Bundesamt für Wirtschaft und Ausfuhrkontrolle in seinen FAQ.[191] Begrenzend wird in der Literatur darauf

[181] Zu Berichtswegen allg. auch Hembach Praxisleitfaden LkSG 155; vgl. auch Wagner/Ruttloff/Wagner LkSG-HdB/E. Wagner/S. Wagner Rn. 645.

[182] Vgl. zu den „Rückkopplungsschleifen“ des Risikomanagementprozesses Fleischer AG 2022, 377 Rn. 7, 49.

[183] S. Blankenburg ZfB 1987, 329 (331).

[184] S. Blankenburg ZfB 1987, 329 (331); mit Bsp. im Anwendungsbereich des LkSG Korch NJW 2022, 2065 Rn. 2 f.

[185] IDW PS 340 nF (2020), Tz. 20, A21 f.

[186] Vgl. schon Schradin in Handwörterbuch der Betriebswirtschaft, 6. Aufl. 2007, Risikomanagement, Sp. 1591 f.; als eine Aufgabe des Risikocontrollings nennend Wolke, Risikomanagement, 3. Aufl. 2017, 300 f.

[187] Warnend Stöbener de Mora/Noll NZG 2021, 1237 (1242).

[188] So Grabosch Das neue LkSG/Grabosch § 5 Rn. 57 ff.; Wagner/Ruttloff/Wagner LkSG-HdB/E. Wagner/S. Wagner Rn. 650.

[189] Vgl. Grabosch Das neue LkSG/Grabosch § 5 Rn. 57; Wagner/Ruttloff/Wagner LkSG-HdB/E. Wagner/S. Wagner Rn. 650.

[190] Sogar davon ausgehend, dass Menschenrechtsverletzungen typischerweise zu Beginn der Wertschöpfungskette auftreten Mittwoch/Bremenkamp KritV 2021, 207 (221); Thalhammer DÖV 2021, 825 (834).

[191] Vgl. Bundesamt für Wirtschaft und Ausfuhrkontrolle, Fragen und Antworten zum Lieferkettengesetz, VIII. Ziff. 6, Stand: 28.4.2022: „Die ad-hoc-Pflicht zur Risikoanalyse betrifft die anlässlich neuer Umstände wesentlich veränderten oder hinzukommenden Risiken, allerdings überall in der Lieferkette, sowohl bei unmittelbaren als auch bei mittelbaren Zulieferern.“.

hingewiesen, dass nur die Risiken im Zusammenhang mit dem Anlass zu ermitteln sind und den Gegenstand der Risikoanalyse bilden.[192]

Andererseits ist der Wortlaut nicht so eindeutig, wie er scheint. So ist gemäß § 5 Abs. 1 S. 1 eine Risikoanalyse „nach den Absätzen 2 bis 4" durchzuführen, um Risiken im eigenen Geschäftsbereich und bei den unmittelbaren Zulieferern zu identifizieren. Somit füllt § 5 Abs. 4 die Pflicht nach Abs. 1 S. 1 nur aus, der die Reichweite aber begrenzt. Diese Verzahnung kennen die §§ 6, 7 und 8 nicht, sodass auch der systematische Vergleich zu diesen an Überzeugungskraft verliert.[193] 72

Systematische Misstöne löst es hingegen aus, dass die anlassbezogene Risikoanalyse sich auch auf mittelbare Zulieferer beziehen soll, da die §§ 6–8 sich im Grundsatz nur auf unmittelbare Zulieferer beziehen. Im Ergebnis müssten dann die §§ 6–8 entsprechend für Risiken bei mittelbaren Zulieferern zur Anwendung gebracht werden, wollte man diese nicht ohne Konsequenz in die Risikoanalyse einbeziehen. Systematisch stimmiger ist es, die Pflichten bezüglich der mittelbaren Zulieferer **allein in § 9** zu verorten. Dieser sieht eine eigene Risikoanalyse vor, die nur bei substantiierter Kenntnis aktiviert wird; ein ungeklärtes Nebeneinander dieser und der anlassbezogenen Risikoanalyse vermag nicht zu überzeugen.[194] 73

Auch führt eine strenge Abgrenzung zwischen §§ 5–8 einerseits und § 9 anderseits nicht zu „zweckwidrigen"[195] Ergebnissen: Zwar sind Umstände und Ereignisse tief in der Lieferkette ebenfalls geeignet, wesentliche Veränderungen oder Erweiterungen einer Risikolage zu erzeugen. Damit ist aber noch kein Argument dafür gefunden, ob solche Anlässe überhaupt zu einer Risikoanalyse verpflichten. Es ist daher zirkelschlüssig, die Reichweite der Risikoanalyse auf der Grundlage hin zu erweitern, dass solche Umstände und Ereignisse ein verpflichtender Anlass seien.[196] Eine enge Auslegung führt zwar dazu, dass menschenrechtliche oder umweltbezogene Risiken bei mittelbaren Zulieferern von §§ 5–8 im Grundsatz ausgespart werden, jedoch setzt für den einzelnen mittelbaren Zulieferer substantiierte Kenntnis eine Pflichtenfolge gemäß § 9 Abs. 2 und 3 in Gang. 74

Eine Erfassung mittelbarer Zulieferer in einer unter Umständen tief gestaffelten Lieferkette bei der anlassbezogenen Risikoanalyse nach § 5 Abs. 4 S. 1 würde hingegen eine überbordende Belastung für Unternehmen darstellen, Rechtsunsicherheit verursachen und die einschränkenden Voraussetzungen des § 9 erheblich relativieren.[197] Die Einbeziehung mittelbarer Zulieferer würde von einer Ausnahme in § 9 zu einem Regelfall in der Risikoanalyse. Das könnte wiederum dazu führen, dass Unternehmen sich aus bestimmten Regionen oder Geschäftsfeldern vollständig zurückziehen, was entwicklungspolitisch nicht gewünscht ist[198] und dem Gesetzgeber daher nicht unterstellt werden kann. Im Ergebnis ist die Reichweite des § 5 Abs. 4 S. 1 Var. 2 daher in Kongruenz zu § 5 Abs. 1 S. 1 eng auszulegen. Risiken bei mittelbaren Zulieferern verpflichten daher neben der Ausnahme des § 5 Abs. 1 S. 2 (→ Rn. 41 ff.) nur im Rahmen des § 9 zur Wahrnehmung von Sorgfaltspflichten.[199] 75

---

[192] Vgl. Wagner/Ruttloff/Wagner LkSG-HdB/E. Wagner/S. Wagner Rn. 649.

[193] Zu den darüber hinaus bestehenden systematischen Verirrungen der Wirksamkeitskontrollen vgl. Korch NJW 2022, 2065.

[194] So aber Grabosch Das neue LkSG/Grabosch § 5 Rn. 61.

[195] S. Grabosch Das neue LkSG/Grabosch § 5 Rn. 58.

[196] Vgl. aber Grabosch Das neue LkSG/Grabosch § 5 Rn. 58.

[197] Vgl. Stöbener de Mora/Noll NZG 2021, 1237 (1242 f.); abw. von einer erheblichen Relativierung des Schutzes von Menschenrechten und Umweltbelangen sprechend Mittwoch/Bremenkamp KritV 2021, 207 (221).

[198] Vgl. Begr. RegE LkSG, BT-Drs. 19/28649, 49; Stöbener de Mora/Noll NZG 2021, 1237 (1243): „(‚cut and run' statt ‚stay and improve')".

[199] Im Ergebnis ebenso Brunk, Menschenrechtscompliance, 2022, 470 (499); Dutzi/Schneider/Hasenau DK 2021, 454 (459 f.); Falder/Frank-Fahle/Poleacov LkSG 47; Frank/Edel/Heine/Heine BB 2021, 2165 (2169); Harings/Jürgens LkSG 98, 106, 139 f.; Heinen, Deliktische Sorgfaltspflichten in transnationalen Lieferketten, 2022, 85 f.; Hübner/Habrich/Weller NZG 2022, 644 (647); Jungkind/Raspé/Terbrack DK 2021, 445 (448); Klinner IWRZ 2021, 243 (245); Koch MDR 2022, 1 (3); Kubis/Tödtmann Vorstand-

76 **3. Hinweise nach § 8.** § 5 Abs. 4 S. 2 verpflichtet das Unternehmen dazu, Erkenntnisse aus der Bearbeitung von Hinweisen nach § 8 Abs. 1 zu berücksichtigen. Damit wird die Risikoanalyse mit dem Beschwerdeverfahren verbunden, das ein weiteres Element des sich wiederholenden Kreislaufs[200] der Sorgfaltspflichten darstellt. Die Risikoanalyse legt zwar den Grundstein für die Durchführung der übrigen Sorgfaltspflichten, aber sie baut wiederum auf diesen auf und bezieht sich auf sie.[201] Daher sind bei der Risikoanalyse im Allgemeinen die Erkenntnisse und Informationen einzubeziehen und zu berücksichtigen, welche im Rahmen des übrigen Risikomanagements gesammelt werden. Ausdrücklich festgelegt hat der Gesetzgeber das für die Bearbeitung von Hinweisen, die das Unternehmen nach § 8 Abs. 1 erhält. Damit setzt er zudem die UNGP um, die als erste Funktion des Beschwerdeverfahrens die Identifikation von negativen menschenrechtlichen Auswirkungen nennen.[202] Anders als etwa im aktienrechtlichen Compliance-System[203] ist das Hinweisgebersystem damit ein zwingendes Element im Risikomanagement nach dem LkSG und Erkenntnisse aus der Bearbeitung der Hinweise lösen konkrete Rechtspflichten aus.

77 Das Unternehmen hat dabei nicht nur die Hinweise selbst zu berücksichtigen, sondern auch **Erkenntnisse,** die es durch deren Bearbeitung erhält. Diese reichen weiter als der bloße (erste) Hinweis: Erfasst sind etwa auch weitere Informationen, die das Unternehmen bei der Erörterung des Sachverhalts mit dem Hinweisgeber gemäß § 8 Abs. 1 S. 4 (→ § 8 Rn. 13 ff.), bei einer Beilegung nach § 8 Abs. 1 S. 5 (→ § 8 Rn. 31 ff.) oder der eignen Nachverfolgung des Hinweises sammelt. Darüber hinaus entstehen bei der Bearbeitung von Hinweisen Informationen, die über den Einzelfall hinausgehen. So kann das Unternehmen möglicherweise Trends oder Muster erkennen, die auf systematische Probleme hinweisen.[204] Eine Häufung von Hinweisen zu bestimmten Risikobereichen kann ein Indiz dafür sein, dass die Risikobewertung (zur Gewichtung und Priorisierung → Rn. 44 ff.) fehlerhaft ist. Ebenso kann ein Hinweis Anlass dafür sein, die Identifizierungsmethoden auf ihre Effektivität hin zu überprüfen.

78 Die gewonnenen Erkenntnisse hat das Unternehmen sowohl bei der regelmäßigen jährlichen als auch bei der anlassbezogenen Risikoanalyse zu berücksichtigen. Für letztere können die Erkenntnisse zudem der auslösende Anlass selbst sein (→ Rn. 61). Die Berücksichtigungspflicht ist in Abs. 4 wenig glücklich platziert, weil dieser sich ansonsten darauf beschränkt, die grundsätzliche Häufigkeit und den Anlass einer außerordentlichen Risikoanalyse festzulegen. Das erlaubt aber keinen Rückschluss auf die inhaltliche Reichweite der Berücksichtigungspflicht. Die Erkenntnisse sind bei der Durchführung der Risikoanalyse in ihrer Gänze inhaltlich zu beachten.

VI. Sanktionen

79 Der vorsätzliche oder fahrlässige Verstoß gegen die Pflicht des § 5 Abs. 1 S. 1 – das heißt, die nicht, nicht richtig, nicht vollständig oder nicht rechtzeitig durchgeführte Risikoanalyse – stellt gemäß § 24 Abs. 1 Nr. 2 Alt. 1 eine **Ordnungswidrigkeit** dar (zu möglichen Adressaten → § 24 Rn. 8 ff.; zu Fragen des Bestimmtheitsgebots → § 24 Rn. 5).[205] Davon erfasst ist sowohl die regelmäßige als auch die anlassbezogene Risiko-

HdB/Hettich/Charnitzky § 14 Rn. 277; kritisierend Mittwoch/Bremenkamp KritV 2021, 207 (221); Nasse RAW 2022, 3 (9); Sagan/Schmidt NZA-RR 2022, 281 (287); Seibt/Vesper-Gräske CB 2021, 357 (360); Thalhammer DÖV 2021, 825 (826, 834); G. Wagner FS Singer, 2021, 693 (702 f.); wohl auch Stöbener de Mora/Noll NZG 2021, 1237 (1242 f.); aA Grabosch Das neue LkSG/Grabosch § 5 Rn. 58 ff.; Wagner/Ruttloff/Wagner LkSG-HdB/E. Wagner/S. Wagner Rn. 649 f., unklar aber in Rn. 889; wohl auch Hembach Praxisleitfaden LkSG 110, 133, 154 f.

[200] Vgl. Begr. RegE LkSG, BT-Drs. 19/28649, 41.

[201] Vgl. Begr. RegE LkSG, BT-Drs. 19/28649, 41.

[202] Vgl. UNGP 29, Commentary, 31 f.

[203] Vgl. BeckOGK/Fleischer AktG § 91 Rn. 70 mit Bezug auf A.2 S. 2 DCGK.

[204] Vgl. UNGP 29, Commentary, 32.

[205] Krit. zur Bestimmtheit der Vorschrift Wagner/Ruttloff/Wagner LkSG-HdB/Skoupil Rn. 1539.

analyse; im Gegensatz zu den Überprüfungs- und Aktualisierungspflichten der §§ 6, 7 und 8 formt § 5 Abs. 4 die Pflicht des § 5 Abs. 1 S. 1 aus (→ Rn. 72), sodass es keiner speziellen Tatbestände wie der § 24 Abs. Nr. 4 und 5 bedarf.

Bei einem Verstoß droht gemäß § 24 Abs. 2 S. 1 Nr. 2 eine **Geldbuße** von fünfhunderttausend Euro, wobei § 24 Abs. 2 S. 2 auf § 30 Abs. 2 S. 3 OWiG verweist und damit den Bußgeldrahmen für juristische Personen und Personenvereinigungen verzehnfacht[206] (näher → § 24 Rn. 36 ff.). Bis zu drei Jahre nach einem rechtskräftig festgestellten Verstoß und der Belegung mit einer Geldbuße gemäß § 24 Abs. 2 können Unternehmen nach § 22 zusätzlich von der **Vergabe öffentlicher Aufträge** ausgeschlossen werden (zum Zeitraum → § 22 Rn. 5, → § 22 Rn. 38).[207] 80

§ 6 Präventionsmaßnahmen

(1) Stellt ein Unternehmen im Rahmen einer Risikoanalyse nach § 5 ein Risiko fest, hat es unverzüglich angemessene Präventionsmaßnahmen nach den Absätzen 2 bis 4 zu ergreifen.

(2) [1]Das Unternehmen muss eine Grundsatzerklärung über seine Menschenrechtsstrategie abgeben. [2]Die Unternehmensleitung hat die Grundsatzerklärung abzugeben. [3]Die Grundsatzerklärung muss mindestens die folgenden Elemente einer Menschenrechtsstrategie des Unternehmens enthalten:

1. die Beschreibung des Verfahrens, mit dem das Unternehmen seinen Pflichten nach § 4 Absatz 1, § 5 Absatz 1, § 6 Absatz 3 bis 5, sowie den §§ 7 bis 10 nachkommt,
2. die für das Unternehmen auf Grundlage der Risikoanalyse festgestellten prioritären menschenrechtlichen und umweltbezogenen Risiken und
3. die auf Grundlage der Risikoanalyse erfolgte Festlegung der menschenrechtsbezogenen und umweltbezogenen Erwartungen, die das Unternehmen an seine Beschäftigten und Zulieferer in der Lieferkette richtet.

(3) Das Unternehmen muss angemessene Präventionsmaßnahmen im eigenen Geschäftsbereich verankern, insbesondere:

1. die Umsetzung der in der Grundsatzerklärung dargelegten Menschenrechtsstrategie in den relevanten Geschäftsabläufen,
2. die Entwicklung und Implementierung geeigneter Beschaffungsstrategien und Einkaufspraktiken, durch die festgestellte Risiken verhindert oder minimiert werden,
3. die Durchführung von Schulungen in den relevanten Geschäftsbereichen,
4. die Durchführung risikobasierter Kontrollmaßnahmen, mit denen die Einhaltung der in der Grundsatzerklärung enthaltenen Menschenrechtsstrategie im eigenen Geschäftsbereich überprüft wird.

(4) Das Unternehmen muss angemessene Präventionsmaßnahmen gegenüber einem unmittelbaren Zulieferer verankern, insbesondere:

1. die Berücksichtigung der menschenrechtsbezogenen und umweltbezogenen Erwartungen bei der Auswahl eines unmittelbaren Zulieferers,
2. die vertragliche Zusicherung eines unmittelbaren Zulieferers, dass dieser die von der Geschäftsleitung des Unternehmens verlangten menschenrechtsbezogenen und umweltbezogenen Erwartungen einhält und entlang der Lieferkette angemessen adressiert,
3. die Durchführung von Schulungen und Weiterbildungen zur Durchsetzung der vertraglichen Zusicherungen des unmittelbaren Zulieferers nach Nummer 2,

---

[206] Vgl. Ehmann/Berg GWR 2021, 287 (291); Grabosch Das neue LkSG/Engel/Schönfelder § 6 Rn. 37, 41; Karmann/Irmscher NZWiSt 2021, 249 (254 f.); Mittwoch/Bremenkamp KritV 2021, 207 (231); Spindler ZHR 186 (2022), 67 (90); Wagner/Ruttloff/Wagner LkSG-HdB/Skoupil Rn. 1574.

[207] Vgl. Grabosch Das neue LkSG/Engel/Schönfelder § 6 Rn. 48 ff.; Karmann/Irmscher NZWiSt 2021, 249 (252 f.); Mitsch NZWiSt 2021, 409 (412 f.); kürzer Ehmann/Berg GWR 2021, 287 (291).

4. die Vereinbarung angemessener vertraglicher Kontrollmechanismen sowie deren risikobasierte Durchführung, um die Einhaltung der Menschenrechtsstrategie bei dem unmittelbaren Zulieferer zu überprüfen.

(5) [1] Die Wirksamkeit der Präventionsmaßnahmen ist einmal im Jahr sowie anlassbezogen zu überprüfen, wenn das Unternehmen mit einer wesentlich veränderten oder wesentlich erweiterten Risikolage im eigenen Geschäftsbereich oder beim unmittelbaren Zulieferer rechnen muss, etwa durch die Einführung neuer Produkte, Projekte oder eines neuen Geschäftsfeldes. [2] Erkenntnisse aus der Bearbeitung von Hinweisen nach § 8 Absatz 1 sind zu berücksichtigen. [3] Die Maßnahmen sind bei Bedarf unverzüglich zu aktualisieren.

Schrifttum: Bettermann/Hoes, Der Entwurf der Europäischen Corporate Sustainability Due Diligence Richtlinie Vergleich zum deutschen Lieferkettensorgfaltspflichtengesetz, WM 2022, 697; Chamitzky/Weigel, Die Krux mit der Sorgfalt – Zu den Untiefen und der Unschärfe des neuen Lieferkettensorgfaltspflichtengesetzes aus Unternehmenssicht, RIW 2022, 12; Depping, CSR in internationalen Lieferverträgen: Möglichkeiten und Grenzen der Vereinbarung von CSR-Regelungen in der Lieferkette, in Walden/Depping, CSR und Recht, 2015, 125; Dutzi/Schneider/Hasenau, Lieferkettenregulierung und Risk Governance – Implikationen für die betriebliche Praxis und Kritik, Der Konzern 2021, 454; Ehmann, Der Regierungsentwurf für das Lieferkettengesetz: Erläuterung und erste Hinweise zur Anwendung, ZVertriebsR 2021, 141; Frank/Edel/Heine/Heine, Pionierarbeiten in der Lieferkette – Praxisfolgen für das Handels- und Arbeitsrecht, BB 2021, 2165 (Teil I) und BB 2021, 2890 (Teil II); Gehling/Ott/Lüneborg, Das neue Lieferkettensorgfaltspflichtengesetz – Umsetzung in der Unternehmenspraxis, CCZ 2021, 230; Gilch/Pelz, Compliance-Klauseln – Gut gemeint aber unwirksam?, CCZ 2008, 131; Korch, Überprüfungs- und Aktualisierungspflichten nach dem Lieferkettensorgfaltspflichtengesetz, NJW 2022, 2065; Korch, Rechtsökonomische Analyse menschenrechtlicher Sorgfaltspflichten von Unternehmen, ZVglRWiss 2023, Heft 1; Lutz-Bachmann/Vorbeck/Wengenroth, Menschenrechte und Umweltschutz in Lieferketten – der Regierungsentwurf eines Sorgfaltspflichtengesetzes, BB 2021, 906; Nietsch/Wiedmann, Der Regierungsentwurf eines Gesetzes über die unternehmerischen Sorgfaltspflichten in der Lieferkette, CCZ 2021, 101; Seibt/Vesper-Gräske, Lieferkettensorgfaltspflichtengesetz erweitert Compliance-Pflichten, CB 2021, 357; Spindler, Verantwortlichkeit und Haftung in Lieferantenketten – das Lieferkettensorgfaltspflichtengesetz aus nationaler und europäischer Perspektive, ZHR 186 (2022), 67; Spindler, Der Vorschlag einer EU-Lieferketten-Richtlinie, ZIP 2022, 765; Stöbener de Mora/Noll, Grenzenlose Sorgfalt? – Das Lieferkettensorgfaltspflichtengesetz (Teil 1), NZG 2021, 1237; E. Wagner/Ruttloff, Das Lieferkettensorgfaltspflichtengesetz – Eine erste Einordnung, NJW 2021, 2145; Wilhelm, Compliance-Klauseln im unternehmerischen Geschäftsverkehr, AcP 221 (2021), 657.

Übersicht

I. Normzweck

1. Normzweck, Regelungsgegenstand und Gesetzessystematik. § 6 normiert mit den Präventionspflichten die **zentralen Handlungspflichten** der Unternehmen im eigenen Geschäftsbereich und gegenüber unmittelbaren Zulieferern. Anders als § 7, der an die bereits eingetretene oder unmittelbar bevorstehende Verletzung von Menschenrechten oder der Umwelt anknüpft, sollen die Präventionsmaßnahmen nach § 6 solche Verletzungen verhindern oder jedenfalls deren Eintrittswahrscheinlichkeit senken. Als Informationsgrundlage für die Präventionsmaßnahmen dient die Risikoanalyse des § 5. Ergänzt wird die Vorschrift für mittelbare Zulieferer durch § 9. 1

Stellt ein Unternehmen ein Risiko fest, muss es unverzüglich angemessene Präventionsmaßnahmen ergreifen. Die Vorschrift schichtet die konkreten Vorgaben danach ab, ob Risiken im **eigenen Geschäftsbereich** auftreten (Abs. 3) oder bei **unmittelbaren Zulieferern** (Abs. 4). Die ergriffenen Maßnahmen sind jährlich und anlassbezogen zu evaluieren (Abs. 5). 2

§ 6 enthält eine **Konkretisierung des Risikomanagements** iSd § 4, indem er mit den Präventionsmaßnahmen einen wichtigen Ausschnitt regelt. Dass die Abgrenzung nicht trennscharf gelungen ist, zeigt § 6 Abs. 2: Die dort geregelte Grundsatzerklärung hätte 3 ohne Weiteres auch in § 4 normiert werden können, dokumentiert sie doch die Menschenrechtsstrategie des Unternehmens. Sie dient damit als Ableitungsbasis für Präventionsmaßnahmen, stellt selbst aber in der Sache keine solche dar (→ Rn. 42).[1]

4 **2. Gesetzgebungsverfahren.** Die Vorschrift war bereits im Regierungsentwurf als § 6 enthalten und ist **im Wesentlichen unverändert** geblieben.[2] Angepasst wurde der zweite Absatz zur Grundsatzerklärung, die nach dem Gesetzeswortlaut nicht mehr verabschiedet, sondern abgegeben werden muss.[3] Zudem wurde § 6 Abs. 2 Nr. 2 an den veränderten Definitionskatalog des § 2 angepasst und fordert nun keine Bezugnahme mehr auf die Übereinkommen in der Anlage.[4] In Abs. 3 wurden die Schulungs- und Kontrollmaßnahmen auf Nr. 3 und Nr. 4 aufgeteilt.[5]

5 **3. Auswirkungen der geplanten EU-RL.** Auf Ebene der EU gibt es Bestrebungen, die Sorgfaltspflichten von Unternehmen hinsichtlich ihrer Lieferketten zu regulieren (→ Einl. Rn. 73 ff.). Die **EU-Kommission** hat am 23.2.2022 einen **Entwurf für eine Richtlinie** über die Sorgfaltspflichten von Unternehmen im Hinblick auf Nachhaltigkeit (Directive on Corporate Sustainability Due Diligence) verabschiedet (CS3D-E).[6] Ähnlich dem deutschen Recht sieht der Entwurf in **Art. 7 Lieferketten-RL-E** unter dem Titel „Vermeidung potenzieller negativer Auswirkungen" (englisch: „Preventing potential adverse impacts") **Präventionspflichten** für Unternehmen bei potenziell negativen Auswirkungen auf Menschenrechte und auf die Umwelt vor. Der Begriff Unternehmen ist in Art. 3 lit. a Lieferketten-RL-E unter Verweis auf die Bilanz-RL legaldefiniert als juristische Personen oder regulierte Finanzinstitute. Nicht-kapitalistische Personengesellschaften und Einzelkaufleute fallen deshalb regelmäßig nicht darunter.[7] Negative Auswirkungen auf die Umwelt und auf die Menschenrechte sind in Art. 3 lit. b und lit. c Lieferketten-RL-E definiert (→ § 2 Rn. 26).

6 Nach **Art. 7 Abs. 1 Lieferketten-RL-E** haben Mitgliedstaaten sicherzustellen, dass Unternehmen geeignete Maßnahmen ergreifen, um potenzielle negative Auswirkungen auf Umwelt oder Menschenrechte zu verhindern oder angemessen abzuschwächen. Es handelt sich – wie im deutschen Recht – um bloße **Bemühenspflichten,** wie sich aus Erwägungsgrund 15 Lieferketten-RL-E[8] ergibt.[9] Zudem sind die Besonderheiten der Wertschöpfungskette, des Wirtschaftszweigs oder des geografischen Gebiets des Unternehmens zu berücksichtigen.[10] Das gilt auch für das Einflussvermögen des Unternehmens auf seine Geschäftspartner.[11] Die abstrakte Präventionspflicht wird durch die Abs. 2–6 konkretisiert.

---

[1] Vgl. auch Hembach Praxisleitfaden LkSG 156: Grundsatzerklärung keine Präventionsmaßnahme; abw. Wagner/Ruttloff/Wagner LkSG-HdB/Wagner/Wagner Rn. 588.

[2] Vgl. die wenigen und kaum substantiellen Anmerkungen in Beschlussempfehlung und Bericht des Ausschusses für Arbeit und Soziales, BT-Drs. 19/30505, 40.

[3] Dazu Beschlussempfehlung und Bericht des Ausschusses für Arbeit und Soziales, BT-Drs. 19/30505, 40: keine Verabschiedung von Erklärungen durch Private.

[4] Beschlussempfehlung und Bericht des Ausschusses für Arbeit und Soziales, BT-Drs. 19/30505, 40.

[5] Dazu Beschlussempfehlung und Bericht des Ausschusses für Arbeit und Soziales, BT-Drs. 19/30505, 40.

[6] Richtlinie des Europäischen Parlaments und des Rates über die Sorgfaltspflichten von Unternehmen im Hinblick auf Nachhaltigkeit und zur Änderung der Richtlinie (EU) 2019/1937 (EU) 2019/1937, COM (2022) 71 final.

[7] Dazu auch Bettermann/Hoes WM 2022, 697 (698); Chamitzky/Weigel RIW 2022, 413 (414 ff.).

[8] „Mit dieser Richtlinie sollten die Unternehmen nicht dazu verpflichtet werden, unter allen Umständen zu gewährleisten, dass überhaupt keine negativen Auswirkungen auftreten oder dass diese gestoppt werden. […] Daher sollten die wichtigsten Verpflichtungen in dieser Richtlinie „Mittelverpflichtungen" sein. Das Unternehmen sollte geeignete Maßnahmen ergreifen, die unter den Umständen des Einzelfalls nach vernünftigem Ermessen zur Verhinderung oder Minimierung der negativen Auswirkungen führen.".

[9] Hübner/Habrich/Weller NZG 2002, 644 (646 f.).

[10] Erwägungsgrund 15 Lieferketten-RL-E; vgl. ferner Hübner/Habrich/Weller NZG 2002, 644 (646 f.).

[11] Erwägungsgrund 15 Lieferketten-RL-E: „Dabei sollten […] die Fähigkeit des Unternehmens, seine direkten und indirekten Geschäftsbeziehungen zu beeinflussen, sowie die Frage berücksichtigt werden, ob das Unternehmen seine Einflussmöglichkeiten erhöhen könnte".

Voraussetzung der **Präventionspflicht** nach Art. 7 Lieferketten-RL-E ist, dass Unternehmen diese potenziellen negativen Auswirkungen im Rahmen der Risikoanalyse nach Art. 6 Lieferketten-RL-E festgestellt haben oder hätten feststellen müssen.[12] Der Entwurf weicht damit deutlich von § 6 Abs. 1 ab, der lediglich tatsächlich festgestellte Risiken erfasst. 7

Nach **Art. 7 Abs. 2 Lieferketten-RL-E** sind Unternehmen – „gegebenenfalls" (eindeutiger noch die englische Fassung: „where relevant") – verpflichtet, die dort aufgezählten Präventionsmaßnahmen zu ergreifen. Sie sollen einen **Präventionsaktionsplan** erarbeiten und umsetzen **(lit. a),** falls dies aufgrund der Art oder Komplexität der für die Vermeidung erforderlichen Maßnahmen notwendig ist.[13] Dieser soll einen konkreten Zeitplan enthalten, um mittels qualitativer und quantitativer Indikatoren die erreichten Verbesserungen messen zu können („[...] einen Präventionsaktionsplan mit angemessenen und klar festgelegten Zeitplänen für Maßnahmen und qualitativen wie quantitativen Indikatoren für die Messung der Verbesserung zu entwickeln und umzusetzen"). Der Präventionsaktionsplan soll nach Art. 7 Abs. 2 lit. a S. 3 Lieferketten-RL-E zusammen mit den Betroffenen entwickelt werden.[14] 8

Art. 7 Abs. 2 lit. b Lieferketten-RL-E sieht vor, dass Unternehmen sich von einem **Geschäftspartner,** mit dem sie in direkter (oder unmittelbarer) Geschäftsbeziehung stehen, **vertraglich zusichern** lassen, dass er die Einhaltung des Verhaltenskodex (englisch: code of conduct) des Unternehmens und, soweit erforderlich, eines Präventionsaktionsplans sicherstellen wird. Dafür soll der direkte Geschäftspartner auch von seinen Geschäftspartnern entsprechende vertragliche Zusicherungen einholen (sog. Vertragskaskaden).[15] Für die Ausgestaltung gilt Art. 7 Abs. 4 Lieferketten-RL-E (→ Rn. 12). Die EU-Kommission soll dafür nach Art. 12 Lieferketten-RL-E Leitlinien für Musterklauseln erlassen.[16] Erste kritische Stimmen erheben Zweifel an der Durchsetzbarkeit solcher Zusicherungen.[17] 9

Weitere Maßnahmen sind die Tätigung notwendiger **Investitionen** in Management- oder Produktionsverfahren und -infrastrukturen, um die Vorgaben einzuhalten (lit. c), die gezielte und verhältnismäßige **Unterstützung von kleineren und mittleren Unternehmen** (KMU), mit denen das Unternehmen eine etablierte Geschäftsbeziehung unterhält und die aufgrund der Anforderungen in ihrer Überlebensfähigkeit gefährdet wären (lit. d) sowie die **Kooperationen mit anderen Unternehmen** (lit. e).[18] Im Unterschied zum deutschen LkSG sieht der Vorschlag die möglichen rechtlichen Probleme einer solchen Kooperation und verlangt diese nur im Einklang mit EU-Recht, insbesondere Wettbewerbsrecht („im Einklang mit dem Unionsrecht, einschließlich des Wettbewerbsrechts").[19] 10

Sind die Maßnahmen nach **Art. 7 Abs. 3 Lieferketten-RL-E** nicht erfolgreich, dh verhindern oder mindern sie die potenziellen negativen Auswirkungen nicht ausreichend, kann das Unternehmen versuchen, auch mit **Dritten** einen **Vertrag abzuschließen,** mit denen es bisher lediglich eine indirekte geschäftliche Beziehung unterhält, um die Einhaltung des Verhaltenskodex des Unternehmens oder eines Präventionsaktionsplans zu erreichen. Für die Ausgestaltung gilt Art. 7 Abs. 4 Lieferketten-RL-E (→ Rn. 12). 11

Vertragliche Zusicherungen oder Vereinbarungen iSd Art. 7 Abs. 2 lit. b Lieferketten-RL-E oder Art. 7 Abs. 3 Lieferketten-RL-E müssen gemäß **Art. 7 Abs. 4 Lieferketten-RL-E** durch geeignete Maßnahmen flankiert werden, die eine **Überprüfung der Einhaltung** ermöglichen. Der EU-Vorschlag erwähnt in Art. 7 Abs. 4 UAbs. 1 S. 2 Lieferket- 12

---

[12] Ruttloff/Rothenburg/Hahn DB 2022, 1116 (1119).
[13] Dazu Spindler ZIP 2022, 765 (771).
[14] Dazu Bettermann/Hoes WM 2022, 697 (700).
[15] Vgl. Bettermann/Hoes WM 2022, 697 (700); Jung GPR 2022, 109 (114).
[16] Dazu auch Bettermann/Hoes WM 2022, 697 (700).
[17] Bettermann/Hoes WM 2022, 697 (700); vgl. auch Spindler ZIP 2022, 765 (771) (der die Pflicht zur vertraglichen Weitergabe als „Sprengstoff" bezeichnet).
[18] Dazu Bettermann/Hoes WM 2022, 697 (700 f.); Spindler ZIP 2022, 765 (771).
[19] Weitere Klar- und Hilfestellung fordern Bettermann/Hoes WM 2022, 697 (701).

ten-RL-E ausdrücklich, dass Unternehmen sich auf Industrieinitiativen und unabhängige Dritte stützen können. Art. 7 Abs. 4 UAbs. 2 S. 1, 2 Lieferketten-RL-E stellt klar, dass die verwendeten Bedingungen gegenüber KMU fair, angemessen und nichtdiskriminierend sein müssen und die Unternehmen die Kosten für die Überprüfung durch unabhängige Dritte zu tragen haben.

13 **Art. 7 Abs. 5 Lieferketten-RL-E** betrifft schließlich den Fall, dass die Maßnahmen die potenziellen negativen Auswirkungen nicht verhindern und nicht angemessen abschwächen. In diesem Fall soll das Unternehmen **keine neue Geschäftsbeziehung** eingehen oder die bestehende **Geschäftsbeziehung nicht ausbauen,** sie **vorübergehend aussetzen oder dauerhaft beenden.** Die temporäre Suspendierung betrifft den Zeitraum bis zu einer Minimierung oder Beendigung der Verletzungen (lit. a), während die Pflicht zur dauerhaften Beendigung Fälle erfasst, in denen eine Verbesserung der Lage nicht in Aussicht steht (lit. b).[20] Der Kommissionsvorschlag weicht damit erheblich vom deutschen LkSG ab, das eine Suspendierungs- oder Abbruchpflicht allein für Verletzungen, nicht jedoch für Risiken vorsieht.[21] Die **Beendigung** der Vertragsbeziehung soll nach Erwägungsgrund 32 S. 2 Lieferketten-RL-E ultima ratio („ein letztes Mittel") sein (Ausnahme: Kinderarbeit).[22] Befähigung geht Abbruch vor (vgl. Erwägungsgrund 36 S. 1 Lieferketten-RL-E: „Um sicherzustellen, dass potenzielle negative Auswirkungen wirksam verhindert und gemindert werden, sollten die Unternehmen vorrangig aktiv in den bestehenden Geschäftsbeziehungen in der Wertschöpfungskette Lösungen finden, anstatt sich zurückzuziehen, was ein letztes Mittel bleiben sollte, nachdem ihr Versuch, potenzielle negative Auswirkungen zu verhindern und zu mindern, erfolglos geblieben ist.").

14 **Art. 7 Abs. 6 Lieferketten-RL-E** enthält eine **Sonderregelung** für die Vergabe von Darlehen und die Erbringung anderer **Finanzdienstleistungen.** Finanzdienstleister sind nicht zur Beendigung verpflichtet, wenn nach vernünftigem Ermessen davon auszugehen ist, dass dadurch dem Unternehmen, für das die Dienstleistung erbracht wird, erheblicher Schaden entsteht.

15 Die **Überprüfung** der Maßnahmen und Überwachung der Geschäftspartner ist – anders als im deutschen Recht[23] – zentral in Art. 10 Lieferketten-RL-E („Überwachung") des Vorschlags geregelt.[24]

16 Die **Beschreibung** des unternehmerischen Menschenrechts- und Umweltschutzes sowie die Erstellung des **Verhaltenskodex** sind in **Art. 5 Lieferketten-RL-E** geregelt.[25] Die Beschreibungen und der Verhaltenskodex dokumentieren die Strategie zur Erfüllung der Sorgfaltspflichten und bedürfen der jährlichen Aktualisierung (Art. 5 Abs. 2 Lieferketten-RL-E). Der Entwurf unterscheidet sich insofern vom deutschen LkSG, das die Erstellung der Grundsatzerklärung als Teil der Präventionspflichten normiert.

II. Präventionspflichten (Abs. 1)

17 **1. Überblick.** Nach § 6 Abs. 1 sind Unternehmen verpflichtet, erkannten Risiken unverzüglich durch angemessene Präventionsmaßnahmen zu begegnen. Es handelt sich um die **Generalklausel** der Präventionspflichten, die durch die folgenden Absätze näher ausgestaltet wird. Sämtliche Präventionspflichten sind Bemühenspflichten, keine Erfolgspflichten (allgemein → § 3 Rn. 35 ff.). Gleichwohl sind die **Pflichten** nach Einflusssphären **abgestuft.**[26] Im eigenen Geschäftsbereich gelten strengere Vorgaben (Abs. 3) als gegenüber unmittelbaren Zulieferern (Abs. 4). Mittelbare Zulieferer werden von § 6 nicht erfasst. Für

[20] Vgl. Wagner/Schuler ESG 2022, 34 (36).
[21] Vgl. Bettermann/Hoes WM 2022, 697 (701); Jung GPR 2022, 109 (114).
[22] Spindler ZIP 2022, 765 (771).
[23] Dazu Korch NJW 2022, 2065.
[24] Dazu Bettermann/Hoes WM 2022, 697 (701); Spindler ZIP 2022, 765 (772).
[25] Vgl. Jung GPR 2022, 109 (113 f.).
[26] Vgl. auch Nietsch/Wiedmann CCZ 2021, 101 (107); E. Wagner/Ruttloff NJW 2021, 2145 (2148).

sie normiert § 9 Abs. 3 Pflichten, sofern substantiierte Kenntnis von einer Pflichtverletzung vorliegt.

2. Voraussetzung der Präventionspflichten. Voraussetzung für die Präventionspflichten ist, dass Unternehmen im Rahmen der Risikoanalyse nach § 5 Risiken **festgestellt** haben. Risiken sind in § 2 Abs. 2, Abs. 3 legaldefiniert (→ § 2 Rn. 38 ff., 143 ff.). Nach dem Wortlaut ist damit **positive Kenntnis** der Risiken erforderlich. Demgegenüber ist die **(grob) fahrlässige Unkenntnis** („hätte feststellen müssen") **nicht erfasst.** Eine unzureichende Feststellung von Risiken kann damit allein als Verstoß gegen § 5 geahndet werden, nicht jedoch als Verstoß gegen § 6. Aufgrund der unterschiedlichen Bußgeldrahmen nach § 24 Abs. 2 entsteht so ein gewisser Anreiz zum „Wegschauen". 18

Unverständlich ist die Beschränkung der Verpflichtung auf Risiken, die **im Rahmen der Risikoanalyse** iSd § 5 **festgestellt** worden sind.[27] Konsequenterweise könnten anderweitig festgestellte Risiken unberücksichtigt bleiben und würden das Unternehmen nicht zu Präventionsmaßnahmen verpflichten.[28] Das beträfe auch Erkenntnisse aus dem Hinweisgebersystem, obschon dieses zur Überprüfung der Maßnahmen Anlass geben soll (§ 6 Abs. 5 S. 2). Der Frage, auf wessen Wissen innerhalb des Unternehmens abzustellen ist, kommt deshalb für Präventionsmaßnahmen eine im Vergleich zu den Abhilfemaßnahmen (→ § 7 Rn. 24 ff.) geringere Bedeutung zu. 19

3. Wirksamkeitserfordernis. Bei den Präventionspflichten handelt es sich um Bemühenspflichten, sodass **kein Präventionserfolg geschuldet** ist.[29] Folglich stellt sich die Frage, ob Unternehmen zumindest wirksame Präventionsmaßnahmen ergreifen müssen. Im Gegensatz zur Angemessenheit (→ Rn. 22 ff.) ist die Wirksamkeit von Präventionsmaßnahmen **in § 6 nicht ausdrücklich normiert.** Weshalb der Gesetzgeber vom Muster der Generalklausel in § 4 Abs. 1 abweicht, wonach das Risikomanagement wirksam und angemessen sein muss, bleibt unklar. Es lässt sich indes kein Umkehrschluss dergestalt ziehen, dass keine Ansprüche an die Wirksamkeit von Präventionsmaßnahmen zu stellen sind. Vielmehr sind die Präventionsmaßnahmen Teil des Risikomanagementsystems, für das die allgemeinen Anforderungen des **§ 4 Abs. 1** gelten. Das dort festgelegte **Wirksamkeitserfordernis erstreckt** sich auch **auf § 6.** 20

Zur Konkretisierung des Wirksamkeitserfordernisses hilft die gesetzgeberische **Definition** in **§ 4 Abs. 2** nur wenig weiter, da sie sehr allgemein gehalten ist. Die Maßnahmen sollen danach ermöglichen, menschenrechtliche und umweltbezogene Risiken zu minimieren. Man wird deshalb von Unternehmen verlangen können, dass die ergriffenen Präventionsmaßnahmen grundsätzlich **zur Risikoverringerung geeignet** sind. Die Anforderungen im Einzelfall ergeben sich aus einer **Zusammenschau von Wirksamkeitserfordernis und Angemessenheitsvorbehalt,** wobei die Wertungen des § 3 Abs. 2 gelten. Maßgeblich ist dabei die Ex-ante-Perspektive der Unternehmen. 21

4. Angemessenheitsvorbehalt. Sämtliche Präventionspflichten stehen gemäß § 6 Abs. 1 unter einem **Angemessenheitsvorbehalt,** den der Gesetzgeber in § 6 Abs. 3 und § 6 Abs. 4 wiederholt.[30] Er ist zudem in § 4 Abs. 1 für das gesamte Risikomanagement normiert (→ § 4 Rn. 30). Der Angemessenheitsvorbehalt ist als einfachgesetzliche Ausprägung der **Verhältnismäßigkeit** hinsichtlich der Eingriffe in die Berufsfreiheit der Unter- 22

---

[27] S. ferner Begr. RegE LkSG, BT-Drs. 19/28649, 45; abw. ohne Problematisierung Kubis/Tödtmann Vorstand-HdB/Hettich/Charnitzky § 14 Rn. 270.

[28] Abw. Wagner/Ruttloff/Wagner LkSG-HdB/Wagner/Wagner Rn. 676.

[29] S. Begr. RegE LkSG, BT-Drs. 19/28649, 2 (41): „Die Sorgfaltspflichten begründen eine Bemühens- und keine Erfolgspflicht."; R. Koch MDR 2022, 1 (3); Mittwoch/Bremenkamp KritV 2021, 207 (220); Spindler ZHR 186 (2022), 67 (85); Wagner ZIP 2021, 1095 (1099); E. Wagner/Ruttloff NJW 2021, 2145 (2145 f.).

[30] Ähnlich E. Wagner/Ruttloff NJW 2021, 2145 (2149).

nehmen nach Art. 12 Abs. 1 GG zu lesen.[31] Er beschränkt folglich das Wirksamkeitsgebot (→ Rn. 20). Besondere Bedeutung hat die Verhältnismäßigkeit für Präventionsmaßnahmen gegenüber unmittelbaren Zulieferern (→ Rn. 66 ff.).

23 Die Angemessenheit wird **durch § 3 Abs. 2 konturiert.** Die Wertungen sind auch im Rahmen des § 6 heranzuziehen, da § 6 Abs. 1 auf die Risikoanalyse nach § 5 verweist. Die Präventionsmaßnahmen sind nach der Risikogewichtung und –priorisierung iSd § 5 Abs. 2 abzuschichten, der seinerseits § 3 Abs. 2 in Bezug nimmt (→ § 5 Rn. 44 ff.).

24 **Erhöhte Anforderungen** gelten demnach für größere Unternehmen oder Unternehmen mit risikoträchtigen Geschäftsfeldern (§ 3 Abs. 2 Nr. 1).[32] Der deutsche Gesetzgeber greift damit die Wertungen der UN-Leitprinzipien für Wirtschaft und Menschenrechte auf.[33] Präventionsmaßnahmen müssen zudem kraftvoller sein, wenn schwere Verletzungen drohen, wenn Verletzungen wahrscheinlich oder wenn die Folgen unumkehrbar sind (§ 3 Abs. 2 Nr. 3).[34] Auch eigene Verursachungsbeiträge erhöhen die Anforderungen (§ 3 Abs. 2 Nr. 4). Risiken im eigenen Geschäftsbereich nötigen zu größeren Anstrengungen als bei unmittelbaren oder gar nur mittelbaren Zulieferern. Kehrseite der Priorisierungsmedaille ist, dass **gering gewichtete Risiken** auch **nur moderate Präventionsmaßnahmen** verlangen.[35]

25 Im Rahmen der Angemessenheitsprüfung ist auch die **Verhältnismäßigkeit** und damit die **Zumutbarkeit** von Maßnahmen für das Unternehmen zu berücksichtigen.[36] Das gilt zunächst mit Blick auf Kosten und Aufwand der Maßnahmen im Verhältnis zum Ertrag.[37] Zudem können rechtliche Vorgaben in anderen Ländern der Umsetzung entgegenstehen. So hat etwa China am Tag der Verabschiedung des LkSG ein Anti-Foreign-Sanctions-Law verabschiedet, das für (deutsche) Unternehmen, ihre Geschäftsleiter und Mitarbeiter erhebliche Sanktionsrisiken birgt, wenn Abhilfemaßnahmen als „diskriminierende und belastende Maßnahmen und Eingriffe in interne Angelegenheiten des Landes" angesehen werden.[38] Im Rahmen der mittelbaren Drittwirkung der Grundrechte sind hier nicht nur die Berufsfreiheit von Unternehmen, sondern auch die Grundrechte der natürlichen Personen zu berücksichtigen. Demnach sinken die Anforderungen an die Wirksamkeit, wenn die Maßnahmen mit erheblichen Nachteilen für das Unternehmen oder seine Mitarbeitenden verbunden sind.

26 **5. Unverzügliches Ergreifen.** Präventionsmaßnahmen sind unverzüglich zu ergreifen. Es gilt die Legaldefinition des § 121 Abs. 1 S. 1, sodass Maßnahmen **ohne schuldhaftes Zögern** anzustoßen sind.[39] Zu einer Konkretisierung trägt dies indes kaum bei. Vielmehr muss in jedem **Einzelfall** bestimmt werden, innerhalb welchen Zeitraums ein objektiv-sorgfältiges Unternehmen in der Situation des konkreten Unternehmens angemessene Präventionsmaßnahmen ergriffen hätte. Als allgemeine Leitlinie kann gelten, dass Maßnahmen **umso schneller** ergriffen werden müssen, je **höher das jeweilige Risiko priorisiert** (§ 5 Abs. 2) und **je höher die Dringlichkeit** einge-

[31] Ähnlich Lutz-Bachmann/Vorbeck/Wengenroth BB 2021, 906 (910); Wagner/Ruttloff/Wagner LkSG-HdB/Ruttloff/Kappler Rn. 474; s. dazu auch die Parallelen etwa zum Naturschutzrecht (dort § 2 Abs. 3 BNatSchG) Frenz/Müggenborg/Hendrischke, 3. Aufl. 2021, BNatSchG § 2 Rn. 31; GK-BNatSchG/Kerkmann, 2. Aufl. 2017, BNatSchG § 2 Rn. 7 aE; s. die Definition der Angemessenheit des VG Düsseldorf BeckRS 2016, 51991 (unter I.) zum Straßenverkehrsrecht.

[32] Begr. RegE LkSG, BT-Drs. 19/28649, 42; Lutz-Bachmann/Vorbeck/Wengenroth BB 2021, 906 (910); Wagner/Ruttloff/Wagner LkSG-HdB/Ruttloff/Kappler Rn. 479.

[33] Vgl. dazu auch UN Guiding Principles on Business and Human Rights, 2011, Nr. 14 und Nr. 15.

[34] Vgl. dazu UN Guiding Principles on Business and Human Rights, 2011, Kommentar zu Nr. 14: „Severity of impacts will be judged by their scale, scope and irremediable character".

[35] Vgl. zur Priorisierung auch UN Guiding Principles on Business and Human Rights, 2011, Kommentar zu Nr. 17.

[36] Wagner/Ruttloff/Wagner LkSG-HdB/Wagner/Wagner Rn. 563.

[37] So wohl auch Falder/Frank-Fahle/Poleacov LkSG 72 f.

[38] Dazu Grabosch Das neue LkSG/Grabosch § 5 Rn. 118 ff.

[39] Grabosch Das neue LkSG/Grabosch § 5 Rn. 74; Wagner/Ruttloff/Wagner LkSG-HdB/Wagner/Wagner Rn. 675.

schätzt wurde.[40] Dringlich sind insbesondere solche Risiken, deren Verwirklichung kurzfristig droht oder andernfalls nicht mehr abgewendet werden kann.

Können Unternehmen nicht sämtliche Risiken zeitgleich angehen, dürfen und müssen sie priorisieren. Dabei haben sie die **Kriterien des § 3 Abs. 2** heranzuziehen und eine **relative Priorität** zu bestimmen. Wie Unternehmen die einzelnen Parameter gewichten, steht in ihrem **pflichtgemäßen Ermessen** (allgemein → § 3 Rn. 55 f.). So wäre es etwa nicht zu beanstanden, wenn Unternehmen sich in Zeiten vielfältiger Risiken, etwa nach erstmaliger Risikoanalyse, zunächst auf Risiken konzentrieren, die sie gut und zeitnah beeinflussen können, solange sie andere schwerwiegende oder selbst maßgeblich verursachte Risiken nicht gänzlich vernachlässigen.[41] Damit wird den notwendig begrenzten Ressourcen Rechnung getragen.[42] Demgegenüber rechtfertigt eine strukturelle Unterausstattung der zuständigen Stellen keinen Aufschub grundsätzlich gebotener Maßnahmen. 27

Da die Präventionspflichten **Bemühenspflichten** darstellen, ist grundsätzlich kein Risikoverringerungserfolg innerhalb eines bestimmten Zeitrahmens geschuldet. Allerdings ist zu beachten, dass Unternehmen grundsätzlich **wirksame Maßnahmen** ergreifen müssen (→ Rn. 20 ff.). Mit diesem Erfordernis wäre es unvereinbar, wenn zwar schnell Maßnahmen ergriffen würden, diese die Risiken aber auch langfristig nicht senken. Die Unverzüglichkeit ist deshalb zusammen mit dem Wirksamkeitsgebot zu lesen. Dringlichkeit und Priorisierung wirken folgerichtig bereits auf die Auswahl der Maßnahmen zurück, da diese nicht bereits aus Ex-ante-Sicht ineffektiv sein dürfen. Zudem müssen Maßnahmen regelmäßig evaluiert und aktualisiert werden (→ Rn. 130 ff.), sodass eine später festgestellte Ineffektivität ebenfalls nicht dauerhaft geduldet werden darf. 28

Je komplexer die Maßnahmen oder **je höher die Widerstände,** desto mehr Zeit darf die Implementierung in Anspruch nehmen.[43] Entscheidend ist zudem das **Einflussvermögen.** Je mehr Einfluss das Unternehmen hat, desto schneller muss nachjustiert werden, wenn Maßnahmen nicht im gebotenen Umfang oder innerhalb des angemessenen Zeitrahmens greifen. Im Regelfall sind die Anforderungen im eigenen Geschäftsbereich höher als bei unmittelbaren Zulieferern. 29

III. Grundsatzerklärung (Abs. 2)

1. Grundsatzerklärung und Menschenrechtsstrategie. Unternehmen müssen nach § 6 Abs. 2 S. 1 eine **Grundsatzerklärung über ihre** Menschenrechtsstrategie abgeben. Ob das auch für den Fall gilt, dass ein Unternehmen keinerlei Risiken festgestellt hat, dürfte eine weitgehend theoretische Frage bleiben.[44] Die Grundsatzerklärung dient als **Grundlage** und Ausgangspunkt für die **Implementierung des Risikomanagements** einschließlich der Präventions- und Abhilfemaßnahme.[45] 30

Der vom Gesetzgeber verwendete **Begriff der Menschenrechtsstrategie** bleibt **unscharf.** Er wird allein in § 6 Abs. 1 verwendet und nicht näher konkretisiert. Aus der Regierungsbegründung und der Bezeichnung als Strategie ergibt sich, dass damit wohl das theoretische Konzept des Risikomanagements gemeint ist. Demgegenüber legt die Konkretisierung des Inhalts in § 6 Abs. 2 S. 3 nahe, dass der Begriff dem des Risikomanagements iSd § 4 entspricht. Denn Unternehmen haben zu beschreiben, wie sie ihren 31

[40] Vgl. Grabosch Das neue LkSG/Grabosch § 5 Rn. 75; Wagner/Ruttloff/Wagner LkSG-HdB/Wagner/Wagner Rn. 675.
[41] Ähnlich Grabosch Das neue LkSG/Grabosch § 5 Rn. 77.
[42] Vgl. OECD-Leitfaden für die Erfüllung der Sorgfaltspflicht für verantwortungsvolles unternehmerisches Handeln, 2018, 48 zur due diligence.
[43] Vgl. Grabosch Das neue LkSG/Grabosch § 5 Rn. 77.
[44] Erforderlich nach Herrmann/Rünz DB 2021, 3078 (3082 f.); aA Grabosch Das neue LkSG/Grabosch § 5 Rn. 78; vgl. ferner Dohrmann CCZ 2021, 265 (271 f.); Ehmann ZVertriebsR 2021, 141 (147) (gleichwohl empfehlenswert); E. Wagner/Ruttloff NJW 2021, 2145 (2147) (dennoch sachgerecht); ohne Festlegung Spindler ZHR 186 (2022), 67 (84).
[45] Vgl. auch Dutzi/Schneider/Hasenau Der Konzern 2021, 454 (457); Falder/Frank-Fahle/Poleacov LkSG 64 f.; Hembach Praxisleitfaden LkSG 157; Wagner/Ruttloff/Wagner LkSG-HdB/Wagner/Wagner Rn. 590.

Sorgfaltspflichten nach dem LkSG nachkommen (Nr. 1). Das entspricht § 3 Abs. 1, auf den § 4 Abs. 1 wiederum verweist.

32 **Irreführend** ist zudem der – in der Literatur mehrfach aufgegriffene[46] – Hinweis in der Regierungsbegründung, wonach die Grundsatzerklärung die **Selbstverpflichtung** der Unternehmen zur Achtung von Menschenrechten und umweltbezogenen Pflichten zum Ausdruck bringe.[47] **Unternehmen** sind **nicht frei,** ob sie diese Pflichten einhalten oder nicht.[48] Vielmehr normieren die §§ 3 ff. verpflichtende Anforderungen. Unternehmen genießen damit vor allem hinsichtlich der konkret geplanten Umsetzungsmaßnahmen einen gewissen Handlungsspielraum, nicht hingegen hinsichtlich des Ziels sowie der Frage, ob entsprechende Maßnahmen überhaupt eingeführt werden sollen. Und auch hinsichtlich des Inhalts der Grundsatzerklärung enthält das Gesetz in § 6 Abs. 2 S. 3 weitreichende Mindestvorgaben. Von einer Selbstverpflichtung kann deshalb keine Rede sein; vielmehr handelt es sich um eine Dokumentation des obligatorischen Lieferkettenrisikomanagements.

33 Die Regierungsbegründung geht davon aus, dass die Erklärung gegenüber den Beschäftigten, den unmittelbaren Zulieferern sowie der Öffentlichkeit zu **kommunizieren** ist.[49] Das ergibt sich zwar nicht aus dem Wortlaut der Vorschrift, allerdings wird man jedenfalls eine mittelbare Pflicht annehmen können, da sich die Menschenrechtsstrategie kaum ohne die Kommunikation an die Mitarbeiter umsetzen lässt. Gegenüber unmittelbaren Zulieferern wäre jedoch ebenso denkbar, dass diese lediglich über die für sie relevanten Aspekte aufgeklärt werden. Gegenüber der **Öffentlichkeit** ergibt sich die Pflicht aus § 10 Abs. 2 S. 2 Nr. 2, allerdings nur rückblickend für das abgelaufene Geschäftsjahr (§ 6 Abs. 2 S. 1). Ein Anspruch der Öffentlichkeit auf Veröffentlichung der derzeit aktuellen Fassung dürfte im Umkehrschluss nicht bestehen.

34 Hinsichtlich der **Sprache** macht das Gesetz keine ausdrücklichen Vorgaben. In vielen Fällen wird aus praktischen Gründen zumindest eine englische Übersetzung zur deutschen Fassung geboten sein, sofern die Grundsatzerklärung gegenüber Adressaten kommuniziert wird, die des Deutschen nicht mächtig sind. Zudem sollte eine möglichst verständliche, adressatengerechte Sprache verwendet werden.[50]

35 Die Grundsatzerklärung ist regelmäßig und anlassbezogen zu **aktualisieren.**[51] Das ergibt sich allgemein aus § 6 Abs. 5 S. 2 sowie konkret für Risiken, die bei mittelbaren Zulieferern festgestellt wurden, aus § 9 Abs. 3 Nr. 4.[52]

36 **2. Zuständigkeit.** Nach § 6 Abs. 2 S. 2 ist die Grundsatzerklärung **von der Unternehmensleitung abzugeben.** Damit soll die Entwicklung und Entscheidung über die Menschenrechtsstrategie höchste Priorität in den Unternehmen erlangen und eine Positionierung der Unternehmensleitung erzwingen.[53] In der Aktiengesellschaft ist der Vorstand zuständig, in der GmbH die Geschäftsführer. Die Zielsetzung spricht dafür, dass grundsätzlich alle Mitglieder des Leitungsorgans zu beteiligen sind. Die Abgabe ist deshalb nicht

---

[46] So Ehmann ZVertriebsR 2021, 141 (147); Falder/Frank-Fahle/Poleacov LkSG 64; Grabosch Das neue LkSG/Grabosch § 5 Rn. 79; Herrmann/Rünz DB 2021, 3078 (3082); Wagner/Ruttloff/Wagner LkSG-HdB/Wagner/Wagner Rn. 595.

[47] Begr. RegE LkSG, BT-Drs. 19/28649, 46.

[48] Anders noch die Konzeption in OECD-Leitsätze für multinationale Unternehmen, 2011, 39 Rn. 43: „wird empfohlen".

[49] Begr. RegE LkSG, BT-Drs. 19/28649, 46; ebenso Falder/Frank-Fahle/Poleacov LkSG 65; Grabosch Das neue LkSG/Grabosch § 5 Rn. 78; Herrmann/Rünz DB 2021, 3078 (3082); Nietsch/Wiedmann CCZ 2021, 101 (107); Spindler ZHR 186 (2022), 67 (84); Wagner/Ruttloff/Wagner LkSG-HdB/Wagner/Wagner Rn. 606; aA Lutz-Bachmann/Vorbeck/Wengenroth BB 2021, 906 (909).

[50] Ähnlich Falder/Frank-Fahle/Poleacov LkSG 67 f.

[51] Dazu Falder/Frank-Fahle/Poleacov LkSG 65; Wagner/Ruttloff/Wagner LkSG-HdB/Wagner/Wagner Rn. 591 (602 f.).

[52] Falder/Frank-Fahle/Poleacov LkSG 65; Stöbener de Mora/Noll NZG 2021, 1237 (1243).

[53] Begr. RegE LkSG, BT-Drs. 19/28649, 46; s. zuvor schon allg. OECD-Leitfaden für die Erfüllung der Sorgfaltspflicht für verantwortungsvolles unternehmerisches Handeln, 2018, 31; ferner Falder/Frank-Fahle/Poleacov LkSG 64.

auf einzelne Organmitglieder delegierbar. Allerdings besteht die Möglichkeit, jedenfalls die **Vorbereitung** und Abfassung der Erklärung zu delegieren.[54] Ebenso ist eine **Ressortzuständigkeit hinsichtlich** der **Umsetzung** im operativen Geschäft **möglich** und sinnvoll, wobei stets eine Residualverantwortung der übrigen Organmitglieder verbleibt.[55] Sie müssen die Umsetzung sowie die Einhaltung des LkSG überwachen.[56]

3. Inhalt. Unternehmen sind nicht frei, welchen Inhalt sie der Grundsatzerklärung geben. Vielmehr sieht § 6 Abs. 2 S. 3 weitreichende **Mindestanforderungen** vor. 37

a) Beschreibung von Analyse und Maßnahmen (Nr. 1). Nach § 6 Abs. 2 S. 3 müssen Unternehmen das **Verfahren beschreiben,** mit dem sie ihren Pflichten zum Risikomanagement (§ 4 Abs. 1), zur Risikoanalyse (§ 5 Abs. 1) sowie zur Ergreifung von Präventions- und Abhilfepflichten nach § 6 Abs. 3–5, §§ 7–10 nachkommen. § 6 Abs. 2 S. 3 Nr. 1 will damit **Methodentransparenz** schaffen. Es soll nachvollziehbar sein, wie menschenrechtsbezogene und umweltbezogene Risiken bestimmt, daraus ein Risikomanagementkonzept hergeleitet und konkrete Maßnahmen zur Prävention und Abhilfe benannt wurden. Das ist freilich nur sinnvoll, wenn auch die **wichtigsten Ergebnisse der Risikoanalyse** genannt und das **Risikomanagement sowie die Präventions- und Abhilfemaßnahmen** selbst jedenfalls **in Grundzügen erläutert** werden.[57] Der missglückte Wortlaut der Norm sieht dies allerdings allein für die Ergebnisse der Risikoanalyse in § 6 Abs. 2 S. 3 Nr. 2 vor.[58] Dass es sich um ein gesetzgeberisches Versehen handelt, legt die Regierungsbegründung nahe, die von der Darstellung des Konzepts des Risikomanagements und nicht lediglich von der Darstellung des Verfahrens spricht.[59] Auch sollen die wesentlichen Maßnahmen zur Erfüllung der Pflichten aus §§ 5–9 aufgeführt werden.[60] 38

Bei der Darstellung können sich Unternehmen an den gesetzlichen Vorgaben der § 6 Abs. 2–5, §§ 7–10 orientieren. Sie genügen ihrer Pflicht allerdings nicht, wenn sie lediglich den Wortlaut des Gesetzes wiederholen.[61] Vielmehr müssen wesentliche **Risiken und Maßnahmen konkret für das Unternehmen beschrieben werden.**[62] Da es sich um Mindestvorgaben handelt, sollte die Grundsatzerklärung zu allen Aspekten Stellung nehmen, selbst wenn sie für das Unternehmen von untergeordneter Bedeutung sind.[63] Schweigt die Erklärung hinsichtlich einer Mindestanforderung, bestünde sonst der Verdacht, das Unternehmen habe die Risiken nur unzureichend ermittelt oder sich nicht mit allen notwendigen Präventions- und Abhilfemaßnahmen auseinandergesetzt. 39

Der **Detailgrad der Darstellung** sollte sich dabei **an** der **Risikopriorisierung nach § 5 Abs. 2 orientieren.** Je gewichtiger die Risiken und je stärker sich die Präventions- und Abhilfemaßnahmen auf sie konzentrieren, desto mehr Raum sollten sie auch in der Grundsatzerklärung einnehmen. Demgegenüber können gering gewichtete Risiken einschließlich der darauf zielenden Maßnahmen überblickshaft, gruppiert und knapp abgehandelt werden. 40

b) Beschreibung der Risiken (Nr. 2). Unternehmen müssen nach § 6 Abs. 2 S. 3 Nr. 2 die **wichtigsten Risiken** für Menschenrechte und Umwelt in der Grundsatzerklärung darstellen. Grundlage ist die Risikoanalyse nach § 5. Dabei sind die **Risiken** für das 41

---

[54] Allg. statt aller Koch AktG § 77 Rn. 17; Scholz/Verse GmbHG § 43 Rn. 120.

[55] BGHZ 133, 370 (376 ff.) = NJW 1997, 130; BGHSt 37, 106 (123 f.) = NJW 1990, 2560 – Lederspray.

[56] Vgl. allg. Fleischer NZG 2003, 449; Grigoleit/Grigoleit/Tomasic AktG § 93 Rn. 57; Koch AktG § 77 Rn. 15; Scholz/Verse GmbHG § 43 Rn. 130 ff.

[57] Ähnlich Ehmann ZVertriebsR 2021, 141 (147); vgl. ferner Harings/Jürgens LkSG 112; Wagner/Ruttloff/Wagner LkSG-HdB/Wagner/Wagner Rn. 598.

[58] Dazu Hembach Praxisleitfaden LkSG 157.

[59] Begr. RegE LkSG, BT-Drs. 19/28649, 46.

[60] Begr. RegE LkSG, BT-Drs. 19/28649, 46.

[61] Grabosch Das neue LkSG/Grabosch § 5 Rn. 80.

[62] Hembach Praxisleitfaden LkSG 158; vgl. auch Falder/Frank-Fahle/Poleacov LkSG 64: „erscheint sinnvoll".

[63] Abw. Wagner/Ruttloff/Wagner LkSG-HdB/Wagner/Wagner Rn. 599.

jeweilige Unternehmen konkret zu benennen, wie sie sich aus der Risikoanalyse ergeben haben.[64] Besonders viel Raum nehmen jene Risiken ein, die nach § 5 Abs. 2 priorisiert wurden.[65] Demgegenüber können weniger wahrscheinliche oder weniger schwerwiegende Risiken auch überblickshaft, gruppiert und knapp dargestellt werden. Nicht in das Gesetz aufgenommen wurde die noch im Regierungsentwurf zu findende Verpflichtung, auf die in der Anlage aufgeführten Übereinkommen Bezug zu nehmen.[66]

42 c) **Erwartungen an Beschäftigte und Zulieferer (Nr. 3).** Unternehmen müssen Erwartungen an ihre Beschäftigten und Zulieferer zum Umgang mit menschenrechts- und umweltbezogenen Risiken formulieren. Die Grundlage dafür ist abermals die Risikoanalyse nach § 5, wobei die dort priorisierten Risiken im Fokus stehen.[67] Die Erwartungen im Umgang mit diesen Risiken sollen in **Standards und Maßstäbe** übersetzt werden, die das Unternehmen an seine Beschäftigten und Zulieferer anlegt.[68] Sie müssen deshalb so formuliert sein, dass sie als **Ableitungsbasis für interne und externe Verhaltenskodizes** oder Verhaltensrichtlinien dienen können.[69] So sollen Mitarbeiter und Zulieferer erkennen können, welche Ansprüche an ihr Verhalten gestellt werden.[70] Die Kommunikation der Grundsatzerklärung ist damit notwendige Vorstufe für die Präventionsmaßnahmen nach § 6 Abs. 3 Nr. 2–4.

IV. Präventionsmaßnahmen im eigenen Geschäftsbereich (Abs. 3)

43 **1. Grundlagen.** Im eigenen Geschäftsbereich muss das Unternehmen angemessene Präventionsmaßnahmen verankern, § 6 Abs. 3. Das Gesetz zählt beispielhaft („insbesondere") Maßnahmen auf, bleibt dabei aber abstrakt.[71] Auch im eigenen Geschäftsbereich handelt es sich um **Bemühenspflichten.** Es müssen lediglich **angemessene Maßnahmen** ergriffen werden (→ Rn. 22 ff.).

44 Im eigenen Geschäftsbereich wird die Angemessenheit regelmäßig nicht durch **faktische Durchsetzungshindernisse** beschränkt. Denn anders als gegenüber unmittelbaren Zulieferern hat das Unternehmen ausreichend Einflussvermögen und kann gebotene Maßnahmen umsetzen. Im Einzelfall kann das Einflussvermögen allerdings beschränkt sein. Das gilt namentlich für Risiken im **Ausland** sowie für **Tochtergesellschaften im faktischen Konzern** (sofern diese überhaupt zum eigenen Geschäftsbereich zählen, → § 2 Rn. 228 ff.). Der Gesetzgeber hat diese Fälle in § 6 nicht ausdrücklich geregelt. Allerdings lässt sich die Wertung des § 7 Abs. 1 S. 4 übernehmen, wonach eine erkannte Rechtsverletzung bei einer Tochtergesellschaft oder bei der Gesellschaft im Ausland nur „in der Regel" abzustellen ist (→ § 7 Rn. 33). Da die Pflicht zur Prävention bloßer Risiken nicht weiter reichen kann als die Pflicht zur Abhilfe bereits eingetretener Verletzungen, stehen erst recht die Präventionsmaßnahmen unter dem Vorbehalt der Durchsetzbarkeit, sofern ein Konzern- oder Auslandssachverhalt vorliegt. Voraussetzung ist allerdings, dass sich Maßnahmen im konkreten Fall tatsächlich trotz angemessener Anstrengungen nicht umsetzen lassen.

45 **2. Einzelmaßnahmen. a) Grundlagen.** Der Gesetzgeber zählt in § 6 Abs. 3 Präventionsmaßnahmen auf, die Unternehmen im eigenen Geschäftsbereich „insbesondere" ergreifen müssen. Die **Aufzählung** ist überwiegend abstrakt gehalten, allen voran die

[64] Falder/Frank-Fahle/Poleacov LkSG 65; Grabosch Das neue LkSG/Grabosch § 5 Rn. 80.
[65] Begr. RegE LkSG, BT-Drs. 19/28649, 46.
[66] So noch § 6 Abs. 2 S. 2 Nr. 2 LkSG-RegE, BT-Drs. 19/28649, 12; zu Recht krit. Ehmann ZVertriebsR 2021, 141 (147): „merkwürdige Fleißarbeit".
[67] Begr. RegE LkSG, BT-Drs. 19/28649, 46.
[68] Begr. RegE LkSG, BT-Drs. 19/28649, 46.
[69] Vgl. Begr. RegE LkSG, BT-Drs. 19/28649, 46; Ehmann ZVertriebsR 2021, 141 (147); Falder/Frank-Fahle/Poleacov LkSG 65 f.
[70] Hembach Praxisleitfaden LkSG 157.
[71] E. Wagner/Ruttloff NJW 2021, 2145 (2149).

Vorgaben in Nr. 1 und Nr. 4. Danach ist die Grundsatzerklärung in den relevanten Geschäftsabläufen umzusetzen und die Implementierung zu kontrollieren. Anders als bei Maßnahmen gegenüber unmittelbaren Zulieferern (→ Rn. 63 ff.) kommt deshalb der Frage, ob Unternehmen stets alle in Nr. 1–4 aufgezählten Maßnahmen umsetzen müssen[72] oder die Aufzählung nur zur Orientierung dient, nur geringe praktische Bedeutung zu. Denn regelmäßig werden die Maßnahmen ohnehin geboten und angemessen sein, um identifizierte Risiken zu verhindern oder zu mindern.

46 Die **Aufzählung** ist **nicht abschließend.** Neben den gesetzlich ausdrücklich vorgesehenen Präventionsmaßnahmen können auch weiterführende Maßnahmen geboten und erforderlich sein, um eine angemessene Risikovorbeugung zu erreichen.[73] Denkbar ist etwa, bereits auf Entwicklungs- oder Fertigungsebene zu berücksichtigen, dass bestimmte Ausgangsstoffe nur unter Inkaufnahme erheblicher Risiken oder gar Verletzungen geschützter Rechtsgüter bezogen werden können. In diesem Fall sollte darauf hingewirkt werden, kritische Ausgangsstoffe zu ersetzen oder zumindest ihren Einsatz zu verringern.[74] Auch **neue Technologien** können Unternehmen nutzen, um Risiken zu minimieren.[75] Beispielhaft wird der Einsatz der Blockchain-Technologie genannt, um den Weg von Produkten und Rohstoffen (etwa Rohdiamanten) besser nachvollziehen zu können.[76]

47 In Abhängigkeit von der Bedeutung der Risiken kann es auch erforderlich sein, **Notfallpläne** für Krisensituationen vorzuhalten, um etwa schwere Menschenrechts- und Umweltverletzungen zu vermeiden oder abzumildern.[77] Solche Notfallpläne können etwa die Aktivierung von Krisenstäben, die Bereitstellung besonderer Ressourcen sowie die Kooperation mit Dritten oder Behörden vorsehen.

48 **b) Implementierung in Geschäftsabläufen (Nr. 1).** Unternehmen müssen die in der Grundsatzerklärung festgehaltene Menschenrechtsstrategie nach § 6 Abs. 3 Nr. 1 in allen relevanten Geschäftsabläufen umsetzen. Dafür ist zunächst die **Kommunikation** der Grundsatzerklärung nach innen zusammen mit einem **klaren Bekenntnis der Unternehmensleitung** zur Verantwortung für Menschenrechte und Umwelt zu kommunizieren (tone from the top).[78] Ziel ist die Schaffung einer risikobewussten Unternehmenskultur.[79] Zudem sind aus der Grundsatzerklärung **Verhaltensvorschriften und Leitlinien** für die Mitarbeiter abzuleiten.[80] Im Gegensatz zur Grundsatzerklärung sind sie **deutlich konkreter.**[81] Bei Ihrer Erstellung ist auf Verständlichkeit und Zielgruppenorientierung zu achten. Die Risiken sowie die geplanten Präventionsmaßnahmen müssen so dargestellt und erläutert werden, dass nachgeordnete Unternehmensebenen diese auch im operativen Geschäft beachten und umsetzen können. Sie versetzen die Mitarbeiter in die Lage, drohende Risiken zu erkennen und ihr Verhalten entsprechend anpassen zu können.

49 **Relevante Geschäftsabläufe** sind solche, die mit den identifizierten Risiken in Berührung kommen. **Schwerpunkte** sind auf jene Abteilungen und Geschäftsbereiche zu legen,

---

[72] In diese Richtung Grabosch Das neue LkSG/Grabosch § 5 Rn. 5, 82: genannte Maßnahmen als Regelbeispiele, die nur im Ausnahmefall nicht gölten.

[73] AllgM, zB Falder/Frank-Fahle/Poleacov LkSG 69; Wagner/Ruttloff/Wagner LkSG-HdB/Wagner/Wagner Rn. 674.

[74] Vgl. auch OECD-Leitsätze für multinationale Unternehmen, 2011, 50 zu Umweltrisiken.

[75] So auch OECD-Leitsätze für multinationale Unternehmen, 2011, 54 zu Umweltrisiken.

[76] Dazu ausf. und mit Beispielen Grabosch Das neue LkSG/Grabosch § 5 Rn. 101 ff.

[77] Vgl. OECD-Leitsätze für multinationale Unternehmen, 2011, 50 zu Umweltrisiken.

[78] Falder/Frank-Fahle/Poleacov LkSG 73; Wagner/Ruttloff/Wagner LkSG-HdB/Bicker/Reischl Rn. 912 ff.

[79] Von Compliance-Kultur spricht Hembach Praxisleitfaden LkSG 158.

[80] Ehmann ZVertriebsR 2021, 141 (147); Falder/Franke-Fahle/Poleacov LkSG 70; Hembach Praxisleitfaden LkSG 158; Grabosch Das neue LkSG/Grabosch § 5 Rn. 83; Wagner/Ruttloff/Wagner LkSG-HdB/Wagner/Wagner Rn. 677. Die Regierungsbegründung empfiehlt die Erstellung eines Verhaltenskodex, Begr. RegE LkSG, BT-Drs. 19/28649, 46.

[81] Harings/Jürgens LkSG 117.

die mit **priorisierten Risiken** (§ 5 Abs. 2) im Zusammenhang stehen oder auf die Verwirklichung des Risikos besonders großen Einfluss haben.[82] Das dürften zumeist die Einkaufs- und Beschaffungsabteilung (→ Rn. 51 ff.), möglicherweise aber auch die Entwicklungsabteilung, die Fertigung, die Personalabteilung sowie etwaige Compliance-, Nachhaltigkeits- oder Rechtsabteilungen sein.[83]

50 Bei der Umsetzung werden zumeist auch **technische Lösungen** zum Einsatz kommen, etwa die Freigabe von Aufträgen erst nach einer Prüfung, die automatisierte Abfrage von Risikofaktoren oder künftig vermehrt der Einsatz künstlicher Intelligenz zur Identifizierung und Beurteilung von Risikogeschäften. Darüber hinaus müssen aber auch die **personellen und fachlichen Voraussetzungen** für die Umsetzung geschaffen werden, namentlich durch ausreichende personelle Ressourcen in den jeweiligen Abteilungen sowie bei den Kontrolleinheiten (Nachhaltigkeitsabteilung; Compliance). Fehlender interner Sachverstand muss ggf. durch die Mandatierung externer Berater oder die Beauftragung externer Dienstleister ausgeglichen werden (konkret für die Risikoanalyse der Zulieferer → Rn. 78 ff.). Zudem muss der Informationsfluss zwischen den exponierten Abteilungen und den kompetenten Stellen gewährleistet sein. Für Zweifels- und Verdachtsfälle sind **Ansprechpartner** zu benennen.

51 **c) Beschaffungs- und Einkaufsstrategien (Nr. 2).** In vielen Fällen werden Einkauf und Beschaffung die Abteilungen mit der größten Risikoexposition sein.[84] Ihre besondere Bedeutung unterstreicht § 6 Abs. 3 Nr. 2. Unternehmen müssen geeignete Beschaffungsstrategien und Einkaufspraktiken entwickeln, um die festgestellten Risiken zu verhindern oder zu minimieren. Die Vorschrift ist zusammen mit **§ 6 Abs. 4** zu lesen (→ Rn. 63 ff.). Die dortigen Vorgaben sind als **Mindestanforderungen an die Beschaffungsstrategie** zu verstehen. Insbesondere darf die Auswahl der Vertragspartner die Menschenrechtsstrategie nicht verletzen. Zudem sollen die Erwartungen des Unternehmens gegenüber unmittelbaren Zulieferern kommuniziert und möglichst vertragliche Zusicherungen und Kontrollrechte vereinbart werden. Die Anforderungen hinsichtlich mittelbarer Zulieferer regelt § 9; insofern sind die dort getroffenen Vorgaben maßgeblich (→ § 9 Rn. 10 ff.). Zur Behandlung unmittelbarer Zulieferer von Tochterunternehmen → § 5 Rn. 24 ff.

52 Ob über die § 6 Abs. 4 zu entnehmenden Vorgaben hinaus auch Anforderungen an die **Preispolitik** sowie die **Vertragsgestaltung im Übrigen** bestehen, ist unklar. Die Regierungsbegründung weist darauf hin, dass durch den gezahlten Preis und die vereinbarten Leistungsmodalitäten Einfluss auf die Menschenrechts- und Umweltsituation beim unmittelbaren Zulieferer genommen werden kann.[85] Was aus dieser Erkenntnis folgt, verrät die Regierungsbegründung indes nicht. Zu weit ginge eine generelle Pflicht, Preise zu zahlen, die über den marktüblichen Preisen liegen. Denn allein höhere Zahlungen führen nicht notwendig dazu, dass sich die Situation von Betroffenen oder der Umwelt verbessert.[86] Sie können genauso dazu führen, dass die Verletzer höhere Gewinne einstreichen. Jedenfalls ist zu befürchten, dass höhere Preise allenfalls teilweise zu Verbesserungen an den kritischen Stellen der Lieferkette führen. Gezielte Verbesserungsmaßnahmen sind deshalb vorzugswürdig. Und auch hinsichtlich der Leistungsmodalitäten müssen Unternehmen nicht generell Abstriche vornehmen.

53 Im **Einzelfall** kann die **Preis- und Vertragsgestaltung** hingegen eine Pflichtverletzung begründen, wenn sie eine konkrete Ursache für Menschenrechts- und Umweltver-

[82] Vgl. Begr. RegE LkSG, BT-Drs. 19/28649, 46; Falder/Frank-Fahle/Poleacov LkSG 70; Hembach Praxisleitfaden LkSG 158; Grabosch Das neue LkSG/Grabosch § 5 Rn. 83; Wagner/Ruttloff/Wagner LkSG-HdB/Wagner/Wagner Rn. 677.

[83] Vgl. Herrmann/Rünz DB 2021, 3078 (3083); ferner OECD-Leitfaden für die Erfüllung der Sorgfaltspflicht für verantwortungsvolles unternehmerisches Handeln, 2018, 59.

[84] Vgl. auch Begr. RegE LkSG, BT-Drs. 19/28649, 47; Falder/Franke-Fahle/Poleacov LkSG 70.

[85] Begr. RegE LkSG, BT-Drs. 19/28649, 47; ebenso Hembach Praxisleitfaden LkSG 159; Herrmann/Rünz DB 2021, 3078 (3083).

[86] AA wohl Herrmann/Rünz DB 2021, 3078 (3083).

letzungen setzt. Das kann etwa der Fall sein, wenn Unternehmen nach § 6 Abs. 4 Nr. 2 Anforderungen an die unmittelbaren Zulieferer stellen, die diese mit den bisherigen Vertragsbedingungen nicht erfüllen können. Sofern hier nicht ohnehin Marktgesetze zu höheren Preisen, längeren Lieferzeiten usw. führen, muss das Unternehmen **Rücksicht auf die berechtigten Belange des Zulieferers** nehmen, um den Erfolg der Maßnahmen nach § 6 Abs. 4 nicht durch eigenes Verhalten zu gefährden.[87]

Neben echten Rechtspflichten können auch Obliegenheiten bestehen. Sind aufgrund der vorangegangenen Risikoanalyse **erhebliche und möglicherweise nur schwer zu behebende Risiken** für bestimmte Warengruppen oder Dienstleistungen bekannt, muss dies **bei der Beschaffungspraxis berücksichtigt** werden. So sind vor allem übermäßige Abhängigkeiten – sofern möglich – zu vermeiden, da andernfalls keine Druckmöglichkeiten bestehen (vgl. § 7 Abs. 2 S. 3 Nr. 3; → § 7 Rn. 63) und der Abbruch der Geschäftsbeziehungen (§ 7 Abs. 3) nur unter Inkaufnahme erheblicher Friktionen in den Geschäftsabläufen möglich ist (→ § 7 Rn. 92). Es kann deshalb geboten sein, die Beschaffung zu diversifizieren und durch ausreichende Lagerbestände auch kurzfristige Lieferengpässe aufzufangen. Dogmatisch handelt es sich dabei um **Obliegenheiten,** da ein Verstoß selbst noch **keine Pflichtverletzung** darstellt, sondern vielmehr später zu einer Interessenabwägung zulasten des Unternehmens führen kann. Auch harte Maßnahmen einschließlich des Abbruchs der Geschäftsbeziehung können dann angemessen und zumutbar sein (→ § 7 Rn. 84 ff.). Die drohenden Nachteile für das Unternehmen sind nämlich nicht oder nur mit geringem Gewicht in die Abwägung einzustellen, wenn sie durch eine vorausschauende Beschaffungsstrategie hätten vermieden werden können (→ § 7 Rn. 92). 54

d) Schulungen (Nr. 3). Unternehmen müssen die eigenen **Mitarbeiter in den risikonahen Geschäftsbereichen** regelmäßig schulen. Die Schulungen sollen die Mitarbeiter für die identifizierten Risiken sensibilisieren und sie trainieren, mit diesen umzugehen.[88] Sie sind ein **wichtiger Baustein in der internen Kommunikation** der Menschenrechtsstrategie.[89] Die Schulungen setzen auf bestehende Verhaltensvorschriften und Leitlinien auf, vertiefen und erläutern diese, sofern entsprechender Bedarf besteht.[90] 55

Umfang, Häufigkeit und Intensität der Schulungen richten sich **nach der jeweiligen Risikoexposition der Mitarbeiter.**[91] Haben diese unmittelbaren Einfluss (zB Einkauf) oder können sie durch Kontrolle zur Prävention beitragen (zB Compliance), sind die Schulungen auf die jeweiligen Mitarbeiter und Abteilungen konkret zuzuschneiden.[92] Allgemein gehaltene Schulungen, etwa online mit anschließenden Multiple-Choice-Fragen, sind dann nicht angemessen. Demgegenüber können allgemeine Ausführungen zu Risiken, Rechtslage und Verhaltensvorschriften gegenüber Mitarbeitern genügen, die voraussichtlich nur selten oder lediglich mit gering zu gewichtenden Risiken konfrontiert werden. Wichtig ist vor allem, dass Mitarbeiter wissen, an wen sie sich bei Zweifelsfragen oder Verdachtsfällen wenden können. 56

Die Schulungen sind **adressatengerecht auszugestalten.** Bei der Konzeption sind vor allem die sprachlichen Fähigkeiten der Mitarbeiter, interkulturelle Unterschiede und die jeweiligen rechtlichen Gegebenheiten vor Ort zu beachten.[93] 57

---

[87] Vgl. auch Grabosch Das neue LkSG/Grabosch § 5 Rn. 85; Harings/Jürgens LkSG 117 f.; noch weitergehend Herrmann/Rünz DB 2021, 3078 (3083).

[88] Vgl. Begr. RegE LkSG, BT-Drs. 19/28649, 47; Falder/Frank-Fahle/Poleacov LkSG 71.

[89] Harings/Jürgens LkSG 119; allg. zur Bedeutung von Schulungen für die Compliance Inderst/Bannenberg/Poppe Compliance/Rieder Kap. 2 Rn. 56.

[90] Vgl. Begr. RegE LkSG, BT-Drs. 19/28649, 47.

[91] Gegen einen One-size-fits-all-Ansatz auch Falder/Frank-Fahle/Poleacov LkSG 71; Inderst/Bannenberg/Poppe Compliance/Rieder Kap. 2 Rn. 58.

[92] Vgl. auch Wagner/Ruttloff/Wagner LkSG-HdB/Wagner/Wagner Rn. 682.

[93] Vgl. Falder/Frank-Fahle/Poleacov LkSG 72; Inderst/Bannenberg/Poppe Compliance/Rieder Kap. 2 Rn. 59.

58 Die Schulung der Mitarbeiter ist eine **Daueraufgabe.**[94] Es genügt nicht, Mitarbeiter lediglich zu Beginn ihrer Tätigkeit einmalig zu schulen, vielmehr sind Schulungen in angemessenen Abständen zu wiederholen. Auch die angemessene **Frequenz** der Schulungen hängt davon ab, wie wichtig die einzelnen Mitarbeiter für die Risikoprävention sind.[95] Generell sollten überzogene Anforderungen vermieden werden, um häufige, aber wirkungslose Feigenblattschulungen für die Akten zu vermeiden.

59 Das Unternehmen muss die Schulungen nicht selbst vornehmen, sondern kann sie **auch durch Dritte** (Nichtregierungsorganisationen, Brancheninitiativen, externe Dienstleister) durchführen lassen.[96] In diesem Fall genügt das Unternehmen seinen Pflichten, wenn es den Dritten sorgfältig auswählt und überwacht (vgl. → Rn. 82 f.). Die Überwachung kann etwa durch stichprobenartige Überprüfungen der Schulungen erfolgen. Zudem ist konkreten Hinweisen auf Defizite nachzugehen.

60 **e) Kontrollmaßnahmen (Nr. 4).** Nach § 6 Abs. 3 Nr. 4 müssen Unternehmen risikobasierte Kontrollmaßnahmen durchführen, mit denen die Einhaltung der Menschenrechtsstrategie im eigenen Geschäftsbereich überprüft wird. Das **Verhältnis** der Vorschrift **zu § 6 Abs. 5,** der eine Überprüfung der Wirksamkeit der Präventionsmaßnahmen vorsieht, ist **unklar.**[97] Die Anwendungsbereiche scheinen sich zu überschneiden. Denn wenn das Unternehmen die Einhaltung der Menschenrechtsstrategie in seinem Geschäftsbereich kontrolliert, überprüft es damit zugleich die Wirksamkeit der eingeleiteten Präventionsmaßnahmen. Allerdings erfasst § 6 Abs. 5 im Rahmen der **anlassbezogenen Prüfung** nicht die Wirksamkeit der Maßnahmen, sodass diese im eigenen Geschäftsbereich allein nach § 6 Abs. 3 Nr. 4 zu prüfen ist. Eine inhaltliche Überschneidung ergibt sich deshalb vor allem mit der **jährlichen Routineprüfung** (→ Rn. 132 f.). Das Nebeneinander der Kontroll- und Prüfpflichten dürfte so aufzulösen sein, dass § 6 Abs. 5 als Regelung der übergeordneten und überblickshaften Evaluation der Präventionsmaßnahmen zu verstehen ist (Meta- oder Gesamtevaluation). **§ 6 Abs. 3 Nr. 4** enthielte danach die Verpflichtung zur **konkreten und einzelfallbezogenen Prüfung im operativen Geschäft.** Die Ergebnisse der Prüfung nach § 6 Abs. 3 Nr. 4 können freilich für die jährliche Gesamtevaluation nach § 6 Abs. 5 herangezogen werden.

61 Die Kontrolle muss zuverlässig Schwächen im eigenen Geschäftsbereich aufdecken. Dafür sind klare Zuständigkeiten und Abläufe festzulegen (vgl. § 4 Abs. 3).[98] Auch bei der Kontrolle sind allerdings Schwerpunkte zu setzen. Das Gesetz spricht von einer **risikobasierten Kontrolle.** Damit ist gemeint, dass nach § 5 Abs. 2 priorisierte Risiken auch bei der Kontrolle besonderes Gewicht erlangen. Es gelten die Wertungen des § 3 Abs. 2. Die Einhaltung der auf sie fokussierten Präventionsmaßnahmen ist engmaschiger zu kontrollieren als die übrigen Maßnahmen. Zudem erfordern risikoträchtige Geschäftsbereiche mehr Aufmerksamkeit als risikoferne.[99] Daneben sind aber auch Erfahrungen aus der Vergangenheit oder sonstige Erkenntnisse einzubeziehen.[100] Insbesondere ist sicherzustellen, dass Mitarbeiter und Dritte Defizite mitteilen können.[101] Zum Hinweisgebersystem → § 8.

62 Festgestellte **Defizite** sind **unverzüglich zu beheben.** Das schließt die nötigen, anlassbezogenen Ermittlungen ein.[102] Das ergibt sich bereits aus § 6 Abs. 1 und § 7 Abs. 1, da die erkannten Risiken oder gar Verletzungen angemessene, unverzügliche Präventions-

[94] Vgl. Inderst/Bannenberg/Poppe Compliance/Rieder Kap. 2 Rn. 61; zurückhaltender Wagner/Ruttloff/Wagner LkSG-HdB/Wagner/Wagner Rn. 682 f.
[95] Abw. Falder/Frank-Fahle/Poleacov LkSG 72: mindestens einmal jährlich.
[96] Skeptisch aber Wagner/Ruttloff/Wagner LkSG-HdB/Wagner/Wagner Rn. 577 f.
[97] Dazu bereits Korch NJW 2022, 2065 (2069).
[98] Gehling/Ott/Lüneborg CCZ 2021, 230 (235).
[99] Ähnlich Grabosch Das neue LkSG/Grabosch § 5 Rn. 87.
[100] Grabosch Das neue LkSG/Grabosch § 5 Rn. 87.
[101] Vgl. Inderst/Bannenberg/Poppe Compliance/Rieder Kap. 2 Rn. 64.
[102] Vgl. Inderst/Bannenberg/Poppe Compliance/Rieder Kap. 2 Rn. 66.

und Abhilfemaßnahmen erfordern (eingehend → Rn. 139 ff.). Konkret können Verhaltensvorschriften zu aktualisieren oder Geschäftsprozesse anzupassen sein.[103] In Betracht kommen aber auch arbeitsrechtliche Maßnahmen gegenüber unzuverlässigen und pflichtvergessenen Mitarbeitern.[104] Zudem sind die Erstattung einer Strafanzeige zu prüfen und etwaige Schadensersatzansprüche durchzusetzen.[105]

V. Präventionsmaßnahmen gegenüber unmittelbaren Zulieferern (Abs. 4)

1. Überblick. Gegenüber unmittelbaren Zulieferern muss das Unternehmen **angemessene Präventionsmaßnahmen** verankern. Das Unternehmen hat dafür ausreichend personelle Ressourcen vorzuhalten. Welche Maßnahmen im Einzelfall angemessen und zumutbar sind, prägt die Risikogewichtung und -priorisierung nach § 5 Abs. 2 (→ Rn. 23 ff.) maßgeblich vor. Nicht in jedem Fall müssen sämtliche der in Absatz 4 genannten Maßnahmen umgesetzt werden (→ Rn. 66 ff.).[106] Zudem ist hinsichtlich der Nr. 2–4 zu berücksichtigen, ob diese gegenüber dem unmittelbaren Zulieferer überhaupt **durchsetzbar** sind (→ Rn. 70 ff.). 63

2. Umgehung und missbräuchliche Gestaltung. Unternehmen könnten versuchen, durch Zwischenschaltung von Mittelsmännern oder Zwischenhändlern aus dem strengen Regime des § 6 in das weniger strenge Regime des § 9 zu gelangen, indem sie unmittelbare Zulieferer zu mittelbaren Zulieferern machen. **§ 6 verweist** nämlich – anders als § 7 Abs. 1 S. 2 – **nicht auf das Umgehungsverbot des § 5 Abs. 1 S. 2.** Dabei dürfte es sich um ein gesetzgeberisches Versehen handeln, wie sich aus der Regierungsbegründung zu § 5 ergibt.[107] Die Pflicht zur Ergreifung angemessener Präventionsmaßnahmen entfällt deshalb nicht durch missbräuchliche Gestaltungen oder Umgehungsgeschäfte. Dogmatisch lässt sich das Verbot von Umgehungen entweder aus dem allgemeinen Verweis des § 6 Abs. 1 auf § 5 herleiten, der notwendig auch § 5 Abs. 1 S. 2 erfasst. Hinsichtlich dieser gleichgestellten Risiken wären dann ebenfalls angemessene Präventionsmaßnahmen zu ergreifen, deren Grundlage § 6 Abs. 1 ist und die sich inhaltlich an der Konkretisierung des § 6 Abs. 4 orientieren. Alternativ ist § 5 Abs. 1 S. 2 analog auf § 6 Abs. 1, Abs. 4 anzuwenden. Die gesetzliche Lücke legt bereits die Regierungsbegründung nahe.[108] Die vergleichbare Interessenlage ergibt sich aus einem Erst-recht-Schluss, da die eingriffsintensiveren Abhilfepflichten keinen größeren Anwendungsbereich als die Präventionspflichten haben können. Und auch in der Sache wäre es kaum verständlich, dass Unternehmen zunächst der Risikoerhöhung zusehen dürfen, um dann unmittelbar bevorstehende Verletzungen verhindern oder eingetretene Verletzungen beenden zu müssen. 64

Eine **Analogie** wäre allerdings mit Blick auf die **Bußgeldbewehrung** und das Gesetzlichkeitsprinzip **problematisch.** Ähnliches könnte für die extensive Auslegung gelten, sodass ein Verstoß möglicherweise sanktionslos bleibt. Das gesetzgeberische Versehen kann deshalb zu einer gespaltenen Auslegung führen,[109] die allerdings sinnvoll ist, weil die Pflichten des LkSG auch auf Privatrechtsverhältnisse in der Lieferkette ausstrahlen. Wichtig wird dies vor allem bei der AGB-Kontrolle der vertraglichen Vereinbarungen, wenn eine unangemessene Benachteiligung nach § 307 Abs. 1 BGB mit dem Argument abgelehnt wird, dass Unternehmen zur Aufnahme bestimmter vertraglicher Bestimmungen verpflichtet sind (→ Rn. 105 ff.). 65

[103] Begr. RegE LkSG, BT-Drs. 19/28649, 47; vgl. auch OECD-Leitfaden für die Erfüllung der Sorgfaltspflicht für verantwortungsvolles unternehmerisches Handeln, 2018, 34.

[104] Falder/Frank-Fahle/Poleacov LkSG 72.

[105] Vgl. Inderst/Bannenberg/Poppe Compliance/Rieder Kap. 2 Rn. 68.

[106] Vgl. aber Grabosch Das neue LkSG/Grabosch § 5 Rn. 5, 88.

[107] Begr. RegE LkSG, BT-Drs. 19/28649, 45: „Dies [das Umgehungsverbot] gilt auch für alle Sorgfaltspflichten".

[108] S. Begr. RegE LkSG, BT-Drs. 19/28649, 45.

[109] Zur gespaltenen Auslegung von Vorschriften im Zivil- und Strafrecht Möllers, Juristische Methodenlehre, 4. Aufl. 2021, § 6 Rn. 27.

66 **3. Angemessenheit.** Sämtliche Präventionspflichten stehen nach § 6 Abs. 1 unter einem **Angemessenheitsvorbehalt** (→ Rn. 22 ff.), den der Gesetzgeber in § 6 Abs. 4 wiederholt.[110] Dieser allgemeine Angemessenheitsvorbehalt lässt sich **für unmittelbare Zulieferer konkretisieren.** Nicht alle Zulieferer verdienen die gleiche Aufmerksamkeit und die gleiche Einflussnahme. Vielmehr müssen Unternehmen anhand der durchgeführten Risikoanalyse abschichten. **Erhöhte Anforderungen** sind zu stellen, wenn die Geschäftsfelder der Zulieferer risikoträchtig sind, wenn erhebliches Einflussvermögen auf die unmittelbaren Zulieferer besteht, wenn schwere, wahrscheinliche oder unumkehrbare Verletzungen drohen sowie bei erheblichen eigenen Verursachungsbeiträgen (vgl. § 3 Abs. 2). Zudem sind tendenziell höhere Anstrengungen in langfristigen Lieferbeziehungen geboten als bei einmaligen Geschäften.[111]

67 **Sehr geringe Risiken** erfordern allenfalls **moderate Präventionsmaßnahmen.** Typischerweise sind Unternehmen nämlich nicht in der Lage, alle unmittelbaren Zulieferer intensiv zu betreuen. Die weltweite Menschenrechts- und Umweltsituation würde kaum verbessert, wenn Unternehmen aufgrund übermäßig formaler Anforderungen die zur Verfügung stehenden, notwendigerweise begrenzten finanziellen, technischen und personellen Ressourcen nicht auf die wichtigen Risiken fokussieren könnten. Deshalb dürfen Unternehmen unmittelbare Zulieferer Niedrigrisiko-Klassen zuweisen, die nur dann **verstärkt Aufmerksamkeit** verdienen, **wenn konkrete Hinweise** auf erhöhte Risiken bestehen. Beschränken sich Lieferketten etwa auf die EU oder andere Staaten, deren Rechtssystem eine ausreichende Verfolgung von Menschenrechtsverletzungen oder die Beachtung von Umweltstandards erwarten lässt, kann darauf im Grundsatz vertraut werden.[112] Eine Rückausnahme gilt, wenn hinsichtlich bestimmter Länder – auch innerhalb der EU – generelle oder branchenspezifische Defizite bekannt sind.[113]

68 Eine wichtige Fallgruppe abgesenkter Sorgfaltspflichten bilden **unmittelbare Zulieferer, die selbst dem LkSG unterfallen.** Die in § 6 Abs. 4 genannten Präventionspflichten wären hier im Regelfall deplatziert, da die Unternehmen selbst die strengeren Pflichten nach § 6 Abs. 3 sowie § 7 Abs. 1 erfüllen müssen. Da dies der **staatlichen Überwachung** unterliegt, können Unternehmen grundsätzlich darauf vertrauen, dass vom LkSG erfasste Unternehmen selbst für die Prävention von Risiken sorgen.[114] Anderntalls müsste ein deutscher Automobilhersteller die Mitarbeiter seines unmittelbaren Zulieferers aus der deutschen chemischen Industrie schulen, während jener die Mitarbeiter des Automobilherstellers schulen müsste, wenn er dessen Fahrzeuge für den eigenen Fuhrpark erwirbt, obschon beide Unternehmen, je für sich, ihre Mitarbeiter schulen müssen (§ 6 Abs. 3 Nr. 3) und dies der staatlichen Aufsicht unterliegt.[115]

69 Ungeklärt ist bisher die Frage, ob die **Koexistenz mehrerer Verpflichteter** nach dem LkSG die Anforderungen des einzelnen verantwortlichen Unternehmens verringert. Dagegen spricht, dass bei einer solchen Deutung alle Verantwortlichen vornehme Zurückhaltung üben und auf den jeweils anderen verweisen könnten. Eine Absenkung der eigenen Bemühungen wird deshalb nur dann nicht als Pflichtverletzung anzusehen sein, wenn sich die Verantwortlichen koordinieren und miteinander **kooperieren.** In diesem Fall ist darauf abzustellen, ob die koordinierten Maßnahmen den Risiken angemessen sind. Genügen die Maßnahmen nicht, müssen die jeweils verpflichteten Unternehmen selbst weitergehende Maßnahmen ergreifen.

---

[110] Vgl. Gehling/Ott/Lüneborg CCZ 2021, 230 (235).

[111] So wohl auch Grabosch Das neue LkSG/Grabosch § 5 Rn. 90: „geringere Ansprüche", allerdings dennoch Vorsorge „mit im Wesentlichen gleichen Mitteln".

[112] Ähnlich Chamitzky/Weigel RIW 2022, 12 (15); eine noch weitergehende Ausnahme hatte der BR angeregt, BR-Drs. 239/1/21, 5.

[113] Vgl. dazu auch Thalhammer DÖV 2021, 825 (830 f.).

[114] Krit. zur fehlenden Ausnahme für diese Fälle Chamitzky/Weigel RIW 2022, 12 (15).

[115] Voraussetzung ist nach § 4 Abs. 1, 2, dass sie jeweils zu den Risiken beigetragen haben (→ § 4 Rn. 40 ff.).

4. Durchsetzbarkeit. Eine weitere, praktische Schranke ergibt sich aus der möglicherweise fehlenden Durchsetzbarkeit von Präventionsmaßnahmen. Eine zwar theoretisch wünschenswerte, aber gegenüber einem unmittelbaren Zulieferer und seinen Wettbewerbern **nicht durchsetzbare Maßnahme** ist **nicht angemessen** iSd § 6 Abs. 1, Abs. 4. Das ergibt sich bereits aus § 3 Abs. 2 Nr. 2, der das **Einflussvermögen** zu einem maßgeblichen Kriterium der Angemessenheit erhebt.[116] Damit trägt die Vorschrift einerseits der Realität und andererseits dem Umstand Rechnung, dass es sich bei den Präventionspflichten um Bemühenspflichten und nicht um Erfolgspflichten handelt (→ Rn. 20). Eine für die praktischen Schwierigkeiten blinde Auslegung löste erhebliche Bedenken hinsichtlich der Verhältnismäßigkeit des Eingriffs in die Berufsfreiheit der Unternehmen nach Art. 12 Abs. 1 GG aus.[117] 70

Praktische Schwierigkeiten können sich vor allem mit Blick auf Nr. 2–4 ergeben. Nicht jeder unmittelbare Zulieferer wird sich darauf einlassen, umfangreiche **Kontroll- und Schulungsrechte** zu gewähren und **Sanktionen** zu akzeptieren.[118] Gerade für wirtschaftlich untergeordnete Geschäfte scheint das sogar fernliegend. Hat ein Zulieferer eine Vielzahl von Abnehmern, wird er nicht in jedem Einzelfall aufgezählte Maßnahmen akzeptieren, weil die Umsetzung praktisch unmöglich wäre (etwa Schulungen durch zahlreiche Abnehmer; ebenso Betriebsbegehungen).[119] Und auch die Anerkennung dutzender Codes of Conduct ist unzumutbar. Sind Unternehmen demgegenüber ein wichtiger oder gar der einzige Abnehmer des unmittelbaren Zulieferers, haben sie in der Regel auch erheblichen Einfluss und können ihre Vertragsklauseln durchsetzen. Diese Verhandlungsmacht müssen Unternehmen dazu einsetzen, angemessene Präventionsmaßnahmen zu verankern. 71

Bei der Prüfung ist zu berücksichtigen, welchen **Verursachungsbeitrag** das Unternehmen zum Risiko geleistet hat. Je gewichtiger der Verursachungsbeitrag des Unternehmens, desto weniger beschränkt das fehlende Einflussvermögen die Anforderungen an die Maßnahmen. Die Bestimmung der Angemessenheit im Rahmen des § 6 Abs. 1, 4 steht damit in **Wechselwirkung zur Auslegung des § 4 Abs. 1, 2** (→ § 4 Rn. 40 ff.). Lässt man dort bereits geringfügige Beiträge – wie die Aufnahme einer Lieferbeziehung – genügen,[120] muss das beschränkte Einflussvermögen des Unternehmens auf unmittelbare Zulieferer deutlich stärker berücksichtigt werden als bei substantiellen Verursachungsbeiträgen, um unverhältnismäßige Anforderungen zu vermeiden. 72

Wie hoch die Anforderungen an die Einflussnahme im Einzelnen ausfallen, hängt neben dem Einflussvermögen und den Verursachungsbeiträgen von den einschlägigen **Risiken** ab. Je schwerwiegender die identifizierten Risiken sind, desto mehr muss das Unternehmen sich um Einfluss bemühen, wohingegen weniger gewichtige Verletzungen oder weniger wahrscheinliche Risiken schon früher rechtfertigen, eine eingeschränkte oder gar gänzlich fehlende Kooperationsbereitschaft des unmittelbaren Zulieferers zu akzeptieren.[121] Selbst in Hochrisikofällen wird man aber **faktische Grenzen anerkennen** müssen, wenn risikoträchtige Zulieferer derartige Maßnahmen nicht akzeptieren und das Einflussvermögen der Unternehmen letztlich gering ist, sofern der eigene Verursachungsbeitrag nicht ins Gewicht fällt.[122] **Andernfalls** liefen die Präventionspflichten auf ein **Kontrahierungsverbot** hinaus, welches die Unternehmen schärfer träfe als die Pflicht zum Abbruch der Geschäftsbeziehung gemäß § 7 Abs. 3. 73

---

[116] Vgl. auch Begr. RegE LkSG, BT-Drs. 19/28649, 42; ähnlich schon OECD-Leitfaden für die Erfüllung der Sorgfaltspflicht für verantwortungsvolles unternehmerisches Handeln, 2018, 83.

[117] Vgl. allg. auch Ekkenga/Erlemann ZIP 2022, 49 (61): Zweifel an der Vereinbarkeit des LkSG mit Art. 16 GRCh.

[118] Ebenso Chamitzky/Weigel RIW 2022, 12 (16); für Kontrollen auch Harings/Jürgens LkSG 127.

[119] Vgl. Wilhelm AcP 221 (2021), 657 (683), der von einer Überforderung spricht, die sogar zu Unwirksamkeit solcher Vorgaben gemäß § 307 Abs. 1 BGB wegen unangemessener Benachteiligung führen könne.

[120] So Ehmann ZVertriebsR 2021, 141 (145 f.); Grabosch Das neue LkSG/Grabosch § 5 Rn. 124.

[121] Vgl. Wagner/Ruttloff/Wagner LkSG-HdB/Wagner/Wagner Rn. 746.

[122] Ähnlich Wagner/Ruttloff/Wagner LkSG-HdB/Wagner/Wagner Rn. 746.

74 Ist das Einflussvermögen des Unternehmens auf den unmittelbaren Zulieferer zu gering, um grundsätzlich wünschenswerte Präventionspflichten vertraglich verankern zu können, müssen Unternehmen ihre Anstrengungen und die **mangelnde Umsetzbarkeit dokumentieren.** Zudem müssen **alternative Lösungswege** gesucht werden. Das kann auch das Setzen positiver Anreize einschließen, etwa die Zahlung einer höheren Vergütung. Bleibt es dennoch bei einer Weigerung, kann zudem der Umweg über Zertifizierer oder Brancheninitiativen gesucht werden.[123]

75 Sind trotz aller Bemühungen **nur unzureichende Präventionsmaßnahmen möglich,** wirkt dies zurück auf die Auswahl des Zulieferers iSd Nr. 1 (→ Rn. 77 ff.). Sind die Risiken beträchtlich, ist **nach alternativen Zulieferern zu suchen,** deren Risiken von vornherein geringer sind oder die Präventionsmaßnahmen in größerem Umfang zulassen. Fehlen Alternativen, etwa weil bestimmte Rohstoffe nur in einer Weltregion gefördert werden und die beteiligten Unternehmen ähnliche Risikoprofile und gleichförmigen Unwillen zeigen, und sind die Verursachungsbeiträge geringfügig, sollte die Bemühenspflicht der Unternehmen enden, um besagtes Kontrahierungsverbot zu verhindern und dem Charakter der Präventionspflichten als Bemühenspflichten Rechnung zu tragen. Schlagen Risiken in Verletzungen um, stellt sich aber langfristig die Frage, ob Unternehmen nach § 7 Abs. 3 zum Abbruch der Geschäftsbeziehungen verpflichtet sind (→ § 7 Rn. 70 ff.).

76 **5. Normierte Einzelmaßnahmen.** Der Gesetzgeber zählt in § 6 Abs. 4 **vier Maßnahmen** auf, die Unternehmen ergreifen **sollen.** Die Aufzählung ist dabei beispielhaft, weshalb nicht stets alle Maßnahmen umgesetzt werden müssen.[124] Verpflichtend sind die Maßnahmen nur, **wenn** sie im konkreten Einzelfall **wirksam und angemessen** sind (→ Rn. 22 ff., → Rn. 66 ff.). Zudem steht die Verpflichtung, derartige Maßnahmen zu ergreifen, unter dem Vorbehalt der Durchsetzbarkeit gegenüber den unmittelbaren Zulieferern (→ Rn. 70 ff.). Auf der anderen Seite ist die Aufzählung nicht abschließend, sodass Unternehmen auch andere Präventionsmaßnahmen ergreifen können und ggf. sogar müssen.

77 **a) Auswahl des Zulieferers (Nr. 1).** Der Auswahl der Zulieferer kommt **herausgehobene Bedeutung** im Risikomanagement zu. Je geringer die Risiken eines Zulieferers, desto niedriger sind auch die Folgeanforderungen an Einflussnahme, Schulungen und Kontrolle. Die Unternehmen können folglich den **späteren Präventionsaufwand** auf dieser Stufe **entscheidend beeinflussen.**

78 **aa) Risikoanalyse.** Vor der Auswahl der Zulieferer ist eine Risikoanalyse durchzuführen und sollte auch dokumentiert werden.[125] Im Grundsatz muss für jeden Zulieferer das Risiko von Menschenrechts- und Umweltverletzungen analysiert werden. Nicht jeder Zulieferer erfordert indes die gleiche Prüfungsintensität. Vielmehr gilt bei Prüfung und Auswahl ein **risikobasierter Ansatz.** Je größer die Risiken einer Branche oder Region, desto intensiver muss die konkrete Geschäftspartnerintegritätsanalyse erfolgen.[126]

79 Ausgangspunkt sind die **Ergebnisse der Risikoanalyse nach § 5.** Bei bereits bestehenden Geschäftsbeziehungen kann zudem auf **bisherige Erfahrungen** zurückgegriffen werden. Je zuverlässiger und transparenter sich ein Zulieferer in der Vergangenheit gezeigt hat, desto weniger aufwendig muss die Prüfung bei jedem neuen Geschäftsvorgang sein. Neue Zulieferer sind tendenziell strenger zu kontrollieren als bereits bewehrte.

---

[123] Vgl. zu branchenweiten Verhaltenskodizes Brunk, Menschenrechts-Compliance, 2022, 472; Inderst/Bannenberg/Poppe Compliance/Steiner Kap. 4 Rn. 1209.

[124] Vgl. auch Kubis/Tödtmann Vorstand-HdB/Hettich/Charnitzky § 14 Rn. 273: „typisierende Beispiele"; aA Grabosch Das neue LkSG/Grabosch § 5 Rn. 5, 88: „Regelbeispiele", die nur in Ausnahmefällen nicht umzusetzen sind; Harings/Jürgens LkSG 116: „Mindestpflichten"; unklar Falder/Frank-Fahle/Poleacov LkSG 74: „Regelbeispiele"; Hembach Praxisleitfaden LkSG 160: „Regelbeispiele".

[125] Harings/Jürgens LkSG 121.

[126] Für verringerte Anforderungen an kleinere Unternehmen plädiert Hembach Praxisleitfaden LkSG 160.

Ein Mittel der Geschäftspartnerintegritätsanalyse können **Fragebögen** sein, welche die Zulieferer ausfüllen müssen.[127] Eine reine Selbstauskunft wird aber regelmäßig nur genügen, wenn das Risikoprofil des Zulieferers günstig ist. **Ergänzend** können Unternehmen **eigene Recherchen** (Audits) anstellen, die von Datenbankabfragen über die Konsultationen mit Betroffenen oder Nichtregierungsorganisationen bis hin zu Besichtigungen vor Ort reichen.[128] **80**

Die Risikoanalyse kann die Beteiligung eines Zulieferers an einer Brancheninitiative (zB Bangladesh-Accord) berücksichtigen. Daneben kann auf die Beurteilung von **Zertifizierern** (zB Grüner Knopf) zurückgegriffen werden.[129] Dass damit eine gewisse schematische Betrachtung einhergeht, die nicht jeden Einzelfall in seinen Facetten vollständig abbildet, ist aufgrund der Vielzahl an Geschäftsbeziehungen grundsätzlich hinzunehmen. **81**

Unternehmen können sich bei ihrer Risikoanalyse durch **externe Dienstleister** oder sonstige Dritte unterstützen lassen.[130] Auf deren Bewertungen dürfen sie **vertrauen,** wenn sie die Dritten sorgfältig auswählen und überwachen. Bei der Auswahl ist insbesondere darauf zu achten, dass die Dritten tatsächlich die **einschlägigen Risiken prüfen.**[131] Problematisch sind deshalb Beurteilungen, bei denen die Bewertungskriterien intransparent, überschießend oder unvollständig sind, dh auch irrelevante Faktoren das Ergebnis beeinflussen oder wesentliche Aspekte unberücksichtigt bleiben könnten. Wichtig sind zudem **Unabhängigkeit** sowie ausreichender **Sachverstand** des Dritten. **82**

Ist der Drittanbieter nach den genannten Kriterien ausgewählt, können Unternehmen grundsätzlich auf das Urteil vertrauen. Allerdings müssen sie die **Drittanbieter** und ihre Bewertungen in angemessener Weise **überprüfen.** Wie häufig und wie intensiv die Drittanbieter und deren Bewertungen zu kontrollieren sind, hängt maßgeblich von den Risiken und davon ab, wie vertrauenswürdig sich die Dienstleister oder Zertifikate darstellen.[132] Ein Mittel kann die **stichprobenartige Überprüfung** der konkreten Beurteilungen durch eigene Recherchen oder durch einen Abgleich mit anderen Anbietern oder Zertifizierern sein. **83**

Erfüllt das Unternehmen die **Anforderungen,** kommt es seiner Prüfpflicht bei der Zuliefererauswahl regelmäßig nach.[133] Der Hinweis in der Regierungsbegründung zu Nr. 3 und Nr. 4, dass Unternehmen durch Beauftragung externer Dienstleister nicht von ihrer Verantwortung entbunden würden,[134] dürfte in diesem Sinne zu verstehen sein, dass blindes Vertrauen in das Urteil Dritter nicht angezeigt ist.[135] Eine darüber hinausgehende Verantwortung wäre indes überzogen, da es sich bei den Präventionspflichten um Bemühenspflichten handelt und das Gesetz lediglich angemessene Maßnahmen fordert.[136] Zudem sind die beauftragten Dritten möglicherweise sogar besser in der Lage, den Umgang von Zulieferern mit Menschenrechten und der Umwelt zu dokumentieren als das Unternehmen selbst. **84**

Bestehen hinsichtlich bestimmter Geschäfte Hinweise auf **schwerwiegende Risiken,** etwa aufgrund der Branche, der Weltregion, aufgrund von NGO-Berichten oder vergangenen Erfahrungen, dürfen sich Unternehmen allerdings nicht gänzlich auf die Beurteilung der Drittanbieter verlassen. Vielmehr sollte die Beurteilung im Einzelfall zumindest **85**

---

[127] Depping in Walden/Depping, CSR und Recht, 2015, 125 (137 f.); Falder/Frank-Fahle/Poleacov LkSG 74; Grabosch Das neue LkSG/Grabosch § 5 Rn. 92; Wagner/Ruttloff/Wagner LkSG-HdB/Wagner/Wagner Rn. 740.

[128] Vgl. Grabosch Das neue LkSG/Grabosch § 5 Rn. 92.

[129] Depping in Walden/Depping, CSR und Recht, 2015, 125 (138 f.); Frank/Edel/Heine/Heine BB 2021, 2165 (2168); ferner Falder/Frank-Fahle/Poleacov LkSG 74 Gehling/Ott/Lüneborg CCZ 2021, 230 (236).

[130] Skeptisch Wagner/Ruttloff/Wagner LkSG-HdB/Wagner/Wagner Rn. 577 f.

[131] Harings/Jürgens LkSG 122.

[132] Abw. Gehling/Ott/Lüneborg CCZ 2021, 230 (236): nur bei konkreten Hinweisen auf Fehlerhaftigkeit.

[133] Vgl. zum Vertrauen auf Zertifizierer Gehling/Ott/Lüneborg CCZ 2021, 230 (236).

[134] Begr. RegE LkSG, BT-Drs. 19/28649, 48.

[135] Krit. dazu auch Spindler ZHR 186 (2022), 67 (85).

[136] Vgl. Spindler ZHR 186 (2022), 67 (85).

plausibilisiert werden. Das setzt voraus, dass die Kriterien, Maßstäbe und Kontrollinstrumente hinreichend transparent sind, da das Ergebnis andernfalls nicht nachvollziehbar ist. Unternehmen können sich auch dabei von Dritten unterstützen lassen, etwa von Nichtregierungsorganisationen oder anderen Dienstleistern (s. auch → Rn. 124). Für weniger riskante oder wirtschaftlich geringwertige Geschäfte kann dieser Aufwand nach hier vertretener Ansicht hingegen nicht verlangt werden.

86 **bb) Auswahlentscheidung.** Bei der Auswahlentscheidung sind die **Ergebnisse der Risikoanalyse** der potenziellen Zulieferer **gebührend zu berücksichtigen.**[137] Unternehmen sind allerdings nicht gezwungen, ihre Auswahlentscheidung allein vom Ergebnis der Prüfung abhängig zu machen. Die Entscheidung ist jedoch umso stärker vorgeprägt, je erheblicher die aufgedeckten Risiken und je größer die Unterschiede zwischen den Zulieferern sind. Zugleich kann aber berücksichtigt werden, ob identifizierte Risiken voraussichtlich in Kooperation mit dem präferierten Zulieferer beseitigt oder minimiert werden können. Anders gewendet kann sich die Auswahl eines risikoreicheren Zulieferers als Hypothek für die Vertragsverhandlung erweisen, da umso mehr Einfluss genommen sowie ggf. Schulungen und Kontrollen durchgeführt werden müssen, je gewichtiger die Risiken des ausgewählten Zulieferers sind.[138] Insbesondere werden sich Unternehmen nur schwer auf die fehlende vertragliche Durchsetzbarkeit von Präventionsmaßnahmen berufen können, wenn ihnen alternative und weniger bedenkliche Zulieferer zur Verfügung standen.

87 Die erforderliche **Sorgfalt** bei der Auswahlentscheidung richtet sich **nach den drohenden Risiken.** Interne Handlungsanweisungen und Schulungen müssen sicherstellen, dass Mitarbeiter Risikogeschäfte erkennen und wissen, wie in solchen Fällen zu verfahren ist. Bleibt das Risikoprofil eines neuen Lieferanten unscharf, muss regelmäßig vor Eingehung einer Geschäftsbeziehung eine intensivere Prüfung erfolgen. Für gefahrträchtige Geschäftsbeziehungen kann ein Vier-Augen-Prinzip angezeigt sein. Bei Hochrisikogeschäften ist ggf. die für die Menschenrechtspolitik zuständige Stelle hinzuzuziehen.

88 Bestehen im Einzelfall schwergewichtige Risiken, sollten Unternehmen ihre **mögliche Verpflichtung zum Abbruch der Geschäftsbeziehung nach § 7 Abs. 3** bereits bei der Auswahlentscheidung **im Blick behalten.** So wäre der Bezug von nur einem Lieferanten fahrlässig, wenn auf diesen möglicherweise kein ausreichender Einfluss ausgeübt werden kann, um Menschenrechtsverletzungen und Umweltschäden zu vermeiden, da eine schnelle Umstellung der Lieferkette aus tatsächlichen Gründen häufig nicht möglich ist. Bei der Beurteilung, ob der Abbruch der Geschäftsbeziehung nach § 7 Abs. 3 zumutbar ist (→ § 7 Rn. 84 ff.), muss nämlich berücksichtigt werden, ob das Unternehmen durch sorgfältige Planung eigene Nachteile hätte verhindern können (→ § 7 Rn. 92). Das gilt ebenso für die temporäre Suspendierung der Geschäftsbeziehung gemäß § 7 Abs. 2 S. 3 Nr. 3, die bei einem Single Sourcing ebenfalls zu erheblichen Friktionen in der Lieferkette führen kann. Es handelt sich häufig um **Obliegenheiten:** Das Unternehmen verstößt nicht notwendig gegen § 6 Abs. 1, Abs. 4 Nr. 1, allerdings besteht die Pflicht zum Abbruch der Geschäftsbeziehung nach § 7 Abs. 3 oder zur Aussetzung nach § 7 Abs. 2 S. 3 Nr. 3 in voller Härte, dh ohne Berücksichtigung der vorhersehbaren und vermeidbaren Nachteile.

89 Bei der Festlegung der Pflichten und Obliegenheiten muss aber auch das **Interesse des Unternehmens** berücksichtigt werden, **nicht mit zu vielen Vertragspartnern zusammenzuarbeiten.** Denn gerade in Hochrisikokontexten stellt das LkSG erhebliche Anforderungen an die Risikoanalyse sowie an Präventions- und Abhilfemaßnahmen hinsichtlich jedes einzelnen Zulieferers. Es ist ein berechtigtes Interesse des Unternehmens, diesen Aufwand zu begrenzen.

---

[137] Seibt/Vesper-Gräske CB 2021, 357 (363).
[138] Vgl. auch Harings/Jürgens LkSG 121.

b) Vertragliche Zusicherungen (Nr. 2). Unternehmen müssen sich von ihren unmittelbaren Zulieferern nach § 6 Abs. 4 Nr. 2 zusichern lassen, dass diese die kommunizierten Erwartungen hinsichtlich der Menschenrechte und Umweltstandards einhalten.[139] Zudem sollen die unmittelbaren Zulieferer sich verpflichten, die Erwartungen auch entlang der Lieferkette zu adressieren. Damit erhofft sich der deutsche Gesetzgeber die **Bindung der unmittelbaren Zulieferer,** die er überwiegend nicht selbst regulieren kann, und eine **Weitergabe innerhalb der Lieferkette,** sodass auch entferntere Glieder mittelbar reguliert werden.[140] 90

aa) Inhalt der Verpflichtung. Nach § 6 Abs. 4 Nr. 2 muss das Unternehmen den unmittelbaren Zulieferern in einem ersten Schritt die menschenrechts- und umweltbezogenen **Erwartungen kommunizieren.** Diese Erwartungen werden häufig in sog. **Lieferantenkodizes** verankert.[141] Im zweiten Schritt wird der **Zulieferer auf die Einhaltung** und möglichst auch zur Weitergabe innerhalb der Lieferkette **verpflichtet.**[142] 91

Die in der Regierungsbegründung vorgesehene Verpflichtung der Unternehmen, unmittelbaren Zulieferern konkrete Präventions- und Abhilfemaßnahmen vorzugeben, ist nicht Gesetz geworden. Es besteht deshalb **keine generelle Pflicht, konkrete Maßnahmen vorzugeben.** Gegen eine solche Verpflichtung spricht, dass unmittelbare Zulieferer keine weisungsgebundenen Konzerntöchter sind. Im Grundsatz haben deshalb auch die vom LkSG regulierten Unternehmen keine Kompetenz, in die inneren Angelegenheiten der unmittelbaren Zulieferer einzugreifen.[143] Viel zu weit ginge folglich eine Verpflichtung der Unternehmen, im Regelfall konkrete Präventionsmaßnahmen vorzusehen. Sie würde Zulieferer weltweit unter den Generalverdacht stellen, Menschenrechts- und Umweltstandards nicht einhalten zu können oder zu wollen. 92

Die Pflicht zur Vorgabe konkreter Maßnahmen kann sich aber **im Einzelfall** direkt aus der allgemeinen Pflicht zur Etablierung angemessener und wirksamer Präventionsmaßnahmen (→ Rn. 20 ff., → Rn. 66 ff.) ergeben, wenn die bloße Verpflichtung des unmittelbaren Zulieferers zur Einhaltung der Menschenrechtsstrategie wahrscheinlich nicht ausreichen wird. Eine solche Einschätzung kann auch nachträglich aufgrund der Überprüfung nach § 6 Abs. 4 Nr. 4, Abs. 5 gerechtfertigt sein. 93

Die vertraglichen Zusicherungen sollen auch die **weitere Lieferkette angemessen adressieren.** Der Gesetzeswortlaut lässt ausreichend Spielraum, um den vielen denkbaren Fallgestaltungen Rechnung zu tragen. Letztlich ist im Einzelfall zu bestimmen, welche Vorgaben hinsichtlich der mittelbaren Zulieferer angemessen und durchsetzbar sind. In Betracht kommen Weitergabeklauseln, die den unmittelbaren Zulieferer anhalten, selbst seine Zulieferer auf die Einhaltung von Menschenrechten und Umweltstandards zu verpflichten.[144] Der defensive Wortlaut legt nahe, dass regelmäßig eine sog. „weiche" Weitergabeklausel im Sinne einer Bemühenspflicht angemessen und ausreichend und nicht stets eine „harte" Weitergabeklausel erforderlich ist (zur AGB-Kontrolle → Rn. 111).[145] 94

Ob **vertragliche Sanktionen** aufgenommen werden sollten, hängt vom Einzelfall ab. In Betracht kommen etwa Vertragsstrafen für eine Verletzung der Vorgaben.[146] Zwingend sind Vertragsstrafen allerdings nicht, da die Unternehmen ihre Schäden – etwa in Form 95

[139] Überblick über mögliche Klauseln bei Harings/Jürgens LkSG 123 ff.

[140] Begr. RegE LkSG, BT-Drs. 19/28649, 47 f.; Gehling/Ott/Lüneborg CCZ 2021, 230 (236); abl. Ekkenga/Erlemann ZIP 2022, 49 (58); krit. zum Export der Standards Thalhammer DÖV 2021, 825 (827 ff.).

[141] Vgl. Begr. RegE LkSG, BT-Drs. 19/28649, 47 f.; Grabosch Das neue LkSG/Grabosch § 5 Rn. 94.

[142] Zu Ansätzen in der Praxis Hembach Praxisleitfaden LkSG 160 ff.

[143] Ähnlich mit Blick auf die Angemessenheitsprüfung der AGB-Kontrolle Wilhelm AcP 221 (2021), 657 (683); mit Blick auf Betriebsräte früher schon Rieble BB 2013, 245 (249 f.).

[144] S. Begr. RegE LkSG, BT-Drs. 19/28649, 48; ferner Brunk, Menschenrechts-Compliance, 2022, 472; Hembach Praxisleitfaden LkSG 162.

[145] AA Frank/Edel/Heine/Heine BB 2021, 2890 (2891).

[146] Vgl. Chamitzky/Weigel RIW 2022, 12 (16); für Korruptionsklauseln auch Hauschka/Moosmayer/Lösler Corporate Compliance/Herb § 19 Rn. 43.

von Bußgeldern – ohnehin gemäß § 280 Abs. 1 BGB geltend machen können, wenn Pflichtverletzungen des unmittelbaren Zulieferers einen Schaden herbeigeführt haben.[147] Die teils in der Literatur vorgeschlagenen Freistellungsklauseln[148] dürften deshalb deklaratorisch sein. Alternativ kann der Weg positiver Verstärkung etwa durch ein Bonussystem gewählt werden, das die Einhaltung der Erwartungen honoriert.[149] Mit Blick auf § 7 Abs. 3 werden **Rücktritts- oder Kündigungsmöglichkeiten** für wiederholte und schwere Verletzungen regelmäßig sinnvoll sein, auch wenn sich diese Gestaltungsrechte ggf. bereits aus § 323 BGB und § 314 BGB ergeben (→ § 7 Rn. 93 f.).[150]

96 Von erheblicher Bedeutung ist ein **vertragliches Anpassungsrecht** hinsichtlich der Vorgaben, da Unternehmen ihre Risikoanalyse routinemäßig und anlassbezogen aktualisieren müssen (→ Rn. 130 ff.).[151] Aus etwaigen neuen Erkenntnissen können auch erweiterte Präventions- und Abhilfepflichten entstehen. Zur Inhaltskontrolle nach § 307 Abs. 1 BGB → Rn. 105 ff.

97 **bb) Umsetzung und Durchsetzung.** Da die regulierten Unternehmen in der Regel eine sehr große Anzahl an Zulieferern haben, müssen sie potenziell auch **gegenüber sehr vielen Zulieferern** die Zusicherung über die Einhaltung der Erwartungen aus den Lieferantenkodizes usw. einholen. Standardisierung ist deshalb unumgänglich, etwa durch Anpassung der **allgemeinen Geschäfts- oder Einkaufsbedingungen.**[152] Das führt dazu, dass die vertraglichen Verpflichtungen regelmäßig AGB iSd § 305 Abs. 1 BGB sind (zur AGB-Kontrolle → Rn. 101 ff.). Die CSR-Klauseln können dabei Anleihen an der bereits bekannten Compliance-Klausel[153] nehmen. Die Verpflichtung schließt, schon aus Dokumentationsgründen, mündliche Vertragsschlüsse faktisch aus; die entsprechenden Klauseln sollten **schriftlich** abgefasst werden.

98 Die **Mitarbeiter** insbesondere der Einkaufsabteilung sind **ausreichend zu schulen** (→ Rn. 114 ff.), um einschätzen zu können, welche Textbausteine und Einkaufsbedingungen sie im konkreten Fall einsetzen müssen.[154] Da die Mitarbeiter nicht in jedem Fall abwägen können, müssen Zulieferer im Rahmen der Risikoanalyse und Auswahl so gruppiert werden, dass die Mitarbeiter – ggf. mithilfe technischer Unterstützung – erkennen können, welche vertraglichen Inhalte im jeweiligen Fall aufzunehmen sind. Im Zweifel werden Unternehmen versuchen, stets die Einhaltung ihres gesamten Lieferantenkodizes vorzuschreiben.

99 Weitreichende Verpflichtungen sowie umfangreiche Lieferantenkodizes werden allerdings in der Praxis dazu führen, dass viele **Zulieferer** nicht bereit sind, eine uneingeschränkte Verpflichtung zur Einhaltung einzugehen.[155] Diese **abwehrende Haltung** ist sachlich gerechtfertigt, wenn Zulieferer einer Vielzahl von CSR-Erwartungen ausgesetzt sind.[156] Selbst ohne Vertragsstrafe drohen ihnen nämlich erhebliche Haftungsrisiken, weil Unternehmen die gegen sie verhängten Bußgelder gemäß § 280 Abs. 1 BGB als Schaden geltend machen können, wobei sogar eine Beweislastumkehr hinsichtlich des Vertreten-

[147] Sofern deutsches Recht Anwendung findet; s. auch Wagner/Ruttloff/Wagner LkSG-HdB/Wagner Rn. 2180.

[148] Frank/Edel/Heine/Heine BB 2021, 2890 (2891).

[149] Vgl. dazu Depping in Walden/Depping, CSR und Recht, 2015, 140; Herrmann/Rünz DB 2021, 3078 (3083).

[150] Frank/Edel/Heine/Heine BB 2021, 2890 (2891); Harings/Jürgens LkSG 125.

[151] Begr. RegE LkSG, BT-Drs. 19/28649, 47; Falder/Frank-Fahle/Poleacov LkSG 74 f.; Frank/Edel/Heine/Heine BB 2021, 2890 (2891); vgl. ferner Wagner/Ruttloff/Wagner LkSG-HdB/Wagner/Wagner Rn. 755.

[152] Depping in Walden/Depping, CSR und Recht, 2015, 125 (126 ff.); Gehling/Ott/Lüneborg CCZ 2021, 230 (236).

[153] Dazu etwa Hauschka/Moosmayer/Lösler Corporate Compliance/Herb § 19 Rn. 28 ff.

[154] Allg. auch Hauschka/Moosmayer/Lösler Corporate Compliance/Herb § 19 Rn. 26.

[155] So auch OECD-Leitfaden für die Erfüllung der Sorgfaltspflicht für verantwortungsvolles unternehmerisches Handeln, 2018, 62.

[156] Vgl. auch OECD-Leitfaden für die Erfüllung der Sorgfaltspflicht für verantwortungsvolles unternehmerisches Handeln, 2018, 62.

müssens greift (§ 280 Abs. 1 S. 2 BGB).[157] Das gilt freilich nur, wenn deutsches Recht anwendbar ist; ähnliche Rechtsfolgen werden sich aber häufig auch in anderen Rechtsordnungen ergeben. Vor diesem Hintergrund wird es Unternehmen nicht stets gelingen, eine entsprechende vertragliche Zusicherung auszuhandeln.[158] Bei größeren Zulieferern werden die **Einkaufsbedingungen** des Unternehmens zudem häufig den **Lieferbedingungen** des unmittelbaren Zulieferer **widersprechen,** sodass es zu einem partiellen Dissens kommt.[159] Der Zulieferer müsste dann auf die Einbeziehung seiner Lieferbedingungen verzichten, wozu er häufig nicht bereit sein wird. Soweit sich die Bedingungen widersprechen, werden die vertraglichen Verpflichtungen iSd § 6 Abs. 2 Nr. 2 nicht oder nur teilweise Bestandteil des Vertrages. In derartigen Fällen kann von den Unternehmen lediglich ein **ernsthaftes Bemühen** und eine sorgsame **Dokumentation** verlangt werden (allgemein zur Durchsetzbarkeit → Rn. 70 ff.). Der OECD-Leitfaden regt für solche Fälle an, kooperative Ansätze für eine Vereinheitlichung der Anforderungen zu verfolgen.[160]

Auf erheblichen Widerstand dürften insbesondere **„harten“ Weitergabeklauseln** stoßen, die unmittelbare Zulieferer zur Vereinbarung bestimmter Pflichten im Verhältnis zu ihren Zulieferern zwingen. Unmittelbare Zulieferer werden „harten“ Weitergabeklauseln vielfach nicht zustimmen, da sie ihrerseits nicht garantieren können, gegenüber ihren Zulieferern entsprechende vertragliche Bestimmungen durchsetzen zu können.[161] In derartigen Fällen begründet ein erfolgloses Bemühen keine Pflichtverletzung, da andernfalls ein faktisches Vertragsschlussverbot normiert würde. Ein solches wäre unverhältnismäßig. 100

cc) AGB-Prüfung. Unterliegt der Vertrag deutschem Recht, müssen die vertraglichen Vereinbarungen regelmäßig einer AGB-Kontrolle standhalten. 101

(1) Vorliegen von AGB. Da die nötigen vertraglichen Zusicherungen fast immer über **vorformulierte Textbausteine oder Formulare** eingeholt werden, die zur mehrfachen Verwendung erstellt werden, handelt es sich regelmäßig um AGB iSd § 305 Abs. 1 BGB.[162] Die Klauseln sind typischerweise auch **nicht individuell ausgehandelt,** da das Unternehmen den Inhalt gerade wegen der Anforderungen des LkSG kaum je in seinem Kern ernsthaft zur Disposition stellen wird.[163] Andernfalls beginge das Unternehmen möglicherweise eine bußgeldbewehrte Verletzung seiner Pflichten aus § 6 Abs. 4. 102

(2) Einbeziehungskontrolle. Die Einbeziehung von AGB im unternehmerischen Verkehr ist nicht an die hohen Hürden des § 305 Abs. 2, Abs. 3 BGB geknüpft (§ 310 Abs. 1 S. 1 BGB). Allerdings dürfen die verwendeten Klauseln nach § 305c Abs. 1 BGB **nicht überraschend** sein. Seit Verkündung des LkSG müssen Vertragspartner indes damit rechnen, dass Unternehmen zur Umsetzung ihrer Verpflichtungen Vertragsklauseln oder Formularverträge verwenden.[164] Die Einheit der Rechtsordnung gebietet einen Wertungs- 103

[157] Vgl. allg. auch Depping in Walden/Depping, CSR und Recht, 2015, 125 (140); Wilhelm AcP 221 (2021), 657 (689).

[158] Vgl. Chamitzky/Weigel RIW 2022, 12 (17); für Korruptionsklauseln auch Hauschka/Moosmayer/Lösler Corporate Compliance/Herb § 19 Rn. 43.

[159] Allg. MüKoBGB/Basedow BGB § 305 Rn. 116 mwN; Leuschner, AGB-Recht im unternehmerischen Verkehr/Leuschner, 2021, BGB § 305 Rn. 222 ff.

[160] OECD-Leitfaden für die Erfüllung der Sorgfaltspflicht für verantwortungsvolles unternehmerisches Handeln, 2018, 62. Für Beispiele s. etwa Inderst/Bannenberg/Poppe Compliance/Steiner Kap. 4 Rn. 1209.

[161] Dazu (im Kontext der AGB-Kontrolle) Wilhelm AcP 221 (2021), 657 (687 f.). Für ein Beispiel einer „weichen“ Weitergabeklausel s. Depping in Walden/Depping, CSR und Recht, 2015, 125 (130).

[162] Wagner/Ruttloff/Wagner LkSG-HdB/Wagner Rn. 2140; Wilhelm AcP 221 (2021), 657 (674); vgl. ferner Spießhofer/v. Westphalen BB 2015, 75 (78 f.); für Compliance-Klauseln auch Hauschka/Moosmayer/Lösler Corporate Compliance/Herb § 19 Rn. 29.

[163] Ebenso Wagner/Ruttloff/Wagner LkSG-HdB/Wagner Rn. 2140; Wilhelm AcP 221 (2021), 657 (674 f.); abw. Grabosch Das neue LkSG/Grabosch § 5 Rn. 95.

[164] CSR-Klauseln waren bereits zuvor gebräuchlich; Wagner/Ruttloff/Wagner LkSG-HdB/Wagner Rn. 2143, 2153.

gleichklang.[165] Maßnahmen, die der **Umsetzung der Verpflichtungen aus dem LkSG** dienen, können **nicht überraschend** sein. Das kann selbst dann gelten, wenn die Klauseln im konkreten Einzelfall nicht nötig gewesen wären, da Unternehmen im Massenverkehr nicht in jedem Einzelfall ausschließen können, dass ein Risiko iSd LkSG besteht. Überraschen können solche Klauseln deshalb künftig nur noch in Fällen, in denen aufgrund der konkreten Umstände keinerlei Anlass zu ihrer Verwendung bestand und folglich auch ein durchschnittlicher Verwendungsgegner, der die Verpflichtungen des AGB-Verwenders aus dem LkSG kennt, nicht mit derartigen Vertragsbestandteilen rechnen musste.

104 **(3) Unangemessene Benachteiligung wegen Intransparenz.** Eine unangemessene Benachteiligung kann sich gemäß § 305 Abs. 1 S. 3 BGB ergeben, wenn die verwendeten Klauseln **nicht klar und verständlich** sind. Diese Anforderung stellt Unternehmen bei CSR-Standards vor erhebliche Herausforderungen. Die Regelungen des LkSG sind nämlich als Vorlage unbrauchbar, da sie einerseits teils sehr allgemein gehalten sind und andererseits erhebliche handwerkliche Defizite aufweisen, sodass ein Gericht sie in der Gestalt von vertraglichen Bestimmungen wohl als intransparent bezeichnen würde. Gerade vor diesem Hintergrund darf von Unternehmen nichts Unmögliches verlangt werden.[166] So sollten vertragliche Regelungen zwar einerseits möglichst konkret formuliert sein, andererseits müssen sie auch ausreichend Flexibilität gewähren, um auf Veränderungen der Risikobeurteilung (vgl. auch § 5 Abs. 4, § 6 Abs. 5) reagieren zu können.[167] Wichtig ist, dass Klauselgegner im Wesentlichen erkennen können, welche Pflichten sie treffen und welche Einflussnahme und Kontrollen sie ggf. erdulden müssen.[168] In der Literatur wird teils vorgeschlagen, zur Verdeutlichung mit Beispielen zu arbeiten.[169]

105 **(4) Unangemessene Benachteiligung iSd § 307 Abs. 1 BGB.** AGB sind nach der Generalklausel des § 307 Abs. 1 S. 1 BGB unwirksam, wenn sie den Vertragspartner entgegen den Geboten von Treu und Glauben unangemessen benachteiligen. Sie unterliegen der Inhaltskontrolle, da es sich **nicht lediglich** um **deklaratorische Klauseln** handelt.[170] Die Rechte und Pflichten des unmittelbaren Zulieferers ergeben sich nicht unmittelbar aus dem LkSG. Sofern die Compliance-Klauseln lediglich zur Einhaltung der auch für den Zulieferer gültigen Gesetze verpflichtet, unterliegt sie hingegen keiner Inhaltskontrolle.[171]

106 Viele der in § 6 Abs. 4 vorgesehenen Präventionsmaßnahmen sind abstrakt geeignet, die Interessen der Zulieferer erheblich zu beeinträchtigen (zB Audit-Klauseln, die unangekündigte Begehungen von Produktionsstätten gestatten).[172] Die Angemessenheitsbeurteilung hat indes die Vorgaben des Gesetzgebers zu berücksichtigen, um **widersprüchliche Anforderungen an Unternehmen** zu **verhindern.** Diese können nicht durch das LkSG verpflichtet werden, bestimmte Rechte und Pflichten in den Verträgen zu vereinbaren, wenn die vertraglichen Vereinbarungen zugleich eine unangemessene Benachteiligung iSd AGB-Rechts darstellen.[173] Die Einheit der Rechtsordnung gebietet vielmehr einen Wertungsgleichklang.[174] Maßnahmen, die der **Umsetzung der Verpflichtungen aus dem**

[165] Kramer, Juristische Methodenlehre, 6. Aufl. 2019, 99 ff. mwN; Rüthers/Fischer/Birk, Rechtstheorie, 12. Aufl. 2022, Rn. 143 ff., 276 ff., 744 ff.; grundsätzlicher Lindner in Hellwege/Soniewicka, Die Einheit der Rechtsordnung, 2020, 15 (24 f.).

[166] Vgl. auch Spießhofer/v. Westphalen BB 2015, 75 (80); Wilhelm AcP 221 (2021), 657 (676).

[167] S. die Klauselvorschläge bei Depping in Walden/Depping, CSR und Recht, 2015, 125 (133 ff.).

[168] Vgl. Spießhofer/v. Westphalen BB 2015, 75 (80).

[169] Wilhelm AcP 221 (2021), 657 (677).

[170] Ebenso Compliance-Klauseln Wilhelm AcP 221 (2021), 657 (678 f.).

[171] Vgl. Wagner/Ruttloff/Wagner LkSG-HdB/Wagner Rn. 2156, 2173.

[172] Zu Auditklauseln und AGB-Kontrolle Wagner/Ruttloff/Wagner LkSG-HdB/Wagner Rn. 2194 ff.

[173] Ähnlich Spindler ZHR 186 (2022), 67 (105 f.); Wilhelm AcP 221 (2021), 657 (681, 686); vgl. ferner Wagner/Ruttloff/Wagner LkSG-HdB/Wagner Rn. 2176.

[174] Vgl. Kramer, Juristische Methodenlehre, 6. Aufl. 2019, 99 ff. mwN; Rüthers/Fischer/Birk, Rechtstheorie, 12. Aufl. 2022, Rn. 143 ff., 276 ff., 744 ff.; grundsätzlicher Lindner in Hellwege/Soniewicka, Die Einheit der Rechtsordnung, 2020, 15 (24 f.).

LkSG dienen, stellen deshalb **keine unangemessene Benachteiligung** dar. Der Maßstab des § 307 Abs. 1 S. 1 BGB wird insofern normativ überformt.[175] Dem steht für den unternehmerischen Verkehr auch nicht die Klausel-RL[176] entgegen, da diese lediglich die Verwendung von AGB gegenüber Verbrauchern regelt.

Eine **unangemessene Benachteiligung** liegt **auch dann nicht** vor, **wenn** die **Maßnahmen über das unbedingt erforderliche Maß hinausgehen.**[177] Aufgrund des prognostischen Charakters von Risikoanalyse und Risikomanagement können Unternehmen nämlich ex ante häufig nicht erkennen, ob auch mildere Maßnahmen den Anforderungen des LkSG genügen würden. Es kann nicht Aufgabe des AGB-Rechts sein, im Rückblick die Zielgenauigkeit minutiös nachzuvollziehen und die vertraglichen Regelungen ggf. für unangemessen zu erklären. In diesem Fall würde das Unternehmen nämlich nicht nur seine vertraglichen Rechte verlieren, sondern zugleich gegen § 6 Abs. 4 verstoßen. Infolge der Inhaltskontrolle wäre nämlich die gesamte Klausel nichtig, weshalb das Unternehmen keine ausreichenden vertraglichen Abreden mit dem unmittelbaren Zulieferer getroffen hätte. Es kann daher nur gefordert werden, dass die berechtigten Belange des Verwendungsgegners (zB Geheimhaltungsinteressen) und dessen gesetzliche Verpflichtungen (zB aus dem Datenschutzrecht) angemessen berücksichtigt werden.[178] 107

Das Dilemma der Unternehmen, einerseits durch das LkSG zu bestmöglicher Prävention angehalten zu werden und andererseits durch die AGB-Kontrolle die Interessen des Vertragspartners nicht übermäßig einzuschränken, ist durch zwei Auslegungsmaßnahmen aufzulösen. Erstens muss bei der **Angemessenheitsbeurteilung** nach dem LkSG (→ Rn. 66 ff.) stets auch das Interesse des unmittelbaren Zulieferers berücksichtigt werden, in seinem Geschäftsbereich keine Einmischung dulden zu müssen. Zweitens sind Maßnahmen **nicht unangemessen iSd § 307 Abs. 1 S. 1 BGB,** wenn sie grundsätzlich dazu dienen, den Pflichten nach dem LkSG nachzukommen und nicht offensichtlich unverhältnismäßig sind, beurteilt aus der Ex-ante-Perspektive. 108

Die Unangemessenheit ergibt sich entgegen einer in der Literatur vereinzelt vertretenen Ansicht auch nicht aus dem Umstand, dass **Erwartungen ohne Befähigungsmaßnahmen** kommuniziert werden.[179] Bei den durch § 2 Abs. 2, Abs. 3 erfassten Risiken handelt es sich überwiegend um derart fundamentale Rechtsverletzungen, dass von jedem Verkehrsteilnehmer erwartet werden kann, dass dieser eine Verletzung aus eigenem Antrieb und mit eigenen Mitteln verhindert, zumal vielfach ohnehin eine entsprechende Rechtspflicht besteht.[180] Dass dies möglicherweise nach § 6 Abs. 4 nicht genügt, führt nicht zur Unwirksamkeit der Verpflichtung des unmittelbaren Zulieferers, sondern allein zu einer zusätzlichen Verantwortung des Abnehmers nach dem LkSG. Etwas anderes ist nur denkbar, wenn durch die Gestaltung der vertraglichen Beziehungen das Unternehmen selbst konkret und substantiell dazu beigetragen hat, dass der unmittelbare Zulieferer die Erwartungen nicht erfüllen kann. Allgemeiner Preisdruck und branchenübliche Vertragsgestaltungen genügen dafür regelmäßig nicht. 109

Auch **Änderungsrechte** oder -vorbehalte stellen keine unangemessene Benachteiligung dar, wenn die Klauseln der Erfüllung der Präventionsvorgaben des LkSG dienen und sie unter die Voraussetzung stellen, dass entsprechende sachliche Gründe vorliegen.[181] 110

---

[175] Vgl. auch Wilhelm AcP 221 (2021), 657 (679).

[176] Richtlinie 93/13/EWG des Rates vom 5.4.1993 über mißbräuchliche Klauseln in Verbraucherverträgen (ABl. 1993 L 95, 29).

[177] Zurückhaltender Wilhelm AcP 221 (2021), 657 (685): unschädlich, wenn Klauseln „punktuell verfeinert und ergänzt" werden; aA wohl Grabosch Das neue LkSG/Grabosch § 5 Rn. 95; str. auch für Compliance-Klauseln, s. dazu Hauschka/Moosmayer/Lösler Corporate Compliance/Herb § 19 Rn. 30: keine unangemessene Benachteiligung.

[178] Beispielhaft für Auditklauseln Wagner/Ruttloff/Wagner LkSG-HdB/Wagner Rn. 2196 ff.

[179] So aber Grabosch Das neue LkSG/Grabosch § 5 Rn. 95.

[180] Vgl. Wilhelm AcP 221 (2021), 657 (685).

[181] Wilhelm AcP 221 (2021), 657 (686); vgl. ferner Wagner/Ruttloff/Wagner LkSG-HdB/Wagner Rn. 2178.

Derartige Gründe können etwa geänderte rechtliche Anforderungen, aber auch neu entdeckte, neu entstandene oder vergrößerte Risiken sein.[182] Die aus § 6 Abs. 3 Nr. 4, Abs. 4 Nr. 4, Abs. 5 S. 3 herzuleitende Aktualisierungspflicht (eingehend → Rn. 138 ff.) hinsichtlich der Maßnahmen wäre ohne entsprechende Vorbehalte im Vertrag mit dem unmittelbaren Zulieferer nicht umsetzbar.

111 **„Harte" Weitergabeklauseln,**[183] die den unmittelbaren Zulieferer verpflichten, bestimmte Rechte und Pflichten entlang der Lieferkette zu vereinbaren, lösen nach bisher in der Literatur vertretener Ansicht eine unangemessene Benachteiligung aus.[184] Da der unmittelbare Zulieferer selbst darauf angewiesen ist, dass derartige Klauseln in Verhandlungen durchsetzbar sind, ließen „harte" Weitergabeklauseln seine Interessen außen vor.[185] Künftig wird man zu einem anderen Ergebnis gelangen müssen, sofern eine solche Klausel aufgrund der Pflicht aus § 6 Abs. 4 Nr. 2 erforderlich ist.[186]

Die von der Regierungsbegründung angeregte Vereinbarung von **Vertragsstrafen**[187] wird in der Literatur trotz Vorgaben des LkSG äußerst kritisch gesehen und bei Verschuldensunabhängigkeit im Regelfall für unwirksam erachtet.[188] Zu **Kündigungs- und Rücktrittsrechten** → Rn. 112.

112 **(5) Verstoß gegen Klauselvorbehalte.** Die Ausführungen zu § 307 Abs. 1 BGB (→ Rn. 105 ff.) gelten ebenso für die Klauselkataloge der §§ 308, 309 BGB, sofern deren Wertungen im unternehmerischen Verkehr in die Prüfung der Angemessenheit nach § 307 Abs. 1 BGB eingehen. Auch hier muss das AGB-Recht so ausgelegt werden, dass Unternehmen die Vorgaben nach dem LkSG umsetzen können. Allerdings ist die **praktische Bedeutung** der Klauselvorbehalte für die hier besprochenen Vertragsinhalte **gering.**

113 Bedeutung haben die Klauselvorbehalte vor allem für **Rücktritts- oder Kündigungsrechte.** § 308 Nr. 3 BGB lassen sich Wertungen auch für den unternehmerischen Geschäftsverkehr entnehmen.[189] Ein Konflikt besteht allerdings nicht, da § 7 Abs. 3 nicht zu einem Abbruch (Rücktritt oder Kündigung) ohne sachlichen Grund zwingt. Das AGB-Recht verlangt allein, dass die wiederholte und schwere Verletzung bestimmter vertraglicher Vorgaben mit Blick auf Menschenrechte und Umweltstandards zur Voraussetzung für ein etwaiges Kündigungsrecht gemacht wird.[190] Problematisch wären Rücktritts- oder Kündigungsvorbehalte indes, wenn sie auch bei einem bloßen Verdacht einer Pflichtverletzung bestehen sollen.[191]

114 **c) Schulungen und Weiterbildung (Nr. 3). aa) Angemessenheit und Durchsetzbarkeit.** Unternehmen sollen bei ihren unmittelbaren Zulieferern nach § 6 Abs. 4 Nr. 3 Schulungen und Weiterbildungen vornehmen, um die Umsetzung der vertraglichen Zusicherungen (Nr. 2) sicherzustellen. Auch diese Anforderung steht unter dem **Angemessenheitsvorbehalt** des § 6 Abs. 1, Abs. 4. Eigene Schulungen bei unmittelbaren Zulieferern müssen deshalb im konkreten Fall angemessen sein.[192] Aufgrund des erheblichen Aufwandes sowie der damit einhergehenden Eingriffe in die Organisationssphäre der Zulieferer kann **keine pauschale Pflicht** bestehen. Vielmehr sind Schulungen bei unmittelbaren Zulieferern regelmäßig und entgegen des zu undifferenzierten Wortlauts **nur bei erheblichen und priorisierten Risiken** geboten. Und selbst in solchen Fällen sind

[182] Vgl. Wilhelm AcP 221 (2021), 657 (686 f.).
[183] Wenig problematisch sind hingegen „weiche" Weitergabeklauseln, die lediglich eine Bemühenspflicht vorsehen: Wagner/Ruttloff/Wagner LkSG-HdB/Wagner Rn. 2217.
[184] Gilch/Pelz CCZ 2008, 131 (133 f.); Wilhelm AcP 221 (2021), 657 (687).
[185] Spießhofer/v. Westphalen BB 2015, 75 (81 f.); Wilhelm AcP 221 (2021), 657 (687 f.).
[186] AA Wagner/Ruttloff/Wagner LkSG-HdB/Wagner Rn. 2221.
[187] Begr. RegE LkSG, BT-Drs. 19/28649, 49 zu § 7 Abs. 2 Nr. 2.
[188] Wagner/Ruttloff/Wagner LkSG-HdB/Wagner Rn. 2181 ff.
[189] Dazu statt aller MüKoBGB/Wurmnest BGB § 308 Nr. 3 Rn. 20.
[190] Vgl. auch Wagner/Ruttloff/Wagner LkSG-HdB/Wagner Rn. 2188 f.
[191] Wagner/Ruttloff/Wagner LkSG-HdB/Wagner Rn. 2189.
[192] Ähnlich Harings/Jürgens LkSG 129; strenger Seibt/Vesper-Gräske CB 2021, 357 (362).

Schulungen beim unmittelbaren Zulieferer nicht stets zwingend. Sie sind redundant, wenn die unmittelbaren Zulieferer selbst Schulungspflichten nach § 6 Abs. 3 Nr. 3 unterliegen (→ Rn. 55 ff.) oder sonst glaubhaft zur Durchführung derartiger Maßnahmen bereit sind. Dann genügt das Unternehmen seinen Präventionspflichten, wenn es sich die Durchführung von **Schulungen vertraglich zusichern** lässt und ggf. stichprobenartig überprüft.[193]

Auch hinsichtlich der Schulungen gilt der **Vorbehalt der Durchsetzbarkeit** 115 (→ Rn. 70 ff.). Unternehmen können die Schulungen nicht erzwingen, wenn die unmittelbaren Zulieferer die zugemuteten Eingriffe und Belastungen in ihre Sphäre als übergriffig zurückweisen. Unternehmen können vor allem ein Angebot an die unmittelbaren Zulieferer unterbreiten und ggf. zusätzlich versuchen, durch wirtschaftliche Anreize oder Druck die Bereitschaft des unmittelbaren Zulieferers zu erhöhen. Angemessen und geboten sind Schulungen deshalb vor allem, wenn die unmittelbaren Zulieferer grundsätzlich kooperativ, aber selbst nicht in der Lage sind, entsprechende Maßnahmen zu ergreifen.

bb) Durchführung. Sind Schulungen geboten und genügt eine vertragliche Verpflich- 116 tung des unmittelbaren Zulieferers nicht, bedeutet dies nicht, dass die Unternehmen die Schulungen selbst durchführen müssen. Vielmehr können sie diese **durch Dritte** (externe Dienstleister, Brancheninitiativen, Nichtregierungsorganisationen) durchführen lassen.[194] In diesem Fall genügt das Unternehmen seinen Pflichten, wenn es die Dritten **sorgfältig auswählt und überwacht** (vgl. → Rn. 82 f.). Die Überwachung kann etwa durch stichprobenartige Überprüfungen der Schulungen erfolgen. Zudem ist konkreten Hinweisen auf Defizite nachzugehen. Von Anfang an erhöhte Anforderungen sind allenfalls für schwerwiegende Risiken gerechtfertigt.

cc) Inhaltliche Anforderungen. Die Anforderungen an **Umfang, Häufigkeit und** 117 **Intensität** der Schulungen variieren **nach der jeweiligen Risikoexposition der Mitarbeiter.**[195] Je näher sie dem Risiko oder sogar einer Verletzung stehen, desto intensiver müssen die Schulungen ausfallen. Sie sind dann auf die jeweiligen Mitarbeiter zuzuschneiden. Allgemein gehaltene Schulungen, etwa online mit anschließenden Multiple-Choice-Fragen, sind vor allem bei einem günstigen Risikoprofil angemessen. Insgesamt sind die **Anforderungen niedriger als im eigenen Geschäftsbereich.**

Die **Lehrinhalte** sind **adressatengerecht aufzubereiten.** Bei der Konzeption der 118 Schulungen sind die sprachlichen Fähigkeiten der Mitarbeiter sowie der Bildungsstand zu berücksichtigen. Beachtung verdienen zudem interkulturelle Unterschiede und die jeweiligen rechtlichen Gegebenheiten vor Ort.[196]

dd) Dauerhafte Verpflichtung. Die Schulung der Mitarbeiter ist eine **Daueraufgabe.**[197] 119 Es genügt nicht, dass die Mitarbeiter der unmittelbaren Zulieferer lediglich einmalig bei Aufnahme der Geschäftsbeziehung geschult werden. Vielmehr sind Schulungen in angemessenen Abständen zu wiederholen. Die angemessene **Frequenz** der Schulungen hängt davon ab, wie wichtig die einzelnen Mitarbeiter für die Risikoprävention sind. Generell sollten überzogene Anforderungen vermieden werden, um häufige, aber wirkungslose Feigenblattschulungen für die Akten zu vermeiden.

d) Vertragliche Kontrollmechanismen (Nr. 4). Nach § 6 Abs. 4 Nr. 4 müssen 120 Unternehmen angemessene vertragliche Kontrollmechanismen gegenüber ihren unmittel-

---

[193] Vgl. zu möglichen inhaltlichen Vorgaben Falder/Frank-Fahle/Poleacov LkSG 75 f.

[194] Harings/Jürgens LkSG 129; skeptisch aber Wagner/Ruttloff/Wagner LkSG-HdB/Wagner/Wagner Rn. 577 f.

[195] Gegen einen One-size-fits-all-Ansatz auch Inderst/Bannenberg/Poppe Compliance/Rieder Kap. 2 Rn. 58.

[196] Vgl. Inderst/Bannenberg/Poppe Compliance/Rieder Kap. 2 Rn. 59.

[197] Vgl. Inderst/Bannenberg/Poppe Compliance/Rieder Kap. 2 Rn. 61.

baren Zulieferern vereinbaren, um die Einhaltung der Menschenrechtsstrategie überwachen zu können.

121 **aa) Verhältnis zu § 6 Abs. 5.** Das Verhältnis der Kontrollpflicht nach § 6 Abs. 4 Nr. 4 zur Evaluations- und Aktualisierungspflicht gemäß § 6 Abs. 5 ist nicht vollends geklärt. Die Anwendungsbereiche scheinen sich zu überschneiden. Denn wenn das Unternehmen die Einhaltung der Menschenrechtsstrategie bei unmittelbaren Zulieferern kontrolliert, überprüft es damit zugleich die Wirksamkeit der eigenen Präventionsmaßnahmen gegenüber diesen Zulieferern. Allerdings erfasst § 6 Abs. 5 im Rahmen der **anlassbezogenen Prüfung** nicht die Wirksamkeit der Maßnahmen, sodass diese bei unmittelbaren Zulieferern allein nach § 6 Abs. 4 Nr. 4 zu prüfen ist.[198] Eine inhaltliche Überschneidung ergibt sich deshalb vor allem mit der **jährlichen Routineprüfung** (→ Rn. 132 f.). Dieses Nebeneinander der Kontroll- und Prüfpflichten dürfte so aufzulösen sein, dass § 6 Abs. 5 als Regelung der übergeordneten und überblickshaften Evaluation der Präventionsmaßnahmen zu verstehen ist (Gesamtevaluation). **§ 6 Abs. 4 Nr. 4** enthielte danach die Verpflichtung zur **konkreten und einzelfallbezogenen Prüfung** in der **operativen Geschäftsbeziehung** zu den jeweiligen Zulieferern. Die Ergebnisse der Prüfung nach § 6 Abs. 3 Nr. 4 können dann für die Gesamtevaluation nach § 6 Abs. 5 herangezogen werden. Einen eigenständigen Regelungsgehalt hat die Vorschrift zudem hinsichtlich der **Verpflichtung, vertragliche Grundlagen** für die Prüfungen **zu schaffen.**

122 **bb) Priorisierung und Angemessenheit.** Auch hinsichtlich der unmittelbaren Zulieferer soll die **Kontrolle risikobasiert** stattfinden. Damit ist gemeint, dass nach § 5 Abs. 2 priorisierte Risiken auch bei der Kontrolle besonderes Gewicht erlangen. Es gelten die Wertungen des § 3 Abs. 2. Die Risikopriorisierung determiniert damit wesentlich die Angemessenheit von Kontrollmaßnahmen im Einzelfall. Unternehmen können nämlich nicht alle Zulieferer mit gleicher Intensität überwachen, zumal zu berücksichtigen ist, dass der Kontrollaufwand gegenüber unmittelbaren Zulieferern regelmäßig deutlich höher ist als im eigenen Geschäftsbereich.[199] Selbst die Regierungsbegründung regt eine **Fokussierung auf strategisch relevante Zulieferer** und Zwischenhändler an.[200] Neben den in § 3 Abs. 2 genannten Maßstäben sind auch Erfahrungen aus der Vergangenheit oder sonstige Erkenntnisse (etwa von Hinweisgebern nach § 8) einzubeziehen.

123 Zulieferer mit **hoher Priorität** sind **engmaschig und häufig** zu kontrollieren. Sie erfordern auch ohne konkrete Hinweise auf Defizite eine eingehende Prüfung, etwa mit Begehungen vor Ort oder die Einbeziehung potenziell Betroffener (zB Arbeitnehmer, Anwohner).[201] Zudem versprechen Kontrollen in langfristigen und wichtigen Geschäftsbeziehungen einen größeren Mehrwert und sind tendenziell eher gerechtfertigt als in einmaligen Geschäftsbeziehungen oder solchen mit sehr niedrigen Transaktionsvolumina. **Je niedriger die Priorität** (zB wegen überwiegend geringer Risiken, guter Erfahrungen aus der Vergangenheit oder eigener Verantwortlichkeit des Zulieferers nach dem LkSG), **desto** eher genügen **großzügigere Kontrollintervalle** und **grobmaschigere Kontrollmaßnahmen.** Ausreichend sind dann auch allgemeine Prüfmaßnahmen, indem etwa Branchenberichte für mehrere Zulieferer dieser Branche herangezogen werden. Zudem müssen Unternehmen „die Augen offenhalten", dh auf Hinweise über Missstände achten. Wichtigstes Instrument dafür ist das Beschwerdeverfahren nach § 8. Je effizienter und glaubhafter die Beschwerdemöglichkeiten für potenziell Betroffene und Dritte sind, desto geringer sind die Anforderungen an die eigene Überprüfung. Erlangen Unternehmen konkrete Hinweise auf Defizite, erhöhen sich die eigenen Kontrollpflichten.

---

198 Korch NJW 2022, 2065 (2067 ff.).
199 Vgl. Grabosch Das neue LkSG/Grabosch § 5 Rn. 99.
200 Begr. RegE LkSG, BT-Drs. 19/28649, 48.
201 Vgl. auch Falder/Frank-Fahle/Poleacov LkSG 76; Harings/Jürgens LkSG 126 f.; Wagner/Ruttloff/Wagner LkSG-HdB/Wagner/Wagner Rn. 750.

cc) Durchführung. Unternehmen können sich bei der Überprüfung **von Dritten** (zB **Dienstleistern** oder Nichtregierungsorganisationen) **unterstützen** und beraten **lassen.**[202] Die inhaltlichen Anforderungen an die Prüfung bleiben davon indes unberührt, sodass allgemein gehaltene Kontrollen und Einschätzungen regelmäßig nur bei geringfügigen Risiken genügen. Hinsichtlich hoch priorisierter Risiken muss demgegenüber auch der Dritte konkret die Wirksamkeit der jeweiligen Präventionsmaßnahmen nachvollziehen.[203] Das Unternehmen muss den Dienstleister oder sonstige Dritte deshalb **sorgfältig auswählen** und dabei auf deren Unabhängigkeit sowie deren ausreichende Ausstattung und Sachverstand achten.[204] Auch nach einer sorgfältigen Auswahl müssen die Dritten **überwacht** werden, etwa durch stichprobenartige eigene Kontrollen. Zudem sollte das Prüfungsergebnis zumindest bei hoch priorisierten Risiken einer Plausibilitätskontrolle unterzogen werden.[205] Bei der Kontrolle der Dritten kann sich das Unternehmen wiederum Dritter bedienen, sofern es auch diese sorgsam auswählt. 124

Erfüllt das Unternehmen diese **Anforderungen, kommt es seiner Kontrollpflicht regelmäßig nach.**[206] Bestehen demgegenüber Defizite, kann die Beauftragung Dritter nur ein Baustein in der Prüfungsarchitektur des Unternehmens darstellen.[207] Der Hinweis in der Regierungsbegründung, dass Unternehmen durch Beauftragung externer Dienstleister nicht von ihrer Verantwortung entbunden würden,[208] dürfte in diesem Sinne zu verstehen sein, dass blindes Vertrauen in das Urteil Dritter nicht angezeigt ist.[209] Eine darüber hinausgehende Verantwortung wäre indes überzogen, da es sich bei den Präventionspflichten um Bemühenspflichten handelt und das Gesetz lediglich angemessene Maßnahmen fordert.[210] Zudem sind die beauftragten Dritten möglicherweise sogar besser in der Lage, die Einhaltung der Menschenrechtsstrategie durch die unmittelbaren Zulieferer zu überwachen als das Unternehmen selbst. 125

dd) Vertragliche Verankerung und Durchsetzbarkeit. Unternehmen müssen versuchen, **in** ihren **Verträgen mit unmittelbaren Zulieferern Kontrollmöglichkeiten zu verankern,** die angemessene Kontrollen (→ Rn. 122 f.) sowohl routinemäßig als auch anlassbezogen ermöglichen,[211] etwa durch sog. Audit-Klauseln.[212] Die Anforderungen müssen allerdings die Realitäten in internationalen Lieferketten anerkennen, namentlich, inwiefern Kontrollmaßnahmen in Vertragsverhandlungen überhaupt **durchsetzbar** sind (allgemein zur Durchsetzbarkeit → Rn. 70 ff.). Das kann je nach Einzelfall sehr unterschiedlich sein. Ist das Unternehmen einer der wichtigsten oder sogar der einzige Abnehmer, wird der unmittelbare Zulieferer regelmäßig auch weitreichenden Kontrollbefugnissen zustimmen. Ist das Unternehmen hingegen nur ein Kunde unter tausenden und ist das Transaktionsvolumen gering, wird der Zulieferer Kontrollen überwiegend ablehnen.[213] 126

Wie sehr Unternehmen auf vertragliche Kontrollrechte drängen müssen, ist im Einzelfall zu bestimmen. In die **Abwägung** sind die **Risikopriorisierung** nach § 5 Abs. 2 ebenso einzustellen wie die **Verhandlungsmacht** und der **Umfang des Geschäfts.** Je stärker 127

---

[202] Spindler ZHR 186 (2022), 67 (84 f.); ferner Falder/Frank-Fahle/Poleacov LkSG 75.
[203] Ähnlich Grabosch Das neue LkSG/Grabosch § 5 Rn. 99.
[204] Vgl. Grabosch Das neue LkSG/Grabosch § 5 Rn. 99.
[205] Ähnlich Wagner/Ruttloff/Wagner LkSG-HdB/Wagner/Wagner Rn. 751.
[206] Vgl. zum Vertrauen auf Zertifizierer Gehling/Ott/Lüneborg CCZ 2021, 230 (236).
[207] Ähnlich Gehling/Ott/Lüneborg CCZ 2021, 230 (236); Grabosch Das neue LkSG/Grabosch § 5 Rn. 99.
[208] Begr. RegE LkSG, BT-Drs. 19/28649, 48.
[209] Krit. dazu auch Spindler ZHR 186 (2022), 67 (85).
[210] Vgl. Spindler ZHR 186 (2022), 67 (85).
[211] Harings/Jürgens LkSG 127.
[212] Dazu Inderst/Bannenberg/Poppe Compliance/Steiner Kap. 4 Rn. 1211; Leuschner, AGB-Recht im unternehmerischen Rechtsverkehr/Wilhelm, Auditklauseln Rn. 1 ff.; zur Selbstauditierung Leuschner, AGB-Recht im unternehmerischen Rechtsverkehr/Wilhelm, Auskunftsklauseln Rn. 9.
[213] Ähnlich Harings/Jürgens LkSG 127.

die Risiken priorisiert werden, je größer die Verhandlungsmacht und je großvolumiger die Transaktion, desto eher müssen Kontrollmöglichkeiten vertraglich verankert werden. Die Anforderungen steigen zudem mit dem eigenen Verursachungsbeitrag.

128 **Grenzen** der Kontrollmöglichkeiten können sich **aus anderen Rechtsvorschriften** ergeben. So müssen Unternehmen sowie unmittelbare Zulieferer weiterhin etwa datenschutzrechtliche Bestimmungen beachten.[214] Demgegenüber dürfte die AGB-Kontrolle notwendige vertraglichen Absicherungen nicht im Wege stehen (vgl. → Rn. 105 ff.).

129 Sind Kontrollmöglichkeiten in den Vertragsverhandlungen oder aus Rechtsgründen nicht umsetzbar, aber aufgrund der vorangegangenen Abwägung erforderlich, muss das Unternehmen **andere Wege** suchen, eine Prüfung vorzunehmen.[215] Dabei können möglicherweise professionelle Anbieter, Zertifizierer, Nichtregierungsorganisationen oder Stakeholdergruppen vor Ort (zB Gewerkschaften) unterstützen.[216] Bei der Festlegung der Angemessenheit solcher Maßnahmen ist allerdings neben den genannten Kriterien zu berücksichtigen, dass derart indirekte Maßnahmen das Vertrauensverhältnis zwischen Unternehmen und Zulieferer zerrütten können. Das ist hinzunehmen, sofern die Weigerung des Unternehmens, Kontrollen zuzulassen, einer sachlichen Grundlage entbehrt und den Verdacht nahelegt, dass Risiken fortbestehen oder gar Verletzungen verdeckt werden sollen.

VI. Evaluation und Aktualisierung der Präventionsmaßnahmen (Abs. 5)

130 **1. Grundlagen und Verhältnis zu anderen Vorschriften.** Unternehmen müssen die Wirksamkeit ihrer Präventionsmaßnahmen gemäß § 6 Abs. 5 S. 1 einmal im Jahr sowie anlassbezogen **überprüfen.** Nach S. 2 sind die Erkenntnisse aus dem Hinweisgebersystem zu berücksichtigen. Die Maßnahmen sind nach § 6 Abs. 5 S. 3 bei Bedarf unverzüglich zu **aktualisieren.**

131 Das **Verhältnis** dieser Pflichten **zu den Prüfpflichten nach § 6 Abs. 3 Nr. 4** sowie **§ 6 Abs. 4 Nr. 4** ist **unklar.** Auch die Regierungsbegründung schweigt sich aus.[217] In den genannten Vorschriften hat der Gesetzgeber risikobasierte Kontrollpflichten eingeführt, wonach das Unternehmen die Einhaltung der Menschenrechtsstrategie im eigenen Geschäftsbereich und bei unmittelbaren Zulieferern kontrollieren muss. Dabei wird regelmäßig auch die Wirksamkeit der Präventionsmaßnahmen überprüft werden. Mit Blick auf die anlassbezogenen Prüfpflichten nach § 6 Abs. 5 könnte die Überschneidung indes geringer ausfallen, als dies auf den ersten Blick scheint. § 6 Abs. 5 S. 1 erfasst nämlich Erkenntnisse über die fehlende Wirksamkeit von Präventionsmaßnahmen nicht (→ Rn. 136), sodass § 6 Abs. 3 Nr. 4, Abs. 4 Nr. 4 hier eine sonst bestehende Regelungslücke schließt (→ Rn. 140). Anders ist dies hinsichtlich der jährlichen Routineprüfung, die auch die Wirksamkeit der Maßnahmen umfasst (→ Rn. 133).

132 **2. Jährliche Routineprüfung.** Die Vorschrift des § 6 Abs. 5 sieht sowohl **jährliche Routineprüfungen** als auch anlassbezogene Prüfungen vor. Die jährliche Routineprüfung umfasst neben objektiven Veränderungen der Risikolage die Überprüfung der Wirksamkeit von Maßnahmen für bestehende, unveränderte Risiken, da sich die Beschränkung auf eine veränderte Risikolage im Wortlaut der Vorschrift allein auf die anlassbezogene Prüfung bezieht. Ob der Gesetzgeber bewusst unterschiedliche Prüfungsmaßstäbe normiert hat, ist allerdings ebenso zweifelhaft wie eine mögliche sachliche Rechtfertigung der Unterscheidung zwischen Jahresprüfung und Anlassprüfung.

---

[214] Dazu Inderst/Bannenberg/Poppe Compliance/Steiner Kap. 4 Rn. 1211; Leuschner, AGB-Recht im unternehmerischen Rechtsverkehr/Wilhelm, Auditklauseln Rn. 25 f.

[215] Harings/Jürgens LkSG 127.

[216] Zur Kooperation mit Stakeholdern auch OECD-Leitfaden für die Erfüllung der Sorgfaltspflicht für verantwortungsvolles unternehmerisches Handeln, 2018, 54.

[217] Begr. RegE LkSG, BT-Drs. 19/28649, 48.

In systematischer Zusammenschau mit § 6 Abs. 3 Nr. 4, Abs. 4 Nr. 4 lässt sich die jährliche Routineprüfung nach § 6 Abs. 5 als eine übergeordnete und überblickshafte Gesamtevaluation verstehen (→ Rn. 60, → Rn. 120). Demgegenüber sind die anderen Kontrollpflichten im operativen Geschäft anzusiedeln und damit niedrigschwelliger. Die Ergebnisse der Prüfungen nach § 6 Abs. 3 Nr. 4, Abs. 4 Nr. 4 können freilich für die Gesamtevaluation nach § 6 Abs. 5 herangezogen werden. 133

3. Anlassbezogene Prüfung. Die Vorschrift des § 6 Abs. 5 sieht neben der jährlichen Routineprüfung auch **anlassbezogene Prüfungen** vor. Anlass für eine eingehende Prüfung außerhalb des Jahresrhythmuses können nach dem Gesetzeswortlaut Erkenntnisse über **veränderte Risikolagen** im eigenen Geschäftsbereich sowie bei unmittelbaren Zulieferern sein, wenn die Veränderungen **wesentlich** sind. Es kommt folglich auf die **objektive Entwicklung** der Risiken an. Das ergibt sich bereits aus dem Begriff der Risikolage, der sich von dem der Risikoanalyse des Unternehmens iSd § 5 Abs. 1 absetzt. Ferner stellen auch die Legaldefinitionen der Risiken in § 2 Abs. 2, Abs. 3 nach zutreffender Ansicht auf die objektive Lage ab (→ § 2 Rn. 59f.). 134

Eine **wesentliche Veränderung der Risikolage** kann sich aus Sicht des Unternehmens einerseits aus einer **Veränderung der Risiken selbst** oder andererseits aus der **Umgestaltung der Lieferketten** ergeben.[218] Den letzten Fall scheint der Gesetzgeber vor Augen gehabt zu haben, führt er doch in § 6 Abs. 5 S. 1 Hs. 2 als Beispiele die Einführung neuer Produkte, die Umsetzung neuer Projekte oder das Tätigwerden auf neuen Geschäftsfeldern an. Die Überprüfung dürfte allerdings zumeist Offensichtliches zutage fördern: Bereits bestehende Präventionsmaßnahmen erfassen geradezu typischerweise neue oder wesentlich vergrößerte Risiken nicht (ausreichend), da sie für diese nicht konzipiert wurden.[219] Haben sich etwa die Arbeitsbedingungen bei einem unmittelbaren Zulieferer drastisch verschlechtert, dürften noch keine angemessenen Präventionsmaßnahmen bestehen. Noch unplausibler sind die vom Gesetzgeber aufgenommenen **Beispiele.** Bei der Einführung neuer Produkte, der Umsetzung neuer Projekte sowie der Besetzung neuer Geschäftsfelder handelt es sich um neue geschäftliche Aktivitäten, sodass die daraus resultierenden **Risiken** typischerweise ebenfalls **neuartig** sind. Folgerichtig bestehen insofern noch keine Präventionsmaßnahmen, deren Wirksamkeit geprüft werden könnte. Präventionsmaßnahmen des Kaffeeherstellers auf der Kaffeeplantage werden kaum je die Risiken auf einer Kakaoplantage in einem anderen Land ausreichend wirksam mindern. Vielmehr sind zukünftig neue Präventionsmaßnahmen aufgrund der neuen Risiken erforderlich (→ Rn. 139). 135

Das schwerwiegendste Defizit des Gesetzeswortlauts liegt jedoch an anderer Stelle: § 6 Abs. 5 S. 1 erfasst den eigentlichen Anwendungsfall – die Überprüfung der Wirksamkeit der Präventionsmaßnahmen[220] – nur unzureichend. Erlangt das Unternehmen **Hinweise** oder sogar Erkenntnisse über die **unzureichende Wirksamkeit der** eigenen **Präventionsmaßnahmen** oder die der unmittelbaren Zulieferer, begründet dies nach dem Wortlaut des § 6 Abs. 5 S. 1 **keinen Anlass** zur Überprüfung der Maßnahmen, da sich die Risikolage nicht wesentlich verändert. Die unzureichende Wirksamkeit der Maßnahmen drückt sich nämlich gerade darin aus, dass die Risiken fortbestehen.[221] Solche Hinweise und Erkenntnisse wären erst bei der jährlichen Routineprüfung zu berücksichtigen. Konsequenterweise besteht auch keine zeitnahe Aktualisierungspflicht gemäß § 6 Abs. 5 S. 3. Möglicherweise lässt sich dieses Defizit allerdings durch einen Rückgriff auf § 6 Abs. 3 Nr. 4, Abs. 4 Nr. 4 beheben (→ Rn. 140). 136

---

[218] Vgl. auch Gehling/Ott/Lüneborg CCZ 2021, 230 (234); Grabosch Das neue LkSG/Grabosch § 5 Rn. 59ff.

[219] Korch NJW 2022, 2065 (2066).

[220] Zur Überprüfung der eigenen Maßnahmen s. auch OECD-Leitfaden für die Erfüllung der Sorgfaltspflicht für verantwortungsvolles unternehmerisches Handeln, 2018, 34 (84).

[221] Zum Vorstehenden Korch NJW 2022, 2065 (2066f.).

137 **Keine Erwähnung** findet zudem der Fall, dass das Unternehmen Hinweise auf möglicherweise bereits bestehende, **zuvor** aber **nicht erkannte Risiken** erlangt. Er ist nicht erfasst, da sich die Risikolage objektiv nicht verändert hat.[222] Das gilt unabhängig davon, ob die wahren Risiken in der ursprünglichen Risikoanalyse mit angemessenem Aufwand nicht erkennbar waren oder sogar fahrlässig übersehen wurden. Eine Regelungslücke besteht gleichwohl nicht, weil die Pflicht zu unverzüglichen Präventionsmaßnahmen bei erkannten Risiken direkt auf § 6 Abs. 1 gestützt werden kann.[223] Das setzt allerdings voraus, dass die Risikoanalyse entsprechend aktualisiert und die Risiken nun zutreffend erfasst wurden. Damit materialisiert sich das Problem bereits bei § 5 Abs. 4, der ähnliche Defizite aufweist (→ § 5 Rn. 64).

138 **4. Fallgruppen.** Der Gesetzgeber hat lediglich einen Teil der möglichen Überprüfungs- und Aktualisierungsanlässe normiert (→ Rn. 134 ff.). Anlassbezogene Sorgfaltspflichten können sich allerdings – je nach Fallgruppe – auch aus anderen Vorschriften ergeben, namentlich aus den übrigen Absätzen des § 6.

139 **a) Neue oder veränderte Risiken in den Lieferketten.** Treten objektiv neue Risiken auf, hat das Unternehmen seine Risikoanalyse nach § 5 Abs. 4 zu aktualisieren (→ § 5 Rn. 63).[224] Stellt das Unternehmen im Rahmen dieser Aktualisierung **neue Risiken** fest, ergibt sich die Pflicht zu Präventionsmaßnahmen unmittelbar aus **§ 6 Abs. 1.**[225] Auch bereits bestehende, aber wesentlich **veränderte Risiken** lösen erweiterte Präventionspflichten aus. Das ergibt sich aus **§ 6 Abs. 5 S. 3,** der eine Anpassung der Maßnahmen vorgibt, wenn die Überprüfung nach § 6 Abs. 5 S. 1 ergibt, dass die bisherigen Präventionsmaßnahmen für die veränderten Risiken nicht ausreichen.

140 **b) Erkenntnisse über die mangelnde Wirksamkeit von Maßnahmen.** Das Unternehmen kann auch Erkenntnisse darüber erlangen, dass die ergriffenen Präventionsmaßnahmen nicht ausreichen. Diesen wichtigen Fall **erfasst § 6 Abs. 5 nicht als Prüfungsanlass,** da sich die objektive Risikolage nicht ändert (→ Rn. 134).[226] Der Gesetzgeber hat allerdings nicht nur die Pflicht zur Prüfung der Präventionsmaßnahmen in § 6 Abs. 5 normiert, sondern auch eine Kontrollpflicht hinsichtlich der Einhaltung der Menschenrechtsstrategie in **§ 6 Abs. 3 Nr. 4, Abs. 4 Nr. 4.** Nach § 6 Abs. 3 Nr. 4 muss das Unternehmen **risikobasierte Kontrollmaßnahmen** durchführen, um die Einhaltung der Menschenrechtsstrategie im eigenen Geschäftsbereich zu überprüfen (→ Rn. 60 ff.). Das Pendant für unmittelbare Zulieferer findet sich in § 6 Abs. 4 Nr. 4 (→ Rn. 120 ff.). Durch diese Doppelregelung bietet sich die Möglichkeit, die in § 6 Abs. 5 fehlenden Prüfungs- und Aktualisierungspflichten außerhalb der Routineprüfung herzuleiten. Prüft das Unternehmen die Einhaltung der Menschenrechtsstrategie mittels der Kontrollmaßnahmen, überprüft es zugleich die Wirksamkeit der eigenen Präventionsmaßnahmen. § 6 Abs. 3 Nr. 4, Abs. 4 Nr. 4 schließt damit die Lücke, die der zu enge Wortlaut des § 6 Abs. 5 reißt.[227] Fraglich ist allein, ob aus den Vorschriften auch eine **Pflicht zur Anpassung von Maßnahmen** hergeleitet werden kann, da der Wortlaut lediglich von Überprüfung beziehungsweise Kontrolle spricht. Es schiene indes zu formalistisch, darin nicht zugleich die Verpflichtung zu sehen, erkannte Defizite abzustellen.[228]

141 **c) Neue Erkenntnisse über objektiv unveränderte Risiken.** Erlangt das Unternehmen **neue Erkenntnisse** über bereits existierende, objektiv unveränderte Risiken, besteht nach dem Wortlaut des Gesetzes weder Anlass zur Aktualisierung des Risikomanagements

[222] Korch NJW 2022, 2065 (2066).
[223] Korch NJW 2022, 2065 (2069).
[224] Korch NJW 2022, 2065 (2068).
[225] Korch NJW 2022, 2065 (2068).
[226] Korch NJW 2022, 2065 (2068 f.).
[227] Korch NJW 2022, 2065 (2069).
[228] Korch NJW 2022, 2065 (2069).

nach § 5 Abs. 4 noch zur Überprüfung der Maßnahmen nach § 6 Abs. 5.[229] Das gölte sogar für den Fall, dass das Unternehmen die Risiken im Rahmen einer angemessenen Risikoanalyse hätte erkennen können. Selbst eigene, vorwerfbare Fehler müssten deshalb nicht zeitnah korrigiert werden. Möglicherweise ist aber § 5 Abs. 4 analog anzuwenden (→ § 5 Rn. 64). Die Rechtslage zu den Präventionspflichten folgt jener zu § 5 Abs. 4, weil das Unternehmen gemäß § 6 Abs. 1 nur dann **unverzüglich angemessene Präventionsmaßnahmen** ergreifen muss, wenn es im Rahmen der Risikoanalyse neue Risiken feststellt. Erlangt es auf anderem Wege Kenntnis von bisher unerkannt gebliebenen Risiken, besteht nach dem Wortlaut des § 6 Abs. 1 keine Pflicht zu neuen Präventionsmaßnahmen (→ Rn. 19).

Schwieriger zu beurteilen ist der Fall, dass **Risiken** nicht völlig übersehen, sondern lediglich **falsch eingeschätzt** wurden. Es liegt **kein Fall des § 6 Abs. 5 Alt. 2** vor, da die Vorschrift lediglich für nachträgliche, objektive Änderungen der Risikolage gilt (→ Rn. 134). Eine extensive Auslegung oder eine analoge Anwendung des § 6 Abs. 5 scheiden aus. Als **Ausweg** bleibt allein, **§ 6 Abs. 1** heranzuziehen, obschon der Wortlaut der Vorschrift dies nicht ohne Weiteres hergibt.[230] Das Unternehmen stellt nicht die Risiken als solche fest, sondern lediglich deren Veränderungen. Der Wortlaut ist allerdings keine unüberwindliche Hürde, da die Feststellung einer Veränderung als Minus zur Globalfeststellung als enthalten gelten kann. Gegen eine zu formalistische Lesart sprechen auch praktische Gründe, da der Übergang von veränderten zu neuen Risiken häufig fließend ist. Zudem entspricht es der gesetzgeberischen Konzeption, auch Veränderungsfälle unter die Vorschriften zu fassen. Der Gesetzgeber hat in § 6 Abs. 5 eine Regelung für den Fall geschaffen, dass die Maßnahmen ursprünglich objektiv angemessen waren und durch künftige tatsächliche Veränderungen anpassungsbedürftig wurden. Das niedrigere Bußgeld nach § 24 Abs. 2 S. 1 Nr. 2 trägt damit dem Umstand Rechnung, dass das Unternehmen zunächst objektiv ausreichende Maßnahmen umgesetzt hatte. Der Fall falsch eingeschätzter Risiken ist damit nur schwer vergleichbar, da das Unternehmen zu keinem Zeitpunkt derart genügende Maßnahmen ergriffen hatte.[231] Erkennt das Unternehmen nun diese Defizite, ist es gerechtfertigt, das Unternehmen insofern dem strengeren Regime zu unterstellen.[232] Es steht nicht schlechter, als wenn es von Anfang an die Verletzungen richtig festgestellt hätte. Durch diese Auslegung des § 6 Abs. 1 wird zuletzt ein erhebliches Sanktionsdefizit verhindert, da Unternehmen andernfalls mit ihren Präventionsanstrengungen bis zur jährlichen Routineprüfung abwarten könnten.[233] 142

5. Umfang und Intensität der Evaluation. Hinsichtlich Umfang und Intensität der Überprüfung gelten vergleichbare Maßstäbe wie für die Kontrollmaßnahmen nach § 6 Abs. 3, Abs. 4 (→ Rn. 61, → Rn. 122 f.). Deshalb ist auch hier ein **risikobasierter Ansatz** zu wählen, wonach priorisierte Risiken mehr Aufmerksamkeit verdienen als weniger gewichtige Risiken.[234] Zudem sind die Risikofaktoren der einzelnen Geschäftsbereiche, Gesellschaften, Zulieferer sowie Regionen einzubeziehen. Das ist insbesondere für die Frage bedeutsam, wie viele Vorgänge und Maßnahmen stichprobenartig überprüft werden müssen. Daneben sind aber auch Erfahrungen aus der Vergangenheit oder sonstige 143

[229] Korch NJW 2022, 2065 (2069).

[230] Zum Folgenden s. schon Korch NJW 2022, 2065 (2069 f.).

[231] Damit ist indes nicht gesagt, dass die Maßnahmen nicht angemessen waren. Vielmehr bestimmt sich die Angemessenheit nach § 6 Abs. 1 und § 7 Abs. 1 nach den konkret festgestellten Risiken und Verletzungen. Fehler bei der Feststellung können einen Verstoß gegen § 5 begründen, nicht jedoch gegen §§ 6, 7.

[232] Korch NJW 2022, 2065 (2070).

[233] Korch NJW 2022, 2065 (2070).

[234] Vgl. schon OECD-Leitfaden für die Erfüllung der Sorgfaltspflicht für verantwortungsvolles unternehmerisches Handeln, 2018, 88; aA Wagner/Ruttloff/Wagner LkSG-HdB/Wagner/Wagner Rn. 685.

Erkenntnisse zu beachten.[235] Insbesondere ist sicherzustellen, dass Mitarbeiter und Dritte Defizite mitteilen können.[236] Zum Hinweisgebersystem → § 8.

144 Darüber hinaus konkretisiert das Gesetz nicht, in welchem Umfang und in welcher Weise die Überprüfung zu erfolgen hat. Denkbar erscheint hier eine **Orientierung an der Compliance-Praxis** sowie der Compliance-Literatur.[237] Die dortigen Erkenntnisse[238] zur Wirksamkeitsprüfung können als erster Anhaltspunkt dienen, bis speziellere Standards zur menschen- und umweltrechtlichen Evaluation vorliegen.[239]

145 Konkrete **Maßnahmen** können die Durchsicht von betrieblichen Unterlagen und Aufzeichnungen, die Befragungen von Mitarbeitern, potenziell Betroffenen (zB Anwohnern) oder von Nichtregierungsorganisationen sowie die Besichtigung von Produktionsstätten vor allem im Ausland sein.[240] Vorbereitend können auch öffentlich zugängliche Quellen, etwa Berichte zu einschlägigen Regionen oder Branchen, herangezogen werden, um die zeitaufwendigen Einzelmaßnahmen gezielter einsetzen zu können. Zudem sind die Erkenntnisse aus der Überprüfung von Maßnahmen nach § 6 Abs. 3 Nr. 4, Abs. 4 Nr. 4 einzubeziehen (→ Rn. 121).

146 Hinsichtlich Umfang und Intensität der Prüfung von Präventionsmaßnahmen **gegenüber unmittelbaren Zulieferern** gilt der **Vorbehalt der Durchführbarkeit** (→ Rn. 126 ff.). Zwar sollen die Unternehmen versuchen, in den Verträgen angemessene Kontroll- und Prüfbefugnisse zu verankern; erzwingen kann man dies aber häufig nicht. In diesem Fall müssen alternative Prüfungsmöglichkeiten in Betracht gezogen werden (→ Rn. 129). Die Evaluation der Maßnahmen gegenüber den Zulieferern baut deshalb möglicherweise auf weniger Informationen auf als im eigenen Geschäftsbereich.[241]

147 **6. Zuständigkeit für die Evaluation.** Die Zuständigkeit für die Überprüfung muss klar geregelt sein (vgl. auch § 4 Abs. 3). Die zur Prüfung eingesetzten Personen müssen ausreichend **sachverständig** und **unabhängig** sein.[242] Insbesondere für die Prüfung der operativen Kontrolle scheint auch eine organisatorische Trennung von Prüfern und Geprüften sinnvoll.[243] Als zuständige Stelle kommen sowohl die Nachhaltigkeits- als auch die Compliance- oder Rechtsabteilung in Betracht.[244] Denkbar ist auch, externe Prüfer einzubeziehen (ausführlich → Rn. 124).

148 Zudem muss sichergestellt sein, dass die **Geschäftsleitung Kenntnis von den wesentlichen Ergebnissen** der Überprüfung erlangt.[245] Dieses Erfordernis ergibt sich mittelbar aus der Aktualisierungspflicht hinsichtlich der Maßnahmen, wozu auch eine Anpassung der Grundsatzerklärung nach § 6 Abs. 2 zählen kann. Diese wiederum ist von der Geschäftsleitung abzugeben (§ 6 Abs. 2 S. 2). Das gilt auch für jede Aktualisierung.

---

[235] Grabosch Das neue LkSG/Grabosch § 5 Rn. 87.

[236] Vgl. Inderst/Bannenberg/Poppe Compliance/Rieder Kap. 2 Rn. 64.

[237] S. beispielhaft Inderst/Bannenberg/Poppe Compliance/Inderst/Steiner Kap. 3 Rn. 90 ff. Einen Überblick über anerkannte Compliance-Konzepte gibt IDW PS 980, Anlage 1 = WPg Supplement 2/2011, 78 (96 f.); dazu etwa Brunk, Menschenrechts-Compliance, 2022, 501 f.

[238] Das Institut der Wirtschaftsprüfer in Deutschland e. V. (IDW) hat beispielweise im Jahr 2011 den Prüfungsstandard Grundsätze ordnungsmäßiger Prüfung von Compliance Management-Systemen (IDW PS 980) entworfen, abgedruckt in WPg Supplement 2/2011, 78 ff.; dazu Inderst/Bannenberg/Poppe Compliance/Hülsberg/Laue Kap. 3 Rn. 104 ff.

[239] Zur Corporate Governance im Lichte des LkSG Lenz/Bodenstein/Wenzl ZCG 2/22, 61.

[240] Vgl. Inderst/Bannenberg/Poppe Compliance/Hülsberg/Laue Kap. 3 Rn. 124.

[241] Zu möglichen Informationsquellen OECD-Leitfaden für die Erfüllung der Sorgfaltspflicht für verantwortungsvolles unternehmerisches Handeln, 2018, 86 f.

[242] Vgl. Gehling/Ott/Lüneborg CCZ 2021, 230 (235); Grabosch Das neue LkSG/Grabosch § 5 Rn. 99 für § 6 Abs. 4 Nr. 4; vgl. ferner IDW PS 980 Tz. 25 f., 32 ff. = WPg Supplement 2/2011, 78 (82 f.).

[243] Vgl. Gehling/Ott/Lüneborg CCZ 2021, 230 (235).

[244] Gehling/Ott/Lüneborg CCZ 2021, 230 (235); s. ferner OECD-Leitfaden für die Erfüllung der Sorgfaltspflicht für verantwortungsvolles unternehmerisches Handeln, 2018, 34: auch Audits durch Dritte.

[245] So Gehling/Ott/Lüneborg CCZ 2021, 230 (235).

VII. Sanktionen

Vorsätzliche oder fahrlässige Verstöße gegen § 6 stellen **Ordnungswidrigkeiten** gemäß § 24 Abs. 1 Nr. 3–5 dar. Diese können gemäß § 24 Abs. 2 mit Geldbußen geahndet werden. Es gilt das Opportunitätsprinzip nach § 47 OWiG. Mögliche Bußgeldadressaten (allgemein zum Täterkreis → § 24 Rn. 8 ff.) sind neben den Unternehmensträgern (→ Rn. 150) die Mitglieder der Leitungsorgane (§ 9 Abs. 1 OWiG) sowie Personen iSd § 9 Abs. 2 OWiG (zum Menschenrechtsbeauftragten → § 4 Rn. 67 ff.).[246] Verstöße gegen die allgemeine Präventionspflicht nach § 6 Abs. 1 sind gemäß § 24 Abs. 2 S. 1 Nr. 1 mit Geldbuße bis zu 800.000 Euro bedroht. Bei Verstößen gegen die Überprüfungs- und Aktualisierungspflicht gemäß § 6 Abs. 5 sieht § 24 Abs. 2 S. 1 Nr. 2 eine Geldbuße in Höhe von bis zu 500.000 Euro vor. 149

Wegen § 30 Abs. 1 OWiG können **Geldbußen auch gegen den Unternehmensträger** festgesetzt werden, wenn dieser in der Rechtsform einer juristischen Person oder Personenvereinigung organisiert ist und die Leitungsperson iSd § 30 Abs. 1 OWiG eine Ordnungswidrigkeit begangen hat.[247] In diesem Fall verzehnfacht sich jeweils das Höchstmaß auf 8 Mio. Euro bzw. 5 Mio. Euro, da § 24 Abs. 2 auf § 30 Abs. 2 S. 3 OWiG verweist.[248] 150

Daneben können die betroffenen Unternehmen gemäß § 22 **von der Vergabe öffentlicher Aufträge** für bis zu drei Jahre (§ 22 Abs. 1) **ausgeschlossen** werden, wenn der Verstoß rechtskräftig festgestellt und die in § 22 Abs. 2 genannten Bußgeldschwellen erreicht worden sind.[249] 151

§ 7 Abhilfemaßnahmen

(1) ¹Stellt das Unternehmen fest, dass die Verletzung einer menschenrechtsbezogenen oder einer umweltbezogenen Pflicht in seinem eigenen Geschäftsbereich oder bei einem unmittelbaren Zulieferer bereits eingetreten ist oder unmittelbar bevorsteht, hat es unverzüglich angemessene Abhilfemaßnahmen zu ergreifen, um diese Verletzung zu verhindern, zu beenden oder das Ausmaß der Verletzung zu minimieren. ²§ 5 Absatz 1 Satz 2 gilt entsprechend. ³Im eigenen Geschäftsbereich im Inland muss die Abhilfemaßnahme zu einer Beendigung der Verletzung führen. ⁴Im eigenen Geschäftsbereich im Ausland und im eigenen Geschäftsbereich gemäß § 2 Absatz 6 Satz 3 muss die Abhilfemaßnahme in der Regel zur Beendigung der Verletzung führen.

(2) ¹Ist die Verletzung einer menschenrechtsbezogenen oder einer umweltbezogenen Pflicht bei einem unmittelbaren Zulieferer so beschaffen, dass das Unternehmen sie nicht in absehbarer Zeit beenden kann, muss es unverzüglich ein Konzept zur Beendigung oder Minimierung erstellen und umsetzen. ²Das Konzept muss einen konkreten Zeitplan enthalten. ³Bei der Erstellung und Umsetzung des Konzepts sind insbesondere folgende Maßnahmen in Betracht zu ziehen:

1. **die gemeinsame Erarbeitung und Umsetzung eines Plans zur Beendigung oder Minimierung der Verletzung mit dem Unternehmen, durch das die Verletzung verursacht wird,**

---

[246] Grabosch Das neue LkSG/Engel/Schönfelder § 6 Rn. 37; Mitsch NZWiSt 2021, 409 (410 f.).

[247] Vgl. Grabosch Das neue LkSG/Engel/Schönfelder § 6 Rn. 37; Mitsch NZWiSt 2021, 409 (412); allg. auch Inderst/Bannenberg/Poppe Compliance/Rieder Kap. 2 Rn. 20 ff.

[248] Ehmann/Berg GWR 2021, 287 (290); Grabosch Das neue LkSG/Engel/Schönfelder § 6 Rn. 37; Kamann/Irmscher NZWiSt 2021, 249 (254 f.); Mittwoch/Bremenkamp KritV 2021, 207 (231); Wagner/Ruttloff/Wagner LkSG-HdB/Skoupil Rn. 1574; Spindler ZHR 186 (2022), 67 (90).

[249] Eingehend Grabosch Das neue LkSG/Engel/Schönfelder § 6 Rn. 48 ff.; Mitsch NZWiSt 2021, 409 (412 f.); knapper Kamann/Irmscher NZWiSt 2021, 249 (252 f.).

2. der Zusammenschluss mit anderen Unternehmen im Rahmen von Brancheninitiativen und Branchenstandards, um die Einflussmöglichkeit auf den Verursacher zu erhöhen,
3. ein temporäres Aussetzen der Geschäftsbeziehung während der Bemühungen zur Risikominimierung.

(3) [1] Der Abbruch einer Geschäftsbeziehung ist nur geboten, wenn
1. die Verletzung einer geschützten Rechtsposition oder einer umweltbezogenen Pflicht als sehr schwerwiegend bewertet wird,
2. die Umsetzung der im Konzept erarbeiteten Maßnahmen nach Ablauf der im Konzept festgelegten Zeit keine Abhilfe bewirkt,
3. dem Unternehmen keine anderen milderen Mittel zur Verfügung stehen und eine Erhöhung des Einflussvermögens nicht aussichtsreich erscheint.

[2] Die bloße Tatsache, dass ein Staat eines der in der Anlage zu diesem Gesetz aufgelisteten Übereinkommen nicht ratifiziert oder nicht in sein nationales Recht umgesetzt hat, führt nicht zu einer Pflicht zum Abbruch der Geschäftsbeziehung. [3] Von Satz 2 unberührt bleiben Einschränkungen des Außenwirtschaftsverkehrs durch oder aufgrund von Bundesrecht, Recht der Europäischen Union oder Völkerrecht.

(4) [1] Die Wirksamkeit der Abhilfemaßnahmen ist einmal im Jahr sowie anlassbezogen zu überprüfen, wenn das Unternehmen mit einer wesentlich veränderten oder wesentlich erweiterten Risikolage im eigenen Geschäftsbereich oder beim unmittelbaren Zulieferer rechnen muss, etwa durch die Einführung neuer Produkte, Projekte oder eines neuen Geschäftsfeldes. [2] Erkenntnisse aus der Bearbeitung von Hinweisen nach § 8 Absatz 1 sind zu berücksichtigen. [3] Die Maßnahmen sind bei Bedarf unverzüglich zu aktualisieren.

Schrifttum: Bettermann/Hoes, Der Entwurf der Europäischen Corporate Sustainability Due Diligence Richtlinie – Vergleich zum deutschen Lieferkettensorgfaltspflichtengesetz, WM 2022, 697; Chamitzky/Weigel, Die Krux mit der Sorgfalt – Zu den Untiefen und der Unschärfe des neuen Lieferkettensorgfaltspflichtengesetzes aus Unternehmenssicht, RIW 2022, 12; Ehmann, Der Regierungsentwurf für das Lieferkettengesetz: Erläuterung und erste Hinweise zur Anwendung, ZVertriebsR 2021, 141; Ekkenga/Erlemann, Lieferkettengesetz, Europäisches Kartellrecht und die Folgen: Effiziente Missbrauchsbekämpfung oder nutzlose Gängelung gesetzestreuer Unternehmen?, ZIP 2022, 49; Frank/Edel/Heine/Heine, Pionierarbeiten in der Lieferkette – Praxisfolgen für das Handels- und Arbeitsrecht (Teil I), BB 2021, 2165; Gehling/Ott/Lüneborg, Das neue Lieferkettensorgfaltspflichtengesetz – Umsetzung in der Unternehmenspraxis, CCZ 2021, 230; Korch, Überprüfungs- und Aktualisierungspflichten nach dem Lieferkettensorgfaltspflichtengesetz, NJW 2022, 2065; Korch, Rechtsökonomische Analyse menschenrechtlicher Sorgfaltspflichten von Unternehmen, ZVglRWiss 2023, Heft 1; Lutz-Bachmann/Vorbeck/Wengenroth, Menschenrechte und Umweltschutz in Lieferketten – der Regierungsentwurf eines Sorgfaltspflichtengesetzes, BB 2021, 906; Nasse, Das neue Lieferkettensorgfaltspflichtengesetz – Pflicht zur Entkopplung der deutschen Wirtschaft vom chinesischen Markt?, RAW 2022, 3; Nietsch/Wiedmann, Der Regierungsentwurf eines Gesetzes über die unternehmerischen Sorgfaltspflichten in der Lieferkette, CCZ 2021, 101; Spindler, Verantwortlichkeit und Haftung in Lieferantenketten – das Lieferkettensorgfaltspflichtengesetz aus nationaler und europäischer Perspektive, ZHR 186 (2022), 67; Spindler, Der Vorschlag einer EU-Lieferketten-Richtlinie, ZIP 2022, 765; Stöbener de Mora/Noll, Grenzenlose Sorgfalt? – Das Lieferkettensorgfaltspflichtengesetz (Teil 1), NZG 2021, 1237; E. Wagner/Ruttloff, Das Lieferkettensorgfaltspflichtengesetz – Eine erste Einordnung, NJW 2021, 2145.

Übersicht

I. Normzweck

1. Normzweck, Gesetzessystematik und Regelungsgegenstand. § 7 **vervollständigt** die **Handlungspflichten** der Unternehmen. Die Abhilfepflicht greift ein, wenn die Präventionsmaßnahmen nach § 6 nicht verhindern konnten, dass sich die identifizierten Risiken realisieren. Um Verletzungen zu verhindern, zu beenden oder jedenfalls die Auswirkungen zu minimieren, müssen Unternehmen **unverzüglich angemessene Abhilfemaßnahmen** ergreifen, sobald sie eine bereits eingetretene oder eine unmittelbare Verletzung von menschenrechtsbezogenen oder umweltbezogenen Pflichten (§ 2 Abs. 4) feststellen. 1

Der Gesetzgeber normiert in § 7 Abs. 1 S. 1 allgemein die Abhilfepflichten sowohl im eigenen Geschäftsbereich als auch gegenüber unmittelbaren Zulieferern. Im Anschluss 2 regelt er **differenzierte Anforderungen.**[1] Erhöhte Anforderungen gelten, wenn sich menschenrechts- oder umweltbezogene Risiken im eigenen Geschäftsbereich des Unternehmens oder bei unmittelbaren Zulieferern realisiert haben oder ihre Realisierung unmittelbar bevorsteht. Im rechtsträgereigenen Geschäftsbereich im Inland müssen die Unternehmen unverzüglich Abhilfemaßnahmen ergreifen, um die Verletzung zu verhindern, zu beenden oder das Ausmaß zu minimieren. Es gilt eine strenge **Erfolgspflicht.** Im rechtsträgereigenen Geschäftsbereich im Ausland oder im erweiterten eigenen Geschäftsbereich iSd § 2 Abs. 6 S. 3 müssen die Maßnahmen nur **„in der Regel"** Abhilfe schaffen (→ Rn. 33).

3 **Verletzungen bei unmittelbaren Zulieferern** verpflichten **nur** zum **Bemühen** um Beendigung oder Minderung. Anders als im eigenen Geschäftsbereich macht der Gesetzgeber hier allerdings **konkrete Vorgaben** hinsichtlich der Bemühenspflicht in § 7 Abs. 2, wenn die Maßnahmen nicht in absehbarer Zeit zum Erfolg führen (→ Rn. 53 ff.). Im Falle dauerhafter und schwerwiegender Verletzungen kann in **letzter Konsequenz** der **Abbruch der Geschäftsbeziehungen** erforderlich sein (§ 7 Abs. 3 → Rn. 70). Für mittelbare Zulieferer gilt § 7 nicht. Vielmehr greift § 9 Abs. 3 S. 1 Nr. 3 mit abgeschwächten Pflichten, die zudem nur bei substantiierter Kenntnis bestehen (→ § 9 Rn. 16 ff.).

4 **2. Gesetzgebungsverfahren.** Die Vorschrift war bereits im Regierungsentwurf als § 7 enthalten und ist **in ihrer Grundkonzeption unverändert** geblieben.[2] Im Regierungsentwurf war in Abs. 1 noch eine generelle Erfolgspflicht für Abhilfemaßnahmen im eigenen Geschäftsbereich vorgesehen. Es fehlte die Abschwächung für Auslandssachverhalte und Konzerntöchter, für die nach dem heutigen Gesetzeswortlaut die Erfolgspflicht nur „in der Regel" gilt.[3] Geändert wurde auch § 7 Abs. 2 S. 3 Nr. 1, der nun anstelle der geforderten „Behebung des Missstands" eine „Beendigung oder Minimierung der Verletzung" als Ziel vorgibt. Zuletzt wurde § 7 Abs. 3 S. 1 Nr. 3 und Nr. 4 LkSG-RegE in der endgültigen Gesetzesfassung – ohne inhaltliche Änderung – in Nr. 3 zusammengefasst.[4]

5 **3. Auswirkungen der geplanten EU-RL.** Auf Ebene der EU gibt es Bestrebungen, die Sorgfaltspflichten von Unternehmen hinsichtlich ihrer Lieferketten zu regulieren (→ Einl. Rn. 73 ff.). Die **EU-Kommission** hat am 23.2.2022 einen **Entwurf für eine Richtlinie** über die Sorgfaltspflichten von Unternehmen im Hinblick auf Nachhaltigkeit (Directive on Corporate Sustainability Due Diligence – Lieferketten-RL-E) verabschiedet.[5] Ähnlich dem deutschen Recht sieht der Entwurf in **Art. 8 Lieferketten-RL-E** unter dem Titel „Behebung tatsächlicher negativer Auswirkungen" (englisch: „Bringing actual adverse impacts to an end") **Abhilfepflichten** für Unternehmen bei tatsächlichen negativen Auswirkungen auf Umwelt und Menschenrechte vor. Der Begriff Unternehmen ist in Art. 3 lit. a Lieferketten-RL-E unter Verweis auf die Bilanz-RL legaldefiniert als juristische Personen oder regulierte Finanzinstitute. Nicht-kapitalistische Personengesellschaften und Einzelkaufleute fallen deshalb regelmäßig nicht darunter.[6] Negative Auswirkungen auf die Umwelt und auf die Menschenrechte sind in Art. 3 lit. b und lit. c Lieferketten-RL-E definiert (→ § 2 Rn. 26).

6 Nach **Art. 8 Abs. 1 Lieferketten-RL-E** müssen Mitgliedstaaten sicherstellen, dass Unternehmen geeignete Maßnahmen (englisch: appropriate measures) ergreifen, um tat-

[1] Vgl. auch Stöbener de Mora/Noll NZG 2021, 1237 (1243 f.); E. Wagner/Ruttloff NJW 2021, 2145 (2149).

[2] Vgl. die wenigen und kaum substantiellen Anmerkungen in Beschlussempfehlung und Bericht des Ausschusses für Arbeit und Soziales, BT-Drs. 19/30505, 40 f.

[3] Dazu Beschlussempfehlung und Bericht des Ausschusses für Arbeit und Soziales, BT-Drs. 19/30505, 41.

[4] Zur besseren Lesbarkeit: Beschlussempfehlung und Bericht des Ausschusses für Arbeit und Soziales, BT-Drs. 19/30505, 41.

[5] Vorschlag für eine Richtlinie des Europäischen Parlaments und des Rates über die Sorgfaltspflichten von Unternehmen im Hinblick auf Nachhaltigkeit und zur Änderung der Richtlinie (EU) 2019/1937 (EU) 2019/1937, COM (2022) 71 final.

[6] Dazu auch Bettermann/Hoes, WM 2022, 697 (698); Chamitzky/Weigel RIW 2022, 413 (414 ff.).

sächliche nachteilige Auswirkungen auf Umwelt oder Menschenrechte zu beheben. **Voraussetzung** dieser **Abhilfepflicht** ist, dass Unternehmen diese negativen Auswirkungen im Rahmen der Risikoanalyse nach Art. 6 Lieferketten-RL-E festgestellt haben oder hätten feststellen müssen.[7] Der Entwurf weicht damit deutlich von § 7 Abs. 1 ab, der lediglich tatsächlich festgestellte Verletzungen erfasst, knüpft allerdings streng an die Risikoanalyse nach Art. 6 Lieferketten-RL-E an und ist insofern enger als § 7 Abs. 1. Die abstrakte Pflicht zur Abhilfe wird durch die Abs. 2–6 konkretisiert.

Können Unternehmen die negativen Auswirkungen nicht beheben, sollen die Mitgliedstaaten sicherstellen, dass Unternehmen sie nach **Art. 8 Abs. 2 Lieferketten-RL-E zumindest minimieren.**[8] 7

Nach **Art. 8 Abs. 3 Lieferketten-RL-E** sind Unternehmen – „gegebenenfalls" (eindeutiger noch die englische Fassung: „where relevant") – verpflichtet, die dort aufgezählten Maßnahmen zu ergreifen. Zu den Maßnahmen zählt zuerst die **Neutralisierung/Beendigung** der negativen Auswirkungen oder die Minimierung ihres Ausmaßes. Das schließt die **Gewährung finanziellen Ausgleiches** ein, der verhältnismäßig zur Schwere der negativen Auswirkungen sowie zum Beitrag der Unternehmen zu den negativen Auswirkungen sein soll (lit. a). Eine solche Kompensationsklausel kennt das deutsche Recht nicht. 8

Falls die negativen Auswirkungen nicht unmittelbar (englisch: immediately) beendet werden können, soll nach lit. b ein **Korrekturmaßnahmenplan** (englisch: corrective action plan) erstellt und umgesetzt werden. Dieser Korrekturmaßnahmenplan muss klar festgelegte Zeitpläne für Maßnahmen sowie qualitative und quantitative Indikatoren für die Erfolgsmessung enthalten. 9

Lit. c normiert die Verpflichtung, **von direkten Partnern,** mit dem das Unternehmen eine etablierte Geschäftsbeziehung unterhält, **vertragliche Zusicherungen** einzuholen, in denen sich der Partner verpflichtet, den Verhaltenskodex (code of conduct) und erforderlichenfalls den Korrekturmaßnahmenplan einzuhalten. Dafür soll der direkte Geschäftspartner auch von seinen Geschäftspartnern entsprechende vertragliche Zusicherungen einholen (sog. Vertragskaskaden). Für die Ausgestaltung gilt Art. 8 Abs. 5 (→ Rn. 13). Die EU-Kommission soll nach Art. 12 Lieferketten-RL-E Leitlinien für Musterklauseln erlassen. 10

Weitere Maßnahmen sind die Tätigung notwendiger **Investitionen** in Management- oder Produktionsverfahren und -infrastrukturen, um die Vorgaben einzuhalten (lit. d), die gezielte und verhältnismäßige **Unterstützung von kleineren und mittleren Unternehmen** (KMU), mit denen das Unternehmen eine etablierte Geschäftsbeziehung unterhält und die aufgrund der Anforderungen in ihrer Überlebensfähigkeit gefährdet wären (lit. e), sowie die **Kooperationen mit anderen Unternehmen** (lit. f). Im Unterschied zum deutschen LkSG sieht der Vorschlag die möglichen rechtlichen Probleme einer solchen Kooperation und verlangt diese nur im Einklang mit EU-Recht, „einschließlich des Wettbewerbsrechts". 11

Sind die Maßnahmen nach **Art. 8 Abs. 4 Lieferketten-RL-E** nicht erfolgreich, dh beenden sie die negativen Auswirkungen nicht oder schwächen sie diese nicht angemessen ab, kann das Unternehmen versuchen, auch mit **Dritten** einen **Vertrag abzuschließen,** mit denen es bisher lediglich indirekte geschäftliche Beziehungen unterhält, um diese zur Einhaltung des Verhaltenskodexes oder des Korrekturmaßnahmenplans anzuhalten. Für die Ausgestaltung gilt Art. 8 Abs. 5 Lieferketten-RL-E (→ Rn. 13). 12

Vertragliche Vereinbarungen iSd Art. 8 Abs. 3 lit. c Lieferketten-RL-E oder Art. 8 Abs. 4 Lieferketten-RL-E müssen gemäß **Art. 8 Abs. 5 Lieferketten-RL-E** durch geeignete Maßnahmen flankiert werden, die eine **Überprüfung der Einhaltung** ermöglichen. Der EU-Vorschlag erwähnt in Art. 8 Abs. 5 UAbs. 1 S. 2 Lieferketten-RL-E ausdrücklich, dass Unternehmen sich auf Industrieinitiativen und unabhängige Dritte stützen können.[9] 13

---

[7] Ruttloff/Rothenburg/Hahn DB 2022, 1116 (1119).

[8] Dazu Bettermann/Hoes WM 2022, 697 (701).

[9] Art. 8 Abs. 5 S. 2 Lieferketten-RL-E: Zur Überprüfung der Einhaltung kann das Unternehmen geeignete Industrieinitiativen oder eine Überprüfung durch unabhängige Dritte in Anspruch nehmen.

Art. 8 Abs. 5 UAbs. 2 S. 1, 2 Lieferketten-RL-E stellt klar, dass die verwendeten Bedingungen gegenüber KMU fair, angemessen und nichtdiskriminierend sein müssen und die Unternehmen die Kosten für die Überprüfung durch unabhängige Dritte zu tragen haben.

14 **Art. 8 Abs. 6 Lieferketten-RL-E** betrifft ebenso den Fall, dass die ergriffenen Maßnahmen die negativen Auswirkungen nicht beenden oder dem Ausmaß nach minimieren. In diesem Fall soll das Unternehmen **keine neue Geschäftsbeziehung** eingehen oder die bestehende **Geschäftsbeziehung nicht ausbauen,** sie **vorübergehend aussetzen oder dauerhaft beenden.** Die temporäre Suspendierung betrifft den Zeitraum bis zu einer Minimierung oder Beendigung der Verletzungen (lit. a), während die Pflicht zur dauerhaften Beendigung Fälle erfasst, in denen eine Verbesserung der Lage nicht in Aussicht steht (lit b).[10] Die **Beendigung** der Vertragsbeziehung soll nach Erwägungsgrund 32 S. 2 Lieferketten-RL-E ultima ratio („ein letztes Mittel") sein (Ausnahme: Kinderarbeit).[11] Befähigung geht Abbruch vor (vgl. Erwägungsgrund 36 S. 1 Lieferketten-RL-E: „Um sicherzustellen, dass potenzielle negative Auswirkungen wirksam verhindert und gemindert werden, sollten die Unternehmen vorrangig aktiv in den bestehenden Geschäftsbeziehungen in der Wertschöpfungskette Lösungen finden, anstatt sich zurückzuziehen, was ein letztes Mittel bleiben sollte, nachdem ihr Versuch, potenzielle negative Auswirkungen zu verhindern und zu mindern, erfolglos geblieben ist").

15 **Art. 8 Abs. 7 Lieferketten-RL-E** enthält eine **Sonderregelung** für die Vergabe von Darlehen und die Erbringung anderer **Finanzdienstleistungen.** Finanzdienstleister sind nicht zur Beendigung verpflichtet, wenn nach vernünftigem Ermessen davon auszugehen ist, dass dadurch dem Unternehmen, für das die Dienstleistung erbracht wird, erheblicher Schaden entsteht.

16 Die **Überprüfung** der Maßnahmen und Überwachung der Geschäftspartner ist – anders als im deutschen Recht[12] – zentral in Art. 10 RL-E des Vorschlags („Überwachung") geregelt.[13]

II. Voraussetzungen der Abhilfepflichten

17 Unternehmen müssen angemessene Abhilfemaßnahmen ergreifen, wenn sie feststellen (→ Rn. 24 ff.), dass die Verletzung einer menschenrechtsbezogenen oder einer umweltbezogenen Pflicht (→ Rn. 18) im eigenen Geschäftsbereich oder bei einem unmittelbaren Zulieferer (→ Rn. 19) eingetreten ist oder unmittelbar bevorsteht (→ Rn. 20 ff.).

18 **1. Maßgebliche Verletzungen.** Unternehmen müssen Abhilfemaßnahmen bei Verletzungen von menschenrechtsbezogenen oder umweltbezogenen Pflichten ergreifen. Die Begriffe menschenrechtsbezogene und umweltbezogene Pflichten sind **in § 2 Abs. 4 legaldefiniert** (→ § 2 Rn. 38 ff., 143 ff.) und meinen einen **Verstoß gegen die in § 2 Abs. 2, 3 genannten Verbote.** Für den Anwendungsbereich der Norm ist zudem entscheidend, ob die Abhilfepflicht nur für solche Verletzungen gilt, zu denen das Unternehmen zumindest beigetragen hat, wie es § 4 Abs. 1, 2 vorsieht, und welche Anforderungen an den Beitrag des Unternehmens zu stellen sind (→ § 4 Rn. 40 ff.). Sofern bereits die bloße Aufnahme einer Lieferbeziehung genügt,[14] ist faktisch allen Verletzungen abzuhelfen, sind hingegen substantielle Verursachungsbeiträge erforderlich, wären Verletzungen bei unmittelbaren Zulieferern in vielen Fällen nicht erfasst.

2. Im eigenen Geschäftsbereich oder bei einem unmittelbaren Zulieferer.
19 Grundsätzlich sind Abhilfemaßnahmen nur bei Verletzungen im eigenen Geschäftsbereich

---

[10] Vgl. Wagner/Schuler ESG 2022, 34 (36).
[11] Spindler ZIP 2022, 765 (771).
[12] Dazu Korch NJW 2022, 2065.
[13] Dazu Bettermann/Hoes WM 2022, 697 (701); Spindler ZIP 2022, 765 (772).
[14] In diese Richtung Ehmann ZVertriebsR 2021, 141 (145 f.); Grabosch Das neue LkSG/Grabosch § 5 Rn. 124.

oder bei einem unmittelbaren Zulieferer geboten. Die im Vergleich zu § 9 strengeren Vorgaben des § 7 gelten allerdings gemäß § 7 Abs. 1 S. 2 iVm § 5 Abs. 1 S. 2 auch gegenüber mittelbaren Zulieferern, wenn das Unternehmen eine **missbräuchliche Gestaltung oder ein Umgehungsgeschäft** vorgenommen hat, um die Anforderungen hinsichtlich unmittelbarer Zulieferer zu umgehen.[15] Zu den Voraussetzungen einer missbräuchlichen Gestaltung → § 5 Rn. 41 ff.

3. Unmittelbar bevorstehende oder eingetretene Verletzung. Die Verletzung einer menschenrechtsbezogenen oder einer umweltbezogenen Pflicht muss gemäß § 7 Abs. 1 S. 1 entweder **bereits eingetreten** sein **oder unmittelbar bevorstehen.** Eingetreten ist die Verletzung, wenn es bereits zu einer Schädigung des geschützten Rechts oder Rechtsguts gekommen ist. 20

Die **unmittelbar bevorstehende Verletzung** markiert den frühesten Übergang von der Präventions- zur Abhilfephase. Wann eine Verletzung unmittelbar bevorsteht, konkretisiert das Gesetz nicht. Bei der Begriffsbestimmung hilft ein Seitenblick auf die polizei- und strafrechtliche Rechtsprechung und Literatur zum Begriff der unmittelbaren oder gegenwärtigen Gefahr.[16] Von einer solchen spricht man, wenn die Einwirkung des schädigenden Ereignisses bereits begonnen hat oder in allernächster Zeit (dh unmittelbar) mit an Sicherheit grenzender Wahrscheinlichkeit bevorsteht.[17] Für die unmittelbar bevorstehende Verletzung iSd § 7 Abs. 1 S. 1 lässt sich daraus zunächst folgern, dass die Einwirkung des schädigenden Ereignisses grundsätzlich **mit an Sicherheit grenzender Wahrscheinlichkeit eintreten** muss.[18] Besteht indes nur eine – wenn auch hohe – Wahrscheinlichkeit, liegt keine unmittelbar bevorstehende Verletzung, sondern ein bloßes Risiko vor, das lediglich zu Präventionsmaßnahmen nach § 6 veranlasst. Die Anforderungen an die Wahrscheinlichkeit können indes abgesenkt sein, wenn sehr schwerwiegende Verletzungen drohen.[19] 21

Erforderlich ist zudem die enge **zeitliche Nähe** des Verstoßes.[20] Eine Verletzung steht unmittelbar bevor, wenn **nur** ein **alsbaldiges Ergreifen von Abhilfemaßnahmen** die **Verletzung noch verhindern** kann. Sofern im Polizeirecht gefordert wird, dass die Schädigung „sofort“ zu erwarten sein müsse,[21] scheint dies für § 7 Abs. 1 S. 1 zu streng. Denn diese Anforderung dient der Verhältnismäßigkeit von polizeirechtlichen Eingriffsbefugnissen, etwa Zwangsmaßnahmen.[22] Darum geht es in § 7 Abs. 1 S. 1 indes nicht, da die Vorschrift lediglich die Anforderungen an das Unternehmen intensiviert. Zudem ist auch im Polizeirecht anerkannt, dass die Anforderungen an die zeitliche Nähe abgesenkt werden können, wenn andernfalls ein schwerer Schaden nicht mehr hinreichend zuverlässig verhindert werden kann.[23] Aufgrund des erheblichen Gewichts der durch das LkSG geschützten Rechte und Rechtspositionen müsste davon häufig ausgegangen werden. Dieser Umstand sowie die Zielsetzung des LkSG legt deshalb nahe, den Zeitpunkt so zu bestimmen, dass voraussichtlich die **Präventionsmaßnahmen nicht (mehr) genügen** 22

---

[15] Dazu Wagner ZIP 2021, 1095 (1110).

[16] Die Begriffe werden synonym verwendet oder gehen jedenfalls ineinander über; BVerwGE 45, 51 = NJW 1974, 807 (809); OLG Braunschweig NVwZ 2018, 1742 (1742); Lisken/Denninger PolizeiR-HdB/Graulich, 7. Aufl. 2021, Kap. E Rn. 147.

[17] S. die Definitionen in § 2 Nr. 2 Nds-POG, § 2 Nr. 3 lit. b Brem-PolG, § 3 Abs. 3 Nr. 2 MV-SOG; aus der Rechtsprechung etwa BVerwGE 45, 51 = NJW 1974, 807 (809); OVG Lüneburg 10.9.2019 – 11 LB 108/18, juris-Rn. 36 = SpuRt 2020, 42.

[18] Ebenso Harings/Jürgens LkSG 130; aA Wagner/Ruttloff/Wagner LkSG-HdB/Wagner/Wagner Rn. 689: „hinreichende Wahrscheinlichkeit“ ausreichend.

[19] Vgl. Lisken/Denninger PolizeiR-HdB/Bäcker, 7. Aufl. 2021, Kap. D Rn. 125.

[20] Wagner/Ruttloff/Wagner LkSG-HdB/Wagner/Wagner Rn. 689; vgl. auch BVerwGE 45, 51 = NJW 1974, 807 (809); Lisken/Denninger, HdB des Polizeirechts/Graulich, 7. Aufl. 2021, Kap. E Rn. 148.

[21] BVerwGE 45, 51 = NJW 1974, 807 (809); OVG Hamburg NJW 2012, 1975 (1976 f.); OVG Lüneburg SpuRt 2020, 42; OLG Karlsruhe NJW-RR 2001, 811 (812 f.) = OLGR 1999, 179.

[22] Vgl. Lisken/Denninger PolizeiR-HdB/Graulich, 7. Aufl. 2021, Kap. E Rn. 148.

[23] Vgl. OVG Hamburg NJW 2012, 1975 (1977); Lisken/Denninger PolizeiR-HdB/Bäcker, 7. Aufl. 2021, Kap. D Rn. 125; Elgeti/Fock NuR 2018, 369 (370).

und ohne ein alsbaldiges Ergreifen von Abhilfemaßnahmen der Verstoß nicht mehr verhindert werden kann. Bereits dieser Zeitpunkt rechtfertigt gesteigerte Anforderungen an Unternehmen zur Abwehr von Menschenrechtsverletzungen oder Umweltschäden.

23 Besonderheiten gelten für **Dauergefahren.** Darunter versteht man die Gefahr einer Schädigung, die sich jederzeit verwirklichen kann, deren **Zeitpunkt** aber häufig **nicht genau bestimmbar** ist.[24] Auch in einem solchen Fall ist von einem unmittelbaren Bevorstehen auszugehen, weil die Verletzung jederzeit eintreten kann, auch wenn sie unter Umständen erst nach längerer Zeit tatsächlich eintritt.[25] Denn in einem solchen Fall ist zur (sicheren) Abwendung der Schädigung **ebenfalls** ein **sofortiges Ergreifen von Abhilfemaßnahmen erforderlich.**[26] Beispielhaft kann ein maroder Damm schon dann zu Abhilfemaßnahmen zwingen, wenn der Zeitpunkt des Dammbruchs nicht genauer eingegrenzt werden kann, aber die Stabilität nicht mehr gewährleistet ist und der Damm deshalb jederzeit brechen kann.[27] Demgegenüber sind Situationen nicht erfasst, in denen der Schaden mangels bestimmbarem, gefährdetem Rechtsgut noch nicht konkretisierbar ist.[28]

24 **4. Feststellung der Verletzung.** Weitere Voraussetzung für das Bestehen von Abhilfepflichten ist, dass die Unternehmen die unmittelbar bevorstehende oder bereits eingetretene Verletzung festgestellt haben. Nach dem Wortlaut ist damit **positive Kenntnis** von der Verletzung **erforderlich.** Demgegenüber ist die (grob) fahrlässige Unkenntnis („hätte feststellen müssen") nicht erfasst. Eine unzureichende Überwachung kann damit als Verstoß gegen §§ 4–6 geahndet werden, nicht jedoch gegen § 7. Aufgrund der erheblich schärferen Bußgeldvorgaben in § 24 Abs. 3 für Verstöße gegen § 7 ist diese Unterscheidung nicht allein von theoretischer Natur. Für Verletzungen, die Unternehmen faktisch nicht verhindern oder beenden können, besteht deshalb ein gewisser Anreiz zum „Wegschauen".

25 Ausreichend ist die **Kenntnis der Tatsachen,** die einen Verstoß gegen ein Verbot des § 2 Abs. 2, 3 begründen. Demgegenüber ist nicht erforderlich, dass das Unternehmen seine rechtlichen Pflichten kennt oder den Sachverhalt zutreffend subsumiert. Insofern handelt es sich um einen – erst beim Verschulden zu berücksichtigenden – Verbotsirrtum, der unbeachtlich ist, sofern er vermeidbar war.

26 Da Unternehmen keine eigene Kenntnis haben können, muss ihnen die Kenntnis von natürlichen Personen zugerechnet werden. Mit Blick auf § 7 ist deshalb der Frage nachzugehen, wessen Wissen dem Unternehmensträger zugerechnet wird. Die Rechtsprechung **zur Wissenszurechnung und Wissenszusammenrechnung in Organisationen**[29] lässt sich **nicht auf das LkSG übertragen.**[30] Das dürfte sich bereits aus der vom BGH selbst vorgenommenen Beschränkung ergeben, wonach jedenfalls die Begründung des deliktischen Sittenwidrigkeitsvorwurfs nicht durch eine „mosaikartige" Zusammensetzung der kognitiven Elemente erfolgen kann.[31] Da es sich bei § 7 um bußgeldbewehrte Pflichten gegenüber jedermann handelt, liegt ein Vergleich mit der Rechtsprechung zum Deliktsrecht näher als zu (vor-)vertraglichen Schuldverhältnissen. Zudem **widerspricht** eine derart breite Wissensfiktion den **Wertungen des LkSG.** Müssten sich Unternehmen typi-

[24] BVerfGE 115, 320 (364); BGHSt 5, 371 (373); KG MMR 2002, 616 (616 f.).

[25] Vgl. zur gegenwärtigen Gefahr BGHSt 5, 371 (373); OLG Hamm NJW 1972, 1374 (1375); KG MMR 2002, 616 (616 f.).

[26] Vgl. BGHSt 5, 371 (373); KG MMR 2002, 616 (617); Staudinger/Althammer, 2020, BGB § 904 Rn. 14.

[27] Vgl. KG MMR 2002, 616 (617) – Beispiel eines baufälligen und einsturzgefährdeten Turms; weitere Beispiele bei OLG Hamm NJW 1972, 1374 (1375).

[28] BVerfGE 115, 320 (364 f.); vgl. auch BeckOK BGB/Fritzsche, 60. Ed. 1.11.2021, BGB § 904 Rn. 7.

[29] Vgl. BGHZ 132, 30 (37) = NJW 1996, 1339; dem folgend BGHZ 135, 202 (206 f.) = NJW 1997, 1917; BGH NJW 2001, 2535 (2536); dazu Bork DB 2012, 33 (35). Zur grundsätzlichen Geltung auch im öffentlichen Recht s. BVerwG NVwZ-RR 2015, 681 Rn. 16.

[30] AA Grabosch Das neue LkSG/Grabosch § 2 Rn. 106 ff. für § 9; Wagner/Ruttloff/Wagner LkSG-HdB/Wagner/Wagner Rn. 797 ff. zu § 9.

[31] BGH NJW 2021, 1669 Rn. 23; 2017, 250 Rn. 23. Auch eine Wissenszurechnung nach § 166 BGB komme nicht in Betracht, BGH BB 2022, 78 Rn. 24.

scherweise aktenmäßig festgehaltenes Wissen sämtlicher Mitarbeiter zurechnen lassen, bedürfte es weder der Normierung risikobasierter Kontrollmaßnahmen im eigenen Geschäftsbereich (§ 6 Abs. 2 Nr. 4) noch der jährlichen Evaluation (§ 6 Abs. 5). Sämtliche Erkenntnisse aus diesen Maßnahmen würden letztlich nur aufdecken, dass das Unternehmen schon seit längerer Zeit pflichtwidrig handelt. Eine solche Handhabung würde die Überwachungspflichten nach § 6 faktisch als Erfolgspflichten qualifizieren, obschon es sich um Bemühenspflichten handelt (→ § 6 Rn. 20).

Der Kenntnis des Unternehmens steht folglich das Wissen des Inhabers gleich. Handelt es sich um eine Gesellschaft, ist das **Wissen der Organe** oder der vertretungsberechtigten Gesellschafter zuzurechnen. Denkbar scheint zudem, Wissen von Personen in **gehobenen Leitungspositionen** sowie **eigenverantwortlich agierender Mitarbeiter im Risikomanagementsystem** zuzurechnen.[32] Dieser Personenkreis fungiert wie eine Art Wissensvertreter, da die Personen bestimmungsgemäß von Verstößen gegen die Pflichten nach § 2 Abs. 2, 3 erfahren.[33] Diese Umschreibung des Personenkreises lässt sich auf § 30 Abs. 1 OWiG stützen, da das Handeln dieser Personen zu einer Geldbuße des Unternehmens führen kann. Auf denselben Personenkreis sollte die Wissenszurechnung abstellen, da einerseits eine Zurechnung sämtlichen Wissens in der Sphäre des Unternehmens zu weit reichte, andererseits eine Beschränkung auf Inhaber, Organe und vertretungsberechtigte Gesellschafter zu kurz griffe.[34] 27

Hält man die Figur des Wissensvertreters im Rahmen des LkSG für anwendbar, kommt auch eine Zurechnung des Wissens von **externen Auditoren, Zertifizierern und Dienstleistern** in Betracht, sofern sie vom Unternehmen (auch) zur Entgegennahme von Informationen eingesetzt werden, namentlich bei Beauftragung zur Prüfung und Kontrolle von unmittelbaren Zulieferern.[35] 28

Die Beschränkung der Wissenszurechnung bedeutet freilich nicht, dass Unternehmen ungestraft die Augen verschließen könnten. Werden **wichtige Informationen** zu menschenrechtlichen oder umweltrechtlichen Risiken oder gar Verletzungen in der eigenen Organisation **nicht weitergegeben, verstoßen** Unternehmen ggf. **gegen** ihre Pflichten aus **§ 4 Abs. 3** und **§ 6 Abs. 2.** 29

5. Veränderungen und Korrektur von Fehleinschätzungen. Unternehmen können Verletzungen einerseits neu feststellen, wenn sie erst im Zeitablauf entstanden sind oder bisher nicht erkannt wurden. Andererseits können sich bereits erkannte **Verletzungen verändern oder** Unternehmen können erkennen, dass sie Verletzungen **bisher** zwar erkannt, aber **falsch eingeschätzt** haben. Die beiden letzten Fallgruppen werden vom Gesetz nicht einheitlich behandelt, wie sich aus einer systematischen Zusammenschau des § 7 Abs. 1 mit § 7 Abs. 4 ergibt. Der Gesetzgeber wollte objektive Veränderungen der Verletzungslage in § 7 Abs. 4 erfassen. Das ist ihm aufgrund eines Redaktionsversehens zwar nur teilweise gelungen (→ Rn. 99), aus der Systematik ergibt sich indes, dass **objektive Veränderungen der Verletzungslage nicht § 7 Abs. 1** unterfallen.[36] Ist dem Unternehmen eine Verletzung bereits bekannt und ist sie ggf. Gegenstand bestehender Abhilfemaßnahmen, entstehen infolge objektiver Veränderungen keine neuen Abhilfepflichten aus 30

[32] Mit ähnlicher Umschreibung des Personenkreises Harings/Jürgens LkSG 71 f., allerdings unter Anwendung der allg. Grundsätze der Wissenszurechnung in Organisationen; weitergehend aber Wagner/Ruttloff/Wagner LkSG-HdB/Wagner/Wagner Rn. 797 ff., insbes. 804: großzügige Wissenszurechnung; anders aber Wagner/Ruttloff/Wagner LkSG-HdB/Wagner/Wagner Rn. 691; vgl. aber BGHZ 225, 316 Rn. 33 = NJW 2020, 1962: Zurechnung des Verhaltens des Leiters der Entwicklungsabteilung.

[33] Vgl. zum Wissensvertreter im Rahmen des § 9 auch Grabosch Das neue LkSG/Grabosch § 2 Rn. 103.

[34] AA Wagner/Ruttloff/Wagner LkSG-HdB/Wagner/Wagner Rn. 691: nur Wissen der Organe zugerechnet; anders dann aber Wagner/Ruttloff/Wagner LkSG-HdB/Wagner/Wagner Rn. 804: großzügige Wissenszurechnung im Rahmen des § 9.

[35] Grabosch Das neue LkSG/Grabosch § 2 Rn. 103; Harings/Jürgens LkSG 73; Wagner/Ruttloff/Wagner LkSG-HdB/Wagner/Wagner Rn. 800.

[36] Vgl. Korch NJW 2022, 2065 (2067 f.).

§ 7 Abs. 1.[37] Es besteht allein eine verkümmerte Aktualisierungspflicht gemäß § 7 Abs. 4 (→ Rn. 98 ff.).

31 Demgegenüber soll § 7 Abs. 4 S. 1 Alt. 2 nach der gesetzgeberischen Konzeption den Fall nicht erfassen, dass das Unternehmen Verletzungen von Anfang an **falsch beurteilt** hat (→ Rn. 108 f.).[38] Insofern handelt es sich nicht um ein Redaktionsversehen, weshalb auch keine Sperrwirkung besteht.[39] **§ 7 Abs. 1** ist deshalb grundsätzlich auf neue Erkenntnisse über bereits festgestellte, aber falsch eingeschätzte Verletzungen **anwendbar.**[40] Problematisch ist indes der enge Wortlaut, der von der Feststellung der Verletzung als solcher spricht, nicht von der Feststellung bloßer Veränderungen. Der Wortlaut ist indes keine unüberwindliche Hürde, da die Feststellung einer Veränderung als Minus zur Globalfeststellung gelten kann.[41] Gegen eine zu formalistische Lesart sprechen auch praktische Gründe, da der Übergang von veränderten zu neuen Verletzungen häufig fließend ist. Zudem entspricht es der gesetzgeberischen Konzeption, auch Veränderungsfälle unter die Vorschriften zu fassen. Der Gesetzgeber wollte in § 7 Abs. 4 – parallel zu § 6 Abs. 5 – eine Sonderregelung für den Fall schaffen, dass die Maßnahmen ursprünglich objektiv angemessen waren und durch künftige tatsächliche Veränderungen anpassungsbedürftig wurden.[42] Das niedrigere Bußgeld nach § 24 Abs. 2 S. 1 Nr. 2 für Verletzungen des § 7 Abs. 4 trägt dem Umstand Rechnung, dass das Unternehmen zunächst ausreichende Maßnahmen umgesetzt hatte. Der Fall falsch eingeschätzter Verletzungen ist damit nur schwer vergleichbar, da das Unternehmen zu keinem Zeitpunkt objektiv ausreichende Maßnahmen ergriffen hatte.[43] Erkennt das Unternehmen nun diese Defizite, ist es gerechtfertigt, das Unternehmen insofern dem strengeren Regime zu unterwerfen.[44] Es steht nicht schlechter, als wenn es von Anfang an die Verletzungen richtig festgestellt hätte. Durch diese Auslegung des § 7 Abs. 1 wird zuletzt ein erhebliches Sanktionsdefizit verhindert, da Unternehmen andernfalls mit ihren Abhilfeanstrengungen bis zur jährlichen Routineprüfung abwarten könnten. Mit Blick auf die Wortlautgrenze scheint indes auch die gegenteilige Ansicht vertretbar.

III. Abhilfepflicht im eigenen Geschäftsbereich (Abs. 1)

32 **1. Überblick.** Treten Verletzungen im eigenen Geschäftsbereich des Unternehmens auf oder stehen sie unmittelbar bevor, müssen **unverzüglich angemessene Abhilfemaßnahmen** getroffen werden. Die Unternehmen unterliegen einer **Erfolgspflicht.** Anders als bei den unmittelbaren Zulieferern macht der Gesetzgeber keine konkreten Vorgaben, welche Abhilfemaßnahmen zu ergreifen sind. Hinsichtlich unmittelbar bevorstehender Verletzungen ist die Abwendung der Verletzung geschuldet.[45]

33 **2. Erfolgspflicht.** Im **eigenen Geschäftsbereich im Inland** müssen die Abhilfemaßnahmen nach § 7 Abs. 1 S. 3 zu einer Beendigung der Verletzung führen. Der Gesetzgeber qualifiziert hier die allgemeine Bemühenspflicht des § 3 Abs. 1[46] zu einer **Erfolgspflicht**

[37] Korch NJW 2022, 2065 (2067).
[38] Korch NJW 2022, 2065 (2070).
[39] Korch NJW 2022, 2065 (2070).
[40] Korch NJW 2022, 2065 (2070).
[41] Korch NJW 2022, 2065 (2069 f.).
[42] Korch NJW 2022, 2065 (2070).
[43] Damit ist indes nicht gesagt, dass die Maßnahmen nicht angemessen waren. Vielmehr bestimmt sich die Angemessenheit nach § 6 Abs. 1 und § 7 Abs. 1 nach den konkret festgestellten Risiken und Verletzungen. Fehler bei der Feststellung können einen Verstoß gegen § 5 begründen, nicht jedoch gegen §§ 6, 7.
[44] Korch NJW 2022, 2065 (2070).
[45] Hembach Praxisleitfaden LkSG 163.
[46] S. Begr. RegE LkSG, BT-Drs. 19/28649, 2 (41): „Die Sorgfaltspflichten begründen eine Bemühens- und keine Erfolgspflicht.“; R. Koch MMR 2022, 1 (2); Mittwoch/Bremenkamp KritV 2021, 207 (220); Spindler ZHR 186 (2022), 67 (85); Wagner ZIP 2021, 1095 (1099); E. Wagner/Ruttloff NJW 2021, 2145 (2145 f.).

um.[47] Gemeint ist – entgegen der Definition in § 2 Abs. 6 – allein der eigene Geschäftsbereich des jeweiligen Rechtsträgers. Das ergibt sich im Umkehrschluss aus § 7 Abs. 1 S. 4, wonach im **eigenen Geschäftsbereich im Ausland** sowie im **erweiterten eigenen Geschäftsbereich iSd § 2 Abs. 6 S. 3,** also bei konzernangehörigen Gesellschaften, auf die ein bestimmender Einfluss ausgeübt wird (→ § 2 Rn. 235 ff.), die Erfolgspflicht nur „in der Regel" gilt **(gelockerte Erfolgspflicht).**[48] Der Gesetzgeber trägt damit den möglicherweise geringeren Einflussmöglichkeiten im Ausland oder auf Tochtergesellschaften Rechnung.[49] Vor diesem Hintergrund ist ein **Regelfall** gegeben, wenn der Auslandsbezug keine Hindernisse bereitet und auch keine Einflussschranken im Konzern bestehen. Demgegenüber kann eine **Ausnahme** vorliegen, wenn etwa lokale Gesetze eine Beendigung der Verletzung verzögern oder ihr sogar gänzlich im Wege stehen.[50] Zudem können die Einflussmöglichkeiten auf die Konzerntochter beschränkt sein, etwa im faktischen Konzern. Treten Verletzungen bei einer Tochtergesellschaft im Ausland auf, können beide Umstände berücksichtigt werden und je für sich die Erfolgspflicht ausschließen.

3. Wirksame und angemessene Abhilfemaßnahmen. Unternehmen müssen im eigenen Geschäftsbereich **eigenverantwortlich wirksame und angemessene Abhilfemaßnahmen** konzipieren, auswählen und **umsetzen.** Der Vorbehalt der Angemessenheit ergibt sich unmittelbar aus § 7 Abs. 1 S. 1, das Wirksamkeitsgebot aus der Generalnorm des § 4 Abs. 1, die auf alle Sorgfaltspflichten anwendbar ist. 34

Der Gesetzgeber macht – anders als bei unmittelbaren Zulieferern (§ 7 Abs. 2) – keine Vorgaben zu den Maßnahmen. Bei der Auswahl zwischen verschiedenen Handlungsalternativen kommt Unternehmen deshalb **Ermessen** zu, solange die Maßnahmen geeignet sind, die unmittelbar bevorstehende Verletzung im eigenen Geschäftsbereich zu verhindern oder bereits eingetretene Verletzungen zu beenden.[51] Versprechen die Maßnahmen unterschiedlich schnellen Erfolg, ist grundsätzlich die schneller wirkende Maßnahme zu wählen. Allerdings ist stets auch die **Zumutbarkeit** und damit die Verhältnismäßigkeit zu prüfen, die aus dem Vorbehalt der **Angemessenheit** folgt.[52] 35

Zu welchem Zeitpunkt die Abhilfemaßnahmen zum Erfolg führen müssen, normiert § 7 Abs. 1 S. 3, 4 nicht. Aus dem Erfordernis der Wirksamkeit und Angemessenheit der Maßnahmen (§ 4 Abs. 1) ergibt sich aber, dass auch der **Abhilfeerfolg innerhalb eines angemessenen Zeitraums** eintreten muss. Andernfalls war die ergriffene Maßnahme nicht angemessen. Hinsichtlich des Abhilfeerfolgs ist deshalb darauf abzustellen, wann eine angemessene und unverzüglich ergriffene (→ Rn. 40) Abhilfemaßnahme die Verletzung beendet, gemildert oder abgewendet hätte. 36

Die **Abwägungskriterien** für die Angemessenheitsprüfung ergeben sich aus **§ 3 Abs. 2.**[53] Danach ist die Leistungsfähigkeit des Unternehmens, die Schwere der Verletzung sowie die Art des eigenen Verursachungsbeitrags zu berücksichtigen. Schwerwiegenden Verletzungen ist mit größtmöglichem Einsatz zu begegnen, vor allem wenn das Unterneh- 37

[47] Gehling/Ott/Lüneborg CCZ 2021, 230 (237); Harings/Jürgens LkSG 130, 132; Hembach Praxisleitfaden LkSG 163; Grabosch Das neue LkSG/Grabosch § 5 Rn. 109; Spindler ZHR 186 (2022), 67 (85); E. Wagner/Ruttloff NJW 2021, 2145 (2149).

[48] Wagner/Ruttloff/Wagner LkSG-HdB/Wagner/Wagner Rn. 701; aA Brunk, Menschenrechts-Compliance, 2022, 473: Bemühenspflicht; Harings/Jürgens LkSG 132: „verschärfte Bemühenspflicht"; Hembach Praxisleitfaden LkSG 163 f.: Bemühenspficht.

[49] Vgl. Beschlussempfehlung und Bericht des Ausschusses für Arbeit und Soziales, BT-Drs. 19/30505, 41; Frank/Edel/Heine/Heine BB 2021, 2165 (2167); Grabosch Das neue LkSG/Grabosch § 5 Rn. 109; Herrmann/Rünz DB 2021, 3078 (3083).

[50] Vgl. Falder/Frank-Fahle/Poleacov LkSG 78.

[51] Vgl. Harings/Jürgens LkSG 130; Wagner/Ruttloff/Wagner LkSG-HdB/Wagner/Wagner Rn. 694, 700.

[52] S. auch die Parallelen etwa zum Naturschutzrecht (dort § 2 Abs. 3 BNatSchG); dazu etwa Frenz/Müggenborg/Hendrischke, 3. Aufl. 2021, BNatSchG § 2 Rn. 31; GK-BNatSchG/Kerkmann, 2. Aufl. 2017, BNatSchG § 2 Rn. 7 aE; vgl. auch Wagner/Ruttloff/Wagner LkSG-HdB/Ruttloff/Kappler Rn. 474.

[53] Vgl. Begr. RegE LkSG, BT-Drs. 19/28649, 42; dazu auch E. Wagner/Ruttloff NJW 2021, 2145 (2146).

men selbst wesentliche Verursachungsbeiträge geleistet hat.[54] Wirtschaftliche Erwägungen erlangen hingegen immer stärkeres Gewicht, je geringfügiger die Verletzung ist, je geringer der eigene Beitrag und je eher die Verletzungen wieder „umgekehrt“, also vollständig behoben werden können (vgl. § 3 Abs. 2 Nr. 3). Demgegenüber dürfte die Einflussnahmemöglichkeit gemäß § 3 Abs. 2 Nr. 2 im eigenen Geschäftsbereich nur selten eine Rolle spielen[55] und wird letztlich schon durch die Differenzierung in § 7 Abs. 1 S. 3, 4 erfasst.

38 Wird erkennbar, dass ergriffene Maßnahmen unzureichend sind, müssen die Unternehmen **nachsteuern** und ihre Anstrengungen intensivieren. Das ergibt sich zwar nicht aus § 7 Abs. 4 (→ Rn. 99 ff.), lässt sich aber als Annexverpflichtung aus den primären Abhilfeverpflichtungen herleiten (→ Rn. 107).[56] Das ist letztlich Ausfluss der Erfolgspflicht. Falls erforderlich, haben Unternehmen eigenverantwortlich zusätzliche, wirksamere Abhilfemaßnahmen zu konzipieren und umzusetzen.[57] Zudem müssen Unternehmen einmal jährlich die Wirksamkeit der Maßnahmen routinemäßig prüfen und ggf. eine Anpassung vornehmen (§ 7 Abs. 4 S. 1, 3; → Rn. 98).

39 Unklar ist, ob die **Angemessenheit** einer Maßnahme **objektiv oder aus** der **Ex-ante-Perspektive des Verantwortlichen festzustellen** ist. Im ersten Fall stellte eine Maßnahme, die sich erst im Nachhinein als nicht ausreichend wirksam oder als zu langsam erweist, bereits keinen Verstoß gegen § 7 Abs. 1 dar. Andernfalls wäre erst die Fahrlässigkeit im Rahmen des § 24 Abs. 1 Nr. 6 zu verneinen. Bisher ist die Frage weitgehend dogmatisch-theoretischer Natur, könnte aber im Rahmen einer etwaigen zivilrechtlichen Haftung Bedeutung erlangen, wenn die Beweislast hinsichtlich der Pflichtverletzung und des Verschuldens unterschiedlich verteilt ist. Aufgrund des eingeräumten Umsetzungsermessens sprechen die besseren Gründe für die Berücksichtigung auf der Ebene der Pflichtverletzung.

40 **4. Unverzügliche Abhilfemaßnahmen.** Abhilfemaßnahmen sind **unverzüglich,** also ohne schuldhaftes Zögern (§ 121 Abs. 1 S. 1 BGB), **zu ergreifen** (§ 7 Abs. 1 S. 1). Dieser Maßstab muss im Einzelfall anhand der jeweiligen Umstände konkretisiert werden. Die Testfrage lautet, innerhalb welchen Zeitraums ein objektiv-sorgfältiges Unternehmen in der Situation des konkreten Unternehmens angemessene Abhilfemaßnahmen ergriffen hätte. Als allgemeine Leitlinie kann gelten, dass Maßnahmen **umso schneller** ergriffen werden müssen, je schwerwiegender die (drohenden) Verletzungen sind.[58] Zudem ist zu berücksichtigen, wie komplex und aufwendig die jeweiligen Maßnahmen sind. Benötigen langfristig wirkende Maßnahmen erheblichen Vorbereitungsaufwand, können auch **Übergangsmaßnahmen zur Minderung** der Verletzungsfolgen geboten sein.

41 § 7 Abs. 1 S. 3, 4 normiert lediglich, dass Abhilfemaßnahmen unverzüglich zu ergreifen sind, nicht jedoch, wann sie zum **Abhilfeerfolg** führen müssen. Aus dem Erfordernis der Wirksamkeit und Angemessenheit der Maßnahmen (§ 4 Abs. 1) ergibt sich aber, dass auch der Abhilfeerfolg **innerhalb eines angemessenen Zeitraums** eintreten muss (→ Rn. 36). Als Vergleichsmaßstab für die tatsächlich ergriffenen Maßnahmen sind auch hier objektiv angemessene Maßnahmen heranzuziehen. Der Abhilfeerfolg muss deshalb eintreten, sobald diese objektiv angemessenen Maßnahmen mit überwiegender Wahrscheinlichkeit zum Erfolg geführt hätten. Im Ausgangspunkt ist die Ex-ante-Perspektive maßgeblich, allerdings sind spätere Erkenntnisse zu berücksichtigen, wenn diese nahelegen, dass auch andere Maßnahmen nicht innerhalb des prognostizierten Zeitraums zum Erfolg geführt hätten (zB aufgrund erheblicher rechtlicher oder bürokratischer Hindernisse). Je schwieriger der Zeitraum zu prognostizieren ist, desto größer ist das Auswahlermessen des Unternehmens.

[54] Begr. RegE LkSG, BT-Drs. 19/28649, 42.
[55] Vgl. Begr. RegE LkSG, BT-Drs. 19/28649, 42 (48).
[56] Vgl. auch Wagner/Ruttloff/Wagner LkSG-HdB/Wagner/Wagner Rn. 695.
[57] Ähnlich Wagner/Ruttloff/Wagner LkSG-HdB/Wagner/Wagner Rn. 695.
[58] Vgl. zur Priorisierung auch OECD-Leitfaden für die Erfüllung der Sorgfaltspflicht für verantwortungsvolles unternehmerisches Handeln, 2018, 75 f.

IV. Abhilfepflicht bei unmittelbaren Zulieferern (Abs. 1 S. 1, Abs. 2)

1. Überblick. Stellen Unternehmen (drohende) Verletzungen bei ihren unmittelbaren Zulieferern fest, haben sie gemäß § 7 Abs. 1 S. 1 unverzüglich angemessene Abhilfemaßnahmen zu ergreifen, um die Verletzungen abzuwenden, abzustellen oder die Verletzungsfolgen zu minimieren. Hinsichtlich bereits eingetretener Verletzungen gilt ein **zweistufiges Konzept:** Können die Verletzungen **innerhalb absehbarer Zeit** abgestellt werden, steht die Auswahl der Abhilfemaßnahmen im **Ermessen** der Unternehmen.[59] Das Gesetz macht insofern keine Vorgaben. Ist die Verletzung so beschaffen, dass Unternehmen sie **nicht innerhalb angemessener Zeit beenden** können, greifen die **Vorgaben** des **§ 7 Abs. 2** und das Unternehmen muss ein Konzept zur Beendigung oder Minimierung erstellen (zum Abhilfekonzept → Rn. 53 ff.). Dabei muss es die in § 7 Abs. 2 S. 3 Nr. 1–3 genannten Maßnahmen (→ Rn. 55 ff.) in Betracht ziehen. 42

2. Angemessenheit der Maßnahmen. a) Keine Erfolgspflicht. Die Abhilfepflichten für Verletzungen, die bei unmittelbaren Zulieferern auftreten, sind **Bemühenspflichten.**[60] Anders als im eigenen Geschäftsbereich ist deshalb **kein Abhilfeerfolg geschuldet.**[61] Allerdings müssen die Maßnahmen **wirksam und angemessen** sein, § 4 Abs. 1 sowie § 3 Abs. 1, § 7 Abs. 1 S. 1.[62] Zudem erhöhen sich die Anforderungen, wenn Verletzungen nicht in absehbarer Zeit beendet werden können. Zwar wird auch in diesem Fall kein Erfolg geschuldet, allerdings muss das Unternehmen ein Abhilfekonzept erarbeiten und die in § 7 Abs. 2 genannten Maßnahmen in Betracht ziehen. Bleiben die ergriffenen Maßnahmen erfolglos, steigt der Druck, auch andere, weitergehende Maßnahmen zu ergreifen. 43

b) Konkretisierung der Angemessenheit. Die **Angemessenheit** wird durch **§ 3 Abs. 2 konkretisiert** (→ § 3 Rn. 47 ff.). Von besonderer Bedeutung ist § 3 Abs. 2 Nr. 3, wonach die **Schwere der Verletzung** und ihre Umkehrbarkeit zu berücksichtigen sind.[63] Dabei sind die betroffenen Rechtsgüter, die Anzahl der Betroffenen sowie die Intensität des Eingriffs zu betrachten. Auch **eigene Verursachungsbeiträge** erhöhen die Anforderungen (§ 3 Abs. 2 Nr. 4).[64] An größere Unternehmen sind im Zweifel höhere Anforderungen zu stellen als an kleinere; ebenso an Unternehmen mit gewichtigen menschenrechtlichen oder umweltbezogenen Risiken in ihrer Wertschöpfungskette, da sie eher mit Verletzungen rechnen müssen (§ 3 Abs. 2 Nr. 1).[65] Zum Einflussvermögen → Rn. 48 ff. 44

Geringere Abhilfepflichten gelten bei **unmittelbaren Zulieferern, die selbst dem LkSG unterfallen.** Abhilfepflichten der Abnehmer wären hier im Regelfall deplatziert, da die Unternehmen selbst die strengeren Pflichten nach § 7 Abs. 1 erfüllen müssen. Da dies der **staatlichen Überwachung** unterliegt, können Unternehmen grundsätzlich darauf vertrauen, dass vom LkSG erfasste Unternehmen selbst für Abhilfe sorgen.[66] 45

Im Rahmen der Angemessenheitsprüfung ist auch die **Zumutbarkeit** von Maßnahmen für das Unternehmen zu prüfen. Allen voran können **rechtliche Vorgaben in anderen Ländern** der Umsetzung entgegenstehen. So hat etwa China am Tag der Verabschiedung des LkSG ein Anti-Foreign-Sanctions-Law verabschiedet, das für deutsche Unternehmen, ihre Geschäftsleiter und Mitarbeiter erhebliche Sanktionsrisiken birgt, wenn Abhilfemaß- 46

[59] Harings/Jürgens LkSG 130; Wagner/Ruttloff/Wagner LkSG-HdB/Wagner/Wagner Rn. 757.
[60] Frank/Edel/Heine/Heine BB 2021, 2165 (2169); Harings/Jürgens LkSG 130.
[61] Harings/Jürgens LkSG 130, 132.
[62] Vgl. zur Angemessenheit Grabosch Das neue LkSG/Grabosch § 5 Rn. 108; Lutz-Bachmann/Vorbeck/Wengenroth BB 2021, 906 (910).
[63] Vgl. dazu UN Guiding Principles on Business and Human Rights, 2011, Kommentar zu Nr. 14: „Severity of impacts will be judged by their scale, scope and irremediable character."; Harings/Jürgens LkSG 132 f.
[64] Vgl. Begr. RegE LkSG, BT-Drs. 19/28649, 48 zu Abs. 1; Harings/Jürgens LkSG 133.
[65] Vgl. auch Begr. RegE LkSG, BT-Drs. 19/28649, 42; Lutz-Bachmann/Vorbeck/Wengenroth BB 2021, 906 (910).
[66] Krit. zur fehlenden Ausnahme für diese Fälle Chamitzky/Weigel RIW 2022, 12 (15).

nahmen als „diskriminierende und belastende Maßnahmen und Eingriffe in interne Angelegenheiten des Landes" angesehen werden.[67] Bei der Festlegung der Angemessenheit im Einzelfall sind hier nicht nur die Berufsfreiheit von Unternehmen, sondern auch die Grundrechte der natürlichen Personen zu berücksichtigen.

47 **c) Angemessenheit bei mehreren Verpflichteten.** Ungeklärt ist bisher die Frage, ob die **Koexistenz mehrerer Verpflichteter** nach dem LkSG die Anforderungen des einzelnen verantwortlichen Unternehmens verringert. Dagegen spricht, dass bei einer solchen Deutung alle Verantwortlichen vornehme Zurückhaltung üben und auf den jeweils anderen verweisen könnten. Eine Absenkung der eigenen Bemühungen wird deshalb nur dann nicht als Pflichtverletzung anzusehen sein, wenn sich die Verantwortlichen koordinieren. Das ergibt sich auch aus § 7 Abs. 2 Nr. 2, der Unternehmen explizit zur **Kooperation** ermuntert. In diesem Fall ist darauf abzustellen, ob die koordinierten Maßnahmen oder Brancheninitiativen den Verletzungen angemessen sind. Genügen die Maßnahmen nicht, müssen die jeweils verpflichteten Unternehmen selbst weitergehende Maßnahmen ergreifen.

48 **d) Einflussvermögen und Durchsetzbarkeit.** Ein **begrenzender Faktor** ist das **Einflussvermögen und** die **Durchsetzbarkeit** von Maßnahmen. Da es sich bei den Abhilfemaßnahmen gegenüber unmittelbaren Zulieferern um Bemühenspflichten handelt (→ Rn. 43), können von Unternehmen keine unmöglichen oder unverhältnismäßigen Maßnahmen erwartet werden.[68] Das ergibt sich auch aus **§ 3 Abs. 2 Nr. 2.** Danach ist das Einflussvermögen des Unternehmens auf unmittelbare Verursacher einer menschenrechtsbezogenen oder umweltbezogenen Verletzung im Rahmen der Angemessenheit zu berücksichtigen.[69] Auch die Regierungsbegründung betont die Nähe zur Verletzung.[70] Eine gegenüber einem unmittelbare Zulieferer **nicht durchsetzbare Maßnahme** ist deshalb möglicherweise **nicht angemessen** iSd § 7 Abs. 1 S. 1.

49 Bei der Prüfung der Angemessenheit ist zu berücksichtigen, welchen **Verursachungsbeitrag** das Unternehmen zur Verletzung geleistet hat. Je gewichtiger der Verursachungsbeitrag des Unternehmens, desto weniger beschränkt das fehlende Einflussvermögen die Anforderungen an die Maßnahmen. Die Bestimmung der Angemessenheit im Rahmen des § 7 Abs. 1, 2 steht damit in **Wechselwirkung zur Auslegung des § 4 Abs. 1, 2** (→ § 4 Rn. 40 ff.). Lässt man dort bereits geringfügige Beiträge – wie die Aufnahme einer Lieferbeziehung – genügen,[71] muss das beschränkte Einflussvermögen des Unternehmens auf unmittelbare Zulieferer deutlich stärker berücksichtigt werden als bei substantiellen Verursachungsbeiträgen, um unverhältnismäßige Anforderungen zu vermeiden.

50 In welchem Umfang Unternehmen im Verletzungsfall Einfluss auf ihre unmittelbaren Zulieferer ausüben können, hängt einerseits von den faktischen Einflussnahmemöglichkeiten und andererseits von den vertraglichen Vereinbarungen ab. **Faktischen Einfluss** können sie vor allem ausüben, wenn die unmittelbaren Zulieferer sich in einer gewissen wirtschaftlichen Abhängigkeit zum Unternehmen befinden. In solchen Fällen wird deshalb allein die Inaussichtstellung eines künftigen Abbruchs der Geschäftsbeziehung oder die bloße Nichtverlängerung bereits zu einem Umdenken und zur Kooperationsbereitschaft des unmittelbaren Zulieferers beitragen.

51 In anderen Fällen sind die Unternehmen auf ihre **vertraglichen Rechte** angewiesen. Haben sie sich vertragliche Druckinstrumente wie Weisungsrechte oder Vertragsstrafen

[67] Dazu Grabosch Das neue LkSG/Grabosch § 5 Rn. 118 ff.; Nasse RAW 2022, 3 (8 f.). Auf mögliche chinesische Sanktionen weisen auch Ehmann/Berg GWR 2021, 287 (293) hin.

[68] Unter Verweis auf das Verhältnismäßigkeitsgebot Lutz-Bachmann/Vorbeck/Wengenroth BB 2021, 906 (910); ähnlich zuvor schon DAV Stellungnahme Nr. 27/2021 vom April 2021 zum RegE LkSG, 19 Rn. 36, abgedruckt in Ausschuss-Drs. 19(11)1136, 135.

[69] S. auch Begr. RegE LkSG, BT-Drs. 19/28649, 42.

[70] Begr. RegE LkSG, BT-Drs. 19/28649, 48 (zu Abs. 1).

[71] So Ehmann ZVertriebsR 2021, 141 (145 f.); Grabosch Das neue LkSG/Grabosch § 5 Rn. 124.

gesichert, können sie auch ohne faktische Machtstellung Abhilfemaßnahmen durchsetzen.[72] Bestand allerdings schon im Zeitpunkt des Vertragsschlusses nur ein begrenzter Einfluss auf den unmittelbaren Zulieferer, kann es an solchen Rechten fehlen. Darin kann kein Verstoß gesehen werden, wenn die Rechte bereits zum Vertragsschlusszeitpunkt nicht durchsetzbar und deshalb auch nicht angemessen waren (zur Durchsetzbarkeit von Präventionsmaßnahmen → § 6 Rn. 70 ff.).

Schwieriger zu beurteilen ist der Fall, in dem Unternehmen im Zeitpunkt des bloßen Risikos **vertragliche Rechte wahrscheinlich hätten vereinbaren können** oder aufgrund der Qualität des Risikos sogar müssen, dies allerdings versäumt haben. In diesem Fall liegt der Schwerpunkt des Vorwurfs nicht darauf, eine erkannte Verletzung trotz Abhilfemöglichkeit zu dulden. Vielmehr besteht das Versäumnis darin, im Vorfeld keine ausreichenden Maßnahmen ergriffen zu haben. Ob man dies richtigerweise als Verletzung der Präventionspflicht oder als Verletzung der Abhilfepflicht ansieht, hat für die Bußgeldbemessung wegen § 24 Abs. 3 erhebliche Bedeutung. 52

3. Abhilfekonzept und langfristige Abhilfemaßnahmen (Abs. 2). a) Grundlagen und Voraussetzung. Kann die Verletzung einer menschenrechtsbezogenen oder umweltbezogenen Pflicht voraussichtlich nicht innerhalb angemessener Zeit beendet werden, muss das Unternehmen gemäß § 7 Abs. 2 S. 1 unverzüglich ein auf den jeweiligen Fall zugeschnittenes Konzept für die Beendigung oder Minimierung **(Abhilfekonzept)** erstellen und umsetzen.[73] Das Konzept muss gemäß § 7 Abs. 2 S. 2 einen konkreten Zeitplan enthalten. Die Vorschrift erfasst damit insbesondere **Verletzungen, die komplexe Abhilfemaßnahmen erfordern,** weshalb ein Konzept einschließlich eines Zeitplans geboten erscheint. Vor diesem Hintergrund dürfte „in absehbarer Zeit" dahin auszulegen sein, dass der voraussichtlich erforderliche Zeitraum für eine Beendigung oder Minimierung der Verletzung zu lang ist, als dass Einzelmaßnahmen ohne einen koordinierenden Gesamtrahmen genügen würden. Ob das Konzept auf eine Beendigung oder lediglich auf eine Minimierung zielen muss, hängt davon ab, welcher **Abhilfegrad** durch angemessene Abhilfemaßnahmen erreichbar ist. 53

b) Überblick zum Inhalt. Unternehmen müssen **eigenverantwortlich** angemessene Maßnahmen bestimmen, die in das Konzept aufgenommen und anschließend umgesetzt werden sollen. **§ 7 Abs. 2 S. 3** gibt allerdings **Anhaltspunkte,** welche Maßnahmen der Gesetzgeber für erwägenswert hält. Ausweislich des Wortlauts handelt es sich aber **nicht** um **Mindestvorgaben.** Unternehmen müssen die dort vorgesehenen Maßnahmen also nur aufnehmen, wenn sie im Einzelfall angemessen sind. Auf der anderen Seite dürfen sich Unternehmen aber nicht damit begnügen, die dortigen Maßnahmen zu prüfen, sondern müssen selbst auch andere Optionen ergründen. Ergreifen Unternehmen in Betracht zu ziehende Maßnahmen nicht, obwohl diese angemessen gewesen wären, müssen sie im Gegenzug eigene, ebenfalls wirksame Abhilfemaßnahmen aufnehmen und umsetzen. 54

c) Einwirken auf den Verletzer (Nr. 1). Verletzt der unmittelbare Zulieferer Menschenrechte oder Umweltstandards nach § 2, setzen Abhilfemaßnahmen regelmäßig eine **Kooperation zwischen Unternehmen und unmittelbarem Zulieferer** voraus. Der Gesetzgeber schlägt dafür in § 7 Abs. 2 S. 3 Nr. 1 die gemeinsame Erarbeitung und Umsetzung eines Plans zur Beendigung und Minimierung der Verletzungen vor **(Abhilfeplan).** Im Einzelfall kann aber bereits genügen, den unmittelbaren Zulieferer zur Abhilfe zu verpflichten, wenn dieser dazu selbst in der Lage ist. In diesem Fall kann es zielführender sein, die Vorteile für die Einhaltung der Verpflichtungen oder die möglichen Sanktionen zu verdeutlichen.[74] Die gemeinsame Ausarbeitung eines Plans ist deshalb vor allem für 55

---

[72] Vgl. Wagner/Ruttloff/Wagner LkSG-HdB/Wagner/Wagner Rn. 769.
[73] Vgl. Wagner/Ruttloff/Wagner LkSG-HdB/Wagner/Wagner Rn. 762.
[74] Sehr direkt auch Begr. RegE LkSG, BT-Drs. 19/28649, 48 f., wo allein das Verlangen der Einhaltung des Lieferantenkodexes aufgeführt ist.

komplexe Sachverhalte und in Situationen sinnvoll, in denen der unmittelbare Zulieferer allein nicht in der Lage ist, die menschenrechts- und umweltbezogenen Pflichten einzuhalten. Zudem ist erforderlich, dass der unmittelbare Zulieferer zur Kooperation bereit ist.

56 Der Abhilfeplan kann dabei helfen, die nötigen **Abhilfemaßnahmen** zu **entwickeln,** zu **strukturieren und in einzelne Zwischenschritte herunterzubrechen.** Regelmäßig dürfte zudem ein **konkreter Zeitplan** erforderlich sein, der Zwischenziele definiert.[75] Das ergibt sich mittelbar aus § 7 Abs. 1 S. 2, wonach das eigene Abhilfekonzept des Unternehmens einen Zeitplan vorsehen muss. Damit der eigene Zeitplan eingehalten werden kann, muss regelmäßig auch den unmittelbaren Zulieferern ein solcher vorgegeben werden. Sollte auf andere Weise als durch einen Abhilfeplan auf den Verletzer eingewirkt werden, sind zeitliche Vorgaben für die eingeforderten Abhilfemaßnahmen oder Abhilfeerfolge regelmäßig ebenso erforderlich.

57 Die entwickelten Maßnahmen müssen **angemessen** sein. Dabei sind allerdings die möglicherweise begrenzten Ressourcen des unmittelbaren Zulieferers zu berücksichtigen. Sofern die Verletzungen nicht schwerwiegend sind, kann die **Abhilfe** deshalb **mehr Zeit** in Anspruch nehmen als im eigenen Geschäftsbereich. Andernfalls würde man Unternehmen einen starken Anreiz setzen, die Geschäftsbeziehung sofort einzustellen und nicht auf den unmittelbaren Zulieferer einzuwirken.

58 Die festgelegten **Zwischenschritte und Zwischenziele** sind nach Ablauf des Umsetzungszeitraums zu **überprüfen.** Werden die Maßnahmen nicht rechtzeitig umgesetzt oder die Ziele nicht rechtzeitig erreicht, kann sowohl eine **Anpassung** der Maßnahmen als auch des Zeitplans geboten sein. Der Zeitplan ist anzupassen, wenn angemessene Maßnahmen sich als zeitaufwendiger herausstellen. Die Abhilfemaßnahmen oder das Abhilfekonzept sind anzupassen, wenn die bisherigen Maßnahmen sich als unzureichend und damit als nicht angemessen erweisen. Das ergibt sich unmittelbar aus § 7 Abs. 1, Abs. 2. Zum Verhältnis zur Überprüfungs- und Aktualisierungspflicht nach § 7 Abs. 4 → Rn. 101.

59 **d) Brancheninitiativen und Branchenstandards (Nr. 2).** In § 7 Abs. 2 S. 3 Nr. 1 schlägt der Gesetzgeber die Zusammenarbeit mit anderen Unternehmen in **Brancheninitiativen** vor.[76] Diese sind sinnvoll, wenn Maßnahmen gegenüber einzelnen Zulieferern nicht durchsetzbar sind oder aus anderen Gründen kaum Erfolg versprechen, allen voran, weil **ein Unternehmen wenig Einfluss** auf die unmittelbaren Zulieferer besitzt. Dann stellt die Durchsetzbarkeit eine Schranke der Angemessenheit der Einzelmaßnahmen dar (→ Rn. 48 ff.). Im Gegenzug müssen Unternehmen aber versuchen, ihren Einfluss auf den Verletzer auszuweiten. **Brancheninitiativen** können hier ein Instrument sein, um den **Druck zu erhöhen.**[77] Auch können Brancheninitiativen das Mittel der Wahl sein, wenn sämtliche oder jedenfalls **sehr viele unmittelbare Zulieferer** einer Region und Branche **ähnliche Risiken und Verletzungen** verursachen. In einem solchen Szenario ist die koordinierte Einflussnahme effizienter. Als Beispiel können die katastrophalen Arbeitsbedingungen in der Textilindustrie Bangladeschs vor dem Einsturz des Rana-Plaza-Gebäudes gelten. Mittlerweile sind zahlreiche Abnehmer im Bangladesh-Accord zusammengeschlossen, der neben den Unternehmen und den Zulieferern auch Gewerkschaftsvertreter einschließt.[78]

60 Als Ergebnis der Koordination können Unternehmen **Branchenstandards** entwickeln. Sie dienen vor allem der **Vereinheitlichung** und können so möglicherweise auf eine höhere Akzeptanz bei den unmittelbaren Zulieferern hoffen als Einzelvorgaben der jeweili-

---

[75] Harings/Jürgens LkSG 132; Wagner/Ruttloff/Wagner LkSG-HdB/Wagner/Wagner Rn. 768.

[76] Beispiele bei Hembach Praxisleitfaden LkSG 165.

[77] Vgl. Falder/Frank-Fahle/Poleacov LkSG 80; Harings/Jürgens LkSG 135; Herrmann/Rünz DB 2021, 3078 (3084).

[78] S. https://bangladeshaccord.org (zuletzt abgerufen am 6.9.2022); weitere Beispiele bei Geistfeld 10 JETL 130 (149 f.) (2019).

gen Unternehmen. Zulieferer müssen dann nur noch ein Regime umsetzen und sich nicht mit einer Vielzahl an Forderungen, Schulungsangeboten und Kontrollwünschen auseinandersetzen. Zudem kann die konsequente Anwendung die **Durchsetzbarkeit von Maßnahmen** erhöhen, da unmittelbare Zulieferer nicht mehr ohne Weiteres andere Abnehmer finden können.

Die **Wirksamkeit der Branchenstandards** hängt wesentlich vom Anteil der anwendenden Unternehmen gemessen an allen Abnehmern ab. Um einen hohen Wirkungsgrad zu erreichen, sollten möglichst auch Unternehmen beteiligt werden, die nicht vom LkSG reguliert werden. Zu diesem Ziel können auch Abstriche bei den Vorgaben hingenommen werden, wenn dadurch der Wirkungsgrad des Branchenstandards durch eine höhere Beteiligung verbessert wird. Weitergehende Maßnahmen schulden Unternehmen, die dem LkSG unterfallen, dann nur, soweit diese zumutbar sind. Denn gerade durch den Branchenstandard kann sich die Bereitschaft der unmittelbaren Zulieferer verringern, noch darüberhinausgehende Maßnahmen zu dulden. Zugunsten der breitflächigen Verbesserung der Menschenrechts- und Umweltlage können deshalb Abstriche bei einzelnen Aspekten sinnvoll sein. 61

Unternehmen müssen bei der Koordinierung allerdings auf die Einhaltung anderer Vorschriften achten, namentlich das **Kartellrecht.**[79] Europäisches Wettbewerbsrecht geht in seinem Anwendungsbereich den Vorgaben des LkSG stets vor, sodass die Anforderungen des LkSG ggf. Einschränkungen erfahren.[80] Hinsichtlich des deutschen Wettbewerbsrechts wäre eine klarstellende Regelung zum Rangverhältnis möglich gewesen, die der Gesetzgeber indes versäumt hat. Weitere Einschränkungen können sich etwa aus dem Datenschutzrecht (insbesondere DS-GVO) ergeben. Generell gilt: **Maßnahmen, die möglicherweise gegen andere gesetzliche Vorschriften verstoßen,** sind **nicht angemessen** iSd § 7 und damit nicht erforderlich. 62

e) Temporäre Suspendierung der Geschäftsbeziehung (Nr. 3). Unternehmen sollen auch die temporäre Suspendierung der Geschäftsbeziehungen nach § 7 Abs. 2 S. 3 Nr. 3 in Betracht ziehen. In Abgrenzung zu § 7 Abs. 3 greift die Vorschrift für den Zeitraum der Umsetzung des Abhilfekonzepts, während § 7 Abs. 3 dessen Aussichtslosigkeit oder Scheitern voraussetzt (§ 7 Abs. 3 S. 1 Nr. 2). Sinnvoll erscheint eine Suspendierung vor allem, um **Druck auf den unmittelbaren Zulieferer** auszuüben, die geforderten oder vereinbarten Abhilfemaßnahmen umzusetzen. Auf diese Weise kann möglicherweise eine Beschleunigung und eine höhere Ernsthaftigkeit erreicht werden. 63

Aufgrund der **erheblichen Auswirkungen** auf den unmittelbaren Zulieferer und eventuell ebenso auf die Betroffenen (insbesondere Arbeitnehmer) dürfte die Suspendierung aber nur angemessen sein, wenn voraussichtlich während des Zeitraums der Abhilfemaßnahmen schwerwiegende Verletzungen menschenrechts- oder umweltbezogener Pflichten eintreten werden oder der unmittelbare Zulieferer anders nicht zur Umsetzung des Abhilfekonzepts angehalten werden kann. In vielen Fällen kann sich eine Suspendierung sogar **negativ auswirken,**[81] insbesondere wenn sich der unmittelbare Zulieferer aufgrund des erzeugten wirtschaftlichen Drucks anderen möglichen Abnehmern zuwendet und sich so die unternehmerischen Einwirkungsmöglichkeiten sogar verringern. 64

Auch aus Sicht des Unternehmens muss die Maßnahme **verhältnismäßig und zumutbar** sein. Die temporäre Aussetzung einer Geschäftsbeziehung kann zu erheblichen **Friktionen in der Lieferkette** führen. Das ist nur bei schwerwiegenden Verletzungen 65

---

[79] Ekkenga/Erlemann ZIP 2022, 49 (50 ff.); Frank/Edel/Heine/Heine BB 2021, 2165 (2169); Lutz-Bachmann/Vorbeck/Wengenroth BB 2021, 906 (910); Wagner/Ruttloff/Wagner LkSG-HdB/Denzel/Hertfelder Rn. 1138 ff.; früher schon darauf hinweisend DAV Stellungnahme Nr. 27/2021 zum Entwurf des Sorgfaltspflichtengesetzes vom April 2021, 21 Rn. 41, abgedruckt in Ausschuss-Drs. 19(11)1136, 137.

[80] Zur Vereinbarkeit mit europäischem Wettbewerbsrecht eingehend Ekkenga/Erlemann ZIP 2022, 49 (51 ff.).

[81] Ähnlich DAV Stellungnahme Nr. 27/2021 zum Entwurf des Sorgfaltspflichtengesetzes vom April 2021, 20 f. Rn. 40, abgedruckt in Ausschuss-Drs. 19(11)1136, 136 f.

und unzureichendem Fortschritt der Abhilfemaßnahmen zumutbar.[82] Im **Unterschied zu § 7 Abs. 3** befinden sich die Vertragspartner nämlich definitionsgemäß in einer **Phase tatsächlichen oder möglichen Fortschritts,** sodass eine vorübergehende Fortführung der Geschäftsbeziehung tendenziell weniger bedenklich ist.

66 In tatsächlicher Hinsicht kann zudem die Schranke der **Durchsetzbarkeit** greifen (→ Rn. 48 ff.). Hat das Unternehmen die Suspendierungsmöglichkeit **vertraglich nicht vereinbart,** wäre das Aussetzen rechtswidrig. Rechtswidrige Maßnahmen dürften allerdings regelmäßig nicht angemessen sein. Vor diesem Hintergrund kann allerdings bereits bei Vertragsschluss die Pflicht des Unternehmens bestehen, vertragliche Absicherungen der Abhilfemaßnahmen einschließlich der Möglichkeit zur Aussetzung der Geschäftsbeziehung aufzunehmen (zu mangelnden vertraglichen Vorkehrungen → Rn. 52).[83]

67 **f) Vertragsstrafen.** In der Regierungsbegründung ist zudem die Durchsetzung von Vertragsstrafen erwähnt.[84] Da die Vorgabe **nicht Gesetz geworden** ist, kann sie sich allerdings allein aus der allgemeinen Pflicht zur Ergreifung angemessener Abhilfemaßnahmen (§ 7 Abs. 1, Abs. 2 S. 1) ergeben. Die Durchsetzung kommt zudem nur dann in Betracht, **wenn** Vertragsstrafen überhaupt **vertraglich vereinbart** wurden (zur möglichen Verpflichtung zur Vereinbarung von Vertragsstrafen → § 6 Rn. 95, → § 6 Rn. 99) und die Tatbestandsvoraussetzungen erfüllt sind. Ist deutsches Recht anwendbar, ist zudem § 343 BGB zu beachten. Allerdings sollten auch hohe Vertragsstrafen nicht als unverhältnismäßig qualifiziert werden, da sie einerseits dem Schutz hochrangiger Rechtsgüter dienen und andererseits Unternehmen häufig nur wenige andere Durchsetzungsmöglichkeiten besitzen.

68 **4. Recht zum Abbruch der Geschäftsbeziehung.** Der Regierungsbegründung ist deutlich der Wunsch zu entnehmen, dass Unternehmen nicht vorschnell die Geschäftsbeziehung zu Zulieferern abbrechen. Sie werden vielmehr „darin bestärkt, zuerst gemeinsam mit Zulieferern oder innerhalb der Branche nach Lösungen für komplexe und schwierig zu behebende Missstände zu suchen […]".[85] Dahinter dürfte das Ansinnen stehen, Unternehmen möglichst lange als Helfer im Kampf gegen Verletzungen von Menschenrechten oder der Umwelt in Dienst zu stellen und möglichst zu verhindern, dass sie sich dieser Rolle entziehen. Das darf indes nicht darüber hinwegtäuschen, dass es **Unternehmen** grundsätzlich freisteht, nicht den mühsamen und risikobehafteten Weg einer stetigen Einflussnahme zu gehen. Vielmehr **können** sie die **Geschäftsbeziehung freiwillig vorzeitig beenden.** Denn der Verbleib des Unternehmens in der Geschäftsbeziehung trägt das beständige **Risiko** in sich, dass die ergriffenen Maßnahmen ex post von Behörden und Gerichten als nicht ausreichend angesehen werden und Bußgelder und andere Sanktionen folgen. Aufgrund der vagen gesetzgeberischen Vorgaben zu den Präventions- und Abhilfepflichten können Unternehmen dieses Risiko bestenfalls abschätzen, nicht jedoch ausschließen. Es muss ihnen deshalb möglich sein, die Sanktionsrisiken durch einen Abbruch abzuwenden oder für die Zukunft auszuschließen.

69 Es besteht **auch aus ökonomischer Sicht kein Bedürfnis,** Unternehmen gegen ihren Willen in einer Geschäftsbeziehung zu halten. Denn für die Menschenrechts- oder Umweltsituation ist ein Abbruch nicht notwendig die schlechtere Lösung. Wechseln Unternehmen etwa zu verlässlicheren Zulieferern, wird deren Position im Wettbewerb gestärkt und die Nachfrage nach unbedenklichen Produkten und Dienstleistungen steigt mit der Folge, dass auch deren Preis steigt.[86] Es wird deshalb attraktiver, menschenrechtlich und umweltrechtlich unbedenkliche Produkte und Dienstleistungen herzustellen.[87] Fortschritte können

[82] Noch weitergehend Ehmann ZVertriebsR 2021, 141 (148): erst erforderlich, wenn Maßnahmen absehbar keinen Erfolg haben.
[83] Vgl. Falder/Frank-Fahle/Poleacov LkSG 80 f.; Harings/Jürgens LkSG 135.
[84] Begr. RegE LkSG, BT-Drs. 19/28649, 49.
[85] Vgl. Begr. RegE LkSG, BT-Drs. 19/28649, 49.
[86] Korch ZVglRWiss 2023, Heft 1.
[87] Korch ZVglRWiss 2023, Heft 1.

so möglicherweise sogar nachhaltiger bewirkt werden. Denn das Signal in den jeweiligen Markt ist unmissverständlich: Nur wer Menschenrechte und Umwelt achtet, kann von dauerhaften Geschäftsbeziehungen profitieren. Und selbst kurzfristig könnte eine Pflicht zum Verbleib in der Geschäftsbeziehung nachteilig sein, da sie bereits gut aufgestellte Zulieferer diskriminiert und einem Wettbewerbsnachteil aussetzt.

V. Abbruch der Geschäftsbeziehung (Abs. 3)

1. Überblick. Nach § 7 Abs. 3 kann auch der Abbruch der Geschäftsbeziehungen als Abhilfemaßnahme geboten sein. Der Abbruch ist allerdings als **ultima ratio** konzipiert.[88] Er ist nach § 7 Abs. 3 S. 1 Nr. 1–3 nur geboten, wenn einer schwerwiegenden Verletzung einer Rechtsposition oder der umweltbezogenen Pflichten mit den erarbeiteten Konzepten nicht innerhalb des anvisierten Zeitraums begegnet werden kann und dem Unternehmen auch keine anderen, milderen Mittel mehr zur Verfügung stehen. Die Voraussetzungen müssen kumulativ vorliegen (→ Rn. 72). Neben den ausdrücklich normierten Voraussetzungen sind auch die Folgen für die betroffenen Stakeholder (→ Rn. 82 f.) sowie die Unternehmen (→ Rn. 84 ff.) zu berücksichtigen. 70

Nach **§ 7 Abs. 3 S. 2** ist der Abbruch nicht allein aufgrund des Umstandes geboten, dass ein Staat ein in der Anlage aufgelistetes Übereinkommen nicht ratifiziert oder nicht in sein nationales Recht umgesetzt hat.[89] Der Gesetzgeber stellt damit klar, dass es bei der Beurteilung auf die konkreten Umstände des Einzelfalls ankommt. Davon unberührt bleiben allerdings gemäß § 7 Abs. 3 S. 3 die nationalen, europäischen oder völkerrechtlichen Vorschriften zum Außenwirtschaftsverkehr. 71

2. Normierte Einzelvoraussetzungen. a) Systematik. Die **Voraussetzungen** für die Abbruchpflicht sind **in § 7 Abs. 3 S. 1 Nr. 1–3** geregelt. Sie müssen **kumulativ** und nicht lediglich alternativ erfüllt sein, um die Pflicht auszulösen. Das ergibt sich zwar nicht aus dem Wortlaut,[90] wohl aber aus der Regierungsbegründung und der erkennbaren Stoßrichtung der Norm, den Einfluss auf Verletzer möglichst lange aufrecht zu erhalten und den Abbruch der Geschäftsbeziehung als letztes Mittel anzusehen.[91] Dahinter steht die Überlegung, dass nach dem Abbruch der Geschäftsbeziehungen keine Einwirkungsmöglichkeit mehr besteht und deshalb auch nicht mit einer Verbesserung der Menschenrechtslage oder einer besseren Berücksichtigung der Umweltbelange zu rechnen ist. 72

b) Schwerwiegende Verletzung (Nr. 1). Nach § 7 Abs. 3 S. 1 Nr. 1 ist der Abbruch der Geschäftsbeziehung nur geboten, wenn die Verletzung einer geschützten Rechtsposition oder einer umweltbezogenen Pflicht als sehr schwerwiegend zu bewerten ist. Die **Verletzung einer umweltbezogenen Pflicht** ist **in § 2 Abs. 4 S. 2 definiert** als Verstoß gegen ein Verbot aus § 2 Abs. 3. Demgegenüber knüpft die Vorschrift hinsichtlich der Menschenrechte nicht an die Verletzung einer menschenrechtsbezogenen Pflicht iSd § 2 Abs. 2 an. Vielmehr nutzt das Gesetz die Begrifflichkeit der **geschützten Rechtsposition,** die **in § 2 Abs. 1 normiert** ist. Der Wortlaut legt deshalb nahe, dass die Verletzung nicht anhand des Verbotskatalogs in § 2 Abs. 2 zu bestimmen ist, sondern anhand der in der Anlage Nr. 1–11 aufgelisteten Übereinkommen zum Schutz der Menschenrechte. Weshalb der Gesetzgeber hier auf die Abkommen und nicht die in § 2 Abs. 2 aufgeführten Verbote abstellt, ist **nicht nachvollziehbar,** da an keiner anderen Stelle in §§ 6, 7 auf die Übereinkommen und die geschützten Rechtspositionen Bezug genommen wird. Wie **system-** 73

[88] Begr. RegE LkSG, BT-Drs. 19/28649, 49: „Es gilt der Grundsatz Befähigung vor Rückzug"; Brunk, Menschenrechts-Compliance, 2022, 473; Ehmann ZVertriebsR 2021, 141 (148); Hembach Praxisleitfaden LkSG 166; Herrmann/Rünz DB 2021, 3078 (3084); Nasse RAW 2022, 3 (8); Spindler ZHR 186 (2022), 67 (86); Stöbener de Mora/Noll NZG 2021, 1237 (1243 f.); E. Wagner/Ruttloff NJW 2021, 2145 (2149 f.).

[89] Dazu Harings/Jürgens LkSG 137 f. mit erläuternden Beispielen; Spindler ZHR 186 (2022), 67 (86 f.).

[90] Der DAV hatte deshalb eine Klarstellung angeregt: DAV Stellungnahme Nr. 27/2021 zum Entwurf des Sorgfaltspflichtengesetzes vom April 2021, 21 Rn. 42, abgedruckt in Ausschuss-Drs. 19(11)1136, 137.

[91] Vgl. Begr. RegE LkSG, BT-Drs. 19/28649, 49.

fremd die Regelung ist, zeigt ein Abgleich mit den Abhilfepflichten: Unternehmen sind nach § 7 Abs. 1 S. 1 verpflichtet, Verletzungen der Verbote aus § 2 Abs. 2 zu verhindern, zu beenden oder zu minimieren. Und auch das Abhilfekonzept nach § 7 Abs. 2 stellt allein auf die menschenrechtsbezogenen Pflichten ab. Darauf kommt § 7 Abs. 3 S. 1 Nr. 2 zurück, sodass auch hier die menschenrechtsbezogenen Pflichten maßgeblich sind. Nähme man den Gesetzgeber beim Wort, müssten hinsichtlich der Schwere (Nr. 1) und der Wirksamkeit der Abhilfemaßnahmen (Nr. 2) ggf. unterschiedliche Verletzungen geprüft werden. Sinnvoll scheint indes allein die Prüfung, ob ein und dieselbe Verletzung zugleich schwerwiegend und nicht abhilfefähig ist. Der **Verdacht** liegt nahe, dass die Formulierung auf ein **Versäumnis des Gesetzgebers** zurückgeht. Sie war bereits im Referentenentwurf enthalten, dessen § 2 den Begriff der menschenrechtsbezogenen Pflicht noch nicht kannte (→ § 2 Rn. 179). Diese **Veränderungen** in § 2 während des Gesetzgebungsverfahrens wurden in § 7 **nicht nachvollzogen.** Maßgeblich sollte deshalb die Schwere der Verletzung der menschenrechtsbezogenen Pflicht iSd § 2 Abs. 4 S. 1 und damit der Verstoß gegen die Verbote des § 2 Abs. 2 sein.[92]

74 Das Gesetz definiert nicht, was unter **sehr schwerwiegenden Verletzungen** zu verstehen ist. Da der Abbruch allerdings als ultima ratio konzipiert ist und für alle Beteiligten erhebliche Konsequenzen hat, ist eine **restriktive Auslegung geboten.** Das legt auch der Wortlaut nahe, der nicht lediglich von einer schwerwiegenden, sondern einer sehr schwerwiegenden Verletzung spricht. Es genügt daher nicht allein eine Verletzung einer in § 2 Abs. 2, Abs. 3 genannten Rechtsposition. Vielmehr ist die Schwere der Verletzung anhand verschiedener Parameter zu bestimmen. Dazu zählen die Bedeutung des betroffenen **Rechtsguts** sowie die **Schwere des Eingriffs.**[93] So muss nicht jeder Eingriff in die körperliche Gesundheit, die Koalitionsfreiheit oder andere Rechte schwerwiegend iSd § 7 Abs. 3 S. 1 Nr. 1 sein. Auch bei Umweltverletzungen ist auf das konkrete Ausmaß abzustellen. Weiter ist zu berücksichtigen, wie groß der **Kreis der Betroffenen** ist. Je mehr Menschen nachteilig betroffen werden, desto eher ist von einer sehr schwerwiegenden Verletzung auszugehen.[94] So können auch weniger gravierende Einzeleingriffe in ihrer Gesamtheit zu einer sehr schwerwiegenden Verletzung führen. Zudem ist in Anlehnung an § 3 Abs. 2 Nr. 2 zu berücksichtigen, ob drohende oder bereits eingetretene Verletzungen **umkehrbar** sind.

75 Unklar ist demgegenüber, ob darüber hinaus auch die **relative Schwere** des Eingriffs im Vergleich zu anderen Verletzern aus der gleichen Branche oder Region zu beachten ist. Die Frage ist nicht allein theoretischer Natur, sondern kann eine Stellschraube in Fällen sein, in denen ganze Geschäftszweige nicht ohne Menschenrechts- oder Umweltverletzungen auskommen, innerhalb der Branchen allerdings erhebliche Unterschiede hinsichtlich des Ausmaßes bestehen. Lässt man die Berücksichtigung der relativen Schwere zu, zwingt man in solchen Fällen lediglich, die weniger gravierenden Verletzungen hinzunehmen und auf Verbesserungen kontinuierlich hinzuwirken. Lässt man dies nicht genügen, kann der Abbruch die notwendige Folge sein, selbst wenn keine alternativen Bezugsquellen zur Verfügung stehen, die Menschenrechte und Umwelt weniger stark schädigen (allgemein zur Zumutbarkeit des Abbruchs für die Unternehmen → Rn. 84 ff.).

76 **c) Keine rechtzeitige Abhilfe (Nr. 2).** Die Verpflichtung zum Abbruch setzt ferner nach § 7 Abs. 3 S. 1 Nr. 2 voraus, dass die Umsetzung der im Abhilfekonzept vorgesehenen Maßnahmen **keine Abhilfe innerhalb** des dort ebenfalls **festgelegten Zeitplans** bewirkt. Hauptursachen dürften die fehlende Kooperationsbereitschaft des unmittelbaren Zulieferers oder dessen begrenzte Einflussmöglichkeit sein.

---

[92] Im Ergebnis ebenso, aber ohne Problematisierung Grabosch Das neue LkSG/Grabosch § 5 Rn. 112.

[93] Vgl. Begr. RegE LkSG, BT-Drs. 19/28649, 42; Grabosch Das neue LkSG/Grabosch § 5 Rn. 112; konkret mit Blick auf China Nasse RAW 2022, 3 (8).

[94] Vgl. Begr. RegE LkSG, BT-Drs. 19/28649, 42; Grabosch Das neue LkSG/Grabosch § 5 Rn. 112; Harings/Jürgens LkSG 136.

Obwohl der Wortlaut der Nr. 2 den Zeitplan nach § 7 Abs. 2 S. 2 allein für maßgeblich erklärt, ist eine **Fristverlängerung möglich.** Das ergibt sich aus der Konzeption des Abbruchs als ultima ratio sowie dem gesetzgeberischen Ansatz, Befähigung vor Rückzug zu stellen.[95] Vor diesem Hintergrund schiene es unverhältnismäßig, allein auf den formalen Fristablauf abzustellen, solange die berechtigte Hoffnung besteht, dass sich die Situation weiter verbessern wird. Von erheblicher Bedeutung ist dabei, weshalb der zunächst aufgesetzte Zeitplan verletzt wurde. Der Abbruch kann nur dann hinausgezögert werden, wenn sachliche Gründe vorliegen. Liegen demgegenüber Anhaltspunkte vor, dass der unmittelbare Zulieferer an einer Problemlösung nicht ernsthaft interessiert ist, nötige Maßnahmen verschleppt oder versucht, das Unternehmen hinzuhalten, ist ein Abbruch erforderlich. 77

Mit einer **Fristverlängerung** geht eine **gesteigerte Verantwortung** einher. Einerseits sollten Nachfristen tendenziell knapper bemessen werden, insbesondere wenn wiederholt Fristversäumungen eingetreten sind. Andererseits steigen die Überwachungspflichten. Aktualisierte Pflichten sollten auch mit einer Revision des Abhilfekonzepts einhergehen. So kann es sinnvoll sein, kleinteiligere Zwischenziele zu definieren, um den Fortschritt besser messen zu können und zu verhindern, dass der unmittelbare Zulieferer das Unternehmen hinhält. Auch ist zu prüfen, ob der Druck auf den unmittelbaren Zulieferer erhöht werden sollte, etwa durch eine temporäre Suspendierung der Geschäftsbeziehung (§ 7 Abs. 2 S. 3 Nr. 3). 78

d) Keine andere Abhilfemöglichkeit (Nr. 3). Der Abbruch der Geschäftsbeziehung ist nur geboten, wenn dem Unternehmen **keine anderen erfolgversprechenden Abhilfemöglichkeiten mehr zur Verfügung stehen** und der Einfluss auf den unmittelbaren Zulieferer nicht erhöht werden kann. In § 7 Abs. 3 S. 1 Nr. 3 kommt damit der **Grundsatz** zum Ausdruck, dass der erzwungene **Abbruch ultima ratio** sein soll. Unternehmen sind allerdings nicht verpflichtet, die Geschäftsbeziehung aufrechtzuerhalten (→ Rn. 68 f.). 79

Vor einem Abbruch können Unternehmen insbesondere noch zur Verfügung stehende **Druckmittel gegenüber dem unmittelbaren Zulieferer** ausüben. Dazu kann etwa die Durchsetzung von Vertragsstrafen, aber auch die temporäre Aussetzung der Geschäftsbeziehung (§ 7 Abs. 2 S. 3 Nr. 3) zählen. Zudem kann es sinnvoll sein, zunächst mit dem endgültigen Abbruch der Geschäftsbeziehung zu drohen, um dem unmittelbaren Zulieferer den Ernst der Lage vor Augen zu führen. 80

Des Weiteren kommt die **Einbindung Dritter** in Betracht, etwa zivilgesellschaftlicher Organisationen oder Gewerkschaften vor Ort.[96] Ferner ist eine Kooperation mit lokalen Verwaltungen oder Strafverfolgungsbehörden denkbar, sofern diese ihrerseits gewillt und in der Lage sind, gegen Verletzungen menschenrechtsbezogener oder umweltbezogener Pflichten einzuschreiten. Richten sich die Maßnahmen allerdings allein gegen einen bestimmten unmittelbaren Zulieferer, dürften sie die Geschäftsbeziehungen erheblich belasten und vielleicht ihrerseits zum Abbruch durch den Zulieferer führen. Derartige Maßnahmen kommen deshalb vor allem in Betracht, wenn Missstände nicht auf den unmittelbaren Zulieferer beschränkt sind, sondern branchenweit in einer bestimmten Region auftreten. 81

3. Berücksichtigung der Beendigungsfolgen für Betroffene. Der **Wortlaut** des **§ 7 Abs. 3 scheint** nahezulegen, dass die dort genannten Voraussetzungen für eine Abbruchpflicht **abschließend** sind und andere Umstände nicht berücksichtigt werden dürfen. Das hätte indes **kaum wünschenswerte Konsequenzen,** da auch die Interessen der eigentlich zu Schützenden unberücksichtigt blieben. Eine solche wortlautgetreue Auslegung widerspricht letztlich den Zielen des LkSG.[97] Es liegt deshalb nahe, dass die **Interessen der** 82

[95] Vgl. Begr. RegE LkSG, BT-Drs. 19/28649, 49.
[96] Vgl. Begr. RegE LkSG, BT-Drs. 19/28649, 49.
[97] Vgl. Begr. RegE LkSG, BT-Drs. 19/28649, 1 f.

Betroffenen, vor allem der Arbeitnehmer sowie lokaler Zulieferer und Gemeinschaften, ebenfalls zu **berücksichtigen** sind.[98] Denn durch den Abbruch wird die menschenrechtliche oder umweltbezogene Situation vor Ort nur selten verbessert. Unmittelbare Konsequenzen können insbesondere der Verlust des Arbeitsplatzes der betroffenen Arbeitnehmer sein, die keine soziale Absicherung genießen. Der Abbruch kann deshalb sogar **negative Folgen** nach sich ziehen. Eine Berücksichtigung möglicher nachteiliger menschenrechtlicher Folgen entspräche den UN-Leitprinzipien[99] und ist auch im OECD-Leitfaden ausdrücklich vorgesehen.[100]

83 Lässt man die Berücksichtigung der Betroffeneninteressen zu, ist eine **Abwägung** des Durchsetzungsinteresses des LkSG hinsichtlich der menschenrechts- und umweltbezogenen Pflichten einerseits und der möglichen negativen Folgen eines Abbruchs für die Betroffenen andererseits vorzunehmen. Dabei muss allerdings berücksichtigt werden, dass definitionsgemäß sehr schwere Verletzungen menschenrechts- und umweltbezogener Pflichten vorliegen (→ Rn. 73 ff.), weshalb die Begründungs- und Dokumentationslast vor allem bei einer Aufrechterhaltung der Geschäftsbeziehung hoch ist. Soll die Geschäftsbeziehung fortgesetzt werden, hat das Unternehmen eine **Residualverantwortung,** zumindest auf eine Verbesserung der Situation im Vergleich zum status quo hinzuwirken, namentlich durch Minimierung oder Kompensation der Verletzungsfolgen.

84 **4. Berücksichtigung der Beendigungsfolgen für Verpflichtete.** Bisher ungeklärt ist, ob neben den geschriebenen Voraussetzungen sowie den Auswirkungen eines Abbruchs auf die Betroffenen auch die **Interessen der** verpflichteten **Unternehmen** zu berücksichtigen sind.[101] Die Frage ist äußerst bedeutsam für Fälle, in denen Unternehmen auf bestimmte Waren oder Dienstleistungen angewiesen sind und keine Möglichkeit haben, diese aus anderen, unbedenklichen Kanälen zu beziehen.

85 **a) Berücksichtigungsfähigkeit der Unternehmensinteressen.** Der **Wortlaut** der Vorschrift scheint gegen eine Berücksichtigung zu sprechen, da § 7 Abs. 3 – anders etwa als Abs. 1 – **keine Einschränkung** auf angemessene Maßnahmen enthält. Allerdings sieht die Norm ebenfalls nicht vor, dass die Interessen der betroffenen Stakeholder vor Ort berücksichtigt werden. Gleichwohl sind diese nach zutreffender Ansicht nicht außer Acht zu lassen (→ Rn. 82 f.). Das zeigt, dass der Wortlaut ungeschriebene Einschränkungen nicht per se ausschließt.

86 Gegen eine **absolute Abbruchpflicht** spricht ihre **Unverhältnismäßigkeit,** sofern sie auch Fälle erfassen würde, in denen Unternehmen selbst nicht zur Rechtsverletzung substantiell beigetragen haben, keine weiteren Möglichkeiten mehr zur Einflussnahme besitzen und durch den Abbruch schwere Nachteile erfahren würden.[102] Ob diese Situation überhaupt von § 7 erfasst wird, hängt maßgeblich von der Auslegung des § 4 Abs. 1, Abs. 2 ab (→ § 4 Rn. 40 ff.). Beschränkt man die Sorgfaltspflichten auf Fälle, in denen das Unternehmen über die bloße Begründung einer Lieferbeziehung zu marktüblichen Konditionen hinaus zu den Verletzungen beigetragen hat, wäre eine absolute Abbruchpflicht in vielen Fällen vertretbar. Anders ist die Situation indes zu beurteilen, wenn man einen solchen allgemeinen Vorbehalt nicht anerkennt[103] oder durch eine weite Begriffsauslegung hinsichtlich des Verursachungs-

---

[98] Ebenso Brunk, Menschenrechts-Compliance, 2022, 473; Grabosch Das neue LkSG/Grabosch § 5 Rn. 113.

[99] UN Guiding Principles on Business and Human Rights, 2011, Kommentar zu Nr. 19.

[100] OECD-Leitfaden für die Erfüllung der Sorgfaltspflicht für verantwortungsvolles unternehmerisches Handeln, 2018, 33.

[101] Ohne Festlegung Grabosch Das neue LkSG/Grabosch § 5 Rn. 115.

[102] Auch das BMZ, Fragen und Antworten zum Lieferkettengesetz, Stand: 9.6.2021, https://www.bmz.de/de/entwicklungspolitik/lieferkettengesetz (zuletzt abgerufen am 6.9.2022): „Es wird von keinem Unternehmen verlangt, die rechtlichen und politischen Rahmenbedingungen im Partnerland zu verändern." Zudem verspricht die Antwort „substanzielle Unterstützungsangebote der Bundesregierung für Unternehmen", auf die man gespannt sein darf.

[103] So etwa Wagner/Ruttloff/Wagner LkSG-HdB/Wagner/Wagner Rn. 756: Pflichten gegenüber unmittelbaren Zulieferern unabhängig von eigenen Verursachungsbeiträgen.

beitrags marginalisiert.[104] Drohen dem Unternehmen dann schwere Nachteile, weil eine Beschaffung der Waren oder Dienstleistungen aus anderen, unbedenklichen Quellen nicht oder nur unter prohibitiv hohen Kosten möglich ist, können seine Interessen nicht gänzlich unberücksichtigt bleiben.[105] Das ergibt sich nicht zuletzt aus § 4 Abs. 3, wonach auch die Interessen der Beschäftigten des Unternehmens zu achten sind. In letzter Konsequenz müssten sich Unternehmen nämlich aus ganzen Geschäftsfeldern zurückziehen und Arbeitnehmer entlassen, wenn die Vorprodukte oder Dienstleistungen nicht substituierbar sind.

Einem solch starken Eingriff in die Berufsfreiheit der Unternehmen aus Art. 12 GG stünde 87 auch **kein hinreichend gesicherter Nutzen** gegenüber. Denn wenn weltweit keine anderen, unproblematischen Zulieferer vorhanden sind, dürfte es zu einer **Verdrängung** deutscher Unternehmen auf den nachgelagerten Märkten durch andere Abnehmer kommen.[106] Die unmittelbaren Zulieferer könnten dann mit diesen unregulierten Unternehmen in Geschäftsbeziehung treten, sodass der Effekt auf die Menschenrechts- und Umweltsituation in vielen Fällen gering und nicht notwendig positiv wäre.[107] Umgekehrt führt die Interessenabwägung nicht dazu, dass **Menschenrechts- und Umweltschutz** künftig keiner Beachtung durch das Unternehmen mehr bedürfte, da Unternehmen in solchen Situationen einem **verschärften Pflichtenprogramm** unterliegen (→ Rn. 91 f.).

Auch **systematische Argumente** sprechen **gegen** eine **absolute Abbruchpflicht.** Denn 88 sowohl § 3 Abs. 1 S. 1, § 4 Abs. 1 als auch § 6 Abs. 1 und § 7 Abs. 1 S. 1 sehen allgemeine Angemessenheitsvorbehalte vor. Eine streng am Wortlaut ausgerichtete Auslegung führte dazu, dass Unternehmen zwar nur zumutbare Präventions- und Abhilfemaßnahmen treffen, dann letztlich aber ungeachtet der Zumutbarkeit die harte Konsequenz eines Abbruchs der Geschäftsbeziehung ausnahmslos vollziehen müssten. Damit träte ausgerechnet die harteste Rechtsfolge ohne Verhältnismäßigkeitsprüfung ein. Um dies zu vermeiden, ist der **Angemessenheitsvorbehalt des § 7 Abs. 1 S. 1 auf § 7 Abs. 3 zu erstrecken.**

Zuletzt erkennen auch die **UN-Leitprinzipien,** die dem deutschen Gesetzgeber als Vor- 89 lage dienten, die möglicherweise prekäre Lage von Unternehmen an.[108] Haben die Unternehmen nicht zu den negativen Auswirkungen beigetragen, obschon ein Zusammenhang mit ihrer Geschäftstätigkeit besteht, fragen die Leitprinzipien nicht allein nach der Schwere der Verletzung und den Auswirkungen eines Abbruchs für die Betroffenen, sondern auch nach dem Einflussvermögen des Unternehmens auf den unmittelbaren Zulieferer sowie nach der **Bedeutung der Geschäftsbeziehung für das Unternehmen.** Bestehe keine Möglichkeit, den Einfluss zu erhöhen, sollten Unternehmen **erwägen,** die Geschäftsbeziehung zu beenden.[109] Für essentielle oder wesentliche („crucial") Geschäftsbeziehungen sehen die Leitprinzipien **keine Abbruchpflicht, sondern** lediglich **gesteigerte Anforderungen** vor. Danach müssen Unternehmen nach Anpassungsmöglichkeiten suchen und bereit sein, Nachteile aus dieser Geschäftsbeziehung zu tragen.[110] Ähnlich formulieren die **OECD-Leitsätze,** wonach „die Verantwortung aber nicht von dem Verursacher der negativen menschenrechtlichen Auswirkungen auf das Unternehmen verlagert werden [soll], mit dem der Verursacher eine

[104] Etwa, wenn man für einen Beitrag die bloße Begründung einer Lieferbeziehung genügen lässt. So etwa Ehmann ZVertriebsR 2021, 141 (145 f.); Grabosch Das neue LkSG/Grabosch § 5 Rn. 124.

[105] So tendenziell auch Ehmann/Berg GWR 2021, 287 (293).

[106] Korch ZVglRWiss 2023, Heft 1.

[107] Korch ZVglRWiss 2023, Heft 1.

[108] UN Guiding Principles on Business and Human Rights, 2011, Kommentar zu Nr. 19.

[109] UN Guiding Principles on Business and Human Rights, 2011, Kommentar zu Nr. 19: „There are situations in which the enterprise lacks the leverage to prevent or mitigate adverse impacts and is unable to increase its leverage. Here, the enterprise should consider ending the relationship, taking into account credible assessments of potential adverse human rights impacts of doing so." (Hervorhebung durch Verf.).

[110] Die Leitprinzipien erwähnen auch „legal consequences" (UN Guiding Principles on Business and Human Rights, 2011, Kommentar zu Nr. 19). Daraus lässt sich nicht die Schlussfolgerung ziehen, dass Unternehmen auch die Sanktionen des LkSG akzeptieren müssten. Eine solche Interpretation wäre zirkulär, weil sie bereits zur Begründung der Pflicht auf die Sanktionen verwiese. Gemeint sein dürften vielmehr die allgemeinen Gesetze, die möglicherweise ebenfalls verletzt werden.

Geschäftsbeziehung unterhält."[111] Vielmehr sollen lediglich alle zur Verfügung stehenden Einflussmöglichkeiten ausgenutzt werden.[112]

90 **b) Abwägung der betroffenen Rechtsgüter und Interessen.** Berücksichtigt man die Interessen der Unternehmen, sind diese mit den **Interessen der Betroffenen** sowie dem **Allgemeininteresse** an der Einhaltung menschenrechts- und umweltbezogener Pflichten **abzuwägen.** Dafür können die Wertungen des § 3 Abs. 2 herangezogen werden, der die Angemessenheit konkretisiert. Danach sind einerseits Schwere und Umkehrbarkeit der Verletzungen (Nr. 3) und andererseits Art und Umfang der Geschäftstätigkeit (Nr. 1), das Einflussvermögen des Unternehmens (Nr. 2) sowie der Verursachungsbeitrag (Nr. 4) zu berücksichtigen. Für einen Abbruch sprechen besonders **schwere und irreversible Verletzungen, eigene substantielle Verursachungsbeiträge** sowie **alternative Beschaffungsmöglichkeiten,** auch wenn diese nur zu wirtschaftlich ungünstigeren Bedingungen realisiert werden können. Für eine Aufrechterhaltung sprechen bereits erreichte Verbesserungen sowie schwere Nachteile für das Unternehmen bei einem Abbruch. Dabei bleiben allerdings solche Nachteile unberücksichtigt, die durch sorgfältige Prävention oder rechtzeitige Anpassungsmaßnahmen hätten verhindert werden können (→ § 6 Rn. 54, → § 6 Rn. 88 f.).

91 **c) Verschärftes Pflichtenprogramm bei Aufrechterhaltung.** Führt die Interessenabwägung dazu, dass Unternehmen die Geschäftsbeziehung – trotz Vorliegen der ausdrücklich normierten Voraussetzungen des § 7 Abs. 3 – ausnahmsweise nicht abbrechen müssen, unterliegen sie einem **verschärften Pflichtenprogramm.** Unternehmen müssen alle möglichen Abhilfemaßnahmen ergreifen, wobei an die Zumutbarkeit im Rahmen der **Angemessenheitsprüfung erhöhte Anforderungen** zu stellen sind. Hinsichtlich eintretender Verletzungen müssen sich Unternehmen etwa um Wiedergutmachung bemühen.

92 Unternehmen schulden zudem erhebliche Anstrengungen, **alternative Bezugsquellen** zu erschließen. Ferner müssen alle Möglichkeiten ausgeschöpft werden, durch Produktentwicklung, Anpassungen im Fertigungsprozess oder andere geeignete Maßnahmen kritische Waren und Dienstleistungen zu ersetzen. Schließlich dürfen sich Unternehmen nicht **selbstverschuldet** in eine **Abhängigkeit** von einem Zulieferer begeben oder eine mögliche Anpassung der Prozesse unterlassen haben (zu diesen Obliegenheiten → § 6 Rn. 54, → § 6 Rn. 88 f.). Unternehmen sollten sämtliche Anstrengungen sorgsam dokumentieren.

93 **5. Vertragliche Absicherung.** Unternehmen müssen bei der **Vertragsgestaltung** darauf achten, dass sie die möglicherweise von § 7 Abs. 3 geforderte Beendigung der Geschäftsbeziehung ausreichend absichern. Aufgrund des strengen Wortlauts der Norm können sich Unternehmen nicht dauerhaft darauf berufen, die Geschäftsbeziehung nicht legal beenden zu können.[113]

94 Besondere Bedeutung haben vertragliche Beendigungsmöglichkeiten bei **Dauerschuldverhältnissen und Rahmenvereinbarungen,** sofern nicht ohnehin das jeweils anwendbare Recht Lösungsrechte vorsieht. Ist deutsches Recht anwendbar, kommt vor allem eine Kündigung aus wichtigem Grund gemäß **§ 314 BGB** in Betracht. Speziellere Regelungen finden sich für einzelne Vertragstypen, beispielhaft in §§ 543, 626, 648a BGB. Unternehmen werden sich regelmäßig darauf stützen können, dass der unmittelbare Zulieferer eine Pflicht aus dem Vertragsverhältnis verletzt hat. Ist die **Pflicht zur Beachtung der Menschenrechte und Umweltstandards** nicht ohnehin **ausdrücklich vereinbart,** dürfte sie regelmäßig in der Gestalt von **Schutzpflichten** iSd § 241 Abs. 2 BGB bestehen.[114] Aus der Regulierung des Unternehmens durch das LkSG entsteht für unmittelbare Zulieferer die Pflicht, auf die

[111] OECD-Leitsätze für multinationale Unternehmen, 2011, 39; ebenso OECD-Leitfaden für die Erfüllung der Sorgfaltspflicht für verantwortungsvolles unternehmerisches Handeln, 2018, 33 (85).

[112] OECD-Leitsätze für multinationale Unternehmen, 2011, 39.

[113] Vgl. aber OECD-Leitfaden für die Erfüllung der Sorgfaltspflicht für verantwortungsvolles unternehmerisches Handeln, 2018, 84, wonach Unternehmen Gesetze und Tarifabkommen einhalten sollen.

[114] Näher zur Rechtsnatur der Schutzpflichten Korch ZfPW 2020, 189.

Interessen der Unternehmen Rücksicht zu nehmen. Das schließt ein, unnötige **Sanktionsrisiken** für den Abnehmer zu verhindern. Dafür sprechen nicht nur die Interessen der Beteiligten, sondern auch die Einheit der Rechtsordnung,[115] da Maßnahmen zur Umsetzung der Vorgaben nach dem LkSG nicht durch andere Rechtsvorschriften erschwert werden dürfen. Die regelmäßig erforderliche **Mahnung** (§ 314 Abs. 2 S. 1 BGB) dürfte in der Praxis vielfach bereits während der Abhilfeversuche ausgesprochen werden.

Vereinbaren Unternehmen explizit Kündigungs- oder sonstige Lösungsrechte, unterliegen diese der **AGB-Kontrolle,** wenn es sich um vorformulierte Vertragsbedingungen handelt. Ein Verstoß gegen § 307 BGB liegt mangels unangemessener Benachteiligung regelmäßig nicht vor. Ausführlich → § 6 Rn. 105 ff. 95

VI. Evaluation der Abhilfemaßnahmen (Abs. 4)

1. Grundlagen. Unternehmen müssen die **Wirksamkeit ihrer Abhilfemaßnahmen** gemäß **§ 7 Abs. 4 überprüfen.** Das Gesetz unterscheidet zwischen einer jährlichen Routineprüfung und anlassbezogenen Prüfungen. Hinweise aus Beschwerdeverfahren (§ 8) sind nach § 7 Abs. 4 S. 2 zu berücksichtigen. Bei Bedarf sind die Maßnahmen zu aktualisieren (§ 7 Abs. 4 S. 3). 96

Die Vorschrift **entspricht nahezu wörtlich § 6 Abs. 5** (→ § 6 Rn. 130 ff.), obschon deutliche Unterschiede zwischen der Überprüfung von Präventions- und Abhilfemaßnahmen bestehen. Der Gesetzgeber hat diese Unterschiede offenkundig nicht gesehen, als er die Vorschrift kopiert hat.[116] Anders ist kaum zu erklären, weshalb er die Änderung der Risikolage zum Anlass für eine Prüfung erhebt, obwohl Voraussetzung für Abhilfemaßnahmen nicht Risiken, sondern Verletzungen sind (→ Rn. 99). Als Konsequenz bereitet die **Auslegung** der Vorschrift **erhebliche Probleme,** da eine wortlautgetreue Auslegung die Norm weitgehend **leerlaufen** ließe. Eine am Normzweck orientierte Auslegung, die sich über den Wortlaut hinwegsetzt und die Pflichten der Unternehmen erweitert, dürfte hingegen mit Blick auf die Bußgeldbewehrung kritisch sein. 97

2. Jährliche Routineprüfung. Die vom Gesetzgeber angeordnete **jährliche Routineprüfung** hinsichtlich der Wirksamkeit von Abhilfemaßnahmen ist **in vielen Fällen unzureichend.**[117] Haben Unternehmen (bevorstehende) Verletzungen erkannt und können sie diese nicht sofort abstellen, ist die Überprüfung der Wirksamkeit der Maßnahmen regelmäßig schon vor Ablauf der Jahresfrist geboten (→ Rn. 101, → Rn. 107).[118] Das gilt wegen der Erfolgspflicht für den eigenen Geschäftsbereich, wegen § 7 Abs. 2 aber auch für Maßnahmen gegenüber unmittelbaren Zulieferern. Der maßgebliche Zeitpunkt wird sich vielfach aus dem Zeitplan des Abhilfekonzepts ergeben. Ob der jährlichen Prüfung daneben noch Bedeutung zukommt, scheint offen. Denkbar ist, die jährliche Prüfung als Metaevaluation zu verstehen, um den allgemeinen Wirkungsgrad unternehmenseigenen Abhilfemanagements zu messen.[119] Möglicherweise können Unternehmen so erkennen, ob strukturelle Defizite im Risikomanagement bestehen. 98

3. Anlassbezogene Prüfung. Die **anlassbezogene Überprüfungspflicht** setzt eine wesentlich veränderte oder erweiterte Risikolage voraus. Diese aus § 6 Abs. 5 übernommene 99

---

[115] Dazu Kramer, Juristische Methodenlehre, 6. Aufl. 2019, 99 ff. mwN; Rüthers/Fischer/Birk, Rechtstheorie, 12. Aufl. 2022, Rn. 143 ff., 276 ff., 744 ff.; grundsätzlicher Hellwege/Soniewicka, Die Einheit der Rechtsordnung/Lindner, 2020, 15 (24 f.).

[116] S. auch die Regierungsbegründung, wo von der Wirksamkeit der „Präventionsmaßnahmen" (und nicht der Abhilfemaßnahmen) die Rede ist: Begr. RegE LkSG, BT-Drs. 19/28649, 49; darauf zuvor schon hinweisend Ehmann ZVertriebsR 2021, 141 (148).

[117] Dazu schon Korch NJW 2022, 2065 (2067).

[118] So zutr. Ehmann ZVertriebsR 2021, 141 (148).

[119] Vgl. OECD-Leitfaden für die Erfüllung der Sorgfaltspflicht für verantwortungsvolles unternehmerisches Handeln, 2018, 34 (84); Ehmann ZVertriebsR 2021, 141 (148).

Formulierung passt nicht auf § 7, der nicht auf Risiken abstellt.[120] Vielmehr ist Voraussetzung des § 7 Abs. 1 die Feststellung einer unmittelbar bevorstehenden oder eingetretenen **Verletzung** einer menschenrechts- oder umweltbezogenen Pflicht. Eine veränderte Risikolage mag deshalb eine Überprüfung und ggf. Aktualisierung der Risikoanalyse und im Anschluss eine Anpassung der Präventionsmaßnahmen erforderlich machen, nicht aber der Abhilfemaßnahmen. **§ 7 Abs. 4 S. 1 stellt** folglich **auf** die **falschen Veränderungen ab.**[121]

100 Die aufgezählten **Beispiele passen** ebenfalls **nicht auf Abhilfemaßnahmen:** Verursacht die Einführung neuer Produkte, die Umsetzung neuer Projekte oder die Besetzung neuer Geschäftsfelder eine veränderte Risikolage, sind Präventionsmaßnahmen nach § 6 geboten (→ § 6 Rn. 135).[122] Lösen sie sogar eine (unmittelbar bevorstehende) Verletzung aus, sind regelmäßig nicht bereits bestehende Abhilfemaßnahmen zu prüfen, sondern vielmehr neue Abhilfemaßnahmen zu ergreifen oder die aufgezählten Geschäftsführungsmaßnahmen zu unterlassen.[123]

101 Die beiden **wichtigsten Anwendungsfälle** der Evaluationspflicht hat der Gesetzgeber demgegenüber **nicht ausdrücklich normiert.** Nach § 7 Abs. 4 S. 1 besteht kein Anlass zur Überprüfung der **Wirksamkeit von Abhilfemaßnahmen,** wenn das Unternehmen Hinweise erhält, die entsprechende Defizite nahelegen oder sogar beweisen. Die Unwirksamkeit der Abhilfemaßnahmen führt nämlich nicht zu einer veränderten Risikolage.[124] Die Überprüfungs- und Anpassungspflicht ergibt sich in diesem Fall allerdings vielfach bereits aus dem primären Pflichtenprogramm (→ Rn. 107).

102 **Keine** ausdrückliche **Regelung** besteht ferner für den Fall, dass das Unternehmen bereits bestehende, **zuvor** aber **nicht erkannte** (und möglicherweise auch nicht erkennbare) **Verletzungen** feststellt. Die Pflicht zu unverzüglichen Abhilfemaßnahmen lässt sich hier allerdings direkt auf § 7 Abs. 1 stützen (→ Rn. 109). Problematischer sind indes die Fälle, in denen eine Verletzung zuvor zwar erkannt wurde und sie ggf. bereits Gegenstand von Maßnahmen ist, das Unternehmen aber **Schwere** oder **Ausmaß verkannt** hat. Stellt es nun nachträglich die wahre Dimension der Verletzung fest, liegt **kein Fall des § 7 Abs. 4** vor, da sich die Risikolage und auch die Verletzungslage objektiv nicht verändert haben. Auch hier lässt sich eine Überprüfungs- und Aktualisierungspflicht aber unmittelbar aus § 7 Abs. 1 herleiten (→ Rn. 109).

103 **4. Fallgruppen.** Der Gesetzgeber hat die möglichen Überprüfungs- und Aktualisierungsanlässe in § 7 Abs. 4 nur unzureichend normiert (→ Rn. 99 ff.). Anlassbezogene Sorgfaltspflichten können sich allerdings – je nach Fallgruppe – auch aus anderen Vorschriften ergeben, namentlich direkt aus § 7 Abs. 1.

104 **a) Neue oder veränderte Verletzungen in den Lieferketten.** Treten objektiv neue Verletzungen auf, hat das Unternehmen seine Risikoanalyse nach § 5 Abs. 4 zu aktualisieren (→ § 5 Rn. 63). Stellt das Unternehmen im Rahmen dieser Aktualisierung oder auf anderem Wege **neue Verletzungen** fest, ergibt sich die Pflicht zu Abhilfemaßnahmen unmittelbar aus **§ 7 Abs. 1.**[125]

105 Weniger eindeutig ist der Fall, in dem Unternehmen **Veränderungen von Verletzungen** feststellen, etwa das Umschlagen von unmittelbar bevorstehenden Verletzungen in tatsächlich eingetretene oder eine Vertiefung der Verletzungsfolgen. Nach § 7 Abs. 4 S. 1 bestünde kein Anlass für eine Überprüfung der Maßnahmen und in der Folge auch **keine anlassbezogene Aktualisierungspflicht gemäß § 7 Abs. 4** S. 3.[126] Wollte man gleichwohl eine Aktualisierungspflicht aus § 7 Abs. 4 herleiten, bliebe nur eine extensive teleologische Auslegung oder

---

[120] S. Ehmann ZVertriebsR 2021, 141 (148), der von einem Redaktionsversehen ausgeht.
[121] Korch NJW 2022, 2065 (2067).
[122] Dies übersehend Grabosch Das neue LkSG/Grabosch § 5 Rn. 121.
[123] Korch NJW 2022, 2065 (2067).
[124] Korch NJW 2022, 2065 (2067).
[125] Korch NJW 2022, 2065 (2068).
[126] Dazu bereits Korch NJW 2022, 2065 (2068).

eine analoge Anwendung der Vorschrift. Beides begegnet aufgrund der Bußgeldandrohung in § 24 Abs. 1 Nr. 4 erheblichen Bedenken. Da die Wortlautgrenze offensichtlich überschritten wäre, müsste die Vorschrift gespalten ausgelegt werden mit der Folge, dass Verstöße sanktionslos blieben.

Ähnlichen Bedenken sähe sich der Versuch ausgesetzt, eine Aktualisierungspflicht unmit- 106
telbar auf **§ 7 Abs. 1** zu stützen. Eine Verletzung des § 7 Abs. 1 nach § 24 Abs. 1 Nr. 6, Abs. 2 S. 1 Nr. 1 würde sogar zu einem höheren Bußgeld als eine Verletzung des § 7 Abs. 4 führen. Die Lösung wäre deshalb für Unternehmen sogar nachteiliger als ein Bußgeld bei analoger Anwendung des § 7 Abs. 4. Zudem bestehen auch systematische Bedenken, da der Gesetzgeber erkennbar objektive Veränderungen in § 7 Abs. 4 und nicht in § 7 Abs. 1 erfassen wollte.[127] Das ergibt sich auch aus dem Vergleich mit § 6, wo wesentlich veränderte Risiken ebenfalls im fünften und nicht im ersten Absatz zu verorten sind (→ § 6 Rn. 139). Die Anwendung des § 7 Abs. 1 auf objektiv veränderte Verletzungslagen ist deshalb gesperrt.

b) Erkenntnisse über die mangelnde Wirksamkeit von Maßnahmen. Das Unterneh- 107
men kann Erkenntnisse darüber erlangen, dass die ergriffenen Abhilfemaßnahmen nicht ausreichen. Diesen wichtigen Fall **erfasst § 7 Abs. 4** allerdings **nicht** als Prüfungsanlass, da sich die objektive Risikolage nicht ändert (→ Rn. 102).[128] Die **Überprüfungs- und Anpassungspflicht** ergibt sich allerdings vielfach als **Annex zum primären Pflichtenprogramm.**[129] Im eigenen Geschäftsbereich besteht eine (ggf. gelockerte) Erfolgspflicht gemäß § 7 Abs. 1 S. 2, 3. Das Unternehmen muss die Verletzungen innerhalb eines objektiv angemessenen Zeitrahmens abstellen oder zumindest die Verletzungsfolgen mindern (→ Rn. 34 ff.). Die fortlaufende Wirksamkeitsprüfung ist deshalb im Interesse des Unternehmens, weil es sich nicht darauf berufen kann, die fehlende Wirksamkeit der ergriffenen Maßnahmen übersehen zu haben. Treten die Verletzungen bei unmittelbaren Zulieferern auf und lassen sie sich nicht in absehbarer Zeit abstellen, muss ein Abhilfekonzept erarbeitet werden (→ Rn. 53 ff.). Dieses Abhilfekonzept muss nach § 7 Abs. 2 einen konkreten Zeitplan enthalten, womit der spätestmögliche Kontrollzeitpunkt bereits festgelegt wird.[130] Ein Zeitplan, der nicht kontrolliert wird, wäre ohne Sinn. Vielfach wird sogar schon zwischenzeitlich eine Fortschrittskontrolle nötig sein (→ Rn. 58).[131] In welchen **Intervallen** die Evaluation zu erfolgen hat, hängt von den definierten Zwischenzielen, der Schwere der Verletzung und der Unsicherheit über die Wirksamkeit der konzipierten Abhilfemaßnahmen ab.

c) Neue Erkenntnisse über objektiv unveränderte Verletzungen. Erlangt das Unter- 108
nehmen **neue Erkenntnisse** über bereits bestehende, objektiv unveränderte Verletzungen, besteht nach dem Wortlaut des Gesetzes weder Anlass zur Aktualisierung des Risikomanagements nach § 5 Abs. 4 (vgl. → § 5 Rn. 64) noch zur Überprüfung der Maßnahmen nach § 7 Abs. 4.[132] **§ 7 Abs. 4** ist nicht einschlägig, da sich die Risikolage und auch die Verletzungslage objektiv nicht verändert haben.[133]

Die **erstmalige Feststellung objektiv bereits bestehender Risiken** durch das Unter- 109
nehmen **unterfällt** ohne Weiteres **§ 7 Abs. 1.** Problematischer sind indes die Fälle, in denen eine Verletzung zuvor zwar erkannt wurde und sie ggf. bereits Gegenstand von Maßnahmen ist, das Unternehmen aber Schwere und/oder Ausmaß verkannt hat. Stellt es nun nachträglich die wahre Dimension der Verletzung fest, liegt kein Fall des § 7 Abs. 4 vor. Die Pflicht zu unverzüglichen und angemessenen Abhilfemaßnahmen ergibt sich indes nach zutreffender Ansicht **auch bei neuen Erkenntnissen über bereits festgestellte Risiken** unmittelbar aus

[127] Korch NJW 2022, 2065 (2068).
[128] Korch NJW 2022, 2065 (2069).
[129] Ehmann ZVertriebsR 2021, 141 (148); Korch NJW 2022, 2065 (2068).
[130] Korch NJW 2022, 2065 (2068).
[131] Korch NJW 2022, 2065 (2068).
[132] Korch NJW 2022, 2065 (2070).
[133] Korch NJW 2022, 2065 (2070).

§ 7 Abs. 1.[134] Der Wortlaut des § 7 Abs. 1 spricht zwar von der Feststellung der Verletzung als solcher und nicht von der Feststellung bloßer Veränderungen, ist allerdings auch keine unüberwindliche Hürde. Die Feststellung einer Veränderung kann als Minus zur Feststellung des Risikos selbst gelten.[135] Gegen eine zu formalistische Lesart sprechen bereits praktische Erwägungen, da der Übergang von veränderten zu neuen Verletzungen häufig fließend ist. Zudem entspricht es der gesetzgeberischen Konzeption, auch Veränderungsfälle unter die Vorschriften zu fassen. Der Gesetzgeber wollte in § 7 Abs. 4 – parallel zu § 6 Abs. 5 – eine Sonderregelung für den Fall schaffen, dass die Maßnahmen ursprünglich objektiv angemessen waren und durch tatsächliche Veränderungen anpassungsbedürftig wurden. Das niedrigere Bußgeld nach § 24 Abs. 2 S. 1 Nr. 2 für Verletzungen des § 7 Abs. 4 trägt damit dem Umstand Rechnung, dass das Unternehmen zunächst ausreichende Maßnahmen umgesetzt hatte. Der Fall falsch eingeschätzter Verletzungen ist damit nur schwer vergleichbar, da das Unternehmen zu keinem Zeitpunkt objektiv genügende Maßnahmen ergriffen hatte.[136] Erkennt das Unternehmen nun diese Defizite, ist es gerechtfertigt, das Unternehmen insofern dem strengeren Regime zu unterstellen. Es steht nicht schlechter, als wenn es die Verletzungen von Anfang an richtig festgestellt hätte. Durch diese Auslegung des § 7 Abs. 1 wird ein erhebliches **Sanktionsdefizit verhindert,** da Unternehmen andernfalls mit ihren Abhilfeanstrengungen bis zur jährlichen Routineprüfung abwarten könnten. Mit Blick auf die Wortlautgrenze ließe sich freilich auch die gegenteilige Ansicht vertreten.

110 **5. Umfang und Intensität der Evaluation.** Umfang und Intensität sowohl der jährlichen Überprüfung nach § 7 Abs. 4 als auch der aus den Primärpflichten folgenden, anlassbezogenen Prüfungen (→ Rn. 104 ff.) werden durch den risikobasierten Ansatz des LkSG vorgeprägt.[137] Unternehmen können solche **Maßnahmen priorisieren** und damit intensiver prüfen, die gegen besonders schwerwiegende Verletzungen gerichtet sind. Unternehmen können sich dabei an den Kriterien des § 3 Abs. 2 orientieren. Das ist etwa für die Frage bedeutsam, wie viele Vorgänge und Maßnahmen genauer (zB stichprobenartig) überprüft werden müssen. Daneben können auch die Ergebnisse früherer Überprüfungen in die Abwägung eingehen. Zudem ist sicherzustellen, dass Mitarbeiter und Dritte Defizite mitteilen können.[138] Zum Hinweisgebersystem → § 8.

111 Darüber hinaus konkretisiert das Gesetz nicht, in welchem Umfang, mit welcher Intensität und mit welchen Maßnahmen die Überprüfung zu erfolgen hat. Denkbar erscheint hier eine **Orientierung** an der **Compliance-Praxis** sowie der Compliance-Literatur.[139] Die dortigen Erkenntnisse zur Wirksamkeitsprüfung können als erster Anhaltspunkt dienen, bis speziellere Standards zur menschen- und umweltrechtlichen Evaluation vorliegen.[140]

112 Zur Überprüfung der Wirksamkeit kommt eine Vielzahl an **Maßnahmen** in Betracht. Besondere Bedeutung hat die Kommunikation mit den Betroffenen, da diese regelmäßig aus erster Hand berichten können. Zudem liegt es nahe, die Tatorte aufzusuchen und bei Umweltverletzungen die betroffenen Flächen in Augenschein zu nehmen und ggf. sachverständig untersuchen zu lassen. Weitere Maßnahmen können die Durchsicht von betrieblichen Unterlagen, die Befragungen von Mitarbeitern oder von Nichtregierungsorganisationen

[134] Korch NJW 2022, 2065 (2070).

[135] Korch NJW 2022, 2065 (2069 f.).

[136] Damit ist indes nicht gesagt, dass die Maßnahmen nicht angemessen waren. Vielmehr bestimmt sich die Angemessenheit i.S.d. § 6 Abs. 1 und § 7 Abs. 1 nach den konkret festgestellten Risiken und Verletzungen. Fehler bei der Feststellung können einen Verstoß gegen § 5 begründen, nicht jedoch gegen §§ 6, 7.

[137] Zum risikobasierten Ansatz s. etwa Fleischer CCZ 2022, 205 (208 f.).

[138] Vgl. Inderst/Bannenberg/Poppe Compliance/Rieder Kap. 2 Rn. 64.

[139] S. beispielhaft Inderst/Bannenberg/Poppe Compliance/Inderst/Steiner Kap. 3 Rn. 90 ff. Einen Überblick über anerkannte Compliance-Konzepte gibt IDW PS 980, Anlage 1 = WPg Supplement 2/2011, 78 (96 f.); dazu etwa Brunk, Menschenrechts-Compliance, 2022, 501 f.

[140] Das Institut der Wirtschaftsprüfer in Deutschland e. V. (IDW) hat zB im Jahr 2011 den Prüfungsstandard Grundsätze ordnungsmäßiger Prüfung von Compliance Management-Systemen (IDW PS 980) entworfen, abgedruckt in WPg Supplement 2/2011, 78 ff.; dazu Inderst/Bannenberg/Poppe Compliance/Hülsberg/Laue Kap. 3 Rn. 104 ff.

sein.[141] Zusätzlich können auch öffentlich zugängliche Quellen, etwa Berichte zu einschlägigen Regionen oder Branchen, herangezogen werden, um die zeitaufwendigen Maßnahmen gezielter einsetzen zu können.

Hinsichtlich Umfang und Intensität der Prüfung von Abhilfemaßnahmen **gegenüber unmittelbaren Zulieferern** gilt allerdings der **Vorbehalt der Durchführbarkeit** (→ Rn. 48 ff.). Zwar sollen die Unternehmen versuchen, in den Verträgen angemessene Kontroll- und Prüfbefugnisse zu verankern, erzwingen kann man dies aber häufig nicht. In diesem Fall müssen alternative Prüfungsmöglichkeiten in Betracht gezogen werden. Die Evaluation der Abhilfemaßnahmen gegenüber den Zulieferern baut deshalb möglicherweise auf weniger Informationen auf als im eigenen Geschäftsbereich.[142] 113

6. Zuständigkeit für die Evaluation. Die Zuständigkeit für die Überprüfung muss klar geregelt sein. Die zur Prüfung eingesetzten Personen müssen ausreichend **sachverständig** und **unabhängig** sein.[143] Als zuständige Stelle kommen sowohl die Nachhaltigkeits- als auch die Compliance- oder Rechtsabteilung in Betracht.[144] Denkbar ist auch, externe Prüfer einzubeziehen (ausführlich → § 6 Rn. 124 f.). 114

Zudem muss sichergestellt sein, dass die **Geschäftsleitung Kenntnis von den wesentlichen Ergebnissen** der Überprüfung erlangt.[145] Dieses Erfordernis ergibt sich mittelbar aus der Aktualisierungspflicht hinsichtlich der Maßnahmen, wozu auch eine Anpassung der Grundsatzerklärung nach § 6 Abs. 2 zählen kann. Diese wiederum ist von der Geschäftsleitung abzugeben (§ 6 Abs. 2 S. 2). Das gilt auch für jede Aktualisierung. 115

VII. Sanktionen

Vorsätzliche oder fahrlässige Verstöße gegen § 7 stellen **Ordnungswidrigkeiten** gemäß § 24 Abs. 1 Nr. 4–6 sowie Nr. 7 lit. a dar. Diese können gemäß § 24 Abs. 2 mit Geldbußen geahndet werden. Es gilt das Opportunitätsprinzip nach § 47 OWiG. Mögliche Bußgeldadressaten (allgemein zum Täterkreis → § 24 Rn. 8 ff.) sind neben den Unternehmensträgern (→ Rn. 117) die Mitglieder der Leitungsorgane (§ 9 Abs. 1 OWiG) sowie Personen iSd § 9 Abs. 2 OWiG (zum Menschenrechtsbeauftragten → § 4 Rn. 67 ff.).[146] Verstöße gegen die allgemeine Abhilfepflicht nach § 7 Abs. 1 sowie die Pflicht zur Erstellung und Umsetzung eines Abhilfekonzepts nach § 7 Abs. 2 sind gemäß § 24 Abs. 2 S. 1 Nr. 1 mit Geldbuße bis zu 800.000 Euro bedroht. Bei Verstößen gegen die Überprüfungs- und Aktualisierungspflicht gemäß § 7 Abs. 4 droht nach § 24 Abs. 2 S. 1 Nr. 2 eine Geldbuße in Höhe von bis zu 500.000 Euro. 116

Wegen **§ 30 Abs. 1 OWiG** können **Geldbußen auch gegen den Unternehmensträger** festgesetzt werden, wenn dieser in der Rechtsform einer juristischen Person oder Personenvereinigung organisiert ist und die Leitungsperson iSd § 30 Abs. 1 OWiG eine Ordnungswidrigkeit begangen hat.[147] In diesem Fall verzehnfacht sich jeweils das Höchstmaß der Geldbuße auf 8 Mio. Euro bzw. 5 Mio. Euro, da § 24 Abs. 2 OWiG auf § 30 Abs. 2 S. 3 OWiG verweist.[148] 117

[141] Vgl. Inderst/Bannenberg/Poppe Compliance/Hülsberg/Laue Kap. 3 Rn. 124.

[142] Zu möglichen Informationsquellen OECD-Leitfaden für die Erfüllung der Sorgfaltspflicht für verantwortungsvolles unternehmerisches Handeln, 2018, 86 f.

[143] Vgl. Gehling/Ott/Lüneborg CCZ 2021, 230 (235); Grabosch Das neue LkSG/Grabosch § 5 Rn. 99 für § 6 Abs. 4 Nr. 4; vgl. ferner IDW PS 980 Tz. 25 f., 32 ff. = WPg Supplement 2/2011, 78 (82 f.).

[144] Vgl. Gehling/Ott/Lüneborg CCZ 2021, 230 (235); s. ferner OECD-Leitfaden für die Erfüllung der Sorgfaltspflicht für verantwortungsvolles unternehmerisches Handeln, 2018, 34 (auch Audits durch Dritte).

[145] So Gehling/Ott/Lüneborg CCZ 2021, 230 (235).

[146] Grabosch Das neue LkSG/Engel/Schönfelder § 6 Rn. 37; Mitsch NZWiSt 2021, 409 (410 f.).

[147] Vgl. Grabosch Das neue LkSG/Engel/Schönfelder § 6 Rn. 37; Mitsch NZWiSt 2021, 409 (412); allg. auch Inderst/Bannenberg/Poppe Compliance/Rieder Kap. 2 Rn. 20 ff.

[148] Ehmann/Berg GWR 2021, 287 (290); Grabosch Das neue LkSG/Engel/Schönfelder § 6 Rn. 37; Kamann/Irmscher NZWiSt 2021, 249 (254 f.); Mittwoch/Bremenkamp KritV 2021, 207 (231); Wagner/Ruttloff/Wagner LkSG-HdB/Skoupil Rn. 1574; Spindler ZHR 186 (2022), 67 (90).

118 Die Höchstbeträge nach § 24 Abs. 2 OWiG iVm § 30 Abs. 2 S. 3 OWiG werden für juristische Personen und Personenvereinigungen mit einem durchschnittlichen Jahresumsatz von mehr als 400 Mio. Euro für **Verletzungen der Abhilfepflichten** nach § 7 Abs. 1 S. 1, Abs. 2 S. 1 durch **§ 24 Abs. 3** auf **bis zu 2 %** des **durchschnittlichen Jahresumsatzes** angehoben (eingehend → § 24 Rn. 42 ff.). Als Berechnungsgrundlage dient nach § 24 Abs. 3 S. 3 der weltweite Umsatz aller natürlichen und juristischen Personen oder Personenvereinigungen der letzten drei Geschäftsjahre, sofern diese als **wirtschaftliche Einheit** operieren. Für die Bestimmung der wirtschaftlichen Einheit ist nicht maßgeblich, ob die einzelnen natürlichen oder juristischen Personen oder Personenvereinigungen rechtlich selbstständig sind.[149] Das Konzept der wirtschaftlichen Einheit ist bereits aus dem **Kartellrecht** bekannt (§ 81c Abs. 5 S. 1 GWB), weshalb zur Konkretisierung auf die dortige Rechtsprechung und Literatur verwiesen werden kann.[150]

119 Daneben können die betroffenen Unternehmen gemäß § 22 **von der Vergabe öffentlicher Aufträge** für bis zu drei Jahre (§ 22 Abs. 1) **ausgeschlossen** werden, wenn der Verstoß rechtskräftig festgestellt und die in § 22 Abs. 2 genannten Bußgeldschwellen erreicht wurden.[151]

120 Hinsichtlich einer etwaigen **zivilrechtlichen Haftung** gelten die **allgemeinen Ausführungen** (→ § 3 Rn. 58 ff.). Insbesondere kann aus dem Hinweis in der Regierungsbegründung zu § 7 Abs. 1, wonach dieser keine Grundlage für einen Anspruch eines Geschädigten gegenüber Unternehmen begründe, nicht der Gegenschluss gezogen werden, dass für § 7 Abs. 2 oder § 7 Abs. 3 etwas Abweichendes gelte. Nach Einfügung des § 3 Abs. 3 hat der bereits im Referentenentwurf vorzufindende Satz keine Bedeutung mehr.[152]

§ 8 Beschwerdeverfahren

(1) [1] Das Unternehmen hat dafür zu sorgen, dass ein angemessenes unternehmensinternes Beschwerdeverfahren nach den Absätzen 2 bis 4 eingerichtet ist. [2] Das Beschwerdeverfahren ermöglicht Personen, auf menschenrechtliche und umweltbezogene Risiken sowie auf Verletzungen menschenrechtsbezogener oder umweltbezogener Pflichten hinzuweisen, die durch das wirtschaftliche Handeln eines Unternehmens im eigenen Geschäftsbereich oder eines unmittelbaren Zulieferers entstanden sind. [3] Der Eingang des Hinweises ist den Hinweisgebern zu bestätigen. [4] Die von dem Unternehmen mit der Durchführung des Verfahrens betrauten Personen haben den Sachverhalt mit den Hinweisgebern zu erörtern. [5] Sie können ein Verfahren der einvernehmlichen Beilegung anbieten. [6] Die Unternehmen können sich stattdessen an einem entsprechenden externen Beschwerdeverfahren beteiligen, sofern es die nachfolgenden Kriterien erfüllt.

(2) Das Unternehmen legt eine Verfahrensordnung in Textform fest, die öffentlich zugänglich ist.

(3) [1] Die von dem Unternehmen mit der Durchführung des Verfahrens betrauten Personen müssen Gewähr für unparteiisches Handeln bieten, insbesondere müssen sie un-

[149] EuGH 27.4.2017 – C-516/15 P, ECLI:EU:C:2017:314 Rn. 48 – Akzo Nobel; dazu auch Wagner/Ruttloff/Wagner LkSG-HdB/Skoupil Rn. 1576; ferner Bauermeister NZG 2022, 59 (61 f.) zum Wettbewerbsrecht.

[150] EuGH NJW 2021, 3583 – Sumal SL/Mercedes Benz Trucks España SL; 16.6.2016 – C-155/14 P, ECLI:EU:C:2016:446 Rn. 64; 27.4.2017 – C-516/15 P, ECLI:EU:C:2017:314 Rn. 47 f. – Akzo Nobel; 10.4.2014 – C-247/11 P und C-253/11 P, ECLI:EU:C:2014:257 Rn. 125 – Areva; BGH WuW/E DE-R 3861, 3875 – Grauzementkartell; Immenga/Mestmäcker/Biermann GWB § 81 Rn. 485 ff.; Immenga/Mestmäcker/Franck GWB § 33a Rn. 27 ff. im Kontext kartellrechtlicher Schadensersatzansprüche; Bauermeister NZG 2022, 59; Loewenheim/Meessen/Riesenkampff/Kersting/Meyer-Lindemann/Meyer-Lindemann, Kartellrecht, 4. Aufl. 2020, GWB § 81 Rn. 161 f. Zum Datenschutzrecht s. Cornelius NZWiSt 2016, 421; Krohm RDV 2017, 221.

[151] Eingehend Grabosch Das neue LkSG/Engel/Schönfelder § 6 Rn. 48 ff.; Mitsch NZWiSt 2021, 409 (412 f.); knapper Kamann/Irmscher NZWiSt 2021, 249 (252 f.).

[152] Krit. auch Ehmann ZVertriebsR 2021, 141 (148 f.).

abhängig und an Weisungen nicht gebunden sein. [2]Sie sind zur Verschwiegenheit verpflichtet.

(4) [1]Das Unternehmen muss in geeigneter Weise klare und verständliche Informationen zur Erreichbarkeit und Zuständigkeit und zur Durchführung des Beschwerdeverfahrens öffentlich zugänglich machen. [2]Das Beschwerdeverfahren muss für potenzielle Beteiligte zugänglich sein, die Vertraulichkeit der Identität wahren und wirksamen Schutz vor Benachteiligung oder Bestrafung aufgrund einer Beschwerde gewährleisten.

(5) [1]Die Wirksamkeit des Beschwerdeverfahrens ist mindestens einmal im Jahr sowie anlassbezogen zu überprüfen, wenn das Unternehmen mit einer wesentlich veränderten oder wesentlich erweiterten Risikolage im eigenen Geschäftsbereich oder beim unmittelbaren Zulieferer rechnen muss, etwa durch die Einführung neuer Produkte, Projekte oder eines neuen Geschäftsfeldes. [2]Die Maßnahmen sind bei Bedarf unverzüglich zu wiederholen.

Schrifttum: Bettermann/Hoes, Der Entwurf der Europäischen Corporate Sustainability Due Diligence Richtlinie – Vergleich zum deutschen Lieferkettensorgfaltspflichtengesetz, WM 2022, 697; Brunk, Menschenrechtscompliance, 2022; DAV-Ausschüsse Corporate Social Responsibility und Compliance, Handelsrecht sowie Menschenrechte, Stellungnahme zum Regierungsentwurf eines Gesetzes über die unternehmerische Sorgfaltspflichten in Lieferketten, NZG 2021, 546; DAV Ausschüsse Handelsrecht, Corporate Social Responsibility und Compliance sowie Menschenrechte, Stellungnahme zum Vorschlag für eine Richtlinie des Europäischen Parlaments und des Rates über die Sorgfaltspflichten von Unternehmen im Hinblick auf Nachhaltigkeit und zur Änderung der RL (EU) 2019/1937, NZG 2022, 909; Degenhart/Dziuba, Die EU-Whistleblower-Richtlinie und ihre arbeitsrechtlichen Auswirkungen, BB 2021, 570; Dilling, Cat's Gold-Plating – Der neue Referentenentwurf zum Hinweisgeberschutzgesetz, CCZ 2022, 145; Dutzi/Schneider/Hasenau, Lieferkettenregulierung und Risk Governance, Der Konzern 2021, 454; Dzida/Granetzny, Die neue EU-Whistleblowing-Richtlinie und ihre Auswirkungen auf Unternehmen, NZA 2020, 1201; Ehmann, Der Regierungsentwurf für das Lieferkettengesetz: Erläuterungen und erste Hinweise zur Anwendung, ZVertriebsR 2021, 141; Ehmann/Berg, Das Lieferkettensorgfaltspflichtengesetz (LkSG): ein erster Überblick, GWR 2021, 287; Federmann/Racky/Kalb/Modrzyk, Die Whistleblower-Richtlinie der EU: Die neuen Regeln und deren Auswirkungen auf Unternehmen des privaten Sektors, DB 2019, 1665; Fleischer/Schmolke, Finanzielle Anreize für Whistleblower im Europäischen Kapitalmarktrecht?, NZG 2012, 361; Frank/Edel/Heine/Heine, Pionierarbeiten in der Lieferkette – Praxisfolgen für das Handels- und Arbeitsrecht (Teil I), BB 2021, 2165; Frank/Edel/Heine/Heine, Pionierarbeiten in der Lieferkette – Praxisfolgen für das Handels- und Arbeitsrecht (Teil II), BB 2021, 2890; Gehling/Ott/Lüneborg, Das neue Lieferkettensorgfaltspflichtengesetz – Umsetzung in der Unternehmenspraxis, CCZ 2021, 230; Gerdemann, Das neue deutsche Whistleblowing-Recht, NJW 2021, 3489; Gerdemann, Referentenentwurf für ein deutsches Hinweisgeberschutzgesetz, ZRP 2021, 37; Gerdemann, Transatlantic Whistleblowing, 2018; Gerdemann, Whistleblower als Agenten des Europarechts – Die Whistleblowing-Rechtsakte der EU von ihren Anfängen bis zur aktuellen Whistleblowing-Richtlinie, NZA-Beilage 2020, 43; Gläßer/Pfeiffer/Schmitz/Bond, Außergerichtliche Beschwerdemechanismen entlang globaler Lieferketten, ZLM 2021, 228; Gläßer/Pfeiffer/Schmitz/Bond, Außergerichtliche Beschwerdemechanismen entlang globaler Lieferketten – Empfehlungen für die Institutionalisierung, Implementierung und Verfahrensausgestaltung – Forschungsbericht der Europa-Universität Viadrina, Juli 2021; Heinen, Deliktische Sorgfaltspflichten in transnationalen Lieferketten, 2022; Helck, Gesetz über die unternehmerischen Sorgfaltspflichten in Lieferketten: Worauf sich Unternehmen zukünftig vorbereiten müssen, BB 2021, 1603; Herrmann/Rünz, Praktische Hinweise und Maßnahmen zur Umsetzung des Lieferkettensorgfaltspflichtengesetz im Unternehmen, DB 2021, 3078; Holle, Konzernweite Hinweisgebersysteme nach der Whistleblowing-Richtlinie; ZIP 2021, 1950; Jung, Werteschöpfung in der Liefer- und Absatzkette?, GPR 2022, 109; Jungkind/Raspé/Terbrack, Unternehmensverantwortung in der Lieferkette, Der Konzern 2021, 445; Kappen/Cho/Gaertner, Konzernlösung des HinSchG-E – unionsrechtswidrig?, CB 2022, 237; Korch, Überprüfungs- und Aktualisierungspflichten nach dem Lieferkettensorgfaltspflichtengesetz, NJW 2022, 2065; Lüneborg, Neue Pflichten zur Einrichtung von Hinweisgebersystemen, DB 2021, 375; Lutz-Bachmann/Vorbeck/Wengenroth, Menschenrechte und Umweltschutz in Lieferketten – der Regierungsentwurf eines Sorgfaltspflichtengesetzes, BB 2021, 906; Lutz-Bachmann/Vorbeck/Wengenroth, Nachhaltigkeitsbezogene Sorgfaltspflichten in Geschäftsbeziehungen – zum Entwurf der EU-Kommission für eine „Lieferkettenrichtlinie", BB 2022, 835; Marsch-Barner, Corporate Whistleblowing, ZHR 181 (2017), 847; Metzner/Gloeckner, „Reality Check" der EU-Whistleblower Richtlinie – Ist die Einführung eines lokalen Hinweisgebersystems wirklich erforderlich?, CCZ 2021, 256; Miege/Ahrens, Referentenentwurf der Koalition zum Hinweisgeberschutzgesetz – Stellungnahme des Deutschen Instituts für Compliance (DICO e. V.), CCZ 2022, 171; Mittwoch/Bremenkamp, Das Lieferkettensorgfaltspflichtengesetz – Ein nachhaltiger Ordnungsrahmen für international tätige Marktakteure?, KritV 2021, 207; Nasse, Das neue Lieferkettensorgfaltspflichtengesetz – Pflicht zur Entkopplung der deutschen Wirtschaft vom chinesischen Markt?, RAW 2022, 3; Nietsch/Wiedmann, Der Regierungsentwurf eines Gesetzes über die unternehmerischen Sorgfaltspflichten in der Lieferkette, CCZ 2021, 101; Passarge, Erfolgreiche Struktur von Hinweisgebersystemen – Praktische Aspekte und das Zusammenspiel mit anderen Gesetzen, CB 2021, 453; Rothenburg/Rogg, Die Umsetzung des Lieferkettensorgfaltspflichtengesetzes im

Konzern, AG 2022, 257; Ruttloff/Wagner/Hahn/Freihoff, Der Menschenrechtsbeauftragte, CCZ 2022, 20; Ruttloff/Wagner/Reischl/Skoupil, Auf dem Weg zum Chief Sustainability Officer (CSO) – Teil 1, CB 2021, 364; Sagan, Das Beschwerdeverfahren nach § 8 LkSG, ZIP 2022, 1419; Sagan/Schmidt, Das Lieferkettensorgfaltspflichtengesetz – Ein Überblick aus der Perspektive des Arbeitsrechts, NZA-RR 2022, 281; Schmolke, Der Vorschlag für eine europäische Whistleblower-Richtlinie, AG 2018, 769; Schmolke, Die neue Whistleblower-Richtlinie ist da! Und nun?, NZG 2020, 5; Schmolke, Whistleblowing als Regelungsaufgabe; ZGR 2019, 876; Schoch/Kumar, Der neue Entwurf eines Hinweisgeberschutzgesetzes, CB 2022, 181; Scholz, Hinweisgeberschutz zwischen Legalitäts- und Legalitätskontrollpflicht, AG 2022, 553; Spindler, Der Vorschlag einer EU-Lieferketten-Richtlinie, ZIP 2022, 765; Spindler, Verantwortlichkeit und Haftung in Lieferantenketten – das Lieferkettensorgfaltspflichtengesetz aus nationaler und europäischer Perspektive, ZHR 186 (2022), 67; Stemberg, Die drei „Schlüsselkriterien" des Beschwerdeverfahrens nach dem Lieferkettensorgfaltspflichtengesetz, CCZ 2022, 92; Teichmann, Ausgewählte Schwachstellen des Gesetzes über die unternehmerischen Sorgfaltspflichten zur Vermeidung von Menschenrechtsverletzungen in Lieferketten (Lieferkettensorgfaltspflichtengesetz – LkSG), ZWH 2022, 133; Thüsing, Effektiver Hinweisgeberschutz mit Augenmaß – Erste Gedanken zum neuen RefE eines Hinweisgeberschutzgesetzes (HinSchG), DB 2022, 1066; Zimmer/Humphrey, Petzen? Ja, bitte! – Meldesysteme nach der Whistleblower-Richtlinie der EU, BB 2022, 372 (375).

Übersicht

I. Grundlagen

1. Regelungsgegenstand. § 8 verpflichtet Unternehmen dazu, ein angemessenes Beschwerdeverfahren einzuführen. Im Gesamtkontext des LkSG spielt das Beschwerdeverfahren eine wichtige Rolle.[1] Es ist ein entscheidender Baustein für einen praktikablen und effektiven Schutz von Umwelt und Menschenrechten durch das Gesetz. Das Verfahren nach § 8 ist dabei eine Mischung aus Hinweisgebersystem und Beschwerdeverfahren.[2] 1

Das Beschwerdeverfahren dient zum einen der **Perspektivergänzung.** Der Blick von außen ermöglicht eine Erfassung von Gefahren und Problemlagen für Schutzgüter des Gesetzes, die aus der Sicht des Unternehmens allein nicht wahrgenommen werden können oder nicht wahrgenommen werden wollen.[3] Dadurch wird ein Informationsdefizit behoben, indem das Unternehmen die eingehenden Beschwerden analysieren kann und so systematische Schwachstellen in seiner Lieferkette vor Augen geführt bekommt.[4] Zum anderen dient das Beschwerdeverfahren als **„Frühwarnsystem“** innerhalb der Lieferkette.[5] So wird das Unternehmen durch Beschwerden idealerweise bereits auf Risiken aufmerksam gemacht, bevor diese zu Verletzungen heranwachsen, bzw. es geraten Verletzungen schon in ihrem Anfangsstadium in den Blick, bevor diese sich ausweiten. Damit verbunden ist eine **Steigerung der Effektivität** in Bezug auf Prävention und Beseitigung von Verletzungen von Schutzgütern.[6] Durch das unternehmensinterne Beschwerdeverfahren sollen Unternehmen schneller von Problemen und Gefahren erfahren und diese frühzeitig verhindern.[7] Insoweit kommt dem Beschwerdeverfahren eine wichtige Rolle für die Durchsetzung der Sorgfaltspflichten des LkSG zu.[8] 2

Anders als der Wortlaut von § 8 Abs. 1 S. 2 nahelegt, erfasst das Beschwerdeverfahren aufgrund von § 9 Abs. 1 nicht lediglich Risiken und Pflichtverletzungen, die durch das wirtschaftliche Handeln eines Unternehmens im eigenen Geschäftsbereich oder eines unmittelbaren Zulieferers entstanden sind, sondern die **gesamte Lieferkette.** Daher kommt dem Beschwerdeverfahren eine **Scharnierfunktion** insbesondere zu § 9 und den mittelbaren Zulieferern zu. Beschwerden werden in der Praxis einer der häufigsten Fälle für das Vorliegen von tatsächlichen Anhaltspunkten sein, die eine substantiierte Kenntnis gemäß § 9 Abs. 3 begründen (→ § 9 Rn. 23 ff.).[9] 3

Zusätzliche Bedeutung erlangt das Beschwerdeverfahren dadurch, dass es ein wichtiger Anstoß für die anlassbezogenen Überprüfungen des Risikomanagementsystems ist.[10] Die in 4

---

[1] So auch Jungkind/Raspé/Terbrack Der Konzern 2021, 445 (450): „zentrale Sorgfaltsmaßnahme“; Falder/Frank-Fahle/Poleacov LkSG 86: „eines der Kernelemente des Gesetzes“.

[2] S. dazu auch Sagan ZIP 2022, 1419.

[3] Vgl. Frank/Edel/Heine/Heine BB 2021, 2165 (2167), freilich mit einer in der Gesamtschau des Gesetzes nicht zutreffenden Aussparung der mittelbaren Zulieferer.

[4] Schmolke AG 2018, 769 (770); s. auch Kommentar zu UNGP 29: „Durch die Analyse der bei Beschwerden verzeichneten Trends und Muster können die Wirtschaftsunternehmen auch systemische Probleme feststellen und ihre Praktiken entsprechend anpassen.“.

[5] Gläßer/Pfeiffer/Schmitz/Bond ZLM 2021, 228; s. auch Hembach Praxisleitfaden LkSG 44; Stemberg CCZ 2022, 92.

[6] S. auch Hembach Praxisleitfaden LkSG 167; Sagan ZIP 2022, 1419.

[7] S. bereits UNGP 29: „Damit Missständen frühzeitig begegnet werden kann und diese unmittelbar wieder gutgemacht werden können, sollten Wirtschaftsunternehmen für Einzelpersonen oder lokale Gemeinschaften, die nachteiligen Auswirkungen ausgesetzt sein können, wirksame Beschwerdemechanismen auf operativer Ebene schaffen oder sich an solchen Mechanismen beteiligen.“; sowie den dazu gehörigen Kommentar: „Zweitens gestatten es diese Mechanismen, festgestellten Missständen zu begegnen und nachteilige Auswirkungen frühzeitig und unmittelbar seitens der Unternehmen wiedergutzumachen und so zu verhindern, dass Schäden sich verschlimmern und Beschwerden eskalieren.“.

[8] Die Bedeutung von Whistleblowing für die Rechtsdurchsetzung betonen auch Erwägungsgründe 1 ff. Whistleblower-RL; monografisch Kreis, Whistleblowing zur Rechtsdurchsetzung, 2017; s. auch Schmolke AG 2018, 769 (770); ähnlich Wagner/Ruttloff/Wagner LkSG-HdB/Wagner/Wagner Rn. 656.

[9] So auch Grabosch Das neue LkSG/Grabosch § 2 Rn. 101; Falder/Frank-Fahle/Poleacov LkSG 88; Lutz-Bachmann/Vorbeck/Wengenroth BB 2021, 906 (909).

[10] Vgl. Dutzi/Schneider/Hasenau Der Konzern 2021, 454 (458); Wagner/Ruttloff/Wagner LkSG-HdB/Wagner/Wagner Rn. 656.

§ 5 Abs. 4 (→ § 5 Rn. 76 ff.), § 6 Abs. 5 (→ § 6 Rn. 130 ff.) und § 7 Abs. 4 (→ § 7 Rn. 96 ff.) normierten Überprüfungspflichten verweisen jeweils ausdrücklich darauf, dass die sich aus dem Beschwerdeverfahren ergebenen Hinweise zu berücksichtigen sind. Dies entspricht auch dem Ansatz der UN-Leitprinzipien. Diese verweisen darauf, dass das Beschwerdeverfahren **„eine Quelle kontinuierlichen Lernens“** sein soll.[11]

5 § 8 Abs. 1 enthält die allgemeine Pflicht zur Einrichtung eines Beschwerdeverfahren (→ Rn. 13 ff.), Abs. 2–4 enthalten laut Gesetzesbegründung „Schlüsselkriterien“, die die wirksame und unparteiische Ausgestaltung des Verfahrens sicherstellen sollen (→ Rn. 36 ff.).[12] Abs. 5 schließlich enthält eine Pflicht zur regelmäßigen Überprüfung des Systems (→ Rn. 96 ff.). Allerdings wird dieser Aufbau dadurch durchbrochen, dass sich bereits in Abs. 1 Verfahrensanforderungen finden, welche die Kriterien der Abs. 2–4 ergänzen, namentlich die Pflicht zur Eingangsbestätigung in S. 3 (→ Rn. 89 ff.) und die Erörterungspflicht in S. 4 (→ Rn. 92 ff.).

6 **2. UN-Leitprinzipien als Vorbild.** Die UN-Leitprinzipien sehen in UNGP 27–29 die Einrichtung sowohl staatlicher als auch unternehmensinterner Beschwerdemechanismen vor. Der deutsche Gesetzgeber hat sich allerdings gegen die Einführung eines staatlichen Beschwerdemechanismus im Rahmen des LkSG entschieden und stattdessen ein rein unternehmensinternes Verfahren geschaffen (→ Rn. 14). In UNGP 31 werden zudem Wirksamkeitskriterien für außergerichtliche Beschwerdemechanismen festgelegt.[13] Viele in den UN-Leitprinzipien vorgesehene Elemente des Beschwerdeverfahren wurden in das Gesetz übernommen bzw. sind davon inspiriert, sodass die UN-Leitprinzipien eine wertvolle Quelle für die Auslegung sein können (→ § 3 Rn. 4 ff.).[14]

7 Im Rahmen der UN-Leitprinzipien stehen Beschwerdeverfahren besonders im Fokus des Zugangs zur Abhilfe. So sind sie Teil der sog. dritten Säule der Leitprinzipien.[15] Demzufolge ist das unternehmensinterne Beschwerdeverfahren gemäß UNGP 29 auch insbesondere ein Weg für Wiedergutmachung von durch Unternehmen verursachte nachteilige Auswirkungen.[16] Diese Stoßrichtung wurde vom deutschen Gesetzgeber für das Beschwerdeverfahren allerdings nur ansatzweise übernommen.[17] So findet sich im Gesetzestext lediglich in Abs. 1 S. 4 die Möglichkeit, ein Verfahren zur einvernehmlichen Beilegung anzubieten. Ansonsten legt der Gesetzgeber größeren Wert auf Prävention von Verletzungen und deren Beseitigung als deren Wiedergutmachung.

8 **3. Verhältnis zum HinSchG.** Das Beschwerdeverfahren gemäß § 8 hat zahlreiche Berührungspunkte mit der RL 2019/1937/EU zum Schutz von Personen, die Verstöße gegen das Unionsrecht melden[18] **(Whistleblower-RL),** die am 7.10.2019 verabschiedet wurde und vom deutschen Gesetzgeber demnächst durch das Hinweisgeberschutzgesetz

[11] Kommentar zu UNGP 31: „Eine regelmäßige Analyse der Häufigkeit, Muster und Auslöser für Beschwerden kann die Einrichtung, die den Mechanismus verwaltet, befähigen, diejenigen Politiken, Verfahren oder Praktiken zu ermitteln und zu beeinflussen, die im Hinblick auf die Verhütung künftigen Schadens verändert werden sollten.“.

[12] RegE LkSG, BT-Drs. 19/28649, 49.

[13] Gemäß UNGP 31 soll ein außergerichtlicher Beschwerdemechanismus „a) legitim sein … b) zugänglich sein … c) berechenbar sein … d) ausgewogen sein … e) transparent sein … f) Rechte-kompatibel sein … g) eine Quelle kontinuierlichen Lernen sein … h) auf Austausch und Dialog aufbauen.“.

[14] S. zu diesem Einfluss der UN-Leitprinzipien auch Hembach Praxisleitfaden LkSG 168 f.; vgl. auch Stemberg CCZ 2022, 92 (92 f.).

[15] Vgl. die Kapitelüberschrift III. Zugang zu Abhilfe der UNGP; dazu auch Brunk, Menschenrechtscompliance, 2022, 230 (474).

[16] S. UNGP 29: „Damit Missständen frühzeitig begegnet werden kann und diese unmittelbar wieder gutgemacht werden können, sollten Wirtschaftsunternehmen für Einzelpersonen oder lokale Gemeinschaften, die nachteiligen Auswirkungen ausgesetzt sein können, wirksame Beschwerdemechanismen auf operativer Ebene schaffen oder sich an solchen Mechanismen beteiligen.“.

[17] Krit. S. Gläßer/Pfeiffer/Schmitz/Bond, Forschungsbericht der Europa-Universität Viadrina: „Außergerichtliche Beschwerdemechanismen entlang globaler Lieferketten Empfehlungen für die Institutionalisierung, Implementierung und Verfahrensausgestaltung“, 2021, 66.

[18] S. dazu Schmolke NZG 2020, 5.

(HinSchG) umgesetzt wird.[19] In Konzeption und Wortlaut gibt es einige Parallelen zum Beschwerdeverfahren nach dem LkSG, insbesondere in Fragen des Vertraulichkeitsschutzes sowie bei Verfahren und Benachteiligungsschutz.[20]

Gleichzeitig gibt es aber auch bedeutende **Unterschiede.** So erfasst das Hinweisgeberschutzgesetz gemäß § 1 Abs. 1 HinSchG-E nur Hinweisgeber, die im Zusammenhang mit ihrer beruflichen Tätigkeit Informationen über Verstöße erlangt haben und diese melden. Auch wenn der Begriff des Zusammenhangs mit der beruflichen Tätigkeit weit auszulegen ist,[21] liegt hierin ein wesentlicher Unterschied zum Beschwerdeverfahren nach dem LkSG, welches jedermann offensteht (→ Rn. 28).[22] Schon deshalb wird es für Unternehmen derzeit schwierig sein, ein einheitliches Verfahren für Hinweisgeber nach LkSG und HinSchG-E zu schaffen. Zudem sind die von den Regelungen betroffenen Unternehmen nicht identisch. Die Pflicht zur Einrichtung von Meldestellen erfasst gemäß § 12 HinSchG-E Beschäftigungsgeber mit mindestens 50 Beschäftigten. Nach § 1 betrifft die Pflicht zur Einrichtung eines Beschwerdeverfahrens allerdings zunächst nur Unternehmen ab 3.000 bzw. später 1.000 Mitarbeitern.[23] Weiterhin steht ein unternehmensübergreifendes Hinweisgeberverfahren, welches das LkSG als externes Verfahren bezeichnet, gemäß § 14 Abs. 2 HinSchG-E nur Unternehmen mit weniger als 250 Arbeitnehmern zur Wahl. Der HinSchG-E erfasst zudem sowohl interne Meldungen im Unternehmen als auch externe Meldungen gegenüber Behörden (vgl. § 12 und 19 HinSchG-E sowie Art. 7 und 10 Whistleblower-RL). Das Beschwerdeverfahren nach LkSG ist demgegenüber als ein rein unternehmensinternes Verfahren ausgestaltet (→ Rn. 14). Daher erscheint eine Kombination des Beschwerdeverfahrens mit dem Verfahren nach HinSchG-E für Unternehmen als anspruchsvoll.[24] 9

4. Auswirkungen der geplanten EU-RL. Der Entwurf der EU-Kommission zur Richtlinie über Nachhaltigkeitspflichten von Unternehmen (Corporate Sustainability Due Diligence Directive;[25] → Einl. Rn. 73 ff.) enthält in Art. 9 Lieferketten-RL-E ebenfalls eine Pflicht der betroffenen Unternehmen zur Einrichtung eines Beschwerdeverfahrens. Dieser zeigt einige Ähnlichkeiten mit dem bisherigen Beschwerdeverfahren.[26] Wie beim LkSG ist auch im Richtlinienentwurf ein rein unternehmensinternes Verfahren und kein staatliches Beschwerdeverfahren vorgesehen. Ob für Unternehmen wie im Rahmen des LkSG eine Beteiligung an einem unternehmensexternen Beschwerdeverfahren als Alternative (→ Rn. 15) möglich ist, scheint derzeit noch unklar.[27] 10

Anders als im LkSG ist jedoch **keine Popularbeschwerde** (zur Beschwerdeberechtigung für jedermann → Rn. 28) vorgesehen. Stattdessen ist der Kreis der Beschwerdeberechtigten gemäß Art. 9 Abs. 2 Lieferketten-RL-E auf Personen beschränkt, die von einer 11

---

[19] Vgl. RegE HinSchG, BR-Drs. 373/22; dazu etwa Scholz AG 2022, 553; zum (zweiten) RefE bereits Beukelmann NJW-Spezial 2022, 376; Dilling CCZ, 145; Gerdemann ZRP 2022, 98; Miege/Ahrens CCZ 2022, 171; Schoch/Kumar CB 2022, 181; Thüsing DB 2022, 1066.

[20] Vgl. in Bezug zur Whistleblower-RL auch Gehling/Ott/Lüneborg CCZ 2021, 230 (238 f.); krit. hierzu Teichmann ZWH 2022, 133 (138), für den § 8 aufgrund des Vorgreifens gegenüber der Whistleblower-RL ein „dogmatischer Tiefpunkt des LkSG" ist.

[21] RegE HinSchG, BR-Drs. 373/22, 60.

[22] Vgl. auch Lüneborg DB 2022, 375 (379).

[23] Allerdings ist nicht auszuschließen, dass der Gesetzgeber die Überprüfung des Gesetzes zu einer Angleichung der Schwellenwerte des LKSG an diejenigen der Whistleblower-RL nutzen wird, vgl. Lüneborg DB 2022, 375 (377).

[24] Für eine solche Kombination Gehling/Ott/Lüneborg CCZ 2021, 230 (238 f.); eine Vereinbarkeit in einem Verfahren ebenfalls für möglich haltend Lüneborg DB 2022, 375; nicht aufgrund gesetzlicher Gründe aber aufgrund unterschiedlicher Anforderungen an Verfahren krit. gegenüber einer Zusammenlegung Hembach Praxisleitfaden LkSG 176; offen Stemberg CCZ 2022, 92 (93); eine Kombination für „sinnvoll und angemessen" halten Wagner/Ruttloff/Wagner LkSG-HdB/Wagner/Wagner Rn. 673.

[25] Vorschlag für eine RL des Europäischen Parlaments und des Rates über die Sorgfaltspflichten von Unternehmen im Hinblick auf Nachhaltigkeit und zur Änderung der RL 2019/1937/EU, COM (2021) 71.

[26] Spindler ZIP 2022, 765 (772).

[27] Bettermann/Hoes WM 2022, 697 (702).

nachteiligen Auswirkung betroffen sind oder berechtigten Grund zu der Annahme haben, dass sie von einer solchen betroffen sein könnten. Daneben sind auch Gewerkschaften und andere Arbeitnehmervertreter, die die in der betreffenden Wertschöpfungskette tätigen Personen vertreten, sowie Organisationen der Zivilgesellschaft, die in den mit der betreffenden Wertschöpfungskette verbundenen Bereichen tätig sind, beschwerdeberechtigt (vgl. Art. 9 Abs. 2 Lieferketten-RL-E). Hierin liegt eine Einschränkung gegenüber dem LkSG, eine Anpassung der Gesetzeslage dürfte für den Gesetzgeber aber nicht zwingend erforderlich sein, da der Richtlinienentwurf nur eine Mindestanforderung aufstellen dürfte.[28]

Art. 9 Lieferketten-RL-E Beschwerdeverfahren

(1) (…)

(2) Die Mitgliedstaaten stellen sicher, dass die Beschwerden eingereicht werden können von

a) betroffenen Personen oder Personen mit berechtigtem Grund zu der Annahme, dass sie von negativen Auswirkungen betroffen sein könnten,

b) Gewerkschaften und anderen Arbeitnehmervertretern, die in der betreffenden Wertschöpfungskette tätige Personen vertreten,

c) den im Bereich der betreffenden Wertschöpfungskette aktiven Organisationen der Zivilgesellschaft.

(…)

12 Zudem trifft der Lieferketten-RL-E bisher keine Aussage zu den genauen Anforderungen an die Ausgestaltung des Beschwerdeverfahrens. Die Kriterien der Zugänglichkeit des Verfahrens[29] (→ Rn. 38 ff.), der Vertraulichkeit der Identität des Beschwerdeführers (→ Rn. 50 ff.) sowie des Benachteiligungsschutzes (→ Rn. 59 ff.) finden sich in Art. 9 Lieferketten-RL-E nicht. Gemäß Art. 23 Lieferketten-RL-E wird aber der Benachteiligungsschutz der Whistleblower-RL für Beschwerden nach der Richtlinie für anwendbar erklärt. Besonderen Wert legt der Richtlinienentwurf darauf, wie die Unternehmen auf die Beschwerde reagieren.[30] So muss das Unternehmen gemäß Art. 9 Abs. 3 Lieferketten-RL-E ausdrücklich auch ein Verfahren für diejenigen Fälle einrichten, in denen es eine Beschwerde für unbegründet erachtet. Zudem können die Beschwerdeführer gemäß Art. 9 Abs. 4 Lieferketten-RL-E vom Unternehmen, bei dem sie eine Beschwerde eingereicht haben, angemessene Folgemaßnahmen zu ihrer Beschwerde verlangen und haben zudem ein Recht, mit den Vertretern des Unternehmens auf einer angemessenen Ebene zusammenzutreffen, um mögliche oder tatsächliche schwerwiegende nachteilige Auswirkungen, die Gegenstand der Beschwerde sind, zu erörtern.

Art. 9 Abs. 4 Lieferketten-RL-E:

„Die Mitgliedstaaten stellen sicher, dass Beschwerdeführer berechtigt sind, a) angemessene Folgemaßnahmen zu der Beschwerde von dem Unternehmen fordern können, bei dem sie eine Beschwerde gemäß Absatz 1 eingereicht haben, und b) Vertreter des Unternehmens auf geeigneter Ebene zu treffen, um potenzielle oder tatsächliche schwerwiegende negative Auswirkungen, die Gegenstand der Beschwerde sind, zu erörtern."

Hierin besteht eine Parallele zur Erörterungspflicht nach § 8 Abs. 1 S. 4 (→ Rn. 92 ff.). Die entsprechende Pflicht ist im Richtlinienentwurf aber ausdifferenzierter als im LkSG.[31]

---

[28] Vgl. Lutz-Bachmann/Vorbeck/Wengenroth BB 2022, 835 (840).

[29] Angedeutet wird die Zugänglichkeit des Beschwerdeverfahrens lediglich in Erwägungsgrund 42 Lieferketten-RL-E: „Die Unternehmen sollten ein Verfahren für die Bearbeitung dieser Beschwerden einrichten und Arbeitnehmer, Gewerkschaften und andere Arbeitnehmervertreter ggf. über solche Verfahren informieren.".

[30] Krit. hierzu aufgrund der Belastungen für die Unternehmen DAV-Handelsrechtsausschüsse NZG 2022, 909 (912).

[31] Vgl. Jung GPR 2022, 109 (115); Lutz-Bachmann/Vorbeck/Wengenroth BB 2022, 835 (844).

II. Pflicht zur Einrichtung eines Beschwerdeverfahrens (Abs. 1)

Abs. 1 stellt für betroffene Unternehmen die Pflicht auf, ein angemessenes unternehmensinternes Beschwerdeverfahren einzurichten. Nach § 3 Abs. 1 S. 2 Nr. 7 ist die Einrichtung eines Beschwerdeverfahrens Teil der Sorgfaltspflichten für Unternehmen (→ § 3 Rn. 42). Die Verletzung dieser Pflicht ist gemäß § 24 Abs. 1 Nr. 8 eine Ordnungswidrigkeit (→ Rn. 99). Aufgrund von Beschwerden ergriffene Maßnahmen müssen gemäß § 10 Abs. 2 Nr. 2 in den Bericht aufgenommen werden (→ § 10 Rn. 41). Die Betonung der Angemessenheit des Beschwerdeverfahrens wurde spät im Gesetzgebungsverfahren „im Sinne der Einheitlichkeit" durch den Ausschuss für Arbeit und Soziales ergänzt.[32] Allerdings bietet die Definition der Angemessenheit in § 3 Abs. 2 (→ § 3 Rn. 45 ff.) nur begrenzt Hilfestellung. Das Angemessenheitsgebot dürfte für das Beschwerdeverfahren so zu verstehen sein, dass zum einen von den Unternehmen keine unmöglichen Leistungen oder unverhältnismäßiger Aufwand gefordert wird. Zum anderen betont die Angemessenheit, wie die Kriterien des § 3 Abs. 2 zeigen, dass der Umfang der die Unternehmen treffenden Sorgfaltspflichten vom Einzelfall abhängt. Dabei sind zB das Geschäftsfeld und die Größe des Unternehmens zu berücksichtigen. Im Rahmen des Beschwerdeverfahrens spielt zudem eine große Rolle, welcher Personenkreis für das Unternehmen als potentielle Beschwerdeführer in Frage kommt. Dieser wird je nach Lieferkette unterschiedlich ausfallen. 13

1. Grundentscheidung für unternehmensinternes Verfahren. Der Gesetzgeber hat bei Konzeption des Beschwerdeverfahrens eine Grundsatzentscheidung für ein internes Verfahren und gegen ein externes Verfahren gegenüber einer Behörde getroffen. Damit wird im wesentlichen UNGP 29 übernommen. UNGP 27, das zusätzlich einen staatlichen außergerichtlichen Beschwerdemechanismus vorsieht, wird hingegen nicht in Gesetzesform gegossen. Indem der Gesetzgeber keine parallele Möglichkeit für ein unternehmensexternes Verfahren geschaffen hat, wird der Druck auf die Unternehmen zur Optimierung ihrer internen Verfahren reduziert. Die Möglichkeit eines Beschwerdeführers, ein externes von einer Behörde geleitetes Beschwerdeverfahren zu beschreiten, stellt nämlich ein nicht zu vernachlässigendes „Drohpotenzial" für Unternehmen dar.[33] 14

2. Wahlmöglichkeit zwischen internem und externem Beschwerdeverfahren (Abs. 1 S. 6). Abs. 1 S. 6 gewährt dem Unternehmen eine Wahlmöglichkeit: Anstatt ein eigenes, unternehmensinternes Beschwerdeverfahren einzurichten, kann die Beteiligung an einem externen Beschwerdeverfahren gewählt werden, solange dieses die Kriterien der Abs. 2–5 erfüllt. Auch UNGP 29 sieht vor, dass sich ein Unternehmen, anstatt einen eigenen Beschwerdemechanismus auf operativer Ebene einzurichten, an einem Mechanismus eines allseits akzeptierten Sachverständigen oder Organs beteiligen kann. 15

Die Gesetzesbegründung nennt als Beispiel für ein solches externes Verfahren einen von einem Branchenverband unternehmensübergreifend eingerichteten Beschwerdemechanismus.[34] Nicht zulässig dürfte nach dem Gesetzeswortlaut, der von der Beteiligung an einem Verfahren spricht, die vollständige Übertragung des Verfahrens an eine externe Ombudsperson wie beispielsweise einen Rechtsanwalt sein.[35] Gleichwohl können externe Personen als Beschwerdebeauftragte fungieren (→ Rn. 81 ff.). Dann ist das Verfahren allerdings als unternehmensinternes Verfahren auszugestalten. 16

Die Formulierung des Gesetzes ist bezüglich des externen Verfahrens missverständlich. Bereits die Verwendung der Begriffe internes und externes Verfahren führt im Rahmen des Whistleblowing-Diskurses zu Verwirrung, da diese Wortwahl in der Regel verwendet wird, um ein Verfahren gegenüber dem Unternehmen (intern) von einem solchen gegenüber 17

---

[32] Beschlussempfehlung des Ausschusses für Arbeit und Soziales, BT-Drs. 19/30505, 41.

[33] So zur Whistleblower-RL Gerdemann NZA-Beil. 2020, 43 (48).

[34] RegE LkSG, BT-Drs. 19/28649, 49.

[35] So in der Tendenz auch Lüneborg DB 2022, 375 (377); zu den Vorteilen eines Rechtsanwalts als Ombudsstelle Passarge CB 2021, 453 (454).

einer Behörde (extern) abzugrenzen (s. zB Art. 7 und 10 Whistleblower-RL, sowie §§ 12 und 19 HinSchG-E).[36] Hier hat sich der Gesetzgeber aber bewusst für ein rein internes Beschwerdeverfahren gegenüber dem Unternehmen entschieden, weshalb auch das externe Verfahren iSd Gesetzes eigentlich ein internes Verfahren ist, bei dem sich das Unternehmen lediglich eines Dienstleisters bedient. Ein besserer Begriff wäre hier derjenige des **unternehmensübergreifenden Verfahren** gewesen.[37]

18 Hinzu kommt, dass die Formulierung, wonach Unternehmen sich anstelle eines internen Verfahrens an einem externen Verfahren beteiligen können, „sofern es die nachfolgenden Kriterien erfüllt", so verstanden werden könnte, dass die Regelungen der folgenden Absätze ausschließlich für das externe Beschwerdeverfahren gelten sollen. Dies widerspricht aber der Wortwahl des Gesetzes, das in den folgenden Absätzen stets das Unternehmen adressiert und daher eindeutig das interne Verfahren regeln will. Die in den folgenden Absätzen getroffenen Regelungen gelten gemäß Abs. 1 S. 6 lediglich ebenfalls für den Fall, dass ein Unternehmen ein externes Verfahren wählt.

19 Schließlich wäre Abs. 1 S. 6 bei systematisch strenger Auslegung so zu verstehen, dass das externe Verfahren nur die darauffolgenden Kriterien zu erfüllen hat, jedoch nicht die bis dorthin bereits genannten.[38] Namentlich die Eingangsbestätigung nach Abs. 1 S. 3 (→ Rn. 89) sowie die Erörterungspflicht gemäß Abs. 1 S. 4 (→ Rn. 92) würden dann nur für das interne und nicht für das externe Verfahren gelten.[39] Dies kann jedoch nicht gewollt sein. Ziel von Abs. 1 S. 6 ist es vielmehr sicherzustellen, dass ein externes Beschwerdeverfahren **dasselbe Schutz- und Effektivitätsniveau** erreicht wie ein internes Verfahren.[40] Dieses Ziel würde aber nicht erreicht, wenn dort auf eine Eingangsbestätigung sowie eine Erörterung verzichtet würde. Daher hat ein externes Verfahren auch diese Voraussetzungen zu erfüllen. Diese Auslegung geht zwar entgegen der vermeintlichen Systematik des Gesetzestextes, findet aber zumindest Anklang im Wortlaut der Norm, der ausdrücklich von einem „entsprechenden externen Beschwerdeverfahren" spricht.

20 Insgesamt dürfte ein externes Verfahren für die Unternehmenspraxis in der Regel attraktiv sein.[41] So werden die Vorteile eines unternehmensübergreifenden Verfahrens gegenüber einem unternehmensinternen Verfahren auch im Abschlussbericht eines Forschungsteams der Europa-Universität Viadrina betont, das im Auftrag des BMJV Gestaltungsmöglichkeiten für nichtstaatliche außergerichtliche Beschwerdemechanismen für Betroffene von Menschenrechtsverletzungen im Verantwortungsbereich von transnational agierenden Unternehmen untersuchte.[42] So böten diese unternehmensübergreifenden Verfahren ein „höheres Maß an Unabhängigkeit einzelner Beschwerdeverfahren und des gesamten Beschwerdemechanismus", „erhebliche Effizienzgewinne im Rahmen der Insti-

---

[36] Die Unterscheidung auf den Punkt bringend Schmolke ZGR 2019, 876 (882): „Beim internen Whistleblowing meldet der Hinweisgeber das beobachtete Fehlverhalten im Rahmen eines organisationsinternen Verfahrens entweder an eine Stelle innerhalb der Organisation selbst oder an einen der Organisation zurechenbaren Dienstleister. Demgegenüber wendet sich der Whistleblower beim externen Whistleblowing an eine organisationsfremde Stelle, also „nach außen". Diese externe Stelle kann entweder eine Aufsichtsbehörde oder die Staatsanwaltschaft sein."; vgl. auch Dzida/Granetzny NZA 2020, 1201 (1202 f.); Gerdemann, Transatlantic Whistleblowing, 2018, 8 f.; Gerdemann NZA-Beil. 2020, 43 (48); Gerdemann ZRP 2021, 37 (39 f.).

[37] Hembach Praxisleitfaden LkSG 170.

[38] Insoweit unklar Falder/Frank-Fahle/Poleacov LkSG 90.

[39] So zB missverständlich bei Gläßer/Pfeiffer/Schmitz/Bond ZLM 2021, 228; ebenso Wagner/Ruttloff/Wagner LkSG-HdB/Wagner/Wagner Rn. 652.

[40] So iErg auch Falder/Frank-Fahle/Poleacov LkSG 86.

[41] Treffend Lüneborg DB 2022, 375 (377): „Die Vorteile liegen auf der Hand: Externe Dritte sind regelmäßig hinreichend unabhängig, weisen die erforderliche fachliche Kompetenz und zeitliche Verfügbarkeit auf und stehen für die rechtlich einwandfreie Einrichtung des Meldekanals und Hinweisbearbeitung ein."; vgl. auch Wagner/Ruttloff/Wagner LkSG-HdB/Wagner/Wagner Rn. 652.

[42] Gläßer/Pfeiffer/Schmitz/Bond, Forschungsbericht der Europa-Universität Viadrina: „Außergerichtliche Beschwerdemechanismen entlang globaler Lieferketten Empfehlungen für die Institutionalisierung, Implementierung und Verfahrensausgestaltung", 2021; s. hierzu zusammenfassend Gläßer/Pfeiffer/Schmitz/Bond ZLM 2021, 228.

tutionalisierung und kontinuierlichen Implementierung des Mechanismus durch eine (ggf. branchen- und regionsspezifische) Bündelung von Ressourcen der Bestellerunternehmen", eine „gesteigerte Wirksamkeit der Beschwerdeverfahren durch eine gemeinsam finanzierte Aus- und Fortbildung und schnellere Professionalisierung des verfahrensbegleitenden und -leitenden Personals", die „Gewährleistung der kontinuierlichen regionalen Zugänglichkeit von Beschwerdemechanismen durch deren langfristige Implementierung vor Ort" oder „stärkere Bündelung des Zugangs zu Abhilfe für die Betroffenen und damit einhergehend eine Stärkung ihres Vertrauens in die Vorhersehbarkeit und Qualität des Beschwerdeverfahrens", „effektivere Durchsetzung von Abhilfe- und Präventionsmaßnahmen gegenüber Zulieferbetrieben durch (kollektive) Anreizsysteme zusammenwirkender Bestellerunternehmen" und „Erleichterung der Etablierung eines umfassenden lernenden Systems, das Lernprozesse auf unterschiedlichen Ebenen (intrainstitutionell, innerbetrieblich, branchenspezifisch und gesellschaftlich) fördert und dabei den Beschwerdemechanismus mit anderen Wirkmechanismen (insbesondere Social Dialogue, Social Auditing) verschränkt."[43]

3. Beschwerdegegenstände (Abs. 1 S. 2). Gegenstand einer Beschwerde können menschenrechtliche und umweltbezogene Risiken sowie Verletzungen menschenrechtsbezogener oder umweltbezogener Pflichten sein. Erfasst sind somit die in § 2 Abs. 2–4 genannten Risiken und Verletzungen (→ § 2 Rn. 38 ff.).[44] 21

Dabei sind aufgrund von § 9 Abs. 1 Risiken und Pflichtverletzungen **entlang der gesamten Lieferkette** vom Beschwerdeverfahren erfasst. Nach dem Wortlaut von § 8 Abs. 1 S. 2 müsste das Beschwerdeverfahren lediglich so ausgestaltet werden, dass auf Risiken und Pflichtverletzungen hingewiesen werden kann, die durch das wirtschaftliche Handeln eines Unternehmens im eigenen Geschäftsbereich oder eines unmittelbaren Zulieferers entstanden sind. Große Teile der Geschehnisse entlang der Lieferkette, nämlich solche im Geschäftsbereich der mittelbaren Zulieferer (→ § 2 Rn. 254), wären dann vom Beschwerdeverfahren nicht erfasst. Dies würde dem Zweck des Beschwerdeverfahrens diametral zuwiderlaufen, da dieses gerade dort besonders relevant wird, wo die Sicht des Unternehmens selbst zunehmend verschwimmt. Dies ist aber vor allem bei denjenigen Gliedern der Lieferkette der Fall, die weiter vom eigenen Geschäftsbereich des Unternehmens entfernt sind. Abhilfe schafft insoweit § 9 Abs. 1, der eine **Fokuserweiterung** des Beschwerdeverfahrens auf Risiken und Pflichtverletzungen anordnet, die durch das wirtschaftliche Handeln eines mittelbaren Zulieferers entstanden sind. In diesem weiten Anwendungsbereich des Beschwerdeverfahrens liegt eine Alleinstellung im Vergleich zu den anderen Sorgfaltspflichten des LkSG. Diese greifen nämlich jenseits der unmittelbaren Zulieferer nur anlassbezogen.[45] Um zu beurteilen, ob ein Beschwerdeverfahren den Anforderungen des Gesetzes genügt, muss daher stets auch § 9 Abs. 1 im Zusammenhang mit § 8 Abs. 1 S. 2 gelesen werden (→ § 9 Rn. 10).[46] 22

Dem Merkmal des **wirtschaftlichen Handelns** dürfte dabei im eigenen Geschäftsbereich keine nennenswerte Filterfunktion zukommen.[47] Hierunter dürften so gut wie alle relevanten Aktivitäten des Unternehmens selbst fallen. Für den Bereich der unmittelbaren und mittelbaren Zulieferern stellt sich die Frage, ob nur solches Handeln, das Teil der Lieferkette ist unter das wirtschaftliche Handeln fällt. Dies wäre nur dasjenige Handeln, das 23

[43] Gläßer/Pfeiffer/Schmitz/Bond, Forschungsbericht der Europa-Universität Viadrina: „Außergerichtliche Beschwerdemechanismen entlang globaler Lieferketten Empfehlungen für die Institutionalisierung, Implementierung und Verfahrensausgestaltung", 2021, 10 f.; Gläßer/Pfeiffer/Schmitz/Bond ZLM 2021, 228 (229); krit. dazu Lüneborg DB 2022, 375 (377).

[44] Die Gesetzesbegr. verweist insofern missverständlich lediglich auf „Sachverhalte nach § 2 Absatz 2 oder Absatz 4 dieses Gesetzes", RegE LkSG, BT-Drs. 19/28649, 49.

[45] S. auch S. Gläßer/Pfeiffer/Schmitz/Bond, Forschungsbericht der Europa-Universität Viadrina: „Außergerichtliche Beschwerdemechanismen entlang globaler Lieferketten Empfehlungen für die Institutionalisierung, Implementierung und Verfahrensausgestaltung", 2021, 66.

[46] Krit. zu dieser Fokuserweiterung Teichmann ZWH 2022, 133 (138): „erhebliches Missbrauchspotential".

[47] Sagan ZIP 2022, 1419 (1420).

für die vom Unternehmen angebotenen Produkte oder Dienstleistungen erforderlich ist (zum Lieferkettenbegriff → § 2 Rn. 182 ff.). Oder ist das gesamte wirtschaftliche Handeln der Zulieferer beschwerdefähig?[48] Richtigerweise dürfte das gesamte wirtschaftliche Handeln der Zulieferer erfasst sein. Denn der Wortlaut von § 8 kennt gerade keine Einschränkung auf bestimmtes notwendiges Handeln, sondern spricht umfassend vom wirtschaftlichen Handeln.[49]

24 Die Beschwerde muss hinsichtlich ihres Gegenstands **ausreichend bestimmt** sein.[50] Ein pauschaler Hinweis auf beispielsweise Menschenrechtsgefährdungen in der Lieferkette ist für das Unternehmen nicht oder nur mit sehr großem Aufwand nachprüfbar und genügt daher nicht. Dies folgt aus dem Angemessenheitserfordernis, wonach den Unternehmen nichts Unmögliches abverlangt werden darf (→ § 3 Rn. 39).[51] Zum einen darf das Unternehmen nicht mit nahezu unmöglichen Aufgaben, wie die Verfolgung eines unkonkreten Hinweises, belastet werden, zum anderen sorgt das Bestimmtheitserfordernis aber auch dafür, dass das Unternehmen in die Lage versetzt wird, effektiv und schnell auf das Risiko oder die Verletzung zu reagieren. Zudem sind die Anforderungen an die Bestimmtheit der Beschwerde aber auch nicht zu überspannen, um Hinweisgebern den Zugang zum Beschwerdeverfahren nicht übermäßig zu erschweren. So kann vom Hinweisgeber nicht erwartet werden, dass er den Namen des betroffenen Zulieferers genau nennt; örtlich ist aber zumindest die Region, in der das Risiko oder die Verletzung vorliegen, zu bestimmen. Ebenso müssen auch die Verletzung oder das Risiko nicht detailliert beschrieben werden. Beides muss jedoch so konkret gemacht werden, dass dem Unternehmen eine Nachprüfung ohne übertriebenen Aufwand möglich ist.

25 Das Gesetz äußert sich nicht dazu, ob nur solche Hinweise zulässig sind, die auf gesicherter Tatsachenkenntnis beruhen, oder ob auch eine auf einem Verdacht begründete Beschwerde zulässig ist. Damit das Beschwerdeverfahren möglichst effektiv ausgestaltet ist und so viele Risiken und Verletzungen wie möglich aufdeckt, sollten insoweit keine zu hohen Hürden aufgestellt werden. Würde man zu hohe Ansprüche an das Vorliegen eines zulässigen Beschwerdegegenstandes stellen, könnte Hinweisgebern der Schutz des Beschwerdeverfahrens, insbesondere die dadurch gewährte Vertraulichkeit (→ Rn. 50) sowie der Benachteiligungsschutz (→ Rn. 59), verwehrt bleiben. Dies würde potentielle Hinweisgeber abschrecken. § 33 Abs. 1 Nr. 2 HinSchG-E verlangt für den Schutz von Hinweisgebern, dass diese zum Zeitpunkt der Meldung angesichts der Umstände und der verfügbaren Informationen hinreichenden Grund zu der Annahme haben, dass die von ihnen gemeldeten Sachverhalte der Wahrheit entsprechen.[52] Dieser Standard erscheint auch für das Beschwerdeverfahren sinnvoll. Eine gesicherte Kenntnis bezüglich der gemeldeten Sachverhalte ist daher nicht zu verlangen. Dies gilt umso mehr, als nicht nur abgeschlossene Verletzungen, sondern unter Präventionsgesichtspunkten auch bereits Risiken vom Beschwerdeverfahren erfasst werden.[53] Diesen ist bereits von der Natur der Sache her ein

[48] Die Frage an einem Beispiel verdeutlichend Sagan ZIP 2022, 1419 (1420): „Kann eine Beschwerde ein Unternehmen darauf hinweisen, dass ein Zulieferer, von dem es ausschließlich Tee bezieht, beim Anbau von Kaffee Kinder einsetzt?".

[49] So ebenfalls, aber mit anderer Argumentation, die auf den Zweck des Gesetzes abstellt, Sagan ZIP 2022, 1419 (1420).

[50] Vgl. auch Sagan ZIP 2022, 1419 (1420).

[51] S. Beschlussempfehlung des Ausschusses für Arbeit und Soziales, BT-Drs. 19/30505, 38.

[52] RegE HinSchG, BR-Drs. 373/22, 104: „Maßgeblich ist, wie dies auch in Erwägungsgrund 32 HinSch-RL [Whistleblower-RL] ausgeführt wird, eine Ex-ante-Sicht. In objektiver Hinsicht verlangt ein hinreichender Grund zur Annahme eines Verstoßes, dass tatsächliche Anknüpfungspunkte für diesen vorliegen. Nicht erfasst sind damit Spekulationen."; vgl. auch Erwägungsgrund 32 Whistleblower-RL.

[53] Vgl. hierzu auch Kommentar zu UNGP 29: „Solche Mechanismen brauchen nicht zu verlangen, dass eine Beschwerde erst dann erhoben werden darf, wenn es um eine mutmaßliche Menschenrechtsverletzung geht, vielmehr stellen sie gerade darauf ab, etwaige legitime Anliegen seitens derjenigen zu ermitteln, die unter Umständen nachteiligen Auswirkungen ausgesetzt sind. Werden diese Anliegen nicht ermittelt und ausgeräumt, können sie im Laufe der Zeit zu größeren Streitigkeiten und Menschenrechtsverletzungen eskalieren.".

gewisses Unsicherheitsmoment immanent (→ § 2 Rn. 59). Eine **Verdachtsbeschwerde** ist daher zulässig, solange sich der Verdacht dem Hinweisgeber aufgrund der ihm verfügbaren Informationen aufdrängen durfte. Dies entspricht der Regelung im Regierungsentwurf zum Hinweisgeberschutzgesetz.[54] Es ist dann Aufgabe des Unternehmens, dem Verdacht nachzugehen.

Gleichzeitig muss ein Schutz des Unternehmens vor **missbräuchlichen Beschwerden** 26 gewährleistet werden. Von einer missbräuchlichen Beschwerde gehen daher keine Rechtswirkungen aus.[55] Damit besteht für diese Fälle auch keine Pflicht zur Eingangsbestätigung[56] oder zur Erörterung des Sachverhalts. Für das Vorliegen einer missbräuchlichen Beschwerde kann auf die Kriterien der Whistleblower-RL verwiesen werden, wonach eine missbräuchliche Meldung vorliegt, wenn der Hinweisgeber zum Zeitpunkt der Meldung willentlich und wissentlich falsche oder irreführende Informationen gemeldet hat (Erwägungsgrund 32 Whistleblower-RL). Beispiel für einen derartigen Missbrauch ist laut Beschlussempfehlung des Ausschusses für Arbeit und Soziales das Versenden mehrerer gleichlautender E-Mails.[57] Missbräuchlich sind aber auch Hinweise, bei denen ein Hinweisgeber aufgrund der ihm zur Verfügung stehenden Informationen nicht annehmen durfte, dass sie der Wahrheit entsprechen.

Nicht missbräuchlich ist allerdings ein faktisch unzutreffender Hinweis, solange ihn der 27 Hinweisgeber **gutgläubig** abgegeben hat. Dieser in der Whistleblower-RL normierte Standard ist auf das Beschwerdeverfahren übertragbar.[58] Denn er trägt dem Interesse Rechnung, potentielle Hinweisgeber nicht durch Angst vor gutgläubigen Falschbeschwerden vom Verfahren abzuschrecken. Erfasst sind nicht nur Irrtümer darüber, ob eine Gefährdung oder eine Verletzung tatsächlich vorliegen, sondern auch Rechtsirrtümer.[59]

4. Beschwerdebefugnis (Abs. 1 S. 2). Das Gesetz schränkt den Kreis der Beschwerde- 28 berechtigten nicht ein.[60] Vielmehr spricht der Normwortlaut lediglich allgemein von einer Hinweismöglichkeit für „Personen". Das Beschwerdeverfahren ist folglich als **„Popularbeschwerde"** ausgestaltet.[61] Damit geht das Gesetz über das Schutzniveau von UNGP 29 hinaus, das ein unternehmensinternes Beschwerdeverfahren lediglich für Einzelpersonen oder lokale Gemeinschaften fordert, die nachteiligen Auswirkungen ausgesetzt sein können. Der Zugang ist damit auch weiter als der Schutzbereich des HinSchG-E. Dieser erfasst

[54] S. § 9 Abs. 1 HinSchG-E: „Die Identität einer hinweisgebenden Person, die vorsätzlich oder grob fahrlässig unrichtige Informationen über Verstöße meldet, wird nicht nach diesem Gesetz geschützt.", vgl. auch RegE HinSchG, BR-Drs. 373/22, 83: „Der Schutz der Vertraulichkeit der Identität (gilt) auch dann, wenn hinweisgebende Personen fahrlässig eine Meldung von falschen Informationen über Verstöße erstatten, denn regelmäßig ist es für die Personen, die meinen, Verstöße beobachtet zu haben, nicht zumutbar, dem Verdacht selbst weiter nachzugehen und beispielweise weitere Belege und Beweise zu sammeln, bevor sie eine Meldung vornehmen.".

[55] So auch Beschlussempfehlung des Ausschusses für Arbeit und Soziales, BT-Drs. 19/30505, 42, wonach allerdings eine missbräuchliche Beschwerde gar nicht erst als Beschwerde einzustufen sein soll: „Eine missbräuchliche Inanspruchnahme des Beschwerdekanals, etwa durch die Versendung einer Vielzahl identischer E-Mails an die zuständige Stelle, ist nicht als Beschwerde im Sinne von § 8 zu verstehen."; vgl. auch Wagner/Ruttloff/Wagner LkSG-HdB/Wagner/Wagner Rn. 654.

[56] So auch Beschlussempfehlung des Ausschusses für Arbeit und Soziales, BT-Drs. 19/30505, 42.

[57] Beschlussempfehlung des Ausschusses für Arbeit und Soziales, BT-Drs. 19/30505, 42.

[58] Vgl. den Standard in Art. 6 Abs. 1 lit. a Erwägungsgrund 32 Whistleblower-RL und Erwägungsgrund 32 Whistleblower-RL; s. auch § 33 Abs. 1 Nr. 2 HinSchG-E sowie RegE HinSchG, BR-Drs. 373/22, 104: „Es soll auch die hinweisgebende Person geschützt werden, der bei der Bewertung des Sachverhalts Fehler unterlaufen sind und die in gutem Glauben ungenaue oder unzutreffende Informationen gemeldet hat. Nicht geschützt werden dahingegen Personen, die missbräuchlich oder böswillig unrichtige Informationen melden."; so iErg auch Lüneborg DB 2022, 375 (378).

[59] So zur Whistleblower-RL Gerdemann NZA Beilage 2020, 43 (48).

[60] Herrmann/Rünz DB 2021, 3078 (3084); Sagan ZIP 2022, 1419; missverständlich Wagner/Ruttloff/Wagner LkSG-HdB/Wagner/Wagner Rn. 651, die das Beschwerdeverfahren nur für „Personen, die von dem wirtschaftlichen Verhalten des Unternehmens (bzw. eines unmittelbaren oder mittelbaren Zulieferers) betroffen sind", öffnen wollen.

[61] DAV-Ausschüsse Corporate Social Responsibility und Compliance, Handelsrecht sowie Menschenrechte NZG 2021, 546 (552).

gemäß § 1 Abs. 1 nur sog. hinweisgebende Personen, die im Zusammenhang mit ihrer beruflichen Tätigkeit oder im Vorfeld einer beruflichen Tätigkeit Informationen über Verstöße erlangt haben. Daher dürfte es anspruchsvoll sein, ein einheitliches Verfahren für beide Beschwerdesysteme zu schaffen (→ Rn. 9).

29 Der Regierungsentwurf zum LkSG hatte insoweit noch eine Beschränkung auf Personen vorgesehen, die unmittelbar betroffen sind oder in einer geschützten Rechtsposition verletzt sein können, sowie Personen, die Kenntnis von der möglichen Verletzung einer geschützten Rechtsposition oder einer umweltbezogenen Pflicht haben. Dies wurde vom Ausschuss für Arbeit und Soziales gestrichen, sodass nunmehr keinerlei Einschränkung mehr für die Beschwerdeberechtigung besteht. Insoweit findet eine Ansicht, die nur solchen Personen Zugang zum Beschwerdeverfahren gewährleisten will, welche durch das Unternehmen oder dessen mittelbare wie unmittelbare Zulieferer in ihren Menschenrechten beeinträchtigt sind, keine Unterstützung durch den Gesetzestext.[62] In der Folge wird es für die meisten Unternehmen nicht ausreichen, auf ein bereits bestehendes Hinweisgebersystem zu verweisen, da diese in der Regel nur den eigenen Mitarbeitern offenstehen.[63]

30 Eine **Vertretung** bei der Beschwerde ist möglich. In Betracht kommen insoweit beispielsweise Anwälte, Vertrauenspersonen oder Nichtregierungsorganisationen.[64] Dies erhöht die Zugänglichkeit (zur Zugänglichkeit als Verfahrensanforderung → Rn. 38 ff.) für Personen mit Sprachbarriere oder anderen Erschwernissen.[65] Es kommt zudem dem Interesse möglicher Hinweisgeber an Vertraulichkeit entgegen. Da keinerlei Einschränkung der Beschwerdebefugnis vorgesehen ist, spricht auch kein Interesse des Unternehmens gegen eine Vertretungsmöglichkeit, denn der Beschwerdeführer könnte den Sachverhalt anstatt der Vertretung auch einfach einer dritten Person berichten, die diesen dann als eigenen Hinweis meldet.

31 **5. Möglichkeit der einvernehmlichen Beilegung (Abs. 1 S. 5).** § 8 Abs. 1 S. 5 sieht vor, dass die vom Unternehmen mit der Durchführung des Verfahrens betrauten Personen (zu den Beschwerdebeauftragten → Rn. 81 ff.) den Hinweisgebern ein Verfahren der einvernehmlichen Beilegung anbieten können.[66] Laut Gesetzesbegründung kann dies mit dem Ziel erfolgen, Reputationsrisiken zu vermeiden oder eine Wiedergutmachung nach § 24 Abs. 4 Nr. 7 zu erreichen.[67] Letzteres ist bei der Bemessung einer etwaigen Geldbuße zu berücksichtigen. In dieser gesetzgeberischen Ermunterung zur Wiedergutmachung hallt UNGP 22 nach.[68] Das Beschreiten eines Verfahrens zur einvernehmlichen Beilegung entbindet das Unternehmen aber nicht von seiner Pflicht zum Ergreifen von Abhilfe und Präventionsmaßnahmen.[69]

32 Wie genau ein solches Verfahren auszugestalten ist, dazu schweigt das Gesetz. Die ursprüngliche Gesetzesbegründung hatte noch das Unternehmen selbst als zuständig für die Entscheidung über ein Angebot zur einvernehmlichen Beilegung angesehen. Dies wurde vom Ausschuss für Arbeit und Soziales dahingehend abgeändert, dass die Zuständigkeit nunmehr bei den Beschwerdebeauftragen liegt. Hierdurch soll die Vertraulichkeit der Identität des Beschwerdeführers zusätzlich geschützt werden.[70] Gleichzeitig ist aber ein

---

[62] So aber Grabosch Das neue LkSG/Grabosch § 5 Rn. 124; missverständlich in Bezug auf den Bereich mittelbarer Zulieferer Heinen, Deliktische Sorgfaltspflichten in transnationalen Lieferketten, 2022, 85.

[63] Nietsch/Wiedmann CCZ 2021, 101 (108); gegen den eindeutigen Gesetzestext für eine nötige Unternehmenszugehörigkeit, aber evtl. Grabosch Das neue LkSG/Grabosch § 5 Rn. 124: „ihres Unternehmens".

[64] So auch Grabosch Das neue LkSG/Grabosch § 5 Rn. 125.

[65] Grabosch Das neue LkSG/Grabosch § 5 Rn. 125.

[66] Krit. hierzu Nasse RAW 2022, 3 (9); ebenfalls Sagan ZIP 2022, 1419 (1423): „letztlich ein inhaltsloser Merkzettel".

[67] RegE LkSG, BT-Drs. 19/28649, 49.

[68] UNGP 22: „Stellen Wirtschaftsunternehmen fest, dass sie nachteilige Auswirkungen verursacht oder dazu beigetragen haben, sollten sie durch rechtmäßige Verfahren für Wiedergutmachung sorgen oder dabei kooperieren.".

[69] Falder/Frank-Fahle/Poleacov LkSG 91.

[70] S. Beschlussempfehlung des Ausschusses für Arbeit und Soziales, BT-Drs. 19/30505, 42.

Verfahren zur einvernehmlichen Beilegung nur mit Beteiligung des Unternehmens denkbar, da dieses bereit sein muss, evtl. Wiedergutmachungen zu erbringen. Letztlich dürften die Beschwerdebeauftragten in der Gestaltung des Verfahrens einer einvernehmlichen Beilegung weitestgehend frei sein. Allerdings gelten die Anforderungen an das Beschwerdeverfahren auch für dieses Verfahren weiter fort, insbesondere die Anforderungen der Vertraulichkeit der Identität und des Benachteiligungsschutzes. Dem Beschwerdeführer soll nämlich kein Nachteil dadurch entstehen, dass er am Verfahren zu einer einvernehmlichen Beilegung teilnimmt.

6. Kein Konsultationserfordernis. Der Gesetzesbegründung zufolge sollen die betroffenen Zielgruppen des Verfahrens bei dessen Gestaltung konsultiert werden.[71] Dies dürfte ein Nachhall von UNGP 31 lit. h sein, das eine Beteiligung der Stakeholdergruppen bei der Gestaltung des Beschwerdemechanismus vorsieht. Auch der Nationale Aktionsplan Menschenrechte empfiehlt eine Beteiligung der Zielgruppen.[72] Hierdurch kann sichergestellt werden, dass ein Beschwerdeverfahren so ausgestaltet ist, dass es in der Praxis auch tatsächlich in Anspruch genommen wird.[73] Zum einen bleibt allerdings in der Gesetzesbegründung bereits unklar, wie eine solche Konsultation auszusehen hat und wer alles als Zielgruppe einzustufen ist. Zum anderen hat diese Anforderung keinen Eingang in den Gesetzestext gefunden.[74] Folglich besteht auch keine Pflicht der Unternehmen zu einer Beteiligung möglicher Beschwerdeführer bei der Gestaltung des Beschwerdeverfahrens. 33

7. Das Beschwerdeverfahren im Konzern. Weder der Gesetzestext noch die Gesetzesbegründung äußern sich zu der Frage, wie das Beschwerdeverfahren in Konzernen umzusetzen ist. Denkbar ist, dass jedes einzelne Tochterunternehmen ein eigenes Beschwerdeverfahren etablieren muss. Alternativ könnte genügen, dass ein einzelnes Verfahren, das bei der Konzernmutter angesiedelt ist, eingerichtet wird, an dem sich alle Konzernunternehmen beteiligen. Eine vergleichbare Diskussion wird auch im Rahmen der Whistleblower-RL geführt.[75] Bezüglich der Whistleblower-RL hat die Expertengruppe der EU zu Whistleblowing dem Gedanken, dass ein zentrales konzernweites Hinweisgebersystem den Anforderungen der Whistleblower-RL genüge, in zwei Stellungnahmen vom 2.6.2021 und 29.6.2021 eine Absage erteilt.[76] Der deutsche Gesetzgeber geht im Rahmen des HinSchG-E allerdings davon aus, dass auch ein konzerneinheitliches Verfahren möglich ist.[77] 34

Gleichwohl ist die Frage für das LkSG noch ungeklärt. Auch der Politik ist die Problemstellung nicht verborgen geblieben und so hat sich das BMAS in seinen online verfügbaren FAQs zum Lieferkettengesetz unter Ziffer XII. damit auseinandergesetzt.[78] Die FAQs haben freilich keine Gesetzeskraft, bieten aber argumentative Stützen. Dort heißt es: „Ein **kon-** 35

---

[71] RegE LkSG, BT-Drs. 19/28649, 49.

[72] NAP, 9.

[73] Kommentar zu UNGP 31: „Was einen Beschwerdemechanismus auf operativer Ebene angeht, so kann das Gespräch mit betroffenen Stakeholdern über seine Gestaltung und Leistung sicherstellen helfen, dass er ihren Bedürfnissen gerecht wird, dass sie ihn in der Praxis in Anspruch nehmen werden und dass gemeinsames Interesse daran besteht, seinen Erfolg zu gewährleisten.".

[74] So auch Ehmann ZVertriebsR 2021, 141 (149).

[75] Für die Zulässigkeit eines konzernweiten einheitlichen Hinweisgebersystems Passarge CB 2021, 453 (457); vgl. auch Schmolke FS Windbichler, 2020, 1021; für ein einheitliches System mit aber zwingend separaten Meldekanälen für jede Konzerngesellschaft mit mehr als 249 Mitarbeitern Holle ZIP 2021, 1950 (1952 ff.); für zwingende eigene Meldesysteme Federmann/Racky/Kalb/Modrzyk DB 2019, 1665 (1666).

[76] Krit. hierzu Lüneborg DB 2022, 375 (378).

[77] RegE HinSchG, BR-Drs. 373/22, 88: „Gemäß dem konzernrechtlichen Trennungsprinzip kann auch bei einer anderen Konzerngesellschaft (zB Mutter-, Schwester-, oder Tochtergesellschaft) eine unabhängige und vertrauliche Stelle als „Dritter" iSv Art. 8 Abs. 5 Whistleblower-RL eingerichtet werden, die auch für mehrere selbständige Unternehmen in dem Konzern tätig sein kann."; eingehend zu dieser Problematik Kappen/Cho/Gaertner CB 2022, 237; s. auch Dilling CCZ 2022, 145 (147 f.).

[78] FAQ des BMAS zum LkSG, Stand 28.4.2022, XII, https://www.csr-in-deutschland.de/DE/Wirtschaft-Menschenrechte/Gesetz-ueber-die-unternehmerischen-Sorgfaltspflichten-in-Lieferketten/FAQ/faq-art.html (zuletzt abgerufen am 9.6.2022).

zernweites Beschwerdeverfahren ist ausreichend, wenn es den gesetzlichen Anforderungen genügt. Denn Unternehmen können sich auch an externen Beschwerdeverfahren beteiligen, dann erst recht an einem konzerneigenen Verfahren." Dieser Erst-Recht-Schluss der Ministerialbeamten überzeugt.[79] Wenn der Gesetzgeber erlaubt, dass sämtliche Konzernunternehmen sich am selben externen Verfahren beteiligen, so spricht nichts dagegen, wenn diese Bündelung der Verfahren bei der Konzernmutter geschieht.[80] Letztlich streitet für diese Lösung auch das Angemessenheitsgebot. Denn einerseits gehen mit der Konzentration auf ein Beschwerdeverfahren bei der Konzernmutter, bei dem freilich sämtliche Voraussetzungen der Zugänglichkeit (vgl. → Rn. 38 ff.) eingehalten werden müssen, keine Nachteile für potentielle Beschwerdeführer einher. Vielmehr gewährt eine solche Bündelung sogar potentielle Vorteile, wie höhere Professionalisierung oder größeren Schutz der Vertraulichkeit (zu den Vorteilen eines externen Beschwerdemechanismus → Rn. 20).[81] So kann ein Beschwerdeführer beispielsweise bei einem an die Konzernmutter angegliederten Verfahren schwieriger identifiziert werden als bei einem Verfahren bei einer deutlich kleineren Tochtergesellschaft.[82] Andererseits ist ein zentrales Verfahren für die Konzernunternehmen ressourcenschonend und reduziert die mit der Einrichtung des Beschwerdemechanismus verbundenen Belastungen erheblich.[83]

III. Anforderungen an das Beschwerdeverfahren

36 Die Abs. 2–4 enthalten laut der Gesetzesbegründung „Schlüsselkriterien" für das Beschwerdeverfahren.[84] Diese sollen die wirksame und unparteiische Ausgestaltung sicherstellen. Teilweise sind sie bereits in den Wirksamkeitskriterien des UNGP 31 angelegt. Vom Gesetz genannte Anforderungen sind zum einen die grundlegenden Verfahrensanforderungen in Abs. 4 S. 2.[85] Hinzu kommen zum anderen Regelungen bezüglich Informationspflichten (→ Rn. 76), der Stellung der Beschwerdebeauftragten (→ Rn. 81 ff.) und der Verfahrensordnung (→ Rn. 77). Ergänzt wird dies durch verpflichtende Verfahrensschritte, die systemwidrig vom Gesetz bereits in Abs. 1 erwähnt werden: die Pflicht zur Eingangsbestätigung (→ Rn. 89 ff.) und die Erörterungspflicht (→ Rn. 92 ff.).

37 **1. Grundlegende Verfahrensanforderungen (Abs. 4 S. 2).** § 8 Abs. 2 S. 4 enthält die grundlegenden Verfahrensanforderungen für das Beschwerdeverfahren. Diese sind Zugänglichkeit (→ Rn. 38) und Vertraulichkeit (→ Rn. 50) des Verfahrens sowie Benachteiligungsschutz für die Beschwerdeführer (→ Rn. 59). Diese grundlegenden Anforderungen sind keinesfalls isoliert zu betrachten. Vielmehr bedingen sie sich zum Teil gegenseitig und kommunizieren miteinander. So ist beispielsweise die Vertraulichkeit der Identität elementar für einen wirksamen Benachteiligungsschutz. Gleichermaßen spielt bei der Diskussion über die Ausweitung des Benachteiligungsschutzes auf sog. Mittler (→ Rn. 71) die Auswirkung auf die Zugänglichkeit zum Verfahren eine gewichtige Rolle. Diese Anforderungen spielen eine entscheidende Rolle für das Beschwerdeverfahren. Auch wenn sie in Abs. 4 S. 2 nur an etwas versteckter Stelle auftauchen, sind diese die wahren **„Schlüsselkriterien"** für das Beschwerdeverfahren.[86]

38 **a) Zugänglichkeit.** Die Zugänglichkeit ist für die Effektivität des Beschwerdeverfahrens entscheidend: Nur wenn potenzielle Hinweisgeber Zugang zum Verfahren finden, können

[79] So auch Wagner/Ruttloff/Wagner LkSG-HdB/Sturm Rn. 1074.
[80] So auch Lüneborg DB 2022, 375 (378).
[81] So auch Lüneborg DB 2022, 375 (378); Miege/Ahrens CCZ 2022, 171 (174); Zimmer/Humphrey BB 2022, 372 (375).
[82] Für eine bessere Gewährleistung der Vertraulichkeit in einem konzernübergreifenden Verfahren Metzner/Gloeckner CCZ 2021, 256 (257 f.); Zimmer/Humphrey BB 2022, 372 (375).
[83] Lüneborg DB 2022, 375 (378).
[84] S. zum Begriff der Schlüsselkriterien auch Stemberg CCZ 2022, 92.
[85] S. zu diesen Stemberg CCZ 2022, 92.
[86] Vgl. Stemberg CCZ 2022, 92 (94 ff.).

ihre Hinweise auch auf die Unternehmenspraxis einwirken. Daher findet sich die Zugänglichkeit auch bereits als Wirksamkeitskriterium für außergerichtliche Beschwerdemechanismen in UNGP 31 lit. b. Andererseits dürfen im Rahmen der Zugänglichkeit aber auch keine überzogenen Anforderungen an die Unternehmen gestellt werden. Zu viele verschiedene Zugangswege zum Beschwerdeverfahren können dieses nämlich unübersichtlich machen, woran in der Folge die Effektivität leidet.

aa) Allgemeines. Ausgangspunkt der Klärung der Frage, was für eine Zugänglichkeit 39
des Beschwerdeverfahrens nötig ist, sollte – wie stets bei Auslegungsfragen – der Gesetzestext sein. Dieser stellt zunächst keine besonders großen Anforderungen. Er fordert lediglich die Zugänglichkeit des Verfahrens. Dies ist im Grundsatz sehr weit formuliert. Jedes Verfahren ist im Wortsinn bereits dann zugänglich, wenn es eine einzige Zugangsart hat, selbst wenn diese für Verfahrensteilnehmer beschwerlich ist. Dieses weite Verständnis, ist aber nicht mit dem Sinn und Zweck der Norm vereinbar, die vor allem Zugangshindernisse geringhalten will, um das Verfahren für Beschwerdeführer attraktiv zu gestalten. Hieraus ergibt sich, dass der Begriff der Zugänglichkeit vielmehr in Richtung einer **Barrierefreiheit** – im Sinne eines Abbaus von Zugangshindernissen – zu verstehen ist.[87]

Dies schränkt der Gesetzeswortlaut allerdings dadurch wieder ein, dass nicht generelle 40
Zugänglichkeit für jedermann gefordert wird, sondern es gerade auf eine **Zugänglichkeit für potentielle Nutzer** ankommt. Die potentiellen Hinweisgeber werden sich aber je nach Unternehmen unterscheiden: Für Unternehmen, die selbst und deren unmittelbare und mittelbare Zulieferer allein in Westeuropa sitzen und produzieren, wird der Kreis potentieller Hinweisgeber ein anderer sein als für solche Unternehmen, deren Lieferkette sich über den gesamten Globus erstreckt.[88] Die konkreten Anforderungen an die Zugänglichkeit sind also eine Frage des Einzelfalles.[89] Dagegen sprechen auch keine teleologischen Erwägungen, denn diese Lösung ist gerade Ausdruck eines angemessenen Beschwerdeverfahrens, das einerseits die Effektivität des Verfahrens dadurch maximiert, dass Hinweisgebern der Zugang dazu so leicht wie möglich gemacht wird, aber andererseits die Unternehmen durch die Berücksichtigung ihrer konkreten Situation vor unrealistischen Anforderungen schützt.[90]

Allerdings besteht für Unternehmen ein Interesse daran, ob bestimmte Zugangserforder- 41
nisse im Sinne eines „Goldstandards" in jedem Fall ausreichen werden, um eine Zugänglichkeit sicherzustellen. Hierfür kann, wie oben (→ Rn. 38) ausgeführt, nicht erwartet werden, das Unternehmen ex ante jedem potentiellen Zugangshindernis Rechnung tragen. Sie sollten aber ein Verfahren entwickeln, dass **in der Regel** für potentielle Hinweisgeber zugänglich ist. Wann dieser Standard erreicht ist, ist vor allem für die nötigen Medien, mit denen das Beschwerdeverfahren erreichbar sein muss (→ Rn. 43 ff.), und für die Verfahrenssprache (→ Rn. 48 f.) unklar.

Zur Zugänglichkeit des Verfahrens gehört neben der Eröffnung eines zugänglichen 42
Beschwerdeverfahrens auch, dass das Verfahren besonderen Zugangshindernissen möglicher Hinweisgeber Rechnung trägt und diesen insoweit ausreichende Unterstützung zukommen lässt.[91] Als besondere Zugangshindernisse nennt die Gesetzesbegründung mangelnde Kenntnis des Mechanismus, Sprache, Lese- und Schreibvermögen, Kosten, Standort und Furcht vor Repressalien.[92] Die nicht abzuschätzende Zahl potentieller Zugangshindernisse lässt die Erstellung eines Beschwerdesystems, das ihnen allen Rechnung trägt, nahezu unmöglich erscheinen. Daher muss das Unternehmen nicht jedes dieser Hindernisse bereits

[87] So auch Wagner/Ruttloff/Wagner LkSG-HdB/Wagner/Wagner Rn. 661.
[88] Mit ähnlichem Ansatz aber iErg zu einschr. Herrmann/Rünz DB 2021, 3078 (3084); vgl. auch Falder/Frank-Fahle/Poleacov LkSG 99.
[89] So auch Hembach Praxisleitfaden LkSG 172; Stemberg CCZ 2022, 92 (94 ff.); ebenso Wagner/Ruttloff/Wagner LkSG-HdB/Wagner/Wagner Rn. 661.
[90] Vgl. auch Falder/Frank-Fahle/Poleacov LkSG 92.
[91] RegE LkSG, BT-Drs. 19/28649, 50.
[92] RegE LkSG, BT-Drs. 19/28649, 50.

ex ante bei Erstellung des Beschwerdeverfahrens berücksichtigen. Vielmehr hat es ein für potentielle Nutzer generell zugängliches Beschwerdeverfahren einzurichten und bei Kenntnis akuter Hindernisse darauf zu reagieren. Im Einzelfall konkretisiert sich das Erfordernis der Zugänglichkeit daher zu einer **Unterstützungspflicht des Unternehmens,** die über den bloßen Zugang zum Beschwerdeverfahren hinaus im gesamtem Verfahren fortwirkt.[93]

43 **bb) Medium des Beschwerdeverfahrens.** Das Gesetz schweigt dazu, wie genau der Zugang zum Beschwerdeverfahren ausgestaltet sein muss, damit die nötige Zugänglichkeit gewährleistet ist.[94] Die Gesetzesbegründung nennt insoweit drei Beispiele für ein mögliches Medium des Beschwerdesystems: die Bereitstellung einer barrierefreien Website oder von barrierefreien Beschwerdeformularen und E-Mail-Adressen.[95] Mit dieser alternativen Aufzählung bewegt sich die Gesetzesbegründung am untersten Rand der verschiedenen Ansichten darüber, welche Wege ein Unternehmen schaffen muss, um dem Zugänglichkeitserfordernis zu genügen.[96] Andere verlangen mindestens eine Kombination von „Website plus Telefon-Hotline",[97] wieder andere einen Mindeststandard von „E-Mail, Internet und Telefon".[98] Schließlich ist selbst dies manchen nicht ausreichend, um einen barrierefreien Zugang zu garantieren.[99]

44 In aller Regel dürfte davon ausgegangen werden, dass potentielle Hinweisgeber Zugang zum Internet haben oder sich diesen ohne größeren Aufwand verschaffen können. Daher genügt es, wenn das Unternehmen den Zugang zum Beschwerdeverfahren über ein Feature auf seiner **Website oder per E-Mail** eröffnet, wobei auf die Mailadresse auf der Website gut sichtbar hinzuweisen ist.[100] Die hiergegen vorgebrachten Bedenken, wonach in „zivilisationsfernen Gegenden" kein Zugang zum Internet bestehe,[101] dürften nur auf bestimmte Zulieferregionen zutreffen und rechtfertigen daher nicht, dass jedes Unternehmen diesem Umstand Rechnung tragen muss. Anderes gilt aber, wenn ein Unternehmen Kenntnis davon hat, dass Teile seiner Lieferkette, seien es eigene Betriebsstätten oder solche von unmittelbaren oder mittelbaren Zulieferern, in Gebieten liegen, in denen kein oder kaum Zugang zum Internet besteht.

45 Neben der Zugangsmöglichkeit über die Website oder E-Mail ist in der Regel zusätzlich erforderlich, dass eine **Telefon-Hotline** geschaltet wird.[102] Denkbar ist auch die Einrichtung eines mailboxbasierten Telefonsystems.[103] Dadurch wird sichergestellt, dass auch Personen mit mangelndem Lese- und Schreibvermögen Zugang zum Beschwerdeverfahren haben.[104] Im Jahr 2020 verfügten 13 % der Weltbevölkerung ab 15 Jahre (ca. 755 Millionen Menschen) nicht über zumindest grundlegende Lese- und Schreibkompetenzen.[105] Dieser große Anteil allein dürfte es rechtfertigen, bei den Zugangsmöglichkeiten zum Beschwer-

---

[93] Dies ist auch angelegt in RegE LkSG, BT-Drs. 19/28649, 50: „Denjenigen, die im Hinblick auf den Zugang unter Umständen vor besonderen Hindernissen stehen, ist ausreichende Unterstützung zu bieten."; vgl. auch Harings/Jürgens LkSG 108.

[94] Vgl. zur Frage des Mediums auch Stemberg CCZ 2022, 92 (94 f.).

[95] RegE LkSG, BT-Drs. 19/28649, 50.

[96] Dieselben Beispiele hält für ausreichend Helck BB 2021, 1603 (1605); ebenso wohl Sagan ZIP 2022, 1419 (1424), der eine Telefon-Hotline nur als zusätzlichen Beschwerdekanal in Betracht zieht.

[97] Gehling/Ott/Lüneborg CCZ 2021, 230 (238); wohl ebenfalls Lüneborg DB 2022, 375 (380).

[98] Grabosch Das neue LkSG/Grabosch § 5 Rn. 127; Wagner/Ruttloff/Wagner LkSG-HdB/Wagner/Wagner Rn. 661, die im Zweifel zusätzlich einen schriftlichen Zugang fordern, „sofern einem Betroffenen im Einzelfall kein Zugang zu modernen Kommunikationsmitteln zur Verfügung steht".

[99] Nietsch/Wiedmann CCZ 2021 101 (108).

[100] Vgl. Stemberg CCZ 2022, 92 (95).

[101] Grabosch Das neue LkSG/Grabosch § 5 Rn. 125; ähnlich auch Nietsch/Wiedmann CCZ 2021, 101 (108); Falder/Frank-Fahle/Poleacov LkSG 93; vgl. auch Spindler ZHR 186 (2022), 67 (87).

[102] So auch Gehling/Ott/Lüneborg CCZ 2021, 230 (238); Lüneborg DB 2022, 375 (380); Stemberg CCZ 2022, 92 (95).

[103] Im Kontext der Whistleblower-RL Degenhart/Dziuba DB 2021, 570 (571).

[104] Gehling/Ott/Lüneborg CCZ 2021, 230 (238); Grabosch Das neue LkSG/Grabosch § 5 Rn. 125 s. auch bereits Kommentar zu UNGP 31; vgl. auch RegE LkSG, BT-Drs. 19/28649, 50.

[105] Statistisches Bundesamt, https://www.destatis.de/DE/Themen/Laender-Regionen/Internationales/Thema/bevoelkerung-arbeit-soziales/bildung/Alphabetisierung.html (zuletzt abgerufen am 6.9.2022).

deverfahren darauf Rücksicht zu nehmen und eine Hotline zu verlangen. Hinzu kommt, dass ein weit größerer Personenkreis zwar über grundlegende Lese- und Schreibkompetenzen verfügt, aber möglicherweise trotzdem durch einen rein textgebundenen Verfahrenszugang abgeschreckt wird.[106]

Gleichzeitig kann eine Telefon-Hotline einen Zugang über Website oder E-Mail aber nicht gänzlich ersetzen. Zum einen bietet der textbasierte Zugangsweg einen größeren Vertraulichkeitsschutz, zudem sind mit einem Telefonat in der Regel größere Kosten als mit einer E-Mail oder der Eingabe in eine Maske auf einer Website verbunden. Gleichzeitig können Hinweisgeber bei einem textbasierten Zugang leichter Unterstützung von Dritten in Anspruch nehmen, als dies bei einem sprachgebundenen Meldekanal der Fall ist. Erst die Kombination aus internetbasiertem Zugangsweg und Telefon-Hotline erreicht eine ausreichende Barrierefreiheit im Regelfall. 46

Das Unternehmen kann zusätzlich einen Zugang zum Beschwerdeverfahren durch ein **analoges Beschwerdeformular** anbieten. Dies ist aber nicht verpflichtend,[107] da es keinen ersichtlichen Vorteil gegenüber Website und Hotline gibt. Zusätzlich ergeben sich dabei Schwierigkeiten für das Unternehmen sicherzustellen, dass das Formular tatsächlich in jedem Betrieb in der Lieferkette ausliegt.[108] Hinzu kommt, dass ein analoges Verfahren weder eine Hotline noch den Zugang über die Website ersetzen kann, da es insbesondere für unternehmensfremde Dritte wesentlich schlechter zu erreichen ist als diese. 47

cc) Verfahrenssprache. Mit der Wahl des Mediums verbunden ist die Frage, in welchen Sprachen das Beschwerdeverfahren zugänglich sein muss. Dies beeinflusst maßgeblich den Gesamtaufwand, der mit Errichtung und laufendem Betrieb des Beschwerdeverfahrens für das Unternehmen verbunden ist. Erneut macht der Gesetzestext keine Vorgaben jenseits des Kriteriums der Zugänglichkeit für potentielle Nutzer. 48

Jede mögliche Sprache anzubieten, ist für das Unternehmen praktisch unmöglich.[109] Nach dem Angemessenheitsgrundsatz. des LkSG soll keinem Unternehmen etwas Unmögliches abverlangt werden.[110] Daher ist ein Beschwerdekanal in jeder Sprache nicht vom Gesetz gefordert. Es sollten aber **in jedem Fall Deutsch und Englisch** zur Verfügung stehen.[111] Darüber hinaus gilt zunächst, dass das Unternehmen sich daran orientieren darf, was die Sprachen potentieller Hinweisgeber sind (zur Orientierung an potentiellen Hinweisgebern → Rn. 39). Sprachen, die an keinem Standort der Lieferkette gesprochen werden, müssen vom Unternehmen auch nicht vorgehalten werden. Die sich daraus ergebenden potentiellen Beschwerdesprachen dürften aber gerade bei weit verzweigten Lieferketten immer noch zu große Anforderungen an das Unternehmen stellen. Deshalb genügt es, wenn das Unternehmen neben Deutsch und Englisch die **Sprachen der eigenen Geschäftsbetriebe und zusätzlich der wichtigsten unmittelbaren Zulieferer** vorhält.[112] 49

b) Vertraulichkeit der Identität. Gemäß Abs. 4 S. 2 muss das Beschwerdeverfahren für potentielle Beteiligte die Vertraulichkeit der Identität wahren. Zu Recht hat der Gesetzgeber einen Fokus auf dieses Erfordernis gelegt. Die Vertraulichkeit des Verfahrens ist 50

[106] Vgl. Stemberg CCZ 2022, 92 (95); aA Sagan ZIP 2022, 1419 (1424): Der vor dem Hintergrund des AngemessenheitsgrundS.es aus § 3 Abs. 2 feststellt: „Man wird daher Personen, die keinen Zugriff auf moderne Kommunikationsmittel haben oder denen die notwendigen Schreib- und Lesekompetenzen fehlen, kein praktisch sinnvolles Beschwerdeverfahren anbieten können.“.

[107] Gehling/Ott/Lüneborg CCZ 2021, 230 (238).

[108] Vgl. auch Gehling/Ott/Lüneborg CCZ 2021, 230 (238).

[109] So auch Gehling/Ott/Lüneborg CCZ 2021, 230 (238); Lüneborg DB 2022, 375 (380); aA Sagan ZIP 2022, 1419 (1424), der aber die Durchführung des weiteren Verfahrens nur in deutscher Sprache verlangt.

[110] Vgl. Beschlussempfehlung des Ausschusses für Arbeit und Soziales, BT-Drs. 19/30505, 38.

[111] Gehling/Ott/Lüneborg CCZ 2021, 230 (238); Lüneborg DB 2022, 375 (380); Stemberg CCZ 2022, 92 (95).

[112] Gehling/Ott/Lüneborg CCZ 2021, 230 (238); Lüneborg DB 2022, 375 (380); Stemberg CCZ 2022, 92 (95).

wichtig, um den Anreiz für dessen Nutzung zu erhöhen. Viele potentielle Hinweisgeber werden nur dann bereit sein, das Beschwerdeverfahren zu nutzen, wenn sie den Schutz der Vertraulichkeit genießen. Dies ist insbesondere der Fall, da die Vertraulichkeit ein wichtiges Element des Benachteiligungsschutzes ist.[113] Zusätzlich führt die Vertraulichkeit zu einer „Objektivierung des Beschwerdeverfahrens", da so sichergestellt wird, dass mögliche Reaktionen des Unternehmens unabhängig von der Person des Beschwerdeführers erfolgen.[114] Die UN-Leitprinzipien sehen keine zwingende Vertraulichkeit des Verfahrens vor, im Kommentar zu UNGP 31 lit. g findet sich allerdings eine Empfehlung, wonach „bei Bedarf Verschwiegenheit über den Dialog zwischen den Parteien und die Identität einzelner Personen gewahrt werden" soll. Diese einzelfallbezogene Empfehlung wird im Gesetz zur Regel.

51 Dabei hat der Gesetzgeber einen Wortlaut gewählt, der Ähnlichkeiten zur Whistleblower-RL aufweist. Art. 9 Abs. 1 lit. a Whistleblower-RL verlangt für das unternehmensinterne Meldeverfahren „Meldekanäle, die so sicher konzipiert, eingerichtet und betrieben werden, dass die Vertraulichkeit der Identität des Hinweisgebers und Dritter, die in der Meldung erwähnt werden, gewahrt bleibt und nicht befugten Mitarbeitern der Zugriff darauf verwehrt wird." Eine treffende Formulierung der **Anforderungen an die Vertraulichkeit** findet sich in Art. 16 Abs. 1 S. 1 Whistleblower-RL. Demnach bedeutet Vertraulichkeit: Die Identität des Hinweisgebers darf ohne seine ausdrückliche Zustimmung keinen anderen Personen als gegenüber den für das Beschwerdeverfahren zuständigen Mitarbeitern gegenüber offengelegt werden. Auch die in Art. 16 Abs. 1 S. 2 Whistleblower-RL angeordnete Erweiterung, wonach der Schutz über die Identität an sich hinaus auch Informationen, aus denen die Identität des Hinweisgebers direkt oder indirekt abgeleitet werden kann, erfasst, ist zu übernehmen. Nur so kann der Zweck der Norm, der in möglichst umfassendem Hinweisgeberschutz besteht, erreicht werden.

52 **aa) Kein Anonymitätserfordernis.** Anonymität ist von Vertraulichkeit der Identität klar zu unterscheiden.[115] Bei Ersterer muss der Hinweisgeber zu keinem Zeitpunkt im Verfahren seine Identität offenlegen. Bei Letzterer hingegen hat der Hinweisgeber bei Abgabe seiner Beschwerde seine Identität offenzulegen. Diese bleibt danach aber vertraulich, darf also den geschützten Rahmen des Beschwerdeverfahrens nicht verlassen.

53 Dem Wortlaut nach enthält das Gebot der Vertraulichkeit der Identität **keine Verpflichtung, anonyme Beschwerden zuzulassen.**[116] Gleiches dürfte für solche gelten, bei denen der Beschwerdeführer unter falscher Identität handelt.[117] Auch aus systematischen Erwägungen lässt sich nicht schließen, dass der Gesetzgeber anonyme Meldungen zulassen wollte. Vielmehr sprechen Verfahrensschritte wie die Erörterung dafür, dass für das Verfahren ein Hinweisgeber vorgesehen ist, dessen Identität den Beschwerdebeauftragten bekannt ist.[118] Auch aus dem Gesetzesziel, ein angemessenes Beschwerdeverfahren zu schaffen, lässt sich keine Notwendigkeit für Anonymität herleiten. Zwar minimiert eine komplette Anonymität des Beschwerdeführers einerseits potentielle Abschreckungsfaktoren wie die Furcht vor Repressalien noch mehr als eine bloße Vertraulichkeit seiner

[113] S. insoweit auch Erwägungsgrund 82 Whistleblower-RL: „Die Wahrung der Vertraulichkeit der Identität der Hinweisgeber während des Meldeverfahrens und der durch die Meldung ausgelösten Untersuchungen ist eine wesentliche Vorsorgemaßnahme gegen Repressalien.".

[114] Stemberg CCZ 2022 92 (96).

[115] S. zur Anonymität im Rahmen des LkSG auch Stemberg CCZ 2022, 92 (96).

[116] So auch Sagan ZIP 2022, 1419 (1420); Wagner/Ruttloff/Wagner LkSG-HdB/Sturm LkSG Rn. 1061; aA wohl Frank/Edel/Heine/Heine BB 2021, 2165 (2168), die davon ausgehen, dass es Fälle gibt, in denen der Hinweisgeber seine Identität nicht preisgibt; ebenso wohl auch Grabosch Das neue LkSG/Grabosch § 2 Rn. 113, der dort ebenfalls von der Möglichkeit anonymer Beschwerden ausgeht; die Frage aufwerfend aber ohne Festlegung Lüneborg DB 2022, 375 (380).

[117] Sagan ZIP 2022, 1419 (1420).

[118] Wie hier Sagan ZIP 2022, 1419 (1420); unentschlossen bezüglich dieses Arguments Lüneborg DB 2022, 375 (380).

Identität.[119] Andererseits geht mit der Anonymität aber auch ein erhöhtes Missbrauchsrisiko einher.[120] Dies kann die Glaubwürdigkeit von anonymen Meldungen beeinträchtigen. Zudem kann ein effektiver Schutz des Beschwerdeführers auch ohne Anonymität erreicht werden.[121] Dafür, dass ein angemessenes Beschwerdeverfahren nicht zwingend Anonymität erfordert, spricht auch, dass Art. 6 Abs. 2 Whistleblower-RL es den Mitgliedstaaten freigestellt hat, ob sie ein anonymes Beschwerdeverfahren einrichten. Der Regierungsentwurf zum Hinweisgeberschutzgesetz hat sich in § 16 Abs. 1 S. 5 HinSchG-E dafür entschieden, dass keine Verpflichtung besteht, die Meldekanale so auszugestalten, dass eine Beschwerde anonym abgegeben werden kann. Lässt das Unternehmen aber anonyme Beschwerden zu, so sollen anonym eingehende Meldungen gemäß § 16 Abs. 1 S. 4 HinSchG-E bearbeitet werden, soweit dadurch die vorrangige Bearbeitung nichtanonymer Meldungen nicht gefährdet wird.

Parallel zur Regelung des HinSchG-E können Unternehmen auch im Beschwerde- 54
verfahren des LkSG freiwillig eine Möglichkeit zur Einreichung anonymer Beschwerden schaffen. Diese sind dann auch vom Unternehmen zu bearbeiten. Verfahrensschritte, die eine Kenntnis der Identität des Hinweisgebers erfordern, wie insbesondere die Erörterung gemäß Abs. 1 S. 5, sind dann jedoch aufgrund der Anonymität nicht möglich.[122] Wird die Identität des ursprünglich anonymen Hinweisgebers später bekannt, so kommt ihm der gleiche Schutz wie bei einer nicht anonymen Beschwerde zugute.[123]

bb) Keine Vertraulichkeit des Beschwerdegegenstandes. Der Gesetzestext ver- 55
langt ausdrücklich nur die Vertraulichkeit der Identität des Beschwerdeführers. Der Beschwerdegegenstand ist daher ausdrücklich nicht vom Vertraulichkeitsgebot erfasst. Dies ist auch sinnvoll, da das Unternehmen auf die gemeldeten Risiken oder Verletzungen unmittelbar reagieren muss. Problematische Fälle sind allerdings dann denkbar, wenn die Weitergabe des Beschwerdegegenstandes eine Information darstellt, aus der die Identität des Beschwerdeführers **mittelbar** abgeleitet werden kann.[124] So ist beispielsweise denkbar, dass ein Mitarbeiter eine Umweltverletzung in einem Bereich des Unternehmens meldet, in dem er alleine zuständig ist und daher auch als einziger Beschwerdeführer in Frage kommt. Grundsätzlich dürfen Informationen, aus denen die Identität des Hinweisgebers direkt oder indirekt abgeleitet werden kann, nicht weitergegeben werden. Ist eine Reaktion auf die Verletzung oder das Risiko aber für das Unternehmen anders nicht möglich, so muss in diesem Fall eine Weitergabe soweit erforderlich erfolgen. Ist der Beschwerdeführer durch den Beschwerdegegenstand identifizierbar, so verzichtet er in dieser Konstellation in der Regel freiwillig auf die Vertraulichkeit seiner Identität, indem

---

[119] S. Schmolke ZGR 2019, 876 (909), wonach „die Meldebereitschaft potenzieller Hinweisgeber nicht selten davon abhängt, anonym bleiben zu können.“; die Vorteile der Anonymität betonend auch Dilling CCZ 2022, 145 (149); Gläßer/Pfeiffer/Schmitz/Bond ZLM 2021, 228 (230), zu den Vorteilen der Anonymität s. auch RegE HinSchG, BR-Drs. 373/22, 90: „Systeme zur Abgabe anonymer Meldungen sollten aber nicht als Belastung angesehen werden, sondern ihre positiven Effekte in Betracht gezogen werden. Sie sind eine Möglichkeit, zusätzliche Hinweise zu erhalten und so noch mehr Verstöße schnell intern abstellen zu können um möglichen Schaden für den Beschäftigungsgeber zu vermeiden oder zu begrenzen. Gerade bei einer internen Meldung besteht die Gefahr, dass eine hinweisgebende Person von einem Hinweis absieht, da sie befürchtet, dass die Vertraulichkeit der Meldung nicht gewahrt wird. Systeme für die Abgabe anonymer Meldungen können so die Attraktivität des internen Meldekanals erhöhen, sodass hinweisgebende Personen von einer direkten Meldung an eine externe Meldestelle absehen.“.

[120] Insoweit krit. Schmolke NZG 2020, 5 (11); für einen besseren Schutz des Unternehmens vor missbräuchlichen Meldungen, wenn lediglich Vertraulichkeit der Identität und keine Anonymität gewährt wird, Marsch-Barner ZHR 181 (2017), 847 (854).

[121] Vgl. Marsch-Barner ZHR 181 (2017), 847 (854).

[122] So in der Rechtsfolge überzeugend Frank/Edel/Heine/Heine BB 2021, 2165 (2168); aA wohl Wagner/Ruttloff/Wagner LkSG-HdB/Sturm Rn. 1059, die eine Erörterung für zwingend und eine anonyme Beschwerde daher für ausgeschlossen hält.

[123] Vgl. die übertragbare Wertung im RegE HinSchG, BR-Drs. 373/22, 90: „Anonyme Hinweisgeberinnen und Hinweisgeber fallen unter die Schutzbestimmungen dieses Gesetzes, wenn ihre zunächst verdeckte Identität später bekannt wird.“.

[124] Vgl. hierzu Stemberg CCZ 2022, 92 (96).

er die Beschwerde dennoch abgibt (→ Rn. 57). Das Unternehmen muss in diesen Fällen aber besonders darauf achten, dass die Weitergabe der Informationen, aus denen auf die Identität des Beschwerdeführers geschlossen werden könnte, nur im nötigen Maß erfolgt und zudem das Gebot des Benachteiligungsschutzes eingehalten wird. Des Weiteren sollte das Unternehmen mit dem Beschwerdeführer vor einer möglichen Identitätspreisgabe in Fällen Rücksprache halten, in denen unklar ist, ob dieser auf die Vertraulichkeit seiner Identität verzichten will.[125]

56 **cc) Ausnahmen von der Vertraulichkeit.** Das Gesetz nennt keine Ausnahmen vom Vertraulichkeitserfordernis. Art. 16 Abs. 2 und 3 Whistleblower-RL kennen allerdings derartige Ausnahmen. Zudem sind auch in § 9 HinSchG-E einige Ausnahmen vom Vertraulichkeitsgebot vorgesehen. Unter Umständen könne nämlich ein Interesse von Personen, die Gegenstand einer Falschmeldung sind, bestehen, die Identität des Hinweisgebers zu erfahren, um beispielsweise Schadensersatzansprüche geltend zu machen.[126] Anders als an den genannten Stellen ist aber im Gesetzeswortlaut des LkSG keine Ausnahme von der Vertraulichkeit vorgesehen. Folglich hat sich der Gesetzgeber bewusst gegen die Aufnahme derartiger Ausnahmen entschieden. Lediglich im Rahmen eines missbräuchlichen Hinweises erfährt der Hinweisgeber keinen Schutz der Vertraulichkeit. Dies geschieht allerdings nicht aufgrund einer Ausnahme, sondern dadurch, dass der missbräuchliche Hinweis bereits keine Beschwerde darstellt und daher nicht in den Schutzbereich des Beschwerdeverfahrens fällt (→ Rn. 26).

57 **dd) Verzicht auf die Vertraulichkeit.** Da das Vertraulichkeitsgebot in erster Linie den Beschwerdeführer schützen soll, wäre es denkbar, dass dieser freiwillig auf die Vertraulichkeit verzichtet und seine Beschwerde beispielsweise in die Öffentlichkeit trägt oder gegenüber dem Unternehmen seine Identität offenlegt. Fraglich ist aber, ob ihm auch dann noch der Schutz des Beschwerdeverfahrens, insbesondere der Benachteiligungsschutz, zugutekommt. Für die Beantwortung dieser Frage ist bedeutsam, dass das Beschwerdeverfahren nicht nur den Beschwerdeführer einseitig schützt, sondern auch das Unternehmen ein Interesse an einer diskreten Behandlung der Beschwerde hat, um negative Berichterstattung zu vermeiden.

58 Konkret ist zwischen zwei Konstellationen zu unterscheiden. Einerseits darf der Beschwerdeführer freiwillig **gegenüber dem Unternehmen** auf die Vertraulichkeit seiner Identität verzichtet. Dies kann insbesondere für eine effektivere und intensivere Erörterung des Beschwerdegegenstandes oder bei Bemühungen des Unternehmens um Wiedergutmachung sinnvoll sein. Andererseits ist eine **an Dritte gerichtete Offenlegung** des Beschwerdegegenstandes durch den Beschwerdeführer oder auch eine Offenlegung seiner Identität unzulässig. Denn insoweit wird das Interesse des Unternehmens an einer diskreten Behandlung des Beschwerdeverfahrens beeinträchtigt. Dies wird auch dadurch verdeutlicht, dass das Gesetz – anders als Art. 5 Nr. 6 Whistleblower-RL, Art. 6 Abs. 1 lit. b Whistleblower-RL, Art. 15 Abs. 1 Whistleblower-RL – gerade keine Möglichkeit zur Offenlegung vorsieht (→ Rn. 73). Folglich kann der Hinweisgeber gegenüber Dritten nicht auf die Vertraulichkeit verzichten. Tut er dies dennoch, verliert er auch den mit dem Beschwerdeverfahren verbundenen Benachteiligungsschutz. Anderes gilt lediglich, wenn sowohl Unternehmen als auch Beschwerdeführer mit dem Verzicht auf die Vertraulichkeit einverstanden sind.

---

[125] Stemberg CCZ 2022, 92 (96).

[126] Vgl. RegE HinSchG, BR-Drs. 373/22, 82: „Die Identität von Personen, die vorsätzlich oder grob fahrlässig falsche Informationen melden, wird nicht nach Maßgabe dieses Gesetzes vor einer Weitergabe geschützt. Im Fall einer solchen Falschmeldung besteht für Personen, die Gegenstand dieser Meldung sind, ein berechtigtes Interesse daran, Kenntnis über die Identität der meldenden Person zu erlangen, um ggf. Schadensersatzansprüche geltend machen zu können.".

c) Benachteiligungsschutz. Gemäß Abs. 4 S. 2 Alt. 3 muss das Beschwerdeverfahren für potentielle Beteiligte wirksamen Schutz vor Benachteiligung oder Bestrafung gewährleisten.[127] Die UN-Leitprinzipien sehen in UNGP 31 die Furcht vor Repressalien als entscheidendes Zugangshindernis für einen Beschwerdemechanismus.[128] Auch in der Whistleblower-RL wird Wert auf einen wirksamen Schutz des Whistleblowers gelegt und die abschreckende Wirkung von Sanktionen betont.[129] Dies gilt umso mehr, als potentielle Hinweisgeber oftmals keine direkten Vorteile, abseits der potentiellen Verhinderung oder Abstellung der Verletzung, aus dem Hinweis ziehen werden und dennoch Nachteile in Folge der Beschwerde fürchten müssen.[130] Insofern ist ein wirksamer Benachteiligungsschutz unentbehrlich für eine Zugänglichkeit des Beschwerdeverfahrens (→ Rn. 38 ff.).[131] Gleichzeitig ist wesentlicher Baustein des Benachteiligungsschutzes die Vertraulichkeit der Identität des Hinweisgebers (→ Rn. 50 ff.).[132] Als Beteiligte des Verfahrens werden hauptsächlich die Beschwerdeführer in Betracht kommen. Denkbar ist aber auch, sog. Mittler als Verfahrensbeteiligte zu sehen (→ Rn. 71). 59

aa) Adressat und Gegenstand. Von Unternehmen dürfen keine Repressalien aus Anlass der Beschwerde ausgehen. Folglich ist **Adressat** des Benachteiligungsverbots lediglich das Unternehmen selbst. Insofern schützt das Benachteiligungsverbot nicht vor staatlicher Strafverfolgung. 60

Weitgehend unklar ist allerdings der **Gegenstand des Benachteiligungsverbots.** In jedem Fall erfasst sind Benachteiligungen durch das Unternehmen selbst. Dazu zählen auch solche, die von den **Mitarbeitern** des Unternehmens ausgehen. Zu denken ist an Mobbing oder ähnliches gegen den Beschwerdeführer. In Bezug auf diese Repressalien trifft das Unternehmen nicht nur die Pflicht Benachteiligungen zu unterlassen, sondern auch aktiv dafür zu sorgen, den Hinweisgeber zu schützen, bspw. durch dienstliche Anweisungen gegenüber den Mitarbeitern. 61

Weniger eindeutig erscheint jedoch die Frage, ob der Benachteiligungsschutz auch **Repressalien, die von anderen Stellen als dem Unternehmen selbst ausgehen,** erfasst.[133] Einerseits wird hier bereits viel durch die Vertraulichkeit der Identität des Beschwerdeführers (→ Rn. 50 ff.) erreicht. Andererseits könnten dem Unternehmen aber über die Wahrung der Vertraulichkeit hinaus weitere Handlungen abverlangt werden. Regelmäßig dürfte es dem Unternehmen nicht möglich bzw. zumutbar sein, einen Schutz des Hinweisgebers vor jeder möglichen Quelle von Repressalien zu gewährleisten. Insbesondere scheidet hier ein Schutz des Hinweisgebers vor staatlichen Strafverfahren aus, da hier schnell die Grenze der Strafvereitelung erreicht sein dürfte.[134] Gleiches gilt für einen Schutz des Hinweisgebers vor Repressalien oder Strafverfolgung im Ausland. Hier wäre es unangemessen, vom Unternehmen einen Schutz, der über die Wahrung der Vertraulichkeit der Identität hinausgeht, zu verlangen. 62

---

[127] S. zum Benachteiligungsschutz auch Stemberg CCZ 2022, 92 (97).

[128] Kommentar zu UNGP 31: „Zugangshindernisse können unter anderem mangelnde Kenntnis des Mechanismus, Sprache, Lese- und Schreibvermögen, Kosten, Standort und Furcht vor Repressalien umfassen.".

[129] Erwägungsgrund 97 Whistleblower-RL: „Eine große abschreckende Wirkung auf Hinweisgeber kann zudem von außerhalb des beruflichen Kontexts ergriffenen Maßnahmen wie Gerichtsverfahren wegen vermeintlicher Verleumdung oder vermeintlicher Verstöße gegen das Urheberrecht, das Geschäftsgeheimnis, die Vertraulichkeit oder den Schutz personenbezogener Daten ausgehen."

[130] S. zu diesem Anreizsystem bereits Fleischer/Schmolke NZG 2012, 361.

[131] Dies betonen auch Gläßer/Pfeiffer/Schmitz/Bond ZLM 2021, 228 (230).

[132] S. auch RegE LkSG, BT-Drs. 19/28649, 50: „Ein Nutzer darf keine Nachteile durch die Inanspruchnahme des Beschwerdemechanismus erleiden. Die dafür notwendige Vertraulichkeit der Identität und der Datenschutz sind zu gewährleisten.".

[133] Zu dieser Frage Stemberg CCZ 2022, 92 (98); gegen eine Pflicht zum Schutz vor Benachteiligen durch Dritte, die keine Zulieferer sind, Sagan ZIP 2022, 1419 (1425).

[134] So auch Sagan/Schmidt NZA-RR 2022, 281 (289).

63 Anders ist dies aber möglicherweise in Fällen, in denen die Benachteiligung von einem **unmittelbaren oder mittelbaren Zulieferer des Unternehmens** ausgeht. Denkbar ist zB, dass ein Angestellter eines unmittelbaren oder mittelbaren Zulieferers das Beschwerdeverfahren des Unternehmens nutzt und daraufhin von seinem Arbeitgeber negative Konsequenten fürchtet. Für diese Fälle könnte das Unternehmen vorsorgen, indem es den Benachteiligungsschutz für Hinweisgeber über entsprechende Klauseln in Lieferantenkodizes auf seine Zulieferer überträgt.[135] Ob ihm dies aber abverlangt werden kann, ist unklar.[136] Einerseits erscheint es ziemlich weitgehend, eine derartige Schutzpflicht für das Unternehmen aus dem Gesetz zu lesen. Andererseits spricht der Gesetzeswortlaut umfassend von einem wirksamen Schutz vor Benachteiligung oder Bestrafung aufgrund der Beschwerde. Ein solcher wirksamer Schutz kann aber nur erreicht werden, wenn dafür gesorgt ist, dass zumindest auch von unmittelbaren und mittelbaren Zulieferern keine Repressalien gegen den Beschwerdeführer zu befürchten sind.[137] Gleichzeitig spricht für eine derartig weite Auslegung des Benachteiligungsschutzes auch, dass dies die Attraktivität des Beschwerdeverfahrens für potentielle Hinweisgeber erhöhen würde.[138] Gleichwohl stellen sich hier die mit der Weitergabe von Pflichten über Lieferantenkodizes an die Zulieferer verbundenen Durchsetzungsprobleme (→ § 6 Rn. 99).

64 Der Unterschied zwischen den Begriffen Benachteiligung und Bestrafung erscheint marginal. Die Gesetzesbegründung fasst beide unter dem Begriff „Nachteil" zusammen. Gemeint sind mögliche Repressalien durch das Unternehmen. Hierunter fallen alle Handlungen des Unternehmens als Reaktion auf die Beschwerde, die der Hinweisgeber für sich als nachteilig empfinden könnte. Neben Handlungen kommen dabei auch Unterlassungen in Betracht wie beispielsweise die Versagung einer Beförderung. Beiden Begriffen, sowohl Benachteiligung als auch Bestrafung, ist ein Kausalbezug zur Beschwerde immanent. **Bestrafungen** dürften dabei Reaktionen des Unternehmens sein, die sich unmittelbar auf die Beschwerde beziehen, wie beispielsweise die Abmahnung oder Kündigung eines Arbeitnehmers aufgrund der Beschwerde. **Benachteiligungen** dürften dagegen solche Reaktionen sein, die nicht offenkundig machen, dass sie wegen der Beschwerde erfolgen, aber dennoch darauf beruhen, wie beispielsweise Mobbing, Verweigerung einer Beförderung oder Einstellung aus vorgeschobenen Gründen.

65 Art. 19 Whistleblower-RL enthält eine nicht abschließende Aufzählung von möglichen Repressalien. Die dort genannten Handlungen fallen ebenfalls unter den Begriff der Benachteiligung und Bestrafung iSd LkSG. Dies sind allerdings aufgrund des Fokus der Whistleblower-RL fast ausschließlich solche Handlungen, die sich gegen einen Beschäftigten des Unternehmens richten. Da der Zugang zum Beschwerdeverfahren nach dem LkSG weiter ist und jedermann als Hinweisgeber in Betracht kommt, bietet die Aufzählung nur einen ersten Anhaltspunkt für mögliche Benachteiligungen.

66 Aufgrund des Benachteiligungsschutzes unzulässig sind lediglich Benachteiligungen und Bestrafungen **aufgrund einer Beschwerde.** Es muss also einen kausalen Zusammenhang zwischen der Reaktion des Unternehmens und der Beschwerde selbst bestehen. Nicht erfasst werden daher Fälle, in denen das Unternehmen bereits ohne die Beschwerde gegen den Beschwerdeführer vorgegangen wäre. So kann sich ein Arbeitnehmer, der eine Verletzung einer menschenrechtsbezogenen Pflicht oder einer umweltbezogenen Pflicht zu verantworten hat, nicht durch eine Beschwerde vor arbeitsrechtlichen Konsequenzen schützen.[139] Das Beschwerdeverfahren enthält folglich **keine Kronzeugenregelung.** Dies gilt auch, wenn das Unternehmen durch die Beschwerde erst Kenntnis von der Verfehlung erhält.

[135] Diese Möglichkeit auch erwägend Lüneborg DB 2022, 375 (379); vgl. auch Falder/Frank-Fahle/Poleacov LkSG 92.

[136] Vgl. auch Falder/Frank-Fahle/Poleacov LkSG 92.

[137] Für einen solchen Schutz auch Sagan/Schmidt NZA-RR 2022, 281 (289).

[138] Die Bedeutung der Weitergabe entlang der Lieferkette betonen auch Gläßer/Pfeiffer/Schmitz/Bond ZLM 2021, 228 (230).

[139] Allg. zum Schutz des verstrickten Whistleblowers Schmolke ZGR 2019, 876 (910 ff.).

Nicht in das LkSG übernommen wurde die Beweislastumkehr aus Art. 21 Abs. 5 Whistleblower-RL. Diese findet sich auch in § 36 Abs. 2 HinSchG-E. Dort wird vermutet, dass eine von einem Hinweisgeber nach einer Meldung erlittene Benachteiligung im Zusammenhang mit seiner beruflichen Tätigkeit eine Repressalie für die Meldung darstellt.[140] Eine Heranziehung dieser Grundsätze auch für das Beschwerdeverfahren nach dem LkSG dürfte derzeit zu weit über den Gesetzestext hinausgehen.[141] 67

Auch wenn der Benachteiligungsschutz ein wichtiger Baustein ist, um einen Anreiz für potentielle Hinweisgeber zu liefern, dass Beschwerdeverfahren zu nutzen, darf nicht aus dem Blick geraten, dass auch die von den Beschwerden betroffenen Unternehmen schützenswerte Interessen haben. Insbesondere sind sie vor unberechtigten Vorwürfen zu schützen.[142] Daher sind **missbräuchliche Hinweise** nicht vom Benachteiligungsschutz erfasst (→ Rn. 26).[143] So kann das Unternehmen beispielsweise für wissentlich oder fahrlässig falsche Beschwerden von Mitarbeitern arbeitsrechtliche Konsequenzen in Betracht ziehen.[144] 68

bb) Ausweitung auf weitere Personen. Fraglich ist, ob lediglich der Hinweisgeber selbst oder auch andere Personen in den Schutz des Benachteiligungsverbotes einzubeziehen sind.[145] Hierzu schweigt der Gesetzeswortlaut. Die Whistleblower-RL erweitert den Schutz in Art. 4 Abs. 4 ausdrücklich über die Hinweisgeber selbst hinaus. In Umsetzung dieser Vorgaben schützt auch § 34 HinSchG-E weitere Personen. Hierunter fallen gemäß § 34 Abs. 1 HinSchG-E natürliche Personen, die die hinweisgebende Person bei einer internen oder externen Meldung oder einer Offenlegung im beruflichen Zusammenhang vertraulich unterstützen, nach der Terminologie der Whistleblower-RL sog. Mittler. Hinzu kommen nach § 34 Abs. 2 HinSchG-E zum einen Dritte, die mit der hinweisgebenden Person in Verbindung stehen und in einem beruflichen Kontext Repressalien erleiden könnten, wie zB Kollegen, Freunde oder Familienmitglieder des Hinweisgebers.[146] Außerdem erfasst werden juristische Personen, rechtsfähige Personengesellschaften und sonstige rechtsfähige Personenvereinigungen, die mit der hinweisgebenden Person infolge einer Beteiligung rechtlich verbunden sind oder für die die hinweisgebende Person tätig ist oder mit denen sie in einem beruflichen Kontext anderweitig in Verbindung steht. Hiermit sollen beispielsweise Zuliefererunternehmen, die einen Hinweisgeber beschäftigen, vor Repressalien geschützt werden.[147] Das LkSG sieht im Beschwerdeverfahren keine entsprechende Ausweitung des Erfordernisses der Vertraulichkeit der Identität und des Schutzes vor Benachteiligungen vor. Es ist jedoch wahrscheinlich, dass sich Hinweisgeber auch im Rahmen des Beschwerdeverfahrens der Hilfe von Dritten bedienen und diese Dritte insbesondere aus Furcht vor Repressalien von der Unterstützung absehen, was die Zugänglichkeit des Beschwerdeverfahrens (→ Rn. 38 ff.) beeinträchtigen könnte. Ebenfalls könnte ein potentieller Hinweisgeber aus Angst vor Nachteilen für seine Angehörigen von einer Beschwerde absehen. Diese Gefahr der sog. „spillover retaliation“ adressieren Whistleblower-RL und HinSchG-E, wenn sie den Schutz über die Person des Whistleblowers selbst hinaus erstrecken.[148] Fraglich ist daher, 69

[140] S. auch Degenhart/Dziuba DB 2021, 570 (573 f.).

[141] So iErg auch Sagan/Schmidt NZA-RR 2022, 281 (289); vgl. auch Wagner/Ruttloff/Wagner LkSG-HdB/Sturm, Rn. 1062.

[142] Schmolke AG 2018, 767 (771).

[143] So auch Grabosch Das neue LkSG/Grabosch § 5 Rn. 131.

[144] Grabosch Das neue LkSG/Grabosch § 5 Rn. 131.

[145] S. hierzu Stemberg CCZ 2022, 92 (98 f.).

[146] RegE HinSchG, BR-Drs. 373/22, 105.

[147] RegE HinSchG, BR-Drs. 373/22, 105: „Denn in der Praxis spielen Fälle, in denen hinweisgebende Personen solche aus anderen Unternehmen sind, die mit dem betroffenen Unternehmen zusammenarbeiten, eine wichtige Rolle. In solchen und weiteren Konstellationen sind auch die jeweiligen Unternehmen vor Repressalien zu schützen.“

[148] Vgl. Abazi Industrial Law Journal 2020, Vol. 49, 640 (648): „Establishing this kind of broad personal scope is not a question of enacting a generous legal standard, but rather legally matching the lived experience

ob auch der Schutz im Rahmen des Beschwerdeverfahrens nach dem LkSG über den Wortlaut des Gesetzes hinaus ausgeweitet werden muss. Die Gesetzesbegründung bietet hierzu keine Hinweise.

70 **Angehörige** sind vom Schutzbereich des Benachteiligungsverbotes nach dem LkSG erfasst. Gleiches gilt für juristische Personen, rechtsfähige Personengesellschaften oder rechtsfähige Personenvereinigungen, an denen der Hinweisgeber beteiligt ist, für die er arbeitet oder mit denen er sonst verbunden ist. Insofern kann bei Repressalien gegen diese eine indirekte Benachteiligung des Hinweisgebers selbst angenommen werden, da er die entsprechenden Repressalien auch selbst als Nachteil empfinden wird.[149] Folglich sind diese bereits nach dem Gesetzeswortlaut in den Schutzbereich des Benachteiligungsverbotes mit einzubeziehen.

71 Die Einbeziehung von **Mittlern** in den Schutzbereich ist weniger klar und geht über den Wortlaut des Gesetzes zumindest insoweit hinaus, als eine Benachteiligung eines Mittlers nicht mehr als Benachteiligung des Hinweisgebers selbst verstanden werden kann. Allerdings könnte ein Mittler als Beteiligter des Verfahrens verstanden werden, wodurch auch er in den Genuss des Benachteiligungsschutzes käme. Dies stößt freilich an die Problematik, dass ein Mittler häufig nur im Vorfeld des eigentlichen Verfahrens tätig werden dürfte, etwa bei Übersetzungs- oder Formulierungshilfe. Aber selbst dann sind Mittler im Wege einer Analogie in den Benachteiligungsschutz einzubeziehen.[150] Dafür spricht der Normzweck, ein effektives Beschwerdeverfahren zu schaffen. Blieben Repressalien gegen Mittler zu befürchten, könnten diese davon abgeschreckt werden, potentielle Hinweisgeber zu unterstützen bzw. Hinweisgeber könnten davor zurückschrecken, sich die für eine Beschwerde nötige Unterstützung zu holen. Dies würde den Zugang zum Beschwerdeverfahren aber nicht unerheblich erschweren und dessen Effektivität einschränken. Gleichzeitig erhöht sich der mit dem Beschwerdeverfahren für die Unternehmen verbundene Aufwand durch eine Ausweitung des Schutzes auf Mittler nur unwesentlich.

72 **cc) Unternehmensexterne Meldungen und Offenlegung.** Das LkSG sieht nur ein unternehmensinternes Beschwerdeverfahren vor (→ Rn. 14). In der Folge ist auch der Benachteiligungsschutz des Abs. 4 S. 2 auf jene Hinweisgeber beschränkt, die den Weg über das gesetzlich vorgesehene Beschwerdeverfahren gehen. Es muss daher vom Unternehmen **kein Benachteiligungsschutz** für unternehmensexterne Beschwerden gewährt werden.[151] Insbesondere ordnet Abs. 4 S. 2 auch keinen Schutz bei Anträgen auf ein Tätigwerden des BAFA gemäß § 14 Abs. 1 Nr. 2 (→ § 14 Rn. 37 ff.) an.[152]

73 Ebenfalls im Gesetz nicht vorgesehen ist eine Möglichkeit des Hinweisgebers, auf eine unzufriedenstellende Bearbeitung seines Beschwerdeverfahrens oder gar eine vollkommene Untätigkeit des Unternehmens mit einer **Offenlegung** der zur Beschwerde führenden Umstände zu reagieren und dennoch weiterhin in den Schutz vor Benachteiligung zu kommen (→ Rn. 59 ff.).[153] Eine derartige Offenlegung ist in Art. 15 Whistleblower-RL vorgesehen. Der Regierungsentwurf zum Hinweisgebeschutzgesetz setzt dies um. Er definiert die Offenlegung in § 3 Abs. 5 als Zugänglichmachen von Informationen über Verstöße gegenüber der Öffentlichkeit und gewährt gemäß § 32 HinSchG-E Schutz für Offenlegungen unter besonderen Voraussetzungen. Der Gang in die Öffentlichkeit ist dabei nach der Gesetzeskonzeption die Ausnahme.[154] Die Drohung mit Offenlegung

---

of whistleblowers and acknowledging that not only they, but also other individuals around them face pressure and other negative consequences."; ausf. hierzu Siemes CCZ 2022, 7.

[149] S. für den Begriff der indirekten Benachteiligung Erwägungsgrund 41 Whistleblower-RL.

[150] S. Stemberg CCZ 2022, 92 (99).

[151] Frank/Edel/Heine/Heine BB 2021, 2165 (2168).

[152] Mittwoch/Bremenkamp KritV 2021, 207 (228); Wagner/Ruttloff/Wagner LkSG-HdB/Sturm LkSG Rn. 1064 ff.

[153] AA anscheinend Wagner/Ruttloff/Wagner LkSG-HdB/Sturm Rn. 1068, die annimmt, dass die Regeln von Whistleblower-RL und LkSG sich hier entsprechen.

[154] RegE HinSchG, BR-Drs. 373/22, 101.

entfaltet für das Unternehmen einen Anreiz, Beschwerdeverfahren zeitnah und effektiv zu bearbeiten und auf die Beschwerden angemessen zu reagieren. Daher sollte perspektivisch überlegt werden, eine Möglichkeit der Offenlegung unter engen Voraussetzungen auch im LkSG vorzusehen.

dd) Keine verfahrensübergreifende Wirkung. Im Anwendungsbereich der Whistleblower-RL stellt Whistleblowing, das den Regelungen der Richtlinie entspricht, gemäß Art. 21 Abs. 7 UAbs. 1 Whistleblower-RL einen verfahrensübergreifenden Rechtfertigungsgrund dar. Dadurch werden Hinweisgeber vor der Einleitung eines Strafverfahrens und zudem auch vor Schadensersatzansprüchen geschützt.[155] Diese Regelung wurde in § 35 Abs. 2 HinSchG-E umgesetzt.[156] Eine solche Wirkung sieht das LkSG nicht vor. Die Wertungen der Whistleblower-RL sind hier wohl auch nicht übertragbar. Zwar wird durch die Regeln der Whistleblower-RL der Schutz von Hinweisgebern erweitert und effektiviert. Allerdings adressiert § 8 nur die Unternehmen selbst und gerade nicht Gerichte und Staatsanwaltschaften. In der Folge ist eine Beschwerde nach § 8 kein verfahrensübergreifender Rechtfertigungsgrund. 74

ee) Kein Verbotsgesetz. Bisher ungeklärt ist, ob dem Benachteiligungsverbot die Eigenschaft eines Verbotsgesetzes iSv § 134 BGB zukommt.[157] Dies hätte zur Folge, dass eine Kündigung oder Abmahnung infolge einer Beschwerde unwirksam wären. Dadurch würde die Attraktivität eines Beschwerdeverfahrens erhöht. Für die Beantwortung der Frage kann dem Wortlaut der Norm nicht viel abgewonnen werden. Zwar formuliert er kein ausdrückliches Verbot, gleichzeitig ist die Wortwahl des Gesetzgebers für die Bewertung, ob ein Verbotsgesetz vorliegt, nicht entscheidend.[158] Gegen eine Einordnung als Verbotsgesetz könnte aber aus systematischer Sicht sprechen, dass es sich bei den in Abs. 4 S. 2 aufgestellten Grundsätzen nicht um gesetzliche Ge- und Verbote handelt, sondern lediglich um Verfahrensanforderungen, die das Unternehmen erfüllen muss, um ein angemessenes Beschwerdeverfahren einzurichten. Die genaue Umsetzung dieser Anforderungen obliegt den Unternehmen. Zudem könnte eine bloße Ordnungsvorschrift vorliegen, durch die weder der Inhalt noch der Erfolg eines Rechtsgeschäftes missbilligt wird, sondern lediglich die Art und Weise, in der es vorgenommen wird.[159] Eine gemäß § 8 unzulässige Benachteiligung verstößt aber gegen das **Maßregelungsverbot** aus § 612a BGB.[160] Insoweit liegt in der ordnungsgemäßen Beschwerde eines Arbeitnehmers eine zulässige Rechtsausübung. 75

2. Informationspflichten (Abs. 4 S. 1). Systematisch fehlplatziert vor den grundlegenden Verfahrensanforderungen stellt das Gesetz einige Informationspflichten in Abs. 4 S. 1 auf. Diese sind eine Konkretisierung des Gebots der Zugänglichkeit (→ Rn. 38 ff.). Sie sollen eine tatsächliche Inanspruchnahme des Beschwerdeverfahrens durch Hinweisgeber sicherstellen. Das Unternehmen hat in geeigneter Weise klare und verständliche Informationen zur Erreichbarkeit und Zuständigkeit und zur Durchführung des Beschwerdeverfahrens öffentlich zugänglich zu machen. Dies kann dadurch erfolgen, dass die Informationen hierzu auf der Website des Unternehmens gemeinsam mit der Verfahrensordnung (→ Rn. 77) veröffentlicht werden.[161] Zudem ist es in der Praxis sinnvoll, auch in eigenen Betrieben und denen sowohl der unmittelbaren als auch wichtiger mittelbarer Zulieferer durch Aushänge auf das Beschwerdeverfahren hinzuwei- 76

[155] Gerdemann NZA-Beil. 2020, 43 (49).
[156] Vgl. RegE HinSchG, BR-Drs. 373/22, 106 f.
[157] Dafür Frank/Edel/Heine/Heine BB 2021, 2165 (2168); dagegen Sagan ZIP 2022, 1419 (1425).
[158] MüKoBGB/Armbrüster BGB § 134 Rn. 62; BeckOK BGB/Wendtland, 61. Ed. 1.2.2022, BGB § 134 Rn. 53 f.
[159] S. MüKoBGB/Armbrüster BGB § 134 Rn. 58 f.; BeckOK BGB/Wendtland, 61. Ed. 1.2.2022, BGB § 134 Rn. 13 ff.
[160] S. Sagan ZIP 2022, 1419 (1425); Sagan/Schmidt NZA-RR 2022, 281 (289).
[161] So auch Dutzi/Schneider/Hasenau Der Konzern 2021, 454 (458).

sen.[162] Die Informationen sollten mindestens in deutscher und englischer Sprache abrufbar sein.[163]

77 **3. Verfahrensordnung (Abs. 2).** Das Unternehmen muss nach Abs. 2 eine Verfahrensordnung in Textform festlegen. Diese ist sodann öffentlich zugänglich zu machen. In der Gesetzesbegründung war noch von einer schriftlichen Verfahrensordnung die Rede und ein Veröffentlichungserfordernis fehlte. Letzteres hat der Ausschuss für Arbeit und Soziales ergänzt und das Erfordernis der Schriftform zum Textformerfordernis abgeschwächt.

78 Die Anforderungen des **Textformerfordernisses** richten sich nach § 126b BGB. Demnach muss eine lesbare Erklärung, in der die Person des Erklärenden genannt ist, auf einem dauerhaften Datenträger abgegeben werden. Ob die Zurverfügungstellung der Verfahrensordnung auf der Unternehmenswebsite diesem Erfordernis genügt, wenn ein Abspeichern und Ausdrucken durch potentielle Hinweisgeber möglich sind,[164] kann dahinstehen. Denn das Gesetz spricht ausdrücklich nur von einer Festlegung in Textform und nicht davon, dass die Verfahrensordnung in Textform gegenüber möglichen Hinweisgebern bekanntgegeben werden muss. Folglich genügt es, wenn das Unternehmen die Verfahrensordnung in Textform, also beispielsweise in einem PDF Dokument, festlegt. Das Hochladen auf die Website betrifft die **Zugänglichmachung.** Diese muss jedoch nur dem Öffentlichkeitserfordernis genügen und hat nicht zwingend in Textform zu erfolgen. Indem das Unternehmen seine Verfahrensordnung auf der Website zur Verfügung stellt, wird das Erfordernis der öffentlichen Zugänglichmachung gewahrt.[165] Insbesondere bei Lieferketten die in mehreren Ländern liegen, sollte die Verfahrensordnung in denjenigen Sprachen, in denen auch das Beschwerdeverfahren zugänglich ist (→ Rn. 48), veröffentlicht werden. Mindestens sollte dies aber auf Deutsch und Englisch erfolgen.[166]

79 Es gibt nur wenige **inhaltliche Anforderungen** an die Verfahrensordnung. Laut Gesetzesbegründung muss diese einen zeitlichen Rahmen für jede Stufe des Beschwerdeverfahrens sowie klare Aussagen zu den verfügbaren Arten von Abläufen festlegen.[167] Diese Vorgaben resultieren aus UNGP 31 lit. c, wonach so die Berechenbarkeit des Beschwerdeverfahrens sichergestellt werden soll.[168] Das Unternehmen muss also insbesondere die Zugangswege zum Beschwerdeverfahren und den Ablauf nach Eingang der Beschwerde beschreiben.[169] Gleiches gilt für die Zuständigkeit für die Verfahrensdurchführung.[170] Des Weiteren werden als verpflichtende Elemente der Verfahrensordnung Festlegungen zum Ziel des Verfahrens, zur Möglichkeit der Rücknahme der Beschwerde, der Befugnis der Beschwerdeverfahren den vorgetragenen Sachverhalt zu erweitern sowie Regeln zur Tatsachenfeststellung genannt.[171] Zusätzlich steht es dem Unternehmen frei, weitere Regelungen zu ergänzen.[172]

80 Bei der Gestaltung der Verfahrensordnung können **Mitbestimmungsrechte** der Arbeitnehmer des Unternehmens in Form einer Mitbestimmung des Betriebsrates zu berücksichtigen sein.[173] Dies folgt aus § 87 Abs. 1 Nr. 1 BetrVG, da das Beschwerde-

---

[162] Krit. hierzu Sagan ZIP 2022, 1419 (1424).

[163] Lüneborg DB 2022, 375 (381); Sagan ZIP 2022, 1419 (1424).

[164] Dafür MüKoBGB/Einsele BGB § 126b Rn. 6; BeckOK BGB/Wendtland BGB § 126b Rn. 10; ein tatsächliches Ausdrucken halten für nötig Jauernig/Mansel BGB § 126b Rn. 2; BeckOGK/Primaczenko/Frohn BGB § 126b Rn. 19; dies führt aber zu Beweisschwierigkeiten und zufälligen Ergebnissen.

[165] Falder/Frank-Fahle/Poleacov LkSG 88; Sagan ZIP 2022, 1419 (1421).

[166] Vgl. auch Harings/Jürgens LkSG 108.

[167] RegE LkSG, BT-Drs. 19/28649, 49.

[168] Vgl. auch Hembach Praxisleitfaden LkSG 172.

[169] Sagan ZIP 2022, 1419 (1421).

[170] Sagan ZIP 2022, 1419 (1421).

[171] S. hierzu Sagan ZIP 2022, 1419 (1421 f.).

[172] Für eine Auflistung möglicher Regelungsgegenstände s. Sagan ZIP 2022, 1419 (1422).

[173] S. hierzu Frank/Edel/Heine/Heine BB 2021, 2890 (2895); Sagan ZIP 2022, 1419 (1422); Sagan/Schmidt NZA-RR 2022, 281 (289); Wagner/Ruttloff/Wagner LkSG-HdB/Sturm Rn. 1081.

verfahren das Verhalten der Arbeitnehmer im Betrieb betrifft. Für diese besteht nämlich gemäß § 241 Abs. 2 BGB eine Pflicht zur Nutzung des Beschwerdeverfahrens, wenn sie Anhaltspunkte für menschenrechtliche oder umweltbezogene Risiken oder Verletzungen haben.[174] Inwieweit ein solches Mitbestimmungsrecht besteht, ist für jede Regelung der Verfahrensordnung im Einzelfall zu entscheiden.[175] Regelungen, welche die Arbeitnehmer des Betriebes nicht betreffen, sind nicht mitbestimmungspflichtig.[176]

4. Beschwerdebeauftragte (Abs. 3). Das Unternehmen muss einen oder mehrere Beschwerdebeauftragte bestimmen. Diese sind für die Durchführung des Beschwerdeverfahrens zuständig. Die Beschwerdebeauftragten müssen Gewähr für unparteiisches Handeln bieten. Um dies sicherzustellen, müssen sie insbesondere unabhängig und dürfen nicht weisungsgebunden sein. Zudem müssen sie zur Verschwiegenheit verpflichtet sein. Diese Anforderungen an die Beschwerdebeauftragten sichern das in Abs. 4 genannte Kriterium der Vertraulichkeit (→ Rn. 50 ff.) sowie den Gedanken des fairen Verfahrens ab, der sich bereits in UNGP 31 lit. a findet.[177] 81

Zwar ordnet das Gesetz nicht ausdrücklich an, dass die Position des Beschwerdebeauftragten im Unternehmen geschaffen werden muss, dies ergibt sich aber implizit aus der Erwähnung in Abs. 1 S. 4 und Abs. 3. Das Unternehmen trägt daher die **Pflicht zur Ernennung** mindestens eines Beschwerdebeauftragten. Nach dem Gesetzeswortlaut würde es zwar genügen, wenn das Unternehmen für jedes einzelne Beschwerdeverfahren jeweils gesondert einen Beauftragten bestimmt. Eine solche Begrenzung der Eigenschaft als Beschwerdebeauftragter auf nur ein einzelnes Verfahren wäre aber möglicherweise nicht mit dem Gebot der Unabhängigkeit vereinbar. 82

Der Beschwerdebeauftragte reiht sich in eine Reihe von Betriebsbeauftragten ein.[178] Das Gesetz selbst schreibt bereits in § 4 Abs. 3 die Ernennung eines Beauftragten für die Risikomanagementüberwachung bzw. Menschenrechtsbeauftragten vor (→ § 4 Rn. 49 ff.). Dieser kann in die Einrichtung und Erstellung des Beschwerdeverfahrens eingebunden werden. Allerdings dürfte eine **Kombination** dieser Funktion mit der des Beschwerdebeauftragten in einer bzw. derselben Person entgegen der bisher vorherrschenden Meinung in der Literatur **unzulässig** sein.[179] Aufgabe des Menschenrechtsbeauftragten ist nämlich gerade Überwachung des Risikomanagements, welches die Einhaltung der Sorgfaltspflichten nach § 3 Abs. 1 (→ § 3 Rn. 25 ff.) überwachen soll. Die Aufgabe des Beschwerdebeauftragten ist die Durchführung des Beschwerdeverfahrens, das gemäß § 3 Abs. 1 Nr. 7 aber gerade Teil jener Sorgfaltspflichten ist, die das Risikomanagement überwacht. Es verstieße wohl gegen den Sinn und Zweck des Gesetzes, wenn beide Positionen – Durchführung des Beschwerdeverfahrens und Kontrolle des Beschwerdeverfahrens – von derselben Person übernommen würden. 83

a) Unabhängigkeit und Weisungsfreiheit. Der Beschwerdebeauftragte muss unabhängig und weisungsfrei sein. Beides soll laut Gesetz die Gewähr für ein unparteiisches 84

---

[174] S. Sagan ZIP 2022, 1419 (1422); aA Frank/Edel/Heine/Heine BB 2021, 2890 (2895), die davon ausgehen, dass es den Arbeitnehmern freigestellt werden könne, „ob und wie sie Hinweise melden".

[175] Sagan ZIP 2022, 1419 (1422).

[176] Vgl. Sagan ZIP 2022, 1419 (1422 f.), der eine Aufteilung der Verfahrensordnung zwei Teile – einen, der die Arbeitnehmer betrifft und einen mitbestimmungsfreien mit allgemeinen Regelungen – vorschlägt; s. auch Wagner/Ruttloff/Wagner LkSG-HdB/Sturm Rn. 1081.

[177] Auch Art. 9 Abs. 1 lit. c Whistleblower-RL sieht „die Benennung einer unparteiischen Person oder Abteilung, die für die Folgemaßnahmen zu den Meldungen zuständig ist, wobei es sich um dieselbe Person oder Abteilung handeln kann, die die Meldungen entgegennimmt und die mit dem Hinweisgeber in Kontakt bleibt, diesen erforderlichenfalls um weitere Informationen ersucht und ihm Rückmeldung gibt" vor.

[178] Für eine Auflistung s. Grabosch Das neue LkSG/Grabosch § 5 Rn. 33.

[179] AA Grabosch Das neue LkSG/Grabosch § 5 Rn. 41; Ruttloff/Wagner/Hahn/Freihoff CCZ 2022, 20 (27); Ruttloff/Wagner/Reischl/Skoupil CB 2021, 364 (369); Wagner/Ruttloff/Wagner LkSG-HdB/Wagner/Wagner Rn. 665.

Handeln bieten. Dies ist entscheidend für die Akzeptanz eines Beschwerdeverfahrens, wie bereits UNGP 31 herausstellt.[180]

85 Die überwiegende Mehrzahl der Stimmen in der Literatur folgert aus den Anforderungen der Unabhängigkeit und Weisungsfreiheit, dass Arbeitnehmer des Unternehmens nicht als Beschwerdebeauftragte in Frage kämen.[181] Als Argument wird darauf verwiesen, dass diese gemäß § 611a Abs. 1 S. 1 BGB weisungsabhängig seien.[182] Richtigerweise schließt das Unabhängigkeitserfordernis es aber nicht aus, dass die Beauftragten **Arbeitnehmer des Unternehmens** sind.[183] Das Gebot der Weisungsfreiheit bezieht sich nämlich nur auf Tätigkeiten des Beschwerdebeauftragten in Zusammenhang mit dem Beschwerdeverfahren. Daneben ist eine Weisungsgebundenheit unschädlich. Insoweit kann ein Vergleich zum Datenschutzbeauftragten gezogen werden.[184] Auch für diesen besteht gemäß Art. 38 Abs. 3 DS-GVO das Gebot der Weisungsfreiheit. Dem steht jedoch die Arbeitnehmerstellung nicht entgegen.[185] Zudem kann eine Weisungsfreiheit bezüglich des Beschwerdeverfahrens durch vertragliche Gestaltung mit den Beschwerdebeauftragten gewährleistet werden.[186] Hinzu kommt, dass das Gesetz gerade die Wahlmöglichkeit zwischen einem unternehmensinternen und einem externen Beschwerdeverfahren eröffnet (→ Rn. 15). Dies spricht dafür, dass auch ein unternehmensinterner Beschwerdebeauftragter zulässig ist.[187] Hätte der Gesetzgeber das Beschwerdeverfahren nicht in der Hand eines Arbeitnehmers der Gesellschaft sehen wollen, so hätte er direkt ein unternehmensexternes Verfahren als einzige Option anordnen können.[188] Gleichzeitig ist eine Betriebszugehörigkeit für die Stellung als Beschwerdebeauftragter aber nicht zwingend.

86 Das Unternehmen darf den bzw. die Beschwerdebeauftragten weder mittelbar noch unmittelbar beeinflussen. Es darf somit **keine Anweisung** zur Verfahrensführung oder gar zur Beendigung des Verfahrens seitens des Unternehmens geben.[189] Zulässig sind lediglich allgemeine Vorgaben zum Arbeitsablauf, wie zur Nutzung der betrieblichen IT.[190] Aus dem Unabhängigkeitserfordernis folgt zudem kein Sonderkündigungsschutz für den Beschwerdebeauftragten.[191]

87 **b) Verschwiegenheit.** Die Beschwerdebeauftragten müssen zur Verschwiegenheit verpflichtet sein. Sie müssen also ihnen anvertraute Informationen vertraulich behandeln.

---

[180] Kommentar zu UNGP 31: „Stakeholder, für die ein Mechanismus vorgesehen ist, müssen ihm vertrauen, wenn sie sich zu seiner Inanspruchnahme entschließen sollen. Ein wichtiger Faktor der Vertrauensbildung bei Stakeholdern ist in der Regel Rechenschaftspflicht dafür, dass die Parteien eines Beschwerdeverfahrens nicht in dessen faire Abwicklung eingreifen können.".

[181] Ehmann/Berg GWR 2021, 287 (290); Ehmann ZVertriebsR 2021, 141 (149), der eine Einbeziehung unternehmensinterner Mitarbeiter nur für die Bearbeitung und Vorprüfung von Beschwerden für zulässig erachtet; Falder/Frank-Fahle/Poleacov LkSG 90; Sagan ZIP 2022, 1419 (1420); Sagan/Schmidt NZA-RR 2022, 281 (288 f.); ähnlich auch Dutzi/Schneider/Hasenau Der Konzern 2021, 454 (458), die Schwierigkeiten bei der Besetzung durch Angestellte des Unternehmens sehen.

[182] So Sagan ZIP 2022, 1419 (1420); Sagan/Schmidt NZA-RR 2022, 281 (289).

[183] Frank/Edel/Heine/Heine BB 2021, 2165 (2167); Wagner/Ruttloff/Wagner LkSG-HdB/Sturm Rn. 1059; Wagner/Ruttloff/Wagner LkSG-HdB/Wagner/Wagner Rn. 664.

[184] So auch Frank/Edel/Heine/Heine BB 2021, 2165 (2167); aA Falder/Frank-Fahle/Poleacov LkSG 90, die einen Vergleich zum Datenschutzbeauftragten ablehnen, da das LkSG keinen vergleichbaren Kündigungs- und Abberufungsschutz gewähre.

[185] BeckOK DatenschutzR/Moos, 37. Ed. Stand: 1.11.2019, DS-GVO Art. 38 Rn. 18; Paal/Pauly/Paal, 3. Aufl. 2021, DS-GVO Art. 38 Rn. 9.

[186] Wagner/Ruttloff/Wagner LkSG-HdB/Sturm Rn. 1059.

[187] Diese Argument auch aufwerfend aber mit anderem Ergebnis Ehmann ZVertriebsR 2021, 141 (149).

[188] AA Sagan ZIP 2022, 1419 (1420): „Die Unterscheidung zwischen dem internen und externen Verfahren wird man notgedrungen so verstehen müssen, dass sie allein nach dem Urheber der Verfahrensordnung (§ 8 Abs. 2) differenziert. Bei einem internen Beschwerdeverfahren erlässt das Unternehmen die Verfahrensordnung selbst, bei einem externen Beschwerdeverfahren schließt es sich einer anderweitigen Verfahrensordnung an."; Sagan/Schmidt NZA-RR 2022, 281 (288 f.).

[189] Frank/Edel/Heine/Heine BB 2021, 2165 (2167 f.).

[190] Frank/Edel/Heine/Heine BB 2021, 2165 (2168).

[191] Frank/Edel/Heine/Heine BB 2021, 2165 (2167).

Insbesondere betrifft dies die Identität der Hinweisgeber, wodurch die Vertraulichkeit der Identität abgesichert wird (→ Rn. 50 ff.). Der Inhalt der Beschwerde allerdings muss dem Unternehmen mitgeteilt werden, da dieses nur so darauf reagieren kann (vgl. zur Verschwiegenheit bezüglich des Beschwerdegegenstandes → Rn. 55).

5. Weitere Anforderungen. Weitere eher technisch gehaltene Anforderungen an das Beschwerdeverfahren sind die Eingangsbestätigung sowie die Pflicht zur Erörterung. 88

a) Eingangsbestätigung (Abs. 1 S. 3). Gemäß Abs. 1 S. 3 ist der Eingang eines Hinweises dem Hinweisgeber zu bestätigen. Dies ist für den Hinweisgeber wichtig, da er dadurch weiß, dass seine Beschwerde das Unternehmen erreicht hat und bearbeitet wird. Darüber hinaus dient die Eingangsbestätigung auch der Dokumentation, wodurch eine effektive Bearbeitung der Beschwerde kontrolliert werden kann.[192] Hier schlägt sich das in Nr. 31 lit. e UN-Leitprinzipien enthaltene Erfordernis der Transparenz des Beschwerdeverfahrens nieder.[193] 89

Das Gesetz stellt keinen **zeitlichen Rahmen** für die Eingangsbestätigung auf. Damit unterscheidet es sich von der Whistleblower-RL, die in Art. 9 Abs. 1 lit. b Whistleblower-RL verlangt, dass eine Eingangsbestätigung innerhalb von sieben Tagen nach Eingang der Meldung erfolgt. Im Entwurf zum HinSchG findet sich diese Regelung in § 17 Abs. 1 Nr. 1 HinSchG-E. Gemäß § 8 Abs. 1 S. 1 muss das gesamte Beschwerdeverfahren des LkSG angemessen ausgestaltet sein.[194] Dazu gehört auch, dass ein Hinweisgeber möglichst zeitnah erfährt, ob sein Hinweis eingegangen ist und bearbeitet wird. Hinzu kommt, dass Hinweise auf Risiken denkbar sind, die ein zeitnahes Einschreiten des Unternehmens erfordern. Folglich würde die Effektivität des Beschwerdeverfahrens geschwächt, wenn zu lange mit einer Eingangsbestätigung gewartet werden kann. Hieraus ergibt sich, dass eine Eingangsbestätigung unverzüglich, also ohne schuldhaftes Zögern iSd § 121 Abs. 1 BGB, zu erfolgen hat. 90

Der Beschwerdebeauftragte (→ Rn. 79 ff.) muss vor der Eingangsbestätigung **keine inhaltliche Prüfung** der Beschwerde vornehmen. Denn der Hinweisgeber hat ein berechtigtes Interesse an einer schnellen Eingangsbestätigung. Zudem geht mit der bloßen Eingangsbestätigung auch keine Aussage seitens des Unternehmens über den Inhalt der Beschwerde einher. Lediglich eine Prüfung auf offensichtlichen Missbrauch des Beschwerdeverfahrens darf erfolgen. Solange für diese Überprüfung kein besonderer Aufwand zu betreiben ist und keine anderen Umstände wie beispielsweise Übersetzungsarbeiten bezüglich der Beschwerde vorzunehmen sind, kann die Siebentagesfrist des Art. 9 Abs. 1 lit. b Whistleblower-RL als Anhaltspunkt für eine unverzügliche Eingangsbestätigung herangezogen werden.[195] 91

b) Erörterungspflicht (Abs. 1 S. 4). Die Beschwerdebeauftragten (→ Rn. 81 ff.) haben gemäß § 8 Abs. 1 S. 4 den Sachverhalt mit den Hinweisgebern zu erörtern. Im Regierungsentwurf war Adressat der Erörterungspflicht noch das Unternehmen. Der Ausschuss für Arbeit und Soziales setzte richtigerweise die Beschwerdebeauftragten anstelle des Unternehmens ein.[196] Die Erörterung dient vor allem der **Aufklärung und Konkretisierung** des der Beschwerde zugrunde liegenden Sachverhaltes. Unklarheiten können so ausgeräumt werden. Daneben kommt ihr auch eine **Überprüfungsfunktion** dergestalt zu, dass das Unternehmen sich von der Redlichkeit der Beschwerde überzeugen kann. Somit spiegelt sich in der Erörterung erneut das Transparenzerfordernis aus UNGP 31 lit. e.[197] 92

---

[192] Angedeutet im RegE LkSG, BT-Drs. 19/28649, 49.
[193] Hembach Praxisleitfaden LkSG 172.
[194] Jungkind/Raspé/Terbrack Der Konzern 2021, 445 (450).
[195] Im Ergebnis gegen eine Frist Jungkind/Raspé/Terbrack Der Konzern 2021, 445 (450).
[196] Beschlussempfehlung des Ausschusses für Arbeit und Soziales, BT-Drs. 19/30505, 42.
[197] Hembach Praxisleitfaden LkSG 172.

93 Eine Erörterung setzt voraus, dass der Beschwerdebeauftragte mit dem Hinweisgeber in Kontakt tritt und diesem die Möglichkeit gibt, den Sachverhalt der Beschwerde zu besprechen. Die Erfolgsaussichten der Beschwerde müssen nach dem Gesetzeswortlaut, der lediglich auf den Sachverhalt abstellt, nicht erörtert werden. Zum genauen **Umfang** der Erörterungspflicht schweigt der Gesetzeswortlaut. Richtigerweise dürfte sich dieser nach dem Einzelfall richten. Wenn Unklarheit oder Uneinigkeit bezüglich des Sachverhaltes bestehen, ist eine tiefergehende Erörterung nötig, als wenn das Unternehmen die Beschwerde direkt als inhaltlich zutreffend akzeptiert.

94 Die **Form** der Erörterung wird vom Gesetz nicht vorgeschrieben. Die Beschwerdebeauftragten werden in ihrer Wahl dadurch eingeschränkt, dass der Hinweisgeber möglicherweise bestimmte Kommunikationskanäle wie zB das persönliche Gespräch oder Telefon nicht eröffnen will. Grundsätzlich genügt eine schriftliche Erörterung oder eine solche über elektronischen Weg. Eine Erörterung in Person oder über Telefon ist nicht zwingend erforderlich.[198]

95 Das Gesetz nennt **keine zeitliche Frist** für die Durchführung der Erörterung. Gleichwohl darf das Unternehmen mit der Erörterung nicht länger als nötig warten, da der Hinweisgeber ein berechtigtes Interesse an einer zügigen Bearbeitung seiner Beschwerde hat.

IV. Überprüfungs- und Aktualisierungspflicht (Abs. 5)

96 Abs. 5 sieht vor, dass das Beschwerdeverfahren mindestens einmal im Jahr sowie anlassbezogen zu überprüfen ist. Diese Überprüfungspflicht steht im Kontext mit anderen regelmäßigen und anlassbezogenen Evaluationspflichten, die das Gesetz in § 5 Abs. 4 (→ § 5 Rn. 58 ff.), § 6 Abs. 5 (→ § 6 Rn. 130 ff.) sowie § 7 Abs. 4 (→ § 7 Rn. 96 ff.) aufstellt. Sie setzt zudem UNGP 31 lit. g um.[199] Durch die regelmäßige Überprüfung soll das Beschwerdeverfahren fortlaufend angepasst und verbessert werden. Hierzu empfiehlt es sich für das Unternehmen, eine „systematische Feedback-Routine" im Beschwerdeverfahren vorzusehen, damit Hinweisgeber Rückmeldung zu Verbesserungsmöglichkeiten geben können.[200]

97 Die Regelung zur Überprüfung des Beschwerdeverfahrens hat der Gesetzgeber aus anderen Evaluationspflichten des Gesetzes übernommen.[201] Die anlassbezogene Überprüfung soll nach dem Gesetzeswortlaut erfolgen, wenn das Unternehmen mit einer wesentlich veränderten oder wesentlich erweiterten Risikolage im eigenen Geschäftsbereich oder beim unmittelbaren Zulieferer rechnen muss. Als Regelbeispiele nennt das Gesetz sodann die Einführung neuer Produkte, Projekte oder eines neuen Geschäftsfeldes.[202] Nimmt das Unternehmen eine anlassbezogene Überprüfung vor, so muss im selben Jahr nicht mehr zwingend eine weitere regelmäßige Überprüfung vorzunehmen.[203]

98 Rätsel gibt Abs. 5 S. 2 auf, der regelt, dass die Maßnahmen bei Bedarf unverzüglich zu wiederholen sind. Dieser enthält richtigerweis eine **Pflicht zur unverzüglichen Aktualisierung des Beschwerdeverfahrens.** In anderen Evaluationsvorschriften wie § 6 Abs. 5 (→ § 6 Rn. 130) sowie § 7 Abs. 4 (→ § 7 Rn. 104) spricht das Gesetz davon, die Maßnahmen seien unverzüglich zu aktualisieren. Zunächst trifft der Begriff „Maßnahmen" in § 8 nicht. Besser wäre es vom „Verfahren" zu sprechen, das aktualisiert werden soll. Warum das Gesetz anstatt „aktualisieren" nun gerade in § 8 Abs. 5 von „wieder-

198 Vgl. auch Sagan ZIP 2022, 1419 (1423).
199 Hembach Praxisleitfaden LkSG 173.
200 S. Gläßer/Pfeiffer/Schmitz/Bond, Forschungsbericht der Europa-Universität Viadrina: „Außergerichtliche Beschwerdemechanismen entlang globaler Lieferketten Empfehlungen für die Institutionalisierung, Implementierung und Verfahrensausgestaltung", 2021, 16; vgl. auch Hembach Praxisleitfaden LkSG 173 f.
201 Vgl. Korch NJW 2022, 2065 (2067): „Copy-and-paste-Ansatz des Gesetzgebers".
202 Krit hierzu Korch NJW 2022, 2065 (2068).
203 Wagner/Ruttloff/Wagner LkSG-HdB/Wagner/Wagner Rn. 669.

holen" spricht, bleibt unklar.[204] Es dürfte sich hier um ein gesetzgeberisches Versehen handeln. Hierfür spricht zum einen die Sinnlosigkeit der reinen Wiederholung der Einrichtung eines Beschwerdeverfahrens, da hiermit keine Veränderung des Verfahrens verbunden ist, und zum anderen, dass der Gesetzgeber in der Bußgeldvorschrift des § 24 Abs. 1 Nr. 5 (→ Rn. 99) gerade das nicht rechtzeitige Aktualisieren als Ordnungswidrigkeit erfasst.[205]

V. Sanktionen

Die Pflicht zur Einrichtung eines Beschwerdeverfahrens für die gesamte Lieferkette 99
gemäß § 8 Abs. 1 S. 1 iVm § 9 Abs. 1 ist nach § 24 Abs. 1 Nr. 8 mit einer Ordnungswidrigkeit bewehrt. Nach § 24 Abs. 2 Nr. 1 lit. a kann dies mit einer Geldbuße von bis zu 800.000 Euro geahndet werden (→ § 24 Rn. 38). Die Norm dürfte ihrem Wortlaut nach so zu verstehen sein, dass nur das gänzliche Unterlassen der Einrichtung eines Beschwerdeverfahren sanktioniert wird. Nicht sanktioniert werden hingegen Verstöße gegen einzelne Regelungen des § 8.[206]

Darüber hinaus finden sich nach § 24 Abs. 1 Nr. 4 und 5 auch für die Überprüfungs- 100
pflicht gemäß § 8 Abs. 5 S. 1 und die Aktualisierungspflicht aus § 8 Abs. 5 S. 2 (→ Rn. 96 ff.) Ordnungswidrigkeitstatbestände.[207] Hierfür droht jeweils ein Ordnungsgeld von bis zu 500.000 Euro nach § 24 Abs. 2 Nr. 2 (→ § 24 Rn. 38a). Für Verbände gilt gemäß § 24 Abs. 2 S. 2 iVm § 30 Abs. 2 S. 3 OWiG für alle hier genannten Ordnungswidrigkeiten der zehnfache Wert (→ § 24 Rn. 41).

§ 9 Mittelbare Zulieferer; Verordnungsermächtigung

(1) Das Unternehmen muss das Beschwerdeverfahren nach § 8 so einrichten, dass es Personen auch ermöglicht, auf menschenrechtliche oder umweltbezogene Risiken sowie auf Verletzungen menschenrechtsbezogener oder umweltbezogener Pflichten hinzuweisen, die durch das wirtschaftliche Handeln eines mittelbaren Zulieferers entstanden sind.

(2) Das Unternehmen muss nach Maßgabe des Absatzes 3 sein bestehendes Risikomanagement im Sinne von § 4 anpassen.

(3) Liegen einem Unternehmen tatsächliche Anhaltspunkte vor, die eine Verletzung einer menschenrechtsbezogenen oder einer umweltbezogenen Pflicht bei mittelbaren Zulieferern möglich erscheinen lassen (substantiierte Kenntnis), so hat es anlassbezogen unverzüglich

1. **eine Risikoanalyse gemäß § 5 Absatz 1 bis 3 durchzuführen,**
2. **angemessene Präventionsmaßnahmen gegenüber dem Verursacher zu verankern, etwa die Durchführung von Kontrollmaßnahmen, die Unterstützung bei der Vorbeugung und Vermeidung eines Risikos oder die Umsetzung von branchenspezifischen oder branchenübergreifenden Initiativen, denen das Unternehmen beigetreten ist,**
3. **ein Konzept zur Verhinderung, Beendigung oder Minimierung zu erstellen und umzusetzen und**
4. **gegebenenfalls entsprechend seine Grundsatzerklärung gemäß § 6 Absatz 2 zu aktualisieren.**

---

[204] S. auch Korch NJW 2022, 2065 (2068); Wagner/Ruttloff/Wagner LkSG-HdB/Wagner/Wagner Rn. 671.

[205] So auch Wagner/Ruttloff/Wagner LkSG-HdB/Wagner/Wagner Rn. 671.

[206] S. auch Sagan ZIP 2022, 1419 (1426).

[207] Mit Bedenken aufgrund des Bestimmtheitsgebotes aus Art. 103 Abs. 3 GG Sagan ZIP 2022, 1419 (1426).

(4) Das Bundesministerium für Arbeit und Soziales wird ermächtigt, Näheres zu den Pflichten des Absatzes 3 durch Rechtsverordnung im Einvernehmen mit dem Bundesministerium für Wirtschaft und Energie ohne Zustimmung des Bundesrates zu regeln.

Schrifttum: Charnitzky/Weigel, Die Krux mit der Sorgfalt (Teil 2) – Der Entwurf der Richtlinie zur unternehmerischen Sorgfalt in den Lieferketten, RIW 2022, 413; DAV-Ausschüsse Corporate Social Responsibility und Compliance, Handelsrecht sowie Menschenrechte, Stellungnahme zum Regierungsentwurf eines Gesetzes über die unternehmerische Sorgfaltspflichten in Lieferketten, NZG 2021, 546; DAV-Ausschüsse Handelsrecht, Corporate Social Responsibility und Compliance sowie Menschenrechte, Stellungnahme zum Vorschlag für eine Richtlinie des Europäischen Parlaments und des Rates über die Sorgfaltspflichten von Unternehmen im Hinblick auf Nachhaltigkeit und zur Änderung der RL (EU) 2019/1937, NZG 2022, 909; Dutzi/Schneider/Hasenau, Lieferkettenregulierung und Risk Governance, Der Konzern 2021, 454; Ehmann/Berg, Das Lieferkettensorgfaltspflichtengesetz (LkSG): ein erster Überblick, GWR 2021, 287; Ehmann, Der Regierungsentwurf für das Lieferkettengesetz: Erläuterungen und erste Hinweise zur Anwendung, ZVertriebsR 2021, 141; Fleischer/Korch, Zur deliktsrechtlichen Verantwortlichkeit von Auftraggebern in der Lieferkette, ZIP 2019, 2181; Frank/Edel/Heine/Heine, Pionierarbeiten in der Lieferkette, BB 2021, 2165; Gehling/Ott/Lüneborg, Das neue Lieferkettensorgfaltspflichtengesetz – Umsetzung in der Unternehmenspraxis, CCZ 2021, 230; Heinen, Deliktische Sorgfaltspflichten in transnationalen Lieferketten, 2022; Helck, Gesetz über die unternehmerischen Sorgfaltspflichten in Lieferketten: Worauf sich Unternehmen zukünftig vorbereiten müssen; BB 2021, 1603; Brunk, Menschenrechtscompliance, 2022; Herrmann/Rünz, Praktische Hinweise und Maßnahmen zur Umsetzung des Lieferkettensorgfaltspflichtengesetz im Unternehmen, DB 2021, 3078; Jung, Werteschöpfung in der Liefer- und Absatzkette?, GPR 2022, 109; Jungkind/Raspé/Terbrack, Unternehmensverantwortung in der Lieferkette, Der Konzern 2021, 445; Klinner, Deutschland gibt sich ein Lieferkettensorgfaltsgesetz, IWRZ 2021, 243; Koch, Das Lieferkettensorgfaltspflichtengesetz, MDR 2022, 1; Krebs, Menschenrechtliche und umweltbezogene Sorgfaltspflicht – Der Wettlauf zwischen europäischer und deutscher Rechtssetzung, ZUR 2021, 394; Leuering/Rubner, Lieferkettensorgfaltspflichtengesetz, NJW-Spezial 2021, 399; Lutz-Bachmann/Vorbeck/Wengenroth, Menschenrechte und Umweltschutz in Lieferketten – der Regierungsentwurf eines Sorgfaltspflichtengesetzes, BB 2021, 906; Lutz-Bachmann/Vorbeck/Wengenroth, Nachhaltigkeitsbezogene Sorgfaltspflichten in Geschäftsbeziehungen – zum Entwurf der EU-Kommission für eine „Lieferkettenrichtlinie“, BB 2022, 835; Mittwoch/Bremenkamp, Das Lieferkettensorgfaltspflichtengesetz – Ein nachhaltiger Ordnungsrahmen für international tätige Marktakteure?, KritV 2021, 207; Nasse, Das neue Lieferkettensorgfaltspflichtengesetz – Pflicht zur Entkopplung der deutschen Wirtschaft vom chinesischen Markt?, RAW 2022, 3; Nietsch/Wiedmann, Der Regierungsentwurf eines Gesetzes über die unternehmerischen Sorgfaltspflichten in der Lieferkette, CCZ 2021, 101; Ott/Lüneborg/Schmelzeisen, Zur Anwendung des Lieferkettensorgfaltspflichtengesetzes im Konzern, DB 2022, 238; Seibt/Vesper-Gräske, Lieferkettensorgfaltspflichtengesetz, CB 2021, 357; Spindler, Der Vorschlag einer EU-Lieferketten-Richtlinie, ZIP 2022, 765; Spindler, Verantwortlichkeit und Haftung in Lieferantenketten – das Lieferkettensorgfaltspflichtengesetz aus nationaler und europäischer Perspektive, ZHR 186 (2022), 67; Stave/Velte, Regulierung eines nachhaltigen Lieferkettenmanagements, DB 2021, 1791; Stemberg, Zur substantiierten Kenntnis nach § 9 Abs. 3 Lieferkettensorgfaltspflichtengesetz, NZG 2022, 1093; Stöbener de Mora/Noll, Grenzenlose Sorgfalt – Das Lieferkettensorgfaltspflichtengesetz (Teil 1), NZG 2021, 1237; Thalhammer, Das umstrittene Lieferkettensorgfaltspflichtengesetz – Ein juristischer Blick auf Kritik aus Zivilgesellschaft, Wirtschaft und Politik, DÖV 2021, 825; Wagner, Haftung für Menschenrechtsverletzungen in der Lieferkette, ZIP 2021, 1095; Wagner/Ruttloff, Das Lieferkettensorgfaltspflichtengesetz – Eine erste Einordnung, NJW 2021, 2145; Wagner/Ruttloff/Wagner/Hahn, Der Entwurf des Sorgfaltspflichtengesetzes, CB 2021, 89; Wagner/Schuler, RL-Entwurf der EU-Kommission zu unternehmerischen Sorgfaltspflichten im Bereich der Nachhaltigkeit, ESG 2022, 34.

Übersicht

I. Grundlagen

1. Regelungsgegenstand. § 9 regelt die Sorgfaltspflichten des Unternehmens im Bereich seiner mittelbaren Zulieferer. Die Norm ist Teil und Ausdruck des abgestuften Pflichtensystems für das Unternehmen entlang seiner Lieferkette.[1] Nach der Konzeption des LkSG sind die Pflichten des Unternehmens – jenseits von der Pflicht zur Einrichtung eines Beschwerdeverfahrens gemäß §§ 8, 9 Abs. 1 – grundsätzlich auf den eigenen Geschäftsbereich sowie auf seine unmittelbaren Zulieferer beschränkt.[2] Zusätzlich sieht § 9 eine **anlassbezogene Erweiterung** der Pflichten auch auf mittelbare Zulieferer vor.[3] Der Auslöser für diese Pflichtenerweiterung liegt vor, wenn dem Unternehmen Anhaltspunkte vorliegen, die eine Verletzung einer menschenrechtlichen oder umweltbezogenen Pflicht möglich erscheinen lassen. Diesen Zustand nennt das Gesetz substantiierte Kenntnis (→ Rn. 16 ff.). Folglich trägt die Norm den Charakter eines Ausnahmetatbestands. 1

Anders als in der Literatur teilweise[4] formuliert bedeutet die anlassbezogene Pflichtenerweiterung des § 9 keinesfalls, dass ein Unternehmen einen mittelbaren Zulieferer bei Vorliegen substantiierter Kenntnis wie einen unmittelbaren Zulieferer zu behandeln hat. Vielmehr normiert § 9 Abs. 3 ein **eigenes, selbstständiges Pflichtenprogramm** für mittelbare Zulieferer.[5] Dieses ist weniger intensiv als dasjenige, welches das Gesetz für unmittelbare Zulieferer vorsieht.[6] Insbesondere sind die Pflichten bezüglich der mittelbaren Zulieferer stets nur anlassbezogen auszuführen (zum Begriff der Anlassbezogenheit → Rn. 55 ff.). 2

Da das Unternehmen in Bezug auf seine mittelbaren Zulieferer erst tätig werden muss, wenn eine Verletzung bereits möglich erscheint, hat das Tätigwerden des Unternehmen in Bezug auf diese Verletzung nach § 9 hauptsächlich **reaktive Natur.**[7] Ziel ist, die Ver- 3

[1] Vgl. zum abgestuften Pflichtensystem auch Ott/Lüneborg/Schmelzeisen DB 2022, 238 (242).
[2] Vgl. Koch MDR 2022, 1 (3); Wagner ZIP 2021, 1095 (110); Wagner/Ruttloff/Wagner LkSG-HdB/Wagner/Wagner Rn. 789.
[3] Gehling/Ott/Lüneborg CCZ 2021, 230 (236); Grabosch Das neue LkSG/Grabosch § 5 Rn. 9.
[4] So Ehmann/Berg GWR 2021, 287 (290): „Im Ergebnis ist also der mittelbare Zulieferer bei Vorliegen „substantiierter Kenntnis" nahezu wie ein unmittelbarer Zulieferer im Sinne des LkSG zu behandeln."; Frank/Edel/Heine/Heine BB 2021, 2165 (2169); Falder/Frank-Fahle/Poleacov LkSG 43.
[5] S. Stemberg NZG 2022, 1093 (1094 f.).
[6] Vgl. Ott/Lüneborg/Schmelzeisen DB 2022, 238 (242); Stave/Velte DB 2021, 1791 (1798).
[7] Gehling/Ott/Lüneborg CCZ 2021, 230 (236 f.).

letzung zu beseitigen bzw. zu minimieren. Ein proaktives Tätigwerden, zB durch das Identifizieren möglicher Risiken ist vom Gesetz – anders als im eigenem Geschäftsbereich oder bei unmittelbaren Zulieferern – für mittelbare Zulieferer regelmäßig gerade nicht vorgesehen[8] (→ Rn. 14). Gleichzeitig wird das Unternehmen aber gemäß § 9 auch zu Handlungen verpflichtet, die nicht in direktem Konnex mit der die Pflichten auslösenden möglichen Verletzung stehen. So besitzen die vorzunehmende Risikoanalyse und die zu verankernden Präventionsmaßnahmen **präventiven Charakter.** Denn durch beide sollen gerade zukünftige Risiken und Verletzungen identifiziert bzw. vermieden werden.

4 § 9 Abs. 1–3 normieren das Pflichtenprogramm des Unternehmens bezüglich seiner mittelbaren Zulieferer. Abs. 1 weitet den Fokus des Beschwerdeverfahrens gemäß § 8 auch auf menschenrechtliche oder umweltbezogene Risiken sowie auf Verletzungen menschenrechtlicher oder umweltbezogener Pflichten aus, die durch das wirtschaftliche Handeln eines mittelbaren Zulieferers entstanden sind (→ Rn. 10 f.). Abs. 2 und Abs. 3 begründen Pflichten bezüglich der Anpassung des Risikomanagementsystems. Dabei enthält Abs. 2 die allgemeine Pflicht zur Anpassung, die Abs. 3 dann konkretisiert (→ Rn. 12 ff.). Schließlich enthält Abs. 4 eine Verordnungsermächtigung für das Ministerium für Arbeit und Soziales zur näheren Regelung der Pflichten des Abs. 3 (→ Rn. 87 ff.).

5 **2. Gesetzgebungsverfahren.** Im Gesetzgebungsprozess war der Umgang mit mittelbaren Zulieferern höchst umstritten.[9] Einerseits wurde befürchtet, eine Erstreckung der Unternehmenspflichten auf mittelbare Zulieferer würde Unternehmen vor unlösbare Aufgaben stellen.[10] Andererseits wurde einem Gesetz, welches keine Pflichten gegenüber mittelbaren Zulieferern begründet und damit weite Teile der Lieferkette nicht beachtet, die Wirksamkeit abgesprochen.[11] Die im Gesetz getroffene Regelung stellt insoweit einen **politischen Kompromiss** dar:[12] Mittelbare Zulieferer werden unter bestimmten Bedingungen vom Gesetz erfasst, dies aber nur unter der Bedingung, dass das Unternehmen substantiierte Kenntnis von möglichen Verletzungen hat. Der Begriff der substantiierten Kenntnis wurde allerdings vom Gesetzgeber nur unzureichend definiert. Daher ranken sich darum viel Verwirrung und Unklarheit (zur substantiierten Kenntnis → Rn. 16 ff.).

6 Durch die Begrenzung der Sorgfaltspflichten in Bezug auf mittelbare Zulieferer weicht das LkSG von der Konzeption der **UN-Leitprinzipien** ab, an denen sich das Gesetz an vielen anderen Stellen orientiert. Diese sehen gerade keine Begrenzung der Sorgfaltspflichten des Unternehmens auf lediglich unmittelbare Zulieferer vor.[13] Vielmehr wird dort bereits anlasslos die gesamte Lieferkette erfasst. Diese Abweichung von der Konzeption der

[8] Vgl. Grabosch Das neue LkSG/Grabosch § 2 Rn. 100.

[9] S. dazu auch Grabosch Das neue LkSG/Grabosch § 2 Rn. 100; Stemberg NZG 2022, 1093 (1093 f.); vgl. zur Kritik am LkSG Thalhammer DÖV 2021, 825.

[10] S. zB Stellungnahme Deutsches Aktieninstitut zum RegE LkSG vom 3.3.2021, mit dem Titel „Lieferkette auf unmittelbare Zulieferer Begrenzen – Deutsches Sorgfaltspflichtengesetz muss in der Unternehmenspraxis umsetzbar sein."; MdB Carl-Julius Cronenberg, FDP, Zweite und dritte Beratung des von der Bundesregierung eingebrachten Entwurfs des LkSG, am 11.6.2021, BT-Plenar-Prot. 19/234, 30257: „Ihr Meilenstein droht zum Mühlstein zu werden.".

[11] S. die Bitte des BR, BR-Drs. 239/1/21, 8: „im Gesetzentwurf in geeigneter Weise klarzustellen, dass auch bei mittelbaren Zulieferern ein vorausschauendes präventives Risikomanagement erforderlich ist."; vgl. auch MdB Eva-Maria Schreiber, Die Linke, Erste Beratung des von der Bundesregierung eingebrachten Entwurfs des LkSG, am 22.4.2021, Plenar-Prot. 19/224, 28437: „In vollem Umfang beziehen sich Sorgfaltspflichten derzeit nur noch auf direkte Vertragspartner. Das ist absurd; denn die meisten Menschenrechtsverletzungen passieren am Anfang der Lieferketten …"; ebenso MdB Uwe Kekritz, Bündnis 90/Die Grünen, Erste Beratung des von der Bundesregierung eingebrachten Entwurfs des LkSG, am 22.4.2021, BT-Plenar-Prot. 19/224, 28436: „Ihr Entwurf verstößt auch klar gegen die UN-Leitprinzipien, indem Sie die Lieferkette im Prinzip nur auf die direkten Vertragspartner beschränken."; vgl. auch zum erlassenen Gesetz Mittwoch/Bremenkamp KritV 2021, 207 (221); s. zur Forderung nach einer Ausweitung auf mittelbare Zulieferer Thalhammer DÖV 2021, 825 (834 f.).

[12] Vgl. Nasse RAW 2022 3 (10); Spindler ZHR 186 (2022), 67 (88); Stemberg NZG 2022, 1093 (1093 f.).

[13] Eingehend Mittwoch/Bremenkamp KritV 2021, 207 (221 f.); eine mögliche indirekte Begrenzung auf unmittelbare Zulieferer erwägend Thalhammer DÖV 2021, 825 (835).

UN-Leitprinzipien wurde auch von deren geistigen Vater John Ruggie in einem Brief an die zuständigen Bundesminister kritisiert.[14]

3. Auswirkungen der geplanten EU-RL. Das abgestufte Pflichtensystem des LkSG, 7
wonach Pflichten im Bereich mittelbarer Zulieferer nur anlassbezogen entstehen, wird im Entwurf der EU-Kommission zur Richtlinie über Nachhaltigkeitspflichten von Unternehmen (Corporate Sustainability Due Diligence Directive)[15] nicht aufgenommen.[16] Stattdessen erfasst der Vorschlag die Unternehmen selbst, deren Tochterunternehmen und darüber hinaus die gesamte Wertschöpfungskette, worunter alle Unternehmen mit direkten oder indirekten Geschäftsbeziehungen fallen.[17] So haben die Unternehmen gemäß Art. 6 Abs. 1 Lieferketten-RL-E tatsächliche und potenzielle nachteilige Auswirkungen auf die Menschenrechte und die Umwelt zu ermitteln, die sich aus ihrer eigenen Tätigkeit oder der ihrer Tochtergesellschaften und, sofern sie mit ihren Wertschöpfungsketten in Verbindung stehen, aus ihren etablierten Geschäftsbeziehungen ergeben. Für die Reichweite des Pflichtenprogrammes, das ein Unternehmen nach dem Richtlinienentwurf zu erfüllen hat, dürfte dieser Begriff der etablierten Geschäftsbeziehung zentral sein. Gemäß Art. 3 lit. f Lieferketten-RL-E wird eine solche Geschäftsbeziehung definiert als eine direkte oder indirekte Geschäftsbeziehung, die aufgrund ihrer Intensität oder Dauer dauerhaft ist oder voraussichtlich dauerhaft sein wird und nicht nur einen unbedeutenden oder untergeordneten Teil der Wertschöpfungskette darstellt.

Darüber, was genau nach dieser Definition unter einer etablierten Geschäftsbeziehung zu 8
verstehen ist, herrscht noch Unklarheit. Mittelbare Zulieferer dürften jedoch regelmäßig unter den Begriff der indirekten Geschäftsbeziehung fallen.[18] In der Konzeption des Richtlinienentwurfs dürfte daher zumindest im Anwendungsbereich der Sorgfaltspflichten eine Verschärfung gegenüber dem LkSG liegen. Jedenfalls wird die Unterscheidung zwischen mittelbaren und unmittelbaren Zulieferern damit nicht übernommen.[19] Insoweit ist zu erwarten, dass der deutsche Gesetzgeber bei einer Umsetzung des Richtlinienentwurfs eine Streichung oder Abänderung des § 9 vorzunehmen hätte.

4. Mittelbarer Zulieferer. Der Begriff des mittelbaren Zulieferers wird vom Gesetz in 9
§ 2 Abs. 8 definiert. Demnach erfasst er sämtliche Unternehmen, die keine unmittelbaren Zulieferer iSd § 2 Abs. 8 sind und deren Zulieferungen für die Herstellung des Produkts des vom Gesetz adressierten Unternehmens oder zur Erbringung und Inanspruchnahme der

[14] John Ruggie, Letter to Peter Altmaier, Hubertus Heil, and Gerd Müller, 9.3.2021, https://shiftproject.org/wp-content/uploads/2021/03/Shift_John-Ruggie_Letter_German-DD.pdf (zuletzt abgerufen am 5.7.2022), Punkt 1: „Although the draft law defines the concept of supply chain broadly to include the entire value chain, the specific obligations on companies to proactively identify risks and take action to address them apply only to the company's own operations and its direct suppliers – that is, to Tier 1 suppliers. In contrast, the UNGPs and the OECD Guidelines cover the full spectrum of value chain actors, for the simple reason that Tier 1 suppliers typically are not the biggest source of the problem. True, this can vary by industry sector, but for a significant number of German companies this is not where the most severe risks will lie – for example, in footwear and apparel, food and beverages, automobile parts, and others. A focus on Tier 1 alone would lead companies to focus on relationships that are less likely to pose significant human rights risks, while ignoring others (beyond Tier 1) where the probability of such risks is higher.".

[15] Vorschlag für eine RL des Europäischen Parlaments und des Rates über die Sorgfaltspflichten von Unternehmen im Hinblick auf Nachhaltigkeit und zur Änderung der RL 2019/1937/EU, COM (2021) 71.

[16] Charnitzky/Weigel RIW 2022, 413 (418); Jung GPR 2022, 109 (114); Spindler ZIP 2022, 765 (772); s. auch Wagner/Schuler ESG 2022, 34 (39); Wagner/Ruttloff/Wagner LkSG-HdB/Wagner/Wagner Rn. 23; krit. hierzu DAV-Handelsrechtsausschuss NZG 2022, 909 (910).

[17] Vgl. Vorschlag für eine Richtlinie des Europäischen Parlaments und des Rates über die Sorgfaltspflichten von Unternehmen im Hinblick auf Nachhaltigkeit und zur Änderung der Richtlinie (EU) 2019/1937, COM (2022) 71 final; 2022/0051 (COD), Erwägungsgrund 15: „Unternehmen sollten geeignete Schritte unternehmen, um in Bezug auf ihre eigene Geschäftstätigkeit, ihre Tochterunternehmen sowie ihre etablierten direkten oder indirekten Geschäftsbeziehungen entlang ihrer Wertschöpfungsketten gemäß den Bestimmungen dieser Richtlinie Maßnahmen zur Erfüllung der Sorgfaltspflicht einzuführen und durchzuführen.".

[18] S. auch Charnitzky/Weigel RIW 2022, 413 (416).

[19] Vgl. auch Lutz-Bachmann/Vorbeck/Wengenroth BB 2022 835 (837); Wagner/Schuler ESG 2022, 34 (39).

betreffenden Dienstleistungen notwendig sind (→ § 2 Rn. 254). Gemäß der gesetzlichen Fiktion in § 5 Abs. 1 S. 2 gilt ein mittelbarer Zulieferer allerdings dann als unmittelbarer Zulieferer, wenn ein Unternehmen eine missbräuchliche Gestaltung oder ein Umgehungsgeschäft vorgenommen hat (→ § 5 Rn. 41 ff.).[20] In diesen Fällen liegt gerade kein mittelbarer Zulieferer iSd § 9 vor.[21] Zudem kennt das Gesetz keine Beschränkung auf bspw. die „zweite Reihe" der Zulieferer, also die unmittelbaren Zulieferer der unmittelbaren Zulieferer.[22] § 9 erfasst damit alle mittelbaren Zulieferer in der gesamten Lieferkette.

II. Pflichten zur Ausweitung des Beschwerdeverfahrens (Abs. 1)

10 Nach § 9 Abs. 1 muss das Unternehmen sein Beschwerdeverfahren nach § 8 so einrichten, dass Personen auch auf menschenrechtliche oder umweltbezogene Risiken sowie auf Verletzungen menschenrechtlicher oder umweltbezogener Pflichten hinweisen können, die durch das wirtschaftliche Handeln eines mittelbaren Zulieferers entstanden sind. Die Norm ist dabei nicht als eigenständige Sorgfaltspflicht iSd § 3 Abs. 1 zu verstehen. Vielmehr erweitert sie die Pflicht zur Einrichtung eines Beschwerdeverfahrens nach § 3 Abs. 1 Nr. 7.

11 Da das Beschwerdeverfahren nach § 8 bereits als Popularbeschwerde ausgestaltet ist (→ § 8 Rn. 28), liegt hierin keine Erweiterung des Personenkreises der Beschwerdeführer.[23] Das Verfahren steht sowohl in Bezug auf den eigenen Geschäftsbereich, in Bezug auf unmittelbare Zulieferer sowie auch auf mittelbare Zulieferer jedermann offen. Eine Verletzung des Beschwerdeführers ist gerade nicht erforderlich.[24] Erweitert werden allerdings die möglichen **Beschwerdegegenstände** (→ § 8 Rn. 21 ff.). So vergrößert Abs. 1 den Fokus des Beschwerdeverfahrens auf Risiken und Verletzungen, die durch das Handeln von mittelbaren Zulieferern entstanden sind. In der Folge sind Risiken und Pflichtverletzungen entlang der gesamten Lieferkette tauglicher Gegenstand einer Beschwerde.

III. Anpassungspflicht für das Risikomanagements (Abs. 2 und 3)

12 § 9 Abs. 2 enthält für das Unternehmen eine Pflicht, sein Risikomanagement iSv § 4 (→ § 4 Rn. 6 ff.) so anzupassen, dass die Anforderungen von Abs. 3 erfüllt werden. Diese Pflicht ist gemäß § 3 Abs. 1 Nr. 8 Teil des Sorgfaltspflichtenprogrammes (→ § 3 Rn. 42). Dabei statuiert Abs. 2 nur eine generelle Anpassungspflicht, trifft aber weder Aussagen zum Anlass der Anpassung noch dazu, wie genau diese inhaltlich vorzunehmen ist. Beides wird in Abs. 3 geregelt. Abs. 3 enthält damit die konkreten Anforderungen an das Risikomanagement in Bezug auf mittelbare Zulieferer. Daher sind Absatz 2 und 3 stets im Zusammenhang zu lesen.

13 Grundsätzlich treffen die Unternehmen bezüglich ihrer mittelbaren Zulieferer keine Pflichten. Hat das Unternehmen jedoch substantiierte Kenntnis von einer möglichen Verletzung einer menschenrechtlichen oder umweltbezogenen Pflicht bei mittelbaren Zulieferern, so sind unverzüglich und anlassbezogen die in Abs. 3 genannten Maßnahmen zu treffen (zu den einzelnen Maßnahmen → Rn. 58 ff.). Die substantiierte Kenntnis wird damit zum Kernbegriff des Abs. 3. Sie entscheidet darüber, ob ein Unternehmen in Bezug auf seine mittelbaren Zulieferer Pflichten nach dem LkSG treffen.

14 **1. Keine ungeschriebene Pflicht zur anlasslosen Informationsbeschaffung im Bereich mittelbarer Zulieferer.** Teilweise wird angenommen, das Gesetz verlange in Bezug auf mittelbare Zulieferer bestimmte Überwachungspflichten, die auch ohne einen

[20] Vgl. auch Seibt/Vesper-Gräske CB 2021, 357 (360).
[21] Vgl. auch Frank/Edel/Heine/Heine BB 2021, 2165 (2169).
[22] Vgl. Spindler ZHR 186 (2022), 67 (88 f.).
[23] S. zur Änderung der Beschwerdebefugnis im Gesetzgebungsverfahren die Beschlussempfehlung des Ausschusses für Arbeit und Soziales, BT-Drs. 19/30505, 42.
[24] So aber Dutzi/Schneider/Hasenau Der Konzern 2021, 454 (459); missverständlich auch Heinen, Deliktische Sorgfaltspflichten in transnationalen Lieferketten, 2022, 85.

Anlass gemäß Abs. 3 bestünden. Dies reicht von der Pflicht, seine mittelbaren Zulieferer zu kennen[25] bis hin zu einer Pflicht, wonach ein Unternehmen Vorsorge dafür treffen müsse, „dass es Kenntnis von jeglichen menschenrechtlichen und umweltbezogenen Risiken entlang seiner unzähligen Lieferketten erlangt."[26] Für derartige Pflichten gibt es im Gesetzestext allerdings keine Anhaltspunkte.[27] Zudem widerspricht dies dem abgestuften Sorgfaltspflichtenkonzept, das dem Gesetz zugrunde liegt (→ Rn. 1). Das Unternehmen treffen ohne Anlass gerade keine Pflichten bezüglich seiner mittelbaren Zulieferer, die über die Einrichtung eines Beschwerdeverfahrens gemäß § 8 hinausgehen. Ein Unternehmen darf sich jedoch der Kenntniserlangung über eine mögliche Verletzung bei einem mittelbaren Zulieferer nicht bewusst verschließen.[28]

Verschiedentlich wird eine **bedenkliche Anreizwirkung** kritisiert, die davon ausgehe, 15
dass Unternehmen keine anlasslosen Pflichten bezüglich ihrer mittelbaren Zulieferer treffen.[29] Diejenigen Unternehmen, die ihre mittelbaren Zulieferer freiwillig überwachten, würden dafür „bestraft", indem sie schneller den Maßstab der substantiierten Kenntnis (→ Rn. 16 ff.) von Verletzungen erreichten als solche Unternehmen, die so lange wegschauten, bis die Grenze des bewussten Verschließens erreicht sei. In der Tat ist es dem Gesetzgeber nicht gelungen, dieses Anreizproblem adäquat auszuräumen. Allerdings ist zu bedenken, dass Unternehmen verpflichtet sind, unverzüglich auf die substantiierte Kenntnis einer möglichen Verletzung zu reagieren und folglich auch die Ressourcen für ein unverzügliches Tätigwerden bereitzuhalten (→ Rn. 54). Diejenigen Unternehmen, die auf ein effektives Frühwarnsystem für den Bereich der mittelbaren Zulieferer verzichten, müssen dafür Sorge tragen, dass sie rechtzeitig Maßnahmen nach Abs. 3 ergreifen können.[30] Sie werden hier mehr Ressourcen vorhalten müssen als ein Unternehmen, welches aufgrund guter Kontakte zu seinen mittelbaren Zulieferern frühzeitig von möglichen Verletzungen erfährt.[31]

2. Substantiierte Kenntnis. Das Gesetz stellt in der Legaldefinition drei Anforderungen 16
an das Vorliegen substantiierter Kenntnis.[32] Zum einen muss sich die Kenntnis auf eine mögliche Verletzung einer menschenrechtsbezogenen oder umweltbezogenen Pflicht beziehen (→ Rn. 28 ff.). Diese Verletzung muss bei einem mittelbaren Zulieferer vorliegen (→ Rn. 42 ff.). Schließlich muss diese Kenntnis insoweit substantiiert sein, als dass sie gerade aufgrund tatsächlicher Anhaltspunkte möglich erscheint (→ Rn. 23 ff.).

Trotz der, auch politisch aufgeladenen, Schlüsselposition des Begriffs der substantiierten 17
Kenntnis ist der Wortlaut des Gesetzes nicht eindeutig formuliert.[33] Wohl auch deshalb ist seine **Auslegung unklar und umstritten.**[34] Teilweise wird er weit ausgelegt, was eine Erstreckung der Pflichten des Unternehmens auf große Teile der Lieferkette zur Folge

---

[25] Ehmann ZVertriebsR 2021, 141 (149).

[26] Nietsch/Wiedmann CCZ 2021, 101 (108).

[27] Vgl. auch Harings/Jürgens LkSG 69; Mittwoch/Bremenkamp KritV 2021, 207 (221); Stemberg NZG 2022, 1093 (1095); Wagner/Ruttloff/Wagner LkSG-HdB/Wagner/Wagner Rn. 793, die ausdrücklich keine Nachforschungspflicht des Unternehmens annehmen.

[28] Stemberg NZG 2022, 1093 (1095).

[29] S. zB Grabosch Das neue LkSG/Grabosch § 2 Rn. 115 unter der Überschrift: „Unwissenheit als wirtschaftlicher Vorteil?"; Krebs ZUR 2021, 394 (397); vgl. auch Heinen, Deliktische Sorgfaltspflichten in transnationalen Lieferketten, 2022, 86.

[30] Grabosch Das neue LkSG/Grabosch § 2 Rn. 115.

[31] Ähnlich Wagner/Ruttloff/Wagner LkSG-HdB/Wagner/Wagner Rn. 793.

[32] Eingehend zum Begriff Stemberg NZG 2022, 1093 (1096 ff.).

[33] So unternimmt selbst die Gesetzesbegründung zwei unterschiedliche Anläufe für eine Definition des Begriffs: RegE LkSG, BT-Drs. 19/28649, 50: „Von einer substantiierten Kenntnis ist auszugehen, … Substantiierte ist die Kenntnis, wenn …", vgl. auch Kubis/Tödtmann Vorstand-HdB/Hettich/Charnitzky § 14 Rn. 277: „vage und offen"; krit. auch Spindler ZHR 186 (2022), 67 (89).

[34] Vgl. zB Herrmann/Rünz DB 2021, 3078 (3079): „Wie streng wiederum der anzulegende Maßstab an ein derartiges „Möglicherscheinenlassen" sein wird, bleibt abzuwarten."; krit. auch Kubis/Tödtmann Vorstand-HdB/Hettich/Charnitzky § 14 Rn. 277, wonach der Begriff „eine praktisch handhabbare Präzisierung noch vermissen [lässt]"; Klinner IWRZ 2021, 243 (245).

hat.[35] Andere sprechen sich explizit für eine enge Auslegung aus, um Unternehmen nicht zu überfordern.[36]

18 **a) Allgemeines.** Gemäß dem Gesetzestext besteht substantiierte Kenntnis, wenn dem Unternehmen tatsächliche Anhaltspunkte vorliegen, die eine Verletzung einer menschenrechtlichen oder einer umweltbezogenen Pflicht bei mittelbaren Zulieferern möglich erscheinen lassen. Das Gesetz enthält eine Legaldefinition des Begriffs der substantiierten Kenntnis, die spät im Gesetzgebungsverfahren durch den Ausschuss für Arbeit und Soziales ergänzt wurde.[37] Diese erschwert die Handhabung des Begriffs der substantiierten Kenntnis.

19 Zum Verständnis des Begriffes ist es hilfreich, dessen **Gesetzgebungsgeschichte** zu beleuchten. Der Text des Regierungsentwurfs lautete noch: „Erlangt das Unternehmen substantiierte Kenntnis über eine mögliche Verletzung einer geschützten Rechtsposition oder einer umweltbezogenen Pflicht bei mittelbaren Zulieferern, so hat es anlassbezogen unverzüglich …“.[38] Die Regierungsbegründung enthielt sodann Hinweise zum Begriff der substantiierten Kenntnis. Diese hatten im Wesentlichen den Inhalt der jetzigen Legaldefinition.[39] Erst der Ausschuss für Arbeit und Soziales fügte schließlich die Legaldefinition, wie sie heute im Gesetz zu finden ist, ein. Ziel des Ausschusses war dabei keine inhaltliche Änderung, sondern lediglich die „Präzisierung“ des Gesetzes.[40]

20 Die eingefügte **Legaldefinition** trägt allerdings entgegen der Intention des Gesetzgebers wenig zur Präzisierung bei.[41] Nach der Stellung der Klammerdefinition müsste der Begriff „substantiierte Kenntnis“ durch den davorstehenden Satzteil definiert sein. Der Begriff selbst dürfte keine inhaltliche Ergänzung vornehmen, vielmehr lediglich den vorherigen Gesetzestext zusammenfassen. Dies gelingt aber nicht. So enthält die Klammerdefinition den Begriff der Kenntnis, der aber in dem vorigen Satzteil nicht auftaucht. Insoweit könnte man im Vorliegen tatsächlicher Anhaltspunkte ein Kenntniselement sehen, die Funktion dieses Begriffs ist aber die Substantiierung der Kenntnis. Andererseits fehlt in der Klammerdefinition der Gegenstand der substantiierten Kenntnis. Dieser – nämlich die mögliche Verletzung – findet sich nur in der vorhergehenden Definition. „Substantiierte Kenntnis“ sollte daher als „substantiierte Kenntnis einer möglichen Verletzung“ gelesen werden. Letztlich ist die Klammerdefinition nur Abkürzung für den vorstehenden Gesetzestext, weshalb dieser allein relevant sein sollte.

21 Zusätzlich ist der Begriff der Substantiiertheit auch unglücklich gewählt. Er legt nahe, dass es sich um eine qualifizierte Kenntnis handeln muss. Betrachtet man jedoch die Definition der substantiierten Kenntnis in Gänze, so sind die Anforderungen daran einerseits angehoben, andererseits aber auch abgesenkt. Qualifiziert werden die Anforderung dadurch, dass die Kenntnis aufgrund tatsächlicher Anhaltspunkte vorliegen muss. Insoweit ist die erforderliche Kenntnis „substantiiert“ im allgemeinen Wortsinn. Eine Absenkung des Standards, der normalerweise mit einfacher Kenntnis verbunden wäre, wird jedoch dadurch

[35] Vgl. Falder/Frank-Fahle/Poleacov LkSG 43; Krebs ZUR 2021, 394 (397 f.); s. auch Seibt/Vesper-Gräske CB 2021 357 (360): „wird die gesetzessystematisch als Ausnahme geregelte Überprüfung mittelbarer Zulieferer der praktische Regelfall sein“.

[36] DAV-Ausschüsse Corporate Social Responsibility und Compliance, Handelsrecht sowie Menschenrechte NZG 2021, 546 (552); Gehling/Ott/Lüneborg CCZ 2021, 230 (237); Stöbener de Mora/Noll NZG 2021, 1237 (1242); gegen eine extensive Auslegung auch Mittwoch/Bremenkamp KritV 2021, (207).

[37] S. Beschlussempfehlung des Ausschusses für Arbeit und Soziales, BT-Drs. 19/30505, 42.

[38] RegE LkSG, BT-Drs. 19/28649, 14.

[39] RegE LkSG, BT-Drs. 19/28649, 50: „Von einer substantiierten Kenntnis ist auszugehen, wenn dem Unternehmen tatsächliche Anhaltspunkte vorliegen, die eine menschenrechtliche oder umweltbezogene Verletzung bei einem mittelbaren Zulieferer möglich erscheinen lassen – etwa über das Beschwerdeverfahren gemäß § 8, über eigene Erkenntnisse, über die zuständige Behörde oder aber durch andere Informationsquellen.“.

[40] S. Beschlussempfehlung des Ausschusses für Arbeit und Soziales, BT-Drs. 19/30505, 42: „Die Änderung dient der Präzisierung des Gesetzes. Der Begriff „substantiierte Kenntnis“ wird legal definiert.“.

[41] S. hierzu Stemberg NZG 2022, 1093 (1096).

geschaffen, dass keine „gesicherte" Kenntnis gefordert wird, sondern die Anhaltspunkte eine Verletzung lediglich „möglich erscheinen lassen" müssen. Insoweit ist die Kenntnis jedenfalls nicht substantiiert nach dem allgemeinen Verständnis des Wortes, sie ist vielmehr gerade unsubstantiiert, da sie sich nur auf eine mögliche Verletzung und nicht auf eine sicher eingetretene Verletzung beziehen muss.[42]

Eine Klarstellung des Begriffs der substantiierten Kenntnis ist auch nicht durch die nach Abs. 4 zu erlassende Rechtsverordnung zu erwarten (zur Verordnungsermächtigung auch → Rn. 87 ff.), denn diese beschränkt sich ausdrücklich auf die Pflichten gemäß Abs. 3. Die entsprechenden Pflichten finden sich aber in den Nr. 1–4 und nicht in der vorgeschalteten Regelung, die das Eingreifen dieser Pflichten regelt.[43] 22

b) Tatsächliche Anhaltspunkte. Damit eine Kenntnis einer möglichen Verletzung substantiiert im Sinne des Abs. 3 ist, muss sie auf tatsächlichen Anhaltspunkten beruhen. Diese stellen besondere Anforderungen an die Grundlage, auf der die substantiierte Kenntnis beruht. In der Formulierung besteht eine deutliche Ähnlichkeit zu den tatsächlichen Umständen des § 2 Abs. 2 und 3. Diese werden dort im Rahmen der Risikodefinition vorausgesetzt (vgl. → § 2 Rn. 55 f.). Der Begriff der tatsächlichen Anhaltspunkte qualifiziert die erforderliche Kenntnis. Gleichzeitig dürften die tatsächlichen Anhaltspunkte nur für Fälle der möglichen Verletzung relevant sein. Denn wenn **gesicherte Kenntnis** des Unternehmens von einer Verletzung einer menschenrechtsbezogenen oder umweltbezogenen Pflicht vorliegt, wird in jedem Fall substantiierte Kenntnis vorliegen. 23

Tatsächliche Anhaltspunkte sind laut Gesetzesbegründung **objektiv überprüfbare und ernst zu nehmende Informationen**.[44] Dies grenzt sie von Meinungen oder bloßen Gerüchten ab.[45] Die Anhaltspunkte können grundsätzlich aus jeder möglichen Informationsquelle entspringen.[46] Eine der wichtigsten Informationswege wird in der Rechtspraxis das Beschwerdeverfahren gemäß § 8 darstellen.[47] Die Gesetzesbegründung nennt daneben als potentielle Quellen etwa eigene Erkenntnisse oder Informationen der zuständigen Behörden.[48] Die Gesetzesbegründung nennt weiterhin als mögliche Beispiele Berichte über die schlechte Menschenrechtslage in der Produktionsregion, die Zugehörigkeit eines mittelbaren Zulieferers zu einer Branche mit besonderen menschenrechtlichen oder umweltbezogenen Risiken sowie frühere Vorfälle beim mittelbaren Zulieferer.[49] In der Diskussion über den Begriff der substantiierten Kenntnis scheinen diese Beispiele der Gesetzesbegründung oftmals so verstanden zu werden, dass sie Beispiele für das Vorliegen substantiierter Kenntnis seien.[50] Dies ist aber nicht der Fall.[51] So geht die Gesetzesbegründung nicht davon aus, dass die genannten Beispiele automatisch zum Vorliegen substantiierter Kenntnis führen, sondern spricht ausdrücklich nur davon, dass sie als tatsächlichen Anhaltspunkte in Frage kommen. Keinesfalls sagt die Entwurfsbegründung, dass bei jedem der genannten Fälle sofort substantiierte Kenntnis vorliegt. Dies dürfte mit dem Gesetzeswortlaut auch kaum vereinbar sein.[52] 24

---

[42] AA Grabosch Das neue LkSG/Grabosch § 2 Rn. 112, der die Substantiiertheit lediglich als „einschränkendes Merkmal" betrachtet.

[43] So auch RegE LkSG, BT-Drs. 19/28649, 51: „Absatz 4 enthält eine Verordnungsermächtigung, die Pflichten nach Absatz 3 Nummern 1 bis 4 näher auszugestalten."; aA Grabosch Das neue LkSG/Grabosch § 2 Rn. 114.

[44] RegE LkSG, BT-Drs. 19/28649, 50.

[45] Grabosch Das neue LkSG/Grabosch § 2 Rn. 99, 113.

[46] Frank/Edel/Heine/Heine BB 2021, 2165 (2169); Helck BB 2021, 1603 (1606).

[47] Vgl. Frank/Edel/Heine/Heine BB 2021, 2165 (2169); Lutz-Bachmann/Vorbeck/Wengenroth BB 2021, 906 (909); Nietsch/Wiedmann CCZ 2021, 101 (108).

[48] RegE LkSG, BT-Drs. 19/28649, 51.

[49] RegE LkSG, BT-Drs. 19/28649, 50.

[50] Ein sofortiges Vorliegen substantiierter Kenntnis nehmen zB an Brunk, Menschenrechtscompliance, 2022, 478 f.; Gehling/Ott/Lüneborg CCZ 2021, 230 (237); Stöbener de Mora/Noll NZG 2021, 1237 (1242); so wohl auch Nasse RAW 2022 3, 10; ähnlich Falder/Frank-Fahle/Poleacov LkSG 43.

[51] Stemberg NZG 2022, 1093 (1097).

[52] Krit. zur Regierungsbegründung zB Lutz-Bachmann/Vorbeck/Wengenroth BB 2021, 906 (909): „entgegen dem Wortlaut".

25 Die Anhaltspunkte bzw. die Informationen darüber müssen für das Unternehmen **überprüfbar** sein.[53] Die Verortung der Verletzung in der Lieferkette muss für das Unternehmen mit zumutbaren Bemühungen möglich sein.[54] Dies folgt aus dem Wortlaut „tatsächlich" und der Gesetzessystematik, die gerade mögliche, also tatsächlich unsichere Verletzungen, erfassen will. Überprüfbarkeit setzt voraus, dass die Anhaltspunkte einen gewissen Grad der Konkretisierung erreichen, damit das Unternehmen in die Lage versetzt wird, sie zu verifizieren. Vage und unklare Informationen genügen dafür nicht. Insoweit besteht eine Ähnlichkeit zur Voraussetzung, dass die mögliche Verletzung bei einem Zulieferer des Unternehmens vorliegen muss (→ Rn. 42 ff.).

26 Aus der Verwendung des Begriffs „Anhaltspunkte" folgt zudem, dass nur solche Informationen ausreichen, die auch einen Anhalt für mögliche Verletzungen bieten. Dafür ist ein gewisser Grad an **Glaubwürdigkeit** nötig. Berichte, die das Unternehmen erreichen, genügen demnach dann nicht als tatsächliche Anhaltspunkte, wenn das Unternehmen keinen Anlass hat, diese ernst zu nehmen und aus ihnen auf das tatsächliche Vorliegen der geschilderten Umstände zu schließen.[55] Beispiele für Fälle, die vom Unternehmen nicht ernst zu nehmen sind, sind sich widersprechende Berichte oder solche aus unseriösen Quellen, die zB bereits häufiger Fehlinformationen geliefert haben.[56]

27 Die Anhaltspunkte müssen dem Unternehmen **vorliegen.** Dafür müssen sie in den Herrschaftsbereich des Unternehmens gelangen, sodass sie ohne Weiteres zur Kenntnis genommen werden können.[57] Dies ist beispielsweise der Fall, wenn Meldungen über den Beschwerdemechanismus eingehen, Handreichungen des BAFA gemäß § 20 (→ § 20 Rn. 6 ff.) erlassen wurden oder Medienberichte und Berichte von NGOs entweder an das Unternehmen übermittelt wurden oder diese branchenweit bekannt sind.[58]

28 **c) Mögliche Verletzung.** Die tatsächlichen Anhaltspunkte müssen eine Verletzung einer menschenrechtsbezogenen oder umweltbezogenen Pflicht möglich erscheinen lassen. Mit anderen Worten müssen die Anhaltspunkte auf eine mögliche Verletzung hindeuten, damit substantiierte Kenntnis vorliegt. Ausweislich des Gesetzeswortlauts erfasst die substantiierte Kenntnis Verletzungen einer menschenrechtlichen oder umweltbezogenen Pflicht. Darin liegt ein Verweis auf § 2 Abs. 4 (→ § 2 Rn. 178 ff.). Nicht verwiesen wird hingegen auf die menschenrechtlichen und umweltbezogenen Risiken gemäß § 2 Abs. 2 und 3. Die Anforderungen an die substantiierte Kenntnis werden durch die Formulierung „möglich erscheinen lassen" abgesenkt, da keine Kenntnis einer tatsächlich eingetretenen Verletzung gefordert wird, sondern lediglich, eine möglich erscheinende Verletzung. Dabei muss sich die Möglichkeit auf einen Verstoß gegen ein bestimmtes Verbot des § 2 Abs. 2 und 3 beziehen. Insoweit muss also eine **Konkretisierung** der möglichen Verletzung bestehen. Die abstrakte Gefahr allein, dass irgendeine der Pflichten verletzt wird, genügt nicht.[59]

29 Die Verletzung muss zudem gerade aufgrund der tatsächlichen Anhaltspunkte möglich erscheinen. Hierin wird vom Wortlaut des Gesetzes eine Verbindung zwischen den tatsächlichen Anhaltspunkten und der möglichen Verletzung verlangt. Dieser Konnex wurde im Regierungsentwurf, der nur von der „substantiierten Kenntnis einer möglichen Verletzung" sprach, lediglich in der Entwurfsbegründung angedeutet.[60] Durch die Einfügung der

[53] RegE LkSG, BT-Drs. 19/28649, 50.

[54] FAQ des BMAS zum LkSG, Stand 28.4.2022, VI. 13.

[55] So wohl auch die RegE LkSG, BT-Drs. 19/28649, 50, die „ernst zu nehmende Informationen" verlangt.

[56] Vgl. Grabosch Das neue LkSG/Grabosch § 2 Rn. 113.

[57] Vgl. FAQ des BMAS zum LkSG, Stand 28.4.2022, VI. 13.

[58] Zu diesen Beispielen FAQ des BMAS zum LkSG, Stand 28.4.2022, VI. 13.

[59] Vgl. Stöbener de Mora/Noll NZG 2021, 1237 (1242); aA Brunk, Menschenrechtscompliance, 2022, 478 f.

[60] RegE LkSG, BT-Drs. 19/28649, 50: „Von einer substantiierten Kenntnis ist auszugehen, wenn dem Unternehmen tatsächliche Anhaltspunkte vorliegen, die eine menschenrechtliche oder umweltbezogene Verletzung bei einem mittelbaren Zulieferer möglich erscheinen lassen …".

Legaldefinition im Gesetzgebungsverfahren wird nun in der Formulierung des Gesetzestextes im Vergleich zum Regierungsentwurf aber betont, dass eine Verbindung zwischen den tatsächlichen Anhaltspunkten und der Möglichkeit einer Verletzung bestehen muss.

Fraglich ist, ob durch die Wortwahl, wonach eine Verletzung möglich erscheinen muss, 30
auch **Risiken** iSd § 2 Abs. 2 und 3 erfasst werden oder ob nur Kenntnis über solche Risiken, die sich bereits möglicherweise in einer Verletzung realisiert haben, substantiierte Kenntnis darstellen kann. Mithin ist zu klären, ob die mit der Möglichkeit der Verletzung verbundene Unsicherheit nur eine rein faktische Unsicherheit oder auch eine zeitliche Unsicherheit erfasst (vgl. zu dieser Frage beim Risikobegriff in → § 2 Rn. 59 ff.). Mit anderen Worten: Werden nur Verletzungen erfasst, die möglicherweise bereits eingetreten sind oder auch solche, die möglicherweise eintreten werden?

Vom Wortlaut des Gesetzes her erscheinen beide Auslegungen vertretbar. So betrifft „es 31
ist möglich, dass es dieses Jahr an Weihnachten schneit" eine zeitliche Unsicherheit, „es ist möglich, dass es jetzt gerade am Nordpol schneit" hingegen eine tatsächliche. Diese Unklarheit im Text resultiert daraus, dass der Begriff der möglichen Verletzung einen Fremdkörper in der im übrigen Gesetz gewählten Dichotomie von Verletzung und Risiko bildet. Ein Risiko ist nach dem Gesetzeswortlaut von § 2 Abs. 2 und 3 ein Zustand, bei dem auf Grund tatsächlicher Umstände mit hinreichender Wahrscheinlichkeit ein Verstoß gegen eines der im Folgenden genannten Verbote droht. Einen eingetretenen Verstoß gegen eines dieser Gebote bezeichnet das Gesetz in § 2 Abs. 4 als Verletzung (zum Risiko → § 2 Rn. 54 ff.; zur Verletzung → § 2 Rn. 178 ff.). Dabei ist der Risikobegriff so zu verstehen, dass Unsicherheit über den Eintritt eines Verbotsverstoß – und damit einer Verletzung iSv § 2 Abs. 4 – besteht und gerade nicht über die Existenz eines bereits eingetretenen Verstoßes. Diese sog. Verdachtsfälle, bei denen die Existenz eines Verstoßes unsicher ist, erfasst das Gesetz jenseits von § 9 grundsätzlich nicht (vgl. → § 2 Rn. 49 ff.; zum Problem der Untererfassung möglicher Verletzungen im Rahmen der Risikoanalyse → § 5 Rn. 6 ff.).

Teilweise wird ein **extensives Verständnis** des Begriffs der möglich erscheinenden 32
Verletzung vertreten.[61] Demnach wären noch zukünftig eintretende Verletzungen, also auch Risiken, erfasst. Zur Begründung wird ausgeführt, eine Begrenzung lediglich auf bereits möglicherweise eingetretene Verletzungen ließe sich dem Wortlaut nicht entnehmen und würde auch dem präventiven Charakter des Gesetzes sowie der Gesetzesbegründung widersprechen. Vielmehr solle „möglich erscheinend" als „bevorstehend" verstanden werden.[62] Zudem hätten die präventiven Pflichten des § 9 Abs. 3 nur dann einen Anwendungsbereich, wenn auch noch nicht eingetretene, also bevorstehende, Verletzungen erfasst würden.[63]

Dieser Auffassung kann nicht zugestimmt werden. Es sollte vielmehr ein **tatsächliches** 33
Verständnis des Begriffs „möglich erscheinen" zugrunde gelegt werden. Erfasst sind davon nur möglicherweise bereits eingetreten Verletzungen. Darunter fallen zwar sog. Verdachtsfälle aber gerade keine Risiken, bei denen feststeht, dass eine Verletzung derzeit noch nicht eingetreten ist und erst in Zukunft möglicherweise eintreten wird.[64]

Dafür sprechen die folgenden Erwägungen: Zwar tauchen in der Gesetzesbegründung zu 34
§ 9 sowohl die Begriffe der Verletzung als auch des Risikos auf, daraus kann aber nichts auf die Bedeutung des Begriffs „möglich erscheinen lassen" geschlossen werden. Wenn angeführt wird, dass bereits der erste Satz der Begründung zu § 9 den Begriff Risiko enthalte,[65] so lässt dies außer Acht, dass in § 9 Abs. 1 das Beschwerdeverfahren adressiert wird. Dies

[61] So Grabosch Das neue LkSG/Grabosch § 2 Rn. 113; Wagner/Ruttloff/Wagner LkSG-HdB/Wagner/Wagner Rn. 795.
[62] Vgl. Grabosch Das neue LkSG/Grabosch § 2 Rn. 113.
[63] So Grabosch Das neue LkSG/Grabosch § 2 Rn. 113, Fn. 65; Wagner/Ruttloff/Wagner LkSG-HdB/Wagner/Wagner Rn. 795.
[64] Stemberg NZG 2022, 1093 (1097 f.).
[65] So Grabosch Das neue LkSG/Grabosch § 2 Rn. 113, Fn. 65.

hat ausdrücklich auch Risiken zum Gegenstand. Zu § 9 Abs. 3 und dem Begriff der substantiierten Kenntnis sagt dies jedoch nichts aus. Auch das Argument des präventiven Charakters und den damit verbundenen Pflichten in § 9 Abs. 3 verfängt nicht. So sind zunächst bei Weitem nicht alle Pflichten des Abs. 3 präventiver Natur. Das Argument des Leerlaufens bestimmter Pflichten ließe sich allenfalls für die Präventionsmaßnahmen in Abs. 3 Nr. 2 vortragen. Hierfür verbleibt aber auch bei einem rein tatsächlichen Verständnis des Möglichkeitsbegriffes ein Anwendungsbereich. So kann die vorzunehmende Risikoanalyse weitere Risiken neben der anlassgebenden möglichen Verletzungen ans Tageslicht bringen oder die mögliche Verletzung erweist sich bei genauer Nachforschung als nicht eingetreten und „nur" als Risiko. In beiden Fällen sind die Präventionsmaßnahmen des Abs. 3 Nr. 2 zu ergreifen.

35 Zudem lässt sich ein zeitliches Verständnis nicht mit der **Systematik des LkSG** vereinbaren. Denn eine solche Auslegung der möglichen Verletzung entspräche gerade dem Risikobegriff, der vom Gesetz in § 2 verwendet wird (→ § 2 Rn. 38 ff.). Hätte der Gesetzgeber sowohl eine tatsächliche als auch eine zeitliche Unsicherheit erfassen wollen, so wäre es ihm ohne weiteres möglich gewesen, den Wortlaut der Norm um den Begriff Risiko zu erweitern. Der Gesetzgeber hat in § 9 Abs. 3 aber bewusst einen anderen Begriff gewählt. Diesem muss daher auch eine andere Bedeutung zukommen. Schließlich spricht für ein rein tatsächliches Verständnis auch das abgestufte Schutzkonzept, das dem Gesetz zu Grunde liegt (→ Rn. 1). Die Schwelle für ein Tätigwerden gegenüber den mittelbaren Zulieferern soll gerade höher liegen als die in Bezug auf unmittelbare Zulieferer. Es ist daher passend, den Begriff der möglichen Verletzung enger als denjenigen des Risikos auszulegen.

36 Damit ist der Begriff der möglich erscheinenden Verletzung wie folgt zu verstehen: Sie liegt vor, **wenn aus Sicht des Unternehmens das Vorliegen einer Verletzung mit einer gewissen Wahrscheinlichkeit anzunehmen ist.**[66] Eine Verletzung erscheint gerade nicht möglich, wenn das Unternehmen sicher weiß, dass eine Verletzung zum Betrachtungszeitpunkt noch nicht eingetreten ist und nur in Zukunft evtl. eintreten wird. Um zufällige Ergebnisse zu vermeiden, sollten zudem ausnahmsweise auch Sachverhalte erfasst werden, in denen der mögliche Eintritt einer Verletzung nach den vorliegenden Anhaltspunkten unmittelbar bevorsteht.[67]

37 Ein **blinder Fleck** entsteht so freilich für Fälle, in denen das Unternehmen zwar Kenntnis davon hat, dass eine Verletzung demnächst eintreten wird oder kann, aber eben gerade noch nicht eingetreten ist. Dies ist jedoch aufgrund des abgestuften Schutzkonzeptes des Gesetzes hinzunehmen. Zudem sollte berücksichtigt werden, dass es für Unternehmen lohnenswert sein wird, in diesen Fällen auch jenseits einer Rechtspflicht Präventionsmaßnahmen zu ergreifen, da dies oftmals langfristig Kosten sparen wird. Außerdem wird in Fällen, in denen ein Vorliegen einer Verletzung zwar zum Beurteilungszeitpunkt sicher ausgeschlossen werden kann, aber ein Verletzungseintritt in absehbarerer Zeit wahrscheinlich erscheint, eben in dieser absehbaren Zeit auch ein tatsächliches Möglicherscheinen einer Verletzung anzunehmen sein. Zusätzlich dürften solche Fälle, in denen ein Unternehmen das Vorliegen einer Verletzung wirklich ausschließen kann, rar gesät sein.

38 Unklar ist, welchen **Grad an Wahrscheinlichkeit** das Gesetz verlangt, damit die Schwelle einer möglich erscheinenden Verletzung erreicht wird. Sicher ist zunächst, dass keine bestätigte Kenntnis zu fordern ist.[68] Andererseits ist nicht jede naturwissenschaftliche Möglichkeit eines Verstoßes ausreichend, denn diese besteht grundsätzlich jederzeit bis zum Beweis, dass gerade keine Verletzung vorliegt.[69] Nach dem Wortlaut des Gesetzes dürften aber keine besonders hohen Anforderungen an das Kriterium der Möglichkeit zu

---

[66] Stemberg NZG 2022, 1093 (1098).
[67] Stemberg NZG 2022, 1093 (1098).
[68] So auch Grabosch Das neue LkSG/Grabosch § 2 Rn. 99.
[69] Zumindest solange das Unternehmen seine mittelbaren Zulieferer nicht konstant überwacht, um eine Verletzung auszuschließen. Dies ist aber gerade vom Gesetz nicht gefordert.

stellen sein. Auch eine Eintrittswahrscheinlichkeit von weniger als 50 % kann bereits als Möglichkeit verstanden werden.[70] Vielmehr wird genügen, dass Anzeichen auf einen Verstoß gegen eines der Verbote des § 2 Abs. 2 und 3 hindeuten.[71]

Bei der Bewertung, ob eine mögliche Verletzung vorliegt, dürfte auch das dem Gesetz zugrunde liegende Angemessenheitsgebot (→ § 3 Rn. 45 ff.) zu berücksichtigen sein. An die Unternehmen dürfen keine überzogenen Anforderungen gestellt werden. Deshalb wird folgender Maßstab vorgeschlagen: Der Grad, ab dem eine Verletzung als möglich erscheint, **variiert im Einzelfall nach der Schwere der Verletzung und der damit verbundenen Folgen.**[72] Dieses Kriterium findet sich nicht ausdrücklich im Gesetzestext. Es ist aber ein im deutschen Recht oft herangezogener Maßstab zur Gewichtung von Wahrscheinlichkeiten und Nachhall des Angemessenheitskriteriums in § 3 Abs. 2 Nr. 3. Die zugegebenermaßen damit einhergehende Rechtsunsicherheit ist den Unternehmen zuzumuten. Wenn Zweifel über das Möglicherscheinen einer Verletzung bestehen, sollte das Unternehmen stets vorsorglich die Schritte des § 9 Abs. 3 ergreifen. 39

In jedem Fall vom Begriff der möglich erscheinenden Verletzung erfasst sind Verletzungen, die gesichert vorliegen. Dies erfolgt im Wege eines Erst-Recht-Schlusses: Wenn das Unternehmen auf mögliche Verletzungen bei mittelbaren Zulieferern reagieren muss, so erst recht auf **sicher vorliegende Verletzungen.** In diesen Fällen müssen auch keine tatsächlichen Anhaltspunkte für die Verletzung vorliegen bzw. die gesichert vorliegende Verletzung ist bereits selbst ein ausreichender Anhaltspunkt (→ Rn. 23). Das Unternehmen muss in diesen Fällen stets die Pflichten des § 9 Abs. 3 Nr. 1–4 erfüllen. 40

Die FAQ des Ministeriums für Arbeit und Soziales enthalten Ausführungen zum **Verständnishorizont,** von dem aus eine Beurteilung der Möglichkeit einer Verletzung zu treffen ist. Demnach ist darauf abzustellen, ob ein mit den Sorgfaltspflichten betrauter und durchschnittlich erfahrener und verständiger Mitarbeiter, in dessen Unternehmen das Riskmanagement entsprechend den gesetzlichen Vorgaben organisiert ist, eine eingetretene oder unmittelbar bevorstehende Verletzung in der Lieferkette für möglich halten würde.[73] 41

d) Bei mittelbaren Zulieferern. Teil der Legaldefinition der substantiierten Kenntnis ist schließlich auch, dass die tatsächlichen Anhaltspunkte eine Pflichtverletzung gerade „bei mittelbaren Zulieferern" des Unternehmens möglich erscheinen lassen. In diesem unscheinbaren Definitionsbestandteil liegt eine Einschränkung des Begriffs der substantiierten Kenntnis. Der Zusatz „bei mittelbaren Zulieferern" bezieht sich nach seiner grammatikalischen Stellung nur auf die mögliche Verletzung und nicht auf die tatsächlichen Anhaltspunkte. Die Anhaltspunkte müssen daher nicht zwingend Tatsachen sein, die bei einem mittelbaren Zulieferer selbst vorliegen. Insoweit können auch, wie von der Gesetzesbegründung vorgeschlagen, allgemeine Berichte über die Lage in bestimmten Regionen und Ländern taugliche tatsächliche Anhaltspunkte darstellen.[74] 42

Da aber die mögliche Verletzung bei mittelbaren Zulieferern vorliegen muss, ist zumindest erforderlich, dass nicht generell irgendeine Verletzung der Pflichten des § 2 möglich erscheint, sondern eine Verletzung gerade bei mittelbaren Zulieferern.[75] Da das Gesetz hier den Plural verwendet und von Verletzungen „bei mittelbaren Zulieferern" spricht, muss der mittelbare Zulieferer **nicht abschließend identifiziert** sein.[76] Es muss aber eine 43

[70] FAQ des BMAS zum LkSG, Stand 28.4.2022, VI. 13.
[71] Vgl. Grabosch Das neue LkSG/Grabosch § 2 Rn. 113.
[72] Stemberg NZG 2022, 1093 (1098).
[73] FAQ des BMAS zum LkSG, Stand 28.4.2022, VI. 13.
[74] RegE LkSG, BT-Drs. 19/28649, 50.
[75] Vgl. Gehling/Ott/Lüneborg CCZ 2021, 230 (237).
[76] Vgl. Grabosch Das neue LkSG/Grabosch § 2 Rn. 99; Stemberg NZG 2022, 1093 (1098); Wagner/Ruttloff/Wagner LkSG-HdB/Wagner/Wagner Rn. 794; FAQ des BMAS zum LkSG, Stand 28.4.2022, VI. 13: „Die vorliegenden Informationen müssen nicht bereits an sich die Verortung der Verletzung bei einem Zulieferer erkennen lassen."; aA Stöbener de Mora/Noll NZG 2021, 1237 (1242); so wohl auch Harings/Jürgens LkSG 70.

Identifizierung des mittelbaren Zulieferers ohne unverhältnismäßigen Aufwand möglich sein,[77] da ansonsten kaum Möglichkeiten für das Unternehmen zum Einschreiten bestehen.

44 Für das heiß diskutierte Beispiel des Berichts über die schlechte Menschenrechtslage in einer Region oder einem Land heißt dies, dass es für das Vorliegen substantiierter Kenntnis darauf ankommt, ob das Unternehmen Anlass dafür hat, dass diese Lage sich auf die Verhältnisse in seinen dort ansässigen Zuliefererbetrieben auswirken wird. Es reicht nicht, dass es aufgrund der Menschenrechtslage in dem Land generell zu Verletzungen kommt, diese müssen vielmehr auch gerade bei den mittelbaren Zulieferern des Unternehmens möglich erscheinen. Hierfür ist zumindest ein **gewisser Bezug der Information zu den mittelbaren Zulieferern** nötig.[78] Bei einer abstrakten Meldung über die Lage in einem ganzen Land kann ein solcher nicht ohne weiteres angenommen werden. Anders sieht es bei regional spezifischen Informationen aus oder solchen, die sich mit den Verhältnissen in konkreten Industriezweigen beschäftigen.[79] Hier dürfte im Einzelfall schneller ein solcher Bezug zu bejahen sein.

45 **e) Anforderungen an die Kenntnis.** Das Unternehmen muss von der aufgrund tatsächlicher Anhaltspunkte möglich erscheinenden Verletzung bei mittelbaren Zulieferern Kenntnis haben. Der Begriff der Kenntnis ist in der Legaldefinition selbst nicht ausdrücklich enthalten. Er wird aber dadurch im Gesetzestext angedeutet, dass dieser von Anhaltspunkten spricht, die vorliegen müssen. Dadurch, dass die Entwurfsfassung des LkSG ausdrücklich von substantiierter Kenntnis sprach (vgl. → Rn. 19) und der Begriff der Kenntnis nunmehr in der Klammer der Legaldefinition enthalten ist, ist aber eindeutig, dass Kenntnis des Unternehmens über die mögliche Verletzung vorliegen muss.

46 Mit Kenntnis meint das Gesetz **nur eine positive Kenntnis und nicht bereits ein Kennenmüssen** im Sinne einer fahrlässigen Unkenntnis des Unternehmens.[80] Die teilweise in Erwägung gezogene Ausweitung des Gesetzestextes auf ein Kennenmüssen scheitert an den fehlenden Analogievoraussetzungen.[81] Zum einen besteht schon keine planwidrige Regelungslücke, denn der Gesetzgeber hat sich bewusst dafür entschieden, auf die Normierung eines Kennenmüssens zu verzichtet.[82] Zum anderen spricht auch die Interessenlage des Gesetzes nicht für eine Absenkung des Kenntniserfordernisses auf ein Kennenmüssen. Eine solche würde nämlich eine Informationsverschaffungspflicht des Unternehmens für Sachverhalte, die mittelbare Zulieferer betreffen, voraussetzen. Diese hat das Gesetz aber gerade nicht normiert (→ Rn. 14).[83] Vielmehr soll das Unternehmen nach dem abgestuften Pflichtenkonzept des LkSG in Bezug auf seine mittelbaren Zulieferer nur dann Pflichten treffen, wenn die Vorrausetzungen des § 9 Abs. 3 vorliegen (→ Rn. 1). Mit diesem Konzept ist eine von den Voraussetzungen des Abs. 3 unabhängige Pflicht nicht vereinbar.

47 Gleichzeitig darf das Unternehmen sich der **Kenntnis nicht bewusst verschließen.**[84] Wäre dies möglich, würde das Gesetz starke Fehlanreize setzen. So würden Unternehmen

[77] Vgl. Grabosch Das neue LkSG/Grabosch § 2 Rn. 99: „Es genügt, dass dem Unternehmen die Verortung des vermeintlichen Risikos mit in der Branche weitgehend anerkannten Methoden möglich ist.".

[78] Gehling/Ott/Lüneborg CCZ 2021, 230 (237); Stemberg NZG 2022, 1093 (1098).

[79] So auch Harings/Jürgens LkSG 69 f.; im Kontext der Glaubwürdigkeit auch Wagner/Ruttloff/Wagner LkSG-HdB/Wagner/Wagner Rn. 796.

[80] Gehling/Ott/Lüneborg CCZ 2021, 230 (237); Spindler ZHR 186 (2022), 67 (89).

[81] Mit diesem Vorschlag Krebs ZUR 2021, 394 (397 f.), der allerdings direkt offenlegt, dass es an den Voraussetzungen für eine Analogie mangelt; kaum Raum für eine fahrlässige Unkenntnis sieht Nasse RAW 2022, 3 (10).

[82] So auch Spindler ZHR 186 (2022), 67 (89 f.); eine Formulierung mit „Kennenmüssen" fordert in seiner Stellungnahme für den Ausschuss für Arbeit und Soziales Grabosch, Stellungnahme zum RegE Sorgfaltspflichtengesetz, 10.

[83] Gehling/Ott/Lüneborg CCZ 2021, 230 (237); Herrmann/Rünz DB 2021, 3078 (3079); aA wohl Ehmann ZVertriebsR 2021, 141 (149); Nietsch/Wiedmann CCZ 2021, 101 (108).

[84] Gehling/Ott/Lüneborg CCZ 2021, 230 (237); Harings/Jürgens LkSG 69; Grabosch Das neue LkSG/Grabosch § 2 Rn. 104; Klinner IWRZ 2021, 243 (245); Krebs ZUR 2021, 394 (397 f.).

„belohnt", die sich bewusst möglichst wenig um die Zustände in ihren Lieferketten kümmern.[85] Deshalb verlangt § 9 Abs. 2 und 3, dass das Unternehmen sein Risikomanagement so gestaltet, dass eine Kenntniserlangung möglich ist. In Fällen, in denen ein Unternehmen zB durch ein vorsätzlich unzureichendes Informationsmanagement eine Kenntniserlangung verhindert, wird ihm eine Kenntnis über seine Pflicht zur Wissensorganisation zugerechnet (→ Rn. 49). Reagiert das Unternehmen dann nicht oder nicht schnell genug, droht ihm ein Bußgeld (→ Rn. 85 ff.).

f) Wissenszurechnung. Fraglich ist weiterhin, ab wann von einer Kenntnis des Unternehmens auszugehen ist, insbesondere an welche Stellen im Unternehmen Informationen gelangen müssen, damit eine Kenntnis vorliegt (vertiefend zur Wissenszurechnung → § 7 Rn. 26 ff.). Dies wird nicht bereits dann der Fall sein, wenn irgendeine natürliche Person im Unternehmen Kenntnis hat. Vielmehr muss die zuständige Stelle als **Wissensvertreter gemäß § 166 BGB, § 31 BGB analog** Kenntnis erlangen.[86] Dies ist neben den Organen einer Gesellschaft „jeder, der nach der Arbeitsorganisation des Geschäftsherrn dazu berufen ist, im Rechtsverkehr als dessen Repräsentant bestimmte Aufgaben in eigener Verantwortung zu erledigen und die dabei angefallenen Informationen zur Kenntnis zu nehmen sowie ggf. weiterzuleiten".[87] Entscheidend ist also die Zuständigkeit für die Kenntnisnahme nach der Arbeitsorganisation des Unternehmens. Dies ist für das LkSG zum einen die gemäß § 4 Abs. 3 S. 1 für das Risikomanagement zuständige Stelle (→ § 4 Rn. 47 ff.).[88] Zum anderen dürften aber auch die Beschwerdebeauftragten nach § 8 Abs. 3 (→ § 8 Rn. 81) erfasst sein. Als Wissensvertreter kommen zudem auch Dritte in Betracht. So werden Kenntnisse, die ein externes Beschwerdeverfahren gemäß § 8 Abs. 1 S. 4 (→ § 8 Rn. 15) zutage fordert, dem Unternehmen zugerechnet. Gleiches kann im Einzelfall auch für Kenntnisse gelten, die bei externen Prüfungen durch Auditoren oder Zertifizierer bei Zulieferern im Auftrag des Unternehmens erlangt werden.[89] 48

Die Zurechnung des Wissens der Wissensvertreter wird ergänzt durch eine Wissenszurechnung über eine **Pflicht des Unternehmens zur Wissensorganisation.**[90] Demnach muss die Gesellschaft dafür sorgen, dass rechtlich relevante Informationen innerhalb der Organisation weitergegeben und gespeichert werden, sodass sie den zuständigen Personen innerhalb der Gesellschaft im Bedarfsfall zur Verfügung stehen.[91] Bei Mängeln in der Wissensorganisation wird der Gesellschaft eine entsprechende Kenntnis unterstellt. Dies kann auch im Rahmen der substantiierten Kenntnis relevant werden, wenn Informationen, die diese begründen, innerhalb des Unternehmens aufgrund eines unzureichenden Wissensorganisationsystems nicht die zuständige Stelle erreichen.[92] Dies dürfte aber nicht für jede im Unternehmen vorhandene Information der Fall sein. Vielmehr muss ein konkreter Anlass zur Kenntnisverschaffung vorliegen.[93] Die Wissenszurechnung dürfte jeweils im Einzelfall zu beurteilen sein.[94] 49

---

[85] Krebs ZUR 2021, 394 (397 f.); Spindler ZHR 186 (2022), 67 (89); s. zu dieser Anreizproblematik auch Fleischer/Korch ZIP 2019, 2181 (2190).

[86] So auch Grabosch Das neue LkSG/Grabosch § 2 Rn. 103; mit anderem – wohl engerem – Zuschnitt Gehling/Ott/Lüneborg CCZ 2021, 230 (237); s. auch Noack/Servatius/Haas/ Beurskens GmbHG § 35 Rn. 66; Harings/Jürgens LkSG 70.

[87] BGHZ 117, 104 (106 f.).

[88] Grabosch Das neue LkSG/Grabosch § 2 Rn. 104; Wagner/Ruttloff/Wagner LkSG-HdB/Wagner/Wagner Rn. 798.

[89] Grabosch Das neue LkSG/Grabosch § 2 Rn. 105 mit Verweis auf BeckOK BGB/Schäfer BGB § 166 Rn. 19; Harings/Jürgens LkSG 71; Wagner/Ruttloff/Wagner LkSG-HdB/Wagner/Wagner Rn. 800.

[90] BGHZ 109, 327 (330 f.) = NJW 1990, 975; BGHZ 132, 30 (35 ff.) = NJW 1996, 1339; BGHZ 135, 202 (206) = NJW 1997, 1917; Noack/Servatius/Haas/Beurskens GmbHG § 35 Rn. 66; Guski ZHR 184 (2020), 363 (372 ff.).

[91] Vgl. zB Habersack/Casper/Löbbe/Paefgen GmbHG § 35 Rn. 214; Wagner/Ruttloff/Wagner LkSG-HdB/Wagner/Wagner Rn. 804.

[92] Wagner/Ruttloff/Wagner LkSG-HdB/Wagner/Wagner Rn. 804.

[93] MüKoBGB/Schubert BGB § 166 Rn. 72; Wagner/Ruttloff/Wagner LkSG-HdB/Wagner/Wagner Rn. 803.

[94] Wagner/Ruttloff/Wagner LkSG-HdB/Wagner/Wagner Rn. 803.

50 Die Probleme bei der Wissenszurechnung in großen Unternehmen verstärken sich noch weiter, wenn eine **Konzernstruktur** vorliegt. Generell ist zur Frage der Wissenszurechnung im Konzern noch vieles unklar.[95] Einigkeit besteht aber darin, dass alleine das Vorliegen eines Konzerns für eine generelle Wissenszurechnung nicht genügt.[96] Eine Zurechnung nach § 166 BGB kommt dann in Betracht, wenn die Konzerngesellschaften für einander als Vertreter fungieren.[97] Ansonsten braucht es weiterer Zurechnungsgründe wie Datenaustausch oder Personenidentität.[98] So soll eine Wissenszurechnung im Konzern vorgenommen werden, wenn das beherrschende Unternehmen einerseits Zugriff auf die betreffenden Informationen des beherrschten Unternehmens hat und andererseits die Informationsbeschaffung auch zumutbar ist, da sie Folge einer Wissensorganisationspflicht im Konzern ist.[99]

51 Eine solche Pflicht dürfte das beherrschende Unternehmen im Rahmen des LkSG gemäß § 2 Abs. 6 treffen. Denn dort werden konzernangehörige Gesellschaften als zum eigenen Geschäftsbereich gehörend erklärt, wenn die Obergesellschaft auf die konzernangehörige Gesellschaft einen bestimmenden Einfluss ausübt (→ § 2 Rn. 241).[100] Damit hat das Unternehmen auch bei diesen Konzerngesellschaften die Umsetzung der Sorgfaltspflichten sicherzustellen und daher auch eine Pflicht zur Wissensorganisation. Hieraus folgt eine Wissenszurechnung von denjenigen Konzerngesellschaften, über die bestimmender Einfluss ausgeübt wird. Die Wissenszurechnung erfolgt aber lediglich vom beherrschten zum beherrschenden Unternehmen. Eine Zurechnung in anderer Richtung ist nicht möglich, da das beherrschte Unternehmen durch das LkSG keine Pflicht gegenüber dem beherrschenden Unternehmen trifft.[101]

52 **3. Inhalt der Anpassungspflicht.** Liegt die substantiierte Kenntnis einer möglichen Verletzung vor, so muss das Unternehmen unverzüglich die anlassbezogenen Pflichten der § 9 Abs. 3 Nr. 1–4 erfüllen. Die Pflichten sind nicht mit denen gegenüber einem unmittelbaren Zulieferer identisch. Vielmehr stellt das LkSG im Bereich mittelbarer Zulieferer ein eigenes Pflichtensystem auf (→ Rn. 2). Insbesondere ist dieses dadurch eingeschränkt, das Pflichten vom Unternehmen nur anlassbezogen erfüllt werden müssen.

53 **a) Unverzügliche und anlassbezogene Pflichtenerweiterung.** Die Pflichten des Abs. 3 müssen unverzüglich und anlassbezogen erfüllt werden. Dies stellt einerseits ein besonderes zeitliches Erfordernis an das Tätigwerden des Unternehmens. Andererseits liegt in der Anlassbezogenheit eine wesentliche Einschränkung des Pflichtenprogramms für das Unternehmen.

54 **aa) Unverzüglich.** Unverzüglich bedeutet ohne schuldhaftes Zögern, vgl. § 121 Abs. 1 BGB (vgl. → § 6 Rn. 26 ff.).[102] Das Unternehmen hat seine Pflichten folglich so schnell wie möglich zu erfüllen, ein Aufschieben ist pflichtwidrig. Im Fall des nicht rechtzeitigen Handelns des Unternehmens droht ein Bußgeld gemäß § 24 Abs. 1 (→ Rn. 85). Hieraus ergibt sich mittelbar eine Pflicht der Unternehmen, angemessene Ressourcen für das

[95] So auch OLG Frankfurt NZG 2020, 348 (350); MüKoBGB/Schubert BGB § 166 Rn. 86; MüKoAktG/Spindler AktG § 78 Rn. 103.

[96] BGH NJW-RR 1990, 285 (286); OLG Frankfurt NZG 2020, 348 (350); Noack/Servatius/Haas/Beurskens GmbHG § 35 Rn. 66; Grigoleit AktG § 78 Rn. 42; Koch AktG § 78 Rn. 29; MüKoGmbHG/Liebscher GmbHG Anh. § 13 Rn. 227; Staudinger/Schilken BGB § 166 Rn. 32a; MüKoBGB/Schubert BGB § 166 Rn. 87; MüKoAktG/Spindler AktG § 78 Rn. 103.

[97] MüKoBGB/Schubert § 166 Rn. 87; Wagner/Ruttloff/Wagner LkSG-HdB/Wagner/Wagner Rn. 805.

[98] Noack/Servatius/Haas/Beurskens GmbHG § 35 Rn. 66; Grigoleit AktG § 78 Rn. 44; MHLS/Lenz GmbHG § 35 Rn. 116.

[99] OLG Frankfurt NZG 2020, 348 (350); MüKoBGB/Schubert § 166 Rn. 87; Grabosch Das neue LkSG/Grabosch § 2 Rn. 109.

[100] Grabosch Das neue LkSG/Grabosch § 2 Rn. 109; Wagner/Ruttloff/Wagner LkSG-HdB/Wagner/Wagner Rn. 806.

[101] Vgl. auch OLG Frankfurt NZG 2020, 348 (350).

[102] Vgl. zu § 6 Abs. 1 Grabosch Das neue LkSG/Grabosch § 5 Rn. 74.

Erfüllen der Pflichten des Abs. 3 bereitzuhalten. Dabei müssen diese Ressourcen nicht dauerhaft im „Standby-Modus“ bereitstehen. Es genügt, wenn das Unternehmen in der Lage ist, die Pflichten im Fall der Kenntniserlangung zu erfüllen, indem es zB Mitarbeiter von anderen Aufgaben abzieht. Dies muss aber unverzüglich geschehen können. Der genaue Umfang der erforderlichen Ressourcen wird sich dabei von Unternehmen zu Unternehmen unterscheiden und von den zu erwartenden möglichen Verletzungen abhängen. Gleichzeitig wird er aber dadurch beeinflusst, inwieweit das Unternehmen sich um Transparenz entlang seiner Lieferkette bemüht und so mögliche Verletzungen frühzeitig erkennen kann.

bb) Anlassbezogen. Der Begriff anlassbezogen ist für das Verständnis der Norm entscheidend. Der Begriff kann unterschiedlich ausgelegt werden und ist daher unglücklich gewählt. Teils scheint er als **Element der Tatbestandsseite** verstanden zu werden, wonach „anlassbezogen“ bedeuten würde, dass die Rechtsfolgen von § 9 Abs. 3 eingreifen, wenn der entsprechende Anlass vorliegt.[103] Dies entspricht der Auslegung, die wohl auch für die sonstige Verwendung des Begriffes im Gesetz gilt, namentlich im Rahmen der Überprüfungsvorschriften wie § 5 Abs. 4 (→ § 5 Rn. 60 ff.), § 6 Abs. 5 (→ § 6 Rn. 134) und § 7 Abs. 4 (→ § 7 Rn. 99), § 8 Abs. 5 (→ § 8 Rn. 96). Allerdings wird der Begriff der Anlassbezogenheit dort in einem anderen Kontext gebraucht, da es nicht wie in § 9 um die ausnahmsweise Erweiterung der Pflichten auf mittelbare Zulieferer geht, sondern vielmehr um ein zusätzliches, wiederholtes Tätigwerden des Unternehmens, das die bereits bestehenden Pflichten durch eine erneute Vornahme und ggfs. Anpassung ergänzt. Verstünde man anlassbezogen hier genauso wie in den genannten Normen, so hätte dies zur Folge, dass bei Vorliegen irgendeines Anlasses ein umfassendes, insbesondere im Rahmen der anlassbezogenen Risikoanalyse (→ Rn. 58) auf alle potentiellen Risiken ausgerichtetes, Pflichtenprogramm nach Abs. 3 bezüglich des mittelbaren Zulieferers greifen würde.[104] 55

Richtigerweise bezieht sich der Begriff „anlassbezogen“ aber auf die **Rechtsfolgenseite.** Er legt nicht fest, wann, sondern wie die Pflichten des Abs. 3 greifen. Anlassbezogen bedeutet demnach, dass ein Unternehmen die Maßnahmen des Abs. 3 nur bezogen auf den konkreten Anlass – die mögliche Verletzung, von der es substantiierte Kenntnis erlangt hat – ergreifen muss.[105] Damit **konkretisiert und begrenzt** die Anlassbezogenheit das Pflichtenprogramm des Unternehmens. Dies hat zur Folge, dass mittelbare Zulieferer beim Vorliegen substantiierter Kenntnis gerade nicht demselben Pflichtenprogramm wie unmittelbare Zulieferer unterliegen.[106] Vielmehr wird dieses dadurch wesentlich eingeschränkt, dass die Pflichten stets anlassbezogen, also bezogen auf die mögliche Verletzung, die die Pflichten erst auslöst, gelten (vgl. die Diskussion über die Reichweite der Risikoanalyse, → Rn. 59). 56

Für diese Auslegung gibt es eine Reihe von Gründen:[107] Während ein Verständnis, das „anlassbezogen“ als Teil des Tatbestandes sieht, zwar mit dem Wortsinn vereinbar wäre, so ignoriert dies, dass dem Begriff dann kein eigener Gehalt zukommen würde. Jeder Tatbestand ist stets der Anlass für die in der Norm geregelte Rechtsfolge. Sieht man anlassbezogen als Tatbestandsmerkmal, so hätte seine Streichung aus dem Gesetzestext keine Sinnänderung zur Folge. Es ist aber davon auszugehen, dass der Gesetzgeber dem Wort durchaus einen Inhalt beimessen wollte. Für ein rechtsfolgenbezogenes Verständnis spricht zusätzlich auch die Gesetzesbegründung, die klarstellt, dass die Maßnahmen „anlassbezo- 57

[103] So wohl Ehmann ZVertriebsR 2021, 141 (149).

[104] So Ehmann ZVertriebsR 2021, 141 (149) wonach der mittelbare Zulieferer „iErg“ zum unmittelbaren Zulieferer werde.

[105] So auch Stemberg NZG 2022, 1093 (1094 f.); Wagner/Ruttloff/Wagner LkSG-HdB/Wagner/Wagner Rn. 807.

[106] AA Ehmann ZVertriebsR 2021, 141 (149); Ehmann/Berg GWR 2021, 287 (290): „so wird die an und für sich klar angelegte Unterscheidung zwischen unmittelbaren und mittelbaren Zulieferern in gewissem Umfang illusorisch.“.

[107] S. auch die Argumentation bei Stemberg NZG 2022, 1093 (1095).

gen, das heißt bezogen auf die konkrete mögliche Verletzung, durchzuführen" sind.[108] Letztlich fügt sich diese Auslegung auch im Rahmen der Gesetzessystematik in das abgestufte Schutzkonzept ein, welches dem LkSG zugrunde liegt (→ Rn. 1). Das Gesetz stellt an den eigenen Geschäftsbereich höhere Anforderungen als an unmittelbare Zulieferer und an diese wiederum höhere als an mittelbare Zulieferer.[109] Dazu passt es, dass das Pflichtenprogramm des § 9 beispielsweise nicht eine komplette Risikoanalyse beim mittelbaren Zulieferer verlangt, sondern diese durch das Kriterium der Anlassbezogenheit einschränkt. Voraussichtlich wird sich die Einschränkung durch die Anlassbezogenheit vor allem im Rahmen der Risikoanalyse auswirken. Denn Präventions- und Abhilfemaßnahmen sind bereits ihrem Wesen nach auf ein bestimmtes Risiko bzw. eine bestimmte Verletzung bezogen.

58 **b) Anlassbezogene Risikoanalyse (Abs. 3 Nr. 1).** Abs. 3 Nr. 1 erweitert den Fokus der Risikoanalyse gemäß § 5, die grundsätzlich nur den eigenen Geschäftsbetrieb und unmittelbare Zulieferer erfasst (→ § 5 Rn. 21; zu mittelbaren Zulieferern im Rahmen der anlassbezogenen Risikoanalyse nach § 5 Abs. 4 S. 1 → § 5 Rn. 70 ff.), anlassbezogen über unmittelbare Zulieferer hinaus auf mittelbare Zulieferer.[110] Dabei sind gerade Risiken bei demjenigen mittelbaren Zulieferer zu analysieren, bei dem möglicherweise eine Verletzung vorliegt.[111] Dazu gehören, wie auch in § 5 die Gewichtung und Priorisierung des jeweiligen identifizierten Risikos (zur Gewichtung und Priorisierung → § 5 Rn. 44 ff.).[112]

59 Fraglich ist, in welchem **Umfang** die Risikoanalyse zu erfolgen hat. Diese könnte einerseits in vollem Umfang gemäß § 5 erfolgen. Dies würde bedeuten, dass – unter Vorbehalt des vom Gesetz getroffenen Angemessenheitsgebots (→ § 5 Rn. 39) – sämtliche menschenrechtlichen und umweltbezogenen Risiken beim mittelbaren Zulieferer, bei dem eine mögliche Verletzung vorliegt, ermittelt werden müssen.[113] Andererseits könnte die Norm auch so zu verstehen sein, dass die vorzunehmende Risikoanalyse sich auf diejenigen Risiken beschränkt, die der möglichen Verletzung zugrunde liegen. Die erstgenannte Lesart findet im Gesetzeswortlaut insoweit Unterstützung, als dieser pauschal auf die Risikoanalyse gemäß § 5 Abs. 1–3 verweist. Gleichzeitig würde dies auch die effektivste Präventionswirkung bieten, da der mittelbare Zulieferer auf sämtliche Risiken hin untersucht würde.

60 Diese Auslegung lässt aber außer Acht, dass die Risikoanalyse nach dem Gesetzestext nur anlassbezogen vorzunehmen ist. Die Anlassbezogenheit schränkt die Maßnahmen ein, die gemäß Abs. 3 zu ergreifen sind. Diese sind nur bezogen auf die konkrete mögliche Verletzung beim konkreten mittelbaren Zulieferer durchzuführen (vgl. → Rn. 55 ff.).[114] Gleiches stellt die Gesetzesbegründung auch für Abs. 3 Nr. 1 nochmals eindeutig heraus.[115]

---

[108] RegE LkSG, BT-Drs. 19/28649, 50.

[109] So auch Herrmann/Rünz DB 2021, 3078.

[110] Krit. dazu, eine Risikoanalyse durchzuführen, wenn bereits substantiierte Kenntnis bezüglich einer möglichen Verletzung vorliegt John Ruggie, Letter to Peter Altmaier, Hubertus Heil, and Gerd Müller, 9 March 2021, https://shiftproject.org/wp-content/uploads/2021/03/Shift_John-Ruggie_Letter_German-DD.pdf (zuletzt abgerufen am 5.7.2022), Punkt 2: „The draft law stipulates that if a company obtains „substantiated knowledge" of a possible violation beyond Tier 1, as a first step it should „carry out a risk analysis." Under the UNGPs, a primary purpose of human rights due diligence in the first place is to identify possible risks throughout the value chain. Indeed, if „substantiated knowledge" of a possible violation is already available, conducting a risk analysis may no longer be necessary; instead, under the UNGPs the company at this point should determine what its remedial obligations are, depending upon whether it has caused the harm, contributed to it, or is linked to it through a business relationship although it may have neither caused nor contributed to the harm in that particular instance.".

[111] Harings/Jürgens LkSG 140.

[112] RegE LkSG, BT-Drs. 19/28649, 50.

[113] So wohl Ehmann ZVertriebsR 2021, 141 (149), der mittelbare Zulieferer „iErg" wie unmittelbare Zulieferer gestellt sieht; ebenso für eine Gleichbehandlung im Rahmen der Risikoanalyse wohl Herrmann/Rünz DB 2021, 3078 (3080).

[114] Vgl. RegE LkSG, BT-Drs. 19/28649, 50.

[115] RegE LkSG, BT-Drs. 19/28649, 50: „Das Unternehmen hat bezogen auf die mögliche Verletzung eine Risikoanalyse gemäß § 5 durchzuführen.".

Unterstützt wird dies durch den Charakter von § 9 als Ausnahmenorm (→ Rn. 1), die im Zweifel eng auszulegen ist. Zudem erscheint eine komplette Risikoanalyse bei einem mittelbaren Zulieferer, der ggf. mehrere Glieder der Lieferkette vom Unternehmen entfernt ist, als in der Praxis nur schwer durchführbar. Letztlich dürfte eine umfassende Risikoanalyse daher auch mit dem Angemessenheitsgebot, welches auch in § 5 aufgenommen ist (vgl. → § 5 Rn. 39 f.), kaum vereinbar sein. Deshalb erscheint es unstimmig, wenn eine konkret identifizierte mögliche Verletzung bei einem Unternehmen eine komplette Risikoanalyse auslösen würde. Dies würde wichtige Ressourcen des Unternehmens binden, die es stattdessen für die wirksame Beseitigung der Verletzung verwenden könnte und darauf, dass eine derartige Verletzung in Zukunft verhindert wird. Daher hat das Unternehmen eine Risikoanalyse nicht vollständig auf jedwedes Risiko hin vorzunehmen, sondern **lediglich bezogen auf die konkrete mögliche Verletzung.** Liegt also beispielsweise substantiierte Kenntnis bezüglich einer Verletzung einer bestimmten menschenrechtbezogenen Pflicht vor, so muss das Unternehmen nur in Bezug auf diese Verletzung eine Risikoanalyse durchführen. Diese darf sich auf die konkrete Verletzung und mit dieser in Zusammenhang stehende Risiken beschränken. In diesem Fall wäre beispielsweise eine Risikoanalyse hinsichtlich umweltbezogener Risiken gerade nicht nötig.

Dies heißt aber nicht, dass das Unternehmen sich in jedem Fall nur mit der möglichen Verletzung beschäftigen muss. Falls bei der Risikoanalyse oder den anderen Maßnahmen nach Abs. 3 weitere mögliche Verletzungen zutage treten, wird das Unternehmen von diesen in aller Regel substantiierte Kenntnis (→ Rn. 16 ff.) haben und für diese folglich eine Risikoanalyse – sowie weitere Maßnahmen gemäß Abs. 3 – vornehmen müssen. Ebenso verlangt das Gebot einer angemessenen Risikoanalyse, dass das Unternehmen nicht bewusst die Augen vor möglichen weiteren Risiken und Verletzungen verschließt. 61

Abs. 3 Nr. 1 verweist nicht auf § 5 Abs. 4, der eine regelmäßige Durchführung der Risikoanalyse vorsieht (→ § 5 Rn. 58 ff.). Deshalb muss das Unternehmen die anlassbezogene Risikoanalyse beim mittelbaren Zulieferer nicht periodisch durchführen. Im Umkehrschluss heißt dies, dass Abs. 3 Nr. 1 nur eine Pflicht zur **einmaligen Risikoanalyse** enthält.[116] Auch hierin wird das abgestufte Pflichtensystem des Gesetzes deutlich, wonach die Pflichten in Bezug auf mittelbare Zulieferer auch bei Vorliegen substantiierter Kenntnis hinter denen in Bezug auf unmittelbare Zulieferer zurückbleiben (→ Rn. 1). Gleichwohl ist bei erneuter substantiierter Kenntnis über eine mögliche Verletzung auch erneut eine Risikoanalyse gemäß Abs. 3 Nr. 1 durchzuführen. 62

c) Anlassbezogene Präventionsmaßnahmen (Abs. 3 Nr. 2). Das Unternehmen hat gemäß Abs. 3 Nr. 2 anlassbezogen angemessene Präventionsmaßnahmen gegenüber dem Verursacher, also dem mittelbaren Zulieferer, in dessen Geschäftsbereich die mögliche Verletzung eingetreten ist, zu verankern. Bis kurz vor Ende des Gesetzgebungsverfahrens fand sich im Gesetzestext in Bezug auf die Präventionsmaßnahmen noch ein Verweis auf § 6. Dieser wurde vom Ausschuss für Arbeit und Soziales gestrichen, da § 6 lediglich auf den eigenen Geschäftsbereich sowie den unmittelbaren Zulieferer und nicht auf den mittelbaren Zulieferer ausgerichtet sei.[117] Stattdessen findet sich im Gesetzestext nun eine nicht abschließende Aufzählung von Beispielen für mögliche Präventionsmaßnahmen. 63

In vielen Fällen wird die mögliche Verletzung, deren substantiierte Kenntnis das Pflichtenprogramm gemäß Abs. 3 ausgelöst hat, bereits eingetreten sein. Das Unternehmen kann dann die vorgeschriebenen Präventionsmaßnahmen nicht gegen diese Verletzung ergreifen, da Präventionsmaßnahmen per se Verletzungen verhindern sollen. Die Maßnahmen nach Nr. 2 adressieren daher zum einen diejenigen Risiken, die sich aus der Risikoanalyse gemäß Abs. 3 Nr. 1 ergeben. Hinzu kommen die Fälle, in denen sich herausstellt, dass die mögliche Verletzung gerade noch nicht eingetreten ist und daher noch ein Risiko darstellt, 64

[116] AA wohl Herrmann/Rünz DB 2021, 3078 (3080), die von einer jährlichen Risikoanalyse auch bei mittelbaren Zulieferern sprechen.

[117] S. Beschlussempfehlung des Ausschusses für Arbeit und Soziales, BT-Drs. 19/30505, 42.

auf das mit Präventionsmaßnahmen reagiert werden kann. Denkbar ist zudem, dass aufgrund der eingetretenen Verletzung ein Risiko der Wiederholung besteht, auf das durch Präventionsmaßnahmen reagiert werden muss.

65 **aa) Präventionsmaßnahmen im Einzelnen.** Was die Maßnahmen im Einzelnen betrifft, bleiben sowohl Gesetzestext als auch Gesetzesbegründung äußerst vage.[118] Dies mag berechtigt sein, da die Verhältnisse in Bezug auf mittelbare Zulieferer noch viel individueller und komplexer sein dürften als diejenigen zu unmittelbaren Zulieferern. Selbst bei Letzteren hat der Gesetzgeber sich für eine beispielhafte Aufzählung entschieden, um die Pflichten des Unternehmens zu normieren (→ § 6 Rn. 76). Insgesamt kommt dem Unternehmen daher in Bezug auf die Präventionsmaßnahmen, die es gegenüber dem mittelbaren Zulieferer zu verankern hat, ein großer **Ermessensspielraum** zu.[119] Es dürfte daher genügen, wenn das Unternehmen berechtigterweise davon ausgeht, dass die gewählte Maßnahme ausreicht, um eine Realisierung des Risikos zu verhindern. Dies kann auch bereits durch minimalinvasive Maßnahmen erreicht werden. So findet sich in der Gesetzesbegründung als Beispiel für eine geeignete Präventionsmaßnahme dem mittelbaren Zulieferer aufzuzeigen, dass eine Erwartung besteht, die menschenrechtlichen und umweltbezogenen Pflichten zu erfüllen.[120]

66 Die Präventionsmaßnahme muss nach dem Gesetzeswortlaut ausdrücklich **gegenüber dem Verursacher** ergriffen werden. Maßnahmen, die sich nur auf den Bereich des Unternehmens selbst oder ausschließlich auf Dritte, wie beispielsweise NGOs oder Initiativen im Land des Zulieferers, konzentrieren, genügen daher bei strenger Wortlautauslegung nicht, um die Pflichten aus Abs. 3 Nr. 2 zu erfüllen.

67 Das Gesetz nennt selbst eine Reihe von **möglichen Präventionsmaßnahmen,** nämlich die Durchführung von Kontrollmaßnahmen, die Unterstützung bei der Vorbeugung und Vermeidung eines Risikos oder die Umsetzung von branchenspezifischen oder branchenübergreifenden Initiativen, denen das Unternehmen beigetreten ist. Diese Aufzählung wurde vom Ausschuss für Arbeit und Soziales ergänzt und ist nicht abschließend.[121] Bei der Ausfüllung des Ermessensspielraums bei der Wahl der konkreten Maßnahme kann sich aus den Vorgaben des § 6 eine gewisse Orienticrung ergeben.[122] Dabei kommen aber nur die Präventionsmaßnahmen gemäß § 6 Abs. 4 in Betracht, die sich auf unmittelbare Zulieferer beziehen.

68 Die Durchführung von Kontrollmaßnahmen entspricht der Präventionsmaßnahme des § 6 Abs. 4 Nr. 4 (→ § 6 Rn. 60 ff.). Allerdings wird die Vereinbarung derartiger Kontrollmaßnahmen bei einem mittelbaren Zulieferer ungleich schwerer werden, als dies beim unmittelbaren Zulieferer ohnehin schon ist. Gangbar dürfte dieser Weg dann sein, wenn vertraglich eine Weitergabeklausel besteht, wonach der mittelbare Zulieferer den Lieferanten des Unternehmens beachten muss (zu Weitergabeklauseln → § 6 Rn. 94, 100).[123] Das Unternehmen kann die Kontrollmaßnahmen selbst durchführen, aber auch eine Übernahme der Kontrolle durch Dritte, zB Prüfgesellschaften, ist denkbar.[124]

69 Die **Unterstützung bei der Vorbeugung und Vermeidung eines Risikos** meint Maßnahmen, mit denen der mittelbare Zulieferer in die Lage versetzt wird, Risiken durch eigenes Handeln zu vermeiden. In Betracht kommt zB der Austausch von Know-how wie etwa durch Schulungen, die auch in § 6 Abs. 4 Nr. 3 vorgesehen sind (→ § 6 Rn. 114 ff.).

[118] Vgl. Herrmann/Rünz DB 2021, 3078 (3083).
[119] Wagner/Ruttloff/Wagner LkSG-HdB/Wagner/Wagner Rn. 809.
[120] So dürfte der sprachlich verunglückte Satz in der Gesetzesbegründung zu verstehen sein, RegE LkSG, BT-Drs. 19/28649, 51: „Zu den geeigneten Präventionsmaßnahmen kann gehören, gegenüber einem mittelbaren Zulieferer zu verdeutlichen, die menschenrechtsbezogene Erwartungen und menschenrechtlichen sowie umweltbezogenen Pflichten zu erfüllen.".
[121] Beschlussempfehlung des Ausschusses für Arbeit und Soziales, BT-Drs. 19/30505, 42.
[122] RegE LkSG, BT-Drs. 19/28649, 51.
[123] RegE LkSG, BT-Drs. 19/28649, 51; Harings/Jürgens LkSG 41.
[124] Harings/Jürgens LkSG 141.

Die in der Gesetzesbegründung vorgeschlagene „Unterstützung bestimmter sozialer Projekte in einer Region, die der Stärkung bestimmter Rechte dienen, wie zum Beispiel Gewerkschaftsfreiheit“,[125] dürfte zum einen nur in seltenen Fällen überhaupt als ein wirksame Präventionsmaßnahme in Frage kommen. Zum anderen ist sie nach dem klaren Gesetzeswortlaut keine Präventionsmaßnahme, die Abs. 3 Nr. 2 genügt. Denn dieser verlangt ausdrücklich eine Maßnahme, die gegenüber dem Verursacher verankert wird.

Die **Umsetzung von branchenspezifischen oder branchenübergreifenden Initiativen,** denen das Unternehmen beigetreten ist, führt das Gesetz als letzte beispielhafte Präventionsmaßnahme auf. Hierin liegt ein Verweis auf § 7 Abs. 2 Nr. 2, wo der Zusammenschluss zu derartigen Initiativen als Abhilfemaßnahme genannt wird (→ § 7 Rn. 59 ff.). Der Gesetzesbegründung zufolge sollen durch derartige Initiativen Vorgaben standardisiert und das eigene Einflussvermögen vergrößert werden.[126] Ob dies noch als Maßnahme gegenüber dem Verursacher gewertet werden kann, ist zweifelhaft. Da das Gesetz diese Maßnahme aber selbst als mögliches Beispiel nennt, dürfte dieser Weg eine taugliche Präventionsmaßnahme darstellen. **70**

bb) Überprüfung und Anpassung der Präventionsmaßnahmen. § 9 Abs. 3 Nr. 2 verweist nicht direkt, sondern nur implizit auf Präventionsmaßnahmen iSd § 6. Anders als bei § 9 Abs. 3 Nr. 1 lässt sich daher aus dem Gesetzestext selbst nicht erkennen, ob eine jährliche oder anlassbezogene Überprüfung der Maßnahmen, wie in § 6 Abs. 5 vorgesehen, notwendig ist oder ob eine einmalige Verankerung der Maßnahmen den Gesetzesanforderungen genügt. **71**

Anders als bei § 9 Abs. 3 Nr. 1 bedarf es für die anlassbezogenen Präventionsmaßnahmen einer **regelmäßigen und anlassbezogenen Überprüfung** iSd § 6 Abs. 5.[127] Dafür sprechen mehrere Gründe. Zunächst ist eine Präventionsmaßnahme bereits per se ein Instrument, dem eine Prognose zugrunde liegt. Das Unternehmen wählt eine Maßnahme aus, von der es annehmen darf, dass diese geeignet ist, das Risiko zu beseitigen bzw. eine Realisierung des Risikos in einer Verletzung zu verhindern. Ob diese Maßnahme aber tatsächlich erfolgreich sein wird, ist zum Zeitpunkt der Verankerung noch unklar. Daher sind eine regelmäßige Überprüfung und ggf. auch eine Anpassung der Maßnahme notwendig. Nur so kann der Zweck der Präventionsmaßnahmen erreicht werden. Hinzu kommt, dass das Unternehmen von der Überprüfung auch profitieren kann. So ist denkbar, dass eine Präventionsmaßnahme Erfolg hat und das Risiko dadurch beseitigt wird. Ohne Überprüfung könnte das Unternehmen dies aber nicht feststellen und würde weiter Ressourcen in Maßnahmen stecken, die nicht mehr erforderlich sind. **72**

d) Anlassbezogenes Konzept zur Verhinderung, Beendigung oder Minimierung (Abs. 3 Nr. 3). Gemäß Abs. 3 Nr. 3 hat das Unternehmen ein Konzept zur Verhinderung, Beendigung oder Minimierung der Verletzung zu erstellen und umzusetzen. Während Abs. 3 Nr. 2 die Prävention in den Blick nimmt, fokussiert sich Abs. 3 Nr. 3 auf Abhilfemaßnahmen iSd § 7. Gegenstand des Konzepts ist folglich die mögliche Verletzung und nicht das in der Risikoanalyse festgestellte Risiko. Durch das Konzept soll jeweils bezüglich der vorliegenden Verletzung Abhilfe geschaffen werden.[128] **73**

aa) Konzept statt direkter Maßnahmenergreifung. Die von § 9 Abs. 3 Nr. 3 angeordneten Maßnahmen weichen von denen des § 7 ab. Letzterer unterscheidet in Abs. 1 und 2 zwischen Maßnahmen, die das Unternehmen direkt zur Verhinderung, Beendigung oder Minimierung einer Verletzung ergreift, einerseits und der Erstellung und Umsetzung eines Konzepts zur Beendigung oder Minimierung andererseits. Dabei enthält § 7 Abs. 1 **74**

[125] RegE LkSG, BT-Drs. 19/28649, 51.

[126] RegE LkSG, BT-Drs. 19/28649, 51; für eine Auflistung anerkannter Brancheninitiativen s. Harings/Jürgens LkSG 143 f.

[127] So auch Herrmann/Rünz DB 2021, 3078 (3083).

[128] RegE LkSG, BT-Drs. 19/28649, 51.

eine Erfolgspflicht (→ § 7 Rn. 33), § 7 Abs. 2 hingegen lediglich eine Bemühenspflicht (→ § 7 Rn. 43).

75 In Bezug auf den mittelbaren Zulieferer trifft das Unternehmen gemäß § 9 Abs. 3 Nr. 3 nicht die Erfolgspflicht des § 7 Abs. 1, sondern lediglich die Bemühenspflicht des § 7 Abs. 2. Denn anders als in § 7 Abs. 1 sieht § 9 Abs. 3 Nr. 3 nicht vor, dass zunächst unverzüglich Abhilfemaßnahmen getroffen werden, sondern beschränkt sich auf eine Konzepterstellung und -umsetzung, wie sie in § 7 Abs. 2 vorgeschrieben wird.[129] Gemäß § 7 Abs. 2 soll die Erstellung und Umsetzung eines Konzepts anstatt dem direkten Ergreifen von Maßnahmen bei Verletzungen bei einem unmittelbaren Zulieferer nur dann erfolgen, wenn das Unternehmen die Verletzung nicht in absehbarer Zeit beenden kann. In Bezug auf mittelbare Zulieferer wird die Konzepterstellung, die in § 7 nach der gesetzlichen Systematik noch die Ausnahme ist, zur Regel. Es überrascht, dass der Gesetzgeber für mittelbare Zulieferer nicht auf die Pflicht nach § 7 Abs. 1 verweist. Die Gesetzesbegründung geht zwar davon aus, dass das Unternehmen auch in Bezug auf mittelbare Zulieferer eine Beendigungs- und Minderungspflicht trifft,[130] dies findet aber im Gesetzestext keinerlei Anklang. Grund für die Beschränkung auf die Erstellung und Umsetzung eines Konzepts könnte sein, dass das Unternehmen in aller Regel weniger Einfluss auf seine mittelbaren Zulieferer ausüben kann als auf unmittelbare Zulieferer.[131]

76 **bb) Konkrete Maßnahmen.** Konkret hat das Unternehmen gemäß Abs. 3 Nr. 3 ein Konzept zur Verhinderung, Beendigung und Minimierung zu erstellen und umzusetzen.

77 **(1) Konzept zur Verhinderung.** Das Konzept zur Verhinderung taucht selbst nicht in § 7 auf. Dort ist lediglich in Abs. 1 von Abhilfemaßnahmen die Rede, die das Unternehmen ergreifen muss, um die Verletzung zu verhindern (→ § 7 Rn. 34 ff.). Das Gesetz hat diese Erfolgspflicht des § 7 Abs. 1 aber nicht direkt auf § 9 Abs. 3 Nr. 3 übertragen. Vielmehr sieht dieser nur die Erstellung und Umsetzung eines Konzepts zu Verhinderung vor. Die Konzepterstellungspflicht findet sich im § 7 allerdings in Abs. 2, der nur Bemühenspflichten regelt (→ § 7 Rn. 43 ff.). Das Unternehmen trifft hinsichtlich der Verhinderung der Verletzung beim mittelbaren Zulieferer daher – anders als im eigenen Geschäftsbereich oder beim unmittelbaren Zulieferer – keine Erfolgspflicht, sondern lediglich eine Bemühenspflicht. Dies bringt das Gesetz dadurch zum Ausdruck, dass es die Konzepterstellung als Pflicht normiert und nicht direkt die Verhinderung der Verletzung anordnet, wie es dies in § 7 Abs. 1 tut. Dies ist ein weiteres Beispiel dafür, dass das Gesetz für mittelbare Zulieferer ein eigenständiges, abgeschwächtes Pflichtenregime vorsieht und nicht lediglich auf die Regeln zu unmittelbaren Zulieferern verweist.

78 Da Auslöser für die Pflichten des Abs. 3 die substantiierte Kenntnis über eine mögliche Verletzung ist, wird die Verletzung häufig bereits eingetreten sein, sodass eine Verhinderung nicht mehr möglich ist. Ein **Anwendungsbereich** für das Konzept zur Verhinderung bleibt jedoch dann bestehen, wenn sich herausstellt, dass die mögliche Verletzung tatsächlich noch nicht eingetreten ist. In diesem Fall würden Beendigung und Minimierung nicht greifen, da diese eine eingetretene Verletzung verlangen. Da die Verhinderung einer Verletzung begriffsnotwendig vor deren Eintritt erfolgen muss, handelt es sich hierbei nicht um eine Abhilfe-, sondern um eine **Präventionsmaßnahme.**[132]

79 Für **mögliche Maßnahmen** die das Verhinderungskonzept beinhalten kann, bietet ebenfalls § 7 Abs. 2 Anhaltspunkte (→ § 7 Rn. 55 ff.). Insoweit unterscheidet sich das Konzept zur Verhinderung lediglich in seiner Zielsetzung auf Prävention vom Konzept zur

[129] Herrmann/Rünz DB 2021, 3078 (3084).

[130] RegE LkSG, BT-Drs. 19/28649, 51: „Bezogen auf eine Verletzung, die das Unternehmen nicht gemäß § 7 Absatz 1 mindern oder beenden konnte, hat das Unternehmen ein Konzept zur Minimierung und Vermeidung der Verletzung zu erstellen und umzusetzen.".

[131] So auch Wagner/Ruttloff NJW 2021, 2145 (2150); Wagner/Ruttloff/Wagner LkSG-HdB/Wagner/Wagner Rn. 811.

[132] Vgl. auch Wagner/Ruttloff/Wagner LkSG-HdB/Wagner/Wagner Rn. 812.

Beendigung und Minimierung. Da es sich um einen Fall der Prävention handelt, sind zusätzlich auch die Maßnahmen des § 6 Abs. 4 (→ § 6 Rn. 76 ff.) sowie die in § 9 Abs. 3 Nr. 2 (→ Rn. 63 ff.) in Erwägung zu ziehen.

(2) Konzept zur Beendigung und Minimierung. Das Konzept zur Beendigung oder Minimierung verweist durch seine Wortwahl auf die Abhilfemaßnahmen des § 7 Abs. 2 (→ § 7 Rn. 42 ff.). Dort sind in S. 2 beispielhaft einige Maßnahmen aufgeführt, die das Unternehmen bei Erstellung und Umsetzung eines solchen Konzepts in Betracht ziehen soll. Dabei muss allerdings berücksichtigt werden, dass § 7 Maßnahmen gegenüber dem unmittelbaren Zulieferer regelt. Diese sind nur eingeschränkt auf den mittelbaren Zulieferer übertragbar, da das Unternehmen auf diesen weniger Einfluss ausüben kann. Ziel der Maßnahmen ist jeweils entweder, die Verletzung vollständig abzustellen oder, falls dies nicht möglich ist, zumindest so weit wie möglich einzuschränken. Bei der Wahl der konkreten Maßnahmen kommt dem Unternehmen ein Einschätzungsspielraum zu. 80

(3) Abbruch der Geschäftsbeziehungen. Dem Gesetzestext nach bleibt fraglich, ob auch die weitestgehende Abhilfemaßnahme nach § 7 Abs. 3, der Abbruch der Geschäftsbeziehungen (vgl. → § 7 Rn. 70 ff.), gegenüber einem mittelbaren Zulieferer im Rahmen der Maßnahmen nach § 9 Abs. 3 Nr. 3 verlangt wird. Zunächst wird ein solcher Abbruch nur mittelbar möglich sein, da das Unternehmen selbst keine Geschäftsbeziehungen zu seinen mittelbaren Zulieferern unterhält. Denkbar wäre es aber, dass das Unternehmen gegenüber seinem unmittelbarem Zulieferer einen Abbruch anordnet.[133] Kommt dieser dem nicht nach, so könnte das Unternehmen durch Abbruch der Geschäftsbeziehung zum unmittelbaren Zulieferer den problematischen mittelbaren Zulieferer aus seiner Lieferkette entfernen.[134] 81

Allerdings ist der Abbruch der Geschäftsbeziehungen **nicht als verpflichtende Abhilfemaßnahme für Verletzungen bei mittelbaren Zulieferern** vorgesehen.[135] Dies wird vor allem dadurch deutlich, dass sich in § 9 Abs. 3 Nr. 3 keine Erwähnung eines Abbruchs der Geschäftsbeziehungen findet. In § 7 Abs. 2 und 3 wird ein Konnex zwischen Konzept und Abbruch hergestellt, da § 7 Abs. 3 S. 1 Nr. 2 als Grund für einen Abbruch anführt, dass das Abhilfekonzept keine Wirkung erzielt. Auf diese Norm verweist § 9 Abs. 3 Nr. 3 aber weder ausdrücklich noch indirekt. Stattdessen ordnet das Gesetz lediglich die Konzepterstellung und -umsetzung an. Zudem sind die Eigenschaft von § 9 als Ausnahmevorschrift und der Umstand in den Blick zu nehmen, dass ein Abbruch der Geschäftsbeziehungen die Pflicht ist, die Unternehmen am härtesten trifft und daher die ultima ratio der Maßnahmen nach dem LkSG darstellt (→ § 7 Rn. 70). Folglich kann einem Unternehmen diese Maßnahme nur abverlangt werden, wenn das Gesetz sie auch ausdrücklich anordnet. Dies gilt umso mehr, als ein Abbruch nur mittelbar durch Anordnung gegenüber dem unmittelbaren Zulieferer erfolgen könnte. Dem Unternehmen darf aber nichts rechtlich Unmögliches zugemutet werden.[136] Dies entspricht auch dem abgestuften Schutzkonzept, welches dem Gesetz zugrunde liegt. Danach werden an Präventions- und Abhilfemaßnahmen unterschiedliche Ansprüche je nachdem gestellt, ob der eigene Geschäftsbereich, ein unmittelbarer Zulieferer oder ein mittelbarer Zulieferer betroffen ist. Bereits für unmittelbare Zulieferer ist der Abbruch der Geschäftsbeziehungen aber nur unter äußerst engen Voraussetzungen geboten. Da beim mittelbaren Zulieferer die Anforderungen an Maßnahmen weiter absinken, entspricht es der Gesetzeskonzeption, dass ein Abbruch der Geschäftsbeziehungen nicht verlangt wird. Denkbar ist aber, dass das Unternehmen gegenüber dem unmittelbaren Zulieferer auf ein temporäres Aussetzen der Geschäfts- 82

---

133 Ehmann ZVertriebsR 2021, 141 (149), so zum Aussetzen der Geschäftsbeziehungen.

134 Ein solches „Durchschlagen" der Abbruchspflicht erwägend Nasse RAW 2022 3 (10).

135 So auch Spindler ZHR 186 (2022), 67 (89); mit Verweis auf das Angemessenheitsgebot und noch zum Gesetz im Entwurfsstadium Wagner/Ruttloff/Wagner/Hahn CB 2021, 89 (93).

136 Vgl. Spindler ZHR 186 (2022), 67 (89) Fn. 140.

beziehung während der Bemühungen um Risikominimierung dringt, wie es § 7 Abs. 2 Nr. 3 vorsieht (→ § 7 Rn. 63 ff.).[137]

83 **cc) Überprüfung des Konzepts.** Wie die Präventionsmaßnahmen, so ist auch das Konzept des Unternehmens zur Verhinderung, Beendigung oder Minimierung der Verletzung regelmäßig einmal jährlich sowie anlassbezogen zu überprüfen (zur Überprüfung der Präventionsmaßnahmen → Rn. 71 f.).[138] Insoweit kann § 7 Abs. 4 herangezogen werden (vgl. → § 7 Rn. 96 ff.). Für die regelmäßige Überprüfung spricht zum einen, dass nur so sichergestellt werden kann, dass das Konzept auch wirksam ist. Insofern setzt ein Konzept eine regelmäßige Überprüfung bereits voraus (→ § 7 Rn. 96 ff.). Zum anderen kann das Unternehmen von der Überprüfung profitieren, da diese auch ergeben kann, dass das Konzept erfolgreich war und keine weiteren Maßnahmen mehr nötig sind.

84 **e) Anlassbezogene Anpassung der Grundsatzerklärung (Abs. 3 Nr. 4).** Gemäß § 9 Abs. 3 Nr. 4 hat das Unternehmen ggf. anlassbezogen seine Grundsatzerklärung gemäß § 6 Abs. 2 zu aktualisieren. Durch den Zusatz „gegebenenfalls" bringt das Gesetz zum Ausdruck, dass dies nicht in jedem Fall geschehen muss, sondern nur dann, wenn sich für die Grundsatzerklärung relevante Änderungen ergeben.[139] Dabei muss keinesfalls die gesamte Grundsatzerklärung neu erstellt werden. Die Aktualisierung muss nur anlassbezogen erfolgen, also nur in den Teilen, der Erklärung, bei denen Anpassungsbedarf besteht. Denkbar ist dies zB bezogen auf die in Folge der Risikoanalyse nach Abs. 3 Nr. 2 festgestellten relevanten Risiken in der Lieferkette (vgl. § 6 Abs. 2 Nr. 2; → § 6 Rn. 41).[140]

IV. Sanktionen

85 Die Befolgung der Pflichten aus § 9 ist teilweise sanktionsbewehrt. Gemäß § 24 Abs. 1 Nr. 2 handelt ordnungswidrig, wer vorsätzlich oder fahrlässig eine Risikoanalyse nach § 9 Abs. 3 Nr. 1 (→ Rn. 58 ff.) nicht, nicht richtig oder nicht rechtzeitig durchführt. Dies kommt insbesondere in Fällen in Betracht, in denen sich ein Unternehmen bewusst der substantiierten Kenntnis über eine Verletzung verschließt[141] oder aufgrund absehbarer Organisationsmängel nicht in der Lage ist, unverzüglich auf die substantiierte Kenntnis zu reagieren. Darüber hinaus ist auch die Erstellung der Konzepte nach Abs. 3 Nr. 3 (→ Rn. 73 ff.) mit einer Ordnungswidrigkeit nach § 24 Abs. 1 Nr. 7 bewährt. Gleiches gilt für die Einrichtung eines Beschwerdeverfahrens, das auch Risiken und Verletzungen bei mittelbaren Zulieferern erfasst, gemäß § 24 Abs. 1 Nr. 8 (→ Rn. 10 f.). Es fällt auf, dass der Gesetzgeber keine Ordnungswidrigkeit für das Nichtergreifen der Präventionsmaßnahmen gemäß Abs. 3 Nr. 2 (→ Rn. 63 ff.) geschaffen hat. Eine solche darf auch nicht im Wege der Analogie ergänzt werden.

86 Gemäß § 24 Abs. 2 Nr. 1 können diese Ordnungswidrigkeiten durch eine Geldbuße von bis zu 800.000 Euro geahndet werden (→ § 24 Rn. 38). Lediglich für die nicht oder nicht korrekte Durchführung der Risikoanalyse ist die Geldbuße auf 500.000 Euro begrenzt. Für Verbände gilt gemäß § 24 Abs. 2 S. 2 iVm § 30 Abs. 2 S. 3 OWiG für alle hier genannten Ordnungswidrigkeiten der zehnfache Wert (→ § 24 Rn. 41). Das schärfste Schwert der Sanktionen, § 24 Abs. 3, wonach bei juristischen Personen oder Personenvereinigungen mit einem durchschnittlichen Jahresumsatz von über 400 Millionen Euro eine Geldbuße von bis zu 2 % des Jahresumsatzes verhängt werden kann (→ § 24 Rn. 42), ist aber nach dem klaren Gesetzeswortlaut für die Pflichten nach § 9 nicht anwendbar.[142]

---

[137] Ehmann ZVertriebsR 2021, 141 (149).
[138] Herrmann/Rünz DB 2021, 3078 (3084).
[139] RegE LkSG, BT-Drs. 19/28649, 51: „wenn Bedarf besteht".
[140] RegE LkSG, BT-Drs. 19/28649, 51.
[141] Vgl. Klinner IWRZ 2021, 243 (245).
[142] AA Klinner IWRZ 2021, 243 (245).

V. Verordnungsermächtigung (Abs. 4)

Abs. 4 enthält eine Verordnungsermächtigung für das Ministerium für Arbeit und Soziales. Dieses ist demnach ermächtigt, zu den Pflichten des Abs. 3 Näheres zu regeln. Dies hat im Einvernehmen mit dem Bundesministerium für Wirtschaft und Energie zu erfolgen. Eine Zustimmung des Bundesrates ist gemäß Abs. 4 S. 2 nicht erforderlich. **87**

Die Ermächtigung bezieht sich gemäß Gesetzeswortlaut nur auf die Pflichten des Abs. 3. Diese sind in dessen Nr. 1–4 normiert. Nicht erfasst ist daher die Frage, wann diese Pflichten eingreifen. Somit kann insbesondere der unklare Begriff der substantiierten Kenntnis (→ Rn. 16 ff.) nicht durch die Verordnung erhellt werden (→ Rn. 22).[143] **88**

Die Verordnungsermächtigung hat scharfe Kritik erfahren. So wurde ihre Vereinbarkeit mit dem Rechtsstaatsprinzip, insbesondere der Wesentlichkeitstheorie in Frage gestellt.[144] Unter anderem wurde die Norm als eine „bedenkliche Blankoermächtigung" sowie „Verantwortungsverschiebung von der Legislative auf die Exekutive" bezeichnet.[145] In der Sache dürfte diese Kritik politisch berechtigt sein, in ihrem rechtlichen Gehalt aber zu weit gehen. So werden dem Verordnungsgeber vom Gesetz klare Grenzen gesetzt. Seine Aufgabe ist lediglich die nähere Ausgestaltung der Pflichten nach Abs. 3.[146] Die wesentlichen Entscheidungen über das Eingreifen und die Reichweite der Pflichten hat jedoch bereits der Gesetzgeber im Normtext getroffen. Die Verordnung darf die Pflichten des Abs. 3 allenfalls konkretisieren, nicht jedoch erweitern. **89**

Problematisch erscheint allerdings weiterhin, dass gemäß Art. 5 Abs. 1 LkSG-Mantelgesetz vom 16.7.2021 die Verordnungsermächtigung mit dem Rest des Gesetzes erst ab dem 1.1.2023 in Kraft tritt. Folglich kann das BMAS zuvor keine Verordnung erlassen. Es bleibt zu hoffen, dass das BMAS zuvor bereits einen Entwurf veröffentlicht, da Unternehmen sich ansonsten nur schwer auf die sie gemäß § 9 Abs. 3 treffenden Pflichten vorbereiten können.[147] Dieses Problem könnte sich jedoch als rein theoretisch erweisen. Denn laut dem im Internet abrufbaren FAQ des Bundesministeriums für Arbeit und Soziales zum LkSG, ist der Erlass einer Verordnung überhaupt nicht geplant.[148] **90**

§ 10 Dokumentations- und Berichtspflicht

(1) [1]Die Erfüllung der Sorgfaltspflichten nach § 3 ist unternehmensintern fortlaufend zu dokumentieren. [2]Die Dokumentation ist ab ihrer Erstellung mindestens sieben Jahre lang aufzubewahren.

(2) [1]Das Unternehmen hat jährlich einen Bericht über die Erfüllung seiner Sorgfaltspflichten im vergangenen Geschäftsjahr zu erstellen und spätestens vier Monate nach dem Schluss des Geschäftsjahrs auf der Internetseite des Unternehmens für einen Zeitraum von sieben Jahren kostenfrei öffentlich zugänglich zu machen. [2]In dem Bericht ist nachvollziehbar mindestens darzulegen,

1. ob und falls ja, welche menschenrechtlichen und umweltbezogenen Risiken oder Verletzungen einer menschenrechtsbezogenen oder umweltbezogenen Pflicht das Unternehmen identifiziert hat,

---

[143] So auch RegE LkSG, BT-Drs. 19/28649, 51: „Absatz 4 enthält eine Verordnungsermächtigung, die Pflichten nach Absatz 3 Nummern 1 bis 4 näher auszugestalten."; aA Grabosch Das neue LkSG/Grabosch § 2 Rn. 114.

[144] DAV-Ausschüsse Corporate Social Responsibility und Compliance, Handelsrecht sowie Menschenrechte NZG 2021, 546 (552); Jungkind/Raspé/Terbrack Der Konzern 2021, 445 (448); Stöbener de Mora/Noll NZG 2021, 1237 (1243); BR-Drs. 239/1/21, 20.

[145] Stöbener de Mora/Noll NZG 2021, 1237 (1243).

[146] RegE LkSG, BT-Drs. 19/28649, 51.

[147] Stöbener de Mora/Noll NZG 2021, 1237 (1243).

[148] FAQ des BMAS zum LkSG, Stand 28.4.2022, XVI. Nr. 3: „Die Vorschriften sehen lediglich die Möglichkeit, aber nicht die Pflicht zu Rechtsverordnungen vor. Derzeit (Stand November 2021) sind keine Rechtsverordnungen geplant.".

2. was das Unternehmen, unter Bezugnahme auf die in den §§ 4 bis 9 beschriebenen Maßnahmen, zur Erfüllung seiner Sorgfaltspflichten unternommen hat; dazu zählen auch die Elemente der Grundsatzerklärung gemäß § 6 Absatz 2, sowie die Maßnahmen, die das Unternehmen aufgrund von Beschwerden nach § 8 oder nach § 9 Absatz 1 getroffen hat,

3. wie das Unternehmen die Auswirkungen und die Wirksamkeit der Maßnahmen bewertet und

4. welche Schlussfolgerungen es aus der Bewertung für zukünftige Maßnahmen zieht.

(3) Hat das Unternehmen kein menschenrechtliches oder umweltbezogenes Risiko und keine Verletzung einer menschenrechtsbezogenen oder einer umweltbezogenen Pflicht festgestellt und dies in seinem Bericht plausibel dargelegt, sind keine weiteren Ausführungen nach Absatz 2 Satz 2 Nummer 2 bis 4 erforderlich.

(4) Der Wahrung von Betriebs- und Geschäftsgeheimnissen ist dabei gebührend Rechnung zu tragen.

Schrifttum: Asmussen, Haftung für unwahre Aussagen über Nachhaltigkeitskodizes vor Abschluss eines Kaufvertrags, NJW 2017, 118; Asmussen, Haftung für CSR, 2020; Bachmann, Die Erklärung zur Unternehmensführung (Corporate Governance Statement), ZIP 2010, 1517; Bachmann, CSR-bezogene Vorstands- und Aufsichtsratspflichten und ihre Sanktionen, ZGR 2018, 231; Beckers, Globale Wertschöpfungsketten: Theorie und Dogmatik unternehmensbezogener Pflichten, ZfPW 2021, 220; Birk, Lieferkettensorgfaltspflichtengesetz und unlauterer Wettbewerb, GRUR 2022, 361; Christ/Kocian/Stappert, Der Kommissionsvorschlag zur Corporate Sustainability Reporting Directive, KoR 2021, 379; Croon-Gestefeld, Die nachhaltige Beschaffenheit der Kaufsache, NJW 2022, 497; Dannecker, Der nemo tenetur-Grundsatz – prozessuale Fundierung und Geltung für juristische Personen, ZStW 2015, 370; Dutzi/Schneider/Hasenau, Lieferkettenregulierung und Risk Governance – Implikationen für die betriebliche Praxis und Kritik, DK 2021, 454; Ehmann, Der Regierungsentwurf für das Lieferkettengesetz: Erläuterung und erste Hinweise zur Anwendung, ZVertriebsR 2021, 141; Ehmann/Berg, Das Lieferkettensorgfaltspflichtengesetz (LkSG): ein erster Überblick, GWR 2021, 287; Fleischer, Corporate Social Responsibility, AG 2017, 509; Fleischer, Zivilrechtliche Haftung im Halbschatten des Lieferkettensorgfaltspflichtengesetzes, DB 2022, 920; Fleischer/Hahn, Berichtspflichten über menschenrechtliche Standards in der Lieferkette, RIW 2018, 397; Friebel, Corporate Social Responsibility, 2021; Gehling/Ott/Lüneborg, Das neue Lieferkettensorgfaltspflichtengesetz – Umsetzung in der Unternehmenspraxis, CCZ 2021, 230; Grunewald, Verkäuferhaftung für unrichtige CSR-Berichte des Herstellers; Hell, Offenlegung nichtfinanzieller Informationen, 2020; Hellgardt/Jouannaud, Nachhaltigkeitsziele und Privatrecht, AcP 222 (2022), 163; Herrmann/Rünz, Praktische Hinweise und Maßnahmen zur Umsetzung des Lieferkettensorgfaltspflichtengesetzes im Unternehmen, DB 2021, 3078; Hübner, Bausteine eines künftigen Lieferkettengesetzes, NZG 2020, 1411; Jungkind/Raspé/Terbrack, Unternehmensverantwortung in der Lieferkette, DK 2021, 445; R. Koch, Das Lieferkettensorgfaltspflichtengesetz, MDR 2022, 1; Lanfermann, European Sustainability Reporting Standards (ESRS): EFRAG-Konsultationsentwürfe als Meilenstein der neuen EU-Nachhaltigkeitsberichterstattung; Lüneborg, Neue Pflichten zur Einrichtung von Hinweisgebersystemen – Integrierte Umsetzung in der Unternehmenspraxis, DB 2021, 375; Lüttringhaus, Kaufrechtliche Gewährleistungsansprüche bei „ethischen“ Produkten und öffentlichen Äußerungen zur Corporate Social Responsibility, AcP 219 (2019), 29; Lutz-Bachmann/Vorbeck/Wengenroth, Menschenrechte und Umweltschutz in Lieferketten – der Regierungsentwurf eines Sorgfaltspflichtengesetzes, BB 2021, 906; Lutz-Bachmann/Vorbeck/Wengenroth, Nachhaltigkeitsbezogene Sorgfaltspflichten in Geschäftsbeziehungen – zum Entwurf der EU-Kommission für eine „Lieferkettenrichtlinie“, BB 2022, 835; Nietsch, Von der nichtfinanziellen Berichterstattung zur Nachhaltigkeitsberichterstattung – Eine Momentaufnahme zum Vorschlag der Corporate Sustainability Reporting Directive, ZIP 2022, 449; Nietsch/Wiedmann, Der Regierungsentwurf eines Gesetzes über die unternehmerischen Sorgfaltspflichten in der Lieferkette, CCZ 2021, 101; Nietsch/Wiedmann, Der Vorschlag zu einer europäischen Sorgfaltspflichten-Richtlinie im Unternehmensbereich (Corporate Sustainability Due Diligence Directive), CCZ 2022, 125; Nuber, Dokumentationspflichten im Privatrecht, 2019; Roth-Mingram, Corporate Social Responsibility in der Sozialen Marktwirtschaft, 2017; Rothenburg/Rogg, Die Umsetzung des Lieferkettensorgfaltspflichtengesetzes im Konzern, AG 2022, 257; Ruttloff/E. Wagner/Hahn/Freihoff, Der Menschenrechtsbeauftragte, CCZ 2022, 20; Schirmer, Nachhaltigkeit in den Privatrechten Europas, ZEuP 2021, 35; Schumm, Das modifizierte Lieferkettensorgfaltspflichtengesetz (LkSG) und die Pflichten der Geschäftsleiter, StuB 2021, 894; Seibt/Vesper-Gräske, Lieferkettensorgfaltspflichtengesetz erweitert Compliance-Pflichten, CB 2021, 357; Spindler, Verantwortlichkeit und Haftung in Lieferantenketten – das Lieferkettensorgfaltspflichtengesetz aus nationaler und europäischer Perspektive, ZHR 186 (2022), 67; Stave/Velte, Regulierung eines nachhaltigen Lieferkettenmanagements, DB 2021, 1791; Stawinoga/Velte, Der EU-Richtlinienentwurf zur Nachhaltigkeitsberichterstattung, DStR 2021, 3064; Trüg, Unternehmen als Beschuldigte – nemo tenetur?, StV 2020, 779; Velte, Die Lieferkette im Fokus der nichtfinanziellen Berichterstattung, DStR 2020, 2034, 2036; G. Wagner, Das Lieferkettengesetz: Viele Pflichten, keine Haftung, FS Singer, 2021, 693; E. Wagner/Ruttloff, Das Lieferkettensorgfaltspflichtengesetz – Eine erste Einordnung, NJW 2021, 2145.

Übersicht

I. Grundlagen

1. Regelungsgegenstand. § 10 regelt die systematisch letzten Sorgfaltspflichten des LkSG, die fortlaufende **Dokumentation** (Abs. 1) und die jährliche **Berichterstattung** (Abs. 2). Sie flankieren die vorstehenden materiellen Sorgfaltspflichten und verknüpfen diese inhaltlich und systematisch mit dem behördlichen Instrumentarium zur Kontrolle und Durchsetzung des Gesetzes nach Abschnitt 4 (§§ 12 ff.). Das Verfahren, mit dem das Unternehmen seinen Dokumentations- und Berichtspflichten nachkommt, ist gemäß § 6 1

Abs. 2 S. 2 Nr. 1 in der Grundsatzerklärung über die Menschenrechtsstrategie darzustellen (→ § 6 Rn. 38).

2 **2. Gesetzgebungsverfahren.** Der Inhalt der Dokumentations- und Berichtspflichten war während des Gesetzgebungsverfahrens weitestgehend unstrittig. Substantielle Änderungen wurden in der Ausschussarbeit nicht vorgenommen: Die Vorgaben zur Veröffentlichung des Berichts wurden aus Abs. 4 (dort zuvor S. 1) in Abs. 2 S. 1 Hs. 2 verlagert, ohne dass damit eine inhaltliche Änderung einhergehen sollte.[1] Zudem wurde die erst im Ausschussverfahren eingeführte Differenzierung in § 2 zwischen menschenrechtlichen und umweltbezogenen Risiken einerseits und menschenrechts- und umweltbezogenen Pflichtverletzungen andererseits auch in Abs. 2 S. 2 Nr. 1 übernommen.[2]

3 **3. UN-Leitprinzipien.** Auch die Vorgaben des LkSG zur öffentlichen Kommunikation und Rechenschaftsablegung finden ihren inhaltlichen Ursprung in den UN-Leitprinzipien für Wirtschaft und Menschenrechte (UNGP) (umfassend zum Hintergrund → Einl. Rn. 7 ff.).[3] **UNGP 3 lit. d** fordert Staaten auf, „Wirtschaftsunternehmen dazu an[zu]halten und es ihnen gegebenenfalls zur Auflage [zu] machen, zu kommunizieren, wie sie ihren menschenrechtlichen Auswirkungen begegnen". Gleichermaßen legt **UNGP 21** auch Wirtschaftsunternehmen selbst nahe, ebendiesen Umgang mit menschenrechtlichen Auswirkungen „extern zu kommunizieren". Eine allgemein verbindliche Form der Kommunikation geben die UN-Leitprinzipien indes nicht vor. In Betracht kommen sollen gleichermaßen „persönliche Begegnungen, Online-Dialoge, Konsultationen mit betroffenen Stakeholdern und formelle öffentliche Berichte".[4] Lediglich Wirtschaftsunternehmen mit besonderer Risikoexposition verlangt UNGP 21 eine mit § 10 Abs. 2 vergleichbare formelle öffentliche Berichterstattung ab.

4 Vorgaben zur Dokumentation der Erfüllung materieller Sorgfaltspflichten sind in den UN-Leitprinzipien nicht ausdrücklich geregelt, aber doch zumindest angedeutet. Wirtschaftsunternehmen sollen mittels ihrer Politiken und Verfahren „sowohl wissen als auch zeigen können, dass sie die Menschenrechte in der Praxis achten" („know and show").[5] Der Interpretationsleitfaden zu UNGP 21 präzisiert, dass vor diesem Hintergrund mindestens interne Systeme zur Informationsgewinnung und Rechenschaftslegung bestehen sollten.[6]

5 **4. Lieferketten-RL-E.** Die Europäische Kommission hat sich im Rahmen des Vorschlags vom 23.2.2022 für eine Richtlinie des Europäischen Parlaments und des Rates über die Sorgfaltspflichten von Unternehmen im Hinblick auf Nachhaltigkeit (Corporate Sustainability Due Diligence)[7] gegen die Einführung von Dokumentationspflichten und grundsätzlich auch gegen eine Regelung eigenständiger Berichtspflichten entschieden. Stattdessen **verlässt** sie **sich auf das bestehende unionsrechtliche System der nichtfinanziellen Berichterstattung.**[8] Seinen Ursprung findet dieses in der CSR-RL,[9] die der deutsche

[1] Beschlussempfehlung und Bericht, BT-Drs. 19/30505, 41: „dient der Klarstellung, wer Adressat des Berichts ist.".

[2] Beschlussempfehlung und Bericht, BT-Drs. 19/30505, 41 f.

[3] Grabosch Das neue LkSG/Grabosch § 2 Rn. 15; Hübner NZG 2020, 1411 (1415); Nasse RAW 2022, 3 (9).

[4] UN-Leitprinzipien für Wirtschaft und Menschenrechte, 2011, 27 (Kommentar zu UNGP 21).

[5] UN-Leitprinzipien für Wirtschaft und Menschenrechte, 2011, 27 (Kommentar zu UNGP 21).

[6] The Corporate Responsibility to Respect Human Rights, An Interpretative Guide, 2012, 57: „That means, at a minimum, having internal information-gathering and accountability systems".

[7] Vorschlag für eine Richtlinie des Europäischen Parlaments und des Rates über die Sorgfaltspflichten von Unternehmen im Hinblick auf Nachhaltigkeit und zur Änderung der Richtlinie (EU) 2019/1937, COM (2022) 71 final.

[8] Lutz-Bachmann/Vorbeck/Wengenroth BB 2022, 835 (840); Nietsch/Wiedmann CCZ 2022, 125 (131); Ruttloff/Rothenburg/Hahn DB 2022, 1116 (1120).

[9] RL 2014/95/EU des Europäischen Parlaments und des Rates vom 22.10.2014 zur Änderung der RL 2013/34/EU im Hinblick auf die Angabe nichtfinanzieller und die Diversität betreffender Informationen durch bestimmte große Unternehmen und Gruppen, ABl. EU 2014 L 330, 1.

Gesetzgeber im Jahr 2017 mit der Pflicht zur Abgabe einer nichtfinanziellen Erklärung in den §§ 289b ff. HGB umgesetzt hat. Diese Richtlinie wird ihrerseits gegenwärtig umfassend überarbeitet und nachgeschärft. Einen Entwurf, der im Rahmen der begrifflich neuen Pflicht zur „Nachhaltigkeitsberichterstattung" bestehende Berichtsdefizite beheben und den erweiterten materiellen Pflichtenkatalog des Lieferketten-RL-E abbilden soll, hat die Europäische Kommission am 21.4.2021 als Corporate Sustainability Reporting-Richtlinie (CSR-RL-E) vorgestellt.[10] Eigenständige Berichtspflichten begründet Art. 11 Lieferketten-RL-E für all diejenigen Unternehmen, die nicht in den Anwendungsbereich der CSR-RL fallen. Diese ergänzenden Offenlegungspflichten sollen durch delegierte Rechtsakte ausgestaltet werden.

II. Dokumentationspflicht (Abs. 1)

1. Erstellung der Dokumentation (Abs. 1 S. 1). § 10 Abs. 1 S. 1 verlangt von Unternehmen im Anwendungsbereich des LkSG eine fortlaufende Dokumentation der Erfüllung der Sorgfaltspflichten nach § 3. Vergleichbare Aufzeichnungspflichten sind im öffentlichen wie im Privatrecht weit verbreitet.[11] Den UN-Leitprinzipien, den internationalen Regelungsvorbildern des LkSG (→ Einl. Rn. 1 ff.) sowie dem Lieferketten-RL-E sind verbindliche Dokumentationspflichten demgegenüber weitestgehend fremd. Allein Art. 4 lit. c VO (EU) 2017/821[12] verpflichtet Unionseinführer von Mineralien oder Metallen, Aufzeichnungen über ihre internen Managementsysteme zur Erfüllung ihrer Sorgfaltspflichten in der Lieferkette zu führen. 6

a) Regelungszweck. Die Dokumentationspflicht verfolgt in erster Linie **Beweissicherungszwecke:** Ausweislich der Regierungsbegründung soll die Dokumentation einerseits der zuständigen Behörde als **„informatorische Grundlage" für die Kontrolle und Durchsetzung** der materiellen Sorgfaltspflichten (insbesondere durch Maßnahmen nach den §§ 15–17) dienen, andererseits aber auch dem Unternehmen selbst einen Nachweis der Erfüllung ebendieser Sorgfaltspflichten ermöglichen (→ Rn. 18 ff.).[13] Rein praktisch wird es sich bei der Dokumentation zudem um die wesentliche Grundlage des nach § 10 Abs. 2 jährlich anzufertigenden Berichts handeln. 7

b) Formelle Anforderungen. § 10 Abs. 1 S. 1 verlangt eine unternehmensinterne und fortlaufende Dokumentation. Vorgaben zur Form der Aufzeichnung enthält das Gesetz nicht.[14] Über das bereits dem Dokumentationsbegriff und der Aufbewahrungspflicht immanente Erfordernis einer Aufzeichnung auf einem dauerhaften Datenträger hinaus lassen sich auch im Wege der Auslegung keine weiteren Formerfordernisse begründen.[15] Ausreichend ist daher jedenfalls eine Aufzeichnung von Informationen in **Textform** gemäß § 126b BGB; im Einzelfall kann sich aber auch eine Aufzeichnung durch **Video- oder Audiodateien** anbieten. 8

[10] Vorschlag für eine RL des Europäischen Parlaments und des Rates zur Änderung der RL 2013/34/EU, 2004/109/EG und 2006/43/EG und der VO (EU) Nr. 537/2014 hinsichtlich der Nachhaltigkeitsberichterstattung von Unternehmen, COM (2021) 189 final; ausf. zu Änderungen im Entwurf Nietsch ZIP 2022, 449; Stawinoga/Velte DStR 2021, 2364.

[11] Monographisch Nuber, Dokumentationspflichten im Privatrecht, 2019.

[12] VO (EU) 2017/821 des Europäischen Parlaments und des Rates vom 17.5.2017 zur Festlegung von Pflichten zur Erfüllung der Sorgfaltspflichten in der Lieferkette für Unionseinführer von Zinn, Tantal, Wolfram, deren Erzen und Gold aus Konflikt- und Hochrisikogebieten.

[13] Begr. RegE, BT-Drs. 19/28649, 51.

[14] Falder/Frank-Fahle/Poleacov LkSG 103; vgl. zu einer Gegenüberstellung anderweitig geregelter Formvorgaben für Dokumentationspflichten Nuber, Dokumentationspflichten im Privatrecht, 2019, 169 ff.

[15] Falder/Frank-Fahle/Poleacov LkSG 104 (allerdings mit missverständlichem Hinweis auf ein Erfordernis der „Verkörperung"); einen Ermessensspielraum annehmend Wagner/Ruttloff/Wagner LkSG-HdB/E. Wagner/S. Wagner Rn. 704.

9 Die Dokumentation erfolgt **unternehmensintern,** dh sie ist nicht öffentlich zugänglich zu machen.[16] Auch das BAFA wird daher nur im Rahmen der ihm nach den §§ 14ff. übertragenen Kompetenzen in die Dokumentation Einsicht nehmen können. Hierzu zählen sowohl die Einsichtnahme in Unterlagen nach § 16 Abs. 1 Nr. 2 als auch das Auskunfts- oder Herausgabeverlangen gemäß § 17 Abs. 2 Nr. 2.[17]

10 Die Dokumentation hat darüber hinaus **fortlaufend** zu erfolgen. Diesem Begriff lassen sich mit vergleichendem Blick auf anderenorts (etwa in § 8 VgV) geregelte Pflichten zur „fortlaufenden Dokumentation" sowohl inhaltliche und auch zeitliche Vorgaben entnehmen. Erforderlich ist zunächst eine **chronologische und zusammenhängende** Niederlegung der zu erfassenden Informationen.[18] Darüber hinaus ist mindestens eine **zeitnahe Niederlegung** im Anschluss an den jeweils aufzeichnungspflichtigen Vorgang geboten.[19] Die Gesetzesbegründung spricht an dieser Stelle über den Wortlaut hinausgehend von einer „fortlaufend[en] und unverzüglich[en]" Dokumentation.[20] Der Rechtsanwender vermisst freilich einen Hinweis darauf, ob hierin tatsächlich ein Normverständnis im Sinne der Legaldefinition des § 121 Abs. 1 BGB zum Ausdruck kommen und eine Dokumentation „ohne schuldhaftes Zögern" vorgeschrieben werden sollte.[21] Dagegen spricht, dass der Begriff der Unverzüglichkeit keinen Weg in den Gesetzestext gefunden hat und er in der Begründung auch nicht erkennbar der näheren Beschreibung des fortlaufenden Charakters der Dokumentation dient. Rechtspraktisch ergeben sich allerdings aus der Differenzierung zwischen einer bloß zeitnahen und einer unverzüglichen Dokumentation keine wesentlichen Unterschiede.[22] Dies gilt umso mehr, als ein Verstoß gegen § 10 Abs. 1 S. 1 nicht sanktionsbewehrt ist (→ Rn. 17).

11 **c) Materielle Anforderungen.** Inhaltlich bezieht sich die Dokumentation auf die Erfüllung sämtlicher in § 3 genannter Sorgfaltspflichten. Zu erfassen sind damit insbesondere:

– sämtliche Maßnahmen zur Einrichtung eines Risikomanagements nach § 4 Abs. 1, einschließlich der Erwägungen zur Berücksichtigung von Stakeholderinteressen nach § 4 Abs. 4,[23] der gemäß § 4 Abs. 3 S. 1 festgelegten Zuständigkeiten[24] sowie der Durchführung und der Ergebnisse des regelmäßigen Austauschs der Geschäftsleitung mit den für die Überwachung des Risikomanagements zuständigen Personen gemäß § 4 Abs. 3 S. 2;
– sämtliche Maßnahmen im Zusammenhang mit der jährlich sowie anlassbezogen durchzuführenden Risikoanalyse gemäß § 5 (iVm § 9 Abs. 3), darunter etwaige Vorbereitungsmaßnahmen wie die Erfassung von Informationen über mittelbare Zulieferer,[25] die im Rahmen der Risikoanalyse angewandten Methoden der Informationsbeschaffung,[26] die Ermittlung, Gewichtung und Priorisierung von Risiken und Pflichtverletzungen, sowie die Kommunikation der Ergebnisse der Analyse an die maßgeblichen Entscheidungsträger;[27]

---

[16] Begr. RegE, BT-Drs. 19/28649, 51.
[17] Grabosch Das neue LkSG/Engel/Schönfelder § 6 Rn. 31; Hembach Praxisleitfaden LkSG 190; zu § 17 Abs. 2 Nr. 2 LkSG auch Ehmann ZVertriebsR 2021, 141 (149); Nietsch/Wiedmann CCZ 2021, 101 (108); Schumm StuB 2021, 894 (900).
[18] Beck VergabeR/Langenbach VgV § 8 Rn. 13; MüKoWettbR/Müller VgV § 8 Rn. 9ff.
[19] Beck VergabeR/Langenbach VgV § 8 Rn. 13; MüKoWettbR/Müller VgV § 8 Rn. 11; Kapellmann/Messerschmidt/Schneider VgV § 8 Rn. 13; ebenso Falder/Frank-Fahle/Poleacov LkSG S. 103.
[20] Begr. RegE, BT-Drs. 19/28649, 52; dies aufgreifend auch Wagner/Ruttloff/Wagner LkSG-HdB/E. Wagner/S. Wagner Rn. 704.
[21] So Dutzi/Schneider/Hasenau DK 2021, 454 (461); offen Hembach Praxisleitfaden LkSG 177.
[22] Kapellmann/Messerschmidt/Schneider VgV § 8 Rn. 13.
[23] Grabosch Das neue LkSG/Grabosch § 2 Rn. 80; Grabosch Das neue LkSG/Grabosch § 5 Rn. 45.
[24] Grabosch Das neue LkSG/Grabosch § 5 Rn. 42; Hembach Praxisleitfaden LkSG 177; Ruttloff/E. Wagner/Hahn/Freihoff CCZ 2022, 20 (27).
[25] Grabosch Das neue LkSG/Grabosch § 2 Rn. 118.
[26] Grabosch Das neue LkSG/Grabosch § 5 Rn. 66.
[27] Lutz-Bachmann/Vorbeck/Wengenroth BB 2021, 906 (909).

– sämtliche ergriffenen Präventions- und Abhilfemaßnahmen nach § 6 und § 7 (iVm § 9 Abs. 3) einschließlich des hinter ihnen stehenden Planungs-, Entscheidungs- und Durchsetzungsprozesses und ihrer jährlichen sowie anlassbezogenen Wirksamkeitsprüfung;[28]
– sämtliche Maßnahmen zur Einrichtung des Beschwerdeverfahrens nach § 8 und § 9, die im Rahmen des Verfahrens eingehenden Beschwerden und deren sich anschließende Bearbeitung;[29]
– das zur Erfüllung der Dokumentations- und Berichtspflichten eingerichtete Verfahren.

Nähere Vorgaben zur **Dokumentationstiefe** macht das Gesetz nicht. Eine Auslegung mit dem Ziel der Bestimmung der Reichweite der Dokumentationspflicht muss dabei ansetzen, dass es sich bei der Dokumentationspflicht um ein **Mittel zum Zweck** der Durchsetzung der materiellen Sorgfaltspflichten des LkSG handelt. Die Pflicht des § 10 Abs. 1 S. 1 ist von Vornherein auf die Möglichkeit eines späteren Zugriffs durch die Behörde ausgerichtet, die erst aufgrund eines Einblicks in die unternehmensinternen Kenntnisse und Entscheidungsprozesse beurteilen kann, ob das Unternehmen seinen (Bemühens-)Pflichten nachgekommen ist. Aus diesem Grund sind in der Dokumentation all diejenigen Informationen festzuhalten, die im Falle eines solchen Zugriffs für die Prüfung der Einhaltung der Sorgfaltspflichten relevant werden könnten.[30] Wichtiger noch als die Aufzeichnung einzelner Entscheidungen und Maßnahmen erscheint dabei, dass auch die diesen **zugrundeliegenden Abwägungs- und Entscheidungsprozesse** nachvollziehbar festgehalten werden.[31] Sämtliche materiellen Sorgfaltspflichten des LkSG sind von unbestimmten Rechtsbegriffen durchzogen; insbesondere sind Unternehmen nach den §§ 4–9 jeweils zur Ergreifung „angemessener“ Maßnahmen verpflichtet. Zu dokumentieren ist deshalb etwa auch, von welchen Annahmen iSv § 3 Abs. 2 das Unternehmen bei der Beurteilung der Angemessenheit einer Maßnahme ausgegangen ist. Dies allein ermöglicht der Behörde die Überprüfung und dem Unternehmen den Nachweis, dass letzteres die ergriffenen Maßnahmen auf eine vertretbare und tragfähige Grundlage gestützt hat.[32] 12

Da der Inhalt der (unternehmensinternen) Dokumentation nicht öffentlich zugänglich zu machen ist, soll der Schutz von **Betriebs- und Geschäftsgeheimnissen** der Aufzeichnung einzelner Vorgänge nicht entgegenstehen.[33] Etwas anderes folgt auch nicht aus § 10 Abs. 4.[34] Dieser erfasst zwar systematisch infolge von Entwurfsänderungen im Ausschussverfahren vermeintlich auch die Dokumentationspflicht. Mit diesen Änderungen war indes allein eine Verdeutlichung der Rolle der Öffentlichkeit als Adressatin des Berichts bezweckt, nicht hingegen eine Veränderung der Reichweite der Dokumentationspflicht (→ Rn. 48). 13

2. Aufbewahrung der Dokumentation (Abs. 1 S. 2). Die Dokumentation ist mindestens **sieben Jahre** lang aufzubewahren. Zwar verjähren Ordnungswidrigkeiten nach dem LkSG gemäß § 31 Abs. 2 OWiG bereits nach drei Jahren; eine Einsichtnahme in die Dokumentation durch die Behörde zur Aufklärung bereits länger zurückliegender vermuteter Sorgfaltspflichtverletzungen wird daher kaum möglich sein. Umgekehrt kann es aber insbesondere für Bußgeldtatbestände, die an eine nicht rechtzeitige Ergreifung von Maßnahmen anknüpfen und für die der jeweilige Kenntnisstand des Unternehmens zum Zeitpunkt der unterlassenen Maßnahme entscheidend ist, auch auf dokumentierte Vorgänge außerhalb des Verjährungszeitraums ankommen. 14

---

[28] Hembach Praxisleitfaden LkSG 177.
[29] Lüneborg DB 2021, 375 (381, 384).
[30] Ebenso unter Verweis auf die Herausgabepflichten aus § 17 Falder/Frank-Fahle/Poleacov LkSG 103.
[31] Grabosch Das neue LkSG/Grabosch § 5 Rn. 143; vgl. auch Gehling/Ott/Lüneborg CCZ 2021, 230 (239): „möglichst lückenlos“.
[32] Grabosch Das neue LkSG/Grabosch § 5 Rn. 143.
[33] Vgl. Begr. RegE, BT-Drs. 19/28649, 51: „Die Dokumentation ist für die Öffentlichkeit nicht zugänglich und kann deshalb auch sensible Informationen enthalten, die Geschäfts- und Betriebsgeheimnisse berühren.“.
[34] Dies erwägend aber Falder/Frank-Fahle/Poleacov LkSG 106.

15 Die Aufbewahrungsfrist des LkSG geht über **vergleichbare Pflichten unionsrechtlichen Ursprungs** hinaus. Sowohl das GwG als auch die VO (EU) 2017/821[35] ordnen eine Aufbewahrung der in ihrem Anwendungsbereich aufzuzeichnenden Informationen nur für einen Zeitraum von fünf Jahren an. Dass es sich dabei um eine bewusste, wenngleich nicht näher erläuterte Entscheidung des Gesetzgebers handelt, verdeutlicht ein früher Referentenentwurf des LkSG, in dem noch ebenfalls eine Aufbewahrungsfrist von fünf Jahren angeordnet war. Insbesondere die Aufbewahrungspflichten der Konfliktmineralienverordnung, die sich inhaltlich in großen Teilen mit dem LkSG überschneiden, **werden daher zukünftig partiell überlagert.**

16 **3. Durchsetzung.** Zuständig für die Durchsetzung der Dokumentationspflicht ist gemäß § 14 Abs. 1 Nr. 1 iVm § 19 Abs. 1 S. 1 das Bundesamt für Wirtschaft und Ausfuhrkontrolle (BAFA). Dieses überprüft **von Amts wegen** und auf Grundlage eines **risikobasierten Ansatzes,** ob das Unternehmen seinen Dokumentationspflichten nachgekommen ist. Ein Tätigwerden auf Antrag gemäß § 14 Abs. 1 Nr. 2 ist demgegenüber nicht vorgesehen.[36] Stellt das BAFA Verstöße gegen die Dokumentationspflicht fest, so kann es insbesondere Maßnahmen nach § 15 ergreifen, also Personen laden sowie die Vorlage eines Plans zur Behebung der Verstöße und sonstige konkrete Maßnahmen zur Erfüllung der Dokumentationspflichten aufgeben. Zur Durchsetzung dieser Maßnahmen kommt auch die Verhängung eines Zwangsgeldes nach § 23 in Betracht.[37]

17 **4. Rechtsfolgen von Verstößen. a) Erstellung der Dokumentation.** Verstöße gegen die Pflicht zur Erstellung der Dokumentation gemäß § 10 Abs. 1 S. 1 **erfüllen keinen Bußgeldtatbestand.** § 24 Abs. 1 Nr. 9 erfasst seinem eindeutigen Wortlaut nach ausschließlich Verstöße gegen die Pflicht zur Aufbewahrung der Dokumentation und damit nicht den Fall ihrer von vornherein unterbliebenen oder fehlerhaften Erstellung.[38] Einem weiteren Verständnis stehen der ausdrückliche Verweis von § 24 Abs. 1 Nr. 9 allein auf § 10 Abs. 1 S. 2 (und gerade nicht auf § 10 Abs. 1 S. 1)[39] und die auch dort ausdrücklich vorgenommene Unterscheidung zwischen Erstellung und Aufbewahrung der Dokumentation entgegen. Die durch den unzweideutigen Gesetzeswortlaut gezogenen Grenzen kann die Auslegung auch im Ordnungswidrigkeitenrecht aufgrund des Analogieverbots des Art. 103 Abs. 2 GG nicht überschreiten.[40] Auch ein Ausschluss von der Vergabe öffentlicher Aufträge kommt daher auf dieser Grundlage nicht in Betracht.

18 Schwer dürfte gleichwohl die Gefahr wiegen, dass die Behörde angesichts der unterbliebenen Dokumentation von einer Nichterfüllung der zugrundeliegenden materiellen Sorgfaltspflicht ausgeht und dem Unternehmen der gegenteilige Nachweis nicht gelingt.[41] Hinsichtlich der **beweisrechtlichen Bedeutung** von Verstößen gegen die Dokumentationspflicht ist allerdings zu differenzieren. Während die Rechtsprechung bei Verstößen gegen anderweitig geregelte Dokumentationspflichten im Zivilprozess auch ohne ausdrückliche gesetzliche Regelung häufig Beweiserleichterungen annimmt,[42] kommt eine

---

[35] VO (EU) 2017/821 des Europäischen Parlaments und des Rates vom 17.5.2017 zur Festlegung von Pflichten zur Erfüllung der Sorgfaltspflichten in der Lieferkette für Unionseinführer von Zinn, Tantal, Wolfram, deren Erzen und Gold aus Konflikt- und Hochrisikogebieten, dort Art. 4 lit. c VO (EU) 2017/821.

[36] Hembach Praxisleitfaden LkSG 181; Lutz-Bachmann/Vorbeck/Wengenroth BB 2021, 906 (910).

[37] Hembach Praxisleitfaden LkSG 184.

[38] Anders wohl Grabosch Das neue LkSG/Grabosch § 5 Rn. 143.

[39] Anders etwa auch § 56 Abs. 1 Nr. 6 GwG, der ausdrücklich sowohl die Nichtaufzeichnung als auch die Nichtaufbewahrung von Informationen als Ordnungswidrigkeiten erfasst.

[40] BVerfG NJW 2012, 905 (915): „äußerste Grenze zulässiger richterlicher Interpretation"; Dürig/Herzog/Scholz/Remmert GG Art. 103 Abs. 2 Rn. 55, 79 ff.

[41] Grabosch Das neue LkSG/Grabosch § 5 Rn. 143.

[42] Vgl. im Arzthaftungsrecht (und noch vor ausdrücklicher Regelung in § 630h Abs. 3 BGB) BGH NJW 1988, 2949; 1999, 863 (864); im Versicherungsrecht (dort § 61 VVG) BGH NJW-RR 2015, 548 Rn. 34; bei § 35 Abs. 3 S. 2 GmbHG Altmeppen GmbHG § 35 Rn. 109; Noack/Servatius/Haas/Beurskens GmbHG § 35 Rn. 61; MüKoGmbHG/Stephan/Tieves GmbHG § 35 Rn. 211; ausf. zu Rechtsfolgen von Verstößen gegen einzelne Dokumentationspflichten auch Nuber, Dokumentationspflichten im Privatrecht, 2019, 213 ff.

Modifikation der Beweislastverteilung im hier primär interessierenden Ordnungswidrigkeitenverfahren nicht in Frage.[43] Gleichwohl wird eine unterbliebene Dokumentation ein gewichtiges Indiz dafür darstellen, dass die betreffenden Maßnahmen auch tatsächlich nicht durchgeführt wurden.

b) Aufbewahrung der Dokumentation. Verstöße gegen die Aufbewahrungspflicht gemäß § 10 Abs. 1 S. 2 fallen in den Anwendungsbereich von § 24 Abs. 1 Nr. 9. Die Ordnungswidrigkeit kann gemäß § 24 Abs. 2 Nr. 3 mit einer Geldbuße von bis zu 100.000 Euro geahndet werden. Eine prozentual an den Jahresumsatz anknüpfende Geldbuße nach § 24 Abs. 3 kommt nicht in Betracht, ebenso wenig ein Ausschluss von der Vergabe öffentlicher Aufträge auf Grundlage von § 22. 19

c) Zuwiderhandlung gegen vollziehbare Anordnungen. Weitergehende Rechtsfolgen ergeben sich im Falle einer seitens des BAFA getroffenen Anordnung nach § 15 S. 2 Nr. 2, mit der das Unternehmen zur Einhaltung der Pflicht zur Erstellung oder zur Aufbewahrung der Dokumentation angehalten werden sollte. **Zuwiderhandlungen gegen eine vollziehbare Anordnung** können mit einem Bußgeld nach § 24 Abs. 1 Nr. 13 in Höhe von bis zu 500.000 Euro, in Fällen des § 24 Abs. 2 S. 2 iVm § 30 Abs. 2 S. 3 OWiG sogar in Höhe von bis zu 5 Mio. Euro belegt werden. Auch auf dieser Grundlage ist zwar eine prozentual an den Jahresumsatz anknüpfende Geldbuße nicht möglich. Wird jedoch tatsächlich ein Bußgeld in Höhe von mindestens 175.000 Euro verhängt, so ist auch ein Vergabeverfahrensausschluss nach § 22 zulässig. 20

III. Berichtspflicht (Abs. 2–4)

1. Überblick. a) Reglungskontext. Gemäß § 10 Abs. 2 hat das Unternehmen jährlich einen Bericht über die Erfüllung seiner Sorgfaltspflichten zu erstellen und veröffentlichen. Vergleichbare Offenlegungspflichten können inzwischen rechtsordnungsübergreifend zum Standardrepertoire gesetzgeberischer Vorhaben gezählt werden, die Wirtschaftsunternehmen zu einer Berücksichtigung von Nachhaltigkeitsfaktoren im Geschäftsbetrieb anhalten sollen.[44] Auch im Lieferkettenrecht spricht man mitunter von einem „prozeduralen Standard“.[45] Schon die UN-Leitprinzipien für Wirtschaft und Menschenrechte fordern Staaten und Wirtschaftsunternehmen dazu auf, „Rechenschaft abzulegen, wie sie ihren menschenrechtlichen Auswirkungen begegnen“ (→ Rn. 3). Gleiches gilt für die ausländischen Lieferkettengesetze der ersten Generation ohne materielles Sorgfaltspflichtenprogramm, aus deren Sicht die bloße Einführung von Transparenzpflichten ein vergleichsweise mildes Instrument mit gleichwohl bestehendem Steuerungspotential darstellte (→ Einl. Rn. 102 ff.).[46] Ganz im Sinne der UN-Leitprinzipien wurden die Berichtspflichten jedoch nachfolgend nicht als Substitute für, sondern als Ergänzung zu echten materiellen Sorgfaltspflichten begriffen. Auch die sektorspezifischen und branchenübergreifenden Lieferkettengesetze mit materiellem Sorgfaltspflichtenprogramm aus der Feder verschiedener europäischer Gesetzgeber weisen daher weiterhin eigenständige Berichtspflichten auf (→ Einl. Rn. 115 ff.). Das LkSG bildet hier keine Ausnahme. 21

§ 10 Abs. 2 tritt in Deutschland neben eine Reihe weiterer lieferkettenbezogener Offenlegungspflichten. Sektorspezifisch gelten gemäß **Art. 7 VO (EU) 2017/821** für Unionseinführer von Mineralen oder Metallen gesonderte Sorgfalts- und Berichtspflichten, mittels derer insbesondere die Einhaltung von Menschenrechtsstandards in der Lieferkette sichergestellt werden soll (→ Einl. Rn. 63 ff.). Besonders hervorzuheben ist allerdings die 22

[43] Anders wohl Grabosch Das neue LkSG/Engel/Schönfelder § 6 Rn. 28.
[44] Vgl. etwa Steuer/Tröger Journal of Financial Regulation 8 (2022), 1.
[45] Hübner NZG 2020, 1411 (1415); Jungkind/Raspé/Terbrack DK 2021, 445 (451); Hembach Praxisleitfaden LkSG 176.
[46] Ausf. Fleischer/Hahn RIW 2018, 397; zum norwegischen Transparenzgesetz Götz RIW 2022, 99 (103).

auf die **CSR-RL**[47] aus dem Jahr 2014 zurückzuführende und durch den deutschen Gesetzgeber in den §§ 289b ff. HGB umgesetzte Verpflichtung zur Abgabe einer nichtfinanziellen Erklärung. Sie gilt branchenübergreifend für bestimmte „Unternehmen von öffentlichem Interesse“[48] und bezieht sich einerseits auf die Berücksichtigung von Nachhaltigkeitsfaktoren im Allgemeinen, andererseits aber auch konkret auf menschenrechts- und umweltbezogene Risiken in der Lieferkette. Die CSR-RL wird gegenwärtig von der Europäischen Kommission umfassend nachgeschärft; ein erster Entwurf ist am 21.4.2021 veröffentlicht worden.[49] Dieses überarbeitete Pflichtenprogramm soll insbesondere auch den Transparenzbedarf des europäischen Lieferketten-RL-E abdecken und bedarf daher sowohl in seiner gegenwärtigen als auch in seiner zukünftigen Fassung einer näheren Untersuchung (→ Rn. 49 ff.).

23 **b) Regelungszweck.** Mit Einführung der Berichtspflicht verfolgt der Gesetzgeber mehrere Ziele. Ebenso wie auch Berichtssysteme ohne korrespondierendes materielles Sorgfaltspflichtenprogramm soll der Bericht zur **öffentlichen Transparenz** der Auswirkungen unternehmerischer Aktivität in der Lieferkette beitragen.[50] Bezweckt ist damit nicht nur die Befriedigung eines vermuteten allgemeinen Informationsinteresses insbesondere des Kapitalmarkts, sondern vielmehr eine **indirekte Verhaltenssteuerung** des berichtspflichtigen Unternehmens selbst sowie seiner Stakeholder.[51] Erstere sollen mittels öffentlichen Drucks zur Erarbeitung bzw. Verbesserung von Strategien zur Vermeidung menschenrechts- und umweltbezogener Risiken und Pflichtverletzungen, letztere zu (risiko-)bewussteren Transaktions-, also etwa Kauf- oder Investitionsentscheidungen angehalten werden. Die Effektivität nichtfinanzieller Berichtspflichten leidet in dieser Hinsicht indes bislang unter unzureichenden Anforderungen an Qualität und Vergleichbarkeit der offenzulegenden Informationen.[52]

24 Darüber hinaus bildet die Berichtspflicht, ebenso wie schon die Pflicht zur fortlaufenden Dokumentation, ein Bindeglied zwischen den materiellen Sorgfaltspflichten der §§ 4–9 und der behördlichen Kontrolle und Durchsetzung des Gesetzes.[53] Der Bericht ist nicht nur gemäß § 10 Abs. 2 S. 1 zu veröffentlichen, sondern auch gemäß § 12 Abs. 1 beim BAFA einzureichen. Die Prüfung des Berichts stellt dabei eine selbständige Säule der Kontrolle und Durchsetzung des Gesetzes dar.[54] Überdies werden die zur Verfügung gestellten Berichte, abgesehen von konkreten Hinweisen auf Sorgfaltspflichtverletzungen im Einzelfall, einen zentralen Anknüpfungspunkt für weitere, risikobasierte Kontrollen nach den §§ 15–17 darstellen.[55]

25 **2. Erstellung und Veröffentlichung des Berichts (Abs. 2 S. 1). a) Gesellschaftsinterne Verantwortlichkeiten.** Das Gesetz weist die Pflicht zur Erstellung und Veröffentlichung des Berichts im Außenverhältnis der Gesellschaft selbst zu. Im Innenverhältnis folgt zwar aus der Legalitätspflicht des Leitungsorgans eine Verantwortlichkeit gegenüber der Gesellschaft, für die ordnungsgemäße Berichterstellung und -veröffentlichung Sorge zu

---

[47] RL 2014/95/EU des Europäischen Parlaments und des Rates vom 22.10.2014 zur Änderung der RL 2013/34/EU im Hinblick auf die Angabe nichtfinanzieller und die Diversität betreffender Informationen durch bestimmte große Unternehmen und Gruppen Text von Bedeutung für den EWR.

[48] So der Begriff in Art. 1 Nr. 1 RL 2014/95/EU zur Neufassung von Art. 19a Bilanz-RL.

[49] Ausf. Nietsch ZIP 2022, 449; Stawinoga/Velte DStR 2021, 2364.

[50] Begr. RegE, BT-Drs. 19/28649, 52.

[51] Beckers ZfPW 2021, 220 (230 f.); Fleischer/Hahn RIW 2018, 397 (404); zur Zielsetzung der CSR-Berichterstattung Fleischer AG 2017, 509 (521); MüKoHGB/Kajüter HGB §§ 289b–289e Rn. 2; BeckOGK/Kleindiek, Stand: 15.11.2020, HGB § 289b Rn. 2; Fleischer/Kalss/Vogt/Mock, Corporate Social Responsibility, 2018, 125 (133 ff.); monographisch Hell, Offenlegung nichtfinanzieller Informationen, 2020, 93 ff.; Friebel, Corporate Social Responsibility, 2021, 212 ff.

[52] Fleischer/Hahn RIW 2018, 397 (402); Velte DStR 2020, 2034 (2036); MüKoHGB/Kajüter HGB §§ 289b–289e Rn. 7; BeckOGK/Kleindiek, Stand: 15.11.2020, HGB § 289b Rn. 91.

[53] Begr. RegE, BT-Drs. 19/28649, 52.

[54] Begr. RegE, BT-Drs. 19/28649, 53.

[55] Grabosch Das neue LkSG/Engel/Schönfelder § 6 Rn. 13.

tragen.[56] Gleichwohl ist damit **keine unveräußerliche Pflicht des Leitungsorgans** verbunden, den Bericht in eigener Verantwortung zu erstellen und zu veröffentlichen. Das LkSG ordnet eine derartige Pflicht des Leitungsorgans, anders als für die Verabschiedung der Grundsatzerklärung gemäß § 6 Abs. 2, nicht an. Diese Entscheidung entspricht auch der Konzeption der UN-Leitprinzipien, die in UNGP 16 eine Annahme der Grundsatzverpflichtung „auf höchster Führungsebene des Wirtschaftsunternehmens" vorschreiben,[57] für die Publizität im Übrigen aber keine vergleichbaren Vorgaben machen. Auch durch einen Vergleich mit anderen Offenlegungspflichten lässt sich für das LkSG nichts Gewinnbringendes ableiten, da eine Zuständigkeit der Leitungsorgane dort stets eine eindeutige Stütze im Gesetz findet: Die Zuständigkeit des AG-Vorstands für die Abgabe der Entsprechenserklärung zum Corporate Governance-Kodex ergibt sich aus § 161 AktG. Für die Abgabe der nichtfinanziellen Erklärung nach §§ 289b ff. HGB folgt die Zuständigkeit der Unternehmensleitung wiederum aus § 264 Abs. 1 S. 1 und 3 HGB, da es sich bei der nichtfinanziellen Erklärung funktionell um einen Teil des Lageberichts handelt.[58]

Auch für den Vorstand einer Aktiengesellschaft gilt keine Pflicht, den Bericht in eigener Verantwortung zu erstellen und zu veröffentlichen. Insbesondere handelt es sich bei der Berichtspflicht um **keine Leitungsaufgabe des Vorstands** iSv § 76 AktG.[59] Jenseits gesetzlicher Anordnungen sind dem Vorstand einer Aktiengesellschaft nur solche Aufgaben unentzieh- und unverzichtbar zugewiesen, die funktional oder aufgrund ihrer besonderen Bedeutung im Einzelfall zur Steuerung des Gesamtunternehmens zu zählen sind und in denen sich deshalb die Gestaltungsverantwortung des Leitungsorgans niederschlägt.[60] Die nach § 10 Abs. 2 S. 2 Nr. 1–4 erforderlichen Angaben sind jedoch ganz maßgeblich durch die im jeweils vorausgegangenen Geschäftsjahr ergriffenen Einzelmaßnahmen determiniert. Darüberhinausgehende Angaben verlangen allein Nr. 3 im Hinblick auf die Bewertung der „Auswirkungen" der ergriffenen Maßnahmen (→ Rn. 43) sowie Nr. 4 durch die Verpflichtung zur Offenlegung von Schlussfolgerungen für zukünftige Maßnahmen (→ Rn. 44). Diese nur punktuell gebotenen selbständigen Einschätzungen rechtfertigen indes keine Aufwertung der ganz überwiegend zusammenstellenden Arbeit der Berichtserstellung zur Leitungsaufgabe. 26

Auch eine zwingende Beteiligung sonstiger Gesellschaftsorgane, etwa des **Aufsichtsrats** einer Aktiengesellschaft, oder der **Betriebsräte** schreibt das Gesetz nicht vor. Forderungen etwa des Deutschen Gewerkschaftsbundes zur Beratung und Abstimmung mit den „Gesamt- bzw. Konzernbetriebsräten, den Europäischen und SE-Betriebsräten sowie den Aufsichtsräten"[61] ist nicht entsprochen worden. Eine Pflicht insbesondere zur Beteiligung des Aufsichtsrats kann auch aus anderen Vorschriften nicht hergeleitet werden. Insbesondere gehört die Prüfung des Berichts nicht zur Überwachungsaufgabe des Aufsichtsrats gemäß § 111 Abs. 1 AktG. Nach herrschender Auffassung sind von dieser nur Leitungsaufgaben iSv § 76 Abs. 1 AktG erfasst; um eine solche Leitungsaufgabe handelt es sich allerdings bei der Berichterstellung gerade nicht. Ein vergleichender Blick auf die nichtfinanzielle Erklärung führt zu keinem anderen Ergebnis, da deren Prüfung durch den Aufsichtsrat aus einer ausdrücklichen gesetzlichen Anordnung in § 171 Abs. 1 S. 4 AktG folgt.[62] 27

---

[56] BGHZ 194, 26 Rn. 22 = NJW 2012, 3439; Fleischer ZIP 2005, 141 (144); BeckOGK/Fleischer, Stand: 1.2.2022, AktG § 93 Rn. 28; GroßkommAktG/Hopt/Roth AktG § 93 Rn. 132; MüKoGmbHG/Fleischer GmbHG § 43 Rn. 30; Habersack/Casper/Löbbe/Paefgen GmbHG § 43 Rn. 65.

[57] UN-Leitprinzipien für Wirtschaft und Menschenrechte, 2011, 18 f.

[58] Fleischer AG 2017, 509 (522); Ebenroth/Boujong/Joost/Wirth/Böcking/Gros/Wirth HGB § 289b Rn. 8; Hell, Offenlegung nichtfinanzieller Informationen, 2020, 136; Friebel, Corporate Social Responsibility, 2021, 100.

[59] Anders Brunk, Menschenrechtscompliance, 2022, 528.

[60] Ausf. Fleischer ZIP 2003, 1; BeckOGK/Fleischer, Stand: 1.2.2022, AktG § 76 Rn. 18; ähnlich Grigoleit/Grigoleit AktG § 76 Rn. 4; GroßkommAktG/Kort § 76 Rn. 36; MüKoAktG/Spindler AktG § 76 Rn. 15.

[61] Deutscher Gewerkschaftsbund, Stellungnahme RegE LkSG, Ausschuss-Drs. 19(11)1136, 53.

[62] Bachmann ZGR 2018, 231 (240).

28 **b) Berichtspflichten im Konzern.** Die Berichtspflicht trifft jedes Unternehmen, das gemäß § 1 in den Anwendungsbereich des LkSG fällt. Mangels entsprechender Sonderregelungen kommt es daher im Konzern zu einer **Vervielfachung der Berichtspflichten:** Konzernobergesellschaften müssen in ihrem Bericht auch für konzernangehörige Gesellschaften berichten, auf die sie bestimmenden Einfluss ausüben, da deren Geschäftsbereich gemäß § 2 Abs. 6 als eigener Geschäftsbereich der Konzernobergesellschaft gilt. Umgekehrt entfällt hierdurch jedoch nicht die eigenständige Berichtspflicht derjenigen konzernangehörigen Untergesellschaften, die selbst gemäß § 1 in den Anwendungsbereich des LkSG fallen.[63] Zwar gelten für sie keine gegenüber der Obergesellschaft weitergehenden Sorgfaltspflichten, sodass der Bericht der Untergesellschaft weitestgehend einem Auszug des Berichts der Konzernobergesellschaft entsprechen wird.[64] Gleichwohl – oder gerade deshalb – scheint diese Mehrfachberichterstattung weder sinnvoll noch erforderlich. Der europäische Gesetzgeber hat für die nichtfinanzielle Berichterstattung in § 289b Abs. 2 HGB ausdrücklich eine gemeinsame Konzernberichterstattung ermöglicht. Eine vergleichbare Befreiung kennt das LkSG nicht; sie dürfte auch nicht durch Rechtsverordnung auf Grundlage von § 13 Abs. 3 eingeführt werden können (→ § 13 Rn. 9).

29 **c) Modalitäten der Veröffentlichung. aa) Form.** Der Bericht ist gemäß § 10 Abs. 2 S. 1 auf der **Internetseite** des Unternehmens kostenfrei öffentlich zugänglich zu machen. Er muss dazu insbesondere auf der Website leicht aufzufinden sein[65] und dort entweder unmittelbar eingebettet oder als Download zur Verfügung stehen.[66] Zusätzliche Hinweise auf kostenlose Leseprogramme dürften heute nach der Erwartung des Rechtsverkehrs jedenfalls bei Verwendung gängiger Formate (zB pdf) nicht mehr erforderlich sein.[67]

30 § 10 Abs. 2 S. 2 gibt für den Bericht jenseits der inhaltlichen Vorgaben in Nr. 1–4 (→ Rn. 37 ff.) kein konkretes **Format** vor. Das BAFA hat allerdings im Juli 2022 die Veröffentlichung eines **strukturierten Fragebogens** angekündigt, der „offene und geschlossene Fragen sowie Mehrfachauswahlmöglichkeiten (Multiple Choice)" enthalten und damit die erforderlichen Angaben systematisch abfragen soll.[68] Nach der Verlautbarung des BAFA kommen Unternehmen „durch die vollständige und wahrheitsgemäße Beantwortung des Fragebogens sowie die **Veröffentlichung des** dann **generierten Berichts** auf der Internetseite […] ihrer Berichtspflicht nach § 10 Abs. 2 nach".[69] Der Fragebogen wird damit voraussichtlich eine inhaltliche Präzisierung der Vorgaben der Nr. 1–4 vornehmen, soll aber gleichzeitig auch ein einheitliches Format für den zu veröffentlichenden Bericht zur Verfügung stellen.

31 Eine Berichterstellung und -veröffentlichung unter Zuhilfenahme des Fragebogens ist praktisch grundsätzlich **empfehlenswert,** rechtlich allerdings **nicht zwingend.** Das Gesetz enthält keine Ermächtigung des BAFA zur verbindlichen Konkretisierung der Vorgaben der Nr. 1–4 oder zur Festlegung eines Berichtsformats. Auch der in § 12 beschriebene Prozess zur Einreichung des Berichts bietet hierzu keine ausreichende Grundlage. Zwar sind das BAFA mit der Einrichtung eines elektronischen Zugangs und das Bundesarbeitsministerium durch Erlass von Rechtsverordnungen gemäß § 13 Abs. 3 Nr. 1 zur näheren Ausgestaltung des Einreichungsverfahrens berufen. Eine Verpflichtung des Unternehmens, den zu veröffentlichenden Bericht an Format und Darstellungsweise des Ergebnisses dieses

[63] Grabosch, Stellungnahme RegE LkSG, Ausschuss-Drs. 19(11)1136, 112; Grabosch Das neue LkSG/Grabosch § 5 Rn. 145; Rothenburg/Rogg AG 2022, 257 (264); aA Wagner/Ruttloff/Wagner LkSG-HdB/Ruttloff/Hahn Rn. 1466.

[64] Rothenburg/Rogg AG 2022, 257 (264).

[65] Vgl. zur Entsprechenserklärung zum DCGK BeckOGK/Bayer/Scholz, Stand: 1.2.2022, AktG § 161 Rn. 120.

[66] BeckOGK/Bayer/Scholz, Stand: 1.2.2022, AktG § 161 Rn. 120.

[67] Anders zur Entsprechenserklärung K. Schmidt/Lutter/Spindler AktG § 161 Rn. 61.

[68] Vgl. die auf der Website des BAFA veröffentlichten Informationen zur Berichtspflicht des LkSG, https://perma.cc/BX9N-SJYY (zuletzt abgerufen am 6.9.2022).

[69] Vgl. die auf der Website des BAFA veröffentlichten Informationen zur Berichtspflicht des LkSG, https://perma.cc/BX9N-SJYY (zuletzt abgerufen am 6.9.2022).

Einreichungsprozesses anzupassen, begründet § 12 dagegen nicht. Etwas anderes folgt angesichts des eindeutigen Gesetzeswortlauts auch nicht aus der Begründung des RegE, die bei § 10 Abs. 2 einen nicht weiter präzisierten Hinweis auf das „Berichtsformat" enthält und über die Verordnungsermächtigung des § 13 Abs. 3 Nr. 1 ein „standardisiertes [...] Berichtssystem" schaffen möchte.[70] Hinzu kommt, dass auch die Behörde den eingereichten Bericht gemäß § 13 Abs. 1 Nr. 2 ausschließlich auf seine Übereinstimmung mit den Anforderungen nach § 10 Abs. 2 und 3 prüft, nur eine Missachtung dieser Vorgaben ein Nachbesserungsverlangen nach § 13 Abs. 2 oder die Verhängung eines Bußgeldes nach § 24 Abs. 1 Nr. 10 ermöglicht und eine Verpflichtung zur Nutzung des Fragebogens damit auch durch den Sanktionskatalog des LkSG nicht abgesichert wäre.

Auch eine bestimmte **Sprachfassung** schreibt das Gesetz für den veröffentlichten Be- 32
richt nicht vor. Zwar ordnet § 12 Abs. 1 eine Einreichung des Berichts beim BAFA in deutscher Sprache an. Für die zu veröffentlichende Fassung des Berichts lässt sich daraus jedoch keine gleichlaufende Pflicht herleiten (→ § 12 Rn. 10). Auch eine Anwendung von § 244 HGB, der eine Aufstellung des Jahresabschlusses in deutscher Sprache vorschreibt, scheidet aus. Die Vorschrift greift für den Lagebericht einschließlich der nichtfinanziellen Erklärung,[71] nicht aber für den aus dem Jahresabschluss bewusst ausgegliederten Bericht des LkSG. Aus teleologischer Sicht ist dieses Ergebnis misslich: Ihre Funktion kann eine Prüfung des Berichts durch die Behörde gemäß § 13 Abs. 1 nur dann vollständig erfüllen, wenn mit ihr gleichermaßen die Gesetzeskonformität des eingereichten und des veröffentlichten Berichts sichergestellt werden. Diese Prüfung zum Schutz der Öffentlichkeit, die aber primäre Adressatin des Berichts nach § 10 Abs. 2 ist, wird allerdings vereitelt, wenn es sich bei dem veröffentlichten und dem eingereichten Bericht um Dokumente unterschiedlicher Sprachfassung handelt. Gleichwohl lässt sich eine mit den Mitteln des Ordnungswidrigkeitenrechts bewehrte Pflicht zur öffentlichen Berichterstattung in deutscher Sprache ohne entsprechende Verankerung im Wortlaut schon aufgrund des Bestimmtheitsgebots des Art. 103 Abs. 2 GG nicht begründen.

bb) Frist. Der Bericht ist einmal im Jahr, nämlich binnen vier Monaten nach dem 33
Schluss des Geschäftsjahres zu veröffentlichen. Unternehmen, deren Geschäftsjahr dem Kalenderjahr entspricht, werden **spätestens zum 30.4.2024** erstmalig einen Bericht zu veröffentlichen haben. **Bei** einem **vom Kalenderjahr abweichenden Geschäftsjahr** wird das Unternehmen **entsprechend früher** mit der Berichtspflicht konfrontiert.[72] Inhaltlich darf sich der Bericht jedoch auch in diesem Fall auf den Zeitraum ab dem 1.1.2023 beschränken, da auch die materiellen Sorgfaltspflichten erst ab diesem Zeitpunkt greifen.[73]

Zweifel an der Angemessenheit dieser Frist bestehen nicht.[74] Die Frist des LkSG ent- 34
spricht in der Regel der Frist für die Veröffentlichung des um eine nichtfinanzielle Erklärung erweiterten Lageberichts gemäß § 325 Abs. 4 HGB bzw. des gesonderten (dh aus dem Lagebericht ausgegliederten) nichtfinanziellen Berichts gemäß § 289b Abs. 3 S. 2 Nr. 2 lit. b HGB. Lediglich Kapitalgesellschaften iSd § 327a HGB, nicht kapitalmarktorientierten Kreditinstituten iSv § 340a HGB sowie Versicherungsunternehmen iSv § 341a Abs. 5 HGB bleibt eine Offenlegung binnen der Jahresfrist des § 325 Abs. 1a HGB möglich – sei es als Teil des Lageberichts gemäß § 289b Abs. 1 HGB oder gemeinsam mit dem Lagebericht gemäß § 289b Abs. 3 S. 1 Nr. 2 lit. a HGB.

---

[70] Begr. RegE, BT-Drs. 19/28649, 53.

[71] MüKoBilanzR/Kleindiek HGB § 244 Rn. 2; BeckOGK/Kleindiek, Stand: 15.9.2021, HGB § 244 Rn. 3.

[72] In der Sache richtig, aber mit unzutr. Jahresdaten Falder/Frank-Fahle/Poleacov LkSG 104 f.

[73] Vgl. den FAQ des BMAS, Nr. XIII Ziff. 2, https://www.csr-in-deutschland.de/DE/Wirtschaft-Menschenrechte/Gesetz-ueber-die-unternehmerischen-Sorgfaltspflichten-in-Lieferketten/FAQ/faq.html (zuletzt abgerufen am 6.9.2022); ebenso Herrmann/Rünz DB 2021, 3078 (3084).

[74] Anders offenbar DAV NZG 2021, 546 (553).

35 Ab dem Zeitpunkt der Umsetzung der von der Europäischen Kommission vorgeschlagenen Änderungen der CSR-RL wird es allerdings auch in weiteren Fällen zu einem Auseinanderfallen der Offenlegungsfristen kommen. Der Änderungsentwurf erweitert den Kreis der berichtspflichtigen Unternehmen nämlich auch auf nicht kapitalmarktorientierte Gesellschaften[75] und schließt zugleich die Möglichkeit der Ausgliederung der nichtfinanziellen Erklärung aus dem Lagebericht aus.[76] Für diese Gesellschaften gilt daher (nach gegenwärtigem Stand) zukünftig für die Offenlegung des um die nichtfinanzielle Erklärung erweiterten Lageberichts allein die Jahresfrist des § 325 Abs. 1a HGB.

36 **cc) Zugänglichmachung für Zeitraum von sieben Jahren.** Der Bericht muss während eines Zeitraums von sieben Jahren zum Abruf zur Verfügung stehen. Zur zunehmenden Unübersichtlichkeit der einzelnen Zeitfenster, während derer nichtfinanzielle Informationen nach Maßgabe der ihnen zugrundeliegenden Regelungskomplexe öffentlich verfügbar zu machen sind, trägt daher auch das LkSG bei: So sind etwa der Mitwirkungsbericht nach § 134b AktG drei Jahre, die Erklärung nach § 161 AktG zum DCGK (nach Empfehlung F.5 DCGK) fünf Jahre, der Bericht des LkSG sieben Jahre und der gesonderte nichtfinanzielle Bericht nach § 289b Abs. 3 Nr. 2 lit. b HGB zehn Jahre vorzuhalten.

37 **3. Inhalt des Berichts (Abs. 2 S. 2). a) Vorgaben des LkSG.** § 10 Abs. 2 S. 2 schreibt vor, welchen inhaltlichen **Mindestanforderungen** der Bericht zu entsprechen hat. Gesetzessystematisch ist erkennbar, dass die in den Nr. 1–4 geregelten Angaben in weiten Teilen denklogisch aufeinander aufbauen. So sind gemäß Nr. 1 die ermittelten Risiken und Pflichtverletzungen darzustellen, gemäß Nr. 2 die (insbesondere im Hinblick auf diese Risiken und Pflichtverletzung) ergriffenen Maßnahmen zu beschreiben, gemäß Nr. 3 die Wirksamkeit und Auswirkungen dieser ergriffenen Maßnahmen zu bewerten und gemäß Nr. 4 aus diesen Bewertungen Schlussfolgerungen abzuleiten.

38 Sämtliche Angaben müssen **nachvollziehbar,** dh für das BAFA und die Öffentlichkeit ohne zusätzliche unternehmensinterne Informationen verständlich und einer „Plausibilisierung" zugänglich sein.[77] In diesem Zusammenhang wird man auch eine Nachvollziehbarkeit des Berichts aus sich heraus verlangen müssen; ein Verweis auf anderweitig veröffentlichte Dokumente dürfte deshalb ebenso wenig in Frage kommen wie eine Bezugnahme auf Vorjahresberichte bei ganz oder zum Teil gleicher Risikolage.[78]

39 **aa) Identifikation von Risiken und Pflichtverletzungen (Nr. 1).** Gemäß § 10 Abs. 2 S. 2 Nr. 1 hat das Unternehmen die im Rahmen der Risikoanalyse nach § 5 ermittelten menschenrechts- und umweltbezogenen Risiken und Pflichtverletzungen offenzulegen. Für die Berichtspflicht gilt nach dem Wortlaut des Gesetzes **kein Wesentlichkeitsvorbehalt.** Grundsätzlich ist daher sämtlichen ermittelten Risiken und Pflichtverletzungen im Bericht Rechnung zu tragen.[79] Einer übersichtlichen und der praktischen Verwendbarkeit dienlichen gerafften Darstellung dürfte dies nicht entgegenstehen.[80] Praktisch empfiehlt sich vor allem an dieser Stelle eine Orientierung an dem durch das BAFA angekündigten Fragebogen (→ Rn. 30 f.). Etwas anderes gilt aufgrund verschiedener Wesentlichkeitsvorbehalte für die nichtfinanzielle Erklärung gemäß der §§ 289b ff. HGB (→ Rn. 56). Im Falle einer Änderung der zugrundeliegenden Richtlinie entsprechend des Vorschlags der EU-Kommission vom 21.4.2021 dürften die geltenden Berichtspflichten

[75] Art. 1 Ziff. 3 CSR-RL-E zu Art. 19a Abs. 1 Bilanz-RL-E nF, COM (2021) 189 final; ausf. Nietsch ZIP 2022, 449 (451); Stawinoga/Velte DStR 2021, 2364 (2365 f.).

[76] Erwägungsgrund 50 CSR-RL-E, COM (2021) 189 final; Christ/Kocian/Stappert KoR 2021, 379 (383 f.); Stave/Velte DB 2021, 1791 (1795); Stawinoga/Velte DStR 2021, 2364 (2368).

[77] Begr. RegE, BT-Drs. 18/28649, 52; Hembach Praxisleitfaden LkSG 178.

[78] Anders Falder/Frank-Fahle/Poleacov LkSG 108.

[79] Ebenso Grabosch Das neue LkSG/Grabosch § 5 Rn. 146.

[80] Für ein diesbezügliches „unternehmerisches Ermessen" Lutz-Bachmann/Vorbeck/Wengenroth BB 2021, 906 (911).

jedoch zumindest an dieser Stelle trotz teilweise beibehaltener Wesentlichkeitsvorbehalte praktisch gleichlaufen (→ Rn. 59). Gängige internationale Berichtsrahmenwerke wie die GRI Standards[81] oder der Berichtsrahmen für die UN-Leitprinzipien für Wirtschaft und Menschenrechte[82] verlangen ebenfalls nur eine Offenlegung bedeutender Risiken und eignen sich nicht zuletzt deshalb nicht ernsthaft als Orientierungshilfe bei der Berichtserstellung.

Im Gesetzgebungsverfahren sind Vorgaben des § 10 Abs. 2 S. 2 Nr. 1 mitunter als mit dem **nemo-tenetur-Grundatz** unvereinbar aufgefasst worden.[83] Diese Stimmen erkennen (insoweit zutreffend), dass sich die Berichtspflicht einerseits auch auf bußgeldbewehrte menschenrechts- und umweltbezogene Pflichtverletzungen im eigenen Geschäftsbereich bezieht und andererseits auch solche Risiken und Pflichtverletzungen aus dem Geschäftsbereich unmittelbarer und mittelbarer Zulieferer erfasst, die vorgelagerte eigene Sorgfaltspflichtverletzungen (etwa unterlassene Präventionsmaßnahmen) zumindest nahelegen. Zwar enthält § 10 Abs. 2 S. 2 Nr. 1 keine präzisen Aussagen dazu, in welchem Umfang über identifizierte Risiken und Pflichtverletzungen zu berichten ist.[84] Doch bereits die Pflicht gemäß Nr. 2, „nachvollziehbar" über ergriffene Maßnahmen zur Erfüllung der Sorgfaltspflichten zu berichten, gebietet hinreichend konkrete Angaben zu dem jeweiligen Risiko bzw. zu der jeweiligen Pflichtverletzung und insbesondere zu dem Geschäftsbereich, in dem es bzw. sie identifiziert worden ist.[85] Verfassungsrechtliche Bedenken gegen die Reichweite der Offenlegungspflichten des LkSG bestehen dennoch nicht. Das Gesetz weist die Berichtspflicht des § 10 Abs. 2 dem Unternehmen selbst zu; der nemo-tenetur-Grundsatz ist allerdings nach eindeutiger Rechtsprechung des Bundesverfassungsgerichts gerade **nicht auf Verbände anwendbar,** die sich nicht auf das dem Schutzkonzept zugrundeliegende Grundrecht auf Achtung der Menschenwürde, Art. 1 Abs. 1 S. 1 GG, berufen können.[86] Soweit das LkSG auch gegenüber natürlichen Personen Auskunftspflichten anordnet, räumt es ihnen korrespondierende Aussageverweigerungsrechte ein, so etwa im Falle von § 17 Abs. 1 und 3 (→ § 17 Rn. 81 ff.). **40**

bb) Ergriffene Maßnahmen (Nr. 2). Ebenfalls offenzulegen sind die gemäß der §§ 4–9 ergriffenen Maßnahmen. Unabhängig von etwaigen ermittelten Risiken und Pflichtverletzungen sind zunächst die Angaben zum Risikomanagementsystem nach § 4, zur Menschenrechtsstrategie gemäß § 6 Abs. 2 und zur Ausgestaltung des Beschwerdeverfahrens nach den § 8 und § 9 zu veröffentlichen. Aufbauend auf die innerhalb der (ebenfalls offenzulegenden) Risikoanalyse identifizierten (und gemäß § 10 Abs. 2 S. 2 Nr. 1 offengelegten) Risiken und Pflichtverletzungen ist zudem darzustellen, welche Präventions- und Abhilfemaßnahmen gemäß § 6 und § 7 ergriffenen worden sind. Schließlich sind auch die auf Beschwerden nach den § 8 und § 9 Abs. 2 ergriffenen Maßnahmen offenzulegen. Soweit es für die Nachvollziehbarkeit des Berichts erforderlich ist, sollen auch etwaige in Betracht gezogene Handlungsalternativen offengelegt werden.[87] **41**

---

[81] Insbes. GRI 308: Supplier Environmental Assessment 2016 sowie GRI 404: Supplier Social Assessment 2016, die allerdings in Verbindung mit den allgemeineren Rahmenwerken GRI 101: Foundations, GRI 102: General Disclosures und GRI 103: Management Approach (alle 2016) zu lesen sind.

[82] Berichtsrahmen für die UN-Leitprinzipien für Wirtschaft und Menschenrechte mit Umsetzungshinweisen, 2018, https://perma.cc/D6B9-A82C (zuletzt abgerufen am 6.9.2022).

[83] DAV NZG 2021, 546 (552); „führt damit dazu, dass Unternehmen selbst die eigene Verwirklichung einer Ordnungswidrigkeit offenlegen müssen."; vgl. überdies Deutsches Aktieninstitut, Stellungnahme RegE LkSG, 9, https://perma.cc/V95T-KN4Q (zuletzt abgerufen am 6.9.2022): „hat zur Folge, dass sie [die Unternehmen] indirekt auch über unterlassene Maßnahmen berichten müssen. [...] Daher führt die Berichtspflicht dazu, dass sich Unternehmen selbst belasten müssen [...]."

[84] Wagner/Ruttloff/Wagner LkSG-HdB/Bicker/Reischl Rn. 940.

[85] Anders Wagner/Ruttloff/Wagner LkSG-HdB/Bicker/Reischl Rn. 940.

[86] BVerfGE 95, 220 = NJW 1997, 1841 Ls. Nr. 2: „Das aus Art. 2 Abs. 1 GG iVm Art. 1 Abs. 1 GG folgende Recht, sich nicht selbst einer Straftat bezichtigen zu müssen, ist gemäß Art. 19 Abs. 3 GG nicht auf juristische Personen anwendbar."; ausf. Dannecker ZStW 2015, 370; Trüg StV 2020, 779.

[87] Begr. RegE LkSG, BT-Drs. 19/28649, 52.

42 **cc) Bewertung von Wirksamkeit und Auswirkungen (Nr. 3).** Das Unternehmen hat außerdem eine Bewertung der Auswirkungen und der Wirksamkeit der getroffenen Maßnahmen abzugeben. Die Bewertung der Wirksamkeit überschneidet sich dabei evident mit der Offenlegung einzelner ergriffener Maßnahmen nach Nr. 2, da bereits auf dieser Grundlage über die jährliche Überprüfung der Wirksamkeit der Präventionsmaßnahmen, Abhilfemaßnahmen und des Beschwerdeverfahrens sowie deren Aktualisierung gemäß § 6 Abs. 5, § 7 Abs. 4 und § 8 Abs. 5 zu berichten ist. Gleichwohl verbleibt für § 10 Abs. 2 S. 2 Nr. 3 ein eigenständiger Regelungsgehalt. Erstens zwingt Nr. 3 zu einer **zeitlichen Abstimmung der jährlichen Überprüfungen mit dem jährlichen Bericht,** da sich die im Bericht geschuldete Bewertung auf alle im zurückliegenden Geschäftsjahr ergriffenen Maßnahmen beziehen soll. Zweitens erfasst § 10 Abs. 2 S. 2 Nr. 3 auch diejenigen Sorgfaltspflichten, die eine Wirksamkeitsprüfung selbst jedenfalls nicht ausdrücklich vorschreiben. Dies gilt nicht nur für die Pflicht zur Einrichtung eines Risikomanagementsystems nach § 4, sondern auch für die Risikoanalyse nach § 5, dessen Abs. 4 zwar die jährliche Aktualisierung anordnet, nicht aber auch eine ausdrückliche Bewertung der Wirksamkeit des Risikoanalyseprozesses verlangt.

43 Darüber hinaus verlangt Nr. 3 eine **Bewertung der Auswirkungen** der ergriffenen Maßnahmen. Dieser Begriff ist dem Sorgfaltspflichtenprogramm des LkSG insgesamt und insbesondere den Vorschriften über die jährliche Überprüfung der ergriffenen Maßnahmen gemäß der §§ 6–8 fremd. Eine trennscharfe **Abgrenzung zwischen der Wirksamkeit und der Auswirkung** einer ergriffenen Maßnahme ist keineswegs trivial. Zweckmäßig erscheint allerdings eine Unterscheidung der beiden Begriffe nach ihrem jeweiligen Bezugsobjekt: Die Wirksamkeit bezieht sich ausweislich der Legaldefinition des § 4 Abs. 2 auf die Erfüllung der eigenen Sorgfaltspflichten. Demgegenüber nimmt eine Untersuchung und Bewertung der Auswirkungen der ergriffenen Maßnahmen bereits begrifflich darüber hinausgehende Folgen, insbesondere für die menschenrechts- und umweltbezogene Risiko- und Pflichtverletzungslage vor Ort in den Blick. Soweit Maßnahmen auch dann wirksam iSd LkSG sein können, wenn sie vor Ort keine oder sogar negative Auswirkungen haben, zwingt die Unterscheidung in Nr. 3 zu einer differenzierten Berichterstattung. Denkbar erscheint ein solches Auseinanderfallen von Wirksamkeit und Auswirkungen beispielsweise im Falle eines (präventiven) Abbruchs von Geschäftsbeziehungen, mit dem das Unternehmen zwar zur besseren Überschaubarkeit potentieller Risiken im eigenen lieferkettenrechtlichen Verantwortungsbereich beiträgt, gleichzeitig aber die Risiko- und Pflichtverletzungslage vor Ort unverändert (zurück-)lässt.

44 **dd) Schlussfolgerungen für zukünftige Maßnahmen (Nr. 4).** Schließlich hat das Unternehmen die aus der Bewertung nach Nr. 3 gezogenen Schlussfolgerungen für zukünftige Maßnahmen offenzulegen. Darin können gänzlich neue oder eine Überarbeitung bereits bestehender Maßnahmen erwogen werden. Gleichermaßen zulässig ist aber auch die Ankündigung der Aufrechterhaltung des Status Quo – § 10 Abs. 2 S. 2 Nr. 4 schreibt **keine laufende Anhebung des Schutzniveaus** vor, maßgeblich sind allein die Vorgaben der materiellen Sorgfaltspflichten der §§ 4 ff. Anders als die Nr. 1–3 findet die Berichtspflicht nach Nr. 4 im nichtfinanziellen Bericht nach §§ 289b ff. HGB keine Entsprechung (→ Rn. 56).

45 **ee) Entbehrlichkeit von Angaben (Abs. 3).** § 10 Abs. 3 stellt klar, dass Angaben nach Nr. 2–4 unterbleiben können, wenn das Unternehmen keine Risiken oder Pflichtverletzungen festgestellt hat. Das Unternehmen hat dies jedoch plausibel und unter Bezugnahme auf die Rechtspositionen gemäß § 2 Abs. 1 und die umweltbezogenen Pflichten gemäß § 2 Abs. 3 darzulegen.[88] Um einen mit § 289c Abs. 4 HGB vergleichbaren comply or explain-Mechanismus handelt es sich dabei freilich angesichts der materiellen Sorgfaltspflichten und dem zwingend vorgegebenen Berichtsumfang nicht.[89]

[88] Begr. RegE, BT-Drs. 19/28649, 52.

[89] Abw. Falder/Frank-Fahle/Poleacov LkSG 107; E. Wagner/Ruttloff NJW 2021, 2145 (2148); Wagner/Ruttloff/Wagner LkSG-HdB/Wagner/Wagner Rn. 720.

ff) Betriebs- und Geschäftsgeheimnisse (Abs. 4). § 10 Abs. 4 ermöglicht dem berichtspflichtigen Unternehmen den **Schutz eigener und fremder Betriebs- und Geschäftsgeheimisse.** Begrifflich kann hier zunächst auf eine dem Wettbewerbsrecht entstammende, seit Jahrzehnten gefestigte, rechtswegübergreifende Judikatur zurückgegriffen werden.[90] Erfasst sind danach Tatsachen, Umstände und Vorgänge, die nicht offenkundig, sondern nur einem begrenzten Personenkreis zugänglich sind und an deren Nichtverbreitung der Rechtsträger ein berechtigtes Interesse hat.[91] Die zum Teil unionsrechtlich determinierte Legaldefinition des Geschäftsgeheimnisses in § 2 Nr. 1 GeschGehG betont darüber hinaus den wirtschaftlichen Wert und die Wettbewerbsrelevanz der jeweiligen Information, die darin zum Ausdruck kommen müsse, dass diese Gegenstand angemessener Geheimhaltungsmaßnahmen sei.[92] Für das LkSG ist diese Definition angesichts des in § 1 Abs. 2 GeschGehG normierten Vorrangs sonstiger öffentlich-rechtlicher Vorschriften nicht unmittelbar verbindlich.[93] Einer Auslegung des Begriffs der Betriebs- und Geschäftsgeheimnisse in § 10 Abs. 4 im Lichte des gewachsenen Begriffsverständnisses des Wettbewerbsrechts steht jedoch grundsätzlich nichts entgegen.[94] 46

Praktisch werden insbesondere Kundenlisten und Bezugsquellen Betriebs- und Geschäftsgeheimnisse darstellen.[95] Hierdurch ergibt sich gerade bei der Individualisierung von Risiken und Pflichtverletzungen in der Lieferkette ein **natürliches Spannungsverhältnis zwischen Geheimhaltungsinteressen und Zweck der Berichtspflicht.**[96] Die Auflösung dieses Konflikts erfolgt mittels einer Interessenabwägung zwischen dem Geheimhaltungsinteresse des berichtspflichtigen Unternehmens und dem jeweiligen konkreten Informationsinteresse.[97] Dabei ist allerdings zu berücksichtigen, dass dem Informationsinteresse der Behörde bereits durch die Möglichkeit der Einsichtnahme in die Dokumentation nach § 10 Abs. 1 Rechnung getragen wird. 47

Die Berücksichtigung von Betriebs- und Geschäftsgeheimnissen ist nur **im Bericht,**[98] **nicht auch im Rahmen der Dokumentation** zulässig. § 10 Abs. 4 erfasst zwar bei streng systematischer Betrachtung beide Sorgfaltspflichten des § 10.[99] Zurückzuführen ist dies indes auf Änderungen des Gesetzesentwurfs im Ausschussverfahren, mit denen keine inhaltliche Veränderung der Reichweite von Dokumentations- und Berichtspflichten verbunden war: Die Bestimmungen zur Veröffentlichung des Berichts waren ursprünglich in § 10 Abs. 4 S. 1 LkSG-RegE festgehalten, wodurch sich Abs. 4 S. 2 LkSG-RegE (dem der heutige Abs. 4 entspricht) schon sprachlich allein auf die Berichtspflicht bezog. Die Neuordnung im Ausschussverfahren diente ausweislich ihrer Begründung allein der Klarstellung, dass Adressatin des Berichts nach § 10 Abs. 2 die Öffentlichkeit sei.[100] Eine Veränderung des Umfangs der Dokumentation war erkennbar nicht bezweckt. 48

---

[90] Mit Verweis auf § 6 IFG E. Wagner/Ruttloff NJW 2021, 2145 (2147); Wagner/Ruttloff/Wagner LkSG-HdB/Wagner/Wagner Rn. 719; Spindler ZHR 186 (2022), 67 (91).

[91] Vgl. zu § 17 Abs. 1 UWG schon BGH GRUR 1955, 424 (425); zu § 9 Abs. 1 S. 1 Nr. 3 UIG BVerwG NVwZ 2009, 1113 Rn. 12; zu Art. 12 GG BVerfGE 115, 205 Rn. 87 = NVwZ 2006, 1041.

[92] Ausf. Ohly GRUR 2019, 441 (442 ff.).

[93] Vgl. BVerwG BeckRS 2020, 18641 Rn. 15 f.; BeckOK InfoMedienR/Guckelberger, Stand: 1.2.2022, IFG § 6 Rn. 18; offen noch BVerwGE 167, 319 = NVwZ 2020, 1368 (1369 f.); aA Wiebe NVwZ 2019, 1705 (1706).

[94] Vgl. BVerwG BeckRS 2020, 18641 Rn. 15 f.; BeckOK InfoMedienR/Guckelberger, Stand: 1.2.2022, IFG § 6 Rn. 18; iErg auch Spindler ZHR 186 (2022), 67 (91); Falder/Frank-Fahle/Poleacov LkSG 105 f.

[95] BVerfGE 115, 205 = NVwZ 2006, 1041; ebenso Begr. RegE GeschGehG, BT-Drs. 19/4724, 24.

[96] Ehmann ZVertriebsR 2021, 141 (150); Ehmann/Berg GWR 2021, 287 (290); Falder/Frank-Fahle/Poleacov LkSG S. 106; Spindler ZHR 186 (2022), 67 (91); vgl. auch BAVC und VCI, Stellungnahme RegE LkSG, Ausschuss-Drs. 19(11)1136, 223; Wagner/Ruttloff/Wagner LkSG-HdB/Wagner/Wagner Rn. 719.

[97] Spindler ZHR 186 (2022), 67 (91).

[98] Eine Differenzierung zwischen dem zu veröffentlichenden und dem einzureichenden Bericht erfolgt nicht, vgl. Lutz-Bachmann/Vorbeck/Wengenroth BB 2021, 906 (911); Spindler ZHR 186 (2022), 67 (91); E. Wagner/Ruttloff NJW 2021, 2145 (2147).

[99] Falder/Frank-Fahle/Poleacov LkSG 106 f.

[100] Beschlussempfehlung und Bericht, BT-Drs. 19/30505, 42.

49 **b) Verhältnis zur unionsrechtlichen nichtfinanziellen Berichterstattung.** Unternehmen im Anwendungsbereich des LkSG unterliegen oftmals bereits heute den nichtfinanziellen Offenlegungspflichten der §§ 289b ff. HGB. Das LkSG kann und will diese bereits bestehenden Berichtspflichten nicht ersetzen.[101] Ein **inhaltlicher Abgleich** beider Berichtssysteme ist in gleich mehrfacher Hinsicht relevant.

50 Zunächst stellt sich für diejenigen Unternehmen, die bereits **vor Inkrafttreten der Lieferketten-RL** (auch) zur Abgabe einer nichtfinanziellen Erklärung verpflichtet sind, die Frage, inwieweit sie mit der Beachtung der Vorgaben des LkSG auch den inhaltlichen Ansprüchen an die nichtfinanzielle Erklärung genügen. Dabei ist sowohl die nichtfinanzielle Erklärung der §§ 289b ff. HGB (→ Rn. 52 ff.) als auch die Nachhaltigkeitsberichterstattung des Entwurfs einer überarbeiteten CSR-RL vom 21.4.2021 (→ Rn. 57 ff.) zu untersuchen: Letztere soll binnen eines kürzeren Zeitfensters als die Lieferketten-RL umgesetzt werden und nach dem gegenwärtigen Zeitplan des europäischen Gesetzgebers erstmals **auf Geschäftsjahre, die am oder nach dem 1.1.2024 beginnen,** Anwendung finden.[102] Sofern sich der deutsche Gesetzgeber nicht schon bei der Umsetzung der reformierten CSR-RL für eine Abschaffung der selbständigen LkSG-Berichtspflicht entscheiden sollte, dürften die beiden Offenlegungspflichten zunächst abermals nebeneinander stehen.

51 Darüber hinaus werden sich sämtliche Unternehmen darauf einstellen müssen, dass lieferkettenbezogene Offenlegungspflichten jedenfalls **ab dem Zeitpunkt des Inkrafttretens der Lieferketten-RL** primär durch die Vorgaben der neuen CSR-RL bzw. durch die zwecks ihrer Umsetzung abermals zu reformierenden Vorgaben des HGB determiniert sein werden. Der europäische Gesetzgeber hat sich im Lieferketten-RL-E dafür entschieden, den europäischen materiellen Sorgfaltspflichten prinzipiell keine eigenständige Berichtspflicht zur Seite zu stellen, sondern auf das Berichtssystem ebendieser überarbeiteten CSR-RL zu verweisen (→ Rn. 5).[103] Aus europäischer Perspektive wird damit grundsätzlich nur ein (einheitlicher) nichtfinanzieller Bericht abzugeben sein. Auch soweit Unternehmen im Anwendungsbereich der Lieferketten-RL-E nicht der Berichtspflicht der CSR-RL unterfallen und damit von der eigenständigen Offenlegungspflicht in Art. 11 Lieferketten-RL-E erfasst werden, dürfte sich die Europäische Kommission bei dem Erlass von Durchführungsrechtsakten an den Vorgaben der CSR-RL orientieren. In jedem Falle erscheint es naheliegend, dass der deutsche Gesetzgeber die eigenständige Berichtspflicht des LkSG spätestens im Rahmen der Umsetzung der Lieferketten-RL aufgeben wird; die Beibehaltung einer doppelten Berichtspflicht wäre nur schwer zu rechtfertigen.

52 **aa) Nichtfinanzielle Erklärung gemäß §§ 289b ff. HGB.** Die Pflicht zur Abgabe einer nichtfinanziellen Erklärung greift nach aktueller Rechtslage für solche Kapitalgesellschaften, Personengesellschaften iSv § 264a HGB und eingetragene Genossenschaften (vgl. § 336 Abs. 2 S. 1 Nr. 2 HGB), die die Voraussetzungen von § 289b Abs. 1 HGB erfüllen; darüber hinaus auch für Kreditinstitute iSv § 340a Abs. 1a HGB und Versicherungsunternehmen iSv § 341a Abs. 1a HGB. Inhaltlich bezieht sie sich auf die fünf in § 289c Abs. 2 HGB genannten Nachhaltigkeitsaspekte, darunter auch – und insoweit mit ähnlicher Zielrichtung wie das LkSG – Umweltbelange gemäß § 289c Abs. 2 Nr. 1 HGB und die Achtung der Menschenrechte gemäß § 289c Abs. 2 Nr. 4 HGB. Hinsichtlich dieser Nachhaltigkeitsaspekte haben berichtspflichtige Gesellschaften unter anderem gemäß § 289c Abs. 3 Nr. 3 und 4 HGB **Risiken,** die sich **aus der eigenen Geschäftstätigkeit und den Geschäftsbeziehungen** der Gesellschaft ergeben, und deren Handhabung darzustellen.

53 Die unterbliebene inhaltliche Abstimmung von LkSG und HGB und die daraus folgende „doppelte" Berichtspflicht sind im Gesetzgebungsverfahren vielfach kritisiert worden.[104]

---

[101] Zutr. Wagner/Ruttloff/Wagner LkSG-HdB/Wagner/Wagner Rn. 721 ff.
[102] Art. 5 CSR-RL-E, COM (2021) 189 final.
[103] Erwägungsgrund 44 COM (2022) 71 final.
[104] Löning, Stellungnahme RegE LkSG, Ausschuss-Drs. 19(11)1136, 8; Bundesvereinigung der Deutschen Arbeitgeberverbände, Stellungnahme RegE LkSG, Ausschuss-Drs. 19(11)1136, 73, DAV NZG 2021, 546

Dabei sollte allerdings nicht übersehen werden, dass weite Teile der Offenlegungspflichten **infolge der materiellen Sorgfaltspflichten des LkSG durchaus vergleichbar** sind: Die identifizierten und gemäß § 10 Abs. 2 S. 2 Nr. 1 offenzulegenden menschenrechts- und umweltbezogenen Risiken und Pflichtverletzungen sind – ihre Wesentlichkeit iSd HGB zunächst unterstellt (dazu aber → Rn. 55) – über § 289c Abs. 3 Nr. 3 und 4 HGB auch in die nichtfinanzielle Erklärung des HGB aufzunehmen. Gleiches gilt für die gemäß § 10 Abs. 2 S. 2 Nr. 2 offenzulegenden ergriffenen Maßnahmen, bei denen es sich um die „Handhabung dieser Risiken" handeln dürfte. Soweit sich § 10 Abs. 2 S. 2 Nr. 3 auf die Ergebnisse der Wirksamkeitsüberprüfung nach § 6 Abs. 5, § 7 Abs. 4 und § 8 Abs. 5 bezieht, unterfallen auch diese Angaben dem § 289c Abs. 3 Nr. 3 und 4 HGB.

Ein Auseinanderfallen der Berichtspflichten ergibt sich auch nicht daraus, dass § 289c Abs. 3 HGB anders als das LkSG nicht zwischen (menschenrechts- und umweltbezogenen) Risiken und Pflichtverletzungen unterscheidet. Der **Risikobegriff in § 289c Abs. 3 Nr. 3 und 4 HGB** ist weder gefahrenabwehrrechtlich noch rein bilanzrechtlich determiniert und bezieht sich deshalb nicht primär auf die Folgen für das berichtspflichtige Unternehmen, sondern für den jeweiligen Nachhaltigkeitsaspekt.[105] Schon nach geltender Rechtslage steht er damit den „negativen Auswirkungen" nahe, wobei gleichermaßen drohende wie bereits eingetretene negative Auswirkungen erfasst sein sollen.[106] Im Rahmen des LkSG identifizierte Risiken und Pflichtverletzungen stellen damit auch ein Risiko iSv § 289c Abs. 3 Nr. 3 und 4 HGB dar. 54

Einschränkungen der HGB-Berichtspflicht ergeben sich schließlich auch nicht aus dem comply or explain-Mechanismus des § 289c Abs. 4 HGB: Soweit die materiellen lieferkettenrechtlichen Sorgfaltspflichten die Ergreifung konkreter Maßnahmen gerade zwingend vorschreiben, erlangt der **comply or explain-Mechanismus keine Bedeutung.** 55

Gleichwohl bleiben die Anforderungen der §§ 289b ff. HGB in mehrfacher und maßgeblicher Hinsicht hinter § 10 Abs. 2 zurück. Erstens steht die HGB-Berichtspflicht nach herrschender Auffassung unter einem **kumulativ doppelten Wesentlichkeitsvorbehalt:** Angaben sind danach nur dann zwingend, wenn sie sowohl für das Verständnis des Geschäftsverlaufs, des Geschäftsergebnisses, oder der Lage der Kapitalgesellschaft (sog. Outside-in-Perspektive) als auch für die Auswirkungen ihrer Tätigkeit auf die in § 289c Abs. 2 HGB genannten Aspekte (sog. Inside-out-Perspektive) erforderlich sind.[107] Zweitens wird die Berichtspflicht nach §§ 289b ff. HGB auch durch den Umstand eingeschränkt, dass gemäß § 289c Abs. 3 Nr. 4 HGB nur über solche Risiken im Zusammenhang mit den Geschäftsbeziehungen der Gesellschaft zu berichten ist, die **sehr wahrscheinlich schwerwiegende negative Auswirkungen** auf die in Abs. 2 genannten Aspekte haben werden. Drittens erscheint es zweifelhaft, ob sich bereits aus § 289c HGB eine mit § 10 Abs. 2 S. 2 Nr. 3 vergleichbare Pflicht zur Berichterstattung über die **Auswirkungen** der ergriffenen Maßnahmen herleiten lässt, soweit zwischen Wirksamkeit und Auswirkungen überhaupt trennscharf unterschieden werden kann (→ Rn. 43). Viertens ergibt sich aus § 289c HGB auch keine mit § 10 Abs. 2 S. 2 Nr. 4 vergleichbare Pflicht zur Berichterstattung über **Schlussfolgerungen** für zukünftige, noch nicht ergriffene Maßnahmen. Zusammengefasst darf die nichtfinanzielle Erklärung damit inhaltlich in mehrfacher Hinsicht hinter dem Bericht nach § 10 Abs. 2 zurückbleiben; zusätzliche Anforderungen stellen die §§ 289b ff. HGB jedoch umgekehrt im Regelungskreis des LkSG nicht. 56

(549); Deutsches Aktieninstitut, Stellungnahme zum RegE LkSG, 9, https://perma.cc/V95T-KN4Q (zuletzt abgerufen am 6.9.2022); krit. auch Seibt/Vesper-Gräske CB 2021, 357, 360.

[105] Huter WpG 2019, 603 (604 ff.); Hell, Offenlegung nichtfinanzieller Informationen, 2020, 150; Hopt/Merkt HGB § 289c Rn. 12; BeckOGK/Kleindiek, Stand: 15.11.2020, HGB § 289c Rn. 83 f.

[106] Vgl. Nietsch/Burgard, Corporate Social Responsibility Compliance, 2021, § 13 Rn. 33; Hopt/Merkt HGB § 289c Rn. 12; Huter WpG 2019, 603 (606).

[107] Ebenroth/Boujong/Joost/Strohn/Böcking/Gros/Wirth HGB § 289c, Rn. 18; MüKoHGB/Kajüter §§ 289b–289e Rn. 28; Grabosch Das neue LkSG/Grabosch § 5 Rn. 146.

Der Inhalt des Berichts nach § 10 Abs. 2 kann daher durchaus in die nichtfinanzielle Erklärung übernommen werden.[108]

57 **bb) Nachhaltigkeitsberichterstattung gemäß CSR-RL-E vom 21.4.2021.** Der Entwurf einer überarbeiteten und inhaltlich verschärften CSR-RL[109] vom 21.4.2021 erweitert den Kreis der offenlegungspflichtigen Unternehmen und schärft die bestehenden Berichtspflichten inhaltlich deutlich nach.[110] Begrifflich soll zukünftig eine Pflicht zur Nachhaltigkeitsberichterstattung bestehen.[111] Während des zu erwartenden Übergangszeitraums (gekennzeichnet durch ein Nebeneinander der Berichtspflichten von LkSG und CSR-RL) dürfte es dabei zu einer **deutlichen Annäherung** der unterschiedlichen Regelungskomplexe kommen.

58 Der Änderungsentwurf der CSR-RL nimmt zunächst eine **genauere Aufschlüsselung der Nachhaltigkeitsaspekte** vor, zu denen sich die Nachhaltigkeitsberichterstattung verhalten soll. Der Begriff der „Umweltbelange" gemäß § 289c Abs. 2 Nr. 1 HGB wird an die Zielsetzungen der Taxonomieverordnung[112] angeglichen, sodass hierunter Informationen über Klimaschutz, Anpassung an den Klimawandel, Ressourcennutzung und Kreislaufwirtschaft, Verschmutzung sowie Biodiversität und Ökosysteme fallen.[113] Ähnliche Konkretisierungen werden für die von den §§ 289c Abs. 2 Nr. 2–5 HGB erfassten Arbeitnehmer- und Sozialbelange, die Achtung der Menschenrechte und die Bekämpfung von Korruption und Bestechung vorgenommen, die innerhalb einer auf der bekannten „ESG-Trias" aufbauenden neuen Gesetzessystematik den Sozial- bzw. Governance-Faktoren zugeordnet werden.[114] Die gemäß dem CSR-RL-E zu berücksichtigenden Nachhaltigkeitsaspekte gehen dabei aktuell noch nicht über den Risikokatalog des LkSG hinaus. Eine Präzisierung der im Einzelnen offenzulegenden Informationen soll indes durch delegierte Rechtsakte erfolgen. Die dafür maßgebliche Ermächtigungsgrundlage und der Umstand, dass auch die CSR-RL einen weiteren Schutzgüterkatalog als das LkSG aufweist, lassen erahnen, dass insbesondere die zu Sozialfaktoren offenzulegenden Informationen über die Berichtspflichten des LkSG hinausgehen dürften.[115]

59 Im Änderungsentwurf stellt der EU-Gesetzgeber zudem klar, dass die Offenlegung von Informationen nicht unter einem kumulativ, sondern unter einem **alternativ doppelten Wesentlichkeitsvorbehalt** stehen soll. Informationen sind danach auch dann offenzulegen, wenn sie nur aus Outside-in-Perspektive oder aus Inside-out-Perspektive wesentlich erscheinen.[116] Die wichtigste Beschränkung der nichtfinanziellen Berichtspflicht, aufgrund derer in vielen Berichten bislang nur wenige Risiken beleuchtet wurden, soll damit wegfallen.[117] Hinsichtlich der konkreten Offenlegung von Lieferkettenrisiken fordert der Änderungsentwurf zwar weiterhin nur eine **Beschreibung der „wichtigsten" tatsächlichen oder potentiellen negativen Auswirkungen** im Zusammenhang mit Nachhaltig-

[108] Ebenso Lutz-Bachmann/Vorbeck/Wengenroth BB 2021, 906 (911).

[109] Vorschlag für eine Richtlinie des Europäischen Parlaments und des Rates zur Änderung der Richtlinien 2013/34/EU, 2004/109/EG und 2006/43/EG und der Verordnung (EU) Nr. 537/2014 hinsichtlich der Nachhaltigkeitsberichterstattung von Unternehmen, COM (2021) 189 final.

[110] Ausf. zu den geplanten Änderungen Nietsch ZIP 2022, 449; Stave/Velte DB 2021, 1791; Stawinoga/Velte DStR 2021, 2364.

[111] Art. 1 Ziff. 4 CSR-RL-E, COM (2021) 189 final zur Einfügung von Art. 19a Bilanz-RL-E nF.

[112] VO (EU) 2020/852 des Europäischen Parlaments und des Rates vom 18. Juni 2020 über die Einrichtung eines Rahmens zur Erleichterung nachhaltiger Investitionen und zur Änderung der VO (EU) 2019/2088.

[113] Art. 1 Ziff. 4 COM (2021) 189 final zur Einfügung von Art. 19b Abs. 2 UAbs. 2 lit. a Bilanz-RL-E sowie Art. 9 VO (EU) 2020/852.

[114] Art. 1 Ziff. 4 CSR-RL-E, COM (2021) 189 final zur Einfügung von Art. 19b Abs. 2 UAbs. 2 lit. b und c Bilanz-RL-E; vgl. hierzu auch Velte DB 2022, 1081 (1082).

[115] Art. 1 Ziff. 4 CSR-RL-E, COM (2021) 189 final zur Einfügung von Art. 19b Abs. 2 UAbs. 2 lit. b Bilanz-RL-E.

[116] Erwägungsgrund 25 CSR-RL-E, COM (2021) 189 final.

[117] Grabosch Das neue LkSG/Grabosch § 5 Rn. 146; Nietsch ZIP 2022, 449 (454); Stave/Velte DB 2021, 1791 (1794); Stawinoga/Velte DStR 2021, 2364 (2367).

keitsaspekten.[118] Praktisch wird sich daraus jedoch im Vergleich zu § 10 Abs. 2 S. 2 Nr. 1 – nach dem alle identifizierten Risiken offenzulegen sind – kein Unterschied ergeben: Auch nach dem Richtlinienentwurf ist nämlich über „jegliche" ergriffenen Maßnahmen zur Verhinderung negativer Auswirkungen zu berichten.[119] Da aber im Falle eines ermittelten Risikos gemäß der §§ 6 ff. immer Präventions- bzw. Abhilfemaßnahmen zu ergreifen sind, die dann auch immer in die Nachhaltigkeitsberichterstattung aufzunehmen sein werden, wird an einer Darstellung des der Maßnahme zugrundeliegenden Risikos in der Regel kein Weg vorbeiführen. Jedenfalls dürfte an einer Zurückhaltung dieser Information kaum jemals ein ernsthaftes Interesse bestehen.

Im Rahmen delegierter Rechtsakte soll darüber hinaus ein **einheitlicher europäischer** 60 **Berichtstandard** geschaffen werden.[120] Erste Entwürfe der European Financial Reporting Advisory Group sind am 29.4.2022 veröffentlich worden.[121] Sie sollen eine bessere Vergleichbarkeit der offengelegten Informationen gewährleisten und greifen damit einen zentralen Schwachpunkt der bisherigen nichtfinanziellen Berichterstattung auf.

Die anstehende Reform der CSR-RL wird **keine vollständige rechtliche Anglei-** 61 **chung** der Berichtspflichten von LkSG und HGB bewirken. Allerdings hebt der Reformvorschlag zahlreiche bisherige Beschränkungen der Offenlegungspflichten nach den §§ 289b ff. HGB auf. In weiten Teilen dürften deshalb die nach dem LkSG ergriffenen und offengelegten Maßnahmen zwingend auch in die Nachhaltigkeitsberichterstattung aufzunehmen sein. Tatsächlich dürften auch im Übrigen kaum noch Gründe bestehen, den Inhalt des für Zwecke des LkSG erstellten Berichts nicht auch „1:1" für die Nachhaltigkeitsberichterstattung zu verwenden.[122] Zwar ist der tertiärrechtliche europäische Berichtsstandard umgekehrt nur für die nichtfinanzielle Erklärung verbindlich. Soweit es das Berichtsverfahren des LkSG zulässt (→ Rn. 30 f.), empfiehlt sich seine Berücksichtigung jedoch auch für den Bericht nach § 10 Abs. 2. Dies gilt umso mehr, als sich der europäische Gesetzgeber auf diesen Berichtsstandard auch im Rahmen des Lieferketten-RL-E stützt, der das LkSG bereits mittelfristig inhaltlich ersetzen dürfte (→ Rn. 51).

c) Keine konsolidierte nichtfinanzielle Berichterstattung. Unabhängig von etwa- 62 igen inhaltlichen Konvergenzen der unterschiedlichen Berichtsvorschriften ist eine tatsächliche **konsolidierte nichtfinanzielle Berichterstattung,** die sowohl die nichtfinanzielle Erklärung nach den §§ 289b ff. HGB (oder aber die Nachhaltigkeitsberichterstattung) als auch den Bericht nach § 10 Abs. 2 umfasst, vom Gesetzgeber ausdrücklich **nicht gewollt.** In einem frühen Gesetzesentwurf war eine Integration des Berichts in die nichtfinanzielle Erklärung zwar noch ausdrücklich zugelassen. In der Gesetzesbegründung findet sich indes nunmehr der Hinweis, dass „für die Zwecke dieses Gesetzes ein gesonderter Bericht erstellt werden" soll.[123]

4. Durchsetzung. Der Gesetzgeber hat sich für eine **ausschließlich öffentliche** 63 **Durchsetzung** der Berichtspflicht durch das BAFA entschieden, bei dem der Bericht gemäß § 12 Abs. 1 zur Prüfung einzureichen ist. Stellt die Behörde fest, dass der eingereichte Bericht nicht den gesetzlichen Anforderungen entspricht, kann sie das Unternehmen gemäß § 13 Abs. 2 zur Nachbesserung auffordern (ausführlich → § 13 Rn. 5 ff.) und Bußgelder verhängen (→ Rn. 64). Selbstverständlich ist diese einseitige Aufgabenzuweisung nicht. Einen anderen Ansatz, nämlich den der Einbindung privater Akteure in die Durchsetzung der Berichtspflichten, hat der französische Gesetzgeber im Rahmen der loi de

[118] Art. 1 Ziff. 3 CSR-RL-E, COM (2021) 189 final zu Art. 19a Abs. 2 lit. e Ziff. ii Bilanz-RL-E nF.

[119] Art. 1 Ziff. 4 CSR-RL-E, COM (2021) 189 final zu Art. 19a Abs. 2 lit. e Ziff. iii Bilanz-RL-E nF.

[120] Art. 1 Ziff. 4 CSR-RL-E, COM (2021) 189 final zur Einfügung von Art. 19b Bilanz-RL-E; vgl. dazu auch die Erwägungsgrund 32 ff. CSR-RL-E.

[121] Zum Prozess Lanfermann BB 2022, 1323.

[122] Ebenso iErg Grabosch Das neue LkSG/Grabosch § 5 Rn. 147.

[123] Begr. RegE, BT-Drs. 19/28649, 52; eine konsolidierte Berichterstattung in „begründeten Fällen" erwägen gleichwohl Wagner/Ruttloff/Wagner LkSG-HdB/E. Wagner/S. Wagner Rn. 729.

vigilance (→ Einl. Rn. 115 ff.) gewählt.[124] Unternehmen, die entgegen der gesetzlichen Vorgaben keinen plan de vigilance (Sorgfaltsplan) erstellen, können auf entsprechendes Verlangen einer jeden „Person mit berechtigtem Interesse" durch das zuständige Gericht unter Androhung eines Zwangsgelds zur Pflichterfüllung angehalten werden.[125] Eine vergleichbare Beteiligung Privater sieht das LkSG nicht vor; auch ein auf behördliches Einschreiten gerichtetes Antragsrecht gemäß § 14 Abs. 1 Nr. 2 besteht nicht.

64 **5. Rechtsfolgen von Verstößen. a) Ordnungswidrigkeiten und Straftatbestände.** Bußgeldbewehrt sind sowohl die unrichtige Erstellung des Berichts (§ 24 Abs. 1 Nr. 10) als auch seine Nicht- bzw. verspätete Veröffentlichung (§ 24 Abs. 1 Nr. 11). Die Höhe des Bußgelds folgt aus § 24 Abs. 2 Nr. 3; es kann bis zu 100.000 Euro betragen. Eine prozentual an den Jahresumsatz anknüpfende Geldbuße nach § 24 Abs. 3 kommt nicht in Betracht, ebenso wenig auf dieser Grundlage ein Ausschluss von der Vergabe öffentlicher Aufträge nach § 22 (→ § 22 Rn. 29). Fordert das BAFA das berichtspflichtige Unternehmen indes gemäß § 13 Abs. 2 erfolglos zur Nachbesserung des Berichts auf, kommt gemäß § 24 Abs. 1 Nr. 13 die Verhängung eines Bußgelds in Höhe von bis zu 500.000 Euro, iVm § 24 Abs. 2 S. 2 und § 30 Abs. 2 S. 3 OWiG sogar von bis zu 5 Mio. Euro in Betracht. Wird tatsächlich ein Bußgeld in Höhe von mindestens 175.000 Euro verhängt, so kann dieses auch den Ausschluss von der Vergabe öffentlicher Aufträge gemäß § 22 nach sich ziehen.

65 **b) Anfechtbarkeit von Entlastungsbeschlüssen.** Die Anfechtung eines Entlastungsbeschlusses bezüglich des Leitungsorgans einer berichtspflichtigen Gesellschaft (§ 120 AktG, § 46 Nr. 5 GmbHG) wird bei Verstößen gegen die Berichtspflicht nach § 10 Abs. 2 in der Regel ausscheiden. Zwar ist ein **Inhaltsmangel** der Entlastung (§ 243 Abs. 1 AktG) aufgrund eines eindeutigen und schweren Gesetzes- oder Satzungsverstoßes des Leitungsorgans[126] im Falle der Nichtabgabe oder bei schweren Fehlern der Entsprechenserklärung nach § 161 AktG anerkannt[127] und wird auch für Fehler der nichtfinanziellen Erklärung nach §§ 289b ff. HGB diskutiert.[128] Auch wird man ein gänzliches Fehlen oder sonstige schwere Mängel des Berichts nach § 10 Abs. 2 diesen Fallgruppen durchaus gleichstellen können. Allerdings handelt es sich bei der Abgabe der Entsprechenserklärung bzw. der nichtfinanziellen Erklärung jeweils um dem Leitungsorgan selbst zugewiesene Aufgaben. Für den Bericht nach § 10 Abs. 2 gilt dies nicht (→ Rn. 25). Mängel des Berichts gehen daher nicht zwingend mit einem Gesetzesverstoß des Leitungsorgans selbst einher. Auch ein **Informationsmangel** des Entlastungsbeschlusses iSv § 243 Abs. 4 AktG lässt sich bei Verstößen gegen die Berichtspflicht nicht annehmen. Erforderlich ist gemäß Abs. 4 S. 1, dass ein objektiv urteilender Aktionär die Erteilung der Information als wesentliche Voraussetzung für die sachgerechte Wahrnehmung seiner Teilnahme- und Mitgliedschaftsrechte angesehen hätte.[129] Zudem muss die gesetzliche Informationspflicht der Gesellschaft gegenüber ihren Aktionären im Zusammenhang mit der Durchführung der Hauptversammlung stehen.[130] Bereits für die Entsprechenserklärung nach § 161 AktG verneint der BGH allerdings eine derartige „spezifisch hauptversammlungsbezogene Informationspflicht" und damit auch die Möglichkeit der Anfechtung aufgrund eines Informationsmangels.[131] Für

[124] Vgl. ausf. bereits Fleischer/Danninger DB 2017, 2849 (2852).
[125] Vgl. Art. L. 225-102-4 II Abs. 1 C. com.; Fleischer/Danninger DB 2017, 2849 (2852).
[126] Grdl. BGHZ 153, 47 = NJW 2003, 1032.
[127] BGHZ 180, 9 = NJW 2009, 2207; vgl. auch BeckOGK/Bayer/Scholz, Stand: 1.2.2022, AktG § 161 Rn. 129; Koch AktG § 161 Rn. 31.
[128] Bachmann ZGR 2018, 231 (253); Nietsch/Mock, Corporate Social Responsibility Compliance, 2021, § 16 Rn. 21; Fleischer/Kalss/Vogt/Mock, Corporate Social Responsibility, 2018, 179 ff.
[129] BGHZ 182, 272 Rn. 18 = NZG 2009, 1270; BeckOGK/Drescher, Stand: 1.2.2022, AktG § 243 Rn. 122.
[130] BGHZ 220, 36 Rn. 35 ff. = NJW 2019, 669; BeckOGK/Drescher, Stand: 1.2.2022, AktG § 243 Rn. 118.
[131] Vgl. BGHZ 220, 36 Rn. 37 = NJW 2019, 669; BeckOGK/Bayer/Scholz, Stand: 1.2.2022, AktG § 161 Rn. 136 f.

den Bericht nach § 10 Abs. 2, dessen Adressatin die nicht näher begrenzte Öffentlichkeit ist,[132] gilt dies erst recht.

c) Deliktische Haftung. Eine zivilrechtliche Haftung für Verstöße gegen die Berichtspflicht des LkSG auf Grundlage von **§ 823 Abs. 2 BGB, § 31 BGB** kommt nicht in Frage. Die Einordnung von Vorschriften des LkSG (etwa § 10 Abs. 2 oder § 24 Abs. 1 Nr. 10) als Schutzgesetz wird bereits durch § 3 Abs. 3 S. 1 ausgeschlossen (→ § 3 Rn. 58 ff.). Demgegenüber scheint bei vorsätzlichen Falschdarstellungen im Bericht eine Haftung gegenüber Anlegern der Gesellschaft aus **§§ 826, 31 BGB** zumindest denkbar. Zweck des § 3 Abs. 3 S. 1 ist es nicht, bereits vor Inkrafttreten des LkSG haftungsträchtiges Verhalten infolge seiner Erfassung als Sorgfaltspflicht des LkSG von jeglicher zivilrechtlicher Haftung freizustellen.[133] Vielmehr geht es umgekehrt darum, die Neubegründung einer zivilrechtlichen Haftung allein aufgrund der Einordnung des fraglichen Verhaltens durch das LkSG als sorgfaltspflichtwidrig zu verhindern. Im Rahmen der Prüfung eines Anspruchs aus § 826 BGB kommt es jedoch nicht auf das Bestehen der Sorgfaltspflicht nach § 10 Abs. 2 und ihre Verletzung, sondern allein darauf an, ob sich die tatsächlichen Falschdarstellungen als vorsätzliche sittenwidrige Schädigung begreifen lassen. 66

Voraussetzung des Anspruchs ist die eigene **Haftung des Vertreters** oder Repräsentanten der Gesellschaft nach § 826 BGB.[134] Unschädlich ist es insoweit, dass es sich bei der Berichtspflicht nicht um eine zwingend vom Leitungsorgan wahrzunehmende Aufgabe handelt (→ Rn. 25), sofern ein von § 31 BGB erfasster Vertreter oder Repräsentant gleichwohl tatsächlich tätig wird.[135] Auf Ebene des § 826 BGB müssten die von der Rechtsprechung für vorsätzlich unwahre Ad-hoc-Mitteilungen entwickelten Grundsätze der Kapitalmarktinformationshaftung[136] auf bewusste Falschdarstellungen sonstiger kursrelevanter Informationen übertragen werden können.[137] Gemeinhin wird dies für die Regelpublizität[138] einschließlich der §§ 289b ff. HGB[139] ebenso wie für sonstige freiwillige Informationen angenommen.[140] Auch der Bericht nach § 10 Abs. 2 eignet sich daher als Anknüpfungspunkt. Erforderlich ist ein vorsätzliches Verhalten, wobei ein Eventualvorsatz ausreichen soll.[141] Das Vorliegen eines sittenwidrigen Verhaltens ist unter Berücksichtigung aller Umstände des Einzelfalls, namentlich dem verfolgten Ziel, den eingesetzten Mitteln, der zutage tretenden Gesinnung und den eingetretenen Folgen zu bestimmen.[142] Zwar sieht die Rechtsprechung im Falle grob unrichtiger Ad-hoc-Mitteilungen die Sittenwidrigkeit der vorsätzlichen Täuschungshandlung als indiziert an.[143] Auf Informationen wie den Bericht nach § 10 Abs. 2, denen der Kapitalmarkt kein vergleichbares Vertrauen entgegenbringt, werden sich diese Erwägungen jedoch nicht übertragen lassen.[144] 67

[132] Beschlussempfehlung und Bericht, BT-Drs. 19/30505, 42.

[133] Fleischer DB 2022, 990 (992); G. Wagner FS Singer, 2021, 693 (706).

[134] Vgl. zur Reichweite des § 31 BGB BeckOGK/Offenloch, Stand: 1.2.2022, BGB § 31 Rn. 42 ff.

[135] BeckOGK/Offenloch, Stand: 1.2.2022, BGB § 31 Rn. 131.

[136] Vgl. BGHZ 160, 134 = NJW 2004, 2664; BGHZ 160, 149 = NJW 2004, 2971; BGH NJW 2005, 2450.

[137] Asmussen, Haftung für CSR, 2020, 98.

[138] Assmann/Schütze/Buck-Heeb KapAnlR-HdB/Fleischer § 6 Rn. 60 ff.; Habersack/Mülbert/Schlitt Unternehmensfinanzierung/Mülbert/Steup § 41 Rn. 412.279; Habersack/Mülbert/Schlitt Kapitalmarktinformation/Paschos § 29 Rn. 242.

[139] Asmussen, Haftung für CSR, 2020, 90 ff.; Bachmann ZGR 2018, 231 (248); Mock ZIP 2017, 1195 (1203); Roth-Mingram NZG 2015, 1341 (1345); Seibt DB 2016, 2707 (2715); MüKoBGB/Wagner BGB § 826 Rn. 119.

[140] OLG Stuttgart ZIP 2015, 781 (783); Assmann/Schütze/Buck-Heeb KapAnlR-HdB/Fleischer § 6 Rn. 64 f.; Habersack/Mülbert/Schlitt Unternehmensfinanzierung/Mülbert/Steup § 41 Rn. 41.288, 41.279; Habersack/Mülbert/Schlitt Kapitalmarktinformation/Paschos § 29 Rn. 345.

[141] BGHZ 160, 149 = NJW 2004, 2971 (2973); Fleischer DB 2004, 2031 (2034).

[142] BGHZ 160, 149 = NJW 2004, 2971 (2973); MüKoBGB/Wagner BGB § 826 Rn. 9.

[143] BGHZ 192, 90 Rn. 28 = NJW 2012, 1800; Assmann/Schütze/Buck-Heeb KapAnlR-HdB/Fleischer § 6 Rn. 20 ff.

[144] OLG Stuttgart ZIP 2015, 781 (783).

68 Als schwierig wird sich regelmäßig der Nachweis eines **kausalen Schadens** erweisen. Die Investitionsentscheidung muss nach ständiger Rechtsprechung auf die falschen Angaben im Bericht zurückzuführen sein.[145] Anlageentscheidungen werden zwar nur selten auf konkreten Angaben im Lieferkettenbericht beruhen.[146] Etwas anderes mag aber dann gelten, wenn sich der jeweilige Anleger ex ante an ein bestimmtes Transaktionsverhalten gebunden hat. Insbesondere bei Investoren, die ihr Anlageverhalten an Nachhaltigkeitsfaktoren ausrichten und dies öffentlich kommunizieren oder sogar vertraglich gegenüber ihren eigenen (End-)Anlegern an die Beachtung dieser Faktoren gebunden sind, erscheint dies zumindest nicht von vornherein ausgeschlossen.[147]

69 **d) Lauterkeitsrecht.** Falschangaben im Bericht nach § 10 Abs. 2 bedürfen auch aus Sicht lauterkeitsrechtlicher Ansprüche nach §§ 8 ff. UWG einer näheren Untersuchung. Hinsichtlich der Sperrwirkung von § 3 Abs. 3 S. 1 ist zwischen den in Betracht kommenden Fallgruppen unlauterer geschäftlicher Handlungen zu differenzieren: Ausgeschlossen dürfte es sein, Verstöße gegen die Berichtspflicht als Rechtsbruch iSv § 3a UWG zu begreifen.[148] Einer Einordnung der Sorgfaltspflichten des LkSG als Vorschriften, die auch zur Regelung des Marktverhaltens im Interesse der Marktteilnehmer bestimmt sind, steht die Wertung des § 3 Abs. 3 S. 1 entgegen.[149] Etwas anderes gilt jedoch für die Erfassung von Falschdarstellungen als irreführende geschäftliche Handlung nach §§ 5, 5a UWG, die von dem Bestehen und der Verletzung von Sorgfaltspflichten des LkSG unabhängig ist.[150]

70 Rechtliche Hürden stellen sich allerdings bei der Frage, ob es sich bei den Darstellungen im Bericht um eine **geschäftliche Handlung** iSv § 2 Abs. 1 Nr. 1 UWG handelt. Erforderlich ist ein Verhalten, das mit der Förderung des Absatzes oder des Bezugs von Waren oder Dienstleistungen oder mit dem Abschluss oder der Durchführung eines Vertrags über Waren oder Dienstleistungen unmittelbar und objektiv zusammenhängt. Ausgeschlossen wird dies nicht bereits dadurch, dass es sich bei der Veröffentlichung des Berichts nach § 10 Abs. 2 um eine gesetzliche Pflicht handelt.[151] Erforderlich ist jedoch ein funktionaler Zusammenhang mit der Absatz- oder Bezugsförderung; die Handlung muss bei objektiver Betrachtung darauf gerichtet sein, durch Beeinflussung der geschäftlichen Entscheidung der Verbraucher oder sonstigen Marktteilnehmer den Absatz oder Bezug von Waren oder Dienstleistungen des eigenen oder fremden Unternehmens zu fördern.[152] Nach verbreiteter Auffassung sollen nur solche Maßnahmen erfasst sein, die entweder **allein oder zumindest primär an den Verbraucher oder an sonstige Abnehmer adressiert** sind.[153]

71 Bei der Erfüllung gesetzlicher Informationspflichten wird man grundsätzlich auf den gesetzgeberisch intendierten Informationsadressaten abstellen. Vor diesem Hintergrund wird der Erfüllung sekundärkapitalmarktbezogener Informationspflichten die Eigenschaft der geschäftlichen Handlung abgesprochen.[154] Gleiches soll für die Angaben in der nicht-

[145] Vgl. BGHZ 160, 134 = NJW 2004, 2664 (2665): „für den Anleger nahezu unmöglich […], den ihm obliegenden Beweis der Ursächlichkeit unrichtiger Publizität für die von ihm getroffene Anlageentscheidung […] zu führen"; BGH NJW-RR 2008, 1004 Rn. 16; 2013, 1448 Rn. 25.

[146] Skeptisch in Bezug auf Verstöße gegen die §§ 289b ff. HGB auch Seibt DB 2016, 2707 (2715).

[147] Asmussen NJW 2017, 118 (122); Bachmann ZIP 2010, 1517 (1526); Bachmann ZGR 2018, 231 (249).

[148] So iErg auch Grabosch Das neue LkSG/Engel § 7 Rn. 22; ausf. auch Wagner/Ruttloff/Wagner LkSG-HdB/Wehlau Rn. 1337 ff.

[149] Mit ähnlicher Argumentation zu § 823 Abs. 1 BGB G. Wagner FS Singer, 2021, 693 (708).

[150] Anders Grabosch Das neue LkSG/Engel § 7 Rn. 22.

[151] Nietsch/Birk/Birk, Corporate Social Responsibility Compliance, 2021, § 17 Rn. 16; Köhler/Bornkamm/Feddersen/Köhler UWG § 2 Rn. 49.

[152] BGH GRUR 2013, 945 Rn. 17.

[153] Köhler/Bornkamm/Feddersen/Köhler UWG § 2 Rn. 14; Hilty/Henning-Bodewig/Köhler, Corporate Social Responsibility, 2014, 161; vgl. auch MüKoUWG/Bähr UWG § 2 Rn. 105: „darf nicht nur reflexhaft Auswirkungen auf das Verbraucherverhalten haben"; Fezer/Büscher/Obergfell/Fezer UWG § 2 Abs. 1 Nr. 1 Rn. 13.

[154] Ausf. Klöhn ZHR 172 (2008), 388; MüKoUWG/Bähr UWG § 2 Rn. 130; Harte-Bavendamm/Henning-Bodewig/Keller UWG § 2 Rn. 33.

finanziellen Erklärung nach §§ 289b ff. HGB gelten.[155] Auch auf den Bericht nach § 10 Abs. 2 lassen sich diese Erwägungen übertragen, da er grundsätzlich an die breite Öffentlichkeit und nicht gezielt an den Abnehmerkreis gerichtet ist.[156] Etwas anderes kann aber immer dann gelten, wenn Adressat der Information entgegen der gesetzgeberischen Intention doch der Abnehmerkreis ist. Anzunehmen ist das etwa dann, wenn das Unternehmen den Bericht gezielt zu Werbezwecken einsetzt.[157] Auch wenn der Abnehmerkreis des berichtspflichtigen Unternehmens überwiegend selbst dem materiellen Sorgfaltspflichtenprogramm des LkSG unterliegt und deshalb bei der Aufnahme von Geschäftsbeziehungen auf die Darstellung der Risiko- und Pflichtverletzungslage durch das berichtspflichtige Unternehmen in hohem Maße angewiesen ist, wird eine geschäftliche Handlung iSv § 2 Nr. 1 UWG in Betracht kommen.

e) Gewährleistungsrecht. Schließlich ist zu untersuchen, ob Verstöße gegen die Be- 72
richtspflicht nach § 10 Abs. 2 auch mängelgewährleistungsrechtliche Ansprüche begründen können. Diskutiert wird dies bislang vorwiegend am Beispiel des Kaufrechts; gleichartige Fragen stellen sich indes auch bei anderen Vertragstypen. Frei von Sachmängeln ist eine Kaufsache nach § 434 Abs. 1 BGB, wenn sie den subjektiven, den objektiven und den Montageanforderungen der Abs. 2–4 entspricht. Ein Einfluss der Angaben des Berichts nach § 10 Abs. 2 wird insbesondere im Rahmen der objektiven Anforderungen der Kaufsache erwogen, zu denen nach § 434 Abs. 3 S. 1 Nr. 2 lit. b BGB auch die bei Sachen derselben Art übliche und unter **Berücksichtigung öffentlicher Äußerungen** des Verkäufers **erwartbare Beschaffenheit** gehört.[158]

aa) Öffentliche Äußerungen des Verkäufers. Grundsätzliche Vorbehalte gegen die 73
Einordnung des Berichts als öffentliche Äußerung iSv § 434 Abs. 3 S. 1 Nr. 2 lit. b BGB bestehen im Ergebnis nicht. Gegenteilige Ansätze aus der Literatur knüpfen daran an, dass die Berichterstattung eine gesetzliche Pflicht und mit den im Gesetz genannten Beispielen öffentlicher Äußerungen (Werbung, Angaben auf dem Produkt) qualitativ nicht zu vergleichen sei.[159] Die Berichterstattung erfolge damit nicht in der Absicht, auf das Verhalten des Käufers Einfluss zu nehmen.[160] Dieser sei auch nicht primärer Adressat des Berichts.[161] Hinter diesen Einwänden steht die berechtigte Absicht, eine uferlose Ausweitung des Anwendungsbereichs des § 434 Abs. 3 S. 1 Nr. 2 lit. b BGB zu verhindern.[162] Die Rückanbindung an den Wortlaut wird dabei aber nicht immer ausreichend klar.[163] Entscheidend ist allein, ob der Käufer aufgrund der Äußerungen eine bestimmte Beschaffenheit der Kaufsache **erwarten kann.**[164] Dies bestimmt sich nach dem objektiven Empfängerhorizont (§§ 133, 157 BGB), für den es aber auf sämtliche Umstände der Äußerung ankommt. Zudem ist zu berücksichtigen, dass Adressatin des Berichts die nicht näher begrenzte Öffentlichkeit ist[165] und das Unternehmen in der Gestaltung des Berichts jenseits der nur rudimentären Vorgaben der § 10 Abs. 2 S. 2 Nr. 1–4 frei ist.[166] Insbesondere sind Angaben zu konkreten Produkten nicht vorgeschrieben. Sofern der Bericht also überhaupt Angaben

---

[155] Birk GRUR 2022, 361 (362); Nietsch/Birk/Birk, Corporate Social Responsibility Compliance, 2021, § 17 Rn. 17; Hell, Offenlegung nichtfinanzieller Informationen, 2020, 188; Roth-Mingram, Corporate Social Responsibility in der Sozialen Marktwirtschaft, 2017, 284; aA Meier GRUR 2019, 581 (582 ff.).
[156] Birk GRUR 2022, 361 (362); Wagner/Ruttloff/Wagner LkSG-HdB/Wehlau Rn. 362.
[157] Wagner/Ruttloff/Wagner LkSG-HdB/Wehlau Rn. 362.
[158] Fleischer DB 2022, 920 (927); R. Koch MDR 2022, 1 (6).
[159] R. Koch MDR 2022, 1 (6).
[160] R. Koch MDR 2022, 1 (6).
[161] R. Koch MDR 2022, 1 (6); vgl. zu §§ 289b ff. HGB auch Grunewald NJW 2021, 1777 (1779).
[162] Dazu auch MüKoBGB/Westermann BGB § 434 Rn. 27.
[163] Vgl. BeckOK BGB/Faust, Stand: 1.11.2021, BGB § 434 Rn. 85.
[164] BeckOK BGB/Faust, Stand: 1.11.2021, BGB § 434 Rn. 85; MüKoBGB/Westermann BGB § 434 Rn. 29.
[165] Beschlussempfehlung und Bericht, BT-Drs. 19/30505, 42.
[166] Vgl. auch Lüttringhaus AcP 219 (2019), 29 (56).

enthält, die sich einer konkreten Kaufsache zuordnen lassen, steht ihrer Einordnung als öffentliche Äußerung nichts im Weg.

74 **bb) Beschaffenheitsbegriff.** Differenzierung ist allerdings bei der Beantwortung der Frage geboten, ob Gegenstand der Berichtspflicht auch Angaben sind, die zur „Beschaffenheit" der Kaufsache gehören. Der ständigen Rechtsprechung und hL entspricht es, zur Beschaffenheit nicht nur die physischen Attribute der Kaufsache, sondern auch ihre Beziehungen zur Umwelt zu zählen.[167] Während dabei zeitweise ein Zusammenhang dieser Beziehungen „in irgendeiner Weise mit ihren physischen Eigenschaften"[168] verlangt wurde, sollen nunmehr jedenfalls diejenigen Beziehungen zur Umwelt vom Beschaffenheitsbegriff erfasst sein, die nach der Verkehrsauffassung Einfluss auf die Wertschätzung der Sache haben[169] und ihren „Ursprung im Kaufgegenstand" finden.[170] Über eine weitere Öffnung des Beschaffenheitsbegriffs, infolge derer jede tatsächliche Bezug zwischen Kaufsache und Umwelt zur Beschaffenheit zählen könnte, ist bislang nicht befunden worden.[171]

75 Entscheidender als die Wertschätzung durch die Verkehrsauffassung[172] ist im Bereich öffentlicher nachhaltigkeitsbezogener Angaben, dass sich zwischen dem Gegenstand der Angaben und der Kaufsache überhaupt eine ausreichende Beziehung feststellen lässt.[173] Die Literatur konkretisiert diese Anforderung dahingehend, dass allein **qualitäts- und herstellungsprozessbezogene Faktoren** (zusammengefasst als „produktbezogene" Faktoren) die Beschaffenheit der Kaufsache prägen können sollen. Sonstige, insbesondere rein „unternehmensbezogene" Faktoren sollen die Beschaffenheit dagegen unberührt lassen.[174] Auch bei Zugrundelegung dieser Abgrenzung sollte allerdings nicht übersehen werden, dass sich hinter dem Begriff der herstellungsprozessbezogenen Faktoren **erhebliche Unschärfen** verbergen, die sich auch in der Bewertung von Angaben im Bericht nach § 10 Abs. 2 niederschlagen. Die Herstellung der Kaufsache ohne (oder, im Gegenteil unter) Einsatz von Kinderarbeit oder moderner Sklaverei (§ 2 Abs. 1 Nr. 1–4) wird sich noch als herstellungsbezogener Faktor begreifen lassen.[175] Schon die Einordnung der übrigen Arbeitsbedingungen am Produktionsstandort (insbesondere § 2 Abs. 1 Nr. 5–8) ist indes weit weniger eindeutig: Bei „Sweatshop-Bedingungen" mag ebenfalls noch eine Einwirkung auf die Beschaffenheit der Kaufsache möglich erscheinen,[176] doch ist der schwindende Bezug zur Kaufsache bei zunehmend allgemeinen arbeitsrechtlichen Verstößen offensichtlich.[177] Auch die Stellung von Gewerkschaften am Produktionsstandort (§ 2 Abs. 1 Nr. 6) wird in der Literatur als für die Beschaffenheit der Sache unerheblich eingestuft.[178] Eine methodisch saubere Grenzziehung zwischen (noch) herstellungsprozessbezogenen und (nur) unternehmensbezogenen Faktoren steht deshalb weiterhin aus.

76 Eine pauschale Einordnung sämtlicher gemäß § 10 Abs. 2 zu tätigender Angaben als die Beschaffenheit der Kaufsache betreffend ist nach alledem nicht möglich. Vielmehr muss für

[167] Vgl. schon BGHZ 79, 183 = NJW 1981, 864.
[168] So noch BGH NJW 2013, 1671 Rn. 10.
[169] BGH NJW 2016, 2874 Rn. 10; Croon-Gestefeld NJW 2022, 497 (498).
[170] BGH NJW 2016, 2874 Rn. 13; 2013, 1948 Rn. 15; Lüttringhaus AcP 219 (2019), 29 (36).
[171] BGH NJW 2016, 2874 Rn. 13; 2013, 1948 Rn. 15; dafür Lüttringhaus AcP 219 (2019), 29 (43 ff., 48).
[172] Für eine gänzliche Entbehrlichkeit des Kriteriums Lüttringhaus AcP 219 (2019), 29 (48 f.).
[173] So auch Croon-Gestefeld NJW 2022, 497 (500), allerdings dürfte es nicht um die Beziehung der Kaufsache zum CSR-Kodex, sondern zu den im CSR-Kodex genannten Faktoren gehen.
[174] Asmussen NJW 2017 (119); Asmussen, Haftung für CSR, 2020, 156; Croon-Gestefeld NJW 2022, 497 (500); Fleischer DB 2022, 920 (927); Grunewald NJW 2021, 1777 (1778 f.); Hell, Offenlegung nichtfinanzieller Informationen, 2020, 189; Hellgardt/Jouannaud AcP 222 (2022), 163 (212 f.); R. Koch MDR 2022, 1 (5); offen für ein weiteres Beschaffenheitsverständnis Lüttringhaus AcP 219 (2019), 29 (48 ff.); Schirmer ZEuP 2021, 35 (44 ff.).
[175] Zum Einsatz von Kinderarbeit Grunewald NJW 2021, 1777 (1778); Lüttringhaus AcP 219 (2019), 29 (56).
[176] Zur Einhaltung von Arbeitszeiten etwa Schirmer ZEuP 2021, 35 (43).
[177] Zur Förderung von Mitarbeiterinnen in Mentoring-Projekten Croon-Gestefeld NJW 2022, 497 (500); zur Geschlechterdifferenzierung Grunewald NJW 2021, 1777 (1780).
[178] Grunewald NJW 2021, 1777 (1780); Croon-Gestefeld NJW 2022, 497 (500).

alle Angaben jeweils einzeln untersucht werden, ob sie (noch) den Herstellungsprozess betreffen und damit ein ausreichender Bezug zur Kaufsache angenommen werden kann. Ausscheiden müssen dabei zunächst die Darstellungen im Bericht nach § 10 Abs. 2 S. 2 Nr. 2–4, die sich auf die durch das Unternehmen ergriffenen Maßnahmen zur Erfüllung der Sorgfaltspflichten, die Bewertung von Wirksamkeit und Auswirkungen sowie auf die Schlussfolgerungen für zukünftige Maßnahmen beziehen. Innerhalb der Angaben nach § 10 Abs. 2 S. 2 Nr. 1 wird man weiter danach unterscheiden müssen, ob eine Pflichtverletzung iSv § 2 Abs. 4 oder „nur" ein Risiko iSv § 2 Abs. 2 und 3 vorliegt. Das bloße Risiko als Zustand, in dem ein Verstoß gegen die in Abs. 2 Nr. 1–12 und Abs. 3 Nr. 1–8 genannten Verbote aufgrund tatsächlicher Umstände droht, aber noch nicht eingetreten ist (→ § 2 Rn. 49 ff.), kann auf die Beschaffenheit der Kaufsache nicht einwirken. Weniger eindeutig scheint das für den im Wortlaut nicht eindeutig erwähnten Fall des Verdachts einer möglicherweise bereits eingetretenen Pflichtverletzung.[179] Schließlich wird man auch die einzelnen menschenrechts- und umweltbezogenen Verbotstatbestände darauf überprüfen müssen, ob sie sich noch auf den Herstellungsprozess der Kaufsache beziehen (zu einzelnen Beispielen → Rn. 75).

Abschnitt 3. Zivilprozess

§ 11 Besondere Prozessstandschaft

(1) Wer geltend macht, in einer überragend wichtigen geschützten Rechtsposition aus § 2 Absatz 1 verletzt zu sein, kann zur gerichtlichen Geltendmachung seiner Rechte einer inländischen Gewerkschaft oder Nichtregierungsorganisation die Ermächtigung zur Prozessführung erteilen.

(2) Eine Gewerkschaft oder Nichtregierungsorganisation kann nach Absatz 1 nur ermächtigt werden, wenn sie eine auf Dauer angelegte eigene Präsenz unterhält und sich nach ihrer Satzung nicht gewerbsmäßig und nicht nur vorübergehend dafür einsetzt, die Menschenrechte oder entsprechende Rechte im nationalen Recht eines Staates zu realisieren.

Schrifttum: Ehmann, Der Regierungsentwurf für das Lieferkettengesetz: Erklärung und erste Hinweise zur Anwendung, ZVertriebsR 2021, 141; L. Hübner, Unternehmenshaftung für Menschenrechtsverletzungen, 2022; Junker, Hätte, hätte, Lieferkette – Zum Vorschlag eines Sorgfaltspflichtengesetzes, ZfA 2021, 437; Keilmann/Schmidt, Der Entwurf des Sorgfaltspflichtengesetzes – Warum es richtig ist, auf eine zivilrechtliche Haftung zu verzichten, WM 2021, 717; Kieninger, Miniatur: Lieferkettengesetz – dem deutschen Papiertiger fehlen die Zähne, ZfPW 2021, 252; Mansel/Kuhl, Delikts- und Gesellschaftsstatut: Qualifikation der Unternehmensverantwortlichkeit in Lieferketten und bei einer Klimahaftung, FS v. Bar, 2022, 251; Paefgen, Haftung für die Verletzung von Pflichten nach dem deutschen Sorgfaltspflichtengesetz, ZIP 2021, 2006; Stöbener de Mora/Noll, Grenzenlose Sorgfalt? Das Lieferkettensorgfaltspflichtengesetz, NZG 2021, 1237 (Teil 1) und NZG 2021, 1285 (Teil 2); G. Wagner, Die Haftung für Menschenrechtsverletzungen in der Lieferkette, ZIP 2021, 1095; Wagner/Rutloff, Das Lieferkettensorgfaltspflichtengesetz – Eine erste Einordnung, NJW 2021, 2145; Weller/Nasse, Unternehmensorganisation zum Schutz der Menschenrechte: Eine neue Verkehrspflicht in § 823 Abs. 1 BGB, FS Ebke, 2021, 1071.

Übersicht

[179] Ausf. zu Fallgruppen des Verdachts als Mangel Staudinger/Matuschke-Beckmann, 2014, BGB § 434 Rn. 158 ff.; BeckOK BGB/Faust, Stand: 1.11.2021, BGB § 434 Rn. 73.

I. Normzweck

1 § 11 soll eine Möglichkeit bieten, um Kollektivhandlungsprobleme zu überwinden. Er will die Rechtsdurchsetzung effektiver machen.[1] Er will gerade mittellosen Betroffenen entgegenkommen und einen Weg eröffnen.[2] Ein einzelner Auslandsansässiger, zumal ein Arbeitnehmer, wird kaum je in Deutschland Individualklage erheben. Ihn werden die Sprachgrenze zur deutschen Verfahrenssprache (§ 169 GVG), die – aus seiner Sicht – für ihn bestehende Fremdheit des deutschen Rechtssystems und Suchkosten für anwaltliche Rechtsvertreter abschrecken. Prozesse in einem Staat, in dem man nicht selber ansässig ist, sind prozessuale Auswärtsspiele. Sie bergen besondere, zusätzliche Risiken und bürden dem „auswärts“ Spielenden besondere Lasten auf.[3] Korrespondierend gibt es Vorteile für denje-

[1] Ehmann ZVertriebsR 2021, 141 (151); Niklas/Lex ArbRB 2021, 212 (214).
[2] Ehmann ZVertriebsR 2021, 141 (151).
[3] Eingehend Mankowski IPRax 2006, 454 (456)–458 mwN; Mankowski in Ott/Schäfer, Vereinheitlichung und Diversität des Zivilrechts in transnationalen Wirtschaftsräumen, 2002, 118 (121)–123.

nigen, der ein prozessuales Heimspiel hat.[4] Umgekehrt befürchten Unternehmensverbände eine höhere Klagfrequenz und Klageintensität als Folge des § 11.[5] Insbesondere befürchten sie Profilierungsversuche von Nichtregierungsorganisationen.[6]

Noch eine Ebene vorgelagert tritt bei ausländischen Arbeitnehmern aus dem Globalen Süden eine relative Scheu vor der Inanspruchnahme von Rechtssystemen hinzu, geboren aus den schlechten Erfahrungen ihrer eigenen Lebensumwelt heraus. Des Weiteren gibt es ein Ungleichgewicht der Waffen zwischen nicht vermögenden Arbeitnehmern und vermögenden Unternehmen, die auf ihre internen und externen Rechtsstäbe zurückgreifen können. 2

Ein abschreckender Faktor kann bei Individualklagen wegen Verletzung individueller Menschenrechte außerhalb Deutschlands auch sein, dass nach Art. 4 Abs. 1 Rom II-VO grundsätzlich das Recht des ausländisches Erfolgsorts anwendbar ist (→ Einl. Rn. 351 ff.) oder über Art. 4 Abs. 3 S. 2 Rom II-VO das Recht des ausländischen Arbeitsorts bei akzessorischer Anknüpfung des Deliktsstatuts an das Arbeitsvertragsstatut (→ Einl. Rn. 361 ff.), also aus deutscher Sicht Auslandsrecht. Für Maßnahmen zur Ermittlung von Auslandsrecht, insbesondere für Sachverständigengutachten über Auslandsrecht, wie sie nicht selten erforderlich sein dürften,[7] können aber nach deutschem Prozessrecht (§ 17 Abs. 1 GKG) den Parteien Kostenvorschüsse abverlangt werden. Das ist gängige Gerichtspraxis. 3

§ 11 ist eine Regelung für Zivilprozesse. Das macht der Titel von Abschnitt 3: „Zivilprozess" unmissverständlich deutlich.[8] § 11 gilt also nicht (weder primär noch überhaupt) für Verwaltungsverfahren unter § 14 Abs. 1 Nr. 2,[9] es sei denn, man wollte ihn dort analog anwenden, was indes erhebliche methodologische Hürden überwinden müsste. Im Auge hat § 11 zivilrechtliche Ansprüche.[10] Das unterstreicht gerade die Bemerkung in der Begründung,[11] dass § 11 die Regeln des Internationalen Privatrechts unberührt lasse.[12] § 11 ist Ausdruck eines Regelungskonzepts, das auf Opferschutz durch zivilrechtliche Haftungsansprüche abstellt.[13] 4

§ 11 ist ein Politikum.[14] Kombiniert man ihn mit der kollisionsrechtlichen Ausgangslage (→ Einl. Rn. 250 ff.), so erfasst er in der Regel Ansprüche, die materiell ausländischem Recht unterliegen.[15] Dass sich in Deutschland ansässige Gewerkschaften oder Nichtregierungsorganisationen finden und bereit erklären, diese in Deutschland gerichtlich auszufechten, wird im Ergebnis teilweise als eher unwahrscheinlich eingeschätzt.[16] 5

Zu schließen, dass § 11 sinn und- und gegenstandslos wäre, wenn es keine deutschem Recht unterliegenden Ansprüche gäbe,[17] wäre aber ein Fehlschluss. So eng ist die Koppelung keineswegs. Wegen § 3 Abs. 3 S. 1 kann § 11 nicht für Haftungsansprüche aus dem LkSG gelten, denn solche Ansprüche gibt es nicht. Scharniernorm für § 11 ist jedoch § 3 Abs. 3 S. 2, der außerhalb des LkSG begründete Haftungsansprüche ausdrücklich vorbehält 6

[4] Wiederum Mankowski IPRax 2006, 454 (456) mwN; Mankowski in Ott/Schäfer, Vereinheitlichung und Diversität des Zivilrechts in transnationalen Wirtschaftsräumen, 2002, 118 (121)–123.

[5] Korte DB 12/2021, M 5.

[6] Stöbener de Mora/Noll NZG 2021, 1285 (1287).

[7] Keilmann/Schmidt WM 2021, 717 (722).

[8] Kieninger ZfPW 2021, 252 (254).

[9] Wagner ZIP 2021, 1095 (1101).

[10] Kieninger ZfPW 2021, 252 (254).

[11] Begr. RegE, BT-Drs. 19/28649, 53.

[12] Wagner ZIP 2021, 1095 (1101).

[13] Paefgen ZIP 2021, 2006 (2007).

[14] Keilmann/Falko Schmidt WM 2021, 717 (721).

[15] Thüsing ZRP 2021, 97 (98); Wagner ZIP 2021, 1095 (1104); Grabosch Das neue LkSG/Engel § 7 Rn. 5; vgl. auch Stöbener de Mora/Noll NZG 2021, 1285 (1287); tendenziell auch Junker ZfA 2021, 437 (438).

[16] Vgl. Keilmann/Schmidt WM 2021, 717 (722).

[17] So Stellungnahme Nr. 34 der BRAK (April 2021), https://brak.de/stellungnahmen-pdf/stellungnahmen-deutschland/2021/april/stellungnahme-der-brak-2021-34.pdf (zuletzt abgerufen am 6.9.2022); Ehmann ZVertriebsR 2021, 141 (151); Paefgen ZIP 2021, 2006 (2008).

und verhindert, dass man § 3 Abs. 3 S. 1 einen umfassenden Haftungsausschluss entnehmen könnte (→ Einl. Rn. 510).[18] Darüber, dass die Haftungsansprüche gerade deutschem Sachrecht entspringen müssten, sagt § 3 Abs. 3 S. 2 nichts. Er enthält keine entsprechende Eingrenzung. Vielmehr ist er hinsichtlich der Haftungsgrundlage offen und lässt damit auch durch deutsches IPR berufene Haftungsgrundlagen aus ausländischen Rechten zu.[19] § 11 verlöre im Gegenteil an Sinn und Bedeutung, wenn er keine ausländischem Recht unterliegenden Ansprüche abdecken würde. Es bedarf zwar unbedingt einer Anspruchsgrundlage;[20] diese kann aber aus einem ausländischen Recht stammen.[21] Bei deutschem Recht als anwendbarem Recht könnten Ansprüche aus § 823 Abs. 1 BGB oder auf Vertrag mit Schutzwirkung für Dritte, weniger aus Vertrag zugunsten Dritter, in Betracht kommen.[22]

7 § 11 ist bisher ein Unikat im geltenden deutschen Prozessrecht[23] und jedenfalls eine Innovation.[24] Seine politisch-symbolische Bedeutung könnte größer sein, als seine praktische Bedeutung werden könnte.[25] Er wird teilweise als politisches „Trostpflaster", als symbolische Kompensation für das Fehlen einer eigenen deutschsachrechtlichen Haftungsregel im LkSG eingestuft.[26] Er ist eine Art eingeschränkte Verbandsklage,[27] allerdings materiell aus fremdem, nicht aus eigenem Recht.[28] Seiner Stellung und seinem Zweck nach ist er zudem eine Art zivilrechtliche Sanktionsnorm,[29] indes rein prozessualer Art, da er nicht selber eine materielle Haftungsgrundlage statuiert. § 11 versucht seinem Zweck nach, ein Ansatz für private enforcement als modernen zweiten Sanktions- und Durchsetzungsweg[30] **neben public enforcement** durch Verwaltungsbehörden oder Strafverfolgung zu sein. Ein Musterfeststellungsklageverfahren[31] findet sich indes nirgends im LkSG. § 11 lässt jedenfalls eigene Klagbefugnisse der zugelassenen Ermächtigungsempfänger aus eigenen möglicherweise verletzten Rechtspositionen unberührt.

II. Normgenese

8 Die Gesetzesfassung entspricht sehr weitgehend § 11 LkSG-RegE. Allerdings hat der Ausschuss für Wirtschaft und Soziales es für nötig erachtet, den einleitenden Teilsatz von Abs. 1 umzuformulieren. Aus „Wer in seinen überragend wichtigen Rechtspositionen aus § 2 Absatz verletzt ist" wurde, um mögliche Missverständnisse zu vermeiden, „Wer geltend macht, in seinen überragend wichtigen Rechtspositionen aus § 2 Absatz verletzt zu sein".[32] Inhaltlich war damit aber keine Veränderung bezweckt.[33]

---

[18] S. auch Wagner/Ruttloff NJW 2021, 2145 (2150); übersehen von Ehmann/Berg GWR 2021, 287 (291).

[19] Ebenso Mansel/Kuhl FS v. Bar, 2022, 251 (268).

[20] Nur insoweit richtig Stellungnahme Nr. 34 der BRAK (April 2021), https://brak.de/stellungnahmen-pdf/stellungnahmen-deutschland/2021/april/stellungnahme-der-brak-2021-34.pdf (zuletzt abgerufen am 6.9.2022), Paefgen ZIP 2021, 2006 (2008).

[21] Ebenso Mansel/Kuhl FS v. Bar, 2022, 251 (268).

[22] Wagner/Ruttloff NJW 2021, 2145 (2150); s. auch Nietsch/Wiedmann CCZ 2021, 101 (109); Lutz-Bachmann/Vorbeck/Wengenroth BB 2021, 906 (913); Ehmann/Berg GWR 2021, 287 (291); Weller/Nasse FS Ebke, 2021, 1071 (1076).

[23] Wagner ZIP 2021, 1095 (1101).

[24] Gehling/Ott/Lüneborg CCZ 2021, 230 (239).

[25] Vgl. ähnlich Grabosch Das neue LkSG/Engel § 7 Rn. 5.

[26] Keilmann/Schmidt WM 2021, 717 (722).

[27] Düwell jurisPR-ArbR 31/2021 Anm. 1 sub L.

[28] Grabosch Das neue LkSG/Engel § 7 Rn. 10.

[29] Vgl. Kubiciel jurisPR-StrafR 7/2021 Anm. 1 sub II 2.

[30] S. nur Weller/Nasse/Nasse FS Herbert Kronke, 2020, 601 (602, 619).

[31] Zu dessen Sinnhaftigkeit in Komplexen von Menschenrechtsverletzungen L. Hübner, Unternehmenshaftung für Menschenrechtsverletzungen, 2022, 135 ff.

[32] Beschlussempfehlung und Bericht des Ausschusses für Arbeit und Soziales, BT-Drs. 19/30505, 42 zu lit. l (§ 11).

[33] Beschlussempfehlung und Bericht des Ausschusses für Arbeit und Soziales, BT-Drs. 19/30505, 42 zu lit. l (§ 11).

III. Gesetzlich besonders gestatteter Fall einer gewillkürten Prozessstandschaft

In der Dogmatik des Zivilprozessrechts handelt es sich entgegen der Gesetzesbegründung[34] nicht um eine gesetzliche Prozessstandschaft, sondern vielmehr um einen gesetzlich besonders gestatteten Fall einer **gewillkürten** Prozessstandschaft.[35] Denn entscheidendes Moment ist die Prozessführungsermächtigung seitens des eigentlichen Rechtsinhabers.[36] Ohne sie findet keine Prozessstandschaft statt. Gesetzliche Prozessstandschaft definiert sich dadurch, dass ihre Legitimationsgrundlage eine Ermächtigung ex lege durch Prozessrecht oder materielles Recht ist, die sich auch in einer Verknüpfung mit einem Amt niederschlagen kann.[37] 9

Die Prozessstandschafter werden jedoch bei § 11 nicht etwa von Gesetzes wegen eingesetzt (wie zB die Eltern für ihre Kinder kraft elterlicher Sorge über § 1629 BGB) oder allein von Rechts wegen (wie zB die Gesellschafter bei der actio pro socio). Vielmehr erteilt Abs. 1 nur die besondere Gestattung zur Prozessstandschaft in Durchbrechung des Grundsatzes der Geltendmachung eigener Rechte im eigenen Namen, und Abs. 2 stellt Anforderungen und Qualifikationserfordernisse an die Person der Ermächtigungsempfänger auf. Eine von Gesetzes wegen erteilte Prozessführungsbefugnis, die zu ihrer Voraussetzung, zu ihrer „Rechtsbedingung", eine positive Ermächtigung durch den Rechteinhaber erhöbe, wäre ein Konstruktionswiderspruch in sich und mindestens ein Hybrid. Allein dadurch, dass etwas in einer Gesetzesnorm steht, wird es nicht zu einem gesetzlichen Institut. Schlagendes Beispiel dafür sind vertragliche Ansprüche aus dispositivem Vertragsrecht. 10

Eine echte **gesetzliche** Prozessstandschaft würde nur dann vorliegen, wenn Gewerkschaften oder Nichtregierungsorganisationen ex lege zur Prozessführung über Rechte des Betroffenen in Prozessstandschaft befugt würden. Ein Mischmodell bestünde darin, auf einer ersten Stufe eine Befugnis ex lege zu erteilen, auf einer zweiten Stufe aber dem Betroffenen ein Veto-Recht dergestalt zu geben, dass er eine Geltendmachung seiner Rechte in Prozessstandschaft mit bindender Wirkung untersagen könnte. Beides ist in § 11 nicht verwirklicht. 11

§ 11 erfüllt deutlich eine nützliche, aber eingeschränkte Funktion bei der gewillkürten Prozessstandschaft: Er macht, indem er den Kreis der tauglichen Ermächtigungsempfänger von Gesetzes wegen umreißt, eine konkrete Prüfung des Eigeninteresses für den ins Auge gefassten Prozessstandschafter überflüssig, wie sie nach normalen Regeln analog §§ 66, 256 Abs. 1 ZPO bei einer gewillkürten Prozessstandschaft nötig wäre.[38] § 11 ersetzt durch seine abstrakte Regelung und Zubilligung der Prozessführungsbefugnis eine solche Einzelfallprüfung. Sie erhebt Gewerkschaften und Nichtregistrierungsorganisationen eben zu tauglichen Ermächtigungsempfängern, wenn sie ihren Sitz in Deutschland haben und den Anforderungen des Abs. 2 genügen. Umgekehrt verlangt Abs. 2 gerade ausdrücklich, dass die ermächtigte Gewerkschaft oder Nichtregierungsorganisation direkt kein wirtschaftlich-ökonomisches Interesse verfolgen dürfte.[39] 12

Ebenso schließt § 11 eine Prüfung aus, ob ungerechtfertigte Nachteile beim Prozessgegner zu entstehen drohten und Prozessrisiken verlagert würden.[40] Dies verneint der Gesetzgeber abstrakt für den von ihm genau und eng umrissenen Adressatenkreis. 13

[34] Begr. RegE, BT-Drs. 19/28649, 52. Dieser unbesehen und ohne Hinterfragen der Terminologie folgend Lutz-Bachmann/Vorbeck/Wengenroth BB 2021, 906 (913); Paefgen ZIP 2021, 2006 (2007).

[35] Ebenso Wagner/Rutloff/Wagner/Hahn CB 2021, 89 (93); Wagner ZIP 2021, 1095 (1101); Junker ZfA 2021, 437 (438); Grabosch Das neue LkSG/Engel § 7 Rn. 3.

[36] Ebenso Wagner ZIP 2021, 1095 (1101).

[37] S. nur Zöller/Althammer ZPO Vor § 50 Rn. 19–21.

[38] S. dort zB BGHZ 119, 242 = NJW 1993, 918; BGH NJW 2009, 1213 (1215); 2916, 2335; 2017, 486.

[39] Vgl. Wagner ZIP 2021, 1095 (1101).

[40] Zu einer solchen Prüfung bei einer normalen gewillkürten Prozessstandschaft zB BGHZ 96, 153 = NJW 1986, 850; Schumann FS Musielak, 2004, 457 (477)–479, 492; Sunaric, Die richtige Partei im zivilprozessualen Erkenntnisverfahren, 2018, 137 f.

IV. Prozessuale Qualifikation und Reichweite der Prozessstandschaft

14 Jedenfalls sind abstrakte Statthaftigkeit und konkrete Zulässigkeit einer Prozessstandschaft samt deren vorausgesetzten Kautelen prozessual zu qualifizieren[41] und unterfallen der lex fori processus,[42] bei einem Verfahren vor deutschen Gerichten also deutschem Recht. § 11 ist eine Vorschrift des deutschen Verfahrensrechts.

15 Umgekehrt bedeutet dies, dass Gewerkschaften und Nichtregierungsorganisationen sich bei Verfahren vor ausländischen Gerichten nicht automatisch darauf berufen können, wenn ihnen eine Befugnis zur Prozessführung vor deutschen Gerichten eingeräumt worden sein sollte. Vielmehr richten sich Befugnisse zur Prozessführung vor ausländischen Gerichten konsequent nach der lex fori processus, also nach dem Recht des jeweiligen ausländischen Forums.[43] Die Wirkungszubilligung an die Ermächtigung durch das deutsche Recht gilt also nur in Deutschland. Eine parallele Ermächtigung zur Prozessführung in einem anderen Staat mag nach dem Recht dieses betreffenden anderen Staates ebenfalls Wirkungen entfalten. Die territoriale Beschränkung des deutschen Prozessrechts auf Verfahren in Deutschland errichtet insoweit keinerlei Sperre und präjudiziert die Entscheidung des ausländischen Rechts weder im Positiven noch im Negativen. Das ausländische Recht mag aus einer territorial unbegrenzt formulierten Ermächtigung eine Prozessführungsbefugnis vor seinen eigenen Gerichten herauslesen.

V. Tauglicher Ermächtigender

16 **1. Eine Verletzung in seinem Individualrecht Geltendmachender.** Zur Prozessstandschaft ermächtigen kann, wer geltend macht, in einer überragend wichtigen Rechtsposition aus § 2 Abs. 1 verletzt zu sein. Der RegE hatte noch gelautet: „Wer in einer überragend wichtigen Rechtsposition aus § 2 Abs. 1 verletzt ist".[44] Der Ausschuss für Arbeit und Soziales hat dies mit Recht in die jetzige Formulierung abgeändert.[45] Die jetzige Formulierung ist klarer und eindeutig; sie vermeidet jedwedes Missverständnis darüber, ob eine Gewerkschaft oder Nichtregierungsorganisation die Rechte der Betroffenen geltend machen kann, wenn schon positiv feststeht, dass der Betroffene in einer überragend wichtigen geschützten Rechtsposition verletzt wurde.[46]

17 Ein solches Ergebnis wie das nun eindeutig vermiedene wäre widersinnig.[47] Es würde verlangen, dass schon feststeht, was der in Prozessstandschaft geführte Prozess erst erweisen soll. Es würde das Ergebnis der Begründetheitsprüfung quasi zur Voraussetzung einer Zulässigkeitsfrage machen und damit die Dinge auf den Kopf stellen. Es würde im Extremfall verlangen, dass der spätere Ermächtigende zuerst im eigenen Namen ein Verfahren erfolgreich durchfechten muss, um dazu ermächtigen zu können, dass damit bereits festgestellte Recht in Prozessstandschaft geltend zu machen. Die bloße Behauptung einer Rechtsverletzung seitens des Klägers muss für Prozessvoraussetzungen reichen. Die Klä-

[41] Zum Komplex auf damaligem Stand Wunderlich, Die Prozessstandschaft im internationalen Recht, 1970.

[42] BGHZ 125, 196 (200) = NJW 1994, 2549; Fragistas FS Lewald, 1953, 471 (483); Wunderlich, Die Prozessstandschaft im internationalen Recht, 1970, 166 f.; Koch ZZP 127 (2014), 493; Brinkmann ZZP 129 (2016), 461 (477 f.); Geimer, Internationales Zivilprozessrecht, 8. Aufl. 2020, Rn. 2243; MüKoZPO/Lindacher/Hau ZPO Vor § 50 Rn. 86; Junker, Internationales Zivilprozessrecht, 5. Aufl. 2020, § 24 Rn. 15; Linke/Hau, Internationales Zivilverfahrensrecht, 8. Aufl. 2021, Rn. 8.6; Schack, Internationales Zivilverfahrensrecht, 8. Aufl. 2021, Rn. 677.

[43] ZB OGH IPRax 1999, 383; Kieninger IPRax 1999, 390.

[44] RegE LkSG, BT-Drs. 19/28649, 15 zu § 11.

[45] Beschlussempfehlung und Bericht des Ausschusses für Arbeit und Soziales, BT-Drs. 19/30505, 42 zu lit. l (§ 11).

[46] Beschlussempfehlung und Bericht des Ausschusses für Arbeit und Soziales, BT-Drs. 19/30505, 42 zu lit. l (§ 11).

[47] Beschlussempfehlung und Bericht des Ausschusses für Arbeit und Soziales, BT-Drs. 19/30505, 42 zu lit. l (§ 11).

rung, ob die Rechtsverletzung wirklich besteht, bleibt dem so angestoßenen Verfahren überlassen.

Dem Ausschuss für Arbeit und Soziales war es zugleich ein Anliegen, zu betonen, dass die jetzige Formulierung rechtsklarer sei, aber keine sachliche Ausweitung von § 11 gegenüber dem RegE zur Folge habe.[48] Der Ausschuss für Arbeit und Soziales – als der Schöpfer der Gesetz gewordenen Normfassung – tritt also klar jeder extensiven Auslegung entgegen, die sich auf die Änderung stützen wollen würde. Damit zieht er eine zu beachtende Grenze. Er unterstreicht den in der Sache nur klarstellenden Charakter der Änderung.[49] Die Änderung sagt deutlicher, was schon der RegE hatte sagen wollen, aber leider unglücklich, weil potenziell missverständlich, formuliert hatte. 18

2. Verletzung von Rechtspositionen aus § 2 Abs. 1. a) Kollisionsrechtlicher Zwischenschritt. Die Bezugnahme auf § 2 Abs. 1 ist eine verkürzende Ausgestaltung von Tatbestandsvoraussetzungen des § 11. Sie setzt nicht voraus, dass § 2 Abs. 1 kollisionsrechtlich berufen wäre. § 2 Abs. 1 selber muss also, isoliert betrachtet, nicht anwendbar sein. Vielmehr kombiniert die Bezugnahme als Element im Tatbestand der prozessrechtlichen Norm § 11 deutsches Prozessrecht und funktionale Umschreibung bestimmter Rechtsgüter miteinander. Der Gesetzgeber hätte auch die in Bezug genommenen Teile des § 2 Abs. 1 in § 11 abschreiben und dort wörtlich aufführen können; die Bezugnahme kürzt dies nur ab, ohne dass sich an der Funktionalität etwas ändern würde. 19

§ 11 kommt als prozessrechtliche Norm vor deutschen Gerichten auch dann zum Zuge, wenn der geltend gemachte Anspruch gar nicht deutschem materiellem Recht unterliegt, sondern aus ausländischem materiellem Recht entspringt. Letzteres dürfte angesichts der fehlenden Eingriffsnormenqualität von Normen des LkSG (→ Einl. Rn. 505 ff.) sogar der Regelfall sein. 20

b) Menschenrechtliche Risiken. Abs. 1 verweist auf § 2 Abs. 1 mit der Einschränkung, dass es sich um überragend wichtige Positionen handeln müsste. § 2 Abs. 1 enthält den fundamentalen Katalog menschenrechtlicher Risiken. Aus diesem trifft Abs. 1 keine formale Auswahl, sondern über jene Einschränkung „nur" eine materielle. Grundvoraussetzung für Abs. 1 ist aber jedenfalls, dass ein menschenrechtliches Risiko zumindest behauptet und geltend gemacht werden kann. Ob es wirklich bestand bzw. besteht, ist eine Frage der Begründetheit, die erst in dem Prozess zu klären ist, für den eine Prozessstandschaft in Rede steht. 21

Sonderproblem: Gewerkschaften als legitime Prozessstandschafter bei allgemeinen menschenrechtlichen Risiken, insbesondere bei Schädigung von Nachbarn, nicht von Arbeitnehmern? Bei Gewerkschaften kann sich indes eine immanente Beschränkung für die Statthaftigkeit einer Prozessstandschaft ergeben: Gewerkschaften sind kollektive Interessenvertretungen spezifisch von Arbeitnehmern. Sie passen daher als Ermächtigungsempfänger ausgezeichnet für die menschenrechtlichen Risiken aus § 2 Abs. 1 Nr. 1–8 sowie Nr. 12, soweit Nr. 12 sich auf Nr. 1–8 bezieht. Dagegen bewegen sie sich eigentlich ultra vires und außerhalb ihrer Kernkompetenz, soweit menschenrechtliche Risiken aus § 2 Abs. 1 Nr. 9–11 in Rede stehen. Diese betreffen nämlich nicht Arbeitnehmer, sondern Nachbarn unternehmerischer Projekte. Es geht nicht um Schädigungen im Relativverhältnis gegenüber Arbeitnehmern, sondern um Schädigungen Dritter. 22

Man mag dagegen einwenden, dass bereits eine Prozessstandschaft für Verfahren gegen in Deutschland ansässige Auftraggeber das arbeitsrechtliche Relativverhältnis zwischen Arbeitgeber (Zulieferer oder Subunternehmer) und Arbeitnehmer verlasse. Indes erweitert das LkSG ja gerade personell den Kreis derer, die für Schädigungen im Arbeitsverhältnis 23

---

[48] Beschlussempfehlung und Bericht des Ausschusses für Arbeit und Soziales, BT-Drs. 19/30505, 42 zu lit. l (§ 11).

[49] Beschlussempfehlung und Bericht des Ausschusses für Arbeit und Soziales, BT-Drs. 19/30505, 42 zu lit. l (§ 11).

verantwortlich sind, auf formelle Nicht-Arbeitgeber. Die Relativität wird insoweit, aber auch nur insoweit erweitert. Man kommt von der strengen Relativität, der privity of contract, ab. Man hat aber immer noch ein arbeitsrechtliches Verhältnis als Ausgangspunkt. Das verhält sich bei einer Schädigung Dritter anders, deren Geltendmachung nicht nur eine personelle, sondern zugleich eine sachliche Erweiterung erforderlich machen würde.

24 **c) Umweltschädigungen. aa) Unanwendbarkeit des § 11 hinsichtlich Umweltrisiken als solcher.** Indem Abs. 1 nur Rechtspositionen aus § 2 Abs. 1 schützt, schließt er im Umkehrschluss eine Ermächtigung für umweltbezogene Risiken aus § 2 Abs. 4 aus.[50] Das ist konsequent, denn bei solchen Risiken gibt es keinen Inhaber möglicherweise verletzter Individualrechte an der Umwelt.[51] Vielmehr ist die Umwelt ein Kollektivrechtsgut ohne eigentlichen Inhaber.

25 Natürlich sperrt § 11 nicht die Geltendmachung von Ansprüchen aus Umweltschädigungen durch Nichtregierungsorganisationen kraft etwaiger eigener Klagrechte aufgrund anderer Rechtsakte. Ob ein solches Klagrecht aufgrund eines anderen Rechtsakts besteht, ist nach den Anwendungsvoraussetzungen des jeweiligen anderen Rechtsakts zu prüfen. Besonderes Augenmerk muss dabei der Frage nach dessen Anwendbarkeit in Fällen von Umweltschädigungen im Ausland bzw. (bei EU-Rechtsakten) in Drittstaaten außerhalb der EU gelten.

26 **bb) Individualschädigungen durch Umweltschädigungen.** Indes bleiben Individualschädigungen durch Umweltschädigungen. Ein Umweltrisiko kann sich ohne weiteres in Gesundheitsschädigungen bei einzelnen niederschlagen, im Extremfall sogar in deren Tod. Insoweit mündet die Umweltschädigung in ein menschenrechtliches Risiko. Beides schließt einander nicht wechselseitig aus. § 2 Abs. 1 und 4 sind disjunktiv. § 2 Abs. 4 ist nicht etwa verdrängende lex specialis zu § 2 Abs. 1 dergestalt, dass eine Umweltschädigung niemals zugleich ein menschenrechtliches Risiko begründen könnte. Für die Zwecke des Abs. 1 reicht es daher aus, wenn auch ein menschenrechtliches Risiko in Rede steht. Dass daneben eine Umweltschädigung bestehen mag oder dass eine Umweltschädigung die Ursache für dieses menschenrechtliche Risiko ist, schadet nicht. Abs. 1 gewährt aber auch in diesen Fällen miteinander in Idealkonkurrenz stehender Rechtsgutsverletzungen keine Prozessstandschaft für die ursächlichen Umweltschädigungen.

27 **3. Überragende Wichtigkeit der verletzten Rechtsposition.** Expressis verbis verlangt Abs. 1 eine **überragende Wichtigkeit** der Rechtsposition, deren Verletzung geltend gemacht wird. Erklärte Zielsetzung dieses zusätzlichen Merkmals ist es, den Kreis der Betroffenen, die ihre Prozessführungsbefugnis nach § 11 übertragen können, durch den Verweis auf die überragend wichtigen Rechtspositionen aus § 2 Abs. 1 einzuschränken.[52] Exemplarisch nennt die Regierungsbegründung Leib oder Leben als überragend wichtige Rechtspositionen.[53] Die Bedeutung dieser überragend wichtigen Rechtspositionen (und nur dieser) wird durch den Wortlaut von Abs. 1 ausdrücklich klargestellt[54] und hervorgehoben. Dies legt eigentlich nahe, eine Beschränkung auf einen Teil des Katalogs in § 2 Abs. 1 und keine Verweisung auf jenen Katalog insgesamt anzunehmen.[55]

28 Die Verwendung des Begriffs „überragend" soll auf der anderen Seite keinen Bewertungsunterschied hinsichtlich einzelner Menschenrechte, die universell und unteilbar sind, mit sich bringen.[56] Vielmehr soll sie dem Umstand Rechnung tragen, dass nach der Intention des Gesetzgebers nur ein Teil der in § 2 Abs. 1 in Bezug genommenen Men-

[50] Im Ergebnis ebenso Lutz-Bachmann/Vorbeck/Wengenroth BB 2021, 906 (913); Wagner/Ruttloff NJW 2021, 2145 (2150); Grabosch Das neue LkSG/Engel § 7 Rn. 4.
[51] Lutz-Bachmann/Vorbeck/Wengenroth BB 2021, 906 (913).
[52] Begr. RegE, BT-Drs. 19/28649, 52; Grabosch Das neue LkSG/Engel § 7 Rn. 4.
[53] Begr. RegE, BT-Drs. 19/28649, 52.
[54] Begr. RegE, BT-Drs. 19/28649, 52.
[55] Lutz-Bachmann/Vorbeck/Wengenroth BB 2021, 906 (913).
[56] Begr. RegE, BT-Drs. 19/28649, 52.

schenrechte im Wege einer Prozessstandschaft soll geltend gemacht werden können.[57] Nimmt man dies zusammen, so kristallisiert sich heraus, dass allein universelle und unteilbare Menschenrechte überragend wichtige Rechtspositionen begründen sollen, von diesen aber wiederum alle ohne weitere Binnendifferenzierungen.

Die Gesetzesbegründung ist in sich nicht widerspruchsfrei und deshalb nur begrenzt eine Grundlage für sichere Erkenntnisse:[58] Einerseits will sie Binnendifferenzierungen in den Katalog des § 2 Abs. 1 einführen, wann § 11 anwendbar sein soll. Andererseits kennzeichnet sie die Unterkategorien von Rechtspositionen, bei denen § 11 anwendbar bzw. nicht anwendbar sein soll, in § 2 Abs. 1 selber nicht. Dabei wäre dies ohne weiteres möglich gewesen, indem man § 2 Abs. 1 in zwei Nummern unterteilt hätte, deren erste die Anwendung des § 11 tragen würde, deren zweite nicht. Innerhalb der Nummern hätten sich dann die einzelnen Menschenrechtspositionen aufführen lassen können, denen man überragende Wichtigkeit zubilligt. Rechtstechnisch hätte Abs. 1 dann einfach auf die solcherart zugeschnittene (hypothetische) Nr. 1 des umgruppierten § 2 Abs. 1 verweisen können. Das hätte für deutlich größere Klarheit gesorgt als der jetzige Modus mit dem teiloffenen Kriterium „überragend“. Denn der jetzige Modus bleibt unklar und harrt deshalb der Klärung durch die Gerichte.[59] 29

Leib und Leben stellen partout auf physische Schädigungen ab. Daraus könnte man auf den ersten Blick abzuleiten geneigt sein, dass bloß ökonomische Schädigungen, also Ausbeutung usw., nicht ausreichen, um überragend wichtige Rechtspositionen zu begründen. Schon bei Leib und Leben bleibt eine Restunklarheit, inwieweit bereits bloße Gefährdungen von Leib und Leben überragend wichtige Rechtspositionen begründen können sollen oder nicht. Allerdings lässt sich dies letztendlich klären, indem man für § 11 denselben Verletzungsbegriff zugrunde legt wie für § 2 Abs. 1 selber. 30

Die Regierungsbegründung lässt nicht erkennen, dass sie bestehende völkerrechtliche Verpflichtungen der Bundesrepublik Deutschland bei der Ausgestaltung und Handhabung von Abs. 1 besonders im Blick gehabt hätte. Sofern ein völkerrechtlicher Vertrag in Rede steht, zu dessen Vertragsstaaten die Bundesrepublik Deutschland zählt, beruht die völkerrechtskonforme Auslegung[60] auf dem Gedanken, dass der deutsche Gesetzgeber bei seiner legislativen Tätigkeit die völkervertraglichen Verpflichtungen der Bundesrepublik Deutschland achten und wahren will.[61] Dem Gesetzgeber wird der Wille imputiert, die völkervertraglichen Bindungen der Bundesrepublik Deutschland nicht verletzen zu wollen. Dass bestehende völkerrechtliche Verpflichtungen der Bundesrepublik Deutschland eine völkerrechtskonforme Auslegung deutschen Rechts gebieten, scheint außerhalb der Perspektive der Regierungsbegründung zu liegen. 31

Völkerrechtskonforme Auslegung von Abs. 1 könnte bei der Auswahl, welche Rechtspositionen aus § 2 Abs. 1 überragend wichtig sind und die Anwendung des § 11 nach sich ziehen, insoweit eine Rolle spielen, als einzelne Rechtspositionen des § 2 Abs. 1 aus von der Bundesrepublik Deutschland ratifizierten völkerrechtlichen Übereinkommen stammen. Das würde etwa Kinderarbeit betreffen. 32

---

[57] Begr. RegE, BT-Drs. 19/28649, 52.

[58] Thüsing ZRP 2021, 97 (98); Wagner/Ruttloff NJW 2021, 2145 (2150); Stöbener de Mora/Noll NZG 2021, 1285 (1287).

[59] Grabosch Das neue LkSG/Engel § 7 Rn. 4.

[60] Zu ihr als Rechtsinstitut generell BVerfGE 6, 309 (362) = NJW 1957, 705; BVerfGE 18, 112 (121) = NJW 1964, 1783; BVerfGE 31, 58 (75 f.) = NJW 1971, 1509; BVerfGE 58, 1 (34) = NJW 1982, 507; BVerfGE 59, 63 (89) = NJW 1982, 512; BVerfGE 63, 1 (20) = NVwZ 1983, 537; BVerfGE 75, 1 (17) = NJW 1987, 2155; BVerfGE 109, 13 (23) = NJW 2004, 141; BVerfGE 111, 307 (328) = NJW 2004, 3407; näher zB Lerche ZaöRV 50 (1990), 599.

[61] BVerfGE 6, 309 (362) = NJW 1957, 705; BVerfGE 18, 112 (121) = NJW 1964, 1783; BVerfGE 31, 58 (75 f.) = NJW 1971, 1509; BVerfGE 58, 1 (34) = NJW 1982, 507; BVerfGE 59, 63 (89) = NJW 1982, 512; BVerfGE 63, 1 (20) = NVwZ 1983, 537; BVerfGE 75, 1 (17) = NJW 1987, 2155; BVerfGE 109, 13 (23) = NJW 2004, 141; BVerfGE 111, 307 (328) = NJW 2004, 3407; näher zB Lerche ZaöRV 50 (1990), 599.

33 **4. Keine Vermutungskonstruktion.** Teilweise wird behauptet, ein für die gewillkürte Prozessstandschaft erforderliches rechtliches Interesse würde bei Vorliegen der engen Voraussetzungen vermutet, diese Vermutung könne aber durch das beklagte Unternehmen widerlegt werden.[62] Dafür geben indes weder Wortlaut noch Zielsetzung des § 11 etwas her. Eine Vermutung hätte der Gesetzgeber mit bekannten Formulierungen klar zum Ausdruck bringen können, wenn er denn eine bloße Vermutung hätte aufstellen wollen. Das hat er aber nicht getan. Daraus ist der Umkehrschluss zu ziehen, dass er keine Vermutung hat aufstellen wollen, Eine Vermutung würde auch nicht zum Schutz überragend wichtiger Rechtsgüter passen. Eine Abwägung, dass diese Interessen den Interessen des beklagten Unternehmens vorgehen, könnte man bereits in dem Wort „überragend" ansiedeln.

34 Selbst wenn Abs. 1 eine bloße Vermutung aufstellen würde, wäre damit keineswegs automatisch besagt, dass diese Vermutung widerleglich wäre. Denn es gibt widerlegliche und unwiderlegliche Vermutungen. Zur Teleologie des Abs. 1 würde, wenn er denn eine Vermutung wäre, nur eine Ausgestaltung dieser Vermutung als unwiderlegliche Vermutung passen.

VI. Taugliche Ermächtigungsempfänger

35 Taugliche Ermächtigungsempfänger sind Gewerkschaften oder Nichtregierungsorganisationen mit Sitz in Deutschland, wenn diese eine auf Dauer angelegte eigene Präsenz unterhält und sich nach ihrer Satzung nicht gewerbsmäßig und nicht nur vorübergehend dafür einsetzen, die Menschenrechte oder entsprechende Rechte im nationalen Recht eines Staates zu realisieren. Der Gesetzgeber setzt auf ein materielles Sachwalterprinzip. Er zählt auf die intrinsischen Eigenmotivationen, denen sich solche Organisationen ausweislich ihrer eigenen Satzungen verschrieben haben. Ob die Voraussetzungen des Abs. 2 vorliegen, ist nicht von Amts wegen zu prüfen.[63] Eine Amtsprüfung sieht die Regierungsbegründung nur für die Voraussetzungen des § 50 ZPO vor.[64]

36 **1. Gewerkschaft.** Den Begriff der Gewerkschaft definiert § 11 weder näher, noch verweist er auf eine anderweitige Begriffsausfüllung. Selbst § 2 enthält keine einschlägige Definition, seinem Umfang zum Trotz. Vielmehr setzt das LkSG den Gehalt des Gewerkschaftsbegriffs als bekannt voraus.

37 Am nächsten liegt für den Gewerkschaftsbegriff eine Anlehnung an die zu Art. 9 Abs. 3 GG entwickelten Maßstäbe. Im kollisionsrechtlichen Sinne allseitige Elemente, die sich auch um ausländische Gewerkschaften kümmern müssten, schneidet ja bereits das explizite Erfordernis der Ansässigkeit in Deutschland ab. Daher passt es durchaus, für in Deutschland ansässige Gebilde die sachlichen Maßstäbe heranzuziehen, welche das deutsche Verfassungsrecht als hierarchisch übergeordnete Rechtsmaterie aufstellt, um eine Qualität als Gewerkschaft zuzubilligen.

38 Art. 9 Abs. 3 GG arbeitet allerdings nicht direkt mit dem Begriff der Gewerkschaft, sondern mit jenem der Arbeitnehmervereinigung. Eine Koalition auf Arbeitnehmerseite muss frei gebildet, gegnerfrei, auf überbetrieblicher Grundlage organisiert und ihrer Struktur nach unabhängig genug sein, um die Interessen ihrer Mitglieder auf arbeits- und sozialrechtlichem Gebiet durchzusetzen.[65] Um den nötigen Druck auf die Arbeitgeberseite auszuüben und hinreichend durchsetzungsfähig zu sein, muss die Koalition tauglich sein, ihre Aufgaben zu erfüllen, dh hinreichend personell und sachlich ausgestattet.[66]

[62] Wagner/Ruttloff/Wagner/Hahn CB 2021, 89 (93); Wagner/Ruttloff NJW 2021, 2145 (2150).
[63] Lutz-Bachmann/Vorbeck/Wengenroth BB 2021, 906 (913).
[64] Begr. RegE, BT-Drs. 19/28649, 53.
[65] Insbes. BVerfGE 4, 96 (106) = NJW 1954, 1881; BVerfGE 50, 290 (368) = NJW 1979, 699; BVerfGE 58, 233 (247–249) = NJW 1982, 815; BVerfGE 100, 214 (223) = NZA 1999, 713.
[66] S. BVerfGE 4, 96 (106) = NJW 1954, 1881; BVerfGE 50, 290 (368) = NJW 1979, 699; BVerfGE 58, 233 (247–249) = NJW 1982, 815; BVerfGE 100, 214 (223) = NZA 1999, 713.

Diese Begriffsbildung schaut freilich vornehmlich auf Tarifverträge und Tarifverhandlungen. Sie schaut auf kollektive Durchsetzungsmacht, nicht auf Durchsetzung von Individualrechten in Einzelprozessen. Insofern ist die Kompetenz, wie § 11 sie Gewerkschaften überantwortet, atypisch. Tariffähigkeit, auch iSv § 2 TVG, erhebt § 11 jedenfalls nicht zum einschränkenden Kriterium. Der Gesetzgeber des § 11 trägt für die Funktionsgerechtigkeit der Prozessstandschafter durch eigene, explizit ausgeführte Zusatzkriterien eigens Rechnung. Kollektiv durchsetzungsschwache Gewerkschaften mögen deshalb zwar vom Tarifgeschehen ausgegrenzt sein,[67] sie sind es aber nicht automatisch aus dem Bereich des § 11. 39

Zudem sollte man § 11 kein Einheitsgewerkschaftsprinzip nach dem Vorbild des § 4a TVG einschreiben, dass für Arbeitnehmer eines bestimmten Betriebs oder Unternehmens immer nur die dort relativ größte Gewerkschaft tätig werden dürfte. Das würde für Sachverhalte mit Auslandsbezug schlicht nicht passen. Obendrein steht dann ja eine Prozessstandschaft für Nichtmitglieder der betreffenden Gewerkschaft in Rede. 40

2. Nichtregierungsorganisation. Den Begriff der Nichtregierungsorganisation definiert § 11 weder näher, noch verweist er auf eine anderweitige Begriffsausfüllung. Selbst § 2 enthält keine einschlägige Definition, seinem Umfang zum Trotz. Vielmehr setzt das LkSG den Gehalt des Begriffs Nichtregierungsorganisation als bekannt voraus. 41

Der Begriff der Nichtregierungsorganisation ist im deutschen Recht aber nicht gesetzlich definiert.[68] Der Terminus wird im Sprachgebrauch sehr breit genutzt, wobei analytische und normative Kriterien durcheinandergehen.[69] Konsens über eine konturenscharfe Definition wird sich kaum herstellen lassen,[70] weil verschiedene kulturelle und gesellschaftliche Vorverständnisse vorherrschen.[71] Recht gut treffen dürfte es, eine Nichtregierungsorganisation als eine Vereinigung zu begreifen, die – von privaten natürlichen oder juristischen Personen aufgrund privatrechtlichen, nicht völkerrechtlichen Vertrages gegründet – auf internationaler oder nationaler Ebene ideelle und andere nicht gewinnorientierte Ziele im Rahmen des Rechts verfolgt, über eine auf Dauer angelegte, handlungsfähige Struktur und über einen eigenen Sitz verfügt.[72] 42

Immerhin begegnet der Terminus Nichtregierungsorganisation in seiner englischen Form non-governmental organization (NGO) bereits in Art. 17 UN Charta. Das UN Department of Information definiert eine NGO als „a not-for profit, voluntary citizen's group that is organized on a local, national or international level to address issues in support of the public good. Task-oriented and made up of people with a common interest, NGOs perform a variety of services and humanitarian functions, bring citizen's concerns to Governments, monitor policy and program implementation, and encourage participation of civil society stakeholders at the community level."[73] Indes hat sich auch im Völkerrecht keine allgemein verbindliche Definition herausgebildet.[74] 43

Gerade Nichtregierungsorganisationen in den Kreis der tauglichen Ermächtigungsadressaten zu ziehen ist ein rechtspolitisch geschickter Schachzug. Denn international verglei- 44

---

67 BVerfGE 146, 71 (128) = NJW 2017, 2523; BVerfG AP TVG § 2 Tariffähigkeit Nr. 11 Rn. 9 = NZA 2019, 1649.

68 Wissenschaftliche Dienste des BT, Ausarbeitung „Rechtlicher Rahmen für die Tätigkeit von Nichtregierungsorganisationen in Deutschland", WD 7 – 3000 – 243/14 (20.11.2014), 3.

69 Hirsch in Brand/Demirovic/Görg/Hirsch, Nichtregierungsorganisationen in der Transformation des Staates, 2001, 13 (13); Beringer, „Firma Nächstenliebe" – Nichtregierungsorganisation als Unternehmen, 2013, 29.

70 Roth in Brand/Demirovic/Görg/Hirsch, Nichtregierungsorganisationen in der Transformation des Staates, 2001, 43 (44 f.).

71 Beringer, „Firma Nächstenliebe" – Nichtregierungsorganisation als Unternehmen, 2013, 30.

72 Delbrück, Nichtregierungsorganisationen: Geschichte – Bedeutung – Rechtsstatus, 2003, 5; Delbrück in Dahm/Delbrück/Wolfrum, Völkerrecht I/2, 2. Aufl. 2002, 233 f.

73 S. https://www.apa.org/international/united-nations/acronyms.pdf (zuletzt abgerufen am 6.9.2022).

74 S. nur Hummer BerDGVR 39 (2000), 45; Beigbeder, The Role and Status of International Humanitarian Volunteers and Organizations, 1991, 80 f.; Hobe AVR 37 (1999), 152 (156); Hempel, Die Völkerrechtssubjektivität internationaler nichtstaatlicher Organisationen, 1999, 19; Delbrück in Dahm/Delbrück/Wolfrum, Völkerrecht I/2, 2. Aufl. 2002, 232 f.

chend betrachtet sind NGOs die treibenden Kräfte hinter Human Rights Litigation oder sog. Policy Cycle.[75] Spezialisierte NGOs sind im Kontext von Menschenrechtsverletzungen gleichsam institutionalisierte Zivilgesellschaft und Menschenrechtsverteidiger.[76] NGOs strengen im Ausland die Mehrzahl der prominenten Haftungsverfahren für Menschenrechtsverletzungen an.[77] Das Gleiche gilt für Klimahaftungsklagen und Klagen wegen Umweltschädigungen, hinter denen in der Regel Klimaaktivisten stehen.[78] Hauptkläger im niederländischen Nigeria-Verfahren gegen Royal Dutch Shell[79] zB ist die NGO Milieudefensie. Hinter der Klimaklage des peruanischen Kleinbauern Saúl Luciano Lliuya gegen RWE vor dem LG Essen[80] und dem OLG Hamm[81] steht Germanwatch.[82]

45 NGOs sind in der Realität Motoren der Entwicklung und Eckpfeiler der Rechtsdurchsetzung.[83] Individualkläger aus dem Globalen Süden würden häufig ohne die Unterstützung und das finanzielle wie organisatorische „backing" durch NGOs gar nicht klagen.[84] NGOs haben eine hohe intrinsische Motivation. Sie verfolgen im besten Falle Ideale. Häufig betreiben sie strategische Prozessführung, um so die Fortentwicklung von Haftungsgrundlagen voranzutreiben.[85] Agenda Setting ist ebenfalls ein treibendes Interesse.[86] NGOs wollen durch strategische Prozessführung zum einen gesamtgesellschaftliche Sensibilität erzeugen und zum anderen Handlungsdruck auf politische Entscheidungsträger erzeugen.[87] Sie wollen das Verhalten der Gesamtgesellschaft und ihrer politischen Organe beeinflussen, wenn nicht gar steuern.[88] Das von der NGO Urgenda angestrengte und weltweit bekanntgewordene (Klimahaftungs-)Verfahren[89] ist nur ein besonders prominenter Fall.

46 Zudem sind NGOs häufig international gut vernetzt mit eigenen Organisationseinheiten oder Partnerorganisationen in den Produktionsstaaten am unteren Ende der Lieferkette. Ihnen stehen darüber nicht selten gute Möglichkeiten zur Faktensammlung und zur Dokumentation am Ort der Verletzung zur Verfügung.

47 Erfolgreiche und prominente NGOs haben zudem ein hinreichendes Spendenaufkommen, um Verfahren durchzustehen. Umgekehrt sind prominente Verfahren für sie Mittel zum Zweck, um Spender für ihre Sache zu gewinnen. In den Medien hervorgehobene Gerichtsverfahren können mittelbar Fundraising Events sein, weil sie die Schlagkraft der klagenden NGO zeigen.

48 **3. Inländisch. a) Sitz in Deutschland.** Taugliche Ermächtigungsempfänger und Prozessstandschafter sind nach dem klaren und eindeutigen Gesetzeswortlaut nur inländische

---

[75] Zum Policy Cycle L. Hübner, Unternehmenshaftung für Menschenrechtsverletzungen, 2021, 40 ff.

[76] Birchall in Deva/Birchall, Research Handbook on Human Rights and Business, 2020, 422.

[77] L. Hübner, Unternehmenshaftung für Menschenrechtsverletzungen, 2022, 87 f.

[78] Weller/Göbel in Gebauer/Huber, Politisches Kollisionsrecht, 2021, 75 (83).

[79] Rb. Den Haag ECLI:NL:RBDHA:2021:5337.

[80] LG Essen 15.12.2016 – 22 O 285/15, ECLI:DE:LGE:2016:1215.2O28515.00, http://www.justiz.nrw.de/nrwe/lgs/essen/lg_essen/j2016/2_O_285_15_Urteil_20161215.html (zuletzt abgerufen am 6.9.2022).

[81] OLG Hamm ZUR 2018, 118 (Beweisbeschlüsse vom 30.11.20217 und 1.2.2018).

[82] Balzter, Ankläger aus den Anden, FAZ Nr. 43 vom 31.10.2021, 24.

[83] Eingehend die Beiträge in Saage-Maaß/Zumbansen/Bader/Shahab, Transnational Legal Activism in Global Value Chains, 2021.

[84] S. Chalas/Muir Watt RCDIP 2021, 333 (337).

[85] L. Hübner, Unternehmenshaftung für Menschenrechtsverletzungen, 2022, 46 ff.

[86] L. Hübner, Unternehmenshaftung für Menschenrechtsverletzungen, 2022, 39.

[87] Weller/Tran ZEuP 2021, 573 (577).

[88] Weller/Nasse/Nasse FS Kronke, 2020, 601 (602).

[89] Hoge Raad ECLI:NL:HR:2019:2006 (englische Übersetzung ECLI:NL:HR:2019:2007) = Ned. Jur. 2020 Nr. 41 noot Spier = AB 2020/24 noot GA van der Veen/Backes = M en R 2020/8 noot Thurling-Rassa = JM 2020/33 noot van Douma = JB 2002/37 noot van Sanderink = Jur. Grondzaken 2020/50 noot van Loo = JOM 2002/257 noot van Sanderink = JIN 2002/86 noot van Sanderink = Ars Aequi 2020, 955 noot van Mareille/de Graaf = FED 2020/122 noot Grauss = JPBr 2020/20 noot van Wiersma = JA 2020/29 noot van de Klashorst; außerdem zB Spier, NILR 2020, 319. Vorinstanzen: Hof Den Haag ECLI:NL:GHDHA:2018:2591 (englische Übersetzung ECLI:NL:GHDHA:2018:2610); Rb. Den Haag ECLI:NL:GHDHA:2015:7145 (englische Übersetzung ECLI:NL:GHDHA:2015:7196).

Gewerkschaften und inländische Nichtregierungsorganisationen. „Inländisch" meint: in Deutschland ansässig. Mutatis mutandis lassen sich dafür Wertungs- und Anknüpfungskriterien aus § 1 Abs. 1 S. 1 Nr. 1 ableiten: In Deutschland ansässig ist eine Gewerkschaft oder eine Nichtregierungsorganisation demzufolge dann, wenn sie ihren satzungsmäßigen Sitz, ihre Hauptverwaltung oder ihre Hauptniederlassung in Deutschland hat.

Die Regierungsbegründung bestätigt dies, indem sie den Sitz als alleiniges Anknüpfungskriterium für Gewerkschaften und Nichtregierungsorganisationen unterstreicht.[90] Freilich bleibt die Restunklarheit, ob damit der Satzungssitz oder der effektive Verwaltungssitz gemeint ist oder ob einer von beiden ausreicht, egal welcher. In der Logik des deutschen Internationalen Privatrechts würde es eigentlich liegen, mindestens bei Drittstaatensachverhalten im Verhältnis zu Staaten ohne völkerrechtlichen Vertrag mit Deutschland gemäß der insoweit fortgeltenden Sitztheorie[91] auf den effektiven Verwaltungssitz abzustellen. **49**

Der Anknüpfungsbegriff des effektiven Verwaltungssitzes ist für Unternehmen entwickelt worden. Effektiver Verwaltungssitz ist nach der gängigen Definition derjenige Ort, an welchem die grundlegenden unternehmenspolitischen Entscheidungen effektiv in konkrete und laufende Geschäftsführungsakte des day-to-day management umgesetzt werden.[92] Dieser Ort[93] orientiert sich an der Tätigkeit der für die Geschäftsführung maßgeblichen Organpersonen.[94] Er fällt weder automatisch mit dem Tagungsort der Geschäftsführungsorgane zusammen,[95] noch ist er zwingend mit den gewöhnlichen Aufenthaltsorten der Organpersonen der Geschäftsführungsorgane verbunden, orientiert sich aber im Prinzip an letzteren. Es kommt nicht auf die strategische Führung an sich, das mind of management, sondern auf die operative Leitung an.[96] Der effektive Verwaltungssitz blickt auf den „Lebensmittelpunkt" der Gesellschaft. Er ist das Pendant zum gewöhnlichen Aufenthalt für natürliche Personen.[97] **50**

Dies lässt sich grundsätzlich auf Gewerkschaften und Nichtregierungsorganisationen übertragen. Zwar fehlt es diesen an einer unternehmerischen Tätigkeit auf einem Markt. Jedoch haben sie Organisationsstrukturen und Geschäftsführungsorgane. In Deutschland werden sie in der Regel entweder eingetragene Vereine sein oder als Gewerkschaft eine Sonderform des Vereins. Das IPR der Vereine, das Internationale Vereinsrecht, folgt **51**

---

[90] Begr. RegE, BT-Drs. 19/28649, 52.
Dem folgend Lutz-Bachmann/Vorbeck/Wengenroth BB 2021, 906 (913).

[91] Grdl. BGHZ 178, 192 = NJW 2009, 289 – Trabrennbahn; außerdem BGH NZG 2009, 1106; ZIP 2009, 2385 (dazu Lieder/Kliebisch EWiR § 11 GmbHG 1/10, 117); BGH NJW 2011, 844 Rn. 16 = GmbHR 2011, 301 mAnm Bormann/Hösler (dazu Siepmann EWiR § 30 GmbHG aF 1/11, 463; Haas/Vogel NZG 2011, 455); BGH ZIP 2012, 1837 Rn. 16 f. (dazu Mankowski EWiR Art. 22 EuGVVO 2/11, 707); BGH WM 2016, 1943 Rn. 13; ZIP 2017, 421 Rn. 21; 2018, 1455 Rn. 30; KG NZG 2005, 758 (759); OLG Hamburg ZIP 2007, 1108 (1113 f.); OLG Düsseldorf GmbHR 2010, 591 (593); BeckRS 2016, 03039 Rn. 34; AG Hagen/Westfalen BeckRS 2010, 16844; VG Frankfurt a. M. NZG 2013, 556; Weller IPRax 2009, 202 (206 f.); Weller FS Goette, 2011, 583 (589). Zur Trabrennbahn-Entscheidung zB Kieninger NJW 2009, 292; Hellgardt/Illmer NZG 2009, 94; Kindler IPRax 2009, 189; Balthasar RIW 2009, 221; Koch/Eickmann AG 2009, 73; Hamann ELR 2009, 186; Gottschalk ZIP 2009, 948; Heggen NotBZ 2009, 164; J. Schmidt WuB II Q. § 4a GmbHG 1.09; Tepfer EWiR § 50 ZPO 1/09, 355; Behme/Nohlen StudZR 2009, 199.

[92] Grdl. in Deutschland BGHZ 97, 269 (272) = NJW 1986, 2194 im Anschluss an Sandrock BerDGesVR 18 (1978), 169 (238); Sandrock FS Beitzke, 1979, 669 (683); außerdem zB BVerfG ZIP 2018, 1465 Rn. 29 (dazu Wienbracke EWiR 2018, 479); BGH NJW 2009, 1610 Rn. 11; VersR 2010, 275 Rn. 8; ZIP 2010, 1003 Rn. 16; 2016, 1703 Rn. 15; WM 2017, 1944 Rn. 15; BayObLGZ 1985, 272 (279); OLG Frankfurt IPRspr. 1984 Nr. 21; OLG München NJW 1986, 2197 (2198).

[93] Ausführliche Untersuchung der im Internationalen Gesellschaftsrecht maßgeblichen Unterkriterien insbes. bei Kieser, Typenvermischung über die Grenze, 1988, 79–105.

[94] S. nur KG WM 1996, 1454 (1456); Staudinger/Großfeld, 1998, IntGesR Rn. 228.

[95] In diese Richtung aber Ebenroth/Sura RabelsZ 43 (1979), 315 (323 f.).

[96] S. nur Wenckstern FS Drobnig, 1998, 465 (477); Konecny ZIK 2005/2, 2, 5; Wimmer ZInsO 2005, 119 (122); Vallender in K. Schmidt/Uhlenbruck, Die GmbH in Krise, Sanierung und Insolvenz, 5. Aufl. 2016, Rn. 12.41.

[97] S. nur OLG Karlsruhe NJW-RR 2008, 944 Rn. 18; OLG Düsseldorf BeckRS 2015, 6771 Rn. 20; Buck-Heeb WuB 2017, 695 (696).

mutatis mutandis dem Internationalen Gesellschaftsrecht.[98] Das ist in vielen ausländischen Kollisionsrechten ausdrücklich so kodifiziert, zB in § 10 IPRG Österreich; Art. 110 Abs. 2 IPRG Belgien; Art. 10 ZGB Griechenland; Art. 25 Abs. 1 IPRG Italien; Art. 9 Abs. 1 spanCódigo Civil. Im europäischen IPR gibt es eine dahingehende Wertung durch den ausdrücklichen Ausschluss von Vereinen neben Gesellschaften in Art. 1 Abs. 2 lit. f Rom I-VO; Art. 1 Abs. 2 lit. d Rom II-VO.

52 **b) In Mitgliedstaaten der EU oder des EWR ansässige Gewerkschaften und Nichtregierungsorganisationen.** Zwar ist der Gesetzeswortlaut in seiner Beschränkung auf **inländische** Gewerkschaften und Nichtregierungsorganisationen vordergründig eindeutig. Er schließt vordergründig sämtliche Gewerkschaften und Nichtregierungsorganisationen aus dem Kreis tauglicher Prozessstandschafter aus, die nicht in Deutschland ansässig sind, sondern allein im Ausland. Es ist nicht etwa ein Umkehrschluss dahin zu ziehen, dass nur inländische Gewerkschaften und Nichtregierungsorganisationen den weiteren einschränkenden Voraussetzungen unterworfen wären, ausländische dagegen nicht, mit der paradoxen Folge, dass ausländische Institutionen in größerem Umfang zur Prozessstandschaft zugelassen wären als inländische.[99]

53 In dieser Einschränkung auf inländische Institutionen könnte jedoch eine unzulässige Diskriminierung von Gewerkschaften und Nichtregierungsorganisationen liegen, die in Mitgliedstaaten der EU oder des EWR ansässig sind. Eine unionsrechtskonforme Auslegung könnte wiederum dem abhelfen. Indes findet auch eine unionsrechtskonforme Auslegung ihre Grenze an einem eindeutigen Wortlaut der auszulegenden Norm.[100] Das legitime Vertrauen der Normadressaten auf Wortlaut und mit diesem übereinstimmender gesetzgeberischer Absicht ist zu schützen.[101] Die richterliche Bindung an das Gesetz begrenzt auch die unionsrechtskonforme Auslegung.[102]

54 **c) Gewerkschaften und Nichtregierungsorganisationen aus den Staaten der Verletzungserfolge.** Eine unionsrechtliche Diskriminierung besteht nicht, soweit die Wortlautbeschränkung auf **inländische** Gewerkschaften und Nichtregierungsorganisationen solche Gewerkschaften und Nichtregierungsorganisationen ausgrenzt, die in den Staaten der Verletzungserfolge und nicht in Mitgliedstaaten der EU oder des EWR ansässig sind.

55 **d) Internationale Dachverbände von Gewerkschaften und Nichtregierungsorganisationen.** Internationale Dachverbände von Gewerkschaften und Nichtregierungsorganisationen sind nach dem Wortlaut der Norm ebenfalls aus Abs. 1 ausgegrenzt. Soweit sie Tochterorganisationen mit eigener Rechtspersönlichkeit und Sitz in Deutschland haben, lässt sich dies allerdings überbrücken, indem der Dachverband über seine inländische, deutsche Tochterorganisation operiert, nach außen in Deutschland also die deutsche Tochterorganisation auftritt, welche den Anforderungen des Abs. 1 genügt.

56 Gerade Dachverbände und international tätige Gewerkschaftsverbünde könnten in besonderem Maße geeignet sein, ein Bindeglied zwischen in ihren Menschenrechten verletzten Arbeitnehmern aus den Einsatzländern auf der einen Seite und einer gerichtlichen Rechtsverfolgung vor deutschen Gerichten auf der anderen Seite zu bilden. Sie hätten bessere Möglichkeiten, solche Arbeitnehmer zu motivieren und zu Ermächtigungen zu veranlassen. Sie hätten größere Chancen, gleichgelagerte Verletzungen zu bündeln und so über positive Skaleneffekte zu rationalisieren und zu amortisieren.

---

[98] S. nur Behrens ZEuP 2007, 324 (327); Wesiack, Europäisches Internationales Vereinsrecht, 2011, 42.

[99] Dahin aber Wagner/Ruttloff/Wagner/Hahn CB 2021, 89 (93). Wie hier Grabosch Das neue LkSG/Engel § 7 Rn. 7.

[100] S. nur BGH NJW 2012, 1073 (1075 f.); OLG München VersR 2013, 1025 (1028).

[101] Neuner FS Canaris, 2017, 205 (213).

[102] BVerfG NJW 2012, 669 (671 f.); GmbHR 2013, 598 (601); WM 2014, 647 (649); näher M. Weber, Grenzen richtlinienkonformer Auslegung und Rechtsfortbildung, 2010.

4. Auf Dauer angelegte eigene Präsenz. Abs. 2 verlangt eine auf Dauer angelegte eigene Präsenz. Dies ist eine qualifizierende Einschränkung von Abs. 1. Eine auf Dauer angelegte Präsenz verlangt eine gewisse Verfestigung und Permanenz. Eine konkrete Zeituntergrenze, ab wann „Dauer" vorliegt, benennt Abs. 2 aber nicht. Der Tatbestand bleibt also insoweit offen. Dies schließt quantitative Ausfüllungen mit indiziellem Charakter aber nicht aus. Mindestens Faustformeln bleiben möglich. **57**

Das durative Element der geforderten Dauerhaftigkeit soll wohl verhindern, dass sich Gewerkschaften oder Nichtregierungsorganisationen nur zu dem Zweck gründen, die Durchsetzung konkreter Ansprüche gegen einen bestimmten Beklagten zu bündeln. Eine Parallele zu den „Cartel Damages Claims [...] SA", den Zweckgesellschaften belgischen Rechts zur Durchsetzung von Kartellansprüchen verschiedener Geschädigter aus einem bestimmten Kartellfall, dürfte im Rahmen des § 11 nicht gedeckt sein. Ad hoc-Gewerkschaften oder Ad hoc-Nichtregierungsorganisationen für Einzelfälle oder Einzelvorfälle soll § 11 nicht privilegieren. **58**

Der Präsenz kann nicht bereits durch die bloße rechtliche Existenz genügt sein. Dann wäre die Präsenz als Zusatzkriterium nämlich funktionslos und sinnentleert. Immerhin fordert ja bereits Abs. 1 den Sitz im Inland. Ein bloßer Satzungssitz freilich wäre keine reale Präsenz in der Tatsachenwelt, sondern nur „auf dem Papier". Ein effektiver Verwaltungssitz dürfte dagegen in aller Regel eine hinreichende Präsenz begründen. **59**

Verlangt ist eine **eigene** Präsenz. Bloße Repräsentation durch andere, formell getrennte Rechtsträger, sollte dafür vorderhand wohl nicht ausreichen. Andererseits schließt „eigen" auch „zu eigen gemacht" nicht notwendig aus. Zurechnung ist als Mechanismus und als vielgestaltiges Rechtsinstitut im ganzen Recht eigentlich gang und gabe. **60**

Nicht expressis verbis verlangt ist eine eigene Präsenz gerade in Deutschland. Man könnte einen Umkehrschluss daraus zu ziehen versucht sein, dass „inländisch" als Attribut in Abs. 1 auftritt, in Abs. 2 jedoch nicht. Unter dieser Prämisse würde eine Präsenz einer in Deutschland ansässigen Gewerkschaft allein im Ausland, vorzüglich im Einsatzland in ihren Menschenrechten gefährdeter Arbeitnehmer für die in Abs. 2 geforderte Präsenz ausreichen. **61**

5. Satzungserfordernisse. Als weitere qualifizierende Einschränkung[103] von Abs. 1 stellt Abs. 2 zwei zusätzliche Erfordernisse an die Satzungen von Gewerkschaften und Nichtregierungsorganisationen auf. Verlangt sind zwei Festschreibungen in der jeweiligen Satzung. Zuvörderst ist dies ein doppeltes formelles Erfordernis. Bei Fehlen entsprechender Satzungsvorgaben fehlt es an der erforderlichen Qualifikation. In der Sache ist eine Selbstverpflichtung qua Satzung auf bestimmte Zwecke verlangt. Ob daneben andere Zwecke verfolgt werden, spielt keine Rolle. Nirgends ist besagt, dass verdrängende Exklusivität gerade der beiden verlangten Satzungszwecke verlangt wäre. Das wäre im Gegenteil extrem sinnwidrig, weil es den Aktionsradius von Gewerkschaften und Nichtregierungsorganisationen extrem einengen würde. Insbesondere drohte es die Vertretung von arbeitsverhältnisbezogenen Arbeitnehmerinteressen durch Gewerkschaften zu erschweren. **62**

Abs. 2 stellt zwar kein Erfordernis auf, dass die satzungsmäßigen festgeschriebenen Zwecke auch tatsächlich verfolgt würden. Jedoch indiziert bereits das Einwerben von Ermächtigungen, um Menschenrechtsverletzungen geltend zu machen, dass der Schutz von Menschenrechten aktiv und real verfolgt wird. **63**

a) Nicht gewerbsmäßiger Einsatz zur Realisierung von Menschenrechten oder entsprechenden Rechten. aa) Schutzobjekt. Schutzobjekt des § 11 sind primär Menschenrechte. Dies ergibt sich aus der in Abs. 2 ausgesprochenen Verweisung auf § 2 Abs. 1. Menschenrechte sind auch für die Zwecke des § 11 nach dem Begriffsgehalt zu verstehen, wie § 2 Abs. 2 ihn aufstellt. Denn der in Abs. 1 verwiesene § 2 Abs. 1 wird seinerseits durch § 2 Abs. 2 näher konkretisiert, sodass er in Abs. 1 mittelbar mitverwiesen ist. **64**

---

[103] Wagner/Ruttloff NJW 2021, 2145 (2150).

65 Schutzobjekt können auch Menschenrechten entsprechende Rechte im Recht eines Staates sein oder, etwas präziser formuliert, Menschenrechten entsprechende subjektive Rechte im objektiven Recht eines Staates. Sachlich angemessen erscheint eine Anlehnung an die Umschreibung von menschenrechtlichen Risiken in § 2 Abs. 2.

66 Merkwürdig und nicht voll ausformuliert mutet die unbestimmte Verweisung auf das Recht „eines Staates" an. Theoretisch käme bei wörtlichem Verständnis irgendein beliebiger Staat in Betracht, auch wenn er keinerlei Verbindung zum Sachverhalt haben sollte. Wenn man dies konsequent ausbauen würde, würde es ausreichen, wenn sich eine Nichtregierungsorganisation den strengsten Katalog menschenrechtlicher Risiken in einer einzelnen Rechtsordnung aus allen staatlichen Rechten der Welt aussucht und sich in ihrer Satzung dem Einsatz für die subjektiven Rechte aus gerade dieser Rechtsordnung verschreibt.

67 **bb) Keine Gewerbsmäßigkeit.** Eine Gewerkschaft oder Nichtregierungsorganisation darf sich nicht gewerbsmäßig für die Durchsetzung von Menschenrechten einsetzen. Sie darf also aus ihrem Einsatz keinen Profit ziehen wollen. Bloße interne Kostenerstattung oder ähnliches, die nur verhindern, dass die Gewerkschaft oder Nichtregierungsorganisation unter dem Strich Verluste macht, sollten unschädlich sein. Dies sollte erst recht für bloße Kostenbeiträge gelten, die nicht einmal die ganzen Kosten abdecken. Nicht monetäre Profilierungsinteressen, insbesondere Interesse an Eigenwerbung, Public Relations oder indirekt Mitgliederwerbung, schaden erst recht nicht. Kompletter und reiner Altruismus ist nicht positiv verlangt.

68 Abs. 2 reflektiert die Furcht des deutschen Gesetzgebers vor einem möglichen Missbrauch der Prozessstandschaft.[104] Der deutsche Gesetzgeber perhorresziert eine Kommerzialisierung der Rechtsverfolgung.[105] Aus Einsatz für die Menschenrechte soll man kein Geschäft machen dürfen,[106] jedenfalls als Gewerkschaft oder Nichtregierungsorganisation. Dem mag man Befürchtungen vor einer von Medieninteresse befeuerten Klagindustrie zur Seite stellen.[107]

69 Das Kriterium fehlender Gewerbsmäßigkeit soll wohl verhindern, dass sich Legal Tech-Unternehmen den formell-nominellen Mantel einer Gewerkschaft oder Nichtregierungsorganisation umwerfen und so kaschiert ihr eigenes Profitinteresse verfolgen. Eigentlich ist dies nur eine doppelnde Absicherung, weil bereits zweifelhaft ist, ob solche nominellen Mäntel überhaupt den Begriff der Gewerkschaft oder Nichtregierungsorganisation auszufüllen vermöchten, insbesondere wenn man für eine Nichtregierungsorganisation a priori einen non profit-Charakter als Tatbestandsmerkmal verlangt.

70 **b) Nicht nur vorübergehender Einsatz zur Realisierung von Menschenrechten oder entsprechenden Rechten.** Ad hoc- oder Pop up-Gestaltungen sollen nicht gelten. Andererseits ist Papier bekanntlich geduldig. Dass man sich dauerhaft einsetze, ist schnell in eine Satzung geschrieben. Es erfüllt dann der Formaltatbestand des existierenden Satzungsbestandteil, und eine Kontrolle, ob man sich nachlaufend wirklich danach verhält, findet nicht statt. Anderenfalls hätte der Gesetzgeber nicht auf die formelle Niederlegung des Ziels in der Satzung, sondern auf das reale Tätigwerden abstellen müssen. Das hat er aber nicht getan.

71 **6. Kein ausdrückliches Erfordernis hinreichender finanzieller Ausstattung.** Interessanterweise stellt § 11 kein ausdrückliches Erfordernis auf, dass eine Gewerkschaft oder Nichtregierungsorganisation eine hinreichende **finanzielle** Ausstattung haben müsste. Da-

[104] Wagner ZIP 2021, 1095 (1101).
[105] Wagner ZIP 2021, 1095 (1101); Grabosch Das neue LkSG/Engel § 7 Rn. 8; Junker ZfA 2021, 437 (438).
[106] Wagner ZIP 2021, 1095 (1101).
[107] Keilmann/Schmidt WM 2021, 717 (723); Wagner ZIP 2021, 1095 (1101); Grabosch Das neue LkSG/Engel § 7 Rn. 8.

mit erwächst dem Prozessgegner das Risiko, dass er sich bei eigenem Obsiegen möglicherweise nicht für die Prozesskostenerstattung bei der unterlegenen Prozessstandschafter-Gewerkschaft oder Prozessstandschafter-Nichtregierungsorganisation erholen kann und im schlimmsten Fall sogar in die (Ausfall-)Haftung des Verfahrensinitiators gegenüber dem Gericht für die Gerichtskosten nach § 22 Abs. 1 GKG gerät.

Vermutlich hatte der Gesetzgeber angesichts des Kriteriums des Inlandssitzes im Bereich der Gewerkschaften vornehmlich Mitgliedsgewerkschaften des DGB vor Augen, bei denen ein solches Ausfallrisiko kaum bestehen wird. Unterschwellig mag der Gesetzgeber nur an tariffähige, in Deutschland ansässige Gewerkschaften gedacht haben. Auch das Erfordernis auf Dauer angelegter eigener Präsenz mag helfen, das Risiko zu minimieren. Ausdrückliche Beschränkungskriterien wie Größe, Mitgliederzahl, Erfahrung oder eben finanzielle Kennzahlen enthält Abs. 2 jedoch nicht.[108] 72

Das Risiko ist deutlich realer bei Nichtregierungsorganisationen. Diese bewegen sich nicht selten auf einer nicht gesicherten oder schwankenden Finanzierungsgrundlage, insbesondere soweit sie für ihre Tätigkeit auf Spenden angewiesen sind. Eine in der Vergangenheit auskömmlich finanzierte Tätigkeit mit Dauerpräsenz mag etwa abrupt enden, weil sich ein Großspender, aus dessen Zuwendungen bisher laufende Aufwendungen insbesondere im Personalbereich bestritten wurden, zurückzieht. 73

7. Parteifähigkeit nach § 50 ZPO. Wer im eigenen Namen in einem Prozess klagen will, muss parteifähig sein. In einem Prozess vor einem deutschen Gericht unterliegt die Parteifähigkeit daher § 50 ZPO.[109] Das gilt auch im Kontext des § 11, wie die Regierungsbegründung ausdrücklich hervorhebt.[110] Prozesspartei ist in einem Prozess vor einem deutschen Gericht bei Prozessstandschaft allein der Prozessstandschafter, nicht der materielle Rechtsinhaber. Prozessstandschaft verschiebt die formelle Parteirolle auf den Prozessstandschafter.[111] Den Anforderungen des § 50 ZPO muss daher der Prozessstandschafter genügen, wie die Regierungsbegründung ebenfalls ausdrücklich hervorhebt.[112] 74

Wie § 50 ZPO bei Sachverhalten mit Auslandsbezug genau zu verstehen ist, ist generell umstritten. Ein Ansatz sieht eine Verweisung auf die deutschen Kollisionsnormen über die Rechtsfähigkeit.[113] Die Gegenansicht will eine ungeschriebene prozessuale Kollisionsnorm annehmen, die für die Parteifähigkeit als eigenen Anknüpfungsgegenstand auf das prozessuale Heimatrecht verweist.[114] Eine dritte Ansicht will die beiden vorgenannten Ansätze miteinander alternativ (in einem kollisionsrechtlichen Sinn) kombinieren und ausreichen lassen, wenn rechts- oder parteifähig nach dem Personalstatut gegeben ist.[115] 75

Im Kontext des § 11 wirkt sich der Streit bei wortlautverhafteter Anwendung der Norm nicht aus, weil § 11 als Grundvoraussetzung verlangt, dass es sich um **inländische Gewerkschaften oder Nichtregierungsorganisationen** handeln muss. Alle drei Wege führen im Kontext des § 11 also gleichermaßen zum deutschen Recht, wenn man diesen seinem Wortlaut getreu anwendet. Dagegen wird der Streit relevant, soweit man in unionsrechtskonformer Auslegung auch Gewerkschaften oder Nichtregistrierungsorganisationen, die in Mitgliedstaaten der EU oder des EWR ansässig sind, als taugliche Ermächtigungs- 76

---

[108] Stöbener de Mora/Noll NZG 2021, 1285 (1287).

[109] S. nur Schack, Internationales Zivilverfahrensrecht, 8. Aufl. 2021, Rn. 648.

[110] Begr. RegE, BT-Drs. 19/28649, 52.

[111] S. nur BGHZ 96, 153 = NJW 1986, 850; Schmidt-Gaedke/Artz JA 2016, 770 773; Hoffmann ZZP 130 (2017), 403; Zöller/Althammer ZPO Vor § 50 Rn. 50.

[112] Begr. RegE, BT-Drs. 19/28649, 52.

[113] S. nur Schütze, Deutsches Internationales Zivilprozessrecht, 2. Aufl. 2005, Rn. 186 mwN.

[114] Pagenstecher ZZP 64 (1951), 249 (251); Nagel/Gottwald, Internationales Zivilprozessrecht, 8. Aufl. 2020, § 5 Rn. 15; Schack, Internationales Zivilverfahrensrecht, 8. Aufl. 2021, Rn. 648; s. auch LG Bonn IPRspr. 2018 Nr. 51 S. 133.

[115] Geimer, Internationales Zivilprozessrecht, 8. Aufl. 2020, Rn. 2203; Furtak, Die Parteifähigkeit in Zivilverfahren mit Auslandsberührung, 1995, 128; explizit abl. Schemmann, Parteifähigkeit im Zivilprozess, 2002, 126.

empfänger ansieht, oder in analoger Anwendung selbst Gewerkschaften oder Nichtregistrierungsorganisationen aus den Einsatzstaaten oder internationale Dachverbände.

77 Im Zivilprozess sind Arbeitnehmer- und Arbeitgebervereinigungen gemäß § 50 Abs. 2 ZPO als nicht rechtsfähige Vereine unbeschränkt parteifähig.[116] Dies gilt sogar primär für inländische Gewerkschaften als wichtigste Arbeitnehmervereinigungen. Körperschaftlich organisierte Untergliederungen von Gewerkschaften sind nach allgemeinen Grundsätzen erst recht aktiv parteifähig.[117]

78 Ob eine Nichtregierungsorganisation die Voraussetzungen des § 50 ZPO erfüllt, ist im Einzelfall vom Gericht von Amts wegen zu prüfen, wie die Regierungsbegründung zutreffend unterstreicht.[118] Die Antwort hängt von der jeweiligen Ausgestaltung der Organisationsform ab. Ist eine Nichtregierungsorganisation mit Sitz in Deutschland als rechtsfähiger Verein nach deutschem Recht organisiert, so ist sie parteifähig bereits nach § 50 Abs. 1 ZPO. Ist eine Nichtregierungsorganisation mit Sitz in Deutschland als nicht rechtsfähiger Verein nach deutschem Recht organisiert, so ist sie trotzdem parteifähig kraft § 50 Abs. 2 ZPO. Ist eine Nichtregierungsorganisation mit Sitz in Deutschland nicht einmal als rechtsfähiger Verein nach deutschem Recht organisiert, so ist sie nicht parteifähig.

VII. Ermächtigung

79 **1. Ermächtigung zur Prozessführung als Willenserklärung.** Eine Ermächtigung zur Prozessführung ist eine Willenserklärung des Ermächtigenden. § 11 setzt den Rahmen, soweit er selber Regelungen trifft. Soweit er keine Regelungen trifft, gelten lückenfüllend die allgemeinen Regeln über Willenserklärungen.

80 Eine Ermächtigung zur Prozessführung kann formlos und auch durch konkludentes Handeln erteilt werden.[119] Insoweit trifft § 11 eine eigene Regelung für die Teilfrage der Form. Jede Formalisierung würde tendenziell erschweren. In der Praxis dürften Ermächtigungen unter Abs. 1 aber schon aus Nachweisgründen schriftlich fixiert werden.

81 Gewerkschaften und Nichtregierungsorganisationen, die Klagen in Prozessstandschaft als repeat player betreiben, werden in ihrem eigenen Interesse Routinen und Standardformulare entwickeln, sodass die Gestehungskosten niedrig und die Grenzkosten immer kleiner werden.

82 Selbst soweit Übersetzungen der Formulare in Sprachen des Globalen Südens nötig sind, um eine Zustimmung eines dortigen Geschädigten zu dokumentieren, und daneben Formulare in deutscher Verfahrenssprache (§ 169 GVG), hält sich dies in vertretbaren Grenzen.

83 Für die Ermächtigung gelten auch die kollisionsrechtlich berufenen Regeln über Rechts- und Geschäftsfähigkeit des Ermächtigenden. Ermächtigende sind in den Fällen des § 11 natürliche Personen, sodass für diese Teilfragen Art. 7 EGBGB die einschlägige Kollisionsnorm ist. Da § 11 keine höchstpersönliche Ermächtigung verlangt, ist eine Stellvertretung bei der Ermächtigung denkbar. Kollisionsrechtlich richten sich etwaige Fragen einer Vollmacht zur Ermächtigung nach Art. 8 EGBGB.

84 **2. Beendigung der Ermächtigung.** Über den Entzug oder das Erlöschen einer erteilten Ermächtigung sagt § 11 nichts. Es bietet sich an, das in deutschen Zivilprozessen für gewillkürte Prozessstandschaften generell geltende Regelsystem heranzuziehen sowie in entsprechender Anwendung §§ 164 ff., 185 Abs. 1 BGB.

85 Unproblematisch dürfte das Erlöschen einer befristeten Ermächtigung wegen Ablaufs der vorgesehenen Zeitspanne sein, sofern diese nicht verlängert wird. Dagegen zählt die

[116] Begr. RegE, BT-Drs. 19/28649, 52.
[117] Begr. RegE, BT-Drs. 19/28649, 52; Zöller/Althammer ZPO § 50 Rn. 23 mwN.
[118] Begr. RegE, BT-Drs. 19/28649, 53.
[119] Begr. RegE, BT-Drs. 19/28649, 52 unter Bezugnahme auf BGH GRUR 2008, 1108 Rn. 52 – Haus & Grund III; s. außerdem BGHZ 94, 117 Rn. 20 = NJW 1985, 1826.

Ermächtigung zu den bedingungsfeindlichen Rechtsgeschäften, weil Rechtsklarheit für Dritte über die Berechtigung des Ermächtigten herrschen muss.

Von Rechts wegen soll eine gewillkürte Prozessstandschaft auch – wegen der Divestitur des Insolvenzschuldners und des Übergangs der Verfügungsbefugnis auf den Insolvenzverwalter – entsprechend § 168 S. 1 BGB enden, wenn über das Vermögen des Prinzipals die Insolvenz eröffnet wird.[120] Im Ausland eröffnete Insolvenzverfahren bewirken dies ebenfalls, soweit sie in Deutschland anzuerkennen sind, bei Eröffnung in einem Mitgliedstaat der EuInsVO nach Maßgabe von Art. 21 EuInsVO 2015, bei Eröffnung in einem Drittstaat (also einem Nicht-Mitgliedstaat der EuInsVO) nach Maßgabe von § 343 InsO. 86

Weiterer Beendigungsgrund für eine gewillkürte Prozessstandschaft ist der Tod des Prozessstandschafters.[121] Dem würde bei einer Gewerkschaft oder Nichtregierungsorganisation deren rechtliche Beendigung entsprechen. 87

Eine gewillkürte Prozessstandschaft und die Ermächtigung dazu kann der Prinzipal grundsätzlich jederzeit frei widerrufen.[122] Prozessrechtliche Wirkung entfaltet dies indes einseitig nur bis zur Einlassung des Beklagten zur Hauptsache (arg e § 269 Abs. 1 ZPO), danach allein im Zusammenspiel mit dem Beklagten, welcher den Widerruf zum Anlass für einen Antrag auf Klagabweisung wegen Unzulässigkeit nehmen kann.[123] 88

VIII. Ermächtigungsumfang

Eine Ermächtigung zur Rechtsverfolgung in Prozessstandschaft ist keine Rechtsübertragung. Sie ist keine Abtretung, nicht einmal eine Zession zum Inkasso, der gerichtlich geltend gemachten Ansprüche. Vielmehr verbleiben die Rechte und die Klagforderung beim ursprünglichen und die ganze Zeit über einzigen Rechtsinhaber. Der Ermächtigende wird nicht zum Zedenten. 89

Die Ermächtigung könnte insoweit Exklusivität mit sich bringen, als sie dem Ermächtigten für die Dauer ihres Bestehens die ausschließliche Befugnis zur Geltendmachung mit sich bringt. Zwar gibt es keine verdrängende Vollmacht, welche dem Rechtsinhaber jede Macht nehmen könnte, seine eigenen Rechte selber zu verfolgen. Hat der Rechtsinhaber indes eine Ermächtigung nach § 11 erteilt, so ist er grundsätzlich gebunden, es sei denn, er würde die Ermächtigung wirksam widerrufen oder sonst beseitigen. Eine aufrechte Ermächtigung verhindert für die Dauer ihres Bestehens, dass der Ermächtigende ein Rechtsschutzinteresse an eigener Rechtsverfolgung im eigenen Namen hätte. Einer später erhobenen Parallelklage des Rechtsinhabers steht der Einwand früherer Rechtshängigkeit nach § 261 Abs. 3 ZPO entgegen.[124] 90

Daneben ist eine schuldrechtliche Unterlassungsverpflichtung des Ermächtigenden gegenüber dem Ermächtigten nicht ausgeschlossen, während bestehender Ermächtigung keine eigenen, persönlichen Rechtsdurchsetzungsschritte zu unternehmen. Deren Missachtung würde zwar jene eigenen Rechtsdurchsetzungsschritte des Rechtsinhabers im Außenverhältnis zu Dritten nicht per se unwirksam machen, aber Schadensersatzansprüche des Ermächtigten gegen den Ermächtigenden auslösen. Insoweit könnte ein legitimer Schutz von Investitionen in Rede stehen, welche der Ermächtigte in die Rechtsverfolgung und den Aufbau speziellen Know-hows getätigt hat. 91

---

[120] BGH NJW 2000, 738 (739); Zöller/Althammer ZPO Vor § 50 Rn. 41; Thomas/Putzo/Hüßtege ZPO § 51 Rn. 38.

[121] BGHZ 123, 132 (136) = NJW 1993, 3072; MüKoZPO/Lindacher/Hau ZPO Vor § 50 Rn. 82. Für Unterbrechung nach § 239 ZPO bzw. Aussetzung nach § 246 I ZPO Schilken ZZP 107 (1994), 527 (530)–532.

[122] BGH WM 1985, 1324; NJW 1989, 1932; BGHZ 123, 132 (135) = NJW 1993, 3072; BGH NJW 2014, 1470 Rn. 8; 2015, 2425 Rn. 23; Dötsch ZfIR 2015, 500; Hoffmann ZZP 130 (2017), 403 (421 f.); Zöller/Althammer ZPO Vor § 50 Rn. 41; näher Berger FS Prütting, 2018, 221.

[123] BGH NJW 2015, 2425 Rn. 29–32; Zöller/Althammer ZPO Vor § 50 Rn. 41.

[124] BGH NJW-RR 1986, 158; Zöller/Althammer ZPO Vor § 50 Rn. 51; MüKoZPO/Lindacher/Hau ZPO Vor § 50 Rn. 80.

92 Gibt es eine Sachentscheidung in dem Verfahren, welches der Prozessstandschafter vor einem deutschen Gericht angestrengt hat, so entfaltet diese Entscheidung materielle Rechtskraft auch für und gegen den Ermächtigenden, weil und soweit letzterer der Prozessführung durch den Prozessstandschafter zugestimmt hat.[125] Insoweit gelten die prozessual zu qualifizierenden Regeln der deutschen lex fori processualis über die materielle Rechtskraft und deren sachliche wie personelle Reichweite.

IX. Weitere Fragen

93 § 11 regelt nur einen Ausschnitt aus den sich stellenden Fragen. Soweit er keine besondere Regelung trifft, gelten die allgemeinen Regeln und Prinzipien für die gewillkürte Prozessstandschaft. Über etwaige Vergütungen, Kostenbeiträge oder Vorschusszahlungspflichten im Innenverhältnis müssen sich Prozessstandschafter und Rechtsinhaber direkt miteinander verständigen.

94 Erfolgt die gerichtliche Rechtsverfolgung in einem Schadensersatzprozess und endet dieser mit einer Verurteilung der Beklagten, Schadensersatz zu leisten, oder mit einem entsprechenden Vergleich, so erhält der Rechtsinhaber die erlösten Geldsummen nach Maßgabe der im Innenverhältnis zwischen ihm und dem Prozessstandschafter getroffenen Abreden.

95 Nach diesen Abreden richtet sich im Prinzip bereits, wie der Prozessstandschafter im Außenverhältnis zum Beklagten den Klagantrag ausformulieren muss: ob auf Leistung direkt an den Rechtsinhaber oder aber auf Leistung an sich selber, den Prozessstandschafter. Allerdings spielt dabei auch das auf den Klaganspruch anwendbare materielle Recht hinein: Erstens ist es dafür maßgebend, ob solche Absprachen wirksam sind. Zweitens legt es mindestens als default rule fest, inwieweit der Beklagte als Forderungsschuldner befreiend an den Prozessstandschafter leisten kann. Dies wäre zB bei Anwendbarkeit deutschen Rechts als Forderungsstatut gemäß § 362 Abs. 2 BGB; § 185 Abs. 1 BGB der Fall.[126] Insoweit spielt die Einziehungsermächtigung als materiellrechtlicher Hintergrund der Prozessführungsbefugnis hinein.[127] Berührt ist das anknüpfungsprägende Außenverhältnis zum Schuldner, nicht bloß das Innenverhältnis zwischen Ermächtigendem und Ermächtigtem. Deshalb kommt es – parallel der Abgrenzung zwischen Art. 14 Abs. 1 und 2 Rom II-VO – auf das Forderungsstatut an,[128] nicht auf das Statut, die lex causae, des Innenverhältnisses.[129]

96 Prozesskostenerstattung nach Maßgabe der §§ 91 ff. ZPO findet dagegen allein im Verhältnis der Prozessparteien (also Prozessstandschafter und Beklagter) zueinander statt.[130] Bei verlorenem Prozess trifft den Prozessstandschafter die prozessuale Kostentragungslast.[131] Ob sich der Prozessstandschafter im Fall eines verlorenen Prozesses beim Rechtsinhaber erholen kann, richtet sich nach deren Innenverhältnis. Daraus mag der Prozessstandschafter auch einen Freistellungsanspruch haben.[132]

X. Kein exklusiver und verdrängender Charakter des Geltendmachungswegs über § 11 im Verhältnis zu anderen Geltendmachungswegen

97 **1. Grundsätzliches.** § 11 hat keinen exklusiven und verdrängenden Charakter. Aus § 11 ist kein Umkehrschluss zu ziehen, auch nicht im Lichte der in II niedergelegten

[125] S. nur BGH NJW 1980, 2461; NJW-RR 1987, 127; BGHZ 123, 132 (136) = NJW 1993, 3072 (3073); BGH MDR 2008, 1183 (1184); Hoffmann ZZP 130 (2017), 403 (418 f.); MüKoZPO/Lindacher/Hau ZPO Vor § 50 Rn. 80; Zöller/Althammer ZPO Vor § 50 Rn. 51; Thomas/Putzo/Hüßtege ZPO § 51 Rn. 40.

[126] Thomas/Putzo/Hüßtege ZPO § 51 Rn. 39.

[127] S. Schack, Internationales Zivilverfahrensrecht, 8. Aufl. 2021, Rn. 677.

[128] Richtig BGHZ 125, 196 (204 f.) = NJW 1994, 2549.

[129] Dafür aber BGHZ 118, 312 (316) = NJW 1992, 3096; Schack IPRax 1995, 157 (160); Schack, Internationales Zivilverfahrensrecht, 8. Aufl. 2021, Rn. 677.

[130] Thomas/Putzo/Hüßtege ZPO § 51 Rn. 43.

[131] BGHZ 96, 153; Zöller/Althammer ZPO Vor § 50 Rn. 50.

[132] S. unter deutschem Recht Rüßmann AcP 172 (1972), 520 (548).

Vorsichtskautelen. § 11 ist die einzige zivilprozessuale Sonderregel im LkSG. Weitere Normen und Eingriffe in das Zivilprozessrecht statuiert das LkSG nicht.[133] Vielmehr stehen dem Rechtsinhaber im Ausgangspunkt alle anderen denkbaren Wege weiterhin offen.[134] Er ist nicht gezwungen, den Weg einer Ermächtigung unter § 11 zu beschreiten. Er kann sich entscheiden, selber zu klagen. Er kann sich aber auch entscheiden, seinen vermeintlichen Anspruch an jemand anderen abzutreten. Solange der vermeintliche Anspruch an einen Zessionar abgetreten ist und nicht rückabgetreten ist, hat der ursprüngliche Rechtsinhaber als Zedent keine Rechtsposition mehr, die ihn zu einer Ermächtigung unter § 11 berechtigen würde. § 11 will die Rechtsdurchsetzung erleichtern und effektiver machen.[135] Damit stünde es in Widerspruch, wenn er bestehende Optionen abschnitte und auf einen exklusiven Weg kanalisieren würde.

2. Ermächtigung ausländischer Gewerkschaft oder Nichtregierungsorganisation. Beispielsweise mag der Anspruchsinhaber eine ausländische Gewerkschaft oder Nichtregierungsorganisation (NGO) aus dem Staat seines Wohnorts oder seines gewöhnlichen Arbeitsorts individuell zur Prozessstandschaft ermächtigt haben. Dann muss sich diese Ermächtigung allerdings bei Klage vor einem deutschen Gericht dem Test unterziehen, ob sie den allgemeinen Statthaftigkeitsvoraussetzungen für eine gewillkürte Prozessstandschaft Genüge tut. Die in § 11 enthaltene Privilegierung kommt dann jedenfalls nicht zum Zuge. 98

3. Legal Tech im Abtretungs- oder Inkassozessionsmodell. Insbesondere kann der Rechtsinhaber die Möglichkeit zu einer Abtretung an einen spezialisierten Legal Tech-Anbieter haben, der mit besonderem Know how gleichgelagerte Klagen verschiedener Rechtsinhaber bündelt. Eine solche Möglichkeit besteht in den vom RDG und vergleichbaren quasi-standesrechtlichen Normregimes ausländischer Rechte gezogenen Grenzen[136] und unter kollisionsrechtlichen Einhegungen. Zessionsverbote aus dem Rechtsdienstleistungsrecht, dem Standesrecht oder dem Recht der Finanz- oder Zahlungsdienstleistungen oder der Aufsicht über Finanzinstitutionen werden sich typischerweise als Eingriffsnormen im Wege der Sonderanknüpfung durchsetzen, immer vorausgesetzt, ihr jeweiliger internationaler Anwendungsbereich ist eröffnet.[137] Sie haben Eingriffsnormenqualität, denn sie regulieren im öffentlichen Interesse an Qualitätssicherung für Rechtsberatung den Markt für Rechtsdienstleistungen in ihrem jeweiligen Erlassstaat. 99

Bei Abtretung vertraglicher Ansprüche erfolgt die kollisionsrechtliche Grundanknüpfung über Art. 14 Rom I-VO, bei Abtretung deliktischer Ansprüche analog Art. 14 Rom I-VO. Eine solche Parallele zu den „Cartel Damages Claims […] SA", den Zweckgesellschaften belgischen Rechts zur Durchsetzung von Kartellansprüchen verschiedener Geschädigter aus einem bestimmten Kartellfall, kann es außerhalb des § 11 durchaus geben. Eine „Human Rights Damages Claims […] SA" belgischen Rechts ist zB denkbar. Ebenso denkbar ist eine Inkassozession an einen „allgemeinen" Legal Tech-Anbieter. 100

Allerdings wird ein kommerzieller Legal Tech-Anbieter sich im Rahmen des regulierungsrechtlich Möglichen seine Leistung vergüten lassen, sei es durch ein direktes Honorar, sei es durch ein Gewinnhonorar, sei es (bei Abtretung im Inkassomodell) durch einen Abschlag beim Kaufpreis plus ggf. Überbürden des Delcredererisikos auf den Zedenten durch verabredete Rückabtretung oder einseitige Option einer Rückabtretung im Nichterfolgsfall. Das Abtretungsmodell bei Legal Tech ist und bleibt im Kern eben ein Geschäftsmodell. Ohne hinreichende finanzielle Anreize für Legal Tech-Unternehmen wird es nicht angeboten. 101

---

[133] Wagner/Ruttloff NJW 2021, 2145 (2150).

[134] Vgl. Art. L 225-102-5 (3) C. com. idF durch Art. 2 Loi n° 2017-399 du 27.3.2017 relative au devoir de vigilance des sociétés mères et des entreprises donneuses d'ordre, JORF n° 74 du 28.3.2017 in Frankreich.

[135] Ehmann ZVertriebsR 2021, 141 (151).

[136] Dazu zB Krüger/Seegers BB 2021, 1031; Lüke FS H. Roth, 2021, 1103.

[137] Ahrens FS Geimer, 2017, 1 (11)–13; de Barros Fritz IPRax 2020, 499 (501)–505; Mankowski RIW 2021, 397 (402 f.).

102 Eine Abtretung ändert das auf den abgetretenen Anspruch anwendbare Recht übrigens nicht. Im Verhältnis zwischen Zessionar und debitor cessus gilt das Forderungsstatut, bei Abtretung vertraglicher Ansprüche nach Art. 14 Abs. 2 Rom I-VO direkt, bei Abtretung deliktischer Ansprüche analog Art. 14 Abs. 2 Rom I-VO. Das Forderungsstatut bestimmt auch, ob ein Anspruch überhaupt abtretbar ist. Mit etwaigen Abtretungsverboten in Arbeitsverträgen, die sich ggf. auch auf Deliktsansprüche erstrecken, muss sich bei vertraglichen Ansprüchen das Arbeitsvertragsstatut, bei deliktischen Ansprüchen das Deliktsstatut befassen. RDG und vergleichbare quasi-standesrechtliche Normregimes ausländischer Rechte sind eben als Eingriffsnormen einzuordnen und dementsprechend nach Maßgabe des Art. 9 Rom I-VO bzw. des Art. 16 Rom II-VO sonderanzuknüpfen.[138]

103 **4. Rechtsverfolgung im Ausland.** Jegliche Rechtsverfolgung im Ausland vermag § 11 sowieso nicht per se zu sperren, denn er ist als Norm des deutschen Zivilprozessrechts nur von deutschen Gerichten anzuwenden und kann kein Teil einer ausländischen lex fori processus sein.

104 Wenn derselbe Anspruch sowohl in Deutschland als auch im EU-Ausland parallel geltend gemacht wird, gilt im Verfahren vor dem deutschen Gericht die Litispendenzregel des Art. 29 Brüssel Ia-VO, bei paralleler Geltendmachung in einem Vertragsstaat des LugÜ 2007 jene des Art. 27 LugÜ 2007, bei paralleler Geltendmachung in einem Drittstaat (also einem Nichtmitgliedstaat der Brüssel Ia-VO und Nichtvertragsstaat des LugÜ 2007) jene des Art. 33 Brüssel Ia-VO. Für die Identität der Streitparteien ist bei Prozessstandschaft auf den Anspruchsinhaber, nicht auf den Prozessstandschafter abzustellen, jedenfalls wenn man dem EuGH[139] folgt und nicht die formelle Parteirolle, sondern die personelle Reichweite der Rechtskraft für ausschlaggebend hält.[140]

Abschnitt 4. Behördliche Kontrolle und Durchsetzung

Unterabschnitt 1. Berichtsprüfung

§ 12 Einreichung des Berichts

(1) Der Bericht nach § 10 Absatz 2 Satz 1 ist in deutscher Sprache und elektronisch über einen von der zuständigen Behörde bereitgestellten Zugang einzureichen.

(2) Der Bericht ist spätestens vier Monate nach dem Schluss des Geschäftsjahres, auf das er sich bezieht, einzureichen.

Schrifttum: Bachmann, CSR-bezogene Vorstands- und Aufsichtsratspflichten und ihre Sanktionierung, ZGR 2018, 231; Fleischer/Danninger, Konzernhaftung für Menschenrechtsverletzungen, DB 2017, 2849; Fleischer/Hahn, Berichtspflichten über menschenrechtliche Standards in der Lieferkette, RIW 2018, 397; Hell, Offenlegung nichtfinanzieller Informationen, 2020; Hommelhoff/Gundel, Ist das deutsche Enforcement-Verfahren europarechtskonform?, BB 2014, 811; Hübner, Bausteine eines künftigen Lieferkettengesetzes, NZG 2020, 1411; Jungkind/Raspé/Terbrack, Unternehmensverantwortung in der Lieferkette, DK 2021, 445; Kumm/Woodtli, Nachhaltigkeitsberichterstattung: Die Umsetzung der Ergänzungen der Bilanzrichtlinie um die Pflicht zu nichtfinanziellen Angaben im RefE eines CSR-Richtlinie-Umsetzungsgesetzes, DK 2016, 218; Mock, Berichterstattung über Corporate Social Responsibility nach dem CSR-Richtlinie-Umsetzungsgesetz, ZIP 2017, 1195; Nietsch, Von der nichtfinanziellen Berichterstattung zur Nachhaltigkeitsberichterstattung – Eine Momentaufnahme zum Vorschlag der Corporate Sustainability Reporting

[138] Ahrens FS Geimer, 2017, 1 (11)–13; de Barros Fritz IPRax 2020, 499 (501)–505; Mankowski RIW 2021, 397 (402 f.).

[139] EuGH 19.5.1998 – C-351/96, Slg. 1998, I-3075 Rn. 19 = ECLI:EU:C:1998:242 – Drouot Assurances SA/CMI Industrial Sites ua; dem folgend insbes. OGH GRUR Int 2007, 433.

[140] Vgl. OLG Köln IPRax 2004, 521 (krit. dazu allerdings Geimer IPRax 2004, 505): Parteiidentität bei Beteiligung des Zedenten in dem einen und des Zessionars in dem anderen Verfahren bejaht.

Directive, ZIP 2022, 449; Stawinoga/Velte, Der EU-Richtlinienentwurf zur Nachhaltigkeitsberichterstattung, DStR 2021, 3064.

I. Grundlagen

1. Normzweck und systematische Stellung. § 12 und § 13 regeln die Einreichung und Prüfung des gemäß § 10 Abs. 2 jährlich zu erstellenden Berichts über die Erfüllung der Sorgfaltspflichten. Die Vorschriften stehen an der Spitze des vierten Abschnitts des LkSG über die „Behördliche Kontrolle und Durchsetzung" des Gesetzes, der sich wiederum in drei Unterabschnitte gliedert. Die Unterabschnitte 1 (Berichtsprüfung) und 2 (Risikobasierte Kontrolle) begreift der Gesetzgeber als **„zwei Säulen von unterschiedlicher Prüfbreite und -tiefe".**[1] Gegenstand des Verfahrens der Berichtsprüfung ist dabei allein die Erfüllung der Sorgfaltspflicht des § 10 Abs. 2. Ermöglicht werden soll damit eine „möglichst breit angelegte, gleichzeitig formalisierte und eingriffsarme Kontrolle der Unternehmen".[2] Eine umfassende Kontrolle der Einhaltung der materiellen Sorgfaltspflichten kann und soll an dieser Stelle nicht stattfinden.[3] Umgekehrt sind Maßnahmen im Rahmen der risikobasierten Kontrolle nach §§ 14 ff. ausdrücklich nur zur Einhaltung der übrigen Sorgfaltspflichten (§§ 3–10 Abs. 1) zulässig; eine zweite Tiefenprüfung des Berichts erfolgt in diesem Verfahren nicht. 1

Das Verfahren der Berichtsprüfung dient neben dem **Schutz der Öffentlichkeit** als Adressatin des Berichts auch der **Vorbereitung risikobasierter Kontrollen** nach Unterabschnitt 2. Im Rahmen des risikobasierten Ansatzes nach § 19 Abs. 2 ist eine Orientierung an abstrakten (branchentypischen) Risiken ebenso zulässig wie ein Vorgehen aufgrund konkreter Hinweise auf Risiken oder Pflichtverletzungen bei einzelnen Unternehmen.[4] Hierzu zählen nicht nur die in der Gesetzesbegründung genannten substantiierten Hinweise Dritter, sondern auch die Angaben im Bericht nach § 10 Abs. 2, die das BAFA bei der Berichtsprüfung einer Plausibilitätskontrolle unterzieht (→ § 13 Rn. 4). Auffällige oder branchenuntypische Lücken im Bericht werden einen zentralen Anknüpfungspunkt für weitere Maßnahmen nach den §§ 14 ff. darstellen.[5] 2

2. UN-Leitprinzipien und ausländische Regelungsvorbilder. Eine regelmäßige Überprüfung der Darstellungen des Berichts erfolgt im LkSG nur von öffentlicher Seite. Die UN-Leitprinzipien für Wirtschaft und Menschenrechte (UNGP) kennen eine solche turnusmäßige öffentliche Prüfung nicht, geben dafür aber schon dem Wirtschaftsunternehmen eine Stärkung der Glaubwürdigkeit der menschenrechtsbezogenen Berichterstattung durch eine „unabhängige Verifikation" auf.[6] Naheliegend wäre daher auch aus deutscher Sicht eine durch das Unternehmen selbst in Auftrag zu gebende unabhängige Überprüfung, konkret etwa durch **Einbindung des Abschlussprüfers** gewesen. Diese hätte bei gleichzeitiger Zugriffsmöglichkeit auf die unternehmensinterne Dokumentation eine umfassende inhaltliche Berichtsprüfung, noch dazu vor ihrer Veröffentlichung, ermöglicht.[7] 3

Die Mehrzahl der bestehenden Lieferkettengesetze aus dem europäischen und außereuropäischen Ausland schreibt eine seitens des Unternehmens zu veranlassende private Berichtsprüfung ebenso wenig vor wie eine zwingende behördliche Kontrolle sämtlicher erstellter Berichte.[8] Gleichwohl hätte es auch andere Vorbilder gegeben. So verpflichtet Art. 6 VO (EU) 2017/821 Unionseinführer von Mineralen oder Metallen dazu, die Einhaltung sämtlicher Sorgfaltspflichten einschließlich der Offenlegungspflicht nach Art. 7 Abs. 3 VO (EU) 2017/821 von einem unabhängigen Dritten prüfen zu lassen. Der Prüfbe- 4

[1] Begr. RegE, BT-Drs. 19/28649, 53.
[2] Begr. RegE, BT-Drs. 19/28649, 53.
[3] Begr. RegE, BT-Drs. 19/28649, 30 f.
[4] Begr. RegE, BT-Drs. 19/28649, 56.
[5] Vgl. Grabosch Das neue LkSG/Engel/Schönfelder § 6 Rn. 10, 13.
[6] UN-Leitprinzipien für Wirtschaft und Menschenrechte, 2011, 28 (Kommentar zu UNGP 21).
[7] Hübner NZG 2020, 1411 (1415); Jungkind/Raspé/Terbrack DK 2021, 445 (451).
[8] Ausf. bereits Fleischer/Hahn RIW 2018, 397 (401 ff.).

richt ist gemäß Art. 7 Abs. 1 VO (EU) 2017/821 der zuständigen Behörde des jeweiligen Mitgliedsstaats – in Deutschland gemäß § 2 MinRohSorgG der Bundesanstalt für Geowissenschaften und Rohstoffe – zur Verfügung zu stellen. Diese prüft die Einhaltung der Sorgfaltspflichten gemäß Art. 11 Abs. 3 VO (EU) 2017/821 im Rahmen eines einheitlichen nachträglichen Kontrollverfahrens, ohne dass damit eine zwingende jährliche Durchsicht sämtlicher Berichte vorgeschrieben wäre.

5 Auch die in Umsetzung von **Sec. 1502 Dodd-Frank Act** geregelten US-amerikanischen Offenlegungspflichten zur Verwendung von Konfliktmineralien (→ Einl. Rn. 103 ff.) sehen eine durch das Unternehmen zu veranlassende unabhängige Berichtsprüfung vor, die aber gegenwärtig nicht durchgesetzt wird. Das gemäß 17 CFR § 240.13p-1 inhaltlich maßgebliche Form SD (17 CFR 249b.400) differenziert zwischen einer stets erforderlichen, herkunftsbezogenen „Conflict Minerals Disclosure“ und einem sorgfaltsbezogenen „Conflict Minerals Report“.[9] Letzterer ist nur zu erstellen, wenn als Herkunftsland nicht nur recycelter Konfliktmineralien die Demokratische Republik Kongo oder eines ihrer Nachbarländer ermittelt worden ist; (nur) dieser gesonderte Sorgfaltsbericht ist unabhängig zu prüfen. Nachdem einzelne Elemente der Berichtspflicht jedoch durch ein Bundesberufungsgericht für verfassungswidrig erklärt worden sind,[10] verlangt die SEC einen unabhängig geprüften Sorgfaltsbericht nur noch, wenn das Unternehmen freiwillig für seine Produkte das Label „DRC conflict free“ verwenden möchte.[11]

6 **3. Lieferketten-RL-E.** Der europäische Gesetzgeber hat sich in seinem Entwurf vom 23.2.2022 für eine Richtlinie des Europäischen Parlaments und des Rates über die Sorgfaltspflichten von Unternehmen im Hinblick auf Nachhaltigkeit (Corporate Sustainability Due Diligence)[12] dafür entschieden, Unternehmen, die bereits zur Abgabe einer nichtfinanziellen Erklärung verpflichtet sind, **keine selbständigen Offenlegungspflichten** aufzuerlegen (→ § 10 Rn. 5). Stattdessen sollen Angaben zur Erfüllung der menschenrechts- und umweltbezogenen Sorgfaltspflichten in die nichtfinanzielle Erklärung integriert werden. Diese nichtfinanzielle Erklärung unterliegt gemäß § 317 Abs. 2 S. 4 einer formellen Abschlussprüfung, die sich – grundsätzlich entsprechend § 13 Abs. 1 – sowohl auf das Vorliegen der Erklärung als auch auf die Einhaltung der gesetzlichen Anforderungen erstreckt.[13] Eine inhaltliche Abschlussprüfung der nichtfinanziellen Erklärung ist gegenwärtig nicht vorgeschrieben, ebenso wenig eine Plausibilisierung der offengelegten Informationen. Für die öffentliche Überprüfung der nichtfinanziellen Erklärung durch die BaFin im Enforcement-Verfahren gemäß §§ 106 ff. WpHG gilt derselbe Prüfungsmaßstab.[14] Allerdings erfolgt eine Prüfung gemäß § 107 Abs. 1 WpHG nur bei konkreten Anhaltpunkten für einen Verstoß (S. 1) oder stichprobenartig (S. 3).

7 Die den §§ 289b ff. HGB zugrundeliegenden und mit ihnen in Zusammenhang stehenden Richtlinien werden jedoch gegenwärtig überarbeitet. Ein Richtlinienentwurf zur **Änderung der CSR-RL, der Transparenz-RL und der Abschlussprüfer-RL** ist am

---

[9] Ausf. Woody Fordham L. Rev. 81 (2012), 1315, 1329 ff.

[10] National Association of Manufacturers v. Securities and Exchange Commission, 800 F.3d 518 (D. C. Cir. 2015).

[11] SEC Division of Corporation Finance, Updated Statement on the Effect of the Court of Appeals Decision on the Conflict Minerals Rule, 7.4.2017, https://perma.cc/7BWK-5L4X (zuletzt abgerufen am 6.9.2022); Higgins, Statement on the Effect of the Recent Court of Appeals Decision of the Conflict Minerals Rule, 29.4.2014, https://perma.cc/AA77-VC3E (zuletzt abgerufen am 6.9.2022).

[12] Vorschlag für eine Richtlinie des Europäischen Parlaments und des Rates über die Sorgfaltspflichten von Unternehmen im Hinblick auf Nachhaltigkeit und zur Änderung der Richtlinie (EU) 2019/1937, COM (2022) 71 final.

[13] BeckOGK/Bormann, Stand: 15.11.2020, HGB § 317 Rn. 83; BeBiKo/Schmidt/Almeling HGB § 317 Rn. 83.

[14] Kölner Komm. WpHG/Mock WpHG § 37n Rn. 145 ff.; Mock ZIP 2017, 1195 (1201); Kumm/Woodtli DK 2016, 218 (231 f.); Bachmann ZGR 2018, 231 (244 f.); Hell, Offenlegung nichtfinanzieller Informationen, 2020, 194; BeckOGK/Kleindiek, Stand: 15.11.2020, HGB § 289b Rn. 56; Heidel/Schall/Velte HGB § 289b Rn. 23.

21.4.2021 vorgestellt worden (CSR-RL-E);[15] er soll nach Planung der EU noch vor der Lieferketten-RL in Kraft treten. Dabei ist insbesondere vorgesehen, dass die künftig als Nachhaltigkeitsberichterstattung bezeichnete Offenlegung nichtfinanzieller Informationen auch materiell der Abschlussprüfung unterliegen soll.[16] Daraus folgt zwar auch eine Erweiterung des Prüfungsumfangs im Enforcement-Verfahren nach §§ 106 ff. WpHG (→ Rn. 6). Eine turnusmäßige öffentliche Überprüfung der Nachhaltigkeitsberichterstattung durch die zuständige Behörde sieht jedoch auch der Richtlinienentwurf nicht vor. Die Zuständigkeit zur Prüfung der Nachhaltigkeitsberichterstattung liegt damit zunächst bei der BaFin. Sofern der deutsche Gesetzgeber die Zuständigkeit des BAFA für die Berichtsprüfung auch nach Inkrafttreten der reformierten CSR-RL aufrechterhalten möchte, müsste er die Zuständigkeiten im Bilanzkontrollverfahren aufteilen. Unionsrechtliche Zulässigkeitsvorbehalte gegen eine solche **horizontale Zuständigkeitsaufspaltung** bestehen nicht.[17]

Für Unternehmen, die nicht zur Abgabe einer nichtfinanziellen Erklärung bzw. zur Nachhaltigkeitsberichterstattung verpflichtet sind, begründet Art. 11 Lieferketten-RL-E eine eigenständige Berichtspflicht, die im Einzelnen durch delegierte Rechtsakte näher ausgestaltet werden soll. Eine Abschlussprüfung dieses Berichts ist nicht geregelt. Für die Überwachung ist gemäß Art. 17 Abs. 1 Lieferketten-RL-E eine Aufsichtsbehörde zu bestimmen; eine zwingende jährliche Überprüfung der eingereichten Berichte ist jedoch auch durch diese nicht vorgesehen. 8

II. Verfahren der Einreichung (Abs. 1)

§ 12 Abs. 1 enthält Angaben zum Verfahren, nach dem der Bericht beim BAFA einzureichen ist. So soll der Bericht **in deutscher Sprache** und **über einen elektronischen Zugang** übermittelt werden. Im Einzelnen kann das Verfahren gemäß § 13 Abs. 3 Nr. 1 durch Rechtsverordnung des Bundesministeriums für Arbeit und Soziales (BMAS) näher geregelt werden.[18] 9

1. Sprache. Systematisch unverständlich erscheint die Vorgabe einer **Sprachfassung** für den Bericht allein in § 12. Eine Regelung innerhalb des § 10 Abs. 2 hätte ohne weiteres auch für § 12 Wirkung entfaltet – einzureichen ist schließlich „der Bericht nach § 10 Abs. 2 S. 1". Umgekehrt folgt aber aus § 12 nicht, dass der Bericht auch in deutscher Sprache zu veröffentlichen wäre. Dem Zweck der Berichtsprüfung läuft ein inhaltliches oder sprachliches Auseinanderfallen des veröffentlichten und des eingereichten Berichts freilich zuwider. Gegenstand der Berichtsprüfung ist die Einhaltung der Sorgfaltspflicht des § 10 Abs. 2; möglich ist eine solche umfassende Überwachung der Berichtspflicht indes nur, wenn das BAFA mit dem eingereichten auch zugleich den veröffentlichten Bericht prüft, die Berichte also inhaltlich und auch sprachlich übereinstimmen (→ § 10 Rn. 32). 10

2. Elektronischer Zugang. § 12 Abs. 1 sieht ein „elektronisches Berichtsverfahren" vor.[19] Das BAFA soll hierzu einen gesonderten Zugang bereitstellen. Nach der Regierungsbegründung zu §§ 12, 13 sollen bei der Einreichung des Berichts Eingabemasken auszufüllen sein, wobei sich der damit verbundene Aufwand verringern solle, wenn das 11

[15] Vorschlag für eine RL des Europäischen Parlaments und des Rates zur Änderung der RL 2013/34/EU, 2004/109/EG und 2006/43/EG und der VO (EU) Nr. 537/2014 hinsichtlich der Nachhaltigkeitsberichterstattung von Unternehmen, COM (2021) 189 final; ausf. zu Änderungen im Entwurf Nietsch ZIP 2022, 449; Stawinoga/Velte DStR 2021, 2364.

[16] Art. 3 CSR-RL-E zur Änderung und insbesondere Einfügung von Art. 26a Bilanz-RL-E, COM (2021) 189 final.

[17] Vgl. zum zweistufigen Enforcement-Verfahren vor Inkrafttreten des FISG Hommelhoff/Gundel BB 2014, 811.

[18] Der Erlass von Rechtsverordnungen ist jedoch gegenwärtig nicht geplant, vgl. FAQ des BMAS, Nr. XVI Ziff. 3, https://www.csr-in-deutschland.de/DE/Wirtschaft-Menschenrechte/Gesetz-ueber-die-unternehmerischen-Sorgfaltspflichten-in-Lieferketten/FAQ/faq.html (zuletzt abgerufen am 6.9.2022).

[19] Begr. RegE, BT-Drs. 19/28649, 53.

Unternehmen keine Risiken festgestellt und deshalb nur eine kurze Erklärung abzugeben habe.[20] Daran anknüpfend hat das BAFA im Juli 2022 die Veröffentlichung eines **strukturierten Fragebogens** angekündigt, der die einzelnen von § 10 Abs. 2 Nr. 1–4 vorgeschriebenen Angaben systematisch abfragen soll. Bei der Ausgestaltung des Verfahrens sind das BAFA (bei Einrichtung des elektronischen Zugangs) und das Bundesarbeitsministerium (bei Erlass von Rechtsverordnungen nach § 13 Abs. 3 Nr. 1) allerdings an den Regelungsgegenstand des § 12 gebunden. Dieser betrifft allein die Einreichung des Berichts; seinen Inhalt regelt abschließend § 10 Abs. 2. Eine Abfrage von Informationen, die nicht bereits aufgrund von § 10 Abs. 2 S. 2 Nr. 1–4 offenzulegen sind, ist daher unzulässig. Umgekehrt berühren auch zulässige Abfragen im Einreichungsprozess die Vorgaben für die Veröffentlichung des Berichts nicht: Ob die Offenlegung der in § 10 Abs. 2 S. 2 Nr. 1–4 genannten Informationen im Einreichungsverfahren daher durch Beantwortung des strukturierten Fragebogens erfolgt, ist für die Darstellung im veröffentlichten Bericht ohne Belang (→ § 10 Rn. 31).

12 Zu berücksichtigen ist überdies, dass Gegenstand der Berichtsprüfung gemäß § 13 Abs. 1 Nr. 2 **allein die inhaltliche Übereinstimmung mit den Anforderungen von § 10 Abs. 2 und 3** ist und nur eine Missachtung dieser Vorgaben Anlass für ein Nachbesserungsverlangen gemäß § 13 Abs. 2 oder Grundlage für ein Bußgeld gemäß § 24 Abs. 1 Nr. 10 sein kann. Wenn aber eine darüber hinausgehende Abfrage von Informationen im Einreichungsprozess weder den Prüfungsauftrag des BAFA prägt noch aus Sicht der Bußgeldvorschriften von Belang ist, so muss sich der Gesetzgeber fragen lassen, ob der damit verbundene Mehraufwand mit dem Anspruch der Gesetzesbegründung, ein „standardisiertes, aufwandsarmes, benutzerfreundliches und effizientes Berichtssystem einzurichten",[21] noch zu vereinbaren ist.

III. Frist zur Einreichung (Abs. 2)

13 Die Frist des zur Einreichung des Berichts gemäß § 12 Abs. 2 von **vier Monaten** nach dem Schluss des Geschäftsjahres entspricht der Frist, binnen derer der Bericht auch gemäß § 10 Abs. 2 öffentlich zugänglich zu machen ist. Unternehmen, deren Geschäftsjahr dem Kalenderjahr entspricht, werden **spätestens zum 30.4.2024** erstmalig einen Bericht einzureichen haben. **Bei** einem **vom Kalenderjahr abweichenden Geschäftsjahr** ist der Bericht **entsprechend früher** einzureichen (→ § 10 Rn. 33).[22]

IV. Sanktionen

14 Die **verspätete oder gänzlich unterbliebene Einreichung** des Berichts ist gemäß § 24 Abs. 1 Nr. 12 bußgeldbewehrt. Die **Höhe** des Bußgelds folgt aus § 24 Abs. 2 Nr. 3; es kann bis zu 100.000 Euro betragen. Eine prozentual an den Jahresumsatz anknüpfende Geldbuße nach § 24 Abs. 3 kommt nicht in Betracht; ebenso wenig ein Ausschluss von der Vergabe öffentlicher Aufträge nach § 22.

---

[20] Begr. RegE, BT-Drs. 19/28649, 53.
[21] Begr. RegE, BT-Drs. 19/28649, 53.
[22] In der Sache richtig, aber mit unzutr. Jahresdaten Falder/Frank-Fahle/Poleacov LkSG 104 f.

§ 13 Behördliche Berichtsprüfung; Verordnungsermächtigung

(1) Die zuständige Behörde prüft, ob

1. der Bericht nach § 10 Absatz 2 Satz 1 vorliegt und
2. die Anforderungen nach § 10 Absatz 2 und 3 eingehalten wurden.

(2) Werden die Anforderungen nach § 10 Absatz 2 und 3 nicht erfüllt, kann die zuständige Behörde verlangen, dass das Unternehmen den Bericht innerhalb einer angemessenen Frist nachbessert.

(3) Das Bundesministerium für Arbeit und Soziales wird ermächtigt, durch Rechtsverordnung im Einvernehmen mit dem Bundesministerium für Wirtschaft und Energie ohne Zustimmung des Bundesrates folgende Verfahren näher zu regeln:

1. das Verfahren der Einreichung des Berichts nach § 12 sowie
2. das Verfahren der behördlichen Berichtsprüfung nach den Absätzen 1 und 2.

I. Grundlagen

Der gemäß § 10 Abs. 2 zu erstellende und nach § 12 einzureichende Bericht wird nach 1
Maßgabe des § 13 durch das BAFA geprüft. Die Gesetzesbegründung begreift diese Prüfung als eine von zwei selbständigen „Säulen von unterschiedlicher Prüfbreite und -tiefe", die einen „Ausgleich zwischen einer möglichst breit angelegten und einer gezielt eingriffsintensiven Kontrolle" schaffen sollen.[1] Mit der Prüfung des Berichts soll eine „möglichst breit angelegte, gleichzeitig formalisierte und eingriffsarme Kontrolle" ermöglicht werden (→ § 12 Rn. 1 ff.).[2] Im Einzelnen kann das Verfahren der Berichtsprüfung gemäß § 13 Abs. 3 Nr. 2 durch Rechtsverordnung des Bundesarbeitsministeriums näher geregelt werden (Abs. 3).[3]

Die jährliche behördliche Überprüfung sämtlicher Berichte ist im internationalen Ver- 2
gleich ein **Novum.** Die UN-Leitprinzipien sehen sie ebenso wenig vor wie die bereits bestehenden europäischen und außereuropäischen Lieferkettengesetze mit und ohne materielles Sorgfaltspflichtenprogramm (→ § 12 Rn. 3 ff.). Auch die nichtfinanzielle Erklärung gemäß §§ 289b ff. HGB und die Nachhaltigkeitsberichterstattung des Entwurfs einer überarbeiteten CSR-RL vom 21.4.2021[4] werden nicht turnusmäßig durch die zuständige Behörde (gegenwärtig die BaFin gemäß §§ 106 ff. WpHG) geprüft (→ § 12 Rn. 6 ff.).

II. Prüfung des Berichts (Abs. 1)

Gegenstand der Prüfung ist die Einhaltung der Sorgfaltspflicht des § 10 Abs. 2. Ent- 3
sprechend kontrolliert das BAFA gemäß § 13 Abs. 1, ob der Bericht gemäß § 10 Abs. 2 S. 1 vorliegt (Nr. 1) und ob die inhaltlichen Anforderungen der § 10 Abs. 2 und 3 beachtet wurden (Nr. 2). Im Einzelnen wird geprüft, ob der Bericht nachvollziehbare Angaben zu den identifizierten menschenrechts- und umweltbezogenen Risiken und Pflichtverletzungen, den zur Erfüllung der Sorgfaltspflichten unternommenen Maßnahmen, zur Bewertung der Auswirkungen und der Wirksamkeit dieser Maßnahmen und zu den aus dieser Bewertung gezogenen Schlussfolgerungen enthält (→ § 10 Rn. 37 ff.).[5] Es handelt sich also

---

[1] Vgl. Begr. RegE, BT-Drs. 19/28649, 53.

[2] Vgl. Begr. RegE, BT-Drs. 19/28649, 53.

[3] Der Erlass von Rechtsverordnungen ist jedoch gegenwärtig nicht geplant, vgl. den FAQ des Bundesministeriums für Arbeit und Soziales, Nr. XVI Ziff. 3, https://www.csr-in-deutschland.de/DE/Wirtschaft-Menschenrechte/Gesetz-ueber-die-unternehmerischen-Sorgfaltspflichten-in-Lieferketten/FAQ/faq.html (zuletzt abgerufen am 6.9.2022).

[4] Vorschlag für eine RL des Europäischen Parlaments und des Rates zur Änderung der RL 2013/34/EU, 2004/109/EG und 2006/43/EG und der VO (EU) Nr. 537/2014 hinsichtlich der Nachhaltigkeitsberichterstattung von Unternehmen, COM (2021) 189 final.

[5] Grabosch Das neue LkSG/Engel/Schönfelder § 6 Rn. 10, 13.

zunächst um eine rein **formelle Prüfung.**[6] Eine umfassende materielle Prüfung, ob das Unternehmen wahrheitsgemäß berichtet hat und es auf dieser Grundlage seinen materiellen Sorgfaltspflichten genügt, ist dagegen nicht Teil des Verfahrens nach §§ 12, 13. Dies prüft die Behörde vielmehr auf Grundlage der §§ 14 ff. unter Zugrundelegung eines risikobasierten Ansatzes.

4 Über die rein formelle Prüfung hinaus soll allerdings ausweislich der Regierungsbegründung im Verfahren nach §§ 12, 13 zumindest eine **Plausibilisierung** der Angaben des Berichts stattfinden. Bei der Darstellung des avisierten Erfüllungsaufwands wird hierfür mit sechs Stunden pro Bericht das Dreifache des für die eigentliche Berichtsprüfung angesetzten Zeitaufwands veranschlagt.[7] Dieser Prüfschritt lässt die Trennung zwischen Berichtsprüfung und risikobasierter Kontrolle unberührt. Eine materielle Prüfung leistet die Plausibilisierung nicht; sie dient lediglich der Vorbereitung späterer risikobasierter Kontrollen (→ § 12 Rn. 2).[8]

III. Nachbesserung (Abs. 2)

5 Verstöße gegen § 10 Abs. 2 und 3 berechtigten das BAFA dazu, von dem berichtspflichtigen Unternehmen eine Nachbesserung des veröffentlichten und eingereichten Berichts binnen angemessener Frist zu verlangen. Erfasst sind damit primär **formelle Mängel;** zu diesen zählt insbesondere auch die mangelnde Nachvollziehbarkeit der Angaben im Bericht. Hält das BAFA die Darstellungen im Bericht demgegenüber für zwar nachvollziehbar, aber unplausibel, kommt ein Nachbesserungsverlangen nach § 13 Abs. 2 nicht in Frage.[9] Eine Pflicht zur Substantiierung besteht im Verfahren der Berichtsprüfung nicht; in Betracht kommt hier nur ein Auskunftsverlangen nach § 17. Da den § 10 Abs. 2 und 3 jedoch eine wahrheitsgemäße Berichterstattung inhärent ist, müssen zumindest feststehende Falschdarstellungen einem Nachbesserungsverlangen zugänglich sein.[10] Die Entscheidung über das Nachbesserungsverlangen steht **im Ermessen der Behörde.** In aller Regel dürfte jedoch bereits der Schutz der Öffentlichkeit als Adressatin des Berichts eine Aufforderung zur Nachbesserung gebieten.

6 Das Verhältnis des Nachbesserungsverlangens zur Verhängung eines Bußgeldes nach § 24 Abs. 1 Nr. 10 ist im Gesetz nicht eindeutig geregelt. Ein **Stufenverhältnis,** nach dem der Verhängung eines Bußgeldes stets die vergebliche Aufforderung zur Nachbesserung vorausgehen müsste, scheidet schon aufgrund der diesen spezifischen Fall aufgreifenden (schärferen) Bußgeldvorschrift des § 24 Abs. 1 Nr. 13 aus. Ebenfalls nicht annehmen lässt sich ein **Alternativverhältnis,** das bei einer Aufforderung zur Nachbesserung die Verhängung eines Bußgelds nach § 24 Abs. 1 Nr. 10 ausschlösse. Schon zum Schutz der Öffentlichkeit als Adressatin des veröffentlichten Berichts wird die Behörde praktisch immer auf eine Nachbesserung bestehen. Leistet das berichtspflichtige Unternehmen der Aufforderung folge, mag die Verhängung des Bußgelds nach § 24 Abs. 1 Nr. 10 zwar im Einzelfall unverhältnismäßig erscheinen. Zwingend ist das jedoch keineswegs, insbesondere wenn das berichtspflichtige Unternehmen bei dem vorausgehenden Verstoß gegen § 10 Abs. 2 oder 3 vorsätzlich gehandelt hatte. Die jeweils verhältnismäßige Entscheidung trifft die Behörde daher unter Berücksichtigung aller Umstände des Einzelfalles.

7 Vorsätzliche und fahrlässige Zuwiderhandlungen gegen das Nachbesserungsverlangen stellen **selbständige Ordnungswidrigkeiten nach § 24 Abs. 1 Nr. 13** dar. Das Bußgeld kann gemäß § 24 Abs. 2 Nr. 2 bis zu 500.000 Euro betragen. Sofern tatsächlich ein Bußgeld in Höhe von mindestens 175.000 Euro verhängt wird, kommt auf dieser Grundlage

[6] Vgl. DAV NZG 2021, 546 (553) mit der Forderung nach einer Klarstellung, dass die Prüfung auf „Vollständigkeit, Verständlichkeit und Kohärenz" beschränkt sei.
[7] Begr. RegE, BT-Drs. 19/28649, 120.
[8] Grabosch Das neue LkSG/Engel/Schönfelder § 6 Rn. 10, 13.
[9] So auch Wagner/Ruttloff/Wagner LkSG-HdB/Ruttloff/Hahn Rn. 1458.
[10] Wagner/Ruttloff/Wagner LkSG-HdB/Ruttloff/Hahn Rn. 1459.

auch ein Ausschluss von der Vergabe öffentlicher Aufträge gemäß § 22 Abs. 1 und 2 S. 1 in Frage.

IV. Verordnungsermächtigung (Abs. 3)

§ 13 Abs. 3 ermächtigt das Bundesarbeitsministerium zum Erlass von Rechtsverordnungen zur Regelung des Verfahrens der Einreichung des Berichts (Nr. 1) und der behördlichen Berichtsprüfung (Nr. 2) des Berichts. Ziel einer solchen Regelung soll ausweislich der Gesetzesbegründung ein „standardisiertes, aufwandsarmes, benutzerfreundliches und effizientes Berichtssystem" sein. Gegenwärtig ist der Erlass von Rechtsverordnungen nicht geplant,[11] das BAFA hat allerdings die Veröffentlichung eines strukturierten Fragebogens angekündigt (→ § 10 Rn. 30 f.). 8

An die Verordnungsermächtigung des § 13 Abs. 3 sind aus der Literatur verschiedentlich Wünsche herangetragen worden, etwa nach einer inhaltlichen Abstimmung der Berichtspflichten des LkSG mit der Pflicht zur Abgabe einer nichtfinanziellen Erklärung gemäß §§ 289b ff. HGB (zum Verhältnis → § 10 Rn. 52) oder nach einer Ermöglichung gemeinsamer Konzernberichterstattung (→ § 10 Rn. 28).[12] Der Wortlaut der Verordnungsermächtigung erscheint dafür allerdings zu eng. Die inhaltliche Modifikation der Berichtspflicht zwecks Anpassung an die nichtfinanzielle Erklärung und die Aufhebung doppelter Berichtspflichten im Konzern lassen sich weder als Regelung des Verfahrens der Einreichung des Berichts nach § 12 noch als Teil der behördlichen Berichtsprüfung nach § 13 Abs. 1 und 2 begreifen. Es handelt sich vielmehr um Elemente der Pflicht zur Erstellung des Berichts, die aber abschließend und ohne Einräumung einer Verordnungsermächtigung von § 10 Abs. 2 geregelt werden. 9

Unterabschnitt 2. Risikobasierte Kontrolle

§ 14 Behördliches Tätigwerden; Verordnungsermächtigung

(1) Die zuständige Behörde wird tätig:

1. von Amts wegen nach pflichtgemäßem Ermessen,
  a) um die Einhaltung der Pflichten nach den §§ 3 bis 10 Absatz 1 im Hinblick auf mögliche menschenrechtliche und umweltbezogene Risiken sowie Verletzungen einer menschenrechtsbezogenen oder einer umweltbezogenen Pflicht zu kontrollieren und
  b) Verstöße gegen Pflichten nach Buchstabe a festzustellen, zu beseitigen und zu verhindern;

2. auf Antrag, wenn die antragstellende Person substantiiert geltend macht,
  a) infolge der Nichterfüllung einer in den §§ 3 bis 9 enthaltenen Pflicht in einer geschützten Rechtsposition verletzt zu sein oder
  b) dass eine in Buchstabe a genannte Verletzung unmittelbar bevorsteht.

(2) Das Bundesministerium für Arbeit und Soziales wird ermächtigt, durch Rechtsverordnung im Einvernehmen mit dem Bundesministerium für Wirtschaft und Energie ohne Zustimmung des Bundesrates das Verfahren der risikobasierten Kontrolle nach Absatz 1 und den §§ 15 bis 17 näher zu regeln.

Schrifttum: Kamann/Irmscher, Das Sorgfaltspflichtengesetz – Ein neues Sanktionsrecht für Menschenrechts- und Umweltverstöße in Lieferketten, NZWiSt 2021, 249; Wagner/Rutloff, Das Lieferkettensorgfaltspflichtengesetz – Eine erste Einordnung, NJW 2021, 2145; Seibt/Vesper-Gräske, Lieferkettensorgfaltspflich-

[11] Vgl. den FAQ des Bundesministeriums für Arbeit und Soziales, Nr. XVI Ziff. 3, https://www.csr-in-deutschland.de/DE/Wirtschaft-Menschenrechte/Gesetz-ueber-die-unternehmerischen-Sorgfaltspflichten-in-Lieferketten/FAQ/faq.html (zuletzt abgerufen am 6.9.2022).

[12] Vgl. Grabosch Das neue LkSG/Engel/Schönfelder § 6 Rn. 9.

tengesetz erweitert Compliance-Pflichten, CB 2021, 357; Wagner/Ruttloff/Wagner/Hahn, Der Entwurf des „Sorgfaltspflichtengesetzes", CB 2021, 89; Lutz-Bachmann/Vorbeck/Wengenroth, Menschenrechte und Umweltschutz in Lieferketten – der Regierungsentwurf eines Sorgfaltspflichtengesetzes, BB 2021, 906; Frank/Edel/Maurice Heine/Nils Heine, Pionierarbeiten in der Lieferkette BB 2021, 2165; Keilmann/Schmidt, Der Entwurf des Sorgfaltspflichtengesetzes – Warum es richtig ist, auf eine zivilrechtliche Haftung zu verzichten, WM 2021, 717.

Übersicht

I. Normzweck

1 § 14 ist die erste Vorschrift des Zweiten Unterabschnitts im Abschnitt 4 „**Behördliche Kontrolle und Durchsetzung**". Dieser Zweite Unterabschnitt regelt die sog. **„risikobasierte Kontrolle"** der Einhaltung der Sorgfaltspflichten der §§ 3–10. In diesem Rahmen normiert § 14 die Voraussetzungen des behördlichen Tätigwerdens und enthält eine Verordnungsermächtigung für weitergehende Detailregelungen.

2 Die Norm dient dazu, die Schwelle zu definieren, ab deren Erreichen die zuständige Behörde unter dem LkSG tätig werden darf. Nach der Gesetzesbegründung dient § 14 „dem Zweck dieses Gesetzes, neben dem Allgemeininteresse auch die Interessen und Rechte des Einzelnen zu schützen."[1] Dies wird dadurch deutlich, dass die Behörde nach § 14 Abs. 1 nicht nur **ex officio** nach pflichtgemäßem Ermessen tätig werden kann (Nr. 1), sondern auch **auf Antrag Betroffener** (Nr. 2). Damit etabliert die Norm ein sog. **„Public-Private-Enforcement"**,[2] da Staat wie auch Privatperson auf die Ahndung und Verhinderung der Sorgfaltspflichten hinwirken können.

3 Dabei dienen die behördlichen Eingriffsmöglichkeiten nicht bloß der Vorbereitung von Maßnahmen gegen Ordnungswidrigkeiten im Sinne des LkSG, also repressiven Zwecken. Vielmehr soll die Behörde auch **präventiv** agieren und Verletzungen der nach § 2 geschützten Rechtsgüter tätig entgegentreten können. Daher soll der Behörde im präventiven Bereich nicht nur aufgrund konkreter Ereignisse ein Einschreiten möglich sein, sondern ausdrücklich auch vorbeugende Kontrollen.[3] Die Sorgfaltspflichten sollen also durch Verwaltungs- wie durch Ordnungswidrigkeitenrecht durchgesetzt wer-

[1] BT-Drs. 19/28649, 54.
[2] Kamann/Irmscher NZWiSt 2021, 249 (251).
[3] BT-Drs. 19/28649, 54.

den.[4] Dem **BAFA** kommt damit eine **Doppelfunktion** zu, da es nach zwei Verfahrensarten tätig werden kann.[5]

Die risikobasierte Kontrolle lässt sich gefälliger und eingängiger auch als „anlassbezogene Kontrolle" beschreiben. Ihre Bedeutung erhellt aus dem theoretisch denkbaren Gegenansatz: Grundkontrollen nach dem Gießkannenprinzip. Regelkontrollen mit bestimmter oder zufälliger Frequenz sieht das LkSG – bis auf regelmäßige Berichtsprüfungen nach § 13[6] – gar nicht vor. Das Konzept der risikobasierten Kontrolle setzt konkret an, nicht abstrakt. Es ist zB aus der Überwachung in der Nahrungsmittelindustrie bekannt.[7] ISO 13485 folgt ihm im Bereich der Medizinprodukte. Das Konzept der risikobasierten Kontrolle breitet sich im produktbezogenen Überwachungsrecht immer mehr aus. Indes spricht nichts dagegen, es auch auf vorgangsbezogene Risiken auszudehnen, wie im LkSG geschehen. Schon der Nahrungsmittelüberwachung ist es auch um Tierschutz zu schaffen. 4

Die anlassbezogene Kontrolle reflektiert zudem die begrenzten Ressourcen der Kontrollbehörde BAFA, die flächendeckende Kontrollen ohne konkreten Anlass ohnehin nicht gestatten würden (→ § 19 Rn. 39 f.). Gewollt ist eine **Konzentration auf neuralgische Punkte.** Die knappen Kontrollkapazitäten werden dort konzentriert, wo konkrete Anlässe, bzw. konkrete Entwicklungen in bestimmten Branchen das tatsächliche Auftreten von Risiken indizieren. 5

II. Gesetzgebungsverfahren

Die Ermächtigung der Behörde zur Kontrolle der Umsetzung der Pflichten nach dem LkSG hat sich im Rahmen des Gesetzgebungsprozesses lediglich redaktionell verändert. Im Vergleich zum Referentenentwurf[8] wurde im Regierungsentwurf die Überschrift um den Zusatz „Verordnungsermächtigung" ergänzt. Abs. 2, der die Verordnungsermächtigung statuiert, lag allerdings schon im Referentenentwurf vor und wurde im Regierungsentwurf wortgleich übernommen. 6

Abgeändert gegenüber dem Referentenentwurf wurde im Regierungsentwurf die Formulierung von Abs. 1 Nr. 1. Aus der Formulierung „[…] Behörde wird tätig: 1. nach pflichtgemäßem Ermessen, um die Einhaltung der §§ 3–10 Abs. 1 zu kontrollieren und Verstöße festzustellen, zu beseitigen oder zu verhindern; die zuständige Behörde kontrolliert die Einhaltung der Pflichten gemäß §§ 3–10 Abs. 1 in Hinblick auf mögliche Verletzungen geschützter Rechtspositionen und Verstöße gegen umweltbezogene Pflichten", wurde „[…] Behörde wird tätig: 1. nach pflichtgemäßem Ermessen, um die Einhaltung der Pflichten nach den §§ 3–10 Abs. 1 im Hinblick auf mögliche Verletzungen geschützter 7

[4] Wagner/Rutloff NJW 2021, 2145 (2150).

[5] Seibt/Vesper-Gräske CB 2021, 357 (360 f.); Wagner/Rutloff/Wagner LkSG-HdB/Rutloff/Hahn Rn. 1425.

[6] Grabosch Das neue LkSG/Engel/Schönfelder § 6 Rn. 7.

[7] Art. 9 VO (EU) 2017/625 des Europäischen Parlaments und des Rates vom 15.3.2017 über amtliche Kontrollen und andere amtliche Tätigkeiten zur Gewährleistung der Anwendung des Lebens- und Futtermittelrechts und der Vorschriften über Tiergesundheit und Tierschutz, Pflanzengesundheit und Pflanzenschutzmittel, zur Änderung der Verordnungen (EG) Nr. 999/2001, (EG) Nr. 396/2005, (EG) Nr. 1069/2009, (EG) Nr. 1107/2009, (EU) Nr. 1151/2012, (EU) Nr. 652/2014, (EU) 2016/429 und (EU) 2016/2031 des Europäischen Parlaments und des Rates, der Verordnungen (EG) Nr. 1/2005 und (EG) Nr. 1099/2009 des Rates sowie der Richtlinien 98/58/EG, 1999/74/EG, 2007/43/EG, 2008/119/EG und 2008/120/EG des Rates und zur Aufhebung der Verordnungen (EG) Nr. 854/2004 und (EG) Nr. 882/2004 des Europäischen Parlaments und des Rates, der Richtlinien 89/608/EWG, 89/662/EWG, 90/425/EWG, 91/496/EEG, 96/23/EG, 96/93/EG und 97/78/EG des Rates und des Beschlusses 92/438/EWG des Rates (Verordnung über amtliche Kontrollen), ABl. EU 2017 L 95/1 (jüngste Änderungen in ABl. EU 2019 L 126/73); Allgemeine Verwaltungsvorschrift über Grundsätze zur Durchführung der amtlichen Überwachung der Einhaltung der Vorschriften des Lebensmittelrechts, des Rechts der tierischen Nebenprodukte des Weinrechts, des Futtermittelrechts und des Tabakrechts (Allgemeine Verwaltungsvorschrift Rahmen-Überwachung – AVV Rüb) des Bundesministeriums für Ernährung und Landwirtschaft vom 20.1.2021, Banz. AT 26.1.2021 B 6.

[8] RefE des BMAS vom 28.2.2021, 15.

Rechtspositionen oder umweltbezogener Pflichten zu kontrollieren und solche Verstöße festzustellen, zu beseitigen und zu verhindern". Hierbei handelte es sich allerdings wohl um eine rein stilistische Umstellung der Elemente, die inhaltlich keine Veränderung bedeutet. Dies zeigt ein Blick in die jeweiligen Begründungen der Entwürfe.[9] Nach beiden Fassungen sollen Verstöße festgestellt, beseitigt oder verhindert und die Einhaltung der Pflichten im Hinblick auf mögliche Verletzungen geschützter Rechtspositionen kontrolliert werden.

8 Der Bundestagsausschuss für Arbeit und Soziales hat in Beschlussempfehlung und Bericht vom 9.6.2021 für § 14 nur kleinere Änderungen vorgenommen.[10] So wurde Abs. 1 Nr. 1 dadurch entschlackt, dass man die Kompetenzen der Behörde in zwei Unterbuchstaben aufgegliedert hat. Lit. a umfasst nun die Kompetenz Risiken zu kontrollieren und lit. b die Kompetenz Verstöße festzustellen, zu beseitigen und zu verhindern. Mit dieser Änderung wird auch die explizite Befugnis zur Kontrolle von Risiken eingeführt, um dem präventiven Charakter des Entschließungsermessens gerecht zu werden.[11] Dieser war jedoch durch die Formulierung „mögliche Verletzungen" schon in der Vorfassung ausreichend zur Geltung gekommen. Schließlich sollten die Veränderungen auch der einheitlichen Begriffsfassung der Merkmale „Verletzung", „Risiko" und „geschützte Rechtspositionen" dienen, die in § 2 angepasst wurden.[12] Daher gab es folgerichtige Anpassungen der Verweisungen in Abs. 2.[13]

III. Behördliches Tätigwerden (Abs. 1)

9 § 14 Abs. 1 normiert, wann das BAFA im Rahmen der risikobasierten Kontrolle tätig wird. Die Norm regelt also die Frage des Entschließungsermessens und sieht zwei Fälle vor: zum einen ein Tätigwerden von Amts wegen, zum anderen ein Tätigwerden auf Antrag Betroffener.[14]

10 **1. Zuständige Behörde.** Die zuständige Behörde ist nach § 19 (→ § 19 Rn. 5) das **Bundesamt für Wirtschaft und Ausfuhrkontrolle („BAFA").** Sie unterliegt der Rechts- und Fachaufsicht des Bundesministeriums für Wirtschaft und Energie, welches die Aufsicht im Einvernehmen mit dem Bundesministerium für Arbeit und Soziales auszuüben hat.

11 **2. Tätigwerden von Amts wegen.** Die Kompetenz zum Einschreiten des nach § 19 zuständigen BAFA ist zweigeteilt. Sie dient sowohl präventiven als auch repressiven Zwecken. Viele der denkbaren Maßnahmen weisen damit eine Doppelnatur auf. Dieser Charakter wird bereits in der Gesetzesbegründung deutlich.[15]

12 **a) Systematik des Abs. 1 Nr. 1.** Lit. a normiert die Kompetenz zur Kontrolle der Pflichten der Unternehmen nach §§ 3–10. Dabei sollen sowohl menschenrechts- als auch umweltschutzbezogene Risiken, außerdem bereits erfolgte Verletzungen kontrolliert werden. Bereits die in lit. a normierte Kontrolle weist damit sowohl **gefahrenabwehrrechtliche als auch repressive Elemente** auf. Wie genau diese Kontrolle ausgeübt wird und welche konkreten Maßnahmen zu ihrem Zweck ergriffen werden können, regeln §§ 15 ff.

13 Lit. b normiert die Kompetenz, Verstöße gegen die Pflichten aus lit. a festzustellen, zu beseitigen oder zu verhindern. In Bezug genommene Pflichten sind diejenigen aus §§ 3–10. Der Wortlaut von lit. b („Verstöße") scheint zunächst darauf hinzudeuten, dass ein Verstoß hier schon existieren muss. Dann allerdings würde es keinen Sinn ergeben, diesen

---

[9] RefE des BMAS vom 28.2.2021, 37; BT-Drs. 19/28649, 54, der lediglich ausführlicher den auch präventiven Charakter der Befugnisse hervorhebt.
[10] BT-Drs. 19/30505, 16.
[11] BT-Drs. 19/30505, 42.
[12] BT-Drs. 19/30505, 42.
[13] BT-Drs. 19/30505, 42.
[14] Wagner/Rutloff NJW 2021, 2145 (2150).
[15] BT-Drs. 19/28649, 54.

noch festzustellen. Die Kompetenz zur Feststellung wäre daher wohl eher in lit. a unterzubringen gewesen.

Insgesamt wird aber deutlich, dass das BAFA als zuständige Behörde bei der Kontrolle und Durchsetzung der Pflichten nach den §§ 3–10 **gestuft vorgehen** soll: Es soll im Wege des risikobasierten Ansatzes laufend die Einhaltung der Pflichten kontrollieren. Stellt es Risiken fest, so soll es nach Möglichkeit verhindern, dass sich diese Risiken realisieren. Stellt sich heraus, dass sich ein menschen- oder umweltrechtliches Risiko bereits realisiert hat, so soll diese Risikorealisierung zunächst festgestellt und dann durch konkrete Maßnahmen beseitigt werden. 14

Daran anschließen können sich ggf. repressive Maßnahmen. Dann aber wandelt sich die Rechtsgrundlage und über § 46 OWiG greift insbesondere die StPO. Dies hat bedeutende Auswirkungen auf anzuwendende Rechtsgrundlagen und Rechtsschutz.[16] Bei sog. **doppelfunktionalen Maßnahmen**[17] tanzt das BAFA damit gewissermaßen auf Messers Schneide. 15

b) Pflichtgemäßes Ermessen auf Grundlage des risikobasierten Ansatzes. Die Behörde wird – auf der Grundlage eines Opportunitätsprinzips[18] tätig nach **„pflichtgemäßem Ermessen"**. Was genau darunter zu verstehen ist, wird in der Gesetzesbegründung nicht erläutert. Damit ist ein Rückgriff auf das allgemeine Gefahrenabwehrrecht, auf Parallelen im Aufsichtsrecht[19] und auf Grundprinzipien der Ermessenslehre aus dem Allgemeinen Verwaltungsrecht[20] geboten. Das BAFA darf also insbesondere nicht willkürlich und nicht unverhältnismäßig handeln. 16

aa) Leitlinie des Ermessens – risikobasierter Ansatz. Leitlinie des Ermessens ist dabei der im Gesetzesentwurf in § 19 Abs. 2 festgeschriebene risikobasierte Ansatz. Auch dieser wird in der Gesetzesbegründung nicht näher umschrieben. Dennoch sind der Begriff an sich und die Systematik des Gesetzes aufschlussreich. 17

Der Begriff „risikobasiert" lässt zwei Schlussfolgerungen zu. Zum einen kann die Behörde danach nicht vollkommen grundlos agieren. Damit sie konkrete Maßnahmen nach den §§ 15 ff. ergreifen kann, muss wenigstens ein **menschen- oder umweltrechtliches Risiko** bestehen. Dies folgt auch aus dem Wortlaut von Abs. 1 Nr. 1 lit. a, der besagt, dass die Einhaltung der Pflichten nach den §§ 3–10 im Hinblick auf Risiken zu erfolgen hat. Dies bedeutet aber im Umkehrschluss eben auch, dass die Behörde keinen konkreten Anlass braucht um tätig zu werden, sondern der abstrakte Anlass eines menschenrechts- oder umweltschutzbezogenen Risikos ausreichend ist.[21] 18

Den Begriff des Risikos definiert wiederum § 2 Abs. 2 als Zustand, bei dem aufgrund tatsächlicher Umstände mit hinreichender Wahrscheinlichkeit ein Verstoß gegen die Verbote des § 2 Abs. 2 Nr. 1–12 zu erwarten ist. Das Risikoprofil ergibt sich dabei aus einer Gesamtbetrachtung der in § Abs. 2 genannten Kriterien.[22] § 2 greift das gefahrenabwehrrechtliche Merkmal der tatsächlichen Umstände auf. Dieses Merkmal wird in gefahrenabwehrrechtlichen Normen häufig als „Tatsachen, die die Annahme rechtfertigen" (vgl. § 21 Abs. 2 BPolG, § 23 Abs. 1 Nr. 4 BPolG, § 26 Abs. 2 BPolG) umschrieben.[23] Dieses Merkmal steht dabei klassisch für den sog. **Gefahrenverdacht.** 19

[16] Wagner/Rutloff/Wagner LkSG-HdB/Rutloff/Hahn Rn. 1425 f.

[17] Dazu auch Wagner/Rutloff/Wagner LkSG-HdB/Rutloff/Hahn Rn. 1426.

[18] Wagner/Ruttloff/Wagner/Hahn CB 2021, 89 (94).

[19] S. nur B. Fischer, Das Ermessen des Bundeskartellamtes zur Verfolgung und Ahndung von Zuwiderhandlungen gegen das Kartellverbot, 2014.

[20] Grabosch Das neue LkSG/Engel/Schönfelder § 6 Rn. 2; Hufen/Siegel, Fehler im Verwaltungsverfahren, 6. Aufl. 2018; außerdem zB Varadinek, Ermessen und gerichtliche Nachprüfbarkeit im deutschen und französischen Verwaltungsrecht und im Recht der Europäischen Gemeinschaft, 1993; Held-Daab, Das freie Ermessen – Von den vorkonstitutionellen Wurzeln zur positivistischen Auflösung der Ermessenslehre, 1996; Rode, § 40 VwVfG und die deutsche Ermessenslehre, 2003; Elsner, Das Ermessen im Lichte der Reinen Rechtslehre, 2011.

[21] So auch Lutz-Bachmann/Vorbeck/Wengenroth BB 2021, 906 (911).

[22] Wagner/Rutloff/Wagner LkSG-HdB/Rutloff/Hahn Rn. 1407.

[23] S. dazu Nomos-BR/Wehr BPolG § 14 Rn. 26.

20 Der Gefahrenverdacht wiederum umschreibt einen Zustand, bei dem eine Situation objektiv sowohl gefährlich als auch ungefährlich sein kann, sich aber nicht ermitteln lässt, was objektiv der Fall ist. Dieser Gefahrenverdacht ermöglicht also Ermittlungsmaßnahmen, um zu prüfen, ob eine Gefahr besteht oder nicht.[24] Dabei ist ein herabgestufter Wahrscheinlichkeitsmaßstab anzusetzen; ein Verdacht ist damit ausreichend, nicht ausreichend sind hingegen bloße Vermutungen.[25] Vielmehr müssen Grundlage des Verdachts äußere Tatsachen sein, also intersubjektiv wahrnehmbare, dem Beweis zugängliche Umstände.[26]

21 In der Gesetzesbegründung werden Unternehmen, die in den Anwendungsbereich des Gesetzes fallen, in die Kategorien unterschiedlicher Betroffenheit vom LkSG eingeteilt. Bei großen Unternehmen, „die Waren aus dem außereuropäischen Ausland importieren". wird „pauschal davon ausgegangen, dass sie sehr stark betroffen sind".[27] Stark betroffen sein sollen Unternehmen, die Waren aus dem europäischen Ausland importieren. Weniger stark oder gar nicht betroffen sind danach solche Unternehmen, deren Wertschöpfungskette (schwerpunktmäßig) in Deutschland stattfindet.[28] Diesen Gedanken vertieft der wissenschaftliche Beirat beim BMWK, der vorschlägt eine Liste sicherer Herkunftsländer zu definieren, etwa die Schweiz, die USA oder Europa. Für Lieferanten aus derartigen Ländern mit funktionierendem Rechtsstaat sei eine Sanktion von Menschenrechtsverstößen vor Ort gewährleistet und ein Lieferkettengesetz damit sogar unnötig[29] (vertieft zum Gutachten → § 20 Rn. 27).

22 Diese Einordnung wird auch in der Risikobewertung durch das BAFA eine Rolle spielen, kann für sich genommen aber als bloßer Erfahrungssatz noch nicht ausreichen, als Risiko im Sinne des risikobasierten Ansatzes. Aus dem Erfahrungssatz muss sich anhand greifbarer, ggf. beweisbarer Umstände ein echter Gefahrenverdacht ergeben. Insofern lässt sich eine Formel bilden: Je höher ein Unternehmen in der oben dargestellten Risikostruktur anzusiedeln ist, desto weniger konkrete Ereignisse sind nötig, um ein Risiko im Sinne der Norm zu begründen.

23 Nötig im Ergebnis ist also ein **konkretes Risiko,** das sich aber nicht allein auf konkrete Einzelfallergebnisse stützen muss, sondern auch auf konkreten Branchenrisiken fußen kann. Dies gilt insbesondere dann, wenn ein Unternehmen nach der oben aufgeführten Risikobewertung eine besondere Nähe zu jenem Branchenrisiko hat. Derartige Einordnungen der Unternehmen können vor allem anhand von Berichtsprüfungen (§ 13) erfolgen. Maßgebliche Faktoren für die Bewertung sind dabei systematisch insbesondere die in § 3 Abs. 2 Nr. 1–4 genannten.[30] Bei der Bewertung dieser Leitlinien kommt dem BAFA indes ein weiter **Einschätzungsspielraum** zu.[31]

24 Wenn teilweise von der Zulässigkeit „anlassloser Kontrollen" bei Unternehmen mit erhöhtem Risikoprofil gesprochen wird,[32] so widerspricht dies obigen Ausführungen nicht zwingend. Das erhöhte Risikoprofil einer Branche und die korrespondierende Einordnung eines Unternehmens in jenes Profil können gerade den Anlass begründen. Vollkommen anlasslose Kontrollen sind nicht möglich.[33]

---

[24] Nomos-BR/Wehr BPolG § 14 Rn. 26.

[25] Nomos-BR/Wehr BPolG § 21 Rn. 7.

[26] Nomos-BR/Wehr BPolG § 21 Rn. 7.

[27] BT-Drs. 19/28649, 27.

[28] Vgl. BT-Drs. 19/28649, 27.

[29] Gutachten „Menschenrechte und unternehmerische Sorgfaltspflichten" vom 7.4.2022 des Wissenschaftlichen Beirats beim BMWK vom 7.4.2022, 15.

[30] Grabosch Das neue LkSG/Engel/Schönfelder § 6 Rn. 13.

[31] Grabosch Das neue LkSG/Engel/Schönfelder § 6 Rn. 13.

[32] So etwa Grabosch Das neue LkSG/Engel/Schönfelder § 6 Rn. 15.

[33] AA wohl Grabosch Das neue LkSG/Engel/Schönfelder § 6 Rn. 30, die die Möglichkeit sog. „vorbeugender Kontrolle" ohne konkreten Anlass sehen. Dies überzeugt indes vor dem Hintergrund der risikobasierten Kontrolle, die immer Maßstab des Entschließungsermessens ist, nicht. Allenfalls im Falle eines konkreten branchenspezifischen Risikos, mögen vorbeugende Kontrollen möglich sein, ohne dass das konkret betroffene Unternehmen dazu einen Anlass gegeben hat. Dies ist aber nicht gleichzusetzen mit einer voll-

bb) Kritik. Wenn teilweise kritisiert wird, dass das BAFA **anlasslose Kontrollen** vornehmen könne, obwohl die Unternehmen sich tadellos verhielten,[34] ist dies zu pauschal. Ohne konkrete Tatsachen, auf die sich jedenfalls ein begründeter Verdacht stützen lässt, kann das BAFA nämlich nie tätig werden (→ Rn. 19 f.). Ein Anlass muss also zwingend vorliegen (weshalb der Terminus „anlasslose Kontrollen" irreführend ist). 25

Dennoch ist nicht von der Hand zu weisen, dass die Unternehmen nicht selbst Anlass für diesen Verdacht gegeben haben müssen. Die Tatsachen, auf die sich das Bestehen eines Risikos stützt, müssen nicht in der eigenen Sphäre des Unternehmens liegen. Unternehmen können sich also Kontrollmaßnahmen ausgesetzt sehen, obwohl sie selbst dafür keinen Anlass geben. Dies mag etwa dann der Fall sein, wenn menschenrechtswidrige Zustände in Regionen ans Tageslicht kommen, in denen ein Unternehmen tätig ist. 26

Obwohl die Kontrollen und weitergehenden Maßnahmen in solchen Konstellationen nicht anlasslos erfolgen, ist dennoch die besondere Belastung der Unternehmen dadurch einzubeziehen, dass sie es selbst nicht in der Hand haben, behördliche Kontrollen abzuwenden. Mindestens muss das BAFA im Rahmen seines Ermessens den Verhältnismäßigkeitsgrundsatz wahren.[35] Gibt ein Unternehmen selbst keinen Anhaltspunkt für das Bestehen eines Risikos und kommen die Tatsachen, auf die die Behörde ihre Entschließung stützt, nur von außen, so müssen zunächst sehr milde Mittel zur Kontrolle des Risikos zum Einsatz kommen. Denn ein Unternehmen, dass sich rechtstreu verhält, darf darauf vertrauen, nicht sofort mit eingriffsintensiven behördlichen Maßnahmen konfrontiert zu werden. 27

3. Tätigwerden auf Antrag. Neben dem Tätigwerden auf Basis eines begründeten Risikoverdachts im Sinne der Nr. 1 kann die Behörde auch auf Antrag tätig werden. Liegt ein Antrag vor, der die Voraussetzungen des Abs. 1 Nr. 2 erfüllt, kommt der Behörde im Rahmen der Entschließung kein Ermessen mehr zu.[36] Dies zeigt der klare Wortlaut („Behörde wird tätig: auf Antrag, wenn …"). 28

Maßgeblich für einen erfolgreichen Antrag ist die bestehende **Antragsbefugnis** des Antragstellers. Diese liegt vor bei substantiiertem Geltendmachen einer Verletzung in einer der in §§ 3–9 genannten Rechtspositionen (lit. a), oder wenn geltend gemacht wird, dass eine solche Verletzung unmittelbar bevorsteht (lit. b). Laut Gesetzesbegründung ist dies der Fall, „wenn zumindest möglich oder nicht von vorneherein auszuschließen ist, dass die Verletzung einer Rechtsposition infolge einer Sorgfaltspflichtverletzung gegeben ist oder eine solche Verletzung unmittelbar bevorsteht."[37] 29

a) Substantiiert geltend machen. Dafür, dass nicht auszuschließen ist, dass eine Verletzung in einer geschützten Rechtsposition zumindest unmittelbar bevorsteht, trägt laut Gesetzesbegründung die antragstellende Person die „**Darlegungslast**".[38] Der Zusatz **„substantiiert"** soll klarstellen, dass die Rechtsverletzung oder ihr „unmittelbar[es] Bevorstehen" in dem „nach etablierten Grundsätzen erforderlichen Maß"[39] geltend gemacht werden muss. Ein nach verfahrensrechtlichen Maßstäben zu bestimmendes Mindestmaß der Substantiierung ist nötig, aber eben auch ausreichend.[40] Allzu tiefgreifender Vortrag des Antragstellers, der ggf. außerhalb des Unternehmens steht, wird häufig gar nicht möglich sein.[41] Das Substantiierungserfordernis ist eine Hürde, um missbräuchliche Anträge zu vermeiden.[42] Der Antragsteller muss Zeit, Kosten und Mühe in eine Antragsbegründung 30

kommen anlasslosen Kontrolle. Hinzu kommt, dass das BAFA ohnehin Mühe haben dürfte die konkreten Risikoanlässe abzuarbeiten. Anlasslose Kontrollen dürften daher eine eher theoretische Überlegung sein.

[34] So zB DAV-Stellungnahme Nr. 27/2021 zum RegE LkSG, 27.
[35] Grabosch Das neue LkSG/Engel/Schönfelder § 6 Rn. 18.
[36] BT-Drs. 19/28649, 54.
[37] BT-Drs. 19/28649, 54.
[38] BT-Drs. 19/28649, 54.
[39] BT-Drs. 19/28649, 54.
[40] Wagner/Ruttloff NJW 2021, 2145 (2150).
[41] Frank/Edel/Maurice Heine/Nils Heine BB 2021, 2165 (2170).
[42] Wagner/Ruttloff/Wagner/Hahn CB 2021, 89 (94).

investieren und kann sich nicht mit einer einfachen Behauptung eines Verstoßes begnügen. Dabei sind indes die **Grenzen des Möglichen** zu achten und keine überzogenen Anforderungen zu stellen.[43]

31 Welche Grundsätze dabei genau gelten sollen, sagt die Gesetzesbegründung nicht. Es bietet sich insoweit ein Rückgriff auf die Grundsätze zur Geltendmachung einer Rechtsposition im Rahmen der **Klagebefugnis** aus § 42 Abs. 2 VwGO bei Verpflichtungsklagen an.[44] Voraussetzung der Klagebefugnis ist danach, dass eine Verletzung der Rechte des Klägers durch Ablehnung oder Unterlassung des beantragten Verwaltungsakts jedenfalls nicht offensichtlich und eindeutig nach jeder denkbaren Betrachtungsweise unmöglich erscheint.[45]

32 Das bedeutet: Eine Klagebefugnis besteht, wenn nicht offensichtlich und eindeutig nach jedweder denkbaren Betrachtungsweise die vom Kläger behaupteten Rechte ausgeschlossen erscheinen.[46] Gemünzt auf die Antragsbefugnis darf also die Rechtsverletzung der in § 2 geschützten Rechtspositionen durch die betroffenen Unternehmen **nicht offensichtlich ausgeschlossen** sein.[47] Dazu muss ein gewisser Zusammenhang der potentiellen Rechtsverletzung und der wirtschaftlichen Betätigung des betroffenen Unternehmens erkennbar sein.[48] Mit dieser Schwelle werden missbräuchliche Anträge verhindert. Sie ist aber auch nicht allzu hoch.[49]

33 Die Übertragung der genannten Grundsätze erscheint sachgerecht. Denn wird die Behörde nicht tätig, so verletzt sie damit die Schutzrechte der Betroffenen nach § 2. Die Situation ist vergleichbar mit der Situation der Untätigkeitsklage.

34 Auch in Bezug auf die „Darlegungslast", wie sie die Gesetzesbegründung zuweist, kann man die Rechtsprechung des BVerwG zur Klagebefugnis als Leitlinie heranziehen. Dem BVerwG zufolge ist es erforderlich, aber auch ausreichend, dass der Kläger die Tatsachen vorträgt, die es denkbar und notwendig erscheinen lassen, dass er in einer eigenen rechtlichen Position beeinträchtigt ist.[50] Insoweit weist die Gesetzesbegründung zurecht darauf hin, dass im Sinne eines effektiven Rechtsschutzes keine überhöhten Anforderungen an die darzulegenden Tatsachen zu stellen sind. Denn den Betroffenen wird es „oft nicht oder nur sehr schwer möglich sein […], die Sorgfaltspflichtverletzung anhand unternehmensinterner Vorgänge und Informationen, zu denen sie keinen Zugang haben, darzulegen."[51] Entsprechend müsse ausreichen, dass ein gewisser Zusammenhang zwischen der wirtschaftlichen Tätigkeit des Unternehmens und der geltend gemachten Rechtsverletzung bestehe oder zumindest möglich erscheine.[52] Nicht ausreichend ist wiederum, wenn die Betroffenheit offensichtlich nur einen zufälligen Zusammenhang zum Unternehmen aufweist.[53]

35 Eine Darlegungslast ist **keine Beweislast.** Der Antragsteller trägt aber das Risiko, dass sein Antrag keinen Erfolg hat, wenn er den Antrag nicht hinreichend mit verdachtsbegründenden Tatsachen unterfüttert. Das kann man auch in das für die Darlegungslast bestehende Substantiierungserfordernis hineinlesen. Dieses Erfordernis modifiziert im Anstoßen des Verfahrens das im Verwaltungsrecht grundsätzlich herrschende **Amtsermittlungsprinzip**.

36 Zusammenfassend ist nach der Gesetzesbegründung damit eine Antragsbefugnis gegeben, „wenn nicht ausgeschlossen werden kann, dass die antragstellende Person als Beschäftigte oder Beschäftigter des zu überprüfenden Unternehmens oder dessen unmittelbaren oder

---

[43] Grabosch Das neue LkSG/Engel/Schönfelder § 6 Rn. 22.
[44] Grabosch Das neue LkSG/Engel/Schönfelder § 6 Rn. 21.
[45] So auch Wagner/Rutloff/Wagner LkSG-HdB/Rutloff/Hahn Rn. 1418 ff.
[46] BayVGH München NVwZ 1984, 816 (816); Kopp/Schenke, 26. Aufl. 2020, VwGO § 42 Rn. 65.
[47] Wagner/Ruttloff NJW 2021, 2145 (2150).
[48] BT-Drs. 19/28649, 54.
[49] Wagner/Rutloff NJW 2021, 2145 (2150).
[50] BVerwG BeckRS 2010, 47285.
[51] BT-Drs. 19/28649, 54.
[52] BT-Drs. 19/28649, 54.
[53] BT-Drs. 19/28649, 54.

mittelbaren Zulieferers in ihren Rechten verletzt wurde oder eine solche Verletzung bevorsteht.“[54]

b) Antragsbefugnis bei erfolgter Verletzung. Der erste Sachverhalt, der eine Klagebefugnis iSd § 14 Abs. 1 Nr. 2 begründet, ist eine Verletzung der geschützten Rechtspositionen infolge der Nichterfüllung einer der Pflichten aus den §§ 3–9 der betroffenen Unternehmen.[55] Insoweit ist folgerichtig der oben genannte Maßstab des Geltendmachens anzulegen. 37

Nicht verlangt werden kann logischerweise die Darlegung der Verletzung an sich. Die Gesetzesbegründung verweist zurecht darauf, dass der Antrag und das folgende Tätigwerden der Behörde ja gerade dazu dienen, das Vorliegen einer Verletzung zu prüfen.[56] Es reichen also die Anschlusstatsachen im oben genannten Sinne (→ Rn. 30 ff.). 38

c) Antragsbefugnis bei unmittelbarem Bevorstehen. Dieselben Anforderungen gelten grundsätzlich auch unter § 14 Abs. 1 Nr. 2 lit. b. Es reicht allerdings insoweit nicht, wenn ein Antragsteller geltend macht, irgendeiner denkbaren künftigen Verletzung ausgesetzt zu sein. Vielmehr bringt der im Gefahrenabwehrrecht gängige Terminus **„unmittelbar“ gesteigerte Anforderungen an die Schadenseintrittswahrscheinlichkeit** zum Ausdruck. Es dürfen nach den vom Betroffenen vorgetragenen Tatsachen keine wesentlichen Zwischenschritte mehr anstehen, bevor die befürchtete Gefahr tatsächlich eintritt bzw. eintreten würde; es muss also ein erhöhter Wahrscheinlichkeitsgrad gegeben sein.[57] 39

d) Persönlicher Anwendungsbereich der Antragsbefugnis. Der persönliche Anwendungsbereich der **Antragsbefugnis ist auf tatsächlich Betroffene begrenzt.** Dieser Kreis umfasst indes jede denkbar betroffene Person, auch außerhalb Deutschlands und insbesondere auch juristische Personen.[58] Allerdings ist – im Gegensatz zum zivilrechtlichen Prozess (§ 11) – gerade **keine Vertretungsmöglichkeit** durch Gewerkschaften, Nichtregierungsorganisationen oder Ähnliche vorgesehen. Dies wurde kritisiert, insbesondere von denjenigen Kritikern, denen das Gesetz nicht weit genug reicht.[59] Auch hier sei ein Vertretungsmechanismus nötig, um sicherzustellen, dass die Verfahren auch tatsächlich in Gang kämen, da die Behörden kein Eigeninteresse an dem Verfahren hätten.[60] Diese Kritik verkennt indes den **Amtsermittlungsgrundsatz** als Ausformung des Rechtsstaatsprinzips. Die Einhaltung der Gesetze und die Umsetzung der darin statuierten Pflichten ist gerade originäre Aufgabe der Behörden. Sie haben also nicht nur ein Eigeninteresse, sondern sogar die Pflicht, ihr Ermessen und ihre Handlungsmöglichkeiten nach § 14 auszuüben. 40

Denkbar wäre indes eine Vertretung nach allgemeinem Verwaltungsrecht. Im Verwaltungsverfahren mit dem BAFA selbst könnten oben genannte Organisationen als Bevollmächtigte gemäß § 14 Abs. 1 S. 1 VwVfG agieren.[61] Im verwaltungsgerichtlichen Verfahren kommen als Vertreter indes nur solche Organisationen in Betracht, die explizit in § 67 Abs. 2 Nr. 1–7 VwGO genannt sind. Insbesondere Nr. 5 und 6 dürften für verwaltungsgerichtliche Verfahren nach § 14 Abs. 1 Nr. 2 relevant werden. 41

Der persönliche Anwendungsbereich, insbesondere das Erfordernis der persönlichen Betroffenheit, ist offen gefasst. Keine Rücksicht soll insbesondere auf die Art der Betroffenheit genommen werden. Nach der Gesetzesbegründung sind daher auch solche Betroffenen 42

---

[54] BT-Drs. 19/28649, 54.

[55] Zum Drittschutz der Normen auch: Wagner/Rutloff/Wagner LkSG-HdB/Rutloff/Hahn Rn. 1496 f.

[56] BT-Drs. 19/28649, 54.

[57] Zum Begriff der unmittelbaren Gefahr und seinen Ausprägungen iE am Beispiel des VersG Ridder/Breitbach/Deiseroth/Barczak VersG § 15 Rn. 173 f.

[58] Kamann/Irmscher NZWiSt 2021, 249 (251); Lutz-Bachmann/Vorbeck/Wengenroth BB 2021, 906 (911); Grabosch Das neue LkSG/Engel/Schönfelder § 6 Rn. 19.

[59] Stellungnahme der Initiative Lieferkettengesetz im Rahmen der Öffentlichen Anhörung des Ausschusses für Arbeit und Soziales am 17.5.2021, 8.

[60] Stellungnahme der Initiative Lieferkettengesetz im Rahmen der Öffentlichen Anhörung des Ausschusses für Arbeit und Soziales am 17.5.2021, 8.

[61] Grabosch Das neue LkSG/Engel/Schönfelder § 6 Rn. 19.

umfasst, die nach den jeweils geltenden Gesetzen in Schwarzarbeit tätig sind, die scheinselbstständig sind oder sonstigen Arbeitsverboten unterliegen. Weiter erfasst sind Personen, die auf eigene Rechnung tätig sind, wie etwa Kleinbauern, Soloselbstständige oder im Familienverband Tätige.[62]

43 Darüber hinaus umfasst sind auch „Personen, die in sonstiger Weise von der wirtschaftlichen Tätigkeit des zu überprüfenden Unternehmens oder eines seiner unmittelbaren oder mittelbaren Zulieferer betroffen sind. Darunter fallen insbesondere Anwohnende, die etwa durch Umweltverschmutzungen in ihren durch dieses Gesetz geschützten Rechtspositionen verletzt werden."[63]

44 Nicht umfasst sind damit Unternehmen, die selbst vom Anwendungsbereich des LkSG betroffen sind, also Konkurrenten. Diese könnten durchaus ein Interesse daran haben, andere Unternehmen, die die Pflichten der §§ 3–10 nicht einhalten, mittels Antrags zur Verantwortung zu ziehen. So würde dem Gedanken Rechnung getragen, dass es kein Nachteil sein soll, sich menschenrechtskonform zu verhalten. Diese Möglichkeit ist allerdings angesichts der klaren Gesetzesbegründung und des Wortlauts nicht gegeben. Dies könnte sich angesichts europäischer Entwicklungen ändern. Der Richtlinienentwurf der Europäischen Kommission für eine Lieferketten-RL sieht ein Antragsrecht unabhängig von persönlicher Betroffenheit voraus (→ Rn. 73).

45 **e) Möglichkeit des sog. „campaigning".** Ebenfalls vom persönlichen Anwendungsbereich des Antragsrechts umfasst sein sollen laut Gesetzesbegründung **juristische Personen, Personenvereinigungen oder Gremien.** Dies gilt allerdings nur dann, wenn sie als solche selbst vom Schutzbereich der Menschenrechte gemäß § 2 Abs. 1 erfasst sind. Dies kann insbesondere bei Gewerkschaften der Fall sein,[64] da diese ihre eigenen Rechte in der Regel unmittelbar von den direkt betroffenen Arbeitnehmern ableiten.[65] Derartige Konstellationen kommen insbesondere bei Verletzungen der Koalitionsfreiheit (§ 2 Abs. 2 Nr. 6) in Betracht.[66] Danach muss ein potentieller Antragsteller die Form einer juristischen Person haben, also selbst potenziell Verletzter sein und eine Verletzung in eigenen geschützten Rechtspositionen reklamieren. Fraglich ist indes, inwieweit juristische Personen, Personenvereinigungen oder Gremien in den Schutzbereich des § 14 fallen.[67] Zum Referentenentwurf wurde teilweise vertreten, insoweit könne auf den Kreis des § 11 (damals noch § 12 LkSG-RefE) abgestellt werden.[68] Letzterer umfasst inländische Gewerkschaften und Nichtregierungsorganisationen, welche die weiteren in § 11 genannten Anforderungen erfüllen. Daraus wird der Schluss gezogen, dass sog. Campaigning in dem Sinne möglich sei, dass zugelassene Nichtregierungsorganisationen – nach dem Gedanken des § 11 – gezielt Anträge an das BAFA richten, um gegen bestimmte Unternehmen vorzugehen.[69]

46 Die Bezugnahme auf § 11 ist indes mit Vorsicht zu genießen.[70] Denn schon aus der Begründung des Referentenentwurfs ging hervor, dass nur solche Gremien und Gewerkschaften ein Antragsrecht nach § 14 haben sollen, die selbst in den persönlichen Schutzbereich von § 2 Abs. 1 fallen. Sie müssen also ihrerseits in eigenen Rechtspositionen betroffen sein. Genau diese persönliche Anknüpfung aber soll bei § 11 für den Zivilprozess überwunden werden. Eben jene Entscheidung hat der Gesetzgeber aber für den Verwaltungsprozess nicht getroffen.[71]

[62] S. insgesamt BT-Drs. 19/28649, 54.
[63] BT-Drs. 19/28649, 54.
[64] BT-Drs. 19/28649, 54.
[65] Zum Begriff der Gewerkschaft iE s. Düwell/Kloppenburg BetrVG § 2 Rn. 35 ff.
[66] Wagner/Rutloff/Wagner LkSG-HdB/Rutloff/Hahn Rn. 1420.
[67] Wagner/Ruttloff/Wagner/Hahn CB 2021, 89 (94).
[68] Wagner/Ruttloff/Wagner/Hahn CB 2021, 89 (94).
[69] Wagner/Ruttloff/Wagner/Hahn CB 2021, 89 (94).
[70] So auch Wagner/Rutloff/Wagner LkSG-HdB/Rutloff/Hahn Rn. 1423.
[71] So auch Wagner/Rutloff/Wagner LkSG-HdB/Rutloff/Hahn Rn. 1423.

Campaigning in dem Sinne, dass Organisationen mit Anträgen nach § 14 Abs. 1 Nr. 2 an das BAFA herantreten, ohne selbst betroffen zu sein, also quasi in verwaltungsverfahrensrechtlicher „Prozessstandschaft", sind somit nicht möglich. Ein Antragsrecht steht, wenn überhaupt, nur einer begrenzten Zahl von Gewerkschaften oder vergleichbar betroffenen juristischen Personen zu und ist vollkommen einzelfallabhängig. Antragsberechtigung nach § 14 Abs. 1 Nr. 2 und der Kreis der berechtigten Prozessstandschafter nach § 11 sind damit strikt zu trennen. Alles andere würde der bewussten – wenn auch vielfach kritisierten – Entscheidung des Gesetzgebers zuwiderlaufen. 47

Möglich ist indes selbstverständlich Unterstützung in dem Sinne, dass nicht selbst betroffene Nichtregierungsorganisationen oder potentiell Verletzte, die ein Antragsrecht innehaben, bei der Wahrnehmung dieses Rechts unterstützen, etwa als Vertreter gemäß § 14 VwVfG oder § 67 VwGO[72] (s. auch → Rn. 41). Auf diese Weise ist von einer effektiven privat- wie staatlich initiierten Durchsetzung der LkSG-Pflichten auszugehen.[73] Umfassendes Campaigning im oben beschriebenen Sinne würde indes der neue Richtlinienentwurf der Europäischen Kommission für eine **Lieferketten-RL** ermöglichen. Dieser sieht ein Antragsrecht unabhängig von persönlicher Betroffenheit voraus (→ Rn. 73). 48

f) Beteiligung des Unternehmens im behördlichen Verfahren. Geht ein Antrag bei der Behörde ein, so wäre im Rahmen des behördlichen Verfahrens regelmäßig das Unternehmen anzuhören, bevor die Behörde konkret tätig wird. Für Verwaltungsakte folgt dies unmittelbar aus § 28 VwVfG. Macht ein Betroffener eine Rechtsverletzung oder deren unmittelbares Bevorstehen geltend, so muss das Unternehmen sich dazu äußern können, noch bevor die Behörde Verwaltungsakte nach den §§ 15 ff. erlässt. Denn die damit verbundenen Eingriffe wiegen schwer und die Anforderungen an die Antragsbefugnis sind vergleichsweise gering. 49

Die Möglichkeit zur Stellungnahme kann neben § 28 VwVfG auch aus dem Maßstab der Erforderlichkeit abgeleitet werden. Das mildeste Mittel der behördlichen Kontrolle von Verstößen ist zunächst das Abfragen von Informationen ohne weitergehende Belastung des Unternehmens. In vielen Fällen ist es wahrscheinlich, dass sich ein Unternehmen selbstständig durch Stellungnahme und Richtigstellen von Fakten wird entlasten können. Dann wäre es unverhältnismäßig, wenn etwa von Betretens-, Ladungs- oder Auskunftsrechten der Behörde Gebrauch gemacht würde. Entsprechend sind die Unternehmen bei Anträgen auf Tätigwerden iSd § 14 Abs. 1 Nr. 2 zu allererst zu hören, wenn dadurch keine Gefahr der Verschleierung von Verstößen oder Ähnliches droht. Entsprechend kommt es für ein **Stellungnahmerecht** der Unternehmen nicht darauf an, ob die Behörde per Verwaltungsakt tätig werden will und § 28 VwVfG direkt eingreift, oder ob das Recht bei anderen Maßnahmen aus dem Grundsatz der Erforderlichkeit abgeleitet wird. Wird ein Antrag gestellt, sind die Unternehmen im Prozess der Entscheidungsfindung regelmäßig zu beteiligen. 50

g) Inhaltliche Reichweite der Antragsbefugnis. Der Wortlaut des § 14 Abs. 1 Nr. 2 bezieht sich ausschließlich auf geschützte Rechtspositionen des § 2 Abs. 1. Nicht umfasst sind damit die umweltrechtlichen Belange aus § 2 Abs. 3. Entsprechend kann das Antragsrecht darauf nicht erstreckt werden.[74] Ob dies vom Gesetzgeber so intendiert war, ist offen. In der Gesetzesbegründung findet sich keine Erklärung für die nur partielle Verweisung. Angesichts des insoweit klaren Wortlauts kann man die Umweltbelange aber kaum unter die Norm subsumieren. 51

h) Rechtsschutz der Betroffenen bei Ablehnung. Wird ein Antrag abgelehnt, so steht den Betroffenen gegen diese behördliche Entscheidung der **Verwaltungsrechtsweg** 52

[72] Lutz-Bachmann/Vorbeck/Wengenroth BB 2021, 906 (911); Kamann/Irmscher NZWiSt 2021, 249 (251).

[73] So auch: Kamann/Irmscher NZWiSt 2021, 249 (251).

[74] So auch Wagner/Rutloff/Wagner LkSG-HdB/Rutloff/Hahn Rn. 1424.

offen.[75] Gerichtet werden kann das gerichtliche Begehren dann allerdings nur auf Tätigwerden der Behörde, nicht hingegen auf ein bestimmtes Handeln. Denn § 14 und damit auch die Möglichkeit der Antragsbefugnis Betroffener richtet sich lediglich auf das Entschließungsermessen, nicht jedoch das Mittelauswahlermessen. Ein erfolgreicher Antrag kann also lediglich dazu führen, dass die Behörde tätig wird. Das Begehren im Verwaltungsprozess kann dementsprechend nicht weitergehen. Vor diesem Hintergrund dürfte statthafte Klageart jeweils eine allgemeine Leistungsklage sein, da gerade kein konkreter Verwaltungsakt verlangt werden kann. Anderes gilt nur bei einer Ermessensreduktion auf Null.[76] Einstweiliger Rechtsschutz richtet sich damit für die Antragsteller nach § 123 VwGO.[77]

53 Im Prozess wäre das jeweils betroffene Unternehmen gemäß § 65 Abs. 2 VwGO notwendig beizuladen, da die im Prozess begehrte Leistung und deren Auswirkungen das Unternehmen direkt betreffen.[78]

54 Da das BAFA keine oberste Bundesbehörde iSd § 68 Abs. 1 S. 2 Nr. 1 Alt. 1 VwGO ist, muss einem gerichtlichen Verfahren ein Widerspruchsverfahren nach den §§ 68 ff. VwGO vorangehen.[79]

IV. Verordnungsermächtigung (Abs. 2)

55 Abs. 2 des § 14 enthält eine Verordnungsermächtigung zugunsten des Bundesministeriums für Arbeit und Soziales. Danach soll das Ministerium im Einvernehmen mit dem Bundesministerium für Wirtschaft und Energie – ohne Zustimmung des Bundesrates – das Verfahren der risikobasierten Kontrolle nach den §§ 14–17 näher regeln.

56 Dem Bundesarbeitsministerium kommt damit eine wichtige Aufgabe zu. Diese wird insbesondere darin liegen, die teilweise sehr unbestimmten Tatbestandsmerkmale der §§ 14–17 zu konkretisieren.[80] Diese Aufgabe ist damit von großer Bedeutung sowohl für das nach § 19 zuständige BAFA als auch für die betroffenen Unternehmen. Denn beide müssen ihren Umgang mit dem risikobasierten Ansatz planen können. Dabei hat der Verordnungsgeber den risikobasierten Ansatz umzusetzen. Dies gebietet bereits die notwendige Kongruenz von Gesetzestext und ausgestaltender Verordnung.

57 Die Gesetzesbegründung enthält keine weitergehenden Ausführungen dazu, wie die Verordnung auszugestalten ist. Auch wird nicht definiert, wie das „Einvernehmen" des **Bundeswirtschaftsministeriums** (mittlerweile BMWK) erreicht werden soll. Ein Zustimmungserfordernis wird darin jedenfalls nicht zu sehen sein, sondern **nur ein Stellungnahmerecht.** Das Bundesarbeitsministerium dürfte damit weitestgehend freie Hand behalten (vertieft zu dieser Problematik → § 19 Rn. 31 ff.).

58 Wegen der abstrakten Tatbestandsmerkmale der §§ 14–17 regt sich Kritik an der Verordnungsermächtigung. Es wird ein „Verstoß gegen das Gebot der Normklarheit" gesehen, da wesentliche Aspekte der Tatbestände dem Verordnungsgeber überlassen würden.[81] Aufgeworfen wird damit die Frage, ob die Verordnungsermächtigung die Grenzen von Art. 80 GG einhält. Unproblematisch ist dies zunächst in Bezug auf Art. 80 Abs. 2 GG, da das Bundesgesetz ausdrücklich die Beteiligung des Bundesrates ausschließt.[82] Problematisch erscheint allerdings, ob die Verordnungsermächtigung auch die Grenzen des Art. 80 Abs. 1

[75] BT-Drs. 19/28649, 55.

[76] Dazu insgesamt ebenso Wagner/Rutloff/Wagner LkSG-HdB/Rutloff/Hahn Rn. 1502.

[77] Wagner/Rutloff/Wagner LkSG-HdB/Rutloff/Hahn Rn. 1503.

[78] Vgl. dazu BeckOK VwGO/Kintz VwGO § 65 Rn. 20 mwN.

[79] Wagner/Rutloff/Wagner LkSG-HdB/Rutloff/Hahn Rn. 1473.

[80] Von einem „Konkretisierungsauftrag" sprechen Wagner/Rutloff NJW 2021, 2145 (2152).

[81] Bundesvereinigung der Deutschen Arbeitgeberverbände, Stellungnahme zum RegE LkSG vom 12.5.2021, BT-Drs. 19/28649, 5; ähnlich auch Bundesverband Großhandel, Außenhandel, Dienstleistungen e. V. – Stellungnahme zum RegE LkSG, BT-Drs. 19/28649; öffentliche Anhörung des Ausschusses für Arbeit und Soziales des BT, 17.5.2021, 7.

[82] Vgl. dazu BeckOK GG/Uhle GG Art. 80 Rn. 42 mwN.

S. 2 GG wahrt, ob also Inhalt, Zweck und Ausmaß ausreichend bestimmt werden. Diese besondere Ausformung des Bestimmtheitsgebots soll das Parlament daran hindern, maßlose Delegationen der Rechtssetzungsgewalt vorzunehmen.[83]

Das BVerfG konkretisiert die sich miteinander überschneidenden drei Kriterien (Inhalt, 59 Zweck und Ausmaß) in drei sich ergänzenden Konkretisierungsformeln.[84] Nach der **Selbstentscheidungsformel**[85] soll der Gesetzgeber eigenständig klären, welche Fragen von der Rechtsverordnung umfasst sind und wo deren Grenzen liegen. Nach der **Programmformel**[86] muss vorgezeichnet werden, welches Programm verordnungsrechtlich umzusetzen ist, und nach der **Vorhersehbarkeitsformel**[87] muss der Bürger bereits anhand des ermächtigenden Gesetzes Tendenz und Inhalt der Verordnung vorhersehen können. Ausgehend von dieser Grundlage ist die Bestimmtheit der Verordnungsermächtigung stets einzelfallbezogen zu beleuchten. Art. 80 Abs. 1 S. 2 GG stellt ein Untermaßverbot dar und fordert nicht, alles so bestimmt wie möglich zu regeln.

Vor diesem Hintergrund ist die Verordnungsermächtigung aus § 14 Abs. 2 als ausrei- 60 chend zu betrachten. Die Norm umreißt zunächst, welche Fragen geklärt werden sollen. Durch den Terminus „Verfahren" und den Bezug zu den §§ 14–17, die das Tätigwerden der Behörde regeln, wird klar, dass die Herangehensweise der Behörde an die Rechte und Pflichten aus §§ 14–17 geregelt wird. Es handelt sich also um eine partielle Kompetenz zur Regelung behördeninternen Pflichtenmanagements. Auch wird das Programm hinreichend dadurch bestimmt, dass §§ 14–17 die Handlungsmöglichkeiten der Behörde jedenfalls grob umreißen.

Die in Bezug genommenen Normen sind zwar ihrerseits ebenfalls teilweise recht offen 61 formuliert.[88] Dies ist allerdings für gefahrenabwehrrechtliche Normen und Ermächtigungsbefugnisse keineswegs ungewöhnlich. Darauf muss sich auch die Verordnung angesichts der klaren Bezugnahme beschränken. Diese Umstände machen es auch in Grundzügen vorhersehbar, was in der Verordnung geregelt wird. Das **Untermaßverbot** wird damit – nach hier vertretener Auffassung – **nicht verletzt.**

Durch die Offenheit der Tatbestände der §§ 14–17 kommt der Verordnung eine ent- 62 scheidende Bedeutung für die konkrete praktische Ausgestaltung zu.[89] Dieser Umstand allein führt allerdings nicht automatisch zu einer Verletzung von Art. 80 Abs. 1 S. 2 GG. Dieser soll einen Rahmen setzen und nicht jegliche inhaltliche Ausgestaltungskompetenz des Verordnungsgebers verhindern.

Auseinandersetzen sollte sich der Verordnungsgeber neben der Konkretisierung der Tat- 63 bestandsmerkmale auch mit der Frage der eingeschränkten personellen Kapazität des BAFA (im Detail → § 19 Rn. 15 ff.). Insbesondere dann, wenn das BAFA schon bei einfachen Hinweisen auf etwaige Risiken (die keine substantiierten Anträge nach § 14 Abs. 1 Nr. 2 darstellen) von Amts wegen tätig werden sollte, würde dies die personellen Kapazitäten sprengen. Die Verordnung sollte entsprechend eine Richtlinie zum gezielten Einsatz der Ressourcen enthalten.[90]

Nach aktuellen Angaben von BAFA und BMAS ist **derzeit kein Erlass von Rechts- 64 verordnungen geplant.**[91] Dies war vom Gesetzgeber offenbar anders vorgesehen, da § 14 Abs. 2 eine der wenigen Normen des LkSG ist, die unmittelbar mit Verabschiedung in

---

[83] BeckOK GG/Uhle GG Art. 80 Rn. 17.
[84] BeckOK GG/Uhle GG Art. 80 Rn. 19.
[85] BVerfGE 2, 307 (334) = NJW 1953, 1177.
[86] BVerfG NJW 1976, 1309 (1310 f.).
[87] BVerfG NJW 1981, 1311 (1311).
[88] Keilmann/Schmidt WM 2021, 717 (718).
[89] So auch Wagner/Rutloff/Wagner LkSG-HdB/Rutloff/Hahn Rn. 1377.
[90] Grabosch Das neue LkSG/Engel/Schönfelder § 6 Rn. 16.
[91] FAQ-Bogen zur Umsetzung des LkSG, Ziff. XVI, https://www.csr-in-deutschland.de/DE/Wirtschaft-Menschenrechte/Gesetz-ueber-die-unternehmerischen-Sorgfaltspflichten-in-Lieferketten/FAQ/faq.html;jsessionid=B08DA5D031CFF7549CC0258F94A25339.delivery1-replication#doc977f9a9d-bfdd-4d31-9e31-efab307ceee6bodyText16 (zuletzt abgerufen am 6.9.2022).

Kraft getreten ist.[92] Verwiesen wird darauf, dass die Norm lediglich eine Möglichkeit zum Erlass einer Rechtsverordnung vorsehe und keine Pflicht.[93] Angesichts der Bedeutung, die eine Rechtsverordnung hätte, um die Rechtssicherheit zu fördern und die Umsetzung des LkSG für Behörde wie für Betroffene zu erleichtern, verwundert die aktuelle Entscheidung und sollte überdacht werden. Es gäbe genügend Anlass zum Erlass einer Rechtsverordnung.

V. Rechtsschutz der Unternehmen

65 Wird die Behörde gegen Unternehmen tätig, so beantwortet sich die Frage nach dem Rechtsschutz nach der jeweiligen Maßnahme.[94] Nach §§ 14 ff. wird das BAFA als zuständige Behörde iSd § 19 entweder zur Vorbereitung von Ordnungswidrigkeitenverfahren (repressiv) oder zur Verhinderung denkbarer Verletzungen der Rechtspositionen aus § 2 tätig (präventiv). Nach dieser grundlegenden Unterscheidung richtet sich der Rechtsweg.

66 Knüpft eine Maßnahme an eine bereits erfolgte Verletzung an und mündet in ein **Ordnungswidrigkeitenverfahren**, so stehen die Rechtsmittel des OWiG zur Verfügung (§§ 67 ff.). Gegen einen erlassenen Bußgeldbescheid kann mithin Einspruch erhoben werden. Ggf. kommen außerdem im Wege des Staatshaftungsrechts Ansprüche auf Schadenersatz nach dem StrEG in Betracht, wenn ein Unternehmen aus einer unrechtmäßigen und unzumutbaren repressiven Maßnahme Schäden erlitten hat. Die Anwendbarkeit des StrEG auch auf Ordnungswidrigkeiten ergibt sich insbesondere aus der Generalverweisung des § 46 OWiG.[95]

67 Wird die Behörde präventiv tätig, so ist der **Verwaltungsrechtsweg** gemäß § 40 Abs. 1 S. 1 VwGO eröffnet. Je nachdem, ob die Behörde einen Verwaltungsakt erlässt oder rein faktisch agiert, kommen Anfechtungsklage (§ 42 Abs. 1, 1. Var. VwGO) oder allgemeine Feststellungsklage (§ 43 Abs. 1 VwGO) in Betracht.[96] Erledigt sich ein Verwaltungsakt der Behörde frühzeitig, bleibt ggf. die Fortsetzungsfeststellungsklage als Klageart. In Verfahren, in denen ein Dritter ein Tätigwerden der Behörde gemäß § 14 Abs. 1 Nr. 2 beantragt, kann das betroffene Unternehmen auf das Verfahren Einfluss nehmen als notwendig beizuladende Partei (§ 65 VwGO). Je nach Einzelfall kann auch einstweiliger Rechtsschutz eine Rolle spielen. Ob § 80 VwGO oder § 123 VwGO einschlägig ist, richtet sich nach der konkreten Maßnahme im jeweiligen Fall.

68 Da das BAFA keine oberste Bundesbehörde iSd § 68 Abs. 1 S. 2 Nr. 1 Alt. 1 VwGO ist, muss einem gerichtlichen Verfahren ein Widerspruchsverfahren nach den §§ 68 ff. VwGO vorangehen.[97]

69 Neben dem primären Rechtsschutz kommt auch sekundärer Rechtsschutz in Betracht, wenn den betroffenen Unternehmen durch behördliche Maßnahmen Schäden entstehen, oder sie fortwährenden Beeinträchtigungen ausgesetzt sind. Dann greifen ggf. Amtshaftungsansprüche oder der sog. Folgenbeseitigungsanspruch.[98]

VI. Auswirkungen der geplanten EU-RL

70 Nachdem das LkSG sich einfügte in vergleichbare Bestrebungen wie in den Niederlanden (hier gilt das sog. „Wet Zorgplicht Kinderarbeid“) oder Frankreich (hier gilt das sog. „loi de vigliance“), liegt nun auch ein Entwurf der Europäischen Kommission für eine einheitliche **Lieferketten-RL** vor. Dem Entwurf ging eine Aufforderung des Europäi-

---

[92] S. Art. 5 Abs. 2 Gesetz über die unternehmerischen Sorgfaltspflichten in Lieferketten vom 16.7.2022.
[93] FAQ-Bogen zur Umsetzung des LkSG, Ziff. XVI.
[94] Ausf. zum Rechtsschutz Wagner/Rutloff/Wagner LkSG-HdB/Rutloff/Hahn Rn. 1479 ff.
[95] BeckOK OWiG/Grommes StrEG § 1 Rn. 2.
[96] Dies etwa bei der Frage, ob ein Unternehmen in den Anwendungsbereich des LkSG fällt, oder ob es ein verbundenes Unternehmen iSd § 15 AktG ist; dazu Wagner/Rutloff/Wagner LkSG-HdB/Rutloff/Hahn Rn. 1491.
[97] Wagner/Rutloff/Wagner LkSG-HdB/Rutloff/Hahn Rn. 1473.
[98] Dazu detailliert Wagner/Rutloff/Wagner LkSG-HdB/Rutloff/Hahn Rn. 1507 ff.

schen Parlaments voraus.[99] Nachdem sich der konkrete Vorschlag der Kommission immer wieder verzögert hatte,[100] erschien am 23.2.2022 nun der Entwurf einer Richtlinie des Europäischen Parlaments und des Rates über die Sorgfaltspflichten von Unternehmen im Hinblick auf Nachhaltigkeit und zur Änderung der Richtlinie (EU) 2019/1937.[101]

Der Richtlinienentwurf sieht einen wesentlich differenzierteren Anwendungsbereich vor, als das deutsche LkSG. Dieser wird mehr Unternehmen erfassen und den Prüfaufwand, ob ein Unternehmen in den Anwendungsbereich fällt, weiter erhöhen. Zudem kommen aufgrund der EU-weiten Regelungen weitere Aufgaben auf das BAFA zu. 71

Der Richtlinienentwurf enthält hinsichtlich der Mittel der Durchsetzung durch Behörden keine Überraschungen. Feststeht bereits, dass ein künftiges europäisches Regelwerk als Richtlinie erfolgen wird. Diese muss der nationale Gesetzgeber umsetzen; ihm bleibt nach Art. 288 Abs. 3 AEUV die „Wahl der Form und Mittel". In Bezug auf die behördliche Durchsetzung sieht der Richtlinienvorschlag vor, dass jeder Mitgliedstaat sog. „Aufsichtsbehörden" zu etablieren hat, welche mit präventiven Anordnungen und Maßnahmen, sowie ggf. mit Sanktionen die Einhaltung der vom Entwurf etablierten Sorgfaltspflichten durchsetzen sollen (s. Art. 17 Lieferketten-RL-E). Maßgeblich sind die Art. 17–21 Lieferketten-RL-E. 72

Entscheidend hinsichtlich der Bestandsfähigkeit von § 14 wäre die Umsetzung von Art. 18 Abs. 2 Lieferketten-RL-E iVm Art. 19 Lieferketten-RL-E, die die Schwelle für das Tätigwerden definieren. Danach soll die Behörde von Amtswegen tätig werden können oder auf Hinweise von außen hin, Art. 18 Abs. 2 Lieferketten-RL-E iVm Art. 19 Lieferketten-RL-E. Anders im Vergleich zu § 14 ist vor allem das Recht von Dritten Hinweise an die zuständige Behörde zu erteilen. So sieht Art. 19 Abs. 1 Lieferketten-RL-E vor, dass natürliche wie juristische Personen das Recht haben sollen, substantielle Bedenken hinsichtlich der Umsetzung der Sorgfaltspflichten durch ein Unternehmen vorzutragen. Das bedeutet anders als bei § 14, dass keine persönliche Betroffenheit von der Rechtsverletzung bestehen muss. Es reicht vielmehr aus, wenn objektiv denkbare Anhaltspunkte vorgetragen werden, die auf einen Verstoß gegen Sorgfaltspflichten hindeuten („begründete Bedenken", Art. 19 Abs. 1 Lieferketten-RL-E). Der persönliche Anwendungsbereich des Antragsrechts des § 14 wäre also in Umsetzung des Richtlinienentwurfs zu erweitern. Das würde bedeuten, dass Campaigning – also die Geltendmachung der Rechte durch Nichtregierungsorganisationen etc. – möglich werden würde, ohne dass es auf die eigene Betroffenheit ankäme, wie bei § 14 der Fall (→ Rn. 28 f.). Auch könnten unter dem Regime des Richtlinienentwurfs Konkurrenzunternehmen Bedenken vorbringen und müssten gehört werden. 73

Nach Art. 19 Abs. 4 und 5 Lieferketten-RL-E wäre die antragstellende Person außerdem über das jeweilige Ergebnis des Antrags zu informieren und müsste Zugang zu Rechtsschutz haben. Auch dies müsste über eine Erweiterung des § 14 sichergestellt werden. Eine Verabschiedung des Richtlinienentwurfs in seiner aktuellen Form würde also Arbeit für den Gesetzgeber bedeuten und auch eine deutliche Erweiterung des Aufgabenkreises des BAFA, da mit deutlich mehr Anträgen zu rechnen wäre. Der Filter der persönlichen Betroffenheit auf Ebene der Zulässigkeit der jeweiligen Anträge würde entfallen. 74

---

[99] S. den Aufschlag des Europäischen Parlaments – European Parliament 2019–2024 – P9_TA(2021)0073 – Corporate due diligence and corporate accountability, 2020/2219(INL).

[100] S. zum Stand der europäischen Gesetzgebung: EU-Lieferkettengesetz verzögert sich weiter, DVZ, 15.12.2021, https://www.dvz.de/rubriken/management-recht/nachhaltige-logistik/detail/news/eu-lieferkettengesetz-verzoegert-sich-weiter.html#:~:text=Deutschland%20m%C3%BCsste%20sein%20im%20Sommer,Kraft%20tritt%2C%20dann%20gegebenenfalls%20anpassen.&text=Das%20deutsche%20Gesetz%20gilt%20f%C3%BCr,f%C3%BCr%20alle%20ab%201.000%20Arbeitnehmern (zuletzt abgerufen am 6.9.2022).

[101] COM (2022) 71 final 2022/0051(COD).

§ 15 Anordnungen und Maßnahmen

[1] Die zuständige Behörde trifft die geeigneten und erforderlichen Anordnungen und Maßnahmen, um Verstöße gegen die Pflichten nach den §§ 3 bis 10 Absatz 1 festzustellen, zu beseitigen und zu verhindern. [2] Sie kann insbesondere

1. Personen laden,
2. dem Unternehmen aufgeben, innerhalb von drei Monaten ab Bekanntgabe der Anordnung einen Plan zur Behebung der Missstände einschließlich klarer Zeitangaben zu dessen Umsetzung vorzulegen und
3. dem Unternehmen konkrete Handlungen zur Erfüllung seiner Pflichten aufgeben.

Schrifttum: Kamann/Irmscher, Das Sorgfaltspflichtengesetz – Ein neues Sanktionsrecht für Menschenrechts- und Umweltverstöße in Lieferketten, NZWiSt 2021, 249; Wagner/Rutloff, Das Lieferkettensorgfaltspflichtengesetz – Eine erste Einordnung, NJW 2021, 2145; Wagner/Ruttloff/Wagner/Hahn, Der Entwurf des „Sorgfaltspflichtengesetzes", CB 2021, 89; Lutz-Bachmann/Vorbeck/Wengenroth, Menschenrechte und Umweltschutz in Lieferketten – der Regierungsentwurf eines Sorgfaltspflichtengesetzes, BB 2021, 906; Frank/Edel/Maurice Heine/Nils Heine, Pionierarbeiten in der Lieferkette, BB 2021, 2165; Keilmann/Schmidt, Der Entwurf des Sorgfaltspflichtengesetzes – Warum es richtig ist, auf eine zivilrechtliche Haftung zu verzichten, WM 2021, 717.

Übersicht

I. Normzweck

1 § 15 dient als **Generalklausel**[1] für behördliche Handlungsbefugnisse und hat dabei einen funktionalen Doppelcharakter. Als Generalbefugnisnorm dient § 15 präventiven Zwecken („verhindern"), aber auch repressiven Zwecken („feststellen"; „beseitigen").[2] Die Rechtsnatur als (doppelfunktionale) Generalklausel lässt sich bereits dem Umstand entnehmen, dass § 15 S. 2 mit seinen Nr. 1–3 lediglich Regelbeispiele aufführt („insbesondere").

2 Insgesamt ist § 15 damit eine Rechtsgrundlage, welche dem BAFA als zuständiger Behörde ein weitreichendes und breites **Spektrum an Maßnahmen** eröffnet.[3] Während § 14 das **Entschließungsermessen** regelt, zeigt § 15 die Möglichkeiten der Behörde im Rahmen des (Mittel-)Auswahlermessens auf. Die Norm dient damit der effektiven Umsetzung der in §§ 3–10 definierten Sorgfaltspflichten. Dies geschieht dadurch, dass einzelfallbezogene Handlungsbefugnisse eröffnet werden.

[1] Wagner/Ruttloff/Wagner/Hahn CB 2021, 89 (94); Lutz-Bachmann/Vorbeck/Wengenroth BB 2021, 906 (911); E. Wagner/Rutloff NJW 2021, 2145 (2152); Grabosch Das neue LkSG/Engel/Schönfelder § 6 Rn. 32.

[2] Kamann/Irmscher NZWiSt 2021, 249 (252) sprechen hier von „engem Konnex von Verwaltungs- und Bußgeldverfahren".

[3] Grabosch Das neue LkSG/Engel/Schönfelder § 6 Rn. 23.

Der Schutz betroffener Unternehmen wird primär durch die im Wortlaut des § 15 verankerten Merkmale „geeignet und erforderlich" bewirkt. Daneben gilt der Grundsatz der Verhältnismäßigkeit im engeren Sinne,[4] sodass die Maßnahmen im Einzelfall auch im engeren Sinne verhältnismäßig, also angemessen sein müssen. Das kann erhebliche Konkretisierungsarbeiten insbesondere für Maßnahmen jenseits der Regelbeispiele nach sich ziehen.[5] 3

II. Gesetzgebungsverfahren

§ 15 hat im Rahmen des Gesetzgebungsprozesses nur unwesentliche Änderungen erfahren. Schon der Referentenentwurf sah vor, dass die zuständige Behörde geeignete und erforderliche Anordnungen und Maßnahmen treffen sollte, um Verstöße gegen Pflichten aus den §§ 3–10 festzustellen, zu beseitigen oder zu verhindern.[6] In der dortigen Fassung waren dann die Anordnungen der Nummern in S. 2 anders geordnet: In Nr. 1 war die Anordnungen konkreter Handlungen normiert, in Nr. 2 das Abverlangen eines Plans zur Beseitigung von Verstößen unter klarer Zeitangabe und in Nr. 3 die Befugnis Personen zu laden. Diese Anordnung wurde im Regierungsentwurf in die jetzt geltende Fassung umgestellt.[7] Die Beschlussempfehlung des Bundestagsausschusses für Arbeit und Soziales nahm dann noch eine weitere stilistische Änderung vor. Aus den Nr. 2 und 3 wurde jeweils das Wort „betroffene" vor „Unternehmen" gestrichen.[8] Dies ist sinnvoll, da die Bezeichnung überflüssig ist. Die Betroffenheit der Unternehmen ist beim Ergreifen von Maßnahmen evident. 4

III. Zuständige Behörde

Zuständige Behörde ist nach § 19 Abs. 1 das Bundesamt für Wirtschaft und Ausfuhrkontrolle **(BAFA).** Das BAFA unterliegt der Rechts- und Fachaufsicht des Bundesministeriums für Wirtschaft und Energie, das diese Aufsicht im Einvernehmen mit dem Bundesministerium für Arbeit und Soziales auszuüben hat (→ § 19 Rn. 5). 5

IV. Grenze des Mittelauswahlermessens – risikobasierter Ansatz

Leitlinie des **Mittelauswahlermessens** ist der im Gesetzesentwurf in § 19 Abs. 2 festgeschriebene risikobasierte Ansatz (→ § 19 Rn. 36 ff.). Dieser wird in der Gesetzesbegründung allerdings nicht näher umschrieben. Dennoch sind der Begriff an sich sowie die Systematik des Gesetzes aufschlussreich. 6

Der Begriff **„risikobasiert"** lässt zwei Schlussfolgerungen zu. Zum einen kann die Behörde danach nicht vollkommen anlasslos agieren.[9] Damit sie konkrete Maßnahmen nach den §§ 15 ff. ergreifen kann, muss wenigstens ein abstraktes menschen- oder umweltrechtliches Risiko bestehen. Dies folgt auch aus dem Wortlaut von § 14 Abs. 1 Nr. 1 lit. a, der besagt, dass die Einhaltung der Pflichten nach den §§ 3–10 im Hinblick auf mögliche Risiken zu erfolgen hat. Dies bedeutet aber im Umkehrschluss eben auch, dass die Behörde keinen konkreten Anlass braucht um tätig zu werden, sondern der abstrakte Anlass eines menschen- oder umweltrechtlichen Risikos ausreichend ist. 7

Den Begriff des Risikos definiert wiederum § 2 Abs. 2 als Zustand, bei dem aufgrund tatsächlicher Umstände mit hinreichender Wahrscheinlichkeit ein Verstoß gegen die Verbote des § 2 Abs. 2 Nr. 1–12 zu erwarten ist. Diese Definition greift das gefahrenabwehrrechtliche Merkmal der tatsächlichen Umstände auf. Dies meint, dass ein herabgestufter 8

[4] Grabosch Das neue LkSG/Engel/Schönfelder § 6 Rn. 2.
[5] Wagner/Ruttloff/Wagner/Hahn CB 2021, 89 (94).
[6] RefE des BMAS vom 28.2.2021, 15.
[7] BT-Drs. 19/28649, 16 f.
[8] BT-Drs. 19/30505, 16.
[9] Verkannt von Lutz-Bachmann/Vorbeck/Wengenroth BB 2021, 906 (912).

Wahrscheinlichkeitsmaßstab anzusetzen ist. Ein Verdacht ist damit ausreichend; nicht ausreichend sind hingegen bloße Vermutungen (→ § 14 Rn. 20).

9 Dieser Grundsatz sowie die Anforderungen **„geeignet und erforderlich"** stellen den Rahmen dar, in dem sich das **(Mittelauswahl-)ermessen** des BAFA bewegen muss. Das BAFA darf daher insbesondere nie ein Mittel wählen, das nicht in einem angemessenen Verhältnis zum beabsichtigten Zweck steht. Es muss im Sinne der Erforderlichkeit vielmehr gestuft vorgehen. Es sind zunächst, wenn ein Risiko nur vermutet wird, milde Mittel zu wählen. Führen milde Ermittlungsmaßnahmen zu weiteren Erkenntnissen, die einen Risikoverdacht erhöhen oder deutlich auf Verstöße hinweisen, so können weitere, tiefergehende Maßnahmen ergriffen werden. Besteht also bloß ein Risiko im Sinne eines Gefahrenverdachts (→ § 14 Rn. 19 ff.), so sind allenfalls Ermittlungsmaßnahmen zulässig. Erhöht sich aufgrund der Ermittlungsmaßnahmen der Grad an hinreichender Wahrscheinlichkeit zu einer echten Gefahr im gefahrenabwehrrechtlichen Sinne, sind weitergehende Maßnahmen denkbar. Liegt beispielsweise ein Teil der Lieferkette eines Unternehmens in einer Region, in der zuletzt menschenunwürdige Arbeitsbedingungen festgestellt wurden, hat das Unternehmen aber selbst keinen Anlass dafür gegeben, derartige Bedingungen in der Lieferkette zu praktizieren, so wäre ein derart gestuftes Vorgehen angezeigt. Abgestellt werden kann dabei auf die **je-desto-Formel des BVerwG.**[10] Hier könnte beispielsweise durch Befragen des Unternehmens zum Umgang mit den öffentlich bekannten Problemen ermittelt werden, ob das Unternehmen ausreichend Vorkehrungen trifft um die Risiken der Region aus der eigenen Lieferkette herauszuhalten. Ist dem nicht so, wäre es möglich, tiefergehende Maßnahmen zu ergreifen, wie etwa Auskunftsrechte nach § 17 auszuüben.

10 Je nach Intensität eines Grundrechtseingriffs in die Grundfreiheiten der Unternehmen können gewisse Maßnahmen jedoch nicht auf den Generalklauseltatbestand gestützt werden. Denn je intensiver ein Grundrechtseingriff ist, desto konkreter ist die Rechtsgrundlage des Eingriffs auszugestalten.[11] Dies folgt aus dem Vorbehalt des Gesetzes und der Wesentlichkeitsrechtsprechung, wonach wesentliche Fragen der Gesetzgeber zu klären hat und nicht die ausführende zuständige Behörde; wesentliche Fragen sind solche von Grundrechtsintensität.[12] Je intensivier danach ein Grundrechtseingriff ist, und je weniger der von dem Eingriff Betroffene diesen selbst zu verantworten hat, desto eher ist eine Generalklausel als nicht mehr ausreichend zu betrachten.[13] Diese Standards gelten auch für die Generalklausel des § 15 S. 1 und sind je nach Einzelfall zu prüfen.[14] Zu beachten ist für Zwecke des LkSG indes, dass die Pflichten nach §§ 3–10 eine gesetzgeberische Konkretisierung beinhalten. Solange die Behörde Maßnahmen ergreift, die zielgerichtet auf die Einhaltung dieser Pflichten bezogen sind, hat der Gesetzgeber mit den §§ 3–10 die wesentliche Entscheidung getroffen.

V. Die einzelnen Anordnungen und Maßnahmen

11 § 15 S. 2 enthält eine Aufzählung[15] mit drei Nummern. Diese Aufzählung ist ausdrücklich **nicht abschließend,** wie das „insbesondere" im Normtext eindeutig zeigt. Ihre drei Nummern haben den Charakter von Regelbeispielen.[16] Danach kann die zuständige Behörde Personen laden (Nr. 1), Pläne zur Beseitigung von Missständen verlangen (Nr. 2) und sonstige konkrete Handlungen (Nr. 3) verlangen.

[10] BVerwG NJW 1975, 130 (132).
[11] Vgl. BVerfG LKV 2013, 30 (31).
[12] Vgl. etwa zu Maßnahmen im Zusammenhang mit der Corona-Pandemie VG Hamburg BeckRS 2020, 30379 Rn. 8 f.
[13] So etwa zur Anordnung von Betriebsschließungen gegenüber Nichtstörern im Rahmen der Corona-Pandemie nach der Generalklausel des § 28a IfSG aF VG Hamburg BeckRS 2020, 30379 Rn. 9.
[14] Dazu auch Wagner/Rutloff/Wagner LkSG-HdB/Rutloff/Hahn Rn. 1431.
[15] BT-Drs. 19/28649, 55.
[16] Wagner/Ruttloff/Wagner/Hahn CB 2021, 89 (94).

1. Personen laden (Nr. 1). Nach § 15 S. 2 Nr. 1 kann die zuständige Behörde als geeignete und erforderliche Anordnung bzw. Maßnahme Personen laden. Dies dient laut Gesetzesbegründung dazu, „Verstöße gegen die Pflichten nach den §§ 3–10 Abs. 1 zu ermitteln."[17] Es kann sich dabei also sowohl um eine repressive Ermittlungsmaßnahme zur Verfolgung von Ordnungswidrigkeiten als auch um eine präventive gefahrenabwehrrechtliche Maßnahme handeln. 12

Das Laden von Personen stellt eine verfahrensrechtliche Kompetenz der Behörde dar und sagt noch nichts über die inhaltliche Befragung der geladenen Person aus. Die inhaltliche Ausgestaltung der **Auskunftspflicht wird mit § 17 Abs. 1 S. 1 konkretisiert,** wonach die nach § 15 S. 2 Nr. 1 geladenen Personen verpflichtet sind, der zuständigen Behörde auf Verlangen Auskünfte zu erteilen und ggf. Unterlagen herauszugeben.[18] 13

Die nach § 15 S. 2 Nr. 1 vorzunehmende Ladung wird selten für sich genommen unverhältnismäßig bzw. nicht geeignet oder nicht erforderlich sein. Es handelt sich um einen **reinen Verfahrensvorgang,** der keinen tiefen Eingriff in die Grundrechte der Unternehmen bzw. der betroffenen geladenen Personen darstellt. Fragen der Verhältnismäßigkeit der inhaltlichen Ausgestaltung der Auskunftspflicht stellen sich erst auf der Ebene des § 17. 14

2. Plan zur Behebung von Missständen (Nr. 2). § 15 S. 2 Nr. 2 sieht vor, dass die zuständige Behörde im Falle eines bereits existierenden Missstands anordnet, dass das Unternehmen einen Plan zur Beseitigung des Missstands vorlegt. Der Plan ist beim BAFA als der zuständigen Behörde einzureichen. Ein solcher Plan kann insbesondere auch mit dem Unternehmen gemeinsam erarbeitet werden und häufig eine Alternative zur Verhängung eines Bußgeldes sein, die im Einzelfall verhältnismäßiger ist und mehr nützt.[19] 15

Trotz der Unklarheiten, die Nr. 2 enthält, wird die Anordnung an ein Unternehmen, selbstständig einen Plan zu erarbeiten und in Eigenregie einen Missstand zu beseitigen, regelmäßig das mildere Mittel im Vergleich zur Aufgabe konkreter Handlungen nach Nr. 3 sein.[20] 16

a) „Missstand" im Sinne der Norm. Was genau unter einem „Missstand" zu verstehen ist, wird in der Gesetzesbegründung nicht näher erläutert. Jedenfalls erfasst sein muss eine Verletzung der Pflichten nach §§ 3–10. Wird also eine Pflicht verletzt, so hat das Unternehmen die Pflichtverletzung zu beenden und daraus resultierende Konsequenzen im Rahmen des Möglichen zu beseitigen. Zusätzlich kann die Behörde anordnen einen dementsprechenden Plan vorzulegen. 17

Es stellt sich die Anschlussfrage, ob ein „Missstand" auch Situationen umfasst, in denen eine Verletzung noch nicht feststeht, genauer ob als Missstand also auch ein bloßes Risiko für eine der Rechtspositionen des § 2 ausreichend sein kann. Der risikobasierte Ansatz und der präventive Charakter des zweiten Unterabschnitts sprechen systematisch jedenfalls dafür. Ebenso spricht der Gesetzeszweck für ein weites Verständnis, da mit dem gestuften Vorgehen und der klaren Maßgabe, Menschenrechts- und Umweltverletzungen möglichst im Vorfeld zu verhindern, der präventive Charakter deutlich wird. Der Wortlaut „Missstand" ist insoweit offen. Systematisch muss gesehen werden, dass der Begriff „Missstand" sich vom Risiko iSd § 2 Abs. 2 unterscheidet. Dies spricht dafür, unter „Missstand" eine tatsächliche Gefahrenlage zu verstehen, die jedenfalls über ein einfaches Risiko nach § 2 Abs. 2 hinausgeht. Der risikobasierte Ansatz steht dem nicht entgegen, da keine Rechtsschutzlücke für den Umgang mit einem „einfachen" Risiko besteht. Hier greift bereits die Generalklausel ein. 18

[17] BT-Drs. 19/28649, 55.
[18] So auch Wagner/Rutloff/Wagner LkSG-HdB/Rutloff/Hahn Rn. 1436.
[19] Grabosch Das neue LkSG/Engel/Schönfelder § 6 Rn. 35.
[20] Wagner/Rutloff/Wagner LkSG-HdB/Rutloff/Hahn Rn. 1437.

19 **b) Frist von drei Monaten.** Der Plan ist innerhalb von drei Monaten nach Anordnung der Behörde bei dieser einzureichen. Diese starre Regelung ist kritikwürdig. Denn klar ist, dass von Nr. 2 unterschiedlichste Sachverhalte betroffen sein können. So mag es einzelne fehlerhafte Abläufe geben, die schlicht zu korrigieren sind. Entsprechend schnell sind dafür Pläne zu fassen. Auch umfasst sein können aber Missstände, deren Ursache zunächst gefunden werden muss oder die eine komplexe Koordination erfordern. Dort könnten die genannten drei Monate häufig zu kurz gegriffen sein. Der Fülle an denkbaren Einzelfällen wird die starre Frist nicht gerecht.

20 Entsprechend denkbar wäre es, dass der Verordnungsgeber iSd § 14 Abs. 2 eine Fristverlängerungsmöglichkeit für begründete Einzelfälle etabliert. Dann würde jedoch der Umfang der Verordnungsermächtigung gesprengt, da eine Verordnungsermächtigung nicht weiter gehen kann als der klare Wortlaut des Gesetzes. Insbesondere kann der Verordnungsgeber keine Regelungen erlassen, die die umfänglichen Grenzen wie die inhaltlichen Vorgaben der Ermächtigung missachten und in der Sache auf eine Korrektur der Entscheidung des Gesetzgebers hinauslaufen würden.[21]

21 In der Praxis sollte das BAFA indes im Einzelfall aufgrund der Generalklausel des S. 1 in der Lage sein, außerhalb von § 15 S. 2 Nr. 2, einen Plan mit längerer Frist aufzugeben. Der Gesetzgeber sollte dennoch den Missstand auf Dauer korrigieren und § 15 S. 2 Nr. 2 flexibler ausgestalten. Dies gilt insbesondere vor dem Hintergrund, dass ein Verstoß gegen das rechtzeitige Aufstellen eines Plans eine Ordnungswidrigkeit iSd § 24 Abs. 1 Nr. 13 Var. 2 darstellt. Dieser Druck führt unter Umständen zu unausgereiften Plänen, die ihr Ziel verfehlen können.

22 **c) „Zeitangaben" im Sinne der Norm.** Was unter klaren Zeitangaben, die der Plan enthalten soll, zu verstehen ist, wird weder durch das Gesetz noch durch dessen Begründung näher geregelt. Klar ist, dass das Unternehmen überprüfbare zeitliche Vorstellungen äußern muss. Angesichts des **Vorbehalts des Möglichen** kann es sich dabei aber nur um vorläufige Einschätzungen handeln. Auch muss es zulässig sein, Zeiträume zu nennen und nicht für alles feste Zeitpunkte festzumachen. Je nach Einzelfall und vorzunehmender Maßnahmen muss den Unternehmen hier ein ausreichender Spielraum verbleiben, damit sie nicht gezwungen werden, Ziele festzulegen, die sie nicht einhalten können. Papier mag zwar geduldig sein, trotzdem sollten Pläne eine ausreichende Chance auf ihre Verwirklichung bieten. Dies gilt insbesondere vor dem Hintergrund, dass ein Verstoß gegen den nach § 15 S. 2 Nr. 2 festzulegenden Zeitplan wohl unter das nicht rechtzeitige Umsetzen einer Abhilfemaßnahme nach § 24 Abs. 1 Nr. 6 subsumiert werden kann und damit eine Ordnungswidrigkeit darstellt.

23 **3. Konkrete Handlungsanweisungen (Nr. 3).** Nach § 15 S. 2 Nr. 3 kann das BAFA betroffenen Unternehmen „konkrete Handlungen" zur Erfüllung der bestehenden Pflichten aufgeben, wenn dies zur Feststellung, Beseitigung oder Verhinderung von Verstößen gegen die Pflichten nach den §§ 3–10 Abs. 1 geeignet und erforderlich ist.[22] Weiter geht die Gesetzesbegründung an dieser Stelle nicht. Damit ist der Katalog an denkbaren Handlungen sehr offen formuliert. Die Behörde kann prinzipiell alles vom betroffenen Unternehmen verlangen, was unter den Wortlaut „konkrete Handlung" gefasst werden kann. Einzig am Merkmal „konkret" kann abgeleitet werden, dass dem Unternehmen keine uferlosen neuen Pflichten auferlegt werden können, wie beispielsweise ein regelmäßiges Tätigwerden ohne zeitliche Begrenzung oder zu offen formulierte Handlungspflichten. Es muss sich um konkret, also **im Einzelfall**[23] **greifbare Anordnungen** handeln, die klar verständlich formuliert sind und die das Unternehmen nachvollziehen und zeitnah erfüllen kann. Selbst mit dieser Einschränkung aber bleibt der risikobasierte Ansatz die wesentliche Grenze (→ § 19 Rn. 36 ff.).

---

[21] BeckOK GG/Uhle GG Art. 80 Rn. 29a mwN.
[22] BT-Drs. 19/28649, 55.
[23] Frank/Edel/Maurice Heine/Nils Heine BB 2021, 2165 (2170).

Eine weitere Grenze für das Anordnen konkreter Handlungen muss nach Sinn und Zweck des LkSG sowie der wirtschaftlichen und rechtlichen **Souveränität der Unternehmen** das eigene Ermessen der Unternehmen im Rahmen der Umsetzung seiner Pflichten nach den §§ 3–10 Abs. 1 sein (→ § 3 Rn. 54 f.). Gibt es mehrere denkbare Optionen, um eine Pflicht umzusetzen, so liegt die Entscheidung, welcher Weg einzuschlagen ist, im Ermessen des Unternehmens. Dieses **Ermessen** darf nicht durch Anordnungen iSd § 15 S. 2 Nr. 3 konterkariert und unterlaufen werden. 24

Will das Unternehmen etwa keinen gesonderten LkSG-Beauftragten zur Umsetzung der betriebsinternen Zuständigkeit (§ 4 Abs. 3) einrichten, sondern diese interne Zuständigkeit in eine bereits bestehende Compliance-Struktur integrieren, so kann das BAFA nicht gemäß § 15 S. 2 Nr. 3 anordnen, dass ein gesonderter LkSG-Beauftragter einzurichten wäre. Das ginge zu weit und wäre nicht vom Sinn und Zweck der Norm umfasst.[24] Das BAFA darf nicht gleichsam an Stelle des Unternehmens dessen Ermessen ausüben. Dies gilt insbesondere, weil das BAFA die Kosten für neue Strukturen nicht bezahlen müsste und als externe Stelle kaum wird überblicken können, welche Synergieeffekte sich mit bereits bestehenden Strukturen erzielen lassen. 25

Durch den Bezug „zur Erfüllung seiner Pflichten" wird deutlich, dass die §§ 3–10 Abs. 1 gewissermaßen einen Katalog denkbarer Handlungsanordnungen enthalten. Insbesondere § 7 kommt dabei eine besondere Bedeutung zu, da diese Norm die Abhilfemaßnahmen bestimmt, die das Unternehmen im Falle von Risiken oder Verletzungen zu ergreifen hat. Kommt das Unternehmen dem nicht nach, ist § 15 S. 2 Nr. 3 gewissermaßen der Hebel der Behörde, hier nachzuhelfen. Besonders scharf ist das Schwert des § 15 S. 2 Nr. 3 entsprechend, wenn gemäß § 7 Abs. 3 der **Abbruch von Vertragsbeziehungen** angezeigt ist. In diesem Fall griffe das BAFA stark in die Privatautonomie ein. Entsprechend müssen die Voraussetzungen des § 7 besonders gründlich geprüft werden und insbesondere im Rahmen der Erforderlichkeit wäre zu prüfen, ob alternative Maßnahmen in Betracht kommen. 26

Abgesichert wird der Vollzug sodann mit § 24 Abs. 1 Nr. 6, wonach das nicht rechtzeitige Umsetzen einer Abhilfemaßnahme eine Ordnungswidrigkeit darstellt. „Nicht rechtzeitig" in diesem Sinne dürfte wohl spätestens erfüllt sein, wenn einer behördlichen Anordnung nicht Folge geleistet wird. 27

Da unter den Wortlaut von Nr. 3 fast jedwede Anordnung gefasst werden kann, ist die Klausel selbst als eine Art Generalklausel anzusehen. Sie mag konkreter sein als S. 1, ist aber dennoch von großer Offenheit geprägt. Auch hier gelten die Standards der Wesentlichkeitsrechtsprechung (→ Rn. 10). 28

4. Sonstige Maßnahmen. Die Aufzählungen der denkbaren Anordnungen und Maßnahmen aus § 15 S. 2 ist nicht abschließend.[25] Vielmehr liegt in § 15 S. 1 eine Generalklausel (→ Rn. 1), die neben den genannten Maßnahmen aus den Nr. 1–3 auch weiteres behördliches Tätigwerden erlaubt. Dies zeigt auch der Wortlaut von S. 2 („insbesondere"). 29

Maßnahmen die nicht unter S. 2 Nr. 1–3 fallen, müssen nach systematischer Auslegung allerdings in Intensität und Voraussetzungen den Regelbeispielen entsprechen. Auch hier ist die Kernvoraussetzung das Vorliegen eines Risikos im Sinne des risikobasierten Ansatzes (→ Rn. 6 ff.). 30

VI. Kritik

Die Kritik an der Ausgestaltung des § 15 setzt an verschiedenen Stellen an. So wird in Bezug auf § 15 S. 2 Nr. 1 kritisiert, dass der Gesetzgeber entstehende **Interessenkonflikte** nicht lösen würde.[26] So wird angeführt, dass Beschäftigte, in ihrer Funktion als Gremien- 31

[24] Dazu auch Stellungnahme des DAV Nr. 27/2021 zum RegE LkSG, 29.

[25] BT-Drs. 19/28649, 55.

[26] Stellungnahme des Deutschen Gewerkschaftsbundes zur öffentlichen Anhörung des Ausschusses für Arbeit und Soziales zu BT-Drs. 19/28649, 19(11)1085, 19/29279 vom 12.5.2021, 2 (14).

oder Organmitglied **Verschwiegenheitspflichten** unterliegen würden und durch eine Ladung in ein Spannungsverhältnis gedrängt würden; außerdem seien Schikanen der Arbeitgeber zu befürchten.[27]

32 Diese Kritik ist verfehlt. Die bloße Ladung berührt als reine Verfahrensmaßnahme noch keine Verschwiegenheitspflichten. Die Ladung selbst ist ein Verfahrensvorgang (→ Rn. 13), die inhaltliche Auskunft richtet sich nach § 17. Nach dessen Abs. 3 S. 3 bleiben Verschwiegenheitspflichten unberührt. Damit sind Beschäftigte, die gesetzlichen Verschwiegenheitspflichten unterliegen, nicht verpflichtet auszusagen (→ § 17 Rn. 81 ff., → § 17 Rn. 98). Was rein vertragliche Verschwiegenheitsklauseln angeht, liegt mit dem LkSG ein berechtigtes Interesse an der Offenlegung im Sinne von § 5 GeschGehG vor, sodass die Vertragsklausel einer Offenlegung grundsätzlich nicht entgegensteht. Dies mag zu internen Spannungen führen. Diese sind indes vor dem Hintergrund der Bedeutung des LkSG und dessen effektiver Umsetzung hinzunehmen. Unternehmen, die aufgrund einer Ladung iSd § 15 S. 2 Nr. 1 die betroffenen Mitarbeiter schikanieren und somit der Aufklärung von Pflichtverstößen entgegenwirken, handeln ohnehin pflichtwidrig im Sinne des LkSG. Dies wäre auch nicht gesondert zu normieren.

33 Berechtigte **Kritik** wird dagegen an der **Offenheit des § 15** geübt. Es wird kritisiert, dass das mögliche Arsenal an Anordnungen und Maßnahmen zu einer signifikanten Belastung der Unternehmen durch „Ladungen, Betriebsinspektionen, Auskunftsersuchen aller Art und die Anforderungen sonstiger Mitwirkungshandlungen" führen könne und so im Einzelfall erhebliche Ressourcen binde.[28] Zwar ist es nicht richtig, dass die Behörden, wie ebenfalls kritisiert wird, anlasslos tätig werden können (→ § 14 Rn. 23, → § 14 Rn. 25). Entschließt sich die Behörde allerdings einmal tätig zu werden, so sieht sich das Unternehmen ungewissen Eingriffen ausgesetzt, die kaum abschätzbar sein dürften. Dies liegt insbesondere an der sehr offen formulierten Nr. 3 von § 15 S. 2.[29]

34 Aufgrund fehlender konkreter Handlungsanweisungen im Gesetz und fehlender Fallpraxis wird gerade zu Beginn der Umsetzung des LkSG die Vielschichtigkeit der denkbaren Maßnahmen eine extreme Herausforderung für die Unternehmen darstellen. Hier wird das BAFA mit Augenmaß agieren müssen, um den Rahmen der Verhältnismäßigkeit nicht zu sprengen.

35 Dies gilt insbesondere in Fällen, in denen die Unternehmen nicht für bestehende Risiken verantwortlich gemacht werden können (→ § 14 Rn. 26 f.). Insofern ist die Anregung des Deutschen Anwaltsvereins berechtigt, die Ressourcen auf Kontrollen bei konkreten Anhaltspunkten für Verletzungen der Rechtspositionen gemäß § 2 Abs. 2 zu konzentrieren.[30] Das entspricht auch dem Grundansatz der risikobasierten Kontrolle (vgl. → § 14 Rn. 4).

36 Ob darüberhinausgehend Maßnahmen immer auch mit Branchenvertretern erörtert werden und nach Möglichkeit mit Vorlauf angekündigt werden sollten, um die Verhältnismäßigkeit zu wahren, erscheint zweifelhaft.[31] Denn dadurch vermindert sich die Effektivität der geplanten Maßnahmen erheblich, da betroffene Unternehmen Möglichkeiten erhalten, belastendes Material zu beseitigen oder örtlich zu verlagern, zB ins Ausland. Branchenvertreter einzubeziehen droht zudem in Konflikt mit Amtsgeheimnissen zu geraten und – jedenfalls bei ehren- oder nebenamtlichen Verbandsfunktionären, die sich aus dem Kreis der Unternehmen in der jeweiligen Branche rekrutieren potenziellen Konkurrenten Einblick in Vorgänge bei den betroffenen Unternehmen zu geben.

37 Spätestens in der gemäß § 14 Abs. 2 zu erlassenden Rechtsverordnung wären die zu wahrenden Standards festzuschreiben, um zu befürchtende Maßnahmen für die Unterneh-

[27] Stellungnahme des Deutschen Gewerkschaftsbundes zur öffentlichen Anhörung des Ausschusses für Arbeit und Soziales zu BT-Drs. 19/28649, 19(11)1085, 19/29279 vom 12.5.2021, 2 (14).

[28] Stellungnahme des DAV Nr. 27/2021 zum RegE LkSG, 27.

[29] Keilmann/Schmidt WM 2021, 717 (718).

[30] DAV-Stellungnahme Nr. 27/2021 zum RegE LkSG, 27.

[31] Im Ergebnis ähnlich Lutz-Bachmann/Vorbeck/Wengenroth BB 2021, 906 (912): das BAFA könne unangekündigt Maßnahmen treffen.

men greifbar zu machen und um Abstufungen nach Art und Intensität der Pflichtverletzungen vorzusehen.[32] Unter anderem vor diesem Hintergrund verwundert die aktuelle Planung des Ministeriums, einstweilen keine Rechtsverordnungen zu erlassen[33] (s. auch → § 14 Rn. 64).

VII. Auswirkungen der geplanten EU-RL

38 Nachdem das LkSG sich einfügte in vergleichbare Bestrebungen wie in den Niederlanden (hier gilt das sog. „Wet Zorgplicht Kinderarbeid") oder Frankreich (hier gilt das sog. „loi de vigliance"), liegt nun auch ein Entwurf der Europäischen Kommission für eine einheitliche **Lieferketten-RL** vor. Dem Entwurf ging eine Aufforderung des Europäischen Parlaments voraus.[34] Nachdem sich der konkrete Vorschlag der Kommission immer wieder verzögert hatte,[35] erschien am 23.2.2022 nun der Entwurf einer Richtlinie des Europäischen Parlaments und des Rates über die Sorgfaltspflichten von Unternehmen im Hinblick auf Nachhaltigkeit und zur Änderung der Richtlinie (EU) 2019/1937.[36]

39 In Bezug auf § 15 stellt sich die Frage, ob die Norm verändert werden müsste, wenn der Richtlinienentwurf in seiner vorgelegten Fassung in Kraft treten würde. Maßgeblich dafür ist die Frage, ob die Maßnahmen, die das LkSG dem BAFA als zuständiger Behörde erlaubt, ausreichen, um die diesbezüglichen Vorgaben aus dem Richtlinienentwurf umzusetzen. Dies ist nach hier vertretener Auffassung der Fall.

40 Art. 18 Abs. 1 Lieferketten-RL-E sieht vor, dass die zuständige Behörde „angemessene Befugnisse und Ressourcen" erhalten soll, um ihre Aufgaben zu erfüllen. Art. 18 Abs. 5 Lieferketten-RL-E regelt, welche Befugnisse und Kompetenzen dem BAFA als Aufsichtsbehörde mindestens zustehen müssen. Dort heißt es: „Zur Wahrnehmung ihrer Aufgaben verfügen die Aufsichtsbehörden mindestens über die Befugnis a) zur Anordnung einer Beendigung des Verstoßes gegen die nach dieser Richtlinie erlassenen nationalen Bestimmungen, einer Unterlassung jeglicher Wiederholung des betreffenden Verhaltens und ggf. zur Anordnung von Abhilfemaßnahmen, die dem Verstoß angemessen und erforderlich sind, um ihn zu beenden; b) zur Verhängung von finanziellen Sanktionen im Einklang mit Art. 20 Lieferketten-RL-E; c) zum Erlass vorläufiger Maßnahmen, um das Risiko eines schweren und nicht wiedergutzumachenden Schadens zu vermeiden."

41 Einem Teil dieser Anforderungen genügt bereits § 15. Insbesondere sieht die Norm in S. 2 Nr. 3 die Möglichkeit vor, einem Unternehmen im Falle eines Risikos oder Verstoßes konkrete Handlungen aufzugeben. Dies können auch bereits einstweilige Maßnahmen bei bestehenden Risiken sein, die dazu dienen den Eintritt des Risikos zu verhindern. Dies folgt aus dem Wortlaut von § 14 Abs. 1 Nr. 1 lit. b, wonach Verstöße bereits vorzeitig verhindert werden sollen. Die Anforderung aus Art. 18 Abs. 5 lit. c Lieferketten-RL-E werden damit abgedeckt. Im Zusammenhang mit der Generalklausel des § 15 S. 1 besteht auch die Möglichkeit, dem Unternehmen aufzugeben Missstände zu beheben und nach S. 2 Nr. 2 dem Unternehmen einen Plan dafür abzuverlangen. Damit deckt § 15 auch die in Art. 18 Abs. 5 lit. a Lieferketten-RL-E aufgestellten Anforderungen ab, da sowohl die Beendigung aufgegeben als auch das künftige Einhalten der Pflichten abgesichert werden

[32] So auch DAV-Stellungnahme Nr. 27/2021 zum RegE LkSG, 27.

[33] FAQ-Bogen zur Umsetzung des LkSG, Ziff. XVI, https://www.csr-in-deutschland.de/DE/Wirtschaft-Menschenrechte/Gesetz-ueber-die-unternehmerischen-Sorgfaltspflichten-in-Lieferketten/FAQ/faq.html;jsessionid=B08DA5D031CFF7549CC0258F94A25339.delivery1-replication#doc977f9a9d-bfdd-4d31-9e31-efab307ceee6bodyText16 (zuletzt abgerufen am 6.9.2022).

[34] S. den Aufschlag des Europäischen Parlaments – European Parliament 2019–2024 – P9_TA(2021)0073 – Corporate due diligence and corporate accountability (2020/2219(INL)).

[35] S. zum Stand der europäischen Gesetzgebung: EU-Lieferkettengesetz verzögert sich weiter, DVZ, 15.12.2021, https://www.dvz.de/rubriken/management-recht/nachhaltige-logistik/detail/news/eu-lieferkettengesetz-verzoegert-sich-weiter.html#:~:text=Deutschland%20m%C3%BCsste%20sein%20im%20Sommer,Kraft%20tritt%2C%20dann%20gegebenenfalls%20anpassen.&text=Das%20deutsche%20Gesetz%20gilt%20f%C3%BCr,f%C3%BCr%20alle%20ab%201.000%20Arbeitnehmern (zuletzt abgerufen am 6.9.2022).

[36] COM (2022) 71 final 2022/0051(COD).

kann. Die weiteren, vor allem repressiven Anforderungen aus Art. 18 Abs. 5 Lieferketten-RL-E werden durch andere Mechanismen des LkSG adressiert, vor allem die §§ 22 ff. Insgesamt müsste § 15 aber nicht verändert werden. Im Gegenteil: Im Zusammenspiel mit den Sanktionsmöglichkeiten der §§ 22–24 und mit den weitergehenden speziellen Maßnahmen der §§ 16–18 geht das Arsenal an behördlichen Möglichkeiten über das geforderte Minimum des Richtlinienentwurfs hinaus.

§ 16 Betretensrechte

Soweit dies zur Wahrnehmung der Aufgaben nach § 14 erforderlich ist, sind die zuständige Behörde und ihre Beauftragten befugt,

1. **Betriebsgrundstücke, Geschäftsräume und Wirtschaftsgebäude der Unternehmen während der üblichen Geschäfts- oder Betriebszeiten zu betreten und zu besichtigen sowie**
2. **bei Unternehmen während der üblichen Geschäfts- oder Betriebszeiten geschäftliche Unterlagen und Aufzeichnungen, aus denen sich ableiten lässt, ob die Sorgfaltspflichten nach den §§ 3 bis 10 Absatz 1 eingehalten wurden, einzusehen und zu prüfen.**

Schrifttum: Kamann/Irmscher, Das Sorgfaltspflichtengesetz – Ein neues Sanktionsrecht für Menschenrechts- und Umweltverstöße in Lieferketten, NZWiSt 2021, 249; Wagner/Rutloff, Das Lieferkettensorgfaltspflichtengesetz – Eine erste Einordnung, NJW 2021, 2145; Seibt/Vesper-Gräske, Lieferkettensorgfaltspflichtengesetz erweitert Complianc-Pflichten, CB 2021, 357; Wagner/Ruttloff/Wagner/Hahn, Der Entwurf des „Sorgfaltspflichtengesetzes", CB 2021, 89; Lutz-Bachmann/Vorbeck/Wengenroth, Menschenrechte und Umweltschutz in Lieferketten – der Regierungsentwurf eines Sorgfaltspflichtengesetzes, BB 2021, 906; Frank/Edel/Maurice Heine/Nils Heine, Pionierarbeiten in der Lieferkette BB 2021, 2165; Keilmann/Schmidt, Der Entwurf des Sorgfaltspflichtengesetzes – Warum es richtig ist, auf eine zivilrechtliche Haftung zu verzichten, WM 2021, 717; Heintzen, Was standardisieren Standardmaßnahmen, DÖV 2005, 1038; De Crozals/Jürgens, Dawn Raids durch die Kartellbehörden – Ablauf, Grenzen und Handlungsoptionen; Thalhammer, Das umstrittene Lieferkettensorgfaltspflichtengesetz – Ein juristischer Blick auf Kritik aus Zivilgesellschaft, Wirtschaft und Politik, DöV 2021, 825.

Übersicht

I. Normzweck

§ 16 schafft eine **besondere Rechtsgrundlage für das Betreten von Betriebsgrundstücken** und Geschäftsräumen von Unternehmen zum Zwecke der risikobasierten Kontrolle durch die zuständige Behörde (Nr. 1). Außerdem ist die Norm Rechtsgrundlage für die Einsicht und Prüfung von geschäftlichen Unterlagen (Nr. 2). Nach Stimmen in der Literatur werden die Rechte des BAFA damit gewissermaßen analog zu den branchenbekannten Auditierungsrechten formuliert.[1] 1

Die Norm konkretisiert damit die Befugnisse, die dem BAFA zur Verfügung stehen, um seiner Pflicht nachzukommen, Verstöße gegen die Sorgfaltspflichten der Unternehmen festzustellen, zu verhindern oder zu beseitigen (§ 14).[2] 2

Sowohl das Betreten von Grundstücken und Geschäftsräumen als auch das Einsichts- und Prüfungsrecht wäre rein vom sachlichen Anwendungsbereich her schon durch die Generalklausel des § 15 erfasst, welche dem BAFA ohnehin einen weiten Gestaltungsspielraum einräumt. Durch die konkrete Normierung der Betretensrechte in § 16 schafft der Gesetzgeber indes eine Art Standardmaßnahme, was der gesetzgeberischen Technik des Gefahrenabwehrrechts[3] vergleichbar mit den Polizeigesetzen der Länder (zB § 16 HmbSOG, § 24 NPOG; Art. 23 BayPAG; § 25 ThPAG; § 25 SächsPolG; § 36 BW PolG) entspricht. Damit wurde für den starken Grundrechtseingriff des Betretens fremder Grundstücke und Geschäftsräume bzw. die Einsicht und Prüfung von relevanten geschäftlichen Unterlagen zu Prüfzwecken eine stärkere (da speziellere) Rechtsgrundlage geschaffen. 3

II. Gesetzgebungsverfahren

§ 16 hat sich im Rahmen des Gesetzgebungsprozesses inhaltlich kaum verändert und stimmt im Wesentlichen noch mit der Fassung des Referentenentwurfs überein. Im Referentenentwurf war noch von „Personen, die von der zuständigen Behörde beauftragt wurden sowie Personen und Einrichtungen, derer sich die Behörde zur Durchführung dieser Aufgaben bedient" als Adressat die Rede.[4] Dies wurde mit dem Regierungsentwurf zurecht zusammengekürzt auf die jetzige Fassung „Behörde und ihre Beauftragten".[5] 4

In der beschlossenen Beschlussempfehlung wurde noch der Verweis auf § 15 aus dem Regierungsentwurf auf § 14 abgeändert.[6] Da § 14 und § 15 beide die Aufgaben der Behörden nach dem zweiten Unterabschnitt zum Gegenstand haben, geht mit dieser Änderung ebenfalls keine inhaltliche Veränderung einher.[7] 5

III. Zuständige Behörde

Die zuständige Behörde ist nach § 19 das Bundesamt für Wirtschaft und Ausfuhrkontrolle **(BAFA).** Es unterliegt der Rechts- und Fachaufsicht des Bundesministeriums für Wirtschaft und Energie, welches die Aufsicht im Einvernehmen mit dem Bundesministerium für Arbeit und Soziales auszuüben hat (→ § 19 Rn. 27). 6

---

[1] Frank/Edel/Heine/Heine BB 2021, 2167 (2170).
[2] Wagner/Ruttloff/Wagner/Hahn CB 2021, 89 (94).
[3] Heintzen DÖV 2005, 1038 (1038).
[4] RefE LkSG des BMAS vom 28.2.2021, 16.
[5] BT-Drs. 19/28649, 17.
[6] BT-Drs. 19/30505, 16.
[7] Vgl. auch Begr., BT-Drs. 19/30505, 42.

IV. Übliche Geschäftszeiten

7 **1. Begriffsverständnis.** Sowohl das Betretensrecht nach Nr. 1 als auch das Sichtungs- und Prüfungsrecht nach Nr. 2 sind durch das Merkmal „während der üblichen Geschäfts- oder Betriebszeiten" in ihrer zeitlichen Ausübung eingeschränkt. Was darunter zu verstehen ist, definiert die Gesetzesbegründung nicht.[8]

8 Jedenfalls **ausgeschlossen** sind die Rechte der Behörde **zur Unzeit,** also zur Nachtzeit, sowie ganz regelmäßig an Sonn- und Feiertagen (zu Ausnahmen → Rn. 11). Im nächsten Schritt steht die Frage im Raum, ob die üblichen Geschäftszeiten schlicht die vom Unternehmen selbst festgelegten und nach außen kommunizierten Öffnungszeiten sein sollten. Dagegen sprechen indes zwei Erwägungen: Zum einen könnten Unternehmen so den Handlungsspielraum der Behörde selbstständig einschränken, da es in ihrer Hand läge, die Reichweite des § 16 zu definieren. Zum anderen wird es Unternehmen geben, die zwar in den Anwendungsbereich des LkSG fallen, aber nicht dem Publikumsverkehr offenstehen, insbesondere Holdingsgesellschaften. Räumlich gesonderte Konzernverwaltungen, sei es an anderen Orten, sei es in einer anderen Straße, sei es nur in eigenen Gebäuden, definieren sich wegen ihrer konzerninternen Funktionen ebenfalls nicht für den Publikumsverkehr. Auch für alle diese Phänomene muss § 16 indes gelten.

9 Die üblichen Geschäftszeiten sind also **anhand des jeweiligen Einzelfalles** zu bestimmen. Die Einschränkung der Betretensrechte auf die üblichen Geschäftszeiten dient der **Verhältnismäßigkeit** der Ausübung der Betretensrechte. Unternehmen sollen nicht mit Maßnahmen nach § 16 rechnen müssen, wenn der Geschäftsbetrieb, auf den sich die Maßnahmen ja beziehen, gar nicht stattfindet.

10 Entsprechend sind die üblichen Geschäftszeiten diejenigen Geschäftszeiten, in denen der Betrieb des Unternehmens, auf den sich die Maßnahmen beziehen, auch üblicherweise stattfindet. Wird in einem Betrieb regelmäßig sonnabends oder samstags gearbeitet, so ist der Sonnabend oder Samstag also umfasst. Ist dies nicht der Fall, dann konsequenterweise nicht. Gleiches gilt für Geschäftsbetrieb an Sonn- oder Feiertagen. Indikator können branchenübliche Arbeits- und Betriebszeiten sein.

11 Übliche Geschäftszeiten sind **systemimmanent** zu bestimmen. Das bedeutet, dass es um diejenigen Geschäftszeiten geht, die sich auf diejenige Unternehmenstätigkeit beziehen, in deren Rahmen Sorgfaltspflichten nach LkSG einzuhalten sind. Produziert ein Unternehmen etwa von montags bis freitags Güter unter Einbindung von Zulieferern und Waren aus dem Ausland, so gelten jedenfalls die dabei gängigen Produktionszeiten als übliche Geschäftszeiten. Werden in dem Unternehmen dann aber regelmäßig sonnabends oder samstags betriebsinterne Vorgänge bearbeitet, die keinen Bezug zur Lieferkette aufweisen (zB interne Abrechnungen; Reinigungs- oder Bauarbeiten), so wäre der Sonnabend oder Samstag nicht unter die üblichen Geschäftszeiten iSd § 16 zu fassen.

12 Vereinfacht formuliert sind unter den üblichen Geschäftszeiten diejenigen Geschäftszeiten zu verstehen, zu denen im Betrieb üblicherweise Personal des erwirtschaftenden Betriebes (also keine Reinigungskräfte oÄ) anzutreffen ist.

13 **2. Notwendige Einschränkung.** Durch die Beschränkung auf die üblichen Geschäftszeiten stellt sich die Frage danach, ob dieses Kriterium nicht zu einer Lücke in der effektiven Durchsetzung der Pflichten unter dem LkSG führt. Denn gerade Stabs- und Führungsarbeit könnte für Sorgfaltspflichten besonders interessant sein. Die Produktion selbst findet häufig am anderen Ende der Lieferkette statt. Die vermeintlich heiklen Dinge finden häufig wohl bei den Entscheidungsträgern in der Führungsetage eines Unternehmens statt und dies ggf. auch gerade außerhalb der üblichen Geschäftszeiten. Auch hier müsste aber ein Zugriff möglich sein, um den möglichen Effekt einer überraschenden Durchsuchung fruchtbar zu machen.

---

[8] BT-Drs. 19/28649, 55.

14 Indes ist § 16 nicht die einzige Rechtsgrundlage, die es den – etwa nach den jeweiligen Landespolizeigesetzen zuständigen Behörden erlaubt, Durchsuchungen durchzuführen. Durchsuchungen, die außerhalb der üblichen Geschäftszeiten eines Unternehmens stattfinden, unterliegen jedoch von Verfassungs wegen einem Richtervorbehalt, den § 16 gerade nicht enthält. Dennoch sind derartige **Durchsuchungen nicht ausgeschlossen.** Sie **beruhen lediglich auf anderen Rechtsgrundlagen.** Besteht ein Anfangsverdacht für das Begehen einer Ordnungswidrigkeit nach § 24, so greift das OWiG ein. Nach § 36 Abs. 1 Nr. 1 OWiG, § 46 OWiG iVm §§ 102 ff. StPO sind dann Durchsuchungen im Sinne der StPO möglich. Dieser Mechanismus griff auch früher ein, bei den sog. „Dawn Raids" im Kartellrecht.[9] Derartige Vorgänge sind damit durchaus auch für Zwecke des LkSG denkbar, aber nur unter der Voraussetzung eines gerichtlichen Durchsuchungsbeschlusses (Art. 13 Abs. 2 GG). Entsprechend streng muss der Begriff der üblichen Geschäftszeit aber bei § 16 verstanden werden, wenn Maßnahmen ohne richterliche Überprüfung stattfinden sollen.

15 Damit ist die Beschränkung auf die üblichen Geschäftszeiten von großer Bedeutung für die **Verfassungskonformität** des Gesetzes. Denn ohne die Beschränkung würde der volle Schutzbereich des Art. 13 Abs. 1 GG zum Tragen kommen. Dieser gilt zwar bei reinen Geschäftsräumen nur eingeschränkt. Diese Einschränkung greift indes nur ein, wenn behördliche Maßnahmen auf dem jeweiligen Gelände auf die dort üblichen Geschäftszeiten beschränkt bleiben (insgesamt zur Verfassungsmäßigkeit → Rn. 45 ff.).

V. „Beauftragte" der Behörde

16 Sowohl das Betretensrecht nach Nr. 1 als auch das Sichtungs- und Prüfungsrecht nach Nr. 2 sind durch die Behörde oder ihre Beauftragten auszuüben. Was unter den Beauftragten zu verstehen ist, definiert die Gesetzesbegründung nicht explizit.[10]

17 Rückschlüsse insoweit lässt allerdings der Gesetzgebungsprozess zu. Die Regierungsbegründung adressiert die Frage der „Beauftragten" nicht. Ebenso wenig wird dies in der beschlossenen Beschlussempfehlung des Ausschusses für Arbeit und Soziales aufgegriffen. Jedoch lässt sich zum Verständnis der Wortlaut des ursprünglichen Referentenentwurfs heranziehen, der noch von „Personen, die von der zuständigen Behörde beauftragt wurden, sowie Personen und Einrichtungen, derer sich die Behörde zur Durchführung dieser Aufgaben bedient" spricht. Dass dieses weite Verständnis in irgendeiner Weise eingeschränkt werden sollte, ist nicht ersichtlich. Vielmehr schien es allein um eine redaktionelle Kürzung zu gehen. Es kann vor diesem Hintergrund auf das allgemeine Verwaltungsrecht zurückgegriffen werden.

18 Damit sind dem Wortlaut des Referentenentwurfs entsprechend unter „Beauftragte" sowohl andere Behörden im Wege der **Amtshilfe** als auch **Private als Beliehene, Verwaltungshelfer** oder **in Dienst genommene Private** zu verstehen. Entscheidend für die Zwecke des BAFA nach den §§ 14 ff. dürfte vor allem die Amtshilfe nach Art. 35 GG und den §§ 4 ff. VwVfG sein. Voraussetzungen und Grenzen der Amtshilfe regelt § 5 VwVfG. Da der Katalog des § 5 Abs. 1 VwVfG nicht abschließend ist, kommen grundsätzlich alle denkbaren Gründe in Betracht, die zur Erreichung eines effektiven Verwaltungshandelns oder zum Zwecke der Kostenersparnis eine Amtshilfe rechtfertigen.[11] Aufgrund dessen, dass

[9] De Crozals/Jürgens CCZ 2009, 92 (93). Beachte: Dawn Raids im Kartellrecht fanden im Laufe der Zeit speziellere Rechtsgrundlagen, zunächst in § 54 Abs. 4 GWB und mit Inkrafttreten der 10. GWB-Novelle in § 59b GWB. Diese Normen berücksichtigen indes das Erfordernis des Richtervorbehalts (§ 59b Abs. 2 GWB). § 59b GWB ist damit ganz anders gestaltet als § 16, sodass keine Vergleichbarkeit besteht. § 59b GWB vermittelt repressive Befugnisse und dient nicht der präventiven Gefahrenabwehr. Er verlangt vielmehr einen erhöhten Verdachtsmaßstab; Bien/Käseberg/Klumpe/Körber/Ost/Kallfaß, Die 10. GWB-Novelle, Kap. 2 Rn. 319. Für vergleichbare Durchsuchungen ist für Zwecke des LkSG damit auf den alten Mechanismus zurückzugreifen.

[10] BT-Drs. 19/28649, 55.

[11] BeckOK VwVfG/Funke-Kaiser VwVfG § 5 Rn. 27.

teilweise Maßnahmen vor Ort nötig sein werden, und das BAFA nur knapp über 60 Vollzeitbeschäftigte zur Verfügung hat (→ § 19 Rn. 15 ff.), wird es häufig gerechtfertigt sein, Amtshilfe in Anspruch zu nehmen.

19 Ebenfalls unter den Begriff der Beauftragten der Behörde können auch Private gefasst werden, die für das BAFA als Beliehene, Verwaltungshelfer oder in Dienst genommene Private tätig werden. Während Beliehene als Private mit eigenen Hoheitsrechten ausgestattet werden,[12] erledigen Verwaltungshelfer einzelne Aufgaben der Behörde und sind dieser gegenüber weisungsgebunden, ohne dabei eigene Hoheitsbefugnisse inne zu haben.[13] Ob und falls ja, in welcher Form sich das BAFA privater Unterstützung bedient, hängt von den jeweils durch das BAFA zu erfüllenden Aufgaben im Einzelfall ab. Nach welchen Maßstäben und insbesondere auch mit welchen Mitteln das BAFA ggf. auch andere Behörden oder auch Private zur Erfüllung der eigenen Aufgaben zurückgreift, sollte bereits in der nach § 14 Abs. 2 zu erlassenden Verordnung weiter konkretisiert werden. Nach aktuellen Angaben von BAFA und BMAS ist derzeit allerdings kein Erlass von Rechtsverordnungen geplant[14] (s. auch → § 14 Rn. 55 ff.).

VI. Die „Betretensrechte" im Einzelnen

20 Die Überschrift „Betretensrechte" ist streng genommen unvollständig. Betretensrechte selbst enthält nur § 16 Nr. 1. § 16 Nr. 2 enthält darüberhinausgehende Rechte zur Einsicht und Prüfung von geschäftlichen Unterlagen der betroffenen Unternehmen. Die Behörde wird damit ermächtigt, vollumfängliche Sichtungen vor Ort durchzuführen.

21 **1. Betretensrecht (Nr. 1).** Wie weit genau die Befugnis der Behörde im Rahmen des Betretensrechts nach Nr. 1 reichen soll, definieren weder Norm noch Gesetzesbegründung. Zweifelsohne ergibt sich aber aus dem Wortlaut, dass die Behörde und ihre Beauftragten ohne Einwilligung des betroffenen Unternehmens die Grundstücke und Räume betreten dürfen. Einzige Grenze sind insoweit die „üblichen Geschäftszeiten" (→ Rn. 7 ff.).

22 **a) Objekt: Betriebsgrundstücke, Geschäftsräume und Wirtschaftsgebäude.** Das Betretensrecht nach Nr. 1 umfasst das Recht der Behörde „Betriebsgrundstücke, Geschäftsräume und Wirtschaftsgebäude" zu betreten. Eine genaue Definition bietet der Gesetzgeber hier nicht an.

23 Bisher enthält allenfalls das Gesetz zur Bewertung steuerrelevanter Sachverhalte (BEWG) eine Definition. Betriebsgrundstück iSd § 99 BEWG ist der zu einem Gewerbebetrieb gehörige Grundbesitz, soweit er, losgelöst von seiner Zugehörigkeit zu dem Gewerbebetrieb, (i) zum Grundvermögen gehören würde oder (ii) einen Betrieb der Land- und Forstwirtschaft bilden würde. Diese Definition lässt sich aber nicht auf das LkSG übertragen, da sie eine vollkommen andere Zielsetzung verfolgt. Unter dem LkSG soll das BAFA lieferkettenrelevante Erkenntnisse gewinnen und zu diesem Zweck die entsprechenden Räume betreten. Bei der Bestimmung der Reichweite des Begriffs muss also zum einen der Anwendungsbereich des LkSG berücksichtigt werden. Es muss also eine Betriebszugehörigkeit des Grundstücks geben. Zum anderen muss der Zusammenhang des Grundstücks mit Geschäftsabläufen gegeben sein, die Lieferkettenbezug aufweisen.

24 **Maßgeblich** sind die **Betriebszugehörigkeit** des Grundstücks und der Bezug des Grundstücks zu einer Unternehmenstätigkeit, die für die Einhaltung der Sorgfaltspflichten nach den §§ 3–10 relevant ist. Ein Grundstück etwa, das nur zur Lagerung von gewissen Gegenständen (wie alten Maschinen oder Ähnlichem) dient, wäre kein Betriebsgrundstück

[12] Zu Status und Funktion der Beliehenen s. Schoch/Schneider VwVfG/Schoch VwVfG § 1 Rn. 162 f.

[13] Im Detail dazu: Schoch/Schneider VwVfG/Schoch VwVfG § 1 Rn. 170–174.

[14] FAQ-Bogen zur Umsetzung des LkSG, Ziff. XVI, https://www.csr-in-deutschland.de/DE/Wirtschaft-Menschenrechte/Gesetz-ueber-die-unternehmerischen-Sorgfaltspflichten-in-Lieferketten/FAQ/faq.html;jsessionid=B08DA5D031CFF7549CC0258F94A25339.delivery1-replication#doc977f9a9d-bfdd-4d31-9e31-efab307ceee6bodyText16 (zuletzt abgerufen am 6.9.2022).

iSd § 16, wenn die Lagerung keinerlei Zusammenhang zu den vom Unternehmen nach LkSG einzuhaltenden Pflichten aufweist. Dabei sind indes nicht zu strenge Anforderungen zu stellen, da das BAFA häufig nicht genau wissen wird, welchem Zweck ein Grundstück dient. Hier kann es aber im Wege der Verhältnismäßigkeit geboten sein, dass das BAFA zunächst bei dem Unternehmen anfragt, welchem Zweck einzelne Grundstücke dienen, um dann auf dem richtigen Grundstück das Betretensrecht auszuüben.

Der Begriff des Geschäftsraumes wird in § 312b Abs. 2 BGB im Kontext des Haustür- 25
geschäfte- und Fernabsatzrechts legaldefiniert: „Geschäftsräume im Sinne des Abs. 1 sind unbewegliche Gewerberäume, in denen der Unternehmer seine Tätigkeit dauerhaft ausübt, und bewegliche Gewerberäume, in denen der Unternehmer seine Tätigkeit für gewöhnlich ausübt. Gewerberäume, in denen die Person, die im Namen oder Auftrag des Unternehmers handelt, ihre Tätigkeit dauerhaft oder für gewöhnlich ausübt, stehen Räumen des Unternehmers gleich."

Diese haustürgeschäfte- und fernabsatzrechtliche Definition lässt sich jedoch auf das 26
LkSG nur begrenzt übertragen. Jedenfalls die Geschäftsräume der Hilfspersonen[15] können nicht umfasst sein, da dies zu einer Ausweitung der behördlichen Kompetenzen führen könnte, die nicht sachgerecht wäre, insbesondere zu Betretensrechten gegenüber Unternehmen, die gar nicht in den Anwendungsbereich des LkSG fallen. Auch hier gilt es, die systemimmanente, einschränkende Auslegung zu beachten (vgl. auch → Rn. 11).

Auch der Begriff des Wirtschaftsgebäudes wird nicht näher definiert. Neben den Grund- 27
stücken und den tatsächlich für das Geschäft genutzten Räumen sollen damit wohl weitere Gebäude umfasst werden, die nicht unmittelbar als Geschäftsraum im oben genannten Sinne zu verstehen sind, aber dennoch zum Betrieb des betroffenen Unternehmens gehören und einen Zusammenhang zu dessen Wirtschaftstätigkeit aufweisen, wie etwa Lager oder Ähnliches. Entscheidend ist indes die Zugehörigkeit zum Betrieb und der Lieferkettenzusammenhang; weniger entscheidend ist, unter welche Variante der Bezugsobjekte des § 16 das Objekt der behördlichen Begierde dann subsumiert wird.

b) Betreten und Besichtigen. Objekte im oben genannten Sinne können die zuständi- 28
ge Behörde oder die von ihr Beauftragten nach Nr. 1 betreten und besichtigen. Was genau darunter zu verstehen ist, wird in der Gesetzesbegründung nicht näher definiert.

Betreten im Wortsinn meint das Hineingehen in einen Raum oder Ähnliches, bzw. auf 29
etwas zu treten, oder seinen Fuß darauf zu setzen. Vom Wortlaut her ist damit also physisches Eindringen gemeint. „Digitales Betreten" etwa von Datenräumen scheidet schon mangels Bezugsobjekt aus, da derartige Räume nicht von den in § 16 Nr. 1 aufgezählten Objekten umfasst sind. Gemeint ist mit Betreten also das physische Eindringen in die Hoheitssphäre des Unternehmens beim jeweiligen Bezugsobjekt.

Mit Besichtigen ist **jedenfalls** die in **Inaugenscheinnahme** des Geländes beim jeweili- 30
gen Bezugsobjekt gemeint. **Abzugrenzen** ist dieses Besichtigen insbesondere **von der gezielten Durchsuchung**. Das Recht der Behörde zum Betreten und Besichtigen umfasst keine Kompetenz zur gezielten Durchsuchung von Geschäftsräumen nach verborgenen Inhalten. Dies ergibt sich aus zwingender verfassungskonformer Auslegung vor dem Hintergrund des Art. 13 Abs. 2 GG (→ Rn. 46 ff.).

Weiter abzugrenzen ist das Besichtigen von der expliziten Sichtung und Prüfung von 31
Unterlagen iSd § 16 Nr. 2 und § 17. Will die Behörde bestimmte Unterlagen inklusive deren Inhalt erfassen und für Zwecke des LkSG analysieren, ist die einschlägige Rechtsgrundlage dafür in § 16 Nr. 2 angesiedelt. Ansonsten ist aber die Sichtung jeglicher Gegenstände auf dem Gelände des Bezugsobjekts erfasst. Ebenfalls umfasst sein dürften vom Terminus besichtigen jegliche Sinneseindrücke, die auf dem Gelände auf die betretenden Personen wirken, wie Gerüche oder Geräusche.

---

[15] S. dazu BeckOK BGB/Maume BGB § 312b Rn. 35, 36.

32 Nicht erfasst sein dürfte aus systematischer Sicht das Abhören oder optische Begutachten von außerhalb des jeweiligen Geländes, ohne dass ein Vertreter des betroffenen Unternehmens davon in Kenntnis ist. § 16 dient ersichtlich der Erkenntnisgewinnung beim Unternehmen vor Ort. Daher ist die Maßnahme auch nach § 18 zu dulden, was unsinnig wäre, wenn geheime Maßnahmen von außen umfasst wären.

33 Widersetzen sich Mitarbeiter betroffener Unternehmen dem Betreten der eigenen Geschäftsräume, so kann das BAFA nach der Kompetenz iSd § 16 Nr. 1 ohne Erlass weiteren Verwaltungsakts vollstrecken. Wegen der Duldungspflicht aus § 18 S. 1 bedarf es keiner eigenen Duldungsverfügung. Des Weiteren müssen die weitergehenden Voraussetzungen des UZwG erfüllt sein. Insbesondere muss die Verhältnismäßigkeit nicht nur für das Anordnen des Betretens selbst, sondern auch im Rahmen der Ausübung unmittelbaren Zwangs gewahrt werden (§ 4 UZwG).

34 **2. Einsichts- und Prüfungsrecht für geschäftliche Unterlagen und Aufzeichnungen (Nr. 2).** Nach § 16 Nr. 2 umfassen die Betretensrechte im Sinne der Norm auch das Recht zur Einsicht und Prüfung von geschäftlichen Unterlagen und Aufzeichnungen.

35 **a) Erlaubte Aktivitäten.** § 16 Nr. 2 erlaubt es dem BAFA, Unterlagen einzusehen und zu prüfen. Die Überschrift „Betretensrechte" ist damit zu kurz gegriffen. Was genau unter Einsichtnahme und Prüfung verstanden werden soll, erläutern weder Normtext noch Gesetzesbegründung.

36 Dem Wortsinn nach können am jeweiligen Ort (Räumlichkeit, Betriebsgrundstück, Wirtschaftsgebäude des betroffenen Unternehmens) vorhandene Unterlagen eingesehen und auch inhaltlich geprüft, also analysiert, werden. Im Rahmen von § 16 Nr. 2 können daher Unterlagen auf Verstöße des betroffenen Unternehmens gegen das LkSG überprüft werden. Mehr Trennschärfe in der detaillierten Definition der erlaubten Aktivitäten bietet die Binnensystematik der §§ 16–18 im Zusammenhang mit Art. 13 Abs. 2 GG. Denn § 16 ist verfassungskonform so auszulegen, dass er nicht das Recht zu einer Durchsuchung iSd Art. 13 Abs. 2 GG ohne Richtervorbehalt begründet. Dabei ist das Zusammenspiel mit §§ 17, 18 zu beachten (→ Rn. 46 ff.).

37 Das bedeutet zum einen, dass Einsichtnahme und Prüfung **abzugrenzen** sind von konkreten **Herausgabeverlangen nach § 17.** Damit sind Einsichtnahme und Prüfung nach § 16 Nr. 2 beschränkt auf die Einsichtnahme und Analyse vor Ort. Ein Forttragen der Unterlagen ist davon nicht umfasst. Auch können Mitarbeiter nicht nach § 16 Nr. 2 zur Herausgabe von bestimmten Unterlagen aufgefordert werden, die nicht offen sichtbar ausliegen. Derartige Forderungen fallen ebenfalls unter § 17.

38 Weiter darf das Recht zu Einsichtnahme und Prüfung keine Durchsuchung darstellen. Eine solche ist: „das ziel- und zweckgerichtete Suchen staatlicher Organe nach Personen oder Sachen oder zur Ermittlung eines Sachverhalts, um etwas aufzuspüren, was der Inhaber der Wohnung von sich aus nicht offenlegen oder herausgeben will".[16] Damit beschränkt sich die Einsichtnahme und Prüfung nach verfassungskonformer Auslegung auf das Einsehen und Analysieren offener, auf dem jeweiligen Betretensobjekt vorhandene Unterlagen, die unmittelbar einsehbar sind.

39 Weitere auf diesem Weg nicht einsehbare Unterlagen wären gemäß § 17 Abs. 1 anzufordern, wobei die Einhaltung des **nemo tenetur-Grundsatzes** nach § 17 Abs. 3 gewährleistet werden muss. Dieses Erfordernis kann nicht durch § 16 Nr. 2 umgangen werden, indem gezielt Belastendes gesucht wird.

40 **b) Objekte – geschäftliche Unterlagen und Aufzeichnungen.** Geschäftliche Unterlagen und Aufzeichnungen können jedenfalls alle möglichen **Druckerzeugnisse oder Niederschriften** sein.

---

[16] BVerfG NJW 1987, 2499 (2499).

Wesentlich praxisrelevanter ist, ob auch digitale Unterlagen und Aufzeichnungen erfasst sind, ob also Mitarbeiter der Behörde im Rahmen der Kompetenz aus § 16 Nr. 2 das Recht haben, bspw. Computer des betroffenen Unternehmens digital einzusehen und zu prüfen. Dafür, **digitale Unterlagen** und Aufzeichnungen einzubeziehen, könnte der Sinn und Zweck der Norm sprechen, der es dem BAFA ermöglichen soll, möglichst zielgerichtet und effektiv die Einhaltung der Pflichten nach den §§ 3–9 zu überwachen. Es ließe sich argumentieren, eine Beschränkung auf Druckerzeugnisse würde diesem in § 14 ausgedrückten Zweck, Verstöße und Risiken festzustellen, zu verhindern und zu beseitigen, nicht genügen. 41

Systematisch sind aber auch andere Erwägungen zu berücksichtigen. Das Verlangen nach bestimmten Dokumenten, die nicht oberflächlich in Datenbanken vorhanden sind, sondern gesichert archiviert sind, richtet sich wieder nach § 17. Das Recht der Behörde zum Sichten und Prüfen von Unterlagen und Aufzeichnungen umfasst nicht die Kompetenz zu gezielter Durchsuchung von Geschäftsräumen nach verborgenen Inhalten. Dies ergibt sich aus zwingender verfassungsmäßiger Auslegung vor dem Hintergrund des Art. 13 Abs. 2 GG (→ Rn. 46 ff.). 42

Außerdem bezieht sich der ohnehin schon recht weitreichende Wortlaut des § 16 nur auf **haptische Gebäude und Räumlichkeiten** (→ Rn. 22 ff.). Eine gesonderte Kompetenz zur digitalen Durchsuchung oder gar Online-Durchsuchung lässt sich darunter nur sehr schwer fassen. Dies wird auch durch einen Vergleich mit Polizeigesetzen der Länder deutlich, wo die Gesetzgeber dazu übergehen, die Online-Durchsuchung gesondert zu regeln (s. zB § 15c HSOG oder Art. 22 Abs. 2 BayPAG). § 16 darf nicht so weit verstanden werden, dass er im Zusammenspiel mit den §§ 17, 18 zu einer faktischen Durchsuchung iSd Art. 13 Abs. 2 GG ohne Richtervorbehalt ermächtigt (→ Rn. 46 ff.). Das Durchforsten digitaler Datenbanken ist damit nach hier vertretener Ansicht nicht vom Sichtungs- und Prüfungsrecht der Norm umfasst. 43

In Abgrenzung zu den Befugnissen aus § 17 beschränken sich die Einsichts- und Prüfungsrechte allein auf die Sichtung vor Ort (zum Geheimnisschutz → § 17 Rn. 105). Die Herausgabe von Unterlagen und Informationen zum Zwecke der eingehenden Prüfung von Verstößen richtet sich nach § 17.[17] Die § 16 und § 17 bauen somit aufeinander auf und etablieren ein gestuftes Vorgehen der Behörde: Durch die Sichtung von Aufzeichnungen und Unterlagen vor Ort können erste Anhaltspunkte für etwaige Verstöße gegen die §§ 3–10 oder Risiken für die Rechtspositionen des § 2 gesammelt werden. Diese können dann durch Aushändigung und eingehende Prüfung von Unterlagen und Informationen nach § 17 weiter untersucht und verfolgt werden. Rechtsschutz begehrt wird daher regelmäßig nicht gegen die Maßnahmen nach § 16, sondern allenfalls inzident und im Kern gegen diejenigen aus § 17.[18] 44

VII. Verfassungskonformität

Durch das Recht des BAFA zum Betreten, Sichten und Prüfen werden sensible, grundrechtliche Schutzpositionen der betroffenen Unternehmen berührt. Es stellt sich daher die Frage der Verletzung von Grundrechten, insbesondere aus Art. 13 GG (Unverletzlichkeit der Wohnung) sowie letztlich der allgemeinen Handlungsfreiheit aus Art. 2 Abs. 1 GG und des Bestimmtheitsgebots. 45

1. Art. 13 Abs. 2 GG. Nach Art. 13 Abs. 1 GG ist die „Wohnung" unverletzlich. Unter diesen Begriff sind auch Betriebs- und Geschäftsräume zu subsumieren.[19] Die Räumlichkeiten iSd § 16 fallen nach ständiger Rechtsprechung des BVerfG unter den Schutzbereich von Art. 13 GG. 46

[17] Vgl. Grabosch Das neue LkSG/Engel/Schönfelder § 6 Rn. 31.
[18] Wagner/Rutloff/Wagner LkSG-HdB/Rutloff/Hahn Rn. 1488.
[19] BeckOK GG/Kluckert GG Art. 13 Rn. 3 mwN.

47 Nach Art. 13 Abs. 2 GG unterliegen Durchsuchungen von Wohnungen im Sinne des Artikels einem Richtervorbehalt, der nur bei einer Regelung zur Gefahr im Verzug ausnahmsweise entfallen kann. Diesen Anforderungen würde § 16, wird er zu weit verstanden, nicht genügen. Wenn es sich bei den geregelten Betretensrechten um Durchsuchungen iSd Art. 13 Abs. 2 GG handelte, wäre die Norm verfassungswidrig.

48 Für das BVerfG ist eine Durchsuchung in diesem Sinne „das ziel- und zweckgerichtete Suchen staatlicher Organe nach Personen oder Sachen oder zur Ermittlung eines Sachverhalts, um etwas aufzuspüren, was der Inhaber der Wohnung von sich aus nicht offenlegen oder herausgeben will".[20] Darunter sind reine gefahrenabwehrrechtliche Betretens- und Kontrollrechte aber gerade nicht zu fassen, da es am Element des gezielten körperlichen Eindringens zum Zwecke etwas Verborgenes aufzufinden, fehlt.[21]

49 Dies dürfte auch für § 16 gelten. Denn § 16 sieht gerade keine Rechtsgrundlage zum Auffinden von Verborgenem vor, sondern statuiert ein Betretensrecht zur Kontrolle von Sorgfaltspflichten. Entsprechend muss die Reichweite der Norm aber auch im Wege **verfassungskonformer Auslegung** verstanden werden. Zu Durchsuchungen im Sinne des BVerfG ermächtigt sie die Behörde also nicht. Bedenken werden hierzu geäußert dahin, es liege im Zusammenspiel mit der Auskunfts- und Herausgabepflicht des § 17 und der Duldungspflicht des § 18 eine sehr kritische Kumulation vor, die im Ergebnis einen Verstoß gegen Art. 13 GG nahelege.[22] Weiter wird angeführt, dass die Möglichkeit derartige Befugnisse auch unangekündigt auszuüben, ebenfalls verfassungsrechtliche Bedenken wecke.[23]

50 Gerade durch die Abstufung von § 16 S. 1 Nr. 1 und die systematische Auslegung der Normen insgesamt vor dem Hintergrund des nemo tenetur-Grundsatzes, den § 17 Abs. 3 explizit aufgreift, lässt sich § 16 aber verfassungskonform auslegen.[24] Dies gilt auch für das Problem der unangekündigten Durchsuchung. Zum einen sind überraschende Durchsuchungen nur zu den üblichen Geschäftszeiten möglich, was den Überraschungseffekt deutlich herabsetzt. Zum anderen führt der Umstand fehlender Ankündigung nicht zwingend zur Erfüllung der Definition der Durchsuchung iSd Art. 13 Abs. 2 GG. Die Kritik ist indes alles andere als unangemessen. Ein zu weites Verständnis der §§ 16–18, das dazu führt, dass faktisch eine Durchsuchung ohne Richtervorbehalt etabliert würde, wäre nicht mit Art. 13 GG vereinbar. § 16 muss daher in seiner Intensität mit anderen gefahrenabwehrrechtlichen Rechtsgrundlagen vergleichbar sein. Für **unangemeldete Kontrollen** wird der Maßstab der verfassungsrechtlichen Rechtmäßigkeit im Zuge der **Verhältnismäßigkeit** damit massiv erhöht. Aus dem Hausrecht der betroffenen Unternehmen kann sogar ein Informationsanspruch gegenüber der Behörde folgen. So hat es das BVerwG für Kontrollen nach dem damals noch in Kraft befindlichen LMBG entschieden.[25] Der Zweck des LkSG mag im Einzelfall schwerer wiegen und das Hausrecht der Betroffenen weiter einschränken. Dennoch zeigt die Entscheidung, dass unangekündigtes Betreten zu präventiven Maßnahmen nicht ohne Weiteres denkbar ist. Insgesamt ist dieser Tanz auf Messers Schneide bei der Auslegung der einzelnen Tatbestandsmerkmale des § 16 zu berücksichtigen. Eine verfassungskonforme Anwendung ist aber möglich.[26] Der Entwurf der Europäischen Kommission für eine Lieferketten-RL sieht abweichend von § 16 auch vor, dass sog. „Untersuchungen" im Vorfeld anzukündigen sind (→ Rn. 73).

51 **2. Art. 13 Abs. 7 GG.** Auch wenn der Maßstab des Art. 13 Abs. 2 GG nicht greift, so stellt sich die Frage nach etwaigen Verletzungen des grds. eröffneten Schutzbereichs von Art. 13 GG. Eine weitere Grenze ist Art. 13 Abs. 7 GG. Danach dürfen „Eingriffe und

---

[20] BVerfG NJW 1987, 2499 (2499).
[21] BeckOK GG/Kluckert GG Art. 13 Rn. 12.
[22] Kamann/Irmscher NZWiSt 2021, 249 (252).
[23] Lutz-Bachmann/Vorbeck/Wengenroth BB 2021, 906 (912).
[24] So iErg auch Grabosch Das neue LkSG/Engel/Schönfelder § 6 Rn. 33.
[25] BVerwG NJW 1988, 1278 (1278 f.).
[26] Wagner/Rutloff/Wagner LkSG-HdB/Rutloff/Hahn Rn. 1441.

Beschränkungen […] im Übrigen nur zur Abwehr einer gemeinen Gefahr oder einer Lebensgefahr für einzelne Personen, auf Grund eines Gesetzes auch zur Verhütung dringender Gefahren für die öffentliche Sicherheit und Ordnung, insbesondere zur Behebung der Raumnot, zur Bekämpfung von Seuchengefahr oder zum Schutze gefährdeter Jugendlicher vorgenommen werden."

Diese strengen Anforderungen an Eingriffe in den Schutzbereich der Wohnung drohen § 16 ebenfalls vor verfassungsrechtliche Probleme zu stellen, da allgemeine gefahrenabwehrrechtliche Betretensrechte – zu denen § 16 nach hier vertretener Auffassung zählt (→ Rn. 47, → Rn. 50) – diese Anforderungen nicht erfüllen.[27] Das BVerfG löst diese Problematik über eine Verengung des grundrechtlichen Eingriffs, wenn es sich um reine Betriebs- und Geschäftsräume handelt.[28] Das Betreten von reinen Betriebs- und Geschäftsräumen zur üblichen Betriebs- oder Geschäftszeit stellt nach dieser gefestigten Rechtsprechung keinen Eingriff in Art. 13 Abs. 1 GG dar, wenn (1) eine besondere gesetzliche Vorschrift zum Betreten der Räume ermächtigt, (2) das Betreten der Räume, die Vornahme der Besichtigungen und Prüfungen einem erlaubten Zweck dienen und für dessen Erreichung erforderlich sind sowie (3) das Gesetz den Zweck des Betretens, den Gegenstand und den Umfang der zugelassenen Besichtigung und Prüfung deutlich erkennen lässt.[29] 52

Diese Voraussetzungen liegen beim LkSG vor. § 16 stellt die geforderte besondere Vorschrift dar. Die Erforderlichkeit der Betretensrechte ergibt sich insbesondere aus der Notwendigkeit effektiver behördlicher Prävention und Beseitigung menschenrechtlicher Risiken und Missstände. Diskutabler erscheint, ob aus § 16 der Zweck sowie der Umfang der zugelassenen Besichtigung und Prüfung deutlich erkennbar ist. Dies kann indes bejaht werden, da sich aus binnensystematischer Auslegung der Norm die Grenzen der Rechte des § 16 herausarbeiten lassen (→ Rn. 11, → Rn. 26, → Rn. 36). 53

3. Art. 2 Abs. 1 GG. Folgt man der Rechtsprechung des BVerfG zu Art. 13 Abs. 7 GG (→ Rn. 51 ff.), so fallen Eingriffe durch § 16 „nur" noch in den Schutzbereich des Art. 2 GG.[30] 54

Letztendlich stellen Maßnahmen nach § 16 also keinen Eingriff in Art. 13 Abs. 1 GG dar, sondern nur einen Eingriff in Art. 2 Abs. 1 GG. Entsprechend müssen sie sich daran, also vor allem an der Schranken-Schranke der Verhältnismäßigkeit messen lassen. 55

4. Bestimmtheitsgebot. Ebenfalls Gegenstand der Diskussion ist die sehr offene Formulierung bzw. die weitreichenden Kompetenzen insbesondere der §§ 15 ff.[31] In Bezug auf § 16 wird daher insbesondere diskutiert, ob er wegen seiner offenen Formulierung das Bestimmtheitsgebot verletze. Dies insbesondere vor dem Hintergrund, dass unklar sei, ob die Betretensrechte nur gegenüber den in den Anwendungsbereich des LkSG fallenden Unternehmen gelten oder auch gegenüber Dritten, also Zulieferunternehmen.[32] Auch die Frage, ob es der Behörde gestattet sei, die Zielobjekte des § 16 im Ausland zu betreten, sei unklar und führe zu Souveränitätskonflikten.[33] 56

Diese Stimmen legen den Finger in die Wunde eines großen Problems des LkSG. Denn das LkSG hat die behördlichen Befugnisse nicht auf den Anwendungsbereich abgestimmt, der auch ausländische Unternehmen umfasst. Es sind damit in der Tat **Bedenken an der Bestimmtheit** geboten, da unklar bleibt, ob Deutschland seinen rechtssetzenden völker- 57

---

[27] BeckOK GG/Kluckert GG Art. 13 Rn. 6.1 mwN.

[28] Dazu ausf. BeckOK GG/Kluckert GG Art. 13 Rn. 6–6.3.

[29] BVerfGE 32, 54 = NJW 1971, 2299 (2299 ff.); vgl. auch BVerfG NVwZ 2007, 1049 (1050).

[30] Diese Rechtsprechung wird teilweise kritisiert, da hier die Grundrechtsdogmatik aufgeweicht wird. Die Aspekte, die das BVerfG aufgreift, um in den Schutzbereich des Art. 2 Abs. 1 GG zu verlagern seien Aspekte, die die verfassungsrechtliche Rechtfertigung betreffen würden; Eingriffe in Art. 13 GG seien aber gegeben; vgl. BeckOK GG/Kluckert GG Art. 13 Rn. 6.1, 6.2.

[31] Wagner/Rutloff NJW 2021, 2145 (2145 ff.); Keilmann/Schmidt WM 2021, 717 (718).

[32] Thalhammer DÖV 2021, 825 (832).

[33] Thalhammer DÖV 2021, 825 (832).

rechtlichen Rahmen ausreizen will oder § 16 einfach eine notwendige Beschränkung aufs Inland fehlt (→ Rn. 61 ff.).

VIII. Kritik im Gesetzgebungsverfahren

58 Einige Stellungnahmen zur Ausschusssitzung des Ausschusses für Arbeit und Soziales übten Kritik an § 16. So wurden verfassungsmäßige Bedenken hinsichtlich des Schutzes von Betriebs- und Geschäftsgeheimnissen vorgebracht.[34] Diese Kritiken werfen den Punkt indes nur oberflächlich auf, ohne ihn konkret zu vertiefen.

59 Die Kritik verfängt auch nicht. § 16 erfasst „nur" das Recht zum Betreten und Sichten sowie ein Einsichts- und Prüfungsrecht. Die Norm statuiert damit nur die erste Stufe zur Vorbereitung von Maßnahmen nach § 17. § 17 nimmt sich dagegen in seinem Abs. 3 des Schutzes von Geschäftsgeheimnissen spezifisch an, indem er einschränkend verfügt, dass gesetzliche Aussageverweigerungsrechte und Verschwiegenheitspflichten gewahrt bleiben müssen.

60 Insoweit findet die gesetzgeberische Abwägung bei der Entscheidung statt, ob gesetzlich ein Aussageverweigerungsrecht gewährt oder gar eine Verschwiegenheitspflicht statuiert wird. § 17 folgt dem akzessorisch. Zudem müssen die Maßnahmen verhältnismäßig sein und sich daher an der Verfassung – insbesondere auch dem Schutz des Geschäftsgeheimnisses – messen lassen (zB → § 17 Rn. 48). Da Maßnahmen nach § 16 so gesehen nur vorbereitender Natur sind, können sie nicht weiter reichen als diejenigen nach § 17.

IX. Beschränkung auf deutsches Hoheitsgebiet

61 Dass mit dem LkSG auch Sachverhalte geregelt werden, die sich teilweise im Ausland abspielen ist per se nicht völkerrechtswidrig. Dies ist nämlich solange möglich, wie ein hinreichender territorialer Anknüpfungspunkt dafür besteht. Dafür ist die Geschäftstätigkeit der vom Anwendungsbereich des LkSG umfassten ausländischen Unternehmen mit Zweigstelle in Deutschland (§ 1 Abs. 1 S. 2 Nr. 1) ausreichend.[35]

62 Problematisch ist indes, dass § 16 diese im Grenzbereich der völkerrechtlichen Zulässigkeit weite Fassung des Anwendungsbereichs nicht berücksichtigt. Denn § 16 schränkt die Bezugsobjekte nicht territorial ein und begrenzt sie auch nicht räumlich auf die in § 1 Abs. 1 S. 2 Nr. 1 in Bezug genommene Zweigstelle. Die Norm spricht eindeutig von Betriebsgrundstücken, Geschäftsräumen und Wirtschaftsgebäuden „der Unternehmen". Vom Wortlaut her würde die Norm damit die Kompetenz des BAFA begründen, auch außerhalb deutschen Hoheitsgebiets die Rechte der §§ 14 ff. auszuüben.

63 Ein derartiges Verständnis wäre eindeutig **völkerrechtswidrig,** da die **ureigenste Souveränität** der betroffenen Staaten durch derartiges Handeln verletzt würde.[36] Dies folgt unmittelbar aus Art. 2 Nr. 1, 4 der Charta der Vereinten Nationen. Allenfalls denkbar wäre eine entsprechende Maßnahme nach Zustimmung. Auch eine solche Regelung sieht § 16 indes nicht vor. Zurecht wird daher eine Klarstellung gefordert, dass die Rechte des BAFA entsprechend beschränkt sind.[37]

64 Die Norm ist daher **verfassungs- wie völkerrechtskonform** dahingehend **auszulegen,** dass die aus ihr resultierenden Befugnisse auf deutsches Hoheitsgebiet beschränkt sind. Alles Weitere würde den völkerrechtlichen Rahmen sprengen.

65 Gelöst werden könnte das Problem jedenfalls europaweit, sollte der aktuell vorgelegte Richtlinienentwurf für eine Lieferketten-RL der EU-Kommission sich durchsetzen (im

[34] Bundesverband der Arzneimittel-Hersteller e.V., Unaufgeforderte Stellungnahme zur öffentlichen Anhörung von Sachverständigen in Berlin vom 11.5.2021, 9 f.; so auch Stellungnahme des Bundesverband Großhandel, Außenhandel, Dienstleistungen e. V. (BGA) zum Entwurf eines Gesetzes über die unternehmerischen Sorgfaltspflichten in Lieferketten (BT-Drs. 19/28649) vom 10.5.2021, 7.

[35] So auch Thalhammer DÖV 2021, 825 (832).

[36] So auch Thalhammer DÖV 2021, 825 (832).

[37] Thalhammer DÖV 2021, 825 (832).

Detail → Rn. 72 f.). Art. 18 Abs. 3 S. 2 Lieferketten-RL-E sieht vor: „Wenn eine Aufsichtsbehörde im Rahmen ihrer Untersuchung im Hoheitsgebiet eines anderen Mitgliedstaats eine Untersuchung durchführen möchte, so ersucht sie die Aufsichtsbehörde in diesem Mitgliedstaat nach Artikel 21 Absatz 2 um Amtshilfe." Damit wären die Betretensrechte europarechtlich abgesichert und das BAFA könnte sogar auf die Unterstützung der vor Ort ansässigen Behörde zählen.

X. Durchsuchungen zur Verfolgung von Ordnungswidrigkeiten

Nach hier vertretener Ansicht ist eine enge Auslegung des § 16 insgesamt geboten, damit dieser nicht gegen Art. 13 Abs. 2 GG verstößt. Dies mag insgesamt zu der Kritik führen, dass so Lücken in der effektiven Durchsetzung der behördlichen Befugnisse entstehen. Dies wäre indes eine oberflächliche Betrachtung. Aufgrund der doppelfunktionalen Rolle des BAFA als Gefahrenabwehrbehörde, aber eben auch Verfolgungsbehörde steht ihr zu letzterem Zwecke das gesamte Arsenal der Maßnahmen nach der StPO zur Verfügung. **66**

Es muss gesehen werden, dass § 16 nicht die einzige Rechtsgrundlage ist, die es den zuständigen Behörden erlaubt Durchsuchungen durchzuführen. Durchsuchungen allerdings, die außerhalb der üblichen Geschäftszeiten eines Unternehmens stattfinden oder sonstige Grenzen des Art. 13 Abs. 2 nicht einhalten würden, unterliegen von Verfassungs wegen einem Richtervorbehalt, den § 16 gerade nicht enthält (→ Rn. 46 ff.). **67**

Dennoch sind derartige **Durchsuchungen nicht ausgeschlossen.** Sie beruhen lediglich auf anderen Rechtsgrundlagen: Besteht ein Anfangsverdacht für das Begehen einer Ordnungswidrigkeit nach § 24, so greift das OWiG ein. Nach § 36 Abs. 1 Nr. 1 OWiG, § 46 OWiG iVm §§ 102 ff. StPO sind dann Durchsuchungen im Sinne der StPO möglich.[38] Dieser Mechanismus griff auch früher ein, bei den sog. „Dawn Raids" im Kartellrecht.[39] Derartige Vorgänge sind damit durchaus auch für Zwecke des LkSG denkbar, aber nur unter der Voraussetzung eines gerichtlichen Durchsuchungsbeschlusses (Art. 13 Abs. 2 GG). Entsprechend streng muss der Begriff der üblichen Geschäftszeit aber bei § 16 verstanden werden, wenn Maßnahmen ohne richterliche Überprüfung stattfinden sollen. **68**

Damit weicht der Gesetzgeber vom mittlerweile bevorzugten Modell der Gesetzgebung im GWB ab. In § 59b GWB ist mittlerweile eine spezielle Rechtsgrundlage geschaffen worden, die für Zwecke echter Durchsuchungen sowohl dem Richtervorbehalt des Art. 13 Abs. 2 GG als auch dem Zitiergebot (§ 59b Abs. 1 S. 2 GWB) genügt. **69**

Damit kommt der Abgrenzung von Verwaltungs- und Sanktionsrecht eine besondere Bedeutung zu. Das BAFA hat je nachdem, ob ein Anfangsverdacht nach § 24 besteht, das Gebot der Rollenvertauschung zu beachten. Es gelten dann die Verfahrensrechte der StPO, die nicht durch das Ausnutzen präventiver Gefahrenabwehrbefugnisse umgangen werden dürfen.[40] Entsprechend eng muss die gefahrenabwehrrechtliche Ermächtigung des § 16 ausgelegt werden. **70**

XI. Auswirkungen der geplanten EU-RL

Nachdem das LkSG sich einfügte in vergleichbare Bestrebungen wie in den Niederlanden (hier gilt das sog. „Wet Zorgplicht Kinderarbeid") oder Frankreich (hier gilt das sog. „loi de vigliance"), liegt nun auch ein Entwurf der Europäischen Kommission für eine **71**

[38] Vgl. dazu auch Wagner/Rutloff NJW 2021, 2145 (2151); Seibt/Wesper-Gräske CB 2021, 357 (361 f.).

[39] De Crozals/Jürgens CCZ 2009, 92 (93). Beachte: Dawn Raids im Kartellrecht fanden im Laufe der Zeit speziellere Rechtsgrundlagen, zunächst in § 54 Abs. 4 GWB und mit Inkrafttreten der 10. GWB-Novelle in § 59b GWB. Diese Normen berücksichtigen indes das Erfordernis des Richtervorbehalts (§ 59b Abs. 2 GWB). § 59b GWB ist damit ganz anders gestaltet als § 16, sodass keine Vergleichbarkeit besteht. § 59b GWB vermittelt ganz klar repressive Befugnisse und dient nicht der präventiven Gefahrenabwehr. Sie verlangt vielmehr einen erhöhten Verdachtsmaßstab; Bien/Käseberg/Klumpe/Körber/Ost/Kallfaß, Die 10. GWB-Novelle, 2021, Kap. 2 Rn. 319. Für vergleichbare Durchsuchungen ist für Zwecke des LkSG damit auf den alten Mechanismus zurückzugreifen.

[40] Dazu im Detail Seibt/Wesper-Gräske CB 2021, 357 (361).

einheitliche **Lieferketten-RL** vor. Dem Entwurf ging eine Aufforderung des Europäischen Parlaments voraus.[41] Nachdem sich der konkrete Vorschlag der Kommission immer wieder verzögert hatte,[42] erschien am 23.2.2022 nun der Entwurf einer Richtlinie des Europäischen Parlaments und des Rates über die Sorgfaltspflichten von Unternehmen im Hinblick auf Nachhaltigkeit und zur Änderung der Richtlinie (EU) 2019/1937.[43]

72 § 16 fügt sich ein in ein umfassendes Regime aus behördlichen Möglichkeiten zur Durchsetzung der Sorgfaltspflichten. Dieses Regime genügt im Grundsatz den Anforderungen des Richtlinienentwurfs (→ § 15 Rn. 41). § 16 erfüllt die Mindestanforderungen, die der Richtlinienentwurf vorsieht. Insbesondere sieht der Richtlinienentwurf vor, dass die Aufsichtsbehörden die Kompetenz haben müssen **„Untersuchungen"** auszuführen (Art. 18 Abs. 1–3 Lieferketten-RL-E). Danach ist vorgesehen: „Untersuchungen werden im Einklang mit dem nationalen Recht des Mitgliedstaats, in dem die Untersuchung stattfindet, und mit vorheriger Warnung des Unternehmens durchgeführt, es sei denn, die vorherige Unterrichtung beeinträchtigt die Wirksamkeit der Untersuchung." § 16 erfüllt diese Anforderungen ohne Zweifel, insbesondere im Zusammenspiel mit der Möglichkeit, repressive Durchsuchungen nach StPO durchzuführen, wo ein Anfangsverdacht für einen der Tatbestände des § 24 besteht (→ § 15 Rn. 41).

73 Allerdings sieht der Richtlinienentwurf eine Einschränkung vor, sodass § 16 nicht nur die Mindestanforderungen erfüllt, sondern sogar zu weit geht. Nach Art. 18 Abs. 3 Lieferketten-RL-E sollen „Untersuchungen" regelmäßig vorab angekündigt werden. Anlasslose und unangekündigte Kontrollen kann es demnach nicht geben. Nach hier vertretener Auffassung ist dies aber ohnehin nur selten möglich. Dies folgt zum einen aus der expliziten Beschränkung auf die üblichen Geschäftszeiten, zum anderen aus verfassungskonformer Auslegung von § 16 (→ Rn. 46 ff.).

§ 17 Auskunfts- und Herausgabepflichten

(1) [1]Unternehmen und nach § 15 Satz 2 Nummer 1 geladene Personen sind verpflichtet, der zuständigen Behörde auf Verlangen die Auskünfte zu erteilen und die Unterlagen herauszugeben, die die Behörde zur Durchführung der ihr durch dieses Gesetz oder aufgrund dieses Gesetzes übertragenen Aufgaben benötigt. [2]Die Verpflichtung erstreckt sich auch auf Auskünfte über verbundene Unternehmen (§ 15 des Aktiengesetzes), unmittelbare und mittelbare Zulieferer und die Herausgabe von Unterlagen dieser Unternehmen, soweit das auskunfts- oder herausgabepflichtige Unternehmen oder die auskunfts- oder herausgabepflichtige Person die Informationen zur Verfügung hat oder aufgrund bestehender vertraglicher Beziehungen zur Beschaffung der verlangten Informationen in der Lage ist.

(2) Die zu erteilenden Auskünfte und herauszugebenden Unterlagen nach Absatz 1 umfassen insbesondere

1. **die Angaben und Nachweise zur Feststellung, ob ein Unternehmen in den Anwendungsbereich dieses Gesetzes fällt,**
2. **die Angaben und Nachweise über die Erfüllung der Pflichten nach den §§ 3 bis 10 Absatz 1 und**
3. **die Namen der zur Überwachung der internen Prozesse des Unternehmens zur Erfüllung der Pflichten nach den §§ 3 bis 10 Absatz 1 zuständigen Personen.**

---

[41] S. den Aufschlag des Europäischen Parlaments – European Parliament 2019–2024 – P9_TA(2021)0073 – Corporate due diligence and corporate accountability (2020/2219(INL)).

[42] S. zum Stand der europäischen Gesetzgebung: EU-Lieferkettengesetz verzögert sich weiter, DVZ, 15.12.2021, https://www.dvz.de/rubriken/management-recht/nachhaltige-logistik/detail/news/eu-lieferkettengesetz-verzoegert-sich-weiter.html#:~:text=Deutschland%20m%C3%BCsste%20sein%20im%20Sommer,Kraft%20tritt%2C%20dann%20gegebenenfalls%20anpassen.&text=Das%20deutsche%20Gesetz%20gilt%20f%C3%BCr,f%C3%BCr%20alle%20ab%201.000%20Arbeitnehmern (zuletzt abgerufen am 6.9.2022).

[43] COM (2022) 71 final 2022/0051(COD).

(3) [1] Wer zur Auskunft nach Absatz 1 verpflichtet ist, kann die Auskunft auf solche Fragen verweigern, deren Beantwortung ihn selbst oder einen der in § 52 Absatz 1 der Strafprozessordnung bezeichneten Angehörigen der Gefahr strafgerichtlicher Verfolgung oder eines Verfahrens nach dem Gesetz über Ordnungswidrigkeiten aussetzen würde. [2] Die auskunftspflichtige Person ist über ihr Recht zur Verweigerung der Auskunft zu belehren. [3] Sonstige gesetzliche Auskunfts- oder Aussageverweigerungsrechte sowie gesetzliche Verschwiegenheitspflichten bleiben unberührt.

Schrifttum: Kamann/Irmscher, Das Sorgfaltspflichtengesetz – Ein neues Sanktionsrecht für Menschenrechts- und Umweltverstöße in Lieferketten, NZWiSt 2021, 249; Stöbener de Mora/Noll, Grenzenlose Sorgfalt? – Das Lieferkettensorgfaltspflichtengesetz, Teil 2, NZG 2021, 1285; Dann/Markgraf, Das neue Gesetz zum Schutz von Geschäftsgeheimnissen, NJW 2019, 1774; Schockenhoff, Der Konzerninformationsanspruch, NZG 2020, 1001; Gilch/Pelz, Compliance-Klauseln – Gut gemeint aber unwirksam?, CCZ 2008, 131; Seibt/Wesper-Gräske, Lieferkettensorgfaltspflichtengesetz erweitert Compliance-Pflichten, CB 2021, 357; Stancke, Grundlagen des Unternehmensdatenschutzrechts – gesetzlicher und vertraglicher Schutz unternehmensbezogener Daten im privaten Wirtschaftsverkehr, BB 2013, 1418.

Übersicht

I. Normzweck, systematische Einordnung

1 § 17 stellt dem BAFA als zuständiger Behörde die Mittel zur Verfügung um sich die Informationen zu beschaffen, die es benötigt, um seinen Aufgaben nach dem LkSG effektiv nachzukommen. Um zu prüfen, ob die Unternehmen ihrerseits die ihnen obliegenden Pflichten nach dem LkSG einhalten, ist das BAFA insbesondere auf unternehmensinterne Informationen und Dokumente angewiesen. Auch ist das BAFA für viele Sachverhalte auf

Auskünfte von Wissensträgern innerhalb des Unternehmens angewiesen. Den Zugang zu diesen benötigten Informationen sichert § 17.

2 § 17 statuiert zu diesem Zweck ein **umfassendes Informationsbeschaffungsrecht** für das BAFA. Dieses Recht umfasst bereits auf seiner ersten Stufe den Zugang zu solchen Unterlagen, aus denen sich ergibt, ob ein Unternehmen überhaupt in den Anwendungsbereich des LkSG fällt (§ 17 Abs. 2 Nr. 1). Weitergehend umfasst sind alle Unterlagen, die zur Prüfung der Einhaltung der Pflichten nach den §§ 3–10 Abs. 1 maßgeblich sein können (§ 17 Abs. 2 Nr. 2). Gerade dieses Regelbeispiel ist sehr offen formuliert und sichert umfassenden Zugang. Schließlich umfasst die Norm auch solche Unterlagen, die die personelle Organisation eines Unternehmens in Bezug auf die Einhaltung der Pflichten nach LkSG betreffen (§ 17 Abs. 2 Nr. 3).

3 Durch die Ausgestaltung des Abs. 2 wird der umfassende Charakter der Norm weiter unterstrichen. Die dort in den einzelnen Nummern geregelten Tatbestände stellen Regelbeispiele dar. Diese haben keinen abschließenden Charakter. Das BAFA darf auch darüberhinausgehende Informationen und Unterlagen abfragen und herausverlangen.

4 In systematischer Hinsicht hat § 17 eine **Doppelfunktion**. Die Norm bezieht sich auf die Aufgaben der Behörde nach dem LkSG. Die damit in Bezug genommenen Aufgaben regelt § 14; diese bestehen in der Kontrolle der Einhaltung der Pflichten nach den §§ 3–10 (§ 14 Abs. 1 Nr. 1 lit. a) sowie darin, Verstöße gegen die Pflichten festzustellen, zu beseitigen und zu verhindern (§ 14 Abs. 1 Nr. 1 lit. b). Sowohl für die präventive Kontrolle als auch für die repressive Feststellung und Beseitigung von Verstößen greift § 17 als Handlungsinstrument ein.

5 Demzufolge ist § 17 zum einen Ermächtigungsgrundlage für eine gefahrenabwehrrechtliche Standardmaßnahme. § 17 bietet insoweit ein bestimmtes Handlungsinstrument, konkretisiert damit die Generalklausel des § 15 S. 1 und sichert Auskunfts- und Herausgabeverlangen verfassungsmäßig als hinreichend bestimmte Rechtsgrundlage ab. Zum anderen enthält § 17 auch eine repressive Ermächtigung zur Feststellung von Verstößen und darauf aufbauend zur Verfolgung von Ordnungswidrigkeiten iSd § 24. Je nachdem also, weshalb das BAFA tätig wird (präventiv zur Verhinderung von Verstößen oder repressiv zur Feststellung und Unterbindung von Verstößen gegen das LkSG), ist § 17 in einem je anderen Licht zu sehen. Bei repressiven Maßnahmen sind zusätzlich die Voraussetzungen der StPO einschlägig (über § 46 OWiG). Die Abgrenzung zwischen repressivem und präventivem Handeln hat insbesondere Auswirkungen auf Rechtsbehelfe gegen Maßnahmen nach § 17 und auf die Bewertung der Rechtmäßigkeit der jeweiligen Maßnahmen (→ Rn. 84 ff.).

II. Gesetzgebungsverfahren

6 § 17 wurde seit seiner Fassung im Referentenentwurf[1] redaktionell und, wenn auch nur geringfügig, inhaltlich weiterentwickelt. Die knappe Überschrift „Auskunftspflichten“[2] im Referentenentwurf wurde im Regierungsentwurf sinnvollerweise zu „Auskunfts- und Herausgabepflichten“ ergänzt,[3] was den Inhalt der Norm deutlich besser widerspiegelt. Abs. 1 S. 1 beließ der Regierungsentwurf vollständig in der Fassung des Referentenentwurfs. In Abs. 1 S. 2 konkretisierte der Regierungsentwurf die zweite Satzhälfte konsequent von „soweit das auskunftspflichtige Unternehmen die Informationen zur Verfügung hat“[4] zu „soweit das auskunfts- oder herausgabepflichtige Unternehmen oder die auskunfts- oder herausgabepflichtige Person die Informationen zur Verfügung hat“.[5] So wird die einschränkende zweite Satzhälfte richtigerweise auf alle denkbaren Normadressaten und Varianten bezogen.

[1] RefE LkSG des BMAS vom 28.2.2021.
[2] RefE LkSG des BMAS vom 28.2.2021, 16.
[3] BT-Drs. 19/28649, 17.
[4] RefE LkSG des BMAS vom 28.2.2021, 16.
[5] BT-Drs. 19/28649, 17 (Hervorhebung hinzugefügt).

In Abs. 2 der Norm ergänzte der Regierungsentwurf im einleitenden Satz, dass sich die genannten Regelbeispiele nicht nur auf „zu erteilende Auskünfte“,[6] sondern auch auf die „herauszugebenden Unterlagen“[7] beziehen sollen. Die Nr. 1–3 blieben inhaltlich unverändert. Lediglich Nr. 1 wurde redaktionell angepasst. Ersatzlos gestrichen wurde die im Referentenentwurf noch enthaltene Nr. 4 „den Plan zur Umsetzung einer angeordneten Maßnahme zur Beseitigung von Verstößen nach § 15 S. 2 Nr. 2“.[8] Dies ist konsequent, denn den entsprechenden Plan hat das betroffene Unternehmen nach § 15 Abs. 1 S. 2 Nr. 2 ohnehin auf Anordnung zu erstellen und vorzulegen.[9] Eine weitergehende Herausgabepflicht nach § 17 Abs. 2 Nr. 4 wäre damit redundant. 7

Der Regierungsentwurf hat § 17 Abs. 3 im Vergleich zum Referentenentwurf inhaltlich verändert. Der Regierungsentwurf sieht in seinem S. 2 eine Belehrungspflicht gegenüber der aufklärungspflichtigen Person vor.[10] Ansonsten hat der Regierungsentwurf die Fassung des Referentenentwurfs übernommen. 8

Die finale Ausschussempfehlung,[11] welche die endgültige Gesetzesfassung vorsieht, hat sodann im Verhältnis zum Regierungsentwurf nur noch redaktionelle Veränderungen vorgenommen. In Abs. 1 wurden insbesondere die Worte „rechtlicher Verbindungen“ durch „vertraglicher Beziehungen“[12] ersetzt, was der sprachlichen Präzisierung dient.[13] Zusätzlich wurden in Abs. 2 Nr. 3 aus den angesprochenen Prozessen, „Prozesse des Unternehmens“.[14] 9

III. Zuständige Behörde

Zuständige Behörde ist nach § 19 das Bundesamt für Wirtschaft und Ausfuhrkontrolle **(BAFA).** Sie unterliegt der Rechts- und Fachaufsicht des Bundesministeriums für Wirtschaft und Energie, welches die Aufsicht im Einvernehmen mit dem Bundesministerium für Arbeit und Soziales auszuüben hat (→ § 19 Rn. 27 f.). Im Außenverhältnis zu den Rechtsunterworfenen ist aber nur und allein das BAFA zuständig, nicht eines der nur intern aufsichtsführenden Ministerien. 10

IV. Auskunfts- und Herausgabepflichten (Abs. 1)

§ 17 Abs. 1 enthält die grundlegende Verpflichtung von Unternehmen und von nach § 15 S. 2 Nr. 1 geladenen Personen, dem BAFA als zuständiger Behörde Auskünfte zu erteilen und Unterlagen herauszugeben.[15] Die Pflicht entsteht auf Verlangen und „beschränkt“ sich auf solche Unterlagen, die die Behörde zur Wahrnehmung ihrer Aufgaben nach dem LkSG benötigt. Die Pflicht erstreckt sich nach S. 2 auch auf Informationen und Unterlagen von verbundenen Unternehmen iSd § 15 AktG sowie auf Zulieferer in der Lieferkette. Betroffene Unternehmen müssen aber nur Informationen herausgeben, die sie zur Verfügung haben oder zu deren Beschaffung sie auf Grundlage vertraglicher Beziehungen in der Lage sind.[16] 11

1. Allgemeine Herausgabepflicht (Abs. 1 S. 1). § 17 Abs. 1 S. 1 statuiert eine generelle Auskunfts- und Herausgabepflicht betroffener Unternehmen nach dem LkSG. Nach § 15 S. 2 Nr. 1 geladene Personen und betroffene Unternehmen sind danach verpflichtet, 12

---

[6] RefE LkSG des BMAS vom 28.2.2021, 16.
[7] BT-Drs. 19/28649, 17.
[8] RefE LkSG des BMAS vom 28.2.2021, 16.
[9] Dies traf auch schon für die Fassung des RefE LkSG des BMAS zu.
[10] BT-Drs. 19/28649, 17.
[11] BT-Drs. 19/30505, 16.
[12] BT-Drs. 19/30505, 16.
[13] BT-Drs. 19/30505, 42.
[14] BT-Drs. 19/30505, 16.
[15] BT-Drs. 19/28649, 55.
[16] Vgl. BT-Drs. 19/28649, 55.

dem BAFA auf dessen Verlangen Auskünfte zu erteilen und Unterlagen herauszugeben, die das BAFA zur Durchführung der Aufgaben nach dem LkSG benötigt. Die damit in Bezug genommenen Aufgaben regelt § 14. Diese Aufgaben sind, die Einhaltung der Pflichten nach den §§ 3–10 zu kontrollieren (§ 14 Abs. 1 Nr. 1 lit. a) und darauf aufbauend, Verstöße gegen diese Pflichten festzustellen, zu beseitigen und zu verhindern (§ 14 Abs. 1 Nr. 1 lit. b). Sowohl für die präventive Kontrolle als auch für die repressive Feststellung und Beseitigung von Verstößen greift § 17 Abs. 1 S. 1.

13 **a) Adressatenkreis – persönlicher Anwendungsbereich.** Adressaten des Auskunfts- oder Herausgabeverlangens nach § 17 Abs. 1 S. 1 sind nach § 15 S. 2 Nr. 1 **geladene Personen,** außerdem die betroffenen **Unternehmen selbst.** Lädt das BAFA nach § 15 S. 2 Nr. 1 eine Person, so hat diese persönlich Auskunft zu erteilen und ggf. auch Unterlagen herauszugeben.

14 Die Behörde kann Unterlagen auch direkt vom „Unternehmen" verlangen. Diese Verpflichtung richtet sich dann an diejenige Person, die das Unternehmen nach außen vertritt. Adressat derartiger Maßnahmen (meist in der äußeren Gestalt von Verwaltungsakten erlassen) ist gemäß § 12 Abs. 1 Nr. 3 VwVfG iVm § 11 Abs. 2 der gesetzliche **Vertreter des Unternehmens** oder der besonders Beauftragte (§ 41 VwVfG).[17] Regelmäßig Adressat ist daher das für das Unternehmen handelnde Organ. Dieses ist nach seiner Stellung im Unternehmen verpflichtet, dafür Sorge zu tragen, dass das Unternehmen seiner Verpflichtung nach dem LkSG nachkommt.

15 Innerhalb der Unternehmen ist es ratsam, die interne Zuständigkeit für derartige Anfragen vorab zu regeln. Empfehlenswert ist, die Zuständigkeit bei der Compliance-Abteilung anzusiedeln, wenn es eine gibt. Sonst ist die Rechtsabteilung die passende Adresse. Interne Mitteilungspflichten der jeweils zuständigen Abteilung an die Geschäftsführungsorgane, dass es derartige Anfragen gibt, sind mindestens sinnvoll. Nach § 4 Abs. 3 müssen Unternehmen im Zuge des Risikomanagements ohnehin Zuständigkeiten festlegen. In diesem Zusammenhang sollten die entsprechend Zuständigen mit Vollmachten ausgestattet werden, auf Anfragen gemäß § 17 Abs. 1 S. 1 zu reagieren. Derartige Personen wären dann als besonders Beauftragte iSd § 12 Abs. 1 Nr. 3 VwVfG zu qualifizieren.[18] Will die Behörde von einer bestimmten Person Auskünfte erhalten, die unternehmensintern insoweit nicht ermächtigt ist, muss diese Person nach § 15 S. 2 Nr. 1 geladen werden.

16 **b) Benötigte Auskünfte und Unterlagen – sachlicher Anwendungsbereich.** Der Terminus „Auskünfte" ist weder durch das Gesetz selbst noch durch dessen Begründung eingeschränkt. Umfasst sein können damit jedwede Informationen, an denen die Behörde ein irgendwie geartetes sachliches Interesse hat. Einschränkend wirkt insoweit allein das Merkmal „die die Behörde zur Durchführung der ihr durch dieses Gesetz oder aufgrund dieses Gesetzes übertragenen Aufgaben benötigt".

17 „Unterlagen" ist weder durch das Gesetz selbst noch durch dessen Begründung eingeschränkt. Umfasst sein können damit **jedwede analogen Ausdrucke und Dokumente,** die irgendwie geartete Informationen enthalten. Ebenfalls weder durch Gesetz noch durch Begründung beantwortet ist die Frage nach digitalen Inhalten. Insbesondere im Rahmen teleologischer, dynamischer Auslegung müssen auch derartige Dateien umfasst sein. Mit voranschreitender Digitalisierung würde die Norm sonst sämtlichen Sinn verlieren und Unternehmen könnten sich durch exklusiv digitales Arbeiten dem Anwendungsbereich entziehen. Daher sind **auch digitale Inhalte umfasst.** Der Terminus „Unterlagen" bezieht sich nicht nur auf schriftliche Unterlagen auf analogen Datenträger wie namentlich Papier, sondern auch auf digitale Datenträger einschließlich Clouds des Unternehmens.

18 Zu fragen bleibt aber, auf **welche digitalen Inhalte** dies zu beziehen ist, ob also nur Textdateien umfasst sein sollen oder zB auch Algorithmen und sonstige digitalen Software-

[17] Näher zB BeckOK VwVfG/Tiedemann VwVfG § 41 Rn. 38.
[18] Vgl. BeckOK VwVfG/Gerstner-Heck VwVfG § 12 Rn. 19.

inhalte. Denn auch letztere könnten für das BAFA interessante Informationen enthalten, wenn es darum geht, die Arbeitsweise der jeweiligen Unternehmen zu verstehen. Ein so weites Verständnis ist jedoch abzulehnen. Digitale Inhalte im Sinne des Wortes „Unterlagen" sollten auf solche beschränkt bleiben, die Informationen in Textform iSd § 126b BGB enthalten. Ein noch weiteres Verständnis würde dem Wortsinn nicht gerecht. Laut dem Duden bedeutet „Unterlage" im hier relevanten Kontext „schriftlich Niedergelegtes, das als Beweis, Beleg, Bestätigung o. Ä. für etwas dient; Dokumente; Urkunden; Akten o. Ä."[19]

Das BAFA kann also nicht sämtliche digitalen Inhalte eines Unternehmens abfragen, 19
sondern lediglich solche **Dateien, die einen Ausdruck digital ersetzen** und zum Beweis bzw. als Beleg für Informationen dienen. Interessiert sich das BAFA allerdings im Zuge seiner Aufgaben für andere digitale Informationen wie etwa Algorithmen, so kann es jedenfalls Auskünfte darüber abfragen. Das BAFA kann diese digitalen Inhalte zwar herausverlangen, sie sind aber nicht von den Betretensrechten nach § 16 umfasst (→ § 16 Rn. 29, → § 16 Rn. 42). Computer können also vor Ort nicht anlasslos nach digitalen Inhalten durchsucht werden, bestimmte digitale Inhalte können aber nach § 17 vom Unternehmen herausverlangt werden.

Jedenfalls nicht umfasst von den Termini „Unterlagen" oder „Auskünfte" sind persönli- 20
che Informationen und Unterlagen der nach § 15 S. 2 Nr. 1 geladenen Personen. Rein vom Wortlaut her ist zwar insbesondere die Herausgabe von Unterlagen nicht auf solche des Unternehmens beschränkt, sodass es zunächst denkbar erscheint, auch private Unterlagen der geladenen Person zu verlangen. Dabei ist allerdings zu berücksichtigen, dass das LkSG im Anwendungsbereich nur auf die in § 1 Abs. 1 auf die erfassten Unternehmen als Adressaten beschränkt ist. Rein persönliche Unterlagen geladener (Privat-)Personen kann das BAFA daher nicht herausverlangen. Die Unterlagen müssen jedenfalls irgendeinen Bezug zum betroffenen Unternehmen und dessen Tätigkeit entlang der Lieferkette aufweisen.

Wann genau Auskünfte und Dokumente für die Behörde „zur Durchführung der ihr 21
durch dieses Gesetz oder aufgrund dieses Gesetzes übertragenen Aufgaben benötigt" sind, definieren weder das Gesetz noch dessen Begründung. Zunächst drückt der Terminus „benötigen" aus, dass kein anlassloses Verlangen zulässig ist. Dies unterstreicht der Bezug zu den Aufgaben des BAFA. Die durch dieses Gesetz oder aufgrund dieses Gesetzes übertragenen Aufgaben regelt § 14. Es ist danach zum einen Aufgabe der Behörde, „die Einhaltung der Pflichten nach den §§ 3–10 Abs. 1 im Hinblick auf mögliche menschenrechtliche und umweltbezogene Risiken, sowie Verletzungen einer menschenrechtsbezogenen oder umweltbezogenen Pflicht **zu kontrollieren**"[20] (§ 14 Abs. 1 Nr. 1 lit. a) und zum anderen „Verstöße gegen Pflichten nach Buchstabe a **festzustellen,** zu **beseitigen** und zu **verhindern**" (§ 14 Abs. 1 Nr. 1 lit. b). Die Behörde wird nach § 14 dabei nur tätig, wenn entweder ein menschenrechtsbezogenes Risiko besteht oder Anhaltspunkte für die Verletzung von Pflichten nach dem LkSG gegeben sind (→ § 14 Rn. 9 ff.). Nur wenn diese Voraussetzungen zum Tätigwerden vorliegen, kann die Behörde iSd § 17 Abs. 1/2 überhaupt Auskünfte oder Unterlagen verlangen. Darüberhinausgehend schränkt das Merkmal „benötigt" insofern weiter ein, als die Behörde wirklich auf die Auskünfte oder Unterlagen angewiesen sein muss, um den genannten Aufgaben nachzukommen.

Dieses Erfordernis kann dann entfallen, wenn es mildere Mittel gibt, der jeweiligen 22
Aufgabe nachzukommen. Insoweit ist im gefahrenabwehrrechtlichen Kontext zu unterscheiden zwischen Tatbestands- und Rechtsfolgenseite. Auf Tatbestandsebene ist das Merkmal bereits dahingehend zu verstehen, dass die Behörde die benötigten Informationen nicht bereits anderweitig zur Verfügung hat. Generell ausreichend sein muss es aber, dass die Behörde im Sinne des risikobasierten Ansatzes ein Risiko erkannt hat, aufgrund dessen tätig

---

[19] Duden (online), Artikel zum Wort „Unterlage", https://www.duden.de/rechtschreibung/Unterlage (zuletzt abgerufen am 6.9.2022).

[20] Hervorhebung hinzugefügt.

werden muss und dazu auf Informationen angewiesen ist. Die Frage, mit welchem Mittel sie die benötigten Informationen dann beschafft, und ob dazu Maßnahmen iSd § 17 Abs. 1, 2 nötig sind, ist eine Frage der Erforderlichkeit im Ermessen auf Rechtsfolgenseite.

23 Von diesem Maßstab umfasst sein können dabei auch Unterlagen aus sog. **„internal investigations"**, also Aufzeichnungen über hausinterne Ermittlungen gegen eigene Mitarbeiter. Derartige Unterlagen können im Einzelfall hoch brisante Informationen enthalten. Sie fallen beispielsweise an, wenn ein Unternehmen das sog. Selbstreinigungsverfahren nach § 125 GWB nutzt. Auch vor diesem Hintergrund wird die Reichweite von § 17 kritisiert. Die Reichweite ufere zu weit aus, da im Zusammenhang mit der Beschaffungspflicht die Unternehmen zu Hilfsermittlern gegen sich selbst würden.[21] Beachtet werden muss aber zum einen, dass kein grundsätzliches Verbot der Beschlagnahme derartiger Unterlagen besteht, außer in gesetzlich geregelten Ausnahmefällen, etwa in der Anwaltskommunikation (§ 160a StPO).[22] Hinzu kommt, dass der Maßstab der Erforderlichkeit, wie oben beschrieben durch die Behörde gewahrt werden muss. Bevor also Unterlagen angefordert werden, die ersichtlich hoch sensible Daten betreffen, muss auch ein entsprechend konkreter Anlass bestehen.

24 Weiter weist der Deutsche Anwaltsverein zutreffend darauf hin, dass Ladungen von Personen zur Informationsgewinnung nach § 15 S. 2 Nr. 1 iVm § 17 Abs. 1 S. 1 nur dann erfolgen sollten, „wenn die Auskünfte nicht als milderes Mittel ebenso gut schriftlich eingeholt werden können, die Verstöße besonders schwerwiegend sind und die Verschaffung eines persönlichen Eindrucks erfordern oder bei der schriftlichen Einholung von Auskünften zeitliche Verzögerungen zu befürchten sind, die in Anbetracht der Risikolage unvertretbar wären."[23] Die mit dieser Anmerkung verbundene Forderung, diesen Mechanismus in den Gesetzestext zu überführen, wäre indes überflüssig, da das Merkmal der Erforderlichkeit genau derartige, auf den Einzelfall bezogene Weichenstellungen etabliert.

25 Ob Maßnahmen nach § 17 Abs. 1, 2 rechtmäßig sind, hängt damit vom Einzelfall ab; von Bedeutung kann insbesondere sein, ob die Behörde präventiv oder repressiv tätig wird (→ Rn. 84).

26 **2. Erstreckung auf Auskünfte und Unterlagen über verbundene Unternehmen und die Lieferkette (Abs. 1 S. 2).** Nach § 17 Abs. 1 S. 2 erstrecken sich die Pflichten nach Abs. 1 S. 1 auch auf Informationen über **rechtlich selbstständige Drittunternehmen** bzw. Unterlagen von rechtlich selbstständigen Drittunternehmen. Davon erfasst sind verbundene Unternehmen iSd § 15 AktG und unmittelbare sowie mittelbare Zulieferer.[24]

27 Dies ermöglicht dem BAFA, umfassend Informationen im Bereich der gesamten Lieferkette und innerhalb einer sich in den Lieferketten auswirkenden Konzernstruktur abzufragen. Adressat der Anfrage bleibt aber nach der klaren Formulierung das in den Anwendungsbereich des Lieferkettengesetzes fallende Unternehmen bzw. die nach § 15 S. 2 Nr. 1 geladene Person („Die Verpflichtung erstreckt sich auch auf Auskünfte **über** […] und die Herausgabe von […]"). Das betroffene Unternehmen bzw. die auskunftspflichtige Person soll aufgrund seiner Möglichkeiten entweder Informationen über die Drittunternehmen, die es schon besitzt, preisgeben oder seine vertragliche Verbindung zum Drittunternehmen nutzen, um Informationen über die Drittunternehmen zu beschaffen.

28 Die Drittunternehmen selbst wiederum fallen oft nicht in den persönlichen Anwendungsbereich des LkSG und können damit nicht Adressat einer Maßnahme nach § 17 Abs. 1 S. 1, 2 werden. Informationen müssen sie also nicht selbst preisgeben, müssen allerdings damit rechnen, ggf. vom betroffenen Unternehmen in Anspruch genommen zu werden, Unterlagen herauszugeben oder Unterlagen vorzulegen. Entsprechende Ansprüche

---

[21] Kamann/Irmscher NZWiSt 2021, 249 (252).
[22] So auch Kamann/Irmscher NZWiSt 2021, 249 (252).
[23] DAV-Stellungnahme durch die Ausschüsse Corporate Social Responsibility und Compliance, Handelsrecht sowie Menschenrechte zum RegE LkSG, 28, Rn. 63.
[24] Stöbener de Mora/Noll NZG 2021, 1285 (1287).

des betroffenen Unternehmens können sich aus der mit diesem bestehenden **Vertragsbeziehung** zB wegen **Loyalitäts-, Kooperations- und Unterstützungspflichten** ergeben, seien diese ausdrücklich im Vertrag ausgeführt oder mögen sie sich aus § 241 Abs. 2 BGB ergeben.

Auch müssen Drittunternehmen damit rechnen, dass Informationen, die dem betroffenen Unternehmen bereits erteilt worden sind, ggf. dem BAFA zugänglich gemacht werden. Zulieferunternehmen, die wissen, dass ihre Kunden in den Anwendungsbereich des LkSG fallen, sollten diesen Umstand bei Vertragsgestaltung und dem Umgang mit eigenen Informationen im Blick behalten (→ Rn. 38 ff.). Es wird an dieser Stelle – wie an vielen im LkSG – deutlich, dass die sog. KMUs ebenfalls stark vom LkSG betroffen sind. 29

Die Einschränkung in der zweiten Satzhälfte bezieht sich rein vom Wortlaut her nur auf Informationen und nicht auf herauszugebende Unterlagen („[…], soweit das auskunfts- oder herausgabepflichtige Unternehmen oder die auskunfts- oder herausgabepflichtige Person die Informationen zur Verfügung hat oder aufgrund bestehender vertraglicher Beziehungen zur Beschaffung der verlangten Informationen in der Lage ist."[25]). Richtigerweise hätte es je heißen müssen „Informationen und/oder Unterlagen". Denn die gemachten Einschränkungen müssen für ggf. vorzulegende Unterlagen gleichermaßen gelten. Dies macht der Wortlaut immerhin teilweise deutlich, in dem er von auskunfts- oder **herausgabepflichtigen** Adressaten spricht. 30

a) Verbundene Unternehmen (§ 15 AktG). Verbundene Unternehmen sind kraft expliziter Bezugnahme solche iSd **§ 15 AktG.** Die Norm ist eine reine Definitionsnorm ohne eigene Rechtsfolgen.[26] Nach § 15 AktG gibt es fünf verschiedene Definitionen für verbundene Unternehmen: Umfasst sind (i) rechtlich selbstständige Einzelunternehmen, von denen eines im Mehrheitsbesitz des anderen steht oder von denen eines mit Mehrheit an einem anderen beteiligt ist (§ 16 AktG) sowie (ii) abhängige und herrschende Unternehmen iSd § 17 AktG; (iii) Konzernunternehmen iSd § 18 AktG, (iv) wechselseitig beteiligte Unternehmen nach § 19 AktG und (v) Parteien eines Unternehmensvertrages.[27] Der Unternehmensbegriff des § 15 AktG ist rechtsformneutral.[28] Erfasst sein können damit grundsätzlich juristische wie auch natürliche Personen.[29] Die Unternehmen müssen jeweils zueinander verbunden sein; eine mittelbare Verbindung ist ausreichend.[30] Hält also ein Mutterunternehmen einen signifikanten Anteil an einem Tochterunternehmen und hält dieses wiederum einen signifikanten Anteil an einem Enkelunternehmen, so sind Mutter- und Enkelunternehmen als verbundene Unternehmen iSd § 15 AktG zu qualifizieren.[31] 31

Der Begriff des verbundenen Unternehmens nach AktG stimmt nicht mit demjenigen aus § 271 Abs. 2 HGB überein. Dieser stellt im Gegensatz zum rechtsträgerbezogenen[32] Begriff aus § 15 AktG darauf ab, ob die Voraussetzungen der gemeinsamen Rechnungslegung nach den §§ 290 ff. HGB vorliegen.[33] Eine entsprechende Verweisung wäre für Zwecke der Lieferkettenüberwachung und der damit zusammenhängenden Informationsbeschaffung auch nicht zielführend. 32

Bereits § 1 Abs. 3 verweist auf § 15 AktG. Die Norm konkretisiert die Zählweise für die Frage, wie viele Mitarbeiter ein Unternehmen beschäftigt und damit, ob der Anwendungsbereich des LkSG eröffnet ist (→ § 1 Rn. 205 ff.). Nach § 1 Abs. 3 zählen zu den maßgeblichen Mitarbeitern bei verbundenen Unternehmen iSd § 15 AktG die Arbeitnehmer 33

[25] Hervorhebung hinzugefügt.
[26] Heidel/Peres/Walden AktG § 15 Rn. 1, 11.
[27] Heidel/Peres/Walden AktG § 15 Rn. Rn. 9.
[28] ErfK/Oetker AktG § 15 Rn. 1.
[29] ErfK/Oetker AktG § 15 Rn. 4; zu weiteren Einzelheiten des Unternehmensbegriffs nach § 15 AktG s. BeckOGK/Schall AktG § 15 Rn. 53–60.
[30] Heidel/Peres/Walden AktG § 15 Rn. 10.
[31] Heidel/Peres/Walden AktG § 15 Rn. 10.
[32] Vgl. Heidel/Peres/Walden AktG § 15 Rn. 2.
[33] Heidel/Peres/Walden AktG § 15 Rn. 11.

sämtlicher konzernangehöriger Gesellschaften für die Berechnung der Arbeitnehmer bei der Obergesellschaft mit. Entsprechend kongruent ausgestaltet ist § 17 Abs. 1 S. 2, wenn er die Herausgabe entsprechender Unterlagen ermöglicht. Dies wiederum ist nötig für Zwecke des § 17 Abs. 2 Nr. 1 zur Feststellung, ob bei als Konzern organisierten Unternehmen, der Anwendungsbereich eröffnet ist.

34 **b) Unmittelbare Zulieferer.** Der Begriff des unmittelbaren Zulieferers definiert **§ 2 Abs. 7** als „Partner eines Vertrages über die Lieferung von Waren oder die Erbringung von Dienstleistungen, dessen Zulieferungen für die Herstellung des Produktes des Unternehmens oder zur Erbringung und Inanspruchnahme der betreffenden Dienstleistungen notwendig sind."

35 Entscheidendes Kriterium ist hier also die unmittelbar lieferkettenbezogene Vertragsbeziehung, die direkt zum betroffenen Unternehmen besteht (→ § 2 Rn. 247).

36 **c) Mittelbare Zulieferer.** Der Begriff des mittelbaren Zulieferers definiert **§ 2 Abs. 8** als „Unternehmen, das kein unmittelbarer Zulieferer ist und dessen Zulieferungen für die Herstellung des Produktes des Unternehmens oder zur Erbringung und Inanspruchnahme der betreffenden Dienstleistung notwendig sind."

37 Entscheidendes Kriterium ist hier die jedenfalls indirekte vertragliche und wirtschaftliche Verknüpfung der Unternehmen im Rahmen des Endproduktes des betroffenen Unternehmens, also die Eingliederung des mittelbaren Zulieferers in die Lieferkette ohne dabei Vertragspartner zu sein (→ § 2 Rn. 254).

38 **d) Einschränkung der Verfügbarkeit.** S. 2 sieht **zwei Varianten** vor, nach denen das betroffene Unternehmen verpflichtet ist, Auskünfte bzw. Unterlagen über das Drittunternehmen offenzulegen. Informationen über Drittunternehmen und erst recht Unterlagen von Drittunternehmen im Sinne des Abs. 1 S. 2 darf das BAFA nur verlangen, wenn sie **(i)** beim betroffenen Unternehmen **verfügbar sind** oder wenn **(ii)** das betroffene Unternehmen diese Informationen oder Unterlagen **aufgrund vertraglicher Verbindung** vom Drittunternehmen **beschaffen** kann.

39 Es gibt je einen Problemkomplex zu jeder der zwei Varianten, den weder der Gesetzestext noch die Gesetzesbegründung angehen.

40 In Bezug auf bereits verfügbare Informationen stellt sich die Frage nach der Behandlung von vertraglichen Verschwiegenheitspflichten, die häufig Gegenstand von Lieferverträgen sind.[34] Bestehen derartige Klauseln, so ist unklar, ob das betroffene Unternehmen verpflichtet ist, dennoch die verfügbare Informationen herauszugeben, oder ob es sich auf den vertraglichen Schutz stützen kann (→ Rn. 43 ff.).

41 In Bezug auf die vertragliche Verschaffungsmacht ist unklar, wie weit ein Unternehmen gehen muss, um seine vertragliche Verschaffungsmacht für Unterlagen und Informationen zu nutzen. Oder anders formuliert, was genau unter „aufgrund bestehender vertraglicher Beziehungen zur Beschaffung der verlangten Informationen in der Lage ist" bedeutet (→ Rn. 54 ff.).

42 Unmittelbare Zulieferer und mittelbare Zulieferer sowie verbundene Unternehmen sind je unterschiedlich mit dem betroffenen Unternehmen rechtlich verbunden und werden auch vom LkSG jeweils anders behandelt. Beide der oben genannten Probleme sind daher je gesondert für die jeweilige Position des Drittunternehmens zu sehen.

43 **aa) Vertragliche Verschwiegenheitsklauseln.** Wie genau mit vertraglichen **Verschwiegenheitsklauseln** umzugehen ist, ist für verbundene Unternehmen einerseits und mittelbare oder unmittelbare Zulieferer andererseits gesondert zu bestimmen, da alle unterschiedlichen Regelungen unterliegen.

[34] S. zB Beck'sche Online-Formulare Vertrag/Mansur Pour Rafsendjani 10.4.1 Langfristiger Liefervertrag Rn. 49.

(1) Verbundene Unternehmen. Bei verbundenen Unternehmen iSd § 15 AktG sind verschiedenste vertragliche Konstellationen denkbar, durch die das betroffene Unternehmen und das Drittunternehmen miteinander verbunden sein können. Entsprechend ist jeder **Einzelfall** zu untersuchen im Hinblick darauf, ob vertragliche Verschwiegenheitspflichten bestehen oder nicht. 44

Generell greifen aber hier die Grundsätze des GeschGehG ein. Entsprechend liegt kein (konzerninterner) Vertragsbruch vor, wenn Informationen, die bereits im betroffenen Unternehmen vorhanden sind, im Rahmen einer Anfrage nach § 17 Abs. 1 S. 2 an das BAFA weitergegeben werden (→ Rn. 48). 45

(2) Unmittelbare Zulieferer. Enthalten Verträge mit unmittelbaren Zulieferern Verschwiegenheitsklauseln etwa zum Schutz von Geschäftsgeheimnissen, so kommt es zu einer Kollision von Pflichten nach LkSG und Pflichten nach Vertrag. Verlangt die Behörde nach § 17 Abs. 1 S. 2 vom betroffenen Unternehmen Informationen oder Unterlagen heraus, die das Unternehmen zwar hat, die aber dem Schutz der Vertragsklausel unterliegen, so stellt sich die Frage, wie das betroffene Unternehmen damit umzugehen hat. 46

Nach § 6 Abs. 4 Nr. 4 hat das betroffene Unternehmen zu Präventionszwecken angemessene Kontrollmechanismen gegenüber dem unmittelbaren Zulieferer zu etablieren, „um die Einhaltung der Menschenrechtsstrategie bei dem unmittelbaren Zulieferer zu überprüfen." Das betroffene Unternehmen hat sich also Zugang zu kritischen Informationen beim unmittelbaren Zulieferer zu sichern. Dennoch kann ein unmittelbarer Zulieferer darauf bestehen, dass das Unternehmen zwar prüfen darf, das Ergebnis der Prüfung aber geheim zu halten ist. 47

Die **Lösung des Konflikts** liegt im **GeschGehG.**[35] Das Geschäftsgeheimnis-Gesetz dient, wie schon sein Name sagt, dem Schutz von Geschäftsgeheimnissen. Bei Verstoß gegen eines seiner Verbote sieht es unter anderem zivilrechtliche Schadenersatz- und Unterlassungsansprüche vor und statuiert darüber hinaus die Strafbarkeit des Rechtsverletzers. Nach § 4 Abs. 2 Nr. 3 GeschGehG besteht ein Verbot, ein Geschäftsgeheimnis preiszugeben für denjenigen, der „gegen eine Verpflichtung verstößt, das Geschäftsgeheimnis nicht offenzulegen". Damit sind vor allem vertragliche Verschwiegenheitsklauseln gemeint.[36] 48

Isoliert betrachtet drohte dies zu dem widersinnigen Ergebnis zu führen, dass ein Auskunftspflichtiger sich entweder nach GeschGehG strafbar macht oder umgekehrt gegen eine Anordnung des BAFA nach § 17 Abs. 1 S. 2 verstößt. Allerdings normiert § 5 GeschGehG Ausnahmen zu den Verboten des § 4 GeschGehG, wenn an der Offenlegung ein berechtigtes Interesse besteht. Ein berechtigtes Interesse liegt neben den genannten Regelbeispielen auch dann vor, wenn es durch den deutschen Gesetzgeber als legitim anerkannt wurde. Die Anerkennung durch den nationalen oder europäischen Gesetzgeber war in der Formulierung in Art. 5 lit. d RL (EU) 2016/943, deren Umsetzung das GeschGehG ist, explizit als eine von vier abschließenden Varianten aufgenommen worden. Der deutsche Gesetzgeber wollte indes mehr Ausnahmen zulassen und hat deswegen bloß Regelbeispiele aufgenommen. Das bedeutet aber im Umkehrschluss dass die Variante der gesetzgeberischen Anerkennung des Interesses aus der Richtlinie erst Recht nach deutschem Recht greifen muss.[37] Damit bilden Anfragen der Behörden zur Vorlage von Informationen, die vertraglicher Geheimhaltung unterliegen, grundsätzlich ein **berechtigtes Interesse iSd § 5 GeschGehG.** Dieses berechtigte Interesse deckt einen behördlichen Eingriff, der im Allgemeininteresse der Bundesrepublik Deutschland erfolgt. Wegen seiner eingriffsrechtlichen Natur setzt er sich entsprechend der Wertung aus Art. 9 Abs. 2 Rom I-VO unabhängig davon durch, welches Recht das Statut des betroffenen Vertrags stellt. Es liegt 49

[35] Einen Überblick über das Gesetz bieten Dann/Markgraf NJW 2019, 1774.
[36] BeckOK GeschGehG/Hiéramente GeschGehG § 4 Rn. 70.
[37] S. insgesamt dazu BeckOK GeschGehG/Hiéramente GeschGehG § 5 Rn. 10.2.

damit kein Verstoß gegen § 4 Abs. 2 Nr. 3 GeschGehG vor. Die Ansprüche nach §§ 6 ff. GeschGehG greifen nicht ein.

50 **Vertragliche Schadenersatzansprüche** nach §§ 280 ff. BGB dürften damit ebenfalls ausscheiden, da in einem gesetzlich geforderten Verhalten keine Pflichtverletzung liegen kann. Dies folgt bereits aus klarer Anordnung des Gesetzestextes, § 5 GeschGehG. Greift eine Ausnahme nach § 5 GeschGehG, so ist die offenlegende Person gerade kein Rechtsverletzer.[38] Dies dürfte auch dann gelten, wenn die Anfrage der Behörde rechtswidrig ist, da dies im Moment der Offenlegung noch nicht feststeht und dem offenlegenden Unternehmen kein Verschulden vorgeworfen werden kann.

51 Je nach Einzelfall mag es geboten sein, dass sich das Unternehmen gegen die Offenlegung wehrt. Denn auch, wenn die eigene Haftung wegen § 5 GeschGehG entfallen mag, sollte man dennoch eine Offenlegung auf Basis einer unrechtmäßigen Aufforderung der Behörde möglichst vermeiden, um eine Schädigung der Lieferantenbeziehung auszuschließen, wo dies möglich ist. Vertragsstrafeklauseln, die gesetzlich privilegiertes Verhalten (§ 5 GeschGehG), bzw. behördlich gefordertes Verhalten (§ 17 Abs. 1 S. 2) sanktionieren, dürften unwirksam sein. Derartige Vertragsstrafeklauseln ignorieren den Umstand fehlenden Verschuldens, ohne dass dafür gewichtige Gründe ins Feld geführt werden könnten, was zur Unwirksamkeit nach § 307 Abs. 1 BGB führt.[39]

52 Damit kann die Behörde im Grundsatz auch Informationen vom betroffenen Unternehmen verlangen, deren Offenlegung diesem vertraglich untersagt ist, ohne dass das betroffene Unternehmen haftbar gemacht werden könnte. Unberührt bleiben jedoch gesetzliche Verschwiegenheitspflichten, wie etwa das Anwaltsgeheimnis (vgl. § 17 Abs. 3 S. 3).

53 **(3) Mittelbare Zulieferer.** Bei mittelbaren Zulieferern gibt es gerade keine Vertragsklauseln, die verletzt werden könnten, da es keinen Vertrag gibt. Mittelbare Zulieferer sehen sich allenfalls Anfragen ihrer Vertragspartner ausgesetzt, die ihrerseits (als unmittelbare Zulieferer des Endabnehmers) nach Informationen verlangen.

54 **bb) Reichweite vertraglicher Verschaffungsmacht.** Wie weit die Pflicht reicht, die aus der Formulierung „aufgrund bestehender vertraglicher Beziehungen zur Beschaffung […] in der Lage ist." folgt, ist einzelfallabhängig zu bestimmen. Dabei ergeben sich Besonderheiten in Bezug auf die verschiedenen Formen der benannten Drittunternehmen. Auch muss danach differenziert werden, wie mit bereits bestehenden Verträgen umzugehen ist und wie weit die vertraglichen Verschaffungsmöglichkeiten bei Verträgen reichen, die erst nach Inkrafttreten des LkSG entstehen.

55 **(1) Verbundene Unternehmen.** Wie weit die Pflicht zur Verschaffung von Informationen über Drittunternehmen in Bezug auf verbundene Unternehmen reicht, ist zunächst vom Einzelfall abhängig. § 15 AktG definiert mehrere denkbare Möglichkeiten verbundener Unternehmen, in denen die jeweiligen Beziehungen stets Besonderheiten aufweisen. Feststeht jedenfalls, dass innerhalb bestehender Konzernstrukturen, in denen das vom LkSG betroffene Unternehmen (konzernrechtlich als Obergesellschaft bezeichnet) das Drittunternehmen beherrscht (konzernrechtlich dann beherrschtes Unternehmen), diese vertragliche Struktur dazu führen muss, dass die Gesellschafterstellung zur Beschaffung von Informationen genutzt wird.

56 In welchem Umfang das verbundene Unternehmen verpflichtet ist, Auskünfte zu erteilen, hängt von der Art der Verbindung ab. Zwischen beherrschenden Gesellschaften und deren Töchtern bestehen regelmäßig umfassende Informations- und Weisungspflichten, sodass Informationsbeschaffung in Fällen des § 17 AktG unproblematisch möglich sein dürfte. Dies ist jedoch von Einzelfall zu Einzelfall zu prüfen.[40] So können derartige

[38] BeckOK GeschGehG/Hiéramente GeschGehG § 5 Rn. 7.
[39] BeckOK BGB/Becker BGB § 309 Nr. 6 Rn. 15 ff. mwN.
[40] Dazu Schockenhoff NZG 2020, 1001 (1001 ff.), der die Frage nach Informationspflichten im Konzern detailliert analysiert.

Ansprüche je nach Konzerngestaltung aus Konzernvertrag (sog. Vertragskonzern) oder beim GmbH-Konzern aus § 51a GmbHG folgen.[41] Ein **allgemeiner Konzerninformationsanspruch besteht indes nicht.**[42]

Abgesehen von Informationspflichten nach allgemeinem Konzernrecht ist auch die besondere Behandlung von verbundenen Unternehmen nach LkSG von Bedeutung, wenn es um etwaige Informationsansprüche geht. Denn das verbundene Unternehmen fällt nach den Voraussetzungen von § 2 Abs. 6 S. 2 unter den eigenen Geschäftsbereich der Obergesellschaft im Sinne des LkSG. Nach der Norm „zählt zum eigenen Geschäftsbereich der Obergesellschaft eine konzernangehörige Gesellschaft, wenn die Obergesellschaft auf die konzernangehörige Gesellschaft einen bestimmenden Einfluss ausübt." Die Pflichten eines Unternehmens in Bezug auf den **eigenen Geschäftsbereich** nach LkSG sind weitgehend und übertreffen insbesondere die Pflichten in Bezug auf unmittelbare Zulieferer. Hier müssen die Unternehmen bestehende Vertragsverhältnisse ggf. anpassen. Wegen der von § 6 Abs. 3 Nr. 4 notwendig zu etablierenden Kontrollmechanismen müssen betroffene Unternehmen etwaige Informationslücken im Konzern langfristig schließen. Wo also das Konzernrecht keine Informationsansprüche eröffnet, wird dies regelmäßig durch die (vertragliche) Organisation im eigenen Geschäftsbereich erfolgen. Damit wird dem BAFA regelmäßig der Zugriff auf Informationen über das Drittunternehmen eröffnet. 57

Bei neuen Konzernstrukturen, wenn sich also beispielsweise ein Unternehmen erweitert und Drittunternehmen ankauft, ist fraglich, wie die Konzernverhältnisse auszugestalten sind. Dabei gelten – wenn das verbundene Unternehmen als Zulieferer fungiert – zunächst die Standards, die bei unmittelbaren Zulieferern gelten (→ Rn. 61). Im Ausgangspunkt ist die Verschaffungsmacht damit begrenzt. Allerdings muss bedacht werden, dass verbundene Unternehmen unter den Voraussetzungen von § 2 Abs. 6 S. 2 – wie dargestellt – zum eigenen Geschäftsbereich zählen. Nach der Norm „zählt zum eigenen Geschäftsbereich der Obergesellschaft eine konzernangehörige Gesellschaft, wenn die Obergesellschaft auf die konzernangehörige Gesellschaft einen bestimmenden Einfluss ausübt." Die Pflichten eines Unternehmens in Bezug auf den eigenen Geschäftsbereich nach LkSG übertreffen damit insbesondere die Pflichten in Bezug auf unmittelbare Zulieferer. So müssen nach § 6 Abs. 1 und 3 etwa umfassende Präventionsmaßnahmen im eigenen Geschäftsbereich und eine umfassende Risikoanalyse etabliert werden (§ 5 Abs. 1 S. 1), usw. Für § 17 relevant ist insbesondere, dass ausführliche Kontrollen beim verbundenen Unternehmen erfolgen müssen (§ 6 Abs. 3 Nr. 4). Entsprechend weit muss die vertragliche Verschaffungsmacht innerhalb des Konzerns ausgestaltet werden. Damit wird der Behörde nach § 17 Abs. 1 S. 2 regelmäßig ein weitreichender Zugriff auf Informationen über das Drittunternehmen eröffnet. 58

All diese Erwägungen werden die M&A-Praxis in Deutschland beeinflussen, da die Aufnahme bspw. einer Geschäftssparte in den eigenen Geschäftsbereich iSd LkSG unmittelbare Konsequenzen nach sich zieht, unter anderem in Bezug auf Informationspflichten gegenüber dem BAFA. 59

(2) Unmittelbare Zulieferer. Es stellt sich die Frage, wie weit betroffene Unternehmen gehen müssen, um die Informationen und/oder Unterlagen, die die Behörde verlangt, von unmittelbaren Zulieferern zu erhalten. Die konkrete Formulierung der Norm lautet dabei „aufgrund bestehender vertraglicher Beziehungen zur Beschaffung […] in der Lage ist." Dies ist eine weit gefasste Formulierung. Denn die Norm besagt nicht etwa, wenn aufgrund des Vertrages ein Anspruch auf Informationserteilung besteht oder Ähnliches. Sie stellt vielmehr auf die Beziehung als solche ab. Rein vom Wortlaut her ist also nicht bloß der Vertrag als Rechtsgrundlage, sondern auch die zugrundeliegende Beziehung umfasst. 60

Das könnte darauf hindeuten, dass betroffene Unternehmen ggf. auch von ihrem **wirtschaftlichen Verhandlungsdruck** gegenüber mittelbaren und unmittelbaren Zulieferern 61

[41] Schockenhoff NZG 2020, 1001 (1001).
[42] Schockenhoff NZG 2020, 1001 (1001).

bzw. verbundenen Unternehmen Gebrauch machen müssten. Denn ein nach LkSG betroffenes Unternehmen ist häufig einer der wichtigsten Kunden eines Zulieferers, der diesem gegenüber viel durchsetzen kann. Es stellt sich also konkret die Frage danach, ob ein solcher big player nach § 17 Abs. 1 S. 2 verpflichtet ist, diesen Verhandlungsdruck zu nutzen, um Informationen zu beschaffen, obwohl er dazu rechtlich gar nicht in der Lage ist. Teleologisch erscheint dies wünschenswert, da § 17 der Behörde umfangreiche Möglichkeiten in der Informationsbeschaffung an die Hand geben soll. Andererseits muss die Frage mitgedacht werden, ob die Behörde in der Lage sein soll, die vertraglichen Beziehungen der betroffenen Unternehmen derart weitgehend zu beeinflussen, dass Verträge nur aufgrund behördlicher Informationsanfragen neu verhandelt werden. Dies stellt einen tiefen Eingriff in die Privatautonomie dar.

62 In Bezug auf dieses Problem ist zu unterscheiden zwischen bereits bestehenden Verträgen und solchen, die noch abzuschließen sind. Bei noch abzuschließenden Verträgen stellen die Anforderungen des LkSG selbst bereits sicher, dass ausreichende Informationen vorhanden sein werden. § 6 Abs. 4 Nr. 2–4 reguliert, was gegenüber Vertragspartnern bei Vertragsschluss durchzusetzen ist. In der Gesetzesbegründung zu Nr. 2 heißt es: „Das Unternehmen sollte durch vertragliche Ausgestaltung sicherstellen, dass die menschenrechtsbezogenen Erwartungen auch in der weiteren Lieferkette – dh durch Vorlieferanten – erfüllt werden, etwa durch die Vereinbarung von **Weitergabeklauseln.** Durch diese wird der Vertragspartner verpflichtet, den Lieferantenkodex auch gegenüber seinen eigenen Vertragspartnern durch geeignete vertragliche Regelungen durchzusetzen. Das Unternehmen kann ggf. zusätzlich **vertraglich festschreiben, dass der Vertragspartner bestimmte Produkte nur von ausgewählten (zuvor geprüften) Lieferanten beziehen darf** oder nachweisen muss, dass bestimmte Produkte aus zertifizierten Regionen oder Rohstoffe aus zertifizierten Schmelzen kommen (zB **Chain of Custody Zertifizierung**).“[43]

63 § 6 Abs. 4 Nr. 3 und 4 regeln sodann den für § 17 entscheidenden Punkt der Informationsgewinnung und Prüfung. Die Normen verpflichten das Unternehmen selbst, die Einhaltung der oben genannten Pflichten zu überprüfen. In der Gesetzesbegründung dazu heißt es: „Die Überprüfung der Einhaltung der eigenen menschenrechtsbezogenen Standards bei unmittelbaren Zulieferern kann etwa durch eigene Kontrolle vor Ort, durch mit Audits beauftragte Dritte sowie durch die Inanspruchnahme anerkannter Zertifizierungs-Systeme oder Audit-Systeme erfolgen, soweit sie die Durchführung unabhängiger und angemessener Kontrollen gewährleisten. Die Beauftragung externer Dritter entbindet das Unternehmen nicht von seiner Verantwortung nach diesem Gesetz. Bezogen auf die Überprüfung mittelbarer Zulieferer ist insbesondere eine Fokussierung auf strategisch relevante Zwischenhändler und Zulieferer zu erwägen“.

64 Damit werden die Unternehmen im Grundsatz verpflichtet, **Auditierungsklauseln**[44] in ihre Verträge mit den unmittelbaren Zulieferern aufzunehmen. Auf die darüber gewonnenen Informationen kann das BAFA sodann ohne Weiteres über § 17 zugreifen. Vertragliche Verschwiegenheitsklauseln stellen insoweit regelmäßig kein Hindernis dar (→ Rn. 49).

65 Anders ist der Fall bei bestehenden Verträgen, die den oben (→ Rn. 58) ausgeführten Standards nicht genügen. Besteht kein Zugriffsrecht auf Informationen, so kann wohl nicht verlangt werden, dass dieses dann mit Verhandlungsdruck nachverhandelt wird. Die tatsächliche Änderung von Verträgen und deren Inhalt folgt ggf. aus § 7 Abs. 2, aber nur dann, wenn es eine Verletzung menschenrechtsbezogener oder umweltbezogener Pflichten gibt und Abhilfe geschaffen werden muss. Die Voraussetzungen des § 7 Abs. 2 sind hoch. Nur wenn diese Voraussetzungen vorliegen, darf die Abänderung bestehender Verträge verlangt werden, sonst eben nicht. Das führt dazu, dass nach § 17 keine Unterlagen oder Auskünfte verlangt werden können, die eine solche Vertragsanpassung verlangen. Sonst würden die hohen Voraussetzungen des § 7 Abs. 2 umgangen. Dies unterstreicht auch die

[43] BT-Drs. 19/28649, 48.
[44] S. zu Problemen insoweit Gilch/Pelz CCZ 2008, 131 (134 f.).

Gesetzeshistorie. Im Regierungsentwurf hieß es zu der maßgeblichen Einschränkung noch „rechtlicher Verbindungen". Das wurde ersetzt durch „vertraglicher Beziehungen".[45] Dies sollte zwar nur der sprachlichen Präzisierung dienen.[46] Dennoch zeigt diese Präzisierung gerade, dass ein gewisser Wert auf den Vertrag und dessen Möglichkeiten zu legen ist und dass der Vertrag gerade nicht retrospektiv abzuwandeln ist.

Zulieferunternehmen haben damit ein Interesse daran, bestehende Verträge möglichst 66 lange aufrecht zu erhalten, da sie unter den vor LkSG geschlossenen Verträgen größeren Informationsschutz genießen. Nach Beginn 2023 geschlossene Verträge werden mit mehr Offenlegungspflichten verbunden sein. Diese werden für die vom LkSG umfassten Abnehmer nicht verhandelbar sein, da sie durch § 6 Abs. 4 zwingend in die Lieferbeziehung integriert werden müssen. Hier zeigt sich, dass die Wirkungen des LkSG weit über den Anwendungsbereich des § 1 hinausreichen.

(3) Mittelbare Zulieferer. Bei mittelbaren Zulieferern besteht zunächst keine vertrag- 67 liche Beziehung zum jeweiligen Unternehmen. Es gibt also keine denkbaren Wege, wie ein betroffenes Unternehmen einen mittelbaren Zulieferer aus Vertrag in Anspruch nehmen kann, gerichtet darauf Informationen mitzuteilen oder Unterlagen herauszugeben.

Einzig denkbarer Weg Informationen zu beschaffen wäre, den **unmittelbaren Zuliefe- 68 rer in Anspruch zu nehmen,** Informationen oder Unterlagen von dessen Vertragspartner, dem mittelbaren Zulieferer – zu beschaffen. Dafür müssten im Vertragsverhältnis zum unmittelbaren Zulieferer und Vertragspartner entsprechende Klauseln bestehen. Es müsste also vertraglich vereinbart werden, dass die Verpflichtung gewisse Informationen mitzuteilen oder auf Anfrage offen zu legen, vertraglich an den mittelbaren Zulieferer weitergegeben wird. Derartige Klauseln allerdings sind im deutschen Recht regelmäßig unzulässig vor dem Hintergrund des Vertrags zu Lasten Dritter, da sie einen unzulässigen Eingriff in die Privatautonomie darstellen.[47] Denkbar ist indes eine Verpflichtung des unmittelbaren Zulieferers, sich um die Leistung des Dritten zu bemühen oder für diese zu garantieren, ohne dabei vertraglich bereits Pflichten des mittelbaren Zulieferers zu definieren.[48] Anspruchsgegner bleibt dann aber der unmittelbare Zulieferer. Er ist dann allein verantwortlich.

Je nach Einzelfall müsste also das betroffene Unternehmen auf Anfrage der Behörde 69 derartige Vertragsmechanismen dem unmittelbaren Zulieferer gegenüber nutzen, um an Informationen oder Unterlagen über bzw. von dem mittelbaren Zulieferer zu gelangen. § 17 Abs. 1 S. 2 setzt damit die vertraglichen Bestimmungen fort, die betroffene Unternehmen nach § 6 Abs. 4 Nr. 2 gegenüber ihren Lieferanten als Klauseln durchsetzen sollen. In der Gesetzesbegründung heißt es: „Das Unternehmen sollte durch vertragliche Ausgestaltung sicherstellen, dass die menschenrechtsbezogenen Erwartungen auch in der weiteren Lieferkette – dh durch Vorlieferanten – erfüllt werden, etwa durch die Vereinbarung von **Weitergabeklauseln.** Durch diese wird der Vertragspartner verpflichtet, den Lieferantenkodex auch gegenüber seinen eigenen Vertragspartnern durch geeignete vertragliche Regelungen durchzusetzen. Das Unternehmen kann ggf. zusätzlich **vertraglich festschreiben, dass der Vertragspartner bestimmte Produkte nur von ausgewählten (zuvor geprüften) Lieferanten beziehen darf** oder nachweisen muss, dass bestimmte Produkte aus zertifizierten Regionen oder Rohstoffe aus zertifizierten Schmelzen kommen (zB **Chain of Custody Zertifizierung**)."[49]

Die Gesetzesbegründung zum LkSG betont an mehreren Stellen, dass von den Unter- 70 nehmen nichts Unmögliches verlangt werden soll; es statuiert eine Bemühens- und keine Erfolgspflicht oder Garantiehaftung (→ § 3 Rn. 48).[50] Vor diesem Hintergrund ist es auch

[45] BT-Drs. 19/30505, 16.
[46] BT-Drs. 19/30505, 42.
[47] Gilch/Pelz CCZ 2008, 131 (133 f.).
[48] Grüneberg/Grüneberg BGB Einf. v. § 328 Rn. 10.
[49] BT-Drs. 19/28649, 48.
[50] BT-Drs. 19/28649, 2 (41).

zu sehen, wenn Informationen über oder Unterlagen von mittelbaren Zulieferern abverlangt werden sollen. Nicht vergessen werden darf dabei, dass klassische Lieferketten nicht aus drei Unternehmen (Endkunde – unmittelbarer Zulieferer – dessen Zulieferer) bestehen, sondern dass in den menschen- und umweltrechtlich relevanten Sachverhalten viel längere Ketten existieren. Hier sind diverse Glieder in einer Kette, deren vertragliche (mittelbare) Verbindung nicht nur aus Verträgen nach deutschem Recht besteht. Der Zugriff auf Informationen wird dadurch massiv erschwert.

71 Je mehr Glieder in der Kette und je undurchsichtiger und internationaler die Vertragsstrukturen sind, desto weniger Handhabe hat ein betroffenes Unternehmen in der Informationsbeschaffung. Hier kann das BAFA nichts erwarten, das für Unternehmen nicht darstellbar ist **(Vorbehalt des Möglichen).** Dies unterstreicht § 9, der die Sorgfaltspflichten in Bezug auf mittelbare Zulieferer regelt und keine harten Pflichten enthält. Hier wird im Falle tatsächlicher Anhaltspunkte für Menschenrechtsverstöße etwa die Umsetzung von „Brancheninitiativen" gefordert (§ 9 Abs. 3 Nr. 2). Der Gesetzgeber erkennt damit an, dass keine direkte Möglichkeit der Handhabe besteht. So muss auch § 17 Abs. 1 S. 2 verstanden werden. Vor diesem Hintergrund dürfte der Anwendungsbereich der dritten Variante des § 17 Abs. 1 S. 2 überschaubar sein.

V. Regelbeispiele (Abs. 2)

72 Abs. 2 listet Regelbeispiele („insbesondere") für herauszugebende Informationen und Unterlagen auf. Auch wenn die Liste **nicht abschließend** ist, haben diese Regelbeispiele aufgrund eines **wertenden Abgleichs** Bedeutung für das Verständnis, welche Unterlagen und Informationen Unternehmen preisgeben müssen. Nr. 1 adressiert solche Unterlagen und Informationen, die das BAFA sichten muss, um feststellen zu können, ob das LkSG überhaupt auf das betroffene Unternehmen anwendbar ist. Das wichtigste und umfangreichste Regelbeispiel stellt die Nr. 2 dar, wonach alle Informationen und Unterlagen abgefragt werden können, die das BAFA benötigt, um zu prüfen, ob das Unternehmen seinen Pflichten nach den §§ 3–10 nachkommt. Nr. 3 schließlich bezieht sich vor allem auf die Prüfung der personellen Organisation des Unternehmens in Bezug auf die Wahrnehmung der Pflichten nach dem LkSG.

73 **1. Auskünfte und Unterlagen über Kriterien des Anwendungsbereichs des LkSG (Nr. 1).** Nach Nr. 1 müssen betroffene Unternehmen solche Unterlagen zur Verfügung stellen, die die Überprüfung des Anwendungsbereichs des LkSG ermöglichen.

74 Die Gesetzesbegründung spricht insoweit von „auskunftspflichtigen Unternehmen".[51] Dabei stellt sich die Frage, welche Unternehmen damit gemeint sind. Würde man streng genommen auf den Anwendungsbereich des § 1 Abs. 1 abstellen, so wären auskunftspflichtig nur diejenigen Unternehmen, die auch tatsächlich die dort genannten Bedingungen erfüllen. Würde das BAFA nun Unterlagen anfordern und somit feststellen, dass im betroffenen Unternehmen zB nur 2.800 und nicht 3.000 Mitarbeiter beschäftigt sind, wäre dies eine rechtswidrige Maßnahme. Dies indes kann gesetzgeberisch nicht gewollt sein, da die Behörde ja gerade die Möglichkeit der Prüfung haben muss, ob der Anwendungsbereich eröffnet ist, wenn dies in Zweifel steht.

75 Vor dem Hintergrund der behördlichen Durchsetzung und Überprüfung der Sorgfaltspflichten ist § 1 Abs. 1 demnach erweiternd dahin auszulegen, dass für die Zwecke des § 17 Abs. 2 Nr. 1 auch solche Unternehmen in den Anwendungsbereich des LkSG fallen, bei denen Tatsachen die Annahme rechtfertigen, dass die Voraussetzungen des § 1 Abs. 1 erfüllt sein könnten. Dies ergibt sich teleologisch aus den gerade genannten Erwägungen sowie binnensystematisch aus der Existenz des § 17 Abs. 2 Nr. 1.

76 Die Frage nach dem bestimmenden Einfluss bei verbundenen Unternehmen spielt bei § 2 Abs. 6 S. 3 eine Rolle. Diese Feststellung setzt ggf. Informationen und auch Unterlagen

[51] BT-Drs. 19/28649, 56.

voraus. Derartige Verlangen, die auf das Feststellen des sachlichen Anwendungsbereichs des LkSG zielen, können ebenfalls unter die Nr. 1 subsumiert werden, da dieser gerade nicht auf den persönlichen Anwendungsbereich des § 1 beschränkt ist.

2. Auskünfte und Unterlagen über Umsetzung der Sorgfaltspflichten nach den §§ 3–10 (Nr. 2). Nr. 2 behandelt diejenigen Unterlagen und Auskünfte, anhand derer die Behörde die Einhaltung der Pflichten nach den §§ 3–10 Abs. 1 prüfen kann. Die Regierungsbegründung spricht hier von „Angaben und Nachweisen" über die Erfüllung der Pflichten.[52] 77

Nr. 2 ist wegen des extrem weiten Verweises einzelfallbezogen durch die Behörde zu konkretisieren. Dabei ist die Norm insbesondere vor dem Hintergrund des risikobasierten Ansatzes und § 14 zu sehen. Einschlägig ist die Maßnahme wohl tatsächlich immer dann, wenn ein **irgendwie gearteter Zusammenhang** der verlangten Information oder der verlangten Unterlagen zu den Pflichten nach den §§ 3–10 besteht. Bei Unternehmen, deren gesamte Wertschöpfung aus der Lieferkette resultiert, können dies nahezu alle im Unternehmen vorhandenen Unterlagen sein. Einzig einschränkend ist der risikobasierte Ansatz (→ § 14 Rn. 17 ff.; → § 19 Rn. 36 ff.), dessen Voraussetzungen ohnehin erfüllt sein müssen, wenn die Behörde nach den §§ 14 ff. tätig werden soll. Weiter muss es je nach Einzelfall verhältnismäßig sein, wenn die Behörde Informationen oder Unterlagen anfordert. Schließlich sind die Grenzen des § 17 Abs. 3 zu wahren (→ Rn. 81 ff.). Dabei ist zusätzlich zu bedenken, dass § 17 ein unentgeltliches Verfahren enthält, was die Geltung des Verhältnismäßigkeitsgrundsatzes weiter unterstreicht.[53] 78

3. Auskünfte und Unterlagen über interne Zuständigkeiten für LkSG (Nr. 3). Laut Gesetzesbegründung erstreckt sich die Pflicht, Unterlagen herauszugeben und Auskünfte zu erteilen, nach Nr. 3 auch auf „die Namen der zur Überwachung der internen Prozesse zur Erfüllung der Pflichten nach den §§ 3–10 zuständigen Personen".[54] 79

Dieses Regelbeispiel hat eigentlich keinen eigenständigen Anwendungsbereich. Nach § 3 Abs. 1 Nr. 2 sind Unternehmen dazu verpflichtet, betriebsinterne Zuständigkeiten festzulegen. Nach § 4 Abs. 3 hat das Unternehmen „dafür zu sorgen, dass festgelegt ist, wer innerhalb des Unternehmens dafür zuständig ist, das Risikomanagement zu überwachen, […]". Nach diesen Normen gehört die Festlegung der zur Überwachung der internen Prozesse zuständigen Person zur Erfüllung der Pflichten nach dem LkSG ohnehin zu den Pflichten nach den §§ 3–10. Damit könnten alle Informationen und Unterlagen, die unter § 17 Abs. 2 Nr. 3 subsumiert werden können, auch unter § 17 Abs. 2 Nr. 2 subsumiert werden, womit Nr. 3 irrelevant ist. Allerdings ist Nr. 3 formell lex specialis, während Nr. 2 die lex generalis ist. Will man Nr. 3 einen Anwendungsbereich geben, so muss man diesen also über den Spezialitätsgrundsatz aus Nr. 2 herausschneiden. 80

VI. Auskunfts- und Aussageverweigerungsrechte (Abs. 3)

Abs. 3 dient der notwendigen Einhaltung des **nemo tenetur-Grundsatzes.** Vor diesem Hintergrund kann das BAFA von auskunftspflichtigen Personen dann keine Auskunft verlangen, wenn diese sich selbst oder Angehörige iSd § 52 StPO in die Gefahr strafrechtlicher Verfolgung oder eines Verfahrens nach dem OWiG bringen würden.[55] Insoweit besteht eine **Belehrungspflicht**. Sonstige Aussageverweigerungsrechte oder gesetzliche Verschwiegenheitsrechte bleiben unberührt. Diese schränken damit die Möglichkeiten der Behörde zur Abfrage von Informationen und Unterlagen weiter ein. 81

---

[52] BT-Drs. 19/28649, 56.
[53] Wagner/Rutloff/Wagner LkSG-HdB/Rutloff/Hahn Rn. 1452.
[54] BT-Drs. 19/28649, 56.
[55] BT-Drs. 19/28649, 56.

82 **1. Nemo tenetur (Abs. 3 S. 1).** S. 1 des § 17 Abs. 3 stellt sicher, dass das LkSG den nemo tenetur-Grundsatz wahrt, also den fundamentalen rechtsstaatlichen Grundsatz, dass niemand gezwungen werden darf, sich selbst zu belasten **(nemo tenetur se ipsum accusare vel prodere).** Wo Behörden die Möglichkeit gegeben wird, Ermittlungen in Bezug auf Ordnungswidrigkeiten, Straftaten oder sonstiges Fehlverhalten zu ermitteln, muss der genannte Grundsatz gewahrt bleiben. Das LkSG stellt hier keine Ausnahme dar, insbesondere da präventive **Gefahrenabwehrbefugnisse** und repressive **Verfolgung von Ordnungswidrigkeiten** sich hier zu **überlappen** drohen.[56] S. 1 schreibt den nemo-tenetur-Grundsatz fest für denjenigen, der „zur Auskunft nach Absatz 1 verpflichtet ist". Er schützt also nicht nur die nach § 15 S. 2 Nr. 1 geladenen Personen, sondern auch diejenigen, die kraft Organstellung das betroffene Unternehmen vertreten. Auch die gesetzlichen Vertreter eines Unternehmens sind natürliche Personen und genießen den Schutz des nemo tenetur-Prinzips.

83 Neben der Frage nach der persönlichen Reichweite des Verweigerungsrechts stellt sich die Frage nach der sachlichen Reichweite. Der Wortlaut, dass der Verweigerungsberechtigte „die Auskunft auf solche Fragen verweigern [kann], deren Beantwortung […]" scheint zu implizieren, dass das Verweigerungsrecht nur bei Befragungen von Personen greift. Dies würde weiter implizieren, dass der gesetzliche Vertreter eines Unternehmens, von dem Unterlagen gefordert werden, aus denen sich die Gefahr strafgerichtlicher Verfolgung für ihn ergibt, diese offenlegen muss.

84 Dies entspricht im Ausgangspunkt der Rechtsprechung des BVerfG, wonach gegen behördliche Rechte auf Einsichtnahme in Unterlagen keine verfassungsrechtlichen Bedenken bestehen, auch dann nicht, wenn sich aus den Unterlagen die Gefahr strafrechtlicher Verfolgung ergibt.[57] Zu beachten ist indes, dass nicht das Verbot der Rollenvertauschung verletzt wird. Denn sobald ein **Anfangsverdacht** gegen eine Person besteht und die anzufordernde Unterlage im Zusammenhang mit der jeweiligen Ermittlung steht, **greifen die Regeln der StPO** (über § 46 Abs. 1 OwiG) ein. Entsprechend unterliegt der Einsatz von Zwangsmitteln dann einem Richtervorbehalt.[58] Die Festsetzung von Zwangsmitteln gegen den Beschuldigten ist in aller Regel unzulässig, insbesondere bei der Festsetzung von Zwangsmitteln gegen den Beschuldigten nach § 95 Abs. 2 StPO.[59]

85 Der Verweis auf § 52 Abs. 1 StPO ist selbsterklärend und umfasst die dort genannten Angehörigen, also Verlobte, Ehegatten (auch nach Beendigung der Ehe), Lebenspartner sowie in gerader Linie (oder seitlicher Linie bis zum dritten Grad) mit dem Betroffenen Verwandte oder Verschwägerte.

86 Das Verweigerungsrecht des S. 1 greift ebenfalls, wenn die Gefahr eines Verfahrens nach dem Gesetz über Ordnungswidrigkeiten für den Betroffenen oder einen seiner Angehörigen entstehen würde. Dies führt dazu, dass die Behörde gerade diejenigen Sachverhalte nur eingeschränkt wird abfragen können, an denen sie das größte Interesse haben dürfte. Gemeint sind diejenigen Sachverhalte, die nach § 24 bußgeldbewehrt sind. Die in § 24 Abs. 1 Nr. 1–13 genannten Fälle sind wertungsmäßig diejenigen Verstöße, die am schwersten ins Gewicht fallen. Sinn und Zweck des LkSG ist die Verhinderung eben jener Sachverhalte. Fragen zu eben jenen Sachverhalten müssen aber nicht beantwortet werden, da sich die Betroffenen ansonsten der Gefahr eines Verfahrens nach dem OWiG ausgesetzt sehen würden, wegen Verstoßes gegen § 24 Abs. 1.

87 Durch diesen Mechanismus verliert § 17 einen erheblichen Teil seiner Schlagkraft. Unter Berufung auf das Verweigerungsrecht des S. 1 werden viele Fragen wohl häufig nicht beantwortet werden. Dieses Problem entfällt nicht dadurch, dass das Unternehmen selbst nach § 24 OWiG und § 30 OWiG sanktioniert werden kann. Denn wegen §§ 30, 130

[56] Seibt/Wesper-Gräske CB 2021, 357 (361).
[57] BVerfG NJW 1981, 1087 (1088).
[58] Dazu insgesamt auch Seibt/Wesper-Gräske CB 2021, 357 (361).
[59] Park/Park Durchsuchung und Beschlagnahme § 3 Rn. 447.

OWiG iVm § 9 OWiG[60] sind die handelnden Personen unmittelbar selbst involviert und setzen sich bei Befragung ggf. der Gefahr der Verfolgung wegen einer Ordnungswidrigkeit aus. Denn § 30 OWiG setzt eine Anknüpfungstat einer natürlichen Person voraus. Damit greift für sie der Schutz des Aussageverweigerungsrechts. §§ 30, 130, 9 OWiG greifen dabei auch für den Geschäftsleiter einer Obergesellschaft für Verstöße der Tochterunternehmen innerhalb einer Konzernstruktur; das Verweigerungsrecht erstreckt sich damit entsprechend auf Sachverhalte innerhalb eines Konzerns.[61]

2. Belehrungspflicht der Behörde (Abs. 3 S. 2). S. 2 statuiert die Belehrungspflicht der Behörde über das Verweigerungsrecht nach S. 1. 88

a) Anforderungen an die Belehrungspflicht. In welcher Form die Belehrung zu erfolgen hat, regelt weder das Gesetz noch sagt die Gesetzesbegründung etwas dazu. Ein ausdifferenziertes System, wie es mittlerweile in § 136 StPO etabliert ist, gibt es hier nicht. Indes sind die Grundsätze, wie sie sich zur Vernehmung im Strafverfahren entwickelt haben, auf die Belehrungspflicht nach § 17 Abs. 3 S. 2 zu übertragen. Denn die Norm soll den Betroffenen ja gerade vor der Verfolgung im Zuge eines Strafverfahrens schützen. Da die Befragung unmittelbar im Zusammenhang mit dem Verdacht eines Risikos einer Verletzung der Pflichten nach LkSG einhergeht, ist die Belehrung unmittelbar im Vorfeld der Maßnahme nach § 17 Abs. 1/2 vorzunehmen. 89

Sobald auf Seiten der Behörde ein Anfangsverdacht hinsichtlich einer Ordnungswidrigkeit nach § 24 besteht, ist die Belehrung auszuweiten und muss ab diesem Zeitpunkt den Anforderungen des § 136 StPO entsprechen. Dies folgt aus §§ 46 Abs. 1 OWiG iVm § 136 StPO. Spätestens ab diesem Zeitpunkt ist die befragte Person auf den konkreten Tatvorwurf sowie auf das Recht einen Verteidiger zu konsultieren hinzuweisen. 90

b) Konsequenzen bei Verstoß. Weder der Normtext selbst noch die Gesetzesbegründung adressieren die Frage nach den Konsequenzen eines Verstoßes gegen die Belehrungspflicht. Im Zusammenhang mit der Verfolgung von Straftaten und Ordnungswidrigkeiten kann wegen § 46 Abs. 1 OWiG hier wohl auf die Grundsätze aus dem Strafverfahren verwiesen werden. Erfolgt also keine ordnungsgemäße Belehrung, so können etwaige Auskünfte grundsätzlich nicht im Strafverfahren bzw. Ordnungswidrigkeitenverfahren gegen den Betroffenen verwertet werden. 91

Es fragt sich allerdings im Anschluss, ob Informationen, die unter Verstoß gegen die Belehrungspflicht gewonnen wurden, für andere Zwecke nach dem LkSG verwendet werden dürften, etwa als informationelle Grundlage für Maßnahmen des BAFA nach § 15 S. 2 Nr. 2 und 3. Hier greifen jedenfalls die Grundsätze aus dem Strafverfahren nicht ein, da es nicht um Sanktionierung, sondern um die Behebung menschenrechtsbezogener Risiken geht. Die Grundsituation ist damit nicht vergleichbar mit derjenigen im Strafverfahren. Der gesamte Abs. 3, insbesondere der Bezug zu § 52 StPO und zum Strafverfahren im Allgemeinen zeigen dazu systematisch auf, dass die Belehrungspflicht die Berührungspunkte des LkSG mit dem Straf- bzw. Ordnungswidrigkeitenrecht absichern soll. Sie soll sich damit aber nicht negativ auf den Menschenrechts- oder den Umweltschutz als Schutzzwecke des LkSG auswirken. Informationen, die unter Verstoß gegen die Belehrungspflicht erlangt worden sind, können also nach hier vertretener Auffassung durchaus als Tatsachengrundlage zur Begründung von behördlichen Maßnahmen nach § 15 herangezogen werden. 92

Schließlich stellt sich die Frage, ob Informationen, die unter Verstoß gegen die Belehrungspflicht erlangt worden sind, verwendet werden dürfen, um einen Ausschluss von der Vergabe öffentlicher Aufträgen nach § 22 zu begründen. Dies ist angesichts des klaren Wortlautes nicht der Fall. Denn § 22 Abs. 1 S. 1 setzt gerade einen rechtskräftig fest- 93

[60] Für Einzelheiten der Sanktionierung juristischer Personen und der jeweils für diese Handelnden nach OWiG s. Petermann JuS 2011, 496.

[61] Schockenhoff NZG 2020, 1001 (1008 ff.).

gestellten Verstoß wegen einer Ordnungswidrigkeit nach § 24 voraus. Dazu kommt es aber nicht, wenn gegen die Belehrungspflicht verstoßen wurde.

94 **3. Eingreifen sonstiger gesetzlicher Auskunfts- und Aussageverweigerungsrechte sowie Verschwiegenheitspflichten (Abs. 3 S. 3).** Nach § 17 Abs. 3 S. 3 bleiben „[s]onstige gesetzliche Auskunfts- oder Aussageverweigerungsrechte sowie gesetzliche Verschwiegenheitspflichten" unberührt. Die damit erfassten Rechte bzw. Pflichten betroffener befragter Personen stehen damit sowohl einer Auskunft als auch einer Herausgabe von Unterlagen entgegen, die unter das jeweilige Recht, bzw. die Pflicht fallen.

95 Auskunfts- und Aussageverweigerungsrechte beziehen sich vor allem auf die in §§ 52 ff. StPO statuierten Rechte, die Aussage bzw. die Auskunft zu verweigern. Die genannten Verweigerungsberechtigten müssen damit auch im Zuge von Anfragen des BAFA nach § 17 keine Informationen erteilen oder Unterlagen herausgeben.

96 In Bezug auf Verschwiegenheitspflichten ist zuvörderst der **Personenkreis des § 203 StGB** betroffen. Umfasst sind danach insbesondere Ärzte, Rechtsanwälte, Berufspsychologen, Berater staatlicher Beratungsstellen usw. Für die Praxis des LkSG von besonderer Relevanz dürfte § 203 Abs. 1 Nr. 3 StGB sein, der „Rechtsanwalt, Kammerrechtsbeistand, Patentanwalt, Notar, Verteidiger in einem gesetzlich geordneten Verfahren, Wirtschaftsprüfer, vereidigtem Buchprüfer, Steuerberater, Steuerbevollmächtigten oder Organ oder Mitglied eines Organs einer Rechtsanwalts-, Patentanwalts-, Wirtschaftsprüfungs-, Buchprüfungs- oder Steuerberatungsgesellschaft" als Adressaten umfasst. Diese Berufsgruppen kommen im Zuge der Unternehmensberatung immer wieder kraft Sachzusammenhang mit sensiblen Informationen und entsprechenden Unterlagen in Berührung. Diese kann die Behörde auch im Rahmen des § 17 nicht abfragen.

97 **Vertragliche Verschwiegenheitspflichten** sind grundsätzlich kein Grund, um Angaben zu verwehren oder Unterlagen zurückzuhalten. Diese genießen zwar auch (strafrechtlich bewehrten) Schutz durch das **GeschGehG.** Allerdings greift insoweit die Ausnahme des berechtigen Interesses ein, das aus der gesetzgeberischen Anordnung folgt (→ Rn. 49).

98 **Gesetzliche Verschwiegenheitspflichten** normieren beispielsweise § 93 Abs. 1 S. 3 AktG und § 116 S. 2 AktG, § 85 Abs. 1 GmbHG, § 90 HGB sowie § 34 Abs. 1 S. 3 GenG und § 79 Abs. 1 S. 1 BetrVG. Auch sie schützen den jeweiligen Inhaber der Verschwiegenheitspflicht.

VII. Daten- und Geheimnisschutz

99 Alle Daten und Unterlagen, die das BAFA bei Ausübung seiner Kompetenzen erlangt unterliegen grundsätzlich dem Geheimnisschutz und werden böswilligen Dritten im Grundsatz nicht offengelegt.[62] Dennoch wirft die Frage nach Geheimnisschutz Folgefragen auf.

100 Wenn das BAFA als zuständige Behörde Informationen nach § 17 einholt, agiert es als öffentliche Stelle des Bundes iSd § 2 Abs. 1 BDSG und verarbeitet personenbezogene Daten. Damit ist grundsätzlich der sachliche Anwendungsbereich des BDSG (§ 1 Abs. 1 Nr. 1 BDSG) eröffnet. Der Schutz des BDSG wie auch derjenige der DS-GVO beschränkt sich indes auf die Daten natürlicher Personen. Wird also eine Person nach § 15 S. 2 Nr. 1 geladen, so fällt sie grundsätzlich in den Schutzbereich des deutschen Datenschutzrechts. Damit einhergehen entsprechende Informationsrechte und auch der Anspruch auf Löschung von Daten.

101 Weder vom europäischen noch vom deutschen Datenschutzrecht geschützt sind indes **juristische Personen** und ihre Daten. Art. 4 Nr. 1 DS-GVO begrenzt den Kreis der Schutzadressaten auf natürliche Personen. Eine solche Eingrenzung gilt auch unter dem BDSG (vgl. § 46 Nr. 1 BDSG). Juristische Personen sind – jenseits von einzelnen verstreuten Regelungen[63] – lediglich über das aus Art. 2 Abs. 1 GG abgeleitete Unterneh-

[62] Wagner/Rutloff/Wagner LkSG-HdB/Rutloff/Hahn Rn. 1445.

[63] S. dazu im Detail Stancke BB 2013, 1418 (1419 f.).

menspersönlichkeitsrecht geschützt, dessen Schutzniveau indes geringer ausfällt als jenes der DS-GVO und des BDSG.[64] Dies ist auch sachgerecht, da der Schutz von Daten natürlicher Personen auf grundsätzlichen, menschenrechtlichen Erwägungen fußt, während den Daten von Unternehmen allein ein wirtschaftlicher Wert zukommt.[65] Der genaue Schutzbereich des Datenschutzes von Unternehmen aus der Verfassung ist damit nicht klar abgesteckt.

Die Frage, wie weit der allein aus der Verfassung resultierende Datenschutz für Unter- **102** nehmen reicht, ist für solche vom LkSG betroffene Unternehmen von immenser Bedeutung. Insbesondere relevant ist, ob das **Prinzip der Zweckbindung** (§ 23 BDSG) auch für juristische Personen greift. Ein Beispiel: Im Zuge der Sichtung von Unterlagen hinsichtlich eines Risikoverdachts nach § 2 findet das BAFA keine bestätigenden Anhaltspunkte für menschen- oder umweltrechtliche Verstöße nach LkSG, stellt aber fest, dass das Unternehmen im Zuge der Steuererklärung (fahrlässig) Angaben unterlassen hat. Kann oder muss das BAFA dies dem zuständigen Finanzamt offenlegen? Wäre das Unternehmen eine natürliche Person, so wäre die Antwort „Nein". Denn § 23 BDSG etabliert in seinem Abs. 1 zweckfremde Datenverarbeitung nur ausnahmsweise und vor allem nur der zuständigen Behörde „im Rahmen ihrer Aufgabenerfüllung". Diese tatbestandliche Bezugnahme bewirkt eine rechtliche „Begrenzungs- und Strukturierungsleistung",[66] indem das Datenschutzrecht und die materiellrechtliche Kompetenzverteilung im Verwaltungsrecht verknüpft werden.[67] Eine Weitergabe von Daten an aufgabenfremde Behörden scheidet damit aus. Ob dieser Schutz für Unternehmen im Anwendungsbereich des LkSG greift oder nicht, ist für diese von immenser Bedeutung. Wie weit der Datenschutz für Unternehmen, gestützt auf Art. 2 Abs. 1 GG insbesondere hinsichtlich des Grundsatzes der Zweckbindung reicht, bekommt mit dem LkSG eine neue Dimension von großer Praxisrelevanz.

Sinnvoll wäre es gewesen, wenn sich der Gesetzgeber mit der Frage des Datenschutzes **103** befasst hätte. Das LkSG enthält indes keinerlei Anhaltspunkte für interbehördliche Zusammenarbeit in Bezug auf Amtshilfe, Vollzugshilfe oder Informationsaustausch.[68] In der Gesetzesbegründung jedenfalls wird das Thema leider nicht behandelt. Dies ist nicht bloß angesichts der oben beschriebenen Unklarheiten bedauerlich. Eine entsprechende Regelung wäre auch angesichts der gesamteuropäischen Entwicklung sinnvoll. Das Datenschutzrecht für Unternehmen ist in Europa keineswegs einheitlich. In Ländern wie Österreich, Luxemburg oder Dänemark greift der Schutz von Daten schon seit Längerem auch für Unternehmen.[69] Da im Ausblick ohnehin der europäische Gesetzgeber bald die Materie des LkSG regeln könnte, wäre ein harmonisierender Ansatz, jedenfalls aber ein Konzept durch den deutschen Gesetzgeber wünschenswert gewesen.

Ebenfalls zu beachten ist, dass Daten, die über § 17 erhoben werden, auch Gegenstand **104** von Gesuchen nach dem **IFG** sein können. Mit § 1 Abs. 1 IFG besteht grundsätzlich ein voraussetzungsloser Anspruch auf Zugang zu Daten von Bundesbehörden für jedermann. Das BAFA ist eine Bundesbehörde in diesem Sinne. Der Anspruch umfasst grundsätzlich auch Daten Dritter.[70] Eingeschränkt wird dieser Anspruch insoweit nur durch § 6 IFG, der den **Informationszugang** ausschließt, soweit geistiges Eigentum, bzw. Betriebs- und Geschäftsgeheimnisse berührt werden. Dieser enge Schutz wird aber nicht immer alle Daten umfassen, die das BAFA über § 17 erheben kann. Derartige Daten können dann ggf. zur Substantiierung von Schadenersatzklagen nach LkSG genutzt werden. Dieser Mechanismus dürfte unter dem deutschen LkSG noch keine allzu große Rolle spielen, da keine zivilrechtliche Haftung vorgesehen ist. Im Ausblick auf eine europäische Regelung, wird

---

[64] S. insgesamt zum Datenschutz juristischer Personen Gola/Gola DS-GVO Art. 4 Rn. 23 ff.
[65] Stancke BB 2013, 1418 (1425).
[66] BeckOK DatenschutzR/Albers/Veit BDSG § 23 Rn. 13.
[67] BeckOK DatenschutzR/Albers/Veit BDSG § 23 Rn. 13.
[68] Wagner/Rutloff/Wagner LkSG-HdB/Rutloff/Hahn Rn. 1395.
[69] Gola/Gola DS-GVO Art. 4 Rn. 24.
[70] Stancke BB 2013, 1418 (1424).

der Informationsanspruch nach IFG oder auch nach Transparenz-VO aber an Bedeutung gewinnen.

105 Ebenso wenig, wie Gesetz und Gesetzesbegründung Regelungen oder Ausführungen zum Datenschutz enthalten, enthalten sie Regelungen oder Ausführungen zum Geheimnisschutz. Indes greift hier § 203 Abs. 2 (Nr. 1 und 2) StGB ein. Aus der Norm folgt eine Geheimhaltungspflicht der zuständigen Behörde. Der Mechanismus ist vergleichbar mit demjenigen des § 59 GWB. Nach dieser Ermächtigungsgrundlage kann die Kartellbehörde zum Zweck ihrer Aufgaben nach GWB Auskünfte und Unterlagen herausverlangen. Auch hier unterliegt die zuständige Behörde indes dem Geheimnisschutz nach § 203 StGB.[71]

VIII. Kritik

106 § 17 war eine derjenigen Normen, die im Gesetzgebungsprozess die meiste Kritik nach sich gezogen hat. Die in der Norm geregelten Informationspflichten würden die Unternehmen zu **„Hilfsermittlern"** gegen ihre eigenen Zulieferer[72] und auch gegen sich selbst machen.[73] Damit würde die staatliche Verfolgungspflicht auf die Unternehmen abgewälzt.[74] Regelungen über einen Richtervorbehalt bei Betreten von Räumlichkeiten der Unternehmen sowie Regelungen über die Beweisverwertung oder auch den Schutz des Anwaltsgeheimnisses würden fehlen.[75]

107 Diese Kritik lässt § 17 Abs. 3 unberücksichtigt. Durch den Schutz des **nemo tenetur**-Grundsatzes müssen natürliche Personen hinter den Unternehmen grundsätzlich nicht an ihrer eigenen Überführung mitwirken. Nicht von der Hand zu weisen ist indes die Kritik, dass Unterlagen und Informationen in Bezug auf Zulieferer gegen diese verwendet werden könnten. Indes ist dieser Kritik entgegenzuhalten, dass der gesamte Sinn und Zweck des LkSG darin liegt, Verstöße gegen die menschenrechtsbezogenen Pflichten aufzudecken und so eine umfassende Verbesserung der Menschenrechtssituation in globalen Lieferketten zu erreichen. Ebenfalls verfehlt ist die Kritik, dass die Ermittlungspflichten des Staates auf die Unternehmen abgewälzt würden. Die Ermittlung selbst verlangt nun einmal Befragungen und das Sichten und Prüfen von Unterlagen, die mit dem zu ermittelnden Sachverhalt zusammenhängen. Das ist kein neues Phänomen nach LkSG.

108 Infolge der Belehrungspflicht, wegen des den nemo-tenetur-Grundsatzes und des Schutzes der Angehörigen braucht es keine gesonderten Regelungen zur Beweisverwertung. Sobald die konkrete Verfolgung von Straftaten oder Ordnungswidrigkeiten in Rede steht, fügen sich diese Ermittlungen in die bekannten Bahnen des Straf- bzw. Ordnungswidrigkeitenprozesses. Damit bestehen ggf. auch Beweisverwertungsverbote, zB bei fehlender Belehrung.

109 Etwas differenzierter ist die Kritik hinsichtlich der **Situation der Anwaltschaft** zu bewerten: Das Anwaltsgeheimnis wird zwar gewahrt. Unterlagen, die im Zusammenhang mit der Mandatsarbeit einer vom Unternehmen beauftragten Kanzlei stehen, müssen also nicht herausgegeben werden. Auch müssen weder Unternehmen noch Anwalt Auskünfte erteilen. Indes gelten Anwälte wegen der weiten Definition der Lieferkette ggf. als Zulieferer oder fallen sogar selber in den Anwendungsbereich des LkSG. Dies führt teilweise

[71] MüKoWettbR/Barth GWB § 59 Rn. 18.

[72] Stellungnahme des Bundesverbands der Deutschen Industrie e. V. (BDI) zur öffentlichen Anhörung des Ausschusses für Arbeit und Soziales des BT zum RegE LkSG, BT-Drs. 19/29279, 9; so auch Stöbener de Mora/Noll NZG 2021, 1285 (1287).

[73] Schriftliche Stellungnahme Bundesvereinigung der Deutschen Arbeitgeberverbände zur öffentlichen Anhörung von Sachverständigen in Berlin am 17.5.2021 um 12:00 Uhr zum RegE LkSG, BT-Drs. 19/28649 - 5.

[74] Schriftliche Stellungnahme Bundesvereinigung der Deutschen Arbeitgeberverbände zur öffentlichen Anhörung von Sachverständigen in Berlin am 17.5.2021 um 12:00 Uhr zum RegE LkSG, BT-Drs. 19/28649 - 5.

[75] Schriftliche Stellungnahme Bundesvereinigung der Deutschen Arbeitgeberverbände zur öffentlichen Anhörung von Sachverständigen in Berlin am 17.5.2021 um 12:00 Uhr zum RegE LkSG, BT-Drs. 19/28649 - 5.

zu einer Spannung zwischen der Funktion als Organ der Rechtspflege und den Pflichten nach dem LkSG.[76]

Zurecht kritisiert wird, dass das Gesetz umfassende Informationserhebung vorsieht, im gleichen Zuge aber keinerlei Regelung zum Datenschutz enthält.[77] Dies wäre angesichts der umfassenden Informationserhebungsrechte und der Sensibilität der betreffenden Daten angemessen gewesen, da der allgemein bestehende Datenschutz von Unternehmen der Situation nicht gerecht wird (→ Rn. 99 ff.). **110**

Ebenfalls Gegenstand der Kritik ist auch immer wieder der Vorwurf, dass § 17 im Zusammenspiel mit den § 16 und § 18 zu einem faktischen Durchsuchungsrecht führe, das Art. 13 GG verletze, da es an einem Richtervorbehalt fehlt.[78] Diese Kritik ist nicht grundlos, da §§ 16–18 dem BAFA durchaus beachtliche Möglichkeiten der Informationsgewinnung vor Ort an die Hand geben. Nach hier vertretener Auffassung wird die Verfassung indes nicht verletzt, soweit die Normen sachgerecht ausgelegt werden (→ § 16 Rn. 50). **111**

IX. Auswirkungen der geplanten EU-RL

Nachdem das LkSG sich einfügte in vergleichbare Bestrebungen wie in den Niederlanden (hier gilt das sog. „Wet Zorgplicht Kinderarbeid“) oder Frankreich (hier gilt das sog. „loi de vigliance“), liegt nun auch ein Entwurf der Europäischen Kommission für eine einheitliche **Lieferketten-RL** vor. Dem Entwurf ging eine Aufforderung des Europäischen Parlaments voraus.[79] Nachdem sich der konkrete Vorschlag der Kommission immer wieder verzögert hatte,[80] erschien am 23.2.2022 nun der Entwurf einer Richtlinie des Europäischen Parlaments und des Rates über die Sorgfaltspflichten von Unternehmen im Hinblick auf Nachhaltigkeit und zur Änderung der Richtlinie (EU) 2019/1937.[81] **112**

§ 17 fügt sich ein in ein umfassendes Regime aus behördlichen Möglichkeiten zur Durchsetzung der Sorgfaltspflichten. Dieses Regime genügt im Grundsatz den Anforderungen des Richtlinienentwurfs (→ § 15 Rn. 41). § 17 könnte als solcher also problemlos bestehen bleiben. Insbesondere heißt es in Art. 18 Abs. 1 Lieferketten-RL-E: „Die Mitgliedstaaten stellen sicher, dass die Aufsichtsbehörden über angemessene Befugnisse und Ressourcen verfügen, um die ihnen durch diese Richtlinie übertragenen Aufgaben auszuführen, einschließlich der Befugnis, Informationen anzufordern und Untersuchungen im Zusammenhang mit der Einhaltung der in dieser Richtlinie festgelegten Verpflichtungen durchzuführen.“. Dem Erfordernis nach der Kompetenz Informationen abzufragen, wird § 17 mehr als gerecht. **113**

§ 18 Duldungs- und Mitwirkungspflichten

¹Die Unternehmen haben die Maßnahmen der zuständigen Behörde und ihrer Beauftragten zu dulden und bei der Durchführung der Maßnahmen mitzuwirken. ²Satz 1 gilt auch für die Inhaber der Unternehmen und ihre Vertretung, bei juristischen Personen für die nach Gesetz oder Satzung zur Vertretung berufenen Personen.

[76] Dazu ausf. Stellungnahme des DAV durch die Ausschüsse Corporate Social Responsibility und Compliance, Handelsrecht sowie Menschenrechte zum RegE LkSG, 33 ff., Rn. 75–88.

[77] Vgl. Stellungnahme des Bundesverbands der Arzneimittel-Hersteller e. V. (BAH) zum RegE LkSG, BT-Drs. 19/28649, 10.

[78] Beispielhaft Kamann/Irmscher NZWiSt 2021, 249 (252).

[79] S. den Aufschlag des Europäischen Parlaments – European Parliament 2019–2024 – P9_TA(2021)0073 – Corporate due diligence and corporate accountability (2020/2219(INL)).

[80] S. zum Stand der europäischen Gesetzgebung: EU-Lieferkettengesetz verzögert sich weiter, DVZ, 15.12.2021, https://www.dvz.de/rubriken/management-recht/nachhaltige-logistik/detail/news/eu-lieferkettengesetz-verzoegert-sich-weiter.html#:~:text=Deutschland%20m%C3%BCsste%20sein%20im%20Sommer,Kraft%20tritt%2C%20dann%20gegebenenfalls%20anpassen.&text=Das%20deutsche%20Gesetz%20gilt%20f%C3%BCr,f%C3%BCr%20alle%20ab%201.000%20Arbeitnehmern (zuletzt abgerufen am 6.9.2022).

[81] COM (2022) 71 final 2022/0051(COD).

Schrifttum: Beckmann, Die Klassifizierung von Eingriffsnormen als Verwaltungsakt und Realakt Zugleich kritische Auseinandersetzung hinsichtlich Vollstreckung und Vollzug, NVwZ 2011, 842; Seibt/Wesper-Gräsken, Lieferkettensorgfaltspflichtengesetz erweitert Compliance-Pflichten, CB 2021, 357; Kamann/Irmscher, Das Sorgfaltspflichtengesetz – Ein neues Sanktionsrecht für Menschenrechts- und Umweltverstöße, NZWiSt 2021, 249.

Übersicht

I. Normzweck

1 § 18 unterstreicht den bereits in § 17 zum Ausdruck kommenden Zweck, dass die zuständige Behörde umfassende Handlungsmacht im Zuge der Bearbeitung ihrer Aufgaben nach dem LkSG haben soll. Dieser Umstand zieht sich durch den gesamten zweiten Unterabschnitt der risikobasierten Kontrolle. Die Unternehmen haben danach die Maßnahmen nach den §§ 14 ff. nicht nur zu dulden, sondern müssen die Behörde auch aktiv unterstützen, diese Maßnahmen durchzuführen.

2 Der Duldungs- und Mitwirkungspflicht kommt dogmatisch nur der Zweck zu, den Vollzug derjenigen Maßnahmen nach den §§ 14 ff. zu erleichtern, die keinen Verwaltungsakt darstellen. Wirkliche Relevanz hat § 18 damit nur für die Maßnahmen des § 16. Das LkSG erweitert damit für einen begrenzten Anwendungsbereich die allgemeine Mitwirkungsobliegenheit des § 26 Abs. 2 S. 3 VwVfG.[1]

II. Gesetzgebungshistorie

3 § 18 hat sich im Rahmen des Gesetzgebungsprozesses inhaltlich nicht verändert, sondern wurde lediglich gestrafft. Aus der noch im Referentenentwurf vorhandenen sperrigen Formulierung „Maßnahmen der von der zuständigen Behörde beauftragten Personen sowie Personen und Einrichtungen, derer sich die Behörde zur Durchführung ihrer Aufgaben bedient“,[2] wurde die Formulierung „Maßnahmen der Behörde und ihrer Beauftragten“.[3] In der Ausschussempfehlung wurde die Formulierung „zu unterstützen“ umgeändert in „mitzuwirken“. Damit erfolgte eine Anpassung an die bereits vorher bestehende Überschrift der Norm.[4] Weiter wurde eine unnötige Bezugnahme gestrichen.[5] Inhaltlich stand § 18 damit seit dem Referentenentwurf aber fest.

III. Zuständige Behörde und ihre Beauftragten

4 Zuständige Behörde ist nach § 19 das Bundesamt für Wirtschaft und Ausfuhrkontrolle **(BAFA).** Sie unterliegt der Rechts- und Fachaufsicht des Bundesministeriums für Wirt-

[1] Wagner/Rutloff/Wagner LkSG-HdB/Ruttloff/Hahn Rn. 1404.
[2] RefE LkSG des BMAS vom 28.2.2021.
[3] BT-Drs. 19/28649.
[4] BT-Drs. 19/30505, 16.
[5] BT-Drs. 19/30505, 16.

schaft und Energie, welches die Aufsicht im Einvernehmen mit dem Bundesministerium für Arbeit und Soziales auszuüben hat (→ § 19 Rn. 27 ff.).

Die Duldungs- sowie die Mitwirkungspflicht erstrecken sich konsequenterweise auch auf Maßnahmen der Beauftragten der zuständigen Behörde. Was unter den „Beauftragten" zu verstehen ist, definiert die Gesetzesbegründung nicht explizit.[6] Systematisch steht allerdings fest, dass das Verständnis kongruent sein muss, mit dem Verständnis des Begriffs aus § 16 (→ § 16 Rn. 16 ff.). Denn auch dort war der Begriff „Beauftragte" im Referentenentwurf noch umschrieben als „Personen, die von der zuständigen Behörde beauftragt wurden, sowie Personen und Einrichtungen, derer sich die Behörde zur Durchführung dieser Aufgaben bedient". Dass dieses weite Verständnis in irgendeiner Weise eingeschränkt werden sollte, ist weder für § 16 noch für § 18 ersichtlich. Vielmehr schien es jeweils nur um eine redaktionelle Kürzung zu gehen. Die Kongruenz ist geboten, da § 18 die Maßnahmen unter anderem nach § 16 absichern soll. Außerdem ist die Abgrenzung aus dem Referentenentwurf in der Sache sinnvoll. Es gibt zu ihr keine bessere Alternative. 5

Damit sind dem Wortlaut des Referentenentwurfs entsprechend unter „Beauftragten" sowohl Beliehene als auch Verwaltungshelfer oder andere Behörden, die im Wege der Amtshilfe eingesetzt werden, zu verstehen (→ § 16 Rn. 18). In Betracht kommt insoweit wohl insbesondere die Polizei, aber je nach Sachverhalt auch beispielsweise die Umweltämter oder der Zoll, soweit die jeweiligen Voraussetzungen vorliegen. 6

Welche Aufgaben das gemäß § 19 zuständige BAFA auf Private oder andere Behörden überträgt und in welcher Form, sollte einheitlich in der gemäß § 14 Abs. 2 zu erlassenden Verordnung festgelegt werden. Nach aktuellen Angaben von BAFA und BMAS ist derzeit allerdings kein Erlass von Rechtsverordnungen geplant.[7] 7

IV. Mitwirkungs- und Duldungspflichten (S. 1)

Nach § 18 S. 1 haben betroffene Unternehmen die Maßnahmen der zuständigen Behörde und ihrer Beauftragten zu dulden und bei der Durchführung der Maßnahmen mitzuwirken. Die Norm regelt damit die „Duldungs- und Mitwirkungspflicht der Unternehmen im Verhältnis zur zuständigen Behörde."[8] Eine genauere Bedeutung dessen ist weder aus Gesetzestext noch Gesetzesbegründung ersichtlich. 8

1. Maßnahmen der Behörde. Die Maßnahmen der Behörde, auf die § 18 S. 1 Bezug nimmt, sind solche nach den §§ 14 ff. Trifft also die zuständige Behörde Anordnungen und Maßnahmen nach § 15, macht von ihrem Betretensrecht nach § 16 Gebrauch oder verlangt Unterlagen und/oder Auskünfte nach § 17 heraus, so sind derartige Maßnahmen zu dulden und ggf. durch Mitwirkung zu unterstützen. 9

Die Norm setzt damit gewissermaßen im zweiten Stadium behördlicher Maßnahmen nach dem LkSG an. Macht etwa eine Behörde von einem Betretensrecht nach § 16 Nr. 1 Gebrauch, um Geschäftsräume des Betroffenen zu besichtigen, so ist dies nach § 18 S. 1 zu dulden. Darüber hinaus hat das betroffene Unternehmen auch bei der Durchführung mitzuwirken, zB durch Hilfestellung bei der Begehung großer Grundstücke oder Ähnliches. Duldung und Mitwirkung betreffen also das Stadium der Durchführung der Maßnahmen, nachdem die Behörde ihr Entschließungsermessen bereits ausgeübt hat. 10

2. Duldungspflichten der Unternehmen. § 18 S. 1 drückt aus, dass Maßnahmen der zuständigen Behörde zu dulden sind. Diese Regelung ist insoweit obsolet, als dass verbindlichen behördlichen Maßnahmen immer auch das regelnde Duldungselement inne- 11

[6] BT-Drs. 19/28649, 55.

[7] FAQ-Bogen zur Umsetzung des LkSG, Ziffer XVI, https://www.csr-in-deutschland.de/DE/Wirtschaft-Menschenrechte/Gesetz-ueber-die-unternehmerischen-Sorgfaltspflichten-in-Lieferketten/FAQ/faq.html;jsessionid=B08DA5D031CFF7549CC0258F94A25339.delivery1-replication#doc977f9a9d-bfdd-4d31-9e31-efab307ceee6bodyText16 (zuletzt abgerufen am 6.9.2022).

[8] BT-Drs. 19/28649, 56.

wohnt.[9] Lädt die zuständige Behörde etwa nach § 15 S. 2 Nr. 1 eine Person, so trifft sie damit unmittelbar eine Regelung iSd § 35 VwVfG. Sie begründet damit eine Verpflichtung, die ihrerseits geduldet werden muss. Für derartige **Verwaltungsakte,** die auf Basis der §§ 14 ff. getroffen werden, ist die Festsetzung einer darüberhinausgehenden Duldungspflicht damit rein **deklaratorischer Natur.**

12 Bei reinem Realhandeln, etwa dem Betreten von Grundstücken nach § 16 Nr. 1, stellt sich sodann die altbekannte Frage nach der Duldungsverfügung als Verwaltungsakt. Würde man diese mittlerweile wohl überholte Auffassung[10] zugrunde legen, wäre in faktischen gegenüber Betroffenen ergehenden Maßnahmen der Behörde immer konkludent die Verfügung zu sehen, jene auch zu dulden. Die Duldungsverpflichtung des § 18 S. 1 wäre demnach vollkommen obsolet.

13 Wenn man dieser Ansicht nicht folgen wollte, so würde sich die Frage stellen, in welchen Konstellationen der gesetzlichen Duldungspflicht tatsächlich ein Anwendungsbereich zukommt. Im schlichten Betreten eines Firmengeländes, das sich nach § 16 Nr. 1 richten würde, läge dann kein Verwaltungsakt, sondern schlichtes Realhandeln. Derartige vollziehende Realakte sind indes auch ohne Duldungspflicht vollziehbar, soweit ihnen – wie im Falle des § 16 Nr. 1 – eine Rechtsgrundlage zugrunde liegt.

14 Der Nutzen der Duldungspflicht kommt allerdings dann zum Tragen, wenn der Adressat eines Realakts Widerstand leistet. Die Kompetenz des BAFA, um diesen Widerstand zu überwinden folgt nicht aus dem Realakt. Dieser kann keine Grundlage der Verwaltungsvollstreckung sein.[11] In derartigen Fällen müsste die vollziehende Behörde grundsätzlich eine sog. **Begleitverfügung** auf Duldung des Realakts erlassen. Diese könnte dann als Verwaltungsakt vollzogen werden. Diese zusätzliche Schritt entfällt bei Maßnahmen nach dem LkSG wegen der als gesetzliche Anordnung vollziehbaren Duldungspflicht aus § 18 S. 1. Sie wäre allerdings wegen der Generalklausel des § 15 S. 1 ohnehin möglich gewesen. Der Duldungspflicht hätte es insoweit nicht zwingend bedurft, denn mit der Generalklausel hätte eine taugliche Rechtsgrundlage für Begleitverfügungen bestanden.

15 Die Maßnahmen nach § 15 S. 2 Nr. 1–3 enthalten allesamt konkrete Anweisungen an den jeweiligen Adressaten mit Regelungselement. Hier läuft die Duldungspflicht leer. Dies gilt auch für konkrete Auskunfts- und Herausgabeverlangen nach § 17. Lediglich die Betretens-, Prüfungs- und Besichtigungsrechte nach § 16 sind regelmäßig als Realakte zu qualifizieren, die im Falle von Widerstand des Vollzugs der Duldungspflicht bedürfen.

16 Duldungspflichten sind im öffentlichen Recht sonst nur selten expressis verbis festgeschrieben. Sie finden sich allerdings im Bau- sowie Naturschutzrecht. Zieht man bspw. § 65 BNatSchG heran, so ergeht auch dort ein Realakt, der zu dulden ist. Die **Duldungspflicht erleichtert den Vollzug.** Werden etwa Nisthilfen im Zuge eines Artenhilfsprogramms in der Nähe eines Grundstücks angebracht und ist dadurch mit vermehrtem Vogelaufkommen zu rechnen, so ist das keine Maßnahme, die sich mit Regelungswirkung gegen den Grundstückseigentümer richtet. Dieser ist aber Adressat der Duldungspflicht nach § 65 BNatSchG. Daher ist die Duldungspflicht sinnvoll, um auch dem Grundstückseigentümer gegenüber die Intention der Maßnahme rechtlich verbindlich werden zu lassen. Die Duldungspflicht hat dort den Sinn, dass es gerade keiner Begleitverfügung mit Regelungswirkung mehr bedarf, sondern die Pflicht von Gesetzes wegen ohnehin besteht.[12] Insoweit ist die Situation vergleichbar mit jener des § 18.

[9] Die Duldung sei vor allem immer als „Rechtsreflex" in hoheitlichen Maßnahmen enthalten, so: Grabosch Das neue LkSG/Engel/Schönfelder § 6 Rn. 26.

[10] Der Rechtfertigungsgrund dieser Auffassung, dass es gegen Realakte keinen Rechtsschutz gäbe und ihnen deshalb Verwaltungsaktcharakter zukommen müsse, ist längst nicht mehr tragfähig. Im Einzelnen zu dieser Diskussion Schoch/Schneider/Knauff VwVfG § 25, Rn. 152; im Detail zu einzelnen Konstruktionen Beckmann NVwZ 2011, 842.

[11] Beckmann NVwZ 2011, 842 (844 f.).

[12] Landmann/Rohmer /Gellermann UmweltR BNatSchG § 65 Rn. 10.

Ähnlich wie bei § 65 BNatSchG verhält es sich systematisch mit der Duldungspflicht des § 209 Abs. 1 BauGB, wonach Eigentümer Maßnahmen der zuständigen Behörde zu erdulden haben, die im Zuge der Aufgaben nach BauGB notwendig sind. So kann etwa eine Gemeinde ein Gerüst aufstellen, um festzustellen, ob der Zustand von Gebäuden Anlass gibt, eine Sanierungssatzung nach § 142 BauGB aufzustellen.[13] Dies ist zu dulden. Auch hier ergeht kein Verwaltungsakt, sondern es geht darum, den Spielraum der Behörde zu erweitern, damit diese prüfen kann, ob sie überhaupt bauplanungsrechtliche Maßnahmen ergreift.[14] Dies geschieht durch Realakt. 17

Vergleichbar mit § 18 normiert auch § 126 BauGB die Pflicht eines Grundstückeigentümers, das Verlegen von Leitungen für Beleuchtungskörper der Straßenbeleuchtung auf seinem Grundstück zu dulden. Hier wird ein unmittelbar auf sein Eigentum bezogener Realakt vollzogen, dem keine Verwaltungsaktqualität zukommt und der dennoch unmittelbar vollzogen werden kann.[15] 18

Diese Beispiele zeigen, dass der expliziten Duldungspflicht dort Bedeutung zukommt, wo es um den Vollzug von Realakten geht und dieser ohne Begleitverfügung ermöglicht werden soll. Diesen Mechanismus macht sich auch § 18 zu Nutze.[16] 19

Ebenfalls eine Duldungspflicht hinsichtlich des Betretens von Geschäftsräumen durch eine Aufsichtsbehörde enthält § 52 GwG. Im Gegensatz zu § 18 allerdings ist der Verstoß gegen die Duldungspflicht nach § 56 Abs. 1 Nr. 74 GwG bußgeldbewehrt.[17] 20

3. Mitwirkungspflichten bei der Durchführung von Maßnahmen. Grundsätzlich gilt im Verwaltungsverfahren lediglich die sog. Mitwirkungslast von Adressaten behördlicher Maßnahmen (§ 26 Abs. 2 VwVfG). Nach § 18 S. 1 sind die betroffenen Unternehmen aber verpflichtet, „bei der Durchführung der Maßnahmen mitzuwirken". Was genau darunter zu verstehen ist, ergibt sich weder aus der Gesetzesbegründung noch aus dem Gesetzestext selbst. Die Mitwirkungspflicht greift dem klaren Wortlaut der Norm nach jedenfalls erst dann, wenn eine Maßnahme der Behörde konkret angeordnet worden ist. Denn die Mitwirkungsverpflichtung bezieht sich nur auf die „Durchführung" einer Maßnahme. Jedenfalls aber reicht die Mitwirkungspflicht weiter als eine Mitwirkungslast und kann zu aktiver Mitarbeit bei Maßnahmen verpflichten, etwa zum Beseitigen etwaiger Hindernisse oder zur Begleitung der Maßnahmen durch Personal der betroffenen Unternehmen.[18] 21

Dennoch stellt sich – wie schon bei der Duldungspflicht – die Frage, ob für eine Mitwirkungshandlung überhaupt eigener Raum ist. Denn die Maßnahmen, die das LkSG vorsieht, enthalten ohnehin konkrete Handlungsverlangen, denen das jeweilige Unternehmen nachkommen muss. Nach § 15 S. 2 Nr. 1 kann die Behörde Personen laden. Die geladene Person hat zu erscheinen. Worin eine darüberhinausgehende Mitwirkung liegen soll, ist nicht ersichtlich. Wird von der Behörde ein Plan zur Behebung von Missständen nach § 15 S. 2 Nr. 2 gefordert, so ist dieser zu erstellen. Auch insoweit ergibt sich kein Raum für eine weitergehende Mitwirkungshandlung. Dies gilt erst recht, wenn die Maßnahme nach § 15 S. 2 Nr. 3 ohnehin in der Aufgabe konkreter Handlungen liegt. Dieser Gedanke greift auch bei konkreten Informations- und Auskunftsverlangen nach § 17. 22

Der einzige **wirkliche Anwendungsbereich** der Mitwirkungspflicht könnte in den Fällen des **§ 16** liegen[19] – wie schon bei der Duldungspflicht. Danach ist das BAFA dazu befugt, Betriebsgrundstücke zu betreten und zu besichtigen, sowie dazu, Unterlagen und Aufzeichnungen einzusehen und zu prüfen. Für derartige Maßnahmen sind die Behörden- 23

[13] EZBK/Kalb/Külpmann BauGB § 209 Rn. 6a.
[14] Vgl. EZBK/Kalb/Külpmann BauGB § 209 Rn. 8.
[15] Vgl. BeckOK BauGB/Jaeger BauGB § 126 Rn. 8 f.
[16] S. auch Seibt/Wesper-Gräsken CB 2021, 357 (361), die den Vorteil der Verwaltungsvollstreckung betonen.
[17] Zentes/Glaab GwG/Wende/Thirmeyer GwG § 52 Rn. 16.
[18] Grabosch Das neue LkSG/Engel/Schönfelder § 6 Rn. 26.
[19] So iErg wohl auch Grabosch Das neue LkSG/Engel/Schönfelder § 6 Rn. 26.

mitarbeiter ggf. auf die Mitwirkung bei der Durchführung der Besichtigung und der Prüfung vorhandener Unterlagen angewiesen. Denn die Maßnahmen nach § 16 sind die einzigen im Katalog des LkSG, in denen das BAFA selbst agiert und nicht unmittelbar vom Adressaten ein konkretes Tun verlangt wird.

24 Allerdings stellt sich dennoch die Frage, ob es notwendig war, die Mitwirkungspflicht festzuschreiben. Betrachtet man etwa Art. 11 Abs. 4 VO (EU) 2017/821,[20] so ist die Mitwirkung bei „Kontrollen vor Ort" explizit definiert („insbesondere indem sie Zutritt gewähren und Unterlagen und Aufzeichnungen vorlegen"). Ein derartiges Verständnis scheint auch im Zuge von § 18 angemessen. Weitere Mitwirkungspflichten könnte die Behörde außerdem jederzeit über § 15 S. 1 mittels Begleitverfügung (→ Rn. 14) einfordern. Letztlich kann die Frage allerdings dahinstehen, da Objekt von Rechtsschutzmaßnahmen ohnehin das Betreten und Besichtigen selbst ist, und nicht die en passant bestehende Mitwirkungspflicht.

25 Begrenzt sind die Mitwirkungspflichten verfassungsrechtlich wie systematisch durch den nemo tenetur-Grundsatz.[21] Die Regelung des § 17 Abs. 3 muss konsequenterweise auch für den Anwendungsbereich des § 18 gelten, sodass auch in diesem Zuge das Verbot der Rollenvertauschung greift und niemand gezwungen werden kann, sich selbst zu belasten (→ § 17 Rn. 84).

26 **4. Sanktionen bei Verletzung einer Duldungs- oder Mitwirkungspflicht.** Die Verletzung der Mitwirkungs- und Duldungspflicht ist nicht vom Bußgeldkatalog des § 24 Abs. 1 erfasst. Allerdings kann ein Verstoß nach § 24 Abs. 4 Nr. 7 bei möglichen **Bußgeldern** berücksichtigt werden und damit die Höhe des Bußgelds beeinflussen.[22] Indes steht dem BAFA der Weg der Vollstreckung der Maßnahme nach dem VwVG offen.[23] Denkbar sind mithin die Zwangsmittel des § 9 Abs. 1 VwVG. Für Zwecke der Mitwirkungs- und Duldungspflicht wird regelmäßig das Zwangsgeld nach § 9 Abs. 1 lit. b VwVfG, § 11 VwVG das Mittel der Wahl sein. Hinsichtlich der Höhe muss man die Modifizierung des § 23 beachten.

V. Erstreckung auf unmittelbare Vertreter der Unternehmen (S. 2)

27 Nach S. 2 gilt S. 1 auch für die Inhaber der Unternehmen und ihre Vertretung, bei juristischen Personen also für die jeweils nach Gesetz oder Satzung zur Vertretung Berufenen. Hier stellt die Gesetzesbegründung richtigerweise klar, dass sich die Erstreckung schon aus dem jeweils einschlägigen Regime des Gesellschaftsrechts ergibt.[24] Danach soll die Norm aber „der Bußgeldbewehrung der Nichtbefolgung behördlicher Anordnungen durch natürliche Personen, die für ein Unternehmen handeln" dienen. Die Norm soll also den Druck der **Bußgeldbewehrung auf die natürlichen Personen erhöhen,** die als Entscheidungsträger hinter den vom Anwendungsbereich des LkSG betroffenen Unternehmen stehen.

28 Persönlich erfasst sind primär die Organpersonen der jeweils als Unternehmensträger fungierenden Gesellschaft. Sie sind die organschaftlichen Vertreter der Gesellschafter. Organschaftliche Vertretungsmacht ist nichts anderes als eine besondere Bezeichnung für gesetzliche Vertretungsmacht im Gesellschaftsrecht. Prokuristen agieren dagegen nicht mit organschaftlicher Vertretungsmacht, sondern vielmehr nur mit rechtsgeschäftlich erteilter Vertretungsmacht (Vollmacht) kraft Bevollmächtigung. Prokuristen fallen daher nicht unter

[20] VO (EU) Nr. 2017/821 des Europäischen Parlaments und des Rates vom 17.5.2017 zur Festlegung von Pflichten zur Erfüllung der Sorgfaltspflichten in der Lieferkette für Unionseinführer von Zinn, Tantal, Wolfram, deren Erzen und Gold aus Konflikt- und Hochrisikogebieten. ABl. EU 2017 L 130, 1.
[21] Kamann/Irmscher NZWiSt 2021, 249 (252).
[22] Grabosch Das neue LkSG/Engel/Schönfelder § 6 Rn. 29.
[23] So auch Grabosch Das neue LkSG/Engel/Schönfelder § 6 Rn. 28.
[24] BT-Drs. 19/28649, 56.

S. 2. Anders verhält es sich mit Generalbevollmächtigten, wenn diesen bereits kraft Gesellschaftssatzung Vollmacht erteilt wird.

Abstrakt stellt sich allerdings die Frage, inwieweit die Erweiterung durch S. 2 notwendig ist. Zum einen stellt der Bußgeldkatalog des § 24 Abs. 1 gar nicht auf einen Verstoß gegen § 18 ab. Die vorgesehene Erweiterung kann höchstens über das Bindeglied des § 15 erfolgen, der Gegenstand des § 24 Abs. 1 Nr. 13 ist. Darüber hinaus wird in der Gesetzesbegründung nicht aufgegriffen, wie das Verhältnis der gedachten Regelung zu §§ 9, 30, 130 OWiG sein soll. Diese Normen nehmen ja gerade die Haftung von Unternehmensvertretern, bzw. bestellten Organen in den Blick. Vor diesem Hintergrund verbleibt für S. 2 der Vorschrift kaum ein Anwendungsbereich. 29

VI. Rechtsschutz gegen konkretisierende Anordnung

Das BAFA kann Anordnungen erlassen, um Duldungs- oder Mitwirkungspflichten zu konkretisieren. Da diese Anordnungen Wirkungen gegen das jeweils betroffene Unternehmen entfalten sollen, werden sie in der Regel Verwaltungsakte sein. Wenn sie Verwaltungsakte sind, stehen dem betroffenen Unternehmen alle Rechtsbehelfsmöglichkeiten zu, die gegen Verwaltungsakte bestehen, insbesondere die Anfechtungsklage (§ 113 Abs. 1, S. 1 VwGO) oder bei schneller Erledigung die Fortsetzungsfeststellungsklage, iSd § 113 Abs. 1 S. 4 VwGO. Je nach Sachverhalt können betroffene Unternehmen auch im Wege des Eilrechtsschutzes nach § 80 VwGO vorgehen. 30

Sofern es keine Verwaltungsakte gibt, sondern rechtlich nur Realhandeln des BAFA zur Durchsetzung von Duldungs- oder Mitwirkungspflichten in Rede steht, gebieten das Rechtsstaatsprinzip und Art. 19 Abs. 4 GG trotzdem effektive Rechtsschutzmöglichkeiten dagegen. Statthaft wäre dann die allgemeine Feststellungsklage, bzw. im Eilrechtsschutz der Antrag nach § 123 Abs. 1, S. 1, Abs. 5 VwGO. 31

VII. Kritik

Im Rahmen des Gesetzgebungsprozesses wurde § 18 vor dem Hintergrund des Bestimmtheitsgrundsatzes in Frage gestellt. Die Norm sei zu unkonkret.[25] Da sich § 18 – sofern ihm überhaupt ein eigenständiger Anwendungsbereich zukommt – immer nur auf konkrete Maßnahmen nach den §§ 15 ff. beziehen kann, die zu dulden oder bei denen mitzuwirken ist, verfängt die Kritik nicht. Kritik kann man allenfalls an den Maßnahmen nach §§ 15 ff. selbst anbringen. Gegen diese Maßnahmen gibt es auch jeweils Rechtsbehelfe, um der Kritik formell und im Erfolgsfall mit Folgen Ausdruck verleihen zu können. Bei konkretisierenden Anordnungen besteht auch dagegen Rechtsschutz. 32

Weiter wurde Kritik geäußert, dass Unternehmen die Eingriffe in ihre Grundrechte nicht nur dulden müssten, sondern auch noch aktiv daran mitzuwirken hätten und so die staatliche Strafverfolgungspflicht auf die Unternehmen abgewälzt würde.[26] Was den präventiven Charakter der Maßnahmen nach §§ 14 ff. LkSG angeht, verfängt diese Kritik nicht. Was die Strafverfolgung angeht, ist die Kritik ebenfalls nicht tragfähig. Aus § 17 Abs. 3 S. 1 ergibt sich klar, dass das LkSG den **nemo tenetur**-Grundsatz achtet. Dies schlägt durch auf die Mitwirkungspflicht des § 18. Mitwirkungspflichten haben damit spätestens dort ihre Grenze erreicht, wo der **nemo tenetur**-Grundsatz verletzt würde. 33

VIII. Auswirkungen der geplanten EU-RL

Nachdem das LkSG sich einfügte in vergleichbare Bestrebungen wie in den Niederlanden (hier gilt das sog. „Wet Zorgplicht Kinderarbeid") oder Frankreich (hier gilt das sog. 34

---

[25] Stellungnahme des Bundesverbands der Arzneimittel-Hersteller e. V. (BAH) zum RegE LkSG, BT-Drs. 19/28649), 9 f.

[26] Stellungnahme BDI vom 11.5.2021 – Öffentliche Anhörung des Ausschusses für Arbeit und Soziales des BT zum RegE LkSG, BT-Drs. 19/28649, 9.

„loi de vigliance"), liegt nun auch ein Entwurf der Europäischen Kommission für eine einheitliche **Lieferketten-RL** vor. Dem Entwurf ging eine Aufforderung des Europäischen Parlaments voraus.[27] Nachdem sich der konkrete Vorschlag der Kommission immer wieder verzögert hatte,[28] erschien am 23.2.2022 nun der Entwurf einer Richtlinie des Europäischen Parlaments und des Rates über die Sorgfaltspflichten von Unternehmen im Hinblick auf Nachhaltigkeit und zur Änderung der Richtlinie (EU) 2019/1937.[29]

35 § 18 fügt sich ein in ein umfassendes Regime aus behördlichen Möglichkeiten zur Durchsetzung der Sorgfaltspflichten. Dieses Regime genügt im Grundsatz den Anforderungen des Richtlinienentwurfs (→ § 15 Rn. 41). § 18 könnte als solcher also problemlos bestehen bleiben. Die Norm sichert die Durchsetzbarkeit der Kompetenzen des BAFA ab. Diese Kompetenzen, die insbesondere in §§ 15–17 geregelt werden, genügen den Mindestanforderungen des Richtlinienentwurfs.

Unterabschnitt 3. Zuständige Behörde, Handreichungen, Rechenschaftsbericht

§ 19 Zuständige Behörde

(1) [1]Für die behördliche Kontrolle und Durchsetzung nach diesem Abschnitt ist das Bundesamt für Wirtschaft und Ausfuhrkontrolle zuständig. [2]Für die Aufgaben nach diesem Gesetz obliegt die Rechts- und Fachaufsicht über das Bundesamt dem Bundesministerium für Wirtschaft und Energie. [3]Das Bundesministerium für Wirtschaft und Energie übt die Rechts- und Fachaufsicht im Einvernehmen mit dem Bundesministerium für Arbeit und Soziales aus.

(2) Bei der Wahrnehmung ihrer Aufgaben verfolgt die zuständige Behörde einen risikobasierten Ansatz.

Schrifttum: Ehmann, Der Regierungsentwurf für das Lieferkettengesetz: Erläuterung und erste Hinweise, ZVertriebsR 2021, 141; Kamann/Irmscher, Das Sorgfaltspflichtengesetz – Ein neues Sanktionsrecht für Menschenrechts- und Umweltverstöße in Lieferketten, NZWiSt 2021, 249; Schmidt, Die Durchschlagskraft des Lieferkettensorgfaltspflichtengesetzes in der Schwebe – ein mahnendes Beispiel für zu hektische Gesetzgebung, CCZ 2022, 214; Nietsch/Wiedmann, Der Regierungsentwurf eines Gesetzes über die unternehmerischen Sorgfaltspflichten in der Lieferkette, CCZ 2021, 101.

Übersicht

[27] S. den Aufschlag des Europäischen Parlaments – European Parliament 2019–2024 – P9_TA(2021)0073 – Corporate due diligence and corporate accountability (2020/2219(INL)).

[28] S. zum Stand der europäischen Gesetzgebung: EU-Lieferkettengesetz verzögert sich weiter, DVZ, 15.12.2021, https://www.dvz.de/rubriken/management-recht/nachhaltige-logistik/detail/news/eu-lieferkettengesetz-verzoegert-sich-weiter.html#:~:text=Deutschland%20m%C3%BCsste%20sein%20im%20Sommer,Kraft%20tritt%2C%20dann%20gegebenenfalls%20anpassen.&text=Das%20deutsche%20Gesetz%20gilt%20f%C3%BCr,f%C3%BCr%20alle%20ab%201.000%20Arbeitnehmern (zuletzt abgerufen am 6.9.2022).

[29] COM (2022) 71 final 2022/0051(COD).

I. Normzweck

§ 19 regelt in seinem Abs. 1 die behördliche Zuständigkeit innerhalb des Unterabschnitts 2 und benennt hier das Bundesamt für Wirtschaft- und Ausfuhrkontrolle (BAFA). Außerdem wird die Rechts- und Fachaufsicht über das BAFA dem Bundeswirtschaftsministerium (mittlerweile BMWK) zugewiesen. Um die Verantwortung nicht allein dem Bundeswirtschaftsministerium zu überlassen, schreibt § 19 Abs. 1 S. 3 fest, dass die Rechts- und Fachaufsicht im Einvernehmen mit dem Bundesministerium für Arbeit und Soziales auszuüben ist. Mit § 19 Abs. 1 wird das BAFA gewissermaßen als „**kleines Menschenrechts-Aufsichtsamt**“[1] etabliert. 1

Weiter schreibt die Norm in ihrem Abs. 2 den risikobasierten Ansatz fest. Dieser Abs. 2 nimmt Bezug auf die Wahrnehmung der Aufgaben der zuständigen Behörde und entfaltet damit Relevanz für den gesamten zweiten Unterabschnitt. Der benannte risikobasierte Ansatz ist Grundlage für jedwede Maßnahme, die die Behörde nach den §§ 14 ff. ergreifen kann und stellt außerdem die Leitlinie für den Erlass einer möglichen Verordnung gemäß § 14 Abs. 2 dar. 2

II. Gesetzgebungsverfahren

§ 19 wurde seit der Fassung im Referentenentwurf[2] kaum verändert. Inhaltlich sind keine Veränderungen vorgenommen worden. Lediglich der noch im Referentenentwurf vorhandene Verweis in Abs. 1 S. 1 auf den „Abschnitt 4“, wurde im Regierungsentwurf[3] in die aktuelle Fassung „nach diesem Abschnitt“ umgeändert. 3

III. Die zuständige Behörde, Rechts- und Fachaufsicht, Abstimmungserfordernisse (Abs. 1)

Abs. 1 des § 19 benennt mit dem BAFA die zuständige Behörde, ordnet die Rechts- und Fachaufsicht des Bundeswirtschaftsministeriums (mittlerweile BMWK) an und regelt zusätzlich ein einschränkendes Erfordernis in der Ausübung der Rechts- und Fachaufsicht. Bei der Wahrnehmung muss das Bundeswirtschaftsministerium danach „im Einvernehmen mit dem Bundesministerium für Arbeit und Soziales“ handeln. Die mit § 19 erfolgte Zuständigkeitsverlagerung von Landesbehörden auf eine Bundesbehörde ist verfassungsrechtlich zulässig nach Art. 87 Abs. 3 S. 1 GG.[4] 4

1. Bundesamt für Wirtschaft und Ausfuhrkontrolle als zuständige Behörde (Abs. 1 S. 1). a) Das BAFA als Behörde. Zuständige Behörde zur Durchsetzung des Lieferkettengesetzes ist nach § 19 Abs. 1 S. 1 das Bundesamt für Wirtschaft und Ausfuhrkontrolle[5] (kurz „BAFA“). Das BAFA ist eine selbstständige Bundesbehörde ohne eigenen Verwaltungsunterbau mit Sitz in Eschborn, Hessen.[6] Umsetzen wird das BAFA 5

[1] Ehmann ZVertriebsR 2021, 141 (150); Kamann/Irmscher NZWiSt 2021, 249 (251).
[2] RefE LkSG des BMAS vom 28.2.2021.
[3] BT Drs. 19/28649.
[4] Wagner/Rutloff/Wagner LkSG-HdB/Rutloff/Hahn Rn. 1387.
[5] BT-Drs. 19/28649, 56.
[6] Anknüpfend daran sehen Wagner/Rutloff/Wagner LkSG-HdB/Rutloff/Hahn Rn. 1472 die Verwaltungsgerichte in Frankfurt als zuständig für sämtliche Verfahren gegen das BAFA gemäß § 52 Nr. 2 VwGO an.

seine Aufgaben nach dem LkSG aber von der neuen **Außenstelle** im hessischen **Borna.**[7] Das BAFA nimmt in den Bereichen Außenwirtschaft, Wirtschaftsförderung und Energie administrative Aufgaben des Bundes wahr. Dabei ist laut Auskunft des Bundeswirtschaftsministeriums die Kernaufgabe des BAFA die im Bereich der Außenwirtschaft angesiedelte Ausfuhrkontrolle.[8] Das BAFA wird dem Geschäftsbereich des Bundeswirtschaftsministeriums zugeordnet, übernimmt aber auch Aufgaben für andere Ministerien. Es ist in sieben Abteilungen aufgeteilt, die sich wiederum in verschiedene Unterabteilungen und Referate aufteilen. Stand heute (Mitte 2022) hat das BAFA etwa 1150 Beschäftigte.[9]

6 Durch die Nähe zum Außenwirtschaftsrecht und der Kernaufgabe der Exportkontrolle fügt sich das LkSG als weiterer Aufgabenbereich gut in die Strukturen des BAFA ein. Bereits im Jahresbericht 2018 stellte das BAFA auf die Relevanz von Produktionsketten bei weltweiter Vernetzung im Zusammenhang mit der Ausfuhrkontrolle ab.[10]

7 **b) Aufgabenbereich des BAFA nach LkSG.** Die Durchsetzung der Sorgfaltspflichten nach LkSG erfolgt ausschließlich öffentlich-rechtlich und liegt damit allein in der Hand des BAFA[11] (sog. **public enforcement**), präventiv durch Kontrollmaßnahmen (§§ 13 ff.) sowie repressiv durch Bußgelder (§ 24) und Ausschluss von öffentlichen Vergabeverfahren (§ 22). Das LkSG sieht das BAFA zu diesem Zweck sowohl als zuständige Behörde für „Behördliche Kontrolle und Durchsetzung“ (§ 19 Abs. 1) als auch als zuständige Verwaltungsbehörde iSd § 36 Abs. 1 OWiG (vgl. § 24 Abs. 5).

8 Regelmäßig und anlassunabhängig tätig wird das BAFA vor allem nach den §§ 10, 12 und § 13. Nach § 13 Abs. 1 prüft das BAFA die nach § 10 Abs. 2 zu veröffentlichenden Berichte der Unternehmen laufend. Nach § 13 Abs. 1 Nr. 1 wird geprüft, ob der Bericht vorliegt und nach Nr. 2, ob er die Anforderungen des § 10 wahrt. Die Norm fordert im Mindestmaß die Vorgaben des Katalogs des § 10 Abs. 2 S. 2 Nr. 1–4. Diese beinhalten die Einschätzung zu menschenrechtlichen Risiken (Nr. 1), getroffene Maßnahmen des Unternehmens zur Erfüllung der Sorgfaltspflichten (Nr. 2), Bewertung der Wirksamkeit der getroffenen Maßnahmen (Nr. 3) sowie Schlussfolgerungen für künftige Maßnahmen (Nr. 4). Ggf. greifen Vereinfachungen nach § 10 Abs. 3. Bei Nichteinhaltung kann das BAFA verlangen, dass der Bericht innerhalb angemessener Frist nachgebessert wird (§ 13 Abs. 2). Diese Prüfpflicht trifft das BAFA für jedes in den Anwendungsbereich des LkSG fallende Unternehmen. Vorher prüft das BAFA entsprechend, ob die Unternehmen auch in den Anwendungsbereich fallen (vgl. § 17 Abs. 2 Nr. 1).

9 Die Prüfung der Berichte dient unter anderem dazu festzustellen, wo menschenrechtliche Risiken (vgl. § 2 Abs. 2) bestehen oder sich ggf. schon realisiert haben. Die beschriebenen Tätigkeiten dienen der Vorbereitung weiterer anlassbezogener Maßnahmen des BAFA, zum einen in Form präventiver Maßnahmen im Zuge des risikobasierten Ansatzes (§ 19 Abs. 2), zum anderen in Form von repressiver Sanktionierung (§§ 22 ff.). Beachte: Der Gesetzgeber bezieht den Terminus Zwei-Säulen-Ansatz und dessen zweite Säule nur auf die §§ 14–18; die § 22 und § 24 sehen aber ebenfalls anlassbezogene Sanktionsmechanismen vor, die der Durchsetzung der Sorgfaltspflichten dienen und damit denklogisch der anlassbezogenen Tätigkeit zugehörig sind.

[7] S. Auskunft des BAFA, https://www.bafa.de/DE/Lieferketten/In_Borna_fuer_faire_Lieferketten/in_borna_fuer_faire_lieferketten_node.html (zuletzt abgerufen am 6.9.2022).

[8] Beschreibung des Bundeswirtschaftsministeriums, https://www.bmwi.de/Redaktion/DE/Artikel/Ministerium/Geschaeftsbereich/bundesamt-fuer-wirtschaft-und-ausfuhrkontrolle-bafa.html (zuletzt abgerufen am 6.9.2022).

[9] Vgl. insgesamt https://www.bafa.de/DE/Bundesamt/Organisation/Aufbau/aufbau_node.html (zuletzt abgerufen am 6.9.2022). Zum Organisationsplan des BAFA s. https:www.baFa.de/SharedDocs/Downloads/DE/Bundesamt/organisationsplan.html (zuletzt abgerufen am 6.9.2022).

[10] BAFA Jahresbericht 2018, 11.

[11] Beschlussempfehlung des Ausschuss für Arbeit und Soziales, BT-Drs. 19/30505, 2.

Nach dem risikobasierten Ansatz werden konkrete Risiken für die Schutzgüter aus § 2 in den Blick genommen (→ Rn. 36 ff.). Einschlägig sind die §§ 14 ff. Diese verleihen dem BAFA verschiedene Kompetenzen, um Risiken zu kontrollieren und Verstöße gegen die Sorgfaltspflichten festzustellen, zu beseitigen oder zu verhindern (§ 14 Abs. 1 Nr. 1, lit. a und b). Die zur Verfügung stehenden Maßnahmen umfassen Betretensrechte auf Betriebsgrundstücken der betroffenen Unternehmen (§ 16), das Recht umfassend Auskünfte und Unterlagen der Unternehmen herauszuverlangen (§ 17) sowie das Recht Personen zu laden (§ 15 S. 2 Nr. 1), einen Plan zur Behebung von Missständen zu verlangen (§ 15 S. 2 Nr. 2) und dem Unternehmen sonstige konkrete Handlungen aufzugeben (§ 15 S. 2 Nr. 3). Außerdem kann das BAFA nach § 15 S. 1 sonstige erforderliche und geeignete Anordnungen und Maßnahmen treffen. 10

Das Entschließungsermessen richtet sich insoweit nach § 14. Im Rahmen des risikobasierten Ansatzes sind konkrete Anhaltspunkte vom BAFA laufend zu prüfen. Nach § 14 Abs. 1 Nr. 2 muss das BAFA außerdem auf Antrag tätig werden, wenn eine antragstellende Person substantiiert geltend macht, wegen Sorgfaltspflichtverletzung in einer vom LkSG geschützten Rechtsposition verletzt zu sein, oder dass eine solche Verletzung unmittelbar bevorsteht. Neben der laufenden Amtsermittlung müssen damit Anträge von potentiell Verletzten laufend geprüft werden.[12] Besteht nach einem dieser Ansätze Anlass zum Einschreiten, muss das BAFA sein Auswahlermessen ordnungsgemäß ausüben und eine oder mehrere der genannten Maßnahmen der §§ 15–17 ergreifen. 11

Daneben tritt das Sanktionsrecht. Bestimmte Verstöße gegen Sorgfaltspflichten stellen nach § 24 Abs. 1 Ordnungswidrigkeiten dar und können zu empfindlichen Bußgeldern führen. Führen derartige Bußgeldverfahren zu rechtskräftigen Entscheidungen über Bußgelder in bestimmter Höhe, so drohen den betroffenen Unternehmen die Eintragung in das sog. Wettbewerbsregister und der Ausschluss von öffentlichen Vergabeverfahren von bis zu drei Jahren (§ 22 Abs. 1, S. 1 und 2). Rechtsgrundlage dieser Verfahren ist das LkSG iVm OWiG, dieses wiederum iVm der StPO. In diesem Zuge muss das BAFA immer zuerst prüfen, ob ein Anfangsverdacht für eine der in § 24 Abs. 1 genannten Ordnungswidrigkeiten besteht. Dies ist entscheidend für die Frage, welcher Maßnahmenkatalog für die Ermittlung zur Verfügung steht (präventiv §§ 14 ff., oder repressiv, OWiG iVm StPO). Auch dieser Komplex bringt – logischerweise – erheblichen Aufwand für das BAFA mit.[13] 12

Neben den oben genannten, umfangreichen Aufgaben sieht das LkSG noch zwei weitere Tätigkeitsfelder für das BAFA vor. Nach § 20 hat das BAFA sog. Handreichungen zu veröffentlichen. Diese werden definiert als „branchenübergreifende oder branchenspezifische Informationen, Hilfestellungen und Empfehlungen zur Einhaltung" des LkSG; diese hat das BAFA mit fachlich betroffenen Behörden abzustimmen (§ 20 S. 1). Vor Veröffentlichung sind diese Handreichungen insbesondere mit dem Auswärtigen Amt abzustimmen, wenn außenpolitische Belange berührt sind (§ 20 S. 2). Das BAFA wird also mit einer weiteren durchaus wichtigen Aufgabe betraut. Wie genau diese Aufgabe aber umgesetzt werden soll, wird aus dem Gesetz nicht deutlich (→ § 20 Rn. 6). 13

§ 21 verpflichtet das BAFA ferner einen jährlichen Rechenschaftsbericht zu „erfolgten Kontroll- und Durchsetzungstätigkeiten" abzugeben (§ 21 Abs. 1 S. 1). Insgesamt kommt dem BAFA damit ein großer Komplex an Verpflichtungen zu, bestehend aus laufender Berichtskontrolle, anlassbezogenem Einschreiten sowie Erarbeitung von Rechenschaftsbericht und Handreichungen. 14

c) Ausstattung des BAFA für Zwecke des LkSG. Laut Gesetzesbegründung soll das BAFA personell für die Zwecke der Umsetzung des LkSG aufgerüstet werden. Das **Budget** für die Umsetzung des LkSG soll bestehen aus einmalig 12.000 Euro, und jährlich ca. 5.280.000 Euro. Dies entspricht ca. 65 Vollzeitäquivalenten, die nur zu einem Kleinstanteil auf das Bundeskartellamt entfallen sollen.[14] Das bedeutet, dass das BAFA nur für Zwecke 15

[12] Schmidt CCZ 2022, 214 (216).
[13] Schmidt CCZ 2022, 214 (216).
[14] BT-Drs. 19/28649, 25; das Bundeskartellamt ist dabei zuständig für die Pflege des Wettbewerbsregisters.

des LkSG über **60 neue Vollzeitstellen** an Personal zur Verfügung gestellt bekommt. Dabei sollen die Aufgaben „zu 30 Prozent von Personen im höheren Dienst, zu 50 Prozent von Personen im gehobenen Dienst und zu 20 Prozent von Personen im mittleren Dienst wahrgenommen werden".[15]

16 Die genaue Verteilung der Vollzeitäquivalente im laufenden **Personalaufwand** ist laut Gesetzesbegründung wie folgt geplant:

Bereich	**Stellen hD**	**Stellen gD**	**Stellen mD**	**Summe (in Euro)**
Zugang für elektronische Übermittlung der Berichte einrichten und pflegen (BAFA)	0,06	0,11	0,04	16.000
Prüfung des Berichts zur Sorgfaltspflicht (BAFA)	3,33	5,55	2,22	846.000
Überprüfung von Unternehmen im Rahmen einer risikobasierten Kontrolle (BAFA)	10,61	17,69	7,08	2.698.000
Veröffentlichung von Handreichungen	0,93	1,55	0,62	236.000
Erstellung und Vorlage eines Rechenschaftsberichts durch Prüfbehörde /BAFA)	0,03	0,05	0,02	8.000
Einleiten von Ordnungswidrigkeitenverfahren und Versand von Bußgeldbescheiden (BAFA)	4,50	7,50	3,00	1.144.000
Pflege des Wettbewerbsregisters und Auskunftserteilungen (BKartA)	0,05	0,08	0,03	12.000
Summe	19,51	32,53	13,01	4.960.000
Vollzeitäquivalente gesamt			65	

17 Abschließend stellt die Gesetzesbegründung jedoch klar: „Eine Bewertung des Umfangs der tatsächlichen Auswirkungen auf den Bedarf an Sach- und Personalmitteln und auf den Bundeshaushalt ist nach Einführung der Rechtsänderung durch erste Erkenntnisse aus der Praxis möglich."[16] Das bedeutet, dass die genannten Zahlen noch weiter **anzupassen** sind.

18 65 Vollzeitstellen sind sicherlich ein **deutlicher personeller Zuwachs.** Zur Zeit der Planung ging der Gesetzgeber davon aus, dass von 2023–2024 ca. 600 Unternehmen in den Anwendungsbereich des LkSG fallen sollen, und ab 2024 2.900 Unternehmen.[17] Dann stellt sich die Frage, ob 65 Vollzeitkräfte wirklich dazu in der Lage sind, die Aufgaben nach §§ 14 ff. vollumfänglich und mit ausreichender Gründlichkeit wahrzunehmen. Im ersten Jahr käme grob gerechnet immerhin ein Mitarbeiter auf zehn Unternehmen.[18] Ab 2024 indes würde diese Zahl bereits auf ca. 50 Unternehmen pro Mitarbeiter steigen.

19 Dabei ist insbesondere zu bedenken, dass nur 30 % der Mitarbeiter (also ca. 20) im **höheren Dienst** eingestellt werden. Diese werden also die Hauptverantwortung für die Umsetzung tragen. Ab 2024 kommen damit auf einen Mitarbeiter im höheren Dienst ca.

[15] BT-Drs. 19/28649, 25.
[16] BT-Drs. 19/28649, 25.
[17] Zu den Zahlen Nietsch/Wiedmann CCZ 2021, 101 (102), die auch von weiteren Schätzungen berichten, die von bis zu 3.900 Unternehmen im Anwendungsbereich ab 2024 berichten.
[18] Berechnungen arbeiten der Einfachheit halber mit der Annahme, dass es 60 Vollzeitkräfte gibt und ab 2024 ca. 3.000 Unternehmen in den Anwendungsbereich des LkSG fallen.

150 Unternehmen, für die dieser eine Mitarbeiter dann die Verantwortung trägt. Das hieße im Klartext, dass ein Mitarbeiter dafür verantwortlich wäre, dass 150 Berichte iSd § 12 Abs. 1 gesichtet und durchgearbeitet werden und deren Ergebnisse gleichzeitig Eingang in den Rechenschaftsbericht gemäß § 21 finden. Dabei stellt sich die Frage, wie dies organisatorisch und quantitativ überhaupt möglich sein soll.

Der kritische Eindruck verschärft sich, wenn man sich vor Augen führt, über welche gigantischen Lieferstrukturen viele der betroffenen Unternehmen verfügen. Um zwei **Beispiele** zu nennen: Der Flugzeugbauer Airbus hat ca. 1.650 direkte Zulieferer und mindestens 12.000 weitere Zulieferer auf nachgelagerter Stufe; der Nahrungsmittelkonzern Nestlè hat ca. 700 direkte Lieferanten und mindestens 5.000 auf nachgelagerter Stufe.[19] All diese Unternehmen sind als unmittelbare oder mittelbare Zulieferer unter das LkSG zu subsumieren und damit anlassbezogen vom BAFA in den Fokus zu nehmen. 20

Noch drastischer werden die Zahlen, wenn man einbezieht, dass der Gesetzgeber den Anwendungsbereich des LkSG kurz vor Verabschiedung auf ausländische Unternehmen mit Zweigniederlassung erweitert hat (§ 1 Abs. 1, S. 2 Nr. 1). Damit sind die genannten Zahlen nicht mehr ausreichend um die Dimensionen darzustellen.[20] Der noch aus dem Regierungsentwurf stammende angesetzte Personalaufwand wird damit vollkommen zu Recht in der Literatur als „überholt" bezeichnet.[21] Eine aktualisierte Schätzung des BMZ geht davon aus, dass durch die Erweiterung auf ausländische Unternehmen mit Zweigniederlassung in Deutschland ab 2023 ca. 900 und ab 2024 ca. 4.800 Unternehmen in den Anwendungsbereich fallen werden.[22] Grob gesagt sind damit gut 30 % mehr Unternehmen vom Anwendungsbereich erfasst, also auch 30 % mehr Unternehmen, von denen das BAFA Berichte zu prüfen hat, und 30 % mehr Unternehmen, hinsichtlich derer das BAFA seine oben beschriebenen Kompetenzen auszuüben hat. 21

Trotz dieser maßgeblichen Veränderung erfolgte durch die endgültige Beschlussfassung des Ausschusses für Arbeit und Soziales **keine Anpassung der Mittel.**[23] Zum Personalaufwand beim BAFA werden lediglich die Zahlen, die schon im Regierungsentwurf insoweit präsentiert werden, unkommentiert übernommen.[24] 22

Neben den formalen Aufgaben der Berichtsprüfung muss von Amts wegen (§ 14 Abs. 1 Nr. 1) bei all den betroffenen Unternehmen geprüft werden, ob sie die Pflichten nach den §§ 3–10 einhalten. Das bedeutet, dass für all jene Unternehmen Risikoprofile erstellt und bewertet werden müssen. Daneben sind Anträge potentiell Verletzter nach § 14 Abs. 1 Nr. 2 zu bearbeiten. Schließlich sind ggf. Maßnahmen nach den §§ 15 ff. zu ergreifen, also Ladungen auszusprechen, Handlungen anzuordnen, geladene Personen zu vernehmen, Betriebsgrundstücke und Unternehmensgelände zu betreten und zu sichten, Unterlagen anzufordern und auszuwerten. Bevor jedoch all dies erfolgen kann, ist erst einmal für all jene Unternehmen genau zu prüfen, ob sie überhaupt in den Anwendungsbereich des LkSG fallen. Dies ist eine laufende Aufgabe, da sich die Mitarbeiterstrukturen der Unternehmen regelmäßig fortentwickeln. All dies läge für hunderte Unternehmen in der Verantwortung eines leitenden Angestellten.[25] 23

Die angestellten Beispielrechnungen sind zugegeben vereinfacht. Die 65 Vollzeitäquivalente fügen sich immerhin in eine leistungsstarke Behörde mit über 1.000 Angestellten ein. Auch werden Teilaufgaben sicherlich an andere Behörden ausgegliedert und bspw. die Strafverfolgungsbehörden in die Aufgabenbewältigung einbezogen werden können. Die 24

[19] Zu den Zahlen Dohmen, Lieferketten – Risiken globaler Arbeitsteilung für Mensch und Natur, 3. Aufl. 2021, 18.

[20] Es wird davon ausgegangen, dass ab 2024 der Anwendungsbereich ca. 4.800 Unternehmen erfasst, s. Grabosch Das neue LkSG/Grabosch § 6 Rn. § 3 Rn. 1 ff.

[21] Grabosch Das neue LkSG/Engel/Schönfelder § 6 Rn. 4.

[22] Fragen und Antworten zum Lieferkettengesetz, BMZ https://www.bafa.de/DE/Lieferketten/Ueberblick/ueberblick_node.html#doc17335994bodyText5 (zuletzt abgerufen am 6.9.2022).

[23] Schmidt CCZ 2022, 214 (218) mwN.

[24] BT-Drs. 19/30505, 3 f.

[25] Ausf. zum gesamten Aufgabenbereich des BAFA Schmidt CCZ 2022, 214 (215 ff.).

Kernzuständigkeit bleibt indes beim BAFA. Es wird deutlich, dass die Aufgaben für das BAFA, die das LkSG und dessen Umsetzung mit sich bringen, immens sind. Das **vorgesehene Personal** von 65 weiteren Vollzeitstellen dürfte angesichts der oben dargestellten Beispielrechnungen **nur schwerlich ausreichen,** um eine wirklich effektive Umsetzung des LkSG zu gewährleisten. Die Personalbedarfsmessung erfolgt über das Bundesverwaltungsamt und hängt letztlich vom Bundeshaushalt ab.[26] Soll das LkSG ein Erfolg werden, kommt hier Arbeit auf den neu gewählten Bundestag als Gesetzgeber zu.

25 Dabei muss auch bedacht werden, dass das BAFA nach § 14 Abs. 1 Nr. 2 auf Antrag ggf. verpflichtet ist, Maßnahmen zu ergreifen. Hier gibt es kein Entschließungsermessen, sondern eine Pflicht zum Tätigwerden (→ § 14 Rn. 28), sodass die vorgesehenen Kapazitäten dafür auf jeden Fall ausreichen müssen. Es stellt sich dann die Frage, ob daneben überhaupt noch Kapazitäten verbleiben, um von Amts wegen einzuschreiten[27] bzw. ob das BAFA überhaupt für diese Anträge gewappnet ist. Hinzu kommen ggf. Fälle mit eindeutigen Hinweisen oder Ähnlichem, die das Entschließungsermessen nach § 14 Abs. 1 Nr. 1 auf Null reduzieren. Auch hier bleibt dem BAFA keine Wahl. Auch hierfür müssen die Kapazitäten reichen.[28]

26 Entsprechend geht die Gesetzesbegründung aber selbst nicht von einer umfassenden Prüfung aller in den Anwendungsbereich fallenden Unternehmen aus. Vielmehr soll mit einem sog. „Zwei-Säulen-Ansatz“[29] gearbeitet werden.[30] Dabei sollen die **knappen Ressourcen** derart eingesetzt werden, dass eine grobmaschige Überprüfung anhand der eingereichten Unternehmensberichte (§§ 12, 13) erfolgt und eine fokussierte Kontrolle (§§ 14 ff.) auf diejenigen Unternehmen, bei denen es aufgrund von Faktoren wie Branche oder anderer Risikofaktoren Anhaltspunkte für Risiken nach dem LkSG gibt.[31] Dennoch zeigen die Beispielrechnungen, dass die personellen Kapazitäten zu knapp bemessen sind.[32]

27 **2. Rechts- und Fachaufsicht des Bundesministeriums für Wirtschaft und Energie (Abs. 1 S. 2).** Nach § 19 Abs. 1 S. 2 obliegen sowohl Rechts- als auch Fachaufsicht für die Wahrnehmung der Aufgaben nach dem LkSG dem Bundeswirtschaftsministerium. Zur genauen Ausgestaltung verhält sich die Gesetzesbegründung nicht. Durch S. 3 und auch durch § 14 Abs. 2 wird deutlich, dass die Kompetenzen des Bundeswirtschaftsministeriums beschränkt sind. So ist die Rechts- und Fachaufsicht selbst immer im Einvernehmen mit dem Bundesministerium für Arbeit und Soziales auszuüben. Das Bundesministerium für Arbeit und Soziales ist außerdem nach § 14 Abs. 2 ermächtigt, die entscheidende Rechtsverordnung, die das „Verfahren der risikobasierten Kontrolle nach [§ 14] Absatz 1 und den §§ 15 bis 17“ näher regeln soll, zu erlassen; dies wiederum im Einvernehmen mit dem Bundeswirtschaftsministerium. Dieser Mechanismus gilt auch für die Verordnungsermächtigungen in § 13 Abs. 3 und § 9 Abs. 4. Hier zeigt sich bereits in der Systematik des LkSG, dass die Fach- und Rechtsaufsicht keineswegs derart eindeutig ist, wie etwa beim Bundesfinanzministerium gegenüber der BaFin.

28 Die Begriffe Rechts- und Fachaufsicht sind im deutschen Recht nicht einheitlich definiert. Sie kommen sowohl im Gemeinderecht als auch im Aufsichtsrecht immer wieder vor. Mit Rechtsaufsicht ist regelmäßig die Kontrolle des rechtstreuen Handelns gemeint. Wie genau diese Rechtsaufsicht im Einzelfall umgesetzt wird, ist nicht näher geregelt.

29 Der Terminus Fachaufsicht betrifft vor allem die Lenkung der inhaltlichen Arbeit. Hier kommt insbesondere der Verordnungsermächtigung aus § 14 Abs. 2 entscheidende Bedeutung zu, welche die bisher unkonkreten Handlungsspielräume des Gesetzes für die behördliche Arbeit konkretisieren sollte.

[26] Grabosch Das neue LkSG/Engel/Schönfelder § 6 Rn. 4.
[27] Grabosch Das neue LkSG/Engel/Schönfelder § 6 Rn. 15.
[28] So auch Grabosch Das neue LkSG/Engel/Schönfelder § 6 Rn. 16.
[29] Grabosch Das neue LkSG/Engel/Schönfelder § 6 Rn. 7.
[30] BT-Drs. 19/28649, 53.
[31] BT-Drs. 19/28649, 53.
[32] Dazu im Detail Schmidt CCZ 2022, 214.

Insgesamt wird also deutlich, dass das BAFA auch für Zwecke des LkSG dem Bundeswirtschaftsministerium politisch zugeordnet ist und in dessen Geschäftsbereich agiert. Was die Angelegenheiten des LkSG angeht, hat aber das Bundesministerium für Arbeit und Soziales ein umfassendes Einflussrecht, was insbesondere bei den Verordnungsermächtigungen zum Ausdruck kommt. 30

3. Rechts- und Fachaufsicht im Einvernehmen mit dem Bundesministerium für Arbeit und Soziales (Abs. 1 S. 3). Nach S. 3 hat das Bundesministerium für Wirtschaft seine Rechts- und Fachaufsicht „im Einvernehmen" mit dem Bundesministerium für Arbeit und Soziales auszuüben. Was genau darunter zu verstehen ist, wird weder aus dem Gesetzestext, noch aus der Gesetzesbegründung deutlich. Es wird insbesondere nicht klar, ob etwa bei einer Leitentscheidung im Rahmen der Fachaufsicht dem Bundesministerium für Arbeit und Soziales eine Art Vetorecht zustehen soll, oder ob es lediglich über derartige Entscheidungen zu informieren ist und „nur" ein Recht zur Stellungnahme haben soll. 31

Nach hier vertretener Ansicht sollte das **„Einvernehmen" nicht als Vetorecht** verstanden werden. Dies würde zu einer möglichen Blockade der behördlichen Durchsetzung führen, da dann bei Uneinigkeit keine einheitlichen Weisungen ergehen könnten und notwendige Rechtsverordnungen nicht ergehen würden. Dies würde die behördlichen Prozesse erheblich in ihrer Effektivität stören. Nach hier vertretener Auffassung hätte also das Bundesministerium für Arbeit und Soziales die Leitkompetenz was den Erlass von Verordnungen angeht, das Bundeswirtschaftsministerium hingegen die Leitkompetenz in der laufenden Rechtskontrolle und bei fachlichen Weisungen. 32

Das „Einvernehmen" würde dabei dadurch sichergestellt, dass das jeweils andere Ministerium informiert werden muss und eine **Stellungnahme** zu Maßnahmen, Rechtsverordnungen, etc. abgeben kann, die aber vom Ministerium mit Leitkompetenz bei Meinungsverschiedenheiten nicht zwingend berücksichtigt werden muss. Für dieses Verständnis spricht auch eine systematische Betrachtung des LkSG, da dieses explizite Zustimmungserfordernisse kennt. So legt etwa § 20 S. 2 fest, dass branchenübergreifende Empfehlungen vor Veröffentlichung der expliziten Zustimmung des Auswärtigen Amtes bedürfen, wenn außenpolitische Belange davon berührt werden. Diese Zustimmung ist also Bedingung der Veröffentlichung (→ § 20 Rn. 17). Dies kann folglich für den sprachlich schwächeren Begriff des Einvernehmens nicht gelten. 33

Durch die nicht hinreichend konkrete Ausgangslage bahnt sich bereits jetzt ein Kompetenzstreit an. Im Gesetzgebungsverfahren hätten die Differenzen zwischen den beiden Ministerien fast dazu geführt, dass das LkSG nicht mehr verabschiedet worden wäre.[33] Vor diesem Hintergrund und angesichts der Tatsache, dass die politische Landschaft durch die letzte Bundestagswahl vollkommen neu definiert worden ist, ist völlig unklar, wie und ob die Ministerien für die Fragen des LkSG miteinander harmonieren werden. Feststeht jedenfalls, dass etwaige Kompetenzkonflikte das Potential haben, die behördliche Durchsetzung des LkSG zu gefährden, im Extremfall sogar praktisch lahmzulegen, insbesondere indem die nötigen Verordnungen nur mühsam oder viel zu spät verabschiedet werden. 34

Die Regelung war ein offensichtlicher Kompromiss, da kein Ministerium dem anderen die wichtige Aufsicht und die wichtige Kompetenz zum Erlass von Rechtsverordnungen allein überlassen wollte. Ergebnis dieses Kompromisses ist ein **Kompetenzwirrwarr,** der rechtlich nur schwer greifbar ist und politischen Zündstoff enthält. Die Zukunft muss erweisen, wie die Regelungen ausgelegt und verstanden werden und wie die politisch motivierten Entscheidungsträger sie handhaben. 35

---

[33] FAZ, Abstimmung über Lieferkettengesetz fliegt von der Tagesordnung, 17.5.2021, https://www.faz.net/aktuell/wirtschaft/lieferkettengesetz-erst-einmal-ausgebremst-17345715.html (zuletzt abgerufen am 6.9.2022).

IV. Risikobasierter Ansatz (Abs. 2)

36 § 19 Abs. 2 sieht vor, dass das BAFA bei der Wahrnehmung seiner Aufgaben einen „risikobasierten Ansatz" verfolgt. Die Regelung ist materiell-rechtlicher Bestandteil sowohl des Entschließungs- als auch des Mittelauswahlermessens im Rahmen der Maßnahmen nach §§ 14 ff. und hätte nach hier vertretener Ansicht besser dort verortet werden können. Da § 14 aber die Aufgaben der Behörde adressiert, wird der Bezug durch die Systematik hinreichend deutlich. Ebenso wie schon § 24 VwVfG (Untersuchungs- und Amtsermittlungsgrundsatz im Verwaltungsverfahren) stellt § 19 Abs. 2 keine eigenständige Rechtsgrundlage dar.[34]

37 Der risikobasierte Ansatz wird in der Gesetzesbegründung nicht im Detail umschrieben.[35] Dennoch sind der Begriff an sich und die Systematik des Gesetzes aufschlussreich.

38 Der Begriff „risikobasiert" lässt zwei Schlussfolgerungen zu. Zum einen kann die Behörde danach nicht vollkommen anlasslos agieren. Damit sie konkrete Maßnahmen nach den §§ 15 ff. ergreifen kann, muss wenigstens ein menschen- oder umweltrechtliches Risiko bestehen. Dies folgt auch beispielsweise aus dem Wortlaut von § 14 Abs. 1 Nr. 1 lit. a, der besagt, dass die Einhaltung der Pflichten nach den §§ 3–10 im Hinblick auf Risiken zu erfolgen hat. Dies bedeutet aber im Umkehrschluss eben auch, dass die Behörde keinen konkreten Anlass braucht um tätig zu werden, sondern der abstrakte Anlass eines menschenrechts- oder umweltschutzbezogenen Risikos ausreichend ist. Dies bestätigten indirekt auch die wenig konkreten Ausführungen in der Gesetzesbegründung. Danach stelle § 19 Abs. 2 klar, „dass die Behörde nicht lediglich zufällige Stichproben vornimmt, sondern sich zunächst auf Fälle mit den schwersten Risiken konzentriert. Dies wird vor allem relevant, wenn die Behörde von Amts wegen tätig wird".[36]

39 Den Begriff des Risikos definiert wiederum § 2 Abs. 2 als Zustand, bei dem aufgrund tatsächlicher Umstände mit hinreichender Wahrscheinlichkeit ein Verstoß gegen die Verbote des § 2 Abs. 2 Nr. 1–12 zu erwarten ist. Das Risikoprofil ergibt sich dabei aus einer Gesamtbetrachtung der in § Abs. 2 genannten Kriterien.[37] Auch die Gesetzesbegründung bietet aber keine weitergehende Konkretisierung an, sondern führt aus: „Wie dies erreicht wird, hängt von dem behördeninternen Prüfkonzept ab."[38] Die Definition greift indes das gefahrenabwehrrechtliche Merkmal der tatsächlichen Umstände auf; dieses Merkmal wird in gefahrenabwehrrechtlichen Normen häufig als „Tatsachen, die die Annahme rechtfertigen" (vgl. § 21 Abs. 2 BPolG, § 23 Abs. 1 Nr. 4 BPolG, § 26 Abs. 2 BPolG) umschrieben. Dieses Merkmal steht dabei klassisch für den sog. **Gefahrenverdacht**. Dieser wiederum umschreibt einen Zustand, bei dem eine Situation objektiv sowohl gefährlich als auch ungefährlich sein kann, sich aber nicht ermitteln lässt, was tatsächlich der Fall ist. Dieser Gefahrenverdacht ermöglicht also Ermittlungsmaßnahmen, um zu prüfen, ob eine Gefahr besteht oder nicht. Dabei ist ein herabgestufter Wahrscheinlichkeitsmaßstab anzusetzen; ein Verdacht ist damit ausreichend, nicht ausreichend sind hingegen bloße Vermutungen. Vielmehr müssen Grundlage des Verdachts äußere Tatsachen sein, also intersubjektiv wahrnehmbare, dem Beweis zugängliche Umstände.

40 Unter den Begriff des Risikos lassen sich damit im Einzelfall nicht nur solche Sachverhalte fassen, die sich auf ganz konkrete Hinweise oder Ereignisse zurückführen lassen wie zB Hinweise oder Beschwerden. Ebenfalls umfasst sind auch branchenspezifische abstrakte Gefahren. Einige Branchen und ihre unternehmerischen Tätigkeiten gehen bereits ihrer Natur nach schon mit menschenrechtlichen Risiken einher, sodass es hier keiner schwerwiegenden weiteren Anhaltspunkte bedarf, damit ein Risikoverdacht im oben ge-

[34] Wagner/Rutloff/Wagner LkSG-HdB/Rutloff/Hahn Rn. 1411.
[35] BT-Drs. 19/28649, 56.
[36] BT-Drs. 19/28649, 56.
[37] Wagner/Rutloff/Wagner LkSG-HdB/Rutloff/Hahn Rn. 1407.
[38] BT-Drs. 19/28649, 56.

nannten Sinne gegeben ist.[39] Dies lässt sich auch aus der Gesetzesbegründung schließen, die zur denkbaren Ressourcenverwendung der Behörde ausführt: „Beispielsweise ist denkbar, dass die Behörde einen Teil ihrer Ressourcen darauf verwendet, den substantiierten Hinweisen Dritter nachzugehen. Die übrigen Verfahren könnten dazu dienen, turnusmäßig eine bestimmte Branche mit besonderen Risiken in den Blick zu nehmen."[40]

Wenn teilweise kritisiert wird, dass die Behörde anlasslose Kontrollen vornehmen könne, **41** obwohl die Unternehmen sich tadellos verhielten,[41] ist dies zu pauschal. Ohne konkrete Tatsachen, auf die sich jedenfalls ein begründeter Verdacht stützen lässt, kann die Behörde eben nicht tätig werden. Dennoch ist nicht von der Hand zu weisen, dass die Unternehmen nicht selbst Anlass für diesen Verdacht sein müssen. Die Tatsachen, auf die sich das Bestehen eines Risikos stützen, müssen nicht in der Sphäre des Unternehmens liegen.

Unternehmen können sich also Kontrollmaßnahmen ausgesetzt sehen, obwohl sie selbst **42** dafür keinen Anlass geben. Dies mag zB dann der Fall sein, wenn menschenrechtswidrige Zustände in Regionen ans Tageslicht kommen, zu denen ein Unternehmen einen Lieferkettenbezug iSd § 2 Abs. 5 hat. Obwohl die Kontrollen und weitergehenden Maßnahmen nicht anlasslos erfolgen, ist dennoch die enorme Belastung der Unternehmen zu erkennen, weil sie es selbst nicht in der Hand haben, behördliche Kontrollen abzuwenden. Gerade deshalb und mit besonderem Blick auf diese Drittproblematik muss das BAFA im Rahmen seines Ermessens den Verhältnismäßigkeitsgrundsatz wahren (→ § 14 Rn. 26).

V. Dezentraler Ansatz in der Lieferkettengesetzgebung

Mit der Entscheidung, das BAFA als zuständige Behörde für das LkSG zu etablieren, **43** verfolgt der Gesetzgeber einen **dezentralen Ansatz**, wenn man sich das Gesamtbild der in Deutschland einschlägigen Lieferkettengesetzgebung vor Augen führt.[42] In den Durchführungsgesetzen zur VO (EU) 2017/821 (→ Einl. Rn. 63) und zur VO (EU) 995/2010 über den Holzhandel sind je andere Behörden (Bundesanstalt für Landwirtschaft und Ernährung, bzw. die zuständigen Landesbehörden) zur Durchsetzung der jeweiligen Pflichten zuständig.

Das LkSG enthält insoweit nicht einmal Anhaltspunkte für interbehördliche Zusammen- **44** arbeit in Bezug auf Amtshilfe, Vollzugshilfe oder Informationsaustausch.[43] Lediglich in §§ 16, 18 ist ein Bezug zu „Beauftragten" der Behörde geregelt (→ § 18 Rn. 5; → § 16 Rn. 16 ff.).

VI. BAFA als Adressat von Informationsansprüchen

Das BAFA wird im Zuge seiner Tätigkeit nach LkSG vermehrt sensible Daten erhalten **45** und verarbeiten. Damit wird es zum **Interessenobjekt** derjenigen, für die jene Daten einen Wert besitzen. Es ist vor diesem Hintergrund damit zu rechnen, dass Ansprüche gegen das BAFA aus IFG und UIG geltend gemacht werden.[44] Insbesondere die **Ansprüche nach IFG** unterliegen zwar Grenzen in Bezug auf Betriebs- und Geschäftsgeheimnisse (bspw. § 6 IFG). Dennoch ist ein umfassender Schutz nicht gewährleistet[45] (s. auch → § 17 Rn. 104). Betroffene iSd § 14 Abs. 1 Nr. 2, aber auch Journalisten und NGOs

---

[39] Die Gesetzesbegründung benennt als ersten Anhaltspunkt einer solchen Einordnung die Lieferbeziehungen eines Unternehmens in das außereuropäische Ausland, die per se mit mehr Risiken einhergehen als Lieferbeziehungen nur nach Deutschland oder die EU, s. hierzu [Verweis auf Kommentierung zu § 14]; außerdem besonders risikobehaftet sein können bestimmte Branchen, wie etwa der Textilhandel. Weiterer Anhaltspunkt können sicherlich gewisse Problemregionen sein, wie etwa die Region Xinjiang, Heimat der politischen Minderheit der Uiguren, in China.

[40] BT-Drs. 19/28649, 56 (Hervorhebung hinzugefügt).

[41] So zB Stellungnahme des DAV Nr. 27/2021 zum RegE LkSG, 27.

[42] Wagner/Rutloff/Wagner LkSG-HdB/Rutloff/Hahn Rn. 1373.

[43] Wagner/Rutloff/Wagner LkSG-HdB/Rutloff/Hahn Rn. 1395.

[44] Wagner/Rutloff/Wagner LkSG-HdB/Rutloff/Hahn Rn. 1512.

[45] Dazu im Detail Wagner/Rutloff/Wagner LkSG-HdB/Rutloff/Hahn Rn. 1513.

werden diese Mechanismen zu nutzen versuchen, insbesondere für sog. „negative campaigning“.[46]

VII. Auswirkungen der geplanten EU-RL

46 Nachdem das LkSG sich einfügte in vergleichbare Bestrebungen wie in den Niederlanden (hier gilt das sog. „Wet Zorgplicht Kinderarbeid“) oder Frankreich (hier gilt das sog. „loi de vigliance“), liegt nun auch ein Entwurf der Europäischen Kommission für eine einheitliche **Lieferketten-RL** vor. Dem Entwurf ging eine Aufforderung des Europäischen Parlaments voraus.[47] Nachdem sich der konkrete Vorschlag der Kommission immer wieder verzögert hatte,[48] erschien am 23.2.2022 nun der Entwurf einer Richtlinie des Europäischen Parlaments und des Rates über die Sorgfaltspflichten von Unternehmen im Hinblick auf Nachhaltigkeit und zur Änderung der Richtlinie (EU) 2019/1937.[49]

47 Der Richtlinienentwurf sieht einen wesentlich differenzierteren Anwendungsbereich vor, als das deutsche LkSG. Dieser wird mehr Unternehmen erfassen und den Prüfaufwand, ob ein Unternehmen in den Anwendungsbereich fällt, weiter erhöhen. Zudem kommen aufgrund der EU-weiten Regelungen weitere Aufgaben auf das BAFA zu.

48 Feststeht bereits, dass ein künftiges europäisches Regelwerk als Richtlinie erfolgen wird. Diese muss der nationale Gesetzgeber umsetzen; ihm bleibt nach Art. 288 Abs. 3 AEUV die „Wahl der Form und Mittel“. Was die behördliche Durchsetzung betrifft, sieht der Richtlinienvorschlag in Art. 17 Lieferketten-RL-E vor, dass jeder Mitgliedstaat eine sog. Aufsichtsbehörde zu etablieren hat. Maßgeblich sind die Art. 17–21 Lieferketten-RL-E.

49 Als Aufsichtsbehörde kommt das BAFA selbstverständlich in Betracht.[50] Die Voraussetzungen, die der Richtlinienentwurf abverlangt erfüllt das BAFA ohne Weiteres. Insbesondere sieht Art. 17 Abs. 8 Lieferketten-RL-E vor, dass die ausgewählte Behörde unparteiisch und vollkommen unabhängig von den in den Anwendungsbereich fallenden Unternehmen zu sein hat. Derartige Anforderungen erfüllt das BAFA.

50 Durch die Umsetzung der Richtlinie käme indes deutlich mehr Arbeit auf das BAFA zu. Die Sorgfaltspflichten unter dem Richtlinienentwurf gehen deutlich weiter als die nach LkSG, vor allem was Umweltbelange betrifft.[51] Die Sachverhalte, die das BAFA überwachen müssen wird, werden also zahlreicher. Gleichzeitig kommt ein wesentlich komplexerer Anwendungsbereich zum Tragen (→ § 1 Rn. 327 ff.), der die Zielrichtung der Ermittlungen des BAFA umfangreicher machen dürfte. Schließlich darf nicht übersehen werden, dass Anträge auf Tätigwerden des BAFA anders als nach § 14 Abs. 1 Nr. 2 nicht mehr nur (potentiell) Betroffenen von Rechtsverletzungen zustehen. Nach dem neuen Entwurf ist es vielmehr denkbar, dass jede natürliche und jede juristische Person derartige Anträge formuliert (→ § 14 Rn. 73). Dies wird den Aufwand für die Behörde damit ebenfalls massiv erhöhen.

§ 20 Handreichungen

[1] Die zuständige Behörde veröffentlicht branchenübergreifende oder branchenspezifische Informationen, Hilfestellungen und Empfehlungen zur Einhaltung dieses Gesetzes und stimmt sich dabei mit den fachlich betroffenen Behörden ab. [2] Die Informa-

[46] Wagner/Rutloff/Wagner LkSG-HdB/Rutloff/Hahn Rn. 1514.

[47] S. den Aufschlag des Europäischen Parlaments – European Parliament 2019–2024 – P9_TA(2021)0073 – Corporate due diligence and corporate accountability (2020/2219(INL)).

[48] S. zum Stand der europäischen Gesetzgebung: EU-Lieferkettengesetz verzögert sich weiter, DVZ, 15.12.2021, https://www.dvz.de/rubriken/management-recht/nachhaltige-logistik/detail/news/eu-lieferkettengesetz-verzoegert-sich-weiter.html#:~:text=Deutschland%20m%C3%BCsste%20sein%20im%20Sommer,Kraft%20tritt%2C%20dann%20gegebenenfalls%20anpassen.&text=Das%20deutsche%20Gesetz%20gilt%20f%C3%BCr,f%C3%BCr%20alle%20ab%201.000%20Arbeitnehmern (zuletzt abgerufen am 6.9.2022).

[49] COM (2022) 71 final 2022/0051(COD).

[50] So auch Wagner/Rutloff/Wagner LkSG-HdB/Rutloff/Hahn Rn. 1522.

[51] Schmidt CCZ 2022, 214 (220 f.).

tionen, Hilfestellungen oder Empfehlungen bedürfen vor Veröffentlichung der Zustimmung des Auswärtigen Amtes, insofern außenpolitische Belange davon berührt sind.

Schrifttum: Thalhammer, Das umstrittene Lieferkettensorgfaltspflichtengesetz – Ein juristischer Blick auf Kritik aus Zivilgesellschaft, Wirtschaft und Politik, DÖV 2021, 825; Seibt/Wesper-Gräsken, Lieferkettensorgfaltspflichtengesetz erweitert Compliance-Pflichten, CB 2021, 357; Brouwer, Noch viele offene Rechts- und Auslegungsfragen zum Lieferkettensorgfaltspflichtengesetz – Hinweise zum VCI-Diskussionspapier zur Umsetzung des LkSG, CCZ 2022, 137.

Übersicht

I. Normzweck

1 § 20 dient dazu, die betroffenen Unternehmen bei der Umsetzung ihrer Pflichten nach dem LkSG zu unterstützen. Laut Gesetzesbegründung gehört es zu den Aufgaben des BAFA, „Unternehmen bei der Umsetzung ihrer Sorgfaltspflichten zu unterstützen und entsprechende **Hilfestellungen** anzubieten. Dazu veröffentlicht das BAFA **branchenübergreifende oder branchenspezifische Informationen** wie etwa zu existierenden Branchenstandards und Initiativen und erarbeitet Empfehlungen zur Einhaltung dieses Gesetzes".[1] Derartige Handreichungen des BAFA sollen auch Orientierungsmarken für Unternehmen setzen, wie diese die teilweise sehr offen formulierten Anforderungen des LkSG erfüllen können, ohne dem Risiko der weitreichenden Haftung ausgesetzt zu werden.[2] Dies ist nötig, da diverse der Tatbestände der §§ 3–9 einen Angemessenheitsvorbehalt enthalten, den es im Einzelfall zu konkretisieren gilt.[3]

2 Derartige Hilfestellungen sind auch nach ökonomischer Analyse der Auswirkungen des LkSG auf die Unternehmen geboten. Der Wissenschaftliche Beirat beim BMWK kommt in seinem Gutachten „Menschenrechte und unternehmerische Sorgfaltspflichten" vom 7.4.2022 zu dem Ergebnis, es bestehe die Gefahr, „dass Unternehmen die Zahl ihrer Partner im Ausland reduzieren oder sich verstärkt auf Länder konzentrieren, in denen die Risiken für Menschenrechtsverletzungen von Anfang an niedriger sind". Dies führe dazu, dass es „flankierende wirtschaftspolitische Maßnahmen" geben müsse, um die für die

[1] BT-Drs. 19/28649, 56.

[2] Diese Chance sieht auch der Wissenschaftliche Beirat beim BMWK in seinem Gutachten „Menschenrechte und unternehmerische Sorgfaltspflichten" vom 7.4.2022 in konkretisierenden Maßnahmen, wie etwa Positiv- und Negativlisten (→ Rn. 27); dazu auch Wagner/Rutloff/Wagner LkSG-HdB/Rutloff/Hahn Rn. 1380 ff., die in den Handreichungen als Verwaltungsvorschriften entscheidende Bedeutung sehen.

[3] Wagner/Rutloff/Wagner LkSG-HdB/Rutloff/Hahn Rn. 1381.

Unternehmen entstehenden Kosten zu reduzieren.[4] Ein Teil derartiger Maßnahmen kann das BAFA über das Instrument der Handreichungen gemäß § 20 bereitstellen.

II. Gesetzgebungsverfahren

3 § 20 war in der letztlich verabschiedeten Version schon im Referentenentwurf[5] enthalten. Die Norm stellte keinen Streitpunkt im Gesetzgebungsprozess dar und wurde entsprechend unverändert bis in die heutige Gesetzesfassung übernommen.

III. Zuständige Behörde

4 Die zuständige Behörde ist nach § 19 das Bundesamt für Wirtschaft und Ausfuhrkontrolle **(BAFA).** Sie unterliegt der Rechts- und Fachaufsicht des Bundesministeriums für Wirtschaft und Energie, welches die Aufsicht im Einvernehmen mit dem Bundesministerium für Arbeit und Soziales auszuüben hat (→ § 19 Rn. 27).

IV. Veröffentlichung branchenübergreifender und -spezifischer Informationen, Hilfestellungen und Empfehlungen zur Einhaltung des Gesetzes und behördliche Abstimmung (S. 1)

5 Nach § 20 S. 1 veröffentlicht das BAFA Informationen, Hilfestellungen und Empfehlungen zur Einhaltung des Gesetzes und stimmt sich dabei mit den jeweils zuständigen Behörden ab. Diese Form der Unterstützung gehört laut Gesetzesbegründung zu den Aufgaben des BAFA.[6]

6 **1. Informationen, Hilfestellungen und Empfehlungen zur Einhaltung des LkSG.** Was genau unter Informationen, Hilfestellungen und Empfehlungen zur Einhaltung des LkSG iSd S. 1 zu verstehen sein soll, regeln weder der Gesetzestext noch die Gesetzesbegründung. Daraus ergeben sich Folgefragen zum Verständnis der Norm: Zum einen ist fraglich, wie die einzelnen Varianten sich unterscheiden. Dies kann im Ergebnis aber wohl dahinstehen, da es keinen Unterschied für die Betroffenen macht. Es besteht nach der Vorschrift ohnehin **kein Anspruch darauf konkrete Papiere einzufordern,** da weder geregelt ist wie oft, wann und ob die Behörde überhaupt veröffentlichen muss, noch welcher konkrete Inhalt verlangt werden können soll.

7 Wichtiger ist die Frage, welche **rechtliche Qualität** den Veröffentlichungen des BAFA zukommt, wenn sie einmal publiziert sind. Verbindliche Qualität den Betroffenen gegenüber besteht jedenfalls nicht, da gerade keine Ermächtigung zum Erlass einer Rechtsverordnung geschaffen worden ist. Gibt das BAFA also eine Empfehlung ab, so liegt darin eine reine Information, kein verbindlicher Akt.[7] Sie sind somit vergleichbar etwa mit Empfehlungen der EZB im Rahmen der Finanzaufsicht (vgl. Art. 132 Abs. 1 dritter Gedankenstrich AEUV, Art. 288 UAbs. 5 AEUV). Ebenfalls besteht Vergleichbarkeit mit den sog. Rundschreiben und Merkblättern der BaFin. Diesen kommt als sog, „norminterpretierenden Verwaltungsvorschriften" zunächst nur behördeninterne Wirkung zu.[8] An diese sind weder Gerichte noch die Adressaten gebunden; Bindungswirkung vermag allenfalls für die BaFin selbst aus dem Gleichbehandlungsgrundsatz resultieren, in Form einer verbindlichen Rechtsanwendungspraxis.[9] Diese Grundsätze lassen sich durchaus auf die Veröffentlichungen nach § 20 S. 1 übertragen. Der Verstoß gegen eine solche Empfehlung kann also nicht

[4] Dazu Gutachten „Menschenrechte und unternehmerische Sorgfaltspflichten" vom 7.4.2022 des Wissenschaftlichen Beirats beim BMWK vom 7.4.2022, 13.
[5] RefE LkSG des BMAS vom 28.2.2021.
[6] BT-Drs. 19/28649, 56.
[7] Thalhammer DÖV 2021, 825 (832); Wagner/Rutloff/Wagner LkSG-HdB/Rutloff/Hahn Rn. 1382.
[8] Auerbach/Auerbach Banken- und Wertpapieraufsichtsrecht, Teil B. Rn. 38.
[9] Auerbach/Auerbach Banken- und Wertpapieraufsichtsrecht, Teil B. Rn. 38.

automatisch dazu führen, dass auch ein Verstoß etwa iSd § 24 Abs. 1 vorliegt, der sodann bußgeldbewährt wäre. Dies würde den Umsetzungsspielraum der betroffenen Unternehmen unzulässig verkürzen.

Praxisrelevanter ist indes die Frage, ob das Befolgen einer Empfehlung zwangsläufig dazu führt, dass keine Haftung iSd §§ 22 ff. besteht, ob also das BAFA durch seine Veröffentlichungen iSd S. 1, die im Gesetzgebungsprozess so häufig geforderten „**safe-harbour**"-Regelungen schaffen kann. Dies ist zu bejahen. Für den Fall der Verwaltungsvollstreckung folgt es aus dem Verhältnismäßigkeitsgrundsatz. Das Festlegen von Zwangsgeldern gegen ein Unternehmen, dass Veröffentlichungen des BAFA folgt, wäre schlicht unverhältnismäßig, da das BAFA in diesem Fall selbst Anteil daran hätte, dass sich das Unternehmen so verhält. Der Staat verhielte sich selbst widersprüchlich, wenn einerseits sein Organ BAFA ein Verhalten empfiehlt und andererseits Sanktionen gerade für das empfohlene Verhalten erfolgen würden. 8

Ordnungswidrigkeiten iSd § 24 wiederum setzen Vorsatz oder Fahrlässigkeit voraus. Folgt ein Unternehmen einer Empfehlung des BAFA kann von einem vorsätzlichen Verstoß regelmäßig keine Rede sein. Auch Fahrlässigkeit kann nicht angenommen werden, da die Empfehlungen des BAFA den Unternehmen als Maßstab dienen müssen. Hält sich ein Unternehmen daran, so kann man nicht von der Verletzung einer Verkehrspflicht ausgehen. Dies gilt natürlich umso mehr, wenn das BAFA eine nach dem Gleichbehandlungsgrundsatz verbindliche Rechtsanwendungspraxis aufbaut. 9

All dies kann nur dann nicht gelten, wenn eine Handreichung des BAFA aufgrund aktueller Ereignisse offenkundig ihre Aktualität verloren hat und dies für die handelnden Unternehmen auch leicht erkennbar ist. 10

Die Veröffentlichungen des BAFA iSd S. 1 sind also den betroffenen Unternehmen gegenüber nicht verbindlich. Die Unternehmen können eine andere Rechtsauffassung vertreten. Verbindliche Entscheidungen bleiben dem Gesetzgeber und den Gerichten vorbehalten. Auf der anderen Seite führen Veröffentlichungen des BAFA aber grundsätzlich dazu, dass „safe-harbour"-Regelungen getroffen werden, da sie insbesondere Fahrlässigkeit der betroffenen Unternehmen ausschließen. Diese Lage sollte dazu führen, dass das BAFA präzise Veröffentlichungen erlässt und diese vor allem regelmäßig aktualisiert. Nur so wird eine zielgerichtete, rechtssichere Umsetzung der Pflichten nach LkSG sichergestellt werden können. Vor diesem Hintergrund wäre es wünschenswert gewesen, wenn der Gesetzgeber einen regelmäßigen Turnus vorgegeben hätte, in dem Informationen, Hilfestellungen und Empfehlungen abzugeben gewesen wären. Dies wäre durch Aufnahme des Prozesses in § 21 möglich gewesen, ist aber leider nicht erfolgt. 11

Inhaltlich könnte es für das BAFA angezeigt sein, sich an dem **Due-Diligence-Leitfaden für Unternehmen entlang der Lieferkette der Europäischen Kommission**[10] zu orientieren.[11] Der Leitfaden soll nach Aussagen der Europäischen Kommission den Zeitraum überbrücken, bis eine europäische Regelung über unternehmensbezogene Lieferkettensorgfaltspflichten in Kraft tritt.[12] Entsprechend sinnvoll ist es, die dort vorgesehenen Standards bereits jetzt in Deutschland zur Anwendung zu bringen. Dies gilt für die Ausgestaltung der Handreichungen nach § 20 sowie für interne Compliance-Strukturen innerhalb der betroffenen Unternehmen und deren Beratung. 12

2. Behördliche Abstimmung. Die zweite Satzhälfte § 20 S. 1 sieht vor, dass die jeweiligen Veröffentlichungen mit den fachlich zuständigen Ministerien und Behörden abgestimmt werden sollen. In der Gesetzesbegründung heißt es dazu: „Satz 2 sieht vor, dass 13

[10] GUIDANCE on Due Diligence for EU businesses to adress the risk of forced labour in their operations and supply chains, https://trade.ec.europa.eu/doclib/docs/2021/july/tradoc_159709.pdf (zuletzt abgerufen am 6.9.2022).

[11] Seibt/Wesper-Gräsken CB 2021, 357 (359 f.).

[12] GUIDANCE on Due Diligence for EU businesses to adress the risk of forced labour in their operations and supply chains, 3, https://trade.ec.europa.eu/doclib/docs/2021/july/tradoc_159709.pdf (zuletzt abgerufen am 6.9.2022).

sie sich dabei mit den fachlich zuständigen Bundesministerien und Behörden, etwa im Falle umweltbezogener Pflichten mit dem Umweltbundesamt, abstimmt."[13] Dabei fällt zunächst auf, dass der Gesetzgeber verkennt, dass er das Abstimmungserfordernis nicht in einem separaten Satz der Norm aufstellt, sondern in der zweiten Satzhälfte. Die Gesetzesbegründung ist insoweit nicht präzise.

14 Darüber hinaus wird indes deutlich, dass die jeweiligen Fachbehörden, die von einer Veröffentlichung berührt sein können, einbezogen werden sollen. Neben dem Umweltministerium dürfte beispielsweise das Entwicklungsministerium immer wieder einzubeziehen sein. Dieser Mechanismus ist sinnvoll, insbesondere vor dem Hintergrund, dass „Lieferketten" iSd § 2 Abs. 5 derartig viele Branchen und Fachbereiche berühren, dass branchenübergreifende, ebenso wie branchenspezifische Empfehlungen die Fachbereiche anderer Ministerien berühren und eine einheitliche Positionierung mit den zuständigen Behörden erreicht werden sollte. Dies dient auch der Rechtssicherheit aus der Perspektive der betroffenen Unternehmen.

15 Das Abstimmungserfordernis im Sinne des S. 1 stellt aber keine Bedingung der Veröffentlichung dar. Dies folgt aus einem Umkehrschluss zu S. 2 der Norm. Denn soweit außenpolitische Belange von einer Veröffentlichung berührt werden, ist die Zustimmung des Auswärtigen Amtes einzuholen. Da ein Zustimmungserfordernis aber nur für diesen einen Berührungspunkt der Außenpolitik explizit normiert wurde, können die Abstimmungserfordernisse aus S. 1 nicht ebenso weit reichen.

V. Zustimmungserfordernis des Auswärtigen Amtes bei Berührung außenpolitischer Belange (S. 2)

16 Nach S. 2 bedarf eine Veröffentlichung im Sinne des S. 1 der Zustimmung des Auswärtigen Amtes, insofern durch die Information, Hilfestellung oder Empfehlung außenpolitische Belange berührt werden.

17 **1. Zustimmungserfordernis des Auswärtigen Amtes.** Der Wortlaut von S. 2 lässt sich klar vom Wortlaut des S. 1 abgrenzen, da er keine bloße Abstimmung, sondern konkret die Zustimmung des Auswärtigen Amtes verlangt. Das Recht des Auswärtigen Amtes soll damit nach systematischer Auslegung weitergehen als das derjenigen Behörden, mit denen sich das BAFA nach S. 1 (nur) abstimmen soll. Nach hier vertretener Ansicht ist die Zustimmung des Auswärtigen Amtes damit zwingende Voraussetzung für eine Veröffentlichung nach S. 1.

18 **2. Außenpolitische Belange.** Was genau unter außenpolitischen Belangen zu verstehen ist, regeln weder Gesetzestext des LkSG, noch dessen Gesetzesbegründung. Diese Frage ist indes von großer Bedeutung für die Reichweite des Zustimmungserfordernisses. Auf der Website des Auswärtigen Amtes heißt es zum Themenkomplex Menschenrechte: „Menschenrechte: Fundament deutscher Außenpolitik – Deutschland setzt sich weltweit beharrlich für die Menschenrechte ein. Denn das Engagement für die Menschenrechte ist nicht nur ein Grundwert unserer Außenpolitik – es dient auch deutschen Interessen."[14] Diese Ansicht manifestiert sich auch gesetzlich in § 1 Abs. 1 S. 2, zweiter Spiegelstrich des Gesetzes über den auswärtigen Dienst (GAD). Betrachtet man danach Menschenrechte als Fundament deutscher Außenpolitik, stellen diese einen außenpolitischen Belang dar. Da die Informationen, Hilfestellungen und Empfehlungen streng genommen allesamt Menschenrechte betreffen, da das LkSG vor allem deren Schutz bezweckt, wäre jede Information nach S. 1 vom Zustimmungserfordernis des S. 2 abhängig. So gesehen müsste das Auswärtige Amt allen Veröffentlichungen zustimmen.

[13] BT-Drs. 19/28649, 56.

[14] S. Website des Auswärtigen Amtes, Menschenrechte: Fundament deutscher Außenpolitik – Auswärtiges Amt (auswaertiges-amt.de) (zuletzt abgerufen am 6.9.2022).

So wird die Vorschrift indes nicht gemeint sein. Das genannte Verständnis würde die Koordination von Veröffentlichungen nach S. 1 massiv verkomplizieren. Der Begriff der außenpolitischen Belange muss vor diesem Hintergrund für Zwecke des § 20 S. 2 enger gefasst werden. Nach hier vertretener Ansicht würde es sich anbieten, auf den Aufgabenkatalog aus § 1 Abs. 2 des GAD abzustellen. Den Auswärtigen Dienst nimmt das Auswärtige Amt nach § 2 GAD gemeinsam mit den Auslandsvertretungen wahr. § 1 Abs. 2 umreißt dabei die „Aufgaben" des Auswärtigen Dienstes und damit dessen Kerntätigkeit. Umfasst davon sind unter anderem die Interessenvertretung Deutschlands im Ausland, die Förderung und Pflege der internationalen Beziehungen und die Information über die Bundesrepublik Deutschland im Ausland. Diese Pflege internationaler Beziehungen stellt die Kernkompetenz des Auswärtigen Amtes als Teil des Auswärtigen Dienstes dar. Betreffen Veröffentlichungen, Hilfestellungen oder Empfehlungen nach S. 1 diesen Kernbereich der Pflege internationaler Beziehungen, so ist es sinnvoll, dass das Auswärtige Amt miteinbezogen wird. Dies gilt indes nicht, wenn branchenspezifische Empfehlungen abgegeben werden, die zwar das Problem internationaler Menschenrechtsstandards betreffen, sich aber konkret etwa nur in innerdeutschen Unternehmensstrukturen auswirken. Der Gesetzgeber hätte damit gut daran getan, das weitreichende Zustimmungserfordernis nicht an „außenpolitische Belange" zu hängen, sondern jedenfalls einschränkend auf § 1 Abs. 2 GAD zu verweisen. 19

Darüber hinaus sollte auch § 4 Abs. 1 Nr. 3 AWG zur Konkretisierung dienen. Er erlaubt Einzeleingriffe in den Außenwirtschaftsverkehr, um „eine erhebliche Störung der auswärtigen Beziehungen der Bundesrepublik Deutschland zu verhüten". Für die Zwecke des § 4 Abs. 1 Nr. 3 AWG sind unter auswärtigen Beziehungen der Bundesrepublik Deutschland solche zu verstehen, die zu anderen Staaten oder zu internationalen Organisationen, wie zB den Vereinten Nationen, bestehen; nicht erfasst hingegen sind diplomatische Beziehungen, wie sie auf Basis völkerrechtlicher Normen zwischen allen Staaten üblich sind.[15] Entscheidend sind dabei die eigenen Interessen Deutschlands an den Beziehungen zu den anderen Staaten.[16] Diese Beziehungen sind außenpolitisch derart wichtig, dass sie in § 4 AWG mit einer besonderen Rechtssetzungsbefugnis bedacht werden. Diese Form der Priorisierung macht es zwingend, dass jedenfalls Sachverhalte, die unter § 4 Abs. 1 Nr. 3 AWG zu fassen sind, auch unter die außenpolitischen Belange iSd § 20 subsumiert werden müssen. Diese Sachverhalte stellen den Mindestanwendungsbereich der außenpolitischen Belange dar. 20

VI. Keine Anforderungen an konkrete Umsetzung

Weder Gesetzestext noch Gesetzesbegründung regeln, in welcher Form und in welchen zeitlichen Abständen Informationen, Hilfestellungen und Empfehlungen zu veröffentlichen sind. Die Norm sieht **keinen konkreten Zeitplan** vor, wann welche Form der Veröffentlichung erfolgt. Auch ist nicht geregelt, ob und ggf. wie und in welchen zeitlichen Abständen Informationen, Hilfestellungen und Empfehlungen aktualisiert werden müssen. § 20 ist die einzige Norm im LkSG, die dazu dient, die Grundrechtseingriffe des LkSG in die Unternehmenspraxis abzufedern und den Unternehmen eine Hilfestellung in Aussicht zu stellen. Leider ist § 20 aber derart unkonkret, dass sich die Unternehmen nicht auf diese Hilfestellung verlassen können. Für die Compliance-Praxis bedeutet dies, dass man gerade zu Beginn der Umsetzung des LkSG in die Unternehmensabläufe nicht zu viel Hoffnung auf § 20 setzen sollte. 21

Es stellt sich die Anschlussfrage, wie dieses Problem gelöst werden soll. § 20 ist nicht von der Verordnungsermächtigung des § 14 Abs. 2 umfasst, sodass eine Rechtsverordnung das Verfahren nach § 20 nicht regeln kann. Auch sind die Informationen, Hilfestellungen und Empfehlungen nicht Teil des Rechenschaftsberichts aus § 21. Wenn das BAFA also keine 22

[15] Erbs/Kohlhaas/Diemer AWG § 4 Rn. 6.
[16] BVerfG NJW 1992, 2624 (2624).

oder nur höchst unregelmäßig Handreichungen publiziert, so muss es sich dafür nicht rechtfertigen.

23 Auf der anderen Seite wird die Gefahr gesehen, dass die sehr unkonkreten Vorgaben des § 20 an das BAFA dazu führen, „dass die nicht näher qualifizierten Handreichungen genutzt werden, um die gesetzgeberischen Defizite hinsichtlich der Bestimmtheit wesentlicher Regelungen zu kompensieren", was mit dem Wesentlichkeitsprinzip unvereinbar wäre.[17] Auch diese Befürchtung ist angesichts der tendenziellen Reichweite und fehlender Ankerpunkte der Regelung nicht unberechtigt. Hier wird sich zeigen müssen, wie und ob das BAFA Gebrauch von der Regelung macht. Dem Rechtsschutz kommt damit ggf. eine große Bedeutung zu (zum aktuellen Stand → Rn. 25 ff.).

24 Insgesamt hätte der Gesetzgeber § 20 deutlich präziser fassen sollen. Zum einen hätte eine Aufnahme der Entwicklung und Veröffentlichungen der Handreichungen in den Rechenschaftsbericht des BAFA nach § 21 erfolgen können, um jedenfalls einen zeitlichen Überprüfungsturnus zu etablieren. Auch hätte ein systematischer Erfahrungsaustausch geregelt werden können, in dem betroffene Unternehmen und zuständige Behörden ihre Erfahrungen bündeln.[18] So würden die Handreichungen erhöhte Akzeptanz in der Praxis finden und vermutlich zügiger umsetzbar sein.

VII. Aktueller Stand

25 Erste Handreichungen hat das BAFA bereits erarbeitet. Gemeinsam mit dem BMAS und dem BMWK ist ein **FAQ-Bogen** erarbeitet worden, der die Rechtseinschätzung und Erläuterungen zu verschiedenen Anwendungsfragen des LkSG enthält.[19] Darin ist bereits eine erste Handreichung iSd § 20 zu sehen.[20] Weiter verweist das BAFA auf Materialien, die das BMAS zur Umsetzung des NAP anbietet, sog. „CSR-Umsetzungshilfen".[21] Auf seiner Website veröffentlichte das BAFA außerdem bereits drei Handreichungen (zum Beschwerdeverfahren, zur Risikoanalyse sowie zur Angemessenheit). Ob bzw. wann und zu welchen Themen weitere Handreichungen geplant sind, ist unklar.

26 Diese ersten Schritte allein genügen der Aufgabe aus § 20 indes nur zum Teil. So hat der Verband der Chemischen Industrie (VCI) e. V. bereits ein Diskussionspapier veröffentlicht, in welchem die Positionen aus den genannten FAQ aufgegriffen und teils äußerst kritisch diskutiert werden.[22] Mit derartigen Einwänden wird sich das BAFA auseinandersetzen müssen.

27 Der wissenschaftliche Beirat beim BMWK schlägt in seinem Gutachten Menschenrechte und unternehmerische Sorgfaltspflichten vom 7.4.2022 vor, sichere Herkunftsländer zu definieren, **Positiv- und Negativlisten** zu erstellen sowie Zertifikate einzuführen, um die Rechtssicherheit zu erhöhen und die Umsetzung des LkSG zu erleichtern.[23] Derartige Maßnahmen hätten den Grundgedanken, einen Teil des übergreifenden Risikomanagements auszugliedern. Wenn Zulieferer etwa ihren Sitz in der Schweiz, den USA oder Europa haben (also in sicheren Herkunftsländern), könne davon ausgegangen werden, dass Verstöße gegen Menschenrechte auch vor Ort zu Konsequenzen führten. Für derartige

---

[17] Stellungnahme des DAV durch die Ausschüsse Corporate Social Responsibility und Compliance, Handelsrecht sowie Menschenrechte zum RegE LkSG, 30, Rn. 68.

[18] So auch: Stellungnahme des DAV durch die Ausschüsse Corporate Social Responsibility und Compliance, Handelsrecht sowie Menschenrechte zum RegE LkSG, 30, Rn. 68.

[19] Abrufbar auf der Website des BAFA unter https://www.bafa.de/DE/Lieferketten/Ueberblick/ueberblick.html (zuletzt abgerufen am 6.9.2022).

[20] So auch Brouwer CCZ 2022, 137 (137).

[21] Abrufbar auf der Website des BMAS unter https://www.csr-in-deutschland.de/DE/Wirtschaft-Menschenrechte/Umsetzungshilfen/umsetzungshilfen.html (zuletzt abgerufen am 6.9.2022).

[22] Diskussionspapier zu Rechts- und Umsetzungsfragen des Lieferkettensorgfaltspflichtengesetzes (LkSG) vom 18.3.2022, https://www.vci.de/ergaenzende-downloads/220318-vci-rechts-und-umsetzungsfragen-lksg.pdf (zuletzt abgerufen am 6.9.2022).

[23] Gutachten „Menschenrechte und unternehmerische Sorgfaltspflichten" vom 7.4.2022 des Wissenschaftlichen Beirats beim BMWK vom 7.4.2022, 3 f.

Beziehungen sei das LkSG unnötig.[24] Mit derartigen Vorschlägen richtet sich der Beirat beim BMWK zwar in erster Linie an den europäischen Gesetzgeber. Das zitierte Gutachten kann aber auch dem BAFA als Orientierung für den Erlass von Handreichungen dienen. Listen etwa, die festlegen, dass die Risikoanalyse für bestimmte Lieferländer deutlich heruntergefahren werden kann, wären im Rahmen von § 20 denkbar. Gleiches gilt für Positiv- und Negativlisten, die bestimmte Unternehmen aufzählen, die sich entweder bereits durch Verstöße oder eben durch jahrelanges tadelloses Verhalten ausgezeichnet haben. Dies erspart den Prüfaufwand auf Seiten der Unternehmen enorm.

VIII. Rechtsschutz

Informationen, Hilfestellungen und Empfehlungen sind zwar nach hier vertretener Meinung für betroffene Unternehmen nicht verbindlich. Dennoch kommt ihnen Indizwirkung zu. Äußert sich das BAFA offiziell dazu, wie eine bestimmte Pflicht umzusetzen ist, so wird ein Unternehmen sich gut überlegen müssen, ob es gegen jene Empfehlung handelt. Denn jedenfalls würde ein Bußgeldverfahren riskiert, wenn die Empfehlung einen der Tatbestände des § 24 Abs. 1 betrifft. Dort könnte sich das betroffene Unternehmen zwar zur Wehr setzen. Dennoch wären Unternehmen vermutlich selten bereit dieses Risiko einzugehen. Aus anwaltlicher Vorsicht wäre den Unternehmen aus Compliance-Sicht in vielen Fällen zunächst zu raten, sich an Empfehlungen zu halten. 28

Vor diesem Hintergrund versteht beispielsweise der Deutsche Anwaltsverein die Handreichungen auch mehr als **Belastung für die Unternehmen und die Rechtsanwendung,** weil ein enges Korsett um die Unternehmen geschnürt werde.[25] Damit stellt sich die Frage nach Rechtsschutz schon gegen die Empfehlung im Sinne des S. 1 selbst. Wegen fehlendem Einzelfallbezug und auch wegen der fehlenden Regelungswirkung liegt aber kein Verwaltungsakt der Behörde vor, sondern ein Realakt. Dennoch sind die Veröffentlichungen im Sinne des S. 1 öffentlich-rechtlicher Natur, da sie im funktionalen Zusammenhang mit hoheitlicher Aufgabenerfüllung stehen.[26] Entsprechend ist gegen die Veröffentlichungen der Rechtsweg nach § 40 Abs. 1 S. 1 VwGO im Wege der Feststellungsklage nach § 43 Abs. 1 VwGO eröffnet. 29

Weiter stellt sich die Frage nach **„Rechtsschutz“,** wenn das BAFA das Zustimmungserfordernis aus S. 2 verletzt und das Auswärtige Amt nicht um Zustimmung ersucht, obwohl ein außenpolitischer Belang im Sinne der Norm von einer Veröffentlichung berührt wird. Nach der klaren Formulierung der Norm ist die Zustimmung zwingend einzuholen. Grundsätzlich ist das BAFA in der Ausführung seiner Aufgaben zwar an Recht und Gesetz gebunden, Art. 20 GG. Jedoch könnte zwischen BAFA und Auswärtigem Amt Uneinigkeit bestehen über die Auslegung des Merkmals „außenpolitische Belange“, sodass sich die Frage nach einem Mechanismus zum Lösen von Konflikten zwischen diesen beiden Behörden stellen kann. 30

Richtigerweise könnte auch das Auswärtige Amt den Verwaltungsrechtsweg beschreiten.[27] Die Tatsache, dass Behörden untereinander streiten, lässt den hoheitlichen Charakter einer Maßnahme grundsätzlich nicht entfallen.[28] Zwar scheint sich vorderhand das Problem des Insichprozesses zu stellen, weil Rechtsträger der streitenden Behörden jeweils der Bund wäre. § 63 VwGO setzt indes nicht zwingend die Personenverschiedenheit von Kläger und Beklagtem im Verwaltungsprozess voraus.[29] Entsprechend könnte das Auswärtige Amt 31

---

[24] Gutachten „Menschenrechte und unternehmerische Sorgfaltspflichten“ vom 7.4.2022 des Wissenschaftlichen Beirats beim BMWK vom 7.4.2022, 15.

[25] Stellungnahme des DAV durch die Ausschüsse Corporate Social Responsibility und Compliance, Handelsrecht sowie Menschenrechte zum RegE LkSG, 14, Rn. 23; 25, Rn. 57.

[26] Vgl. zu den Voraussetzungen im Detail NK-VwGO/Sodan VwGO § 40 Rn. 421.

[27] Vgl. etwa zu Streitigkeiten von behördeninternen Einzelfallregelungen, für die ebenfalls der Verwaltungsrechtsweg einschlägig ist: NK-VwGO/Sodan VwGO § 40 Rn. 390.

[28] Stelkens/Bonk/Sachs/Stelkens VwVfG § 35 Rn. 186.

[29] NK-VwGO/Czybulka/Siegel VwGO § 63 Rn. 24.

gegen eine Veröffentlichung durch das BAFA klagen, und umgekehrt könnte das BAFA bei Weigerung des Auswärtigen Amtes auf Erteilung der Zustimmung klagen, wenn dem keine Gründe entgegenstehen.

IX. Auswirkungen der geplanten EU-RL

32 Nachdem das LkSG sich einfügte in vergleichbare Bestrebungen wie in den Niederlanden (hier gilt das sog. „Wet Zorgplicht Kinderarbeid") oder Frankreich (hier gilt das sog. „loi de vigliance"), liegt nun auch ein Entwurf der Europäischen Kommission für eine einheitliche **Lieferketten-RL** vor. Dem Entwurf ging eine Aufforderung des Europäischen Parlaments voraus.[30] Nachdem sich der konkrete Vorschlag der Kommission immer wieder verzögert hatte,[31] erschien am 23.2.2022 nun der Entwurf einer Richtlinie des Europäischen Parlaments und des Rates über die Sorgfaltspflichten von Unternehmen im Hinblick auf Nachhaltigkeit und zur Änderung der Richtlinie (EU) 2019/1937.[32]

33 Der Richtlinienentwurf enthält hinsichtlich der Mittel der Durchsetzung durch Behörden keine Überraschungen. Als Richtlinienentwurf überlässt er den Mitgliedstaaten die Wahl der Form und Mittel und sieht das Einrichten sog. Aufsichtsbehörden vor. Nicht vorgesehen ist das Erstellen von Handreichungen durch die jeweils zuständigen Behörden. Die Anordnung aus § 20 geht damit über die Anforderungen hinaus und könnte daher problemlos bestehen bleiben.

§ 21 Rechenschaftsbericht

(1) [1]Die nach § 19 Absatz 1 Satz 1 zuständige Behörde berichtet einmal jährlich über ihre im vorausgegangenen Kalenderjahr erfolgten Kontroll- und Durchsetzungstätigkeiten nach Abschnitt 4. [2]Der Bericht ist erstmals für das Jahr 2022 zu erstellen und auf der Webseite der zuständigen Behörde zu veröffentlichen.

(2) Die Berichte sollen auf festgestellte Verstöße und angeordnete Abhilfemaßnahmen hinweisen und diese erläutern sowie eine Auswertung der eingereichten Unternehmensberichte nach § 12 enthalten, ohne die jeweils betroffenen Unternehmen zu benennen.

Übersicht

[30] S. den Aufschlag des Europäischen Parlaments – European Parliament 2019–2024 – P9_TA(2021)0073 – Corporate due diligence and corporate accountability (2020/2219(INL)).

[31] S. zum Stand der europäischen Gesetzgebung: EU-Lieferkettengesetz verzögert sich weiter, DVZ, 15.12.2021, https://www.dvz.de/rubriken/management-recht/nachhaltige-logistik/detail/news/eu-lieferkettengesetz-verzoegert-sich-weiter.html#:~:text=Deutschland%20m%C3%BCsste%20sein%20im%20Sommer,Kraft%20tritt%2C%20dann%20gegebenenfalls%20anpassen.&text=Das%20deutsche%20Gesetz%20gilt%20f%C3%BCr,f%C3%BCr%20alle%20ab%201.000%20Arbeitnehmern (zuletzt abgerufen am 6.9.2022).

[32] COM (2022) 71 final 2022/0051(COD).

I. Normzweck

Wie sich der Überschrift der Norm entnehmen lässt, dient sie dazu, die zuständige Behörde zur Rechenschaft über die Wahrnehmung ihrer Kompetenzen anzuhalten. Dies ist sachgerecht, da das BAFA als zuständige Behörde über weitreichende und einschneidende Kompetenzen verfügt. Entsprechend muss die Behörde über den Umfang ihrer Tätigkeit berichten, und zwar nicht nur intern, sondern wie aus Abs. 1 S. 2 folgt auch öffentlich. Weitere Details zur gesetzgeberischen Intention der Norm lassen sich der Gesetzesbegründung nicht entnehmen. Diese beschränkt sich im Wesentlichen auf die verkürzte Wiedergabe des Gesetzestexts.[1] 1

Neben der Rechenschaft über die Nutzung der Kompetenzen der Behörde dient der Rechenschaftsbericht auch dazu, die festgestellten Verstöße und angeordnete Abhilfemaßnahmen, sowie die Auswertung der Unternehmensberichte nach § 12 zu veröffentlichen. Damit ist die Überschrift „Rechenschaftsbericht" gewissermaßen unvollständig. Es geht gerade nicht nur darum, dass die Behörde Rechenschaft abzulegen hat. Vielmehr werden auch die Verstöße der Unternehmen in den Blick genommen. Insgesamt dient der „Rechenschaftsbericht" daher als Instrument zur Erfassung der Bestandslage für die Umsetzung des LkSG. Ihm kommt damit – insbesondere auch für die öffentliche Wahrnehmung – eine große Bedeutung zu. Eine bessere Überschrift wäre sicherlich **„Lagebericht"**„ oder schlicht **„Jahresbericht"**„ gewesen. 2

Zeitlich gilt die Pflicht zum Rechenschaftsbericht bereits ab 2022, obwohl die Pflichten nach dem LkSG die Unternehmen erst ab dem Jahr 2023 treffen. 3

II. Gesetzgebungsverfahren

§ 21 hat sich im Laufe des Gesetzgebungsverfahrens inhaltlich nicht verändert. Im Referentenentwurf[2] war in Abs. 1 S. 2 das erstmalige Jahr der Erstellung noch nicht aufgenommen. Dort hieß es noch „für das Jahr [einsetzen: Jahreszahl des auf das Inkrafttreten gemäß Art. 3 S. 2 folgende Kalenderjahr]". Dies wurde dann im Regierungsentwurf auf das Jahr 2022 konkretisiert.[3] 4

III. Zuständige Behörde

Die zuständige Behörde ist nach § 19 das Bundesamt für Wirtschaft und Ausfuhrkontrolle **(BAFA).** Sie unterliegt der Rechts- und Fachaufsicht des Bundesministeriums für Wirtschaft und Energie, welches die Aufsicht im Einvernehmen mit dem Bundesministerium für Arbeit und Soziales auszuüben hat (→ § 19 Rn. 27). 5

IV. Zeitlicher Anwendungsbereich: ab 2022

Die Pflicht zur Anfertigung und Veröffentlichung des Rechenschaftsberichts gilt schon ab dem Jahr 2022. Dies ist insofern bemerkenswert, weil die Pflichten nach dem LkSG, deren Einhaltung das BAFA nach §§ 14 ff. kontrollieren soll, für die betroffenen Unternehmen ausweislich Art. 5 Abs. 1 Gesetz über die unternehmerischen Sorgfaltspflichten in Lieferketten vom 16.7.2021 erst ab dem 1.1.2023 gelten. 6

[1] BT-Drs. 19/28649, 57.
[2] RefE LkSG des BMAS vom 28.2.2021.
[3] BT-Drs. 19/28649.

7 Die Erklärung dafür liegt in Art. 5 Abs. 2 Gesetz über die unternehmerischen Sorgfaltspflichten in Lieferketten vom 16.7.2021. Dort heißt es: „§ 13 Abs. 3, § 14 Abs. 2 und die §§ 19 bis 21 des Lieferkettensorgfaltspflichtengesetzes treten am Tag nach der Verkündung in Kraft." Die Verkündung erfolgte am 16.7.2021. Die genannten Vorschriften sind also bereits in Kraft getreten. § 13 Abs. 3 und § 14 Abs. 2 betreffen Verordnungsermächtigungen, sodass diese sinnvollerweise schon vor 2023 in Kraft getreten sind, damit davor die entsprechenden Verordnungen erarbeitet und vor allem erlassen werden können. Nach aktuellen Angaben von BAFA und BMAS ist derzeit allerdings kein Erlass von Rechtsverordnungen geplant.[4] Das frühere Inkrafttreten der §§ 19–21 erklärt sich dadurch, dass die Behörde ihre Arbeit unter der Rechts- und Fachaufsicht des Bundeswirtschaftsministeriums bereits aufnehmen können soll (§ 19 Abs. 1 S. 2), um notwendige Vorbereitungen schon für den ersten Rechenschaftsbericht treffen zu können.[5] Zu dieser Arbeit soll somit auch bereits das Anfertigen erster Handreichungen zählen (§ 20), da auch diese Norm bereits in Kraft getreten ist. Anders als beim Rechenschaftsbericht ist hierfür allerdings keine konkrete Frist vorgeschrieben.

8 Weil die Kontrollbefugnisse der zuständigen Behörde nach den §§ 15 ff. wie auch die Pflicht der betroffenen Unternehmen zum Erstellen von Unternehmensberichten nach § 12 Abs. 1, § 10 Abs. 2 S. 1 erst ab 2023 greifen, wird der erste Rechenschaftsbericht für das Jahr 2022 nur von begrenztem Umfang sein können. Er wird sich auf die Erläuterung vorbereitender Maßnahmen und Prognosen beschränken müssen. „Kontroll- und Durchsetzungstätigkeiten" im Sinne des Abs. 1 S. 1 kann es 2022 schlicht noch nicht geben. Ebenso wenig kann es zur Feststellung von Verstößen oder zur Anordnung von Abhilfemaßnahmen im Sinne des Abs. 2 kommen.

V. Bericht der zuständigen Behörde über erfolgte Kontroll- und Durchsetzungstätigkeit (Abs. 1)

9 § 21 Abs. 1 enthält zwei Sätze. Nach S. 1 hat die zuständige Behörde einmal jährlich über ihre „erfolgten Kontroll- und Durchsetzungstätigkeiten nach Abschnitt 4" zu berichten. S. 2 regelt, dass der erste Bericht für das Jahr 2022 zu erfolgen hat und auf der Website der zuständigen Behörde zu veröffentlichen ist.

10 **1. Jährliche Berichtspflicht (Abs. 1 S. 1).** S. 1 schreibt die jährliche Berichtspflicht fest. Berichtet werden soll über erfolgte Kontroll- und Durchsetzungstätigkeiten nach Abschnitt 4. Dieser Verweis umfasst alle Maßnahmen, die das BAFA als zuständige Behörde nach den §§ 14 ff. ergreift. Da der Verweis auch die „Durchsetzungstätigkeiten" erfasst, sind auch etwaige Vollstreckungsmaßnahmen, etwa die Vollstreckung auf Basis der §§ 15 ff. erlassener Verwaltungsakte, umfasst. Es wird also eine vollumfängliche Berichtspflicht über alle Maßnahmen abverlangt.

11 Dem Bericht kommt damit auch ein Stück weit eine **Prangerfunktion** für die Unternehmen zu. Dies wäre nur dann nicht der Fall, wenn die Unternehmen, gegen die Maßnahmen gerichtet werden, nicht konkret zu benennen wären. Nach hier vertretener Auffassung müssen die Unternehmen aber benannt werden. Dies folgt zum einen aus der Systematik, da die Norm für die Auswertung der Unternehmensberichte in Abs. 2 explizit anordnet, dass die Unternehmen nicht genannt werden sollen. Im Umkehrschluss müssen sie bei den ergriffenen Maßnahmen und angeordneten Abhilfemaßnahmen aber konsequenterweise benannt werden. Dies entspricht auch dem Sinn und Zweck der Norm, da der Rechenschaftsbericht vor allem Transparenz hinsichtlich der Umsetzung des LkSG insgesamt bieten soll.

---

[4] FAQ-Bogen zur Umsetzung des LkSG, Ziffer XVI, https://www.csr-in-deutschland.de/DE/Wirtschaft-Menschenrechte/Gesetz-ueber-die-unternehmerischen-Sorgfaltspflichten-in-Lieferketten/FAQ/faq.html;jsessionid=B08DA5D031CFF7549CC0258F94A25339.delivery1-replication#doc977f9a9d-bfdd-4d31-9e31-efab307ceee6bodyText16 (zuletzt abgerufen am 6.9.2022).

[5] BT-Drs. 19/28649, 59.

12 Der Bericht ist nach S. 1 jährlich anzufertigen. In welchem Zeitraum er tatsächlich erstellt werden muss, regelt die Norm nicht. Der jährliche Turnus gibt allein her, dass eine Veröffentlichung im Folgejahr erfolgen sollte. Selbst bei dieser Lesart wäre aber theoretisch denkbar, dass das BAFA erst am 31.12.2023 den Bericht für das Vorjahr 2022 publiziert, was misslich wäre. Da Lieferketten sich rasant entwickeln und auch Risikoszenarien in einzelnen Branchen und verschiedenen Teilen der Welt sich stets schnell weiterentwickeln, wäre eine zügige Nachvollziehbarkeit der behördlichen Handlungen wünschenswert und auch von großer Bedeutung für die Umsetzung durch und den Rechtsschutz (→ Rn. 24 ff.) von betroffenen Unternehmen. Vor diesem Hintergrund kann nur an das BAFA appelliert werden, die Berichte möglichst frühzeitig fertigzustellen.

13 **2. Formalitäten der Veröffentlichung (Abs. 1 S. 2).** S. 2 regelt, dass der Bericht erstmalig für das Kalenderjahr 2022 zu erstellen und auf der Website des BAFA als der zuständigen Behörde zu veröffentlichen ist. § 21 gilt bereits seit Inkrafttreten des LkSG, was aus Art. 5 Abs. 2 des Gesetzes über die unternehmerischen Sorgfaltspflichten in Lieferketten vom 16.7.2021 folgt. Dieser erste Bericht wird sich inhaltlich indes in Grenzen halten, da die Kontroll- und Durchsetzungskompetenzen des BAFA erst 2023 in Kraft treten (→ Rn. 6 f.).

14 Einen eigentlichen Berichtsadressaten nennt § 21 nicht. Das BAFA hat also aus dem Gesetzestext keine ausdrückliche Pflicht, gezielt seine Rechtsaufsicht zu reportieren, beispielsweise gegenüber den involvierten Bundesministerien. Indes schließt dies keineswegs aus, dass der erstellte Bericht diesen Stellen zu übermitteln ist. Dies ist aus der Funktionalität innerhalb des Verwaltungsapparats zu schließen. Mindestens eine implizite Übermittlungspflicht gegenüber jenen Institutionen ist also anzunehmen. Ein eigenes Sanktionsregime für deren Verletzung stellt § 21 erst recht nicht auf, da er schon die Primärpflicht nicht explizit statuiert.

15 Der Bericht ist der gesamten Öffentlichkeit im Internet zur Verfügung zu stellen. Die Website der zuständigen Behörde, ist diejenige des BAFA (nämlich https://www.bafa.de/DE/Home/home_node.html). Der Wortlaut könnte missverstanden werden, dahingehend dass die Pflicht zur Veröffentlichung auf dieser Website nur für den ersten Bericht 2022 gilt. Dies ist nicht der Fall. Nach Sinn und Zweck ist in einem jährlichen Turnus ein Bericht zu erstatten und der breiten Allgemeinheit öffentlich zugänglich zu machen.

VI. Inhaltliche Berichtsanforderungen (Abs. 2)

16 Nach § 21 Abs. 2 soll der Rechenschaftsbericht neben den durchgeführten Kontroll- und Durchsetzungsmaßnahmen des BAFA auch auf festgestellte Verstöße und aufgegebene Abhilfemaßnahmen hinweisen. Ebenfalls erfasst werden sollen nach Abs. 2 die Auswertungen der Unternehmensberichte nach § 12.

17 **1. Benennung von Verstößen und Abhilfemaßnahmen.** Nach § 14 Abs. 1 Nr. 1 lit. a Var. 1 hat das BAFA Verstöße gegen die Pflichten nach den §§ 3–10 festzustellen. Derartige Feststellungen sind in den Lagebericht aufzunehmen. Die Norm macht keine sachlichen und inhaltlichen Einschränkungen, sodass jeder Verstoß jedes Unternehmens in den Rechenschaftsbericht aufzunehmen ist. Dem Bericht kommt damit auch eine gewisse **Prangerfunktion** zu. Dies wäre nur dann nicht der Fall, wenn die Unternehmen nicht konkret zu benennen wären.

18 Es lässt sich gut vertreten, dass die Unternehmen explizit zu benennen sind. Dies folgt zum einen aus der Systematik, da der Hs. 2 der Norm für die Auswertung der Unternehmensberichte explizit anordnet, dass die Unternehmen nicht genannt werden sollen. Im Umkehrschluss müssen sie bei den ergriffenen Maßnahmen und angeordneten Abhilfemaßnahmen aber benannt werden. Dies entspricht auch dem Sinn und Zweck der Norm, da der Rechenschaftsbericht ja vor allem Transparenz hinsichtlich der Umsetzung des LkSG insgesamt bieten soll. Gewollt ist wohl eine abstrakte und im Kern statistische Auswertung.

Sie soll die Unternehmen, die „brav" reportiert haben, eben gerade nicht mit ihren Risikopotenzialen ins mögliche Kreuzfeuer von Investigativjournalisten, Aktivisten oder nachfolgend der Öffentlichkeit bringen.

19 Ein alternatives Verständnis wäre, dass sich der Hs. 2 („ohne die jeweils betroffenen Unternehmen zu benennen") auch auf die festgestellten Verstöße erstreckt und die Unternehmen nicht zu benennen sind.[6] Dagegen spricht neben den bereits genannten teleologischen Erwägungen indes, dass dann der Wert des Berichts marginal wäre. Es wäre demnach allenfalls denkbar, abstrakte Verstöße zu benennen und sie ggf. gewissen Branchen zuzuordnen. Die Erkenntnisse sind indes ohne konkrete Unternehmensnennung nicht einzelfallbezogen und lassen nur begrenzt Rückschlüsse zu. Der öffentliche Druck auf Unternehmen, der eines der wirksamsten Instrumente sein dürfte, um das LkSG durchzusetzen, würde limitiert. Ferner ist zu berücksichtigen, dass festgestellte Verstöße eben häufig auch zu Verwaltungs- bzw. Ordnungswidrigkeitenverfahren führen werden, die ohnehin öffentlich sind. Es bleibt mit Spannung abzuwarten, wie das BAFA den Rechenschaftsbericht versteht und ob dieses Verständnis dann Bestand haben wird.

20 Ebenfalls in den Bericht aufzunehmen sind die „angeordneten Abhilfemaßnahmen". Je nach Einzelfall folgt die Kompetenz zur Anordnung von Abhilfemaßnahmen aus der Generalklausel des § 15 S. 1 oder aus den Regelbeispielen aus § 15 S. 2 Nr. 2 oder 3. Der Inhalt der Abhilfemaßnahmen wird regelmäßig auf Basis des § 7 bestimmt werden. Alle danach ergehenden Anordnungen sind ebenfalls im Rechenschaftsbericht zu erfassen. Auch insoweit gibt es keine Einschränkungen. Das Erfordernis gilt ausnahmslos.

21 **2. Auswertung der Unternehmensberichte nach § 12 ohne Unternehmensnennung.** Ebenfalls enthalten soll der Rechenschaftsbericht die **Auswertung der Unternehmensberichte** nach § 12. Gemeint sind die Berichte, welche die betroffenen Unternehmen nach § 10 Abs. 2 S. 1 zu erstellen haben. Es handelt sich um die Berichte, in denen das Unternehmen über die Erfüllung der Sorgfaltspflichten im jeweiligen Geschäftsjahr berichtet. Die Mindestanforderungen legen § 10 Abs. 2 S. 2 Nr. 1–4 fest.

22 Die Auswertung jener Berichte soll explizit ohne namentliche Nennung der betroffenen Unternehmen erfolgen. Der Gesetzgeber scheint daher eine **statistische, globale Analyse der Gesamtsituation** zu wollen, in der es darum geht, gemeinsame Probleme festzustellen, zu benennen und strukturelle Schwächen der Um- und Durchsetzung des LkSG insgesamt zu erkennen. Es sollen also übergreifende Schlussfolgerungen aus der Unternehmensperspektive gewonnen werden.

VII. Besondere Bedeutung für die Bewertung des LkSG

23 Der Rechenschaftsbericht nach § 21 wird eine große Bedeutung für die Bewertung des LkSG als Erfolg oder Misserfolg, und damit auch für die politische Diskussion und nicht zuletzt die europäische Gesetzgebung haben. Dies folgt aus dem enormen Umfang der Informationen, die er nach § 21 enthalten soll. Die Auswertung der Unternehmensberichte wird hier eine entscheidende Rolle spielen, insbesondere die Ausführungen über erfolgte Verstöße und die in diesem Zuge angeordneten Abhilfemaßnahmen. Wenn die Unternehmen dabei explizit genannt werden, werden auch die wirtschaftlichen Auswirkungen immens sein. Aufgrund der uneingeschränkten Rechenschaftspflicht und Lageberichterstattung über alle Tätigkeiten der Behörde wird dem Bericht also eine ganz entscheidende Funktion in der Bewertung der Effektivität des LkSG insgesamt zukommen.

VIII. Rechtsschutz

24 Aufgrund der immensen wirtschaftlichen Bedeutung für die Unternehmen stellt sich die Frage, ob es Rechtsschutzmöglichkeiten für sie gibt, um eine Veröffentlichung etwa eines

[6] Davon auszugehen scheinen Wagner/Rutloff/Wagner LkSG-HdB/Rutloff/Hahn Rn. 1394.

festgestellten Verstoßes zu verhindern. Stellt beispielsweise das BAFA einen Verstoß fest und ist das betroffene Unternehmen der Meinung, es habe keinen Verstoß gegeben, so stellt sich die Frage nach Rechtsschutz gegen den Bericht nach § 21. Denn tritt die Prangerwirkung des Berichts erst einmal ein, so sind der wirtschaftliche Schaden und der Rufverlust kaum noch aufzuhalten. Daher sollte die Compliance-Praxis das Risiko des Berichts nach § 21 nicht unterschätzen.

In der Beratung der Unternehmen ist das Risiko ausreichend anzugehen. In der Anwalts- 25
praxis sind betroffene Mandanten darauf hinzuweisen, dass mit Ermittlungsmaßnahmen gerade nicht nur das Risiko des Verwaltungs- bzw. Ordnungswidrigkeitenverfahrens an sich besteht. Vielmehr müssen auch denkbar negative Veröffentlichungen im Rechenschaftsbericht von Beginn an in den Blick genommen werden. Bei anlasslosen Risikoanalysen sollte der Aspekt ebenfalls eine Rolle spielen, um betroffene Mandanten von Beginn an für die Thematik zu sensibilisieren. Dies gilt insbesondere, da je nach Zeit bis zur Veröffentlichung des nächsten Rechenschaftsberichts zügiges Handeln erforderlich werden kann, um Reputationsverluste abzufedern. Entsprechend muss auch in der Verfahrensführung bei eingeleiteten Verwaltungsverfahren immer der Rechtsschutz nicht nur gegen die Maßnahmen der Behörde selbst, sondern auch gegen den unmittelbar darauffolgenden Bericht mitgedacht werden. Dies ggf. auch in Form einstweiligen Rechtsschutzes, etwa in Fällen, in denen der Verwaltungsrechtsstreit an sich den Zeitpunkt der nächsten Rechenschaftsberichtsveröffentlichung überdauert.

Da der Bericht als solcher keinen Verwaltungsakt darstellt, kann er nur im Wege der 26
Feststellungsklage angegriffen werden. Ein hoheitlicher Akt liegt aufgrund der Stellung des BAFA und seiner hoheitlichen Aufgabenwahrnehmung bei der Veröffentlichung des Berichts jedenfalls vor (Mechanismus greift ebenfalls bei § 20, → § 20 Rn. 28 ff.). Wenn nötig, sollten Unternehmen auch im Wege des einstweiligen Rechtsschutz nach § 123 VwGO vorgehen, um vorläufig eine Aufnahme eines etwaigen Verstoßes in den Bericht nach § 21 zu verhindern bzw. die vorläufige Rücknahme eines bereits veröffentlichten Berichts oder die Herausnahme des angeblichen Verstoßes durch das Rechtsschutz begehrende Unternehmen zu erwirken.

IX. Auswirkungen der geplanten EU-RL

Nachdem das LkSG sich einfügte in vergleichbare Bestrebungen wie in den Nieder- 27
landen (hier gilt das sog. „Wet Zorgplicht Kinderarbeid") oder Frankreich (hier gilt das sog. „loi de vigliance"), liegt nun auch ein Entwurf der Europäischen Kommission für eine einheitliche **Lieferketten-RL** vor. Dem Entwurf ging eine Aufforderung des Europäischen Parlaments voraus.[7] Nachdem sich der konkrete Vorschlag der Kommission immer wieder verzögert hatte,[8] erschien am 23.2.2022 nun der Entwurf einer Richtlinie des Europäischen Parlaments und des Rates über die Sorgfaltspflichten von Unternehmen im Hinblick auf Nachhaltigkeit und zur Änderung der Richtlinie (EU) 2019/1937.[9]

Die Pflicht eines Rechenschaftsberichts sieht der Richtlinienentwurf nicht vor. Diese 28
Pflicht der Behörde geht damit über das vorgesehene Programm des Entwurfs hinaus und kann daher als problemlos bestehen bleiben.

---

[7] S. den Aufschlag des Europäischen Parlaments – European Parliament 2019–2024 – P9_TA(2021)0073 – Corporate due diligence and corporate accountability (2020/2219(INL)).

[8] S. zum Stand der europäischen Gesetzgebung: EU-Lieferkettengesetz verzögert sich weiter, DVZ, 15.12.2021, https://www.dvz.de/rubriken/management-recht/nachhaltige-logistik/detail/news/eu-lieferkettengesetz-verzoegert-sich-weiter.html#:~:text=Deutschland%20m%C3%BCsste%20sein%20im%20Sommer,Kraft%20tritt%2C%20dann%20gegebenenfalls%20anpassen.&text=Das%20deutsche%20Gesetz%20gilt%20f%C3%BCr,f%C3%BCr%20alle%20ab%201.000%20Arbeitnehmern (zuletzt abgerufen am 6.9.2022).

[9] COM (2022) 71 final 2022/0051(COD).

Abschnitt 5. Öffentliche Beschaffung

§ 22 Ausschluss von der Vergabe öffentlicher Aufträge

(1) [1]Von der Teilnahme an einem Verfahren über die Vergabe eines Liefer-, Bau- oder Dienstleistungsauftrags der in den §§ 99 und 100 des Gesetzes gegen Wettbewerbsbeschränkungen genannten Auftraggeber sollen Unternehmen bis zur nachgewiesenen Selbstreinigung nach § 125 des Gesetzes gegen Wettbewerbsbeschränkungen ausgeschlossen werden, die wegen eines rechtskräftig festgestellten Verstoßes nach § 24 Absatz 1 mit einer Geldbuße nach Maßgabe von Absatz 2 belegt worden sind. [2]Der Ausschluss nach Satz 1 darf nur innerhalb eines angemessenen Zeitraums von bis zu drei Jahren erfolgen.

(2) [1]Ein Ausschluss nach Absatz 1 setzt einen rechtskräftig festgestellten Verstoß mit einer Geldbuße von wenigstens einhundertfünfundsiebzigtausend Euro voraus. [2]Abweichend von Satz 1 wird

1. in den Fällen des § 24 Absatz 2 Satz 2 in Verbindung mit § 24 Absatz 2 Satz 1 Nummer 2 ein rechtskräftig festgestellter Verstoß mit einer Geldbuße von wenigstens eine Million fünfhunderttausend Euro,
2. in den Fällen des § 24 Absatz 2 Satz 2 in Verbindung mit § 24 Absatz 2 Satz 1 Nummer 1 ein rechtskräftig festgestellter Verstoß mit einer Geldbuße von wenigstens zwei Millionen Euro und
3. in den Fällen des § 24 Absatz 3 ein rechtskräftig festgestellter Verstoß mit einer Geldbuße von wenigstens 0,35 Prozent des durchschnittlichen Jahresumsatzes vorausgesetzt.

(3) Vor der Entscheidung über den Ausschluss ist der Bewerber zu hören.

Schrifttum: Burgi, Ausschluss und Vergabesperre als Rechtsfolgen von Unzuverlässigkeit, NZBau 2014, 595; Burgi, Ökologische und soziale Beschaffung im künftigen Vergaberecht: Kompetenzen, Inhalte, Verhältnismäßigkeit, NZBau 2015, 597; Ehmann, Der Regierungsentwurf für das Lieferkettengesetz: Erläuterung und erste Hinweise zur Anwendung, ZVertriebsR 2021, 141; Freund/Krüger, Das neue Lieferkettensorgfaltspflichtengesetz, NVwZ 2022, 665; Fritz/Klaedtke, Lieferketten im Vergabeverfahren, NZBau 2022, 129; Hattenhauer/Butzert, Die Etablierung ökologischer, sozialer, innovativer und qualitativer Aspekte im Vergabeverfahren, ZfBR 2017, 129; Jungkind/Raspé/Terbrack, Unternehmensverantwortung in der Lieferkette, DK 2021, 445; Kamann/Irmscher, Das Sorgfaltspflichtengesetz – Ein neues Sanktionsrecht für Menschenrechts- und Umweltverstöße in Lieferketten, NZWiSt 2021, 249; Klinner, Deutschland gibt sich ein Lieferkettensorgfaltspflichtengesetz, IWRZ 2021, 243; Lausen/Pustal, Berücksichtigung von Nachhaltigkeitskriterien im Vergabeverfahren, NZBau 2022, 3; Mitsch, Lieferkettengesetz und Ordnungswidrigkeitenrecht, NZWiSt 2021, 409; Mutschler-Siebert/Baumann, Zulässigkeit und Anfechtbarkeit einer Vergabesperre, NZBau 2016, 678; Roth, Selbstreinigung und Wiedergutmachung im Vergaberecht, NZBau 2016, 672; Schlichting, Die Verfolgung öffentlicher Interessen mithilfe der Vergabesperre, 2018; Spindler, Verantwortlichkeit und Haftung in Lieferantenketten – das Lieferkettensorgfaltspflichtengesetz aus nationaler und europäischer Perspektive, ZHR 186 (2022), 67.

Übersicht

I. Grundlagen

1. Regelungsgegenstand. Abschnitt 5 (Öffentliche Beschaffung) und dessen einziger § 22 ermöglichen es, Unternehmen, gegen die aufgrund eines Verstoßes gegen die Sorgfaltspflichten des LkSG ein besonders hohes Bußgeld festgesetzt worden ist, von der Teilnahme an Verfahren über die Vergabe von Liefer-, Bau- und Dienstleistungsaufträgen auszuschließen. Vergleichbare Vorschriften finden sich in § 21 AEntG, § 98c AufenthG, § 19 MiLoG und § 21 SchwarzArbG. Die Begründung des RegE benennt beispielhaft die beiden letztgenannten Vorschriften als Regelungsvorbilder.[1] Tatsächlich scheint der Wortlaut des RegE allerdings eher § 19 MiLoG und § 21 AEntG entlehnt; die endgültige Gesetzesfassung entspricht darüber hinaus in entscheidenden Punkten § 98c AufenthG (→ Rn. 5). 1

Systematisch handelt es sich bei § 22 ebenso wie bei den übrigen eingangs genannten Vorschriften um **spezialgesetzliche fakultative Ausschlussgründe.** Im unionsrechtlich determinierten System zwingender und fakultativer Ausschlussgründe des Oberschwellenvergaberechts werden sie klarstellend von § 124 Abs. 2 GWB erwähnt, der mit Wirkung ab dem 1.1.2023 um einen Verweis auf § 22 ergänzt worden ist.[2] 2

In funktionaler Hinsicht handelt es sich bei § 22 um einen eigenständigen **Teil des Sanktionsregimes** des LkSG.[3] Zweck des Ausschlusses ist nicht der Schutz des Vergabeverfahrens vor einer Teilnahme unzuverlässiger Bieterunternehmen, sondern umgekehrt eine Durchsetzung der Sorgfaltspflichten des LkSG mit den Instrumenten des Vergaberechts. Diese Nutzbarmachung des Steuerungspotentials des öffentlichen Beschaffungswesens für Ziele außerhalb des Vergaberechts ist spätestens seit der Umsetzung der europäischen Richtlinie über die Vergabe öffentlicher Aufträge[4] aus dem Jahr 2014 nicht mehr 3

[1] Begr. RegE, BT-Drs. 19/28649, 57: „Die Vorschrift orientiert sich an vergleichbaren Vorschriften wie § 19 des Mindestlohngesetzes und § 21 des Schwarzarbeitsbekämpfungsgesetzes".

[2] Art. 2 Gesetz über die unternehmerischen Sorgfaltspflichten in Lieferketten vom 16.7.2021, BGBl. 2021 I 2969.

[3] Freund/Krüger NVwZ 2022, 665 (667); Kamann/Irmscher NZWiSt 2021, 249 (252); Spindler ZHR 186 (2022), 67 (92); vgl. auch Mitsch NZWist 2021, 409 (412): „keine Sanktion im engeren Sinne (…). Gleichwohl handelt es sich um eine Reaktion auf begangene Delikte, mit der Sanktionszwecke verfolgt werden."; abw. Grabosch Das neue LkSG/Engel/Schönfelder § 6 Rn. 48.

[4] RL 2014/24/EU des europäischen Parlaments und des Rates vom 26.2.2014 über die öffentliche Auftragsvergabe und zur Aufhebung der RL 2004/18/EG, ABl. EU 2014 L 94, 65.

neu. Sie ist auf Ebene der Vergabegrundsätze im Kartellvergaberecht in § 97 Abs. 3 GWB verankert und liegt auch Teilen des Systems zwingender und fakultativer Ausschlussgründe zugrunde (→ Rn. 13 ff.).[5] Gleichermaßen außer Frage steht der Sanktionscharakter der übrigen spezialgesetzlichen fakultativen Ausschlussgründe des § 124 Abs. 2 GWB.[6]

4 **2. Gesetzgebungsverfahren.** Die endgültige Fassung des § 22 hat gegenüber früheren Entwürfen an mehreren Stellen entscheidende und für die Auslegung instruktive Änderungen erfahren. Hinzuweisen ist zunächst auf einen **Referentenentwurf** des Bundesarbeitsministeriums **vom 15.2.2021.** Neben der dort nicht vorgenommenen Differenzierung zwischen den für unterschiedliche Bußgeldtatbestände geltenden Bußgeldschwellen sah § 23 LkSG-RefE ab einem Auftragswert von 5 Mio. Euro für Liefer- und Dienstleistungen und 10 Mio. Euro für Bauleistungen kein gebundenes Ermessen, sondern einen **zwingenden Verfahrensausschluss** vor. Nur bei öffentlichen Aufträgen, die sich auf eine Kritische Infrastruktur iSd BSIG beziehen, sollte dem Auftraggeber bei Überschreiten dieser Schwellenwerte gemäß § 23 Abs. 3 LkSG-RefE zur Wahrung des öffentlichen Interesses ein Ermessen zustehen. Schon der RefE vom 28.2.2021, später der RegE und nun die Gesetzesfassung des § 22 nahmen von dieser Differenzierung Abstand und stellten die Ausschlussentscheidung einheitlich in das gebundene Ermessen des Auftraggebers (→ Rn. 39).

5 Ebenfalls wichtig, bisher aber kaum beleuchtet sind die im Ausschussverfahren vorgenommenen Änderungen: Der Ausschluss von der Vergabe öffentlicher Aufträge sollte gemäß § 22 Abs. 1 S. 2 RegE „für" einen angemessenen Zeitraum von bis zu drei Jahren erfolgen; diese Formulierung orientierte sich eng an § 21 AEntG und § 19 MiLoG. Demgegenüber regelt die endgültige Gesetzesfassung nunmehr einen Ausschluss „innerhalb" eines angemessenen Zeitraums derselben Dauer. Die Ausschussbegründung meint hierin die „Klarstellung" zu erkennen, „dass ein Ausschluss nur formal als Ausschluss aus einem einzelnen Verfahren verfügt werden kann und nicht pauschal für einen Zeitraum".[7] Die Bedeutung der vorgenommenen Änderungen wird damit in gleich dreifacher Hinsicht verklärt. Erstens: Während ein Ausschluss im engeren Sinne in der Tat nur aus einem einzelnen Verfahren erfolgt, handelt es sich bei einer **Vergabesperre** (auch: Auftragssperre), dh dem generellen Ausschluss von Vergabeverfahren „für einen (bestimmten) Zeitraum", um ein durchaus gebräuchliches Instrument.[8] Zweitens: Mit der Anlehnung an § 21 AEntG und § 19 MiLoG enthielt § 22 RegE neben der Regelung des Ausschlusses aus einem einzelnen Verfahren auch eine Rechtsgrundlage für eine ebensolche Vergabesperre.[9] Keineswegs nur eine Klarstellung liegt deshalb darin, dass infolge der Änderungen im Ausschussverfahren diese Rechtsgrundlage weggefallen und allein die Regelung des Einzelausschlusses übrig geblieben ist.[10] Der Wortlaut der endgültigen Fassung des § 22 entspricht in dieser Hinsicht weniger den § 21 AEntG, § 19 MiLoG und § 21 SchwarzArbG, sondern vielmehr § 98c AufenthG.[11] Drittens: Der Erlass einer Vergabesperre dürfte

---

[5] Burgi NZBau 2014, 595 (596); Roth NZBau 2016, 672 (673 f.); BeckVergabeR/Opitz GWB § 123 Rn. 13.

[6] Vgl. zu § 21 AEntG (auf den die Begr. zu § 19 MiLoG-RegE, Drs. 147/14, 47 zu § 19 MiLoG verweist) Blens, Plenar-Prot. 13/86, 7569; zu § 21 SchwarzArbG BT-Drs. 14/8221, 11; zu § 98c AufenthG Erwägungsgrund 18 RL 2009/52/EG der diesem zugrundeliegenden RL 2009/52/EG des Europäischen Parlaments und des Rates vom 19.6.2009 über Mindeststandards für Sanktionen und Maßnahmen gegen Arbeitgeber, die Drittstaatsangehörige ohne rechtmäßigen Aufenthalt beschäftigen, ABl. EU 2009 L 168, 24.

[7] Beschlussempfehlung und Bericht, BT-Drs. 19/30505, 42.

[8] Beck VergabeR/Opitz GWB § 126 Rn. 17; Pünder/Schellenberg/Kaufmann GWB § 126 Rn. 34; monographisch Schlichting, Die Verfolgung öffentlicher Interessen mithilfe der Vergabesperre, 2018.

[9] Zu dieser Einordnung von § 21 AEntG und § 19 MiLoG (ebenso aber auch von § 21 SchwarzArbG, den die Begründung des RegE bemüht) Burgi NZBau 2014, 595 (599); Pünder/Schellenberg/Kaufmann GWB § 126 Rn. 31; Schlichting, Die Verfolgung öffentlicher Interessen mithilfe der Vergabesperre, 2018, 21; vgl. auch BGH NZBau 2020, 609 Rn. 24.

[10] Unzutr. daher Freund/Krüger NVwZ 2022, 665 (667); BeckVergabeR/Opitz GWB § 126 Rn. 24.

[11] Bisweilen wird allerdings auch § 98c AufenthG als Rechtsgrundlage für eine Vergabesperre eingeordnet, vgl. BeckVergabeR/Opitz GWB § 126 Rn. 24; Schlichting, Die Verfolgung öffentlicher Interessen mithilfe

trotz dieser Änderungen möglich bleiben. Einer ausdrücklichen, über den Einzelausschluss hinausgehenden Rechtsgrundlage bedarf jedenfalls die „einfache" Vergabesperre nicht.[12] Dass der Gesetzgeber diese Maßnahme für das LkSG mit der Änderung des RegE dezidiert ausschließen wollte, lässt sich der Ausschussbegründung schon aufgrund der Fehlbewertung der tatsächlich vorgenommenen Anpassungen als „Klarstellung" nicht zweifelsfrei entnehmen.[13]

3. UN-Leitprinzipien und Regelungskontext. a) Der Nexus zwischen Staat und Wirtschaft. Einen konkreten Katalog an Sanktionsinstrumenten geben die UN-Leitprinzipien (UNGP) den Staaten bewusst nicht an die Hand. Der Ausschluss von der Vergabe öffentlicher Aufträge findet dort folglich keine ausdrückliche Entsprechung. Gleichwohl weisen die UN-Leitprinzipien innerhalb des eigenständigen Abschnitts **„Der Nexus zwischen Staat und Wirtschaft"** mit gleich drei Leitprinzipien auf die „einzigartigen Möglichkeiten"[14] des Staats zum Schutz der Menschenrechte im Rahmen seiner wirtschaftlichen Betätigung hin. Gemäß **UNGP 4** sollen Staaten „zusätzliche Maßnahmen zum Schutz vor Menschenrechtsverletzungen durch Wirtschaftsunternehmen ergreifen, die sich in staatlichem Eigentum befinden oder unter staatlicher Kontrolle stehen oder von staatlichen Stellen wie Exportkreditagenturen und öffentlichen Investitionsversicherungs- oder Garantieagenturen erhebliche Unterstützung und Dienstleistungen erhalten […]." **UNGP 5** hält sie dazu an, „angemessene Aufsicht aus[zu]üben, […] wenn sie mit Wirtschaftsunternehmen vertraglich oder durch Gesetz die Erbringung von Dienstleistungen vereinbaren, die sich auf die Wahrnehmung der Menschenrechte auswirken können." Schließlich fordert **UNGP 6** die Staaten dazu auf, „die Achtung der Menschenrechte durch Wirtschaftsunternehmen [zu] fördern, mit denen sie geschäftliche Transaktionen tätigen." Besonders hervorgehoben wird dabei die öffentliche Auftragsvergabe.[15] 6

Diesen Leitprinzipien lassen sich insgesamt **drei Hebel** zur Förderung der Achtung der Menschenrechte entnehmen: Erstens die eigene unternehmerische Tätigkeit über **staatliche oder staatlich kontrollierte Wirtschaftsunternehmen** (UNGP 4), die denselben Sorgfaltspflichten unterliegen soll wie sonstige Wirtschaftsunternehmen.[16] Zweitens die **staatliche Förderung privater Wirtschaftsunternehmen** (ebenfalls UNGP 4), wobei die UN-Leitprinzipien nur Maßnahmen der Außenwirtschaftsförderung, nicht aber Subventionen ausdrücklich ansprechen. Drittens sonstige **Transaktionen zwischen dem Staat und privaten Wirtschaftsunternehmen** (UNGP 5 und UNGP 6). Die weitere Unterscheidung zwischen der Privatisierung öffentlicher Dienstleistungen und der von den „geschäftlichen Transaktionen" primär in den Blick genommenen öffentlichen Auftragsvergabe ist aus (vergabe-)rechtlicher Sicht nicht trennscharf. 7

b) Nationaler Aktionsplan. Der Nationale Aktionsplan Wirtschaft und Menschenrechte (2016) knüpft bei der Beschreibung möglicher Maßnahmen zur Erfüllung der staatlichen Schutzpflicht an die UN- Leitprinzipien an. Vorgestellt werden entsprechend auch hier – allerdings in umgekehrter Reihenfolge – Maßnahmen für Unternehmen in öffentlichem Eigentum,[17] bei der staatlichen Förderung von Unternehmen durch Sub- 8

der Vergabesperre, 2018, 21, 126; wie hier aber Burgi NZBau 2014, 595 (599); Pünder/Schellenberg/Kaufmann GWB § 126 Rn. 31.

[12] Vgl. BGH NZBau 2020, 609 Rn. 37 ff.; LG Saarbrücken BeckRS 2021, 40614 Rn. 75; Mutschler-Siebert/Baumann NZBau 2016, 678 (680); gegen eine Zulässigkeit koordinierter Vergabesperren aber Burgi NZBau 2014, 595 (600); weiter diff. Schlichting, Die Verfolgung öffentlicher Interessen mithilfe der Vergabesperre, 2018, 127 f.; aA Pünder/Schellenberg/Kaufmann GWB § 126 Rn. 31.

[13] Anders Wagner/Ruttloff/Wagner LkSG-HdB/Neun/König Rn. 1722.

[14] UN-Leitprinzipien für Wirtschaft und Menschenrechte, 2011, 9 (Kommentar zu UNGP 6).

[15] UN-Leitprinzipien für Wirtschaft und Menschenrechte, 2011, 9 (Kommentar zu UNGP 6).

[16] Ausdrücklich auch UN-Leitprinzipien für Wirtschaft und Menschenrechte, 2011, 8 (Kommentar zu UNGP Nr. 4): „Diese Unternehmen unterliegen ebenfalls der in Kapitel II angesprochenen Unternehmensverantwortung zur Achtung der Menschenrechte.".

[17] NAP zur Umsetzung der UN-Leitprinzipien für Wirtschaft und Menschenrechte, 2017, 18 f.

ventionen, Exportkredite und Investitionsgarantien und andere Instrumente der Außenwirtschaftsförderung,[18] sowie im Rahmen des öffentlichen Beschaffungswesens.[19]

9 **c) Auszugsweise Umsetzung im LkSG.** Das LkSG greift diese verschiedenen Hebel aufgrund seines inhaltlichen Schwerpunkts auf der Ausgestaltung unternehmerischer Sorgfaltspflichten nur auszugsweise auf.[20] Eine feste **Bindung der öffentlichen Hand** an den Schutz von Menschenrechten und Umwelt erfolgt durch das LkSG (nur) insoweit, wie staatliche oder staatlich kontrollierte Unternehmen nach Maßgabe des (rechtsformneutralen) § 1 selbst in den Anwendungsbereich des LkSG fallen.[21] Angesichts der Rechtsformneutralität des Unternehmensbegriffs in § 1 ist dies ohne weiteres möglich; ausgenommen sind ausweislich der Gesetzesbegründung nur solche Unternehmen, die Verwaltungsaufgaben einer Gebietskörperschaft wahrnehmen, soweit sie nicht im Markt wirtschaftlich tätig sind (→ § 1 Rn. 56 ff.).

10 Modalitäten der Unterstützung privater Unternehmen durch **Subventionen** und **Instrumente der Außenwirtschaftsförderung** werden durch das LkSG nicht geregelt. Selbstverständlich ist das nicht; das AufenthG ermöglicht etwa für den Fall schwerer Gesetzesverstöße nicht nur einen Ausschluss von der Vergabe öffentlicher Aufträge (§ 98c AufenthG), sondern auch von Subventionen (§ 98b AufenthG). Einen weitergehenden Ausschluss sah auch der Entwurf des Europäischen Parlaments zur Sorgfaltspflicht und Rechenschaftspflicht von Unternehmen vom 10.3.2021 vor (→ Rn. 12). Auch außerhalb des LkSG ist die Vergabe von Subventionen, Exportkrediten und Investitionsgarantien nicht fest an die Einhaltung der Sorgfaltspflichten des LkSG geknüpft. Die Bundesregierung folgt bei der Vergabe von Subventionen ihren sog. subventionspolitischen Leitlinien, die unter anderem auch eine an der Deutschen Nachhaltigkeitsstrategie[22] orientierte, die UN-Leitprinzipien (UNGP) berücksichtigende **Nachhaltigkeitsprüfung** vorsehen.[23] Die Beachtung der Sorgfaltspflichten des LkSG dürfte dabei in Zukunft zwar Berücksichtigung finden; ein zwingender Subventionsausschluss von Unternehmen, bei denen (schwerwiegende) Verstöße gegen die Sorgfaltspflichten des LkSG festgestellt worden sind, folgt hieraus freilich nicht. Auch bei der Unterstützung durch Instrumente der Risikoabsicherung wie Exportkreditgarantien (EKG), Bundesgarantien für Direktinvestitionen (DIA) und für ungebundene Finanzkredite (UFK) werden menschenrechts- und umweltbezogene Auswirkungen zwar berücksichtigt;[24] eine formelle Bindung an die Einhaltung der Sorgfaltspflichten des LkSG besteht aber nicht.

11 Mit dem in § 22 geregelten Ausschluss von der Vergabe öffentlicher Aufträge trägt das LkSG zur Verankerung von Menschenrechts- und Umweltschutz im **öffentlichen Beschaffungswesen** bei. Es handelt sich dabei allerdings um **keine abschließende Regelung.** Eine weitergehende Integration der Ziele des LkSG in den Vergabeprozess ist zwingend erforderlich, wenn der Auftraggeber selbst in den Anwendungsbereich des LkSG fällt.[25] Die dabei vorausgesetzte Offenheit des Vergaberechts für die Wertungen des LkSG kann der Auftraggeber überdies auch ohne eigene Verpflichtung nutzen und sowohl

---

[18] NAP zur Umsetzung der UN-Leitprinzipien für Wirtschaft und Menschenrechte, 2017, 16 ff.
[19] NAP zur Umsetzung der UN-Leitprinzipien für Wirtschaft und Menschenrechte, 2017, 15 f.
[20] Darauf hinweisend auch Klinner IWRZ 2021, 243 (247).
[21] Fritz/Klaedtke NZBau 2022, 131 (136).
[22] Maßgeblich ist gegenwärtig die am 10.3.2021 beschlossene „Deutsche Nachhaltigkeitsstrategie – Weiterentwicklung 2021", https://perma.cc/EB5A-EN5Q (zuletzt abgerufen am 6.9.2022).
[23] Bericht der Bundesregierung über die Entwicklung der Finanzhilfen des Bundes und der Steuervergünstigungen für die Jahre 2019–2022 (28. Subventionsbericht), 2021, 56 f., insbes. Rn. 176, https://perma.cc/6QAK-6FRD (zuletzt abgerufen am 6.9.2022).
[24] Ausf. zur Vergabe von EKG Ellenberger/Bunte BankR-HdB/Junker § 105 Rn. 48 ff.; diese Grundsätze lassen sich grds. auf die Vergabe von DIA und UFK übertragen, vgl. zur Vergabe von UFK etwa die Rohstoffstrategie der Bundesregierung vom 15.1.2020, 31, https://perma.cc/UP6A-9QJE (zuletzt abgerufen am 6.9.2022).
[25] Fritz/Klaedtke NZBau 2022, 131 (136 f.); Wagner/Ruttloff/Wagner LkSG-HdB/Neun/König Rn. 1645.

menschenrechts- und umweltbezogener Pflichtverletzungen als auch die Beachtung lieferkettenbezogener Sorgfaltspflichten im Vergabeprozess berücksichtigen (→ Rn. 13 ff.).

4. Lieferketten-RL-E. Der Vorschlag der Europäischen Kommission vom 23.2.2022 für eine Richtlinie des Europäischen Parlaments und des Rates über die Sorgfaltspflichten von Unternehmen im Hinblick auf Nachhaltigkeit (Corporate Sustainability Due Diligence)[26] enthält keinen eigenständigen Vergabeverfahrensausschluss.[27] Etwas anderes galt noch für den Richtlinienentwurf mit Entschließung des Europäischen Parlaments vom 10.3.2021.[28] Art. 18 Abs. 2 Entschließung des Europäischen Parlaments vom 10.3.2021 sah einen umfassenden Ausschluss „von öffentlichen Aufträgen, von staatlichen Beihilfen und von öffentlichen Förderregelungen, einschließlich Regelungen, die sich auf Exportkreditagenturen und –darlehen stützten", vor. Dem deutschen Gesetzgeber bleibt es unbenommen, den Regelungsgehalt des § 22 unverändert in seine Umsetzung der europäischen Richtlinie zu integrieren. 12

II. Durchsetzung des LkSG im Vergabeverfahren

Die Beziehung zwischen LkSG und Vergaberecht wird durch den an einzelne Sorgfaltspflichtenverstöße anknüpfenden Verfahrensausschluss in § 22 nur auszugsweise beschrieben.[29] Eine **Integration der Ziele** des LkSG in die Vergabeentscheidung ist **in verschiedenen Phasen des Vergabeverfahrens** und sowohl in Form einer Berücksichtigung lieferkettenbezogener Sorgfaltspflichten(-verstöße) als auch durch unmittelbare Beachtung menschenrechts- und umweltbezogener Risiken und Pflichtverletzungen im Geschäftsbereich eines Bieters oder seiner Zulieferer möglich. Diese Offenheit des Vergaberechts für vormals als „vergabefremd" bezeichnete Ziele[30] ist zunächst zwingend erforderlich, um Auftraggebern, die selbst in den Anwendungsbereich des LkSG fallen und deshalb durch die Vergabe eine unmittelbare Zulieferbeziehung begründen, eine Integration der eigenen Sorgfaltspflichten in den Vergabeprozess zu ermöglichen.[31] Hierzu zählen etwa die Berücksichtigung menschenrechts- und umweltbezogener Erwartungen bei der Auswahl des unmittelbaren Zulieferers gemäß § 6 Abs. 4 Nr. 1, die vertragliche Zusicherung ihrer Einhaltung und Weitergabe entlang der Lieferkette durch den Zulieferer gemäß Nr. 2 und die Vereinbarung angemessener vertragliche Kontrollmaßnahmen gemäß Nr. 4. Gleichermaßen möglich ist eine **„strategische" Auftragsvergabe**[32] durch Berücksichtigung der Wertungen des LkSG dank dieser Öffnung aber auch ohne entsprechende Verpflichtung des Auftraggebers. 13

Die damit durch das LkSG vorausgesetzte Zulässigkeit einer Berücksichtigung sozialer (einschließlich menschenrechtlicher) und umweltbezogener Aspekte ist auf Ebene der Vergabegrundsätze im Oberschwellenbereich § 97 Abs. 3 GWB verankert und zieht sich durch sämtliche Vergabeverfahrensschritte.[33] Für Unterschwellenvergabeverfahren enthält § 2 14

[26] Vorschlag für eine Richtlinie des Europäischen Parlaments und des Rates über die Sorgfaltspflichten von Unternehmen im Hinblick auf Nachhaltigkeit und zur Änderung der Richtlinie (EU) 2019/1937, COM (2022) 71 final.

[27] Auch aus Sicht des Unionsrechts müssten Verstöße gegen die Sorgfaltspflichten des Lieferketten-RL-E indes im Vergabeverfahren nicht folgenlos bleiben, da das System zwingender und fakultativer Ausschlussgründe im Oberschwellenbereich ebenfalls unionsrechtlich determiniert ist und damit jedenfalls stets ein Ausschluss gemäß Art. 57 Abs. 4 S. 1 lit. a RL 2014/24/EU (in Deutschland § 124 Abs. 1 Nr. 3 GWB) in Betracht zu ziehen wäre.

[28] Entschließung des Europäischen Parlaments vom 10.3.2021 mit Empfehlungen an die Kommission zur Sorgfaltspflicht und Rechenschaftspflicht für Unternehmen (2020/2129(INL)), P9_TA(2021)0073, https://perma.cc/5JS5-PS7V (zuletzt abgerufen am 6.9.2022).

[29] Wagner/Ruttloff/Wagner LkSG-HdB/Neun/König Rn. 1644.

[30] Vgl. Heintzen ZHR 165 (2001), 62; Burgi NZBau 2001, 64; Ziekow NZBau 2001, 72.

[31] Wagner/Ruttloff/Wagner LkSG-HdB/Neun/König Rn. 1645 f.

[32] Vgl. Erwägungsgründe 47 und 123 RL 2014/24/EU des Europäischen Parlaments und des Rates vom 26.2.2014 über die öffentliche Auftragsvergabe und zur Aufhebung des RL 2004/18/EG; ebenso Begr. RegE VergRModG, BT-Drs. 18/6281, 56.

[33] Beck VergabeR/Opitz GWB § 97 Abs. 3 Rn. 10; Immenga/Mestmäcker/Dreher GWB § 97 Rn. 138.

Abs. 3 UVgO eine inhaltsgleiche Vorschrift. Insgesamt eignen sich deshalb die Leistungsbeschreibung, Eignungsanforderungen, Ausschlussgründe, Zuschlagskriterien und Ausführungsbedingungen für eine Einbindung der Ziele des LkSG.[34]

15 **1. Leistungsbeschreibung.** Erster Anknüpfungspunkt für eine Berücksichtigung des LkSG ist als „Kernstück des Vergabeverfahrens"[35] die Leistungsbeschreibung. In ihr stellt der öffentliche Auftraggeber zwingende Anforderungen an den Auftragsgegenstand auf; ihr widersprechende Angebote sind (etwa gemäß § 57 Abs. 1 Nr. 4 VgV) zwingend vom weiteren Vergabeverfahren auszuschließen. Bereits in die Leistungsbeschreibung können soziale und umweltbezogene Aspekte aufgenommen werden. Die dafür geltenden Anforderungen werden im Kartellvergaberecht unter anderem durch § 31 Abs. 3 VgV konkretisiert. Danach können sich soziale und umweltbezogene Aspekte auf den Auftragsgegenstand selbst oder aber auf den Prozess oder die Methode zur Herstellung oder Erbringung der Leistung oder auf ein anderes Stadium im Lebenszyklus des Auftragsgegenstands einschließlich der Produktions- und Lieferkette beziehen, sofern sie in Verbindung mit dem Auftragsgegenstand stehen und Verhältnismäßigkeitsanforderungen gewahrt werden.[36] Ermöglicht wird damit insbesondere eine Berücksichtigung der Verbotstatbestände des § 2, der jedoch in zwei Richtungen Grenzen gezogen sind: Erstens muss sich die Leistungsbeschreibung auf das Nichtvorliegen menschenrechts- und umweltbezogener Pflichtverletzungen beschränken. Bei ihnen handelt es sich um Merkmale des Herstellungsprozesses; etwas anderes gilt jedoch für menschenrechts- und umweltbezogene Risiken, bei denen es sich in vergaberechtlicher Terminologie nur um eine drohende Veränderung dieser Merkmale handelt (zu ähnlichen Fragen im Mängelgewährleistungsrecht → § 10 Rn. 76). Zweitens kann der öffentliche Auftraggeber mit der Leistungsbeschreibung nicht den gesamten Geschäftsbereich des Bieters und seiner Zulieferer in den Blick nehmen, sondern nur diejenigen Teilbereiche, die mit der Herstellung oder Leistungserbringung befasst sind.[37]

16 **2. Eignungskriterien.** Innerhalb der Eignungsprüfung können menschenrechts- und umweltbezogene Risiken und Pflichtverletzungen in der Regel keine Bedeutung erlangen. Diese Prüfung soll sicherstellen, dass das Unternehmen über die erforderlichen **unternehmensbezogenen Voraussetzungen,** nämlich über die Befähigung und Erlaubnis zur Berufsausübung sowie wirtschaftliche, finanzielle, technische und berufliche Leistungsfähigkeit verfügt, um den Auftrag ordnungsgemäß ausführen zu können.[38] Das (Nicht-)Vorliegen menschenrechts- und umweltbezogener Pflichtverletzungen betrifft keine der genannten „Eignungskategorien".[39] Es handelt sich nicht um eine Voraussetzung, sondern – bei entsprechender Einbindung in die Leistungsbeschreibung, Zuschlagskriterien oder Ausführungsbedingungen – um den Gegenstand einer ordnungsgemäßen Auftragsausführung.[40]

17 Sofern der öffentliche Auftraggeber das Nichtvorliegen menschenrechts- oder umweltbezogener Pflichtverletzungen allerdings in die Leistungsbeschreibung aufgenommen hat (→ Rn. 15), kann er bei der Prüfung der Leistungsfähigkeit eines Unternehmens korrespondierende Eignungskriterien zur technischen und beruflichen Leistungsfähigkeit iSv § 122 Abs. 2 S. 2 Nr. 3 GWB aufstellen. Damit eignen sich diese Kriterien zur Begründung lieferkettenbezogener Sorgfaltspflichten, insbesondere wenn das Bieterunternehmen selbst nicht in den Anwendungsbereich des LkSG fällt. Als Eignungsnachweise kommen gemäß § 46 Abs. 3 Nr. 3, 4 und 7 VgV Angaben zu Qualitätssicherungsmaßnahmen, zu

[34] Ausf. Burgi NZBau 2015, 597; Hattenhauer/Butzert ZfBR 2017, 129; Lausen/Pustal NZBau 2022, 3.
[35] Prieß NZBau 2004, 20; Beck VergabeR/Lampert GWB § 121 Rn. 8.
[36] Fritz/Klaedtke NZBau 2022, 131 (134).
[37] JurisPK-VergabeR/Summa VgV § 31 Rn. 49; Wagner/Ruttloff/Wagner LkSG-HdB/Neun/König 2022, Rn. 1648 ff.
[38] Pünder/Schellenberg/Fehling GWB § 122 Rn. 7.
[39] JurisPK-VergabeR/Summa GWB § 122 Rn. 12.
[40] Vgl. auch zur Einhaltung der ILO-Kernarbeitsnomen in der Lieferkette OLG Düsseldorf NZBau 2014, 314; ZFBR 2014, 815.

Lieferkettenmanagement- und Lieferkettenüberwachungssystemen[41] sowie zu Umweltmanagementmaßnahmen[42] in Frage.

3. Ausschlussgründe. Das Vorliegen menschenrechts- oder umweltbezogener **Risiken oder Pflichtverletzungen** im Geschäftsbereich eines Bieters oder seiner Zulieferer rechtfertigt für sich genommen keinen Verfahrensausschluss nach §§ 123, 124 GWB. Insbesondere Pflichtverletzungen im eigenen Geschäftsbereich stellen jedoch bisweilen auch Verstöße gegen geltende umwelt-, sozial-, oder arbeitsrechtliche Vorschriften dar und können überdies strafrechtlich relevant sein. Ein Ausschluss von einem Vergabeverfahren kommt in diesen Fällen insbesondere auf Grundlage von § 123 Abs. 1 Nr. 10 GWB sowie § 124 Abs. 1 Nr. 1 und 3 GWB in Betracht. Der zwingende Ausschlussgrund des § 123 Abs. 1 Nr. 10 GWB ermöglicht den Ausschluss eines Unternehmens, wenn eine ihm gemäß § 123 Abs. 3 GWB zuzurechnende Person rechtskräftig verurteilt oder gegen es selbst gemäß § 30 OWiG eine Geldbuße festgesetzt worden ist wegen einer Straftat nach §§ 232, 232a Abs. 1 –5 StGB, §§ 232b, 233, 233a StGB. Tatbestandliche Überschneidungen können hier zu menschenrechtlichen Pflichtverletzungen gemäß § 2 Abs. 4 S. 1, Abs. 2 Nr. 2–4 bestehen. Bei zurückliegenden Pflichtverletzungen während der Ausführung öffentlicher Aufträge kommt der fakultative Ausschlussgrund des § 124 Abs. 1 GWB in Frage, soweit das Unternehmen zugleich auch gegen geltende umwelt-, sozial- oder arbeitsrechtliche Verpflichtungen verstoßen hat. Schließlich kommt auch der Auffangtatbestand des § 124 Abs. 1 Nr. 3 GWB in Betracht, nach dem ein Ausschluss bei schweren Verfehlungen des Unternehmens im Rahmen der beruflichen Tätigkeit zulässig ist, wenn durch diese die Integrität des Unternehmens in Frage gestellt wird. 18

Zu untersuchen ist ferner, ob auch **Verstöße gegen die Sorgfaltspflichten** der §§ 4 ff. jenseits des Anwendungsbereichs von § 22 den Ausschluss von einem Vergabeverfahren rechtfertigen können. Ein Verfahrensausschluss auf Grundlage von § 124 Abs. 1 Nr. 1 GWB dürfte dabei ausscheiden, weil es sich bei den Sorgfaltspflichten des LkSG nicht um umwelt-, sozial- oder arbeitsrechtliche Verpflichtungen handelt: Zwar sollen die Sorgfaltspflichten menschenrechts- und umweltbezogene Risiken minimieren und entsprechende Pflichtverletzungen verhindern, beenden oder vermeiden; gleichwohl handelt es sich bei ihnen um Maßnahmen der internen Unternehmensorganisation[43] und nicht um Vorschriften des Umwelt-, Sozial- oder Arbeitsrechts.[44] Ein Ausschluss aufgrund einer schweren Verfehlung iSv § 124 Abs. 1 Nr. 3 GWB scheint demgegenüber nicht von vornherein ausgeschlossen.[45] Teilweise wird ein Rückgriff auf diesen Ausschlussgrund auch im Anwendungsbereich sonstiger zwingender oder fakultativer Ausschlussgründe befürwortet, wenn deren Voraussetzungen im Einzelfall ganz oder teilweise nicht vorliegen.[46] Auf der Hand liegen Überlegungen zum Rückgriff auf § 124 Abs. 1 Nr. 3 GWB dann zunächst im Rahmen der Konzessionsvergabe, auf die § 22 seinem eindeutigen Wortlaut nach keine Anwendung findet (→ Rn. 27). Gleichermaßen wird jedoch zu klären sein, ob eine Anwendung des § 124 Abs. 1 Nr. 3 GWB auch unterhalb der Bußgeldschwellen des § 22 Abs. 2 in Betracht zu ziehen ist. Für die Zulässigkeit eines Rückgriffs auf § 124 Abs. 1 Nr. 3 GWB spricht, dass der Umfang der Ausschlussgründe des GWB unionsrechtlich determiniert ist und durch mitgliedstaatliche Ausschlussgründe weder erweitert noch verengt werden kann.[47] 19

[41] Fritz/Klaedtke NZBau 2022, 131 (134); Wagner/Ruttloff/Wagner LkSG-HdB/Neun/König Rn. 1659.
[42] Wagner/Ruttloff/Wagner LkSG-HdB/Neun/König Rn. 1660.
[43] Spindler ZHR 186 (2022), 67 (80).
[44] Anders Beck VergabeR/Opitz GWB § 124 Rn. 24.
[45] Jungkind/Raspé/Terbrack DK 2021, 445 (452).
[46] Begr. RegE VergRModG, BT-Drs. 18/6281, 105 f.; vgl. auch MüKoVergabeR I/Pauka/Krüger GWB § 124 Rn. 24; aA Beck VergabeR/Opitz GWB § 124 Rn. 23.
[47] JurisPK-VergabeR/Summa GWB § 124 Rn. 123 ff.

20 **4. Zuschlagskriterien.** Auch bei der Aufstellung von **Zuschlagskriterien** ermöglicht § 127 Abs. 1 S. 4 GWB iVm Abs. 3 eine Berücksichtigung umweltbezogener und sozialer Aspekte, die sich auch auf die Herstellung, Bereitstellung oder Entsorgung der Leistung, auf den Handel mit der Leistung oder auf ein anderes Stadium im Lebenszyklus der Leistung beziehen können. Ebenso wie schon im Rahmen der Leistungsbeschreibung ist eine Verbindung zum Auftragsgegenstand erforderlich; darüber hinaus müssen die Zuschlagskriterien verhältnismäßig sein.[48] Eine Berücksichtigung menschenrechts- und umweltbezogener Pflichtverletzungen in der auftragsbezogenen Lieferkette ist daher auch an dieser Stelle nach Maßgabe der an die Leistungsbeschreibung zu stellenden Anforderungen möglich (→ Rn. 15).[49] Auch für lieferkettenbezogene Sorgfaltspflichten ist eine Verbindung zum Angebot selbst erforderlich; unzulässig sind demnach rein unternehmensbezogene Zuschlagskriterien, mit denen abstrakte Fähigkeiten des Bieters abgeprüft werden.[50]

21 **5. Ausführungsbedingungen.** Gemäß § 128 Abs. 1 GWB haben Unternehmen bei der Ausführung des öffentlichen Auftrags alle für sie geltenden rechtlichen Verpflichtungen einzuhalten. Eine Pflicht zur unternehmensweiten Rechtstreue ist damit indes nicht verbunden. Auch im Rahmen der Ausführungsbedingungen begründet das Vergaberecht Pflichten des Auftragnehmers nur in Bezug auf das jeweilige Auftrags- bzw. Vertragsverhältnis.[51] Die Sorgfaltspflichten des LkSG gehören deshalb nur insoweit zu den Ausführungsbedingungen iSv § 128 Abs. 1 GWB, wie sie sich auf das konkrete Auftragsverhältnis beziehen.[52]

22 Nach Maßgabe von § 128 Abs. 2 GWB kann der öffentliche Auftraggeber **besondere Ausführungsbedingungen** festlegen, die sich gemäß S. 3 auch auf umweltbezogene, soziale oder beschäftigungspolitische Belange beziehen können. Hinsichtlich der erforderlichen Verbindung zum Auftragsgegenstand verweist die Vorschrift auf die gemäß § 127 Abs. 3 GWB an Zuschlagskriterien zu stellenden Anforderungen. Der öffentliche Auftraggeber kann daher sowohl unmittelbar die Vermeidung menschenrechts- und umweltbezogener Pflichtverletzungen als auch die Ergreifung lieferkettenbezogener Sorgfaltsmaßnahmen fordern.[53] Dabei steht es ihm frei, auch die Einhaltung derjenigen Sorgfaltspflichten, zu deren Einhaltung ein in den Anwendungsbereich des LkSG fallender Auftragnehmer bereits nach Maßgabe von § 128 Abs. 1 GWB verpflichtet ist, als besondere Ausführungsbedingungen aufzunehmen und sich damit vertragliche Sanktionsinstrumente zu sichern.[54]

III. Formelle Voraussetzungen

23 **1. Zuständigkeit.** Zuständig für eine Ausschlussentscheidung ist der Auftraggeber, der das jeweilige Vergabeverfahren durchführt.[55] Kenntnis von der Verhängung eines relevanten Bußgeldes kann dieser durch **Abfrage des Wettbewerbsregisters** erlangen, in das gemäß § 2 Abs. 1 Nr. 4 WRegG in der Fassung ab dem 1.1.2023 auch rechtskräftige Bußgeldentscheidungen wegen Ordnungswidrigkeiten nach § 24 Abs. 1 einzutragen sind, bei denen ein Bußgeld von wenigstens 175.000 Euro festgesetzt worden ist.[56] Entsprechende Entscheidungen teilt das BAFA dem Bundeskartellamt als Registerbehörde gemäß § 4 Abs. 1 WRegG unter Angabe der in § 3 Abs. 1 WRegG genannten Informationen (insbesondere gemäß § 3 Abs. 1 Nr. 6 der zur Registereintragung führenden Ordnungswidrig-

[48] Fritz/Klaedtke NZBau 2022, 131 (135); Beck VergabeR/Opitz GWB § 127 Rn. 108.
[49] Fritz/Klaedtke NZBau 2022, 131 (135).
[50] Beck VergabeR/Opitz GWB § 127 Rn. 98; etwas weitgehend daher Wagner/Ruttloff/Wagner LkSG-HdB/Neun/König Rn. 1647.
[51] Pünder/Schellenberg/Fehling GWB § 128 Rn. 15.
[52] Zu weit Wagner/Ruttloff/Wagner LkSG-HdB/Neun/König Rn. 1655.
[53] Vgl. auch Wagner/Ruttloff/Wagner LkSG-HdB/Neun/König Rn. 1645 ff.
[54] Beck VergabeR/Opitz GWB § 128 Rn. 12.
[55] Obenhaus/Brügge/Herden/Schönhöft/Herden SchwarzArbG § 21 Rn. 16.
[56] Vgl. Art. 3 Gesetz über die unternehmerischen Sorgfaltspflichten in Lieferketten vom 16.7.2021, BGBl. 2021 I 2969.

keit und der verhängten Sanktion) mit. Eine **Abfragepflicht** seitens des Auftraggebers regelt § 6 WRegG erst bei Überschreitung bestimmter Schwellenwerte: Öffentliche Auftraggeber nach § 99 GWB sind dabei bereits ab einem geschätzten Auftragswert von 30.000 Euro, Sektorenauftraggeber iSv § 100 Abs. 1 Nr. 1 GWB demgegenüber nur im Oberschwellenbereich zur Abfrage verpflichtet.[57]

2. Anhörung (Abs. 3). Gemäß § 22 Abs. 3 ist der Bewerber vor der Entscheidung über den Ausschluss zu hören. Angesichts des dem öffentlichen Auftraggeber eingeräumten (intendierten) Ermessens handelt es sich bei dem Anhörungserfordernis um einen Ausdruck des Verhältnismäßigkeitsgrundsatzes.[58] Dem Unternehmen wird damit die Möglichkeit eingeräumt, auf ergriffene Selbstreinigungsmaßnahmen nach § 125 GWB hinzuweisen und sonstige Umstände vorzutragen, die ausnahmsweise gegen einen Verfahrensausschluss sprechen können.[59] Bei unterbliebener Anhörung ist die Ausschlussentscheidung angreifbar.[60] 24

IV. Materielle Voraussetzungen

1. Verfahren über die Vergabe eines Liefer-, Bau- oder Dienstleistungsauftrags. Ausgeschlossen werden können Unternehmen von der Teilnahme an einem Verfahren über die Vergabe eines Liefer-, Bau- oder Dienstleistungsauftrags. Eine Beschränkung auf Vergabeverfahren im Oberschwellenbereich ist § 22 dabei nicht zu entnehmen; ein Ausschluss kommt im Unterschwellenbereich gleichermaßen in Betracht.[61] 25

Liefer-, Bau- und Dienstleistungsaufträge werden in § 103 Abs. 2–4 GWB definiert. **Lieferaufträge** sind gemäß § 103 Abs. 2 S. 1 GWB Verträge zur Beschaffung von Waren, die insbesondere Kauf oder Ratenkauf oder Leasing, Mietverhältnisse oder Pachtverhältnisse mit oder ohne Kaufoption betreffen. **Bauaufträge** sind gemäß § 103 Abs. 3 S. 1 GWB als Verträge über die Ausführung oder die gleichzeitige Planung und Ausführung (i) von Bauleistungen im Zusammenhang mit in Anh. II RL 2014/24/EU und Anh. I RL 2014/25/EU genannten Tätigkeiten bzw. (ii) eines Bauwerks für den öffentlichen oder Sektorenauftraggeber, das Ergebnis von Tief- oder Hochbauarbeiten ist und eine wirtschaftliche oder technische Funktion erfüllen soll, definiert. Gemäß § 103 Abs. 3 S. 2 GWB sind ferner auch Bauleistungen Dritter als Bauaufträge erfasst, wenn sie gemäß den von dem öffentlichen Auftraggeber oder Sektorenauftraggeber genannten Erfordernissen erbracht werden, dem Auftraggeber unmittelbar wirtschaftlich zugutekommen und dieser einen entscheidenden Einfluss ihre Art und Planung hat. Die Definition der **Dienstleistungsaufträge** in § 103 Abs. 4 GWB übernimmt eine Auffangfunktion; sämtliche Verträge, die nicht als Liefer- oder Bauaufträge einzuordnen sind, fallen damit unter den Begriff des Dienstleistungsauftrags. Eine Abgrenzung der verschiedenen Auftragstypen ist aus Sicht des Vergaberechts zur Bestimmung des im Einzelnen anzuwendenden Normengefüges unerlässlich; aus Sicht des LkSG ergeben sich aus der Unterscheidung jedoch keine weiteren Konsequenzen. 26

Die Anwendbarkeit des § 22 auf (sämtliche) Verfahren über die Vergabe von Liefer-, Bau- und Dienstleistungsaufträgen schließt **positiv** auch die Vergabe von Aufträgen durch Sektorenauftraggeber zum Zweck der Ausübung der Sektorentätigkeit (§§ 136 ff. GWB) sowie verteidigungs- und sicherheitsspezifischer öffentlicher Aufträge (§§ 144 ff. GWB) mit ein.[62] **Negativ** werden demgegenüber Konzessionsvergabeverfahren iSv § 105 GWB aus- 27

[57] Beck VergabeR/Merkes WRegG § 6 Rn. 9.

[58] Wagner/Ruttloff/Wagner LkSG-HdB/Neun/König Rn. 1723; vgl. auch OLG München BeckRS 2021, 4761 Rn. 38.

[59] Freund/Krüger NVwZ 2022, 665 (670); Wagner/Ruttloff/Wagner LkSG-HdB/Neun/König Rn. 1723.

[60] OLG München BeckRS 2021, 4761 Rn. 38.

[61] Wagner/Ruttloff/Wagner LkSG-HdB/Neun/König Rn. 1666.

[62] Wagner/Ruttloff/Wagner LkSG-HdB/Neun/König Rn. 1682.

geschlossen.[63] Insoweit entspricht die Vorschrift ihren Regelungsvorbildern in § 19 MiLoG und § 21 AEntG. Ein Ausschluss von einem Konzessionsvergabeverfahren aufgrund einer Verletzung der Sorgfaltspflichten des LkSG kommt daher allenfalls auf Grundlage von § 124 Abs. 1 Nr. 3 GWB iVm § 154 Nr. 2 GWB in Betracht (→ Rn. 19).

28 **2. Auftraggeber gemäß §§ 99, 100 GWB.** § 22 ermöglicht einen Ausschuss von Vergabeverfahren von öffentlichen Auftraggebern (§ 99 GWB) und Sektorenauftraggebern (§ 100 GWB). Nicht erfasst sind konsequenterweise Konzessionsgeber nach § 101 GWB.[64]

29 **3. Rechtskräftig festgestellter Verstoß nach § 24 Abs. 1.** Voraussetzung für den Ausschluss ist ein rechtskräftig festgestellter Verstoß nach § 24 Abs. 1. Grundsätzlich eignen sich damit Verstöße gegen **sämtliche durch das LkSG begründete (Sorgfalts-)pflichten** als Grundlage für einen Vergabeverfahrensausschluss. Dabei kommt es nicht darauf an, ob infolge der Sorgfaltspflichtverletzungen auch eine menschenrechts- oder umweltbezogene Pflichtverletzung eingetreten ist.[65] Ausgeschlossen ist ein Verfahrensausschluss allerdings aufgrund der Bußgeldschwelle von § 22 Abs. 2 bei Verstößen gemäß § 24 Abs. 1 Nr. 9–12: Die Pflichten zur Dokumentation und Berichterstattung nach § 10 und § 12 sind gemäß § 24 Abs. 2 S. 1 Nr. 3 (iVm § 30 Abs. 2 S. 2 OWiG) mit einer Geldbuße von höchstens 100.000 Euro bewehrt. Eine Verzehnfachung durch § 30 Abs. 2 S. 3 OWiG kommt nicht in Betracht, da der Verweis in § 24 Abs. 2 S. 2 die auf die Dokumentations- und Berichtspflichten bezogenen Bußgeldtatbestände gerade nicht erfasst. Die für einen Vergabeverfahrensausschluss gemäß § 22 Abs. 2 S. 1 geltende Bußgeldschwelle von wenigstens 175.000 Euro ist damit nie erreicht.[66] Möglich bleibt ein Verfahrensausschluss im Zusammenhang mit Verstößen gegen Dokumentations- und Berichtspflichten aber bei Zuwiderhandlungen gegen vollziehbare Anordnungen nach § 15 Abs. 2 Nr. 2 oder § 13 Abs. 2. Die Geldbuße kann in diesem Fall gemäß § 24 Abs. 1 Nr. 13, Abs. 2 S. 1 Nr. 2, S. 2 bis zu 500.000 Euro betragen; ein gemäß § 30 Abs. 1 OWiG gegen eine juristische Person oder eine Personenvereinigung verhängtes Bußgeld kann aufgrund des Verweises in § 22 Abs. 2 S. 2 auf § 30 Abs. 2 S. 3 OWiG bis zu 5 Mio. Euro betragen.

30 Der Verstoß nach § 24 Abs. 1 muss **rechtskräftig** (besser: bestandskräftig)[67] **festgestellt** worden sein. Gegen einen Bußgeldbescheid ist gemäß §§ 67 ff. OWiG der Einspruch statthaft; solange das Einspruchsverfahren läuft, ist damit der Ausschluss von einem Vergabeverfahren nach § 22 nicht möglich. Etwas anderes gilt für einen Verfahrensausschluss nach § 19 MiLoG, § 21 SchwarzArbG und § 21 AEntG, der auch ohne einen bestandskräftigen Bußgeldbescheid und in den beiden letztgenannten Fällen sogar vor Durchführung eines Bußgeldverfahrens möglich ist, sofern an der jeweils vorausgesetzten Verfehlung „im Einzelfall angesichts der Beweislage kein vernünftiger Zweifel besteht".[68]

31 **4. Geldbuße nach § 22 Abs. 2.** Das Unternehmen (gemeint ist der **Unternehmensträger**)[69] muss mit einer Geldbuße nach Maßgabe von § 22 Abs. 2 belegt worden sein. Die damit geltenden Bußgeldschwellen sollen ausweislich der Begründung des RegE sicherstellen, dass nur schwerwiegende Verstöße zu einem Verfahrensausschluss führen.[70] Nach teilweise vertretener Auffassung sollen sich die Bußgeldschwellen deshalb allein auf den Ahndungsteil der Geldbuße beziehen; eine etwaige Abschöpfung wirtschaftlicher Vorteile

---

[63] Freund/Krüger NVwZ 2022, 665 (668); Wagner/Ruttloff/Wagner LkSG-HdB/Neun/König Rn. 1681.

[64] Freund/Krüger NVwZ 2022, 665 (668); Grabosch Das neue LkSG/Engel/Schönfelder § 6 Rn. 49; Wagner/Ruttloff/Wagner LkSG-HdB/Neun/König Rn. 1681.

[65] Krit. Kamann/Irmscher NZWiSt 2021, 249 (252); DAV NZG 2021, 546 (554).

[66] Krit. Christliche Initiative Romero, Stellungnahme RegE LkSG, Ausschuss-Drs. 19(11)1136, 186.

[67] Ehmann ZVertriebsR 2021, 141 (150).

[68] Freund/Krüger NVwZ 2022, 665 (669).

[69] Ausf. zur Terminologie des LkSG Mitsch NZWiSt 2021, 409.

[70] Begr. RegE, BT-Drs. 19/28649, 57.

gemäß § 17 Abs. 4 OWiG (ggf. iVm § 30 Abs. 3 OWiG) wäre danach nicht zu berücksichtigen.[71]

a) Geldbuße von wenigstens 175.000 Euro (Abs. 2 S. 1). Für die Bußgeldschwelle des § 22 Abs. 2 S. 1 von 175.000 Euro bleibt aufgrund der in S. 2 Nr. 1–3 geregelten Sonderbestimmungen **kein nennenswerter Anwendungsbereich.** Erfasst wird im Ergebnis allein eine auf **Ordnungswidrigkeiten eines Einzelkaufmanns** gemäß § 24 Abs. 1 Nr. 1–8, 13 gestützte Geldbuße:[72] Sofern der Unternehmensträger eine juristische Person oder Personenvereinigung iSv § 30 Abs. 1 OWiG ist, richten sich die Bußgeldschwellen für Ordnungswidrigkeiten gemäß § 24 Abs. 1 Nr. 1–8, 13 nach § 22 Abs. 2 S. 2. Ordnungswidrigkeiten gemäß § 24 Abs. 1 Nr. 9–12 rechtfertigen demgegenüber in jedem Fall nur ein Bußgeld in Höhe von bis zu 100.000 Euro und kommen damit von vornherein nicht als Grundlage eines Vergabeverfahrensausschlusses in Frage (→ Rn. 29). 32

b) Geldbuße von wenigstens 1,5 Mio. Euro (Nr. 1). Eine Geldbuße von wenigstens eine Million fünfhunderttausend Euro ist für Fälle des § 24 Abs. 2 S. 2 iVm § 24 Abs. 2 S. 1 Nr. 2 vorgeschrieben. Gemeint ist damit eine nach Maßgabe des § 30 Abs. 1 OWiG gegenüber einer juristischen Person oder Personenvereinigung verhängte Geldbuße aufgrund einer Ordnungswidrigkeit nach § 24 Abs. 1 Nr. 1, 2, 4, 5, oder 13. Erfasst werden hierdurch die unterbliebene Festlegung von Zuständigkeiten zur Überwachung des Risikomanagements (§ 4 Abs. 3), Fehler bei der Risikoanalyse (§ 5 Abs. 1 S. 1 und § 9 Abs. 3), die nicht rechtzeitige Überprüfung oder Aktualisierung von Präventionsmaßnahmen, Abhilfemaßnahmen und Maßnahmen zum Beschwerdeverfahren (§ 6 Abs. 5 S. 1 und 3, § 7 Abs. 4 S. 1 und 3, § 8 Abs. 5 S. 1 und 2) und Zuwiderhandlungen gegen vollziehbare Anordnungen (§ 13 Abs. 2 und § 15 S. 2 Nr. 2). 33

c) Geldbuße von wenigstens 2 Mio. Euro (Nr. 2). Für Fälle des § 24 Abs. 2 S. 2 iVm § 24 Abs. 2 S. 1 Nr. 1 ist eine Geldbuße von wenigstens 2 Mio. Euro vorgeschrieben. Gemeint ist eine nach Maßgabe des § 30 Abs. 1 OWiG gegenüber einer juristischen Person oder Personenvereinigung verhängte Geldbuße aufgrund einer Ordnungswidrigkeit nach § 24 Abs. 1 Nr. 3, 6, 7 und 8. Gegenstand dieser Tatbestände sind die unterbliebene oder nicht rechtzeitige Ergreifung von Präventions- und Abhilfemaßnahmen im Geschäftsbereich unmittelbarer Zulieferer (§ 6 Abs. 1 S. 1 und § 7 Abs. 1 S. 1), von Konzepten zur Beendigung oder Minimierung eingetretener und nicht in absehbarer Zeit zu beendender Pflichtverletzungen im Geschäftsbereich unmittelbarer Zulieferer (§ 7 Abs. 2 S. 1) sowie von Konzepten zur Verhinderung, Beendigung oder Minimierung von Pflichtverletzungen im Geschäftsbereich mittelbarer Zulieferer (§ 9 Abs. 3 Nr. 3). Ebenfalls erfasst ist die Nichtergreifung von Maßnahmen zur Einrichtung eines Beschwerdeverfahrens (§ 8 Abs. 1 S. 1 und § 9 Abs. 1). 34

d) Geldbuße von wenigstens 0,35 % des durchschnittlichen Jahresumsatzes. Eine Geldbuße in Höhe von wenigstens 0,35 % des durchschnittlichen Jahresumsatzes ist für Fälle des § 24 Abs. 3 vorgeschrieben. Dieser ermöglicht es, bei der Verhängung einer Geldbuße gegenüber einer juristischen Person oder Personenvereinigung mit einem durchschnittlichen Jahresumsatz von mehr als 400 Mio. Euro aufgrund einer Ordnungswidrigkeit nach § 24 Abs. 1 Nr. 6 und 7 lit. a in Abweichung von § 24 Abs. 2 S. 1 Nr. 1 und S. 2 an den durchschnittlichen Jahresumsatz des Unternehmens anzuknüpfen. Taugliche Ordnungswidrigkeitstatbestände sind damit die unterbliebene oder nicht rechtzeitige Ergreifung von Abhilfemaßnahmen (§ 7 Abs. 1 S. 1) und von Konzepten zur Beendigung oder Minimierung eingetretener und nicht in absehbarer Zeit zu beendender Pflichtverletzungen im Geschäftsbereich unmittelbarer Zulieferer (§ 7 Abs. 2 S. 1). Die Ermittlung des durchschnittlichen Jahresumsatzes erfolgt gemäß § 24 Abs. 3 S. 2 und 3. Danach ist der 35

[71] Mitsch NZWist 2021, 409 (413).
[72] Vgl. auch BAVC und VCI, Stellungnahme RegE LkSG, Ausschuss-Drs. 19(11)1136, 226.

weltweite Umsatz aller natürlichen und juristischen Personen sowie aller Personenvereinigungen der letzten drei Geschäftsjahre, die der Behördenentscheidung vorausgehen, zugrunde zu legen, soweit diese Personen und Personenvereinigungen als wirtschaftliche Einheit operieren.

36 **5. Keine Selbstreinigung.** Ein Verfahrensausschluss kommt nur bis zur nachgewiesenen Selbstreinigung gemäß § 125 GWB in Frage. Das Institut der Selbstreinigung soll es Unternehmen ermöglichen, durch freiwillige Maßnahmen zur Wiedergutmachung und Aufklärung vergangener und Prävention zukünftiger Verfehlungen seine Integrität wiederherzustellen und damit wieder an Vergabeverfahren teilzunehmen.[73] Die zur Annahme der Selbstreinigung erforderlichen Maßnahmen sind in § 125 Abs. 1 Nr. 1–3 aufgezählt. Danach hat das Unternehmen für den durch den Sorgfaltspflichtenverstoß verursachten Schaden einen Ausgleich zu zahlen oder sich zur Zahlung zu verpflichten (Nr. 1), die Tatsachen und Umstände, die mit dem Sorgfaltspflichtenverstoß und dem dadurch verursachten Schaden in Zusammenhang stehen, durch eine aktive Zusammenarbeit mit den Ermittlungsbehörden und dem öffentlichen Auftraggeber umfassend zu klären (Nr. 2) und konkrete technische, organisatorische und personelle Maßnahmen zu ergreifen, die geeignet sind, weitere Sorgfaltspflichtenverstöße zu vermeiden (Nr. 3).

37 Die Ergreifung von Selbstreinigungsmaßnahmen kann das Unternehmen **entweder im laufenden Vergabeverfahren** gegenüber dem jeweiligen Auftraggeber **oder im Verfahren nach § 8 WRegG** gegenüber dem Bundeskartellamt nachweisen. Der Auftraggeber bzw. das Bundeskartellamt bewertet die ergriffenen Maßnahmen gemäß § 125 Abs. 2 GWB unter Berücksichtigung der Schwere und der besonderen Umstände der Sorgfaltspflichtverletzung. Gelangt das Bundeskartellamt im Verfahren nach § 8 WRegG zu der Einschätzung, dass das Unternehmen die Selbstreinigung nachgewiesen hat, so löscht es die Eintragung gemäß § 8 Abs. 1 S. 3 WRegG. Diese Entscheidung bindet gemäß § 7 Abs. 2 S. 1 WRegG auch einzelne Auftraggeber. Umgekehrt steht es diesen aber frei, die Voraussetzungen der Selbstreinigung trotz Vorliegens einer Eintragung und gemäß § 7 Abs. 2 S. 2 WRegG auch nach vorangegangener Ablehnung eines Löschungsantrags durch das Bundeskartellamt eigenständig zu prüfen.

38 **6. Zeitraum für Ausschlüsse.** Gemäß § 22 Abs. 1 S. 2 darf der Ausschluss nur „innerhalb eines angemessenen Zeitraums von bis zu **drei Jahren** erfolgen." Diese Frist ist im Oberschwellenbereich auch durch das Unionsrecht zwingend vorgegeben: Die Modalitäten eines Verfahrensausschlusses sind hier abschließend durch RL 2014/24/EU determiniert, fakultative Ausschlussgründe dürfen gemäß Art. 57 Abs. 7 S. 2 RL 2014/24 EU – umgesetzt durch § 126 Nr. 2 GWB – nicht an mehr als drei Jahre zurückliegende Ereignisse anknüpfen. Für spezialgesetzliche Ausschlussgründe gilt nichts anderes, da diese die unionsrechtlich vorgegebenen Ausschlussgründe nur konkretisieren, nicht aber erweitern oder beschränken dürfen (→ Rn. 19).[74] Fristauslösendes Ereignis ist der Eintritt der Bestandskraft der Bußgeldentscheidung.[75] Nach Ablauf der Dreijahresfrist werden Eintragungen im Wettbewerbsregister gemäß § 7 Abs. 1 S. 3 WRegG gelöscht.

V. Ausschlussentscheidung

39 Bei Vorliegen der dargestellten Voraussetzungen „soll" das Unternehmen von dem Vergabeverfahren ausgeschlossen werden. Diese Regelungstechnik entspricht auch den § 21 AEntG, § 19 MiLoG und § 21 SchwarzArbG. Im Regelfall ist der Auftraggeber dadurch in seiner Ausschlussentscheidung gebunden; **nur in atypischen Fällen** oder bei Vorliegen

[73] Wagner/Ruttloff/Wagner LkSG-HdB/Neun/König Rn. 1693.

[74] JurisPK-VergabeR/Summa GWB § 124 Rn. 123 ff.; ebenso Wagner/Ruttloff/Wagner LkSG-HdB/Neun/König Rn. 1665.

[75] So iErg auch Freund/Krüger NVwZ 2022, 665 (669).

eines wichtigen Grundes steht ihm ein **Ermessensspielraum** zu.[76] Dem Zweck der Sollvorschrift entspricht es, dass derartige atypische Fälle nicht und schon gar nicht abschließend im Gesetz aufgezählt werden; dem Auftraggeber soll auch für noch nicht vorhersehbare Situationen eine angemessene Entscheidung ermöglicht werden.[77] Einen Hinweis auf denkbare Fallgestaltungen verspricht allerdings ein Blick auf den Referentenentwurf des Bundesarbeitsministeriums vom 15.2.2021, der dem öffentlichen Auftraggeber bei der Vergabe öffentlicher Aufträge, die sich auf Kritische Infrastruktur iSd BSIG beziehen, ausnahmsweise ein weitergehendes Ermessen einräumen wollte (→ Rn. 4). Ob ein atypischer Fall vorliegt, ist gerichtlich umfassend überprüfbar.[78]

VI. Rechtsschutz

40 Die Ausschlussentscheidung kann im **Oberschwellenbereich** durch das **Nachprüfungsverfahren** gemäß §§ 155 ff. GWB angegriffen werden.[79] Der ordentliche Rechtsweg ist daneben nicht eröffnet.[80] Das Nachprüfungsverfahren wird gemäß § 160 Abs. 1 GWB durch entsprechenden Antrag bei der Vergabekammer eingeleitet. Form und Inhalt des Antrags richten sich nach § 161 GWB. Antragsbefugt iSv § 160 Abs. 2 GWB ist im Falle eines Ausschlusses der betroffene Bieter; sofern der Auftrag an ein Unternehmen vergeben werden soll, bei dem ein Ausschlussgrund vorliegt, ist ein an dem Auftrag interessiertes Wettbewerberunternehmen antragsbefugt.[81] § 160 Abs. 3 GWB begründet umfassende Rügeobligenheiten, deren Nichtbeachtung zur Unzulässigkeit des Nachprüfungsantrags führt. Im **Unterschwellenbereich** sind die §§ 155 ff. GWB nicht anwendbar. Der Bieter kann allerdings bei einer (drohenden) Verletzung vergaberechtlicher Vorschriften im Wege des einstweiligen Rechtsschutzes einen Unterlassungsanspruch, gerichtet in der Regel auf Unterlassung der Zuschlagserteilung, geltend machen.[82]

41 Nach hier vertretener Auffassung kann die Entscheidung des Auftraggebers auch in Form einer **Vergabesperre** ergehen (→ Rn. 5). Diese ist innerhalb eines konkreten Vergabeverfahrens im Oberschwellenbereich ebenfalls im Wege des Nachprüfungsverfahrens angreifbar.[83] Außerhalb eines individuellen Vergabeverfahrens kann der Bieter allerdings auch den ordentlichen Rechtsweg beschreiten und eine Aufhebung der Sperre verlangen.[84]

Abschnitt 6. Zwangsgeld und Bußgeld

§ 23 Zwangsgeld

Die Höhe des Zwangsgeldes im Verwaltungszwangsverfahren der nach § 19 Absatz 1 Satz 1 zuständigen Behörde beträgt abweichend von § 11 Absatz 3 des Verwaltungsvollstreckungsgesetzes bis zu 50 000 Euro.

---

[76] Grabosch Das neue LkSG/Engel/Schönfelder § 6 Rn. 51; vgl. BeckOK VwVfG/Aschke, Stand: 1.4.2022, VwVfG § 40 Rn. 39; Schoch/Schneider/Geis VwVfG § 40 Rn. 26; Stelkens/Bonk/Sachs/Sachs VwVfG § 40 Rn. 26; BVerwGE 12, 284 = DVBl. 61, 783; BVerwG NVwZ 1993, 588.

[77] Krit. gleichwohl Christliche Initiative Romero, Stellungnahme RegE LkSG, Ausschuss-Drs. 19(11)1136, 186.

[78] Schoch/Schneider/Geis VwVfG § 40 Rn. 26; Stelkens/Bonk/Sachs/Sachs VwVfG § 40 Rn. 27.

[79] Wagner/Ruttloff/Wagner LkSG-HdB/Neun/König Rn. 1725.

[80] Anders Grabosch Das neue LkSG/Engel/Schönfelder § 6 Rn. 53 unter Verweis auf BGH NZBau 2020, 609, der sich allerdings auf den Rechtsschutz gegen Vergabesperren bezieht.

[81] Pünder/Schellenberg/Kaufmann GWB § 123 Rn. 79.

[82] OLG Saarbrücken NZBau 2012, 654 (655 f.); OLG Düsseldorf NZBau 2010, 328; Wagner/Ruttloff/Wagner LkSG-HdB/Neun/König Rn. 1725.

[83] BGH NZBau 2020, 609 Rn. 25.

[84] BGH NZBau 2020, 609 Rn. 26 f.

I. Regelungsgegenstand

1 § 23 regelt die Höhe des Zwangsgeldes, die das Bundesamt für Wirtschaft und Ausfuhrkontrolle (BAFA) als nach § 19 Abs. 1 S. 1 zuständige Behörde im Verwaltungszwangsverfahren verhängen kann.

II. Spezialregelung zu § 11 Abs. 3 VwVG

2 Die Verhängung eines Zwangsgeldes gehört zu den Zwangsmitteln iSd § 9 Abs. 1 VwVG. Einzelheiten regelt § 11 VwVG. Danach kann die Behörde, die den Grundverwaltungsakt erlassen hat (§ 7 VwVG), den Pflichtigen durch Festsetzung von Zwangsgeld zur Vornahme einer **unvertretbaren Handlung,** Duldung oder Unterlassung anhalten und so die im Grundverwaltungsakt enthaltene Verpflichtung vollstrecken.[1] Bei **vertretbaren Handlungen** kann Zwangsgeld verhängt werden, wenn die Ersatzvornahme untunlich ist.

3 Die Höhe des Zwangsgeldes beträgt nach § 11 Abs. 3 VwVG bis zu 25.000 Euro. Diese allgemeine Regel wird durch zahlreiche Spezialregeln in anderen Gesetzen verdrängt.[2] Hierzu gehört auch § 23, der die **Höhe des Zwangsgeldes** im Vergleich zu § 11 Abs. 3 VwVG verdoppelt.[3]

4 Das Zwangsgeld wird durch einen Verwaltungsakt in Form eines Leistungsbescheides festgesetzt.[4] Es muss auf einen konkreten Betrag in Euro lauten.[5] Die Höhe des Zwangsgeldes liegt **im pflichtgemäßen Ermessen der Behörde** (§ 40 VwVfG).[6] Hierbei muss die Behörde den Grundsatz der Verhältnismäßigkeit beachten und ihre Ermessensentscheidung begründen (§ 39 Abs. 1 S. 3 VwVfG).[7] Bei andauernden Verstößen gegen Anordnungen kann das Zwangsgeld nach § 13 Abs. 6 S. 1 VwVG so oft wiederholt werden, bis die Verpflichtung erfüllt ist.

§ 24 Bußgeldvorschriften

(1) Ordnungswidrig handelt, wer vorsätzlich oder fahrlässig

1. entgegen § 4 Absatz 3 Satz 1 nicht dafür sorgt, dass eine dort genannte Festlegung getroffen ist,
2. entgegen § 5 Absatz 1 Satz 1 oder § 9 Absatz 3 Nummer 1 eine Risikoanalyse nicht, nicht richtig, nicht vollständig oder nicht rechtzeitig durchführt,
3. entgegen § 6 Absatz 1 eine Präventionsmaßnahme nicht oder nicht rechtzeitig ergreift,
4. entgegen § 6 Absatz 5 Satz 1, § 7 Absatz 4 Satz 1 oder § 8 Absatz 5 Satz 1 eine Überprüfung nicht oder nicht rechtzeitig vornimmt,
5. entgegen § 6 Absatz 5 Satz 3, § 7 Absatz 4 Satz 3 oder § 8 Absatz 5 Satz 2 eine Maßnahme nicht oder nicht rechtzeitig aktualisiert,
6. entgegen § 7 Absatz 1 Satz 1 eine Abhilfemaßnahme nicht oder nicht rechtzeitig ergreift,
7. entgegen
   a) § 7 Absatz 2 Satz 1 oder
   b) § 9 Absatz 3 Nummer 3

---

[1] Näher BeckOK VwVfG/Deutsch/Burr VwVG § 11 Rn. 1.
[2] Vgl. die Zusammenstellungen bei BeckOK VwVfG/Deutsch/Burr VwVG § 11 Rn. 11.1; Engelhardt/App/Schlattmann/Troidl, 12. Aufl. 2021, VwVG § 11 Rn. 8b.
[3] Vgl. Begr. RegE LkSG, BT-Drs. 19/28649, 57.
[4] Vgl. BeckOK VwVfG/Deutsch/Burr VwVG § 11 Rn. 17.
[5] Vgl. BeckOK VwVfG/Deutsch/Burr VwVG § 11 Rn. 12.
[6] Vgl. OVG Weimar NVwZ-RR 2002, 808.
[7] Vgl. BeckOK VwVfG/Deutsch/Burr VwVG § 11 Rn. 12.

ein Konzept nicht oder nicht rechtzeitig erstellt oder nicht oder nicht rechtzeitig umsetzt,
8. entgegen § 8 Absatz 1 Satz 1, auch in Verbindung mit § 9 Absatz 1, nicht dafür sorgt, dass ein Beschwerdeverfahren eingerichtet ist,
9. entgegen § 10 Absatz 1 Satz 2 eine Dokumentation nicht oder nicht mindestens sieben Jahre aufbewahrt,
10. entgegen § 10 Absatz 2 Satz 1 einen Bericht nicht richtig erstellt,
11. entgegen § 10 Absatz 2 Satz 1 einen dort genannten Bericht nicht oder nicht rechtzeitig öffentlich zugänglich macht,
12. entgegen § 12 einen Bericht nicht oder nicht rechtzeitig einreicht oder
13. einer vollziehbaren Anordnung nach § 13 Absatz 2 oder § 15 Satz 2 Nummer 2 zuwiderhandelt.

(2) [1] Die Ordnungswidrigkeit kann geahndet werden

1. in den Fällen des Absatzes 1
   a) Nummer 3, 7 Buchstabe b und Nummer 8
   b) Nummer 6 und 7 Buchstabe a
   mit einer Geldbuße bis zu achthunderttausend Euro,
2. in den Fällen des Absatzes 1 Nummer 1, 2, 4, 5 und 13 mit einer Geldbuße bis zu fünfhunderttausend Euro und
3. in den übrigen Fällen des Absatzes 1 mit einer Geldbuße bis zu hunderttausend Euro.

[2] In den Fällen des Satzes 1 Nummer 1 und 2 ist § 30 Absatz 2 Satz 3 des Gesetzes über Ordnungswidrigkeiten anzuwenden.

(3) [1] Bei einer juristischen Person oder Personenvereinigung mit einem durchschnittlichen Jahresumsatz von mehr als 400 Millionen Euro kann abweichend von Absatz 2 Satz 2 in Verbindung mit Satz 1 Nummer 1 Buchstabe b eine Ordnungswidrigkeit nach Absatz 1 Nummer 6 oder 7 Buchstabe a mit einer Geldbuße bis zu 2 Prozent des durchschnittlichen Jahresumsatzes geahndet werden. [2] Bei der Ermittlung des durchschnittlichen Jahresumsatzes der juristischen Person oder Personenvereinigung ist der weltweite Umsatz aller natürlichen und juristischen Personen sowie aller Personenvereinigungen der letzten drei Geschäftsjahre, die der Behördenentscheidung vorausgehen, zugrunde zu legen, soweit diese Personen und Personenvereinigungen als wirtschaftliche Einheit operieren. [3] Der durchschnittliche Jahresumsatz kann geschätzt werden.

(4) [1] Grundlage für die Bemessung der Geldbuße bei juristischen Personen und Personenvereinigungen ist die Bedeutung der Ordnungswidrigkeit. [2] Bei der Bemessung sind die wirtschaftlichen Verhältnisse der juristischen Person oder Personenvereinigung zu berücksichtigen. [3] Bei der Bemessung sind die Umstände, insoweit sie für und gegen die juristische Person oder Personenvereinigung sprechen, gegeneinander abzuwägen. [4] Dabei kommen insbesondere in Betracht:

1. der Vorwurf, der den Täter der Ordnungswidrigkeit trifft,
2. die Beweggründe und Ziele des Täters der Ordnungswidrigkeit,
3. Gewicht, Ausmaß und Dauer der Ordnungswidrigkeit,
4. Art der Ausführung der Ordnungswidrigkeit, insbesondere die Anzahl der Täter und deren Position in der juristischen Person oder Personenvereinigung,
5. die Auswirkungen der Ordnungswidrigkeit,
6. vorausgegangene Ordnungswidrigkeiten, für die die juristische Person oder Personenvereinigung nach § 30 des Gesetzes über Ordnungswidrigkeiten, auch in Verbindung mit § 130 des Gesetzes über Ordnungswidrigkeiten, verantwortlich ist, sowie vor der Ordnungswidrigkeit getroffene Vorkehrungen zur Vermeidung und Aufdeckung von Ordnungswidrigkeiten,
7. das Bemühen der juristischen Person oder Personenvereinigung, die Ordnungswidrigkeit aufzudecken und den Schaden wiedergutzumachen, sowie nach der Ord-

nungswidrigkeit getroffene Vorkehrungen zur Vermeidung und Aufdeckung von Ordnungswidrigkeiten,

8. die Folgen der Ordnungswidrigkeit, die die juristische Person oder Personenvereinigung getroffen haben.

(5) [1] Verwaltungsbehörde im Sinne des § 36 Absatz 1 Nummer 1 des Gesetzes über Ordnungswidrigkeiten ist das Bundesamt für Wirtschaft und Ausfuhrkontrolle. [2] Für die Rechts- und Fachaufsicht über das Bundesamt gilt § 19 Absatz 1 Satz 2 und 3.

Schrifttum: Achenbach/Ransiek/Rönnau (Hrsg.), Handbuch Wirtschaftsstrafrecht, 5. Aufl. 2019; Achenbach, Neue Sanktionen im Finanzmarktrecht – alte und neue Zweifelsfragen, wistra 2018, 13; Bacher/Hempel/Wagner-von Papp (Hrsg.), BeckOK Kartellrecht, 4. Aufl. 2022; Bohnert/Krenberger/Krumm (Begr./Hrsg.), Ordnungswidrigkeitengesetz Kommentar, 4. Aufl. 2016; Burger, Untreue (§ 266 StGB) durch das Auslösen von Sanktionen zu Lasten von Unternehmen, 2007; Ceffinato, Legitimation und Grenzen der strafrechtlichen Vertreterhaftung nach § 14 StGB, 2012; Drathjer, Die Abschöpfung rechtswidrig erlangter Vorteile im Ordnungswidrigkeitenrecht, 1997; Erb/Schäfer (Hrsg.), Münchener Kommentar zum StGB, Bd. I, 4. Aufl. 2020; Gaede, Verfassungswidrigkeit der gewerbsmäßigen bzw. bandenmäßigen Steuerhinterziehung (§ 370a AO), HRRS 2004, 318; Gassner/Seith (Hrsg.), Handkommentar OWiG, 2. Aufl. 2020; Graf (Hrsg.), Beck'scher Online-Kommentar zum OWiG, 35. Edition Stand: 1.7.2022; Harings/Jürgens, Das Lieferkettensorgfaltspflichtengesetz, 2022; Harings/Zegula, Die „Lieferkette" als Anknüpfungspunkt der Compliance-Verpflichtungen nach dem LkSG, CCZ 2022, 165; Kamann/Irmscher, Das Sorgfaltspflichtengesetz – Ein neues Sanktionsrecht für Menschenrechts- und Umweltverstöße in Lieferketten, NZWiSt 2021, 249; Kindhäuser/Neumann/Paeffgen (Hrsg.), Nomos Kommentar StGB, 5. Aufl. 2017; Kubiciel, Sonderunternehmensstrafrecht für fehlende Sorgfalt in Lieferketten, jurisPR-StrafR 7/21 Anm. 1; Li, Beteiligung durch Unterlassen, in Stam/Werkmeister (Hrsg.), Der Allgemeine Teil des Strafrechts in der aktuellen Rechtsprechung, 2019, 77; Mitsch (Hrsg.), Karlsruher Kommentar zum Gesetz über Ordnungswidrigkeiten, 5. Aufl. 2018; Mitsch, Lieferkettengesetz und Ordnungswidrigkeitenrecht, NZWiSt 2021, 409; Minkoff/Sahan/Wittig (Hrsg.), Konzernstrafrecht, 2020; Momsen/Willumat, Strafrechtliche Verantwortlichkeit von Unternehmen für Menschenrechtsverletzungen – Zurechnung von Verantwortung entlang von Wertschöpfungsgrenzen, KriPoZ 2019, 323; Mulch, Strafe und andere staatliche Maßnahmen gegenüber juristischen Personen, 2017; Oehm, Grundlagen der strafrechtlichen Verantwortlichkeit von Akteuren für Menschenrechtsverletzungen, in Krajewski/Oehm/Saage-Maß (Hrsg.), Zivil- und strafrechtliche Unternehmensverantwortung für Menschenrechtsverletzungen, 2018, 177; Petrossian, Die Früchte vergifteten Baums: Deutsche Strafjustiz und die Lieferketten, CB 2021, 1; Reiter, Die Bedeutung internationalen Rechts für den strafrechtlichen Sorgfaltsmaßstab in transnationalen Lieferketten, in Höffler (Hrsg.), Criminal Law Discourse of the Interconnected Society (CLaDIS), 2020, 199; Rönnau, Grundwissen – Strafrecht: Geschäftsherren- und Beauftragtenhaftung, JuS 2022, 117; Rönnau/Wegner, Grundwissen – Strafrecht: Beihilfe und „neutrales Verhalten", JuS 2019, 527; Roxin, Strafrecht Allgemeiner Teil Band II: Besondere Erscheinungsformen der Straftat, 2003; Schilling, Anmerkung zu BGH, Urt. v. 14.7.2021 – 6 StR 282/20, NStZ 2022, 113; Schmitt-Leonardy, Unternehmenskriminalität ohne Strafrecht?, 2013; Schuster, Das Verhältnis von Strafnormen und Bezugsnormen aus anderen Rechtsgebieten: Eine Untersuchung zum Allgemeinen Teil im Wirtschafts- und Steuerstrafrecht, 2012; Stöbener de Mora/Noll, Grenzenlose Sorgfalt? – Das Lieferkettensorgfaltspflichtengesetz, NZG 2021, 1237; Veil/Meyer/Rönnau (Hrsg.), Handbuch Marktmissbrauchsrechts, 2018; Wagner/Rutloff, Das Lieferkettensorgfaltspflichtengesetz – Eine erste Einordnung, NJW 2021, 2145; Wegner, Transnationale Sanktionsverfahren gegen Verbände, 2021; Welzel, Zur Abgrenzung des Tatbestandsirrtums vom Verbotsirrtum, MDR 1952, 584; Wittig, Die Strafbarkeit des Geschäftsherrn nach deutschem Strafrecht für transnationale Menschenrechtsverletzungen, in Krajewski/Oehm/Saage-Maß (Hrsg.), Zivil- und strafrechtliche Unternehmensverantwortung für Menschenrechtsverletzungen, 2018, 195; Wittig, Die Verantwortlichkeit von Wirtschaftsunternehmen für transnationale Menschenrechtsverletzungen nach dem deutschen Strafrecht – Bestandsaufnahme und Ausblick, in Höffler (Hrsg.), Criminal Law Discourse of the Interconnected Society (CLaDIS), 2020, 177; Zerbes/Pieth, Unternehmerische Verantwortlichkeit für Völkerrechtsverbrechen im Ausland, KJ 2018, 67.

Übersicht

I. Normzweck, Überblick

§ 24 sieht in Abs. 1 vor, dass bestimmte Verstöße 1

- gegen die Sorgfaltspflichten nach §§ 4–10,
- gegen die Berichtspflichten aus § 12 sowie
- gegen behördliche Anordnungen iSv § 13 Abs. 2, § 15 Abs. 2 Nr. 2

mit Bußgeldern sanktioniert werden können. Abs. 2–3 legen den Bußgeldrahmen fest, während Abs. 4 für Verbandsgeldbußen bestimmt, nach welchen Kriterien die Buße zu bemessen ist. Abs. 5 legt fest, dass das Bundesamt für Wirtschaft und Ausfuhrkontrolle (BAFA) die für das Bußgeldverfahren zuständige Ordnungsbehörde ist.

Gemäß § 2 OWiG sind die **allgemeinen Vorschriften des OWiG** nach den §§ 1–34 OWiG auf Bußgeldvorschriften des LkSG anwendbar. Das Bußgeldverfahren richtet sich nach den §§ 35 ff. OWiG. 2

II. Grundlagen und Fragen des Allgemeinen Teils

1. Blankettstruktur und Gesetzlichkeitsprinzip. Der § 24 Abs. 1 ist als sog. **Blankettgesetz** ausgestaltet, das das ahndbare Verhalten nicht selbst beschreibt, sondern dafür auf Verhaltensgebote in den §§ 4–10, 12, 13 Abs. 2, § 15 S. 2 Nr. 2 verweist. Diese Normen enthalten weitere Binnenverweisen, die zumeist nicht eindeutig gekennzeichnet sind, sondern über Verweisungsbegriffe erfolgen (zB jenen der „Lieferkette“, die in § 2 Abs. 2 legal definiert ist). Die Voraussetzungen des jeweiligen Tatbestands in § 24 Abs. 1 ergeben sich vor diesem Hintergrund erst durch das **Zusammenlesen von Sanktionsnorm und (zumeist mehreren) Ausfüllungsnorm(en).**[1] 3

Problematisch ist die skizzierte Blankett-Gesetzgebungstechnik insbesondere in Bezug auf den auch im Ordnungswidrigkeitenrecht geltenden **strafrechtlichen Bestimmtheitsgrundsatz** gemäß Art. 103 Abs. 2 GG, Art. 49 Abs. 1 GRCh, Art. 7 Abs. 1 S. 1 EMRK, 4

[1] Zu diesen Begrifflichkeiten grdl. Welzel MDR 1952, 584 (586).

Art. 15 IPbpR und § 3 OWiG.[2] Hierzu ist zunächst festzuhalten, dass die Vorgaben des Bestimmtheitsgebots (insbesondere das Analogieverbot!) bei Blankettgesetzen **sowohl für die Sanktionsnorm als auch für das vorgelagerte blankettausfüllende** Recht Wirkung entfalten.[3] Soweit in der Literatur also vorgeschlagen werden sollte, bestimmte Verhaltensweisen im Wege des Analogieschlusses unter die von § 24 Abs. 1 in Bezug genommenen Gebote zu fassen, würde dies auf das Ordnungswidrigkeitenrecht nicht durchzuschlagen. Es kann hier zu einer **gespaltenen Normauslegung** kommen, bei der ein Tatbestand nach §§ 4 ff. für die Zwecke von § 24 Abs. 1 enger als in anderen Kontexten ausgelegt wird.

5 Der Bestimmtheitsgrundsatz verlangt, dass der Gesetzgeber die Voraussetzungen der Sanktionierbarkeit im Gesetz so **konkret beschreibt,** dass sich Anwendungsbereich und Tragweite des jeweiligen Sanktionstatbestandes aus dem Gesetzeswortlaut ergeben oder durch Auslegung zu ermitteln sind.[4] Die angedrohte Sanktion muss für den Normadressaten in einem Maße **vorhersehbar** sein, das es ihm erlaubt, sein Verhalten am Gesetz auszurichten.[5] Ob die von § 24 Abs. 1 referenzierten Handlungsgebote diesen Anforderungen genügen, wird **häufig bezweifelt.**[6] Diese Zweifel sind zu großen Teilen berechtigt. Denn zwar schlagen nicht alle im LkSG enthaltenen Präzisionsmängel auf das Sanktionsrecht nach § 24 Abs. 1 durch. So mag beispielsweise unklar sein, welche Rechte und Pflichten einem Menschenrechtsbeauftragten iSv § 4 Abs. 3 S. 1 zukommen. Das vom Bußgeldtatbestand des § 24 Abs. 1 Nr. 1 flankierte Gebot, überhaupt eine Person zu benennen, die für die Überwachung des Risikomanagements zuständig ist, ist aber hinreichend deutlich, um sich danach zu richten. – In vielen Fällen betrifft der Bestimmtheitsmangel aber unmittelbar das von § 24 Abs. 1 bußgeldrechtlich flankierte Verhaltensgebot. So lassen sich dem Gesetz beispielsweise keine Anhaltspunkte dafür entnehmen, wann eine Risikoanalyse iSv **§ 24 Abs. 1 Nr. 2** „nicht vollständig" oder – noch vager – „nicht richtig" ist.[7] Dazu gibt es auch keine gefestigte Verkehrspraxis, auf die der Gesetzgeber sich beziehen könnte. Ähnliche Probleme bereitet § 24 Abs. 1 Nr. 3, soweit dort darauf abgestellt wird, dass Präventionsmaßnahmen nach § 6 Abs. 1 „nicht" oder „nicht rechtzeitig" vorgenommen werden. Denn ob Präventionsmaßnahmen unverzüglich vorgenommen werden oder nicht, ließe sich noch vergleichsweise problemlos feststellen. Es müssen jedoch auch – und dieser Begriff bietet breite Interpretationsmöglichkeit – „angemessene" Maßnahmen sein. Das Wort „angemessen" wird in § 24 Abs. 1 Nr. 3 nicht zitiert, allerdings ist das Gesetz wohl so zu lesen, dass eine Maßnahme iSv § 6 Abs. 1 als „nicht vorgenommen" iSv § 24 Abs. 1 Nr. 3 gilt, wenn es sich um eine Maßnahme handelt, die die Voraussetzungen von § 6 Abs. 1 nicht erfüllt (insbesondere weil sie nicht „angemessen" ist).[8] Der französische **Conseil Constitutionnel** hat vergleichbare Formulierungen im französischen Pendant zum LkSG („Loi relative au devoir de vigilance des sociétés mères et des entreprises donneuses d'ordre") wegen Unvereinbarkeit mit dem Gesetzlichkeitsprinzip für verfassungswidrig erklärt[9] (näher → Einl. Rn. 142). Hinzu kommen die Schwierigkeiten, überhaupt unter den Begriff des menschen- oder umweltrechtlichen Risikos zu subsumieren.[10] Besonders problematisch ist hier die äußerst vage **Auffangklausel des § 2 Abs. 2**

[2] Zur Anwendbarkeit dieser Normen auf das Ordnungswidrigkeitenrecht s. nur KK-OWiG/Rogall OWiG § 3 Rn. 1 ff. mwN.

[3] S. nur BVerfG NJW 2016, 3648 (3650 f.); 2011, 3778 (3779); 2010, 3209 (3210 f.).

[4] BVerfG NJW 2016, 3648 (3649 ff.) mwN.

[5] BVerfGE 126, 170 (195) = NJW 2010, 3209; BGH NJW 2005, 374 (376); Gaede HRRS 2004, 318 (319).

[6] Hembach Praxisleitfaden LkSG 191 f.; Kamann/Irmscher NZWiSt 2021, 249 (253 f.); Stöbener de Mora/Noll NZG 2021, 1237 ff.

[7] Zu Recht krit. Kamann/Irmscher NZWiSt 2021, 249 (254); Wagner/Ruttloff/Wagner LkSG-HdB/Skoupil Rn. 1539.

[8] Wie hier Mitsch NZWiSt 2021, 409 (411) für die ähnlich gelagerten § 24 Abs. 1 Nr. 6, § 7 Abs. 1 S. 1; Wagner/Ruttloff/Wagner LkSG-HdB/Skoupil Rn. 1542.

[9] Entscheidung Nr. 2017-750 DC v. 23.3.2017.

[10] Näher Kamann/Irmscher NZWiSt 2021, 249 (254).

Nr. 12.[11] Zahlreiche weitere Beispiele (etwa mit Blick auf den zentralen Begriff der „Lieferkette“[12] oder die Tatbestände nach § 24 Abs. 1 Nr. 6 und Nr. 7[13]) ließen sich nennen. In der Praxis werden diese Unwägbarkeiten häufig zu sanktionsausschließenden Irrtümern führen (→ Rn. 20 f.).

2. Rechtsgut und Deliktsnatur. Die Delikte des § 24 Abs. 1 dienen dem Schutz der in § 2 Abs. 1 genannten Rechtspositionen. Bei unbefangener Betrachtung handelt es sich dabei vielfach um Individualrechtsgüter, gleichwohl will der Gesetzgeber des sie als **Allgemeinrechtsgüter** verstanden wissen und hat § 24 Abs. 1 ausdrücklich den Charakter als Schutzgesetz iSv § 823 Abs. 2 BGB versagt.[14] 6

Die von § 24 Abs. 1 referenzierten Bezugsnormen enthalten grundsätzlich bloße Bemühens- (§§ 4–10) oder Berichtspflichten (§§ 12, 13 Abs. 2, § 15 S. 2 Nr. 2), ohne dass es für die Tatbestandserfüllung darauf ankäme, ob tatsächlich eine vom LkSG geschützte Rechtsposition verletzt wird. Es handelt sich bei den Delikten des § 24 Abs. 1 daher um **abstrakte Gefährdungsdelikte.**[15] Sie lassen sich außerdem als echte Unterlassungsdelikte qualifizieren (→ Rn. 19). 7

3. Kreis der tauglichen Täter bzw. Beteiligten. a) Täterkreis. Die Bußgeldtatbestände des § 24 Abs. 1 kann verwirklichen, „wer“ eine der in Bezug genommenen Handlungspflichten aus §§ 4–10, 12, 13 Abs. 2, § 15 S. 2 Nr. 2 in der jeweils näher in § 24 Abs. 1 beschriebenen Weise verletzt. Das Gesetz knüpft den Täterkreis des § 24 Abs. 1 damit an den **Kreis der Pflichtadressaten iSd §§ 4–10, 12, 13 Abs. 2, § 15 S. 2 Nr. 2,** dh nur wen die dort genannten Pflichten treffen, kann auch Täter der Ordnungswidrigkeit sein. 8

An wen richtet sich das in §§ 4–10, 12, 13 Abs. 2, § 15 S. 2 Nr. 2 umrissene Pflichtenprogramm also? In allen von § 24 Abs. 1 erfassten Fällen ist der Pflichtenadressat das **„Unternehmen“ iSv § 1 Abs. 1.** Dieser schillernde und je nach Kontext sehr unterschiedlich verstandene[16] Begriff ist im Gesetz nicht näher definiert. Er soll laut Gesetzesbegründung als „Oberbegriff“ dienen und „rechtsformneutral“ jene natürliche oder juristische Person oder rechtsfähige Personengesellschaft als Normadressaten ansprechen, die **Rechtsträgerin eines Unternehmens** ist.[17] Dies entspricht der Sache nach dem sanktionsrechtlichen Begriff des **Unternehmens- oder Betriebsinhabers,** wie er aus §§ 9, 130 OWiG bekannt ist.[18] Er (oder sie) allein ist im Ausgangspunkt (!) tauglicher Täter einer Tat nach § 24 Abs. 1. 9

Handelt es sich beim Unternehmens- oder Betriebsinhaber um eine **natürliche Person** (zB einen Einzelkaufmann), so kann diese sich ohne weiteres nach § 24 Abs. 1 ahndbar machen. Anders liegt es, wenn Unternehmensträgerin **eine juristische Person** oder eine **rechtsfähige Personengesellschaft** ist: Wegen des in Deutschland geltenden Prinzips *societas delinquere non potest* ist die Täterschaft eines solchen Verbands ausgeschlossen.[19] Eine Ahndbarkeit lässt sich in diesen Fällen nur konstruieren, indem das besondere persönliche 10

[11] Falder/Frank-Fahle/Poleacov LkSG S. 33 f.; Wagner/Ruttloff/Wagner LkSG-HdB/Rutloff/Schulga/Ruttloff/Wilske/Schulga § 10 Rn. 117; für eine enge Auslegung plädieren daher Wagner/Ruttloff/Wagner LkSG-HdB/Wagner/Wagner/Schuler § 10 Rn. 37; s. auch Wagner/Ruttloff NJW 2021, 2145 (2146 f.) und Stöbener de Mora/Noll NZG 2021, 1237 (1240).

[12] Dazu eingehend Harings/Zegula CCZ 2022, 165.

[13] Wagner/Ruttloff/Wagner LkSG-HdB/Skoupil Rn. 1546, 1549.

[14] BT-Drs. 19/30505, 39.

[15] Wagner/Ruttloff/Wagner LkSG-HdB/Skoupil Rn. 1528.

[16] Einführend C. Wegner Unternehmensbezogene Geldbußen S. 33 ff. mzN; den Unternehmensbegriff vertieft interdisziplinär betrachtend Schmitt-Leonardy Unternehmenskriminalität S. 5.

[17] BT-Drs. 19/28649, 33.

[18] Mitsch NZWiSt 2021, 409 (411); Rothermel Rn. 2; Wagner/Ruttloff/Wagner LkSG-HdB/Skoupil Rn. 1569.

[19] Mit ausführlicher Wiedergabe des insofern bestehenden vielschichtigen Streitstands Mulch Strafe gegenüber juristischen Personen S. 46 ff.; eine instruktive historische Grundlegung liefert Schmitt-Leonardy Unternehmenskriminalität S. 342 ff.

Merkmal der Unternehmens- bzw. Betriebsinhaberschaft mithilfe von **§ 9 OWiG** auf eine der dort genannten natürlichen Personen (Vertreter und Beauftragte des Unternehmens- bzw. Betriebsinhabers) übergewälzt wird. Zur Frage, ob und unter welchen Umständen **Menschenrechtsbeauftragte iSv § 4 Abs. 3 S. 1** dem § 9 OWiG unterfallen und damit als Täter iSv § 24 Abs. 1 in Betracht kommen, ausführlich → § 4 Rn. 67 ff.

11 Ausweislich des § 9 Abs. 3 OWiG sind § 9 Abs. 1 und Abs. 2 OWiG auch im Fall eines rechtsunwirksamen, aber faktisch bestehenden Vertretungs- oder Auftragsverhältnisses anwendbar. Im Rahmen der **Lehre vom faktischen Organ** können sie außerdem auf Personen angewendet werden, bei denen eine wirksame Bestellung überhaupt nicht in Aussicht genommen worden ist, die aber gleichwohl im Einverständnis mit dem vertretenen Verband neben oder anstelle von bestellten Organen faktisch eine organgleiche Position eingenommen haben.[20]

12 **b) Beteiligung.** Anders als das Strafrecht kennt das Ordnungswidrigkeitenrecht keine Unterscheidung zwischen Täterschaft und Teilnahme, sondern geht vom sog. **Einheitstäterprinzip** aus.[21] Beteiligen sich mehrere Personen an einer Ordnungswidrigkeit, so handelt gemäß § 14 Abs. 1 S. 1 OWiG jeder von ihnen ordnungswidrig. Dabei kommt es gemäß § 14 Abs. 1 S. 2 OWiG nicht darauf an, ob der Beteiligte selbst die ggf. für die Ahndbarkeit erforderlichen besonderen persönlichen Merkmale gemäß § 9 Abs. 1 OWiG aufweist, wenn diese zumindest bei einem anderen Beteiligten vorliegen.[22] An einer Tat iSv § 24 Abs. 1 können sich – unter dem im Folgenden näher dargelegten Voraussetzungen – also auch Unternehmensangehörige in ahndbarer Weise beteiligen, die **in der Unternehmenshierarchie unterhalb des in § 9 OWiG adressierten Führungspersonals** stehen.[23]

13 Eine Beteiligung iSv § 14 setzt auf objektiver Ebene einen Handlungsbeitrag voraus, der für die Tatbestandsverwirklichung **förderlich** gewesen ist.[24] Das Beteiligungsverhalten muss grundsätzlich **aktiver Natur** sein, wobei psychische Bestätigung genügen kann. Ein bloßes „Co-Unterlassen" neben dem Täter führt dagegen ausweislich des § 8 OWiG nur zur Ahndung, wenn den Beteiligten eine Garantenpflicht trifft.[25] Bei den Delikten nach § 24 Abs. 1 wird dies praktisch kaum eine Rolle spielen. Denn eine Garantenpflicht, Verstöße gegen § 24 Abs. 1 zu verhindern, wird sich im Normalfall allenfalls nach den Grundsätzen der sog. Geschäftsherrenhaftung ergeben (→ Rn. 19). Wer aber die dafür notwendige Position innehat, wird regelmäßig ohnehin zu dem von § 9 OWiG umrissenen Personenkreis gehören und somit selbst tauglicher Täter der Delikte in § 24 Abs. 1 sein.

14 Eine Beteiligtenhaftung nach § 14 OWiG erfordert – was häufig übersehen wird – zudem, dass die Beteiligung vorsätzlich erfolgt und die Ordnungswidrigkeit von dem Dritten vorsätzlich begangen worden sein muss **(Erfordernis der doppelten Vorsatzstellung).**[26] Eine fahrlässige Beteiligung am vorsätzlichen Delikt kennt § 14 OWiG also ebenso wenig wie eine vorsätzliche Beteiligung am Fahrlässigkeitsdelikt.[27]

15 **4. Tatverhalten und Pflichtendelegation.** Die in § 24 Abs. 1 Nr. 1–13 genannten Delikte verweisen nicht nur auf die referenzierten Ausfüllungsnormen in §§ 4 ff., sondern formulieren das Tatverhalten noch einmal erneut im jeweiligen Bußgeldtatbestand. Dies erleichtert die Lesbarkeit, hat darüber hinaus aber **keine tatbestandseinschränkende Funktion.** Beispielsweise wird in § 24 Abs. 1 Nr. 12 verlangt, dass der Bericht iSv § 12

[20] Näher zur faktischen Organschaft und ihren Voraussetzungen KK-OWiG/Rogall OWiG § 9 Rn. 46 ff.; Scholz/Rönnau GmbHG § 84 Rn. 17 ff., jeweils mwN.

[21] AllgM, s. nur BeckOK OWiG/Coen OWiG § 14 Rn. 1.

[22] KK-OWiG/Rengier OWiG § 14 Rn. 37 ff.

[23] Mitsch NZWiSt 2021, 409 (11).

[24] KK-OWiG/Rengier OWiG § 14 Rn. 22 ff.; BeckOK OWiG/Coen OWiG § 14 Rn. 23.

[25] KK-OWiG/Rengier OWiG § 14 Rn. 27.

[26] Gassner/Seith/Blum/Kunz OWiG § 13 Rn. 11; BeckOK OWiG/Coen OWiG § 13 Rn. 9, 11; KK-OWiG/Rengier OWiG § 14 Rn. 8 ff., jeweils mzN.

[27] S. zu letzterem die Leitentscheidung BGHSt 31, 309 = NStZ 1983, 416.

Abs. 1 rechtzeitig eingereicht werden muss. Das Gesetz wiederholt nicht das in § 12 Abs. 1 enthaltene Erfordernis, dass der Bericht in deutscher Sprache elektronisch über einen von der zuständigen Behörde bereitgestellten Zugang eingereicht werden muss. Die Erfordernisse sind durch den Verweis auf § 12 Abs. 1 aber in einer dem Gesetzlichkeitsprinzip genügenden Weise in § 24 Abs. 1 Nr. 12 inkorporiert. Wer den Bericht in einer Fremdsprache an unzuständiger Stelle einreicht, macht sich also ahndbar.[28]

Wie in → Rn. 10 dargelegt, ist nach § 9 OWiG der gesamte dort genannte Personenkreis iSv § 24 Abs. 1 bußgeldrechtlich verantwortlich. Zwar lassen die §§ 4 ff. (für eine Ausnahme s. zB § 6 Abs. 2 S. 2) es zu, die Erfüllung der dort statuierten Pflichten horizontal (also innerhalb der Führungsebene) oder vertikal (auf nachgeordnete Mitarbeiter) zu **delegieren.**[29] An der bußgeldrechtlichen Verantwortung der Delegierenden ändert dies jedoch **grundsätzlich nichts.**[30] Insbesondere führt eine Beauftragung nach § 9 Abs. 2 OWiG nicht dazu, dass der Beauftragende von seiner Haftung befreit wird.[31] Anders als etwa bei § 266 StGB, wo der BGH annimmt, dass die Vermögensbetreuungspflicht des Delegierenden sich zu einer Organisations- und Aufsichtspflicht wandelt,[32] lassen die Tatbestände des § 24 Abs. 1 eine solche **Pflichtenreduzierung** ihrem Wortlaut nach überwiegend nicht zu, da dem Täter hier explizit die (Erfolgs-)Verantwortung dafür auferlegt wird, dass die in Abs. 1 Nr. 1–13 genannten Handlungen auch wirklich vorgenommen werden. Wer nur die Anweisung gibt, dass zB eine Abhilfemaßnahme iSv § 7 Abs. 1 S. 1 ergriffen wird, kann es sich zwar sanktionsbefreiend zurechnen lassen, wenn die Abhilfemaßnahme durch Mitarbeiter ergriffen wird. Wird der Anweisung nicht Folge geleistet, wurde die Maßnahme aber eben „nicht ergriffen" iSv § 24 Abs. 1 Nr. 6 und der Delegierende ist ahndbar. Anders liegt der Fall nur bei § 24 Abs. 1 Nr. 1, 8, die es genügen lassen, wenn der Täter für die Erfüllung der dort referenzierten Pflichten „sorgt". Denn „Sorge trägt auch", wer – ohne ansonsten selbst tätig zu werden – geeignete Mitarbeiter für die Aufgabe auswählt und ordnungsgemäß bei der Aufgabenerfüllung überwacht. Damit ist aber nicht gesagt, dass die Delegation von Pflichten dem Delegierenden bei den übrigen Fällen von § 24 Abs. 1 keinerlei bußgeldrechtliche Entlastung bringen kann. Vielmehr kann sich eine **Entlastung auf Ebene des subjektiven Tatbestands** ergeben. So ist etwa für die Fahrlässigkeitshaftung anerkannt, dass beim Merkmal der Sorgfaltswidrigkeit die Erfordernisse arbeitsteiligen Vorgehens in komplexen Wirtschaftsstrukturen zu berücksichtigen sind. Fahrlässiges Unterlassen iSv § 24 Abs. 1 kann dem Delegierenden daher nur vorgeworfen werden, wenn sich ihm aufgrund konkreter Anhaltspunkte aufdrängen musste, dass der von ihm gewählte Vertreter die Pflichten iSv § 24 Abs. 1 nicht ordnungsgemäß erfüllt, oder wenn er den Vertreter nicht sorgfältig ausgewählt und beaufsichtigt hat.[33] Auch mit Blick auf einen etwaigen Eventualvorsatz spricht die ordnungsgemäße Auswahl und Überwachung eines Vertreters gegen die Annahme der voluntativen Vorsatzkomponente. 16

5. Aufsichtspflichtverletzung nach § 130 OWiG. In der Praxis des Verbandssanktionsrechts gehört § 130 OWiG zu den praktisch bedeutsamsten Vorschriften. Es handelt sich um ein **eigenständiges (echtes) Unterlassungsdelikt,** dessen sich der Inhaber eines Unternehmens oder Betriebs ahndbar macht, wenn er vorsätzlich oder fahrlässig die Aufsichtsmaßnahmen unterlässt, die erforderlich sind, um in dem Betrieb oder Unternehmen Zuwiderhandlungen gegen Pflichten zu verhindern oder zumindest wesentlich zu erschwe- 17

---

[28] Wie hier Wagner/Ruttloff/Wagner LkSG-HdB/Skoupil Rn. 1555.

[29] Instruktiv zur sanktionsrechtlichen Verantwortung nach Delegation Dannecker in Rotsch Criminal Compliance § 5.

[30] Missverständlich daher Rothermel Rn. 9.

[31] HM, s. Achenbach in Achenbach/Ransiek/Rönnau HdB Wistra I Kap. 3 Rn. 20; NK-StGB/Böse StGB § 14 Rn. 50; Perron/Eisele in Schönke/Schröder StGB § 14 Rn. 7; MüKoStGB/Radtke StGB § 14 Rn. 128; für die Gegenauffassung s. pars pro toto Ceffinato Vertreterhaftung S. 286 ff. mwN.

[32] BGH NStZ 2022, 109.

[33] Prägnant NK-StGB/Böse StGB § 14 Rn. 50; s. ferner Schönke/Schröder/Perron/Eisele StGB § 14 Rn. 7; Schilling NStZ 2022, 113.

ren, die den Inhaber treffen und deren Verletzung mit Strafe oder Geldbuße bedroht ist. Wie bei § 24 Abs. 1 kann das **besondere persönliche Merkmal der Unternehmens- bzw. Betriebsinhaberschaft** auf die in § 9 OWiG genannten Vertreter und Beauftragte übergewälzt werden (→ Rn. 10). Weil sowohl § 24 Abs. 1 als auch § 130 OWiG originär den Unternehmens- bzw. Betriebsinhaber als Täter adressieren, wird § 130 OWiG mit Blick auf Verstöße gegen § 24 Abs. 1 **kaum einen praktischen Anwendungsfall** haben. Denn wer nach §§ 130, 9 OWiG verantwortlich ist, wird zugleich auch schon selbst Täter nach § 24 Abs. 1, § 9 OWiG sein können. Dabei geht das von § 24 Abs. 1, § 9 OWiG aufgestellte Verhaltensgebot in fast allen Fällen weiter als bei § 130 OWiG, weil es dem Täter auferlegt, das gebotene Verhalten notfalls selbst durchzuführen (→ Rn. 16). Einen eigenständigen Anwendungsbereich hat § 130 OWiG allerdings in **Konzernstrukturen,** wenn die Leitungsebene einer Konzernobergesellschaft pflichtwidrig Aufsichtsmaßnahmen unterlässt, die es zumindest erschwert hätten, dass in nachgeordneten Gesellschaften gegen § 24 Abs. 1 verstoßen wird.[34]

18 **6. Verbandsgeldbuße nach § 30 OWiG.** Delikte nach § 24 Abs. 1 können Anknüpfungstat für eine Verbandsgeldbuße iSv § 30 Abs. 1 OWiG sein, wenn der Täter zum dort genannten Führungspersonal eines Verbands gehört. Erfasst sind auch ausländische Verbände.[35]

19 **7. Verantwortlichkeit für Unterlassen.** Alle Bußgeldtatbestände in § 24 Abs. 1 knüpfen unmittelbar an eine unzureichende Erfüllung von Handlungspflichten an und stellen damit **echte Unterlassungsdelikte** dar.[36] Die Voraussetzungen des unechten Unterlassungsdelikts iSv § 8 OWiG müssen folglich nicht erfüllt sein, dh insbesondere entfällt das Erfordernis einer Garantenstellung. Eine Rolle kann das unechte Unterlassungsdelikt theoretisch jedoch in Gestalt der sog. **Geschäftsherrenhaftung** spielen. Hinter diesem Begriff verbirgt sich die bußgeldrechtliche Verantwortlichkeit von Leitungspersonen, die es unterlassen, Rechtsverstöße zu verhindern, die ihnen untergeordnete Personen begehen.[37] Bei den Bußgeldtatbeständen des § 24 Abs. 1 wird eine solche Konstellation aber kaum je auftreten, weil Täter hier ohnehin nur sein kann, wer dem von § 9 OWiG genannten Personenkreis angehört und damit in der Unternehmenshierarchie weit oben steht. Eines Rückgriffs auf die Geschäftsherrenhaftung bedarf es dann nicht.

20 **8. Subjektiver Tatbestand.** Die Tatbestände des § 24 Abs. 1 können vorsätzlich oder fahrlässig begangen werden. Die Begriffe des Vorsatzes und der Fahrlässigkeit entsprechen den Definitionen im strafrechtlichen Bereich und auch Irrtümer sind nach strafrechtlichen Grundsätzen zu behandeln. Dass § 24 Abs. 1 ein **mehrfach gestufter Blankett-Tatbestand** ist, ändert dabei nach hM an der Behandlung von Irrtümern nichts. Es bleibt dabei, dass für einen Vorsatz grundsätzlich die Kenntnis (iSv **dolus eventualis**) der objektiven Tatumstände genügt, die den Blankett-Tatbestand ausfüllen, und ein **Irrtum über Existenz oder Reichweite der blankettausfüllenden Normen** die Ahndbarkeit nur ausschließt, wenn der Irrtum unvermeidbar war (§ 11 Abs. 2 OWiG).[38]

21 Weitere Entlastung kann sich für den rechtsirrigen Täter aus dem Umstand ergeben, dass es sich bei allen Tatbeständen des § 24 Abs. 1 um **echte Unterlassungsdelikte** handelt. Hier stellt sich – unabhängig von dem vorstehend skizzierten Problem des Irrtums bei Blankett-Tatbeständen – gesondert die Frage, ob es für einen vorsätzlichen Verstoß gegen die jeweilige Handlungspflicht genügt, wenn der Täter die pflichtauslösenden Umstände kennt, oder ob er auch erkannt haben muss, dass die Handlungspflicht

[34] Eine Übersicht der über die Anwendbarkeit und Reichweite von § 130 OWiG in Konzernsachverhalten geführten Debatte liefert Minkoff in Minkoff/Sahan/Wittig Konzernstrafrecht § 6 Rn. 86 ff. mzN.

[35] Näher Wegner Transnationale Sanktionsverfahren S. 88 mzN in Fn. 247.

[36] Mitsch NZWiSt 2021, 409 (411).

[37] Instruktiv zur Geschäftsherrenhaftung im OWi-Bereich KK-OWiG/Rengier OWiG § 8 Rn. 47 ff. mwN; allg. dazu jüngst Rönnau JuS 2022, 117 ff.

[38] KK-OWiG/Rengier OWiG § 11 Rn. 24 ff. mwN, auch zur Gegenauffassung.

besteht.[39] Richtigerweise ist hier mit der hM für die Annahme von Vorsatz zu verlangen, dass dem Täter **zumindest die abstrakte Gebotsnorm bewusst** ist (zB dass sein Unternehmen der Pflicht zur Festlegung eines Verantwortlichen nach § 4 Abs. 3 S. 1 unterliegt), mag ihm auch die ihn selbst konkret treffende Handlungspflicht unbekannt sein.[40]

22 **9. Versuch.** Gemäß **§ 13 Abs. 2 OWiG** kann der Versuch einer Ordnungswidrigkeit nur geahndet werden, wenn das Gesetz dies ausdrücklich bestimmt. Dies ist in § 24 nicht der Fall, sodass eine Versuchsahndbarkeit ausscheidet.

23 **10. Rechtfertigung und Verantwortlichkeit.** Für § 24 gelten die allgemeinen Rechtfertigungsgründe nach den §§ 15, 16 OWiG. Nicht vorwerfbar handelt, wer einem unvermeidbaren Verbotsirrtum unterliegt (§ 11 Abs. 2 OWiG) oder die konstitutiven Verantwortlichkeitsvoraussetzungen gemäß § 12 OWiG nicht aufweist. Darüber hinaus können trotz fehlender gesetzlicher Regelung auch (täterentlastend) Entschuldigungsgründe wie zB § 35 StGB analog vorgetragen werden.

24 **11. Zusammentreffen von Straftat und Ordnungswidrigkeit – Doppelbestrafungsverbot.** Gemäß § 21 Abs. 1 S. 1 OWiG wird **nur das Strafgesetz** angewendet, wenn eine Handlung gleichzeitig (dh tateinheitlich)[41] einen Straftatbestand und den Tatbestand einer Ordnungswidrigkeit erfüllt (näher zu solchen Konstellationen→ Rn. 63 ff.). Wenn es in dem betreffenden Strafverfahren dann jedoch nicht zur Verhängung einer Strafe kommt, lebt die Ordnungswidrigkeit gemäß **§ 21 Abs. 2 OWiG** wieder auf und kann geahndet werden. Das gilt insbesondere dann, wenn hinsichtlich der Straftat ein Verfolgungshindernis besteht (zB nach Art. 54 SDÜ),[42] die Straftat (bezüglich spezifisch strafrechtlicher Tatbestandsmerkmale) nicht nachweisbar ist[43] oder von der Strafverfolgung aus Opportunitätsgründen (§§ 153, 153b, 154 StPO) abgesehen wird.[44] **Nicht anwendbar** ist § 21 Abs. 2 OWiG jedoch

- im Falle eines **rechtskräftigen Freispruchs;** in dieser Situation erstreckt sich die Rechtskraftwirkung des Strafurteils gemäß § 84 Abs. 1 OWiG auch auf die tateinheitlich begangene Ordnungswidrigkeit,[45]
- im Falle einer Entscheidung nach § 153a StPO,[46]
- im Falle eines Strafbefehls,[47]
- im Falle der Anwendung von § 59 StGB und § 60 StGB[48] oder
- im Falle einer Aussetzung der Strafe zur Bewährung.[49]

25 Der **Verfahrensablauf in Fällen des § 21 Abs. 2 OWiG** richtet sich danach, in welchem Verfahrensstadium sich herausstellt, dass es nicht zur Verhängung einer Strafe kommen wird, gleichwohl aber eine ahndbare Ordnungswidrigkeit vorliegt:

---

[39] Eine Problemübersicht liefert KK-OWiG/Rengier OWiG § 11 Rn. 32 ff. mwN.

[40] KK-OWiG/Rengier OWiG § 11 Rn. 34 f.; BeckOK OWiG/Valerius OWiG § 11 Rn. 65 ff., jeweils mwN.

[41] Statt aller KK-OWiG/Mitsch OWiG § 21 Rn. 2 mwN.

[42] Bohnert/Krenberger/Krumm OWiG § 21 Rn. 19; BeckOK OWiG/Sackreuther OWiG § 21 Rn. 18, 19.

[43] Bohnert/Krenberger/Krumm OWiG § 21 Rn. 20; KK-OWiG/Mitsch OWiG § 21 Rn. 24; BeckOK OWiG/Sackreuther OWiG § 21 Rn. 18, 19.

[44] Bohnert/Krenberger/Krumm OWiG § 21 Rn. 21; KK-OWiG/Mitsch OWiG § 21 Rn. 27 ff.; BeckOK OWiG/Sackreuther OWiG § 21 Rn. 18, 19.

[45] KK-OWiG/Mitsch OWiG § 21 Rn. 21.

[46] Bohnert/Krenberger/Krumm OWiG § 21 Rn. 21; KK-OWiG/Mitsch OWiG § 21 Rn. 32; BeckOK OWiG/Sackreuther OWiG § 21 Rn. 18, 19.

[47] KK-OWiG/Mitsch OWiG § 21 Rn. 20.

[48] BeckOK OWiG/Sackreuther OWiG § 21 Rn. 19 zu § 59 StGB; widersprüchlich KK-OWiG/Mitsch OWiG § 21 Rn. 20: Verwarnung mit Strafvorbehalt schließt Ahndung als Ordnungswidrigkeit aus; KK-OWiG/Mitsch OWiG § 21 Rn. 25: bei Verwarnung mit Strafvorbehalt und Absehen von Strafe ist Verurteilung wegen Ordnungswidrigkeit möglich.

[49] Bohnert/Krenberger/Krumm OWiG § 21 Rn. 21; KK-OWiG/Mitsch OWiG § 21 Rn. 20.

– Sofern dies bereits im staatsanwaltschaftlichen Ermittlungsverfahren geschieht, gibt die Staatsanwaltschaft das Verfahren gemäß § 43 Abs. 1 OWiG an das BAFA ab.
– Treten die Voraussetzungen des § 21 Abs. 2 OWiG im Zwischenverfahren ein, eröffnet das Strafgericht gemäß § 82 Abs. 2 OWiG gleichwohl das Verfahren, führt dieses jedoch als Ordnungswidrigkeiten-Verfahren weiter.
– Wird § 21 Abs. 2 OWiG dagegen erst im Hauptverfahren erfüllt, verurteilt das Strafgericht gemäß § 82 Abs. 1 OWiG nach strafprozessualen Regeln wegen der Ordnungswidrigkeit.

26 Wird – **umgekehrt zur Konstellation nach § 21 Abs. 2 OWiG** – zunächst ein Bußgeld verhängt und stellt sich die Tat erst später auf Grund zusätzlicher Beweise oder einer veränderten rechtlichen Bewertung als Straftat heraus, gilt Folgendes: Gemäß § 84 Abs. 1 OWiG steht ein rechtskräftiger behördlicher Bußgeldbescheid einer Ahndung derselben Tat als Ordnungswidrigkeit entgegen, **eine strafrechtliche Verfolgung** bleibt jedoch möglich.[50] Im Falle einer strafrechtlichen Verurteilung wird der Bußgeldbescheid allerdings nach § 86 Abs. 1 S. 1 OWiG später wieder aufgehoben. Anders als ein behördlicher Bußgeldbescheid entfaltet ein **rechtskräftiges Gerichtsurteil** über die Ordnungswidrigkeit gemäß § 84 Abs. 2 OWiG auch eine Sperrwirkung gegenüber der Verfolgung der abgeurteilten Handlung als Straftat.

27 **12. Konkurrenzen.** Erfüllt eine Handlung mehrere Bußgeldtatbestände, so ist das Konkurrenzverhältnis nach den gleichen Regeln zu bestimmen wie im strafrechtlichen Bereich. Ebenso wie die §§ 52, 53 StGB unterscheidet das OWiG in §§ 19, 20 OWiG dabei zwischen Tateinheit und Tatmehrheit. Im Unterschied zum Strafrecht bringt § 20 OWiG für den Fall der Tatmehrheit allerdings das Kumulationsprinzip zur Anwendung, was angesichts der zum Teil hohen Bußgeldandrohungen des § 24 zu unbilligen Summierungseffekten führen kann.

28 **13. Zeitlicher Anwendungsbereich.** Für den zeitlichen Anwendungsbereich der Bußgeldtatbestände des LkSG gelten dieselben Regeln wie für das Strafrecht: Gemäß § 3 OWiG kann ein Verhalten nur dann als Ordnungswidrigkeit geahndet werden, wenn der entsprechende Bußgeldtatbestand bereits gesetzlich geregelt war, bevor die Handlung begangen wurde. Der Zeitpunkt der Tat richtet sich dabei nach § 6 OWiG. Demnach ist eine Handlung zu der Zeit begangen, zu welcher der Täter tätig wurde oder im Falle eines Unterlassens hätte tätig werden müssen, ohne dass es dabei auf den Zeitpunkt des Erfolgseintritts ankommt. Wenn die Sanktionsandrohung während der Begehung der Tat geändert wird, ist die Gesetzesfassung anwendbar, die bei Beendigung der Tat galt (§ 4 Abs. 2 OWiG).

29 Ausweislich von § 4 Abs. 3 OWiG ist ferner auch der **lex-mitior-Grundsatz** im Ordnungswidrigkeitenrecht anwendbar. Für den Fall, dass ein Bußgeldtatbestand, der bei Beendigung der Tat galt, vor der rechtskräftigen Sanktionsentscheidung geändert wird, ist demnach stets das mildeste Gesetz anzuwenden.

30 **14. Räumlicher Anwendungsbereich.** Der räumliche Anwendungsbereich von § 24 Abs. 1 ist im Rahmen einer **zweistufigen Prüfung** zu ermitteln.[51] Dabei ist auf **erster Stufe** die Frage nach dem räumlichen Anwendungsbereich der §§ 4 ff., die vom jeweiligen Bußgeldtatbestand in Bezug genommen werden und dessen räumlichen Anwendungsbereich denklogisch begrenzen, zu beantworten. Danach ist auf **zweiter Stufe** zu prüfen, für welche Sachverhalte die deutschen Bußgeldtatbestände selbst räumlich Geltung beanspruchen. Die insofern zentrale Vorschrift stellt der **§ 5 OWiG** dar. Nach dieser Norm können Ordnungswidrigkeiten grundsätzlich nur geahndet werden, wenn sie **im Inland** bzw. auf einem Schiff oder Luftfahrzeug unter deutscher Flagge begangen worden sind. Der

[50] AllgM, s. nur KK-OWiG/Lutz OWiG § 84 Rn. 3.
[51] IErg wie hier Mitsch NZWiSt 2021, 409 f.

Tatort bestimmt sich dabei nach Maßgabe von § 7 Abs. 1 OWiG. Bei Unterlassungsdelikten, wie sie in § 24 Abs. 1 enthalten sind, ist demnach derjenige Ort Tatort, an dem der Täter die gesetzlich gebotene Handlung hätte vornehmen müssen. Die anderen Varianten des § 7 Abs. 1 OWiG, die auch den Ort der aktiven Tathandlung (Var. 1) sowie jenen Ort zum Tatort erklären, an dem der zum Tatbestand gehörende Erfolg eingetreten ist oder nach der Vorstellung des Täters hätte eintreten sollen (Var. 3 und 4), spielen bei § 24 Abs. 1 keine Rolle, da die Norm weder aktive Delikte noch Erfolgsdelikte enthält. Da das OWiG keine den §§ 5–7 StGB entsprechenden Regeln zur Erfassung von **Auslandstaten** aufweist, kann ein Bußgeld nach § 24 Abs. 1 also nur für Sorgfalts- und Berichtspflichtverletzungen verhängt werden, die durch **ein Handeln in Deutschland zu vermeiden gewesen wären.**

31 Für Beteiligte gilt ferner die **Sonderregel des § 7 Abs. 2 OWiG,** wonach neben dem Ort der Teilnahmehandlung auch der Ort als Tatort anzusehen ist, an dem der Haupttäter die Ordnungswidrigkeit verwirklicht hat oder nach der Vorstellung des Beteiligten verwirklichen wollte.

32 Ob die skizzierte Beschränkung des räumlichen Anwendungsbereichs des OWiG auf das Territorialitäts- und das Flaggenprinzip auch für die Verhängung einer **Verbandsgeldbuße** gemäß § 30 OWiG gilt, ist umstritten, richtigerweise aber zu bejahen.[52] Eine Verbandsgeldbuße kann also nur für Anknüpfungstaten verhängt werden, die iSv §§ 3, 5 OWiG **im Inland** begangen wurden.[53]

33 **15. Verjährung.** Da alle Bußgeldtatbestände des LkSG eine Bußgeldobergrenze von mindestens 15.000 Euro vorsehen, verjährt die Verfolgung dieser Ordnungswidrigkeiten nach § 31 Abs. 2 Nr. 1 OWiG in **drei Jahren.** Das gilt selbst dann, wenn der maximale Bußgeldbetrag bei fahrlässigen Taten gemäß § 17 Abs. 2 OWiG (auf in jedem Fall mindestens 25.000 Euro) halbiert wird.[54]

34 Die Verfolgungsverjährung **beginnt** gemäß § 31 Abs. 3 S. 1 OWiG mit der Beendigung der Tathandlung. Bei **echten Unterlassungsdelikten,** wie sie in § 24 Abs. 1 normiert sind, wird § 31 Abs. 3 S. 1 OWiG dahingehend interpretiert, dass die Verjährungsfrist erst mit dem Wegfall der Handlungspflicht (insbesondere durch Erfüllung der Pflicht) zu laufen beginnt.[55] Muss der Handlungspflicht innerhalb einer bestimmten Frist nachgekommen werden (wie etwa bei der Berichtspflicht nach § 10 Abs. 2 S. 1), bedeutet dies nicht, dass die Pflicht mit fruchtlosem Ablauf dieser Frist hinfällig geworden und die Ordnungswidrigkeit damit beendet ist.[56] Regelungen für das Ruhen und die Unterbrechung der Verfolgungsverjährung finden sich in §§ 32, 33 OWiG.

35 Die **Vollstreckungsverjährung** ist für Ordnungswidrigkeiten in § 34 OWiG geregelt und beträgt bei rechtskräftig festgesetzten Geldbußen von bis zu 1.000 Euro drei Jahre und bei verhängten Geldbußen von mehr als 1.000 Euro fünf Jahre. Die Frist beginnt mit Rechtskraft der Entscheidung (§ 34 Abs. 3 OWiG) und ruht in den von § 34 Abs. 4 OWiG genannten Fällen.

III. Bußgeldrahmen

36 In § 24 Abs. 2–3 wird der Bußgeldrahmen für Verstöße gegen § 24 Abs. 1 festgelegt. Bußgelder gegen natürliche Personen (→ Rn. 37 ff.) werden dabei anders behandelt als Verbandsgeldbußen (→ Rn. 41 ff.).

[52] Eingehend zum Streitstand Wegner Transnationale Sanktionsverfahren S. 88 m. Fn. 247 mzN.

[53] Zur Begründung s. Wegner Transnationale Sanktionsverfahren S. 87 ff.

[54] Zur Modifikation des Bußgeldrahmens durch § 17 Abs. 2 OWiG → Rn. 48 f.; zur Beachtlichkeit von § 17 Abs. 2 OWiG im Rahmen von § 31 Abs. 2 OWiG s. nur BeckOK OWiG/Gertler OWiG § 31 Rn. 40 mwN.

[55] BeckOK OWiG/Gertler OWiG § 31 Rn. 34; KK-OWiG/Ellbogen OWiG § 31 Rn. 26; Louis in Gassner/Seith OWiG § 31 Rn. 30.

[56] BeckOK OWiG/Gertler OWiG § 31 Rn. 34; KK-OWiG/Ellbogen OWiG § 31 Rn. 26.

37 **1. Bußgeldrahmen für natürliche Personen.** Gemäß § 24 Abs. 2 S. 1 Nr. 3 beträgt das nach dem LkSG gegenüber natürlichen Personen[57] zu verhängende Bußgeld im Normalfall **bis zu 100.000 Euro.**

38 Davon abweichend erhöhen § 24 Abs. 2 S. 1 Nr. 1 den Bußgeldrahmen für die folgenden Bußgeldtatbestände auf insgesamt **800.000 Euro:**

- § 24 Abs. 1 Nr. 3,
- § 24 Abs. 1 Nr. 6,
- § 24 Abs. 1 Nr. 7 lit. a,
- § 24 Abs. 1 Nr. 7 lit. b,
- § 24 Abs. 1 Nr. 8.

38a Nach demselben Muster legt § 24 Abs. 2 S. 1 Nr. 2 für die folgenden Bußgeldtatbestände eine maximale Bußgeldhöhe von **500.000 Euro** fest:

- § 24 Abs. 1 Nr. 1,
- § 24 Abs. 1 Nr. 2,
- § 24 Abs. 1 Nr. 4,
- § 24 Abs. 1 Nr. 5,
- § 24 Abs. 1 Nr. 13.

39 **Keine** weitere Erhöhung des maximalen Bußgeldbetrags ergibt sich für natürliche Personen aus **§ 24 Abs. 2 S. 2.** Diese Vorschrift ordnet durch einen Verweis auf § 30 Abs. 2 S. 3 OWiG eine Verzehnfachung der eigentlich gesetzlich vorgesehenen Bußgeldobergrenze an. Dies gilt jedoch ausweislich der systematischen Verortung von § 30 Abs. 2 S. 3 OWiG (in § 30 Abs. 2 OWiG geht es um die maximale Höhe einer Geldbuße nach § 30 Abs. 1 OWiG) nur für Geldbußen, die gegen juristische Personen oder Personenvereinigungen festgesetzt werden.[58]

40 Die **Bußgeldmindesthöhe** beträgt in allen Fällen gemäß § 17 Abs. 1 OWiG fünf Euro.

41 **2. Bußgeldrahmen für Verbände.** Die maximale Höhe der **Verbandsgeldbuße** gegenüber juristischen Personen und Personenvereinigungen iSv § 30 OWiG richtet sich grundsätzlich nach dem Höchstmaß der Geldbuße, das das Gesetz für natürliche Personen anordnet (§ 30 Abs. 2 S. 2 OWiG). Allerdings wird dieser Grundsatz durch den in § 24 Abs. 2 S. 2 enthaltenen Verweis auf § 30 Abs. 2 S. 3 OWiG durchbrochen und der maximale Verbandsbußgeldrahmen in den Fällen von § 24 Abs. 2 S. 1 Nr. 1 auf **8.000.000 Euro** und in den Fällen von § 24 Abs. 2 S. 1. Nr. 2 auf **5.000.000 Euro** erhöht. In Fällen des § 24 Abs. 2 S. 1 Nr. 3 bleibt es dagegen bei der auch für natürliche Personen geltenden Bußgeldobergrenze iHv 100.000 Euro.

42 Nochmals **deutlich erhöht** wird der von § 30 Abs. 2 OWiG abgesteckte Bußgeldrahmen durch **§ 24 Abs. 3.** In den dort genannten Fällen kann gegenüber juristischen Personen oder Personenvereinigungen mit einem durchschnittlichen Jahresumsatz von mehr als 400 Mio. Euro eine Geldbuße **iHv bis zu 2 % des durchschnittlichen weltweiten Jahresumsatzes** verhängt werden, wenn die Anknüpfungstat eine Ordnungswidrigkeit nach § 24 Abs. 1 Nr. 6 oder Nr. 7 lit. a ist. Den Begriff der Personenvereinigung hat der Gesetzgeber wohl § 30 Abs. 1 Nr. 4 OWiG entnommen, gemeint sind also Personengesellschaften und nicht rechtsfähige Vereine.[59] – Damit sind Verbandsgeldbußen im sechs- bis achtstelligen Bereich möglich, wie sie bisher nur aus dem Kartellbußgeldrecht im Zusammenhang mit der dort einschlägigen Parallelvorschrift § 81c Abs. 2 S. 2 GWB (früher § 81 Abs. 4 S. 2 GWB aF), dem Marktmissbrauchsrecht (§§ 120 ff. WpHG), dem Geldwäscherecht (§ 56 Abs. 3 GwG) oder dem Datenschutzrecht (Art. 83 DS-GVO) bekannt waren. Es ist zurecht angemerkt worden, dass der Gesetzgeber hierdurch ein

[57] Für den zT erhöhten Bußgeldrahmen bei Verbänden → Rn. 41 ff.
[58] In diesem Sinne auch BT-Drs. 19/28649, 57 f.: „Durch den Verweis auf § 30 Abs. 2 S. 3 OWiG verzehnfacht sich der Bußgeldrahmen für juristische Personen und Personenvereinigungen […].“.
[59] So auch Mitsch NZWiSt 2021, 409 (412); Hembach Praxisleitfaden LkSG 196; Rothermel Rn. 25.

Sondersanktionsrecht geschaffen hat, das sich in Widerspruch zu den Wertungen des „normalen" Verbandssanktionsrechts nach § 30 OWiG (auch iVm § 130 OWiG) setzt, wo selbst bei vorsätzlichen Aufsichtspflichtverletzungen für konkret nachweisbare Straftaten maximal eine Verbandsgeldbuße von bis zu 10 Mio. Euro möglich ist.[60]

Weil § 24 Abs. 3 ebenso wie § 81c Abs. 2 S. 2 GWB eine **umsatzbezogene Bußgeldobergrenze enthält,** können die dagegen in der Diskussion über § 81c Abs. 2 S. 2 GWB (früher § 81 Abs. 4 S. 2 GWB aF) und §§ 120 ff. WpHG erhobenen verfassungsrechtlichen Einwände[61] auch gegen § 24 Abs. 3 vorgebracht werden. In seiner „Grauzementkartell"-Entscheidung hat der BGH[62] eine Vereinbarkeit von § 81 Abs. 4 S. 2 GWB aF mit Art. 103 Abs. 2 GG jedoch bejaht, soweit der auf Grundlage des (Konzern)-Gesamtumsatzes ermittelte Bußgeldhöchstbetrag **als Obergrenze des Bußgeldrahmens und nicht als Kappungsgrenze** (eines **a priori** nach oben nicht begrenzen Bußgeldrahmens) verstanden wird.[63] Eine andere Deutung liegt auch bei § 24 Abs. 3 nicht nahe. 43

Eine Definition des Begriffs **„Umsatz"** enthält § 24 Abs. 3 – anders als etwa § 120 Abs. 23 S. 1 WpHG – nicht. Es dürfte aber sinnvoll sein, zur Normkonkretisierung an die in § 120 Abs. 23 S. 1 WpHG genannten Zahlenquellen bzw. Berechnungsmethoden anzuknüpfen. Um den für § 24 Abs. 3 S. 1 maßgeblichen **Durchschnittsumsatz** zu errechnen, ist gemäß § 24 Abs. 3 S. 2 der Durchschnitt der letzten drei Geschäftsjahre zu bilden, die der Bußgeldentscheidung des BAFA vorausgehen. Prima facie gilt die Regel zur Berechnung des Durchschnitts nach § 24 Abs. 3 S. 2 nur für Fälle, in denen mehrere Verbände zu einer wirtschaftlichen Einheit verbunden sind, sodass eine Regel zur Berechnung des Durchschnitts für Fälle fehlt, in denen ein einzelner Verband bebußt werden soll. Bei genauer Betrachtung wird jedoch deutlich, dass § 24 Abs. 3 S. 2 auch greift, wenn nur der Jahresumsatz eines Verbands zu betrachten ist, da dieser zumindest mit sich selbst „in wirtschaftlicher Einheit" operiert. Das Geschäftsjahr, in dem die Bußgeldentscheidung ergeht, zählt bei der Berechnung also nicht mit. Aus § 24 Abs. 3 S. 2 ergibt sich auch, dass bei alledem auf den **weltweiten Umsatz** abzustellen ist. 44

Die **Berechnung des Umsatzes im Konzern** regelt § 24 Abs. 3 ebenfalls nur sporadisch. § 24 Abs. 3 S. 2 bestimmt insofern, dass für die Anwendung von § 24 Abs. 3 S. 1 der weltweite durchschnittliche Jahresumsatz von Verbänden dann zusammenzurechnen ist, wenn diese als **wirtschaftliche Einheit** operieren. Detailregelungen, wie sie zB § 120 Abs. 23 S. 2 WpHG enthält, fehlen hierzu. Soweit Hembach den Begriff der „wirtschaftlichen Einheit" in § 24 Abs. 3 ebenso verstehen will wie in § 3,[64] ist dies nicht nachvollziehbar, da § 3 dazu überhaupt keine Aussage trifft. Nahe liegt es, für das Verständnis des Begriffs der „wirtschaftlichen Einheit" **die im Kartellrecht entwickelten Maßstäbe** heranzuziehen, dh dann von einer wirtschaftlichen Einheit auszugehen, wenn mehrere Unternehmensträger einheitlich am Markt operieren und dabei wirtschaftlich, organisatorisch und rechtlich miteinander verflochten sind.[65] 45

Zu betonen ist, dass der in den vorherigen Randnummern skizzierte erhöhte Bußgeldrahmen gegenüber Verbänden **vom Eingreifen aller Tatbestandsvoraussetzungen des § 30 OWiG** abhängt: **Erstens** muss die handelnde natürliche Person zu dem in § 30 Abs. 1 OWiG genannten Personenkreis zählen. **Zweitens** muss durch eine Straftat oder Ord- 46

[60] Kubiciel jurisPR-StrafR 7/2021 Anm. 1; zust. Kamann/Irmscher NZWiSt 2021, 249 (255); Wagner/Ruttloff/Wagner LkSG-HdB/Skoupil Rn. 1582.

[61] Vgl. BeckOK Kartellrecht/Heinichen GWB § 81c Rn. 31 ff. zum Kartellrecht; Achenbach wistra 2018, 13 (14 ff.) zum Marktmissbrauchsrecht, jeweils mwN.

[62] BGHSt 58, 158 = NJW 2013, 1972.

[63] Für eine Interpretation als Kappungsgrenze aber Achenbach wistra 2013, 369 (370), der die Position des BGH für nicht mit dem gesetzgeberischen Willen vereinbar hält und zudem auf Friktionen mit der im Kartellrecht bestehenden Rechtsprechungslinie des EuGH verweist. Davon abgesehen vertritt Achenbach – zusammen mit anderen – die Auffassung, dass die umsatzbezogene Fixierung auch einer Bußgeldobergrenze nicht mit dem Bestimmtheitsgrundsatz vereinbar ist, s. zuletzt Achenbach wistra 2018, 13 (16) mwN.

[64] Hembach Praxisleitfaden LkSG 197.

[65] Wagner/Ruttloff/Wagner LkSG-HdB/Skoupil Rn. 1576.

nungswidrigkeit der natürlichen Person entweder eine Pflicht, die den Verband trifft, verletzt worden sein oder die Tat muss auf eine Bereicherung des Verbands abgezielt haben. An einem solchen Bereicherungselement fehlt es bei **rein eigennützigen Taten** der handelnden natürlichen Person, wie sie insbesondere im Bereich der Insiderverstöße regelmäßig vorliegen werden. **Nicht anwendbar** ist § 24 Abs. 3, wenn die in dieser Vorschrift genannten Normverstöße durch natürliche Personen begangen werden, die nicht zu dem Personenkreis nach § 30 Abs. 1 OWiG zählen, und eine Anwendbarkeit von § 30 OWiG daher **erst über § 130 OWiG** hergestellt werden kann.[66] Denn bei § 130 OWiG handelt es sich um einen eigenständigen Bußgeldtatbestand der Aufsichtspflichtverletzung, auf den sich § 24 Abs. 3 nicht bezieht.

47 Im Bereich des (Kapital-)Marktmissbrauchsrechts ist umstritten, ob Sonderregelungen über die Höhe und Bemessung von Verbandsgeldbußen wie § 24 Abs. 2 **anwendbar** sind, wenn es sich bei der **Anknüpfungstat** um eine **Straftat** handelt, die gleichzeitig einen der bußgeldauslösenden Tatbestände (hier nach § 24 Abs. 1) erfüllt.[67] Dagegen spricht auf den ersten Blick die Konkurrenzvorschrift des § 21 Abs. 1 S. 1 OWiG (→ Rn. 24), wonach die Verwirklichung einer Ordnungswidrigkeit subsidiär ist, wenn sie tateinheitlich mit einer Straftat zusammentrifft. Allerdings bedeutet Subsidiarität nach **allgemeiner Konkurrenzlehre** lediglich, dass ein Tatbestand nicht angewendet wird, wenn ein anderer, vorrangiger Tatbestand eingreift. Das schließt es jedoch nicht aus, dass der subsidiäre Tatbestand als Anwendungsvoraussetzung anderer Rechtsvorschriften herangezogen werden kann. So kann beispielsweise eine durch den Tatbestand des Diebstahls im Wege der formellen Subsidiarität verdrängte Unterschlagung „vorsätzlich begangene rechtswidrige Tat" iSv von § 27 StGB sein, wenn der Gehilfe objektiv Beihilfe zum Diebstahl geleistet hat, sich sein Vorsatz aber lediglich auf eine Haupttat richtete, die den Tatbestand der Unterschlagung erfüllt. In gleicher Weise ist eine Tat nach § 24 Abs. 1 auch dann „Ordnungswidrigkeit" iSv § 24 Abs. 2, wenn sie gemäß § 21 Abs. 1 S. 1 OWiG von der Begehung einer Straftat verdrängt wird. Ein anderes Ergebnis wäre auch mit dem **Zweck von § 21 Abs. 1 OWiG** nicht vereinbar, der darin besteht zu verhindern, dass ein Täter wegen derselben Tat doppelt mit einer Buße nach dem OWiG und einer Strafe nach dem StGB **be**lastet wird,[68] nicht aber darin, einen Verband auf Grund des zufälligen Umstands zu **ent**lasten, dass die Anknüpfungstat eines Verbandsangehörigen sowohl als Ordnungswidrigkeit als auch als Straftat zu qualifizieren ist.[69]

48 **3. Modifikation des Bußgeldrahmens durch § 17 Abs. 2 OWiG.** Nach der allgemeinen bußgeldrechtlichen Vorschrift des § 17 Abs. 2 OWiG kann maximal die Hälfte des gesetzlich vorgesehenen Bußgeldhöchstbetrags verhängt werden, wenn der zu sanktionierende Normverstoß fahrlässig erfolgt ist und das Gesetz für vorsätzliches und fahrlässiges Verhalten keine gesonderten Bußgeldhöchstbeträge ausweist.

49 Im Zusammenhang mit **Verbandsgeldbußen** ist § 17 Abs. 2 OWiG nicht anwendbar, wenn die Anknüpfungstat eine Straftat (zu solchen Konstellationen näher → Rn. 63 ff.) darstellt, weil § 30 Abs. 2 Nr. 1–2 OWiG insofern gesonderte Bußgeldhöchstbeträge für vorsätzliches und fahrlässiges Verhalten ausweist.

50 **4. Modifikation des Bußgeldrahmens durch § 17 Abs. 4 S. 2 OWiG, § 30 Abs. 3 OWiG.** Gemäß § 17 Abs. 4 S. 2 OWiG kann das gesetzliche Höchstmaß der Geldbuße überschritten werden, wenn es ansonsten nicht ausreichen würde, um dem Bußgeldadressaten den **wirtschaftlichen Vorteil** zu entziehen, den er aus der Tat gezogen hat. Ausweislich von § 30 Abs. 3 OWiG gilt diese Regel auch für Verbandsgeldbußen.

---

[66] Die gleiche Aussage im Zusammenhang mit § 120 Abs. 17 S. 2, Abs. 18 S. 2, Abs. 19 S. 2, Abs. 20 S. 2, Abs. 21 S. 2 Hs. 2, Abs. 22 S. 2, Abs. 22a WpHG (= Parallelnorm zu § 24 Abs. 3) treffen Veil/Meyer/Rönnau MarktmissbrauchsR-HdB/Rönnau/Wegner § 28 Rn. 52 mwN.

[67] Näher Veil/Meyer/Rönnau MarktmissbrauchsR-HdB/Rönnau/Wegner § 29 Rn. 42a f.

[68] Burger Auslösen von Sanktionen zu Lasten von Unternehmen S. 199 f. mwN.

[69] Treffend Burger Auslösen von Sanktionen zu Lasten von Unternehmen S. 200.

Für die **Berechnung des wirtschaftlichen Vorteils** iSv § 30 Abs. 3 OWiG, § 17 Abs. 4 OWiG ist im Ausgangspunkt ein Vergleich der Vermögenssituation des Verbands im Zeitpunkt der Bußgeldentscheidung[70] mit derjenigen Vermögenssituation vorzunehmen, die ohne die Anknüpfungstat bestanden hätte.[71] Aus dieser Betrachtungsweise folgt, dass zwischen der konkreten Anknüpfungstat und dem abzuschöpfenden Vermögenszufluss ein **deliktsspezifischer Zusammenhang** zu bestehen hat.[72] Wie eng dabei der Wertungszusammenhang zwischen Tat und Vermögenszufluss – über ein bloßes Kausalverhältnis hinaus – sein muss, ist umstritten.[73] Unbestrittenermaßen erfasst sind aber **ersparte Aufwendungen,** die bei pflichtgemäßem Verhalten hätten erbracht werden müssen.[74] 51

Bei der Berechnung des wirtschaftlichen Vorteils iSv § 17 Abs. 4 OWiG ist – nach ganz hM in Rechtsprechung[75] und Literatur[76] sowie dem Willen des Gesetzgebers[77] – dem **sog. Nettoprinzip** Rechnung zu tragen. Das bedeutet, dass Aufwendungen, die dem Täter bzw. dem Verband durch die Begehung der Anknüpfungstat entstanden sind, von dem erlangten Vermögensvorteil abgezogen werden müssen. 52

Steuern werden vom Umfang des wirtschaftlichen Vorteils abgezogen, wenn sie bereits gezahlt oder durch die Finanzbehörde bestandskräftig festgesetzt worden sind.[78] 53

Eine **Schätzung des Gewinns** zur Bestimmung des „wirtschaftlichen Vorteils" ist nach nahezu einhelliger Meinung zulässig.[79] Die Grundlagen, auf denen die Schätzung basiert, müssen in der gerichtlichen Entscheidung allerdings dargelegt werden, um die Nachprüfung der Bußgeldbemessung zu ermöglichen.[80] Im Zweifel muss bei der Schätzung von der für den Betroffenen günstigeren Annahme hinsichtlich der Tatsachengrundlage ausgegangen werden.[81] Das bedeutet, dass die Behörde ohne ein Mindestmaß an zureichenden tatsächlichen Anhaltspunkten auch über eine Schätzung nicht zur Abschöpfung eines wirtschaftlichen Vorteils gelangen kann – eine Schätzung „ins Blaue hinein" ist unzulässig. 54

IV. Bußgeldbemessung

Grundlage für die auf dem Rechtsfolgenermessen des BAFA (vgl. § 47 Abs. 1 S. 1 OWiG) beruhende Bemessung der Geldbuße sind gemäß § 17 Abs. 3 S. 1 OWiG die Bedeutung der Ordnungswidrigkeit und der Vorwurf, der den Täter trifft. Nach § 17 Abs. 3 S. 2 OWiG können außerdem die wirtschaftlichen Verhältnisse des Täters berücksichtigt werden, wenn es sich nicht um eine geringfügige Tat handelt. 55

[70] Dass für die Bemessung des wirtschaftlichen Vorteils auf den Zeitpunkt der Bußgeldentscheidung abzustellen ist, entspricht der ganz hM, s. nur BeckOK OWiG/Sackreuther OWiG § 17 Rn. 128 mwN.

[71] BeckOK OWiG/Meyberg OWiG § 30 Rn. 101.

[72] Prägnant BayObLG NJW 1998, 2461 (2462): „Wirtschaftlicher Vorteil iSv § 17 Abs. 4 S. 1 OWiG ist [...], wie schon der Gesetzeswortlaut eindeutig aufzeigt, nur derjenige, den der Täter aus der Ordnungswidrigkeit gezogen hat. Anknüpfungspunkt hierfür ist der Pflichtverstoß, nicht hingegen der die Pflicht auslösende Umstand."; dies betonend auch BeckOK OWiG/Sackreuther OWiG § 17 Rn. 122.

[73] Eine Übersicht liefert KK-OWiG/Mitsch OWiG § 17 Rn. 120 mwN.

[74] Pars pro toto BeckOK OWiG/Sackreuther OWiG § 17 Rn. 123 mwN.

[75] BVerfGE 81, 228 (239 f.) = NJW 1990, 1900; BVerfG NStZ 1996, 192 (193); BGH BeckRS 2017, 115055 Rn. 32; 2016, 110754 Rn. 4; bereits früher BGH wistra 1991, 268; BFH DStRE 2001, 169 (171); DStR 1999, 1518 (1520); 1999, 1521 (1523); BayObLG wistra 1995, 360 (361); OLG Düsseldorf wistra 1995, 75 f.; NStZ-RR 1996, 368; KG BeckRS 1998, 15272; Beschl. v. 8.7.1998 – 2 Ss 167/98 ua, nv, juris-Rn. 26; Beschl. v. 20.10.1999 – 2 Ss 256/99 ua, nv, juris-Rn. 12; OLG Düsseldorf NJW 1999, 2686 (2687); OLG Hamm BeckRS 2007, 2652; OLG Oldenburg wistra 2009, 328; OLG Rostock BeckRS 2011, 29486.

[76] Übersicht bei BeckOK OWiG/Meyberg OWiG § 30 Rn. 100 mwN.

[77] BT-Drs. 10/318, 36; BT-Drs. 11/6623, 13; BT-Drs. 12/989, 48.

[78] BGH NJW 2014, 1252 Rn. 43; NStZ-RR 2008, 13 (14); NStZ 2006, 231.

[79] S. nur BGH BeckRS 2016, 110754; OLG Hamm BeckRS 2010, 7357, jeweils mwN; anders aber Drathjer, Abschöpfung rechtswidrig erlangter Vorteile, 1997, 114 f.: keine Schätzung zulässig.

[80] BGH BeckRS 2016, 110754; OLG Hamm wistra 2000, 393 (395); 2003, 328; BeckRS 2007, 2652; BayObLG wistra 2003, 470; GewArch 1995, 244 f.; OLG Düsseldorf GewArch 2003, 423.

[81] C. Wegner, Systematik der Zumessung unternehmensbezogener Geldbußen, 2000, 97.

56 Für Verbandsgeldbußen nach § 30 OWiG enthält § 24 Abs. 4 eine Spezialregelung zur Bußgeldbemessung, die sich jedoch in einer (nicht abschließenden) Aufzählung von Zumessungsgesichtspunkten erschöpft, die ohnehin schon bei § 17 Abs. 3 OWiG anerkannt sind.[82]

57 Gemäß § 17 Abs. 4 S. 1 OWiG soll die Geldbuße den wirtschaftlichen Vorteil, den der Täter aus der Ordnungswidrigkeit gezogen hat, übersteigen (näher → Rn. 50 ff.).

V. Vermögensabschöpfung im Bereich der Ordnungswidrigkeiten

58 Anders als im Strafrecht, wo die Freiheits- und Geldstrafe nur dem Schuldausgleich dienen und die Vermögensabschöpfung erst über die §§ 73 ff. StGB bewerkstelligt wird, übernimmt die Geldbuße im Ordnungswidrigkeitenrecht eine Doppelfunktion: Neben dem Unrechts- und Schuldausgleich (§ 17 Abs. 3 OWiG) dient sie auch der Abschöpfung von illegal erworbenen Vermögenswerten. Zum Ausdruck kommt dies insbesondere in § 17 Abs. 4 OWiG, der bestimmt, dass die Geldbuße den wirtschaftlichen Vorteil, den der Täter aus der Ordnungswidrigkeit gezogen hat, übersteigen soll und zu diesem Zweck auch das für Fälle ohne Gewinnentstehung vorgeschriebene gesetzliche Höchstmaß überschreiten kann (→ Rn. 50 ff.).

59 Die gleichwohl existierende Einziehungsvorschrift gemäß § 29a OWiG hat daneben – wie sich auch deutlich aus dem Wortlaut der § 29a Abs. 1 OWiG, § 30 Abs. 5 OWiG ergibt – nur **subsidiären Charakter.** Sie greift ein, wenn keine Geldbuße verhängt und keine strafrechtliche Einziehung (von Taterträgen) angeordnet wird. Der Anwendungsbereich von § 29a Abs. 1 OWiG erstreckt sich damit **erstens** auf Fälle, in denen der Täter zwar rechtswidrig, aber nicht (nachweisbar) vorwerfbar gehandelt hat (für eine Vermögensabschöpfung mittels Geldbuße wäre ein vorwerfbares Verhalten erforderlich), **zweitens** (nach § 29a Abs. 2 OWiG) auf Situationen, in denen von Dritten erlangte Vermögenswerte weder über § 73b StGB noch gemäß § 130 OWiG iVm § 30 OWiG abgeschöpft werden können und umfasst in § 29a Abs. 5 OWiG (selbstständiges Einziehungsverfahren), **drittens** Konstellationen, in denen wegen einer Einstellung nach dem Opportunitätsprinzip oder wegen tatsächlicher bzw. rechtlicher Verfolgungshindernisse die Festsetzung einer Geldbuße (im subjektiven Verfahren) unterbleibt, gleichwohl aber ein Bedürfnis nach Vermögensabschöpfung besteht.

VI. Verfahren und Zuständigkeit

60 Gemäß § 26 Abs. 1 Nr. 1 OWiG iVm § 24 Abs. 5 ist das BAFA für die Verfolgung von Ordnungswidrigkeiten nach § 24 zuständig. Die Details des Ordnungswidrigkeitenverfahrens sind in den §§ 35 ff. OWiG geregelt. Die Ermittlungsbefugnisse des BAFA ergeben sich aus § 46 OWiG. Wenn eine Ordnungswidrigkeit in Tateinheit mit einer Straftat begangen wird, ist die Staatsanwaltschaft ausweislich von § 40 OWiG auch für die Verfolgung der Ordnungswidrigkeit zuständig. Rechtsmittel gegen einen Bußgeldbescheid auf Grundlage von § 24 Abs. 1 ist der Einspruch (§§ 67 ff. OWiG).

VII. Eintragung in das Wettbewerbsregister und Ausschluss von der Vergabe öffentlicher Aufträge

61 Gemäß § 2 Abs. 1 Nr. 4 WRegG sind rechtskräftige Bußgeldentscheidungen, die wegen Ordnungswidrigkeiten nach § 24 Abs. 1 ergangen sind, in das Wettbewerbsregister einzutragen, wenn ein Bußgeld von wenigstens 175.000 Euro festgesetzt worden ist.[83] Unklar ist, ob der Gesetzgeber bei der Einfügung von § 2 Abs. 1 Nr. 4 WRegG den § 2 Abs. 1 Nr. 3 WRegG übersehen hat. Diese Vorschrift legt fest, dass auch die Verhängung von

[82] So auch Mitsch NZWiSt 2021, 409 (412).
[83] Näher Hembach Praxisleitfaden LkSG 200 ff.

Verbandsgeldbußen nach § 30 OWiG in manchen der von § 2 Abs. 1 Nr. 1 und Nr. 2 WRegG genannten Fällen in das Wettbewerbsregister eingetragen werden muss. Aus dem Umstand, dass § 24 Abs. 1 in § 2 Abs. 1 Nr. 3 WRegG nicht erfasst wird, lässt sich e contrario schließen, dass Verbandsgeldbußen in Fällen des § 24 Abs. 1 nicht registerfähig sind.

Die rechtskräftige Festsetzung eines Bußgelds nach § 24 Abs. 1 kann nach Maßgabe von § 22 zum **Ausschluss von der Vergabe öffentlicher Aufträge** führen. Bei der Schwellenwert-Berechnung muss der Abschöpfungsteil des Bußgelds (§ 30 Abs. 3 OWiG, § 17 Abs. 4 OWiG) unberücksichtigt bleiben.[84] Bei Verstößen unterhalb der in § 22 festgelegten Schwelle kommt ein Ausschluss nach § 124 Abs. 1 Nr. 3 GWB in Betracht (→ § 22 Rn. 19). 62

VIII. Exkurs: Strafbarkeit von Verstößen gegen das LkSG

Das LkSG sieht keine Straftatbestände vor. Allerdings wurde schon vor In-Kraft-Treten des LkSG diskutiert, inwieweit Unternehmen (bzw. deren Mitarbeiter) **nach den bereits bestehenden Strafgesetzen** für Rechtsgutsverletzungen verantwortlich sein können, die Geschäftspartner in der Lieferkette verursachen.[85] Neben Spezialtatbeständen wie § 233 StGB (und in gewissem Maße auch § 291 StGB)[86] hat die Debatte dabei schwerpunktmäßig eine Strafbarkeit aus dem unechten Unterlassungsdelikt (§ 13 StGB), die Beihilfe (§ 27 StGB) und das fahrlässige Begehungsdelikt in den Blick genommen. Die rechtlichen Hürden für einen solchen Vorwurf sind jedoch jeweils hoch: 63

Beim **unechten Unterlassungsdelikt** könnte eine strafrechtliche Verantwortung für Fehlverhalten in der Lieferkette allenfalls unter Rückgriff auf die **Figur der Geschäftsherrenhaftung** konstruiert werden. Nach herkömmlicher Dogmatik wird Führungspersonen dadurch jedoch nur eine Pflicht zur Abwendung von Rechtsgutsschädigungen im Geschäftsbereich des eigenen Unternehmens (oder zumindest Konzerns)[87] auferlegt.[88] Eine Erweiterung auf Geschäftspartner erscheint allenfalls diskutabel, wenn der Geschäftspartner faktisch so stark in das eigene Unternehmen integriert ist, dass die bestehende gesellschaftsrechtliche Trennung rein formelle Natur hat (**Beispiel:** Textilfabrik A liefert 100 % der Jahresproduktion an die X-GmbH. Geschäftsführer von A ist ein ehemaliger Mitarbeiter der X-GmbH, der von seiner ehemaligen Arbeitgeberin minutiöse Anweisungen zur Geschäftsführung erhält).[89] Selbst wenn das Merkmal der Garantenstellung bzw. Garantenpflicht erfüllt ist, bleibt als praktisch oftmals unüberwindbare Hürde das Erfordernis der **„Quasi-Kausalität“:** Aus dem unechten Unterlassungsdelikt kann nur bestraft werden, wenn ein Eingreifen des Täters mit an Sicherheit grenzender Wahrscheinlichkeit dazu geführt hätte, dass der Geschäftspartner die von ihm begangene Straftat nicht begangen hätte.[90] Umstritten ist, ob diese strengen Anforderungen an die „Quasi-Kausalität“ auch bei **der Beihilfe durch Unterlassen**[91] gelten oder ob es hier (wie ältere Entscheidungen des 64

---

[84] Näher Mitsch NZWiSt 2021, 409 (412 f.).

[85] Einführend Wittig in Höffler, Criminal Law Discourse of the Interconnected Society, 2020, 177; Wittig in Krajewski/Oehm/Saage-Maß, Zivil- und strafrechtliche Unternehmensverantwortung für Menschenrechtsverletzungen, 2018, 195 ff.; s. auch Zerbes/Pieth KJ 2018, 67 ff.; Oehm in Krajewski/Oehm/Saage-Maß, Zivil- und strafrechtliche Unternehmensverantwortung für Menschenrechtsverletzungen, 2018, 177 ff.

[86] LK-StGB/Wegner StGB § 291 Rn. 21.

[87] Sehr str., s. den Überblick bei Wittig in Krajewski/Oehm/Saage-Maß, Zivil- und strafrechtliche Unternehmensverantwortung für Menschenrechtsverletzungen, 2018, 195, 207.

[88] Einführend Rönnau JuS 2022, 117 ff.

[89] Wittig in Krajewski/Oehm/Saage-Maß, Zivil- und strafrechtliche Unternehmensverantwortung für Menschenrechtsverletzungen, 2018, 195, 208; vgl. auch Momsen/Willumat KriPoZ 2019, 323 (332) im Kontext von § 130 OWiG.

[90] Hierzu im Zusammenhang mit der Lieferketten-Compliance Wittig in Krajewski/Oehm/Saage-Maß, Zivil- und strafrechtliche Unternehmensverantwortung für Menschenrechtsverletzungen, 2018, 195, 203 f.

[91] Zur sehr umstrittenen Frage, wie Täterschaft und Teilnahme bei der Geschäftsherrenhaftung abzugrenzen sind, eine Übersicht liefert MüKoStGB/Freund § 13 Rn. 266 ff. mwN.

BGH und des RG angenommen haben[92]) für eine Kausalität zwischen pflichtwidriger Unterlassung und der Haupttat genügt, wenn der Gehilfe durch sein Eingreifen die Straftat des Haupttäters **erschwert** hätte.[93] Sowohl bei der Täterschaft als auch bei der Beteiligung durch Unterlassen wird es häufig nicht leicht sein, Vorsatz festzustellen, sodass nur ein **fahrlässiges Unterlassen** in Betracht kommt.[94] Die Anwendung von § 13 StGB ist bei fahrlässig versursachten Rechtsgutschädigungen entlang der Rechtsgutkette nicht zwingend, da sich der herrschenden Fahrlässigkeitsdogmatik auch Ansatzpunkte für eine Zurechnungsbegründung aus der **(aktiven) Verletzung von Organisationspflichten** entnehmen lassen.[95] Wann die Rechtsprechung hier die von einem Tun und wann von einem Unterlassen ausgeht, ist kaum kalkulierbar. In jedem Fall wird für das fahrlässige Delikt diskutiert, ob der für die Fahrlässigkeitsdogmatik zentrale **Sorgfaltsmaßstab** dem Heimatrecht des Unterlassungstäters, dem internationalen Recht und/oder dem Recht des Ortes zu entnehmen ist, an dem die Menschenrechtsverletzung eintritt.[96]

65 Erhebliche Probleme bereitet die Frage, unter welchen Voraussetzungen der Tatbestand der (aktiven) **Beihilfe gemäß § 27 StGB** in transnationalen Lieferketten Anwendung findet. Nach der Rechtsprechung genügt es für ein „Hilfeleisten" iSv § 27 StGB, dass der Gehilfe die Haupttat irgendwie gefördert hat, mag sein Verhalten für die Ausführung der Haupttat auch tatsächlich **(ex post)** ohne Einfluss geblieben sein. Schon ein bestätigendes Nicken, das dem Haupttäter ein (erhöhtes) Gefühl der Sicherheit verschafft, kann danach – unter dem Regime der psychischen Beihilfe – eine Beihilfestrafbarkeit auslösen.[97] Ein solcher Grundansatz hat den Vorzug, viele Formen arbeitsteiliger Rechtsgutsangriffe erfassen zu können. Sein Nachteil liegt jedoch darin, dass sich Unterstützungsbeiträge zu Straftaten mitunter (beunruhigend) schwerlich von Verhaltensweisen abgrenzen lassen, die als alltäglich und sozialadäquat eingestuft werden. In transnationalen Geschäftsbeziehungen erhält dieses Problem besondere Brisanz **durch § 9 Abs. 2 S. 2 StGB.** Diese Norm bestimmt, dass das deutsche Strafrecht auf in Deutschland begangene Beihilfehandlungen zur einer Auslandstat auch dann anwendbar ist, wenn die Haupttat am ausländischen Tatort überhaupt nicht strafbar ist. Macht sich also wegen Beihilfe strafbar, wer Waren ins Ausland versendet, dorthin Dienstleistungen erbringt oder einfach Geld überweist, um ausländische Güter und Leistungen zu bezahlen, wenn der ausländische Geschäftspartner Aktivitäten entfaltet, die nach deutschen Maßstäben strafbar sind?

66 In der **Literatur** hat es vielfältige Versuche gegeben, den potenziell uferlosen Beihilfetatbestand für Fälle des sog. „neutralen" Verhalten (wozu man auch das Agieren in transnationalen Lieferketten zählen dürfte) einzuschränken.[98] Der **BGH** hat in seiner Leitentscheidung BGHSt 46, 107 für die Auslegung des Begriffs der Hilfeleistung iSv § 27 Abs. 1 StGB die folgende Formel verwendet, die seitdem – ungeachtet mancher Schwankungen – die Rechtsprechung[99] prägt:

---

[92] RGSt 71, 176; RGSt 73, 52; BGH NJW 1953, 1838; vgl. auch BGHSt 48, 77 zur Strafbarkeit wegen Beihilfe durch Unterlassen nach DDR-Strafrecht.

[93] Instruktiv Li in Stam/Werkmeister, Der Allgemeine Teil des Strafrechts in der aktuellen Rechtsprechung, 2019, 77, 89 ff. mwN.

[94] Wittig in Krajewski/Oehm/Saage-Maß, Zivil- und strafrechtliche Unternehmensverantwortung für Menschenrechtsverletzungen, 2018, 95, 211 ff.

[95] Einführend Momsen/Willumat KriPoZ 2019, 323 (327 ff.).

[96] Dazu näher Reiter in Höffler, Criminal Law Discourse of the Interconnected Society, 2020, 199 ff.; Wittig in Krajewski/Oehm/Saage-Maß, Zivil- und strafrechtliche Unternehmensverantwortung für Menschenrechtsverletzungen, 2018, 195, 212 ff.

[97] OLG Koblenz MDR 1984, 780 hat schon die bloße Aufrechterhaltung der Geschäftsbeziehung eines Zuckerhändlers zu einem Weinpanscher als strafbare Beihilfe zum (strafbaren) Weinpanschen gewertet. In BGH NStZ 2018, 328 wurde die Lieferung von Maschinen zur Zigarettenherstellung als strafbare Beihilfe zur Steuerhinterziehung (Umsatz- und Verbrauchsteuer mit Blick auf illegal hergestellte Zigaretten) eingestuft.

[98] Überblick bei Rönnau/Wegner JuS 2019, 527 ff. Bedeutsame Monographien haben ua verfasst: Kudlich, Die Unterstützung fremde Straftaten durch berufsbedingtes Verhalten, 2004; Rackow, Neutrale Handlungen als Problem des Strafrechts, 2007.

[99] Weitere Leitentscheidungen: BGH NStZ 2000, 34 – Warentermingeschäfte; NJW 2001, 2409 – Mitwirkung an Grenzsicherung; NJW 2003, 2996 – Beihilfe zur Steuerhinterziehung durch „Anlage-Tipp";

„Zielt das Handeln des Haupttäters ausschließlich darauf ab, eine strafbare Handlung zu begehen, und weiß dies der Hilfeleistende, so ist sein Tatbeitrag als Beihilfehandlung zu werten … In diesem Fall verliert sein Tun stets den ‚Alltagscharakter'; es ist als ‚Solidarisierung' mit dem Täter zu deuten … und dann auch nicht mehr als sozialadäquat anzusehen … Weiß der Hilfeleistende dagegen nicht, wie der von ihm geleistete Beitrag vom Haupttäter verwendet wird, hält er es lediglich für möglich, dass sein Tun zur Begehung einer Straftat genutzt wird, so ist sein Handeln regelmäßig noch nicht als strafbare Beihilfehandlung zu beurteilen, es sei denn, das von ihm erkannte Risiko strafbaren Verhaltens des von ihm Unterstützten war derart hoch, dass er sich mit seiner Hilfeleistung ‚die Förderung eines erkennbar tatgeneigten Täters angelegen' sein ließ."

In **jüngerer Zeit**[100] hat der BGH dieser Formel allerdings eine wichtige Einschränkung hinzugefügt: Selbst wenn der Gehilfe sicheres Wissen über die geplante Haupttat hat, entfällt eine Beihilfestrafbarkeit, wenn dem Gehilfenbeitrag der **„deliktische Sinnbezug"** fehlt. Dieser Begriff ist von Roxin übernommen.[101] Roxin hält den deliktischen Sinnbezug für gegeben, wenn der Unterstützer direkt eine Handlung deliktischer Natur fördert (Beispiel: Verkauf eines zur Tötung bestimmten Messers oder eines zum Einbruch bestimmten Schraubenziehers) oder die geförderte Handlung an sich zwar legal ist, aber ihr einziger Zweck in der Ermöglichung oder Erleichterung einer Straftat liegt (Beispiel: Durchführung eines – an sich legalen – Kapitaltransfers nach Luxemburg, der jedoch – wie der Beitragende weiß – ohne eine geplante Steuerhinterziehung sinnlos wäre). Dagegen soll der deliktische Sinnbezug fehlen, wenn sich der fördernde Beitrag auf eine legale Handlung bezieht, die schon für sich allein genommen für den Täter sinnvoll und nützlich ist, die dieser aber außerdem zur Voraussetzung für ein davon unabhängiges, auf einem selbständigen Entschluss beruhendes Deliktsverhalten macht. Als Beispiel nennt Roxin hier die Lieferung von Material an einen Fabrikanten, bei oder nach dessen (an sich legaler und aus Sicht des Fabrikanten **per se** nützlicher) Verarbeitung der Fabrikant – wie der Lieferant weiß – gegen Umweltschutzvorschriften verstoßen wird. 66a

Die skizzierten Formeln, die die Rechtsprechung im Fahrwasser Roxins entwickelt hat, weisen Schwächen auf. Das betrifft zum Beispiel das Kriterium des „deliktischen Sinnbezugs", den ein Förderbeitrag dann aufweisen soll, wenn er entweder direkt eine illegale Handlung fördert oder sich zwar auf eine legale Handlung bezieht, die ohne die geplante Straftat aber sinnlos wäre. Ob der Haupttäter das Unterstützungsverhalten auch zu anderen Zwecken als zur Begehung einer Straftat sinnvoll nutzen kann, wird aber oft vom Zufall abhängen. Bei bloßen Geldzahlungen wird man – angesichts der vielfältigen Einsatzmöglichkeiten von Geld – den Sinnbezug von vornherein verneinen müssen. Zweitens ist mit Blick auf Fälle, in denen der Gehilfe bezüglich der Haupttat lediglich dolus eventualis aufweist, völlig unklar, wann ein Täter aus Sicht des Gehilfen „erkennbar tatgeneigt" ist bzw. wann sich der Unterstützer die Förderung der Haupttat „angelegen" sein lässt und wie sich diese Begriffe inhaltlich vom (ohnehin mindestens erforderlichen) dolus eventualis unterscheiden lassen. 67

Meines Erachtens dürfen abstrakte strafrechtsdogmatische Konzepte wie der „deliktische Sinnbezug" oder die „erkennbare Tatgeneigtheit" nicht den Blick auf die hinter der Auslegung von § 27 StGB stehenden Sachstrukturen verstellen: Im Kern wird es hier immer darum gehen, den Nutzen und die Schutzwürdigkeit, welche die Gesellschaft dem tatfördernden Verhalten momentan zuspricht, **einerseits** gegen die durch die geförderte Haupttat verursachten Schäden **andererseits** abzuwägen. Blickt man nüchtern auf die Praxis, so lässt sich feststellen, dass Verhaltensweisen, die in anderen Kontexten als unbedenklich empfunden werden, ein Strafbedürfnis erzeugen, wenn die dadurch unterstützte 68

NZWiSt 2014, 139 – Lastschrifteneinzug; NStZ 2017, 337 – Beihilfe durch berufstypische Handlungen eines Rechtsanwalts; NStZ 2018, 238 – Beihilfe durch Lieferung einer Zigaretten-Produktionsmaschine.

[100] S. etwa BGH NStZ 2014, 139 (141 f.).

[101] Roxin StrafR AT II § 26 Rn. 221 ff.

Haupttat nach Maßgabe der persönlichen Wertvorstellungen besonders gravierend erscheint. Andererseits erhöht ein (politisches) Interesse am Schutz bestimmter tatfördernder Verhaltensweisen (wie zB hochvergüteter Anwaltstätigkeit im Bereich grenzüberschreitender Vermögensverwaltung oder dem Einkauf wichtiger Industrierohstoffe) mitunter auf erstaunliche Weise die Toleranz für dadurch geförderte Normverletzungen (etwa in Gestalt von Steuerverkürzungen oder menschenrechtswidrigen Zuständen bei einem Rohstofflieferanten). Im Lauf der Zeit können sich solche Bewertungen auch – zusammen mit der politischen Großwetterlage – verändern. Die weltpolitische Lage lädt die deutsche Rechtsordnung dazu ein, sich diese Zusammenhänge einzugestehen.

69 Debattiert wird schließlich auch, inwieweit Unternehmen bzw. deren Führungspersonal nach den Regeln des Völkerstrafrechts für Menschenrechtsverletzungen in der Lieferkette verantwortlich gemacht werden können.[102]

Anlage (zu § 2 Absatz 1, § 7 Absatz 3 Satz 2)

Übereinkommen

1. **Übereinkommen Nr. 29 der Internationalen Arbeitsorganisation vom 28. Juni 1930 über Zwangs- oder Pflichtarbeit (BGBl. 1956 II S. 640, 641) (ILO-Übereinkommen Nr. 29)**
2. **Protokoll vom 11. Juni 2014 zum Übereinkommen Nr. 29 der Internationalen Arbeitsorganisation vom 28. Juni 1930 über Zwangs- oder Pflichtarbeit (BGBl. 2019 II S. 437, 438)**
3. **Übereinkommen Nr. 87 der Internationalen Arbeitsorganisation vom 9. Juli 1948 über die Vereinigungsfreiheit und den Schutz des Vereinigungsrechtes (BGBl. 1956 II S. 2072, 2071) geändert durch das Übereinkommen vom 26. Juni 1961 (BGBl. 1963 II S. 1135, 1136) (ILO-Übereinkommen Nr. 87)**
4. **Übereinkommen Nr. 98 der Internationalen Arbeitsorganisation vom 1. Juli 1949 über die Anwendung der Grundsätze des Vereinigungsrechtes und des Rechtes zu Kollektivverhandlungen (BGBl. 1955 II S. 1122, 1123) geändert durch das Übereinkommen vom 26. Juni 1961 (BGBl. 1963 II S. 1135, 1136) (ILO-Übereinkommen Nr. 98)**
5. **Übereinkommen Nr. 100 der Internationalen Arbeitsorganisation vom 29. Juni 1951 über die Gleichheit des Entgelts männlicher und weiblicher Arbeitskräfte für gleichwertige Arbeit (BGBl. 1956 II S. 23, 24) (ILO-Übereinkommen Nr. 100)**
6. **Übereinkommen Nr. 105 der Internationalen Arbeitsorganisation vom 25. Juni 1957 über die Abschaffung der Zwangsarbeit (BGBl. 1959 II S. 441, 442) (ILO-Übereinkommen Nr. 105)**
7. **Übereinkommen Nr. 111 der Internationalen Arbeitsorganisation vom 25. Juni 1958 über die Diskriminierung in Beschäftigung und Beruf (BGBl. 1961 II S. 97, 98) (ILO-Übereinkommen Nr. 111)**
8. **Übereinkommen Nr. 138 der Internationalen Arbeitsorganisation vom 26. Juni 1973 über das Mindestalter für die Zulassung zur Beschäftigung (BGBl. 1976 II S. 201, 202) (ILO-Übereinkommen Nr. 138)**
9. **Übereinkommen Nr. 182 der Internationalen Arbeitsorganisation vom 17. Juni 1999 über das Verbot und unverzügliche Maßnahmen zur Beseitigung der schlimmsten Formen der Kinderarbeit (BGBl. 2001 II S. 1290, 1291) (ILO-Übereinkommen Nr. 182)**

[102] Petrossian CB 2022, 1 ff.; Oehm in Krajewski/Oehm/Saage-Maß, Zivil- und strafrechtliche Unternehmensverantwortung für Menschenrechtsverletzungen, 2018, 177, 181 ff.

10. Internationaler Pakt vom 19. Dezember 1966 über bürgerliche und politische Rechte, (BGBl. 1973 II S. 1533, 1534)
11. Internationaler Pakt vom 19. Dezember 1966 über wirtschaftliche, soziale und kulturelle Rechte (BGBl. 1973 II S. 1569, 1570)
12. Übereinkommen von Minamata vom 10. Oktober 2013 über Quecksilber (BGBl. 2017 II S. 610, 611) (Minamata-Übereinkommen)
13. Stockholmer Übereinkommen vom 23. Mai 2001 über persistente organische Schadstoffe (BGBl. 2002 II S. 803, 804) (POPs-Übereinkommen), zuletzt geändert durch den Beschluss vom 6. Mai 2005 (BGBl. 2009 II S. 1060, 1061)
14. Basler Übereinkommen über die Kontrolle der grenzüberschreitenden Verbringung gefährlicher Abfälle und ihrer Entsorgung vom 22. März 1989 (BGBl. 1994 II S. 2703, 2704) (Basler Übereinkommen), zuletzt geändert durch die Dritte Verordnung zur Änderung von Anlagen zum Basler Übereinkommen vom 22. März 1989 vom 6. Mai 2014 (BGBl. II S. 306/307)

Sachverzeichnis

Fett gedruckte Zahlen bezeichnen Paragraphen, mager gedruckte Randnummern.